Semler/v. Schenck
Der Aufsichtsrat

Der Aufsichtsrat

§§ 95–116, 161, 170–172, 394 und 395 AktG

Kommentar

herausgegeben von
Dr. Kersten v. Schenck
Rechtsanwalt und Notar in Frankfurt am Main

bearbeitet von

Professor Dr. Thomas Gasteyer
Rechtsanwalt in Frankfurt am Main

Ralf Gerdes
Rechtsanwalt in Frankfurt am Main

Stephan Gittermann
Rechtsanwalt in Hamburg und
Frankfurt am Main

Dr. Stefan Mutter
Rechtsanwalt in Düsseldorf

Dr. Kersten v. Schenck
Rechtsanwalt und Notar in Frankfurt am Main

Dr. Carsten Schütz
Rechtsanwalt in Berlin

Dr. Holger Seidler
Rechtsanwalt, Steuerberater und
Wirtschaftsprüfer in Berlin

Dr. Stefan Wilhelm Suchan
Rechtsanwalt und Steuerberater in
Frankfurt am Main

Verlag C. H. Beck/Verlag Franz Vahlen
München 2015

Im Einzelnen haben bearbeitet:

§§ 95–99 Stephan Gittermann
§ 100 Dr. Stefan Mutter
Exkurs 1 Dr. Carsten Schütz
§ 101 Dr. Stefan Mutter
§§ 102–106 Prof. Dr. Thomas Gasteyer
§ 107 Dr. Stefan Mutter
§ 108 Dr. Carsten Schütz
§§ 109, 110 Stephan Gittermann
§ 111 Dr. Carsten Schütz
§§ 112–116 Dr. Kersten v. Schenck
§ 161 Dr. Stefan Mutter
§§ 170–172 Dr. Stefan Wilhelm Suchan/Ralf Gerdes
Exkurs 2 Dr. Stefan Wilhelm Suchan/Dr. Holger Seidler
§§ 394, 395, Exkurs 3 Prof. Dr. Thomas Gasteyer

www.vahlen.de

ISBN 978 3 8006 4790 3

© 2015 Verlag C. H. Beck oHG
Wilhelmstraße 9, 80801 München
Druck und Bindung: Beltz Bad Langensalza GmbH,
Neustädter Straße 1-4, 99947 Bad Langensalza
Satz: Druckerei C. H. Beck, Nördlingen
(Adresse wie Verlag)
Umschlaggestaltung: Ralph Zimmermann – Bureau Parapluie

Gedruckt auf säurefreiem, alterungsbeständigem Papier
(hergestellt aus chlorfrei gebleichtem Zellstoff)

Vorwort des Herausgebers

Dieser Kommentar hat einen besonderen Hintergrund. Er beschränkt sich auf eine Kommentierung der Vorschriften des Aktiengesetzes, die für den Aufsichtsrat einschlägig sind; er unternimmt (mit Ausnahme der §§ 161 und 170–172 AktG) keine Neukommentierung, sondern stützt sich auf die Kommentierung durch *Johannes Semler* und *Bruno Kropff* in der zweiten Auflage des Münchener Kommentars zum Aktiengesetz, die im Jahr 2004 erschienen ist. Infolge deren Ausscheidens aus dem Kreis der Herausgeber und Mitautoren des Münchener Kommentars sind ihre Beiträge dort nicht beibehalten worden. Da diese sich, obwohl jedem wissenschaftlichen Anspruch gerecht werdend, durch eine große Praxisnähe auszeichnen, unternimmt das vorliegende Werk den Versuch, die historischen Kommentierungen zu erhalten, zu aktualisieren und damit fortzuschreiben, was eine Berücksichtigung von zehn Jahren lebhafter gesetzgeberischer Tätigkeit, Judikatur und wissenschaftlicher Publikationen bedeutete.

Ergänzt werden die Kommentierungen durch drei Exkurse, die sich mit Themen befassen, die keinen klaren Bezug zu nur einer Vorschrift des Aktiengesetzes haben, nämlich dem „Interessenwiderstreit als Bestellungshindernis und Abberufungsgrund", dem „Aufsichtsrat in öffentlichen Aktiengesellschaften" sowie dem „Bilanzrecht". Diese sollen es dem Leser ermöglichen, sich an einer Stelle über die wesentlichen Fragen des jeweiligen Themas zu orientieren.

Alle Mitautoren sind durch andere wissenschaftliche Publikationen sowie durch ihre berufliche Tätigkeit einschlägig ausgewiesene Praktiker; sie haben sich bemüht, dem hohen Anspruch der Vorlage gerecht zu werden.

Ein herzlicher Dank der Mitautoren gilt Carmen Büker, Tom Dittmar, Clemens-Magnus Koós und Maren Wenz, die sie bei der Materialsammlung sowie bei der Bearbeitung der Manuskripte tatkräftig unterstützt haben.

Das Werk ist auf dem Stand des 31. Mai 2015.

Frankfurt am Main, im Mai 2015   *Kersten v. Schenck*

Inhaltsübersicht

Vorwort des Herausgebers V
Verzeichnis der Abkürzungen und der abgekürzt zitierten Literatur IX

Aktiengesetz

Erstes Buch. Aktiengesellschaft

Vierter Teil. Verfassung der Aktiengesellschaft

2. Abschnitt. Aufsichtsrat

§ 95	Zahl der Aufsichtsratsmitglieder	1
§ 96	Zusammensetzung des Aufsichtsrats	11
§ 97	Bekanntmachung über die Zusammensetzung des Aufsichtsrats	27
§ 98	Gerichtliche Entscheidung über die Zusammensetzung des Aufsichtsrats ..	41
§ 99	Verfahren	50
§ 100	Persönliche Voraussetzungen für Aufsichtsratsmitglieder	59
Exkurs 1:	Interessenwiderstreit als Bestellungshindernis und als Abberufungsgrund	93
§ 101	Bestellung der Aufsichtsratsmitglieder	122
§ 102	Amtszeit der Aufsichtsratsmitglieder	166
§ 103	Abberufung der Aufsichtsratsmitglieder	174
§ 104	Bestellung durch das Gericht idF bis zum 31.12.2015	201
§ 104	Bestellung durch das Gericht idF nach Inkrafttreten des GlTeilhG	202
§ 105	Unvereinbarkeit der Zugehörigkeit zum Vorstand und zum Aufsichtsrat ..	230
§ 106	Bekanntmachung der Änderungen im Aufsichtsrat	246
§ 107	Innere Ordnung des Aufsichtsrats	250
§ 108	Beschlussfassung des Aufsichtsrats	328
§ 109	Teilnahme an Sitzungen des Aufsichtsrats und seiner Ausschüsse	384
§ 110	Einberufung des Aufsichtsrats	399
§ 111	Aufgaben und Rechte des Aufsichtsrats	412
§ 112	Vertretung der Gesellschaft gegenüber Vorstandsmitgliedern	549
§ 113	Vergütung der Aufsichtsratsmitglieder	577
§ 114	Verträge mit Aufsichtsratsmitgliedern	616
§ 115	Kreditgewährung an Aufsichtsratsmitglieder	644
§ 116	Sorgfaltspflicht und Verantwortlichkeit der Aufsichtsratsmitglieder	652

Fünfter Teil. Rechnungslegung. Gewinnverwendung

Erster Abschnitt. Jahresabschluss und Lagebericht. Entsprechenserklärung

§ 161	Erklärung zum Corporate Governance Kodex	823

Zweiter Abschnitt. Prüfung des Jahresabschlusses

2. Unterabschnitt. Prüfung durch dem Aufsichtsrat

§ 170	Vorlage an den Aufsichtsrat	839
§ 171	Prüfung durch den Aufsichtsrat	864

Inhaltsübersicht

Dritter Abschnitt. Feststellung des Jahresabschlusses, Gewinnverwendung

Erster Unterabschnitt. Feststellung des Jahresabschlusses

§ 172	Feststellung durch Vorstand und Aufsichtsrat	904
Exkurs: Bilanzrecht		930

Viertes Buch. Sonder-, Straf- und Schlussvorschriften

Erster Teil. Sondervorschriften bei Beteiligung von Gebietskörperschaften

§ 394	Berichte der Aufsichtsratsmitglieder	989
§ 395	Verschwiegenheitspflicht	997
Exkurs 3: Der Aufsichtsrat in öffentlichen Aktiengesellschaften		1003

Autorenverzeichnis	1019
Sachverzeichnis	1021

Verzeichnis der Abkürzungen und der abgekürzt zitierten Literatur

aA	anderer Ansicht; am Anfang
AB	Ausschussbericht
abgedr.	abgedruckt
Abk.	Abkommen
abl.	ablehnend
ABl.	Amtsblatt
ABl. EG	Amtsblatt der Europäischen Gemeinschaften
ABl. EU	Amtsblatt der Europäischen Union
Abs.	Absatz/Absätze
abw.	abweichend
abzgl.	abzüglich
ADS	Adler/Düring/Schmaltz, Rechnungslegung und Prüfung der Unternehmen, 6. Aufl. 1995 ff.
ADS ErgBd.	Ergänzungsband zu ADS, 6. Aufl. 1995
aE	am Ende
AEUV	Vertrag über die Arbeitsweise der Europäischen Union
aF	alte Fassung
AG	Aktiengesellschaft(en); Amtsgericht; Die Aktiengesellschaft (Zeitschrift)
AGB	Allgemeine Geschäftsbedingungen
AktG	Aktiengesetz
AktRÄG	Aktienrechts-Änderungsgesetz
allgM	allgemeine Meinung
Alt.	Alternative
ält.	älteres/-n
aM	anderer Meinung
Ammon/Görlitz	Ammon/Görlitz, Die kleine Aktiengesellschaft, 1995
amtl.	amtlich
Amtl. Begr.	Amtliche Begründung
ÄndG	Änderungsgesetz
ÄndVO	Änderungsverordnung
Anh.	Anhang
Anl.	Anlage
Anm.	Anmerkung
AnwBl	Anwaltsblatt (Zeitschrift, d/ö)
AöR	Archiv des öffentlichen Rechts
APAG	Abschlussprüferaufsichtsgesetz
APB	Accounting Principles Board (Opinions)
AR	Aufsichtsrat
arg.	argumentum
arg. e contrario	argumentum e contrario (Umkehrschluss)
Art.	Artikel
ARUG	Gesetz zur Umsetzung der Aktionärsrechterichtlinie
ASB	Accounting Standards Board
ASC	Accounting Standards Codification
Assmann/Pötzsch/Schneider	Assman/Pötzsch/Schneider, Wertpapiererwerbs- und Übernahmegesetz (WpÜG), Kommentar, 2. Aufl. 2013
Assmann/Schneider	Assmann/Schneider, Wertpapierhandelsgesetz (WpHG), 6. Aufl. 2012
Assmann/Schütze HdB KapitalanlageR	Assmann/Schütze, Handbuch des Kapitalanlagerechts, 4. Aufl. 2015
AT	allgemeiner Teil, außertariflich
Aufl.	Auflage
ausdr.	ausdrücklich

Abkürzungsverzeichnis

ausf.	ausführlich
AusfG	Ausführungsgesetz
AusfVO	Ausführungsverordnung
AusschussB	Ausschussbericht
AWD	Außenwirtschaftsdienst des Betriebs-Beraters (Zeitschrift), seit 1975 RIW
Az.	Aktenzeichen
B	Bundes-
Baetge/Kirsch/Thiele	Baetge/Kirsch/Thiele, Bilanzrecht. Handelsrecht mit Steuerrecht und den Regelungen des IASB, Loseblatt, Stand 2013
Baetge/Kirsch/Thiele KonzernBil	Baetge/Kirsch/Thiele, Konzernbilanzen, 10. Aufl. 2013
Baetge/Wollmert/ Kirsch/Oser/Bischof	Baetge/Wollmert/Kirsch/Oser/Bischof, Rechnungslegung nach IFRS. Kommentar auf der Grundlage des deutschen Bilanzrechts, Loseblatt, Stand 2015
BaFin	Bundesanstalt für Finanzdienstleistungsaufsicht
Bähre/Schneider	Bähre/Schneider, KWG-Kommentar, 3. Aufl. 1986
BAK	Bundesaufsichtsamt für das Kreditwesen
Balser/Bokelmann/Ott/ Piorreck	Balser/Bokelmann/Ott/Piorreck, Die Aktiengesellschaft, 5. Aufl. 2007
BAnz.	Bundesanzeiger
BankR-HdB/Bearbeiter	Schimansky/Bunte/Lwowski, Bankrechts-Handbuch, 4. Aufl. 2011
Baumbach/Hefermehl/ Casper WG (oder ScheckG)	Baumbach/Hefermehl/Casper, Wechselgesetz, Scheckgesetz, Recht der kartengestützten Zahlungen. Kommentar, 23. Aufl. 2008
Baumbach/Hopt	Baumbach/Hopt, Handelsgesetzbuch mit Nebengesetzen, 36. Aufl. 2014
Baumbach/Hueck	Baumbach/Hueck, Aktiengesetz, 13. Aufl. 1968
Baumbach/Hueck GmbHG	Baumbach/Hueck, GmbHG, 20. Aufl. 2013
Baumbach/Lauterbach	Baumbach/Lauterbach/Albers/Hartmann, Zivilprozessordnung: ZPO, Kommentar, 73. Aufl. 2015
Baums Bericht	Baums, Bericht der Regierungskommission Corporate Governance, Unternehmensführung, Unternehmenskontrolle, Modernisierung des Aktienrechts, 2001
Baums/Thoma	Baums/Thoma, WpÜG, Loseblattkommentar
BAV	Bundesaufsichtsamt für das Versicherungswesen
BAW	Bundesaufsichtsamt für das Wertpapierwesen
Bayer/Habersack	Bayer/Habersack, Aktienrecht im Wandel, 2007
Bayer/Koch	Bayer/Koch, Aktuelles GmbH-Recht, Tagungsband, 2013
BayObLG	Bayerisches Oberstes Landesgericht
BayObLGSt	Entscheidungen des Bayerischen Obersten Landesgerichts in Strafsachen
BayObLGZ	Entscheidungen des Bayerischen Obersten Landesgerichts in Zivilsachen
BB	Der Betriebs-Berater (Zeitschrift)
BBG	Bundesbeamtengesetz
BBK	Betrieb und Rechnungswesen: Buchführung, Bilanz, Kostenrechnung (Zeitschrift)
BBl.	Bundesblatt
BC	Zeitschrift für Bilanzierung, Rechnungswesen und Controlling
Bd. (Bde.)	Band (Bände)
BDSG	Bundesdatenschutzgesetz
Bearb., bearb.	Bearbeitung, Bearbeiter, bearbeitet
BeBiKo	Beck'scher Bilanz-Kommentar, Handels- und Steuerbilanz, 9. Aufl. 2014
Beck HdR	Beck'sches Handbuch der Rechnungslegung, Loseblatt, Stand 2015
Beck IFRS-HdB	Beck'sches IFRS-Handbuch, 4. Aufl. 2013
BeckFormB AktR	Beck'sches Formularbuch Aktienrecht, 2005
BeckFormB BHW	Beck'sches Formularbuch Bürgerliches, Handels- und Wirtschaftsrecht, 11. Aufl. 2012
BeckHdB AG	Beck'sches Handbuch der AG, 2. Aufl. 2009

Abkürzungsverzeichnis

BeckHdB GmbH	Beck'sches Handbuch der GmbH, 5. Aufl. 2014
BeckHdB PersGes	Beck'sches Handbuch der Personengesellschaften, 4. Aufl. 2014
BeckMandatsHdB Vorstand der AG	Beck'sches Mandatshandbuch Vorstand der AG, 2. Aufl. 2009
Begr.	Begründung; Begründer
BegrRefE	Begründung Referentenentwurf
Beil.	Beilage
Bek.	Bekanntmachung
Bem.	Bemerkung
ber.	berichtigt
bes.	besonders
Beschl.	Beschluss
Bespr.	Besprechung
Bespr.-Aufs.	Besprechungsaufsatz
bestr.	bestritten
betr.	betreffend, betreffs
BetrAVG	Gesetz zur Verbesserung der betrieblichen Altersversorgung (Betriebsrentengesetz)
BetrVG	Betriebsverfassungsgesetz
BetrVR	Betriebsverfassungsrecht
BeurkG	Beurkundungsgesetz
Beuthien	Beuthien, Genossenschaftsgesetz, Kommentar, 15. Aufl. 2011
BewG	Bewertungsgesetz
BezG	Bezirksgericht
BFH	Bundesfinanzhof
BFH/NV	Sammlung amtlich nicht veröffentlichter Entscheidungen des Bundesfinanzhofs
BGB	Bürgerliches Gesetzbuch
BGBl.	Bundesgesetzblatt
BGH	Bundesgerichtshof
BGHSt	Entscheidungen des Bundesgerichtshofs in Strafsachen
BGHZ	Entscheidungen des Bundesgerichtshofs in Zivilsachen
BHO	Bundeshaushaltsordnung
Biener/Bernecke BiRiLiG	Biener/Bernecke, Bilanzrichtlinien-Gesetz. Textausgabe mit Materialien, 1986
Biener/Schatzmann	Biener/Schatzmann, Konzern-Rechnungslegung, 1983
BilKoG	Bilanzkontrollgesetz
BilMoG	Bilanzrechtsmodernisierungsgesetz
BilReG	Bilanzrechtsreformgesetz
BiRiLiG	Bilanzrichtlinien-Gesetz
Bl.	Blatt
BLAH	Baumbach/Lauterbach/Albers/Hartmann, Zivilprozessordnung: ZPO, Kommentar, 73. Aufl. 2015
BMF	Bundesminister(ium) der Finanzen
BMJ	Bundesminister(ium) der Justiz
Bonner HdR	Hofbauer/Kupsch, Bonner Handbuch der Rechnungslegung, Loseblatt, Stand 2012
Boos/Fischer/Schulte-Mattler	Boos/Fischer/Schulte-Mattler, Kreditwesengesetz, 4. Aufl. 2012
BR	Bürgerliches Recht; Bundesrat
BRD	Bundesrepublik Deutschland
BR-Drs.	Drucksachen des Deutschen Bundesrates
BReg.	Bundesregierung
Brodmann	Brodmann, Aktienrecht, Kommentar, 1928
Brox/Henssler	Brox/Henssler, Handelsrecht, 21. Aufl. 2011
BR-Prot.	Protokoll des Deutschen Bundesrates
BRRG	Beamtenrechtsrahmengesetz
bspw.	beispielsweise
BStBl.	Bundessteuerblatt

Abkürzungsverzeichnis

BT	Besonderer Teil; Bundestag
BT-Drs.	Drucksachen des Deutschen Bundestages
BT-Prot.	Protokoll des Deutschen Bundestags
BuB	Bankrecht und Bankpraxis (Zeitschrift)
Buchst.	Buchstabe
Bürgers/Körber	Bürgers/Körber, Aktiengesetz, 3. Aufl. 2014
Butzke	Butzke, Die Hauptversammlung der Aktiengesellschaft, 5. Aufl. 2011
BuW	Betrieb und Wirtschaft (Zeitschrift)
BVerfG	Bundesverfassungsgericht
BVerfGE	Entscheidungen des Bundesverfassungsgerichts
BVerfGG	Bundesverfassungsgerichtsgesetz
BWG	Bankwesengesetz
BWGZ	Die Gemeinde (Zeitschrift)
bzgl.	bezüglich
bzw.	beziehungsweise
c.	chapter
Canaris	Canaris, Handelsrecht, 24. Aufl. 2006
CCZ	Corporate Compliance Zeitschrift
Consbruch/Fischer	Consbruch/Fischer, Kreditwesengesetz, Loseblatt, Stand 2015
CorpGov.	Corporate Governance
CR	Computer und Recht (Zeitschrift)
d	deutsch
DAV	Deutscher Anwaltverein
DAX	Deutscher Aktienindex
DB	Der Betrieb (Zeitschrift)
DCGK	Deutscher Corporate Governance Kodex
Der Konzern	Der Konzern (Zeitschrift)
ders.	derselbe
dgl.	desgleichen; dergleichen
dh	das heißt
dies.	dieselbe(n)
diff.	differenzierend/differenziert
DiskE	Diskussionsentwurf
Diss.	Dissertation
DJT	Deutscher Juristentag
DNotI	Deutsches Notarinstitut
DNotZ	Deutsche Notar-Zeitschrift
Doc.	Document(s)
DöD	Der öffentliche Dienst (Zeitschrift)
Dok.	Dokument
DrittelbG	Gesetz über die Drittelbeteiligung der Arbeitnehmer im Aufsichtsrat
DRS	Deutscher Rechnungslegungs Standard
Drs.	Drucksache
DRSC	Deutsches Rechnungslegungs Standards Committee e. V.
DStBl.	Deutsches Steuerblatt (Zeitschrift)
DStR	Deutsches Steuerrecht (Zeitschrift)
Düringer/Hachenburg HGB	Düringer/Hachenburg, Das Handelsgesetzbuch (unter Ausschluss des Seerechts), 3. Aufl. 1930 ff.
Bearbeiter in Dygala/ Staake/Szalai KapGesR	Dygala/Staake/Szalai, Kapitalgesellschaftsrecht, 2012
DVBl.	Deutsches Verwaltungsblatt (Zeitschrift)
DVO	Durchführungsverordnung
E.	Entwurf, Entscheidung (in der amtlichen Sammlung)
e. V.	eingetragener Verein
Ebenroth/Boujong/ Joost/Strohn	s. EBJS

Abkürzungsverzeichnis

EBJS	Ebenroth/Boujong/Joost/Strohn, Handelsgesetzbuch, 3. Aufl. 2013
EG	Einführungsgesetz; Europäische Gemeinschaft(en)
eG	eingetragene Genossenschaft
EGAktG	Einführungsgesetz zum Aktiengesetz
EGBGB	Einführungsgesetz zum Bürgerlichen Gesetzbuch
EGG	Erwerbsgesellschaftengesetz
EGHGB	Einführungsgesetz zum Handelsgesetzbuch
EG-KoordG	EG-Koordinierungsgesetz
EG-Koord-Richtlinie	EG-Koordinierungsrichtlinie
EG-Richtl.	Richtlinie der Europäischen Gemeinschaft
EGV	Vertrag zur Gründung der Europäischen Gemeinschaft (EG-Vertrag)
EGVG	Einführungsgesetz zu den Verwaltungsverfahrensgesetzen
EHUG	Gesetz über elektronische Handelsregister und Genossenschaftsregister sowie das Unternehmensregister
Einf.	Einführung
einhM	einhellige Meinung
Einl.	Einleitung
Ek	Ek, Haftungsrisiken für Vorstand und Aufsichtsrat, 2. Aufl. 2010
EL	Ergänzungslieferung
Emmerich/Habersack	Emmerich/Habersack, Aktien- und GmbH-Konzernrecht, 7. Aufl. 2013
Emmerich/Habersack KonzernR	Emmerich/Habersack, Konzernrecht, 10. Aufl. 2013
engl.	englisch
Entsch.	Entscheidung
entspr.	entsprechend
Entw.	Entwurf
Erg.	Ergebnis; Ergänzung
ErgBd.	Ergänzungsband
Erl.	Erläuterungen; Erlass
et al.	et alteri, et alii
etc.	et cetera
EU	Europäische Union
EuG	Gericht der Europäischen Union
EuGH	Europäischer Gerichtshof
EuGHE	Entscheidungssammlung des Europäischen Gerichtshofes
EUR	Euro
EuR	Europarecht (Zeitschrift)
EuroBilG	Euro-Bilanzgesetz
EuroEG	Gesetz zur Einführung des Euro
Euro-JuBeG	1. Euro-Justizbegleitgesetz
evtl.	eventuell
EWG	Europäische Wirtschaftsgemeinschaft
EWiR	Entscheidungen zum Wirtschaftsrecht (Zeitschrift)
EZB	Europäische Zentralbank
F.	Federal Reporter
f., ff.	folgende
FamFG	Gesetz über das Verfahren in Familiensachen und in den Angelegenheiten der freiwilligen Gerichtsbarkeit
FA-Recht	Fachausschuss Recht des Instituts der Wirtschaftsprüfer in Deutschland e. V.
FASB	Financial Accounting Standards Board
Feddersen/Hommelhoff/Schneider	Feddersen/Hommelhoff/Schneider, Corporate Governance, 1996
Federmann	Federmann, Bilanzierung nach Handelsrecht, Steuerrecht und IAS/IFRS, 12. Aufl. 2010
FG	Festgabe; Finanzgericht
FG (Nr. Jahr)	Fachgutachten des Hauptfachausschusses des IdW
FinanzmarktFG	Finanzmarktförderungsgesetz
FinDAG	Gesetz über die Bundesanstalt für Finanzdienstleistungsaufsicht (Finanzdienstleistungsaufsichtsgesetz)

Abkürzungsverzeichnis

Fitting BetrVG	Fitting/Engels/Schmidt/Trebinger/Linsenmaier, Betriebsverfassungsgesetz, 27. Aufl. 2012
Fitting MitbestG	Wlotzke/Wißmann/Koberski, Mitbestimmungsrecht, 4. Aufl. 2011
Fleischer HdB VorstandsR	Fleischer, Handbuch des Vorstandsrechts, 2006
Flume JurPerson	Flume, Allgemeiner Teil des bürgerlichen Rechts, Band 1 Teil 2: Die Juristische Person, 1983
Flume Personengesellschaft	Flume, Allgemeiner Teil des Bürgerlichen Rechts, Band I Teil 1: Die Personengesellschaft, 1977
Flume RGeschäft	Flume, Allgemeiner Teil des Bürgerlichen Rechts, Band 2: Das Rechtsgeschäft, 4. Aufl. 1992
FMS	Finanzmarktstabilisierungsfonds
FMStBG	Finanzmarktstabilisierungsbeschleunigungsgesetz
FMStG	Finanzmarktstabilisierungsgesetz
Fn.	Fußnote
FRUG	Finanzmarktrichtlinie-Umsetzungsgesetz
FS	Festschrift
Fuchs	Fuchs, Wertpapierhandelsgesetz (WpHG), Kommentar, 2009
G	Gesetz
GA	Generalanwalt
GBl.	Gesetzblatt
GedS	Gedächtnisschrift
Geibel/Süßmann	Geibel/Süßmann, Wertpapiererwerbs- und Übernahmegesetz (WpÜG), 2. Aufl. 2008
Gelhausen/Fey/Kaempfer	Gelhausen/Fey/Kaempfer, Rechnungslegung und Prüfung nach dem Bilanzmodernisierungsgesetz, 2009
gem.	gemäß
GemHVO	Gemeindehaushaltsverordnung
GenG	Genossenschaftsgesetz
v. Gerkan/Hommelhoff KapitalersatzR	v. Gerkan/Hommelhoff, Handbuch des Kapitalersatzrechts, 2. Aufl. 2002
GES	Zeitschrift für Gesellschaftsrecht und angrenzendes Steuerrecht
Ges.; ges.	Gesetz(e); gesetzlich
GesRZ	Der Gesellschafter (österreichische Zeitschrift)
Geßler AktG	J. Geßler, Aktiengesetz mit dem Dritten Buch des HGB (§§ 238–335 HGB), D-Mark Bilanzgesetz, Treuhandgesetz, Spaltungsgesetz u. a., Loseblatt-Kommentar, Stand: 2014
Geßler/Hefermehl/Eckardt/Kropff	s. GHEK
GG	Grundgesetz
ggf.	gegebenenfalls
ggü.	gegenüber
GHEK	Geßler/Hefermehl/Eckardt/Kropff, Aktiengesetz, Kommentar, 1973 ff.
GK-BetrVG	Kraft/Wiese/Kreutz/Oetker/Raab/Weber/Franzen, Gemeinschaftskommentar zum Betriebsverfassungsgesetz, 10. Aufl. 2014
GK-MitbestG	Fabricius, Gemeinschaftskommentar zum Mitbestimmungsgesetz, 2. Aufl. 1989
GmbH	Gesellschaft mit beschränkter Haftung
GmbH & Co. (KG)	Gesellschaft mit beschränkter Haftung u. Compagnie (Kommanditgesellschaft)
GmbHG	Gesetz betreffend die Gesellschaften mit beschränkter Haftung
GmbHR	GmbH-Rundschau (Zeitschrift)
GmbHRspr.	Die GmbH in der Rechtsprechung der deutschen Gerichte (Zeitschrift)
GMBl.	Gemeinsames Ministerialblatt der Bundesministerien
GoB	Grundsätze ordnungsmäßiger Buchführung
v. Godin/Wilhelmi	v. Godin/Wilhelmi, Aktiengesetz, 4. Aufl. 1971
GoDV	Grundsätze für ordnungsgemäße Datenverarbeitung

Abkürzungsverzeichnis

GoF	Grundsätze ordnungsgemäßer Unternehmensführung
grdl.	grundlegend
grds.	grundsätzlich
Grigoleit	Grigoleit, Aktiengesetz, Kommentar, 2013
Großfeld Unternehmensbewertung	Großfeld, Recht der Unternehmensbewertung, 7. Aufl. 2013
Großkomm AktG	Hopt/Wiedemann, Großkommentar zum Aktiengesetz, 4. Aufl. 1992 ff.
Großkomm HGB	Großkommentar zum Handelsgesetzbuch, Begr. von Staub, 4. Aufl. 1983 ff.; im Erscheinen seit 2008: 5. Aufl.
GrS	Großer Senat
GrSZ	Großer Senat in Zivilsachen
GS	Gedenkschrift; Großer Senat
GuV	Gewinn- und Verlustrechnung
GVBl.	Gesetz- und Verordnungsblatt
GWR	Gesellschafts- und Wirtschaftsrecht (Zeitschrift)
hA	herrschende Ansicht
Haarmann/Riehmer/Schüppen	Haarmann/Riehmer/Schüppen, Öffentliche Übernahmeangebote. Kommentar zum Wertpapier- und Übernahmegesetz, 2002
Habersack/Drinhausen	Habersack/Drinhausen, SE-Recht, 2013
Habersack/Mülbert/Schlitt	Habersack/Mülbert/Schlitt, Unternehmensfinanzierung am Kapitalmarkt, 3. Aufl. 2013
Habersack/Verse EuropGesR	Habersack/Verse, Europäisches Gesellschaftsrecht, 4. Aufl. 2011
Hachenburg GmbHG	Hachenburg, Gesetz betreffend die Gesellschaften mit beschränkter Haftung (GmbHG), Großkommentar, 8. Aufl. 1992–1997
Hahn/Mugdan	Hahn/Mugdan, Materialien zu den Reichsjustizgesetzen, Band 6: Materialien zum Handelsgesetzbuch, Berlin 1897
Halbbd.	Halbband
Halbs.	Halbsatz
Hanau/Ulmer MitbestG	Hanau/Ulmer, Mitbestimmungsgesetz, Kommentar, 1981; s. a. UHH
HansRGZ	Hanseatische Rechts- und Gerichtszeitschrift (Zeitschrift)
Happ AktienR	Happ, Aktienrecht, Handbuch – Mustertexte – Kommentar, 4. Aufl. 2015
Haufe IFRS-Komm	Haufe IFRS-Kommentar, 13. Aufl. 2015
HdB	Handbuch
HdJ	v. Wysocki/Schulze-Osterloh/Hennrichs/Kuhner, Handbuch des Jahresabschlusses, Loseblatt, Dezember 2014
Heidel	Heidel, Aktienrecht und Kapitalmarktrecht, Nomos-Kommentar, 4. Aufl. 2014; s. NK-AktG
Heinsius/Horn/Than DepG	Heinsius/Horn/Than, Kommentar zum Gesetz über die Verwahrung und Anschaffung von Wertpapieren vom 4. Februar 1937, Berlin, 1975; zitiert: DepG
Henn/Frodermann/Jannott HdB AktR	Henn/Frodermann/Jannott, Handbuch des Aktienrechts, 8. Aufl. 2009
Henssler/Strohn	Henssler/Strohn, Gesellschaftsrecht, Kommentar, 2. Aufl. 2014
Henze HRR AktienR	Henze, Höchstrichterliche Rechtsprechung zum Aktienrecht, 5. Aufl. 2002
HGB	Handelsgesetzbuch
HGrG	Haushaltsgrundsätzegesetz
hins.	hinsichtlich
Hirte KapGesR	Hirte, Kapitalgesellschaftsrecht, 7. Aufl. 2012
hL	herrschende Lehre
hLit	herrschende Literaturmeinung
hM	herrschende Meinung
Hoffmann/Lehmann/Weinmann	Hoffmann/Lehmann/Weinmann, Mitbestimmungsgesetz, 1978
Hoffmann/Preu	Hoffmann/Preu, Der Aufsichtsrat, 5. Aufl. 2003
Hölters	Hölters, Aktiengesetz: AktG, Kommentar, 2. Aufl. 2014

Abkürzungsverzeichnis

Hölters/Deilmann/Buchta	Hölters/Deilmann/Buchta, Die kleine Aktiengesellschaft, 2. Aufl. 2002
Hommelhoff/Hopt/v. Werder	Hommelhoff/Hopt/v. Werder, Handbuch Corporate Governance, 2. Aufl. 2010
HR	Handelsregister
HRR	Höchstrichterliche Rechtsprechung
Hrsg.; hrsg.	Herausgeber; herausgegeben
Hs.	Halbsatz
Hueck/Canaris WPR	Hueck/Canaris, Recht der Wertpapiere, 12. Aufl., 1986
Hüffer	Hüffer, Aktiengesetz, Kommentar, 11. Aufl. 2014
Hüffer AktG	Hüffer, Aktiengesetz, 10. Aufl. 2012
HuRB	Leffson/Rückle/Großfeld, Handwörterbuch unbestimmter Rechtsbegriffe im Bilanzrecht des HGB, 1986
IAS	International Accounting Standards
IASB	International Accounting Standards Board
IASC	International Accounting Standards Committee
IAS-VO	IAS-Verordnung
ICCAP	International Coordination Committee for the Accountants Profession
ICCLJ	International and Comparative Corporate Law Journal
idF(d)	in der Fassung (des)
idgF	in der geltenden Fassung
idR	in der Regel
idS	in diesem Sinne
IDW	Institut der Wirtschaftsprüfer in Deutschland e. V.
IDW EPH	Entwurf eines IDW Prüfungshinweises
IDW EPS	Entwurf eines Prüfungsstandards des IDW
IDW ERS	Entwurf einer IDW Stellungnahme zur Rechnungslegung
IDW ES	Entwurf eines IDW-Standards
IDW IAS	Institut der Wirtschaftsprüfer, Rechnungslegung nach International Accounting Standards. Praktischer Leitfaden für die Aufstellung IAS-konformer Jahres- und Konzernabschlüsse in Deutschland, 1995
IDW PH	IDW Prüfungshinweise
IDW PS	IDW Prüfungsstandards
IDW RH	IDW Rechnungslegungshinweise des HFA
IDW RS	IDW Stellungnahme zur Rechnungslegung
IDW S	IDW Standard
IDW SR	IWD Stellungnahme zur Rechnungslegung
IDW-Fachtag	Bericht über die Fachtagung (Jahr) des Instituts der Wirtschaftsprüfer in Deutschland e. V.
IDW-FN	IDW-Fachnachrichten
iE	im Einzelnen
iErg	im Ergebnis
ieS	im engeren Sinne
IFLR	International Financial Law Review
IFRIC	International Financial Reporting Interpretations Committee
IFRS	International Financial Reporting Standards
IFRS-Komm	Baetge/Wollmert/Kirsch/Oser/Bischof, Rechnungslegung nach IFRS. Kommentar auf der Grundlage des deutschen Bilanzrechts, Loseblatt, Stand 2012
IFSB	International Financial Standards Board (seit 2001)
INF	Information über Steuer und Wirtschaft (Zeitschrift)
inkl.	inklusive
insb(es).	insbesondere
InsO	Insolvenzordnung
int(ernat).	international
IntGesR	Internationales Gesellschaftsrecht
InvG	Investmentgesetz
IPR	Internationales Privatrecht

Abkürzungsverzeichnis

IPRax	Praxis des Internationalen Privat- und Verfahrensrechts (Zeitschrift)
iRd	im Rahmen des; im Rahmen der
IRZ	Zeitschrift für Internationale Rechnungslegung
iS	im Sinne
ISA	International Standards on Auditing
iSd	im Sinne des; im Sinne der
IStR	Internationales Steuerrecht (Zeitschrift)
iSv	im Sinne von
iÜ	im Übrigen
iVm	in Verbindung mit
IWB	Internationale Wirtschafts-Briefe
iwS	im weiteren Sinne
iZw	im Zweifel
JA	Jahresabschluss
Jaeger/Bearbeiter InsO	Jaeger, Insolvenzordnung, Großkommentar, Berlin 2004 ff.;
JB	Jahrbuch
jew.	jeweils
Jg.	Jahrgang
Jh.	Jahrhundert
JMBl.	Justizministerialblatt
JW	Juristische Wochenschrift
JZ	Juristenzeitung
KAGB	Kapitalanlagegesetzbuch
Kap.	Kapitel
KapAEG	Kapitalaufnahmeerleichterungsgesetz
KapBG	Kapitalberichtigungsgesetz
KapCoRiLiG	Kapitalgesellschaften- und Co-Richtlinie-Gesetz
KapErhG	Kapitalerhöhungsgesetz
KapErhStG	Kapitalerhöhungssteuergesetz
KapGes	Kapitalgesellschaft
KE	Kommissionsentwurf
Keidel/Bearbeiter FamFG	Keidel FamFG, 18. Aufl. 2014
KfW	Kreditanstalt für Wiederaufbau
KG	Kommanditgesellschaft; Kammergericht
KGaA	Kommanditgesellschaft auf Aktien
KI	Kreditinstitut
Klausing	Klausing, Gesetz über Aktiengesellschaften und Kommanditgesellschaften auf Aktien (Aktien-Gesetz) nebst Einführungsgesetz und „Amtlicher Begründung", 1937;
KMG	Kapitalmarktgesetz
KOG	Kartellobergericht
Kölner Komm AktG	Zöllner/Noack, Kölner Kommentar zum Aktiengesetz, 3. Aufl. 2004 ff.
Kölner Komm SpruchG/Bearbeiter	Kölner Kommentar zum Spruchverfahrensgesetz, 2. Aufl. 2013
Kölner Komm WpÜG/Bearbeiter	Kölner Kommentar zum WpÜG, 2. Aufl. 2010
KOM	Europäische Kommission; Kommissionsdokument(e)
Komm	Kommentar
KonTraG	Gesetz zur Kontrolle und Transparenz im Unternehmensbereich
Konzern	Der Konzern (Zeitschrift)
KonzernR	Konzernrecht
Korintenberg/Bearbeiter GNotKG	Korintenberg/Lappe/Bengel/Reimann, GNotKG, Kommentar, 19. Aufl. 2014
Köstler/Zachert/Müller	Köstler/Zachert/Müller, Aufsichtsratspraxis, 2009
Krafka/Kühn RegisterR	Krafka/Kühn Registergericht, 9. Aufl. 2013
Krieger	Krieger, Personalentscheidungen des Aufsichtsrats, 1982

XVII

Abkürzungsverzeichnis

Bearbeiter in Krieger/Schneider Managerhaftung-HdB	Krieger/U. H. Schneider, Handbuch Managerhaftung, 2. Aufl. 2010
krit.	kritisch
Kropff	Kropff, Aktiengesetz. Textausgabe des Aktiengesetzes vom 6.9.1965 mit Begründung des Regierungsentwurfs und Bericht des Rechtsausschusses des Deutschen Bundestags, 1965
Kübler/Assmann	Kübler/Assmann, Gesellschaftsrecht, 6. Aufl. 2006
Kübler/Prütting	Kübler/Prütting, Kommentar zur Insolvenzordnung, Loseblatt, Stand 2015
Kümpel Kapitalmarktrecht	Kümpel, Kapitalmarktrecht, Loseblatt-Handbuch, Stand 2015
Kümpel/Wittig	Kümpel, Bank- und Kapitalmarktrecht, 4. Aufl. 2011
Küting/Pfitzer/Weber	Küting/Pfitzer/Weber, Handbuch der Rechnungslegung. Kommentar zu Bilanzierung und Prüfung, Loseblatt, Mai 2014
Küting/Weber HdB KonzernRL	Handbuch der Konzernrechnungslegung, Kommentar zur Bilanzierung und Prüfung Band II, 2. Aufl. 1998
KWG	Kreditwesengesetz
Langenbucher AktR/KapMR	Langenbucher, Aktien- und Kapitalmarktrecht, 3. Aufl. 2015
LG	Landgericht
liSp	linke Spalte
lit.	litera
Lit.	Literatur
Losebl.	Loseblatt
LS	Leitsatz
Ltd.	Limited
Lutter	Lutter, Europäisches Unternehmensrecht, 4. Aufl. 1996
Lutter Holding-HdB	Lutter/Bayer, Holding-Handbuch, 5. Aufl. 2015
Lutter Information und Vertraulichkeit	Lutter, Information und Vertraulichkeit im Aufsichtsrat, 3. Aufl. 2006
Lutter Kapital	Lutter, Das Kapital der Aktiengesellschaft in Europa, 2006
Lutter UmwG	Lutter, Umwandlungsgesetz, 5. Aufl. 2014
Lutter/Bayer/Schmidt	Lutter/Bayer/Schmidt, Europäisches Unternehmens- und Kapitalmarktrecht, ZGR-Sonderheft Nr. 1, 5. Aufl. 2012
Lutter/Hommelhoff GmbHG	Lutter/Hommelhoff, GmbH-Gesetz, 18. Aufl. 2012
Lutter/Hommelhoff SE	Lutter/Hommelhoff, SE-Kommentar, 2008
Lutter/Krieger/Verse	Lutter/Krieger/Verse, Rechte und Pflichten des Aufsichtsrats, 6. Aufl. 2014
m. abl. Anm.	mit ablehnender Anmerkung
m. krit. Anm.	mit kritischer Anmerkung
m. zahlr. Nachw.	mit zahlreichen Nachweisen
m. zust. Anm.	mit zustimmender Anmerkung
MAH AktR	Schüppen/Schaub, Münchener Anwaltshandbuch Aktienrecht, 2. Aufl. 2010
MAH GmbHR	Römermann, Münchener Anwaltshandbuch GmbH-Recht, 3. Aufl. 2014
mÄnd	mit Änderung(en)
v. Mangoldt/Klein/Starck	v. Mangoldt/Klein/Starck, Grundgesetz, Kommentar, 6. Aufl. 2010
mAnm	mit Anmerkungen
Manz/Mayer/Schröder	Manz/Mayer/Schröder, Europäische Aktiengesellschaft, 2. Aufl. 2010
MaRisk	Rundschreiben 10/2012 (BA) – Mindestanforderungen an das Risikomanagement
MaRiskVA	BaFin-Rundschreiben 3/2009 (VA) – Aufsichtsrechtliche Mindestanforderungen an das Risikomanagement
Marsch-Barner/Schäfer	Marsch-Barner/Schäfer, Handbuch börsennotierte AG, 3. Aufl. 2014
Martens	Martens, Leitfaden für die Leitung der Hauptversammlung einer Aktiengesellschaft, 3. Aufl. 2003
Mat.	Materialien

Abkürzungsverzeichnis

Matthießen	Matthießen, Stimmrecht und Interessenkollision im Aufsichtsrat, 1989
Maunz/Dürig	Maunz/Dürig, Grundgesetz, Loseblatt-Kommentar, 73. Auflage 2015
maW	mit anderen Worten
mbH	mit beschränkter Haftung
MBl.	Ministerialblatt
MDR	Monatsschrift für Deutsches Recht
mE	meines Erachtens
mglw.	möglicherweise
MHdB AG	Hoffmann-Becking, Münchener Handbuch des Gesellschaftsrechts, Band 4: Aktiengesellschaft, 3. Aufl. 2007
MHdB GmbH	Priester/Mayer/Wicke, Münchener Handbuch des Gesellschaftsrechts, Band 3: Gesellschaft mit beschränkter Haftung, 4. Aufl. 2012
MHdB KG	Gummert/Weipert, Münchener Handbuch des Gesellschaftsrechts Band 2: Kommanditgesellschaft, GmbH & Co. KG, Publikums-KG, Stille Gesellschaft, 4. Aufl. 2014
MicroBilG	Kleinstkapitalgesellschaften – Bilanzrechtsänderungsgesetz
MiFID	Markets in Financial Instruments Directive, d: Richtlinie über Märkte für Finanzinstrumente (Finanzmarktrichtlinie)
MinBlFin	Ministerialblatt des Bundesministers der Finanzen
Mio.	Million(en)
Mitbest.	Die Mitbestimmung (Zeitschrift)
MitbestErgG	Mitbestimmungsergänzungsgesetz
MitbestG	Mitbestimmungsgesetz
Mitt.	Mitteilung(en)
MittBayNot	Mitteilungen der Bayerischen Notarkammer (Mitteilungsblatt)
MittBl.	Mitteilungsblatt
MittRhNotK	Mitteilungen der Rheinischen Notarkammer (Mitteilungsblatt)
mN	mit Nachweisen
MoMiG	Gesetz zur Modernisierung des GmbH-Rechts und zur Bekämpfung von Missbräuchen
MontanMitbestG	Montan-Mitbestimmungsgesetz
Mot.	Motive zum Entwurf eines BGB
MüKoAktG/Bearbeiter	Münchener Kommentar zum Aktiengesetz, 4. Aufl. 2014
MüKoBGB	Rixecker/Säcker/Oetker, Münchener Kommentar zum Bürgerlichen Gesetzbuch, 6. Aufl. 2012 ff.
MüKoBilR	Hennrichs/Kleindiek/Watrin, Münchener Kommentar zum Bilanzrecht, Band 1: Loseblatt, Stand 2012; Band 2 (§§ 238–342e HGB): 2014
MüKoFamFG	Rauscher, Münchener Kommentar zum FamFG, 2. Aufl. 2013
MüKoGmbHG	Fleischer/Goette, Münchener Kommentar zum Gesetz betreffend die Gesellschaften mit beschränkter Haftung – GmbHG, 2. Aufl. 2015 (soweit erschienen)
MüKoHGB	K. Schmidt, Münchener Kommentar zum Handelsgesetzbuch, 3. Aufl. 2010 ff.
MüKoInsO	Kirchhof/Eidenmüller/Stürner, Münchener Kommentar zur Insolvenzordnung, 3. Aufl. 2013
MüKoStGB	Münchener Kommentar zum StGB, 2. Aufl. 2012 ff.
MüKoZPO	Krüger/Rauscher, Münchener Kommentar zur Zivilprozessordnung, 4. Aufl. 2012
Mülbert	Mülbert, Aktiengesellschaft, Unternehmensgruppe und Kapitalmarkt, 2. Aufl. 1996
Müller-Gugenberger/Bieneck	Müller-Gugenberger/Bieneck, Wirtschaftsstrafrecht. Handbuch des Wirtschaftsstraf- und –ordnungswidrigkeitenrechts, 4. Aufl. 2006
v. Münch/Kunig	v. Münch/Kunig, Grundgesetz-Kommentar: GG, 6. Aufl. 2012
Musielak ZPO	Musielak, Kommentar zur Zivilprozessordnung, 12. Aufl. 2015
mwN	mit weiteren Nachweisen
mWv	mit Wirkung vom
mzN	mit zahlreichen Nachweisen
mzwN	mit zahlreichen weiteren Nachweisen

Abkürzungsverzeichnis

N	Note
n.rkr	nicht rechtskräftig
Nachdr.	Nachdruck
nachf.	nachfolgend
Nachtr.	Nachtrag
Nachw.	Nachweis(e)
NaStraG	Gesetz zur Namensaktie und zur Erleichterung der Stimmrechtsausübung (Namensaktiengesetz)
NB	Neue Betriebswirtschaft (Zeitschrift)
Nbl.	Nachrichtenblatt
Neye	Neye, Die Europäische Aktiengesellschaft, 2005
nF	neue Fassung
Nirk/Brezing/Bächle	Handbuch der Aktiengesellschaft: Gesellschaftsrecht – Steuerrecht – Arbeitsrecht, Band 1, 2. Aufl. 1982
Nirk/Ziemons/Binnewies	Nirk/Ziemons/Binnewies, Handbuch der Aktiengesellschaft. Gesellschaftsrecht, Steuerrecht, Loseblatt, Stand 2015
NJ	Neue Justiz (Zeitschrift)
NJOZ	Neue Juristische Online-Zeitschrift
NJW	Neue Juristische Wochenschrift (Zeitschrift)
NJW-RR	NJW-Rechtsprechungs-Report (Zivilrecht)
NK-AktG	Heidel, Aktienrecht und Kapitalmarktrecht, Nomos Kommentar, 4. Aufl. 2014
Nov.	Novelle
Nr.	Nummer(n)
nrkr	nicht rechtskräftig
Nw.	Nachweise
NWB	Neue Wirtschaftsbriefe
NZG	Neue Zeitschrift für Gesellschaftsrecht
o. a.	oben angegeben
o. g.	oben genannt(e)
oä	oder ähnlich(es)
Obermüller/Werner/Winden/Butzke	Obermüller/Werner/Winden/Butzke, Die Hauptversammlung der Aktiengesellschaft, 5. Aufl. 2011
OGH	Oberster Gerichtshof
OGHZ	Entscheidungen des Obersten Gerichtshofes für die Britische Zone in Zivilsachen
OHG	Offene Handelsgesellschaft
Olfert/Körner/Langenbeck Sonderbilanzen	Olfert/Körner/Langenbeck, Sonderbilanzen, 4. Aufl. 1994
OLG	Oberlandesgericht
OLGE	Die Rechtsprechung der Oberlandesgerichte auf dem Gebiet des Zivilrechts
OLGZ	Entscheidungen der Oberlandesgerichte in Zivilsachen
Paefgen	Paefgen, Struktur und Aufsichtsratsverfassung der mitbestimmten AG, 1982
Palandt	Palandt, Bürgerliches Gesetzbuch, 74. Aufl. 2015
Peltzer	Peltzer, Deutsche Corporate Governance, 2. Aufl. 2004
PersGes	Personengesellschaft
Peus	Peus, Der Aufsichtsratsvorsitzende, 1983
Potthoff/Trescher	Potthoff/Trescher, Das Aufsichtsratsmitglied, 6. Aufl. 2003
PrüfbV	Verordnung über die Prüfung der Jahresabschlüsse der Kreditinstitute und Finanzdienstleistungsinstitute sowie die darüber zu erstellenden Berichte (Prüfungsberichtsverordnung)
PrüfbZV	Prüfungsberichtszusatzverordnung
PrüfV	Verordnung über den Inhalt der Prüfungsberichte zu den Jahresabschlüssen von Versicherungsunternehmen (Prüfungsberichteverordnung)
PrüfZV	Entwurf einer Prüfungsberichtezusatzverordnung
PS	Prüfungsstandard

Abkürzungsverzeichnis

PublG	Publizitätsgesetz
pVV	positive Vertragsverletzung
RA	Rechtsausschuss; Rechtsanwalt
RabelsZ	Rabels Zeitschrift für ausländisches und internationales Privatrecht
Raiser/Veil KapGesR	Raiser/Veil, Recht der Kapitalgesellschaften, 5. Aufl. 2010
Raiser/Veil MitbestG	Raiser/Veil, Mitbestimmungsgesetz und Drittelbeteiligungsgesetz, 6. Aufl. 2015
RAnz.	Reichsanzeiger
RAO	Rechtsanwaltsordnung; Reichsabgabenordnung
RAusschuss	Rechtsausschuss
RCG	Regierungskommission Corporate Governance
Rdschr.	Rundschreiben
RdW	Recht der Wirtschaft
RE	Rechtsentscheid
RechKredV	Kreditinstituts-Rechnungslegungsverordnung
RechPensV	Pensionsfonds-Rechnungslegungsverordnung
Recht	Das Recht (Zeitschrift, Schweiz)
RechtsVO	Rechtsverordnung
rechtsw.	rechtswidrig
RechVersV	Versicherungsunternehmens-Rechnungslegungsverordnung
RechZahlV	Zahlungsinstituts-Rechnungslegungsverordnung
RefE	Referentenentwurf
RegBegr	Regierungsbegründung
RegE	Regierungsentwurf
Reischauer/Kleinhans	Reischauer/Kleinhans, Kreditwesengesetz (KWG), Loseblatt, Stand 2015
REIT	Real Estate Investment Trust
REIT-G	Gesetz über deutsche Immobilien-Aktiengesellschaften mit börsennotierten Anteilen
Rellermeyer	Rellermeyer, Aufsichtsratsausschüsse, 1986
reSp	rechte Spalte
rev.	revised
RFH	Reichsfinanzhof
RFHE	Amtliche Sammlung der Entscheidungen des Reichsfinanzhofs
RG	Reichsgericht
RGBl.	Reichsgesetzblatt
RGSt	Entscheidungen des Reichsgerichts in Strafsachen
RGZ	Entscheidungen des Reichsgerichts in Zivilsachen
RHO	Reichshaushaltsordnung
Richardi	Richardi, Betriebsverfassungsgesetz, Kommentar, 14. Aufl. 2014
Richardi BetrVG	Richardi, Betriebsverfassungsgesetz, 14. Aufl. 2014
Richtl.	Koordinierungs-Richtlinie des Rates der Europäischen Gemeinschaften
RKLW/ Bearbeiter DCGK	Ringleb/Kremer/Lutter/v. Werder, Kommentar zum Deutschen Corporate Governance Kodex, 5. Aufl. 2014
RisikoBegrG	Gesetz zur Begrenzung der mit Finanzinvestitionen verbundenen Risiken (Risikobegrenzungsgesetz)
Ritter AktG 1937	Ritter, Aktiengesetz, Kommentar, 2. Aufl. 1939
Rittner	Rittner, Wirtschaftsrecht, 2. Aufl. 1987
RJM	Reichsjustizministerium; Reichsminister der Justiz
rkr.	rechtskräftig
RL	Richtlinie
Rn.	Randnummer
Röhricht/v Westphalen/ Bearbeiter HGB	Röhricht/Graf von Westphalen, Handelsgesetzbuch. Kommentar, 4. Aufl. 2014
Rosenberg/Schwab/ Gottwald ZivilprozessR	Rosenberg/Schwab/Gottwald, Zivilprozessrecht, 17. Aufl. 2010
Roth/Altmeppen	Roth/Altmeppen, Gesetz betreffend die Gesellschaften mit beschränkter Haftung (GmbH), 7. Aufl. 2012

Abkürzungsverzeichnis

Rowedder/Schmidt-Leithoff	Rowedder/Schmidt-Leithoff, Gesetz betreffend die Gesellschaften mit beschränkter Haftung (GmbHG), Kommentar, 5. Aufl. 2013
RS bzw. Rs.	Rechtssache; IDW-Stellungnahme zur Rechnungslegung
Rspr.	Rechtsprechung
RStBl.	Reichssteuerblatt
RStruktG	Restrukturierungsgesetz
RT-Drs.	Reichstags-Drucksache
RV	Regierungsvorlage
S.; s.	Seite; siehe; section
Schäfer/Hamann WpHG	Schäfer/Hamann, Kapitalmarktgesetze, Kommentar zu WpHG, BörsG, BörsZulV, WpPG, VerkProspG, WpÜG, Loseblatt, Stand: Januar 2013
ScheckG	Scheckgesetz
SchiedsVZ	Zeitschrift für Schiedsverfahren
Schlegelberger/Quassowksi AktG 1937	Schlegelberger/Quassowski, Aktiengesetz vom 30. Januar 1937, Kommentar, 3. Aufl. 1939
SchlHA	Schleswig-Holsteinische Anzeigen (Zeitschrift)
Schmidt EStG	Schmidt, Einkommensteuergesetz, Kommentar, 34. Aufl. 2015
K. Schmidt InsO	K. Schmidt, Insolvenzordnung, Kommentar, 18. Aufl. 2013
K. Schmidt GesR	K. Schmidt, Gesellschaftsrecht, 4. Aufl. 2002
K. Schmidt HandelsR	K. Schmidt, Handelsrecht, 6. Aufl. 2014
K. Schmidt/Lutter	K. Schmidt/Lutter, Aktiengesetz, 2. Aufl. 2010
Schmitt/Hörtnagl/Stratz	Schmitt/Hörtnagl/Stratz, Umwandlungsgesetz, Umwandlungssteuergesetz, 6. Aufl. 2013
Scholz GmbHG	Scholz, Kommentar zum GmbH-Gesetz, Bd. 1 und 2, 11. Aufl. 2012, Bd. 3, 10. Aufl. 2010
Schubert/Hommelhoff	Schubert/Hommelhoff, Hundert Jahre modernes Aktienrecht, ZGR-Sonderheft Nr. 4, 1985
Schütz/Bürgers/Riotte HdB KGaA	Schütz/Bürgers/Riotte, Die Kommanditgesellschaft auf Aktien, Handbuch, 2004
Schwark/Zimmer	Schwark/Zimmer, Kapitalmarktrechts-Kommentar, 4. Aufl. 2010
SE	Societas Europaea (Europäische Aktiengesellschaft)
SEAG	SE-Ausführungsgesetz
SEBG	SE-Beteiligungsgesetz
SEC	Securities and Exchange Commission
Seibert/Kiem/Schüppen	Seibert/Kiem/Schüppen, Handbuch der kleinen AG, 5. Aufl. 2008
Seibert/Köster/Kiem	Seibert/Köster/Kiem, Die kleine AG, 4. Aufl. 2001
Semler Leitung und Überwachung	Semler, Leitung und Überwachung der Aktiengesellschaft, 2. Aufl. 1996
Bearbeiter in Semler/Peltzer/Kubis Vorstands-HdB	Semler/Peltzer/Kubis, Arbeitshandbuch für Vorstandsmitglieder, 2. Aufl. 2015
Semler/Stengel	Semler/Stengel, Umwandlungsgesetz, 3. Aufl. 2012
Bearbeiter in Semler/v. Schenck AR-HdB	Semler/v. Schenck, Arbeitshandbuch für Aufsichtsratsmitglieder, 4. Aufl. 2013
Semler/Volhard ÜN-HdB	Semler/Volhard, Arbeitshandbuch für Unternehmensübernahmen, Band 1: 2001; Band 2: 2003
Bearbeiter in Semler/Volhard/Reichert HV-HdB	Semler/Volhard/Reichert, Arbeitshandbuch für die Hauptversammlung, 3. Aufl. 2011

Abkürzungsverzeichnis

SEStEG	Gesetz über steuerliche Begleitmaßnahmen zur Einführung der Europäischen Gesellschaft und zur Änderung weiterer steuerrechtlicher Vorschriften
SEVO	Verordnung (EG) Nr. 2157/2001 des Rates vom 8. Oktober 2001 über das Statut der Europäischen Gesellschaft (SE-Verordnung)
Slg.	Sammlung der Rechtsprechung des Gerichtshofs der Europäischen Union und des Gerichts der Europäischen Union
SME	Small and Medium-Sized Entity
Soergel	Soergel, Bürgerliches Gesetzbuch mit Einführungsgesetz und Nebengesetzen: BGB, Kommentar, 13. Aufl. 1999 ff.
SoFFin	Sonderfonds Finanzmarktstabilisierung
sog.	so genannt(e)
SolZG	Solidaritätszuschlagsgesetz
Sp.	Spalte
Spindler/Stilz/Bearbeiter	Spindler/Stilz, AktG, Kommentar, 2. Aufl. 2010
SpruchG	Spruchverfahrensgesetz
SpTrUG	Gesetz über die Spaltung der von der Treuhandanstalt verwalteten Unternehmen
st.	ständig
StAnpG	Steueranpassungsgesetz
Stat. Jb.	Statistisches Jahrbuch für die Bundesrepublik Deutschland
Staub/Bearbeiter HGB	Staub, Kommentar zum Handelsgesetzbuch, 14. Aufl. 1932 ff.
Staub	Staub (Begr.), Canaris, Großkommentar zum Handelsgesetzbuch, 5. Aufl. 2008 ff.
Staudinger	Staudinger, Kommentar zum Bürgerlichen Gesetzbuch
Stein/Jonas/Bearbeiter ZPO	Stein/Jonas, Kommentar zur Zivilprozessordnung, 22. Aufl. 2002 ff.
Steinmeyer/Häger	Steinmeyer/Häger, WpÜG: Wertpapiererwerbs- und Übernahmegesetz, 2. Aufl. 2007
Steno. Berichte	Stenographische Berichte (Plenarprotokolle des Deutschen Bundestages)
stenogr.	stenographisch
StGB	Strafgesetzbuch
str.	strittig
stRspr	ständige Rechtsprechung
StückAG	Stückaktiengesetz
StuGR	Städte und Gemeinderat (Zeitschrift)
Szagunn/Haug/Ergenzinger	Szagunn/Haug/Ergenzinger, Gesetz über das Kreditwesen, Kommentar, 6. Aufl. 1997
Teichmann/Koehler AktG 1937	Teichmann/Koehler, Aktiengesetz, Kommentar, 3. Aufl. 1950
teilw.	teilweise
Theisen	Theisen, Grundsätze einer ordnungsmäßigen Information des Aufsichtsrats, 3. Aufl. 2002
Thomas/Putzo	Thomas/Putzo, Zivilprozessordnung mit Gerichtsverfassungsgesetz, den Einführungsgesetzen und europarechtlichen Vorschriften, 36. Aufl. 2015
TOP	Tagesordnungspunkt
TranspRLDV	Transparenzrichtlinie-Durchführungsverordnung
TransPuG	Transparenz- und Publizitätsgesetz
TrG	Treuhandgesetz
TUG	Transparenzrichtlinie-Umsetzungsgesetz
Tz.	Textziffer
u.	und; unten; unter
u. a.	und andere
u. a. m.	und andere mehr
u. ä.	und ähnliche(s)
uA	unserer Ansicht
ua	unter anderem

Abkürzungsverzeichnis

uÄ	und Ähnliches
Überbl.	Überblick
überwM	überwiegende Meinung
Uhlenbruck/Bearbeiter InsO	Uhlenbruck Insolvenzordnung, 13. Aufl. 2010
UHH	Ulmer/Habersack/Henssler, Mitbestimmungsrecht, 3. Aufl. 2013
UHL/Bearbeiter GmbHG	Ulmer/Habersack/Löbbe, GmbHG, Großkommentar, Band I: §§ 1–28, 2. Aufl. 2013
UHW/Bearbeiter GmbHG	Ulmer/Habersack/Löbbe, GmbHG, Großkommentar, Bd. 2 und 3, 2. Aufl., 2014
UHW	Ulmer/Habersack/Winter, GmbHG, Großkommentar, 2005 ff.
Ulmer/Habersack/ Henssler	s. UHH
Ulmer/Habersack/ Winter	s. UHW bzw. UHL
UMAG	Gesetz zur Unternehmensintegrität und Modernisierung des Anfechtungsrechts
unstr.	unstreitig
Unterabs.	Unterabsatz
unveröff.	unveröffentlicht
unzutr.	unzutreffend
Urt.	Urteil
usw.	und so weiter
uU	unter Umständen
uvam	und viele andere mehr
v.	von, vom
GES	Zeitschrift für Gesellschaftsrecht und angrenzendes Steuerrecht
v. Wysocki/Schulze-Osterloh	v. Wysocki/Schulze-Osterloh/Hennrichs/Kuhner, Handbuch des Jahresabschlusses, Loseblatt, Mai 2013
VAG	Versicherungsaufsichtsgesetz
Var.	Variante
Verf.	Verfassung; Verfasser
VerfGH	Verfassungsgerichtshof
VerfO	Verfahrensordnung
Verh.	Verhandlung(en)
Verh. DJT	Verhandlungen des Deutschen Juristentages
Veröff.	Veröffentlichung
VersR	Versicherungsrecht; Juristische Rundschau für die Individualversicherung (Zeitschrift)
VerwG	Verwaltungsgericht
VwVfG	Verwaltungsverfahrensgesetz
VFA	Versicherungsfachausschuss des IDW
Vfg.	Verfügung
VfGH	Verfassungsgerichtshof
VfSlg.	Sammlung der Erkenntnisse und Beschlüsse des Verfassungsgerichtshofs
VG	Verwaltungsgericht
VGH	Verwaltungsgerichtshof
vgl.	vergleiche
VglO	Vergleichsordnung
VGR	Wissenschaftliche Vereinigung für Unternehmens- und Gesellschaftsrecht
VO	Verordnung
Voraufl.	Voraufgabe
Vorb.	Vorbemerkung(en)
VorstAG	Gesetz zur Angemessenheit der Vorstandsvergütung
VorstKoG	Gesetz zur Verbesserung der Kontrolle der Vorstandsvergütung und zur Änderung weiterer aktienrechtlicher Vorschriften
VorstOG	Vorstandsvergütungs-Offenlegungsgesetz

Abkürzungsverzeichnis

vs.	versus
VStR	Vermögensteuerrichtlinien
VVaG	Versicherungsverein auf Gegenseitigkeit
VV-BHO	Allgemeine Verwaltungsvorschriften zur Bundeshaushaltsordnung, GMBl. 2001, 309
VVG	Gesetz über den Versicherungsvertrag
VW	Versicherungswirtschaft (Zeitschrift)
VwGH	Verwaltungsgerichtshof
VwGO	Verwaltungsgerichtsordnung
VwKostG	Verwaltungskostengesetz
VwSlg.	Erkenntnisse und Beschlüsse des Verwaltungsgerichtshofs
VwVfG	Verwaltungsverfahrensgesetz
VwVG	Verwaltungs-Vollstreckungsgesetz
VwZG	Verwaltungszustellungsgesetz
Wachter	Wachter, AktG, Kommentar, 2. Aufl. 2014
Wackerbarth	Wackerbarth, Grenzen der Leitungsmacht in der internationalen Unternehmensgruppe, 2001
Wellkamp	Wellkamp, Vorstand, Aufsichtsrat und Aktionär, 2. Aufl. 2000
WiB	Wirtschaftsrechtliche Beratung (Zeitschrift)
Wicke	Wicke, Gesetz betreffend die Gesellschaften mit beschränkter Haftung (GmbHG), Kommentar, 2. Aufl. 2011
Widmann/Mayer	Widmann/Mayer, Umwandlungsrecht, Loseblatt, Stand Mai 2013
Wiedemann GesR Bd I bzw. Bd II	Wiedemann, Gesellschaftsrecht. Band I: Grundlagen, München 1980; Band II: Recht der Personengesellschaften, 2004
Wiedemann GesR Bd. 1	Wiedemann/Frey, Gesellschaftsrecht, 7. Aufl. 2007
Wiedmann/Böcking/ Gros	Wiedmann/Böcking/Gros, Bilanzrecht, Kommentar zu den §§ 238 bis 342a HGB, 3. Aufl. 2014
WiGBl.	Gesetzblatt der Verwaltung des Vereinigten Wirtschaftsgebietes
WiKG	Gesetz zur Bekämpfung der Wirtschaftskriminalität
Wilhelm	Wilhelm, Kapitalgesellschaftsrecht, 2. Aufl. 2005
Wilsing	Wilsing, Deutscher Corporate Governance Kodex: DCGK, Kommentar, 2012
Windbichler GesR	Windbichler, Gesellschaftsrecht, 23. Aufl. 2013
Winnefeld	Winnefeld, Bilanz-Handbuch, 5. Aufl. 2015
WiR	Wirtschaftsrat; Wirtschaftsrecht (Zeitschrift)
WKBG	Wagniskapitalbeteiligungsgesetz
Wlotzke/Wißmann/Koberski MitbestG	Wlotzke/Wißmann/Koberski, Mitbestimmungsrecht, 4. Aufl. 2011
WM	Wertpapier-Mitteilungen (Zeitschrift)
wN	weitere Nachweise
WP	Das Wertpapier (Zeitschrift)
WpAIV	Wertpapierhandelsanzeige- und Insiderverzeichnisverordnung
WPBHV	Wirtschaftsprüfer-Berufshaftpflichtversicherungsverordnung
WPg	Die Wirtschaftsprüfung (Zeitschrift)
WP-HdB	Institut der Wirtschaftsprüfer e.V., Wirtschaftsprüfer-Handbuch, Band 1: 14. Aufl. 2012, Band 2: 14. Aufl. 2014
WpHG	Wertpapierhandelsgesetz
WpPG	Wertpapierprospektgesetz
WpÜG	Wertpapiererwerbs- und Übernahmegesetz
WuB	Wirtschafts- und Bankrecht (Entscheidungssammlung)
Würdinger AktienR	Würdinger, Aktienrecht und das Recht der verbundenen Unternehmen, 4. Aufl. 1981
WWKK	Wlotzke/Wißmann/Koberski/Kleinsorge, Mitbestimmungsrecht, Kommentar, 4. Aufl. 2011
Z	Ziffer
z.	zu, zum

Abkürzungsverzeichnis

ZAG	Zahlungsdiensteaufsichtsgesetz
zahlr.	Zahlreich
zB	zum Beispiel
ZGR	Zeitschrift für Unternehmens- und Gesellschaftsrecht
ZHR	Zeitschrift für das gesamte Handelsrecht und Wirtschaftsrecht
Ziff.	Ziffer(n)
ZInsO	Zeitschrift für das gesamte Insolvenzrecht
ZIP	Zeitschrift für Wirtschaftsrecht und Insolvenzpraxis
zit.	zitiert
Zöller/Bearbeiter ZPO	Zöller, Zivilprozessordnung, 30. Aufl. 2014
Zöllner WPR	Zöllner, Wertpapierrecht, 14. Aufl. 1987
ZPO	Zivilprozessordnung
ZS	Zivilsenat
zT	zum Teil
zust.	zustimmend; zuständig
ZustErgG	Zuständigkeitsergänzungsgesetz
zutr.	zutreffend
zZt.	zur Zeit

Aktiengesetz

vom 6. September 1965 (BGBl. 1965 I S. 1089)
zuletzt geändert durch Gesetz vom 17. Juli 2015 (BGBl. 2015 I S. 1245)

Erstes Buch. Aktiengesellschaft

Vierter Teil. Verfassung der Aktiengesellschaft

2. Abschnitt. Aufsichtsrat

§ 95 Zahl der Aufsichtsratsmitglieder

[1] Der Aufsichtsrat besteht aus drei Mitgliedern. [2] Die Satzung kann eine bestimmte höhere Zahl festsetzen. [3] Die Zahl muß durch drei teilbar sein. [4] Die Höchstzahl der Aufsichtsratsmitglieder beträgt bei Gesellschaften mit einem Grundkapital

bis zu 1 500 000 Euro neun,
von mehr als 1 500 000 Euro fünfzehn,
von mehr als 10 000 000 Euro einundzwanzig.

[5] Durch die vorstehenden Vorschriften werden hiervon abweichende Vorschriften des Mitbestimmungsgesetzes vom 4. Mai 1976 (BGBl. I S. 1153), des Montan-Mitbestimmungsgesetzes und des Gesetzes zur Ergänzung des Gesetzes über die Mitbestimmung der Arbeitnehmer in den Aufsichtsräten und Vorständen der Unternehmen des Bergbaus und der Eisen und Stahl erzeugenden Industrie in der im Bundesgesetzblatt Teil III, Gliederungsnummer 801-3 veröffentlichten bereinigten Fassung – Mitbestimmungsergänzungsgesetz – nicht berührt.

Schrifttum: *Geßler,* Variable Aufsichtsräte?, DB 1953, 440; *Herold,* Der Grundsatz der Dreiteilbarkeit bei der Zahl der Aufsichtsratsmitglieder, NJW 1953, 1809; *Kort,* Corporate Governance-Fragen der Größe und Zusammensetzung des Aufsichtsrats bei AG, GmbH und SE, AG 2008, 137; *Lutter,* Auswahlpflichten und Auswahlverschulden bei der Wahl von Aufsichtsratsmitgliedern, ZIP 2003, 417; *Meier,* Probleme bei der freiwilligen zahlenmäßigen Erweiterung eines mitbestimmten Aufsichtsrats nach dem MitbestG 1976, NZG 2000, 190; *Oetker,* Der Anwendungsbereich des Statusverfahrens nach den §§ 97 ff. AktG, ZHR 149 (1985), 575; *Peus,* Die Praxis privatautonomer Mitbestimmungsvereinbarungen, AG 1982, 206; *Prölls,* Versicherungsaufsichtsgesetz, Kommentar, 12. Aufl. 2005; *Spieker,* Sind „Riesen-Aufsichtsräte" zulässig?, DB 1963, 821; *Stein,* Rechtsschutz gegen gesetzwidrige Satzungsnormen bei Kapitalgesellschaften, ZGR 1994, 472; *Voormann,* Die Stellung des Beirats im Gesellschaftsrecht, 2. Aufl 1990; *Werner,* Sind „Riesen-Aufsichtsräte" zulässig?, DB 1963, 1563; *Wißmann/Koberski/Kleinsorge/Freis,* Mitbestimmungsgesetz, Kommentar, 4. Aufl. 2011; *Zekorn,* Zur Rechtswirksamkeit der Mitbestimmungsregelung des „Lüdenscheider Abkommens", AG 1960, 243; *Zimmermann,* Zur höchstzulässigen Zahl von Aufsichtsratsitzen, BB 1963, 284.

Übersicht

	Rn.
I. Allgemeines	1
1. Inhalt und Bedeutung der Norm	1
2. Entstehungsgeschichte	5
II. Der Aufsichtsrat als notwendiges Organ	8
1. Erfordernis eines Aufsichtsrats	8
2. Bildung eines Beirats	9
III. Besetzung des Aufsichtsrats	11
1. Die gesetzliche Mindestzahl (S. 1)	11
2. Die satzungsmäßige Zahl (S. 2)	13
3. Dreiteilbarkeit der Mitgliederzahl (S. 3)	17

	Rn.
4. Die gesetzliche Höchstzahl (S. 4)	20
a) Höchstzahlen in Gesellschaften, die ihren Aufsichtsrat nach dem AktG oder dem DrittelbG bilden	21
b) Mitbestimmungsrechtliche Sondervorschriften (S. 5)	24
5. Veränderungen der Mitgliederzahl	26
a) Erhöhung der Mitgliederzahl	27
b) Verringerung der Mitgliederzahl	31
IV. Rechtsfolgen bei Verletzung	48
1. Verstoß gegen die gesetzlichen Regelungen	49
a) Unzulässige (=nichtige) Satzungsbestimmung	50
b) Wahl bei unzulässiger (= nichtiger) Satzungsbestimmung	53
c) Anfechtbarkeit bei unzulässigem Hauptversammlungsbeschluss	60
2. Verstoß gegen die Satzung	62

I. Allgemeines

1. Inhalt und Bedeutung der Norm. Die Vorschrift bestimmt die **zahlenmäßige Besetzung des Aufsichtsrats.** Seine gruppenmäßige Zusammensetzung regelt § 96.[1] Der Zweck der Vorschrift besteht darin, Höchstzahlen der Aufsichtsratsmitglieder festzuschreiben und die Möglichkeiten des Einflusses der Hauptversammlung auf die Größe des Aufsichtsrats zu begrenzen.[2] Variable Mitgliedszahlen sollen insbesondere mit Blick auf die Mitbestimmung der Arbeitnehmer ausgeschlossen werden.[3] Daneben dient § 95 der Sicherung der Effektivität der Aufsichtsratsarbeit, indem zwingende Höchstzahlen festgelegt werden, ohne dass die Möglichkeit einer ministeriellen Ausnahmegenehmigung besteht, wie sie noch in § 86 Abs. 1 S. 4 AktG 1937 normiert war.[4]

Die Bestimmung findet gem. **§ 95 S. 5** nur Anwendung auf Gesellschaften, die nicht § 7 MitbestG,[5] § 4 MontanMitbestG[6] oder § 5 MitbestErgG[7] unterliegen. Die mitbestimmungsrechtlichen Vorschriften gehen insoweit vor. Anwendbar ist die Norm auf Gesellschaften, für die das DrittelbG[8] gilt und auf Gesellschaften, bei denen keine Arbeitnehmervertreter in den Aufsichtsrat zu wählen sind.

Für den nach **§ 52 GmbHG** fakultativ gebildeten Aufsichtsrat einer GmbH kann die Größe des Aufsichtsrats beliebig in der Satzung festgelegt werden. Fehlt es an einer solchen Bestimmung, ist § 95 S. 1 auf eine GmbH gem. § 52 Abs. 1 GmbHG entsprechend anwendbar.[9] Nach h. M. kann der Aufsichtsrat einer GmbH auch aus einer Person bestehen.[10] Die Zahl der Aufsichtsräte einer dualistischen SE regelt § 17 SEAG[11], welcher im Wesentli-

---

[1] Zur Mitverantwortung des Aufsichtsrats für seine eigene Besetzung mit ausreichend qualifizierten Personen vgl. *Lutter* ZIP 2003, 417 ff.
[2] MüKoAktG/*Habersack* Rn. 1; Großkomm AktG/*Hopt/Roth* Rn. 31; Kölner Komm AktG/*Mertens/Cahn* Rn. 5; *Hüffer/Koch* Rn. 1.
[3] BegrRerE *Kropff* S. 125; MüKoAktG/*Habersack* Rn. 1; Henssler/Strohn/*Henssler* Rn. 1.
[4] Vgl. BegrRegE *Kropff* S. 125; Großkomm AktG/*Hopt/Roth* Rn. 32; MüKoAktG/*Habersack* Rn. 1.
[5] Gesetz über die Mitbestimmung der Arbeitnehmer (Mitbestimmungsgesetz – MitbestG) vom 4.5.1976, BGBl. 1976 I S. 1153.
[6] Gesetz über die Mitbestimmung der Arbeitnehmer in den Aufsichtsräten und Vorständen der Unternehmen des Bergbaus und der Eisen und Stahl erzeugenden Industrie (Montan-Mitbestimmungsgesetz – Montan-MitbestG) vom 21.5.1951, BGBl. 1951 I S. 347.
[7] Gesetz zur Ergänzung des Gesetzes über die Mitbestimmung der Arbeitnehmer in den Aufsichtsräten und Vorständen der Unternehmen des Bergbaus und der Eisen und Stahl erzeugenden Industrie (Mitbestimmungsergänzungsgesetz – MitbestErgG) vom 7.8.1956, BGBl. 1956 I S. 707.
[8] Gesetz über die Drittelbeteiligung der Arbeitnehmer im Aufsichtsrat (Drittelbestimmungsgesetz – DrittelbG) vom 18.5.2004, BGBl. 2004 I S. 974.
[9] Baumbach/Hueck/*Zöllner/Noack* GmbHG § 52 Rn. 32.
[10] Roth/Altmeppen/*Altmeppen* GmbHG § 52 Rn. 7; MüKoGmbHG/*Spindler* GmbHG § 52 Rn. 81; Baumbach/Hueck/*Zöllner/Noack* § 52 GmbHG Rn. 32.
[11] Gesetz zur Ausführung der Verordnung (EG) Nr. 2157/2001 des Rates vom 8. Oktober 2001 über das Statut der Europäischen Gesellschaft (SE) (SE-Ausführungsgesetz – SEAG) vom 22.12.2004, BGBl. 2004 I S. 3675.

chen § 95 S. 1–4 entspricht.¹² Für die monistische SE bestimmt § 23 SEAG die Größe des Verwaltungsrats.¹³

Kleinere Versicherungsvereine auf Gegenseitigkeit (§ 53 Abs. 1 VAG¹⁴) müssen gem. § 53 Abs. 3 VAG keinen Aufsichtsrat bilden. Soll gleichwohl ein Aufsichtsrat eingerichtet werden, muss die Satzung dies vorsehen. § 95 AktG findet in diesem Fall keine Anwendung.¹⁵

2. Entstehungsgeschichte. Nach § 86 Abs. 1 **AktG 1937** waren variable Mitgliederzahlen zulässig. Die Satzung musste lediglich eine Mindestmitgliederzahl enthalten. Die für die Gesellschaft geltende Mitgliederzahl konnte die Hauptversammlung nach oben oder unten variieren.¹⁶ Dem steht heute die eindeutige Fassung des Gesetzes entgegen (S. 2; vgl. auch → Rn. 14).

Die Vorschrift lässt **keine ministeriellen Ausnahmegenehmigungen**¹⁷ zur Überschreitung der Höchstzahlen zu, wie sie noch § 86 Abs. 1 S. 4 AktG 1937 vorsah.

Satz 4 wurde an die Einführung des Euro angepasst.¹⁸ Seit dem 1.1.1999 wird das Grundkapital in Euro und nicht mehr in DM beziffert.

II. Der Aufsichtsrat als notwendiges Organ

1. Erfordernis eines Aufsichtsrats. Jede AG **muss** einen **Aufsichtsrat haben**,¹⁹ § 95 setzt ihn voraus (zu den Besonderheiten des ersten Aufsichtsrats → § 96 Rn. 51). Weder durch die Satzung noch durch unmittelbaren Hauptversammlungsbeschluss kann der Aufsichtsrat als Organ einer AG abgeschafft werden.²⁰ **Fehlt** ein (funktionsfähiger) **Aufsichtsrat**, gleich aus welchem Grund, berührt dies nicht den Bestand der AG.²¹ Jede AG darf **nur einen Aufsichtsrat** haben.²² Der Aufsichtsrat muss als solcher **bezeichnet** sein.²³ Andere Bezeichnungen sind nicht zulässig.²⁴

2. Bildung eines Beirats. Neben dem Aufsichtsrat darf in einer AG ein **Beirat**²⁵ eingerichtet werden. Für ein solches Gremium sind auch andere Bezeichnungen gebräuchlich (zB Verwaltungsrat). Er wird üblicherweise vom Vorstand eingerichtet, nicht vom Aufsichtsrat.²⁶ Die Bildung und Ausgestaltung von Beiräten kann in der Satzung geregelt werden.²⁷

---

¹² *Kort* AG 2008, 137 (139).
¹³ *Kort* AG 2008, 137 (139).
¹⁴ Gesetz über die Beaufsichtigung der Versicherungsunternehmen (Versicherungsaufsichtsgesetz – VAG) vom 17.12.1992, BGBl. 1993 I S. 2.
¹⁵ Siehe ausführlich Prölls/*Weigel* VAG § 53 Rn. 38 ff.
¹⁶ Vgl. zB LG Darmstadt BB 1953, 320; LG Frankfurt mit zust. Anm. *Winden* DB 1953, 333; *Geßler* DB 1953, 440 (441).
¹⁷ Vgl. hierzu BegrRegE *Kropff* S. 125; *Spieker* DB 1963, 821 ff.; *Werner* DB 1963, 1563 ff.; *Zimmermann* BB 1963, 284 f.
¹⁸ Gesetz zur Einführung des Euro (Euro-Einführungsgesetz – EuroEG) vom 9.6.1998, BGBl. 1998 I S. 1242.
¹⁹ Hüffer/*Koch* Rn. 1; Kölner Komm AktG/*Mertens/Cahn* Rn. 7; K. Schmidt/Lutter/*Drygala* Rn. 2; MüKoAktG/*Habersack* Rn. 5; Spindler/Stilz/*Spindler* Rn. 4.
²⁰ RGZ 48, 40 (42).
²¹ KG OLG Rspr. 34, 348; Kölner Komm AktG/*Mertens/Cahn* Rn. 7; Großkomm AktG/*Hopt/Roth* Rn. 36.
²² Kölner Komm AktG/*Mertens/Cahn* Rn. 7; MüKoAktG/*Habersack* Rn. 5.
²³ Kölner Komm AktG/*Mertens/Cahn* Rn. 7; Hüffer/*Koch* Rn. 1.
²⁴ KG JW 1932, 2620 mit zust. Anm. *Pinner*, demnach darf der Aufsichtsrat nicht Verwaltungsrat heißen.
²⁵ Vgl. allgemein zu den Beiräten *Voormann*; zu den Verwaltungsgremien im Anwendungsbereich des MontanMitbestG siehe *Mertens* AG 1982, 141 (144); *Peus* AG 1982, 206 (208 f., 212); *Zekorn* AG 1960, 243 (245 ff.).
²⁶ MüKoAktG/*Habersack* Rn. 6; Großkomm AktG/*Hopt/Roth* Rn. 46; *v. Schenck* in Semler/v. Schenck AR-HdB § 3 Rn. 64.
²⁷ *v. Schenck* in Semler/v. Schenck AR-HdB § 3 Rn. 64; aA MüKoAktG/*Habersack* Rn. 6.

10 Der Beirat darf lediglich beratend tätig werden.[28] Beiräten dürfen (und können) gesetzliche Befugnisse des Aufsichtsrats nicht übertragen werden.[29] Rechtsakte, die eine **Verlagerung von Aufgaben des Aufsichtsrats** auf einen Beirat vorsehen, sind **nichtig**.[30] Dies gilt auch dann, wenn der Aufsichtsratsvorsitzende nicht zu den Mitgliedern des Beirats gehört.[31] Das Aufsichtsratsmitglied hat sein Amt gem. § 111 Abs. 5 AktG persönlich auszuüben.[32] Es verletzt seine Amtspflichten, wenn es sich in einen Beirat wählen lässt, der Aufgaben des Aufsichtsrats wahrnimmt.[33] Nimmt der Beirat ausschließlich Aufgaben wahr, die nicht in den Pflichtenkreis des Aufsichtsrats gehören, können sowohl der Aufsichtsratsvorsitzende als auch andere Mitglieder des Aufsichtsrats Mitglied des Beirats werden. Die Mitgliedschaft eines Aufsichtsratsmitglieds in einem Beirat erfordert allerdings die Zustimmung des Aufsichtsrats.[34]

III. Besetzung des Aufsichtsrats

11 **1. Die gesetzliche Mindestzahl (S. 1).** Der Aufsichtsrat besteht aus **mindestens drei Mitgliedern** (S. 1).

Besteht der Aufsichtsrat aus weniger als drei Mitgliedern, ist er beschlussunfähig (§ 108 Abs. 2 S. 3).[35] **Beschlussunfähigkeit** tritt unabhängig von der Frage ein, aus welchem Grund weniger als drei Mitglieder vorhanden sind.[36] Der Grund kann darin liegen, dass eines der drei Aufsichtsratsmitglieder nicht wirksam bestellt wurde, dauerhaft verhindert oder später weggefallen ist (Abberufung bei Vorliegen eines wichtigen Grundes, Niederlegung, Tod) (vgl. hierzu → § 108 Rn. 81 und 221 ff.). Setzt sich der Aufsichtsrat aus mehr als drei Mitgliedern zusammen, richtet sich seine Beschlussfähigkeit nach den allgemeinen Regeln über die Beschlussfassung im Aufsichtsrat (§ 108 Abs. 2).

12 Das zuständige **Gericht** bestellt auf Antrag des Vorstands, eines Aufsichtsratsmitglieds oder eines Aktionärs die zur Beschlussfähigkeit fehlenden Mitglieder (§ 104 Abs. 1). Der Vorstand hat dafür Sorge zu tragen, dass ein beschlussfähiger Aufsichtsrat vorhanden ist und dass der erforderliche Antrag gestellt wird (§ 104 Abs. 1 S. 2). Unterlässt er dies, verletzt er seine Sorgfaltspflicht aus § 93 Abs. 1.[37] Vorstand und Abwickler können durch Festsetzung von Zwangsgeld angehalten werden, den Antrag auf gerichtliche Bestellung zu stellen (§ 407 Abs. 1).

13 **2. Die satzungsmäßige Zahl (S. 2).** Die Satzung kann gem. § 95 S. 2 eine **höhere Mitgliederzahl** festlegen als die gesetzliche Mindestzahl.[38] Eine niedrigere Zahl als drei darf die Satzung nicht festlegen, vgl. § 108 Abs. 2 S. 3 (→ Rn. 17).[39]

14 Die abweichende Zahl muss **bestimmt** sein.[40] **Variable Mitgliederzahlen** sind mangels Bestimmtheit **unzulässig**.[41] Der Einfluss der Hauptversammlung auf die zahlenmäßige Zusammensetzung des Aufsichtsrats soll begrenzt werden.[42] Arbeitnehmervertreter sollen nicht dadurch an der Mitgliedschaft im Aufsichtsrat gehindert werden, dass die Hauptver-

---

[28] *Gittermann* in Semler/v. Schenck AR-HdB § 6 Rn. 22; Kölner Komm AktG/*Mertens/Cahn* Rn. 9; MüKoAktG/*Habersack* Rn. 6.
[29] *Gittermann* in Semler/v. Schenck AR-HdB § 6 Rn. 2, 22; Kölner Komm AktG/*Mertens/Cahn* Rn. 9; Hüffer/*Koch* Rn. 4; MüKoAktG/*Habersack* Rn. 6; Großkomm AktG/*Hopt/Roth* Rn. 42.
[30] Kölner Komm AktG/*Mertens/Cahn* Rn. 9; MüKoAktG/*Habersack* Rn. 6.
[31] Kölner Komm AktG/*Mertens/Cahn* Rn. 9; MüKoAktG/*Habersack* Rn. 6.
[32] Kölner Komm AktG/*Mertens/Cahn* Rn. 9; MHdB AG/*Hoffmann-Becking* § 29 Rn. 20.
[33] Kölner Komm AktG/*Mertens/Cahn* Rn. 9; vgl. MüKoAktG/*Habersack* Rn. 6.
[34] Kölner Komm AktG/*Mertens/Cahn* Vor § 76 AktG Rn. 18.
[35] Vgl. LG Karlsruhe DB 1993, 1352.
[36] MüKoAktG/*Habersack* Rn. 7.
[37] MüKoAktG/*Habersack* Rn. 8.
[38] BegrRegE *Kropff* S. 125; Kölner Komm AktG/*Mertens/Cahn* Rn. 1; Hüffer/*Koch* Rn. 3.
[39] Hüffer/*Koch* Rn. 2; Kölner Komm AktG/*Mertens/Cahn* Rn. 10 f.
[40] BAG AG 1990, 361.
[41] BegrRegE *Kropff* S. 125; Hüffer/*Koch* Rn. 3.
[42] Hüffer/*Koch* Rn. 1; Kölner Komm AktG/*Mertens/Cahn* Rn. 5; Spindler/Stilz/*Spindler* Rn. 2.

sammlung die Mitgliederzahl variabel halten, durch einfachen Hauptversammlungsbeschluss beliebig festsetzen und dadurch die Zahl der Arbeitnehmervertreter manipulieren kann.[43]

Zulässig ist eine Satzungsbestimmung, der zufolge sich der Aufsichtsrat aus der **jeweils** **15** **höchstzulässigen Zahl** von Aufsichtsratsmitgliedern der dazugehörigen Grundkapitalgruppe iSv § 95 S. 4 zusammensetzt.[44]

Bestimmt die Satzung eine von der gesetzlichen Vorgabe abweichende Zahl an Aufsichts- **16** ratsmitgliedern, setzt sich der Aufsichtsrat aber aus weniger Mitgliedern zusammen, **wirkt sich diese Unterbesetzung nicht unmittelbar aus.** Allerdings sind die Auswirkungen auf die Beschlussfähigkeit des Aufsichtsrats zu beachten.[45]

3. Dreiteilbarkeit der Mitgliederzahl (S. 3). Die satzungsmäßig festgesetzte Zahl der **17** Aufsichtsratsmitglieder muss gem. § 95 S. 3 grundsätzlich durch drei teilbar sein (sog. **Grundsatz der Dreiteilbarkeit**).[46] Dies gilt sowohl für den Aufsichtsrat ohne Arbeitnehmerbeteiligung als auch für den nach § 4 DrittelbG zusammengesetzten Aufsichtsrat (→ Rn. 21).[47] Das Erfordernis der Dreiteilbarkeit geht darauf zurück, dass in drittelparitätisch mitbestimmten Gesellschaften ein Drittel der Aufsichtsratsmitglieder Arbeitnehmervertreter sein müssen.[48] Danach kann der Aufsichtsrat aus 3, 6, 9, 12, 15, 18 oder 21 Mitgliedern bestehen, soweit das Gesetz nicht in § 95 S. 4 eine andere Höchstzahl vorsieht.

Der Grundsatz der Dreiteilbarkeit wird gem. § 95 S. 5 bei einer den Vorschriften des **18** **MitbestG** oder **MontanMitbestG** unterliegenden Gesellschaft durchbrochen. Nach § 7 MitbestG zusammengesetzte Aufsichtsräte müssen zur Verwirklichung der paritätischen Mitbestimmung **gerade Mitgliederzahlen** haben.[49] Gesellschaften, bei denen der Aufsichtsrat nach § 4 Abs. 1 S. 1 MontanMitbestG zusammengesetzt wird, bestehen regelmäßig aus **11 Aufsichtsratsmitgliedern,** jedoch kann die Anzahl gem. § 9 MontanMitbestG je nach Grundkapital auf 15 oder 21 erhöht werden. Setzt sich der Aufsichtsrat nach den Vorschriften des **MitbestErgG** zusammen, hat der Aufsichtsrat gem. § 5 MitbestErgG grundsätzlich 15 Mitglieder. Bei einem Grundkapital von mehr als 25 Mio. Euro („50 Mio. Mark") kann die Anzahl der Aufsichtsratsmitglieder gem. § 5 Abs. 1 S. 3 MitbestErgG auf 21 erhöht werden.

Der Grundsatz der Dreiteilbarkeit findet keine Anwendung, wenn gem. § 95 S. 5 bei **19** einer AG der Unternehmensgegenstand auf den Betrieb deutsch-schweizerischer Grenzkraftwerke gerichtet ist.[50]

4. Die gesetzliche Höchstzahl (S. 4). Die gesetzliche Höchstzahl soll die Effektivität **20** des Aufsichtsrats sicherstellen.[51] Eine Überschreitung mittels ministerieller Ausnahmegenehmigung ist nicht mehr vorgesehen (→ Rn. 6). Allerdings erscheinen die im Gesetz festgelegten Höchstzahlen ohnehin zu hoch, um eine effiziente Aufsicht zu gewährleisten. Bei der Zählung der Aufsichtsratsmitglieder sind alle Mitglieder zu berücksichtigen. Unerheblich ist, ob die Mitglieder von der Hauptversammlung nach dem AktG oder von den Arbeitnehmern nach dem DrittelbG oder den Mitbestimmungsgesetzen gewählt wurden.[52] Für die Berechnung der Aufsichtsratsgröße kommt es auch nicht darauf an, ob ein Aufsichts-

---

[43] Kölner Komm AktG/*Mertens/Cahn* Rn. 5.
[44] Kölner Komm AktG/*Mertens/Cahn* Rn. 14.
[45] Kölner Komm AktG/*Mertens/Cahn* Rn. 22; vgl. zur Möglichkeit der gerichtlichen Bestellung → § 104 Rn. 25 ff.
[46] Hüffer/*Koch* Rn. 3; Kölner Komm AktG/*Mertens/Cahn* Rn. 10; *Hoffmann/Preu* Der Aufsichtsrat Rn. 109.6; *Herold* NJW 1953, 1809, der auf den zwingenden Charakter der Bestimmung hinweist.
[47] MüKoAktG/*Habersack* Rn. 11; Großkomm AktG/*Hopt/Roth* Rn. 61.
[48] MüKoAktG/*Habersack* Rn. 11; Großkomm AktG/*Hopt/Roth* Rn. 61.
[49] MüKoAktG/*Habersack* Rn. 15.
[50] Gesetz zu dem Vertrag zwischen der Bundesrepublik Deutschland und der Schweizerischen Eidgenossenschaft über die Regelung von Fragen, welche die Aufsichtsräte der in der Bundesrepublik Deutschland zum Betrieb von Grenzkraftwerken am Rhein errichteten Aktiengesellschaften betreffen vom 13.5.1957, BGBl. 1957 II S. 262.
[51] Kölner Komm AktG/*Mertens/Cahn* Rn. 5; MüKoAktG/*Habersack* Rn. 12; Großkomm AktG/*Hopt/Roth* Rn. 32.
[52] Hüffer/*Koch* Rn. 4.

ratsmitglied entsandt oder gerichtlich bestellt ist.[53] Nicht zu berücksichtigen sind **Ersatzmitglieder,** da ihre Mitgliedschaft erst mit dem Wegfall des vorgeordneten Aufsichtsratsmitglieds beginnt.[54] Auch **Ehrenvorsitzende** und **Ehrenmitglieder** sind nicht mitzuzählen (ausführlich → § 107 Rn. 80 ff.).[55] **Aufschiebend bedingt** bestellte Aufsichtsratsmitglieder zählen erst von dem Zeitpunkt an als ordentliches Mitglied, in dem die Bedingung eingetreten ist. Im Allgemeinen wird Gegenstand der Bedingung das Ausscheiden eines vorhandenen Mitglieds aus dem Aufsichtsrat sein. Ist ausnahmsweise eine andere Bedingung vereinbart, kann eine bedingte Mitgliedschaft erst erworben werden, wenn ein anderes Mitglied aus dem Aufsichtsrat ausscheidet.[56]

21 **a) Höchstzahlen in Gesellschaften, die ihren Aufsichtsrat nach dem AktG oder dem DrittelbG bilden.** Die Höchstzahlen in Gesellschaften ohne Arbeitnehmerbeteiligung im Aufsichtsrat oder mit einem nach dem DrittelbG zusammengesetzten Aufsichtsrat bestimmen sich gem. § 95 S. 4 nach dem **Grundkapital** der Gesellschaft. Die Höchstzahl der Aufsichtsratsmitglieder beträgt
– 9 bei einem Grundkapital bis zu 1,5 Mio. Euro,
– 15 bei einem Grundkapital von mehr als 1,5 Mio. Euro und
– 21 bei einem Grundkapital von mehr als 10 Mio. Euro.

22 Für die Ermittlung der Höchstzahl kommt es auf das **tatsächlich ausgegebene Grundkapital** an.[57] Der Einzahlungsbetrag (§§ 9, 10 Abs. 2, § 36a) ist unerheblich. Eine bedingte Kapitalerhöhung wirkt sich auf die Bestimmung der Höchstzahl erst mit Ausgabe der Bezugsaktien aus (§ 200). Genehmigtes Kapital ist erst mit Eintragung der durchgeführten Erhöhung zu berücksichtigen (§§ 203 Abs. 1 S. 1, 189).

23 Bestimmt die **Satzung** eine höhere Zahl als die Mindestzahl von drei Mitgliedern, so muss sie sich an die einschlägige Höchstzahl gem. S. 4 halten. Entgegenstehende Satzungsbestimmungen sind nichtig (→ Rn. 52).

24 **b) Mitbestimmungsrechtliche Sondervorschriften (S. 5).** Für Gesellschaften, die ihren Aufsichtsrat nach mitbestimmungsrechtlichen Vorschriften bilden, gelten andere Höchstzahlen. Die mitbestimmungsrechtlichen Sondervorschriften bleiben gem. § 95 S. 5 von der aktienrechtlichen Regelung unberührt.

25 Die Anzahl der Aufsichtsratsmitglieder in Gesellschaften, die ihren Aufsichtsrat nach dem MitbestG bilden, bemisst sich nicht nach dem Grundkapital, sondern gem. § 7 MitbestG nach der Anzahl der Arbeitnehmer des Unternehmens. In Gesellschaften, die ihren Aufsichtsrat nach dem **MitbestErgG** oder dem **MontanMitbestG** bilden, beträgt die Höchstzahl der Aufsichtsratsmitglieder 21 (→ Rn. 18).

26 **5. Veränderungen der Mitgliederzahl.** Durch Änderung der Satzung ist eine Erhöhung oder Verringerung der Mitgliederzahl des Aufsichtsrats möglich **(unmittelbare Veränderung der satzungsmäßigen Mitgliederzahl).** Eine Veränderung der Höchstzahl der Aufsichtsratsmitglieder kann aber auch aus einer Veränderung des Grundkapitals folgen **(mittelbare Veränderung der satzungsmäßigen Mitgliederzahl).**

27 **a) Erhöhung der Mitgliederzahl.** Erhöht sich die Mitgliederzahl eines Aufsichtsrats, finden **Ergänzungswahlen** statt.[58] Dies gilt sowohl für einen mitbestimmungsfreien als

---

[53] MüKoAktG/*Habersack* Rn. 14.
[54] Hüffer/*Koch* Rn. 4.
[55] MüKoAktG/*Habersack* Rn. 14; Kölner Komm AktG/*Mertens/Cahn* Rn. 15; Spindler/Stilz/*Spindler* Rn. 6.
[56] Kölner Komm AktG/*Mertens/Cahn* Rn. 20.
[57] MüKoAktG/*Habersack* Rn. 13; K. Schmidt/Lutter/*Drygala* Rn. 6; Hüffer/*Koch* Rn. 4; Spindler/Stilz/*Spindler* Rn. 7.
[58] Kölner Komm AktG/*Mertens/Cahn* § 117 Anh. B § 7 MitbestG Rn. 6; MüKoAktG/*Habersack* Rn. 17; Hüffer/*Koch* Rn. 5; Spindler/Stilz/*Spindler* Rn. 15; *Meier* NZG 2000, 190; aA Fitting/Wlotzke/Wißmann MitbestG § 7 Rn. 106, die eine Neuwahl des gesamten Aufsichtsrats fordern.

auch für einen mitbestimmten Aufsichtsrat. Bei einem mitbestimmten Aufsichtsrat ist darauf zu achten, dass die Beteiligungsquote eingehalten wird.

aa) Unmittelbar (Veränderung der satzungsmäßigen Mitgliederzahl). Die Mitglie- 28 derzahl wird durch einen die Satzung ändernden **Hauptversammlungsbeschluss** erhöht. Ein Statusverfahren gem. §§ 97–99 ist nicht erforderlich.[59] Ein nach § 7 MitbestG **paritätisch mitbestimmter Aufsichtsrat** mit mehr als 2.000, aber weniger als 10.000 Arbeitnehmern (§ 1 Abs. 1 Nr. 1 MitbestG) kann von 12 auf 16 oder 20 Mitglieder erhöht werden (§ 7 Abs. 1 S. 2 MitbestG); bei mehr als 10.000, aber weniger als 20.000 Arbeitnehmern kann von 16 auf 20 Aufsichtsratsmitglieder erhöht werden (§ 7 Abs. 1 S. 3 MitbestG). Ansonsten gilt bei nicht mitbestimmten Aufsichtsräten und solchen, die sich nach dem DrittelbG zusammensetzen, dass die Zahl der Aufsichtsratsmitglieder durch drei teilbar sein muss.

Die **Satzungsänderung** wird gem. § 181 Abs. 3 durch Eintragung in das Handelsregister 29 wirksam. Die zusätzlichen Aufsichtsratsmitglieder können bereits in der Hauptversammlung gewählt werden, welche die Satzungsänderung beschließt.[60] Ihr Amt können sie jedoch erst antreten, wenn die Änderung der Satzung in das Handelsregister eingetragen worden ist. Für die neuen Mitglieder gilt die Amtsdauer, wie sie von der Satzung oder im Wahlbeschluss festgelegt ist. Fehlt eine solche Regelung, gilt die gesetzlich festgelegte Höchstzeit. Die zusätzlichen Aufsichtsratsmitglieder werden für die Zeit bis zur Beendigung der Hauptversammlung bestellt, die über die Entlastung für das vierte Geschäftsjahr nach dem Beginn der Amtszeit beschließt (§ 102 Abs. 1 S. 1). Die bisherigen Aufsichtsratsmitglieder behalten ihr Amt bis zum Ablauf ihrer jeweiligen Amtsdauer.

bb) Mittelbar (Veränderung der satzungsmäßigen Mitgliederzahl ist Folge der 30 **beschlossenen Kapitalerhöhung).** Wenn die Gesellschaft durch eine **Kapitalerhöhung** in eine höhere Grundkapitalgruppe gelangt, kann die Gesellschaft die Zahl der satzungsmäßigen Aufsichtsratsmitglieder durch Satzungsänderung erhöhen.[61] Die Gesellschaft ist nicht zur Vergrößerung des Aufsichtsrats verpflichtet. Eine Erhöhung der Mitgliederzahl bedarf einer Satzungsänderung und kann erst nach Beschlussfassung der Hauptversammlung über die Erhöhung der Mitgliederzahl und Eintragung der durchgeführten Kapitalerhöhung wirksam werden. Auch wenn die satzungsmäßige Höchstzahl der bisher gültigen gesetzlichen Höchstzahl entspricht, gilt die bisherige Bestimmung der Satzung bis zu ihrer Änderung fort.[62] Die zusätzlichen Aufsichtsratsmitglieder können bereits in der die Satzungsänderung beschließenden Hauptversammlung gewählt werden. Sie treten ihr Amt an, wenn die Satzungsänderung in das Handelsregister eingetragen worden ist.

b) Verringerung der Mitgliederzahl. Verringert sich die gesetzlich zulässige Höchst- 31 zahl durch **Kapitalherabsetzung** oder wird eine Verringerung der satzungsmäßigen Mitgliederzahl durch **Änderung der Satzung** beschlossen, ist zwischen Gesellschaften ohne Arbeitnehmerbeteiligung im Aufsichtsrat und Gesellschaften mit einer solchen Beteiligung zu unterscheiden.

aa) Ablauf in einer Gesellschaft ohne Arbeitnehmerbeteiligung im Aufsichtsrat. 32 **(1) Unmittelbar (Veränderung der satzungsmäßigen Mindestzahl).** Verringert sich die satzungsmäßige Mitgliederzahl durch eine **Satzungsänderung,** wird die Amtsinhaberschaft der unter der alten Satzungsbestimmung rechtswirksam bestellten Aufsichtsratsmit-

---

[59] OLG Hamburg ZIP 1988, 1191 (1192); OLG Dresden ZIP 1997, 589 (590 f.); LAG Düsseldorf AG 1989, 66 (67); Großkomm AktG/*Hopt/Roth* Rn. 90; MüKoAktG/*Habersack* Rn. 17; Hüffer/*Koch* Rn. 5; *Raiser/Veil* MitbestG § 7 Rn. 5; diff. WWKK/*Wißmann* MitbestG § 7 Rn. 10; aA wohl auch in Bezug auf Erhöhungen der Mitgliederzahl des Aufsichtsrats BAG DB 1990, 1142 f. = AG 1990, 361 (363), vgl. → Rn. 40.
[60] Kölner Komm AktG/*Mertens/Cahn* Rn. 24; Hüffer/*Koch* Rn. 5; MüKoAktG/*Habersack* Rn. 17.
[61] Kölner Komm AktG/*Mertens/Cahn* Rn. 23; Hüffer/*Koch* Rn. 5; Großkomm AktG/*Hopt/Roth* Rn. 84; Spindler/Stilz/*Spindler* Rn. 16.
[62] Kölner Komm AktG/*Mertens/Cahn* Rn. 23.

glieder nicht automatisch beendet.[63] Satzungsänderung und Bestellung der Aufsichtsratsmitglieder sind voneinander zu trennende Vorgänge. Die bisherigen Aufsichtsratsmitglieder bleiben bis zum Ablauf ihrer Amtszeit im Amt, wenn sie nicht nach allgemeinen Regeln von der Hauptversammlung abberufen werden (vgl. § 103 Abs. 1).

33 Wenn allerdings **ein Aufsichtsratsmitglied** vor Ablauf seiner Amtszeit aus dem (nicht mehr satzungsgemäß zusammengesetzten) Aufsichtsrat ausscheidet, darf nach Eintragung der neuen satzungsmäßigen Mitgliederzahl ein Nachfolger nicht mehr gewählt werden. Ein solcher Nachwahlbeschluss wäre anfechtbar (§ 251 Abs. 1 S. 1).

34 **(2) Mittelbar (Veränderung der satzungsmäßigen Mitgliederzahl ist Folge der beschlossenen Kapitalherabsetzung).** Durch eine **Kapitalherabsetzung** kann sich die zulässige Höchstzahl der Aufsichtsratsmitglieder ebenfalls verändern (§ 95 S. 4). Die Satzung wird insoweit unrichtig und muss an die neue gesetzliche Höchstzahl angepasst werden. Dies ist mehr als nur eine Fassungsänderung (§ 179 Abs. 1 S. 2). Die Hauptversammlung muss den Inhalt dieser Änderung beschließen. Die Änderung wird erst mit Eintragung des Beschlusses der Hauptversammlung wirksam.

35 **(3) Statusverfahren.** Ein **Statusverfahren** (§§ 97–99) ist **weder im Fall der Satzungsänderung noch der Kapitalherabsetzung** durchzuführen.[64] Die überzähligen Mitglieder bleiben bis zum Ablauf ihrer Amtszeit im Aufsichtsrat, wenn die Hauptversammlung sie nicht gem. § 103 Abs. 1 vorher abberuft.[65]

36 **bb) Ablauf in einer Gesellschaft mit Arbeitnehmerbeteiligung im Aufsichtsrat. (1) Unmittelbar (Veränderung der satzungsmäßigen Mindestzahl).** Bei einer Verringerung der Anzahl der Aufsichtsratsmitglieder in einer Gesellschaft mit Arbeitnehmerbeteiligung im Aufsichtsrat entfaltet die **Satzungsänderung** erst Wirkung auf bestehende Mandate, wenn deren **Laufzeit endet** und die neue Amtsperiode beginnt. Alle – auch die überzähligen – Aufsichtsratsmitglieder bleiben nach zutreffender Auffassung bis zu diesem Zeitpunkt im Amt.[66]

37 Gegen eine **Mandatsbeendigung vor Ablauf der Amtszeit** spricht, dass damit die für eine vorzeitige Abberufung von Aufsichtsratsmitgliedern geltenden Vorschriften unterlaufen würden. Die Arbeitnehmervertreter sind gegen eine vorzeitige Abberufung weitestgehend durch die mitbestimmungsrechtlichen Vorschriften und § 103 Abs. 3 und 4 gesichert. Da eine unterschiedliche Behandlung der Arbeitnehmer- und der Anteilseignervertreter nicht geboten ist, darf für die Anteilseignervertreter nichts anderes gelten.[67]

38 Die Hauptversammlung kann von Rechts wegen durch **Satzungsänderung** während der Amtszeit keinen Einfluss auf Rechtspositionen nehmen, die von den Vertretern der Arbeitnehmerseite eingenommen werden.[68] Eine unterschiedliche (diskriminierende) Behandlung der Anteilseignervertreter ist weder geboten noch zu rechtfertigen. Nach Ablauf der Amtszeit eines amtierenden Aufsichtsratsmitglieds kann eine Neuwahl nur erfolgen,

---

[63] OLG Hamburg ZIP 1988, 1191; Kölner Komm AktG/*Mertens/Cahn* Rn. 25; NK-AktG/*Breuer/Fraune* Rn. 12; MüKoAktG/*Habersack* Rn. 18; Spindler/Stilz/*Spindler* Rn. 19; *Raiser/Veil* MitbestG § 7 Rn. 5; Hüffer/*Koch* Rn. 5; Fitting/Wlotzke/Wißmann/*Wißmann* MitbestG § 7 Rn. 12; aA *Oetker* ZHR 149 (1985), 575 (586).
[64] Kölner Komm AktG/*Mertens/Cahn* Rn. 27; Hüffer/*Koch* Rn. 5; K. Schmidt/Lutter/*Drygala* Rn. 12; NK-AktG/*Breuer/Fraune* Rn. 12; MüKoAktG/*Habersack* Rn. 18; Spindler/Stilz/*Spindler* Rn 21; aA *Oetker* ZHR 149 (1984), 575 (580 ff.); wohl auch BAG DB 1990, 1142.
[65] Hüffer/*Koch* Rn. 5; Kölner Komm AktG/*Mertens/Cahn* Rn. 25.
[66] OLG Dresden ZIP 1997, 589, 590 f.; OLG Hamburg WM 1988, 1487, 1489 f.; K. Schmidt/Lutter/*Drygala* Rn. 13; MüKoAktG/*Habersack* Rn. 19; NK-AktG/*Breuer/Fraune* Rn. 12; Kölner Komm AktG/*Mertens/Cahn* Rn. 26; Hüffer/*Koch* Rn. 5; Spindler/Stilz/*Spindler* Rn. 20; *Hoffmann/Lehmann/Weinmann* MitbestG § 7 Rn. 53; UHH/*Henssler* MitbestG § 7 Rn. 28; *Raiser/Veil* MitbestG § 7 Rn. 5; MHdB AG/*Hoffmann-Becking* § 28 Rn. 54; aA, wonach Neuwahlen im Rahmen eines Überleitungsverfahrens analog §§ 97 ff. erforderlich sind: *Oetker* ZHR 149 (1985), 575 (585); Fitting/Wlotzke/Wißmann/*Wißmann* MitbestG § 7 Rn. 12.
[67] MüKoAktG/*Habersack* Rn. 19.
[68] OLG Dresden ZIP 1997, 589 (591); Kölner Komm AktG/*Mertens/Cahn* Rn. 26.

wenn dadurch nicht gegen die Satzung verstoßen und die niedrigere Mitgliederzahl beachtet wird.

Ein **Statusverfahren** (§§ 97–99) ist bei Verringerung der Mitgliederzahl durch Satzungsänderung nicht durchzuführen.[69] Der Aufsichtsrat ist bis zum Ende der Amtsperiode ordnungsgemäß zusammengesetzt. 39

Entgegen der vorherrschenden Meinung[70] vertritt das BAG die Auffassung, dass in einer mitbestimmten Gesellschaft eine Verringerung der Zahl der Aufsichtsratsmitglieder durch Satzungsänderung ein Statusverfahren (§§ 97–99) voraussetzt.[71] 40

Dem ist nicht zuzustimmen, denn die Zusammensetzung des Aufsichtsrats widerspricht nicht den gesetzlichen Vorschriften, sondern den Satzungsbestimmungen der Gesellschaft. Die Einleitung eines Statusverfahrens (vgl. → § 97 Rn 14 ff.) setzt eine im Widerspruch zu den gesetzlichen Vorschriften stehende Zusammensetzung des Aufsichtsrats voraus. Gesetzliche Vorschriften sind nicht mit den satzungsrechtlichen Vorschriften der Gesellschaft gleichzusetzen. 41

Aus Gründen der **Rechtssicherheit** sollte der Vorstand der Entscheidung des BAG nachkommen und ein Statusverfahren einleiten. Jedoch sei darauf hingewiesen, dass der streitigen Entscheidung des BAG ein abweichendes Urteil des OLG Dresden[72] folgte. Es erscheint nicht ausgeschlossen, dass das BAG seine Auffassung zur Notwendigkeit eines Statusverfahrens inzwischen nicht mehr vertreten würde. 42

(2) Sonderfall: Einzelausfall eines Aufsichtsratsmitglieds. Kommt es zu einem **Einzelausfall eines Aufsichtsratsmitglieds,** nachdem die Hauptversammlung eine Verringerung der Aufsichtsratsmandate beschlossen hat und die wirksame Satzungsänderung bereits eingetragen worden ist, ist das Aufsichtsratsmitglied durch Nachwahl (§ 101) oder gerichtliche Bestellung (§ 104) zu ersetzen und der alte (satzungswidrige) Stand herzustellen. Es ist unerheblich, ob es sich bei dem ausgefallenen Mitglied um einen Anteilseigner- oder um einen Arbeitnehmervertreter handelt.[73] 43

Der teilweise vertretenen Ansicht, dass lediglich ausgeschiedene Arbeitnehmervertreter nachberufen werden müssen,[74] wird nicht gefolgt. Eine unterschiedliche Behandlung von Arbeitnehmer- und Anteilseignervertretern ist nicht zulässig.[75] Eine Verschiebung des zahlenmäßigen Verhältnisses zwischen Arbeitnehmerseite und Anteilseignerseite kann nicht als von der Gesellschaft gebilligt angesehen werden.[76] 44

Ein Statusverfahren ist auch bei Einzelausfall eines Aufsichtsratsmitglieds nicht durchzuführen, denn die Zusammensetzung widerspricht nicht den gesetzlichen Vorschriften, sondern Satzungsbestimmungen (vgl. bereits → Rn 43). 45

Haben die Aufsichtsratsmitglieder unterschiedliche Amtsperioden, kann die verminderte Höchstzahl bei der ersten anstehenden Neubesetzung berücksichtigt werden. Ist dieses aufgrund der gem. § 15 Abs. 1 S. 1 MitbestG, § 7 MitbestErgG, § 5 Abs. 1 S. 1 DrittelbG einheitlichen Amtszeit der Arbeitnehmervertreter nicht möglich und legen die Arbeitnehmervertreter nicht ihre Ämter nieder, bleibt nur die Möglichkeit, durch eine Abberufung 46

---

[69] OLG Hamburg ZIP 1988, 1191 (1192); OLG Dresden ZIP 1997, 589 (591); Kölner Komm AktG/*Mertens/Cahn* Rn. 26; Hüffer/*Koch* Rn. 5; K. Schmidt/Lutter/*Drygala* Rn. 13; NK-AktG/*Breuer/Fraune* Rn. 12; MüKoAktG/*Habersack* Rn. 19; Spindler/Stilz/*Spindler* Rn. 20; MHdB AG/*Hoffmann-Becking* § 28 Rn. 54; *Raiser/Veil* MitbestG § 7 Rn. 5; Großkomm AktG/*Hopt/Roth* Rn. 97.

[70] OLG Hamburg ZIP 1988, 1191 (1192); OLG Dresden ZIP 1997, 589 (591); Kölner Komm AktG/*Mertens/Cahn* Rn. 26; Hüffer/*Koch* Rn. 5; K. Schmidt/Lutter/*Drygala* Rn. 13; NK-AktG/*Breuer/Fraune* Rn. 12; MüKoAktG/*Habersack* Rn. 19; Spindler/Stilz/*Spindler* Rn. 20; MHdB AG/*Hoffmann-Becking* § 28 Rn. 54; *Raiser/Veil* MitbestG § 7 Rn. 5; Großkomm AktG/*Hopt/Roth* Rn. 97.

[71] BAG DB 1990, 1142 f.; so auch Fitting/Wlotzke/Wißmann/*Wißmann* MitbestG § 7 Rn. 12; von einer entsprechenden Anwendung der §§ 97 ff. ausgehend *Oetker* ZHG 149 (1985), 575 (589).

[72] OLG Dresden ZIP 1997, 589 ff.

[73] MüKoAktG/*Habersack* Rn. 20.

[74] MüKoAktG/*Semler*, 2. Aufl. 2004, Rn. 47 ff.; Großkomm AktG/*Hopt/Roth* Rn. 96.

[75] MüKoAktG/*Habersack* Rn. 20; Spindler/Stilz/*Spindler* Rn. 20; UHH/*Henssler* MitbestG § 7 Rn. 28.

[76] MüKoAktG/*Habersack* Rn. 20.

der überzähligen Arbeitnehmervertreter aus wichtigem Grund den Gruppenproporz wiederherzustellen.[77]

47 **(3) Mittelbar (Veränderung der satzungsmäßigen Mitgliederzahl ist Folge der beschlossenen Kapitalherabsetzung).** Kommt es aufgrund einer **Kapitalherabsetzung** zu einer Verringerung der Zahl der Aufsichtsratsmitglieder, da die gesetzliche Höchstzahl überschritten ist, ist zu unterscheiden zwischen einem nach dem MitbestG, dem MitbestErgG und nach dem DrittelbG zusammengesetzten Aufsichtsrat. Während in den ersten beiden Fällen nichts anderes gilt als beim mitbestimmungsfreien Aufsichtsrat, muss bei einem nach dem DrittelbG zusammengesetzten Aufsichtsrat ein Statusverfahren durchgeführt werden.[78] Das Wirksamwerden einer Kapitalherabsetzung in einer nach dem **DrittelbG** mitbestimmten Gesellschaft kann das Verhältnis zwischen Arbeit- und Anteilseignervertretern nicht verändern. Es bleibt bei der sog. Drittelparität (→ Rn. 17). Gleichwohl kann eine Kapitalherabsetzung das Verhältnis der Arbeitnehmervertreter nach § 4 DrittelbG untereinander beeinflussen. Durch die Kapitalherabsetzung kommt es außerdem dazu, dass der Aufsichtsrat entgegen der gesetzlichen Vorschrift gem. § 95 S. 4 zusammengesetzt ist. Die Kapitalherabsetzung kann sich auch auf das **Entsendungsrecht** auswirken (vgl. → § 101 Rn. 116).

IV. Rechtsfolgen bei Verletzung

48 Eine Verletzung der gesetzlichen Regelungen oder der satzungsmäßigen Bestimmungen löst jeweils unterschiedliche Rechtsfolgen aus.

49 **1. Verstoß gegen die gesetzlichen Regelungen.** Die Satzung oder ein Hauptversammlungsbeschluss können gegen die gesetzlichen Regelungen verstoßen.

50 **a) Unzulässige (=nichtige) Satzungsbestimmung.** Setzt die Satzung keine **bestimmte** (§ 95 S. 2) oder **durch drei teilbare** Zahl (§ 95 S. 3) fest, ist die betreffende Bestimmung **nichtig**; dies gilt auch dann, wenn der satzungsändernde Beschluss nicht mehr anfechtbar ist.[79]

51 An ihre Stelle tritt die gesetzliche Regelung (§ 95 S. 1).[80] Der Aufsichtsrat setzt sich dementsprechend aus drei Mitgliedern zusammen.[81]

52 Verstößt die Satzung gegen die einschlägige **gesetzliche Höchstzahl** (§ 95 S. 4), ist die Satzungsbestimmung nichtig und es gilt die gesetzliche Höchstzahl.[82]

53 **b) Wahl bei unzulässiger (= nichtiger) Satzungsbestimmung.** Aufsichtsratswahlen bei nichtiger Satzungsbestimmung **verletzen das Gesetz**. Sie sind grundsätzlich anfechtbar (§ 251), wenn nicht bereits Nichtigkeit gem. § 250 Abs. 1 eingetreten ist.

54 Nichtigkeit kann für den Wahlbeschluss von Aufsichtsratsmitgliedern eintreten, wenn dieser die Grenzen von **§ 95 S. 4** überschreitet (vgl. § 250 Abs. 1 Nr. 3). Der Wahlbeschluss ist dann hinsichtlich der überschüssigen Mitglieder nichtig (vgl. § 250 Abs. 1 Nr. 3).[83]

---

[77] MüKoAktG/*Habersack* Rn. 20; Großkomm AktG/*Hopt/Roth* Rn. 98.
[78] Kölner Komm AktG/*Mertens/Cahn* Rn. 25; Großkomm AktG/*Hopt/Roth* Rn. 100; Hüffer/*Koch* Rn. 5; K. Schmidt/Lutter/*Drygala* Rn. 14; Spindler/Stilz/*Spindler* Rn. 21; aA MüKoAktG/*Habersack* Rn. 21; MüKoAktG/*Semler*, 2. Aufl. 2004, Rn. 50.
[79] MüKoAktG/*Habersack* Rn. 22.
[80] Kölner Komm AktG/*Mertens/Cahn* Rn. 16; MüKoAktG/*Habersack* Rn. 22; K. Schmidt/Lutter/*Drygala* Rn. 15; Hüffer/*Koch* Rn. 7.
[81] Kölner Komm AktG/*Mertens/Cahn* Rn. 16; Hüffer/*Koch* Rn. 7.
[82] Kölner Komm AktG/*Mertens/Cahn* Rn. 16; MüKoAktG/*Habersack* Rn. 22; K. Schmidt/Lutter/*Drygala* Rn. 15; NK-AktG/*Breuner/Fraune* Rn. 15; Hüffer/*Koch* Rn. 7.
[83] Hüffer/*Koch* Rn. 7; Kölner Komm AktG/*Mertens/Cahn* Rn. 16 f.; MüKoAktG/*Habersack* Rn. 23.

Bei **Einzelwahl** der Aufsichtsratsmitglieder sind die ersten drei gewählten Kandidaten als 55
gültig gewählt anzusehen. Die Wahl der weiteren Personen ist nichtig.[84] Dadurch wird bei
einer Einzelwahl ermöglicht, dass ein beschlussfähiger Aufsichtsrat gewählt ist.

Bei **Gesamtwahl** ist die Wahl aller Aufsichtsratsmitglieder **nichtig**, wenn in einem 56
Wahlakt mehr als drei Aufsichtsratsmitglieder gewählt wurden und dadurch die gesetzliche
Höchstzahl überschritten wurde.[85] Werden mehr als drei Mitglieder gewählt, ist der Wahlbeschluss auch nicht teilbar. Da nicht feststellbar ist, wer überzählig gewählt worden ist, gilt
die gesetzliche Regelung (§ 95 S. 1) nicht.

Gleiches gilt für überzählig gewählte Arbeitnehmervertreter[86] und für überzählig entsandte Mitglieder. Ihre Wahl oder Entsendung ist nichtig. 57

Hat die Satzung die Zahl der Aufsichtsratsmitglieder nicht wirksam festgelegt, gilt die 58
gesetzliche Regelung, wonach der Aufsichtsrat aus drei Mitgliedern besteht (§ 95 S. 1).
Werden mehr als drei Mitglieder, aber weniger als der gesetzlichen Höchstzahl entsprechend
gewählt, ist die Wahl gem. § 250 Abs. 1 Nr. 1 nichtig, wenn gem. **§ 95 S. 5** die **drittelparitätische Zusammensetzung** oder die nach den **Mitbestimmungsgesetzen vorgesehene Besetzung** des Aufsichtsrats verändert werden würde.[87]

Im Übrigen kommt bei nichtiger Satzungsbestimmung lediglich die Anfechtbarkeit der 59
Wahl in Betracht.

c) Anfechtbarkeit bei unzulässigem Hauptversammlungsbeschluss. Der Aufsichts- 60
rat besteht gem. **§ 95 S. 1** aus drei Mitgliedern, wenn die Größe des Aufsichtsrats in der
Satzung nicht festgelegt ist. Wählt die Hauptversammlung dennoch mehr als drei Aufsichtsratsmitglieder, ist der Wahlbeschluss **anfechtbar** (§§ 243 Abs. 1, 251). Er ist nicht nichtig,
da es sich um eine gesetzliche Mindestzahl handelt, welche den Eintritt der Beschlussunfähigkeit (§ 108 Abs. 2 S. 3) verhindern soll, aber keine starre Regelung der Aufsichtsratsgröße zum Ziel hat.[88]

Etwas anderes gilt allerdings dann, wenn zugleich gegen die gesetzliche Höchstzahl 61
(§ 95 S. 4) verstoßen wird (→ Rn. 23).

2. Verstoß gegen die Satzung. Werden mehr Aufsichtsratsmitglieder gewählt, als dies 62
nach der Satzung zulässig ist, liegt grundsätzlich nur **Anfechtbarkeit** (§ 243 Abs. 1) vor.[89]
Dies gilt sowohl für Gesellschaften mit als auch für Gesellschaften ohne Arbeitnehmerbeteiligung im Aufsichtsrat.

§ 96 Zusammensetzung des Aufsichtsrats

(1) **Der Aufsichtsrat setzt sich zusammen bei Gesellschaften, für die das Mitbestimmungsgesetz gilt, aus Aufsichtsratsmitgliedern der Aktionäre und der Arbeitnehmer,**
  bei Gesellschaften, für die das Montan-Mitbestimmungsgesetz gilt, aus Aufsichtsratsmitgliedern der Aktionäre und der Arbeitnehmer und aus weiteren Mitgliedern,
  bei Gesellschaften, für die die §§ 5 bis 13 des Mitbestimmungsergänzungsgesetzes gelten, aus Aufsichtsratsmitgliedern der Aktionäre und der Arbeitnehmer und aus einem weiteren Mitglied,
  bei Gesellschaften, für die das Drittelbeteiligungsgesetz gilt, aus Aufsichtsratsmitgliedern der Aktionäre und der Arbeitnehmer,

---

[84] Kölner Komm AktG/*Mertens/Cahn* Rn. 16; MüKoAktG/*Habersack* Rn. 22; so wohl auch Spindler/Stilz/*Spindler* Rn. 24.
[85] Kölner Komm AktG/*Mertens/Cahn* Rn. 17; Großkomm AktG/*Hopt/Roth* Rn. 74; K. Schmidt/Lutter/*Drygala* Rn. 16; Hüffer/*Koch* Rn. 7.
[86] *Raiser/Veil* MitbestG § 7 Rn. 6; Kölner Komm AktG/*Mertens/Cahn* Rn. 18.
[87] Kölner Komm AktG/*Mertens/Cahn* Rn. 19.
[88] Vgl. MüKoAktG/*Habersack* Rn. 25.
[89] Kölner Komm AktG/*Mertens/Cahn* Rn. 21; MüKoAktG/*Habersack* Rn. 26; K. Schmidt/Lutter/*Drygala* Rn. 17; Hüffer/*Koch* Rn. 7.

bei Gesellschaften für die das Gesetz über die Mitbestimmung der Arbeitnehmer bei einer grenzüberschreitenden Verschmelzung vom 21. Dezember 2006 (BGBl. I S. 3332) gilt, aus Aufsichtsratsmitgliedern der Aktionäre und der Arbeitnehmer,
bei den übrigen Gesellschaften nur aus Aufsichtsratsmitgliedern der Aktionäre.

(2) ¹Bei börsennotierten Gesellschaften, für die das Mitbestimmungsgesetz, das Montan-Mitbestimmungsgesetz oder das Mitbestimmungsergänzungsgesetz gilt, setzt sich der Aufsichtsrat zu mindestens 30 Prozent aus Frauen und zu mindestens 30 Prozent aus Männern zusammen. ²Der Mindestanteil ist vom Aufsichtsrat insgesamt zu erfüllen. ³Widerspricht die Seite der Anteilseigner- oder Arbeitnehmervertreter auf Grund eines mit Mehrheit gefassten Beschlusses vor der Wahl der Gesamterfüllung gegenüber dem Aufsichtsratsvorsitzenden, so ist der Mindestanteil für diese Wahl von der Seite der Anteilseigner und der Seite der Arbeitnehmer getrennt zu erfüllen. ⁴Es ist in allen Fällen auf volle Personenzahlen mathematisch auf- beziehungsweise abzurunden. ⁵Verringert sich bei Gesamterfüllung der höhere Frauenanteil einer Seite nachträglich und widerspricht sie nun der Gesamterfüllung, so wird dadurch die Besetzung auf der anderen Seite nicht unwirksam. ⁶Eine Wahl der Mitglieder des Aufsichtsrats durch die Hauptversammlung und eine Entsendung in den Aufsichtsrat unter Verstoß gegen das Mindestanteilsgebot ist nichtig. ⁷Ist eine Wahl aus anderen Gründen für nichtig erklärt, so verstoßen zwischenzeitlich erfolgte Wahlen insoweit nicht gegen das Mindestanteilsgebot. ⁸Auf die Wahl der Aufsichtsratsmitglieder der Arbeitnehmer sind die in Satz 1 genannten Gesetze zur Mitbestimmung anzuwenden.

(3) ¹Bei börsennotierten Gesellschaften, die aus einer grenzüberschreitenden Verschmelzung hervorgegangen sind und bei denen nach dem Gesetz über die Mitbestimmung der Arbeitnehmer bei einer grenzüberschreitenden Verschmelzung das Aufsichts- oder Verwaltungsorgan aus derselben Zahl von Anteilseigner- und Arbeitnehmervertretern besteht, müssen in dem Aufsichts- oder Verwaltungsorgan Frauen und Männer jeweils mit einem Anteil von mindestens 30 Prozent vertreten sein. ²Absatz 2 Satz 2, 4, 6 und 7 gilt entsprechend.

(4) Nach anderen als den zuletzt angewandten gesetzlichen Vorschriften kann der Aufsichtsrat nur zusammengesetzt werden, wenn nach § 97 oder nach § 98 die in der Bekanntmachung des Vorstands oder in der gerichtlichen Entscheidung angegebenen gesetzlichen Vorschriften anzuwenden sind.

Schrifttum: *Baums/Ulmer,* Unternehmens-Mitbestimmung der Arbeitnehmer im Recht der EU-Staaten, 2004; *Bayer,* Aufsichtsrat als „Supervorstand", DB 1975, 1167; *Beuthien,* Mitbestimmungsvereinbarungen nach geltendem und künftigem Recht, ZHR 148 (1984), 95; *Boewer/Gaul/Otto,* Zweites Gesetz zur Vereinfachung der Wahl der Arbeitnehmervertreter in den Aufsichtsrat und seine Auswirkungen auf die GmbH, GmbHR 2004, 1065; *Büdenbender,* Mitbestimmungsrechtlicher Besitzstand in Gesellschaftsrecht, ZIP 2000, 385; *Cramer,* DrittelbG erfasst nur Aktiengesellschaften mit mindestens fünf Arbeitnehmern, GWR 2011, 362; *Duden,* Zur Mitbestimmung in Konzernverhältnissen nach dem Mitbestimmungsgesetz; ZHR 141 (1977), 145; *Fabricius,* Erweiterung der Arbeitnehmer-Mitbestimmung im Aufsichtsrat einer Aktiengesellschaft gem. § 76 BetrVG 52 auf rechtsgeschäftlicher Grundlage, FS Hilger/Stumpf, 1983, 155; *Fuchs/Köstler,* Handbuch zur Aufsichtsratswahl, 5. Aufl. 2012; *Hanau,* Fragen der Mitbestimmung und Betriebsverfassung im Konzern, ZGR 1984, 468; *Hanau,* Sicherung unternehmerischer Mitbestimmung, insbesondere durch Vereinbarung, ZGR 2001, 75; *Heither,* Die Amtszeit des „ersten" Aufsichtsrats nach einer Verschmelzung des Unternehmens mit einem mitbestimmten Unternehmen, DB 2008, 109; *Henssler,* Erfahrungen und Reformbedarf bei der SE – Mitbestimmungsrechtliche Reformvorschläge, ZHR 173 (2009), 222; *Henssler,* Freiwillige Vereinbarungen über die Unternehmensmitbestimmung, FS Westermann, 2008, 1019; *Henssler,* Umstrukturierung von mitbestimmten Unternehmen, ZfA 2000, 241; *Henssler/Willemsen/Kalb,* Arbeitsrechtskommentar, 5. Aufl. 2012; *Hommelhoff,* Vereinbarte Mitbestimmung, ZHR 148 (1984), 119; *Hommelhoff* ZHR 148 (1984), 119; *Huke/Prinz,* Das Drittelbeteiligungsgesetz löst das Betriebsverfassungsgesetz 1952 ab, BB 2004, 2633; *Hümmerich/Boecken/Düwell,* Arbeitsrecht, 2. Aufl. 2010; *Ihrig/Schlitt,* Vereinbarungen über eine freiwillige Einführung oder Erweiterung der Mitbestimmung, NZG 1999, 335; *Jannot/Gressinger,* Heilende Kraft des Kontinuitätsprinzips oder Perpetuierung nichtiger Aufsichtsratswahlen?, BB 2013, 2120; *Klinkhammer,* Der „Konzern im Konzern" als mitbestimmungsrechtliches Problem, DB 1977, 1601; *Klückers,* Problemfälle der Arbeitnehmerzurechnung auf der Grundlage von § 5 Abs. 1 S. 1 MitbestG, Diss. Köln 1978; *Konzen,* Der „Konzern im Konzern" im Mitbestimmungsrecht, ZIP 1984, 269; *Konzen,* Paritärische Mitbestimmung im Montanbereich, AG 1983, 289; *Köstler/Kittner/Zachert/Müller,* Aufsichtsratspraxis, Handbuch für die Arbeitnehmervertreter im Aufsichtsrat, 2009; *Kuhlmann,* Die Mitbestimmungsfreiheit im ersten Aufsichtsrat einer AG gemäß § 30 II AktG, NZG

2010, 46; *Lutter,* Mitbestimmung im Konzern – Eine Stellungnahme zu den konzernrechtlichen Vorschlägen des Regierungsentwurfes eines Mitbestimmungsgesetzes, 1975; *Raiser,* Besprechung der Entscheidung BGH NJW 1975, 1657, ZGR 1976, 105; *Raiser,* Privatautonome Mitbestimmungsregelungen, BB 1977, 1461; *Röder/Gneiting,* Besetzung des Aufsichtsrats nach dem Betriebsverfassungsgesetz 1952 bei der Gründung von Aktiengesellschaften, DB 1993, 1618; *Romeikat,* Konzernmitbestimmung in nachgeordneten Konzernstufen, Diss. München 1989; *Schilling,* Entwicklungstendenzen und Konzernrecht, ZHR 140 (1976), 528; *Schmiedel,* Arbeitnehmervertreter im Aufsichtsrat durch Aktionärsbeschluß?, JZ 1973, 343; *Seibt,* Drittelbeteiligungsgesetz und Fortsetzung der Reform des Unternehmensmitbestimmungsrechts, NZA 2004, 767; *Seibt,* Privatautonome Mitbestimmungsvereinbarungen: Rechtliche Grundlagen und Praxishinweise, AG 2005, 413; *Semler,* Konzern im Konzern, DB 1977, 805; *Stüber,* Regierungsentwurf zur sog. „Frauenquote" – Eine Übersicht der Neuerungen, CCZ 2015, 38; *Teichmann/Rüb,* Die gesetzliche Geschlechterquote in der Privatwirtschaft, BB 2015, 898; *Thoelke,* Der erste Aufsichtsrat hat sich überlebt!, AG 2014, 137; *Ulmer,* Zur Berechnung der für die Anwendung des MitbestG auf Kapitalgesellschaften maßgebenden Arbeitnehmerzahl, FS Heinsius, 1991, 855; *Wahlers,* Statusbegründende Mitbestimmungserweiterung bei der AG, ZIP 2008, 1897; *Wlotzke/Wißmann/Koberski/Kleinsorge,* Kommentar zum Mitbestimmungsrecht, 4. Aufl. 2011.

Übersicht

	Rn.
I. Allgemeines	1
1. Inhalt und Bedeutung der Norm	1
2. Entstehungsgeschichte	4
3. Rechtstatsachen	7
II. Die gesetzlichen Modelle der Aufsichtsratszusammensetzung (Abs. 1)	8
1. Aufsichtsratsbildung nach dem MontanMitbestG	11
a) Anwendungsbereich	12
b) Größe und Zusammensetzung des Aufsichtsrats	17
2. Aufsichtsratsbildung nach dem MitbestErgG	19
a) Anwendungsbereich	20
b) Größe und Zusammensetzung des Aufsichtsrats	22
3. Aufsichtsratsbildung nach dem MitbestG	24
a) Anwendungsbereich	24
b) Größe und Zusammensetzung des Aufsichtsrats	33
4. Aufsichtsratsbildung nach dem DrittelbG	38
a) Anwendungsbereich	39
b) Größe und Zusammensetzung des Aufsichtsrats	45
5. Aufsichtsratsbildung nach dem MgVG	46
6. Aufsichtsratsbildung nach dem VAG	48
7. Aufsichtsratsbildung nach dem KWG	49
8. Aufsichtsratsbildung in mitbestimmungsfreien Gesellschaften	50
9. Zusammensetzung des ersten Aufsichtsrats	51
III. Zulässigkeit privatautonomer Erweiterungen der Arbeitnehmerbeteiligung	54
1. Mitbestimmungserweiterungen durch Satzungsregelungen	55
2. Freiwillige Zuwahl durch die Hauptversammlung	56
3. Stimmbindungsvereinbarungen	57
4. Mitbestimmungsvereinbarungen	58
IV. Bestandsschutz für die bestehende Aufsichtsratszusammensetzung (Abs. 2)	59
V. Änderungen zum 1.1.2016	60
1. Börsennotierte und paritätische mitbestimmte Gesellschaften (Abs. 2 nF)	61
2. Börsennotierte und paritätisch mitbestimmte Gesellschaften nach einer grenzüberschreitenden Verschmelzung (Abs. 3 nF)	67

I. Allgemeines

1. Inhalt und Bedeutung der Norm. Die Bestimmung regelt die **gruppenmäßige** **1** **Zusammensetzung** des Aufsichtsrats, dh seine Zusammensetzung aus Anteilseignervertretern, Arbeitnehmervertretern und ggf. weiteren Mitgliedern.[1] Sie findet auch auf die KGaA Anwendung (§ 278 Abs. 3).

Die **Verweise auf mitbestimmungsrechtliche Vorschriften** in Abs. 1 verzahnen das **2** AktG mit den Mitbestimmungsgesetzen und machen deren textliche Übernahme entbehrlich.[2] Auf diese Weise lassen sich Änderungen der Mitbestimmungsgesetze erfassen, ohne

---

[1] BegrRegE *Kropff* S. 126; Großkomm AktG/*Hopt/Roth* Rn. 1; MüKoAktG/*Habersack* Rn. 1.
[2] MüKoAktG/*Semler,* 2. Aufl. 2004, Rn. 3; Großkomm AktG/*Hopt/Roth* Rn. 4.

dass der Gesetzgeber jeweils das Aktiengesetz ändern müsste. Die Vorschrift erstreckt die Satzungsstrenge des § 23 Abs. 5 auf die mitbestimmungsrechtlichen Vorschriften (str., umfassende Darstellung unter → Rn. 54 ff.).[3]

3   Abs. 2 ordnet für einen einmal zusammengesetzten Aufsichtsrat **Bestandsschutz** an und dient damit der Rechtssicherheit.[4] Danach gilt die Zusammensetzung des Aufsichtsrats solange als rechtsgültig, bis im Statusverfahren nach den §§ 97–99 etwas anderes festgelegt wird. Bis dahin behält der Aufsichtsrat seine volle Handlungs- und Beschlussfähigkeit.[5]

4   **2. Entstehungsgeschichte. Durch die Einführung des MitbestG**[6] wurde § 96 Abs. 1 neu gefasst und dadurch erstmals die gruppenmäßige Zusammensetzung des Aufsichtsrats im Aktiengesetz geregelt.[7] Die betriebliche und unternehmerische[8] Mitbestimmung war seit der Weimarer Republik auf Grundlage des Betriebsrätegesetzes von 1920 in sämtlichen Unternehmen mit Aufsichtsrat vorgeschrieben. In der Zeit des Nationalsozialismus wurde die Mitbestimmung abgeschafft und später in der Montanindustrie, seit 1947 zunächst ohne gesetzliche Grundlage und im Jahre 1951 durch das MontanMitbestG[9], in Form der unternehmerischen Mitbestimmung durch Arbeitnehmervertreter im Aufsichtsrat wieder eingeführt.[10] Die betriebliche Mitbestimmung wurde durch das im Jahre 1952 in Kraft getretene BetrVG geregelt.

5   Die Norm ist **an neue mitbestimmungsrechtliche Vorschriften angepasst** worden. Dies galt sowohl für die Aufhebung des BetrVG 1952[11] im Jahr 2004 und dessen gleichzeitige Aufnahme in das neu eingeführte **DrittelbG**[12] als auch für die Einführung des **MgVG**[13], welches die Mitbestimmung nach grenzüberschreitenden Verschmelzungen regelt.

6   Wegen der dynamischen Verweise des Abs. 1 erforderten **bloße Änderungen der Mitbestimmungsgesetze** keine Anpassung der Vorschrift. Bedeutsam war insoweit die Änderung des BetrVG 1952 im Jahr 1994.[14] Kleine Aktiengesellschaften, die weniger als 501 Arbeitnehmer beschäftigen, unterliegen seit dieser Gesetzesänderung nicht mehr der Mitbestimmung (→ Rn. 50).

7   **3. Rechtstatsachen.** Derzeit sind (noch) sämtliche in § 96 aufgeführten Formen der Mitbestimmung von praktischer Bedeutung, wenngleich die Zahl der dem MontanMitbestG oder dem MitbestErgG unterliegenden Unternehmen fortlaufend abnimmt.[15] Da-

---

[3] So die hM: statt vieler Kölner Komm AktG/*Arnold* Rn. 15; aA *Fabricius*, FS Hilger/Stumpf, 155, 159 ff.
[4] Großkomm AktG/*Hopt/Roth* Rn. 5; MüKoAktG/*Habersack* Rn. 1; Hüffer/*Koch* Rn. 1.
[5] BegrRegE *Kropff* S. 126; OLG Düsseldorf ZIP 1995, 1752 (1753); Kölner Komm AktG/*Arnold* Rn. 23.
[6] Gesetz über die Mitbestimmung der Arbeitnehmer (Mitbestimmungsgesetz – MitbestG) vom 4.5.1976, BGBl. 1976 I S. 1153.
[7] Kölner Komm AktG/*Arnold* Rn. 1.
[8] § 70 Betriebsrätegesetz vom 4.2.1920 (RGBl. S. 147) iVm dem Gesetz über die Entsendung von Betriebsratsmitgliedern in den Aufsichtsrat vom 15.2.1922 (RGBl. S. 209).
[9] Gesetz über die Mitbestimmung der Arbeitnehmer in den Aufsichtsräten und Vorständen der Unternehmen des Bergbaus und der Eisen und Stahl erzeugenden Industrie (Montan-Mitbestimmungsgesetz – MontanMitbestG) vom 21.5.1951, BGBl. 1951 I S. 347.
[10] Siehe zum Ganzen WWKK/*Wißmann* MitbestG Vorbem. Rn. 11–12.
[11] Betriebsverfassungsgesetz 1952 (BetrVG 1952) vom 11.10.1952, BGBl. 1952 I S. 681.
[12] Gesetz über die Drittelbeteiligung der Arbeitnehmer im Aufsichtsrat (Drittelbestimmungsgesetz – DrittelbG) vom 18.5.2004, BGBl. 2004 I S. 974.
[13] Gesetz über die Mitbestimmung der Arbeitnehmer bei einer grenzüberschreitenden Verschmelzung (MgVG) vom 21.12.2006, BGBl. 2006 I S. 3332.
[14] Gesetz für kleine Aktiengesellschaften und zur Deregulierung des Aktienrechts vom 2.8.1994, BGBl. 1994 I S. 1962.
[15] Hölters/*Simons* Rn. 4; Henssler/Strohn/*Henssler* Rn. 4; nach anderen Schätzungen ist gar kein Unternehmen mehr vom MitbestErgG erfasst: *Henssler* in Baums/Ulmer, Unternehmens-Mitbestimmung der Arbeitnehmer im Recht der EU-Staaten, 2004, 134; Großkomm AktG/*Hopt/Roth* Rn. 15; umfangreiches Zahlenmaterial stellt die Hans-Böckler-Stiftung unter www.boeckler.de zur Verfügung.

II. Die gesetzlichen Modelle der Aufsichtsratszusammensetzung (Abs. 1)

§ 96 regelt verschiedene Modelle, anhand derer der Aufsichtsrat zusammengesetzt werden kann. Dazu zählen die Zusammensetzungen nach dem MitbestG, dem MontanMitbestG, dem MitbestGErgG, dem DrittelbG, dem MgVG sowie die Besetzung ohne Arbeitnehmerbeteiligung. Die Zusammensetzung nach den verschiedenen Aufsichtsratsmodellen ist **zwingender Natur**. Ausgangspunkt für die Ermittlung des einschlägigen Modells ist das **Rangverhältnis der Mitbestimmungsgesetze:** Die Anwendung des MontanMitbestG wird durch kein anderes Gesetz ausgeschlossen. Das MitbestGErgG ist nur dann anzuwenden, wenn nicht das MontanMitbestG eingreift. Das MitbestG wiederum ist subsidiär gegenüber dem MitbestGErgG und dem MontanMitbestG anzuwenden. Das DrittelbG greift nur dann ein, wenn kein anderes Mitbestimmungsgesetz einschlägig ist und seine übrigen Voraussetzungen erfüllt sind. Das MgVG ist allein im Fall einer grenzüberschreitenden Verschmelzung anwendbar. Findet keines der Mitbestimmungsgesetze Anwendung, bleibt der Aufsichtsrat ohne Arbeitnehmerbeteiligung. 8

Unabhängig von der Mitbestimmung können aufsichtsrechtliche Spezialgesetze, wie etwa das VAG, Regelungen zur Zusammensetzung des Aufsichtsrats enthalten (dazu → Rn. 48). 9

Nicht in § 96, sondern in §§ 17, 24 SEAG und im SEBG ist die Zusammensetzung des Aufsichts- oder Verwaltungsorgans der **SE** geregelt. 10

1. Aufsichtsratsbildung nach dem MontanMitbestG. Das MontanMitbestG erfasst Unternehmen der **Montanindustrie.** 11

a) **Anwendungsbereich.** Anwendbar ist das MontanMitbestG auf Unternehmen, die in der Rechtsform der AG oder GmbH betrieben werden und 12
– in der Regel mehr als 1000 Arbeitnehmer beschäftigen oder als Einheitsgesellschaft gegründet wurden (§ 1 Abs. 2 MontanMitbestG)
– und deren Betriebszweck überwiegend in der Förderung oder Verarbeitung von Steinkohle, Braunkohle oder Eisenerz besteht und deren Betrieb unter der Aufsicht der Bergbehörden steht (§ 1 Abs. 1 lit. a MontanMitbestG)
– oder die zur Eisen und Stahl erzeugenden Industrie nach AHK-Gesetz[18] Nr. 27 gehören (§ 1 Abs. 1 lit. b MontanMitbestG)
– oder die von einem Unternehmen der vorgenannten Art abhängig sind, wenn sie den angeführten Betriebszweck erfüllen oder überwiegend Eisen und Stahl erzeugen (§ 1 Abs. 1 lit. c MontanMitbestG).

Durch die Formulierung „in der Regel" in § 1 Abs. 2 MontanMitbestG sind solche Arbeitnehmer von der Berechnung ausgeschlossen, die nur vorübergehend im Unternehmen beschäftigt sind und nicht nach Beendigung ihrer Anstellungszeit durch andere Kräfte ersetzt werden.[19] Außergewöhnliche, kurzfristige Arbeitshäufungen bleiben damit ebenso unberücksichtigt wie vorübergehende Arbeitsrückgänge.[20] Maßgeblich ist die übliche Arbeitnehmerzahl nach Köpfen, wobei eine Zeitspanne von 17 bis 20 Monaten zugrunde gelegt wird.[21] Die Berücksichtigung der Arbeitnehmer nach Köpfen erfolgt unabhängig 13

---

[16] Gesetz über die Mitbestimmung der Arbeitnehmer (Mitbestimmungsgesetz – MitbestG) vom 4.5.1976, BGBl. 1976 I S. 1153; Hölters/*Simons* Rn. 4: ca. 700 Unternehmen.
[17] Hölters/*Simons* Rn. 4: ca. 1500 bis 3500 Unternehmen.
[18] Gesetz Nr. 27 der Alliierten Hohen Kommission vom 16.5.1950, ABl. der Alliierten Hohen Kommission für Deutschland, S. 299.
[19] Hümmerich/Boecken/Düwell/*Heither/von Morgen* MontanMitbestG § 1 Rn. 25.
[20] Hümmerich/Boecken/Düwell/*Heither/von Morgen* MontanMitbestG § 1 Rn. 25.
[21] OLG Düsseldorf DB 1995, 277 (2789 mit ausführlicher Herleitung; WWKK/*Koberski* MitbestG § 1 Rn. 38; aA *Ulmer*, FS Heinsius, 864: 6 bis 12 Monate.

vom Umfang der geschuldeten Arbeitsleistung.[22] Auf Arbeitnehmer, die in **ausländischen abhängigen Unternehmen** oder in **ausländischen Betriebsstätten** beschäftigt sind, findet das MontanMitbestG keine Anwendung.[23]

14 Entscheidend für die Einordnung unter das MontanMitbestG ist nicht die namentliche Nennung in den **Unternehmenslisten** im Anhang des AHK-Gesetzes Nr. 27, sondern das tatsächliche Vorliegen der dort vorgegebenen Tatbestandsmerkmale.[24]

15 Die Montanmitbestimmung wird durch zahlreiche Einzelregelungen sichergestellt.[25] Die **Walzwerkklausel** in § 1 Abs. 1 S. 2 Nr. 1 MontanMitbestG ordnet an, dass auch die Herstellung von Walzwerkerzeugnissen (sog. Warmverarbeitung) in den Anwendungsbereich des Gesetzes fällt, sofern das betreffende Unternehmen am 1.7.1981 montanmitbestimmt war. Nach der **Ansteckungsklausel** des § 1 Abs. 1 S. 2 Nr. 2 MontanMitbestG werden Unternehmen der Montanmitbestimmung unterworfen, die zwar am 1.7.1981 die Voraussetzungen des § 1 Abs. 1 S. 2 Nr. 1 MontanMitbestG nicht erfüllt haben, jedoch infolge von Verschmelzungen oder des Übergangs von Betrieben oder Betriebsteilen die Voraussetzungen der Montanmitbestimmung zu einem späteren Zeitpunkt erfüllen können.[26]

16 Die **Fortgeltungsklausel** in § 1 Abs. 3 MontanMitbestG schreibt die Montanmitbestimmung für einen Zeitraum von sechs Jahren nach Wegfall der Anwendungsvoraussetzungen des MontanMitbestG – mit Ausnahme des Fortfalls der erforderlichen Rechtsform[27] – fest.[28]

17 **b) Größe und Zusammensetzung des Aufsichtsrats.** Der Aufsichtsrat setzt sich nach dem MontanMitbestG **paritätisch** aus Arbeitnehmervertretern und Aktionärsvertretern zusammen. Er ist also jeweils mit der gleichen Anzahl von Arbeitnehmer- und Anteilseignervertretern zu besetzen. Zusätzlich wird ein **neutrales Mitglied** gewählt, das weder der Arbeitnehmer- noch der Arbeitgeberbank angehört. Im Regelfall setzt sich der Aufsichtsrat aus 11 Mitgliedern zusammen. Bei einem Nennkapital der Gesellschaft von mehr als € 10 Mio. kann die Anzahl der Mitglieder durch Satzungsregelung auf 15 erhöht werden (§ 9 Abs. 1 MontanMitbestG). Bei einem Nennkapital von mehr als € 25 Mio. ist eine Erhöhung auf 21 Aufsichtsratsmitglieder möglich (§ 9 Abs. 2 MontanMitbestG).

18 Die Arbeitnehmerbank setzt sich aus **Gewerkschaftsvertretern und Arbeitnehmern des Unternehmens** zusammen (§§ 4, 6, 9 MontanMitbestG). Das neutrale Mitglied erhöht die Mitgliederzahl des Aufsichtsrats auf die nächsthöhere ungerade Zahl (§ 4 Abs. 1, 2 MontanMitbestG).[29] Anders als nach dem MitbestG (vgl. → Rn. 35) wählt die Hauptversammlung sowohl die Vertreter der Anteilseigner als auch die der Arbeitnehmer. Allerdings ist die Hauptversammlung bei der Wahl der Arbeitnehmervertreter und des weiteren Mitglieds im Sinne von § 4 Abs. 1 S. 2 lit. b MontanMitbestG an Vorschläge des Betriebsrats und des Konzernbetriebsrats gebunden (§ 6 Abs. 6 MontanMitbestG). Das **neutrale Mitglied** wird von den übrigen Aufsichtsratsmitgliedern, mithin den Arbeitnehmer- und Anteilseignervertretern, vorgeschlagen und anschließend durch die Hauptversammlung gewählt (§ 8 Abs. 1 S. 1 MontanMitbestG). Der Vorschlag wird durch die Aufsichtsratsmitglieder mit der Mehrheit aller Stimmen beschlossen (§ 8 Abs. 1. S. 2 MontanMitbestG). Scheitert die Wahl des neutralen Mitglieds, ist ein mit vier Aufsichtsratsmit-

---

[22] Vgl. *Ulmer*, FS Heinsius, 855, 866.
[23] Hümmerich/Boecken/Düwell/*Heither/von Morgen* MontanMitbestG § 1 Rn. 27; ErfK/*Oetker* MontanMitbestG § 1 Rn. 4 und 14.
[24] BGHZ 87, 52 (54 ff.) = NJW 1983, 1617 – Böhler Beschluss; WWKK/*Wißmann* MontanMitbestG § 1 Rn. 8; Hüffer/*Koch* Rn. 6; aA noch OLG Karlsruhe OLGZ 1977, 19.
[25] Dazu insgesamt MüKoAktG/*Habersack* Rn. 10.
[26] MüKoAktG/*Habersack* Rn. 10.
[27] ZB durch Umwandlung in eine nicht mitbestimmungsfähige Personengesellschaft; vgl. MüKoAktG/*Habersack* Rn. 10.
[28] Dazu OLG Celle AG 1994, 131 ff.
[29] ErfK/*Oetker* MontanMitbestG § 4 Rn. 2.

2. Aufsichtsratsbildung nach dem MitbestErgG. Das MitbestErgG (sog. erstes „lex 19 Mannesmann" oder „Holding-Novelle") wurde 1956 infolge der zunehmenden Konzernierung der Montanindustrie eingeführt.[31] Das Gesetz dient der Erhaltung der Mitbestimmung in solchen Konzernstrukturen, in denen **Montan-Holdings,** die nicht selbst in der Montanindustrie tätig sind, über ein in diesem Bereich tätiges Unternehmen beherrschenden Einfluss ausüben. Im Anschluss an ein **Urteil des BVerfG**[32] erhielt § 3 Abs. 2 seine heutige Formulierung, wonach für die Anwendbarkeit des Gesetzes nicht auf eine absolute Anzahl von Arbeitnehmern abzustellen ist, sondern darauf, ob die montanmitbestimmten Unternehmen in der Regel mehr als 20 % der Arbeitnehmer sämtlicher Konzernunternehmen und abhängigen Unternehmen beschäftigen.[33]

a) **Anwendungsbereich.** Der Anwendungsbereich des MitbestErgG erfasst gem. §§ 1– 20 3, 16 MitbestErgG in der Rechtsform einer AG oder einer GmbH betriebene Konzernunternehmen (§ 18 Abs. 1), die
- nicht selbst dem Anwendungsbereich des MontanMitbestG (→ Rn. 12) unterfallen (vgl. § 2 MitbestErgG)
- und mindestens ein dem MontanMitbestG unterliegendes Unternehmen beherrschen (§ 1 MitbestErgG).

Zudem muss der **Unternehmenszweck des Konzerns** (→ Rn. 12 ff.) durch die dem 21 MontanMitbestG unterfallenden abhängigen Unternehmen gekennzeichnet sein (§ 3 MitbestErgG). Erforderlich ist eine **Beherrschung** des dem MontanMitbestG unterliegenden Unternehmens, wobei es keine Rolle spielt, ob diese durch Beherrschungsvertrag, Eingliederung oder faktische Konzernierung (§ 17 Abs. 1) begründet wird.[34] Der Unternehmenszweck des Konzerns ist nach § 3 Abs. 2 MitbestErgG durch die unter das MontanMitbestG fallenden abhängigen Unternehmen gekennzeichnet, wenn der relative Umsatz oder die relative Zahl der Arbeitnehmer sämtlicher dem MontanMitbestG unterliegender Konzernunternehmen im Verhältnis zum Gesamtkonzern eine **Quote von 20 %** überschreitet (→ Rn. 19).[35] Für die erstmalige Anwendbarkeit des MitbestErgG auf ein herrschendes Unternehmen, das vorher nicht dem MontanMitbestG unterfiel, muss die Umsatz- bzw. Arbeitnehmer-Quote in sechs aufeinanderfolgenden Geschäftsjahren **50 %** überschritten haben (§ 16 Abs. 1 Nr. 1 MitbestErgG). Die **Anwendbarkeit des MitbestErgG endet,** wenn in sechs aufeinanderfolgenden Geschäftsjahren die Voraussetzungen des § 3 MitbestErgG nicht mehr vorliegen oder für den gleichen Zeitraum kein montanmitbestimmtes Unternehmen beherrscht wird (§ 16 Abs. 2 MitbestErgG).

b) **Größe und Zusammensetzung des Aufsichtsrats.** Der Aufsichtsrat setzt sich, 22 ebenso wie bei Anwendung des MontanMitbestG, **paritätisch** aus Vertretern der Anteilseigner und der Arbeitnehmer zusammen (§ 5 Abs. 1 MitbestErgG). Zusätzlich ist wiederum ein neutrales Mitglied in den Aufsichtsrat zu wählen (§ 5 Abs. 1 S. 2 lit. c MitbestErgG). Die Arbeitnehmerseite besteht auch hier aus **Gewerkschaftsvertretern und Arbeitnehmern** der Konzernunternehmen. Im Regelfall besteht der Aufsichtsrat nach

---

[30] Ausführlich MHdB ArbR/*Gittermann* § 6 Rn. 134.
[31] WWKK/*Wißmann* MitbestErgG § 1 Rn. 1.
[32] BVerfGE 99, 367 = NJW 1999, 1535 („Mannesmann") erklärte das starre Erfordernis von mindestens 2.000 Arbeitnehmern in montanmitbestimmten Unternehmen für verfassungswidrig.
[33] Hümmerich/Boecken/Düwell/*Heither/von Morgen* § 4 MitbestErgG Rn. 9.
[34] WWKK/*Wißmann* MitbestErgG § 1 Rn. 7; aA, aber ohne Begründung Großkomm AktG/*Hopt/Roth* Rn. 15: Beherrschungsvertrag oder Eingliederung.
[35] WWKK/*Wißmann* MitbestErgG § 3 Rn. 5; aA Großkomm AktG/*Hopt/Roth* Rn. 15 und Hüffer/*Koch* Rn. 8, die allein auf den Umsatzanteil abstellen und damit BVerfGE 99, 367 berücksichtigen, offensichtlich aber nicht die in dessen Folge ergangene Neufassung von § 3 Abs. 2 S. 1 Nr. 2 MitbestErgG (relative Anzahl der Arbeitnehmer); kritisch zur Verfassungsmäßigkeit der Neuregelung *Huke/Prinz* BB 2004, 2633 (2638).

dem MitbestErgG aus 15 Mitgliedern (§ 5 Abs. 1 S. 1, 3 MitbestErgG). Bei einem Nennkapital von mehr als € 25 Mio. kann die Satzung die Anzahl der Mitglieder auf 21 Mitglieder anheben (§ 5 Abs. 1 S. 3 MitbestErgG).

23 Die Vertreter der Arbeitnehmer werden unmittelbar durch die Arbeitnehmer des Konzerns oder mittelbar durch Delegierte, je nach Anzahl der Arbeitnehmer des Konzerns, gewählt. Dadurch unterscheidet sich die Wahl der Arbeitnehmervertreter nach dem MitbestErgG von der Wahl der Vertreter nach dem MontanMitbestG (→ Rn. 18) und weist Ähnlichkeiten mit dem **Wahlverfahren** des MitbestG (→ Rn. 35) auf. Gemeinsam ist dem MontanMitbestG und dem MitbestErgG die Wahl des neutralen Mitglieds durch die Hauptversammlung auf Vorschlag der übrigen Aufsichtsratsmitglieder.

24 **3. Aufsichtsratsbildung nach dem MitbestG. a) Anwendungsbereich.** Nach § 1 MitbestG findet das MitbestG Anwendung auf eine AG, KGaA, GmbH oder Genossenschaft, die

– in der Regel (→ Rn. 13) mehr als 2000 Arbeitnehmer beschäftigt (§ 1 Abs. 1 Nr. 2 MitbestG)
– weder dem Anwendungsbereich des MontanMitbestG noch dem des MitbestErgG unterfällt (§ 1 Abs. 2 MitbestG)
– und weder ein Tendenzunternehmen noch ein Unternehmen einer Religionsgemeinschaft (→ Rn. 32) ist (§ 1 Abs. 3 MitbestG).

25 **aa) Anzahl der Arbeitnehmer und Zurechnungstatbestände.** Der Begriff „in der Regel" (→ Rn. 13) meint, wie in den Mitbestimmungsgesetzen üblich, eine auf einen längeren Zeitraum bezogene Arbeitnehmerzahl, die außergewöhnliche kurzfristige Schwankungen unberücksichtigt lässt.[36] Auf Arbeitnehmer, die in ausländischen Tochterunternehmen oder in ausländischen unselbstständigen Betriebsstätten beschäftigt sind und dort nicht nur vorübergehend eingegliedert sind, findet das MitbestG keine Anwendung.[37]

26 §§ 4 und 5 MitbestG enthalten **Zurechnungstatbestände,** wonach neben den Arbeitnehmern des betroffenen Unternehmens auch solche von verbundenen Konzernunternehmen und von bestimmten verbundenen Kapitalgesellschaften & Co. KGs und ihren Komplementären (→ Rn. 31) zu berücksichtigen sind.

27 Arbeitnehmer von **abhängigen Konzernunternehmen** werden dem herrschenden Unternehmen an der Konzernspitze zugerechnet (§ 5 Abs. 1 S. 1 MitbestG). Bei fehlender Mitbestimmungsfähigkeit[38] des obersten Konzernunternehmens sind die Arbeitnehmer der abhängigen Gesellschaften ausnahmsweise der **obersten mitbestimmungsfähigen Teilkonzernspitze** zuzurechnen (§ 5 Abs. 3 MitbestG).[39] Diese Regelung stellt sicher, dass die Mitbestimmung in der Konzernspitze nicht durch Rechtsformwechsel oder einen Wegzug aus Deutschland beseitigt werden kann. Allerdings setzt die Mitbestimmung dann nur noch auf der Ebene einer untergeordneten Gesellschaft an, die keine umfassende Leitungsmacht ausübt.[40]

28 Für die Anwendbarkeit des MitbestG genügt es, wenn die herrschende Gesellschaft und die nachgeordneten Konzernunternehmen zusammen mehr als 2000 Arbeitnehmer beschäf-

---

[36] Vgl. Hümmerich/Boecken/Düwell/*Heither/von Morgen* MitbestG § 1 Rn. 10.

[37] Großkomm/*Oetker* MitbestG § 1 Rn. 7 mwN; Hümmerich/Boecken/Düwell/*Heither/von Morgen* MitbestG § 1 Rn. 15 f.; aA bzgl. Arbeitnehmern von ausländischen Tochterunternehmen in der EU LG Frankfurt a.M.: Beschluss v. 16.2.2015 – 3/16 O 1/14 (nicht rechtskräftig), das sich darauf beruft, dass der Wortlaut des MitbestG an keiner Stelle im Ausland Beschäftigte von der Mitbestimmung ausnehme. § 5 Abs. 1 MitbestG verweise allein auf § 18 AktG, der nicht zwischen inländischen und ausländischen Unternehmen unterscheide. Eine abweichende Behandlung der im EU-Ausland gelegenen Unternehmen verstieße gegen das gemeinschaftsrechtliche Diskriminierungsverbot.

[38] Nicht mitbestimmungsfähig sind Unternehmen mit Sitz im Ausland (dazu OLG Stuttgart AG 1995, 380), Tendenzunternehmen oder solche Unternehmen, die nicht in einer der in § 1 Abs. 1 Nr. 1 MitbestG genannten Rechtsformen betrieben werden, vgl. MHdB AG/*Hoffmann-Becking* § 28 Rn. 19.

[39] Vgl. WWKK/*Koberski* MitbestG § 5 Rn. 52; MHdB AG/*Hoffmann-Becking* § 28 Rn. 19; Hüffer/*Koch* Rn. 4.

[40] Vgl. dazu die Kritik von Hölters/*Simons* Rn. 14.

tigen (§§ 1 Abs. 1 Nr. 2, 5 Abs. 1 S. 1 MitbestG). Daneben sind **nachgeordnete Unternehmen**, die, für sich genommen oder durch Zurechnung von Arbeitnehmern ihrer Tochtergesellschaften, bereits die Grenze von 2000 Arbeitnehmern überschreiten, **ebenfalls mitbestimmungspflichtig**,[41] sodass es innerhalb eines Konzerns zu einer mehrfachen Berücksichtigung derselben Arbeitnehmer kommen kann (etwa in der Konzernholdinggesellschaft selbst und in untergeordneten operativen Gesellschaften mit jeweils mehr als 2000 beschäftigten oder zugerechneten Arbeitnehmern).[42]

Umstritten ist die Zurechnung zu einer **Teilkonzernspitze**, wenn also die Konzernspitze bestimmte oder **sämtliche Leitungsfunktionen** an eine untergeordnete Konzerngesellschaft delegiert (sog. „Konzern im Konzern"). Nach zutreffender Auffassung ist eine Zurechnung nur dann zu bejahen, wenn die Konzernspitze sämtliche Leitungsaufgaben auf die untergeordnete Konzerngesellschaft überträgt.[43] Allerdings sind an die Übertragung der Leitungsfunktionen strenge Voraussetzungen zu stellen, welche die Rechtsprechung bisher stets als nicht erfüllt angesehen hat.[44]

Bei einem **Gemeinschaftsunternehmen** stellt sich die Frage, ob dessen Arbeitnehmer mehreren übergeordneten Unternehmen zuzurechnen sind. Eine solche mehrfache Zurechnung ist jedenfalls dann zu bejahen, wenn das Gemeinschaftsunternehmen von allen übergeordneten Unternehmen abhängig ist (§ 17 Abs. 1 AktG).[45]

Besonderheiten gelten für Kommanditgesellschaften, deren persönlich haftende Gesellschafterin eine Kapitalgesellschaft ist **(Kapitalgesellschaft & Co. KG):**

– **Kapitalgesellschaft & Co. KG als abhängiges Konzernunternehmen**
Hier sind die Arbeitnehmer der Komplementär-Kapitalgesellschaft der Konzernspitze auch dann zuzurechnen, wenn die Konzernspitze nicht die Komplementärin, sondern nur die Kommanditgesellschaft beherrscht (§ 5 Abs. 1 S. 2 MitbestG). Sofern die Komplementärin ein von der Konzernspitze abhängiges Unternehmen ist, werden ihr die Arbeitnehmer der Komplementärin ohnehin zugerechnet (§ 5 Abs. 1 S. 1 MitbestG).[46]

– **Personen- und beteiligungsgleiche Kapitalgesellschaft & Co. KG**
Hat die Mehrheit der Kommanditisten, berechnet nach ihren Anteilen oder ihren Stimmen, die Mehrheit der Anteile oder der Stimmen in dem Unternehmen des persönlich haftenden Gesellschafters inne, sind die Arbeitnehmer der KG der Kapitalgesellschaft

---

[41] MHdB AG/*Hoffmann-Becking* § 28 Rn. 18.
[42] Hölters/*Simons* Rn. 13.
[43] Die Zurechnung ebenfalls bejahend: *Bayer* DB 1975, 1167 ff.; *Duden* ZHR 141 (1977), 145 (158); *Hanau* ZGR 1984, 468 (477 ff.); *Klinkhammer* DB 1977, 1601 (1605); *Klückers*, Problemfälle der Arbeitnehmerzurechnung auf der Grundlage von § 5 Abs. 1 S. 1 MitbestG, Diss. Köln 1978, 97 ff.; *Romeikat*, Konzernmitbestimmung in nachgeordneten Konzernstufen, Diss. München 1989, 91 ff.; Großkomm MitbestG/*Oetker* Rn. 26; Kölner Komm AktG/*Mertens*/*Cahn* § 117 Anh. B § 5 MitbestG Rn. 32; WWKK/*Koberski* MitbestG § 5 Rn. 45 und 30 ff.; MHdB AG/*Hoffmann-Becking* § 28 Rn. 20; wohl auch Hüffer/*Koch* Rn. 4; MüKo-AktG/*Gach* MitbestG § 5 Rn. 24 ff.; *Raiser*/*Veil* MitbestG § 5 Rn. 23; Henssler/Willemsen/Kalb/*Seibt* Drittelbg § 2 Rn. 7; für die Zurechnung nach dem BetrVG bejahend BAGE 34, 230 = AG 1981, 227; für den Konzernbetriebsrat: BAG AG 2005, 533; aA *Lutter*, Mitbestimmung im Konzern, S. 12; *Semler* DB 1977, 805 ff.; *Schilling* ZHR 140 (1976), 528 (534).
[44] OLG München NZG 2009, 112 (114); OLG Düsseldorf AG 1997, 129 (130); OLG Frankfurt DB 1986, 2658; OLG Düsseldorf WM 1979, 956 und WM 1997, 668; LG Nürnberg/Fürth WM 1984, 263; OLG Frankfurt WM 1987, 237; beispielhaft: OLG Zweibrücken WM 1983, 1347, das die Voraussetzungen eines Konzerns im Konzern verneinte, da der Beherrschungsvertrag zwischen der Konzernobergesellschaft und der Zwischen-Holding mit zahlreichen Zustimmungsvorbehalten zu Gunsten der Konzernleitung versehen war; ein umfangreicher Kriterienkatalog dazu findet sich bei Kölner Komm AktG/*Mertens*/*Cahn* § 117 Anh. B MitbestG § 5 Rn. 34; MHdB AG/*Hoffmann-Becking* § 28 Rn. 20.
[45] So im Ergebnis auch die hM. Die Zurechnung bejaht: BAGE 53, 287, BAGE 80, 322 = AG 1988, 106, AG 1996, 367; *Klinkhammer*, Mitbestimmung im Gemeinschaftsunternehmen, 1977 S. 143 ff.; differenzierend: Kölner Komm AktG/*Mertens*/*Cahn* § 117 Anh. B MitbestG § 5 Rn. 35, die eine Zurechnung jedenfalls bei einer kooperativen Ausübung der Leitungsmacht im Rahmen eines Konsortialvertrags fordern; Großkomm MitbestG/*Oetker* § 5 Rn. 29 und *Raiser*/*Veil* MitbestG § 5 Rn. 25 f., die auf die gemeinsame Leitung der Obergesellschaften abstellen; zweifelnd auch *Lutter*, Mitbestimmung im Konzern, S. 11; aA *Duden* ZHR 141 (1977), 145 (161 ff.).
[46] Vgl. WWKK/*Koberski* MitbestG § 5 Rn. 43.

zuzurechnen (§ 4 Abs. 1 MitbestG)[47], sofern die Kapitalgesellschaft nicht schon selbst einen eigenen Geschäftsbetrieb mit in der Regel mehr als 500 Arbeitnehmern führt. Es kommt somit zu einer mittelbaren Mitbestimmung in der Kapitalgesellschaft & Co. KG über den Aufsichtsrat der Kapitalgesellschaft.[48] Diese Zurechnung gilt auch für die mehrstöckige[49] und die sternförmige[50] personen- und beteiligungsgleiche Kapitalgesellschaft & Co. KG (§ 4 Abs. 1 S. 2 und 3 MitbestG).

– **Personen- und beteiligungsgleiche Kapitalgesellschaft & Co. KG als Konzernspitze**

Hier besteht gegenüber dem zuvor Gesagten die Besonderheit, dass die Kapitalgesellschaft & Co. KG die Konzernspitze darstellt. In diesem Fall sind der Kapitalgesellschaft, außer den Arbeitnehmern der KG, sämtliche Arbeitnehmer der von der KG beherrschten Konzernunternehmen zuzurechnen (§ 5 Abs. 2 S. 1 MitbestG). Auch dies gilt entsprechend für die mehrstöckige und die sternförmige personen- und beteiligungsgleiche Kapitalgesellschaft & Co. KG (vgl. § 5 Abs. 2 S. 2 MitbestG).

Eine analoge Anwendung von § 4 Abs. 1 MitbestG auf eine Kapitalgesellschaft & Co KGaA ist abzulehnen.[51]

32 bb) **Ausgenommene Unternehmen.** Sog. **Tendenzunternehmen** unterfallen nicht dem Anwendungsbereich des MitbestG. Dazu zählen zunächst solche Unternehmen, die unmittelbar und überwiegend eine **geistig-ideelle Zielrichtung** verfolgen (§ 1 Abs. 4 S. 1 Nr. 1 MitbestG). Dies sind etwa Schulungs- und Verwaltungseinrichtungen der Parteien, selbständige wirtschaftliche Unternehmen der Gewerkschaften und Arbeitgeberverbände, karitative Einrichtungen, Forschungsinstitute und Bibliotheken. Ferner sind vom Begriff des Tendenzunternehmens solche Unternehmen erfasst, die unmittelbar und überwiegend der durch Art. 5 Abs. 1 S. 2 GG **geschützten Meinungsäußerung dienen,** etwa Buch- und Zeitschriftenverlage sowie Rundfunk-, Film-, und Fernsehanstalten (§ 1 Abs. 4 S. 1 Nr. 2 MitbestG).[52] Die Tendenzunternehmen dürfen auch einen Erwerbszweck verfolgen.[53] Anwendbar ist das MitbestG dagegen auf bloße Hilfsunternehmen wie Druckereien, deren Geschäftsbetrieb nicht auf die Verbreitung einer eigenen Meinung gerichtet ist.[54] **Ausgenommen** vom Anwendungsbereich des MitbestG sind **Religionsgemeinschaften** und ihre karitativen und erzieherischen Einrichtungen (§ 1 Abs. 4 S. 2 MitbestG).[55]

33 b) **Größe und Zusammensetzung des Aufsichtsrats.** Der Aufsichtsrat ist **paritätisch** mit Anteilseigner- und Arbeitnehmervertretern zu besetzen. In einer Gesellschaft mit nicht mehr als 10.000 Arbeitnehmern besteht er aus 12 Mitgliedern, bei mehr als 10.000, aber nicht mehr als 20.000 Arbeitnehmern aus 16 Mitgliedern und bei mehr als 20.000 Arbeit-

---

[47] Rein tatsächlich unterfallen aber nur 24 Kommanditgesellschaften der Regelung des § 4 MitbestG, Stand 21.12.2009 vgl. WWKK/*Koberski* MitbestG § 4 Rn. 2.

[48] WWKK/*Koberski* MitbestG § 4 R 2.

[49] Die Kapitalgesellschaft & Co. KG ist als einziger Komplementär und/oder Kommanditist an einer zweiten Kapitalgesellschaft & Co. KG beteiligt. Die Arbeitnehmer sämtlicher KGen werden der Komplementärkapitalgesellschaft der obersten KG zugerechnet; Hümmerich/Boecken/Düwell/*Heither/von Morgen* MitbestG § 4 Rn. 7.

[50] Die Kapitalgesellschaft ist Komplementärin mehrerer verschiedener KGen. Der Kapitalgesellschaft werden unter den Voraussetzungen des § 4 Abs. 1 S. 1 MitbestG die Arbeitnehmer der verschiedenen KGen zugerechnet.

[51] OLG Celle ZIP 2015, 123; LG Hannover BeckRS 2014, 21494.

[52] BAGE 69, 302 und BAG NZA 1994, 329 zu § 118 Abs. 1 BetrVG.

[53] BAGE 61, 113; WWKK/*Koberski* MitbestG § 1 Rn. 49; Kölner Komm AktG/*Arnold* § 117 Anh. B MitbestG § 1 Rn. 15.

[54] WWKK/*Koberski* MitbestG § 4 Rn. 48; Kölner Komm AktG/*Arnold* § 117 Anh. B MitbestG § 1 Rn. 11.

[55] WWKK/*Koberski* MitbestG § 4 Rn. 58; Einrichtungen, die auf Selbständigkeit gegenüber ihrer Kirche bedacht sind und deshalb nicht unter Abs. 2 fallen oder die nach kirchlichem Selbstverständnis keine Einrichtungen der Kirche darstellen, unterliegen dem Tendenzschutz von § 1 Abs. 4 S. 1 Nr. 1 3. Var. MitbestG „konfessionell"; vgl. dazu Richardi/*Thüsing* BetrVG § 118 Rn 56.

nehmern aus 20 Mitgliedern (§ 7 Abs. 1 MitbestG). Für die Ermittlung der Arbeitnehmeranzahl gelten die dargestellten Grundsätze der Konzernzurechnung (→ Rn. 26 ff.).

Die Arbeitnehmerbank besteht damit aus 6, 8 oder 10 Mitgliedern. Die Sitze der **34** Arbeitnehmervertreter sind mit Gewerkschaftsvertretern, Vertretern der unternehmensangehörigen Belegschaft (§ 7 Abs. 2 MitbestG) und zumindest einem leitenden Angestellten zu besetzen (§ 15 Abs. 1 S. 2 MitbestG). Bei einem Aufsichtsrat mit 12 oder 16 Mitgliedern sind nur zwei Sitze zwingend an **Gewerkschaftsvertreter** zu vergeben. Erst bei einem Aufsichtsrat mit 20 Mitgliedern kommt ein weiterer Gewerkschaftsvertreter hinzu. Der Einfluss der Gewerkschaften ist damit in größeren Aufsichtsräten rechnerisch geringer als in kleineren.[56]

Die **Arbeitnehmervertreter** werden von den **Arbeitnehmern** entweder **unmittelbar 35 oder mittelbar durch Delegierte** der Belegschaft **gewählt** (§ 9 MitbestG). Bei mehr als 8.000 Arbeitnehmern wählen Delegierte die Arbeitnehmervertreter (§ 9 Abs. 1 MitbestG); die Delegierten sind wiederum von den Arbeitnehmern zu wählen (§ 10 MitbestG). Bei einer niedrigeren Belegschaftszahl ist die unmittelbare Wahl der gesetzliche Regelfall (§ 9 Abs. 2 MitbestG). In beiden Fällen haben die Arbeitnehmer jedoch die **Option,** durch Beschluss vom Regelverfahren zu Gunsten des jeweils anderen Wahlverfahrens **abzuweichen** (§ 9 Abs. 3 MitbestG).

Die **Anteilseignervertreter** werden nach § 101 Abs. 1 von der **Hauptversammlung 36** gewählt, sofern keine Entsendungsrechte nach § 101 Abs. 2 bestehen.[57]

Trotz der paritätischen Besetzung können die Anteilseigner mithilfe des **Doppelstimm- 37 rechts des Aufsichtsratsvorsitzenden,** der nicht gegen die Stimmen der Anteilseigner bestellt werden kann, die Arbeitnehmervertreter überstimmen (§§ 27 Abs. 2, 29 Abs. 2 MitbestG).

4. Aufsichtsratsbildung nach dem DrittelbG. Das DrittelbG löste im Jahr 2004 ohne **38** wesentliche inhaltliche Änderung das BetrVG 1952 ab.[58] Der Verweis des § 96 Abs. 1 auf § 76 Abs. 1 DrittelbG ist ein **Redaktionsversehen** (früher war § 76 Abs. 1 BetrVG erfasst) und nimmt nach allgemeiner Ansicht Bezug auf § 1 DrittelbG.[59]

a) Anwendungsbereich. Der Aufsichtsrat einer AG, KGaA, GmbH, Genossenschaft **39** oder eines VVaG ist nach dem DrittelbG zu besetzen, wenn das Unternehmen
- in der Regel (dazu → Rn. 13) mehr als 500 Arbeitnehmer beschäftigt oder wenn es vor dem 10.8.1994 eingetragen wurde und keine Familiengesellschaft (→ Rn. 43) ist (§ 1 Abs. 1 Nr. 1 DrittelbG)
- weder dem Anwendungsbereich des MitbestG, noch des MontanMitbestG oder des MitbestErgG unterliegt (§ 1 Abs. 2 Nr. 1 DrittelbG)
- und weder ein Tendenzunternehmen noch ein Unternehmen einer Religionsgemeinschaft (→ Rn. 32) ist (§ 1 Abs. 2 Nr. 2 DrittelbG).

Hinsichtlich der maßgeblichen Arbeitnehmeranzahl ist nach dem **Zeitpunkt der Ein- 40 tragung** im Handelsregister zu unterscheiden. Unerheblich ist dabei, ob die Eintragung auf einer Neugründung oder auf einem Formwechsel der Gesellschaft beruht.[60]

Für Unternehmen, die am oder nach dem 10.8.1994 eingetragen wurden (sog. **Neuge- 41 sellschaften**), setzt § 1 Abs. 1 Nr. 1 DrittelbG eine Anzahl von **mehr als 500 Arbeitnehmern** voraus.

Unternehmen, die vor dem 10.8.1994 eingetragen wurden (sog. **Altgesellschaften**), **42** unterfallen dem DrittelbG auch bei „**weniger als 500 Arbeitnehmern**" (zutreffend: weniger als 501 Arbeitnehmer), sofern es sich **nicht** um **Familiengesellschaften** (dazu

---

[56] MHdB AG/*Hoffmann-Becking* § 28 Rn. 23.
[57] MüKoAktG/*Habersack* Rn. 7.
[58] *Seibt* NZA 2004, 767 (774).
[59] Statt vieler: Hüffer/*Koch* Rn. 10; in einigen Gesetzessammlungen ist bereits die korrigierte Fassung abgedruckt.
[60] MHdB AG/*Hoffmann-Becking* § 28 Rn. 2.

unten) handelt (§ 1 Abs. 1 Nr. 1 DrittelbG). Grund für diese Ungleichbehandlung von Neu- und Altgesellschaften nach dem 10.8.1994 war der rechtspolitische Wille, die Attraktivität der (kleinen) Aktiengesellschaft als Rechtsform für Unternehmensgründungen zu erhöhen.[61] Das BVerfG hat inzwischen bestätigt, dass die Regelung verfassungsgemäß ist.[62] **Altgesellschaften** müssen **mindestens fünf Arbeitnehmer** beschäftigen, um in den Anwendungsbereich des DrittelbG zu fallen.[63]

43 **Familiengesellschaften** sind unabhängig vom Zeitpunkt ihrer Eintragung nur dann vom DrittelbG erfasst, wenn sie in der Regel mehr als 500 Arbeitnehmer beschäftigen. Eine Familiengesellschaft liegt vor, wenn entweder deren einziger Aktionär eine natürliche Person ist oder sämtliche Aktionäre nach § 1 Abs. 1 Nr. 2–8, Abs. 2 AO miteinander verwandt oder verschwägert sind (§ 1 Abs. 1 Nr. 1 S. 3 DrittelbG).

44 Ähnlich dem MitbestG enthält § 2 Abs. 2 DrittelbG eine **Zurechnungsklausel** für die Bestimmung der Arbeitnehmeranzahl im **Konzern.** Dem herrschenden Unternehmen sind die Arbeitnehmer des abhängigen Unternehmens zuzurechnen, sofern zwischen beiden ein Beherrschungsvertrag oder ein Eingliederungsverhältnis besteht. Ein bloß faktischer Konzern genügt im Unterschied zu § 5 Abs. 1 S. 1 MitbestG nicht.[64] Für die Sonderfälle des **Konzerns im Konzern** oder bei **Gemeinschaftsunternehmen** erfolgt eine Zurechnung der Arbeitnehmer nach den Grundsätzen, die für das MitbestG gelten (→ Rn. 27 ff.).[65]

45 **b) Größe und Zusammensetzung des Aufsichtsrats.** Der Aufsichtsrat ist zu einem Drittel mit Arbeitnehmervertretern zu besetzen (§ 4 Abs. 1 DrittelbG). Die nach § 95 S. 3 vorgeschriebene Teilbarkeit der Mitgliederzahl durch drei (→ § 95 Rn. 17) schafft im Rahmen des DrittelbG die **rechnerische Voraussetzung** für die **Drittelparität** im Aufsichtsrat.[66] Sofern es die Gesamtmitgliederzahl des Aufsichtsrats zulässt, sind mindestens zwei der Arbeitnehmermandate mit unternehmensangehörigen Arbeitnehmern zu besetzen (§ 4 Abs. 2 DrittelbG). Leitenden Angestellten steht weder ein aktives noch ein passives Wahlrecht zu.[67] Die Arbeitnehmervertreter sind von allen wahlberechtigten Arbeitnehmern des Unternehmens in unmittelbarer Wahl zu wählen (§ 5 DrittelbG). Eine Wahl durch Delegierte kennt das DrittelbG nicht.

46 **5. Aufsichtsratsbildung nach dem MgVG.** Das MgVG[68] regelt die Mitbestimmung bei grenzüberschreitenden Verschmelzungen. Es beruht auf der Richtlinie über die Verschmelzung von Kapitalgesellschaften aus verschiedenen Mitgliedstaaten.[69] Das MgVG ist anwendbar auf die aus einer **grenzüberschreitenden Verschmelzung** hervorgehende **inländische Kapitalgesellschaft** (§ 3 Abs. 1 S. 1 MgVG).

---

[61] Vgl. BVerfG WM 2014, 464 (465).
[62] BVerfG WM 2014, 464; zuvor OLG Düsseldorf NZG 2011, 1152 = ZIP 2011, 1564; kritisch UHH/Habersack DrittelbG § 1 Rn. 14; Lieb ArbeitsR Rn. 906; Büdenbender ZIP 2000, 385 (398 ff.); Henssler ZfA 2000, 241 (258 ff.).
[63] BGH NZG 2012, 421 (422); so schon Hüffer, 10. Aufl., Rn. 12; Spindler/Stilz/Spindler Rn. 16; Bürgers/Körber/Bürgers/Israel Rn. 2; MüKoAktG/Semler, 2. Aufl. 2004, Rn. 39; Henssler/Willemsen/Kalb/Seibt DrittelbG § 1 Rn. 12; Cramer GWR 2011, 362; Röder/Gneiting DB 1993, 1618 f.; MHdB AG/Hoffmann-Becking § 28 Rn. 5 und 9; aA ein Arbeitnehmer: MHdb ArbR/Wißmann § 285 Rn. 3; Köstler/Kittner/Zachert/Müller Aufsichtsratspraxis Rn. 158; Fuchs/Köstler Rn. 45; K. Schmidt/Lutter/Drygala Rn. 21 „arbeitnehmerlose Gesellschaften"; ErfK/Oetker 12. Aufl. 2012, DrittelbG § 1 Rn. 8.; WWKK/Kleinsorge DrittelbG § 1 Rn. 8; drei Arbeitnehmer: MüKoAktG/Habersack Rn. 18; UHH/Habersack DrittelbG § 1 Rn. 17; Raiser/Veil DrittelbG § 1 Rn. 6; MüKoAktG/Gach DrittelbG § 1 Rn. 13.
[64] Vgl. auch OLG Zweibrücken NZG 2006, 31 (32); WWKK/Kleinsorge DrittelbG § 2 Rn. 25; MüKoAktG/Habersack Rn. 19; aA Boewer/Gaul/Otto GmbHR 2004, 1065 (1067).
[65] Hüffer/Koch Rn. 10.
[66] MüKoAktG/Semler, 2. Aufl. 2004, Rn. 27.
[67] Henssler/Strohn/Henssler Rn. 6.
[68] Art. 3 des Gesetzes zur Umsetzung der Regelungen über die Mitbestimmung der Arbeitnehmer bei einer Verschmelzung von Kapitalgesellschaften aus verschiedenen Mitgliedstaaten vom 21.12.2006, BGBl. 2006 I S. 3332.
[69] Richtlinie 2005/56/EG des Europäischen Parlaments und des Rates vom 26.10.2005, ABl. EG 2005 Nr. L 310, 1 ff.

Die Inhalte der Mitbestimmung sollen nach dem MgVG **vorrangig** zwischen dem 47
besonderen Verhandlungsgremium der Arbeitnehmerseite und den Vertretungsorganen der
beteiligten Gesellschaften ausgehandelt und in einer **Mitbestimmungsvereinbarung** festgehalten werden (§ 22 Abs. 1 Nr. 3 und 5 MgVG). Als Verhandlungsergebnisse kommen
sowohl die Erweiterung als auch die Einschränkung der Mitbestimmungsrechte und sogar
der völlige Ausschluss der Arbeitnehmer aus dem Aufsichtsrat in Betracht.[70] Im Falle des
Scheiterns der Verhandlungen gilt subsidiär die **Auffanglösung** der **§§ 23 ff. MgVG**. Die
Zahl der Arbeitnehmervertreter im Aufsichts- oder Verwaltungsorgan bemisst sich dann
nach dem höchsten Anteil (und nicht der absoluten Anzahl)[71] an Arbeitnehmervertretern,
der in den Organen der beteiligten Gesellschaften bestanden hat (§ 24 Abs. 1 S. 2 MgVG).[72]
Anders als im Anwendungsbereich des SEBG besteht allerdings kein Zwang zur Durchführung eines Verhandlungsverfahrens, sodass die Geschäftsleiter der beteiligten Gesellschaften entscheiden können, die Mitbestimmung kraft Gesetzes ohne vorhergehende Verhandlung unmittelbar vom Zeitpunkt der Eintragung an anzuwenden.[73]

6. Aufsichtsratsbildung nach dem VAG. § 35 VAG regelt die Zusammensetzung des 48
Aufsichtsrats von **Versicherungsvereinen auf Gegenseitigkeit** (VVaG), die dem Versicherungsaufsichtsgesetz (VAG) unterliegen. Die Vereinssatzung kann eine Mitgliederzahl zwischen drei und 21 festlegen, sofern diese durch drei teilbar ist (§ 35 Abs. 1 VAG). Bei VVaG,
für die nach § 1 Abs. 1 Nr. 4 DrittelbG das **Drittelbeteiligungsgesetz** gilt, setzt sich der
Aufsichtsrat aus Aufsichtsratsmitgliedern, welche die oberste Vertretung wählt, und aus
Aufsichtsratsmitgliedern der Arbeitnehmer zusammen.

7. Aufsichtsratsbildung nach dem KWG. Nach § 25d Abs. 1 S. 1 KWG müssen die 49
Mitglieder des Aufsichtsorgans **eines Instituts, einer Finanzholding-Gesellschaft oder
einer gemischten Finanzholding-Gesellschaft** zuverlässig sein, die erforderliche Sachkunde zur Wahrnehmung der Kontrollfunktion sowie zur Beurteilung und Überwachung
der Geschäfte, die das jeweilige Unternehmen betreibt, besitzen und der Wahrnehmung
ihrer Aufgaben ausreichend Zeit widmen. Die **Eignung der Mitglieder** des Aufsichtsorgans wird von der BaFin geprüft (§ 25d Abs. 1 S. 2 KWG). In Instituten, deren Bilanzsumme im Durchschnitt in den letzten drei abgeschlossenen Geschäftsjahren 15 Milliarden
Euro erreicht oder überschritten hat, kann gemäß § 25d Abs. 3 S. 1 KWG **nicht Mitglied
des Aufsichtsorgan** sein, wer
– in demselben Unternehmen Geschäftsleiter ist
– in dem betreffenden Unternehmen Geschäftsleiter war, wenn bereits zwei ehemalige
  Geschäftsleiter des Unternehmens Mitglied des Verwaltungs- oder Aufsichtsorgans sind
– in einem Unternehmen Geschäftsleiter ist und zugleich in mehr als zwei Unternehmen
  Mitglied des Verwaltungs- oder Aufsichtsorgans ist oder
– in mehr als vier Unternehmen Mitglied des Verwaltungs- oder Aufsichtsorgans ist.

Gleiches gilt für Institute, die die Voraussetzung von § 25d Abs. 3 S. 7 2. Hs. KWG
erfüllen.

8. Aufsichtsratsbildung in mitbestimmungsfreien Gesellschaften. In Gesellschaf- 50
ten, die nicht die Anwendungsvoraussetzungen des MitbestG, MontanMitbestG, MitbestErgG, DrittelbG oder MgVG erfüllen, ist der Aufsichtsrat nach den aktienrechtlichen
Vorschriften allein mit Vertretern der Anteilseigner zu besetzen (§ 101 AktG). Vollständig
mitbestimmungsfrei sind demnach nur „**kleine AGs**" oder andere Kapitalgesellschaften mit
500 oder weniger als 500 Arbeitnehmern, die am oder nach dem 10.8.1994 gegründet
wurden, sowie **Familiengesellschaften** (→ Rn. 43), die vor dem 10.8.1994 gegründet

---

[70] Henssler/Strohn/*Henssler* Rn. 8.
[71] Henssler/Strohn/*Henssler* Rn. 8; zur vergleichbaren Situation bei der SE: *Henssler* ZHR 173 (2009), 222 (234).
[72] Vgl. auch die inhaltsgleiche Regelung der §§ 4–7 SEBG.
[73] MüKoAktG/*Habersack* Rn. 24.

wurden und 500 oder weniger als 500 Arbeitnehmer beschäftigen, sowie Gesellschaften mit weniger als fünf Arbeitnehmern (vgl. zur Mindestanzahl → Rn. 42).[74] Arbeitnehmervertreter befinden sich zudem nicht in Aufsichtsräten von Tendenzunternehmen und Religionsgesellschaften (→ Rn. 32). Von jeglicher Mitbestimmung der Arbeitnehmer befreit ist ferner die **arbeitnehmerlose** AG, sofern ihr nicht die Arbeitnehmer konzernverbundener Gesellschaften zugerechnet werden.

51 **9. Zusammensetzung des ersten Aufsichtsrats.** Den ersten Aufsichtsrat richten die Gründer der Gesellschaft ein (§ 30 Abs. 1 S. 1).[75] Er setzt sich **ausschließlich aus Vertretern der Anteilseigner** zusammen; die Mitbestimmungsgesetze finden auf den ersten Aufsichtsrat noch keine Anwendung (§ 30 Abs. 2). Im Gegenzug können die Mitglieder des ersten Aufsichtsrats längstens für die Zeit bis zur Beendigung der Hauptversammlung bestellt werden, die über die Entlastung für das erste Voll- oder Rumpfgeschäftsjahr beschließt (§ 30 Abs. 3 S. 1). Mit höchstens 20 Monaten (vgl. § 120 Abs. 1 S. 1) ist die Amtszeit der Mitglieder des ersten Aufsichtsrats also knapp bemessen.

52 An der **Mitbestimmungsfreiheit** des ersten Aufsichtsrats (§ 30 Abs. 2) ändert sich nach zutreffender Auffassung auch dann nichts, wenn eine mitbestimmte Gesellschaft auf die neu gegründete Gesellschaft **verschmolzen** wird.[76] Der Gesetzgeber hat lediglich den **Sonderfall** geregelt, dass bei Gründung ein Unternehmen oder ein Unternehmensteil als **Sacheinlage** eingebracht wird. In diesem Fall hat der Vorstand unverzüglich ein Statusverfahren nach § 97 einzuleiten (§ 31 Abs. 3).

53 Vorbehaltlich einer abweichenden Satzungsregelung besteht der erste Aufsichtsrat aus **drei Mitgliedern** (§ 95 S. 1). Ist bei der Gründung der Gesellschaft bereits absehbar, dass künftig eines der Mitbestimmungsgesetze auf die Gesellschaft anzuwenden sein wird, sollte der erste Aufsichtsrat nur aus so vielen Mitgliedern bestehen, wie der Anteilseignerseite nach dem zukünftig anzuwenden Mitbestimmungsstatut zustehen, um ein Ausscheiden von Mitgliedern des ersten Aufsichtsrats zu vermeiden.[77]

III. Zulässigkeit privatautonomer Erweiterungen der Arbeitnehmerbeteiligung

54 Ein mitbestimmter Aufsichtsrat ist zunächst allein aufgrund **zwingender gesetzlicher Vorschriften** zu bilden.[78] Die Bestimmungen der Mitbestimmungsgesetze sind zum Schutz der Arbeitnehmer ausgestaltet, der nicht durch abweichende Vereinbarungen verkürzt oder beseitigt werden darf, selbst dann nicht, wenn die Arbeitnehmer dies wünschen.[79] Weitgehend ungeklärt ist aber die Frage, ob und inwieweit **zugunsten** der **Arbeitnehmer** von den Mitbestimmungsgesetzen abgewichen werden kann.

55 **1. Mitbestimmungserweiterungen durch Satzungsregelungen.** Unzulässig sind nach zutreffender Auffassung **Satzungsregelungen,** welche ein gesetzlich nicht vorgesehenes Mitbestimmungsmodell einführen oder ein bestehendes Mitbestimmungsstatut erweitern sollen.[80] Ebenfalls ausgeschlossen sind **Entsenderechte** zu Gunsten von Arbeitneh-

---

[74] Das ergibt sich aus § 76 Abs. 4 BetrVG 1952, vgl. BGH NZG 2012, 421 (422) auch Hüffer/*Koch* Rn. 12; Bürgers/Körber/*Bürgers*/*Israel* Rn. 2.
[75] Vgl. zu den Aufgaben und Pflichten des ersten Aufsichtsrats *v. Schenck* in Semler/v. Schenck AR-HdB § 3 Rn. 28 ff.
[76] Vgl. LG Berlin BeckRS 2009, 11392; Hüffer/*Koch* § 30 Rn. 5; Kölner Komm AktG/*Arnold* § 30 Rn. 10; MüKoAktG/*Pentz* § 30 Rn. 17, Spindler/Stilz/*Gerber* § 30 Rn. 13; NK-AktG/*Braunfels*/*Polley* § 30 Rn. 6; *Kuhlmann* NZG 2010, 46 (47 ff.); aA *Thoelke* AG 2014, 137 (142, 145 ff.); ErfK/*Oetker* MitbestG § 6 Rn. 3; *Heither* DB 2008, 109 (111).
[77] Großkomm AktG/*Röhricht* § 30 Rn. 8; Kölner Komm AktG/*Arnold* § 30 Rn. 13; Hüffer/*Koch* § 30 Rn. 5; Spinder/Stilz/*Gerber* § 30 Rn. 15.
[78] MüKoAktG/*Semler*, 2. Aufl. 2004, Rn. 46.
[79] *Hanau* ZGR 2001, 75 (79).
[80] *Konzen* AG 1983, 289 (299); *Wahlers* ZIP 2008, 1897 (1899); *Henssler* ZfA 2000, 241 (263); MüKoAktG/ *Semler*, 2. Aufl. 2004, Rn. 58; Großkomm AktG/*Hopt*/*Roth* Rn. 24; *Hommelhoff* ZHR 148 (1984), 119 (134); Hoffmann/Lehmann/Weinmann MitbestG § 7 Rn. 43.

mern, Gewerkschaftsvertretern oder des Betriebsrats sowie Regelungen, die höhere Beteiligungsquoten vorsehen, um im Ergebnis eine höhere Arbeitnehmerbeteiligung zu erzielen.[81] Gleichfalls ist eine Satzungsregelung unzulässig, die vorsieht, dass eine bestimmte Zahl an Aufsichtsratsmitgliedern der Anteilseigner nur auf Vorschlag des Betriebsrats oder nur aufgrund einer Vorwahl durch die Arbeitnehmer gewählt werden kann.[82]

2. Freiwillige Zuwahl durch die Hauptversammlung. Zulässig ist die freiwillige 56 Zuwahl von Arbeitnehmervertretern durch die Hauptversammlung.[83] Arbeitnehmer gehören **nicht** zu den Personengruppen, für die ein **gesetzliches Bestellungsverbot** gilt (§§ 100 Abs. 1 und 2, 105 Abs. 1).[84] Die Hauptversammlung unterliegt keinen die Wahl beschränkenden Vorschriften, die es ihr unmöglich machen würden, auch Arbeitnehmervertreter in den Aufsichtsrat zu wählen. Durch eine freiwillige Zuwahl von Arbeitnehmern ändert sich allerdings nicht die gesetzlich vorgegebene quantitative Arbeitnehmerbeteiligung im Aufsichtsrat.[85] Die von der Hauptversammlung gewählten Mitglieder, gleich ob Arbeitnehmer oder Dritte, vertreten die Anteilseigner. Sie können, anders als die nach den Mitbestimmungsgesetzen gewählten Arbeitnehmervertreter, jederzeit gemäß § 103 Abs. 1 abberufen werden.[86]

3. Stimmbindungsvereinbarungen. Die Zulässigkeit mitbestimmungsrelevanter 57 **Stimmbindungsvereinbarungen zwischen Aktionären** folgt nach zutreffender Ansicht bereits aus der Befugnis der Hauptversammlung zur freiwilligen Zuwahl von Aufsichtsratsmitgliedern.[87] Das Verbot der Bindung an Wahlvorschläge (§ 101 Abs. 1. S. 2) steht dem nicht entgegen. Es bezieht sich nur auf die Hauptversammlung bindende Vorschläge. Den Aktionären bleibt unbenommen, sich durch Vereinbarung mit anderen Aktionären in ihrem Stimmverhalten selbst zu binden.[88]

4. Mitbestimmungsvereinbarungen. Dagegen werden **mitbestimmungserweiternde Vereinbarungen** zwischen der Gesellschaft und den Arbeitnehmern von der ganz 58 herrschenden Meinung als unzulässig erachtet.[89] Gleiches gilt für sog. **Rationalisierungs- oder Anpassungsvereinbarungen.**[90] Sonstige Vereinbarungen sind zulässig, soweit sie lediglich der Lösung zweifelhafter Sach- und Rechtsfragen dienen oder konkretisierungsbedürftige Normen ausfüllen.[91]

---

[81] MüKoAktG/*Semler,* 2. Aufl. 2004, Rn. 50; Großkomm AktG/*Hopt/Roth* Rn. 25; *Hoffmann/Lehmann/Weinmann* MitbestG § 7 Rn. 43; *Wahlers* ZIP 2008, 1897 (1900).
[82] *Hoffmann/Lehmann/Weinmann* MitbestG § 7 Rn. 43; *Henssler* ZfA 2000, 241 (264).
[83] BGH NJW 1975, 1657 (1658); vgl. auch das obiter dictum des OLG Bremen AG 1977, 257 (258); MHdB AG/*Hoffmann-Becking* § 28 Rn. 42; *Hoffmann/Lehmann/Weinmann* MitbestG § 7 Rn. 41; MüKoAktG/*Semler,* 2. Aufl. 2004, Rn. 47.
[84] So schon BGH NJW 1975, 1657 (1658).
[85] BGH NJW 1975, 1657 (1658); *Wahlers* ZIP 2008, 1897 (1901); vgl. MHdB AG/*Hoffmann-Becking* § 28 Rn. 42; MüKoAktG/*Semler,* 2. Aufl. 2004, Rn. 47; Großkomm AktG/*Hopt/Roth* Rn. 27; *Hommelhoff* ZGR 148 (1984), 122 (136).
[86] OLG Hamburg AG 1972, 183 ff., *Seibt* AG 2005, 413 (415); *Wahlers* ZIP 2008, 1987 (1901).
[87] Großkomm AktG/*Hopt/Roth* Rn. 32; K. Schmidt/Lutter/*Drygala* Rn. 25; *Beuthien* ZHR 148 (1984), 95 (105); MHdB ArbR/*Wißmann* § 278 Rn. 11; *Ihrig/Schlitt* NZG 1999, 335; *Seibt* AG 2005, 413 (415); *Konzen* AG 1983, 289 (300 f.); *Raiser* ZGR 1976, 105 (108); *Wahlers* ZIP 2008, 1987 (903); aA Kölner Komm AktG/*Mertens/Cahn* Rn. 17; Bürgers/Körber/*Bürgers/Israel* Rn. 10; UHH/*Ulmer/Habersack* MitbestG § 1 Rn. 21; Spindler/Stilz/*Spindler* Rn. 26, allerdings nur für unbefristete Stimmbindungsverträge; *Schmiedel* JZ 1973, 343 (348); *Henssler* ZfA 2000, 241 (264 f.); *Henssler,* FS Westermann, 1019, 1023 f.; *Hanau* ZGR 2001, 75 (88 ff.); *Hommelhoff* ZHR 148 (1984), 118 (139 f.).
[88] K. Schmidt/Lutter/*Drygala* Rn. 25.
[89] *Raiser* BB 1977, 1461 (1466); UHH/*Ulmer/Habersack* Einl. MitbestG Rn. 47; K. Schmidt/Lutter/*Drygala* Rn. 27; Großkomm AktG/*Hopt/Roth* Rn. 43; Spindler/Stilz/*Spindler* Rn. 25; aA Kölner Komm AktG/*Arnold* Rn. 21.
[90] K. Schmidt/Lutter/*Drygala* Rn. 25; MüKoAktG/*Habersack* Rn. 28; Kölner Komm AktG/*Arnold* Rn. 21.
[91] K. Schmidt/Lutter/*Drygala* Rn. 25; MüKoAktG/*Habersack* Rn. 28.

IV. Bestandschutz für die bestehende Aufsichtsratszusammensetzung (Abs. 2)

59 Nach § 96 Abs. 2 genießt ein einmal zusammengesetzter Aufsichtsrat Bestandschutz, bis in einem außergerichtlichen Verfahren (§ 97) oder einem gerichtlichen Verfahren (§§ 98, 99) eine andere Zusammensetzung bestimmt wird (sog. Kontinuitätsgrundsatz). Bis dahin gilt die Zusammensetzung des Aufsichtsrats als rechtmäßig. Dies gilt auch für einen fehlerhaft besetzten Aufsichtsrat.[92] Die von ihm ordnungsgemäß gefassten Beschlüsse sind wirksam.[93] Erst nach ordnungsgemäßer Durchführung des Statusverfahrens kann der Aufsichtsrat nach anderen als den zuletzt angewandten Vorschriften zusammengesetzt werden. **Wahlbeschlüsse**, die gegen § 96 Abs. 2 verstoßen, sind **nichtig** (§ 250 Abs. 1 Nr. 1).

V. Änderungen zum 1.1.2016

60 Durch das **Gesetz für die gleichberechtigte Teilhabe von Frauen und Männern an Führungspositionen in der Privatwirtschaft und im öffentlichen Dienst** (GlTeilhG)[94] gilt vom 1.1.2016 an für die Aufsichtsräte aller börsennotierten und zugleich paritätisch mitbestimmten Gesellschaften einer Geschlechterquote von 30%. Das GlTeilhG ändert zu diesem Zweck Abs. 2 und fügt einen neuen Abs. 3 an. Der bisherige Abs. 2 wird Abs. 4.

61 **1. Börsennotierte und paritätische mitbestimmte Gesellschaften (Abs. 2 nF).** Nach Abs. 2 S. 1 nF setzt sich der Aufsichtsrat einer börsennotierten Gesellschaft, für die das MitbestG, das MontanMitbestG oder das MitbestErgG gilt, zu mindestens 30% aus Frauen und zu mindestens 30% aus Männern zusammen. Grundsätzlich ist dieser Mindestanteil nach Abs. 2 S. 2 nF **vom Aufsichtsrat insgesamt** zu erfüllen **(Gesamtbetrachtung).**[95]

62 Abs. 2 S. 3 nF gewährt der Anteilseigner- und der Arbeitnehmervertreterseite ein **Widerspruchsrecht gegen die Gesamtbetrachtung,** das gegenüber dem Aufsichtsratsvorsitzenden vor der Aufsichtsratswahl auszuüben ist. Die Ausübung des Widerspruchsrechts erfolgt auf Grund eines mit Mehrheit gefassten Beschlusses der Anteilseigner- oder der Arbeitnehmerseite. Der Mindestanteil von 30% ist dann auf Seiten der Anteilseigner und der Arbeitnehmer jeweils getrennt zu erfüllen **(Getrenntbetrachtung).**

63 Ein zu einem **späteren Zeitpunkt erfolgter Widerspruch** gegen die Gesamtbetrachtung hat keine Auswirkungen auf die bereits wirksam erfolgte Bestellung der Aufsichtsratsmitglieder, obwohl die betroffene Seite die Geschlechterquote[96] aus der Perspektive der Getrenntbetrachtung nicht erfüllt (Abs. 2 S. 5 nF).[97]

64 In allen Fällen ist nach Abs. 2 S. 4 nF auf volle Personenzahlen **mathematisch auf- oder abzurunden.**[98]

---

[92] Vgl. OLG Düsseldorf AG 1996, 87; dazu auch *Jannot/Gressinger* BB 2013, 2120.

[93] MüKoAktG/*Semler*, 2. Aufl. 2004, Rn. 73.

[94] Die nachfolgende Darstellung bezieht sich auf den RegE eines Gesetzes für die gleichberechtigte Teilhabe von Frauen und Männern an Führungspositionen in der Privatwirtschaft und im öffentlichen Dienst (BT-Drs. 18/3784), welches mit den Änderungsvorschlägen des Ausschusses für Familie, Senioren, Frauen und Jugend (BT-Drs. 18/4227) am 27.3.2015 vom Bundesrat verabschiedet wurde; vgl. *Teichmann/Rüb* BB 2015, 898 (906) Fn. 4.

[95] Auch das neutrale Mitglied iSd MontanMitbestG und MitbestErgG ist als Mitglied des Aufsichtsrats bei der Gesamterfüllung zu berücksichtigen. Die anderslautende Aussage des RegE, S. 121 bezieht sich wohl allein auf die Getrenntbetrachtung, vgl. *Stüber* CCZ 2015, 38 (39).

[96] Anders als die übrigen Änderungen des § 96 AktG durch das GlTeilhG ist Abs. 2 S. 5 nF nicht geschlechtsneutral formuliert, sondern bezieht sich nur auf eine Verringerung des „Frauenanteils".

[97] *Stüber* CCZ 2015, 38 (39).

[98] Abs. 2 S. 4 nF ist technisch unpräzise formuliert. Anders als es der Gesetzeswortlaut vorgibt, gehen der RegE, S. 120, *Teichmann/Rüb* BB 2015, 898 (899) und *Stüber* CCZ 2015, 38 (39) nicht vom sogenannten mathematischen Rundungsverfahren, sondern vom abweichenden kaufmännischen Rundungsverfahren aus. Wird *mathematisch* gerundet und beträgt die Dezimalzahl „0,5", wird derart gerundet, dass die letzte beizubehaltende Zahl (vor dem Komma) gerade wird. Relevant werden die unterschiedlichen Rundungsverfahren bei folgendem Beispiel: 30% von 15 Aufsichtsratsmitgliedern (§ 9 Abs. 1 MontanMitbestG) ergeben im Falle der Gesamtbetrachtung (vgl. Fn. 95) einen Wert von 4,5. In diesem Fall wäre mathematisch auf 4 abzurunden, da die beizubehaltende Zahl gerade sein muss.

Eine Wahl der Mitglieder des Aufsichtsrats und eine Entsendung in den Aufsichtsrat unter 65
Verstoß gegen das Mindestanteilsgebot ist nichtig (Abs. 2 S. 6 nF). Folge dieser Nichtigkeit
ist der sog. „**leere Stuhl**", der unter Umständen durch eine gerichtliche Ersatzbestellung
beseitigt werden kann.[99] Eine zwischenzeitliche erfolgte Wahl verstößt nicht gegen das
Mindestanteilsgebot, soweit die Wahl aus anderen Gründen für nichtig erklärt wird (Abs. 2
S. 7 nF).

Auf die Wahl der Aufsichtsratsmitglieder der Arbeitnehmer sind nach Abs. 2 S. 8 nF die 66
in Abs. 2 S. 1 nF genannten Gesetze zur Mitbestimmung anzuwenden.

2. Börsennotierte und paritätisch mitbestimmte Gesellschaften nach einer 67
grenzüberschreitenden Verschmelzung (Abs. 3 nF). Nach Abs. 3 S. 1 nF gilt das
Mindestanteilsgebot von 30 % auch für börsennotierte Gesellschaften, die aus einer **grenzüberschreitenden Verschmelzung** hervorgegangen sind und deren Aufsichts- oder Verwaltungsorgan nach Anwendung der §§ 22 oder 23 ff. MgVG der paritätischen Mitbestimmung unterliegt. Gemäß Abs. 3 S. 2 nF gelten Abs. S. 2, 4, 6 und 7 nF entsprechend.

§ 97 Bekanntmachung über die Zusammensetzung des Aufsichtsrats

(1) ¹Ist der Vorstand der Ansicht, daß der Aufsichtsrat nicht nach den für ihn maßgebenden gesetzlichen Vorschriften zusammengesetzt ist, so hat er dies unverzüglich in den Gesellschaftsblättern und gleichzeitig durch Aushang in sämtlichen Betrieben der Gesellschaft und ihrer Konzernunternehmen bekanntzumachen. ²In der Bekanntmachung sind die nach Ansicht des Vorstands maßgebenden gesetzlichen Vorschriften anzugeben. ³Es ist darauf hinzuweisen, daß der Aufsichtsrat nach diesen Vorschriften zusammengesetzt wird, wenn nicht Antragsberechtigte nach § 98 Abs. 2 innerhalb eines Monats nach der Bekanntmachung im Bundesanzeiger das nach § 98 Abs. 1 zuständige Gericht anrufen.

(2) ¹Wird das nach § 98 Abs. 1 zuständige Gericht nicht innerhalb eines Monats nach der Bekanntmachung im Bundesanzeiger angerufen, so ist der neue Aufsichtsrat nach den in der Bekanntmachung des Vorstands angegebenen gesetzlichen Vorschriften zusammenzusetzen. ²Die Bestimmungen der Satzung über die Zusammensetzung des Aufsichtsrats, über die Zahl der Aufsichtsratsmitglieder sowie über die Wahl, Abberufung und Entsendung von Aufsichtsratsmitgliedern treten mit der Beendigung der ersten Hauptversammlung, die nach Ablauf der Anrufungsfrist einberufen wird, spätestens sechs Monate nach Ablauf dieser Frist insoweit außer Kraft, als sie den nunmehr anzuwendenden gesetzlichen Vorschriften widersprechen. ³Mit demselben Zeitpunkt erlischt das Amt der bisherigen Aufsichtsratsmitglieder. ⁴Eine Hauptversammlung, die innerhalb der Frist von sechs Monaten stattfindet, kann an Stelle der außer Kraft tretenden Satzungsbestimmungen mit einfacher Stimmenmehrheit neue Satzungsbestimmungen beschließen.

(3) Solange ein gerichtliches Verfahren nach §§ 98, 99 anhängig ist, kann eine Bekanntmachung über die Zusammensetzung des Aufsichtsrats nicht erfolgen.

Schrifttum: *Boos/Fischer/Schulte-Mattler,* Kommentar zum KWG, 4. Aufl. 2012; *Butzke,* Die Hauptversammlung der Aktiengesellschaft, 5. Aufl. 2011; *v. Falkenhausen,* Das Verfahren der freiwilligen Gerichtsbarkeit im Aktienrecht, AG 1967, 309; *Fuchs/Köstler,* Handbuch zur Aufsichtsratswahl, 4. Aufl. 2008; *Göz,* Statusverfahren bei Änderung der Zusammensetzung des Aufsichtsrats, ZIP 1998, 1523; *Martens,* Das aktienrechtliche Statusverfahren und der Grundsatz der Amtskontinuität, DB 1978, 1065; *Oetker,* Das Recht der

---

Die Quote wäre durch vier Aufsichtsratsmitglieder des unterrepräsentierten Geschlechts erfüllt. Wird dagegen *kaufmännisch* gerundet, wird ab einer Dezimalzahl von 0,5 immer aufgerundet. In diesem Fall wird die 4,5 auf 5 aufgerundet. Die Quote wäre dann erst durch fünf Aufsichtsratsmitglieder des unterrepräsentierten Geschlechts erfüllt. Es ist wohl davon auszugehen, dass das Gesetz mit dem Begriff des „mathematischen Rundens" das Runden mit den „Mitteln der Mathematik" meint.

[99] *Teichmann/Rüb* BB 2015, 898 (900).

Unternehmensmitbestimmung im Spiegel der neueren Rechtsprechung, ZGR 2000, 19; *Rittner,* §§ 96–99 AktG 1965 und das Bundesverfassungsgericht, DB 1969, 2165; *Rosendahl,* Unternehmensumgliederungen und ihre Auswirkungen auf die Arbeitnehmervertreter im Aufsichtsrat, AG 1985, 325; *Säcker,* Wahlordnungen zum Mitbestimmungsgesetz, 1978; *Schnitker/Grau,* Aufsichtsratsneuwahlen und Ersatzbestellung von Aufsichtsratsmitgliedern im Wechsel des Mitbestimmungsmodells, NZG 2007, 486; *Staake,* Der unabhängige Finanzexperte im Aufsichtsrat. Zur Besetzungsregel des neuen § 100 Abs. 5 AktG, ZIP 2010, 1013; *Sünner,* Die Bestellung des Finanzexperten im Aufsichtsrat, FS Schneider, 2011, 1301; *Wiesner,* Zuständigkeitsverteilung zwischen ordentlicher und Arbeitsgerichtsbarkeit bei Streitigkeiten nach dem Mitbestimmungsgesetz, DB 1977, 1747.

Übersicht

	Rn.
I. Allgemeines	1
1. Inhalt und Bedeutung der Norm	1
a) Ausschließlichkeit des Statusverfahrens	4
b) Zweistufigkeit des Statusverfahrens	5
2. Entstehungsgeschichte	8
II. Anwendungsbereich	9
1. Gesellschaften ohne Arbeitnehmerbeteiligung im Aufsichtsrat	12
2. Gesellschaften mit Arbeitnehmerbeteiligung im Aufsichtsrat	14
a) Änderung des Mitbestimmungsstatuts im Unternehmen	14
b) Änderung der Arbeitnehmerzahl im Aufsichtsrat unter Beibehaltung des Mitbestimmungsstatus	23
c) Änderung der Arbeitnehmerzahl im Aufsichtsrat bei Satzungsänderung	27
d) Entsprechende Anwendung bei Verstoß gegen § 100 Abs. 5	29
III. Bekanntmachung nach Abs. 1 oder Antrag auf gerichtliche Entscheidung nach § 98	30
1. Bekanntmachung	31
2. Antrag auf gerichtliche Entscheidung	35
IV. Bekanntmachungspflicht des Vorstands (Abs. 1)	36
1. Beschluss des Gesamtvorstands	36
2. Zeitpunkt und Ort der Bekanntmachung (S. 1)	41
3. Inhalt der Bekanntmachung	43
4. Wirksamkeit der Bekanntmachung	46
5. Rechtsfolgen bei Unwirksamkeit	48
6. Widerruf der Bekanntmachung	50
7. Anrufungsfrist (S. 3)	51
V. Wirkung der Bekanntmachung (Abs. 2)	52
1. Nichtanrufen des Gerichts (keine Antragssperre)	54
a) Zusammensetzung des Aufsichtsrats (S. 1)	58
b) Wirkung auf das Amt der Aufsichtsratsmitglieder (S. 3)	60
c) Wirkung auf die bisherige Satzung (S. 2, 4)	63
2. Bei Anrufung des Gerichts	68
VI. Keine Bekanntmachung bei Rechtshängigkeit (Bekanntmachungssperre, Abs. 3)	72
VII. Anzeigepflicht gegenüber der BaFin und Bundesbank	75
VIII. Schadensersatzansprüche	83

I. Allgemeines

1. Inhalt und Bedeutung der Norm. Dem Vorstand obliegt gem. § 97 Abs. 1 die Pflicht, für die rechtlich zutreffende Zusammensetzung des Aufsichtsrats zu sorgen, wenn er der Ansicht ist, dass der Aufsichtsrat nicht (mehr) gem. § 96 Abs. 1 nach den maßgeblichen aktienrechtlichen und mitbestimmungsrechtlichen Vorschriften zusammengesetzt ist.[1]

Eine Änderung der Zusammensetzung des Aufsichtsrats (§ 96) erfolgt gem. §§ 97–99 mittels des **Status- oder Überleitungsverfahrens**.[2] Durch dieses Verfahren wird das maßgebliche Aufsichtsratsmodell festgestellt und, ggf. nach einer Änderung des Mitbestim-

---
[1] Spindler/Stilz/*Spindler* Rn. 3; MüKoAktG/*Habersack* Rn. 1; Hüffer/*Koch* Rn. 2; Kölner Komm AktG/ *Mertens/Cahn* §§ 97–99 Rn. 3; vgl. auch Ziff. 4.1.3 Deutscher Corporate Governance Kodex „Der Vorstand hat für die Einhaltung der gesetzlichen Bestimmungen zu sorgen (…)."

[2] K. Schmidt/Lutter/*Drygala* Rn. 1; Spindler/Stilz/*Spindler* Rn. 1; MüKoAktG/*Habersack* Rn. 1; Hüffer/ *Koch* Rn. 1; Kölner Komm AktG/*Mertens/Cahn* §§ 97–99 Rn. 2.

mungsstatus, eine sichere Überleitung zum neuen Aufsichtsratsmodell gewährleistet.[3] Das Statusverfahren setzt sich aus einem außergerichtlichen Verfahren und einem gerichtlichen Verfahren zusammen. Im Rahmen des **außergerichtlichen Verfahrens** (§ 97) ist der Vorstand verpflichtet, die nach seiner Ansicht geltenden Vorschriften bekannt zu machen, wenn der Aufsichtsrat nicht mehr nach den für ihn maßgebenden gesetzlichen Vorschriften besetzt ist.[4] Sind unter anderem ein Aufsichtsratsmitglied, der Gesamtbetriebsrat oder die Gewerkschaften der Ansicht, dass die Bekanntmachung des Vorstands inhaltlich unzutreffend sei, ist das **gerichtliche Verfahren (§§ 98, 99)** durchzuführen. Das gerichtliche Verfahren kann aber auch unmittelbar eingeleitet werden (→ § 98 Rn. 26).

Die Vorschrift dient der **Rechtssicherheit**.[5] Sie ist eng verzahnt mit den §§ 98, 99 und mit § 96 Abs. 2, der einen gesetzlichen Bestandsschutz für bestehende Aufsichtsräte vorsieht (→ § 96 Rn. 59). 3

a) Ausschließlichkeit des Statusverfahrens. Soll ein Wechsel in ein anderes Aufsichtsratsmodell (→ § 96 Rn. 59) vollzogen werden, ist dies nur möglich, wenn zuvor ein Statusverfahren stattgefunden hat. Außerhalb des Status- bzw. Überleitungsverfahrens kann eine fehlerhafte Aufsichtsratszusammensetzung nicht geltend gemacht werden.[6] Weder die Hauptversammlung noch der Vorstand oder der Aufsichtsrat können von sich aus, dh ohne Durchführung eines Statusverfahrens, auf die Zusammensetzung des Aufsichtsrats einwirken (§ 96 Abs. 1). 4

b) Zweistufigkeit des Statusverfahrens. Das Statusverfahren vollzieht sich in zwei Stufen.[7] Die **erste Stufe** dient der **Klärung der anwendbaren Vorschriften:** 5
– entweder erfolgt eine **Bekanntmachung** durch den Vorstand (§ 97 Abs. 1) oder
– es ergeht auf **Antrag** eines Beteiligten eine **gerichtliche Entscheidung** (§ 98).

Daran anschließend wird auf der **zweiten Stufe** die **Zusammensetzung** des Aufsichtsrats **verändert**. Solange diese beiden Stufen nicht durchlaufen worden sind, verbleibt es bei der bisherigen Zusammensetzung des Aufsichtsrats. Sie gilt unabhängig von einem passenden Mitbestimmungsmodell als rechtmäßig (→ § 96 Rn. 59).[8] 6

Nach rechtskräftiger Bekanntmachung oder Gerichtsentscheidung muss die **Satzung** an die neue Rechtslage angepasst werden. Die alte Fassung der Satzung tritt nach Maßgabe von §§ 97 Abs. 2 S. 2 (→ Rn. 63) und 98 Abs. 4 (→ § 98 Rn. 48) außer Kraft. 7

2. Entstehungsgeschichte. Vor Inkrafttreten des AktG 1965 gab es kein Statusverfahren. Die Vorschriften über den Bestandsschutz für den bestehenden Aufsichtsrat (§ 97) und über die Feststellung und Implementierung eines neuen Aufsichtsratsmodells (§§ 98 f.) wurden neu in das AktG 1965 aufgenommen. Da der elektronische Bundesanzeiger mit Wirkung zum 1. April 2012 zum einzigen Bundesanzeiger bestimmt wurde, hat der Gesetzgeber den Zusatz „elektronische" in § 97 Abs. 1 S. 3, Abs. 2 S. 1 gestrichen.[9] 8

---

[3] MHdB AG/*Hoffmann-Becking* § 28 Rn. 50; *Butzke* Rn. 17; Großkomm AktG/*Hopt/Roth/Peddinghaus* Rn. 3.
[4] MüKoAktG/*Habersack* Rn. 1.
[5] Kölner Komm AktG/*Mertens* §§ 97–99 Rn. 2; Hüffer/*Koch* Rn. 1.
[6] Kölner Komm AktG/*Mertens/Cahn* §§ 97–99 Rn. 2; Spindler/Stilz/*Spindler* Rn. 1; MüKoAktG/*Habersack* Rn. 1.
[7] Nach *Rittner* DB 1969, 2165, 2168; K. Schmidt/Lutter/*Drygala* Rn. 1; Spindler/Stilz/*Spindler* Rn. 1; MüKoAktG/*Habersack* Rn. 2; Hüffer/*Koch* Rn. 1; Hölters/*Simons* Rn. 1; Henssler/Strohn/*Henssler* Rn. 2.
[8] *Kropff* BegrRegE S. 126; MüKoAktG/*Habersack* § 96 Rn. 32; Großkomm AktG/*Hopt/Roth/Peddinghaus* Rn. 4; MHdB AG/*Hoffmann-Becking* § 28 Rn. 50.
[9] Gesetz zur Änderung von Vorschriften über Verkündung und Bekanntmachungen sowie der Zivilprozessordnung, des Gesetzes betreffend die Einführung der Zivilprozessordnung und der Abgabenordnung v. 22.12.2011, BGBl. 2011 I S. 3044 (3050); MüKoAktG/*Habersack* Rn. 3.

II. Anwendungsbereich

9 Das **Statusverfahren** findet auf **sämtliche mitbestimmte Gesellschaften** (§ 6 Abs. 2 MitbestG[10], § 1 Abs. 1 DrittelbG[11]) Anwendung, dh auf die AG, KGaA (§ 278 Abs. 3), GmbH (§ 27 EGAktG[12]), Versicherungsvereine auf Gegenseitigkeit (§ 35 Abs. 3 VAG[13]) sowie die Genossenschaften gem. § 1 Abs. 1 Nr. 5 DrittelbG.

10 Jede AG muss einen Aufsichtsrat haben (→ § 95 Rn. 8; zum ersten Aufsichtsrat → § 96 Rn. 51 ff.). Der Vorstand muss gem. § 30 Abs. 2 S. 3 rechtzeitig vor Ablauf der Amtszeit des ersten Aufsichtsrats bekannt geben, nach welchen mitbestimmungsrechtlichen Vorschriften der nachfolgende zweite Aufsichtsrat zusammenzusetzen ist

11 Veränderungen der Arbeitnehmerzahl im Unternehmen gem. § 7 Abs. 1 S. 1 MitbestG oder § 1 DrittelbG, Veränderungen des Unternehmensgegenstands gem. § 1 Abs. 1 MontanMitbestG[14] oder Veränderungen der Höhe des Grundkapitals nach § 95 können zur Folge haben, dass der Aufsichtsrat nicht mehr den gesetzlichen Vorschriften entsprechend zusammengesetzt ist. Allerdings bewirkt nicht jede Veränderung der tatsächlichen Verhältnisse automatisch die Notwendigkeit eines Statusverfahrens und als dessen Folge eine veränderte Aufsichtsratszusammensetzung (→ § 95 Rn. 26 ff.).

12 **1. Gesellschaften ohne Arbeitnehmerbeteiligung im Aufsichtsrat.** Ändert sich in einer Gesellschaft ohne Arbeitnehmerbeteiligung im Aufsichtsrat die Höhe des Grundkapitals und ändert sich dadurch die zulässige Höchstzahl der Mitglieder im Aufsichtsrat, ist für die Durchführung eines Statusverfahrens grundsätzlich kein Raum (→ § 95 Rn. 35). Genauso wenig muss ein Statusverfahren analog §§ 97 ff. eingeleitet werden in Fällen von Verstößen gegen § 100 Abs. 5 (dazu → Rn. 29).

13 Etwas anderes gilt, wenn eine bisher mitbestimmungsfreie Gesellschaft **in den Anwendungsbereich eines der Gesetze zur Mitbestimmung hineinwächst** (→ Rn. 14 ff.). Dies kann geschehen, indem eine Gesellschaft erstmalig wenigstens **501 Mitarbeiter** anstellt (§ 1 DrittelbG) oder durch Konzernzurechnungen (§ 2 DrittelbG, § 5 MitbestG, § 2 MitbestErgG[15]) oder eine Änderung des Unternehmensgegenstands (§ 1 MontanMitbestG) in den Anwendungsbereichs mitbestimmungsrechtlicher Vorschriften fällt.[16]

14 **2. Gesellschaften mit Arbeitnehmerbeteiligung im Aufsichtsrat. a) Änderung des Mitbestimmungsstatuts im Unternehmen.** Eine Änderung des bisherigen Unternehmensgegenstands (Aufnahme einer Montantätigkeit) sowie eine veränderte Anzahl der Arbeitnehmer können den Mitbestimmungsstatus einer Gesellschaft mit Arbeitnehmerbeteiligung im Unternehmen verändern. Das Statusverfahren klärt die anzuwendenden Vorschriften und stellt das maßgebliche Aufsichtsratsmodell fest.

15 **aa) Änderung des Unternehmensgegenstands.** Ein Statusverfahren ist durchzuführen, wenn eine Änderung der bisherigen Unternehmenstätigkeit dazu führt, dass dieses fortan dem **MontanMitbestG** unterliegt. Der Aufsichtsrat ist dann künftig gem. § 4 Montan-

---

[10] Gesetz über die Mitbestimmung der Arbeitnehmer (Mitbestimmungsgesetz – MitbestG) vom 4.5.1976, BGBl. 1976 I S. 1153.
[11] Gesetz über die Drittelbeteiligung der Arbeitnehmer im Aufsichtsrat (Drittelbeteiligungsgesetz – DrittelbG) vom 18.5.2004, BGBl. 2004 I S. 974.
[12] Einführungsgesetz zum Aktiengesetz (EGAktG) vom 6.9.1965, BGBl. 1965 I S. 1185.
[13] Gesetz über die Beaufsichtigung der Versicherungsunternehmen (Versicherungsaufsichtsgesetz – VAG) vom 17.12.1992, BGBl. 1993 I S. 2.
[14] Gesetz über die Mitbestimmung der Arbeitnehmer in den Aufsichtsräten und Vorständen der Unternehmen des Bergbaus und der Eisen und Stahl erzeugenden Industrie (Montan-Mitbestimmungsgesetz – Montan-MitbestG) vom 21.5.1951, BGBl. 1951 I S. 347.
[15] Gesetz zur Ergänzung des Gesetzes über die Mibtestimmung der Arbeitnehmer in den Aufsichtsräten und Vorständen der Unternehmen des Bergbaus und der Eisen und Stahl erzeugenden Industrie (Montan-Mitbestimmungs-Ergänzungsgesetz – MontanMitbestGErgG auch zitiert als MitbestErgG) vom 7.8.1956, BGBl. 1956 I S. 2586.
[16] MüKoAktG/*Habersack* Rn. 11.

MitbestG paritätisch zu besetzen. Scheidet das Unternehmen auf Grund einer geänderten Tätigkeit aus dem Anwendungsbereich gem. § 1 MontanMitbestG aus, ist ebenfalls ein Statusverfahren gem. §§ 97 ff. durchzuführen.

Entsprechendes gilt, wenn ein mitbestimmtes Unternehmen **Tendenzschutz** erlangt (§ 1 16 Abs. 2 DrittelbG, § 1 Abs. 4 MitbestG) und deshalb keine Verpflichtung mehr besteht, Arbeitnehmervertreter in den Aufsichtsrat zu wählen.[17] Scheidet ein Unternehmen, welches die sonstigen Voraussetzungen des DrittelbG oder des MitbestG erfüllt, aus dem Geltungsbereich der Tendenzregelung aus, ist zur Überleitung ebenfalls ein Statusverfahren durchzuführen.[18]

bb) Über- oder Unterschreiten der maßgebenden Arbeitnehmerzahl im Unter- 17 **nehmen.** Eine Erhöhung der Arbeitnehmerzahl im Unternehmen kann zu einer erstmaligen Einführung **oder Änderung** eines Mitbestimmungsmodells führen.

Überschreitet eine Gesellschaft den **Schwellenwert von 500 Arbeitnehmern,** muss der 18 Aufsichtsrat künftig zu einem Drittel aus Arbeitnehmervertretern bestehen (§§ 1 Abs. 1, 4 Abs. 1 DrittelbG).

Eine Erhöhung der Arbeitnehmerzahl auf mehr als 2000 bewirkt, dass das Unternehmen 19 seinen Aufsichtsrat künftig paritätisch mit Vertretern der Anteilseigner und der Arbeitnehmer zu besetzen hat (§§ 1 Abs. 1, 7 Abs. 1 MitbestG).

Bei einem Absinken der Zahl der Arbeitnehmer auf mehr als 500, aber weniger als 2000 20 gilt wiederum die drittelparitätische Mitarbeiterbeteiligung nach dem DrittelbG.

Beschäftigt ein bisher mitbestimmtes Unternehmen nur noch 500 Arbeitnehmer oder 21 eine geringere Zahl, müssen dem Aufsichtsrat keine Arbeitnehmervertreter mehr angehören (eine Ausnahme gilt für sogenannte Altgesellschaften, dazu ausführlich → § 96 Rn. 42).

Die jeweils **zulässige Höchstzahl** der Mitglieder im Aufsichtsrat bestimmt sich nach 22 §§ 95, 96 AktG (→ § 95 Rn. 11 f.)

b) Änderung der Arbeitnehmerzahl im Aufsichtsrat unter Beibehaltung des Mit- 23 **bestimmungsstatus.** Bleibt das Mitbestimmungsmodell selbst zwar unverändert, verändert sich aber die **Arbeitnehmerzahl** und dadurch die Größe des Aufsichtsrats gem. § 96, muss ein Statusverfahren durchgeführt werden,[19] vgl. bspw. § 7 Abs. 1 S. 1 Nr. 1, 2 MitbestG, wenn die Anzahl der Arbeitnehmer von bisher wenigstens 10.001 auf 10.000 oder eine geringere Zahl fällt oder entsprechend ansteigt.

Verändert sich dagegen lediglich die interne **Verteilung der Aufsichtsratssitze** der 24 Arbeitnehmervertreter zueinander („Gruppenproporz" – vgl. § 7 Abs. 2 MitbestG), ist ein Statusverfahren nicht erforderlich.[20] Die frühere Unterscheidung zwischen Angestellten und Arbeitern in § 15 MitbestG ist entfallen.[21] Das Statusverfahren dient der Feststellung, ob das **Verhältnis der Anteilseignervertreter zu den Arbeitnehmervertretern** der nach § 96 einschlägigen gesetzlichen Vorschrift entspricht. Die Feststellung der richtigen gruppeninternen Zusammensetzung (Unternehmensangehörige/Gewerkschaftsvertreter) ist nicht Gegenstand des Statusverfahrens.

---

[17] MüKoAktG/*Habersack* Rn. 12.
[18] MüKoAktG/*Habersack* Rn. 12.
[19] OLG Hamburg OLGZ 198, 32 (33); OLG Düsseldorf DB 1978, 1358 f.; LG Düsseldorf DB 1978, 989; MüKoAktG/*Habersack* Rn. 14; *Hüffer/Koch* Rn. 3; UHH/*Henssler* MitbestG § 7 Rn. 23; *Raiser/Veil* MitbestG § 7 Rn. 5; *Fitting/Wlotzke/Wißmann/Fitting* MitbestG § 7 Rn. 7; *Hoffmann/Lehmann/Weinmann* MitbestG § 37 Rn. 5; MHdB AG/*Hoffmann-Becking* § 28 Rn. 53; Großkomm AktG/*Hopt/Roth/Peddinghaus* Rn. 8; *Martens* DB 1978, 1065 (1068 f.); *Wiesner* DB 1977, 1747 (1749); aA *Rosendahl* AG 1985, 325 (327); *Göz* ZIP 1998, 1523 (1525), mit Verweis auf das Kontinuitätsprinzip gem. § 96 Abs. 2, wonach ein Statusverfahren nur bei einer Veränderung des Mitbestimmungsstatus vorgeschrieben ist.
[20] Spindler/Stilz/*Spindler* Rn. 16; *Vetter* in Marsch-Barner/Schäfer HdB börsennotierte AG § 24 Rn. 22; MüKoAktG/*Habersack* Rn. 14; *Hüffer/Koch* Rn. 3; *Oetker* ZHR 149 (1985), 575 (589); NK-AktG/*Brauer/Fraune* Rn. 4; *Martens* DB 1978, 1065 (1069).
[21] BetrVerf-Reformgesetz vom 23.7.2001 (BGBl. 2001 I S. 1852).

25 Ferner ist ein Statusverfahren entbehrlich, wenn die Satzung des Unternehmens festlegt, dass bei Absinken der Mitarbeiterzahl unter den bisher geltenden Schwellenwert die bisherige höhere Mitgliederzahl dennoch beibehalten werden soll (§ 7 Abs. 1 S. 2 MitbestG).[22] Der Aufsichtsrat muss dann nicht verkleinert werden. Die gesetzliche Zusammensetzung gem. § 96 Abs. 1 ist nicht betroffen. Allerdings muss die **Satzung entsprechend angepasst** werden, sofern sie nicht schon die gewünschte Mitgliederzahl festlegt.

26 **Konzerninterne Änderungen** erfordern grundsätzlich kein Statusverfahren, solange die Zahl der Aufsichtsratsmitglieder gleich bleibt, auch wenn sie zur Begründung oder zum Wegfall des Wahlrechts eines Teils der Konzernbelegschaft führen.[23]

27 **c) Änderung der Arbeitnehmerzahl im Aufsichtsrat bei Satzungsänderung.** Freiwillige (unmittelbare) Satzungsänderungen, mit denen der Aufsichtsrat vergrößert wird, erfordern nicht die Einleitung eines Statusverfahrens, da sich die gesetzliche Zusammensetzung des Aufsichtsrats nicht ändert (→ § 95 Rn. 28).[24]

28 Verändert sich das Grundkapital einer Gesellschaft, muss die Satzung an die neue Höhe des Grundkapitals angepasst werden. Es handelt sich um eine durch das Gesetz gebotene (mittelbare) Satzungsänderung, die nur mittelbar auf die Veränderung von Aufsichtsratsgröße und -zusammensetzung abzielt. Zu unterscheiden ist zwischen der Kapitalerhöhung und der Kapitalherabsetzung. Bei einer **Kapitalerhöhung** ist ein Statusverfahren nicht zulässig.[25] Führt dagegen eine **Kapitalherabsetzung** im Unternehmen dazu, dass sich die zahlen- und gruppenmäßige Zusammensetzung eines mitbestimmten Aufsichtsrats verändert, muss ein Statusverfahren durchgeführt werden (→ § 95 Rn. 47).[26]

29 **d) Entsprechende Anwendung bei Verstoß gegen § 100 Abs. 5.** Vereinzelt wird vertreten, dass bei einem Verstoß gegen § 100 Abs. 5 ein Statusverfahren in entsprechender Anwendung der §§ 97 ff. durchzuführen ist.[27] Weder in der Rechtsprechung noch im Schrifttum hat sich bisher eine klare Meinung herausgebildet. Eine **entsprechende Anwendung** der §§ 97 ff. auf Fälle des § 100 Abs. 5 ist nicht geboten. Das Statusverfahren beschränkt sich auf die Zusammensetzung des Aufsichtsrats gem. §§ 95, 96.[28]

III. Bekanntmachung nach Abs. 1 oder Antrag auf gerichtliche Entscheidung nach § 98

30 Das Statusverfahren bietet dem Vorstand zwei Möglichkeiten, um eine veränderte Zusammensetzung des Aufsichtsrats zu erreichen: Ist er der Ansicht, dass der Aufsichtsrat nicht nach den maßgeblichen gesetzlichen Vorschriften zusammengesetzt ist, hat er dies gem. § 97 Abs. 1 **bekanntzumachen**. Bei zweifelhafter Rechtslage ist dem Vorstand die **Anrufung des Gerichts** auch ohne vorherige Bekanntmachung unbenommen.[29]

---

[22] MHdB AG/*Hoffmann-Becking* § 28 Rn. 53; MüKoAktG/*Habersack* Rn. 14; *Göz* ZIP 1998, 1523 (1525, 1526).

[23] MüKoAktG/*Habersack* Rn. 14; *Raiser/Veil* MitbestG § 6 Rn. 5; *Oetker* ZGR 2000, 19 (22); UHH/*Ulmer/Habersack* MitbestG § 6 Rn. 16.

[24] OLG Hamburg ZIP 1988, 1191 (1192); OLG Dresden ZIP 1997, 589 (591); Kölner Komm AktG/*Mertens/Cahn* § 95 Rn. 26; Hüffer/*Koch* § 95 Rn. 5; K. Schmidt/Lutter/*Drygala* § 95 Rn. 13; MüKoAktG/*Habersack* § 95 Rn. 19; Spindler/Stilz/*Spindler* § 95 Rn. 20; MHdB AG/*Hoffmann-Becking* § 28 Rn. 54; *Raiser/Veil* MitbestG § 7 Rn. 5; Großkomm AktG/*Hopt/Roth* § 95 Rn. 97.

[25] MüKoAktG/*Habersack* § 95 Rn. 17; Hüffer/*Koch* § 95 Rn. 5.

[26] Kölner Komm AktG/*Mertens/Cahn* § 95 Rn. 25; Großkomm AktG/*Hopt/Roth* § 95 Rn. 100; Hüffer/*Koch* § 95 Rn. 5; K. Schmidt/Lutter/*Drygala* § 95 Rn. 14; Spindler/Stilz/*Spindler* § 95 Rn. 21; aA MüKoAktG/*Habersack* § 95 Rn. 2; MüKoAktG/*Semler*, 2. Aufl. 2004, § 95 Rn. 50.

[27] *Staake* ZIP 2010, 1013 (1020 ff.); *Sünner*, FS Schneider, 2011, 1301 (1308 ff.); K. Schmidt/Lutter/*Drygala* Rn. 7; aA Kölner Komm AktG/*Mertens/Cahn* § 100 Rn. 79.

[28] Kölner Komm AktG/*Mertens/Cahn* § 100 Rn. 79; Großkomm AktG/*Hopt/Roth/Peddinghaus* Rn. 23.

[29] Spindler/Stilz/*Spindler* § 3; MüKoAktG/*Habersack* Rn. 16; Henssler/Strohn/*Henssler* Rn. 1; Großkomm AktG/*Hopt/Roth/Peddinghaus* Rn. 29 f.; Kölner Komm AktG/*Mertens/Cahn* §§ 97–99 Rn. 4; BegrRegE *Kropff* S. 127, 130; *v. Falkenhausen* AG 1967, 309 (311 f.).

1. Bekanntmachung. Der Vorstand wird die veränderte Zusammensetzung des Aufsichtsrats **bekanntmachen,** wenn er von der Richtigkeit seiner Auffassung, nach welchen Vorschriften sich der Aufsichtsrat zukünftig zusammenzusetzen hat, überzeugt ist und er nicht mit dem Widerspruch von Antragsberechtigten (§ 98 Abs. 2) rechnet. 31

Die Zusammensetzung des Aufsichtsrats kann ohne Anrufung des Gerichts geändert werden, wenn nicht binnen eines Monats nach der Bekanntmachung im Bundesanzeiger von einem Antragsberechtigten (§ 98 Abs. 2) beim nach § 99 zuständigen Gericht **beantragt wird,** über die Zusammensetzung des Aufsichtsrats **gerichtlich zu entscheiden** (§ 97 Abs. 2). Maßgeblich ist die „Ansicht" des Vorstands (S. 1). Selbst wenn sie irrig sein sollte, führt die Bekanntgabe zu den Folgen des § 97 Abs. 2.[30] 32

Auch wenn vorab **keine Einigkeit** zwischen den Antragsberechtigten (§ 98 Abs. 2) über die künftige Zusammensetzung des Aufsichtsrats besteht, kann der Vorstand eine Bekanntmachung gem. § 97 Abs. 1 S. 1 veröffentlichen. Die Antragsberechtigten können selbst darüber entscheiden, ob sie eine gerichtliche Entscheidung gem. § 98 Abs. 1 herbeiführen wollen. 33

Der Vorstand braucht von Rechts wegen vor der Bekanntgabe nicht mit den anderen Antragsberechtigten Kontakt aufnehmen, um eine Einigung zu erzielen.[31] Gleichwohl empfiehlt sich eine solche Kontaktaufnahme regelmäßig.[32] 34

2. Antrag auf gerichtliche Entscheidung. Ist sich der Vorstand nicht sicher, wie der zukünftige Aufsichtsrat zu bilden ist oder weiß er, dass seine Ansicht über die materiell richtige Aufsichtsratszusammensetzung bestritten wird, so beantragt er zweckmäßigerweise unmittelbar eine **gerichtliche Entscheidung.**[33] Eine vorherige Bekanntmachung ist in diesem Fall entbehrlich und kann entfallen. Ein Antrag auf gerichtliche Entscheidung ist ausgeschlossen, wenn Zweifel, Ungewissheit oder Streit über die Zusammensetzung nicht bestehen (→ § 98 Rn. 20). Der Vorstand handelt pflichtwidrig, wenn er ohne triftigen Grund den kostenintensiveren Weg über § 98 wählt.[34] 35

IV. Bekanntmachungspflicht des Vorstands (Abs. 1)

1. Beschluss des Gesamtvorstands. Die Bekanntmachungspflicht obliegt unabdingbar dem **Gesamtvorstand** als Geschäftsführungsorgan.[35] Sie ist eine Leitungsentscheidung, auf welche die maßgeblichen Regeln der Geschäftsführung (§ 77 Abs. 1) anzuwenden sind.[36] 36

Weisungen des Aufsichtsrats oder der Hauptversammlung gem. §§ 114 Abs. 4, 119 Abs. 1, die Bekanntmachung vorzunehmen, sind nicht verbindlich.[37] Eine Delegation durch die Satzung oder eine Geschäftsordnung des Vorstands an einzelne Vorstandsmitglieder, Vorstandsausschüsse, die Hauptversammlung oder den Aufsichtsrat ist nicht zulässig.[38] 37

---

[30] BegrRegE *Kropff* S. 127.
[31] Vgl. MüKoAktG/*Habersack* Rn. 15; Großkomm AktG/*Hopt/Roth/Peddinghaus* Rn. 28.
[32] MüKoAktG/*Semler*, 2. Aufl. 2004, Rn. 38.
[33] § 98 Abs. 1, Abs. 2 Nr. 1; vgl. → § 98 Rn. 33 ff.; vgl. BegrRegE *Kropff* S. 127 sowie S. 130; *Baumbach/Hueck* § 98 Rn. 4; *v. Godin/Wilhelmi* Anm. 1; Großkomm AktG/*Meyer-Landrut* Anm. 1; *v. Falkenhausen* AG 1967, 309 (312).
[34] Kölner Komm AktG/*Mertens/Cahn* §§ 97–99 Rn. 4; Großkomm AktG/*Hopt/Roth/Peddinghaus* Rn. 30.
[35] Spindler/Stilz/*Spindler* Rn. 4; MüKoAktG/*Habersack* Rn. 19; K. Schmidt/Lutter/*Drygala* Rn. 9. Großkomm AktG/*Hopt/Roth/Peddinghaus* Rn. 32; Kölner Komm AktG/*Mertens/Cahn* §§ 97–99 Rn. 9.
[36] Spindler/Stilz/*Spindler* Rn. 4; MüKoAktG/*Habersack* Rn. 19; K. Schmidt/Lutter/*Drygala* Rn. 9; Großkomm AktG/*Hopt/Roth/Peddinghaus* Rn. 32; Kölner Komm AktG/*Mertens/Cahn* §§ 97–99 Rn. 9.
[37] MüKoAktG/*Habersack* Rn. 19; Kölner Komm AktG/*Mertens/Cahn* §§ 97–99 Rn. 9; Bürgers/Körber/*Bürgers/Israel* Rn. 3.
[38] Spindler/Stilz/*Spindler* Rn. 4; MüKoAktG/*Habersack* Rn. 19; K. Schmidt/Lutter/*Drygala* Rn. 9; Großkomm AktG/*Hopt/Roth/Peddinghaus* Rn. 32; Kölner Komm AktG/*Mertens/Cahn* §§ 97–99 Rn. 9.

38 Der Aufsichtsrat kann den Antrag **nicht** von seiner **Zustimmung** abhängig machen. Es handelt sich um eine originäre Verpflichtung des Vorstands, die im öffentlichen Interesse liegt.[39]

39 Die Entscheidung, ob das Verfahren eingeleitet werden soll, fällt in den Bereich der organschaftlichen Funktionen des Vorstands. Das einzelne Vorstandsmitglied hat im Vorstand darauf hinzuwirken, dass die Bekanntmachung veranlasst wird, wenn der Aufsichtsrat nach Ansicht des Vorstandsmitglieds materiell nicht richtig zusammengesetzt ist.

40 Für die **Beschlussfassung** ist grundsätzlich Einstimmigkeit erforderlich (§ 77 Abs. 1 S. 1), jedoch können die Satzung oder die Geschäftsordnung des Vorstands etwas anderes bestimmen.[40] Hat der Vorstand beschlossen, eine Bekanntmachung gem. § 97 Abs. 1 zu veröffentlichen, kann diese durch Vorstandsmitglieder in vertretungsberechtigter Anzahl veranlasst werden.[41]

41 **2. Zeitpunkt und Ort der Bekanntmachung (S. 1).** Die Bekanntmachung hat gem. § 97 Abs. 1 S. 1 **unverzüglich** zu erfolgen, dh gem. § 121 Abs. 1 BGB ohne schuldhaftes Zögern.[42] Hält der Vorstand den Aufsichtsrat für nicht mehr richtig zusammengesetzt und gibt er dies nicht unverzüglich bekannt, macht er sich ersatzpflichtig, soweit dadurch bei der Gesellschaft ein Schaden eintritt (→ Rn. 82).[43] Die Bekanntmachung ist in den **Gesellschaftsblättern**, also jedenfalls im **Bundesanzeiger** zu veröffentlichen (§§ 97 Abs. 1 S. 1, 25). Sie dient der Unterrichtung der Antragsberechtigten iSd § 98 Abs. 2 (→ § 98 Rn. 22 ff.). Neben der Bekanntmachung in den Gesellschaftsblättern ist eine Bekanntmachung **in sämtlichen inländischen Betrieben** der Gesellschaft und ihrer inländischen Konzernunternehmen **auszuhängen**.[44] Inländische Betriebe iSd § 97 Abs. 1 sind auch von Auslandsgesellschaften geführte Betriebe, soweit diese von einer inländischen – nach § 1 MitbestG oder § 1 DrittelbG mitbestimmten – Gesellschaft beherrscht werden.[45]

42 Zu den **Konzernunternehmen** gem. § 97 Abs. 1 S 1 zählen nur abhängige Unternehmen (§ 17 Abs. 1), nicht aber Schwester- und Mutterunternehmen.[46]

43 **3. Inhalt der Bekanntmachung.** Die Bekanntmachung muss drei Feststellungen enthalten:[47]

– Nach Ansicht des Vorstands ist der Aufsichtsrat **nicht (mehr) nach den** für ihn **maßgeblichen Vorschriften** zusammengesetzt (§ 97 Abs. 1 S. 1).
– Der Vorstand gibt an, **nach welchen gesetzlichen Vorschriften** der **künftige Aufsichtsrat** seiner Ansicht nach zu bilden ist (§ 97 Abs. 1 S. 2). Auf dieser Grundlage soll der nachfolgende Aufsichtsrat bestellt werden. Diese Vorschriften müssen daher sehr genau angegeben werden. Der Vorstand beschränkt sich deshalb nicht auf die Angabe der nach seiner Auffassung maßgeblichen gesetzlichen Vorschriften und des einschlägigen Mitbestimmungsstatus (dazu → § 96 Rn. 8 ff.). Vielmehr nennt er diejenigen Vorschriften, die für die konkrete Anzahl von Aufsichtsratsmitgliedern maßgeblich sind. Sieht die Satzung eine höhere Zahl an Aufsichtsratsmitgliedern als die gesetzliche Zahl vor (vgl. § 7 Abs. 1 S. 2 MitbestG; § 9 MontanMitbestG), ist die konkrete Satzungsvorschrift ebenfalls

---

[39] MüKoAktG/*Habersack* Rn. 19; Spindler/Stilz/*Spindler* Rn. 4; Kölner Komm AktG/*Mertens/Cahn* §§ 97–99 Rn. 9.
[40] Spindler/Stilz/*Spindler* Rn. 4; Kölner Komm AktG/*Mertens/Cahn* §§ 97–99 Rn. 9; Hüffer/*Koch* Rn. 2; MüKoAktG/*Habersack* Rn. 18; K. Schmidt/Lutter/*Drygala* § 97 Rn. 9; Großkomm AktG/*Hopt/Roth/Peddinghaus* Rn. 33.
[41] MüKoAktG/*Habersack* Rn. 18; Großkomm AktG/*Hopt/Roth/Peddinghaus* Rn. 33.
[42] MHdB AG/*Hoffmann-Becking* § 28 Rn. 57; Hüffer/*Koch* Rn. 4; Spindler/Stilz/*Spindler* Rn. 18; MüKoAktG/*Habersack* Rn. 20; Großkomm AktG/*Hopt/Roth/Peddinghaus* Rn. 43.
[43] K. Schmidt/Lutter/*Drygala* Rn. 10; Spindler/Stilz/*Spindler* Rn. 37; MüKoAktG/*Habersack* Rn. 28; Großkomm AktG/*Hopt/Roth/Peddinghaus* Rn. 53.
[44] Hüffer/*Koch* Rn. 4; Spindler/Stilz/*Spindler* Rn. 19; MüKoAktG/*Habersack* Rn. 21.
[45] MüKoAktG/*Habersack* Rn. 21; ausführlich UHH/*Ulmer/Habersack* MitbestG § 5 Rn. 77.
[46] MüKoAktG/*Habersack* Rn. 21; Großkomm AktG/*Hopt/Roth/Peddinghaus* Rn. 47.
[47] Kölner Komm AktG/*Mertens/Cahn* §§ 97–99 Rn. 10; Hüffer/*Koch* Rn. 4; Spindler/Stilz/*Spindler* Rn. 21; MüKoAktG/*Habersack* Rn. 23; NK-AktG/*Brauer/Fraune* Rn. 7.

zu nennen.⁴⁸ Der Wahlvorstand muss in die Lage versetzt werden, die Richtigkeit der Angaben des Vorstands anhand der Bekanntmachung zu überprüfen.⁴⁹
– Der Vorstand weist darauf hin, dass sich der Aufsichtsrat nach den angegebenen Vorschriften zusammensetzen wird, **wenn nicht die Antragsberechtigten** (→ § 98 Rn. 22 ff.) innerhalb **eines Monats** nach Bekanntmachung im Bundesanzeiger das **zuständige Gericht anrufen** (§ 97 Abs. 1 S. 3).

Rechtlich nicht erforderlich ist die Angabe des im Einzelfall zuständigen Gerichts oder 44 des für den Fristablauf der Antragstellung maßgeblichen Tags.⁵⁰ Ein solcher Hinweis ist gleichwohl zu **empfehlen**. Bei der Angabe des Gerichts ist zu beachten, dass möglicherweise nicht das Landgericht des Sitzes der Gesellschaft zuständig ist, sondern das durch die Landesregierung bestimmte Gericht. Die Aufnahme des Tags der Veröffentlichung im Bundesanzeiger ist trotz des Wortlauts ("gleichzeitig") möglich. Der Bundesanzeiger gibt auf Anfrage vorher bekannt, an welchem Tag er veröffentlichen wird.

Der Vorstand muss **keine Angaben** zu den **Antragsberechtigten** machen. Entbehrlich 45 sind auch Angaben zur Anzahl der im Unternehmen oder im Konzern beschäftigten Arbeitnehmer und zu den in die **Konzernmitbestimmung** einzubeziehenden Unternehmen.⁵¹

4. Wirksamkeit der Bekanntmachung. Die Bekanntmachung ist wirksam, wenn sie 46 den notwendigen Inhalt (→ Rn. 42) aufweist und im Bundesanzeiger veröffentlicht ist.⁵²

Der Gesetzeswortlaut von § 97 Abs. 2 knüpft den Eintritt der Rechtsfolgen **allein** an die 47 **Bekanntmachung im Bundesanzeiger** und nicht an die Veröffentlichung in anderen Gesellschaftsblättern oder den Aushang in den inländischen Betrieben der Gesellschaft. Die gleichzeitige Veröffentlichung in anderen Gesellschaftsblättern oder der gleichzeitige Aushang in den inländischen Betrieben der Gesellschaft sind keine Voraussetzungen für eine wirksame Bekanntmachung,⁵³ da sonst Schwierigkeiten bei der Fristberechnung gem. § 97 Abs. 2 S. 1 ("innerhalb eines Monats") entstünden und durch Bestreiten eines Aushangs in Zweifel gezogen werden könnte, ob die Folgen der Bekanntmachung eingetreten sind.⁵⁴ Eine **fehlende Bezeichnung des Gerichts** oder des **Datums** der Veröffentlichung im Bundesanzeiger berührt die Wirksamkeit der Bekanntmachung nicht, da es sich um freiwillige Angaben handelt.

5. Rechtsfolgen bei Unwirksamkeit. Unterbleibt eine **Bekanntmachung im Bun-** 48 **desanzeiger** oder weist diese nicht den notwenigen Inhalt auf, treten die Rechtsfolgen des § 97 Abs. 2 (Auswirkungen auf die Zusammensetzung des Aufsichtsrats und das Amt der Aufsichtsratsmitglieder, Wirkung auf die Satzung) nicht ein.⁵⁵ Die Bekanntmachung muss wiederholt werden.

Aufsichtsratsmitglieder, die auf Grund einer unwirksamen Bekanntmachung bestellt wur- 49 den, bleiben jedoch im Amt.⁵⁶ Ihre Wahl ist nicht nach § 250 Abs. 1 Nr. 1 nichtig. Sie

---

⁴⁸ *Oetker* ZHR 149 (1985), 575 (590 ff.); Kölner Komm AktG/*Mertens/Cahn* §§ 97–99 Rn. 11; Großkomm AktG/*Hopt/Roth/Peddinghaus* Rn. 38.
⁴⁹ *Oetker* ZHR 149 (1985), 575 (592).
⁵⁰ Hüffer Rn. 4; Spindler/Stilz/*Spindler* Rn. 21; MüKoAktG/*Habersack* Rn. 24; Henssler/Strohn/*Henssler* Rn. 4; Kölner Komm AktG/*Mertens/Cahn* §§ 97–99 Rn. 12.
⁵¹ Kölner Komm AktG/*Mertens/Cahn* §§ 97–99 Rn. 11, 12; MüKoAktG/*Habersack* Rn. 24; Spindler/Stilz/*Spindler* Rn. 21; aA *Oetker* ZHR 149 (1985), 575 (593).
⁵² MüKoAktG/*Habersack* Rn. 25; Spindler/Stilz/*Spindler* Rn. 23.
⁵³ Kölner Komm AktG/*Mertens/Cahn* §§ 97–99 Rn. 16 f.; Spindler/Stilz/*Spindler* Rn. 23, 27; MüKoAktG/*Habersack* Rn. 25; K. Schmidt/Lutter/*Drygala* Rn. 13.
⁵⁴ Kölner Komm AktG/*Mertens/Cahn* §§ 97–99 Rn. 16 f.
⁵⁵ Kölner Komm AktG/*Mertens/Cahn* §§ 97–99 Rn. 13; differenzierend *Oetker* ZHR 149 (1985), 575 (595), demzufolge die Bekanntmachung nichtig ist, wenn sie die Mindestvoraussetzungen nicht erfüllt. Fehlen darüber hinausgehende Angaben, sind diese durch das Widerspruchsverfahren präzisierbar.
⁵⁶ Kölner Komm AktG/*Mertens/Cahn* §§ 97–99 Rn. 13; Spindler/Stilz/*Spindler* Rn. 23; MüKoAktG/ *Habersack* Rn. 26; aA Großkomm AktG/*Hopt/Roth/Peddinghaus* Rn. 52.

verlieren ihr Amt erst, wenn die Rechtsfolgen einer neuen, wirksamen Bekanntmachung eintreten (§ 97 Abs. 2 S. 3).

50   6. **Widerruf der Bekanntmachung.** Der Vorstand hat die Möglichkeit, seine Bekanntmachung bis zum Ablauf der Frist zur Anrufung des Gerichts zu widerrufen, wenn er zu der Überzeugung gelangt ist, dass die Bekanntmachung nicht den gesetzlichen Vorschriften entspricht.[57] Der Gesetzeswortlaut steht dem nicht entgegen. Schützenswerte Interessen anderer Beteiligter, die Bedenken gegen eine **Widerrufsmöglichkeit** rechtfertigen würden, sind nicht zu erkennen. Nach Anrufung des Gerichts ist ein Widerruf der Bekanntmachung ausgeschlossen.[58]

51   7. **Anrufungsfrist (S. 3).** Die **Monatsfrist** zur Anrufung des Gerichts **beginnt mit dem Zeitpunkt der Veröffentlichung im Bundesanzeiger.** Entscheidend für die fristgemäße Anrufung des Gerichts ist nach § 97 Abs. 2 einzig die Bekanntmachung im Bundesanzeiger. Die Anrufungsfrist wird selbst dann gewahrt, wenn ein örtlich unzuständiges Gericht angerufen wird, entsprechend dem Rechtsgedanken der §§ 99 Abs. 1–3 FamFG.[59]

V. Wirkung der Bekanntmachung (Abs. 2)

52   Die Bekanntmachung entfaltet ihre Wirkungen nur, wenn **nicht** das zuständige **Gericht** innerhalb der Monatsfrist **angerufen** wurde. Ein bloßer Widerspruch gegenüber dem Vorstand gegen die beabsichtigte Änderung hindert nicht den Wirkungseintritt.[60] Die unangefochten gebliebene ordnungsmäßige Bekanntmachung wird mit Fristablauf unangreifbar.[61] Der Aufsichtsrat ist innerhalb der Sechsmonatsfrist des § 97 Abs. 2 S. 2 nach den in der Bekanntmachung des Vorstands angegebenen Vorschriften zusammenzusetzen (→ Rn. 63).

53   Wird hingegen das **Gericht angerufen,** entfaltet die Bekanntmachung bis zu einer **rechtskräftigen** gerichtlichen Entscheidung keinerlei Rechtswirkungen.[62] Bei einer von der Bekanntmachung **abweichenden rechtskräftigen Entscheidung** scheidet eine Rechtswirkung der Bekanntmachung ebenso aus (→ Rn. 72).

54   1. **Nichtanrufung des Gerichts (keine Antragssperre).** Wird das zuständige **Gericht** nicht innerhalb eines Monats nach der Bekanntmachung im Bundesanzeiger **angerufen,** wirkt sich die Bekanntmachung auf die Zusammensetzung des Aufsichtsrats (§ 97 Abs. 2 S. 1), das Amt der Aufsichtsratsmitglieder (§ 97 Abs. 2 S. 3) und die Satzung (§ 97 Abs. 2 S. 2) aus.

55   Mit der Nichtanrufung des Gerichts steht nach Ablauf der Monatsfrist rechtswirksam fest, wie der Aufsichtsrat zusammenzusetzen ist (§ 97 Abs. 2 S. 1).

56   Die **Monatsfrist** gem. § 97 Abs. 2 S. 1 ist keine Ausschlussfrist; Antragsberechtigte (§ 98 Abs. 2) können auch nach Ablauf der Monatsfrist weiterhin das Gericht anrufen, jedoch nicht mehr verhindern, dass zunächst der Aufsichtsrat nach den bekanntgemachten Vorschriften zusammengesetzt wird.[63] Ein Antrag nach § 98 Abs. 1 kann von den Berechtigten

---

[57] Kölner Komm AktG/*Mertens/Cahn* §§ 97–99 Rn. 18; MüKoAktG/*Habersack* Rn. 27; K. Schmidt/Lutter/*Drygala* Rn. 13.
[58] MüKoAktG/*Habersack* Rn. 27; Hölters/*Simons* Rn. 23.
[59] Spindler/Stilz/*Spindler* Rn. 27; Hüffer/*Koch* Rn. 6; MüKoAktG/*Habersack* Rn. 36.
[60] BegrRegE *Kropff* S. 127, 128.
[61] Hüffer/*Koch* Rn. 5; Kölner Komm AktG/*Mertens/Cahn* §§ 97–99 Rn. 24; MüKoAktG/*Habersack* Rn. 29.
[62] LG Nürnberg-Fürth AG 1972, 21; K. Schmidt/Lutter/*Drygala* Rn. 17.
[63] Kölner Komm AktG/*Mertens/Cahn* §§ 97–99 Rn. 29; Spindler/Stilz/*Spindler* Rn. 26; MüKoAktG/*Habersack* Rn. 30; Großkomm AktG/*Hopt/Roth/Peddinghaus* Rn. 68; aA MüKoAktG/*Semler*, 2. Aufl. 2004, Rn. 62 f.

(§ 98 Abs. 2) unabhängig von einem vorausgegangenen Bekanntmachungsverfahren gestellt werden. Auf neue Tatsachen kommt es nicht an.[64]

Ergeht eine von der Bekanntmachung abweichende rechtskräftige Entscheidung noch bevor der Aufsichtsrat gemäß einer wirksam gewordenen Bekanntmachung umgebildet wurde, muss sich die Zusammensetzung fortan nach der gerichtlichen Entscheidung richten. Die **Wirkung der Bekanntmachung** entfällt mit der Entscheidung. Die Frist zur Zusammensetzung des Aufsichtsrats (§ 97 Abs. 2 S. 2) beginnt erneut ab Rechtskraft der Entscheidung und es treten die Satzungsbestimmungen außer Kraft, die dem in der Entscheidung vorgesehen Aufsichtsratsmodell widersprechen (→ Rn. 63).[65]   57

a) Zusammensetzung des Aufsichtsrats (S. 1). Die unangreifbar gewordene Bekanntmachung hat zur Folge, dass der Aufsichtsrat entsprechend dem in der Bekanntmachung des Vorstands angekündigten Aufsichtsratsmodell zusammenzusetzen ist (§ 97 Abs. 2 S. 1). Dieses Aufsichtsratsmodell ist von diesem Zeitpunkt an für die Gesellschaft maßgeblich. Der Vorstand **muss** eine Änderung der Zusammensetzung des Aufsichtsrats entsprechend der Bekanntmachung **herbeiführen.** Dies gilt selbst dann, wenn die Voraussetzungen für die Anwendung der in der Bekanntmachung genannten Vorschriften nicht erfüllt sein sollten.[66] Sieht das von nun an maßgebliche Aufsichtsratsmodell eine erstmalige oder eine geänderte **Arbeitnehmerbeteiligung** vor und sind daher weitere Arbeitnehmervertreter in den Aufsichtsrat zu wählen, leitet der Vorstand unverzüglich das **Wahlverfahren** ein.[67]   58

Bis zur Beendigung der ersten **Hauptversammlung,** die nach Ablauf der Anrufungsfrist einberufen wird, und spätestens sechs Monate nach Ablauf der Anrufungsfrist (§ 97 Abs. 2 S. 2) muss der Vorstand die notwendigen Schritte zur Änderung der Aufsichtsratszusammensetzung eingeleitet haben.   59

b) Wirkung auf das Amt der Aufsichtsratsmitglieder (S. 3). Das Amt der bisherigen Aufsichtsratsmitglieder endet nicht sofort mit dem Ablauf der Anrufungsfrist.[68] Der Aufsichtsrat in seiner bisherigen Zusammensetzung bleibt zunächst der rechtmäßig bestellte Aufsichtsrat.[69] Die Aufsichtsratsmitglieder bleiben **bis zum Ende der nächsten Hauptversammlung** im Amt, **längstens** jedoch **sechs Monate** nach Fristablauf.[70] **Danach erlöschen die Ämter** der bisherigen Aufsichtsratsmitglieder. Dies gilt auch für diejenigen Mitglieder, die in dem neu zusammengesetzten Aufsichtsrat verbleiben könnten und verbleiben sollten.[71] Die Gesellschaft hat dann keinen Aufsichtsrat. Erforderlichenfalls bestellt das Gericht die neuen Aufsichtsratsmitglieder (§ 104).[72]   60

Für ein **Aufsichtsratsmitglied,** das **innerhalb der Anrufungsfrist** bestellt werden muss, sind nach ganz hM die **bisher gültigen gesetzlichen Vorschriften** maßgebend.[73] Sein Amt endet jedoch mit dem Ende der ersten Hauptversammlung, die nach Ablauf der   61

---

[64] MüKoAktG/*Habersack* Rn. 30. aA MüKoAktG/*Semler*, 2. Aufl. 2004, Rn. 62 f.; Kölner Komm AktG/*Mertens/Cahn* §§ 97–99 Rn. 6, der die erneute Bekanntmachung nach einer rechtskräftigen gerichtlichen Entscheidung ablehnt, wenn keine neuen Tatsachen vorliegen.
[65] Kölner Komm AktG/*Mertens/Cahn* §§ 97–99 Rn. 30; MüKoAktG/*Habersack* Rn. 30.
[66] MüKoAktG/*Habersack* Rn. 31; WWKK/*Wißmann* MitbestG § 6 Rn. 24.
[67] Kölner Komm AktG/*Mertens/Cahn* §§ 97–99 Rn. 27; Spindler/Stilz/*Spindler* Rn. 28; MHdB AG/*Hoffmann-Becking* § 28 Rn. 59; MüKoAktG/*Habersack* Rn. 31; K. Schmidt/Lutter/*Drygala* Rn. 14; aA wohl *Säcker* Rn. 40, demzufolge die Arbeitnehmer selbst die Wahl ihrer Aufsichtsratsmitglieder einleiten.
[68] Vgl. BegrRegE *Kropff* S. 128.
[69] OLG Frankfurt WM 1985, 1494 (1495); Kölner Komm AktG/*Mertens/Cahn* Rn. 24.
[70] Spindler/Stilz/*Spindler* Rn. 30; MüKoAktG/*Habersack* Rn. 32.
[71] MüKoAktG/*Habersack* Rn. 32; Großkomm AktG/*Hopt/Roth/Peddinghaus* Rn. 61.
[72] K. Schmidt/Lutter/*Drygala* Rn. 16; Spindler/Stilz/*Spindler* Rn. 30; Bürgers/Körber/*Bürgers/Israel* Rn. 10.
[73] BegrRegE *Kropff* S. 128; *Fuchs/Köstler* Rn. 165; Großkomm AktG/*Hopt/Roth/Peddinghaus* Rn. 63; Spindler/Stilz/*Spindler* Rn. 31; MüKoAktG/*Habersack* Rn. 32; K. Schmidt/Lutter/*Drygala* Rn. 16; aA Kölner Komm AktG/*Mertens/Cahn* §§ 97–99 Rn. 27, *Schnitker/Grau* NZG 2007, 486 (488).

Anrufungsfrist stattfindet. Einer maßgeblich von *Mertens/Cahn* vertretenen Meinung,[74] welche die künftigen maßgeblichen Vorschriften anwenden möchte, ist nicht zu folgen. Weder der Regierungsentwurf[75] noch der Wortlaut von § 97 Abs. 1 S. 3, der von einer Beendigung der Mandate aller bisherigen Aufsichtsratsmitglieder ausgeht, stützen diese Auffassung.

62 Anderes gilt jedoch, wenn der **gesamte Aufsichtsrat** vor Ablauf der Anrufungsfrist **neu zu wählen** ist. Der Wahl sind die **künftig geltenden** und nicht die bisher gültigen **Vorschriften** zugrunde zu legen.[76] Andernfalls müsste die Wahl nach Ablauf der Anrufungsfrist wiederholt werden.

63 **c) Wirkung auf die bisherige Satzung (S. 2, 4).** Die Bekanntmachung kann sich nur dann auf die Satzung auswirken, wenn diese überhaupt Bestimmungen über die Form der Zusammensetzung des Aufsichtsrats enthält. Häufig bestimmt die Satzung nur die zahlenmäßige Zusammensetzung des Aufsichtsrats (§ 95 S. 2). Eine veränderte Form der Aufsichtsratszusammensetzung erfordert dann **nicht unbedingt eine Satzungsänderung.**

64 Ebenfalls kann sich die **Zahl der zulässigen Entsendungsrechte** verändern und erfordert dann eine entsprechende Satzungsänderung.[77] Enthält die Satzung Bestimmungen über die **Zusammensetzung** und **Größe** des Aufsichtsrats oder die **Wahl** und **Abberufung** von Aufsichtsratsmitgliedern, welche den nunmehr (nach Ablauf der Anrufungsfrist, § 97 Abs. 2 S. 2) anzuwendenden Vorschriften widersprechen, treten diese Satzungsbestimmungen mit Beendigung der **nächsten Hauptversammlung, spätestens** aber **sechs Monate nach Ablauf der Anrufungsfrist** außer Kraft (§ 97 Abs. 2 S. 2).[78]

65 Ist das **MitbestG erstmalig anzuwenden,** treten solche Satzungsbestimmungen außer Kraft, die dem MitbestG widersprechen (§§ 97 Abs. 2 S. 2, 37 Abs. 1 S. 1 MitbestG).

66 **Neue Satzungsbestimmungen** müssen von der Hauptversammlung beschlossen werden. Der Aufsichtsrat ist auch dann nicht zu einer Anpassung der Satzung an die nunmehr anzuwendenden gesetzlichen Vorschriften berechtigt, wenn ihm die Befugnis zu Fassungsänderungen übertragen worden ist (vgl. § 179 Abs. 1 S. 2), da es sich bei den notwendigen Änderungen nicht um bloße Fassungsänderungen handelt.[79] Die Hauptversammlung ist nicht auf eine Anpassung der Satzung an die neuen gesetzlichen Vorschriften beschränkt, sondern kann **auch Bestimmungen neuen Inhalts** beschließen, sofern sie mit den außer Kraft tretenden Satzungsbestimmungen in Zusammenhang stehen.[80]

67 Eine Anpassung der Satzung wird gesetzlich gem. § 97 Abs. 2 S. 2, 4 erleichtert. Für den Beschluss genügt die **einfache Stimmenmehrheit** (§ 97 Abs. 2 S. 4); die sonst gem. § 179 Abs. 2 erforderliche qualifizierte Mehrheit ist nicht erforderlich. Dies gilt nicht nur für die erste innerhalb der sechsmonatigen Frist stattfindende Hauptversammlung, sondern auch für jede weitere Hauptversammlung innerhalb dieser Zeitspanne.[81]

68 **2. Bei Anrufung des Gerichts.** Die **Bekanntmachung** selbst entfaltet **keine Rechtswirkungen mehr,** wenn ein Antragsberechtigter nach § 98 Abs. 2 (→ § 98 Rn. 22 ff.) fristgerecht (Abs. 2 S. 1) das Gericht anruft.[82]

---

[74] Kölner Komm AktG/*Mertens/Cahn* §§ 97–99 Rn. 27.
[75] BegrRegE *Kropff* S. 128.
[76] MüKoAktG/*Habersack* Rn. 32; K. Schmidt/Lutter/*Drygala* Rn. 16; wohl Kölner Komm AktG/*Mertens/Cahn* Rn. 28; *Schnitker/Grau* NZG 2007, 486 (488); aA Spindler/Stilz/*Spindler* Rn. 31; Großkomm AktG/*Hopt/Roth/Peddinghaus* Rn. 63; Bürgers/Körber/*Bürgers/Israel* Rn. 10.
[77] MüKoAktG/*Habersack* Rn. 33.
[78] Spindler/Stilz/*Spindler* Rn. 28; Hüffer/*Koch* Rn. 5; Bürgers/Körber/*Bürgers/Israel* Rn. 9; MüKoAktG/ *Habersack* Rn. 34; Großkomm AktG/*Hopt/Roth/Peddinghaus* Rn. 65; K. Schmidt/Lutter/*Drygala* Rn. 15.
[79] Kölner Komm AktG/*Mertens/Cahn* §§ 97 bis 99 A Rn. 26.
[80] Kölner Komm AktG/*Mertens/Cahn* Rn. 26; Hüffer/*Koch* Rn. 5; Bürgers/Körber/*Bürgers/Israel* Rn. 9; MüKoAktG/*Habersack* Rn. 35; Großkomm AktG/*Hopt/Roth/Peddinghaus* Rn. 65.
[81] MüKoAktG/*Habersack* Rn. 35.
[82] Spindler/Stilz/*Spindler* Rn. 33; Hüffer/*Koch* Rn. 6; MüKoAktG/*Habersack* Rn. 36.

Das zuständige Gericht (→ § 98 Rn. 12 ff.) bestimmt dann die künftige Zusammensetzung des Aufsichtsrats. Wird ein **örtlich unzuständiges Gericht** angerufen, kommt es dennoch zur Überleitung ins gerichtliche Statusverfahren.[83] **69**

Die Anrufung des Gerichts ist formfrei möglich (→ § 98 Rn. 18).[84] Bis zur gerichtlichen Entscheidung bleibt der Aufsichtsrat nach den zuletzt angewandten Vorschriften zusammengesetzt (§ 96 Abs. 2).[85] Die Aufsichtsratsmitglieder bleiben im Amt, es sei denn, ihre Amtszeit läuft ab.[86] Wenn bis zur gerichtlichen Entscheidung noch neue Aufsichtsratsmitglieder zu bestellen sind, greifen die bisher geltenden Vorschriften ein (→ Rn. 60).[87] **70**

Ergeht in dem gerichtlichen Verfahren **keine Entscheidung** (→ § 99 Rn. 22 ff.), lebt die Bekanntmachung des Vorstands nicht wieder auf.[88] Da das Gericht zunächst angerufen wurde, bleibt es dabei, dass die Bekanntmachung keinerlei Rechtswirkungen entfaltet (→ Rn. 52). Aus Gründen der Rechtssicherheit bleibt der Aufsichtsrat in seiner bisherigen Zusammensetzung bestehen (§ 96 Abs. 2).[89] Der Vorstand muss prüfen, ob er eine neue Bekanntmachung veranlasst oder sogleich das Gericht anruft. **71**

VI. Keine Bekanntmachung bei Rechtshängigkeit (Bekanntmachungssperre, Abs. 3)

Eine Bekanntmachung des Vorstands über die Zusammensetzung des Aufsichtsrats kann nicht erfolgen, solange ein gerichtliches Verfahren gem. §§ 98, 99 anhängig ist (§ 97 Abs. 3). Damit wird ein Nebeneinander von gerichtlichem und außergerichtlichem Verfahren verhindert.[90] Dem **anhängigen gerichtlichen Verfahren** soll **Vorrang** eingeräumt werden.[91] Eine entgegen § 97 Abs. 3 erfolgende Bekanntmachung ist rechtlich unwirksam; unerheblich ist, wer das gerichtliche Verfahren initiiert hat.[92] **72**

Die Zusammensetzung des Aufsichtsrats muss gem. § 98 Abs. 4 S. 1 nur geändert werden, wenn sie der gerichtlichen Entscheidung **widerspricht** (→ Rn. 51 f.). **73**

Nach rechtskräftiger Entscheidung kann der Vorstand jederzeit eine **neue Bekanntmachung** veranlassen; es kommt nicht darauf an, ob die Bekanntmachung auf neuen Tatsachen beruht.[93] Allerdings sind alle Tatsachen, die bereits in einem ersten Gerichtsverfahren vorgetragen wurden oder hätten vorgetragen werden können, **in einem neuen Verfahren präkludiert**.[94] **74**

---

[83] Hüffer/*Koch* Rn. 6; Spindler/Stilz/*Spindler* Rn. 33; MüKoAktG/*Habersack* Rn. 36; aA *v. Falkenhausen* AG 1967, 309 (314).
[84] Kölner Komm AktG/*Mertens/Cahn* §§ 97–99 Rn. 23; Spindler/Stilz/*Spindler* Rn. 33; MüKoAktG/*Habersack* Rn. 36.
[85] BegrRegE *Kropff* S. 128; Kölner Komm AktG/*Mertens/Cahn* §§ 97–99 Rn. 21; Spindler/Stilz/*Spindler* Rn. 34; Hüffer/*Koch* Rn. 6; MüKoAktG/*Habersack* Rn. 37; UHH/*Ulmer/Habersack* MitbestG § 6 Rn. 24.
[86] Hüffer/*Koch* Rn. 6; MüKoAktG/*Habersack* Rn. 36.
[87] Vgl. BegrRegE *Kropff* S. 128.
[88] MüKoAktG/*Habersack* Rn. 37; Spindler/Stilz/*Spindler* Rn. 35; Hüffer/*Koch* Rn. 6; K. Schmidt/Lutter/*Drygala* Rn. 17; aA MüKoAktG/*Semler*, 2. Aufl. 2004, Rn. 80.
[89] K. Schmidt/Lutter/*Drygala* Rn. 17.
[90] MüKoAktG/*Habersack* Rn. 38.
[91] BegrRegE *Kropff* S. 128.
[92] MüKoAktG/*Habersack* Rn. 38.
[93] MüKoAktG/*Habersack* Rn. 39; UHH/*Ulmer/Habersack* MitbestG § 6 Rn. 25; Großkomm AktG/*Hopt/Roth/Peddinghaus* Rn. 75; Henssler/Strohn/*Henssler* Rn. 7; K. Schmidt/Lutter/*Drygala* Rn. 18; Bürgers/Körber/*Bürgers/Israel* Rn. 12; Grigoleit/*Tomasic* Rn. 11; aA MüKoAktG/*Semler*, 2. Aufl. 2004, Rn. 84; unklar Kölner Komm AktG/*Mertens/Cahn* Rn. 6, 20, die eine Bekanntmachungssperre zwar ablehnen, aber zugleich die einer rechtskräftigen Entscheidung nachfolgende Bekanntmachung nur zulassen wollen, wenn sie auf neuen Tatsachen beruht.
[94] So wohl Kölner Komm AktG/*Mertens/Cahn* Rn. 6, 20 mit Begründung wie in Fn. 93; jedenfalls MüKoAktG/*Habersack* Rn. 39; K. Schmidt/Lutter/*Drygala* Rn. 18; Bürgers/Körber/*Bürgers/Israel* Rn. 12, aA Spindler/Stilz/*Spindler* Rn. 36.

VII. Anzeigepflicht gegenüber der BaFin und Bundesbank

75 Die **Bestellung** eines Aufsichtsrats- bzw. Verwaltungsratsmitglieds bei einem Institut (§ 1 Abs. 1 lit. b KWG[95]) ist der BaFin und der Bundesbank nach § 24 Abs. 1 Nr. 15 KWG unverzüglich unter Angabe der zur Beurteilung seiner Zuverlässigkeit und Sachkunde erforderlichen Tatsachen anzuzeigen; das **Ausscheiden** einer solchen Person ist der BaFin und der Bundesbank ebenfalls anzuzeigen (§ 24 Abs. 1 Nr. 15a KWG).[96]

76 Die Anzeige ist als geschäftsführende Maßnahme vom Vorstand bzw. dem geschäftsführenden Organ zu veranlassen. Ausgenommen von der Anzeigepflicht sind solche Institute, die von der Ausnahmevorschrift gem. § 2 KWG oder der Befreiungsvorschrift des § 31 Abs. 1, 2 KWG erfasst sind.[97] Die Bekanntmachung kann formfrei erfolgen.[98]

77 Die Anforderungen an die **erforderliche Sachkunde** richten sich nach der jeweiligen Geschäftstätigkeit der Institute (zB Kreditvergabe an Privatkunden und kleine Unternehmen oder globales Investmentbanking).[99] Bei Personen, die bereits in leitender Funktion bei einem vergleichbaren Institut tätig waren, kann die erforderliche Sachkunde regelmäßig angenommen werden.[100]

78 **Zuverlässig** ist ein Aufsichtsrats- bzw. Verwaltungsratsmitglied, wenn keine persönlichen Umstände vorliegen, die die Annahme rechtfertigen, dass diese die sorgfältige und ordnungsgemäße Wahrnehmung des Kontrollmandats beeinträchtigen können.[101]

79 Eine Anzeigepflicht besteht nicht nur für gesetzlich vorgeschriebene Kontrollorgane, sondern auch für solche, die **freiwillig** gebildet wurden.[102]

80 Daneben sind der Geschäftsleiter eines Instituts und die Personen, die die Geschäfte einer **Finanzholding-Gesellschaft** (§ 1 Abs. 3a KWG) tatsächlich führen, gem. § 24 Abs. 3 S. 1 Nr. 1 KWG persönlich verpflichtet, der BaFin und Bundesbank unverzüglich anzuzeigen, wenn der Geschäftsleiter eines Instituts eine Tätigkeit als Aufsichtsrats- oder Verwaltungsratsmitglied bei einem anderen Unternehmen aufnimmt. Entsprechend § 1 Abs. 2 KWG sind Geschäftsleiter grundsätzlich diejenigen natürlichen Personen, die nach Gesetz, Satzung oder Gesellschaftsvertrag zur Führung der Geschäfte und zur Vertretung eines Instituts in der Rechtsform einer juristischen Person oder einer Personenhandelsgesellschaft berufen sind. Die Anzeige bei der BaFin und der Bundesbank ist mit dem Formular „**Nebentätigkeiten von Geschäftsleitern und Personen, die die Geschäfte einer Finanzholding Gesellschaft oder einer gemischten Finanzholding-Gesellschaft tatsächlich führen**" nach Anlage 6 AnzV[103] einzureichen, wobei die Anzeige unverzüglich und schriftlich in jeweils einfacher Ausfertigung der BaFin und der zuständigen Hauptverwaltung der Bundesbank zuzuleiten ist (§ 1 Abs. 1 S. 1 AnzV).[104]

81 Zudem muss eine Finanzholdings-Gesellschaft (§ 1 Abs. 3a KWG) gem. § 24 Abs. 3a S. 1 Nr. 4 KWG der BaFin und der Bundebank unverzüglich die **Bestellung eines Verwaltungsrats- oder Aufsichtsratsmitglieds** unter Angabe der zur Beurteilung seiner Zuverlässigkeit und Sachkunde erforderlichen Tatsachen anzeigen.

82 Die Anzeigen sind gem. § 16 AnzV von einer Finanzholding-Gesellschaft unter Verwendung des Formulars „**Aktivische Beteiligungsanzeige**" (Anlage 3 AnzV) einzureichen, wobei für jedes Beteiligungsverhältnis ein separates Formular zu verwenden ist und bei komplexen Beteiligungsstrukturen das Formular „**Anlage für komplexe Betei-**

---

[95] Gesetz über das Kreditwesen (Kreditwesengesetz – KWG) vom 9.9.1998 (BGBl. 1998 I S. 2776).
[96] Ausführlich Boos/Fischer/Schulte-Mattler/*Braun* KWG § 24 Rn. 158 ff.
[97] Ausführlich Boos/Fischer/Schulte-Mattler/*Braun* KWG § 24 Rn. 40.
[98] Boos/Fischer/Schulte-Mattler/*Braun* KWG § 24 Rn. 165.
[99] Boos/Fischer/Schulte-Mattler/*Braun* KWG § 24 Rn. 159 f.
[100] Boos/Fischer/Schulte-Mattler/*Braun* KWG § 24 Rn. 161.
[101] Boos/Fischer/Schulte-Mattler/*Braun* KWG § 24 Rn. 164.
[102] Boos/Fischer/Schulte-Mattler/*Braun* KWG § 24 Rn. 175.
[103] Verordnung über die Anzeigen und die Vorlage von Unterlagen nach dem Kreditwesengesetz (Anzeigenverordnung – AnzV) vom 19.12.2006 (BGBl. 2006 I S. 3245).
[104] Boos/Fischer/Schulte-Mattler/*Braun* KWG § 24 Rn. 214.

ligungsstrukturen" (Anlage 4 AnzV) verwendet werden muss.[105] Komplexe Beteiligungsstrukturen sind insbesondere bei Treuhandverhältnissen und solchen Beteiligungen, die über mehrere Tochterunternehmen oder ein gleichartiges Verhältnis über mehrere Beteiligungsketten gehalten werden (vgl. § 7 Abs. 4 AnzV), anzunehmen.[106]

VIII. Schadensersatzansprüche

Der Vorstand ist der **Gesellschaft** gem. § 93 zum Schadensersatz verpflichtet, wenn er seine Verpflichtung nach §§ 97 Abs. 1, 98 Abs. 1, Abs. 2 Nr. 1 verletzt, auf eine ordnungsgemäße Zusammensetzung des Aufsichtsrats hinzuwirken.[107] **Mangels** eines berechenbaren **Schadens** ist ein solcher Anspruch in der Praxis jedoch regelmäßig ohne Bedeutung.[108] 83

Das Gesetz räumt weder **Dritten** (insbesondere Arbeitnehmern) noch **Anteilseignern** einen Schadensersatzanspruch gegenüber den Vorstandsmitgliedern oder gegenüber der Gesellschaft ein; § 97 ist kein Schutzgesetz im Sinne von § 823 Abs. 2 BGB.[109] Dritte und Anteilseigner müssen ggf. als Antragsberechtigte (§ 98 Abs. 2) selbst tätig werden und eine rechtmäßige Zusammensetzung des Aufsichtsrats betreiben.[110] 84

§ 98 Gerichtliche Entscheidung über die Zusammensetzung des Aufsichtsrats

(1) **Ist streitig oder ungewiß, nach welchen gesetzlichen Vorschriften der Aufsichtsrat zusammenzusetzen ist, so entscheidet darüber auf Antrag ausschließlich das Landgericht, in dessen Bezirk die Gesellschaft ihren Sitz hat.**

(2) ¹**Antragsberechtigt sind**
1. **der Vorstand,**
2. **jedes Aufsichtsratsmitglied,**
3. **jeder Aktionär,**
4. **der Gesamtbetriebsrat der Gesellschaft oder, wenn in der Gesellschaft nur ein Betriebsrat besteht, der Betriebsrat,**
5. **der Gesamt- oder Unternehmenssprecherausschuss der Gesellschaft oder, wenn in der Gesellschaft nur ein Sprecherausschuss besteht, der Sprecherausschuss,**
6. **der Gesamtbetriebsrat eines anderen Unternehmens, dessen Arbeitnehmer nach den gesetzlichen Vorschriften, deren Anwendung streitig oder ungewiß ist, selbst oder durch Delegierte an der Wahl von Aufsichtsratsmitgliedern der Gesellschaft teilnehmen, oder, wenn in dem anderen Unternehmen nur ein Betriebsrat besteht, der Betriebsrat,**
7. **der Gesamt- oder Unternehmenssprecherausschuss eines anderen Unternehmens, dessen Arbeitnehmer nach den gesetzlichen Vorschriften, deren Anwendung streitig oder ungewiss ist, selbst oder durch Delegierte an der Wahl von Aufsichtsratsmitgliedern der Gesellschaft teilnehmen, oder, wenn in dem anderen Unternehmen nur ein Sprecherausschuss besteht, der Sprecherausschuss,**
8. **mindestens ein Zehntel oder einhundert der Arbeitnehmer, die nach den gesetzlichen Vorschriften, deren Anwendung streitig oder ungewiß ist, selbst oder durch Delegierte an der Wahl von Aufsichtsratsmitgliedern der Gesellschaft teilnehmen,**
9. **Spitzenorganisationen der Gewerkschaften, die nach den gesetzlichen Vorschriften, deren Anwendung streitig oder ungewiß ist, ein Vorschlagsrecht hätten,**
10. **Gewerkschaften, die nach den gesetzlichen Vorschriften, deren Anwendung streitig oder ungewiß ist, ein Vorschlagsrecht hätten.**

---

[105] Boos/Fischer/Schulte-Mattler/*Braun* KWG § 24 Rn. 231.
[106] Boos/Fischer/Schulte-Mattler/*Braun* KWG § 24 Rn. 231.
[107] MüKoAktG/*Habersack* Rn. 28; Kölner Komm AktG/*Mertens/Cahn* §§ 97–99 Rn. 7.
[108] Spindler/Stilz/*Spindler* Rn. 37; Kölner Komm AktG/*Mertens/Cahn* §§ 97–99 Rn. 7; MüKoAktG/*Habersack* Rn. 28.
[109] Kölner Komm AktG/*Mertens/Cahn* §§ 97–99 Rn. 8; MüKoAktG/*Habersack* Rn. 28.
[110] Kölner Komm AktG/*Mertens/Cahn* §§ 97–99 Rn. 8; Spindler/Stilz/*Spindler* Rn. 37; MüKoAktG/*Habersack* Rn. 28.

²Ist die Anwendung des Mitbestimmungsgesetzes oder die Anwendung von Vorschriften des Mitbestimmungsgesetzes streitig oder ungewiß, so sind außer den nach Satz 1 Antragsberechtigten auch je ein Zehntel der wahlberechtigten in § 3 Abs. 1 Nr. 1 des Mitbestimmungsgesetzes bezeichneten Arbeitnehmer oder der wahlberechtigten leitenden Angestellten im Sinne des Mitbestimmungsgesetzes antragsberechtigt.

(3) Die Absätze 1 und 2 gelten sinngemäß, wenn streitig ist, ob der Abschlußprüfer das nach § 3 oder § 16 des Mitbestimmungsergänzungsgesetzes maßgebliche Umsatzverhältnis richtig ermittelt hat.

(4) ¹Entspricht die Zusammensetzung des Aufsichtsrats nicht der gerichtlichen Entscheidung, so ist der neue Aufsichtsrat nach den in der Entscheidung angegebenen gesetzlichen Vorschriften zusammenzusetzen. ² § 97 Abs. 2 gilt sinngemäß mit der Maßgabe, daß die Frist von sechs Monaten mit dem Eintritt der Rechtskraft beginnt.

Schrifttum: *Hoffmann/Neumann*, Aktuelle Fragen des Mitbestimmungsgesetzes für GmbH und GmbH & Co. KG, GmbHR 1978, 56; *Martens*, Mitbestimmungsrecht und Prozeßrecht, ZGR 1977, 385; *Martens*, Das aktienrechtliche Statusverfahren und der Grundsatz der Amtskontinuität, DB 1978, 1065; *Oetker*, Der Anwendungsbereich des Statusverfahrens nach den §§ 97 ff. AktG, ZHR 149 (1985), 575; *Rittner*, §§ 96 – 99 AktG 1965 und das Bundesverfassungsgericht, DB 1969, 2165; *Schröder*, Die Rechtsprechung des Bundesarbeitsgerichts zur Beteiligung der Arbeitnehmer in den gesellschaftlichen Organen, FS Geßler, 1971, 171; *Schürnbrand*, Organschaft im Recht der privaten Verbände, 2007; *Simons*, Ungeklärte Zuständigkeitsfragen bei gesellschaftsrechtlichen Auseinandersetzungen, NZG 2012, 609.

Übersicht

	Rn.
I. Allgemeines	1
1. Inhalt und Bedeutung der Norm	1
2. Entstehungsgeschichte	7
II. Die gerichtliche Entscheidung (Abs. 1)	10
1. Örtliche Zuständigkeit	10
2. Sachliche und funktionale Zuständigkeit des Gerichts	12
3. Antragserfordernis	18
III. Antragsberechtigung (Abs. 2)	22
1. Antragsrecht ohne besondere Voraussetzungen (Nr. 1 bis 5)	25
a) Vorstand (§ 98 Abs. 2 S. 1 Nr. 1)	26
b) Jedes Aufsichtsratsmitglied (§ 98 Abs. 1 S. 1 Nr. 2)	28
c) Jeder Aktionär (§ 98 Abs. 2 S. 1 Nr. 3)	29
d) (Gesamt-)Betriebsrat (§ 98 Abs. 2 S. 1 Nr. 4)	30
e) Gesamt- oder Unternehmenssprecherausschuss (Abs. 2 S. 1 Nr. 5)	31
2. Nur bei zu wahrenden Belangen (Nr. 6 bis 10)	32
a) (Gesamt-)Betriebsrat eines anderen Unternehmens (§ 98 Abs. 2 S. 1 Nr. 6)	32
b) Gesamtsprecherausschuss oder der Sprecherausschuss eines anderen Unternehmens (§ 98 Abs. 2 S. 1 Nr. 7)	34
c) Wahlberechtigte Arbeitnehmer (§ 98 Abs. 2 S. 1 Nr. 8, S. 2)	35
d) Spitzenorganisationen der Gewerkschaften und Gewerkschaften (§ 98 Abs. 2 S. 1 Nr. 9, 10)	37
IV. Entscheidung über das Umsatzverhältnis (Abs. 3)	41
1. Umsatzverhältnis der Konzernunternehmen	42
2. Gerichtliche Entscheidung	43
a) Zulässigkeit des Antrags	43
b) Prüfungsumfang	44
V. Wirkung der gerichtlichen Entscheidung (Abs. 4)	45
1. Vor Eintritt der Rechtskraft	45
2. Nach Eintritt der Rechtskraft	46

I. Allgemeines

1. Inhalt und Bedeutung der Norm. Die Vorschrift regelt zusammen mit § 99 das **gerichtliche Statusverfahren.** Ebenso wie das außergerichtliche Statusverfahren (§ 97) soll das gerichtliche Statusverfahren mögliche **Zweifel** an einer ordentlichen Aufsichtsratszusammensetzung **beseitigen.**¹ Zum Zweck des Statusverfahrens bereits → § 97 Rn. 2.

---
¹ Kölner Komm AktG/*Mertens*/*Cahn* §§ 97–99 Rn. 2.

Dem gerichtlichen Verfahren muss nicht notwendig ein außergerichtliches Verfahren 2 (§ 97) vorausgehen.[2] Der Vorstand ist nicht zu einer vorgängigen Bekanntmachung nach § 97 Abs. 1 verpflichtet (→ Rn. 26).

Abs. 1 bestimmt die **ausschließliche Zuständigkeit** des Landgerichts der Gesellschaft. 3 Damit soll eine Zuständigkeitszersplitterung zwischen der ordentlichen und der arbeitsrechtlichen Gerichtsbarkeit vermieden werden.[3]

Das Gericht wird nach Abs. 1 **nur auf Antrag** tätig (→ Rn. 18). **Abs. 2** regelt, wer 4 antragsberechtigt ist (→ Rn. 22 ff.).

Abs. 3 erweitert den Anwendungsbereich des gerichtlichen Statusverfahrens, wenn strei- 5 tig ist, ob der Abschlussprüfer das nach §§ 3, 16 MitbestErgG[4] maßgebliche **Umsatzverhältnis** richtig ermittelt hat (→ Rn. 41 ff.).

Abs. 4 regelt die **Wirkungen einer gerichtlichen Entscheidung,** wenn der bisherige 6 Aufsichtsrat nicht entsprechend den gesetzlichen Vorschriften zusammengesetzt ist (→ Rn. 45 ff.).

2. Entstehungsgeschichte. Die Vorschrift ist mit dem **AktG 1965** neu eingefügt 7 worden.[5] Sie ist seitdem mehrfach geändert worden. Mit Inkrafttreten des **MitbestG**[6] wurde der damalige § 98 durch die heutigen §§ 98 Abs. 2 S. 1 Nr. 4, 6 (ex. Nr. 5) und 10 (ex. Nr. 8) ergänzt. Außerdem wurde mit § 98 Abs. 2 S. 2, der ein Antragsrecht für die Arbeitnehmer und die leitenden Angestellten vorsieht, eine erweiterte Antragsberechtigung aufgenommen. Damit erhielten die Gewerkschaften erstmals ein eigenes Vorschlagsrecht.

Im Jahr 2002 wurde § 98 durch Abs. 2 S. 1 Nr. 5 und 7 ergänzt, womit den (Gesamt-) 8 Sprecherausschüssen und den Sprecherausschüssen anderer Unternehmen eine eigene Antragsberechtigung eingeräumt wurde.[7]

Zugleich wurde § 98 Abs. 2 S. 2 neu gefasst.[8] Mit dem **FGG-Reformgesetz**[9] wurden 9 einzelgesetzliche Zuständigkeitsregelungen aufgehoben und neugeordnet im GVG zusammengeführt. Seitdem ist nur noch das Landgericht zuständig, in dessen Bezirk die Gesellschaft ihren Sitz hat (→ Rn. 10 f.). Die Zuständigkeit der **Kammer für Handelssachen,** die bereits durch das UMAG[10] begründet wurde, ergibt sich nun aus §§ 71 Abs. 2, 95 Abs. 2 GVG. Die Konzentrationsermächtigung der Landesregierungen ist in § 71 Abs. 4 GVG geregelt, nicht mehr in § 98 Abs. 1 S. 2 und 3.

II. Die gerichtliche Entscheidung (Abs. 1)

1. Örtliche Zuständigkeit. **Örtlich zuständig** ist gem. § 98 Abs. 1 ausschließlich das 10 Gericht, in dessen Bezirk die Gesellschaft ihren Sitz hat. Nach § 71 Abs. 4 S. 1, 2 Nr. 4 lit. b GVG sind die Landesregierungen und gem. § 71 Abs. 4 S. 1 GVG die Landesjustizverwaltungen berechtigt, durch Rechtsverordnung die Entscheidungen einem Landgericht

---

[2] Großkomm AktG/*Hopt/Roth/Peddinghaus* Rn. 3; MüKoAktG/*Habersack* Rn. 1.
[3] BegrRegE *Kropff* S. 129; MüKoAktG/*Habersack* Rn. 1; K. Schmidt/Lutter/*Drygala* Rn. 1; Kölner Komm AktG/*Mertens/Cahn* §§ 97–99 Rn. 2; Spindler/Stilz/*Spindler* Rn. 1; Hüffer/*Koch* § 97 Rn. 1; Henssler/Strohn/*Henssler* Rn. 1.
[4] Gesetz über die Mitbestimmung der Arbeitnehmer in den Aufsichtsräten und Vorständen der Unternehmen des Bergbaus und der Eisen und Stahl erzeugenden Industrie (Montan-Mitbestimmungsgesetz – Montan-MitbestG) vom 21.5.1951, BGBl. 1951 I S. 347.
[5] MüKoAktG/*Habersack* Rn. 2; Spindler/Stilz/*Spindler* Rn. 3.
[6] Gesetz über die Mitbestimmung der Arbeitnehmer (Mitbestimmungsgesetz – MitbestG) vom 4.5.1976, BGBl. 1976 I S. 1153.
[7] Gesetz zur Vereinfachung der Wahl der Arbeitnehmervertreter in den Aufsichtsrat vom 23.3.2002, BGBl. 2002 I S. 1130.
[8] Gesetz zur Vereinfachung der Wahl der Arbeitnehmervertreter in den Aufsichtsrat vom 23.3.2002, BGBl. I S. 1130; MüKoAktG/*Habersack* Rn. 2.
[9] Gesetz zur Reform des Verfahrens in Familiensachen und in den Angelegenheiten der freiwilligen Gerichtsbarkeit vom 22.12.2008, BGBl. 2008 I S. 2586.
[10] Gesetz zur Unternehmensintegrität und Modernisierung des Anfechtungsrechts (UMAG) vom 22.9.2005, BGBl. 2005 I S. 2802.

für die Bezirke mehrerer Landgerichte zu übertragen, wenn dies der Sicherung einer einheitlichen Rechtsprechung dient.

11 Bisher haben die Landesregierungen von Baden-Württemberg[11], Bayern[12], Hessen[13], Niedersachsen[14], Nordrhein-Westphalen[15] und Sachsen[16] von dieser Möglichkeit Gebrauch gemacht. Hat die Gesellschaft einen Doppelsitz, ist das Gericht zuständig, welches zuerst angerufen wird (§ 2 Abs. 1 FamFG).[17] Dies gilt auch dann, wenn im zweiten Verfahren ein anderer Antragsteller iSv § 98 Abs. 2 das Gericht anruft.[18]

12 **2. Sachliche und funktionale Zuständigkeit des Gerichts.** Sachlich zuständig ist **ausschließlich** das **Landgericht** (§ 98 Abs. 1). Funktional zuständig ist die **Kammer für Handelssachen,** wenn eine solche beim Landgericht gebildet wurde (§§ 95 Abs. 2 Nr. 2, 94, 71 Abs. 2 Nr. 4 lit. b GVG iVm § 98 Abs. 1).[19]

13 Die Arbeitsgerichte können **keine Inzidenzentscheidungen** treffen. Bis zum Abschluss eines Statusverfahrens sind sie an die bisher geltenden Vorschriften gebunden (§ 96 Abs. 2).[20] Eine Notwendigkeit zur Aussetzung des Statusverfahrens besteht daher regelmäßig nicht.[21]

14 Das Statusverfahren hat Vorrang gegenüber einem Wahlanfechtungsverfahren, soweit die Wahlen von Arbeitnehmervertretern mit der Begründung angefochten werden sollen, der Aufsichtsrat sei nicht ordnungsgemäß zusammengesetzt.[22]

15 Die Ausschließlichkeit der Zuständigkeit der ordentlichen Gerichte für das Statusverfahren bezieht sich einzig auf die gesetzliche Zusammensetzung und Größe des Aufsichtsrats. Hinsichtlich der Geltendmachung der **Nichtigkeit der Aufsichtsratswahl** gilt, dass grundsätzlich gem. § 250 Abs. 1 Nr. 1, Abs. 3 S. 1, § 246 Abs. 3 S. 1 Klage vor dem ordentlichen Gericht und bei der Wahl von Arbeitnehmervertretern nach § 2a Abs. 1 Nr. 3 ArbGG die gewöhnliche Feststellungsklage vor dem Arbeitsgericht zu erheben ist.

16 Das gerichtliche Statusverfahren bezieht sich lediglich auf die Frage, nach welchen Vorschriften der künftige Aufsichtsrat zusammengesetzt wird. Eine Konkurrenz zur Nichtigkeitsfeststellungsklage (§ 250 Abs. 1 Nr. 1), die mit der Bindungswirkung des Statusverfahrens verknüpft ist, besteht daher nicht.

17 Die **Arbeitsgerichte** entscheiden weiterhin im Beschlussverfahren gem. § 2a Abs. 1 Nr. 3 ArbGG, § 80 ArbGG über gesellschafts- und konzernrechtliche **Vorfragen,** die das **Wahlrecht** der **Arbeitnehmer** zum Aufsichtsrat und dessen personelle Zusammensetzung betreffen.[23] Teilweise wurde unter Verweis auf das erweiterte Antragsrecht gem. § 98 Abs. 2 S. 2 die Auffassung vertreten, den Arbeitsgerichten sei auch diese Vorfragenkompetenz

---

[11] Zuständig sind die LG Mannheim und Stuttgart gem. ZuVOJu vom 20.11.1998, GBl. 1998, S. 680, 687.
[12] Zuständig sind die LG München I und Nürnberg-Fürth gem. GZVJu vom 11.6.2012, GVBl. 2012, S. 295, 301.
[13] Zuständig ist das LG Frankfurt a. M. gem. Gerichtlicher Zuständigkeitsverordnung Justiz vom 16.9.2008, GVBl. 2008 I S. 822.
[14] Zuständig ist das LG Hannover gem. ZustVO-Justiz vom 22.1.1998, GVBl. 1998, S. 295, 301.
[15] Zuständig sind die LG Dortmund, Düsseldorf und Köln gem. Konzentrations-VO Gesellschaftsrecht vom 31.5.2005, GV NRW 2005, S. 625.
[16] Zuständig ist das LG Leipzig gem. SächsJOrgVO vom 14.12.2007, SächsGVBl 2007, S. 600.
[17] Großkomm AktG/*Hopt/Roth/Peddinghaus* Rn. 20; MüKoAktG/*Habersack* Rn. 7; Spindler/Stilz/*Spindler* Rn. 4; Hüffer/*Koch* Rn. 2; K. Schmidt/Lutter/*Drygala* Rn. 2; Bürgers/Körber/*Bürgers/Israel* Rn. 2.
[18] Großkomm AktG/*Hopt/Roth/Peddinghaus* Rn. 20; MüKoAktG/*Habersack* Rn. 7; K. Schmidt/Lutter/*Drygala* Rn. 2.
[19] MüKoAktG/*Habersack* Rn. 9; Hüffer/*Koch* Rn. 2; Spindler/Stilz/*Spindler* Rn. 4; Bürgers/Körber/*Bürgers/Israel* Rn. 2; Kölner Komm AktG/*Mertens/Cahn* §§ 97–99 Rn. 43; Henssler/Strohn/*Henssler* Rn. 2; Grigoleit/*Tomasic* Rn. 5; aA Hölters/*Simons* Rn. 2; *Simons* NZG 2012, 609 (610).
[20] MüKoAktG/*Habersack* Rn. 10; UHH/*Ulmer/Habersack* MitbestG § 6 Rn. 79; Großkomm AktG/*Hopt/Roth/Peddinghaus* Rn. 13; aA *Raiser/Veil* MitbestG § 6 Rn. 59.
[21] UHH/*Ulmer/Habersack* MitbestG § 6 Rn. 79.
[22] BAG ZIP 2008, 18; *Oetker* ZGR 2000, 19 (48 f.); MüKoAktG/*Habersack* Rn. 10.
[23] LG Düsseldorf DB 1978, 988 ff.; Henssler/Strohn/*Henssler* Rn. 2; Kölner Komm AktG/*Mertens/Cahn* §§ 97–99 Rn. 45; MüKoAktG/*Habersack* Rn. 11; UHH/*Ulmer/Habersack* MitbestG § 6 Rn. 82; Bürgers/Körber/*Bürgers/Israel* Rn. 2; *Raiser/Veil* MitbestG § 6 Rn. 60.

entzogen.[24] Diese Ansicht ist abzulehnen.[25] Mit der Einführung des erweiterten Antragsrechts durch das MitbestG ist die arbeitsgerichtliche Kompetenz nicht eingeschränkt worden. Dies hätte einer eindeutigen Regelung des Gesetzgebers bedurft.[26]

3. Antragserfordernis. Das gerichtliche Verfahren wird nur auf **Antrag** eingeleitet 18 (§ 98 Abs. 1 S. 1). Der Antrag kann **formlos** gestellt werden.[27] Er kann gem. § 25 FamFG zu Protokoll der Geschäftsstelle des zuständigen Landgerichts oder eines Amtsgerichts erklärt, aber auch mittels anderer Übermittlungsmethoden gestellt werden.[28] Eine **Frist** ist nicht einzuhalten, sofern zuvor keine Bekanntmachung (§ 97 Abs. 1) erfolgt ist.[29] Ansonsten gilt die Monatsfrist des § 97 Abs. 1 S. 3, nach dessen Ablauf jedoch erneut ein Antrag gem. § 98 Abs. 1 gestellt werden kann.[30]

Es besteht kein Anwaltszwang.[31] Der Antrag muss die **Identität des Antragsstellers** und 19 das **Antragsziel** erkennen lassen.[32] Der Antrag muss weder als solcher bezeichnet sein noch ist eine Begründung des Antrags erforderlich.[33]

Der Antrag erfordert einen **Streit oder Ungewissheit** darüber, nach welchen gesetzli- 20 chen Vorschriften der Aufsichtsrat zusammenzusetzen ist (§ 98 Abs. 1).[34] **Ungewissheit** liegt vor, wenn der Vorstand sich selbst nicht sicher ist, nach welchen Vorschriften der Aufsichtsrat zusammenzusetzen ist. Ungewissheit über die Zusammensetzung besteht auch, wenn der Vorstand sich zwar seiner eigenen Auffassung gewiss ist, jedoch damit rechnet, dass nach einer Bekanntmachung ein Antragsberechtigter (§ 98 Abs. 2) eine gerichtliche Entscheidung beantragen wird. Für eine Ungewissheit genügt es, wenn künftige Streitigkeiten über die ordnungsgemäße Zusammensetzung des Aufsichtsrats zumindest möglich erscheinen.[35] Die erforderliche Ungewissheit ergibt sich zumeist bereits konkludent aus dem Antrag.[36] **Streit** besteht, wenn sich der Vorstand und ein anderer Beteiligter oder mehrere andere Beteiligte über die Zusammensetzung des Aufsichtsrats ernsthaft auseinandersetzen.

Ruft der Vorstand trotz bestehender Ungewissheit oder bestehenden Streits das **Ge-** 21 **richt nicht an,** kann darin eine zum Schadensersatz verpflichtende Sorgfaltspflichtverletzung (§ 93) liegen; Gleiches gilt, wenn der Vorstand ein überflüssiges gerichtliches Statusverfahren einleitet.[37]

III. Antragsberechtigung (Abs. 2)

Anders als im außergerichtlichen (Status-)Verfahren, welches nur der Vorstand einleiten 22 kann, sind im gerichtlichen Statusverfahren noch weitere Personen und Personengruppen antragsberechtigt.

---

[24] OLG Düsseldorf DB 1978, 1358 f.; LAG Düsseldorf DB 1978, 987 (988); *Hoffmann-Neumann* GmbHR 1978, 56 (60 f.); *Martens* ZGR 1977, 385 (388); unklar *Martens* DB 1978, 1065 (1070); *Oetker* ZHR 149 (1985), 575 (589).
[25] Kölner Komm AktG/*Mertens/Cahn* §§ 97–99 Rn. 45; MüKoAktG/*Habersack* Rn. 11.
[26] *Martens* DB 1978, 1065 (1070).
[27] Kölner Komm AktG/*Mertens/Cahn* §§ 97–99 Rn. 31; Bürgers/Körber/*Bürgers/Körber* Rn. 3.
[28] Keidel/*Sternal* FamFG § 25 Rn. 13 ff.; MüKoAktG/*Habersack* Rn. 3.
[29] Großkomm AktG/*Hopt/Roth/Peddinghaus* Rn. 8, 10; Kölner Komm AktG/*Mertens/Cahn* §§ 97–99 Rn. 31; MüKoAktG/*Habersack* Rn. 3; Spindler/Stilz/*Spindler* Rn. 6; K. Schmidt/Lutter/*Drygala* Rn. 4.
[30] MüKoAktG/*Habersack* Rn. 3; Spindler/Stilz/*Spindler* Rn. 6.
[31] Großkomm AktG/*Hopt/Roth/Peddinghaus* Rn. 8; Kölner Komm AktG/*Mertens/Cahn* §§ 97–99 Rn. 31.
[32] Großkomm AktG/*Hopt/Roth/Peddinghaus* Rn. 5; Kölner Komm AktG/*Mertens/Cahn* §§ 97–99 Rn. 31; MüKoAktG/*Habersack* Rn. 4; Spindler/Stilz/*Spindler* Rn. 6; K. Schmidt/Lutter/*Drygala* Rn. 4.
[33] Großkomm AktG/*Hopt/Roth/Peddinghaus* Rn. 6, 8; Spindler/Stilz/*Spindler* Rn. 6.
[34] MüKoAktG/*Habersack* Rn. 5; Hüffer/*Koch* Rn. 3; Spindler/Stilz/*Spindler* Rn. 7; UHH/*Ulmer/Habersack* MitbestG § 6 Rn. 30; Bürgers/Körber/*Bürgers/Israel* Rn. 3; wohl auch Kölner Komm AktG/*Mertens/Cahn* §§ 97–99 Rn. 47, die die subjektive Ungewissheit ausreichen lassen; aA Großkomm AktG/*Hopt/Roth/Peddinghaus* Rn. 7.
[35] Hüffer/*Koch* Rn. 3.
[36] Kölner Komm AktG/*Mertens/Cahn* §§ 97–99 Rn. 47.
[37] Kölner Komm AktG/*Mertens/Cahn* §§ 97–99 Rn. 7; MüKoAktG/*Habersack* Rn. 5.

23 Der Gesetzgeber unterscheidet **zwei Gruppen** von **Antragsberechtigten**. Dies sind zum einen solche Antragsberechtigte, die ohne weitere Voraussetzungen ein Statusverfahren beantragen können (**§ 98 Abs. 2 S. 1 Nr. 1–5**) und zum anderen solche, bei denen für die Beantragung des Statusverfahrens weitere Bedingungen erfüllt sein müssen (**§ 98 Abs. 2 S. 1 Nr. 6–10, S. 2**). Die Personen und Gremien der ersten Gruppe haben ein **offensichtlich berechtigtes eigenes Interesse** an der Zusammensetzung des Aufsichtsrats.[38] Bei der zweiten Gruppe (§ 98 Abs. 2 S. 1 Nr. 6–10, S. 2) leitet sich ein berechtigtes Interesse davon ab, dass die Antragsberechtigten die **Belange der Arbeitnehmer** wahrnehmen und nach den mitbestimmungsrechtlichen Vorschriften an der Zusammensetzung des Aufsichtsrats teilnehmen.[39]

24 Der Gesellschaft als solcher, dem Aufsichtsrat als Organ und einzelnen Mitgliedern des Gesamtbetriebsrats oder des Betriebsrats steht ein eigenes Antragsrecht nicht zu.[40] Sie sind aber **anzuhören,** wenn sie an dem Verfahren materiell beteiligt sind (→ § 99 Rn. 20).

25 **1. Antragsrecht ohne besondere Voraussetzungen (Nr. 1 bis 5).** Das Antragsrecht der unter Nr. 1 bis 5 Genannten ist im Gegensatz zu dem Antragsrecht der unter Nr. 6 bis 10 Aufgeführten nicht an weitere Voraussetzungen geknüpft. **Antragsberechtigt nach Nr. 1 bis 5** sind

– der Vorstand,
– jedes Aufsichtsratsmitglied,
– jeder Aktionär,
– der Gesamtbetriebsrat oder der Betriebsrat der Gesellschaft und
– der Gesamt- oder Unternehmenssprecherausschuss der Gesellschaft.

26 **a) Vorstand (§ 98 Abs. 2 S. 1 Nr. 1).** Dem Vorstand obliegt es, für eine rechtmäßige Zusammensetzung des Aufsichtsrats zu sorgen (vgl. → § 97 Rn. 82).[41] Er ist gem. § 98 Abs. 2 S. 1 Nr. 1 antragsberechtigt. Anders als die anderen Antragsberechtigten gem. § 98 Abs. 2 ist der Vorstand verpflichtet, einen Antrag auf Einleitung des gerichtlichen Statusverfahrens zu stellen, wenn er der Meinung ist, dass ein außergerichtliches Statusverfahrens gem. § 97 Abs. 1 nicht erfolgreich abgeschlossen werden kann.[42] Antragsberechtigt ist das Vorstandsgremium als Organ.[43] Der Antrag erfordert einen mit der erforderlichen Mehrheit gefassten Vorstandsbeschluss.[44] Als Leitungsentscheidung ist der Beschluss des Vorstands nicht auf andere Organe übertragbar und kann nicht gem. § 110 Abs. 4 S. 2 von der Zustimmung des Aufsichtsrats abhängig gemacht werden.[45] **Einzelne Vorstandsmitglieder** sind nicht zum Antrag berechtigt. Der Antrag ist von einer zur Vertretung berechtigten Zahl von Vorstandsmitgliedern zu stellen.[46] Der Vorstand stellt den Antrag aus **eigenem Recht.**[47]

---

[38] Großkomm AktG/*Hopt/Roth/Peddinghaus* Rn. 22; MüKoAktG/*Habersack* Rn. 12.
[39] Großkomm AktG/*Hopt/Roth/Peddinghaus* Rn. 22; *Oetker* ZHR 149 (1985), 575 (581); BegrRegE *Kropff* S. 130 f.
[40] MüKoAktG/*Habersack* Rn. 12.
[41] Spindler/Stilz/*Spindler* Rn. 13; Kölner Komm AktG/*Mertens/Cahn* §§ 97–99 Rn. 33 f.; MüKoAktG/ *Habersack* Rn. 13; K. Schmidt/Lutter/*Drygala* Rn. 6.
[42] Kölner Komm AktG/*Mertens/Cahn* §§ 97–99 Rn. 33; MüKoAktG/*Habersack* Rn. 13; aA Spindler/Stilz/ *Spindler* Rn. 10, wonach entgegen dem eindeutigen Wortlaut von § 97 Abs. 1 auch das Aufsichtsratsmitglied eine Antragspflicht trifft.
[43] MüKoAktG/*Habersack* Rn. 13; Spindler/Stilz/*Spindler* Rn. 9; Großkomm AktG/*Hopt/Roth/Peddinghaus* Rn. 23.
[44] Großkomm AktG/*Hopt/Roth/Peddinghaus* Rn. 23; MüKoAktG/*Habersack* Rn. 13; Spindler/Stilz/*Spindler* § 98 Rn. 9; K. Schmidt/Lutter/*Drygala* Rn. 6; Hüffer/*Koch* Rn. 4.
[45] MüKoAktG/*Habersack* Rn. 13; Spindler/Stilz/*Spindler* Rn. 9.
[46] MüKoAktG/*Habersack* Rn. 13; Spindler/Stilz/*Spindler* Rn. 9; Großkomm AktG/*Hopt/Roth/Peddinghaus* Rn. 23.
[47] MüKoAktG/*Habersack* Rn. 13; Großkomm AktG/*Hopt/Roth/Peddinghaus* Rn. 24; Spindler/Stilz/*Spindler* § 98 Rn. 9; *Schürnbrand* S. 381; aA Kölner Komm AktG/*Mertens/Cahn* §§ 97–99 Rn. 34, nach denen der Vorstand die Gesellschaft organschaftlich als Verfahrensbeteiligte mitvertritt, da die Gesellschaft nicht selbst-

Hat ein nicht zum Antrag Berechtigter Zweifel an der ordnungsgemäßen Zusammensetzung des Aufsichtsrats und teilt er seine Auffassung dem Vorstand mit, ist dieser verpflichtet, die mitgeteilte Auffassung zu prüfen.[48] 27

b) Jedes Aufsichtsratsmitglied (§ 98 Abs. 1 S. 1 Nr. 2). Jedes Aufsichtsratsmitglied hat aufgrund seiner Zugehörigkeit zum Aufsichtsrat ein eigenes rechtliches Interesse an dessen ordnungsgemäßer Zusammensetzung und ist deshalb gem. § 98 Abs. 2 S. 1 Nr. 2 zum Antrag berechtigt. Anders als der Vorstand sind die Mitglieder des Aufsichtsrats nicht verpflichtet, einen Antrag zu stellen. Ein **Beschluss des Aufsichtsrats** als Gremium ist **nicht** erforderlich.[49] Antragsberechtigt ist auch ein entsandtes oder gerichtlich bestelltes Aufsichtsratsmitglied (§§ 101 Abs. 2, 104 AktG).[50] Ersatzmitglieder[51] und Ehrenmitglieder des Aufsichtsrats können ein Statusverfahren nicht beantragen. Sie sind keine Mitglieder des Aufsichtsrats im organschaftlichen Sinne (→ § 107 Rn. 80 ff.). 28

c) Jeder Aktionär (§ 98 Abs. 2 S. 1 Nr. 3). Jeder **Aktionär** ist antragsberechtigt (§ 98 Abs. 2 S. 1 Nr. 3). Außerdem kann er die Wahl eines Aufsichtsratsmitglieds anfechten (§ 251 Abs. 2 iVm § 245 Nr. 1, 2). Allerdings ist das Anfechtungsrecht durch das Kontinuitätsprinzip des § 96 Abs. 2 eingeschränkt (→ § 96 Rn. 59).[52] Das Antragsrecht der Aktionäre beschränkt auf Aktionäre derjenigen Gesellschaft, dessen Aufsichtsratszusammensetzung ungewiss oder streitig ist. Aktionäre von verbundenen Gesellschaften haben kein Antragsrecht.[53] 29

d) (Gesamt-)Betriebsrat (§ 98 Abs. 2 S. 1 Nr. 4). Unabhängig davon, ob der Aufsichtsrat derzeit mitbestimmt ist oder nicht, hat der **Betriebsrat** eine eigene Antragsberechtigung; hat die Gesellschaft einen **Gesamtbetriebsrat** (§ 47 BetrVG), ist nur dieser antragsberechtigt (**§ 98 Abs. 2 S. 1 Nr. 4**).[54] 30

e) Gesamt- oder Unternehmenssprecherausschuss (Abs. 2 S. 1 Nr. 5). Je nachdem, ob die Gesellschaft einen **Gesamtsprecherausschuss**, einen **Unternehmenssprecherausschuss** oder nur einen **Sprecherausschuss** hat, kann dieses Gremium eine gerichtliche Entscheidung über die richtige Aufsichtsratszusammensetzung herbeiführen (**§ 98 Abs. 2 S. 1 Nr. 5**).[55] 31

2. Nur bei zu wahrenden Belangen (Nr. 6 bis 10). a) (Gesamt-)Betriebsrat eines anderen Unternehmens (§ 98 Abs. 2 S. 1 Nr. 6). Antragsberechtigt ist der (Gesamt-) Betriebsrat eines anderen Unternehmens, dessen Arbeitnehmer nach den gesetzlichen Vorschriften, deren Anwendung streitig oder ungewiss ist, selbst oder durch Delegierte an der Wahl von Aufsichtsratsmitgliedern der Gesellschaft teilnehmen würden (§ 98 Abs. 2 S. 1 Nr. 6). Gemeint sind die Betriebsräte konzernangehöriger Unternehmen, die solche Arbeitnehmer von Konzernunternehmen vertreten, die bei der Wahl mitbestimmter Aufsichtsratsmitglieder entweder direkt oder indirekt wahlberechtigt wären, vgl. § 2 DrittelbG, § 1 MontanMitbestErgG, § 5 MitbestG, § 1 MontanMitbestG (→ § 96 Rn. 8 ff.). 32

Ist in dem Unternehmen selbst ein Gesamtbetriebsrat gebildet, ist nur dieser antragsberechtigt, nicht der Betriebsrat.[56] Wurde in dem nach §§ 98 f. streitgegenständlichen 33

---

ständig in Abs. 2 genannt, aber in § 99 Abs. 4 ausdrücklich hervorgehoben sei. Sie relativieren dieses jedoch dahingehend, als der Vorstand die Gesellschaft nicht vertreten könne, wenn er selber Antragsteller sei. Dieses sei dann vom Aufsichtsrat zu übernehmen.

[48] MüKoAktG/*Semler*, 2. Aufl. 2004, Rn. 35.
[49] Spindler/Stilz/*Spindler* Rn. 10; MüKoAktG/*Habersack* Rn. 14; *Hoffmann/Preu* Der Aufsichtsrat Rn. 363.
[50] Kölner Komm AktG/*Mertens/Cahn* §§ 97–99 Rn. 35; Großkomm AktG/*Hopt/Roth/Peddinghaus* Rn. 26; MüKoAktG/*Habersack* Rn. 14.
[51] Kölner Komm AktG/*Mertens/Cahn* §§ 97–99 Rn. 35; Großkomm AktG/*Hopt/Roth/Peddinghaus* Rn. 26; MüKoAktG/*Habersack* Rn. 14.
[52] MüKoAktG/*Habersack* Rn. 15.
[53] Kölner Komm AktG/*Mertens/Cahn* §§ 97–99 Rn. 36; MüKoAktG/*Habersack* Rn. 15.
[54] MüKoAktG/*Habersack* Rn. 16.
[55] MüKoAktG/*Habersack* Rn. 17.
[56] MüKoAktG/*Habersack* Rn. 18; Kölner Komm AktG/*Mertens/Cahn* §§ 97–99 Rn. 39.

Unternehmen oder einem **dritten verbundenen Unternehmen** ein **Gesamtbetriebsrat** gebildet, verliert der Gesamtbetriebsrat sein Antragsrecht nicht.[57] Ein solcher Ausschluss würde dem Gedanken der Einbeziehung konzernangehöriger Arbeitnehmer in die Mitbestimmung beim herrschenden Konzernunternehmen zuwider laufen, denn der Gesamtbetriebsrat des herrschenden Unternehmens muss nicht unbedingt die Einzelinteressen der Arbeitnehmer der abhängigen Unternehmen vertreten.

34 **b) Gesamtsprecherausschuss oder der Sprecherausschuss eines anderen Unternehmens (§ 98 Abs. 2 S. 1 Nr. 7).** Der **Gesamtsprecherausschuss oder der Sprecherausschuss eines anderen Unternehmens** ist gem. **§ 98 Abs. 2 S. 1 Nr. 7** antragsberechtigt, wenn die leitenden Angestellten des anderen Unternehmens selbst oder durch ihre Delegierten an der Wahl der Aufsichtsratsmitglieder zum Aufsichtsrat des herrschenden Unternehmens bei Anwendung der in Frage stehenden gesetzlichen Vorschriften teilnehmen würden. Gibt es keinen Gesamtsprecherausschuss in dem „anderen Unternehmen", steht die Antragsberechtigung unter den gleichen Voraussetzungen dem nach § 1 SprAuG gebildeten Sprecherausschuss zu.[58] Gibt es in dem nach §§ 98 f. streitgegenständlichen Unternehmen ebenfalls einen Gesamtsprecherausschuss oder besteht ein solcher in einem dritten verbundenen Unternehmen, bleibt das Antragsrecht des Gesamtsprecherausschusses bestehen. Es gilt das für den Gesamtbetriebsrat eines anderen Unternehmens Gesagte entsprechend (→ Rn. 32 f.).

35 **c) Wahlberechtigte Arbeitnehmer (§ 98 Abs. 2 S. 1 Nr. 8, S. 2).** Antragsberechtigt sind gem. **§ 98 Abs. 2 S. 1 Nr. 8** auch **100 oder ein Zehntel der Arbeitnehmer,** die nach den gesetzlichen Vorschriften, deren Anwendung streitig oder ungewiss ist, selbst oder durch Delegierte bei der Wahl von (Arbeitnehmer-)Aufsichtsratsmitgliedern wahlberechtigt wären. Mitzuzählen sind außer den Arbeitnehmern der Gesellschaft auch Arbeitnehmer von Konzernunternehmen, soweit sie im Rahmen der Konzernmitbestimmung wahlberechtigt sind (vgl. § 2 DrittelbG, § 1 MontanMitbestErgG, § 5 MitbestG und § 1 MontanMitbestG).

36 Ist streitig oder ungewiss, ob sich der Aufsichtsrat unter Anwendung des **MitbestG** zusammensetzt, haben $^1/_{10}$ der **Arbeitnehmer** iSv § 3 Abs. 1 Nr. 1 MitbestG und gem. § 5 Abs. 3 S. 2 MitbestG $^1/_{10}$ der **wahlberechtigten leitenden Angestellten** ein weiteres Antragsrecht, wie sich aus **§ 98 Abs. 2 S. 2** ergibt. Ein gerichtliches Statusverfahren kann bereits gem. § 98 Abs. 2 S. 2 von $^1/_{10}$ der jeweiligen **Gruppe von Arbeitnehmern** und nicht wie in § 98 Abs. 2 S. 1 Nr. 8 der Arbeitnehmer in ihrer Gesamtheit gestellt werden. Dieses stärkt vor allem die Gruppe der leitenden Angestellten.[59] Für die Arbeitnehmer hat die Vorschrift keine weitere Bedeutung mehr, seit das MitbestG nicht mehr zwischen Arbeitern und Angestellten unterscheidet.[60]

37 **d) Spitzenorganisationen der Gewerkschaften und Gewerkschaften (§ 98 Abs. 2 S. 1 Nr. 9, 10).** Schließlich sind gem. § 98 Abs. 2 S. 1 Nr. 9 die **Spitzenorganisationen der Gewerkschaften** und gem. § 98 Abs. 2 S. 1 Nr. 10 die **Gewerkschaften** antragsberechtigt, wenn sie nach den Vorschriften, deren Anwendung streitig oder ungewiss ist, ein Vorschlagsrecht haben.

38 Dieses ist bei den Spitzenorganisationen der Fall, soweit diese gem. **§§ 6 Abs. 3, 9 MontanMitbestG** ein Vorschlagsrecht haben. Zwar betrifft dieses Recht nur die Möglichkeit, dem Betriebsrat eigene Kandidaten vorzuschlagen, jedoch begründet dieses Vorschlagsrecht

---

[57] MüKoAktG/*Habersack* Rn. 18; Hölters/*Simons* Rn. 15; Kölner Komm AktG/*Mertens/Cahn* §§ 97–99 Rn. 39; aA Großkomm AktG/*Hopt/Roth/Peddinghaus* Rn. 30; Spindler/Stilz/*Spindler* Rn. 12; K. Schmidt/Lutter/*Drygala* Rn. 11.
[58] MüKoAktG/*Habersack* Rn. 19.
[59] MüKoAktG/*Habersack* Rn. 23.
[60] MüKoAktG/*Habersack* Rn. 23.

gleichfalls ein rechtliches Interesse an der Feststellung nach §§ 98 f. und damit ein Antragsrecht.[61]

Der **praktische Anwendungsbereich** von § 98 Abs. 2 S. 1 Nr. 9 ist dadurch, dass dieser **39** sich auf das MontanMitbestG beschränkt, nur gering. Weder im MitbestG noch im DrittelbG ist ein Vorschlagsrecht für Spitzenorganisationen der Gewerkschaften kodifiziert. Ein **allgemeines Antragsrecht** für Spitzenorganisationen der Gewerkschaften ist mit der Begründung abzulehnen, dass nur der unmittelbare Betroffene auch ein gerichtliches Verfahren einleiten können soll.[62]

Gewerkschaften sind antragsberechtigt, soweit ihnen ein Vorschlagsrecht gem. §§ 16 Abs. 2, **40** 7 Abs. 2 und § 4 MitbestG zusteht. Das bloße Beratungsrecht nach § 6 Abs. 3 MontanMitbestG reicht für die Antragsberechtigung gem. § 98 Abs. 2 S. 1 Nr. 10 nicht aus.[63]

IV. Entscheidung über das Umsatzverhältnis (Abs. 3)

Abs. 3 regelt die Anwendbarkeit der Vorschriften über die gerichtliche Entscheidung **41** (§ 98 Abs. 1) und über die Antragsberechtigung (§ 98 Abs. 2), wenn Streit über das Umsatzverhältnis[64] in Aktiengesellschaften besteht, die ihren Aufsichtsrat entsprechend dem MitbestErgG bilden.

1. Umsatzverhältnis der Konzernunternehmen. Die Anwendung des MitbestErgG **42** und damit die Aufsichtsratszusammensetzung der herrschenden Gesellschaft hängt von dem Umsatzverhältnis der Konzernunternehmen ab.[65] Das **Umsatzverhältnis** ist gem. § 4 MitbestErgG jährlich von dem Abschlussprüfer der herrschenden Gesellschaft zu ermitteln. Über die **Richtigkeit seiner Ermittlung** kann Streit bestehen. Deshalb wird den Antragsberechtigten (§ 98 Abs. 2) die Möglichkeit eingeräumt, dieses ermittelte Umsatzverhältnis auf seine Richtigkeit hin überprüfen zu lassen.

2. Gerichtliche Entscheidung. a) Zulässigkeit des Antrags. Es gelten die Vorschrif- **43** ten über das gerichtliche Verfahren bei Streit über die Zusammensetzung des Aufsichtsrats. Der Antrag kann zu jeder Zeit gestellt werden, Fristen sind nicht zu wahren.[66] Die behauptete Unrichtigkeit des ermittelten Umsatzverhältnisses muss für die Zusammensetzung des Aufsichtsrats von Bedeutung sein.[67] Andernfalls fehlt es am erforderlichen Rechtsschutzbedürfnis.[68]

b) Prüfungsumfang. Das **Gericht überprüft** den gesamten Bericht des Abschluss- **44** prüfers, **auch** seine **tatsächlichen Feststellungen**.[69] Hierbei beschränkt sich der Prüfungsumfang des Gerichts allerdings auf die Untersuchung, ob der Abschlussprüfer das nach den Vorschriften des MitbestErgG maßgebliche Umsatzverhältnis richtig ermittelt hat. Darüber hinausgehende Feststellungen des Abschlussprüfers hat das Gericht nicht zu überprüfen.

V. Wirkung der gerichtlichen Entscheidung (Abs. 4)

1. Vor Eintritt der Rechtskraft. Vor Eintritt der Rechtskraft der gerichtlichen Ent- **45** scheidung sind aufgrund des in § 96 Abs. 2 kodifizierten Kontinuitätsgrundsatzes die zuletzt

---

[61] MüKoAktG/*Habersack* Rn. 21; Großkomm AktG/*Hopt/Roth/Peddinghaus* Rn. 33; Spindler/Stilz/*Spindler* Rn. 12, § 104 Rn. 19; Kölner Komm AktG/*Mertens/Cahn* §§ 97–99 Rn. 42; aA MüKoAktG/*Semler*, 2. Aufl. 2004, Rn. 47; K. Schmidt/Lutter/*Drygala* Rn. 14; MHdB AG/*Hoffmann-Becking* § 28 Rn. 60.
[62] BegrRegE *Kropff* S. 130.
[63] Großkomm AktG/*Hopt/Roth/Peddinghaus* Rn. 35.
[64] Zur Bedeutung des Umsatzverhältnisses vgl. § 3 Abs. 2 Nr. 1 MontanMitbestErgG, §§ 5 ff. MontanMitbestErgG.
[65] § 3 Abs. 2 MitbestErgG; BVerfG NJW 1999, 1535, demzufolge § 3 Abs. 2 Nr. 2 iVm. § 16 MitbestErgG mit Art. 3 Abs. 1 GG unvereinbar und nichtig ist.
[66] K. Schmidt/Lutter/*Drygala* Rn. 16.
[67] MüKoAktG/*Habersack* Rn. 25.
[68] BegrRegE *Kropff* S. 131.
[69] BegrRegE *Kropff* S. 130.

angewandten gesetzlichen Vorschriften über die Zusammensetzung des Aufsichtsrats anzuwenden. Erfolgt die Wahl eines Aufsichtsratsmitglieds auf Grundlage anderer Vorschriften, ist sie nichtig. Das gilt auch, wenn es sich um die künftig anzuwendenden Vorschriften handelt. Es ist jedoch möglich, die Aufsichtsratsmitglieder vor Rechtskraft der gerichtlichen Entscheidung nach § 98 Abs. 4 unter Anwendung der künftig geltenden Vorschriften zu wählen, wenn beschlossen wird, dass die Wahl erst mit Abschluss des Verfahrens wirksam wird.[70]

46 **2. Nach Eintritt der Rechtskraft.** Die Wirkung der gerichtlichen Entscheidung hängt davon ab, ob das Gericht den Antrag zurückweist oder ihm stattgibt.

47 **Weist das Gericht** den auf Änderung der derzeitigen Zusammensetzung des Aufsichtsrats gerichteten **Antrag zurück,** gilt der Aufsichtsrat als weiterhin richtig zusammengesetzt (§ 96 Abs. 2). Seine Zusammensetzung bleibt unverändert. Der Vorstand hat die rechtskräftige Entscheidung zum Handelsregister einzureichen (§ 99 Abs. 5 S. 3). Darüber hinaus ist vom Vorstand nichts in die Wege zu leiten. Der Vorstand ist nicht berechtigt, auf Grundlage der unveränderten Tatsachen eine Bekanntmachung nach § 97 Abs. 1 mit dem gleichen Ziel der Änderung der Zusammensetzung des Aufsichtsrats durchzuführen.[71]

48 **Gibt das Gericht** dem **Antrag** auf Änderung der derzeitigen Aufsichtsratszusammensetzung **statt,** ist der neue Aufsichtsrat nach den in der Entscheidung angegebenen gesetzlichen Vorschriften zu bilden (§ 98 Abs. 4 S. 1). Die rechtskräftige Entscheidung muss der Vorstand gem. § 99 Abs. 5 S. 3 zum Handelsregister einreichen. Die stattgebende Entscheidung hat zur Folge, dass die **zweite Stufe des Statusverfahrens** (→ § 97 Rn. 6),[72] also die Neuzusammensetzung des Aufsichtsrats einzuleiten ist. Zur Wahl der neuen Aufsichtsratsmitglieder der Anteilseigner und, soweit nötig, zur Änderung der Satzung, ist eine Hauptversammlung einzuberufen. Wenn die Hauptversammlung nicht innerhalb einer Frist von sechs Monaten nach Eintritt der Rechtskraft der gerichtlichen Entscheidung stattfindet und die erforderlichen Beschlüsse fasst, treten entgegenstehende Satzungsbestimmungen außer Kraft (§§ 98 Abs. 4 S. 2, 97 Abs. 2 S. 2). Das Amt der bisherigen Aufsichtsratsmitglieder erlischt im selben Zeitpunkt (§§ 98 Abs. 4 S. 2, 97 Abs. 2 S. 2). Zur Zulässigkeit eines neuen Antrags auf gerichtliche Entscheidung oder einer Bekanntmachung gem. § 97 Abs. 1 → § 97 Rn. 73.

§ 99 Verfahren

(1) **Auf das Verfahren ist das Gesetz über das Verfahren in Familiensachen und in den Angelegenheiten der freiwilligen Gerichtsbarkeit anzuwenden, soweit in den Absätzen 2 bis 5 nichts anderes bestimmt ist.**

(2) ¹**Das Landgericht hat den Antrag in den Gesellschaftsblättern bekanntzumachen.** ²Der Vorstand und jedes Aufsichtsratsmitglied sowie die nach § 98 Abs. 2 antragsberechtigten Betriebsräte, Sprecherausschüsse, Spitzenorganisationen und Gewerkschaften sind zu hören.

(3) ¹**Das Landgericht entscheidet durch einen mit Gründen versehenen Beschluss.** ²Gegen die Entscheidung des Landgerichts findet die Beschwerde statt. ³Sie kann nur auf eine Verletzung des Rechts gestützt werden; § 72 Abs. 1 Satz 2 und § 74 Abs. 2 und 3 des Gesetzes über das Verfahren in Familiensachen und in den Angelegenheiten der freiwilligen Gerichtsbarkeit sowie § 547 der Zivilprozessordnung gelten sinngemäß. ⁴**Die Beschwerde kann nur durch die Einreichung einer von einem Rechtsanwalt unterzeichneten Beschwerdeschrift eingelegt werden.** ⁵Die Landesregierung kann durch Rechtsverordnung die Entscheidung über die Beschwerde für die Bezirke meh-

---

[70] MHdB AG/*Hoffmann-Becking* § 28 Rn. 50.
[71] Spindler/Stilz/*Spindler* Rn. 14.
[72] *Rittner* DB 1969, 2165.

rerer Oberlandesgerichte einem der Oberlandesgerichte oder dem Obersten Landesgericht übertragen, wenn dies der Sicherung einer einheitlichen Rechtsprechung dient. ⁶Die Landesregierung kann die Ermächtigung auf die Landesjustizverwaltung übertragen.

(4) ¹Das Gericht hat seine Entscheidung dem Antragsteller und der Gesellschaft zuzustellen. ²Es hat sie ferner ohne Gründe in den Gesellschaftsblättern bekanntzumachen. ³Die Beschwerde steht jedem nach § 98 Abs. 2 Antragsberechtigten zu. ⁴Die Beschwerdefrist beginnt mit der Bekanntmachung der Entscheidung im Bundesanzeiger, für den Antragsteller und die Gesellschaft jedoch nicht vor der Zustellung der Entscheidung.

(5) ¹Die Entscheidung wird erst mit der Rechtskraft wirksam. ²Sie wirkt für und gegen alle. ³Der Vorstand hat die rechtskräftige Entscheidung unverzüglich zum Handelsregister einzureichen.

(6) ¹Die Kosten können ganz oder zum Teil dem Antragsteller auferlegt werden, wenn dies der Billigkeit entspricht. ²Kosten der Beteiligten werden nicht erstattet.

Schrifttum: *Bormann/Diehn/Sommerfeldt,* Kommentar zum Gesetz über Kosten der freiwilligen Gerichtsbarkeit für Gerichte und Notare, 2014; *Keidel/Meyer-Holz,* Kommentar zum FamFG, 18. Aufl. 2014; *Kollhosser,* Probleme konkurrierender aktienrechtlicher Gerichtsverfahren, AG 1977, 117; *Simons,* Die Änderungen des Aktiengesetzes durch das 2. Kostenrechtsmodernisierungsgesetz, AG 2014, 182.

Übersicht

	Rn.
I. Allgemeines	1
1. Inhalt und Bedeutung der Norm	1
2. Entstehungsgeschichte	8
II. Gerichtliches Verfahren (Abs. 1)	10
1. Dispositionsbefugnis zur Einleitung und Beendigung des Verfahrens	10
a) Antragserfordernis	10
b) Rücknahme und Erledigung	13
c) Antragswiederholung	15
2. Amtsermittlung	16
3. Kein Anwaltszwang und keine Öffentlichkeit	17
III. Bekanntmachungs- und Anhörungspflicht (Abs. 2)	18
1. Bekanntmachungspflicht	18
2. Anhörungspflicht	20
IV. Gerichtliche Entscheidung und Rechtsmittel (Abs. 3 und 4)	22
1. Erstinstanzliche Entscheidung	22
2. Beschwerde	24
a) Beschwerdebefugnis	28
b) Beschwerdefrist	30
c) Anwaltszwang	31
3. Rechtsbeschwerde zum BGH	32
V. Rechtwirkung der gerichtlichen Entscheidung (Abs. 5)	35
1. Rechtskraft	35
2. Inter omnes-Wirkung	37
3. Einreichung zum Handelsregister	40
VI. Kosten des Verfahrens (Abs. 6)	41

I. Allgemeines

1. Inhalt und Bedeutung der Norm. Die Vorschrift regelt die prozessualen Besonderheiten des Statusverfahrens. Das gerichtliche Verfahren richtet sich gem. **§ 99 Abs. 1** nach den Vorschriften des **FamFG**, soweit nicht in **§ 99 Abs. 2–5** etwas anderes bestimmt ist (Subsidiarität des FamFG).

Obwohl es sich um ein antragsgebundenes streitiges Verfahren handelt, hat sich der Gesetzgeber für die prozessuale Anwendung des FamFG entschieden. Der damit geltende **Amtsermittlungsgrundsatz** (§ 26 FamFG) unter **Beschränkung der Dispositions-**

befugnis der Parteien¹ bietet nach Vorstellung des Gesetzgebers eine erhöhte **Richtigkeitsgewähr** für Entscheidungen im Statusverfahren.²

3 Das Gericht entscheidet gem. § 99 Abs. 3 S. 1 durch **Beschluss,** der aufgrund seiner Rechtsmittelfähigkeit zu begründen ist.³ Anerkenntnis- und Versäumnisurteile sind ausgeschlossen (→ Rn. 16).

4 Handelt es sich nicht um ein Rechtsmittelverfahren, gilt die **Freistellung vom Anwaltszwang** des § 78 ZPO⁴ (→ Rn. 17).

5 **§ 99 Abs. 5** normiert die Wirkung der gerichtlichen Entscheidung (→ § 98 Rn. 45 ff.) bei Rechtskraft (S. 1) **für und gegen alle** (S. 2). S. 3 verpflichtet den Vorstand, die rechtskräftige Entscheidung zum Handelsregister einzureichen.

6 Schließlich ist die Auferlegung der **Kosten** des gerichtlichen Statusverfahrens **in § 99 Abs. 6** geregelt.

7 Der Norm kommt weitreichende Bedeutung zu.⁵ Sie normiert ein **aktienrechtliches Streitverfahren der freiwilligen Gerichtsbarkeit,** das, teilweise modifiziert, auch für die folgenden Verfahren gilt:⁶
– das gerichtliche Verfahren über die Bestellung der Mitglieder des zweiten Aufsichtsrats, § 30 Abs. 3 S. 2 Halbs. 2
– die Bestellung des ersten Aufsichtsrats bei Sachgründung, § 31 Abs. 3 S. 2
– das Auskunftsrecht des Aktionärs in der Hauptversammlung, § 132 Abs. 3 S. 1
– die abschließenden Feststellungen der Sonderprüfer wegen unzulässiger Unterbewertung, § 260 Abs. 3 S. 1.

Die Vorschrift ist entsprechend auf die GmbH und die bergrechtliche Gewerkschaft anzuwenden (§ 27 EGAktG).

8 **2. Entstehungsgeschichte.** § 99 geht inhaltlich auf ein aktienrechtliches Verfahren für die Beilegung von Meinungsverschiedenheiten zwischen Abschlussprüfern und Vorstand über die Auslegung der Vorschriften über den Jahresabschluss zurück, welches in § 135 Abs. 3 AktG 1937 und §§ 27 bis 32 I. DVO AktG 1937 geregelt war.⁷

9 Zuletzt wurde die Norm an die Neuordnung des Beschwerderechts im FamFG angepasst.⁸ Die umfangreichen Regelungen zur Kostentragung, die vormals in § 99 Abs. 6 aF normiert waren, sind im Zuge des **2. Kostenrechtsmodernisierungsgesetzes** teilweise in das neu geschaffene GNotKG⁹ übertragen worden.

II. Gerichtliches Verfahren (Abs. 1)

10 **1. Dispositionsbefugnis zur Einleitung und Beendigung des Verfahrens. a) Antragserfordernis.** Das gerichtliche Statusverfahren wird gem. § 98 Abs. 1 S. 1 auf Antrag eingeleitet (→ § 98 Rn. 18). Die **Einleitung** des Verfahrens steht dadurch formal **zur Disposition** der Beteiligten.¹⁰ Der Vorstand ist gegenüber der Gesellschaft **verpflichtet,** auf eine ordnungsgemäße Zusammensetzung des Aufsichtsrats hinzuwirken (→ § 97 Rn. 1).

11 Die Antragsteller haben ihre Antragsberechtigung nachzuweisen. Die Anforderungen an den Nachweis der Antragsberechtigung hängen davon ab, wer den Antrag stellt und woraus

---

¹ Großkomm AktG/*Hopt/Roth/Peddinghaus* Rn. 3.
² BegrRegE *Kropff* S. 133; Großkomm AktG/*Hopt/Roth/Peddinghaus* Rn. 3; Henssler/Strohn/*Henssler* Rn. 1.
³ Bürgers/Körber/*Bürger/Israel* Rn. 3.
⁴ Henssler/Strohn/*Henssler* Rn. 1.
⁵ K. Schmidt/Lutter/*Drygala* Rn. 1.
⁶ Hüffer/*Koch* Rn. 2; Bürgers/Körber/*Bürgers/Israel* Rn. 1.
⁷ MüKoAktG/*Habersack* Rn. 4.
⁸ Gesetz zur Reform des Verfahrens in Familiensachen und in den Angelegenheiten der freiwilligen Gerichtsbarkeit (FGG-Reformgesetz – FGG-RG) vom 17.12.2008, BGBl. 2008 I S. 2586, 2731.
⁹ Gerichts- und Notarkostengesetz (GNotKG) vom 23.7.2013, BGBl. 2013 I S. 2586.
¹⁰ K. Schmidt/Lutter/*Drygala* Rn. 3; Hölters/*Simons* Rn. 4; Hüffer/*Koch* Rn. 4; MüKoAktG/*Habersack* Rn. 7.

Verfahren   12–15 § 99 AktG

sich dessen Antragsberechtigung ergibt (zur Antragsberechtigung → § 98 Rn. 22 ff.). Die nach § 98 Abs. 2 S. 1 Nr. 1–5 Antragsberechtigten müssen lediglich ihre persönliche Legitimation nachweisen. Antragsberechtigte gem. § 98 Abs. 2 S. 1 Nr. 6–10, Abs. 2 S. 2 haben zusätzlich eine sachliche Legitimation darzulegen.[11] Im Einzelnen ist erforderlich:
– beim **Gesamtvorstand** die Vorlage eines Handelsregisterauszugs
– bei **einzelnen** vertretungsberechtigten **Vorstandsmitgliedern** ggf. die Vorlage der Sitzungsniederschrift, um den vorher gefassten Mehrheitsbeschluss zu belegen[12]
– bei **Aufsichtsratsmitgliedern** die Vorlage von Handelsregisterakten (§ 106) oder von Hauptversammlungsprotokollen;[13] § 123 Abs. 3 findet keine Anwendung[14]
– bei **Aktionären** die Vorlage von Aktienurkunden bzw. Hinterlegungs- oder Depotbescheinigungen eines Kreditinstituts[15]
– bei dem (Gesamt-)**Betriebsrat,** dem Gesamt- oder **Unternehmenssprecherausschuss** bzw. **Sprecherausschuss** die Vorlage einer geeigneten Bescheinigung des Vorstands oder Vorlage eines Wahlprotokolls.[16]

Zur Darlegung der sachlichen Legitimation erfolgt im Fall der wahlberechtigten Arbeitnehmer (§ 98 Abs. 2 S. 1 Nr. 8) oder der antragsberechtigten Gruppe leitender Angestellten (§ 98 Abs. 2 S. 2) der Nachweis der Antragsberechtigung durch eine **Bescheinigung** des Betriebsrats über das Bestehen eines **Arbeitsverhältnisses** zwischen der Gesellschaft und dem Antragsteller sowie ggf. über die **Gesamtzahl** der Arbeitnehmer bzw. leitenden Angestellten.[17] **12**

b) Rücknahme und Erledigung. Die Antragsberechtigten (→ § 98 Rn. 22 ff.) können **bis zur Rechtskraft** der gerichtlichen Entscheidung ihren Antrag zurücknehmen und damit das Verfahren beenden.[18] Eine **Zustimmung** des Antragsgegners ist erst bei einer Rücknahme des Antrags nach Erlass der gerichtlichen Endentscheidung erforderlich (§ 22 Abs. 1 S. 1 FamFG).[19] Eine schon ergangene Entscheidung wird gem. § 22 Abs. 2 S. 1 FamFG mit Rücknahme des Antrags wirkungslos, soweit diese noch nicht rechtskräftig ist.[20] **13**

Weiterhin haben die Parteien die Möglichkeit, die Angelegenheit für erledigt zu erklären.[21] Das Gericht ist gem. § 22 Abs. 2 FamFG an solche übereinstimmenden **Erledigungserklärungen** gebunden und trifft dann lediglich eine Kostenentscheidung.[22] Soweit sich der Antragsgegner der Erledigung nicht anschließt, muss das Gericht ggf. den Wegfall des Verfahrensgegenstandes feststellen.[23] **14**

c) Antragswiederholung. Eine Wiederholung des Antrags ist richtigerweise auch dann zulässig, wenn ein außergerichtliches Verfahren nach § 97 (Bekanntmachung durch den Vorstand) vorausgegangen ist. Auch nach Beendigung des Bekanntmachungsverfahrens kann ein Antrag gemäß § 98 Abs. 1 unter Beachtung der Monatsfrist des § 97 Abs. 2 S. 1 gestellt **15**

---

[11] Großkomm AktG/*Hopt/Roth/Peddinghaus* Rn. 9; MüKoAktG/*Habersack* Rn. 7.
[12] Großkomm AktG/*Hopt/Roth/Peddinghaus* Rn. 9.
[13] Großkomm AktG/*Hopt/Roth/Peddinghaus* Rn. 9.
[14] MüKoAktG/*Habersack* Rn. 8.
[15] Großkomm AktG/*Hopt/Roth/Peddinghaus* Rn. 9.
[16] Großkomm AktG/*Hopt/Roth/Peddinghaus* Rn. 9.
[17] MüKoAktG/*Habersack* Rn. 8.
[18] OLG Düsseldorf NJW 1980, 349; Großkomm AktG/*Hopt/Roth/Peddinghaus* Rn. 12; MüKoAktG/*Habersack* Rn. 9; K. Schmidt/Lutter/*Drygala* Rn. 3; Spindler/Stilz/*Spindler* Rn. 6; Hüffer/*Koch* Rn. 4; Hölters/*Simons* Rn. 5.
[19] Zum hierzu früher geführten Streit über die analoge Anwendung des § 269 Abs. 1 ZPO s. Darstellungen und Nachweise bei MüKoAktG/*Habersack*, 3. Aufl. 2014, Rn. 9 sowie bei Hüffer/*Koch* Rn. 4.
[20] Hüffer/*Koch* Rn. 4; Hölters/*Simons* Rn. 5.
[21] Großkomm AktG/*Hopt/Roth/Peddinghaus* Rn. 12; Spindler/Stilz/*Spindler* Rn. 6; Hüffer/*Koch* Rn. 4; Bürgers/Körber/*Bürgers/Israel* Rn. 2.
[22] BayObLG NZG 2001, 608 (609 liSp); Großkomm AktG/*Hopt/Roth/Peddinghaus* Rn. 13; Hüffer/*Koch* Rn. 4.
[23] BGH NJW 1975, 931; OLG Bamberg FamRZ 1982, 398; Spindler/Stilz/*Spindler* Rn. 6.

werden, wobei allerdings die Präklusionswirkung des vorherigen Verfahrens zu beachten ist.[24]

16 **2. Amtsermittlung.** Die Dispositionsbefugnis von Antragsteller und -gegner beschränkt sich auf die Antragstellung (§ 98 Abs. 1) und Einleitung des gerichtlichen Verfahrens.[25] Für das gerichtliche Verfahrens gilt der **Amtsermittlungsgrundsatz** des § 26 FamFG. Das Gericht muss von Amts wegen die Tatsachen vollständig bis zur Entscheidungsreife ermitteln und den Sachverhalt feststellen.[26] Deshalb können, anders als nach dem Beibringungsgrundsatz der ZPO, auch Umstände der gerichtlichen Entscheidung zugrunde gelegt werden, die von den Beteiligten nicht vorgetragen wurden. Es entfällt die formelle Beweislast und die Mitwirkungspflicht der Parteien. Sie trifft lediglich eine Darlegungslast.[27] Eine Rücksichtnahme des Gerichts auf Parteivorträge oder Beweisangebote ist nicht erforderlich.[28] Aus dem Amtsermittlungsgrundsatz folgt ferner, dass **keine Anerkenntnis- und Versäumnisurteile** ergehen können.[29]

17 **3. Kein Anwaltszwang und keine Öffentlichkeit.** Ein **Anwaltszwang** besteht in dem Verfahren nach § 99 nicht.[30] Dies gilt erstinstanzlich sowohl für die Antragstellung als auch für das gerichtliche Verfahren.[31] Bei der Beschwerde ist ein Anwaltszwang lediglich in der Hinsicht gegeben, dass die Beschwerdeschrift gem. § 99 Abs. 3 S. 4 von einem Anwalt unterzeichnet sein muss (→ Rn. 31).[32] Das Verfahren ist **nicht öffentlich**.[33] Eine **mündliche** Verhandlung ist trotz des Anhörungsrechts der Parteien nicht zwingend geboten.[34]

III. Bekanntmachungs- und Anhörungspflicht (Abs. 2)

18 **1. Bekanntmachungspflicht.** Das Landgericht hat den Antrag gem. § 99 Abs. 2 S. 1 in den Gesellschaftsblättern, also jedenfalls im **Bundesanzeiger** (§ 25 S. 1), bekanntzumachen. Darüber hinaus ist der Antrag in allen Gesellschaftsblättern bekanntzumachen, die in der Satzung der Gesellschaft bezeichnet sind (§ 25 S. 2). Mit der Bekanntmachung des Antrags wird es denjenigen, die ein Interesse an der richtigen Zusammensetzung des Aufsichtsrats haben, ermöglicht, **von dem Verfahren Kenntnis zu nehmen** und sich hieran zu beteiligen.[35] Dies betrifft insbesondere die **Anteilseigner** und **Arbeitnehmer**, die zwar ein Interesse an der richtigen Zusammensetzung des Aufsichtsrats haben, jedoch nach Abs. 2 S. 2 nicht angehört werden müssen.[36] Voraussetzung für die Bekanntmachung ist, dass der Antrag darauf gerichtet ist, **Streit oder Ungewissheit** über die gesetzliche Zusammensetzung des Aufsichtsrats zu beseitigen oder über das für das MitbestErgG[37] maßgebliche Umsatzverhältnis (§ 98 Abs. 3) zu entscheiden.[38]

---

[24] MüKoAktG/*Habersack* Rn. 10, Kölner Komm AktG/*Mertens/Cahn* §§ 97–99 AktG Rn. 20.
[25] MüKoAktG/*Habersack* Rn. 12.
[26] OLG Düsseldorf WM 1988, 1696 (1699); Kölner Komm Komm/*Mertens/Cahn* §§ 97–99 Rn. 46; Spindler/Stilz/*Spindler* Rn. 5.
[27] Großkomm AktG/*Hopt/Roth/Peddinghaus* Rn. 13; NK-AktG/*Ammon* Rn. 1, 3.
[28] Großkomm AktG/*Hopt/Roth/Peddinghaus* Rn. 11.
[29] MüKoAktG/*Habersack* Rn. 12; BegrRegE *Kropff* S. 133; Geßler/Hefermehl/*Geßler* Rn. 6; Hüffer/*Koch* Rn. 3.
[30] OLG Düsseldorf AG 1995, 85 (86); MüKoAktG/*Habersack* Rn. 11; Hüffer/*Koch* Rn. 3; Bürgers/Körber/ *Bürgers/Israel* Rn. 2; NK-AktG/*Ammon* Rn. 3.
[31] MüKoAktG/*Habersack* Rn. 11.
[32] MüKoAktG/*Habersack* Rn. 11.
[33] Geßler/Hefermehl/*Geßler* Rn. 6; Großkomm AktG/*Hopt/Roth/Peddinghaus* Rn. 13; Hölters/*Simons* Rn. 7.
[34] Großkomm AktG/*Hopt/Roth/Peddinghaus* Rn. 13; Hölters/*Simons* Rn. 7.
[35] BegrRegE *Kropff* S. 133; Großkomm AktG/*Hopt/Roth/Peddinghaus* Rn. 14; MüKoAktG/*Habersack* Rn. 13.
[36] Großkomm AktG/*Hopt/Roth/Peddinghaus* Rn. 14; MüKoAktG/*Habersack* Rn. 13.
[37] Gesetz zur Ergänzung des Gesetzes über die Mitbestimmung der Arbeitnehmer in den Aufsichtsräten und Vorständen der Unternehmen des Bergbaus und der Eisen und Stahl erzeugenden Industrie (Mitbestimmungsergänzungsgesetz – MitbestErgG) vom 7.8.1956, BGBl. 1956 I S. 707.
[38] Spindler/Stilz/*Spindler* Rn. 9; K. Schmidt/Lutter/*Drygala* Rn. 4; Kölner Komm AktG/*Mertens/Cahn* §§ 97–99 Rn. 47; Hüffer/*Koch* Rn. 5.

Anerkannt ist, dass die Pflicht zur Bekanntmachung entfällt, wenn der Antrag **offensicht-** 19 **lich unzulässig** ist.[39] Eine Bekanntmachung aufgrund eines solchen Antrags kann schwere Nachteile für die Gesellschaft nach sich ziehen.[40] Ob dies bereits der Fall ist, wenn das Gericht die Antragsberechtigung der in § 98 Abs. 2 S. 1 Nr. 5–8 genannten Antragsteller verneint, ist **umstritten**. *Mertens/Cahn* nehmen in einen solchen Fall eine evidente Unzulässigkeit des Antrag an, sodass das Landgericht ausnahmsweise von seiner Bekanntmachungspflicht befreit sei.[41] Der **Schutz der Gesellschaft vor unnötigen Nachteilen** müsse das Informationsbedürfnis der Beteiligten in diesem Fall überwiegen.[42] Dieser Ansicht steht jedoch der Schutzzweck der Bekanntmachung entgegen.[43] Die Bekanntmachungspflicht dient der Information derjenigen Beteiligten, die von Amts wegen nicht anzuhören sind. Sie sollen durch die Bekanntmachungspflicht in die Lage versetzt werden, ihre Rechte geltend zu machen. Um diesem **Schutzzweck** gerecht werden zu können, ist eine **Prüfung der Antragsberechtigung** und deren Nachweis für die Bekanntmachungspflicht **nicht geboten**.[44] Sollte die Bekanntmachung unterbleiben, kann hiergegen **Beschwerde beim OLG** nach den allgemeinen Grundsätzen erhoben werden.[45]

2. Anhörungspflicht. § 99 Abs. 2 S. 2 gewährt dem Vorstand, den Aufsichtsratsmitglie- 20 dern sowie den nach § 98 Abs. 2 antragsberechtigten Betriebsräten, Sprecherausschüssen, Spitzenorganisationen und Gewerkschaften ein **Anhörungsrecht**. Die gesetzliche Aufzählung ist nicht abschließend, sondern regelt nur den Kreis der **formell Beteiligten**.[46] Nach zutreffender Ansicht gebietet das in Art. 103 Abs. 1 GG garantierte Recht auf rechtliches Gehör, dass neben den Vorgenannten auch diejenigen gehört werden, die ein rechtliches (und nicht bloß ein allgemein gesellschaftspolitisches) Interesse an der Entscheidung des Gerichts haben **(materiell Beteiligte)**.[47] Zum Kreis der materiell Beteiligten gehören **Gewerkschaften,** denen kein Antragsrecht gem. § 98 Abs. 2 S. 1 Nr. 10 und somit nach § 99 Abs. 2 S. 2 auch kein Anhörungsrecht zusteht, die aber gleichwohl durch ein Beratungsrecht nach § 6 Abs. 3 S. 1 MontanMitbestG[48] unmittelbar betroffen sind.[49] **Anteilseigner** und **Arbeitnehmer** gehören ebenfalls zu den materiell Beteiligten und sind anzuhören.[50]

Die Pflicht des Gerichts, die materiell Beteiligten auf das gerichtliche Statusverfahren 21 aufmerksam zu machen und sie zur **Stellungnahme innerhalb einer angemessenen Frist** aufzufordern, wird mit der Bekanntmachung in den Gesellschaftsblättern erfüllt.[51] Ein unmittelbares Anschreiben der Beteiligten ist nicht erforderlich.[52] Die Anhörung ist nicht an

---

[39] Großkomm AktG/*Hopt/Roth/Peddinghaus* Rn. 15; Kölner Komm AktG/*Mertens/Cahn* §§ 97–99 Rn. 47.
[40] Großkomm AktG/*Hopt/Roth/Peddinghaus* Rn. 15; Kölner Komm AktG/*Mertens/Cahn* §§ 97–99 Rn. 47.
[41] Kölner Komm AktG/*Mertens/Cahn* §§ 97–99 Rn. 47.
[42] v. *Godin/Wilhelmi* Anm 3.
[43] MüKoAktG/*Habersack* Rn. 13; Großkomm AktG/*Hopt/Roth/Peddinghaus* Rn. 16; Hüffer/*Koch* Rn. 5; K. Schmidt/Lutter/*Drygala* Rn. 4; Hölters/*Simons* Rn. 8.
[44] Großkomm AktG/*Hopt/Roth/Peddinghaus* Rn. 16; Hüffer/*Koch* Rn. 5; Hölters/*Simons* Rn. 8.
[45] Großkomm AktG/*Hopt/Roth/Peddinghaus* Rn. 17; NK-AktG/*Ammon* Rn. 4.
[46] OLG Düsseldorf AG 1971, 122; Großkomm AktG/*Hopt/Roth/Peddinghaus* Rn. 19.
[47] Vgl. BGH NJW 1968, 157; OLG Düsseldorf AG 1971, 122 (123 f.); Großkomm AktG/*Hopt/Roth/Peddinghaus* Rn. 19; Kölner Komm AktG/*Mertens/Cahn* §§ 97–99 Rn. 48; Spindler/Stilz/*Spindler* Rn. 10; Hüffer/*Koch* Rn. 6; Hölters/*Simons* Rn. 9; aA *Kollhosser* AG 1977, 117 (128 f.).
[48] Gesetz über die Mitbestimmung der Arbeitnehmer in den Aufsichtsräten und Vorständen der Unternehmen des Bergbaus und der Eisen und Stahl erzeugenden Industrie (Montan-Mitbestimmungsgesetz – MontanMitbestG) vom 21.5.1951, BGBl. 1951 I S. 347.
[49] Großkomm AktG/*Hopt/Roth/Peddinghaus* Rn. 19.
[50] Großkomm AktG/*Hopt/Roth/Peddinghaus* Rn. 22; MüKoAktG/*Habersack* Rn. 14; Spindler/Stilz/*Spindler* Rn. 10; NK-AktG/*Ammon* Rn. 5; aA v. *Godin/Wilhelmi* Anm. 3, die jedoch davon ausgehen, dass das Gericht von sich aus an die betroffenen Personen herantreten muss.
[51] LG Mannheim AG 2003, 51 (52); OLG Düsseldorf AG 1971, 122 (124); Großkomm AktG/*Hopt/Roth/Peddinghaus* Rn. 20; Kölner Komm AktG/*Mertens/Cahn* §§ 97–99 Rn. 48; K. Schmidt/Lutter/*Drygala* Rn. 5; Spindler/Stilz/*Spindler* Rn. 10; Hüffer/*Koch* Rn. 6.
[52] NK-AktG/*Ammon* Rn. 5.

eine bestimmte **Form** gebunden, dh sie ist mündlich und schriftlich möglich.[53] Sie kann sich sowohl auf den **streitigen Sachverhalt** als auch auf die **Rechtslage** beziehen.[54] Machen die formell und materiell Beteiligten von ihrem Anhörungsrecht keinen Gebrauch, so ist das Gericht nicht an einer Entscheidung gehindert.[55]

IV. Gerichtliche Entscheidung und Rechtsmittel (Abs. 3 und 4)

22   1. **Erstinstanzliche Entscheidung.** Das Landgericht entscheidet durch **Beschluss** (§ 99 Abs. 3 S. 1), der mit Gründen zu versehen ist. **Zuständig** ist die Zivilkammer (§ 98 Abs. 1) des Landgerichts am Gesellschaftssitz.[56]

23   Das Gericht hat die Entscheidung dem Antragsteller und der Gesellschaft **zuzustellen** (§ 99 Abs. 4 S. 1). Auf die Zustellung finden die **Vorschriften der ZPO** (§§ 166–195) Anwendung. Kommt es bei der Zustellung zur Verletzung von Formvorschriften, kann das Gericht diese nach seinem Ermessen unter den Voraussetzungen des § 187 ZPO als **geheilt** ansehen. Anderen Personen als dem Antragsteller wird die Entscheidung nur zugestellt, sofern diese sich dem Antragsteller **formell angeschlossen** haben. Darüber hinaus hat das Gericht seine Entscheidung ohne Gründe, lediglich Rubrum und Tenor, in den Gesellschaftsblättern, also jedenfalls im **Bundesanzeiger** (§ 25 S. 1), bekanntzumachen (§ 99 Abs. 4 S. 2). Die Bekanntmachung hat unverzüglich und unabhängig davon zu erfolgen, ob bereits Beschwerde gegen die Entscheidung eingelegt wurde. Dadurch soll sichergestellt werden, dass alle Antragsberechtigten und nicht nur die Antragsteller von der Entscheidung erfahren, um ihr **Beschwerderecht** (§ 99 Abs. 4 S. 3) ausüben zu können.[57]

24   2. **Beschwerde.** Gegen die Entscheidung des Landgerichts ist die **Beschwerde** (§ 99 Abs. 3 S. 2) statthaft. Sie wird durch Einreichung einer Beschwerdeschrift beim Landgericht (§ 64 Abs. 1 FamFG) oder zur Niederschrift in der Geschäftsstelle eingelegt (§ 64 Abs. 2 S. 1 FamFG). Die **Beschwerdeschrift** soll außer der Bezeichnung und Erklärung, gegen welchen Beschluss sich die Beschwerde richtet, auch eine Begründung enthalten (§§ 64 Abs. 2 S. 3, 65 Abs. 1 FamFG).

25   Vorbehaltlich einer Abhilfeentscheidung des Landgerichts (§ 68 Abs. 1 S. 1 FamFG) ist für die Beschwerde das **Oberlandesgericht** zuständig (§ 119 Abs. 1 Nr. 2 GVG). Die Landesregierung ist ermächtigt, zur Sicherung einer einheitlichen Rechtsprechung eine **Zuständigkeitskonzentration** bei einem Oberlandesgericht herbeizuführen (Abs. 3 S. 5). Diese Ermächtigung kann an die Landesjustizverwaltung übertragen werden (Abs. 3 S. 6). Die folgenden Bundesländer haben von dieser Kompetenz Gebrauch gemacht: Rheinland-Pfalz (OLG Zweibrücken)[58], Bayern (OLG München)[59] und Nordrhein-Westfalen (OLG Düsseldorf).[60]

26   Die Beschwerde kann nur auf **Gesetzesverletzungen** (Rechtsbeschwerde) gestützt werden (§ 99 Abs. 3 S. 3 Hs. 1). Dies geht auf die Erwägung zurück, dass die vom Landgericht festgestellten Tatsachen ohnehin zumeist unstreitig sein werden.[61] Das Oberlandesgericht ist an die tatsächlichen Feststellungen des Landgerichts gebunden,[62] wie etwa an die Feststellung des Landgerichts bezüglich der richtigen Ermittlung des Umsatzverhältnisses durch

---

[53] Großkomm AktG/*Hopt/Roth/Peddinghaus* Rn. 21; MüKoAktG/*Habersack* Rn. 15; Hölters/*Simons* Rn. 9.
[54] OLG Frankfurt EWiR 1985, 607 (608); MüKoAktG/*Habersack* Rn. 15; Spindler/Stilz/*Spindler* Rn. 10; Hölters/*Simons* Rn. 9.
[55] Großkomm AktG/*Hopt/Roth/Peddinghaus* Rn. 21; MüKoAktG/*Habersack* Rn. 15; Geßler/Hefermehl/ *Geßler* Rn. 9; Hölters/*Simons* Rn. 9.
[56] NK-AktG/*Ammon* Rn. 6.
[57] MüKoAktG/*Habersack* Rn. 17.
[58] Verordnung vom 22.11.1985, GVBl. 1985, 267.
[59] Verordnung vom 16.11.2004, GVBl. I 471.
[60] Verordnung vom 31.5.2005, GV NRW 2005, 625.
[61] BegrRegE *Kropff* S. 133; MüKoAktG/*Habersack* Rn. 21.
[62] Großkomm AktG/*Hopt/Roth/Peddinghaus* Rn. 25.

den Abschlussprüfer (§ 98 Abs. 3).⁶³ Dies gilt jedoch nur, soweit die Anwendung gesetzlicher Vorschriften über die Zusammensetzung des Aufsichtsrats oder die Ermittlung des Umsatzverhältnisses (§ 98 Abs. 3) von tatsächlichen Voraussetzungen abhängt.⁶⁴ Ausnahmsweise können **neue Tatsachen** berücksichtigt werden, wenn sie sich erst im Beschwerdeverfahren ereignen, unstreitig sind und schützenswerte Belange der Gegenpartei nicht betroffen sind.⁶⁵ Weiterhin **entfällt die Bindung** des Oberlandesgerichts an solche tatsächlichen Feststellungen, gegen deren Zustandekommen zulässige und begründete verfahrensrechtliche Bedenken bestehen.⁶⁶ Die Beachtlichkeit einer Rechtsverletzung bestimmt sich nach den einschlägigen Rechtsbeschwerde- und Revisionsvorschriften der §§ 70 ff. FamFG und § 547 ZPO.

Die frühere Divergenzvorlage nach § 99 Abs. 3 S. 6 aF iVm § 28 Abs. 2 u. 3 FGG aF wurde durch die Zulassung der Rechtsbeschwerde nach § 70 Abs. 2 S. 1 Nr. 2 FamFG ersetzt (→ Rn. 9). **27**

a) Beschwerdebefugnis. Beschwerdebefugt sind zunächst die nach § 98 Abs. 2 Antragsberechtigten (§ 99 Abs. 4 S. 3), auch wenn sie an dem erstinstanzlichen Verfahren nicht beteiligt gewesen sind.⁶⁷ Umstritten ist, ob die **Gesellschaft selbst** beschwerdebefugt ist. Teilweise wird dies mit dem Verweis auf den eindeutigen und abschließenden Wortlaut des § 99 Abs. 4 S. 3 abgelehnt.⁶⁸ Nach zutreffender Ansicht folgt die Beschwerdebefugnis der Gesellschaft jedoch aus ihrer **Stellung als Antragsgegnerin,** die beispielsweise in Abs. 4 S. 4 und Abs. 6 S. 7 zum Ausdruck kommt.⁶⁹ Konsequenterweise kann der Vorstand dann entweder als Organ im eigenen Namen oder als organschaftlicher Vertreter im Namen der Gesellschaft die Beschwerde einlegen.⁷⁰ **28**

Von der Beschwerdebefugnis unberührt ist die Möglichkeit einer Anschlussbeschwerde (§ 66 FamFG).⁷¹ **29**

b) Beschwerdefrist. Die Beschwerdefrist beträgt **einen Monat** (§ 63 Abs. 1 S. 1 FamFG). Sie beginnt mit der Bekanntmachung im **Bundesanzeiger,** für Antragsteller und Gesellschaft jedoch erst mit der Zustellung der Entscheidung des Landgerichts (Abs. 4 S. 4). Unterbleibt die Zustellung, beginnt die Beschwerdefrist nicht zu laufen (§ 16 FamFG). Für den Vorstand beginnt die Frist erst dann zu laufen, wenn die Entscheidung der Gesellschaft zugestellt wurde.⁷² **30**

c) Anwaltszwang. Im Beschwerdeverfahren muss die Beschwerdeschrift von einem Anwalt **unterzeichnet** sein (Abs. 3 S. 4). Ansonsten besteht für das Verfahren **kein Anwaltszwang**.⁷³ Wäre vom Gesetzgeber ein genereller Anwaltszwang für das Beschwerdeverfahren gewünscht gewesen, hätte er nicht ausdrücklich in Abs. 3 S. 4 auf die Beschwerdeschrift Bezug genommen.⁷⁴ **31**

---

⁶³ Großkomm AktG/*Hopt/Roth/Peddinghaus* Rn. 25; MüKoAktG/*Habersack* Rn. 21.
⁶⁴ MüKoAktG/*Habersack* Rn. 21.
⁶⁵ BGH NJW-RR 1998, 1284; OLG Düsseldorf AG 2000, 45; Großkomm AktG/*Hopt/Roth/Peddinghaus* Rn. 25; MüKoAktG/*Habersack* Rn. 21; Spindler/Stilz/*Spindler* Rn. 13.
⁶⁶ NK-AktG/*Ammon* Rn. 11.
⁶⁷ Großkomm AktG/*Hopt/Roth/Peddinghaus* Rn. 26; Kölner Komm AktG/*Mertens/Cahn* §§ 97–99 Rn. 50; K. Schmidt/Lutter/*Drygala* Rn. 6; Spindler/Stilz/*Spindler* Rn. 11.
⁶⁸ Spindler/Stilz/*Spindler* Rn. 11; Bürgers/Körber/*Bürgers/Israel* Rn. 5; diff. Hüffer/*Koch* Rn. 8, der die Gesellschaft nur als unterlegene Antragsgegnerin für beschwerdebefugt hält, was aus einem Umkehrschluss zu Abs. 4 S. 4 folge.
⁶⁹ MüKoAktG/*Habersack* Rn. 19; Großkomm AktG/*Hopt/Roth/Peddinghaus* Rn. 27; Hüffer/*Koch* Rn. 8; Henssler/Strohn/*Henssler* Rn. 5.
⁷⁰ MüKoAktG/*Habersack* Rn. 19.
⁷¹ MüKoAktG/*Habersack* Rn. 19 mit Verweis auf alte Rechtslage in Fn. 49.
⁷² Großkomm AktG/*Hopt/Roth/Peddinghaus* Rn. 30; Kölner Komm AktG/*Mertens/Cahn* §§ 97–99 Rn. 50; Hüffer/*Koch* Rn. 8.
⁷³ Großkomm AktG/*Hopt/Roth/Peddinghaus* Rn. 29; MüKoAktG/*Habersack* Rn. 19; Spindler/Stilz/*Spindler* Rn. 14; K. Schmidt/Lutter/*Drygala* Rn. 6; aA Hüffer/*Koch* Rn. 7; Bürgers/Körber/*Bürgers/Israel* Rn. 5.
⁷⁴ Spindler/Stilz/*Spindler* Rn. 14.

32 **3. Rechtsbeschwerde zum BGH.** Gegen die Entscheidung des Oberlandesgerichts kann Rechtsbeschwerde zum Bundesgerichtshof (§ 70 FamFG, § 133 GVG) eingelegt werden, wenn das Oberlandesgericht die Rechtsbeschwerde nach § 70 Abs. 1 FamFG **zugelassen** hat. Dazu ist es verpflichtet, wenn die Rechtssache grundsätzliche Bedeutung hat oder die Fortbildung des Rechts oder die Sicherung einer einheitlichen Rechtsprechung eine Entscheidung des Beschwerdegerichts erfordert (§ 70 Abs. 2 FamFG).

33 Die Rechtsbeschwerde ist innerhalb einer **Frist von einem Monat** nach der schriftlichen Bekanntgabe des Beschlusses des Oberlandesgerichts einzulegen (§ 71 Abs. 1 S. 1 FamFG). Eine **Nichtzulassungsbeschwerde** ist **nicht** statthaft.[75] Die weiteren Verfahrens- und Formvorschriften finden sich in den §§ 71 ff. FamFG, welche die Möglichkeit einer **Sprungrechtsbeschwerde** einschließen (§ 75 FamFG).

34 Die Entscheidung des Beschwerdegerichts ist dem Antragsteller und der Gesellschaft **zuzustellen** und vom Gericht ohne Begründung in den in der Satzung der Gesellschaft bestimmten Gesellschaftsblättern, zumindest im Bundesanzeiger (§ 25), **bekanntzumachen**.[76]

V. Rechtwirkung der gerichtlichen Entscheidung (Abs. 5)

35 **1. Rechtskraft.** Mit der gerichtlichen Entscheidung wird die Zusammensetzung des Aufsichtsrats verbindlich festgestellt. Sie wird abweichend vom Grundsatz des § 40 FamFG (mit Bekanntmachung) erst mit Rechtskraft wirksam (Abs. 5 S. 1). Bis zu diesem Zeitpunkt gilt die Zusammensetzung des Aufsichtsrats gemäß § 96 Abs. 2 als richtig. Die Entscheidung des **Landgerichts** erlangt folglich mit Ablauf der einmonatigen Beschwerdefrist des § 63 Abs. 1 FamFG nach der Bekanntmachung der Entscheidung im Bundesanzeiger Rechtskraft. Die Beschwerdeentscheidung des **Oberlandesgerichts** erlangt ihre Rechtskraft bereits mit ihrem Erlass, sofern nicht ausnahmsweise die Rechtsbeschwerde zum BGH zugelassen wurde.[77] Die Entscheidung des BGH erlangt dementsprechend stets mit ihrem Erlass Rechtskraft. Der Aufsichtsrat ist dann innerhalb von sechs Monaten nach den in der Entscheidung festgestellten Vorschriften zusammenzusetzen (§ 98 Abs. 4).

36 Die Möglichkeit der Wiederaufnahme steht dem Eintritt der Rechtskraft nicht entgegen. Es gelten die allgemeinen Vorschriften über die Wiederaufnahme des Verfahrens entsprechend (§ 48 Abs. 2 FamFG iVm §§ 578 ff. ZPO).[78]

37 **2. Inter omnes-Wirkung.** Die Entscheidung wirkt *inter omnes* (§ 99 Abs. 5 S. 2). Sie wirkt für und gegen alle – nicht nur die Streitparteien – und entfaltet damit auch Wirkung für Gerichte und Verwaltungsbehörden.[79] Entgegenstehende Entscheidungen sind ausgeschlossen. Wird nach Abschluss des Statusverfahrens **Nichtigkeitsklage nach den §§ 250, 251** erhoben, weil der Aufsichtsrat erneut in Abweichung von den in der Entscheidung festgestellten Vorschriften zusammengesetzt wurde, ist das über die Nichtigkeitsklage entscheidende Gericht an die bereits ergangene Entscheidung gebunden.[80]

38 Die rechtskräftige Entscheidung schließt einen **erneuten Antrag** an das Gericht nach § 98 oder eine Bekanntmachung des Vorstandes nach § 97 nicht aus. Jedoch sind Tatsachen, die in dem früheren Verfahren vorgebracht worden sind oder vom Antragsteller hätten vorgebracht werden müssen, in einem neuen Verfahren präkludiert (vgl. zur Bekanntmachung → § 97 Rn. 73).[81]

---

[75] NK-AktG/*Ammon* Rn. 13; Keidel/Meyer-Holz/*Meyer-Holz* FamFG § 70 Rn. 4.
[76] MüKoAktG/*Habersack* Rn. 22.
[77] MüKoAktG/*Habersack* Rn. 24.
[78] BGH ZIP 2006, 316; MüKoAktG/*Habersack* Rn. 24.
[79] OLG Hamm MDR 1970, 1020; MüKoAktG/*Habersack* Rn. 25; Großkomm AktG/*Hopt/Roth/Peddinghaus* Rn. 36.
[80] BegrRegE *Kropff* S. 133.
[81] MüKoAktG/*Habersack* Rn. 25.

Im **Auskunftserzwingungsverfahren** (§ 132) ist § 99 Abs. 5 S. 2 nicht anzuwenden, 39
denn § 132 Abs. 3 S. 1 verweist einzig auf §§ 99 Abs. 5 S. 1 und 3. Anders ist demgegenüber § 13 SpruchG gefasst, der beide Vorschriften (§ 99 Abs. 5 S. 1, 3) nennt.

3. Einreichung zum Handelsregister. Nach Eintritt der Rechtskraft ist der Vorstand 40
verpflichtet, die Entscheidung unverzüglich, dh ohne schuldhaftes Zögern (§ 121 BGB),
beim Handelsregister einzureichen (§ 99 Abs. 5 S. 3). Sie kann damit von jedermann eingesehen werden (§ 9 HGB). Die Entscheidung ist einschließlich ihrer Gründe einzureichen,
die Entscheidungsformel allein ist nicht ausreichend.[82] Zur Einreichung kann der Vorstand
mittels Zwangsgeld angehalten werden (§ 14 HGB).[83]

VI. Kosten des Verfahrens (Abs. 6)

Die Kosten des **gerichtlichen Verfahrens** sind seit Inkrafttreten des 2. KostRMoG im 41
GNotKG geregelt.[84] Die Kostenregelung des § 99 Abs. 6 aF wurde in die §§ 75, 23
Nr. 10 GNotKG übernommen. **Kostenschuldnerin** für die Feststellung der Zusammensetzung des Aufsichtsrats ist grundsätzlich die Gesellschaft, wie nach § 99 Abs. 6 S. 7 aF
(§ 23 Nr. 10 GNotKG), da in erster Linie sie ein Interesse an der rechtmäßigen Zusammensetzung ihres Aufsichtsrats hat.[85] Aus **Billigkeitserwägungen** kann jedoch davon abgewichen werden und können die Kosten dem Antragsteller auferlegt werden (§ 99
Abs. 6 S. 1 nF), etwa im Fall eines offensichtlich unzulässigen oder unbegründeten Antrags.[86] Das Gesetz bietet keinen Anhaltspunkt dafür, dass der Vorstand von dieser Regelung ausgenommen ist, auch wenn dies teilweise mit Verweis auf dessen angebliches Handeln im
Namen der Gesellschaft vertreten wird.[87] Auch die Verfolgung ausschließlich **eigener
Interessen** stellt keinen Billigkeitsgrund gemäß § 99 Abs. 6 S. 1 nF dar. Die Antragsberechtigung gemäß § 98 Abs. 2 S. 1 Nr. 6–10 setzt gerade die Verfolgung eigener Belange
voraus.[88] Die Kosten der Beteiligten, wie etwa **Anwaltsgebühren** oder **Auslagen**, sind
nach Abs. 6 S. 2 von jedem Beteiligten **selbst zu tragen**.[89]

Prozesskostenhilfe ist bei Erfüllung der gesetzlichen Voraussetzungen (§ 76 Abs. 1 FamFG, 42
§§ 114 ff. ZPO) zu gewähren. Bei den mitbestimmungsrechtlichen Vorschriften handelt es
sich um **Sozialordnungsrecht**, sodass ein Anspruch auf Prozesskostenhilfe nicht von vornherein ausgeschlossen ist.[90] Eine entsprechende Anwendung auf § 104 ist nicht möglich; das
Statusverfahren findet keine Anwendung auf Fälle des § 104 (hierzu → § 104 Rn. 146).

§ 100 Persönliche Voraussetzungen für Aufsichtsratsmitglieder

(1) ¹Mitglied des Aufsichtsrats kann nur eine natürliche, unbeschränkt geschäftsfähige Person sein. ²Ein Betreuter, der bei der Besorgung seiner Vermögensangelegenheiten ganz oder teilweise einem Einwilligungsvorbehalt (§ 1903 des Bürgerlichen Gesetzbuchs) unterliegt, kann nicht Mitglied des Aufsichtsrats sein.

---

[82] Großkomm AktG/*Hopt/Roth/Peddinghaus* Rn. 38; MüKoAktG/*Habersack* Rn. 26; Spindler/Stilz/*Spindler* Rn. 20.
[83] Großkomm AktG/*Hopt/Roth/Peddinghaus* Rn. 38; MüKoAktG/*Habersack* Rn. 26.
[84] Bormann/Diehn/Sommerfeldt/*Sommerfeldt* GNotKG § 75 Rn. 1; ausführlich zur Neuregelung *Simons* AG 2014, 182 ff.
[85] BegrRegE *Kropff* S. 134; MüKoAktG/*Habersack* Rn. 27; *Simons* AG 2014, 182 (183).
[86] RegBegr. *Kropff* S. 134; MüKoAktG/*Habersack* Rn. 27; Kölner Komm AktG/*Mertens/Cahn* §§ 97–99 Rn. 55; Spindler/Stilz/*Spindler* Rn. 22; Hüffer/*Koch* Rn. 12; Hölters/*Simons* Rn. 24; v Godin/*Wilhelmi* Anm. 6, die sich auf die alte Rechtslage vor dem 2. KostRMog beziehen, die sich insoweit jedoch nicht geändert haben dürfte.
[87] Wie hier Hölters/*Simons* Rn. 24; Spindler/Stilz/*Spindler* Rn. 22 bei Fn. 72; aA Kölner Komm AktG/*Mertens/Cahn* §§ 97–99 Rn. 55; K. Schmidt/Lutter/*Drygala* Rn. 13.
[88] In diese Richtung auch Spindler/Stilz/*Spindler* Rn. 22; aA OLG Düsseldorf AG 1994, 424; Hölters/*Simons* Rn. 24.
[89] MüKoAktG/*Habersack* Rn. 28; *Simons* AG 2014, 182 (183).
[90] MüKoAktG/*Habersack* Rn. 27; aA Großkomm AktG/*Hopt/Roth/Peddinghaus* Rn. 42.

(2) ¹Mitglied des Aufsichtsrats kann nicht sein, wer
1. bereits in zehn Handelsgesellschaften, die gesetzlich einen Aufsichtsrat zu bilden haben, Aufsichtsratsmitglied ist,
2. gesetzlicher Vertreter eines von der Gesellschaft abhängigen Unternehmens ist,
3. gesetzlicher Vertreter einer anderen Kapitalgesellschaft ist, deren Aufsichtsrat ein Vorstandsmitglied der Gesellschaft angehört, oder
4. in den letzten zwei Jahren Vorstandsmitglied derselben börsennotierten Gesellschaft war, es sei denn, seine Wahl erfolgt auf Vorschlag von Aktionären, die mehr als 25 Prozent der Stimmrechte an der Gesellschaft halten.

²Auf die Höchstzahl nach Satz 1 Nr. 1 sind bis zu fünf Aufsichtsratssitze nicht anzurechnen, die ein gesetzlicher Vertreter (beim Einzelkaufmann der Inhaber) des herrschenden Unternehmens eines Konzerns in zum Konzern gehörenden Handelsgesellschaften, die gesetzlich einen Aufsichtsrat zu bilden haben, inne hat. ³Auf die Höchstzahl nach Satz 1 Nr. 1 sind Aufsichtsratsämter im Sinne der Nummer 1 doppelt anzurechnen, für die das Mitglied zum Vorsitzenden gewählt worden ist.

(3) Die anderen persönlichen Voraussetzungen der Aufsichtsratsmitglieder der Arbeitnehmer sowie der weiteren Mitglieder bestimmen sich nach dem Mitbestimmungsgesetz, dem Montan-Mitbestimmungsgesetz, dem Mitbestimmungsergänzungsgesetz, dem Drittelbeteiligungsgesetz und dem Gesetz über die Mitbestimmung der Arbeitnehmer bei einer grenzüberschreitenden Verschmelzung.

(4) Die Satzung kann persönliche Voraussetzungen nur für Aufsichtsratsmitglieder fordern, die von der Hauptversammlung ohne Bindung an Wahlvorschläge gewählt oder auf Grund der Satzung in den Aufsichtsrat entsandt werden.

(5) Bei Gesellschaften im Sinn des § 264d des Handelsgesetzbuchs muss mindestens ein unabhängiges Mitglied des Aufsichtsrats über Sachverstand auf den Gebieten Rechnungslegung oder Abschlussprüfung verfügen.

Schrifttum: *Apfelbacher/Metzner,* Mitglied im Aufsichtsorgan einen Kreditinstituts im Jahr 2013, AG 2013, 773; *Assmann/Bozenhardt,* Übernahmeangebote als Regelungsproblem zwischen gesellschaftsrechtlichen Normen und zivilrechtlich begründeten Verhaltensgeboten, ZGR Sonderheft 9/1989, S. 1; *Bauer/Arnold,* AGG-Probleme bei vertretungsberechtigten Organmitgliedern, ZIP 2009, 993; *Bauer/Arnold,* AGG und Organmitglieder – Klares und Unklares vom BGH, NZG 2012, 921; *Binder,* Mittelbare Einbringung eigener Aktien als Sacheinlage und Informationsgrundlagen von Finanzierungsentscheidungen in Vorstand und Aufsichtsrat, ZGR 2012, 757; *Blättchen,* Der Finanzexperte im Aufsichtsrat, FuS 2013, 154; *Boos/Fischer/Schulte-Mattler,* KWG, 4. Aufl. 2012; *Bosse/Malchow,* Unterstützung und Kostentragung für die Aus- und Fortbildung von Aufsichtsratsmitgliedern – Der Kodex bezieht Stellung, NZG 2010, 972; *Brandi/Gieseler,* Der Aufsichtsrat in Kreditinstituten, NZG 2012, 1321; *Braun/Louven,* Neuregelungen des BilMoG für GmbH-Aufsichtsräte, GmbHR 2009, 965; *Bröcker/Mosel,* Der unabhängige Finanzexperte – Neue Herausforderungen bei der Besetzung des Aufsichtsrates nach dem BilMoG, GWR 2009, 132; *Brox/Rüthers,* Arbeitskampfrecht, 2. Aufl. 1982; *Bürgers/Schilha,* Die Unabhängigkeit des Vertreters des Mutterunternehmens im Aufsichtsrat der Tochtergesellschaft, AG 2010, 221; *Bürkle,* Aufsichtsbehördliche Sachkundeanforderungen für Aufsichtsratsmitglieder in Versicherungsunternehmen, VersR 2010, 1005; *Bürkle,* Aufsichtsrechtliches Legal Judgment: Sachlicher Anwendungsbereich und prozedurale Voraussetzungen, VersR 2013, 792; *v. Caemmerer,* Aufsichtsrat und Auslandsverbindungen, FS Geßler, 1971, S. 81; *Calliess/Ruffert,* EUV/AEUV, 4. Aufl. 2011; *Däubler,* Arbeitskampfrecht, 1987; *Diekmann/Bidmon,* Das „unabhängige" Aufsichtsratsmitglied nach dem BilMoG – insbesondere als Vertreter des Hauptaktionärs, NZG 2009, 1087; *Diekmann/Fleischmann,* Umgang mit Interessenkonflikten in Aufsichtsrat und Vorstand der Aktiengesellschaft, AG 2013, 141; *Dreher,* Personelle Verflechtungen zwischen den Leistungsorganen von (Versicherungs-) Unternehmen nach Gesellschafts-, Konzern- und Versicherungsaufsichtsrecht, FS Lorenz, 1994, S. 175; *Ensch,* Institutionelle Mitbestimmung und Arbeitnehmereinfluss, 1989; *Fischer,* Die Verantwortlichkeit des Aufsichtsrats bei Interessenkollisionen, Gedächtnisschrift für Duden, 1982, S. 55; *v. Falkenhausen/Kocher,* Wie wird der unabhängige Finanzexperte in den Aufsichtsrat gewählt?, ZIP 2009, 1601; *Florstedt,* Die Unabhängigkeit des Aufsichtsratsmitglieds vom kontrollierenden Aktionär, ZIP 2013, 337; *Fonk,* Auslagenersatz für Aufsichtsratsmitglieder, NZG 2009, 761; *Gesell,* Prüfungsausschuss und Aufsichtsrat nach dem BilMoG, ZGR 2011, 361; *Gruber,* Der unabhängige Finanzexperte im Aufsichtsrat nach dem Referentenentwurf des Bilanzrechtsmodernisierungsgesetzes, NZG 2008, 12; *Hasse,* Auswirkungen des Gesetzes zur Stärkung der Finanzmarkt- und Versicherungsaufsicht auf die Corporate Governance von Versicherungsunternehmen, VersR 2010, 18; *Hasselbach,* Überwachungs- und Beratungspflichten des Aufsichtsrats in der Krise, NZG 2012, 41; *Hasselbach/Jakobs,* Die Unabhängigkeit von Aufsichtsratsmitgliedern, BB 2013, 643; *Häuser,* Interessenkollision durch Wahrnehmung des Aufsichtsratsmandats in der unabhängigen Aktiengesellschaft, 1985; *Heller,* Richten in eigener Sache – Stimmrechtsausschluss bei der Abberufung von Aufsichtsratsmitgliedern?, NZG 2009, 1170; *Hoefs/Rentsch,* Altersdiskriminierung von Organmitgliedern, DB 2012, 2733; *Hoffmann-Becking/Krieger,* Leitfaden zur Anwendung des Gesetzes zur Angemessenheit der Vorstandsvergütung (VorstAG), NZG Beilage 26/2009, 1; *Hohenstatt,* Das Gesetz zur Angemessenheit der Vorstandsvergütung, ZIP 2009, 1349; *Hommelhoff,* Aufsichtsrats-Unabhängigkeit in der faktisch konzernierten Börsengesellschaft, ZIP 2013, 1645; *Hoppmann,* Fit-and-proper-Test für die Aufsichtsräte von Versicherungsunternehmen, VersR 2001, 561; *Hopt,* Aktionärskreis und Vorstandsneutralität, ZGR 1993, 534; *Hopt/Wohlmannstetter,* Handbuch Corporate Governance von Banken, 2011; *Houben,* Überkreuzverflechtungen bei Aufsichtsräten, DB 1965, 546; *Hüffer,* Der korporationsrechtliche Charakter von Rechtsgeschäften – Eine hilfreiche Kategorie bei der Begrenzung von Stimmverboten im Recht der GmbH, FS Heinsius, 1991, 337; *Hüffer,* Die Unabhängigkeit von Aufsichtsratsmitgliedern nach Ziffer 5.4.2 DCGK, ZIP 2006, 637; *Ihrig,* Vergütungszahlungen auf einen Beratungsvertrag mit einem Aufsichtsratsmitglied vor Zustimmung des Aufsichtsrats, ZGR 2013, 417; *Jaspers,* Voraussetzungen und Rechtsfolgen der Unabhängigkeit eines Aufsichtsratsmitgliedes nach dem BilMoG, AG 2009, 607; *Jaspers,* Höchstgrenzen für Aufsichtsratsmandate nach Aktienrecht und DCGK, AG 2011, 154; *Joussen,* Die Treupflicht des Aktionärs bei feindlichen Übernahmen, BB 1992, 1075; *Jung,* Tendenzender Corporate Governance: Diskussion um die fachliche Qualifikation von Aufsichtsratsmitgliedern, WM 2013, 2010; *Kallmeyer,* Die Gleichbehandlung der Mitglieder des Aufsichtsrats, DB 1982, 1309; *Kallmeyer,* Rechte und Pflichten des Aufsichtsrats in der Kommanditgesellschaft auf Aktien, ZGR 1983, 57; *Kempen,* Das Rechtsverhältnis zwischen den Belegschaftsvertretern und den Gewerkschaften im Arbeitskampf, NZA 2005, 185; *Kiefner/Krämer,* Geschäftsleiterhaftung nach ISION und das Vertrauendürfen auf Rechtsrat, AG 2012, 498; *Knapp,* Die Entwicklung des Rechts der Aufsichtsrats, DStR 2010, 56; *Koch,* Das Unternehmensinteresse als Verhaltensmaßstab der Aufsichtsratsmitglieder im mitbestimmten Aufsichtsrat einer Aktiengesellschaft, 1983; *Konou,* Das Verbot der Überkreuzverflechtung, DB 1966, 849; *Kremer/v. Werder,* Unabhängigkeit von Aufsichtsratsmitgliedern: Konzept, Kriterien und Kandidateninformationen, AG 2013, 340; *Krieger,* Der Wechsel vom Vorstand in den Aufsichtsrat, FS Hüffer, 2010, 521; *Kruchen,* „Sachkunde" von Aufsichtsratsmitgliedern im Spannungsfeld zwischen Aufsichtsrecht, Aktienrecht und DCGK, ZCG 2011, 21; *Laars,* VAG, 1. Aufl. 2012; *Lanfermann/Röhricht,* Pflichten des Prüfungsausschusses nach dem BilMoG, BB 2009, 887; *Lange,* Das Unternehmensinteresse der Zielgesellschaft und sein Einfluss auf die Rechtsstellung der die Übernahme fördernden Aufsichtsratsmitglieder, WM 2002, 1737; *Langenbucher,* Zentrale Akteure der Corporate Governance: Zusammensetzung des Aufsichtsrats, ZGR 2012, 314; *Laue-Stelow,* Die Rechtsstellung der Aufsichtsratsmitglieder der Arbeitnehmerseite im Aufsichtsrat mitbestimmter Gesellschaften, 1983; *Leyendecker-Langner/Huthmacher,* Kostenregelung für Aus- und Fortbildungsmaßnahmen von Aufsichtsratsmitgliedern, NZG 2012, 1415; *Lingemann/Weingarth,* Zur Anwendung des AGG auf Organmitglieder, DB 2012, 2325; *Link/Vogt,* Professionalisierung von Aufsichtsräten: Auch ein Thema für die GmbH?, BB 2011, 1899; *Löbbe/Fischbach,* Wechsel von Vorstandsmitgliedern in den Aufsichtsrat auf Initiative der Verwaltungsorgane der Gesellschaft, AG 2012, 580; *Löwisch,* Arbeitskampf- und Schlichtungsrecht, 2. Aufl. 1997; *Lüderitz,* Effizienz als Maßstab für die Größe des Aufsichtsrats, FS Steindorff, 1990, 113; *Lüer,* Effizientere Aufsichtsratsarbeit durch die Bestellung eines unabhängigen Finanzexperten nach §§ 100 Abs. 5, 107 Abs. 3, 4 AktG, FS Maier-Reimer, 2010, 385; *Lutter,* Interessenkonflikte durch Bankenvertreter im Aufsichtsrat, (öst) RdW 1987, 314; *Lutter,* Professionalisierung des Aufsichtsrats, DB 2009, 775; *Marsch-Barner,* Zur Anfechtung der Wahl von Aufsichtsratsmitgliedern, FS K. Schmidt, 2009, 1109; *Martens,* Der Einfluß von Vorstand und Aufsichtsrat auf Kompetenzen und Struktur der Aktionäre – Unternehmensverantwortung contra Neutralitätspflicht, FS Beusch, 1993, 529; *Martens,* Die Organisation des Konzernvorstandes, FS Heinsius, 1991, 523; *Martens,* Das Verhältnis des Mitbestimmungsgesetz zum kollektiven Arbeitsrecht, ZGR 1977, 422; *Meier,* Inkompatibilität und Interessenwiderstreit von Verwaltungsangehörigen in Aufsichtsräten, NZG 2003, 54; *Merkelbach,* Professionalisierung des Aufsichtsrats – CRD IV wirft ihren Schatten voraus, Der Konzern 2013, 227; *Merkt/Mylich,* Einlage eigener Aktien und Rechtsrat durch den Aufsichtsrat, NZG 2012, 525; *Michalski,* Abwehrmechanismen gegen unfreundliche Übernahmeangebote („unfriendly takeovers") nach deutschem Aktienrecht, AG 1997, 152; *Mickel/Fleischmann,* Die Höchstmandatszahl für Aufsichtsräte – Einberechnung des ausländischen Mandats, NZG 2010, 54; *Möllers,* Gesellschaftsrechtliche Treuepflicht contra arbeitnehmerrechtliche Mitbestimmung – Der aktive Streikaufruf durch Frank Bsirske, NZG 2003, 697; *Mülbert,* Die Stellung der Aufsichtsratsmitglieder, in Feddersen/Hommelhoff/Schneider, Corporate Governance, 1996, 99; *Mülbert/Bux,* Dem Aufsichtsrat vergleichbare in- und ausländische Kontrollgremien von Wirtschaftsunternehmen (§ 125 Abs. 1 Satz 3 2. Halbs. AktG n. F.), WM 2000, 1665; *Mutter/Gayk,* Wie die Verbesserung der Aufsichtsratsarbeit – wider jede Vernunft – die Haftung verschärft, ZIP 2003, 1773; *Mutter,* Unterstützung der weiteren Aus- und Fortbildung von Aufsichtsratsmitgliedern, AG-Report 2010, R410 ff.; *Mutter/Kruchen,* Über die Sachkunde von Aufsichtsräten, AG-Report 2010, R319; *dies.,* Wie viele Ämter dürfen Aufsichtsräte haben?, VersR 2011, 48; *Mutter,* Ausbildung von Aufsichtsratsmitgliedern durch die Gesellschaft ?, AG-Report 2013, R161; *Nebendahl,* Inkompatibilität zwischen Ministeramt und Aufsichtsratsmandat, DÖV 1988, 961; *Paschos/Goslar,* Unabhängigkeit von Aufsichtsratsmitgliedern nach den neuesten Änderungen des Deutschen Corporate Governance Kodex, NZG 2012, 1361; *Peltzer,* Die Rolle der Banken bei Unternehmensveräußerungen, ZIP 1991, 485; *Raiser,* Pflichten und Ermessen von Aufsichtsratsmitgliedern, NJW 1996, 552; *Quinke,* Verträge mit Aufsichtsratsmitgliedern – zum Fresenius-Urteil des BGH, DStR 2012, 2020; *Reich/Lewerenz,* Das neue Mitbestimmungsgesetz, AuR 1976, 353; *Rieder/Holzmann,* Brennpunkte der Aufsichtsratsregulierung in Deutschland und in den USA, AG 2010, 570; *Ringleb/Kremer/Lutter/v. Werder,* Die Kodexänderungen vom Mai 2012, NZG 2012, 1081; *Roth,* Unabhängige Aufsichtsratsmitglieder, ZHR 175 (2011), 605; *Roth,* Information und Organisation des Aufsichtsrats, ZGR 2012, 343; *Rümker,* Übernahmeangebote – Verhaltenspflichten des

Vorstandes der Zielgesellschaft und Abwehrmöglichkeiten, FS Heinsius, 1991, S. 683; *Rummel,* Das aktienrechtliche Verbot der Überkreuzverflechtung und Kapitalgesellschaften mit freiwillig gebildetem Aufsichtsrat, DB 1970, 2257; *Rummel,* Die Mangelhaftigkeit von Aufsichtsratswahlen der Hauptversammlung nach dem neuen AktG, Diss. Köln, 1969; *Schander/Posten,* Zu den Organpflichten bei Unternehmensübernahmen, ZIP 1997, 1534; *Schilling,* Takeover, Treupflicht & Shareholder Value, BB 1997, 1909; *Schilling,* Das Verbot der Überkreuzverflechtungen im Aufsichtsrat, WP 1965, 658; *Schima,* Vorstandsvergütung als Corporate-Governance-Dauerbaustelle, in *Schenz/Eberhartinger,* Corporate Governance in Österreich, 2012, S. 246; *Schima,* Unternehmerisches Ermessen und die Business Judgement Rule, in *Konecny,* Vorträge anlässlich des 18. Insolvenz-Forums Grundlsee im November 2011, S. 131; *Schima/Toscani,* Die Vertretung der AG bei Rechtsgeschäften mit dem Vorstand (§ 97 Abs. 1 AktG), JBl. 2012, 482 (Teil 1)/570 (Teil 2); *Schladebach/Stefanopoulou,* Frauenquote in Aufsichtsräten, BB 2010, 1042; *U. H. Schneider,* Wettbewerbsverbot für Aufsichtsratsmitglieder einer Aktiengesellschaft, BB 1995, 365; *U. H. Schneider,* Interessenkonflikte im Aufsichtsrat, FS Goette, 2011, 475; *Scholderer,* Unabhängigkeit und Interessenkonflikte der Aufsichtsratsmitglieder, NZG 2012, 168; *Schulenburg/Brosius,* Ausgewählte aktien- und wertpapierrechtliche Fragen zu § 100 Abs. 2 Satz 1 Nr. 4 AktG, WM 2011, 58; *Schütze,* Die Berücksichtigung ausländischer Aufsichtsratsmandate im Rahmen von § 100 Abs. 1 Nr. 1 AktG, AG 1967, 342; *Schuelper,* Das Streikrecht und die Verschwiegenheitspflicht der Arbeitnehmervertreter im Aufsichtsrat einer Aktiengesellschaft nach dem Mitbestimmungsgesetz 1976, Diss. Hamburg, 1980; *Seibert,* Das VorstAG – Regelungen zur Angemessenheit der Vorstandsvergütung und zum Aufsichtsrat, WM 2009, 1489; *Selter,* Haftungsrisiken von Vorstandsmitgliedern bei fehlendem und von Aufsichtsratsmitgliedern bei vorhandenem Fachwissen, AG 2012, 11; *Selter,* Die Prüfung des Jahresabschlusses durch den Aufsichtsrat bei Fehlen einer Prüfung gem. §§ 316 ff. HGB, AG 2013, 14; *J. Semler,* Eignungsvoraussetzungen für ein Aufsichtsratsmitglied, FS 100 Jahre Wirtschaftsuniversität Wien, 1998, 93; *J. Semler/Stengel,* Interessenkonflikte bei Aufsichtsratsmitgliedern von Aktiengesellschaften am Beispiel von Konflikten bei Übernahme, NZG 2003, 1; *J. Semler,* Corporate Governance – Beratung durch Aufsichtsratsmitglieder, NZG 2007, 881; *Settele/Eichhorn,* Der Steuerberater als Beirat/Aufsichtsrat, DStR 2010, 1444; *Staake,* Der unabhängige Finanzexperte im Aufsichtsrat, ZIP 2010, 1013; *Stephanblome,* Der Unabhängigkeitsbegriff des Deutschen Corporate Governance Kodex, NZG 2013, 445; *Strohn,* Beratung der Geschäftsleitung durch Spezialisten als Ausweg aus der Haftung ?, ZHR 176 (2012), 137; *Sünner,* Die Wahl von ausscheidenden Vorstandsmitgliedern in den Aufsichtsrat, AG 2010, 111; *Thümmel,* Haftungsrisiken von Vorständen und Aufsichtsräten bei der Abwehr von Übernahmeversuchen, DB 2000, 461; *Thüsing/Stiebert,* Altersgrenzen bei Organmitgliedern, NZG 2011, 641; *Veen,* Die Vereinbarkeit von Regierungsamt und Aufsichtsratsmandat in Wirtschaftsunternehmen, 1996; *Velte,* Wechsel vom Vorstand in den Aufsichtsrat mit oder ohne Cooling Off als „gute" Corporate Governance ?, WM 2012, 537; *Velte,* Unabhängigkeit im Aufsichtsrat: Ein „Dauerbrenner" der Corporate Governance-Reform auch im Dualsystem, IRZ 2012, 261; *Vetter,* Neue Vorgaben für die Wahl des Aufsichtsrats durch die Hauptversammlung nach § 100 Abs. 2 Satz 1 Nr. 4 und Abs. 5 AktG, FS Maier-Reimer, 2010, 795; *Volhard/Weber,* Gesellschaftsvertragliche Verschwiegenheits- und Offenbarungspflichten bei der Veräußerung von GmbH-Geschäftsanteilen, FS Johannes Semler, 1993, 387; *Vollmer,* Die Rechts- und Pflichtenstellung der „Vertreter der Gewerkschaften" in den Aufsichtsräten mitbestimmter Großunternehmen, BB 1977, 818; *Wagner,* Die Rolle der Rechtsabteilung bei fehlenden Rechtskenntnissen der Mitglieder von Vorstand und Geschäftsführung, BB 2012, 651; *Wais,* Gefahr von Interessenkollisionen bei gleichzeitiger Wahrnehmung eines öffentlichen Amts und eines Aufsichtsratsmandats, NJW 1982, 1263; *Wardenbach,* Ist die Aufsichtsratswahl bei fehlendem „Financial Expert" anfechtbar ?, GWR 2010, 207; *Wasse,* Die Internationalisierung des Aufsichtsrats – Herausforderungen in der Praxis, AG 2011, 685; *Weber-Rey/Handt,* Vielfalt/Diversity im Kodex – Selbstverpflichtung, Bemühenspflicht und Transparenz, NZG 2011, 1; *Wellhöfer/Peltzer/Müller,* Die Haftung von Vorstand, Aufsichtsrat, Wirtschaftsprüfer, 1. Aufl. 2008; *v. Werder/Böhme,* Corporate Governance Report 2011, DB 2011, 1345; *dies.,* Corporate Governance Report 2013, DB 2013, 885; *dies.,* Die aktuellen Änderungen des Deutschen Corporate Governance Kodex, DB 2013, 1401; *Werner,* Rechte und Pflichten des mitbestimmten Aufsichtsrats und seiner Mitglieder, ZGR 1977, 236; *H. P. Westermann,* Rechte und Pflichten des mitbestimmten Aufsichtsrats und seiner Mitglieder, ZGR 1977, 219; *Wiedemann,* Organverantwortung in der Aktiengesellschaft – Doppel- und Mehrfachorgane, ZIP 1997, 1565; *Wilsing/Meyer,* Aktuelle Entwicklungen bei der Organberatung, DB 2011, 341; *Wilsing/v. der Linden,* Unabhängigkeit, Interessenkonflikte und Vergütung von Aufsichtsratsmitgliedern – Gedanken zur Kodexnovelle 2012, DStR 2012, 1391; *Wind/Klie,* Der unabhängige Finanzexperte nach dem BilMoG – Rechtsfolgen eines abweichend von § 100 Abs. 5 AktG besetzten Aufsichtsrats, DStR 2010, 1339; *Zerey,* Rechtliche Probleme der Finanzierung von Leveraged Buyouts und Tender Offers durch Banken in den USA und in der Bundesrepublik Deutschland, 1994; *Zilles/Deutsch,* Aufsichtsratswahlen: Erweiterte Praxisanforderungen, ZCG 2013, 69.

Übersicht

	Rn.
A. Allgemeines	1
I. Bedeutung der Norm	1
II. Entstehungsgeschichte	3
III. Rechtstatsachen	5
IV. Der Deutsche Corporate Governance Kodex	6
V. Sondervorschriften für Banken und Versicherungen	9

	Rn.
B. Gesetzliche persönliche Voraussetzungen	18
I. Persönliche Voraussetzungen nach AktG (Abs. 1)	18
1. Natürliche Person	18
2. Unbeschränkt geschäftsfähige Person	19
II. Persönliche Voraussetzungen	20
C. Gesetzliche Hinderungsgründe	21
I. Hinderungsgründe nach AktG	22
1. Höchstzahl von Aufsichtsratsmandaten (Abs. 2 S. 2 Nr. 1)	23
a) Allgemeine Grenze	23
b) Konzernausnahme (Abs. 2 S. 2)	28
c) Vorsitzmandate (Abs. 2 S. 3)	32
2. Widerspruch zum Organisationsgefälle (Abs. 2 S. 1 Nr. 2)	34
a) Aufsichtsratsmandate im herrschenden Unternehmen	34
b) Begriff des gesetzlichen Vertreters	35
c) Aufsichtsratsmandate in abhängigen Unternehmen	37
3. Verbot der Überkreuzverflechtung (Abs. 2 S. 1 Nr. 3)	38
a) Grundsätze	38
b) Betroffene Unternehmen	39
c) Fakultative Aufsichtsräte	40
d) Begriff des gesetzlichen Vertreters	44
4. Wechsel ehemaliger Vorstandsmitglieder in den Aufsichtsrat (Abs. 2 S. 1 Nr. 4)	49
II. Hinderungsgründe nach anderen Gesetzen	56
1. Grundgesetz	56
2. Landesverfassungen	57
3. Beamtenrecht	58
III. Sonstige Hinderungsgründe	59
IV. Tatbestände ohne Wirkung	60
D. Besondere persönliche Voraussetzungen und Hinderungsgründe für Arbeitnehmervertreter und „weitere Mitglieder" (Abs. 3)	62
I. Geltung der persönlichen Voraussetzungen und der Hinderungsgründe	63
II. Besondere Voraussetzungen der Wählbarkeit	64
E. Satzungsmäßige persönliche Voraussetzungen und Hinderungsgründe (Abs. 4)	67
I. Persönlicher Geltungsbereich satzungsmäßiger Festlegungen	68
II. Inhaltliche Schranken	70
1. Für entsandte Mitglieder	71
2. Für gewählte Mitglieder	72
F. Anforderungen an Befähigung und unternehmerische Erfahrung	75
I. Persönlicher Geltungsbereich	84
II. Allgemeine Anforderungen an die Befähigung von Aufsichtsratsmitgliedern	85
1. Aufgabenbestimmte (funktionsspezifische) Anforderungen	86
2. Haftungsbestimmte Anforderungen	89
3. Erfordernis unternehmerischer Erfahrung	91
4. Zeitpunkt des Vorliegens der erforderlichen Befähigung	93
G. Mindestens ein unabhängiger Financial Expert im Aufsichtsrat von Gesellschaften iSv § 264d HGB (Abs. 5)	94
I. Allgemeines	94
II. Unabhängigkeit	97
III. Sachverstand	104
IV. Financial Expert im Prüfungsausschuss	105
H. Rechtsfolgen des Fehlens oder des Wegfalls persönlicher Voraussetzungen	106
I. Fehlen von persönlichen Voraussetzungen oder Vorliegen von Hinderungsgründen bei der Wahl	107
1. Gesetzliche Anforderungen	109
2. Satzungsmäßige Anforderungen	112
3. Ablehnung der Wahl	114
II. Fehlen von persönlichen Voraussetzungen bei Amtsantritt	115
1. Gesetzliche Anforderungen	116
2. Satzungsmäßige Anforderungen	117
III. Wegfall von persönlichen Voraussetzungen nach Amtsantritt	118
1. Gesetzliche Anforderungen	119
a) Wegfall persönlicher Voraussetzungen	119
b) Eintritt gesetzlicher Verbotsgründe	120
c) Entsandte Aufsichtsratsmitglieder	123
2. Satzungsmäßige Anforderungen	124
IV. Fehlen oder Wegfall von Befähigungs- oder Erfahrungsmerkmalen nach Amtsantritt	126
V. Wegfall der Unabhängigkeit des Financial Expert	135

AktG § 100 1–4

A. Allgemeines

I. Bedeutung der Norm

1 Die vorliegende Gesetzesbestimmung will zusammen mit der Vorschrift über die Unvereinbarkeit der Zugehörigkeit zum Vorstand und zum Aufsichtsrat (§ 105 Abs. 1) durch formale Regelungen die Aufsichtsratstätigkeit verbessern, insbesondere durch die Begrenzung der Zahl der Aufsichtsratsmandate, die eine Person wahrnehmen darf. Wegen der größeren Verantwortung und des erhöhten Zeitaufwands für ein Vorsitzmandat sind solche Mandate doppelt zu zählen. Zusätzlich kann ein gesetzlicher Vertreter des herrschenden Konzernunternehmens fünf weitere Mandate bei konzernabhängigen Gesellschaften wahrnehmen. Aufsicht entgegen dem Organisationsgefälle[1] oder Überkreuzverflechtung[2] sind nicht mehr zulässig. Die besonderen Voraussetzungen für Aufsichtsratsmitglieder, die in den Mitbestimmungsgesetzen festgelegt sind, bleiben unberührt. Die Satzung kann zusätzliche persönliche Anforderungen nur für Anteilseignervertreter festlegen.

2 Neben den ausdrücklichen Gesetzesbestimmungen folgen aus den Aufgaben des Aufsichtsrats und den Vorschriften über seine Sorgfalt und Haftung mittelbar weitere persönliche Voraussetzungen für die Wahrnehmung eines Aufsichtsratsmandats.

II. Entstehungsgeschichte

3 Die Vorschrift ist durch das AktG 1965 gegenüber der Regelung im AktG 1937 verschärft und erweitert worden. Nur eine natürliche, voll geschäftsfähige Person kann Aufsichtsratsmitglied sein. Die Höchstzahl der Mandate, die von einer Person wahrgenommen werden darf, ist ohne Ausnahmemöglichkeit auf zehn beschränkt und darf nur in eng umrissenen Fällen um Konzernmandate erweitert werden. Das Verbot eines Aufsichtsratsmandats durch gesetzliche Vertreter eines abhängigen Unternehmens in Abs. 2 Nr. 2 und das Verbot der sog. Überkreuzverflechtung in Abs. 2 Nr. 3 sind in das Gesetz aufgenommen worden. Außerdem ist aus politischen, nicht ökonomischen Erwägungen[3] Abs. 2 Nr. 4 um eine Karenzzeit von zwei Jahren für den Wechsel eines Vorstandsmitglieds in den Aufsichtsrat ergänzt worden.[4] Die Regelungen der Abs. 3 und 4 kodifizieren zuvor in der Lehre vertretene Auffassungen.

4 Nach 1965 sind die Regelungen des § 100 verschiedentlich geändert worden. Durch das MitbestG[5] ist dieses Gesetz in Abs. 3 aufgenommen worden, die Bezeichnungen der anderen Mitbestimmungsgesetze wurden der neuen Gesetzeslage angepasst. Das Betreuungsgesetz[6] hat zur Änderung von Abs. 1 geführt. Mit dem KonTraG[7] ist in Abs. 2 mit S. 3 die Doppelanrechnung der Vorsitzmandate eingeführt worden. Durch das BilMoG[8] wurde schließlich Abs. 5 eingefügt, der für kapitalmarktorientierte Gesellschaften (§ 264d HGB) mindestens einen unabhängigen **Financial Expert** zwingend vorsieht.

---

[1] Vgl. Hüffer/*Koch* Rn. 13.
[2] Vgl. Hüffer/*Koch* Rn. 14.
[3] Vgl. die Begründung des Rechtsausschusses, BT-Drs. 16/13433, 11.
[4] Vgl. Gesetz zur Angemessenheit der Vorstandsvergütung (VorstAG) vom 31.7.2009, BGBl. 2009 I S. 2509, Art. 1 Nr. 3.; zur Entstehungsgeschichte des VorstAG *Seibert* WM 2009, 1489; kritisch zu dieser Neuregelung *Hohenstatt* ZIP 2009, 1349 (1355).
[5] Gesetz vom 4.5.1976, BGBl. 1976 I S. 1153.
[6] Gesetz vom 12.9.1990, BGBl. 1990 I S. 2002.
[7] Gesetz vom 27.4.1998, BGBl. 1998 I S. 786.
[8] Gesetz zur Modernisierung des Bilanzrechts – Bilanzrechtsmodernisierungsgesetz vom 25.5.2009, BGBl. 2009 I S. 1102, Art. 5 Nr. 3; vgl. dazu die Richtlinie 2006/43/EG des Europäischen Parlaments und des Rates vom 17.5.2006 über Abschlussprüfungen von Jahresabschlüssen und konsolidierten Abschlüssen, zur Änderung der Richtlinien 78/660/EWG und 83/349/EWG des Rates und zur Aufhebung der Richtlinie 84/253/EWG des Rates, ABl. EU Nr. L 157, 87; vgl. auch *Braun/Louven* GmbHR 2009, 965 ff.; kritisch zu den praktischen Problemen der Umsetzung des BilMoG *Lüer*, FS Maier-Reimer, 2010, 385 (404 ff.).

III. Rechtstatsachen

Inhaltliche und zeitliche Anforderungen an die Aufsichtsratstätigkeit steigen, faktisch auch 5 durch vielbeachtete Rechtsprechung zur Aufsichtsratshaftung.[9] Zu beobachten ist schon länger ein Trend zur Professionalisierung der Aufsichtsratsarbeit.[10]

IV. Der Deutsche Corporate Governance Kodex

Der Deutsche Corporate Governance Kodex (DCGK) ergänzt mit seinen Empfehlungen 6 die gesetzlichen Regelungen des § 100 und unterstreicht, so die Regierungskommission am 11. Mai 2015, die zunehmende Rolle des Aufsichtsrats.

Ziff. 5.4.1 DCGK stellt klar, dass der Aufsichtsrat so zusammenzusetzen ist, dass seine 7 Mitglieder insgesamt über die zur ordnungsgemäßen Wahrnehmung der Aufgaben erforderlichen Kenntnisse, Fähigkeiten und fachlichen Erfahrungen verfügen. Der Kodex empfiehlt, dass der Aufsichtsrat für seine Zusammensetzung konkrete Ziele benennt, die unter Beachtung der unternehmensspezifischen Situation die internationale Tätigkeit des Unternehmens, potenzielle Interessenkonflikte, die Anzahl der unabhängigen Aufsichtsratsmitglieder im Sinn von Ziff. 5.4.2 DKGK, eine festzulegende Altersgrenze für Aufsichtsratsmitglieder und eine festzulegende Regelgrenze für die Zugehörigkeit zum Aufsichtsrat sowie Vielfalt (Diversity) berücksichtigen. Ziff. 5.4.2 DCGK empfiehlt, dass dem Aufsichtsrat eine nach seiner Einschätzung angemessene Anzahl unabhängiger Mitglieder angehört, wobei ein Mitglied insbesondere dann nicht als unabhängig anzusehen ist, wenn es in einer persönlichen oder einer geschäftlichen Beziehung zu der Gesellschaft, deren Organen, einem kontrollierenden Aktionär oder einem mit diesem verbundenen Unternehmen steht, die einen wesentlichen und nicht nur vorübergehenden Interessenkonflikt begründen kann.[11] Dem Aufsichtsrat sollen nicht mehr als zwei ehemalige Mitglieder des Vorstands angehören. Schließlich sollen Aufsichtsratsmitglieder keine Organfunktion oder Beratungsaufgaben bei wesentlichen Wettbewerbern des Unternehmens ausüben. Der DCGK (Ziff. 5.5.2 und 5.5.3 DCGK) sieht zudem Offenlegungspflichten im Falle von Interessenkonflikten sowohl für Aufsichtsratsmitglieder gegenüber dem Aufsichtsrat vor als auch solche des Aufsichtsrats gegenüber der Hauptversammlung.

Des Weiteren nimmt Ziff. 5.4.4 DCGK in Übereinstimmung mit Abs. 2 S. 1 Nr. 4 an, 8 dass Vorstandsmitglieder vor Ablauf von zwei Jahren nach dem Ende ihrer Bestellung nicht Mitglied des Aufsichtsrats werden dürfen, es sei denn ihre Wahl erfolgt auf Vorschlag von Aktionären, die mehr als 25 % der Stimmrechte an der Gesellschaft halten. Den Wechsel in den Aufsichtsratsvorsitz schränkt Ziff. 5.4.4 DCGK jedoch weiter ein, indem es ihn als Ausnahme bezeichnet und die Begründung dieser Ausnahme in der Hauptversammlung empfiehlt. Ziff. 5.4.2 DCGK empfiehlt schließlich, dass dem Aufsichtsrat nicht mehr als zwei ehemalige Vorstandsmitglieder angehören und Aufsichtsratsmitglieder darüber hinaus keine Organfunktion oder Beratungsaufgaben bei wesentlichen Wettbewerbern des Unternehmens ausüben.

V. Sondervorschriften für Banken und Versicherungen

Für Banken und Versicherungen werden die Bestimmungen des AktG **spezialgesetzlich** 9 durch Vorschriften im **VAG** (§ 7a Abs. 4 VAG) und im **KWG** (§ 36 Abs. 3 KWG) ergänzt.

§ 7a Abs. 4 S. 1 VAG verlangt, dass Aufsichtsratsmitglieder **zuverlässig** sein und die zur 10 Wahrnehmung der Kontrollfunktion sowie zur Beurteilung und Überwachung der Ge-

---

[9] Vgl. etwa BGH NZG 2011, 1271 (1275) – ISION; dazu zB *Fedtke* BB 2011, 2963; *Binder* ZGR 2012, 757 ff.; *Selter* AG 2012, 11 ff.; *Vetter* EWiR 2011, 793 f.; *Wagner* BB 2012, 651 ff.; *Merkt/Mylich* NZG 2012, 525 ff.; Grigoleit/*Grigoleit/Tomasic* § 116 Rn. 5.
[10] *Feddersen* AG 2000, 390.
[11] Vgl. zum Auskunftsanspruch der Aktionäre bei der Wahl im Hinblick auf die Unabhängigkeit LG Hannover AG 2009, 914 (917).

schäfte, die das Unternehmen betreibt, erforderliche **Sachkunde** besitzen müssen. Die erforderliche Sachkunde kann sich aus (Vor-)Tätigkeiten zB als Mitglied der Geschäftsleitung oder des Verwaltungs- oder Aufsichtsorgans eines vergleichbaren Unternehmens, aber auch in anderen Branchen, der öffentlichen Verwaltung oder aufgrund von politischen Mandaten ergeben.[12] Hinsichtlich der Zuverlässigkeit stellt die BaFin an Aufsichtsratsmitglieder die gleichen Anforderungen wie an Geschäftsleiter nach VAG, KWG, ZAG und InvG.[13] Die Maßstäbe entsprechen denen des § 36 Abs. 3 KWG.[14]

11 Mit dem Gesetz zur Stärkung der Finanzmarkt- und Versicherungsaufsicht vom 29.7.2009[15] wurde § 7a Abs. 4 S. 4 VAG dahingehend geändert, dass eine **Höchstgrenze** für die zulässige Anzahl von Aufsichtsratsmandaten eingeführt und außerdem geregelt wurde, dass bestimmte Mandate bei der Berechnung der Höchstzahl nicht mitzuzählen sind. Ungeklärt ist, wie diese Regelungen mit den aktienrechtlichen Bestimmungen ineinander greifen.[16]

12 § 7a Abs. 4 S. 4 VAG sieht vor, dass jemand, der bereits fünf Kontrollmandate bei einem unter Aufsicht der BaFin stehenden Unternehmen ausübt, nicht in den Aufsichtsrat eines dem VAG unterliegenden Unternehmens (s. dazu § 1 VAG) bestellt werden darf. Abs. 2 S. 1 Nr. 1 lässt demgegenüber zehn Aufsichtsratsmandate zu.[17] Beiden Vorschriften liegt dasselbe Ziel zugrunde: Die Aufsichtstätigkeit soll sachgerecht wahrgenommen und mögliche Interessenkonflikte, die bei einer Vielzahl von Mandaten entstehen, sollen vermieden werden.[18] Bei der Berechnung sind jeweils nur deutsche Unternehmen zu berücksichtigen (vgl. zum Meinungsstand im Bereich von Abs. 2 Nr. 1 → Rn. 23). Allerdings sieht das **Konzernprivileg** des Abs. 2 S. 2 vor, dass bis zu fünf weitere Mandate in Aufsichtsräten von konzernzugehörigen Unternehmen übernommen werden können, wenn das Aufsichtsratsmitglied gesetzlicher Vertreter im herrschenden Unternehmen ist. Diese Grenze von weiteren fünf Mandaten, aus der sich eine Obergrenze von 15 Mandaten nach den Regelungen des Aktienrechts ergibt, ist auch für Aufsichtsräte in Versicherungsunternehmen maßgeblich. Kein Mitglied eines Aufsichtsrats darf mehr als 15 Aufsichtsratsmandate haben. § 7a Abs. 4 S. 4 Halbs. 2 VAG ist mit dem Rechtsgedanken des Abs. 2 S. 2 zu begrenzen. Dafür spricht sowohl die Gesetzesbegründung[19] als auch der Zweck der Regelung.

13 Seit 1.1.2014 gelten weitere Anforderungen an Aufsichtsratsmitglieder in Kreditinstituten durch das Capital Requirements Directive (CRD) IV-Paket gestellt,[20] dessen Umsetzung

---

[12] Merkblatt der Bundesanstalt für Finanzdienstleistungsaufsicht (BaFin) zur Kontrolle der Mitglieder von Verwaltungs- und Aufsichtsorganen gemäß KWG und VAG vom 3.12.2012, abrufbar unter www.bafin.de.
[13] Vgl. dazu auch Merkblatt der BaFin für die Prüfung der fachlichen Eignung und Zuverlässigkeit von Geschäftsleitern gemäß VAG, KWG, ZAG und InvG vom 20.2.2013, abrufbar unter www.bafin.de.
[14] Boos/Fischer/Schulte-Mattler/*Fischer* KWG § 36 Rn. 105 ff.; *Laars* VAG § 7a Rn. 5; vgl. auch insgesamt die Konkretisierungen zu den Anforderungen an die Sachkunde und Zuverlässigkeit im BaFin Merkblatt, vgl. Fn. 14; zur Rechtslage in Österreich vgl. Kalss/Kunz/*Kalss*, HdB für den Aufsichtsrat, 943 (944 ff.).
[15] BGBl. 2009 I S. 2305; vgl. zu den sich daraus ergebenden Anforderungen an Aufsichtsratsmitglieder von Kreditinstituten und Versicherungsunternehmen auch Merkblatt der BaFin zur Kontrolle der Mitglieder von Verwaltungs- und Aufsichtsorganen gemäß KWG und VAG vom 3.12.2012, abrufbar unter www.bafin.de; *Mutter/Kruchen* AG-Report 2010, R319 f.
[16] Vgl. dazu ausführlich *Mutter/Kruchen* VersR 2011, 48 f. mwN.
[17] Ziff. 5.4.5 DCGK empfiehlt für börsennotierte Gesellschaften, dass Vorstände insgesamt nicht mehr als drei Aufsichtsratsmandate in konzernexternen börsennotierten Gesellschaften oder in Aufsichtsgremien von konzernexternen Gesellschaften wahrnehmen, die vergleichbare Anforderungen stellen.
[18] BT-Drs. 16/12783, 18 und BT-Drs. 16/12783, 32.
[19] BT-Drs. 16/12783, 18 = „Aufgrund der hohen Bedeutung, die unter staatlicher Aufsicht stehenden Unternehmen der Finanzbranche für die Finanzmarktstabilität haben, ist es erforderlich, die Anzahl der Mandate über die Beschränkung des § 100 Abs. 2 AktG hinaus weiter zu begrenzen."
[20] Capital Requirements Directive, Vorschlag für eine Richtlinie des Europäischen Parlaments und des Rates über die Beaufsichtigung von Kreditinstituten und Wertpapierfirmen und zur Änderung der Richtlinie 2002/87/EG des Europäischen Parlaments und des Rates über die zusätzliche Beaufsichtigung der Kreditinstitute, Versicherungsunternehmen und Wertpapierfirmen eines Finanzkonglomerats vom 20.7.2011, KOM (2011) 453 endg.; Vorschlag für eine Verordnung des Europäischen Parlaments und des Rates über Aufsichtsanforderungen an Kreditinstitute und Wertpapierfirmen, KOM (2011) 452.

durch Änderungen der KWG-Regelungen erfolgt ist.[21] § 25d Abs. 2 und 3 KWG fordern, dass Aufsichtsratsmitglieder zuverlässig sind, die erforderliche Sachkunde zur Wahrnehmung der Kontrollfunktion sowie zur Beurteilung und Überwachung der Geschäfte, die das jeweilige Unternehmen betreibt, besitzen und der Wahrnehmung ihrer Aufgaben ausreichend Zeit widmen. Ausreichend, aber auch notwendig ist, dass in der Zusammenschau der Kenntnisse aller Mitglieder des Aufsichtsrats die nötigen Spezialkenntnisse vorhanden sind.[22] Diese Anforderungen waren allerdings bereits vor CRD IV zum größten Teil in § 36 Abs. 3 S. 1 und 2 KWG aF enthalten. Hinzu kommen Regelungen über die Bildung verschiedener Ausschüsse, die aus der Mitte des Aufsichtsorgans von Instituten, übergeordneten (vgl. § 10a Abs. 2 S. 2 oder 3 KWG) Finanzholding-Gesellschaften oder gemischten Finanzholding-Gesellschaften zwingend zu bestellen sind, darunter ein Risiko-, Prüfungs-, Nominierungs- und Vergütungskontrollausschuss.[23] Die besonderen Anforderungen an den Vorsitzenden des Prüfungsausschusses, nämlich Sachverstand auf den Gebieten Rechnungslegung **und** Abschlussprüfung, folgen den EBA Guidelines[24] und sind am Wortlaut von Abs. 5 orientiert.[25] Falls ein Mitglied des Verwaltungs- oder Aufsichtsorgans zB die geforderte Sachkenntnis oder Zuverlässigkeit nicht besitzt, kann die BaFin die Abberufung durch das Unternehmen verlangen oder dem Mitglied die Ausübung der Tätigkeit untersagen.[26] Insgesamt haben sich die Anforderungen an die Qualifikation von Aufsichtsratsmitgliedern durch CDR IV nicht wesentlich geändert. Aber gleichwohl ist davon auszugehen, dass die Anforderungen an die Überwachungstätigkeit des Aufsichtsrats steigen. Hieraus folgt Trend zur weiteren Professionalisierung der Aufsichtsratsarbeit.[27]

Das CRD IV Umsetzungsgesetz, nachfolgend angepasst durch das das Gesetz zur Anpassung von Gesetzen auf dem Gebiet des Finanzmarktes,[28] hat in § 25d Abs. 3 KWG verschärfte Regelungen für Mitglieder von Verwaltungs- und Aufsichtsorganen von CRR-Instituten gebracht, die von erheblicher Bedeutung sind,[29] und zwar zur Inkompalibität, zur zulässigen Kombination und zur Höchstzahl von Mandaten. Nach §§ 25d Abs. 3 S. 1 Nr. 1 oder Nr. 2 KWG ist inkompatibel für die Mitgliedschaft im Aufsichtrat eines CRR-Instituts, wer in demselben Unternehmen Geschäftsleiter ist oder wer in dem betreffenden Unternehmen Geschäftsleiter war, wenn bereits zwei ehemalige Geschäftsleiter des Unternehmens Mitglied des Verwaltungs- oder Aufsichtsorgans sind. Beides galt auch bisher schon.[30] Strenger als bisher sind die Vorschriften zur Ämterhäufung. Es kann nicht Mitglied des Aufsichtsrats eines CRR-Instiuts sein, wer in einem Unternehmen Geschäftsleiter ist und zugleich in mehr als zwei Unternehmen Mitglied des Verwaltungs- oder Aufsichtsorgans ist (§ 25d Abs. 3 S. 1 Nr. 3 KWG) oder wer in mehr als vier Unternehmen Mitglied des Verwaltungs- oder Aufsichtsorgans ist (§ 25d Abs. 3 S. 1 Nr. 4 KWG). Dabei gelten mehrere Mandate als ein Mandat, wenn die Mandate bei Unternehmen wahrgenommen werden, die derselben Institutsgruppe, Finanzholding-Gruppe oder gemischten Finanzholding-Gruppe angehören oder die demselben institutsbezogenen Sicherungssystem angehören oder an denen das Institut eine bedeutende Beteiligung hält (§ 25d Abs. 3 Satz 2

---

[21] Vgl. dazu CRD VI-Umsetzungsgesetz, BGBl. 2013 I S. 3395, siehe auch BT-Drs. 17/10974 und 17/13524; dazu *Brandi/Gieseler* NZG 2012, 1321 ff.; *v. Schenck* in Semler/ v. Schenck AR-HdB § 1 Rn. 16; vgl. auch zu den Wirkungen auf die allgemeine Corporate Governance Debatte *Merkelbach* Der Konzern 2013, 227 (229 ff.).
[22] So die Gesetzesbegründung, vgl. BT-Drs. 17/10974, 87; *Apfelbacher/Metzner* AG 2013, 773 (776).
[23] Vgl. § 25d Abs. 7 bis 12 KWG hierzu BT-Drs. 17/10974, 33 ff. und BT-Drs. 17/13524, 131.
[24] Vgl. EBA Guidelines on Internal Governance (GL 44), abrufbar unter www.eba.europa.eu.
[25] BT-Drs. 17/10974, 88; Abs. 5 verlangt allerdings, dass (irgend) ein unabhängiges Mitglied des Aufsichtsrats über Sachverstand auf den Gebieten Rechnungslegung **oder** Abschlussprüfung verfügt.
[26] Vgl. § 36 Abs. 3 KWG des Gesetzentwurfs, BT-Drs. 17/10974, 38.
[27] *Apfelbacher/Metzner* AG 2013, 773 (776); zu den Qualifikationsanforderungen an Mitglieder des Aufsichtsrats von Kreditinstituten vgl. *Leyens/Schmidt* AG 2013, 533 (536 f.).
[28] BGBl. 2014 I S. 934.
[29] Vgl. den Wortlaut der jeweiligen Vorschrift und BT-Drs. 18/1305, 38 f.; zur Definition siehe § 2 Abs. 3d KWG und § 25c Abs. 2 S. 6 bzw. § 25d Abs. 3 Satz 7 KWG.
[30] *Apfelbacher/Metzner* AG 2013, 773 (777).

KWG). Für kommunale Hauptverwaltungbeamte, die kraft kommunaler Satzung zur Wahrnehmung von Aufsitzratsmandaten in einem kommunalen Unternehmen oder Zweckverband verpflichtet sind, gilt die Begrenzung des § 25 Abs. 3 S. 1 Nr. 4 KWG nicht (§ 25d Abs. 3 S. 6 KWG).

15 Weiterhin enthät das Gesetz Privilegierungen für Mandate bei Organisationen und Unternehmen, die nicht überwiegend gewerbliche Zwecke verfolgen, etwa Unternehmen der kommunalen Daseinsvorsorge (§ 25d Abs. 3 S. 4 KWG).

16 § 25d Abs. 3 KWG gilt wegen § 64r Abs. 14 KWG bei CRR-Instituten grundsätzlich nicht für Mandate, die das Organ am 31. Dezember 2013 bereits inne hatte.[31] Altmandate führen also nicht zu einem Verstoß des betreffenden Aufsichtsratsmitglieds gegen § 25d Abs. 3 KWG.

17 Nach § 25d Abs. 3a KWG kann nicht Mitglied des Aufsichtsrats eines Instituts sein, wer in dem betreffenden Unternehmen Geschäftsleiter war, wenn bereits zwei ehemalige Geschäftsleiter des Unternehmens Mitglied des Verwaltungs- oder Aufsichtsorgans sind, oder wer in mehr als fünf Unternehmen, die unter der Aufsicht der Bundesanstalt stehen, Mitglied des Verwaltungs- oder Aufsichtsorgans ist, es sei denn, diese Unternehmen gehören demselben institutsbezogenen Sicherungssystem an.

B. Gesetzliche persönliche Voraussetzungen

I. Persönliche Voraussetzungen nach AktG (Abs. 1)

18 Nur solche Personen, die im Gesetz festgelegte Anforderungen an ihre Person erfüllen, können Aufsichtsratsmitglied einer Gesellschaft werden. Abs. 1 bestimmt diese Anforderungen. Sie gelten für Anteilseignervertreter, Arbeitnehmervertreter und weitere Mitglieder (§ 4 Abs. 1 S. 2 lit. c MontanMitbestG, § 5 Abs. 1. S. 2 lit. c MitbestErgG). Es gibt keine Befreiungsmöglichkeiten von den persönlichen Voraussetzungen, da sie im öffentlichen Interesse festgelegt sind.

1. Natürliche Person. Nur natürliche Personen können Aufsichtsratsmitglieder sein. Ausgeschlossen von einem Aufsichtsratsmandat sind damit insbesondere juristische Personen.

19 **2. Unbeschränkt geschäftsfähige Person.** Jedes Aufsichtsratsmitglied muss volljährig sein. Die Zustimmung des gesetzlichen Vertreters oder sonstige Ermächtigungen (§§ 112, 113 BGB) reichen nicht, um eine Mandatsfähigkeit herzustellen. Das Aufsichtsratsmitglied darf nicht entmündigt sein und nicht bei der Besorgung seiner Vermögensangelegenheiten ganz oder teilweise einem Einwilligungsvorbehalt (§ 1903 BGB) unterliegen. Das Gesetz will sicherstellen, dass jedes Aufsichtsratsmitglied persönlich die Verantwortung für sein Handeln oder Unterlassen übernehmen kann.[32]

II. Persönliche Voraussetzungen

20 Das Gesetz fordert von Personen, die ein Aufsichtsratsmandat übernehmen sollen,[33] lediglich in Abs. 5 ausdrücklich eine besondere Qualifikation. Allerdings ergeben sich auch bereits aus den Aufgaben, die ein Aufsichtsratsmitglied wahrzunehmen hat, sowie aus den Sorgfalts- und Haftungsvorschriften des AktG unverzichtbare Anforderungen an Fähigkeiten, Kenntnisse und Erfahrungen eines Aufsichtsratsmitglieds.[34] Jedes Aufsichtsratsmit-

---

[31] Dieser Bestandschutz gilt jedoch für Mitglieder von Aufsichtsräten systemgefährdender Institute nur bis zum 30. Juni 2014. Vgl. § 64r Abs. 14 KWG, hierzu *Apfelbacher/Metzner* AG 2013, 773 (777 f.).
[32] *Kropff* AusschussB S. 135; *Hüffer/Koch* Rn. 2; *Spindler/Stilz/Spindler* Rn. 10.
[33] Abgesehen vom InvG.
[34] Vgl. hierzu → Rn. 66 ff.; zu den erhöhten Haftungsrisiken BGH NZG 2011, 1271 (1274) – ISION; *Hasselbach* NZG 2012, 41 (47); *Kiefner/Krämer* AG 2012, 498 ff.; *Merkt/Mylich* NZG 2012, 525 (528);

glied hat für seine eigene Befähigung einzustehen.³⁵ Bisher wurden diese besonderen Fähigkeiten zumeist im Zusammenhang mit den Vorschriften über Sorgfaltspflicht und Haftung erörtert. Im Übrigen sieht auch Ziff. 5.4.1 DCGK vor, dass die Mitglieder des Aufsichtsrats insgesamt über die zur ordnungsgemäßen Wahrnehmung der Aufgaben erforderlichen Kenntnisse, Fähigkeiten und fachliche Erfahrung verfügen.

C. Gesetzliche Hinderungsgründe

Nur solche Personen können Aufsichtsratsmitglieder sein, deren Wahl keine rechtlichen Hinderungsgründe entgegenstehen. Die Hinderungsgründe des AktG sind unverzichtbar. Es gibt, anders als bis 1965, keine Befreiungsmöglichkeiten durch irgendwelche Behörden oder gar durch die Hauptversammlung. Die gesetzlichen Hinderungsgründe sind im öffentlichen Interesse geschaffen und unterliegen deswegen nicht der Privatdisposition. 21

I. Hinderungsgründe nach AktG

Abs. 2 der Norm zählt drei Hinderungsgründe auf. Die Aufzählung ist nicht erschöpfend.³⁶ 22

1. Höchstzahl von Aufsichtsratsmandaten (Abs. 2 S. 2 Nr. 1). a) Allgemeine Grenze. Der Gesetzgeber will jedenfalls in gewissem Umfang dafür sorgen, dass ein Mandatsträger für die Wahrnehmung der übernommenen Aufsichtsratsmandate ausreichend Zeit zur Verfügung hat. Auch der Aufsichtsrat soll sich davon überzeugen (vgl. Ziffer 5.4.1. DCGK idF vom 5. Mai 2015. 23

Historisch wollte die Vorschrift zudem eine gesellschaftspolitisch unerwünschte Machtzusammenballung in einem kleinen Personenkreis verhindern.³⁷ Dieser Gesetzeszweck hatte sich eigentlich überholt, könnte aber in den nächsten Jahren wieder Bedeutung erlangen, wenn die von der Politik erzwungenen „Quotenfrauen" durch wenige verfügbare erfahrene Konzernlenkerinnen zu stellen sind. Die von jedem Aufsichtsratsmandat ausgehende Einflussmöglichkeit sollte zur Vermeidung politisch nicht legitimierter Einflusszentren begrenzt werden. Niemand darf mehr als zehn Aufsichtsratsmandate zur selben Zeit ausüben. Dabei werden Mandate in Aufsichtsräten, deren Vorsitz die betreffende Person führt, doppelt gezählt. Bei der Ermittlung der Höchstzahl werden Mandate in allen Handelsgesellschaften berücksichtigt, die gesetzlich einen Aufsichtsrat zu bilden haben.³⁸ 24

Nicht zu berücksichtigen sind **Mandate in Unternehmen, die keine Handelsgesellschaften** sind, wie zB bei Genossenschaften³⁹ und bei Versicherungsvereinen auf Gegenseitigkeit (§ 16 VAG). Ebenso wenig sind Mandate freiwillig gebildeter Aufsichtsgremien, unter welcher Bezeichnung sie auch immer laufen mögen (Aufsichtsrat, Verwaltungsrat, Beirat und dgl.), einzubeziehen. Dies gilt auch dann, wenn aufsichtsratspflichtige Gesellschaften derartige Gremien neben bestehenden gesetzlichen Aufsichtsräten bilden. 25

Anzurechnen sind nur **Mandate in Gesellschaften, die ihren Sitz in der Bundesrepublik Deutschland** haben und die nach den Gesetzen der Bundesrepublik Deutschland errichtet worden sind. Dies folgt aus der Entstehungsgeschichte der Vorschrift und ist unverändert hM.⁴⁰ Mandate bei ausländischen Unternehmen gleich welcher Art und un- 26

Mutter/Gayk ZIP 2003, 1773 (1774 f.); Kölner Komm AktG/*Mertens/Cahn* § 116 Rn. 63; zum Umfang der Haftung im Hinblick auf Rechtsirrtümer *Strohn* ZHR 176 (2012), 137 (139 ff.).
³⁵ Kölner Komm AktG/*Mertens/Cahn* Rn. 10; Großkomm AktG/*Hopt/Roth* Rn. 29.
³⁶ Hüffer/*Koch* Rn. 1.
³⁷ *Kropff* AusschussB S. 136; *v. Caemmerer*, FS Geßler, 1971, 84; Kölner Komm AktG/*Mertens/Cahn* Rn. 25; Spindler/Stilz/*Spindler* Rn. 12.
³⁸ Spindler/Stilz/*Spindler* Rn. 14 mwN.
³⁹ § 17 Abs. 2 GenG; MHdB AG/*Hoffmann-Becking* § 30 Rn. 7a; Spindler/Stilz/*Spindler* Rn. 13.
⁴⁰ Mit ausführlicher Begründung *v. Caemmerer*, FS Geßler, 1971, 81 (83 ff.) mwN; Kölner Komm AktG/ *Mertens/Cahn* Rn. 29; MHdB AG/*Hoffmann-Becking* § 30 Rn. 7a; Hüffer/*Koch* Rn. 10; Hölters/*Simons*

AktG § 100 27–32   Erstes Buch. Aktiengesellschaft

abhängig von der Frage, ob sie von Gesetzes wegen bestehen oder nicht, sind also nicht mitzuzählen. Der Sinn dieser Ausnahme bleibt dunkel, ist aber Gesetz. Ob die Rechtsprechung das dauerhaft akzeptiert, ist fraglich geworden.[41]

27   In die Höchstzahl zulässiger Mandate sind auch **Mandate auf Grund gerichtlicher Bestellung** (§ 104) einzubeziehen. Dies bedeutet andererseits, dass jemand nicht mehr vom Gericht zum Aufsichtsratsmitglied bestellt werden kann, wenn er die gesetzliche Höchstzahl bereits überschritten hat. Auch Gerichte sind an gesetzliche Verbote (Arg. e § 104 Abs. 4) gebunden. Darum ist auch eine gerichtliche Bestellung, die gegen das Verbot der Ämterhäufung verstößt, nichtig.[42]

28   b) **Konzernausnahme (Abs. 2 S. 2). Gesetzliche Vertreter des herrschenden Unternehmens eines Konzerns** (beim Einzelkaufmann der Inhaber) dürfen neben den gesetzlich zugelassenen Mandaten weitere fünf **Mandate in** gesetzlich zu bildenden Aufsichtsräten von **Konzernunternehmen** wahrnehmen. Die Ausnahmevorschrift betrifft nur die **gesetzlichen Vertreter** eines Unternehmens. Diese sind bei der AG die Vorstandsmitglieder, bei der KGaA die persönlich haftenden Gesellschafter, bei der GmbH die Geschäftsführer, bei Personenhandelsgesellschaften (OHG, KG) die persönlich haftenden Gesellschafter bzw. deren Organ, bei BGB-Gesellschaften (wenn sie als herrschendes Unternehmen eines Konzerns anzusehen sind) die Gesellschafter. Inhaber (Einzelkaufleute) sind ebenfalls begünstigt.[43] Die Sonderregelung besteht, weil die Konzernführung und damit häufig auch die Wahrnehmung von Konzernmandaten zum Aufgabenbereich des gesetzlichen Vertreters des herrschenden Unternehmens gehört. Dem gesetzlichen Vertreter eines herrschenden Unternehmens soll neben der Wahrung seiner durch die Konzernführung bedingten Mandate die Wahrnehmung weiterer zehn konzernfremder Mandate ermöglicht werden.[44]

29   Auf Gesellschafter von Personengesellschaften, die von der Vertretung oder von der Geschäftsführung einer Gesellschaft ausgeschlossen sind, kann die Sonderregelung nicht angewendet werden. Wer **Konzernmandate nicht im Rahmen seiner Konzernführungsaufgabe** als vertretungs- und geschäftsführungsberechtigter Gesellschafter einer Personengesellschaft, sondern aus anderen Gründen wahrnimmt, hat keinen Anspruch auf die Sonderregelung. Für Generalbevollmächtigte, Prokuristen oder sonstige leitende Angestellte oder Mitglieder des Aufsichtsrats des Unternehmens gilt die Konzernbefreiung nicht.[45]

30   Der begünstigte Konzernleiter muss gesetzlicher Vertreter des **herrschenden Unternehmens eines Konzerns** sein. Herrschendes Unternehmen im Rahmen dieser Vorschrift ist ein Unternehmen, das Konzernleitungsmacht ausübt (§ 17 Abs. 1). Streitig ist es, ob sich in einem **mehrstufigen Konzern** neben denen der Obergesellschaft auch die Vertreter einer Zwischenholding etc. auf das Konzernprivileg berufen können.[46] Nach dem Sinn der Vorschrift ist die Konzernklausel auch hier anwendbar.

31   Die Ausnahmebestimmung gilt aber nur **bei Konzernverhältnissen** (iSd § 18). Wie das Konzernverhältnis beschaffen ist, bleibt gleichgültig. Privilegiert sind Eingliederungskonzerne und Vertragskonzerne, aber auch faktische Konzernverhältnisse.

32   c) **Vorsitzmandate (Abs. 2 S. 3).** Sog. Vorsitzmandate sind auf die zulässige Mandatszahl **doppelt anzurechnen.** Damit wird der besonderen Arbeitsbelastung und Verantwor-

---

Rn. 20; Bürgers/Körber/*Bürgers/Israel* Rn. 3; zweifelnd Spindler/Stilz/*Spindler* Rn. 15 mwN; aA *Mickel/Fleischmann* NZG 2010, 54 (55); *Schütze* AG 1967, 342; Großkomm AktG/*Hopt/Roth* Rn. 36 und 39; vgl. auch *Baums* Rn. 53.
[41] Exemplarisch LG Frankfurt AG 2015, 371.
[42] AA Kölner Komm AktG/*Mertens/Cahn* Rn. 28 mwN.
[43] Bürgers/Körber/*Bürgers/Israel* Rn. 4; Großkomm AktG/*Hopt/Roth* Rn. 42.
[44] Vgl. Kölner Komm AktG/*Mertens/Cahn* Rn. 30; MHdB AG/*Hoffmann-Becking* § 30 Rn. 8.
[45] Hüffer/*Koch* Rn. 11.
[46] Für eine analoge Anwendung bei mehrstufigem Konzern mit Teilkonzernspitze Kölner Komm AktG/*Mertens/Cahn* Rn. 30; Bürgers/Körber/*Bürgers/Israel* Rn. 4; MHdB AG/*Hoffmann-Becking* § 30 Rn. 8a; *Vetter* in Marsch-Barner/Schäfer HdB börsennotiert AG § 25 Rn. 7; dagegen MüKoAktG/*Habersack* Rn. 23; Hüffer/*Koch* Rn. 11; Großkomm AktG/*Hopt/Roth* Rn. 44;

tung eines Aufsichtsratsvorsitzenden Rechnung getragen.[47] Eine Doppelanrechnung findet nur bei Mandaten statt, die überhaupt anrechnungspflichtig sind. Ein Mandat, das ohnehin nicht anrechnungspflichtig ist, wird es auch nicht dadurch, dass die betreffende Person den Vorsitz ausübt. Vorsitzmandate bei Konzerngesellschaften werden nicht doppelt gerechnet. Der gesetzliche Vertreter der herrschenden Gesellschaft kann auf Grund der Konzernklausel fünf Vorsitzmandate wahrnehmen. Dies ergibt sich eindeutig aus dem Wortlaut des Gesetzes,[48] das nur auf S. 1 Nr. 1, nicht aber auf S. 2 verweist.

Eine Doppelanrechnung findet nur beim Vorsitzenden statt. Der stellvertretende Vorsitzende ist (entgegen den zunächst gemachten Vorschlägen[49]) nicht betroffen. Er ist auch dann nicht zur Doppelanrechnung verpflichtet, wenn er den Vorsitzenden vertritt. Eine Anrechnungspflicht besteht nur und erst dann, wenn der bisherige stellvertretende Vorsitzende – oder eine andere Person – ordnungsgemäß zum Vorsitzenden gewählt worden ist und er die Wahl angenommen hat.

2. Widerspruch zum Organisationsgefälle (Abs. 2 S. 1 Nr. 2). a) Aufsichtsratsmandate im herrschenden Unternehmen. Wer gesetzlicher Vertreter eines abhängigen[50] Unternehmens ist, kann nicht Mitglied des Aufsichtsrats eines herrschenden Unternehmens sein. Der Grund für die Ausdehnung des Gebots der Organintegrität[51] auf abhängige Unternehmen ist die Überlegung, dass derjenige, der in seiner Geschäftsführung von einem anderen abhängig ist, nicht die notwendige Unabhängigkeit und Unbefangenheit hat, um die Geschäftsführung dieses anderen pflichtgerecht zu überwachen. Der Gesetzgeber sieht in einer anderweitigen, bis 1965 zulässigen und auch geübten Handhabung einen Verstoß gegen das natürliche Organisationsgefälle im Konzern.[52]

b) Begriff des gesetzlichen Vertreters. Anders als bei der Mandatsanrechnung, die schon nach dem Wortlaut der Vorschrift (Nr. 1) nur bei Unternehmen anzuwenden ist, die „gesetzlich" (dh nach einem deutschen Gesetz) einen Aufsichtsrat zu bilden haben, sind hier auch gesetzliche Vertreter von Unternehmen, die nicht den deutschen Gesetzen unterliegen, von einer Mandatsübernahme ausgeschlossen.[53] Ein Widerspruch zum „natürlichen Organisationsgefälle"[54] liegt unabhängig vom Domizil der abhängigen Gesellschaft vor. Die Beschränkung gilt nicht für eine ausländische herrschende Gesellschaft,[55] wenn nicht im Domizilstaat des ausländischen Unternehmens eine entsprechende Vorschrift besteht. Der deutsche Gesetzgeber kann keine Vorschriften für Unternehmen mit Domizil im Ausland erlassen.

Das Verbot gilt nur für gesetzliche Vertreter eines abhängigen Unternehmens.[56] **Leitende Angestellte eines abhängigen Unternehmens** (Generalbevollmächtigte, Prokuristen, zum gesamten Geschäftsbetrieb ermächtigte Handlungsbevollmächtigte) fallen kraft ausdrücklicher Gesetzesformulierung nicht hierunter.[57] Allerdings bleibt das allgemeine Verbot einer Aufsichtsratsmitgliedschaft für bestimmte leitende Angestellte bestehen (§ 105 Abs. 1).

---

[47] Vgl. → Rn. 4; *Feddersen* AG 2000, 386.
[48] Abs. 2 S. 3; *Hüffer/Koch* Rn. 12.
[49] RefE zum KonTraG, Art. 1 Nr. 8b.
[50] Nach § 17 Abs. 2 AktG wird vermutet, dass ein in Mehrheitsbesitz stehendes Unternehmen von dem an ihm mit Mehrheit beteiligten Unternehmen abhängig ist.
[51] § 105 Abs. 1. Dazu *Wagner* in Semler/v. Schenck AR-HdB § 2 Rn. 71.
[52] Vgl. AusschussB *Kropff* S. 136.
[53] *Vetter* in Marsch-Barner/Schäfer HdB börsennotierte AG § 25 Rn. 9; *Hüffer/Koch* Rn. 13; K. Schmidt/Lutter/*Drygala* Rn. 9; MüKoAktG/*Habersack* Rn. 28.
[54] Ebenso Hüffer/*Koch* Rn. 13; Kölner Komm AktG/*Mertens/Cahn* Rn. 33; MHdB AG/*Hoffmann-Becking* § 30 Rn. 10; v. Caemmerer, FS Geßler, 1971, 81 (87 ff.); Stein AG 1983, 50; Großkomm AktG/*Hopt/Roth* Rn. 54.
[55] Kölner Komm AktG/*Mertens/Cahn* Rn. 34; *Koppensteiner*, Internationale Unternehmen im deutschen Gesellschaftsrecht, 1971, S. 291.
[56] Mitglieder des Aufsichtsrats fallen nicht darunter, siehe LG München I AG 2004, 330 (331) – HVB.
[57] Grigoleit/*Grigoleit/Tomasic* Rn. 6.

37 **c) Aufsichtsratsmandate in abhängigen Unternehmen.** Gesetzliche Vertreter und leitende Angestellte **eines herrschenden Unternehmens** können dem Aufsichtsrat eines abhängigen Unternehmens angehören. Durch die Konzernklausel (Abs. 2 S. 2) wird eine solche Gestaltung sogar begünstigt, sie entspricht dem natürlichen Organisationsgefälle.

38 **3. Verbot der Überkreuzverflechtung (Abs. 2 S. 1 Nr. 3). a) Grundsätze.** Der Gesetzgeber sieht die Unabhängigkeit und Unbefangenheit eines Aufsichtsratsmitglieds dann nicht als gewährleistet an, wenn es gesetzlicher Vertreter einer anderen Kapitalgesellschaft ist, deren Aufsichtsrat ein Vorstandsmitglied der Gesellschaft angehört. Wer selbst andere Personen überwacht, darf nicht seinerseits von einer der überwachten Personen überwacht werden.[58] Deswegen ist die sog. **Überkreuzverflechtung** verboten. Durch dieses Verbot soll nicht nur die Integrität der Aufsicht gesichert werden.

39 **b) Betroffene Unternehmen.** Eine Überkreuzverflechtung kann nur in Frage kommen, wenn es sich um Positionen bei **Kapitalgesellschaften** handelt. Es muss sich um Aktiengesellschaften, Kommanditgesellschaften auf Aktien oder Gesellschaften mit beschränkter Haftung handeln. Genossenschaften oder Versicherungsvereine auf Gegenseitigkeit fallen nicht darunter.

40 **c) Fakultative Aufsichtsräte.** Fraglich ist, ob nur die Mitgliedschaft im Aufsichtsrat eines Unternehmens mit einem obligatorischen oder auch solche mit einem **fakultativen Aufsichtsrat** dem Verbot der Überkreuzverflechtung unterliegt.[59] Bei einem Unternehmen mit fakultativem Aufsichtsrat kann es sich nur um eine GmbH mit weniger als 500 Arbeitnehmern handeln, da Aktiengesellschaften und Kommanditgesellschaften auf Aktien immer einen Aufsichtsrat zu bilden haben. Allerdings bedeutet dies nicht, dass bei der Frage einer Anwendung dieser Bestimmung (Abs. 2 S. 1 Nr. 3) GmbH-Recht unmittelbar bedeutsam ist. Hier geht es allein um die aktienrechtliche Frage, ob das Aufsichtsratsmitglied der AG dem Verbot der Überkreuzverflechtung unterliegt, und nicht um die Frage, ob ein solches Verbot auch für den Geschäftsführer einer GmbH gilt.[60] Ein Vergleich der Gesetzestexte (Abs. 2 S. 1 Nr. 1 und Abs. 2 S. 1 Nr. 3) zeigt, dass das Gesetz im ersten Fall ausdrücklich auf gesetzlich zu bildende Aufsichtsräte verweist, diese Einschränkung in Nr. 3 aber nicht macht. Dies spricht für eine Einbeziehung fakultativer Aufsichtsräte in das Verbot der Überkreuzverflechtung.[61]

41 Von den **Gegnern einer Einbeziehung** fakultativer Aufsichtsräte wird darauf hingewiesen, dass der fakultative Aufsichtsrat einer GmbH keineswegs die Überwachungsaufgabe eines gesetzlich zu bildenden Aufsichtsrats zu haben brauche. Eine Überwachungskompetenz sei bei der GmbH nicht notwendige Aufgabe des Aufsichtsrats, er könne auf bloße Beratungsaufgaben beschränkt werden.[62] Außerdem werde im GmbH-Recht[63] nicht auf die aktienrechtliche Bestimmung zum Verbot der Überkreuzverflechtung verwiesen.

---

[58] AusschussB *Kropff* S. 136; Grigoleit/*Grigoleit/Tomasic* Rn. 7; Hüffer/*Koch* Rn. 14; Wagner in Semler/v. Schenck AR-HdB § 2 Rn. 72; zur Zulässigkeit personeller Verflechtungen zwischen Leitungsorganen von (Versicherungs-) Unternehmen *Dreher*, FS Lorenz, 1994, 175 (183). Unschädlich ist es insoweit, wenn ein Aufsichtsratsmitglied gleichzeitig Vorstandsmitglied einer konkurrierenden Gesellschaft ist, vgl. dazu zB OLG Schleswig AG 2004, 453 (454).

[59] Vgl. Hüffer/*Koch* Rn. 15; MHdB AG/*Hoffmann-Becking* § 30 Rn. 10; Kölner Komm AktG/*Mertens/Cahn* Rn. 36.

[60] Für die Einbeziehung fakultativer Aufsichtsräte Hüffer/*Koch* Rn. 15 (aA Vorauflage); MüKoAktG/*Habersack* Rn. 34; MHdB AG/*Hoffmann-Becking* § 30 Rn. 10; *Rummel* DB 1970, 2257 und wohl auch Kölner Komm AktG/*Mertens/Cahn* Rn. 36; gegen eine Einbeziehung Bürgers/Körber/*Bürgers/Israel* Rn. 6; Großkomm AktG/*Hopt/Roth* Rn. 63; *Konow* DB 1966, 849; *Werner* AG 1967, 102 (104).

[61] So auch Hüffer/*Koch* Rn. 15; Grigoleit/*Grigoleit/Tomasic* Rn. 7; MüKoAktG/*Habersack* Rn. 34; MHdB AG/*Hoffmann-Becking* § 30 Rn. 10; Spindler/Stilz/*Spindler* Rn. 27.

[62] Großkomm AktG/*Hopt/Roth* Rn. 63.

[63] § 52 Abs. 1 GmbHG verweist nicht auf Abs. 2 S. 1 Nr. 3 AktG.

Richtigerweise wird man eine Überkreuzverflechtung nicht nur annehmen müssen, wenn 42
es sich um einen gesetzlich zu bildenden Aufsichtsrat handelt. Auch die **Mitgliedschaft in einem fakultativen Aufsichtsrat** ist **schädlich**.

Hingegen besteht kein Anlass, über den Gesetzestext hinaus auch die **Mitgliedschaft in** 43
anderen Gremien als Aufsichtsräten (zB Beiräte) als schädlich anzusehen.[64]

d) Begriff des gesetzlichen Vertreters. Nur gesetzliche **Vertreter einer inländischen** 44
Kapitalgesellschaft können eine unzulässige Überkreuzverflechtung begründen. Der **gesetzliche Vertreter einer ausländischen Kapitalgesellschaft** kann nach hA regelmäßig Mitglied des Aufsichtsrats einer inländischen Kapitalgesellschaft sein, auch wenn ein Vorstandsmitglied der deutschen Gesellschaft Mitglied im Verwaltungsrat der ausländischen Gesellschaft ist.[65]

Richtigerweise kann aber auch hier die unabhängige und unbefangene Ausübung der 45
Überwachungsfunktion in der deutschen Gesellschaft gefährdet sein.

Entscheidend ist, ob das Organisationsgefüge in materieller Hinsicht, d. h. die Verteilung 46
der Funktion der Board-Mitglieder, mit der in Abs. 2 untersagten Konstellation **vergleichbar**[66] ist, dh ein Vorstandsmitglied der Aktiengesellschaft dort eine Aufsichtsratsfunktion wahrnimmt und der Aufsichtsrat „zu Hause" gesetzliche Vertretungsmacht hat. Es ist das Verdienst von *Mülbert/Bux*, die Frage im Hinblick auf § 125 Abs. 1 S. 5 für eine Vielzahl von Ländern und Rechtsformen untersucht zu haben.[67]

Gesetzliche Vertreter einer inländischen Kapitalgesellschaft können nach deutschem 47
Recht **Aufsichtsratsmitglieder einer ausländischen Kapitalgesellschaft** sein, auch wenn ein gesetzlicher Vertreter der ausländischen Gesellschaft dem Aufsichtsrat der deutschen Gesellschaft angehört.[68] Dies folgt schon daraus, dass der deutsche Gesetzgeber nicht befugt ist, Vorschriften über die Besetzung der Gremien ausländischer Kapitalgesellschaften zu erlassen.

Einzubeziehen ist auch der **Abwickler einer Kapitalgesellschaft**.[69] Sowohl für die AG 48
wird dies aus der gesetzlichen Bestimmung (§§ 268 Abs. 2, 269 Abs. 1) deutlich, als auch für die GmbH.[70] Es ist zwar zutreffend, dass der Abwickler einer AG nicht dem Konkurrenzverbot für Vorstandsmitglieder (§ 88) unterliegt.[71] Aber das hat mit der hier zu entscheidenden Frage nichts zu tun. Das Verbot der Überkreuzverflechtung soll verhindern, dass die Wirksamkeit einer unabhängigen und unbefangenen Überwachung durch wechselseitige Organmitgliedschaften beeinträchtigt wird, und nicht die Wettbewerbsunabhängigkeit der Unternehmen sichern.[72]

4. Wechsel ehemaliger Vorstandsmitglieder in den Aufsichtrat (Abs. 2 S. 1 49
Nr. 4). Schließlich sieht das Gesetz eine sog. **Cooling-Off-Periode** für ehemalige Vorstandsmitglieder börsennotierter (§ 3 Abs. 2) Gesellschaften vor, die in den Aufsichtsrat wechseln. Maßgeblich für die zweijährige Karenzzeit ist eine Spanne vom Tag des Ausscheidens aus dem Vorstand bis zum geplanten Eintritt in den Aufsichtsrat.[73] Die **Karenz-**

---

[64] *Konow* DB 1966, 849 (850); Kölner Komm AktG/*Mertens/Cahn* Rn. 39; Spindler/Stilz/*Spindler* Rn. 27; MüKoAktG/*Habersack* Rn. 34; Bürgers/Körber/*Bürgers/Israel* Rn. 6.
[65] HL: *v. Caemmerer*, FS Geßler, 1971, 81 (89 ff.) mN; Kölner Komm AktG/*Mertens/Cahn* Rn. 37; Großkomm AktG/*Hopt/Roth* Rn. 62, die sich gegen eine Differenzierung nach monistischem und dualistischem board aussprechen.
[66] Dazu *Mülbert/Bux* WM 2000, 1665 (1671).
[67] WM 2000, 1665 ff.
[68] Kölner Komm AktG/*Mertens/Cahn* Rn. 38.
[69] Kölner Komm AktG/*Mertens/Cahn* Rn. 40.
[70] § 70 Abs. 1 2. Halbs. GmbHG; vgl. wie hier Kölner Komm AktG/*Mertens/Cahn* Rn. 40; Großkomm AktG/*Hopt/Roth* Rn. 60.
[71] Vgl. *Konow* DB 1966, 849.
[72] Vgl. Kölner Komm AktG/*Mertens/Cahn* Rn. 40.
[73] *Vetter*, FS Maier-Reimer, 2010, 795 (805); Hüffer/*Koch* Rn. 16; Kölner Komm AktG/*Mertens/Cahn* Rn. 41 mwN; vgl. zB LG München I AG 2005, 623 (624) zum Wechsel vom Vorstand in den Aufsichtsrat nach alter Rechtslage.

zeit ist nicht einzuhalten, wenn die Wahl des Aufsichtsratsmitglieds auf Vorschlag von Aktionären erfolgt, die mehr als 25 Prozent der Stimmrechte an der Gesellschaft halten.

50 Zweck der Karenzzeit ist, potenziellen Interessenkonflikten entgegen zu wirken, die sich – so der Rechtsausschuss[74] – daraus ergeben, dass das ehemalige Vorstandsmitglied die Bereinigung strategischer Fehler oder die Beseitigung von Unregelmäßigkeiten aus der eigenen Vorstandszeit unterbinden könnte. Andererseits bringt der Wechsel in die Rolle des „Wächters" auch Vorteile, die man am besten sofort realisiert.[75] Das ehemalige Vorstandsmitglied ist nämlich zumindest in der Stunde null nicht mit dem Informationsgefälle belastet, das naturgemäß immer zwischen Vorstand und Aufsichtsrat besteht.

51 Diesen Aspekt hatte auch der Gesetzgeber[76] vor Augen, der mit der Ausnahmeregelung in Abs. 2 S. 1 Nr. 4 Halbs. 2 den Schutz wesentlicher Eigentümer (zB Familienaktionäre oder Stiftung) im Blick hatte. Unternehmensgründer, die nach der Weitergabe von Gesellschaftsanteilen an die nächste Generation nunmehr in der Rolle des Aufsichtsrats die Unternehmensführung kontrollieren, sollen nicht stets so behandelt werden wie Gesellschaften im Streubesitz.

52 Auch der DCGK hebt die Gefahr für die Unabhängigkeit in Ziff. 5.4.2 hervor, indem er empfiehlt, dass dem Aufsichtsrat nicht mehr als zwei ehemalige Mitglieder des Vorstands angehören.[77] Ziff. 5.4.4 DCGK wiederholt zunächst den Wortlaut des Abs. 2 S. 1 Nr. 4. Sodann wird der Wechsel eines Vorstandsmitglieds in den Aufsichtsratsvorsitz als ein Ausnahmefall bezeichnet und eine Begründung in der Hauptversammlung empfohlen.[78] Der Vorsitzende des Prüfungsausschusses soll, so die Empfehlung in Ziff. 5.3.2 DCGK, unabhängig und kein ehemaliges Vorstandsmitglied der Gesellschaft sein, dessen Bestellung vor weniger als zwei Jahren endete.

53 Ausnahmsweise können ehemalige Vorstandsmitglieder sofort in den Aufsichtsrat gewählt werden. Für die Wahl sieht Abs. 2 S. 1 Nr. 4 ein **25 %-Quorum** vor. Auf die Aktionäre, die die Wahlvorschläge einreichen, müssen 25 % der Stimmrechtsanteile entfallen. Es ist für die Ermittlung der Gesamtzahl der Stimmrechte unerheblich, ob die Aktionäre ihre Stimmrechte tatsächlich ausüben[79] können, maßgeblich ist nur die absolute Zahl.[80] Das notwendige Quorum von 25 % der Stimmrechte kann auch von mehreren Aktionären gemeinsam erreicht werden.[81] Auch auf die Kapitalbeteiligung der Aktionäre kommt es nicht an.[82]

54 Der **Vorschlag** iSv Abs. 2 S. 1 Nr. 4 kann sowohl vor als auch in der Hauptversammlung erfolgen. Allerdings ist es aus Gründen der Vorbereitung der Hauptversammlung[83] sinnvoll, den Vorschlag dem Aufsichtsrat schon frühzeitig mitzuteilen.[84] Aus dem Wortlaut des Gesetzes „auf Vorschlag" folgt aber, dass der Vorschlag (erst) zur Zeit der Wahl vorliegen muss.[85] Falls er vor der Hauptversammlung erfolgt, handelt es sich dabei um eine Anregung der Aktionäre an den Aufsichtsrat, bei dessen Beschlussvorschlägen den gewünschten Kandidaten nach § 124 Abs. 3 S. 1 zu benennen. Für die Wahl reicht die einfache Mehrheit der

---

[74] BT-Drs. 16/13433, 11. s. zur Karenzzeit allgemein auch *Wagner* in Semler/v. Schenck AR-HdB § 2 Rn. 73.
[75] Ähnlich auch *v. Schenck* in Semler/v. Schenck AR-HdB § 4 Rn. 22.
[76] BT-Drs. 16/13433, 11.
[77] Dazu Wilsing/*Wilsing* DCGK Ziff. 5.4.2 Rn. 13.
[78] Vgl. für den Zeitpunkt der Begründung – im Vor- oder Nachhinein –Wilsing/*Wilsing* DCGK Ziff. 5.4.5 Rn. 9.
[79] Vgl. dazu § 28 WpHG, § 59 WpÜG und § 71b AktG; kritisch Kölner Komm AktG/*Mertens/Cahn* Rn. 42, denen zu Folge faktisch Aktien wie eine „Nein"-Stimme behandelt werden, für die ein Ausübungshindernis besteht.
[80] *Hoffmann-Becking/Krieger* NZG Beilage 26/2009, 1 (8); *Vetter*, FS Maier-Reimer, 2010, 795 (805); Hölters/*Simons* Rn. 27; Spindler/Stilz/*Spindler* Rn. 30; Kölner Komm AktG/*Mertens/Cahn* Rn. 42.
[81] *Krieger*, FS Hüffer, 2010, 521 (529); *Schulenburg/Brosius* WM 2011, 58 (61).
[82] Kölner Komm AktG/*Mertens/Cahn* Rn. 42.
[83] Nach §§ 124 Abs. 3 S. 1, 127 S. 1 hat der Aufsichtsrat der Hauptversammlung Wahlvorschläge zur Beschlussfassung zu unterbreiten.
[84] So auch der Rechtsausschuss, BT-Drs. 16/13433, 11; *Krieger*, FS Hüffer, 2010, 521 (525); *Schulenburg/Brosius* WM 2011, 58 (61).
[85] *Krieger*, FS Hüffer, 2010, 521 (526).

Stimmen.[86] Wie in sonstigen Fällen der Aufsichtsratswahl ist der Vorgeschlagene ebenfalls stimmberechtigt.[87]

Mitunter fordernd ist in diesem Zusammenhang, das Gesetz mit dem praktischen Zusammenwirken von Aktionären und Aufsichtsrat in Einklang zu bringen. Der Gesetzgeber[88] schlägt als sinnvolle – aber nicht rechtlich zwingende – Praxis vor, dem Aufsichtsrat den Kandidatenvorschlag vor der Hauptversammlung mitzuteilen, damit dieser ihn bei seinen Wahlvorschlägen berücksichtigen kann. Denkbar ist aber auch, dass der Aufsichtsrat in dem Beschlussvorschlag eine Empfehlung dahingehend ausspricht, das notwendige Aktionärsquorum nach Abs. 2 S. 1 Nr. 4 möge einen Vorschlag für die Wahl eines ehemaligen Vorstandsmitglieds in der Cooling-Off-Phase unterbreiten und er zudem vorschlägt, diesen Kandidaten in der Hauptversammlung zu wählen.[89] 55

II. Hinderungsgründe nach anderen Gesetzen

1. Grundgesetz. Der Bundespräsident darf nicht dem Aufsichtsrat eines auf Erwerb gerichteten Unternehmens angehören (Art. 55 Abs. 2 GG). Gleiches gilt für den Bundeskanzler und die Bundesminister; hier kann der Bundestag allerdings eine Ausnahme gestatten (Art. 66 GG; ebenso § 5 Abs. 1 S. 2 und 3 Bundesministergesetz). 56

2. Landesverfassungen. Die meisten Landesverfassungen enthalten wie das GG Vorschriften, in denen die Übernahme von Aufsichtsratsmandaten allgemein untersagt oder von einer Zustimmung des Landesparlaments abhängig gemacht wird.[90] 57

3. Beamtenrecht. Ein Beamter bedarf zum Eintritt in den Aufsichtsrat einer Gesellschaft der vorherigen Genehmigung (§ 99 Abs. 1 BBG). Für eine Behörde darf im Verwaltungsverfahren nicht tätig werden, wer bei einem Beteiligten (also auch bei der AG, in deren Aufsichtsrat er sitzt)[91] als Mitglied des Aufsichtsrats tätig ist.[92] 58

III. Sonstige Hinderungsgründe

Die Mitglieder des Bundeskartellamts dürfen nicht Mitglieder des Aufsichtsrats eines Unternehmens sein (§ 51 Abs. 5 GWB). 59

IV. Tatbestände ohne Wirkung

Vielfach wird irrtümlich angenommen, dass bestimmte Vorgänge oder Zustände der Annahme eines Aufsichtsratsmandats entgegenstehen. Beispielsweise schaden nicht 60
– die für Vorstandsmitglieder geltenden Hinderungsgründe (§ 76 Abs. 3 S. 2 Nr. 3b) einer rechtskräftigen einschlägigen Verurteilung (§§ 283–283d StGB) oder eines einschlägigen Berufsverbots;
– Eröffnung des Konkurses;[93]
– fehlende deutsche Staatsbürgerschaft;
– fehlender Wohnsitz in der Bundesrepublik oder der EU;

---

[86] § 133 Abs. 1; Hölters/*Simons* Rn. 32.
[87] *Vetter*, FS Maier-Reimer, 2010, 795 (805); Hüffer/*Koch* Rn 18.
[88] BT-Drs. 16/13433, 11.
[89] Für die Zulässigkeit *Krieger*, FS Hüffer, 2010, 521 (531); Grigoleit/*Grigoleit*/*Tomasic* Rn. 8; Hölters/*Simons* Rn. 30; *Löbbe*/*Fischbach* AG 2012, 580 (582) sprechen sich für die generelle Zulässigkeit der Herbeiführung des Aktionärsvorschlags durch „gezielte organisatorische Maßnahmen der Gesellschaftsorgane" aus; *Schulenburg*/*Brosius* WM 2011, 58 (61 f.) wollen lediglich zulassen, dass Mitglieder des Aufsichtsrats im Vorfeld der Hauptversammlung Kontakt zu Aktionären aufnehmen, um die Möglichkeit der Wahl eines ehemaligen Vorstandsmitglieds zu erörtern und einen Vorschlag zu empfehlen; kritisch auch Kölner Komm AktG/*Mertens*/*Cahn* Rn. 43; ablehnend Hüffer/*Koch* Rn. 18.
[90] Vgl. *Wais* NJW 1982, 1263; vgl. zur Lage in NRW auch *Meier* NZG 2003, 54 (56).
[91] § 13 VwVfG.
[92] § 20 Abs. 1 Nr. 5 VwVfG; vgl. dazu *Wais* NJW 1982, 1263.
[93] OLG München HRR 1939 Nr. 1107.

- bestimmtes Geschlecht (männlich oder weiblich);
- fehlende Entlastung für frühere Wahlperioden als Vorstandsmitglied oder als Aufsichtsratsmitglied;
- Bestehen eines Beratungsvertrags mit der Gesellschaft, Folgen ergeben sich nicht für das Aufsichtsratsmandat, sondern für den Beratungsvertrag.[94]

61 Nicht mehr gesichert ist die Unschädlichkeit von Verwandtschaft und Aktionärsstellung. Der Gesetzgeber hat in seiner Begründung zum BilMoG[95] auch auf die Kommissionsempfehlung[96] verwiesen, die in ihrem Anhang wiederum auch enge familiäre Beziehungen zwischen Aufsichtsrats- und Vorstandsmitgliedern als einen typischerweise die Unabhängigkeit beseitigenden Ausschlussgrund ansieht. Gleiches gilt für die Wiederwahl von Aufsichtsratsmitgliedern[97], ehemalige Vorstandsmitglieder[98] und kontrollierende Aktionäre[99]. Diese Einschränkungen gelten indes wohl nicht gleichermaßen für alle Aufsichtsratsmitglieder, denn das deutsche Aktienrecht fordert die Unabhängigkeit ausdrücklich nur für den Finanzexperten im Aufsichtsrat bzw. Prüfungsausschuss, vgl. Abs. 5 und § 107 Abs. 4 und § 107 Abs. 3 S. 2.

D. Besondere persönliche Voraussetzungen und Hinderungsgründe für Arbeitnehmervertreter und „weitere Mitglieder" (Abs. 3)

62 In den Mitbestimmungsgesetzen sind **zusätzliche persönliche Voraussetzungen** für auf Grund dieser Gesetze zu wählende Personen festgelegt worden. Diese Festlegungen werden von den aktienrechtlichen Vorkehrungen (§ 100) nicht berührt, sie bestehen neben den geschriebenen und ungeschriebenen aktienrechtlichen persönlichen Voraussetzungen. Umgekehrt haben die besonderen mitbestimmungsrechtlichen Voraussetzungen keinen Einfluss auf die aktienrechtlichen Voraussetzungen.

I. Geltung der persönlichen Voraussetzungen und der Hinderungsgründe

63 Die im Gesetz festgelegten persönlichen Voraussetzungen (Abs. 1 und § 105 Abs. 1) sowie Hinderungsgründe (Abs. 2) gelten uneingeschränkt auch für Aufsichtsratsmitglieder, die nicht von den Anteilseignern ohne Bindung an einen Wahlvorschlag gewählt werden. Die persönlichen Voraussetzungen und die genannten Hinderungsgründe sind vom Gesetz im öffentlichen Interesse festgelegt. Gleiches gilt für das Erfordernis von Kenntnissen und Erfahrung, das sich aus der Aufgabenstellung und den Haftungsvorschriften für Aufsichtsratsmitglieder ergibt.

II. Besondere Voraussetzungen der Wählbarkeit

64 Die Mitbestimmungsgesetze legen für die nach diesen Gesetzen zu wählenden Personen zusätzliche, besondere persönliche Voraussetzungen und Hinderungsgründe für die Wählbarkeit fest.

65 Von den **Aufsichtsratsmitgliedern der Arbeitnehmer** müssen je nach den gesetzlichen Vorschriften, die für die Zusammensetzung des Aufsichtsrats gelten, und je nach der Zahl der Aufsichtsratsmitglieder eine bestimmte Zahl in den Betrieben beschäftigte Arbeiter und Angestellte sein.

---

[94] Vgl. im Einzelnen Erläuterungen zu § 114 Abs. 1.
[95] BT-Drs. 16/10067, 101 f., wobei er dort auch darauf hinweist, dass Empfehlungen der Kommission nicht rechtsverbindlich sind.
[96] Empfehlung vom 15.2.2005, ABl. EU L 52, 63 Ziff. 1 i.
[97] Empfehlung vom 15.2.2005, ABl. EU L 52, 63 Ziff. 1 h.
[98] Hier geht die Empfehlung weiter als Abs. 2 S. 1 Nr. 4.
[99] Empfehlung vom 15.2.2005, ABl. EU L 52, 63 Ziff. 1 d.

Die **„weiteren Mitglieder"** (§ 4 Abs. 1 S. 2 MontanMitbestG; § 5 Abs. 1 S. 2 lit. c 66
MitbestErgG) dürfen nicht
- Repräsentant einer Gewerkschaft oder einer Vereinigung der Arbeitgeber oder einer Spitzenorganisation dieser Verbände sein oder zu diesen in einem ständigen Dienst- oder Geschäftsbesorgungsverhältnis stehen;
- im Laufe des letzten Jahres vor der Wahl eine vorgenannte Stellung inne gehabt haben;
- in den Unternehmen als Arbeitnehmer oder als Arbeitgeber tätig sein;
- an dem Unternehmen wirtschaftlich wesentlich interessiert sein.

E. Satzungsmäßige persönliche Voraussetzungen und Hinderungsgründe (Abs. 4)

Die Satzung kann für Aufsichtsratsmitglieder, die von der Hauptversammlung ohne 67
Bindung an einen Wahlvorschlag gewählt oder auf Grund der Satzung in den Aufsichtsrat entsandt werden, **zusätzliche persönliche Voraussetzungen** und besondere Hinderungsgründe festlegen (Abs. 4).

I. Persönlicher Geltungsbereich satzungsmäßiger Festlegungen

Die besonderen satzungsmäßigen Voraussetzungen und Hinderungsgründe gelten nur für 68
Personen, die **ohne Bindung an Wahlvorschläge** gewählt werden. Es sind dies:
- die Aufsichtsratsmitglieder der Aktionäre;
- in Aufsichtsräten, die nach dem MontanMitbestG zusammengesetzt sind, ein weiteres Mitglied oder zwei weitere Mitglieder (§ 4 Abs. 1 S. 2 Buchst. a, § 9 Abs. 2 S. 2 MontanMitbestG);
- in Aufsichtsräten, die nach dem MontanMitbestG oder dem MitbestErgG zusammengesetzt sind, die im MontanMitbestG (§ 5 MontanMitbestG) und MitbestErgG (§ 5 Abs. 1 S. 2 Buchst. c MitbestErgG) bezeichneten weiteren Mitglieder, wenn es sich um Personen handelt, die nach vorangegangenem Vermittlungsverfahren und nach berechtigter Ablehnung der Wahl aus dem zweiten Wahlvorschlag von der Hauptversammlung frei gewählt werden können (vgl. dazu § 8 Abs. 3 MontanMitbestG).

Für Arbeitnehmervertreter – gleichgültig ob direkt oder von der Hauptversammlung mit 69
bindendem Wahlvorschlag zu wählen – kann die Satzung keine Bestimmungen treffen.[100]

II. Inhaltliche Schranken

Der zulässige Inhalt satzungsbedingter zusätzlicher Voraussetzungen und weiterer Hin- 70
derungsgründe für die Mitgliedschaft im Aufsichtsrat richtet sich danach, ob es sich um auf Grund eines satzungsmäßigen Entsendungsrechts entsandte Personen oder um von der Hauptversammlung gewählte Personen handelt.

1. Für entsandte Mitglieder. Für entsandte Mitglieder kann die Satzung jede denkbare 71
Voraussetzung mit unternehmensbezogener Relevanz fordern, da es ihr frei steht, Entsendungsrechte einzuräumen oder nicht. Damit hat sie auch in großem Umfang Freiheiten bei der Festlegung besonderer Voraussetzungen.[101] Dies gilt jedenfalls, wenn das Entsendungsrecht nur nach Maßgabe solcher Satzungsregelungen begründet wurde. Andernfalls, wenn es sich um ein freies Entsendungsrecht handelt, sind nachträgliche Einschränkungen nur mit Zustimmung des Betroffenen zulässig.

---

[100] Grigoleit/*Grigoleit/Tomasic* Rn. 23.
[101] Hüffer/*Koch* Rn. 20; Kölner Komm AktG/*Mertens/Cahn* Rn. 46; Großkomm AktG/*Hopt/Roth* Rn. 102, die aber nach Einräumung des Entsendungsrechts die Festlegung weiterer Voraussetzungen von der Zustimmung des Entsendungsberechtigten abhängig machen; MHdB AG/*Hoffmann-Becking* § 30 Rn. 12.

72 **2. Für gewählte Mitglieder.** Für gewählte Mitglieder ist das originäre Wahlrecht der Hauptversammlung zu beachten (§ 119 Abs. 1 Nr. 1). In der Satzung festgelegte besondere Voraussetzungen für Aufsichtsratsmitglieder dürfen nicht dazu führen, dass die Wahlfreiheit der Hauptversammlung ungebührlich eingeschränkt wird.[102] Das ist beispielsweise der Fall, wenn die satzungsmäßigen Voraussetzungen im Ergebnis zu einer Art Entsendungsrecht der durch die Satzungsbestimmung Begünstigten führen und von einer freien Auswahl der Aufsichtsratsmitglieder keine Rede mehr sein kann.[103] Umstritten ist deswegen, ob die Zugehörigkeit zu einer bestimmten Familie gefordert werden könnte.[104] Richtig wird die Frage zu verneinen sein. Auch bei großen Familien wird die Hauptversammlung bei einer solchen Satzungsbestimmung praktisch keine freie Wahlmöglichkeit haben. Der gewünschte Erfolg kann durch die Festlegung eines Entsendungsrechts erzielt werden.

73 **Zulässig** sind satzungsmäßige Voraussetzungen, die von einem Aufsichtsratsmitglied die deutsche Staatsangehörigkeit, ein Domizil in der Bundesrepublik oder auch in einer bestimmten Stadt, besondere Kenntnisse oder bestimmte Erfahrungen fordern. Es können nur in sehr engen Grenzen Altersbeschränkungen festgelegt werden; in mitbestimmten Gesellschaften kann die Satzung solche Regelungen nur für jene Aufsichtsratsmitglieder vorsehen, die durch die Hauptversammlung gewählt werden. Aber auch dort ist, auch wenn der DCGK dies in Ziff. 5.4.1 DCGK empfiehlt, Zurückhaltung geboten. Der Bundesgerichtshof hat nämlich ausdrücklich offen gelassen, ob solche Beschränkungen durch den Kodex gerechtfertigt sind.[105] Richtigerweise wird die Anwendung des AGG zwar nur im Ausnahmefall bei Aufsichtsräten in Betracht kommen, wenn diese mit der Aufsichtsratsvergütung ihren Lebensunterhalt bestreiten. Aufgrund des jüngeren Trends zu „Berufsaufsichtsräten"[106] ist die Ausnahme aber heute wohl nicht mehr nur Theorie. Als besonderer Hinderungsgrund kann die Mitgliedschaft im Organ eines Konkurrenzunternehmens,[107] das Überschreiten einer Höchstzahl sonstiger Aufsichtsratsmandate oder die Zugehörigkeit zu einem Organ einer anderen Gesellschaft bestimmt werden.[108] In der Satzung kann angeordnet werden, dass niemand länger als eine Wahlperiode oder als zwei Wahlperioden im Aufsichtsrat sein darf;[109] für den Financial Expert besteht eine solche Schranke möglicherweise schon heute, da der Gesetzgeber in der Begründung des BilMoG[110] auf die Empfehlung der Kommission[111] ausdrücklich verwies, nach deren Anhang II Ziff. 1h mehr als drei Amtszeiten bzw. zwölf Jahre bei Amtszeiten von sehr kurzer Dauer die Unabhängigkeit in Frage stellen, die Abs. 5 gerade ausdrücklich einfordert. Meines Erachtens griffe dies allerdings zu weit; eine Stütze dafür findet sich in der Gesetzesbegründung des BilMoG, nach der man den EU-Empfehlungen nicht sklavisch zu folgen brauche.[112] Im Übrigen sind

---

[102] Hüffer/*Koch* Rn. 20; Großkomm AktG/*Hopt/Roth* Rn. 105; Kölner Komm AktG/*Mertens/Cahn* Rn. 46.
[103] Grigoleit/*Grigoleit/Tomasic* Rn. 23 unter Hinweis auf RGZ 133, 90 (94); MHdB AG/*Hoffmann-Becking* § 30 Rn. 12a; Großkomm AktG/*Hopt/Roth* Rn. 105; Bürgers/Körber/*Bürgers/Israel* Rn. 10.
[104] Bejahend *Lutter/Krieger/Verse* Rn. 24; ablehnend (für die meisten Fälle) Hüffer/*Koch* Rn. 20; Großkomm AktG/*Hopt/Roth* Rn. 105; Kölner Komm AktG/*Mertens/Cahn* Rn. 46.
[105] BGHZ 193, 110 = NJW 2012, 2346 (2350); vgl. dazu Anmerkung *Bresselau/Szalai* DZWIR 2012, 429 (436); zur Zulässigkeit von Altersgrenzen *Bauer/Arnold* ZIP 2009, 993 (999 f.); *Bauer/Arnold* NZG 2012, 921 (9259); *Hoefs/Rentsch* DB 2012, 2733 (2736); *Lingemann/Weingarth* DB 2012, 2325 (2331); *Thüsing/Stiebert* NZG 2011, 641 (644); *Wilsing/Meyer* DB 2011, 341 (343); *Peltzer* in Wellhöfer/Peltzer/Müller § 20 Rn. 23 ff.
[106] *Breuer* in Hopt/Wohlmannstetter, HdB. Corporate Governance von Banken, 525 f.; vgl. auch DWS-Aufsichtsratsstudie, abrufbar unter www.dws.de.
[107] *Reichert/Schlitt* AG 1995, 241 (248 ff.).
[108] Vgl. Kölner Komm AktG/*Mertens/Cahn* Rn. 46.
[109] MHdB AG/*Hoffmann-Becking* § 30 Rn. 12a.
[110] BT-Drs. 16/10067, 101 f.
[111] Empfehlung vom 15.2.2005, ABl. EU L 52.
[112] BT-Drs. 16/10067, 102: „Dabei ist zu berücksichtigen, dass es sich bei der Kommissionsempfehlung weder um eine abschließende noch um zwingende abstrakte Vorgaben handelt, sondern nur um Hinweise auf Beziehungen und Umstände, die für die Beurteilung der Unabhängigkeit relevant sein können. Sie sollen es zunächst dem Aufsichtsrat ermöglichen, zu klären, was unter Unabhängigkeit zu verstehen ist, wobei den inhaltlichen Aspekten Vorrang vor formalen Kriterien gegeben werden sollte und begründete Abweichungen

derartige Empfehlungen der Organe der EU nach Art. 288 Abs. 5 AEUV[113] auch gar nicht verbindlich.[114]

Die Satzung kann verlangen, dass jedes Aufsichtsratsmitglied **Aktionär** der Gesellschaft 74 sein muss. Allerdings muss die Gesellschaft dann so viele Aktionäre haben, dass der Hauptversammlung eine echte Wahlmöglichkeit bleibt. Wenn die Inhaber einiger weniger Aktien begünstigt werden, ist die Festlegung unzulässig. An die Inhaberschaft bestimmter Arten von Aktien kann die Wahlmöglichkeit nicht gebunden werden. Damit würden nämlich zugleich andere Aktionäre dauerhaft von der Wahlmöglichkeit ausgeschlossen sein.[115] Dies würde dem Gebot einer Gleichbehandlung der Aktionäre (§ 53a) widersprechen.

F. Anforderungen an Befähigung und unternehmerische Erfahrung

Das AktG hat davon abgesehen, alle **für eine Aufsichtsratstätigkeit notwendigen** 75 **Kenntnisse und Erfahrungen** durch Normen ausdrücklich im Einzelnen festzulegen.[116] Die Anforderungen unterscheiden sich nämlich nach Branchenzugehörigkeit und Größe des Unternehmens.

Das Gesetz geht allerdings davon aus, dass jedes Aufsichtsratsmitglied **die zur Amts-** 76 **führung im jeweiligen Unternehmen**[117] notwendigen Kenntnisse und Erfahrungen hat. Es überträgt dem Aufsichtsrat eine Reihe von Aufgaben, deren Erfüllung besondere Kenntnisse und Erfahrungen fordert, und macht jedes Aufsichtsratsmitglied für eine sorgfältige, ordentliche, gewissenhafte und höchstpersönliche[118] Amtsführung verantwortlich. Gleichzeitig bestimmt das Gesetz, dass die Aufsichtsratsmitglieder ihre Aufgaben nicht durch andere wahrnehmen lassen können. Daher muss jedes Aufsichtsratsmitglied die für eine pflichtgerechte Amtsführung notwendigen Kenntnisse und Erfahrungen haben.[119]

In der Rechtsprechung haben sich allgemeine Anforderungen an die Befähigung von 77 Aufsichtsratsmitgliedern herausgebildet. Der BGH verlangt von jedem Aufsichtsratsmitglied eine sog. **Mindestqualifikation.** Er definiert deren Inhalt folgendermaßen: „Mit diesem Gebot persönlicher und eigenverantwortlicher Amtsausübung ist vorausgesetzt, dass ein Aufsichtsratsmitglied diejenigen Mindestkenntnisse und -fähigkeiten besitzen oder sich aneignen muss, die es braucht, um alle normalerweise anfallenden Geschäftsvorgänge auch ohne fremde Hilfe verstehen und sachgerecht beurteilen zu können."[120] Der österreichische OGH hat entschieden, dass bei jedem Aufsichtsratsmitglied die Sorgfalt vorausgesetzt werden muss, die man von einem ordentlichen Aufsichtsratsmitglied nach der besonderen Lage des Einzelfalls erwarten kann, „d. h. von einem Menschen, der in geschäftlichen und finanziellen Dingen ein größeres Maß an Erfahrung und Wissen besitzt als ein durchschnittlicher Kaufmann und die Fähigkeit hat, schwierige rechtliche und

---

im Einzelfall möglich sind (Erwägungsgrund 18 und Ziffer 13.2 der Kommissionsempfehlung). Das Merkmal der Unabhängigkeit des sachverständigen Aufsichtsratsmitglieds in § 100 Abs. 5 AktG soll bewirken, dass jenseits des formalen Kriteriums des § 105 Abs. 1 AktG im konkreten Fall möglicherweise bestehende Risiken für die Unabhängigkeit bei der Besetzung angesprochen und geklärt werden."; Vgl. dazu auch Grigoleit/ *Grigoleit/Tomasic* Rn. 13.
[113] Vertrag über die Arbeitsweise der Europäischen Union vom 9.5.2008, ABl. Nr. C 115, 47.
[114] Zur Bedeutung von Soft-Law für nationale Gerichte Grabitz/Hilf/Nettesheim/*Nettesheim* AEUV Art. 288 Rn. 255; Calliess/Ruffert/*Ruffert* AEUV Art. 288 Rn. 95 mwN.
[115] Vgl. MHdB AG/*Hoffmann-Becking* § 30 Rn. 12a; Großkomm AktG/*Hopt/Roth* Rn. 105.
[116] Diesen Mißstand beklagend und zum Gesetzgeber zum Handeln auffordernd *Jung* WM 2013, 2010 (2011 f.).
[117] *Dreher*, FS Boujong, 1996, 71 (76).
[118] BGHZ 85, 293 = NJW 1983, 991 – Hertie.
[119] Vgl. dazu auch OLG Frankfurt AG 2011, 462 (464); *v. Schenck* in Semler/v. Schenck AR-HdB § 1 Rn. 29 ff. (funktions- und haftungsbezogene Bedingungen).
[120] BGHZ 85, 293 (295) = NJW 1983, 991 – Hertie.

wirtschaftliche Zusammenhänge zu erkennen und ihre Auswirkungen auf die Gesellschaft zu beurteilen".[121]

78 Jeder, der für die Bestellung eines Aufsichtsrats rechtliche Verantwortung trägt, wird diese Grundsätze und die daraus folgenden Anforderungen berücksichtigen müssen. Diese Feststellungen haben auf die mit der Berufung von Aufsichtsratsmitgliedern befassten Personen und Organe unterschiedliche **Auswirkungen:**

79 Im Allgemeinen nicht betroffen ist das **Wahlverhalten des Aktionärs** in der Hauptversammlung. Der Aktionär unterliegt bei seiner Stimmabgabe zur Wahl von Aufsichtsratsmitgliedern nur in den Grenzen der Treuepflichten einer Verpflichtung, das Unternehmensinteresse, das eine sach- und fachgerechte Besetzung der Aufsichtsratsmandate fordert, wahrzunehmen. Ein Beschluss, durch den eine Person ohne die erforderlichen Kenntnisse und Erfahrungen in den Aufsichtsrat gewählt wird, ist daher in besonders krassen Fällen nicht nur fehlerhaft (vgl. dazu → Rn. 86 ff.) und angreifbar, sondern kann auch Schadensersatzansprüche tragen. Wenn eine Person gewählt wird, die zur Ausübung des Mandats schlechthin nicht in der Lage ist, widerspricht die Wahl den Anforderungen, die das Gesetz (§ 134 BGB) mittelbar aufstellt. Die betreffende Person muss ihr Mandat niederlegen, um einem Übernahmeverschulden zu entgehen.

80 In die Verantwortung nimmt das Gesetz aber vorrangig den **Aufsichtsrat,** und zwar mit den Anteilseignervertretern (§ 124 Abs. 3 S. 4). Sie müssen in der Bekanntmachung der Tagesordnung zur Wahl von Aufsichtsratsmitgliedern in der Hauptversammlung **Vorschläge zur Beschlussfassung** machen (§ 124 Abs. 3 S. 1). Die Sorgfaltspflicht fordert von jedem Aufsichtsratsmitglied der Anteilseigner die Prüfung des vorgeschlagenen Kandidaten im Hinblick auf dessen Befähigung, Erfahrung und zeitliche Verfügbarkeit. Wenn die Aufsichtsratsmitglieder bei ihren Vorschlägen die gebotene Sorgfalt vermissen lassen, laufen sie auch Gefahr, sich schadensersatzpflichtig zu machen.[122] Entsprechend ist das Verhalten von Personen zu beurteilen, die für die Entsendung von Aufsichtsratsmitgliedern zuständig sind. Wer ein Entsendungsrecht hat, schuldet der Gesellschaft die gebotene Sorgfalt bei der Auswahl der benannten Person.

81 In börsennotierten Gesellschaften ist auch der DCGK zu beachten. Ziff. 5.4.1 Abs. 2 DCGK empfiehlt, dass der Aufsichtsrat für seine Zusammensetzung konkrete Ziele benennt, die bei den Wahlvorschlägen an die zuständigen Wahlgremien zu berücksichtigen sind. Bei der Benennung der Ziele soll[123] der Aufsichtsrat unter Beachtung der unternehmensspezifischen Situation die internationale Tätigkeit des Unternehmens, potentielle Interessenkonflikte, die Anzahl der unabhängigen Aufsichtsratsmitglieder im Sinn von Nummer 5.4.2 DCGK, eine festzulegende Altersgrenze für Aufsichtsratsmitglieder und eine festzulegende Regelgrenze für die Zugehörigkeitsdauer zum Aufsichtsrat sowie Vielfalt (Diversity) berücksichtigen.

82 Bedeutsam kann das Erfordernis der Kenntnisse, Fähigkeiten und zeitlichen Verfügbarkeit eines Kandidaten für das freigewordene Amt eines Aufsichtsratsmitglieds werden, **wenn das Gericht ein Mitglied bestellt.** Auch wenn der Richter nicht verpflichtet ist, die Eignung des Kandidaten selbst zu prüfen, muss von ihm doch erwartet werden, dass er sich Informationen über Kenntnisse, Fähigkeiten und zeitliche Verfügbarkeit geben lässt. Voraussetzung der Gerichtsentscheidung ist ein schlüssiger Antrag, der ausreichende Kenntnisse, Fähigkeiten, Erfahrungen und zeitliche Verfügbarkeit des vorgeschlagenen Kandidaten darlegt.

83 Unbestritten hat **jedes Aufsichtsratsmitglied persönlich dafür einzustehen,** dass es die für seine Amtsführung erforderlichen Kenntnisse und Erfahrungen besitzt. Dies folgt aus seiner Verpflichtung, das Amt des Aufsichtsratsmitglieds mit der erforderlichen Sorgfalt eines ordentlichen und gewissenhaften Überwachers höchstpersönlich[124] wahrzunehmen. Wer das

---

[121] ÖOGH EvBl. 1978/4 = AG 1983, 81 – Grauland-Bank; stRspr. OGH GesRZ 2002, 86; OGH v. 20.3.2003 (auszugsweise in RdW 2003, 448 veröffentlicht).
[122] Vgl. *Lutter* ZIP 2003, 417 (419).
[123] So die weitere Empfehlung in Ziff. 5.4.1 DCGK.
[124] BGHZ 85, 293 = NJW 1983, 991 – Hertie.

Amt eines Aufsichtsratsmitglieds annimmt, ohne die erforderlichen Kenntnisse, Fähigkeiten und Erfahrungen zu haben, läuft Gefahr, wegen Verletzung seiner Sorgfaltspflicht, ggf. wegen Übernahmeverschuldens schadensersatzpflichtig zu werden.[125]

I. Persönlicher Geltungsbereich

Jedes Aufsichtsratsmitglied muss die vom BGH geforderte „**Mindestqualifikation**" besitzen.[126] Das Gesetz unterscheidet hierbei nicht zwischen Anteilseignervertretern, Arbeitnehmervertretern und „weiteren Mitgliedern" (§ 4 MontanMitbestG, § 5 MitbestErgG). Gleiche Rechte begründen gleiche Pflichten. Die hL leitet daraus ab, dass durch die Gesellschaft zwar Fortbildungskosten getragen werden können, nicht aber Ausbildungskosten.[127] Das ist aber heute nicht mehr uneingeschränkt richtig. Beispielsweise kann die angestrebte Internationalisierung der Aufsichtsräte zur Berufung von Personen führen, die beispielsweise noch der „Ausbildung" im deutschen Aktienrecht bedürfen.[128] Richtigerweise unterscheidet daher auch der DCGK nicht zwischen Aus- und Fortbildung (Ziff. 5.4.5 Abs. 2 DCGK).

84

II. Allgemeine Anforderungen an die Befähigung von Aufsichtsratsmitgliedern[129]

Die sich mittelbar aus dem Gesetz ergebenden Anforderungen an Aufsichtsratsmitglieder finden ihren Ursprung zum einen in den Aufgaben, die der Aufsichtsrat hat (aufgabenbestimmte Anforderungen), und zum anderen in den Vorschriften über die Sorgfaltspflicht und die Haftung der Aufsichtsratsmitglieder (haftungsbestimmte Anforderungen).

85

1. Aufgabenbestimmte (funktionsspezifische) Anforderungen. Das Gesetz weist dem Aufsichtsrat bestimmte Aufgaben zu. Eine Reihe von Aufgaben muss der Aufsichtsrat im Plenum erledigen, er kann sie nicht auf einen Ausschuss delegieren. Da jedes Aufsichtsratsmitglied an der Erledigung dieser Aufgaben höchstpersönlich mitwirken muss, benötigt es auch die für eine ordnungsmäßige Erledigung erforderlichen Kenntnisse und Fähigkeiten. Man kann nicht annehmen, dass das Gesetz einer Person Aufgaben zuweist, ohne zu erwarten, dass diese Person die zur Erledigung der Aufgabe nötigen Kenntnisse, Fähigkeiten und Erfahrungen hat. Bei den **dem Plenum des Aufsichtsrats ausdrücklich vorbehaltenen Entscheidungen** (§ 107 Abs. 3 S. 3) handelt es sich um folgende Vorgänge:

86

– Wahl des Vorsitzenden und des stellvertretenden Vorsitzenden des Aufsichtsrats (§ 107 Abs. 1 S. 1);
– Zustimmung zur Zahlung eines Abschlags auf den Bilanzgewinn (§ 59 Abs. 3);
– Erlass einer Geschäftsordnung für den Vorstand (§ 77 Abs. 2 S. 1);
– Bestellung und erneute Bestellung eines Vorstandsmitglieds sowie deren Widerruf und Ernennung eines Vorsitzenden des Vorstands und deren Widerruf (84 Abs. 1 S. 1 und 3, Abs. 2 und Abs. 3 S. 1);
– Einberufung einer Hauptversammlung durch den Aufsichtsrat (§ 111 Abs. 3);
– Prüfung der Jahresabschlussunterlagen und Berichterstattung über die Tätigkeit des Aufsichtsrats (§ 171);

---

[125] *Hoppmann* VersR 2001, 562.
[126] Heute hM: BGHZ 85, 293 (295) = NJW 1983, 991 – Hertie; öOGH EvBl. 1978/4 = AG 1983, 81; *Dreher*, FS Boujong, 1996, 71 (75); MHdB AG/*Hoffmann-Becking* § 33 Rn. 41; UHH/*Ulmer/Habersack* MitbestG § 25 Rn. 118; *Schwark*, FS Werner, 1984, 841 (850); *Schwarck*, FS 100 Jahre Wirtschaftsuniversität Wien, 1998, 102; Großkomm AktG/*Hopt/Roth* Rn. 29. Zu den inhaltlichen Anforderungen vgl. auch *P. Doralt/W. Doralt* in Semler/v. Schenck AR-HdB § 14 Rn. 134 ff.
[127] ZB *Bosse/Malchow* NZG 2010, 972 f.; *Fonk* NZG 2009, 761 (769) mwN; *Leyendecker-Lagner/Huthmacher* NZG 2012, 1415 f.; *Merkelbach* Der Konzern 2013, 227 (231).
[128] *Mutter* AG-Report 2010, R410; dagegen *Leyendecker-Lagner/Huthmacher* NZG 2012, 1415 ff.; dagegen wiederum *Mutter* AG-Report 2013, R161.
[129] Dazu *J. Semler*, FS 100 Jahre Wirtschaftsuniversität Wien, 1998, S. 93 mwN.

- Prüfung des Berichts über die Beziehungen zu verbundenen Unternehmen und Beurteilung des Befunds (§ 314 Abs. 2 und 3);
- Beschluss, durch den die Vornahme bestimmter Arten von Geschäften der Zustimmung des Aufsichtsrats unterworfen wird (§ 107 Abs. 3 S. 3).

87 Das Gesetz kennt weitere **unübertragbare Aufgaben:**[130]
- Mitentscheidung über die Einstellung von Gewinn in Rücklagen bei der Feststellung des Jahresabschlusses (§ 58 Abs. 2 iVm § 171);
- Bildung und Auflösung von Aufsichtsratsausschüssen (§ 107 Abs. 3 S. 1);
- Beschlussfassung über einen Antrag auf Abberufung eines Aufsichtsratsmitglieds aus wichtigem Grund durch das Gericht (§ 103 Abs. 3);
- jährliche Erklärung, ob den Empfehlungen des DCGK entsprochen wurde und wird oder welche Empfehlungen nicht angewendet wurden oder werden und warum (§ 161 Abs. 1).
- In Unternehmen, die dem MitbestErgG unterliegen: Beanstandung der Prüfungsfeststellungen und abschließende Stellungnahmen zum maßgeblichen Umsatzverhältnis (§ 4 Abs. 4, 5 MitbestErgG);

88 Dies bedeutet vor allem:
- Jedes Aufsichtsratsmitglied muss in der Lage sein, die vom Vorstand zu erstattenden **Berichte**[131] zu **verstehen,** kritisch zu **würdigen** und **nachzuvollziehen.**
- Jedes Aufsichtsratsmitglied muss in der Lage sein, den **Jahresabschluss und** den **Konzernabschluss** mit Hilfe des Prüfungsberichts des Abschlussprüfers zu **verstehen** und die Angemessenheit der bilanzpolitischen Maßnahmen zu prüfen. Fähigkeiten, die zur Prüfung der Ordnungsmäßigkeit und der Rechtmäßigkeit der Abschlüsse erforderlich sind (buchhalterische Kenntnisse), benötigt das Aufsichtsratsmitglied nicht. Es kann sich insoweit auf die Prüfung des Abschlussprüfers verlassen. Wenn in besonderen Fällen Zweifel an der sachgerechten Durchführung der Prüfung entstehen, wird der Aufsichtsrat einen anderen sachverständigen Prüfer mit der Nachprüfung beauftragen, aber kaum selbst die eigentliche Prüfung der Ordnungsmäßigkeit und der Rechtmäßigkeit der Abschlüsse und der zugrunde liegenden Buchführung vornehmen.
- Jedes Aufsichtsratsmitglied muss in der Lage sein, die **Bedeutung eines Zustimmungsvorbehalts** für die eigenverantwortliche Geschäftsführung einerseits und die verantwortungsvolle Überwachung andererseits zu erkennen und zu beurteilen.
- Jedes Aufsichtsratsmitglied muss die Befähigung zu **wesentlichen Personalentscheidungen** haben. Es muss um die Bedeutung einer hervorragenden Besetzung der Vorstandspositionen wissen und die Führungsqualität einer Person beurteilen können.
- Jedes Aufsichtsratsmitglied muss wissen, dass es die Interessen seiner Gesellschaft auch **gegenüber einem herrschenden Unternehmen** zu wahren hat, wenn kein Beherrschungsvertrag besteht.

89 **2. Haftungsbestimmte Anforderungen.** Jedes Aufsichtsratsmitglied unterliegt einer strengen persönlichen Haftung für Fehlverhalten (§§ 116 S. 1, 93). Wenn der Gesellschaft ein Schaden entstanden ist und das Verhalten des Aufsichtsrats für diesen Schaden ursächlich war, muss jedes Aufsichtsratsmitglied nachweisen, dass es seine Pflichten erfüllt hat **(Beweislastumkehr).**[132] Dies wiederum bedingt, dass jedes Aufsichtsratsmitglied die bei sorgfältiger Pflichterfüllung zu beachtenden Risiken kennt. Nur eine Person, die ihre mit Haftungsrisiken belegten Aufgaben kennt und durchzuführen vermag, kann im Schadensfall ihr gesetzmäßiges und pflichtgerechtes Verhalten ordnungsgemäß nachweisen.

90 Zu den besonderen haftungsbedingten Anforderungen an ein Aufsichtsratsmitglied gehören demgemäß:

---

[130] Hierzu Kölner Komm AktG/*Mertens/Cahn* § 107 Rn. 151 ff.
[131] § 90; dazu *v. Schenck* in Semler/v. Schenck AR-HdB § 1 Rn. 103 ff.
[132] §§ 116, 93 Abs. 2 S. 2.

– Jedes Aufsichtsratsmitglied muss die gesetzlichen **Rechte und Pflichten des Aufsichtsrats** und seiner Mitglieder kennen. Ohne diese Kenntnis ist eine pflichtgemäße Mitwirkung an der Arbeit des Aufsichtsrats, insbesondere seines Plenums nicht denkbar.
– Jedes Aufsichtsratsmitglied muss in der Lage sein, die besonderen **Haftungsrisiken im Zusammenhang mit der Kapitalerhaltung** (§§ 116 S. 1, 93 Abs. 3) zu erfassen und die maßgeblichen Grundlagen zu beurteilen. In schwierigen Fällen wird vom Aufsichtsrat ein Sachverständiger zuzuziehen sein. Ob dies notwendig ist, muss das Aufsichtsratsmitglied erkennen können.

3. Erfordernis unternehmerischer Erfahrung. Viele Erörterungen im Aufsichtsrat dienen ganz allgemein der dem Plenum vorbehaltenen Aufgabe[133] der Überwachung der unternehmerischen Geschäftsführung des Vorstands. Jedes Aufsichtsratsmitglied muss neben den nötigen Kenntnissen auch die Erfahrung haben,[134] um sich an solchen Erörterungen mit dem Ziel einer sachgerechten Überwachung mit Sachbeiträgen wirksam zu beteiligen. Sie muss nicht in Aufsichtsräten, sie kann auch in sonstiger Tätigkeit als Unternehmer, Rechtsanwalt, in Betriebsvertretungen und in anderer Weise erworben sein. Bedeutsam ist, dass die frühere Tätigkeit ein Abwägen von Chancen und Risiken und damit unternehmerisches Verhalten vorausgesetzt hat.

Hopt/Roth[135] kritisieren dies, verkennen aber, dass neben § 100 auch §§ 116, 93 zu beachten sind. Spätestens dort gelten für Fertigkeiten von Aufsichtsräten andere Regeln.[136] Ein Aufsichtsrat ist daher schlecht beraten, unter Berufung auf § 100 in ein Amt zu drängen, dem er nicht gerecht wird.[137]

4. Zeitpunkt des Vorliegens der erforderlichen Befähigung. Jedes Aufsichtsratsmitglied muss grundsätzlich zu Beginn[138] seiner Amtszeit und über deren gesamte Dauer die erforderliche Qualifikation besitzen. Die Verantwortung eines Aufsichtsratsmitglieds beginnt mit Amtsantritt. Die erforderliche Befähigung muss bis zur Beendigung des Mandats fortbestehen. Daraus folgt die Pflicht zur Fortbildung; auch Ziff. 5.4.5 Nr. 2 S. 2 DCGK empfiehlt, dass die Aufsichtsratsmitglieder im Rahmen ihrer Aus- und Fortbildungsmaßnahmen von der Gesellschaft angemessen unterstützt werden.[139]

G. Mindestens ein unabhängiger Financial Expert im Aufsichtsrat von Gesellschaften iSv § 264d HGB (Abs. 5)

I. Allgemeines

Das Gesetz verlangt, dass bei kapitalmarktorientierten Kapitalgesellschaften[140] mindestens ein unabhängiges Mitglied des Aufsichtsrats über Sachverstand auf den Gebieten der Rechnungslegung oder Abschlussprüfung verfügen muss.

---

[133] *Kropff* AusschussB S. 149; Kölner Komm AktG/*Mertens/Cahn* 107 Rn. 145 mN, § 111 Rn. 13.
[134] *Wagner* in Semler/v. Schenck AR-HdB § 2 Rn. 83.
[135] Großkomm AktG/*Hopt/Roth* Rn. 22 ff.
[136] BGH NZG 2011, 1271 (1274) – ISION mwN zur verschärften Haftung bei anwaltlicher Beratung aus dem Aufsichtsrat heraus; Hüffer/*Koch* § 116 Rn. 4 mwN; Großkomm AktG/*Hopt/Roth* Rn. 52.
[137] Vgl. auch den mahnenden Hinweis im Merkblatt der BaFin dahingehend, dass die dort erwähnte Kulanzfrist („…in der Regel innerhalb von sechs Monaten ab Bestellung…") die Haftung ab Bestellung unberührt lasse, Merkblatt der BaFin zur Kontrolle der Mitglieder von Verwaltungs- und Aufsichtsorganen gemäß KWG und VAG vom 3.12.2012, abrufbar unter www.bafin.de.
[138] Ein begrenztes „Nachlernen" binnen weniger Monate sollte unschädlich sein, vgl. Merkblatt der BaFin zur Kontrolle der Mitglieder von Verwaltungs- und Aufsichtsorganen gemäß KWG und VAG vom 3.12.2012, abrufbar unter www.bafin.de („…in der Regel innerhalb von sechs Monaten nach Bestellung…").
[139] Vgl. dazu *Mutter* AG-Report 2010, R410 ff.; *Mutter* AG-Report 2013, R161; zum Verhältnis von Kostentragung für Aus- und Fortbildungsmaßnahmen zur Vergütung nach § 113 siehe *Kruchen* ZCG 2011, 21 (24).
[140] § 264d HGB; vgl. dazu BeBiKo/*Förschle/Hoffmann* HGB § 264d Rn. 1 ff.; Baumbach/Hopt/*Merkt* HGB § 264d Rn. 1.

95 Mit der Ergänzung der aktienrechtlichen persönlichen Voraussetzungen der Aufsichtsratsmitglieder um das Erfordernis eines unabhängigen Finanzexperten hat der deutsche Gesetzgeber europarechtliche Vorgaben der Abschlussprüferrichtlinie[141] umgesetzt.[142] Dabei hat er von der in der Richtlinie angebotenen Wahlmöglichkeit Gebrauch gemacht, festzulegen, dass die Aufgaben eines Prüfungsausschusses auch durch den Aufsichtsrat als Ganzes wahrgenommen werden können. Die Regelung in Abs. 5 korrespondiert mit § 107 Abs. 4, der vorgibt, dass im Prüfungsausschuss einer kapitalmarktorientierten Kapitalgesellschaft mindestens ein Mitglied die Voraussetzungen des Abs. 5 erfüllen muss.

96 Eine kapitalmarktorientierte Gesellschaft iSv § 264d HGB zeichnet sich dadurch aus, dass sie einen organisierten Markt[143] durch von ihr ausgegebene Wertpapiere (§ 2 Abs. 1 S. 1 WpHG) in Anspruch nimmt oder die Zulassung zu einem solchen Markt beantragt hat. Organisierter Markt ist der regulierte Markt nach § 32 BörsenG.

II. Unabhängigkeit

97 Der Financial Expert muss **unabhängig** sein.[144] Abs. 5 bestimmt nicht, was darunter zu verstehen ist. Es finden sich lediglich in Abs. 2 S. 1 Nr. 2 bis 4 persönliche Ausschlussgründe für eine Mitgliedschaft im Aufsichtsrat. Aus § 105 Abs. 1 ergibt sich noch die Unvereinbarkeit von Vorstands- und Aufsichtsratsamt. Nach dem Willen des Gesetzgebers[145] soll durch das Merkmal der Unabhängigkeit des Financial Experts erreicht werden, dass möglicherweise bestehende Risiken jedenfalls bei der Besetzung angesprochen werden: Unmittelbare oder mittelbare geschäftliche, finanzielle oder persönliche Beziehungen zur Geschäftsführung können eine Besorgnis der Befangenheit begründen, die der Wahrnehmung der Aufsichtsfunktion entgegensteht.[146] Das Erfordernis des unabhängigen Aufsichtsratsmitglieds hat der Aufsichtsrat auch bei seinen Wahlvorschlägen iSv § 124 Abs. 3 S. 1 zu berücksichtigen.[147]

98 Die Kommissionsempfehlung[148] sieht Unabhängigkeit als die Abwesenheit jeglicher signifikanter Interessenskonflikte. Dementsprechend sind enge Verbindungen zu Konkurrenten des Unternehmens schädlich. Nach Ansicht der Kommission[149] gibt es zwar keine allgemeingültige Definition des Unabhängigkeitsbegriffs, aber für Interessenkonflikte **typische Situationen.** Diese werden vom deutschen Gesetzgeber aber mangels Verbindlichkeit der Empfehlungen der Kommission[150] (lediglich) als Hinweise auf Beziehungen und Umstände verstanden, die für die Beurteilung der Unabhängigkeit relevant sein können.[151]

99 Auch der DCGK verdeutlicht an verschiedenen Stellen die Bedeutung der Unabhängigkeit von Organmitgliedern[152], ohne sie zu definieren. In Ziff. 5.4.2 DCGK empfiehlt der

---

[141] Richtlinie 2006/43/EG des Europäischen Parlaments und des Rates vom 17.5.2006 über Abschlussprüfungen von Jahresabschlüssen und konsolidierenden Abschlüssen, zur Änderung der Richtlinien 78/660/EWG und 83/349/EWG des Rates und zur Aufhebung der Richtlinie 84/253/EWG des Rates, ABl. EU Nr. L 157, 87, vgl. insb. Erwägungsgrund 24 und Art. 41.
[142] Vgl. BT-Drs. 16/10067, 101 f.
[143] § 2 Abs. 5 WpHG, vgl. zum Begriff des organisierten Marktes auch *Blättchen* FuS 2013, 154.
[144] Vgl. zur Bedeutung der Unabhängigkeit auch in internationalen Corporate-Governance-Systemen *Diekmann/Bidmon* NZG 2009, 1087 (1089 f.); *Roth* ZHR 175 (2011), 605 (619 ff.); zum Unabhängigkeitsbegriff und dem europarechtlichen Hintergrund vgl. auch *Wagner* in Semler/v. Schenck AR-HdB AR § 2 Rn. 75.
[145] BT-Drs. 16/10067, 102.
[146] BT-Drs. 16/10067, 101.
[147] Spindler/Stilz/*Spindler* Rn. 44 mwN.
[148] Empfehlung vom 15.2.2005, ABl. EU L 52, 52.
[149] Empfehlung vom 15.2.2005, ABl. EU L 52, 63.
[150] Art. 288 AEUV Abs. 5; Grabitz/Hilf/Nettesheim/*Nettesheim* AEUV Art. 288 Rn. 200 und 205 f.; Calliess/Ruffert/*Ruffert* AEUV Art. 288 Rn. 95 mwN.
[151] BT-Drs. 16/10067, 102.
[152] Vgl. Ziff. 5.3.2, 5.4.1 und 5.4.2 DCGK; vgl. ausführlich zur Bedeutung des DCGK und der Kommissionsempfehlung für das Unabhängigkeitskriterium Kölner Komm AktG/*Mertens/Cahn* Rn. 61 ff.

Kodex, dass dem Aufsichtsrat eine nach seiner Einschätzung **angemessene Anzahl**[153] unabhängiger Mitglieder angehört. Unabhängigkeit liegt danach nicht vor, wenn das Mitglied in einer persönlichen oder geschäftlichen Beziehung zu der Gesellschaft, deren Organen, einem kontrollierenden Aktionär oder einem mit diesem verbundenen Unternehmen steht, die einen wesentlichen und nicht nur vorübergehenden Interessenkonflikt begründen kann. Der Kodex empfiehlt auch, dass der Aufsichtsrat für seine Zusammensetzung **potenzielle Interessenkonflikte** berücksichtigt (Ziff. 5.4.1 DCGK). Weiterhin sollen dem Aufsichtsrat nicht mehr als zwei ehemalige Mitglieder des Vorstands angehören, und die Mitglieder sollen keine Organfunktion oder Beratungsaufgaben bei wesentlichen Wettbewerbern des Unternehmens ausüben (Ziff. 5.4.2 DCGK). Sofern ein Prüfungsausschuss eingerichtet wird, soll der Vorsitzende unabhängig und kein ehemaliges Vorstandsmitglied der Gesellschaft sein, dessen Bestellung vor weniger als zwei Jahren endete (Ziff. 5.3.2 DCGK).

In der Literatur besteht insoweit Einigkeit über den Begriff der Unabhängigkeit, dass er in engem Zusammenhang mit potenziellen Interessenkonflikten zu sehen ist.[154] Es soll ausreichen, wenn es aufgrund bestimmter Umstände möglich ist, dass es zu einem Interessenkonflikt kommt. Ein solcher Konflikt muss aber (noch) nicht tatsächlich vorliegen.[155] Im Übrigen fällt eine generelle Bestimmung schwer, jedenfalls soll persönliche Nähe nach der Rechtsprechung schaden, die sich hierbei an § 138 InsO orientiert.[156] Auch der DCGK und die europarechtlichen Grundlagen widersprechen einander teilweise.[157] Ein Beispiel: Ziff. 5.4.4 DCGK sieht in Übereinstimmung mit Abs. 2 S. 1 Nr. 4 eine Karenzzeit von lediglich zwei Jahren für den Wechsel vom Vorstand in den Aufsichtsrat vor, die Empfehlung der Kommission[158] dagegen fünf Jahre.[159]

Besonders umstritten ist, ob eine persönliche oder geschäftliche Beziehung zu einem **kontrollierenden Aktionär** oder einem mit diesem verbundenen Unternehmen die Unabhängigkeit ausschließt.[160] Die Gegner dieses Kriteriums stellen darauf ab, dass es im deutschen Konzernrecht wirksame Schutzkonzepte für Minderheitsaktionäre gibt (§§ 311 ff.) und es eines weiteren Schutzes über die Besetzung von Aufsichtsräten nicht bedarf; ein mehrheitlich beteiligter Investor hat nach dieser Ansicht im Gegenteil ein berechtigtes Interesse daran, über den Aufsichtsrat die Unternehmensführung zu überwachen.[161] Dem halten andere entgegen, dass der Schutz der Minderheitsaktionäre tatsächlich nicht weit genug reiche, die Erweiterung der Generalklausel im DCGK also lediglich ehemals vorhandene Lücken schließe.[162] Anstatt also die von nachteiliger Einflussnahme betroffene Gesellschaft auf einen oftmals wenig effektiven Ausgleichsanspruch (§ 311

---

[153] *Florstedt* ZIP 2013, 337 (342) betont, dass schon wegen der großen Varianz von Gestaltungen der Aufsichtsratsbesetzung nicht allgemein zu beantworten sei, welche Anzahl angemessen sei.
[154] Vgl. zB *Diekmann/Fleischmann* AG 2013, 141 (144); *Florstedt* ZIP 2013, 337 (339); *Hasselbach/Jakobs* BB 2013, 643 (645); *Kremer/v. Werder* AG 2013, 340 (341 f.9; *Schneider*, FS Goette, 2011, 475 (478 f.); vgl. zur Unsicherheit bei der Umsetzung der diesbezüglichen Empfehlungen des DCGK *v. Werder/Böhme* DB 2011, 1345 (1347 f.).
[155] *Diekmann/Fleischmann* AG 2013, 141 (144); *Paschos/Goslar* NZG 2012, 1361 (1362); *Scholderer* NZG 2012, 168 (171); vgl. zur Offenlegung bei Interessenkonflikten auch Ziff. 5.2.2 DCGK.
[156] Vgl.OLG Hamm ZIP 2013, 2008 (2009).
[157] Vgl. *Langenbucher* ZGR 2012, 314 (323 f.); *Schneider*, FS Goette, 2011, 475 (479); Kölner Komm AktG/ *Mertens/Cahn* Rn. 64; vgl. auch *Lüer*, FS Maier-Reimer, 2010, 385 (392) zur Sachkunde des Financial Expert.
[158] Empfehlung vom 15.2.2005, ABl. EU L 52, 63 Ziff. 1a.
[159] Siehe auch für weitere Beispiele Kölner Komm AktG/*Mertens/Cahn* Rn. 60.
[160] Vgl. zu den Regelbeispielen Ziff. 5.4.2 DCGK; kritisch dazu *Peltzer* ZGR 2012, 368 (370); Empfehlung vom 15.2.2005, ABl. EU L 52, 56 Ziff. 13.1.
[161] *Bürgers/Schilha* AG 2010, 221 (229); *Diekmann/Bidmon* NZG 2009, 1087 (1090) sehen das ausnahmsweise im Einzelfall anders, soweit das Aufsichtsratsmitglied zB Organfunktionen beim Hauptaktionär ausübt; *Gesell* ZGR 2011, 361 (385) weist auf eine ggf. sehr weitgehende Einschränkung der Eigentumsrechte des Großaktionärs hin; *Ihrig/Meder*, FS Hellwig, 2010, 163 (175 f.); *Wilsing/v. der Linden* DStR 2012, 1391 (1392); Kölner Komm AktG/*Mertens/Cahn* Rn. 67 mwN. Grundlegende Überlegungen zur konzernspezifischen Einbindung des Unabhängigkeitspostulats bei *Hommelhoff* ZIP 2013, 1645 (1649 f.).
[162] *Hasselbach/Jakobs* BB 2013, 643 (648).

Abs. 1) zu vertrösten, sei es im Sinne der Minderheitsaktionäre geboten, dass schon auf der Ebene der Besetzung des Aufsichtsrats gegengesteuert werde.[163] Die Einflussnahme durch kontrollierende Aktionäre geschehe zwar oftmals sehr subtil, sei aber in ihren Auswirkungen gravierend und entspreche nicht der Idee des deutschen Aktienrechts, dass die Aufsichtsratsmitglieder im Interesse aller Aktionäre (nicht nur eines Großaktionärs) den Vorstand zu überwachen haben.[164] Meines Erachtens schaden persönliche und geschäftliche Beziehungen zu einen kontrollierenden Aktionär oder einem mit diesem Verbundenen unternehmen – abgesehen vo Sonderfällen – der Unabhängigkeit grundsätzlich nicht. Denn in vielen Fällen wird ein kontrollierender Aktionär gerade am Wohlergehen der Tochtergesellschaft und ihrer guten wirtschaftlichen Entwicklung interessiert sein. Für auftretende Konflikte zwischen anderweitigen wirtschaftlichen Interessen eines kontrollierenden Aktionärs und dem Unternehmensinteresse der Tochtergesellschaft trifft das Konzernrecht in §§ 311 ff. AktG Vorsorge.

102 Ein Aktionär ist nicht bereits dann **kontrollierend**[165], wenn er wesentlich beteiligt ist, also direkt oder indirekt mehr als 10 % der stimmberechtigten Aktien der Gesellschaft hält.[166] Im Übrigen ist die Frage keineswegs eindeutig zu beantworten. Manche[167] stellen auf die Wertungen des § 16 (Anteilsmehrheit am Unternehmen bzw. eine Stimmrechtsmehrheit) ab, andere[168] erwägen, den Maßstab des § 29 Abs. 2 WpÜG, also das Halten von 30 % der Stimmrechte, zugrunde zu legen oder[169] schon faktische Präsenzmehrheiten ausreichen zu lassen. Die Rechtsprechung hat eine Beteiligung von 25 % ausreichen lassen, um die Unabhängigkeit zu verlieren.[170]

103 Ob ein **Arbeitnehmervertreter** unabhängig ist, ist offen. Die Empfehlung der EU-Kommission[171] stuft ein Aufsichtsratsmitglied als nicht unabhängig ein, wenn es Arbeitnehmer der Gesellschaft oder einer verbundenen Gesellschaft ist oder in den vergangenen drei Jahren war, es sei denn, es gehört nicht zu den Führungskräften der Gesellschaft und ist im Rahmen eines gesetzlich anerkannten Systems der Arbeitnehmervertretung, das einen angemessenen Schutz vor missbräuchlicher Entlassung und sonstiger nachteiliger Behandlung bietet, in den Aufsichtsrat gewählt worden. Einige schließen daraus, dass Arbeitnehmervertreter stets unabhängig sind, andere unterscheiden nach der Funktion des Arbeitnehmers im Betrieb und im Aufsichtsrat.[172] Für die Praxis verbieten sich meines Erachtens pauschale Lösungen, sodass die Frage der Unabhängigkeit stets im konkreten Einzefall bewertet werden muss.

III. Sachverstand

104 Abs. 5 verlangt, dass der Financial Expert über **Sachverstand** auf den Gebieten Rechnungslegung **oder** Abschlussprüfung verfügt.[173] Dies setzt voraus, dass das Aufsichts-

---

[163] *Hasselbach/Jakobs* BB 2013, 643 (648) mwN.
[164] *Hasselbach/Jakobs* BB 2013, 643 (648) mwN.
[165] Vgl. Ziff. 5.4.1 DCGK.
[166] Kölner Komm AktG/*Mertens/Cahn* Rn. 67; *Klein* AG 2012, 805 (807).
[167] *Hasselbach/Jakobs* BB 2013, 643 (648) mwN; *Ringleb/Kremer/Lutter/v. Werder* NZG 2012, 1081 (1088); *Paschos/Goslar* NZG 2012, 1361 (1362).
[168] *Florstedt* ZIP 2013, 337 (340); im Ergebnis ablehnend *Hasselbach/Jakobs* BB 2013, 643 (648); *Klein* AG 2012, 805 (807).
[169] *Florstedt* ZIP 2013, 337 (341) spricht sich dafür für eine Lösung von handelsbilanzrechtlichem Denken und eine schutzzweckgeleitete Methode der Kodexinterpretation aus.
[170] OLG Hamm ZIP 2013, 2008 (2009 linke Spalte).
[171] Empfehlung vom 15.2.2005, ABl. EU L 52, 63 Ziff. 1b.
[172] *Klein* AG 2012, 805 (808) mwN; Kölner Komm AktG/*Mertens/Cahn* Rn. 70; differenziert *Gesell* ZGR 2011, 361 (388 f.) und *Scholderer* NZG 2012, 168 (173); offen lassend *Roth* ZHR 175 (2011), 605 (630); *Hasselbach/Jakobs* BB 2013, 643 (649) zu Folge ist die Unabhängigkeit bei Arbeitnehmervertretern nicht zu prüfen. Differenzierend nach Funktion im Aufsichtsrat und im Betrieb NK-AktG/*Breuer/Fraune* § 100 Rn 19a.
[173] Die zugrunde liegende Richtlinie – siehe Fn 207 – spricht von „...Sachverstand in Rechnungslegung und/oder Abschlussprüfung...".

ratsmitglied entsprechend beruflich qualifiziert ist, wenn auch nicht notwendigerweise als Abschlussprüfer.[174] Nach der Gesetzesbegründung kommt es auf eine berufliche Bildung an, die sowohl bei steuerberatenden oder wirtschaftsprüfenden Berufen als auch beispielsweise bei Finanzvorständen oder aufgrund einer langjährigen Tätigkeit in Prüfungsausschüssen gegeben ist, die aber auch durch Weiterbildung angeeignet werden kann.[175] Im Übrigen sind die Anforderungen an den Finanzexperten nicht allgemein, sondern bezogen auf die konkret zu erfüllenden Aufgaben festzulegen. Dabei kommt es auf die Größe, Art und Komplexität und das Betätigungsfeld des Unternehmens an.[176] Das Erfordernis eines einzigen unabhängigen Finanzexperten im Aufsichtsrat bleibt hinter dem vom DCGK aufgestellten Standard zurück. Ziff. 5.3.2 DCGK empfiehlt, dass der Vorsitzende des Prüfungsausschusses über besondere Kenntnisse und Erfahrungen in der Anwendung von Rechnungslegungsgrundsätzen **und** internen Kontrollverfahren verfügt.[177]

IV. Financial Expert im Prüfungsausschuss

§ 107 Abs. 4 sieht zudem vor, dass einem Prüfungsausschuss (§ 107 Abs. 3 S. 2) einer **105** kapitalmarktorientierten Gesellschaft (§ 264d HGB) mindestens ein Finanzexperte iSv Abs. 5 angehört. Der Gesetzgeber[178] weist in der Gesetzesbegründung darauf hin, dass regelmäßig Personalunion zwischen dem Aufsichtsratsmitglied im Sinn des Abs. 5 und dem Mitglied des Prüfungsausschusses im Sinn des § 107 Abs. 4 iVm. Abs. 5 bestehen dürfte.

H. Rechtsfolgen des Fehlens oder des Wegfalls persönlicher Voraussetzungen

Die Folgen des Fehlens oder des Wegfalls persönlicher Mitgliedschaftsvoraussetzungen für **106** den Aufsichtsrat und das Vorhandensein von Hinderungsgründen richten sich nach dem Zeitpunkt des Vorhandenseins und der Art des Hindernisses.

I. Fehlen von persönlichen Voraussetzungen oder Vorliegen von Hinderungsgründen bei der Wahl

Das Fehlen gesetzlich vorgeschriebener Voraussetzungen oder das Vorhandensein gesetz- **107** lich festgelegter Hinderungsgründe hat nur dann unmittelbare Auswirkungen auf den Wahlbeschluss, wenn der Mangel bis zum Amtsantritt nicht behoben werden kann.[179]
Für Verstöße gegen die künftigen Geschlechter-Quotenregelungen des Gesetzes für die **108** gleichberechtigte Teilhabe von Frauen und Männern an Führungspositionen in der Privatwirtschaft und im öffentlichen Dienst[180], soll allerdings anderes gelten. Dort will man bei der Neufassung der §§ 250, 96 AktG – mutmaßlich in Verkennung der Genderqueer – Forschung[181] und der sich daraus ergebenden verfassungsrechtlichen Anforderungen – feste Quoten und starre Nichtigkeitsfolgen anordnen. Dies blendet aber nicht nur die Existenz von Transgender und Transsexualität (auch im Zeitraum zwischen Wahlbeschluß und Amts-

---

[174] Vgl. dazu OLG München NZG 2010, 784 ff.; LG München I AG 2010, 339; zu den besonderen persönlichen Voraussetzungen eines Abschlussprüfers nach § 319 HGB *Selter* AG 2013, 14 (20 f.).
[175] BT-Drs. 16/10067, 102.
[176] *Gesell* ZGR 2011, 361 (386 f.); Kölner Komm AktG/*Mertens/Cahn* Rn. 76. Zur „Förderung der Expertise seiner Mitglieder durch Erfahrungsaustausch und Wissensmanagement" wurde 2008 sogar bereits ein Berufsverband gegründet, der Financial Experts Association e. V.; dazu *Blättchen* FuS 2013, 154 (155).
[177] *Lüer*, FS Maier-Reimer, 2010, 385 (389) spricht sich für eine Auslegung des Abs. 5 im Lichte der Ziff. 5.3.2 DCGK aus.
[178] Vgl. dazu BT-Drs. 16/10067, 103.
[179] Kölner Komm AktG/*Mertens/Cahn* Rn. 48.
[180] Kommentierungsstand: Referentenentwurf vom 20. Juni 2014.
[181] Die Genderqueer-Theorie fristet in Deutschland allerdings auch sonst ein karges Brot, was auch an der Sprachbarriere liegen könnte.

antritt des Gewählten) aus, sondern ist sichtlich und ganz grundsätzlich einem gestrigen binären Denken verhaftet, das ausblendet, dass Geschlechtergrenzen nur konstruiert sind. Gerade die feministische Theorie ist hier längst weiter und dekonstruiert konsequent soziales wie biologisches Geschlecht.[182]

109   1. **Gesetzliche Anforderungen.** Die meisten Voraussetzungen können bis zum Amtsantritt erreicht und Hinderungsgründe behoben werden. Das gilt allerdings nicht, wenn eine juristische Person oder dgl. zum Aufsichtsratsmitglied gewählt wird. Ein solcher Beschluss ist von Anfang an nichtig (§ 250 Abs. 1 Nr. 4). Das soll – zu Unrecht[183] – nach § 250 Abs. 1 Nr. 5 AktG auch für Verletzungen der Frauenquote gelten.

110   Bei allen anderen gesetzlichen Voraussetzungen ist es möglich, dass der Gewählte zwar zurzeit der Wahl die persönlichen Voraussetzungen nicht hat, sie aber **bei Beginn der Amtszeit** erfüllen kann. Als Beispiele seien genannt: Er wird bis dahin volljährig. Die Entmündigung wird aufgehoben. Er legt überzählige Aufsichtsratssitze nieder, scheidet als gesetzlicher Vertreter des abhängigen Unternehmens oder der anderen Kapitalgesellschaft aus. Das Vorstandsmitglied der Gesellschaft scheidet aus dem Aufsichtsrat des anderen Unternehmens aus.

111   In solchen Fällen ist die Wahl zunächst schwebend unwirksam.[184] Sie wird nichtig, wenn der Gewählte zu Beginn seiner Amtszeit die gesetzlichen Voraussetzungen nicht erfüllt.[185] Wenn das Hindernis bis dahin entfällt, wird die Wahl ex tunc voll wirksam.[186]

112   2. **Satzungsmäßige Anforderungen.** Wenn einem Aufsichtsratsmitglied eine satzungsmäßige Voraussetzung für die Übernahme des Mandats fehlt oder ein satzungsmäßiger Hinderungsgrund vorliegt, ist die Wahl zwar gültig, aber **anfechtbar**, wenn der Mangel bis zur Amtsübernahme nicht behoben werden kann.

113   Wenn die Mängel bis zum Amtsantritt behoben werden können, liegt zunächst kein Anfechtungsgrund vor. Er entsteht, wenn feststeht, dass der Gewählte die Mängel bis zum Amtsantritt nicht beheben kann. Liegt dieser Zeitpunkt nicht innerhalb eines Monats seit Beschlussfassung, entfällt die Anfechtungsmöglichkeit (§§ 251 Abs. 3, 246 Abs. 1). Die Satzungswidrigkeit der Amtsinhaberschaft muss anders geltend gemacht werden, ggf. durch einen Antrag auf gerichtliche Abberufung (§ 103 Abs. 3). Die Satzungswidrigkeit der Mitgliedschaft ist ein wichtiger Grund iSd. Abberufungsvorschrift. Es kann der Gesellschaft nicht zugemutet werden, ein Aufsichtsratsmitglied zu haben, das nicht den Anforderungen der Satzung entspricht.

114   3. **Ablehnung der Wahl.** Wer nach erfolgter Wahl durch die Hauptversammlung die Annahme des Aufsichtsratsmandats ablehnt, wird **endgültig nicht Aufsichtsratsmitglied.**[187] Auf die Gründe für die Ablehnung kommt es nicht an. Auch ein Wegfall gesetzlicher Verbotsgründe (Verbot der Ämterhäufung, Gebot der Organintegrität, Verbot der Überkreuzverflechtung) oder der nachträgliche (Wieder-) Eintritt persönlicher Voraussetzungen (unbeschränkte Geschäftsfähigkeit, Fehlen von Unvereinbarkeitslagen) ändert daran nichts mehr. Wenn die Aktionäre denjenigen, der die Annahme der Wahl abgelehnt hat, dennoch als Aufsichtsratsmitglied haben möchten, müssen sie ihn erneut wählen.

---

[182] Exemplarisch *Judith Butler,* Das Unbehagen der Geschlechter, 1990; *Judith Butler,* Körper von Gewicht, 1995.
[183] Vgl: *Mutter* AG-Report 2014, R 318.
[184] Vgl. *Butzke* Rn. O 35.
[185] Großkomm AktG/*Hopt/Roth* Rn. 112.
[186] *Simons* in Hölters, AktG, 2. Aufl. 2014, § 250 Rn. 17.
[187] Kölner Komm AktG/*Mertens/Cahn* Rn. 51.

II. Fehlen von persönlichen Voraussetzungen bei Amtsantritt

Bei Amtsantritt muss jedes Aufsichtsratsmitglied alle Voraussetzungen erfüllen, die für die Übernahme seines Amts bestehen. Es dürfen zu diesem Zeitpunkt keine Hindernisse vorhanden sein. Dies gilt unabhängig davon, ob es sich um gesetzliche oder satzungsmäßige Anforderungen und Mängel handelt. Auch die erforderlichen Befähigungs- und Erfahrungsmerkmale müssen grundätzlich vorhanden sein.[188] Allerdings unterscheiden sich die Rechtsfolgen je nach Grundlage des Mangels. 115

1. Gesetzliche Anforderungen. Eine Person, die im Zeitpunkt des Amtsantritts die im Gesetz vorgeschriebenen Voraussetzungen nicht erfüllt oder bei der zu diesem Zeitpunkt gesetzliche Hinderungsgründe vorliegen, wird nicht Aufsichtsratsmitglied, und zwar unabhängig von der Zeit, die seit der Wahl verstrichen ist. Der bis dahin schwebend unwirksame Wahlbeschluss wird rückwirkend zum Wahlzeitpunkt nichtig (§ 250 Abs. 1 Nr. 4). 116

2. Satzungsmäßige Anforderungen. Im Grundsatz erfüllbare, aber nicht erfüllte Satzungsvoraussetzungen und der Fortbestand satzungsmäßiger Hinderungsgründe haben zunächst keine Auswirkung auf das Aufsichtsratsmandat. Wenn sie aber bis Amtsantritt nicht erfüllt bzw. beseitigt sind, ist der Wahlbeschluss anfechtbar, es sei denn, seit dem Zeitpunkt des Wahlbeschlusses ist mehr als ein Monat vergangen. Dann ist eine Anfechtung nicht mehr möglich. Erforderlichenfalls muss gegen das Aufsichtsratsmitglied anderweitig vorgegangen werden. 117

III. Wegfall von persönlichen Voraussetzungen nach Amtsantritt

Ein Wegfall von persönlichen Voraussetzungen und der Eintritt von Hinderungsgründen nach Amtsantritt hat für das Aufsichtsratsmitglied je nach der Art des Hindernisses unterschiedliche Wirkungen. 118

1. Gesetzliche Anforderungen. a) Wegfall persönlicher Voraussetzungen. Wer **nach Beginn seiner Amtszeit** seine unbeschränkte Geschäftsfähigkeit verliert oder bei der Besorgung seiner Vermögensangelegenheiten einem Genehmigungsvorbehalt unterworfen wird, kann nicht Aufsichtsratsmitglied sein (Abs. 1). Er scheidet mit dem Verlust der Voraussetzung aus dem Aufsichtsrat aus, ohne dass es irgendwelcher Maßnahmen bedürfte. 119

b) Eintritt gesetzlicher Verbotsgründe. Wer nach Eintritt in den Aufsichtsrat ein weiteres Mandat oder den Vorsitz in einem bestehenden Mandat übernimmt und damit die **Höchstgrenze** von zehn Mandaten **überschreiten** würde (Abs. 2 S. 1 Nr. 1), bleibt Mitglied des Aufsichtsrats. Der Verstoß gegen die Höchstzahlvorschrift (Abs. 2 S. 1 Nr. 1) wirkt sich nur bei dem Unternehmen aus, das die Veränderung der Mandatszahl bewirkt hat. Die in jenem Unternehmen erfolgte Wahl oder Bestellung zum Vorsitzenden ist nichtig. 120

Wer nach Eintritt in den Aufsichtsrat **zum gesetzlichen Vertreter eines von der Gesellschaft abhängigen Unternehmens** bestellt wird (Abs. 2 S. 1 Nr. 2), muss sein Aufsichtsratsmandat vor der Bestellung zum gesetzlichen Vertreter niederlegen.[189] Tut er dies nicht, verliert er sein Mandat mit der Annahme der Bestellung zum gesetzlichen Vertreter des abhängigen Unternehmens. Wenn das Aufsichtsratsmitglied bei seiner Wahl gesetzlicher Vertreter eines unabhängigen Unternehmens war und dieses **Unternehmen** danach **von der Gesellschaft abhängig wird,** verliert das Aufsichtsratsmitglied mit der Vollendung des Übernahmevorgangs automatisch sein Mandat. 121

Entsprechend sind die Folgen einer nachträglich **eintretenden Überkreuzverflechtung** (Abs. 2 Nr. 3) zu beurteilen. Wenn jemand zum Mitglied des Aufsichtsrats in dem Unter- 122

---

[188] Ein begrenztes „Nachlernen" binnen weniger Monate sollte unschädlich sein, vgl. Merkblatt der BaFin zur Kontrolle der Mitglieder von Verwaltungs- und Aufsichtsorganen gemäß KWG und VAG vom 3.12.2012, abrufbar unter www.bafin.de („…in der Regel innerhalb von sechs Monaten nach Bestellung…").
[189] Vgl. allgemein zur Amtsniederlegung *Wagner* in Semler/v. Schenck AR-HdB § 2 Rn. 51.

nehmen bestellt werden soll, in dem das ihn überwachende Aufsichtsratsmitglied bereits Mitglied des Vorstands ist, bleibt dessen Vorstandsmandat unberührt, die Wahl der später gewählten Person zum Aufsichtsratsmitglied ist nichtig (Abs. 1 und 2).

123 **c) Entsandte Aufsichtsratsmitglieder.** Für **entsandte Aufsichtsratsmitglieder** gelten die vorstehenden Ausführungen entsprechend. Die Entsendung mit der sich daraus ergebenden Bestellung ist wegen Verstoßes gegen die gesetzlichen Voraussetzungen für ein Aufsichtsratsmandat nichtig. Allerdings kann eine Entsendung nicht angefochten werden. In solchen Fällen bedarf es der gerichtlichen Abberufung (Abs. 3).

124 **2. Satzungsmäßige Anforderungen.** Fallen nach Übernahme des Mandats satzungsmäßige Voraussetzungen fort oder ergeben sich nachträglich satzungsmäßige Hinderungsgründe, hat dies naturgemäß keine Auswirkungen auf den Wahlbeschluss. Die satzungswidrige Mitgliedschaft kann nur durch Abberufung des Aufsichtsratsmitglieds aus wichtigem Grund[190] beendet werden, wenn das betreffende Aufsichtsratsmitglied nicht von sich aus zurücktritt. Ein wichtiger Grund wird bei satzungswidriger Mitgliedschaft stets anzunehmen sein, es sei denn, bei sachgerechter Auslegung der Satzung ergibt sich, dass die Satzung das Vorliegen der satzungsmäßigen Voraussetzungen im Zeitpunkt der Wahl oder des Amtsantritts als ausreichend ansieht.[191]

125 Solange die Mitgliedschaft im Aufsichtsrat nicht beendet ist, hat das betroffene Aufsichtsratsmitglied alle Rechte und Pflichten eines Aufsichtsratsmitglieds dieser Gesellschaft. Beschlüsse und Rechtsgeschäfte, an denen es mitwirkt, werden in ihrer Wirksamkeit nicht dadurch beeinträchtigt, dass bei diesem Aufsichtsratsmitglied satzungsmäßige Voraussetzungen nicht mehr erfüllt werden oder satzungsmäßige Hinderungsgründe vorliegen.

IV. Fehlen oder Wegfall von Befähigungs- oder Erfahrungsmerkmalen nach Amtsantritt

126 Das Fehlen oder der Wegfall von Befähigungsmerkmalen oder erforderlicher Erfahrung haben im Allgemeinen Auswirkungen weder auf die Rechtswirksamkeit des Wahlbeschlusses noch auf die rechtliche Stellung des gewählten Aufsichtsratsmitglieds. Gleiches gilt für einen Wechsel des Geschlechts. Daran ändert auch § 250 Abs. 1 Nr. 5 AktG nF nichts.

127 Allerdings verletzen diejenigen Aufsichtsratsmitglieder, die eine Person trotz mangelnder Befähigung zur Wahl vorschlagen (§ 124 Abs. 3 S. 1), ihre Sorgfaltspflicht. Sie laufen Gefahr, schadensersatzpflichtig zu werden.

128 Ebenso wird das **Gericht** bei einer Ersatzbestellung (§ 104 Abs. 1 oder 2) darauf achten müssen, dass das von ihm bestellte Aufsichtsratsmitglied über die erforderlichen Kenntnisse und Erfahrungen verfügt.

129 Das **einzelne Aufsichtsratsmitglied** hat für ausreichende Kenntnisse und Erfahrungen einzustehen. Wenn sie fehlen, verletzt das Aufsichtsratsmitglied durch Annahme des Mandats seine Sorgfaltspflicht. Es kann wegen Übernahmeverschuldens schadensersatzpflichtig werden.[192]

130 In **besonders krassen Fällen,** also bei offenkundigem Fehlen der wichtigsten für die Ausübung des Mandats erforderlichen Kenntnisse und Erfahrungen und bei offensichtlichem Fehlen der für die Amtsführung erforderlichen Zeit, wird man auch bei rechtlicher Betrachtung nicht davon ausgehen können, dass das Aufsichtsratsmitglied die gesetzlichen Voraussetzungen für die Übernahme des Mandats oder für die Weiterführung des Mandats besitzt. Die Wahl ist zwar nicht nichtig, kann aber in besonders schweren Fällen ausnahms-

---

[190] § 103 Abs. 3; anders bei nachträglichem Wegfall der Voraussetzungen des Abs. 5 Grigoleit/*Grigoleit*/*Tomasic* Rn. 27, vgl. dazu auch → Rn. 115.
[191] Kölner Komm AktG/*Mertens*/*Cahn* Rn. 54.
[192] §§ 116, 93 Abs. 2; vgl. *Feddersen* AG 2000, 389; *Lutter* ZIP 2003, 417 (418); Grigoleit/*Grigoleit*/*Tomasic* Rn. 16.

weise anfechtbar (§ 251 und nicht § 250) sein. Nach Ablauf der Anfechtungsfrist kann eine Abberufung durch das Gericht[193] in Betracht kommen.

Entsprechendes gilt, wenn das Aufsichtsratsmitglied einem Unternehmen angehört, das 131 bei gleichen Kerngeschäftsgebieten mit dem beaufsichtigten Unternehmen im Wettbewerb steht (Interessenwiderstreit).

Die **Nichtigkeit eines Wahlbeschlusses** oder die **Nichtigkeit der Annahmeerklä-** 132 **rung** wirken unmittelbar: Der gefasste Beschluss und die erklärte Annahme haben keinerlei Wirkung. Die betroffene Person wird nicht Aufsichtsratsmitglied und ist es nie geworden. Die Teilnahme an Sitzungen und an Beschlussfassungen ist ohne rechtliche Wirkung. Wenn dadurch die Beschlussfähigkeit des Aufsichtsrats oder eines beschließenden Ausschusses entfällt, weil die Zahl der mitwirkenden Aufsichtsratsmitglieder unter drei oder die zur Beschlussfähigkeit notwendige Zahl sinkt, sind die entsprechenden Entscheidungen unheilbar nichtig. Sie müssen nach Neubestellung des fehlenden Aufsichtsratsmitglieds (oder ggf. unter Mitwirkung der bei der ersten Abstimmung fehlenden Aufsichtsratsmitglieder) neu vorgenommen werden.

Wenn der **Wahlbeschluss nach Anfechtung für nichtig** erklärt wird, treten die 133 gleichen Folgen wie bei einer anfänglichen Nichtigkeit ein. Die Teilnahme an Sitzungen und an Beschlussfassungen ist ohne Wirkung. Die betroffene Person wird so behandelt als ob sie nie Aufsichtsratsmitglied geworden wäre.[194] Dies bedeutet, dass die Anfechtungsmöglichkeiten keinesfalls expansiv ausgelegt werden dürfen. Die mögliche Schädigung der Gesellschaft kann bedeutsamer sein als der Verzicht auf die Nichtigkeitsfolge. Die Unsicherheit, ob eine Person rechtswirksam Aufsichtsratsmitglied ist oder nicht, kann von einer Gesellschaft nicht längere Zeit getragen werden. Wenn die Aussichten einer Anfechtungsklage als möglicherweise erfolgreich anzusehen sind, muss das – gleichgültig, ob zu Recht oder zu Unrecht – gewählte Aufsichtsratsmitglied alsbald zurücktreten. Damit wird der Weg für eine gerichtliche Neubestellung frei (§ 104).

Auch in Fällen der Nichtigkeit oder des nach Anfechtung für nichtig erklärten Wahl- 134 beschlusses ist der nichtige Beschluss für die **unwirksam gewählte Person** nicht ohne Rechtswirkung. Mit der Teilnahme an Beratungen und Rechtshandlungen werden Grundsätze von Bedeutung, die für **faktische Organstellungen** entwickelt worden sind. Insbesondere gelten die Vorschriften über Sorgfaltspflicht, Verschwiegenheitspflicht und Verantwortlichkeit auch für Personen, die trotz nichtigen oder nichtig erklärten Wahlbeschlusses an tatsächlichen oder rechtlichen Handlungen des Aufsichtsrats oder eines Ausschusses mitgewirkt haben (§ 264d HGB).

V. Wegfall der Unabhängigkeit des Financial Expert

Der Gesetzgeber hat sich darauf beschränkt, in Abs. 5 Voraussetzungen an (mindestens) 135 ein Mitglied im Aufsichtsrat einer kapitalmarktorientierten Gesellschaft zu stellen. Sanktionen für den Fall der Nichteinhaltung sieht das Gesetz nicht vor, und auch aus der Gesetzesbegründung[195] ergeben sich keine Anhaltspunkte dazu. Daher ist umstritten, welche Konsequenzen sich für die Wahl eines Aufsichtsratsmitglieds daraus ergeben, dass es **bei Amtsantritt** die in Abs. 5 aufgestellten Anforderungen an die Sachkunde oder Unabhängigkeit nicht erfüllt. Für die Annahme der Nichtigkeit der Wahl fehlt eine gesetzliche Grundlage, da Abs. 5 in § 250 nicht genannt wird.[196] Nach § 251 Abs. 1 S. 1 kann die Wahl wegen der Verletzung von Gesetzesvorschriften aber angefochten werden.[197] Dem wird entgegen

---

[193] § 103 Abs. 3; die mangelnde Qualifikation wird als wichtiger Grund anzusehen sein.
[194] BGHZ 2013, 456; → § 101 Rn. 219 ff.
[195] Vgl. BT-Drs. 16/10067, 101 f.
[196] Vgl. auch *Diekmann/Bidmon* NZG 2009, 1087 (1091); *Gesell* ZGR 2011, 361 (392); *Wardenbach* GWR 2010, 207; K. *Schmidt/Lutter/Drygala* Rn. 60 mwN; Kölner Komm AktG/*Mertens/Cahn* Rn. 79 mwN.
[197] *Diekmann/Bidmon* NZG 2009, 1087 (1091); *Habersack* AG 2008, 98 (106); *Jaspers* AG 2009, 607 (612 f.); *Vetter* ZGR 2010, 751 (787); *Wind/Klie* DStR 2010, 1339 (1340 f.); Kölner Komm AktG/*Mertens/Cahn* Rn. 79 mwN; differenzierend *Staake* ZIP 2010, 1013 (1020); Bürgers/Körber/*Bürgers/Israel* Rn. 12a; **aA**

gehalten, dass es Aufgabe der Hauptversammlung sei, die Mitglieder des Aufsichtsrats zu wählen. Der Aufsichtsrat habe lediglich aus dem gewählten Mitgliederkreis einen Financial Expert zu bestimmen; § 100 Abs. 5 richte sich dem entsprechend nur an ihn und habe für die Anfechtbarkeit der Wahl keine Bedeutung.[198] Hinzu kommt, dass die Bestimmung desjenigen Kandidaten, dessen Wahl anfechtbar sein soll, nicht einheitlich zu beantworten sei, sondern je nachdem, ob es um die Wahl nur eines Aufsichtsratsmitglieds oder mehrerer Mitglieder – zB mittels Listenwahl[199] – gehe, unterschiedlich ausfalle.[200] Das Gesetz verlangt in Abs. 5 nicht, dass alle Aufsichtsratsmitglieder unabhängige Finanzexperten sind, sondern sieht nur vor, dass mindestens ein Mitglied diese Voraussetzungen erfüllt. Praktisch empfiehlt sich stets eine Einzelwahl unter Benennung des Financial Expert im Wahlvorschlag, um Anfechtungsrisiken zu radizieren.

136 Auch in dem Fall, dass die Voraussetzungen nach Abs. 5 **nach Amtsantritt** entfallen, gehen die Meinungen über die Rechtsfolgen auseinander. Während manche[201] diesen Fall ebenso behandeln, wie den fehlender Unabhängigkeit bei Amtsantritt, halten andere[202] den Aufsichtsrat für verpflichtet, einen Antrag nach § 103 Abs. 3 auf Abberufung zu stellen. Dabei soll dasjenige Mitglied, das zuletzt die Voraussetzungen des Abs. 5 nicht mehr erfüllt, abberufen werden.[203] Schließlich soll die Pflicht zur Besetzung des Aufsichtsrats mit einem Finanzexperten nach Abs. 5 durch eine Schadensersatzpflicht nach §§ 116, 93 bewehrt sein.[204]

Hüffer/*Koch* Rn. 28 mwN; K. Schmidt/Lutter/*Drygala* Rn. 62 mwN; *Gesell* ZGR 2011, 361 (392 f.), der nur in dem Ausnahmefall Anfechtbarkeit annehmen will, dass nur ein Mitglied in den Aufsichtsrat zu wählen ist und kein anderes Mitglied über die Qualifikation nach Abs. 5 verfügt. *Gruber* NZG 2008, 12 (14 f.) zufolge besteht lediglich nach § 289a Abs. 2 Nr. 3 HGB eine Pflicht zur Offenlegung, da Abs. 5 nur die Zusammensetzung des Aufsichtsrats regele.
[198] *Lier*, FS Maier-Reimer, 2010, 385 (402); einschränkend dahingehend, dass Anfechtung zulässig sein soll, wenn die Hauptversammlung alle Aufsichtsratsmitglieder wählt *Wardenbach* GWR 2010, 207 (208).
[199] Vgl. dazu BGHZ 180, 9 = NZG 2009, 342 (346 f.) – Kirch/Deutsche Bank.
[200] Vgl. dazu zB *Wind/Klie* DStR 2010, 1339 (1340 f.); Kölner Komm AktG/*Mertens/Cahn* Rn. 79.
[201] *Gruber* NZG 2008, 12 (14); Hölters/*Simons* Rn. 57; K. Schmidt/Lutter/*Drygala* Rn. 61; Grigoleit/*Grigoleit/Tomasic* Rn. 27 (§ 103 Abs. 1).
[202] *Jaspers* AG 2009, 607 (614); gegen die Zulässigkeit der gerichtlichen Abberufung *Gesell* ZGR 2011, 361 (394).
[203] *Jaspers* AG 2009, 607 (614).
[204] *Jaspers* AG 2009, 607 (614); *Diekmann/Bidmon* NZG 2009, 1087 (1091) bzgl. der Wahl zum Mitglied des Prüfungsausschusses nach § 107 Abs. 3 S. 2. Vgl. auch Hölters/*Simons* Rn. 58, der allerdings die Pflichtverletzung in dem Unterlassen einer Nachschulung bzw. dem Herbeiführen von Neuwahlen durch den Aufsichtsrat sieht.

Exkurs 1: Interessenwiderstreit als Bestellungshindernis und als Abberufungsgrund

Schrifttum: *Bäcker,* Weisungsfreiheit und Verschwiegenheitspflicht kommunal geprägter Aufsichtsräte, FS Schwark, 2009, 101; *Bartz/v.Werder,* Unabhängigkeit von Kandidaten für den Aufsichtsrat, NZG 2014, 841; *Behr,* Teilnahmerecht und Mitwirkungsmöglichkeit des Aufsichtsratsmitglieds bei der Aufsichtsratssitzung, AG 1984, 281; *Bürgers/Schilha,* Die Unabhängigkeit des Vertreters des Mutterunternehmens im Aufsichtsrat der Tochtergesellschaft, AG 2010, 221; *Cahn,* Gesellschaftsinterne Informationspflichten bei Zusammenschluss- und Akquisitionsvorhaben, AG 2014, 525; *Diekmann/Bidmon,* Das „unabhängige" Aufsichtsratsmitglied nach dem BilMoG – insbesondere als Vertreter des Hauptaktionärs, NZG 2009, 1087; *Diekmann/Fleischmann,* Umgang mit Interessenkonflikten in Aufsichtsrat und Vorstand der Aktiengesellschaft, AG 2013, 141; *Deckert,* Inkompatibilitäten und Interessenkonflikte, DZWir 1996, 406; *Dreher,* Interessenkonflikte bei Aufsichtsratsmitgliedern von Aktiengesellschaften, JZ 1990, 896; *Hanau,* Das Verhältnis des Mitbestimmungsgesetzes zum kollektivem Arbeitsrecht, ZGR 1977, 397; *Heermann,* Interessenkonflikte von Bankenvertretern in Aufsichtsräten bei (geplanten) Unternehmensübernahmen, WM 1997, 1689; *Herkenroth,* Bankenvertreter als Aufsichtsratsmitglieder von Zielgesellschaften: Zur beschränkten Leistungsfähigkeit des Rechts bei der Lösung von Interessenkonflikten anläßlich der Finanzierung von Übernahmen, AG 2001, 33; *Heuking/Jasper,* Interessenkonflikte des Aufsichtsratsmitglieds der GmbH, DStR 1992, 1438; *Hoffmann-Becking,* Unabhängigkeit im Aufsichtsrat, NZG 2014, 801; *Hoffmann/Kirchhoff,* Zur Abberufung von Aufsichtsratsmitgliedern durch das Gericht nach § 103 Abs. 3 S. 1 AktG, FS Beusch, 1993, 377; *Hommelhoff,* Die Konzernleitungspflicht, 1982; *Hopt,* ECLR Interessenwahrung und Interessenkonflikte im Aktien-, Bank- und Berufsrecht – Zur Dogmatik des modernen Geschäftsbesorgungsrechts, ZGR 2004, 1; *Hopt,* Übernahmen, Geheimhaltung und Interessenkonflikte: Probleme für Vorstände, Aufsichtsräte und Banken, ZGR 2002, 333; *Hüffer,* Der korporationsrechtliche Charakter von Rechtsgeschäften – Ein hilfreiche Kategorie bei der Begrenzung von Stimmverboten im Recht der GmbH?, FS Heinsius, 1991, 337; *Hüffer,* Die Unabhängigkeit von Aufsichtsratsmitgliedern nach Ziffer 5.4.2 DCGK, ZIP 2006, 637; *Hüffer,* Zur Wahl von Beratern des Großaktionärs in den Aufsichtsrat der Gesellschaft, ZIP 201, 1979; *Ihrig/Meder,* Der Mehrheitsaktionär als abhängiges Aufsichtsratsmitglied?, FS Hellwig, 2011, 163; *Koch,* Begriff und Rechtsfolgen von Interessenkonflikten und Unabhängigkeit im Aktienrecht, ZGR 2014, 697; *Kort,* Interessenkonflikte bei Organmitgliedern der AG, ZIP 2008, 717; *Kübler,* Aufsichtsratsmandate in konkurrierenden Unternehmen, FS Claussen, 1997, 239; *Lange,* Das Unternehmensinteresse der Zielgesellschaft und sein Einfluss auf die Rechtsstellung der die Übernahme fördernden Aufsichtsratsmitglieder, WM 2002, 1737; *Lieder,* das unabhängige Aufsichtsratsmitglied, NZG 2005, 569; *Lüderitz,* Effizienz als Maßstab für die Größe des Aufsichtsrats, FS Steindorff, 1990, 113; *Lutter,* Bankenvertreter im Aufsichtsrat, ZHR 145 (1981), 224; *Lutter,* Die Unwirksamkeit von Mehrfachmandaten in den Aufsichtsräten von Konkurrenzunternehmen, FS Beusch, 1993, 509; *Lutter,* Defizite für eine effiziente Aufsichtsratstätigkeit und gesetzliche Möglichkeiten der Verbesserung, ZHR 159 (1995), 287; *Lutter,* Verhaltenspflichten von Organmitgliedern bei Interessenkonflikten, FS Priester 2007, 417; *Lutter,* 25 Jahre Aktiengesetz, 1991; *Martens,* Mitbestimmung und kollektives Recht, ZGR 1977, 422; *Martens,* Der Aufsichtsrat im Konzern, ZHR 159 (1995), 567; *Martinek,* Wettbewerbliche Interessenkonflikte von AG-Aufsichtsräten im Licht der Corporate Governance-Diskussion, wrp 2008, 2; *Meier,* Inkompatibilität und Interessenwiderstreit von Verwaltungsangehörigen in Aufsichtsräten, NZG 2003, 54; *Merkt,* Unternehmensleitung und Interessenkollision, ZHR 159 (1995), 423; *Mertens,* Zur Berichtspflicht des Vorstands gegenüber dem Aufsichtsrat, AG 1980, 67; *Mertens,* Aufsichtsratsmandat und Arbeitskampf, AG 1977, 306; *Michalski,* Abwehrmechanismen gegen unfreundliche Übernahmeangebote („unfriendly takeovers") nach deutschem Aktienrecht, AG 1997, 152; *Möllers,* Interessenkonflikte von Vertretern des Bieters bei Übernahme eines Aufsichtsratsmandats der Zielgesellschaft, ZIP 2006, 1615; *H.-F. Müller,* Aufsichtsratsmandat und anwaltliche Tätigkeit, NZG 2002, 797; *Mutter,* Hauptversammlungsleitung unter dem Gesetz für die gleichberechtigte Teilhabe von Frauen und Männern an Führungspositionen, AG 2014, R218; *Priester,* Interessenkonflikte im Aufsichtsratsbericht – Offenlegung versus Vertraulichkeit, ZP 2011, 2081; *Reichert/Schlitt,* Konkurrenzverbot für Aufsichtsratsmitglieder, AG 1995, 241; *Reese/Ronge,* Kunde, Lieferant und Kreditgeber als unabhängige Mitglieder des Aufsichtsrats – Überlegungen zu Ziff. 5.4.2 DCGK bei Doppelfunktionen, AG 2014, 417; *Reuter,* Der Einfluß der Mitbestimmung auf das Gesellschafts- und Arbeitsrecht, AcP 179 (1979), 509; *Rümker,* Übernahmeangebote – Verhaltenspflichten des Vorstands der Zielgesellschaft und Abwehrmöglichkeiten, FS Heinsius, 1991, 683; *Ruzik,* Zum Streit über den Streik – Aufsichtsrat und Gewerkschaftsführung im Arbeitskampf, NZG 2004, 455; *Säcker,* Behördenvertreter im Aufsichtsrat, FS Rebmann, 1989, 781; *Säcker,* Vorkehrungen zum Schutz der gesetzlichen Verschwiegenheitspflicht und gesellschaftsrechtliche Treuepflicht der Aufsichtsratsmitglieder, FS Robert Fischer, 1979, 635; *Schander/Posten,* Zu den Organpflichten bei Unternehmensübernahmen, ZIP 1997, 1534; *Scheffler,* Die Überwachungsaufgabe des Aufsichtsrats im Konzern, DB 1994, 793; *v. Schenck,* Verträge mit Beratungsunternehmen, denen ein Aufsichtsratsmitglied des beratenen Unternehmens angehört – Zugleich eine Besprechung der BGH-Entscheidungen vom 3.7. und 20.11.2006, DStR 2007, 395; *Uwe H. Schneider,* Interessenkonflikte im Aufsichtsrat, FS Goette, 2011, 475; *Uwe H. Schneider,* Der Schutz des abhängigen Unternehmens im Konzern, FS Raiser, 2005, S. 341; *Uwe H. Schneider,* Wettbewerbsverbot für Aufsichtsratsmitglieder einer Aktiengesellschaft?, BB 1995, 365; *Schneider/Nowak,* Der Grundsatz der Weisungsfreiheit des Aufsichtsratsmitglieds, FS v. Rosen, 2008, 577; *Scholderer,* Unabhängigkeit und Interessenkonflikte der Aufsichtsratsmitglieder, NZG 2012, 168; *Seibt,* Interessenkonflikte im Aufsichtsrat, FS Hopt I, 2010, 1363; *Semler/Stengel,* Interessenkonflikte bei Aufsichtsratsmitgliedern von Aktiengesellschaften am Beispiel von Konflikten bei Übernahme, NZG 2003, 1; *Singhof,* Die Amtsniederlegung durch das Aufsichtsratsmitglied einer Aktiengesellschaft, AG 1998, 318; *Spindler,* Kommunale Mandatsträger in Aufsichtsräten – Verschwiegenheitspflicht und Weisungsgebundenheit, ZIP 2011, 689 *Timm,* Grundfragen des „qualifizierten faktischen Konzerns im Aktienrecht, NJW 1987, 977; *Thümmel,* Haftungsrisiken von Vorständen und Aufsichtsräten bei der Abwehr von Übernahmeversuchen, DB 2000, 461; *Ulmer,* Aufsichtsratsmandat und Interessenkollision, NJW 1980, 1603; *Wais,* Gefahr von Interessenkollisionen bei gleichzeitiger Wahrnehmung eines öffentlichen Amts und eines Aufsichtsratsmandats?, NJW 1982, 1263; *Wardenbach,* Niederlegung des Aufsichtsratsmandats bei Interessenkollisionen, AG 1999, 74; *Werner,* Aufsichtsratstätigkeit von Bankenvertretern, ZHR 145 (1981), 252; *Westermann,* Eigenständige Wahrnehmung der Aufsichtsratspflichten – eine Selbstverständlichkeit?, FS Hommelhoff 2012, 1319; *Westermann,* 25 Jahre Aktiengesetz, 1991; *Westhoff,* Bankenvertreter in den Beiräten mittelständischer Unternehmen, 1984; *Wiedemann,* Organverantwortung und Gesellschafterklagen in der Aktiengesellschaft, 1989; *Wind/Klie,* Beziehungen zum Mehrheitsaktionär als unabhängigkeitsgefährdender Interessenkonflikt von Aufsichtsratsmitgliedern?, NZG 2010, 1413; *Wirth,* Anforderungsprofil und Inkompatibilitäten für Aufsichtsratsmitglieder, ZGR 2005, 327.

Übersicht

	Rn.
I. Einführung	1
1. Interessenträger und Unternehmensinteresse	2
2. Interessengegensätze bei Mitgliedern des Aufsichtsrats	6
3. Interessengegensätze und Corporate Governance	10
4. Aufsichtsräte bei GmbH und Genossenschaft	11
II. Tatbestände	12
1. Interessenkonflikte und Pflichtenkollisionen	12
2. Individuelle Interessenkonflikte	14
a) Rechtsgeschäfte zwischen der Gesellschaft und dem Aufsichtsratsmitglied	15
b) Rechtsgeschäfte zwischen der Gesellschaft und einem Unternehmen, zu dem das Aufsichtsratsmitglied in Beziehung steht	17
c) Nachteilige oder vorteilhafte Maßnahmen für das einzelne Mitglied	18
d) Korporationsrechtliche Maßnahmen	19
3. Dauerhafte Interessenkonflikte	20
a) Arbeitnehmer und Dienstnehmer	20
b) Abschlussprüfer	26
c) Bankenvertreter	27
d) Hoheitliche Verbindung	29
e) Politische Verbindung	30
f) Organverknüpfung	31
g) Konkurrenzverhältnisse	34
III. Rechtliche Folgen	37
1. Grundsatz	41
2. Unternehmensinteresse	42
3. Konfliktlösungen	46
a) Offenlegungspflicht	47
b) Stimmenthaltung und Stimmverbot	48
c) Ausschluss von der Aufsichtsratssitzung	53
d) Ruhenlassen des Amtes	56
e) Amtsniederlegung	57
4. Fallgruppen	70
a) Arbeitsverhältnisse	70
b) Bankenvertreter	77
c) Hoheitsträger	82
d) Konzernverhältnisse	84
e) Konkurrenzverhältnisse und Sensibles Wissen	89
f) Unternehmensübernahmen	90

I. Einführung

1 Unternehmen sind Teil unserer Gesellschaft. Sie agieren nicht in einem leeren Raum, sondern in einem Spannungsfeld höchst unterschiedlicher Ziele und Interessen gemeinsam mit anderen gesellschaftlichen Akteuren. Diese unterschiedlichen Zielsetzungen und Interessen können naturgemäß zu Gegensätzen führen, die von der Rechtsordnung aufzulösen sind.

1. Interessenträger und Unternehmensinteresse. Eigene Ziele und Interessen können nur natürliche Personen entwickeln. Nur sie werden als **Interessenträger** bezeichnet. Interessenträger des Unternehmens einer Aktiengesellschaft sind ihre **Aktionäre** und **Arbeitnehmer** sowie ihre **Führungsorgane,** die im Rahmen ihrer Führungsaufgabe den optimalen Einsatz von Kapital und Arbeit herbeiführen.[1]

Das Unternehmen selbst ist kein eigenständiger Interessenträger.[2] Die Feststellung und **Bestimmung der Interessen und Ziele des Unternehmens** obliegt bei der Aktiengesellschaft vorrangig dem **Vorstand** im Rahmen seines Leitungsermessens.[3] Der genaue **Inhalt dieses Unternehmensinteresses** ist nicht exakt zu bestimmen.[4] Das Unternehmensinteresse ist vielmehr als **allgemeine Leitmaxime** zu verstehen, welche den Bestand und die dauerhafte Rentabilität[5] des Unternehmens zum Gegenstand hat.

Der **Aufsichtsrat** darf bei seiner laufenden Überwachung von der durch den Vorstand vorgegebenen Interessenanalyse wie bei allen Überwachungsmaßnahmen des Aufsichtsrats nur abweichen, wenn der Vorstand die Grundsätze der Ordnungsmäßigkeit oder der Rechtmäßigkeit verletzt oder den Bereich zulässiger Ermessensausübung verlassen hat.[6] Etwas anderes gilt dann, wenn der Aufsichtsrat, wie zB bei Geschäften, für die er sich seine Zustimmung vorbehalten hat, oder aus anderen Gründen ein volles Mitentscheidungsrecht und nicht nur eine Überprüfungskompetenz hat. In solchen Fällen ist er nicht nur berechtigt, sondern sogar verpflichtet, das maßgebliche Unternehmensinteresse eigenständig festzustellen.

Aufsichtsratsmitglieder sind **nicht Vertreter der einzelnen Interessenträger** des Unternehmens, sondern sie sind dem Unternehmensinteresse verpflichtet.[7] Das Aufsichtsratsmitglied darf bei Entscheidungen im Aufsichtsrat nicht einseitig die Interessen nur eines der **beteiligten Interessenträger** berücksichtigen. Dies gilt gleichermaßen für Anteilseignervertreter wie für Arbeitnehmervertreter. Allerdings darf jedes Aufsichtsratsmitglied die ihm nahe liegenden Interessen eines bestimmten Interessenträgers in die Diskussion einbringen und auf die Interessen, die von ihm repräsentiert werden, hinweisen. Bei der Entscheidung des anstehenden Vorgangs ist dem Aufsichtsratsmitglied allerdings die einseitige Bevorzugung einer solchen Gruppe untersagt. Es muss dem Unternehmensinteresse folgen.[8] Tut es dies nicht, macht es sich schadensersatzpflichtig, wenn dem Unternehmen daraus ein Schaden entsteht (§ 116, 93 Abs. 2; → § 116 Rn. 533 ff., 564 ff.). Zugleich kann darin ein wichtiger Grund im Sinne des § 103 Abs. 3 für seine gerichtliche Abberufung zu sehen sein.

Noch weniger darf ein Aufsichtsratsmitglied bei seiner Entscheidung Interessen von Personen oder Institutionen vorrangig berücksichtigen, die nicht Interessenträger des Unternehmens sind, sondern lediglich eigene **Interessen mit Bezug auf das Unternehmen** verfolgen. Dabei kann es sich um die Interessen von Kunden oder von Lieferanten, aber auch von Beratern[9] oder von Kreditgebern[10] des Unternehmens handeln. Auch hoheitliche oder behördliche Interessen dürfen dem Unternehmensinteresse nicht vorgezogen werden.[11]

---

[1] Weiter *Hüffer/Koch* § 76 Rn. 28, der auch das Gemeinwohl als Interessenträger bezeichnet.
[2] *J. Semler*, Leitung und Überwachung, Rn. 51; *Hüffer/Koch* § 76 Rn. 36 mwH.
[3] Vgl. hierzu die Erläuterungen zu § 111, insbes. → § 111 Rn. 102 ff.; *Marsch-Barner* in Semler/v. Schenck AR-HdB § 13 Rn. 97; *Hüffer/Koch* § 76 Rn. 28 ff. mwN.
[4] *Marsch-Barner* in Semler/v. Schenck AR-HdB § 13 Rn. 96.
[5] *Hüffer/Koch* § 76 Rn. 34, 36; *Marsch-Barner* in Semler/v. Schenck AR-HdB § 13 Rn. 96.
[6] *Marsch-Barner* in Semler/v. Schenck AR-HdB § 13 Rn. 97.
[7] Vgl. hierzu *J. Semler*, Leitung und Überwachung, Rn. 49 ff.; MüKoAktG/*Habersack* § 100 Rn. 75; Kölner Komm AktG/*Mertens/Cahn* Vor § 95 Rn. 12.
[8] MüKoAktG/*Habersack* § 100 Rn. 75.
[9] Siehe den Fall OLG München AG 2009, 121.
[10] Zu den besonderen Anforderungen an Interessenvertreter von Kreditinstituten im Aufsichtsrat des Unternehmens vgl. → Rn. 27 und *Herkenroth* AG 2001, 33.
[11] Vgl. *Meier* NZG 2003, 54 (56 f.).

6 2. Interessengegensätze bei Mitgliedern des Aufsichtsrats. Auch wenn die Mitglieder des Aufsichtsrats eines Unternehmens vorrangig dem Unternehmensinteresse verpflichtet sind, können und werden sie regelmäßig auch weitere, häufig auch gegenläufige Interessen verfolgen. Solche gegensätzlichen Interessen können aus unmittelbaren oder über verbundene Unternehmen vermittelten **Geschäftsbeziehungen** zu dem beaufsichtigten Unternehmen erwachsen.[12] Sie können aber auch aus der Mitgliedschaft im Aufsichtsrat eines anderen Unternehmens, das als **Wettbewerber** des zu beaufsichtigenden Unternehmens anzusehen ist, entstehen. Die bei verbundenen Unternehmen häufige, gleichzeitige **Mitgliedschaft in den verschiedenen Organen rechtlich verbundener Unternehmen** stellt eine besondere Fallgruppe dar, die einer gesonderten Beurteilung bedarf (→ Rn. 31). Divergierende Interessen können ferner aus der Zugehörigkeit eines Aufsichtsratsmitgliedes zu einer politischen Gruppierung, sei es eine Partei oder eine Lobby- oder Interessengruppierung, oder aus der Vertretung einer Gebietskörperschaft oder Institution stammen, die **politische oder gesellschaftliche Ziele** verfolgt, welche Auswirkungen auf das Unternehmen haben.

7 Das Gesetz nimmt grundsätzlich in Kauf, dass ein Aufsichtsratsmitglied auch andere Interessen wahrzunehmen hat.[13] Dies zeigt sich in der Ausgestaltung des Aufsichtsratsmandats als Nebenamt und den Regeln zur unternehmerischen Mitbestimmung.[14] Es liegt in der Eigenverantwortung jedes Aufsichtsratsmitglieds, bei der Ausführung seiner Tätigkeit das Interesse des überwachten Unternehmens zu wahren. Der gesetzlichen Regelung liegt die Vorstellung zugrunde, daß das Aufsichtsratsmitglied in der Lage sein wird, seine dem Unternehmensinteresse **zuwiderlaufenden Interessen zu erkennen** und zu Gunsten des Unternehmensinteresses zurück zu stellen.[15]

8 Von diesem Grundsatz macht das Gesetz nur wenige Ausnahmen. So ist bestimmten Amtsträgern, wie beispielsweise dem Bundespräsidenten oder Mitgliedern der Regierung die Mitgliedschaft im Aufsichtsrat erwerbswirtschaftlich tätiger Unternehmen untersagt (vgl. Art. 55 Abs. 2, Art. 66 GG). Auch Mitglieder des Bundeskartellamtes dürften gemäß § 51 Abs. 5 GWB keine Aufsichtsratsmandate übernehmen. Mit diesen Bestimmungen soll aber vorrangig die Unabhängigkeit und Neutralität der Amtsführung gewährleistet werden,[16] die Interessen des Unternehmens sind demgegenüber nachrangig.

9 Durch das Gesetz zur Angemessenheit der Vorstandsvergütung (VorstAG)[17] ist in § 100 Abs. 2 als Ziffer 4. ein weiterer Inkompatibilitätsgrund für ehemalige Vorstandsmitglieder börsennotierter Unternehmen eingeführt worden. Diese können innerhalb eines Zeitraumes von 2 Jahren nach ihrem Ausscheiden aus dem Vorstand der Gesellschaft nur noch dann in den Aufsichtsrat gewählt werden, wenn die Wahl auf einem Vorschlag von Aktionären beruht, die mindestens 25 % der Stimmrechte der Gesellschaft auf sich vereinigen.

10 **3. Interessengegensätze und Corporate Governance.** Auch der **Deutsche Corporate Governance Kodex**[18] trägt der Tatsache Rechnung, dass Aufsichtsratsmitglieder widerstreitende Interessen verfolgen können. So enthält der Deutsche Corporate Governance Kodex in der Ziff. 5.5 einen eigenen Unterabschnitt, der sich mit Interessenkonflikten befasst. Ziff. 5.5.1 DCGK bestätigt den Grundsatz, dass jedes Mitglied des Aufsichtsrats dem Unternehmensinteresse verpflichtet ist. Es darf bei seinen Entscheidungen weder persönliche Interessen verfolgen noch Geschäftschancen, die dem Unternehmen zustehen, für sich nutzen. Um mögliche Konfliktsituationen transparent werden zu lassen, sollen

---

[12] Vgl. OLG München AG 2009, 121.
[13] *Lutter* ZHR 145 (1981), 224 (235); *Koch* ZGR 2014, 697 (700); *Müller* NZG 2002, 797; *Herkenroth* AG 2001, 33 (34).
[14] Vgl. auch → § 116 Rn. 311 ff.; MüKoAktG/*Habersack* § 100 Rn. 75; *Marsch-Barner* in Semler/v. Schenck AR-HdB § 13 Rn. 82.
[15] *Semler/Stengel* NZG 2003, 1 (2).
[16] *Marsch-Barner* in Semler/v. Schenck AR-HdB § 13 Rn. 88.
[17] BGBl. 2009 I S 2509.
[18] DCGK in der Fassung vom 13.5.2013.

Konflikte gemäß Ziff. 5.5.2 DCGK gegenüber dem Aufsichtsrat offen gelegt werden. Eine **Offenlegungspflicht** gegenüber dem Aufsichtsrat wird man bereits dann annehmen müssen, wenn das Aufsichtsratsmitglied einen Interessenkonflikt in seiner Person auch nur für möglich hält.[19] Eine Betriebspflicht für derartige potenzielle Interessenkonflikte gegenüber der Hauptversammlung besteht jedoch nicht.[20] Nur über tatsächlich aufgetretene Konflikte und deren Behandlung soll der Aufsichtsrat die Hauptversammlung nach Ziff. 5.5.3 DCGK im Bericht des Aufsichtsrats informieren.[21] Wesentliche und dauerhafte Interessenkonflikte sollen nach Ziff. 5.5.3 DCGK sogar zur Beendigung des Aufsichtsratsmandates führen. Bei börsennotierten Gesellschaften und bei Kreditinstituten sind die sonstigen Aufsichtsratsmandate ihrer Aufsichtsratsmitglieder jährlich im Anhang des Jahresabschlusses aufzuführen (§ 285 Nr. 10, § 340a Abs. 4 Nr. 1 HGB).

4. Aufsichtsräte bei GmbH und Genossenschaft. Die vorgenannten Regeln für Interessenkonflikte gelten unmittelbar nur für den Aufsichtsrat der AG und KGaA.[22] Für den Aufsichtsrat einer GmbH gelten die nachstehend darzustellenden Grundsätze und Prinzipien jedoch entsprechend,[23] wenngleich auch bei einer GmbH Interessenkonflikte im Aufsichtsrat aufgrund des regelmäßig homogeneren Gesellschafterkreises seltener auftreten mögen. Bei Genossenschaften müssen die Mitglieder des Aufsichtsrats gemäß § 9 Abs. 2 Satz 1 GenG regelmäßig[24] Mitglieder der Genossenschaft sein. Diese Bestimmung gilt jedoch nicht für Arbeitnehmervertreter im Aufsichtsrat der Genossenschaft.[25] Auch die gesetzlichen Vertreter von juristischen Personen oder Personengesellschaften, die Mitglieder der Genossenschaft sind, können ihrerseits in den Aufsichtsrat gewählt werden.[26] Damit besteht auch bei der Genossenschaft grundsätzlich das Problem eines Interessenkonfliktes.

II. Tatbestände

1. Interessenkonflikte[27] **und Pflichtenkollisionen.** Interessengegensätze können überall dort entstehen, wo unterschiedliche Zielsetzungen und Interessen aufeinander stoßen. Interessengegensätze bestehen ganz typischerweise bei **Außenbeziehungen,** die ein Unternehmen zu anderen Akteuren, seien es natürliche Personen oder andere Unternehmen, im Zuge seiner Tätigkeit unterhält. Derartige Interessengegensätze werden von den allgemeinen Gesetzen geregelt. Interessengegensätze können sich auch **innerhalb** eines Unternehmens zwischen den verschiedenen Interessenträgern (Arbeitnehmern, Aktionären, Führungsorganen) ergeben. Einige dieser Fälle hat das Gesetz geregelt (vgl. § 34 BGB, § 136 AktG, § 25d Abs. 5 KWG). Aber auch **innerhalb eines mehrgliedrigen Organes** wie dem Aufsichtsrat können sich Interessengegensätze ergeben, wenn Personen Mitglieder des Aufsichtsrats werden oder bleiben, die Träger von gegensätzlichen Interessen sind. Schließlich können die persönlichen **Interessen einzelner Beteiligter** mit dem Unternehmensinteresse unvereinbar sein und so zu einem Interessengegensatz bei dieser Person führen. Interessengegensätze können von Anbeginn der Beziehung bestehen, sie können sich aber auch erst im Laufe der Zeit entwickeln oder verstärken. Sie können in einem Einzelfall oder auch dauerhaft bestehen. Eine besondere Qualität enthalten Interessenkon-

---

[19] AA Hölters/*Hambloch-Gesinn/Gesinn* § 116 Rn. 52.
[20] OLG München AG 2009, 121 (123).
[21] Zur Berichtspflicht OLG Frankfurt ZIP 2011, 1613 OLG München AG 2009, 121 (123) und *Priester* ZIP 2011, 2081.
[22] *Marsch-Barner* in Semler/v. Schenck AR-HdB § 13 Rn. 81.
[23] Vgl. *Marsch-Barner* in Semler/v. Schenck AR-HdB § 13 Rn. 81; ausführlich *Heuking/Jasper* DStR 1992, 1438.
[24] Zu den möglichen Ausnahmen *Lang/Weidmüller* GenG § 9 Rn. 14, 16.
[25] *Lang/Weidmüller* GenG § 9 Rn. 17.
[26] *Lang/Weidmüller* GenG § 9 Rn. 19.
[27] Zum Begriff und seiner Eingrenzung siehe auch *Lutter,* FS Priester, 2007, 417 (422).

flikte dann, wenn die Interessengegensätze miteinander unvereinbare **Rechtspflichten** für das Aufsichtsratsmitglied zur Folge haben. Diese Form des Interessenkonfliktes wird auch als **Pflichtenkollision** bezeichnet.[28]

13 Wenn der **Konflikt dauerhaft** besteht oder eine **besondere Intensität** erreicht, stellt sich letztendlich die Frage nach der rechtlichen Zulässigkeit der Aufnahme oder des Beibehaltens der Aufsichtsratstätigkeit.

14 **2. Individuelle Interessenkonflikte.** Im Einzelfall können sich Interessenkonflikte für ein Aufsichtsratsmitglied ergeben, wenn sich der Aufsichtsrat mit einem Vorgang zu beschäftigen hat, der dieses Aufsichtsratsmitglied persönlich betrifft oder an dem das Aufsichtsratsmitglied persönlich interessiert ist, wie z. B. die Entscheidung über die Einleitung oder Beendigung eines Rechtsstreits mit dem betreffenden Aufsichtsratmitglied.[29]

15 **a) Rechtsgeschäfte zwischen der Gesellschaft und dem Aufsichtsratsmitglied.** Eine typische Konfliktlage besteht, wenn sich der Aufsichtsrat mit der Beschlussfassung über ein Rechtsgeschäft zu befassen hat, welches zwischen der Gesellschaft und dem Aufsichtsratsmitglied abgeschlossen worden ist oder abgeschlossen werden soll. Dabei kann es sich sowohl um Geschäfte des Liefer- und Leistungsverkehrs als auch um Finanzgeschäfte, Beratungsaufgaben oder andere Vorgänge handeln.
Kreditaufnahmen eines Aufsichtsratsmitglieds bei dem beaufsichtigten Unternehmen sind in § 115 umfassend gesetzlich geregelt.[30]

16 In den allerhäufigsten Fällen wird es sich beim mit dem Aufsichtsratsmitglied abzuschließenden Rechtsgeschäft um Werk- oder Dienstverträge handeln. Typisch sind Beratungsverträge auf den Gebieten der Unternehmens-, Rechts- oder Steuerberatung. Diesem Umstand trägt das Gesetz mit der Regelung des § 114 Rechnung, indem es die Wirksamkeit dieses Vertrages von der Zustimmung des Aufsichtsrats abhängig macht.[31] Der Leistungsgegenstand derartiger Verträge muss exakt beschrieben werden und darf keine Tätigkeiten oder Aufgaben umfassen, die bereits zu dem normalen Pflichtenkatalog des Aufsichtsratsmitgliedes gehören.[32] Diese Einschränkung ist besonders bei Beratungsverträgen mit Unternehmensberatern und Rechtsanwälten zu beachten, die regelmäßig wegen ihrer besonderen Fachkenntnisse in den Aufsichtsrat berufen werden. Die Zustimmungspflicht des Aufsichtsrats erstreckt sich auch auf Verträge, die mit einer Gesellschaft oder Sozietät abgeschlossen werden, an der das Aufsichtsratsmitglied beteiligt ist.[33] Auf die Höhe der Beteiligung kommt es dabei nicht an.[34]

17 **b) Rechtsgeschäft zwischen der Gesellschaft und einem Unternehmen, zu dem das Aufsichtsratsmitglied in Beziehung steht.** Eine Konfliktlage kann somit auch dann entstehen, wenn das beschlussgegenständliche Rechtsgeschäft nicht mit dem Aufsichtsratsmitglied selbst, sondern mit einer Gesellschaft oder einem Unternehmen abgeschlossen werden soll, in dessen Leitungs- oder Überwachungsorgan das Aufsichtsratsmitglied tätig ist oder dem es als Anteilseigner oder als Arbeitnehmer verbunden ist. Das Gesetz hat solche Konfliktlagen nur in einzelnen Fällen geregelt (zB § 115 Abs. 3). In den nicht geregelten Fällen wird zu überlegen sein, ob aus der Einzelfallregelung der Ausschluss einer Anwen-

---

[28] Vgl. *Marsch-Barner* in Semler/v. Schenck AR-HdB § 13 Rn. 99; *Lutter/Krieger/Verse* Rn. 896; *Deckert* DZWir 1996, 406 (408); *Singhof* AG 1998, 318 (323); *Dreher* JZ 1990, 896 (900) verwendet den Begriff „Pflichtenkonflikt"; *Werner* ZHR 145 (1981), 252 (257) den Begriff „Pflichtenwiderstreit"; ausführlich *Koch* ZGR 2014, 697.
[29] Vgl. *Semler/Stengel* NZG 2003, 1 (2); *Lutter/Krieger/Verse* Rn. 904.
[30] Auf die Erläuterung → § 115 Rn. 25 ff. wird verwiesen.
[31] Vgl. die Kommentierung zu § 114.
[32] Vgl. die Übersicht bei Kölner Komm AktG/*Mertens/Cahn* § 114 Rn. 8.
[33] Vgl. BGH NJW-RR 2007, 1483; MüKoAktG/*Habersack* § 114 Rn. 14f; *H.-F. Müller* NZG 2002, 797 (798); krit. Kölner Komm AktG/*Mertens/Cahn* § 114 Rn. 15.
[34] BGH ZIP 2007, 22 (23); BGH NJW-RR 2007, 1483, *Marsch-Barner* in Semler/v. Schenck AR-HdB § 13 Rn. 112; krit. *v. Schenck* DStR 2007, 395 (397); aA Kölner Komm AktG/*Mertens/Cahn* § 114 Rn. 15 f.

dung in anderen Fällen folgt oder ob die Einzelfallregelung Grundlage für eine analoge Anwendung in anderen Fällen bildet. Bei Beratungsverträgen mit Unternehmensberatern, Rechtsanwälten, Steuerberatern oder Wirtschaftsprüfern ist nunmehr entschieden, dass die Regelung des § 114 AktG auch auf Verträge mit Gesellschaften oder Sozietäten anzuwenden ist, an denen das Aufsichtsratsmitglied beteiligt ist.[35]

c) Nachteilige oder vorteilhafte Maßnahmen für das einzelne Mitglied. Ein Interessenkonflikt besteht auch dann, wenn für das Aufsichtsratsmitglied vor- oder nachteilige Maßnahmen, wie Einleitung oder Beendigung eines Rechtsstreites, Abberufung aus oder Versagung der Teilnahme an einem Ausschuss, Antrag auf gerichtliche Abberufung (§ 103 Abs. 3) o. ä., im Aufsichtsrat beschlossen werden soll.[36] Auf Mitglieder des Aufsichtsrats einer GmbH kommt, unabhängig davon, ob diese Gesellschafter der GmbH sind, die Sonderregelung des § 47 Abs. 4 GmbHG zur Anwendung, welche das Aufsichtsratsmitglied zwingend von der Beschlussfassung ausschließt, wenn diese die Vornahme eines Rechtsgeschäfts oder die Einleitung oder Erledigung eines Rechtsstreits gegenüber dem Aufsichtsratsmitglied zum Gegenstand hat.[37] 18

d) Korporationsrechtliche Maßnahmen. Persönliche Interessen eines Aufsichtsratsmitglieds können auch bei korporationsrechtlichen Entscheidungen betroffen sein. Bei diesen kann es sich zB um die Leitung der eigenen Wahl und Stimmabgabe als Leiter der Hauptversammlung oder als Leiter der konstituierenden Sitzung des Aufsichtsrats handeln.[38] Eine korporationsrechtliche Entscheidung stellt auch die Beschlussfassung im Aufsichtsrat über die Bestellung eines Aufsichtsratsmitgliedes zum Vorstand gemäß § 105 Abs. 2 dar. Vereinzelt wird die Auffassung vertreten, die Leitung der eigenen Wahl sei unzulässig.[39] Zutreffenderweise ist aber anzunehmen, dass der in diesen Fällen vorliegende Interessenkonflikt für alle Beteiligten so offenkundig ist, dass diese dem Interessenkonflikt durch geeignete Maßnahmen, zB durch vorübergehende Übertragung der Versammlungsleitung auf ein anderes Mitglied, Rechnung tragen können.[40] Unbestritten kann das Aufsichtsratsmitglied bei der Abstimmung über seine eigene Wahl abstimmen.[41] 19

3. Dauerhafte Interessenkonflikte. a) Arbeitnehmer und Dienstnehmer. Eine typische und dauerhafte Konfliktsituation besteht für die Vertreter der Arbeitnehmer des Unternehmens im Aufsichtsrat. Dieser Konflikt entsteht nicht nur durch die natürlichen Interessengegensätze aus der Vertragspartnerschaft zwischen dem Unternehmen und seinen Arbeitnehmern,[42] sondern auch durch den Umstand, dass die Arbeitnehmervertreter außerhalb des Aufsichtsrats ihrem Vorstand als Arbeitgeber gegenüber weisungsgebunden sind, andererseits aber im Aufsichtsrat die Entscheidungen des Vorstands überprüfen sollen.[43] Das Gesetz nimmt diesen Interessengegensatz in Kauf und sieht lediglich für bestimmte leitende Angestellte mit besonderen Vertretungsbefugnissen Inkompatibilitätsregelungen vor.[44] Im Geltungsbereich des MitbestG gelten diese allerdings nur dann, wenn solche Arbeitnehmer unmittelbar dem Vorstand unterstehen (§ 6 Abs. 2 S. 1 MitbestG). Auch das MitbestG enthält keine eigenständigen Regelungen über die **Kompetenzen des mitbestimmten Aufsichtsrats.** Damit bestimmen sich die Aufgaben und die Vorgaben für die Amtsführung 20

---

[35] BGH NJW-RR 2007, 1483; MüKoAktG/*Habersack* § 114 Rn. 14f; *Marsch-Barner* in Semler/v. Schenck AR-HdB § 13 Rn. 112.
[36] *Marsch-Barner* in Semler/v. Schenck AR-HdB § 13 Rn. 124; *Lutter/Krieger/Verse* Rn. 904.
[37] *Marsch-Barner* in Semler/v. Schenck AR-HdB § 13 Rn. 126.
[38] *Marsch-Barner* in Semler/v. Schenck AR-HdB § 13 Rn. 108.
[39] OLG Köln Rpfleger 1985, 447 (448).
[40] *Marsch-Barner* in Semler/v. Schenck AR-HdB § 13 Rn. 108.
[41] *Marsch-Barner* in Semler/v. Schenck AR-HdB § 13 Rn. 109 f.
[42] Vgl. MüKoAktG/*Habersack* § 100 Rn. 75.
[43] *Marsch-Barner* in Semler/v. Schenck AR-HdB § 13 Rn. 128.
[44] § 105 Abs. 1 (Prokuristen, zum gesamten Geschäftsbetrieb bevollmächtigte Handlungsbevollmächtigte).

auch für Mitglieder eines Aufsichtsrats, der nach dem MitbestG zu besetzen ist, nach den allgemeinen aktienrechtlichen Bestimmungen.

21 Die Mitglieder des Aufsichtsrats haben die **gleichen Rechte und Pflichten**.[45] Insoweit darf nicht zwischen den Mitgliedern der Anteilseignerseite und den Arbeitnehmervertretern differenziert werden. Dies gilt sowohl für die Aufsichtsratsvergütung (§ 113) wie für die Sorgfalts- und Verschwiegenheitspflichten.[46] Unterschiede können sich nur aus verfassungsrechtlichen Grundsätzen oder aus den Besonderheiten des Gesetzes selbst ergeben.[47] Alle Aufsichtsratsmitglieder unterliegen insbesondere denselben Verschwiegenheitspflichten.[48] Auch die Arbeitnehmervertreter im Aufsichtsrat sind nicht berechtigt, die Belegschaft einschließlich des Betriebsrates über Vorgänge oder Entwicklungen des Unternehmens zu informieren, soweit diese Informationen nur im Aufsichtsrat bekannt sind.[49]

22 Das Handeln der Aufsichtsratsmitglieder hat sich für alle Aufsichtsratsmitglieder, und damit auch für die von der Arbeitnehmerseite bestellten Aufsichtsratsmitglieder, ausschließlich am **Wohl des Unternehmens** zu orientieren.[50] Dies bedeutet jedoch nicht, dass die spezifischen **Arbeitnehmerinteressen** außer acht zu lassen sind, da diese anerkanntermaßen bei der Bildung des Unternehmensinteresses zu berücksichtigen sind.[51]

23 Interessenkonflikte besonderer Art ergeben sich für Arbeitnehmervertreter im Aufsichtsrat während der Dauer von Arbeitskämpfen[52] Ein Arbeitskampf lässt die Pflichtenlage der Arbeitnehmervertreter unberührt.[53] Diese sind berechtigt, an einem rechtmäßigen Streik passiv teilzunehmen.[54] Die Teilnahme an einem rechtswidrigen Streik ist hingegen strikt verboten.[55]

24 Umstritten ist, inwieweit sich Arbeitnehmervertreter an einem rechtmäßigen Streik auch aktiv, z. B. durch die Organisation von Streikmaßnahmen oder durch Auftritte auf Versammlungen, beteiligen dürfen.[56] Nach hM ist den Arbeitnehmervertretern jede aktive Teilnahme an Arbeitskampfmaßnahmen verboten.[57] In jedem Fall ist den Arbeitnehmervertretern die Ausnutzung von Informationen verboten, die sie kraft ihrer Amtsstellung als Aufsichtsrat erworben haben.[58]

25 Ebenfalls umstritten ist die Frage, inwieweit Arbeitnehmervertreter während eines rechtmäßigen Arbeitskampfes an Aufsichtsratssitzungen teilnehmen dürfen, in denen die Taktik

---

[45] Kölner Komm AktG/*Mertens/Cahn* § 117 Anh. B § 25 MitbestG Rn. 10; *E. Vetter* in Marsch-Barner/Schäfer HdB börsennotierte AG § 29 Rn. 3; vgl. auch *Hopt* ZGR 2004, 1 (34 ff.).

[46] Kölner Komm AktG/*Mertens/Cahn* § 117 Anh. B § 25 MitbestG Rn. 10; *E. Vetter* in Marsch-Barner/Schäfer HdB börsennotierte AG § 29 Rn. 14, zur Verschwiegenheits- und Treuepflicht von Arbeitnehmervertretern im Aufsichtsrat speziell *Säcker*, FS Robert Fischer, 1979, 635 (639 ff.).

[47] Vgl. BGHZ 83, 106 (1129) = AG 1982, 218; BGHZ 83, 151 (154) = AG 1982, 221 (223).

[48] Kölner Komm AktG/*Mertens/Cahn* § 117 Anh. B § 25 MitbestG Rn. 10; *E. Vetter* in Marsch-Barner/Schäfer HdB börsennotierte AG § 29 Rn. 14; vgl. aber die Ausnahme in § 394 Satz 1 AktG für entsandte Mitglieder von Gebietskörperschaften.

[49] Kölner Komm AktG/*Mertens/Cahn* § 117 Anh. B § 25 MitbestG Rn. 10.

[50] Vgl. BGHZ 64, 325 (330 f.) = AG 1975, 219; Kölner Komm AktG/*Mertens/Cahn* § 117 Anh. B § 25 MitbestG Rn. 12; Marsch-Barner in Semler/v. Schenck AR-HdB § 13 Rn. 129; *Hopt* ZGR 2004, 1 (34 ff.).

[51] Vgl. *J. Semler*, Leitung und Überwachung, Rn. 357, Kölner Komm AktG/*Mertens/Cahn* § 117 Anh. B § 25 MitbestG Rn. 12; Marsch-Barner in Semler/v. Schenck AR-HdB § 13 Rn. 129.

[52] Kölner Komm AktG/*Mertens/Cahn* § 117 Anh. B § 25 MitbestG Rn. 13; *Marsch-Barner* in Semler/v. Schenck AR-HdB § 13 Rn. 131.

[53] Kölner Komm AktG/*Mertens/Cahn* § 117 Anh. B § 25 MitbestG Rn. 13.

[54] Kölner Komm AktG/*Mertens/Cahn* § 117 Anh. B § 25 MitbestG Rn. 13; *Marsch-Barner* in Semler/v. Schenck AR-HdB § 13 Rn. 131.

[55] Kölner Komm AktG/*Mertens/Cahn* § 117 Anh. B § 25 MitbestG Rn. 14 mwN.

[56] Befürwortend: MüKoAktG/*Gach* MitbestG § 25 Rn. 21 mwN; Spindler/Stilz/*Spindler* § 116 Rn. 74.

[57] Vgl. Kölner Komm AktG/*Mertens/Cahn* § 117 Anh. B § 25 MitbestG Rn. 13; MüKoAktG/*Habersack* § 100 Rn. 90; *Marsch-Barner* in Semler/v. Schenck AR-HdB § 13 Rn. 131.

[58] Insoweit einhellige Meinung: MüKoAktG/*Gach* MitbestG § 25 Rn. 21 mwN; Spindler/Stilz/*Spindler* § 116 Rn. 75; Kölner Komm AktG/*Mertens/Cahn* § 117 Anh. B § 25 MitbestG Rn. 13; MüKoAktG/*Habersack* § 100 Rn. 90; *Marsch-Barner* in Semler/v. Schenck AR-HdB § 13 Rn. 131.

und die Reaktionen des Unternehmens im Arbeitskampf beraten werden.[59] Hier würde eine Teilnahme die Arbeitskampfparität verletzen.[60] Auch wenn ein generelles Teilnahmeverbot für die Vertreter der Arbeitnehmer nicht angenommen wird, kann das Unternehmen dadurch geschützt werden, dass die Beratungen an einen gesonderten Ausschuss delegiert werden, dem keine Arbeitnehmervertreter angehören.[61]

b) Abschlussprüfer. Wirtschaftsprüfer dürfen einen Auftrag des Unternehmens als Abschlussprüfer nicht annehmen, wenn sie Mitglied des Aufsichtsrats sind oder es in den letzten drei Jahren vor ihrer Bestellung waren. Im Einzelnen und auch wegen der Auswirkung auf verbundene Wirtschaftsprüfungsgesellschaften wird auf die Vorschriften des HGB (§ 319) und der Wirtschaftsprüferordnung verwiesen (§ 49 WPO). 26

c) Bankenvertreter. Vertreter von Kreditinstituten, mit denen das Unternehmen in Geschäftsbeziehung steht, können als Aufsichtsratsmitglieder unter verschiedenen Gesichtspunkten besonderen Interessenkonflikten ausgesetzt sein. Ein besonderer Interessenkonflikt kann sich beispielsweise bei einer angespannten Finanzlage des Unternehmens aus den gegenläufigen Interessen des Unternehmens und des finanzierenden Kreditinstitutes ergeben. Während das Kreditinstitut vorrangig die Sicherung und möglichst vollständige Rückzahlung der eingesetzten oder einzusetzenden Finanzmittel im Blick haben wird, ist das Interesse des Unternehmens naturgemäß auf seinen Fortbestand und auf die Schonung seiner als Kreditsicherheit verfügbaren Vermögenswerte gerichtet.[62] Eine andere, ebenfalls typische Konfliktlage ergibt sich in Übernahmesituationen, wenn die Aktionäre des Unternehmens Adressaten eines Übernahmeangebotes sind und das Aufsichtsratsmitglied als Mitglied des Vorstands einem Kreditinstitut angehört, das aktiv in die Beratung des Bieters oder in die Finanzierung der Übernahme eingeschaltet ist. Die Vorbereitung eines Übernahmeangebotes sowie die Reaktion des Aufsichtsrats des Zielunternehmens begründet für das beratende oder finanzierende Kreditinstitut wie für die Aufsichtsratsmitglieder des Zielunternehmens eine besondere Vertraulichkeit und damit einen konkreten Interessenkonflikt.[63] In beiden Fällen hat das Aufsichtsratsmitglied ausschließlich die Interessen des Unternehmens und nicht die Interessen des Kreditinstitutes zu vertreten. Das Aufsichtsratsmitglied darf seine kraft Amtsstellung erworbenen Kenntnisse nicht zu Lasten des Unternehmens im Rahmen seiner Tätigkeit für das Kreditinstitut verwenden oder gar seine Verschwiegenheitsverpflichtung verletzen, selbst wenn dies für das Kreditinstitut nützlich oder hilfreich wäre.[64] Legt das Aufsichtsratsmitglied in einer derartigen Konfliktsituation nicht sein Amt nieder und handelt es zu Lasten des Unternehmenswohles im Interesse des Kreditinstitutes, haftet es dem Unternehmen für einen etwaigen dadurch entstandenen Schaden aus §§ 93, 116. 27

Eine weitere Fallgruppe eines typischen Interessenkonfliktes besteht für das Aufsichtsratsmitglied in einer Sanierungssituation des Unternehmens. Hier sind die Interessen des Kreditinstitutes typischerweise den Interessen des Unternehmens diametral entgegengesetzt. Während das Unternehmensinteresse auf einen größtmöglichen Forderungsverzicht des Kreditinstitutes gerichtet sein wird, muss das Kreditinstitut das entgegengesetzte Interesse verfolgen. Seit durch das ESUG[65] die Einflussmöglichkeiten der Gläubiger gegenüber den Aktionären in der Insolvenzordnung massiv verstärkt worden sind (§ 225a InsO, § 254a Abs. 2 InsO), besteht zudem die Möglichkeit, dass Kreditinstitute ihren Einfluss über den 28

---

[59] MüKoAktG/*Habersack* § 100 Rn. 90 mwN; *Marsch-Barner* in Semler/v. Schenck AR-HdB § 13 Rn. 132.
[60] MüKoAktG/*Gach* MitbestG § 25 Rn. 18.
[61] Vgl. *Marsch-Barner* in Semler/v. Schenck AR-HdB § 13 Rn. 132.
[62] Vgl. hierzu auch *Säcker*, FS Rebmann, 1989, 781 (788).
[63] Hierzu speziell *Heermann* WM 1997, 1689, *Herkenroth* AG 2001, 33, *Hopt* ZGR 2002, 333, *Lange* WM 2002, 1737, *Möllers* ZIP 2006, 1615, *Rümker* FS Heinsius, 1991, 683, *Schander/Posten* ZIP 1997, 1534, Semler/Stengel NZG 2003, 1, *Thümmel* DB 2000, 461.
[64] Spindler/Stilz/*Spindler* § 116 Rn. 76.
[65] Gesetz zur weiteren Erleichterung der Sanierung von Unternehmen v. 7.12.2011 (BGBl. I S. 2582).

Aufsichtsrat dazu nutzen, die Eigenkapitalseite des Unternehmens nach ihren Wünschen zu gestalten. Auch hier gilt, dass jedes Handeln im Interesse des Kreditinstitutes zu Lasten des Unternehmenswohles zu einer Haftung des Aufsichtsratsmitgliedes für einen etwaigen dadurch entstandenen Schaden aus §§ 93, 116 führt.

29 **d) Hoheitliche Verbindung.** Interessenkonflikte können sich auch ergeben, wenn Mitglieder des Aufsichtsrats dem Unternehmen in **hoheitlicher oder behördlicher Funktion** gegenüberstehen.[66] Sie können Mitglied einer Behörde sein,[67] aber auch den Regierungen der Länder oder kommunalen Verwaltungen von Gebietskörperschaften angehören oder von diesen als Interessenvertreter bestimmt worden sein. Derartige Fallkonstellationen finden sich beispielsweise bei kommunalen Gesellschaften in der Rechtsform der AG oder der GmbH, wenn letztere einen freiwilligen Aufsichtsrat gebildet hat.[68] Hier kann sich die Frage stellen, ob diese Personen einen Vorrang ihrer hoheitlichen oder behördlichen Funktion neben der Frage nach der Verträglichkeit der zweifachen Bindung gegenüber dem Aufsichtsratsmandat zu berücksichtigen haben[69] oder sogar weisungsgebunden sind.[70]

30 **e) Politische Verbindung.** Ähnlich gelagert sind Situationen, bei denen das Aufsichtsratsmitglied Angehöriger oder Vertreter einer Partei oder anderweitigen politischen Gruppierung ist, die politische Ziele mit Bezug zum Unternehmensgegenstand verfolgt. Auch hier stellt sich die Frage, inwieweit das Aufsichtsratsmitglied seine politischen Ziele neben dem Unternehmensinteresse bei den Entscheidungen im Aufsichtsrat berücksichtigen kann.

31 **f) Organverknüpfung.** Konzernverbindungen beinhalten regelmäßig personelle Verflechtungen der für die einzelnen Konzerngesellschaften handelnden Organe. Diese Verflechtungen können sowohl vertikal zwischen Mutter- und Tochterunternehmen, als auch horizontal zwischen Schwesterunternehmen auftreten. Einen besonderen, im Mutter-Tochterverhältnis auftretenden Konfliktfall regelt das Gesetz in § 100 Abs. 2 Nr. 2. Danach ist es unzulässig, dass dem Aufsichtsrat des Mutterunternehmens ein Vertreter des Geschäftsführungsorgans der Tochtergesellschaft angehört. Dieses Verbot ist auf Organmitglieder beschränkt,[71] leitende Angestellte oder Aufsichtsratsmitglieder des Tochterunternehmens werden von dem Verbot nicht erfasst.[72] Somit ist es zulässig, zugleich Mitglied des Aufsichtsrats der Muttergesellschaft und der Tochtergesellschaft zu sein.[73]

32 Unbedenklich ist hingegen die Zugehörigkeit von Vorstandsmitgliedern der Muttergesellschaft zum Aufsichtsrat der Tochtergesellschaft. Diese Konstellation wird vom Gesetz nicht nur vorausgesetzt, sondern in § 100 Abs. 2 Satz 1 sogar ausdrücklich privilegiert.

33 Gesetzlich verboten ist hingegen nach § 100 Abs. 1 Ziff. 3 die Überkreuzverflechtung, also die Zugehörigkeit von Mitgliedern des Geschäftsführungsorgans eines Unternehmens zum Aufsichtsrat eines anderen Unternehmens, wenn ein Mitglied des Geschäftsführungsorgans des anderen Unternehmen im Aufsichtsrat des eigenen Unternehmens vertreten ist. Grundgedanke dieses Verbotes ist, dass niemand jemanden überwachen soll, dessen Überwachung er selbst unterliegt.[74]

---

[66] Vgl. allgemein BVerfG NZG 1998, 942; vgl. auch *Meier* NZG 2003, 54 (56); allgemein *Wais* NJW 1982, 1263.
[67] Vgl. aber die Inkompatibilitätsvorschrift für Mitarbeiter des Bundeskartellamtes in § 51 Abs. 5 GWB.
[68] Hierzu der Fall des BVerwG v. 31.8.2011, NZG 2011, 1381.
[69] Vgl. den Fall HEW/Janssen OLG Hamburg WM 1990, 311; davor LG Hamburg ZIP 1990, 102; *Wais* NJW 1982, 1263 (12659); *Meier* NZG 2003, 54 (57).
[70] Zur Weisungsgebundenheit: BVerwG NZG 2011, 1381 (zur GmbH); *Marsch-Barner* in Semler/v. Schenck AR-HdB § 13 Rn. 93; *Spindler* ZIP 2011, 689 (694); *Bäcker*, FS Schwark, 2009, 101 (zur GmbH); *Westermann*, FS Hommelhoff, 2012, 1319; *Säcker*, FS Rebmann, 1989, 781 (786).
[71] *Hüffer/Koch* § 100 Rn. 13; Kölner Komm AktG/*Mertens/Cahn* § 100 Rn. 33, 40.
[72] Kölner Komm AktG/*Mertens/Cahn* § 100 Rn. 40.
[73] *Marsch-Barner* in Semler/v. Schenck AR-HdB § 13 Rn. 134.
[74] *Hüffer/Koch* § 100 Rn. 14.

g) Konkurrenzverhältnisse. Eine dauerhafte Konfliktsituation besteht auch immer 34
dann, wenn das Aufsichtsratsmitglied einem Unternehmen verbunden ist, das mit dem zu
beaufsichtigenden Unternehmen in geschäftlichem Wettbewerb steht.

aa) Doppelzugehörigkeit in einer Person. Eine solche Konfliktsituation besteht im- 35
mer dann, wenn das Aufsichtsratsmitglied dem geschäftsleitenden Organ des Konkurrenzunternehmens angehört. Dieser Fall wird aber außerhalb von Konzernverhältnissen nur
selten auftreten. Häufiger dürften Fälle sein, in denen das Aufsichtsratsmitglied dem Aufsichtsrat des konkurrierenden Unternehmens angehört. Hier entsteht der Konflikt vor allem
aufgrund sog. **sensiblen Wissens.** Gemeint ist der Fall, dass ein Mandatsträger in den
Aufsichtsräten zweier Wettbewerber bei Beschlussfassung etwa über eine strategische Maßnahme über das Wissen darüber verfügt, wie der Wettbewerber in diesem Punkt vorgehen
wird. Auch ohne Vorliegen eines persönlichen Interessengegensatzes befindet sich das
betreffende Aufsichtsratsmitglied in einem Wissenszustand, der es nicht mehr als neutrale
Überwachungsfigur erscheinen lässt.

bb) Doppelzugehörigkeit innerhalb eines Organs. Der Interessenkonflikt kann 36
durch die doppelte Zugehörigkeit ein und derselben Person zu Organen zweier konkurrierender Unternehmen entstehen. Es ist aber auch möglich, dass der Interessenkonflikt
durch verschiedene Personen innerhalb desselben Organs verursacht wird. Das ist z. B. der
Fall, wenn ein Aufsichtsratsmitglied des Unternehmens A Mitglied des Vorstands des Unternehmens B ist, ein anderes Mitglied des Aufsichtsrats von A aber dem Vorstand des Unternehmens C angehört und die Unternehmen B und C in der Geschäftsbeziehung zu A
miteinander im Wettbewerb stehen. Derartige Konstellationen finden sich häufig bei Aufsichtsratsmitgliedern, die Vorstände von Kreditinstituten[75] oder Vertreter von Gewerkschaften sind.

III. Rechtliche Folgen

In allen diesen Fällen können eigene Interessen des Aufsichtsratsmitgliedes in Gegensatz 37
zu den Interessen des Unternehmens geraten. Diese Interessengegensätze können je nach
Intensität unterschiedliche rechtliche Folgen haben.[76]

Gesetzlich sind nur einige besondere Fallgruppen von Interessenkonflikten geregelt. Im
Aktiengesetz finden sich Inkompatibilitätsvorschriften in § 100 Abs. 2 und § 105 Abs. 1.
Außerhalb des Aktiengesetzes bestehen Inkompatibilitätsvorschriften z. B. in Art. 55 Abs. 2
GG für den Bundespräsidenten, Art. 66 GG iVm § 5 Abs. 1 Satz 2 BundesministerG für
den Bundeskanzler und für Bundesminister und in § 51 Abs. 5 GWB für Mitglieder des
Bundeskartellamtes.[77]

Der Deutsche Corporate Governance Kodex befasst sich in Ziff. 5.5. DCGK mit 38
Interessenkonflikten bei Aufsichtsratsmitgliedern. Der Kodex setzt dabei vorrangig auf eine
Offenlegung des Interessenkonfliktes gegenüber dem Aufsichtsrat (Ziff. 5.5.2 DCGK) und
gegenüber der Hauptversammlung (Ziff. 5.5.3 DCGK).[78] Bei Kreditinstituten und bei
börsennotierten Gesellschaften folgt diese Offenlegungspflicht bereits aus der Verpflichtung
in §§ 285 Nr. 10, 340a Abs. 4 Nr. 1 HGB, die Vorstands- und Aufsichtsratsmandate der
Aufsichtsratsmitglieder im Anhang zum Jahresabschluss offenzulegen.[79] Bei anderen Unternehmen ist die Pflicht zur Offenlegung aus der organschaftlichen Treuepflicht abzuleiten.[80]

---

[75] Vgl. *Lutter/Krieger/Verse* Rn. 917.
[76] *J. Semler/Stengel* NZG 2003, 1 (2 ff.).
[77] Siehe auch die Übersicht bei MüKoAktG/*Habersack* § 100 Rn. 48.
[78] Siehe hierzu *Priester* ZIP 2011, 2081 ff.
[79] Siehe auch *Lutter/Krieger/Verse* Rn. 895.
[80] MüKoAktG/*Habersack* § 100 Rn. 69; Kölner Komm AktG/*Mertens/Cahn* § 100 Rn. 18.

39 Außerhalb dieser gesetzlich geregelten Fälle werden die rechtlichen Folgen von Interessenkollisionen für Aufsichtsratsmitglieder im Schrifttum unterschiedlich beurteilt.[81] Rechtsprechung gibt es nur zu ausgewählten Einzelfragen.[82]

40 Die Rechtsfolgen eines Interessengegensatzes sind zum einen von der Intensität der kollidierenden Interessen[83] abhängig, zum anderen davon, ob es sich um einen einzelfallbezogenen Konflikt oder um einen Dauerkonflikt handelt[84].

41 **1. Grundsatz.** Ausgangspunkt ist die Entscheidung des Gesetzes, von einigen wenigen Ausnahmen abgesehen (→ Rn. 37) mit Rücksicht auf die Nebenamtlichkeit des Aufsichtsratsmandats Interessengegensätze grundsätzlich hinzunehmen, solange davon ausgegangen werden kann, dass das Aufsichtsratsmitglied in der Lage ist, das Unternehmensinteresse zu erkennen und zu verfolgen. Das Gesetz geht hier vom **Grundsatz der Rollentrennung** aus.[85] Ein Aufsichtsratsmitglied darf sich bei der Wahrnehmung seiner Mandatsaufgaben allein vom **Interesse des beaufsichtigten Unternehmens** leiten lassen.[86] Eigene Interessen des Aufsichtsratsmitgliedes und auch die Interessen eines anderen Unternehmens, deren Verwaltungsorganen das Aufsichtsratsmitglied angehört, dürfen gegenüber den Interessen des beaufsichtigten Unternehmens nicht vorgezogen werden. Von diesem allgemein geltenden Grundsatz geht auch der Deutsche Corporate Governance Kodex aus (Ziff. 5.5.1 DCGK).

42 **2. Unternehmensinteresse.** Das Unternehmensinteresse ergibt sich aus einem für den Einzelfall vorzunehmendem **Abgleich der Interessen** aller im Unternehmen vertretenen Interessenträger.[87] Es muss stets neu ermittelt werden. Interessen von Personen und Institutionen, die nicht im Unternehmen vertreten sind, aber auf das Unternehmen bezogene Interessen haben, dürfen zwar auch berücksichtigt werden und müssen uU im Rahmen der Beurteilung von geschäftlichen Möglichkeiten sogar beachtet werden, aber nicht bei der Ermittlung des Unternehmensinteresses. Typisches Beispiel sind die Interessen eines Großaktionärs. Auch dessen Vertreter im Aufsichtsrat hat im Konfliktfall vorrangig die Interessen des Unternehmens zu berücksichtigen.[88]

43 Dieser Grundsatz gilt auch für die Vertreter der Arbeitnehmer im Aufsichtsrat. Allerdings hat das Gesetz im Rahmen der mitbestimmungsrechtlichen Regelungen einen **natürlichen Interessengegensatz bei den Arbeitnehmervertretern** in Kauf genommen.[89] Ziel der unternehmerischen Mitbestimmung ist es, die Interessen der Arbeitnehmer im Abstimmungsprozess um das Interesse dieses Unternehmens verstärkt zu berücksichtigen. Dies

---

[81] Gegen eine Inkompatibilität: *Dreher* JZ 1990, 896 (898 ff.); *Hommelhoff* S. 244; *Kübler*, FS Claussen, 1997, 239 (242 ff.); *Ulmer* NJW 1980, 1603 (1604 ff.); *Wiedemann* S. 26 ff., vgl. auch *UHH/Ulmer/Habersack* MitbestG § 6 Rn. 48; *Mertens* AG 1980, 67 (74); *U. H. Schneider* BB 1995, 365 (367 ff.); *Westermann* S. 79, 114; wohl auch *Henn/Frodermann/Jannott* Rn. 41; MHdB AG/*Hoffmann-Becking* § 33 Rn. 63 ff.; *Werner* ZHR 145 (1981), 252 (257). Eine Inkompatibilität in bestimmten Situationen wird angenommen von: *Lutter* ZHR 145 (1981), 223 (236 ff.); *Lutter* S. 53, 63; *Lutter*, FS Beusch, 1993, 509 (515 ff.); *Lutter/Krieger/Verse* Rn. 21 ff; *Mülbert* in *Feddersen/Hommelhoff/Schneider*, Corporate Governance, S. 99 ff.; *Säcker*, FS Rebmann, 1989, 781 (788 ff.); *Scheffler* DB 1994, 793 (795); *Westhoff*, Bankenvertreter in den Beiräten mittelständischer Unternehmen, 1984, S. 81 f.; wohl auch *Lüderitz*, FS Steindorff, 1990, 113 (116, 118); sowie *Reichert/Schlitt* AG 1995, 241.

[82] BGH NJW 1980, 1629; OLG Hamm AG 1987, 38 – Banning; OLG Hamburg ZIP 1990, 311 – HEW/Janssen; OLG München AG 2009, 121.

[83] → Rn. 12, *Marsch-Barner* in Semler/v. Schenck AR-HdB § 13 Rn. 99, 107.

[84] *Marsch-Barner* in Semler/v. Schenck AR-HdB § 13 Rn. 107.

[85] *Marsch-Barner* in Semler/v. Schenck AR-HdB § 13 Rn. 98; vgl. auch *Kort* ZIP 2008, 717 (722).

[86] *Kort* ZIP 2008, 717 (722); *Dreher* JZ 1990, 896 (9009); *Lutter* ZHR 145 (1981), 224 (239) mit eingehenden Nachweisen; *Marsch-Barner* in Semler/v. Schenck AR-HdB § 13 Rn. 94.

[87] *J. Semler*, Leitung und Überwachung, Rn. 49, differenzierend Kölner Komm AktG/*Mertens/Cahn* Vor § 95 Rn. 14f; vgl. auch *Hüffer/Koch* § 76 Rn. 28 ff. mwH.

[88] *Marsch-Barner* in Semler/v. Schenck AR-HdB § 13 Rn. 94.

[89] *Lutter* ZHR 145 (1981), 224 (235).

bedeutet aber nicht, dass den Interessen der Arbeitnehmer ein Vorrang gegenüber dem Unternehmensinteresses zukommt.[90]

Der Vorrang des Unternehmensinteresses gilt umfassend für alle Rechte und Pflichten bei **44** der Amtsausübung des Aufsichtsrats.[91] Damit haben die Aufsichtsratsmitglieder nicht nur bei der Überwachung, sondern auch bei der Bestellung des Vorstands ausschließlich das Unternehmensinteresse zu berücksichtigen. Dies sollte grundsätzlich die Bestellung von Kandidaten, die nicht nach sachlichen Kriterien wie Eignung und Erfahrung, sondern nach körperlichen Merkmalen wie Geschlecht[92] oder Hautfarbe ausgewählt worden sind, ebenso ausschließen, wie die Bestellung von nicht fachkundigen und mit dem Unternehmensgegenstand nicht vertrauten Personen. Der Gesetzgeber hat jedoch mit dem Gesetz für die gleichberechtigte Teilhabe von Frauen und Männern an Führungspositionen in der Privatwirtschaft und im öffentlichen Dienst (GlTeilhG)[93] genau den gegensätzlichen Weg eingeschlagen und in § 96 Abs. 2 eine feste Mindestquote von 30 % für Frauen und Männer in den Aufsichtsräten börsennotierter Gesellschaften, die zugleich dem Mitbestimmungsgesetz, dem Montan-Mitbestimmungsgesetz oder dem Mitbestimmungsergänzungsgesetz unterliegen, vorgeschrieben. An dieser „gesellschaftspolitisch" motivierten Gesetzesänderung besonders problematisch ist die Einführung einer starren Mindestquote ohne Qualifikationsvorbehalt,[94] welche die früheren Bemühungen des Gesetzgebers und der Rechtsprechung um eine Professionalisierung der Aufsichtsratstätigkeit konterkariert.

Die Festlegung des **Unternehmensinteresses** obliegt vorrangig dem **Vorstand** im **45** Rahmen seines Leitungsermessens.[95] Der **Aufsichtsrat** darf von der durch den Vorstand vorgenommenen Bestimmung des Unternehmensinteresses im Rahmen seiner Überwachungstätigkeit nur abweichen, wenn der Vorstand die Grundsätze der Ordnungsmäßigkeit oder der Rechtmäßigkeit verletzt oder den Bereich zulässiger Ermessensausübung verlassen hat.[96]

3. Konfliktlösungen. Für den Fall einer **Kollision** der Interessen des Unternehmens **46** mit anderen relevanten Interessen des Aufsichtsratsmitglieds besteht ein Instrumentarium von verschiedenen, in den Auswirkungen sich steigernden Verhaltenspflichten und Rechtsfolgen für das betroffene Aufsichtsratsmitglied.[97]

a) Offenlegungspflicht. Auf der ersten Stufe muss das Aufsichtsratsmitglied den Vor- **47** sitzenden des Aufsichtsrats informieren. Jedes Aufsichtsratsmitglied ist auf Grund der ihm obliegenden organschaftlichen Treuepflicht[98] verpflichtet, dem Aufsichtsratsvorsitzenden und auf dessen Wunsch dem gesamten Aufsichtsrat **vom Vorliegen** eines konkreten Interessenwiderstreits **Kenntnis zu geben.** Auch der Deutsche Corporate Governance Kodex empfiehlt in Ziff. 5.5.2 DCGK, dass jedes Aufsichtsratsmitglied Interessenkonflikte, insbesondere solche, die auf Grund einer Beratung oder Organfunktion bei Kunden, Lieferanten, Kreditgebern oder sonstigen Geschäftspartnern entstehen können, dem Aufsichtsrat gegenüber offen legen soll.[99]

b) Stimmenthaltung und Stimmverbot. Wenn die gegenläufigen Interessen des Auf- **48** sichtsratsmitglieds so stark sind, dass eine Hintanstellung dieser eigenen Interessen gegenüber

---

[90] AA *Köstler/Zachert/Müller* Rn. 606. Vgl. hierzu auch *v.Schenck* in Semler/v. Schenck AR-HdB § 5 Rn. 13.
[91] *Marsch-Barner* in Semler/v. Schenck AR-HdB § 13 Rn. 95.
[92] Zu zunehmenden Unschärfe des Begriffs „Geschlecht" vgl. auch *Mutter* AG 2014, R218 mwN.
[93] Gesetz für die gleichberechtigte Teilhabe von Frauen und Männern an Führungspositionen in der Privatwirtschaft und im öffentlichen Dienst (GlTeilhG), Ges. vom 6.3.2015, BT-Drs. 18/3784, 18/4053, 18/4227, BR-Drs. 77/15.
[94] Kritisch hierzu *Teichmann/Rüb* BB 2015, 259 (261 f.); Stellungnahme DAV RefE S. 26, S. 32.
[95] → Rn. 2; *Marsch-Barner* in Semler/v. Schenck AR-HdB § 13 Rn. 97; *Hüffer/Koch* § 76 Rn. 28 ff. mwN.
[96] *Marsch-Barner* in Semler/v. Schenck AR-HdB § 13 Rn. 97.
[97] Vgl. auch *Seibt*, FS Hopt I, 2010, 1363 (1372 ff.) („Pentalogisches Reaktionssystem").
[98] MüKoAktG/*Habersack* § 100 Rn. 69; Kölner Komm AktG/*Mertens/Cahn* § 100 Rn. 18.
[99] Vgl. auch *Marsch-Barner* in Semler/v. Schenck AR-HdB § 13 Rn. 103.

Exkurs 1 49–53   Interessenwiderstreit als Bestellungshindernis

dem Unternehmensinteresse nicht erwartet werden kann, darf es an der Entscheidung nicht mitwirken. Es muss sich der Stimme enthalten.[100] Eine ausdrückliche Regelung dieser Rechtsfolge fehlt im AktG. Sie kann aber aus den Regelungen des § 34 BGB für das **Vereinsrecht** abgeleitet werden.[101] So ist das Aufsichtsratsmitglied nicht stimmberechtigt, wenn die Beschlussfassung die Vornahme eines Rechtsgeschäfts der AG mit ihm oder mit einem ihm verbundenen Unternehmen betrifft.[102] Nicht stimmberechtigt ist das Aufsichtsratsmitglied auch dann, wenn die Beschlussfassung eine nachteilige Maßnahme zwischen ihm und der AG betrifft. Diese Folge ist eine Ausprägung des **Verbots des Richtens in eigener Sache**.[103]

49   Demgegenüber besteht bei **korporationsrechtlichen Geschäften** kein Stimmverbot, auch wenn ein Aufsichtsratsmitglied daran beteiligt ist.[104] Ein Aufsichtsratsmitglied darf sich selbst zum Vorsitzenden oder stellvertretenden Vorsitzenden des Aufsichtsrats, zum Mitglied eines Ausschusses oder auch zu dessen Vorsitzenden wählen. Ebenso darf es auch an dem Wahlvorschlag nach § 124 Abs. 3 Satz 1 AktG mitwirken, wenn es selbst erneut zur Wahl durch die Hauptversammlung vorgeschlagen werden soll. Allerdings dürfte in diesem Fall eine Stimmenthaltung bei der Abstimmung der Höflichkeit entsprechen.

50   Neben einem Stimmverbot sind **andere Maßnahmen** im Regelfall nicht zu ergreifen. Ein Aufsichtsratsmitglied, das sich in einem Interessenkonflikt befindet, darf grundsätzlich an der Sitzung teilnehmen[105] und an der Beratung mitwirken, auch wenn ihm die Ausübung des Stimmrechts verwehrt ist. Als Mitglied des Gremiums gebietet seine Mitgliedschaft es grundsätzlich, seine eigene Meinung zu den behandelten Vorgängen darzulegen und sich vor allem auch gegen Vorwürfe wehren zu können.

51   Für die **Entscheidung** über das Vorliegen oder Nichtvorliegen eines Stimmverbots ist der Vorsitzende des Aufsichtsrats zuständig.[106] Es handelt sich um eine Rechtsfrage, die nur richtig oder falsch, aber nicht von der Mehrheit entschieden werden kann.[107] Ob die Konfliktintensität eine Ausübung des Stimmrechts nicht zulässt, ist für den Einzelfall zu prüfen.

52   Bei der Prüfung der Voraussetzungen eines Stimmverbotes oder gar eines Teilnahmeverbotes ist äußerste Sorgfalt angebracht. Ein zu Unrecht erfolgter Ausschluss eines Aufsichtsratsmitglieds von der Stimmabgabe oder Teilnahme führt zur Fehlerhaftigkeit des Aufsichtsratsbeschlusses, genauso wie im umgekehrten Fall die Stimmabgabe bei Bestehen eines Stimmverbotes.[108]

53   **c) Ausschluss von der Aufsichtsratssitzung.** Noch sensibeler als die Verhängung eines Stimmverbotes ist ist die Verhängung eines Teilnahmeverbotes gegenüber einem Aufsichtsratsmitglied.[109] Aufsichtsratsmitgliedern steht kraft Amtes ein grundsätzlich unentziehbares Teilnahmerecht zu,[110] welches nur unter der ganz engen Voraussetzung eingeschränkt

---

[100] *Marsch-Barner* in Semler/v. Schenck AR-HdB § 13 Rn. 105; Kölner Komm AktG/*Mertens/Cahn* § 100 Rn. 20; *Koch* ZGR 2014, 697 (712).
[101] Vgl. Kölner Komm AktG/*Mertens/Cahn* § 100 Rn. 20.
[102] Vgl. Fallgruppen Rn. 131; vgl. für die GmbH *Hüffer*, FS Heinsius, 1991, 337 (342).
[103] Kölner Komm AktG/*Mertens/Cahn* § 100 Rn. 20; *Marsch-Barner* in Semler/v. Schenck AR-HdB § 13 Rn. 124 ff.; ablehnend *Behr* AG 1984, 281 (283).
[104] Kölner Komm AktG/*Mertens/Cahn* § 108 Rn. 67; vgl. für die GmbH *Hüffer*, FS Heinsius, 1991, 337 (346).
[105] Kölner Komm AktG/*Mertens/Cahn* § 108 Rn. 72.
[106] Vgl. auch Kölner Komm AktG/*Mertens/Cahn* § 108 Rn. 71.
[107] Kölner Komm AktG/*Mertens/Cahn* § 108 Rn. 71 mwN.
[108] Kölner Komm AktG/*Mertens/Cahn* § 108 Rn. 71.
[109] Mit großer Zurückhaltung sieht *Behr* AG 1984, 281 (283) den Ausschluss eines Aufsichtsratsmitglieds von der Teilnahme. Nach seiner Auffassung reicht eine abstrakte Gefährdung der Gesellschaftsinteressen nie aus, erst wenn es „um die individuell verdichtete, konkrete Gefährdung von Unternehmensinteressen geht", wird das Teilnahmerecht verwirkt. Zurückhaltung bei Stimm- und Teilnahmeverboten fordert auch *Marsch-Barner* in Semler/v. Schenck AR-HdB § 13 Rn. 106.
[110] Vgl. Kölner Komm AktG/*Mertens/Cahn* § 109 Rn. 11; MüKoAktG/*Habersack* § 109 Rn. 7, 9; Hüffer/*Koch* § 109 Rn. 2.

werden kann, dass bereits die Teilnahme des Aufsichtsratsmitglieds an der Sitzung das Unternehmensinteresse gefährden würde.[111] Diese Gefahr kann beispielsweise dann entstehen, wenn in einer Sitzung des Aufsichtsrats vertrauliche oder geheimhaltungsbedürftige Vorgänge behandelt werden, die für ein einzelnes Aufsichtsratsmitglied besondere, **in seinen eigenen Interessenbereich hineinreichende Bedeutung** haben, sodass nach allgemeiner Lebenserfahrung nicht angenommen werden kann, dass das Aufsichtsratsmitglied diese Fremdüberlegungen von eigenen, nur sein Interesse berührenden Überlegungen trennen kann. Es besteht konkreter Anlass zur Befürchtung, dass dieses Aufsichtsratsmitglied erhaltene Informationen durch Eigenverwendung oder Weitergabe des Gehörten zum eigenen Nutzen und zum Schaden der beaufsichtigten AG sachwidrig verwendet. Es kann nicht ausgeschlossen werden, dass das Aufsichtsratsmitglied uU auch ungewollt Gehörtes und selbst erarbeitetes Wissen vermengt. Besteht ein derartig schwerwiegender Interessenkonflikt,[112] kann dieser nicht mehr dadurch gelöst werden, dass das betroffene Aufsichtsratsmitglied von der Stimmabgabe absieht, sondern es kann wird weitergehend erforderlich, dass das Aufsichtsratsmitglied der Sitzung oder zumindest dem betreffenden Teil der Sitzung fernbleibt. Sieht das betroffene Aufsichtsratsmitglied nicht von allein von der Teilnahme ab, muss der Aufsichtsrat über das Vorliegen einer zum Sitzungsausschluss führenden Inkompatibilität durch Beschluss[113] entscheiden und ggf. das Mitglied von der Teilnahme und vom Informationsfluss, also den Sitzungsunterlagen, ausschließen.

aa) Ausschluss von der Teilnahme. Der **Ausschluss eines Aufsichtsratsmitglieds** 54 **von der Teilnahme** an einer oder mehreren Plenarsitzungen des Aufsichtsrats und die Vorenthaltung der Sitzungsunterlagen für diese Plenarsitzungen steht im Ermessen des Aufsichtsrats. Er hat festzustellen, ob die Interessenkollision so gewichtig ist, dass eine Teilnahme des betroffenen Aufsichtsratsmitgliedes nicht geduldet werden kann. Dies ist keine bloße Rechtsfrage. Die Entscheidung ist auf Antrag eines Aufsichtsratsmitglieds vom Plenum des Aufsichtsrats oder als Maßnahme des Aufsichtsratsvorsitzenden zu treffen.[114] Das von der Entscheidung betroffene Mitglied ist nicht stimmberechtigt.

bb) Zuweisung an einen Ausschuss. Eine andere Möglichkeit, einen Interessenkon- 55 flikt in der Person eines Aufsichtsratsmitglieds zu vermeiden, kann in der **Zuweisung** einer Angelegenheit **an einen Ausschuss** bestehen, dem das vom Interessenwiderstreit betroffene Aufsichtsratsmitglied nicht angehört. Entsprechend § 109 Abs. 2 kann der Vorsitzende des Aufsichtsrats das betroffene Aufsichtsratsmitglied von der Teilnahme an den Sitzungen dieses Ausschusses ausschließen.

d) Ruhenlassen des Amtes. Einem punktuellen Interessenwiderstreit oder einer echten 56 Pflichtenkollision im Einzelfall kann auch dadurch begegnet werden, dass das betroffene Aufsichtsratsmitglied seine Amtsführung für die Dauer des Konfliktes ruhen lässt.[115] Voraussetzung ist allerdings, dass es sich nicht um einen dauerhaften Konflikt handelt, der das Aufsichtsratsmitglied an der Übernahme oder an der Fortführung des Aufsichtsratsmandats insgesamt hindert, sondern nur um einen Konflikt im Einzelfall, dem durch Einzelmaßnahmen entgegengewirkt werden kann.[116]

e) Amtsniederlegung. Besteht hingegen ein **dauerhafter Interessenkonflikt** oder gar 57 eine **dauerhafte Pflichtenkollision** und ist das pflichtgemäß handelnde Aufsichtsratsmitglied deswegen verpflichtet, mehr oder weniger ständig den Sitzungen des Aufsichtsrats

---

[111] Kölner Komm AktG/*Mertens/Cahn* § 109 Rn. 13; MüKoAktG/*Habersack* § 109 Rn. 10; Hüffer/*Koch* § 109 Rn. 2.
[112] *Lutter*, FS Beusch, 1993, 509 (516) sieht den Konflikt in aller Schärfe, leitet daraus aber eine grundlegende Störung im Aufsichtsrat ab und kommt zum gleichen Ergebnis wie hier.
[113] Kölner Komm AktG/*Mertens/Cahn* § 109 Rn. 15.
[114] Kölner Komm AktG/*Mertens/Cahn* § 109 Rn. 15.
[115] *Seibt*, FS Hopt I, 2010, 1363 (1383).
[116] Vgl. *Seibt*, FS Hopt I, 2010, 1363 (1383).

fernzubleiben, kann das Aufsichtsratsmitglied sein Mandat nicht ausüben. Die Teilnahme an den Beratungen und die Mitwirkung an der organschaftlichen Entscheidungsfindung gehört aber zu den grundlegenden Kompetenzen jedes Aufsichtsratsmitglieds, deren Wahrnehmung eine der wesentlichen Pflichten eines jeden Mandatsträgers ist. Eine Person, die ihre Rechte und Pflichten im Aufsichtsrat dauerhaft nicht wahrnehmen kann, kann nicht Mitglied im Aufsichtsrat sein.[117]

58 Eine dauerhafte Pflichtenkollision mit der ständigen Folge eines Fernbleibens von Sitzung und Beratung wird sich stets dann ergeben, wenn die **Kerngeschäftsfelder** des überwachten Unternehmens und des anderen Unternehmens, dem das betroffene Aufsichtsratsmitglied organschaftlich verbunden ist, im Wesentlichen übereinstimmen.[118] In solchen Fällen müssen zwangsläufig in jeder Sitzung Angelegenheiten erörtert und verhandelt werden. In einer derartigen Situation genügt eine Stimmenthaltung nicht. Das Aufsichtsratsmitglied muss sich jeglicher Aufsichtsratstätigkeit in dieser Angelegenheit enthalten. Es darf keine Berichte erhalten, keine Fragen stellen und an der Behandlung entsprechender Tagesordnungspunkte nicht teilnehmen. Es muss Sitzungen fernbleiben.[119] Das in der Interessenkollision befindliche Aufsichtsratsmitglied ist gezwungen, von der Wahrnehmung seiner Aufsichtsratsaufgabe abzusehen. Es kann sein Mandat nicht pflichtgemäß wahrnehmen.

59 Für derartige Fälle fordert der **Deutsche Corporate Governance Kodex** in Ziff. 5.5.3 Satz 2 DCGK, dass **wesentliche, nicht nur vorübergehende Interessenkonflikte** in der Person des Aufsichtsratsmitglieds zur Beendigung des Mandats führen sollen. Wie dies zu geschehen hat, wird im Schrifttum kontrovers diskutiert.

60 **aa) Während der Laufzeit des Mandats entstehender Interessenkonflikt.** Entsteht ein dauerhafter Interessenkonflikt oder eine dauerhafte Pflichtenkollision erst während der Amtszeit des Aufsichtsratsmitgliedes, ist das Aufsichtsratsmitglied nicht nur berechtigt, sondern sogar **rechtlich verpflichtet, sein Mandat** auf Grund der ihm obliegenden Sorgfalts- und Treuepflicht **niederzulegen**.[120]

61 Das AktG fordert die eigene Wahrnehmung des übernommenen Mandats. Wer erkennt oder bei gebotener Sorgfalt erkennen muss, dass er seine Aufgaben nicht gehörig wahrnehmen kann, darf sein Mandat nicht weiter führen. Seine gesetzliche Sorgfaltspflicht, zu der auch die stete Teilnahme an Sitzungen, Beschlussfassungen und anderen Arbeiten des Aufsichtsrats gehört, gebietet ihm die Mandatsniederlegung. Bleibt das Aufsichtsratsmitglied im Amt und erleidet die Gesellschaft deshalb einen Schaden, kann das betreffende Aufsichtsratsmitglied gegenüber der Gesellschaft aus §§ 116, 93 schadensersatzpflichtig werden.[121]

62 Legt das betroffene Aufsichtsratsmitglied sein Amt nicht nieder, haben die anderen Aufsichtsratsmitglieder, soweit sie den dauerhaften Interessenkonflikt erkennen, gemäß § 103 Abs. 3 die Möglichkeit, die **gerichtliche Abberufung** des betroffenen Aufsichtsratsmitgliedes zu beantragen. Zu diesem Schritt sind die anderen Aufsichtsratsmitglieder nicht nur berechtigt, sondern sogar verpflichtet. Die Verpflichtung, einen Antrag auf Abberufung zu stellen, folgt aus der Sorgfaltspflicht der einzelnen Aufsichtsratsmitglieder (§§ 116, 93). Wenn dem Aufsichtsrat wie hier in § 103 Abs. 3 ein Recht zum Eingreifen eingeräumt ist, müssen die Mitglieder davon Gebrauch machen, wenn die Situation dies erfordert. Da der Vorstand kein Antragsrecht hat,[122] muss der Aufsichtsrat handeln. Bei der Abstimmung im

---

[117] MüKoAktG/*Habersack* § 100 Rn. 96; *J. Semler/Stengel* NZG 2003, 1 (5 f.); ähnlich Kölner Komm AktG/*Mertens/Cahn* § 116 Rn. 34; *Singhof* AG 1998, 318 (323).
[118] So iE auch *Reichert/Schlitt* AG 1995, 241 (247).
[119] Vgl. *Marsch-Barner* in Semler/v. Schenck AR-HdB § 13 Rn. 149.
[120] LG Hannover AG 2009, 341 (342); Kölner Komm AktG/*Mertens/Cahn* § 116 Rn. 34; MüKoAktG/*Habersack* § 100 Rn. 72; *Marsch-Barner* in Semler/v. Schenck AR-HdB § 13 Rn. 149; *Nirk/Ziemons/Binnewies* Rn. 9.305; aA *Singhof* AG 1998, 318 (325) (er nimmt eine rechtlich nicht sanktionierbare „allgemeinen Pflicht zur Konfliktbeseitigung" an).
[121] Vgl. *J. Semler/Stengel* NZG 2003, 1 (69; *Lutter/Krieger/Verse* Rn. 930.
[122] Kölner Komm AktG/*Mertens/Cahn* § 103 Rn. 29; *Hüffer/Koch* § 103 Rn. 12.

Aufsichtsrat hat das betroffene Aufsichtsratsmitglied kein Stimmrecht.[123] Problematisch erscheint hingegen, dem betroffenen Mitglied auch die Teilnahmefähigkeit mit der Folge abzusprechen, dass das betroffene Aufsichtsrat auch für die Beschlussfähigkeit nicht mitzuzählen wäre.[124]

bb) Bei Amtsantritt vorauszusehender dauerhafter Interessenkonflikt. Sehr umstritten ist die Behandlung derjenigen Fälle, in denen bereits bei der Wahl des Aufsichtsratsmitgliedes erkennbar ist, dass dieses sich im Falle seiner Wahl in einem dauerhaften Interessenkonflikt befinden wird.

Es wird vertreten,[125] das Aufsichtsratsmitglied dürfe nicht in den Aufsichtsrat gewählt werden. Dies wird durch **Analogie zu anderen Inkompatibilitätsvorschriften** des AktG begründet.[126] Der Gesetzgeber habe sich mit der Problematik der permanenten Interessenkollision nicht befasst. Es bestehe eine Regelungslücke. Diese müsse durch entsprechende Anwendung der Regeln für Fälle einer „permanenten Interessenkollision" geschlossen werden.[127] Eine Person, die durch ihre Wahl in einen ständigen Interessenkonflikt gelangen würde, dürfe nicht in den Aufsichtsrat gewählt werden. Ein etwaiger Wahlbeschluss verletze das Gesetz. Wenn dennoch ein entsprechender **Wahlbeschluss** gefasst werde, sei dieser nichtig,[128] oder aber zumindest **anfechtbar**.[129] Die Annahme des Mandats sei unwirksam.

Nach dieser Ansicht entscheiden die Antragsteller darüber, ob sie als **Aktionäre oder** als für die Geschäftsführung verantwortlicher **Vorstand** den Interessenwiderstreit für so gewichtig halten, dass die Mitgliedschaft der betroffenen Person wegen eines steten Interessenkonflikts angefochten werden muss. Wenn sie einen Interessenwiderstreit billigend in Kauf nehmen, brauchten sie demnach nicht anzufechten.

Dabei könnten die Aktionäre und der Vorstand auch abwägen, ob die Zugehörigkeit einer bestimmten im Interessenwiderstreit befindlichen Person zum Aufsichtsrat **im Hinblick auf bestimmte bestehende oder beabsichtigte Geschäftsverbindungen** wünschenswert ist.[130] Jeder mit der Wahl nicht einverstandene Aktionär hätte die Möglichkeit, die Berechtigung der Interessenabwägung gerichtlich nachprüfen zu lassen. Der Vorstand könnte ein Anfechtungsverfahren einleiten, wenn er meint, dass die Zugehörigkeit der im Interessenwiderstreit befindlichen Person dem Unternehmensinteresse widerspricht.

Zum anderen könne die Annahme des Anfechtungsklägers, dass mangelnde Befähigung, Erfahrung oder Zeit einer Übernahme des Mandats entgegenstehen, gerichtlich überprüft werden, bevor eine Nichtigkeit des Wahlbeschlusses festgestellt wird. Gleiches gälte im Fall eines permanenten Interessenkonflikts.

Richtigerweise ist die Wahl **weder nichtig noch anfechtbar**.[131] In den Vorüberlegungen zum KonTraG hat der Gesetzgeber das Problem gesehen und dennoch keine Regelung getroffen. Eine zur Annahme einer Analogie notwendige planwidrige Regelungslücke kann daher nicht angenommen werden.

Gegen die oben dargelegte Lösung spricht weiterhin, dass es für den Geschäftsbetrieb der Gesellschaft misslich ist, für längere Zeit nicht zu wissen, ob eine Person rechtmäßig Aufsichtsratsmitglied ist oder nicht. Die Rechtsbeständigkeit von Beschlüssen stünde in

---

[123] Str., wie hier MüKoAktG/*Habersack* § 103 Rn. 35; *Hüffer/Koch* § 103 Rn. 12; Kölner Komm AktG/*Mertens/Cahn* § 103 Rn. 30; aA *Hoffmann/Preu* Der Aufsichtsrat Rn. 366; *Hoffmann/Kirchhoff*, FS Beusch, 1993, 377 (380 f.).
[124] So aber MüKoAktG/*Habersack* § 103 Rn. 35.
[125] *Lutter*, FS Beusch, 1993, 509 (515 f.); *Lutter* ZHR 159 (1995), 287 (303); *Lutter/Krieger/Verse* Rn. 23, 927; *Säcker*, FS Rebmann, 1989, 781 (788); *Scheffler* DB 1994, 793 (795); *Wardenbach* S. 61.
[126] Analogie zu §§ 105, 100 Abs. 2, 250, vgl. *Reichert/Schlitt* AG 1995, 241 (247); *Martinek* WRP 2008, 51 (57 f.).
[127] *Reichert/Schlitt* AG 1995, 241 (247); *Säcker*, FS Rebmann, 1989, 781 (788).
[128] So *Lutter*, FS Beusch, 1993, 509 (518); *Säcker*, FS Rebmann, 1989, 781 (788 ff.).
[129] Kritisch hierzu *J. Semler/Stengel* NZG 2003, 1 (5); *Martinek* WRP 2008, 51 (61).
[130] So vor allem *Kübler*, FS Claussen, 1997, 239 (243).
[131] *J. Semler/Stengel* NZG 2003, 1 (5 f.); Kölner Komm AktG/*Mertens/Cahn* § 100 Rn. 14; einschränkend auf Fälle des Stimmrechtsmissbrauches durch die Hauptversammlungsmehrheit: *Martinek* WRP 2008, 51 (61).

Frage. Eine solche Unsicherheit über die Zusammensetzung des Organs kann nicht hingenommen werden.

69 Wenn eine Person in den Aufsichtsrat gewählt oder entsandt wird, die sich in einem permanenten Interessenkonflikt befindet, muss sie im Hinblick auf ihre Sorgfalts- und Treuepflicht die **Annahme der Wahl oder der Entsendung ablehnen.** Geschieht dies nicht, ist die Annahmeerklärung wirksam. Die anderen Aufsichtsratsmitglieder müssen im Hinblick auf ihre Sorgfaltspflicht[132] einen Antrag auf gerichtliche Abberufung stellen.[133] Der Aufsichtsrat beschließt über die Antragstellung grundsätzlich mit einfacher Mehrheit, wobei das betroffene Mitglied nicht stimmberechtigt ist.[134]

70 **4. Fallgruppen. a) Arbeitsverhältnisse.** Die Vertreter der Arbeitnehmerseite im Aufsichtsrat sehen sich einem ständigen Interessenkonflikt ausgesetzt, der aber vom Gesetz bewusst hingenommen wird.[135] Das Gesetz schließt nur für bestimmte leitende Angestellte mit besonderen Vertretungsbefugnissen eine Mitgliedschaft im Aufsichtsrat aus.[136] Im Geltungsbereich des MitbestG gilt selbst diese Inkompatibilitätsregelung aber nur insoweit, als diese leitenden Mitarbeiter unmittelbar dem Vorstand unterstehen (§ 6 Abs. 2 S. 1 MitbestG). Nach der Konzeption des Gesetzes haben alle Mitglieder des Aufsichtsrats die **gleichen Rechte und Pflichten**.[137] Auch das Handeln der von der Arbeitnehmerseite bestellten Aufsichtsratsmitglieder hat sich ausschließlich am **Wohl des Unternehmens** zu orientieren.[138]

71 Jedoch verschärfen sich die **Verhaltensanforderungen** an die Vertreter der Arbeitnehmerseite im Aufsichtsrat bei **Arbeitskämpfen.** Das grundgesetzlich geschützte Recht auf Koalitionsfreiheit und damit auch auf Arbeitskampfmaßnahmen besteht auch für Aufsichtsratsmitglieder.[139] Deshalb **ruht das Aufsichtsratsmandat** der Arbeitnehmervertreter **während eines Arbeitskampfs nicht.**[140] Ihre Rechte und Pflichten zur Ausübung der mit dem Aufsichtsratsmandat verbundenen Aufgaben bleiben unberührt.[141] Ausnahmen werden lediglich im Bereich der Teilnahme an der Beratung und Abstimmung über das Verhalten des Unternehmens im Arbeitskampf gemacht. Soweit diese Einschränkungen bejaht werden,[142] kann zur Begründung die Rechtsprechung des BAG angeführt werden, nach der die Beteiligungsrechte des Betriebsrats während eines Arbeitskampfs eingeschränkt sind, soweit ihre Ausübung im Einzelfall Auswirkungen auf den Arbeitskampf erlangen könnte.[143] Durch die partielle Einschränkung der Rechte der Arbeitnehmervertreter im Aufsichtsrat werden die Funktionsfähigkeit der Tarifautonomie und die Arbeits-

---

[132] §§ 116, 93; vgl. *J. Semler/Stengel* NZG 2003, 1 (6).
[133] Vgl. *Hüffer/Koch* § 103 Rn. 13b.
[134] Str., wie hier MüKoAktG/*Habersack* § 103 Rn. 35; Kölner Komm AktG/*Mertens/Cahn* § 103 Rn. 30; aA *Hoffmann/Preu* Der Aufsichtsrat Rn. 366; *Hoffmann/Kirchhoff*, FS Beusch, 1993, 377 (380 f.).
[135] *Lutter* ZHR 145 (1981), 224 (235); *Uwe H. Schneider,* FS Goette, 2011, 475 (478); *Lutter/Krieger/Verse* Rn. 895, 907.
[136] § 105 Abs. 1 (Prokuristen, zum gesamten Geschäftsbetrieb bevollmächtigte Handlungsbevollmächtigte).
[137] Kölner Komm AktG/*Mertens/Cahn* § 117 Anh. B § 25 MitbestG Rn. 10; *E. Vetter* in Marsch-Barner/Schäfer HdB börsennotierte AG § 29 Rn. 3; zur Verschwiegenheits- und Treuepflicht von Arbeitnehmervertretern im Aufsichtsrat speziell *Säcker*, FS Robert Fischer, 1979, 635.
[138] Vgl. BGHZ 64, 325 (330 f.) = AG 1975, 219; Kölner Komm AktG/*Mertens/Cahn* § 117 Anh. B § 25 MitbestG Rn. 12; *Wachter/Schick* § 116 Rn. 6; *Marsch-Barner* in Semler/v. Schenck AR-HdB § 13 Rn. 129, aA *Köstler/Zachert/Müller* Rn. 606.
[139] Vgl. Großkomm AktG/*Oetker* MitbestG § 26 Rn. 15 ff.
[140] MüKoAktG/*Habersack* § 100 Rn. 90 mwN; MüKoAktG/*Gach* MitbestG § 25 Rn. 18 ff.; UHH/*Henssler* MitbestG § 26 Rn. 30; *Raiser/Veil* MitbestG § 25 Rn. 145; *Hoffmann/Preu* Der Aufsichtsrat Rn. 502; *Lutter/Krieger/Verse* Rn. 908; *Hanau* ZGR 1977, 397 (406); aA *Martens* ZGR 1977, 422 (429); *Reuter* AcP 179 (1979), 509 (560); OLG München BB 1956, 995.
[141] MüKoAktG/*Gach* MitbestG § 25 Rn. 18.
[142] Vgl. MüKoAktG/*Gach* MitbestG § 25 Rn. 18; *Hoffmann/Preu* Der Aufsichtsrat Rn. 502 f.; *Hanau* ZGR 1977, 397 (402); *Martens* ZGR 1977, 422 (429); UHH/*Henssler* MitbestG § 26 Rn. 26, 28; *Hoffmann/Lehmann/Weinmann* MitbestG § 29 Rn. 25; *Kort* ZIP 2008, 717 (721); aA *Köstler/Zachert/Müller* Rn. 775.
[143] Vgl. BAG AP GG Art. 9 Nr. 71 Arbeitskampf und AP BetrVG § 102 Nr. 20; MüKoAktG/*Gach* MitbestG § 25 Rn. 18.

kampfparität in sachgerechtem Umfang sichergestellt. Die Gegenmeinung[144] vertritt die Auffassung, dass ein formelles Teilnahme- und Abstimmungsverbot nicht erforderlich sei, weil die Arbeitnehmervertreter im Aufsichtsrat während Streikzeiten ausschließlich im Unternehmensinteresse handeln dürften. Sei ein solches Vorgehen mit dem Streikziel unvereinbar, müsse das betroffene Aufsichtsratsmitglied der Sitzung fernbleiben oder sein Mandat niederlegen.[145]

72 Über die Berechtigung und den Umfang der Teilnahmerechte der Aufsichtsratsmitglieder der Arbeitnehmerseite an einem Streik bestehen unterschiedliche Ansichten. Einigkeit besteht aber insoweit, als jede Beteiligung an einem **rechtswidrigen Streik** verboten ist.[146] Nehmen die Arbeitnehmervertreter dennoch an rechtswidrigen Arbeitskampfmaßnahmen teil, können sie wie andere Arbeitnehmer auch zur Verantwortung gezogen werden. Die Teilnahme kann einen wichtigen Grund für die Abberufung iSd. § 103 Abs. 3 S. 1 darstellen[147].

73 Umstritten sind aber die Grenzen, denen die Teilnahme der Arbeitnehmervertreter im Aufsichtsrat an **rechtmäßigen Arbeitskampfmaßnahmen** unterliegt. Teilweise wird vertreten, dass alle Streikmaßnahmen der Arbeitnehmervertreter, die über die bloße Arbeitsniederlegung hinaus gehen, unzulässig sind.[148] So soll jede aktive Teilnahme an Arbeitskämpfen, wie z. B. das Verteilen von Flugblättern, die Betätigung als Streikposten oder die Streikleitung, gegen die Verpflichtung der Aufsichtsratsmitglieder zur Wahrung des Unternehmensinteresses verstoßen.[149] Erst Recht soll dies für einen Aufruf zum Streik gelten.[150] Begründet wird diese Ansicht damit, dass Arbeitskampfmaßnahmen niemals dem Wohl des Unternehmens dienen können, das Aufsichtsratsmitglied aber gerade dieses Unternehmenswohl zu fördern habe. Eine Entfremdung zwischen den Arbeitnehmern und ihren Vertretern im Aufsichtsrat werde auch durch eine passive Streikunterstützung verhindert.[151] Auch diese Ansicht nimmt aber an, dass die Arbeitnehmervertreter im Aufsichtsrat nicht verpflichtet sind, die Durchführung eines legalen Streiks zu behindern oder sich von einem solchen Streik zu distanzieren.[152]

74 Die Gegenansicht sieht in dem vom Gesetz hingenommen Interessenkonflikt in der Funktion der Arbeitnehmervertreter (Arbeitnehmer bzw. Gewerkschaftsvertreter/Aufsichtsratsmitglied) gleichzeitig die gesetzliche Billigung eines aktiven Teilnahmerechtes an legalen Arbeitskämpfen.[153] Das grundgesetzlich geschützte Streikrecht sei höherrangig als die – gesetzlich nicht ausdrücklich normierte – Pflicht, als Aufsichtsratsmitglied dem Unternehmenswohl zu dienen. Lediglich die Ausnutzung von Informationen und Einflussmöglich-

---

[144] Vgl. WWKK/*Koberski* MitbestG § 25 Rn. 117; *Köstler/Zachert/Müller* Rn. 776; *Raiser/Veil* MitbestG § 25 Rn. 145; *Mertens* AG 1977, 306 (311).
[145] *Raiser/Veil* MitbestG § 25 Rn. 145.
[146] Vgl. Kölner Komm AktG/*Mertens/Cahn* § 117 Anh. B § 25 MitbestG Rn. 14; Großkomm AktG/ Oetker MitbestG § 26 Rn. 17; MüKoAktG/*Gach* MitbestG § 25 Rn. 19; *Raiser/Veil* MitbestG § 25 Rn. 141; *Köstler/Zachert/Müller* Rn. 773; *Hoffmann/Lehmann/Weinmann* MitbestG § 29 Rn. 26; *Lutter/Krieger/Verse* Rn. 908.
[147] So auch Kölner Komm AktG/*Mertens/Cahn* § 103 Rn. 34; *Hoffmann/Lehmann/Weinmann* MitbestG § 29 Rn. 26; *Raiser/Veil* MitbestG § 25 Rn. 144; offen gelassen Großkomm AktG/*Oetker* MitbestG § 26 Rn. 17.
[148] Kölner Komm AktG/*Mertens/Cahn* § 117 Anh. B § 25 MitbestG Rn. 13; MüKoAktG/*Habersack* § 100 Rn. 90; Großkomm AktG/*Hopt/Roth* § 116 Rn. 209; *Marsch-Barner* in Semler/v. Schenck AR-HdB § 13 Rn. 131; *Lutter/Krieger/Verse* Rn. 908; *Hoffmann/Lehmann/Weinmann* MitbestG § 25 Rn. 134, *Kort* ZIP 2008, 717 (721).
[149] Kölner Komm AktG/*Mertens/Cahn* Anh. § 117 B § 25 MitbestG Rn. 13; *Lutter/Krieger/Verse* Rn. 908, *Wachter/Schick* § 116 Rn. 6, *Hopt* ZGR 2004, 1 (34 f.).
[150] *Ruzik* NZG 2004, 455 (456, 459) und *Hopt* ZGR 2004, 1 (34 ff.) mit ausdrücklichem Bezug auf den Fall Bsirske/Lufthansa.
[151] Vgl. Kölner Komm AktG/*Mertens/Cahn* § 117 Anh. B § 25 MitbestG Rn. 13.
[152] Kölner Komm AktG/*Mertens/Cahn* § 117 Anh. B § 25 MitbestG Rn. 13.
[153] MüKoAktG/*Gach* MitbestG § 25 Rn. 21; *Köstler/Zachert/Müller* Rn. 775; WWKK/*Koberski* MitbestR § 25 Rn. 117; UHH/*Henssler* MitbestG § 26 Rn. 30; Großkomm AktG/*Oetker* MitbestG § 26 Rn. 17; *Raiser/Veil* MitbestG § 25 Rn. 141.

Exkurs 1 75–78   Interessenwiderstreit als Bestellungshindernis

keiten, die ihre Ursache in der Amtsstellung als Aufsichtsratsmitglied hätten, sei unzulässig.[154]

75   Ob letztere Ansicht zutreffend ist, erscheint fraglich. Der grundgesetzliche Schutz des Streikrechts bedingt nicht ein aktives Mitwirkungsrecht eines Aufsichtsratsmitglieds an einem Streik.[155] Die Übernahme eines Aufsichtsratsmandates ist für die Arbeitnehmervertreter keine Pflicht, sondern erfolgt freiwillig. Damit besteht für diese die Möglichkeit abzuwägen, ob sie die mit der Übernahme des Mandates verbundenen Beschränkungen ihres persönlichen, aktiven Streikrechts akzeptieren wollen. Übernehmen sie das Amt, unterliegen sie den Pflichtenbindungen, die mit einer Aufsichtsratstätigkeit verbunden sind. Daher spricht vieles dafür, den Aufsichtsratsmitgliedern der Arbeitnehmerseite auch bei rechtmäßigen Arbeitskampfmaßnahmen ein aktives Teilnahmerecht zu verwehren und in einer solchen Mitwirkung eine Pflichtverletzung und einen wichtigen Grund zur Abberufung zu sehen.[156]

76   Unabhängig von diesem Meinungsstreit ist fraglich, ob Arbeitnehmervertreter während eines rechtmäßigen Arbeitskampfes an Aufsichtsratssitzungen teilnehmen dürfen, in denen die Taktik und die Reaktionen des Unternehmens im Arbeitskampf beraten werden.[157] Gegen eine solche Teilnahme spricht, dass dadurch die Arbeitskampfparität verletzt[158] und den Arbeitnehmern ein erheblicher Informationsvorsprung zukommen würde. Dies bedeutet nicht, dass die Vertreter der Arbeitnehmer während eines rechtmäßigen Streiks generell von der Teilnahme an Aufsichtsratssitzungen ausgeschlossen sind. Eine Lösung für das Unternehmen kann darin bestehen, die Beratungen über die Reaktionen des Unternehmens im Arbeitskampf an einen gesonderten Ausschuss zu delegieren, dem keine Arbeitnehmervertreter angehören.[159]

77   **b) Bankenvertreter.** Die Lösung von Interessenkonflikten bei Aufsichtsratsmitgliedern, die hauptamtlich Organmitglieder oder leitende Angestellte von Kreditinstituten sind, wurde im Schrifttum bereits umfänglich behandelt.[160] Die Mehrzahl der Beiträge befasst sich mit der besonderen Pflichtenlage von Aufsichtsräten im Falle von Unternehmensübernahmen.[161] Diese Fallgruppe wird nachfolgend gesondert dargestellt (→ Rn. 90 ff.).

78   Nicht minder konfliktträchtig ist aber die Anwesenheit von Organmitgliedern oder leitendenden Angestellten von Kreditinstituten im Aufsichtsrat von Unternehmen, die mit dem Kreditinstitut in Geschäftsbeziehung stehen.[162] Diese Konstellation ist mittlerweile überwiegend bei kleinen und mittleren Unternehmen anzutreffen, die nicht börsennotiert sind. Hier dient die Vertretung des Kreditinstitutes im Aufsichtsrat des Kunden nicht selten noch einer „Absicherung" des Kreditengagements durch frühzeitigen und uneingeschränkten Informationsfluss über den wirtschaftlichen Zustand des Unternehmens und durch eine Kontrolle des Geschäftsführungsorgans. Verschärft worden ist diese Konfliktlage durch die Änderungen der §§ 225a, 254a Abs. 2 InsO im Rahmen des

---

[154] Vgl. Großkomm AktG/*Oetker* MitbestG § 26 Rn. 17; *Raiser/Veil* MitbestG § 25 Rn. 141.
[155] So auch Kölner Komm AktG/*Mertens/Cahn* § 117 Anh. B § 25 MitbestG Rn. 13; *Mertens* AG 1977, 306 (313 ff.).
[156] Vgl. Kölner Komm AktG/*Mertens/Cahn* § 117 Anh. B § 25 MitbestG Rn. 13; *Ruzik* NZG 2004, 455 (456, 459).
[157] MüKoAktG/*Habersack* § 100 Rn. 90; *Kort* ZIP 2008, 717 (721) mwN; *Marsch-Barner* in Semler/v. Schenck AR-HdB § 13 Rn. 132.
[158] MüKoAktG/*Gach* MitbestG § 25 Rn. 18.
[159] Vgl. *Marsch-Barner* in Semler/v. Schenck AR-HdB § 13 Rn. 132.
[160] *Heermann* WM 1997, 1689, *Herkenroth* AG 2001, 33, *Hopt* ZGR 2002, 333, *Lange* WM 2002, 1737, *Lutter* ZHR 145 (1981), 224, *Möllers* ZIP 2006, 1615, *Rümker*, FS Heinsius, 1991, 683, *Schander/Posten* ZIP 1997, 1534, *Semler/Stengel* NZG 2003, 1, *Thümmel* DB 2000, 461, *Werner* ZHR 145 (1981), 252, *Westhoff*, Bankenvertreter in den Beiräten mittelständischer Unternehmen, 1984; *Kort* ZIP 2008, 717 (721 f.); *Reese/Ronge* AG 2014, 417 (426).
[161] *Heermann* WM 1997, 1689, *Herkenroth* AG 2001, 33, *Hopt* ZGR 2002, 333, *Lange* WM 2002, 1737, *Möllers* ZIP 2006, 1615, *Rümker* FS Heinsius, 1991, 683, *Schander/Posten* ZIP 1997, 1534, *Semler/Stengel* NZG 2003, 1, *Thümmel* DB 2000, 461.
[162] Fallgruppen bei *Lutter* ZHR 145 (1981), 224, 231.

ESUG,[163] die es Großgläubigern ermöglichen, im Rahmen eines Insolvenzplanverfahrens auch in die Gesellschafterstruktur einzugreifen. Diese Möglichkeit kann von Kreditinstituten, die häufig zu den Großgläubigern im Rahmen einer Planinsolvenz zählen, dazu genutzt werden, die Anteilseignerseite nachinsolvenzlich nach ihren Wünschen und zum Nachteil der bisherigen Anteilseigner neu zu ordnen.[164]

Auch für die Organmitglieder und leitende Angestellte von Kreditinstituten im Aufsichtsrat eines Kundenunternehmens gilt uneingeschränkt der Grundsatz, dass die aus dem Aufsichtsratsmandat folgende Pflicht, allein das Unternehmenswohl des Kundenunternehmens zu wahren, allen anderen Pflichten des Aufsichtsratsmitgliedes, auch seinen Pflichten als Organmitglied oder leitender Angestellter des Kreditinstitutes, vorgeht.[165] Dies bedeutet, dass Repräsentanten eines Kreditinstitutes im Aufsichtsrat eines Unternehmens ihre Kenntnisse über die wirtschaftliche Lage des Unternehmens, soweit sie auf Informationen beruht, die ihnen kraft ihre Aufsichtsratsmandates bekannt sind, weder im Interesse ihres Kreditinstitutes noch im Interesse der Kunden ihres Institutes nutzen dürfen. Dies schließt jede Verwendung und Weitergabe derartiger Informationen an andere Organmitglieder oder Mitarbeiter des Kreditinstitutes oder an Dritte aus.[166] Jede Weitergabe oder Nutzung derartiger Informationen verstieße gegen die Verschwiegenheitspflicht des Aufsichtsratsmitgliedes und würde seine Haftung aus §§ 93, 116 AktG begründen.[167]

Bei Entscheidungen im Aufsichtsrat, welche die Geschäftsbeziehung zwischen dem Kreditinstitut und dem Unternehmen berühren, haben sich Repräsentanten von Kreditinstituten ebenfalls ausschließlich am Unternehmenswohl und nicht an den Interessen des Kreditinstitutes zu orientieren.[168] Dies betrifft beispielsweise alle Beratungen und Entscheidungen des Aufsichtsrats im Zusammenhang mit der Aufnahme, Ausweitung oder Beendigung von Geschäftsbeziehungen mit dem von dem Aufsichtsratsmitglied repräsentierten Kreditinstitut.

Das betroffene Aufsichtsratsmitglied ist verpflichtet, sich bei der Beschlussfassung im Aufsichtsrat der Stimme zu enthalten (→ Rn. 48 ff.). In besonderen Situationen des Unternehmens, in denen die Geschäftspolitik und Kommunikation des Unternehmens gegenüber seinen Kreditgebern besonders sensibel ist, beispielsweise in einer Krisenlage, wird eine bloße Stimmenthaltung des betroffenen Aufsichtsratsmitgliedes nicht mehr ausreichen, vielmehr besteht konkreter Anlass zu der Befürchtung, dass das betroffene Aufsichtsratsmitglied die erhaltenen Informationen zum Schaden des Unternehmens sachwidrig verwendet wird. In diesen Fällen ist das betroffene Aufsichtsratsmitglied vom Informationsfluss und von den Sitzungen auszuschließen (→ Rn. 48 ff.). Ist abzusehen, dass die Konfliktlage über einen längeren Zeitraum andauern wird, wird letztlich eine Amtsniederlegung des betroffenen Aufsichtsratsmitgliedes unumgänglich werden.

Unabhängig von dem Risiko eines Interessenkonfliktes für das Aufsichtsratsmitglied führt die Anwesenheit von Vertretern eines Kreditinstitutes im Aufsichtsrat eines Unternehmens, mit dem das Kreditinstitut in Geschäftsbeziehung steht, regelmäßig dazu, dass Kreditvergaben an das Unternehmen unter dem besonderen Gesichtspunkt eines Organkredites im Sinne des § 15 Abs. 1 Ziff. 7 KWG zu prüfen sind.

c) Hoheitsträger. Eine besondere Art eines dauerhaften Interessenkonflikts kann sich ergeben, wenn ein Repräsentant eines Hoheitsträgers ein Aufsichtsratsmandat ausübt. Unter gewöhnlichen Umständen mag es durchaus gerechtfertigt sein, dass dieses Aufsichtsratsmitglied die besonderen Interessen des hoheitlichen Verbandes, den er vertritt, in seine Abwägungen einfließen lässt. Dies setzt allerdings voraus, dass diese besonderen Interessen mit

---

[163] Gesetz zur weiteren Erleichterung der Sanierung von Unternehmen v. 7.12.2011 (BGBl. 2011 I S. 2582).
[164] Vgl. Wirtschaftswoche vom 25.11.2013, S. 63.
[165] *Ulmer* NJW 1980, 1603 (1605); *Lutter* ZHR 145 (1981), 224 (240 f.).
[166] *Lutter* ZHR 145 (1981), 224 (242 f.); *Werner* ZHR 145 (1981), 252 (255).
[167] *Lutter* ZHR 145 (1981), 224 (242).
[168] *Werner* ZHR 145 (1981), 252 (259): vgl. auch *Ulmer* NJW 1980, 1603 (1605).

dem Unternehmensinteresse vereinbar sind.¹⁶⁹ Wenn dies nicht der Fall ist, wenn zB die politischen (durch Verbindung mit einem hoheitlichen Mandat durchsetzbaren) Interessen die Grundlagen oder doch wesentliche Grundlagen des Unternehmens und seiner Tätigkeit vernichtet würden, sind die hoheitliche Tätigkeit und die Ausübung des Aufsichtsratsmandats nicht miteinander vereinbar.¹⁷⁰ Ein Vorrang des öffentlichen Interesses vor dem Unternehmensinteresse besteht nicht.¹⁷¹ Ebenso wenig besteht eine Bindung des Aufsichtsratsmitgliedes an Weisungen des Hoheitsträgers, soweit diese die Beschlussfassung im Aufsichtsrat betreffen.¹⁷² Unbeachtlich ist auch, ob die betreffende Person in das Amt gewählt worden oder von einem hoheitlichen Verband entsandt worden ist. Eine Besonderheit besteht aber hinsichtlich des Umfanges der Verschwiegenheitspflicht des auf Veranlassung einer Gebietskörperschaft in den Aufsichtsrat gewählten oder entsandten Aufsichtsratsmitglieds. Diese besteht gemäß § 394 Satz 1 nicht, soweit sie an ihre Gebietskörperschaft zu berichten haben. Vertrauliche Angaben oder Geheimnisse der Gesellschaft sind allerdings nur zu offenbaren, wenn die Offenbarung für den Zweck der Berichterstattung von Bedeutung ist.

83 Ob in Fällen eines dauerhaften Interessenkonfliktes in der Person eines Repräsentanten eines Hoheitsträgers eine Mandatsniederlegung geboten und gerechtfertigt ist, ist umstritten,¹⁷³ richtigerweise aber zu bejahen.

84 **d) Konzernverhältnisse.** Die vorstehend dargestellten Grundsätze für die Behandlung von Interessenkonflikten sind nicht ohne weiteres auf verbundene Unternehmen übertragbar. Im Recht der verbundenen Unternehmen existieren spezielle Schutzmechanismen zum Schutz einer abhängigen Gesellschaft,¹⁷⁴ die einen zusätzlichen Schutz der abhängigen Gesellschaft vor dauerhaften Interessenkonflikten über Inhabilitätsregelungen bei der Besetzung ihres Aufsichtsrats weitgehend entbehrlich machen.¹⁷⁵

85 Ein Mandatsverbot für Organmitglieder eines herrschenden Unternehmens wäre auch sachlich problematisch. Wenn ein Unternehmen eine beherrschende Beteiligung an einem anderen Unternehmen aus der gleichen Branche und mit gleichen Kerngeschäftsfeldern erworben hat, darf dieses Unternehmen auch Personen, die Organmitglieder des eigenen, mit dem anderen Unternehmen im Wettbewerb stehenden Unternehmens sind, in den Aufsichtsrat des anderen Unternehmens wählen, um **seine Beteiligungsinteressen wahrzunehmen**.¹⁷⁶ Das deutsche Recht hat auf einen eigenen Konzerneingangsschutz bewusst verzichtet.¹⁷⁷ Es fehlt an der gesetzlichen Grundlage, einen solchen auf dem Weg über die Frage des Interessenkonflikts einzuführen und damit zugleich dem beteiligten Unternehmen das mit seiner Beteiligung verbundene Recht zur Wahl von Aufsichtsratsmitgliedern zu nehmen. Der Erwerb einer Beteiligung, durch die ein Unternehmen auf ein anderes Unternehmern beherrschenden Einfluss ausüben kann, begründet zusätzliche Pflichten (§§ 311 ff.), schafft aber im Bereich der Aufsichtsratsbesetzung auch zusätzliche Rechte.¹⁷⁸

---

¹⁶⁹ *Meier* NZG 2003, 54 (57); *Bürgers/Körber/Pelz* Vor §§ 394 ff. Rn. 7.
¹⁷⁰ OLG Hamburg WM 1990, 311; davor LG Hamburg ZIP 1990, 102 –HEW/Janssen; vgl. *Meier* NZG 2003, 54 (57) und *Kort* ZIP 2008, 717 (721).
¹⁷¹ Heute allgemeine Meinung, Spindler/Stilz/*Spindler* § 116 Rn. 73; Hölters/*Hambloch-Gesinn/Gesinn* § 116 Rn. 38; Grigoleit/*Grigoleit/Tomasic* § 116 Rn. 11; *Bürgers/Körber/Pelz* Vor §§ 394 ff. Rn. 7; *Marsch-Barner* in Semler/v. Schenck AR-HdB § 13 Rn. 139; *Lutter/Krieger/Verse* Rn. 914; *Säcker*, FS Rebmann, 1989, 781 (791), letzter auch mit Nachweisen zu früheren, abweichenden Meinungen.
¹⁷² *Spindler* ZIP 2011, 689 (6949; *Säcker*, FS Rebmann, 1989, 781 (792 f.); *Bäcker*, FS Schwark, 2009, 101 (109 f.) (zur GmbH); differenzierend Bürgers/Körber/*Pelz* Vor §§ 394 ff. Rn. 8; *Schneider/Nowak*, FS v. Rosen, 2008, 577 (592).
¹⁷³ Ablehnend *Meier* NZG 2003, 54 (56 f.); befürwortend Kölner Komm AktG/*Mertens/Cahn* § 116 Rn. 34 f.; *Säcker*. FS Rebmann, 1989, 781 (793 f.); *Lutter/Krieger/Verse* Rn. 914.
¹⁷⁴ Vgl. LG Hannover AG 2009, 341 (342) und *Schneider/Nowak*, FS v. Rosen, 2008, 577 (584 f.).
¹⁷⁵ AA offenbar *Uwe H. Schneider*, FS Goette, 2011, 475 (484).
¹⁷⁶ *Marsch-Barner* in Semler/v. Schenck AR-HdB § 13 Rn. 147; *Martens* ZHR 159 (1995), 567 (570); *Scheffler* DB 1994, 793 (798 f.); aA *Reichert/Schlitt* AG 1995, 241 (245 f.).
¹⁷⁷ Vgl. auch *Timm* NJW 1987, 977 (980); *Bürgers/Schilha* AG 2010, 221 (227).
¹⁷⁸ *Martens* ZHR 159 (1995), 567 (587); *Timm* NJW 1987, 977 (984 ff.); aA OLG Hamm AG 1987, 38.

Dies bedeutet, dass die Zugehörigkeit eines Aufsichtsratsmitglieds zu einem Organ der Konzernobergesellschaft nicht zu einem Mandatsverbot oder Stimmverbot führt.[179]

Der Einfluss des Mehrheitsgesellschafters auf die Zusammensetzung des Aufsichtsrats ist **86** im Zusammenhang mit der Änderung des § 100 Abs. 5 im Rahmen des Gesetzes zur Modernisierung des Bilanzrechts (Bilanzrechtsmodernisierungsgesetz – BilMoG)[180] wieder in die Diskussion geraten.[181] Anknüpfungspunkt der Diskussion ist die von § 100 Abs. 5 geforderte „Unabhängigkeit" einzelner Aufsichtsratsmitglieder. Diese wird Vertretern des Mehrheitsgesellschafters teilweise[182] abgesprochen. Diese ablehnende Ansicht stützt sich auf Ziff. 13.1 der Empfehlung der EU-Kommission vom 15.2.2005,[183] in welcher der Begriff „Unabhängigkeit" folgendermaßen definiert wird:

„Ein Mitglied der Unternehmensleitung gilt als unabhängig, wenn es in keiner geschäftlichen, familiären oder sonstigen Beziehung zu der Gesellschaft, ihrem Mehrheitsaktionär oder deren Geschäftsführung steht, die einen Interessenkonflikt begründet, der sein Urteilsvermögen beeinflussen könnte."

In Anhang II der Empfehlung der EU-Kommission vom 15.2.2005[184] wird das „Profil der unabhängigen nicht geschäftsführenden Direktoren bzw. Aufsichtsratsmitglieder" näher definiert. Ziffer 1.d) des Anhanges II bestimmt, dass ein unabhängiges Aufsichtsratsmitglied „[…] keinesfalls ein Anteilseigner mit einer Kontrollbeteiligung sein oder einen solchen vertreten […]" darf. Durch diese Definition wird einem Vertreter eines herrschenden Unternehmens im Aufsichtsrat des Tochterunternehmens die Unabhängigkeit schlicht abgesprochen.[185] Obwohl diese Empfehlung der Kommission für deutsche Aufsichtsräte nicht unmittelbar rechtsverbindlich ist[186] hat der Gesetzgeber in der Begründung zum BilMoG auf diese Empfehlung für die Auslegung des Begriffes „Unabhängigkeit" in § 100 Abs. 5 Bezug genommen.[187] Demzufolge wird teilweise die Ansicht vertreten, der Begriff der „Unabhängigkeit" in § 100 Abs. 5 sei konform mit der Kommissionsempfehlung auszulegen.[188] Wäre ein Vertreter des herrschenden Unternehmens per Definition als unabhängiges Aufsichtsratsmitglied disqualifiziert, hätte dies Auswirkungen auf das Kräftegleichgewicht zwischen Anteilseigner- und Arbeitnehmerseite in paritätisch mitbestimmten Aufsichtsräten.[189] Angesichts der gesetzlichen Zusatzanforderung profunder Kenntnisse in der Rechnungslegung und Abschlussprüfung an das Aufsichtsratsmitglied, die bei Arbeitnehmer- und Gewerkschaftsvertretern im Aufsichtsrat eher selten anzutreffen ist, wird das „unabhängige Aufsichtsratsmitglied" gemäß § 100 Abs. 5 regelmäßig aus den Reihen der Anteilseigner zu bestellen sein und damit dem herrschenden Unternehmen bzw. dem Mehrheitsaktionär ein Aufsichtsratsmandat streitig machen.[190] Damit wäre aber nicht nur die Durchsetzung der Interessen des Mehrheitsaktionärs im Aufsichtsrat des Tochterunternehmens erschwert, sondern es würde damit auch, jedenfalls außerhalb des Vertragskonzernes, die Konzernie-

---

[179] *Uwe H. Schneider*, FS Raiser, 2005, 341 (354).
[180] BGBl. 2009 I S. 1102 ff.
[181] Hierzu: *Bürgers/Schilha* AG 2010, 221; *Diekmann/Bidmon* NZG 2009, 1087; *Diekmann/Fleischmann* AG 2013, 141 (143); *Habersack* AG 2008, 98; *Hüffer* ZIP 2006, 637; *Hüffer* ZIP 2010, 1979; *Ihrig/Meder*, FS Hellwig 2010, 163ff; *Scholderer* NZG 2012, 168; *Schneider* FS Goette, 2011, 475 ff.; *Wind/Klie* NZG 2010, 1413.
[182] Vgl. LG Hannover AG 2009, 341 (342) und Ziffer 13.1 der „Empfehlungen der Kommission vom 15.2 2005 zu den Aufgaben von nicht geschäftsführenden Direktoren oder Aufsichtsratsmitgliedern börsennotierter Gesellschaften sowie zu den Ausschüssen des Verwaltungs- und Aufsichtsrats, ABl. EU Nr. L 52, 51; vgl. auch *Werder/Wieczorek* DB 2007, 297, These 3.3.
[183] ABl. EU Nr. L 52, 51, 56.
[184] ABl. EU Nr. L 52, 51, 63.
[185] *Bürgers/Schilha* AG 2010, 221 (222).
[186] *Bürgers/Schilha* AG 2010, 221 (223).
[187] Entwurf eines Gesetzes zur Modernisierung des Bilanzrechts (Bilanzrechtsmodernisierungsgesetz – BilMoG), BT-Drs. 16/10067, 101 f.
[188] *Habersack* AG 2008, 98 (105).
[189] *Schneider* FS Raiser, 2005, 341 (346).
[190] *Bürgers/Schilha* AG 2010, 221 (228 f.).

rung insgesamt in Frage gestellt, da diese im Aktienkonzern maßgeblich auf der Einflussmöglichkeit des herrschenden Unternehmens auf den Aufsichtsrat des abhängigen Unternehmens beruht.

87   In der Literatur ist diese konzernrechtliche Konsequenz überwiegend auf Ablehnung gestoßen.[191] Die Kritiker weisen darauf hin, dass das deutsche Aktien- und Konzernrecht mit seiner dualistischen Ausgestaltung der Führungsorgane der Gesellschaft und mit den Regelungen der §§ 311ff über wirksame Mechanismen zum Schutz der abhängigen Gesellschaft und deren Minderheitsgesellschafter verfüge, die einen zusätzlichen Schutz über die Bestellung von dem Mehrheitsaktionär „unabhängiger" Mitglieder im Aufsichtsrat nicht erforderlich mache.[192]

88   Gleichwohl sieht auch Ziff. 5.4.2 Satz 2 DCGK in seiner aktuellen Fassung eine Unabhängigkeit eines Aufsichtsratsmitgliedes [*im Sinne des DCGK*][193] nicht mehr als gegeben an, wenn dieses „in einer persönlichen oder einer geschäftlichen Beziehung zu […] einem kontrollierenden Aktionär oder einem mit diesem verbundenen Unternehmen steht, die einen wesentlichen und nicht nur vorübergehenden Interessenkonflikt begründen kann." Dieser Empfehlung liegt die Erkenntnis zu Grunde, dass eine persönliche oder geschäftliche Beziehung zu einem kontrollierenden Aktionär einen die Unabhängigkeit ausschließenden Interessenkonflikt begründen kann. Anders als bei Ziff. 1.d) des Anhangs II der Kommissionsempfehlung[194] wird dieser Interessenkonflikt Ziff. 5.4.2 Satz 2 DCGK aber nicht unabänderlich vorausgesetzt, sondern ist im Einzelfall zu prüfen.[195] Im Ergebnis bedeutet dies, dass Vertreter des Mehrheitsaktionärs in den Aufsichtsrat des Tochterunternehmens entsandt und gewählt werden dürfen. Sollen Vertreter des Mehrheitsaktionärs bei börsennotierten Gesellschaften auch die empfohlenen unabhängigen Aufsichtsratsmitglieder stellen, ist die Unabhängigkeit des jeweiligen Mitgliedes einzeln zu prüfen.[196]

89   **e) Konkurrenzverhältnisse und Sensibles Wissen.** Auch wenn das Aufsichtsratsmitglied Informationen über einen Wettbewerber besitzt, in dessen Verwaltung es ebenfalls als Vorstands- oder Aufsichtsratsmitglied tätig ist, kann das betreffende Aufsichtsratsmitglied, soweit Überschneidungen in Kerngeschäftsfeldern vorliegen, in eine einem persönlichen Interessenkonflikt vergleichbare Situation geraten.[197] Trotz dieser vorhersehbaren Kollisionslage hat der Gesetzgeber jedoch im Rahmen des KonTraG[198] von einem gesetzlichen Verbot der Mitgliedschaft in den Aufsichtsräten konkurrierender Unternehmen ausdrücklich abgesehen und stattdessen in § 125 Abs. 1 Satz 5 die Offenlegung aller Aufsichtsratsmandate angeordnet.[199] Es obliegt somit den Aktionären, bei der Wahl der Aufsichtsratsmitglieder zu entscheiden, ob sie ein Aufsichtsratsmitglied wählen wollen, welches bereits ein Aufsichtsratsmandat bei einem Konkurrenzunternehmen innehat. Auch Ziff. 5.4.2 DCGK enthält nur eine Empfehlung dahingehend, dass Aufsichtsratsmitglieder börsennotierter Aktiengesellschaften keine Organfunktionen oder Beratungsaufgaben in anderen Unternehmen übernehmen sollen, die zur Gesellschaft in wesentlichem Wettbewerb stehen. Entgegen den durchaus beachtlichen Argumenten im Schrifttum[200] ist nicht ein generelles Verbot der Mitgliedschaft in den Aufsichtsräten oder der Unwirksamkeit der Wahl in den Aufsichtsrat

---

[191] *Bürgers/Schilha* AG 2010, 221 (228 f.); *Hüffer* ZIP 2006, 637 (642); *Ihrig/Meder,* FS Hellwig, 2010, 163 (166, 176); *Schneider,* FS Raiser, 2005, 341 (347); aA *Scholderer* NZG 2012, 168 (172 f.).
[192] *Bürgers/Schilha* AG 2010, 221 (229); *Diekmann/Bidmon* NZG 2009, 1087 (1090 f.); *Wind/Klie* NZG 2010, 1413 (1415); vgl. auch *Ihrig/Meder,* FS Hellwig, 2010, 163 (172 ff.).
[193] Vgl. *Reese/Ronge* AG 2014, 417; *Diekmann/Fleischmann* AG 2013, 141 (144); *Lieder* NZG 2005, 569.
[194] ABlEU Nr. L 52, 51, 63.
[195] *Diekmann/Fleischmann* AG 2013, 141 (144).
[196] Eine empirische Untersuchung der Unabhängigkeit von Aufsichtsratsmitglieder findet sich bei *Barz/v. Werder* NZG 2014, 841.
[197] Vgl. *Reese/Ronge* AG 2014, 417 (425); *J. Semler/Stengel* NZG 2003, 1 (5).
[198] BGBl. 1998 I S. 786.
[199] Vgl. auch *Marsch-Barner* in Semler/v. Schenck AR-HdB § 13 Rn. 144.
[200] Insbesondere *Lutter,* FS Beusch, 509 (516 f.); *Martinek* WRP 2008, 51 (58); vgl. auch *Lutter/Krieger/Verse* Rn. 21 ff.

konkurrierender Unternehmen anzunehmen,[201] sofern nicht die Satzung ein diesbezügliches Verbot in Form von persönlichen Anforderungen an die Person des Aufsichtsratsmitglieds enthält.[202]

Gleichwohl kann der Interessenkonflikt eine Intensität erreichen, die das betroffene Aufsichtsratsmitglied daran hindert, sein Aufsichtsratsmandat unvoreingenommen ausüben. Für diese Fälle kann zunächst dem betroffenen Aufsichtsratsmitglied die Teilnahme an Sitzungen verwehrt und die Einsicht in Sitzungsunterlagen verweigert werden. Bei dauerhaften Interessenkonflikten ist das Mandat niederzulegen.[203]

f) Unternehmensübernahmen. Eine besondere Quelle potentieller Interessenkonflikte, **90** die sich in der rechtswissenschaftlichen Literatur besonderer Aufmerksamkeit erfreut, stellen die Verhaltenspflichten für Aufsichtsratsmitglieder bei **Unternehmensübernahmen** dar. Insbesondere „feindliche" Übernahmen, also Übernahmen gegen den Willen des Managements der Zielgesellschaft, sind gerne Gegenstand ausführlicher Betrachtungen.[204] Tatsächlich kann jedoch jede Unternehmensübernahme, unabhängig davon, ob die Zielgesellschaft börsennotiert ist und gleich, ob feindlich oder freundlich, Anlass für Interessenkonflikte geben. Dies hängt weniger mit den Umständen der Übernahme oder mit der Kapitalmarktorientierung der Zielgesellschaft zusammen, als mit der Tatsache, dass Unternehmensübernahmen beinahe ausschließlich Situationen mit divergierenden Interessenlagen darstellen, die automatisch bei den Mitgliedern des Aufsichtsrats der Zielgesellschaft zu Interessenkonflikten führen, wenn diese in einer persönlichen oder geschäftlichen Nähebeziehung zu dem potentiellen Erwerber stehen.[205] „Feindliche" Übernahmen stellen nur insoweit eine Besonderheit dar, als bei dieser Fallgruppe potentielle Interessenkonflikte besonders sensibel beobachtet werden.

Persönliche oder geschäftliche Nähebeziehungen, die einen Interessenkonflikt begründen **91** können, müssen aber nicht zwingend zu einem potentiellen Erwerber bestehen. Beispielsweise kann ein Kreditinstitut von einem Dritten (Bieter, Bieterunternehmen) angesprochen werden, beratend oder (mit-) finanzierend beim Erwerb eines anderen Unternehmens (Zielunternehmen, Target) mitzuwirken, dessen Aufsichtsrat ein Vorstandsmitglied des Kreditinstituts angehört.[206] Der Konflikt kann sich weiter verschärfen, wenn nicht nur ein Bieter, sondern mehrere Bieter das Unternehmen übernehmen wollen.

Daraus kann sich ein Interessenkonflikt für das Aufsichtsratsmitglied im Zielunternehmen **92** ergeben, weil es
– verpflichtet ist, im Aufsichtsrat der Zielgesellschaft die allen Vorstandsmitgliedern des Kreditinstituts obliegende Verschwiegenheitspflicht (§ 93 Abs. 1 S. 2) zu wahren;
– gegenüber dem beaufsichtigten Unternehmen auf Grund der ihm obliegenden Treuepflicht aber auch verpflichtet sein könnte, über das beabsichtigte Übernahmevorhaben zu berichten;[207]
– gegenüber dem beaufsichtigten Unternehmen verpflichtet ist, über etwaige Abwehrmaßnahmen auch im Kreditinstitut zu schweigen;[208]

---

[201] Kölner Komm AktG/*Mertens/Cahn* § 116 Rn. 34; MüKoAktG/*Habersack* § 116 Rn. 44; *Marsch-Barner* in Semler/v. Schenck AR-HdB § 13 Rn. 148; Hölters/*Hambloch-Gesinn/Gesinn* § 116 Rn. 14; *Schneider/Nowak*, FS v. Rosen, 2008, 577 (586); *Kübler*, FS Claussen, 1997, 239 (2449); *Wirth* ZGR 2005, 327 (346); aA *Scheffler* DB 1994, 793 (795).
[202] *Wirth* ZGR 2005, 327 (346).
[203] *Marsch-Barner* in Semler/v. Schenck AR-HdB § 13 Rn. 149; *Wirth* ZGR 2005, 327 (346).
[204] Eine kleine, nicht vollständige Auswahl von Beiträgen zu diesem Thema: *Cahn* AG 2014, 525; *Herrmann* WM 1979, 1689; *Herkenroth* AG 2001, 33; *Hopt* ZGR 2002, 333; *Lange* WM 2002, 1737; *Möllers* ZIP 2006, 1615; *Rümker*, FS Heinsius, 1991, 683; *Schander/Posten* ZIP 1997, 1534; *J. Semler/Stengel* NZG 2003, 1; *Thümmel* DB 2000, 461.
[205] Vgl. *Marsch-Barner* in Semler/v. Schenck AR-HdB § 13 Rn. 154.
[206] Hierzu grundlegend *Lutter* ZHR 145 (1981), 224; *Werner* ZHR 145 (1981), 252.
[207] Vgl. *Schander/Posten* ZIP 1997, 3534 (3535); *Herkenroth* AG 2001, 33 (35).
[208] Zu den Abwehrmaßnahmen und den Verhaltenspflichten des Vorstands vgl. *Michalski* AG 1997, 152; *Rümker*, FS Heinsius, 1991, 683 (695 ff.).

– als Vorstandsmitglied gegenüber dem Kreditinstitut aber auch verpflichtet sein könnte, über die geplanten Abwehrstrategien des Zielunternehmens zu berichten und sie ggf. sogar zu vereiteln;[209]
– als Vorstandsmitglied des Kreditinstituts verpflichtet sein könnte, über die geplanten Abwehrstrategien des Zielunternehmens zu berichten;
– durch ein konfliktvermeidendes Verhalten die Geheimhaltung der angestrebten Übernahme gefährden würde.[210]

93 Der bestehende Konflikt, in den das Aufsichtsratsmitglied geraten kann, wird sich verschärfen, wenn **ein anderes Vorstandsmitglied** desselben Kreditinstituts dem **Aufsichtsrat des Bieterunternehmens** angehört. Dann wirken zwei Mitglieder des geschäftsleitenden Organs an der Willensbildung einer einzigen AG (des Kreditinstituts) mit, die zugleich Vertreter entgegengesetzter Interessen sind. Das eine Vorstandsmitglied erstrebt das Gelingen der Übernahme und erwartet eine entsprechende Unterstützung durch das von ihm mitgeleitete Kreditinstitut, das andere Vorstandsmitglied wünscht möglicherweise ein Misslingen der Übernahme und kann daher an einer Unterstützung der Bietergesellschaft nicht interessiert sein.

94 Es ist heute ganz hM, dass jedes Aufsichtsratsmitglied, gleichgültig ob im Zielunternehmen oder im Bieterunternehmen tätig, bei seiner Mandatstätigkeit **im Konfliktfall** ohne Rücksicht auf andere Interessen ausschließlich **das Interesse des von ihm beaufsichtigten Unternehmens** zu befolgen hat.[211] Das Interesse des Unternehmens, dem es hauptberuflich angehört, darf dem nicht entgegenstehen.[212] Aufsichtsratstätigkeiten sind zwar Nebentätigkeiten, die geringere zeitliche Inanspruchnahme hat aber keinen Einfluss auf die Intensität der jeweiligen Pflichtenbindungen.[213] Wie ein bestehender Interessenkonflikt zu lösen oder doch auf ein Mindestmaß zu beschränken ist, muss sich nach den Umständen des Einzelfalls richten.[214] Keine Bedeutung hat dabei die gelegentlich anzutreffende Auffassung von Vorstandsmitgliedern, dass Mandate außerhalb ihres organschaftlichen Verantwortungsbereichs „persönliche Mandate" seien. Die Pflichten- und Verantwortungslage hängt nicht von den Gründen ab, die für die Mandatsübernahme ursächlich waren.

95 Bei der Beurteilung der bestehenden Pflichtenkollision sollten **formale und materielle Konflikte** getrennt betrachtet werden.[215] Wenn ein formaler Konflikt vorliegt, ist damit nicht notwendig zugleich eine materielle Kollision verbunden. Ein formaler Konflikt liegt vor, wenn sich durch die angestrebte Übernahme das Unternehmensinteresse nicht ändert, ein materieller Konflikt, wenn das Unternehmensinteresse beeinflusst wird. Die gleichzeitige Tätigkeit als Aufsichtsratsmitglied des Zielunternehmens und als Vorstandsmitglied des eine Übernahme beratenden oder finanzierenden Unternehmens ist zunächst nur ein **formaler Interessenwiderstreit**. Wenn beide, Zielgesellschaft und Bieter, mit gleichen Strategien dasselbe Ziel anstreben und der Bieter das Unternehmen nur straffer, wirtschaftlicher und ertragreicher führen will, braucht dies keinen materiellen Konflikt zu bedeuten. Dies wird zB häufig in Sanierungsfällen anzunehmen sein.

96 Ein **materieller Interessenkonflikt** besteht erst und nur dann, wenn die Interessen des Bieterunternehmens und des Targetunternehmens gegeneinander gerichtet sind. Dies wird zB dann der Fall sein, wenn das Target die Zukunft auf der Grundlage des bestehenden Unternehmens, der Bieter eine Zerschlagung des Unternehmens und eine Einzelveräußerung seiner Teile als Ziel seines unternehmerischen Handelns sieht. Ebenso wird ein

---

[209] Entschieden dagegen *Werner* ZHR 145 (1981), 252 (265).
[210] Vgl. dazu *Singhof* AG 1998, 318 (324).
[211] Vgl. u. a. BGHZ 64, 325 = NJW 1975, 1412; *Marsch-Barner* in Semler/v. Schenck AR-HdB § 13 Rn. 162; *Lutter/Krieger/Verse* Rn. 303; *Mertens* ZGR 1977, 306 (3099; *Lange* WM 2002, 1738.
[212] BGH NJW 1980, 1629 – Schaffgotsch I; *Marsch-Barner* in Semler/v. Schenck AR-HdB § 13 Rn. 95, 162.
[213] *Heermann* WM 1997, 1689 (1691).
[214] Zu den Fragen einer Haftung vgl. *Thümmel* DB 2000, 461.
[215] Kritisch zu diesem Ansatz: *Möllers* ZIP 2006, 1615 (1617).

materieller Interessenkonflikt vorhanden sein, wenn mehrere Bieter unabhängig voneinander das Unternehmen erwerben möchten und nur ein Unternehmen von dem betroffenen Kreditinstitut beraten oder finanziert werden soll.

Durch eine Unternehmensübernahme wird vor allem das **Eigentümerinteresse** berührt. Die Aktionäre als Eigentümer sollen ihre Mitgliedschaftsrechte (regelmäßig gegen Entgelt) abgeben. Dies wird häufig nur ein Affektionsinteresse berühren, wenn nämlich die Vermögensrechte und die Mitverwaltungsrechte nur graduell und gegen Entschädigung beeinflusst werden. Häufig wird einer Verminderung der Mitverwaltungsrechte eine Verbesserung der Vermögensrechte gegenüberstehen. Wenn die Mitverwaltungsrechte schon vor der Übernahme nur von untergeordneter Bedeutung sind, werden sie bei der Bestimmung des Unternehmensinteresses ebenso wie ein Affektionsinteresse vernachlässigt werden können. Dann kommt es darauf an, ob die für die Aufgabe der Vermögensrechte angebotene Gegenleistung ein angemessenes Entgelt darstellt und dem Aktionär mindestens den wahren Wert seiner Beteiligung vergütet. Wenn dies der Fall ist, wird sich in Bezug auf das Eigentümerinteresse bei nur einem Bieter ein materieller Konflikt nicht ergeben.

Die Auswirkung der angestrebten Übernahme auf das **Arbeitnehmerinteresse** wird sich nicht ohne weiteres an der Zahl der voraussichtlich wegfallenden Arbeitsplätze ablesen lassen. Wenn das Unternehmen bisher unwirtschaftlich gearbeitet hat oder unter neuer Leitung auch nur wirtschaftlicher geführt werden soll, kann der Abbau der Arbeitsplätze insgesamt gesehen auch im Interesse der Arbeitnehmer liegen. Die zunehmende Sicherheit der verbleibenden Arbeitsplätze rechtfertigt die Verminderung der zurzeit bestehenden Stellen. Anders wird die Entwicklung zu betrachten sein, wenn der Bieter die unternehmerische Tätigkeit beenden und die Substanz des Unternehmens verwerten will. Dann wird sich die Frage stellen, in welcher Weise das Arbeitnehmerinteresse nach der Übernahme gesichert wird. Wenn diese Sicherung in angemessener Weise erfolgt, wird ein Konflikt nicht entstehen können. Andernfalls ist er zu beachten.

Ein besonderes **Interesse der** die Ressourcen des Unternehmens zusammenführenden und zur optimalen Wirkung bringenden **Führungskräfte** ist hinsichtlich ihrer persönlichen Belange nicht anzuerkennen. Sie bedürfen auch keiner besonderen Berücksichtigung durch den Bieter, jedenfalls nicht unter rechtlichen Gesichtspunkten. Für eine Zustimmungsprämie oder sonstige Zahlungen auf Grund der Übernahme gibt es keine Rechtsgrundlage, wenn die bestehenden Dienstverträge eine solche nicht schon vorsehen. Wohl aber ist ein Interesse der Führungskräfte in der Richtung anzuerkennen, dass auch nach der Übernahme eine effiziente Führung des Unternehmens gesichert ist. Wenn der Bieter dafür hinreichende Sicherheit bietet, kann sich aus dem Interesse der Führungskräfte kein Konflikt ergeben.

aa) Vorbeugende Konfliktlösung. Wie hat sich das betroffene Aufsichtsratsmitglied zu verhalten? „Was das betreffende Aufsichtsratsmitglied macht, es macht es falsch".[216] Ist eine Konfliktlösung nicht oder nur noch eingeschränkt möglich, muss nach einem Weg gesucht werden, der das **Entstehen des Konflikts verhindert**.[217]

Als Möglichkeiten kommen in Betracht:

– Ein Kreditinstitut, das Unternehmen bei der Übernahme anderer Unternehmen berät oder finanziert, könnte den Mitgliedern seines geschäftsführenden Organs allgemein untersagen, Aufsichtsratsmandate außerhalb der mit der Organstellung verbundenen Aufgabenstellungen zu übernehmen.[218] Dies ist die sauberste Lösung.

---

[216] *Lutter* ZHR 145 (1981), 224 (236). „Feindliche Übernahmeangebote bringen Vorstand und Aufsichtsrat der Zielgesellschaft in eine schwierige Lage", *Thümmel* DB 2000, 461 (464).
[217] Vgl. dazu *Heermann* WM 1997, 1689 (1697); *Marsch-Barner* in Semler/v. Schenck AR-HdB § 13 Rn. 178.
[218] In diese Richtung auch *Marsch-Barner* in Semler/v. Schenck AR-HdB § 13 Rn. 178. *Hopt* ZGR 2002, 333 (369) betont, dass sich solche allgemeinen Inkompatibilitätsvorschriften nicht als Gesetzesvorschriften eignen.

– Es könnte verlangt werden, dass ein Aufsichtsratsmitglied im Vorfeld zurücktritt, wenn eine Übergabe droht, die einen Interessenkonflikt zur Folge haben könnte. Da Übernahmepläne meist lange geheimgehalten werden sollen, ist diese Lösung kaum praktikabel. Auch würde der Rücktritt eines Bankenvertreters ungewollte Spekulationen über etwaige Übernahmepläne auslösen.[219]
– Ein Kreditinstitut könnte allgemein davon absehen, einen Auftrag zur Beratung oder Finanzierung einer Unternehmensübernahme anzunehmen, wenn ein Mitglied seines geschäftsführenden Organs Mitglied des Aufsichtsrats des Zielunternehmens ist.[220] Diese Lösung belastet das Kreditinstitut, den Vorteil daraus hat (möglicherweise nur rein persönlich) das betroffene Vorstandsmitglied.
– Ein Mitglied des geschäftsführenden Organs eines Kreditinstituts, das Unternehmen bei der Übernahme anderer Unternehmen berät oder finanziert, darf bei Beachtung seiner Sorgfaltspflicht Aufsichtsratsmandate in anderen Unternehmen nicht übernehmen, wenn nicht tatsächlich oder durch rechtliche Vorkehrungen ausgeschlossen ist, dass das von ihm geleitete Unternehmen Aufträge zur Beratung oder Finanzierung einer Übernahme des von ihm beaufsichtigten Unternehmens annimmt. Diese Lösung begünstigt das Vorstandsmitglied, belastet aber möglicherweise das Kreditinstitut.

102 Trotz einiger befürwortender Stimmen im Schrifttum[221] wird man nicht annehmen können, dass eine dieser Lösungsmöglichkeiten schon nach geltendem Recht zwingend zu wählen ist. Insbesondere hat das am 1.1.2002 in Kraft getretene WpÜG keine Sonderregelung getroffen. Allerdings ist nicht auszuschließen – und die Praxis sollte sich darauf einstellen –, dass auch ohne neue gesetzliche Regelungen **von der Rechtsprechung Verpflichtungen** von Unternehmen oder Organmitgliedern **festgestellt** werden, die bei Unternehmen eine der vorstehend genannten Möglichkeiten als Rechtsverpflichtung sehen, wenn sie als Kerngeschäftsgebiet die Beratung und Finanzierung von übernahmewilligen Unternehmen betreiben.

103 **bb) Lösung entstandener Konflikte.** Ohne eine der vorbeugenden Konfliktvermeidungsmaßnahmen müssen die sich ergebenden **Konflikte gelöst** oder doch **minimiert** werden. Dabei werden die Pflichten eines Aufsichtsratsmitglieds im Zielunternehmen und die eines Aufsichtsratsmitglieds im Bieterunternehmen getrennt zu sehen sein.

104 **(1) Aufsichtsratsmitglied im Zielunternehmen.** Das Aufsichtsratsmitglied darf bei einem nur formalen Konflikt nichts tun, was dem Unternehmen und dem Ansehen seiner Organe schadet. Es muss sich so verhalten, dass auch der Anschein des „Spielens auf zwei Seiten" vermieden wird. Es darf an der entscheidenden Beschlussfassung des Aufsichtsrats im Zielunternehmen nicht mitwirken, es darf auch an der Beratung über diesen Tagungsordnungspunkt nicht teilnehmen und die diesen Tagesordnungspunkt betreffenden Sitzungsunterlagen nicht erhalten. Zweckmäßig wird es der Sitzung überhaupt fernbleiben, um Spekulationen über sein absonderliches Verhalten zu vermeiden. Dies ist allerdings keine rechtliche Lösung.

105 Wenn ein **materieller Konflikt** vorliegt, muss das Aufsichtsratsmitglied eine der beiden Organpositionen aufgeben.[222] Welche der beiden Positionen aufzugeben ist, kann nur im

---

[219] *Hopt* ZGR 2002, 333 (370); vgl. *J. Semler/Stengel* NZG 2003, 1 (8) und *Marsch-Barner* in Semler/v. Schenck AR-HdB § 13 Rn. 174.
[220] Dies ist nach Meinung von *Lutter* ZHR 145 (1981), 224 (244) geboten. AA *Werner* ZHR 145 (1981), 252 (260) und *Hopt* ZGR 2002, 333 (370).
[221] *Lutter* ZHR 145 (1981), 224 (244) mit Hinweis auf die Entscheidung des US District Court 465 F. Supp. 1100: Man kann nicht zugleich auf beiden Seiten der Straße Geld verdienen. Diese Entscheidung ist allerdings vom Court of Appeal aufgehoben worden (602 F. 2d 594). Ähnlich *Singhof* AG 1998, 318 (325), der aus der Zustimmung des Kreditinstituts zur Übernahme dieses Aufsichtsratsmandats eine Verpflichtung des Kreditinstituts herleitet, seine Geschäftstätigkeit soweit einzuschränken, „als hieraus ein unauflösbarer Konflikt für die Mandatsausübung (seines) Vorstandsmitgliedes erwachsen kann". Kritisch hierzu *Heermann* WM 1997, 1689 (1694 f.).
[222] MHdB AG/*Hoffmann-Becking* § 33 Rn. 65, *Marsch-Barner* in Semler/v. Schenck AR-HdB § 13 Rn. 169.

Einzelfall entschieden werden. Dabei kommt es darauf an, dass das Zielunternehmen keinen Schaden leidet.

Die **Aufgabe des Hauptberufs** kann allerdings **nicht** verlangt werden.[223] Zwar sind Interessenkonflikte vorhersehbar und dürfen Aufsichtsratsmitglieder den Aufsichtsrat nicht zur Unzeit verlassen.[224] Es wäre aber lebensfremd und für das Zielunternehmen auch ohne Nutzen, wenn ein Bankier sein Vorstandsamt aufgeben und im Aufsichtsrat des Zielunternehmens verbleiben müsste.

Die betroffene Person darf **auf Grund** ihrer dem Zielunternehmen als Aufsichtsratsmitglied geschuldeten **Treuepflicht im Kreditinstitut an keiner Maßnahme** aktiv oder passiv **mitwirken,** die das Zielunternehmen betrifft. Dem steht allerdings die Mitwirkungspflicht bei Organkrediten gegenüber (§ 15 KWG). Sie darf auch keine informellen Gespräche mit ihren Kollegen im Kreditinstitut führen, wenn sie vermeiden will, bei einer Schädigung des Zielunternehmens durch das Übernahmeangebot möglicherweise schadensersatzpflichtig gemacht zu werden.

(2) Aufsichtsratsmitglied im Bieterunternehmen. Ist ein Aufsichtsratsmitglied nur im Aufsichtsrat des Bieterunternehmens, nicht aber im Aufsichtsrat des Zielunternehmens vertreten, kommt eine Konfliktsituation nur dann in Frage, wenn das Aufsichtsratsmitglied gleichzeitig Mitglied in einem Geschäftsführungsorgan eines dritten Unternehmens ist und ein anderes Organmitglied dieses dritten Unternehmens zugleich Aufsichtsratsmitglied des Zielunternehmens ist. In dieser Konstellation hat das Aufsichtsratsmitglied des Bieterunternehmens vor allem seine Verschwiegenheitspflicht zu beachten. Es darf seinem Kollegen, der ein Aufsichtsratsmandat im Zielunternehmen wahrnimmt, nicht, auch nicht „unter Schweigegebot" oder auch nur andeutungsweise zu erkennen geben, dass das Bieterunternehmen die Übernahme des Zielunternehmens beabsichtigt.[225]

---

[223] So aber *Lutter* ZHR 145 (1981), 224 (246); für eine Wahlrecht *Singhof* AG 1998, 318 (325); ablehnend *Marsch-Barner* in Semler/v. Schenck AR-HdB § 13 Rn. 171.
[224] *Singhof* AG 1998, 318 (323), der zutreffend darauf verweist, dass ein Handeln zur Unzeit regelmäßig nicht die Wirksamkeit der Amtsniederlegung, sondern die Frage einer Schadensersatzleistung betrifft.
[225] *Semler/Stengel* NZG 2003, 1 (8); *Hopt* ZGR 2002, 333 (370 f.).

§ 101 Bestellung der Aufsichtsratsmitglieder

(1) ¹Die Mitglieder des Aufsichtsrats werden von der Hauptversammlung gewählt, soweit sie nicht in den Aufsichtsrat zu entsenden oder als Aufsichtsratsmitglieder der Arbeitnehmer nach dem Mitbestimmungsgesetz, dem Mitbestimmungsergänzungsgesetz, dem Drittelbeteiligungsgesetz oder dem Gesetz über die Mitbestimmung der Arbeitnehmer bei einer grenzüberschreitenden Verschmelzung zu wählen sind. ²An Wahlvorschläge ist die Hauptversammlung nur gemäß §§ 6 und 8 des Montan-Mitbestimmungsgesetzes gebunden.

(2) ¹Ein Recht, Mitglieder in den Aufsichtsrat zu entsenden, kann nur durch die Satzung und nur für bestimmte Aktionäre oder für die jeweiligen Inhaber bestimmter Aktien begründet werden. ²Inhabern bestimmter Aktien kann das Entsendungsrecht nur eingeräumt werden, wenn die Aktien auf Namen lauten und ihre Übertragung an die Zustimmung der Gesellschaft gebunden ist. ³Die Aktien der Entsendungsberechtigten gelten nicht als eine besondere Gattung. ⁴Die Entsendungsrechte können insgesamt höchstens für ein Drittel der sich aus dem Gesetz oder der Satzung ergebenden Zahl der Aufsichtsratsmitglieder der Aktionäre eingeräumt werden.

(3) ¹Stellvertreter von Aufsichtsratsmitgliedern können nicht bestellt werden. ²Jedoch kann für jedes Aufsichtsratsmitglied mit Ausnahme des weiteren Mitglieds, das nach dem Montan-Mitbestimmungsgesetz oder dem Mitbestimmungsergänzungsgesetz auf Vorschlag der übrigen Aufsichtsratsmitglieder gewählt wird, ein Ersatzmitglied bestellt werden, das Mitglied des Aufsichtsrats wird, wenn das Aufsichtsratsmitglied vor Ablauf seiner Amtszeit wegfällt. ³Das Ersatzmitglied kann nur gleichzeitig mit dem Aufsichtsratsmitglied bestellt werden. ⁴Auf seine Bestellung sowie die Nichtigkeit und Anfechtung seiner Bestellung sind die für das Aufsichtsratsmitglied geltenden Vorschriften anzuwenden.

Schrifttum: *Arbeitskreis Beschlussmängelrecht,* Vorschlag zur Neufassung der Vorschriften des Aktiengesetzes über Beschlussmängel, AG 2008, 617; *Austmann,* Globalwahl zum Aufsichtsrat, FS Sandrock, 1995, 277; *Austmann/Rühle,* Wahlverfahren bei mehreren für einen Aufsichtsratssitz vorgeschlagenen Kandidaten, AG 2011, 805; *Barz,* Listenwahl zum Aufsichtsrat, FS Hengeler, 1972, 14; *Bausch,* Schulrechtliche Vereinbarungen über die Entsendung von Mitgliedern in den Aufsichtsrat im Lichte des § 101 Abs. 2 AktG, NZG 2007, 574; *Bayer/Schmidt,* Aktuelle Entwicklungen im Europäischen Gesellschaftsrecht (2004–2007), BB 2008, 454; *ders./Lieder,* Die Lehre vom fehlerhaften Bestellungsverhältnis, NZG 2012, 1; *Böttcher/Beinert/Hennerkes,* Möglichkeiten zur Aufrechterhaltung des Familiencharakters einer Aktiengesellschaft, DB 1971, 1998; *Bröcker,* Selbstbindung mit Anfechtungsrisiko – Was sind die richtigen Sanktionsmechanismen für den Deutschen Corporate Governance Kodex?, Der Konzern 2011, 313; *Damm,* Das Arbeitsmitglieder der Arbeitnehmervertreter im Aufsichtsrat nach § 101 Abs. 3 AktG und nach § 17 MitbestG, AG 1977, 44; *Deilmann/Albrecht,* Corporate Governance und Diversity – was empfiehlt der neue Kodex?, AG 2010, 727; *Drinhausen/Keinath,* BB-Rechtsprechungs- und Gesetzgebungsreport zum Hauptversammlungsrecht 2009, BB 2010, 3; *Fett/Theusinger,* Die gerichtliche Bestellung von Aufsichtsratsmitgliedern – Einsatzmöglichkeiten und Fallstricke, AG 2010, 425; *Fischer,* Das Entsendungs- und Weisungsrecht öffentlich-rechtlicher Körperschaften beim Aufsichtsrat einer Aktiengesellschaft, AG 1982, 85; *C. E. Fischer,* Minderheiten-Vertreter im Aufsichtsrat, NJW 1958, 1265; *Fuchs/Köstler/Pütz,* HdB zur Aufsichtsratswahl, 5. Aufl. 2012; *Geßler,* Vollendete oder nur begonnene Aktienrechtsreform?, AG 1965, 343; *v. Gleichenstein,* Können Ersatzmitglieder nur „gleichzeitig" mit den ordentlichen Aufsichtsratsmitgliedern gewählt werden?, AG 1970, 1; *Goslar/v. der Linden,* Anfechtbarkeit von Hauptversammlungsbeschlüssen aufgrund fehlerhafter Entsprechenserklärungen zum Deutschen Corporate Governance Kodex, DB 2009, 1691; *Habersack,* „Kirch/Deutsche Bank" und die Folgen – Überlegungen zu § 100 Abs. 5 AktG und Ziff. 5.4, 5.5 DCGK, FS Goette, 2011, 121; *Happ,* Zur Wirksamkeit von Rechtshandlungen eines fehlerhaft bestellten Aufsichtsrates, FS Hüffer, 2010, 293; *Hecker/Peters,* Die Änderungen des DCGK im Jahr 2010, BB 2010, 2251; *Heinsius,* Zur Bestellung von Ersatzmitgliedern für den Aufsichtsrat durch die Hauptversammlung – Suspendierung der Ersatzmitgliedschaft während der Amtszeit im Aufsichtsrat? –, ZGR 1982, 233; *Holle,* Der „Fall VW" – ein gemeinschaftsrechtlicher Dauerbrenner, AG 2010, 14; *Hüffer,* Die Unabhängigkeit von Aufsichtsratsmitgliedern nach Ziffer 5.4.2 DCGK, ZIP 2006, 637; *Hüffer,* Zur Wahl von Beratern des Großaktionärs in den Aufsichtsrat der Gesellschaft, ZIP 2010, 1979; *Ihrig/Meder,* Die Zuständigkeitsordnung bei Benennung der Ziele für die Zusammensetzung des Aufsichtsrats gem. Ziff. 5.4.1 DCGK n. F. in mitbestimmten Gesellschaften, ZIP 2010, 1577; *Jacobs,* Nochmals: Die Form der Abstimmung in der Hauptversammlung der Aktiengesellschaft, BB 1958, 726; *Kiefner,* Fehlerhafte Entsprechenserklärung und Anfechtbarkeit von Hauptversammlungsbeschlüssen, NZG 2011, 201; *Kirschbaum,* Zu den Rechtsfolgen der Nichtbeachtung von Regeln des deutschen Corporate Governance Kodex trotz anderslautender Entsprechenserklärung, ZIP 2007, 2362; *Kloppenburg,* Mitverwaltungsrechte der Aktionäre, 1982; *Kocher/Lönner,* Erhöhte Diversity-Anforderungen des Corporate Governance Kodex 2010, CCZ 2010, 183; *Kort,* Corporate-Governance-Grundsätze als haftungsrechtlich relevante Standards ?, FS K. Schmidt, 2009, 945; *Krauel/Fackler,* Die Ersetzung eines dauerhaft verhinderten Aufsichtsratsmitglieds, AG 2009, 686; *Lehmann,* Zur Wahl von Ersatzmitgliedern zum Aufsichtsrat, DB 1983, 485; *Lippert,* Die Globalwahl zum Aufsichtsrat im Lichte der Rechtsprechung des BGH zur Blockwahl in politischen Parteien, AG 1976, 239; *Lübbert,* Abstimmungsvereinbarungen in den Aktien- und GmbH-Rechten der EWG-Staaten, der Schweiz und Großbritanniens, 1971; *Lutter,* Blockabstimmungen im Aktien- und GmbH-Recht, FS Odersky, 1996, 845; *Marsch-Barner,* Zur Anfechtung der Wahl von Aufsichtsratsmitgliedern, FS K. Schmidt, 2009, 1109; *Martens,* Leitfaden für die Leitung der Hauptversammlung einer Aktiengesellschaft, 3. Aufl. 2003; *Martens,* Die Leitungskompetenzen auf der Hauptversammlung einer Aktiengesellschaft, WM 1981, 1010; *Max,* Die Leitung der Hauptversammlung, AG 1991, 77; *Mense/Rosenhänger,* Mehr Vielfalt wagen – Zu den jüngsten Änderungen des Deutschen Corporate Governance Kodex, GWR 2010, 311; *Möslein,* Inhaltskontrolle aktienrechtlicher Entsendungsrechte – Europäische Anforderungen und Ausgestaltung im deutschen Aktienrecht, AG 2007, 770; *Mutter,* Plädoyer für die Listenwahl von Aufsichtsräten, AG 2004, 305; *Mutter,* Überlegungen zur Justiziabilität von Entsprechenserklärungen nach § 161 AktG, ZGR 2009, 789; *Mutter,* Entsendungsrechte in den Aufsichtsrat, Der Aufsichtsrat 2012, 58; *Natzel,* Das Rechtsverhältnis zwischen Aufsichtsrat und Gesellschaft unter besonderer Berücksichtigung des Mitbestimmungsrechts, DB 1959, 171 (Teil 1), 201 (Teil 2); *Neu,* Rechtsprobleme bei der Bestellung von Ersatzmitgliedern für die Anteilseignervertreter im Aufsichtsrat der Aktiengesellschaft, WM 1988, 481; *Obermüller,* Die Diskussion in der Hauptversammlung der Aktiengesellschaft, DB 1962, 827; *ders.,* Einzel- oder Gesamtabstimmung bei Aufsichtsratswahlen, DB 1969, 2025; *Overrath,* Minderheitsvertreter im Aufsichtsrat?, AG 1970, 219; *Panetta,* Der fehlerhafte Aufsichtsratsbeschluss und seine Folgen, NJOZ 2008, 4294; *Priester,* Beschlussmitwirkung fehlerhaft bestellter Aufsichtsratsmitglieder, GWR 2013, 175; *Quack,* Zur „Globalwahl" von Aufsichtsratsmitgliedern der Anteilseigner, FS Rowedder, 1994, 377; *Ramm,* Gegenantrag und Vorschlagsliste – Zur Gestaltung des aktienrechtlichen Verfahrens für die Wahlen zum Aufsichtsrat, NJW 1991, 2753; *Reinicke,* Rechtsstellung, Rechte und Pflichten des Vorsitzenden einer Hauptversammlung, Diss. Hamburg, 1982; *Rellermeyer,* Ersatzmitglieder des Aufsichtsrats – Besprechung der Entscheidung BGHZ 99, 211, ZGR 1987, 563; *Rieckers,* Fortsetzung der Anfechtungsklage gegen Aufsichtsratswahlen nach Rücktritt des Aufsichtsrats, AG 2013, 383; *Rieder,* Anfechtbarkeit von Aufsichtsratswahlen bei unrichtiger Entsprechenserklärung ?, NZG 2010, 737; *Ringleb/Kremer/Lutter/v. Werder,* Die Kodex-Änderungen vom Mai 2010, NZG 2010, 1161; *Roussos,* Ziele und Grenzen bei der Bestellung von Ersatzmitgliedern des Aufsichtsrats, AG 1987, 239; *Schaaf,* Die Praxis der Hauptversammlung, 3. Aufl. 2011; *Schilling,* Die Rechtsstellung des Aufsichtsratsmitglieds in unternehmensrechtlicher Sich, FS Robert Fischer, 1979, S. 679; *Schima,* Vorstandsvergütung als Corporate-Governance-Dauerbaustelle, in Schenz/Eberhartinger, Corporate Governance in Österreich, S. 246; *Schima,* Unternehmerisches Ermessen und die Business Judgement Rule, in Konecny, Vorträge anlässlich des 18. Insolvenz-Forums Grundlsee im November 2011, S. 131; *Schima/Toscani,* Die Vertretung der AG bei Rechtsgeschäften mit dem Vorstand (§ 97 Abs. 1 AktG), JBl. 2012, 482 (Teil 1)/570 (Teil 2); *Schroeder/Pussar,* Aufsichtsräte: Unsichere Gremienentscheidungen nach Wahlanfechtung, BB 2011, 1930; *Schürnbrand,* Noch einmal: Das fehlerhaft bestellte Aufsichtsratsmitglied, NZG 2013, 481; *Schwintowski,* Gesellschaftsrechtliche Bindungen für entsandte Aufsichtsratsmitglieder in öffentlichen Unternehmen, NJW 1995, 1316; *Seeling/Zwickel,* Das Entsendungsrecht in den Aufsichtsrat einer Aktiengesellschaft als „Ewigkeitsrecht", BB 2008, 622; *Segna,* Blockabstimmung und Bestellungshindernisse bei der Aufsichtsratswahl, DB 2004, 1135; *J. Semler,* Der Aufsichtsrat – Die Karriere einer Einrichtung, NZG 2013, 771; *Steiner,* Die Hauptversammlung der Aktiengesellschaft, 1995; *Stützle/Walgenbach,* Leitung der Hauptversammlung und Mitspracherechte der Aktionäre in Fragen der Versammlungsleitung, ZHR 155 (1991), 516; *Thümmel,* Zur Frage der Rechtsfolge bei Verstoß gegen den Deutschen Corporate Governance Kodex, BB 2008, 11; *Tielmann/Struck,* Empfehlungen zur Sicherung der Handlungsfähigkeit des Aufsichtsrats bei der Anfechtung der Wahl von Aufsichtsratsmitgliedern, BB 2013, 1548; *Timm,* Grundfragen des „qualifizierten" faktischen Konzerns im Aktienrecht, NJW 1987, 977; *Tröger,* Aktionärsklage bei nicht-publizierter Kodexabweichung, ZHR 175 (2011), 746; *Verse,* Aktienrechtliche Entsendungsrechte am Maßstab des Gleichbehandlungsgrundsatzes und der Kapitalverkehrsfreiheit, ZIP 2008, 1754; *Vetter,* Update des Deutschen Corporate Governance Kodex, BB 2005, 1689; *Vetter/van Laak,* Die angefochtene Aufsichtsratswahl, ZIP 2008, 1806; *Vetter,* Der Deutsche Corporate Governance Kodex nur ein zahnloser Tiger ?, NZG 2008, 121; *Vetter,* Aufsichtsratswahlen durch die Hauptversammlung und § 161 AktG, FS Schneider, 2011, 1345; *Vetter,* Anfechtung der Wahl der Aufsichtsratsmitglieder, Bestandsschutzinteresse der AG und die Verantwortung der Verwaltung, ZIP 2012, 701; *Waclawik,* Beschlussmängelfolgen von Fehlern bei der Entsprechungserklärung zum DCGK, ZIP 2011, 885; *Wardenbach,* Ist die Aufsichtsratswahl bei fehlendem „Financial Expert" anfechtbar ?, GWR 2010, 207; *Wasse,* Die Internationalisierung des Aufsichtsrats – Herausforderungen in der Praxis, AG 2011, 685; *Weber-Rey/Handt,* Vielfalt/Diversity im Kodex – Selbstverpflichtung, Bemühenspflicht und Transparenz, NZG 2011, 1; *Werner,* Die Entwicklung des Rechts des Aufsichtsrats im Jahr 2008, Der Konzern 2008, 336; *Zöllner,* Zu Schranken und Wirkung von Stimmbindungsverträgen, insbesondere bei der GmbH, ZHR 155 (1991), 168; *Zöllner,* Die Konzentration der Abstimmungsvorgänge auf großen Hauptversammlungen, ZGR 1974, 1; *Zöllner,* Die Bestätigung von Hauptversammlungsbeschlüssen – ein problematisches Rechtsinstitut, AG 2004, 397.

Übersicht

	Rn.
I. Allgemeines	1
1. Einführung	1
2. Geschichte	8
II. Die Wahl des Aufsichtsratsmitglieds (Abs. 1)	9
1. Wahlfreiheit der Hauptversammlung	10
a) Bindung der Hauptversammlung an die Wahlvorschläge gem. §§ 6, 8 Montan-MitbestG	11
b) Keine Einschränkung der Wahlfreiheit durch die Satzung	12
c) Keine Bindung der Hauptversammlung an die Wahlvorschläge von Aufsichtsrat und Aktionären	13
2. Wahlabreden	16
a) Keine Wahlabreden durch die Gesellschaft	18
b) Wahlabreden unter den Aktionären oder von Aktionären mit Dritten	20
c) Grenzen einer zulässigen Wahlabrede	24
d) Möglichkeiten zur Beendigung einer Wahlabrede	28
3. Die Wahl der Anteilseignervertreter (Abs. 1)	30
a) Das Wahlverfahren	31
b) Prinzip der Mehrheitswahl	50
c) Verhältniswahl	52
d) Additions- und Subtraktionsverfahren	53
4. Wahl des Arbeitnehmervertreters nach den montanmitbestimmungsrechtlichen Vorschriften	54
5. Wahl der Arbeitnehmervertreter nach den übrigen mitbestimmungsrechtlichen Vorschriften	55
a) Wahl der Arbeitnehmervertreter nach dem MitbestG	56
b) Wahl der Arbeitnehmervertreter nach dem MitbestErgG	57
c) Wahl nach dem DrittelbG	58
III. Die Entsendung von Aufsichtsratsmitgliedern der Anteilseigner (Abs. 2)	60
1. Entsendungsrecht als Sonderrecht	61
2. Ausübung des Entsendungsrechts	64
a) Ausübung durch Erklärung gegenüber dem Vorstand	65
b) Keine gesetzlich fixierte Entsendungspflicht	66
c) Rechtsfolge bei Ausübungsverzicht	67
d) Entsendungsfreiheit	69
3. Anteilseignereigenschaft	70
4. Kreis der Entsendungsberechtigten (Abs. 2 S. 1)	73
a) Das persönliche Entsendungsrecht	74
b) Das Inhaberentsendungsrecht	88
c) Zusammentreffen von persönlichem Entsendungsrecht und Inhaberentsendungsrecht	94
5. Innenverhältnis von Entsendungsberechtigten und Entsandten	97
a) Rechtsnatur des Innenverhältnisses	97
b) Ausgestaltung durch die Satzung	98
c) Verschwiegenheitspflicht des Entsandten	99
d) Haftung	101
6. Rechtsbeziehungen zwischen dem Entsendungsberechtigten und der Gesellschaft	104
a) Kein Vertragsverhältnis zwischen Entsendungsberechtigtem und Gesellschaft	104
b) Haftung für eigenes Verschulden des Entsendungsberechtigten	105
c) Keine Haftung für Verschulden des Entsandten	106
d) Keine Haftungserweiterung durch Satzungsregelung	107
e) Entsendungsberechtigte Gebietskörperschaften	108
7. Grenzen des Entsendungsrechts (Abs. 2 S. 4)	109
a) Höchstzahl	110
b) Ausgestaltung des Entsendungsrechts durch die Satzung	121
8. Wahrung des Unternehmensinteresses	131
a) Das Unternehmensinteresse	132
b) Interessenkonflikt und Grenzen des Weisungsrechts	133
IV. Die Bestellung zum Aufsichtsratsmitglied	135
1. Amtserwerb des Gewählten und des Entsandten	135
a) Annahme der Wahl durch den Gewählten	137
b) Annahme der Entsendung durch den Entsandten	138
c) Erklärungsempfänger der Annahme	139
d) Annahmefristen	144
2. Keine Annahmeverpflichtung	145
3. Ablehnung der Wahl	146

	Rn.
4. Amtsbeginn des neu bestellten Aufsichtsratsmitglieds	147
5. Amtsdauer des bestellten und des entsandten Aufsichtsratsmitglieds	150
6. Vergütung	151
V. Anstellungsverhältnis des Aufsichtsratsmitglieds	154
1. Kein Anstellungsverhältnis kraft ausdrücklicher Vereinbarung	155
2. Kein stillschweigend entstehendes Anstellungsverhältnis	157
VI. Unzulässigkeit der Bestellung von Stellvertretern (Abs. 3 S. 1)	158
VII. Ersatzmitglieder (Abs. 3 S. 2 bis 4)	159
1. Abgrenzung Stellvertreter und Ersatzmitglied	159
2. Zulässigkeit der Bestellung von Ersatzmitgliedern	160
3. Bestellung des Ersatzmitglieds	166
a) Freiwilligkeit der Bestellung von Ersatzmitgliedern	168
b) Gleichzeitigkeit der Bestellung	171
c) Annahme des Aufsichtsratsmandats	175
d) Gesetzliche bzw. satzungsmäßige Voraussetzungen für die Annahme des Aufsichtsratsmandats	180
e) Anzahl der Ersatzmitglieder	183
f) Nachträgliche Bestellung eines Ersatzmitglieds	191
4. Ersetzungsbedarf	193
5. Amtszeit als Ersatzmitglied und als Aufsichtsratsmitglied	195
a) Amtszeit als Ersatzmitglied	196
b) Amtszeit als Aufsichtsratsmitglied	204
6. Wiederaufleben/Fortbestand der Ersatzmitgliedschaft	214
VIII. Rechtsfolgen bei fehlerhafter Bestellung	217
1. Fehlerhafte Bestellung	217
2. Folgen einer fehlerhaften Bestellung und die „Lehre vom fehlerhaften Organ"	219
3. Auswirkung des Bestellungsfehlers auf Beschlüsse des Aufsichtsrats	223
a) Innenwirkung	224
b) Außenwirkung	230
4. Beendigung des fehlerhaften Aufsichtsratsmandats	231
a) Geltendmachung des Bestellungsmangels	232
b) Maßnahmen	233
5. Fehlerhafte Bestellung eines Ersatzmitglieds	237

I. Allgemeines

1. Einführung. Die Norm regelt die Bestellung von Aufsichtsratsmitgliedern. **1**

Abs. 1 gibt drei verschiedene Möglichkeiten der Bestellung vor: **Wahl durch Anteilseigner, Wahl durch Arbeitnehmer** und **Entsendung**. Die **Anteilseignervertreter** werden von der Hauptversammlung gewählt 8 Abs. 1 S. 1). Die Wahl der **Arbeitnehmervertreter** ist unterschiedlich geregelt. Sie richtet sich nicht nach dem AktG, sondern nach dem jeweils anzuwendenden Mitbestimmungsgesetz und den dazugehörigen Wahlordnungen. Wenn es sich um eine montanmitbestimmte Gesellschaft handelt, werden die Arbeitnehmervertreter auf Grund verbindlicher Wahlvorschläge (Abs. 1 S. 2, §§ 6 und 8 MontanMitbestG) von der Hauptversammlung gewählt. Wenn es sich um eine Gesellschaft handelt, die ihren Aufsichtsrat nach dem Mitbestimmungsgesetz (MitbestG), dem Mitbestimmungsergänzungsgesetz (MitbestErgG), dem Drittelbeteiligungsgesetz (DrittelbG) oder dem Gesetz über die Mitbestimmung der Arbeitnehmer bei einer grenzüberschreitenden Verschmelzung (MgVG) bilden muss, werden die Arbeitnehmervertreter unmittelbar oder mittelbar von den Arbeitnehmern gewählt. **2**

Unter bestimmten Voraussetzungen kann ein **Entsendungsrecht** (Abs. 1 S. 1, Abs. 2) für Anteilseignervertreter bestehen.[1] Historisch wurde an gemein- oder gemischtwirtschaftliche Unternehmen gedacht.[2] **3**

Abs. 1 enthält **zwingendes Recht**. Das Wahlrecht kann keinem anderen Organ übertragen werden. **4**

Abs. 2 befasst sich abschließend mit dem **Entsendungsrecht**[3]. **5**

---
[1] Vgl. zum Zweck des Entsendungsrechts auch Großkomm AktG/*Hopt/Roth* Rn. 102.
[2] BegrRegE *Kropff* S. 138.
[3] Eine Darstellung zur Entwicklung des Entsendungsrechts findet sich bei *Fischer* AG 1982, 85 ff.

6 Abs. 3 untersagt die Bestellung von Stellvertretern. Das Amt des Aufsichtsratsmitglieds ist höchstpersönlicher Natur. Eine gleichzeitige Wahl von Ersatzmitgliedern ist zugelassen. Wenn ein Aufsichtsratsmitglied vor Ablauf seiner Amtszeit vorzeitig aus seinem Amt ausscheidet, übernimmt das Ersatzmitglied sein Mandat.

7 Die Norm ist nicht abschließend. Nicht erwähnt sind etwa die **gerichtliche Bestellung von Aufsichtsratsmitgliedern** (§ 104) und die Bestellung der **Mitglieder** des ersten Aufsichtsrats durch die Gründer (§ 30 Abs. 1 S. 1).

8 **2. Geschichte.** Abs. 2 S. 5 aF wurde als Reaktion des Gesetzgebers auf die Europarechtswidrigkeit von § 4 Abs. 1 VW-Gesetz aF[4] ersatzlos gestrichen.[5]

II. Die Wahl des Aufsichtsratsmitglieds (Abs. 1)

9 Die Wahl der Anteilseignervertreter erfolgt durch **Beschluss der Hauptversammlung**.[6] Für das Zustandekommen eines gültigen Beschlusses gelten die allgemeinen Vorschriften.[7]

10 **1. Wahlfreiheit der Hauptversammlung.** Aus dem unabdingbaren Wahlrecht der Hauptversammlung folgt zugleich ihre **Wahlfreiheit**.[8] Sie kann die von ihr zu wählenden Aufsichtsratsmitglieder frei und unabhängig von irgendwelchen Wahlvorschlägen wählen. Der Gesetzgeber strebt aber eine gewisse Beschränkung der Freiheit der Aktionäre an, die ihnen zur Wahrung ihrer Interessen am geeignetsten erscheinenden Aufsichtsratsmitglieder zu wählen. Mit dem Gesetz für die gleichberechtigte Teilhabe von Frau und Männern an Führungspositionen in der Privatwirtschaft und im öffentlichen Dienst sollen durch Änderungen der §§ 96, 250 für börsennotierte, mitbestimmte Aktiengesellschaften starre Quoten durchgesetzt werden.[9] Die (verbleibende) Wahlfreiheit ist Ausdruck des Mehrheitsprinzips. Das Gesetz enthält keine Regelungen, die eine Vertretung von Minderheiten im Aufsichtsrat vorschreiben.[10] Der Auffassung des OLG Hamm,[11] dass das herrschende Unternehmen die Anteilseignerseite im Aufsichtsrat einer beherrschten AG unter bestimmten Umständen nicht ausschließlich mit ihr nahe stehenden Personen besetzen darf, folgen im Schrifttum namhafte Stimmen.[12]

11 **a) Bindung der Hauptversammlung an die Wahlvorschläge gem. §§ 6, 8 MontanMitbestG.** Bei den nach dem MontanMitbestG unterbreiteten Wahlvorschlägen besteht die Wahlfreiheit der Hauptversammlung nicht.[13] Die Hauptversammlung ist an die Wahlvorschläge gebunden. Die Bindung an diese Wahlvorschläge folgt aus dem eindeutigen

---

[4] EuGH ZIP 2007, 2068.
[5] Gesetz zur Änderung des Gesetzes über die Überführung der Anteilsrechte an der Volkswagengesellschaft mit beschränkter Haftung in private Hand vom 8.12.2008, BGBl. 2008 I S. 2369; vgl. dazu auch BT-Drucks. 16/10389; vgl. zur Europarechtskonformität zB Holle AG 2010, 14 ff.; vgl. zur Vereinbarkeit von Entsendungsrechten mit der Kapitalverkehrsfreiheit auch → Rn. 111.
[6] Vgl. auch Ziff. 2.2.1 DCGK.
[7] Großkomm AktG/*Hopt/Roth* Rn. 39.
[8] MüKoAktG/*Habersack* Rn. 7; Großkomm AktG/*Hopt/Roth* Rn. 20; kritisch zur Übertragbarkeit des Grundsatzes der Wahlfreiheit auf die Aufsichtsratswahlen: *Austmann*, FS Sandrock, 1995, 277 (284 f.).
[9] Verfassungsrechtlich durchaus ein zweifelhaftes Unterfangen; ausführlich, facettenreich und lesenswert dazu das Gutachten von *Hirte*, abrufbar https://www.uni-duesseldorf.de/redaktion/fileadmin/redaktion/Fakultaeten/Juristische_Fakultaet/Noack/Stellungnahme_Hirte.pdf.
[10] Vgl. BegrRegE *Kropff* S. 140; *Geßler* AG 1965, 343 (347 f.), dem zu Folge es im Zeitalter des Massenkapitalismus keine erweiterte Rechtsstellung des einzelnen Aktionärs geben könne, sondern nur erweiterte Informationen; durch eine Wahl könne keine Vertretung der Kleinaktionäre erreicht werden; *Overrath* AG 1970, 219.
[11] OLG Hamm NJW 1987, 1030 (1031); kritisch dazu *Mertens* AG 1987, 40.
[12] Vgl. *Hüffer* ZIP 2006, 637 (641); *Vetter* BB 2005, 1689 (1691); *ders.*, FS Schneider, 2011, 1345 (13629; Ringleb/Kremer/Lutter/v. Werder/*Kremer* DCGK Ziff. 5.4.2 Rn. 1041; so auch OLG Hamm NJW 1987, 1030 (Banning); dazu K. Schmidt/Lutter/*Schwab* § 251 Rn. 3; ähnlich mit Blick auf den Wahlvorschlag des Aufsichtsrats bzgl. des Financial Expert Spindler/Stilz/*Spindler* § 100 Rn. 44; dagegen, allerdings nicht mit Blick auf § 161 und den DCGK, MüKoAktG/*Hüffer* § 251 Rn. 4; Großkomm AktG/*K. Schmidt* § 251 Rn. 8; Bürgers/Körber/*Bürgers/Israel* Rn. 4.
[13] Kölner Komm AktG/*Mertens/Cahn* § 117 Anh. C Rn. 21 und 24.

Wortlaut des Gesetzes (Abs. 1 S. 2). Allerdings kann die Hauptversammlung es ablehnen, die ihr vorgeschlagenen Personen zu wählen.[14]

b) Keine Einschränkung der Wahlfreiheit durch die Satzung. Eine Einschränkung der Wahlfreiheit durch Satzungsbestimmung ist nicht zulässig.[15] Die Satzung darf aber persönliche Voraussetzungen von einem Aufsichtsratsmitglied der Anteilseigner fordern (§ 100 Abs. 4). 12

c) Keine Bindung der Hauptversammlung an die Wahlvorschläge von Aufsichtsrat und Aktionären. Der Aufsichtsrat macht lediglich **Vorschläge** (§ 124 Abs. 3) für die von der Hauptversammlung zu wählenden Aufsichtsratsmitglieder. Er ist jedoch auf Grund der ihm obliegenden Sorgfaltspflicht nicht nur verpflichtet, bei seinen Vorschlägen auf die gesetzlichen und statutarischen Eignungsvoraussetzungen zu achten, sondern hat auch eingegangene Selbstverpflichtungen aus der Entsprechenserklärung nach § 161 AktG iVm den Empfehlungen aus Abschnitt 5.4 des Deutschen Corporate Governance Kodexes zu bedenken. Missachtet der Aufsichtsrat diese, kann gegebenenfalls nicht nur die Entlastung des Aufsichtsrats selbst, sondern unter Umständen auch der Wahlbeschluss angegriffen werden.[16] Wahlvorschläge der Aktionäre (§ 127) müssen dagegen nur allgemeine, im Gesetz festgelegte Voraussetzungen beachten. Die Aktionäre trifft grundsätzlich auch keine besondere Sorgfaltspflicht bei der Auswahl eines Vorgeschlagenen. 13

Die Hauptversammlung ist an die Vorschläge des Aufsichtsrats oder veröffentlichte Vorschläge von Aktionären (§ 127) nicht gebunden. Sie kann die ihr unterbreiteten Wahlvorschläge durch andere ersetzen. Ein entsprechender Wahlvorschlag muss nur zur Beschlussfassung gestellt werden, wenn eine Minderheit eine besondere Abstimmung über die Wahlvorschläge von Aktionären (§ 137) verlangt. 14

Durch die bloße **Zustimmung der Hauptversammlung** zur Bestellung eines Aufsichtsratsmitglieds auf **Vorschlag eines Dritten** kann ein Aufsichtsratsmitglied nicht bestellt werden.[17] Das Gesetz sieht kein Vorschlagsrecht für Dritte vor.[18] Es kann auch nicht durch die Satzung begründet werden. 15

2. Wahlabreden. Mit Abschluss einer Wahlabrede kann eine **BGB-Gesellschaft** (§§ 705 ff. BGB) zwischen den Vertragsparteien entstehen.[19] Die abgestimmte Stimmrechts- 16

---

[14] Str., wie hier Kölner Komm AktG/*Mertens/Cahn* § 117 Anh. C Rn. 21.

[15] Vgl. auch K. Schmidt/Lutter/*Drygala* Rn. 4; Kölner Komm AktG/*Mertens/Cahn* Rn. 24; MHdB AG/ *Hoffmann-Becking* § 30 Rn. 12a, der hervorhebt, dass satzungsmäßige Voraussetzungen an den Kreis der wählbaren Personen nicht derart eng sein dürfen, dass sie einem Entsendungsrecht nahe kommen; Großkomm AktG/*Hopt/Roth* Rn. 21.

[16] Wie hier OLG München NZG 2009, 508 (obiter); LG Hannover NZG 2010, 744 (745); *Vetter* NZG 2008, 121 (123 f.); *Weber-Rey/Handt* NZG 2011, 1 (5); *Kirschbaum* ZIP 2007, 2362 (2364); *Hecker/Peters* BB 2010, 2251 (2255); zu Ziffer 5.4.3 DCGK *Vetter*, FS Schneider, 2011, 1345 (1362 f.); *Habersack*, FS Goette, 2011, 121 (122 ff.); Kölner Komm AktG/*Lutter* § 161 Rn. 151; Hölters/*Hölters* § 161 Rn. 60; NK-AktG/ *Heidel* § 243 Rn. 7d und 7e; NK-AktG/*Kirschbaum* § 161 Rn. 76a; mit abweichender Begründung auch *Waclawik* ZIP 2011, 885 (889 f.); prinzipiell auch *Kort*, FS K. Schmidt, 2009, 945 (952); aA Hüffer/*Koch* § 161 Rn. 32; *Hüffer* ZIP 2010, 1979 (1980); *Hüffer*, Gesellschaftsrecht in der Diskussion 2010, 2011, 73; Spindler/ Stilz/*Stilz* § 251 Rn. 5a; *Goslar/v. der Linden* DB 2009, 1691 (1696); *Rieder* NZG 2010, 737 (738); *Rieder* GWR 2009, 25 (28); *Bröcker* De Conzern 2011, 313 (316); *Marsch-Barner*, FS Schmidt, 2009, 1109 (1112 f.); *Thümmel* BB 2008, 11 (12); *Tröger* ZHR 175 (2011), 746 (772 ff.); differenzierend *Mutter* ZGR 2009, 789 (797 ff.); *Kiefner* NZG 2011, 201 (203 ff.).

[17] Kölner Komm AktG/*Mertens/Cahn* Rn. 24 stehen auch einem „unverbindlichen" Vorschlagsrecht Dritter kritisch gegenüber, da dies geeignet sei, die Auswahlfreiheit der Hauptversammlung einzuschränken; Großkomm AktG/*Hopt/Roth* Rn. 21., nach denen – entgegen der Vorauﬂ. – in der Zustimmung der Hauptversammlung zur Bestimmung eines Aufsichtsratsmitglieds durch einen Dritten keinesfalls eine Wahl gesehen werden könne.

[18] Kölner Komm AktG/*Mertens/Cahn* Rn. 24 weist zu Recht darauf hin, dass für satzungsmäßige Regelungen diesbezüglich kein Spielraum besteht: Die Vertreter der Anteilseigner werden entweder frei durch die Hauptversammlung gewählt oder in den Aufsichtsrat entsandt. Weitere Möglichkeiten sind gesetzlich nicht eröffnet. Zustimmend Bürgers/Körber/*Bürgers/Israel* Rn. 4.

[19] *Lübbert* S. 142.

ausübung stellt den gemeinsamen Zweck (§ 705 BGB) der Gesellschaft dar. Solche Wahlabreden können in börsennotierten Aktiengesellschaften Zurechnungen nach §§ 21, 22 Abs. 2 WpHG auslösen. Punktuelle Abreden nach § 22 Abs. 2 S. 1 letzter Halbs. WpHG begründen dagegen weder eine BGB-Gesellschaft, noch lösen sie Meldepflichten aus.

17 Wahlabreden sind grundsätzlich zulässig.[20] Jedoch dürfen sie nicht den Charakter einer Satzungsbestimmung erlangen. Dem steht die Vorschrift über die Stringenz der Satzung (§ 23 Abs. 5) entgegen. Die Satzung kann den Abschluss einer außerhalb der Satzung abgeschlossenen Wahlabrede allerdings nicht untersagen.[21] Die Wirksamkeit der Wahlabrede beurteilt sich danach, wer sie abschließt und welchen Inhalt sie hat.

18 **a) Keine Wahlabreden durch die Gesellschaft.** Die **Gesellschaft** selbst kann keine Wahlabreden mit Dritten oder mit anderen Aktiengesellschaften[22] treffen und auf diese Weise für die Wahl bestimmter Aufsichtsratsmitglieder sorgen. Ein solcher Vertrag ist nichtig,[23] weil er gegen ein gesetzliches **Verbot** (§ 134 BGB, § 136 Abs. 2) verstößt. Eine nichtige Wahlvereinbarung kann weder für Schadensersatzansprüche gegen die Gesellschaft, noch für Vertragsstrafen eines Beteiligten als Anspruchsgrundlage dienen.

19 Gleichwohl lotet vornehmlich die international geprägte Kautelarpraxis in sogenannten **Business Combination Agreements** diese und andere Schranken geltenden Aktienrechts aus,[24] wobei man versucht, gesehene Konflikte durch entsprechende Einschränkungen[25] zu lösen. Letzteres führt natürlich zu einem gewissen Spagat zwischen dem eigentlich in der Sache von den Parteien gewollten Vertragsinhalt und dem unter Berücksichtigung solcher Vorbehalte letztlich rechtlich (nicht) vereinbarten.

20 **b) Wahlabreden unter den Aktionären oder von Aktionären mit Dritten.** Wahlabreden, die **unter den Aktionären** (sog. Konsortial- oder Poolverträge) oder **von Aktionären mit Dritten** getroffen werden, sind grundsätzlich zulässig.[26] Der aus dieser schuldrechtlichen Vereinbarung resultierende Erfüllungsanspruch ist vollstreckbar.[27]

21 Eine Wahlabrede ist allerdings **nichtig** und führt zum **Ausschluss des Stimmrechts** des Aktionärs, wenn sich der Aktionär im Ergebnis verpflichtet, nach Weisung der Gesellschaft (zB des Vorstands) oder nach Weisung eines abhängigen Unternehmens zu stimmen.[28]

22 Auch darf es sich bei einer Wahlvereinbarung nicht um einen **Stimmenkauf** handeln. Wahlabreden, die besondere Vorteile als Gegenleistung für das Stimmverhalten eines Aktionärs versprechen, sind nichtig (§ 134 BGB). Sowohl der Aktionär, der eine Gegenleistung

---

[20] RGZ 133, 90 (93); 158, 248 (253); RG DNotZ 1936, 564 (568); Kölner Komm AktG/*Mertens/Cahn* Rn. 26; zur Rechtslage vor dem Inkrafttreten des AktG 1965 vgl. *Boesebeck* NJW 1960, 7 ff. sowie *Fischer* GmbHR 1953, 67 ff.
[21] Kölner Komm AktG/*Mertens/Cahn* Rn. 32.
[22] Kölner Komm AktG/*Mertens/Cahn* Rn. 28 mit Hinweis auf OLG Dresden OLGRspr. 43, 311 geht zutreffend davon aus, dass bei gegenseitigen Absprachen unter den Gesellschaften nur die Einräumung eines satzungsmäßigen Entsendungsrechts in Frage kommt.
[23] Grigoleit/*Grigoleit/Tomasic* Rn. 5; MüKoAktG/*Habersack* Rn. 12; Großkomm AktG/*Hopt/Roth* Rn. 25 verneinen ebenfalls die Begründung einer vertraglichen Verpflichtung zur Bestellung bestimmter Aufsichtsratsmitglieder.
[24] OLG München AG 2013, 173; OLG München AG 2012, 260; LG Nürnberg-Fürth AG 2010, 179; LG München AG 2010, 173; OLG Düsseldorf AG 2009, 538; OLG München AG 2008, 864; OLG München AG 2008, 672; LG München AG 2008, 301; OLG München AG 2008, 172; LG München AG 2008, 92.
[25] Beispiele „*To the extent legally permitted and subject to the rights and duties of their corporate bodies (…)*" oder „*Subject to the Legal Requirements (…)*".
[26] Bürgers/Körber/*Bürgers/Israel* Rn. 9; K. Schmidt/Lutter/*Drygala* Rn. 6; Grigoleit/*Grigoleit/Tomasic* Rn. 5; Kölner Komm AktG/*Mertens/Cahn* Rn. 26; Großkomm AktG/*Hopt/Roth* Rn. 26 zufolge gilt dies auch für Vereinbarungen darüber, dass bestimmte Anteilseigner ihr Stimmrecht nicht ausüben sollen;; *Notthoff* WiB 1997, 848; *Böttcher/Beinert/Hennerkes* DB 1971, 1998 (2000); weiterführend zur kartellrechtlichen Beurteilung des Stimmrechtspools *Wirtz* AG 1999, 114 ff. Gemäß OLG Hamburg AG 1972, 183 (188) sind Stimmbindungsverträge zulässig, solange nicht eine Behörde der öffentlichen Verwaltung Partner des Vertrags ist; wohl auch BAGE 80, 322 (326).
[27] BGHZ 48, 163 (170) = WM 1967, 925 (927); Großkomm AktG/*Hopt/Roth* Rn. 36; Hüffer/*Koch* § 133 Rn. 29.
[28] § 136 Abs. 2; vgl. auch *Böttcher/Beinert/Hennerkes* DB 1971, 1998 (2000).

fordert, sich versprechen lässt oder annimmt (§ 405 Abs. 3 Nr. 6), als auch derjenige, der besondere Vorteile als Gegenleistung anbietet, verspricht oder gewährt (§ 405 Abs. 3 Nr. 7), handelt ordnungswidrig.[29]

Eine **entgegen** einer getroffenen **Wahlabrede** abgegebene Stimme bleibt wirksam.[30]

c) Grenzen einer zulässigen Wahlabrede. Eine Wahlabrede ist unzulässig, wenn sie sich als sittenwidriges Rechtsgeschäft §§ 138 BGB) darstellt oder in Widerspruch zu zwingenden aktienrechtlichen Vorschriften steht.[31] Sie darf auch nicht gegen die **gesellschaftsrechtliche Treuepflicht** verstoßen.[32] Bei einer umfassenden Vereinbarung ist aber gegebenenfalls „nur" der gegen das **Gesellschaftsinteresse** verstoßende Teil der Wahlabrede nichtig.[33]

Wahlabreden zur **Umgehung mitbestimmungsrechtlicher Vorschriften** sind nichtig.[34] Der Aufsichtsrat darf nicht entgegen den zwingenden mitbestimmungsrechtlichen Vorschriften (vgl. § 96) zusammengesetzt werden.

Die Bindung an die Wahlabrede kann bezüglich eines einzelnen zu wählenden Aufsichtsratsmitglieds entfallen. Dies ist beispielsweise der Fall, wenn die zu wählende Person objektiv nicht geeignet ist, das Aufsichtsratsmandat ordnungsgemäß wahrzunehmen.[35]

Die Einhaltung einer Wahlabrede kann[36] und sollte durch eine **Vertragsstrafe** abgesichert werden, weil eine Sanktionierung durch Schadensersatz wegen Vertragsbruch meist am Nachweis eines bestimmten monetären Schadens und der Kausalität scheitern dürfte.

d) Möglichkeiten zur Beendigung einer Wahlabrede. Die Möglichkeiten zur Beendigung der Wahlabrede folgen den bürgerlich-rechtlichen Vorschriften über die Beendigung einer BGB-Gesellschaft (§ 723 Abs. 1 S. 1 BGB). Eine nicht auf eine bestimmte Dauer angelegte Wahlabrede kann von jedem Gesellschafter jederzeit gekündigt werden. Das Kündigungsrecht ist unverzichtbar (§ 723 Abs. 3 BGB). Eine befristete Wahlabrede kann vorzeitig allerdings nur bei Vorliegen eines wichtigen Grundes (s. § 723 Abs. 1 S. 3 BGB) gekündigt werden (§ 723 Abs. 1 S. 2 BGB).

Ist die Wahlabrede zu einem **bestimmten Zweck** vereinbart worden, kann sich hieraus eine bestimmte Dauer ergeben. **Kündigungsfristen** sind zu beachten.[37] Sie brauchen nicht kalendermäßig bemessen worden zu sein, wenn eine andere Festlegung des Zeitpunkts oder Zeitraums im Einzelfall genügend bestimmbar ist.[38]

3. Die Wahl der Anteilseignervertreter (Abs. 1). Die Hauptversammlung wählt die Anteilseignervertreter, soweit nicht Entsendungsrechte bestehen. Etwas anderes gilt für die Bildung des ersten Aufsichtsrats. Dieser wird von den Gründern bestellt.[39]

a) Das Wahlverfahren. Das Gesetz enthält keine Vorschriften über das anzuwendende Wahlverfahren. Drei verschiedene Wahlverfahren stehen zur Verfügung.[40] Es sind dies die

---

[29] Einschränkend Kölner Komm AktG/*Mertens/Cahn* Rn. 29, die sich für eine restriktive Auslegung des § 405 Abs. 3 Nr. 6 und 7 aussprechen und den Sinn dieser Vorschriften darin sehen, die Kongruenz zwischen Aktionärs- und Gesellschaftsinteresse zu erhalten. Diese Kongruenz sei nicht mehr gegeben, wenn ein Aktionär seine Stimmrechtsmacht gegen gesellschaftsfremde Gegenleistungen eintauschen könne.
[30] AllgM, vgl. Grigoleit/*Grigoleit/Tomasic* Rn. 6; Kölner Komm AktG/*Mertens/Cahn* Rn. 33; *Lübbert* S. 168 mwN; vgl. allerdings zu Abweichungen von einer Vereinbarung, die sämtliche Gesellschafter einer GmbH bindet BGH NJW 1983, 1910 (1911) und NJW 1987, 1890 (1892).
[31] RGZ 133, 90 (94).
[32] K. Schmidt/Lutter/*Drygala* Rn. 6; MüKoAktG/*Habersack* Rn. 13; Kölner Komm AktG/*Mertens/Cahn* Rn. 30.
[33] Hüffer/*Koch* § 133 Rn. 28.
[34] Großkomm AktG/*Hopt/Roth* Rn. 32.
[35] RGZ 133, 90 (96); Kölner Komm AktG/*Mertens/Cahn* Rn. 30; Großkomm AktG/*Hopt/Roth* Rn. 30.
[36] Kölner Komm AktG/*Mertens/Cahn* Rn. 34; *Lübbert* S. 168; *Zöllner* ZHR 155 (1991), 168 (185).
[37] RG DR 1940, 244 (246); Kölner Komm AktG/*Mertens/Cahn* Rn. 31; *Lübbert* S. 143.
[38] BGHZ 10, 91 (98).
[39] § 30 Abs. 1; zur Bestellung des Aufsichtsrats bei Sachgründung vgl. § 31.
[40] Ausführliche Darstellung der Wahlverfahren bei *Bollweg* S. 176 ff.

Einzelwahl, die Listen- oder Globalwahl und die Simultanwahl. In der Praxis war früher die Listenwahl weit verbreitet.[41] Dies hat sich aber – zu Unrecht -geändert, seit der DCGK in Ziff. 5.4.3 die Einzelwahl empfiehlt. Denn die Listenwahl ist für die Wahl eines „balanced boards", zu dem sich auch Ziffer 5.4.1 DCGK offen bekennt, die passendere Wahlform (→ Rn. 38 aE).

32 **aa) Einzelwahl.** Jedes in den Aufsichtsrat zu wählende Mitglied wird in einem gesonderten Wahlgang gewählt.[42] Die Abstimmung über jeden vorgeschlagenen Kandidaten erfolgt einzeln und nacheinander[43] und zwar unabhängig davon, ob eine oder mehrere Vakanzen im Aufsichtsrat zu besetzen sind.

33 Der Versammlungsleiter bestimmt die Reihenfolge der Abstimmung, wenn ihn die Satzung hierzu ermächtigt. Es liegt an ihm, ob er zunächst über einen Antrag auf Einzelwahl abstimmen lässt. Geschieht dies und setzt sich dieser Antrag durch, so findet keine Listenwahl statt.[44] Der einzelne Anteilseigner kann ebenso wenig wie eine Aktionärsminderheit die **Einzelwahl erzwingen**.[45]

34 **bb) Listenwahl.** Sind mehrere Aufsichtsratsmitglieder gleichzeitig zu wählen, stellt sich die Frage nach der Zulässigkeit einer Gesamtabstimmung (sog. **Listen- oder Globalwahl**). Sämtliche zur Wahl stehenden Aufsichtsratsmitglieder werden bei diesem Verfahren in einem einzigen Wahlgang gewählt. Die Kandidaten werden in einer Liste zusammengestellt, die dann zur Wahl steht. Die Aktionäre können die Liste nur insgesamt annehmen oder ablehnen. Dies hat zu Folge, dass man eine Liste selbst dann ablehnen, wenn man „nur" mit einem Kandidaten nicht einverstanden ist, die anderen Kandidaten aber gewählt wissen möchte.[46] Hierauf muss der Versammlungsleiter sogar ausdrücklich hinweisen.[47]

35 Wird der Listenvorschlag mit der erforderlichen Mehrheit angenommen, ist hierin zugleich die **konkludente Ablehnung der Einzelwahl** zu sehen. Erreicht die Liste dahingegen keine ausreichende Mehrheit, müssen sich Einzelabstimmungen anschließen. Hierauf sollte der Hauptversammlungsleiter die Anteilseigner vor der Abstimmung aufmerksam machen.[48]

36 Eine **Listenwahl** ist ebenso wie eine Einzelwahl **rechtlich zulässig**.[49] Dem Gesetzeswortlaut ist nicht zu entnehmen, dass jedes Mitglied des Aufsichtsrats einzeln gewählt

---

[41] *Volhard* in Semler/Volhard/Reichert HV-HdB § 17 Rn. 20; *Austmann,* FS Sandrock, 1995, 277.
[42] *Austmann,* FS Sandrock, 1995, 277; K. Schmidt/Lutter/*Drygala* Rn. 8; Großkomm AktG/*Hopt/Roth* Rn. 42.
[43] *Austmann,* FS Sandrock, 1995, 277.
[44] MHdB AG/*Hoffmann-Becking* § 30 Rn. 20.
[45] Vgl. dazu auch *Mutter* AG 2004, 305; aA LG München NZG 2004, 626 (627); *Hirte* NJW 2005, 477 (481).
[46] *Dietz* BB 2004, 452 (454); *Barz,* FS Hengeler, 1972, 14 (15); *Quack,* FS Roedder, 1994, 387 (389); *Ramm* NJW 1991, 2753 (2754); Kölner Komm AktG/*Mertens/Cahn* Rn. 16; *Butzke* Rn. J 54; *Volhard* in Semler/Volhard/Reichert HV-HdB § 17 Rn. 20.
[47] *Quack,* FS Roedder, 1994, S. 387, 397.
[48] MHdB AG/*Hoffmann-Becking* § 30 Rn. 20; *Hüffer/Koch* Rn. 6; *Barz,* FS Hengeler, 1972, 14 (23 f.); *Austmann,* FS Sandrock, 1995, 277 (287) regt an, dass der Versammlungsleiter diesen Hinweis so gestalten sollte, dass die sich anschließende Einzelwahl lediglich eine technisch notwendige Folge der Nein-Stimme bei der Listenwahl darstelle und nicht als Hindernis für den Versammlungsablauf betrachtet werde.
[49] LG Dortmund AG 1968, 390 (391); Bürgers/Körber/*Bürgers/Israel* Rn. 7; Großkomm AktG/*Hopt/Roth* Rn. 44 – „grundsätzlich zulässig"; Kölner Komm AktG/*Mertens/Cahn* Rn. 16; Kölner Komm AktG/*Zöllner* § 133 Rn. 42; MHdB AG/*Hoffmann-Becking* § 30 Rn. 19; MHdB AG/*J. Semler* § 39 Rn. 81; *Volhard* in Semler/Volhard/Reichert HV-HdB § 17 Rn. 20; *Barz,* FS Hengeler, 1972, 14; *Martens* Leitfaden S. 94; *Schaaf* in Schaaf, Die Praxis der Hauptversammlung, 3. Aufl. 2011, Rn. 901 ff.; Henn/*Wolff* Kap. 8 Rn. 24; *Butzke* Rn. J Rn. 54; *Quack,* FS Roedder, 1994, 387 (392); *Austmann,* FS Sandrock, 1995, 277 (282 ff.); *Hüffer/Koch* Rn. 6; *Hoffmann/Preu* Der Aufsichtsrat Rn. 702; *Reinicke,* Rechtsstellung, Rechte und Pflichten des Vorsitzenden einer Hauptversammlung, Diss. Hamburg, 1982, 85 f.; *Kloppenburg,* Mitverwaltungsrechte der Aktionäre, 1982, S. 223 ff.; *Steiner,* Die Hauptversammlung der Aktiengesellschaft, 199, § 15 Rn. 11; *Horn* in Axster, Handbuch des Aufsichtsrats, 2. Aufl. 1977, Rn. 354; *Obermüller* DB 1962, 827 (830); *Werner* AG 1972, 137 (138 f.); *Zöllner* ZGR 1974, 1 (18, Fn. 16); *Max* AG 1991, 77 (89); *Hoffmann-Becking,* FS Havermann, 1995, 231 (235); *Lutter,* FS Odersky, 1996, 845 (855), dem zu Folge die Listenwahl ein Anwendungsfall der

werden muss.⁵⁰ Entscheidend ist das Vorliegen der erforderlichen gesetzlichen oder satzungsmäßigen Mehrheit. Bei einer Listenwahl umfasst die Mehrheit jeden einzelnen Kandidaten. Die gegen diese Praxis erhobenen Bedenken sind rechtlich unbeachtlich,⁵¹ seit der Bundesgerichtshof die Listenwahl als ein zulässiges Wahlverfahren bestätigt hat. Sie kann auch durch Satzungsbestimmung ausdrücklich vorgesehen werden. § 23 Abs. 5 steht dem nicht entgegen, da § 101 keine Regelung zur Art der Abstimmung enthält.⁵² Es bestehen danach keine Bedenken gegen eine „Sammelabstimmung", wenn der Versammlungsleiter zuvor darauf **hinweist,** dass durch (mehrheitliche) Ablehnung der Beschlussvorlage eine Einzelabstimmung herbeigeführt werden kann und kein anwesender Aktionär Einwände gegen diese Verfahrensweise erhebt.⁵³ Außerdem hat der Versammlungsleiter darauf hinzuweisen, dass derjenige Aktionär, der auch nur einen Kandidaten der Liste nicht wählen will, gegen die Liste insgesamt stimmen muss und dass bei einer mehrheitlichen Ablehnung eine Einzelwahl stattfindet.⁵⁴ Gesichert ist auch, dass kein Anspruch der Aktionäre auf die Durchführung einer Einzelwahl besteht.⁵⁵ Dennoch empfiehlt **Ziff. 5.4.3 DCGK,** bei der Wahl der Aufsichtsratsmitglieder Einzelwahlen durchzuführen. Die Empfehlung dient der Transparenz der Aufsichtsratswahl⁵⁶ und soll außerdem der früheren Praxis der Listen- oder Blockwahl entgegenwirken⁵⁷. Nach **Ziff. 5.4.1 DCGK** ist der Aufsichtsrat so zusammenzusetzen, dass seine Mitglieder insgesamt über die zur ordnungsgemäßen Wahrnehmung der Aufgaben erforderlichen Kenntnisse, Fähigkeiten und fachlichen Erfahrungen verfügen. Versteht man den Aufsichtsrat aber zu Recht als **balanced board**⁵⁸, ist meines Erachtens die Listenwahl das passende Wahlverfahren. Nur die besonderen Anfechtungsrisiken aus der Unbestimmtheit des Unabhängigkeitsbegriffs des Finanzexperten nach § 100 Abs. 5 geben für dessen Wahl Anlass, seine Einzelwahl vorzunehmen.

Die Hauptversammlung kann die Anordnung einer Listenwahl durch den Versammlungsleiter nach richtiger, aber bestrittener Auffassung (nur) **durch Mehrheitsbeschluss korrigieren.**⁵⁹ 37

cc) Simultanwahl. Bei der Simultanwahl werden die Einzelwahlen in einem Abstimmungsgang zusammengefasst,⁶⁰ Praktisch erfolgt hier die Wahl meist **mit Stimmzetteln.** zum Ankreuzen der Kandidaten.⁶¹ 38

Blockwahl ist und es jenseits des § 121 keine Pflicht, sondern nur eine Befugnis zur Blockabstimmung gebe, wenn sie zu keiner Änderung der materiellen Rechtslage führe; aA Geßler/Hefermehl/*Geßler* Rn. 31; *Ramm* NJW 1991, 2753 (2754); vgl. auch noch LG München NZG 2004, 626, dem zu Folge eine Listenwahl unzulässig sei, wenn ein Aktionär die Einzelwahl der Aufsichtsratsmitglieder beantragt; in diesem Fall liege ein Verstoß gegen § 101 vor; vgl. zu dieser Entscheidung auch *Hirte* NJW 2005, 477 (481), der sie ohne Begründung befürwortet; ablehnend *Mutter* AG 2004, 305.
⁵⁰ Für die Zulässigkeit von Globalwahlen zum Vorstand einer Rechtsanwaltskammer aus diesem Grund BGHZ 52, 297 ff. = NJW 1970, 46 (47).
⁵¹ *Lippert* AG 1976, 239 (241) sieht den Wählerwillen erheblich verfälscht bzw. unzureichend zum Ausdruck gebracht. Vgl. auch *Wardenbach* S. 302.
⁵² BGHZ 180, 9 ff. = NJW 2009, 2207 (2211) = ZIP 2009, 460 (465) – Kirch/Deutsche Bank mit Anm. *Mutter*; Anm. *Goslar/v. der Linden* DB 2009, 1691 ff.; *Drinhausen/Keinath* BB 2010, 3 ff.
⁵³ BGHZ 156, 38 ff. = NJW 2003, 3412 (3413) mwN aus der Literatur.
⁵⁴ BGHZ 180, 9 ff. = NJW 2009, 2207 (2211) – Kirch/Deutsche Bank mwN aus der Literatur und mit Anm. *Mutter*.
⁵⁵ BGHZ 180, 9 ff. = NJW 2009, 2207 (2211) – Kirch/Deutsche Bank mit Anm. *Mutter*.
⁵⁶ Ringleb/Kremer/Lutter/v. Werder/*Kremer* DCGK Ziff. 5.4.3 Rn. 1053; *Vetter* BB 2005, 1689 (1691); Wilsing/*Wilsing* DCGK Ziff. 5.4.3 Rn. 1 f.
⁵⁷ Ringleb/Kremer/Lutter/v. Werder/*Kremer* DCGK Ziff. 5.4.3 Rn. 1054; *Vetter* BB 2005, 1689 (1691); Wilsing/*Wilsing* DCGK Ziff. 5.4.3 Rn. 2.
⁵⁸ Vgl. zur praktischen Zusammenarbeit von Aufsichtsratsmitgliedern *J. Semler* NZG 2013, 771 (776 f.).
⁵⁹ Hüffer/*Koch* Rn. 7; Hölters/*Simons* Rn. 16; MüKoAktG/*Habersack* Rn. 23, jeweils mwN.
⁶⁰ *Werner* AG 1972, 137 (139) weist auf die Gefahr bei der Simultanwahl hin, dass mehr Kandidaten die einfache Stimmenmehrheit erreichen als Mandate zu besetzen sind.
⁶¹ *Austmann*, FS Sandrock, 1995, 277 (278); *Austmann/Rühle* AG 2011, 805 (811); K. Schmidt/Lutter/*Drygala* Rn. 9; MüKoAktG/*Habersack* Rn. 20; vgl. auch *Volhard* in Semler/Volhard/Reichert HV-HdB § 17 Rn. 20, der dieses Verfahren als vorzugswürdig ansieht.

39 **dd) Art des Wahlverfahrens und Abstimmungsreihenfolge.** In der Satzung ist zumeist geregelt, dass der Leiter der Hauptversammlung darüber entscheidet, auf welche Art und Weise die Stimmabgabe erfolgt und wie das Abstimmungsergebnis ermittelt wird. Er kann die **Art des Wahlverfahrens** (Handaufheben, Abstimmung mit Stimmkarten usw.) bestimmen.[62] Wenn keine entsprechende Satzungsregelung enthalten ist, kann die Hauptversammlung darüber beschließen. Der Hauptversammlungsleiter ist an den Beschluss gebunden.[63]

40 Wenn über mehrere Wahlvorschläge zu entscheiden ist, legt der Versammlungsleiter die **Abstimmungsreihenfolge** fest.[64] Dem **Grundsatz der Sachdienlichkeit** folgend sollte er zuerst den Antrag zur Abstimmung stellen, dem er die meisten Erfolgsaussichten einräumt.[65]

41 Eine **Ausnahme** gilt nach § 137 AktG, wenn eine Minderheit der Aktionäre, die zumindest über 10 % des vertretenen Grundkapitals verfügt, die vorrangige Abstimmung über ihren Wahlvorschlag verlangt.[66]

42 Die **Hauptversammlung** kann durch Beschluss die vom Versammlungsleiter angeordnete Abstimmungsreihenfolge ändern. Wenn es bereits einer Minderheit erlaubt ist, eine andere als die festgelegte Abstimmungsreihenfolge herbeizuführen, so muss es auch der Hauptversammlung gestattet sein, mit Mehrheit einen entsprechenden Beschluss zu fassen.[67] Ein solcher Beschluss ist richtigerweise für den Leiter verbindlich.[68]

43 **ee) Bekanntmachung der Tagesordnung.** Eine Wahl von Aufsichtsratsmitgliedern muss auf der **Tagesordnung** stehen (§ 124 Abs. 2 S. 1). Zugleich muss **bekannt gemacht** werden, nach welchen gesetzlichen Vorschriften sich der Aufsichtsrat zusammensetzt und ob die Hauptversammlung an die Wahlvorschläge gebunden ist (§ 124 Abs. 2 S. 1).

44 **ff) Wahlvorschläge.** In der Einladungsbekanntmachung sind die Wahlvorschläge des Aufsichtsrats bekannt zu machen.[69] Auch der einzelne **Aktionär** hat ein Vorschlagsrecht (§§ 127, 137). Wahlvorschläge können selbst in der Hauptversammlung noch gemacht werden.[70] Wenn die Hauptversammlung an die Wahlvorschläge gebunden (Abs. 1 S. 2) ist oder die Wahl zum Aufsichtsrat durch eine Minderheit auf die Tagesordnung gesetzt worden ist (§ 124 Abs. 3 S. 2), ist die Bekanntmachung von Wahlvorschlägen entbehrlich.

---

[62] Kölner Komm AktG/*Zöllner* § 119 Rn. 59; MHdB AG/*J. Semler* § 39 Rn. 81; *Stützle/Walgenbach* ZHR 155 (1991), 516 (534).

[63] *Stützle/Walgenbach* ZHR 155 (1991), 516 (534).

[64] HM in Lit. und Rspr., BGHZ 44, 245 (248) = WM 1965, 1207; OLG Hamburg AG 1968, 332 und DB 1981, 80 (82); LG Hamburg DB 1968, 302 und DB 1995, 1756; *Volhard* in Semler/Volhard/Reichert HV-HdB § 17 Rn. 21; Großkomm AktG/*Hopt/Roth* Rn. 74; *Martens* Leitfaden S. 30; *Butzke* Rn. J Rn. 56; *Kloppenburg*, Mitverwaltungsrechte der Aktionäre, 1982, S. 329; *Reinicke*, Rechtsstellung, Rechte und Pflichten des Vorsitzenden einer Hauptversammlung, Diss. Hamburg, 1982, 84; *Steiner*, Die Hauptversammlung der Aktiengesellschaft, 1995, § 15 Rn. 13; *Schaaf* in Schaaf, Die Praxis der Hauptversammlung, 3. Aufl. 2011, Rn. 895; *Ramm* NJW 1991, 2753; *Stützle/Walgenbach* ZHR 155 (1991), 516 (532); *Max* AG 1991, 77 (85); *Martens* WM 1981, 1010 (1015); *Obermüller* DB 1969, 2025; *Barz*, FS Hengeler, 1972, 14 (21).

[65] LG Hamburg DB 1995, 1756; *Stützle/Walgenbach* ZHR 155 (1991), 516 (532); *Martens* WM 1981, 1010 (1015); *Obermüller* DB 1962, 827 (830).

[66] *Austmann/Rühle* AG 2011, 805.

[67] AA Großkomm AktG/*Hopt/Roth* Rn. 74, dem zufolge der Versammlungsleiter nur im Fall des § 137 nicht über die Abstimmungsreihenfolge entscheidet; *Stützle/Walgenbach* ZHR 155 (1991), 516 (533) mit dem Argument, dass für eine Art „Mehrheitsschutz" kein Bedürfnis bestehe; ein Eingriff in die Leitungskompetenz des Versammlungsleiters müsse vermieden werden; *Jacobs* BB 1958, 726, der die Ansicht vertritt, dass der Versammlungsleiter das Abstimmungsverfahren bestimmt, ohne einen Widerspruch der Versammlung beachten zu müssen.

[68] Hüffer/*Koch* Rn. 5 mwN. Der bereits von *Hüffer* in der Vorauflage vertretene, von *Koch* fortgeführte Erst-recht-Schluß aus § 137 überzeugt.

[69] § 124 Abs. 3 S. 1; vgl. zur Unverbindlichkeit der Wahlvorschläge → Rn. 12; zur Frage der Zulässigkeit von Alternativvorschlägen *Einmahl* DB 1968, 1936 ff. und *Laabs* DB 1968, 1014 ff.

[70] Großkomm AktG/*Hopt/Roth* Rn. 70.

Nur wenn die Satzung dies verlangt, hat der Aufsichtsrat seinen **Wahlvorschlag** zu 45
begründen.[71] Gute Corporate Governance entspricht allerdings eine Vorstellung der Kandidaten und Bereitstellung wahlrelevanter Informationen, wie deren Lebenslauf und Angaben zu persönlichen oder geschäftlichen Beziehungen zur Gesellschaft oder wesentlichen Aktionären (vgl. Ziff. 5.4.1 DCGK').

Der **Vorstand hat kein Recht,** eigene Wahlvorschläge zu machen oder an Wahlvor- 46
schlägen vorschlagsberechtigter Personen mitzuwirken.[72] Die gesetzliche Bestimmung, dass Abstimmungsvorschläge bei Wahlen nur vom Aufsichtsrat zu machen sind (§ 124 Abs. 3 S. 1), enthält implizit das Verbot für Mitglieder des Vorstands, an solchen Vorschlägen mitzuwirken (§ 134 BGB).

Der **Wahlvorschlag des Aufsichtsrats** wird, wenn im Aufsichtsrat Arbeitnehmerver- 47
treter beteiligt sind, **allein von den Anteilseignervertretern** beschlossen. Die Arbeitnehmervertreter nehmen allerdings an der Beratung teil.[73] Ein Stimmrecht steht ihnen jedoch nicht zu. Der Aufsichtsrat muss über seinen Beschluss mit einfacher Mehrheit der Stimmen der Anteilseigner beschließen (§ 124 Abs. 3 S. 4). Unterbreitet der Aufsichtsrat keinen Wahlvorschlag, liegt keine ordnungsgemäße Bekanntgabe der Tagesordnung vor. Eine Wahl darf in diesem Fall nicht erfolgen (§ 124 Abs. 4 S. 1). Eine dennoch erfolgende Wahl ist anfechtbar.[74] Eine Anfechtbarkeit kann auch gegeben sein, wenn der Vorstand oder ein Vorstandsmitglied gesetzwidrig am Wahlvorschlag mitgewirkt hat oder auch nur ein solcher Anschein besteht.[75]

Wie bei allen Entscheidungen muss der Aufsichtsrat bei der **Aufstellung des Wahlvor-** 48
schlags die ihm gebotene Sorgfalt (§§ 116, 93 Abs. 2) beachten. Er muss sich fragen, ob jedes von ihm vorgeschlagene Aufsichtsratsmitglied nicht nur den gesetzlichen Anforderungen genügt, sondern auch die weitergehenden Fähigkeiten, Kenntnisse und Erfahrungen besitzt, die zur Amtsführung erforderlich sind. Auch ob eine vorgeschlagene Person die erforderliche Zeit hat (Zahl der Mandate), ist ebenso ein relevanter Umstand wie ein eventueller Interessenkonflikt.

Demgemäß empfiehlt der DCGK, dass bei Vorschlägen zur Wahl von Aufsichtsratsmit- 49
gliedern darauf geachtet werden soll, dass dem Aufsichtsrat jederzeit Mitglieder angehören, die über die zur ordnungsgemäßen Wahrnehmung der Aufgaben erforderlichen Kenntnisse, Fähigkeiten und fachlichen Erfahrungen verfügen und hinreichend unabhängig sind. Ferner sollen die internationale Tätigkeit des Unternehmens, potenzielle Interessenkonflikte und eine festzulegende Altersgrenze für Aufsichtsratsmitglieder berücksichtigt werden (Ziff. 5.4.1 DCGK). Der Aufsichtsrat hat seine Ziele durch Beschluss zu bestimmen und diese auch zu veröffentlichen (vgl. Ziff. 5.4.1 DCGK). Fraglich ist, ob der Beschluss von den Anteilseignern gefasst wird[76] oder vom Gesamtaufsichtsrat. Die wohl hA streitet mit dem Gesetzeswortlaut[77] für den Gesamtaufsichtsrat.[78]

b) Prinzip der Mehrheitswahl. Gewählt ist, wer die Mehrheit der abgegebenen Stim- 50
men auf sich vereinigt. Grundsätzlich genügt die einfache Mehrheit (§ 133 Abs. 1) der abgegebenen Stimmen für die Wahl durch die Hauptversammlung, es sei denn, die Satzung

---

[71] MHdB AG/*Hoffmann-Becking* § 30 Rn. 15, *Hoffmann-Becking,* FS Havermann, 1995, 229 (235); Bürgers/Körber/*Bürgers/Israel* Rn. 5.
[72] MHdB AG/*Hoffmann-Becking* § 30 Rn. 15 mit dem Argument, dass der Vorstand nicht an der Auswahl seiner Kontrolleure beteiligt werden solle; Kölner Komm AktG/*Mertens/Cahn* Rn. 10.
[73] MHdB AG/*Hoffmann-Becking* § 30 Rn. 15a.
[74] Vgl. → § 124 Rn. 67; MHdB AG/*Hoffmann-Becking* § 30 Rn. 15.
[75] Vgl. dazu auch BGHZ 153, 32 = NJW 2003, 970 (971) mit kritischer Anmerkung *Mutter* BGH-Report 2003, 330 f.
[76] Arg. e § 124 Abs. 3 S. 5; dafür etwa *Ihrig/Meder* ZIP 2010, 1577 (1578).
[77] Arg. e § 161 „Vorstand und Aufsichtsrat".
[78] *Ringleb/Kremer/Lutter/v. Werder* NZG 2010, 1161 (1165); *Kocher/Lönner* CCZ 2010, 183 (184); *Deilmann/Albrecht* AG 2010, 727 (730); *Mense/Rosenhänger* GWR 2010, 311 (312); dagegen *Ihrig/Meder* ZIP 2010, 1577 (1578).

sieht andere Modalitäten (§ 133 Abs. 2) vor. Sie kann eine qualifizierte Mehrheit fordern[79] oder sich mit einer relativen Mehrheit begnügen.[80]

51 Das Gesetz kennt über weite Strecken **keinen institutionalisierten Minderheitenschutz**.[81] Der Gesetzgeber hatte die Sicherstellung einer Minderheitenvertretung im Aufsichtsrat nicht gewährleisten wollen.[82] Ein über die Mehrheit in der Hauptversammlung verfügender Anteilseigner kann deshalb grundsätzlich auch ausschließlich Personen seines Vertrauens zu Aufsichtsratsmitgliedern wählen.[83]

52 c) **Verhältniswahl.** Eine Verhältniswahl ist gesetzlich nicht vorgesehen. Sie kann nach einer verbreiteten Ansicht auchdurch die Satzung nicht eingeführt werden,[84] weil dieses Verfahren die Wahlfreiheit der Hauptversammlung beschränke, was die vorzugswürdige Gegenansicht nicht überzeugt.[85]

53 d) **Additions- und Subtraktionsverfahren.** Das Additions- und das Subtraktionsverfahren sind zwei Methoden zur Ermittlung der abgegebenen Ja- und Nein-Stimmen. Bei der **Additionsmethode** werden die abgegebenen Ja-Stimmen und die Nein-Stimmen gezählt. Bei der **Subtraktionsmethode** werden die Nein-Stimmen und die Stimmenthaltungen gezählt. Aus der Differenz zwischen Nein-Stimmen und Stimmenthaltungen einerseits und der Gesamtzahl der Stimmen nach der Präsenz andererseits errechnet sich die Anzahl der Ja-Stimmen.[86] Die Additionsmethode ist gegenüber der Substraktionsmethode in der Hauptversammlungspraxis vorzugswürdig, weil per se allfällige Errata im Teilnehmerverzeichnis nicht auf die Abstimmung durchschlagen können.

54 4. **Wahl des Arbeitnehmervertreters nach den montanmitbestimmungsrechtlichen Vorschriften.** Wird der Aufsichtsrat nach dem Montan-MitbestG gebildet, wählt die Hauptversammlung zusätzlich zu den Anteilseignervertretern auch die Arbeitnehmervertreter. Hierbei ist sie aber an die von den Betriebsräten (§ 6 Abs. 1 S. 2 MontanMitbestG) gemachten Wahlvorschläge gebunden.[87]

55 5. **Wahl der Arbeitnehmervertreter nach den übrigen mitbestimmungsrechtlichen Vorschriften.** Durch den Verweis auf das Mitbestimmungsrecht (Abs. 1 S. 1) findet eine „**Verzahnung**" der mitbestimmungsrechtlichen Vorschriften mit dem AktG statt. Die Art und Weise der Bestellung der Arbeitnehmervertreter ergibt sich nicht unmittelbar aus der aktiengesetzlichen Regelung (Abs. 1). Auf eine ausführliche Darstellung der Wahl der Arbeitnehmervertreter wird zugunsten eines Überblicks verzichtet:

---

[79] AllgA, BGHZ 76, 191 (193) = NJW 1980, 1465 (1466 f.) unter Hinweis darauf, dass das Erfordernis einer qualifizierten Mehrheit zu einem Minderheitenschutz führen könne; Bürgers/Körber/*Bürgers/Israel* Rn. 6; Großkomm AktG/*Grundmann* § 133 Rn. 115; Kölner Komm AktG/*Mertens/Cahn* Rn. 20; MHdB AG/*Hoffmann-Becking* § 30 Rn. 18; jetzt auch Großkomm AktG/*Hopt/Roth* Rn. 79.

[80] AllgA, Kölner Komm AktG/*Mertens/Cahn* Rn. 20; MHdB AG/*Hoffmann-Becking* § 30 Rn. 15; Großkomm AktG/*Hopt/Roth* Rn. 78.

[81] OLG Hamm NJW 1987, 1030 (1031); LG Mannheim WuB II A. § 102 AktG 1.90 mit zust. Anm. *Walgenbach* = WM 1990, 760 (764); BegrRegE *Kropff* S. 138; MHdB AG/*Hoffmann-Becking* § 30 Rn. 18; *Timm* NJW 1987, 977 (986).

[82] BegrRegE *Kropff* S. 140; *Geßler* AG 1965, 343 (347); *Overrath* AG 1970, 219.

[83] BGH WM 1962, 811 = AG 1962, 216 (217) allerdings unter Hinweis darauf, dass es im Allgemeinen üblich, sachgerecht und wünschenswert sei, auf die Interessen der Minderheit bei der Aufsichtsratsbesetzung Rücksicht zu nehmen und eine gewisse Minderheitenvertretung zuzulassen; Grigoleit/*Grigoleit/Tomasic* Rn. 4; Großkomm AktG/*Hopt/Roth* Rn. 57; MHdB AG/*Hoffmann-Becking* § 30 Rn. 18; Kölner Komm AktG/*Mertens/Cahn* Rn. 18; Hüffer/*Koch* Rn. 4; *Timm* NJW 1987, 977 (986); aA OLG Hamm NJW 1987, 1030 (1031) mit krit. Anm. *Mertens* AG 1987, 40. Siehe zum Streit um einen Minderheitenschutz auch → Rn. 12.

[84] Kölner Komm AktG/*Mertens/Cahn* Rn. 23; *Baumbach/Hueck* Rn. 4.

[85] Etwa Grigoleit/*Grigoleit/Tomasic* Rn. 12; Großkomm AktG/*Hopt/Roth* Rn. 64 f.; Hüffer/*Koch* Rn. 4 am Ende.

[86] Vgl. hierzu – auch zum Streitstand bezüglich der Subtraktionsmethode – eingehend *Max* AG 1991, 77 (87 ff.).

[87] Abs. 1 S. 2, § 6 Abs. 6 MontanMitbestG; vgl. auch MHdB AG/*Hoffmann-Becking* § 28 Rn. 33.

a) **Wahl der Arbeitnehmervertreter nach dem MitbestG.** Wird der Aufsichtsrat 56 entsprechend dem MitbestG gebildet,[88] richtet sich das Wahlverfahren nach der Zahl der Arbeitnehmer. Wenn weniger als 8000 Mitarbeiter beschäftigt werden, werden die Aufsichtsratsmitglieder in unmittelbarer Wahl gewählt, sofern nicht die wahlberechtigten Arbeitnehmer eine Wahl durch Delegierte beschließen (§ 9 Abs. 2 MitbestG). In Unternehmen mit mehr als 8000 Arbeitnehmern werden die Arbeitnehmervertreter mittelbar durch Delegierte gewählt. Die Arbeitnehmer können aber auch eine unmittelbare Wahl beschließen (§ 9 Abs. 1 MitbestG).

b) **Wahl der Arbeitnehmervertreter nach dem MitbestErgG.** Fällt die Gesellschaft 57 in den Anwendungsbereich des MitbestErgG (5 MitbestErgG), richtet sich die Wahl der Arbeitnehmervertreter gleichfalls nach der Größe des Unternehmens. Bei mehr als 8000 beschäftigten Arbeitnehmern werden die Arbeitnehmervertreter durch Delegierte gewählt (§ 7 Abs. 1 MitbestErgG). Sind weniger als 8000 Arbeitnehmer im Unternehmen beschäftigt, findet eine unmittelbare Wahl durch die Arbeitnehmer statt (§ 7 Abs. 2 MitbestErgG). Die Arbeitnehmer können jedoch auch die jeweils andere Möglichkeit beschließen (§ 7 Abs. 1 und Abs. 2 MitbestErgG).

c) **Wahl nach dem DrittelbG.** Ist der Aufsichtsrat entsprechend dem DrittelbG zusam- 58 menzusetzen, werden die Arbeitnehmervertreter in allgemeiner, geheimer, gleicher und unmittelbarer Wahl gewählt (§ 5 Abs. 1 DrittelbG).

Nach § 6 S. 1 DrittelbG erfolgt die Wahl aufgrund von Wahlvorschlägen der Betriebsräte 59 oder der Arbeitnehmer. Wahlvorschläge der Arbeitnehmer bedürfen nach § 6 S. 2 DrittelbG der Unterzeichnung von mindestens einem Zehntel der Wahlberechtigten oder von mindestens 100 Wahlberechtigten.

III. Die Entsendung von Aufsichtsratsmitgliedern der Anteilseigner (Abs. 2)

Gesetzliche Vorgaben für die Einräumung eines Entsendungsrechts finden sich in 60 Abs. 2. Darüber hinausgehend kann die **Satzung** weitere Anforderungen an ein Entsendungsrecht stellen. Vor allem in Familienunternehmen finden sich noch Satzungsregelungen zur Einräumung von Entsendungsrechten.[89]

1. Entsendungsrecht als Sonderrecht. Entsendungsrechte sind **Sonderrechte** der 61 begünstigten Aktionäre.[90] Sie können nur durch die Satzung eingeräumt werden (Abs. 2 S. 1). Bereits die ursprüngliche Satzung kann ein Entsendungsrecht gewähren. Es kann aber auch durch eine Satzungsänderung nachträglich geschaffen werden.[91] Ohne Satzungsänderung und ohne Zustimmung des Entsendungsberechtigten kann das gewährte Sonderrecht später weder beeinträchtigt (§ 35 BGB) noch wieder entzogen[92] werden (**„Ewigkeitscharakter"** [93]).

Ein ein- oder mehrmaliger Verzicht des Entsendungsberechtigten auf das Entsendungs- 62 recht lässt sein Entsendungsrecht nicht entfallen.[94]

---

[88] Der Aufsichtsrat wird entsprechend dem MitbestG zusammengesetzt, wenn die Gesellschaft in der Regel mehr als 2000 Arbeitnehmer beschäftigt und weder unter das MitbestErgG noch unter das MontanMitbestG fällt.
[89] *Möslein* AG 2007, 770 (771).
[90] § 35 BGB; *Seeling/Zwickel* BB 2008, 622 (625); K. Schmidt/Lutter/*Drygala* Rn. 13; MüKoAktG/*Habersack* Rn. 31; Kölner Komm AktG/*Mertens/Cahn* Rn. 51; MHdB AG/*Hoffmann-Becking* § 30 Rn. 23a; *Vetter* in Marsch-Barner/Schäfer HdB börsennotierte AG § 25 Rn. 27.
[91] Vgl. EuGH ZIP 2007, 2068; BGH ZIP 2009, 1566 – ThyssenKrupp; dazu *Nikoleyczik* EWiR 2010, 103 f.; zur Zulässigkeit von Entsendungsrechten europarechtlich EuGH, aaO (zur konkreten Satzung) und national aktienrechtlich *Seeling/Zwickel* BB 2008, 622 ff.; *Verse* ZIP 2008, 1754 ff.; Großkomm AktG/*Hopt/Roth* Rn. 108.
[92] *Baumbach/Hueck* Rn. 10; Großkomm AktG/*Hopt/Roth* Rn. 108; Kölner Komm AktG/*Mertens/Cahn* Rn. 51; MHdB AG/*Hoffmann-Becking* § 30 Rn. 23a.
[93] *Seeling/Zwickel* BB 2008, 622 (625, dort Fn. 69); *Möslein* AG 2007, 770 (771).
[94] Kölner Komm AktG/*Mertens/Cahn* Rn. 51.

63 Die Höhe der **Vergütung** für Mandatsträger wird durch die Satzung oder Beschluss der Hauptversammlung geregelt (vgl. § 113 und die dazugehörigen Anmerkungen). Sie kann kein Regelungsgegenstand eines Entsendungsrechts sein.[95]

64 **2. Ausübung des Entsendungsrechts.** Das Gesetz enthält keine besonderen **Vorschriften** zur Ausübung des Entsendungsrechts.

65 **a) Ausübung durch Erklärung gegenüber dem Vorstand.** Der Entsendungsberechtigte übt sein Entsendungsrecht aus, indem er dem **Vorstand der Gesellschaft gegenüber** erklärt, welche Person als Aufsichtsratsmitglied in den Aufsichtsrat entsandt wird.[96] Die Satzung kann bestimmen, dass ein Entsendungsrecht durch einen gemeinsamen Vertreter ausgeübt wird, wenn es mehreren zusteht.[97]

66 **b) Keine gesetzlich fixierte Entsendungspflicht.** Das **Gesetz verpflichtet** den Entsendungsberechtigten **nicht zur Ausübung** seines Entsendungsrechts.[98] Die **Satzung** kann allerdings eine Entsendungspflicht statuieren.[99] Dazu steht das jederzeit mögliche Abberufungsrecht des Entsendungsberechtigten (§ 103 Abs. 2) nicht in Widerspruch.[100] Denn eine Abberufung kann mit der Benennung eines neuen Aufsichtsratsmitglieds verbunden werden.

67 **c) Rechtsfolge bei Ausübungsverzicht.** Bleibt ein Aufsichtsratsmandat mangels Ausübung des Entsendungsrechts unbesetzt, darf die Hauptversammlung das fehlende Aufsichtsratsmitglied **nicht hinzuwählen**.[101] Es bleibt nur der Weg der gerichtlichen Bestellung.[102]

68 Etwas anderes gilt, wenn der Entsendungsberechtigte ausdrücklich erklärt, er werde sein Entsendungsrecht für einen bestimmten Zeitraum **nicht ausüben**. In diesem Fall kann (und muss) die Hauptversammlung das fehlende Aufsichtsratsmitglied nach allgemeinen Grundsätzen wählen.[103]

69 **d) Entsendungsfreiheit.** Mit der Wahlfreiheit der Hauptversammlung (→ Rn. 12 ff.) korrespondiert die Entsendungsfreiheit des Entsendungsberechtigten. Auch ihm steht aber grundsätzlich die Möglichkeit offen, Stimmbindungsverträge abzuschließen.[104]

70 **3. Anteilseignereigenschaft.** Unabdingbare Voraussetzung für die Einräumung eines Entsendungsrechts ist die **Anteilseignereigenschaft**. Nichtaktionäre können keine Entsendungsrechte erhalten.[105] Dies gilt auch für entsendungsberechtigte Vorstands- oder Aufsichtsratsmitglieder.[106] Satzungsbestimmungen, die dagegen verstoßen, sind nichtig.

71 Es können auch **Arbeitnehmer** in den Aufsichtsrat entsandt werden (etwa zur Realisierung einer „freiwilligen" Mitbestimmung). Da das Entsendungsrecht aber in Aktionärshand

---

[95] Kölner Komm AktG/*Mertens/Cahn* Rn. 51.
[96] *Seeling/Zwickel* BB 2008, 622 (625); K. Schmidt/Lutter/*Drygala* Rn. 22; MüKoAktG/*Habersack* Rn. 44; Kölner Komm AktG/*Mertens/Cahn* Rn. 66; MHdB AG/*Hoffmann-Becking* § 30 Rn. 25; Großkomm AktG/*Hopt/Roth* Rn. 136; Henn/*Wolff* Kap. 8 Rn. 25.
[97] MHdB AG/*Hoffmann-Becking* § 30 Rn. 25; Kölner Komm AktG/*Mertens/Cahn* Rn. 57.
[98] *Seeling/Zwickel* BB 2008, 622 (625); Hüffer/*Koch* Rn. 12; Kölner Komm AktG/*Mertens/Cahn* Rn. 80; Spindler/Stilz/*Spindler* Rn. 52; MHdB AG/*Hoffmann-Becking* § 30 Rn. 25.
[99] *Baumbach/Hueck* Rn. 12; Hüffer/*Koch* Rn. 12; Kölner Komm AktG/*Mertens/Cahn* Rn. 81; Spindler/Stilz/*Spindler* Rn. 52; MHdB AG/*Hoffmann-Becking* § 30 Rn. 25.
[100] Kölner Komm AktG/*Mertens/Cahn* Rn. 81.
[101] MHdB AG/*Hoffmann-Becking* § 30 Rn. 25, Kölner Komm AktG/*Mertens/Cahn* Rn. 80; Großkomm AktG/*Hopt/Roth* Rn. 106.
[102] § 104; MHdB AG/*Hoffmann-Becking* § 30 Rn. 25.
[103] *Seeling/Zwickel* BB 2008, 622 (626 f.); Spindler/Stilz/*Spindler* Rn. 71; Kölner Komm AktG/*Mertens/Cahn* Rn. 80 formulieren, dass das Entsendungsrecht in diesem Fall auf die Hauptversammlung übergehe. Das ist ungenau. Für das anstelle einer Entsendung gewählte Aufsichtsratsmitglied gilt bei einer Abberufung § 103 Abs. 1 und nicht § 103 Abs. 2.
[104] Ausführlich zu Stimmbindungsvereinbarungen bei Entsendungsrechten *Bausch* NZG 2007, 574 (575 f.); Kölner Komm AktG/*Mertens/Cahn* Rn. 82.
[105] *Seelinger/Zwickel* BB 2008, 622 (624); *Baumbach/Hueck* Rn. 10.
[106] K. Schmidt/Lutter/*Drygala* Rn. 13; Großkomm AktG/*Hopt/Roth* Rn. 109.

ist, zählen diese Arbeitnehmer juristisch zu den Anteilseignervertretern.[107] Sie werden auch nicht auf die Zahl der ggfs. mitbestimmungsrechtlich in den Aufsichtsrat zu wählenden Arbeitnehmervertreter angerechnet.

Aktionäre, die ein Entsendungsrecht haben, behalten dies, auch wenn sie zum **Mitglied** **72** **des Aufsichtsrats** der Gesellschaft gewählt oder zum **Mitglied des Vorstands** bestellt werden.

4. Kreis der Entsendungsberechtigten (Abs. 2 S. 1). Das Gesetz (Abs. 2 S. 1) be- **73** nennt den Kreis der Entsendungsberechtigten: Nur „bestimmte[n] Aktionäre[n]" (Abs. 2 S. 1 1. Fall) **(persönliches Entsendungsrecht)** oder „Inhaber[n] bestimmter Aktien" (Abs. 1 S. 1 2. Fall) **(Inhaberentsendungsrecht)** kann ein Entsendungsrecht eingeräumt werden.[108] Die Aktien der Entsendungsberechtigten gelten **nicht** als eine **besondere Gattung.**[109] Diese Ausnahme zu der Regelung über Aktien besonderer Gattung (§ 11) verhindert die Durchführung sonst erforderlicher besonderer Abstimmungen (vgl. hierzu §§ 179 Abs. 3, 182 Abs. 2).

a) Das persönliche Entsendungsrecht. Das persönliche Entsendungsrecht steht einem **74** oder mehreren **bestimmten Aktionären** zu. Der betreffende Aktionär bzw. die betreffenden Aktionäre werden namentlich in der Satzung bezeichnet.

Da das Entsendungsrecht dem Aktionär persönlich zusteht, kann es auch nicht übertragen **75** werden.[110] Es ist **aktionärgebunden.**[111] Es muss sich dabei nicht um vinkulierte Namensaktien handeln[112]; falls der Entsendungsberechtigte namentlich bezeichnet ist, kann es sich auch um Inhaberaktien handeln. An eine bestimmte Form der Aktie ist es von Gesetzes wegen nicht gebunden,[113] jedoch kann die Satzung dies vorsehen.[114]

Der Gesetzeswortlaut besagt nichts darüber, ob das persönliche Entsendungsrecht auch **76** einer **Gruppe von Aktionären** eingeräumt werden kann. Eine solche Einräumung ist zulässig.[115] Trifft die Satzung für sie keine Bestimmungen, gelten die gesetzlichen Regeln über die Gemeinschaft des bürgerlichen Rechts.[116]

Gewährt die **Satzung** einer Gruppe von Aktionären ein Entsendungsrecht und knüpft sie **77** das Entsendungsrecht an bestimmte Voraussetzungen, müssen alle Mitglieder der Aktionärsgruppe die gestellten Voraussetzungen erfüllen. Diejenigen, denen dies nicht gelingt, dürfen zumindest nicht an der Ausübung des Entsendungsrechts teilnehmen[117] Durch Auslegung der Satzung muss ermittelt werden, ob das Bestehen des Entsendungsrechts davon abhängig ist, dass alle Mitglieder der berechtigten Aktionärsgruppe die satzungsmäßigen Voraussetzungen erfüllen. Wenn ursprünglich vorhandene Voraussetzungen nach erfolgter Entsendung später wegfallen, wirkt sich dies nicht auf die Bestellung des Entsandten aus. Der Hauptversammlung verbleibt ihr Abberufungsrecht (§ 103 Abs. 2 S. 2), wenn die Aktio-

---

[107] OLG Hamburg AG 1972, 183; *Baumbach/Hueck* Rn. 8.
[108] Bis 1981 stand den Spitzenorganisationen der Gewerkschaften im Unternehmen, die dem MitbestG unterliegen, ein Entsendungsrecht zu. Durch das Gesetz zur Änderung des MontanMitbestG und des MitbestErgG vom 21.5.1981, BGBl. 1981 I S. 441 ff. ist es ihnen entzogen worden.
[109] Abs. 2 S. 3, vgl. hierzu *Loges/Distler* ZIP 2002, 468.
[110] AllgA, *Bausch* NZG 2007, 574; MHdB AG/*Hoffmann-Becking* § 30 Rn. 23a; Kölner Komm AktG/*Mertens/Cahn* Rn. 52; Großkomm AktG/*Hopt/Roth* Rn. 110.
[111] So der Begriff bei Kölner Komm AktG/*Mertens/Cahn* Rn. 52.
[112] Großkomm AktG/*Hopt/Roth* Rn. 114; aA *Seelinger/Zwickel* BB 2008, 622 (625); K. Schmidt/Lutter/*Drygala* Rn. 17, der darauf hinweist, dass sich Inhaberaktien nicht hinreichend individualisieren ließen; MüKoAktG/*Habersack* Rn. 39, der unmittelbar aus § 101 Abs. 2 S. 2 herleitet, dass es sich um vinkulierte Namensaktien handeln müsse.
[113] BegrRegE *Kropff* S. 138; Rn. Kölner Komm AktG/*Mertens/Cahn* Rn. 52; Großkomm AktG/*Hopt/Roth* Rn. 114.
[114] Großkomm AktG/*Hopt/Roth* Rn. 114.
[115] Für die Einräumung von persönlichen Entsendungsrechten auch an Gruppen von Aktionären Kölner Komm AktG/*Mertens/Cahn* Rn. 57; Großkomm AktG/*Hopt/Roth* Rn. 118 ff.
[116] §§ 741 ff. BGB; vgl. Kölner Komm AktG/*Mertens/Cahn* Rn. 57.
[117] Kölner Komm AktG/*Mertens/Cahn* Rn. 57.

närsgruppe die in der Satzung bestimmten Voraussetzungen des Entsendungsrechts nicht mehr erfüllt oder erfüllen kann.

78 **aa) Erlöschen des Entsendungsrechts.** Das Gesetz knüpft das persönliche Entsendungsrecht an den Besitz der Aktien (vgl. → Rn. 71).

79 **(1) Endgültige Veräußerung der Aktien.** Diese Bedingung ist nicht mehr erfüllt, wenn der Entsendungsberechtigte seine Aktien veräußert. Sein **Entsendungsrecht erlischt.**

80 **(2) Vorübergehende Veräußerung der Aktien.** Wenn Satzungsbestimmungen bestehen, aus denen nicht deutlich hervorgeht, ob das Entsendungsrecht dem Berechtigten auch dann noch zustehen soll, wenn er nach der vorgenommenen Entsendung vorübergehend nicht Anteilseigner ist, geht eine Unklarheit zu Lasten des Entsendungsberechtigten. Das Entsendungsrecht erlischt, wenn der Entsendungsberechtigte nicht mehr Aktionär ist und keine Satzungsbestimmung vorsieht, dass ein nur vorübergehender Verlust der Aktionärseigenschaft das Entsendungsrecht nicht beeinflusst.[118]

81 **(3) Aufleben des Entsendungsrechts.** Wenn ein entsendungsberechtigter Aktionär seine Aktien veräußert hat, stellt sich die Frage, ob das Entsendungsrecht **auflebt,** wenn der betreffende Aktionär zu einem späteren Zeitpunkt wieder Aktien der Gesellschaft erwirbt.[119] Durch Auslegung der Satzungsbestimmung wird ermittelt werden müssen, ob der Berechtigte von seinem Entsendungsrecht immer dann Gebrauch machen kann, wenn er Aktionär ist, oder ob ihm sein Entsendungsrecht nur für seine derzeitige Anteilseignereigenschaft und deren Dauer zugedacht wurde. Davon wird es abhängen, ob sein Entsendungsrecht nach Veräußerung der Aktien nur ruht und mit Erwerb neuer Aktien wieder aufleben kann. Im Zweifel bleibt es dabei, dass das mit dem Verkauf erloschene Sonderrecht, dauerhaft erloschen ist.[120]

82 Ein **ruhendes Entsendungsrecht** kann von der Hauptversammlung **aufgehoben** werden. Dem steht die Eigenschaft als Sonderrecht nicht entgegen, weil der betroffene Entsendungsberechtigte zu diesem Zeitpunkt kein Anteilseigner ist und damit auch kein Sonderrecht besitzt. Seine Zustimmung zu der Aufhebung ist deshalb entbehrlich.[121]

83 Wenn das Entsendungsrecht ruht, können entsandte Mitglieder von der Hauptversammlung **abberufen** (§ 103 Abs. 2) werden.[122]

84 **bb) Unvererblichkeit des persönlichen Entsendungsrechts.** Sieht die Satzung keine Vererblichkeit des persönlichen Entsendungsrechts vor, ist Höchstpersönlichkeit und damit Unvererblichkeit des Rechts anzunehmen. Es erlischt mit dem Tod des Entsendungsberechtigten.[123] Im Zweifel will die Gesellschaft sich selbst die Entscheidung darüber vorbehalten, ob und an wen das Entsendungsrecht nach dem Tod des Berechtigten übergehen soll.[124]

85 Anderes gilt, wenn die Satzung **Vererblichkeit** zulässt.[125] Da das Entsendungsrecht jedoch einem Aktionär persönlich übertragen wird, kann einer Vererblichkeit nur unter der Voraussetzung zugestimmt werden, dass der Erbe namentlich bestimmt ist. Alles andere widerspräche der Systematik des persönlichen Entsendungsrechts. Gleiches gilt, wenn nach

---

[118] Großkomm AktG/*Hopt/Roth* Rn. 113.
[119] Kölner Komm AktG/*Mertens/Cahn* Rn. 56; Bürgers/Körber/*Bürgers/Israel* Rn. 11; MüKoAktG/*Habersack* Rn. 36.
[120] MüKoAktG/*Habersack* Rn. 36.
[121] Kölner Komm AktG/*Mertens/Cahn* Rn. 56; Großkomm AktG/*Hopt/Roth* Rn. 113.
[122] Bürgers/Körber/*Bürgers/Israel* Rn. 11; MüKoAktG/*Habersack* Rn. 36; Kölner Komm AktG/*Mertens/Cahn* Rn. 56.
[123] *Bausch* NZG 2007, 574; *Seeling/Zwickel* BB 2008, 622 (626); *Baumbach/Hueck* Rn. 10; Großkomm AktG/*Hopt/Roth* Rn. 111; Kölner Komm AktG/*Mertens/Cahn* Rn. 53.
[124] Kölner Komm AktG/*Mertens/Cahn* Rn. 53.
[125] *Baumbach/Hueck* Rn. 10; K. Schmidt/Lutter/*Drygala* Rn. 16; MüKoAktG/*Habersack* Rn. 37; Großkomm AktG/*Hopt/Roth* Rn. 111; Kölner Komm AktG/*Mertens/Cahn* Rn. 53.

dem Tod des Entsendungsberechtigten das Entsendungsrecht an einen nicht erbberechtigten dritten Anteilseigner übergehen soll.

cc) Änderung der Rechtsform. Das Entsendungsrecht einer juristischen Person endet nicht bei einer formwechselnden Umwandlung der entsendungsberechtigten Korporation.[126] Eine besondere Satzungsregelung ist nicht notwendig. Bei einer formwechselnden Umwandlung bleibt die Rechtspersönlichkeit als solche bestehen. 86

dd) Verschmelzung. Das Entsendungsrecht erlischt zweifelsfrei im Fall einer übertragenden Verschmelzung oder Vermögensübertragung auf eine andere Gesellschaft.[127] Offen ist hingegen, was bei einer aufnehmenden Verschmelzung geschieht, wenn sich durch das Hinzutreten weiterer Gesellschafter „nur" materiell der Kreis der Berechtigten verändert. Jedenfalls bei juristischen Personen als Entsendeberechtigten wird man das aber wohl hinnehmen. 87

b) Das Inhaberentsendungsrecht. Neben einem persönlichen Entsendungsrecht sieht das Gesetz (Abs. 2 S. 1, 2. Fall) ein **Inhaberentsendungsrecht** vor. Ein solches kann dem Inhaber oder den Inhabern (zur Möglichkeit ein Entsendungsrecht einer Gruppe von Aktionären zu gewähren → Rn. 77 f.) bestimmter Aktien durch die Satzung eingeräumt werden. Nur vinkulierte Namensaktien können mit einem Inhaberentsendungsrecht verbunden werden.[128] 88

aa) Entstehung des Inhaberentsendungsrechts. Die Satzung kann dem Berechtigten ein Entsendungsrecht nur unter zwei vom Gesetz aufgestellten Bedingungen (Abs. 2 S. 2) gewähren. Zum einen müssen die Aktien **auf den Namen lauten** und zum anderen muss die **Übertragung der Namensaktien an die Zustimmung der Gesellschaft** gebunden sein.[129] Das Inhaberentsendungsrecht bildet mit der Namensaktie eine Einheit:[130] Wird die Aktie an den neuen Inhaber übertragen, erhält dieser zugleich das Entsendungsrecht. Dem Veräußerer steht es nicht mehr zu. Nur der jeweilige Inhaber der Namensaktien verfügt über das Inhaberentsendungsrecht. Es ist **aktiengebunden**.[131] Im Einzelnen gelten die Vorschriften über die vinkulierten Namensaktien (vgl. § 68 Abs. 2). 89

Die **Satzung** muss vorsehen, dass die Übertragung der Namensaktien nur mit Zustimmung der Gesellschaft erfolgen kann (§ 68 Abs. 2 S. 1). Der **Vorstand erteilt die Zustimmung** (§ 68 Abs. 2 S. 2) für die Gesellschaft, und zwar auf Grund seiner Geschäftsführungszuständigkeit regelmäßig aus eigenem Recht. Die Satzung kann jedoch hiervon abweichend im Innenverhältnis einen Beschluss des Aufsichtsrats oder der Hauptversammlung über die Erteilung der Zustimmung voraussetzen (§ 68 Abs. 2 S. 3). Eine solche Regelung empfiehlt sich, weil der Vorstand keinen Einfluss auf die Auswahl der ihn im Aufsichtsrat überwachenden Personen haben soll. Es ist vorstellbar, dass ein Zustimmungsrecht des Vorstands als mit dem Wesen der AG unvereinbar angesehen wird. 90

bb) Ausübung des Entsendungsrechts bei mehreren Berechtigten. Existiert eine Rechtsgemeinschaft (§ 68 Abs. 2 S. 3) an der das Entsendungsrecht begründenden Namensaktie, besteht das Entsendungsrecht für alle an der Rechtsgemeinschaft Berechtigten. Sie können ihr Entsendungsrecht nur durch einen **gemeinschaftlichen Vertreter** (§ 69 91

---

[126] Kölner Komm AktG/*Mertens/Cahn* Rn. 55; *Baumbach/Hueck* Rn. 10.
[127] AA Kölner Komm AktG/*Mertens/Cahn* Rn. 55, die davon ausgehen, dass im Zweifel das Entsendungsrecht einer juristischen Person von einer Umwandlung oder Verschmelzung nicht berührt wird. Der Gegenansicht kann nicht gefolgt werden. Sie lässt außer Acht, dass durch die Verschmelzung eine neue Rechtspersönlichkeit entsteht. Großkomm AktG/*Hopt/Roth* Rn. 112, dort Fn. 482, halten es für die Auslegung des Tatbestandsmerkmals „für bestimmte Aktionäre" in Abs. 2 S. 1 unbeachtlich, dass durch die Verschmelzung eine neue Rechtspersönlichkeit entsteht.
[128] Abs. 2 S. 2; vgl. MHdB AG/*Hoffmann-Becking* § 30 Rn. 23a.
[129] Kölner Komm AktG/*Mertens/Cahn* Rn. 52.
[130] Hüffer/*Koch* Rn. 10.
[131] So der Begriff bei Kölner Komm AktG/*Mertens/Cahn* Rn. 52.

Abs. 1) ausüben. Im Innenverhältnis richten sich seine Bestellung und seine Geschäftsführungsbefugnis nach dem zwischen den Berechtigten bestehenden Rechtsverhältnis.

92 Die **Satzung** kann Regelungen darüber aufstellen, ob mehrere Berechtigte ihr Entsendungsrecht durch Mehrheitsbeschluss ausüben können oder ob Einstimmigkeit erforderlich ist.[132] Enthält die Satzung keine derartige Regelung, richtet sich die Ausübung des Entsendungsrechts nach dem zwischen den Berechtigten bestehenden Rechtsverhältnis. Wenn kein besonderes Rechtsverhältnis vereinbart ist, gelten die Regeln über die Bruchteilsgemeinschaft (§§ 741 ff. BGB) entsprechend (insbesondere § 745 BGB). Das bedeutet, dass für die Ausübung des Entsendungsrechts keine Einstimmigkeit erforderlich ist. Stimmenmehrheit reicht aus.[133]

93 **cc) Erlöschen des Inhaberentsendungsrechts.** Das Inhaberentsendungsrecht erlischt, wenn eine der gesetzlichen Bedingungen entfällt. Dies ist der Fall, wenn die Namensaktien in Inhaberaktien umgewandelt werden oder die Übertragbarkeit nicht mehr an die Zustimmung der Gesellschaft gekoppelt ist. Allerdings können Hauptversammlungsbeschlüsse, die das Erlöschen des Inhaberentsendungsrechts unmittelbar oder mittelbar (zB durch die Satzung) bewirken, nur mit Zustimmung der Entsendungsberechtigten gefasst werden.

94 **c) Zusammentreffen von persönlichem Entsendungsrecht und Inhaberentsendungsrecht.** Das Gesetz sieht ein Zusammentreffen der beiden Entsendungsmöglichkeiten nicht vor. Die Satzung kann eine **Koppelung von persönlichem und Inhaberentsendungsrecht** bestimmen. Eine Koppelung stellt einen Fall des persönlichen Entsendungsrechts dar. Es spricht nichts gegen eine Satzungsbestimmung, die einem Aktionär ein Entsendungsrecht unter der Bedingung einräumt, dass er zugleich Inhaber bestimmter Aktien ist. Die Satzung kann **Hinterlegung** dieser Aktien bei der Gesellschaft verlangen. Zulässig ist auch eine Regelung, die die **Abtretbarkeit** des Anspruchs auf Rücknahme ausschließt.[134]

95 Die Hauptversammlung kann im Fall des Zusammentreffens von persönlichem und Inhaberentsendungsrecht das Erfordernis des Innehabens bestimmter Aktien auch ohne Zustimmung des Aktionärs **aufheben;** sein persönliches Entsendungsrecht wird dadurch nicht berührt. Das Entsendungsrecht bleibt bestehen, auch wenn der Aktionär diese Aktien verkauft. Der Erwerber dieser Aktien erhält kein Entsendungsrecht, da es ihm nicht persönlich eingeräumt worden ist. Allerdings bleibt das Erfordernis des Innehabens von Aktien durch den Entsendungsberechtigten auch dann bestehen.

96 Die Hauptversammlung kann das entsandte Aufsichtsratsmitglied **abberufen,** wenn ihm keine Aktien mehr gehören (§ 103 Abs. 2 S. 2).

97 **5. Innenverhältnis von Entsendungsberechtigten und Entsandten. a) Rechtsnatur des Innenverhältnisses.** Bei dem Innenverhältnis zwischen Entsendungsberechtigten und Entsandten wird der Entsendung ein **Geschäftsbesorgungsvertrag** (§ 675 BGB) oder ein **Auftragsverhältnis** (§§ 662 ff. BGB) zugrunde liegen,[135] je nachdem, ob der Entsendungsberechtigte dem Entsandten eine Vergütung zugesagt hat oder nicht.[136] In besonderen Fällen kann es sich um ein **hoheitliches Verhältnis** handeln. Dies ist der Fall, wenn der Entsandte Beamter und der Entsendungsberechtigte sein Dienstherr ist und wenn die Wahrnehmung des Mandats im öffentlichen Interesse liegt.

98 **b) Ausgestaltung durch die Satzung.** Die **Satzung** darf das Entsendungsrecht selbst und auch das Innenverhältnis zwischen Entsendungsberechtigten und Entsandten näher ausgestalten. Dies gilt insbesondere für eine Ausschaltung oder die Begrenzung des Wei-

---

[132] Großkomm AktG/*Hopt/Roth* Rn. 119.
[133] § 745 BGB analog; so jetzt auch Großkomm AktG/*Hopt/Roth* Rn. 119.
[134] Kölner Komm AktG/*Mertens/Cahn* Rn. 52.
[135] Bürgers/Körber/*Bürgers/Israel* Rn. 13; Kölner Komm AktG/*Mertens/Cahn* Rn. 72; Großkomm AktG/*Hopt/Roth* Rn. 155.
[136] Großkomm AktG/*Hopt/Roth* Rn. 155.

sungsrechts (→ Rn. 135) des Entsendungsberechtigten. Dadurch kann eine gewisse Unabhängigkeit des Entsandten gewährleistet werden. Die Satzung kann beispielsweise bestimmen, dass der Entsandte vom Entsendungsberechtigten keine Vergütung erhalten darf.[137]

c) **Verschwiegenheitspflicht des Entsandten.** Der Entsandte unterliegt gegenüber dem Entsendungsberechtigten grundsätzlich der **aktienrechtlichen Verschwiegenheitspflicht.**[138] Eine gesetzlich normierte Ausnahme gilt für Berichte der Aufsichtsratsmitglieder, die diese an Gebietskörperschaften erstatten, von denen sie entsandt worden sind (§ 394 S. 1). Insoweit besteht keine Verschwiegenheitspflicht, es sei denn, es handelt sich um Betriebs- oder Geschäftsgeheimnisse der Gesellschaft. Ist ihre Kenntnis allerdings für die Zwecke der Berichte von zwingender Bedeutung, besteht auch insoweit keine Verschwiegenheitspflicht (§ 394 S. 2). 99

Die zeitweilige Überlassung und die endgültige **Herausgabe von Akten** an den Entsendungsberechtigten richten sich nach der zugrunde liegenden Vertragsbeziehung.[139] Akten dürfen jedoch an den Entsendungsberechtigten **nicht** überlassen oder herausgegeben werden, wenn sie Daten enthalten, die der Verschwiegenheitspflicht unterfallen. Auch eine Einsichtnahme ist untersagt. 100

d) **Haftung.** Ein entsandtes Aufsichtsratsmitglied unterliegt den gleichen Haftungsvorschriften (§§ 116, 93 Abs. 2) wie ein von der Hauptversammlung gewähltes Aufsichtsratsmitglied. 101

Das AktG sieht keine Haftung des Entsendungsberechtigten für den Entsandten vor (vgl. zur Haftung des Entsendungsberechtigten → Rn. 106 f.). Ein **Regressanspruch** auf Ersatz des gegen den Entsandten geltend gemachten Schadens kann in anderen Gesetzen vorgesehen sein (§ 67 S. 1 BBG) oder vertraglich vereinbart werden. 102

Eine **Schadensersatzpflicht** des Entsandten **gegenüber dem Entsendungsberechtigten** kann sich aus dem zwischen ihnen bestehenden Rechtsverhältnis ergeben. Entsendungsberechtigter und Entsandter können **vertraglich vereinbaren,** dass der Entsender im Innenverhältnis die **Haftung** des Entsandten gegenüber der Gesellschaft übernimmt. 103

6. Rechtsbeziehungen zwischen dem Entsendungsberechtigten und der Gesellschaft. a) Kein Vertragsverhältnis zwischen Entsendungsberechtigtem und Gesellschaft. Zwischen dem Entsendungsberechtigten und der Gesellschaft besteht kein Vertrag.[140] Es kann allerdings eine **vertragsähnliche Vertrauensbeziehung** entstehen.[141] 104

b) **Haftung für eigenes Verschulden des Entsendungsberechtigten.** Die vertragsähnliche Vertrauensbeziehung begründet möglicherweise auch eine über die Pflichten des Aktionärs bei einem Wahlvorschlag zur Hauptversammlung hinausgehende Verpflichtung zur sachgerechten Auswahl des entsandten Aufsichtsratsmitglieds. Verletzt der Entsendungsberechtigte diese, kann auch eine Haftung in Betracht kommen.. 105

c) **Keine Haftung für Verschulden des Entsandten.** Das Gesetz enthält keine Vorschrift, die den Entsendungsberechtigten für den Entsandten haften lässt.[142] Der Gesetzgeber hat hiervon bewusst abgesehen. Aus diesem Grund ist eine Haftung für den Entsandten als **Erfüllungsgehilfen** (§ 278 BGB) ausgeschlossen. Der Entsandte ist ebenso wenig **Ver-** 106

---

[137] Kölner Komm AktG/*Mertens/Cahn* Rn. 73.
[138] K. Schmidt/Lutter/*Drygala* Rn. 25; Kölner Komm AktG/*Mertens/Cahn* Rn. 74.
[139] K. Schmidt/Lutter/*Drygala* Rn. 25; MüKoAktG/*Habersack* Rn. 47; Kölner Komm AktG/*Mertens/Cahn* Rn. 74.
[140] K. Schmidt/Lutter/*Drygala* Rn. 26; Kölner Komm AktG/*Mertens/Cahn* Rn. 77; Großkomm AktG/*Hopt/Roth* Rn. 162.
[141] Kölner Komm AktG/*Mertens/Cahn* Rn. 77; aA K. Schmidt/Lutter/*Drygala* Rn. 26, der entsprechende Pflichten aus der Treuepflicht des Aktionärs herleitet; ebenfalls ablehnend MüKoAktG/*Habersack* Rn. 48 („weder Raum noch Notwendigkeit").
[142] Vgl. auch Kölner Komm AktG/*Mertens/Cahn* Rn. 78; zur Entsenderhaftung jur. Personen nach § 31 BGB vgl. Kölner Komm AktG/*Mertens/Cahn* § 76 Rn. 76.

richtungsgehilfe[143] des Entsendungsberechtigten.[144] Gegen eine solche Annahme spricht bereits die durch das Unternehmensinteresse begrenzte Weisungsgebundenheit (vgl. hierzu → Rn. 135 ff.), soweit eine zulässige Weisungsgebundenheit überhaupt vorhanden ist.

107 **d) Keine Haftungserweiterung durch Satzungsregelung.** Die Satzung kann keine Haftungserweiterung des Entsendungsberechtigten vorsehen. Das Gesetz bietet dafür keine Grundlage. Ist der Entsender Anteilseigner, kann er über die Entlastung des von ihm entsandten Aufsichtsratsmitglieds mitstimmen.[145]

108 **e) Entsendungsberechtigte Gebietskörperschaften.** Sondervorschriften bestehen für entsendende Gebietskörperschaften, die einerseits Berichtsprivilegien genießen, andererseits aber auch einer eigenen Verschwiegenheitspflicht unterliegen (§§ 394, 395; s. aber auch → Rn. 135), Die zuständigen Beamten unterfallen zudem aktienrechtlichen Strafvorschriften (§ 395).

109 **7. Grenzen des Entsendungsrechts (Abs. 2 S. 4).** Das Gesetz setzt dem Entsendungsrecht eine **zahlenmäßige** (Abs. 2 S. 4) **Grenze.** Die Begrenzung des Entsendungsrechts ist erfolgt, um den Einfluss der Hauptversammlung durch die Wahl der Anteilseignervertreter sicherzustellen. Die **Satzung** kann weitere Voraussetzungen an die Einräumung von Entsendungsrechten knüpfen.[146] Das Entsendungsrecht kann aber nur eingeschränkt und nicht erweitert werden.

110 **a) Höchstzahl.** Insgesamt können **höchstens für ein Drittel** der sich aus dem Gesetz oder Satzung ergebenden Zahl der Aufsichtsratsmitglieder der Anteilseigner Entsendungsrechte vergeben werden.[147] Anteilseignern ohne entsprechend hohen Aktienbesitz bleibt damit eine Dominanz bei der Besetzung des Aufsichtsrats mittels Entsendungsrechten verwehrt.[148] Dies gilt umso mehr mit Blick auf europarechtliche Vorgaben. Nach der Rechtsprechung des Europäischen Gerichtshofs verstößt eine Regelung, die Aktionären ohne Rücksicht auf den Umfang ihrer Beteiligung Entsendungsrechte einräumt, gegen die in Art. 56 Abs. 1 EG (Art. 63 Abs. 1 AEUV) garantierte Kapitalverkehrsfreiheit, weil es ihnen ermöglicht, sich stärker an der Tätigkeit des Aufsichtsrats zu beteiligen, als es ihr Aktionärsstatus normalerweise zulässt und dadurch der Einfluss der anderen Aktionäre hinter deren Investitionen zurückbleibt.[149] Daraus ergibt sich im Umkehrschluss die Zulässigkeit eines Entsendungsrechts, das nicht als ein solches „vom allgemeinen Gesellschaftsrecht abweichendes Sonderrecht"[150] ausgestaltet ist.[151]

111 **Führt** eine Satzungsbestimmung mittelbar oder unmittelbar zur Überschreitung der gesetzlichen Höchstzahl, ist sie **nichtig.**[152] Dies gilt nicht, wenn die Entsendungsrechte einem einzigen Inhaber zustehen;[153] dann reduziert sich die Zahl der Entsendungsrechte auf das gesetzlich zulässige Maß. Wird die Höchstzahl von vornherein nicht beachtet, sind alle

---

[143] § 831 BGB; BGHZ 36, 296 (309) = WM 1962, 236 ff. unter Hinweis darauf, dass die Handlung nicht „in Ausführung der ihm zustehenden Verrichtung" begangen worden sei.
[144] BGHZ 36, 296 (309) = WM 1962, 236 ff. mit der Begründung, dass der Entsandte in keinem Vertragsverhältnis zu der aufnehmenden Gesellschaft stehe; K. Schmidt/Lutter/*Drygala* Rn. 26; MüKoAktG/*Habersack* Rn. 49; Kölner Komm AktG/*Mertens/Cahn* Rn. 78.
[145] BGHZ 36, 296 = WM 1962, 236; Kölner Komm AktG/*Mertens/Cahn* Rn. 79.
[146] Folge aus § 103 Abs. 2 S. 2.
[147] Abs. 2 S. 4. Besteht der Aufsichtsrat beispielsweise aus 12 Aufsichtsratsmitgliedern (§ 7 Abs. 1 Nr. 1 MitbestG), kann die Zahl der Entsendungsrechte maximal zwei betragen.
[148] Hüffer/*Koch* Rn. 11; MHdB AG/*Hoffmann-Becking* § 30 Rn. 24.
[149] Vgl. EuGH ZIP 2007, 2068 (2072); dazu auch *Bayer/Schmidt* BB 2008, 454 (459 f.); *Möslein* AG 2007, 770 (773 ff.); *Werner* Der Konzern 2009, 336 (339 ff.); NK-AktG/*Breuer/Fraune* Rn. 11.
[150] EuGH ZIP 2007, 2068 (2072).
[151] BGH ZIP 2009, 1566 – ThyssenKrupp; dazu *Nikoleyczik* EWiR 2010, 103 f.; zuvor schon OLG Hamm AG 2008, 552; im Ergebnis auch *Seeling/Zwickel* BB 2008, 622 (623).
[152] Hüffer/*Koch* Rn. 11; Kölner Komm AktG/*Mertens/Cahn* Rn. 60; Großkomm AktG/*Hopt/Roth* Rn. 131.
[153] Kölner Komm AktG/*Mertens/Cahn* Rn. 60.

gewährten Entsendungsrechte nichtig. Die auf Grund vermeintlicher Entsendungsrechte entsandten Aufsichtsratsmitglieder sind nicht Mitglieder des Aufsichtsrats geworden. Wird durch Satzungsänderung eine nachträgliche Erweiterung der Entsendungsrechte über die gesetzliche Grenze hinaus beschlossen, ist der entsprechende Hauptversammlungsbeschluss nichtig (§ 241 Nr. 3). Die vorhandene Satzungsbestimmung bleibt bestehen, die Erweiterung ist nichtig.[154]

aa) Ermittlung der Höchstzahl der Aufsichtsratsmitglieder. Entsendungsrechte 112 dürfen durch die Satzung höchstens für **ein Drittel der Zahl der Anteilseignervertreter** vergeben werden. Die Höchstzahl der Aufsichtsratsmitglieder ist maßgeblich für die Höchstzahl der Entsendungsrechte. Die Anzahl der Anteilseignervertreter im Aufsichtsrat muss ermittelt werden. Hierbei ist auf den Zeitpunkt der Einräumung des Entsendungsrechts abzustellen. Zu berücksichtigen ist, welche gesetzlichen Vorschriften für die Aufsichtsratszusammensetzung maßgeblich sind (§ 96) und wie viele Aufsichtsratsmitglieder die Satzung vorsieht.[155] Die „weiteren Mitglieder" (§ 96 Abs. 1) sind nicht zu den Anteilseignervertretern zu zählen.

Die **maximal zulässige Zahl** an Entsendungsrechten kann im Einzelfall allerdings 113 **höher** liegen **als ein Drittel** der Zahl der vorhandenen Anteilseignervertreter im Aufsichtsrat. Dies ist der Fall, wenn nicht alle satzungsmäßig vorgesehenen Anteilseignervertreter tatsächlich gewählt worden sind, also einzelne der für Anteilseignervertreter vorgesehenen Mandate nicht besetzt worden sind. Die gesetzliche Begrenzungsvorschrift (Abs. 2 S. 4) stellt auf die sich aus dem Gesetz oder der Satzung ergebenden Anzahl der Anteilseignervertreter (Sollzahl) ab und nicht auf die Zahl der tatsächlich in den Aufsichtsrat Gewählten (Istzahl). Entstehen Unterschiede zwischen der Zahl der gesetzlich oder satzungsmäßig möglichen und der tatsächlich gewählten Anzahl der Anteilseignervertreter, führt dies nicht zu einer Beeinträchtigung des Entsendungsrechts. Machen die Aktionäre von ihrem Wahlrecht keinen Gebrauch, bedürfen sie auch keines Schutzes.

bb) Änderung der Höchstzahl der Aufsichtsratsmitglieder. Die Änderung der 114 Einflussfaktoren,[156] die für die Höchstzahl der Aufsichtsratssitze maßgeblich sind, kann eine Verringerung der bisher geltenden Höchstzahl der Aufsichtsratsmitglieder bewirken. Die Auswirkungen auf die Zahl der in den Aufsichtsrat entsandten Mitglieder sind unterschiedlich.

(1) Änderung der Höchstzahl auf Grund zwingender gesetzlicher Vorgaben 115 **(mittelbare Veränderung der Höchstzahl).** Die Höchstzahl der Aufsichtsratsmitglieder muss an die **gesetzlichen Vorgaben** (§ 95 Satz 4; Mitbestimmungsgesetze) angepasst werden. Erfolgt beispielsweise eine **Kapitalherabsetzung** von mehr als 1,5 Mio. Euro auf unter 1,5 Mio. Euro, besteht der Aufsichtsrat zukünftig nicht mehr aus fünfzehn, sondern nur noch aus neun Mitgliedern (§ 95 S. 4). Diese Kapitalherabsetzung wirkt sich folglich auch auf das Drittel der durch Entsendung zu bestellenden Aufsichtsratsmitglieder aus.

Alle Entsendungsrechte der Berechtigten **erlöschen,** wenn sie verschiedenen Inhabern 116 zustehen. Wenn alle Entsendungsrechte einer einzigen Person zustehen, erlischt das Recht in dem Maße, in dem es die nunmehr geltende Höchstzahl an Entsendungsrechten übersteigt.[157] Nichts anderes gilt, wenn sich die Zusammensetzung des Aufsichtsrats nach anderen (mitbestimmungsrechtlichen) Vorschriften richtet.

---

[154] Kölner Komm AktG/*Mertens/Cahn* Rn. 60.
[155] Bürgers/Körber/*Bürgers/Israel* Rn. 14; MüKoAktG/*Habersack* Rn. 54; Großkomm AktG/*Hopt/Roth* Rn. 131.
[156] Satzungsbestimmung über die Zahl der Aufsichtsratsmitglieder, Höhe des Grundkapitals, das für die Gesellschaft anwendbare Recht (MitbestG etc.).
[157] Großkomm AktG/*Hopt/Roth* Rn. 133.

117 **Zustimmung zur Verringerung der Höchstzahl.** Das Erfordernis einer **Zustimmung** des Entsendungsberechtigten zur Kapitalherabsetzung, wenn diese zur Verringerung der Höchstzahl der Aufsichtsratsmitglieder führt, beurteilt sich nach dem Zweck der Kapitalherabsetzung. Dient die Kapitalherabsetzung dem Zweck, **wirtschaftlich notwendige Maßnahmen** durchzuführen, ist die Zustimmung der Entsendungsberechtigten entbehrlich. In allen anderen Fällen ist die Zustimmung der Berechtigten erforderlich.[158] Auch mittelbar darf das Entsendungsrecht eines Entsendungsberechtigten nicht geschmälert werden (§ 35 BGB).

118 **Auswirkung auf die Satzungsbestimmung.** Die Anpassung an die neue Höchstzahl führt zu einer **Reduzierung** der satzungsmäßig gewährten Entsendungsrechte. Dies ist erforderlich, weil sie der gesetzlich bestimmten Höchstzahl an Aufsichtsratssitzen widerspricht. Die Satzungsbestimmung kann entweder an die neue Rechtslage angepasst werden oder sie wird nichtig.[159] Eine **Anpassung** ist möglich, wenn die zukünftige Zusammensetzung des Aufsichtsrats sichergestellt ist. Dies ist in zwei Fällen möglich. Liegen alle Entsendungsrechte in der Hand eines einzigen Entsendungsberechtigten, verschlechtert sich seine Rechtsposition im Fall einer Anpassung nicht. Er hat nach wie vor den gleichen prozentualen Anteil an Entsendungsrechten. Regelt eine Satzungsbestimmung die Reihenfolge, in der die überzähligen Entsendungsrechte bei einer Höchstzahlverminderung entfallen, herrscht weiterhin Klarheit über die zukünftig verbleibenden Entsendungsrechte und über die Zusammensetzung des Aufsichtsrats. In allen anderen Fällen ist die Satzungsbestimmung **nichtig**. Die Handlungsfähigkeit des Aufsichtsrats wäre gefährdet, wenn nicht klar wäre, wem zukünftig Entsendungsrechte zustehen.

119 **(2) Änderung der Höchstzahl auf Grund einer Satzungsänderung (unmittelbare Veränderung der Höchstzahl).** Will die Hauptversammlung eine Verringerung der Zahl der Aufsichtsratsmitglieder beschließen, ohne dass hierzu auf Grund gesetzlicher Vorgaben Anlass besteht, ist die **Zustimmung der Entsendungsberechtigten zur Satzungsänderung** notwendig.[160] Die Hauptversammlung kann die beabsichtigte Verringerung nicht beschließen, wenn die Entsendungsberechtigten nicht zustimmen. Die Eigenschaft des Entsendungsrechts als Sonderrecht (§ 35 BGB; vgl. → Rn. 62) steht dem entgegen. Eine dennoch erfolgende Herabsetzung der Zahl der Aufsichtsratsmitglieder wäre unzulässig, da sie die bestehenden Entsendungsrechte nicht beeinträchtigen kann und, wenn die Zahl der Entsendungsrechte höher als ein Drittel wäre, das gesetzlich festgelegte Verhältnis (Abs. 2 S. 4) von gewählten zu entsandten Aufsichtsratsmitgliedern nicht gewährleistet wäre. Etwas anderes gilt, wenn die Satzung von vornherein die Verminderung der Höchstzahl der Aufsichtsratsmitglieder durch Hauptversammlungsbeschluss vorsieht. Dann ist das Sonderrecht des Entsendungsberechtigten von Anfang an eingeschränkt.[161]

120 **(3) Rechtsfolgen für die entsandten Aufsichtsratsmitglieder nach Verringerung der Mandate.** Die Rechtsfolgen für die entsandten Aufsichtsratsmitglieder richten sich danach, ob die Gesellschaft eine Arbeitnehmerbeteiligung im Aufsichtsrat aufweist.

---

[158] Str., wie hier Geßler/Hefermehl/*Geßler* Rn. 82; Spindler/Stilz/*Spindler* Rn. 68; ählich wie hier auch Kölner Komm AktG/*Mertens/Cahn* Rn. 61, die die Zustimmung für entbehrlich halten, wenn im Fall der Kapitalherabsetzung die Zahl der Aufsichtsratsmitglieder kraft Gesetzes vermindert wird und Entsendungsrechte dementsprechend nicht vollumfänglich aufrecht erhalten werden können; **vermittelnd** K. Schmidt/Lutter/*Drygala* Rn. 21, der die Zustimmung unabhängig vom Zweck der Kapitalherabsetzung für erforderlich hält, jedoch eine Zustimmungspflicht annimmt, wenn die Kapitalherabsetzung in dieser Form wirtschaftlich erforderlich und geboten sowie für den Betroffenen nicht mit einer Erhöhung seiner Leistungspflichten verbunden sei. **aA** Großkomm AktG/*Hopt/Roth* Rn. 135, die entsprechend den Regeln über die Abschaffung der Mehrstimmrechte (§ 5 Abs. 3 und 4 EGAktG) die Gewährung eines angemessenen Ausgleichs befürworten, da ein kompensationsloser Verzicht auf das Entsendungsrecht nicht zumutbar sei. Dem zustimmend MüKoAktG/*Habersack* Rn. 57.

[159] Kölner Komm AktG/*Mertens/Cahn* Rn. 61.

[160] *Seeling/Zwickel* BB 2008, 622 (624); Kölner Komm AktG/*Mertens/Cahn* Rn. 61; Großkomm AktG/*Hopt/Roth* Rn. 134.

[161] Kölner Komm AktG/*Mertens/Cahn* Rn. 61.

b) Ausgestaltung des Entsendungsrechts durch die Satzung. Das Entsendungsrecht 121 besteht nicht kraft Gesetzes, sondern wird durch die Satzung eingeräumt. Daher kann es durch die Satzung nahezu beliebig ausgestaltet und eingeschränkt werden.[162] Von dieser Regelungsmöglichkeit sollte Gebrauch gemacht werden.

Die Satzung kann die Gewährung eines Entsendungsrechts an die Erfüllung **persönlicher** 122 oder **sachlicher** Voraussetzungen knüpfen. Sie muss sich bei einer Einschränkung des Entsendungsrechts allerdings an die Satzung der Gesellschaft halten.[163]

aa) Persönliche Voraussetzungen. Das entsandte Mitglied muss die persönlichen 123 Voraussetzungen erfüllen, die das Gesetz von einem Aufsichtsratsmitglied fordert (§ 100). Wenn zB eine Person in den Aufsichtsrat entsandt werden soll, die in den letzten zwei Jahren Vorstandsmitglied derselben börsennotierten Gesellschaft war, muss der Entsendungsberechtigte entsprechend den Anforderungen in § 100 Abs. 2 S. 1 Nr. 4 wenigstens 25 % der Stimmrechte an der Gesellschaft halten.[164] Das Gesetz ermächtigt die Satzung ausdrücklich, weitere persönliche Voraussetzungen für entsandte Aufsichtsratsmitglieder zu fordern (§ 100 Abs. 4). Zulässig sind Satzungsbestimmungen, die die Einräumung eines Entsendungsrechts von persönlichen Voraussetzungen des Entsandten oder des Entsendungsberechtigten abhängig machen. Hierzu gehören beispielweise die Voraussetzung der deutschen Staatsangehörigkeit,[165] die Anteilseignereigenschaft des Entsandten, ein Aktienbesitz des Entsendungsberechtigten in bestimmter Höhe[166] oder die Zugehörigkeit zu einer bestimmten Berufsgruppe oder Familie.[167] Allerdings ist es der Hauptversammlung verwehrt, eine Satzungsbestimmung zu beschließen, der zu Folge das Entsendungsrecht dem Aktionär nur zusteht, solange er Vorstands- oder Aufsichtsratsmitglied ist.[168] Dies wäre rechtsmissbräuchlich, weil es Auswirkungen auf die Wahlfreiheit der Hauptversammlung und das Vorstands-Bestellungsrecht des Aufsichtsrats hätte. Umgekehrt kann aber einem Vorstands- bzw. Aufsichtsratsmitglied ein Entsendungsrecht eingeräumt werden, das trotz der Mitgliedschaft des Entsendungsberechtigten im Vorstand oder Aufsichtsrat ausgeübt werden darf.[169]

Die Entsendung ist **nichtig,** wenn der Entsandte von Anfang an nicht die geforderten 124 persönlichen Voraussetzungen mitbringt. Die Entsendung ist auch nichtig, wenn dem Entsender ein Entsendungsrecht gar nicht zustand oder er es nicht hätte ausüben dürfen.[170]

Verliert ein entsandtes Mitglied eine der geforderten persönlichen Voraussetzungen, kann 125 es von der Hauptversammlung mit einfacher Stimmenmehrheit **abberufen** (§ 103 Abs. 2 S. 2) werden.[171] Eine Abberufung des entsandten Mitglieds aus wichtigem Grund (§ 103 Abs. 3) ist für den Fall denkbar, dass die Ausübung des Entsendungsrechts gegen den Grundsatz von Treu und Glauben verstoßen würde.[172] Es erfolgt kein automatischer Amtsverlust.[173] Daneben besteht das Abberufungsrecht des Entsendungsberechtigten (§ 103 Abs. 2 S. 1).

---

[162] *Seeling/Zwickel* BB 2008, 622 (625); Großkomm AktG/*Hopt/Roth* Rn. 108; Kölner Komm AktG/*Mertens/Cahn* Rn. 58; Spindler/Stilz/*Spindler* Rn. 51.
[163] Kölner Komm AktG/*Mertens/Cahn* Rn. 58.
[164] Kölner Komm AktG/*Mertens/Cahn* Rn. 65.
[165] MHdB AG/*Hoffmann-Becking* § 30 Rn. 12a.
[166] Kölner Komm AktG/*Mertens/Cahn* Rn. 58.
[167] MHdB AG/*Hoffmann-Becking* § 30 Rn. 12a; MüKoAktG/*Habersack* Rn. 59 f. und Großkomm AktG/ *Hopt/Roth* Rn. 102 machen nachträglich hinzugefügte weitere persönliche Voraussetzungen und Hinderungsgründe von der Zustimmung des Entsendungsberechtigten abhängig; aA Kölner Komm AktG/*Mertens/Cahn* Rn. 46.
[168] Kölner Komm AktG/*Mertens/Cahn* Rn. 58; Großkomm AktG/*Hopt/Roth* Rn. 125.
[169] Kölner Komm AktG/*Mertens/Cahn* Rn. 58; Großkomm AktG/*Hopt/Roth* Rn. 125.
[170] Kölner Komm AktG/*Mertens/Cahn* Rn. 65.
[171] MHdB AG/*Hoffmann-Becking* § 30 Rn. 23a; aA Kölner Komm AktG/*Mertens/Cahn* Rn. 65, denen zu Folge § 103 Abs. 2. S. 2 nur den Fall trifft, dass der Entsendungsberechtigte sein Recht verliert.
[172] RGZ 165, 68 (79 ff.); Kölner Komm AktG/*Mertens/Cahn* Rn. 65.
[173] MHdB AG/*Hoffmann-Becking* § 30 Rn. 23a.

126 **bb) Sachliche Voraussetzungen.** Die Satzung kann sachliche Voraussetzungen aufstellen, die das Entsendungsrecht einschränken können.[174]

127 **(1) Zulässige sachliche Voraussetzungen.** Die Satzung kann beispielsweise vorsehen, dass das Entsendungsrecht nach Ablauf einer bestimmten Zeit[175] oder unter bestimmten Bedingungen (zB Verschmelzung mit einer anderen Gesellschaft) **wegfällt**. Sie kann verlangen, dass der Entsendungsberechtigte eine bestimmte Mindestanzahl von Anteilen besitzen muss.[176]

128 Auch ein **Ruhen** des Entsendungsrechts[177] kann vorgesehen werden zB für den Fall, dass ein Entsendungsberechtigter zum Vorstands- oder Aufsichtsratsmitglied gewählt wird.[178]

129 Die Satzung kann dem Entsendungsberechtigten eine **Entsendungspflicht** auferlegen.[179] Einer in der Satzung bestimmten Entsendungspflicht steht auch das Abberufungsrecht des Entsendungsberechtigten (§ 103 Abs. 2 S. 1) nicht entgegen.[180] Übt der Entsendungsberechtigte sein Entsendungsrecht trotz Entsendungspflicht nicht aus, kann eine gerichtliche Bestellung (§ 104) erfolgen. Weder entfällt das entsprechende Aufsichtsratsmandat, noch darf die Hauptversammlung das nicht entsandte Mitglied wählen.[181]

130 **(2) Unzulässige sachliche Voraussetzungen.** Weder der Vorstand[182] noch der Aufsichtsrat oder die Hauptversammlung[183] dürfen Einfluss darauf nehmen, welche Person in den Aufsichtsrat entsandt werden soll. Ihre Entsendung darf daher nicht an die Zustimmung der Hauptversammlung oder des Aufsichtsrats geknüpft werden. Die Wahl von mindestens zwei Dritteln der Anteilseignervertreter gewährleistet der **Hauptversammlung** ihren Einfluss auf die Besetzung des Aufsichtsrats. Würde der Hauptversammlung zusätzlich zu ihrer Wahlmöglichkeit noch die Einflussnahme auf die Entsendung durch ein Zustimmungserfordernis eröffnet werden, so widerspräche dies dem Sinn und Zweck des Entsendungsrechts: Die Entsendung soll gerade unabhängig von der Hauptversammlung erfolgen. Dem **Aufsichtsrat** räumt das Gesetz keine über die Erteilung von Wahlvorschlägen (§ 124 Abs. 3) hinausgehende Einflussnahme auf seine Zusammensetzung ein. Auch die Satzung kann es dem Aufsichtsrat nicht ermöglichen, sich seine Mitglieder selbst auszusuchen. Ein Zustimmungserfordernis durch den **Vorstand** ist ebenfalls abzulehnen, da er nicht die Besetzung des Organs beeinflussen darf, das ihn kontrolliert. Allerdings wird der **Entsendungsberechtigte** häufig vor Rechtsausübung mit einem Großaktionär, dem Aufsichtsratsvorsitzenden und dem Vorstand Fühlung aufnehmen und über die von ihm in Aussicht genommene Person sprechen. Dies ist zulässig, solange er sein Recht zur eigenverantwortlichen Benennung des Entsandten nicht aufgibt.

131 **8. Wahrung des Unternehmensinteresses.** Alle Aufsichtsratsmitglieder unterliegen dem **Gleichbehandlungsgebot.**[184] Entsandte Aufsichtsratsmitglieder haben die **gleichen Rechte und Pflichten wie die gewählten Mitglieder.**[185] Es gelten die gleichen gesetzlichen Vorschriften. Das entsandte Mitglied hat in erster Linie das Interesse des Unterneh-

---

[174] *Merten/Cahn* in Kölner Komm. AktG Rn. 58.
[175] Kölner Komm AktG/*Mertens/Cahn* Rn. 58.
[176] Kölner Komm AktG/*Mertens/Cahn* Rn. 58.
[177] Großkomm AktG/*Hopt/Roth* Rn. 125; vgl. zum Ruhen des persönlichen Entsendungsrechts → Rn. 82 f.
[178] Kölner Komm AktG/*Mertens/Cahn* Rn. 58; Spindler/Stilz/*Spindler* Rn. 52.
[179] K. Schmidt/Lutter/*Drygala* Rn. 27; MHdB AG/*Hoffmann-Becking* § 30 Rn. 25; *Baumbach/Hueck* Rn. 12; Kölner Komm AktG/*Mertens/Cahn* Rn. 58 und 81.
[180] Kölner Komm AktG/*Mertens/Cahn* Rn. 81.
[181] MHdB AG/*Hoffmann-Becking* § 30 Rn. 25.
[182] Kölner Komm AktG/*Mertens/Cahn* Rn. 58; Großkomm AktG/*Hopt/Roth* Rn. 126.
[183] AA Kölner Komm AktG/*Mertens/Cahn* Rn. 58; Großkomm AktG/*Hopt/Roth* Rn. 126.
[184] Kölner Komm AktG/*Mertens/Cahn* Rn. 69.
[185] BGHZ 36, 296 (306); MHdB AG/*Hoffmann-Becking* § 30 Rn. 25; Großkomm AktG/*Hopt/Roth* Rn. 145; Kölner Komm AktG/*Mertens/Cahn* Rn. 69.

mens und nicht die Interessen des Entsendungsberechtigten zu wahren.[186] Das Unternehmensinteresse hat grundsätzlich Vorrang.[187]

a) Das Unternehmensinteresse. S. auch → § 100 Rn. 118 ff. Das **Unternehmens-** 132
interesse kann am ehesten negativ definiert werden. Demnach wird das Unternehmensinteresse nicht gewahrt, wenn das Vorhaben nur den Vertretern einer Gruppe (Aktionären, Arbeitnehmern, Führungskräften, öffentliches Wohl) dient.[188] Letztlich sollen die Selbsterhaltung, die innere Stabilität und der Erfolg des Unternehmens am Markt gesichert werden.[189] Das Unternehmensinteresse bindet das Aufsichtsratsmitglied. Es muss sich loyal verhalten und darf nicht gegen seine Treuepflicht verstoßen.[190]

b) Interessenkonflikt und Grenzen des Weisungsrechts. Tritt ein **Konflikt** zwischen 133
den Interessen des Entsendungsberechtigten und den Interessen des Unternehmens auf, muss das entsandte Mitglied vorrangig die Interessen des Unternehmens wahren.[191] Die Interessen des Entsendungsberechtigten sind zurückzustellen.

Dies gilt auch, wenn das entsandte Mitglied als Beamter dem **Weisungsrecht** seines 134
Dienstherrn unterliegt. Das Weisungsrecht wird durch das Unternehmensinteresse begrenzt. Entsandte Mitglieder unterliegen deshalb während ihrer Amtszeit nicht den Weisungen des Entsendungsberechtigten,[192] wenn das Unternehmensinteresse entgegensteht.[193] Gleiches gilt für Aufsichtsratsmitglieder, die von Gebietskörperschaften entsandt worden sind,[194] auch wenn diese natürlich im Übrigen an Weisungen gebunden werden können und unter Umständen sogar öffentlich-rechtlich zwingend gebunden werden müssen.[195] Befolgt der Entsandte die Weisungen seines Dienstherrn und handelt damit gegen das Unternehmensinteresse, läuft er Gefahr, sich im Außenverhältnis zur Gesellschaft schadensersatzpflichtig zu machen.[196] Befolgt er erteilte Weisungen nicht, setzt sich der Entsandte wiederum der Gefahr aus, dass er vom Entsendungsberechtigten abberufen und auf Schadensersatz in Anspruch genommen wird.[197]

IV. Die Bestellung zum Aufsichtsratsmitglied

1. Amtserwerb des Gewählten und des Entsandten. Das Aufsichtsratsmitglied wird 135
entweder durch die **Wahl** oder durch den **Entsendungsakt** bestellt. Die Bestellung stellt

---

[186] OLG Hamburg AG 1990, 218; vgl. auch BGH AG 2006, 110 (113) – Mannesmann zur Strafbarkeit wegen Untreue durch die Bewilligung von Sonderzahlungen an Vorstandsmitglieder.
[187] *Decher* ZIP 1990, 277 (279).
[188] Zur Verfolgung des Unternehmensinteresses durch Arbeitnehmer- und Anteilseignervertreter siehe *J. Semler* NZG 2013, 771 (777).
[189] *Dreher* JZ 1990, 896 (897).
[190] *Dreher* JZ 1990, 896 (897).
[191] AllgM, BGHZ 36, 296 (306); OLG Hamburg AG 1990, 218 (219); Bürgers/Körber/*Bürgers/Israel* Rn. 13; Großkomm AktG/*Hopt/Roth* Rn. 146; Kölner Komm AktG/*Mertens/Cahn* Rn. 69; Spindler/Stilz/ *Spindler* Rn. 77; *Säcker*, FS Rebmann, 1989, 781 (791); *Schwintowski* NJW 1995, 1316 (1318) verweist bezüglich der Unabhängigkeit des entsandten Aufsichtsratsmitglieds auf den „Vorrang des Gesellschaftsrechts"; vgl. auch → § 100 Rn. 118 ff.
[192] RGZ 165, 68 (79); BGHZ 36, 296 (306); BGHZ 90, 381 (398); vgl. dazu aber auch *Schwintowski* NJW 1995, 1316 (1318); Grigoleit/*Grigoleit/Tomasic* Rn. 20; MHdB AG/*Hoffmann-Becking* § 30 Rn. 25; Kölner Komm AktG/*Mertens/Cahn* Rn. 69. *Säcker*, FS Rebmann, 1989, 781 (792 f.) zufolge soll die ausschließliche Verpflichtung des entsandten Beamten auf das Unternehmensinteresse selbst dann gelten, wenn alle Anteile des Unternehmens in öffentlicher Hand liegen.
[193] So abschichtend nun auch die Rechtsprechung, siehe VG Arnsberg ZIP 2007, 1988 (1990).
[194] Kölner Komm AktG/*Mertens/Cahn* Rn. 69; Hüffer/*Koch* Rn. 12 und ausführlich → § 394 Rn. 28 zum Meinungsstand und → Rn. 29 zur eigenen Ansicht; *Decher* ZIP 1990, 277 (280 f.); *Säcker*, FS Rebmann, 1989, 781 (783 ff.).
[195] BVerwG MittBayNot 2012, 322 (324).
[196] *Säcker*, FS Rebmann, 1989, 781 (786).
[197] Kölner Komm AktG/*Mertens/Cahn* Rn. 69; MHdB AG/*Hoffmann-Becking* § 30 Rn. 25.

einen **körperschaftsrechtlichen Akt** dar.[198] Eine Bestellung mit rückwirkender Kraft ist unwirksam.[199]

136 Zwischen dem Aufsichtsratsmitglied und der Gesellschaft entsteht mit der Bestellung zum Aufsichtsratsmitglied und ihrer Annahme ein **korporationsrechtliches Verhältnis**.[200] Es ergibt sich aus der Übernahme des Mandats durch Bestellung bzw. Entsendung und die Annahme des Amtes sowie den dadurch zugewiesenen Rechten und Pflichten. Wer das Amt eines Aufsichtsratsmitglieds angenommen hat, ist damit den für Aufsichtsratsmitglieder geltenden Kompetenzregelungen unterworfen. Bestellung und Annahme begründen jedoch keinen Vertrag.[201]

137 a) **Annahme der Wahl durch den Gewählten.** Die Wahl zum Aufsichtsratsmitglied bedarf als einseitiger körperschaftlicher Organisationsakt der **Annahme** des Gewählten.[202] Es gelten die allgemeinen Regeln für die Abgabe von Willenserklärungen. Die Annahme kann weder bedingt noch befristet erklärt werden.[203] Die Wahl ist bis zu ihrer Annahme durch den Gewählten **schwebend unwirksam**.[204] Hat sich das zu wählende Aufsichtsratsmitglied **vorher** mit seiner Wahl einverstanden erklärt, wird es mit der Wahl Mitglied des Aufsichtsrats.[205] Die Annahmeerklärung ist bis zur Wahl widerruflich.

138 b) **Annahme der Entsendung durch den Entsandten.** Das auf Grund seiner Benennung in den Aufsichtsrat entsandte Mitglied erwirbt sein Amt mit der Annahme der Entsendung.[206] Der Entsendungsberechtigte kann bereits bei der Benennung gegenüber dem Vorstand erklären, dass der Entsandte die Entsendung angenommen hat. Es genügt allerdings auch die schlüssige Annahme durch Ausübung des Amtes.[207]

139 c) **Erklärungsempfänger der Annahme.** Das Gesetz enthält keine Vorschriften darüber, wer dem gewählten Aufsichtsratsmitglied seine Wahl mitteilt oder wem gegenüber der Gewählte bzw. der Entsandte die Annahme seiner Wahl bzw. seiner Entsendung erklären muss. Allerdings kann die Satzung entsprechende Regelungen (zB zur Annahmefrist) treffen.[208]

140 Die Erklärung ist gegenüber der Gesellschaft abzugeben.

141 aa) **Annahmeerklärung gegenüber der Hauptversammlung.** Ist der Gewählte bei der Wahl anwesend, kann er die Annahme gegenüber der **Hauptversammlung** erklären.[209] Dies ist möglich, da die Hauptversammlung das Wahlorgan und als solches als Erklärungsempfänger vorrangig zuständig ist. Auch gegenüber dem **Vorstand** als dem gesetzlichen Vertreter der Gesellschaft kann die Annahmeerklärung erfolgen.[210] Der Aufsichtsrat selbst ist

---

[198] Hüffer/*Koch* Rn. 8.
[199] Großkomm AktG/*Hopt/Roth* Rn. 90.
[200] Bürgers/Körber/*Bürgers/Israel* Rn. 2.
[201] Hüffer/*Koch* Rn. 8.
[202] Hüffer/*Koch* Rn. 8; Kölner Komm AktG/*Mertens/Cahn* Rn. 36; MHdB AG/*Hoffmann-Becking* § 30 Rn. 22; Großkomm AktG/*Hopt/Roth* Rn. 82; Henn/*Wolff* Kap. 8 Rn. 31; *Natzel* DB 1965, 1429 (1433); *Natzel* AG 1959, 93 (98 f.).
[203] MüKoAktG/*Habersack* Rn. 61; aA Großkomm AktG/*Hopt/Roth* Rn. 90.
[204] K. Schmidt/Lutter/*Drygala* Rn. 12; MüKoAktG/*Habersack* Rn. 61; MHdB AG/*Hoffmann-Becking* § 30 Rn. 22; wohl ablehnend Großkomm AktG/*Hopt/Roth* Rn. 84.
[205] Kölner Komm AktG/*Mertens/Cahn* Rn. 36; MHdB AG/*Hoffmann-Becking* § 30 Rn. 22.
[206] Kölner Komm AktG/*Mertens/Cahn* Rn. 66; Großkomm AktG/*Hopt/Roth* Rn. 138.
[207] MHdB AG/*Hoffmann-Becking* § 30 Rn. 25 und 22; Kölner Komm AktG/*Mertens/Cahn* Rn. 36.
[208] Großkomm AktG/*Hopt/Roth* Rn. 85; Kölner Komm AktG/*Mertens/Cahn* Rn. 37.
[209] Rn. MHdB AG/*Hoffmann-Becking* § 30 Rn. 22; Kölner Komm AktG/*Mertens/Cahn* Rn. 36; Baumbach/*Hueck* Rn. 7; Großkomm AktG/*Hopt/Roth* Rn. 83; *Schilling*, FS Fischer, 1979, 679 (687).
[210] K. Schmidt/Lutter/*Drygala* Rn. 12; MüKoAktG/*Habersack* Rn. 62; MHdB AG/*Hoffmann-Becking* § 30 Rn. 22; Großkomm AktG/*Hopt/Roth* Rn. 83; Kölner Komm AktG/*Mertens/Cahn* Rn. 36; *Schilling*, FS Fischer, 1979, 679 (687); Grigoleit/*Grigoleit/Tomasic* Rn. 26 zu Folge sind sowohl der Leiter der Hauptversammlung als auch der Vorsitzende des Aufsichtsrats Empfangsboten kraft Verkehrsanschauung; aA Baumbach/*Hueck* Rn. 7, die die Ansicht vertreten, dass eine Annahmeerklärung gegenüber dem Aufsichtsratsvorsitzenden genüge.

auf Grund mangelnder innergesellschaftlicher Vertretungsmacht zwar nicht zur Entgegennahme der Annahmeerklärung befugt.[211] Leitet der Aufsichtsratsvorsitzende die Annahmeerklärung aber an den Vorstand weiter, ist auch er berechtigter Erklärungsempfänger.[212] Die Annahme ist mit Zugang der Erklärung beim Aufsichtsratsvorsitzenden wirksam. Der Gewählte kann die Wahl auch **stillschweigend durch schlüssiges Handeln** annehmen, indem er widerspruchslos mit der Ausübung seiner Aufsichtsratstätigkeit beginnt.[213]

Eine **vorweg bekundete Bereitschaft** zur Annahme des Amtes ist möglich. 142

bb) Annahmeerklärung gegenüber dem Vorstand. Hat der Entsandte nicht bereits 143 gegenüber dem Entsendungsberechtigten die Annahme erklärt,[214] muss er die Annahme der Entsendung in den Aufsichtsrat **gegenüber dem Vorstand als dem vertretungsberechtigten Organ** (§ 78) erklären.[215] Zur Abgabe der Annahmeerklärung gegenüber dem Aufsichtsratsvorsitzenden gilt Gleiches wie beim gewählten Aufsichtsratsmitglied.

d) Annahmefristen. Die Satzung kann Regelungen über die Annahme treffen.[216] Sie 144 kann angemessene **Annahmefristen** vorschreiben.[217] Fehlen entsprechende Fristenregelungen in der Satzung, muss der Gewählte (Entsandte) seine Erklärung unverzüglich abgeben.[218] Unverzüglich heißt aber nicht sofort, sondern nach angemessener Bedenkzeit. Die Gesellschaft darf aber nicht zu lange im Ungewissen sein, wer Mitglied ihres Aufsichtsrats ist. Erklärt sich der Amtsanwärter nicht binnen weniger Tage, kann der Vorstand dem Gewählten eine Annahmefrist setzen.[219] Lässt der Gewählte die Frist verstreichen, ohne auch nur durch konkludentes Handeln seine Annahme darzutun, ist die Wahl hinfällig. Der Wahlbeschluss bzw. die Entsendungsmitteilung verlieren ihre Wirksamkeit.

2. Keine Annahmeverpflichtung. Der Gewählte ist nicht verpflichtet, die Wahl an- 145 zunehmen.[220] Eine solche Verpflichtung kann auch nicht durch die Satzung begründet werden.[221] Die Begründung von Nebenverpflichtungen eines Aktionärs ist im Gesetz abschließend geregelt (§ 55); die Pflicht zur Übernahme eines Aufsichtsratsmandats kann damit nicht begründet werden. Anderes gilt, wenn sich der Gewählte zuvor vertraglich mit der Gesellschaft oder gegenüber einem an der Annahme interessierten Dritten über die Annahme der Wahl geeinigt hatte. Verweigert der Gewählte in diesem Fall die Annahme, macht er sich gegenüber der Gesellschaft oder dem Dritten schadensersatzpflichtig.[222] Entsprechendes gilt, wenn die Verpflichtung aus einem bestehenden Dienstverhältnis folgt.

3. Ablehnung der Wahl. Der Gewählte kann sich einem Dritten gegenüber wirksam 146 verpflichten, seine Wahl abzulehnen.[223] Es kann eine Vertragsstrafe vereinbart werden. Nimmt der Gewählte die Wahl dennoch an, stellt dies zwar einen Verstoß gegen die eingegangene Verpflichtung dar und löst ggf. die Vertragsstrafe aus, lässt jedoch die Wirksamkeit der Annahme nicht entfallen.[224]

---

[211] Großkomm AktG/*Hopt/Roth* Rn. 83 unter Hinweis auf die Vertretungsregelungen in den §§ 78, 112.
[212] Großkomm AktG/*Hopt/Roth* Rn. 83; aA *Baumbach/Hueck* Rn. 7.
[213] Kölner Komm AktG/*Mertens/Cahn* Rn. 36; MHdB AG/*Hoffmann-Becking* § 30 Rn. 22; Großkomm AktG/*Hopt/Roth* Rn. 83 mwN.
[214] Großkomm AktG/*Hopt/Roth* Rn. 139 halten demgegenüber eine wirksame Annahmeerklärung dem Entsendungsberechtigten gegenüber für ausgeschlossen.
[215] Kölner Komm AktG/*Mertens/Cahn* Rn. 66 mit Verweis auf Rn. 36; Hüffer/*Koch* Rn. 8.
[216] Kölner Komm AktG/*Mertens/Cahn* Rn. 37; Großkomm AktG/*Hopt/Roth* Rn. 85.
[217] Großkomm AktG/*Hopt/Roth* Rn. 85; Kölner Komm AktG/*Mertens/Cahn* Rn. 37.
[218] K. Schmidt/Lutter/*Drygala* Rn. 12, MüKoAktG/*Habersack* Rn. 63 und Großkomm AktG/*Hopt/Roth* Rn. 85 wollen dem Gewählten bei fehlender Satzungsregelung eine angemessene Bedenkzeit zugestehen, eine sofortige Annahme sei demnach nicht erforderlich.
[219] Kölner Komm AktG/*Mertens/Cahn* Rn. 38; MHdB AG/*Hoffmann-Becking* § 30 Rn. 22.
[220] Kölner Komm AktG/*Mertens/Cahn* Rn. 39; Großkomm AktG/*Hopt/Roth* Rn. 87.
[221] Kölner Komm AktG/*Mertens/Cahn* Rn. 39.
[222] Kölner Komm AktG/*Mertens/Cahn* Rn. 39.
[223] Kölner Komm AktG/*Mertens/Cahn* Rn. 40; Großkomm AktG/*Hopt/Roth* Rn. 89.
[224] Kölner Komm AktG/*Mertens/Cahn* Rn. 40.

147 **4. Amtsbeginn des neu bestellten Aufsichtsratsmitglieds.** Die Amtszeit des neu gewählten bzw. des entsandten Aufsichtsratsmitglieds beginnt, soweit sich aus dem Wahlbeschluss nichts anderes ergibt (vgl. → Rn. 149), mit der Annahme der Wahl[225] bzw. der Annahme der Entsendung. Die Satzung kann für beide Fälle einen späteren Zeitpunkt als Amtsbeginn vorsehen.[226]

148 **Wahl und Entsendung** sind im Einzelfall auch **für einen späteren Zeitpunkt** zulässig, wenn von der Hauptversammlung ein entsprechender Beschluss gefasst wird. Eine genaue Terminangabe ist notwendig, wenn es eine solche Befristung gibt. Eine Wahl mit rückwirkender Kraft ist dagegen unzulässig.[227]

149 Muss zunächst eine **Satzungsänderung** erfolgen, bevor die Amtsübernahme möglich ist, kann die Wahl mit dem Beschluss über die Satzungsänderung erfolgen.[228] Sie wird mit dem Zeitpunkt der Eintragung der Satzungsänderung wirksam.

150 **5. Amtsdauer des bestellten und des entsandten Aufsichtsratsmitglieds.** Sowohl für das bestellte als auch für das entsandte Mitglied gilt die gesetzliche Höchstdauer.[229] Aus dem jederzeitigen Abberufungsrecht des Entsendungsberechtigten (§ 103 Abs. 2 S. 1) folgt, dass er innerhalb des gesetzlichen oder satzungsmäßigen Rahmens die Amtsdauer selbst festlegen kann.[230] Das entsandte Mitglied ist nach Ablauf seiner Amtszeit neu in den Aufsichtsrat zu entsenden. Es kann den Entsendungsberechtigten nicht zu einer wiederholten Entsendung verpflichten. Eine Einflussnahme auf seine Bestellung ist ihm ebenso wie dem zu wählenden Aufsichtsratsmitglied verwehrt.[231] Die Amtszeit des entsandten Mitglieds endet nicht automatisch mit dem Übergang des Entsendungsrechts auf einen anderen Entsendungsberechtigten. Dieser müsste ihn abberufen, wenn er Anlass dazu hätte.[232]

151 **6. Vergütung.** Aufsichtsratsmitglieder haben keinen gesetzlichen Vergütungsanspruch. Das Gesetz bestimmt jedoch, dass Aufsichtsratsmitglieder eine Vergütung erhalten können (§ 113). Das Aufsichtsratsmitglied erwirbt einen Vergütungsanspruch, wenn ein solcher in der Satzung geregelt oder von der Hauptversammlung festgelegt worden ist. Nach instanzgerichtlicher Rechtsprechung[233] können diese beiden Wege aber nicht kombiniert werden, was aber mE eine zu positivistische Lesart des Gesetzes darstellt.

152 Aus dem **Gleichbehandlungsgrundsatz** folgt, dass die Höhe der Vergütung eines Aufsichtsratsmitglieds nicht davon abhängig gemacht werden darf, ob es in den Aufsichtsrat gewählt oder entsandt worden ist.[234] Gleiches gilt im Fall der Herabsetzung der Höhe der Vergütung durch satzungsändernden Beschluss der Hauptversammlung.[235]

153 Zulässig sind allerdings sachliche Differenzierungen, etwa zum Ausgleich von Mehrbelastungen durch Ausschußarbeit oder der Übernahme besonderer Funktionen, etwa als Vorsitzender oder als financial expert.

V. Anstellungsverhältnis des Aufsichtsratsmitglieds

154 Von der Bestellung des gewählten oder entsandten Aufsichtsratsmitglieds ist ein etwaiges Anstellungsverhältnis zu unterscheiden.[236]

---

[225] Großkomm AktG/*Hopt/Roth* Rn. 90; Kölner Komm AktG/*Mertens/Cahn* Rn. 41.
[226] Kölner Komm AktG/*Mertens/Cahn* Rn. 66.
[227] Kölner Komm AktG/*Mertens/Cahn* Rn. 41; Großkomm AktG/*Hopt/Roth* Rn. 90.
[228] Kölner Komm AktG/*Mertens/Cahn* Rn. 41; Großkomm AktG/*Hopt/Roth* Rn. 90.
[229] § 102; Kölner Komm AktG/*Mertens/Cahn* Rn. 71; MHdB AG/*Hoffmann-Becking* § 30 Rn. 47.
[230] Kölner Komm AktG/*Mertens/Cahn* Rn. 71; MHdB AG/*Hoffmann-Becking* § 30 Rn. 47.
[231] Kölner Komm AktG/*Mertens/Cahn* Rn. 71 und *Schilling*, FS Fischer, 1979, 679 (691) bezeichnen den Entsendungsberechtigten und die Hauptversammlung in diesem Zusammenhang als „Kreationsorgan".
[232] Kölner Komm AktG/*Mertens/Cahn* Rn. 71.
[233] LG Memmingen AG 2001, 376.
[234] K. Schmidt/Lutter/*Drygala* Rn. 23; Großkomm AktG/*Hopt/Roth* Rn. 142.
[235] Kölner Komm AktG/*Mertens/Cahn* Rn. 68.
[236] Vgl. *Kalss/Kunz/Schima*, HdB für den Aufsichtsrat, 309 (373).

1. Kein Anstellungsverhältnis kraft ausdrücklicher Vereinbarung. Mit der Entstehung des gesetzlichen Schuldverhältnisses[237] entstehen dem Aufsichtsratsmitglied im Gesetz abschließend festgelegte Verpflichtungen und enthält es im Gesetz abschließend bestimmte Rechte (§§ 102, 107, 113, 116, 93). Sie können durch die Satzung weder ausgedehnt, noch verringert werden (§ 23 Abs. 5). 155

Neben dem korporationsrechtlichen Verhältnis besteht kein Anstellungsverhältnis.[238] Es existiert auch **keine weitere vertragliche Verbindung**[239] neben dem durch die Annahme der Bestellung entstehenden **gesetzlichen Schuldverhältnis**.[240]

Wenn im Einzelfall dennoch „Verträge" abgeschlossen werden, sind dies in der Praxis meist Beratungsverträge (mit dem Ziel erweiterter Vergütung) und als solche an §§ 113, 114 AktG zu messen. Ist bei näherem Hinsehen allerdings Gegenstand des Vertrages die eigentliche Aufsichtsratsarbeit, begründet dies die Nichtigkeit des Vertrages.[241] 156

2. Kein stillschweigend entstehendes Anstellungsverhältnis. Ein Anstellungsverhältnis kommt auch nicht stillschweigend zustande. 157

VI. Unzulässigkeit der Bestellung von Stellvertretern (Abs. 3 S. 1)

Stellvertreter von Aufsichtsratsmitgliedern dürfen nicht bestellt werden. Dies folgt seit 1965 schon aus dem geänderten Gesetzeswortlaut.[242] Der Gesetzgeber sah auch kein Bedürfnis mehr.[243] Die Beschlussfassung des Aufsichtsrats wurde neu geregelt. Seitdem können verhinderte Aufsichtsratsmitglieder ihre Stimmen schriftlich abgeben (§ 108 Abs. 3 S. 1, 2) oder, wenn die Satzung dies zulässt (§ 109 Abs. 3), durch Personen, die nicht zum Aufsichtsrat gehören, übergeben lassen (§ 108 Abs. 3 S. 2, 3). 158

VII. Ersatzmitglieder (Abs. 3 S. 2 bis 4)

1. Abgrenzung Stellvertreter und Ersatzmitglied. Die Bestellung von Stellvertretern ist im Gegensatz zur Bestellung von Ersatzmitgliedern unzulässig. Ein **Stellvertreter** hätte für ein Aufsichtsratsmitglied einspringen müssen, wenn dieses vorübergehend verhindert gewesen wäre. Er hätte auch während der Zeit der Stellvertretung nicht den Status eines ordentlichen Aufsichtsratsmitglieds erlangt. Das **Ersatzmitglied** hingegen vertritt nicht ein vorübergehend verhindertes Mitglied, sondern tritt an die Stelle eines dauerhaft weggefallenen Mitglieds. Es wird nach dem Wegfall des Aufsichtsratsmitglieds, welches es ersetzen soll, selbst zum ordentlichen Aufsichtsratsmitglied.[244] **Wegfall** bedeutet, dass die Verhinderung des betreffenden Aufsichtsratsmitglieds nicht nur vorübergehend sein darf.[245] 159

---

[237] Vgl. *Vetter* in Marsch-Barner/Schäfer HdB börsennotierte AG § 29 Rn. 2.
[238] K. Schmidt/Lutter/*Drygala* Rn. 2 mwN; MüKoAktG/*Habersack* Rn. 50; Großkomm AktG/*Hopt/Roth* Rn. 92 und 141; *Natzel* DB 1959, 171 ff.; *Natzel* DB 1964, 1143 f., *Schilling*, FS Fischer, 1979, 679 (691) mit dem Argument, dass ein Aufsichtsratsmitglied kein Angestellter des Unternehmens sei; demgegenüber geht *Koch* im Anschluß an und in *Hüffer* AktG Rn. 2 am Ende von einem Rechtsverhältnis mit korporations- und schuldrechtlichem Inhalt (Doppelnatur) aus, wenn kein Vertrag besteht.
[239] *Natzel* DB 1959, 171; *Natzel* DB 1964, 1143; Grigoleit/*Grigoleit/Tomasic* Rn. 27; Kölner Komm AktG/ *Mertens/Cahn* Rn. 5, die das Rechtsverhältnis durch Gesetz, Satzung oder Hauptverhandlungsbeschluss geprägt sehen.
[240] Großkomm AktG/*Hopt/Roth* Rn. 92 und 141; *Vetter* in Marsch-Barner/Schäfer HdB börsennotierte AG § 29 Rn. 2 mwN.
[241] BGHZ 168, 188; BGHZ 170, 60; siehe auch Hüffer/*Koch* § 114 Rn. 10 mwN.
[242] Eine Darstellung zum Aufsichtsratsstellvertreter vor Inkrafttreten des AktG 1965 findet sich bei *Kohler* NJW 1955, 205.
[243] BegrRegE *Kropff* S. 139.
[244] *Volhard* in Semler/Volhard/Reichert HV-HdB § 17 Rn. 27.
[245] Hüffer/*Koch* Rn. 15; ähnlich MHdB AG/*Hoffmann-Becking* § 30 Rn. 27, der ein vorzeitiges Ausscheiden des Aufsichtsratsmitglieds für erforderlich hält. Anders *Kraul/Fackler* AG 2009, 686 (687 ff.), die auch Fälle erfasst sehen, in denen sich nicht vorhersagen lässt, ob die Verhinderung endgültig oder lediglich vorübergehend ist, zB eine schwere Krankheit, Koma oder eine Entführung.

160 **2. Zulässigkeit der Bestellung von Ersatzmitgliedern.** Die Bestellung von Ersatzmitgliedern ist **für jedes Aufsichtsratsmitglied** zulässig. Dies gilt gleichermaßen für Anteilseigner- und Arbeitnehmervertreter.[246] Für letztere ergibt sich dies aus dem Verweis im MitbestG,[247] welches eine Sonderregelung (§ 17 MitbestG) für die unterschiedlichen Kategorien der Arbeitnehmervertreter vorsieht. Auch Entsendungsberechtigte können Ersatzmitglieder bestellen.[248]

161 Die Bestellung von Ersatzmitgliedern braucht **nicht in der Satzung** niedergeschrieben zu sein. Ebenso wenig kann die Satzung ihre Bestellung erzwingen oder untersagen.[249]

162 Die **Bestellung von Ersatzmitgliedern** hat **Vorteile.** Bei vorzeitigem und dauerhaftem Ausscheiden eines Aufsichtsratsmitglieds ist die Wahl eines Nachfolgers entbehrlich, was Zeit- und Kostenaufwand dafür vermeidet.[250] Zudem kann im Fall des Ausscheidens eines Anteilseignervertreters in paritätisch mitbestimmten Publikumsgesellschaften eine vorübergehende Minderheit der Anteilseigner im Aufsichtsrat vermieden werden.[251]

163 Es besteht – anders als bei Stellvertretern – **kein Grund,** die Bestellung von Ersatzmitgliedern **zu untersagen.**[252] Interessen der Arbeitnehmervertreter werden nicht berührt. Sie bestimmen bei der Wahl der von ihnen zu wählenden Mitglieder, welche Personen sie als Ersatzmitglieder wünschen.[253]

164 Das Gesetz sieht jedoch eine **Ausnahme** vor. Für das weitere (neutrale) Mitglied, das nach dem MontanMitbestG (§ 8 Abs. 1 MontanMitbestG) oder dem MitbestErgG (§ 5 Abs. 3 MitbestErgG) zu wählen ist, kann kein Ersatzmitglied bestellt werden.[254] Dies wäre mit der Stellung des weiteren Mitglieds nicht vereinbar.[255]

165 An das Ersatzmitglied sind die gleichen **Wählbarkeitsvoraussetzungen** zu stellen wie an das zu ersetzende Aufsichtsratsmitglied.[256]

166 **3. Bestellung des Ersatzmitglieds.** Ersatzmitglieder werden nach den gleichen Vorschriften bestellt wie die ordentlichen Aufsichtsratsmitglieder (Abs. 3 S. 4). Es bestehen **drei Möglichkeiten, Ersatzmitglieder zu bestellen:**
– Wahl durch die Hauptversammlung;
– Wahl durch die Arbeitnehmervertreter;
– Entsendung durch einen oder mehrere Entsendungsberechtigte.[257]

167 **Bestellungsorgane** für die Ersatzmitglieder sind also die Hauptversammlung, die Arbeitnehmervertreter und die Entsendungsberechtigten.

168 **a) Freiwilligkeit der Bestellung von Ersatzmitgliedern.** Das Gesetz enthält keine zwingende Regelung, nach der Ersatzmitglieder bestellt werden müssen. Das jeweilige Bestellungsorgan entscheidet darüber, ob es für „sein" Aufsichtsratsmitglied ein Ersatzmit-

---

[246] BayObLG AG 2001, 50 (51); Kölner Komm AktG/*Mertens/Cahn* Rn. 84; MHdB AG/*Hoffmann-Becking* § 30 Rn. 27; UHH/*Ulmer/Habersack* MitbestG § 6 Rn. 73.
[247] § 6 Abs. 2 S. 1 MitbestG verweist u. a. auf § 101 Abs. 3.
[248] K. Schmidt/Lutter/*Drygala* Rn. 30; MüKoAktG/*Habersack* Rn. 77; Großkomm AktG/*Hopt/Roth* Rn. 178; Rn. Kölner Komm AktG/*Mertens/Cahn* Rn. 85.
[249] Großkomm AktG/*Hopt/Roth* Rn. 179; UHH/*Ulmer/Habersack* MitbestG § 6 Rn. 75.
[250] BegrRegE *Kropff* S. 139.
[251] MHdB AG/*Hoffmann-Becking* § 30 Rn. 29 spricht in diesem Zusammenhang von Paritätssicherung. Er weist darauf hin, dass die entstehende Lücke auch ohne Ersatzmitglieder durch eine gerichtliche Bestellung (§ 104) geschlossen werden könne.
[252] BegrRegE *Kropff* S. 139.
[253] BegrRegE *Kropff* S. 139.
[254] § 101 Abs. 3 S. 2; vgl. *Michels* DB 1966, 1054 ff.
[255] BegrRegE *Kropff* S. 139.
[256] Vgl. → § 100 Rn. 14 ff.; *Volhard* in Semler/Volhard/Reichert HV-HdB § 17 Rn. 27; Großkomm AktG/*Hopt/Roth* Rn. 181; ähnlich Kölner Komm AktG/*Mertens/Cahn* Rn. 92, die jedoch einen Unterschied zwischen gesetzlichen und satzungsmäßigen Voraussetzungen sehen.
[257] Kölner Komm AktG/*Mertens/Cahn* Rn. 87; Großkomm AktG/*Hopt/Roth* Rn. 181.

glied bestellen will.[258] Die Satzung kann die Wahl von Ersatzmitgliedern weder verbieten noch vorschreiben.[259]

Auch für den **Gründungsaufsichtsrat** können Ersatzmitglieder bestellt werden, was eine Hauptversammlung oder gerichtliche Bestellung nach § 104 AktG vermeidet, wenn nach der Handelsregistereintragung ein Aufsichtsratsmitglied wegfällt.[260] **169**

Ein ordentliches Aufsichtsratsmitglied kann nicht zum Ersatzmitglied eines anderen ordentlichen Aufsichtsratsmitglieds bestellt werden.[261] Das Ersatzmitglied würde in das Amt des weggefallenen Aufsichtsratsmitglieds einspringen und könnte sein eigenes Amt nicht mehr ausüben. Der Aufsichtsrat wäre nicht mehr ordnungsgemäß besetzt. **170**

b) Gleichzeitigkeit der Bestellung. Ein Ersatzmitglied muss **gleichzeitig** mit dem ordentlichen Aufsichtsratsmitglied bestellt werden,[262] für das es bei dessen Wegfall einspringen soll. Dies bedeutet, dass die Wahl des ordentlichen Mitglieds und des Ersatzmitglieds in der gleichen Hauptversammlung, Wahlmänner-Versammlung oder in derselben Direktwahl im Unternehmen stattfinden muss.[263] Die Bestellung in einer gesonderten Hauptversammlung ist unzulässig. **171**

Wählt die Hauptversammlung ein neues Aufsichtsratsmitglied, wird das Ersatzmitglied des zuvor weggefallenen Aufsichtsratsmitglieds **nicht automatisch** zum **Ersatzmitglied dieses neu bestellten Mitglieds**. Es liegt keine gleichzeitige Bestellung des Ersatzmitglieds und des Nachfolgers vor. Die Ersatzmitgliedschaft bezieht sich nicht automatisch auf das neue Aufsichtsratsmitglied. Sie ist nicht beliebig übertragbar. Die Satzung kann keine entgegenstehende Regelung vorsehen. Jedoch kann das bisherige Ersatzmitglied (erneut) gleichzeitig mit dem neu nachgewählten Aufsichtsratsmitglied bestellt werden.[264] Dann wird es auch zum Ersatzmitglied des nachgewählten Aufsichtsratsmitglieds.[265] **172**

Die **Amtszeit** der zu ersetzenden Aufsichtsratsmitglieder ist zwar unterschiedlich lang. Dies ist aber ohne Bedeutung.[266] **173**

Das Gleichzeitigkeitserfordernis ist gewahrt, wenn ein Ersatzmitglied mehrfach bzw. wiederholt in den Aufsichtsrat nachrückt. Maßgeblich für die **Gleichzeitigkeit** ist die Wahl zum Ersatzmitglied und nicht der Zeitpunkt des zweiten Nachrückens in den Aufsichtsrat. **174**

c) Annahme des Aufsichtsratsmandats. Die Übernahme des Aufsichtsratsmandats durch ein Ersatzmitglied bedarf der ausdrücklichen oder konkludenten **Annahme**.[267] **175**

aa) Erfordernis einer ausdrücklichen Annahme. Es ist weder vorgeschrieben noch in der Praxis allgemein üblich, dass jemand seine Wahl zum Ersatzmitglied **ausdrücklich annimmt**. Aber auch dann, wenn eine ersatzweise Mitgliedschaft im Aufsichtsrat von der gewählten Person ausdrücklich angenommen worden ist, kann daraus nicht zugleich eine vorgezogene Annahme des möglicherweise auf das Ersatzmitglied zukommenden Aufsichts- **176**

---

[258] BayObLG AG 2001, 50 (51) = BayObLG ZIP 2000, 883 (884); Kölner Komm AktG/*Mertens/Cahn* Rn. 85.
[259] BegrRegE *Kropff* S. 140, Kölner Komm AktG/*Mertens/Cahn* Rn. 85; MHdB AG/*Hoffmann-Becking* § 30 Rn. 27; Rn. Großkomm AktG/*Hopt/Roth* Rn. 179.
[260] Vgl. Hölters/*Solveen* § 30 Rn. 9.
[261] Kölner Komm AktG/*Mertens/Cahn* Rn. 90.
[262] Abs. 3 S. 3; vgl. dazu OLG Karlsruhe AG 1986, 168 (169); LG Heidelberg AG 1986, 81; LG München I AG 2010, 922 (933); Bürgers/Körber/*Bürgers/Israel* Rn. 17; Kölner Komm AktG/*Mertens/Cahn* Rn. 88; MHdB AG/*Hoffmann-Becking* § 30 Rn. 27; *Lutter/Krieger/Verse* Rn. 1052; Großkomm AktG/*Hopt/Roth* Rn. 186. Zur Kritik am Gleichzeitigkeitserfordernis: *v. Gliechenstein* AG 1970, 1.
[263] *Lutter/Krieger/Verse* Rn. 1052 weisen in diesem Zusammenhang darauf hin, dass ein einheitlicher Abstimmungsvorgang vorbehaltlich § 7 Abs. 2 DrittelbG nicht erforderlich sei.
[264] Kölner Komm AktG/*Mertens/Cahn* Rn. 88 und 94; *Bommert* AG 1986, 315 (320).
[265] BGHZ 99, 211 (221).
[266] Kölner Komm AktG/*Mertens/Cahn* Rn. 88.
[267] Str., **wie hier** *Lutter/Krieger/Verse* Rn. 1054; *Lehmann* DB 1983, 485 (487); *Rellermeyer* ZGR 1987, 563 (576); **aA die hM:** Bürgers/Körber/*Bürgers/Israel* Rn. 17; Baumbach/Hueck Rn. 18; Großkomm AktG/*Hopt/Roth* Rn. 195; Spindler/Stilz/*Spindler* Rn. 92; Hüffer/*Koch* Rn. 15; MHdB AG/*Hoffmann-Becking* § 30 Rn. 30.

ratsmandats hergeleitet werden (so aber die hM). Die Annahmeerklärung dokumentiert die Bereitschaft, unter den obwaltenden Umständen die Pflichten und Rechte eines Aufsichtsratsmitglieds zu übernehmen. Die Einschätzung der eigenen Fähigkeiten im Zeitpunkt der Amtsübernahme, die Beurteilung der Lage des zu beaufsichtigenden Unternehmens und der zu erfüllende Zeitbedarf werden für die Abgabe der Annahmeerklärung bedeutsam sein. Die Lage des Unternehmens und die eigene Verfügbarkeit können sich seit der Wahl zum Ersatzmitglied wesentlich geändert haben. Die Beziehungswelt des Ersatzmitglieds kann eine andere sein als bei der Wahl. Auch wenn ein „besonderer Status" des Ersatzmitglieds angenommen wird, begründet dieser weder die Pflichten noch die Rechte eines ordentlichen Aufsichtsratsmitglieds im Verhältnis zum Unternehmen, dessen Aufsichtsrat das Ersatzmitglied künftig angehören soll. Deswegen ist es geboten, die Bereitschaft zur Übernahme des Amtes eines ordentlichen Aufsichtsratsmitglieds zu bekunden und das **Amt im Zeitpunkt des Nachrückens ausdrücklich anzunehmen.**

177 Lehnt das Ersatzmitglied es ab, in den Aufsichtsrat nachzurücken, liegt hierin eine **Amtsniederlegung.** Auch eine gesonderte Amtsniederlegung ist möglich, wenn das Ersatzmitglied für mehrere Aufsichtsratsmitglieder gleichzeitig bestellt worden ist.[268]

178 bb) **Keine vorgezogene Annahmeerklärung.** In der Bereitschaft zur Übernahme einer Ersatzmitgliedschaft kann eine **vorgezogene Annahmeerklärung** nicht gesehen werden.[269] Zwar ist es möglich und rechtlich zulässig, die Annahme des Mandats bereits vor der Wahl in den Aufsichtsrat zu erklären.[270] Aber in solchen Fällen folgen Annahmeerklärung und Wahl unmittelbar aufeinander. Das Ersatzmitglied weiß aber überhaupt nicht, ob oder wann es nachrücken wird.

179 cc) **Möglichkeit einer konkludenten Annahme.** Die Annahme des durch Nachrücken erworbenen Aufsichtsratsmandats kann auch **konkludent** erfolgen.[271] Eine bedingungslose Teilnahme an den Sitzungen des Aufsichtsrats, die Annahme der Wahl zu einem Funktionsträger oder die Mitwirkung an Handlungen nach Wegfall des bisherigen Aufsichtsratsmitglieds bekunden die stillschweigende Annahme des Aufsichtsratsmandats.

180 d) **Gesetzliche bzw. satzungsmäßige Voraussetzungen für die Annahme des Aufsichtsratsmandats.** Das Ersatzmitglied muss die **gesetzlichen** Voraussetzungen (§§ 100, 105; vgl. → § 100 Rn. 14 ff.) erfüllen, wenn es das ihm angebotene Aufsichtsratsmandat annimmt. Andernfalls ist seine Bestellung unheilbar nichtig.

181 Es ist nicht notwendig, dass das Ersatzmitglied den gesetzlichen Voraussetzungen bereits bei seiner Wahl genügt. Den **gesetzlichen Voraussetzungen** muss erst zum Zeitpunkt des Nachrückens genügt werden.[272] Dies ergibt sich aus dem Wortlaut der Vorschrift über die Nichtigkeit der Wahl von Aufsichtsratsmitgliedern.[273]

182 Gleiches gilt für **satzungsmäßig fixierte Voraussetzungen.** Auch hier genügt es, wenn die satzungsmäßig geforderten persönlichen Voraussetzungen (vgl. → § 100 Rn. 58 ff.) im Zeitpunkt des Nachrückens vorliegen.[274]

---

[268] Kölner Komm AktG/*Mertens/Cahn* Rn. 96; *Bommert* AG 1986, 315 (320) begründet dies mit der rechtlichen Selbstständigkeit der Ersatzmitgliedschaft.
[269] Str., wie hier *Lutter/Kriege/Verser* Rn. 1054, die zutreffend eine antizipierte Annahme des Aufsichtsratsmandats als reine Fiktion bezeichnen und in diesem Zusammenhang zu Recht auf die unheilbare Nichtigkeit hinweisen, die eintritt, wenn das Ersatzmitglied bei antizipierter Annahme die persönlichen Voraussetzungen (noch) nicht erfüllt.; *Rellermeyer* ZGR 1987, 563 (576); *Lehmann* DB 1983, 485 (487); **aA** die **hM**.
[270] *Lutter/Krieger/Verse* Rn. 1054.
[271] *Lehmann* DB 1983, 485 (487).
[272] BGHZ 99, 211 (219) = WM 1987, 206 (208); *Neu* WM 1988, 481 (482).
[273] § 250 Abs. 1 Nr. 4 spricht von dem „Beginn ihrer Amtszeit" und nicht von der „Wahl zum Ersatzmitglied"; vgl. BGHZ 99, 211 (219 f.) = WM 1987, 206 (208).
[274] Großkomm AktG/*Hopt/Roth* Rn. 193; aA Kölner Komm AktG/*Mertens/Cahn* Rn. 101, die davon ausgehen, dass zwischenzeitlich entfallene satzungsmäßige Voraussetzungen den Amtsantritt nicht ohne weiteres verhindern. Die Bestellung eines Ersatzmitglieds sei nicht unter der auflösenden Bedingung des Wegfalls der satzungsmäßigen Voraussetzungen erfolgt. Diese Ansicht überzeugt nicht. Gerade zum Zeitpunkt des

e) Anzahl der Ersatzmitglieder. Der Wortlaut der Vorschrift sieht zwar nur ein Ersatz- 183
mitglied pro Aufsichtsratsmitglied vor (§ 101 Abs. 3 S. 2). Andere Regelungen sind jedoch
möglich. Es kann ein Ersatzmitglied für mehrere Aufsichtsratsmitglieder[275] und es können
mehrere Ersatzmitglieder für ein Aufsichtsratsmitglied bestellt werden.[276] Es darf zwar
weniger, aber nicht mehr Ersatzmitglieder geben als der Aufsichtsrat amtierende Mitglieder
hat.[277]

aa) Ein Ersatzmitglied für mehrere Aufsichtsratsmitglieder. Eine Person kann 184
als Ersatzmitglied für mehrere bestimmte Aufsichtsratsmitglieder bestellt werden.[278] Dies
gilt sowohl für die Vertreter der Anteilseigner als auch für die Vertreter der Arbeitnehmer.[279]
Hierin liegt eine „Bündelung rechtlicher voneinander unabhängiger Ämter".[280]

Allerdings müssen die Aufsichtsratsmitglieder in diesem Fall alle **derselben Gruppe** 185
(entsandte Aufsichtsratsmitglieder oder durch die Hauptversammlung bzw. von den Wahlorganen der Arbeitnehmervertreter gewählte Mitglieder) angehören.[281] Es muss von vornherein durch Hauptversammlungsbeschluss eine eindeutige **Nachrückreihenfolge** festgelegt werden. Diese bestimmt, für wen das Ersatzmitglied nachrückt, wenn mehrere der
Aufsichtsratsmitglieder wegfallen, zu deren Ersatz das Ersatzmitglied bestellt ist.[282]

Ein Ersatzmitglied, das für mehrere Aufsichtsratsmitglieder bestellt wurde, kann sogar 186
mehrfach in den Aufsichtsrat **nachrücken,**[283] wenn sich dies hinreichend klar aus Satzung
oder Hauptversammlungsbeschluß ergibt.

Auch darf **kein** anderes **Ersatzmitglied mit vorrangiger Nachfolgebefugnis** vor- 187
handen sein. Voraussetzung ist weiter, dass die Amtszeit, für die das Ersatzmitglied das erste
Aufsichtsratsmitglied ersetzt hat, abgelaufen ist und die betreffende Person damit nicht
mehr Aufsichtsratsmitglied ist. Es geht **nicht** an, dass das Ersatzmitglied gleichzeitig **für**
zwei ordentliche Mitglieder im Aufsichtsrat sitzt. Es darf nicht seine Aufsichtsratszugehörigkeit, die es als Ersatzmitglied für das erste Aufsichtsratsmitglied erworben hat, vorzeitig aufgeben, um nunmehr das zweite ausgeschiedene Aufsichtsratsmitglied zu ersetzen.[284]

Nachrückens müssen die satzungsmäßigen Voraussetzungen erfüllt sein. Zuvor wartet das Ersatzmitglied nur, es
nimmt keine Aufgaben wahr. Tritt es in den Aufsichtsrat ein, so muss es – wie die bereits amtierenden
Aufsichtsratsmitglieder – sowohl die gesetzlichen als auch die satzungsmäßigen Voraussetzungen erfüllen.
[275] Großkomm AktG/*Hopt/Roth* Rn. 183; *Volhard* in Semler/Volhard/Reichert HV-HdB § 17 Rn. 26
weist darauf hin, dass in diesem Fall das Ersatzmitglied in einem zweiten Ersatzfall nochmals nachrücken könne,
wenn für den ersten Ersatzfall bereits ein Nachfolger gewählt worden sei.
[276] K. Schmidt/Lutter/*Drygala* Rn. 30; Grigoleit/*Grigoleit/Tomasic* Rn. 23; MüKoAktG/*Habersack* Rn. 83;
Großkomm AktG/*Hopt/Roth* Rn. 182; Kölner Komm AktG/*Mertens/Cahn* Rn. 86.
[277] Kölner Komm AktG/*Mertens/Cahn* Rn. 86.
[278] BGHZ 99, 211 (214) = WM 1987, 206 (207); OLG Karlsruhe AG 1986, 168 (169) mit zust. Anm.
Meyer Landrut EWiR 1986, 221; LG Mannheim WM 1986, 104 (105); *Vetter* in Marsch-Barner/Schäfer HdB
börsennotierte AG § 25 Rn. 32; *Volhard* in Semler/Volhard/Reichert HV-HdB § 17 Rn. 26; Großkomm
AktG/*Hopt/Roth* Rn. 183; *Krauel/Fackler* AG 2009, 686 (687); Kölner Komm AktG/*Mertens/Cahn* Rn. 93;
MHdB AG/*Hoffmann-Becking* § 30 Rn. 28; *Baumbach/Hueck* Rn. 16; *Fitting/Wlotzke/Wißmann* MitbestG § 17
Rn. 6; UHH/*Ulmer/Habersack* MitbestG § 6 Rn. 75; Rn. *Hoffmann/Preu* Der Aufsichtsrat Rn. 707; *Hüffer*,
Anm. zu BGHZ 99, 211 = EWiR 1987, 111 (112); *Lehmann* DB 1983, 485 (485 f.).
[279] Für die Arbeitnehmervertreter: *Hoffmann/Lehmann/Weinmann* MitbestG § 17 Rn. 8; *Damm* AG 1977,
44 (48).
[280] Von *Lehmann* DB 1983, 485 (486) als „Ämterbündelungstheorie" diskutiert; BGHZ 99, 211 (220) =
WM 1987, 206 (2089; Kölner Komm AktG/*Mertens/Cahn* Rn. 93; MHdB AG/*Hoffmann-Becking* § 30
Rn. 32.
[281] MHdB AG/*Hoffmann-Becking* § 30 Rn. 28; Kölner Komm AktG/*Mertens/Cahn* Rn. 86; *Baumbach/*
Hueck Rn. 16; *Hoffmann/Preu* Der Aufsichtsrat Rn. 707; für die Vertreter der Arbeitnehmer ergibt sich dies aus
§ 17 Abs. 1 S. 2 MitbestG.
[282] BGHZ 99, 211 (214) = WM 1987, 206 (207); OLG Karlsruhe AG 1986, 168 (169); LG Heidelberg AG
1986, 81 (83); MHdB AG/*Hoffmann-Becking* § 30 Rn. 29; Kölner Komm AktG/*Mertens/Cahn* Rn. 86; *Hoff-*
mann/Preu Der Aufsichtsrat Rn. 707.
[283] BGHZ 99, 211 (220) = WM 1987, 206 (208); *Hüffer/Koch* Rn. 16.
[284] Kölner Komm AktG/*Mertens/Cahn* Rn. 90; *Volhard* in Semler/Volhard/Reichert HV-HdB § 17
Rn. 26.

188 Allerdings darf das Verhältnis von Arbeitnehmer- und Gewerkschaftsvertretern im **mitbestimmten Unternehmen** nicht verändert werden.[285] Deshalb kann nicht ein Ersatzmitglied für alle Arbeitnehmergruppen gleichzeitig bestellt werden.[286]

189 **bb) Mehrere Ersatzmitglieder für ein Aufsichtsratsmitglied.** Auch der umgekehrte Fall ist zulässig: Für ein Aufsichtsratsmitglied der **Anteilseigner** können mehrere Ersatzmitglieder bestellt werden.[287] Für das Aufsichtsratsmitglied der **Arbeitnehmervertreter** können hingegen nicht mehrere Ersatzmitglieder bestellt werden.[288] Trotzdem darf die Zahl der Ersatzmitglieder die Zahl der Aufsichtsratsmitglieder nicht übersteigen.[289] Eine **Nachrückreihenfolge**[290] ist bei der Wahl zu bestimmen.[291] Das nachrückende Ersatzmitglied muss ohne weiteres bestimmbar sein.[292]

190 Zulässig sind sowohl **Listen-** bzw. Globalwahl als auch **Einzelwahl**.[293] Im Fall der Listenwahl muss die Ersatzliste eine Nachrückreihenfolge enthalten.[294] Häufig werden mehrere Anwärter in einer bestimmten Nachrückreihenfolge zu Ersatzmitgliedern für alle Aufsichtsratsmitglieder bestellt.[295]

191 **f) Nachträgliche Bestellung eines Ersatzmitglieds.** Ein nicht durch das Gesetz geregelter Sonderfall liegt vor, wenn ein ursprünglich gleichzeitig bestelltes Ersatzmitglied selbst wegfällt. Das Erfordernis der Gleichzeitigkeit der Wahl (vgl. → Rn. 173) kann nicht mehr erfüllt werden, wenn ein neues Ersatzmitglied gewählt werden soll. Für ein neues Ersatzmitglied kann aber unverändert ein Bedürfnis bestehen. Hier ist eine gesonderte Wahl zulässig, da eine gleichzeitige Wahl von Mitglied und Ersatzmitglied nicht mehr möglich ist. Die gesetzliche Vorschrift (Abs. 3 S. 3) wollte mit der Bedingung der Gleichzeitigkeit die Durchführung mehrerer Wahlgänge (Wahl zum Aufsichtsrat, Wahl der Ersatzmitglieder) vermeiden.[296] Hier kommen aber mehrere Wahlgänge gar nicht in Frage.

192 Wenn das zu ersetzende Aufsichtsratsmitglied und das Ersatzmitglied beide weggefallen sind, kommt die gesonderte Wahl eines Ersatzmitglieds nicht mehr in Frage. Hier muss die Hauptversammlung ein ordentliches Aufsichtsratsmitglied wählen, für das dann unter Beachtung der Gleichzeitigkeit ein Ersatzmitglied gewählt werden kann.

---

[285] Vgl. hierzu § 7 Abs. 2 MitbestG. Vgl. zur Bestellung der Ersatzmitglieder für Arbeitnehmervertreter *Damm* AG 1977, 44 ff. (nach altem Recht).
[286] MHdB AG/*Hoffmann-Becking* § 30 Rn. 28.
[287] BGHZ 99, 211, Leitsatz c) = WM 1987, 206; LG Mannheim WM 1986, 104 (105); LG Heidelberg AG 1986, 81, Leitsatz 4) spricht sich allgemein dafür aus, dass „Ersatzmitglieder für mehrere Aufsichtsratsmitglieder bestellt werden können"; Bürgers/Körber/*Bürgers/Israel* Rn. 17; Großkomm AktG/*Hopt/Roth* Rn. 182; Kölner Komm AktG/*Mertens/Cahn* Rn. 86; *Butzke* Rn. J 42; Henn/*Wolff* Kap. 8 Rn. 27; *Hoffmann/Lehmann/Weinmann* MitbestG § 6 Rn. 31; *Rellermeyer* ZGR 1987, 563 (566); *Lehmann* DB 1983, 485 (485 f.); einschränkend *Hoffmann/Preu* Der Aufsichtsrat Rn. 707, denen zu Folge mehrere Ersatzmitglieder für eine bestimmte Gruppe von Aufsichtsratsmitgliedern gewählt werden können; aA UHH/*Ulmer/Habersack* MitbestG § 6 Rn. 75.
[288] Fitting/Wlotzke/Wißmann MitbestG § 17 Rn. 6; UHH/*Henssler* MitbestG § 17 Rn. 9; *Hoffmann/Lehmann/Weinmann* MitbestG § 17 Rn. 7. Als Begründung werden die Besonderheiten der Wahlordnungen zum MitbestG angeführt.
[289] Kölner Komm AktG/*Mertens/Cahn* Rn. 86 und 95; Großkomm AktG/*Hopt/Roth* Rn. 182; → Rn. 111 ff.
[290] *Heinsius* ZGR 1982, 232 (239) zufolge handelt es sich hier um eine Maßgabe-Klausel. Sie ist zulässig, BGHZ 99, 211, Leitsatz 2.
[291] BGHZ 99, 211, Leitsatz c) = WM 1987, 206; LG Heidelberg AG 1986, 81 (83); *Bommert* AG 1986, 315 (321); *Lehmann* DB 1982, 485 (486).
[292] Vgl. hierzu das Formulierungsbeispiel bei *Volhard* in Semler/Volhard/Reichert HV-HdB § 17 Rn. 26. *Lehmann* DB 1983, 485 (486) weist darauf hin, dass Ersatzmitglieder nicht mit der Maßgabe gewählt werden dürfen, dass der Vorstand oder der Aufsichtsrat bei Wegfall eines Aufsichtsratsmitglieds bestimmen können, welches von den Ersatzmitgliedern nachrückt.
[293] Vgl. BGHZ 99, 211 (220) sowie die entsprechenden Ausführungen → Rn. 34 ff., 36 ff.
[294] Vgl. Hüffer/*Koch* Rn. 18.
[295] *Rellermeyer* ZGR 1987, 563 (567).
[296] BegrRegE *Kropff* S. 140.

4. Ersetzungsbedarf. Ein Ersatzmitglied kann – mangels abweichender Satzungsregelung – nur in den Aufsichtsrat nachrücken, wenn ein entsprechender Ersetzungsbedarf besteht und keine zeitlich vorausgehende Nachwahl eines ordentlichen Aufsichtsratsmitglieds erfolgt ist.[297] Dies bedeutet, dass ein Mandatsträger vorzeitig aus seinem Amt ausscheiden und zudem eine **Lücke** hinterlassen muss.[298] Diese Lücke wird nicht hinterlassen, wenn vor dem Ausscheiden bereits ein Nachfolger für das zu ersetzende Mitglied gewählt wird (sog. **überholende Nachwahl**).[299] Das Ersatzmitglied muss in einem solchen Fall nicht aus seinem Amt als Ersatzmitglied abberufen werden.[300] Es verliert jedoch seine Ersatzmitgliedschaft, weil es nicht „gleichzeitig" mit dem überholend gewählten ordentlichen Mitglied zum Ersatzmitglied gewählt worden ist. 193

Dahingegen tritt der Ersetzungsbedarf schon dann ein, wenn das betroffene Mandat für eine sog. „logische Sekunde" nicht besetzt ist.[301] 194

5. Amtszeit als Ersatzmitglied und als Aufsichtsratsmitglied. Das Ersatzmitglied hat zwei verschiedene Amtszeiten: Seine **Amtszeit als Ersatzmitglied** beginnt mit der Bestellung[302] (im Regelfall also gleichzeitig mit der Bestellung der ordentlichen Aufsichtsratsmitglieder) und endet, wenn kein Ersatzbedarf eingetreten ist, mit Ablauf der Wahlperiode (§ 102 Abs. 2). Davon zu unterscheiden ist seine **Amtszeit als Aufsichtsratsmitglied**. Diese beginnt erst mit der Amtsannahme des Aufsichtsratsmandats (vgl. → Rn. 177 ff.) beim vorzeitigen Ausscheiden eines ordentlichen Aufsichtsratsmitglieds und endet ebenfalls mit dem Ablauf der für das ersetzte Aufsichtsratsmitglied geltenden Amtsperiode (dies folgt aus § 102 Abs. 2). 195

a) Amtszeit als Ersatzmitglied. aa) Beginn der Amtszeit als Ersatzmitglied. Mit der Bestellung zum Ersatzmitglied beginnt die Amtszeit als Ersatz-, nicht aber als Aufsichtsratsmitglied. Das Ersatzmitglied kann sein Amt niederlegen oder auch abberufen werden.[303] Seine sogleich wirksame Bestellung zum Ersatzmitglied erfolgt unter der **aufschiebenden Bedingung**,[304] dass seine Bestellung zum ordentlichen Aufsichtsratsmitglied erst mit Wegfall des Aufsichtsratsmitglieds als dessen Ersatz er gewählt ist, wirksam wird. Bis zum Eintritt dieser Bedingung hat das Ersatzmitglied einen „besonderen Status".[305] 196

Es kann durchaus sein und geschieht häufig, dass das Ersatzmitglied überhaupt nicht in den Aufsichtsrat nachrückt. Vier Gründe können dafür bedeutsam sein. 197

---

[297] BGH AG 1987, 348 mit Besprechung *Stützle* WuB II A. § 102 AktG 3.87.
[298] BGH AG 1987, 348 (349); LG Mannheim WM 1986, 104 (105); Kölner Komm AktG/*Mertens/Cahn* Rn. 87; *Lutter/Krieger/Verse* Rn. 1058; Henn/*Wolff* Kap. 8 Rn. 26.
[299] So die Formulierung bei *Lutter/Krieger/Verse* Rn. 1058 sowie *Neu* WM 1988, 481 (484 ff.); BGH AG 1987, 348 (349); MHdB AG/*Hoffmann-Becking* § 30 Rn. 30; Kölner Komm AktG/*Mertens/Cahn* Rn. 102; aA *Bommert* AG 1986, 315 (317), der die Auffassung vertritt, dass der Nachrückfall automatisch mit dem Wegfall des Aufsichtsratsmitglieds eintritt, eine Vakanz kann dieser Ansicht nach nicht durch eine Nachwahl beseitigt werden; *Rellermeyer* ZGR 1987, 563 (574) lehnt ein Ersetzungsbedürfnis als Voraussetzung für das Nachrücken ab. Dieses lasse sich nicht dem Gesetzeswortlaut entnehmen.
[300] Str. wie hier *Lutter/Krieger/Verse* Rn. 1058; aA *Rellermeyer* ZGR 1987, 563 (574), *Bommert* AG 1986, 315 (317) sehen in der Nachwahl die gleichzeitige Abberufung des Ersatzmitglieds aus seinem Amt als Ersatzmitglied. Dem ist nicht zuzustimmen. Zutreffend sprechen *Lutter/Krieger/Verse* Rn. 1058 in diesem Zusammenhang davon, dass das Vorhandensein von Ersatzmitgliedern keine „Sperrwirkung" für die Hauptversammlung entfaltet, einen Nachfolger zu wählen.
[301] *Lutter/Krieger/Verse* Rn. 1058.
[302] K. Schmidt/Lutter/*Drygala* Rn. 31; Kölner Komm AktG/*Mertens/Cahn* Rn. 91 sprechen in diesem Zusammenhang von einem „besonderen Status im Vorfeld der Aufsichtsratsmitgliedschaft".
[303] MHdB AG/*Hoffmann-Becking* § 30 Rn. 33.
[304] Vgl. OLG Karlsruhe AG 1986, 168 (169); Kölner Komm AktG/*Mertens/Cahn* Rn. 98; *Roussos* AG 1987, 239 (242); wohl auch *Bommert* AG 1986, 315 (317); aA *Heinsius* ZGR 1982, 232 (241), der in der Bestellung zum Ersatzmitglied keine aufschiebend bedingte Wahl, sondern einen Status begründenden Akt sieht. Er begründet dies damit, dass aufschiebend bedingte Rechtsakte auf den Eintritt des aufschiebend bedingten Erfolgs gerichtet seien. Dies ist seiner Meinung nach bei der Bestellung zum Ersatzmitglied nicht der Fall, hier solle der Ersatzfall möglichst nicht eintreten.
[305] Kölner Komm AktG/*Mertens/Cahn* Rn. 91.

– Das ordentliche Mitglied fällt in der Wahlperiode überhaupt nicht weg.
– Das ordentliche Mitglied fällt zwar weg, zum Zeitpunkt des Wegfalls hat die Hauptversammlung aber bereits einen Nachfolger gewählt.
– Das ordentliche Mitglied fällt nicht innerhalb des in der Satzung bestimmten Zeitraums weg. Dies bewirkt eine Verkürzung der Amtszeit des Ersatzmitgliedes.[306]
– Das Ersatzmitglied nimmt das Aufsichtsratsmandat nicht an.

198 Bestellt die Hauptversammlung einen Nachfolger, der zu dem Zeitpunkt in den Aufsichtsrat eintritt, zu dem das weggefallene Mitglied ausscheidet, darf das Ersatzmitglied nicht in den Aufsichtsrat nachrücken. Es entsteht keine Vakanz.[307]

199 Das Ersatzmitglied zählt **erst ab Eintritt des Ersatzfalls** zum Aufsichtsrat. Vorher gehört es nicht zu den Aufsichtsratsmitgliedern.[308] Deshalb obliegen ihm weder die Pflichten eines ordentlichen Aufsichtsratsmitglieds noch verfügt es über dessen Rechte.[309] Ein Informationsanspruch (§§ 90, 111) steht ihm ebenso wenig zu. Die ordentlichen Aufsichtsratsmitglieder und der Vorstand müssen ihm gegenüber ihre Verschwiegenheitspflicht wahren.[310] Erlangt es dennoch über den Vorstand vertrauliche Informationen, ist es wie ein ordentliches Aufsichtsratsmitglied zur Verschwiegenheit verpflichtet.[311] Das besondere Rechtsverhältnis der Ersatzmitgliedschaft zur Gesellschaft erstreckt die Verschwiegenheitspflicht auf das Ersatzmitglied.

200 bb) **Ende der Amtszeit als Ersatzmitglied.** Hier ist zu unterscheiden, ob das Ersatzmitglied in den Aufsichtsrat nachrückt oder nicht.

201 Scheidet das Aufsichtsratsmitglied nicht vorzeitig aus dem Aufsichtsrat aus, rückt das Ersatzmitglied nicht in den Aufsichtsrat nach. In diesem Fall endet seine Amtszeit zu dem Zeitpunkt, an dem auch die Amtszeit des Aufsichtsratsmitglieds endet.[312] Die Dauer der Amtszeit des Ersatzmitglieds ist an die Dauer der Amtszeit des Aufsichtsratsmitglieds angepasst.

202 Sind **mehrere Ersatzmitglieder** mit einer festgelegten Nachrückreihenfolge[313] für die freiwerdenden Aufsichtsratssitze bestimmt, gilt Folgendes: Die Amtszeit der nicht nachgerückten Mitglieder endet erst mit Ablauf der längsten Amtszeit der Aufsichtsratsmitglieder, zu deren Ersatzmitglieder sie bestellt worden waren.[314] Allerdings darf die Zahl der Ersatzmitglieder nicht die Zahl der amtierenden Aufsichtsratsmitglieder übersteigen (→ Rn. 191). Verringert sich die Anzahl der amtierenden Aufsichtsratsmitglieder, muss die Zahl der Ersatzmitglieder ebenfalls entsprechend herabgesetzt werden. Dies geschieht in umgekehrter Anwendung der festgelegten Nachrückreihenfolge. Diejenigen Ersatzmitglieder, die zuletzt auf der Liste genannt werden, scheiden zuerst aus.[315]

203 **Scheidet** hingegen **das Aufsichtsratsmitglied,** für das es als Ersatzmitglied bestellt wurde, **aus** dem Aufsichtsrat **aus,** rückt das Ersatzmitglied in den Aufsichtsrat nach und wird selbst Aufsichtsratsmitglied. Seine Amtszeit als Ersatzmitglied für dieses Aufsichtsratsmandat endet in dem Zeitpunkt, in dem es in den Aufsichtsrat nachrückt.

204 b) **Amtszeit als Aufsichtsratsmitglied. aa) Beginn.** Die Amtszeit des Ersatzmitglieds als Aufsichtsratsmitglied beginnt mit Eintritt der aufschiebenden Bedingung – dem Wegfall des regulären Aufsichtsratsmitglieds.[316] Das Ersatzmitglied rückt allerdings nicht auto-

---

[306] MHdB AG/*Hoffmann-Becking* § 30 Rn. 31.
[307] MHdB AG/*Hoffmann-Becking* § 30 Rn. 30; *Lutter/Krieger/Verse* Rn. 1058.
[308] *Lutter/Krieger/Verse* Rn. 1059.
[309] Kölner Komm AktG/*Mertens/Cahn* Rn. 92; *Lutter/Krieger/Verse* Rn. 1059.
[310] Kölner Komm AktG/*Mertens/Cahn* Rn. 78; *Lutter* Information Rn. 465.
[311] § 116 analog; Kölner Komm AktG/*Mertens/Cahn* Rn. 92.
[312] OLG Karlsruhe AG 1986, 168 (169); Kölner Komm AktG/*Mertens/Cahn* Rn. 95.
[313] Nach *Heinsius* ZGR 1982, 232 (239 ff.) auch „Maßgabe-Klausel" genannt.
[314] Kölner Komm AktG/*Mertens/Cahn* Rn. 95.
[315] Kölner Komm AktG/*Mertens/Cahn* Rn. 95.
[316] OLG Karlsruhe AG 1986, 168 (169); Bürgers/Körber/*Bürgers/Israel* Rn. 18; MüKoAktG/*Habersack* Rn. 85 und 88; Kölner Komm AktG/*Mertens/Cahn* Rn. 98; *Rellermeyer* ZGR 1987, 563 (567); aA *Heinsius* ZGR 1982, 232 (241), dem zu Folge die Bestellung zum Ersatzmitglied keine aufschiebend bedingte Wahl, sondern ein Status begründender Akt ist.

Bestellung der Aufsichtsratsmitglieder 205–211 § 101 AktG

matisch mit dessen Ausscheiden in den Aufsichtsrat nach.[317] Zuvor muss das Ersatzmitglied die Übernahme des Aufsichtsratsmandats annehmen (vgl. → Rn. 177 ff.). Die gesetzlichen[318] und die satzungsmäßigen Voraussetzungen (§§ 100, 105; vgl. → § 100 Rn. 14 ff., 58 ff.) zur Ausübung des Amtes müssen erfüllt sein (str., vgl. bereits die Ausführungen zu → Rn. 182 ff.).

bb) Ende. Das in den Aufsichtsrat nachgerückte Ersatzmitglied bleibt längstens bis zum 205 Ablauf der restlichen Amtszeit des ausgeschiedenen Mitglieds im Aufsichtsrat (§ 102 Abs. 2). Abweichendes kann in der **Satzung** geregelt werden.

Die Amtszeit eines nachgerückten Aufsichtsratsmitglieds kann in unterschiedlicher Weise 206 enden.

(1) Satzungsmäßige Regelung. Wenn die Satzung keine anderweitige Regelung trifft, 207 endet die Laufzeit des Aufsichtsratsmandats mit dem Tag, an dem das Mandat des ersetzten Aufsichtsratsmitglieds geendet hätte (§ 102 Abs. 2).

Nennt die Satzung dahingegen einen vor dem Ablauf der Amtszeit des weggefallenen 208 Aufsichtsratsmitglieds liegenden Zeitpunkt, endet das Aufsichtsratsmandat des bisherigen Aufsichtsratsmitglieds mit diesem Zeitpunkt.[319] Eine solch **auflösende Bedingung**[320] kann besagen, dass die Amtszeit des Ersatzmitglieds früher endet, beispielsweise wenn die Hauptversammlung einen Nachfolger für das ausgeschiedene Aufsichtsratsmitglied bestellt hat.[321] Allerdings wird wohl nicht extra zum Zweck der Nachwahl des Aufsichtsratsmitglieds eine Hauptversammlung einberufen werden.[322] Eine ausdrückliche Abberufung durch die Hauptversammlung ist in diesem Fall nicht erforderlich.[323] Die auflösende Bedingung erreicht das Ausscheiden des in den Aufsichtsrat nachgerückten Ersatzmitglieds ebenso wie eine Abberufung.[324]

(2) Hauptversammlungsbeschluss. Die Hauptversammlung kann gleichzeitig mit der 209 Bestellung des Ersatzmitglieds beschließen, dass seine Amtszeit endet, sobald ein neuer ordentlicher Mandatsträger wirksam bestellt ist.[325]

(3) Abberufung. Ein nachgerücktes Aufsichtsratsmitglied kann wie jedes andere Auf- 210 sichtsratsmitglied **abberufen** werden (§ 103 Abs. 5). Die Wahl eines Nachfolgers wird zur Abberufung des Ersatzmitglieds führen,[326] soweit nicht bereits ein entsprechender Hauptversammlungsbeschluss mit der Bestellung des Ersatzmitglieds erfolgt ist. Eine Abberufung (§ 103) ist selbst dann möglich, wenn keine Nachwahl erfolgt.[327]

(4) Mehrheitserfordernis. Der **Grundsatz der Gleichbehandlung der Aufsichts-** 211 **ratsmitglieder**[328] gebietet, dass die Abberufung des nachgerückten Ersatzmitglieds nur **mit**

---

[317] Str., wie hier *Lutter/Krieger/Verse* Rn. 1054.; *Lehmann* DB 1983, 485 (487); *Rellermeyer* ZGR 1987, 563 (576); aA die hM, zB *Baumbach/Hueck* Rn. 18; MHdB AG/*Hoffmann-Becking* § 30 Rn. 30; Großkomm AktG/ *Hopt/Roth* Rn. 193; *Krauel/Fackler* AG 2009, 686 (687); Kölner Komm AktG/*Mertens/Cahn* Rn. 100.
[318] Kölner Komm AktG/*Mertens/Cahn* Rn. 100; Großkomm AktG/*Hopt/Roth* Rn. 193.
[319] *Lutter/Krieger/Verse* Rn. 1056.
[320] Vgl. BGH AG 1989, 87 (88).
[321] Vgl. hierzu auch → Rn. 211; OLG Karlsruhe AG 1986, 168 (169) weist darauf hin, dass sich aufschiebende und auflösende Bedingung nicht ausschließen, = WuB II A. 1, 86 mit Anm. *Heinsius*; MHdB AG/ *Hoffmann-Becking* § 30 Rn. 30; *Lutter/Krieger/Verse* Rn. 1056 nennen eine derartige Regelung eine „entziehende Nachwahl"; teilweise aA *Bommert* AG 1986, 315 (318); *Roussos* AG 1987, 239 (242 ff.).
[322] Kritisch *Bommert* AG 1986, 315 (318), mit dem nicht von der Hand zu weisenden Argument, dass sich leicht andere Tagesordnungspunkte finden ließen, um eine Hauptversammlung einberufen zu können.
[323] BGH AG 1987, 348 (349).
[324] Kölner Komm AktG/*Mertens/Cahn* Rn. 105.
[325] *Hüffer/Koch* Rn. 16.
[326] *Volhard* in Semler/Volhard/Reichert HV-HdB § 17 Rn. 28.
[327] Kölner Komm AktG/*Mertens/Cahn* Rn. 106.
[328] Dieser Grundsatz gilt unbestritten: BGH AG 1989, 87 (88); BGHZ 64, 325 (330); BGHZ 83, 106 (112 f.); BGHZ 83, 151 (154); BGHZ 99, 211 (216); *Raiser/Veil* MitbestG § 25 Rn. 104; *Fitting/Wlotzke/ Wißmann* MitbestG § 25 Rn. 76; *Roussos* AG 1987, 239 (242).

derselben Mehrheit erfolgen kann, wie die Nachwahl des Aufsichtsratsmitglieds.[329] Für die Abberufung bedarf es einer Dreiviertelmehrheit (§ 103 Abs. 1 S. 2). Dieses Mehrheitserfordernis gilt dementsprechend auch für die Nachwahl.

212 Sieht die **Satzung** für die Abberufung der Aufsichtsratsmitglieder eine **andere als die gesetzlich vorgeschriebene Mehrheit** vor, muss dieses Mehrheitserfordernis sowohl für die Ersatzmitglieder als auch für die ordentlichen Aufsichtsratsmitglieder gelten.[330] Verstößt der Hauptversammlungsbeschluss hiergegen, ist er nichtig.[331] Alle Aufsichtsratsmitglieder trifft der **Grundsatz der individuell gleichen Berechtigung und Verantwortung**.[332] Sie müssen deshalb auch die gleiche sichere Rechtsstellung haben.[333]

213 Anderes gilt, wenn das Ersatzmitglied sein Amt **freiwillig niederlegt**. Es liegt keine Abberufung vor. Deshalb genügt bei einer Nachwahl die einfache Mehrheit.[334]

214 **6. Wiederaufleben/Fortbestand der Ersatzmitgliedschaft.** Niemand kann zugleich Mitglied und Ersatzmitglied desselben Aufsichtsrats sein. Wer als Ersatzmitglied eines ordentlichen Mitglieds „nachrückt", also selbst ordentliches Mitglied des Aufsichtsrats wird, kann nicht zugleich Ersatzmitglied „für sich selbst" sein. Auch wenn der Betreffende dadurch aus dem Aufsichtsrat wieder ausscheidet, dass ein neues Aufsichtsratsmitglied ordnungsgemäß bestellt wird, lebt seine alte Ersatzmitgliedschaft nicht wieder auf. Er kann nur dadurch Ersatzmitglied für dieses neue Aufsichtsratsmitglied werden, wenn er zugleich (Abs. 3 S. 3) mit dessen Wahl zum Ersatzmitglied gewählt wird.[335]

215 Eine Person kann Ersatzmitglied nicht nur für ein Aufsichtsratsmitglied, sondern auch **für mehrere Aufsichtsratsmitglieder** sein (→ Rn. 186 ff.). Das Nachrücken in das freigewordene Mandat eines weggefallenen ordentlichen Aufsichtsratsmitglieds hat nicht zur Folge, dass dadurch zugleich alle anderen Ersatzmitgliedschaften, die das nachgerückte Ersatzmitglied innehat, wegfallen. Der Wegfall einer Ersatzmitgliedschaft durch das Nachrücken in eine ordentliche Position hat Folgen nur für diese eine Ersatzmitgliedschaft. Für die anderen Ersatzmitgliedschaften ist das Nachrücken bedeutungslos.[336] Sie kann wieder aufleben.[337] Dies gilt auch ohne ausdrückliche Bestimmung.

216 Fällt später auch ein anderes Aufsichtsratsmitglied, für das diese Person als Ersatzmitglied bestellt ist, fort, hängt die Folge davon ab, ob die betreffende Person noch Mitglied des Aufsichtsrats ist. Wenn sie es ist, kann sie nicht nachrücken. Niemand kann zwei Aufsichtsratsmandate wahrnehmen. Wenn sie es nicht ist, weil sie beispielsweise das ersatzweise übernommene Aufsichtsratsmandat inzwischen durch die Bestellung eines neuen ordentlichen Mitglieds wieder verloren hat, dann rückt sie erneut in den Aufsichtsrat nach.[338]

VIII. Rechtsfolgen bei fehlerhafter Bestellung

217 **1. Fehlerhafte Bestellung.** Unter bestimmten Voraussetzungen kann die Bestellung des ganzen Aufsichtsrats oder eines bzw. mehrerer seiner Mitglieder **nichtig**[339] oder **anfechtbar**

---

[329] BGHZ 99, 211 (216) = AG 1987, 348 (349) mit Anm. *Hüffer* EWiR 1987, 111; BGH AG 1989, 87 (88); *Volhard* in Semler/Volhard/Reichert HV-HdB § 17 Rn. 28; Kölner Komm AktG/*Mertens/Cahn* Rn. 104; *Hoffmann/Preu* Der Aufsichtsrat Rn. 707.
[330] BGHZ 99, 211 (216) = AG 1987, 348 (349); AG 1989, 87 (88); Kölner Komm AktG/*Mertens/Cahn* Rn. 105.
[331] BGH AG 1987, 348 (349); AG 1989, 87 (88).
[332] Vgl. Hüffer/*Koch* Rn. 16a unter Hinweis darauf, dass die Wahl eines neuen Aufsichtsratsmitglieds wie die Abberufung des ersatzweise nachgerückten Mitglieds wirke.
[333] BGHZ 99, 211 (216).
[334] Kölner Komm AktG/*Mertens/Cahn* Rn. 105.
[335] Kölner Komm AktG/*Mertens/Cahn* Rn. 94; *Bommert* AG 1986, 315 (320).
[336] *Lehmann* DB 1983, 485 (486); Kölner Komm AktG/*Mertens/Cahn* Rn. 94 sprechen davon, dass die Ersatzmitgliedschaft bezüglich anderer Aufsichtsratsmitglieder nicht „verbraucht" wird.
[337] LG Heidelberg AG 1986, 81 (83).
[338] MHdB AG/*Hoffmann-Becking* § 30 Rn. 32; Kölner Komm AktG/*Mertens/Cahn* Rn. 94; *Bommert* AG 1986, 315 (320); *Lehmann* DB 1983, 485 (486 f.).
[339] § 250. Zur Nichtigkeit von Aufsichtsratswahlen vgl. *Leuering* in Semler/Volhard/Reichert HV-HdB § 44 Rn. 24.

(§ 251) sein. Die fehlerhafte **Entsendung** (Abs. 2) ist im AktG nicht geregelt. Die Vorschriften über die Nichtigkeit und die Anfechtung der Wahl von Aufsichtsratsmitgliedern[340] gelten nicht für die Entsendung.[341]

Die nichtige oder anfechtbare Wahl der **Arbeitnehmervertreter** richtet sich nicht nach **218** dem AktG, sondern nach den mitbestimmungsrechtlichen Vorschriften. Nach allgemein anerkanntem, ungeschriebenem Grundsatz können nur ganz schwerwiegende Wahlrechtsverstöße zur Nichtigkeit der Wahl führen.[342] Es muss in so schwerewiegender und offenbarer Weise gegen die Grundsätze einer ordnungsgemäßen Wahl verstoßen worden sein, dass auch kein Schein einer korrekten Wahl mehr vorliegt.[343] Dazu zählt nach richtiger Auffassung auch das Fehlen einer Wählbarkeitsvoraussetzung nach den §§ 6, 7 MitbestG.[344] Auch kann die Wahl im Falle einer von der Bekanntmachung abweichenden Zusammensetzung des Aufsichtsrats in entsprechender Anwendung von § 250 Abs. 1 Nr. 1 nichtig sein.[345] § 22 MitbestG sowie § 11 DrittelbG und § 10k Abs. 1 MitbestErgG sehen vor, dass die Wahl eines Aufsichtsratsmitglieds oder Ersatzmitglieds der Arbeitnehmer beim Arbeitsgericht (vgl. § 2a Abs. 1 Nr. 3 ArbGG) angefochten werden kann, wenn gegen wesentliche Vorschriften über das Wahlrecht, die Wählbarkeit oder das Wahlverfahren verstoßen worden und eine Berichtigung nicht erfolgt ist, es sei denn, dass durch den Verstoß das Wahlergebnis nicht geändert oder beeinflusst werden konnte. Nach der neueren Rechtsprechung des Bundesarbeitsgerichts[346] führt auch eine Kumulation von Verfahrensverstößen, die für sich betrachtet lediglich Anfechtungsgründe darstellen, nicht zur Nichtigkeit der Wahl.[347]

2. Folgen einer fehlerhaften Bestellung und die „Lehre vom fehlerhaften Organ"[348]. **219** Der BGH differenziert in seiner neuen Rechtsprechung zwischen den Auswirkungen der Nichtigkeit und der Nichtigerklärung der Bestellung auf Pflichten, Haftung und Vergütung einerseits und den Auswirkungen auf die Stimmabgabe bei der Beschlussfassung andererseits.[349] Für Pflichten, Haftung und Vergütung seien die **„Grundsätze der fehlerhaften Bestellung"** auch auf den Aufsichtsrat anwendbar, nicht jedoch für die Stimmabgabe und Beschlussfassung. Allerdings könne ausnahmsweise etwas anderes gelten, falls eine Rückabwicklung des Beschlusses berechtigten Interessen der Beteiligten im Einzelfall widerspreche.[350]

---

[340] §§ 250, 251; zur Zulässigkeit der Feststellungsklage nach § 256 ZPO in diesen Fällen vgl. BGHZ 165, 192 = BB 2006, 453 mit Anm. *Ek/Schiemzik* (Aufsichtsrat einer KGaA).
[341] Kölner Komm AktG/*Zöllner* § 250 Rn. 3.
[342] WWKK/*Kleinsorge* DrittelbG § 11 Rn. 20.
[343] BAG NJW 1955, 766 (zu § 18 BetrVG 1952); *Fuchs/Köstler/Pütz*, HdB zur Aufsichtsratswahl, Rn. 653.
[344] WWKK/*Wißmann* MitbestG § 22 Rn. 8 f. und 23 mwN, dem zu Folge sich dadurch Wertungswidersprüche zu § 250 Abs. 1 Nr. 4 vermeiden lassen, wonach die Wahl der Aufsichtsratsmitglieder der Anteilseignervertreter nichtig ist, wenn sie die Voraussetzungen nach § 100 Abs. 1 und 2 nicht erfüllen; WWKK/*Kleinsorge* DrittelbG § 11 Rn. 20; *Raiser/Veil* MitbestG § 22 Rn. 8 mwN; differenzierend UHH/*Henssler* MitbestG § 22 Rn. 12 f., der sich aber jedenfalls bei Fehlen der aktienrechtlichen Wählbarkeitsvoraussetzungen für die Nichtigkeit der Wahl ausspricht; aA zB Kölner Komm AktG/*Mertens/Cahn* § 117 Anh. B § 22 MitbestG Rn. 4; GK-MitbestG/*Naendrup* MitbestG § 6 Rn. 72.
[345] K. Schmidt/Lutter/*Drygala* Rn. 39, Hölters/*Simons* § 97 Rn. 50; Grigoleit/*Grigoleit/Tomasic* Rn. 29 und Spindler/Stilz/*Spindler* Rn. 109 wollen die Nichtigkeitsgründe des § 250 entsprechend anwenden.
[346] BAG NZA 2003, 395 (398) (Betriebsratswahl) unter Aufgabe der früheren Rechtsprechung, vgl. BAG NJW 1976, 2229 (2230).
[347] Kritisch dazu zB WWKK/*Wißmann* MitbestG § 22 Rn. 7 mwN auf die Literatur.
[348] Teiweise auch als „Lehre vom faktischen Organ" oder „Lehre vom fehlerhaften Bestellungsverhältnis" bezeichnet, vgl. dazu zB *Stein*, Das faktische Organ, Diss. Frankfurt am Main 1984.
[349] BGH ZIP 2013, 720 (721 f.); ZIP 2013, 1275 (1277); weitergehend noch OLG Frankfurt am Main ZIP 2011, 24 (27) – Deutsche Bank/Kirch, das auch im Hinblick auf die Wirksamkeit eines Aufsichtsratsbeschlusses die Stimmabgabe eines fehlerhaft bestellten Mitglieds für wirksam erachtet. Kritisch zur Sichtweise des BGH *Schürnbrand* NZG 2013, 481 (483), der sich für eine Gleichbehandlung von fehlerhaft bestelltem Vorstand und fehlerhaft bestelltem Aufsichtsrat ausspricht und Ausnahmen je nach Art und Gewicht des Bestellungsmangels zulassen will; vgl. auch *Rieckers* AG 2013, 383 (384).
[350] Vgl. BGH ZIP 2013, 720 (721 f.), dort auch zu der wichtigen Ausnahme eines Beschlussvorschlages an die Hauptversammlung nach § 124 Abs. 3 S. 1, der trotz einer späteren Nichtigerklärung des Wahl-

220 Das **fehlerhaft bestellte** Aufsichtsratsmitglied ist im Fall der Nichtigkeit bzw. der Nichtigerklärung durch Anfechtungsurteil entsprechend der „**Lehre vom fehlerhaften Organ**"[351] ein **vollwertiges Mitglied des Aufsichtsrats**. Ihm obliegen die gleichen Pflichten und es hat die gleichen Rechte wie ein fehlerfrei bestelltes Aufsichtsratsmitglied.[352] Die einzelnen Aufsichtsratsmitglieder sind also trotz fehlerhafter Bestellung nicht von ihren Pflichten entbunden. Dies gilt auch für den Aufsichtsratsvorsitzenden.[353] Ein nichtig bestelltes Aufsichtsratsmitglied hat jedoch **keinen Auskunftsanspruch** und alle Handlungen des Betreffenden bzw. des Aufsichtsrats insgesamt stehen im Risiko der nachträglichen Unwirksamkeit. Es sollte daher ein Rücktritt desjenigen, dessen Mandat angefochten ist, erwogen werden.[354]

221 Das fehlerhaft bestellte Aufsichtsratsmitglied trifft darüber hinaus die volle strafrechtliche[355] und zivilrechtliche (§§ 116, 93) Verantwortlichkeit. Es **haftet** nach denselben Regeln wie ein wirksam bestelltes Mitglied, solange es seine Tätigkeit ausübt.[356] Es muss seine Pflichten ordnungsgemäß erfüllen.

222 Die **Vergütung** wird durch Satzung oder Hauptversammlungsbeschluss bestimmt. Dieser Vergütungsanspruch steht auch dem fehlerhaft bestellten Aufsichtsratsmitglied zu.[357]

223 **3. Auswirkung des Bestellungsfehlers auf Beschlüsse des Aufsichtsrats**[358]. Der Bestellungsfehler kann sich auf die Wirksamkeit der im Aufsichtsrat gefassten Beschlüsse auswirken **(Innenwirkung)**. Ein im Innenverhältnis nichtiger Beschluss kann im Verhältnis zu Dritten wirksam sein **(Außenwirkung)**.

224 a) **Innenwirkung**. Die „Lehre vom fehlerhaften Organ" greift für die **Stimmabgabe** durch das fehlerhaft bestellte Aufsichtsratsmitglied nicht.[359]

225 Allein die Tatsache, dass das nichtig bestellte Aufsichtsratsmitglied an der Beschlussfassung teilgenommen hat, macht einen Beschluss **nicht nichtig**,[360] es sei denn, der

---

beschlusses für die Entscheidung in der Hauptversammlung nicht relevant sei. Vgl. dazu auch *Rieckers* AG 2013, 383 (385).

[351] Vgl. dazu zB *Bayer/Lieder* NZG 2012, 1 (6); *Grigoleit/Grigoleit/Tomasic* Rn. 30; MüKoAktG/*Habersack* Rn. 69 ff.

[352] Vgl. BGH ZIP 2013, 720 (721); OLG Frankfurt am Main ZIP 2011, 24 (27) – Deutsche Bank/Kirch; OLG Frankfurt AG 2011, 631 (634) – Kirch u.a/Deutsche Bank; K. Schmidt/Lutter/*Drygala* Rn. 35 mwN; MüKoAktG/*Habersack* Rn. 69; Kölner Komm AktG/*Mertens/Cahn* Rn. 107 f.

[353] Vgl. OLG Frankfurt am Main ZIP 2011, 24 (27) – Deutsche Bank/Kirch; vgl. dazu *Happ*, FS Hüffer, 2010, 293 (300 und 304 f.); *Vetter* ZIP 2012, 701 (709), der die Lehre vom fehlerhaften Organ – weiter als das Gericht – auch in Fällen anwenden will, in denen die Wahl des Vorsitzenden wegen Verstoßes gegen § 100 und § 105 angegriffen wird.

[354] zu der so geschaffenen Machtposition von Berufsklägern, die durch den Rücktritt des Aufsichtsratsmitglieds faktisch bei jeder erhobenen Anfechtungsklage Erfolg haben *Schroeder/Pussar* BB 2011, 1930 (1932).

[355] Insbesondere §§ 399, 400, 404, 405.

[356] RGZ 152, 273 (279, 280); BGH ZIP 2013, 720 (721); Kölner Komm AktG/*Mertens/Cahn* Rn. 108; Großkomm AktG/*Hopt/Roth* Rn. 218; aA Kölner Komm AktG/*Zöllner* § 250 Rn. 41 dem zu Folge die Unwirksamkeit der Organstellung zur Unanwendbarkeit der Haftungsregelung nach § 116 und zum Ausschluss der strafrechtlichen Verantwortlichkeit führt.

[357] Vgl. BGH ZIP 2013, 720 (721); BGHZ 168, 188 = ZIP 2006, 1529 (1532) – IFA; wie hier auch Kölner Komm AktG/*Mertens/Cahn* Rn. 109; *Grigoleit/Grigoleit/Tomasic* Rn. 30; grundsätzlich auch Großkomm AktG/*Hopt/Roth* Rn. 219; aA *Lowe*, Fehlerhaft gewählte Aufsichtsratsmitglieder: Organstellung, Tätigkeit und Anstellungsverhältnis, Diss. Tübingen 1989, 89, 90, dem zu Folge nur Wertersatz gem. § 818 Abs. 2 BGB in Betracht kommt und der eine Erstattungspflicht des fehlerhaft bestellten Aufsichtsratsmitglieds für möglich hält, wenn die Höhe der vereinbarten Vergütung die Höhe einer üblichen Vergütung übersteigt.

[358] Vgl. zu fehlerhaften Aufsichtsratsbeschlüssen zB BGH ZIP 2013, 720 (721); BGHZ 168, 188 = ZIP 2006, 1529 (1532) – IFA; OLG Frankfurt am Main ZIP 2011, 24 (27) – Deutsche Bank/Kirch; *Panetta* NJOZ 2008, 4294.

[359] BGH ZIP 2013, 720 (721 f.); *Vetter* ZIP 2012, 701 (707); aA OLG Frankfurt am Main ZIP 2011, 24 (27) – Deutsche Bank/Kirch; *Bayer/Lieder* NZG 2012, 1 (6); *Habersack*, FS Goette, 2011, 121 (132 f.); *Happ*, FS Hüffer, 2010, 293 (304 f.); *Priester* GWR 2013, 175 (176 f.); *Rieckers* AG 2013, 383 (385); *Schürnbrand* NZG 2008, 609 (610 f.); *Schürnbrand* NZG 2013, 481 (483); *Grigoleit/Grigoleit/Tomasic* Rn. 33; Großkomm AktG/*Hopt/Roth* Rn. 228; differenzierend *Tielmann/Struck* BB 2013, 1548 (1549).

[360] BGHZ 47, 341 = NJW 1967, 1711 (1713) BGH ZIP 2013, 720 (721); ähnlich Kölner Komm AktG/*Mertens/Cahn* Rn. 111.

Aufsichtsrat wurde insgesamt nicht wirksam bestellt.[361] Die Bestellung des **gesamten Aufsichtsrats** ist nichtig, wenn ein Verstoß gegen die gesetzlichen Vorschriften über seine Zusammensetzung (vgl. §§ 96 Abs. 2, 97 Abs. 2 S. 1, 98 Abs. 4, 250 Abs. 1) vorliegt, der Hauptversammlungsbeschluss nichtig (§ 241 Nr. 1, 3 oder 5) ist oder wenn sich die Hauptversammlung nicht an die Wahlvorschläge des MontanMitbestG (§§ 6, 8 MitbestG) gehalten hat. Außerdem ist die Bestellung nichtig, wenn ein Verstoß gegen die Vorschrift über die persönlichen Voraussetzungen von Aufsichtsratsmitgliedern[362] vorliegt.

Wirkt ein fehlerhaft bestelltes Aufsichtsratsmitglied mit, bleibt der Beschluss aber nur dann **wirksam,** wenn die Stimme dieses Mitgliedes nicht ursächlich für die Beschlussfassung geworden ist. Die erforderliche Mehrheit muss ohne seine Stimme erreicht worden sein,[363] was im (praktisch kaum vorkommenden) Fall, dass nicht eine Aufsichtsratswahl insgesamt, sondern nur die Wahl eines einzelnen Aufsichtsrats angegriffen wird, zum Erfordernis führt, Abstimmungen im Aufsichtsrat so zu dokumentieren, dass ein entsprechender Nachweis geführt werden kann. Würde das fehlerhaft gewählte Aufsichtsratsmitglied auch hinsichtlich der Wirksamkeit von Aufsichtsratsbeschlüssen als wirksam bestelltes Organ behandelt, wäre von der ex tunc-Wirkung der Feststellung der Nichtigkeit nur eine leere Hülse übrig.[364] Dies lässt sich nach Ansicht des BGH[365] jedoch für Aufsichtsratsbeschlüsse nicht mit § 250 Abs. 1 und der darin enthaltenen Verweisung auf § 241 Nr. 5 vereinbaren, die jeweils ex tunc-Nichtigkeit vorsehen. 226

Da die gewählte Person für die Stimmabgabe wie ein **Nichtmitglied** behandelt wird, kommt im Einzelfall sogar die **Umkehrung des Beschlussergebnisses** in Betracht.[366] Es spielt keine Rolle, ob das nichtig bestellte Aufsichtsratsmitglied andere Mitglieder bei der Stimmabgabe beeinflusst hat.[367] Die ex tunc-Wirkung der Nichtigkeit gilt gleichermaßen für Anteilseignervertreter und Arbeitnehmervertreter.[368] 227

Die Mitwirkung eines **fehlerhaft** bestellten Aufsichtsratsmitglieds bei der Beschlussfassung ist unschädlich, solange die Wahl nicht für nichtig erklärt wurde.[369] Rechtsfolgen treten erst bei wirksamer Anfechtung ein.[370] Die Bestellung eines Aufsichtsratsmitglieds ist wegen Verletzung eines Gesetzes[371] oder der Satzung **anfechtbar.**[372] 228

Die Rechtskraft des Anfechtungsurteils bewirkt allerdings nach heute überwiegender Ansicht Nichtigkeit **ex tunc** für die Wahl der Anteilseignervertreter.[373] Dem gegenüber 229

---

[361] BGHZ 11, 231 (246) = NJW 1954, 385 (387) (zur Wahl eines GmbH-Aufsichtsrats durch eine fehlerhaft einberufene Gesellschafterversammlung); Hölters/Simons Rn. 51; MHdB AG/J. Semler § 41 Rn. 112.
[362] § 100; zur Frage der Nichtigkeit und Anfechtbarkeit der Aufsichtsratswahl bei fehlendem Finanzexperten nach § 100 Abs. 5 Wardenbach GWR 2010, 207 (208).
[363] BGHZ 47, 341 (346) = NJW 1967, 1711 (1713); BGH ZIP 2013, 720 (721); ZIP 2013, 1274 (1277); Happ, FS Hüffer, 2010, 293 (296); Großkomm AktG/Hopt/Roth Rn. 222; Hölters/Simons Rn. 51; Vetter ZIP 2012, 701 (702); Vetter/van Laak ZIP 2008, 1806 (1807 f.); Tielmann/Struck BB 2013, 1548 (1549). Gegen die Unwirksamkeit des Beschlusses ex tunc zB Zöllner AG 2004, 397 (403).
[364] Vgl. auch BGH ZIP 2013, 720 (722) mit Anm. Schatz/Schödel EWiR 2013, 333 f., die jedoch die dadurch entstehende „gespaltene" Rechtsstellung eines solchen Aufsichtsratsmitglieds kritisieren; ebenso Schürnbrand NZG 2013, 481 (482).
[365] ZIP 2013, 720 (722).
[366] Vgl. dazu BGH ZIP 2013, 720 (722); ZIP 2013, 1275 (1277).
[367] Großkomm AktG/Hopt/Roth Rn. 222.
[368] AllgM, vgl. BAGE 126, 286 ff.= NZA 2008, 1025 (1028) (Statusverfahren); Fuchs/Köstler/Pütz, HdB zur Aufsichtsratswahl, Rn. 653; MüKoAktG/Gach MitbestG § 22 Rn. 11; UHH/Henssler MitbestG § 6 Rn. 36.
[369] Arg. e contrario BGH ZIP 2013, 720 (722), der nur das Aufsichtsratsmitglied als Nichtmitglied behandeln will, dessen Wahl für nichtig erklärt wurde. Im Übrigen sieht der BGH einen Wahlbeschluss, an dem ein anfechtbar gewähltes Aufsichtsratsmitglied ursächlich mitwirkt, auch im Falle der Anfechtung bis zur Nichtigerklärung als wirksam an. Vgl. auch Marsch-Barner, FS K. Schmidt, 2009, 1109 (1118); Schürnbrand NZG 2013, 481 (483).
[370] Kölner Komm AktG/Mertens/Cahn Rn. 107.
[371] ZB die Verletzung der Vorschriften über die Wahlvorschläge von Aktionären (§ 127) und über ihre Abstimmung (§ 137).
[372] Vgl. auch die Erläuterungen von Marsch-Barner, FS K. Schmidt, 2009, 1109 (1111) zur Anfechtung von Aufsichtsratswahlen.
[373] Vgl. zB OLG Köln ZIP 2008, 508 – IVG; Griogoleit/Grigoleit/Tomasic Rn. 31; Großkomm AktG/Hopt/Roth Rn. 228; Vetter ZIP 2012, 701 (702); Vetter/van Laak ZIP 2008, 1806 (1807); mit Vorbehalten nun wohl auch K. Schmidt/Lutter/Drygala Rn. 32 f.

wirkt die Anfechtung der Wahl von Arbeitnehmervertretern nach den **mitbestimmungsrechtlichen Vorschriften** (§ 22 MitbestG, § 11 DrittelbG und § 10k Abs. 1 MitbestErgG) nach allgM[374] **ex nunc.**

230 **b) Außenwirkung.** Ein Auseinanderfallen von Innenwirkung und Außenwirkung ist möglich. Selbst wenn der Beschluss keine Innenwirkung entfaltet, kann der Beschluss Dritten gegenüber Außenwirkung haben. Ist ein Aufsichtsratsbeschluss nichtig, weil ein fehlerhaft bestelltes Aufsichtsratsmitglied mitgewirkt hat, ist beispielsweise eine erfolgte Vorstandsbestellung (§ 84 Abs. 1 S. 1) im Innenverhältnis nichtig. Im Außenverhältnis sind die vorgenommenen Rechtshandlungen der Vorstandsmitglieder auf Grund der Publizität des Handelsregisters (§ 15 HGB) dennoch wirksam.[375] *Vetter*[376] will darüber hinaus über die Liste der Aufsichtsratsmitglieder im Falle eines Mitgliederwechsels nach § 106 AktG iVm §§ 10, 9 HGB Vertrauensschutz gewähren und einen Beschluss des Aufsichtsrats trotz fehlerhafter und rückwirkend für nichtig erklärter Aufsichtsratsbestellung als wirksam behandeln, soweit er den Rechtsverkehr mit Dritten betrifft. Einen solchen Vertrauensschutz entsprechend § 15 HGB mit der Liste zu verbinden, erscheint überspannt. Ohnehin sind Dritte, denen gegenüber Beschlüsse vollzogen werden, nach der Rechtsprechung des BGH dadurch geschützt, dass sie auf die **Handlungsbefugnis** bei Gutgläubigkeit vertrauen dürfen.[377]

231 **4. Beendigung des fehlerhaften Aufsichtsratsmandats.** Ein fehlerhaft bestelltes Aufsichtsratsmitglied kann jederzeit von der Gesellschaft faktisch von der Mitarbeit im Aufsichtsrat ausgesperrt werden. Es kann auch von sich aus aufhören, an den Tätigkeiten des Aufsichtsrats teilzunehmen.[378]

232 **a) Geltendmachung des Bestellungsmangels.** Die **Gesellschaft,** vertreten durch den Vorstand, ist ebenso wie der **Aufsichtsratsvorsitzende** verpflichtet, die Nichtigkeit der Bestellung[379] bzw. die Unwirksamkeit eines Aufsichtsratsbeschlusses[380] geltend zu machen, sobald positive Kenntnis über sie vorliegt.

233 **b) Maßnahmen.** Dem **Vorstand** obliegt für einen ordnungsgemäß zusammengesetzten Aufsichtsrat zu sorgen und ggf. geeignete Maßnahmen zu ergreifen.[381]

234 Fasst die **Hauptversammlung** einen **Bestätigungsbeschluss** nach § 244, können heilbare Verfahrensmängel eines Beschlusses[382], auch eines Wahlbeschlusses, nicht mehr geltend gemacht werden.[383] Dies hilft jedoch nicht für nichtige Beschlüsse.[384]

---

[374] BAGE 67, 316 ff. = NZA 1991, 946 (947) (Wahl der Jugend- und Auszubildendenvertretung); vgl. auch schon BGHZ 47, 341 ff. = NJW 1967, 1711 (1713); *Marsch-Barner*, FS K. Schmidt, 2009, 1109 (1118); *Fuchs/Köstler/Pütz*, HdB zur Aufsichtsratswahl, Rn. 647; MüKoAktG/*Gach* MitbestG § 22 Rn. 16; Hümmerich/Boecken/Düwell/*Heither/v. Morgen* MitbestG § 22 Rn. 7; UHH/*Henssler* MitbestG § 22 Rn. 18; Kölner Komm AktG/*Mertens/Cahn* § 117 Anh. B § 22 Rn. 11; WWKK/*Wißmann* MitbestG § 22 Rn. 56, alle mwN.

[375] *Marsch-Barner*, FS K. Schmidt, 2009, 1109 (1124 f.) plädiert für eine Einschränkung der rückwirkenden Nichtigkeit, soweit der Aufsichtsrat für die Gesellschaft unmittelbar nach außen tätig geworden ist.

[376] ZIP 2012, 701 (709 f.).

[377] BGH ZIP 2013, 720 (722).

[378] Kölner Komm AktG/*Mertens/Cahn* Rn. 110.

[379] BGH BB 2006, 453 (454); Kölner Komm AktG/*Mertens/Cahn* Rn. 110.

[380] BGH ZIP 2013, 720 (722).

[381] Vgl. allg. zu Maßnahmen zur Vermeidung bzw. Abmilderung der negativen Auswirkungen einer nichtigen bzw. für nichtig erklärten Aufsichtsratsahl *Priester* GWR 2013, 175 (177); *Schürnbrand* NZG 2013, 481 (483 f.); *Tielmann/Struck* BB 2013, 1548 (1549 ff.); *Vetter* ZIP 2012, 701 (704 ff.).

[382] BGHZ 157, 206 = NJW 2004, 1165.

[383] Vgl. *Happ*, FS Hüffer, 2010, 293 (295); *Marsch-Barner*, FS K. Schmidt, 2009, 1109 (1119); MHdB AG/*J. Semler* § 41 Rn. 42; *Vetter* ZIP 2012, 701 (705); *Vetter/van Laak* ZIP 2008, 1806 (1808); *Volhard* in Semler/Volhard/Reichert HV-HdB § 40 Rn. 49 zur Möglichkeit der Heilung durch Bestätigungsbeschluss.

[384] BGHZ 160, 253 = NJW 2004, 3561 (3562); BGH NZG 2011, 506 (507) (hilfsweise Erledigungserklärung nach Bestätigungsbeschluss).

Auch eine **gerichtliche Bestellung** nach § 104 kann sinnvoll sein,[385] wobei sie während des noch anhängigen Anfechtungsverfahrens nach Ansicht des OLG Köln[386] nicht zulässig ist. Etwas anderes gilt aber, sobald die Gesellschaft die Anfechtungsklage anerkannt oder – der Weg der Praxis – das betroffene Aufsichtsratsmitglied sein Amt niedergelegt hat,[387] um durch seine gerichtlichtliche Wiederbestellung Rechtssicherheit zu schaffen. In der Praxis empfiehlt sich hier die vorige Abstimmung mit dem Gericht, um eine weitgehend lückenlose Besetzung des Aufsichtsrats sicherzustellen.[388] Nach Ansicht des LG München I[389] ist es darüber hinaus auch zulässig, ein Aufsichtsratsmitglied, dessen Wahl angefochten wurde, bis zur nächsten Hauptversammlung gerichtlich zu bestellen, um so die Handlungsfähigkeit und die Parität eines mitbestimmten Aufsichtsrats wieder herzustellen und ihm zu ermöglichen, die in seine Kompetenz fallenden Entscheidungen zu treffen. Der Aufsichtsratsvorsitzende kann ebenfalls nach § 104 Abs. 2 analog[390] gerichtlich bestellt werden. 235

Aktionären steht im Falle der Nichtigkeit der **Entsendung** des Aufsichtsratsmitglieds Klage auf Feststellung der Nichtigkeit nach § 256 ZPO offen.[391] 236

5. Fehlerhafte Bestellung eines Ersatzmitglieds. Für das Ersatzmitglied gelten keine Besonderheiten. Das Gesetz sieht für die Nichtigkeit und die Anfechtung seiner Bestellung die Anwendung der Vorschriften vor, die für das Aufsichtsratsmitglied gelten (Abs. 3 S. 4). 237

§ 102 Amtszeit der Aufsichtsratsmitglieder

(1) ¹Aufsichtsratsmitglieder können nicht für längere Zeit als bis zur Beendigung der Hauptversammlung bestellt werden, die über die Entlastung für das vierte Geschäftsjahr nach dem Beginn der Amtszeit beschließt. ²Das Geschäftsjahr, in dem die Amtszeit beginnt, wird nicht mitgerechnet.

(2) Das Amt des Ersatzmitglieds erlischt spätestens mit Ablauf der Amtszeit des weggefallenen Aufsichtsratsmitglieds.

---

[385] *Marsch-Barner*, FS K. Schmidt, 2009, 1109 (1120 ff.); *Schürnbrand* NZG 2013, 481 (483 f.); allgemein zur gerichtlichen Bestellung zB *Fett/Theusinger* AG 2010, 425 ff.

[386] AG 2011, 465; OLG Köln ZIP 2008, 508 f., dem zu Folge eine Bestellung durch das Gericht nach § 104 Abs. 2 analog sowohl mangels planwidriger Regelungslücke als auch einer vergleichbaren Interessenlage ausgeschlossen ist, wenn aufgrund der erhobenen Anfechtungs- oder Nichtigkeitsklage lediglich die Gefahr besteht, dass im Falle eines stattgebenden Urteils die Wahl der Aufsichtsratsmitglieder rückwirkend als nichtig anzusehen wäre. Dazu kritisch *Schroeder/Pussar* BB 2011, 1930 (1933 f.); *Fett/Theusinger* AG 2010, 425 (429 ff.) und *Vetter* ZIP 2012, 701 (706) mwN auch für die Gegenansicht sprechen sich für die Zulässigkeit der aufschiebend bedingten gerichtlichen Bestellung nach § 104 Abs. 2 (direkt) aus; dazu schon ausführlich *Vetter/van Laak* ZIP 2008, 1806 (1810 ff.).

[387] *Vetter* ZIP 2012, 701 (705).

[388] Zugleich können dadurch auch unliebsame Überraschungen vermieden werden, etwa dass das Gericht gegen die betreffende Person geführte (unberechtigte) Angriffe teilt und deshalb zu deren gerichtlicher Bestellung nicht bereit ist.

[389] AG 2006, 762 (766) – Hypo-Vereinsbank, unter Anwendung des § 104 Abs. 3 Nr. 2; zustimmend *Marsch-Barner*, FS K. Schmidt, 2009, 1109 (1121 f.); offen gelassen von BayObLG ZIP 2004, 2190 (2191) – Hypo-Vereinsbank; *Schroeder/Pussar* BB 2011, 1930 (1933) wollen im Falle der Anfechtungsklage unter Rückgriff auf § 104 analog und Ziff. 5.4.3 DCGK die gerichtliche Bestellung von Aufsichtsratsmitgliedern zulassen, um jedenfalls während der Zeit des Verfahrens Entscheidungen des Aufsichtsrats zu ermöglichen, die unabhängig vom Ausgang des Verfahrens wirksam sind. Für eine aufschiebend bedingte gerichtliche Bestellung unter direkter Anwendung des § 104 *Vetter* ZIP 2012, 701 (706).

[390] Vgl. dazu die Ausführungen bei → § 107 Rn. 33; *Fett/Theusinger* AG 2010, 425 (427), die richtigerweise einen dringenden Fall nach § 104 Abs. 2 S. 2 aufgrund der „Lähmung" des Aufsichtsrats ohne Vorsitzenden annehmen, sodass eine gerichtliche Bestellung schon vor Ablauf der Drei-Monats-Frist nach § 104 Abs. 2 S. 1 möglich sei.

[391] BGHZ 165, 192 = BB 2006, 453 mit Anm. *Ek/Schiemzik*.

AktG § 102 1, 2

Schrifttum: *Bauer/Arnold,* AGG-Probleme bei vertretungsberechtigten Organmitgliedern, ZIP 2008, 993; *Bauer/Arnold,* Organbesetzung und Allgemeines Gleichbehandlungsgesetz – kein neues Betätigungsfeld für „Berufsaktionäre"!, AG 2007, 807, *Boesebeck,* Rechtsbehelfe der Aktiengesellschaft gegenüber untragbaren Arbeitnehmervertretern im Aufsichtsrat, AG 1961, 117; *Deutsches Notarinstitut,* Gutachten zu §§ 102, 103 AktG, DNotI-Report 2007, 152; *Drinhausen/Nohlen,* Festlegung der Amtsdauer von SE-Organmitgliedern in der Satzung nach Art. 46 I SE-VO, ZIP 2009, 1890; *Eßer/Baluch,* Bedeutung des Allgemeinen Gleichbehandlungsgesetzes für Organbesetzung, NZG 2007, 321; *Frodermann/Jannott,* Zur Amtszeit des Verwaltungs- bzw. Aufsichtsrats der SE, ZIP 2005, 2251; *Heinsius,* Die Amtszeit des Aufsichtsrates mitbestimmter Gesellschaften mit beschränkter Haftung und mitbestimmter Aktiengesellschaften bei formwechselnder Umwandlung, FS Stimpel, 1985, 571; *Hoffmann-Becking,* Amtszeit und Vergütung des Aufsichtsrats nach formwechselnder Umwandlung einer GmbH in eine Aktiengesellschaft, AG 1980, 269; *Horstmeier,* Geschäftsführer und Vorstände als „Beschäftigte", GmbHR 2007, 125; *Köstler,* Amtsende des Aufsichtsrats nach formwechselnder Umwandlung einer GmbH in eine Aktiengesellschaft?, BB 1993, 81; *Krause,* Auswirkungen des Allgemeinen Gleichbehandlungsgesetzes auf die Organbesetzung, AG 2007, 392; *Lutter,* Anwendbarkeit der Altersbestimmungen des AGG auf Organpersonen, BB 2007, 725; *Peltzer,* Deutsche Corporate Governance, 2. Aufl. 2004; *Roussos,* Ziele und Grenzen bei der Bestellung von Ersatzmitgliedern des Aufsichtsrates, AG 1987, 239; *Säcker,* Aufsichtsratsausschüsse nach dem Mitbestimmungsgesetz 1976, 1979.

Übersicht

	Rn.
I. Allgemeines	1
1. Bedeutung der Norm	1
2. Entstehungsgeschichte	4
3. DCGK	5
II. Die Dauer der Amtszeit von Aufsichtsratsmitgliedern	6
1. Berechnung der gesetzlich zulässigen Amtsdauer	6
2. Personenkreis	10
3. Satzungsregelungen	13
a) Grundsatz	13
b) Kürzere Amtszeit	15
c) Unterschiedlich lange Amtszeiten	16
d) Turnusmäßiges Ausscheiden	18
e) Satzungsänderungen	19
4. Bestimmung durch Hauptversammlungsbeschluss	20
5. Amtszeit der Arbeitnehmervertreter	21
6. Bestimmung durch den Entsendungsberechtigten	23
III. Beginn und Ende der Amtszeit	25
1. Beginn der Amtszeit von gewählten, entsandten und gerichtlich bestellten Aufsichtsratsmitgliedern	25
2. Ende der Amtszeit von gewählten, entsandten und gerichtlich bestellten Aufsichtsratsmitgliedern	27
3. Beginn und Ende der Amtszeit des Ersatzmitglieds	29
4. Sonderfall: Der Entlastungsbeschluss der Hauptversammlung unterbleibt	31
IV. Überschreitung der Höchstdauer	35
V. Wiederbestellung des Aufsichtsratsmitglieds	36
VI. Vorzeitige Beendigungsgründe	37
VII. Exkurs: § 203 UmwG	39

I. Allgemeines

1. Bedeutung der Norm. Die Vorschrift bestimmt zwingend die **gesetzliche Höchstdauer** der Amtszeit von Aufsichtsratsmitgliedern (Abs. 1) sowie der Ersatzmitglieder (Abs. 2), ohne dass zwischen den Aufsichtsratsmitgliedern der Anteilseigner und der Arbeitnehmer differenziert wird. Sie stellt jedoch keine abschließende Regelung der Amtszeit dar. Für die SE enthält Art. 46 StVO eine abweichende Regelung.

Bestellungen für kürzere Amtszeiten sind grundsätzlich zulässig. Für entsandte oder gerichtlich bestellte Mitglieder gilt nichts anderes. Das Gesetz sieht Besonderheiten in Form einer zwingend kürzeren Amtsdauer in zwei Fällen vor – für den ersten Aufsichtsrat (§ 30 Abs. 3) und im Fall der Sachgründung oder -einlage (§ 31 Abs. 3, 5).

Das Gesetz will die Amtszeiten der Organmitglieder rechtlich voneinander unabhängig behandeln[1] Die Norm spricht in diesem Zusammenhang nicht etwa von der Amtsdauer des Aufsichtsrats oder einem „neuen" Aufsichtsrat, sondern legt Höchstfristen für die Amtszeiten einzelner Aufsichtsratsmitglieder fest. Das beruht auf dem geltenden Grundsatz der Organidentität: Die Identität des Aufsichtsrats als Organ wird durch den Ablauf der Wahl- bzw. Bestellungsperiode einzelner Aufsichtsratsmitglieder und unabhängig von der Anzahl der Neubestellungen nicht berührt; seine Geschäftsordnung bleibt bestehen.[2] Die Norm stärkt damit die Kontinuität der Arbeit des Aufsichtsrats. Für die einzelne Amtszeit folgt aber nur scheinbar ein Gestaltungsfreiraum, weil die Vermeidung der Diskriminierung für gleich lange Amtszeiten spricht und die Hauptversammlung nur eingeschränkt Regelungskompetenz hat. Die Praxis bestimmt daher zumeist feste Amtszeiten und bestellt alle Aufsichtsratsmitglieder üblicherweise gleichzeitig für die gleiche Amtsdauer.[3]

2. Entstehungsgeschichte. Die heutige Vorschrift enthält nur geringfügige Abweichungen von der Vorgängerregelung des § 87 Abs. 1 S. 2 AktG 1937. So wurde beispielsweise sprachlich und inhaltlich der Wortlaut der Vorschrift dahingehend geändert, dass aus der „Wahl" des Aufsichtsratsmitglieds seine „Bestellung" wurde. Damit gilt die Höchstdauer für alle Aufsichtsratsmitglieder gleichermaßen und nicht nur für die gewählten. 1965 wurde Abs. 2 neu in das AktG aufgenommen, um den Ablauf der Amtszeit des Ersatzmitglieds klar zu regeln. Die Regelung über die Amtszeit des ersten Aufsichtsrats findet sich anders als bei § 87 Abs. 1 S. 2 AktG 1937 nun in § 30 Abs. 3.

3. DCGK. Eine frühere Empfehlung des Corporate Governance Kodex, die Wahl bzw. Neuwahl von Aufsichtsratsmitgliedern zu unterschiedlichen Terminen und für unterschiedliche Amtsperioden vorzusehen,[4] wurde aufgegeben. Ein Bedarf besteht nicht, und der Aufwand für jährliche Wahlen ist erheblich.

II. Die Dauer der Amtszeit von Aufsichtsratsmitgliedern

1. Berechnung der gesetzlich zulässigen Amtsdauer. Abs. 1 der Vorschrift bestimmt die **gesetzliche Höchstdauer** der Amtszeit der Aufsichtsratsmitglieder und gilt sowohl für Vertreter der Anteilseigner als auch für Vertreter der Arbeitnehmer. Die Vorschrift ist **zwingend**.[5] Die längste zulässige Amtsdauer ergibt sich aus dem Rest des Geschäftsjahres, in dem die Amtszeit begann, vier weiteren Geschäftsjahren und einem Teil des darauf folgenden Geschäftsjahres. Für den Fristbeginn entscheidend ist nicht der Zeitpunkt der Wahl oder der Entsendeentscheidung, sondern der Beginn der Amtszeit. Die Amtszeit beginnt grundsätzlich mit der Annahme der Bestellung, die regelmäßig nach der Wahl, Entsendung oder gerichtlichen Bestellung erfolgt.[6]

Geschäftsjahr ist auch das Rumpfgeschäftsjahr. Es wird wie ein volles Geschäftsjahr eingerechnet,[7] obwohl es weniger als zwölf Monate dauert. Nicht zu verwechseln ist dies mit der

---

[1] OLG Frankfurt WM 1986, 1437 (1438); Kölner Komm AktG/*Mertens/Cahn* Rn. 8; MHdB/*Hoffmann-Becking* § 30 Rn. 44.
[2] MHdB/*Hoffmann-Becking* § 30 Rn. 44; Kölner Komm AktG/*Mertens/Cahn* Rn. 9; Spindler/Stilz/*Spindler* Rn. 1; NK-AktG/*Breuer/Fraune* Rn. 1; UHH/*Ulmer/Habersack* MitbestG § 25 Rn. 14, denen zufolge dies wegen des Grundsatzes der Organkontinuität auch bei Änderungen in Zahl und Zusammensetzung des Aufsichtsrats gelte; aA *Säcker*, Aufsichtsratsausschüsse, S. 39 f., mit Parallele zur Geschäftsordnung des Bundestags zieht und daraus folgert, dass die Geschäftsordnung des Aufsichtsrats auch nur für die Dauer einer Amtsperiode gilt. Diese Parallele geht jedoch fehl. Der Aufsichtsrat hat weder eine vergleichbare Aufgabe noch eine vergleichbare Rechtsstellung.
[3] Vgl. Deutsches Notarinstitut DNotI-Report 2007, 152 f.
[4] Ziff. 5.4.4 DCGK 2006.
[5] Hüffer/*Koch* Rn. 1; Großkomm AktG/*Hopt/Roth* Rn. 4; K. Schmidt/Lutter/*Drygala* Rn. 3.
[6] NK-AktG/*Breuer/Fraune*, 3. Aufl. 2011, Rn. 6; Großkomm AktG/*Hopt/Roth* Rn. 30 mwN zur konkludenten, aufschiebend bedingten oder späteren Annahme.
[7] Kölner Komm AktG/*Mertens/Cahn* Rn. 4; MüKoAktG/*Habersack* Rn. 6; Spindler/Stilz/*Spindler* Rn. 7.

Behandlung der Amtszeit im ersten Geschäftsjahr gem. Abs. 1 S. 2, wonach das Geschäftsjahr, in dem die Amtszeit beginnt, nicht mitgerechnet wird.

8 Insgesamt ergibt sich damit eine Amtszeit von höchstens etwa fünf Jahren.[8] Entspricht das Geschäftsjahr dem Kalenderjahr, errechnet sich eine Amtszeit beispielsweise wie folgt: Der Aufsichtsrat NN wird am 15. Mai 2015 bestellt und tritt sein Amt sofort an. Das Geschäftsjahr 2015 wird aber für die Bestimmung der Höchstdauer nicht mitgerechnet, weil in ihm der Amtsantritt erfolgte. Während der nachfolgenden vier Geschäftsjahre dauert sie fort, endet aber nicht am Ende dieses Zeitraums. Vielmehr darf die Amtszeit weiterbestehen bis zur Beendigung der Hauptversammlung, die über die Entlastung der Mitglieder des Vorstands und der Mitglieder des Aufsichtsrats für das vierte Geschäftsjahr (das ist wegen der Nichtberücksichtigung des Geschäftsjahres 2015 das Geschäftsjahr 2019) beschließt. Nach § 120 Abs. 1 S. 1 wird über die Entlastung in den ersten acht Monaten des Geschäftsjahres beschlossen. Daher können bei Berechnung der zulässigen Amtszeit maximal acht Monate zusätzlich berücksichtigt werden.[9] Die über die Entlastung für 2019 beschließende Hauptversammlung findet beispielsweise am 1. Juni 2020 statt. Die Amtszeit des Mitglieds NN endet mit Ablauf dieser Hauptversammlung. NN war damit insgesamt fünf Jahre und 15 Tage im Amt.

9 **Abs. 2 ist gleichfalls zwingend.** Die Vorschrift regelt die Amtszeit der Ersatzmitglieder. Sie wird durch die verbleibende Amtszeit des ausgeschiedenen Aufsichtsratsmitglieds begrenzt, wie sich bereits aus der Vorschrift über die Stellung der Aufsichtsratsmitglieder ergibt, § 101 Abs. 3 S. 2.[10]

10 **2. Personenkreis. Die Vorschrift** gilt für alle Aufsichtsratsmitglieder, ganz gleich, ob sie von der Hauptversammlung oder von anderen Wahlorganen gewählt, von den Entsendungsberechtigten in den Aufsichtsrat entsandt (§ 101 Abs. 1) oder vom Gericht bestellt (§ 104) wurden. Für Ersatzmitglieder bestimmt Abs. 2, dass deren Amtszeit sich nach der des weggefallenen Aufsichtsratsmitglieds richtet.

11 Die Amtszeit der Mitglieder des **ersten von den Gründern bestellten Aufsichtsrats** ist hingegen in § 30 Abs. 3 S. 1 gesondert geregelt; sie endet mit der Beendigung der Hauptversammlung, die über die Entlastung für das erste Voll- oder Rumpfgeschäftsjahr beschließt.

12 Besonderes gilt auch bei Bestellung des Aufsichtsrats bei Gründung durch Sacheinlage oder -übernahme eines Unternehmens oder Unternehmensteils. Auf die entsprechenden Vorschriften und deren Erläuterung wird verwiesen (§ 31 Abs 3).

13 **3. Satzungsregelungen. a) Grundsatz.** Das Gesetz regelt die zulässige Höchstdauer der Mandatszeit.[11] Sie gilt, wenn weder die Satzung noch der Hauptversammlungsbeschluss die Dauer der Amtszeit zulässig abweichend bestimmen,[12] wobei eine längere Amtszeit als die gesetzliche Höchstdauer weder durch Satzung[13] noch durch Hauptversammlungsbeschluss oder durch den Entsendungsberechtigten vorgesehen werden kann.

---

[8] Kölner Komm AktG/*Mertens/Cahn* Rn. 4; Großkomm AktG/*Hopt/Roth* Rn. 31; Hüffer/*Koch* Rn. 2; Bürgers/Körber/*Bürgers/Israel* Rn. 2; K. Schmidt/Lutter/*Drygala* Rn. 3; *v. Schenck* in Semler/v. Schenck AR-HdB § 1 Rn. 63; NK-AktG/*Breuer/Fraune* Rn. 3.

[9] Dies ergibt sich aus § 120 Abs. 1 S. 1; wurde vorher eine Hauptversammlung einberufen, ein Entlastungsbeschluss jedoch unterlassen, so ist die Amtszeit mit Ablauf der Hauptversammlung beendet, vgl. BGH NZG 2002, 916; OLG München NZG 2009, 1430.

[10] Kölner Komm AktG/*Mertens/Cahn* Rn. 3; NK-AktG/*Breuer/Fraune* Rn. 9.

[11] Die Amtszeit des Verwaltungs- bzw. Aufsichtsrats einer SE ist mit einer dem § 102 Abs. 1 AktG entsprechenden Satzungsregelung hinreichend bestimmt iSv Art. 46 Abs. 1 SE-VO; vgl. MüKoAktG/*Reichert/Brandes* SE-VO Art. 46 Rn. 3; *Frodermann/Jannott* ZIP 2005, 2251; *Drinhausen/Nohlen* ZIP 2009, 1890.

[12] *Volhard* in Semler/Volhard/Reichert HV-HdB § 17 Rn. 12; Kölner Komm AktG/*Mertens/Cahn* Rn. 13; MHdB AG/*Hoffmann-Becking* § 30 Rn. 41; *v. Godin/Wilhelmi* Anm. 2; *v. Schenck* in Semler/v.Schenck AR-HdB § 1 Rn. 7.

[13] Großkomm AktG/*Hopt/Roth* Rn. 14.

Regelt die Satzung eine Höchstdauer, so besteht hinsichtlich der genauen Ausgestaltung **14** ein Gestaltungsspielraum,[14] solange die zulässige Höchstdauer der Amtszeit nicht überschritten wird. Die Satzung kann auch vorsehen, dass die Amtszeit innerhalb der Höchstdauer von der Hauptversammlung festgelegt wird. Sofern die Satzung Altersgrenzen für Aufsichtsratsmitglieder bestimmt, muss sie sich an den Regelungen des AGG orientieren.[15]

b) Kürzere Amtszeit. Die Satzung kann sowohl für Vertreter der Anteilseigner als auch **15** für Vertreter der Arbeitnehmer und für Ersatzmitglieder eine **kürzere Amtszeit** bestimmen.[16] Dem steht die Vorschrift des § 23 Abs. 5 S. 1 über die Satzungsstrenge nicht entgegen, da das Gesetz nur die maximale Dauer regelt. Zweckmäßigkeitserwägungen sprechen dafür, auch eine kürzere Amtszeit stets mit dem Schluss der Hauptversammlung, die über die Entlastung beschließt, enden zu lassen.

c) Unterschiedlich lange Amtszeiten. Die Satzung kann unterschiedlich lange Amts- **16** zeiten **für gewählte und entsandte Aufsichtsratsmitglieder** vorsehen.[17] Die Stellung aller Aufsichtsratsmitglieder ist zwar gleichwertig. Eine Differenzierung zwischen gewählten und entsandten Mitgliedern ist aber zulässig, weil der Entsendungsberechtigte die Amtszeit des Entsandten durch sein Abberufungsrecht gem. § 103 Abs. 2 S. 1 selbst frei bestimmen kann.

Die Festlegung unterschiedlich langer Amtszeiten **von Anteilseignervertretern und** **17** **Arbeitnehmervertretern** ist grundsätzlich **zulässig**,[18] aber nur, soweit der Grundsatz der Gleichwertigkeit aller Mitglieder berücksichtigt wird. Das bedeutet im Ergebnis eine erhebliche Einschränkung abweichender Gestaltung. Praktisch diskutiert wurde eine generell verkürzte Amtszeit der Arbeitnehmervertreter gegenüber der Amtszeit der Anteilseignervertreter. Sie ist mangels eines rechtfertigenden sachlichen Differenzierungskriteriums unzulässig. Ausnahmsweise ist eine kürzere Amtszeit dann möglich, wenn sich die Wahl der Arbeitnehmervertreter verzögert hat, beispielsweise bei Einbringung eines Betriebes oder bei einer formwechselnden Umwandlung. Treten die Arbeitnehmervertreter deswegen ihr Amt erst im folgenden Geschäftsjahr an und soll ihre Amtszeit aber dennoch gleichzeitig mit der Amtszeit der Anteilseigner enden, kann ihre Amtszeit ausnahmsweise durch eine Öffnungsklausel einmalig verkürzt werden.[19] Das angestrebte Ziel der Schaffung einer deckungsgleichen Amtszeit für Anteilseigner- und Arbeitnehmervertreter rechtfertigt diese Differenzierung.[20]

d) Turnusmäßiges Ausscheiden. Eine Satzungsregelung, nach der nicht alle Auf- **18** sichtsratsmitglieder gleichzeitig ihr Amt antreten und damit auch gleichzeitig ausscheiden, sondern nur zeitlich gestaffelt, sog. *staggered board*,[21] ist zulässig.[22] Die Satzung muss jedoch für Anteilseigner- und Arbeitnehmervertreter einen identischen Turnus vor-

---

[14] Hüffer/*Koch* Rn. 1; Spindler/Stilz/*Spindler* Rn. 10; NK-AktG/*Breuer/Fraune* Rn. 7.
[15] *Lutter* BB 2007, 725; *Eßer/Baluch* NZG 2007, 321; K. Schmidt/Lutter/*Drygala* Rn. 10; vgl. ferner *Bauer/Arnold* ZIP 2008, 993; *Krause* AG 2007, 392; *Bauer/Arnold* AG 2007, 807; *Horstmeier* GmbHR 2007, 125.
[16] BGHZ 99, 211 (215); OLG Frankfurt WM 1986, 1437 f. mit zust. Anm. *Stützle*; Kölner Komm AktG/*Mertens/Cahn* Rn. 8; Hüffer/*Koch* Rn. 4; *Raiser/Veil* MitbestG § 6 Rn. 32; MHdB AG/*Hoffmann-Becking* § 30 Rn. 41; NK-AktG/*Breuer/Fraune* Rn. 4.
[17] BGHZ 99, 211 (215); OLG Frankfurt WM 1986, 1437; Hüffer/*Koch* Rn. 4; Kölner Komm AktG/*Mertens/Cahn* Rn. 8; MHdB AG/*Hoffmann-Becking* § 30 Rn. 47; *Raiser/Veil* MitbestG § 6 Rn. 32 mit Hinweis auf § 15 Abs. 1 MitbestG; NK-AktG/*Breuer/Fraune* Rn. 4.
[18] Hüffer/*Koch* Rn. 4; vgl. Lutter/Krieger, 5. Aufl. 2009, Rn. 28 f.
[19] Kölner Komm AktG/*Mertens/Cahn* Rn. 8.
[20] Vgl. *Hoffmann/Preu* Der Aufsichtsrat Rn. 717; Kölner Komm AktG/*Mertens/Cahn* Rn. 8; MHdB AG/*Hoffmann-Becking* § 30 Rn. 46.
[21] Vgl. Spindler/Stilz/*Spindler* Rn. 13.
[22] Kölner Komm AktG/*Mertens/Cahn* Rn. 9; aA UHH/*Ulmer/Habersack* MitbestG § 6 Rn. 65 sowie *Raiser/Veil* MitbestG § 6 Rn. 32, die dies jeweils nur für die Anteilseignervertreter bejahen.

sehen.²³ Der Vorteil dieses turnusmäßigen Ausscheidens ist in einem gewissen Schutz vor feindlichen Übernahmen zu sehen, schließlich kann der Aufsichtsrat nicht auf einen Schlag neu besetzt werden.²⁴

19 **e) Satzungsänderungen.** Die Amtszeit der Aufsichtsratsmitglieder kann durch Satzungsänderung verkürzt werden.²⁵ Eine solche Satzungsänderung kann auch die Amtszeit amtierender Aufsichtsratsmitglieder verkürzen, denn schließlich erwirbt das Aufsichtsratsmitglied kein satzungsfestes Recht auf eine bestimmte Amtsdauer.²⁶

20 **4. Bestimmung durch Hauptversammlungsbeschluss.** Wenn die Satzung die Dauer der Amtszeit von Aufsichtsratsmitgliedern nicht regelt, kann die Hauptversammlung die Dauer sowie Beginn und Ende der Amtszeit bestimmen,²⁷ wobei die gesetzliche Höchstdauer beachtet werden muss. Diese Befugnis der Hauptversammlung, kürzere Amtszeiten zu beschließen, besteht für einen oder mehrere Vertreter der Anteilseigner, jedoch nicht für Arbeitnehmervertreter.²⁸ Sie bedarf eines sachlichen Grundes.²⁹ Die Hauptversammlung kann auch beschließen, dass ein Nachfolger nur für die verbleibende Amtszeit des ausgeschiedenen Mitglieds bestellt wird.³⁰ Dies gilt nicht für Arbeitnehmervertreter.³¹ Deren Amtszeit bestimmt sich nur durch die Satzung oder durch die gesetzliche Regelung. Auch ein satzungsdurchbrechender Beschluss ist nicht zulässig.

21 **5. Amtszeit der Arbeitnehmervertreter.** § 102 und die Regelungen der **Satzung** gelten auch für die Arbeitnehmervertreter, wie sich aus den mitbestimmungsrechtlichen Vorschriften der § 15 Abs. 1 MitbestG, § 10c Abs. 1 MitbestErgG und § 5 Abs. 1 DrittelbG ergibt.

22 **Verliert** ein Arbeitnehmervertreter seine **Eigenschaft als Arbeitnehmer** des Unternehmens, zB durch Kündigung, Ruhestand oder Aufhebungsvertrag, erlischt gem. § 24 Abs. 1 MitbestG sein Amt kraft Gesetzes.

23 **6. Bestimmung durch den Entsendungsberechtigten.** Die gesetzliche Höchstdauer der Amtszeit gilt auch für die entsandten Aufsichtsratsmitglieder. Sie kann nicht überschritten werden. Jedoch steht es dem Entsendungsberechtigten frei, die Amtszeit des entsandten Mitglieds gegenüber der Amtszeit der anderen Aufsichtsratsmitglieder zu verkürzen.³² Dies ist möglich, weil er das von ihm entsandte Aufsichtsratsmitglied **jederzeit abberufen** kann, § 103 Abs. 2 S. 1. Trifft der Entsendungsberechtigte keine Regelung zur Amtszeit des von ihm entsandten Mitglieds, gilt die Satzung. Die gesetzliche Bestimmung greift ein, wenn auch die Satzung keine entsprechende Festlegung enthält.

---

²³ Kölner Komm AktG/*Mertens/Cahn* Rn. 9; Spindler/Stilz/*Spindler* Rn. 13; vgl. auch UHH/*Ulmer/Habersack* MitbestG § 6 Rn. 65; aA MüKoAktG/*Habersack* Rn. 9, der unterschiedliche Amtszeiten für Anteilseigner- und Arbeitnehmervertreter nicht generell ausschließt.
²⁴ Vgl. auch Ziff. 5.4.6. DCGK sowie weiterführend *Peltzer* S. 110; Großkomm AktG/*Hopt/Roth* Rn. 29; Spindler/Stilz/*Spindler* Rn. 13.
²⁵ Kölner Komm AktG/*Mertens/Cahn* Rn. 10; für die Anteilseignervertreter: *Raiser/Veil* MitbestG § 6 Rn. 32; NK-AktG/*Breuer/Fraune* Rn. 4; *Boesebeck* AG 1961, 117 (122); aA UHH/*Ulmer/Habersack* MitbestG § 6 Rn. 64; WWKK/*Wißmann* MitbestG § 15 Rn. 145, der die durch Satzung geänderte Amtszeit der Anteilseignervertreter nicht für die Arbeitnehmervertreter gelten lässt. Seiner Ansicht nach kommt eine nachträgliche Amtszeitverkürzung der Arbeitnehmervertreter einer ebenfalls unzulässigen vorzeitigen Abberufung der Arbeitnehmervertreter durch die Hauptversammlung gleich.
²⁶ Vgl. zum fehlenden Anfechtungsrecht des Aufsichtsratsmitglieds gegen seine Stellung beeinträchtigende Statusmaßnahmen (wie die Abberufung) § 251 iVm § 245 Nr. 1, 2, 4.
²⁷ Vgl. auch MüKoAktG/*Gach* MitbestG § 15 Rn. 19 f.
²⁸ Kölner Komm AktG/*Mertens/Cahn* Rn. 11; UHH/*Ulmer/Habersack* MitbestG § 6 Rn. 65; Hüffer/*Koch* Rn. 5; Spindler/Stilz/*Spindler* Rn. 11; MHdB AG/*Hoffmann-Becking* § 30 Rn. 45; *Raiser/Veil* MitbestG § 6 Rn. 32; WWKK/*Wißmann* MitbestG § 15 Rn. 147.
²⁹ Dies wird teilweise als Ausprägung des Gleichheitsgrundsatzes verstanden.
³⁰ Kölner Komm AktG/*Mertens/Cahn* Rn. 11; MHdB AG/*Hoffmann-Becking* § 30 Rn. 44.
³¹ MHdB AG/*Hoffmann-Becking* § 30 Rn. 45; MüKoAktG/*Habersack* Rn. 12.
³² Kölner Komm AktG/*Mertens/Cahn* Rn. 12; MHdB AG/*Hoffmann-Becking* § 30 Rn. 47; Hüffer/*Koch* Rn. 4.

Ist die gesetzlich zulässige Amtszeit abgelaufen und soll der Entsandte erneut in den 24
Aufsichtsrat entsandt werden, muss der Entsendungsberechtigte einen neuen Entsendungsbeschluss fassen.

III. Beginn und Ende der Amtszeit

1. Beginn der Amtszeit von gewählten, entsandten und gerichtlich bestellten 25
Aufsichtsratsmitgliedern. Die Amtszeit von gewählten, entsandten oder gerichtlich bestellten Aufsichtsratsmitgliedern beginnt zu dem Zeitpunkt, der bei Wahl, gerichtlicher Bestellung oder Ausübung des Entsendungsrechts ausdrücklich oder implizit vorgesehen wurde, frühestens mit der Annahme der Wahl bzw. der Entsendung.[33] Tritt das Aufsichtsratsmitglied *in spe* sein Amt zunächst nicht an, weil es die Annahme des Amtes nicht erklärt, hat dies keine Auswirkungen auf das Ende der Amtszeit, das heißt, das Ende der Amtszeit verschiebt sich dadurch nicht nach hinten. Etwas anderes gilt, wenn der Amtsantritt durch die verzögerte Annahme in ein neues Geschäftsjahr fällt; dann verschiebt sich auch das Ende der Amtszeit.

Die Satzung, der Hauptversammlungsbeschluss oder die Entscheidung über die Ausübung 26
des Entsenderechts (üblicherweise als Bestellung bezeichnet) können unter einer aufschiebenden Bedingung festlegen, dass die Amtszeit zu einem späteren Zeitpunkt als dem der Bestellung beginnt.[34] Ein späterer Beginn der Amtszeit kommt in Betracht, um die Kontinuität des Aufsichtsrats zu wahren.[35] Dabei müssen die Gesellschaft und jeder Dritte den Zeitpunkt des Bedingungseintritts jederzeit feststellen können.[36]

2. Ende der Amtszeit von gewählten, entsandten und gerichtlich bestellten Auf- 27
sichtsratsmitgliedern. Das Aufsichtsratsmitglied scheidet am Ende seiner Amtszeit kraft Gesetzes aus dem Amt.[37] Das Amt erlischt mit Zeitablauf.[38] Auch wenn der neue Aufsichtsrat noch nicht bestellt ist, dürfen weder der bisherige Aufsichtsrat noch sein Vorsitzender weiter amtieren.[39] Besondere Bestimmungen gelten für das gerichtlich bestellte Aufsichtsratsmitglied, § 104. Sein Amt kann innerhalb der gesetzlichen Höchstdauer früher erlöschen, nämlich dann, wenn der Mangel, der zur gerichtlichen Bestellung geführt hat, behoben ist.

Satzung oder Hauptversammlungsbeschluss können das Ende der Amtszeit frei regeln, 28
solange der Termin vor dem Ende der Hauptversammlung liegt, die über die Entlastung über das vierte Geschäftsjahr beschließt.[40]

3. Beginn und Ende der Amtszeit des Ersatzmitglieds. Abs. 2 stellt klar, dass ein 29
Ersatzmitglied immer nur für die restliche Dauer der Amtszeit des weggefallenen Mitglieds an dessen Stelle in den Aufsichtsrat einrückt. Die Amtszeit endet spätestens zu dem Zeitpunkt, in dem das weggefallene Aufsichtsratsmitglied aus dem Amt ausgeschieden wäre.[41] Diese längstmögliche Amtszeit kann durch die Satzung verkürzt werden: Findet eine Nachwahl statt, endet das Amt des Ersatzmitglieds, sobald der Nachfolger bestellt wurde.[42]

---

[33] MHdB AG/*Hoffmann-Becking* § 30 Rn. 39; Kölner Komm AktG/*Mertens/Cahn* Rn. 15; UHH/*Ulmer/Habersack* MitbestG § 6 Rn. 66; NK-AktG/*Breuer/Fraune* Rn. 6.
[34] MHdB AG/*Hoffmann-Becking* § 30 Rn. 39.
[35] Diese Kontinuität wäre gefährdet, wenn die Amtsdauer der amtierenden Aufsichtsratsmitglieder sonst nicht mit einer Hauptversammlung enden würde.
[36] MHdB AG/*Hoffmann-Becking* § 30 Rn. 39.
[37] RGZ 73, 234 (237).
[38] Kölner Komm AktG/*Mertens/Cahn* Rn. 16.
[39] RGZ 73, 234 (237).
[40] Kölner Komm AktG/*Mertens/Cahn* Rn. 17; NK-AktG/*Breuer/Fraune* Rn. 7; vgl. K. Schmidt/Lutter/*Drygala* Rn. 7.
[41] Kölner Komm AktG/*Mertens/Cahn* Rn. 21; MüKoAktG/*Habersack* Rn. 19; NK-AktG/*Breuer/Fraune* Rn. 9.
[42] Kölner Komm AktG/*Mertens/Cahn* Rn. 21; NK-AktG/*Breuer/Fraune* Rn. 9; MHdB AG/*Hoffmann-Becking* § 30 Rn. 30, der dies als entziehende Nachwahl bezeichnet. Vgl. zur Zulässigkeit dieser Klausel wei-

Bestellt die Hauptversammlung zum Zeitpunkt des Ausscheidens des Aufsichtsratsmitglieds bereits dessen Nachfolger, so wird das Ersatzmitglied mangels Vakanz nicht benötigt (überholende Nachwahl).[43] Für diesen Fall empfiehlt sich eine Klausel in die Satzung aufzunehmen, die klarstellt, dass das Ersatzmitglied nur dann Aufsichtsratsmitglied wird, wenn das Aufsichtsratsmitglied, zu dessen Ersatz es bestellt wurde, vor Ablauf der Amtszeit nachfolgelos ausscheidet.

30 Wird eine Person für mehrere Aufsichtsratsmitglieder als Ersatzmitglied bestellt, sind diese Bestellungen rechtlich voneinander unabhängig.[44] Das Ersatzmitglied kann immer nur für ein einziges Mitglied nachrücken und steht als Ersatz für andere Mitglieder nur nach Ende dieser Amtszeit zur Verfügung.

31 **4. Sonderfall: Der Entlastungsbeschluss der Hauptversammlung unterbleibt.** Zu der Situation des unterbliebenen Entlastungsbeschlusses kann es beispielsweise kommen, wenn die Hauptversammlung nicht regelgerecht einberufen wurde, die Hauptversammlung die Beschlussfassung vertagt hat oder die Entlastung entgegen der gesetzlichen Vorschrift des § 120 Abs. 1 nicht auf die Tagesordnung gesetzt wurde. Der Gesetzgeber hat diesen Fall nicht bedacht. Es liegt eine Gesetzeslücke vor. Unterbleibt der Entlastungsbeschluss, endet die Amtszeit des Aufsichtsrats gleichwohl spätestens zu dem Zeitpunkt, in dem die Hauptversammlung über die Entlastung für das vierte Geschäftsjahr seit Amtsantritt hätte beschließen müssen, also mit Ablauf von acht Monaten im fünften Jahr.[45]

32 Diese Auffassung ist nicht herrschende Meinung. Um geringfügige Überschreitungen des Zeitraums von acht Monaten zu tolerieren und nicht sofort die gerichtliche Bestellung neuer Mitglieder zu erfordern, soll nach der wohl überwiegenden Meinung[46] die Amtszeit erst enden, wenn eine „eindeutige Verfehlung des gesetzlichen Leitbilds"[47] vorliegt. Diese Auffassung ist pragmatisch, eröffnet aber einen weiten Beurteilungsspielraum mit dem Risiko, dass Beschlüsse des Aufsichtsrats im Nachhinein wegen Fehlbesetzung als nichtig betrachtet werden. Ihr ist daher nicht zu folgen.

33 Eine andere Auffassung will die Amtszeit spätestens nach Ablauf von fünf Jahren enden lassen.[48] Noch weiter geht der BGH[49] und lässt die Amtszeit bis zu der Hauptversammlung fortbestehen, die nach ihrer Tagesordnung über die Entlastung beschließt. Diese Regelungen finden jedoch in § 102 keine Stütze.

34 Auch besteht keine Veranlassung, das Ende der Amtszeit an den Entlastungsbeschluss zu koppeln. Der vom Gesetz unterstellte Ablauf ermöglicht es zum einen den Organmitgliedern, Rechenschaft abzulegen, und zum anderen der Hauptversammlung, Fragen zu stellen. Über diesen praktischen Aspekt hinaus gibt es keinen rechtlichen Zusammenhang zwischen

---

terführend BGHZ 99, 211 (214 f.) und BGH WM 1989, 58. Gegen eine solche Zulässigkeit *Roussos* AG 1987, 239 (242 ff.).

[43] Vgl. BGH NJW 1988, 260 (261).

[44] Vgl. BGHZ 99, 211 (220) mwN.

[45] OLG München NZG 2009, 1430; NK-AktG/*Breuer/Fraune* Rn. 7; nach UHH/*Ulmer/Habersack* MitbestG § 6 Rn. 67 soll die Amtszeit spätestens acht Monate nach dem Ende des vierten Geschäftsjahres enden; so auch Kölner Komm AktG/*Mertens/Cahn* Rn. 5 und wohl Hüffer/*Koch* Rn. 3; BGH NZG 2002, 916; bereits für das AktG 1937: AG Augsburg MDR 1957, 233 mit zust. Anm. *Sojka; Koch* AG 1969, 1 (3).

[46] Im Einzelnen sind die Lösungsvorschläge unterschiedlich, vgl. AG Essen MDR 1970, 336 mit dem Argument, dass der Gesetzgeber das bloße Stattfinden einer Hauptversammlung nicht als ausreichend erachtete; nach *Raiser/Veil* MitbestG § 6 Rn. 31 soll die Amtszeit nur enden, wenn ein Beschluss ergangen ist. Unerheblich sei, ob die Entlastung tatsächlich erfolgt sei. Für den Fall, dass der Entlastungsbeschluss fortgesetzt unterbleibt, wird vorgeschlagen, die Amtszeit am Ende des fünften Geschäftsjahres enden zu lassen; vgl. ferner MHdB AG/*Hoffmann-Becking* § 30 Rn. 40; Hüffer/*Koch* Rn. 3 weist darauf hin, dass Vertreter dieser Meinung in Schwierigkeiten kommen, wenn die Beschlussfassung fortgesetzt unterbleibt.

[47] So noch *Hüffer* AktG, 10. Aufl. 2012, Rn. 3. Eine eindeutige Verfehlung soll danach erst vorliegen, wenn nach den acht Monaten weitere drei Monate ohne positive oder negative Beschlussfassung verstrichen sind, vgl. aber Fn. 45.

[48] *Raiser/Veil* MitbestG § 6 Rn. 31.

[49] BGH NZG 2002, 916; NK-AktG/*Breuer/Fraune* Rn. 7; differenzierend Kölner Komm AktG/*Mertens/Cahn* Rn. 7.

Hauptversammlung und Amtsinhaberschaft. Findet die Hauptversammlung nicht statt oder fasst sie keinen Entlastungsbeschluss, bleiben die beiderseitigen Rechte und Pflichten für die Vergangenheit unberührt. Weder bewirkt die Entlastung einen Verzicht auf Ersatzansprüche,[50] noch ist ihre Versagung deren Anspruchsvoraussetzung. Ersatzansprüche gegenüber den Aufsichtsratsmitgliedern können unabhängig vom Inhalt eines Entlastungsbeschlusses geltend gemacht werden. Es ist unerheblich, ob ein Entlastungsbeschluss ergeht oder ob die Entlastung erteilt oder verweigert wird.[51] Unerheblich ist auch, ob der Entlastungsbeschluss später angefochten wird.[52] Die Vorschrift ist als rein zeitliche Begrenzung zu verstehen und es genügt für die Beendigung der Amtszeit, dass die Hauptversammlung über die Entlastung für das vierte Geschäftsjahr hätte beschließen müssen.[53] Folge dieser Auffassung ist zwar, dass der Aufsichtsrat wegen Wegfalls eines Mitglieds und vor allem Nicht-Bestellung eines neuen Mitglieds nicht mehr ordnungsgemäß besetzt ist. Die Funktionsfähigkeit des Aufsichtsrats kann aber erhalten werden, indem der Vorstand, ein Mitglied des Aufsichtsrats oder ein Aktionär gem. § 104 Abs. 1 bei Gericht einen Antrag auf Ergänzung des Aufsichtsrats stellt.[54]

IV. Überschreitung der Höchstdauer

Weder durch Satzungsregelung noch durch Hauptversammlungsbeschluss darf die gesetzlich zulässige Höchstdauer überschritten werden. Wenn dennoch eine höhere als die gesetzliche Höchstdauer bestimmt wurde, bleibt die Bestellung eines Aufsichtsratsmitglieds wirksam. Seine Amtszeit endet in diesem Fall jedoch unabhängig von der beschlossenen Dauer mit dem Ablauf der gesetzlichen Höchstdauer.[55]

V. Wiederbestellung des Aufsichtsratsmitglieds

Das Gesetz enthält keine Bestimmung über die Wiederbestellung eines Aufsichtsratsmitglieds. Die Wiederbestellung der ausscheidenden Aufsichtsratsmitglieder ist zulässig.[56] Sie sollten jedoch erst auf der Hauptversammlung wiedergewählt werden, mit der die Amtszeit des Aufsichtsratsmitglieds endet.[57] Eine vorzeitige Wiederbestellung ist eine Umgehung der gesetzlich durch § 102 geregelten Höchstdauer und daher unzulässig.[58] Allerdings unterläuft eine vorzeitige Wiederbestellung nicht die gesetzliche Begrenzung der Höchstdauer und berührt auch nicht das freie Besetzungsrecht der Hauptversammlung, wenn die nach der vorangehenden Bestellung verbleibende Amtszeit auf die neue Amtszeit angerechnet wird.[59]

VI. Vorzeitige Beendigungsgründe

Vorzeitige Beendigungsgründe können sich aus der Satzung oder aus dem Gesetz ergeben. Das Aufsichtsratsmandat ist auch bei Wegfall einer persönlichen Voraussetzung vor-

---

[50] § 120 Abs. 2 S. 2; diesen Hinweis geben Kölner Komm AktG/*Mertens/Cahn* Rn. 5.
[51] Ebenso BGH NZG 2002, 916; NK-AktG/*Breuer/Fraune* Rn. 7.
[52] Von Anfechtbarkeit des Entlastungsbeschlusses ausgehend: BGHZ 153, 47 ff.
[53] BGH NZG 2002, 916; Spindler/Stilz/*Spindler* Rn. 8; MüKoAktG/*Habersack* Rn. 18; K. Schmidt/Lutter/*Drygala* Rn. 6.
[54] BGH NZG 2002, 916.
[55] Kölner Komm AktG/*Mertens/Cahn* Rn. 14; MüKoAktG/*Habersack* Rn. 6.
[56] Großkomm AktG/*Hopt/Roth* Rn. 3; Kölner Komm AktG/*Mertens/Cahn* Rn. 20; Hüffer/*Koch* Rn. 6; MHdB AG/*Hoffmann-Becking* § 30 Rn. 43; *Raiser/Veil* MitbestG § 6 Rn. 33; NK-AktG/*Breuer/Fraune* Rn. 8.
[57] So die früher wohl herrschende Meinung, vgl. RGZ 129, 180 (183 f.); RGZ 166, 175 (187); Geßler/Hefermehl/*Geßler* Rn. 21.
[58] RGZ 129, 180 (183 f.); RGZ 166, 175 (187); vgl. dazu Kölner Komm AktG/*Mertens/Cahn* Rn. 20; Hüffer/*Koch* Rn. 6; NK-AktG/*Breuer/Fraune* Rn. 8.
[59] Kölner Komm AktG/*Mertens/Cahn* Rn. 20; Hüffer/*Koch* Rn. 6; K. Schmidt/Lutter/*Drygala* Rn. 12; v. Godin/*Wilhelmi* Anm. 3; Großkomm AktG/*Hopt/Roth* Rn. 3; NK-AktG/*Breuer/Fraune* Rn. 8.

zeitig beendet. Das Mandat endet ferner vorzeitig, wenn das Aufsichtsratsmitglied sein Amt niederlegt (→ § 103 Rn. 85 ff.) oder abberufen wird, entweder von der Hauptversammlung, einem Entsendeberechtigten oder dem Gericht. Das Amt endet ohne Abberufung ferner mit dem Tod des Mitglieds und mit der erfolgreichen Anfechtung der Wahl.

38 Außerdem endet das Amt als Reflex auf Grund eines die Gesellschaft selbst betreffenden Ereignisses. Hierzu gehören nicht die Eröffnung des Insolvenzverfahrens oder der Beginn der Liquidation, sehr wohl aber deren Beendigung. Die Gesellschaft erlischt ferner mit der Verschmelzung auf eine andere Gesellschaft, so dass der Aufsichtsrat mit Vollzug wegfällt. Das gilt auch in Fällen der formwechselnden Umwandlung,[60] falls der Aufsichtsrat in der Gesellschaft nicht gemäß § 203 UmwG fortbesteht.[61]

VII. Exkurs: § 203 UmwG

39 Mit der Eintragung des Formwechsels eines Rechtsträgers erlöschen grundsätzlich die bestehenden Ämter, wobei es keiner weiteren Erklärungen mehr bedarf.[62] Das gilt auch für den Aufsichtsrat.

40 Eine Ausnahme von diesem Grundsatz gilt, wenn in der neuen Rechtsform ein Aufsichtsrat in der gleichen Weise gebildet und zusammengesetzt wird wie bisher, § 203 S. 1 UmwG. In diesen Fällen bedarf es auch keines Statusverfahrens nach § 96 Abs. 2, 97 ff.[63]

41 Wird das Amt nicht durch den Formwechsel beendet, bleiben die Mitglieder des Aufsichtsrats und die Ersatzmitglieder für den Rest ihrer laufenden Amtszeit im Amt.

42 Allerdings können die Anteilsinhaber des formwechselnden Rechtsträgers im Umwandlungsbeschluss bestimmen, dass das Amt aller von ihnen bestellter Aufsichtsräte beendet sein soll, § 203 S. 2 UmwG. Strittig ist, ob dieser Beschluss gemäß § 203 S. 2 UmwG auch getrennt von dem Beschluss über den Formwechsel gefasst werden kann. Nach richtiger Auffassung ist dies zulässig, sofern die Beschlussfassung vor Anmeldung des Formwechsels zum Handelsregister erfolgt.[64] Ein nach diesem Zeitpunkt gefasster Beschluss ist inhaltlich nämlich nicht mehr von der vorzeitigen Abberufung zu differenzieren.

43 Strittig ist weiter, ob § 203 UmwG auch auf fakultative Aufsichtsräte anwendbar ist. Das ist abzulehnen. Für die analoge Anwendung von § 203 UmwG besteht kein praktisches Bedürfnis, wenn ausschließlich von den Aktionären zu wählende Personen den Aufsichtsrat besetzen. Weiter wird die tatbestandliche Voraussetzung „in gleicher Weise", das heißt auch nach denselben Vorschriften, bei einem freiwilligen Aufsichtsrat in aller Regel nicht erfüllt sein oder aber nur unter großen Abgrenzungsschwierigkeiten festgestellt werden können. Insbesondere werden in der Praxis freiwilliger Aufsichtsrat und Beirat nicht hinreichend klar differenziert und gehen in der praktischen Ausprägung ineinander über.[65]

§ 103 Abberufung der Aufsichtsratsmitglieder

(1) ¹**Aufsichtsratsmitglieder, die von der Hauptversammlung ohne Bindung an einen Wahlvorschlag gewählt worden sind, können von ihr vor Ablauf der Amtszeit abberufen werden.** ²**Der Beschluß bedarf einer Mehrheit, die mindestens drei Viertel der abgegebenen Stimmen umfaßt.** ³**Die Satzung kann eine andere Mehrheit und weitere Erfordernisse bestimmen.**

---

[60] Vgl. hierzu ausführlich *Heinsius*, FS Stimpel, 1985, 571 ff. sowie *Hoffmann-Becking* AG 1980, 269 ff.; *Köstler* BB 1993, 81 f.
[61] Vgl. auch BT-Drs. 12/6699, 145 liSp.
[62] Vgl. Lutter/*Decher* UmwG § 203 Rn. 2, 6; Semler/Stengel/*Simon* UmwG § 203 Rn. 2.
[63] Lutter/*Decher* UmwG § 203 Rn. 12.
[64] Lutter/*Decher* UmwG § 203 Rn. 25; vgl. Semler/Stengel/*Simon* UmwG § 203 Rn. 8.
[65] Lutter/*Decher* UmwG § 203 Rn. 10 mwN.

(2) ¹Ein Aufsichtsratsmitglied, das auf Grund der Satzung in den Aufsichtsrat entsandt ist, kann von dem Entsendungsberechtigten jederzeit abberufen und durch ein anderes ersetzt werden. ²Sind die in der Satzung bestimmten Voraussetzungen des Entsendungsrechts weggefallen, so kann die Hauptversammlung das entsandte Mitglied mit einfacher Stimmenmehrheit abberufen.

(3) ¹Das Gericht hat auf Antrag des Aufsichtsrats ein Aufsichtsratsmitglied abzuberufen, wenn in dessen Person ein wichtiger Grund vorliegt. ²Der Aufsichtsrat beschließt über die Antragstellung mit einfacher Mehrheit. ³Ist das Aufsichtsratsmitglied auf Grund der Satzung in den Aufsichtsrat entsandt worden, so können auch Aktionäre, deren Anteile zusammen den zehnten Teil des Grundkapitals oder den anteiligen Betrag von einer Million Euro erreichen, den Antrag stellen. ⁴Gegen die Entscheidung ist die Beschwerde zulässig.

(4) Für die Abberufung der Aufsichtsratsmitglieder, die weder von der Hauptversammlung ohne Bindung an einen Wahlvorschlag gewählt worden sind noch auf Grund der Satzung in den Aufsichtsrat entsandt sind, gelten außer Absatz 3 das Mitbestimmungsgesetz, das Montan-Mitbestimmungsgesetz, das Mitbestimmungsergänzungsgesetz, das Drittelbeteiligungsgesetz, das SE-Beteiligungsgesetz und das Gesetz über die Mitbestimmung der Arbeitnehmer bei einer grenzüberschreitenden Verschmelzung.

(5) Für die Abberufung eines Ersatzmitglieds gelten die Vorschriften über die Abberufung des Aufsichtsratsmitglieds, für das es bestellt ist.

Schrifttum: *Bähr,* Handbuch des Versicherungsaufsichtsrechts, 2011; *Bähr,* Bankenkrise erreicht Versicherungsaufsicht, VW 2009, 1401; *Baums/Drinhausen/Keinath,* Anfechtungsklagen und Freigabeverfahren. Eine empirische Studie, ZIP 2011, 2329; *Baums,* Bericht der Regierungskommission Corporate Governance, 2001; *Bayer/Hoffmann,* Die Niederlegung des Aufsichtsratsmandats, AG 2014 R144 – R146; *Beck,* Versammlungsleitung ohne Vorsitzenden, AG 2014, 275; *Bender,* Fortbildung des Aktienrechts: Verbesserung der Funktionsfähigkeit der Gesellschaftsorgane notwendig, DB 1994, 1965; *Berger,* Die neue Aufsicht über Aufsichtsräte nach dem VAG, VersR 2010, 422; *Buckel,* Die unterjährige Herabsetzung der Aufsichtsratsvergütung, AG 2013, 451; *Bürkle,* Aufsichtsbehördliche Sachkundeanforderungen für Aufsichtsratsmitglieder in Versicherungsunternehmen, VersR 2010, 1005; *Decher,* Loyalitätskonflikte des Repräsentanten der öffentlichen Hand im Aufsichtsrat, ZIP 1990, 277; *Deckert,* Inkompatibilitäten und Interessenkonflikte, DZWiR 1996, 406; *Diekmann/Fleischmann,* Umgang mit Interessenkonflikten in Aufsichtsrat und Vorstand einer Aktiengesellschaft, AG 2013, 141, 142; *Dornhegge,* Niederlegung von Aufsichtsratsmandaten, NJW-Spezial 2011, 143; *Dreher,* Die ordnungsgemäße Geschäftsorganisation der Versicherungsgruppe nach Solvency II und VAG 2016, WM 2015, 649; *Dreher/Ballmaier,* Solvency II und Gruppenaufsicht, ZGR 2014, 753; *Dreher,* Interessenkonflikte bei Aufsichtsratsmitgliedern von Aktiengesellschaften, JZ 1990, 896; *Eckhardt,* Abberufung von Aufsichtsratsmitgliedern durch das Gericht (§ 103 Abs. 3 AktG), NJW 1967, 1010; *Gaumann/Schafft,* Auswirkungen eines Arbeitskampfes auf die Rechtsstellung der Arbeitnehmervertreter im Aufsichtsrat, DB 2000, 1514; *Heinze,* Wen trifft die Vorschlagspflicht bei der Abberufung von Aufsichtsratsmitgliedern?, AG 2011, 540; *Henn/Frodermann/Jannott,* Handbuch des Aktienrechts, 8. Aufl. 2009; *Hofmann,* Der wichtige Grund für die Abberufung von Aufsichtsratsmitgliedern, BB 1973, 1081; *Hofmann,* Zum wichtigen Grund in § 103 Abs. 3 AktG, FS Westenberger, 1973, 57; *Hoffmann/Kirchhoff,* Zur Abberufung von Aufsichtsratsmitgliedern durch das Gericht nach § 103 Abs. 3 S. 1 AktG, FS Beusch, 1993, 377; *Hoffmann/Preu,* Der Aufsichtsrat, 5. Aufl. 2002; *Jehner,* Zur gerichtlichen Abberufung eines Aufsichtsratsmitglieds nach § 103 Abs. 3 Aktiengesetz, 1992; *Koch,* Begriff und Rechtsfolgen von Interessenkonflikten und Unabhängigkeit im Aktienrecht, ZGR 2014, 697; *Kort,* Interessenkonflikte bei Organmitgliedern der AG, ZIP 2008, 717; *Kübler,* Aufsichtsratsmandate in konkurrierenden Unternehmen, FS Claussen, 1997, 239; *Langenbucher,* Wettbewerbsverbote, Unabhängigkeit und die Stellung des Aufsichtsratsmitglieds, ZGR 2007, 571; *Lehrl,* Sachkunde – Zuverlässigkeit – persönliche Ausschlussgründe von Aufsichtsräten gemäß § 36 Abs. 3 KWG, BKR 2010, 485; *Leo,* Die fristlose Entlassung eines Arbeitnehmervertreters im Aufsichtsrat, AG 1963, 243-236, 267-271; *Link,* Die Amtsniederlegung durch Gesellschaftsorgane, 2003; *Lutter,* Bankenvertreter im Aufsichtsrat, ZHR 1145 (1981) 224; *Lutter,* Die Unwirksamkeit von Mehrfachmandaten in den Aufsichtsräten von Konkurrenzunternehmen, FS Beusch, 1993, 509; *Lutter/Kirschbaum,* Zum Wettbewerber im Aufsichtsrat, ZIP 2005, 103; *Matthießen,* Stimmrecht und Interessenkonflikt, 1984; *Martinek,* Wettbewerbliche Interessenkonflikte von AG-Aufsichtsräten im Licht der Corporate Governance-Diskussion, WRP 2008, 51; *Mertens,* Aufsichtsratsmandat und Arbeitskampf, AG 1977, 306, 318; *Meyer-Landrut,* Verschwiegenheitspflicht der Aufsichtsratsmitglieder, ZGR 1976, 510; *Nietsch,* Die Garantenstellung von Geschäftsleitern im Außenverhältnis, CCZ 2013, 192; *Natzel,* Beendigung des Aufsichtsratsamtes durch Widerruf oder Abberufung (Teil II), DB 1964, 1180; *Plagemann,* Die zeitliche Verfügbarkeit von Organmitgliedern von Banken und Finanzdienstleistungsinstituten, WM 2014, 2345; *Priester,* Stimmverbot beim dreiköpfigen Aufsichtsrat, AG 2007, 190; *Reichert/Schlitt,* Konkurrenzverbot für Aufsichtsratsmitglieder, AG 1995, 241; *Säcker,* Aktuelle Probleme der Verschwiegenheitspflicht der Aufsichtsratsmitglieder, NJW 1986, 803; *Säcker,* Behördenvertreter im Aufsichtsrat, FS Rebmann 1989, 781; *U. H. Schneider,* Wettbewerbsverbot für Aufsichtsratsmitglieder einer Aktiengesellschaft, BB 1995, 365; *U. H. Schneider/Nietsch,* Die Abberufung von Aufsichtsratsmitgliedern in der Aktiengesellschaft, FS Westermann, 2008, 1447; *Scholderer,* Unabhängigkeit und Interessenskonflikte der Aufsichtsratsmitglieder, Systematik, Kodexänderungen, Konsequenzen, NZG 2012, 168; *Semler/Stengel,* Interessenkonflikte bei Aufsichtsratsmitgliedern von Aktiengesellschaften am Beispiel von Konflikten bei Übernahme, NZG 2003, 1; *Singhof,* Die Amtsniederlegung durch das Aufsichtsratsmitglied einer Aktiengesellschaft, AG 1998, 318; *Stadler/Berner,* Die gerichtliche Abberufung von Aufsichtsratsmitgliedern im dreiköpfigen Aufsichtsrat – ein bisher ungelöstes Problem, NZG 2003, 49; *Thum/ Klofat,* Der ungetreue Aufsichtsrat – Handlungsmöglichkeiten des Vorstands bei Pflichtverletzungen des Aufsichtsrats, NZG 2010, 1087; *Vetter,* Anfechtung der Wahl der Aufsichtsratsmitglieder, Bestandsschutzinteresse der AG und die Verantwortung der Verwaltung, ZIP 2012, 701; *Waclawik,* Beschlussmängelfolgen von Fehlern bei der Entsprechenserklärung aus DCGK, ZIP 2011, 885; *Wardenbach,* Interessenkonflikte und mangelnde Sachkunde als Bestellungshindernisse zum Aufsichtsrat der AG; *Wardenbach,* Niederlegung des Aufsichtsratsmandats bei Interessenkollision, AG 1999, 74; *Wirth,* Anforderungsprofil und Inkompatibilitäten für Aufsichtsratsmitglieder, ZGR 2005, 327.

Übersicht

	Rn.
I. Allgemeines	1
1. Sinn und Zweck der Norm, systematischer Zusammenhang	1
2. Anwendungsbereich der Norm	3
3. Entstehungsgeschichte	5
4. Rechtspolitische Überlegungen	6
II. Abberufung der von der Hauptversammlung gewählten Aufsichtsratsmitglieder (Abs. 1)	8
1. Allgemeines	8
2. Beschlussfassung, Mitwirkungsverbote, Drei-Personen-Aufsichtsrat	15
3. Wirksamwerden der Abberufung	18
4. Wirkung	23
5. Folgen der Anfechtung	24
III. Abberufung entsandter Aufsichtsratsmitglieder (Abs. 2)	26
1. Entsendung aufgrund Satzungsregelung	26
2. Einschränkungen des Abberufungsrechts	29
3. Verpflichtung zur Abberufung	31
IV. Gerichtliche Abberufung von Aufsichtsratsmitgliedern aus wichtigem Grund (Abs. 3)	34
1. Materielles Recht	34
a) Betroffener Personenkreis	34
b) Antrag des Aufsichtsrats (Abs. 3 Satz 1)	35
c) Stimmverbote im Aufsichtsrat	38
d) Antrag einer Minderheit von Anteilseignern (Abs. 3 Satz 3)	42
e) Vorliegen eines wichtigen Grundes	45
f) Interessenkonflikte als wichtiger Grund	52
g) Verschulden	57
2. Gerichtliches Abberufungsverfahren	58
a) Zuständiges Gericht	58
b) Beteiligte am gerichtlichen Verfahren	59
c) Kosten des Verfahrens	62
d) Rechtsmittel und fehlende aufschiebende Wirkung	65
e) Bestätigung der Abberufung im Beschwerdeverfahren	68
f) Ablehnung der Abberufung und Zurückweisung der anschließenden Beschwerde des Aufsichtsrats	69
g) Aufhebung des Beschlusses auf Abberufung	70
h) Rückkehr in den Aufsichtsrat	71
i) Einstweilige Anordnung	76
V. Abberufungskompetenz der Arbeitnehmer (Abs. 4)	78
VI. Abberufung von Ersatzmitgliedern (Abs. 5)	80
VII. Anderweitiges Ausscheiden aus dem Aufsichtsrat	84
VIII. Exkurs: § 36 Abs. 3 KWG, § 87 Abs. 8 und § 121c Abs. 6 VAG	87
IX. DCGK	105

I. Allgemeines

1. Sinn und Zweck der Norm, systematischer Zusammenhang. Gegenstand der 1
Norm ist die **vorzeitige Beendigung** der Amtszeit eines Aufsichtsratsmitglieds ohne seine
Mitwirkung oder gegen seinen Willen. Die Vorschrift ist inhaltlich das Gegenstück zu den
Regelungen über die Bestellung der Aufsichtsratsmitglieder nach § 101 und § 104 (Bestellung durch das Gericht).[1] Sie berücksichtigt, ob ein Entsendungsrecht (Abs. 2) oder eine
Bindung an verbindliche Wahlvorschläge besteht (Abs. 1, 4). Sie regelt durch Verweisung
die Auswirkungen der Mitbestimmung.

Die Regelung ist nicht abschließend, wohl aber zusammenfassend.[2] Die Amtszeit kann 2
auch durch Niederlegung des Mandats durch das Aufsichtsratsmitglied enden (→ Rn. 85).
Außerdem endet das Mandat als Reflex auf Grund eines die Gesellschaft selbst betreffenden
Ereignisses (Beendigung der Liquidation, Verschmelzung, Umwandlung).

2. Anwendungsbereich der Norm. Inhaltlich regelt die Norm nur die Abberufung, 3
nicht sonstige Beendigungsvorgänge (→ Rn. 84 f.). Die Abberufung führt zur Beendigung
des Mandats des Aufsichtsratsmitglieds. Die mit der Organstellung verbundene schuldrechtliche Beziehung mit der Gesellschaft, deren Natur im Einzelnen streitig ist oder die insgesamt abgelehnt wird,[3] endet ebenfalls. Die Abberufung erfolgt durch die Hauptversammlung (Abs. 1), durch den Entsendungsberechtigten (Abs. 2) oder durch das Gericht auf
Antrag des Aufsichtsrats oder einer qualifizierten Mehrheit der Aktionäre (Abs. 3). Nach
Maßgabe von Abs. 4 gilt die Norm auch in mitbestimmten Gesellschaften. Sie ist zwingend,
soweit sie nicht ausdrücklich abweichende Regelungen zulässt (vgl. Abs. 1 Satz 3 und
Abs. 2). Ersatzmitglieder treten auch hinsichtlich ihrer eventuellen Abberufung in die
Position (Gründe und Verfahren) des von ihnen ersetzten Mitglieds ein (Abs. 5). Die Norm
gilt auch in der Insolvenz der Gesellschaft.[4]

Außer auf die AG findet die Norm Anwendung auf die KGaA (§ 278 Abs. 3), auf die 4
mitbestimmte GmbH (§ 6 Abs. 2 Satz 1 MitbestG, § 1 Abs. 1 Nr. 3 DrittelbG, § 3 Abs. 2
MontanMitbestG, §§ 2, 3 Abs. 1 MitbestErgG) und auf die dualistisch verfasste SE (Art. 9
Abs. 2 lit. c ii SE-VO).

3. Entstehungsgeschichte. Die Regelung in Abs. 1 orientiert sich an § 87 Abs. 2 AktG 5
1937, in Abs. 2 an § 88 Abs. 4 Satz 1, Abs. 5 AktG 1937. Die gerichtliche Abberufung aus
wichtigem Grund ist durch § 103 Abs. 3 Satz 1 und 2 AktG 1965 auf die gewählten
Aufsichtsratsmitglieder erweitert worden. Das Antragsrecht wurde durch § 103 Abs. 3
Satz 3 AktG 1965 über das einer Minderheit nach § 88 Abs. 4 Satz 5 AktG 1937, die
mindestens 10 % des Grundkapitals hält, auf das einer Minderheit mit einem Mindest-Nennbetrag erstreckt, der nach weiteren reinen Umstellungen ohne inhaltliche Änderung
durch das StückAG und das EurEG als ein „anteiliger Betrag" iHv. 1 Mio. Euro definiert
ist.[5]

4. Rechtspolitische Überlegungen. Die Norm stellt die Entscheidung über die vor- 6
zeitige Amtsbeendigung in das **freie Ermessen** der Hauptversammlung bzw. des Entsendungsberechtigten. Dem einzelnen Aufsichtsratsmitglied ist kein rechtliches Instrumentarium an die Hand gegeben, sich gegen gegen die Entfernung aus dem Amt zu wehren. Das ist
konsistent mit der traditionellen Auffassung, die die Beziehung der Gesellschaft zum
einzelnen Aufsichtsratsmitglied nur korporationsrechtlich versteht und ihm kaum eigene

---

[1] Spindler/Stilz/*Spindler* Rn. 1; Hüffer/*Koch* Rn. 1.
[2] Hüffer/*Koch* Rn. 1; MüKoAktG/*Habersack* Rn. 3; K. Schmidt/Lutter/*Drygala* Rn. 1; NK-AktG/*Breuer/Fraune* Rn. 1.
[3] Vgl. Kölner Komm AktG/*Mertens/Cahn* Rn. 6 und dort § 101 Fn. 5 mwN.
[4] Hölters/*Simons* Rn. 52.
[5] Infolge Art. 1 StückAG v. 25.3.1998, BGBl. 1998 I S. 590 wurde „Nennbetrag" durch „anteiliger Betrag" ersetzt und infolge Art. 3 EurEG v. 9.6.1998, BGBl. 1998 I S. 1242 der Betrag auf Euro umgestellt.

Rechte (zum Beispiel schuldrechtlicher Art) gewährt.[6] Mit weiterer Professionalisierung der Aufsichtsräte könnte dieses Gesamtkonzept in Frage gestellt werden, wobei die freie Abwählbarkeit durch Mehrheitsbeschluss sicher unverzichtbar ist.

7 Allerdings sind nach der gesetzlichen Regelung die **Hürden** für eine Abberufung hoch: Der Aufwand für die Einberufung einer Hauptversammlung gem. Abs. 1 ist erheblich. Die gesetzliche Mehrheit von drei Vierteln der abgegebenen Stimmen erschwert tendenziell die Abberufung eines Aufsichtsratsmitglieds und orientiert sich an dem Bedürfnis der Gesellschaft nach stabilen Verhältnissen. Dem entspricht die historische Intention des AktG, nach der Vorstand und Aufsichtsrat im Kern vom Aktionärswillen unabhängig sind. Der Minderheitenschutz tritt dabei zurück und beschränkt sich auf Fälle des wichtigen Grundes nach Abs. 3. Weil es aber vernünftige, jedenfalls in einer Hauptversammlung diskussionswürdige Gründe sogar unterhalb der Schwelle des wichtigen Grundes geben kann, das Mitglied auszutauschen, haben viele Satzungen die Mehrheitserfordernisse in der Satzung herabgesetzt.[7] Ebenso sind häufig Aktionärsvereinbarungen über die Besetzung des Aufsichtsrats anzutreffen, die die starren Regelungen des Gesetzes flexibilisieren.

II. Abberufung der von der Hauptversammlung gewählten Aufsichtsratsmitglieder (Abs. 1)

8 **1. Allgemeines.** Abs. 1 regelt den **Grundfall** der Abberufung, nämlich die Abberufung frei von der Hauptversammlung gewählter Aufsichtsratsmitglieder. Abs. 1 gilt nicht für Aufsichtsratsmitglieder, die mit Bindung an einen Wahlvorschlag gewählt oder gerichtlich nach § 104 bestellt wurden. Damit gilt Abs. 1 nicht für die Arbeitnehmervertreter im Aufsichtsrat mitbestimmter Gesellschaften und das weitere Mitglied iSd § 4 Abs. 1 lit. c MontanMitbestG. Ein weiterer Fall der Abberufung durch die Hauptversammlung findet sich in Abs. 2. Er setzt voraus, dass die abzuberufende Person aufgrund eines Entsendungsrechts in den Aufsichtsrat berufen wurde, das Entsendungsrecht aber seither weggefallen ist.

9 Die Abberufung ist ein körperschaftlicher Rechtsakt.[8] Sie steht im freien Ermessen[9] der Hauptversammlung und erfolgt durch ausdrücklichen Beschluss,[10] der nach Maßgabe des § 130 Abs. 1 S. 3 privatschriftlich protokolliert werden kann; ein Widerruf der Bestellung ist nicht möglich, weil die Organstellung nicht nachträglich *(ex tunc)* beseitigt werden kann, sondern nur mit Wirkung für die Zukunft.[11]

10 Erforderlich ist die Beschlussfassung durch eine qualifizierte Mehrheit von drei Vierteln der abgegebenen Stimmen (Abs. 1 Satz 2); dieses **Mehrheitserfordernis** ist jedoch satzungsdispositiv gem. Abs. 1 Satz 3. Die Satzung kann die Mehrheit herauf- oder herabsetzen, von dem Mehrheitserfordernis jedoch nicht absehen.[12] Als Heraufsetzung kommt insbesondere die zusätzliche Bindung an eine qualifizierte Kapitalmehrheit in Betracht. Der Schutz der Aktionärsminderheit richtet sich gemäß hM ausschließlich nach Abs. 3 Satz 3 und ist damit beschränkt auf die Abberufung entsandter Mitglieder bei Vorliegen eines wichtigen Grundes.[13] Weitergehende Gestaltungen sind nicht zulässig.

11 Inhaltlich ist die Abberufung gem. Abs. 1 (anders Abs. 3) nicht an **sachliche Erfordernisse** geknüpft, etwa an ein Fehlverhalten des Aufsichtsratsmitglieds. Die Satzung kann nach Abs. 1 Satz 3 weitere Erfordernisse bestimmen. Die Art des Erfordernisses ist nicht in der

---

[6] Man denke an den eingeschränkten Schutz des Aufsichtsratsmitglieds vor Minderung seiner Vergütung, dargestellt bei *Buckel* AG 2013, 451.
[7] Hölters/*Simons* Rn. 8.
[8] *Natzel* DB 1964, 1180 (1181); vgl. Hüffer/*Koch* Rn. 5; ErfK/*Oetker* Rn. 1.
[9] Spindler/Stilz/*Spindler* Rn. 5; K. Schmidt/Lutter/*Drygala* Rn. 3.
[10] Kölner Komm AktG/*Mertens/Cahn* Rn. 10; Großkomm AktG/*Hopt/Roth* Rn. 11; *Beck* AG 2014, 275.
[11] Vgl. für die GmbH Baumbach/Hueck/*Zöllner/Noack* GmbHG § 38 Rn. 1 mwN.
[12] Großkomm AktG/*Hopt/Roth* Rn. 23; Spindler/Stilz/*Spindler* Rn. 11; NK-AktG/*Breuer/Fraune* Rn. 8. Zum Schutz der Aktionärsminderheit siehe Abs. 3.
[13] MHdB AG/*Hoffmann-Becking* § 30 Rn. 54, 58; Kölner Komm AktG/*Mertens/Cahn* Rn. 15.

Norm vorgegeben. Da sich die Hauptversammlung nicht ihres Rechtes begeben soll, über die Abberufung frei zu entscheiden, sind inhaltliche Schranken der Abberufungsmöglichkeit keine „Erfordernisse", die durch Satzung eingeführt werden könnten.[14] Zulässig sind Verfahrensregelungen.[15] Allerdings könnte deren tatsächliche oder angebliche Verletzung als Grund für eine Anfechtung genutzt werden, und sie verzögern und erschweren tendenziell die Abberufung. Sie werden selten vorgesehen.

Abweichende Regelungen gem. Abs. 1 Satz 3 dürfen nicht nach der Person oder nach den Bestellungsmodalitäten des Aufsichtsratsmitglieds differenzieren. Eine solche Ungleichbehandlung würde dem Grundsatz der Gleichberechtigung aller Aufsichtsratsmitglieder widersprechen. 12

Für den Abberufungsbeschluss will die hM keine nach dem **Grund für die Abberufung** differenzierten Mehrheitserfordernisse zulassen.[16] Diese Auffassung findet keine Stütze im Wortlaut der Norm. Inhaltlich wird mit dem Gebot der Rechtssicherheit argumentiert.[17] Wenn einzelne Tatbestände geringere Mehrheiten erforderten, würden diese Beschlüsse eher angefochten. Die Argumentation der hM ist wenig überzeugend. Abstrakte Anfechtungsrisiken allein stellen keine Rechtfertigung dar, Gestaltungsrechte der Hauptversammlung einzuschränken.[18] Je konkreter der Abberufungsgrund in der Satzung definiert ist, desto weniger überzeugen auf die generellen Ziele der Rechtssicherheit und Vermeidung von Anfechtungen gestützte Bedenken.[19] Derartige in der Satzung festgelegte Abberufungsgründe könnten mit relativ niedrigeren Mehrheitserfordernissen verbunden sein (zB einfache Mehrheit). Der hM ist zuzustimmen, dass ein allgemein gefasster Abberufungsgrund, zB „Unzumutbarkeit" oder dergleichen, keinen geringeren Anforderungen unterliegen darf als konkret definierte Abberufungsgründe. Nach der hier vertretenen Auffassung könnte für letztere aber eine niedrigere Schwelle vorgesehen werden, ohne die Gefahr willkürlicher Ergebnisse aufgrund ausfüllungsbedürftiger und subjektiven Wertungen unterliegender Tatbestandsmerkmale hervorzurufen. 13

Die Hauptversammlung darf ihre **Zuständigkeit** zur Abberufung nicht aufgeben oder auf andere übertragen.[20] Damit scheidet zum Beispiel eine satzungsmäßige Verpflichtung der Mehrheit aus, die Abberufung auf Verlangen einer Minderheit unter in der Satzung definierten Voraussetzungen zu beschließen. Zwar bliebe die Zuständigkeit zur Beschlussfassung unberührt. Die Hauptversammlung wäre aber nicht mehr in der Ausübung ihres Abberufungsrechtes frei und das Mehrheitserfordernis von Abs. 3 Satz 3 würde ausgehöhlt. 14

2. Beschlussfassung, Mitwirkungsverbote, Drei-Personen-Aufsichtsrat. Für die Beschlussfassung der **Hauptversammlung** gelten mit Ausnahme der erörterten Mehrheitserfordernisse **keine Besonderheiten**. Allerdings ist streitig, wie die Hauptversammlung prozedural mit der Abberufung befasst wird. Die Hauptversammlung fasst Beschlüsse im Regelfall auf Vorschlag der Verwaltung. Daher hat der Vorstand das Initiativrecht zu einem Antrag auf Abberufung, obwohl er auf die Zusammensetzung des ihn bestellenden und überwachenden Organs gerichtet ist.[21] Er wird dieses Recht naturgemäß nur in klaren 15

---

[14] HM, Großkomm AktG/*Hopt/Roth* Rn. 27; Kölner Komm AktG/*Mertens/Cahn* Rn. 17; Spindler/Stilz/*Spindler* Rn. 14; MüKoAktG/*Habersack* Rn. 18; aA *U. H. Schneider/Nietsch*, FS Westermann, 1447 (1453 f.), die für die Zulassung inhaltlicher Regelungen in der Satzung plädieren.
[15] Kölner Komm AktG/*Mertens/Cahn* Rn. 17; MüKoAktG/*Habersack* Rn. 13; Großkomm AktG/*Hopt/Roth* Rn. 27.
[16] Kölner Komm AktG/*Mertens/Cahn* Rn. 16; Großkomm AktG/*Hopt/Roth* Rn. 24; Hüffer/*Koch* Rn. 4; Doralt in Semler/v. Schenck AR-HdB § 12 Rn. 43; MüKoAktG/*Habersack* Rn. 17; MHdB AG/*Hoffmann-Becking* § 30 Rn. 54; aA Spindler/Stilz/*Spindler* Rn. 13.
[17] Vgl. etwa Großkomm AktG/*Hopt/Roth* Rn. 24.
[18] Ebenfalls entgegen der hM Spindler/Stilz/*Spindler* Rn. 13.
[19] Ähnlich Spindler/Stilz/*Spindler* Rn. 13, der darauf hinweist, dass diese Rechtsunsicherheit auch bei Widerruf der Bestellung zum Vorstandsmitglied (aus wichtigem Grund) nach § 84 Abs. 3 besteht.
[20] Kölner Komm AktG/*Mertens/Cahn* Rn. 10, 18; Hüffer/*Koch* Rn. 3; NK-AktG/*Breuer/Fraune* Rn. 4.
[21] *Heinze* AG 2011, 540 (542); *Thum/Klofat* NZG 2010, 1087 (1089); aA Hölters/*Simons* Rn. 14 mwN.

Fällen ausüben.²² Der genannte Konflikt besteht beim Aufsichtsrat nicht. Das abberufene Aufsichtsratsmitglied kann sich nicht mit dem Argument gegen die Abberufung zur Wehr setzen, es sei zu der Hauptversammlung nicht eingeladen worden und ihm sei kein rechtliches Gehör gewährt worden. Auch inhaltlich kann es nicht gegen die Abberufung gerichtlich vorgehen, weil die Abberufung im freien Ermessen der Hauptversammlung steht.²³

16 Auch für **Mitwirkungsverbote** gilt nichts Besonderes. Insbesondere ist der Aktionär stimmberechtigt, auf dessen Anregung, Vorschlag oder sonstiges Betreiben das Aufsichtsratsmitglied ursprünglich bestellt wurde. Liegt das Motiv für den Abberufungsantrag in Aktivitäten des Aufsichtsratsmitglieds zugunsten dieses Aktionärs, steht dies gleichwohl nicht der Stimmberechtigung entgegen. Heikel kann die Situation sein, wenn das abzuberufende Aufsichtsratsmitglied gleichzeitig Aktionär oder Aktionärsvertreter ist. Die Abberufung nach Abs. 1 erfolgt nicht aus wichtigem Grund, daher besteht aus diesem Gesichtspunkt kein Stimmverbot.²⁴ Vorrang hat die Ausübung der Aktionärsrechte, so dass seiner Stimmabgabe in der Hauptversammlung nichts entgegensteht. Sieht sich die Hauptversammlung dann nicht in der Lage, das unliebsam gewordene Aufsichtsratsmitglied aus dem Amt zu entfernen, bleibt der Aktionärsminderheit in entsprechenden Fällen die Abberufung aus wichtigem Grund gem. Abs. 3.

17 Besteht ein Aufsichtsrat nur aus **drei Personen,** wird der Aufsichtsrat bei Beschluss der Abberufung eines Aufsichtsratsmitglieds handlungsunfähig, sofern nicht sofort ein neues Mitglied bestellt wird. Das ist bei der Vorbereitung der Beschlussfassung der Hauptversammlung zu berücksichtigen, um ein Vakuum zu vermeiden. Die Bestellung des neuen Aufsichtsratsmitglieds ist auch aufschiebend bedingt auf die Beendigung des Amts des abberufenen Mitglieds möglich.²⁵

18 **3. Wirksamwerden der Abberufung.** Die Abberufung ist ein körperschaftlicher Rechtsakt, der auch in Abwesenheit des Betroffenen zustande kommt, zur **Wirksamkeit** jedoch dem betroffenen Aufsichtsratsmitglied mitgeteilt werden muss.²⁶

19 Das Amt endet mit **Zugang** der Mitteilung der Abberufung. Unproblematisch ist dabei der Fall der Anwesenheit des Aufsichtsratsmitglieds in der Hauptversammlung. Der Zugang erfolgt dann mit Feststellung des Beschlussergebnisses.²⁷ Für andere Fälle und falls die Satzung keine ausdrückliche Regelung enthält, werden unterschiedliche Meinungen vertreten:

20 Ein **irgendwie verlautbarter Abberufungsbeschluss,** etwa durch eine nicht an das Aufsichtsratsmitglied gerichtete Pressemitteilung, genügt nicht den Anforderungen an den Zugang einer Erklärung, die bei einem Beschluss nicht minder streng sein können als bei einer Willenserklärung. Damit wäre keine hinreichend dokumentierbare Beendigung der Organstellung verbunden.²⁸

21 Allerdings soll es einer verbreiteten Meinung nach genügen, dass der Abberufungsbeschluss dem Aufsichtsratsmitglied gleich auf welchem Wege zugeht, nämlich durch Mitteilung seitens des Vorstands, des Aufsichtsratsvorsitzenden oder einer von der Hauptversammlung bestimmten sonstigen Person.²⁹ Da es aber nicht um die Vertretung des Aufsichtsrats gegenüber seinen Mitgliedern geht, sondern um einen Beschluss der Haupt-

---

[22] Öffentliche Abberufungen sind der Ausnahmefall; normalerweise wird das Mitglied bewogen, sein Amt zur Verfügung zu stellen und dieses dann ggf. gerichtlich neu besetzt.
[23] *Doralt* in Semler/v. Schenck AR-HdB § 12 Rn. 51; Hölters/*Simons* Rn. 6.
[24] Kölner Komm AktG/*Mertens/Cahn* Rn. 10, 14.
[25] MüKoAktG/*Habersack* Rn. 19; Hüffer/*Koch* Rn. 5; Spindler/Stilz/*Spindler* Rn. 18.
[26] Kölner Komm AktG/*Mertens/Cahn* Rn. 11; MüKoAktG/*Habersack* Rn. 19; NK-AktG/*Breuer/Fraune* Rn. 5; aA *Natzel* DB 1964, 1180 (1181 f.), demzufolge weder der Bestellungsbeschluss noch der Abberufungsbeschluss zu ihrer Wirksamkeit des Zugangs bedürfen.
[27] Spindler/Stilz/*Spindler* Rn. 15; K. Schmidt/Lutter/*Drygala* Rn. 6; NK-AktG/*Breuer/Fraune* Rn. 5.
[28] S. auch Großkomm AktG/*Hopt/Roth* Rn. 17; Hüffer/*Koch* Rn. 5.
[29] Kölner Komm AktG/*Mertens/Cahn* Rn. 11; MHdB AG/*Hoffmann-Becking* § 30 Rn. 55; Großkomm AktG/*Hopt/Roth* Rn. 17; K. Schmidt/Lutter/*Drygala* Rn. 6; NK-AktG/*Breuer/Fraune* Rn. 5; Hölters/*Simons* Rn. 16; Bürgers/Körber/*Bürgers/Israel* Rn. 3.

versammlung, ist jedenfalls der Aufsichtsratsvorsitzende nicht zuständig. Die **Zuständigkeit** liegt vielmehr vorbehaltlich besonderer Regelung bei dem Organ, das auch sonst für die Umsetzung der Beschlüsse der Hauptversammlung zuständig ist und die Gesellschaft gegenüber dem Aufsichtsrat vertritt, nämlich bei dem Vorstand (§ 78).[30] Eine Mitunterzeichnung durch den Aufsichtsratsvorsitzenden ist jedenfalls unschädlich.[31]

Selbst wenn die Abberufung mangels Zugangs noch nicht wirksam geworden ist, kann schon in derselben Hauptversammlung ein neues Aufsichtsratsmitglied durch Wahl berufen werden; die Berufung ist (stillschweigend) aufschiebend bedingt durch den Zugang der Abberufung des Vorgängers.[32]

4. Wirkung. Mit Amtsende verliert das Aufsichtsratsmitglied seine **organschaftlichen Rechte und Pflichten.** Der Anspruch auf Vergütung besteht nur so lange, wie das Aufsichtsratsmitglied sein Amt innehat, und endet mit der Mitteilung über die Abberufung.[33] Die Gesellschaft kann mit dem Mitglied keine Fristen für die Amtsbeendigung und auch keinen Vergütungsanspruch vereinbaren, die über die im Abberufungsbeschluss genannten Fristen hinausgehen. Ferner entsteht die Pflicht des Mitglieds, die Unterlagen über die Gesellschaft herauszugeben, die es in seiner Funktion von dieser erlangt hat.[34]

5. Folgen der Anfechtung. Nach allgemeinem Verständnis ist Abberufung immer nur die wirksame Abberufung. Andererseits wird regelmäßig nach Beschluss der Abberufung ein Nachfolger bestellt. Wird die Wirksamkeit der Abberufung durch Anfechtungsklage bestritten, hat dies die **Ungewissheit** darüber zur Folge, ob bis zur endgültigen rechtskräftigen Entscheidung Beschlüsse des Aufsichtsrats wirksam gefasst werden können. Wird die Unwirksamkeit der Abberufung rückwirkend festgestellt, ist in aller Regel auch die Bestellung des neuen Mitglieds nichtig, zB wegen Verstoßes gegen die Höchstzahl der Aufsichtsratsmitglieder oder weil auf Grund der Gerichtsentscheidung nachträglich feststeht, dass die aufschiebende Bedingung seiner Bestellung nicht eingetreten ist. Als Folge wären die in dieser Zeit gefassten Beschlüsse nichtig, soweit sie auf der Mitwirkung des unwirksam berufenen Mitglieds beruhen. Die Problematik entspricht derjenigen nach der erfolgreichen Anfechtung der Wahl oder sonstigen Bestellung eines Aufsichtsratsmitglieds, nur spiegelbildlich. Im Erfolgsfalle steht fest, dass der Aufsichtsrat unrichtig besetzt war.[35] Zwar wird argumentiert, dass die Gesellschaft sich nach Erhebung der Anfechtungs- oder Nichtigkeitsklage auf die Situation einstellen kann.[36] Das ist aber allenfalls bedingt richtig.[37]

Die beschriebenen Folgen lassen sich in dem hypothetischen Szenario vermeiden, dass das abberufene Aufsichtsratsmitglied vorsorglich an allen Beschlüssen mitwirkt; diese Lösung wird sich aber in den seltensten Fällen praktizieren lassen. Andere „sichere" Lösungswege sind nicht ersichtlich. Das ist kein angemessenes Ergebnis, weil es dem Anfechtungskläger nachträglich eine Einflussmöglichkeit einräumt, die seine Stimmacht in der Hauptversammlung bei weitem übersteigt. Beide Sachverhalte (Folgen der Anfechtung der Abberufung und Folgen der Anfechtung der Bestellung) müssen rechtlich gleichlaufend gelöst werden. Der BGH hat der Anwendung der Grundsätze des fehlerhaften Organs eine Absage erteilt und das Dilemma damit verschärft.[38] Die Gegenposition zu dieser Entscheidung verstärkt sich mehr und mehr, weshalb die Unanwendbarkeit der Grundsätze des fehler-

---

[30] So auch Hüffer/*Koch* Rn. 5; *Vetter* in Marsch-Barner/Schäfer HdB börsennotierte AG § 25 Rn. 57; Spindler/Stilz/*Spindler* Rn. 15; MüKoAktG/*Habersack* Rn. 19.
[31] Vgl. Hüffer/*Koch* Rn. 5.
[32] Spindler/Stilz/*Spindler* Rn. 18.
[33] MüKoAktG/*Habersack* Rn. 21 mwN.
[34] Vgl. BGH NZG 2008, 834 (835) und die Vorinstanz OLG Düsseldorf NZG 2007, 632 (633).
[35] MüKoAktG/*Habersack* Rn. 22 mwN.
[36] *Vetter* ZIP 2012, 701 (704).
[37] Vgl. zum Thema auch → § 104 Rn. 30 ff.
[38] BGHZ 196, 195 ff.; *Baums/Drinhausen/Keinath* ZIP 2011, 2329 (2351); *Waclawik* ZIP 2011, 885 (893); vgl. auch OLG Köln ZIP 2011, 522 (524); vgl. → § 101 Rn. 221.

haften Organs weiter in Kritik gerät.[39] Die derzeit bestehenden Unsicherheiten sind ein wesentlicher Grund für die vielfach geforderte Reform des Rechts der Beschlussmängel.[40]

III. Abberufung entsandter Aufsichtsratsmitglieder (Abs. 2)

26 **1. Entsendung aufgrund Satzungsregelung.** Der Entsendungsberechtigte kann nach Abs. 2 von ihm entsandte Aufsichtsratsmitglieder abberufen und (nicht zwingend zugleich) eine andere Person entsenden. Das setzt voraus, dass die **Entsendungsberechtigung** in der Satzung geregelt ist, Abs. 2 Satz 1. Die Norm gilt nicht für Entsendungsberechtigungen aufgrund gesonderter Aktionärsvereinbarungen. Daher können Aktionärsvereinbarungen nur regeln, dass der Entsendungsberechtigte, hier besser als Benennungsberechtigter bezeichnet, von den anderen Beteiligten der Aktionärsvereinbarung eine seinem Verlangen entsprechende Stimmabgabe bei der Beschlussfassung über die Abberufung eines Aufsichtsratsmitglieds in einer Hauptversammlung gem. Abs. 1 Satz 1 fordern darf.

27 Für die Frage, **wann** die Abberufung **wirksam** wird, ist Ausgangspunkt die Feststellung, dass die Abberufungserklärung das Spiegelbild der Entsendung ist. Die Entsendung erfolgt durch Erklärung des Entsendenden gegenüber dem Vorstand und Annahme des Amtes durch den Entsandten.[41] Daher ist auch die Abberufung erst wirksam, wenn die Erklärung dem Vorstand zuging und sie von diesem oder dem Entsender dem abberufenen Aufsichtsratsmitglied mitgeteilt wurde.

28 Ist das Entsendungsrecht in der Satzung geregelt, ergibt sich aus Abs. 2 Satz 1, dass die Hauptversammlung während der Dauer seines Bestehens **kein Abberufungsrecht** gegenüber dem entsandten Aufsichtsratsmitglied hat. Es entsteht gem. Abs. 2. Satz 2 erst mit Wegfall der satzungsmäßigen Voraussetzungen des Entsendungsrechts. Dann genügt für die Abberufung die einfache Mehrheit, nicht die sonst erforderliche Mehrheit von drei Vierteln der abgegebenen Stimmen. Das Entsendungsrecht kann höchstpersönlich an die Person des Aktionärs gebunden sein, so dass es mit Veräußerung oder Vererbung des Aktienbesitzes entfällt. Es kann auch nach § 101 Abs. 2 Satz 2 dem jeweiligen Inhaber vinkulierter Namensaktien zustehen, so dass es durch Übertragungsvorgänge nicht erlischt.

29 **2. Einschränkungen des Abberufungsrechts.** Der Entsendungsberechtigte kann jederzeit unabhängig vom Vorliegen eines sachlichen oder wichtigen Grundes[42] eine **freie Ermessensentscheidung** über die Abberufung treffen; sein Abberufungsrecht ist isoliert weder durch Satzung noch durch Vertrag einschränkbar (sehr wohl aber – nach dem Gedanken des *actus contrarius* – als Spiegelbild eines eingeschränkten Entsendungsrechts). Er kann es daher auch nicht an die Zustimmung eines Dritten, insbesondere des Entsandten, binden oder auf ihn übertragen. Geschieht das trotzdem, sind entsprechende Abberufungserklärungen eines Dritten unwirksam. Eine Vereinbarung des Entsendungsberechtigten mit dem Entsandten über die Einschränkung des Abberufungsrechts lässt dieses unberührt, kann aber Schadensersatzansprüche des Entsandten begründen.[43]

30 Allerdings kann die Satzung bereits die Entsendung des Aufsichtsratsmitglieds von der **Zustimmung der Hauptversammlung** abhängig machen. Weil diese Einschränkung des Entsendungsrechts zulässig ist, kann die Satzung vorsehen, dass die Hauptversammlung entsandte Mitglieder auch ohne vorherigen Wegfall des Entsendungsrechts aus eigener Initiative jederzeit abberufen darf.[44] Diese Erweiterung der Befugnisse wird nicht als Einschränkung des Abberufungsrechts des Entsendungsberechtigten verstanden und sie ersetzt

---

[39] *Bayer/Lieder* NZG 2012, 1 (6).
[40] Vgl. → § 104 Rn. 20 und 31; → § 101 Rn. 221 und zu den Folgen unterschiedlicher Gerichtsentscheidungen im Instanzenzug nachstehend → Rn. 65 ff.
[41] Kölner Komm AktG/*Mertens/Cahn* § 101 Rn. 66.
[42] Hüffer/*Koch* Rn. 7; NK-AktG/*Breuer/Fraune* Rn. 9.
[43] Kölner Komm AktG/*Mertens/Cahn* Rn. 22; K. Schmidt/Lutter/*Drygala* Rn. 9; MüKoAktG/*Habersack* Rn. 27; NK-AktG/*Breuer/Fraune* Rn. 10.
[44] Kölner Komm AktG/*Mertens/Cahn* Rn. 26; v. Godin/*Wilhelmi* Anm. 3; *Doralt* in Semler/v. Schenck AR-HdB § 12 Rn. 55.

es nicht, sondern tritt daneben. Die Abberufung ist für den Entsendungsberechtigten insoweit bindend, als eine erneute Entsendung des von der Hauptversammlung Abberufenen zu Schadensersatzansprüchen führen würde.[45]

3. Verpflichtung zur Abberufung. Nicht im Gesetz vorgesehen ist ein Recht der 31 anderen Aktionäre, die Bestellung zu beenden, wenn dies im **Interesse der Gesellschaft** ist. Die Anrufung des Gerichts gem. Abs. 3 setzt die Initiative des Aufsichtsrats voraus und ist aus Sicht der Minderheitsaktionäre regelmäßig kein adäquater Ersatz fehlender eigener Rechte. Allerdings kann der Entsendungsberechtigte gegenüber der Gesellschaft verpflichtet sein, das entsandte Mitglied auszutauschen. Ein untragbar gewordenes Aufsichtsratsmitglied muss nicht im Aufsichtsrat geduldet werden. Daran hat sich auch der Entsendungsberechtigte zu halten. Seine freie Ermessensausübung ist in diesem Fall eingeschränkt. Er ist zur Abberufung verpflichtet.[46] Ein Anspruch der anderen Aktionäre setzt eine besondere rechtliche Bindung voraus, zB eine Aktionärsvereinbarung.

Tut er dies nicht, setzt er sich jedenfalls Schadensersatzansprüchen gegenüber der Gesell- 32 schaft aus. Streitig ist, inwieweit die Gesellschaft den **Anspruch auf Abberufung** durch Klage auf Abgabe einer Willenserklärung durchsetzen kann.[47] Soweit ein direkter Anspruch des Aktionärs besteht, kann er dieses Individualrecht gegenüber dem Entsendungsberechtigten geltend machen.

Wenn der Anspruch der Gesellschaft zustände, wäre der Vorstand vertretungsberechtigt, 33 § 78 Abs. 1. Die **Klage** liefe darauf hinaus, dass der Vorstand die Abberufung eines Mitglieds seines Kontrollgremiums durchsetzte. Dies geht über den Vorschlag des Vorstands auf Abberufung im Fall des Abs. 1 hinaus und wird aus organisationsrechtlichen Überlegungen (Corporate Governance) für nicht akzeptabel gehalten.[48] Daher kann nach der hM die Gesellschaft nicht auf Abgabe einer Abberufungserklärung durch den Entsendungsberechtigten klagen.[49] Diese Wertung ist nachvollziehbar, wenngleich die auch nach dieser Meinung (eigentlich inkonsequent) zulässige Schadensersatzklage auf Geld (nicht auf Naturalrestitution) kein wirksames Druckmittel ist, da ein Schaden, und mag er erheblich sein, nur schwer bezifferbar sein wird.

IV. Gerichtliche Abberufung von Aufsichtsratsmitgliedern aus wichtigem Grund (Abs. 3)

1. Materielles Recht. a) Betroffener Personenkreis. Anders als die Regelungen des 34 Abs. 1 und Abs. 2 gilt diese Bestimmung für sämtliche Aufsichtsratsmitglieder. Anteilseigner- und Arbeitnehmervertreter[50] sowie entsandte und gerichtlich bestellte Aufsichtsratsmitglieder können bei Vorliegen eines wichtigen Grundes **in der Person** gerichtlich abberufen werden.

b) Antrag des Aufsichtsrats (Abs. 3 Satz 1). Antragsberechtigt ist der **Aufsichtsrat,** 35 bei der Abberufung entsandter Aufsichtsratsmitglieder auch ein **Quorum der Aktionäre** entsprechend einem Zehntel des Grundkapitals oder einem anteiligen Betrag von einer Million Euro (Abs. 3 Satz 1 und 3). Der Vorstand ist nicht antragsberechtigt.[51] Die Antrags-

---

[45] Kölner Komm AktG/*Mertens/Cahn* Rn. 27.
[46] Kölner Komm AktG/*Mertens/Cahn* Rn. 24; *Doralt* in Semler/v. Schenck AR-HdB § 12 Rn. 59.
[47] *Doralt* in Semler/v. Schenck AR-HdB § 12 Rn. 72.
[48] Kölner Komm AktG/*Mertens/Cahn* Rn. 24 („von Rechts wegen [kann] ein Einfluss auf die Zusammensetzung dieses Organs nicht zugebilligt werden"); Spindler/Stilz/*Spindler* Rn. 6 („da […] Anreize bestehen, nicht genehme Aufsichtsratsmitglieder mittelbar unter Druck zu setzen"); MüKo/*Habersack* Rn. 26 („es aber nicht angeht, dass er auf die Abberufung eines Mitglieds seines Kontrollgremiums hinwirken kann").
[49] Kölner Komm AktG/*Mertens/Cahn* Rn. 24; MHdB AG/*Hoffmann-Becking* § 30 Rn. 56; K. Schmidt/Lutter/*Drygala* Rn. 10; kritisch *U. H. Schneider/Nietsch*, FS Westermann, 1447 (1455 mit Fn. 37).
[50] So bereits *Eckhardt* NJW 1967, 1010; vgl. MüKoAktG/*Habersack* Rn. 33; Hüffer/*Koch* Rn. 9; NK-AktG/*Breuer/Fraune* Rn. 12.
[51] Kölner Komm AktG/*Mertens/Cahn* Rn. 29; Hüffer/*Koch* Rn. 12; Großkomm AktG/*Hopt/Roth* Rn. 47; MHdB AG/*Hoffmann-Becking* § 30 Rn. 55; NK-AktG/*Breuer/Fraune* Rn. 13.

berechtigung ist nicht übertragbar. Dies gilt sowohl für die Antragsberechtigung des Aufsichtsrats als auch für die der Anteilseigner nach Abs. 3 Satz 3. Entsprechend kann der Vorstand nicht mit der Vertretung des Aufsichtsrats vor Gericht bevollmächtigt werden. Der Vorstand wird von dem Aufsichtsrat überwacht und darf nicht an dessen Zusammensetzung mitwirken. Dies gilt nach heute hM selbst dann, wenn eine Mehrheit von Anteilseignern diesen Antrag stellen lassen will.[52]

36 Der Aufsichtsrat muss den Antrag auf gerichtliche Abberufung **beschließen** gem. Abs. 3 Satz 2 und § 108 Abs. 1,[53] und zwar zwingend mit einfacher Mehrheit der abgegebenen Stimmen. Weder Satzung noch Geschäftsordnung können eine höhere Mehrheit verlangen.[54]

37 Der Aufsichtsrat kann die Beschlussfassung **nicht** an einen Ausschuss zur Entscheidung **delegieren,** obwohl in dem Verbot der Überweisung bestimmter Aufgaben an Ausschüsse nach § 107 Abs. 3 Satz 2 nicht auf § 103 Abs. 3 verwiesen wird. Zum einen lässt dies der Wortlaut von Abs. 3 Satz 2 nicht zu,[55] und zum anderen widerspräche es Sinn und Zweck der Norm, wenn der zugrunde liegende Beschluss vom Ausschuss gefasst und das Gesamtgremium Aufsichtsrat in einer so wichtigen Frage lediglich als Ausführungsorgan fungieren würde. Auch wäre das Vorliegen eines wichtigen Grundes angreifbar, wenn nicht das gesamte Gremium diese Feststellung mehrheitlich teilte.[56]

38 **c) Stimmverbote im Aufsichtsrat.** Ist ein Aufsichtsratsmitglied von dem Abberufungsantrag und dem darauf folgenden gerichtlichen Verfahren **persönlich und unmittelbar betroffen,** so darf es bei der Beschlussfassung über den Antrag auf gerichtliche Abberufung in entsprechender Anwendung des § 34 BGB (Ausschluss vom Stimmrecht) nicht mitstimmen.[57] Dabei kommt es nicht darauf an, ob der wichtige Abberufungsgrund tatsächlich vorliegt oder vom Antragsteller nur behauptet wird.[58] Diese Feststellung obliegt dem Gericht und ihr Gegenstand kann deshalb nicht für die Mitwirkung an einer Beschlussfassung über einen Abberufungsantrag relevant sein.

39 Ist über den Antrag auf gerichtliche Abberufung **mehrerer Mitglieder** zu entscheiden, muss differenziert werden. Stützt sich der Beschluss auf ein und denselben wichtigen Grund, wird nur ein einziger Beschluss gefasst. Keines der betroffenen Mitglieder darf mitstimmen. Sind demgegenüber mehrere Mitglieder aus verschiedenen wichtigen Gründen betroffen, wird für jedes Aufsichtsratsmitglied ein separater Beschluss gefasst; es erfolgt nicht etwa eine Beschlussfassung für alle betroffenen Aufsichtsratsmitglieder. Nur das jeweils betroffene Mitglied ist von der Mitwirkung durch Stimmabgabe ausgeschlossen.[59]

---

[52] Kölner Komm AktG/*Mertens/Cahn* Rn. 48; vgl. Großkomm AktG/*Hopt/Roth* Rn. 51, 70; MüKoAktG/*Habersack* Rn. 38; Spindler/Stilz/*Spindler* Rn. 32; aA noch *v. Godin/Wilhelmi* Anm. 8, wonach jedenfalls eine Mehrheit von Aktionären eine Übertragung auf den Vorstand vornehmen könne.
[53] Vgl. Kölner Komm AktG/*Mertens/Cahn* Rn. 29; Großkomm AktG/*Hopt/Roth* Rn. 48; NK-AktG/*Breuer/Fraune* Rn. 13.
[54] MHdB AG/*Hoffmann-Becking* § 30 Rn. 55.
[55] *Doralt* in Semler/v. Schenck AR-HdB § 12 Rn. 71; Kölner Komm AktG/*Mertens/Cahn* Rn. 29; Lutter/*Krieger/Verse* Rn. 746, 931.
[56] → § 107 Rn. 362; Kölner Komm AktG/*Mertens/Cahn* Rn. 29; MüKoAktG/*Habersack* Rn. 29; Großkomm AktG/*Hopt/Roth* Rn. 48.
[57] Heute ganz hM: BGHZ 56, 47 (53); BayObLG NZG 2003, 691 (692); Kölner Komm AktG/*Mertens/Cahn* Rn. 30, § 108 Rn. 49; Hüffer/*Koch* Rn. 12; MHdB AG/*Hoffmann-Becking* § 31 Rn. 66; *Doralt* in Semler/v. Schenck AR-HdB § 12 Rn. 68; UHH/*Ulmer/Habersack* MitbestG § 6 Rn. 70; im Ergebnis auch *Stadler/Berner* NZG 2003, 49 (50), als Begründung wird allerdings die Analogie zu § 34 verneint und ein übergesetzlicher Grundsatz der Nichtexistenz eines Insichprozesses angenommen; aA, wohl nur noch von *Hoffmann* vertreten, vgl. *Hoffmann/Kirchhoff,* FS Beusch, 377 (380 f.) mit dem Argument, dass der Beschluss noch keine unmittelbare Auswirkung auf seine Mitgliedschaft im Aufsichtsrat habe. Dem kann nicht gefolgt werden. Die Folge ergibt sich zwar nicht unmittelbar, aber zumindest mittelbar. Dürfte das betroffene Mitglied mitstimmen, bestünde sehr wohl ein Richten in eigener Sache. Das Richten beginnt nicht erst mit dem Urteil des Gerichts, sondern setzt schon früher ein, nämlich bei der Beschlussfassung über den Antrag auf gerichtliche Entscheidung.
[58] BGHZ 86, 177 (178 f.); *Matthießen,* Stimmrecht und Interessenkonflikt, 1984, 270 f.
[59] Kölner Komm AktG/*Mertens/Cahn* Rn. 30; *Matthießen,* Stimmrecht und Interessenkonflikt, 1984, 271; siehe auch BGHZ 97, 28 (34).

Besondere Probleme bestehen bei einem aus **drei Mitgliedern** bestehenden Aufsichtsrat. 40
Sie sind zunächst **faktischer Art**. Das betroffene Mitglied kann die Beschlussfassung verhindern, indem es nicht mitwirkt. Der Antrag auf gerichtliche Abberufung kann dann nicht gestellt werden, da bei der Beschlussfassung zwingend drei Mitglieder mitwirken müssen. Daran wird ersichtlich, dass die Gestaltung eines Aufsichtsrats mit der Minimalgröße von nur drei Mitgliedern sehr heikel sein kann. *Mertens/Cahn*[60] regen an, bereits zwei Aufsichtsratsmitgliedern ein Antragsrecht im Wege der lückenfüllenden Rechtsfortbildung zu gewähren. Sie weisen allerdings zugleich darauf hin, dass hierzu auf Grund der Abberufungskompetenz der Hauptversammlung kein zwingender Grund besteht. Der Vorschlag hat sich bisher nicht durchgesetzt. In jedem Fall verbleibt es bei der Möglichkeit der Abberufung durch die Hauptversammlung gem. Abs. 1.

Rechtlich stellt sich die Frage, ob ein Mitglied, dass von einem Stimmverbot betroffen 41
ist, bei der Beschlussfassung durch Stimmenthaltung „mitwirken" kann. Dann wäre die Mindestbeteiligung nach § 108 Abs. 2 Satz 3 gewahrt. Die Frage wurde in der Literatur lange streitig behandelt, der BGH hat diesem Streit inzwischen ein Ende gesetzt und die Sitzungsteilnahme trotz Stimmverbot für die Beschlussfähigkeit genügen lassen.[61]

d) Antrag einer Minderheit von Anteilseignern (Abs. 3 Satz 3). Anteilseigner können 42
einen Antrag auf gerichtliche Abberufung eines entsandten Aufsichtsratsmitglieds aus wichtigem Grund stellen, wenn sie zusammen mindestens 10 % des Grundkapitals oder den anteiligen Betrag von 1 Million Euro halten. Diese Voraussetzung muss bis zum Abschluss des Verfahrens erfüllt sein[62] und dem Gericht nachgewiesen werden. Im Gegensatz zum Verfahren nach Abs. 3 Satz 1 ist im Rahmen des Verfahrens nach Abs. 3 Satz 3 auch der Aufsichtsrat beschwerdeberechtiger Beteiligter.[63]

Das abzuberufende Aufsichtsratsmitglied muss auf Grund einer Satzungsvorschrift in den 43
Aufsichtsrat **entsandt** worden sein. Daraus folgt, dass es sich um einen Vertreter der Anteilseigner handeln muss. Die Abberufung anderer als entsandter Aufsichtsratsmitglieder, d. h. gewählter Anteilseignervertreter, können die Anteilseigner nicht durch gerichtlichen Antrag erreichen.

Jedem Anteilseigner steht die Möglichkeit offen, dem Verfahren auf Seiten der Antragsteller 44
beizutreten.[64] Von diesem Recht ist soweit ersichtlich kaum Gebrauch gemacht worden.[65]

e) Vorliegen eines wichtigen Grundes. Voraussetzung der Abberufung durch das 45
Gericht ist einzig das Vorliegen eines wichtigen Grundes **in der Person** des abzuberufenden Aufsichtsratsmitglieds. Soll ein entsandtes Mitglied[66] gerichtlich abberufen werden, muss der wichtige Grund in seiner Person und nicht in der Person des Entsendungsberechtigten liegen.[67] Der wichtige Grund muss einen **Bezug zur Aufsichtsratstätigkeit** aufweisen und ihre Ausübung beeinflussen. Es kommt nicht darauf an, ob vor der Anrufung des Gerichts andere Wege der Abberufung gesucht und die Hauptversammlung oder der Entsendungsberechtigte mit der Abberufung befasst worden sind. Dem Antrag des Aufsichtsrats oder des erforderlichen Quorums der Anteilseigner steht noch nicht einmal entgegen, wenn sich der gem. Abs. 1 oder Abs. 2 Abberufungsberechtigte ausdrücklich gegen

---

[60] Kölner Komm AktG/*Mertens/Cahn* Rn. 30.
[61] BGH ZIP 2007, 1056 entgegen BayObLG ZIP 2003, 1194; vgl. auch die Darstellungen bei MüKo-AktG/*Habersack* Rn. 35, *Priester* AG 2007, 190; NK-AktG/*Breuer/Fraune* Rn. 13 und *Stadler/Berner* NZG 2003, 49 ff., die darauf abstellen, dass auch das nicht stimmberechtigte Mitglied tatsächlich teilnehmen könne und müsse, seine Stimme aber nicht mitgezählt werde, mit Darstellung verschiedener Fallkonstellationen. Vgl. auch → § 108 Rn. 36; → § 109 Rn. 15 f.
[62] Kölner Komm AktG/*Mertens/Cahn* Rn. 46; MüKoAktG/*Habersack* Rn. 37; K. Schmidt/Lutter/*Drygala* Rn. 18.
[63] Großkomm AktG/*Hopt/Roth* Rn. 69; Kölner Komm AktG/*Mertens/Cahn* Rn. 49.
[64] Kölner Komm AktG/*Mertens/Cahn* Rn. 47; MüKoAktG/*Habersack* Rn. 38.
[65] Ein Beispiel bildet OLG Hamburg AG 1990, 218.
[66] Vgl. hierzu → § 101 Rn. 62 ff.
[67] Vgl. auch die Aufzählung von Einzelfällen bei Hüffer/*Koch* Rn. 11 und K. Schmidt/Lutter/*Drygala* Rn. 16.

eine Abberufung ausgesprochen hat.[68] Zwar wird der gerichtlichen Abberufung *ultima ratio*-Charakter[69] zugesprochen, das folgt jedoch bereits aus den Anforderungen an einen wichtigen Grund und hat rechtlich keine darüber hinausgehende Bedeutung.

46 „Wichtiger Grund" ist ein unbestimmter Rechtsbegriff, welcher der Auslegung bedarf und in vollem Umfang gerichtlich nachprüfbar ist.[70] Bei der Auslegung steht ein Beurteilungsspielraum zur Verfügung. Während die frühere Rechtsprechung noch ein „krass gesellschaftswidriges" bzw. ein „schlechthin untragbares" Verhalten für das Vorliegen eines wichtigen Grundes forderte,[71] wurden diese hohen Anforderungen von der heute allgM gesenkt.[72] Die weitere Mitgliedschaft des von der Abberufung bedrohten Aufsichtsratsmitglieds muss unter Würdigung der Umstände des Einzelfalls bis zum Ablauf der Mandatszeit für die Gesellschaft **unzumutbar** sein. Unzumutbarkeit darf indessen auch nicht zu leicht festgestellt werden.[73] Nur schwerwiegende Umstände oder Pflichtverletzungen können die Unzumutbarkeit begründen.[74] Sie liegen bei schwerer Verletzung der Aufsichtsratspflichten oder Unfähigkeit zur Erfüllung der Mandatspflichten vor.[75]

47 **Interne Konflikte** in der Sache müssen im Sinne der Aufgabe des Aufsichtsrats hingenommen werden. Der Aufsichtsrat soll über seine Themen bei Bedarf kontrovers diskutieren; zu niedrige Anforderungen an das Vorliegen eines wichtigen Grundes könnten übergroßes Harmoniebedürfnis fördern und konstruktive Kritik behindern. Auf die Unzumutbarkeit für die anderen Aufsichtsratsmitglieder kommt es dabei nicht an. Unstimmigkeiten oder Vertrauensverluste zwischen einzelnen Mitgliedern, zwischen Arbeitnehmervertretern und Arbeitnehmern oder zwischen Entsendungsberechtigtem und Entsandtem spielen isoliert betrachtet keine rechtlich bedeutsame Rolle. Dies gilt auch für die politische Einstellung oder Meinungsäußerung. All dies reicht für eine Abberufung aus wichtigem Grund nicht aus, wenn nicht zugleich die Unzumutbarkeit für die Gesellschaft aus anderen Gesichtspunkten begründet ist.[76]

48 Unzureichend für das Vorliegen eines wichtigen Grundes ist die **verweigerte Entlastung** durch die Hauptversammlung,[77] weil diese selbst die Abberufung beschließen kann. Ein

---

[68] Kölner Komm AktG/*Mertens/Cahn* Rn. 28; *Eckhardt* NJW 1967, 1010 (1011 f.).

[69] Kölner Komm AktG/*Mertens/Cahn* Rn. 33; *Doralt* in Semler/v. Schenck AR-HdB § 12 Rn. 73; *Säcker* NJW 1986, 803 (810).

[70] Vgl. Großkomm AktG/*Hopt/Roth* Rn. 56.

[71] BGHZ 39, 116; ebenso noch AG München ZIP 1985, 1139 = EWiR § 103 AktG 1/85, S. 631 mit krit. Anm. *Wiesner*; vgl. dazu *Leo* AG 1963, 234 ff. sowie AG 1963, 267 ff.; vgl. ferner BegrRegE *Kropff* S. 143.

[72] OLG Frankfurt a. M. NZG 2008, 272; OLG Stuttgart NZG 2007, 72 (73); OLG Hamburg AG 1990, 218; LG Frankfurt am Main NJW 1987, 505 (506); LG Köln Beschl. v. 14.3.1988 – 91 T 1/87 (unveröffentlicht); AG Pirmasens WM 1990, 1387 (1388); Kölner Komm AktG/*Mertens/Cahn* Rn. 33; Hüffer/*Koch* Rn. 10; MüKoAktG/*Habersack* Rn. 40; MHdB AG/*Hoffmann-Becking* § 30 Rn. 56; *Doralt* in Semler/v. Schenck AR-HdB § 12 Rn. 63; *Lutter/Krieger/Verse* Rn. 933; *Hoffmann/Kirchhoff*, FS Beusch, 377 (381); *Eckhardt* NJW 1967, 1010 (1011); vgl. zur Zumutbarkeit *Hofmann*, FS Westenberger, 57 (72 ff.); *Jehner*, Zur gerichtlichen Abberufung eines Aufsichtsratsmitglieds nach § 103 Abs. 3 Aktiengesetz, 1992, 38 ff., die das grundlegende Selbstverständnis der Gesellschaft als Zumutbarkeitsmaßstab sieht; anders *Köstler/Kittner/Zachert/Müller* Rn. 777, die ein krass gesellschaftswidriges Verhalten oder einen Sachverhalt fordern, der das Aufsichtsratsmitglied schlechthin untragbar erscheinen lässt.

[73] Vgl. etwa schon *v. Godin/Wilhelmi* Anm. 8.

[74] Kölner Komm AktG/*Mertens/Cahn* Rn. 33; UHH/*Ulmer/Habersack* MitbestG § 6 Rn. 71; *Raiser/Veil* MitbestG § 6 Rn. 38, 39; *Doralt* in Semler/v. Schenck AR-HdB § 12 Rn. 74; *Säcker* NJW 1986, 803 (810); *Hofmann* BB 1973, 1081 (1084).

[75] *Raiser/Veil* MitbestG § 6 Rn. 39; WWKK/*Wißmann* MitbestG § 6 Rn. 59; *Singhof* AG 1998, 318 (320); vgl. auch *Hofmann*, FS Westenberger, 57 (71).

[76] Kölner Komm AktG/*Mertens/Cahn* Rn. 37.

[77] Kölner Komm AktG/*Mertens/Cahn* Rn. 36; *Lutter/Krieger/Verse* Rn. 933; WWKK/*Wißmann* MitbestG § 6 Rn. 59 (bzgl. der Arbeitnehmervertreter); UHH/*Ulmer/Habersack* MitbestG § 6 Rn. 71 halten die nicht erteilte Entlastung allenfalls für ein Indiz für das Vorliegen eines wichtigen Grundes; Hüffer/*Koch* Rn. 3 lässt eine verweigerte Entlastung schon nicht für die Abberufung durch die Hauptversammlung genügen. Diese Auffassung ist bedenklich, da gerade die Abberufungskompetenz der Hauptversammlung nicht an materielle Voraussetzungen geknüpft ist. Zuzugeben ist allerdings, dass in der verweigerten Entlastung ein Vertrauensentzug der Hauptversammlung liegen kann. Die bloße Verweigerung der Entlastung kann nicht in eine Abberufung umgedeutet werden, *Doralt* in Semler/v. Schenck AR-HdB § 12 Rn. 8.

wichtiger Grund kann gegeben sein, wenn ein Aufsichtsratsmitglied die Zusammenarbeit im Aufsichtsrat behindert, durch sein intrigantes Verhalten das Vertrauensverhältnis zerstört,[78] Insiderverbote verletzt[79] oder ständig unentschuldigt den Aufsichtsratssitzungen fernbleibt.[80] Unverträglichkeit, Unfähigkeit zur Zusammenarbeit bzw. Verstoß gegen die Zusammenarbeitsverpflichtung,[81] Verrat von Betriebsgeheimnissen und Verletzung der Verschwiegenheitspflicht,[82] übermäßige Beanspruchung von Auskunfts- und Prüfungsrechten,[83] Verstoß gegen das Verbot der personellen Verflechtungen[84] oder die Beteiligung eines Arbeitnehmervertreters an einem rechtswidrigen Streik können ebenfalls eine grobe Pflichtverletzung bedeuten.[85] Die Bedeutung von Interessenkonflikten wird nachstehend behandelt.

Gerichte bejahen das Vorliegen eines **wichtigen Grundes** weiter in den folgenden 49 Fällen: Eingriff eines Aufsichtsratsmitglieds in die Geschäftsführung ohne Kenntnis des Vorstands durch Kontaktaufnahme zu Geschäftspartnern und Erörterung sachlicher Einzelheiten der Geschäftsbeziehungen;[86] Störung der loyalen Zusammenarbeit im Aufsichtsrat durch schwere und ehrenrührige Vorwürfe gegenüber dem Aufsichtsratsvorsitzenden und dem Vorsitzenden der Geschäftsführung;[87] mutwillige Zerstörung der Zusammenarbeit in der heimlichen schriftlichen Stellungnahme zweier Aufsichtsratsmitglieder gegenüber dem Bundeskartellamt zu einem Fusionsvorhaben ihrer Gesellschaft.[88]

Eine Abberufung wurde auch im Fall eines tiefgreifenden, andauernden und unlösbaren 50 **politisch begründeten** Interessenkonflikts für notwendig erachtet.[89] Ein in den Aufsichtsrat entsandtes Mitglied darf nicht als Minister der Landesregierung eine Politik betreiben, die sich extrem gegen die Gesellschaftsinteressen wendet.[90]

Das Amtsgericht München[91] sah in der **Mitteilung einer vertraulichen Information** des 51 Vorstands an den Aufsichtsrat über eine beabsichtigte Dividendenerhöhung und des Abstimmungsverhaltens der Arbeitnehmervertreter des Aufsichtsrats in einer Betriebsversammlung **keinen wichtigen Grund** für die Abberufung, weil nur ein einmaliger, fahrlässiger Verstoß vorgelegen habe. Diese Entscheidung ist nicht verallgemeinerungsfähig und verkennt, dass eine Abwägung der Vertraulichkeit mit Arbeitnehmerinteressen an einer Bekanntgabe nicht zulässig ist; die Verschwiegenheitspflicht gilt für alle Aufsichtsratsmitglieder gleichermaßen.[92]

---

[78] *Säcker* NJW 1986, 803 (810); vgl. auch LG Köln Beschl. v. 14.3.1988 – 91 T 1/87 (unveröffentlicht) ausf. zur Zerstörung des Vertrauensverhältnisses.
[79] Vgl. hierzu → § 116 Rn. 200 ff., 488 ff.
[80] Kölner Komm AktG/*Mertens/Cahn* Rn. 34; *Bender* DB 1994, 1965 schlug eine Gesetzesänderung dergestalt vor, dass es als wichtiger Grund gelten sollte, wenn ein Aufsichtsratsmitglied dreimal (verschuldet oder unverschuldet) ausgeblieben ist.
[81] *Hoffmann/Preu* Rn. 277.
[82] Vgl. → § 116 Rn. 411 ff.; vgl. auch *Lutter/Krieger/Verse* Rn. 933; *Meyer-Landrut* ZGR 1976, 510 (515) zufolge genügt nicht jede geringfügige Verletzung der Verschwiegenheitspflicht zur Abberufung aus wichtigem Grund.
[83] AA *Raiser/Veil* MitbestG § 6 Rn. 39 (solange dies rechtlich zulässig ist und weder missbräuchlich noch schikanös ausgenutzt wird); vgl. auch *Lutter/Krieger/Verse* Rn. 933.
[84] Dazu → Rn. 48 ff.; vgl. *Decher* ZIP 1990, 277 (282); *Jehner*, Zur gerichtlichen Abberufung eines Aufsichtsratsmitglieds nach § 103 Abs. 3 Aktiengesetz, 1992, 103 f.
[85] *Lutter/Krieger* AG, 5. Aufl. 2009, Rn. 803; *Gaumann/Schafft* DB 2000, 1514 (1518); *Mertens* AG 1977, 30 (318); *Hoffmann/Preu* Rn. 502.
[86] OLG Zweibrücken DB 1990, 1401; dazu Anm. *Altmeppen* EWiR 1990, 631 und *Peterhoff* WuB II A § 103 AktG 3.90.
[87] LG Köln Beschl. v. 14.3.1988 – 91 T 1/87 (unveröffentlicht); *Hoffmann/Kirchhoff*, FS Beusch, 377 (385).
[88] LG Frankfurt NJW 1987, 505 (506).
[89] *Hirte* Anm. zu LG Hamburg EWiR § 103 AktG 1/90, 115 zufolge rechtfertigt aufgrund der Interessenpluralität im Aufsichtsrat auch der schwerwiegende Interessenkonflikt allein nicht die Abberufung; *ders.* Anm. zu OLG Hamburg EWiR § 103 AktG 2/90, 219.
[90] LG Hamburg WM 1989, 1934 (1935 f.) = WuB II A. § 103 AktG 1.90 mit Anm. *Fervers*; OLG Hamburg WM 1990, 311 (313 ff.) = AG 1990, 218 mit Besprechung *Decher* ZIP 1990, 277 ff.
[91] AG München WM 1986, 974 = ZIP 1985, 1139 = WuB II A. § 103 AktG 1.86 mit teilweise krit. Anm. *Werner*.
[92] HM, vgl. *Hüffer/Koch* Rn. 11 mwN; vgl. die Ausführungen von *Doralt* in Semler/v. Schenck AR-HdB § 12 Rn. 77 mit dem Hinweis, dass dieser Fall bei börsennotierten Gesellschaften auf Grund der Gefahrenneigung und der Strafbarkeit von Insiderverstößen anders zu beurteilen ist.

52 f) Interessenkonflikte als wichtiger Grund. Unzumutbarkeit und damit ein wichtiger Grund können nicht nur wegen des persönlichen Verhaltens des Aufsichtsratsmitglieds, sondern auch bei einem **Interessenkonflikt** vorliegen. Die Bedeutung von Interessenkonflikten wird schon seit langem diskutiert, ohne dass die Diskussion zum Abschluss gekommen ist.[93] Der Einfluss von Interessenkonflikten auf die Unabhängigkeit des Aufsichtsratsmitglieds und die (Nicht-) Anwendung der Business Judgement Rule sind aktuelle Themen und werden in der Kommentierung zu § 116 behandelt. Eine gesetzliche Regelung des Interessenkonflikts gibt es nicht, auch keine automatische Mandatsunfähigkeit. Sie lässt sich auch nicht durch eine analoge Anwendung der §§ 100 und 105 begründen, die persönliche Voraussetzungen der Mandatsübernahme und die Unvereinbarkeit regeln, aber hier nicht einschlägig sind.[94] Der DCGK empfiehlt über das Aktiengesetz hinausgehend[95] in Ziff. 5.4.2, dass Aufsichtsratsmitglieder keine Organfunktionen oder Beratungsaufgaben bei wesentlichen Wettbewerbern des Unternehmens ausüben sollen und in Ziff. 5.5.2 Satz 2 die Offenlegung von Interessenkonflikten.

53 Interessenkonflikte können einerseits[96] beschränkt auf den Einzelfall auftreten; ihre Folgen werden für die Gesellschaft durch Stimmverbote und Sitzungsausschluss[97] begrenzt und bleiben damit normalerweise zumutbar. Andererseits gibt es Interessenkonflikte, die von einer derartigen Dauer oder Intensität sind, dass das betroffene Mitglied an der Erfüllung seiner Pflichten im Aufsichtsrat nachhaltig gehindert oder das Vertrauen in seine Beiträge über den Einzelfall hinaus erschüttert ist. Bei einem derartigen **schweren und dauerhaften Interessenkonflikt** wird in aller Regel ein wichtiger Grund vorliegen.[98]

54 Die Schwelle liegt nicht niedrig (entsprechend den Voraussetzungen des wichtigen Grundes in anderen Rechtsgebieten). Bei Interessenskonflikten, die durch eine Tätigkeit außerhalb der Ausübung des Aufsichtratsamts entstanden sind, dürfen die eigenen Geschäfte die Interessen des überwachten Unternehmens beeinträchtigen (→ § 116 Rn. 192). Dass ein Mandatsträger einer konkurrierenden Gesellschaft nahe steht oder sie repräsentiert, begründet für sich allein noch keinen wichtigen Grund zur Abberufung, solange kein sensibles Wissen in Kerngeschäftsfeldern vorliegt.[99] Die Abberufung aus wichtigem Grund bei einer Pflichtenkollision zu beantragen, ist nur möglich, wenn diese nicht in einer für die Gesellschaft und den Aufsichtsrat akzeptablen Art und Weise bewältigt wird.[100] Freundschaftliche oder verwandtschaftliche Beziehungen zwischen einem Aufsichtsratsmitglied und dem Leiter einer konkurrierenden Gesellschaft genügen nicht.[101] Gleiches gilt für konkurrierende wirtschaftliche Interessen, insbesondere wenn diese Beziehungen schon bei Aufnahme der Aufsichtsratstätigkeit bestanden haben. Verschweigt ein Aufsichtsratsmitglied bei seiner Wahl seine Tätigkeit in der Leitungs- oder Aufsichtsratsebene eines **konkurrierenden Unternehmens,** stellt diese **mangelnde Offenlegung** einen wichtigen Grund für seine Abberufung dar.[102] War die Tätigkeit bei einem Konkurrenzunternehmen schon vor

---

[93] Vgl. *Wardenbach* AG 1999, 74; ausführlich → § 100 Rn. 133 ff., → § 116 Rn. 219 ff. und→ Exkurs 1.
[94] HM, BGHZ 39, 116 (123); Hüffer/*Koch* Rn. 13b; Kölner Komm AktG/*Mertens/Cahn* Rn. 35; Großkomm AktG/*Hopt/Roth* Rn. 59; *Dreher* JZ 1990, 896 (898 f.) mit dem Argument, dass die für Einzelfälle konzipierte Vorschrift des § 103 Abs. 3 nicht durch eine generelle Inkompatibilitätsregel ersetzt werden dürfe; *Kübler,* FS Claussen, 239 (244); *Langenbucher* ZGR 2007, 571 (585 f.); *Wolff* in Henn/Frodermann/Jannott Abschnitt 8 Rn. 41.
[95] *Diekmann/Fleischmann* AG 2013, 141 (142); *Kort* ZIP 2008, 717 (720).
[96] Zur Differenzierung *Wardenbach* AG 1999, 74 (76 f.).
[97] *Diekmann/Fleischmann* AG 2013, 141 (146 f.).
[98] OLG Hamburg ZIP 1990, 311 (312); Großkomm AktG/*Hopt/Roth* Rn. 63; *Schneider* BB 1995, 365 (370), demzufolge dies auch für Arbeitnehmervertreter einen Abberufungsgrund darstellt; ausführlich dazu *Jehner,* Zur gerichtlichen Abberufung eines Aufsichtsratsmitglieds nach § 103 Abs. 3 Aktiengesetz, 1992, 80 ff.; *Decher* ZIP 1990, 277; *Semler/Stengel* NZG 2003, 1 (6); vgl. → § 100 Rn. 116 ff., 120, 160.
[99] Vgl. hierzu → § 100 Rn. 184, 160, 198 ff.; vgl. *Semler/Stengel* NZG 2003, 1 (5); *Wirth* ZGR 2005, 327 (343); *Koch* ZGR 2014, 697, 707.
[100] NK-AktG/*Breuer/Fraune* Rn. 17.
[101] BGHZ 39, 116; RGZ 165, 68 (82 f.); Kölner Komm AktG/*Mertens/Cahn* Rn. 35; *Raiser/Veil* MitbestG § 6 Rn. 39.
[102] *Kübler,* FS Claussen, 239, 248; Spindler/Stilz/*Spindler* Rn. 35; NK-AktG/*Breuer/Fraune* Rn. 17.

der Bestellung bekannt, ist die vertrauensvolle Zusammenarbeit nicht durch fehlende Offenlegung gestört, und in der Tätigkeit für einen Konkurrenten ist nicht ohne weiteres ein wichtiger Abberufungsgrund zu sehen.[103] Dies gilt entsprechend für Fälle der Tätigkeit für wichtige Zulieferer oder Kunden. Wenn die Wettbewerbslage aber auf Kerngeschäftsgebieten besteht und das Aufsichtsratsmitglied deshalb gezwungen ist, regelmäßig Sitzungen ganz oder teilweise fernzubleiben, liegt wegen der Nichterfüllung der Aufgaben des Aufsichtsrats und trotz ggf frühzeitiger Offenlegung ein wichtiger Grund zur Abberufung vor.[104] Der DCGK empfiehlt in Ziff. 5.5.1, dass stets das Unternehmensinteresse und nicht persönliche Interessen bei Entscheidungen oder der Nutzung von Geschäftschancen, die dem Unternehmen zustehen, verfolgt werden soll (Ziff. 5.5.1. DCGK).

Der kaum noch vertretenen Gegenansicht zufolge sollen Personen, die bereits Aufsichtsratsmitglied eines Unternehmens sind, nicht in den Aufsichtsrat eines Konkurrenzunternehmens gewählt werden können (**spezielle Inkompatibilität**).[105] Auch solle ein Aufsichtsratsmitglied, das im Laufe seiner Amtszeit zum Vorstands- oder Aufsichtsratsmitglied einer konkurrierenden Gesellschaft ernannt werde, sein Amt niederlegen.[106] Wenn auf Grund der bestehenden Verbindungen Verschwiegenheitsverletzungen, eigenbestimmte Wissensnutzung (sensibles Wissen) oder Handlungen zum Nachteil der Gesellschaft zu befürchten sind, wird teilweise die Pflicht zur Niederlegung gefordert[107] und vereinzelt der automatische Wegfall des Mandats befürwortet.[108] Die wohl überwiegende Auffassung eröffnet jedoch zu Recht statt des Konzeptes der Mandatsunfähigkeit allein die Möglichkeit der Abberufung nach Abs. 3.[109] Die Argumentation beruft sich teilweise auf das Vorliegen einer planwidrigen Regelungslücke,[110] die aber nach der Reform durch das KonTraG nicht mehr festgestellt werden kann; der Gesetzgeber hat mögliche Interessenkonflikte bei Aufsichtsratskandidaten erkannt und trotzdem keine Regelung vorgesehen.[111] Darüberhinaus würde eine solche Mandatsunfähigkeit die Privatautonomie der Beteiligten im wettbewerbspolitischen Kontext übermäßig einschränken.[112]

Ergibt sich im Einzelfall ein **wesentlicher, nicht nur vorübergehender Interessenkonflikt** in der Person des Aufsichtsratsmitglieds, dann empfiehlt Ziff. 5.5.3 DCGK, dass dies zur Beendigung des Mandats führen soll.[113] Die Beendigung sollte in erster Linie durch eine Amtsniederlegung erfolgen.[114] Erfolgt sie nicht, ist die Abberufung dann gerechtfertigt, wenn die Unabhängigkeit des Aufsichtsratsmitglieds durch die Pflicht zur Beachtung konträrer Interessen eines Dritten so maßgeblich beeinträchtigt ist, dass es seiner Kontrollaufgabe im Einzelfall nicht mehr verantwortungsvoll nachkommen kann.[115] Kommt eine Abberufung oder Amtsniederlegung nicht in Betracht, können weitere Rechtsfolgen eines solchen Interessenkonfliktes die Stimmenthaltung[116] des betroffenen Aufsichtsratsmitglieds und die

---

[103] *Kübler*, FS Claussen, 239, 249.
[104] → § 100 Rn. 198; *Semler/Stengel* NZG 2003, 1 (6).
[105] *Lutter* ZHR 145 (1981), 224 (236 ff.); *ders.*, FS Beusch, 509 (511 ff.); *Lutter/Krieger* AG Rn. 21 ff.; *Lutter/Kirschbaum* ZIP 2005, 103 (104 f.); *Reichert/Schlitt* AG 1995, 241 (244 ff.); *Wardenbach*, Interessenkonflikte und mangelnde Sachkunde als Bestellungshindernis zum Aufsichtsrat der AG, S. 70 ff.; *ders.* AG 1999, 74 ff.
[106] *Lutter* ZHR 145 (1981), 224 (251).
[107] Vgl. Kölner Komm AktG/*Mertens/Cahn* Rn. 35 (wenn konkreter Anlass besteht, dass Loyalität und Mitarbeit starken Zweifeln ausgesetzt sind).
[108] K. Schmidt/Lutter/*Drygala* Rn. 17.
[109] BGHZ 180, 9 (25); Hüffer/*Koch* Rn. 13b; *Martinek* WRP 2008, 51 (62 f.); *Scholderer* NZG 2012, 168 (176).
[110] *Lutter*, FS Beusch, 509 (515 f.); *Säcker*, FS Rebmann, 1989, 781 (788 ff.); *Wardenbach*, Interessenkonflikte und mangelnde Sachkunde als Bestellungshindernis zum Aufsichtsrat der AG, S. 50 ff.
[111] *Semler/Stengel* NZG 2003, 1 (5).
[112] *Kübler*, FS Claussen, 239 (248); vgl. Hüffer/*Koch* Rn. 13b mit weiteren Nachweisen zur Diskussion und Begründung.
[113] Vgl. *Baums*, Bericht der Regierungskommission Corporate Governance, Rn. 54; *Semler/Stengel* NZG 2003, 1 (6).
[114] MüKoAktG/*Habersack* Rn. 5.
[115] → § 100 Rn. 176; *Semler/Stengel* NZG 2003, 1 (6); MüKoAktG/*Habersack* Rn. 5.
[116] MüKoAktG/*Habersack* § 100 Rn. 95; *Semler/Stengel* NZG 2003, 1 (3).

Einrichtung von Ausschüssen sein. Voraussetzung für die Einrichtung von Ausschüssen ist die Delegierbarkeit der Aufgabe. Des Weiteren kann auch ein Stimmverbot des Aufsichtsratsmitgliedes bei der Vornahme eines Rechtsgeschäftes oder der Einleitung oder Erledigung eines Rechtsstreits zwischen der Aktiengesellschaft und dem Aufsichtsratsmitglieds gemäß § 34 BGB entsprechend vorliegen.[117]

57 **g) Verschulden.** Ein wichtiger Grund setzt nicht voraus, dass das abzuberufende Aufsichtsratsmitglied die zu Grunde liegenden Handlungen oder Umstände **verschuldet** hat.[118] Interessenkonflikte können wegen wichtigen Grundes zur Abberufung führen, sind aber selten schuldhaft verursacht. Ein schuldhaftes Verhalten wird nur für die Geltendmachung von Schadensersatzansprüchen vorausgesetzt. Wie auch die angeführten Beispiele zeigen, kann ein Verschulden des Aufsichtsratsmitglieds jedoch die Wertung, dass Unzumutbarkeit vorliegt, erheblich fördern.[119] Ein Automatismus besteht nicht, und ein einmaliger fahrlässiger Pflichtverstoß wird normalerweise nicht zu einer Abberufung aus wichtigem Grund führen, allenfalls ein wiederholter.[120]

58 **2. Gerichtliches Abberufungsverfahren. a) Zuständiges Gericht.** Das zuständige Gericht ist das Amtsgericht (Registergericht) des Sitzes der Gesellschaft (§ 376 FamFG) (§ 23a Abs. 1 Nr. 2, Abs. 2 Nr. 4 GVG iVm. § 375 Nr. 3 FamFG). Es wird im Verfahren der freiwilligen Gerichtsbarkeit tätig. Das Verfahren unterliegt dem Amtsermittlungsgrundsatz (§ 26 FamFG). Die Parteien müssen angehört werden.[121] Das Gericht ist an Anträge der Parteien nicht gebunden; es entscheidet nach eigenem pflichtgemäßen Ermessen. Das Rechtspflegergesetz weist die Entscheidung über die Abberufung dem Richter zu (§ 17 Nr. 2a RPflG), welcher seine Entscheidung durch Beschluss trifft. Er prüft von Amts wegen, ob ein wirksamer Beschluss für den Antrag auf gerichtliche Abberufung gefasst wurde. Liegt nicht jedenfalls ein Mehrheitsbeschluss vor, hat er den Antrag mangels Antragsberechtigung als unzulässig zurückzuweisen.[122]

59 **b) Beteiligte am gerichtlichen Verfahren.** Das vom gerichtlichen Abberufungsantrag **betroffene Aufsichtsratsmitglied** und der **Aufsichtsrat** als Organ sind die am Verfahren Beteiligten. Der Aufsichtsrat ist auf Grund seines eigenen Antragsrechts (Abs. 3 Satz 1) in diesem Verfahren prozessfähig. Er kann entweder als Vertreter der Gesellschaft auftreten oder selbst Partei sein. Seine fehlende Rechtsfähigkeit spielt in diesem Fall keine Rolle. Tritt er selbst als Partei auf, muss die Mehrheit der Aufsichtsratsmitglieder den Abberufungsantrag gestellt haben.[123] Der Aufsichtsratsvorsitzende oder eine andere vom Aufsichtsrat beauftragte Person können im Namen des Aufsichtsrats den Antrag stellen. Sie müssen ihre Bevollmächtigung nachweisen.

60 Der Aufsichtsrat kann alternativ **als Vertreter der Gesellschaft** auftreten.[124] Vertritt er die Gesellschaft in dem Verfahren, ist in dem Aufsichtsratsbeschluss über den Antrag auf

---

[117] *Scholderer* NZG 2012, 168; OLG Stuttgart AG 2007, 873 (876).
[118] Großkomm AktG/*Hopt/Roth* Rn. 53; *Meyer-Landrut* ZGR 1976, 510 (515); *Raiser/Veil* MitbestG § 6 Rn. 40; *Hofmann* BB 1973, 1081 (1086); *Eckhardt* NJW 1967, 1010 (1011); *Jehner*, Zur gerichtlichen Abberufung eines Aufsichtsratsmitglieds nach § 103 Abs. 3 Aktiengesetz, 1992, 58 ff.; NK-AktG/*Breuer/Fraune* Rn. 15; *Lutter*, FS Beusch, 509 (522) zufolge ist eine Schädigungsabsicht nicht erforderlich; einschränkend *Säcker* NJW 1986, 803, 810, der die Auffassung vertritt, dass der Verschuldensvorwurf nur einer von mehreren Wertungsgesichtspunkten sei. Der bloße objektive Pflichtverstoß rechtfertigt seiner Ansicht nach kein Amtsenthebungsverfahren nach Abs. 3.
[119] Vgl. Kölner Komm AktG/*Mertens/Cahn* Rn. 36.
[120] AG München WM 1986, 974 = EWiR § 103 AktG 1/85 S. 631 mit krit. Anm. *Wiesner*; Kölner Komm AktG/*Mertens/Cahn* Rn. 36; MHdB AG/*Hoffmann-Becking* § 30 Rn. 59.
[121] § 34 Abs. 1 Nr. 1 FamFG und § 34 Abs. 1 Nr. 2 FamFG iVm. § 99 Abs. 1, Abs. 2 Satz 2 AktG. Dem Erfordernis der Anhörung wird durch Gelegenheit zur schriftlichen Äußerung Genüge getan.
[122] Vgl. *Eckhardt* NJW 1967, 1010 (1011).
[123] Henssler/Strohn/*Henssler* Rn. 11; vgl. → Rn. 36 oben.
[124] So auch Kölner Komm AktG/*Mertens/Cahn* Rn. 39; Bürgers/Körber/*Bürgers/Israel* Rn. 13; Hölters/ *Simons* Rn. 38; aA Großkomm AktG/*Hopt/Roth* Rn. 73; Spindler/Stilz/*Spindler* Rn. 40; MüKoAktG/*Habersack* Rn. 44.

gerichtliche Abberufung eine konkludente Einwilligung in die Vertretung durch den Aufsichtsratsvorsitzenden enthalten. Dieser kann sich wiederum durch seinen Stellvertreter vertreten lassen.[125] Der Vorstand kann weder an dem Verfahren teilnehmen noch kann er die Gesellschaft in dem Verfahren vertreten.[126]

Im Fall des Abs. 3 S. 3 sind für die Abberufung auf Grund der Satzung entsandter 61 Aufsichtsratsmitglieder auch die Aktionäre antragsberechtigt, deren Aktien mindestens 10% des Grundkapitals oder den anteiligen Betrag von einer Million Euro erreichen.[127]

c) Kosten des Verfahrens. Die Vorschrift enthält keinen allgemeinen Grundsatz wie 62 etwa die Vorschrift zum Statusverfahren, der zufolge die Gesellschaft Kostenschuldnerin ist (§ 99 Abs. 6 Satz 7). Eine analoge Anwendung der Vorschrift kommt mangels planwidriger Regelungslücke nicht in Betracht.[128]

Nach allgemeinen Grundsätzen der Zivilprozessordnung (vgl. §§ 91 ff. ZPO) tragen die 63 Verfahrensbeteiligten die Kosten und sie werden ihnen auferlegt. Vertritt der Aufsichtsrat die Gesellschaft, ist die Gesellschaft als Verfahrensbeteiligte Kostenschuldnerin. Tritt der Aufsichtsrat selbst als Partei und nicht als Vertreter der Gesellschaft auf, hat er die Kosten nach den allgemeinen Regeln selbst zu tragen. Der **Gesellschaft** können die Kosten vom Gericht mangels Rechtsgrundlage nach hM **nicht** auferlegt werden.[129] Sie ist an dem Verfahren nicht beteiligt. Zwar hat sie ein Interesse am Ausgang des Verfahrens, dieses Interesse allein macht sie jedoch nicht zur Verfahrensbeteiligten. Das Verfahren der freiwilligen Gerichtsbarkeit sieht die Einbeziehung Nicht-Verfahrensbeteiligter in die Kostenentscheidung nicht vor (§ 81 Abs. 2, 4 FamFG).

Gegenüber der Gesellschaft haben die Aufsichtsratsmitglieder, die den Antrag gestellt 64 haben, einen **Erstattungsanspruch.** Sie haben den Antrag nicht im eigenen Interesse gestellt (das wäre unzulässig und für sie kostenpflichtig), sondern im Interesse der Gesellschaft. Verfahrensbeteiligt und damit bei Unterliegen kostenpflichtig ist auch das abberufene Aufsichtsratsmitglied. Ein Erstattungsanspruch gegen die Gesellschaft wird sich nur in seltenen Fällen der schuldlosen Zerrüttung des Verhältnisses behaupten lassen.

d) Rechtsmittel und fehlende aufschiebende Wirkung. Die gerichtliche Entschei- 65 dung wird grundsätzlich mit Zustellung wirksam (§ 40 Abs. 1 FamFG). Gegen die gerichtliche Entscheidung ist gem. Abs. 3 Satz 4 die Beschwerde binnen Monatsfrist zum Amtsgericht als Beschlussgericht statthaft.[130] Wenn das Amtsgericht dem Beschluss nicht abhilft, muss es diesen dem OLG als Beschwerdegericht vorlegen (§ 68 Abs. 1 Satz 1 FamFG, § 119 Abs. 1 Nr. 1 lit. b GVG). Die Statthaftigkeit der Rechtsbeschwerde zum BGH bedarf der Zulassung des OLG im Beschwerdebeschluss (§ 70 Abs. 1 FamFG iVm. § 133 GVG). Die Rechtsbeschwerde ist zuzulassen, wenn die Rechtssache grundsätzliche Bedeutung hat oder die Fortbildung des Rechts oder die Sicherung einer einheitlichen Rechtsprechung eine Entscheidung des Rechtsbeschwerdegerichts erfordert (§ 70 Abs. 2 FamFG).

Der Aufsichtsratsvorsitzende ist zur Einlegung der Rechtsmittel berechtigt, wenn er den 66 Aufsichtsrat vertritt und kein anders lautender Beschluss existiert.[131] Gleiches gilt, wenn er die Gesellschaft vertritt.

---

[125] Kölner Komm AktG/*Mertens/Cahn* Rn. 31.
[126] → Rn. 30; MüKoAktG/*Habersack* Rn. 44; Großkomm AktG/*Hopt/Roth* Rn. 73; K. Schmidt/Lutter/*Drygala* Rn. 20.
[127] Henssler/Strohn/*Henssler* Rn. 12; Hüffer/*Koch* Rn. 12; MüKoAktG/*Habersack* Rn. 44.
[128] Großkomm AktG/*Hopt/Roth* Rn. 74.
[129] Vgl. Großkomm AktG/*Hopt/Roth* Rn. 74; MüKoAktG/*Habersack* Rn. 45; Spindler/Stilz/*Spindler* Rn. 45; aA Kölner Komm AktG/*Mertens/Cahn* Rn. 40, denen zufolge die Gesellschaft in jedem Fall als Kostenschuldnerin zu betrachten ist und zwar unabhängig davon, ob der Aufsichtsrat selbst als Partei oder als ihr Vertreter auftritt.
[130] §§ 58 ff. FamFG iVm. § 119 Abs. 1 Nr. 1 lit. b GVG. Seit Inkrafttreten des FamFG am 1.9.2009, eingeführt durch das FGG-RG v. 22.12.2008, BGBl. 2008 I S. 2586 ff., nicht mehr „sofortige Beschwerde".
[131] Kölner Komm AktG/*Mertens/Cahn* Rn. 41; *Doralt* in Semler/v. Schenck AR-HdB § 12 Rn. 86.

67 Die Beschwerde hat keine aufschiebende Wirkung, vgl. § 64 Abs. 3 FamFG und § 40 Abs. 1 FamFG. Obsiegt der Antragsteller mit seinem Abberufungsantrag und legt das abberufene Aufsichtsratmitglied Beschwerde ein, verliert es sein Amt bereits mit Zustellung der Entscheidung und nicht erst mit ihrer Rechtskraft.[132] Bis zum Eintritt der formellen Rechtskraft der Entscheidung des OLG bleibt der amtsgerichtliche Beschluss wirksam. Das führt zu rechtlichen Fragen, wenn ein Gerichtsbeschluss auf Abberufung aufgehoben wird und in der Zwischenzeit – wie üblich – eine andere Person den Sitz im Aufsichtsrat übernommen hat.

68 **e) Bestätigung der Abberufung im Beschwerdeverfahren.** Weil die Beschwerde keine aufschiebende Wirkung hat, hat das Aufsichtsratsmitglied sein Amt bereits mit Zustellung des angefochtenen Beschlusses verloren. Mit der Rechtskraft des die Abberufung bestätigenden Beschlusses des Rechtsmittelgerichts steht fest, dass es auch nicht die Wiedereinsetzung in das Amt verlangen kann. Die Frage der Rückwirkung der Beschwerdeentscheidung stellt sich nicht.

69 **f) Ablehnung der Abberufung und Zurückweisung der anschließenden Beschwerde des Aufsichtsrats.** Weist das Rechtsmittelgericht die Beschwerde des Aufsichtsrats gegen einen Beschluss des Amtsgerichts zurück, das seinen Antrag auf Abberufung abgelehnt hatte, hat die Entscheidung materielle Rechtskraft.[133] Die Entscheidung entfaltet Präklusionswirkung.[134] Also kann der Antragsberechtigte in einem späteren Verfahren auf Abberufung keine der Tatsachen vorbringen, die er in diesem Verfahren geltend gemacht hat oder hätte geltend machen können.[135]

70 **g) Aufhebung des Beschlusses auf Abberufung.** Problematisch ist die Situation, in der das Amtsgericht (§ 23a Abs. 1 Nr. 2, Abs. 2 Nr. 4 GVG iVm. § 375 Nr. 3 FamFG) dem Abberufungsantrag stattgegeben hat und das OLG als Beschwerdegericht (§§ 58 ff. FamFG iVm. § 119 Abs. 1 Nr. 1 lit. b GVG) die Entscheidung aufhebt. Einigkeit besteht darüber, dass die Entscheidung des Amtsgerichts nicht einfach negiert wird.[136] Üblicherweise wird die vakante Aufsichtsratsposition nach zunächst erfolgter Abberufung wieder besetzt, und wenn man die Abberufung als nicht geschehen betrachtet, wäre der Aufsichtsrat über- oder fehlbesetzt und alle in dieser Zusammensetzung gefassten Beschlüsse wären angreifbar, möglicherweise nichtig.[137] Da der Beschluss der ersten Instanz mit Bekanntgabe wirksam geworden ist (§ 40 Abs. 1 FamFG) und die Beschwerde keine aufschiebende Wirkung hat, ist und bleibt nach richtiger Auffassung das zu Unrecht abberufene Aufsichtsratsmitglied auch bei Obsiegen in der Beschwerdeinstanz aus dem Aufsichtsrat ausgeschieden. Der Aufhebungsbeschluss wirkt nur *ex nunc* und nicht *ex tunc*, entfaltet also hinsichtlich der Folgen des Vollzugs der erstinstanzlichen Entscheidung keine Rückwirkung.[138] Das Aufsichtsratsmitglied bleibt also de facto abberufen, obwohl die Abberufung rechtlich aufgehoben wurde.

71 **h) Rückkehr in den Aufsichtsrat.** Nach abweichender Auffassung von *Mertens/Cahn*[139] soll das Ausscheiden aus dem Aufsichtsrat hinfällig sein, also würde eine **Rückwirkung** hinsichtlich des Vollzugs vorliegen. Diese wollen sie davon abhängig machen, ob und wie die Position zwischenzeitlich wiederbesetzt wurde. Eine Wiederbesetzung würde den Ein-

---

[132] Kölner Komm AktG/*Mertens/Cahn* Rn. 42; Hüffer/*Koch* Rn. 13; *Hoffmann/Kirchhoff*, FS Beusch, 377 (386).
[133] Vgl. MüKoAktG/*Habersack* Rn. 49.
[134] Kölner Komm AktG/*Mertens/Cahn* Rn. 44.
[135] Kölner Komm AktG/*Mertens/Cahn* Rn. 44; MüKoAktG/*Habersack* Rn. 49.
[136] Kölner Komm AktG/*Mertens/Cahn* Rn. 42 ff.; Hüffer/*Koch* Rn. 13; Großkomm AktG/*Hopt/Roth* Rn. 76; *Hoffmann/Kirchhoff*, FS Beusch, 377 (386).
[137] *Hoffmann/Kirchhoff*, FS Beusch, 377 (387).
[138] Wie hier *Hoffmann/Kirchhoff*, FS Beusch, 377 (387 f.); Spindler/Stilz/*Spindler* Rn. 41; aA Kölner Komm AktG/*Mertens/Cahn* Rn. 43.
[139] Kölner Komm AktG/*Mertens/Cahn* Rn. 43.

tritt der Rückwirkung mit der Folge verhindern, dass das zu Unrecht abberufene Mitglied nicht in den Aufsichtsrat zurückkehren könnte. Diese Rechtsfolge soll unabhängig davon eintreten, ob die Wiederbesetzung durch Nachrücken eines Ersatzmitglieds oder durch Neuwahl erfolgt ist.

Dem ist nicht zu folgen. Außergerichtliches Handeln von am Verfahren möglicherweise gar nicht beteiligten Personen (etwa im Fall der Neuwahl) kann nicht die Wirkung einer gerichtlichen Entscheidung beeinflussen. Sowohl eine **unbeschränkte** als auch eine durch eine unterlassene Wiederbesetzung **bedingte Rückwirkung** mit der Folge der automatischen Erneuerung oder Fortsetzung der Mitgliedschaft führen zu Rechtsunsicherheit.[140]

Die Lösung liegt in der Trennung der Frage nach der Rückwirkung von der nach der Rückkehr des zu Unrecht abberufenen Aufsichtsratsmitglieds in sein Amt. Unstreitig kann das Mitglied in den Aufsichtsrat zurückkehren, wenn **keine Wiederbesetzung** erfolgt ist.[141] Ob dies mit *Habersack*[142] in Fällen der unwirksamen Abberufung durch die Hauptversammlung davon abhängig gemacht werden soll, dass das Aufsichtsratsmitglied seiner Abberufung widersprochen hat, ist zweifelhaft. Richtigerweise muss es stets gefragt werden, ob es in das Amt wieder einrücken will, sofern es nicht klar sein Desinteresse geäußert hat.

Wenn ein **Ersatzmitglied** in den Aufsichtsrat nachgerückt ist, kann das Aufsichtsratsmitglied in sein Amt zurückkehren,[143] sobald der Grund für die Verhinderung weggefallen ist. Diese Auffassung hat sich allerdings wohl noch nicht durchgesetzt.[144] Die Bestellung des Ersatzmitglieds erfolgt als Vorsorge für den Wegfall eines Aufsichtsratsmitglieds. Wenn das Gericht die Abberufung für unwirksam erklärt, ist das Aufsichtsratsmitglied nicht endgültig weggefallen, sondern nur vorübergehend. Die Amtszeit des Ersatzmitglieds endet mit der Rückkehr des abberufenen Aufsichtsratsmitglieds in sein Amt.[145]

Anders liegt der Fall, wenn durch das jeweils zuständige Wahlorgan eine **Neuwahl** vorgenommen wurde.[146] Eine Rückkehr des zu Unrecht abberufenen Aufsichtsratsmitglieds ist dann nicht möglich.[147] Die Bestellung des neu gewählten Aufsichtsratsmitglieds erfolgte nicht zum Ersatz-, sondern zum regulären Mitglied des Aufsichtsrats. Es gibt keine Vorschrift, die dem neu gewählten Aufsichtsratsmitglied gebietet, sein Aufsichtsratsmandat zugunsten des zu Unrecht abberufenen Aufsichtsratsmitglieds aufzugeben. Die Neuwahl schafft zulasten des zu Unrecht abberufenen Mitglieds vollendete Tatsachen.[148] Dem OLG Köln[149] ist beizupflichten, dass sich in einem solchen Fall die Hauptsache erledigt.

i) Einstweilige Anordnung. Um dieses paradoxe Ergebnis zu vermeiden und sofern sie nicht zu spät kommt, kann das betroffene Mitglied eine einstweilige Anordnung (§ 64 Abs. 3 FamFG) des Inhalts beantragen, dass das Aufsichtsratsmandat **zunächst nicht anderweitig besetzt werden darf**.[150] Seine besondere Schutzbedürftigkeit ergibt sich aus der

---

[140] *Hoffmann/Kirchhoff*, FS Beusch, 377 (387); MüKoAktG/*Habersack* Rn. 48; Spindler/Stilz/*Spindler* Rn. 41.
[141] Vgl. BayObLGZ 2003, 89 = BayObLG NZG 2003, 691; *Hoffmann/Kirchhoff*, FS Beusch, 377 (386 ff.); Großkomm AktG/*Hopt/Roth* Rn. 76; MüKoAktG/*Habersack* Rn. 46; Kölner Komm AktG/*Mertens/Cahn* Rn. 43.
[142] MüKoAktG/*Habersack* Rn. 22 mwN in Fn. 13.
[143] Wie hier *Hoffmann/Kirchhoff*, FS Beusch, 377 (388).
[144] *Doralt* in Semler/v. Schenck AR-HdB § 12 Rn. 90 und insbesondere dort Fn. 112.
[145] MüKoAktG/*Habersack* Rn. 48; aA Kölner Komm AktG/*Mertens/Cahn* Rn. 43, die ein Wiederaufleben der Stellung auch bei der Bestellung eines Ersatzmitglieds mit der Begründung ablehnen, der Aufsichtsrat müsse vor überzähliger Besetzung geschützt werden.
[146] Eine anderweitige Besetzung während des schwebenden Beschwerdeverfahrens ist nach hM zulässig, vgl. OLG Köln DB 1988, 2628; Kölner Komm AktG/*Mertens/Cahn* Rn. 43; *Doralt* in Semler/v. Schenck AR-HdB § 12 Rn. 88.
[147] OLG Köln DB 1988, 2628 = EWiR § 27 FGG 1/89, S. 167 mit zust. Anm. *Winkler*; *Hoffmann/Kirchhoff*, FS Beusch, 377 (388); Kölner Komm AktG/*Mertens/Cahn* Rn. 43.
[148] OLG Köln DB 1988, 2628.
[149] OLG Köln DB 1988, 2628.
[150] OLG Köln DB 1988, 2628, 2629; Kölner Komm AktG/*Mertens/Cahn* Rn. 43; aA *Hoffmann/Kirchhoff*, FS Beusch, 377 (389). Allgemein für die Unzulässigkeit einer einstweiligen Verfügung bei Verbot der Stimm-

fehlenden Möglichkeit eines effektiven Rechtsschutzes. Antragsgegner sind die jeweils Bestellungsberechtigten (Hauptversammlung, Entsendungsberechtigte und Wahlorgane der Arbeitnehmer). Da der Vorstand die Gesellschaft gerichtlich vertritt (§ 78), ist die einstweilige Anordnung gegen ihn zu richten.

77 Wird dem Antrag stattgegeben, darf bis zum Abschluss des Verfahrens keine **Neubesetzung** des Aufsichtsrats stattfinden. Hierin liegt kein unzulässiges Verbot der Stimmrechtsausübung.[151] Die Bestellungsberechtigten werden in ihrer Stimmausübung nur bis zum Abschluss des Verfahrens und nicht endgültig beschränkt. Allerdings kann die einstweilige Anordnung nicht das Nachrücken des Ersatzmitglieds zwischen erst- und zweitinstanzlichem Verfahren verhindern.[152] Das ist auch nicht notwendig, denn bei Obsiegen des Antragstellers gibt das nachgerückte Ersatzmitglied den Aufsichtsratssitz wieder frei. Neuwahlen sollte die Anordnung nur insoweit verbieten, als die Aufsichtsratsposition durch den Abberufungsbeschluss nach Abs. 2 vakant geworden ist. Eine Neuwahl bleibt zulässig in dem Fall, dass die Bestellungsberechtigten nach der gerichtlichen Abberufung ihrerseits einen Abberufungsbeschluss fassen.

V. Abberufungskompetenz der Arbeitnehmer (Abs. 4)

78 Die Arbeitnehmervertreter im Aufsichtsrat können nach Maßgabe der einschlägigen **mitbestimmungsrechtlichen Vorschriften** abberufen werden. Wie Abs. 4 bestimmt, gelten neben der nach Abs. 3 möglichen gerichtlichen Abberufung die mitbestimmungsrechtlichen Vorschriften. Diese sind im Einzelnen § 23 MitbestG, § 11 MontanMitbestG, § 10m MitbestErgG, § 12 DrittelbG, § 37 SE-BeteiligungsG und § 26 Abs. 1 MgVG.[153] Sie sehen jeweils das Initiativ- oder Entscheidungsrecht der für die Bestellung Vorschlags- oder Wahlberechtigten vor.[154]

79 Beide Möglichkeiten der Abberufung von Arbeitnehmervertretern, also die durch Gerichtsbeschluss (Abs. 3) und die auf Veranlassung der Arbeitnehmer (Abs. 4), bestehen unabhängig voneinander.[155] Ein erfolgloser Antrag auf gerichtliche Abberufung hindert nicht eine Abberufung auf Veranlassung der Arbeitnehmer. Gleiches gilt für den umgekehrten Fall. Es gibt **keine Präklusionswirkung.**[156] Eine große praktische Bedeutung kommt dieser Vorschrift allerdings nicht zu. Die von der Abberufung bedrohten Arbeitnehmervertreter legen zumeist von sich aus ihr Amt nieder.[157]

---

rechtsausübung: BLAH/*Hartmann* ZPO § 938 Rn. 10 und ZPO § 940 Rn. 26. *Zöller/Vollkommer* ZPO § 940 Rn. 8 (Stichwort: Gesellschaftsrecht) mwN verweist darauf, dass nur in engen Grenzen Ausnahmen von der Unzulässigkeit zu machen sind, nämlich allenfalls bei eindeutiger Rechtslage und besonderer Schutzwürdigkeit des Antragstellers.

[151] So aber *Hoffmann/Kirchhoff*, FS Beusch, 377 (389 f.).
[152] Kölner Komm AktG/*Mertens/Cahn* Rn. 43; MüKoAktG/*Habersack* Rn. 47.
[153] Kölner Komm AktG/*Mertens/Cahn* Rn. 50; MüKoAktG/*Habersack* Rn. 52 NK-AktG/*Breuer/Fraune* Rn. 19.
[154] § 23 MitbestG verlangt für den Antrag auf Abberufung und damit für die Abberufung eine Mehrheit von drei Vierteln der für die jeweilige Position wahlberechtigten Arbeitnehmer oder den Antrag der Gewerkschaft, die das Mitglied vorgeschlagen hat. Nach § 11 Abs. 2 MontanMitbestG erfolgt die Abberufung auf Vorschlag der Betriebsräte bzw. der etwa vorschlagsberechtigten Spitzenorganisation. Entsprechende Regelungen enthalten § 10m MitbestErgG (Abberufung auf Betreiben durch drei Vierteln der wahlberechtigten Mitarbeiter oder der vorschlagsberechtigten Gewerkschaft), § 12 DrittelbG (Abberufung auf Betreiben eines Fünftels der Wahlberechtigten oder des Betriebsrats durch Beschluss mit drei Vierteln der abgegebenen Stimmen), § 37 SEBG und § 26 MgVG (Abberufung durch Beschluss mit drei Vierteln der abgegebenen Stimmen auf Betreiben der Mitarbeitervertretungen oder der vorschlagsberechtigten Gewerkschaften oder des Sprecherausschusses; der dort geregelte Fall der Urwahl (drei antragsberechtigten Arbeitnehmer) dürfte kaum praktisch werden.
[155] Vgl. *Doralt* in Semler/v. Schenck AR-HdB § 12 Rn. 100.
[156] Kölner Komm AktG/*Mertens/Cahn* Rn. 50; Großkomm AktG/*Hopt/Roth* Rn. 80; MüKoAktG/*Habersack* Rn. 53; Spindler/Stilz/*Spindler* Rn. 58.
[157] Zur Amtsniederlegung als Mandatsbeendigungsgrund vgl. Rn. 81.

VI. Abberufung von Ersatzmitgliedern (Abs. 5)

Die Abberufung eines nachgerückten Ersatzmitglieds erfolgt nach den Grundsätzen, die 80
allgemein für die Abberufung von Aufsichtsratsmitgliedern gelten. **Jedes Ersatzmitglied**
(das nachgerückte wie das wartende) kann abberufen werden.[158] Die Vorschrift gilt für
Anteilseigner- und Arbeitnehmervertreter wie für entsandte Aufsichtsratsmitglieder.

Demzufolge beruft die Hauptversammlung das Ersatzmitglied ab, wenn das Aufsichtsrats- 81
mitglied, für das das Ersatzmitglied bestellt ist, ohne Bindung an einen Wahlvorschlag
gewählt wurde (Abs. 1) oder die satzungsmäßigen Voraussetzungen des Entsendungsrechts
entfallen sind (Abs. 2 Satz 2). Wird das Aufsichtsratsmitglied in den Aufsichtsrat entsandt,
liegt die **Abberufungskompetenz** für das Ersatzmitglied beim Entsendungsberechtigten
(Abs. 2 Satz 1). Die entsprechenden Wahlorgane der Arbeitnehmervertreter berufen das
von ihnen bestellte Ersatzmitglied ab (Abs. 3 und 4). Ersatzmitglieder können aus wichtigem
Grund gerichtlich abberufen werden (Abs. 3).

Das **wartende Ersatzmitglied** kann abberufen werden, bevor es in den Aufsichtsrat 82
nachrückt. Sein Nachrücken in den Aufsichtsrat soll insbesondere verhindert werden
können, wenn mit dem Eintritt des Ersatzfalls zu rechnen ist und ein wichtiger Grund in
der Person des Ersatzmitglieds vorliegt, der geeignet ist, eine Mitgliedschaft auszuschließen.

Das Amt eines bereits in den Aufsichtsrat **nachgerückten Ersatzmitglieds** wird auto- 83
matisch mit der Wahl eines neuen ordentlichen Aufsichtsratsmitglieds beendet. Für die Wahl
des neuen Mitglieds und für die Abberufung des Ersatzmitglieds bedarf es der gleichen
Mehrheit.[159]

VII. Anderweitiges Ausscheiden aus dem Aufsichtsrat

Die Norm ist nicht abschließend, sie lässt andere Gründe der Amtsbeendigung unberührt. 84

Die Amtszeit kann durch **Niederlegung** durch das Aufsichtsratsmitglied enden. Die 85
Niederlegung ist nach richtiger, heute ganz hM[160] ohne wichtigen Grund zulässig. Ein zum
Ausscheiden entschlossenes Mitglied zu halten, ist aus Sicht der Gesellschaft und im Sinne
effizienter Wahrnehmung der Aufgaben des Aufsichtsrats nicht sinnvoll. Ohne besondere
Regelungen ist die Niederlegung der Gesellschaft, vertreten durch den Vorstand, zu erklären. Ein von den Aktionären bestelltes Mitglied kann der Hauptversammlung die Niederlegung auch mündlich erklären, wobei diese Erklärung in der Regel wegen der Anwesenheit des Vorstands in der Hauptversammlung zugleich der Gesellschaft zugeht. Wenn das
Mitglied entsandt wurde, ist das Amt schon niedergelegt, wenn es die Niederlegung gegenüber der Gesellschaft erklärt hat, ohne dass eine Abberufung durch oder Erklärung gegenüber dem Entsendungsberechtigten erfolgte. Wenn die Amtsniederlegung zur Unzeit erfolgt, ist sie grundsätzlich wirksam, allerdings kann sie zum Schadensersatz verpflichten, der
bei durch sie verursachter Handlungsunfähigkeit und dem in der Regel vorsätzlichen Verhalten erheblich sein kann.[161]

Das Amt endet ohne weiteres ferner mit dem Tod des Aufsichtsratsmitglieds, rück- 86
wirkend mit der erfolgreichen Anfechtung der Wahl und dem Wegfall der persönlichen

---

[158] Vgl. Hüffer/*Koch* Rn. 15; Spindler/Stilz/*Spindler* Rn. 59; MüKoAktG/*Habersack* Rn. 54.
[159] BGHZ 99, 211 ff.; BGH AG 1987, 348 (349); Kölner Komm AktG/*Mertens/Cahn* Rn. 51; Hüffer/*Koch* Rn. 15; NK-AktG/*Breuer/Fraune* Rn. 20; § 101 Rn. 213.
[160] Vgl. MHdB AG/*Hoffmann-Becking* § 30 Rn. 51; MüKoAktG/*Habersack* Rn. 59 ff.; Kölner Komm AktG/*Mertens/Cahn* Rn. 57; Hüffer/*Koch* Rn. 17; Großkomm AktG/*Hopt/Roth* Rn. 82; NK-AktG/*Breuer/Fraune* Rn. 23; *Dornhegge* NJW-Spezial 2011, 143; *Bayer/Hoffmann*, Die Niederlegung des Aufsichtsratsmandats, AG 2014, R144 ff., mit einer interessanten Statistik der Niederlegungen; aA Baumbach/Hueck/*Zöllner/Noack* GmbHG § 52 Rn. 52; *Link*, Die Amtsniederlegung durch Gesellschaftsorgane, 2003, 158 f.
[161] Vgl. *Geßler* Rn. 3; *Singhof* AG 1998, 318, 323; Großkomm AktG/*Hopt/Roth* Rn. 85, 94; MüKoAktG/*Habersack* Rn. 60; Spindler/Stilz/*Spindler* Rn. 63; *Bayer/Hoffmann* AG 2014, R144. Eine von § 723 Abs. 2 BGB abweichende Bewertung ist nicht geboten.

Voraussetzungen der Wählbarkeit nach § 100 oder den Mitbestimmungsgesetzen.[162] Außerdem endet das Amt als Reflex auf Grund eines die Gesellschaft selbst betreffenden Ereignisses wie der Beendigung ihrer Liquidation oder ihres Erlöschens aufgrund Verschmelzung.[163]

VIII. Exkurs: § 36 Abs. 3 KWG, § 87 Abs. 8 und § 121c Abs. 6 VAG

87 Besondere Regelungen für die Abberufung von Mitgliedern des Aufsichtsrats enthalten § 36 KWG und §§ 87, 121c VAG.[164] Das VAG wird mit Wirkung zum 1. Januar 2016 durch das VAG 2016 ersetzt, die relevante Norm ist dann § 303 VAG 2016. Die Regelungen laufen im Wesentlichen parallel. Wenn Tatsachen vorliegen, nach denen ein Mitglied des Aufsichtsrats eines Instituts, einer Finanzholding-Gesellschaft oder einer gemischten Finanzholding-Gesellschaft (§ 36 Abs. 3 Satz 1 und 3 KWG; Ausnahmen gelten für die zentrale Gegenpartei nach § 2 Abs. 9a S. 1 KWG) oder eines Versicherungs- oder Rückversicherungsunternehmens, eines Pensionsfonds,[165] einer Versicherungs-Holdinggesellschaft[166] oder einer gemischten Finanz-Holdinggesellschaft (§ 87 Abs. 8 Satz 1 und § 121c Abs. 6 Satz 1 VAG) nicht zuverlässig ist oder nicht die erforderliche Sachkunde besitzt, kann die **BaFin** als zuständige Aufsichtsbehörde verlangen, dass das Aufsichtsratsmitglied abberufen oder ihm (nur nach dem VAG) die Ausübung der Tätigkeit untersagt wird. Die Abberufung kann die BaFin auch bei Gericht beantragen, wenn der Aufsichtsrat ihrem Verlangen nicht nachkommt, § 36 Abs. 3 S. 3 KWG, § 87 Abs. 7 S. 3, § 121c Abs. 6 S. 3, § 303 Abs. 3 VAG, 2016.

88 Der Begriff der **Sachkunde** ist nicht notwendigerweise identisch mit den aktienrechtlichen Anforderungen an die Qualifikation eines Aufsichtsratsmitglieds. Durch das Erfordernis der Sachkunde soll gewährleistet werden, dass ein Aufsichtsrat die getätigten Geschäfte verstehen, deren Risiken beurteilen und gegebenenfalls Änderungen herbeiführen kann.[167] Ob Sachkunde vorliegt, unterliegt der vollen gerichtlichen Nachprüfung. Wenn eine Verfügung der BaFin angegriffen wird, ist dafür das Verwaltungsgericht zuständig. Dessen Entscheidung hat keine bindende Wirkung für die aktienrechtliche Frage, ob das Verbleiben des betroffenen Mitglieds im Aufsichtsrat für die Gesellschaft unzumutbar ist oder ob es die geforderte Sachkunde in überschaubarem Zeitrahmen durch Kurse erwerben kann.

89 **Zuverlässigkeit** ist ein klassischer öffentlich-rechtlicher Begriff, aber kein gesellschaftsrechtlicher.[168] Umstände, die fehlende Zuverlässigkeit indizieren können, sind Verstöße gegen Steuer- und Sozialversicherungsrecht, die Verwirklichung von Straftatbeständen oder Ordnungswidrigkeiten. Im Aktienrecht findet sich keine entsprechende Regelung. Auch wenn für den Aufsichtsrat zu verlangen ist, dass seine Mitglieder Persönlichkeiten sind, die zu Zweifeln an ihrer Integrität keinen Anlass bieten und deswegen ihre Überwachungsrolle erfolgreich ausüben können, ist nach bisherigem Verständnis der aktienrechtlichen Anforderungen ein Kandidat nicht schon deswegen ungeeignet, weil er in der Vergangenheit zB gegen die Steuergesetze verstoßen hat; dieses Verständnis ändert sich aber möglicherweise derzeit, wie man an der öffentlichen Diskussion prominenter Fälle sieht. Die immer stärkere Anerkennung des Legalitätsgrundsatzes[169] für das Handeln der Gesellschaft kann künftig die Schwelle der Relevanz von Gesetzesverstößen auch für die aktienrechtliche Geeignetheit

---

[162] Vgl. Hüffer/*Koch* Rn. 16; Kölner Komm AktG/*Mertens/Cahn* Rn. 54; MüKoAktG/*Habersack* Rn. 56 ff.; NK-AktG/*Breuer/Fraune* Rn. 22.
[163] Kallmeyer/*Marsch-Barner*, Umwandlungsgesetz, 5. Aufl. 2013, UmwG § 5 Rn. 44.
[164] Gesetz zur Modernisierung der Finanzaufsicht über Versicherungen, BGBl. 2015 I Nr. 14 S. 434; vgl. allgemein zu den Anforderungen an Aufsichtsratsmitglieder im Finanzsektor: *Berger* VersR 2010, 422; *Bürkle* VersR 2010, 1005; *Lehrl* BKR 2010, 485; *Dreher* WM 2015, 649; *Dreher/Ballmaier* ZGR 2014, 735; *Plagemann* WM 2014, 2345.
[165] Auf Pensionsfonds findet § 87 Abs. 8 VAG über § 113 Abs. 1 VAG Anwendung.
[166] Gemeint sind hier Versicherungs-Holdinggesellschaften nach § 104a Abs. 2 Nr. 4 VAG.
[167] *Berger* VersR 2010, 422 ff. (423).
[168] *Berger* VersR 2010, 422 ff. (423).
[169] Vgl. BGHZ 194, 26; LG München I ZIP 2014, 570; *Nietsch* CCZ 2013, 192.

der Mitglieder des Aufsichtsrats verschieben, wenngleich eine konkrete Diskussion dieses Themas noch aussteht. Der schärfere aufsichtsrechtliche Maßstab ist im Hinblick auf die Bestellung von Geschäftsleitern schon seit langem eingeführt und insoweit allgemein anerkannt; seine Zielsetzung ist auch für Mitglieder von Aufsichtsgremien zu unterstützen. Dennoch können die unterschiedlichen Wertungsniveaus bei der Umsetzung der Maßnahmen, die die BaFin nach den genannten Vorschriften im KWG und VAG ergreifen darf, zu Problemen führen.

Ist nach der Beurteilung der BaFin ein Mitglied des Aufsichtsrats nicht zuverlässig oder besitzt es nicht die erforderliche Sachkunde, kann sie verlangen, dass das Aufsichtsratsmitglied abberufen oder, soweit das VAG zur Anwendung kommt, ihm die Ausübung der Tätigkeit untersagt wird.[170] Dieses Verlangen wird nach dem Wortlaut der Gesetze gerichtet an die **„Organe des betroffenen Unternehmens"**, § 87 Abs. 8 Satz 1 und § 121c Abs. 6 Satz 1 VAG, während § 36 Abs. 3 Satz 1 KWG das „Unternehmen" als Adressat bezeichnet. Das Gleiche kann die BaFin verlangen, wenn ein Aufsichtsratsmitglied Überwachungs- und Kontrollfunktionen sorgfaltswidrig ausgeübt hat (§ 36 Abs. 3 Satz 4 KWG, § 87 Abs. 8 Satz 2 und § 121c Abs. 6 Satz 2 VAG). Allerdings weicht der Wortlaut der Normen hier ab und die Maßnahme muss **„von dem betroffenen Unternehmen"** verlangt, also an es gerichtet werden.

Während die Inanspruchnahme der überwachten Gesellschaft der klassischen Methode des Verwaltungsrechts entspricht, betrat der Gesetzgeber mit der Inanspruchnahme von Organen beaufsichtigter Unternehmen Neuland. Eine **Untersagung der Tätigkeit** eines Aufsichtsratsmitglieds durch Gesellschaftsorgane bei fortbestehender Mitgliedschaft im Aufsichtsrat ist im AktG nicht vorgesehen. Das Verlangen nach Untersagung kann daher von keinem Organ der Gesellschaft umgesetzt werden.[171] Selbst wenn man hypothetisch versuchte, die Geschäftsordnung des Aufsichtsrats um diese Sanktion zu erweitern und das Mitglied aus sämtlichen Ausschüssen entfernte, bliebe es dennoch kraft Amtes in die Gesamtverantwortung des Aufsichtsrats eingebunden und damit potentiell haftbar. Damit wäre es unvereinbar, wenn das Mitglied von seiner Tätigkeit, also der Ausübung des Stimmrechts, dem Recht zur Stellung von Anträgen und Unterbreitung von Vorschlägen, Beantragung von Gegenständen der Tagesordnung und seiner Meinungsäußerung etc. ausgeschlossen würde. Hinsichtlich der Untersagung der Tätigkeit durch ein Organ der Gesellschaft während die BaFin nach § 36 Abs. 3 S. 1 KWG unmittelbar die Ausübung der Tätigkeit untersagen kann.

In der Literatur, die sich hinsichtlich § 36 KWG noch auf dessen frühere Fassung bezieht, wird zum Teil vertreten, dass die Ausgestaltung des Tätigkeitsverbots ein offensichtliches Versehen ist. Nach dessen Korrektur soll die **Befugnis zum Erlass eines Tätigkeitsverbots der Aufsichtsbehörde** (und damit weder den Organen des betroffenen Unternehmens noch der betroffenen Gesellschaft selbst) zukommen, die auf dieser Grundlage eine Verbotsverfügung gegen das Aufsichtsratsmitglied erlassen kann.[172] In § 36 Abs. 3 S. 1 KWG ist die Korrektur bereits vollzogen, auf dem Gebiet des VAG steht sie bevor. § 303 Abs. 2 VAG 2016 gestattet der Aufsichtsbehörde die direkte Untersagung der Ausübung der Tätigkeit bei Personen, die als Aufsichtsratsmitglieder Schlüsselaufgaben nach § 24 VAG 2016 haben. Unter der Geltung des VAG stellt die Korrektur eines offensichtlichen Versehens zwar eine konstruktiv klare Lösung dar, sie deckt sich aber nicht mit dem Wortlaut des Gesetzes, und daher kann dieser Auffassung nicht gefolgt werden. Der Korrekturbedarf betrifft Normen, die in das Grundrecht der freien Berufswahl nach Art. 12 GG eingreifen. Verfehlen sie ihr Ziel, kann nur der Gesetzgeber, nicht der auslegende Richter sie durch einen anderen Wirkungsmechanismus ersetzen.

---

[170] Für Versicherungs-Holdinggesellschaften nach § 1b VAG gilt ähnliches gem. § 1b Abs. 6 VAG.
[171] *Berger* VersR 2010, 422 (426); aA Boos/Fischer/Schulte-Mattler/*Fischer* KWG § 36 Rn. 136 f.
[172] Fahr/Kaulbach/Bähr/Pohlmann/*Bähr*, VAG, 5. Aufl. 2012, § 87 Rn. 33; Beck/Samm/Kokemoor/*Samm* KWG § 36 Rn. 152, 131; aA Boos/Fischer/Schulte-Mattler/*Fischer* KWG § 36 Rn. 135; Reischauer-Kleinhans/*Lehnhoff*, KWG Kommentar für die Praxis, Stand November 2013, § 36 Abschnitt 3.3.

93 Das **Verlangen der Abberufung** ist dagegen systematisch mit dem AktG konform und nach Maßgabe des § 103 umzusetzen. Das führt zu der Frage, wer Adressat des Verlangens ist. Gemäß § 36 Abs. 3 S. 1 KWG ist es das „Unternehmen", nach Satz 1 des § 87 Abs. 8 und des § 121c Abs. 6 VAG sind das „die Organe". Nach dem Merkblatt der BaFin zur Kontrolle der Mitglieder von Verwaltungs- und Aufsichtsorganen gem. KWG und VAG vom 3.12.2012, Abschnitt IV, ist der Adressat nach den „einschlägigen gesellschaftsrechtlichen und mitbestimmungsrechtlichen Vorschriften zu bestimmen". Gemeint ist das Organ, das den Aufsichtsrat bestellt.[173] Das ist die Hauptversammlung (der Wortlaut des Gesetzes ist freilich weiter und erfasst auch Vorstand und Aufsichtsrat).

94 Da es sich bei dem (förmlichen) Abberufungsverlangen um einen Verwaltungsakt handelt, ist er nach § 41 Abs. 1 Satz 1 VwVfG demjenigen bekanntzugeben, für den er bestimmt oder der davon betroffen ist. Das Verlangen muss somit seinem Adressaten **zugestellt** werden. Es ist schwer vorstellbar, wie der Hauptversammlung eine Verfügung der BaFin zugestellt werden soll, denn sie ist kein permanent verfügbares Gremium wie der Aufsichtsrat.[174] Die Möglichkeit der Einberufung der Hauptversammlung durch die BaFin selbst ist im Gesetz nicht vorgesehen, vgl. § 83 Abs. 1 Nr. 6 VAG.[175] Sie wird auch nicht durch eine bestimmte Person institutionell vertreten. Der Vorstand vertritt sie nicht und kann deswegen zu ihren Lasten keine Zustellung entgegennehmen. Es ist auch weder seine Aufgabe noch ist er rechtlich in der Lage, die Verfügung quasi als verlängerter Arm der Aufsicht (im Sinne eines Erklärungsboten) den Aktionären zuzustellen. Teilweise wird dennoch vertreten, es sei unerheblich, welchem Organ das Abberufungsverlangen zugestellt werde, da von dem Abberufungsverlangen die Gesellschaft insgesamt betroffen sei, auch wenn letztlich das Organ zuständig sei, das über die Abberufung zu entscheiden habe.[176] Insofern komme es nicht darauf an, ob das Abberufungsverlangen den zur Vertretung ermächtigten oder den für die Abberufung zuständigen Organen zugehe. Diese Auffassung verkennt aber die Bedeutung der Zustellung für die Wirksamkeit eines Verwaltungsakts.

95 Im Ergebnis ist es aber müßig, den Schwächen der bisherigen Gesetzgebung und ihrer Berücksichtigung im Merkblatt der BaFin weiter nachzugehen, da das KWG bereits jetzt und das VAG 2016 demnächst die Gesellschaft als Adressaten bezeichnen. Damit ist die Situation gelöst, und man entgeht den aufgeführten Schwierigkeiten ganz im Sinne der genannten Meinung.[177] In der Literatur wird dann wiederum die Auffassung vertreten, dass ein an das Unternehmen gerichtetes Abberufungsverlangen ungenügend sei, weil es inhaltlich an dessen Organe gerichtet sei. Eine Umdeutung dahin, dass die Inanspruchnahme der Gesellschaft sich auf deren Organe erstrecke, sei im Hinblick auf den Eingriff in das Grundrecht der Berufsfreiheit unzulässig.[178] Darauf kommt es aber nicht an, weil die Inanspruchnahme der Gesellschaft genügt und es deren Sache ist, welche Organe im Innenverhältnis diejenigen Maßnahmen ergreifen, um dem Verlangen nachzukommen (oder nicht).

96 Soweit das Unternehmen nach dem Wortlaut der Normen selbst Adressat ist, mithin bei Verfügungen nach § 36 Abs. 3 Satz 1 KWG, § 87 Abs. 8 Satz 2 und § 121c Abs. 6 Satz 2 VAG und § 303 Abs. 2 VAG 2016, ist dieses Abberufungsverlangen den **gesetzlichen Vertretern „des Unternehmens"** zuzustellen.[179] Die AG wird durch den Vorstand ver-

---

[173] *Laars*, VAG, 1. Aufl. 2012, § 87 Rn. 8; *Szagunn/Haug/Ergenzinger*, KWG, 6. Aufl. 1997, § 36 Rn. 12; *Schork*, KWG, 19. Aufl. 1995, § 36 Rn. 11.

[174] *Bähr* VW 2009, 1401 hält die Vorstellung, dass der Verwaltungsakt der BaFin an die Hauptversammlung gerichtet wird, für „wenig realistisch".

[175] Die Norm wird bei *Bürkle/Scheel* in Bähr, Handbuch des Versicherungsaufsichtsrechts, § 13 Rn. 78 zur Stützung der gegenteiligen Ansicht ohne weitere Erläuterungen zitiert; vgl. auch *Berger* VersR 2010, 422 (426) und *Bähr* VW 2009, 1401.

[176] *Schwennicke/Auerbach*, Kreditwesengesetz (KWG) mit Zahlungsdiensteaufsichtsgesetz (ZAG), 2. Aufl. 2013, KWG § 36 Rn. 10, 13.

[177] Beck/Samm/Kokemoor/*Samm* KWG § 36 Rn. 151, 61.

[178] Zu Recht *Bürkle/Scheel* in Bähr, Handbuch des Versicherungsaufsichtsrechts, § 13 Rn. 180.

[179] Beck/Samm/Kokemoor/*Samm* KWG § 36 Rn. 151; *Bähre/Schneider* KWG § 36 Anm. 2; Boos/Fischer/Schulte-Mattler/*Fischer* KWG § 36 Rn. 61.

treten, wie der Entwurf des neuen Merkblattes der BaFin zur Kontrolle der Mitglieder von Verwaltungs- und Aufsichtsorganen gemäß KWG und KAGB, Arbeitsstand 19.1.2015, in Abschnitt VI richtig erläutert.

Die Zustellung **an den Abzuberufenden** wiederum wird ersichtlich nur für die Verfügung befürwortet, mit der von der Gesellschaft die Untersagung seiner Tätigkeit verlangt wird; sie läuft aber nach hier vertretener Ansicht ohnehin in Leere (→ Rn. 91).[180] Da der Abzuberufende „betroffen" (nicht aber Beteiligter iSv § 13 Abs. 1 VwVfG) ist, steht es im Ermessen der BaFin, auch ihm die Verfügung bekanntzugeben,[181] wobei das keine Wirkung gegen die Gesellschaft hat. 97

Ist die Verfügung bei der Gesellschaft eingegangen, wird der Vorstand im Hinblick auf die Relevanz jedes Verlangens der Aufsichtsbehörde für ein Kreditinstitut oder eine Versicherung und als *ultima ratio* zur Vermeidung seiner eigenen Schadensersatzpflicht nach § 93 die Kosten einer **außerordentlichen Hauptversammlung,** die über das Verlangen beschließen soll, nicht scheuen dürfen. Diese Frage hat der Vorstand zu entscheiden, und zwar unabhängig von Zweifeln darüber, wer der Adressat ist und ob eine wirksame Zustellung vorliegt. Dass die BaFin andere verhältnismäßige und zulässige Maßnahmen ergreift, wenn sie mit ihrem Abberufungsverlangen gegenüber Organen oder der Gesellschaft scheitert, steht zu erwarten. Wird die Hauptversammlung einberufen, ist zu klären, ob die Aktionäre zur Stimmabgabe im Sinne der Abberufung verpflichtet sind. Der Aktionär wird hierbei die denkbaren Optionen zu berücksichtigen haben. Wird das Aufsichtsratsmitglied nicht abberufen, stehen der BaFin die Möglichkeiten zur Verfügung, selbst die gerichtliche Abberufung zu beantragen oder gar der Gesellschaft die Erlaubnis nach § 32 KWG oder § 5 VAG bzw. § 304 Abs. 3 VAG 2016 zu entziehen, wenn die gesetzlichen Voraussetzungen erfüllt sind und es mit dem Grundsatz der Verhältnismäßigkeit im Einklang steht[182]. Daher wird der einzelne Aktionär aufgrund seiner Treuepflicht für die Abberufung zu stimmen haben, wenn er vernünftigerweise davon ausgehen muss, dass das Abberufungsverlangen der BaFin verwaltungsrechtlich begründet ist. Auf den gegebenenfalls milderen Maßstab des Aktienrechts kommt es insoweit nicht an. Die Hauptversammlung wird also im Interesse der Gesellschaft von dem Recht zur Abberufung nach § 103 Abs. 1 Gebrauch machen, und der einzelne Aktionär muss auf Grund seiner Treuepflicht in diesem Sinne abstimmen, sofern andere Möglichkeiten gescheitert sind, dem Verlangen der Aufsichtsbehörde nachzukommen, etwa Bemühungen um eine freiwillige Amtsniederlegung. 98

Im Fall der Entsendung nach § 103 Abs. 2 ist der **Entsendungsberechtigte** unter den gleichen Voraussetzungen aufgrund seiner Treuepflicht verpflichtet, den Entsandten abzuberufen. 99

In diesem Szenario stellt sich die Frage, ob die Mitglieder des Aufsichtsrats auf Grund ihrer Organpflichten (und nicht wegen einer persönlichen Inanspruchnahme durch die BaFin) verpflichtet sind, die **gerichtliche Abberufung** nach § 103 Abs. 3 AktG zu betreiben. Das ist sicherlich der Fall, wenn ein wichtiger Grund im Sinne der Norm vorliegt. Hier mag im Einzelfall das Dilemma auftreten, dass wegen der unterschiedlichen Wertungsmaßstäbe das Verlangen der BaFin aufsichtsrechtlich begründet sein kann, der Sachverhalt aber gesellschaftsrechtlich die Voraussetzungen eines wichtigen Grundes nicht erfüllt. 100

Verpflichtungen der Aktionäre und Organe, das Aufsichtsratsmitglied abzuberufen, beruhen auf der Wahrung der Interessen der Gesellschaft. Die Abwendung von Schaden hat oberste Priorität. Schadensabwehr erfordert aber in aller Regel, dass der Verwaltungsrechtsweg gegen das Verlangen der BaFin ausgeschöpft wird. Die Anrufung der Verwaltungsgerichtsbarkeit ist wiederum kein Selbstzweck, sondern nur dann unabdingbar, wenn und solange die Organe nach der Business Judgement Rule davon ausgehen können, durch die Einlegung geeigneter Rechtsbehelfe und Rechtsmittel das Verlangen wahrscheinlich ab- 101

---

[180] → Rn. 9; etwa Beck/Samm/Kokemoor/*Samm* KWG § 36 Rn. 152.
[181] Stelkens/Bonk/Sachs/*Stelkens*, VwVfG, 7. Aufl. 2008, § 41 Rn. 34; vgl. auch Boos/Fischer/Schulte-Mattler/*Fischer* KWG § 36 Rn. 62.
[182] Im Einzelnen dazu *Berger* VersR 2010, 422 (427 f.).

zuwenden. Das setzt voraus, dass das Organ überhaupt gegen die Verfügung **rechtlich vorgehen** kann. Die Hauptversammlung ist inhaltlich Adressat, selbst aber praktisch und mangels einer sie als Organ vertretenden Person rechtlich nicht in der Lage, Rechtsmittel aus eigenem Recht gegenüber dem Verlangen der Aufsichtsbehörde einzulegen. Hier stellt sich die Frage, ob es überhaupt mit rechtsstaatlichen Grundsätzen vereinbar ist, eine Personengruppe oder ein Gesellschaftsorgan mit einer Verfügung zu belasten, wenn diese rechtlich und praktisch daran gehindert ist, die Verfügung gerichtlich überprüfen zu lassen.

102 Einzige Möglichkeit[183] ist daher ein Rechtsbehelf des Vorstands, handelnd für die AG. Wie oben → Rn. 33 ausgeführt, besteht aber ein Grundsatz, dass der Vorstand im Hinblick auf die Zusammensetzung seines Aufsichtsorgans nicht aktiv werden darf. Inhalt und Grenzen dieses Grundsatzes bedürfen vor dem Hintergrund der geänderten aufsichtsrechtlichen Regelungen der Überprüfung, die im Rahmen dieser Kommentierung aber nicht geleistet werden kann. Hier zeigt sich, dass der Vorstand durch die Eingriffsrechte der Aufsichtsbehörden in ein **Dilemma** gerät, weil er neutral bleiben soll, es diese Neutralität aber nicht gibt. Dass der Grundsatz nicht in letzter Konsequenz gelten soll, darüber dürfte Einigkeit bestehen, denn sonst könnte der Vorstand die AG nicht rechtlich gegenüber der Aufsichtsbehörde vertreten, also auch keine Rechtsbehelfe gegen die Verfügung einlegen. Der Vorstand ist richtigerweise zur Vertretung der Gesellschaft auch insoweit befugt, wie es um die Zusammensetzung seines Aufsichtsgremiums geht, sofern er nicht von sich aus dessen Zusammensetzung ändern will und er sich auch nicht in Gegensatz zu einem Beschluss des Berufungsorgans setzt.

103 §§ 87 Abs. 8 Satz 3, 121c Abs. 6 Satz 3 VAG und § 303 VAG 2016 sowie § 36 Abs. 3 Satz 3 KWG gewähren der Aufsichtsbehörde das Recht, bei Untätigkeit des Aufsichtsrats trotz Abberufungsverlangens bei Vorliegen eines wichtigen Grundes in der Person des Aufsichtsratsmitglieds seine Abberufung **durch das Gericht gem. § 103 Abs. 3** zu verlangen. Diesen Lösungsweg kann man als pragmatisch bezeichnen, insbesondere um den Vorstand aus seinem geschilderten Dilemma (→ Rn. 35 ff.) zu befreien. Rechtssystematisch sind die Normen aber mit dem bisherigen Verständnis des Verhältnisses von Privatrechtssubjekt (Gesellschaft) und Aufsicht inkompatibel. Die Aufsichtsbehörden erhalten durch sie nicht nur das Recht, im Wege der klassischen Eingriffsverwaltung durch Verwaltungsakt tätig zu werden. Sie erhalten vielmehr unmittelbar die Möglichkeit, ihre öffentlich-rechtlichen Ziele durch gesellschaftsrechtliche Maßnahmen (§ 103 Abs. 3) umzusetzen, obwohl sie weder Organ noch Gesellschafter sind. Sie leiten ihre Rechte nicht aus der Rechtsposition der Gesellschaft oder eines Gesellschafters ab; allerdings haben sie auch keine über die gesellschaftsrechtlichen Voraussetzungen hinausgehenden Möglichkeiten und sind an das Konzept des „wichtigen Grundes" gebunden. Das ist ein Novum, und auch wenn diese Feststellung wegen der klaren gesetzlichen Regelung deren Wirksamkeit nicht in Abrede stellt, verstoßen die Normen gegen die bisherigen Organisationsprinzipien von Körperschaften.[184]

IX. DCGK

104 Der DCGK empfiehlt, dass Aufsichtsratsmitglieder keine Organfunktionen (oder Beratungsaufgaben) bei wesentlichen Wettbewerbern des Unternehmens ausüben, Ziff. 5.4.2 DCGK. Nach Ziff. 5.5.3 Satz 1 DCGK soll der Aufsichtsrat im Bericht an die Hauptversammlung über aufgetretene **Interessenkonflikte** und deren Behandlung informieren.

---

[183] Nach Boos/Fischer/Schulte-Mattler/*Fischer* KWG § 36 Rn. 62, ist der Abzuberufende zu Rechtsbehelfen befugt, da der Verwaltungsakt Drittwirkung habe. Der Abzuberufende sei so erheblich in seinen individuellen Interessen berührt, dass er Betroffener iSv § 41 Abs. 1 Satz 1 VwVfG sei. Vgl. *Bähre/Schneider* KWG § 36 Anm. 2.

[184] Die zunehmende Diskrepanz zwischen aufsichtsrechtlichen Anforderungen und ihren gesellschaftsrechtlichen Umsetzungsmöglichkeiten thematisieren *Dreher* WM 2015, 649 (655 f., 660); *Dreher/Ballmaier* ZGR 2014, 753 f.; *Plagemann* WM 2014, 2345.

Nach Ziff. 5.5.3 Satz 2 DCGK sollen wesentliche und nicht nur vorübergehende Interessenkonflikte zur Beendigung des Mandats führen.[185]

§ 104 Bestellung durch das Gericht idF bis zum 31.12.2015

(1) ¹Gehört dem Aufsichtsrat die zur Beschlußfähigkeit nötige Zahl von Mitgliedern nicht an, so hat ihn das Gericht auf Antrag des Vorstands, eines Aufsichtsratsmitglieds oder eines Aktionärs auf diese Zahl zu ergänzen. ²Der Vorstand ist verpflichtet, den Antrag unverzüglich zu stellen, es sei denn, dass die rechtzeitige Ergänzung vor der nächsten Aufsichtsratssitzung zu erwarten ist. ³Hat der Aufsichtsrat auch aus Aufsichtsratsmitgliedern der Arbeitnehmer zu bestehen, so können auch den Antrag stellen
1. der Gesamtbetriebsrat der Gesellschaft oder, wenn in der Gesellschaft nur ein Betriebsrat besteht, der Betriebsrat, sowie, wenn die Gesellschaft herrschendes Unternehmen eines Konzerns ist, der Konzernbetriebsrat,
2. der Gesamt- oder Unternehmenssprecherausschuss der Gesellschaft oder, wenn in der Gesellschaft nur ein Sprecherausschuss besteht, der Sprecherausschuss sowie, wenn die Gesellschaft herrschendes Unternehmen eines Konzerns ist, der Konzernsprecherausschuss,
3. der Gesamtbetriebsrat eines anderen Unternehmens, dessen Arbeitnehmer selbst oder durch Delegierte an der Wahl teilnehmen, oder, wenn in dem anderen Unternehmen nur ein Betriebsrat besteht, der Betriebsrat,
4. der Gesamt- oder Unternehmenssprecherausschuss eines anderen Unternehmens, dessen Arbeitnehmer selbst oder durch Delegierte an der Wahl teilnehmen, oder, wenn in dem anderen Unternehmen nur ein Sprecherausschuss besteht, der Sprecherausschuss,
5. mindestens ein Zehntel oder einhundert der Arbeitnehmer, die selbst oder durch Delegierte an der Wahl teilnehmen,
6. Spitzenorganisationen der Gewerkschaften, die das Recht haben, Aufsichtsratsmitglieder der Arbeitnehmer vorzuschlagen,
7. Gewerkschaften, die das Recht haben, Aufsichtsratsmitglieder der Arbeitnehmer vorzuschlagen.

⁴Hat der Aufsichtsrat nach dem Mitbestimmungsgesetz auch aus Aufsichtsratsmitgliedern der Arbeitnehmer zu bestehen, so sind außer den nach Satz 3 Antragsberechtigten auch je ein Zehntel der wahlberechtigten in § 3 Abs. 1 Nr. 1 des Mitbestimmungsgesetzes bezeichneten Arbeitnehmer oder der wahlberechtigten leitenden Angestellten im Sinne des Mitbestimmungsgesetzes antragsberechtigt. ⁵Gegen die Entscheidung ist die Beschwerde zulässig.

(2) ¹Gehören dem Aufsichtsrat länger als drei Monate weniger Mitglieder als die durch Gesetz oder Satzung festgesetzte Zahl an, so hat ihn das Gericht auf Antrag auf diese Zahl zu ergänzen. ²In dringenden Fällen hat das Gericht auf Antrag den Aufsichtsrat auch vor Ablauf der Frist zu ergänzen. ³Das Antragsrecht bestimmt sich nach Absatz 1. ⁴Gegen die Entscheidung ist die Beschwerde zulässig.

(3) Absatz 2 ist auf einen Aufsichtsrat, in dem die Arbeitnehmer ein Mitbestimmungsrecht nach dem Mitbestimmungsgesetz, dem Montan-Mitbestimmungsgesetz oder dem Mitbestimmungsergänzungsgesetz haben, mit der Maßgabe anzuwenden,
1. daß das Gericht den Aufsichtsrat hinsichtlich des weiteren Mitglieds, das nach dem Montan-Mitbestimmungsgesetz oder dem Mitbestimmungsergänzungsgesetz auf Vorschlag der übrigen Aufsichtsratsmitglieder gewählt wird, nicht ergänzen kann,
2. daß es stets ein dringender Fall ist, wenn dem Aufsichtsrat, abgesehen von dem in Nummer 1 genannten weiteren Mitglied, nicht alle Mitglieder angehören, aus denen er nach Gesetz oder Satzung zu bestehen hat.

---

[185] Vgl. RKLW/*Kremer* DCGK Rn. 1116.

(4) ¹Hat der Aufsichtsrat auch aus Aufsichtsratsmitgliedern der Arbeitnehmer zu bestehen, so hat das Gericht ihn so zu ergänzen, dass das für seine Zusammensetzung maßgebende zahlenmäßige Verhältnis hergestellt wird. ²Wenn der Aufsichtsrat zur Herstellung seiner Beschlussfähigkeit ergänzt wird, gilt dies nur, soweit die zur Beschlussfähigkeit nötige Zahl der Aufsichtsratsmitglieder die Wahrung dieses Verhältnisses möglich macht. ³Ist ein Aufsichtsratsmitglied zu ersetzen, das nach Gesetz oder Satzung in persönlicher Hinsicht besonderen Voraussetzungen entsprechen muss, so muss auch das vom Gericht bestellte Aufsichtsratsmitglied diesen Voraussetzungen entsprechen. ⁴Ist ein Aufsichtsratsmitglied zu ersetzen, bei dessen Wahl eine Spitzenorganisation der Gewerkschaften, eine Gewerkschaft oder die Betriebsräte ein Vorschlagsrecht hätten, so soll das Gericht Vorschläge dieser Stellen berücksichtigen, soweit nicht überwiegende Belange der Gesellschaft oder der Allgemeinheit der Bestellung des Vorgeschlagenen entgegenstehen; das gleiche gilt, wenn das Aufsichtsratsmitglied durch Delegierte zu wählen wäre, für gemeinsame Vorschläge der Betriebsräte der Unternehmen, in denen Delegierte zu wählen sind.

(5) Das Amt des gerichtlich bestellten Aufsichtsratsmitglieds erlischt in jedem Fall, sobald der Mangel behoben ist.

(6) ¹Das gerichtlich bestellte Aufsichtsratsmitglied hat Anspruch auf Ersatz angemessener barer Auslagen und, wenn den Aufsichtsratsmitgliedern der Gesellschaft eine Vergütung gewährt wird, auf Vergütung für seine Tätigkeit. ²Auf Antrag des Aufsichtsratsmitglieds setzt das Gericht die Auslagen und die Vergütung fest. ³Gegen die Entscheidung ist die Beschwerde zulässig; die Rechtsbeschwerde ist ausgeschlossen. ⁴Aus der rechtskräftigen Entscheidung findet die Zwangsvollstreckung nach der Zivilprozessordnung statt.

§ 104 Bestellung durch das Gericht idF nach Inkrafttreten des GlTeilhG

(1) ¹Gehört dem Aufsichtsrat die zur Beschlußfähigkeit nötige Zahl von Mitgliedern nicht an, so hat ihn das Gericht auf Antrag des Vorstands, eines Aufsichtsratsmitglieds oder eines Aktionärs auf diese Zahl zu ergänzen. ²Der Vorstand ist verpflichtet, den Antrag unverzüglich zu stellen, es sei denn, daß die rechtzeitige Ergänzung vor der nächsten Aufsichtsratssitzung zu erwarten ist. ³Hat der Aufsichtsrat auch aus Aufsichtsratsmitgliedern der Arbeitnehmer zu bestehen, so können auch den Antrag stellen

1. der Gesamtbetriebsrat der Gesellschaft oder, wenn in der Gesellschaft nur ein Betriebsrat besteht, der Betriebsrat, sowie, wenn die Gesellschaft herrschendes Unternehmen eines Konzerns ist, der Konzernbetriebsrat,
2. der Gesamt- oder Unternehmenssprecherausschuss der Gesellschaft oder, wenn in der Gesellschaft nur ein Sprecherausschuss besteht, der Sprecherausschuss sowie, wenn die Gesellschaft herrschendes Unternehmen eines Konzerns ist, der Konzernsprecherausschuss,
3. der Gesamtbetriebsrat eines anderen Unternehmens, dessen Arbeitnehmer selbst oder durch Delegierte an der Wahl teilnehmen, oder, wenn in dem anderen Unternehmen nur ein Betriebsrat besteht, der Betriebsrat,
4. der Gesamt- oder Unternehmenssprecherausschuss eines anderen Unternehmens, dessen Arbeitnehmer selbst oder durch Delegierte an der Wahl teilnehmen, oder, wenn in dem anderen Unternehmen nur ein Sprecherausschuss besteht, der Sprecherausschuss,
5. mindestens ein Zehntel oder einhundert der Arbeitnehmer, die selbst oder durch Delegierte an der Wahl teilnehmen,
6. Spitzenorganisationen der Gewerkschaften, die das Recht haben, Aufsichtsratsmitglieder der Arbeitnehmer vorzuschlagen,
7. Gewerkschaften, die das Recht haben, Aufsichtsratsmitglieder der Arbeitnehmer vorzuschlagen.

⁴ Hat der Aufsichtsrat nach dem Mitbestimmungsgesetz auch aus Aufsichtsratsmitgliedem der Arbeitnehmer zu bestehen, so sind außer den nach Satz 3 Antragsberechtigten auch je ein Zehntel der wahlberechtigten in § 3 Abs. 1 Nr. 1 des Mitbestimmungsgesetzes bezeichneten Arbeitnehmer oder der wahlberechtigten leitenden Angestellten im Sinne des Mitbestimmungsgesetzes antragsberechtigt. ⁵ Gegen die Entscheidung ist die Beschwerde zulässig.

(2) ¹ Gehören dem Aufsichtsrat länger als drei Monate weniger Mitglieder als die durch Gesetz oder Satzung festgesetzte Zahl an, so hat ihn das Gericht auf Antrag auf diese Zahl zu ergänzen. ² In dringenden Fällen hat das Gericht auf Antrag den Aufsichtsrat auch vor Ablauf der Frist zu ergänzen. ³ Das Antragsrecht bestimmt sich nach Absatz 1. ⁴ Gegen die Entscheidung ist die Beschwerde zulässig.

(3) Absatz 2 ist auf einen Aufsichtsrat, in dem die Arbeitnehmer ein Mitbestimmungsrecht nach dem Mitbestimmungsgesetz, dem Montan-Mitbestimmungsgesetz oder dem Mitbestimmungsergänzungsgesetz haben, mit der Maßgabe anzuwenden,
1. daß das Gericht den Aufsichtsrat hinsichtlich des weiteren Mitglieds, das nach dem Montan-Mitbestimmungsgesetz oder dem Mitbestimmungsergänzungsgesetz auf Vorschlag der übrigen Aufsichtsratsmitglieder gewählt wird, nicht ergänzen kann,
2. daß es stets ein dringender Fall ist, wenn dem Aufsichtsrat, abgesehen von dem in Nummer 1 genannten weiteren Mitglied, nicht alle Mitglieder angehören, aus denen er nach Gesetz oder Satzung zu bestehen hat.

(4) ¹ Hat der Aufsichtsrat auch aus Aufsichtsratsmitgliedern der Arbeitnehmer zu bestehen, so hat das Gericht ihn so zu ergänzen, daß das für seine Zusammensetzung maßgebende zahlenmäßige Verhältnis hergestellt wird. ² Wenn der Aufsichtsrat zur Herstellung seiner Beschlußfähigkeit ergänzt wird, gilt dies nur, soweit die zur Beschlußfähigkeit nötige Zahl der Aufsichtsratsmitglieder die Wahrung dieses Verhältnisses möglich macht. ³ Ist ein Aufsichtsratsmitglied zu ersetzen, das nach Gesetz oder Satzung in persönlicher Hinsicht besonderen Voraussetzungen entsprechen muß, so muß auch das vom Gericht bestellte Aufsichtsratsmitglied diesen Voraussetzungen entsprechen. ⁴ Ist ein Aufsichtsratsmitglied zu ersetzen, bei dessen Wahl eine Spitzenorganisation der Gewerkschaften, eine Gewerkschaft oder die Betriebsräte ein Vorschlagsrecht hätten, so soll das Gericht Vorschläge dieser Stellen berücksichtigen, soweit nicht überwiegende Belange der Gesellschaft oder der Allgemeinheit der Bestellung des Vorgeschlagenen entgegenstehen; das gleiche gilt, wenn das Aufsichtsratsmitglied durch Delegierte zu wählen wäre, für gemeinsame Vorschläge der Betriebsräte der Unternehmen, in denen Delegierte zu wählen sind.

(5) Die Ergänzung durch das Gericht ist bei börsennotierten Gesellschaften, für die das Mitbestimmungsgesetz, das Montan-Mitbestimmungsgesetz oder das Mitbestimmungsergänzungsgesetz gilt, nach Maßgabe des § 96 Absatz 2 Satz 1 bis 5 vorzunehmen.

(6) Das Amt des gerichtlich bestellten Aufsichtsratsmitglieds erlischt in jedem Fall, sobald der Mangel behoben ist.

(7) ¹ Das gerichtlich bestellte Aufsichtsratsmitglied hat Anspruch auf Ersatz angemessener barer Auslagen und, wenn den Aufsichtsratsmitgliedern der Gesellschaft eine Vergütung gewährt wird, auf Vergütung für seine Tätigkeit. ² Auf Antrag des Aufsichtsratsmitglieds setzt das Gericht die Auslagen und die Vergütung fest. ³ Gegen die Entscheidung ist die Beschwerde zulässig; die Rechtsbeschwerde ist ausgeschlossen.
⁴ Aus der rechtskräftigen Entscheidung findet die Zwangsvollstreckung nach der Zivilprozeßordnung statt.

Schrifttum: *Auffarth,* Die Beschlussfähigkeit des Aufsichtsrats nach dem Entwurf eines Gesetzes zur Änderung von Vorschriften des Aktienrechts und des Mitbestimmungsrechts, RdA 1957, 180; *Auffarth,* Die Neuregelung der Beschlussfähigkeit des Aufsichtsrates, NJW 1957, 1702; *Baums/Drinhausen/Keinath,* Anfechtungsklagen und Freigabeverfahren. Eine empirische Studie, ZIP 2011, 2329; *Bayer/Hoffmann,* Die Niederlegung des Aufsichtsratsmandats, AG 2014, R 144; *Bayer/Lieder,* Die Lehre vom fehlerhaften Bestellungsverhältnis, NZG 2012, 1; *Beyer,* Neue Grenzen bei der gerichtlichen Bestellung von Aufsichtsratsmitgliedern, NZG 2014, 61; *Birth,* Die Ersatzbestellung von Aufsichtsratsmitgliedern, BetrR 1998, 29; *Brenner,* Die vorläufige gerichtliche Bestellung von Mitgliedern des gesetzlichen Vertretungsorgans bei eingetragenen Vereinen,

Kapitalgesellschaften und Genossenschaften, 1995; *Brock,* Die Bestellung nach § 104 AktG bei rechtshängiger Wahlbeschlussmängelklage, NZG 2014, 641; *Cziupka,* Beschlüsse fehlerhaft bestellter Aufsichtsratsmitglieder, DNotZ 2013, 579; *Fett/Theusinger* Die gerichtliche Bestellung von Aufsichtsratsmitgliedern – Einsatzmöglichkeiten und Fallstricke, AG 2010, 425; *Fleischer,* Reformperspektiven des aktienrechtlichen Beschlussmängelrechts im Lichte der Rechtsvergleichung, AG 2012, 765; *Florstedt,* Zur Anfechtung der Wahl des Aufsichtsratsmitglieds, NZG 2014, 681; *Happ,* Zur Wirksamkeit von Rechtshandlungen eines fehlerhaft bestellten Aufsichtsrates, FS Hüffer, 2010, 293; *Hommelhoff,* Gesetzgebungsprojekte im Gesellschafts- und Unternehmensrecht für die kommende Legislaturperiode, ZIP 2013, 2177; *Kocher,* Erneute Bestellung desselben Aufsichtsratsmitglieds durch das Registergericht. Was tun, wenn die Aufsichtsratsbestellung durch die Hauptversammlung angefochten wird?, NZG 2007, 372; *Krauel/Fackler,* Die Ersetzung eines dauerhaft verhinderten Aufsichtsratsmitglieds, AG 2009, 688; *Lutter/Kirschbaum,* Zum Wettbewerber im Aufsichtsrat, ZIP 2005, 103; *Macht,* Voraussetzungen und Folgen fehlerhafter Aufsichtsratsbeschlüsse am Beispiel des nicht fristgemäßen Entlastungsbeschlusses. Zugleich Besprechung zum Urteil des BGH vom 24.6.2002, II ZR 296/01, MittBayNotZ 2004, 81; *Meier,* Probleme bei der freiwilligen zahlenmäßigen Erweiterung eines mitbestimmten Aufsichtsrats nach dem MitbestG 1976, NZG 2000, 190; *Natzel,* Die Bestellung von Aufsichtsratsmitgliedern, insbesondere von Arbeitnehmervertretern, AG 1959, 93; *Natzel,* Zur Änderung des Aktien- und Mitbestimmungsrechts, DB 1957, 748; *Niewiarra/Servatius,* Die gerichtliche Ersatzbestellung im Aufsichtsrat, FS Johannes Semler, 1993, 217; *Priester,* Beschlussmitwirkung fehlerhaft bestellter Aufsichtsratsmitglieder, GWR 2013, 175; *Radke,* Nachfolge für Arbeitnehmervertreter im Aufsichtsrat nach dem Betriebsverfassungsgesetz bei deren vorzeitigem Ausscheiden, NJW 1958, 973; *Rieckers,* Fortsetzung der Anfechtungsklage gegen Aufsichtsratswahlen nach Rücktritt des Aufsichtsrats, AG 2013, 383; *Schmatz,* Bestellung von Aufsichtsratsmitgliedern durch das Gericht, WM 1955, 642; *Schnitker/Grau* Aufsichtsratsneuwahlen und Ersatzbestellung von Aufsichtsratsmitgliedern im Wechsel des Mitbestimmungsmodells, NZG 2007, 486; *Schroeder/Pussar,* Aufsichtsräte: Unsichere Gremienentscheidungen nach Wahlanfechtung, BB 2011, 1930; *Schürnbrand,* Zur fehlerhaften Bestellung von Aufsichtsratsmitgliedern und fehlerhaften Abberufung von Vorstandsmitgliedern, NZG 2008, 609; *Schürnbrand,* Noch einmal: Das fehlerhaft bestellte Aufsichtsratsmitglied, NZG 2013, 481; *Stadler/Berner,* Die gerichtliche Abberufung von Aufsichtsmitgliedern im dreiköpfigen Aufsichtsrat – ein bisher ungelöstes Problem, NZG 2003, 49; *Teichmann/Rüb,* Die gesetzliche Geschlechterquote in der Privatwirtschaft, BB 2015, 898; *Vetter,* Anfechtung der Wahl der Aufsichtsratsmitglieder, Bestandsschutzinteresse der AG und die Verantwortung der Verwaltung, ZIP 2012, 701; *Vetter,* Zur Compliance-Verantwortung des Aufsichtsrats in eigenen Angelegenheiten, E., Liber Amicorum M. Winter, 2011, 701; *Vetter,* Abberufung eines gerichtlich bestellten Aufsichtsratsmitglieds ohne wichtigen Grund?, DB 2005, 875; *Vetter/van Laak,* Die angefochtene Aufsichtsratswahl, ZIP 2008, 1806; *Werner,* Die fehlerhafte Bestellung von Aufsichtsratsmitgliedern und die Handlungsfähigkeit des Aufsichtsrats WM 2014, 2207; *Wolff* in Henn/Frodermann/Jannott, Handbuch des Aktienrechts, 8. Aufl. 2009.

Übersicht

	Rn.
I. Allgemeines	1
1. Zweck und Regelungsgehalt der Norm	1
2. Praktische Bedeutung	10
3. Entstehungsgeschichte	11
a) Allgemeine Entstehungsgeschichte	11
b) Änderungen durch andere Gesetze	15
c) Änderung zum 1.1.2016	19
4. Reformvorhaben	20
5. DCGK	21
II. Ergänzung zur Herstellung der Beschlussfähigkeit (Abs. 1)	25
1. Beschlussunfähigkeit des Aufsichtsrats	26
a) Vorliegen der Beschlussunfähigkeit	26
b) Bestellung während des Rechtsstreits über die Anfechtung der Wahl	30
c) Folgen der Unwirksamkeit der Wahl auf die Organbeschlüsse	35
d) Dauernde Amtsverhinderung	41
e) Vertretung eines verhinderten Vorstandsmitglieds	44
f) Ergänzung auf die zur Beschlussfassung notwendige Anzahl	45
2. Antragstellung	46
a) Antragstellung durch den Vorstand	47
b) Antragstellung durch das Aufsichtsratsmitglied	53
c) Antragsrecht der Anteilseigner	54
d) Antragsrecht bei mitbestimmten Gesellschaften	55
III. Ergänzung zur Vervollständigung der Mitgliederzahl im Aufsichtsrat (Abs. 2)	65
1. Ergänzung des unterbesetzten Aufsichtsrats	65
a) Ablauf der Dreimonatsfrist	68
b) Dringende Fälle Abs. 2 Nr. 2	70
2. Kein Antragszwang	78

	Rn.
IV. Mitbestimmungsbedingte Sonderregelungen zur Ergänzung nach Abs. 2 (Abs. 3)	80
1. Keine Ergänzung wegen Fehlens des „weiteren Mitglieds", Abs. 3 Nr. 1	80
2. Dringender Fall kraft Gesetzes in mitbestimmten Gesellschaften, Abs. 3 Nr. 2	81
V. Sonderregelungen für Aufsichtsräte mit Arbeitnehmerbeteiligung (Abs. 4)	83
1. Einschränkung der gerichtlichen Auswahl bei Arbeitnehmerbeteiligung im Aufsichtsrat	84
2. Bindung des Gerichts an das Vorliegen von besonderen persönlichen Voraussetzungen	87
a) Gesetzliche Voraussetzungen	88
b) Satzungsmäßige Voraussetzungen	90
3. Einschränkung der gerichtlichen Auswahlfreiheit bei Vorschlagsrechten	91
a) Berücksichtigung von Vorschlagsrechten	92
b) Mehrere voneinander abweichende Vorschläge	96
c) Vorrang überwiegender Belange	97
VI. Gerichtliche Bestellung als Folge des GlTeilhG	100
VII. Amtsdauer des gerichtlich bestellten Aufsichtsratsmitglieds (Abs. 5)	104
1. Beendigung ohne Abberufung	105
a) Behebung des Mangels	108
b) Wirksame Bestellung des ordentlichen Mitglieds	113
2. Gerichtliche Abberufung	115
3. Kein Abberufungsrecht der Bestellungsorgane	120
4. Amtsniederlegung	122
5. Subsidiäre Anwendbarkeit der allgemeinen Vorschrift über die Amtsdauer	123
VIII. Rechtliche Stellung des vom Gericht bestellten Aufsichtsratsmitglieds	124
IX. Auslagenersatz und Vergütung (Abs. 6)	127
1. Auslagenersatz	128
2. Anspruch auf Vergütung	131
3. Gerichtliche Durchsetzung	135
X. Gerichtliches Verfahren	137
1. Zuständiges Gericht	138
2. Antrag	139
3. Anhörung der Beteiligten	140
4. Gerichtliche Entscheidung	142
5. Annahme der Bestellung	149
6. Rechtskraft der gerichtlichen Entscheidung	151
7. Verfahrenskosten	153
8. Rechtsmittel	155
a) Rechtsmittelgericht	155
b) Beschwerdeberechtigung	156
c) Rechtsmittelfrist	157
d) Prüfungsumfang	158

I. Allgemeines

1. Zweck und Regelungsgehalt der Norm. Ein nicht beschlussfähiger oder nicht 1 gesetz- oder satzungsmäßig besetzter Aufsichtsrat muss in bestimmten Fällen durch gerichtliche Entscheidung ergänzt werden.[1] Die Vorschrift regelt die Voraussetzungen für die gerichtliche Bestellung von Aufsichtsratsmitgliedern und das hierfür vorgesehene Verfahren. Die **Vorschrift ist abschließend**.[2] Eine gerichtliche Bestellung kann nicht durch die funktionsverwandte Vorschrift des § 29 BGB[3] oder § 85 AktG[4] herbeigeführt werden. Zweck der Vorschrift ist es, durch Sicherstellung der Beschlussfähigkeit und der gesetz- und

---

[1] Hüffer/Koch Rn. 1; Bürgers/Körber/Bürgers/Israel Rn. 1; NK-AktG/Breuer/Fraune Rn. 1.
[2] Hüffer/Koch Rn. 1; Großkomm AktG/Hopt/Roth Rn. 11; Spindler/Stilz/Spindler Rn. 2; Meier NZG 2000, 190 (191).
[3] So Baumbach/Hueck Rn. 8; aA (allerdings noch zum AktG 1937) Ritter AktG 1937 Anm. 5, demzufolge § 29 BGB neben § 104 anwendbar wäre.
[4] Vgl. generell zur Bestellung von Vertretungsorganen Brenner, Die vorläufige gerichtliche Bestellung von Mitgliedern des gesetzlichen Vertretungsorgans bei eingetragenen Vereinen, Kapitalgesellschaften und Genossenschaften, 1995, 1 ff.

satzungsmäßigen Zusammensetzung des Aufsichtsrats dessen Funktions- und Handlungsfähigkeit zu gewährleisten.[5] Das gilt auch in der Insolvenz.[6]

2 Dem Gericht kommt hierbei eine Ersatzfunktion[7] zu: Es kann nur tätig werden, wenn die Bestellungsorgane ihrer Aufgabe nicht oder nicht rechtzeitig nachkommen.

3 Die Bestimmung gilt auch für die KGaA nach § 278 Abs. 3, bei der der persönlich haftende Gesellschafter antragsberechtigt ist, und für Unternehmen, die ihren Aufsichtsrat nach den **mitbestimmungsrechtlichen** Vorschriften bilden.[8] Allerdings gilt sie nur für diejenigen Gesellschaften, die zwingend einen Aufsichtsrat haben müssen. Sie ist nicht anwendbar auf eine GmbH mit fakultativem Aufsichtsrat oder eine Personengesellschaft wie die GmbH & Co. KG,[9] da es in diesen Fällen keines besonderen Schutzes der Handlungs- und Funktionsfähigkeit des Aufsichtsrats bedarf.[10] Vielmehr können dort die Gesellschafter eigenständig die notwendigen Entscheidungen herbeiführen.[11]

4 Abs. 1 und Abs. 2 legen fest, wann eine gerichtliche Bestellung zu erfolgen hat. Das Gesetz schafft **zwei Grundtatbestände,** die in Voraussetzungen und Folgen unterschiedlich geregelt sind. In beiden Grundtatbeständen ist der Aufsichtsrat nicht vollständig besetzt.

5 Im Fall des Abs. 1 ist der Aufsichtsrat beschlussunfähig. In diesem Fall hat der Vorstand unverzüglich den Antrag auf gerichtliche Ergänzung zu stellen. Nach Abs. 2 ist der Aufsichtsrat zwar beschlussfähig, hat aber über einen Zeitraum von länger als drei Monaten weniger Mitglieder als die in Gesetz oder Satzung festgeschriebene Zahl. Wegen des Tatbestandsmerkmals der Beschlussunfähigkeit ist Abs. 1 die **speziellere Vorschrift**[12], so dass es auf eine Mindestdauer oder Dringlichkeit nicht ankommt.

6 Abs. 3 regelt Besonderheiten für den Fall der **paritätischen Mitbestimmung** und ordnet insbesondere abweichend von Abs. 2 die Dringlichkeit der Ergänzung bereits vor Ablauf der drei Monate an.

7 Abs. 4 beschränkt die gerichtliche Entscheidungsfreiheit über die Person des gerichtlich zu bestellenden Aufsichtsratsmitglieds bei Arbeitnehmerbeteiligung im Aufsichtsrat und bei bestehenden Vorschlagsrechten. Das Gericht muss bei der Auswahl eines geeigneten Kandidaten das Vorliegen von **besonderen persönlichen Voraussetzungen** berücksichtigen, wenn gesetzliche oder satzungsmäßige Bestimmungen derartige Anforderungen stellen.

8 Abs. 5 regelt die **Amtsbeendigung** des gerichtlich bestellten Aufsichtsratsmitglieds. Seine Amtsdauer kann von der Amtsdauer eines ordentlich bestellten Mitglieds abweichen.

9 Abs. 6 enthält Regelungen über **Auslagenersatz- und Vergütungsansprüche** des gerichtlich bestellten Aufsichtsratsmitglieds.

10 **2. Praktische Bedeutung.** Die Vorschrift ist in der Praxis außerordentlich wichtig.[13] Sie gewährleistet kostengünstig und effektiv, dass im Aufsichtsrat entstandene Vakanzen zeitnah beseitigt werden. Das aufwändige Verfahren zur Neuwahl von Aufsichtsratsmitgliedern kann so vermieden werden.[14] Die gerichtliche Bestellung stellt die ordnungsgemäße Besetzung

---

[5] VerfGH Bayern AG 2006, 209 (210); BGH AG 2002, 676 (677) m. Anm. *Macht* MittBayNotZ 2004, 81 (84 ff.); OLG Hamm AG 2001, 145 (146); Hüffer/*Koch* Rn. 1; Kölner Komm AktG/*Mertens/Cahn* Rn. 3; Großkomm AktG/*Hopt/Roth* Rn. 8; NK-AktG/*Breuer/Fraune* Rn. 2; *Niewiarra/Servatius*, FS Johannes Semler, 217.

[6] Hölters/*Simons* Rn. 2; NK-AktG/*Breuer/Fraune* Rn. 2; KG ZIP 2005, 1553 (1554).

[7] BayObLGZ 2000, 87 = BayOLG NZG 2000, 647; *Niewiarra/Servatius*, FS Johannes Semler, 217 (218); Spindler/Stilz/*Spindler* Rn. 1; Großkomm AktG/*Hopt/Roth* Rn. 8; Hölters/*Simons* Rn. 3.

[8] Vgl. etwa § 77 DrittelbG, § 6 Abs. 2 MitbestG; OLG Frankfurt ZIP 2015, 17.

[9] OLG Hamm NZG 2000, 539 mit zust. Anm. *Schaaf* EWiR 2000, 464.

[10] OLG Hamm NZG 2000, 539; OLG Frankfurt GmbHR 2014, 477 mwN.

[11] Spindler/Stilz/*Spindler* Rn. 1 mwN.

[12] BayObLGZ 2010, 313; NK-AktG/*Breuer/Fraune* Rn. 3a.

[13] Vgl. nur „Conti/Schaeffler II" LG Hannover AG 2009, 341; OLG Düsseldorf AG 2010, 368; OLG München NZG 2009, 1149; OLG Köln AG 2007, 822.

[14] Hölters/*Simons* Rn. 3.

des Aufsichtsrats sicher, ohne gleichzeitig spezielle Funktionen im Aufsichtsrat – wie zB den Aufsichtsratsvorsitz oder die Zugehörigkeit zu Ausschüssen – zuzuweisen.[15]

3. Entstehungsgeschichte. a) Allgemeine Entstehungsgeschichte. Die Norm geht 11 auf das Aktiengesetz 1937 zurück. Dort sah § 89 bereits eine gerichtliche Ergänzung zur Herstellung der Beschlussfähigkeit im Aufsichtsrat vor.[16] Jedoch endete das Amt des gerichtlich bestellten Aufsichtsratsmitglieds nicht automatisch. Die Vorschrift wurde im Zuge der Einführung der Mitbestimmung im damaligen BetrVG 1952[17] vollkommen umgestaltet.

Seitdem ist eine gerichtliche Ergänzung des Aufsichtsrats **auch bei Beschlussfähigkeit** 12 möglich, nämlich auf die durch Gesetz oder Satzung festgesetzte Zahl von Aufsichtsratsmitgliedern und einschließlich eventueller Arbeitnehmervertreter.

Durch die Änderungen im Aktiengesetz 1965 wurde in Abs. 1 S. 5, Abs. 2 S. 4 klar- 13 gestellt, dass die Entscheidung des Gerichts mit der sofortigen Beschwerde angegriffen werden kann. Der Rechtsbehelf der sofortigen Beschwerde wurde durch das Gesetz zur Reform des Verfahrens in Familiensachen und in Angelegenheiten der freiwilligen Gerichtsbarkeit[18] in eine **einfache Beschwerde** abgeändert.

Abs. 5, die Bestimmung über das **Erlöschen des Amtes** des gerichtlich bestellten 14 Aufsichtsratsmitglieds, wurde im Aktiengesetz 1965 geändert. Sein Amt endet seitdem erst mit dem Amtsantritt des ordentlich bestellten Aufsichtsratsmitglieds. Ebenfalls neu eingeführt wurde Abs. 6, der die **Vergütung** gerichtlich bestellter Aufsichtsratsmitglieder regelt und den Beschwerdeweg eröffnet.

b) Änderungen durch andere Gesetze. Die Einführung des Gesetzes über die Mit- 15 bestimmung der Arbeitnehmer (MitbestG) im Jahr 1976 führte zu inhaltlichen Neuregelungen, insbesondere der **Antragsberechtigung.** Gewerkschaften, wahlberechtigte Arbeiter, Angestellte und leitende Angestellte wurden antragsberechtigt.

Weitere Änderungen erfolgten durch das Gesetz zur Änderung des Betriebsverfassungs- 16 gesetzes,[19] das Arbeitsgerichtsgesetz-Änderungsgesetz,[20] das Bilanzrichtliniengesetz[21] und deren jeweilige Reformgesetze.

Durch das Gesetz zur Reform des Betriebsverfassungsgesetzes (BGBl. 2001 I 1852) wurde 17 die Differenzierung der Arbeitnehmer in die Gruppe der Arbeiter und die Gruppe der Angestellten bei der Repräsentation im Betriebsrat oder Aufsichtsrat aufgegeben. Die **Aufgabe des Gruppenprinzips** wurde auch in das Aktiengesetz übernommen, § 98 Abs. 2 S. 2 und § 104 Abs. 1 S. 4.[22]

Mit dem Gesetz zur Vereinfachung der Wahl der Arbeitnehmervertreter in den Aufsichts- 18 rat (Ges. v. 23.3.2002, BGBl. I 1130) wurde die Antragsberechtigung der **Sprecherausschüsse** eingeführt.

c) Änderung zum 1.1.2016. Mit Wirkung vom 1.1.2016 wird ein neuer Absatz 5 19 eingefügt, wie in Artikel 3 Ziffer 5, Artikel 23 Absatz 1 des Gesetzes für die gleichberechtigte Teilhabe von Frauen und Männern an Führungspositionen in der Privatwirtschaft

---

[15] MüKoAktG/*Habersack* Rn. 53.
[16] Diese erfolgte allerdings erst nach Ablauf einer Frist von drei Monaten. Vgl. dazu umfassend *Schmatz* WM 1955, 642.
[17] Gesetz zur Änderung von Vorschriften des Aktienrechts und des Mitbestimmungsrechts vom 18.7.1957, BGBl. 1957 I 714. Vgl. dazu *Auffarth* NJW 1957, 1702 ff.; *ders.* RdA 1957, 180 f.; *Radke* NJW 1958, 973 (975 f.).
[18] FGG-Reformgesetz, BGBl. 2008 I 2586, in Kraft seit 1.9.2009.
[19] Gesetz zur Änderung des Betriebsverfassungsgesetzes, über Sprecherausschüsse der leitenden Angestellten und zur Sicherung der Montan-Mitbestimmung v. 20.12.1988, BGBl. 1988 I 2312.
[20] Gesetz zur Änderung des Arbeitsgerichtsgesetzes und anderer arbeitsrechtlicher Vorschriften (Arbeitsgerichtsgesetz – Änderungsgesetz) v. 26.6.1990, BGBl. 1990 I 1206.
[21] Gesetz zur Durchführung der Vierten, Siebenten und Achten Richtlinie des Rates der Europäischen Gemeinschaften zur Koordinierung des Gesellschaftsrechts (Bilanzrichtlinien-Gesetz – BiRiLiG) v. 19.12.1985, BGBl. 1985 I 2355.
[22] Angeglichen durch Ges. v. 23.3.2002, BGBl. 2002 I S. 1130.

(GlTeilhG) vorgesehen ist. Zum selben Zeitpunkt treten nach Artikel 5-7 des GlTeilhG Änderungen der Mitbestimmungsgesetze (MontanmitbestG, MitbestErgG und MitbestG) in Kraft. Wird danach die Quote verfehlt, ist die Bestellung eines Aufsichtsratsmitglieds nach § 104 AktG möglich. Andere Regelungen des GlTeilhG berühren den Anwendungsbereich des § 104 nicht.

Eine gesetzliche Quote zur Besetzung von Aufsichtsräten wurde seit mehreren Jahren gefordert.[23] Der Deutsche Bundestag lehnte zwei Gesetzesentwürfe am 2. Dezember 2011 ab. Im Jahre 2012 hat der Bundestag einen Gesetzesentwurf behandelt,[24] der die **Berücksichtigung beider Geschlechter** zu jeweils mindestens 30 Prozent im Aufsichtsrat vorsah. Der Bundesrat brachte durch Beschluss vom 21. September 2012 auf Initiative der Freien und Hansestadt Hamburg einen Gesetzesentwurf ein, der eine feste Quote für Frauen in Führungspositionen vorsah. Der Bundestag hat den Gesetzesentwurf zwar am 18. Mai 2013 abgelehnt, allerdings hat sich die CDU zugleich erstmals für die Einführung von festen Quoten ausgesprochen. Eine Initiative der EU-Kommission für feste Quoten wurde im Herbst 2012 von den Mitgliedstaaten blockiert; mit weiteren Initiativen auch der EU-Kommission ist aber zu rechnen, wenngleich die Zulässigkeit einer EU-rechtlichen Regelung unter dem Gesichtspunkt der Subsidiarität durchaus zweifelhaft ist. Der Koalitionsvertrag zwischen CDU, CSU und SPD für die 18. Legislaturperiode sieht die Einführung fester Quoten im Vorstand und Aufsichtsrat vor.[25] Diese Vereinbarung wurde durch das GlTeilhG umgesetzt.

20 **4. Reformvorhaben.** Bei der künftigen Erörterung der gerichtlichen Bestellung eines Aufsichtsratsmitglieds im Zusammenhang mit der Anfechtung von Wahlen dürfte die zunehmend kritische wissenschaftliche Aufarbeitung des **Beschlussmängelrechts** relevant werden.[26] Politische Initiativen sind zur Zeit noch nicht erkennbar, Reformen werden jedoch nicht ausbleiben können.

21 **5. DCGK.** Der DCGK empfiehlt, dass bei Vorschlägen zur Wahl von Aufsichtsratsmitgliedern darauf geachtet werden soll, dass dem Aufsichtsrat jederzeit Mitglieder angehören, die über die zur ordnungsgemäßen Wahrnehmung der Aufgaben erforderlichen **Kenntnisse und Fähigkeiten** und fachlichen Erfahrungen verfügen, Ziff. 5.4.1 DCGK.

22 Unabhängigkeit wird für eine nach Auffassung des Aufsichtsrats angemessene Anzahl von Mitgliedern gefordert, Ziff. 5.4.2 DCGK.

23 Der Kodex sieht in Ziff. 5.4.3 S. 2 als Empfehlung an Vorstand und Aufsichtsrat[27] eine **Befristung** der Bestellungsdauer bis zur nächsten Hauptversammlung vor. Ohne diese Befristung würde ein gerichtlich bestelltes Ersatzmitglied bis zum Ablauf der Amtszeit des ersetzten Mitglieds im Amt bleiben, da erst durch die Neuwahl nach Ablauf der Amtsperiode der Mangel iSv Abs. 5 behoben ist.[28]

24 Diese Empfehlungen dürften auch für Vorschläge zur gerichtlichen Bestellung gelten. Vom Gericht sind sie bei Ausübung seines Ermessens zu beachten, da sie Ausdruck guter Unternehmensführung sind. Das ist beim **Kriterium der Unabhängigkeit** praktisch wohl nur möglich, wenn der Aufsichtsrat über die Anzahl unabhängiger Mitglieder beschlossen hat; das Gericht ist insoweit an die Festlegung des Aufsichtsrats gebunden und kann sie nicht ersetzen.

II. Ergänzung zur Herstellung der Beschlussfähigkeit (Abs. 1)

25 Ein unvollständig besetzter und deshalb beschlussunfähiger Aufsichtsrat wird gerichtlich ergänzt. Dies setzt einen beschlussunfähigen Aufsichtsrat sowie eine Antragstellung voraus.

---

[23] Vgl. BT-Drs. 17/3296, 17/4683 sowie die Empfehlung des damit befassten Rechtsausschusses, BT-Drs. 17/6527.
[24] BT-Drs. 17/8878 v. 6.3.2012.
[25] Koalitionsvertrag S. 103
[26] Vgl. nur *Hommelhoff* ZIP 2013, 2177 und *Fleischer* AG 2012, 765.
[27] NK-AktG/*Breuer*/*Fraune* Rn. 3a.
[28] Vgl. Kölner Komm AktG/*Mertens*/*Cahn* Rn. 4.

1. Beschlussunfähigkeit des Aufsichtsrats. a) Vorliegen der Beschlussunfähigkeit.
Beschlussunfähigkeit liegt vor, wenn die zur Beschlussfassung nach Gesetz oder Satzung notwendige Mitgliederzahl nicht erreicht wird.[29] Ohne besondere Satzungsregelung richtet sich die Beschlussfähigkeit nach § 108 Abs. 2 AktG und, soweit anwendbar, den inhaltlich identischen Mitbestimmungsgesetzen.[30] Demnach ist der Aufsichtsrat beschlussfähig, wenn **mindestens die Hälfte** seiner nach Gesetz oder Satzung vorgesehenen Mitglieder an der Beschlussfassung teilnehmen. Als absolute Untergrenze ist der Aufsichtsrat bei drei teilnehmenden Mitgliedern beschlussfähig, § 108 Abs. 2 S. 3 AktG.

Das Gesetz stellt in Abs. 1 für die Beschlussfähigkeit nur auf die insgesamt nötige Zahl der Mitglieder ab. Bei Aufsichtsräten nach dem MitbestG oder dem Mitbest-ErgG kommt es auf die **Gruppenparität und die zahlenmäßige Zusammensetzung** also **nicht** an.[31,32] Auch ist kein rechtsmissbräuchliches Verhalten darin zu sehen, dass ein nur mit Aktionärsvertretern besetzter Aufsichtsrat das Fehlen der Arbeitnehmervertreter zur Beschlussfassung in seinem Interesse nutzt.[33]

Beschlussunfähigkeit kann sich durch das **Ausscheiden eines Aufsichtsratsmitglieds** ergeben, wenn ohne dieses die notwendige Anzahl von Aufsichtsratsmitgliedern nicht mehr vorliegt. Auf den Grund des Ausscheidens kommt es nicht an, jede Beendigung des Amtes genügt. Das Amt endet kraft Gesetzes (→ § 102 Rn. 6 ff.) mit Ablauf der höchstzulässigen Zeitdauer. Das ist der Zeitpunkt, zu dem die Hauptversammlung für ein Aufsichtsratsmitglied über die Entlastung für das vierte Geschäftsjahr seit Amtsantritt beschließt oder hätte beschließen müssen, also spätestens mit Ablauf von acht Monaten im fünften Jahr.[34] Erfolgt dann keine Neuwahl oder ist sie (ab dem 1.1.2016) wegen Verstoßes gegen die neu eingeführte Quotenregelung in § 96 Abs. 2 oder Abs. 7 nichtig, muss die gerichtliche Bestellung beantragt werden.

Keine Beschlussunfähigkeit iSv Abs. 1 liegt hingegen vor, wenn sich aufgrund tatsächlichen (obstruktiven) Verhaltens oder Stimmverboten einzelner Aufsichtsratsmitglieder bei ausreichender Besetzung eine **faktische Beschlussunfähigkeit** einstellt.[35]

b) Bestellung während des Rechtsstreits über die Anfechtung der Wahl.
Unklar und auch umstritten ist die Frage, ob eine gerichtliche Bestellung eines Aufsichtsratsmitglieds bereits dann in Betracht kommt, wenn gegen die Wahl eines Aufsichtsratsmitglieds eine **Anfechtungsklage** anhängig ist oder auf andere Weise die Nichtigkeit geltend gemacht wurde.[36] Das ist abzulehnen.

Die gerichtliche Bestellung setzt eine **Vakanz** voraus. Der BGH hat in einer grundlegenden Entscheidung[37] den Lehren vom faktischen Organ bzw. der fehlerhaften Organstellung eine Absage erteilt. Die Begründung löst die praktischen Probleme der Gesellschaft nicht, man wird aber mit ihr zu leben lernen. Der BGH behandelt das scheinbare Aufsichtsratsmitglied im Fall erfolgreicher Wahlanfechtung von Anfang an wie einen Dritten. Damit stehen Vakanz und Beschlussunfähigkeit zwar rückwirkend fest, aber **erst mit Rechtskraft** der gerichtlichen Entscheidung und nicht bereits bei An- bzw. Rechtshängigkeit. Somit ist

---

[29] Vgl. Spindler/Stilz/*Spindler* Rn. 10 f.; Hüffer/*Koch* Rn. 2; NK-AktG/*Breuer/Fraune* Rn. 3; vgl. auch § 108 Abs. 2 für nicht mitbestimmte Aufsichtsräte.
[30] § 28 MitbestG, § 11 MitbestErgG, § 11 Montan-MitbestG.
[31] Vgl. Spindler/Stilz/*Spindler* Rn. 10; Hüffer/*Koch* Rn. 2; MüKoAktG/*Habersack* Rn. 1.
[32] § 28 S. 1 MitbestG; Henssler/Strohn/*Henssler* Rn. 5.
[33] So OLG München Urt. v. 28.9.2011, Ziff. 2.1.2; aA Großkomm AktG/*Hopt/Roth* Rn. 85 mwN.
[34] BGH AG 2002, 676 (677); vgl. weiterführend → § 102 Rn. 31 ff.
[35] Hölters/*Simons* Rn. 7.
[36] LG München I AG 2006, 762 (766); *Kocher* NZG 2007, 372 (373); *Fett/Theusinger* AG 2010, 425 (429 ff.); *Vetter/van Laak* ZIP 2008, 1806; *Cziupka* DNotZ 2013, 579 (585); Kölner Komm AktG/*Mertens/Cahn* Rn. 13.
[37] BGHZ 196, 195 ff.; die Entscheidung ist überwiegend auf Kritik gestoßen, vgl. *Priester* GWR 2013, 175; *Rieckers* AG 2013, 383; *Schürnbrand* NZG 2013, 481; *Brock* NZG 2014, 641 jeweils mwN sowie → Rn. 35 f., → § 101 Rn. 221 und → § 103 Rn. 25 und *Florstedt* NZG 2014, 681, hält die Kritik und in der Literatur behaupteten Reformbedarf mit guten Gründen für überzogen.

die gerichtliche Bestellung eines Aufsichtsratsmitglieds erst nach Rechtskraft der Entscheidung möglich.

32 Schon aufgrund der Anfechtung und je nach den Umständen müssen die Organe die sich nachträglich herausstellende Vakanz und Beschlussunfähigkeit jedoch ab der Klageerhebung befürchten und sich darauf einstellen.[38] Die Organe der Gesellschaft sind in einem Dilemma, wenn sie die Begründetheit der Anfechtungs- oder Nichtigkeitsklage nicht ausschließen können und ohne rechtliche Hilfsmittel die mögliche Nichtigkeit der Organbeschlüsse absehen müssten. Eine gerichtliche Bestellung wegen **drohender Beschlussunfähigkeit** ist gesetzlich nicht vorgesehen,[39] so dass die Norm allenfalls analog anwendbar sein könnte. Eine planwidrige Gesetzeslücke liegt aber nicht vor, denn dem Gesetzgeber ist das Problem seit langem bekannt und er hat keine Abhilfe geschaffen.[40]

33 Anstelle einer Bestellung wegen drohender Beschlussunfähigkeit könnte in Betracht kommen, die betroffenen gewählten Aufsichtsratsmitglieder **vorsorglich** nach Abs. 2 gerichtlich zu **bestellen,** jedoch unter der aufschiebenden Bedingung, dass ihre Wahl für nichtig erklärt wird. Problematisch ist bei diesem Vorgehen, dass das Gericht bei seiner Ermessensausübung auf die Bestellung der Person beschränkt sein soll, die zwar gewählt, deren Wahl aber angefochten wurde. Damit würde sich in diesen Fällen das Ermessen des Gerichts auf Null reduzieren.[41] Ob ein Gericht diese Ermessenseinschränkung mitträgt oder ob es nicht ohnehin beispielsweise bei geeignetem Vortrag und Vorschlägen einen anderen voraussichtlich unangreifbaren Kandidaten bestellt, bleibt offen. Jedenfalls ist das Ergebnis dieser Auffassung, dass die Anfechtungsklage bei der Rüge aller rein formalen Fehler praktisch bedeutungslos ist. Das läuft auf eine bedenkliche Aushöhlung der Rechte des Aktionärs hinaus und ist mit der Argumentation des BGH,[42] eine begründete Anfechtungsklage dürfe nicht ins Leere laufen, nicht zu vereinbaren. Dass sie durch das ohne Zweifel ebenfalls schutzwürdige Interesse der Gesellschaft an wirksamen Organbeschlüssen gerechtfertigt wird, entspricht nicht der Wertung des BGH.[43]

34 Lehnt man die Zulässigkeit der aufschiebend bedingten Bestellung ab, hat die Prüfung der Erfolgsaussichten der Anfechtungsklage für die Organe noch größere Bedeutung. Die kurzfristige Einberufung einer außerordentlichen Hauptversammlung zur Wiederholung der Wahl dürfte oft nicht praktikabel sein. Gelangt der Vorstand zu der Auffassung, dass die **Anfechtungsklage begründet** ist, hat er die Klage entweder anzuerkennen oder bei dem betroffenen Mitglied auf die Amtsniederlegung hinzuwirken.[44] Damit ist dem Anfechtungsinteresse Rechnung getragen. Anschließend kann der Vorstand die gerichtliche Bestellung nach § 104 unmittelbar beantragen, und wenn der Anfechtungsgrund nicht in der Person des Mitglieds lag, sondern zB in einem Formfehler, können nach Sondierung mit dem AG und den anderen Antragsberechtigten, soweit möglich, Chancen bestehen, dass dieselbe Person unbeschadet ihrer vorsorglichen Amtsniederlegung vom Gericht bestellt wird.

35 **c) Folgen der Unwirksamkeit der Wahl auf die Organbeschlüsse.** Von der Frage, ob eine Person wirksam Mitglied des Aufsichtsrats geworden ist, ist die Frage zu trennen, ob

---

[38] OLG Köln AG 2007, 822; OLG Köln ZIP 2011, 522 (524). Dazu kritisch *Schroeder/Pussar* BB 2011, 1930, die für die analoge Anwendung des § 104, aber kurze Bestellungsdauern plädieren. Anders wohl auch *Stadler/Berner* NZG 2003, 49 (53), vgl. dort auch zum Folgeproblem, was mit einer anhängigen Beschwerde geschieht, wenn das Gericht ein neues Aufsichtsratsmitglied bestellt.
[39] Hölters/*Simons* Rn. 7.
[40] OLG Köln ZIP 2011, 522 (524); AG Bonn AG 2011, 99; *Vetter* ZIP 2012, 701 (706); *Happ,* FS Hüffer, 293 (301); aA LG München I AG 2006, 762 (766); *Kocher* NZG 2007, 372 (373), der zwar die analoge Anwendung für geboten hält, allerdings selbst zugibt, dass die analoge Anwendung etwa bei Zweifeln an der persönlichen Eignung eines Aufsichtsratsmitglieds nicht hilfreich ist.
[41] So der Einwand des OLG Köln ZIP 2007, 508 (509); vgl. *Vetter/van Laak* ZIP 2008, 1806 (1811); *Vetter* ZIP 2012, 701 (706 f.); zurückhaltend gegenüber dem vermutlichen Ergebnis einer künftigen Wahl OLG Frankfurt ZIP 2015, 170.
[42] BGH ZIP 2013, 720.
[43] Kölner Komm AktG/*Mertens/Cahn* Rn. 13 halten dies für hinnehmbar.
[44] *Schroeder/Pussar* BB 2011, 1932; *Werner* WM 2014, 2207.

unter ihrer Beteiligung gefasste Beschlüsse des Organs Bestand haben. Unproblematisch wirksam sind alle Beschlüsse, die auch ohne die Mitwirkung dieser Person zustande gekommen wären, weil auch ohne ihre Berücksichtigung Beschlussfähigkeit und eine hinreichende Stimmenmehrheit vorlagen. Die Behandlung aller anderen Fälle ist seit langem streitig, hat aber durch die bereits zitierte BGH-Entscheidung[45] eine jdf. vorläufige Klärung gefunden.

Der Gesetzentwurf der Bundesregierung zum GlTeilhG, BT-Drucksache 18/3784 vom 20.1.2015, verweist auf Seite 149 auf die „zuletzt vom BGH herausgearbeiteten Regeln über die Wirksamkeit von Aufsichtsratsbeschlüssen im Fale der Wahlanfechtung" und hat damit die Begründung des BGH durch Aufnahme in den gesetzgeberischen Willen verfestigt.

Nach verbreiteter, jedoch umstrittener Auffassung ist die Wirksamkeit der Beschlüsse (wie in Fällen der angefochtenen Abberufung von Aufsichtsratsmitgliedern)[46] nach der **Lehre von der fehlerhaften Organstellung** zu beurteilen. Die Handlungen der (nichtig) gewählten Person sollen danach wie die Handlungen eines wirksam bestellten Aufsichtsratsmitglieds behandelt werden.[47] **36**

Vereinzelt wird sogar eine gesetzliche Klarstellung der generellen Wirksamkeit vorgenommener Rechtshandlungen in § 251 Abs. 3 AktG gefordert, um die insgesamt kritische Position eines Aufsichtsratsmitglieds, dessen Wahl angefochten wird, zu verbessern.[48] **37**

Gegen diese Auffassungen wird vorgebracht, die Gesellschaft (und deren Organbeschlüsse) sei im Fall der Anfechtung der Bestellung **nicht schutzwürdig,** weil sie geeignete Maßnahmen für den Fall des Verlustes des Anfechtungsprozesses hätte ergreifen können.[49] Diese Maßnahmen sind aber gerade nicht ersichtlich, weil eine Bestellung eines Ersatzmitglieds durch das Gericht aus den genannten Gründen ausscheidet. **38**

Der BGH hat sich gleichfalls gegen diese Lehre entschieden und sie im Ergebnis nur angewendet, soweit es um die Pflichten, Haftung und Vergütung des Mitglieds geht.[50] Im Übrigen ist es wie ein nicht stimmberechtigter Dritter zu behandeln. Nach der Auffassung des BGH würde das *ex tunc* Prinzip der Nichtigkeitserklärung, wie etwa in § 250 Abs. 1 und § 241 Nr. 5 zum Ausdruck gekommen, ansonsten völlig ausgehöhlt. Wird rückwirkend die Nichtigkeit der Wahl festgestellt, sind nach dieser strengen Auffassung **alle Beschlüsse,** die auf der Stimmabgabe dieses (Nicht-) Mitglieds beruhten, gleichfalls **nichtig.** Dies galt bereits nach ganz überwiegender Meinung bei offensichtlicher Nichtigkeit der Wahl wegen fehlender persönlicher Voraussetzungen nach §§ 100, 105 oder 250 Abs. 1 Nr. 1–3;[51] diese Grundsätze gelten auch bei Verstoß gegen § 96 Abs. 2 nF. Abweichend von der bisherigen Praxis sollte man aufgrund der Entscheidung die Stimmabgaben der Aufsichtsratsmitglieder, deren Wahl angefochten ist, namentlich protokollieren, um die Frage der Kausalität ihrer Stimme später nachvollziehen zu können. **39**

Für die Rechtsfolgen der Unwirksamkeit eines Aufsichtsratsbeschlusses kommt es nach dem BGH nunmehr darauf an, ob im **Einzelfall schutzwürdige Interessen** dafür sprechen, ihn wie einen wirksamen zu behandeln. Die in der Entscheidung dafür genannten Fallgruppen (Rechtsgeschäfte mit außenstehenden Dritten; Beschlüsse mit Bezug auf den Vorstand; Beschlussvorschläge für die Hauptversammlung und Feststellung des Jahresabschlusses) dürften nicht abschließend gemeint sein. **40**

---

[45] Fn. 37, vgl. *Florstedt* NZG 2014, 681.
[46] So *Vetter* ZIP 2012, 701 (706 f.); *Vetter*, Liber Amicorum M. Winter, 2011, 701 (708); *Vetter/van Laak* ZIP 2008, 1806 (1810); *Fett/Theusinger* AG 2010, 425 (429).
[47] *Bayer*/Lieder NZG 2012, 1 (6); *Schürnbrand* NZG 2008, 609 (612) mwN.
[48] *Baums/Drinhausen/Keinath* ZIP 2011, 2329 (2351).
[49] Vgl. Kölner Komm AktG/*Mertens/Cahn* Rn. 13;. *Vetter* ZIP 2012, 701 (704).
[50] Fn. 45; insoweit Bestätigung von BGHZ 168, 188.
[51] → Rn. 35: MüKoAktG/*Habersack* § 101 Rn. 70, 72; *Happ*, FS Hüffer, 293, 308; *Schürnbrand* NZG 2008, 609 (611). Vgl. BGHZ 168, 88 Rn. 14; BGHZ 47, 341 (345); BGHZ 11, 231 (246); *Vetter* ZIP 2012, 701 (707 f.); aA *Bayer*/Lieder NZG 2012, 1 (7).

41 **d) Dauernde Amtsverhinderung.** Der Wortlaut der Norm besagt nichts darüber, ob eine dauernde Amtsverhinderung zu einer gerichtlichen Ergänzung führen kann. Entscheidend ist, ob die Beschlussunfähigkeit des Aufsichtsrats dauerhaft besteht. Dazu muss das Aufsichtsratsmitglied längerfristig nicht in der Lage sein, seiner Überwachungsaufgabe aus § 111 nachzukommen oder seine Stimme zumindest schriftlich abzugeben, vgl. § 108 Abs. 3. Dies wäre bei **Krankheit oder Nichterreichbarkeit** aus anderen Gründen für eine erhebliche oder unabsehbare Zeit der Fall.[52]

42 In dieser Konstellation dauerhafter Verhinderung gibt es drei Möglichkeiten, die Beschlussfähigkeit zu sichern oder herzustellen: Wenn ein **Ersatzmitglied** nach § 101 Abs. 3 AktG bestellt ist, rückt es automatisch in den Aufsichtsrat ein, sobald das Aufsichtsratsmitglied vor Ablauf der Amtszeit wegen Verhinderung wegfällt.[53] Alternativ kann das verhinderte Aufsichtsratsmitglied in der Hauptversammlung nach § 103 Abs. 1 AktG **abberufen**[54] und ein neues bestellt werden, was jedoch bei außerordentlichen Hauptversammlungen einen nicht unerheblichen (Kosten-)aufwand mit sich bringt. Schließlich kann für die Dauer der Verhinderung auch ein Aufsichtsratsmitglied **vom Gericht bestellt** werden,[55] um die dauerhafte Funktionsfähigkeit des Aufsichtsrats aufrechtzuerhalten.[56]

43 Erfolgt keine Abberufung, stellt sich die Frage, ob das verhinderte Mitglied wieder sein Amt übernehmen kann, falls die **Verhinderung endet.** Richtigerweise hat die gerichtliche Bestellung eines Aufsichtsratsmitglieds nach Abs. 3 nicht zugleich die Bedeutung der Abberufung des verhinderten Mitlieds nach § 103 Abs. 3, so dass dessen Amt nur ruht. Das Ende der Verhinderung ist nicht stets offensichtlich, so dass Rechtsunsicherheit bestehen kann, wer das Amt ausübt. Daher ist im Fall der Ergänzung wegen Verhinderung eines Mitglieds ausnahmsweise das gerichtlich berufene Mitglied zunächst wieder vom Gericht abzuberufen, um insoweit Klarheit zu schaffen.[57]

44 **e) Vertretung eines verhinderten Vorstandsmitglieds.** Wird ein Aufsichtsratsmitglied vorübergehend nach § 105 Abs. 2 zum Vertreter eines verhinderten[58] **Vorstandsmitglieds** bestellt, gehört es zwar weiterhin dem Aufsichtsgremium an, es ist jedoch zwingend von der Ausübung seines Amtes ausgeschlossen. Eine gerichtliche Ersatzbestellung für die Dauer der Entsendung ist zulässig.[59] Legt das in den Vorstand entsandte Aufsichtsratsmitglied sein Vorstandsmandat nieder, ist der Mangel behoben und das Amt des gerichtlich bestellten Aufsichtsratsmitglieds erlischt.[60] Das ursprünglich bestellte Mitglied kann (und muss) seine Aufsichtsratstätigkeit wieder aufnehmen.

45 **f) Ergänzung auf die zur Beschlussfassung notwendige Anzahl.** Das Gericht ergänzt den Aufsichtsrat nur auf die zur Beschlussfassung **erforderliche** Anzahl an Mitgliedern, Abs. 1 S. 1. Bei einem zum Beispiel nach Satzung sechsköpfigen Aufsichtsrat wird bei zwei verbliebenen Aufsichtsratsmitgliedern nur ein weiteres Mitglied ergänzt.[61] Deshalb kann es sich empfehlen, zugleich eine weitere Ergänzung zur Vervollständigung eines unterbesetzten Aufsichtsrats zu beantragen, Abs. 2.

---

[52] Kölner Komm AktG/*Mertens/Cahn* Rn. 5; MüKoAktG/*Habersack* Rn. 12.
[53] *Krauel*/Fackler AG 2009, 688 ff. (689).
[54] Hüffer/*Koch* Rn. 10.
[55] Großkomm AktG/*Hopt/Roth* Rn. 19; Spindler/Stilz/*Spindler* Rn. 11.
[56] MüKoAktG/*Habersack* Rn. 12 f.; Kölner Komm AktG/*Mertens/Cahn* Rn. 5; Spindler/Stilz/*Spindler* Rn. 11; Hüffer/*Koch* Rn. 2; *Baumbach/Hueck* Rn. 7; *v. Godin/Wilhelmi* Anm. 2; UHH/*Ulmer/Habersack* MitbestG § 6 Rn. 56.
[57] Kölner Komm AktG/*Mertens/Cahn* Rn. 34; Vgl für die Gegenmeinung *Krauel/Fackler* AG 2009, 688, die bei Wiederaufleben des Amtes nach Beendigung der Verhinderung auf S. 690 von einem automatischen Ausscheiden des gerichtlich bestellten Mitglieds ausgehen.
[58] Spindler/Stilz/*Spindler* Rn. 11.
[59] Kölner Komm AktG/*Mertens/Cahn* Rn. 5 f.; → § 105 Rn. 86; aA MHdB AG/*Hoffmann-Becking* § 29 Rn. 13 und § 30 Rn. 32, der sich gegen eine gerichtliche Bestellung ausspricht, da seiner Ansicht nach bei der Delegation eines Aufsichtsmitglieds in den Vorstand gar keine Vakanz entstehe.
[60] MüKoAktG/*Habersack* Rn. 13; Kölner Komm AktG/*Mertens/Cahn* Rn. 4.
[61] Beispiel angelehnt an MüKoAktG/*Habersack* Rn. 23.

2. Antragstellung. Das Gericht wird nicht von Amts wegen tätig. Es bedarf **immer** 46 **eines Antrags** für die gerichtliche Bestellung eines Aufsichtsratsmitglieds. Antragsberechtigt sind der Vorstand, Aufsichtsratsmitglieder, Aktionäre und in Fällen der Mitbestimmung die in Abs. 1 S. 3 und 4 aufgeführten Arbeitnehmer bzw. Arbeitnehmervertreter bzw. Gremien/Interessenvertreter. Die Gesellschaft selbst hat kein Antragsrecht; Dritte ebenso wenig, sie können aber bei Gericht anregen, den Vorstand zur Antragstellung zu veranlassen.[62] Der Antrag muss die zu bestellenden Personen nicht namentlich vorschlagen. Es ist aber üblich, eine **Mehrzahl von Personen** zur Auswahl zu benennen, zweckmäßigerweise bereits mit deren Erklärung der Bereitschaft zur Amtsübernahme.

a) **Antragstellung durch den Vorstand. aa) Antragspflicht.** Der Vorstand ist bei 47 Vorliegen der Beschlussunfähigkeit als Gesamtorgan zur Antragstellung verpflichtet, § 104 Abs. 1 S. 2. Ihn trifft dagegen keine Antragspflicht, wenn dem Aufsichtsrat nicht die erforderliche Anzahl an Mitgliedern angehört, Beschlussfähigkeit aber gegeben ist. Tritt Beschlussunfähigkeit ein, muss der Vorstand als Ausdruck seiner Sorgfaltspflicht den Antrag **unverzüglich,** also ohne schuldhaftes Zögern iSv § 121 BGB, stellen, Abs. 1 S. 2.[63] Er kann durch Festsetzung eines Zwangsgelds zur Antragstellung angehalten werden, § 407 Abs. 1 S. 1. Die schuldhaft unterlassene Antragstellung kann eine Schadensersatzpflicht begründen, § 93 Abs. 1, und ggf. zur Abberufung nach § 84 Abs. 3 führen.[64]

Der Vorstand muss den Antrag in vertretungsberechtigter Zahl stellen, § 78. Vor der 48 Antragstellung muss er im Rahmen seiner Geschäftsführungskompetenz, § 78, über die Antragstellung beschließen. Die **Zuständigkeit des Gesamtvorstandes** ist zwingend, von ihr kann nicht aufgrund Geschäftsordnung abgewichen werden.[65]

Auch ein einzelnes Vorstandsmitglied kann im Falle einer **unechten Gesamtvertretung** 49 in Gemeinschaft mit einem Prokuristen den Antrag stellen.[66]

Der Antrag muss vom Vorstand **im eigenen Namen** gestellt werden. Die Gesellschaft 50 selbst ist nicht antragsberechtigt. Eine Antragstellung des Vorstands in Vertretung der Gesellschaft schadet jedoch nicht, weil sie umgedeutet werden kann.[67]

bb) **Befreiung von der Antragspflicht.** Der Vorstand ist von der Pflicht zur unver- 51 züglichen Antragstellung befreit, wenn mit Sicherheit zu erwarten ist, dass der Aufsichtsrat **rechtzeitig** vor der nächsten Aufsichtsratssitzung **in einem normalen Verfahren** auf die zur Beschlussfassung nötige Zahl von Aufsichtsratsmitgliedern ergänzt wird, § 104 Abs. 1 S. 2 Halbs. 2.

Dies setzt jedoch voraus, dass der Vorstand mit den möglichen Wahlorganen wie der 52 Hauptversammlung, den Arbeitnehmervertretern oder Entsendungsberechtigten Kontakt aufnimmt, um sich diese **Gewissheit zu verschaffen**.[68]

b) **Antragstellung durch das Aufsichtsratsmitglied.** Der Aufsichtsrat als Organ hat 53 kein gesetzlich fixiertes Antragsrecht. Dem einzelnen Aufsichtsratsmitglied steht jedoch ein Antragsrecht zu, wenn das Organ Aufsichtsrat beschlussunfähig ist, § 104 Abs. 1 S. 1. Eine gesetzlich vorgeschriebene Antragspflicht geht damit nicht einher, kann sich jedoch aufgrund von Überwachungs-, Treue- und Fürsorgepflichten zur Sicherstellung eines funktionsfähigen Aufsichtsrats ergeben.[69] Verstöße gegen die **Verpflichtung zur Stellung des Antrags** können zur Schadensersatzpflicht nach §§ 116, 93 Abs. 1 führen.

---

[62] Vgl. nur MüKoAktG/*Habersack* Rn. 22.
[63] *Baumbach/Hueck* Rn. 4 wollen dies bereits bei der sicheren Erwartung des Eintritts der Verhinderung annehmen.
[64] *Baumbach/Hueck* Rn. 4.
[65] HM, vgl. Hüffer/*Koch* § 77 Rn. 17.
[66] Kölner Komm AktG/*Mertens/Cahn* Rn. 8; Hüffer/*Koch* Rn. 3; *Schmatz* WM 1955, 642 (645); MüKo-AktG/*Habersack* Rn. 16; Spindler/Stilz/*Spindler* Rn. 14; NK-AktG/*Breuer/Fraune* Rn. 3.
[67] KG OLGZ 1966, 596 (597 f.); Kölner Komm AktG/*Mertens/Cahn* Rn. 8; Hüffer/*Koch* Rn. 3.
[68] Großkomm AktG/*Hopt/Roth* Rn. 31.
[69] Kölner Komm AktG/*Mertens/Cahn* Rn. 10; MüKoAktG/*Habersack* Rn. 18; *Wagner* in Semler/v. Schenck AR HdB § 2 Rn. 41; *Baumbach/Hueck* Rn. 4; *v. Godin/Wilhelmi* Anm. 5.

54 **c) Antragsrecht der Anteilseigner.** Der Anteilseigner hat ein rechtliches Interesse an der Sicherstellung eines funktionsfähigen Aufsichtsrats. Ihm steht unabhängig vom Umfang seiner Beteiligung ein eigenes Antragsrecht zu.[70]

55 **d) Antragsrecht bei mitbestimmten Gesellschaften.** Der Kreis der Antragsberechtigten erweitert sich um die im Gesetz Aufgeführten, wenn der Aufsichtsrat unter Arbeitnehmerbeteiligung gebildet werden muss, Abs. 1 S. 3.

56 **aa) Betriebsrat.** Existiert in dem Unternehmen nur ein Betriebsrat, so ist dieser antragsberechtigt, Abs. 1 S. 3 Nr. 1.

57 **bb) Gesamtbetriebsrat.** Der Gesamtbetriebsrat der Gesellschaft ist antragsberechtigt, Abs. 1 S. 3 Nr. 1. Nehmen die Arbeitnehmer selbst oder durch Delegierte an der Wahl teil, ist auch der Gesamtbetriebsrat eines anderen Unternehmens antragsberechtigt, Abs. 1 S. 3 Nr. 3. Zu den „anderen Unternehmen" gehören vor allem abhängige Konzernunternehmen.

58 **cc) Konzernbetriebsrat.** Der Konzernbetriebsrat hat ein Antragsrecht, wenn das Unternehmen herrschendes Konzernunternehmen ist, Abs. 1 S. 3 Nr. 1.

59 **dd) Sprecherausschüsse.** Grundsätzlich haben auch Sprecherausschüsse eine Antragsberechtigung. Je nach betrieblicher Errichtung kommen der Sprecherausschuss, der Gesamtsprecherausschuss oder der Unternehmenssprecherausschuss in Betracht, Abs. 1 S. 3 Nr. 2, §§ 1, 16, 20 des Sprecherausschussgesetzes. Der **Konzernsprecherausschuss** hat ein Antragsrecht, wenn die Gesellschaft herrschendes Unternehmen eines Konzerns ist, Abs. 1 S. 3 Nr. 2. Nehmen die Arbeitnehmer selbst oder durch Delegierte an der Wahl teil, sind auch Sprecherausschüsse eines anderen Unternehmens antragsberechtigt, Abs. 1 S. 3 Nr. 4.

60 **ee) Arbeitnehmer.** Arbeitnehmer haben ein rechtliches Interesse an der Funktionsfähigkeit des Aufsichtsrats. Jedoch hängt ihre Antragsberechtigung von dem Erreichen eines **Quorums** ab: mindestens ein Zehntel oder einhundert der Arbeitnehmer, die selbst oder durch Delegierte an der Wahl teilnehmen, können den Antrag stellen, Abs. 1 S. 3 Nr. 5.

61 Im Anwendungsbereich des **MitbestG** sieht Abs. 1 Satz 4 zur Wahrung der Gruppenparität eine über das erwähnte Antragsrecht hinausgehende Antragsberechtigung vor. Demnach ist mindestens ein Zehntel der im MitbestG bezeichneten wahlberechtigten Arbeitnehmer oder der wahlberechtigten leitenden Angestellten antragsberechtigt.

62 **ff) Spitzenorganisationen der Gewerkschaften.** Den Spitzenorganisationen der Gewerkschaften wie DGB oder DAG steht ein Antragsrecht nur zu, wenn sie das Recht haben, Arbeitnehmervertreter als Aufsichtsratsmitglieder vorzuschlagen, d. h. im Bereich der Montan-Mitbestimmung, Abs. 1 S. 3 Nr. 6.[71]

63 **gg) Gewerkschaften.** Die Antragsberechtigung der Gewerkschaft setzt das Recht der Gewerkschaft voraus, Arbeitnehmervertreter als Aufsichtsratsmitglieder vorzuschlagen, Abs. 1 S. 3 Nr. 7.

64 In der Praxis wird der Antrag bei der Ersatzbestellung eines oder mehrerer Arbeitnehmervertreter regelmäßig von der in dem Unternehmen vertretenen Gewerkschaft im **Einvernehmen mit den Betriebsräten** gestellt.[72] Kosten des auf Antrag der Gewerkschaft durchgeführten Verfahrens fallen dieser zur Last und nicht etwa der Gesellschaft.[73]

---

[70] Vgl. MüKoAktG/*Habersack* Rn. 18; Hüffer/*Koch* Rn. 4; K. Schmidt/Lutter/*Drygala* Rn. 6.
[71] Vgl. Großkomm AktG/*Hopt*/*Roth* Rn. 36 und 77 ff.
[72] *Birth* BetrR 1998, 29 (30).
[73] So OLG Düsseldorf AG 1994, 424.

III. Ergänzung zur Vervollständigung der Mitgliederzahl im Aufsichtsrat (Abs. 2)

1. Ergänzung des unterbesetzten Aufsichtsrats. Abs. 2 sieht die gerichtliche Ergänzung des (nur) unterbesetzten Aufsichtsrats vor. Da der Aufsichtsrat in dieser Konstellation handlungsfähig ist, statuiert das Gesetz hier im Grundsatz geringere Pflichten, dem Zustand abzuhelfen, bei längeren Fristen. Es muss der Aufsichtsrat **mindestens drei Monate** unterbesetzt gewesen sein oder ein dringender Fall nach Abs. 2 S. 2 vorliegen, um eine gerichtliche Ergänzung herbeizuführen. 65

Unterbesetzung bedeutet, dass dem Aufsichtsrat weniger Mitglieder als die gesetzlich[74] oder satzungsmäßig festgesetzte Zahl angehören, Abs. 2 S. 1. Hierzu kann es durch Ausscheiden einzelner Aufsichtsratsmitglieder kommen. Als denkbare Gründe für eine Unterbesetzung kommen beispielsweise Amtsniederlegung, Tod, dauernde Verhinderung, die statutarische Vergrößerung des Aufsichtsrats, der Amtsverlust nach Durchführung des Statusverfahrens, die Folgen einer Umwandlung oder die freiwillige zahlenmäßige Erweiterung eines mitbestimmten Aufsichtsrats in Betracht.[75] Die bloße **Anhängigkeit einer Wahlanfechtungsklage** begründet *per se* keine Unterbesetzung.[76] 66

Die längeren Fristen bei Unterbesetzung sollen es der Hauptversammlung ermöglichen, den Aufsichtsrat **selbst zu ergänzen**.[77] Geschieht dies nicht, so ergänzt das Gericht den Aufsichtsrat auf Antrag auf die zu seiner vollständigen Besetzung erforderliche Zahl von Mitgliedern. 67

a) Ablauf der Dreimonatsfrist. Bevor eine gerichtliche Ergänzung des Aufsichtsrats auf die volle Mitgliederzahl erfolgen darf, muss der Ablauf der Dreimonatsfrist abgewartet werden. Nur in dringenden Fällen braucht diese Frist nicht eingehalten zu werden, Abs. 2 S. 2 (→ Rn. 70 f.). Die dreimonatige Frist soll den zur Bestellung Berechtigten die Möglichkeit geben, die vakante Aufsichtsratsposition selbst wieder zu besetzen. Erst wenn dies über drei Monate hinweg aus welchem Grund auch immer unterlassen wird, hat das **Gericht auf Antrag** einzugreifen.[78] Die Gründe für die Unterbesetzung sind nicht von Bedeutung. 68

Der **Fristlauf** beginnt in dem Zeitpunkt, in dem das Aufsichtsratsmitglied objektiv wegfällt, bei Wegfall mehrerer Aufsichtsratsmitglieder mit dem Wegfall des ersten.[79] Die Fristberechnung erfolgt nach § 187 BGB. 69

b) Dringende Fälle Abs. 2 Nr. 2. Das Gericht hat den Aufsichtsrat in dringenden Fällen auf Antrag bereits vor Ablauf der Dreimonatsfrist zu ergänzen, Abs. 2 S. 2.[80] Der Antrag bedarf einer **konkreten Begründung** für die Dringlichkeit. Der bloße Hinweis, die Gesellschaft sei auf einen funktionsfähigen Aufsichtsrat angewiesen, reicht für die Annahme eines dringenden Falls regelmäßig nicht aus.[81] 70

Kraft Gesetzes liegt ein dringender Fall vor, wenn der **mitbestimmte Aufsichtsrat** nicht vollständig besetzt ist, Abs. 3 Nr. 2. Damit dient die Vorschrift dazu, Störungen der Parität zu verhindern.[82] Dies gilt nicht hinsichtlich eines „weiteren" Mitglieds (→ Rn 80) und auch 71

---

[74] § 95; § 7 Abs. 1, 2 MitbestG; § 4 Abs. 1 MontanMitbestG; § 5 Abs. 1 MitbestErgG; § 76 Abs. 1 DrittelbG.
[75] Vgl. Spindler/Stilz/*Spindler* Rn. 28; Hölters/*Simons* Rn. 12; Schnitker/Grau NZG 2007, 486 (489); *Meier* NZG 2000, 190 (191); Bayer/Hoffmann AG 2014, 144.
[76] OLG Köln AG 2007, 822; OLG Köln ZIP 2011, 522 (523 ff.); AG Bonn AG 2011, 99; kritisch *Schroeder/Pussar* BB 2011, 1930 (1932 ff.); aA *Kocher* NZG 2007, 372 (373 f.).
[77] K. Schmidt/Lutter/*Drygala* Rn. 12.
[78] Hüffer/*Koch* Rn. 6.
[79] So auch MüKoAktG/*Habersack* Rn. 25; aA Hölters/*Simons* Rn. 13, demzufolge für jedes Mitglied eine eigene Fristberechnung erfolgen soll.
[80] *Niewiarra/Servatius*, FS Johannes Semler, 217 (220 ff.) sprechen sich für eine ersatzlose Abschaffung des Abs. 2 S. 2 aus. Sie sind der Ansicht, dass es Sache der Anteilseigner sei, ob sie den Aufsichtsrat vollständig besetzen wollen oder nicht.
[81] AG Detmold AG 1983, 24 (25) mit Anm. *Paefgen*.
[82] LG Hannover ZIP 2009, 761 (762); AG Frankfurt a. M. AG 2006, 593 f.

nicht für Gesellschaften, die dem Anwendungsbereich des DrittelbG unterliegen. Wann ein dringender Fall gegeben ist, sagt das Gesetz im Übrigen nicht. Mit der genannten Ausnahme muss der Aufsichtsrat nicht immer in voller Besetzung handeln. Wenn Satzung oder Gesetz aber eine bestimmte Mitgliederzahl vorsehen, ist der darin zum Ausdruck gekommene Wille anzuerkennen und umzusetzen. Daher kann eine Unterbesetzung nicht auf Dauer ohne Möglichkeiten zur Abhilfe hingenommen werden, denn die Spannung zwischen der Sollstärke einerseits und der Zahl der tatsächlichen Bestellungen andererseits wird zu groß, als dass die Tätigkeit des Aufsichtsrats eine tragfähige Grundlage hätte. Dennoch sind Vorstand und Aufsichtsrat nicht verpflichtet, Antragsrechte nach Abs. 2 auszuüben.[83]

72   aa) Entscheidungen von weitreichender Bedeutung. Das gilt insbesondere, wenn weitreichende Entscheidungen anstehen. Eine vollständige Besetzung des Aufsichtsrats ist dringend geboten, wenn der Aufsichtsrat in einer bevorstehenden Sitzung Entscheidungen zu treffen hat, die **weitreichende oder grundlegende Bedeutung** für die Zukunft des Unternehmens haben und damit von wesentlicher Bedeutung für den Bestand oder die Struktur der Gesellschaft sind.[84]

73   Solche Entscheidungen sind die Bestellung und Abberufung von Vorstandsmitgliedern gem. § 84, Entscheidungen bei bevorstehender Umwandlung,[85] im Zusammenhang mit Übernahmeangeboten oder wesentlichen M&A-Transaktionen, strategische Entscheidungen oder Entscheidungen bei krisenhafter Zuspitzung der Vermögenslage der Gesellschaft.[86]

74   bb) Unterrepräsentation. Eine bestehende Unvollständigkeit begründet für sich allein zwar keinen dringenden Ergänzungsbedarf. Ein beschlussfähiges Gremium sollte aber **keine Beschlüsse fassen,** wenn es nur mit einer Minderheit besetzt ist oder im Anwendungsbereich des DrittelbG die Anteilseigner- oder Arbeitnehmerseite unterrepräsentiert ist. Es gilt, Zufallsergebnisse bei der Beschlussfassung zu vermeiden.[87] Eine gerichtliche Bestellung ist daher über den Wortlaut des Abs. 3 Nr. 2 hinaus dringlich, wenn bei Anstehen wichtiger Entscheidungen entweder die Arbeitnehmer- oder die Anteilseignerseite nicht entsprechend ihrem normalen Verhältnis im Aufsichtsrat repräsentiert ist und dadurch Auswirkungen auf die Beschlussfassung zu befürchten sind.

75   cc) Fehlen eines Aufsichtsratsvorsitzenden oder seines Stellvertreters. Abs. 2 erfasst seinem Wortlaut nach **nicht** den Fall, dass dem Aufsichtsrat sein Vorsitzender oder dessen Stellvertreter fehlt. Ein Aufsichtsrat kann aber ohne Vorsitzenden nicht ordnungsgemäß agieren. Daher ist es überwiegende Meinung, dass in analoger Anwendung der Norm eine gerichtliche Bestellung des Vorsitzenden und sogar des Stellvertreters als dringender Fall möglich sein soll, wenn sich unter den vorhandenen Mitgliedern keine für die Übernahme eines solchen Amtes geeignete oder bereite Person befindet oder die Wahl scheitert.[88]

---

[83] BayOLG NZG 2000, 647; Kölner Komm AktG/*Mertens/Cahn* Rn. 15; MüKoAktG/*Habersack* Rn. 30; Großkomm AktG/*Hopt/Roth* Rn. 54; MHdB AG/*Hoffmann-Becking* § 30 Rn. 36; K. Schmidt/Lutter/*Drygala* Rn. 14.

[84] OLG Hamm AG 2011, 384 (386); LG Wuppertal AG 1970, 174 (175) zufolge ist ein dringender Fall schon dann gegeben, wenn es gilt, „Nachteile von der Gesellschaft abzuwenden"; Kölner Komm AktG/*Mertens/Cahn* Rn. 17; Hüffer/*Koch* Rn. 7; NK-AktG/*Breuer/Fraune* Rn. 9.

[85] Beispielsweise spielen gesetzliche Fristenregelungen, steuerliche Überlegungen und die spezifische Anteilseignerstruktur eine Rolle, AG Wuppertal DB 1971, 764 (765). Kritisch hierzu *Niewiarra/Servatius*, FS Johannes Semler, 217 (220).

[86] AG Detmold AG 1983, 24 (25); Hüffer/*Koch* Rn. 7; Spindler/Stilz/*Spindler* Rn. 30; Hölters/*Simons* Rn. 15; zur Kasuistik MüKoAktG/*Habersack* Rn. 27.

[87] Vgl. Hüffer/*Koch* Rn. 7.

[88] Kölner Komm AktG/*Mertens/Cahn* Rn. 3, § 107 Rn. 22 f.; Hüffer/*Koch* § 107 Rn. 3b; MüKoAktG/*Habersack* § 107 Rn. 25; Spindler/Stilz/*Spindler* § 107 Rn. 27; Fett/Theusinger AG 2010, 425 (427 f.); Bürgers/Körber/*Bürgers/Israel* Rn. 1, 11; Lutter/Krieger AG, 5. Aufl. 2009, Rn. 656, 671; aA → § 107 Rn. 33; WWKK/*Koberski* MitbestG § 27 Rn. 7; *Niewiarra/Servatius*, FS Johannes Semler, 217 (225 f.), die der Meinung sind, dass eine analoge Anwendung ausgeschlossen sei, weil die Wahl des Vorsitzenden eindeutig dem Aufsichtsrat zugewiesen ist.

Diese Ansicht ist zu Recht pragmatisch an der Handlungsfähigkeit der Gesellschaft **76**
orientiert. Voraussetzung der Bestellung einer Person, die noch nicht Mitglied ist, ist freilich,
dass eine freie Position vorhanden ist, ggf. aufgrund Rücktritts. **Gegen die Analogie**
spricht, dass statt dessen ein neues Aufsichtsratsmitglied bestellt und aus der Mitte der
Aufsichtsratsmitglieder sodann zum neuen Vorsitzenden gewählt werden könnte. Zu einer
gerichtlichen Bestellung würde es überdies nur kommen, wenn sich der Aufsichtsrat intern
nicht einigen konnte. Zweifelhaft ist, ob ein Richter besser als die Mitglieder zu beurteilen
vermag, wer geeigneter Vorsitzender ist.[89] Zum Glück ist das Problem – vielleicht aus diesen
Gründen – praktisch kaum relevant.

dd) Bevorstehende Aufsichtsratssitzung. Das Bevorstehen einer Aufsichtsratssitzung **77**
ist für sich allein kein dringender Fall. Bei börsennotierten Gesellschaften und nicht
börsennotierten Gesellschaften, die nichts Abweichendes beschlossen haben, muss der Aufsichtsrat zweimal im Kalenderhalbjahr tagen, § 110 Abs. 3. Das Gericht hat aber erst ein
Ergänzungsrecht, wenn der Aufsichtsrat länger als drei Monate unvollständig besetzt ist. Das
Gesetz nimmt also die Sitzung eines nicht voll besetzten Aufsichtsrats in Kauf.

2. Kein Antragszwang. Das gerichtliche Ergänzungsverfahren wegen Unvollständigkeit **78**
erfordert ebenso wie das Verfahren bei fehlender Beschlussfähigkeit nach Abs. 1 einen
Antrag, Abs. 2 S. 3, Abs. 1. Das Gericht wird **nicht von Amts wegen** tätig. Anders als bei
der Ergänzung zur Herstellung der Beschlussfähigkeit ist der Vorstand zur Antragstellung
nicht verpflichtet[90] und kann durch Ordnungsstrafen nicht hierzu angehalten werden.[91]
Das Gesetz weist das Antragsrecht denselben Personen zu wie bei der Ergänzung zur **79**
Herstellung der Beschlussfähigkeit, Abs. 2 S. 3.[92]

IV. Mitbestimmungsbedingte Sonderregelungen zur Ergänzung nach Abs. 2 (Abs. 3)

1. Keine Ergänzung wegen Fehlens des „weiteren Mitglieds", Abs. 3 Nr. 1. **80**
Abs. 3 Nr. 1 untersagt die gerichtliche Bestellung des weiteren Mitglieds, welches die
übrigen Aufsichtsratsmitglieder im Anwendungsbereich der mitbestimmungsrechtlichen
Vorschriften auf Vorschlag der Hauptversammlung wählen. Für Aufsichtsräte, die sich nach
dem MontanMitbestG oder dem MitbestErgG zusammensetzen, gelten für eine gerichtliche
Ergänzung die Sonderregelungen der §§ 4 Abs. 1 S. 2 lit. c, 8 Abs. 3 MontanMitbestG, 5
Abs. 1 S. 2 Buchst. c, Abs. 3 MitbestErgG. Der Weg über die aktienrechtliche Bestellung ist
selbst dann ausgeschlossen, wenn ein dringender Fall iSd. Abs. 2 S. 2[93] vorliegen würde.[94]
Das „neutrale" Aufsichtsratsmitglied benötigt nach der Vorstellung des Gesetzgebers **das
Vertrauen aller;**[95] das heißt der beiden Bänke des Aufsichtsrats. Eine gerichtliche Bestellung kann dieses Vertrauen jedoch nicht vermitteln.[96] Das weitere Mitglied kann nur im
regulären Verfahren bestellt werden (→ Rn. 90).
Das Verbot gilt nur für die gerichtliche Ergänzung zur Vervollständigung der Mitgliederzahl und ist nur dort relevant. Da das weitere Mitglied bei der Beschlussfähigkeit nicht
mitzählt,[97] wäre seine gerichtliche Bestellung insoweit ohnehin keine Abhilfe.[98]

---

[89] *Fett/Theusinger* AG 2010, 425 (428).
[90] BayObLG DB 2000, 1655.
[91] Dies folgt aus dem Verweis in § 407 auf § 104 Abs. 1.
[92] Siehe dazu im Einzelnen → Rn. 46 ff.
[93] Abs. 2 S. 2. Vgl. zum dringenden Fall → Rn. 70 ff.
[94] Hüffer/*Koch* Rn. 8.
[95] Hüffer/*Koch* Rn. 8; Kölner Komm AktG/*Mertens/Cahn* Rn. 23.
[96] Hölters/*Simons* Rn. 19; Hüffer/*Koch* Rn. 8; Spindler/Stilz/*Spindler* Rn. 32; K. Schmidt/Lutter/*Drygala* Rn. 19.
[97] Vgl. § 10 MontanMitbestG, § 11 MitbestErgG.
[98] Vgl. § 10 MontanMitbestG, § 11 MitbestErgG. Hingegen entschied das OLG München NZG 2009, 1149, dass es im Einzelfall zweckmäßig sein kann, ein „neutrales" Aufsichtsratsmitglied zu bestellen, wenn

81 **2. Dringender Fall kraft Gesetzes in mitbestimmten Gesellschaften, Abs. 3 Nr. 2.** In Gesellschaften, die dem Anwendungsbereich des MitbestG, des MontanMitbestG oder des MitbestErgG unterfallen, liegt von Gesetzes wegen ein dringender Fall vor, wenn der Aufsichtsrat nicht die **gesetzliche oder satzungsmäßig festgelegte** Mitgliederzahl aufweist, Abs. 3 Nr. 2.[99] Eine weitere Begründung der Dringlichkeit ist nicht erforderlich. Das Gesetz macht somit das Abwarten der Dreimonatsfrist entbehrlich, da die Wahrung der Gruppenbesetzung im öffentlichen Interesse liegt. Jedoch verzichtet das Gesetz nicht auf die Antragstellung.

82 Bei einem nach § 76 **DrittelbG** zusammengesetzten Aufsichtsrat kann das Fehlen eines Arbeitnehmervertreters nicht als dringender Fall angesehen werden.[100] Die Drittelbeteiligung gewährt den Arbeitnehmervertretern nicht den gleichen Einfluss wie die paritätische Besetzung nach anderen Mitbestimmungsgesetzen.

V. Sonderregelungen für Aufsichtsräte mit Arbeitnehmerbeteiligung (Abs. 4)

83 Das Gericht entscheidet nach pflichtgemäßem richterlichem Ermessen und ist folglich grundsätzlich **nicht an die vorgeschlagenen Personen gebunden**,[101] es hat jedoch die Einschränkungen aus § 104 Abs. 4 zu beachten. Das Gericht hat dabei auf etwaige Interessenkonflikte einzugehen und zu überprüfen, ob die Bestellung im Interesse der Gesellschaft liegt.[102] Darüber hinaus prüft das Gericht, ob der zu Bestellende die hinreichende Qualifikation besitzt.[103] Insbesondere müssen die Bestellung und das gerichtlich zu bestellende Aufsichtsratsmitglied den Anforderungen der §§ 100 Abs. 2 und 105 AktG genügen.[104]

84 **1. Einschränkung der gerichtlichen Auswahl bei Arbeitnehmerbeteiligung im Aufsichtsrat.** Bei Ergänzung zur Vervollständigung der Mitgliederzahl eines unter Arbeitnehmerbeteiligung zusammengesetzten Aufsichtsrats hat das Gericht das zahlenmäßige Verhältnis zu beachten, Abs. 4 Satz 1.[105] Insoweit muss es die Vorschriften über die gesetzliche **Parität und den Gruppenproporz** berücksichtigen, vgl. §§ 7 Abs. 1 und Abs. 2, 15 Abs. 2 MitbestG.[106] Je nachdem, welches Aufsichtsratsmitglied fehlt, ist ein Aufsichtsratsmitglied aus den Reihen der Anteilseigner oder der Arbeitnehmer zu bestellen.

85 Für die Ergänzung zur Herstellung der Beschlussfähigkeit nach Abs. 1 gilt grundsätzlich das Gleiche wie für die Ergänzung zur Vervollständigung der Mitgliederzahl, Abs. 2. Wenn mehrere Aufsichtsratsmitglieder fehlen, es aber nur eines einzigen zur Herstellung der Beschlussfähigkeit **bedarf,** Abs. 4 S. 2, kann das Gericht auch nur eines bestellen. Da das Gesetz der Beachtung des Gruppenproporzes besondere Bedeutung beimisst, wie man Abs. 3 Ziff. 2 entnehmen kann, sollte der gerichtlich Bestellte der benachteiligten Gruppe angehören.[107]

---

erhebliche Interessengegensätze vorliegen und nachhaltige Streitigkeiten im Kreis der Aktionäre vorliegen. Dies dürfte jedoch einen atypischen Sonderfall darstellen, der insoweit nicht der Regel entspricht.

[99] *Niewiarra/Servatius,* FS Johannes Semler, 217 (228) sprechen sich für eine Abschaffung des Abs. 3 Nr. 2 aus.
[100] *v. Godin/Wilhelmi* Anm. 4; *Niewiarra/Servatius,* FS Johannes Semler, 217 (225); *Birth* BetrR 1998, 29 (30).
[101] OLG Hamm NZG 2013, 1099; OLG München AG 2009, 747; BayObLG NZG 1998, 69 (70); OLG Schleswig NZG 2004, 669; AG Berlin-Charlottenburg AG 2005, 133.
[102] Vgl. hinsichtlich der Interessenlage LG Frankfurt a. M. AG 2006, 593 (594) und OLG Schleswig-Holstein NZG 2004, 669 (670) sowie hinsichtlich einer Pflichtenkollision LG Hannover ZIP 2009, 761 (762) und OLG Schleswig AG 2004, 453 (454).
[103] OLG München AG 2009, 745 (746); OLG Schleswig AG 2004, 453 (454); MHdB AG/*Hoffmann-Becking* § 30 Rn. 37; Kölner Komm AktG/*Mertens/Cahn* Rn. 19; Spindler/Stilz/*Spindler* Rn. 21; NK-AktG/*Breuer/Fraune* Rn. 10.
[104] OLG Schleswig-Holstein NZG 2004, 669.
[105] BayObLG ZIP 1997, 1883 (1884); Hüffer/*Koch* Rn. 9; NK-AktG/*Breuer/Fraune* Rn. 10.
[106] UHH/*Ulmer/Habersack* MitbestG § 6 Rn. 61.
[107] Str., wie hier Hüffer/*Koch* Rn. 9; aA *Baumbach/Hueck* Rn. 13, die der Ansicht sind, dass das Gericht in diesem Fall eine neutrale Person bestellen sollte.

Es empfiehlt sich in diesen Fällen, zugleich eine **weitere Ergänzung** zur gesetzlichen 86 oder satzungsmäßigen Vervollständigung des Aufsichtsrats zu beantragen, um das vorgesehene Verhältnis zwischen den Anteilseigner- und Arbeitnehmervertretern herzustellen.

2. Bindung des Gerichts an das Vorliegen von besonderen persönlichen Voraus- 87 **setzungen.** Das Gericht **muss darauf achten,** dass das zu bestellende Aufsichtsratsmitglied die besonderen persönlichen Voraussetzungen erfüllt, die das Gesetz oder die Satzung fordern, Abs. 4 S. 3.

a) Gesetzliche Voraussetzungen. aa) Persönliche Voraussetzungen. Für Aufsichts- 88 ratsmitglieder der Arbeitnehmer sehen die Mitbestimmungsgesetze neben dem Bestehen eines Arbeitsverhältnisses mit dem zu überwachenden Unternehmen unterschiedliche **persönliche Voraussetzungen und Hinderungsgründe** für deren Wählbarkeit vor. Das Gericht muss bei seiner Auswahl die betreffenden Vorschriften der §§ 100, 105 AktG, § 4 Abs. 2, Abs. 3 DrittelbG, §§ 7 Abs. 2, Abs. 3, 15 Abs. 1 S. 2 MitbestG berücksichtigen und das gesetzlich bestimmte Verhältnis der Arbeitnehmervertreter zueinander wahren oder wiederherstellen.[108] Das gilt spätestens ab dem 1.1.2016 auch für die Beachtung des § 96 Abs. 2 und 3 nF sowie § 25 Abs. 2 EGAktG, wie nachstehend in VI. ausgeführt.

bb) Fachliche Mindestvoraussetzungen. Das gerichtlich bestellte Aufsichtsratsmitglied 89 muss die von jedem Aufsichtsratsmitglied geforderten Mindestvoraussetzungen mitbringen. Wenn diese fehlen, darf das Gericht die betreffende Person nicht bestellen.[109] Es handelt sich dabei um Anforderungen, die nicht ausdrücklich gesetzlich festgelegt sind, ihren Ursprung jedoch in den aufgaben- und haftungsbestimmten Anforderungen an die Aufsichtsratstätigkeit finden. Das Gesetz setzt voraus, dass jedes Aufsichtsratsmitglied die zur Ausführung seines Amtes notwendigen Kenntnisse und Erfahrungen mitbringt.[110] Das Vorliegen der Mindestvoraussetzungen bei dem in Aussicht genommenen Mandatsträger ist zwar nicht Entscheidungsgegenstand des Gerichts. Aber es muss die **Schlüssigkeit des Antrags** im Hinblick auf die Qualifikation des Kandidaten, insbesondere im Hinblick auf seine Kenntnisse, Fähigkeiten und Erfahrungen überprüfen. Wenn diese Überprüfung negativ ausfällt, darf das Gericht die Vorschläge der vorschlagsberechtigten Gremien und Organisationen nicht berücksichtigen.

b) Satzungsmäßige Voraussetzungen. Satzungsmäßige Voraussetzungen gibt es nur 90 für Aufsichtsratsmitglieder der Anteilseigner. Für die Vertreter der Arbeitnehmer kann die Satzung keine persönlichen Voraussetzungen vorsehen.[111] Da das Gericht den Aufsichtsrat nicht um das weitere nach dem MontanMitbestG bzw. dem MitbestErgG zu wählende Mitglied ergänzen darf, Abs. 3 S. 1 Ziffer 1, sind satzungsmäßige Voraussetzungen von ihm lediglich bei **Aufsichtsratsmitgliedern der Anteilseignerseite** zu berücksichtigen. Es muss eine Person bestellen, die den satzungsmäßigen Voraussetzungen entspricht.

3. Einschränkung der gerichtlichen Auswahlfreiheit bei Vorschlagsrechten. Das 91 Gesetz schränkt die Wahlfreiheit des Gerichts in bestimmten Fällen ein. Es soll die Vorschläge der im Gesetz Aufgeführten berücksichtigen, wenn weder das Wohl der Gesellschaft noch das der Allgemeinheit entgegensteht, Abs. 4 S. 4.

a) Berücksichtigung von Vorschlagsrechten. Zwar gibt es keine zwingende Bindung 92 an Vorschläge. Das Gericht soll aber die Vorschläge derjenigen berücksichtigen, die bei der Wahl des gerichtlich zu bestellenden Aufsichtsratsmitglieds ein Vorschlagsrecht hätten, Abs. 4 S. 4. Bestehen keine Vorschlagsrechte, kann das Gericht aber erkennen, **welche**

---

[108] Kölner Komm AktG/*Mertens/Cahn* Rn. 21; MHdB AG/*Hoffmann-Becking* § 30 Rn. 37.
[109] Vgl. BayObLG ZIP 1997, 1883 (1884), das insoweit von einem eingeschränkten richterlichen Ermessen bei der Auswahl des zu Bestellenden spricht. Siehe auch OLG Dresden NJW-RR 1998, 830 (831), demzufolge das Gericht den substantiellen Gehalt von Vorwürfen gegen die zu bestellende Person aufklären muss.
[110] Vgl. hierzu § 116.
[111] Hüffer/*Koch* § 100 Rn. 9.

Person von dem zuständigen Gremium gewählt worden wäre, sollte es diese Person bestellen.[112] Relevant sind diese Überlegungen primär im Rahmen der Mitbestimmung; der Beschluss des Gerichts dient hier der Verwirklichung der gesetzlichen Vorgaben. Das voraussichtliche Ergebnis bei ordnungsgemäßer Bestellung ist daher eine Leitlinie für den Richter, die ein Abweichen besonders begründungsbedürftig macht. Ein Grund könnten überwiegende Belange der Gesellschaft oder der Allgemeinheit (→ Rn. 97) oder das Fehlen der Mindestvoraussetzungen sein.

93 **aa) Gewerkschaften und ihre Spitzenorganisationen.** Zu Vorschlagrechten der Gewerkschaften (vgl. § 16 Abs. 2 MitbestG), ihrer Spitzenorganisationen[113] und der Betriebsräte wird auf oben verwiesen.[114]

94 **bb) Betriebsräte unter dem DrittelbG.** Nicht geregelt ist, ob die vom Betriebsrat im Anwendungsbereich von § 6 DrittelbG gemachten Vorschläge vom Gericht zu berücksichtigen sind. Dies ist zu bejahen.[115] Zwar sind die Wahlvorschläge an die Hauptversammlung im Geltungsbereich des DrittelbG nicht bindend. Die Berücksichtigung eines **Vorschlagsrechts** durch das Gericht kann aber nicht davon abhängen, ob ein Wahlvorschlag bindende Wirkung gegenüber der Hauptversammlung hat.

95 Für diese Auslegung sprechen auch Zweckmäßigkeitsgesichtspunkte. Der Vorschlag des Betriebsrats sollte berücksichtigt werden, wenn es um die gerichtliche Bestellung eines Aufsichtsratsmitglieds geht, das zu gegebener Zeit wieder von den Arbeitnehmern zu wählen ist.

96 **b) Mehrere voneinander abweichende Vorschläge.** Liegen dem Gericht verschiedene Vorschläge konkurrierender Gewerkschaften vor, steht es in seinem Ermessen, welchen der vorgeschlagenen Kandidaten es bevorzugt und zum Aufsichtsratsmitglied bestellt.[116] Bei seiner Ermessensentscheidung sollte das Gericht die Person bestellen, die voraussichtlich gewählt worden wäre.[117] Die bisherigen Wahlergebnisse können dafür ein Indiz sein, aber allein das aus ihnen für die Vergangenheit ablesbare Kräfteverhältnis der in dem Unternehmen vertretenen Gewerkschaften sollte nicht ausschlaggebend sein.[118] **Konkurrieren Vorschläge** von Gewerkschaft und Betriebsrat, besteht das Auswahlermessen des Gerichts nicht, wenn für die Benennung allein die im Unternehmen vertretenen Gewerkschaften zuständig waren.[119] Dem Vorschlag der Gewerkschaft ist dann gegenüber einem konkurrierenden Vorschlag des Betriebsrats der Vorzug zu geben.[120]

97 **c) Vorrang überwiegender Belange.** Aus dem Wortlaut des Gesetzes folgt, dass überwiegende Belange der Gesellschaft oder der Allgemeinheit den Vorschlagsrechten vorgehen (Abs. 4 S. 4). Das Gericht prüft von Amts wegen, ob das der Fall ist. Bejaht es ihr Vorliegen, muss es von dem Vorschlag des Vorschlagsberechtigten abweichen und eine andere Person bestellen.[121]

---

[112] Vgl. Kölner Komm AktG/*Mertens/Cahn* Rn. 21 mwN; NK-AktG/*Breuer/Fraune* Rn. 12; AG Berlin-Charlottenburg AG 2005, 133.
[113] Vgl. LG Saarbrücken BB 1967, 1042; zust. Anm. *Spieker* BB 1967, 1043 (1044).
[114] → Rn. 55 ff. Im Übrigen kann das Gericht zwischen konkurrierenden Vorschlägen von Gewerkschaften frei wählen, BayObLGZ 1997, 262 (265); LG Wuppertal BB 1978, 1380.
[115] Kölner Komm AktG/*Mertens/Cahn* Rn. 21; *Hüffer/Koch* Rn. 11; *Baumbach/Hueck* Rn. 15; *Natzel* DB 1957, 748 (749).
[116] BayOLG ZIP 1997, 1883, NZG 1998, 70; LG Wuppertal BB 1978, 1380; MHdB AG/*Hoffmann-Becking* § 30 Rn. 34; MHdB ArbR/*Wißmann* § 6 Rn. 61; Kölner Komm AktG/*Mertens/Cahn* Rn. 22; *Hoffmann/Lehmann/Weinmann* MitbestG § 6 Rn. 55; *Birth* BetrR 1998, 29 (30).
[117] LG Wuppertal BB 1978, 1380; UHH/*Ulmer/Habersack* MitbestG § 6 Rn. 61; MüKoAktG/*Habersack* Rn. 35; vgl. auch *Raiser/Veil* MitbestG § 6 Rn. 45.
[118] Vgl. *Raiser/Veil* MitbestG § 6 Rn. 45; aA MHdBArbR/*Wißmann* § 6 Rn. 61.
[119] §§ 7 Abs. 2 Nr. 1, 16 Abs. 2 MitbestG; vgl. auch BayOLG NZG 1998, 70; NK-AktG/*Breuer/Fraune* Rn. 12.
[120] Vgl. *Jäger* NZG 1998, 71 Anm. zu BayOLG.
[121] *Hüffer/Koch* Rn. 11; MüKoAktG/*Habersack* Rn. 34.

98 Die gerichtliche Überprüfung hat anhand einer Abwägung der Belange der Gesellschaft oder der Allgemeinheit gegenüber den Interessen der Vorschlagsberechtigten zu erfolgen. **Belange des Vorgeschlagenen** selbst spielen bei der Abwägung keine Rolle, er kann sie durch Ablehnung des Amtes selbst wahren.

99 Das Interesse des Vorschlagsberechtigten besteht in erster Linie darin, über die konkrete Person im Aufsichtsrat „vertreten" zu sein. Die Gesellschaft hat ein Interesse an der fachlichen und (schwer justiziabel) persönlichen Qualifikation der zu bestellenden Person. Bestehen wirtschaftliche oder auch politische **Bedenken,** müssen sie in die Abwägung einbezogen werden. In der Praxis ist schwer herauszufinden, welche Belange der Allgemeinheit betroffen sein können.[122]

VI. Gerichtliche Bestellung als Folge des GlTeilhG

100 Ab dem 1.1.2016 bestehen weitere Sachverhalte, bei denen die gerichtliche Bestellung eines Aufsichtsratsmitglieds durch das Gericht eröffnet ist (→ § 96 Rn. 60 f.).

101 Nach dem dann in Kraft tretenden § 96 Abs. 2 Satz 1 bis 5 nF muss sich der Aufsichtsrat von **börsennotierten** Gesellschaften, die der unternehmerischen Mitbestimmung unterliegen, zumindest zu 30% aus Frauen und zumindest zu 30% aus Männern zusammensetzen. Die **Quote** muss jeweils **gesondert** bei der Bank der Aktionärsvertreter und der Bank der Arbeitnehmervertreter dargestellt werden. Nur wenn beide Banken den Verzicht erklären, genügt es, wenn sie zusammengerechnet die Quote erfüllen **(Gesamterfüllung).** Nach § 96 Abs. 3 müssen die Prozentsätze in dem Aufsichts- oder Verwaltungsorgan einer börsennotierten Gesellschaft erfüllt werden, die aus einer grenzüberschreitenden Verschmelzung hervorgegangen ist und dem MitbestG unterliegt. Bestehende Mandate erlöschen nicht. Gemäß § 25 Abs. 2 EGAktG wird die Quote jeweils dadurch hergestellt, dass bis zu ihrer Erreichung nur Vertreter des unterrepräsentierten Geschlechts bestellt werden dürfen. Verstößt die Wahl gegen diese Vorgabe, ist sie nichtig und der „leere Stuhl" kann nach § 104 Abs. 1 oder 2 besetzt werden.

102 Die **Mitbestimmungsgesetze** enthalten ab dem 1.1.2016 entsprechende Regelungen für die Arbeitnehmervertreter bzw. deren Wahlvorschlagslisten. Durch wegen Verstoßes gegen die Geschlechterquote unwirksame Wahl nicht besetzte Aufsichtsratssitze werden durch Nachwahl oder nach § 104 besetzt, vgl. § 18a Abs. 2 letzter Satz nF MitbestG, § 10f nF MitbestErgG.

103 Wenn die Ergänzung durch das Gericht nach § 104 AktG erfolgt, hat es nach Absatz 5 nF den § 96 Abs. 2 Satz 1 bis 5 nF zu beachten. Daher kann es, wie dies auch § 25 Abs. 2 EGAktG entspricht, bis zur Erreichung der Quote **nur Vertreter des unterrepräsentierten Geschlechts** bestellen.[123] Ob die gesetzgeberische Wertung des GlTeilhG bereits vor dem 1.1.2015 im Rahmen der **Ermessensausübung** zu beachten ist, wird nachstehend unter XI. behandelt.

VII. Amtsdauer des gerichtlich bestellten Aufsichtsratsmitglieds (Abs. 5)

104 Die gerichtliche Bestellung endet entweder mit **Behebung des Mangels,** durch Befristung und Zeitablauf, durch Abberufung bzw. Niederlegung oder mit Erreichen der Höchstdauer der Aufsichtsratstätigkeit gem. § 102.

---

[122] Dieses Problem wird im Übrigen in der Literatur – wenn überhaupt – nur abstrakt behandelt. Allein die politische Anschauung ist nicht ausreichend; wohl aber, inwiefern sich der Vorgeschlagene allgemein an die Wertungen des Grundgesetzes hält, vgl. MüKoAktG/*Habersack* Rn. 36; Großkomm AktG/*Hopt/Roth* Rn. 74; UHH/*Ulmer/Habersack* MitbestG § 7 Rn. 49.
Politische Anschauung allein begründet zwar keinen Ablehnungsgrund. Steht der Vorgeschlagene aber nicht auf dem Boden des Grundgesetzes, wird dies bei der Abwägung zu berücksichtigen sein und zum Übergehen des Vorschlags führen.
[123] *Teichmann/Rüb* BB 2015, 898 (901).

105 **1. Beendigung ohne Abberufung.** Das Amt des gerichtlich bestellten Aufsichtsratsmitglieds erlischt, sobald der Mangel behoben ist, Abs. 5,[124] der Aufsichtsrat also wieder beschlussfähig ist, Abs. 1, oder die Unterbesetzung entfallen ist, Abs. 2. **Ausnahmsweise** kann im Fall der Ergänzung wegen Verhinderung nach deren Ende eine gerichtliche Abberufung erforderlich sein (→ Rn 43). Eine Erhöhung der Gesamtzahl der nach Gesetz oder Satzung zulässigen Aufsichtsratsmitglieder bzw. eine Überbesetzung des Gremiums kann durch die Neubestellung eines Aufsichtsratsmitglieds zur Behebung des Mangels nicht eintreten. Durch das automatische Erlöschen des Amtes des gerichtlich Bestellten sind zu keinem Zeitpunkt mehr Mitglieder im Aufsichtsrat vorhanden als zulässig. Der Wortlaut des Abs. 5 knüpft an § 29 BGB an und soll gewährleisten, dass das Ende seiner Amtszeit nur eintritt, wenn die von der Hauptversammlung gewählte oder die entsandte Person **ihre Wahl angenommen** hat.[125] Bis zu diesem Zeitpunkt haben Wahl oder Entsendung noch nicht zur Übernahme des Amtes geführt. Für eine gesonderte Abberufung durch das Bestellungsorgan besteht nach Behebung des Mangels kein Raum.[126] Gleichzeitig endet mit der Annahme die Zuständigkeit des Gerichtes.[127]

106 Vor der Mangelbehebung erlischt das Amt nicht automatisch, es sei denn, das Gericht hat bei der Bestellung die Amtszeit von vornherein **befristet**.[128] Eine solche Befristung bis zur nächsten Hauptversammlung wird in Ziff. 5.4.3 S. 2 DCGK vorgeschlagen.[129]

107 Wird das gerichtlich bestellte Aufsichtsratsmitglied nicht befristet bestellt, so kann das Amt vor Mangelbehebung nur durch gerichtliche Abberufung enden.[130]

108 **a) Behebung des Mangels. aa) Beseitigung des Mangels bei erfolgter Ergänzung zur Herstellung der Beschlussfähigkeit.** Bei Ergänzung zur Herstellung der Beschlussfähigkeit nach Abs. 1 ist der Mangel behoben, sobald der Aufsichtsrat ohne das gerichtlich bestellte Aufsichtsratsmitglied beschlussfähig ist. Die Beschlussfähigkeit kann auf **zweierlei Wegen** erreicht werden: Entweder wird das fehlende Mitglied bestellt oder die zur Beschlussfähigkeit erforderliche Zahl von Aufsichtsratsmitgliedern wird, falls das nach § 108 oder § 95 zulässig ist, durch Satzungsänderung herabgesetzt.

109 Der Mangel der fehlenden Beschlussfähigkeit muss **nicht durch die Personengruppe** behoben werden, für welche das Gericht ein Aufsichtsratsmitglied bestellt hat. Fehlte beispielsweise sowohl ein Vertreter der Arbeitnehmerseite als auch der Anteilseignerseite, kann das Gericht etwa ein Aufsichtsratsmitglied der Arbeitnehmer bestellen und damit der Beschlussunfähigkeit abhelfen. Wählt nun die Hauptversammlung ein Aufsichtsratsmitglied der Anteilseigner und nimmt dieses das Amt an, ist damit der Mangel der fehlenden Beschlussfähigkeit des Gesamtaufsichtsrats ebenfalls behoben. Das Amt des gerichtlich bestellten Aufsichtsratsmitglieds der Arbeitnehmer erlischt dann automatisch. Die durch die Wahl des von der Hauptversammlung gewählten Gruppenmitglieds bewirkte Veränderung der Gruppenparität ist für die Mandatsbeendigung des gerichtlich bestellten Aufsichtsratsmitglieds ohne Bedeutung, vgl. § 108 Abs. 2 S. 4.

---

[124] Die Ersatzbestellung hindert daher nicht daran, eine Bestellung nach dem dafür vorgesehenen Verfahren durchzuführen und hebt die Pflicht dazu nicht auf. Eine Nachwahl bei Ausscheiden eines Aufsichtsratsmitglieds auf Arbeitnehmerseite muss aber nicht mehr durchgeführt werden, wenn dies mit einem unverhältnismäßigen Aufwand verbunden wäre, vgl. LAG Köln NZA RR 2001, 317 f.

[125] Hüffer/*Koch* Rn. 12; Bürgers/Körber/*Bürgers/Israel* Rn. 12; NK-AktG/*Breuer/Fraune* Rn. 16; s. auch BegrRegE Kropff S. 108, 145.

[126] K. Schmidt/Lutter/*Drygala* Rn. 21; Hüffer/*Koch* Rn. 12; NK-AktG/*Breuer/Fraune* Rn. 16; BayObLG NZG 2004, 405 (406).

[127] Vgl. Spindler/Stilz/*Spindler* Rn. 41. Insofern kann eine Entscheidung bei einer Beschwerde darüber, ob die vorangegangene Bestellung rechtmäßig erfolgte, aufgrund der Erledigung der Hauptsache nicht mehr ergehen, vgl. OLG München AG 2006, 590 (591).

[128] MHdB AG/*Hoffmann-Becking* § 30 Rn. 38; Hölters/*Simons* Rn. 33; NK-AktG/*Breuer/Fraune* Rn. 16.

[129] Eine Bestellung bis zur übernächsten Hauptversammlung stellt keine Verletzung des DCGK dar, wenn es für die Wahlen in der nächsten Hauptversammlung bereits zu spät ist, vgl. Großkomm AktG/*Hopt/Roth* Rn. 129; MüKoAktG/*Habersack* Rn. 8.

[130] MHdB AG/*Hoffmann-Becking* § 30 Rn. 35; Hüffer/*Koch* Rn. 12; NK-AktG/*Breuer/Fraune* Rn. 17.

Es kommt daher darauf an, **warum ein Mitglied gerichtlich bestellt** wurde. Über den 110
Antrag kann das Gericht nicht hinausgehen und er bestimmt den Mangel, zu dessen
Behebung die gerichtliche Bestellung erfolgt. Wurde nur ein Antrag zur Herstellung der
Beschlussfähigkeit gestellt, scheidet das so bestellte Mitglied nach hergestellter Beschluss-
fähigkeit selbst dann aus, wenn zwischenzeitlich Unterbesetzung eingetreten ist. Sein Amt
erlischt nicht, wenn auch beantragt wurde, dass die Amtszeit des gerichtlich bestellten
Mitglieds bei zwischenzeitlich eintretender Unterbesetzung andauert.

bb) Beseitigung des Mangels bei erfolgter Ergänzung zur Vervollständigung der 111
Mitgliederzahl. Bei einem unterbesetzten Aufsichtsrat ist der Mangel behoben, wenn die
durch Gesetz oder Satzung festgesetzte Anzahl an Aufsichtsratsmitgliedern von dem zuständigen Bestellungsorgan gewählt bzw. entsandt worden ist. Das Amt des gerichtlich bestellten
Aufsichtsratsmitglieds erlischt **automatisch** mit der Vervollständigung des Aufsichtsrats
durch Wahl oder Entsendung und Mandatsannahme. Das gerichtlich bestellte Aufsichtsratsmitglied wird in die Berechnung der zulässigen Gesamtzahl der Aufsichtsratsmitglieder nicht
einbezogen.[131]

cc) Beseitigung des Mangels bei Ergänzung mehrerer Aufsichtsratsmitglieder. 112
Wurden mehrere Aufsichtsratsmitglieder gerichtlich bestellt, erlischt ihr Amt bei Bestellung
der neuen Aufsichtsratsmitglieder, wenn sich **eindeutig feststellen** lässt, dass sie die Position des jeweiligen gerichtlich bestellten Mitglieds besetzen sollen. Das kann sich aus dem
vorgeschriebenen Zahlenverhältnis zwischen Anteilseigner- und Arbeitnehmervertretern
oder zwischen gewählten und entsandten Anteilseignervertretern ergeben. Andernfalls
bedarf es einer Abberufung durch das Gericht.[132]

b) Wirksame Bestellung des ordentlichen Mitglieds. Das Amt des gerichtlich be- 113
stellten Aufsichtsratsmitglieds erlischt nur, wenn das ordentliche Mitglied durch das zuständige Bestellungsorgan **rechtswirksam** bestellt worden ist.[133]

Ist die Bestellung des ordentlichen Mitglieds nichtig, bleibt das gerichtlich bestellte 114
Aufsichtsratsmitglied im Amt. Anders bei einer anfechtbaren Bestellung des ordentlichen
Aufsichtsratsmitglieds; das Amt des gerichtlich Bestellten endet in diesem Fall, denn die
bloße Anfechtbarkeit des Wahlbeschlusses verwehrt nicht die Behebung des Mangels und
damit auch nicht das Ausscheiden nach Abs. 5.[134] Dies gilt auch nach Erhebung einer
Anfechtungsklage, da die **Nichtigkeitsfolge erst mit der Rechtskraft** des stattgebenden
Urteils eintritt, § 252 Abs. 2 S. 1. Dies gilt selbst bei der offensichtlichen Begründetheit der
Anfechtungsklage.[135] Führt die Bestellung eines ordentlichen Aufsichtsratsmitglieds von
Gesetzes wegen zu einem Erlöschen des Amtes des gerichtlich Bestellten, kann aus Gründen
der Rechtssicherheit und der Rechtsklarheit nichts anderes gelten, wenn eine Anfechtungsklage gegen die Bestellung des Aufsichtsratsmitglieds nach objektiven Gesichtspunkten
begründet erscheint. Wird der Anfechtung stattgegeben, muss das Gericht auf Antrag ein
neues Mitglied bestellen.

2. Gerichtliche Abberufung. Das gerichtlich bestellte Aufsichtsratsmitglied kann unter 115
bestimmten Voraussetzungen vom Gericht abberufen werden. Diese Möglichkeit besteht
wegen in der Person des Bestellten liegender Umstände oder wegen sonstiger Gründe.

---

[131] Kölner Komm AktG/*Mertens/Cahn* Rn. 31.
[132] *Baumbach/Hueck* Rn. 18; Kölner Komm AktG/*Mertens/Cahn* Rn. 35.
[133] Hüffer/*Koch* Rn. 13.
[134] Vgl. BayObLG NZG 2005, 405 (406); OLG Frankfurt AG 1987, 159 (160); Hüffer/*Koch* Rn. 13; Großkomm AktG/*Hopt/Roth* Rn. 107; MüKoAktG/*Habersack* Rn. 47.
[135] Hüffer/*Koch* Rn. 13; Spindler/Stilz/*Spindler* Rn. 44; Schmidt/Lutter/*Drygala* Rn. 25; aA BegrRegE *Kropff* S. 144.

Dabei ist streitig, inwieweit das Gericht an das **Vorliegen eines wichtigen Grundes** gebunden ist[136] und ob ein Antrag des Aufsichtsrats erforderlich ist.[137]

116 Soweit die Gründe personenbezogen im Sinne der Unzumutbarkeit weiterer Zusammenarbeit sind, kommt die Vorschrift über die gerichtliche Abberufung der Aufsichtsratsmitglieder, § 103 Abs. 3 S. 1 und S. 2, direkt oder analog zur Anwendung.[138] § 103 Abs. 3 S. 1 und S. 2 regelt die Abberufung der Aufsichtsratsmitglieder und fordert das Vorliegen eines wichtigen Grundes für die Abberufung. Gilt die Vorschrift des § 103 Abs. 3 S. 1 analog, so gilt sie insgesamt und eine Beschränkung der Analyse auf einzelne Satzteile scheidet aus.[139] Es müssen **dieselben Maßstäbe** gelten wie bei der gerichtlichen Abberufung eines nicht gerichtlich bestellten Aufsichtsratsmitglieds. Die Abberufung bedarf deshalb eines wichtigen Grundes.[140] Fallen die bei der Bestellung zu berücksichtigenden persönlichen Voraussetzungen weg, liegt ein wichtiger Grund vor.

117 Nicht entschieden ist damit die Frage, ob ein Antrag des Aufsichtsrats erforderlich ist. Dieses Erfordernis des § 103 Abs. 3 stärkt tendenziell und durchaus erwünscht die Stellung des Mitglieds und ist ein Test für die Frage der Unzumutbarkeit der Zusammenarbeit. Daher ist insoweit ein **Antrag des Aufsichtsrats** erforderlich. Allerdings ist die Argumentation, das Gericht als Bestellungsorgan müsse entsprechende Abberufungsmöglichkeiten haben wie andere Bestellungsorgane, nicht ohne weiteres von der Hand zu weisen. In der Sache handelt es sich dabei um die analoge Anwendung der Absätze 1 und 2, nicht des Absatzes 3. Jedoch wird das Gericht praktisch kaum von sich aus tätig, sondern bedarf mindestens einer Anregung. Wenn man keinen Antrag des Aufsichtsrats vorlangt, würde die Anregung beliebiger Personen zur Verfahrenseinleitung genügen. Das gerichtlich bestellte Mitglied würde damit angreifbarer als das von einem anderen Bestellungsorgan bestellte. Das ist weder gewollt noch sinnvoll.

118 Offen bleiben die Anforderungen bei der **Abberufung aus sonstigen,** nicht mit der Person verbundenen **Gründen.** Einig ist man sich darüber, dass eine Abberufung erfolgen muss, wenn das Gericht mehr Aufsichtsratsmitglieder bestellt hat als durch Wahl oder Entsendung wieder hinzukommen und sich nicht bereits aus dem zu wahrenden Zahlenverhältnis zwischen Anteilseigner- und Arbeitnehmervertretern ergibt, welches der gerichtlich bestellten Mitglieder ausscheiden muss.[141]

119 Die Abberufung ist auch erforderlich, wenn die Unterbesetzung oder Beschlussunfähigkeit ihre Ursache in der Verhinderung eines Mitglieds hatte und der Grund dieser Verhinderung nunmehr weggefallen ist. Bis zur Abberufung ruhen die Rechte des verhinderten Mitglieds und treten nicht von selbst wieder in Kraft.[142] Diese beiden Fälle sind nicht abschließend gemeint und eine Abberufung kann auch in Betracht kommen, wenn das Gericht nachträglich Gründe feststellt, die einer Ersatzbestellung von vornherein entgegen gestanden hätten. Liegt kein wichtiger Grund in der Person des Aufsichtsratsmitglieds vor, bedarf es aber doch in den genannten Fällen der Abberufung nach Beseitigung des Mangels,

---

[136] Vgl. als Ausgangspunkt *Vetter* DB 2005, 875 gegen AG Charlottenburg DB 2004, 2630. Die Entscheidung des AG ist deswegen außergewöhnlich, weil sie auf dem Wunsch des Gerichts beruhte, sein Auswahlermessen neu auszuüben, und andere Gründe nicht vorlagen.

[137] Für Antragserfordernis: Spindler/Stilz/*Spindler* Rn. 47; *Vetter* DB 2005, 875 (877); *Fett/Theusinger* AG 2010, 425 (426 f.); wohl auch Hüffer/*Koch* Rn. 12; dagegen Kölner Komm AktG/*Mertens/Cahn* Rn. 36; wohl UHH/*Ulmer/Habersack* MitbestG § 6 Rn. 63; MüKoAktG/*Habersack* Rn. 46, 52.

[138] Kölner Komm AktG/*Mertens/Cahn* Rn. 36; *Baumbach/Hueck* Rn. 19; Hüffer/*Koch* Rn. 12; *Schmatz* WM 1955, 642 (648).

[139] So aber anscheinend Kölner Komm AktG/*Mertens/Cahn* Rn. 36, denen zufolge zwar § 103 Abs. 3 S. 1 entsprechend gilt, die aber trotzdem auf das Erfordernis des wichtigen Grundes verzichten wollen; s. hierzu die Nachweise in Fn. 152.

[140] Vgl. dazu die Ausführungen zu § 103 Abs. 3. Str., wie hier Hüffer/*Koch* Rn. 12; MHdB AG/*Hoffmann-Becking* § 30 Rn. 38a; aA Kölner Komm AktG/*Mertens/Cahn* Rn. 29 mwN.

[141] Kölner Komm AktG/*Mertens/Cahn* Rn. 35, sehen hier kein Vorliegen eines wichtigen Grundes. Dafür spricht, dass der Grund nicht mit der Person des Bestellten verbunden ist. Vgl. auch MüKoAktG/*Habersack* Rn. 46, 52 und für die Gegenmeinung Großkomm AktG/*Hopt/Roth* Rn. 114, jeweils mwN.

[142] MHdB ArbR/*Wißmann* § 6 Rn. 54.

kann das Gericht die Abberufung aussprechen, ohne sich dafür auf einen wichtigen Grund zu berufen und ihn ggf. durch weite Auslegung zu begründen. Auch ist nicht ersichtlich, warum dafür der Antrag des Aufsichtsrats erforderlich sein soll. Der Fall des verhinderten Mitglieds macht dies besonders deutlich. Die Abberufung aus Gründen, die nicht mit der Person des gerichtlich Bestellten verbunden sind, ist daher **ohne Antrag des Aufsichtsrats und unterhalb der Schwelle des wichtigen Grundes** zulässig.

3. Kein Abberufungsrecht der Bestellungsorgane. Eine Abberufung des gerichtlich 120 Bestellten durch das normale Bestellungsorgan ist nicht zulässig.[143] Dies wird damit begründet, dass der Wortlaut der Norm der Vorschrift über die Abberufung der Aufsichtsratsmitglieder, § 103 Abs. 1, 2, entgegensteht und ein dahingehendes Bedürfnis nicht besteht.[144] Es kann aber von seinem Bestellungsrecht durch **Neuwahl oder Entsendung** eines neuen Mitglieds Gebrauch machen und so die Beendigung des Amtes des gerichtlich bestellten Aufsichtsratsmitglieds herbeiführen.[145]

Eine Amtsbeendigung **gegen den Willen** des gerichtlich Bestellten kann nur durch das 121 Gericht gemäß § 103 Abs. 3 analog (→ Rn. 111 ff.) oder durch Behebung des Mangels nach Abs. 5 erfolgen.

4. Amtsniederlegung. Das gerichtlich bestellte Mitglied kann ebenso wie die anderen 122 Aufsichtsratsmitglieder sein Amt niederlegen, das soll jedoch nicht zur Unzeit geschehen. Satzungsvorschriften für die Amtsniederlegung (zB besondere Fristen) sind auch von gerichtlich bestellten Mitgliedern zu beachten. Die besondere Art der Bestellung rechtfertigt **keine Ausnahme** von einer solchen Satzungsbestimmung; das gerichtlich bestellte Aufsichtsratsmitglied unterliegt allen Satzungsbestimmungen, die nicht im Widerspruch zum gesetzlichen Bestellungsvorgang stehen.

5. Subsidiäre Anwendbarkeit der allgemeinen Vorschrift über die Amtsdauer. 123 Die höchstzulässige Amtszeit des gerichtlich bestellten Aufsichtsratsmitglieds bestimmt sich nach den allgemein geltenden Regeln der Vorschrift über die Amtszeit der Aufsichtsratsmitglieder, § 102. Das gerichtlich bestellte Mitglied kann nicht für eine längere Zeit bestellt werden als bis zur Hauptversammlung, die über die Entlastung für das vierte Geschäftsjahr nach dem Beginn der Amtszeit beschließt oder hätte beschließen müssen, § 102 Abs. 1 S. 1.[146] Mit **Ablauf der gesetzlichen Höchstdauer** scheidet es daher von Rechts wegen aus seinem Amt aus. Das gilt ohne Rücksicht auf den Umstand, dass hierdurch der Zustand, der durch die gerichtliche Bestellung beseitigt werden sollte, wieder hergestellt wird. Auf Antrag kann das Gericht von seiner Ersetzungsbefugnis erneut Gebrauch machen.

VIII. Rechtliche Stellung des vom Gericht bestellten Aufsichtsratsmitglieds

Das gerichtlich bestellte Aufsichtsratsmitglied hat die gleiche rechtliche Stellung und ihm 124 obliegen die gleichen Pflichten und Rechte wie einem gewählten oder entsandten Aufsichtsratsmitglied.[147] Es ist der Gesellschaft **rechtlich in gleicher Weise verbunden** wie ein gewähltes oder entsandtes Mitglied. Nicht die rechtliche Zugehörigkeit zum Aufsichtsrat, sondern einzig der Weg in das Mandat sind verschieden. Es hat seine Aufgaben ordentlich und gewissenhaft wahrzunehmen, §§ 116, 93 Abs. 1 S. 1 Über vertrauliche Angaben und Geheimnisse der Gesellschaft muss es Stillschweigen bewahren, §§ 116, 93 Abs. 1 S. 2. Es muss auch die besondere Verschwiegenheitspflicht für Aufsichtsratsmitglieder aus § 116 S. 2 über erhaltene vertrauliche Berichte und vertrauliche Beratungen beachten. Bei der Höchstzahl der Mandate, die eine Person wahrnehmen darf, zählen Mandate

---

[143] Kölner Komm AktG/*Mertens/Cahn* Rn. 38; *Baumbach/Hueck* Rn. 19; MüKoAktG/*Habersack* Rn. 52.
[144] Vgl. Spindler/Stilz/*Spindler* Rn. 49.
[145] *Baumbach/Hueck* Rn. 19.
[146] BGH DB 2002, 1928; vgl. auch → § 102 Rn. 27.
[147] *Wolff* in Henn/Frodermann/Jannott, Handbuch des Aufsichtsrechts, 8. Kap. Rn. 63; *Raiser/Veil* MitbestG § 6 Rn. 48.

aufgrund gerichtlicher Bestellung mit; Vorsitzmandate zählen doppelt, § 100 Abs. 2 S. 1 Nr. 1, 3.

125 Grundlage des Mandats ist das durch die gerichtliche Bestellung geschaffene organisationsrechtliche Verhältnis. Es bedarf **keines weiteren Vertragsabschlusses.**[148] Pflichten und Rechte ergeben sich aus dem Gesetz und aus der Satzung. Allerdings dürfen die Satzungsbestimmungen nicht dem Gesetz widersprechen. Die Satzung kann beispielsweise nicht untersagen, dass eine gerichtlich bestellte Person Mitglied in einem Aufsichtsratsausschuss wird.

126 Wenn das durch die Bestellung ersetzte Aufsichtsratsmitglied Funktionen wie den (stellvertretenden) Vorsitz im Aufsichtsrat wahrgenommen hat, **gehen diese Funktionen nicht auf das gerichtlich bestellte Mitglied über.** Der Funktionsträger bedarf des besonderen Vertrauens der anderen Aufsichtsratsmitglieder. Derartige Funktionen sind höchstpersönlicher Art und müssen vom Aufsichtsrat übertragen werden.

IX. Auslagenersatz und Vergütung (Abs. 6)

127 Das Gesetz gewährt dem gerichtlich bestellten Aufsichtsratsmitglied einen Anspruch auf Auslagenersatz und ggf. auf Vergütung, sofern die ordentlich bestellten Aufsichtsratsmitglieder auch einen Vergütungsanspruch besitzen.

128 1. **Auslagenersatz.** Das Gesetz bestimmt, dass das bestellte Aufsichtsratsmitglied Anspruch auf Ersatz angemessener barer Auslagen hat, Abs. 6 S. 1. Dieser Anspruch richtet sich gegen die Gesellschaft, nicht gegen denjenigen, der den Bestellungsantrag gestellt hat, und auch **nicht gegen die Staatskasse.**[149] Anders als bei der Zahlung einer Vergütung bedarf es für die Erstattung von Auslagen keiner Satzungsregelung und keines Bewilligungsbeschlusses der Hauptversammlung.[150] Der Vorstand ist regelmäßig für die Erstattung von Auslagen zuständig.

129 Der **Höhe** nach sind nur „angemessene Auslagen" zu erstatten, unabhängig davon, ob es sich um gerichtlich bestellte oder sonstige Aufsichtsratsmitglieder handelt.

130 Kommt die Gesellschaft der Zahlungsaufforderung des Aufsichtsrats nicht nach und weigert sie sich, die entstandenen Auslagen zu ersetzen, so kann das Aufsichtsratsmitglied einen **Antrag auf gerichtliche Festsetzung** stellen.[151]

131 2. **Anspruch auf Vergütung.** Ein Vergütungsanspruch besteht **nur, wenn den anderen** (gewählten oder entsandten) Aufsichtsratsmitgliedern eine **Vergütung gewährt wird,** Abs. 6 S. 1. Ist dies nicht der Fall, kann das Aufsichtsratsmitglied keine Vergütung von der Gesellschaft verlangen und das zuständige Gericht keine Vergütung festsetzen. Dies kann im Einzelfall auch unbillig erscheinen, orientiert sich jedoch am Gesetz, das in § 113 Abs. 1 S. 1 („kann") für die Ausübung des Aufsichtsratsmandats keine Zahlung einer Vergütung voraussetzt.

132 Erhalten die anderen Aufsichtsratsmitglieder jedoch eine feste oder variable Vergütung, so hat das gerichtlich bestellte Aufsichtsratsmitglied aufgrund des Gleichbehandlungsgrundsatzes einen **Anspruch auf die gleiche Vergütung.**[152] Normalerweise werden die Art und Höhe der Vergütung in der Satzung festgelegt.

133 Zuschläge, die in der Gesellschaft für besondere Tätigkeiten gezahlt werden, stehen dem gerichtlich bestellten Aufsichtsratsmitglied ebenfalls zu,[153] wenn es in eine solche Funktion berufen worden ist.[154]

---

[148] Vgl. Kölner Komm AktG/*Mertens/Cahn* Rn. 40; ferner Großkomm AktG/*Hopt/Roth* Rn. 120, die allerdings nicht ausschließen, dass wegen der Bestellung durch Hoheitsakt nicht auch ein Anstellungsvertrag zwischen Gesellschaft und Aufsichtsratsmitglied besteht.
[149] Hüffer/*Koch* Rn. 14; NK-AktG/*Breuer/Fraune* Rn. 20.
[150] *Wagner* in Semler/v. Schenck AR HdB § 2 Rn. 43.
[151] Hüffer/*Koch* Rn. 14.
[152] Kölner Komm AktG/*Mertens/Cahn* Rn. 40; Hüffer/*Koch* Rn. 14.
[153] Bürgers/Körber/*Bürgers/Israel* Rn. 14.
[154] Eine Beteiligung an Aktienoptionsprogrammen wird für gerichtlich bestellte Aufsichtsratsmitglieder aus tatsächlichen Gründen im Allgemeinen nicht in Betracht kommen. Sollte jedoch die Voraussetzung für eine

Scheidet das Aufsichtsratsmitglied vor Ablauf des Kalenderjahrs aus, ist die Vergütung 134 zeitanteilig zu berechnen.

3. Gerichtliche Durchsetzung. Diese Ansprüche sind **gegenüber der Gesellschaft** 135 und nicht etwa gegenüber dem Antragsteller des Bestellungsverfahrens oder gegenüber dem Staat geltend zu machen. Im Regelfall wird die Gesellschaft die geschuldete Leistung an das Aufsichtsratsmitglied freiwillig vornehmen. Leistet die Gesellschaft nicht, entscheidet das zuständige Gericht auf Antrag des gerichtlich bestellten Aufsichtsratsmitglieds über den Auslagenersatz und die Vergütung, Abs. 6 S. 2. Diese Entscheidung ergeht durch Beschluss, der, sobald er in Rechtskraft erwachsen ist, in Ergänzung des § 794 ZPO vollstreckbar ist, Abs. 6 S. 4.

Gegen den festsetzenden oder ablehnenden Beschluss ist die Beschwerde mit der Monatsfrist des § 63 FamFG statthaft. Die Rechtsbeschwerde ist ausgeschlossen, Abs. 6 S. 3 Halbs. 2. Der Antragsteller ist beschwerdeberechtigt, nicht jedoch die Gesellschaft. 136

X. Gerichtliches Verfahren

Auf das gerichtliche Verfahren finden die Vorschriften des FamFG Anwendung. 137

1. Zuständiges Gericht. Der Antrag ist an das **Amtsgericht am Sitz der Gesellschaft** 138 zu richten. Es ist nach § 23a Abs. 1 Nr. 2, Abs. 2 Nr. 4 GVG, §§ 5, 14 AktG, § 375 Nr. 3, § 377 Abs. 1 FamFG in Sachen der freiwilligen Gerichtsbarkeit ausschließlich zuständig. Es entscheidet durch einen zu begründenden Beschluss im unternehmensrechtlichen Verfahren, § 375 Nr. 3 FamFG. Die Entscheidung darf nicht dem Rechtspfleger übertragen werden, § 17 Nr. 2a RPflG.

2. Antrag. Das Gericht kann den Aufsichtsrat nur auf Antrag eines Antragsberechtigten 139 (→ Rn. 46) ergänzen. Es ist bei der Auswahl nicht an die Anträge gebunden, sondern ermittelt im Rahmen des **Amtsermittlungsgrundsatzes.** Dennoch muss aus dem Antrag schlüssig hervorgehen, dass der zu Bestellende den nötigen Mindestanforderungen genügt.[155]

3. Anhörung der Beteiligten. Das AktG enthält keine Bestimmung über eine Anhörung der Beteiligten. Nach § 7 FamFG sind der Antragsteller sowie die unmittelbar Betroffenen notwendig zu beteiligen. Hierzu gehören jedenfalls der Vorstand und die amtierenden Aufsichtsratsmitglieder.[156] Ob auch den **weiteren Verfahrensbeteiligten** Gehör zu gewähren ist, erscheint fraglich. Ihren Interessen soll zwar bereits durch die Einräumung von Antragsrechten für die gerichtliche Bestellung ausreichend Rechnung getragen werden.[157] Da aber alle Antragsberechtigten in ihren Rechten unmittelbar betroffen sein können, muss richtigerweise gemäß dem Wortlaut von § 7 Abs. 2 Nr. 1 FamFG allen Antragsberechtigten Beteiligtenstellung zukommen.[158] 140

Durch die Möglichkeit, **schriftlich** Stellung zu nehmen, wird dem Verfahrensgrundrecht 141 auf rechtliches Gehör aus Art. 103 GG Genüge getan.

4. Gerichtliche Entscheidung. Das Gericht entscheidet nach eigenem **Ermessen**[159] 142 und ist folglich nicht an die vom Antragsteller vorgeschlagenen Personen gebunden. Gesetzliche Rechte, Personen zur Wahl in den Aufsichtsrat vorzuschlagen, sind gemäß Abs. 4 zu beachten. Das bestellende Gericht darf von dem Ermessen keinen Sinn und Zweck des

---

Teilnahme von gerichtlich bestellten Aufsichtsratsmitgliedern erfüllt sein, dürfen diese nicht anders behandelt werden als jedes andere Aufsichtsratsmitglied.

[155] OLG Schleswig NZG 2004, 669.
[156] OLG Dresden NJW-RR 1998, 830 (831); MHdB AG/*Hoffmann-Becking* § 30 Rn. 34 Fn. 59.
[157] § 34 Abs. 1 FamFG. Vgl. Spindler/Stilz/*Spindler* Rn. 22.
[158] Kölner Komm AktG/*Mertens/Cahn* Rn. 25; *Fett/Theusinger* AG 2010, 425 (434 f.).
[159] Hüffer/*Koch* Rn. 5; BayObLG NZG 1998, 69 mit Anm *Jäger*; BayObLG AG 2005, 350 (351); OLG Frankfurt, ZIP 2015, 170 Rn. 26 mwN.

Gesetzes zuwiderlaufenden Gebrauch machen. Im Rechtsmittelverfahren wäre gegebenenfalls zu prüfen, ob das bestellende Gericht von ungenügenden oder verfahrenswidrig zustande gekommenen Tatsachenfeststellungen ausgegangen ist, wesentliche Umstände unerörtert gelassen oder Umstände mitberücksichtigt hat, die nach der ermächtigenden Norm nicht maßgebend sind.[160] Im Übrigen aber hat sich das Gericht an den Interessen der Gesellschaft in der konkreten Situation auszurichten. Dabei kann es externe Kandidaten wegen ihrer **Unabhängigkeit** den von einem Antragsteller benannten vorziehen.[161] Das OLG Hamm hat in seiner Begründung Ziffer 5.4.2 DCGK herangezogen, auch wenn er das Gericht nicht binde, und ihn dabei interpretiert. Wegen des Streits in der Gesellschaft wurde – ausdrücklich über Ziffer 5.4.2 DCGK hinausgehend – eine Beraterin der Antragstellerin wegen ihrer daraus folgenden „Nähe" zu dieser nicht bestellt.

143 Das OLG Frankfurt am Main hat es zur Wahrung der Interessen der Gesellschaft, deren (Kommandit-)Aktionärsgruppen seit langem zerstritten waren, für wesentlich gehalten, dass die zu bestellenden Personen voraussichtlich vor allem **nicht** die **Eigeninteressen** einzelner Aktionäre verträten. Ob sich in der demnächst anstehenden Hauptversammlung andere Kandidaten für den Aufsichtsrat durchsetzen würden, hat es nicht für so entscheidend gehalten, dass sein Ermessensspielraum durch diese anstehende Wahl und ein voraussichtliches Ergebnis auf null reduziert wäre.[162]

144 Im Hinblick auf die ab 1.1.2016 zu beachtende **Quote** fragt sich, ob das Gericht bereits im **Vorgriff** verpflichtet ist, bei seiner Entscheidung die Ziele des GlTeilhG zu beachten. Dagegen spricht, dass das GlTeilhG die Einführung einer festen Quote, deren Nichtbeachtung zur Unwirksamkeit der Wahl führt, mit einem klaren **Stichtag** (1.1.2016) fixiert hat. Erst ab diesem Zeitpunkt müssen Bestellungen auf die Erreichung der Quote gerichtet sein, vorher sind sie nach dem Gesetz frei. Angewendet auf die gerichtliche Bestellung kann das Gericht ab dem Stichtag bei Nichterfüllung der Quote durch die Gesellschaft nur einen Vertreter des unterrepräsentierten Geschlechts zum Aufsichtsrat bestellen. Konsequenterweise müsste es dann vorher bei der Bestellung frei sein.

145 Andererseits ist im GlTeilhG der gesetzgeberische Willen klar zum Ausdruck gekommen, der derzeitigen **Unterrepräsentanz** von Frauen in Aufsichtsräten **abzuhelfen,** nachdem vorher eine Selbstverpflichtung der Unternehmen nicht zu dem gewünschten Ergebnis geführt hat. Mit diesem gesetzgeberischen Willen hat sich das Gericht im Rahmen der Ermessensabwägung **auseinanderzusetzen.** Bei gleicher persönlicher und fachlicher Eignung sowie Unabhängigkeit wird damit **meist** einer **weiblichen Kandidatin** vor dem männlichen Kandidaten der Vorrang zu geben sein, wobei die Konzentration von Aufsichtsratspositionen auf wenige Frauen zu vermeiden ist.

146 Das Gericht entscheidet durch Beschluss, § 38 Abs. 1, 3 FamFG. Der gerichtliche Beschluss wird **mit Bekanntgabe an denjenigen wirksam,** für den er seinem wesentlichen Inhalt nach bestimmt ist, §§ 40 Abs. 1, 41 FamFG. Das ist stets der Antragsteller. Bei einem stattgebenden Beschluss ist zur Wirksamkeit auch die gerichtliche Bekanntgabe an den Bestellten und die Gesellschaft[163] erforderlich. Der Bestellte kann die Übernahme des Amtes ablehnen.[164] Für die sonstigen Antragsberechtigten genügt es, dass sie durch die Bekanntmachung nach § 106 informiert werden; ab dann laufen auch deren Rechtsmittelfristen.[165]

---

[160] OLG Schleswig AG 2004, 453 (454).
[161] OLG Hamm NZG 2013, 1099 mit Anm. *Rahlmeyer* EWiR 2014, 7; und mit Anm. *Henze* Der Aufsichtsrat 2013, 167; OLG Bamberg ZIP 2014, 2035, eine kritische Auseinandersetzung mit dieser wichtigen Entscheidung findet sich bei *S. Beyer* NZG 2014, 61.
[162] OLG Frankfurt ZIP 2015, 170 (Rn. 51 f.); zustimmend *Bachmann* EWiR 4/2015 S. 103.
[163] Großkomm AktG/*Hopt/Roth* Rn. 90; *v. Godin/Wilhelmi* Anm. 5; MüKoAktG/*Habersack* Rn. 39; aA (nicht auch an die Gesellschaft) BGHZ 6, 232 (235 f.) = BGH NJW 1952, 1009; Hüffer/*Koch* Rn. 5; Kölner Komm AktG/*Mertens/Cahn* Rn. 27; *Natzel* AG 1959, 93 (100 f.).
[164] Hüffer/*Koch* Rn. 5.
[165] LG München I DB 2005, 1617 (1618 f.); MüKoAktG/*Habersack* Rn. 39; ebenso Schmidt/Lutter/*Drygala* Rn. 10.

147 Der Beschluss wird mit Ablauf der Rechtsmittelfrist von einem Monat nach §§ 45, 63 Abs. 1 FamFG **rechtskräftig**. Etwas anderes gilt ausnahmsweise nur dann, wenn am Verfahren nicht beteiligte Personen wie beispielsweise Aktionäre beschwerdebefugt sind; dann wird die Entscheidung erst zwei Wochen nach Bekanntgabe im elektronischen Bundesanzeiger und ggf. anderen Gesellschaftsblättern rechtskräftig.[166]

148 Das FamFG sieht eine erhebliche Erleichterung für die Wirksamkeit des Beschlusses vor, da es nun keiner förmlichen Zustellung an Antragsteller und bestelltes Aufsichtsratsmitglied mehr bedarf.[167] Grundsätzlich reicht die **einfache schriftliche Bekanntgabe** aus (§§ 41, 63 Abs. 3 S. 1 FamFG), die nach § 15 Abs. 2 FamFG durch Zustellung gem. §§ 166 bis 195 ZPO oder durch Postversand erfolgen kann. Etwas anderes gilt nur, wenn ein vom geäußerten Willen der Beteiligten abweichender Beschluss erfolgt, vgl. § 41 Abs. 1 S. 2 FamFG. In einem solchen Fall ist eine förmliche Zustellung notwendig.

149 5. **Annahme der Bestellung.** Materiell-rechtlich ist zur Wirksamkeit noch die **Annahmeerklärung** des Bestellten erforderlich, außer er bekundete bereits vor der Bestellung die Bereitschaft zur Annahme des Amtes. Letztere Variante stellt die übliche Vorgehensweise dar; der Antragssteller fügt dem Antrag ans Gericht bereits die entsprechende Erklärung bei.[168]

150 Der vom Gericht Bestellte wird nämlich erst mit der Annahme der Bestellung gegenüber dem Gericht Aufsichtsratsmitglied.[169] Weist er die Annahme zurück, da **keine Verpflichtung** zum Einverständnis mit der Bestellung existiert,[170] so rückt er nicht in den Aufsichtsrat ein.[171]

151 6. **Rechtskraft der gerichtlichen Entscheidung.** Legt keine der beschwerdeberechtigten Personen Beschwerde ein, erwächst der gerichtliche Beschluss mit Ablauf der Rechtsmittelfrist in Rechtskraft, § 45 FamFG.

152 Daran ändert auch eine **fehlerhafte Handhabung** der Berücksichtigung der persönlichen Voraussetzungen gem. § 100 Abs. 1 und Abs. 2 nichts. Selbst wenn nach Ablauf der Rechtsmittelfrist festgestellt wird, dass das Gericht die Einschränkungen seiner Entscheidungsfreiheit nach Abs. 4 (→ Rn. 83 ff.) nicht beachtet hat, bleibt es bei dem rechtskräftig gewordenen Beschluss.[172]

153 7. **Verfahrenskosten.** Die Kosten des Verfahrens werden nach dem Veranlasserprinzip unter Zugrundelegung von § 22 Abs. 1 GNotKG ermittelt. Demnach hat der **Antragsteller** die Kosten zu tragen, wobei ihm ein Ersatzanspruch gegenüber der Gesellschaft aus §§ 683, 670 BGB in direkter oder entsprechender Anwendung zusteht, sofern er im Gesellschaftsinteresse gehandelt hat.[173] Hat beispielsweise eine Gewerkschaft den Antrag gestellt, so fallen ihr die Kosten zur Last.

154 Die Höhe der Kosten richtet sich nach dem Geschäftswert, der sich aufgrund von § 36 Abs. 1 GNotKG nach **pflichtgemäßem Ermessen** bestimmt und in der Regel € 5000 beträgt (§ 36 Abs. 3 GNotKG). Allerdings kann das Gericht bei genügenden tatsächlichen Anhaltspunkten einen auch erheblich **höheren Wert** festsetzen.[174]

155 8. **Rechtsmittel. a) Rechtsmittelgericht.** Gegen diesen Beschluss ist gem. Abs. 6 S. 3 die **Beschwerde** statthaft, § 58 Abs. 1 FamFG. Sie muss bei dem Gericht, dessen Ent-

---

[166] LG Berlin AG 1980, 139.
[167] Vgl. BGHZ 6, 232 (234 ff.) = NJW 1952, 1009.
[168] Hölters/*Simons* Rn. 40.
[169] Kölner Komm AktG/*Mertens/Cahn* Rn. 27; *Birth* BetrR 1998, 29 (30).
[170] LG Siegen MDR 1951, 102 (Annahme der Bestellung zum Vorstandsmitglied bei § 29 BGB); Hüffer/*Koch* Rn. 5; UHH/*Ulmer/Habersack* MitbestG § 6 Rn. 62.
[171] Hölters/*Simons* Rn. 40.
[172] Kölner Komm AktG/*Mertens/Cahn* Rn. 29.
[173] Vgl. Henssler/Strohn/*Henssler* Rn. 5; Spindler/Stilz/*Spindler* Rn. 25; Großkomm AktG/*Hopt/Roth* Rn. 105.
[174] KG NZG 2013, 756: € 100.000 entsprechend 2 % des Stammkapitals.

scheidung angefochten wird, innerhalb eines Monats nach Zustellung eingelegt werden, § 64 FamFG. Hilft dieses Gericht nicht ab, § 68 Abs. 1 FamFG, ist die Beschwerde dem Oberlandesgericht als Beschwerdegericht vorzulegen, § 68 Abs. 1 FamFG, § 119 Abs. 1 Nr. 1 lit b GVG.

156 **b) Beschwerdeberechtigung.** Beschwerdeberechtigt ist gem. § 59 Abs. 1 FamFG derjenige, der durch den Beschluss in seinen Rechten verletzt wird. Dazu zählen neben den Antragstellern weitere Aufsichtsratsmitglieder, sofern sie nicht Antragsteller waren, sowie Aktionäre. Deren Rechte können insofern beeinträchtigt sein, als ein nicht von ihnen vorgeschlagenes Aufsichtsratsmitglied bestellt wird.[175] Strittig ist allerdings, ob auch diejenigen antragsberechtigten Gremien und Personen beschwerdeberechtigt sind, die keinen Antrag gestellt haben. Das ist richtigerweise der Fall, weil bei diesen Personen eine Rechtsbeeinträchtigung durch die gerichtliche Entscheidung eintreten kann, während die Abweichung der Entscheidung von einem von ihnen nicht gestellten Antrag unbeachtlich ist. Der **Gesellschaft** kommt kein Antragsrecht nach § 105 zu. Stellt sie dennoch einen – unzulässigen – Antrag, wird sie durch dessen Ablehnung **nicht beschwerdeberechtigt**. Beschwer ist nicht nur die aus der Ablehnung folgende formelle Beschwer, materielle Beschwer muss dazukommen.[176]

157 **c) Rechtsmittelfrist.** Die Beschwerdefrist von **einem Monat** beginnt mit schriftlicher Bekanntgabe des Beschlusses an den jeweils Beteiligten, § 63 Abs. 3 S. 1 FamFG. Kann eine schriftliche Bekanntgabe an einen Beteiligten nicht bewirkt werden, beginnt die Frist spätestens mit Ablauf von fünf Monaten nach Erlass des Beschlusses, § 63 Abs. 3 FamFG.

158 **d) Prüfungsumfang.** Das Oberlandesgericht ist als Beschwerdegericht **Tatsacheninstanz** und daher nicht auf die Überprüfung von Ermessensfehlern und anderen Rechtsmängeln beschränkt. Es kann seine Ermessensentscheidung an die Stelle der **Ermessensausübung** des Amtsgerichts setzen.[177]

§ 105 Unvereinbarkeit der Zugehörigkeit zum Vorstand und zum Aufsichtsrat

(1) **Ein Aufsichtsratsmitglied kann nicht zugleich Vorstandsmitglied, dauernd Stellvertreter von Vorstandsmitgliedern, Prokurist oder zum gesamten Geschäftsbetrieb ermächtigter Handlungsbevollmächtigter der Gesellschaft sein.**

(2) ¹**Nur für einen im voraus begrenzten Zeitraum, höchstens für ein Jahr, kann der Aufsichtsrat einzelne seiner Mitglieder zu Stellvertretern von fehlenden oder verhinderten Vorstandsmitgliedern bestellen.** ²**Eine wiederholte Bestellung oder Verlängerung der Amtszeit ist zulässig, wenn dadurch die Amtszeit insgesamt ein Jahr nicht übersteigt.** ³**Während ihrer Amtszeit als Stellvertreter von Vorstandsmitgliedern können die Aufsichtsratsmitglieder keine Tätigkeit als Aufsichtsratsmitglied ausüben.** ⁴**Das Wettbewerbsverbot des § 88 gilt für sie nicht.**

Schrifttum: *Baums,* Bericht der Regierungskommission Corporate Governance 2001; *Brox,* Erteilung, Widerruf und Niederlegung von Prokura und Handlungsvollmacht im neuen Aktienrecht, NJW 1967, 801; *Brox,* Leitende Angestellte als Aufsichtsratsmitglieder des Unternehmens, FS Ficker, 1967, 95; Feddersen/Hommelhoff/Schneider, Corporate Governance: Optimierung der Unternehmensführung und der Unternehmenskontrolle im deutschen und amerikanischen Aktienrecht, 1996; *Frels,* Stellvertretende Vorstandsmitglieder der AG und des Versicherungsvereins auf Gegenseitigkeit, VersR 1963, 898; *Habersack/Drinhausen,* SE-Recht, 2013; *Heidbüchel,* Das Aufsichtsratsmitglied als Vorstandsvertreter, WM 2004, 1317; *Kahler,* Die Rechtsfolgen von Verstößen gegen § 105 AktG, BB 1983, 1382; *Krieger,* Personalentscheidungen des Aufsichtsrats,

---

[175] OLG Schleswig-Holstein NZG 2004, 669; LG Hannover ZIP 2009, 761 (762); OLG Dresden NZG 1998, 108; *Lutter/Kirschbaum* ZIP 2005, 103 (104).
[176] OLG Frankfurt ZIP 2015, 170 (Rn. 19 f. mwN).
[177] OLG Frankfurt ZIP 2015, 170 (Rn. 40 f.); MüKoAktG/*Habersack* Rn. 40; aA OLG Hamm NZG 2013, 1099.

1981; *Merkt/Göthel,* US-amerikanisches Gesellschaftsrecht, 2006; *Peltzer,* Der Regierungsentwurf zum Mitbestimmungsgesetz und die Verfassung der deutschen Kapitalgesellschaft, BB 1974, 440; *Potthoff/Trescher,* Das Aufsichtsratsmitglied, 2003; *Semler/v. Schenck,* Arbeitshandbuch für Aufsichtsratsmitglieder, 2013; *Säcker,* Behördenvertreter im Aufsichtsrat, Festschrift für Kurt Rebmann, 1989, 781; *Seiffert,* Der Aufsichtsrat der Aktiengesellschaft nach dem RegEntw für ein MitbestG, AG 1974, 129; *Semler,* Ausschüsse des Aufsichtsrats, AG 1988, 60; *Schäuble/Lindemann,* Prokuristen als Aufsichtsratsmitglied der Arbeitnehmer in mitbestimmten Gesellschaften – nur mit Zustimmung des Unternehmens möglich? GWR 2015, 155; *Schmidt,* Handelsrecht, 2014; *Schneider, U. H.,* Wettbewerbsverbot für Aufsichtsratsmitglieder einer Aktiengesellschaft?, BB 1995, 365; *Werner,* Der Aufsichtsrat im neuen Aktienrecht, Bank-Betrieb 1965, 278; *Windbichler,* Zur Trennung von Geschäftsführung und Kontrole bei amerikanischen Großgesellschaften, ZGR 1985, 50; *Wlotzke,* Die Mitbestimmungskonzeption der Bundesregierung, AuR 1974, 229; *Wlotzke,* Zusammensetzung und Wahl der Aufsichtsratsmitglieder der Arbeitnehmer, ZGR 1977, 355.

Übersicht

	Rn.
I. Allgemeines	1
1. Bedeutung der Norm	1
2. Geltung für andere Rechtsformen	8
3. Entstehungsgeschichte	13
4. Reformvorhaben	19
5. DCGK	20
II. Unvereinbarkeit des Aufsichtsratsamts mit bestimmten Leitungsfunktionen (Abs. 1)	21
1. Verwandte Regelungen	21
2. Stellung als Vorstandsmitglied	22
3. Stellung als Prokurist oder Handlungsbevollmächtigter	23
a) Prokurist	24
b) Handlungsbevollmächtigter	25
4. Sonderregelung für mitbestimmte Gesellschaften	31
5. Sonstige Angestellte im Aufsichtsrat	37
6. Sonstiges Tätigwerden	39
7. Rechtsfolgen bei Verstößen	40
a) Prioritätsgrundsatz	41
b) Neue Funktion für ein Aufsichtsratsmitglied	42
c) Bestellung zum Aufsichtsratsmitglied	46
d) Rechtsfolgen gegenüber Dritten	49
III. Ausnahme: Vertretung eines Vorstandsmitglieds durch ein Aufsichtsratsmitglied (Abs. 2)	52
1. Bestellung und Beschlussfassung	52
2. Voraussetzungen (Abs. 2 S. 1 und 2)	60
a) Fehlen eines Vorstandsmitglieds	61
b) Verhinderung	62
3. Zeitpunkt und Dauer der Bestellung	65
a) Zeitpunkt der Bestellung	65
b) Dauer der Bestellung	66
4. Eintragung im Handelsregister	73
5. Rechtliche Stellung, Vergütung	79
6. Gerichtliche Ergänzung des Aufsichtsrats bei fehlender Beschlussfähigkeit	84
7. Beendigung der Delegation	85
a) Allgemeine Gründe	85
b) Abberufung aus wichtigem Grund	88
V. Weitere Regelungen der Unvereinbarkeit	90

I. Allgemeines

1. Bedeutung der Norm. Die Norm steht inhaltlich in Zusammenhang mit § 111 **1** Abs. 4 S. 1, nach dem Maßnahmen der Geschäftsführung nicht dem Aufsichtsrat übertragen werden können. Diese **Funktionstrennung** von Vorstand und Aufsichtsrat erstreckt sie auf die Personen, die diese Funktionen *ausfüllen*. Die Geschäftsführung und deren Überwachung dürfen sich nicht personell überschneiden.[1] Jedoch enthält die Vorschrift für Aufsichtsratsmitglieder kein allgemeines Verbot, leitend tätig zu sein.

---

[1] MHdB AG/*Hoffmann-Becking* § 30 Rn. 5; Hüffer/*Koch* Rn. 1; Kölner Komm AktG/*Mertens/Cahn* Rn. 2; *Marsch-Barner* in Semler/v. Schenck ARHdB § 13 Rn. 89; *Potthoff/Trescher,* Das Aufsichtsratsmitglied, 2003, 1.

2 Mit dem sog. **dualen Führungssystem** gem. Ziff. 1 Präambel DCGK, dem eine strikte Trennung von Geschäftsführung und Überwachung zugrunde liegt, unterscheidet sich die seit der Aktienrechtsreform 1937 geltende Leitungsstruktur einer AG von dem Board-System im anglo-amerikanischen Recht.[2] Dort führt nämlich ein einheitliches Leitungsorgan, das *Board,* das Unternehmen. Art. 38b SE-VO und seine Umsetzung der Rechtsform einer Europäischen AG für Unternehmen mit Sitz in Deutschland in §§ 20 ff. SEAG eröffnen ein eingliedriges *(one-tier)* System als Alternative. Dies hat zur Diskussion über das bisherige Organisationsverständnis geführt, die hier nicht weiter dargestellt wird.[3]

3 Abs. 2 lässt eine **Ausnahme** vom Grundsatz der Inkompatibilität zwischen Vorstands- und Aufsichtsratszugehörigkeit zu. Voraussetzung ist, dass ein Vorstandsmitglied fehlt oder verhindert ist. Die Bestellung eines Aufsichtsratsmitglieds zum stellvertretenden Vorstandsmitglied muss im Voraus zeitlich begrenzt werden. Sie ist höchstens für ein Jahr möglich.

4 Abs. 2 S. 2 stellt klar, dass diese **einjährige Höchstdauer** auch durch wiederholte Bestellung oder Verlängerung nicht überschritten werden darf.

5 Abs. 2 S. 3 **untersagt** dem zum stellvertretenden Vorstandsmitglied bestellten Aufsichtsratsmitglied, das sein Aufsichtsratsmandat behält, die **Ausübung dieses Mandats,** solange es Vorstandsfunktionen wahrnimmt.

6 Nach Abs. 2 S. 4 sind aus dem Aufsichtsrat entsandte Stellvertreter eines Vorstandsmitglieds nicht von dem in § 88 statuierten **Wettbewerbsverbot** betroffen. Aufsichtsratsmitglieder unterliegen grundsätzlich keinem Wettbewerbsverbot, und dieses Prinzip soll auch für vorübergehend entsandte Aufsichtsratsmitglieder gelten.[4]

7 Die in Abs. 1 und 2 enthaltenen Regelungen sind **zwingendes Recht.** Zwar wird das Recht zur Abordnung eines Aufsichtsratsmitglieds in den Vorstand zum Teil als disponibel angesehen[5] mit der Folge, dass es durch die Satzung ausgeschlossen oder beschränkt werden kann. Entgegen dieser Auffassung ist die Disponibilität der Regelung jedoch zu verneinen.[6] Dies folgt aus dem allgemeinen Grundsatz der Satzungsstrenge gem. § 23 Abs. 5 S. 1, wonach nur dann von den Regelungen des AktG abgewichen werden darf, wenn das Gesetz es ausdrücklich zulässt. Auch sachlich ist eine Abweichung von der gesetzlichen Regelung weder geboten noch sinnvoll. Die vorübergehende Vakanz einer Vorstandsposition stellt eine für die Gesellschaft außergewöhnliche Situation dar, die eine unverzügliche Abhilfe erfordert. Hierfür sieht das Gesetz ein geeignetes Mittel vor. Weder Erweiterung noch Einschränkung der Ausnahmeregelung in Abs. 2 durch die Satzung sind zulässig.[7]

8 **2. Geltung für andere Rechtsformen.** Die Bestimmung gilt nicht nur für die AG und KGaA, sondern kraft Verweisung auch für alle **mitbestimmten Unternehmen** anderer Rechtsformen.[8] Die Inkompatibilität von Aufsichtsrat und Geschäftsführung ist auch in der GmbH mit obligatorisch zu bildendem Aufsichtsrat zwingend zu beachten.[9]

9 Diskutiert wird die Anwendung der Regelung auf den **fakultativen Aufsichtsrat** der GmbH. Die wohl überwiegende Ansicht sieht im Grundsatz der Inkompatibilität einen

---

[2] Vgl. u. a. *Windbichler* ZGR 1985, 50 ff.; *Merkt,* US-amerikanisches Gesellschaftsrecht, 1991, Rn. 482 ff.; *Buxbaum* in Feddersen/Hommelhoff/Schneider, Corporate Governance: Optimierung der Unternehmensführung und der Unternehmenskontrolle im deutschen und amerikanischen Aktienrecht, 1996, 65 ff.

[3] Vgl. Habersack/Drinhausen/*Verse* SEAG Vor § 20 Rn. 4ff; zum Trennungsprinzip Großkomm AktG/*Hopt/Roth* § 111 Rn. 556 ff., 563 ff.

[4] Kritisch hierzu *U. H. Schneider* BB 1995, 365 (367).

[5] *v. Godin/Wilhelmi* Anm. 4; Kölner Komm AktG/*Mertens/Cahn* Rn. 3; Großkomm AktG/*Hopt/Roth* Rn. 12; Henssler/Strohn/*Henssler* Rn. 1; K. Schmidt/Lutter/*Drygala* Rn. 2.

[6] So auch *Krieger,* Personalentscheidungen des Aufsichtsrats, 1981, 225; MüKoAktG/*Habersack* Rn. 3; Spindler/Stilz/*Spindler* Rn. 3; wohl auch Hüffer/*Koch* Rn. 1.

[7] Hüffer/*Koch* Rn. 1.

[8] Kölner Komm AktG/*Mertens/Cahn* Rn. 5. Vgl. § 6 Abs. 2 S. 1 MitbestG; § 3 Abs. 2 MontanMitbestG; §§ 2, 3 Abs. 1 MitbestErgG; § 1 Abs. 1 Nr. 3 DrittelbG.

[9] Vgl. § 52 Abs. 1 GmbHG iVm. § 105.

deshalb auch für den fakultativen Aufsichtsrat anzuwendenden allgemeinen Rechtsgedanken, weil niemand sich selbst kontrollieren kann.[10] Mit diesem Grundsatz würden im Übrigen Schutzinteressen der Gläubiger und Anteilseigner der GmbH wie der AG verfolgt.[11] Auch wird argumentiert, die Existenz eines Aufsichtsrats mit seinen typisierten Funktionen begründe regelmäßig ein besonderes Vertrauen des Rechtsverkehrs in die Überwachung der Geschäftsführer,[12] während der Aufsichtsrat sein Amt nicht im Interesse der Allgemeinheit oder der öffentlichen Belange ausübe.[13] Die typisierte Funktion eines Aufsichtsrats[14] stelle dann zugleich eine Grenze der **Freiheit der Gesellschafter** dar, die Zusammensetzung und Kompetenzen des fakultativen Aufsichtsrats zu gestalten.

Ausgangspunkt ist richtigerweise die Freiheit der Gesellschafter bei der Gestaltung der freiwilligen Gremien. Dazu gehören neben dem fakultativen Aufsichtsrat der Gesellschafterausschuss und der Beirat. In der Praxis wird der Begriff des Aufsichtsrats eher unscharf eingesetzt und auch für Gremien verwendet, die wegen überwiegender Beratungsaufgaben besser als Beiräte zu bezeichnen sind. Da die interne Organisation einer GmbH innerhalb der gesetzlichen Vorgaben frei ist und nicht durch die gewählten Bezeichnungen, sondern die den Gremien zugewiesenen Aufgaben bestimmt wird, steht es ihren Gesellschaftern auch offen, Überwachungs- und Beratungsgremien zu schaffen, die nach ihrem Aufgabenbereich von der typisierten Funktion des Aufsichtsrats abweichen. Die Bezeichnung des freiwilligen Gremiums in der Satzung kann allenfalls Bedeutung als Indiz in Zweifelsfragen bei der Bestimmung seiner Aufgaben haben. Kommt man dazu, dass dieses Gremium trotz der Bezeichnung als Aufsichtsrat nicht fast ausschließlich dem Aufgabenbild des § 111 AktG und damit der unabhängigen Überwachung der Geschäftsführung entsprechen soll, ist es inhaltlich kein Aufsichtsrat und der Gedanke der Einschränkung der Regelungskompetenz der Gesellschafter geht ins Leere. § 105 AktG ist dann bei der Gestaltung von den Gesellschaftern nicht zu beachten, allenfalls ausdrücklich auszuschließen.

Aber auch wenn dieses Gremium einen Schwerpunkt bei der Überwachung hat, sprechen die besseren Argumente trotz der starken Gegenmeinung dafür, die Norm **nicht zwingend** auf den fakultativen Aufsichtsrat einer GmbH anzuwenden. Der Verweis auf mit dem Begriff Aufsichtsrat verbundene Erwartungen des Rechtsverkehrs überzeugt nicht, weil sich die GmbH hier im Bereich der freiwilligen Gestaltung ihrer Governance befindet, die Erwartungen daher nicht zwingend gerechtfertigt sein müssen und ihre Enttäuschung durch die Mitglieder des Gremiums nicht sanktioniert ist. Zwar ist zutreffend, dass niemand sich selbst kontrollieren kann. Kontrolle ist bei der AG individuelle Verpflichtung des einzelnen Aufsichtsratsmitglieds. Daraus folgt aber nicht, dass es bei dem fakultativen Aufsichtsrat einer GmbH unmöglich sein soll, ihn nach anderen Kriterien zu besetzen. Das amerikanische Board-System zeigt, dass in einem Gremium Leitungs- und Kontrollfunktionen verbunden werden können.[15] Die Europäische AG lässt eine ähnliche Struktur selbst für Unternehmen zu, die ihren Sitz in Deutschland haben. Die Ablehnung der Einrichtung eines Überwachungsgremiums unter Einschluss von Mitgliedern der Geschäftsleitung bei der GmbH ist mit ihrer viel flexibleren Rechtsform und gänzlich anderen Corporate Governance als der einer AG nicht vereinbar. Auch führt die Einführung eines „Aufsichtsrats" in einer GmbH nicht zwingend zur uneingeschränkten Übertragung des Grundkonzepts eines Aufsichtsrats der AG, denn Weisungen der Gesellschafter an die Geschäftsführung sind

---
[10] Hüffer/*Koch* Rn. 1
[11] OLG Frankfurt DB 1987, 85; OLG Frankfurt WM 1981, 1095; differenzierend im Fall eines „Beirates" *Stützle* WuB II C § 52 GmbHG 1.87. Vgl. auch Rowedder/Schmidt-Leithoff/*Koppensteiner/Gruber* GmbHG § 52 Rn. 8; Lutter/Hommelhoff/*Lutter* GmbHG § 52 Rn. 9.
[12] Baumbach/Hueck/*Zöllner/Noack* GmbHG § 52 Rn. 27, 130.
[13] Baumbach/Hueck/*Zöllner/Noack* GmbHG § 52 Rn. 2 mit Verweis auf BGH NJW 2011, 221 (223 f. Rn. 26).
[14] Baumbach/Hueck/*Zöllner/Noack* GmbHG § 52 Rn. 27.
[15] Vgl. UHW/*Raiser/Heermann* GmbHG § 52 Rn. 36; Scholz/*Schneider* GmbHG § 52 Rn. 160, die auf das US-amerikanische Board-System und die dortige Funktionsvermischung hinweisen.

dadurch nicht generell ausgeschlossen,[16] aber auch der Aufsichtsrat soll nach im Schrifttum vertretener Meinung jedenfalls im Einzelfall der Geschäftsführung Weisungen geben können, wenn dies in der Satzung vorgesehen ist und ohne dass er deswegen zum Beirat oder Gesellschafterausschuss wird.[17] Man mag das für überzeugend halten oder nicht, aber jedenfalls lässt sich ein abweichende Gestaltungen ausschließendes festgefügtes Konzept des freiwilligen Aufsichtsrats bei der GmbH nicht mehr hinreichend feststellen, um die analoge Anwendung des § 105 zu rechtfertigen.

12 Die Flexibilität der GmbH, die nicht kapitalistisch organisiert sein muss, mag auch erklären, dass sich die **Gegenmeinung** selbst in der Rechtsprechung nicht durchgesetzt hat. Jedenfalls soll ein Geschäftsführer gleichzeitig Aufsichtsratsvorsitzender der GmbH sein dürfen, wenn er als solcher eine dominierende Stellung innehat.[18] Der Gedanke, dass völlige Personenidentität mit dem Konzept der Überwachung der Geschäftsführung durch den „Aufsichtsrat" unvereinbar ist, überzeugt und ist bei der Gestaltung der Governance zu beachten. Den Grundsatz der Inkompatibilität kann man aber nicht personenscharf anwenden und die Gremienangehörigkeit einzelner damit verbieten.[19] Stimmverbote im Einzelfall wegen Interessenkonflikten sind das geeignetere, weil mildere Mittel. Daher kann die Satzung die Mitgliedschaft einzelner zugleich in der Geschäftsführung und im freiwilligen Aufsichtsrat vorsehen, allerdings ist eine völlige Personenidentität nicht zulässig, sondern der Aufsichtsrat muss immer mehrheitlich Mitglieder haben, die weder Geschäftsführer noch Prokuristen oder Handlungsbevollmächtigte iSd § 105 sind.[20]

13 **3. Entstehungsgeschichte.** Die Vorschrift entspricht in ihrer heutigen Fassung § 90 AktG 1937.[21] Der Grundsatz der Inkompatibilität des Aufsichtsratsmandats mit den verschiedenen Leitungsfunktionen in der AG wird **heutzutage weniger strikt** verstanden als frühere gesetzliche Regelungen. So war dem Mandatsträger beispielsweise durch § 248 HGB aF verboten, als „Beamter" die Geschäfte zu führen. § 90 AktG 1937 enthielt sogar ein Verbot für Mandatsträger, „als Angestellte" die Geschäfte zu führen.

14 Die **Montanmitbestimmungsgesetze** schränkten den Grundsatz ein, da auf ihrer Grundlage Angestellte zu Aufsichtsratsmitgliedern bestellt werden konnten.[22] Unklar war allerdings, wer leitender Angestellter im Sinne der Vorschrift sein sollte.[23] Der Gesetzgeber hat diesen Begriff ins AktG nicht übernommen, sondern konkretisierend auf die Stellung als Prokurist und zum Gesamtgeschäftsbetrieb ermächtigten Handlungsbevollmächtigten abgestellt.[24]

15 Im **MitbestG 1976**[25] hat der Gesetzgeber mit § 6 Abs. 2 S. 1 MitbestG eine weitere Ausnahmeregelung geschaffen. Nur in eng begrenzten Fällen ist die Wählbarkeit eines Prokuristen als Aufsichtsratsmitglied der Arbeitnehmer ausgeschlossen.[26]

16 Das **AktG 1956** führte den Abs. 2 ein und regelte damit eine weitere Ersetzungsbefugnis, die zeitliche Begrenzung der Vertretung und Rechtsfolgen der Bestellung als Vorstand. Durch den neuen Abs. 2 wurde klargestellt,[27] dass die Vorschrift abgesehen von Verhin-

---

[16] Die Kompetenzabgrenzung ist im Einzelnen streitig, vgl. Baumbach/Hueck/*Zöllner/Noack* GmbHG § 46 Rn. 94 und § 52 Rn. 124 ff. mwN.
[17] Baumbach/Hueck/*Zöllner/Noack* GmbHG § 52 Rn. 28, 125.
[18] OLG Frankfurt BB 1987, 22.
[19] Entgegen Baumbach/Hueck/*Zöllner/Noack* GmbHG § 52 Rn. 28, die in ihrer Fn. 24 weitere Belege für die hier vertretene Auffassung anführen.
[20] So im Ergebnis UHW/*Raiser/Heermann* GmbHG § 52 Rn. 35.
[21] Vgl. zur Entstehungsgeschichte *Brox*, FS Ficker, 95 (98 ff.); Kölner Komm AktG/*Mertens/Cahn* Rn. 1; Großkomm AktG/*Hopt/Roth* Rn. 2 ff.
[22] *Brox*, FS Ficker, 95 (102); Großkomm AktG/*Hopt/Roth* Rn. 2.
[23] Vgl. Ausschussbericht *Kropff* S. 146; *Brox*, FS Ficker, 95 (98).
[24] Vgl. Ausschussbericht *Kropff* S. 146.
[25] BGBl. I S. 1153.
[26] Vgl. hierzu im Einzelnen → Rn. 31 ff.
[27] Zur früheren Rechtslage s. Großkomm AktG/*Hopt/Roth* Rn. 5 mwN; vgl. Kölner Komm AktG/*Mertens/Cahn* Rn. 1.

derung eines Vorstandsmitglieds auch gilt, wenn ein Vorstandsmitglied gänzlich fehlt. Gründe für das Fehlen können Tod oder Ausscheiden des Vorstandsmitglieds sein. Auch ein neu geschaffenes Vorstandsressort, das es noch zu besetzen gilt, kann vorübergehend durch ein Aufsichtsratsmitglied besetzt werden.

Der **Zeitraum** der zulässigen Abordnung des Aufsichtsratsmitglieds in den Vorstand wurde auf höchstens ein Jahr begrenzt. 17

Gegenüber seiner Fassung von 1937 ist durch das AktG 1956 in § 90 Abs. 2 S. 3 das Wort „dürfen" durch „können" ersetzt worden. Damit ist klargestellt, dass während der Abordnung in den Vorstand Rechtshandlungen als Aufsichtsratsmitglied **rechtlich unbeachtlich** und unwirksam sind.[28] 18

4. Reformvorhaben. Im Schrifttum wurde vorgeschlagen, das **generelle Wettbewerbsverbot** nach § 88 auch auf solche Vorstandsmitglieder anzuwenden, die nur vorübergehend aus den Reihen des Aufsichtsrats entsandt wurden.[29] Hierfür erforderlich wäre die Streichung von Abs. 2 S. 4. Die Initiative hat jedoch keine weitere Unterstützung mehr erfahren. 19

5. DCGK. Das Gesetz verbietet einem Aufsichtsratsmitglied nicht, dem **Vorstand einer anderen AG** anzugehören. Jedoch empfiehlt der DCGK, dass Aufsichtsratsmitglieder keine Organfunktionen (oder Beratungsaufgaben) bei wesentlichen Wettbewerbern des Unternehmens ausüben, Ziff. 5.4.2 DCGK.[30] 20

II. Unvereinbarkeit des Aufsichtsratsamts mit bestimmten Leitungsfunktionen (Abs. 1)

1. Verwandte Regelungen. Abs. 1 verbietet die Doppelmitgliedschaft in Vorstand und Aufsichtsrat derselben Gesellschaft, ist aber **keine abschließende Regelung** der Ämterkompatibilität. § 100 Abs. 2 S. 1 Nr. 2 verbietet die gleichzeitige Mitgliedschaft des gesetzlichen Vertreters einer konzernabhängigen Gesellschaft im Aufsichtsrat der herrschenden AG. Aufsichtsratsmitglieder sollen nicht zugleich unmittelbar oder mittelbar dem Einfluss derjenigen Personen unterliegen, die sie zu kontrollieren haben. Besonders zu prüfen ist die Mitgliedschaft in Gremien ausländischer Gesellschaften, deren Rolle nicht unbedingt klar der Überwachung zuzuordnen ist. 21

Der Wortlaut des Abs. 1 bezieht sich auf „ein Aufsichtsratsmitglied". Die Norm gilt aber nicht nur im Fall einer bereits bestehenden Mitgliedschaft im Aufsichtsrat. Vielmehr erfasst die Bestimmung auch den umgekehrten Fall der Berufung eines Vorstandsmitglieds in den Aufsichtsrat. Wer Mitglied des Vorstands ist, kann nicht zugleich Mitglied des Aufsichtsrats werden.[31]

2. Stellung als Vorstandsmitglied. Das Verbot trifft nicht nur die Stellung als Vorstandsmitglied, sondern auch **stellvertretende Vorstandsmitglieder** der Gesellschaft iSv. § 94 oder Abwickler i. S. d. §§ 268 Abs. 2, 269 Abs. 1.[32] 22

3. Stellung als Prokurist oder Handlungsbevollmächtigter. Das Aufsichtsratsmitglied einer AG kann nach Abs. 1 nicht zugleich **Prokurist** oder zum gesamten Geschäftsbetrieb ermächtigter **Handlungsbevollmächtigter** der Gesellschaft sein.[33] 23

---

[28] Kölner Komm AktG/*Mertens/Cahn* Rn. 1.
[29] *U. H. Schneider* BB 1995, 365 (367).
[30] Vgl. hierzu *Baums* Rn. 54.
[31] Vgl. BGH NJW 1975, 1657 (1658); MHdB AG/*Hoffmann-Becking* § 30 Rn. 5; Hüffer/*Koch* Rn. 2; Kölner Komm AktG/*Mertens/Cahn* Rn. 7.
[32] Hüffer/*Koch* Rn. 2; Großkomm AktG/*Hopt/Roth* Rn. 47; *Baumbach/Hueck* Rn. 3; NK-AktG/*Breuer/Fraune* Rn. 3.
[33] Zur Ausnahmeregelung für Arbeitnehmervertreter im Aufsichtsrat § 6 Abs. 2 S. 1 MitbestG, vgl. → Rn. 31 ff. Eine gesetzliche Anknüpfung an diese Tatbestandsmerkmale findet sich ebenfalls in § 89 Abs. 2 bis 4.

24 **a) Prokurist.** Der Begriff der Prokura gem. § 48 HGB erfasst Einzel- und Gesamtprokura, Filialprokura nach § 50 Abs. 3 HGB sowie die bloße „Titularprokura".[34] Prokurist iSd Abs. 1 ist, wem Prokura erteilt ist, ohne dass es darauf ankäme, aus welchem Grund diese erteilt wurde oder wie die tatsächliche Stellung innerhalb des Betriebs ist.[35] Diese klare Unterscheidung ließ sich allerdings mit Erlass des MitbestG nicht aufrechterhalten und führte zu der **Sonderregelung** des § 6 Abs. 2 S. 1 MitbestG, nach der bestimmte Prokuristen und (durch analoge Anwendung) Handlungsbevollmächtigte als Arbeitnehmervertreter in den Aufsichtsrat wählbar sein können, aber nicht bei Wahl seitens der Anteilseigner.

25 **b) Handlungsbevollmächtigter.** Das Gesetz unterscheidet drei Arten von Vollmachten, die als Handlungsvollmacht bezeichnet werden: die Vollmacht, die zum Betrieb des einem Anderen gehörenden Handelsgewerbes berechtigt, sog. **Generalhandlungsvollmacht** gem. § 54 Abs. 1 1. Var. HGB, die Vollmacht, die zur Vornahme einer bestimmten Art von Geschäften ermächtigt, sog. Arthandlungsvollmacht gem. § 54 Abs. 1 2. Var. HGB, sowie die Vollmacht, die zur Vornahme einzelner zu einem Handelsgewerbe gehörenden Geschäfte ermächtigt, sog. Einzelhandlungsvollmacht gem. § 54 Abs. 1 3. Var. HGB.

26 Handlungsbevollmächtigt iSd. Abs. 1 und damit von der Inkompatibilität umfasst ist nur der **Generalhandlungsbevollmächtigte** iSd ersten Variante, der nach § 54 Abs. 1 1. Var. HGB für ein Handelsgewerbe als Vertreter im Handelsverkehr auftreten kann, sofern er hierzu nicht bereits gesetzlich, organschaftlich oder durch Prokura ermächtigt ist,[36] und dessen Vollmacht nicht auf eine Art- oder Einzelhandlungsvollmacht beschränkt ist.[37] Eine weitergehende Generalvollmacht ist nicht erforderlich.[38]

27 Für die Annahme, dass unter Abs. 1 nur der Handlungsbevollmächtigte nach § 54 Abs. 2 HGB fällt, dem besondere Befugnisse, wie die Ermächtigung zur Veräußerung oder Belastung von Grundstücken, Eingehung von Wechselverbindlichkeiten etc., zustehen, besteht keine Rechtsgrundlage.[39]

28 Die **Generalvollmacht** umfasst andererseits die inkompatible Generalhandlungsvollmacht und unterfällt deswegen dem Verbot nach Abs. 1. Der Gesetzgeber hat auf die Verwendung dieser Begriffe Generalvollmacht und Generalbevollmächtigter in der Vorschrift verzichtet, da sie in der Wirtschaft zum Teil mit einem anderen Inhalt belegt sind. Generalbevollmächtigter bezeichnet dort einen unmittelbar unter dem Vorstand stehenden Bevollmächtigten, der über allen sonstigen Bevollmächtigten, Prokuristen und Handlungsbevollmächtigten steht. Durch die klare terminologische Abgrenzung von diesem Begriff wollte man einer unangemessen restriktiven Auslegung der Inkompatibilität vorbeugen. Die Anknüpfung an den gesetzlichen Umfang der allgemeinen Handlungsvollmacht und die Verwendung dieses Begriffs im Gegensatz zur Art- und Einzelhandlungsvollmacht klärt demgegenüber eindeutig, welcher (weite) Personenkreis gemeint ist.

29 Die allgemeine Handlungsvollmacht muss **ausdrücklich** erteilt werden.[40] Entscheidend für ihren Charakter ist, dass sie sich auf alle Geschäfte erstreckt. Eine Beschränkung der Vollmacht im Innenverhältnis ändert nichts an der Inkompatibilität.[41]

30 Inhaber einer Arthandlungsvollmacht oder einer Einzelhandlungsvollmacht fallen **nicht** unter das Unvereinbarkeitsgebot gem. Abs. 1.[42]

---

[34] *Werner* Bank-Betrieb 1965, 278 (285); Hüffer/*Koch* Rn. 3; NK-AktG/*Breuer/Fraune* Rn. 6.
[35] *Brox*, FS Ficker, 95 (108 ff.); Kölner Komm AktG/*Mertens/Cahn* Rn. 12; *Raiser/Veil* MitbestG § 6 Rn. 52.
[36] *K. Schmidt* HandelsR S. 490 ff.; MüKoHGB/*Krebs* HGB § 54 Rn. 6 mwN.
[37] *Brox*, FS Ficker, 95 (109); *ders.* NJW 1967, 801 f.; Hüffer/*Koch* Rn. 4; Kölner Komm AktG/*Mertens/Cahn* Rn. 13; Hölters/*Simons* Rn. 8.
[38] Hüffer/*Koch* Rn. 4; NK-AktG/*Breuer/Fraune* Rn. 8.
[39] Kölner Komm AktG/*Mertens/Cahn* Rn. 13; Großkomm AktG/*Hopt/Roth* Rn. 32.
[40] Kölner Komm AktG/*Mertens/Cahn* Rn. 13.
[41] *Brox*, FS Ficker, 95 (109); Hüffer/*Koch* Rn. 4; Kölner Komm AktG/*Mertens/Cahn* Rn. 13; Großkomm AktG/*Oetker* Rn. 32; NK-AktG/*Breuer/Fraune* Rn. 13; aA *Werner* Bank-Betrieb 1965, 278 (285).
[42] Hölters/*Simons* Rn. 8.

4. Sonderregelung für mitbestimmte Gesellschaften. Bei mitbestimmten Gesell- 31 schaften betrifft § 105 auch den Personenkreis, der sich den Arbeitnehmern zur Wahl in den Aufsichtsrat nach § 101 Abs. 1 stellen kann. Der Gesetzgeber wollte den Kreis der für die Wahl in den Aufsichtsrat in Frage kommenden leitenden Angestellten **möglichst weit fassen**[43] und hat ihn durch § 6 Abs. 2 S. 1 MitbestG erweitert. Von der Mitgliedschaft im Aufsichtsrat sind daher auf der Arbeitnehmerseite nur solche Prokuristen ausgeschlossen, deren Vorstandsnähe evident ist. Gerade die leitenden Angestellten sollen durch ihre Kenntnisse und Einsichten in die organisatorischen und wirtschaftlichen Zusammenhänge des Unternehmens die Informations- und Entscheidungsgrundlagen des Aufsichtsrats bereichern.[44] Die Regelung gewährleistet im Übrigen, dass dem Kreis der Arbeitnehmervertreter qualifizierte Beschäftigte – die ihrerseits Leitungsfunktionen in der Gesellschaft ausüben – angehören können.

Die **Wählbarkeit** eines Prokuristen als Aufsichtsratsmitglied der Arbeitnehmerseite ist 32 danach **nur dann ausgeschlossen,** wenn dieser einem Mitglied des zur gesetzlichen Vertretung des Unternehmens befugten Organs, also einem Vorstandsmitglied, unmittelbar unterstellt und zur Ausübung der ihm übertragenen Rechte für den gesamten Geschäftsbereich des Organs, also das gesamte Unternehmen (aber nicht zwingend mit konzernweiten Befugnissen), ermächtigt ist (§ 6 Abs. 2 S. 1 Hs. 2 MitbestG).[45]

Dem Vorstand unmittelbar unterstellt iSv. § 6 Abs. 2 S. 1 Hs. 2 MitbestG ist der Bevoll- 33 mächtigte dann, wenn er in der Unternehmenshierarchie direkt unter dem Vorstand steht. Derjenige ist dem Vorstand nicht unmittelbar unterstellt, der im Rahmen der **organisatorischen Einordnung** zunächst einen anderen Vorgesetzten als das Vorstandsmitglied hat. Die Dienstbezeichnung ist für die Charakterisierung dabei nicht ausschlaggebend.[46]

Die Prokura erstreckt sich nur dann auf den gesamten Geschäftsbereich, wenn die Hand- 34 lungsermächtigung auch im Innenverhältnis **unbeschränkt** ist.[47] Ob es sich hierbei um eine Einzel- oder Gesamtprokura nach § 48 Abs. 2 HGB handelt oder ob eine Einschränkung der Prokura gem. § 50 Abs. 2 HGB erfolgte, ist rechtlich unerheblich. Wählbar ist folglich nicht nur der Prokurist, dem lediglich eine Filialprokura iSv. § 50 Abs. 3 HGB erteilt wurde, sondern auch derjenige, dessen Geschäftsbereich im Innenverhältnis beschränkt ist, ohne dass dies auf die Vertretungsbefugnis im Außenverhältnis ausstrahlen würde. Ermöglicht wird der Arbeitnehmerseite die Wahl von Prokuristen in den Aufsichtsrat, deren Zuständigkeit räumlich auf einzelne Niederlassungen oder Betriebe, funktional auf einen einzelnen Funktions- oder Geschäftsbereich beschränkt ist.[48]

Da die Einschränkung interner Befugnisse des Prokuristen folglich **nicht unbeachtlich** 35 ist, entsteht ein **Gegensatz zum Handlungsbevollmächtigten.** Für ihn sieht § 6 Abs. 2 MitbestG keine Sonderregelung vor.[49] Das mag damit zusammenhängen, dass der Handlungsbevollmächtigte schon nach dem AktG nur dann nicht wählbar ist, wenn er als Generalhandlungsbevollmächtigter iSd § 54 Abs 1 1. Var HGB für das gesamte Unternehmen zuständig ist. Die überwiegende Meinung sieht es als unangemessen an, ihn anders als den Prokuristen zu behandeln und als seitens der Arbeitnehmer unwählbar anzusehen, wenn er im Übrigen nur eingeschränkte Befugnisse hat.[50] Man wird diese Ausnahme vom

---

[43] Kritisch *Peltzer* BB 1974, 440 (443); *Seiffert* AG 1974, 129 (130). Vgl. auch *Wlotzke* ZGR 1977, 355 (360 f.); GK-MitbestG/*Naendrup* § 6 Rn. 66; Großkomm AktG/*Oetker* MitbestG § 6 Rn. 14; *Raiser/Veil* MitbestG § 6 Rn. 50.
[44] BegrRegE BT-Drs. 7/2172, 17.
[45] Vgl. Hüffer/*Koch* Rn. 3; Spindler/Stilz/*Spindler* Rn. 9 ff.; Kölner Komm AktG/*Mertens/Cahn* Rn. 12.
[46] *Hoffmann/Lehmann/Weinmann* MitbestG § 6 Rn. 60.
[47] Großkomm AktG/*Oetker* MitbestG § 6 Rn. 15; *Raiser/Veil* MitbestG § 6 Rn. 52; UHH/*Ulmer/Habersack* MitbestG § 6 Rn. 52.
[48] *Raiser/Veil* MitbestG § 6 Rn. 53.
[49] *Peltzer* BB 1974, 440 (443); *Wlotzke* AuR 1974, 229.
[50] Hüffer/*Koch* Rn. 4; Nachweise für die hM auch bei Hölters/*Simons* Rn. 9, der sich aber entschieden für die Beibehaltung der typisierenden Betrachtungsweise des Gesetzes und damit gegen die differenzierende Betrachtung des Generalhandlungsbevollmächtigten ausspricht.

Grundsatz der Inkompatibilität anhand der rechtlichen Stellung im Unternehmen und der **Nähe zur Unternehmensleitung zu prüfen** haben, und häufig wird im Ergebnis die Nichtwählbarkeit vorliegen.[51] Dieser Prüfungszwang ist unbefriedigend und mit dem Gedanken der Rechtssicherheit allenfalls schwer vereinbar.

36 Im Anwendungsbereich der Mitbestimmungsregelungen des DrittelbG, des MontanMitbestG und des MitbestErgG gilt die allgemeine **Inkompatibilitätsvorschrift** gem. Abs. 1 uneingeschränkt.[52] Diese Gesetze sehen im Gegensatz zum MitbestG keine Vertreter der leitenden Angestellten im Aufsichtsrat vor.

37 **5. Sonstige Angestellte im Aufsichtsrat.** Aufsichtsratsmitglieder dürfen, mit Ausnahme der Sonderregelung des § 6 Abs. 2 S. 1 MitbestG über die Arbeitnehmervertreter im Aufsichtsrat, nicht Mitglied des Vorstands, Prokurist oder zum gesamten Geschäftsbetrieb ermächtigter Handlungsbevollmächtigter sein. Diese **Aufzählung ist abschließend.** Sie kann nicht als beispielhafte Aufzählung für das Berufsbild leitender Angestellter aufgefasst werden.

38 Andere – auch leitende – Angestellte können – anders als nach früherem Recht[53] – Aufsichtsratsmitglieder sein, und zwar nicht nur als Aufsichtsratsmitglieder der Arbeitnehmer. Sie können von der Hauptversammlung auch als Aufsichtsratsmitglieder der Anteilseigner gewählt werden. Von der Hauptversammlung gewählte Aufsichtsratsmitglieder, die zugleich Angestellte des Unternehmens sind, können nicht auf die Zahl der nach den Mitbestimmungsgesetzen zu bestellenden Aufsichtsratsmitglieder der Arbeitnehmer **angerechnet** werden.[54]

39 **6. Sonstiges Tätigwerden.** Abs. 1 untersagt den Aufsichtsratsmitgliedern nicht, aufgrund **besonderer Werk- oder Dienstverträge** für die Gesellschaft tätig zu werden. Allerdings ist zu beachten, dass gem. § 114 bestimmte Verträge eines Aufsichtsratsmitglieds mit der Gesellschaft der Zustimmung des Aufsichtsrats bedürfen und im Aufgabenbereich des Aufsichtsrats überhaupt unzulässig sind.

40 **7. Rechtsfolgen bei Verstößen.** Verstöße können **bei beiden unterschiedlichen Bestellungsrichtungen** vorkommen, einerseits der Bestellung eines Aufsichtsratsmitglieds zum Vorstandsmitglied, Prokuristen oder Handlungsbevollmächtigten und andererseits der Wahl eines Vorstandsmitglieds, Prokuristen oder Handlungsbevollmächtigten in den Aufsichtsrat.

41 **a) Prioritätsgrundsatz.** Im Hinblick auf den Gesetzeswortlaut des Abs. 1 („ein Aufsichtsratsmitglied kann nicht zugleich ... sein") stellte man früher die Frage, ob die Ämter, die miteinander für nicht vereinbar erklärt werden, einer **spezifischen Rangfolge** unterliegen. Diese Fragestellung wird heute nicht weiter verfolgt.[55] Es gilt der Grundsatz der zeitlichen Priorität, wonach das zunächst bestehende Rechtsverhältnis die Eingehung des späteren Rechtsverhältnisses ausschließt.

42 **b) Neue Funktion für ein Aufsichtsratsmitglied.** Wird ein Aufsichtsratsmitglied zum Vorstandsmitglied, Prokuristen oder zum im gesamten Geschäftsbetrieb ermächtigten

---

[51] Vgl. § 6 Abs. 2 S. 1 MitbestG; Großkomm AktG/*Oetker* MitbestG § 6 Rn. 17; *Raiser/Veil* MitbestG § 6 Rn. 54.
[52] MHdB AG/*Hoffmann-Becking* § 30 Rn. 5a; Kölner Komm AktG/*Mertens/Cahn* Rn. 12; MüKoAktG/*Habersack* Rn. 17.
[53] Vgl. § 90 Abs. 1 S. 2 AktG 1937.
[54] Die Wahl oder Entsendung von Angestellten des Unternehmens in den Aufsichtsrat als Anteilseignervertreter ist sachlich nicht zu beanstanden, solange hierbei nicht die insbesondere zu den Anfängen des MitbestG diskutierte Absicht verfolgt wird, die Regelungen der Mitbestimmungsgesetze zum Nachteil der Anteilseignervertreter zu umgehen. Eine Umgehung wird dann anzunehmen sein, wenn die Wahl in der im Zweifel nicht nachweisbaren Absicht erfolgt, dadurch mittelbar den Anteil der Arbeitnehmervertreter zu verstärken; Hüffer/*Koch* Rn. 5; Kölner Komm AktG/*Mertens/Cahn* Rn. 14; Großkomm AktG/*Hopt/Roth* Rn. 43.
[55] *Brox*, FS Ficker, 95 (119); Kölner Komm AktG/*Mertens/Cahn* Rn. 7; Hüffer/*Koch* Rn. 6; MüKoAktG/*Habersack* Rn. 18; Großkomm AktG/*Hopt/Roth* Rn. 18; Spindler/Stilz/*Spindler* Rn. 18.

Handlungsbevollmächtigten ernannt, ist zu unterscheiden, ob eine **Kumulation der Ämter** eintritt oder nicht.

Ist ein Aufsichtsratsmitglied für die Position als Prokurist oder zum gesamten Geschäftsbetrieb ermächtigter Handlungsbevollmächtigter vorgesehen, ist nach § 134 BGB iVm. § 105 die Ernennung wegen Verstoßes gegen ein **gesetzliches Verbot** nichtig, wenn sie zur Kumulation der Funktionen führt. In der Literatur findet sich verschiedentlich die Formulierung, Nichtigkeit trete ein, wenn die Kumulation beabsichtigt sei.[56] Das Abstellen auf subjektive Momente ist aber wegen Fragen der Erkennbarkeit problematisch. Gemeint dürfte die Frage sein, ob die Kumulationsabsicht in der Bestellung zum Ausdruck gekommen oder unabwendbar ist. Ist das der Fall, liegt von Anfang an Nichtigkeit vor. 43

Regelmäßig ist die Kumulation nicht Beschlussinhalt (in anderer Diktion: sie ist nicht gewollt). Von dem mit der neuen Funktion betrauten Aufsichtsratsmitglied wird erwartet, dass es sein Aufsichtsratsmandat niederlegt. In diesen Fällen tritt der Verstoß gegen das Trennungsprinzip erst ein, wenn das andere Amt angenommen wurde und dort die Amtszeit beginnt. Daher ist die Bestellung zunächst **schwebend unwirksam**[57] und wird dann wirksam, wenn die Inkompatibilität vor Amtsantritt beseitigt wird, etwa durch Niederlegung der hindernden Funktion. Wollte man hier die schwebende Unwirksamkeit nicht zulassen, sondern sofort die Rechtsfolge der Nichtigkeit annehmen, würde dies die beabsichtigte Ämterbesetzung trotz Bereitschaft zur Niederlegung eines Amts vereiteln; der Kandidat müsste erst sein Aufsichtsratsmandat niederlegen, in der Hoffnung, dass er anschließend zB zum Prokuristen ernannt wird. Das wäre überflüssig und auch unzumutbar. 44

Soweit dem Aufsichtsratsmitglied ein freies Niederlegungsrecht zusteht, wird in der Übernahme einer Vorstands- oder anderen inkompatiblen Position die Niederlegung des bestehenden Aufsichtsratsmandats zu sehen sein.[58] Wird das Hindernis aber nicht rechtzeitig vor einem faktischen Antritt der neuen Funktion beseitigt, weil der Bestellte zum Bespiel weiterhin als Aufsichtsrat handelt, tritt **Nichtigkeit** ein. Die Bestellung ist auch von vorneherein nichtig, wenn sie den Verstoß zum Inhalt hat, etwa bei Bestellung eines Aufsichtsratsmitglieds zum Vertreter eines Vorstandsmitglieds auf die Dauer von zwei Jahren. Dies ist rechtlich nicht möglich, Abs. 2 S. 1. Im Ergebnis deckt sich diese dogmatische Begründung mit der allgemeinen Meinung.[59] 45

c) Bestellung zum Aufsichtsratsmitglied. Wird umgekehrt ein Vorstandsmitglied, Prokurist oder zum gesamten Geschäftsbetrieb ermächtigter Handlungsbevollmächtigter zum Aufsichtsratsmitglied bestellt, ordnet das Gesetz bei enger Auslegung des Wortlauts die Folge der Nichtigkeit der Bestellung nicht ausdrücklich an. Für diesen Fall besteht eine **Regelungslücke**. Die hM wendet in diesen Fällen § 250 Abs. 1 Nr. 4 analog[60] an, nach dem ein Wahlbeschluss nichtig ist, wenn die gewählte Person die persönlichen Voraussetzungen für die Mitgliedschaft im Aufsichtsrat nicht erfüllt. Die Rechtsfolge ist sicher angemessen, die Anwendung eines Nichtigkeitsgrundes, der nach seinem Wortlaut nicht vorliegt und konzeptionell nicht erweiterbar ist, wird kritisiert.[61] Sieht man in der Norm ein allgemeines Verbot der Ausübung der inkompatiblen Funktionen, bedarf es der Analogie nicht, sondern die Bestellung in die zweite Funktion ist gemäß dem Prioritätsgrundsatz 46

---

[56] Hüffer/*Koch* Rn. 6; Großkomm AktG/*Hopt*/*Roth* Rn. 21 mwN.
[57] *Brox*, FS Ficker, 95 (119); MHdB AG/*Hoffmann-Becking* § 30 Rn. 5; Hüffer/*Koch* Rn. 6; Kölner Komm AktG/*Mertens*/*Cahn* Rn. 8; NK-AktG/*Breuer*/*Fraune* Rn. 11.
[58] Kölner Komm AktG/*Mertens*/*Cahn* Rn. 10; Großkomm AktG/*Hopt*/*Roth* Rn. 22 schließt eine konkludente Niederlegung in Ausnahmefällen aus, so etwa wenn äußerlich erkennbar ist, dass das Aufsichtsratsmitglied rechtsirrig der Ansicht ist, es dürfe eine Doppelfunktion ausüben.
[59] Vgl. Kölner Komm AktG/*Mertens*/*Cahn* Rn. 8; Hüffer/*Koch* Rn. 6; *Säcker*, FS Rebmann, 1989, 781 (789).
[60] Hüffer/*Koch* Rn. 6 und § 250 Rn. 11 mwN. Kölner Komm AktG/*Mertens*/*Cahn* Rn. 8 leiten das Ergebnis aus einem *argumentum ad maius* ab.
[61] Hölters/*Simons* § 250 Rn. 19.

wegen Verstoßes gegen ein gesetzliches Verbot zunächst schwebend unwirksam und dann nichtig, wird das Hindernis nicht beseitigt.[62]

47 Diese **zwingende Nichtigkeit** folgt aus der gesetzlichen Anordnung, dass in den Vorstand abgeordnete Aufsichtsratsmitglieder ihr Aufsichtsratsmandat nicht ausüben dürfen, Abs. 2 S. 3. Für den umgekehrten Fall der Bestellung in den Aufsichtsrat kann nichts anderes gelten,[63] auch wenn die Rechtsfolge (Nichtigkeit der Bestellung) über die Folge des Abs. 2 S. 3 (ruhendes Mandat) hinausgeht.

48 Hier gilt aber wieder, dass nur die Kumulation inkompatibler Positionen in aller Regel **nicht gewollt** ist. Daher kann ein Vorstandsmitglied die Wahl in den Aufsichtsrat wirksam annehmen, wenn es vorher oder spätestens mit Übernahme des Amts[64] sein Vorstandsmandat niederlegt.[65] Die Wahl in den Aufsichtsrat stellt einen wichtigen Grund zur Niederlegung des Vorstandsamts dar.[66] Auch kann ein Vorstandsmitglied, dessen Ausscheiden aus dem Vorstand bevorsteht, „auf Termin" zum Aufsichtsratsmitglied gewählt werden. Das Vorstehende gilt auch für die anderen in Abs. 1 genannten Führungsfunktionen.

49 **d) Rechtsfolgen gegenüber Dritten.** Hat der Aufsichtsrat unzulässigerweise ein Aufsichtsratsmitglied zum Vorstandsmitglied oder dauernd zum Stellvertreter eines Vorstandsmitglieds bestellt, muss die Gesellschaft dessen Rechtshandlungen trotz der Nichtigkeit der Bestellung gegen sich **gelten lassen**.[67] Einem Dritten kann die Prüfung nicht zugemutet werden, ob die Bestellung des Aufsichtsratsmitglieds zum Vorstandsmitglied rechtswirksam war oder nicht. Er muss sich darauf verlassen können, dass der Aufsichtsrat keine unzulässige Bestellung vorgenommen hat. Auf die allgemeinen Grundsätze über die fehlerhafte Bestellung von Vorstandsmitgliedern und deren Folge ist auch hier zurückzugreifen.

50 Wurde das Aufsichtsratsmitglied widerrechtlich als Prokurist oder Handlungsbevollmächtigter bestellt, kann sich ein Dritter auf die Eintragung der Vertretungsmacht im **Handelsregister** oder auf die **Vollmachtserteilung** nach den Grundsätzen der Anscheinsvollmacht berufen. Mangels Prüfungspflicht des Dritten ist sein Vertrauen in die wirksame Vertretung auch dann zu schützen, wenn er wusste, dass der Handelnde zugleich Mitglied des Aufsichtsrats war.

51 Im Übrigen verletzt das Aufsichtsratsmitglied durch das unberechtigte Auftreten im Rechtsverkehr seine **organschaftlichen Pflichten**. Dies kann gem. §§ 93, 116 eine Schadensersatzpflicht auslösen.

III. Ausnahme: Vertretung eines Vorstandsmitglieds durch ein Aufsichtsratsmitglied (Abs. 2)

52 **1. Bestellung und Beschlussfassung.** Abs. 2 statuiert eine Ausnahmeregelung. Der Aufsichtsrat kann danach einzelne seiner Mitglieder für einen Zeitraum von bis zu **einem Jahr** zum Stellvertreter eines fehlenden bzw. verhinderten Vorstandsmitglieds bestellen. Eine Bestellung zum Prokuristen oder Generalhandlungsbevollmächtigten ist dagegen nicht möglich.

53 Die Bestellung erfolgt gem. § 108 Abs. 1 durch Beschluss des Aufsichtsrats, an dem auch das zu entsendende Aufsichtsratsmitglied **mitwirken** darf. Bis zur Wirksamkeit der Bestellung kann das betreffende Aufsichtsratsmitglied sein Mandat uneingeschränkt ausüben.

54 Es ist umstritten, ob die Zuständigkeit für die Bestellung zum Vertreter eines fehlenden oder verhinderten Vorstandsmitglieds auf einen **Ausschuss** übertragen werden kann. Teil-

---

[62] IE auch *Baumbach/Hueck* Rn. 3; *v. Godin/Wilhelmi* Anm. 2; *Hüffer/Koch* Rn. 6; Großkomm AktG/*Hopt/Roth* Rn. 39; die praktischen Schwierigkeiten für den Prokuristen diskutieren *Schäuble/Lindemann* GWR 2015, 155.
[63] So iE auch Kölner Komm AktG/*Mertens/Cahn* Rn. 8.
[64] Kölner Komm AktG/*Mertens/Cahn* Rn. 9.
[65] MHdB AG/*Hoffmann-Becking* § 30 Rn. 5; *Hüffer/Koch* Rn. 6; Kölner Komm AktG/*Mertens/Cahn* Rn. 11.
[66] *Baumbach/Hueck* Rn. 3; Kölner Komm AktG/*Mertens/Cahn* Rn. 9; Großkomm AktG/*Hopt/Roth* Rn. 24.
[67] Großkomm AktG/*Hopt/Roth* Rn. 28 f.; aA *Kahler* BB 1983, 1382 (1383), der einen Vertrauensschutz des gutgläubigen Dritten ausdrücklich verneint.

weise wird die Ansicht vertreten, dass eine solche Übertragung zulässig ist, weil das Gesetz sie nicht wie in anderen Fällen (§ 105 Abs. 2 iVm. § 107 Abs. 3) ausdrücklich verbiete.[68] Diese Auffassung ist im Hinblick auf Sinn und Zweck der Bestimmung abzulehnen. Richtig ist vielmehr, dass die Bestellung eines Aufsichtsratsmitglieds zum Stellvertreter eines Vorstandsmitglieds nur durch den Gesamtaufsichtsrat vorgenommen werden darf.[69] Für die hier behandelte Stellvertreter-Bestellung gelten uneingeschränkt alle Vorschriften, die für eine ordentliche Bestellung anzuwenden sind. Die Entscheidung über die Bestellung einer Person zum Vorstandsmitglied ist gemäß §§ 107 Abs. 3, 84 Abs. 1 nicht auf einen Ausschuss übertragbar. Bei der Abordnung eines Aufsichtsratsmitglieds in den Vorstand der AG handelt es sich um eine unternehmenspolitisch nicht weniger bedeutsame Entscheidung, die neben der Besetzung des Vorstands auch die Zusammensetzung des Aufsichtsrats berührt. Entscheidungen über die interne Organisation des Aufsichtsrats erlauben nach allgM keine Verlagerung der Entscheidungskompetenz auf einen Ausschuss.[70]

Zum Zeitpunkt der Bestellung muss festgestellt werden, als **wessen Stellvertreter** das 55 Aufsichtsratsmitglied bestellt werden soll. Die Bestellung kann nicht im Voraus für Fälle des Fehlens oder der Verhinderung von Vorstandsmitgliedern erfolgen.

Das in den Vorstand abgeordnete Aufsichtsratsmitglied tritt in die **Stellung** des fehlenden 56 bzw. verhinderten Vorstandsmitglieds ein. Ist dieses nur stellvertretendes Vorstandsmitglied, nimmt auch der aus dem Aufsichtsrat Abgeordnete diese Stellung ein.[71] Zweifelhaft ist, ob dies auch gilt, wenn der Vorstandsvorsitzende fehlt oder verhindert ist. Jedenfalls muss der Aufsichtsrat gem. § 84 Abs. 2 die Möglichkeit haben, einen anderen Vorstandsvorsitzenden zu bestimmen.

Die Geschäftsführungs- und Vertretungsbefugnis des in den Vorstand entsandten Auf- 57 sichtsratsmitglieds richtet sich nach dem **Bestellungsbeschluss** und nicht nach der des ersetzten Vorstandsmitglieds.[72] Wenn keine ausdrückliche Regelung im Bestellungsbeschluss vorgesehen ist, gilt der Gesetzeswortlaut nach § 78 Abs. 2 und das Vorstandsmitglied ist nur gemeinschaftlich mit allen anderen Vorstandsmitgliedern vertretungsbefugt. Wenn (wie wohl stets) die Satzung die Vertretungsbefugnis regelt, sind die Satzungsbestimmungen anzuwenden. Die Regelung der **Geschäftsführungs- und Vertretungsbefugnis** gilt vom Zeitpunkt der Bestellung an und endet mit Ausscheiden aus dem Amt als Stellvertreter. Gutgläubigen Dritten gegenüber endet sie, sofern ein bestimmter Zeitraum nicht angegeben ist, erst mit der Löschung im Handelsregister.

Unschädlich für die Bestellung eines seiner Mitglieder zum Vorstandsmitglied ist es, wenn 58 der Aufsichtsrat durch die Bestellung **beschlussunfähig** wird. Die ungestörte Geschäftsführung und die notwendige gesetzliche Vertretung der Gesellschaft sind vorrangig vor der Beschlussfähigkeit des Aufsichtsrats, der nicht jederzeit tätig zu sein braucht.[73] Die Beschlussfähigkeit des Aufsichtsrats kann zudem durch die gerichtliche Bestellung eines Aufsichtsratsmitglieds gem. § 104 Abs. 1 wieder hergestellt werden.

Wenn der Vorsitzende des Aufsichtsrats in den Vorstand delegiert wird, kann er während 59 der Dauer seiner Vorstandsbestellung keine Tätigkeit als Aufsichtsratsmitglied ausüben, Abs. 2 S. 3, und daher auch nicht mehr den Vorsitz im Aufsichtsrat führen. Der Vorsitz geht

---

[68] Kölner Komm AktG/*Mertens/Cahn* Rn. 18; Hüffer/*Koch* Rn. 9; MHdB AG/*Wiesner* § 24 Rn. 30; Bürgers/Körber/*Bürgers/Israel* Rn. 9; NK-AktG/*Breuer/Fraune* Rn. 15.
[69] MüKoAktG/*Habersack* Rn. 28; Großkomm AktG/*Hopt/Roth* Rn. 56; Spindler/Stilz/*Spindler* Rn. 31; *Krieger*, Personalentscheidungen des Aufsichtsrats, 1981, 230 f.; Lutter/Krieger/*Verse* Rn. 454; K. Schmidt/Lutter/*Drygala* Rn. 16.
[70] BegrRegE *Kropff* S. 150; Kölner Komm AktG/*Mertens/Cahn* § 107 Rn. 167; *Johannes Semler* AG 1988, 60 (61); MHdB AG/*Hoffmann-Becking* § 32 Rn. 3a; Lutter/Krieger/*Verse* Rn. 454.
[71] Kölner Komm AktG/*Mertens/Cahn* Rn. 29; *Frels* VersR 1963, 899.
[72] Auch auf den Stellvertreter abstellend Kölner Komm AktG/*Mertens/Cahn* Rn. 29. Anders die wohl hM (vertretenes Vorstandsmitglied): Hüffer/*Koch* Rn. 10; Großkomm AktG/*Hopt/Roth* Rn. 67; MHdB AG/*Wiesner* § 24 Rn. 32; NK-AktG/*Breuer/Fraune* Rn. 16.
[73] RG JW 1930, 1413; *Baumbach/Hueck* Rn. 4; *v. Godin/Wilhelmi* Anm. 4; MüKoAktG/*Habersack* Rn. 26; Spindler/Stilz/*Spindler* Rn. 33.

nicht auf einen vorhandenen Stellvertreter über, weil der Vorsitzende nicht „verhindert" iSd. § 107 Abs. 1 S. 3 ist. Der Vorsitzende muss **neu gewählt** werden.

60 **2. Voraussetzungen (Abs. 2 S. 1 und 2).** Die Bestellung zum Stellvertreter eines Vorstandsmitglieds setzt voraus, dass ein Vorstandsmitglied **fehlt oder verhindert** ist. Dies gilt gleichermaßen für ein stellvertretendes Vorstandsmitglied, da es sich hierbei um ein „echtes" Mitglied des Vorstands handelt, § 94, das in der Unternehmenspraxis regelmäßig eigene Geschäftsbereiche selbstständig leitet.[74]

61 **a) Fehlen eines Vorstandsmitglieds.** Ein Vorstandsmitglied **„fehlt"**, wenn die durch Gesetz (§ 76 Abs. 2 S. 2), Geschäftsordnung oder Satzung vorgeschriebene Mindestzahl der Vorstandsmitglieder unterschritten ist. Wurde eine Höchstzahl von Vorstandsmitgliedern festgelegt und nicht ausgeschöpft, liegt schon hierin nach hM das Fehlen eines oder mehrerer Vorstandsmitglieder.[75] Stellvertretende Vorstandsmitglieder sind nach § 94 mitzuzählen. Es kommt nicht darauf an, ob die Zahl der bestellten Vorstandsmitglieder erst seit kurzem oder schon seit längerer Zeit unter der satzungsmäßigen Zahl liegt. Es mag befremden, dass ein Aufsichtsrat die satzungsmäßige Höchstzahl von Vorstandsmitgliedern nicht ausschöpft und die so geschaffene „Lücke" mittels der Ausnahmevorschrift des Abs. 2 schließt. Da die Bestellung eines Aufsichtsratsmitglieds zum Vorstand im Widerspruch zu dem Mandat der Aufsichtsratsmitglieder durch die Aktionäre oder gegebenenfalls Mitarbeiter des Unternehmens steht, wird man zumindest einen triftigen Grund für dieses Vorgehen verlangen müssen. Fehlt es daran, ist die Bestellung des Vorstandsmitglieds mangels Gesetzesverstoßes nicht unwirksam, allerdings wird zumeist ein Verstoß gegen die Organpflichten des Aufsichtsrats vorliegen.

62 **b) Verhinderung.** Verhinderung eines Vorstandsmitglieds liegt vor, wenn es zB wegen Krankheit oder Abwesenheit sein Amt **nicht ausüben** kann.[76] Eine nur vorübergehende Verhinderung – wenn ein Vorstandsmitglied etwa ein einzelnes Geschäft aus rechtlichen oder tatsächlichen Gründen nicht vornehmen kann – genügt demgegenüber nicht, um einen Stellvertreter gem. Abs. 2 zu bestellen.

63 Die Regelung ermöglicht es, bei **faktischem Wegfall** eines Vorstandsmitglieds die hierdurch entstehende Lücke durch eines der Aufsichtsratsmitglieder vorübergehend zu schließen, um als Resultat dem Aufsichtsrat ausreichend Zeit für eine adäquate Nachfolgeentscheidung bereitzustellen.[77]

64 Umstritten ist, ob ein Aufsichtsratsmitglied auch dann in den Vorstand der Gesellschaft abgeordnet werden kann, wenn zwar ein Vorstandsmitglied ausfällt, aber ein **stellvertretendes Vorstandsmitglied** iSv. § 94 bestellt ist. Im Hinblick auf Stellung und Funktion eines stellvertretenden Vorstandsmitglieds, welches häufig einen eigenen Aufgabenbereich wahrnimmt, ist dies zu bejahen. Zwischen „Fehlen" und „dauerhafter Verhinderung" ist insoweit nicht zu differenzieren. Auch für ein verhindertes stellvertretendes Vorstandsmitglied kann, da gem. § 94 die gleichen Regeln gelten wie für Vorstandsmitglieder, ein Aufsichtsratsmitglied als Stellvertreter bestellt werden.

65 **3. Zeitpunkt und Dauer der Bestellung. a) Zeitpunkt der Bestellung.** Zum Zeitpunkt der Bestellung muss die Verhinderung des Vorstandsmitglieds nach hM lediglich mit Sicherheit **unmittelbar bevorstehen** und nicht schon eingetreten sein.[78] Bei einer nur möglichen Verhinderung kann eine Bestellung nicht wirksam vorgenommen werden.

---

[74] Hölters/*Simons* Rn. 23; NK-AktG/*Breuer/Fraune* Rn. 14.
[75] Hüffer/*Koch* Rn. 7; MHdB AG/*Wiesner* § 24 Rn. 28; NK-AktG/*Breuer/Fraune* Rn. 14.
[76] Hölters/*Simons* Rn. 14.
[77] BegrRegE *Kropff* S. 146.
[78] *Baumbach/Hueck* Rn. 4; *v. Godin/Wilhelmi* Anm. 4; Kölner Komm AktG/*Mertens/Cahn* Rn. 23; Großkomm AktG/*Hopt/Roth* Rn. 48; MüKoAktG/*Habersack* Rn. 29; Spindler/Stilz/*Spindler* Rn. 26; MHdB AG/*Wiesner* § 24 Rn. 28 sowie ausf. *Krieger*, Personalentscheidungen des Aufsichtsrats, 1981, 240 f.; aA KGJ 15, 30, 34; *Ritter* § 90 AktG 1937 Anm. 5, der den Eintritt der Verhinderung fordert.

b) Dauer der Bestellung. Die Bestellung muss in ihrer **zeitlichen Dauer** begrenzt 66
sein und darf **ein Jahr** nicht überschreiten. Mit dieser Regelung verhindert das Gesetz, dass
sich der Aufsichtsrat langfristig seiner Pflicht entzieht, ein neues Vorstandsmitglied zu
bestellen, vgl. § 84 Abs. 1. Dieser Zeitraum darf nach Abs. 2 S. 2 auch durch wiederholte
Bestellung oder Verlängerung nicht überschritten werden. Bei einer kürzer bemessenen
ersten Bestellung ist eine Verlängerung der Amtszeit durch Aufsichtsratsplenarbeschluss
möglich, solange die gesetzliche Jahresfrist insgesamt nicht überschritten wird. Eine über die
Jahresfrist hinausgehende Bestellung ist bis zum Ablauf der Jahresfrist wirksam, für die Zeit
danach gem. § 139 BGB unwirksam.[79]

Die zeitliche Begrenzung der Ersatzabordnung muss bei der Bestellung im Voraus **kon-** 67
kret bestimmt werden. Eine Bestellung auf unbefristete Zeit ist nicht zulässig. Ebenso
wenig kann eine Bestellung „für die Dauer der Verhinderung" oder „des Fehlens" des
benannten Vorstandsmitglieds den gesetzlichen Anforderungen genügen. Diesen Formulierungen lässt sich das Ende der Bestellung nicht bereits bei der Bestellung konkret entnehmen.[80] Das ist jedoch notwendig.

Entfällt der Grund für die Abordnung durch Beendigung der Verhinderung vor Ablauf 68
des Bestellungszeitraums, entfällt damit auch der rechtliche Grund für die Bestellung des
Aufsichtsratsmitglieds in den Vorstand.[81] Allerdings endet das Vorstandsamt nicht ohne
weiteres, da über die Beendigung oder Nichtbeendigung Streit bestehen kann. Es bedarf
eines besonderen **Abberufungsbeschlusses,** für dessen Wirksamkeit der wichtige Grund
im Wegfall der Verhinderung liegt. Gleiches gilt, wenn ein neues Vorstandsmitglied für das
vakante Ressort bestellt wurde. Dadurch wird berücksichtigt, dass das vorübergehend in den
Vorstand entsandte Aufsichtsratsmitglied mit einer ständigen Wiederkehr des ursprünglichen
Amtsinhabers oder einer Neubesetzung der vakanten Position rechnen muss.

Wer bereits einmal zum Stellvertreter bestellt wurde, kann gem. Abs. 2 S. 2 für dieselbe 69
oder eine andere Vorstandsposition **erneut bestellt** werden.

Bei mehrfacher Bestellung eines Aufsichtsratsmitglieds für einen Verhinderungsfall beträgt 70
die **Höchstfrist** ein Jahr. Wird ein Aufsichtsratsmitglied für einen erneuten, aber inhaltlich
unterschiedlichen Verhinderungsfall bestellt, kann es erneut bis zu einem Jahr bestellt
werden. Das gilt auch, wenn dasselbe Vorstandsmitglied verhindert ist. Die Höchstfrist von
einem Jahr bezieht sich auf ein und denselben Verhinderungsfall eines Vorstandsmitglieds,
der von einem bestimmten Mitglied des Aufsichtsrats insoweit nicht länger als ein Jahr
vertreten werden kann.[82]

Dauert die Verhinderung des Vorstands aber länger als ein Jahr, ist es streitig, ob damit 71
die **Maximaldauer** seiner zulässigen Vertretung überschritten würde oder die Vertretung
zulässig bleibt, aber nur wenn ein anderes Aufsichtsratsmitglied delegiert wird. Nach herrschender Meinung besteht ein Bezug der Jahresfrist auf den Verhinderungsfall, weshalb
eine Vertretung auch durch ein anderes delegiertes Mitglied des Aufsichtsrats über die
Jahresfrist hinaus unzulässig sei. Ob sie sich nun auf den Verhinderungsfall des Vorstandes
oder auf die Vertretung durch das Aufsichtsratsmitglied bezieht, lässt sich allerdings dem
Gesetz nicht entnehmen. Gegen eine Regelung der höchstzulässigen passiven Vertretungs-
dauer spricht das Ziel, für das konkret zu delegierende, also aktiv vertretende Aufsichtsratsmitglied eine Ausnahme vom Inkompatibilitätsgrundsatz zu schaffen. Damit ist die Jahresfrist die höchstzulässige Zeit der Abordnung eines bestimmten Aufsichtsratsmitglieds im
konkreten Verhinderungsfall, und entgegen der herrschenden Meinung ist es rechtlich
zulässig, ein anderes Aufsichtsratsmitglied anschließend für dieselbe Stelle in den Vorstand

---

[79] Großkomm AktG/*Hopt/Roth* Rn. 59; MüKoAktG/*Habersack* Rn. 30.
[80] Kölner Komm AktG/*Mertens/Cahn* Rn. 24; Großkomm AktG/*Hopt/Roth* Rn. 57.
[81] Vgl. Baumbach/Hueck Rn. 5; v. Godin/Wilhelmi Anm. 4.
[82] *Baumbach/Hueck* Rn. 4; Hölters/*Simons* Rn. 17; MHdB AG/*Wiesner* § 24 Rn. 29; BegrRegE *Kropff* S. 146; *Krieger*, Personalentscheidungen des Aufsichtsrats, 1981, 227; MüKoAktG/*Habersack* Rn. 31; Spindler/Stilz/*Spindler* Rn. 28; Großkomm AktG/*Hopt/Roth* Rn. 58; vgl. auch *Potthoff/Trescher*, Das Aufsichtsratsmitglied, 2003, 284.

abzuordnen.⁸³ Die Abordnung von Aufsichtsratsmitgliedern muss im Sinne guter Unternehmensführung **das letzte Mittel** bleiben. Die Jahresfrist soll dahin wirken, dass sich der Aufsichtsrat möglichst rasch um die Bestellung eines ordentlichen Vorstandsmitglieds bemüht. Dem wird durch die Befassung des Aufsichtsrats mit der andauernden Verhinderung Rechnung getragen, auch wenn er dann die Fortsetzung der Vertretung durch ein anderes Aufsichtsratsmitglied beschließt.

72 Die Jahresfrist ist auch zu beachten, wenn vor ihrem Ablauf eine **Neuwahl** des Aufsichtsrats erfolgt. Wenn ein Aufsichtsratsmitglied vor einer Neuwahl zB acht Monate abgeordnet war, darf es nach seiner Neuwahl nur noch für vier Monate in den Vorstand abgeordnet werden.

73 **4. Eintragung im Handelsregister.** Die Bestellung eines Aufsichtsratsmitglieds zum Stellvertreter eines Vorstandsmitglieds sowie jede erneute Bestellung oder Verlängerung der Amtszeit ist gem. § 81 Abs. 1 zum Handelsregister **anzumelden.** Es gelten die allgemeinen Grundsätze über die Anmeldung der Bestellung eines Vorstandsmitglieds zum Handelsregister.⁸⁴

74 Der Registerrichter prüft, ob die Voraussetzungen für die Bestellung zum Stellvertreter eines Vorstandsmitglieds gegeben sind, d. h. die Bestellung für einen im Voraus begrenzten Zeitraum erfolgt ist, der die Höchstdauer von einem Jahr nicht überschreitet, und der Aufsichtsratsbeschluss, der die Bestellung ausspricht, rechtswirksam ist. Dagegen **prüft das Registergericht nicht,** ob das zu vertretende Vorstandsmitglied wirklich fehlt oder verhindert ist, es sei denn, dass tatsächlich Zweifel an der Verhinderung bestehen.⁸⁵

75 Ob die **Dauer** der Bestellung in das Handelsregister **einzutragen** ist, ist umstritten. Nach richtiger Auffassung⁸⁶ ist eine Eintragung der Befristung in das Handelsregister erforderlich, da sie einen wesentlichen Bestandteil der Bestellung darstellt und die Vertretungsbefugnis des delegierten Mitglieds zeitlich anders als für Vorstandsmitglieder im Allgemeinen begrenzt.

76 Die Bestellung ist nach **Ablauf** des Zeitraums als gegenstandslos zu **löschen.** Eines besonderen Antrags des Vorstands bedarf es hierbei nicht. Wurde dagegen die Dauer nicht eingetragen, ist die Eintragung der Bestellung erst auf Antrag des Vorstands zu löschen. Bis dahin bleibt die Vertretungsbefugnis des in den Vorstand entsandten Aufsichtsratsmitglieds gutgläubigen Dritten gegenüber gem. § 15 HGB bestehen. Hieran wird deutlich, dass die Eintragung des Bestellungszeitraums dem Interesse der Sicherheit des Rechtsverkehrs, aber auch der Gesellschaft dient, § 15 Abs. 2 HGB.

77 Außer dem Zeitraum der Bestellung sind jede **Verlängerung** der Amtszeit, jede erneute Bestellung oder eine vorzeitige Beendigung der Vertretung zum Handelsregister anzumelden.⁸⁷

78 Das Registergericht kann laut § 14 HGB die Anmeldung der Bestellung und ihrer Beendigung durch ein Zwangsgeld **erzwingen.**

79 **5. Rechtliche Stellung, Vergütung.** Das in den Vorstand bestellte Aufsichtsratsmitglied verliert sein Aufsichtsratsmandat nicht, es kann die entsprechende Tätigkeit aber für die Dauer der Bestellung **nicht mehr ausüben,** Abs. 2 S. 3. Wird es trotzdem als Aufsichtsratsmitglied tätig, nimmt es insbesondere an einer Beschlussfassung teil, ist seine Stimmabgabe

---

⁸³ So auch Kölner Komm AktG/*Mertens/Cahn* Rn. 25; Großkomm AktG/*Hopt/Roth* Rn. 58; NK-AktG/*Breuer/Fraune* Rn. 13; aA BegrRegE *Kropff* S. 146; MüKoAktG/*Habersack* Rn. 31; *Krieger,* Personalentscheidungen des Aufsichtsrats, 1981, 227 f.; Hüffer/*Koch* Rn. 7; MHdB AG/*Wiesner* Rn. 29.
⁸⁴ Hölters/*Simons* Rn. 20; NK-AktG/*Breuer/Fraune* Rn. 17.
⁸⁵ Großkomm AktG/*Hopt/Roth* Rn. 63; Baumbach/Hueck Rn. 6; MüKoAktG/*Habersack* Rn. 32; aA *v. Godin/Wilhelmi* Anm. 4 (auch bei Zweifeln keine Prüfung).
⁸⁶ Für eine Eintragung; MHdB AG/*Wiesner* § 24 Rn. 33; Großkomm AktG/*Hopt/Roth* Rn. 62; Henssler/*Strohn/Henssler* Rn. 11; NK-AktG/*Breuer/Fraune* Rn. 17; *Heidbüchel* WM 2004, 1317 (1320); im Ergebnis auch Hüffer/*Koch* Rn. 10; aA Baumbach/Hueck Rn. 6; Kölner Komm AktG/*Mertens/Cahn* Rn. 28; Spindler/Stilz/*Spindler* Rn. 38; MüKoAktG/*Habersack* Rn. 33; Hölters/*Simons* Rn. 20.
⁸⁷ Kölner Komm AktG/*Mertens/Cahn* Rn. 28; MüKoAktG/*Habersack* Rn. 33.

nichtig und nicht zu berücksichtigen.[88] Zugleich wird es Mitglied des Vorstands und hat als solches alle Pflichten und Rechte eines Vorstandsmitglieds zu beachten.

Eine Ausnahme betrifft das für Vorstandsmitglieder statuierte **Wettbewerbsverbot**.[89] 80 Dem lediglich vorübergehend in den Vorstand entsandten Aufsichtsratsmitglied ist es erlaubt, eine eigene Wettbewerbsposition aufrecht zu erhalten. Es wird durch diese nicht an der Ausübung des Amts gehindert. Die Sorgfaltspflichten des Vorstands bleiben aber unberührt, so dass die Verantwortung nach § 93 etwa für die Vereitelung von Geschäftschancen nicht von Abs. 2 Satz 4 ausgeschlossen wird.

Auch für (nicht entsandte) Aufsichtsratsmitglieder widerspricht die Tätigkeit für wesentli- 81 che Wettbewerber guter Corporate Governance. Dementsprechend empfiehlt der **DCGK** für börsennotierte Aktiengesellschaften, dass keine Organfunktionen (oder Beratungsaufgaben) bei wesentlichen Wettbewerbern des Unternehmens ausgeübt werden sollen, Ziff. 5.4.2 DCGK. Zumindest dieser Maßstab ist auch für entsandte Aufsichtsratsmitglieder anzuwenden. Nach hM kann sich aus Treu und Glauben gem. § 242 BGB eine weitere Beschränkung der Ausnahmeregelung ergeben. Nach Beginn der Abordnung ist der Eintritt in eine Wettbewerbsstellung unzulässig.[90]

Für seine Tätigkeit als Vorstandsmitglied hat das abgeordnete Aufsichtsratsmitglied An- 82 spruch auf Vergütung. Die **Vergütung** wird vom Plenum des Aufsichtsrats festgelegt. Die Vergütung muss gem. § 87 Abs. 1 in einem angemessenen Verhältnis zu den wahrzunehmenden Aufgaben und zur Lage der Gesellschaft stehen. Wenn sich die Vertretung auf einen bestimmten Arbeitsbereich im Vorstand bezieht, wird sich die Vergütung häufig an der Vergütung orientieren, die dem vorherigen Amtsinhaber gewährt worden ist.

Dagegen erhält das zum Vertreter eines Vorstandsmitglieds bestellte Aufsichtsratsmitglied 83 keine **Aufsichtsratsvergütung** mehr.[91] Die Vergütung wird gem. § 113 Abs. 1 S. 1 nicht für die Zugehörigkeit zum Aufsichtsrat gewährt, sondern für die Tätigkeit als Aufsichtsratsmitglied.

6. Gerichtliche Ergänzung des Aufsichtsrats bei fehlender Beschlussfähigkeit. 84 Für das in den Vorstand entsandte Aufsichtsratsmitglied kann eine andere Person gerichtlich als **Ersatzmitglied** bestellt werden, § 104 Abs. 1 und 2.[92] Die gerichtliche Bestellung wird nicht dadurch verhindert, dass das in den Vorstand abgeordnete Aufsichtsratsmitglied nach wie vor dem Aufsichtsrat angehört und lediglich von seiner Amtsausübung ausgeschlossen ist. Diese formale Position rechtfertigt es nicht, die gerichtliche Bestellung eines weiteren Aufsichtsratsmitglieds für das in den Vorstand abgeordnete auszuschließen, wenn andernfalls die ordnungsgemäße Beschlussfassung des Aufsichtsrats oder seine Vollständigkeit nicht mehr gewährleistet ist.

7. Beendigung der Delegation. a) Allgemeine Gründe. Für die Beendigung der 85 Stellung als Vorstand gelten zunächst die allgemeinen Beendigungsgründe. Wie jedes Vorstandsmitglied scheidet auch das aus dem Aufsichtsrat entsandte Vorstandsmitglied aus dem Vorstand aus, wenn die **Bestellungszeit vorüber** ist. Im Übrigen kann das Amt des Stellvertreters auch durch **Niederlegung des Vorstandsamts** oder (als Sonderfall) durch sein Ausscheiden aus dem Aufsichtsrat beendet werden.[93] Die Entsendungsregelung gilt nur für Aufsichtsratsmitglieder.

---

[88] Großkomm AktG/*Hopt/Roth* Rn. 60.
[89] § 88, § 105 Abs. 2 S. 4. Kritisch hierzu *U. H. Schneider* BB 1995, 365 (367), der *de lege ferenda* eine Anwendung des Wettbewerbsverbots für in den Vorstand abgeordnete Aufsichtsratsmitglieder fordert.
[90] *Baumbach/Hueck* Rn. 5; Kölner Komm AktG/*Mertens/Cahn* Rn. 30; MüKoAktG/*Habersack* Rn. 34.
[91] MüKoAktG/*Habersack* Rn. 35; Großkomm AktG/*Hopt/Roth* Rn. 70; Spindler/Stilz/*Spindler* Rn. 35; Bürgers/Körber/*Bürgers/Israel* Rn. 11; aA Kölner Komm AktG/*Mertens/Cahn* Rn. 31; *Heidbüchel* WM 2004, 1317 (1321); *von Godin/Wilhelmi* Anm. 4.
[92] Großkomm AktG/*Hopt/Roth* Rn. 55; Kölner Komm AktG/*Mertens/Cahn* Rn. 27; MüKoAktG/*Habersack* Rn. 26; für eine analoge Anwendung von § 104 AktG MHdB AG/*Hoffmann-Becking* § 29 Rn. 13; aA *Geßler* Rn. 36; *Heidbüchel* WM 2004, 1317 (1322).
[93] *v. Godin/Wilhelmi* Anm. 4; Kölner Komm AktG/*Mertens/Cahn* Rn. 33; Großkomm AktG/*Hopt/Roth* Rn. 73.

86 Wenn die Bestellung als Stellvertreter **abgelaufen** ist, wird das in den Vorstand delegierte Mitglied wieder vollberechtigtes Aufsichtsratsmitglied mit allen Rechten und Pflichten. Ab dann nimmt es auch an einer Vergütung teil.

87 Allerdings tritt das zurückkehrende Aufsichtsratsmitglied nicht wieder automatisch in die Funktionen etwa als Aussschussmitglied oder Vorsitzender des Aufsichtsrats oder eines Ausschusses ein, die es vor der Abordnung wahrgenommen hat. Es bedarf einer **erneuten Wahl** durch die anderen Aufsichtsratsmitglieder nach den für eine normale Amtsübertragung geltenden Grundsätzen.

88 **b) Abberufung aus wichtigem Grund.** Auch ein entsandtes Aufsichtsratsmitglied kann durch **Widerruf seiner Bestellung** aus dem Vorstand abberufen werden.

89 Hier ist fraglich, ob ein Widerruf an die Voraussetzung eines **wichtigen Grundes** gebunden ist, vgl. § 84 Abs. 3. Vergleichbar ist insoweit die Rechtsstellung des gerichtlich bestellten Vorstandsmitglieds. Mit der überwiegenden Auffassung ist davon auszugehen, dass es nur bei Vorliegen eines wichtigen Grundes abberufen werden kann.[94] Das aus dem Kreis des Aufsichtsrats bestellte stellvertretende Vorstandsmitglied ist zwar nur vorübergehend mit der Wahrnehmung des Vorstandsmandats betraut, steht jedoch in seiner Leitungsaufgabe und Entscheidungskompetenz einem ordentlichen Vorstandsmitglied in keiner Weise nach. Die Anknüpfung an die Voraussetzung eines wichtigen Grundes für die Abberufung der Mitglieder des Vorstands dient gerade dazu, eine eigenverantwortliche Leitung der Gesellschaft und damit die Ausübung der organschaftlichen Pflichten zu gewährleisten. Für die Ausübung des Amts durch einen vorübergehend aus dem Aufsichtsrat berufenen stellvertretenden Vorstand darf nichts anderes gelten.

V. Weitere Regelungen der Unvereinbarkeit

90 § 105 **ist keine abschließende Regelung** der Unvereinbarkeit von Ämtern mit der Zugehörigkeit zum Aufsichtsrat. Sein Regelungsgehalt beschränkt sich auf die Unvereinbarkeit von Funktionen innerhalb der Gesellschaft. Eine entsprechende Regelung findet sich in § 25d Abs. 3 KWG für Mitglieder des Aufsichtsorgans eines Instituts. Hat das prospektive Mitglied Ämter in anderen Organisationen inne, kann es aus deren Sicht geboten sein, die Übernahme des Aufsichtsratsmandats zu beschränken oder zu verhindern. Verbote der Mitgliedschaft finden sich insbesondere im öffentlichen Recht. Inkompatibilität muss jedenfalls geprüft werden, wenn Amtsträger im Ministerrang oder höher auf Bundes- oder Landesebene in den Aufsichtsrat einer auf Erwerb ausgerichteten Gesellschaft berufen werden sollen. Inkompatibilität besteht z. B. nach Art. 55 GG für den Bundespräsidenten, Art. 66 GG für den Bundeskanzler und die Bundesminister, § 5 BminG für die Mitglieder der Bundesregierung (dem korrespondieren landesrechtliche Vorschriften wie § 5 ThürMinG) und nach § 51 Abs. 5 GWB für die Mitglieder des BKartA. Für Notare ist die Amtsübernahme gemäß § 8 Abs. 3 BnotO genehmigungspflichtig.

§ 106 Bekanntmachung der Änderungen im Aufsichtsrat

Der Vorstand hat bei jeder Änderung in den Personen der Aufsichtsratsmitglieder unverzüglich eine Liste der Mitglieder des Aufsichtsrats, aus welcher Name, Vorname, ausgeübter Beruf und Wohnort der Mitglieder ersichtlich ist, zum Handelsregister einzureichen; das Gericht hat nach § 10 des Handelsgesetzbuchs einen Hinweis darauf bekannt zu machen, dass die Liste zum Handelsregister eingereicht worden ist.

Schrifttum: *Meyding/Bödeker,* Gesetzentwurf über elektronische Handelsregister und Genossenschaftsregister sowie das Unternehmensregister (EHUG-E) – Willkommen im Online-Zeitalter!, BB 2006, 1009; *Noack,* Das EHUG ist beschlossen – elektronische Handels- und Unternehmensregister ab 2007, NZG 2006, 801;

---

[94] Kölner Komm AktG/*Mertens/Cahn* § 85 Rn. 18; MHdB AG/*Wiesner* § 24 Rn. 31; MüKoAktG/*Spindler* § 85 Rn. 22.

Seibert/Decker, Das Gesetz über elektronische Handelsregister und Genossenschaftsregister sowie das Unternehmensregister (EHUG) – Der „Big Bang" im Recht der Unternehmenspublizität, DB 2006, 2446.

Übersicht

	Rn.
I. Allgemeines	1
1. Sinn und Zweck der Norm	1
2. Anwendungsbereich	4
3. Entstehungsgeschichte	7
II. Einreichungspflicht	8
III. Inhalt	14
IV. Verfahrensvorschriften	17
V. Erzwingung der Einreichung	20
VI. Wirkungen	21

I. Allgemeines

1. Sinn und Zweck der Norm. Die Vorschrift dient der Transparenz der aktuellen Aufsichtsratsbesetzung. Sie knüpft an § 37 Abs. 4 Nr. 3a an. 1

Aufsichtsratsmitglieder sind anders als Vorstandsmitglieder nicht unmittelbar aus dem Handelsregister ersichtlich. Durch Einreichung einer jeweils aktuellen Aufsichtsratsmitgliederliste wird die Zusammensetzung des Aufsichtsrats für jedermann erkennbar.[1] Insbesondere bei größeren Aufsichtsräten ist es von Vorteil, dass nicht die Einzelmeldungen zusammengesucht werden müssen. 2

Das Registergericht veröffentlicht nach § 10 HGB nur noch die Bekanntmachung,[2] dass eine aktuelle Liste der Aufsichtsratsmitglieder online einsehbar ist. Dies genügt zur Befriedigung des Informationsbedürfnisses des Rechtsverkehrs und entlastet die Unternehmen von zusätzlichem Bürokratieaufwand.[3] Die aktuellen Aufsichtsratsmitglieder sind auch im elektronischen Unternehmensregister[4] ersichtlich. Daneben geben heutzutage die meisten Aktiengesellschaften auf ihren Internetseiten verlässlich die Zusammensetzung des Aufsichtsrats an.[5] 3

2. Anwendungsbereich. Die Bestimmung gilt nicht nur für den Anwendungsbereich des AktG, sondern kraft Verweisung für alle anderen mitbestimmten Unternehmen.[6] Eine Ausnahme gilt nur für mitbestimmungspflichtige Genossenschaften (§ 6 Abs. 3 S. 1 MitbestG). Für sie besteht keine Pflicht zur Bekanntmachung oder Meldung zum Genossenschaftsregister (vgl. § 10 Abs. 1 GenG). 4

Die Vorschrift findet nach § 278 Abs. 3 auch auf die KGaA Anwendung. Gem. § 6 Abs. 2 S. 1 MitbestG, §§ 2, 3 MitbestErgG und § 1 Abs. 1 Nr. 3 DrittelbG gilt die Vorschrift auch für die mitbestimmte GmbH und gem. § 35 Abs. 3 S. 1 VAG für den großen VVaG. Über Art. 9 Abs. 1 lit. c (ii) SE-VO ist die Vorschrift auf die dualistisch verfasste SE anwendbar. 5

Die Vorschrift lässt die Publizitätspflichten anderer Vorschriften unberührt.[7] Zusätzliche Bekanntmachungspflichten für die Bestellung von Aufsichtsratsmitgliedern im elektronischen Bundesanzeiger und in den Betrieben bestehen nach §§ 19 MitbestG, § 10f MitbestErgG und § 8 DrittelbG.[8] Nach § 107 Abs. 1 S. 2 hat der Vorstand die Person des Aufsichtsratsvorsitzenden und seiner Stellvertreter zum Handelsregister anzumelden. 6

---

[1] Vgl. NK-AktG/*Breuer/Fraune* Rn. 1; Hölters/*Simons* Rn. 1.
[2] www.handelsregisterbekanntmachungen.de
[3] Hüffer/*Koch* Rn. 2, 3; K. Schmidt/Lutter/*Drygala* Rn. 1; NK-AktG*Breuer/Fraune* Rn. 1; *Noack* NZG 2006, 801 (803); Seibert/*Decker* DB 2006, 2446 (2450).
[4] www.unternehmensregister.de
[5] Dies sah bis zur Fassung vom 13. Mai 2013 Ziff. 6.8 DCGK vor. Es ist aber auch nach dessen Streichung üblich.
[6] Vgl. § 77 BetrVG 1952; § 6 Abs. 2 MitbestG; § 3 Abs. 2 MontanMitbestG; § 3 Abs. 1 MitbestErgG.
[7] Vgl. MüKoAktG/*Habersack* Rn. 4.
[8] Die zusätzlichen Bekanntmachungspflichten gelten nur für die Bestellung, nicht für das Ausscheiden von Aufsichtsrats- oder Ersatzmitgliedern. Weiterführend zu den Bekanntmachungspflichten, Hölters/*Simons* Rn. 2 mwN.

7 **3. Entstehungsgeschichte.** Die Vorschrift blieb seit dem AktG aus dem Jahre 1937 sowohl sprachlich als auch sachlich lange Zeit unverändert. Durch Art. 9 Nr. 8 des Gesetzes über elektronische Handelsregister und Genossenschaftsregister vom 10. November 2006 (EHUG) wurde die Vorschrift zum 1. Januar 2007 grundlegend verändert und die Verpflichtung der Gesellschaft zur Anmeldung und Bekanntmachung der einzelnen Änderungen abgeschafft.[9] Das EHUG beruht auf der Publizitätsrichtlinie 68/151/EWG idF der Richtlinie 2003/58 EG sowie der TransparenzRL 2004/109/EU[10]

II. Einreichungspflicht

8 Die Einreichungspflicht trifft den Vorstand bei jedem **Ausscheiden oder Eintritt von Aufsichtsratsmitgliedern.** Die Bestellung von Ersatzmitgliedern ändert die Zusammensetzung des Aufsichtsrats nicht, so dass der Vorstand nicht einreichungspflichtig ist. Ebenso wenig besteht eine Einreichungspflicht bei einer Abordnung eines Aufsichtsratsmitglieds in den Vorstand, da es sich insofern nur um eine ruhende Mitgliedschaft handelt.[11] Bekanntmachungspflicht besteht aber mit dem Nachrücken eines Ersatzmitglieds für ein ausgeschiedenes Aufsichtsratsmitglied.[12]

9 Ob es sich um von der Hauptversammlung nach § 76 Abs. 2 BetrVG 1952 oder § 7 MitbestErgG gewählte, nach § 101 Abs. 2 bzw. § 7 MitbestG entsandte oder nach § 104 gerichtlich bestellte Aufsichtsratsmitglieder handelt, ist unbeachtlich. Da es allein auf eine personelle Änderung ankommt, ist auch der Fall erfasst, dass ein Aufsichtsratsmitglied sein Amt niederlegt, ohne dass eine Nachfolgebestellung erfolgt.[13] Herrscht Streit über die Wirksamkeit der Amtsniederlegung, besteht die Pflicht zur Bekanntmachung erst dann, wenn die Wirksamkeit für den Vorstand sicher feststeht.[14] Ist der Bestellungsakt jedoch zunächst wirksam, aber angefochten, zB im Fall der Wahl, besteht Einreichungspflicht und der Vorstand kann nicht das Ende des Verfahrens abwarten.[15]

10 Im Falle des Ausscheidens eines Aufsichtsratsmitglieds wurde diskutiert, dass es von der voraussichtlichen Dauer der Vakanz abhängen mag, ob der Vorstand mit der Bekanntmachung warten darf, um dann gleichzeitig den Eintritt des Nachfolgers mitteilen zu können. Diese Diskussion dürfte angesichts des heutigen Wortlauts der Norm überholt sein; auf einen „Wechsel" kommt es nicht an. Jedenfalls ist auch nach dieser Auffassung eine unmittelbare Mitteilung des Ausscheidens des Vorgängers erforderlich, wenn sich die Vakanz der Aufsichtsratsposition auf einen längeren Zeitraum zu erstrecken droht.[16]

11 Ändert sich die Person des Aufsichtsratsvorsitzenden oder seines Stellvertreters bei fortdauernder Mitgliedschaft, begründet dies keine Einreichungspflicht, da hierdurch keine Änderung in der Person des Aufsichtsratsmitglieds vorliegt.[17] Ebenso wenig begründet eine Verlängerung der **Amtszeit** oder eine **Änderung** des Namens, Berufs oder Wohnorts eine Einreichungspflicht, da in diesen Fällen kein Wechsel der personellen Zusammensetzung vorliegt.[18]

12 Die Anmeldung eines Aufsichtsratsvorsitzenden oder seines Stellvertreters richtet sich nach § 107.

---

[9] BGBl. I S. 2553; ausführlich dazu *Seibert/Decker* DB 2006, 2446 ff.; *Dauner-Lieb/Link* DB 2006, 767 ff.; *Meyding/Bödeker* BB 2006, 1009 ff.; *Noack* NZG 2006, 801; *Spindler* WM 2006, 109 ff.; *Liebscher/Scharff* NJW 2006, 3745 ff.
[10] *Seibert/Decker* DB 2006, 2446.
[11] Hölters/*Simons* Rn. 4; aA MüKoAktG/*Habersack* Rn. 7.
[12] *Wlotzke/Wißmann/Fitting* MitbestG § 19 Rn. 4; NK-AktG/*Breuer/Fraune* Rn. 2.
[13] MHdB AG/*Hoffmann-Becking* § 30 Rn. 62; Hüffer/*Koch* Rn. 2; Kölner Komm AktG/*Mertens/Cahn* Rn. 4; NK-AktG/*Breuer/Fraune* Rn. 2.
[14] KG RJA 12, 40.
[15] Kölner Komm AktG/*Mertens/Cahn* Rn. 4; MüKoAktG/*Habersack* Rn. 8.
[16] MHdB AG/*Hoffmann-Becking* § 30 Rn. 62.
[17] Bürgers/Körber/*Bürgers/Israel* Rn. 2.
[18] *Baumbach/Hueck* Rn. 1; Kölner Komm AktG/*Mertens/Cahn* Rn. 4; Spindler/Stilz/*Spindler* Rn. 6; Bürgers/Körber/*Bürgers/Israel* Rn. 2.

Die **Pflicht** zur Bekanntmachung **obliegt** dem **Vorstand**. Er handelt durch einzelne Vorstandsmitglieder in vertretungsberechtigter Zahl. Bei in der Satzung vorgesehener unechter Gesamtvertretung kann die Bekanntmachung auch durch ein Vorstandsmitglied zusammen mit einem Prokuristen erfolgen.

III. Inhalt

Die Liste enthält nur den *status quo,* dh sämtliche aktuellen Mitglieder des Aufsichtsrats, hingegen keine Chronologie aller Veränderungen.

Inhaltlich sind aufzunehmen der **Namen**, der **ausgeübte Beruf** und der **Wohnort** jedes Aufsichtsratsmitglieds.[19]

Die **Art des Ausscheidens** sowie die Art der **Bestellung** bei Eintritt des Aufsichtsratsmitglieds unterliegen nicht der Bekanntmachungspflicht.[20]

IV. Verfahrensvorschriften

Der Vorstand hat die Liste schriftlich zu erstellen, zu unterschreiben und anschließend an das elektronische Postfach des Handelsregisters elektronisch zu übermitteln[21] oder übermitteln zu lassen.[22] Zuständig ist das Registergericht des Gesellschaftssitzes gem. §§ 14 AktG, 376 f. FamFG.

Die Einreichung hat **unverzüglich** (§ 121 Abs. 1 S. 1 BGB) zu erfolgen,[23] dh so schnell es der ordnungsgemäße Geschäftsgang erlaubt. Die erforderliche Transparenz über die personellen Veränderungen im Aufsichtsrat soll dem Publikum gegenüber frühzeitig hergestellt werden.

Das Handelsregister hat einen Hinweis bekannt zu machen, dass die Liste eingereicht wurde. Diese Bekanntmachung ist auch im Unternehmensregister öffentlich zugänglich, § 8b Abs. 2 S. 1 Nr. 1 HGB.

V. Erzwingung der Einreichung

Die Einreichung der Bekanntmachung zum Handelsregister kann durch **Festsetzung eines Zwangsgelds** (§ 14 HGB) erzwungen werden.[24] Dieses Ordnungsverfahren kann nicht gegen die juristische Person als solche gerichtet werden, sondern nur gegen jedes einzelne Vorstandsmitglied.[25] Es darf aber nicht dazu dienen, mittelbar die Bestellung von Aufsichtsratsmitgliedern zu erzwingen, da hierdurch das Verfahren zur gerichtlichen Bestellung von Aufsichtsratsmitgliedern gem. § 104 umgangen würde.

VI. Wirkungen

Für die **rechtliche Stellung** der ausgeschiedenen oder eingetretenen Aufsichtsratsmitglieder sind die Einreichung der aktualisierten Liste zum Handelsregister und deren Bekanntmachung ohne Bedeutung.

Mangels Eintragung ins Handelsregister werden Dritte auch nicht durch den öffentlichen Glauben des Handelsregisters (§ 15 HGB) geschützt.[26] Vertritt der Aufsichtsrat ausnahmsweise die Gesellschaft, so geschieht dies im Allgemeinen nicht gegenüber Dritten, sondern

---

[19] MHdB AG/*Hoffmann-Becking* § 30 Rn. 64; Kölner Komm AktG/*Mertens/Cahn* Rn. 5; Großkomm AktG/*Hopt/Roth* Rn. 12; Hüffer/*Koch* Rn. 1; NK-AktG/*Breuer/Fraune* Rn. 2.
[20] MHdB AG/*Hoffmann-Becking* § 30 Rn. 64; Großkomm AktG/*Hopt/Roth* Rn. 11.
[21] Die erforderliche Software ist frei verfügbar unter www.egvp.de
[22] Vgl. Hölters/*Simons* Rn. 7.
[23] *Baumbach*/*Hueck* Rn. 3; Hüffer/*Koch* Rn. 2; Kölner Komm AktG/*Mertens/Cahn* Rn. 6; NK-AktG/*Breuer/Fraune* Rn. 2.
[24] Hüffer/*Koch* Rn. 2; Kölner Komm AktG/*Mertens/Cahn* Rn. 11.
[25] KG OLG Rspr. 4, 463; Staub/*Koch* HGB § 14 Rn. 14; EBJS/*Schaub* HGB § 14 Rn. 27.
[26] Hüffer/*Koch* Rn. 1.

nur gegenüber Vorstandsmitgliedern (§ 112). Diese sind aber nicht schutzwürdig, da ihnen die Zusammensetzung des Aufsichtsrats bekannt ist.

23 Sollte im Einzelfall ein **Schutzbedürfnis für die Aktionäre**, zB bei unrichtiger Klagezustellung mit Ablauf der Monatsfrist bestehen (§ 246 Abs. 1 und 2 S. 2), kann dem über die Grundsätze der Rechtsscheinhaftung Rechnung getragen werden.[27]

24 Verzögert der Vorstand die Einreichung der erforderlichen Unterlagen, oder unterlässt er sie ganz, kann dies eine nach § 93 Abs. 1, 2 **schadensersatzpflichtige Pflichtverletzung** darstellen.

§ 107 Innere Ordnung des Aufsichtsrats

(1) ¹Der Aufsichtsrat hat nach näherer Bestimmung der Satzung aus seiner Mitte einen Vorsitzenden und mindestens einen Stellvertreter zu wählen. ²Der Vorstand hat zum Handelsregister anzumelden, wer gewählt ist. ³Der Stellvertreter hat nur dann die Rechte und Pflichten des Vorsitzenden, wenn dieser verhindert ist.

(2) ¹Über die Sitzungen des Aufsichtsrats ist eine Niederschrift anzufertigen, die der Vorsitzende zu unterzeichnen hat. ²In der Niederschrift sind der Ort und der Tag der Sitzung, die Teilnehmer, die Gegenstände der Tagesordnung, der wesentliche Inhalt der Verhandlungen und die Beschlüsse des Aufsichtsrats anzugeben. ³Ein Verstoß gegen Satz 1 oder Satz 2 macht einen Beschluß nicht unwirksam. ⁴Jedem Mitglied des Aufsichtsrats ist auf Verlangen eine Abschrift der Sitzungsniederschrift auszuhändigen.

(3) ¹Der Aufsichtsrat kann aus seiner Mitte einen oder mehrere Ausschüsse bestellen, namentlich, um seine Verhandlungen und Beschlüsse vorzubereiten oder die Ausführung seiner Beschlüsse zu überwachen. ²Er kann insbesondere einen Prüfungsausschuss bestellen, der sich mit der Überwachung des Rechnungslegungsprozesses, der Wirksamkeit des internen Kontrollsystems, des Risikomanagementsystems und des internen Revisionssystems sowie der Abschlussprüfung, hier insbesondere der Unabhängigkeit des Abschlussprüfers und der vom Abschlussprüfer zusätzlich erbrachten Leistungen, befasst. ³Die Aufgaben nach Absatz 1 Satz 1, § 59 Abs. 3, § 77 Abs. 2 Satz 1, § 84 Abs. 1 Satz 1 und 3, Abs. 2 und Abs. 3 Satz 1, § 87 Abs. 1 und Abs. 2 Satz 1 und 2, § 111 Abs. 3, §§ 171, 314 Abs. 2 und 3 sowie Beschlüsse, daß bestimmte Arten von Geschäften nur mit Zustimmung des Aufsichtsrats vorgenommen werden dürfen, können einem Ausschuß nicht an Stelle des Aufsichtsrats zur Beschlußfassung überwiesen werden. ⁴Dem Aufsichtsrat ist regelmäßig über die Arbeit der Ausschüsse zu berichten.

(4) Richtet der Aufsichtsrat einer Gesellschaft im Sinn des § 264d des Handelsgesetzbuchs einen Prüfungsausschuss im Sinn des Absatzes 3 Satz 2 ein, so muss mindestens ein Mitglied die Voraussetzungen des § 100 Abs. 5 erfüllen.

Schrifttum: *Arbeitskreis „Externe und interne Überwachung der Unternehmung" der Schmalenbach-Gesellschaft für Betriebswirtschaft e. V,* Prüfungsausschüsse in deutschen Aktiengesellschaften, DB 2000, 2282; *Annuß/Theusinger,* Das VorstAG – Praktische Hinweise zum Umgang mit dem neuen Recht, BB 2009, 2434; *Baeck/Götze/Arnold,* Festsetzung und Herabsetzung der Geschäftsführervergütung – Welche Änderungen bringt das VorstAG ?, NZG 2009, 1121; *Bauer,* Rechtliche und taktische Probleme bei der Beendigung von Vorstandsverhältnissen, DB 1992, 1413; *Bauer/Arnold,* Festsetzung und Herabsetzung der Vorstandsvergütung nach dem VorstAG, AG 2009, 717; *Bauer/Arnold,* AGG und Organmitglieder – Klares und Unklares vom BGH, NZG 2012, 921; *Baums,* Der Geschäftsleitervertrag: Begründung, Inhalt und Beendigung der Rechtsstellung der Vorstandsmitglieder und Geschäftsführer in der Kapitalgesellschaft und Genossenschaften, 1987; *Baums,* Der Aufsichtsrat – Aufgaben und Reformfragen, ZIP 1995, 11; *Bellstedt,* Die Vorlage von Vorstands- und Aufsichtsratsprotokollen in der Betriebsprüfung, FR 1968, 401; *Bihr/Philippsen,* Qualitätsaspekte bei der Arbeit von Aufsichtsratsgremien – Grundsätze ordnungsgemäßer Überwachung für Aufsichträte, DStR 2011, 1133; *Böcking/Gros/Wallek,* Unternehmensüberwachung und Interne Revision – eine empirische Bestandsaufnahme, DB 2013, 709; *Boesebeck,* Der Aufsichtsratsvorsitzer ist tot – Es lebe der Aufsichtsratsvorsitzende!, AG 1967, 39;

---

[27] Großkomm AktG/*Hopt/Roth* Rn. 23; für die analoge Anwendung von § 171 Abs. 2 BGB MüKoAktG/*Habersack* Rn. 13.

Boldt, Mitbestimmungsergänzungsgesetz, 1957; *Boos/Fischer/Schulte-Mattler,* KWG, 4. Aufl. 2012; *Börsig/Löbbe,* Die gewandelte Rolle des Aufsichtsrats, FS Hoffmann-Becking, 2013, 125; *Bosse,* Handbuch Vorstandsvergütung, 2010; *Böttcher,* Unzulässige Besetzung von Aufsichtsräten, NZG 2012, 809; *Brandi/Gieseler,* Persönliche Voraussetzungen, Sanktionen und Ausschüsse nach geltendem Recht und CRD IV, NZG 2012, 1321; *Braun/Louven,* Neuregelungen des BilMoG für GmbH-Aufsichtsräte, GmbHR 2009, 965; *v. Braunbehrens,* Ehrenmitglied des Aufsichtsrats, BB 1981, 2100; *Brinkschmidt,* Protokolle des Aufsichtsrats und seiner Ausschüsse, 1992; *Cahn,* Vorstandsvergütung als Gegenstand rechtlicher Regelung, FS Hopt, 2010, S. 431; *Deilmann,* Beschlussfassung im Aufsichtsrat: Beschlussfähigkeit und Mehrheitserfordernisse, BB 2012, 2191; *Döring/Grau,* Verfahren und Mehrheitserfordernisse für die Bestellung und Abwahl des Aufsichtsratsvorsitzenden in mitbestimmten Unternehmen, NZG 2010, 1328; *Dörner,* Von der Wirtschaftsprüfung zur Unternehmensberatung, WPg 1998, 302; *Dörner/Menold/Pfitzer* (Hrsg.), Reform des Aktienrechts, der Rechnungslegung und Prüfung, 1999; *Feddersen/Hommelhoff/Schneider* (Hrsg.), Corporate Governance, 1996; *Feddersen/v. Cube,* Vorstand wider Willen ? Auswirkungen des Gesetzes zur Angemessenheit der Vorstandsvergütung auf GmbHs, NJW 2010, 576; *Fett/Theusinger,* Die gerichtliche Bestellung von Aufsichtsratsmitgliedern – Einsatzmöglichkeiten und Fallstricke, AG 2010, 425; *Fickel,* Aufsichtsratsausschüsse nach dem Mitbestimmungsgesetz 1976, AG 1977, 134; *Fleischer,* Das Gesetz zur Angemessenheit der Vorstandsvergütung (VorstAG), NZG 2009, 801; *Fleischer,* Fehlerhafte Aufsichtsratsbeschlüsse: Rechtsdogmatik – Rechtsvergleichung – Rechtspolitik, DB 2013, 160 (Teil 1)/217 (Teil 2); *Forster/Müller,* Die Ermittlung des Umsatzverhältnisses nach § 4 der Mitbestimmungsnovelle Bergbau und Eisen durch den aktienrechtlichen Abschlussprüfer oder andere Prüfer, WPg 1956, 546; *Freiling,* Audit Committee – ein brauchbarer Ansatz zur Koordinierung der Unternehmensüberwachung, FS Otte, 1992, S. 17; *Frels,* Nochmals: Überweisung von Aufgaben des Aufsichtsrates einer Aktiengesellschaft an einzelne seiner Mitglieder, AG 1958, 232; *Frels,* Überweisung von Aufgaben des Aufsichtsrates einer Aktiengesellschaft an einzelne seiner Mitglieder – „Einköpfige" Aufsichtsratsausschüsse, AG 1957, 9; *Gach,* Eignungsvoraussetzungen für Arbeitnehmervertreter im Aufsichtsrat, FS Bauer, 2010, S. 327; *Gaul/Janz,* Das neue VorstAG – Veränderte Vorgaben auch für die Geschäftsführer und den Aufsichtsrat der GmbH, GmbHR 2009, 959; *Gaul/Janz,* Wahlkampfgetöse im Aktienrecht: Gesetzliche Begrenzung der Vorstandsvergütung und Änderungen der Aufsichtsratstätigkeit, NZA 2009, 809; *Geitner,* Offene Fragen im Mitbestimmungsgesetz, AG 1976, 210; *Gernoth,* Aufsichtsrat und Prüfungsausschuss: Praktische Auswirkungen des Bilanzrechtsmodernisierungsgesetzes auf die Corporate Governance der GmbH, NZG 2010, 292; *Gesell,* Prüfungsausschuss und Aufsichtsrat nach dem BilMoG, ZGR 2011, 361; *v. Gierke,* Die Bildung von Ausschüssen eines Aufsichtsrates, AG 1957, 75; *Glanz,* Die ordnungsgemäße Unterzeichnung des Verwaltungs-/Aufsichtsratsprotokolls – Sitzungsleitung, Stellvertretung und Mandatswechsel, LKV 2010, 213; *Greven,* Die Bedeutung des VorstAG für die GmbH, BB 2009, 2154; *Habersack,* VorstAG und mitbestimmte GmbH – eine unglückliche Beziehung !, ZHR 174 (2010), 2; *Hanke,* Die Frage nach den Grenzen der steuerlichen Betriebsprüfung vor dem Großen Senat des Bundesfinanzhofes, BB 1968, 163; *Happ,* Zur Wirksamkeit von Rechtshandlungen eines fehlerhaft bestellten Aufsichtsrates, FS Hüffer, 2010, 293; *Hasselbach,* Überwachungs- und Beratungspflichten des Aufsichtsrats in der Krise, NZG 2012, 41; *Hoffmann-Becking,* Zum einvernehmlichen Ausscheiden von Vorstandsmitgliedern, FS Stimpel, 1985, S. 589; *Hoffmann-Becking/Krieger,* Leitfaden zur Anwendung des Gesetzes zur Angemessenheit der Vorstandsvergütung (VorstAG), Beilage zu NZG 26/2009, 1; *Hohenstatt,* Das Gesetz zur Angemessenheit der Vorstandsvergütung, ZIP 2009, 1349; *Hommelhoff,* Gesellschaftsrechtliche Fragen im Entwurf eines Bilanzrichtlinie-Gesetzes, BB 1981, 944; *Hommelhoff,* Die Geschäftsordnungsautonomie des Aufsichtsrats – Fragen zur Gestaltungsmacht des Satzungsgebers, BFuP 1977, 507; *Hommelhoff/Mattheus,* Corporate Governance nach dem KonTraG, AG 1998, 249; *Ihrig/Wandt/Wittgens,* Die angemessene Vorstandsvergütung drei Jahre nach Inkrafttreten des VorstAG, Beilage zu ZIP 40/2012, 1; *Jaeger,* Aufsichtsratsausschüsse ohne Arbeitnehmervertreter?, ZIP 1995, 1735; *Janberg,* Aufsichtsratsausschüsse nach altem und neuem Aktienrecht, AG 1966, 1; *v. Kann/Keiluweit,* Das neue Gesetz zur Angemessenheit der Vorstandsvergütung – Wichtige Reform oder viel Lärm um nichts ?, DStR 2009, 1587; *Kiefner/Krämer,* Geschäftsleiterhaftung nach ISION und das Vertrauendürfen auf Rechtsrat, AG 2012, 498; *Knapp,* Die Entwicklung des Rechts des Aufsichtsrats: Aktuelle Gesetze und Rechtsprechung für die Praxis, DStR 2010, 56; *Köstler,* Besetzung des Personalausschusses des Aufsichtsrats ohne Arbeitnehmervertreter ?, BB 1985, 554; *Kötter,* Mitbestimmungs-Ergänzungsgesetz, 1958; *Krause,* Strafrechtliche Haftung des Aufsichtsrates, NStZ 2011, 57; *Lanfermann/Röhricht,* Pflichten des Prüfungsausschusses nach dem BilMoG, BB 2009, 887; *Lehmann,* Die Zusammensetzung von Aufsichtsratsausschüssen in Gesellschaften, für das MitbestG gilt, AG 1977, 14; *Lehmann,* Zur rechtlichen Beurteilung von Vorstandsverträgen mit nicht beschlussfähigem Aufsichtsratsausschuss, FS Barz, 1974, 189; *Leuchten,* Zum verflixten Verhältnis zwischen Bestellung und Anstellungsvertrag, FS Bauer, 2010, 635; *v. der Linden,* Haftung für Fehler bei der Leitung der Hauptversammlung, NZG 2013, 208; *Lingemann,* Angemessenheit der Vorstandsvergütung – Das VorstAG ist in Kraft, BB 2009, 1918; *Lingemann/Weingarth,* Zur Anwendung des AGG auf Organmitglieder, DB 2012, 2325; *Link/Vogt,* Professionalisierung von Aufsichtsräten: Auch ein Thema für die GmbH ?, BB 2011, 1899; *Martens,* Mitbestimmungsrechtliche Bausteine in der Rechtsprechung des Bundesgerichtshofs, ZGR 1983, 237; *Mattern,* Grenzen der steuerrechtlichen Betriebsprüfung, BB 1968, 921; *N. Meier/Pech,* Bestellung und Anstellung von Vorstandsmitgliedern in Aktiengesellschaften und Geschäftsführern in einer GmbH, DStR 1995, 1195; *N. Meier,* Das Gesetz zur Angemessenheit der Vorstandsvergütung, ZKF 2010, 7; *Merkt/Mylich,* Einlage eigener Aktien und Rechtsrat durch den Aufsichtsrat, NZG 2012, 525; *Mertens,* Aufsichtsratsausschüsse, Mitbestimmung und Methodenlehre, AG 1981, 113; *Messer,* Der Vertreter des verhinderten Leiters der Hauptversammlung in der mitbestimmten AG, FS Kellermann, 1991, 299; *J. Meyer-Landrut,* Zur Suspendierung eines Vorstandsmitglieds einer Aktiengesellschaft, FS Robert

Fischer, 1979, 477; *J. Meyer-Landrut,* Wahl, Nachwahl und Abwahl des Aufsichtsratsvorsitzenden und seines Stellvertreters nach dem MitbestG 1976, DB 1978, 443; *Möllers,* Professionalisierung des Aufsichtsrates, ZIP 1995, 1725; *Mutter,* Unternehmerische Entscheidungen und Haftung des Aufsichtsrats der Aktiengesellschaft, Diss. Tübingen 1994, Schriftenreihe: Rechtsfragen der Handelsgesellschaften; *Mutter/Gayk,* Wie die Verbesserung der Aufsichtsratsarbeit – wider jede Vernunft – die Haftung verschärft, ZIP 2003, 1773; *Mutter,* Versammlungsleitung – nur noch was für Mutige ?, AG-Report 2013, R161; *Mutter/Kinne,* Die „ideale" Geschäftsordnung des Aufsichtsrats, Der Aufsichtsrat 2013, 76; *Nagel,* Zusammensetzung mitbestimmter Aufsichtsratsausschüsse und Unternehmensinteresse, DB 1982, 2677; *Nikolay,* Die neuen Vorschriften zur Vorstandsvergütung – Detaillierte Regelungen und offene Fragen, NJW 2009, 2640; *Obermüller,* Gültigkeitsdauer der Geschäftsordnung für den Vorstand und für den Aufsichtsrat, DB 1971, 952; *Obermüller/Werner/Winden,* Wahl eines Ehrenvorsitzers des Aufsichtsrates, DB 1964, 1327; *Peus,* Besitz an Aufsichtsratsprotokollen und deren Beschlagnahme, ZGR 1987, 545; *Philipp,* Zum Wegfall des Aufsichtsratsvorsitzenden oder seines Stellvertreters bei mitbestimmten Unternehmen, ZGR 1978, 60; *Philipp,* Aufgaben- und Entscheidungsdelegation im Aufsichtsrat, DB 1970, 1524; *Quante,* Angemessene Vorstandsvergütung ?, AiB 2009, 547; *Raiser,* Personalausschuss des Aufsichtsrats – Zum Ausschluss von Arbeitnehmervertretern aus Aufsichtsratsausschüssen, DZWiR 1993, 510; *Ranzinger/Blies,* Audit Committees im internationalen Kontext, AG 2001, 455; *Rieder/ Holzmann,* Brennpunkte der Aufsichtsratsregulierung in Deutschland und den USA, AG 2010, 570; *Roth,* Information und Organisation des Aufsichtsrats, ZGR 2012, 343; *Rürup,* Prüfung des Jahresabschlusses und des Lageberichts durch Aufsichtsrat und Abschlussprüfer, FS Budde, 1995, 543; *Säcker,* Die Geschäftsordnung für den Aufsichtsrat eines mitbestimmten Unternehmens, DB 1977, 2031; *v. Schenck,* Der Aufsichtsrat und sein Vorsitzender – Eine Regelungslücke, AG 2010, 649; *Schiessl,* Deutsche Corporate Governance post Enron, AG 2002, 593; *Schima,* Vorstandsvergütung als Corporate-Governance-Dauerbaustelle, S 246 in *Schenz/Eberhartinger,* Corporate Governance in Österreich; *Schima,* Unternehmerisches Ermessen und die Business Judgement Rule, S. 131 in *Konecny,* Vorträge anlässlich des 18. Insolvenz-Forums Grundlsee im November 2011; *Schima/Toscani,* Die Vertretung der AG bei Rechtsgeschäften mit dem Vorstand (§ 97 Abs. 1 AktG), JBl. 2012, 482 (Teil 1)/570 (Teil 2); *Schindler/Rabenhorst,* Auswirkungen des KonTraG auf die Abschlussprüfung (Teil 1), BB 1998, 1886; *Schlaus,* Das stellvertretende Vorstandsmitglied, DB 1971, 1653; *Scholderer,* Beschließende Aufsichtsratsausschüsse und Zuständigkeit für die Vorstandsvergütung bei eingetragenen Genossenschaften, NZG 2011, 528; *Seibert/Schütz,* Der Referentenentwurf eines Gesetzes zur Unternehmensintegrität und Modernisierung des Anfechtungsrechts – UMAG, ZIP 2002, 252; Das VorstAG – Regelungen zur Angemessenheit der Vorstandsvergütung und zum MitbestG, WM 2009, 1489; *Selter,* Die Prüfung des Jahresabschlusses durch den Aufsichtsrat bei Fehlen einer Prüfung gem. §§ 316 ff. HGB, AG 2013, 14; *Servatius,* Ordnungsgemäße Vorstandskontrolle und vorbereitende Personalauswahl durch den Aufsichtsratsvorsitzenden, AG 1995, 223; *Seyboth/Thannisch,* Empfehlungen für eine angemessene Vorstandsvergütung, Arbeitshilfen für Aufsichtsräte 14 – Angemessene Vorstandsvergütung, 4. Aufl. 2010; *Sick/Köstler,* Die Geschäftsordnung des Aufsichtsrats, Arbeitshilfen für Aufsichtsräte, Hans Böckler Stiftung, 2012; *Siebel,* Der Ehrenvorsitzende – Anmerkungen zum Thema Theorie und Praxis im Gesellschaftsrecht, FS Peltzer, 2001, S. 519; *Spindler,* Rechtsfolgen einer unangemessenen Vorstandsvergütung, AG 2011, 725; *Strohn,* Beratung und Geschäftsleitung durch Spezialisten als Ausweg aus der Haftung ?, ZHR 176 (2012), 137; *Suchan/Winter,* Rechtliche und betriebswissenschaftliche Überlegungen zur Festsetzung angemessener Vorstandsbezüge nach Inkrafttreten des VorstAG, DB 2009, 2531; *Thüsing,* Das Gesetz zur Angemessenheit der Vorstandsvergütung, AG 2009, 517; *Thüsing,* Vorstandsvergütung auf dem Prüfstand – das Gesetz zur Angemessenheit der Vorstandsvergütung (VorstAG), NJOZ 2009, 3282; *Tipke,* Die große Frage an den Großen Senat, StBp 1968, 1; *Vallenthin,* Die Beschlussfähigkeit des Aufsichtsrats und seiner Ausschüsse nach den Mitbestimmungsgesetzen, AcP 153 (1954), 255; *Vetter,* Der Prüfungsausschuss in der AG nach dem BilMoG, ZGR 2010, 751; *Wachter,* Weitere Gesetzesänderungen im GmbH-Recht nach MoMiG, GmbHR 2009, 953; *Wagner/Wittgens,* Corporate Governance als dauerhafte Reformanstrengung: Der Entwurf des Gesetzes zur Angemessenheit der Vorstandsvergütung, BB 2009, 906; *Wasse,* Die Internationalisierung des Aufsichtsrats – Herausforderungen in der Praxis, AG 2011, 685; *Westerfelhaus,* Stärkere Kooperation von Aufsichtsrat und Abschlussprüfer, DB 1998, 2078; *Westermann,* Bestellung und Funktion „weiterer" Stellvertreter des Aufsichtsratsvorsitzenden in mitbestimmten Gesellschaften, FS Robert Fischer, 1979, 835; *Wettich,* Vorstandsvergütung: Bonus-Malus-System mit Rückforderungsmöglichkeit (claw back) und Reichweite des Zuständigkeitsvorbehalts zugunsten des Aufsichtsratsplenums, AG 2013, 374; *Wilsing/Paul,* Reaktionen der Praxis auf das Nachhaltigkeitsgebot des § 87 Abs. 1 Satz 2 AktG – Eine erste Zwischenbilanz, GWR 2010, 363; *Zöllner,* Die Besetzung von Aufsichtsratsausschüssen nach dem MitbestG 1976, FS Zeuner, 1994, 161; *Zöllner,* Der Mitbestimmungsgedanke und die Entwicklung des Kapitalgesellschaftsrechts, AG 1981, 13.

Übersicht

	Rn.
A. Allgemeines	1
I. Bedeutung der Norm	1
II. Entstehungsgeschichte	11
B. Der Vorsitzende des Aufsichtsrats (Abs. 1)	18
I. Der Vorsitzende des Aufsichtsrats in Gesellschaften ohne Arbeitnehmerbeteiligung im Aufsichtsrat	22

§ 107 AktG Innere Ordnung des Aufsichtsrats

	Rn.
1. Die Wahl des Vorsitzenden durch den Aufsichtsrat nach allgemeinem Aktienrecht (Abs. 1 S. 1)	22
a) Uneinschränkbarkeit des Wahlrechts	23
b) Wahlverfahren	27
c) Wegfall des Vorsitzenden	33
2. Folgen einer unterlassenen Wahl	34
3. Gerichtliche Bestellung	36
4. Amtszeit des Vorsitzenden und seines Stellvertreters	38
a) Dauer der Amtszeit mangels abweichender Bestimmung	38
b) Regelung durch Satzung oder Geschäftsordnung	41
5. Widerruf der Bestellung	43
a) Jederzeitige Abberufungsmöglichkeit	44
b) Abberufung aus wichtigem Grund	45
c) Mehrheitserfordernisse	46
d) Zugang und Wirksamkeit des Abberufungsbeschlusses	48
e) Vergütung	50
6. Amtsniederlegung	51
a) Zeitpunkt der Amtsniederlegung	53
b) Empfangszuständigkeit	55
7. Anmeldung zum Handelsregister (Abs. 1 S. 2)	56
8. Angabe auf Geschäftsbriefen	60
II. Besonderheiten des MitbestG für die Wahl	61
1. Die Wahl des Vorsitzenden nach dem MitbestG	61
a) Der erste Wahlgang	64
b) Erfordernis eines zweiten Wahlgangs	65
2. Gerichtliche Bestellung	67
3. Besonderheiten zur Amtszeit	68
4. Abberufung	70
5. Amtsniederlegung, Anmeldung zum Handelsregister, Angabe von Namen	73
C. Die Stellvertreter	74
I. Zahl der Stellvertreter	75
II. Wahl der Stellvertreter nach allgemeinem Aktienrecht	76
III. Besonderheiten des MitbestG	78
IV. Zulässigkeit weiterer Stellvertreter	82
D. Ehrenvorsitzende, Ehrenmitglieder	83
I. Wahl eines Ehrenvorsitzenden oder Ehrenmitglieds	84
II. Abberufung	88
III. Kompetenzen eines Ehrenvorsitzenden oder Ehrenmitglieds	89
IV. Vergütungsregelung	94
E. Die Kompetenzen des Vorsitzenden	96
I. Allgemeine Rechtsstellung	97
II. Gesetzlich zugewiesene Einzelaufgaben	100
1. Bestimmungen im AktG	101
2. Bestimmungen im MitbestG	102
III. Der Aufgabenbereich des Aufsichtsratsvorsitzenden	104
1. Berichtempfang und Informationsvermittlung	105
2. Leitung des Aufsichtsrats	107
a) Einberufung unter Bekanntgabe der Tagesordnung	108
b) Vorbereitung und Leitung der Sitzung	113
c) Sorge für die Niederschrift	119
3. Leitung der Hauptversammlung	120
4. Vertretung der Gesellschaft	121
a) Aktive Vertretungsmacht	122
b) Passive Vertretungsmacht	129
c) Ungeschriebene Vertretungsmacht	132
d) Vertretung ohne Vertretungsmacht	133
e) Formbedürftigkeit der Willenserklärung	134
5. Repräsentation des Aufsichtsrats	137
6. Wahrnehmung der Aufgaben, die dem Vorsitzenden eines Kollegiums üblicherweise zukommen	140
a) Ordnungs- und rechtmäßiges Verfahren	141
b) Pflichtensorge gegenüber anderen Aufsichtsratsmitgliedern	144
7. Vorsitz bestimmter Ausschüsse	145
IV. Schranken seiner Kompetenz	146
1. Revidierbare Entscheidung über Verfahrensfragen	147
2. Entscheidung über Rechtsfragen	151

	Rn.
V. Regelungsspielraum von Satzung und Geschäftsordnung	154
1. Unzulässige Satzungs- und Geschäftsordnungsregelungen	155
a) Ausschließliche Kompetenz des Gesamtaufsichtsrats	157
b) Ausschließliche Kompetenz des Aufsichtsratsvorsitzenden	161
2. Zulässige Satzungsbestimmungen	162
a) Leitung der Hauptversammlung	162
b) Stichentscheid bei Stimmengleichheit	163
c) Einmaliges Vertagungsrecht	170
F. Die Kompetenzen der Stellvertreter (Abs. 1 S. 3)	171
I. Allgemeines	171
II. Rangfolge bei mehreren Stellvertretern	172
III. Kompetenzen des Stellvertreters (Abs. 1 S. 3)	175
1. Notwendigkeit der Vertretung	176
2. Dauer der Verhinderung	179
3. Aufgaben des Stellvertreters	180
4. Interimsweise Geschäftsführung	183
IV. Wirksamkeit der Stellvertreterhandlungen	184
G. Sitzungsniederschriften (Abs. 2)	185
I. Allgemeines (Abs. 2 S. 1)	185
II. Hinzuziehung eines Protokollführers	187
III. Form	190
IV. Unterschrift	191
V. Inhalt (Abs. 2 S. 2)	192
1. Wesentlicher Verhandlungsinhalt	193
a) Dokumentation des Widerspruchs	194
b) Abgabe eigener Erklärungen	195
c) Kein Verzicht auf die Wiedergabe des wesentlichen Verhandlungsinhalts	197
2. Angabe der gefassten Aufsichtsratsbeschlüsse	198
VI. Verstoß gegen Form oder Inhalt (Abs. 2 S. 3)	201
VII. Berichtigung der Niederschrift	204
VIII. Erteilung von Abschriften (Abs. 2 S. 4)	207
1. Anspruch auf Erteilung von Abschriften	208
2. Einschränkungen	211
3. Durchsetzung des Anspruch	214
IX. Regelungsspielraum für Geschäftsordnung und Satzung	215
X. Protokollierung bei Beschlussfassung ohne Sitzung	216
XI. Verwahrung der Sitzungsniederschriften, vertrauliche Behandlung	218
XII. Vorlage von Niederschriften, Beschlagnahme	219
1. Vorlagepflicht	220
2. Beschlagnahme durch parlamentarischen Untersuchungsausschuss	222
3. Vorlage- bzw. Beschlagnahmegegenstand	223
4. Adressat	225
5. Vorlage im Zivilrechtsstreit	226
H. Ausschüsse des Aufsichtsrats (Abs. 3)	229
I. Zulässigkeit	229
1. Abgrenzung zu anderen Gremien	232
2. Grundsatz der Delegationsautonomie	234
a) Kein Beschlussvorbehalt für besonders wichtige Entscheidungen	235
b) Eingriffsrecht des Gesamtaufsichtsrats	236
c) Keine Einschränkung durch die Satzung	237
d) Regelungen in der Geschäftsordnung	239
3. Grenzen der Delegationsautonomie	241
a) Plenarvorbehalt	242
b) Sachgerechte Ausschussbesetzung	243
c) Anzahl der Ausschussmitglieder	244
4. Besetzungsautonomie des Aufsichtsrats und Mitbestimmungsrecht	245
a) MitbestG	246
b) MontanMitbestG	248
c) DrittelbG	249
II. Arten von Ausschüssen	250
1. Unterscheidung nach der Dauerhaftigkeit	252
a) Präsidium (oder Präsidialausschuss)	253
b) Personalausschuss	260
c) Vermittlungsausschuss	264
d) Investitionsausschuss	269
e) Prüfungsausschuss (Abs. 3 S. 2)	270

	Rn.
f) Kreditausschuss	272
g) Sonstige Dauerausschüsse	275
2. Unterscheidung nach den verschiedenen Aufgabenbereichen	277
a) Erledigende Aufsichtsratsausschüsse	278
b) Vorbereitende Aufsichtsratsausschüsse	280
c) Beratende Ausschüsse	282
d) Überwachende Ausschüsse	283
e) Sonderfall: „Vertrauliche Ausschüsse"	284
III. Einsetzung von Ausschüssen	285
1. Einsetzungskompetenz des Aufsichtsrats	285
2. Beschluss über die Bestellung	286
3. Annahme des Amtes	287
4. Ausschussvorsitzender	289
a) Bestellung des Ausschussvorsitzenden	290
b) Zweitstimmrecht des Ausschussvorsitzenden	292
5. Stellvertreter	293
IV. Zusammensetzung von Ausschüssen	294
1. Mitgliedschaft im Aufsichtsrat	295
2. Anzahl der Mitglieder	296
3. Wahlen zum Ausschuss	299
4. Ausschussbesetzung in Gesellschaften ohne Arbeitnehmerbeteiligung im Aufsichtsrat	301
5. Ausschussbesetzung in Gesellschaften mit Arbeitnehmerbeteiligung im Aufsichtsrat	302
a) Auswahl der Ausschussmitglieder in Gesellschaften, die dem MitbestG unterliegen	303
b) Auswahl der Ausschussmitglieder im Montanmitbestimmungsrecht	314
6. Verstoß gegen Auswahlkriterien	315
V. Verhältnis zum Gesamtaufsichtsrat	317
1. Keine abschließende Übertragung	318
2. Keine Präjudizierung durch den Ausschuss	319
3. Einfluss auf das Handeln des Vorstands	320
VI. Nicht auf Ausschüsse übertragbare Aufgaben	321
1. Keine generelle Delegation der allgemeinen Überwachungspflicht	322
a) Vorstandsberichte	323
b) Einsichts- und Prüfungsrechte	325
2. Gesetzlich bestimmter Plenarvorbehalt (Abs. 3 S. 3)	326
a) Wahl des Aufsichtsratsvorsitzenden	327
b) Abschlagzahlung auf den Bilanzgewinn (§ 59 Abs. 3)	328
c) Geschäftsordnung für den Vorstand (§ 77 Abs. 2 S. 1)	329
d) Bestellung des Vorstands (§ 84 Abs. 1 S. 1 und S. 3, § 84 Abs. 2) und Vergütung der Vorstandsmitglieder (§ 87 Abs. 1 und Abs. 2 S. 1 und 2)	332
e) Widerrufskompetenz (§ 84 Abs. 3)	345
f) Exkurs: Ausstrahlung auf den Aufsichtsrat der GmbH	351
g) Einberufung der Hauptversammlung (§ 111 Abs. 3)	355
h) Prüfung durch den Aufsichtsrat (§§ 171, 314 Abs. 2 und Abs. 3)	356
i) Beschlüsse über bestimmte Arten von Geschäften, die der Zustimmungspflicht des Aufsichtsrats unterliegen (§ 111 Abs. 4 S. 2)	360
3. Geltung des gesetzlichen Plenarvorbehalts für erledigende Ausschüsse	361
4. Gesetzlich nicht vorgesehener Entscheidungsvorbehalt des Aufsichtsrats	364
a) Abberufungskompetenz	365
b) Gerichtliche Abberufung	366
c) Erlasskompetenz für die Geschäftsordnung	367
d) Bedenken gegen die Feststellung des maßgeblichen Umsatzverhältnisses (§ 4 Abs. 4 und Abs. 5 MitbestErgG)	368
VII. Berichtsanspruch und Berichtspflicht	369
1. Berichtsanspruch des Ausschusses	370
2. Berichtsanspruch des Aufsichtsrats	374
a) Erledigender Ausschuss	375
b) Vorbereitender Ausschuss	376
c) Vertrauliche Informationen	377
3. Form der Berichterstattung	378
VIII. Arbeitsweise der Ausschüsse	379
1. Einberufungsrecht	380
2. Vorbereitung der Sitzung	383
3. Teilnehmer an der Ausschusssitzung	385

Mutter

	Rn.
a) Der Aufsichtsratsvorsitzende	385
b) Aufsichtsratsmitglieder	386
c) Vorstand, Dritte	387
4. Vorsitz	388
5. Beschlussfähigkeit	389
6. Beschlussfassung	392
7. Beschlussfassung in Pattsituationen	395
8. Sitzungsprotokoll	396
IX. Allgemeine Kompetenzen der Ausschüsse	398
1. Eigene Geschäftsordnung	398
2. Bildung von Unterausschüssen	399
X. Beauftragung eines einzelnen Aufsichtsratsmitglieds	400
1. Zulässigkeit der Delegation	400
2. Keine Beschlusskompetenz.	402
3. Rechtsfolgen der Delegation	403
XI. Verantwortlichkeit und Haftung	404
1. Verantwortlichkeit der Nicht-Ausschussmitglieder	405
2. Verantwortlichkeit der Ausschussmitglieder	408
XII. Amtszeit des Ausschussmitglieds	409
XIII. Auflösung des Ausschusses	410
1. Auflösung eines auf Dauer eingerichteten Ausschusses	411
2. Auflösung eines ad hoc gebildeten Ausschusses	412
3. Kein Einfluss der Amtszeit der Aufsichtsratsmitglieder auf das Bestehen des Ausschusses	413
I. Financial Expert als Mitglied des Prüfungsausschusses (Abs. 4)	414
J. Geschäftsordnung des Aufsichtsrats	416
I. Verhältnis von Satzung und Geschäftsordnung	417
II. Zuständigkeit für den Erlass	419
III. Zuständigkeit für Änderung und Aufhebung	421
IV. Geltungsdauer der Geschäftsordnung	424
V. Zulässiger Inhalt einer Geschäftsordnung	426
VI. Rechtsfolgen einer Verletzung der Geschäftsordnung	429

A. Allgemeines

I. Bedeutung der Norm

1 Die Vorschrift regelt **zwingend** (§ 23 Abs. 5) einige Fragen der **inneren Organisation** des Aufsichtsrats. Sie ist nicht abschließend und wird durch die aktienrechtlichen Vorschriften über die Beschlussfassung (§ 108), die Teilnahme an Sitzungen (§ 109) und die Einberufung des Aufsichtsrats (§ 110) ergänzt.

2 Zur **Regelung durch** die **Satzung** oder eine **Geschäftsordnung** ist eine Reihe weiterer Fragen offen.[1] Im Rahmen der gesetzlichen Vorschrift obliegt es der Satzung, die Organisation und die Arbeitsweise des Aufsichtsrats zu regeln. Verbleiben trotzdem regelungsfähige und regelungsbedürftige Fragestellungen, kommt der Geschäftsordnung diese Aufgabe zu. Dies trifft gleichermaßen für eine dem MitbestG unterliegende Gesellschaft zu.[2] Allerdings schließt dies nicht aus, dass als Arbeitshilfe für die Aufsichtsratsmitglieder Regelungen aus Satzung oder Gesetz auch in die Geschäftsordnung übernommen werden.[3]

3 Wenn die Satzung schweigt und keine Geschäftsordnung besteht, müssen offene Fragen nach **allgemeinen gesellschaftsrechtlichen Grundsätzen** entschieden werden. Lückenfüllung durch parlamentarische Grundsätze ist grundsätzlich nicht zulässig.

---

[1] Vgl. dazu *v. Schenck* in Semler/v. Schenck AR-HdB § 3 Rn. 52 ff.
[2] Hüffer/*Koch* Rn. 2; *Lutter/Krieger/Verse* Rn. 652; vgl. zur Amtsdauer des Aufsichtsratsvorsitzenden UHH/*Ulmer/Habersack* MitbestG § 27 Rn. 10.
[3] Vgl. dazu *Mutter/Kinne* Der Aufsichtsrat 2013, 76; **aA** ohne Begründung Großkomm AktG/*Hopt/Roth* Rn. 210.

Der Aufsichtsrat kann sich eine **eigene Geschäftsordnung** geben. Einer Satzungsermächtigung bedarf es nicht.[4] In größeren Aufsichtsräten wird die Sorgfaltspflicht der Aufsichtsratsmitglieder oftmals die Einsetzung einer Geschäftsordnung gebieten.[5] Im Übrigen empfiehlt dies auch Ziffer 5.1.3 DCGK. 4

Die Vorschrift gilt in **Gesellschaften, die dem MitbestG unterliegen,** nur, soweit sich aus mitbestimmungsrechtlichen Regelungen[6] nichts anderes ergibt. 5

In **Abs. 1** werden die **Wahl** des Aufsichtsratsvorsitzenden und seines Stellvertreters sowie einige damit zusammenhängende Fragen geregelt. Für Gesellschaften, die dem MitbestG unterliegen, gelten Sondervorschriften (§§ 25, 27 MitbestG). 6

Abs. 2 bestimmt, dass über Sitzungen des Aufsichtsrats **Niederschriften** angefertigt werden müssen. Er regelt Form, Mindestinhalt, Folgen von Verstößen und Aushändigungspflicht. 7

In **Abs. 3** ist festgelegt, dass der Aufsichtsrat aus seiner Mitte **Ausschüsse** bilden darf. Die Einsetzung von Ausschüssen kann sich für den Aufsichtsrat gebieten; auch der Deutsche Corporate Governance Kodex enthält eine Empfehlung dazu (Ziffer 5.1.3 DCGK). Ein Ausschuß kann auch ein Instrument zur Behandlung von Interessenkonflikten einzelner Aufsichtsratsmitglieder sein. 8

Das Gesetz bestimmt, dass den Ausschüssen vorbereitende und überwachende Aufgaben zugewiesen werden können. In Abs. 3 S. 2 ist die Möglichkeit vorgesehen, dass der Aufsichtsrat einen Prüfungsausschuss bestellt, dem besondere Überwachungsaufgaben zugewiesen werden. Es ergibt sich außerdem mittelbar aus dem Gesetz (Abs. 3 S. 3), dass Ausschüsse mit Ausnahme festgelegter Vorgänge auch anstelle des Aufsichtsrats Beschlüsse fassen können. Die nicht zur Entscheidung übertragbaren Aufgaben werden, allerdings nicht vollständig, in Abs. 3 S. 3 aufgeführt. 9

Schließlich sieht Abs. 4 vor, dass in Prüfungsausschüssen kapitalmarktorientierter Gesellschaften mindestens eines der Mitglieder die Voraussetzungen des § 100 Abs. 5 erfüllen, also unabhängig sein **und** über Sachverstand auf den Gebieten Rechnungslegung oder Abschlussprüfung verfügen muss. 10

II. Entstehungsgeschichte

Einzelne Vorschriften zur inneren Ordnung des Aufsichtsrats enthielt bereits das AktG 1937 (§ 92 AktG 1937). Sie wurden 1965 ergänzt.[7] 11

Das AktG 1965 hat in **Abs. 1** das Wort „Vorsitzer" durch das Wort „Vorsitzender" ersetzt.[8] Durch die eingefügte Bestimmung über den stellvertretenden Vorsitzenden wurde klargestellt, dass dieser – so der frühere Wortlaut – nur im „Behinderungsfall" des Vorsitzenden dessen Rechte und Pflichten hat.[9] Seit dem MoMiG[10] spricht das Gesetz nunmehr von „verhindert". Der Verhinderungsfall kann gegeben sein, wenn man dauerhaft oder wenn man nur vorübergehend an der Amtsführung gehindert ist. 12

In **Abs. 2** ist zwingend festgelegt, dass über jede Aufsichtsratssitzung eine Niederschrift anzufertigen ist. Demgegenüber enthielt die Vorschrift des AktG 1937 (§ 92 Abs. 2 AktG 1937) lediglich eine Sollvorschrift. Abs. 2 S. 2 wurde neu gefasst und regelt den Inhalt der Niederschrift. Gleichzeitig wurde wegen in der Öffentlichkeit geäußerter Bedenken[11] klar- 13

---

[4] Bürgers/Körber/*Bürgers/Israel* Rn. 27; Hüffer/*Koch* Rn. 18; Kölner Komm AktG/*Mertens/Cahn* Rn. 5; Großkomm AktG/*Hopt/Roth* Rn. 209; MHdB AG/*Hoffmann-Becking* § 31 Rn. 1; *Heim* AG 1972, 229.
[5] Wie hier wohl auch Großkomm AktG/*Hopt/Roth* Rn. 210.
[6] Dies sind die §§ 27 bis 29 und 31, 32 MitbestG.
[7] Vgl. Kölner Komm AktG/*Mertens/Cahn* Rn. 7 zur Diskussion der Behandlung von Arbeitnehmervertretern bei der Ausschussbildung.
[8] Vgl. dazu *Boesebeck* AG 1967, 39 ff.
[9] Vgl. Kölner Komm AktG/*Mertens/Cahn* Rn. 1 mwN zum früher vertretenen Meinungsstand.
[10] Vgl. Gesetz zur Modernisierung des GmbH-Rechts und zur Bekämpfung von Missbräuchen (MoMiG) vom 23.10.2008, BGBl. 2008 I S. 2026, Art. 5 Nr. 12b.
[11] BegrRegE *Kropff* S. 148.

gestellt, dass nur der wesentliche Inhalt der Verhandlungen, nicht aber einzelne Beiträge der Mitglieder festzuhalten sind. In Abs. 2 S. 4 wurde der Aushändigungsanspruch eines jeden Aufsichtsratsmitglieds eingefügt.[12]

14 Im **Abs. 3** wurde die schon bestehende Möglichkeit der Ausschussbildung übernommen (§ 92 Abs. 4 AktG 1937). Klargestellt wurde, dass einem Ausschuss auch entscheidende Befugnisse übertragen werden können. Durch das BilMoG[13] wurden einzelne Aufgaben eines Prüfungsausschusses in Abs. 3 S. 2 eingefügt.

15 Der bisher in Abs. 3 S. 2 geregelte Plenarvorbehalt findet sich nunmehr in Abs. 3 S. 3; durch das VorstAG[14] wurden Entscheidungen über die Vergütung der Vorstandsmitglieder nach § 87 zu einer weiteren Aufgabe des Gesamtaufsichtsrats bestimmt.[15]

16 Die im AktG 1937 enthaltene Regelung zur schriftlichen Stimmabgabe (§ 92 Abs. 3 AktG 1937) ist nunmehr in der Vorschrift über die Beschlussfassung (§ 108 Abs. 4) zu finden.

17 Mit dem TransPuG[16] ist – einem Vorschlag der Regierungskommission Corporate Governance folgend – vorgeschrieben worden, dass dem Aufsichtsrat regelmäßig über die Arbeit der Ausschüsse zu berichten ist. Hierdurch soll sichergestellt werden, dass regelmäßig, grundsätzlich in jeder ordentlichen Aufsichtsratssitzung, über die Arbeit der Ausschüsse informiert wird.[17]

B. Der Vorsitzende des Aufsichtsrats (Abs. 1)

18 Der Aufsichtsrat jeder Aktiengesellschaft muss einen Vorsitzenden und mindestens einen Stellvertreter (vgl. ausführlich zum Stellvertreter → Rn. 71) haben. Eine entgegenstehende Satzungsbestimmung wäre nichtig.

19 Die Bestimmungen gelten uneingeschränkt für Gesellschaften, die nach dem **DrittelbG**, dem **MontanMitbestG** oder dem **MitbestErgG** mitbestimmt sind oder **keine Arbeitnehmerbeteiligung** im Aufsichtsrat haben. Die Bestimmungen des AktG gelten nicht in vollem Umfang für Gesellschaften, die dem **MitbestG** unterliegen (→ Rn. 58).

20 Die Vorschriften des AktG gelten in einem besonderen Fall auch bei einer Gesellschaft, die im Grundsatz dem **MitbestG** unterliegt. Wenn der Aufsichtsrat nach den Bestimmungen des MitbestG zusammenzusetzen ist, die Vertreter der Arbeitnehmer aber noch nicht gewählt oder gerichtlich bestellt sind (zB bei Einbringung eines Betriebs), können die Sonderbestimmungen des MitbestG für die Wahl des Vorsitzenden nicht angewendet werden. Die Anteilseignervertreter allein erreichen nicht die Mitgliederzahl, die für eine Mehrheit mit zwei Dritteln der Soll-Stimmen erforderlich ist. Deswegen ist hier zunächst nach den Bestimmungen des AktG zu verfahren. Der Vorsitzende wird von den Anteilseignervertretern mit einfacher Mehrheit gewählt.[18]

21 Wie auch immer der Aufsichtsratsvorsitzende und sein Stellvertreter berufen werden, das betreffende Aufsichtsratsmitglied wird erst mit der **Annahme der Berufung** Vorsitzender bzw. stellvertretender Vorsitzender des Aufsichtsrats.[19] In der Praxis wird die Annahme meist

---

[12] *Brinkschmidt,* Protokolle des Aufsichtsrats und seiner Ausschüsse, 1992, 5 ff. liefert eine Darstellung zur Entstehungsgeschichte.

[13] Gesetz zur Modernisierung des Bilanzrechts – Bilanzrechtsmodernisierungsgesetz vom 25.5.2009, BGBl. 2009 I S. 1102, Art. 5 Nr. 4a; vgl. dazu die Richtlinie 2006/43/EG des Europäischen Parlaments und des Rates vom 17.5.2006 über Abschlussprüfungen von Jahresabschlüssen und konsolidierenden Abschlüssen, zur Änderung der Richtlinien 78/660/EWG und 83/349/EWG des Rates und zur Aufhebung der Richtlinie 84/253/EWG des Rates, ABl. EU Nr. L 157, 87; vgl. auch Knapp DStR 2010, 56 (57 f.); Braun/Louven GmbHR 2009, 965 ff.

[14] Gesetz zur Angemessenheit der Vorstandsvergütung vom 31.7.2009, BGBl. 2009 I S. 2509, Art. 1 Nr. 4.

[15] Zu den Änderungen durch das VorstAG *Knapp* DStR 2010, 56 f.

[16] Transparenz- und Publizitätsgesetz v. 19.7.2002, BGBl. 2002 I S. 2681.

[17] BT-Drs. 14/8769, 16; *Baums* Rn. 56.

[18] MHdB AG/*Hoffmann-Becking* § 31 Rn. 9.

[19] Henssler/Strohn/*Henssler* Rn. 4; Hüffer/*Koch* Rn. 4 am Ende; ErfK/*Oetker* Rn. 4.

schon vorab und ausdrücklich erklärt, manchmal aber auch nicht, sondern „nur" durch konkludentes Handeln.

I. Der Vorsitzende des Aufsichtsrats in Gesellschaften ohne Arbeitnehmerbeteiligung im Aufsichtsrat

1. Die Wahl des Vorsitzenden durch den Aufsichtsrat nach allgemeinem Aktien- 22 **recht (Abs. 1 S. 1).** Der Vorsitzende des Aufsichtsrats wird von den Mitgliedern **aus seiner Mitte** gewählt.[20] Eine aufsichtsratsfremde Person kann nicht gewählt werden. Die Satzung oder eine Geschäftsordnung des Aufsichtsrats können hieran nichts ändern. Der Aufsichtsrat unterliegt in der Wahl keinerlei Beschränkungen und kann auch keinen unterworfen werden.[21]

a) Uneinschränkbarkeit des Wahlrechts. Einschränkungen oder Erweiterungen des 23 **aktiven Wahlrechts** sind mit dem Gesetz nicht vereinbar. Es ist nicht zulässig, einzelnen Aufsichtsratsmitgliedern besonders gewichtete Stimmrechte (Mehrstimmrechte, Stichentscheid bei Stimmengleichheit) zuzuerkennen oder einzelnen Mitgliedern das Wahlrecht abzuerkennen. Keinem Aufsichtsratsmitglied kann untersagt werden, sich selbst zu wählen.[22]

Bestimmungen, die das **passive Wahlrecht** einschränken, sind ebenfalls unzulässig. Jedes 24 Aufsichtsratsmitglied ist wählbar, gleichgültig ob Anteilseignervertreter oder Arbeitnehmervertreter, ob gewählt oder entsandt.[23] Beschränkungen der Wählbarkeit können sich aber aus anderweitigen gesetzlichen Bestimmungen ergeben, etwa aus § 100 Abs. 2 S. 3, wenn ein Aufsichtsratsmitglied durch die Wahl zum Vorsitzenden die Mandatshöchstgrenze „risse".

Die Satzung darf keine besonderen Anforderungen (längere Zugehörigkeit zum Auf- 25 sichtsrat, Alter, besondere Kenntnisse oder Erfahrungen) für die Wählbarkeit eines Mitglieds zum Aufsichtsratsvorsitzenden festlegen. Auch können **keine Zustimmungsvorbehalte** für Personen, die nicht dem Aufsichtsrat angehören (zB für die Hauptversammlung, für bestimmte Aktionäre, für den Vorstand), geschaffen werden.[24]

Eine Satzungsbestimmung, die festlegt, dass der Vorsitzende und der Stellvertreter nicht 26 beide Anteilseignervertreter oder Arbeitnehmervertreter sein dürfen, ist unzulässig. Ein dahin gehender Vorschlag des BT-Ausschusses für Arbeit ist abgelehnt worden.[25]

b) Wahlverfahren. Das **Wahlverfahren** als solches kann in der Satzung geregelt werden. 27 Das Gesetz hat insoweit eine Öffnungsklausel eingefügt (Abs. 1 S. 1). Der Aufsichtsrat selbst kann ein vom Gesetz abweichendes Wahlverfahren weder durch seine Geschäftsordnung[26] noch durch Geschäftsordnungsbeschluss beschließen; so weit reicht die Öffnungsklausel nicht.

aa) Mehrheitserfordernisse. Die Satzung kann für das Wahlverfahren die absolute 28 Mehrheit fordern, aber auch die relative Mehrheit genügen lassen.[27] Es ist umstritten, ob

---

[20] Zur Wahl des ersten Aufsichtsratsvorsitzenden *v. Schenck* in Semler/v. Schenck AR-HdB § 3 Rn. 28 ff.
[21] Auch eine Zurechnung von Stimmen nach § 30 Abs. 2 S. 1 WpÜG erfolgt nicht, dazu BGH AG 2006, 883 (885).
[22] Hüffer/*Koch* Rn. 4; MHdB AG/*Hoffmann-Becking* § 31 Rn. 9; *Lutter/Krieger/Verse* Rn. 664; Kölner Komm AktG/*Mertens/Cahn* Rn. 14; Großkomm AktG/*Hopt/Roth* Rn. 26; K. Schmidt/Lutter/*Drygala* AktG Rn. 9.
[23] Hüffer/*Koch* Rn. 4; MHdB AG/*Hoffmann-Becking* § 31 Rn. 9; Rn. Kölner Komm AktG/*Mertens/Cahn* Rn. 16; Großkomm AktG/*Hopt/Roth* Rn. 26.
[24] Kölner Komm AktG/*Mertens/Cahn* Rn. 14; *Lutter/Krieger/Verse* Rn. 662.
[25] *Kropff* BegrRegE S. 148.
[26] Vgl. dazu auch Großkomm AktG/*Hopt/Roth* Rn. 34, die sich gegen die Festlegung des Erfordernisses relativer Mehrheit in der Geschäftsordnung aussprechen.
[27] MHdB AG/*Hoffmann-Becking* § 31 Rn. 9; Hüffer/*Koch* Rn. 4; *Lutter/Krieger/Verse* Rn. 664; Kölner Komm AktG/*Mertens/Cahn* Rn. 15 unter Hinweis darauf, dass dies nur eine Wahlerleichterung bedeute und eine missbräuchliche Ausnutzung nicht zu befürchten stehe.

eine **qualifizierte Mehrheit** vorgeschrieben werden kann.[28] Für eine solche Regelung streitet, dass der Vorsitzende das besondere Vertrauen der Mitglieder benötigt, wenn er erfolgreich handeln soll; dagegen die Möglichkeit der Blockade oder bänkeübergreifenden Einflussnahme, der das Aktiengesetz auch an anderer Stelle vorbeugt (exemplarisch § 124 Abs. 3 S. 5). Letzterer Einwand wäre entkräftet, wenn zugleich festgelegt würde, was geschehen soll, wenn die verlangte qualifizierte Mehrheit nicht erreicht wird (zB ein weiterer Wahlgang, bei dem die einfache oder sogar die relative Mehrheit genügt).

29 Wenn die Satzung der Gesellschaft keine besonderen Mehrheiten für die Wahl des Vorsitzenden festlegt, gelten die allgemeinen Regeln: Die Wahl erfolgt mit **einfacher Mehrheit** der in der Sitzung abgegebenen Stimmen.[29] **Stimmengleichheit** genügt nicht. Stimmenthaltungen werden nicht gezählt; die Satzung kann aber etwas anderes bestimmen.[30]

30 Ein (noch) amtierender Aufsichtsratsvorsitzende kann, sofern die Satzung ihm bei Stimmengleichheit einen **Stichentscheid** gewährt, diesen einsetzen. Dies gilt natürlich nicht, wenn seine Amtszeit bereits abgelaufen ist.[31]

31 **bb) Geheime Abstimmung.** Der Aufsichtsrat kann seine Beschlüsse nach einer Auffassung in geheimer Abstimmung treffen und auch seinen Vorsitzenden und seine Stellvertreter in **geheimer Wahl** wählen.[32] Richtigerweise sind jedoch geheime Abstimmungen allenfalls statthaft, wenn eine entsprechende Satzungsregelung sie anordnet. Geheime Abstimmungen fügen sich nicht in die Haftung für individuelles Handeln und Verschulden nach §§ 116, 93 ein.[33]

32 Allerdings kann bei Wahlen des Aufsichtsrats eine solche Satzungsregelung durchaus sinnvoll sein, weil sie die Zusammenarbeit im Aufsichtsrat nicht mit einem unbewussten Gefühl eines „der hat mich nicht gewählt" belastet.

33 **c) Wegfall des Vorsitzenden.** Ob für den **Wegfall des gewählten Vorsitzenden** und seines Stellvertreters von der Satzung eine vorübergehende Wahrnehmung der Geschäfte des Vorsitzenden durch zB das älteste Aufsichtsratsmitglied vorgesehen werden kann,[34] erscheint zweifelhaft. Es fehlt die in einer Wahl liegende ausdrückliche Vertrauensbekundung der Aufsichtsratsmitglieder. Wohl aber kann eine solche Regelung von der Geschäftsordnung getroffen werden, da diese von den Mitgliedern des Aufsichtsrats selbst beschlossen worden ist (→ Rn. 407 ff.). Auch kann eine Regelung für die Sitzungsleitung bis zum Ende der Wahl des Vorsitzenden getroffen werden. Auf jeden Fall muss der Aufsichtsrat unverzüglich einen neuen Vorsitzenden wählen, da Vorsitzender und Stellvertreter gesetzlich vorgeschriebene Funktionsträger sind.

34 **2. Folgen einer unterlassenen Wahl.** Der **Aufsichtsrat** ist **verpflichtet,** die im Gesetz geforderte Wahl seines Vorsitzenden vorzunehmen. Unterlässt er dies, verletzt er seine Sorgfaltspflicht. Die Aufsichtsratsmitglieder machen sich ggf. schadensersatzpflichtig (§§ 116, 93). Wenn dem Aufsichtsrat ein Vorsitzender fehlt und auch kein Stellvertreter

---

[28] Zustimmend: Bürgers/Körber/*Bürgers/Israel* Rn. 4; Hüffer/*Koch* Rn. 4; MHdB AG/*Hoffmann-Becking* § 31 Rn. 9; K. Schmidt/Lutter/*Drygala* AktG Rn. 10; Lutter/Krieger/*Verse* Rn. 664; ablehnend Kölner Komm AktG/*Mertens/Cahn* Rn. 14 mit der Begründung, dass „die Satzung die Beschlussfassung der Organe nicht behindern darf, wenn sie der Erfüllung zwingend vorgesehener Aufgaben im Rahmen der Selbstorganisation der AG dient".
[29] Vgl. *Deilmann* BB 2012, 2191 (2194); ebenso MHdB AG/*Hoffmann-Becking* § 31 Rn. 9; Hüffer/*Koch* Rn. 4; Lutter/Krieger/*Verse* Rn. 664; Kölner Komm AktG/*Mertens/Cahn* Rn. 18; HdB AG/*Jaeger* Rn. 9.197.
[30] Dazu Kölner Komm AktG/*Mertens/Cahn* Rn. 15, § 108 Rn. 60.
[31] Vgl. Kölner Komm AktG/*Mertens/Cahn* Rn. 21.
[32] Zweifelnd MHdB AG/*Hoffmann-Becking* § 31 Rn. 12; aA Kölner Komm AktG/*Mertens/Cahn* Rn. 14, der allerdings insgesamt der Zulässigkeit einer geheimen Abstimmung ablehnend gegenüber steht.
[33] K. Schmidt/Lutter/*Drygala* § 116 AktG Rn. 3 ff., 35 ff.; Fitting/Wlotzke/*Wißmann* § 25 Rn. 121; Kölner Komm AktG/*Mertens/Cahn* § 116 AktG Rn. 4 ff., 7 und 63 f.; UHH/*Ulmer/Habersack* MitbestG § 25 Rn. 117.
[34] Kölner Komm AktG/*Mertens/Cahn* Rn. 17; Großkomm AktG/*Hopt/Roth* Rn. 60.

gewählt ist, obliegen alle den Aufsichtsratsvorsitzenden treffenden Aufgaben dem Gesamtaufsichtsrat. Der Aufsichtsrat muss dem Notstand durch unverzügliche Wahl eines Vorsitzenden abhelfen. Das Gremium kann dazu von einem Aufsichtsratsmitglied[35] oder vom Vorstand einberufen werden.

Die Hauptversammlung kann den Aufsichtsratsvorsitzenden nicht an Stelle des Aufsichtsrats bestellen. Die Satzung kann nichts anderes bestimmen.[36] **35**

3. Gerichtliche Bestellung. Es ist umstritten, ob bei **unterlassener Wahl** oder bei **36** **mangelnder Einigung** der Aufsichtsratsmitglieder auf einen oder (bei Gesellschaften, die dem MitbestG unterliegen) zwei Kandidaten eine **gerichtliche Bestellung** des Vorsitzenden und seines Stellvertreters zulässig ist.[37] Meines Erachtens ist dies abzulehnen. Sowenig wie die Hauptversammlung dem Aufsichtsrat einen Vorsitzenden aufzwingen kann, sollte dies durch ein gericht geschehen können. Die persönliche Haftung bei unterlassener Wahl (→ Rn. 31) wird – früher oder später – für eine Einigung sorgen.

Folgt man der verbreiteten Gegenansicht gelten für **Antrag und Verfahren** die Bestimmungen über die gerichtliche Bestellung eines Aufsichtsratsmitglieds[38] entsprechend. **37**

4. Amtszeit des Vorsitzenden und seines Stellvertreters. a) Dauer der Amtszeit **38** **mangels abweichender Bestimmung.** Wenn keine Bestimmungen über die Amtszeit des Aufsichtsratsvorsitzenden und seines Stellvertreters getroffen sind, gilt die Wahl für beide bis zur Beendigung der Amtszeit als Aufsichtsratsmitglied, also für die **gesamte Wahlperiode** des jeweiligen Aufsichtsratsmitglieds.[39] Existiert keine anders lautende Satzungsbestimmung, können Stellvertreter und Vorsitzender auch für unterschiedlich lange Amtszeiten in ihr Amt bestellt werden.[40] Dafür kann sprechen, dass der Wissenstransfer bei personellen Veränderungen durch ein „staggered board" erleichtert wird.

Die Amtszeit des Vorsitzenden und seines Stellvertreters **verlängert sich nicht auto-** **39** **matisch.** Sowohl in der mitbestimmten als auch in der nicht mitbestimmten Gesellschaft verlängert sie sich nur bei einer entsprechenden Bestimmung in der Satzung.[41]

Wenn Satzung, Geschäftsordnung oder Wahlbeschluss nichts anderes festlegen, bleibt die **40** Amtsdauer des Vorsitzenden und seines Stellvertreters nach tradierter Auffassung unberührt, wenn sich die **Zusammensetzung** des Aufsichtsrats ändert. Dies soll auch in Gesellschaften, die dem MitbestG unterliegen, gelten (→ Rn. 58), und zwar auch dann, wenn der Vorsitzende und sein Stellvertreter gemeinsam mit Zweidrittelmehrheit gewählt worden sind. Im Ausgangspunkt mag das dogmatisch richtig sein, es vereinbart sich aber meines Erachtens bei Veränderungen, die die Mehrheit der Aufsichtsratsmitglieder betreffen, nicht zwingend mit der Selbstorganisationsautonomie des Aufsichtsrats.

b) Regelung durch Satzung oder Geschäftsordnung. Satzung, Geschäftsordnung für **41** den Aufsichtsrat und Wahlbeschluss können etwas anderes festlegen, zB – aus vorgenannter Erwägung – eine Regelung, dass stets eine Neuwahl stattzufinden hat, wenn sich die Zusammensetzung des Aufsichtsrats ändert. In solchen Fällen findet sich in gut gemachten

---

[35] In entsprechender Anwendung von § 110 Abs. 2 idF des TransPuG.
[36] Rn. *Lutter/Krieger/Verse* Rn. 660; MHdB AG/*Hoffmann-Becking* § 31 Rn. 8.
[37] Für die Möglichkeit einer gerichtlichen Bestellung: K. Schmidt/Lutter/*Drygala* AktG Rn. 13; Hüffer/ *Koch* Rn. 6; Kölner Komm AktG/*Mertens/Cahn* Rn. 23; ErfK/*Oetker* Rn. 3; *Rittner*, FS Robert Fischer, 1979, 627 (632); MHdB AG/*Hoffmann-Becking* § 31 Rn. 8; Rn. *Fett/Theusinger* AG 2010, 425 (427).
[38] § 104; vgl. auch wegen der Verfahrensanpassung an das FamFG (Gesetz zur Reform des Verfahrens in Familiensachen und in den Angelegenheiten der freiwilligen Gerichtsbarkeit vom 17.12.2008, BGBl. 2008 I S. 2586) Kölner Komm AktG/*Mertens/Cahn* § 104 Rn. 1; *Fett/Theusinger* AG 2010, 425, 431.
[39] Vgl. § 102; Kölner Komm AktG/*Mertens/Cahn* Rn. 31; Rn. MHdB AG/*Hoffmann-Becking* § 31 Rn. 15; ErfK/*Oetker* Rn. 5; Rn. UHH/*Ulmer/Habersack* MitbestG § 27 Rn. 10; *Fitting/Wlotzke/Wißmann* MitbestG § 27 Rn. 14.
[40] *Bürgers/Körber/Bürgers/Israel* Rn. 13; Kölner Komm AktG/*Mertens/Cahn* Rn. 30.
[41] *Lutter/Krieger/Verse* Rn. 675 (für die mitbestimmte Gesellschaft) und Rn. 666 (für die Gesellschaft ohne Arbeitnehmerbeteiligung im Aufsichtsrat); Kölner Komm AktG/*Mertens/Cahn* Rn. 31.

Regelwerken die Bestimmung, dass der gewählte Vorsitzende und sein Stellvertreter bis zur Neuwahl der Nachfolger im Amt bleiben.

42 Allerdings kann eine über die Amtszeit als Aufsichtsratsmitglied hinausgehende Dauer des Amts nicht vorgesehen werden.[42] Dem steht die Vorschrift entgegen, dass der Vorsitzende aus der Mitte des Aufsichtsrats kommen muss. Anders bei der **Wiederwahl** zum Aufsichtsratsmitglied. Für diesen Fall kann die Satzung oder – dogmatisch vorzugswürdig – die Geschäftsordnung für den Aufsichtsrat bestimmen, dass seine Amtszeit fortdauert.[43] Hier kommt es nicht zur mittelbaren (Wieder-) Wahl durch die Hauptversammlung, sondern die frühere Wahl des Vorsitzenden durch den Aufsichtsrat dauert fort.

43 **5. Widerruf der Bestellung.** Die Bestellung des Vorsitzenden kann sowohl ohne Angabe von Gründen als auch aus wichtigem Grund jederzeit vom Aufsichtsrat widerrufen werden. Die Eigenschaft als Aufsichtsratsmitglied ändert sich durch diesen Widerruf nicht; er kann als normales Mitglied im Aufsichtsrat verbleiben.

44 a) **Jederzeitige Abberufungsmöglichkeit.** Der Aufsichtsratsvorsitzende bedarf des andauernden Vertrauens der Mitglieder dieses Organs. Geht das Vertrauen verloren, können die Mitglieder des Aufsichtsrats den von ihnen gewählten Vorsitzenden **abberufen**. Zulässig ist die Abberufung aber auch sonst, auch ist eine Angabe von Gründen nicht notwendig. Die Satzung oder die Geschäftsordnung können an die jederzeitige Abberufung allerdings Voraussetzungen knüpfen[44] Der Vorsitzende darf mitstimmen (anders bei Abberufung aus wichtigem Grund).[45]

45 b) **Abberufung aus wichtigem Grund.** Wie jedes andere Aufsichtsratsmitglied kann auch der Vorsitzende aus wichtigem Grund abberufen werden. Dieses Abberufungsrecht kann dem Aufsichtsrat nicht genommen werden.[46] Anders als bei der Abberufung ohne wichtigen Grund hat der Betroffene **kein Stimmrecht**. Dies folgt aus dem allgemeinen Grundsatz des Gesellschaftsrechts, dass der Betroffene bei Maßnahmen, die sich gegen ihn richten und auf einem wichtigen Grund beruhen, nicht mitstimmen darf.[47] Das Stimmverbot setzt ein, sobald der Abberufungsantrag eingebracht und ein wichtiger Grund plausibel vorgetragen worden ist. Gleichzeitig verliert der Aufsichtsratsvorsitzende die Befugnis, die Abstimmung über den Antrag zu leiten, gleichgültig ob sie schriftlich oder in einer Sitzung erfolgt.[48]

46 c) **Mehrheitserfordernisse.** Die Abberufung des Vorsitzenden erfolgt mit der **gleichen Mehrheit** wie seine Wahl.[49] Ohne Sonderregelung erfolgt sie mit einfacher Mehrheit, bei Sonderregelung in der Satzung mit der dort festgelegten Mehrheit.

47 Die Abberufung aus wichtigem Grund ist stets mit **einfacher Mehrheit** möglich, auch wenn die Satzung für die Abberufung besondere Modalitäten vorsieht.[50] Strengere Mehrheitserfordernisse sind unzulässig. Es müssen mindestens drei Mitglieder an der Beschlussfassung mitwirken.[51] Das Stimmverbot führt bei einem aus drei Mitgliedern bestehenden Aufsichtsrat zur Beschlussunfähigkeit, wenn sich dass betroffene Mitglied nicht der Stimme enthält.

---

[42] RGZ 73, 234 (237); Kölner Komm AktG/*Mertens/Cahn* Rn. 29.
[43] Kölner Komm AktG/*Mertens/Cahn* Rn. 29.
[44] MHdB AG/*Hoffmann-Becking* § 31 Rn. 16.
[45] Vgl. Hambloch-Gesinn/*Gesinn* in Hölters, AktG, 2. Aufl., 2014, Rn. 18 am Ende.
[46] Bürgers/Körber/*Bürgers/Israel* Rn. 7; Großkomm AktG/*Hopt/Roth* Rn. 55.
[47] Vgl. BGHZ 34, 367 (371) = NJW 1961, 1299 (1301); BGHZ 86, 177 (181 f.) = NJW 1983, 938 (939).
[48] Kölner Komm AktG/*Mertens/Cahn* Rn. 34.
[49] MHdB AG/*Hoffmann-Becking* § 31 Rn. 16; Rn. Kölner Komm AktG/*Mertens/Cahn* Rn. 33.
[50] Vgl. BGHZ 86, 177 (179) = NJW 1983, 938; BGHZ 102, 172 (179) = NJW 1988, 969 (971); Rn. Rn. Kölner Komm AktG/*Mertens/Cahn* Rn. 33, 36; ErfK/*Oetker* Rn. 5.
[51] Dies folgt aus § 108 Abs. 2 S. 3; aA *Stadler/Berner* NZG 2003, 49 ff., die darauf abstellen, dass auch das nicht stimmberechtigte Mitglied tatsächlich teilnehmen könne und müsse, seine Stimme aber nicht mitgezählt werde; vgl. dort zu den verschiedenen Fallkonstellationen.

d) Zugang und Wirksamkeit des Abberufungsbeschlusses. Der Aufsichtsrat entscheidet über die Abberufung durch Beschluss. Sie wird **mit ihrer Bekanntgabe** gegenüber dem Betroffenen wirksam, einer Annahme der Abberufung bedarf es nicht. 48

Auch wenn nachträglich erkannt wird, dass die Abberufung ohne das Vorliegen eines wichtigen Grundes erfolgte und der Betroffene ohne Grund von der Abstimmung ausgeschlossen worden ist, bleibt die Abberufung **wirksam.** Wie bei der Abberufung eines Vorstandsmitglieds, wo die Frage durch das Gesetz geregelt ist (§ 84 Abs. 3 S. 4), muss wegen der zahlreichen Funktionen des Aufsichtsratsvorsitzenden mit Drittwirkung eindeutig feststehen, ob jemand noch Aufsichtsratsvorsitzender ist oder nicht.[52] Wenn sich herausstellt, dass ein wichtiger Grund zum Zeitpunkt der Abstimmung nicht vorlag und bereits ein neuer Vorsitzender gewählt worden ist, hat es damit sein Bewenden. Ist noch kein Vorsitzender gewählt, übernimmt der Betroffene wieder sein Amt. 49

e) Vergütung. Mit der Abberufung entfällt der Anspruch auf eine etwaige höhere **Vergütung** für den Vorsitz. Sofern nicht andere Gründe entgegenstehen, bleibt dem Aufsichtsratsmitglied, das sein Vorsitzmandat verloren hat, der Anspruch auf eine etwaige erhöhte zeitanteilige Vergütung (Festbezüge und Tantieme) für den Vorsitz (neben der fortlaufenden Vergütung als ordentliches Aufsichtsratsmitglied). Bei nachträglicher Feststellung der Unwirksamkeit einer Abberufung behält der Abberufene nicht seinen Anspruch. Denn er hatte in der Zwischenzeit auch kein Amt auszuüben (→ Rn. 46). Soweit im Schrifttum etwas anderes vertreten wird, verkennt dies den Unterschied zwischen einer Anstellung und Bestellung, wie sie das Aktiengesetz beim Vorstand vorsieht, und einer Vergütung als bloßem Reflex aus der Organstellung, die § 113 zugrunde liegt. 50

6. Amtsniederlegung. Für die Amtsniederlegung des Vorsitzenden gelten die Rechtsgrundsätze für die Niederlegung der Mitgliedschaft im Aufsichtsrat entsprechend.[53] Ebenso wie jedes Aufsichtsratsmitglied sein Aufsichtsratsmandat kann auch der Vorsitzende das Vorsitzmandat niederlegen, allerdings nicht zur Unzeit. Gleiches gilt für den stellvertretenden Vorsitzenden. Nach Niederlegung des Vorsitzes oder des stellvertretenden Vorsitzes bleibt die betreffende Person Mitglied des Aufsichtsrats.[54] 51

Das Amt des Vorsitzenden und das Amt des Stellvertreters bestehen unabhängig voneinander. Weder die Abberufung noch die Amtsniederlegung des Vorsitzenden ändern etwas an der Position des Stellvertreters. Dies gilt ebenso für den umgekehrten Fall. Die Satzung kann nichts anderes regeln.[55] 52

a) Zeitpunkt der Amtsniederlegung. Wenn die Satzung nichts festlegt, ist die Amtsniederlegung an keine Frist gebunden, sondern **jederzeit** möglich. Die Satzung, nicht aber die Geschäftsordnung kann eine Frist festsetzen und auch andere Modalitäten (Kündigung, geschäftsführende Fortführung bis zur Neuwahl eines Nachfolgers und dgl.) festlegen, solange sie nicht zu einem Zwang zur Beibehaltung des Amtes führen. 53

Eine **Niederlegung** des Vorsitzes oder des stellvertretenden Vorsitzes darf **nicht zur Unzeit** erfolgen, zum Beispiel nicht wenige Tage vor einem Insolvenzantrag. Auch bei Amtsniederlegung zur Unzeit bleibt die Niederlegung als solche **wirksam.**[56] Der bisherige Amtsinhaber muss aber mit Schadensersatzansprüchen rechnen. 54

b) Empfangszuständigkeit. Die Niederlegung des Amtes erfolgt durch **Erklärung** gegenüber dem Aufsichtsrat, eine Mitteilung an den stellvertretenden Vorsitzenden genügt.[57] Er muss unverzüglich die anderen Aufsichtsratsmitglieder benachrichtigen. Wenn der bisherige Amtsinhaber seine Amtsniederlegung dem Vorstand mitteilt, hat dieser sie 55

---

[52] Kölner Komm AktG/*Mertens/Cahn* Rn. 35.
[53] Vgl. MHdB AG/*Hoffmann-Becking* § 31 Rn. 16.
[54] MHdB AG/*Hoffmann-Becking* § 31 Rn. 16; *Henn* Kap. 8 Rn. 70.
[55] Hüffer/*Koch* Rn. 10; UHH/*Ulmer/Habersack* MitbestG § 27 Rn. 12.
[56] Kölner Komm AktG/*Mertens/Cahn* Rn. 37.
[57] MHdB AG/*Hoffmann-Becking* § 31 Rn. 16; Kölner Komm AktG/*Mertens/Cahn* Rn. 37.

weiterzuleiten.[58] Sie geht erst zu, wenn sie dem stellvertretenden Vorsitzenden für die Aufsichtsratsmitglieder zugegangen ist.

56 **7. Anmeldung zum Handelsregister (Abs. 1 S. 2).** Nach vollzogener Wahl und Annahme der Wahl durch die Gewählten muss der Vorstand die Gewählten zum Handelsregister **anmelden.**

57 Die Anmeldung muss auch erfolgen, wenn der **Wahlbeschluss als mangelhaft gerügt** worden ist. Das gewählte Aufsichtsratsmitglied ist Vorsitzender bzw. stellvertretender Vorsitzender bis die Nichtigkeit des Wahlbeschlusses rechtskräftig festgestellt worden ist. Die Gesellschaft benötigt einen Aufsichtsratsvorsitzenden. Sie darf nicht während der möglicherweise längeren Dauer des Verfahrens ohne einen Vorsitzenden bestehen. Seine Stellung ist deswegen auch gegenüber dem Handelsregister deutlich zu machen. Das Handelsregister bedarf dieser Legitimation, um sich ggf. vergewissern zu können, ob Anmeldungen zum Handelsregister, an denen der Aufsichtsratsvorsitzende mitzuwirken hat (zB Beschluss über die Erhöhung des Grundkapitals),[59] ordnungsgemäß, dh. von der richtigen Person vollzogen worden sind.

58 Die Anmeldung hat durch den **Vorstand** zu erfolgen. Befugt ist, wer die Gesellschaft gesetzlich vertreten kann. Auch eine unechte Gesamtvertretung ist zulässig. Die Namen des Vorsitzenden und des stellvertretenden Vorsitzenden sowie deren Anschriften sind dem Registergericht mitzuteilen.[60] Die Namen und Anschriften werden nicht in den Gesellschaftsblättern bekannt gemacht,[61] sind aber über das Handelsregister verfügbar, um etwa klagenden Aktionären die Zustellung nach § 246 Abs. 2 S. 2 zu ermöglichen.[62] Kommt der Vorstand seiner Verpflichtung nicht nach, ist gegen ihn ein Zwangsgeld (§ 14 HGB iVm §§ 388 ff. FamFG) festzusetzen.

59 Wenn die Wahl vollzogen ist, kann (und muss) das Registergericht den Vorstand zur Anmeldung anhalten. Allerdings kann durch Verhängung einer Ordnungsstrafe nur die Anmeldung, nicht die Wahl selbst erzwungen werden.[63]

60 **8. Angabe auf Geschäftsbriefen.** Auf allen Geschäftsbriefen muss neben allen Mitgliedern des Vorstands auch der Aufsichtsratsvorsitzende mit seinem Familiennamen und mindestens einem ausgeschriebenen Vornamen angegeben werden (§ 80 Abs. 1 S. 1). Eine Angabe des Stellvertreters wird vom Gesetz nicht verlangt. Im Falle längerer Stellvertretung (zB wegen der Frist des § 104 Abs. 2 S. 1) kann sie aber zweckmäßig sein.

II. Besonderheiten des MitbestG für die Wahl

61 **1. Die Wahl des Vorsitzenden nach dem MitbestG.** Für Gesellschaften, die dem MitbestG unterliegen, gelten für die Wahl des Aufsichtsratsvorsitzenden und seines Stellvertreters Sonderbestimmungen (§§ 27, 29 Abs. 2 MitbestG). Sie sollen sicherstellen, dass stets ein Anteilseignervertreter Vorsitzender, ein Arbeitnehmervertreter stellvertretender Vorsitzender des Aufsichtsrats wird. Die Regelung durchbricht für diesen Fall und für die Wahl der Mitglieder des besonderen (Vermittlungs-)Ausschusses den Grundsatz, dass alle Aufsichtsratsmitglieder in gleicher Weise berechtigt und verpflichtet sind, unabhängig von der Frage, wer sie bestellt hat. Die Arbeitsfähigkeit des Aufsichtsrats beruht auf diesem Grundsatz. Die besonderen Regelungen für die Wahl des Vorsitzenden eignen sich daher

---

[58] Zweifelnd MHdB AG/*Hoffmann-Becking* § 31 Rn. 16, ob die Mitteilung an den Vorstand genügt.
[59] § 184 Abs. 1.
[60] Die Mitteilung erfolgt in elektronischer Form nach § 12 HGB.
[61] MHdB AG/*Hoffmann-Becking* § 31 Rn. 14; Rn. Kölner Komm AktG/*Mertens/Cahn* Rn. 26 weisen zudem darauf hin, dass keine Unterschrift des Vorsitzenden oder seines Stellvertreters erforderlich sei.
[62] Zum Zustellungsverfahren Hölters/*Englisch* § 246 Rn. 39 ff.; zum Problem der Ersatzzustellung an Vorstands- und Aufsichtsratsmitglieder in den Geschäftsräumen der beklagten Gesellschaft BGHZ 107, 296 ff. = NJW 1989, 2689 ff.; BGHZ 180, 9 ff. = NJW 2009, 2207 ff.; Spindler/Stilz/*Dörr* § 246 Rn. 46; Henssler/Strohn/*Drescher* § 246 Rn. 38.
[63] Rn. Kölner Komm AktG/*Mertens/Cahn* Rn. 25; Großkomm AktG/*Hopt/Roth* Rn. 44.

nicht für die Übertragung auf andere Vorgänge im Aufsichtsrat oder für analoge Anwendungen.

Es darf allerdings weder ein **Ersatzvorsitzender** noch ein Ersatzstellvertreter gewählt werden.[64] Das Ersatzmitglied vertritt nicht ein vorübergehend verhindertes Mitglied, sondern tritt an die Stelle eines dauerhaft weggefallenen Mitglieds. Die Stellvertreter des Aufsichtsratsvorsitzenden übernehmen dessen Amt dahingegen nur im Fall seiner Verhinderung. **62**

Für die Wahl des Aufsichtsratsvorsitzenden stehen zwei unterschiedliche Verfahren zur Verfügung. Wenn im ersten Wahlgang die geforderten Mehrheiten nicht erreicht werden, muss ein **zweiter Wahlgang** stattfinden (§ 27 Abs. 2 MitbestG). **63**

a) Der erste Wahlgang. Im **ersten Wahlgang** werden der Vorsitzende und sein Stellvertreter mit einer **Mehrheit von zwei Dritteln** der Mitglieder, aus denen der Aufsichtsrat zu bestehen hat, gleichzeitig gewählt (§ 27 Abs. 1 MitbestG). Dies bedeutet nicht zwingend, dass die Wahl in einem einzigen Abstimmungsverfahren durchzuführen ist. Wesentlich ist nur, dass an der Abstimmung die Aufsichtsratsmitglieder sowohl der Anteilseignerseite als auch der Arbeitnehmerseite teilnehmen, dass in beiden Abstimmungen eine Mehrheit von zwei Dritteln der Soll-Stimmen erreicht wird und dass jede der beiden Abstimmungen nur dann zu einer wirksamen Wahl des Vorsitzenden und seines Stellvertreters führt, wenn in beiden Abstimmungen die notwendige Mehrheit für den Kandidaten erreicht worden ist. **64**

b) Erfordernis eines zweiten Wahlgangs. Im **zweiten Wahlgang** werden der Vorsitzende und der stellvertretende Vorsitzende getrennt gewählt. An der Wahl des Vorsitzenden sind nur die Anteilseignervertreter, an der Wahl des stellvertretenden Vorsitzenden nur die Arbeitnehmervertreter beteiligt. Gewählt ist jeweils dasjenige Aufsichtsratsmitglied, das die **Mehrheit der abgegebenen Stimmen** auf sich vereinigt. **65**

Der zweite Wahlgang muss nicht zwingend unmittelbar im Anschluss an den ersten Wahlgang erfolgen. Die Aufsichtsratsmitglieder können sich darauf verständigen, den ersten Wahlgang zu **wiederholen** und zwar beliebig oft. Es bedarf nur des Einverständnisses der Aufsichtsratsmitglieder, die am ersten Wahlgang teilgenommen haben.[65] Vor dem zweiten Wahlgang, so er denn notwendig wird, kann eine Unterbrechung der Sitzung stattfinden. Bei Einverständnis der Aufsichtsratsmitglieder wird die Wahl auch von der Tagesordnung abgesetzt und eine neue Sitzung zur Durchführung der Wahl vorgesehen werden können. Allerdings bestehen dann alle Probleme, auf die oben hingewiesen worden ist (→ Rn. 19). **66**

2. Gerichtliche Bestellung. Der Vorsitzende kann auch in mitbestimmten Gesellschaften in analoger Anwendung der Vorschrift über die gerichtliche Bestellung von Aufsichtsratsmitgliedern (§ 104 Abs. 2) gerichtlich bestellt werden.[66] Entsprechendes gilt für den stellvertretenden Vorsitzenden, weil dieser nach dem MitbestG auch beim Vorhandensein eines Vorsitzenden besondere Funktionen hat (zB Mitgliedschaft im Vermittlungsausschuss[67]). Wenn der Vermittlungsausschuss tagen muss, liegt ein wichtiger Grund für die gerichtliche Bestellung eines stellvertretenden Vorsitzenden vor. **67**

---

[64] Rn. *Lutter/Krieger/Verse* Rn. 677; UHH/*Ulmer/Habersack* MitbestG § 27 Rn. 11; *Fitting/Wlotzke/Wißmann* MitbestG § 27 Rn. 16; aA *Philipp* ZGR 1978, 60 (74 f.); *Hoffmann/Lehmann/Weinmann* MitbestG § 27 Rn. 26, die der Meinung sind, dass die Satzung die Wahl eines Ersatzvorsitzenden und eines Ersatzstellvertreters regeln kann.

[65] MHdB AG/*Hoffmann-Becking* § 31 Rn. 27; Kölner Komm AktG/*Mertens/Cahn* § 117 Anh. B § 27 MitbestG Rn. 6; UHH/*Ulmer/Habersack* § 27 MitbestG Rn. 6.

[66] Rn. Kölner Komm AktG/*Mertens/Cahn* Rn. 23; Grigoleit/*Tomasic* Rn. 8; Rn. UHH/*Ulmer/Habersack* MitbestG § 27 Rn. 4; *Hoffmann/Lehmann/Weinmann* MitbestG § 27 Rn. 35; *Raiser* § 27 MitbestG Rn. 8 (für die nach MitbestG mitbestimmte Gesellschaft); aA GK-MitbestG/*Neandrup* MitbestG § 27 Rn. 22; *Fitting/Wlotzke/Wißmann* MitbestG § 27 Rn. 7 mit dem Argument, dass die gerichtlichen Eingriffsmöglichkeiten abschließend in § 104 geregelt seien; MHdB ArbR/*Wißmann* § 282 Rn. 2, der die Ansicht vertritt, dass für eine Analogie angesichts des leicht handhabbaren Wahlverfahrens und der bisherigen praktischen Erfahrungen keine Notwendigkeit bestehe.

[67] § 27 Abs. 3 MitbestG.

68 **3. Besonderheiten zur Amtszeit.** Das MitbestG enthält ebenso wenig wie das AktG eine Bestimmung zur Amtszeit. Der Aufsichtsratsvorsitzende und sein Stellvertreter müssen dem Aufsichtsrat angehören. Ihre Amtszeit endet spätestens mit der Beendigung ihrer Mitgliedschaft im Aufsichtsrat.[68] Im Gegensatz zur Gesellschaft ohne Arbeitnehmerbeteiligung im Aufsichtsrat muss die Amtsdauer des Aufsichtsratsvorsitzenden und seines Stellvertreters in der mitbestimmten Gesellschaft auf Grund der Koppelung der Wahlverfahren identisch sein.[69]

69 Eine Änderung in der Zusammensetzung des Aufsichtsrats hat mangels entgegenstehender Satzungs- oder Geschäftsordnungsbestimmung nach meinem Erachten (zur Gegenansicht → Rn. 37) durchaus zweifelhafter hM keinen Einfluss auf die Amtsdauer des Vorsitzenden und seines Stellvertreters. Dies gilt auch dann, wenn der Aufsichtsrat den Vorsitzenden und seinen Stellvertreter mit einer Mehrheit von zwei Dritteln gewählt hat. Die sog. **„Tandem"-Theorie,** nach der in solchen Fällen beide Vorsitzenden neu gewählt werden müssen, wird von der hM abgelehnt.[70] In Gesellschaften, die dem MitbestG unterliegen, hat es mit der Wahl eines Nachfolgers in das unbesetzte Amt sein Bewenden (vgl. § 27 MitbestG). War der Vorgänger im ersten Wahlgang mit einer Mehrheit von zwei Dritteln gewählt worden, ist auch der Nachfolger von allen Aufsichtsratsmitgliedern mit dieser Mehrheit zu wählen. Kann eine Mehrheit von zwei Dritteln nicht erreicht werden, wählen die Aufsichtsratsmitglieder, aus deren Bank der neue Amtsträger kommen soll, diesen mit einfacher Mehrheit. Gleiches gilt, wenn auch schon bei der Wahl des Vorgängers getrennt nach Bänken gewählt worden war.

70 **4. Abberufung.** Für die Abberufung des Aufsichtsratsvorsitzenden einer dem MitbestG unterliegenden Gesellschaft gelten die gleichen Grundsätze (→ Rn. 41 ff.).

71 Die zur Wahl und zur Abberufung erforderlichen Mehrheiten müssen übereinstimmen (sog. „Spiegelbild-Theorie").[71] Erfolgte die Wahl im ersten Wahlgang (§ 27 Abs. 1 MitbestG), ist der Vorsitzende mit einer **Mehrheit von zwei Dritteln** der Sollstärke des Aufsichtsrats abzuberufen.[72] Dies kann nicht für den zweiten Wahlgang gelten; es bedarf zur Abberufung lediglich der **einfachen Mehrheit** der Gruppe, die den Vorsitzenden bzw. den Stellvertreter gewählt hat.[73] Andernfalls könnten sich die bei der Wahl unterlegenen Vertreter der Arbeitnehmer und der Anteilseigner zusammentun und die Wahl im zweiten Wahlgang blockieren.

72 Die **Satzung** kann für die Abberufung ohne wichtigen Grund von dem jeweiligen Mehrheitserfordernis nicht nach unten abweichen.[74] Die gesetzliche Vorschrift (§ 27 Abs. 1 MitbestG) darf nicht unterlaufen werden, indem ein mit einer Mehrheit von zwei Dritteln gewähltes Mitglied mit einfacher Mehrheit abberufen werden kann. Die Satzung darf aber

---

[68] HdB AG/*Jaeger* Rn. 9.200; *Fitting/Wlotzke/Wißmann* MitbestG § 27 Rn. 14.
[69] MHdB AG/*Hoffmann-Becking* § 31 Rn. 31; UHH/*Ulmer/Habersack* MitbestG § 27 Rn. 10; *Fitting/Wlotzke/Wißmann* MitbestG § 27 Rn. 15.
[70] Rn. MHdB AG/*Hoffmann-Becking* § 31 Rn. 32; UHH/*Ulmer/Habersack* MitbestG § 27 Rn. 12 u. a. mit dem zutreffenden Hinweis darauf, dass diese Theorie keine gesetzliche Stütze findet. Für die sog. „Tandem"-Theorie: GK-MitbestG/*Neandrup* MitbestG § 27 Rn. 18, demzufolge das vorzeitige Ausscheiden aus dem Amt des Vorsitzenden zu einem Wegfall der Legitimation des verbleibenden Stellvertreters führt und umgekehrt. Dies bedeutet, dass auch der nicht vorzeitig Ausgeschiedene sein Amt verliert.
[71] So die Bezeichnung von UHH/*Ulmer/Habersack* MitbestG § 27 Rn. 13.
[72] Kölner Komm AktG/*Mertens/Cahn* § 117 Anh. B § 27 MitbestG Rn. 9 f.; Rn. MHdB AG/*Hoffmann-Becking* § 31 Rn. 33; UHH/*Ulmer/Habersack* MitbestG § 27 Rn 13; *Fitting/Wlotzke/Wißmann* MitbestG § 27 Rn. 18; aA *Meyer-Landrut* DB 1978, 443; *Hoffmann/Lehmann/Weinmann* MitbestG § 27 Rn. 23 f., denen zu Folge die einfache Mehrheit ausreichend ist. Für eine Drittelmehrheit spricht sich *Reuter* AcP 179 (1979), 509 (531 f.) aus.
[73] MHdB AG/*Hoffmann-Becking* § 31 Rn. 33; *Fitting/Wlotzke/Wißmann* MitbestG § 27 Rn. 18; UHH/*Ulmer/Habersack* MitbestG § 27 Rn. 13; aA *Hoffmann/Lehmann/Weinmann* MitbestG § 27 Rn. 24.
[74] *Lutter/Krieger/Verse* Rn. 676; *Raiser/Veil* MitbestG § 27 Rn. 20; *Fitting/Wlotzke/Wißmann* MitbestG § 27 Rn. 18 lehnen Aufweichungen der Mehrheitserfordernisse in der Satzung ab; aA *Reuter* AcP 179 (1979), 509 (532); *Philipp* ZGR 1978, 60 (72 ff.).

nach oben abweichen.⁷⁵ Dem steht keine gesetzliche Vorschrift entgegen. Eine entsprechende Satzungsbestimmung kann sich etwa die Vorschrift über die gerichtliche Abberufung (§ 103 Abs. 3 S. 1) zum Vorbild nehmen. Die Abberufung aus wichtigem Grund darf nicht an erschwerende Voraussetzungen geknüpft werden (→ Rn. 44).

5. Amtsniederlegung, Anmeldung zum Handelsregister, Angabe von Namen. Es 73 gelten die zum Aufsichtsratsvorsitzenden der mitbestimmungsfreien Gesellschaft gemachten Ausführungen (→ Rn. 48 ff.).

C. Die Stellvertreter

Neben dem Aufsichtsratsvorsitzenden muss der Aufsichtsrat einen Stellvertreter wählen 74 (Abs. 1 S. 1). Dies gilt auch in mitbestimmten Gesellschaften (Abs. 1 iVm § 25 Abs. 1 Nr. 1 MitbestG). Aus der Vorschrift über den Vorsitz im Aufsichtsrat (§ 27 Abs. 1 MitbestG) kann nichts anderes geschlossen werden.⁷⁶ Der Stellvertreter nimmt die Aufgaben des Vorsitzenden (nur) wahr, wenn dieser verhindert ist (Abs. 1 S. 3; vgl. im Einzelnen → Rn. 172 ff.).

I. Zahl der Stellvertreter

Das AktG sagt, dass mindestens ein Stellvertreter zu wählen ist. Dies bedeutet, dass die Wahl 75 mehrerer Stellvertreter zulässig ist. Die Satzung kann ihre Anzahl bestimmen.⁷⁷ Der Aufsichtsrat ist frei, **mehrere Stellvertreter** zu wählen, wenn die Satzung nichts dazu sagt.⁷⁸ Weder Satzung noch Geschäftsordnung dürfen bestimmen, dass die Stellvertreter nur in den Reihen der Anteilseigner zu suchen sind.⁷⁹ Eine dahingehende Bestimmung ist ungültig.⁸⁰

II. Wahl der Stellvertreter nach allgemeinem Aktienrecht

Der stellvertretende Aufsichtsratsvorsitzende wird vom Plenum des Aufsichtsrats gewählt. 76 Für seine Wahl, seine Amtszeit, den Widerruf der Bestellung und eine Amtsniederlegung gelten dieselben Regeln wie für den Vorsitzenden. Der Vorstand muss seine Wahl zum Handelsregister anzeigen. Auf den Geschäftsbriefen (§ 80) braucht der Name des Stellvertreters nicht aufzutauchen.⁸¹

Der Aufsichtsrat sollte bei seiner Wahl die **Rangfolge** der Stellvertreter festlegen, wenn 77 weder Satzung noch Geschäftsordnung eine entsprechende Regelung enthalten. Wenn dies nicht geschieht, muss die Rangfolge nach sachlichen Kriterien festgelegt werden. In der Literatur erörtert werden u. a. das Lebensalter⁸² oder die Zeit der Zugehörigkeit zum Aufsichtsrat. Der Dauer der Zugehörigkeit sollte der Vorzug gegeben werden, weil das Lebensalter seit Geltung des AGG ein zweifelbehaftetes Kriterium ist.⁸³ Mit der Wahl zum

---

⁷⁵ *Raiser/Veil* MitbestG § 27 Rn. 20; *Lutter/Krieger/Verse* Rn. 676; *Reuter* AcP 179 (1979), 509 (532); aA *Fitting/Wlotzke/Wißmann* MitbestG § 27 Rn. 18; *Hoffmann/Lehmann/Weinmann* MitbestG § 27 Rn. 25, die der Meinung sind, dass die Satzung keine abweichenden Mehrheitserfordernisse festschreiben könne.
⁷⁶ BGHZ 83, 106, 111 f. = NJW 1982, 1525, 1526; OLG München NJW 1981, 2201 (als Vorinstanz); OLG Hamburg WM 1982, 1090 f. fRn.
⁷⁷ Hüffer/*Koch* Rn. 10.
⁷⁸ Kölner Komm AktG/*Mertens/Cahn* Rn. 11; Rn. MHdB AG/*Hoffmann-Becking* § 31 Rn. 17. Dem LG Hamburg WM 1980, 1399 zufolge ist die Wahl mehrerer Stellvertreter zulässig, solange keine durch das MitbestG zugestandenen Rechtspositionen der Arbeitnehmer spürbar vermindert werden.
⁷⁹ BGHZ 83, 106 (112 f.) = NJW 1982, 1525 (1526); Bürgers/Körber/*Bürgers/Israel* Rn. 10; aA OLG München NJW 1981, 2201, demzufolge die Satzung bestimmen könne, dass der weitere Stellvertreter aus dem Kreis der Anteilseigner gewählt werde.
⁸⁰ Dies folgt aus Abs. 1 S. 1 iVm § 241 Nr. 3.
⁸¹ MHdB AG/*Hoffmann-Becking* § 31 Rn. 18.
⁸² MHdB AG/*Hoffmann-Becking* § 31 Rn. 17 (mit dem Hinweis auf die (stets gegebene) Entscheidungsmöglichkeit des Aufsichtsrats); Hüffer/*Koch* Rn. 10.
⁸³ BGHZ 193, 110 = GmbHR 2012, 845; *Bauer/Arnold* NZG 2012, 921; *Lingemann/Weingart* DB 2012, 2325.

Stellvertreter hat der Aufsichtsrat die Eignung für den Vorsitz bekundet. Wenn zwei Stellvertreter geeignet sind, den Vorsitz zu führen, ist der längeren Erfahrung der Vorzug zu geben.[84]

III. Besonderheiten des MitbestG

78 Die Wahl des Stellvertreters einer mitbestimmten Gesellschaft erfolgt im ersten Wahlgang mit einer Zweidrittelmehrheit durch das Plenum (§ 27 Abs. 1 MitbestG; vgl. die Ausführungen zur Wahl des Aufsichtsratsvorsitzenden → Rn. 25 ff.). Wird diese Mehrheit nicht erreicht, wählen ihn nur die Arbeitnehmervertreter in einem zweiten Wahlgang, wobei nun die einfache Mehrheit der abgegebenen Stimmen genügt (§ 27 Abs. 2 MitbestG).

79 Der nach dem MitbestG gewählte Stellvertreter (§ 27 MitbestG) ist stets der **erste Stellvertreter** des Vorsitzenden. Wenn dieser verhindert ist, sind seine Aufgaben zwingend von dem nach den Bestimmungen des MitbestG gewählten Stellvertreter wahrzunehmen. Weder die Satzung noch die Geschäftsordnung noch ein Ad hoc-Beschluss des Aufsichtsrats und auch keine Vereinbarung unter mehreren Stellvertretern können etwas anderes bewirken. Dies gilt allerdings nicht ohne weiteres für die Leitung der Hauptversammlung (vgl. → Rn. 117).

80 Nur der erste Stellvertreter wird Mitglied des Vermittlungsausschusses (§ 27 Abs. 3 MitbestG). Die Satzung kann auf Grund des zwingenden Charakters der Vorschrift nichts Abweichendes regeln.

81 In Gesellschaften, die dem MitbestG unterliegen, hat der stellvertretende Aufsichtsratsvorsitzende nicht das dem Vorsitzenden in besonderen Fällen zustehende Zweitstimmrecht. Dies gilt für den nach den Bestimmungen des MitbestG gewählten Stellvertreter und selbstverständlich auch für etwaige weitere Stellvertreter.

IV. Zulässigkeit weiterer Stellvertreter

82 Die Rechtsprechung hat die streitige Frage, ob die mitbestimmungsrechtliche Vorschrift (§ 27 Abs. 1 MitbestG) die Wahl nur eines oder auch **weiterer Stellvertreter** zulässt, zugunsten der letztgenannten Ansicht entschieden.[85] Mitbestimmungsrechtliche Bedenken gegen die Zulässigkeit mehrerer Stellvertreter ergeben sich weder aus dem Wortlaut der entsprechenden Vorschrift (§ 27 Abs. 1 MitbestG) noch aus deren Sinn und Zweck. Die mitbestimmungsrechtlichen Vorschriften gelten nur für die Wahl des ersten Stellvertreters; für die Wahl der weiteren gelten die aktienrechtlichen Regelungen des § 107 sowie § 29 MitbestG.[86] Die Satzung kann das Wahlverfahren näher regeln.[87]

---

[84] Im Schrifttum werden weitere Möglichkeiten diskutiert. So soll bei Unklarheit über die Reihenfolge eine gemeinsame Geschäftsführung notwendig sein (früher MHdB AG/*Hoffmann-Becking* § 31 Rn. 13). Diese Lösung ist nicht brauchbar. Die Aufgaben des Aufsichtsratsvorsitzenden können sachgerecht nur durch eine Person wahrgenommen werden. Andere sehen vor, dass die Stellvertreter gleichberechtigt nebeneinander ein Einberufungsrecht für Aufsichtsratssitzungen haben und sich im Übrigen auf einen geschäftsführenden Stellvertreter einigen sollen; nur in dem Fall, dass sie sich nicht einigen können, soll der Aufsichtsrat bestimmen (Großkomm AktG/*Hopt/Roth* Rn. 166). Auch diese Lösung ist ungeeignet. Sie verhindert, was das Gesetz durch den Zwang zur Wahl eines Stellvertreters erreichen will: Schnelle Handlungsfähigkeit bei Verhinderung des Aufsichtsratsvorsitzenden.
[85] BGHZ 83, 106 (111 f.) = NJW 1982, 1525 (1526) = AG 1982, 218 ff.; OLG Hamburg WM 1982, 1090 = DB 1982, 1765; *Lutter/Krieger/Verse* Rn. 673; *Fitting/Wlotzke/Wißmann* MitbestG § 27 Rn. 4 unter Aufgabe der früheren Ansicht, vgl. auch MitbestG § 27 Anh. Rn. 17; aA für mitbestimmte Gesellschaften *Hoffmann/Lehmann/Weinmann* MitbestG § 27 Rn. 41, die aus dem Gesetzeswortlaut des § 27 MitbestG folgern, dass nur ein Stellvertreter gewählt werden darf.
[86] Kölner Komm AktG/*Mertens/Cahn* Rn. 13.
[87] Vgl. Kölner Komm AktG/*Mertens/Cahn* Rn. 13.

D. Ehrenvorsitzende, Ehrenmitglieder

In manchen Gesellschaften wird früheren Vorstands- oder Aufsichtsratsmitgliedern, die 83
sich um die Gesellschaft besonders verdient gemacht haben, ein besonderer Ehrentitel
verliehen. Mit diesem Titel sind keinerlei Rechte oder Pflichten verbunden.[88] Der Ehrentitel verschafft der betreffenden Person nicht die Eigenschaft eines Aufsichtsratsmitglieds; es
entsteht kein korporationsrechtliches Verhältnis zur Gesellschaft. Das Ehrenmitglied oder
der Ehrenvorsitzende wird bei der Feststellung der Zahl der Aufsichtsratsmitglieder nicht
mitgerechnet.[89]

I. Wahl eines Ehrenvorsitzenden oder Ehrenmitglieds

Die Verleihung von Ehrentiteln ist im Gesetz nicht geregelt. Deswegen ist die Gesellschaft 84
nicht an besondere Formen gebunden, wenn ein solcher Titel verliehen werden soll. Man
wird nur auf allgemeine Überlegungen zurückgreifen können.

Zur Verleihung eines Ehrentitels ist nach einer Ansicht grundsätzlich die **Hauptver-** 85
sammlung berufen,[90] zwingend erscheint dies aber nicht. Da mit dem Titel kein Amt und
keine Rechte und Pflichten verbunden sind, sollte auch der Aufsichtsrat den Titel vergeben
können.[91] Folgt man der Gegenauffassung beschließt die Hauptversammlung mit einfacher
Mehrheit der abgegebenen Stimmen. Unstreitig kann durch Satzungsbestimmung der **Aufsichtsrat** ermächtigt werden, derartige Ernennungen vorzunehmen.[92]

Der Vorstand ist de jure weder an der Wahl von Aufsichtsratsmitgliedern, noch bei der 86
internen Organisation des Aufsichtsrats beteiligt. Der Vorstand sollte darum auch keinesfalls
einen Ehrenvorsitzenden des Aufsichtsrats ernennen. Dies würde dem natürlichen Organisationsgefälle der Gesellschaft widersprechen.

Eine Regelung der Voraussetzungen für die Verleihung eines Ehrentitels in der **Satzung** 87
ist, da es um einen Titel ohne Rechte und Pflichten geht, nicht erforderlich, schadet aber
auch nicht. Eine Satzungsbestimmung widerspricht aber den zwingenden Normen des
AktG, wenn sie in unzulässiger Weise versucht, der geehrten Person irgendwelche organschaftlichen Rechte und Pflichten zuzuweisen (näher → Rn. 6 ff.).

II. Abberufung

Die **Abberufung** eines Ehrenträgers erfolgt grundsätzlich nach den gleichen Regeln, die 88
für seine Ernennung befolgt wurden. Der Ehrenträger ist jedenfalls bei Vorliegen eines
wichtigen Grundes seinerseits berechtigt, seinen Ehrentitel niederzulegen.

III. Kompetenzen eines Ehrenvorsitzenden oder Ehrenmitglieds

Der verliehene Ehrentitel bringt dem Geehrten **weder Rechte noch Pflichten.**[93] 89

Ein Ehrenvorsitzender oder ein Ehrenmitglied ist nur unter den Voraussetzungen, die für 90
jeden Dritten gelten, zur **Teilnahme an Aufsichtsratssitzungen** berechtigt.[94] An Abstimmungen darf er nicht teilnehmen.

---

[88] *v. Schenck* in Semler/v. Schenck AR-HdB § 4 Rn. 174.
[89] *Obermüller/Werner/Winden* DB 1964, 1327.
[90] *Lutter* ZIP 1984, 645 (649), für den Fall, dass keine Satzungsbestimmung existiert; *Hennerkes/Schiffer* DB 1992, 875 sehen die Ernennung durch die Hauptversammlung als „quasi Annex-Kompetenz".
[91] Ebenso Bürgers/Körber/*Bürgers/Israel* Rn. 11; Kölner Komm AktG/*Mertens/Cahn* Rn. 76; MHdB AG/*Hoffmann-Becking* § 31 Rn. 25.
[92] *Lutter* ZIP 1984, 645 (648); *v. Schenck* in Semler/v. Schenck AR-HdB § 4 Rn. 172. Nach *Siebel,* FS Peltzer, 2001, 519 (528) fehle eine solche Ermächtigung in der Praxis zumeist.
[93] MHdB AG/*Hoffmann-Becking* § 31 Rn. 25 bezeichnet den Ehrentitel zutreffend als rechtlich inhaltlos.
[94] § 109 Abs. 1 S. 2; vgl. auch MHdB AG/*Hoffmann-Becking* § 31 Rn. 25; *Kindl* S. 46; *Böttcher* NZG 2012, 809 f.; *Hennerkes/Schiffer* DB 1992, 875 (876); *v. Braunbehrens* BB 1981, 2100 (2101); *Obermüller/Werner/Winden*

91 Er hat keine informationsrechtliche Sonderstellung, zB auf Empfang oder Einsicht in die Berichte, die der Vorstand dem Aufsichtsrat erstattet (§ 90). Der Einblick in die Prüfungsberichte des Abschlussprüfers ist ihm ebenso verwehrt. Wenn er zu einem Punkt der Tagesordnung als Sachverständiger oder Auskunftsperson (§ 109 Abs. 1 S. 2) zugezogen wird, hat er kein selbstständiges Rede-, Auskunfts- oder Antragsrecht. Er ist darauf beschränkt, Fragen aus der Mitte des Aufsichtsrats oder des Vorstands zu beantworten.

92 Der Vorstand und die Aufsichtsratsmitglieder sind gehalten, einem Ehrenträger gegenüber **Stillschweigen** zu bewahren, wenn es um vertrauliche Angaben und Geschäftsgeheimnisse geht.[95] Soweit der Ehrenträger solche vertraulichen Informationen oder Geschäftsgeheimnisse gelegentlich seiner Teilnahme an einer Aufsichtsratssitzung erfährt, unterliegt er nicht dem gesetzlichen Schweigegebot (§§ 116, 93 Abs. 1 S. 3). Der Vorstand muss deswegen mit ihm vor einer Sitzungsteilnahme eine Verschwiegenheitsvereinbarung abschließen.

93 Wenn der Ehrenträger als **Sachverständiger**, als **Auskunftsperson** oder in anderer Weise berechtigt an einer Aufsichtsratssitzung teilnimmt und dort Kenntnis von Insidertatsachen erhält, ist er nicht Unbefugter iSd. Insiderrechts (§ 14 Abs. 1 Nr. 2 WpHG).

IV. Vergütungsregelung

94 Durch die Satzung oder Beschluss der Hauptversammlung kann bestimmt werden, dass dem Geehrten ein Ehrensold zusteht, ansonsten hat der Ehrenträger keinen Anspruch auf irgendeine Vergütung.[96]

95 Auch ein Anspruch auf Auslagenersatz besteht nur unter den gleichen Voraussetzungen.

E. Die Kompetenzen des Vorsitzenden

96 Nur einzelne Kompetenzen des Aufsichtsratsvorsitzenden sind im Gesetz aufgeführt. Tatsächlich sind seine Aufgaben aber umfassender und vor allem von größerer Bedeutung.[97] Die Person des Aufsichtsratsvorsitzenden hat häufig **entscheidenden Einfluss**. Dies gilt zumindest bei einem starken Vorstandsvorsitzenden – dort muss er für das notwendige Gleichgewicht zwischen Geschäftsführung und Überwachung sorgen. Ist der Vorstandsvorsitzende dagegen schwach, ist dasselbe auch dem Aufsichtsratsvorsitzenden zu attestieren, der faktisch oftmals wesentlich verantwortlich dafür ist.

I. Allgemeine Rechtsstellung

97 Der Vorsitzende des Aufsichtsrats ist ein aus dem Kreis der Aufsichtsratsmitglieder besonders hervorgehobenes Mitglied. Er ist trotz seiner besonderen Aufgaben kein eigenständiges Organ der Gesellschaft.[98] Ihm sind **keine nach außen wirkenden eigenständigen Funktionen** zugewiesen. Er führt das aus, was der Aufsichtsrat beschlossen hat. Wenn er ohne für den Einzelfall erteilte Ermächtigung handelt, verletzt er das Gesetz. Sein Handeln ist für die Gesellschaft wirkungslos.[99]

DB 1964, 1327; teilweise aA *Jüngst* BB 1984, 1583 (1584 f.), demzufolge der Ehrenvorsitzende zwar keinen Anspruch auf Teilnahme habe, die Vorschrift des § 109 Abs. 1 aber auch nicht verbiete, dass er regelmäßig zu den Aufsichtsratssitzungen eingeladen werde.

[95] Rn. MHdB AG/*Hoffmann-Becking* § 31 Rn. 25; *Hennerkes/Schiffer* DB 1992, 875 (876).

[96] So auch *Siebel,* FS Peltzer, 2001, 519 (535).

[97] Für ein sehr weites Verständnis dahingehend, den Vorsitzenden stets anstelle des Aufsichtsrats als handlungsbefugt anzusehen, wo dieser tatsächlich nicht handeln könne oder es nicht opportun wäre *v. Schenck* AG 2010, 649 (655).

[98] Vgl. *v. Schenck* AG 2010, 649 (655); Bürgers/Körber/*Bürgers/Israel* Rn. 2; Kölner Komm AktG/*Mertens/Cahn* Rn. 38; Grigoleit/*Tomasic* Rn. 4; NK-AktG/*Breuer/Fraune* Rn. 10; abweichend *Peus* S. 214, demzufolge der Vorsitzende zu den (Vertretungs-)Organen der Gesellschaft zu zählen ist; *Peus* ZGR 1987, 545 (552).

[99] Vgl. zur Unterscheidung der Bestellung und Anstellung von Gesellschaftsorganen *Leuchten,* FS Bauer, 2011, 635 (636 f.); *Mutter* in Marsch-Barner/Schäfer HdB börsennotierte AG § 19 Rn. 19–23.

Anders im **Innenverhältnis.** Hier ist er in begrenztem Rahmen durchaus entscheidungs- 98
befugt. So kann er beispielsweise nach Maßgabe von § 109 Abs. 2 einem Aufsichtsratsmitglied die Teilnahme an einer Ausschusssitzung untersagen.

Die ordnungsgemäße Amtswahrnehmung erfordert die laufende Beobachtung der Unter- 99
nehmensführung sowie den ständigen Kontakt zum Vorstandsvorsitzenden und zu den
übrigen Vorstandsmitgliedern.[100]

II. Gesetzlich zugewiesene Einzelaufgaben

Sowohl das AktG als auch das MitbestG weisen dem Aufsichtsratsvorsitzenden Aufgaben 100
zu.[101]

1. Bestimmungen im AktG. Der Aufsichtsratsvorsitzende muss im Wesentlichen bei 101
den Anmeldungen zum Handelsregister mitwirken (vgl. §§ 184 Abs. 1, 188 Abs. 1, 195
Abs. 1, 207 Abs. 2, 223, 229 Abs. 3, 237 Abs. 2). Der Vorstand muss aus wichtigem Anlass
an den Vorsitzenden und nicht an den Gesamt-Aufsichtsrat berichten (§ 90 Abs. 1 S. 3).
Der Vorsitzende hat die Niederschrift über die Sitzungen zu unterzeichnen (Abs. 2 S. 1). Er
kann Aufsichtsratsmitgliedern, welche nicht Ausschussmitglied sind, die Teilnahme an den
Ausschusssitzungen verwehren (§ 109 Abs. 2). Ihm steht das Recht zur Einberufung des
Aufsichtsrats zu (§ 110 Abs. 1 S. 1; zur Einberufung auf Verlangen vgl. *v. Schenck* Semler/
v. Schenck AR-HdB § 4 Rn. 52 ff.). Schließlich obliegt ihm in der Praxis meist die Leitung
der Hauptversammlung, da die Satzungen diese Last regelmäßig dem Aufsichtsratsvorsitzenden auferlegen.

2. Bestimmungen im MitbestG. Das MitbestG ordnet dem Vorsitzenden in drei Vor- 102
schriften Einzelaufgaben zu. Er ist Mitglied des Vermittlungsausschusses (§ 27 Abs. 3 MitbestG). Er verfügt über ein Zweitstimmrecht, wenn die erforderliche Mehrheit zur Bestellung der Vorstandsmitglieder (s. § 31 Abs. 2 und Abs. 3 MitbestG) nicht zustande kommt
(§ 31 Abs. 3 S. 1 und Abs. 4 MitbestG). Bei sonstigen Beschlussfassungen steht ihm bei
Stimmengleichheit in der zweiten Abstimmung ebenfalls eine Zweitstimme zu (§ 29 Abs. 2
MitbestG).

Aus diesen gesetzlich zugewiesenen Kompetenzen ergeben sich die folgenden Aufgaben- 103
bereiche für den Vorsitzenden.

III. Der Aufgabenbereich des Aufsichtsratsvorsitzenden

Die **Aufgaben** des Vorsitzenden sind vielfältig: 104

1. Berichtsempfang und Informationsvermittlung. Die Überwachungsaufgabe des 105
Aufsichtsrats beruht im Wesentlichen auf den vom Vorstand erstatteten Berichten. Sie sind
mit einer Ausnahme an den Aufsichtsrat insgesamt zu richten. Nur Berichte „aus wichtigem
Anlass" sind an den Vorsitzenden zu richten (**„Vorsitzberichte"**); nur er ist in diesem Fall
empfangszuständig (§ 90 Abs. 1 S. 3). Dieser Berichtspflicht unterliegen auch Erkenntnisse
aus dem Frühwarnsystem (§ 91 Abs. 2). Er informiert die anderen Aufsichtsratsmitglieder
über den Vorsitzbericht nebst Inhalt spätestens in der nächsten Aufsichtsratssitzung (§ 90
Abs. 5 S. 3).

Der Corporate Governance Kodex empfiehlt, dass der Aufsichtsratsvorsitzende zwischen 106
den Sitzungen mit dem Vorstand, insbesondere mit dem Vorsitzenden bzw. Sprecher des

---

[100] Kölner Komm AktG/*Mertens/Cahn* Rn. 38; *Hoffmann-Becking,* FS Havermann, 1995, 229 (237 f.);
v. Schenck in Semler/v. Schenck AR-HdB § 4 Rn. 152; nach *Roth* ZGR 2012, 343 (365) hat der Vorsitzende
eine „Schnittstellenfunktion", vgl. auch die rechtsvergleichenden Ausführungen zur Rolle des Vorsitzenden
für die Information und Organisation des Aufsichtsrats auf S. 365 ff. *Bihr/Philippsen* bezeichnen den Vorsitzenden als „Dirigenten" eines im Idealfall hochqualifizierten Kreises von Persönlichkeiten, DStR 2011, 1133
(1135); vgl. *v. Schenck* AG 2010, 649 (651 ff.) zum Problem der praktischen Umsetzung dieser Aufgabe;
ausführlich zu dieser Rolle des Vorsitzenden auch *Servatius* AG 1995, 223 (224 f.).
[101] Vgl. zusammenfassend *Peus* S. 210 ff.

Vorstands, regelmäßig Kontakt hält und mit ihm Fragen der Strategie, der Planung, der Geschäftsentwicklung, der Risikolage, des Risikomanagements und der Compliance des Unternehmens berät. Der Aufsichtsratsvorsitzende wird über wichtige Ereignisse, die für die Beurteilung der Lage und Entwicklung sowie für die Leitung des Unternehmens von wesentlicher Bedeutung sind, unverzüglich durch den Vorsitzenden bzw. Sprecher des Vorstands informiert (Ziff. 5.2 DCGK).

107 **2. Leitung des Aufsichtsrats.** Der Aufsichtsratsvorsitzende koordiniert die Arbeit im Aufsichtsrat und leitet dessen Sitzungen.[102] Das Leitungsrecht des Vorsitzenden ist zwar nicht im AktG niedergelegt, ergibt sich aber aus seiner Funktion als Vorsitzender eines Kollegiums.[103] Zur Leitung des Aufsichtsrats gehört die Einberufung des Gremiums unter Bekanntgabe der Tagesordnung, die Vorbereitung und Leitung der Sitzung. Dazu zählen ebenso die Entscheidung über Verfahrensfragen (zB zur Beschlussfassung außerhalb der Sitzung) und die Sorge für die Niederschrift. Das MitbestG räumt dem Aufsichtsratsvorsitzenden in bestimmten Fällen ein Zweitstimmrecht ein.[104]

108 **a) Einberufung unter Bekanntgabe der Tagesordnung.** Die fristgerechte Einberufung zur Sitzung setzt die Bekanntgabe der Tagesordnung voraus.[105]

109 Das Gesetz weist die Einberufung der Sitzung nicht ausdrücklich dem Vorsitzenden zu. Die Regelungen in der Vorschrift über die Einberufung des Aufsichtsrats (§ 110 Abs. 1 S. 1 und Abs. 2) zeigen jedoch, dass von einer **Einberufungszuständigkeit** des Vorsitzenden auszugehen ist. Er trifft die Entscheidung darüber, wann und wie oft er den Aufsichtsrat einberuft.[106]

110 Die Einberufung kann aus eigenem Antrieb und ohne Aufforderung anderer Aufsichtsratsmitglieder erfolgen. Der Corporate Governance Kodex empfiehlt dem Aufsichtsratsvorsitzenden, erforderlichenfalls eine außerordentliche Aufsichtsratssitzung einzuberufen, wenn er vom Vorstand über wichtige Ereignisse, die für die Beurteilung der Lage und Entwicklung sowie für die Leitung des Unternehmens von wesentlicher Bedeutung sind, informiert wurde (Ziff. 5.2 DCGK). Der Vorstand muss den Aufsichtsrat zu einer außerordentlichen Sitzung einberufen, die innerhalb von zwei Wochen stattzufinden hat, wenn dies von einem Aufsichtsratsmitglied oder dem Vorstand verlangt wird (§ 110 Abs. 1). Kommt der Vorsitzende dem Verlangen eines Aufsichtsratsmitglieds oder dem des Vorstands nicht nach, erfolgt die Einberufung ausnahmsweise durch die Antragsteller (§ 110 Abs. 2). Lehnt er den Einberufungsantrag zu Unrecht ab, macht er sich bei Eintritt eines Schadens für die Gesellschaft schadensersatzpflichtig (§§ 116, 93).

111 Der Vorsitzende kann auch ohne entsprechende Satzungsregelung allein auf Grund seiner Einberufungszuständigkeit die anberaumte **Sitzung aufheben** oder **verlegen**.[107] Dieses Recht steht ihm allerdings dann nicht zu, wenn die Einberufung nicht auf seine Initiative, sondern auf die Initiative des Vorstands oder eines anderen Aufsichtsratsmitglieds erfolgte. Eine Vertagung kommt in entsprechender Anwendung der zivilprozessualen Vorschrift (§ 227 ZPO) nur in Frage, wenn die Sitzung bereits begonnen hat.[108]

112 Der Aufsichtsratsvorsitzende entscheidet, ob die **Beschlussfassung ohne Sitzung** (§ 108 Abs. 4) erfolgen soll. Widerspricht ein Mitglied seiner Entscheidung, muss er den Aufsichtsrat zu einer Sitzung einberufen, es sei denn, die Satzung erlaubt eine Beschlussfassung außerhalb von Sitzungen.

---

[102] Ziff. 5.2 DCGK; zur Bedeutung sog. weicher Faktoren bei der Wahrnehmung der Aufgaben durch den Vorsitzenden K. Schmidt/Lutter/*Drygala* Rn. 5 mwN.
[103] MüKoAktG/*Habersack* Rn. 48 f.
[104] Kölner Komm AktG/*Mertens/Cahn* § 117 Anh. B § 29 MitbestG Rn. 5–11.
[105] MüKoAktG/*Habersack* § 107 Rn. 50.
[106] Kölner Komm AktG/*Mertens/Cahn* Rn. 44; *v. Schenck* in Semler/v. Schenck AR-HdB § 4 Rn. 47; ErfK/*Oetker* Rn. 5; Zur Einberufungspflicht des Vorsitzenden in der Krise und haftungsrechtliche Konsequenzen im Falle des Unterlassens LG München I AG 2007, 827.
[107] Kölner Komm AktG/*Mertens/Cahn* Rn. 44.
[108] MHdB AG/*Hoffmann-Becking* § 31 Rn. 45.

b) Vorbereitung und Leitung der Sitzung. Der Vorsitzende hat das Recht zur Leitung 113
der Sitzung und Koordination der Aufsichtsratsarbeit und nimmt außerdem die Belange des
Aufsichtsrats nach außen war.[109] Hat er aber erst einmal das Verfahren in Gang gebracht,
ermöglicht das **Selbstorganisationsrecht** des Aufsichtsrats es dem Kollegium, das Verfahren selbst zu gestalten und sich über Entscheidungen des Vorsitzenden hinwegzusetzen
(→ Rn. 143 ff.).

aa) Sitzungsvorbereitung. Der Aufsichtsratsvorsitzende muss die Sitzung vorberei- 114
ten.[110] Er bestimmt über die Teilnahme der Vorstandsmitglieder an der Aufsichtsratssitzung.
Er kann Sachverständige (zB Abschlussprüfer) und sonstige Auskunftspersonen zu der Sitzung hinzubitten, wenn ihm dies für die Erledigung der Tagesordnungspunkte geboten
erscheint. Die Entscheidungen des Vorsitzenden stehen als Frage der Verfahrensregelung
unter dem Vorbehalt einer abweichenden Entscheidung durch das Plenum. Jede dieser
Entscheidungen kann durch Mehrheitsentscheidung revidiert werden.[111]

bb) Sitzungsleitung. Die Sitzungsleitung obliegt dem Vorsitzenden. Er legt auch den 115
Sitzungsablauf fest, soweit der Aufsichtsrat keinen Beschluss über einen anderen Sitzungsablauf fasst.[112] Jedes Mitglied kann einen Antrag auf einen davon abweichenden Gang der
Sitzung stellen; der Vorsitzende muss über den Antrag abstimmen lassen.[113]

Das Gesetz besagt nichts darüber, in welcher **Reihenfolge** abzustimmen ist. In der 116
Regel wird der Verfahrens- vor dem Sachantrag zur Abstimmung gestellt. Der Vorsitzende
entscheidet über die Reihenfolge der Redner und Anträge. Er legt die Reihenfolge der
zu behandelnden Tagesordnungspunkte fest und kann diese aus Zweckmäßigkeitserwägungen abändern.[114] Darüber kann sich der Aufsichtsrat nur durch Mehrheitsbeschluss
hinwegsetzen.[115] Der Vorsitzende leitet die Diskussion. Jedes Mitglied darf Sachanträge
zur Tagesordnung und Anträge zur Beschlussfassung stellen. Der Vorsitzende lässt über die
gestellten Anträge abstimmen und prüft, ob sich unter den abgegebenen Stimmen unzulässige Stimmen befinden. Er stellt das Ergebnis fest und verkündet den gefassten
Beschluss.[116]

Die Kompetenz zur Sitzungsleitung berechtigt den Vorsitzenden zur Begrenzung der 117
Redezeit und zur Entziehung des Wortes. Als **Disziplinarmaßnahme** steht es ihm ausnahmsweise zu, ein Mitglied notfalls des Saales zu verweisen, wenn andernfalls eine ordnungsgemäße Durchführung der Sitzung nicht möglich ist.[117]

Liegt ein Fall des konkreten Interessenkonflikts zwischen den Interessen der Gesellschaft 118
und den Interessen eines Aufsichtsratsmitglieds vor, kann der Vorsitzende dem betreffenden
Mitglied die **Teilnahme an der Sitzung verweigern** (§ 109; vgl. wegen der Folgen eines
Interessenkonflikts → § 100 Rn. 117 ff.) oder ihm das Stimmrecht entziehen (§ 108). Dieses
Recht ist nicht an den Ausschussvorsitzenden delegierbar,[118] wohl kann aber der Aufsichtsrat
auch selbst beschließen. Gleichfalls kann er ein befangenes Aufsichtsratsmitglied von Berichtsempfang und Berichtskenntnisnahme (§ 90 Abs. 5) ausschließen oder ihm die Aushändigung der Sitzungsniederschrift (Abs. 2 S. 4) verweigern.

---

[109] Hüffer/*Koch* Rn. 8; vgl. Ziff. 5.2 DCGK.
[110] *v. Schenck* in Semler/v. Schenck AR-HdB § 4 Rn. 76.
[111] Kölner Komm AktG/*Mertens/Cahn* Rn. 42, 47.
[112] Kölner Komm AktG/*Mertens/Cahn* Rn. 46.
[113] Kölner Komm AktG/*Mertens/Cahn* Rn. 46; MHdB AG/*Hoffmann-Becking* § 31 Rn. 47.
[114] Kölner Komm AktG/*Mertens/Cahn* Rn. 48; MHdB AG/*Hoffmann-Becking* § 31 Rn. 52; *Peus* S. 102 f.;
v. Schenck in Semler/v. Schenck AR-HdB § 4 Rn. 78.
[115] *Peus* S. 103.
[116] Vgl. MüKoAktG/*Habersack* § 107 Rn. 55.
[117] Vgl. MüKoAktG/*Habersack* § 107 Rn. 56; aA Kölner Komm AktG/*Mertens/Cahn* Rn. 50, denen zufolge der Vorsitzende dem betreffenden Mitglied die Sitzungsteilnahme nur dann untersagen darf, wenn sich
Rechtsgründe dafür finden.
[118] Kölner Komm AktG/*Mertens/Cahn* § 109 Rn. 15.

119 **c) Sorge für die Niederschrift.** Der Aufsichtsratsvorsitzende hat für die Erstellung der Niederschrift zu sorgen.[119] Er muss das Protokoll nicht selbst erstellen, sondern kann sich auf die Leitung der Sitzung statt deren Mitschrift konzentrieren. Die Hinzuziehung eines „Protokollführers" ist selbst dann möglich, wenn die Satzung oder die Geschäftsordnung keine entsprechende Regelung vorsieht. Die Protokollführung kann in diesem Fall aber nicht abschließend einer anderen Person übertragen werden. Vielmehr bleibt der Aufsichtsratsvorsitzende selbst verantwortlich und hat diese Verantwortung ggf. auch durch seine Unterschrift des Protokolls formell[120] zu übernehmen (vgl. ausführlich → Rn. 182 ff.). Eine Person, die weder im Vorstand, noch im Aufsichtsrat der Gesellschaft Mitglied ist, kann allerdings nur als „Protokollführer" beigezogen werden, wenn kein Aufsichtsratsmitglied dem widerspricht. Dies leitet sich unmittelbar aus § 109[121] ab. Da der Aufsichtsrat bei Bedarf aber auch ohne den Vorstand tagt (Ziff. 3.6 DCGK), taugt dieser auch insoweit nur bedingt als „Schreibhilfe".

120 **3. Leitung der Hauptversammlung.** Das Gesetz ordnet dem Vorsitzenden nicht die Hauptversammlungsleitung zu. Die Hauptversammlung kann ihn aber durch Satzungsregelung, Bestimmung in ihrer Geschäftsordnung oder durch Beschluss zu ihrem Leiter ernennen. Überwiegend geschieht dies in der Praxis durch die Satzung. Dogmatisch wird teilweise die Versammlungsleitung von der Arbeit als Aufsichtsratsvorsitzender unterschieden. Dies hat weitreichende Folgen. Die Haftung bestimmt sich bei der Versammlungsleitung danach nicht mehr nach §§ 116, 93 und es besteht auch keine Versicherungsschutz durch die D&O Versicherung.[122] Diese Unterscheidung ist jedoch zweifelhaft und gewiss dort falsch, wo die Satzung dem Aufsichtsratsvorsitzenden die Versammlungsleitung in dieser Funktion zuweist.[123]

121 **4. Vertretung der Gesellschaft.** Der Aufsichtsrat vertritt die Gesellschaft nach außen nur ausnahmsweise. Das Gesetz weist in diesen Fällen ausdrücklich dem Aufsichtsrat als Organ (§§ 112, 249 Abs. 1 S. 1, 103 Abs. 3, 111 Abs. 3 S. 1), nicht aber dem Aufsichtsratsvorsitzenden gesetzliche Vertretungsmacht zu. **Geschäftsführungsbefugnisse,** die dem Aufsichtsrat zustehen, können weder an den Aufsichtsratsvorsitzenden noch an irgendein anderes Aufsichtsratsmitglied übertragen werden.[124] Anders bei Ausführungs- oder Durchführungshandlungen, welche mit einem begrenzten Ermessensspielraum ausgestattet sind;[125] im Einzelfall ist die Übertragung von **Vertretungsmacht** auf das Aufsichtsratsmitglied und damit auch auf den Vorsitzenden möglich. Dieser handelt als Bevollmächtigter des Gesamtaufsichtsrats und übt nicht dessen organschaftliche Vertretungsmacht aus.[126]

122 **a) Aktive Vertretungsmacht.** Eine **aktive Vertretungsmacht** kommt dem Vorsitzenden in den Fällen der Erklärungsvertretung, Abschlussbevollmächtigung und Wissensvertretung zu.

123 **aa) Der Aufsichtsratsvorsitzende als Erklärungsbevollmächtigter.** Der Vorsitzende handelt als **Erklärungsbevollmächtigter**[127], wenn der Aufsichtsrat ihn zur Ausführung

---

[119] Abs. 2 S. 1; ausführlich zur Unterzeichnung durch den Vorsitzenen und seinen Stellvertreter *Glanz* LKV 2010, 213 (214 ff.).
[120] MüKoAktG/*Habersack* Rn. 78.
[121] Vgl. BGH AG 2012, 248 (249) zur Begrenzung der zulässigen Höchstzahl von Aufsichtsratsmitgliedern in mitbestimmten Aufsichtsräten. Allgemein zur Anzahl der Aufsichtsratsmitglieder in mitbestimmten Gesellschaften *Wagner* in Semler/v. Schenck AR-HdB § 2 Rn. 2 ff.
[122] Vgl. *v. der Linden* NZG 2013, 208 (209 ff. und 212).
[123] Vgl. dazu auch *Mutter* AG-Report 2013, R161.
[124] BGHZ 41, 282 (285) = NJW 1964, 1367; Kölner Komm AktG/*Mertens/Cahn* § 112 AktG Rn. 21.
[125] *J. Semler*, FS Rowedder, 1994, 441 (449 f.); vgl. auch *Werner* ZGR 1989, 369 (376).
[126] Vgl. Kölner Komm AktG/*Mertens/Cahn* § 112 Rn. 31, § 107 Rn. 52.
[127] BGHZ 41, 282 (285) = NJW 1964, 1367; OLG Köln AG 2012, 599 (600); vgl. dazu auch *v. Schenck* in Semler/v. Schenck AR-HdB § 4 Rn. 141; *J. Semler*, FS Rowedder, 1994, 441 (451) sowie *Luther/Rosga*, FS Meilicke, 1985, 80 (85 ff.).

eines in allen Details geregelten Geschäfts bevollmächtigt. Die Bevollmächtigung braucht nicht ausdrücklich zu erfolgen.[128]

(1) Keine organschaftliche Vertretungsmacht. Der Aufsichtsratsvorsitzende hat **keine organschaftliche Vertretungsmacht** kraft Gesetzes. Er kann den Aufsichtsrat nicht gegenüber Vorstandsmitgliedern vertreten.[129] Dies gilt selbst dann, wenn er alleiniger Anteilseigner ist. Anderes gilt nur dann, wenn der Aufsichtsrat ihn zur organschaftlichen Vertretung **bevollmächtigt** hat. Handelt es sich um einen Aufsichtsratsbeschluss, der rechtsgeschäftlich umzusetzen ist, genügt die konkludente Bevollmächtigung in einem ausdrücklich gefassten Beschluss.[130] Anderes gilt nur dann, wenn ausdrücklich eine andere Person bevollmächtigt wird.[131] 124

(2) Bekanntgabe von Aufsichtsratsbeschlüssen. Der Aufsichtsrat kann seinen Vorsitzenden oder jedes andere Aufsichtsratsmitglied zur Verkündung von Aufsichtsratsbeschlüssen nach außen als Erklärungsvertreter bevollmächtigen.[132] Der Erklärungsvertreter übermittelt dem Adressaten den Inhalt des gefassten Aufsichtsratsbeschlusses; er hat keinen eigenen Entscheidungsspielraum. Trotzdem handelt er als Vertreter und nicht als Bote, denn auch die reine Beschlussmitteilung hat schon rechtsgeschäftlichen Charakter.[133] Sowohl der Aufsichtsratsvorsitzende als auch jedes andere Aufsichtsratsmitglied bedarf damit einer rechtsgeschäftlich erteilten Vertretungsmacht. Ihre Befugnis leitet sich nicht allein aus ihrem Amt ab.[134] 125

Die Hauptversammlung kann in der **Satzung** unverbindlich regeln, dass der Vorsitzende die Beschlüsse des Aufsichtsrats festhält und verkündet. Hauptversammlung und Aufsichtsrat sind gleichberechtigte Organe. Die Hauptversammlung kann deshalb nicht in die innere Ordnung des Aufsichtsrats eingreifen und ihm bindend vorschreiben, wer dessen Beschlüsse verkündet. Trotz Satzungsregelung ist der Aufsichtsrat nicht daran gehindert, ein anderes Aufsichtsratsmitglied als den Vorsitzenden zur Bekanntgabe zu bevollmächtigen.[135] 126

bb) Der Aufsichtsratsvorsitzende als Abschlussbevollmächtigter. Der Aufsichtsrat kann den Vorsitzenden zum Abschluss von Rechtsgeschäften mit anderen Personen bevollmächtigen,[136] ihm aber keinen Ermessensspielraum einräumen.[137] 127

cc) Der Aufsichtsratsvorsitzende als Wissensvertreter. Der **Aufsichtsratsvorsitzende** tritt als Wissensvertreter für die Gesellschaft auf, wenn er zusammen mit dem Vorstand den Beschluss über die Grundkapitalerhöhung zur Eintragung ins Handelsregister anmeldet (§ 184). Der Aufsichtsrat kann keinen Anderen bevollmächtigen (arg. e. § 399 Abs. 1 Nr. 4). 128

b) Passive Vertretungsmacht. Ebenso wie bei der aktiven Vertretungsmacht ist der Aufsichtsrat nur als Organ passiv vertretungsberechtigt. Zur bloßen Entgegennahme von 129

---

[128] *Heim* AG 1967, 4 ff. zufolge kann die Satzung eine generelle Ermächtigung zur rechtsgeschäftlichen Übermittlung des Willens enthalten. Ist keine solche Bestimmung und auch keine Vollmacht vorhanden, handelt der Vorsitzende als Vertreter ohne Vertretungsmacht.
[129] § 112; BGHZ 41, 282 (285) = NJW 1964, 1367; OLG Stuttgart BB 1992, 1669; UHH/*Ulmer/Habersack* MitbestG § 25 Rn. 22; Kölner Komm AktG/*Mertens/Cahn* Rn. 52.
[130] Kölner Komm AktG/*Mertens/Cahn* Rn. 52; UHH/*Ulmer/Habersack* MitbestG § 25 Rn. 22; *Peus* S. 175; kritisch zum Spannungsverhältnis der besonderen Pflichtenlage des Vorsitzenden und dem Mangel an Entscheidungsbefugnissen *Börsig/Löbbe*, FS Hoffmann-Becking, 2013, 125 (145).
[131] Kölner Komm AktG/*Mertens/Cahn* Rn. 52; *Mertens* AG 1981, 216 (218).
[132] *J. Semler*, FS Roweder, 1994, 441 (451); *Werner* ZGR 1989, 369 (387); vgl. Kölner Komm AktG/ *Mertens/Cahn* Rn. 51.
[133] *Luther/Rosga*, FS Meilicke, 1985, 80 (86) mit Hinweis auf RGZ 66, 376.
[134] So aber Kölner Komm AktG/*Mertens/Cahn* Rn. 51 (für den Aufsichtsratsvorsitzenden); wie hier *Luther/ Rosga*, FS Meilicke, 1985, 80 (86).
[135] *Peus* S. 174 f.; Kölner Komm AktG/*Mertens/Cahn* Rn. 51; *J. Semler*, FS Roweder, 1994, 441 (451 f.).
[136] MüKoAktG/*Habersack* § 107 Rn. 59.
[137] OLG Karlsruhe AG 2005, 210 (211); vgl. dazu auch *Mutter/Frick* AG-Reprt 2005, R333 f.

Willenserklärungen für den Aufsichtsrat ist der Vorsitzende aber immer befugt.[138] Er ist auch berechtigt, den Prüfungsbericht des Abschlussprüfers für den gesamten Aufsichtsrat entgegenzunehmen. Er muss anschließend für eine entsprechende Verteilung sorgen.

130 Die **passive Vertretungsmacht** des Vorsitzenden reicht nur so weit wie seine aktive Vertretungsmacht.

131 Das **Wissen und Wissenmüssen** des Vorsitzenden als Erklärungsempfänger ist dem Organ Aufsichtsrat **zuzurechnen.** Anderes gilt für das normale Aufsichtsratsmitglied. Sein Wissen kann dem Organ Aufsichtsrat nicht zugerechnet werden, es ist aber verpflichtet, seine Kentnisse unverzüglich mit den übrigen Mitgliedern zu teilen.[139]

132 **c) Ungeschriebene Vertretungsmacht.** Der Aufsichtsrat vertritt die Gesellschaft auch bei **Hilfsgeschäften** zur Erfüllung seiner eigenen Aufgaben. Dies sind beispielsweise Geschäfte im Zusammenhang mit seiner Leitungs- und Überwachungsaufgabe.[140] Der Vorsitzende verfügt bei dem Abschluss dieser Hilfsgeschäfte ebenfalls über eine **ungeschriebene Vertretungsmacht**[141] für die Gesellschaft. Diese ist auf aufsichtsratsfremde Personen wie auch auf andere Aufsichtsratsmitglieder übertragbar. So kann der Vorsitzende im Namen und auf Kosten der Gesellschaft Rechtsrat einholen. Sachverständige und Auskunftspersonen kann er zur Sitzung hinzuziehen. Auch eine Honorarvereinbarung kann er abschließen, wenn es der Sitzungsvorbereitung dient. Ansonsten bedarf dies eines Beschlußes des Aufsichtsrats.[142]

133 **d) Vertretung ohne Vertretungsmacht.** Der Aufsichtsratsvorsitzende darf für die Gesellschaft nur Willenserklärungen abgeben, wenn der Aufsichtsrat ihn hierzu durch Beschluss bevollmächtigt hat oder sich die Abgabe der Willenserklärungen innerhalb seiner originären gesetzlichen Befugnisse hält. Sonst haftet der Vorsitzende als Vertreter ohne Vertretungsmacht nach den bürgerlichrechtlichen Vorschriften (§§ 177 ff. BGB), sofern er sich innerhalb der Grenzen der Vertretungsmacht des Aufsichtsrats bewegt.[143] Überschreitet er die Vertretungskompetenz des Aufsichtsrats, ist seine Willenserklärung nichtig. Eine Haftung als vollmachtloser Vertreter kommt nicht in Betracht.[144]

134 **e) Formbedürftigkeit der Willenserklärung.** Nicht die Beschlussfassung oder der Beschluss selbst muss der gesetzlich vorgeschriebenen Form genügen. Verlangt das Gesetz eine **notarielle Beurkundung,** ist die Willenserklärung gegenüber dem Vertragspartner zu beurkunden und nicht der zugrunde liegende Beschluss. Der einer Willenserklärung zugrunde liegende Beschluss ist nicht formbedürftig, sondern nur die vom Aufsichtsratsvorsitzenden für die Gesellschaft abzugebende Willenserklärung selbst.[145]

135 **Öffentlich beglaubigt** wird die Beschlusserklärung und nicht der Beschluss selbst. Deshalb genügt die Beglaubigung der Unterschrift des Aufsichtsratsvorsitzenden.[146]

136 Bei einer empfangsbedürftigen Willenserklärung wird der **gesetzlichen Schriftform** Genüge getan, wenn der Vorsitzende die an den Empfänger gerichtete Beschlusserklärung unterschreibt. Sonst genügt bereits die Unterzeichnung der Sitzungsniederschrift.[147]

---

[138] MüKoAktG/*Habersack* § 107 Rn. 60.
[139] LG Dortmund DB 2001, 2591.
[140] *v. Schenck* in Semler/v. Schenck AR-HdB § 4 Rn. 136.
[141] So auch MüKoAktG/*Habersack* Rn. 58; Grigoleit/*Tomasic* Rn. 13 und *v. Schenck* in Semler/v. Schenck AR-HdB § 4 Rn. 143.
[142] *Lutter/Krieger/Verse* Rn. 681 mwN; generell für die Wirksamkeit von Hilfsgeschäften Bürgers/Körber/*Bürgers/Israel* Rn. 8; aA *Peus* S. 184, demzufolge stets eine Beschlussfassung nach § 108 Abs. 4 herbeizuführen ist.
[143] Vgl. OLG München AG 1986, 234 (235); Kölner Komm AktG/*Mertens/Cahn* Rn. 55; *Werner* ZGR 1989, 369 (392 ff.); aA OLG Stuttgart BB 1992, 1669, demzufolge die vom Vorsitzenden abgegebene Erklärung nach § 134 BGB nichtig ist.
[144] Wie hier Kölner Komm AktG/*Mertens/Cahn* Rn. 55 mwN.
[145] Kölner Komm AktG/*Mertens/Cahn* Rn. 56; *Peus* S. 173 f.; *Luther/Rosga*, FS Meilicke, 1985, 80 (87).
[146] Kölner Komm AktG/*Mertens/Cahn* Rn. 57.
[147] Abs. 2 S. 1. Kölner Komm AktG/*Mertens/Cahn* Rn. 58.

5. Repräsentation des Aufsichtsrats. Der Vorsitzende repräsentiert den Aufsichtsrat 137 gegenüber anderen Organen und in der Öffentlichkeit.[148] Er sorgt für die Informationsvermittlung zwischen dem Aufsichtsrat und den anderen Organen. Zu Beginn der Hauptversammlung soll er den Bericht des Aufsichtsrats (§ 176 Abs. 1 S. 2) über den Jahresabschluss, den Lagebericht und den Gewinnverwendungsvorschlag (§ 171) erläutern.

Als Repräsentant ist er ständiger Ansprechpartner des Vorstands[149] und hält aufgrund 138 seiner Position laufenden Kontakt zu ihm.[150] Der Corporate Governance Kodex empfiehlt dementsprechend, dass der Aufsichtsratsvorsitzende zwischen den Sitzungen mit dem Vorstand, insbesondere mit dem Vorsitzenden bzw. Sprecher des Vorstands, regelmäßig Kontakt hält und mit ihm Fragen der Strategie, der Planung, der Geschäftsentwicklung, der Risikolage, des Risikomanagements und der Compliance des Unternehmens berät (Ziff. 5.2 DCGK; → Rn. 102).

Der Aufsichtsrat als Innenorgan ist an und für sich nicht zur Abgabe von **Erklärungen in** 139 **der Öffentlichkeit** befugt.[151] Sind solche Erklärungen im Interesse der Gesellschaft abzugeben, geschieht dies durch den Aufsichtsratsvorsitzenden. Er sollte in besonderen Angelegenheiten aber stets Rücksprache mit dem Aufsichtsrat oder einem zuständigen Ausschuss in Fällen zulässiger Delegation halten. Der Aufsichtsrat ist das Organ und nicht sein Vorsitzender. Ist dies nicht möglich, empfiehlt es sich, öffentliche Äußerungen mit der gebotenen Zurückhaltung abzugeben, auch zum Eigenschutz des Vorsitzenden.[152]

6. Wahrnehmung der Aufgaben, die dem Vorsitzenden eines Kollegiums übli- 140 **cherweise zukommen.** Das Gesetz regelt die Kompetenzen des Vorsitzenden nicht in einem abschließenden Pflichtenkatalog; es erwähnt nur einzelne seiner Aufgaben. Hieraus kann gefolgert werden, dass der Vorsitzende all diejenigen Aufgaben wahrzunehmen hat, die üblicherweise bei der Organisation eines Kollegiums anfallen. Er trägt Sorge für die Ordnungs- und Rechtmäßigkeit des Verfahrens. Hierzu zählt die Sorge für die interne Kommunikation ebenso wie die Koordination der Ausschussarbeit.[153]

a) Ordnungs- und rechtmäßiges Verfahren. Der Vorsitzende sichert die **Ordnungs-** 141 **mäßigkeit** des Verfahrens, indem er den Aufsichtsrat zum Gebrauch seines Selbstorganisationsrechts anhält, auf die Erfüllung der Berichtspflichten des Vorstands sowie für die gleichumfängliche Information aller Aufsichtsratsmitglieder Sorge trägt und auf die Erstellung von Niederschriften der Aufsichtsratssitzungen achtet. Verwahrt er die Niederschriften (auch die der Ausschüsse) nicht selbst, übergibt er sie dem Vorstand zur Verwahrung.[154]

Der **Rechtmäßigkeit** des Verfahrens wird durch die Beachtung der gesetzlichen und 142 satzungsmäßigen Vorschriften sowie der Geschäftsordnung zu Verfahren und Kompetenzen des Aufsichtsrats Rechnung getragen. Der Vorsitzende überprüft, ob alle Voraussetzungen an eine Beschlussfassung erfüllt sind und ob Beschlussanträge zulässig sind.[155] Der Vorsitzende entscheidet in Rechtsfragen allein. Seine Entscheidungen sind nur gerichtlich nachprüfbar.[156]

Der Deutsche Corporate Governance Kodex empfiehlt außerdem eine Vereinbarung des 143 Aufsichtsrats mit dem Abschlussprüfer, dass der Vorsitzende des Aufsichtsrats (bzw. des Prüfungsausschusses) über während der Prüfung auftretende mögliche Ausschluss- oder

---

[148] Hüffer/*Koch* Rn. 8; Kölner Komm AktG/*Mertens*/*Cahn* Rn. 61; *Peus* S. 176; *v. Schenck* in Semler/v. Schenck AR-HdB § 4 Rn. 150.
[149] Hüffer/*Koch* Rn. 8; *Hoffmann*/*Preu* Rn. 437; *Peus* S. 162 f.
[150] Vgl. MüKoAktG/*Habersack* § 107 Rn. 57 und 45.
[151] Vgl. *Volhard* GRUR 1980, 496 ff.
[152] Negativbeispiel eines Interviews, das auch zur Befassung der Gerichte führte, BGH ZIP 2012, 2438; OLG Stuttgart ZIP 2012, 625.
[153] MüKoAktG/*Habersack* § 107 Rn. 48.
[154] Vgl. → Rn. 215; vgl. Kölner Komm AktG/*Mertens*/*Cahn* Rn. 92.
[155] MüKoAktG/*Habersack* Rn. 54.
[156] Bürgers/Körber/*Bürgers*/*Israel* Rn. 9; MüKoAktG/*Habersack* Rn. 52.

Befangenheitsgründe unverzüglich unterrichtet wird, soweit diese nicht beseitigt werden (Ziff. 7.2.1 DCGK).

144 **b) Pflichtensorge gegenüber anderen Aufsichtsratsmitgliedern.** Der Aufsichtsratsvorsitzende übernimmt zwar besondere Aufgaben. Er ist aber dennoch „nur" ein gleichberechtigtes Mitglied. Als solches kommt ihm daher nur in Ausnahmefällen[157] das Recht zu, die übrigen Aufsichtsratsmitglieder zu kontrollieren.

145 **7. Vorsitz bestimmter Ausschüsse.** Den Vorsitz im Prüfungsausschuss (Audit Committee) soll der Aufsichtsratsvorsitzende nach der Empfehlung des Deutschen Corporate Governance Kodex nicht innehaben (Ziff. 5.2 DCGK). Diese Empfehlung ist allerdings nicht sachgerecht, da dem Aufsichtsratsvorsitzenden so ein wichtiges Instrument seiner Amtsführung vorenthalten wird. Die vormals[158] im Deutschen Corporate Governance Kodex enthaltene Empfehlung, nach der der Aufsichtsratsvorsitzende zugleich Vorsitzender der Ausschüsse sein soll, die die Vorstandsverträge behandeln und die Aufsichtsratssitzungen vorbereiten, wurde gestrichen. Dabei wies die Regierungskommission darauf hin, dass die Kumulation der Vorsitzposten zwar sinnvoll sein könne, aber für eine gute Corporate Governance nicht unbedingt erforderlich sei; zudem werde teilweise sogar international davon abgeraten, etwa im UK Corporate Governance Code.[159]

IV. Schranken seiner Kompetenz

146 Die gesetzlich genannten wie auch die ungeschriebenen Kompetenzen des Vorsitzenden sind beschränkt. Er hat weder ein **Weisungsrecht** gegenüber den anderen Aufsichtsratsmitgliedern noch verfügt er über **Disziplinarbefugnisse** (vgl. aber → Rn. 114 zum Recht, ein Mitglied notfalls des Saals zu verweisen). Seine Entscheidungsbefugnis reicht nur für die konkrete Regelung eines Verfahrensganges. Abstrakte Regelungen darf er ebenso wenig treffen wie Einfluss auf die inhaltliche Entscheidung des Aufsichtsrats nehmen.[160]

147 **1. Revidierbare Entscheidung über Verfahrensfragen.** Die Kompetenz des Vorsitzenden umfasst die Leitung von Verfahren und Sitzung. Bei Ermessensentscheidungen in Fragen der Verfahrensleitung unterliegt er aber der „Kontrolle" des Aufsichtsrats, der Maßnahmen der Sitzungsleitung durch einfachen Beschluß ändern oder aufheben kann.[161] Der Vorsitzende muss den von seiner Entscheidung abweichenden Antrag zur Beschlussfassung zulassen und gemäß dem Willen der Mehrheit verfahren.[162]

148 Dies gilt auch für die Auswahl der **Abstimmungsart.** Sie ist als Verfahrensregelung eine dem Vorsitzenden obliegende Ermessensentscheidung. Er kann zB nach Maßgabe der Satzung die geheime Abstimmung (Die Zulässigkeit der geheimen Abstimmung ist streitig; → Rn. 29) anordnen.

149 Das Plenum kann die Sitzung oder die Behandlung einzelner Tagesordnungspunkte **vertagen,** wenn nicht Satzung oder Geschäftsordnung dem Vorsitzenden ein einmaliges Vertagungsrecht gewähren.[163] Bestimmungen in der Satzung oder Geschäftsordnung, die dem Vorsitzenden ein mehrmaliges Vertagungsrecht einräumen, sind unzulässig. Ein solches würde dem Vorsitzenden eine Blockade der Sitzung ermöglichen. Seine Stellung wäre übergewichtet.

150 Allerdings unterliegen **Entscheidungen, die das Gesetz** dem Vorsitzenden unmittelbar **zugewiesen hat,** nicht der Kontrolle durch das Plenum. Das Plenum kann sich nicht über

---

[157] Zu Ausnahmen siehe MüKoAktG/*Habersack* Rn. 56.
[158] Ziff. 5.2 in der Fassung vom 15.5.2012.
[159] Siehe Erläuterungen der Änderungsvorschläge der Kodexkommission aus den Plenarsitzungen vom 9. und 31.1.2013, S. 3, abrufbar unter www.corporate-governance-code.de.
[160] Kölner Komm AktG/*Mertens/Cahn* Rn. 40; *Peus* S. 62 ff.
[161] MüKoAktG/*Habersack* Rn. 52; Kölner Komm AktG/*Mertens/Cahn* Rn. 41.
[162] *Kindl* S. 104 ff.; Kölner Komm AktG/*Mertens/Cahn* Rn. 41; ausführlich *Peus* S. 79 ff.
[163] MHdB AG/*Hoffmann-Becking* § 31 Rn. 81; Kölner Komm AktG/*Mertens/Cahn* Rn. 41.

Anordnungen des Gesetzes hinwegsetzen. Die Entscheidung des Vorsitzenden, einem Mitglied die Teilnahme an der Sitzung zu versagen, kann das Plenum nicht aufheben (§ 109 Abs. 2).

2. Entscheidung über Rechtsfragen. Der Vorsitzende hat die Rechtswahrungskompetenz und trägt Sorge für die Ordnungs- und Rechtmäßigkeit des Verfahrensablaufs. Er entscheidet allein über die Auslegung gesetzlicher Vorschriften und über Rechtsfragen, die in diesem Zusammenhang oder bereits im Vorfeld auftreten. Im Gegensatz zu revidierbaren Ermessensfragen ist der Vorsitzende in seiner Entscheidung über Rechtsfragen **keiner Kontrolle durch das Plenum** unterworfen. In Rechtsfragen kann der Aufsichtsrat nicht durch Mehrheitsbeschluss die Entscheidung des Vorsitzenden aufheben und durch seine eigene ersetzen.[164] 151

Allein der Vorsitzende befindet über das **Stimmverbot** gegenüber einem Aufsichtsratsmitglied. Die Aufsichtsratsmehrheit kann hierüber nicht abstimmen und seine Entscheidung auch nicht aufheben.[165] Es handelt sich um eine Rechtsfrage. Hierüber befindet der Vorsitzende abschließend, es sei denn es wird eine gerichtliche Klärung herbeigeführt. 152

Nur die **Gerichte** können die Entscheidung des Vorsitzenden überprüfen. Die Nichtigkeit des auf Grund der Entscheidung des Vorsitzenden gefassten Aufsichtsratsbeschlusses kann mit einer Feststellungsklage geltend gemacht werden. 153

V. Regelungsspielraum von Satzung und Geschäftsordnung

Das Gesetz regelt die Kompetenzen des Aufsichtsratsvorsitzenden nicht abschließend. Satzungs- und Geschäftsordnungsregelungen können die Position des Vorsitzenden ergänzend regeln.[166] Sie müssen aber das zwingende Organisationsrecht des Aufsichtsrats berücksichtigen. 154

1. Unzulässige Satzungs- und Geschäftsordnungsregelungen. Weder der Vorsitzende noch der Gesamtaufsichtsrat dürfen einem Aufsichtsratsmitglied Weisungen erteilen. Daran können weder Satzung noch Geschäftsordnung etwas ändern.[167] Der Vorsitzende kann das einzelne Aufsichtsratsmitglied keinen Handlungsbeschränkungen unterwerfen. Satzung oder Geschäftsordung dürfen aber bestimmen, dass das einzelne Aufsichtsratsmitglied Rücksprache mit dem Vorsitzenden zu halten hat, bevor es Informationen an Dritte weitergibt.[168] Insoweit geht es nämlich nicht um zusätzliche Pflichten oder eingeschränkte Rechte, sondern nur um die Sicherstellung des § 116. 155

Die Beschlussfähigkeit des Aufsichtsrats darf nicht von der Teilnahme des Vorsitzenden an der Sitzung abhängig gemacht werden. Dies würde die Position des Vorsitzenden über Gebühr stärken. Weder Satzung noch Geschäftsordnung können eine dahingehende Regelung aufstellen.[169] 156

a) Ausschließliche Kompetenz des Gesamtaufsichtsrats. Die Kompetenzen des Gesamtaufsichtsrats dürfen dem Vorsitzenden nicht per Satzungsregelung übertragen werden.[170] Die Satzung darf den Vorsitzenden nicht statt des Aufsichtsrats zur Vertretung der Gesellschaft gegenüber Vorstandsmitgliedern bevollmächtigen,[171] wohl aber kann sie die Vertretung in Ausführung von dessen Beschlüssen anordnen. Daneben kann der Aufsichtsrat den Vorsitzenden durch Beschluss bevollmächtigen.[172] 157

---

[164] Kölner Komm AktG/*Mertens/Cahn* Rn. 42; aA *Peus* S. 114 f.
[165] Kölner Komm AktG/*Mertens/Cahn* Rn. 49; MHdB AG/*Hoffmann-Becking* § 31 Rn. 54a, 66.
[166] Vgl. dazu *Sick/Köstler* S. 14.
[167] Großkomm AktG/*Hopt/Roth* Rn. 132; Kölner Komm AktG/*Mertens/Cahn* Rn. 64.
[168] *Peus* S. 388 ff.; Kölner Komm AktG/*Mertens/Cahn* Rn. 64.
[169] Kölner Komm AktG/*Mertens/Cahn* Rn. 69.
[170] Grigoleit/*Tomasic* Rn. 16 mwN.
[171] § 112; vgl. zur Erteilung einer Prozessvollmacht durch den Aufsichtsratsvorsitzenden in einem Rechtsstreit der Gesellschaft mit deren Vorstand BGH ZIP 2013, 1275 (1276) unter Hinweis auf BGH ZIP 2006, 2213 (2214); ZIP 2009, 717 (718); ZIP 2013, 483 (484).
[172] Kölner Komm AktG/*Mertens/Cahn* Rn. 62, 52.

158 Der Vorsitzende darf nicht durch Satzungsregelung zum Erlass einer Geschäftsordnung oder zur Bildung und Besetzung von Aufsichtsratsausschüssen berechtigt werden. Die Vorschrift über die **Aufgaben und Rechte des Aufsichtsrats** (§ 111) berechtigt ebenfalls nur den Aufsichtsrat zur Überwachung der Geschäftsführung und nicht seinen Vorsitzenden. Ebenso wenig darf die Satzung die Zugehörigkeit des Vorsitzenden zu einem oder mehreren bestimmten Ausschüssen festlegen.[173] Dies würde einen Verstoß gegen das Selbstorganisationsrecht des Aufsichtsrats darstellen.

159 Die **Zustimmung zu bestimmten Geschäften** (§ 111 Abs. 4 S. 2) steht dem Vorsitzenden nicht zu. Allerdings kann die Satzung oder die Geschäftsordnung eine Regelung treffen, derzufolge der Aufsichtsrat eine eilige Geschäftsvornahme nachträglich genehmigen kann, wenn der Vorsitzende zuvor eingewilligt hat.[174]

160 **Aufgaben, die dem Aufsichtsrat gesetzlich zugewiesen** sind (§§ 87 Abs. 1, 88 Abs. 1, 89 Abs. 1, 204 Abs. 1 S. 2), kann der Vorsitzende nicht wahrnehmen. Gleiches gilt für Befugnisse, die einem Ausschuss nicht übertragen werden können (Abs. 3 S. 3).

161 **b) Ausschließliche Kompetenz des Aufsichtsratsvorsitzenden.** Umgekehrt darf die abschließende Entscheidung über Rechtsfragen nicht dem Plenum übertragen werden. Hierüber entscheidet der Vorsitzende vorbehaltlich gerichtlicher Überprüfung abschließend.[175]

162 **2. Zulässige Satzungsbestimmungen. a) Leitung der Hauptversammlung.** Weder die mitbestimmungsrechtlichen Vorschriften noch das AktG regeln, wer die Hauptversammlung leitet. Dem Vorsitzenden kann diese Befugnis per Satzungsregelung übertragen werden; dies gilt sowohl für die mitbestimmte als auch für die nicht mitbestimmte Gesellschaft. Die Satzung kann sogar bestimmen, dass der Vorsitzende bzw. sein Stellvertreter nur die Hauptversammlung leiten kann, wenn er aus den Reihen der Anteilseignervertreter stammt.[176] Der stellvertretende Vorsitzende kann damit von der Versammlungsleitung ausgeschlossen sein, wenn er aus den Reihen der Arbeitnehmervertreter stammt. Die Funktion als Leiter der Hauptversammlung ist in diesem Fall keine an die Person geknüpfte Funktion, die nichts mit der Stellung als Mitglied des Aufsichtsrats zu tun hat,[177] sondern Aufsichtsratsarbeit. Dies wirkt sich etwa auf die Haftung und D&O-Versicherung aus.[178]

163 **b) Stichentscheid bei Stimmengleichheit.** Gesetzliche Regelungen zur Stimmkraft des Aufsichtsratsvorsitzenden bei Stimmengleichheit finden sich nur in den mitbestimmungsrechtlichen Vorschriften, nicht aber im AktG.

164 **aa) Stichentscheid in Gesellschaften, die ihren Aufsichtsrat ohne Arbeitnehmerbeteiligung bilden.** Außerhalb des Geltungsbereichs der Mitbestimmungsgesetze hat der Vorsitzende bei der Beschlussfassung die gleiche Stimmkraft wie jedes andere Aufsichtsratsmitglied auch. Die Stimme des Vorsitzenden kann aber durch die Einräumung eines **Stichentscheids** verstärkt werden, so dass seine Stimme bei Stimmengleichheit den Ausschlag gibt. Die Zuweisung der ausschlaggebenden Stimme ist mehr als eine Frage der Verfahrensregelung. Eine solche Regelung geht über das Selbstorganisationsrecht hinaus; die Rechtsposition des Vorsitzenden wird verändert. Nur die Hauptversammlung kann den Stichent-

---

[173] Kölner Komm AktG/*Mertens/Cahn* Rn. 68.
[174] Kölner Komm AktG/*Mertens/Cahn* Rn. 62, § 111 Rn. 107.
[175] MüKoAktG/*Habersack* § 107 Rn. 52.
[176] Kölner Komm AktG/*Mertens/Cahn* Rn. 67; UHH/*Ulmer/Habersack* MitbestG § 27 Rn. 15; *Messer*, FS Kellermann, 1991, 299 (302 ff.).
[177] So aber *v. der Linden* NZG 2013, 208 (209); *Messer*, FS Kellermann, 1991, 299 (306); MüKoAktG/*Kubis* § 119 Rn. 184, der allerdings die Haftung auf Fälle vorsätzlicher sittenwidriger Schädigung nach § 826 BGB beschränken will.
[178] Vgl. dazu *Mutter* AG-Report 2013, R161.

scheid in der Satzung, nicht aber der Aufsichtsrat in der Geschäftsordnung regeln.[179] Nichts anderes gilt für den **Aufsichtsratsausschuss,** jedenfalls den beschließenden.[180]

Die Begründung eines **Vetorechts** ist in jedem Fall unzulässig; ein solches Recht können weder die Satzung noch die Geschäftsordnung vorsehen.[181] Dies käme einem Alleinentscheidungsrecht des Vorsitzenden gleich. Da er aber kein besonderes Organ der Gesellschaft ist, darf er nicht an Stelle des Aufsichtsrats entscheiden. 165

Grundsätzlich stehen satzungsmäßige Kompetenzen des Vorsitzenden auch dem stellvertretenden Vorsitzenden zu, wenn der Satzung diese Auslegung zu entnehmen ist (→ Rn. 179). Die Satzung eines nicht mitbestimmten Aufsichtsrats kann bestimmen, dass das Stichentscheidungsrecht dem Stellvertreter des Aufsichtsratsvorsitzenden nicht zusteht.[182] 166

bb) Zweitstimmrecht des Vorsitzenden in Gesellschaften mit Arbeitnehmerbeteiligung im Aufsichtsrat. Die mitbestimmungsrechtlichen Vorschriften regeln die Entscheidungsfähigkeit des Aufsichtsrats. Der Vorsitzende hat im Geltungsbereich des **MitbestG** in bestimmten Fällen ein Zweitstimmrecht.[183] Dies gilt kraft gesetzlicher Bestimmung (vgl. § 31 Abs. 4 S. 3 MitbestG) nicht für den Stellvertreter; daran kann keine Satzungsregelung etwas ändern.[184] Der Aufsichtsratsvorsitzende verfügt als Vorsitzender des Vermittlungsausschusses nicht über ein Zweitstimmrecht.[185] 167

In Gesellschaften, die ihren Aufsichtsrat nach dem **MontanMitbestG** oder dem **MitbestErgG** bilden, gibt die Stimme des sog. 11. (15.) Mitglieds den Ausschlag. Es bedarf keiner satzungsmäßigen Regelung zum Zweitstimmrecht.[186] 168

In **Aufsichtsratsausschüssen** kann der Ausschussvorsitzende durch Bestimmung der Satzung oder Geschäftsordnung ein Zweitstimmrecht erhalten.[187] 169

c) Einmaliges Vertagungsrecht. Die Satzung kann dem Vorsitzenden ein einmaliges Vertagungsrecht einräumen, welches nach pflichtgemäßem Ermessen ausgeübt werden muss. Ein mehrmaliges Vertagungsrecht ist hingegen unzulässig. Es würde die Rechtsstellung des Vorsitzenden ungerechtfertigt stärken und ihm quasi ein Blockaderecht zugestehen.[188] 170

F. Die Kompetenzen der Stellvertreter (Abs. 1 S. 3)

I. Allgemeines

Das Gesetz (Abs. 1 S. 3) regelt die Kompetenzen des stellvertretenden Vorsitzenden. Nur wenn der Vorsitzende „**verhindert**" ist (hierzu näher → Rn. 173 ff.), erhält der Stellver- 171

---

[179] MHdB AG/*Hoffmann-Becking* § 31 Rn. 64; Kölner Komm AktG/*Mertens/Cahn* Rn. 65; aA *Lutter/Krieger/Verse* Rn. 776, die der Meinung sind, der Stichentscheid könne auch durch eine Regelung in der Geschäftsordnung oder durch Beschluß des Aufsichtsrats gewährt werden; so auch Großkomm AktG/*Hopt/Roth* Rn. 139.
[180] *v. Schenck* in Semler/v. Schenck AR-HdB § 4 Rn. 119; aA *Nagel* DB 1982, 2677 (2678).
[181] Kölner Komm AktG/*Mertens/Cahn* Rn. 565; MHdB AG/*Hoffmann-Becking* § 31 Rn. 64.
[182] MHdB AG/*Hoffmann-Becking* § 31 Rn. 24.
[183] §§ 29 Abs. 2, 31 Abs. 4 MitbestG; Kölner Komm AktG/*Mertens/Cahn* 117 Anh. B § 29 MitbestG Rn. 5 bis 13.
[184] Kölner Komm AktG/*Mertens/Cahn* Rn. 66 und § 117 Anh. B § 27 MitbestG Rn. 15; *Hoffmann/Preu* Der Aufsichtsrat Rn. 435; UHH/*Ulmer/Habersack* MitbestG § 27 Rn. 20; *Martens* DB 1980, 1381 (1386); *Schaub* ZGR 1977, 293 (296); *Westermann*, FS Robert Fischer, 1979, 835 (842, 848 f.); *Canaris*, Beilage zu DB 14/1981, 1 (12 f.), der seine Ansicht mit der unterschiedlichen Interessenlage begründet.
[185] BGHZ 83, 144 (147 f.) = NJW 1982, 1528 (1529); UHH/*Ulmer/Habersack* MitbestG § 27 Rn. 24; *Fitting/Wlotzke/Wißmann* MitbestG § 27 Rn. 28; *Immenga* ZGR 1977, 249 (256); *Säcker/Theisen* AG 1980, 29 (41).
[186] Kölner Komm AktG/*Mertens/Cahn* Rn. 66.
[187] BGHZ 83, 106 (117 f.) = NJW 1982, 1525 (1527) = AG 1982, 218 (220 f.); Kölner Komm AktG/*Mertens/Cahn* § 117 Anh. B § 29 MitbestG Rn. 13.
[188] Kölner Komm AktG/*Mertens/Cahn* Rn. 63.

treter dessen Rechte und Pflichten sowie die bereits erwähnte Vertretungsmacht (→ Rn. 118 ff.). Sonst hat der Stellvertreter die gleiche Stellung wie jedes andere Aufsichtsratsmitglied auch. Allerdings ist er unabhängig vom Eintritt des Verhinderungsfalls kraft Amtes Mitglied in einem nach dem MitbestG zu bildenden Ausschuss (§ 27 Abs. 3 MitbestG).

II. Rangfolge bei mehreren Stellvertretern

172 Sind mehrere Stellvertreter bestellt, bestimmt die Satzung zweckmäßigerweise, welche **Rangfolge** unter ihnen im Verhinderungsfall einzuhalten ist. Bestimmt die Satzung nichts, kann die Hauptversammlung über die Rangfolge beschließen.

173 Wird der Vertretungsfall relevant und ist **keine Reihenfolge** festgelegt, muss der Aufsichtsrat zu einer Sitzung zusammentreten, um über die Frage der Vertretung zu beschließen. Das Einberufungsrecht ist jedem Stellvertreter einzuräumen.[189] Die Beschlussfassung zur Festlegung einer Reihenfolge kann sich nicht dadurch verzögern, dass zB die Einberufung nur gemeinschaftlich erfolgen darf.

174 Der nach dem MitbestG (§ 27) bestellte Stellvertreter ist stets vor den weiteren Stellvertretern zur Wahrnehmung der Rechte und Pflichten des Vorsitzenden befugt. Sein Vorrang gegenüber den anderen Stellvertretern ist nicht disponibel.[190] Etwas anderes gilt nur für die Leitung der Hauptversammlung (dazu → Rn. 117).

III. Kompetenzen des Stellvertreters (Abs. 1 S. 3)

175 Nur im Verhinderungsfall nimmt der Stellvertreter die Rechte und Pflichten des Vorsitzenden wahr. Sonst kommt ihm die herausgehobene Funktion nicht zu; er hat die gleichen Kompetenzen wie jedes andere einfache Mitglied auch.[191]

176 **1. Notwendigkeit der Vertretung.** Die Verhinderung muss **objektiv** vorliegen (zB Krankheit oder Ortsabwesenheit). Auch die Wahrnehmung anderer Termine kann einen Verhinderungsfall darstellen.[192] Die Hintanstellung der Aufgaben in der Mandatsgesellschaft kann eine Sorgfaltspflichtverletzung sein. Die Erklärung des Vorsitzenden, er sei verhindert, genügt zur Übernahme seiner Rechte und Pflichten durch den Stellvertreter.[193] Es ist nicht erforderlich, dass die Verhinderung im Einvernehmen zwischen Vorsitzendem und Stellvertreter festgestellt wird[194] oder tatsächlich vorliegt.

177 Dogmatisch kommt es freilich auf ein **subjektives Moment** nicht an. Unerheblich ist daher, wenn der Vorsitzende sein Amt nicht ausüben will, obwohl er hierzu in der Lage wäre.[195] Es liegt kein Verhinderungsfall vor. Erklärt er diesen trotzdem, tritt der Vertretungsfall zwar ein (→ Rn. 173 aE), er macht sich aber gegebenenfalls schadensersatzpflichtig. Gleiches gilt, wenn die Verhinderung durch den Vorsitzenden aus sachfremden Erwägungen erklärt wird. Offen ist, ob ein Verhinderungsfall auch bereits dann vorläge, wenn der Vorsitzende und sein Stellvertreter sich aus paritätischen Erwägungen heraus in der Sitzungsleitung abwechseln.[196]

---

[189] Str., wie hier Kölner Komm AktG/*Mertens/Cahn* Rn. 71; für die Rangfolge nach dem Lebensalter *Lutter/Krieger/Verse* Rn. 684.
[190] UHH/*Ulmer/Habersack* MitbestG § 27 Rn. 20.
[191] *Luther/Rosga*, FS Meilicke, 1985, 80 (93).
[192] *Luther/Rosga*, FS Meilicke, 1985, 80 (92).
[193] Kölner Komm AktG/*Mertens/Cahn* Rn. 72.
[194] So aber *Peus* S. 204, der eine Ungewissheit über das Vorliegen des Verhinderungsfalls durch einvernehmliche Feststellung vermeiden will.
[195] K. Schmidt/Lutter/*Drygala* Rn. 24; MHdB AG/*Hoffmann-Becking* § 31 Rn. 23; ErfK/*Oetker* Rn. 6; *v. Schenck* in Semler/v. Schenck AR-HdB § 4 Rn. 29; vgl. zum Begriff der Verhinderung auch Kölner Komm AktG/*Mertens/Cahn* Rn. 72.
[196] Dagegen *Lutter/Krieger/Verse* Rn. 684.

Die Satzung oder die Geschäftsordnung können nur einzelne Beispiele für Verhinderungsfälle angeben; eine abschließende Regelung oder der Ausschluss objektiver Verhinderungsfälle ist nicht zulässig. 178

2. Dauer der Verhinderung. Die Verhinderung des Vorsitzenden muss nicht auf Dauer angelegt sein. Die vorübergehende Verhinderung genügt, wenn die Angelegenheit keinen Aufschub duldet und die Maßnahme vom Vorsitzenden in der ihm zur Verfügung stehenden Zeit nicht selbst erledigt werden kann.[197] Maßgebend ist die Eilbedürftigkeit der zu treffenden Maßnahme. 179

3. Aufgaben des Stellvertreters. Die Aufgaben des **ersten Stellvertreters** bestimmen sich nach den Aufgaben des Aufsichtsratsvorsitzenden. Er übernimmt das Amt des Vorsitzenden im Verhinderungsfall; er bereitet die Aufsichtsratssitzung vor und leitet sie. Allerdings gewährt das **MitbestG** dem ersten Stellvertreter **kein Zweitstimmrecht** (§§ 29 Abs. 2 S. 3, 31 Abs. 4 S. 3). Außerhalb des Verhinderungsfalls hat der Stellvertreter keine hervorgehobene Stellung inne. Es kann ihm daher **kein umfassendes Informationsrecht** gegenüber dem Vorsitzenden zugebilligt werden.[198] 180

Der **weitere Stellvertreter** leitet seine Aufgaben im Verhinderungsfall des ersten Stellvertreters von diesem und nicht vom Aufsichtsratsvorsitzenden ab. Das bedeutet insbesondere, dass ihm bei mitbestimmten Gesellschaften oder wenn die Satzung dies dem ersten Stellvertreter nicht zuerkennt, ebenso wenig ein Zweitstimmrecht zusteht.[199] 181

Die **satzungsmäßigen** Kompetenzen des Vorsitzenden erhält der Stellvertreter dann, wenn eine Auslegung der Satzung dies hergibt. 182

4. Interimsweise Geschäftsführung. Sind weder Vorsitzender noch Stellvertreter bei der Sitzung anwesend, kann der Aufsichtsrat ad hoc einen Sitzungsleiter wählen. Ihm werden nur die mit der Sitzungsleitung zusammenhängenden Aufgaben übertragen. Mangels Rechtsgrundlage kommt ein dem Aufsichtsratsvorsitzenden durch Satzung eingeräumtes Entscheidungsrecht bei Stimmengleichheit für den ad hoc gewählten Sitzungsleiter nicht in Betracht. Er kann die organisationsrechtlichen Befugnisse des Vorsitzenden nicht übernehmen. Ebenfalls nur interimsweise und nicht in der Eigenschaft eines Stellvertreters übernimmt ein Dienst tuender Vorsitzender die ihm durch Satzung oder Geschäftsordnung auferlegten Aufgaben des bisherigen Amtsinhabers bis zur Wahl eines neuen Vorsitzenden. Ihm kommen nicht die Kompetenzen eines gewählten Vorsitzenden zu.[200] 183

IV. Wirksamkeit der Stellvertreterhandlungen

Die rechtsgeschäftlichen Handlungen eines Stellvertreters sind wirksam, wenn der Verhinderungsfall tatsächlich vorlag. Ob sie gegen den Willen des Vorsitzenden erfolgten[201] oder nicht, spielt keine Rolle. Es kommt darauf an, ob die Handlungen durch Gesetz, Satzung oder Plenarbeschluss gedeckt sind. 184

---

[197] Hüffer/*Koch* Rn. 10; Kölner Komm AktG/*Mertens/Cahn* Rn. 72; Grigoleit/*Tomasic* Rn. 18; *Lutter/Krieger/Verse* Rn. 684.
[198] So aber *Peus* S. 205 ff. Wie hier Kölner Komm AktG/*Mertens/Cahn* Rn. 70, denen zufolge eine institutionelle Aufwertung des Stellvertreteramts nicht in Betracht kommt.
[199] UHH/*Ulmer/Habersack* MitbestG § 27 Rn. 20; *Fitting/Wlotzke/Wißmann* MitbestG § 29 Rn. 20; *Martens* DB 1980, 1381 (1386); *Schaub* ZGR 1977, 293 (296); *Wank* AG 1980, 148 (152); aA *Canaris* DB 1981, Beil. Nr. 14, S. 1 (12 f.); *Westermann*, FS Robert Fischer, 1979, 835 (844 f.).
[200] Kölner Komm AktG/*Mertens/Cahn* Rn. 17 und 75.
[201] Kölner Komm AktG/*Mertens/Cahn* Rn. 73; aA *Peus* S. 203, demzufolge es für die Beurteilung der Wirksamkeit rechtsgeschäftlicher Stellvertreterhandlungen nur auf das Vorliegen der tatsächlichen Verhinderung ankommt.

G. Sitzungsniederschriften (Abs. 2)

I. Allgemeines (Abs. 2 S. 1)

185 Das Gesetz (Abs. 2 S. 1) gibt vor, dass über die Sitzung des Aufsichtsrats eine Niederschrift zu erstellen ist. Dies gilt auch für die erste Sitzung des ersten Aufsichtsrats[202] und ebenso für die Sitzungen der Aufsichtsratsausschüsse.[203] Der Vorsitzende trägt Sorge für die rasche Protokollerstellung und Verteilung.[204] Er muss die Niederschrift aber nicht selbst fertigen, sondern kann einen Protokollführer hinzuziehen.[205] Die Satzung kann ihn aber nicht von der Verpflichtung zur Anfertigung und Unterzeichnung der Sitzungsniederschrift befreien.

186 Die unterzeichnete Niederschrift ist **Beweisurkunde** und hat als solche **Beweisfunktion**.[206] Die Richtigkeit und Vollständigkeit der darin enthaltenen Angaben wird vermutet.[207] Anders als die notarielle Niederschrift von Hauptversammlungsbeschlüssen (§ 130) hat die Sitzungsniederschrift keine konstitutive Wirkung für den Inhalt von Aufsichtsratsbeschlüssen. Sie muss weder verlesen noch genehmigt werden.

II. Hinzuziehung eines Protokollführers

187 Der Vorsitzende kann eine andere Person zur Protokollführung bestimmen. Hierzu bedarf es weder einer Regelung in der Satzung noch in der Geschäftsordnung. Der Aufsichtsrat kann sich über die Entscheidung des Vorsitzenden nur ausnahmsweise hinwegsetzen und einen anderen Protokollführer ernennen. Dies folgt aus der Verantwortungszuweisung an den Aufsichtsratsvorsitzenden durch Abs. 1 S. 1 letzter Halbs. Der Vorstand ist nicht betroffen, da es sich bei der Hinzuziehung eines Protokollführers um eine Angelegenheit der inneren Ordnung des Aufsichtsrats handelt; er hat deshalb kein Widerspruchsrecht.[208] Gehört der Protokollführer weder dem Vorstand noch dem Aufsichtsrat an, kann er nur tätig werden, wenn kein Aufsichtsratsmitglied seiner Hinzuziehung widerspricht.[209]

188 Der Aufsichtsratsvorsitzende verpflichtet den Protokollführer zur **Vertraulichkeit**. Er ist letztlich nur Schreibhilfe des Aufsichtsratsvorsitzenden, dem die Protokollverantwortung verbleibt, was das Gesetz durch das Unterschrifterfordernis aus Abs. 1 unterstreicht. Der Sitzungsleiter bestimmt daher, welchen Inhalt die Niederschrift hat, wenn es zu Differenzen mit dem Protokollführer kommt.[210]

189 Das Gesetz (Abs. 2) überträgt dem Vorsitzenden die Verantwortung zur Erstellung der Sitzungsniederschrift. Hat der Vorsitzende keinen Protokollführer hinzugezogen und wurde auch sonst niemand durch den Aufsichtsrat zur Protokollführung bestimmt, obliegt die

---

[202] Vgl. MüKoAktG/*Habersack* Rn. 75.
[203] Kölner Komm AktG/*Mertens/Cahn* Rn. 77.
[204] Vgl. MüKoAktG/*Habersack* Rn. 76.
[205] Vgl. MüKoAktG/*Habersack* Rn. 76.
[206] Hüffer/*Koch* Rn. 15; Kölner Komm AktG/*Mertens/Cahn* Rn. 85; ErfK/*Oetker* Rn. 7.
[207] *v. Schenck* in Semler/v. Schenck AR-HdB § 5 Rn. 162. Teilweise aA Kölner Komm AktG/*Mertens/Cahn* Rn. 85, denen zufolge diese Vermutung nur eintritt, wenn dem Protokoll keine offensichtlichen Mängel anhaften.
[208] MüKoAktG/*Habersack* Rn. 76.
[209] Kölner Komm AktG/*Mertens/Cahn* Rn. 80; ErfK/*Oetker* Rn. 7; aA *Brinkschmidt*, Protokolle des Aufsichtsrats und seiner Ausschüsse, 1992, 51 f.; nach Großkomm AktG/*Hopt/Roth* Rn. 175 bedarf es eines abweichenden Aufsichtsratsbeschlusses, da es sich um eine verfahrensleitende Handlung des Vorsitzenden handelt; *Peus* S. 132 zufolge dürfen Hilfskräfte die Schreibarbeit erledigen, wenn sie nach den Regeln über die Anwesenheit von Nicht-Aufsichtsratsmitgliedern an der Sitzung teilnehmen dürfen. Teilweise aA MHdB AG/*Hoffmann-Becking* § 31 Rn. 51, demzufolge der Widerspruch eines einzelnen Mitglieds nicht genügt, sondern der Aufsichtsrat insgesamt widersprechen muss; UHH/*Ulmer/Habersack* MitbestG § 25 Rn. 23; *Hoffmann/Lehmann/Weinmann* MitbestG § 25 Rn. 16; *Kindl* S. 40.
[210] MHdB AG/*Hoffmann-Becking* § 31 Rn. 101; Kölner Komm AktG/*Mertens/Cahn* Rn. 80.

III. Form

Das Gesetz stellt keine strengen Formerfordernisse an die Sitzungsniederschrift. Die einfache Schriftform ist ausreichend, ebenso die nach § 126a BGB gleichwertige elektronische Form.[212] Widerspricht kein Aufsichtsratsmitglied, kann das Protokoll meist auch in einer Fremdsprache erstellt werden.[213] Etwas anderes gilt, wenn es Grundlage für Handelsregisteränderungen ist, da Gerichtssprache deutsch (§ 184 S. 1 GVG) ist. Zur Unterstützung bei der Endredaktion und zu Beweiszwecken könnte zwar bei Einverständnis aller teilnehmenden Aufsichtsratsmitglieder ein Mitschnitt gemacht werden. Das wäre aber nicht nur unüblich, sondern m. E. auch kontraproduktiv, weil hierdurch im Zweifel die Offenheit der Aussprache deutlich gehemmt würde.

190

IV. Unterschrift

Das Gesetz stellt die Verpflichtung des Vorsitzenden zur Unterschrift klar. Die Protokollunterzeichnung durch den Protokollführer ist weder erforderlich,[214] noch sollte sie erfolgen (→ Rn. 185 und 188). Satzung oder Geschäftsordnung können seine Unterschrift verlangen, was aber selten vorkommen dürfte. Ist der Vorsitzende oder sein Stellvertreter nicht anwesend, obliegen die Anfertigung und die Unterzeichnung der Niederschrift dem Sitzungsleiter, der die Verantwortung für die Richtigkeit und Vollständigkeit des Protokolls trägt.[215]

191

V. Inhalt (Abs. 2 S. 2)

Das Gesetz (Abs. 2 S. 2) bezeichnet den **Mindestinhalt** einer Sitzungsniederschrift. Über den gesetzlichen Mindestinhalt hinaus bestimmt der Vorsitzende bzw. der jeweilige Sitzungsleiter den weiteren Protokollinhalt.[216] **Tag, Ort** und **Teilnehmer der Sitzung,** die **Gegenstände der Tagesordnung,** der **wesentliche Verhandlungsinhalt** sowie die **gefassten Aufsichtsratsbeschlüsse müssen** bezeichnet werden.

192

1. Wesentlicher Verhandlungsinhalt. Das Gesetz verlangt keine detaillierte Wiedergabe jedes einzelnen Diskussionsbeitrags. Es genügt die Wiedergabe des wesentlichen Inhalts der Verhandlungen. Wesentlich ist, was den Beschlussinhalt verständlich macht. Anderes gilt nur dann, wenn ein Aufsichtsratsmitglied einem Beschluss **widerspricht** (vgl. → Rn. 195 f.). Oft wird ein sog. **Ergebnisprotokoll** erstellt, in dem die Diskussionen der Mitglieder und die wesentlichen Eckpunkte der Ausführungen des Vorstands zusammengefasst werden.[217] Ein Ergebnisprotokoll, das nur die gefassten Beschlüsse wiedergibt, entspricht nicht den gesetzlichen Vorgaben. Es genügt für die Vollständigkeit der Niederschrift, wenn die dem Aufsichtsrat vorgelegten Sitzungsunterlagen aufgeführt werden. Ihre Beifügung ist nicht unbedingt erforderlich. Enthält der Beschluss (nicht nur dessen Begründung oder die Wiedergabe der Debatte) eine Bezugnahme auf bestimmte Unterlagen, sind diese der Niederschrift beizufü-

193

---

[211] Hüffer/Koch Rn. 13.
[212] Großkomm AktG/Hopt/Roth Rn. 179; Kölner Komm AktG/Mertens/Cahn Rn. 84; Siebel/v. Schenck in Semler/v. Schenck AR-HdB § 5 Rn. 138.
[213] Kölner Komm AktG/Mertens/Cahn Rn. 84; Brinkschmidt, Protokolle des Aufsichtsrats und seiner Ausschüsse, 1992, 45; Siebel/v. Schenck in Semler/v. Schenck AR-HdB § 5 Rn. 139 mit dem Hinweis, dass eine deutsche Übersetzung angefertigt und vom Vorsitzenden unterschrieben werden sollte, wenn nicht alle Aufsichtsratsmitglieder die jeweilige Fremdsprache beherrschen.
[214] Kölner Komm AktG/Mertens/Cahn Rn. 82; Hüffer/Koch Rn. 13; Brinkschmidt, Protokolle des Aufsichtsrats und seiner Ausschüsse, 1992, 94 (95 f.).
[215] Kölner Komm AktG/Mertens/Cahn Rn. 82; MHdB AG/Hoffmann-Becking § 31 Rn. 101; Brinkschmidt, Protokolle des Aufsichtsrats und seiner Ausschüsse, 1992, 90 (91, 117 f.).
[216] Hoffmann/Preu Der Aufsichtsrat Rn. 425.
[217] Kölner Komm AktG/Mertens/Cahn Rn. 78.

gen sind,[218] damit in der Niederschrift der gefasste Beschluss vollumfänglich ersichtlich protokolliert ist.In den übrigen Fällen, kann die Beifügung von Unterlagen geschehen, muss es aber nicht. Sie kann sich aber zu Beweiszwecken empfehlen, etwa um die Vraussetzungen der Business Judgement Rule zu belegen.

194 **a) Dokumentation des Widerspruchs.** Widerspricht ein Aufsichtsratsmitglied und will es seine abweichende Auffassung aus haftungsrechtlichen Erwägungen mit Namensangabe protokolliert haben, hat es einen Anspruch darauf, seinen Widerspruch oder sein Abstimmungsverhalten in das Protokoll aufzunehmen. Es sichert sich auf diese Weise gegen einen eventuellen Schadensersatzanspruch ab.[219]

195 **b) Abgabe eigener Erklärungen.** Das Aufsichtsratsmitglied kann in der Sitzung **eigene Erklärungen** zu Protokoll geben,[220] die Widersprüche zu einem gefassten Beschluss oder einen eigenen Antrag betreffen. Auf Antrag müssen auch Stellungnahmen in das Protokoll aufgenommen werden. Das tatsächlich Gesagte muss in der Niederschrift festgehalten werden und nicht das, was das Aufsichtsratsmitglied sagen wollte.

196 In der Niederschrift zutreffend wiedergegebene tatsächliche Erklärungen können nicht formlos berichtigt werden.

197 **c) Kein Verzicht auf die Wiedergabe des wesentlichen Verhandlungsinhalts.** Reine Beschlussprotokolle genügen nicht. Ein Verzicht auf die Wiedergabe des wesentlichen Verhandlungsinhalts ist nicht möglich. Der Sitzungsniederschrift kommt als Beweisurkunde eine Beweisfunktion zu. Der Protokollführer muss alle rechtlich relevanten Vorgänge zur Niederschrift nehmen. Dies betrifft insbesondere die Fälle des § 93 Abs. 1 S. 2, in denen es gilt, die Voraussetzungen der Business Judgement Rule[221] im Protokoll festzuhalten. Tut der Protokollführer dies nicht, macht er sich möglicherweise gegenüber den anderen Aufsichtsratsmitgliedern schadensersatzpflichtig, wenn das Fehlen einen Schaden begründet.[222]

198 **2. Angabe der gefassten Aufsichtsratsbeschlüsse.** Das Gesetz (Abs. 2 S. 2) verlangt die Angabe der gefassten **Aufsichtsratsbeschlüsse** in der Niederschrift. Zu Beweiszwecken müssen in jedem Fall Beschlüsse und möglichst auch die Beschlussanträge wortwörtlich im Protokoll festgehalten werden.[223] Entsprechendes gilt für das Abstimmungsergebnis,[224] vor allem dann, wenn keine Einigkeit herrscht.

199 Zur **Angabe des Stimmverhaltens** gilt Folgendes: Der Vorsitzende bzw. der jeweilige Sitzungsleiter kann festlegen, dass bei offenen Abstimmungen die ablehnenden und befürwortenden Stimmabgaben sowie die Enthaltungen und ggf. die Nichtstimmabgaben mit Namen angegeben werden. Bei geheimen Abstimmungen kann das einzelne Mitglied wegen eventueller haftungsrechtlicher Konsequenzen verlangen, dass seine Stimmabgabe in das Protokoll aufgenommen wird. Bei gemischten Beschlussfassungen wird die nachträglich abgegebene Stimme in das Protokoll genommen.

200 Bei Diskrepanzen zwischen dem festgestellten und dem tatsächlichen Ergebnis zählt das Erstgenannte.

---

[218] So auch *Lutter/Krieger/Verse* Rn. 708; **aA** *Bürgers/Körber/Bürgers/Israel* Rn. 15; Kölner Komm AktG/*Mertens/Cahn* Rn. 78.
[219] Vgl. §§ 116, 93; vgl. auch Kölner Komm AktG/*Mertens/Cahn* Rn. 79; MHdB AG/*Hoffmann-Becking* § 31 Rn. 100.
[220] OLG München ZIP 1981, 293 (295); Bürgers/Körber/*Bürgers/Israel* Rn. 15; Kölner Komm AktG/*Mertens/Cahn* Rn. 79; *Brinkschmidt*, Protokolle des Aufsichtsrats und seiner Ausschüsse, 1992, 62 ff.; aA *Lutter/Krieger/Verse* Rn. 709; *Hoffmann/Preu* Der Aufsichtsrat Rn. 426.
[221] Näher zur Business Judgement Rule *Seibert/Schütz* ZIP 2002, 252 (254); *P. Doralt/W. Doralt* in Semler/v. Schenck AR-HdB § 14 Rn. 100 ff.; *Schima*, Insolvenzforum 2011, S. 131, 138 ff.
[222] OLG München ZIP 1981, 293 (294).
[223] Kölner Komm AktG/*Mertens/Cahn* Rn. 78; *Brinkschmidt*, Protokolle des Aufsichtsrats und seiner Ausschüsse, 1992, 71 f.
[224] Kölner Komm AktG/*Mertens/Cahn* Rn. 78; *Brinkschmidt*, Protokolle des Aufsichtsrats und seiner Ausschüsse, 1992, 75 verlangt zudem eine namentliche Aufschlüsselung. Diese ist nur dann geboten, wenn ein Aufsichtsratsmitglied dies aus haftungsrechtlichen Erwägungen verlangt. Vgl. zur geheimen Abstimmung → § 108 Rn. 107.

VI. Verstoß gegen Form oder Inhalt (Abs. 2 S. 3)

Es gilt der Grundsatz, dass die Ordnungsmäßigkeit der Niederschrift keinen Einfluss auf die Wirksamkeit eines Aufsichtsratsbeschlusses hat.[225] Ohne die **Unterschrift** des Vorsitzenden liegt kein wirksames Sitzungsprotokoll, sondern lediglich ein Entwurf vor.[226] Davon unabhängig wird der einmal gefasste Beschluss in seiner Wirksamkeit nicht durch die fehlende Unterzeichnung des Protokolls beeinträchtigt. Dies gilt auch für die ganz unterlassene Ausfertigung einer den gesetzlichen Anforderungen entsprechenden Niederschrift.[227] Offensichtliche Unrichtigkeiten im Protokoll kann der Vorsitzende formlos berichtigen.[228] 201

Der fehlende Mindestinhalt wirkt sich nicht auf die Bestandskraft des Beschlusses aus (Abs. 2 S. 3). 202

Unterlässt der Vorsitzende die **Anfertigung** der Niederschrift **ganz,** fehlt der sichere Nachweis über die gefassten Beschlüsse. Der Vorsitzende setzt sich damit der Geltendmachung von Schadensersatzansprüchen aus.[229] 203

VII. Berichtigung der Niederschrift

Eine Berichtigung der Niederschrift sieht das Gesetz nicht vor. Sie ist aber möglich. Die Entscheidung über den Widerspruch oder über den Berichtigungsantrag eines Aufsichtsratsmitglieds obliegt dem Vorsitzenden bzw. dem Sitzungsleiter, denn er ist für die inhaltliche Richtigkeit verantwortlich.[230] Bei seiner Entscheidung kann er die Meinungen der anderen Plenums- oder Ausschussmitglieder beachten. Er kann, muss aber Widersprüche oder Berichtigungsanträge, die erst nach der folgenden Sitzung gestellt werden, nicht mehr berücksichtigen.[231] 204

Die Satzung oder die Geschäftsordnung kann regeln, dass eine Sitzungsniederschrift als **genehmigt** gilt, wenn keines der bei der Sitzung anwesenden Aufsichtsratsmitglieder nach Erhalt der Abschrift innerhalb einer bestimmten Frist schriftlich widerspricht. Dies ist für die Beweisfunktion des Protokolls wichtig. Einem nachträglichen Widerspruch kann durch wörtliche Protokollierung und Verlesung des Beschlusses sowie Unterzeichnung durch den Vorsitzenden begegnet werden.[232] 205

Hat der Vorsitzende eine wesentliche Berichtigung vorgenommen, muss allen Aufsichtsratsmitgliedern hiervon Mitteilung gemacht werden.[233] 206

VIII. Erteilung von Abschriften (Abs. 2 S. 4)

Das Gesetz regelt die Erteilung von Abschriften an die Aufsichtsratsmitglieder. 207

1. Anspruch auf Erteilung von Abschriften. Die Vorschrift sieht eine Erteilung von Abschriften **nur auf Verlangen** eines Aufsichtsratsmitglieds vor. Der Vorsitzende wird jedoch üblicherweise auch ohne ein entsprechendes Verlangen jedem Aufsichtsratsmitglied von sich aus eine Abschrift zukommen lassen.[234] Das Aufsichtsratsmitglied braucht sich mit bloßer Einsichtnahme nicht zufrieden zu geben.[235] 208

---

[225] Vgl. AG Ingolstadt AG 2002, 111; K. Schmidt/Lutter/*Drygala* Rn. 28 mwN.
[226] MüKoAktG/*Habersack* Rn. 78.
[227] *Peus* S. 52.
[228] Großkomm AktG/*Hopt/Roth* Rn. 188; *Seipp* NJW 1954, 1833.
[229] §§ 116, 93; *Baumbach/Hueck* Rn. 11; vgl. auch *Brinkschmidt*, Protokolle des Aufsichtsrats und seiner Ausschüsse, 1992, 117 f.
[230] Vgl. OLG München ZIP 1981, 293 (2949; *Seipp* NJW 1954, 1833.
[231] Kölner Komm AktG/*Mertens/Cahn* Rn. 83.
[232] MHdB AG/*Hoffmann-Becking* § 31 Rn. 104; Kölner Komm AktG/*Mertens/Cahn* Rn. 83.
[233] Kölner Komm AktG/*Mertens/Cahn* Rn. 88.
[234] MüKoAktG/*Habersack* Rn. 86.
[235] Bürgers/Körber/*Bürgers/Israel* Rn. 16; Hüffer/*Koch* Rn. 16.

209 Der Anspruch auf Erteilung einer Abschrift besteht auch für die Niederschriften von **Ausschusssitzungen**. Er ist unabhängig davon, ob das Aufsichtsratsmitglied dem jeweiligen Ausschuss angehört.[236]

210 Die Satzung kann bestimmen, dass jedes – auch das bei der Sitzung abwesende – Aufsichtsratsmitglied eine solche Abschrift erhält. Der **Vorstand** sollte ebenfalls eine Abschrift bekommen, es sei denn, der Aufsichtsrat hat in Einzelfällen ein Interesse daran, die Vertraulichkeit der Sitzungsniederschrift gegenüber dem Vorstand zu wahren.[237]

211 2. **Einschränkungen.** Der Anspruch auf Erteilung einer Abschrift gilt **nicht unbeschränkt**. Das von der Aufsichtsrats- oder Ausschusssitzung **ausgeschlossene Mitglied** verliert seinen Anspruch, wenn die Abschrifterteilung dem Grund des Ausschlusses zuwider laufen würde.[238]

212 Der Anspruch des Aufsichtsratsmitglieds auf Erteilung von Abschriften ist **zeitlich begrenzt**. Er gilt nur für solche Sitzungen, die während seiner Mitgliedschaft im Aufsichtsrat stattfinden. Die Vorschrift betrifft nicht die Sitzungen, die vor oder nach seiner Mitgliedschaft im Aufsichtsrat abgehalten werden.[239] Es kann nur Einsicht verlangen, nicht aber die Erteilung einer Abschrift. In Schikane- oder Mißbrauchsfällen besteht auch kein Einsichtsrecht.

213 Der Anspruch auf Erteilung einer Abschrift ist mit Übermittlung der Abschrift **erfüllt** und erlischt. Das Aufsichtsratsmitglied kann eine erneute Erteilung – ohne besondere Begründung (zB Verlust durch Brand) – nicht verlangen.[240]

214 3. **Durchsetzung des Anspruch.** Das Aufsichtsratsmitglied kann seinen gesetzlichen Anspruch notfalls gerichtlich durchsetzen. Es gelten die Grundsätze über den sog. Organstreit.[241] Klagegegner ist die Gesellschaft, vertreten durch den Vorstand.[242]

IX. Regelungsspielraum für Geschäftsordnung und Satzung

215 Weder die Geschäftsordnung noch die Satzung können geringere als die gesetzlichen Voraussetzungen für die Erstellung der Sitzungsniederschrift festlegen. Sie können aber die gesetzlichen Voraussetzungen ausfüllen und strengere Anforderungen schaffen.[243] Die Satzung kann beispielsweise Fristen vorgeben, innerhalb derer Änderungs- und Ergänzungsvorschläge zu der Sitzungsniederschrift eingebracht werden müssen.

X. Protokollierung bei Beschlussfassung ohne Sitzung

216 Das Gesetz sieht für Beschlussfassungen des Aufsichtsrats ohne Sitzung nicht ausdrücklich eine Protokollierung vor. Die Erstellung eines Protokolls ist aber für schriftliche, fernmündliche oder andere vergleichbare Formen der Beschlussfassung des Aufsichtsrats (§ 108 Abs. 4) in entsprechender Anwendung der Vorschrift (Abs. 2) geboten,[244] um den Gesetzes-

---

[236] Kölner Komm AktG/*Mertens/Cahn* Rn. 86.
[237] Kölner Komm AktG/*Mertens/Cahn* Rn. 89; *Brinkschmidt,* Protokolle des Aufsichtsrats und seiner Ausschüsse, 1992, 131 f.
[238] Kölner Komm AktG/*Mertens/Cahn* Rn. 86; *Brinkschmidt,* Protokolle des Aufsichtsrats und seiner Ausschüsse, 1992, 128.
[239] *Brinkschmidt,* Protokolle des Aufsichtsrats und seiner Ausschüsse, 1992, 126.
[240] Kölner Komm AktG/*Mertens/Cahn* Rn. 87; *Brinkschmidt,* Protokolle des Aufsichtsrats und seiner Ausschüsse, 1992, 125 f.
[241] Vgl. zur Zulässigkeit MüKoAktG/*Spindler* Vor § 76 Rn. 50 f. mwN.
[242] Kölner Komm AktG/*Mertens/Cahn* Rn. 86; *Siebel/v. Schenck* in Semler/v. Schenck AR-HdB § 5 Rn. 143; *Peus* ZGR 1987, 545 (546 ff.).
[243] Kölner Komm AktG/*Mertens/Cahn* Rn. 91; *Brinkschmidt,* Protokolle des Aufsichtsrats und seiner Ausschüsse, 1992, 142 ff.
[244] Kölner Komm AktG/*Mertens/Cahn* Rn. 90; MHdB AG/*Hoffmann-Becking* § 31 Rn. 105; Lutter/Krieger/*Verse* Rn. 707; teilweise aA UHH/*Ulmer/Habersack* MitbestG § 25 Rn. 23 sowie *Hoffmann/Lehmann/Weinmann* MitbestG § 25 Rn. 15, die auf die Erstellung eines Protokolls verzichten, wenn sich die notwendigen Daten wie Abstimmungsergebnis und Beschlussgegenstand aus anderen Dokumenten ergeben.

zweck zu erschöpfen. Bei telefonischer Abstimmung sollte der Vorsitzende stets eine Niederschrift anfertigen und unterschreiben.

Bei telefonischer Abstimmung sollte der Vorsitzende stets eine Niederschrift anfertigen und unterschreiben.[245] Erfolgt die telefonische Abstimmung in Konferenzschaltung, kann nach einem entsprechenden Hinweis der Protokollführer zum Mithören hinzugezogen werden. Eine Abschrift der Beschlussfeststellung sollte allen Aufsichtsratsmitgliedern zugehen.

XI. Verwahrung der Sitzungsniederschriften, vertrauliche Behandlung

Dem Aufsichtsratsvorsitzenden obliegt besondere Verantwortung für die Verwahrung der Sitzungsniederschriften des Aufsichtsrats und seiner Ausschüsse.[246] Verwahrt der Vorsitzende die Protokolle selbst, ist er Besitzdiener für die Gesellschaft. Eine Verwahrung durch den Vorstand ist zulässig und üblich. Die Verfügbarkeit und der Zugriff auf die Niederschriften werden dadurch erleichtert.[247] Anteilseigner- und Arbeitnehmervertreter müssen die Protokolle **vertraulich** behandeln. Sitzungsniederschriften sind unter Verschluss zu halten. Nichtberechtigte Personen dürfen auch nicht auszugsweise Kenntnis von ihrem Inhalt erlangen.[248]

XII. Vorlage von Niederschriften, Beschlagnahme

Sitzungsniederschriften müssen unter bestimmten Voraussetzungen berechtigten Personen und Organen sowie gesellschaftsfremden Dritten wie Behörden zugänglich gemacht werden.

1. Vorlagepflicht. Eine Vorlagepflicht besteht gegenüber **Abschlussprüfern** der Gesellschaft und gegenüber **Finanz- und Aufsichtsbehörden.**[249] Dem **Vorstand** sind Sitzungsniederschriften vorzulegen, wenn keine besonderen Interessen entgegenstehen.

Die **Vorlagepflicht** besteht **nicht uneingeschränkt** für alle Sitzungsniederschriften; eine en bloc-Vorlage aller Aufsichtsratsprotokolle kommt der Rechtsprechung[250] zufolge im Allgemeinen nicht in Betracht. Den Abschlussprüfern müssen nur solche Aufsichtsratsprotokolle vorgelegt werden, die für den Prüfungszweck unerlässlich sind. Die Finanzbehörde muss ein begründetes Interesse an der Vorlage der Protokolle haben. Die en bloc Vorlage kann erforderlich sein, wenn begründeter Anlass zu der Annahme besteht, dass der Protokollinhalt Angaben zur Festsetzung der Steuer enthält und die Vorlage aller Protokolle die Verkürzung von Steuereinnahmen verhindern kann.[251] Dies ist im Rahmen der steuerlichen Buch- und Betriebsprüfung für solche Protokolle gegeben, die steuerlich relevante Sachverhalte zum Inhalt haben. Versichert der Aufsichtsratsvorsitzende (und nicht der Vorstand) als gesetzlicher Vertreter[252] der Finanzbehörde glaubhaft, dass bestimmte Niederschriften in keinem Zusammenhang mit der steuerlichen Buch- und Betriebsprüfung stehen, fallen diese Protokolle nicht unter die Vorlagepflicht. Selbst wenn an der Versicherung begründete

---

[245] Großkomm AktG/*Hopt*/*Roth* Rn. 174; *Hoffmann*/*Preu* Der Aufsichtsrat Rn. 427.
[246] Kölner Komm AktG/*Mertens*/*Cahn* Rn. 94; aA bzgl. der Verwahrung von Niederschriften der Ausschüsse *Peus* ZGR 1987, 545 (548), demzufolge der Vorsitzende des Ausschusses für die Verwahrung verantwortlich ist und nicht der Vorsitzende des Aufsichtsrats; ebenso *Rellermeyer*, Aufsichtsratsausschüsse, 1986, 190 f.
[247] Zur Herausgabepflicht eines Aufsichtsratsmitglieds nach Ausscheiden aus der Gesellschaft entsprechend dem Grundgedanken der §§ 666 f. BGB vgl. BGH DStR 2008, 2075.
[248] MüKoAktG/*Habersack* § 107 Rn. 89.
[249] § 44c Abs. 1 KWG, vgl. dazu *Lindemann* in Boos/Fischer/Schulte-Mattler KWG § 44c Rn. 30 f.; VAG § 83 Abs. 1.
[250] BFHE 92, 354 (359) im Anschluss an die Entscheidung des Großen Senats BFHE 91, 351 (357).
[251] *Mattern* BB 1968, 921 (923); *Hanke* BB 1968, 163 (165).
[252] *Brinkschmidt*, Protokolle des Aufsichtsrats und seiner Ausschüsse, 1992, 138; *Peus* S. 180 Fn. 85; *ders*. ZGR 1987, 545 (550 f.).

Zweifel bestehen, muss der Prüfer zunächst Einsicht in die Tagesordnung nehmen. Erst danach besteht ggf. eine Vorlagepflicht des betreffenden Protokolls.[253]

222 **2. Beschlagnahme durch parlamentarischen Untersuchungsausschuss.** Die Sitzungsniederschriften können als **Beweismittel** in einem Strafverfahren von Bedeutung sein. Sie sind keine beschlagnahmefreien Gegenstände im Sinne der strafprozessualen Vorschrift (s. § 97 StPO). Werden sie nicht freiwillig herausgegeben, können sie unter Wahrung des **Verhältnismäßigkeitsgrundsatzes** beschlagnahmt werden.[254] Ein **parlamentarischer Untersuchungsausschuss** kann nach strafprozessualen Vorschriften die **Beschlagnahme** beantragen, wie dies zum ersten Mal im Fall „Neue Heimat" geschehen ist. Voraussetzung ist allerdings, dass die Gesellschaft mit einer staatlichen Maßnahme (wie steuerlicher Begünstigung oder staatlicher Förderung) in Verbindung gebracht wird und der Untersuchungsausschuss zur Aufdeckung von Missständen berufen worden ist.[255]

223 **3. Vorlage- bzw. Beschlagnahmegegenstand.** Sowohl bei den vorlagepflichtigen als auch den Beschlagnahmegegenständen besteht Unsicherheit bzgl. des zulässigen Vorlage- bzw. Beschlagnahmeumfangs.[256] Es dürfen nur solche Protokolle beschlagnahmt werden, die für die Untersuchung von **Bedeutung** sind. Dem BVerfG[257] zufolge sind Unterlagen, die grundrechtlich geschützte Daten enthalten und nur teilweise potenziell beweisgeeignet sind, vorläufig zu beschlagnahmen. Eine endgültige Entscheidung über die Beschlagnahme soll erst getroffen werden, wenn das zuständige Gericht eine Einzelfallprüfung zur potenziellen Beweiserheblichkeit vorgenommen hat. Das BVerfG hat sich allerdings nicht zu der Frage geäußert, auf Grund welcher Norm eine vorläufige Beschlagnahme zulässig sein kann.

224 Die Strafverfolgungsbehörden verfügen damit über eine wohl weitergehende Einsichtnahmemöglichkeit als die Finanzbehörden. Die Strafverfolgungsbehörden sind jedoch an ihren Untersuchungsauftrag gebunden und müssen das Interesse der Gesellschaft an der **Vertraulichkeit** der Niederschriften beachten.[258]

225 **4. Adressat.** Die Gesellschaft – vertreten durch den Vorstand – bleibt Adressatin des Herausgabeverlangens oder einer Beschlagnahmeverfügung.[259] Der Vorsitzende ist in Beschlagnahmeverfahren selbst Betroffener. Er kann selbst Anträge auf gerichtliche Entscheidung stellen.

226 **5. Vorlage im Zivilrechtsstreit.** In Zivilrechtsstreitigkeiten kann sich die Frage ergeben, ob ein Aktionär, der sich im Rechtsstreit gegen einen Mitaktionär oder in einem Verfahren gegen die Gesellschaft zum Beweis einer Tatsache auf die Niederschrift berufen möchte, deren Vorlage im Prozess verlangen oder aber im Vorfeld eines Prozesses Einsicht in diese oder die Erteilung einer Abschrift vom Vorstand verlangen kann.

227 Eine Verpflichtung zur Vorlage einer solchen Urkunde im Prozess bzw. zur Herausgabe bestünde nur, wenn der Aktionär einen aktienrechtlichen Anspruch aus § 131 oder einen bürgerlich-rechtlichen Anspruch auf Vorlage bzw. Herausgabe hätte (vgl. § 422 ZPO). Ein solcher besteht jedoch nicht. Der Anspruch auf Erteilung von Abschriften kommt allein den

---

[253] BFHE 92, 354 (359) im Anschluss an die Entscheidung des Großen Senats BFHE 91, 351 (357); Kölner Komm AktG/*Mertens/Cahn* Rn. 92; *Mattern* BB 1968, 921 (924 f.); *Brinkschmidt*, Protokolle des Aufsichtsrats und seiner Ausschüsse, 1992, 137 f.
[254] §§ 94 ff. StPO. BVerfGE 77, 1 (55) = NJW 1988, 890 ff.; LG Frankfurt NJW 1987, 787 ff. (Beschlagnahme durch einen Untersuchungsausschuss des Deutschen Bundestags); Kölner Komm AktG/*Mertens/Cahn* Rn. 93; *Brinkschmidt*, Protokolle des Aufsichtsrats und seiner Ausschüsse, 1992, 138 f.; *Peus* ZGR 1987, 545 (549 ff.); *Tipke* StBp. 1968, 1 (3 f.).
[255] BVerfGE 77, 1 (43 ff.) = NJW 1988, 890 (892); Kölner Komm AktG/*Mertens/Cahn* Rn. 93.
[256] Vgl. *Tipke* StBp 1968, 1 ff.; *Bellstedt* FR 1968, 401; *Mattern* DB 1968, 921 ff.
[257] BVerfGE 77, 1 (55) = NJW 1988, 890 ff.; dem folgend Kölner Komm AktG/*Mertens/Cahn* Rn. 93.
[258] *Brinkschmidt*, Protokolle des Aufsichtsrats und seiner Ausschüsse, 1992, 138 f.
[259] Kölner Komm AktG/*Mertens/Cahn* Rn. 94; *Hüffer/Koch* Rn. 17; aA *Brinkschmidt*, Protokolle des Aufsichtsrats und seiner Ausschüsse, 1992, 138; *Peus* ZGR 1987, 545 (550), die den Aufsichtsratsvorsitzenden als Adressat sehen.

Aufsichtsratsmitgliedern zu. Eine Anspruchsgrundlage, auf die ein Aktionär sich berufen könnte, ist nicht ersichtlich. Insbesondere bezieht sich der Auskunftsanspruch der Aktionäre in der Hauptversammlung (§ 131 Abs. 1 AktG) nicht auf Interna des Aufsichtsrats und kann gegen diesen nicht geltend gemacht werden. Der Aufsichtsrat ist den Aktionären nicht auskunftsverpflichtet, denn der Aufsichtsrat ist für effektive Wahrnehmung seiner Aufgaben auf Vertraulichkeit angewiesen. Diese Vertraulichkeit erlaubt es nicht, dass Auffassungen, Überlegungen und Motive einzelner Aufsichtsratsmitglieder als „Angelegenheiten der Gesellschaft" einzustufen und als solche offen zu legen sind.[260]

Vielmehr erfasst die Verschwiegenheitspflicht der Verwaltungsmitglieder (§ 116 Abs. 1 S. 2 AktG) die Entscheidungsfindung im Aufsichtsrat. Sitzungsniederschriften sind daher vertraulich.[261] Die Wahrung der Vertraulichkeit darf auch nicht umgangen werden, indem ein Aktionär vom Vorstand Einsicht in die von diesem verwahrten Sitzungsniederschriften verlangen kann. **228**

H. Ausschüsse des Aufsichtsrats (Abs. 3)

I. Zulässigkeit

Die Vorschrift (Abs. 3 S. 1) ermächtigt den Aufsichtsrat zur Bildung von Ausschüssen und zwar namentlich zur **Vorbereitung** von Verhandlungen und Beschlüssen sowie zur **Überwachung der Ausführung** von Beschlüssen. Aus der Vorschrift (Abs. 3 S. 3) geht hervor, dass darüber hinaus auch **erledigende** Ausschüsse mit Beschlusskompetenz gebildet werden dürfen. Ausschüsse können als Dauerausschüsse oder ad hoc zur Erledigung einer bestimmten Aufgabe gebildet werden (hierzu → Rn. 247 ff.). **229**

Die Regelung ist **abschließend.** Allein der Aufsichtsrat hat die Kompetenz, über Bildung, Besetzung und Größe der Ausschüsse zu entscheiden.[262] Abgesehen von dem in dem MitbestG (§ 27 Abs. 3 MitbestG) zwingend vorgesehenen Vermittlungsausschuss und spezialgesetzlich etwa geforderten Aufsichtsratsausschüssen (s. zB § 25 Abs. 7–12 KWG) ist er zur Ausschussbildung nicht verpflichtet. Der Deutsche Corporate Governance Kodex empfiehlt aber, dass der Aufsichtsrat abhängig von den spezifischen Gegebenheiten des Unternehmens und der Anzahl seiner Mitglieder fachlich qualifizierte Ausschüsse bilden soll. Sie werden als Mittel zur Steigerung der Effizienz der Aufsichtsratsarbeit und zur Behandlung komplexer Sachverhalte und somit als Bestandteil guter Corporate Governance angesehen (Ziff. 5.3. DCGK). **230**

Die **Hauptversammlung** kann weder **durch Beschluss**[263] noch durch Regelung in der **Satzung**[264] den Aufsichtsrat zur Ausschussbildung zwingen oder ihm dies verbieten.[265] Der Aufsichtsrat kann Fragen der Ausschussbildung und Besetzung in der Geschäftsordnung oder in einem Einsetzungsbeschluss regeln. **231**

---

[260] BVerfG NZG 2002, 192 (193); vgl. auch Kölner Komm AktG/*Mertens/Cahn* § 116 Rn. 60 f.
[261] MüKoAktG/*Habersack* Rn. 89.
[262] BGHZ 122, 342 (355) = NJW 1993, 2307 (2310) = AG 1993, 464 (467) = DZWiR 1993, 503 mit Anm. *Raiser* = WuB II A. § 107 AktG 1.93 mit Anm. *Rellermeyer*; *J. Semler* AG 1988, 60 (62 f.); *Möllers* ZIP 1995, 1725 (1731) will allerdings de lege ferenda eine Sollvorschrift einführen, derzufolge der Aufsichtsrat in der Regel Ausschüsse einzurichten hat mit der Konsequenz, dass dem Aufsichtsrat die Darlegungslast obliegt, wenn er keinen Ausschuss bildet. Dagegen mit Recht *Götz* AG 1995, 337 (347). Der Aufsichtsrat wäre in seiner Organisationsautonomie erheblich beschränkt. Kleine Aufsichtsräte wären zudem praktisch kaum in der Lage, beschlussfähige Ausschüsse zu bilden, ohne dass fast der gesamte Aufsichtsrat in jedem Ausschuss vertreten ist. Dies wäre einer sinnvollen und arbeitsteiligen Aufsichtsratsarbeit abträglich.
[263] HdB AG/*Jaeger* Rn. 9.254.
[264] BGHZ 83, 106 (107) = NJW 1982, 1525; Kölner Komm AktG/*Mertens/Cahn* Rn. 96; MHdB AG/*Hoffmann-Becking* § 32 Rn. 16; *Dreher* in *Feddersen/Hommelhoff/Schneider* S. 33 (45 f.); *Rellermeyer*, Aufsichtsratsausschüsse, 1986, 74 (75); HdB AG/*Jaeger* Rn. 9.254; *Potthoff/Trescher*, Das Aufsichtsratsmitglied, 6. Aufl. 2003, Rn. 1117.
[265] Wie hier Großkomm AktG/*Hopt/Roth* Rn. 246 ff.; vgl. dazu auch *Brandes* WM 1994, 2177 (2182).

AktG § 107 232–237   Erstes Buch. Aktiengesellschaft

232   **1. Abgrenzung zu anderen Gremien.** Neben dem vom Aufsichtsrat gebildeten Ausschuss sind in der Unternehmenspraxis andere Gremien zu finden. Hierzu zählen etwa der von den Anteilseignern oder vom Vorstand eingesetzte **Gesellschafter- oder Anteilseignerausschuss** oder der **Beirat**.[266]

233   Aufgaben des Aufsichtsrats können nur auf Ausschüsse, nicht aber auf **einzelne Aufsichtsratsmitglieder** delegiert werden, auch nicht auf den Vorsitzenden des Aufsichtsrats.[267] Davon zu unterscheiden ist die zulässige Übertragung einzelner Tätigkeiten.[268]

234   **2. Grundsatz der Delegationsautonomie.** Aus der **Delegations- bzw. Organisationsautonomie** des Aufsichtsrats folgt, dass dieser **autonom** über die Bildung und Besetzung der Ausschüsse entscheidet.[269] Der Aufsichtsrat kann nach seinem Ermessen innerhalb der gesetzlichen Grenzen (Abs. 3 S. 2) bestimmte Aufgaben und Rechte an einen oder mehrere Ausschüsse **delegieren**. Gleiches gilt für die Hinzuziehung Sachverständiger.[270] Die **sachlichen Bedürfnisse nach Arbeitsteilung** sind maßgebliches Motiv für die Entscheidung, ob ein Ausschuss gebildet wird oder nicht.

235   **a) Kein Beschlussvorbehalt für besonders wichtige Entscheidungen.** Das Gesetz sieht nicht vor, dass der Aufsichtsrat alle besonders wichtigen Entscheidungen selbst zu treffen hätte und nicht an den Ausschuss delegieren könne. *Mertens/Cahn* betonen zu Recht, dass den in § 107 aufgeführten, nicht auf den Ausschuss übertragbaren Aufgaben (Abs. 3 S. 2) kein verallgemeinerungsfähiger Rechtsgedanke zugrunde liegt.[271] Der Aufsichtsrat kann dem Ausschuss Beschlusskompetenz über die Vergabe von Krediten[272] übertragen. Gleiches gilt im Bereich der mitbestimmten Gesellschaft im Zusammenhang mit der Ausübung von Beteiligungsrechten.[273]

236   **b) Eingriffsrecht des Gesamtaufsichtsrats.** Das **Eingriffsrecht des Gesamtaufsichtsrats** ist Ausdruck seiner Delegationsautonomie. Der Aufsichtsrat kann jederzeit durch Beschluss in die Ausschussarbeit eingreifen. Er kann die dem Ausschuss überantworteten Themen durch Verfahrensbeschluss wieder an sich ziehen.[274] Er kann anstelle des Ausschusses entscheiden. Er kann von einem Ausschuss getroffene Entscheidungen abändern oder aufheben.[275] Etwas anderes gilt, wenn durch Vollzug des Beschlusses bereits Rechte Dritter berührt wurden, also etwa ein Vertrag geschlossen wurde.[276]

237   **c) Keine Einschränkung durch die Satzung.** Die Hauptversammlung darf nicht durch Satzungsregelung in die Delegationsautonomie oder die Organisationsfreiheit des

---

[266] Vgl. *Hoffmann/Preu* Der aufsichtsrat Rn. 162 ff.
[267] Vgl. MüKoAktG/*Habersack* Rn. 63.
[268] Vgl. MüKoAktG/*Habersack* Rn. 99.
[269] Vgl. BGHZ 122, 342 (355) = NJW 1993, 2307 (2310); BGHZ 83, 106 (115) = NJW 1982, 1525 (1527); LG Frankfurt ZIP 1996, 1661 (1663) = EWiR 1996, 1011 mit Anm. *Dreher*; *Henn* Kap. 8 Rn. 94; *Langenbucher/Blaum* DB 1994, 2197 (2200); *J. Semler* AG 1988, 60 (62 f.); *Lehmann* AG 1977, 14 (15); aA *Möllers* ZIP 1995, 1725 (1731), der den Aufsichtsrat gesetzlich zur Bildung von Ausschüssen durch Einführung einer Sollvorschrift verpflichten will.
[270] Vgl. MüKoAktG/*Habersack* § 109 Rn. 33 iVm 20.
[271] Kölner Komm AktG/*Mertens/Cahn* Rn. 169; **anders** aber für die **Compliance** – Verantwortung des Vorstands LG München AG 2014, 332, was konsequenterweise für den Zuständigkeitsbereich des Aufsichtsrats (siehe Ziffer 5.2 DCGK) auch gelten müsste.
[272] § 89; BGH AG 1991, 398 = ZIP 1991, 869 = WuB II A. § 108 AktG 1.91 mit Anm. *Locher*.
[273] §§ 32 MitbestG, 15 MitbestErgG; Kölner Komm AktG/*Mertens/Cahn* § 117 Anh. B § 32 MitbestG Rn. 20.
[274] OLG Hamburg AG 1996, 84 (85) = EWiR 1995, 1147 mit Anm. *Fleck* = WiB 1996, 731 mit Anm. *Raiser*; OLG Köln WM 1981, 413 (416); *J. Semler* AG 1988, 60 (63); MHdB AG/*Hoffmann-Becking* § 32 Rn. 4; *Hoffmann-Becking*, FS Stimpel, 1985, 589 (594); HdB AG/*Jaeger* Rn. 9.256; UHH/*Ulmer/Habersack* MitbestG § 25 Rn. 131; *Raiser/Veil* MitbestG § 25 Rn. 63; ErfK/*Oetker* Rn. 12; *Lutter/Krieger/Verse* Rn. 747 mit dem zutreffenden Hinweis, dass der Gesamtaufsichtsrat stets Herr des Verfahrens bleibt; *Lutter* Information Rn. 376; aA *Rellermeyer*, Aufsichtsratsausschüsse, 1986, 82 ff.
[275] BGHZ 89, 48 (55 f.) = AG 1984, 48 (50); Kölner Komm AktG/*Mertens/Cahn* Rn. 139; UHH/*Ulmer/Habersack* MitbestG § 25 Rn. 131.
[276] So bereits *Rellermeyer*, Aufsichtsratsausschüsse, 1986, 61.

Aufsichtsrats eingreifen. Das Organisationsrecht des Aufsichtsrats ist der Regelungskompetenz der Satzung entzogen. Die Satzung darf keine Vorgaben zu **Bildung** oder **Auflösung** eines Ausschusses enthalten.[277] Darf sie schon die Bildung nicht vorschreiben, kann sie erst recht keine qualifizierten Mehrheiten für die Ausschussbildung oder -auflösung fordern.[278] Gleiches gilt für die mitbestimmte Gesellschaft auf Grund der zwingenden Regelung der Vorschrift.[279] Soll ein entsandtes Aufsichtsratsmitglied einem oder mehreren Ausschüssen angehören, entscheidet dies der Aufsichtsrat.[280] Ebenso wenig kann die Satzung Einfluss darauf nehmen, ob der Ausschuss einen Vorsitzenden und einen Stellvertreter haben soll.[281] Der Aufsichtsrat und nicht die Satzung bestimmt die Zahl der Ausschüsse und der Ausschussmitglieder sowie ihre personelle und gruppenmäßige Zusammensetzung.[282]

Die Satzung kann nur **Verfahrensregeln zur Ausschussarbeit** aufstellen (→ Rn. 408), 238 aber keine Fragen der Organisation des Ausschusses regeln. Sie darf dem Ausschuss **keine Aufgaben zuweisen,** die dem Aufsichtsrat gesetzlich übertragen sind. Eine solche Regelung wäre ein Verstoß gegen das Selbstbestimmungsrecht des Aufsichtsrats und damit ungültig.[283] Dahingegen kann die Satzung dem Aufsichtsrat außerhalb der gesetzlichen Vorgaben bestimmte Aufgaben zur Erledigung zuweisen, die der Aufsichtsrat selbst an einen Ausschuss weiterdelegieren kann.

d) **Regelungen in der Geschäftsordnung.** Der Aufsichtsrat gibt sich seine Geschäfts- 239 ordnung selbst (vgl. Ziff. 5.1.3 DCGK); insofern besteht nicht die Gefahr eines Eingriffs in seine Delegationsautonomie durch die Hauptversammlung. Er muss sich bei Erlass der Geschäftsordnung innerhalb der gesetzlichen Schranken (Abs. 3 S. 3) bewegen. Der Deutsche Corporate Governance Kodex empfiehlt, dass der Aufsichtsrat sich eine Geschäftsordnung geben soll (Ziff. 5.1.3 DCGK).

Die Geschäftsordnung kann wie die Satzung **Verfahrensfragen** für die Ausschussarbeit 240 vorgeben. So kann sie Regelungen darüber enthalten, welche Ausschüsse zu welchem Zweck eingesetzt werden. Sie kann die Zahl der Ausschussmitglieder vorgeben. Im Gegensatz zur Satzung kann die **Geschäftsordnung** festlegen, wer Ausschussvorsitzender wird. Sie darf auf Grund ihrer beschränkten Bindungswirkung jedoch keine abstrakte Regelung zur personellen oder gruppenmäßigen Besetzung treffen, wie etwa, dass der Aufsichtsratsvorsitzende, sein Stellvertreter sowie je ein Anteilseigner- und Arbeitnehmervertreter dem Ausschuss angehören müssen.[284] Dies käme einer unzulässigen Einschränkung des passiven Wahlrechts derjenigen Aufsichtsratsmitglieder gleich, die nicht die geforderten Voraussetzungen mitbringen.

3. Grenzen der Delegationsautonomie. Die Delegationsautonomie des Aufsichtsrats 241 unterliegt gewissen Grenzen.

---

[277] *Wellkamp,* Vorstand, Aufsichtsrat und Aktionär, 2. Aufl. 2000, Rn. 131; *Lehmann* AG 1977, 14 (159); *Langenbucher/Blaum* DB 1994, 2197, 2200; *Baumbach/Hueck* Rn. 15 zufolge soll die Satzung bestimmte Ausschüsse vorschreiben können, ihre Bildung aber nicht ganz verbieten.
[278] Großkomm AktG/*Hopt/Roth* Rn. 249; Kölner Komm AktG/*Mertens/Cahn* Rn. 97; MHdB AG/*Hoffmann-Becking* § 32 Rn. 16; *Rellermeyer,* Aufsichtsratsausschüsse, 1986, 75 f.; *Lutter/Krieger/Verse* Rn. 776; aA *Janberg* AG 1966, 1.
[279] § 29 MitbestG; UHH/*Ulmer/Habersack* MitbestG § 29 Rn. 8; *Raiser/Veil* MitbestG § 29 Rn. 7.
[280] Kölner Komm AktG/*Mertens/Cahn* Rn. 96.
[281] Kölner Komm AktG/*Mertens/Cahn* Rn. 96; MHdB AG/*Hoffmann-Becking* § 32 Rn. 26; aA *Lehmann* DB 1977, 2117, 2121), demzufolge die Satzung sowohl vorschreiben kann, ob als auch wie ein Ausschussvorsitzender zu wählen ist.
[282] BGHZ 83, 106 (112) = AG 1982, 218 (219); Kölner Komm AktG/*Mertens/Cahn* Rn. 96; MHdB AG/*Hoffmann-Becking* § 32 Rn. 17, 19.
[283] Großkomm AktG/*Hopt/Roth* Rn. 376.
[284] OLG Hamburg WM 1982, 1090, 1092; *Bürgers/Körber/Bürgers/Israel* Rn. 18; aA Kölner Komm AktG/*Mertens/Cahn* Rn. 98; MHdB AG/*Hoffmann-Becking* § 32 Rn. 19, der hierin eine zulässige Beschränkung des passiven Wahlrechts sieht, da die Geschäftsordnung durch einfachen Mehrheitsbeschluss geändert oder durchbrochen werden könne; *Rellermeyer,* Aufsichtsratsausschüsse, 1986, 137.

242 **a) Plenarvorbehalt.** Der Aufsichtsrat muss sich innerhalb der **gesetzlichen Grenzen** (Abs. 3 S. 3; hierzu → Rn. 323) bewegen. Entscheidungen, die dem Plenum per Gesetz zugewiesen sind, können nicht an den Ausschuss delegiert werden **(Plenarvorbehalt).** Der Aufsichtsrat kann nur solche Aufgaben delegieren, deren Erfüllung ihm selbst übertragen ist. Der Ausschuss darf nicht mehr Rechte wahrnehmen, als der Aufsichtsrat selbst hat. Zum Tragen kommt der Plenarvorbehalt zumeist bei den sog. erledigenden Ausschüssen (→ Rn. 328 ff.).

243 **b) Sachgerechte Ausschussbesetzung.** Eine **Diskriminierung der Arbeitnehmervertreter** bei der Ausschussbesetzung muss unterbleiben.[285] Die Gestaltungsfreiheit darf nicht dazu herhalten, zwingendes Mitbestimmungsrecht zu unterlaufen.[286]

244 **c) Anzahl der Ausschussmitglieder.** Was die Anzahl der Ausschussmitglieder anbetrifft, ist der Aufsichtsrat in den Schranken des Gesetzes in seiner Entscheidung autonom (vgl. ausführlich zur Mindestanzahl der Ausschussmitglieder → Rn. 297).

245 **4. Besetzungsautonomie des Aufsichtsrats und Mitbestimmungsrecht.** Die mitbestimmungsrechtlichen Vorschriften greifen bis auf einen Ausnahmefall – das ist der nach § 27 Abs. 3 MitbestG paritätisch zu besetzende Vermittlungsausschuss; → Rn. 243 ff. – nicht in die Besetzungsautonomie des Aufsichtsrats ein. Abgesehen von dem paritätisch zu besetzenden Vermittlungsausschuss gewähren die Mitbestimmungsgesetze **keinen Anspruch auf paritätische Ausschussbesetzung.**[287] Der Ausschuss muss in seiner Zusammensetzung nicht dem Verhältnis von Anteilseignern und Arbeitnehmervertretern im Aufsichtsrat entsprechen. Er muss ein optimal arbeitsfähiges Gremium sein. Dem BGH zufolge genügt die besondere Sachkunde von Anteilseignervertretern bei der Besetzung des Vorstandsausschusses allerdings nicht, um die Arbeitnehmervertreter völlig unberücksichtigt zu lassen. Arbeitnehmervertreter dürfen bei der Ausschussbesetzung nicht diskriminiert werden.[288]

246 **a) MitbestG.** Das MitbestG schreibt die Bildung eines **Vermittlungsausschusses** zwingend vor.[289] Dieser ist **paritätisch** zu besetzen (neben dem Aufsichtsratsvorsitzenden und seinem Stellvertreter gehören ihm je ein Anteilseigner- und ein Arbeitnehmervertreter an). Der Aufsichtsrat ist an das Paritätsgebot gebunden.

247 Die **Organisationsautonomie** des Aufsichtsrats ist aber **nur bezüglich** der Besetzung **des Vermittlungsausschusses eingeschränkt.** Die Vorschrift über die paritätische Besetzung des Vermittlungsausschusses ist nicht entsprechend auf andere Ausschüsse anzuwenden.[290] Ein grundsätzlicher Ausschluss der Arbeitnehmervertreter bei der Besetzung der Ausschüsse, insbes. des Personalausschusses, ist der Rechtsprechung zufolge unzulässig, wenn dafür im Einzelfall nicht erhebliche sachliche Gründe vorhanden sind.[291] Dies würde einen Widerspruch zu dem Sinn und Zweck des MitbestG bedeuten. Der Aufsichtsrat kann einen Ausschuss nur mit Anteilseignervertretern besetzen, wenn es für die Außerachtlassung der Arbeitnehmervertreter tragende sachliche Gründe gibt.

248 **b) MontanMitbestG.** Das MontanMitbestG (§ 8 Abs. 2 MontanMitbestG) sieht ebenfalls die Bildung eines paritätisch besetzten Vermittlungsausschusses vor. Zur Besetzungsautonomie des Aufsichtsrats gilt das bereits Gesagte.

---

[285] BGHZ 122, 342 (355 ff.) = NJW 1993, 2307 (2310); UHH/*Ulmer/Habersack* MitbestG § 25 Rn. 127 ff.
[286] BGHZ 122, 342 ff. = NJW 1993, 2307 ff.; LG Frankfurt ZIP 1996, 1661 (1663) = EWiR 1996, 1011 mit Anm. *Dreher*.
[287] Str., wie hier BGHZ 122, 342 (357) = NJW 1993, 2307 (2311); BGHZ 83, 144 (148) = NJW 1982, 1528 (1529); ErfK/*Oetker* Rn. 10; aA *Nagel* DB 1979, 1799 (18019; *ders.* DB 1982, 26 (27); *Geitner* AG 1976, 210 (211 f.); *Reuter* (ähnlich wie Säcker) AcP 179 (1979), 509 (533 f.).
[288] BGHZ 122, 342 (362) = NJW 1993, 2307 (2312).
[289] Dazu auch *v. Schenck* in Semler/v. Schenck AR-HdB § 4 Rn. 112.
[290] BGHZ 122, 342 (357) = NJW 1993, 2307 (2511).
[291] BGHZ 122, 342 (358) = NJW 1993, 2307 (2312); vgl. auch *Rellermeyer*, Aufsichtsratsausschüsse, 1986, 110 ff.

c) DrittelbG. Die Vorschriften den DrittelbG sehen keine Einschränkungen für die 249
Einsetzung von Ausschüssen vor; ein allgemeines Paritätsgebot existiert wie zuvor unter
dem BetrVG 1952[292] nicht.[293] Die Rechtslage zur Einsetzung von Ausschüssen hat sich
insofern materiell nicht geändert.[294] Arbeitnehmervertreter haben weiterhin keinen Anspruch auf einen Sitz im Ausschuss.

II. Arten von Ausschüssen

In der Praxis machen Aufsichtsräte von ihrem Recht zur Ausschussbildung gerade in 250
großen Gesellschaften oft Gebrauch. Der Aufsichtsrat kann Sachthemen zur Behandlung in
einen oder mehrere Ausschüsse verweisen. Ausschüsse können nach ihrer **Dauerhaftigkeit**
oder nach den ihnen übertragenen **Aufgabenbereichen** unterschieden werden. Sie können entweder **auf Dauer** eingesetzt sein (wie zB der Personal-, Finanz- oder Kreditausschuss) oder **ad hoc** zur akuten Erledigung eines bestimmten Sachverhalts berufen werden,
was allerdings eher selten vorkommt.[295] Ad hoc-Ausschüsse lösen sich nach Auftrags- bzw.
Zweckerledigung ohne Beschluss wieder auf.[296]

Ausschüsse können aber auch in **vorbereitende, erledigende** und **beratende** Ausschüs- 251
se unterteilt werden.[297] Bedenken bestehen gegenüber der Bezeichnung „**überwachender**
Ausschuss".[298] Die Überwachungsaufgabe ist zwingend eine Plenaraufgabe. Im Ergebnis
bestehen keine Unterschiede zwischen dem erledigenden und dem überwachenden Ausschuss.[299]

1. Unterscheidung nach der Dauerhaftigkeit. Zu den wichtigsten auf Dauer einge- 252
setzten Ausschüssen zählen das Präsidium, der Personal-, Investitions-, Finanz-, Bilanz-,
Kredit- und der Beteiligungsausschuss.

a) Präsidium (oder Präsidialausschuss). Die Bezeichnung ist nicht einheitlich. Der 253
Personalausschuss wird ab und an als Präsidialausschuss bezeichnet, wenn kein eigentlicher
Personalausschuss gebildet wurde.[300] Oft wird auch die Bezeichnung „Arbeitsausschuss"
gewählt.

aa) Bildung und Besetzung. Die **Geschäftsordnung** kann die Bildung eines Präsidi- 254
ums vorsehen.[301] Auf Grund des Diskriminierungsverbots der Arbeitnehmervertreter kann
sie nicht festlegen, dass das Präsidium nur mit Anteilseignervertretern zu besetzen ist.[302]
Wohl aber kann das Plenum im Rahmen seiner Besetzungszuständigkeit[303] mit einfacher
Mehrheit nur Anteilseignervertreter wählen, wenn sich hierfür eine sachliche Begründung
findet.[304]

---

[292] Vgl. zur Rechtslage nach dem BetrVG 1952 BGHZ 122, 342 (355 ff.) = NJW 1993, 2307 (2310); BGHZ 83, 144 (148) = NJW 1982, 1528 (1529); vgl. §§ 76 ff. BetrVG 1952.
[293] Vgl. MüKoAktG/*Habersack* Rn. 140.
[294] Zu den im Wesentlichen nur redaktionellen Änderungen durch das DrittelbG *Fitting/Wlotzke/Wißmann* Vorb. DrittelbG Rn. 3 ff.; UHH/*Henssler* Einl. DrittelbG Rn. 1.
[295] *Potthoff/Trescher*, Das Aufsichtsratsmitglied, 6. Aufl. 2003, 195 zufolge sind nur 4 % aller Ausschüsse ad hoc gebildet.
[296] Rn. *Rellermeyer*, Aufsichtsratsausschüsse, 1986, 141.
[297] Vgl. MüKoAktG/*Habersack* Rn. 102.
[298] *J. Semler* AG 1988, 60 (61); aA MHdB AG/*Hoffmann-Becking* § 32 Rn. 2; *Hoffmann-Becking*, FS Havermann, 1995, 229 (236); Kölner Komm AktG/*Mertens/Cahn* Rn. 113; *Potthoff/Trescher*, Das Aufsichtsratsmitglied, 6. Aufl. 2003, Rn. 1110 f.; *Rellermeyer*, Aufsichtsratsausschüsse, 1986, 28 ff., 269, der allerdings erledigende und überwachende Ausschüsse zu einem Typus zusammenfasst.
[299] *J. Semler* AG 1988, 60 (61); *Rellermeyer*, Aufsichtsratsausschüsse, 1986, 269.
[300] Kölner Komm AktG/*Mertens/Cahn* Rn. 103.
[301] Str., wie hier BGHZ 83, 106 (114 f.) = NJW 1982, 1525 (1526); *Lutter* ZGR 1977, 306 (315) zufolge sollte der Präsidialausschuss vorgesehen werden; *Rellermeyer*, Aufsichtsratsausschüsse, 1986, 74 (78) zufolge kann dies die Satzung vorsehen.
[302] *Hoffmann/Preu* Der Aufsichtsrat Rn. 112.
[303] *Werner* ZGR 1977, 237.
[304] *Hoffmann/Preu* Der Aufsichtsrat Rn. 112.

255 Dem **Präsidium** gehören regelmäßig der Vorsitzende des Aufsichtsrats als Ausschussvorsitzender und sein Stellvertreter als „geborene Mitglieder" an.[305] Der Aufsichtsratsvorsitzende braucht der Bildung nicht zuzustimmen.[306] Das Präsidium muss aus mindestens drei Mitgliedern bestehen und zwar unabhängig davon, ob ihm Beschlusskompetenz übertragen wird oder nicht.[307]

256 bb) **Aufgaben.** Die **Aufgaben des Präsidiums** können zwar in dem Einsetzungsbeschluss näher definiert werden, ergeben sich aber zumeist aus praktischen Bedürfnissen.[308] Oft unterstützt das Präsidium den Aufsichtsratsvorsitzenden bei der Erledigung seiner Aufgaben. Hierzu zählt die Kontaktaufnahme mit dem Vorstand, Vorbereitung der Aufsichtsratssitzungen sowie Koordination von Aufsichtsrats- und Ausschussarbeit.[309] Ausgeschlossen ist jedoch, dass er als solches Aufgaben des Vorsitzenden wahrnimmt. Er ist kein eigenes Organ,[310] sondern ein „gewöhnlicher" Aufsichtsratsausschuss.

257 In Betracht kommen desweiteren die **Zustimmung zu Kreditgewährungen** an Aufsichtsratsmitglieder und deren Angehörige (§ 115) oder an Vorstandsmitglieder[311] sowie die Zustimmung zum Abschluss von **Beraterverträgen.**[312] Die Beschlussfassung hierüber kann einem Ausschuss übertragen werden.[313]

258 Dem Präsidium kann Beschlusskompetenz übertragen werden. Als beschließender Ausschuss (zum beschließenden Ausschuss → Rn. 279 f.) kann es die Erledigung **eilbedürftiger Fälle** wahrnehmen, wobei es mit mindestens drei Mitgliedern ausgestattet sein muss.[314] Hierzu zählt etwa die Zustimmung zu einzelnen Geschäften, wenn diese auf Grund von Satzungsregelung oder Aufsichtsratsbeschluss zustimmungspflichtig sind. Das Delegationsverbot betrifft nur die Festsetzung einer Zustimmungspflicht und nicht deren Ausübung.[315]

259 Das Präsidium kann sich um die Schlichtung von Meinungsverschiedenheiten zwischen einzelnen Vorstandsmitgliedern kümmern, den Wettbewerb eines Vorstandsmitglieds widerruflich oder unwiderruflich genehmigen.[316]

260 b) **Personalausschuss.** Der Personalausschuss zählt zu den wichtigsten und häufigsten Ausschüssen.[317] Vielfach werden seine Aufgaben vom Präsidialausschuss mit wahrgenommen.

261 aa) **Bildung und Besetzung.** Häufig ergeben sich in Gesellschaften, die dem MitbestG unterliegen, Schwierigkeiten im Zusammenhang mit der Besetzung des Ausschusses, namentlich um die **Beteiligung der Arbeitnehmervertreter.** Der Rechtsprechung zufolge

---

[305] MHdB AG/*Hoffmann-Becking* § 32 Rn. 8; *Krieger* ZGR 1985, 338 (363).
[306] Kölner Komm AktG/*Mertens/Cahn* Rn. 103; *Krieger* ZGR 1985, 338 (361).
[307] *J. Semler* AG 1988, 60 (66 f.); aA Kölner Komm AktG/*Mertens/Cahn* Rn. 104; *Krieger* ZGR 1985, 338 (362 f.); MHdB AG/*Hoffmann-Becking* § 32 Rn. 8, der der Meinung ist, dass allgemein nur beschlusskompetente Ausschüsse mit mindestens drei Mitgliedern zu besetzen seien und im Übrigen eine Mindestanzahl von zwei Mitgliedern ausreichend sei.
[308] *Schaub* ZGR 1977, 293 (300, 301).
[309] Kölner Komm AktG/*Mertens/Cahn* Rn. 103; MHdB AG/*Hoffmann-Becking* § 32 Rn. 8; *Köstler/Zachert/Müller* Rn. 395; *Wellkamp*, Vorstand, Aufsichtsrat und Aktionär, 2. Aufl. 2000, Rn. 138.
[310] Kölner Komm AktG/*Mertens/Cahn* Rn. 103; *Raiser* NJW 1981, 2166 (2167); offen gelassen bei *Lutter/Krieger/Verse* Rn. 751; aA *Krieger* ZGR 1985, 338 (346 f.), der seine Ansicht mit den unterschiedlichen Aufgabengebieten eines „normalen" Ausschusses des Präsidiums begründet.
[311] § 89 Abs. 1 S. 1; BGH AG 1991, 398 ff. = ZIP 1991, 869 = WuB II A. § 108 AktG 1.91 mit Anm. *Locher*.
[312] § 114; Kölner Komm AktG/*Mertens/Cahn* Rn. 95 ordnet diese Aufgaben dem Personalausschuss und nicht dem Präsidium zu.
[313] Vgl. MüKoAktG/*Habersack* § 114 Rn. 30.
[314] Kölner Komm AktG/*Mertens/Cahn* Rn. 103; MHdB AG/*Hoffmann-Becking* § 32 Rn. 9.
[315] Kölner Komm AktG/*Mertens/Cahn* § 111 Rn. 110; *Rellermeyer*, Aufsichtsratsausschüsse, 1986, 26.
[316] § 88 Abs. 1, vgl. dazu Hüffer/*Koch* § 88 Rn. 5.
[317] Kölner Komm AktG/*Mertens/Cahn* Rn. 101; vgl. MHdB AG/*Hoffmann-Becking* § 32 Rn. 6, 7.

können sie nicht grundsätzlich als Ausschussmitglieder ausgeschlossen werden, hierzu bedarf es eines erheblichen sachlichen Grunds.[318]

bb) Aufgaben. Zu den typischen, durch den Einsetzungsbeschluß übertragenen Aufgaben des Personalausschusses gehört die **Vorbereitung der** dem Plenum vorbehaltenen **Personalentscheidungen.**[319] Darunter fallen die Unterbreitung von Vorschlägen zur Besetzung der Vorstandsposten. Außerdem werden diesem Ausschuss fast regelmäßig der Abschluss, die Beendigung und eine etwaige Änderung von **Anstellungsverträgen mit Vorstandsmitgliedern** übertragen, soweit nicht dem Plenum von Gesetzes wegen vorbehalten.[320] Insoweit darf nicht außer Acht gelassen werden, dass die Beschlussfassung über die Organstellung und die Gesamtbezüge eines Vorstands allein dem Gesamtaufsichtsrat obliegt (Abs. 3 S. 3). Eine **Präjudizierung** seiner Entscheidung durch den Ausschuss ist zu vermeiden.[321] Er kann zwar über die Einzelheiten des Anstellungsvertrags verhandeln, das Ressort und die Vergütung des designierten Vorstandsmitglieds darf er aber nicht festlegen.[322] Der Ausschuss muss sich an der Geschäftsordnungskompetenz des Aufsichtsrats orientieren. 262

Die **Einwilligung oder Genehmigung der Kreditgewährung** an Aufsichtsratsmitglieder, Vorstandsmitglieder, leitende Angestellte und Prokuristen (§ 89 Abs. 2) kann dem Personalausschuss ebenfalls übertragen werden (s. § 107 Abs. 3 S. 3). 263

c) Vermittlungsausschuss. Der Vermittlungsausschuss ist in Gesellschaften, die dem MitbestG bzw. dem MontanMitbestG unterliegen, **zwingend** als Dauerausschuss einzurichten (§ 27 Abs. 3 MitbestG, § 8 Abs. 2 MontanMitbestG). Seine praktische Bedeutung ist gering. 264

aa) Bildung und Besetzung. Anders als bei den anderen Ausschüssen ist der Aufsichtsrat bzgl. Bildung und Besetzung des Vermittlungsausschusses in seiner Entscheidung nicht autonom. Der Vermittlungsausschuss ist paritätisch zu besetzen. Ihm müssen neben dem Aufsichtsratsvorsitzenden und dessen Stellvertreter je ein Anteilseigner- und ein Arbeitnehmervertreter angehören. 265

Die **unvollständige Besetzung** führt nicht zur entsprechenden Anwendung der Vorschrift über die gerichtliche Notbestellung (§ 104 Abs. 2). Der Aufsichtsrat ist nicht von der Tätigkeit des Vermittlungsausschusses abhängig; er kann auch ohne seine Vorschläge tätig werden.[323] 266

bb) Aufgabe. Die **Aufgabe** des Vermittlungsausschusses ist gesetzlich (§§ 27 Abs. 3, 31 Abs. 3 MitbestG) vorgegeben. Sie besteht in der **Unterbreitung von Personalvorschlägen** über Bestellung oder Abberufung von Vorstandsmitgliedern, wenn das Plenum in der ersten Abstimmung an der vorgeschriebenen Zweidrittelmehrheit scheitert. Darüber hinaus kann der Aufsichtsrat oder die Satzung bzw. Geschäftsordnung dem Vermittlungsausschuss weitere Aufgaben übertragen.[324] 267

---

[318] BGHZ 122, 342 (358) = NJW 1993, 2307 (2311); *Theisen* AG 1998, 153 (166); *Hoffmann-Becking*, FS Havermann, 1995, 229 (239); aA noch OLG Hamburg WuB II A. § 107 AktG 1.92 mit Anm. *Butzke* DB 1992, 774 (776), demzufolge die Vorschriften des MitbestG 1976 eine Beteiligung der Arbeitnehmervertreter an dem Vorstandsausschuss nicht gebieten.
[319] Kölner Komm AktG/*Mertens*/*Cahn* Rn. 101; MHdB AG/*Hoffmann-Becking* § 32 Rn. 6.
[320] Vgl. Kalss/Kunz/*Schima*, HdB für den Aufsichtsrat, 309, 374 zum Abschluss von Vorstandsverträgen durch Ausschüsse nach österreichischem Recht.
[321] BGHZ 79, 38 (42 ff.) = NJW 1981, 757 (758); BGHZ 122, 342 (359) = NJW 1993, 2307 (2311); Kölner Komm AktG/*Mertens*/*Cahn* Rn. 153.
[322] Kölner Komm AktG/*Mertens*/*Cahn* § 84 Rn. 43, 47.
[323] UHH/*Ulmer*/*Habersack* MitbestG § 27 Rn. 24; *Raiser*/*Veil* MitbestG § 31 Rn. 15; *Fitting*/*Wlotzke*/*Wißmann* MitbestG § 31 Rn. 16.
[324] Kölner Komm AktG/*Mertens*/*Cahn* § 117 Anh. B § 27 MitbestG Rn. 17; *Fitting*/*Wlotzke*/*Wißmann* MitbestG § 27 Rn. 29; *Rellermeyer*, Aufsichtsratsausschüsse, 1986, 134 ff.; *Martens* DB 1980, 1381 (1387); *Säcker* DB 1977, 2031 (2034); *Köstler*/*Zachert*/*Müller* Rn. 396 allerdings mit Hinweis darauf, dass der Vermittlungsausschuss dann als normaler Aufsichtsratsausschuss tätig werde; ebenso UHH/*Ulmer*/*Habersack* MitbestG § 27

268 **cc) Beschlussfähigkeit.** Das Gesetz besagt nichts über die Beschlussfähigkeit des Vermittlungsausschusses. Entgegen der überwiegend vertretenen Ansicht[325] hängt die **Beschlussfähigkeit des Vermittlungsausschusses** nicht davon ab, dass alle vier Ausschussmitglieder an der Beschlussfassung über den Personalvorschlag teilnehmen.[326] Wie bei jedem Ausschuss genügt die Mitwirkung von drei Mitgliedern. Ein Mitwirkungserfordernis von vier Mitgliedern folgt weder aus aktienrechtlichen noch aus mitbestimmungsrechtlichen Vorschriften und ergibt im Übrigen auch keinen Sinn. Davon zu unterscheiden ist die Frage der **Handlungsunfähigkeit** eines unvollständig besetzten Vermittlungsausschusses. Dieser kann zwar keine Beschlüsse fassen, er kann dem Aufsichtsratsplenum aber Wahlvorschläge machen, über die das Plenum abstimmt.[327] Der Aufsichtsratsvorsitzende hat **kein Zweitstimmrecht;**[328] die Vorschrift (§ 29 Abs. 2 MitbestG) gilt nur für den Gesamtaufsichtsrat.

269 **d) Investitionsausschuss.** Der Investitionsausschuss prüft die zustimmungspflichtigen Investitionsvorhaben. Bei entsprechender Ermächtigung entscheidet er auch über die Zustimmung. Ausschussmitglieder sollten sowohl technischen als auch kaufmännischen Sachverstand aufweisen.

270 **e) Prüfungsausschuss (Abs. 3 S. 2).** Der Prüfungsausschuss ist dem anglo-amerikanischen **Audit Committee** nachempfunden. Der **Prüfungsausschuss** und das Audit Committee haben aber bei näherer Betrachtung dogmatisch verschiedene Aufgaben und Kompetenzen.[329] Abs. 3 S. 2 enthält verschiedene Gegenstände der Kontrolle, die ein Prüfungsausschuss ausüben kann. Hierzu zählen die Bereiche der **Rechnungslegung, Risikomanagement, Kontrollsysteme** und der **Abschlussprüfung,** insbesondere die Unabhängigkeit des Abschlussprüfers.[330] Daraus folgt allerdings nicht, dass der Prüfungsausschuss sämtliche dort genannten Aufgaben erfüllen muss. Denn es steht dem Plenum offen, die vom Gesetz genannten Aufgaben selbst wahrzunehmen.[331] Die vom Gesetz beschriebenen Kontrollgegenstände sind letztlich Bestandteile der Überwachungsaufgabe des Aufsichtsrats in seiner Gesamtheit.[332] Der Prüfungsausschuss ist aber im Vergleich zum Plenum in der Regel schneller und in der Beratung konzentrierter, was die Effizienz

---

Rn. 25; aA wohl Hüffer/*Koch* Rn. 30, demzufolge die alleinige Aufgabe des Vermittlungsausschusses aus § 31 Abs. 3 S. 1 und Abs. 5 MitbestG sei.

[325] Bürgers/Körber/*Bürgers/Israel* Rn. 20; Kölner Komm AktG/*Mertens/Cahn* § 117 Anh. B § 27 MitbestG Rn. 18; UHH/*Ulmer/Habersack* MitbestG § 27 Rn. 23; *Raiser/Veil* MitbestG § 27 Rn. 36; MHdB AG/*Hoffmann-Becking* § 32 Rn. 15; *Fitting/Wlotzke/Wißmann* MitbestG § 27 Rn. 28.

[326] Wie hier Hüffer/*Koch* Rn. 30; *Hoffmann/Lehmann/Weinmann* MitbestG § 27 Rn. 47; *Rittner,* FS Robert Fischer, 1979, 627 (631).

[327] Vgl. *Rittner,* FS Robert Fischer, 1979, 627 (630 ff.) sowie *Raiser/Veil* MitbestG § 27 Rn. 36.

[328] AllgM; BGHZ 83, 144 (147 f.) = NJW 1982, 1528 (1529).

[329] *Vetter* ZGR 2010, 751 (759); ausführlich dazu *Langenbucher/Blaum* DB 1994, 2197 ff. Zu den Aufgaben des Audit Committees in Großbritannien vgl. den Bericht des *Cadbury-Committees* „Report of the Committee on the Financial Aspects of Corporate Governance", London 1992. Eine Zusammenfassung findet sich bei *Baums* ZIP 1995, 11 ff. Bei *Freiling,* FS Otte, 1992, 17 ff. findet sich eine Übersicht über Entstehungsgeschichte, Zielsetzung, Aufgabenschwerpunkte, Zusammensetzung und Arbeitsweise des US-amerikanischen Audit Committees. *Forster* AG 1995, 1 (5) sieht in der Einsetzung eines Audit Committees einen Beitrag zur Wiederherstellung und Sicherung des Vertrauens in die Wirksamkeit der Überwachungsorgane. Vgl. zum Vergleich mit den USA auch *Schiessl* AG 2002, 593 ff., 600; *Lück* DB 1999, 441 ff.; vgl. auch *Ranzinger/Blies* AG 2001, 455.

[330] Zu den verschiedenen Aufgabenbereichen und zum Umfang der Überwachungspflicht *Gesell* ZGR 2011, 361 (370 ff.); *Lanfermann/Röhricht* BB 2009, 887 (889 ff.); *Link/Vogt* BB 2011, 1899 (1900 f.); *Vetter* ZGR 2010, 751 (761 ff.).

[331] Vgl. dazu die Gesetzesbegründung, BT-Drs. 16/10067, 102, wonach es den Vorgaben der durch das BilMoG umgesetzten Abschlussprüferrichtlinie entspricht, dem Prüfungsausschuss nur spezielle Teilaufgabenbereiche zu übertragen.

[332] *Gernoth* NZG 2010, 292 (293); *Link/Vogt* BB 2011, 1899 (1900); kritisch *Vetter* ZGR 2010, 751 (761), der die Regelung in systematischer Hinsicht für unglücklich und irreführend hält; vgl. Kölner Komm AktG/ *Mertens/Cahn* Rn. 106; zum Widerspruch zwischen dem gesetzlichen Leitbild des Aufsichtsratsmandats als Nebenamt und der zunehmenden Ausweitung der Aufgaben des Prüfungsausschusses *Börsig/Löbbe,* FS Hoffmann-Becking, 2013, 125 (147 ff.).

steigert.³³³ An der gesetzlichen Kompetenzverteilung ändert dieser Umstand nichts; das Plenum kann die Beschlüsse in eigener Verantwortung fassen.³³⁴ Auch bei einer richtlinienkonformen³³⁵ Auslegung des Abs. 3 S. 2 ergibt sich keine Pflicht zur Bestellung eines Prüfungsausschusses.

Auch der Deutsche Corporate Governance Kodex empfiehlt deutschen börsennotierten Gesellschaften, dass der Aufsichtsrat einen Prüfungsausschuss (Audit Committee) einrichten soll, der sich insbesondere mit der Überwachung des Rechnungslegungsprozesses, der Wirksamkeit des internen Kontrollsystems und des internen Revisionssystems, der Abschlussprüfung, hier insbesondere der Unabhängigkeit des Abschlussprüfers, der vom Abschlussprüfer zusätzlich erbrachten Leistungen, der Erteilung des Prüfungsauftrags an den Abschlussprüfer, der Bestimmung von Prüfungsschwerpunkten und der Honorarvereinbarung sowie – falls kein anderer Ausschuss damit betraut ist – der Compliance, befasst. Der Vorsitzende des Prüfungsausschusses soll über besondere Kenntnisse und Erfahrungen in der Anwendung von Rechnungslegungsgrundsätzen und internen Kontrollverfahren verfügen und soll, so eine weitere Empfehlung, unabhängig und kein ehemaliges Vorstandsmitglied der Gesellschaft sein, dessen Bestellung vor weniger als zwei Jahren endete.³³⁶

f) Kreditausschuss. Vor allem in Kreditinstituten bedient man sich zumeist eines Kreditausschusses.³³⁷ Satzung oder Geschäftsordnung regeln oft den Aufgabenbereich des Kreditausschusses, vor allem dann, wenn sich bei verschiedenen Kontrollbereichen ein arbeitsteiliges Vorgehen empfiehlt.³³⁸ Der Aufsichtsrat hat die Aufgabe, die internen Maßnahmen zur Risikoüberwachung und deren Einhaltung zu kontrollieren. Diese Kontrollaufgabe kann er an den Kreditausschuss delegieren.

Der Aufsichtsrat kann dem Ausschuss die Beschlusskompetenz zur Genehmigung zustimmungspflichtiger **Kreditgewährung**³³⁹ übertragen.³⁴⁰ Ist dem Kreditausschuss Beschlusskompetenz übertragen worden, muss er aus mindestens drei Mitgliedern bestehen, um beschlussfähig zu sein.³⁴¹

Der Kreditausschuss muss das Plenum **über die Grundsätze der Kreditüberwachung und der Genehmigungspraxis unterrichten.** Die Berichtspflicht des Vorstands besteht gegenüber dem Kreditausschuss, wenn dieser den betreffenden Kredit genehmigt hat oder für die Genehmigung zuständig ist. Er berichtet seinerseits dem Gesamtaufsichtsrat.³⁴² Dies ist im Gesetz ausdrücklich vorgesehen (Abs. 3 S. 4).

g) Sonstige Dauerausschüsse. Neben den bereits erläuterten gibt es weitere Ausschüsse, deren Aufgabenbereich sich an einem bestimmten Fragenkomplex ausrichtet.³⁴³ Dies ist beispielsweise der **Sozialausschuss,** der sich mit Fragen der Sozialeinrichtungen, Pensionskassen oder der Arbeitsbedingungen befasst. Häufig haben Hypothekenbanken und Versicherungsgesellschaften **Anlageausschüsse.** Einen **Ausschuss für Aktienübertragungen**

---

³³³ BT-Drs. 16/10067. 102.
³³⁴ Vgl. zur Reichweite des Delegationsverbots *Gesell* ZGR 2011, 361 (369) mwN; *Lanfermann/Röhricht* BB 2009, 887 (888).
³³⁵ Vgl. Richtlinie 2006/43/EG des Europäischen Parlaments und des Rates vom 17.5.2006 über Abschlussprüfungen von Jahresabschlüssen und konsolidierten Abschlüssen, zur Änderung der Richtlinien 78/660/EWG und 83/349/EWG des Rates und zur Aufhebung der Richtlinie 84/253/EWG des Rates, Art. 41 Abs. 5 und Erwägungsgrund Ziff. 24, die es den Mitgliedstaaten gestatten, die Aufgaben des Prüfungsausschusses von einem anderen Gremium wahrnehmen zu lassen – also auch dem Gesamtaufsichtsrat; BT-Drs. 16/10067, 92; vgl. dazu auch *Gernoth* NZG 2010, 292 (294); *Gesell* ZGR 2011, 361 (365); *Lanfermann/Röhricht* BB 2009, 887.
³³⁶ Vgl. Ziff. 5.3.2 DCGK.
³³⁷ *Hommelhoff,* FS Werner, 1984, 315 ff. befasst sich eingehend mit der Arbeit der Kreditausschüsse.
³³⁸ *Hommelhoff,* FS Werner, 1984, 315 (320 ff.).
³³⁹ § 89 Abs. 1; vgl. Ziff. 3.9 DCGK.
³⁴⁰ BGH AG 1991, 398.
³⁴¹ Rechtsfolge aus § 108 Abs. 2 S. 3.
³⁴² *Hommelhoff,* FS Werner, 1984, 315 (330 ff.).
³⁴³ Gem. § 111 Abs. 4 S. 2 können der Aufsichtsrat oder die Satzung Zustimmungsvorbehalte für bestimmte Arten von Geschäften aufstellen, vgl. Ziff. 3.3 DCGK.

bilden mitunter Gesellschaften, die vinkulierte Namensaktien ausgegeben haben, wenn der Aufsichtsrat dort eingebunden ist. Die Regel ist aber eine Vorstandskompetenz. Vorgeschlagen wird die Bildung eines **Strategieausschusses** zur beratenden Kontrolle von Produkt- und Marktkonzepten oder Qualitäts- und Umweltschutz.[344] Unter Hinweis auf das KonTraG wurde vorgeschlagen, einen Ausschuss zu bilden oder zu bestimmen, der die Berichte des Abschlussprüfers entgegennimmt.[345] Dies ist allerdings die Aufgabe eines Finanz- oder Prüfungsausschusses, wenn ein solcher eingerichtet ist.

276 Eine Besonderheit bildet der in mitbestimmten Gesellschaften mögliche **Beteiligungsausschuss**.[346] Er nimmt die Aufgaben wahr, die der Aufsichtsrat nach dem MitbestG hat (§ 32 MitbestG).

277 **2. Unterscheidung nach den verschiedenen Aufgabenbereichen.** Die verschiedenen Ausschüsse können nach ihren Aufgabenbereichen unterschieden werden. Überschneidungen sind jedoch nicht zu vermeiden. Insofern ist *Mertens/Cahn* zuzugeben, dass eine solche Aufteilung nicht immer ganz aufgeht.[347]

278 **a) Erledigende Aufsichtsratsausschüsse.** Der Aufsichtsrat kann auf Grund seines Selbstorganisationsrechts dem Ausschuss **Beschlusskompetenz** übertragen. Dabei muss der Aufsichtsrat allerdings den zwingenden **Vorbehaltskatalog** (Abs. 3 S. 3) berücksichtigen und seine Gesamtverantwortung beachten. Nicht delegierbar sind neben den ausdrücklichen gesetzlichen Vorgaben (Abs. 3 S. 3) die Wahl des Aufsichtsratsvorsitzenden und die Entscheidung über Bildung und Besetzung von Ausschüssen.[348] Alle Aufgaben, die Teil der Selbstorganisationszuständigkeit des Aufsichtsrats sind, gehören zur zwingenden Plenarzuständigkeit. Die Wichtigkeit der zu behandelnden Geschäftsführungsaufgabe spielt für die Zulässigkeit einer Übertragung der Beschlusskompetenz keine Rolle.[349]

279 Der Ausschuss kann über die ihm zur Erledigung übertragenen Aufgaben durch **Beschluss** entscheiden. Er beschließt als Teil des Gesamtaufsichtsrats; seine Beschlüsse erübrigen solche durch das Plenum. Zur wirksamen Beschlussfassung muss er deshalb beschlussfähig (vgl. § 108 Abs. 2) sein. Es müssen mindestens drei Ausschussmitglieder an der Beschlussfassung mitwirken. Ein erledigender Ausschuss darf auch nicht weniger als drei Mitglieder haben.

280 **b) Vorbereitende Aufsichtsratsausschüsse.** Das Gesetz (Abs. 3 S. 1) nennt die **Vorbereitung** von Verhandlungen und Beschlüssen des Plenums als typische Ausschusstätigkeit. Die Grenzen der Delegationsautonomie des Aufsichtsrats zeigen sich darin, dass dem vorbereitenden Ausschuss die Beschlussfassung selbst nicht überantwortet werden darf. Delegierbar ist die Vorbereitung oder Ausführung der Beschlussfassung.[350] Der Ausschuss leistet in diesem Fall die zur Erleichterung der Beschlussfassung erforderliche gründliche und vollständige **Sachaufklärung**. Die Vorbereitung darf nicht soweit gehen, dass dem Aufsichtsrat nur noch die Zustimmung zum Vorschlag des Ausschusses verbleibt. Das Plenum muss die Möglichkeit behalten, auch vorbereitende Entscheidungen sachlich fundiert zu treffen.

281 Der gesetzliche Plenarvorbehalt kann die Einschränkung der vorbereitenden Tätigkeit des Ausschusses zur Folge haben. Nur der Aufsichtsrat beschließt beispielsweise die Bestellung und die Gesamtvergütung eines Vorstandsmitglieds; diese Beschlusskompetenz darf nicht auf den Ausschuss übergehen.

---

[344] *Möllers* ZIP 1995, 1725 (1731); *Servatius* AG 1995, 223 (224).
[345] *Westerfelhaus* DB 1998, 2078 (2079).
[346] Vgl. auch *Gittermann* in Semler/v. Schenck AR-HdB § 6 Rn. 166; *Schaub* ZGR 1977, 293 (303 f.).
[347] Kölner Komm AktG/*Mertens/Cahn* Rn. 113.
[348] Kölner Komm AktG/*Mertens/Cahn* Rn. 144 ff.; MHdB AG/*Hoffmann-Becking* § 32 Rn. 3a; *Rellermeyer*, Aufsichtsratsausschüsse, 1986, 14.
[349] Kölner Komm AktG/*Mertens/Cahn* Rn. 169; *Rellermeyer*, Aufsichtsratsausschüsse, 1986, 23 ff.; aA *Dose* ZGR 1973, 300 (312 f.).
[350] Kölner Komm AktG/*Mertens/Cahn* Rn. 176; *Rellermeyer*, Aufsichtsratsausschüsse, 1986, 48 f.

c) **Beratende Ausschüsse.** Neben erledigenden und vorbereitenden Aufsichtsratsausschüssen gibt es auch beratende Ausschüsse. Es sind Ausschüsse, deren Aufgabe ausschließlich die **Beratung des Vorstands** in bestimmten Fragen oder umfassend in allen Geschäftsführungsfragen ist. Da eine Beratung des Vorstands durch den Aufsichtsrat diesen nicht binden kann, bestehen keine Bedenken zu umfassender Delegation von Beratungsaufgaben auf einen entsprechenden Ausschuss. Allerdings kann eine solche Beratung nicht dazu führen, dass dem Plenum das Recht genommen wird, selbst beratend tätig zu werden. Auch ein beratender Ausschuss ist verpflichtet, das Plenum über das, was er dem Vorstand geraten hat, zu informieren. 282

d) **Überwachende Ausschüsse.** Das Gesetz (§ 111) beauftragt den Aufsichtsrat mit der Kontrolle des Vorstands. Die Überwachungspflicht ist eine seiner zentralen Aufgaben und kann als solche nicht schlechthin an einen Ausschuss delegiert werden. Möglich ist allerdings, dass ein Ausschuss die Überwachung durch das Plenum vorbereitet. Es können hierzu erforderliche Unterlagen angefordert und Prüfungen vorgenommen werden, die nach Auffassung des Ausschusses sachdienlich sind. Die abschließende Prüfung erfolgt allerdings im Rahmen der Gesamtüberwachung durch das Plenum. Der Ausdruck „überwachende Ausschüsse" sollte daher vermieden werden. 283

e) **Sonderfall: „Vertrauliche Ausschüsse".** Der Aufsichtsrat setzt einen sog. vertraulichen Ausschuss[351] ein, wenn er die Behandlung eines bestimmten Themas im Plenum auf Grund der zu wahrenden strikten Vertraulichkeit für nicht angebracht hält. Es kann sich beispielsweise um einen Ad hoc-Ausschuss für eine Compliance-Untersuchung handeln. Der Ausschuss kann hier auch probates Mittel zum Umgang mit Interessenkonflikten sein, indem man belastete Mitglieder außen vor lässt. 284

III. Einsetzung von Ausschüssen

1. Einsetzungskompetenz des Aufsichtsrats. Nur der Aufsichtsrat kann Ausschüsse einsetzen und Ausschussmitglieder bestellen. Innerhalb der Grenzen seiner Delegationsautonomie entscheidet er darüber, ob und welche Ausschüsse er bildet. Er bestimmt die Aufgaben des Ausschusses und legt nach pflichtgemäßem Ermessen fest, ob ihm Beschlusskompetenz übertragen wird. Die ordnungsgemäße Erledigung seiner Aufgaben kann den Aufsichtsrat in größeren Gesellschaften zur Einsetzung eines Ausschusses zwingen.[352] 285

2. Beschluss über die Bestellung. Der Aufsichtsrat muss die Einsetzung des Ausschusses **beschließen** (§ 108 Abs. 1). Der Beschluss über die Ausschusseinsetzung und Bestellung seiner Mitglieder bedarf in mitbestimmten wie in nicht mitbestimmten Gesellschaften der **einfachen Mehrheit** der abgegebenen Stimmen.[353] Das Gesetz hat dem Aufsichtsrat das Recht zur Bildung und Besetzung von Ausschüssen übertragen. Die Satzung kann die Ausübung dieses Rechts nicht erschweren, indem sie eine qualifizierte Mehrheit fordert.[354] Ausgenommen ist der Vermittlungsausschuss, dessen Bildung vom Gesetz (§ 27 Abs. 3 MitbestG) angeordnet wird; es bedarf keines Aufsichtsratsbeschlusses. 286

3. Annahme des Amtes. Das bestellte Ausschussmitglied muss sein Amt annehmen, sonst hat es kein Amt.[355] Lehnt es den Sitz im Ausschuss ab, kann hierin eine Pflichtverletzung liegen, wenn das Mitglied nicht schon durch andere Aufgaben in diesem Aufsichtsrat in Anspruch genommen ist. 287

---

[351] Vgl. *Hoffmann/Preu* Der Aufsichtsrat Rn. 147.
[352] Kölner Komm AktG/*Mertens/Cahn* Rn. 114; *Rellermeyer,* Aufsichtsratsausschüsse, 1986, 14 f.; *Krieger* ZGR 1985, 338 (361 f.).
[353] Kölner Komm AktG/*Mertens/Cahn* Rn. 115; ErfK/*Oetker* Rn. 9; *Rellermeyer,* Aufsichtsratsausschüsse, 1986, 98 ff., 100 f.
[354] Jetzt auch Großkomm AktG/*Hopt/Roth* Rn. 264.
[355] Kölner Komm AktG/*Mertens/Cahn* Rn. 115.

288 Der Aufsichtsratsvorsitzende und sein Stellvertreter sind „geborene" Mitglieder des Präsidiums. Das Präsidium bedarf ihrer Mitgliedschaft; andernfalls kann es nicht bestehen. Deshalb müssen sowohl der Aufsichtsratsvorsitzende als auch der Stellvertreter ihr Amt als Ausschussmitglied annehmen. Sonst könnten sie die Einsetzung des Präsidiums verhindern. Eine solche Einflussnahme kann ihnen nicht zugestanden werden.[356]

289 **4. Ausschussvorsitzender.** Anders als beim Gesamtaufsichtsrat schreibt das Gesetz die Bestellung eines **Ausschussvorsitzenden** und eines Stellvertreters nicht vor. Seine Bestellung ist nicht zwingend erforderlich,[357] kann sich aber aus Zweckmäßigkeitserwägungen empfehlen. Dies wird sich nach der Größe des Ausschusses und der ihm übertragenen Aufgaben richten.[358] Wenn man entgegen der hier vertretenen Ansicht von der Zulässigkeit eines Zweipersonenausschusses ausgeht, kann für diesen jedenfalls kein Vorsitzender bestimmt werden.[359]

290 **a) Bestellung des Ausschussvorsitzenden.** Nur der **Aufsichtsrat** entscheidet darüber, ob ein Ausschussvorsitzender und ein Stellvertreter bestellt werden. Die Satzung kann keine dementsprechende Regelung begründen.[360] Dies wäre ein unzulässiger Eingriff in die Organisationsautonomie des Aufsichtsrats. Genauso wenig darf die Satzung bestimmen, dass der Aufsichtsratsvorsitzende einem oder allen Ausschüssen anzugehören hat.[361] Zulässig ist hingegen die Regelung, dass der Aufsichtsratsvorsitzende den Vorsitz zu übernehmen hat, wenn er in den Ausschuss gewählt wird.[362] Eine entsprechende Regelung kann auch die Geschäftsordnung enthalten.

291 Der Ausschussvorsitzende und sein Stellvertreter werden sowohl in der mitbestimmten als auch in der nicht mitbestimmten Gesellschaft durch **Mehrheitsbeschluss** bestellt. Die mitbestimmungsrechtliche Vorschrift (§ 27 Abs. 1 MitbestG) ist nicht entsprechend anwendbar.[363] Die Wahl des Ausschussvorsitzenden und seines Stellvertreters kann dem Ausschuss überlassen werden,[364] der mit einfacher Stimmenmehrheit[365] wählt.

292 **b) Zweitstimmrecht des Ausschussvorsitzenden.** Dem Ausschussvorsitzenden kann nach zutreffender hM bei Beschlussfassungen im Ausschuss ein Zweitstimmrecht eingeräumt werden. Dazu muss er nicht zugleich Aufsichtsratsvorsitzender sein.[366] Das Zweitstimmrecht kann richtigerweise nicht durch den Aufsichtsrat in der **Geschäftsordnung**, sondern nur durch die Hauptversammlung in der **Satzung** begründet werden.[367] Darin ist kein Eingriff in die Organisationshoheit des Aufsichtsrats zu sehen.[368] Der Vorsitzende des **Vermittlungsausschusses** darf kein Zweitstimmrecht haben.

---

[356] Kölner Komm AktG/*Mertens/Cahn* Rn. 115.
[357] Kölner Komm AktG/*Mertens/Cahn* Rn. 120; MHdB AG/*Hoffmann-Becking* § 32 Rn. 26; *Rellermeyer,* Aufsichtsratsausschüsse, 1986, 162 f.; *Peus* S. 136 Fn. 206; *Wellkamp,* Vorstand, Aufsichtsrat und Aktionär, 2. Aufl. 2000, Rn. 136; aA *Lehmann* DB 1979, 2117 (2121) zufolge ist es nur dann Sache des Aufsichtsrats über die Frage der Wahl eines Ausschussvorsitzenden zu entscheiden, wenn nicht die Satzung seine Regelung trifft.
[358] Kölner Komm AktG/*Mertens/Cahn* Rn. 120 halten die Bestellung eines Ausschussvorsitzenden in Ausschüssen mit mehr als vier Mitgliedern für unentbehrlich, ebenso MHdB AG/*Hoffmann-Becking* § 32 Rn. 26.
[359] Kölner Komm AktG/*Mertens/Cahn* Rn. 120.
[360] *J. Semler* AG 1988, 60 (64); *Rellermeyer,* Aufsichtsratsausschüsse, 1986, 163 f.
[361] *Hoffmann/Preu* Der Aufsichtsrat Rn. 155.
[362] Kölner Komm AktG/*Mertens/Cahn* Rn. 120; *Hoffmann/Preu* Der Aufsichtsrat Rn. 155, 432.
[363] Kölner Komm AktG/*Mertens/Cahn* Rn. 120.
[364] Kölner Komm AktG/*Mertens/Cahn* Rn. 120; *Rellermeyer,* Aufsichtsratsausschüsse, 1986, 163.
[365] MHdB AG/*Hoffmann-Becking* § 32 Rn. 31.
[366] BGHZ 83, 106 (117) = NJW 1982, 1525 (1527); BGHZ 83, 144 (147 ff.) = NJW 1982, 1528 (1529); OLG München NJW 1981, 2201 (2202 f.) (für den Aufsichtsratsvorsitzenden als Vorsitzenden des Ausschusses); OLG Köln WM 1981, 413 (für den Personalausschuss der mitbestimmten Gesellschaft); LG München AG 1980, 165 (für den Aufsichtsratsvorsitzenden im Ausschuss); UHH/*Ulmer/Habersack* MitbestG § 25 Rn. 136; *Henze* Rn. 706.
[367] AA Kölner Komm AktG/*Mertens/Cahn* Rn. 99.
[368] Vgl. auch BGHZ 83, 106 (118 f.) = NJW 1982, 1525 (1527); OLG München NJW 1981, 2201 (2202 f.); LG München AG 1980, 165 (167); aA *Geitner* AG 1982, 212 (215 f.), demzufolge das Zweitstimmrecht nicht durch Satzungsregelung der Hauptversammlung soll eingeräumt werden können.

5. Stellvertreter. Ausschussmitglieder können sich im Gegensatz zu Aufsichtsratsmitgliedern durch Stellvertreter vertreten lassen. Das Verbot (§ 101 Abs. 3 S. 1) gilt hier nicht. Beim Aufsichtsrat würde nur ein „Nicht-Organmitglied" berufen werden können, beim Ausschuss ist der Stellvertreter bereits Mitglied des Organs Aufsichtsrat. Der Aufsichtsrat, nicht aber der Ausschuss oder ein Ausschussmitglied, kann aus seiner Mitte Stellvertreter von Ausschussmitgliedern bestellen. Dies gilt allerdings nicht für den Vermittlungsausschuss (§ 27 Abs. 3 MitbestG). Die Stellvertretungsfrage kann der Aufsichtsrat in der Geschäftsordnung regeln oder ad hoc bei Bedarf entscheiden.[369]   293

IV. Zusammensetzung von Ausschüssen

Die Frage der personellen Besetzung von Aufsichtsratsausschüssen wurde im AktG bewusst nicht geregelt.[370] Der Aufsichtsrat entscheidet darüber allein. Die Satzung kann seine Entscheidung nicht beeinflussen, etwa indem sie vorgibt, dass jedem Ausschuss der Aufsichtsratsvorsitzende oder eine bestimmte Zahl von Anteilseigner- oder Arbeitnehmervertretern angehören muss.[371]   294

1. Mitgliedschaft im Aufsichtsrat. Mitglieder eines Ausschusses müssen Mitglieder des Aufsichtsrats sein. Das ergibt sich aus der Formulierung in der Vorschrift „aus seiner Mitte" (Abs. 3 S. 1). Scheidet ein Aufsichtsratsmitglied aus dem Aufsichtsrat aus, führt dies automatisch zum Verlust seiner Stellung als Ausschussmitglied.[372] Gleiches gilt, wenn seine Mitgliedschaft im Aufsichtsrat auf Grund der Tätigkeit als Stellvertreter eines Vorstandsmitglieds ruht (§ 105 Abs. 2 S. 3). Im Amt des Ausschussmitglieds wird Kontinuität angestrebt. Das Ausscheiden eines Mitglieds aus dem Aufsichtsrat oder dem Ausschuss lässt deshalb die Ausschussmitgliedschaft der anderen Mitglieder unberührt.[373] Ein in den Aufsichtsrat nachrückendes Ersatzmitglied übernimmt nicht ohne weiteres den Ausschusssitz des ausgeschiedenen Mitglieds;[374] hierüber muss der Aufsichtsrat beschließen.   295

2. Anzahl der Mitglieder. Erledigende Ausschüsse müssen nach hM **mindestens drei Mitglieder** haben. Die gesetzliche Regelung zur Beschlussfähigkeit des Aufsichtsrats (§ 108 Abs. 2 S. 3) darf nicht umgangen werden.[375] Nach der überwiegend vertretenen Meinung[376] gilt dies auch für vorbereitende Ausschüsse.[377] Der vorbereitende Ausschuss fasst zwar in der Sache selbst keine Beschlüsse. Er beschließt aber mit interner Wirkung (zB über Tagesordnung und Sitzungsniederschrift), mit Wirkung gegenüber dem Vorstand (zB Berichtsverlangen) oder Dritten, indem er Sachverständige bestellt. Der vorbereitende Ausschuss nimmt befristet Kompetenzen des Plenums wahr mit der Folge, dass sich die Verpflichtungen des Vorstands ändern.   296

---

[369] Kölner Komm AktG/*Mertens/Cahn* Rn. 119.
[370] BGHZ 122, 342 (355) = NJW 1993, 2307 (2310); BGHZ 83, 144 (146, 147) = NJW 1528, 1529.
[371] AA Großkomm AktG/*Hopt/Roth* Rn. 274.
[372] Vgl. MüKoAktG/*Habersack* Rn. 130.
[373] *Lutter/Krieger/Verse* Rn. 769; *Rellermeyer*, Aufsichtsratsausschüsse, 1986, 142.
[374] Kölner Komm AktG/*Mertens/Cahn* Rn. 118.
[375] BGH AG 1991, 398 (399) = ZIP 1991, 869; BGH NJW 1989, 1928 (1929) = AG 1989, 129 (130) = WM 1989, 215 = WuB II A. § 107 AktG 1.89 mit Anm. *Herrmann*; BGHZ 65, 190 (191 f.) = NJW 1976, 145 (146) = AG 1976, 43 mit teils kritischer Anm. *Werner*. Vgl. dazu auch *J. Semler* AG 1988, 60 (67); Kölner Komm AktG/*Mertens/Cahn* Rn. 117; MHdB AG/*Hoffmann-Becking* § 32 Rn. 18; *Raiser/Veil* MitbestG § 25 Rn. 50; *Henn* Kap. 8 Rn. 94 *Rellermeyer*, Aufsichtsratsausschüsse, 1986, 90 ff.; anders noch RG, Urteil vom 13.6.1913, Rep. II 197/13 = RGZ 82, 386 (388); *Lehmann*, FS Barz, 1974, 189 (192), demzufolge ein zweiköpfiger Ausschuss entscheidende Befugnisse ausüben dürfe, da der Aufsichtsrat jederzeit die Möglichkeit habe, die dem Ausschuss übertragenen Befugnisse wieder an sich zu ziehen.
[376] *Bürgers/Körber/Bürgers/Israel* Rn. 23; Kölner Komm AktG/*Mertens/Cahn* Rn. 116; MHdB AG/*Hoffmann-Becking* § 32 Rn. 18; *Raiser/Veil* MitbestG § 25 Rn. 50; *Henn* Kap. 8 Rn. 94; *Rellermeyer*, Aufsichtsratsausschüsse, 1986, 88 ff.; *Langenbucher/Blaum* DB 1994, 2197 (2200); *Westerfelhaus* DB 1998, 2078 (Fn. 11); *Frels* AG 1957, 9; *Lehmann*, FS Barz, 1974, 189 (190).
[377] AA *J. Semler* AG 1988, 60 (66 f.); *Nagel* DB 1982, 2677 (2678), *Fickel* AG 1977, 134 (136).

297 Der Aufsichtsrat kann zwar auch ein oder zwei Mitglieder mit der Wahrnehmung von vorbereitenden Aufgaben beauftragen; dann handelt es sich aber nicht um einen Ausschuss. Den sog. Einpersonenausschuss gibt es erst recht nicht.[378] Der aktienrechtliche Begriff Ausschuss bezeichnet ein Gremium, das nicht aus nur einem Mitglied bestehen kann.

298 Die **Geschäftsordnung** kann Fragen der Größe eines Ausschusses regeln. Die erforderliche Anzahl der Mitglieder orientiert sich an der Arbeitsfähigkeit des Ausschusses sowie der Sachkunde und möglicher Interessenkollisionen der Mitglieder. In der Praxis sind Ausschüsse meist mit drei bis sechs Mitgliedern besetzt. Die Besetzung mit einer ungeraden Anzahl von Ausschussmitgliedern beugt der Entstehung von Pattsituationen vor. In mitbestimmten Aufsichtsräten kann sich hierdurch zwar ein Konflikt mit der Abbildung der Parität ergeben; dies ist aber unschädlich, weil die Rechtsprechung bei der Besetzung von fakultativen Ausschüssen gerade keine Spiegelung der Verhältnisse im Aufsichtsrat verlangt.[379]

299 3. **Wahlen zum Ausschuss.** Der Aufsichtsrat trägt im Rahmen seiner Delegationsautonomie Sorge für die personelle Besetzung der Ausschüsse. Die Wahl der Ausschussmitglieder erfolgt in mitbestimmten wie in nicht mitbestimmten Aufsichtsräten mit **einfacher Mehrheit der abgegebenen Stimmen**.[380] Die Satzung kann nichts anderes bestimmen und etwa eine größere Mehrheit fordern.[381] Listen- wie Einzelwahl sind zulässig.[382] Eine entsprechende Bestimmung ist ebenfalls in der Geschäftsordnung möglich, wenn auch aus praktischen Gründen nicht zu empfehlen.

300 Jedes Aufsichtsratsmitglied hat das **passive Wahlrecht** und kann in den Ausschuss gewählt werden.[383] Ein Anspruch auf Wahl in den Ausschuss besteht nicht,[384] auch nicht für die in den Aufsichtsrat entsandten Mitglieder.[385] Zweifelhaft ist, ob das in den Ausschuss gewählte Mitglied seine Wahl – etwa aus Zeitmangel – ablehnen kann. Die Bereitschaft zur Wahl schließt nicht zwingend die Bereitschaft zur Übernahme zeit- und haftungsintensiverer[386] Ausschussarbeit ein.

301 4. **Ausschussbesetzung in Gesellschaften ohne Arbeitnehmerbeteiligung im Aufsichtsrat.** Der Aufsichtsrat entscheidet über die Ausschussbesetzung nach pflichtgemäßem Ermessen. Seine Delegationsautonomie wird nur durch die zu berücksichtigenden am Unternehmensinteresse ausgerichteten **Eignungskriterien** sowie die **sinnvolle Organisation der Ausschussarbeit**[387] bei der Auswahl der Ausschussmitglieder eingeschränkt. Eine Verpflichtung zur Auswahl ausschließlich nach Eignung besteht nicht.[388] Jedoch liegt ein Verstoß gegen die Organisationspflicht der Aufsichtsratsmitglieder vor, wenn das Ausschuss-

---

[378] MHdB AG/*Hoffmann-Becking* § 32 Rn. 18; *v. Gierke* AG 1957, 75; bezeichnet den Einpersonenausschuss zutreffend als Unding.
[379] BGHZ 122, 342 (355 ff.).
[380] BGHZ 122, 342 (355) = NJW 1993, 2307 (2310); *Hoffmann/Preu* Der Aufsichtsrat Rn. 154; ErfK/*Oetker* Rn. 9; *Rellermeyer*, Aufsichtsratsausschüsse, 1986, 75; *Mertens* AG 1981, 113 (114).
[381] MHdB AG/*Hoffmann-Becking* § 32 Rn. 16; Kölner Komm AktG/*Mertens/Cahn* Rn. 97; *Rellermeyer*, Aufsichtsratsausschüsse, 1986, 80.
[382] Vgl. MüKoAktG/*Habersack* Rn. 127.
[383] Kölner Komm AktG/*Mertens/Cahn* Rn. 121.
[384] *Baumbach/Hueck* Rn. 14; *Rellermeyer*, Aufsichtsratsausschüsse, 1986, 119; *Zöllner*, FS Zeuner, 1994, 161 (182).
[385] Kölner Komm AktG/*Mertens/Cahn* Rn. 96.
[386] BGH NZG 2011, 1271 (1275) – ISION; *Hasselbach* NZG 2012, 41 (47); *Kiefner/Krämer* AG 2012, 498 ff.; *Merkt/Mylich* NZG 2012, 525 (528); *Mutter/Gayk* ZIP 2003, 1773 (1774 f.); Kölner Komm AktG/*Mertens/Cahn* § 116 Rn. 63; zum Umfang der Haftung im Hinblick auf Rechtsirrtümer *Strohn* ZHR 176 (2012), 137 (139 ff.).
[387] Hierzu insbesondere *Zöllner*, FS Zeuner, 1994, 161 ff.; OLG München AG 1995, 466 (467); *Kindl* DB 1993, 2065 (2069) (für die mitbestimmte Gesellschaft); UHH/*Ulmer/Habersack* MitbestG § 25 Rn. 127; *Canaris* DB 1981, Beil. Nr. 14, S. 1 (15) (nur Missbrauchsverbot); *Zöllner* AG 1981, 13 (15); aA GK-MitbestG/*Neandrup* MitbestG § 25 Rn. 35, demzufolge die Machtverteilung im Ausschuss derjenigen des Gesamtaufsichtsrats entsprechen muss; *Hommelhoff/Matthéus* AG 1998, 249 (255 f.) sprechen sich für verschärfte Anforderungen an die Eignung der Aufsichtsratskandidaten und damit auch der Ausschusskandidaten aus.
[388] Kölner Komm AktG/*Mertens/Cahn* Rn. 121; wohl aA MHdB AG/*Hoffmann-Becking* § 32 Rn. 21.

mitglied gänzlich ungeeignet für seine Aufgabe ist. Ein ungeeigneter Kandidat sollte die Mitgliedschaft im Ausschuss nicht annehmen, andernfalls haftet er möglicherweise aus Übernahmeverschulden.[389]

5. Ausschussbesetzung in Gesellschaften mit Arbeitnehmerbeteiligung im Aufsichtsrat. Das Gesetz gibt nicht vor, wie die Ausschüsse in Gesellschaften mit Arbeitnehmerbeteiligung zu besetzen sind. Der Entstehungsgeschichte des MitbestG sind keine Anhaltspunkte zu entnehmen.[390] Die Ausschussbesetzung ist nach wie vor umstritten. Dies lässt sich u. a. darauf zurückführen, dass die Arbeitnehmervertreter Einflussmöglichkeiten verlieren, wenn Entscheidungskompetenzen auf den überwiegend oder ausschließlich mit Anteilseignervertretern besetzten Ausschuss übertragen werden. Die in der Literatur vertretenen Meinungen reichen von der Forderung einer grundsätzlich paritätischen Besetzung[391] über die Berücksichtigung mindestens eines Arbeitnehmervertreters[392] bis hin zu einer nahezu völligen Besetzungsfreiheit.[393] Dem BGH zufolge dürfen Arbeitnehmervertreter nicht ohne sachlichen Grund bei der Ausschussbesetzung benachteiligt, also diskriminiert werden.[394] Zu beachten ist allerdings, dass es sich in dem entschiedenen Fall um einen mit Beschlusskompetenz ausgestatteten Personalausschuss handelte und nicht lediglich um einen vorbereitenden Ausschuss. Im Einzelnen gilt folgendes:

a) Auswahl der Ausschussmitglieder in Gesellschaften, die dem MitbestG unterliegen. Abgesehen von dem zu bildenden Vermittlungsausschuss (§ 27 Abs. 3 MitbestG) schreibt das MitbestG nicht vor, dass Arbeitnehmervertreter überhaupt bei der Ausschussbesetzung zu berücksichtigen sind. Vorgaben für die Besetzung der anderen Ausschüsse können aus der Vorschrift über die paritätische Besetzung des Vermittlungsausschusses nicht gefolgert werden.

aa) Kein Anspruch auf paritätische Ausschussbesetzung. Es gibt keine Vorschrift, die besagt, dass Ausschüsse ebenso wie der Aufsichtsrat paritätisch zu besetzen sind. Der Aufsichtsrat kann zur paritätischen Ausschussbesetzung nicht gezwungen werden.[395] Die personelle Besetzung des Ausschusses braucht nicht die diejenige des Aufsichtsrats widerzuspiegeln.[396]

Ebenso wenig besteht ein Verbot, einen Ausschuss gegen die Stimmen der Arbeitnehmervertreter ausschließlich mit Anteilseignervertretern zu besetzen, wenn sich hierfür sachliche Gründe finden.[397] Daraus ergibt sich, dass wichtige mit Beschlusskompetenz versehene

---

[389] Darauf weisen *Hommelhoff/Mattheus* AG 1998, 249 (256) hin.
[390] Vgl. die Ausführungen von *Raiser/Veil* MitbestG § 25 Rn. 53.
[391] *Köstler/Zachert/Müller* Rn. 403; *Nagel* DB 1982, 2677.
[392] *Fitting/Wlotzke/Wißmann* MitbestG § 29 Rn. 38; kritisch *Peus* S. 417 f.
[393] *Hoffmann/Lehmann/Weinmann* MitbestG § 25 Rn. 35 f.; *Martens* ZGR 1983, 237 (252); *Canaris* DB 1981, Beil. Nr. 14, S. 1 (15); *Rittner* DB 1980, 2493 (2500).
[394] BGHZ 122, 342 ff. = NJW 1993, 2307 ff.
[395] Str., wie hier BGHZ 122, 342 (357) = NJW 1993, 2307 (2310) = AG 1993, 464 (467) = WuB II A. § 107 AktG 1.93 mit Anm. *Rellermeyer* = DZWiR 1993, 503 mit Anm. *Raiser*; OLG Hamburg ZIP 1984, 819 (820); LG Hamburg Urt. vom 12.7.1983, 4 O 185/83; LG Hamburg WM 1980, 1399; Kölner Komm AktG/*Mertens/Cahn* Rn. 122; MHdB AG/*Hoffmann-Becking* § 32 Rn. 12; HdB AG/*Jaeger* Rn. 9.260; *Zöllner* AG 1981, 13 (15); *Fickel* AG 1977, 134 (135); *Lehmann* AG 1977, 14 (17); *Luther* ZGR 1977, 306 (314); vgl. Nachweise zur unabhängigen Besetzung verschiedener Ausschüsse bei *Roth* ZGR 2012, 343 (353 f.); aA GK-MitbestG/*Neandrup* § 25 Rn. 35; *Geitner* AG 1976, 210 (212), demzufolge Ausschüsse entsprechend dem Aufsichtsrat besetzt sein müssen, da andernfalls ein Verstoß gegen den mitbestimmungsrechtlichen Grundgedanken der Gleichberechtigung der dualistischen Unternehmensfaktoren vorliege; *Köstler/Zachert/Müller* Rn. 403 sprechen sich für eine analoge Anwendung der Vorschrift aus; *Reuter* AcP 179 (1979), 509 (533 f.); *Nagel* DB 1982, 2677; *Fitting/Wlotzke/Wißmann* MitbestG § 29 Rn. 38 zufolge sind Arbeitnehmervertreter grundsätzlich an allen Ausschüssen zu beteiligen, in Rn. 41 sind sie gegen den Einsatz der Zweitstimme des Vorsitzenden für eine nicht paritätische Ausschussbesetzung.
[396] *Lehmann* AG 1977, 14 (16); ErfK/*Oetker* Rn. 10.
[397] Str., wie hier LG Hamburg WM 1980, 1399; Kölner Komm AktG/*Mertens/Cahn* Rn. 124; *Hoffmann/Lehmann/Weinmann* MitbestG § 25 Anm. 38 und § 29 Anm. 23; UHH/*Ulmer/Habersack* MitbestG § 25 Rn. 127; *Zöllner*, FS Zeuner, 1994, 161 (165 ff.); *Canaris* DB 1981, Beil. 14, S. 1 (15); *Fickel* AG 1977, 134

Ausschüsse zulässigerweise mehrheitlich mit Anteilseignervertretern besetzt sein können. Dagegen bestehen keine Bedenken. Selbst bei paritätischer Besetzung könnte die Anteilseignerseite sich durch ein mögliches Zweitstimmrecht des Ausschussvorsitzenden die Mehrheit verschaffen.[398]

306 **bb) Keine unzulässige Diskriminierung.** Selbst wenn Ausschüsse nicht zwingend paritätisch zu besetzen sind, muss das **Diskriminierungsverbot** beachtet werden.[399]

307 **(1) Gebot angemessener Arbeitnehmerbeteiligung.** Arbeitnehmervertreter dürfen nicht ohne sachlichen Grund bei der Ausschussbesetzung unberücksichtigt bleiben.[400] Ihre Gruppenzugehörigkeit darf nicht Motiv der Auswahl sein.[401] Eine willkürliche Ausschussbesetzung unter Verstoß gegen den Grundgedanken der gesetzlichen Mitbestimmung ist nicht zulässig.[402] Die Ausschüsse sind sach- und relationsgerecht zu besetzen; dies gilt auch bei Stimmübergewicht der Anteilseignerseite. Daraus wird das **Gebot angemessener Beteiligung der Arbeitnehmervertreter**[403] abgeleitet. Ein **Verstoß** wird bei bedeutender, sachlich nicht gerechtfertigter Unterrepräsentation der Arbeitnehmervertreter oder bei vollständig mit Anteilseignervertretern besetzten wichtigen Ausschüssen widerlegbar vermutet.[404] Stehen keine sachlichen Gründe entgegen, sind Arbeitnehmervertreter zu beteiligen.[405] Voraussetzung ist allerdings das Vorhandensein notwendiger Kenntnisse.

308 **(2) Geltungsbereich des Diskriminierungsverbots.** Das Diskriminierungsverbot gilt sowohl für **beschließende** als auch für **vorbereitende** Ausschüsse. Es betrifft den **Präsidialausschuss**, der neben dem Vorsitzenden mit einem Stellvertreter zu besetzen ist, ebenso wie einen **Vorstandsausschuss**. Arbeitnehmervertreter sind an dem Personalausschuss zu beteiligen, wenn keine sachlichen Gründe dagegen sprechen und es nicht an der erforderlichen Eignung mangelt.[406] Gerade die Auswahl der Vorstandsmitglieder ist eine der essentiellen Aufgaben des Aufsichtsrats. Der Personalausschuss ist einer der Ausschüsse, bei denen eine Arbeitnehmerbeteiligung besonders nahe liegend ist. Oft stimmt das Plenum im Sinn des vom Personalausschuss unterbreiteten Vorschlags ab. Das Argument, der Vorstand sei der unmittelbare Dienstvorgesetzte der Arbeitnehmervertreter, hat demgegenüber wenig Gewicht.[407] Dem Beteiligungsinteresse der Arbeitnehmervertreter kann nicht mit einem zwin-

---

(135); *Lehmann* DB 1979, 2117 (2119); *Lutter* Information Rn. 356; *Rellermeyer,* Aufsichtsratsausschüsse, 1986, 125 ff.; *Rittner* DB 1980, 2493 (2500); *J. Semler* AG 1988, 60 (63); dem OLG München WM 1995, 978 (979 f.) zufolge müssen erhebliche sachliche Gründe vorhanden sein; aA MHdB ArbR/*Wißmann* § 286 Rn. 6 und § 282 Rn. 12; *Köstler* BB 1985, 554 (560), demzufolge der Personalausschuss zumindest mit einem Arbeitnehmervertreter zu besetzen ist, wenn die Arbeitnehmervertreter darauf nicht einstimmig verzichtet haben; ähnlich *Gerum/Steinmann/Fees,* Der mitbestimmte Aufsichtsrat, 1988, 159; *Kindl* DB 1993, 2065 (2070) hat rechtliche Bedenken, wenn ein beschließender Ausschuss ganz ohne Arbeitnehmervertreter besetzt ist. Offen gelassen: BGHZ 122, 342 (358) = NJW 1993, 2307 (2311).
[398] Kölner Komm AktG/*Mertens/Cahn* Rn. 126.
[399] Vgl. Großkomm AktG/*Hopt/Roth* Rn. 277; *Lehmann* AG 1977, 14 (18); *Kindl* DB 1993, 2065 (2069).
[400] *Raiser* DZWiR 1993, 510 (512) zufolge sind nicht in der Person des Arbeitnehmervertreters liegende Gründe, die seinen Ausschluss aus dem Personalausschuss rechtfertigen würden, kaum vorstellbar.
[401] OLG Hamburg ZIP 1984, 819 (822).
[402] LG Frankfurt ZIP 1996, 1661 (1662).
[403] So die Wortwahl bei Kölner Komm AktG/*Mertens/Cahn* Rn. 121.
[404] BGHZ 122, 342 (358 ff.) = NJW 1993, 2307 (2311) (für den beschließenden Personalausschuss); OLG München WM 1995, 978 (979); Kölner Komm AktG/*Mertens/Cahn* Rn. 125; *Kindl* DB 1993, 2065 (2070) liegt die Vermutung einer unzulässigen gruppenspezifischen Diskriminierung nahe, wenn der Ausschuss nicht ungefähr die paritätische Aufsichtsratsbesetzung widerspiegelt; *Jaeger* ZIP 1995, 1735 (1736) stellt auf die Wertung einzelner Mitbestimmungsvorschriften und auf die tatsächliche Entscheidungsstruktur des Ausschusses ab; aA *Zöllner,* FS Zeuner, 1994, 161 (182 ff.), demzufolge das Diskriminierungsverbot wesentlich enger zu fassen ist.
[405] *Jaeger* ZIP 1995, 1735 (1737, 1739), der eine zwingende Arbeitnehmerbeteiligung nur in den Ausschüssen für geboten hält, die über Materien entscheiden, die dem Plenarvorbehalt des Abs. 3 S. 2 unterliegen.
[406] AA wohl MHdB AG/*Hoffmann-Becking* § 32 Rn. 21, der es als in der Regel nicht für vertretbar hält, einen Ausschuss, der sich mit Fragen der Belegschaft beschäftigt, ohne Arbeitnehmervertreter zu bilden.
[407] Ebenso Kölner Komm AktG/*Mertens/Cahn* Rn. 125.

genden Teilnahmerecht an den Ausschusssitzungen Genüge getan werden.[408] Der Aufsichtsratsvorsitzende könnte ihre Teilnahme untersagen; sein diesbezügliches Ermessen kann bei der Frage der Teilnahme von Arbeitnehmervertretern an Ausschusssitzungen nicht völlig ausgeschaltet werden. Dies verstieße gegen die Vorschrift (§ 109 Abs. 2).

Die angemessene Beteiligung der Arbeitnehmervertreter wird in Ausschüssen, die mit **betrieblichen** oder **sozialen Angelegenheiten** befasst sind, kein Problem darstellen. Hier wird sich eine Arbeitnehmerbeteiligung bereits aus Eignungskriterien heraus ergeben.[409] **309**

Eine Diskriminierung der Arbeitnehmervertreter kommt nicht in Betracht, wenn sie auf eine Vertretung im Ausschuss **verzichten** oder eine ausschließliche Besetzung mit Anteilseignern einstimmig beschlossen wird.[410] Haben sie nicht verzichtet, wird ein Verstoß gegen das Diskriminierungsverbot widerlegbar vermutet, wenn der Ausschuss nur mit Anteilseignervertretern besetzt ist[411] und bei einem oder mehreren Arbeitnehmervertretern die erforderlichen Sachkenntnisse vorhanden sind. **310**

cc) Keine festen Besetzungsregeln. Aus dem soeben Ausgeführten folgt, dass keine festen Besetzungsregeln existieren. Solche ließen sich im Übrigen auch nicht aus dem Gesetz herleiten. Wie in dem Aufsichtsrat ohne Arbeitnehmerbeteiligung sind deshalb auch in Gesellschaften mit Arbeitnehmerbeteiligung zunächst die **Eignungskriterien** zu beachten. Der Ausschuss bedarf zu seiner Aufgabenerfüllung des bestmöglichen Sachverstandes. Dem BGH zufolge genügt allerdings die besondere Sachkunde von Anteilseignervertretern bei der Besetzung des Vorstandsausschusses dennoch nicht, um die Arbeitnehmervertreter völlig unberücksichtigt zu lassen.[412] **311**

dd) Ausübung von Beteiligungsrechten. Bei der Ausübung von Beteiligungsrechten im MitbestG (§ 32) sowie im MitbestErgG (§ 15 Abs. 1 S. 2) bedarf es zur Beschlussfassung nur der Stimmen der Anteilseigner. Der Aufsichtsrat kann die Ausübung des Beteiligungsrechts an einen Ausschuss übertragen,[413] der mehrheitlich mit Anteilseignern zu besetzen ist.[414] Ein gänzlicher Ausschluss der Arbeitnehmervertreter ist hingegen nur in Ausnahmefällen angebracht.[415] **312**

ee) Auswahl der Ausschussmitglieder in Gesellschaften, die dem DrittelbG unterliegen. Auch nach dem DrittelbG haben Aufsichtsratsmitglieder grundsätzlich keinen Anspruch auf einen Ausschusssitz. Dem Aufsichtsrat steht es frei, Ausschüsse nach seinem Ermessen zu besetzen, auch nur mit Anteilseignervertretern. Eine unzulässige Diskriminierung darf dadurch aber nicht erfolgen. Der willkürliche Ausschluss von Arbeitnehmervertretern ist nämlich unzulässig.[416] Es bedarf also sachlicher Argumente für den Ausschluss. **313**

b) Auswahl der Ausschussmitglieder im Montanmitbestimmungsrecht. Die Ausschussbesetzung einer unter das Montanmitbestimmungsrecht fallenden Gesellschaft richtet sich nach den gleichen Grundsätzen wie bei einer nach dem MitbestG mitbestimmten Gesellschaft. Es ergeben sich keine Unterschiede.[417] **314**

6. Verstoß gegen Auswahlkriterien. Verstößt ein **Geschäftsordnungsbeschluss** gegen das Gebot angemessener Arbeitnehmerbeteiligung, ist er rechtswidrig und **nichtig**.[418] **315**

---

[408] So aber OLG Hamburg ZIP 1984, 819 (824 f.).
[409] Kölner Komm AktG/*Mertens/Cahn* Rn. 124.
[410] *Nagel* DB 1982, 2677 (2681).
[411] *J. Semler* AG 1988, 60 (639.
[412] BGHZ 122, 342 (362) = NJW 1993, 2307 (2312).
[413] Vgl. Kölner Komm AktG/*Mertens/Cahn* § 117 Anh. B § 32 MitbestG Rn. 20; UHH/*Ulmer/Habersack* MitbestG § 32 Rn. 28; *Rellermeyer*, Aufsichtsratsausschüsse, 1986, 19, 20.
[414] Das ergibt sich aus § 32 Abs. 1 S. 2 MitbestG.
[415] Ausführlich (auch zu unzulässiger Diskriminierung) MüKoAktG/*Habersack* Rn. 136 ff.
[416] MHdB AG/*Hoffmann-Becking* § 32 Rn. 21.
[417] Kölner Komm AktG/*Mertens/Cahn* Rn. 128; MHdB ArbR/*Wißmann* § 283 Rn. 24.
[418] WuB II A. § 107 AktG 1.93 mit Anm. *Rellermeyer* = DZWiR 1993, 503 mit Anm. *Raiser*; Kölner Komm AktG/*Mertens/Cahn* Rn. 107; *Zöllner*, FS Zeuner, 1994, 161 (181 ff.).

316 Die Befolgung des Diskriminierungsverbots ist allerdings verzichtbar: Besetzt der Aufsichtsrat den Ausschuss unter Verstoß gegen das Diskriminierungsverbot, ist der **Einsetzungsbeschluss** nur **nichtig,** wenn ein Aufsichtsratsmitglied oder mehrere Mitglieder die Nichtigkeit geltend machen.[419] Wird der Verstoß nicht geltend gemacht, bleibt es bei der gewählten Ausschussbesetzung. Es ist kein Grund ersichtlich, warum die Einsetzung nichtig sein sollte, wenn sich kein Aufsichtsratsmitglied an dem Verstoß stört. Die Nichtigkeit würde dazu führen, dass alle bis dahin vom Ausschuss gefassten Beschlüsse ungültig sind.

V. Verhältnis zum Gesamtaufsichtsrat

317 Es gibt keine gesetzliche Vorschrift, die den Ausschuss zur Rücksichtnahme auf den Willen des Plenums verpflichtet. Der Ausschuss darf aber den Willen des Plenums nicht verfälschen. Es gilt ein **Gebot ständiger Rücksichtnahme.** Daraus folgt nicht, dass der Ausschuss nur solche Beschlüsse fassen darf, die im Einklang mit der Meinung des Plenums stehen.[420]

318 **1. Keine abschließende Übertragung.** Der Aufsichtsrat kann dem Ausschuss seine Kompetenzen weder ausschließlich noch abschließend übertragen. Die Übertragung einzelner Aufgaben an den Ausschuss begründet keinen Kompetenzverlust für den Aufsichtsrat. Er kann durch Beschluss jederzeit die dem Ausschuss überantworteten Vorgänge an sich ziehen[421] und anstelle des Ausschusses entscheiden. Von dem Ausschuss bereits getroffene Entscheidungen kann er abändern oder aufheben.[422]

319 **2. Keine Präjudizierung durch den Ausschuss.** Gerade vorbereitende Ausschüsse dürfen der Entscheidung des Aufsichtsrats **nicht vorgreifen.** Der Ausschuss darf nicht vorpreschen und den Aufsichtsrat bzgl. des zu fassenden Beschlusses vor vollendete Tatsachen stellen. Dies gilt in der Theorie auch für die Bestellung und Abberufung von Vorstandsmitgliedern.[423] Praktisch trifft ein Ausschuss, dem die Kandidatenfindung obliegt, aber durchaus Entscheidungen, und zwar hinsichtlich jener Kandidaten, die er aussiebt und nicht dem Aufsichtsrat vorstellt. Um insoweit Zweifel zu vermeiden, sollte der Vorsitzende dem Plenum über diese Arbeit berichten.

320 **3. Einfluss auf das Handeln des Vorstands.** Beschließt der Ausschuss die Zustimmung zu einer Maßnahme des Vorstands, handelt der Ausschuss „als" Aufsichtsrat, es liegt ein Aufsichtsratsbeschluss vor. Der Vorstand ist, wenn ihm der Beschluss bekannt gegeben worden ist, zur Vornahme der Maßnahme berechtigt. Will der Aufsichtsrat die Ausführung der noch nicht vorgenommenen Maßnahme verhindern, kann er von seinem Eingriffsrecht Gebrauch machen und den betreffenden Vorgang an sich ziehen. Er muss die Aufhebung des Ausschussbeschlusses mehrheitlich beschließen. Bei Stimmengleichheit wird der Ausschussbeschluss nicht aufgehoben. Der Vorstand kann die Maßnahme durchführen, obwohl sich im Gesamtaufsichtsrat keine Mehrheit dafür findet.[424]

---

[419] Kölner Komm AktG/*Mertens/Cahn* Rn. 121.
[420] *Rellermeyer,* Aufsichtsratsausschüsse, 1986, 44; *J. Semler* AG 1988, 60 (629).
[421] OLG Hamburg AG 1996, 84 (85) = EWiR 1995, 1147 mit Anm. *Fleck;* OLG Köln WM 1981, 413 (146); MHdB AG/*Hoffmann-Becking* § 32 Rn. 4; *Lutter* Information Rn. 376; HdB AG/*Jaeger* Rn. 9.256; *Möllers* ZIP 1995, 1725 (1731); *Meier/Pech* DStR 1995, 1195; *Jaeger* ZIP 1995, 1735 (1738).
[422] Vgl. BGHZ 89, 48 (55 f.) = AG 1984, 48 (50); Kölner Komm AktG/*Mertens/Cahn* Rn. 125; UHH/*Ulmer/Habersack* MitbestG § 25 Rn. 131; *Raiser/Veil* MitbestG § 25 Rn. 63; einschränkend *Rellermeyer,* Aufsichtsratsausschüsse, 1986, 61, 140 f.
[423] Vgl. hierzu BGHZ 79, 38 (42) = NJW 1981, 757 (758); BGHZ 32, 114 (122) = NJW 1960, 1006 (1008); BGH WM 1968, 1328; *Henze* Rn. 702; *Meier/Pech* DStR 1995, 1195 (1196).
[424] Kölner Komm AktG/*Mertens/Cahn* Rn. 140.

VI. Nicht auf Ausschüsse übertragbare Aufgaben

Die Delegationsautonomie des Aufsichtsrats ist beschränkt. Bestimmte Aufgaben dürfen **321** einem Ausschuss weder mit ausschließlicher noch mit abschließender Wirkung übertragen werden. Solche Aufgaben muss der Aufsichtsrat von Gesetzes wegen (Abs. 3 S. 3) selbst wahrnehmen. Er kann hierzu nicht einen Ausschuss ermächtigen.

1. Keine generelle Delegation der allgemeinen Überwachungspflicht. Die Über- **322** wachung des Vorstands ist die wesentliche Aufgabe des Aufsichtsrats. Es gilt der Grundsatz, dass eine **generell abstrakte Überweisung** der Überwachungsaufgabe des Aufsichtsrats an einen Ausschuss nicht erfolgen darf. Nur aus der Überwachungspflicht **abgeleitete** und **konkrete** Pflichten kann ein Ausschuss wahrnehmen.[425] Der Aufsichtsrat kann einem Ausschuss „bestimmte Komplexe zur besonderen Überwachung und Berichterstattung an den Aufsichtsrat" übertragen, soweit die gesetzlichen Verbote (Abs. 3 S. 3) einer Delegation nicht entgegenstehen.

a) **Vorstandsberichte.** Zu den elementaren Pflichten eines jeden Aufsichtsratsmitglieds **323** zählt es, sich selbst mit den Berichten des Vorstands (§ 90 Abs. 1 S. 1) zu beschäftigen.[426] Der Aufsichtsrat kann die **Stellungnahme zu den Vorstandsberichten** nicht generell an einen Ausschuss delegieren. Es ist aber möglich, den Ausschuss mit der Stellungnahme zu einem bestimmten Problem zu beauftragen.[427]

Ebenso wenig darf der Aufsichtsrat dem Ausschuss **generell** die Aufgabe übertragen, die **324** an den Aufsichtsratsvorsitzenden **aus wichtigem Anlass** gerichteten Berichte (§ 90 Abs. 1 S. 2) **entgegenzunehmen.** Der Aufsichtsratsvorsitzende darf einen solchen Bericht nach eigener Kenntnisnahme an den sachlich zuständigen Ausschuss nur zur Bearbeitung weiterleiten. Dieser kann vom Aufsichtsrat auch zur Entgegennahme der Information durch den Aufsichtsratsvorsitzenden ermächtigt werden.[428] Dies ist allerdings häufig unzweckmäßig. Über Vorgänge, die einen wichtigen Anlass für die Berichterstattung bilden, sollte im Allgemeinen der Gesamtaufsichtsrat informiert werden.

b) **Einsichts- und Prüfungsrechte.** Das Einsichts- und Prüfungsrecht (§ 111 Abs. 2 **325** S. 3) ist nicht generell übertragbar. Der Aufsichtsrat kann nur für den Einzelfall beschließen, einen Ausschuss mit der Wahrnehmung des Einsichts- und Prüfungsrechts zu betrauen.[429]

2. Gesetzlich bestimmter Plenarvorbehalt (Abs. 3 S. 3). Das Gesetz (Abs. 3 S. 3) **326** benennt eine Reihe von Aufgaben, die der Aufsichtsrat dem Ausschuss nicht an seiner Stelle zur Beschlussfassung überweisen darf.

a) **Wahl des Aufsichtsratsvorsitzenden.** Nur das Plenum kann den Aufsichtsratsvor- **327** sitzenden wählen. Seine Wahl ist ebenso wenig wie die des Stellvertreters an einen Ausschuss delegierbar.[430]

b) **Abschlagzahlung auf den Bilanzgewinn (§ 59 Abs. 3).** Der Aufsichtsrat und nicht **328** der Ausschuss muss einer Abschlagzahlung auf den Bilanzgewinn an die Anteilseigner zustimmen. Haben Anteilseigner einen Abschlag ohne Zustimmung des Aufsichtsrats erhalten, müssen sie nur bei Bösgläubigkeit oder fahrlässiger Unkenntnis über ihre nicht beste-

---

[425] HM, OLG Hamburg ZIP 1995, 1673 (1675); Kölner Komm AktG/*Mertens*/*Cahn* Rn. 145; *J. Semler* AG 1988, 60 (61 f.); MHdB AG/*Hoffmann-Becking* § 32 Rn. 3; *Rellermeyer*, Aufsichtsratsausschüsse, 1986, 33 ff.; *Hommelhoff*, FS Werner, 1984, 315 (324); *Westerfelhaus* DB 1998, 2078.
[426] Vgl. OLG Hamburg ZIP 1995, 1673 (1675) mit Besprechung *Jaeger* ZIP 1995, 1735 ff.; *Rellermeyer*, Aufsichtsratsausschüsse, 1986, 36 f.; Kölner Komm AktG/*Mertens*/*Cahn* Rn. 147.
[427] Kölner Komm AktG/*Mertens*/*Cahn* Rn. 146.
[428] Kölner Komm AktG/*Mertens*/*Cahn* Rn. 147.
[429] Kölner Komm AktG/*Mertens*/*Cahn* Rn. 148.
[430] Kölner Komm AktG/*Mertens*/*Cahn* Rn. 149; MHdB AG/*Hoffmann-Becking* § 32 Rn. 5.

hende Bezugsberechtigung den erhaltenen Betrag an die Gesellschaft zurückzahlen.[431] Dies kann Auswirkungen auf eine etwaige Schadensersatzpflicht der Aufsichtsratsmitglieder haben.

329   c) **Geschäftsordnung für den Vorstand (§ 77 Abs. 2 S. 1).** Der Aufsichtsrat kann eine Geschäftsordnung für den Vorstand erlassen. Der Corporate Governance Kodex empfiehlt, dass eine Geschäftsordnung die Arbeit des Vorstands, insbesondere die Ressortzuständigkeit einzelner Vorstandsmitglieder, die dem Gesamtvorstand vorbehaltenen Angelegenheiten sowie die erforderliche Beschlussmehrheit bei Vorstandsbeschlüssen (Einstimmigkeit oder Mehrheitsbeschluss) regelt (Ziff. 4.2.1 DCGK). Diese Befugnis ist nicht auf den Ausschuss übertragbar. Sind Änderungen oder Ergänzungen an einer vom Aufsichtsrat erlassenen Geschäftsordnung für den Vorstand vorzunehmen, bedarf es eines Beschlusses des Gesamtaufsichtsrats.[432]

330   Der Plenarvorbehalt (Abs. 3 S. 3) kann nicht an dem formalen Geschäftsordnungsbegriff festgemacht werden. Er gilt für Festlegungen über jede Form der Zusammenarbeit innerhalb des Vorstands und zwischen Aufsichtsrat und Vorstand. Finden sich Bestimmungen außerhalb der Geschäftsordnung, gilt der Plenarvorbehalt auch für diese Bestimmungen.

331   Fordert die Satzung die **Zustimmung** zu einer vom Vorstand selbst erlassenen Geschäftsordnung, muss der Aufsichtsrat und nicht ein Ausschuss diese Zustimmung erteilen.[433] Ansonsten steht dem Aufsichtsrat keine Eingriffsbefugnis in die vom Vorstand selbst erlassene Geschäftsordnung zu.[434]

332   d) **Bestellung des Vorstands (§ 84 Abs. 1 S. 1 und S. 3, § 84 Abs. 2) und Vergütung der Vorstandsmitglieder (§ 87 Abs. 1 und Abs. 2 S. 1 und 2).** Die Vorschrift differenziert zwischen Bestellung und Anstellung von Vorstandsmitgliedern.

333   aa) **Bestellungskompetenz des Aufsichtsrats (§ 84 Abs. 1 S. 1).** Dem Aufsichtsrat obliegt die **Bestellungskompetenz** (vgl. auch Ziff. 5.1.2 DCGK). Er bestellt die Vorstandsmitglieder und das zum Vertreter eines Vorstandsmitglieds bestellte Aufsichtsratsmitglied.[435] In mitbestimmten Gesellschaften gilt in letzterem Fall bzgl. der Beschlussfassung die mitbestimmungsrechtliche Vorschrift über Abstimmungen (§ 29 MitbestG) und nicht diejenige über Bestellung und Widerruf.[436]

334   Nur der Aufsichtsrat in seiner Gesamtheit beschließt die Ernennung eines stellvertretenden Vorstandsmitglieds zum ordentlichen Vorstandsmitglied.[437] Für die Erforderlichkeit eines Aufsichtsratsbeschlusses spielt es keine Rolle, ob die Ernennung noch während der Amtszeit als stellvertretendes Mitglied erfolgt. Daran ändert auch die Vorschrift über die Stellvertreter von Vorstandsmitgliedern nichts. Stellvertretende Vorstandsmitglieder mit einer fünfjährigen Amtszeit hätten sonst erst ein Jahr vor Ablauf ihrer Amtszeit die Möglichkeit, zum ordentlichen Vorstandsmitglied ernannt zu werden.[438]

335   Die Bestellungskompetenz selbst ist nicht delegierbar, da der Ausschuss keine körperschaftlichen Organisationsakte vornehmen darf. Ziff. 4.2.2 und Ziff. 5.1.2 DCGK unterstreichen aber, dass die Vorbereitung der Bestellung von Vorstandsmitgliedern einem Ausschuss übertragen werden kann, der auch den Anstellungsvertrag einschließlich der Vergütung vorbereitet. Der Ausschuss darf unter **Beachtung der Bestellungs- und ggf. Vergütungskompetenz** die **Anstellung** von Vorstandsmitgliedern übernehmen, wenn

---

[431] Dies folgt aus § 62 Abs. 1; Kölner Komm AktG/*Mertens/Cahn* Rn. 150; Kölner Komm AktG/*Drygala* § 59 Rn. 20.
[432] Kölner Komm AktG/*Mertens/Cahn* Rn. 152.
[433] Kölner Komm AktG/*Mertens/Cahn* Rn. 151; MHdB AG/*Hoffmann-Becking* § 32 Rn. 5.
[434] Vgl. Kölner Komm AktG/*Mertens/Cahn* Rn. 152.
[435] § 105 Abs. 2; Kölner Komm AktG/*Mertens/Cahn* Rn. 155; aA MHdB AG/*Wiesner* § 24 Rn. 30.
[436] § 31 MitbestG. Kölner Komm AktG/*Mertens/Cahn* Rn. 155; MHdB AG/*Wiesner* § 24 Rn. 30; ausführlich *Krieger* S. 228 ff.; aA *Fitting/Wlotzke/Wißmann* MitbestG § 31 Rn. 4.
[437] Kölner Komm AktG/*Mertens/Cahn* Rn. 157; MHdB AG/*Wiesner* § 24 Rn. 26.
[438] Kölner Komm AktG/*Mertens/Cahn* Rn. 157; *Werner* AG 1972, 93 ff., 137 ff.

der Aufsichtsrat die Bestellung und ggf. die Vergütung[439] bereits beschlossen hat.[440] Liegt noch kein dahingehender Aufsichtsbeschluss vor, kann die Anstellung unter der aufschiebenden Bedingung der Bestellung und ggfs. ergänzenden Beschlußfassung über die Vergütung erfolgen.[441]

Das Plenum kann die Entscheidung über die **Ressortzuweisung** nicht an den Ausschuss delegieren. Sie fällt in seine alleinige Kompetenz.[442]

bb) Anstellungskompetenz des Ausschusses. Ein Ausschuss kann nicht mehr allein über den Anstellungsvertrag beschließen und den Vertrag mit dem Vorstandsmitglied abschließen, denn für den wesentlichen Teil, die Vorstandsvergütung, besteht seit dem VorstAG ein Delegationsverbot. Der Bestellungskompetenz entgegenstehende Anstellungsbedingungen dürfen nicht vereinbart, der Beschlussfassung des Aufsichtsrats darf nicht vorgegriffen werden.[443] Der Ausschuss gibt nur Empfehlungen über die Bestellung eines seiner Ansicht nach geeigneten Vorstandsmitglieds ab. Die Vertragsverhandlungen des Ausschusses dürfen nicht die Bestellung oder die geplante Bestellung in Frage stellen. Der Ausschuss ist bei für ihn nicht lösbaren Schwierigkeiten verpflichtet, die Verhandlungsführung an den Aufsichtsrat zurückzugeben.[444]

cc) Erneute Bestellung oder verlängerte Amtszeit. Das Gesetz (§ 84 Abs. 1 S. 3 iVm § 84 Abs. 1 S. 2) ermöglicht die wiederholte Bestellung eines Vorstandsmitglieds oder eine Verlängerung seiner Amtszeit. Der Aufsichtsrat muss einen neuen Beschluss hierüber fassen.[445]

dd) Ernennung des Vorstandsvorsitzenden (§ 84 Abs. 2). Die Vorschrift weist dem Aufsichtsrat die Ernennungskompetenz zu. Eine Delegation an einen Ausschuss ist nicht zulässig. Die Geschäftsordnung regelt die Ernennung eines Vorstandssprechers. Seine Bestellung obliegt im Allgemeinen gleichfalls dem Plenum des Aufsichtsrats.[446] Allerdings kann mit Zustimmung des Aufsichtsrats auch ein entsprechendes Wahlrecht des Vorstands begründet werden.

ee) Vergütung der Vorstandsmitglieder (§ 87 Abs. 1 und Abs. 2 S. 1 und 2). Die Vergütung der Vorstandsmitglieder bleibt ebenfalls dem Aufsichtsratsplenum vorbehalten. Vor der Änderung des Abs. 3 S. 3 haben regelmäßig Personal- oder Präsidialausschüsse Vergütungsfragen beschlossen. Dem Plenum bleibt zwar weiterhin unbenommen, vorbereitende[447] Ausschüsse zu bestellen, die eigentliche Festsetzung und Beschlussfassung obliegt aber zwingend dem Gesamtaufsichtsrat.[448] Zweck dieses Plenarvorbehalts ist, so die Ge-

---

[439] Hüffer/Koch Rn. 28.
[440] LG Kiel NZG 2001, 275.
[441] Kölner Komm AktG/Mertens/Cahn Rn. 153; MHdB AG/Wiesner § 20 Rn. 16 und § 21 Rn. 17; Hoffmann-Becking, FS Stimpel, 1985, 589 (596 f.).
[442] Kölner Komm AktG/Mertens/Cahn Rn. 154; ders. ZGR 1983, 189 (198); Krieger S. 212.
[443] BGHZ 89, 48 (56) = AG 1984, 48 (50); BGHZ 83, 144 (150) = NJW 1982, 1528 (1530) = AG 1982, 221 (223); BGHZ 79, 38 (42) = NJW 1981, 757 (758); Kölner Komm AktG/Mertens/Cahn Rn. 153; Baums Geschäftsleitervertrag S. 75; Meier/Pech DStR 1995, 1195 (1196); Bauer DB 1992, 1413; einschränkend Götz AG 1995, 337 (348), demzufolge eine faktisch verbindliche Vorentscheidung durch den Ausschuss möglich ist, wenn er von nominierten Kandidat von allen anderen eindeutig überlegen ist.
[444] Kölner Komm AktG/Mertens/Cahn Rn. 153; Krieger S. 169; Baums Geschäftsleitervertrag S. 75 (allerdings nur für den Fall, dass nach erfolgter Bestellung über einzelne Anstellungsbedingungen kein Einvernehmen zu erzielen ist).
[445] Kölner Komm AktG/Mertens/Cahn Rn. 156; Lutter/Krieger/Verse Rn. 356.
[446] Kölner Komm AktG/Mertens/Cahn Rn. 158.
[447] Davon geht auch die Begründung des Gesetzesentwurfs aus, vgl. BT-Drs. 16/12278, 6.
[448] Die Aufsichtsratsmitglieder haften persönlich für eine unangemessene Festsetzung der Vergütung nach § 116 S. 3 AktG; kritisch Kölner Komm AktG/Mertens/Cahn Rn. 162, die auf die Gefahr mangelnder Vertraulichkeit und Effizienz durch eine Festsetzung im Plenum hinweisen; kritisch auch Hohenstatt ZIP 2009, 1349 (1355); zu den Anforderungen des Nachhaltigkeitsgebots nach § 87 Abs. 1 und deren Umsetzung in der Praxis Wilsing/Paul GWR 2010, 363 f.; allgemein zur Angemessenheit nach § 87 Abs. 1 Seibert WM 2009, 1489 (1490).

setzesbegründung, die Transparenz der Vergütungsfestsetzung sicherzustellen, im Übrigen soll die Verantwortung des gesamten Aufsichtsrats für die angemessene Festsetzung der Vergütung verdeutlicht werden.[449] Dies gilt unabhängig davon, ob die AG börsennotiert ist oder nicht.[450]

341 Umstritten ist, ob diejenigen Teile des Anstellungsvertrages, die keine Vergütungsfragen betreffen, ebenfalls durch den Gesamtaufsichtsrat zu beschließen sind, oder eine Delegation auf einen Ausschuss zulässig ist.[451]

342 Von den Befürwortern der teilweisen Übertragbarkeit auf einen Ausschuss wird angeführt, dass § 84, insbesondere dessen Abs. 1 S. 5, nicht von Abs. 3 S. 3 in Bezug genommen wird.[452] Es bleibe demnach dabei, dass der Aufsichtsrat für den Abschluss des Anstellungsvertrages zuständig sei und nach allgemeinen Grundsätzen (§ 107 Abs. 3 S. 1) stehe es ihm frei, diese Aufgabe – mit Ausnahme von Vergütungsfragen – einem Ausschuss zu übertragen.

343 Eine andere Frage ist, inwiefern es der Effizienz der Aufsichtsratsarbeit dient, wenn über Anstellungsverträge teilweise von allen Aufsichtsräten, teilweise im Ausschuss entschieden wird. So streiten denn auch einige dafür, (nur) aus Gründen der Praktikabilität den Vertrag in Gänze im Plenum zu beraten und zu beschließen.[453] Spaltet man die Zuständigkeit, so ist bei Vergütungsentscheidungen weiter zu differenzieren. Jedenfalls bei solchen Vergütungsentscheidungen, für die bereits im Anstellungsvertrag die Kriterien festgelegt wurden, die es lediglich konkret umzusetzen gilt (zB die mathematische Feststellung der Zielerreichung[454]), ist ungeachtet des mehrdeutigen Gesetzeswortlauts eine Delegation auf einen Ausschuss zulässig.

344 Die **Gegner** dieser Ansicht sehen keinen Raum für eine Aufteilung der Inhalte eines Anstellungsvertrages in Vergütungsfragen und sonstige Inhalte. Dies wird damit begründet, dass die Vergütungsregelung das Kernstück des Anstellungsvertrages sei und deren Angemessenheit nicht losgelöst von den übrigen Vertragsbestimmungen beurteilt werden könne.[455]

345 **e) Widerrufskompetenz (§ 84 Abs. 3).** Nur das Plenum des Aufsichtsrats kann die Bestellung des Vorstandsmitglieds oder die Ernennung des Vorstandsvorsitzenden widerrufen. Dies gilt auch für das fehlerhaft bestellte Vorstandsmitglied.[456] Einem Ausschuss steht keine Widerrufskompetenz zu. Widerruft er dennoch die Bestellung eines Vorstandsmitglieds, ist der Widerruf ungültig. Er entfaltet keine vorläufige Wirksamkeit bis zur Feststellung seiner Unwirksamkeit.[457]

346 Die Widerrufskompetenz muss beachtet werden. Eine Umgehung des **Plenarvorbehalts** ist unzulässig. Der Aufsichtsrat muss erst einen Widerrufsbeschluss fassen, bevor der Ausschuss Handlungen vornehmen darf, die Einfluss auf die Rechtsstellung des Vorstandsmit-

---

[449] Vgl. Begründung BT-Drs. 16/12278, 5 f.
[450] *Hoffmann-Becking/Krieger* Beilage zu NZG 26/2009, 1 (9); *Wettich* AG 2013, 374 (378); *Bosse,* Handbuch Vorstandsvergütung, S. 34.
[451] Dafür *Hoffmann-Becking/Krieger* Beilage zu NZG 26/2009, 1 (9); *Ihrig/Wandt/Wittgens* Beilage zu ZIP 40/2012, 1 (27 f.); *Seibert* WM 2009, 1489 (1491); *Wettich* AG 2013, 374 (378); Spindler/Stilz/*Spindler* Rn. 121; dagegen *Gaul/Janz* NZA 2009, 809 (813); *Cahn*, FS Hopt, 2010, 431 (445); Hensssler/Strohn/ *Dauner-Lieb* § 84 Rn. 18; Kölner Komm AktG/*Mertens/Cahn* Rn. 162.
[452] *Hoffmann-Becking/Krieger* Beilage zu NZG 26/2009, 1 (9); *Spindler* NJOZ 2009, 3282 (3289); *Wettich* AG 2013, 374 (378); Spindler/Stilz/*Spindler* Rn. 121.
[453] *Hoffmann-Becking/Krieger* Beilage zu NZG 26/2009, 1 (9); Spindler/Stilz/*Spindler* Rn. 121, der es wegen der „unübersichtlichen Gemengelage" für sinnvoll erachtet, den Anstellungsvertrag insgesamt durch den Gesamtaufsichtsrat, der die AG nach § 112 gegenüber Vorstandsmitgliedern vertritt, abschließen zu lassen; anders noch *Spindler* NJOZ 2009, 3282 (3289).
[454] Wie hier auch *Annuß/Theusinger* BB 2009, 2434 (2439); *Hoffmann-Becking/Krieger* Beilage zu NZG 26/ 2009, 1 (9); *Ihrig/Wandt/Wittgens* Beilge zu ZIP 40/2012, 1 (27); Hölters/*Hambloch-Gesinn/Gesinn* Rn. 100.
[455] Henssler/Strohn/*Dauner-Lieb* § 84 Rn. 18; *Cahn*, FS Hopt, 2010, 431 (445); Kölner Komm AktG/ *Mertens/Cahn* Rn. 162.
[456] Kölner Komm AktG/*Mertens/Cahn* Rn. 161.
[457] So nur im Fall eines Plenarbeschlusses, vgl. § 84 Abs. 3 S. 4. Kölner Komm AktG/*Mertens/Cahn* Rn. 159.

glieds haben. Ohne vorherigen Widerrufsbeschluss darf der Ausschuss den Anstellungsvertrag eines Vorstandsmitglieds nicht **kündigen**.[458] Diese Schranke ergibt sich schon daraus, dass eine Kündigung zugleich regelmäßig als Widerruf der Bestellung gedeutet werden dürfte,[459] auch wenn grundsätzlich natürlich Anstellung und Bestellung voneinander unabhängig sind und ein verschiedenes Schicksal haben können.[460]

Die Kündigung als Gestaltungsrecht ist bedingungsfeindlich. Sie kann nicht unter der aufschiebenden Bedingung des Widerrufs der Bestellung erklärt werden. Der Ausschuss kann aber vor dem Widerrufsbeschluss des Aufsichtsrats schon beschließen, dass eines seiner Mitglieder den Anstellungsvertrag des Vorstandsmitglieds im Namen des Aufsichtsrats kündigt, sobald der Widerrufsbeschluss vorliegt.[461] Ob darüber hinaus auch für die Kündigung das Delegationsverbot des Abs. 3 S. 3 eingreift, ist zweifelhaft. Jedenfalls wenn der Dienstvertrag mit einer Kündigung bestimmte Leistungen verbindet, auf welche das Vorstandsmitglied ohne eine Kündigung keinen Anspruch hätte, könnte man einen Plenarvorbehalt aus der neuen Inbezugnahme des § 87 ableiten. 347

Da die **Suspendierung** (Beurlaubung) einem Widerruf gleich käme, darf der Ausschuss kein Vorstandsmitglied suspendieren. Das gilt ebenso für den Aufsichtsratsvorsitzenden und für das Aufsichtsratspräsidium.[462] Nur das Aufsichtsratsplenum ist zuständig. 348

Entsprechendes gilt für die **Aufhebung des Anstellungsvertrags.** Eine Auflösung des Anstellungsvertrags kann der Ausschuss erst dann vereinbaren, wenn der Aufsichtsrat eine einvernehmliche Aufhebung der Bestellung mit dem Vorstandsmitglied vereinbart oder einen Widerrufsbeschluss gefasst hat.[463] Sonst darf der Ausschuss das „Rücktrittsersuchen" eines Vorstandsmitglieds nicht annehmen und auch keinen einvernehmlichen Aufhebungsvertrag vereinbaren.[464] Der Abschluss eines einvernehmlichen Auflösungsvertrags zwischen Ausschuss und Vorstandsmitglied ist erst zulässig, wenn der Aufsichtsrat der Aufhebung der Bestellung zugestimmt hat. Im Übrigen gilt es aber auch das Delegationsverbot des Abs. 3 S. 3 zu beachten, soweit die Aufhebungsvereinbarung auch der Regelung finanzieller Ansprüche dient, was bekanntlich der Regelfall und nicht die Ausnahme ist.[465] Dies folgt aus der neuen Inbezugnahme des § 87, die neben die partiellen Verweisungen auf § 84 tritt. Der Barwert eines Vorstandsdienstvertrages für die geleistete Dienstzeit bestimmt sich bei gesamtheitlicher wirtschaftlicher Betrachtung nicht allein aus dem Anstellungsvertrag, sondern auch aus den Leistungen unter dem Aufhebungsvertrag. 349

Im gerichtlich geführten **Abberufungsprozess** genügt eine Beschlussfassung des Ausschusses über einen neu einzuführenden Widerrufsgrund nicht. 350

f) Exkurs: Ausstrahlung auf den Aufsichtsrat der GmbH. Das Delegationsverbot greift weder für den Aufsichtsrat einer GmbH, die einen fakultativen Aufsichtsrat gebildet hat, noch für den einer drittelmitbestimmten oder paritätisch mitbestimmten GmbH. Dies ergibt sich für die mitbestimmungsfreie GmbH schon aus § 46 Nr. 5 GmbHG. Demnach liegt die Kompetenz zu Verhandlung und Abschluss von Geschäftsführeranstellungsverträgen 351

---

[458] Kölner Komm AktG/*Mertens/Cahn* Rn. 160.
[459] MHdB AG/*Wiesner* § 21 Rn. 73.
[460] So auch die hM, vgl. BGH NJW 2003, 351; NJW 1989, 2683; *Mutter*, Unternehmerische Entscheidungen und Haftung des Aufsichtsrats der Aktiengesellschaft, Tübingen 1994, 70; MHdB AG/*Wiesner* § 20 Rn. 12 ff. mwN; zur Abgrenzung nach österreichischem Recht Kalss/Kunz/*Schima* HdB für den Aufsichtsrat S. 309, 334 ff., 380 ff.
[461] Kölner Komm AktG/*Mertens/Cahn* Rn. 160; MHdB AG/*Wiesner* § 21 Rn. 74; *Hoffmann-Becking*, FS Stimpel, 1985, 589 (595).
[462] OLG München AG 1986, 234 (235); KG DB 1983, 2026 = AG 1984, 24 (25); Kölner Komm AktG/*Mertens/Cahn* Rn. 159; *Rellermeyer*, Aufsichtsratsausschüsse, 1986, 16 Fn. 5; *Krieger* S. 156 ff.; *Meyer-Landrut*, FS Robert Fischer, 1979, 477 (481); MHdB AG/*Wiesner* § 20 Rn. 63.
[463] Kölner Komm AktG/*Mertens/Cahn* Rn. 160.
[464] BGHZ 79, 38 ff. = NJW 1981, 757 = AG 1981, 73; Kölner Komm AktG/*Mertens/Cahn* Rn. 159; *Hoffmann-Becking*, FS Stimpel, 1985, 589 (591).
[465] Zu Gestaltungsgrenzen von Abfindungsregelungen in Aufhebungsverträgen *Mutter* in Marsch-Barner/Schäfer HdB börsennotierte AG § 20 Rn. 3 ff. mN.

– auch der darin zugesagten Vergütung – bei den Gesellschaftern selbst. Es steht ihnen frei, für die Erfüllung dieser Aufgaben einen Ausschuss zu bilden. Auch aus den Verweisnormen für den fakultativen Aufsichtsrat (§ 52 Abs. 1 GmbHG) sowie den drittelmitbestimmten (§ 1 Abs. 1 Nr. 3 DrittelbG) und paritätisch mitbestimmten (§ 25 und § 31 MitbestG) Aufsichtsrat ergibt sich im Ergebnis nichts anderes:

352 § 52 Abs. 1 GmbHG verweist zwar für den **fakultativen Aufsichtsrat** auf § 116, der unter anderem eine Haftung der Aufsichtsratsmitglieder für die unangemessene Festsetzung der Vergütung nach § 87 vorsieht. Daraus ergibt sich aber keine zwingende Entscheidung der Frage, wer die Vergütung festzusetzen hat – Plenum oder Ausschuss.[466] Einen Verweis auf § 84, welcher dem Aufsichtsrat die Personalhoheit für die Bestellung der Vorstände und den Abschluss ihrer Anstellungsverträge zuweist, enthält § 52 Abs. 1 GmbHG gerade nicht, ebenso wenig wie einen Verweis auf § 107 Abs. 3. Außerdem hat der Gesetzgeber selbst in der Beschlussempfehlung[467] zum VorstAG darauf hingewiesen, dass § 87 in diesem Fall nicht anwendbar sei.

353 Auch in einer **drittelmitbestimmten** GmbH ist die Delegation von Vergütungsfragen an einen Ausschuss zulässig. § 1 Abs. 1 Nr. 3 DrittelbG verweist bezüglich der Rechte und Pflichten des Aufsichtsrats auf Vorschriften des AktG – insbesondere pauschal auf § 107. Dabei handelt es sich um eine dynamische Verweisung, also eine, die sich nicht nur auf die aF des § 107, sondern auch auf die durch das VorstAG bedingten Änderungen bezieht. Dennoch ist die Norm nicht so auszulegen, dass die Delegation auf den Aufsichtsrat ausgeschlossen sein soll,[468] denn auch diese Verweisnorm bezieht sich nicht auf Personalkompetenzen (§§ 84 ff.) und Vergütungsfragen (§ 87). Die Kompetenz für die Bestellung der Geschäftsführer und den Abschluss der Anstellungsverträge verbleibt vielmehr auch in der nach dem DrittelbG mitbestimmten GmbH nach § 46 Nr. 5 GmbHG bei der Gesellschafterversammlung.[469] Falls die Gesellschafter im Gesellschaftsvertrag dem Aufsichtsrat die Aufgabe des Vertragsabschlusses und der Vergütungsentscheidung übertragen, können sie darüber hinaus auch einem Ausschuss die Entscheidungskompetenz übertragen.[470]

354 Schließlich sprechen auch bei einer **paritätisch mitbestimmten** GmbH die besseren Argumente dafür, die Delegation auf einen Ausschuss zuzulassen. § 25 Abs. 1 S. 1 Nr. 2 MitbestG nimmt zwar ausdrücklich Bezug auf § 107 und damit auch auf das in Abs. 3 S. 3 enthaltene Delegationsverbot. § 31 MitbestG weist zudem die Zuständigkeit für die Bestellung der Geschäftsführer dem Aufsichtsrat zu – abweichend von § 46 Nr. 5 GmbHG.[471] Daraus entnimmt die Rspr. denn auch konsequent eine Annexkompetenz auch für den Anstellungsvertrag.[472] Doch auch diese mitbestimmungsrechtlichen Vorschriften verweisen bei genauer Reflektion nicht auf § 87. Im Übrigen hat auch der Rechtsausschuss des Deutschen Bundestages ganz allgemein deutlich gemacht, dass § 87 nicht auf die GmbH angewendet werden soll.[473] Das Argument, der Gesetzgeber habe Vergütungsentscheidungen transparenter machen wollen, trägt im mitbestimmungsrechtlichen Diskurs ebenso nicht. Der Wille des Gesetzgebers nach Transparenz bezog sich ausdrücklich auf Aktiengesellschaften, nicht auf die (mitbestimmte) GmbH.[474] Vergütungsentscheidungen in der GmbH – bzw. genauer deren Aufsichtsrat – sind für die Anteilseigner ohnehin transparent.

---

[466] Wie hier *Greven* BB 2009, 2154 (2157); *Wachter* BB 2009, 953 (957).
[467] BT-Drs. 16/13433, 10: „Auch über die Verweisungen auf § 116 AktG bei der GmbH mit Aufsichtsrat wird der geänderte § 87 AktG nicht für die GmbH anwendbar."
[468] *Baeck/Götze/Arnold* NZG 2009, 1121 (1126); *Greven* BB 2009, 2154 (2158); *Hoffmann-Becking/Krieger* Beilage zu NZG 26/2009, 1 (9); *Gaul/Janz* GmbHR 2009, 959 (963); *Annuß/Theusinger* BB 2009, 2434 (2439).
[469] ErfK/*Oetker* DrittelbG § 1 Rn. 17 mwN; *Greven* BB 2009, 2154 (2158).
[470] *Baeck/Götze/Arnold* NZG 2009, 1121 (1126) (arg. a maiore ad minus); *Greven* BB 2009, 2154 (2158); aA ohne Begründung *Annuß/Theusinger* BB 2009, 2434 (2439).
[471] Zu der daraus folgenden Annexkompetenz für die Anstellung BGH NJW 1984, 733.
[472] Vgl. BGHZ 89, 48 ff. = NJW 1984, 733 ff.
[473] BT-Drs. 16/13433, 10; *Seibert* WM 2009, 1489 (1490).
[474] Vgl. dazu BT-Drs. 16/13433, 10.

Anders als in der Aktiengesellschaft hat hier der Gesellschafter tatsächlich wie rechtlich Zugriff auf die Niederschriften des Aufsichtsrats.[475]

g) Einberufung der Hauptversammlung (§ 111 Abs. 3). Die Vorschrift erlegt dem Gesamtaufsichtsrat und nicht einem Ausschuss die Einberufung der Hauptversammlung auf, wenn das Gesellschaftswohl dies erfordert. Zwar ist diese Vorschrift zwingend, jedoch sind weitere Satzungsregelungen möglich (s. § 121 Abs. 1). 355

h) Prüfung durch den Aufsichtsrat (§§ 171, 314 Abs. 2 und Abs. 3). Die Prüfung des Jahresabschlusses und des Prüfungsberichts war bereits vor Gesetzesänderung durch das KonTraG[476] eine zentrale Aufgabe des Gesamtaufsichtsrats. In ihr konkretisiert sich die **allgemeine Überwachungspflicht** hinsichtlich Prüfungsgegenstand und Berichterstattung;[477] sie ist nicht auf einen Ausschuss übertragbar.[478] 356

Der **Vorschlag des Abschlussprüfers** ist eine Vorstufe zur Erfüllung der allgemeinen Überwachungspflicht und wird gleichfalls von dem Plenarvorbehalt (Abs. 3 S. 3) erfasst. Die **Auftragserteilung** und die **Konkretisierung des Prüfungsauftrags** ist dagegen zwar Bestandteil der allgemeinen Informationsverschaffungspflicht des Aufsichtsrats, aber nicht Sache des Plenums (streitig).[479] Unstreitig ist, dass ein Ausschuss mit der **Vorbereitung** der Erteilung des Prüfungsauftrags betraut werden kann.[480] 357

Das Aufsichtsratsplenum kann beschließen, dass die **Verteilung des Prüfungsberichts** auf die Mitglieder eines Ausschusses begrenzt wird. 358

Die **Feststellung des Jahresabschlusses** kann der Hauptversammlung überlassen werden (§ 172). Hierüber müssen Vorstand und Aufsichtsrat beschließen. Ein vorbereitender Ausschuss kann die nötigen Vorbereitungen für die Beschlussfassung treffen. Jedes Aufsichtsratsmitglied muss sich aber selbst ein Urteil bilden, bevor die Überlassung der Feststellung des Jahresabschlusses der Hauptversammlung überlassen wird.[481] 359

i) Beschlüsse über bestimmte Arten von Geschäften, die der Zustimmungspflicht des Aufsichtsrats unterliegen (§ 111 Abs. 4 S. 2). Der Aufsichtsrat kann (und muss, sofern die Satzung dies nicht bereits getan hat) bestimmte Arten von Geschäften des Vorstands für zustimmungsbedürftig erklären (vgl. auch Ziff. 3.3 DCGK). Diese Kompetenz kann einem Ausschuss nicht übertragen werden. Ist die Zustimmungsbedürftigkeit aber erst eingeführt, kann der Aufsichtsrat die Entscheidung über **einzelne zustimmungsbedürftige** Geschäfte an einen Ausschuss delegieren.[482] Der Aufsichtsratsvorsitzende allein ist in keinem Fall entscheidungsberechtigt.[483] Stimmt der Ausschuss nicht zu und will der Vorstand eine Beschlussfassung der Hauptversammlung herbeiführen (§ 111 Abs. 4 S. 3), sollte zuvor der Gesamtaufsichtsrat mit der Angelegenheit befasst werden. Dies gilt auch für eine allgemeine Ermächtigung zur Freistellung bestimmter Geschäfte vom Zu- 360

---

[475] Vgl. dazu BGHZ 135, 48 = NJW 1997, 1985 f., wonach sich das Auskunftsrecht auch auf die Niederschriften des Aufsichtsrats und seiner Ausschüsse erstreckt.
[476] Das Gesetz zur Kontrolle und Transparenz im Unternehmensbereich (KonTraG) vom 27.4.1998, BGBl. 2008 I S. 786 änderte § 171 Abs. 1 S. 1, Abs. 2 S. 2 und führte zur Neufassung des Abs. 1 S. 2.
[477] *Ziemons* DB 2000, 77 (79); *Rürup*, FS Budde, 1995, 543 (546).
[478] Vgl. *Rürup*, FS Budde, 1995, 543 (546); *Wagner* in Semler/v. Schenck AR-HdB § 2 Rn. 94.
[479] AA *Dörner* WPG 1998, 302 (305), demzufolge die Vergabe des Prüfungsauftrags dem Bilanzausschuss übertragen werden kann und zwar unabhängig davon, ob dieser erledigend oder beschließend tätig ist; *Seibert* in Dörner/Menold/Pfitzer S. 1, 13 f. *Rürup*, FS Budde, 1995, 543 (547); *Ziemons* DB 2000, 77 (78 ff.); *Forster* WPg 1998, 41 (42); *Hommelhoff* BB 1998, 2567 (2570); *Hommelhoff/Mattheus* AG 1998, 249 (257); *Mattheus* ZGR 1999, 682 (708); *Theisen* DB 1999, 341 (345); *Schindler/Rabenhorst* BB 1998, 1886 (1887); *Westerfelhaus* DB 1998, 2078 (2079).
[480] Vgl. BegrRegE bei *Ernst/Seibert/Stuckert*, KonTraG, KapAEG, StückAG, EuroEG S. 58; *Ziemons* DB 2000, 77 (80) sowie die in der vorherigen Fn. genannten Autoren.
[481] Kölner Komm AktG/*Mertens/Cahn* Rn. 165.
[482] Vgl. BGH AG 1991, 398 = ZIP 1991, 869; = OLG Hamburg AG 1996, 84 f.; = OLG Hamburg ZIP 1995, 1673 (1675) mit Besprechung *Jaeger* ZIP 1995, 1735 ff.; Kölner Komm AktG/*Mertens/Cahn* Rn. 167.
[483] BGHZ 41, 282 (285) = NJW 1964, 1367.

stimmungsvorbehalt. Sie kann jedoch von einem Ausschuss vorbereitend konkretisiert werden.[484]

361 **3. Geltung des gesetzlichen Plenarvorbehalts für erledigende Ausschüsse.** Die Vorschrift (Abs. 3 S. 3) verbietet in den im Gesetz genannten Fällen die Delegation der **Beschlussfassung** an einen Ausschuss. Gemeint ist die Übertragung an erledigende Ausschüsse, denn nur sie sind zur Beschlussfassung „als Aufsichtsrat" berufen. Vorbereitende Ausschüsse handeln „für den Aufsichtsrat", sind aber nicht mit eigener Beschlusskompetenz ausgestattet (vgl. → Rn. 281). Trotz des gesetzlich verankerten Delegationsverbots kann der Aufsichtsrat vorbereitende Ausschüsse mit der **Vorbereitung der Beschlussfassung** beauftragen.[485] Dies gilt auch für die **Ausführung** der vom Aufsichtsrat gefassten Beschlüsse.

362 Dem grundsätzlichen Entscheidungsverbot steht nicht entgegen, dass Ausschüsse während ihrer Vorbereitungs- oder Ausführungstätigkeit eigene **Entscheidungen** treffen müssen. Das Gesetz (Abs. 3 S. 3) verbietet nur die Übertragung der Beschlusskompetenz in den auf den Ausschuss delegierten Sachvorgängen und nicht die Entscheidungskompetenz in Fragen, die sich aus der Arbeit des Ausschusses ergeben. Der Aufsichtsrat muss seine Beschlusskompetenz bewahren und darf sie nicht delegieren. Anderes gilt aber bzgl. der Entscheidungszuständigkeit. Hätte ein vorbereitender Ausschuss nicht einmal Entscheidungskompetenz, könnte er nicht tätig sein. Das widerspräche dem Sinn der Vorschrift, die Bildung von Ausschüssen zu ermöglichen.

363 Das **Verbot der Übertragung von Beschlusskompetenz** reicht nicht so weit, dass sämtliche Beschlüsse zu den in der Vorschrift genannten Bereichen (Abs. 3 S. 3) vom Aufsichtsrat selbst gefasst werden müssten. Verboten ist die Beschlussfassung **anstelle des Aufsichtsrats.** Der Aufsichtsrat muss die in der Vorschrift definierten Rechtsakte selbst vornehmen und die dazu erforderlichen Beschlüsse selbst fassen. Eine Delegation an den Ausschuss ist nicht möglich. Der Ausschuss kann aber sehr wohl solche Beschlüsse fassen, die in Vorbereitung oder im Zusammenhang mit der endgültigen Beschlussfassung des Aufsichtsrats stehen.[486] Dies ergibt auch einen praktischen Sinn. Gerade bei wichtigen und umfangreichen Entscheidungen des Aufsichtsrats sollten Ausschüsse durch Vorbereitungsaufgaben in die Aufsichtsratsarbeit miteinbezogen werden.[487] Dies ist Bestandteil guter Corporate Governance.[488] Es ergibt keinen Sinn, wenn der Ausschuss bei jedem vorbereitenden Beschluss die Angelegenheit an das Plenum zurück geben muss. Das ist einer ökonomischen und zügigen Aufgabenerledigung abträglich, zumal der Aufsichtsrat jederzeit die Vorentscheidungen des Ausschusses im Rahmen seines abschließenden Beschlusses abändern oder aufheben kann.

364 **4. Gesetzlich nicht vorgesehener Entscheidungsvorbehalt des Aufsichtsrats.** Nur der Gesamtaufsichtsrat kann Fragen, welche seine innere Organisation und Arbeitsweise betreffen, entscheiden. Dies ergibt sich aus dem Grundsatz, dass der Aufsichtsrat über seine Arbeitsweise und seine Organisation nur im vollständigen Plenum entscheiden kann. Es ist anerkannt, dass über den gesetzlich bestimmten Plenarvorbehalt (Abs. 3 S. 3) weitere Ent-

---

[484] Kölner Komm AktG/*Mertens/Cahn* Rn. 167.
[485] Kölner Komm AktG/*Mertens/Cahn* Rn. 176; *Rellermeyer,* Aufsichtsratsausschüsse, 1986, 45 f. (48 f.); einschränkend *Krieger* S. 61 ff., demzufolge eine umfassende Beschlussvorbereitung durch den Personalausschuss nicht zu einer reinen Vetoposition des Aufsichtsrats führen darf (S. 68); *Dose* ZGR 1973, 300 (311 f.) vertritt die Auffassung, dass durch die vorbereitende Arbeit des Ausschusses die Entscheidungsgrundlage für den Gesamtaufsichtsrat nicht verkürzt werden dürfe; *Prühs* DB 1970, 1524 (1528).
[486] Kölner Komm AktG/*Mertens/Cahn* Rn. 177; *ders.* ZGR 1983, 189 (194 ff.); *Rellermeyer,* Aufsichtsratsausschüsse, 1986, 46 ff.; aA *Prühs* DB 1970, 1524 (1528), demzufolge der Aufsichtsrat die Auswertungen der durch den Ausschuss bereit gestellten Informationen vornehmen muss; *Dose* ZGR 1973, 300, 312, der eine Verkürzung der Entscheidungsgrundlage des Gesamtaufsichtsrats befürchtet.
[487] Kölner Komm AktG/*Mertens/Cahn* Rn. 177.
[488] Vgl. Ziff. 5.3.1 bis 5.3.3 DCGK.

scheidungen dem Gesamtaufsichtsrat vorbehalten sind.[489] Daraus folgt aber nicht, dass der Aufsichtsrat grundsätzlich alle wichtigen Entscheidungen selbst treffen muss.

a) Abberufungskompetenz. Das Gesetz (Abs. 1 S 1) sieht vor, dass der Gesamtaufsichtsrat seinen Vorsitzenden und die Stellvertreter wählt. Für die Abberufungskompetenz kann nichts anderes gelten; sie liegt beim Plenum.[490] 365

b) Gerichtliche Abberufung. Soll eine Abberufung aus wichtigem Grund erfolgen, verlangt die Vorschrift (§ 103 Abs. 3) einen Antrag vom Gesamtaufsichtsrat.[491] Die Delegation an einen Ausschuss ist nicht möglich. Es kann nicht einer Minderheit von Aufsichtsratsmitgliedern zustehen, über einen Abberufungsantrag Einfluss auf die Zusammensetzung des Gremiums zu nehmen. 366

c) Erlasskompetenz für die Geschäftsordnung. Der Aufsichtsrat erlässt sich seine eigene Geschäftsordnung.[492] Dies darf er nicht einem Ausschuss überlassen. 367

d) Bedenken gegen die Feststellung des maßgeblichen Umsatzverhältnisses (§ 4 Abs. 4 und Abs. 5 MitbestErgG). Das MitbestErgG (§ 4 Abs. 4) räumt dem Aufsichtsrat eine Beanstandungskompetenz für den Fall ein, dass er gegen die vom Prüfer getroffenen Feststellungen über das maßgebliche Umsatzverhältnis (vgl. § 4 Abs. 1 iVm § 3 MitbestErgG) Bedenken hat. Zu dieser Beanstandung bedarf es eines Aufsichtsratsbeschlusses. Auch die abschließende Stellungnahme des Aufsichtsrats zu dem Ergebnis der Abschlussprüfer ist beschlussbedürftig.[493] Der Aufsichtsrat kann einen vorbereitenden Ausschuss zur Vorprüfung der vom Abschlussprüfer getroffenen Entscheidungen einsetzen.[494] Ein erledigender Ausschuss kann nicht tätig werden. 368

VII. Berichtsanspruch und Berichtspflicht

Dem Aufsichtsrat obliegt die Pflicht, auf sachgerechte Ausschussarbeit zu achten. In diesem Rahmen hat er einen Berichtsanspruch gegenüber dem Ausschuss.[495] Dem Ausschuss hat das Gesetz eine Berichterstattungspflicht auferlegt. Das Plenum kann durch Beschluss auf die Unterlagen des Ausschusses zugreifen. Ausschuss und Plenum sind auf die erforderlichen Informationen zur Erledigung ihrer Aufgaben angewiesen. Der Ausschuss ist verpflichtet, dem Berichtsanspruch des Plenums nachzukommen und ihn mit den erforderlichen Informationen zu versorgen. 369

1. Berichtsanspruch des Ausschusses. Die Vorschrift (§ 90 Abs. 3) gewährt ausdrücklich nur dem Aufsichtsrat ein Berichterstattungsrecht **gegenüber dem Vorstand.** In entsprechender Anwendung der Vorschrift steht dem Ausschuss jedoch das gleiche Recht zu. Will er einen Bericht vom Vorstand verlangen, muss er hierüber einen Beschluss fassen (§ 108). Nehmen im Ausschuss nicht mindestens drei Mitglieder an der Beschlussfassung teil, ist der Ausschuss beschlussunfähig. Der Vorstand kann in diesem Fall nur nach Maßgabe der entsprechend anzuwendenden Vorschrift (§ 90 Abs. 3 S. 2) zur Berichterstattung gezwungen werden. Das bedeutet im Fall der Weigerung des Vorstands, dass ein Ausschussmitglied die Berichterstattung verlangen muss. Diese hat dann zu erfolgen, und zwar an den 370

---

[489] Kölner Komm AktG/*Mertens/Cahn* Rn. 168; MHdB AG/*Hoffmann-Becking* § 32 Rn. 3a; UHH/*Ulmer/Habersack* MitbestG § 25 Rn. 131; *J. Semler* AG 1988, 60 (61).
[490] Kölner Komm AktG/*Mertens/Cahn* Rn. 172; *Rellermeyer*, Aufsichtsratsausschüsse, 1986, 17.
[491] Kölner Komm AktG/*Mertens/Cahn* Rn. 173.
[492] Kölner Komm AktG/*Mertens/Cahn* Rn. 170; *Rellermeyer*, Aufsichtsratsausschüsse, 1986, 22 f. Vgl. auch Ziff. 5.1.3 DCGK.
[493] Vgl. Kölner Komm AktG/*Mertens/Cahn* Rn. 174; *Forster/Müller* WPg 1956, 546 (552 Fn. 50); *Boldt*, MitbestErgG, 1957, § 4 MitbestErgG Rn. 34; *Kötter* § 4 MitbestErgG Anm. 8.
[494] *Kötter* § 4 MitbestErgG Anm. 8.
[495] Abs. 3 S. 4; Kölner Komm AktG/*Mertens/Cahn* Rn. 142; MHdB AG/*Hoffmann-Becking* § 32 Rn. 23a; *Rellermeyer*, Aufsichtsratsausschüsse, 1986, 157 ff.

Ausschussvorsitzenden. Dieser übermittelt dem Aufsichtsratsvorsitzenden eine Abschrift des Berichts.

371 Der Berichtsanspruch des Ausschusses gegenüber dem Vorstand reicht nur so weit wie sein Aufgabengebiet. Die Vorschrift über die Aufgaben und Rechte des Aufsichtsrats (§ 111 Abs. 2 S. 1) gewährt ausdrücklich nur dem Plenum und nicht dem Ausschuss **Einsichts- und Prüfungsrechte**.[496] Der Aufsichtsrat kann zwar dem Ausschuss nicht diese Rechte an sich, wohl aber die Rechtsausübung im Einzelfall oder generell übertragen.[497] Tut er dies, stehen dem Ausschuss die Einsichts- und Prüfungsrechte neben dem Gesamtaufsichtsrat zu.[498] Das Einsichts- und Prüfungsrecht des Ausschusses erfährt allerdings eine Einschränkung. Sollen Nichtvorstandsmitglieder zur Berichterstattung aufgefordert werden, ist zweifelhaft, ob dies überhaupt zulässig ist. Die Befugnisse des Aufsichtsratsausschusses reichen nicht weiter als die des Aufsichtsrats.[499] Zusätzlich ist im Bejahensfall noch zu beachten, dass dies möglicherweise eine Misstrauensbekundung gegenüber dem Vorstand beinhaltet. Der Ausschuss sollte deswegen zuvor einen Aufsichtsratsbeschluss einholen,[500] da die Personalhoheit dem Plenum vorbehalten ist (arg. e Abs. 3 S. 3).

372 Das KonTraG[501] hat die Stellung des Ausschusses gestärkt, indem es den Ausschuss als Berichtempfänger nennt (§§ 170 Abs. 3 S. 2, 171 Abs. 1 S. 2; § 318 Abs. 7 S. 4 HGB). Als Informationsquellen stehen dem **erledigenden Ausschuss** die mündliche und schriftliche Unterrichtung durch den Vorstand sowie der Prüfungsbericht der Abschlussprüfer zur Verfügung. Der erledigende Ausschuss muss die **Berichtsansprüche des Aufsichtsrats** einfordern[502] und die Aufsichtsratsmitglieder davon unterrichten. Der Vorstand hat mit der Abgabe des eingeforderten Berichts seiner Berichtpflicht genüge getan.[503] Daneben bleibt seine selbstständige Berichtspflicht gegenüber dem Aufsichtsratsvorsitzenden allerdings unabhängig davon bestehen, ob dieser dem Ausschuss angehört (§ 90 Abs. 1 S. 3).

373 Der Vorstand erfüllt mit einem Bericht an einen **vorbereitenden Ausschuss** seine Berichtspflicht im Gegensatz zur Information eines beschließenden Ausschusses nicht. Die Befreiung von seiner Berichtspflicht erreicht er nur durch Berichterstattung gegenüber dem Gesamtaufsichtsrat.[504]

374 **2. Berichtsanspruch des Aufsichtsrats.** Hat der Aufsichtsrat Ausschüsse gebildet, so berichtet der Ausschussvorsitzende oder ggf. der Aufsichtsratsvorsitzende in Erfüllung der gesetzlichen Berichtspflicht (Abs. 3 S. 4) dem Gesamtaufsichtsrat über die Tätigkeit und die im Ausschuss gefassten Beschlüsse. Der Umfang der Berichtspflichten des Ausschusses gegenüber dem Aufsichtsrat richtet sich danach, ob er mit vorbereitenden oder erledigenden Aufgaben betraut ist.

375 **a) Erledigender Ausschuss.** Der erledigende Ausschuss wird „als Aufsichtsrat" tätig.[505] Er nimmt den Berichtsanspruch des Plenums gegenüber dem Vorstand (§ 90) wahr und muss seinerseits regelmäßig an den Aufsichtsrat berichten. Berichtet der Vorstand an den Ausschuss, wird er von seiner Berichtspflicht gegenüber dem Aufsichtsrat frei. Der Aufsichtsratsvorsitzende erhält auf Grund seiner Koordinierungsfunktion und Entscheidungskompetenz über die Teilnahme von Aufsichtsratsmitgliedern an Ausschusssitzungen (§ 109

---

[496] Kölner Komm AktG/*Mertens/Cahn* Rn. 137; *Rellermeyer*, Aufsichtsratsausschüsse, 1986, 199 ff.; *Lehmann* DB 1979, 2117 (2123 Fn. 57).
[497] Kölner Komm AktG/*Mertens/Cahn* Rn. 137; *Rellermeyer*, Aufsichtsratsausschüsse, 1986, 200; *Lutter/Krieger/Verse* Rn. 781.
[498] *Lutter/Krieger/Verse* Rn. 781; UHH/*Ulmer/Habersack* MitbestG § 25 Rn. 130; *J. Semler* AG 1988, 60 (64).
[499] Zum Streitstand s. Spindler/Stilz/*Fleischer* § 90 Rn. 43 f.; K. Schmidt/Lutter/*Krieger/Sailer-Coceani* § 90 Rn. 39.
[500] *J. Semler* AG 1988, 60 (64).
[501] Gesetz zur Kontrolle und Transparenz im Unternehmensbereich (KonTraG) vom 27.4.1998, BGBl. 1998 I S. 786.
[502] *J. Semler* AG 1988, 60 (64); *Rellermeyer*, Aufsichtsratsausschüsse, 1986, 179 ff.
[503] *Rellermeyer*, Aufsichtsratsausschüsse, 1986, 192; *Hoffmann/Preu* Der Aufsichtsrat Rn. 264.
[504] *J. Semler* AG 1988, 60 (64).
[505] Vgl. *J. Semler* AG 1988, 60 (64).

Abs. 2) eine Abschrift der schriftlichen Vorstandsberichte.[506] Den einzelnen nicht dem Ausschuss angehörenden Aufsichtsratsmitgliedern steht nur noch ein eingeschränktes Informationsrecht zu.[507] Zur Wahrnehmung ihrer Überwachungsfunktion gegenüber dem Ausschuss können sie Auskünfte einholen und Berichte einsehen, aber nicht nochmals einen Bericht vom Vorstand verlangen.[508]

b) Vorbereitender Ausschuss. Der vorbereitende Ausschuss wird „für den Aufsichtsrat" tätig und handelt nicht „als Aufsichtsrat".[509] Die Berichterstattungspflicht des Ausschusses dem Aufsichtsrat gegenüber ist in vorbereitenden Ausschüssen umfangreicher als in erledigenden. Dies hängt damit zusammen, dass der Aufsichtsrat alle entscheidungsrelevanten tatsächlichen Grundlagen erhalten[510] und sich mit den Schlussfolgerungen der Ausschussarbeit vertraut machen muss. Das zieht eine anders gelagerte Berichtspflicht des Vorstands nach sich. Der Vorstand muss zunächst an den die Verhandlungen des Plenums vorbereitenden Ausschuss berichten.[511] Von seiner Berichtspflicht gegenüber dem Aufsichtsrat ist er allerdings nur bis zum Abschluss der Vorbereitung befreit; danach lebt die Berichtspflicht wieder auf. Während dieser Vorbereitungszeit ist der empfangsberechtigte Personenkreis eingeschränkt. Nach Abschluss der Vorbereitungszeit können die Aufsichtsratsmitglieder sich über die Berichte an den Ausschuss informieren. Hierzu wenden sie sich an den Ausschussvorsitzenden, wenn es sich um einen schriftlichen Bericht handelt. Der Vorstand ist Anspruchsgegner, wenn es um die mündliche Berichterstattung geht. 376

c) Vertrauliche Informationen. Vertrauliche Informationen aus Beratungen eines Ausschusses müssen dem Plenum nicht ausnahmslos offen gelegt werden, was auch § 109 Abs. 2 unterstreicht. Anders verhält es sich ohnehin, wenn der Aufsichtsrat mehrheitlich die Offenlegung der entsprechenden Informationen beschließt.[512] Die Vorschrift über das Berichtsanforderungsrecht (§ 90 Abs. 3. S. 2) betrifft nur die Berichtspflicht des Vorstands und nicht die des Ausschusses. Die Vorschrift ist nach einem Teil der Rspr. entsprechend anwendbar,[513] nach der Gegenansicht nicht.[514] 377

3. Form der Berichterstattung. Vorgaben zum formellen Verfahren der Berichterstattung gibt es nicht. Inhalt und Ausmaß des Berichterstattungsrechts variieren von Fall zu Fall. Seine Ausübung sollte nicht durch unnötige Formalien erschwert werden.[515] 378

VIII. Arbeitsweise der Ausschüsse

Der Ausschuss tritt zur Erledigung seiner Ausschussarbeit ebenso wie der Aufsichtsrat in Sitzungen zusammen. **Satzung, Geschäftsordnung** oder **ad hoc gefasste Aufsichtsratsbeschlüsse** können die Arbeitsweise der Ausschüsse bestimmen.[516] 379

---

[506] *J. Semler* AG 1988, 60 (64); *Rellermeyer*, Aufsichtsratsausschüsse, 1986, 188 ff., 193 f.; Kölner Komm AktG/*Mertens/Cahn* Rn. 137, der sich für eine Berichterstattung an den Aufsichtsratsvorsitzenden und Weiterleitung an den Ausschuss ausspricht.

[507] Kölner Komm AktG/*Mertens/Cahn* Rn. 138; *Rellermeyer*, Aufsichtsratsausschüsse, 1986, 184 ff.; *Lutter/Krieger/Verse* Rn. 787.

[508] Siehe § 90 Abs. 3 S. 2. *J. Semler* AG 1988, 60 (64); *Lutter/Krieger/Verse* Rn. 786, 787. *Möllers* ZIP 1995, 1725 (1731) zufolge reicht es grundsätzlich aus, wenn der Vorstand mündlich dem Ausschuss berichtet.

[509] Vgl. → Rn. 281; *J. Semler* AG 1988, 60 (64).

[510] *Lutter/Krieger/Verse* Rn. 784; *Rellermeyer*, Aufsichtsratsausschüsse, 1986, 207 ff.

[511] *Potthoff/Trescher*, Das Aufsichtsratsmitglied, 6. Aufl. 2003, Rn. 1139 ff. unterscheiden zwischen mündlichen Vorstandsberichten und solchen in Textform.

[512] *Hoffmann-Becking*, FS Stimpel, 1985, 589 (601 f.); MHdB AG/*Hoffmann-Becking* § 32 Rn. 7; *Mertens* AG 1980, 67 (73).

[513] So aber LG Frankfurt ZIP 1996, 1661 (1664), demzufolge § 90 Abs. 3 S. 2 minderheitsschützenden Charakter hat und dem einzelnen Mitglied deshalb ein Informationsanspruch zusteht, allerdings nur an das Plenum.

[514] LG Düsseldorf AG 1988, 386; *Mertens* AG 1980, 67 (73); *Mertens* ZGR 1983, 189 (199); *Hoffmann-Becking*, FS Stimpel, 1985, 589 (602); MHdB AG/*Hoffmann-Becking* § 32 Rn. 7.

[515] Kölner Komm AktG/*Mertens/Cahn* Rn. 142.

[516] Kölner Komm AktG/*Mertens/Cahn* Rn. 136.

380 **1. Einberufungsrecht.** Die Sitzungen werden vom **Ausschussvorsitzenden** oder im Verhinderungsfall von seinem Stellvertreter einberufen. Der **Aufsichtsratsvorsitzende** ist kraft seiner allgemeinen Koordinierungsaufgabe ebenfalls einberufungsberechtigt.[517] Zur Einberufung verpflichtet ist er, wenn der Ausschuss keinen oder noch keinen eigenen Vorsitzenden hat. Die Einberufungsregeln in der Satzung oder der Geschäftsordnung des Aufsichtsrats können bei Zweifeln entsprechend angewandt werden.[518] Dies gilt auch für die Formen und Fristen der **Einladung** zur Ausschusssitzung. Die Formalien haben bei Ausschusssitzungen einen niedrigeren Stellenwert.

381 Spricht man sich für eine entsprechende Anwendbarkeit der Vorschrift über die Einberufung des Aufsichtsrats (§ 110 Abs. 1, 2) aus – und das ist richtig –,[519] kann ein **einzelnes Ausschussmitglied** die Einberufung verlangen.

382 Auf **Dritte** ist die Vorschrift (§ 110 Abs. 1, 2) nicht analog anzuwenden; sie haben kein Einberufungsrecht.[520]

383 **2. Vorbereitung der Sitzung.** Effiziente Sitzungen erfordern eine sorgfältige Vorbereitung. Alle Ausschussmitglieder erhalten zu diesem Zweck die erforderlichen **Unterlagen** rechtzeitig vor der Sitzung vom Ausschussvorsitzenden bzw. vom Aufsichtsratsvorsitzenden, wenn kein Ausschussvorsitzender ernannt ist.

384 Jedes Aufsichtsratsmitglied hat ein (einschränkbares) Recht auf Teilnahme an den Ausschusssitzungen (§ 109 Abs. 2). Dennoch braucht der Gesamtaufsichtsrat nicht über die Sitzungstermine und die Tagesordnung benachrichtigt zu werden.[521] Wer an den Sitzungen teilnehmen will, muss die erforderlichen Erkundigungen einziehen.

385 **3. Teilnehmer an der Ausschusssitzung. a) Der Aufsichtsratsvorsitzende.** Der Aufsichtsratsvorsitzende gehört zumeist den wichtigsten Ausschüssen an. Das MitbestG (§ 27 Abs. 3) sieht ihn als „geborenes Mitglied" des Vermittlungsausschusses vor. Er zählt – wie alle Aufsichtsratsmitglieder – zu den teilnahmeberechtigten Personen.

386 **b) Aufsichtsratsmitglieder.** Neben den Ausschussmitgliedern sind alle **Aufsichtsratsmitglieder** teilnahmeberechtigt (§ 109 Abs. 2). Sie haben aber kein Stimmrecht. Der Aufsichtsratsvorsitzende kann im Rahmen seiner gesetzlichen Befugnis (§ 109 Abs. 2) Aufsichtsratsmitglieder, die nicht dem Ausschuss angehören, von der Sitzungsteilnahme ausschließen. Das Ausschlussrecht steht ihm allein zu, es ist nicht auf den Ausschussvorsitzenden übertragbar.[522] Das Aufsichtsratsplenum kann seiner Entscheidung nicht widersprechen.[523] Der Ausschluss eines bestimmten Mitglieds bedarf bei Nichtbeachtung des Gleichbehandlungsgrundsatzes eines sachlichen Grunds. Das Recht zur Einsichtnahme in alle Unterlagen des Ausschusses sowie auf Erteilung von Abschriften der Sitzungsprotokolle ist an die Teilnahmeberechtigung gekoppelt. Von der Sitzung ausgeschlossene Personen können dieses Recht nicht geltend machen.[524]

---

[517] Bürgers/Körber/*Bürgers/Israel* Rn. 26; Kölner Komm AktG/*Mertens/Cahn* Rn. 129; aA MHdB AG/*Hoffmann-Becking* § 32 Rn. 27; *Rellermeyer*, Aufsichtsratsausschüsse, 1986, 165.
[518] Kölner Komm AktG/*Mertens/Cahn* Rn. 129; ErfK/*Oetker* Rn. 13; *Hoffmann/Preu* Der Aufsichtsrat Rn. 430 machen die entsprechende Anwendung der Regeln für den Gesamtaufsichtsrat von Zusammensetzung, Größe und Aufgabenbereich der Ausschüsse abhängig.
[519] Kölner Komm AktG/*Mertens/Cahn* Rn. 129; *Rellermeyer*, Aufsichtsratsausschüsse, 1986, 164 (165).
[520] *Rellermeyer*, Aufsichtsratsausschüsse, 1986, 166.
[521] Überzeugend *Rellermeyer*, Aufsichtsratsausschüsse, 1986, 228 mit dem Argument, dass die Mehrzahl der Aufsichtsratsmitglieder durch die Delegation an den Ausschuss zu erkennen gegeben habe, dass sie sich mit der entsprechenden Aufgabe nicht beschäftigen wolle.
[522] HdB AG/*Jaeger* Rn. 9.257.
[523] Kölner Komm AktG/*Mertens/Cahn* § 109 Rn. 31; *J. Semler* AG 1988, 60 (65); aA *Rellermeyer*, Aufsichtsratsausschüsse, 1986, 231 f.; *Köstler/Zachert/Müller* Rn. 408, die der Meinung sind, dass die Entscheidung des Aufsichtsratsvorsitzenden durch das Plenum aufgehoben werden könne.
[524] Kölner Komm AktG/*Mertens/Cahn* Rn. 130; *Rellermeyer*, Aufsichtsratsausschüsse, 1986, 242 ff., 254 ff.; *J. Semler* AG 1988, 60 (65).

c) Vorstand, Dritte. Die Vorschrift (§ 109 Abs. 1 S. 1) erlaubt die Teilnahme des Vorstands. Auf Einladung des Ausschussvorsitzenden muss der Vorstand an der Sitzung teilnehmen. Ist ein Ausschussmitglied verhindert, dürfen Dritte nach allgemeinem Recht bei Ermächtigung in Textform an der Ausschusssitzung teilnehmen, wenn keine Satzungsregelung entgegensteht (§ 109 Abs. 3). Der Ausschuss kann Sachverständige und Auskunftspersonen einladen (§ 109 Abs. 1 S. 2). 387

4. Vorsitz. Dem Ausschussvorsitzenden obliegt die Sitzungsleitung. Im Fall seiner Verhinderung leitet sein Stellvertreter die Sitzung. Es gelten die gleichen Regelungen wie für den Aufsichtsratsvorsitzenden. Im Gegensatz zum Aufsichtsratsvorsitzenden hat der Ausschussvorsitzende, wenn nichts anderes bestimmt ist (vgl. → Rn. 161 für den nicht mitbestimmten, → Rn. 166 für den mitbestimmten Aufsichtsrat), kein Zweitstimmrecht in Pattsituationen.[525] 388

5. Beschlussfähigkeit. Der Beschluss eines Ausschusses ist ein Aufsichtsratsbeschluss. Er muss **ausdrücklich gefasst** werden. Aus Rechtssicherheitsgründen muss wie bei einem Aufsichtsratsbeschluss gewährleistet sein, dass das Zustandekommen des Ausschussbeschlusses nachgewiesen werden kann. Bei stillschweigenden Beschlüssen ist dies nicht möglich.[526] 389

Der Ausschuss muss **beschlussfähig** sein, um wirksame Beschlüsse fassen zu können. Die an die Beschlussfähigkeit des Aufsichtsrats gestellten Anforderungen müssen vom Ausschuss erfüllt werden. Das bedeutet, dass **mindestens drei Mitglieder** an der Beschlussfassung teilnehmen müssen, wenn das Plenum dem Ausschuss Beschlusskompetenz übertragen hat.[527] Die Satzung oder die Geschäftsordnung können Regeln über die Beschlussfähigkeit aufstellen. Die Beschlussfähigkeit kann an eine Mindestzahl oder – solange die Gesellschaft nicht dem MontanMitbestimmungsrecht unterliegt – an die Teilnahme aller Ausschussmitglieder geknüpft werden.[528] Die Vorschrift des MitbestG (§ 28 MitbestG, § 10 MontanMitbestG), wonach der Aufsichtsrat nur beschlussfähig ist, wenn mindestens die Hälfte seiner Mitglieder, aus denen er insgesamt zu bestehen hat, an der Beschlussfassung teilnimmt, gilt nicht entsprechend für Ausschüsse.[529] 390

Die Beschlussfähigkeit des Ausschusses ist **unabhängig** von der Beschlussunfähigkeit des Aufsichtsrats. Ist der Ausschuss selbst beschlussfähig, bleibt er dies auch bei eintretender Beschlussunfähigkeit des Aufsichtsrats.[530] Nachteilig ist, dass der Aufsichtsrat nicht mehr fähig ist, an den Ausschuss delegierte Aufgaben wieder an sich zu ziehen. Er kann den Ausschuss nicht mehr wirksam kontrollieren. Allerdings ist zu beachten, dass eine Beschlussunfähigkeit des Aufsichtsrats nie lange bestehen wird. Benannte Ersatzmitglieder werden in das Gremium nachrücken. Angesichts der kurzen Zeitspanne sind die genannten Nachteile in Kauf zu nehmen. 391

6. Beschlussfassung. Das Gesetz schreibt kein Mehrheitserfordernis vor. In mitbestimmten wie in nichtmitbestimmten Gesellschaften werden Beschlüsse des Ausschusses mit **einfacher Mehrheit** der abgegebenen Stimmen gefasst.[531] Die Satzung oder die Geschäfts- 392

---

[525] BGHZ 83, 144 (147 f.) = AG 1982, 221 (222); Kölner Komm AktG/*Mertens/Cahn* Rn. 131; MHdB AG/*Hoffmann-Becking* § 32 Rn. 31.
[526] BGH AG 1991, 398 = ZIP 1991, 869; BGH NJW 1989, 1928 (1929) = AG 1989, 129 (130); *Henze* Rn. 709 ff.; *Rellermeyer* ZGR 1993, 77 (100).
[527] Dies folgt aus der zwingenden Vorschrift des § 108 Abs. 2 S. 3. BGHZ 65, 190 (192 f.) = NJW 1976, 145 (146); BGH AG 1991, 398 (399); BGH NJW 1989, 1928 (1929) = AG 1989, 129 (130); Kölner Komm AktG/*Mertens/Cahn* Rn. 132.
[528] Kölner Komm AktG/*Mertens/Cahn* Rn. 136; MHdB AG/*Hoffmann-Becking* § 32 Rn. 30.
[529] *Lehmann* DB 1979, 2117 (2121); aA Kölner Komm AktG/*Mertens/Cahn* Rn. 132, denen zufolge § 28 MitbestG entsprechend auf Aufsichtsratsausschüsse anzuwenden ist.
[530] Kölner Komm AktG/*Mertens/Cahn* Rn. 133; Großkomm AktG/*Hopt/Roth* Rn. 415; *Vallenthin* AcP 153 (1954), 255 (272); aA *Rellermeyer*, Aufsichtsratsausschüsse, 1986, 143 mit dem Argument, dass ein handlungsfähiges Gremium nicht durch eine Untereinheit tätig werden könne.
[531] Kölner Komm AktG/*Mertens/Cahn* Rn. 134; MHdB AG/*Hoffmann-Becking* § 32 Rn. 31; UHH/*Ulmer/Habersack* MitbestG § 25 Rn. 136; *Raiser/Veil* MitbestG § 25 Rn. 65.

ordnung können abweichende Bestimmungen enthalten und beispielsweise die qualifizierte Mehrheit verlangen.⁵³² Weder Stimmenthaltungen noch Stimmverbote gelten als Nichtteilnahme.

393 Das Gesetz (§ 108 Abs. 3) erlaubt dem abwesenden Aufsichtsrats- wie Ausschussmitglied die **schriftliche Stimmabgabe,** wenn die Satzung dies vorsieht oder dem Verfahren nicht widersprochen wird.. Der Entsender kann aber auch eine ausschussfremde oder, wenn die Satzung dies zulässt, eine aufsichtsratsfremde Person mit der Stimmabgabe beauftragen (vgl. § 108 Abs. 3 S. 3).

394 Der Ausschuss kann seine Beschlüsse ebenso wie der Aufsichtsrat **schriftlich, fernmündlich** oder **in anderer vergleichbarer Form** fassen, wenn kein Ausschussmitglied widerspricht oder dies in der Satzung oder der Geschäftsordnung des Aufsichtsrats vorgesehen ist (§ 108 Abs. 4).

395 **7. Beschlussfassung in Pattsituationen.** Eine Beschlussvorlage ist abgelehnt, wenn Stimmengleichheit vorliegt. Die Einräumung eines **Zweitstimmrechts** an den Ausschussvorsitzenden durch eine Regelung in der Satzung oder Geschäftsordnung kann dem auch in mitbestimmten Gesellschaften⁵³³ vorbeugen.⁵³⁴ Anderes gilt nur für den Vermittlungsausschuss (§§ 27 Abs. 3, 31 MitbestG); der Ausschussvorsitzende kann kein Zweitstimmrecht erhalten.⁵³⁵ Ein solches Zweitstimmrecht kann dem Ausschussvorsitzenden nicht durch analoge Anwendung der Vorschrift in anderen Ausschüssen eingeräumt werden;⁵³⁶ es bedarf einer ausdrücklichen Regelung in der Satzung oder Geschäftsordnung.⁵³⁷ Für die analoge Anwendung fehlt es schon an einer Gesetzeslücke. Ein Patt im Ausschuss kann durch Beschlussfassung im Plenum behoben werden. Mangels paritätischer Besetzung des Ausschusses fehlt es zudem an der vergleichbaren Rechtslage.

396 **8. Sitzungsprotokoll.** In entsprechender Anwendung der für das Plenum geltenden Vorschrift (Abs. 2) ist ein Protokoll über Sitzungen und Beschlussfassungen des Ausschusses zu erstellen. Der Beschluss eines erledigenden Ausschusses ist ein Beschluss des Aufsichtsrats und ist schon aus diesem Grund in einer Niederschrift festzuhalten.

397 Dies gilt auch für die Beschlussfassung außerhalb der Sitzung. Der Ausschussvorsitzende muss das Protokoll **unterzeichnen.** Hat der Ausschuss keinen Vorsitzenden, müssen alle Ausschussmitglieder die Sitzungsniederschrift unterschreiben.⁵³⁸

IX. Allgemeine Kompetenzen der Ausschüsse

398 **1. Eigene Geschäftsordnung.** Ein auf Dauer eingerichteter Ausschuss hat das Recht, sich eine eigene Geschäftsordnung zu geben. Dies gilt allerdings nur dann, wenn weder die Satzung Regelungen für die Ausschussarbeit enthält noch der Aufsichtsrat eine Geschäftsordnung für den Ausschuss erlassen hat.⁵³⁹ Die Geschäftsordnung des Ausschusses setzt das Eingriffsrecht des Plenums nicht außer Kraft. Gibt sich der Ausschuss keine Geschäfts-

---

⁵³² Kölner Komm AktG/*Mertens/Cahn* Rn. 136; MHdB AG/*Hoffmann-Becking* § 32 Rn. 31; *Hoffmann/Lehmann/Weinmann* MitbestG § 25 Rn. 41; UHH/*Ulmer/Habersack* MitbestG § 25 Rn. 136; aA *Lutter/Krieger/Verse* Rn. 776: „Der Aufsichtsrat kann ein höheres Mehrheitserfordernis anordnen, hingegen wird man Verschärfungen des Mehrheitserfordernisses durch die Satzung nicht zulassen können."
⁵³³ BGHZ 83, 106 (117) = NJW 1982, 1525 (1527); Kölner Komm AktG/*Mertens/Cahn* § 108 Rn. 61.
⁵³⁴ Kölner Komm AktG/*Mertens/Cahn* Rn. 136; *J. Semler* AG 1988, 60 (63); *Rellermeyer,* Aufsichtsratsausschüsse, 1986, 170 ff.; *Lehmann* DB 1979, 2117 (2122).
⁵³⁵ Vgl. MüKoAktG/*Habersack* Rn. 67.
⁵³⁶ BGHZ 83, 144 (147) = NJW 1982, 1528 (1529) = AG 1982, 221 (222); Kölner Komm AktG/*Mertens/Cahn* Rn. 134; *Rellermeyer,* Aufsichtsratsausschüsse, 1986, 168 f.
⁵³⁷ *Hoffmann/Lehmann/Weinmann* MitbestG § 25 Rn. 42; LG München AG 1980, 165 (167) = DB 1980, 67; vgl. auch UHH/*Ulmer/Habersack* MitbestG § 25 Rn. 136, denen zu Folge die Zweitstimme des Ausschussvorsitzenden in der Satzung geregelt und bereits für die erste Abstimmung im Fall einer Pattsituation eingeräumt werden kann; *Lehmann* DB 1979, 2117, 2122 zufolge kann allerdings bei fehlender Satzungsbestimmung eine entsprechende Regelung auch durch den Aufsichtsrat getroffen werden.
⁵³⁸ Hüffer/*Koch* Rn. 29.
⁵³⁹ Kölner Komm AktG/*Mertens/Cahn* Rn. 182; *Rellermeyer,* Aufsichtsratsausschüsse, 1986, 161.

ordnung, gelten die vom Aufsichtsrat in seiner Geschäftsordnung getroffenen Regelungen entsprechend für die Ausschussarbeit.[540]

2. Bildung von Unterausschüssen. Der Ausschuss kann seinerseits aus seiner Mitte Unterausschüsse bilden und wieder auflösen. Er entscheidet über die Besetzung des Unterausschusses. Der Aufsichtsratsvorsitzende sollte über die Einsetzung und Aufgaben des Unterausschusses informiert werden. Im Gegensatz zum Aufsichtsrat hat der Ausschuss aber nicht das Recht, dem Unterausschuss Beschlusskompetenz zu übertragen.[541] Der Unterausschuss berichtet an den Ausschuss, nicht an den Aufsichtsrat. Da der Aufsichtsrat die Ausschussarbeit überwacht, kann er die Berichte des Unterausschusses anfordern. Er ist zur vertraulichen Behandlung verpflichtet. 399

X. Beauftragung eines einzelnen Aufsichtsratsmitglieds

1. Zulässigkeit der Delegation. Die Vorschrift (§ 107) schweigt zur Aufgabendelegation auf ein einzelnes Aufsichtsratsmitglied. An anderer Stelle besagt das Gesetz (§ 111 Abs. 2 S. 2), dass der Aufsichtsrat ein einzelnes seiner Mitglieder mit der Prüfung von Büchern und Schriften der Gesellschaft etc. beauftragen kann. Es liegt im Rahmen der Delegationsautonomie des Aufsichtsrats, wenn er ein einzelnes Mitglied des Plenums mit der Wahrnehmung bestimmter Aufgaben betraut. Er muss keine Ausschüsse bilden. 400

Die **allgemeine Kontroll- und Organisationspflicht** schränken den Aufsichtsrat allerdings in der Aufgabendelegation auf ein einzelnes Mitglied ein. Sachliche Gründe müssen für die Übertragung sprechen. 401

2. Keine Beschlusskompetenz. Zu beachten ist, dass ein einzelnes Mitglied keine Beschlusskompetenz erhalten darf. Dem steht die Vorschrift über die Beschlussfassung (§ 108 Abs. 2 S. 3) entgegen. Es kann nur solche Aufgaben wahrnehmen, die auch einem vorbereitenden Ausschuss übertragen werden können.[542] 402

3. Rechtsfolgen der Delegation. Erhält das einzelne Mitglied versteckte Beschlusskompetenz (etwa durch Mantelbeschlüsse, die ihm wesentliche Entscheidungen überlassen ohne dabei seinen Handlungsspielraum zu definieren), liegt ein Verstoß gegen die Organisationspflicht vor. Im Gegensatz zum Ausschuss unterliegt das einzelne Mitglied nicht der Kontrolle durch gemeinsam tätige Kollegen. Es muss sich mit einer verstärkten Beobachtung durch das Plenum abfinden. Die Haftungsentlastung des Aufsichtsrats reicht nicht so weit wie bei der Übertragung an einen vorbereitenden oder erledigenden Ausschuss. Es verbleibt zumindest eine „Restverantwortung".[543] 403

XI. Verantwortlichkeit und Haftung

Die Delegation einer Aufgabe an einen Ausschuss hat eine **gewisse Haftungsentlastung** der Nicht-Ausschussmitglieder zur Folge. Nur die Ausschussmitglieder sind zur Erfüllung der ihnen gestellten Aufgabe berufen und dafür auch verantwortlich. Die Intensivierung der Verantwortlichkeit der Ausschussmitglieder kann auf der anderen Seite eine Herabsetzung der Verantwortlichkeit der Plenumsmitglieder nach sich ziehen. Bei fehlerhafter Delegation, insbesondere in den Fällen des Verstoßes gegen Abs. 3 S. 3, kommt es dagegen zu einer massiven Haftungsverschärfung bis hin zur unternehmerischen Erfolgshaftung[544] aller Aufsichtsratsmitglieder. Dies wird oft im Umgang mit Delegationsverboten (zu mutig) übersehen. 404

---

[540] Kölner Komm AktG/*Mertens/Cahn* Rn. 183.
[541] Kölner Komm AktG/*Mertens/Cahn* Rn. 171.
[542] AA *Frels* AG 1957, 9 (11); *Frels* AG 1958, 232 ff. (allerdings für das AktG 1937).
[543] Kölner Komm AktG/*Mertens/Cahn* Rn. 179.
[544] Siehe dazu auch *Mutter,* Unternehmerische Entscheidungen und Haftung des Aufsichtsrats der Aktiengesellschaft, Tübingen 1994, S. 267.

405 **1. Verantwortlichkeit der Nicht-Ausschussmitglieder.** Die Aufgabendelegation an einen Ausschuss befreit die übrigen Aufsichtsratsmitglieder nicht von ihrer allgemeinen Überwachungspflicht gegenüber Vorstand und Aufsichtsratsausschüssen.[545] Jedem einzelnen Aufsichtsratsmitglied obliegt die Sorge dafür, dass der Aufsichtsrat seine Aufgaben erfüllt und sich dementsprechend organisiert.

406 Das Maß der Verantwortlichkeit von Nicht-Ausschussmitgliedern richtet sich danach, ob der Ausschuss vorbereitend oder erledigend tätig wird. Der **vorbereitende** Ausschuss handelt nicht „als Aufsichtsrat". Der Aufsichtsrat fasst seine Beschlüsse in eigener Verantwortung, auch wenn er zumeist den Vorschlag des Ausschusses annimmt. Er kann seine Verantwortlichkeit nicht auf die Mitglieder des vorbereitenden Ausschusses verlagern, sondern muss sich stets eine eigene Meinung bilden.[546]

407 Für die Beschlüsse des **erledigenden** Ausschusses haften die Nicht-Ausschussmitglieder nur aus **Organisations- und Überwachungsverschulden**.[547] Das bedeutet, dass sie die Ausschussmitglieder sorgfältig aussuchen und kontrollieren müssen. Im Übrigen haften die Ausschussmitglieder für etwaige Fehlentscheidungen selbst.[548]

408 **2. Verantwortlichkeit der Ausschussmitglieder.** Sowohl die Mitglieder des vorbereitenden als auch die des erledigenden Ausschusses haben eine gegenüber dem Plenum **gesteigerte Verantwortung**.[549] Sie sind für ihre Arbeitsergebnisse verantwortlich. Dies gilt für die Vorbereitung des Plenums und die Erledigung durch Beschlussfassung. Der vorbereitende Ausschuss haftet nicht besonders für die vom Aufsichtsrat gefassten Beschlüsse. Letztendlich trifft ihn für diese Entscheidung aber auch eine Verantwortlichkeit, da jedes Ausschussmitglied zugleich Mitglied des Aufsichtsrats ist und als solches für fehlerhafte Entscheidungen haftet.

XII. Amtszeit des Ausschussmitglieds

409 Das Ausschussmitglied kann wie jedes andere Aufsichtsratsmitglied abberufen werden. Hierzu bedarf es eines Aufsichtsratsbeschlusses, wobei das betroffene Mitglied stimmberechtigt ist.[550] Seine Stimmberechtigung entfällt nur, wenn es sich um eine gerichtliche Abberufung aus wichtigem Grund (§ 103 Abs. 3) handeln würde. Ob diese bei einem Ausschussmitglied zum Tragen kommt, ist fraglich.

XIII. Auflösung des Ausschusses

410 Ob auf Dauer eingerichtet oder ad hoc gebildet, kein Ausschuss darf sich selbst auflösen.[551] Bei Unterschreiten der erforderlichen Mindestanzahl von drei Mitgliedern löst sich der Ausschuss aber auf, wenn keine Nachfolger benannt werden.

411 **1. Auflösung eines auf Dauer eingerichteten Ausschusses.** Die Auflösung eines **auf Dauer** eingerichteten Ausschusses ist jederzeit möglich. Sie kann etwa erfolgen, wenn der Aufsichtsrat eine dem Ausschuss erteilte Aufgabe wieder an sich ziehen will.[552] Die Auflösung bedarf eines Aufsichtsratsbeschlusses, der mangels anders lautender Satzungsregelung mit einfacher Mehrheit zu fassen ist. Die Ausschussmitglieder können bei der Beschluss-

---

[545] §§ 116, 93; MHdB AG/*Hoffmann-Becking* § 32 Rn. 3; Bürgers/Körber/*Bürgers/Israel* Rn. 22; Kölner Komm AktG/*Mertens/Cahn* Rn. 145; *Rellermeyer*, Aufsichtsratsausschüsse, 1986, 33 ff.; *Schwark*, FS Werner, 1984, 841 (848); OLG Hamburg AG 1996, 84 (85) zufolge müssen die Nicht-Ausschussmitglieder die Ausschussmitglieder sorgfältig auswählen und sich über die Ausschusstätigkeit berichten lassen.
[546] *Rellermeyer*, Aufsichtsratsausschüsse, 1986, 22.
[547] Vgl. dazu *Baumbach/Hueck* Rn. 15; *Janberg* AG 1966, 1 (5); *Krause* NStZ 2011, 57 (65).
[548] Vgl. MüKoAktG/*Habersack* Rn. 168 f.
[549] Rn. *Schwark*, FS Werner, 1984, 841 (848) spricht sich für einen höheren Pflichtenmaßstab aus.
[550] Kölner Komm AktG/*Mertens/Cahn* Rn. 115.
[551] Kölner Komm AktG/*Mertens/Cahn* Rn. 115; *Rellermeyer*, Aufsichtsratsausschüsse, 1986, 140 f.
[552] BGHZ 89, 48 (55 ff.) = AG 1984, 48 (50); *Rellermeyer*, Aufsichtsratsausschüsse, 1986, 140.

fassung mitstimmen. Der Vermittlungsausschuss ist zwingend vorgesehen. Er darf nicht aufgelöst werden.

2. Auflösung eines ad hoc gebildeten Ausschusses. Die Auflösung eines ad hoc gebildeten und mit einer Einzelaufgabe betrauten Ausschusses ist nicht beschlussbedürftig. Er löst sich nach Zweckerledigung von selbst auf.[553] Anderes gilt, wenn der Aufsichtsrat ihm ergänzende Aufgaben zur Erfüllung überträgt. Der Ausschuss kann vorzeitig, dh vor Erledigung des ihm überantworteten Auftrags, durch Aufsichtsratsbeschluss aufgelöst werden.

3. Kein Einfluss der Amtszeit der Aufsichtsratsmitglieder auf das Bestehen des Ausschusses. Unterschiedlich lange Amtszeiten der Aufsichtsratsmitglieder haben keine Auswirkung auf das Bestehen eines in der Geschäftsordnung festgeschriebenen Ausschusses **(Diskontinuitätsprinzip).** Die Geschäftsordnung hat weiterhin Gültigkeit. Der Ausschuss bleibt so lange bestehen, bis der neu zusammengesetzte Aufsichtsrat seine Auflösung oder Neubesetzung beschließt.[554] Der Aufsichtsrat muss nicht für jede Amtsperiode über die Ausschussbesetzung beschließen.[555] Die Geschäftsordnung kann zwar die personelle Zusammensetzung eines Ausschusses nicht regeln. Daraus folgt aber nicht zwangsläufig, dass der Ausschuss nach jeder Amtsperiode aufgelöst ist.

I. *Financial Expert* als Mitglied des Prüfungsausschusses (Abs. 4)

Dem Aufsichtsrat steht es frei, einen Prüfungsausschuss im Sinne des Abs. 3 S. 2 zu bestellen. Das gilt auch für kapitalmarktorientierte Gesellschaften iSv. § 264d HGB; aus dem Wortlaut von § 124 Abs. 3 S. 2 folgt nur scheinbar etwas anderes.[556]

Richtet der Aufsichtsrat einen Prüfungsausschuss ein, sieht Abs. 4 vor, dass der Ausschuss – dann zwingend – über mindestens ein unabhängiges Mitglied mit Sachverstand auf den Gebieten Rechnungslegung oder Abschlussprüfung verfügen muss (vgl. § 100 Abs. 5), wenn es sich um eine kapitalmarktorientierte Gesellschaft handelt.

J. Geschäftsordnung des Aufsichtsrats

Das AktG bestimmt nicht ausdrücklich, dass der Aufsichtsrat eine Geschäftsordnung haben muss; es erwähnt sie an mehreren Stellen eher beiläufig (§§ 77, 82 Abs. 2). Der Deutsche Corporate Governance Kodex empfiehlt, dass sich der Aufsichtsrat eine Geschäftsordnung geben soll (Ziff. 5.1.3 DCGK). Die Geschäftsordnung ist das **wesentliche Instrument der Selbstorganisation** des Aufsichtsrats. Sie regelt das Verhältnis der Aufsichtsratsmitglieder untereinander und empfiehlt sich besonders in Aufsichtsräten mit hoher Mitgliederzahl. Bei ad hoc eingesetzten Ausschüssen ergibt der Erlass einer Geschäftsordnung wenig Sinn.[557]

I. Verhältnis von Satzung und Geschäftsordnung

Satzung und Geschäftsordnung stehen rechtlich **nebeneinander** und in einer idealen Welt ergänzen sich in der Sache harmonisch. Mit der Satzung bestimmt die Hauptversammlung – soweit aktienrechtlich zulässig 8 Siehe § 23 Abs. 5) – grundsätzlich auch das

---

[553] *Rellermeyer,* Aufsichtsratsausschüsse, 1986, 141.
[554] *Rellermeyer,* Aufsichtsratsausschüsse, 1986, 145 f.; allgemein zur Fortgeltung der Geschäftsordnung OLG Hamburg WM 1982, 1090 (1093 f.); MHdB AG/*Hoffmann-Becking* § 31 Rn. 5.
[555] So Kölner Komm AktG/*Mertens/Cahn* Rn. 98.
[556] Dies ergibt sich aus dem Willen des Gesetzgebers, BT-Drs. 16/10067, 103: „Demgemäß enthält § 124 Abs. 3 S. 2 AktG die Vorschrift, dass sich der Vorschlag des Aufsichtsrats zur Wahl des Abschlussprüfers – soweit ein Prüfungsausschuss eingerichtet wurde – auf die Empfehlung des Prüfungsausschusses zu stützen hat."; vgl. auch *Vetter* ZGR 2010, 751 (757 f.); Hölters/*Hambloch-Gesinn/Gesinn* Rn. 109; Kölner Komm AktG/*Mertens/ Cahn* Rn. 106 mwN; ErfK/*Oetker* Rn. 8; Spindler/Stilz/*Spindler* Rn. 129.
[557] So auch *Büchenbecher* JA 1999, 813 (818).

Organisationsstatut der Gesellschaft. Mit der Geschäftsordnung gestaltet der Aufsichtsrat **innerhalb dieser Grenzen** seinen Arbeitsrahmen **autonom.** Die Satzung darf ihrerseits auch nicht in diese **Organisationsautonomie** des Aufsichtsrats eingreifen[558] und muss den Aufsichtsratsmitgliedern Raum zu Selbstorganisation lassen. Weder darf sie etwa Fragen der Wahl des Aufsichtsratsvorsitzenden und seines Stellvertreters regeln, noch die Bildung und Besetzung von Ausschüssen vorgeben.[559] Der Vorrang der zulässigen Satzungsbestimmung vor der Geschäftsordnung ist zu beachten.[560] Das Gesetz kennt aber auch Fälle, in denen den Gesellschaften ausdrücklich frei zur Wahl gestellt wird, Sachverhalte durch Satzung oder Geschäftsordnung zu regeln (exemplarisch § 108 Abs. 4).

418 Es bedarf keiner satzungsmäßigen Ermächtigung zum Erlass einer Geschäftsordnung, sie schadet aber auch nicht.[561]

II. Zuständigkeit für den Erlass

419 Ist die Geschäftsordnung nicht durch die Satzung festgelegt, kann sich nur der Aufsichtsrat eine Geschäftsordnung geben. Dies folgt aus seiner Organisationsautonomie. Er beschließt die Geschäftsordnung **mit einfacher Mehrheit**.[562] Einstimmigkeit ist nicht erforderlich. Die Vorschrift über die Geschäftsordnung des Vorstands (§ 77 Abs. 2 S. 3) ist auf den Aufsichtsrat nicht entsprechend anwendbar. Das dort geregelte Gesamtprinzip (vgl. § 77 Abs. 1) gilt nicht für den Aufsichtsrat. Gesetzliche und satzungsmäßige Grenzen sind vom Aufsichtsrat einzuhalten.

420 Eine bereits in der Satzung enthaltene Geschäftsordnung kann der Aufsichtsrat durch eigene Geschäftsordnungsregelungen **ergänzen.**

III. Zuständigkeit für Änderung und Aufhebung

421 Der Aufsichtsrat ist zwingend für die Änderung und Aufhebung der Geschäftsordnung zuständig. Er beschließt mit **einfacher Mehrheit,** notfalls mit der Zweitstimme des Vorsitzenden (§ 29 Abs. 2 MitbestG). Weder die Satzung noch der Aufsichtsrat selbst können bestimmen, dass Änderungen der Geschäftsordnungen mit qualifizierter Mehrheit zu beschließen sind. Dies gilt allerdings nur für solche Gesellschaften, die den mitbestimmungsrechtlichen Vorschriften unterliegen.[563]

422 Die Hauptversammlung muss eine Satzungsänderung herbeiführen, wenn sie eine Geschäftsordnung ändern will, die sich der Aufsichtsrat selbst gegeben hat.[564]

423 Der Aufsichtsrat kann die in der Satzung festgelegte Geschäftsordnung ergänzen. Dies führt nicht zu einer Satzungsänderung.[565]

IV. Geltungsdauer der Geschäftsordnung

424 Das Gesetz besagt nichts über die Geltungsdauer einer Geschäftsordnung. Geschäftsordnungen, die sich der Aufsichtsrat selbst gegeben hat, bleiben so lange gültig, bis ein mehrheitlich gefasster Aufsichtsratsbeschluss ihre Aufhebung oder Änderung beschließt.[566] Ein

---

[558] Vgl. MHdB AG/*Hoffmann-Becking* § 31 Rn. 2.
[559] *Siebel/v. Schenck* in Semler/v. Schenck AR-HdB § 3 Rn. 94; Kölner Komm AktG/*Mertens/Cahn* Rn. 182.
[560] BGHZ 64, 325 (327, 328) = NJW 1975, 1412.
[561] Vgl. zum Verhältnis von Satzung und Geschäftsordnung auch MHdB AG/*Hoffmann-Becking* § 31 Rn. 1 ff.; Kölner Komm AktG/*Mertens/Cahn* Rn. 5, 182.
[562] Hüffer/*Koch* Rn. 34.
[563] MHdB AG/*Hoffmann-Becking* § 31 Rn. 4 und 67; aA Kölner Komm AktG/*Mertens/Cahn* Rn. 185 mwN.
[564] Kölner Komm AktG/*Mertens/Cahn* Rn. 182.
[565] Kölner Komm AktG/*Mertens/Cahn* Rn. 182.
[566] LG Hamburg WM 1980, 1399; *Obermüller* DB 1971, 952 mit dem zutreffenden Hinweis darauf, dass Beschlüsse des Aufsichtsrats zeitlich unbegrenzt wirken, es sei denn, aus ihrem Inhalt oder ihrem Charakter ergibt sich etwas anderes.

etwaiger Mitgliederwechsel oder der Ablauf einer Amtsperiode berühren die Bestandskraft der Geschäftsordnung nicht.[567]

Der dem Gründungsaufsichtsrat nachfolgende Aufsichtsrat braucht die Geschäftsordnung 425 nicht neu zu beschließen.[568] Ein Bestätigungsbeschluss schadet aber auch nicht.

V. Zulässiger Inhalt einer Geschäftsordnung

Der Aufsichtsrat kann in der Geschäftsordnung nur Regelungen treffen, die nicht bereits 426 durch den Gesetzgeber vorgegeben oder zulässigerweise durch die Satzung bestimmt worden sind. In diesem Rahmen regelt die Geschäftsordnung zumeist die **praktische Zusammenarbeit der Plenumsmitglieder** (Organisation des Aufsichtsrats und Funktionieren der Aufsichtsratsarbeit).[569] Legt sie bereits die Tätigkeit der Ausschüsse fest, ist eine eigene Geschäftsordnung für den Ausschuss entbehrlich. Nur die Satzung und nicht die Geschäftsordnung kann Regelungen zur Beschlussfähigkeit des Aufsichtsrats enthalten (dies folgt aus § 108 Abs. 2 S. 1) oder dem Aufsichtsratsvorsitzenden ein Stichentscheidsrecht einräumen.[570] Dahingegen kann die Geschäftsordnung dem Ausschussvorsitzenden ein Zweitstimmrecht gewähren.[571]

Im Einzelnen kommen Regelungen zur Art und Weise der Sitzungseinberufung, zum 427 Sitzungsverlauf, zum Begriff der eine Stellvertretung notwendig machenden Verhinderung des Vorsitzenden (Abs. 1 S. 3), zur Vertagung, zur Aufnahme von Anträgen in die Tagesordnung, zur Einrichtung von Ausschüssen sowie zur Art und Weise der Abstimmung in Betracht. Die Teilnahme von Vorstandsmitgliedern an Aufsichtsratssitzungen kann ebenfalls in der Geschäftsordnung geregelt werden.[572]

Die **Verschwiegenheitspflicht** kann die Geschäftsordnung weder mildern noch ver- 428 schärfen. Sie darf aber Richtlinien zum Verfahren vorsehen.[573]

VI. Rechtsfolgen einer Verletzung der Geschäftsordnung

Die Folgen einer Verletzung der Geschäftsordnung hängen davon ab, ob ein **Verstoß** 429 **gegen höherrangiges Recht** vorliegt. Ist die Geschäftsordnung in der **Satzung** niedergelegt, darf der Aufsichtsrat keine dagegen verstoßenden Beschlüsse fassen; sie wären **nichtig**.[574] Die Satzung ist gegenüber dem Aufsichtsratsbeschluss als höherrangig zu bewerten. Anders beurteilen sich formelle Ordnungsverstöße, die ungeahndet bleiben.[575]

Zwischen der Geschäftsordnung, die sich der Aufsichtsrat selbst gegeben hat, und einem 430 Aufsichtsratsbeschluss besteht hingegen **Gleichrangigkeit**.[576] Ist die Geschäftsordnung durch Aufsichtsratsbeschluss beschlossen worden, kann der Aufsichtsrat sie durch Beschluss durchbrechen. Dies gilt unabhängig davon, ob er zu einer Abänderung der Geschäftsordnung führen soll.

---

[567] Kölner Komm AktG/*Mertens/Cahn* Rn. 184; MHdB AG/*Hoffmann-Becking* § 31 Rn. 5; *Rellermeyer*, Aufsichtsratsausschüsse, 1986, 144 ff.; *Hoffmann/Lehmann/Weinmann* MitbestG § 25 Rn. 24 und 168; aA *Fitting/Wlotzke/Wißmann* § 25 Rn. 15; MHdB ArbR/*Wißmann* § 282 Rn. 3, demzufolge die Geschäftsordnung nur über die Amtszeit hinaus gilt, wenn der neu gewählte Aufsichtsrat seine Arbeit auf ihrer Grundlage ohne Änderungsanträge aufnimmt; *Säcker* DB 1977, 2031 (2035 f.), der die Meinung vertritt, dass die vom BVerfG für die Geschäftsordnung des Bundestags herausgearbeiteten Grundsätze auch für die Geschäftsordnung des Aufsichtsrats gelten würden.
[568] Kölner Komm AktG/*Mertens/Cahn* Rn. 184; MHdB AG/*Hoffmann-Becking* § 31 Rn. 5.
[569] Vgl. Formulierungen bei *Sick/Köstler* S. 10 ff.; 19 ff.; 25 ff.
[570] Kölner Komm AktG/*Mertens/Cahn* Rn. 187.
[571] Hüffer/*Koch* Rn. 36 und 32.
[572] Kölner Komm AktG/*Mertens/Cahn* Rn. 188.
[573] BGHZ 64, 325 (328) = NJW 1975, 1412.
[574] *Lutter/Krieger/Verse* Rn. 653; differenzierend *Fitting/Wlotzke/Wißmann* MitbestG § 25 Rn. 15, die keinen Verstoß annehmen, wenn es sich um eine Regelung handelt, die der Aufsichtsrat selbst hätte feststellen dürfen.
[575] Kölner Komm AktG/*Mertens/Cahn* Rn. 190.
[576] Vgl. MHdB AG/*Hoffmann-Becking* § 31 Rn. 4.

431 Der **Ausschussbeschluss** bleibt bei Verstoß gegen eine Geschäftsordnungsbestimmung ebenfalls wirksam. Anderes gilt, wenn er gegen diejenigen des Aufsichtsrats verstößt. Die Geschäftsordnung des Aufsichtsrats ist für ihn höherrangig. Ein solcher Beschluss ist unwirksam, es sei denn, es handelt sich um eine Ordnungsvorschrift.

§ 108 Beschlussfassung des Aufsichtsrats

(1) **Der Aufsichtsrat entscheidet durch Beschluss.**

(2) ¹**Die Beschlussfähigkeit des Aufsichtsrats kann, soweit sie nicht gesetzlich geregelt ist, durch die Satzung bestimmt werden.** ²**Ist sie weder gesetzlich noch durch die Satzung geregelt, so ist der Aufsichtsrat nur beschlussfähig, wenn mindestens die Hälfte der Mitglieder, aus denen er nach Gesetz oder Satzung insgesamt zu bestehen hat, an der Beschlussfassung teilnimmt.** ³**In jedem Fall müssen mindestens drei Mitglieder an der Beschlussfassung teilnehmen.** ⁴**Der Beschlussfähigkeit steht nicht entgegen, daß dem Aufsichtsrat weniger Mitglieder als die durch Gesetz oder Satzung festgesetzte Zahl angehören, auch wenn das für seine Zusammensetzung maßgebende zahlenmäßige Verhältnis nicht gewahrt ist.**

(3) ¹**Abwesende Aufsichtsratmitglieder können dadurch an der Beschlußfassung des Aufsichtsrats und seiner Ausschüsse teilnehmen, daß sie schriftliche Stimmabgaben überreichen lassen.** ²**Die schriftlichen Stimmabgaben können durch andere Aufsichtsratsmitglieder überreicht werden.** ³**Sie können auch durch Personen, die nicht dem Aufsichtsrat angehören, übergeben werden, wenn diese nach § 109 Abs. 3 zur Teilnahme an der Sitzung berechtigt sind.**

(4) **Schriftliche, fernmündliche oder andere vergleichbare Formen der Beschlußfassung des Aufsichtsrats und seiner Ausschüsse sind vorbehaltlich einer näheren Regelung durch die Satzung oder eine Geschäftsordnung des Aufsichtsrats nur zulässig, wenn kein Mitglied diesem Verfahren widerspricht.**

Schrifttum: *Auffarth,* Die Neuregelung der Beschlußfähigkeit des Aufsichtsrats, NJW 1957, 1702; *Axhausen,* Anfechtbarkeit aktienrechtlicher Aufsichtsratsbeschlüsse, 1986; *Backeberg,* Beschlußfähigkeit des Aufsichtsrats mit Arbeitnehmer-Drittel, NJW 1957, 1011; *Baltzer,* Der Beschluss als rechtstechnisches Mittel organschaftlicher Funktion im Privatrecht, 1965; *Baums,* Der fehlerhafte Aufsichtsratsbeschluss, ZGR 1983, 300; *Behr,* Teilnahmerecht und Mitwirkungsmöglichkeit des Aufsichtsratsmitglieds bei der Aufsichtsratssitzung, AG 1984, 281; *Bettnauer,* Konstituierung der HV durch einen unterbesetzten Vorstand, NZG 2002, 414; *Brandes,* Die Rechtsprechung des Bundesgerichtshofs zur Aktiengesellschaft, WM 1994, 2177; *Brinkmann,* Unternehmensinteresse und Unternehmensrechtsstruktur, Diss. Frankfurt, 1983; *Bruns,* Lücken in der rechtlichen Wertung des körperschaftlichen Rechtsgeschäfts? Annales Universitatis Saraviensis III, FS F.Senn, 1954, 137; *Büllesbach/Klawitter/Miedbrodt,* Das neue Namensaktiengesetz, DStR 2001, 666; *Cahn,* Die Vertretung der Aktiengesellschaft durch den Aufsichtsrat FS Hoffmann-Becking, 2013, S. 247; *Canaris,* Mitbestimmungsgesetz und innergesellschaftliche Organisationsautonomie der Aktiengesellschaft, DB 1981, Beil. Nr. 14/81, S. 1; *Casper,* Diskussionsbericht, ZHR 165 (2001), 219; *Deilmann,* Beschlussfassung im Aufsichtsrat: Beschlussfähigkeit und Mehrheitserfordernisse, BB 2012, 2191; *Dreher,* Das Ermessen des Aufsichtsrats, ZHR 158 (1994), 614; *Engfer,* Der Ausschluß des organschaftlichen Stimmrechts bei Interessenkollisionen, 1970; *Ernst,* Der Beschluss als Organakt, Liber Amicorum für D. Leenen, 2012, 1; *Feldmann,* Zulässigkeit von Satzungsbestimmungen zur Beschlussfähigkeit des mitbestimmten Aufsichtsrats, DB 1986, 29; *Fischer/Hoffmann,* Genehmigung einer vom Aufsichtsratsvorsitzenden erteilten Prozessvollmacht, NZG 2013, 1419; *Fleischer,* Fehlerhafte Aufsichtsratsbeschlüsse: Rechtsdogmatig – Rechtsvergleichung – Rechtspolitik, DB 2013, 160, 217; *ders.,* Gestaltungsgrenzen für Zustimmungsvorbehalte des Aufsichtsrats nach § 111 Abs. 4 S. 2 AktG, BB 2013, 835; *Fortun/Knies,* Rechtsfolgen fehlerhafter Besetzung des Aufsichtsrats einer Aktiengesellschaft, DB 2007, 1451; *Geitner,* Die ersten höchstrichterlichen Urteile zum Mitbestimmungsgesetz 1976, AG 1982, 212; *Giesen,* Organhandeln und Interessenkonflikt, 1984; *Goedecke,* NaStraG: Erster Schritt zur Öffnung des Aktienrechts für moderne Kommunikationstechniken, BB 2001, 369; *Götz,* Gesamtverantwortung des Vorstands bei vorschriftswidriger Unterbesetzung, ZIP 2002, S. 1748; *ders.,* Rechtsfolgen fehlerhafter Aufsichtsratsbeschlüsse: Analoge Anwendung der §§ 214ff AktG?, FS Lüke, 1997, S. 167; *Habersack,* Aktienrecht und Internet, ZHR 165 (2001), 172; *Hanau,* Das Verhältnis des Mitbestimmungsgesetzes zum kollektiven Arbeitsrecht, ZGR 1977, 397; *Happ,* Namensaktiengesetz – NaStraG oder: Der Einzug der Informationstechnologie in das Aktienrecht, WM 2000, 1795; *Heinsius,* Satzungsvorschriften über die Beschlußfähigkeit des Aufsichtsrats nach dem Mitbestimmungsgesetz, AG 1977, 281; *Henze,* Aspekte und Entwicklungstendenzen der aktienrechtlichen Anfechtungsklage in der Rechtsprechung des BGH, ZIP 2002, 97; *Hildebrandt,* Die telefonische Abstimmung im

Aufsichtsrat, AG 1957, 5; *Hoffmann-Becking,* Kombinierte Beschlussfassung in Gesellschafterversammlung und Aufsichtsrat, FS Priester 2007, 233; *Hoffmann-Becking,* Schriftliche Beschlussfassung des Aufsichtsrats und schriftliche Stimmabgabe abwesender Aufsichtsratsmitglieder, Liber Amicorum Wilhelm Happ, 2006, 81; *Hoffmann-Becking,* Vorstands-Doppelmandate im Konzern, ZHR 150 (1986), 570; *Hommelhoff,* Der aktienrechtliche Organstreit, ZHR 143 (1979), 288; *Hüffer,* Beschlussmängel im Aktienrecht und im Recht der GmbH – eine Bestandsaufnahme unter Berücksichtigung der Beschlüsse von Leitungs- und Überwachungsorganen, ZGR 2001, 833; *Hüffer,* Der korporationsrechtliche Charakter von Rechtsgeschäften-eine hilfreiche Kategorie bei der Begrenzung von Stimmverboten im Recht der GmbH?, FS Heinsius, 1991, 337; *Jürgenmeyer,* Satzungsklauseln über qualifizierte Beschlussmehrheiten im Aufsichtsrat der Aktiengesellschaft, ZGR 2007, 112; *Kindl,* Analoge Anwendung der §§ 241 AktG auf aktienrechtliche Beschlüsse?, AG 1993, 153; *Kindl,* Die Geltendmachung von Mängeln bei aktienrechtlichen Aufsichtratsbeschlüssen un die Besetzung von Ausschüssen in mitbestimmten Gesellschaften, DB 1993, 2065; *Kindl,* Beschlussfassung des Aufsichtsrats und neue Medien – Zur Änderung des § 108 Abs. 4 AktG, ZHR 166 (2002) 335; *Kindl,* Die Teilnahme an der Aufsichtsratssitzung, 1993; *Kindler,* Voraussetzungen und Geltendmachung der Vorstandshaftung in der Aktiengesellschaft, ZHR 162 (1998), 101; *Kollhosser,* Wann ist eine geheime Abstimmung im Aufsichtsrat einer Aktiengesellschaft zulässig?, FS Hadding 2004, 501; *Lemke,* Der fehlerhafte Aufsichtsratsbeschluß, 1994; *Luther,* § 23 Abs. 5 AktG im Spannungsfeld von Gesetz, Satzung und Einzelentscheidungen der Organe der Aktiengesellschaft, FG Hengeler, 1972, 167; *Lutter,* Der Stimmbote, FS Duden, 1977, 269; *Martens,* Der Aufsichtsrat im Konzern, ZHR 159 (1995), 567; *Matthießen,* Stimmrecht und Interessenkollision im Aufsichtsrat, 1989; *Meier,* Zulässigkeit geheimer Abstimmungen in GmbH-Aufsichtsräten, DStR 1996, 385; *Meilicke,* Fehlerhafte Aufsichtsratsbeschlüsse, FS Walter Schmidt, 1959, 71; *Mertens,* Verfahrensfragen bei Personalentscheidungen des mitbestimmten Aufsichtsrats, ZGR 1983, 189, 206 ff.; *Mertens,* Stimmabgabe abwesender Aufsichtsratsmitglieder nach § 108 Abs. 3 AktG, AG 1977, 210; *Mestmäcker,* Verwaltung, Konzerngewalt und Rechte der Aktionäre, 1958; *Meyer-Giesow,* Stimmverbote in den Aktienrechten der EWG-Staaten, Diss. Bonn, 1966; *Miettinen/Villeda* Abstimmungsformen des Aufsichtsrats AG 2007, 346; *Noack,* Namensaktie und Aktienregister: Einsatz für Investor Relations und Produktmarketing, DB 2001, 27; *Noack,* Fehlerhafte Beschlüsse in Gesellschaften und Vereinen, Diss. Tübingen, 1988; *Paefgen,* Struktur und Aufsichtsratsverfassung der mitbestimmten AG, 1982; *Peus,* Geheime Abstimmung im Aufsichtsrat und Stimmabgabe des Vorsitzenden, DStR 1996, 1656; *Peus,* Der Aufsichtsratsvorsitzende, 1983; *Pleyer,* Die personellen Verbindungen im Aktienrecht, AG 1961, 205; *Potthoff/Trescher,* Das Aufsichtsratsmitglied, 2. Aufl. 1994; *Preissler,* Wahrnehmung der Aktionärsrechte in der Hauptversammlung einer deutschen Aktiengesellschaft mit globalen Namensaktien durch in den USA ansässige Aktionäre, WM 2001, 113; *Preusche,* Nochmals: Zur Zulässigkeit ergänzender Satzungsbestimmungen für die Beschlussfähigkeit des Aufsichtsrats mitbestimmter Aktiengesellschaften, AG 1980, 125; *Priester,* Stimmverbot bei dreiköpfigen Aufsichtsrat, AG 2007, 190; *Radtke,* Fehlerhafte Aufsichtsratsbeschlüsse, BB 1960, 1045; *Raiser,* Personalausschuß des Aufsichtsrats – Zum Ausschuß eines Arbeitnehmervertreters aus Aufsichtsratsausschüssen, DZWiR 1993, 510; *Raiser,* Satzungsvorschriften über Beschlussfähigkeit und Vertagung eines mitbestimmten Aufsichtsrats, NJW 1980, 209; *Raiser,* Klagebefugnis einzelner Aufsichtsratsmitglieder, ZGR 1989, 44 *Redding,* Aufsichtsrat und Interessenkollision, NJW 1956, 48; *Reichard,* Gerichtliche Aufsichtsratsergänzung bei Beschlussboykott, AG 2012, 359; *Rellermeyer,* Aufsichtsratsausschüsse, 1986; *Rellermeyer,* Der Aufsichtsrat – Betrachtungen zur neueren Rechtsprechung des Bundesgerichtshof-, ZGR 1993, 77; *Riegger,* Die schriftliche Stimmabgabe, BB 1980, 130; *Rittner,* Die Satzungsautonomie der Aktiengesellschaft und die innere Ordnung des Aufsichtsrats nach dem Mitbestimmungsgesetz, DB 1980, 2493; *Rodewald/Ternick,* Babylon im Unternehmen – rechtlicher Rahmen für die Sprache im Aufsichtsrat, Vorstand und Hauptversammlung, BB 2011, 910; *Rützel,* Die gesellschaftsrechtliche Beschlussfeststellungsklage, ZIP 1996, 1961; *Säcker,* Die Anpassung der Satzung der Aktiengesellschaft an das Mitbestimmungsgesetz, DB 1977, 1791; *Säcker,* Zur Beschlussfähigkeit des mitbestimmten Aufsichtsrats, JZ 1980, 82; *Säcker,* Stimmrechtsausübung im Aufsichtsrat trotz Interessenkollision, MitbestGspr. 1978, 96; *Säcker,* Mitbestimmung und Vereinigungsfreiheit, RdA 1979, 380, 383; *Säcker/Theisen,* Die statutarische Regelung der inneren Ordnung des Aufsichtsrats in der mitbestimmten GmbH nach dem MitBestG 1976, AG 1980, 29; *Scheuffler,* Fehlerhafte Aufsichtsratsbeschlüsse, 1962; *Uwe H. Schneider,* Geheime Abstimmung im Aufsichtsrat, FS Robert Fischer, 1979, 727; *Uwe H. Schneider,* Stimmverbote in GmbH-Konzernen, ZHR 150 (1986), 609; *Seibert,* Aktienrechtsnovelle NaStraG tritt in Kraft – Übersicht über das Gesetz und Auszüge aus dem Bericht des Rechtsausschusses, ZIP 2001, 53; *Seiter,* Unternehmensmitbestimmung und Tarifauseinandersetzungen, FS Gerhard Müller, 1981, 589; *Semler,* Entscheidungen und Ermessen im Aktienrecht, FS Ulmer, 2003, 627; *Spieker,* Geheime Abstimmung im Aufsichtsrat?, AuR 1961, 209; *Steindorff/Joch,* Die ersten Urteile des Bundesgerichtshofs zum Mitbestimmungsgesetz, ZHR 146 (1982), 336; *Triebel,* Stimmverbot für den „wirtschaftlich beteiligten" Aufsichtsrat, ZIP 2004, 156; *Ulmer,* Stimmrechtsbeschränkungen für Aufsichtsratsmitglieder bei eigener Kandidatur zum Vorstand, NJW 1982, 2288; *Ulmer,* Geheime Abstimmungen im Aufsichtsrat von Aktiengesellschaften? AG 1982, 300; *Ulmer,* Aufsichtsratmandat und Interessenkollision, NJW 1980, 1603; *Ulmer,* Die Anpassung von AG-Satzungen an das Mitbestimmungsgesetz – eine Zwischenbilanz, ZHR 141 (1977), 490; *Wagner,* Aufsichtsratssitzung in Form der Videokonferenz, NZG 2002, 57; *Wagner,* Gesetz zur Namensaktie und zur Erleichterung der Stimmrechtsausübung, Die Bank 2001, 40; *Wank,* Weitere Stellvertreter des Aufsichtsratsvorsitzenden in der mitbestimmten Aktiengesellschaft, AG 1980, 148; *Wasse,* Die Internationalisierung des Aufsichtsrats – Herausforderungen in der Praxis, AG 2011, 685; *Weber,* Der Eintritt des Aktienrechts in das Zeitalter der elektronischen Medien – Das NaStraG in seiner verabschiedeten Fassung, NZG 2001, 337; *Werner,* Vertagungsklauseln in den Satzungen mitbestimmter Aktiengesellschaften, AG 1979, 330; *Werner,* Rechte und Pflichten des mitbestimmten Aufsichtsrats und seiner Mitglieder, ZGR 1977, 236; *Wilhelm,* Selbstwahl eines Aufsichtsratsmitglieds in den Vorstand, NJW 1983, 912; *Zetzsche,* NaStraG – ein erster Schritt in Richtung Virtuelle Hauptversammlung für Namens- und Inhaberaktien, ZIP 2001, 682; *Zöllner,* Die sogenannten Gesellschafterklagen im Kapitalgesellschaftsrecht, ZGR 1988, 393; *Zöllner,* Die Schranken mitgliedschaftlicher Stimmrechtsmacht bei den privatrechtlichen Personenverbänden, 1963.

Übersicht

	Rn.
I. Allgemeines	1
1. Bedeutung der Norm	1
2. Entstehungsgeschichte	7
II. Entscheidung nur durch Beschluss (Abs. 1)	13
1. Begriff der Entscheidung	14
2. Tatsächliche Äußerungen ohne Rechtsfolgenherbeiführung	15
3. Beschluss und Beschlussbedürftigkeit	16
a) Der Beschluss als mehrseitiges, nicht vertragliches Rechtsgeschäft eigener Art	16
b) Beschlussbedürftigkeit	19
4. Erfordernis der ausdrücklichen Beschlussfassung	21
a) Verbot konkludenter Aufsichtsratsbeschlüsse	22
b) Auslegung ausdrücklicher Beschlüsse mit konkludentem Erklärungsgehalt	25
5. Rechtsscheinsetzung bei ausdrücklich gefassten Aufsichtsratsbeschlüssen	27
III. Beschlussfähigkeit des Aufsichtsrats (Abs. 2)	28
1. Teilnahme an der Beschlussfassung	29
a) Beteiligungsmöglichkeiten	34
b) Teilnahme als Stellungnahme	36
c) Teilnahme durch schriftliche Stimmabgabe	37
2. Gesetzliche Regelungen zur Beschlussfähigkeit des Aufsichtsrats (S. 1)	41
a) Beschlussfähigkeit des nach dem MitbestG gebildeten Aufsichtsrats	43
b) Beschlussfähigkeit des nach dem MontanMitbestG und dem MitbestErgG gebildeten Aufsichtsrats	45
c) Besonderheiten bei der Ausübung von Beteiligungsrechten zur Vermeidung doppelter Mitbestimmung (§ 32 MitbestG)	47
3. Satzungsregelungen zur Beschlussfähigkeit (S. 1)	48
a) Allgemein unzulässige Satzungsregelungen	49
b) Satzungsregelungen in Aufsichtsräten, die keiner mitbestimmungsrechtlichen Sonderregelung zur Beschlussfähigkeit unterliegen	52
c) Satzungsregelungen in Aufsichtsräten, die mitbestimmungsrechtlichen Sonderregelungen zur Beschlussfähigkeit unterliegen	59
d) Vertagungsklauseln	67
4. Das Hälfteerfordernis als subsidiär gesetzliche Regelung (Abs. 2 S. 2)	75
5. Beschlussfähigkeit trotz Unterbesetzung des Aufsichtsrats (Abs. 2 S. 4)	81
6. Auswirkungen der Beschlussunfähigkeit auf einzelne Aufsichtsmitglieder und Ausschüsse bei beschlussunfähigem Aufsichtsrat	85
a) Erhöhte Aufmerksamkeitspflicht der verbliebenen Aufsichtsratsmitglieder	86
b) Unabhängigkeit der Beschlussfähigkeit des Ausschusses von der Beschlussfähigkeit des Aufsichtsrats	88
IV. Beschlussfassung des Aufsichtsrats	89
1. Anwendbare Vorschriften	89
2. Zustandekommen eines Beschlusses	90
a) Antrag zur Abstimmung	91
b) Beschlussfassung des Aufsichtsrats in der Sitzung	92
c) Auswahl der Abstimmungsart	102
d) Schriftliche bzw. nachträgliche Stimmabgabe	111
e) Feststellen des Beschlussergebnisses durch den Vorsitzenden	112
f) Umsetzung des Beschlusses durch Erklärung gegenüber Dritten	117
V. Beschlussfassung durch die Mehrheit	118
1. Gleichwertigkeit der Stimmen	118
2. Beschlussfassung mit einfacher Mehrheit	122
3. Ausnahmen	124
a) Abweichende Mehrheitserfordernisse in mitbestimmungsrechtlichen Vorschriften	124
b) Sonstige Abweichungen	131
4. Abweichungsmöglichkeiten durch die Satzung	133
5. Stimmenthaltungen	135
6. Stimmengleichheit	138
a) Regelungen durch die Satzung	139

	Rn.
b) Stimmengleichheit bei Mitbestimmungsangelegenheiten	141
c) Losentscheidung	142
d) Stimmengleichheit in Aufsichtsratsausschüssen	143
7. Keine nachträgliche Stimmabgabe in der Sitzung	144
8. Stimmrechtsausschluss	147
a) Entscheidung über den Stimmrechtsausschluss	148
b) Persönliche und unmittelbare Betroffenheit des Aufsichtsratsmitglieds	151
c) Keine Ausdehnung des Stimmrechtsausschlusses	156
d) Kein Stimmrechtsausschluss bei korporationsrechtlichen Rechtsgeschäften	158
e) Stimmrechtsausschluss in Aufsichtsräten mit Arbeitnehmerbeteiligung	159
f) Stimmrechtsausschluss von entsandten Aufsichtsratsmitgliedern	160
g) Einfluss des Stimmrechtsausschlusses auf die Beschlussfähigkeit des Aufsichtsrats	161
VI. Schriftliche Stimmabgabe durch abwesende Aufsichtsratsmitglieder (Abs. 3)	162
1. Allgemeines	162
2. Geltung für alle Aufsichtsratsmitglieder	167
3. Gebot der Schriftlichkeit	168
4. Erfordernis der eigenen Namensunterschrift	169
5. Stimmüberreichung durch Stimmboten (Abs. 3 S. 2 und S. 3)	174
6. Funktion des Stimmboten als Bote und nicht als Vertreter	177
a) Kein eigener Entscheidungsspielraum des Stimmboten	178
b) Keine Blankostimmabgabe	181
c) Bedingte Stimmabgabe	182
7. Überreichen durch den Stimmboten	183
VII. Beschlussfassung ohne Sitzung (Abs. 4)	186
1. Formen der Beschlussfassung	188
2. Regelung durch die Satzung oder die Geschäftsordnung	189
3. Kein Widerspruch	191
a) Ausschluss oder Modifizierung des Widerspruchsrechts	191
b) Kein Ausschluss	194
4. Verfahren der Beschlussfassung ohne Sitzung	197
a) Unterrichtung über Beschlussfassung ohne Sitzung	199
b) Teilnahme an der Beschlussfassung ohne Sitzung	201
c) Stimmabgabe durch die Aufsichtsratsmitglieder	202
d) Niederschrift über die erfolgte Beschlussfassung und Bekanntgabe	206
e) Beschlussfassung ohne Sitzung als Pflichtsitzung gemäß § 110 Abs. 3	208
VIII. Nachträgliche Teilnahme (gemischte Beschlussfassung)	209
IX. Fehlerhaftigkeit eines Aufsichtsratsbeschlusses	213
1. Allgemeines	213
2. Gültige Aufsichtsratsbeschlüsse	215
3. Arten des Mangels eines fehlerhaften Aufsichtsratsbeschlusses	216
a) Beschlüsse eines nicht-rechtmäßigen Gremiums	217
b) Beschlüsse bei fehlender Beschlusszuständigkeit	218
c) Fehlerhaftigkeit eines Beschlusses wegen eines Inhaltsmangels	219
d) Fehlerhaftigkeit eines Beschlusses wegen eines Verfahrensmangels	221
e) Disponible Vorschriften	241
f) Verzicht auf die Geltendmachung des Verfahrensverstoßes	242
4. Rechtsfolgen der Fehlerhaftigkeit eines Aufsichtsratsbeschlusses	244
a) Nichtbeschluss	244
b) Sorgfaltswidrige Beschlüsse	245
c) Fehlerhafte Beschlüsse	247
d) Rechtsfolgen	256
5. Fehlerhafte Vertretungshandlungen des Aufsichtsrats	264
a) Vertretungshandlungen für die Gesellschaft	264
b) Abgabe von Willenserklärungen für die Gesellschaft und Zustimmung zu Geschäftsführungsmaßnahmen des Vorstands	265
6. Folgen nichtiger Aufsichtsratsbeschlüsse	270
a) Nichteintritt der rückwirkenden Nichtigkeitsfolge	270
b) Anfechtbarkeit von Hauptversammlungsbeschlüssen	274
c) Ausschluss der beschränkten rechtlichen Anerkennung	276
X. Geltendmachung von Beschlussmängeln	277
1. Nichtigkeitsfeststellungsklage	278
2. Verfahrensrüge statt Anfechtungsklage	285
3. Keine positive Beschlussfeststellungsklage	288

I. Allgemeines

1. Bedeutung der Norm. Die Norm enthält eine **zusammenfassende Regelung der Beschlussfassung**. Sie legt verbindlich fest, dass der Aufsichtsrat einen Beschluss nur unter Mitwirkung von **mindestens drei Mitgliedern** fassen kann (Abs. 2 S. 3). Dies gilt auch für Ausschüsse. Sie räumt zugleich Zweifelsfragen zum mitbestimmten Aufsichtsrat aus. Auch im mitbestimmten Aufsichtsrat kann ein Beschluss ohne Rücksicht auf die Zusammensetzung des Beschlussgremiums von drei Mitgliedern gefasst werden.

Die Vorschrift (Abs. 1) fordert eine **ausdrückliche** Beschlussfassung des Aufsichtsrats. Stillschweigende (konkludente) Beschlüsse sind wirkungslos. Besonders wichtig ist die ausdrückliche Beschlussfassung in Fällen, in denen der Aufsichtsrat eine Entscheidung über die Zustimmung zu einer Maßnahme treffen muss (§§ 59 Abs. 3, 88 Abs. 1, 89 Abs. 2 und 5). Eine stillschweigende Zustimmung zu Vorstandsmaßnahmen ist mit der erwünschten Rechtssicherheit nicht vereinbar.[1]

Abwesende Aufsichtsratsmitglieder können ihre Stimme durch andere Aufsichtsratsmitglieder (Stimmboten) abgeben lassen (Abs. 3 S. 1 und S. 2). Dritte dürfen als Stimmbote eines abwesenden Aufsichtsratsmitglieds allerdings nur auf Grund einer Satzungsermächtigung auftreten. (Abs. 3 S. 3, § 109 Abs. 3) Da die schriftliche Stimmabgabe jedem abwesenden Aufsichtsratsmitglied eröffnet ist, steht diese Möglichkeit auch dem abwesenden Aufsichtsratsvorsitzenden und seinem Stellvertreter offen.[2]

Die Möglichkeit der schriftlichen Stimmabgabe vermeidet die Gefahr einer Verschiebung des zahlenmäßigen Verhältnisses zwischen den Arbeitnehmer- und den Anteilseignervertretern.[3]

Beschlüsse können nicht nur in Sitzungen, sondern auch **schriftlich, fernmündlich oder in einer vergleichbaren Form** (→ Rn. 188) gefasst werden. Dies ist vorbehaltlich einer näheren Regelung durch die Satzung nur möglich, wenn diesem Verfahren nicht widersprochen wird.[4]

Die Bestimmungen gelten auch für die Beschlussfassung von **Ausschüssen**. Bezüglich der Beschlussfähigkeit bedeutet dies, dass mindestens drei Mitglieder an der Beschlussfassung teilnehmen müssen, wenn das Plenum dem Ausschuss Beschlusskompetenz übertragen hat.[5]

2. Entstehungsgeschichte. Die im AktG 1937 verstreuten Vorschriften über die Beschlussfassung wurden mit dem AktG 1965 aus Ordnungsgründen zusammengefasst. Inhaltliche Änderungen gegenüber dem früheren Recht erfuhr die Norm nur in Einzelheiten.

Im Anschluss an die Rechtsprechung[6] lässt der neu eingefügte **Abs. 1** die stillschweigende Beschlussfassung nicht genügen. Eine **ausdrückliche Beschlussfassung** des Aufsichtsrats ist erforderlich.

Das AktG 1937 enthielt keine Regelung über die **Beschlussfähigkeit** des Aufsichtsrats. Nach 1937 wurden entsprechende Regelungen zunächst in anderen Gesetzen[7] eingeführt. Es verblieben jedoch Unklarheiten über die Beschlussfähigkeit eines Aufsichtsrats ohne Arbeitnehmerbeteiligung und eines nach dem BetrVG 1952 gebildeten Aufsichtsrats. Eine

---

[1] BegrRegE *Kropff* S. 151 f.; Hüffer/*Koch* Rn. 1.
[2] BegrRegE *Kropff* S. 152; Kölner Komm AktG/Mertens/*Cahn* Rn. 28.
[3] BegrRegE *Kropff* S. 152.
[4] Fassung des § 108 Abs. 4 geändert durch das Gesetz zur Namensaktie und zur Erleichterung der Stimmrechtsausübung (Namensaktiengesetz – NaStraG) vom 18.1.2001, BGBl. 2001 I S. 123. Allgemein zum NaStraG vgl. *Happ* WM 2000, 1795; *Zetzsche* ZIP 2001, 682; *Noack* DB 2001, 27; *Habersack* ZHR 165 (2001), 172; *Wagner* Die Bank 2001, 40; *Preissler* WM 2001, 113; *Goedecke* BB 2001, 369; *Büllesbach/Klawitter/Miedbrodt* DStR 2001, 666; *Weber* NZG 2001, 337; *Seibert* ZIP 2001, 53.
[5] Vgl. zur Beschlussfähigkeit von Ausschüssen → § 107 Rn. 389 ff.
[6] BGHZ 10, 187 (194); 41, 282 (286).
[7] Vgl. § 11 VO vom 8.1.1945 (der spätere § 4 Abs. 1 HRBerG sowie § 10 MontanMitbestG und § 11 MitbestErgG, die auf die Anwendbarkeit des § 108 Abs. 2 S. 4 verweisen.

entsprechende Regelung wurde deshalb 1957 eingefügt. Der heutige **Abs. 2** lehnt sich an die Fassung des geänderten[8] § 89 Abs. 1 AktG 1937 an und enthält nun erstmals eine solche Vorschrift. Der Gesetzgeber trat damit der Rechtsprechung der Oberlandesgerichte[9] entgegen, die eine volle Besetzung des Gremiums verlangt hatten. Ein beschlussfähiger Aufsichtsrat muss demnach nicht vollständig besetzt sein. Es ist nicht notwendig, anhand von Ersatzmitgliedern dafür Sorge zu tragen, dass immer ein vollständig besetzter Aufsichtsrat entscheidet.[10]

Abs. 3 erleichtert gegenüber § 93 Abs. 3 AktG 1937 die Bestellung eines **Stimmboten.** 10 Die schriftliche Stimmabgabe von abwesenden Aufsichtsratsmitgliedern durch andere Aufsichtsratsmitglieder ist möglich. Sie hängt nicht mehr davon ab, dass die Satzung sie zulässt. Das sich aus dem Gesetz (Abs. 3) ergebende Recht darf im Gegenteil durch die Satzung nicht ausgeschlossen werden. Jedes Aufsichtsratsmitglied kann kraft Gesetzes als Stimmbote für ein abwesendes Mitglied tätig sein.

Die Vertraulichkeit der Aufsichtsratssitzungen muss gewährleistet sein. Deshalb erlaubt das 11 Gesetz (Abs. 3) im Gegensatz zum AktG 1937[11] Dritten nicht generell die Überreichung der schriftlichen Stimmabgabe. Heute ist eine Satzungsermächtigung notwendig, die dem Dritten die Teilnahme an der Aufsichtsratssitzung gestattet (vgl. Abs. 3 S. 3; § 109 Abs. 3). Das im AktG 1937[12] niedergelegte Verbot der schriftlichen Stimmabgabe durch den abwesenden Aufsichtsratsvorsitzenden und seinen Stellvertreter ist abgeschafft.

Die bis zum Inkrafttreten des NaStraG[13] gültige Fassung des **Abs. 4** ging auf das AktG 12 1937[14] zurück. Es ließ neben der schriftlichen auch die telegrafische und die fernmündliche[15] Beschlussfassung zu, wenn dieser Art der Abstimmung nicht widersprochen wird. Der Streit um die Zulässigkeit der Beschlussfassung ohne Sitzung wurde damit beigelegt. Die zunehmend internationale Besetzung der Aufsichtsräte erfordert eine **Lockerung der Formanforderungen.**[16] Dem ist der Gesetzgeber mit der Änderung des Abs. 4 nachgekommen. Die Telefonkonferenz zählt zu den zulässigen „anderen vergleichbaren Formen" der Beschlussfassung außerhalb von Präsenzsitzungen.[17] Hingegen sind Videokonferenzen nach zutreffender Ansicht als eine besondere Form der Präsenzsitzung einzustufen.[18] Die Satzung oder Geschäftsordnung können nunmehr, anders als nach altem Recht, vorsehen, dass der Widerspruch eines Teilnehmers gegen eine solche andere Form der Beschlussfassung ausgeschlossen ist. Hauptversammlung bzw. Aufsichtsrat haben eine größere Satzungs- bzw. Geschäftsordnungsautonomie und können flexibler auf die Bedürfnisse der Gesellschaft reagieren.[19]

---

[8] Gesetz zur Änderung der Vorschriften des Aktienrechts und des Mitbestimmungsrechts vom 15.7.1957, BGBl. 1957 I S. 714. Vgl. *Auffarth* NJW 1957, 1702 ff.
[9] BayObLG NJW 1954, 1001 (1002), demzufolge bei Ausscheiden eines Aufsichtsratsmitglieds Handlungsunfähigkeit eintrete, da keine gesetzmäßige Zusammensetzung mehr vorliege; für Satzungsregelungen sei kein Raum. Ebenso OLG Frankfurt NJW 1954, 1569.
[10] Vgl. auch die Darstellung der Entstehungsgeschichte des Abs. 2 bei Großkomm AktG/*Hopt/Roth* Anm. 2; zur früheren Rechtslage vgl. *Backeberg* NJW 1957, 1011 ff. und *Auffarth* NJW 1957, 1702 ff.
[11] Gesetz über Aktiengesellschaften und Kommanditgesellschaften auf Aktien vom 30.1.1937, RGBl. I S. 107.
[12] Gesetz über Aktiengesellschaften und Kommanditgesellschaften auf Aktien vom 30.1.1937, RGBl. I S. 107.
[13] Abs. 4 wurde geändert durch das Gesetz zur Namensaktie und zur Erleichterung der Stimmrechtsausübung (Namensaktiengesetz – NaStraG) vom 18.1.2001, BGBl. 2001 I S. 123. Das Gesetz trat bis auf Art. 1 Nr. 3 (dies betrifft die Änderung des § 52) am 25.1.2001 in Kraft.
[14] Gesetz über Aktiengesellschaften und Kommanditgesellschaften auf Aktien vom 30.1.1937, RGBl. I S. 107.
[15] Zur fernmündlichen Beschlussfassung vor dem Inkrafttreten des AktG 1965 *Hildebrandt* AG 1957, 5 ff.
[16] *Wagner* NZG 2002, 57; *Kindl* ZHR 166 (2002), 335.
[17] Vgl. BT-Drs. 14/4051, 12; *Wagner* NZG 2002, 57; *Kindl* ZHR 166 (2002), 336.
[18] Kölner Komm AktG/*Mertens/Cahn* Rn. 21; aA MüKoAktG/*Habersack* Rn. 16; vgl. zur Videokonferenz auch → Rn. 95.
[19] Vgl. die Begr. zum NaStraG BT-Drs. 14/4051, 12.

II. Entscheidung nur durch Beschluss (Abs. 1)

13 Der Aufsichtsrat als ein aus mehreren Mitgliedern bestehendes Gremium kann **nur durch Beschluss entscheiden**.[20] Äußerungen des Aufsichtsrats, die nicht in einem Beschluss ihren Niederschlag gefunden haben, sind keine förmlichen Stellungnahmen des Aufsichtsrats.[21]

14 **1. Begriff der Entscheidung.** Das AktG liefert keine Definition des Entscheidungsbegriffs. Im rechtstechnischen Sinn verstanden ist die Entscheidung eine **Willenserklärung**.[22] Eine Entscheidung ist jede auf Bildung eines **Organwillens** gerichtete Äußerung des Aufsichtsrats, der vom Gesetz oder von der Satzung Rechtsfolgen beigelegt werden.[23] Sie kann gerichtet sein auf:
– einen von einem Aufsichtsratsmitglied gestellten **Antrag**,[24] und zwar auch dann, wenn der Antrag sich nur auf die Entscheidung einer Vor- bzw. Teilfrage einer endgültig zu treffenden Maßnahme bezieht;[25]
– die Erfüllung einer dem Aufsichtsrat durch das AktG **zugewiesenen Aufgabe**, die **unmittelbar** auf die Herbeiführung einer Rechtsfolge gerichtet ist (wie Bestellung und Abberufung des Vorstands (§ 84), Überwachung der Geschäftsführung (§ 111 Abs. 1), Einberufung der Hauptversammlung (§ 111 Abs. 3 S. 2), Zustimmung oder Einwilligung des Aufsichtsrats zu einer Maßnahme des Vorstands (vgl. §§ 59 Abs. 3, 88 Abs. 1, 89 Abs. 2 und Abs. 5), Prüfung des Jahresabschlusses und des Gewinnverwendungsvorschlags (§ 171), Vertretung der Gesellschaft im Fall der Anfechtungs- oder Nichtigkeitsklage) (§§ 246 Abs. 2, 249);
– **Vorentscheidungen** des Aufsichtsrats, die der Erfüllung der ihm durch das AktG zugewiesenen Aufgaben dienen, wobei auf Grund der Vorentscheidung nur eine tatsächliche Entäußerung ohne Rechtsfolgenherbeiführung gewollt ist.[26] Solche Vorentscheidungen betreffen etwa den Inhalt einer gerichtlich oder außergerichtlich abzugebenden Erklärung.

15 **2. Tatsächliche Äußerungen ohne Rechtsfolgenherbeiführung.** Die Entscheidung ist von **rein tatsächlichen Äußerungen** des Aufsichtsrats abzugrenzen. Auch wenn das Gesetz den Aufsichtsrat mit solchen Äußerungen beauftragt,[27] knüpft es hieran nicht gleichzeitig eine Rechtswirkung. Folgende Fälle sind denkbar:
– **Tatsächliche Äußerungen auf Grund einer getroffenen Vorentscheidung** (in der Öffentlichkeit oder gegenüber sonstigen Dritten abzugebende Erklärungen des Aufsichtsrats,[28] für die Gesellschaft gerichtlich oder außergerichtlich abzugebende Erklärungen (§ 112), Anhörung des Aufsichtsrats vor Gericht im Fall der Bestellung der Sonderprüfer (§ 142 Abs. 5)). Die auf Grund der Vorentscheidung abgegebene Stellungnahme oder Erklärung des Aufsichtsrats selbst ist nicht auf die Herbeiführung einer Rechtsfolge gerichtet.[29] Sie ist lediglich Durchführung einer durch Beschluss getroffenen Entscheidung des Aufsichtsrats.

---

[20] Ausführlich zum Beschluss als Organakt: *Ernst*, Liber Amicorum für D. Leenen, 2012, 1.
[21] MüKoAktG/*Habersack* Rn. 10; Kölner Komm AktG/*Mertens/Cahn* Rn. 9, 12.
[22] Auch die in §§ 59 Abs. 3, 88 Abs. 1 und 89 Abs. 2 und 5 genannten Zustimmung bzw. Einwilligung sind Willenserklärungen, vgl. in Palandt/*Ellenberger* BGB Einf v. § 182 Rn. 1. Vgl. zu Entscheidungen und Ermessen im Aktienrecht den gleichnamigen Beitrag von *J. Semler*, FS Ulmer, 2003, 627 ff.
[23] Vgl. MüKoAktG/*Habersack* Rn. 8; Kölner Komm AktG/*Mertens/Cahn* Rn. 9; Hüffer/*Koch* Rn. 2.
[24] zB Semler/v. Schenck/*v. Schenck* AR-HdB § 6 Rn. 167; Kölner Komm AktG/*Mertens/Cahn* Rn. 10; Hüffer/*Koch* Rn. 2. *Baltzer*, Der Beschluss als rechtstechnisches Mittel organschaftlicher Funktion im Privatrecht, 1965, 117 und *Bruns*, FS Senn, 1954, 141 zufolge kommt bereits dem Beschlussantrag selbst Entscheidungsqualität zu.
[25] Hüffer/*Koch* Rn. 2, Kölner Komm AktG/*Mertens/Cahn* Rn. 10.
[26] Vgl. zum rechtsgeschäftlichen Charakter des Beschlusses → Rn. 16 f.
[27] Vgl. die in § 111 genannten Aufgaben und Rechte des Aufsichtsrats.
[28] Kölner Komm AktG/*Mertens/Cahn* Rn. 12.
[29] Kölner Komm AktG/*Mertens/Cahn* Rn. 9.

– **Äußerungen des Aufsichtsrats** oder einzelner seiner Mitglieder gegenüber dem Vorstand (beispielsweise Stellungnahmen zu Vorstandsberichten oder Anregungen).[30] Solche Äußerungen fallen nicht unter die Vorschrift. Es bedarf keines Aufsichtsratsbeschlusses. Der Vorstand wird durch diese bloße Äußerung nicht zur Vornahme einer Handlung verpflichtet. Anders verhält es sich allerdings, wenn ein einzelnes Aufsichtsratsmitglied auf Grund einer konkreten Überwachung ein sorgfaltswidriges Verhalten eines Vorstandsmitglieds entdeckt und dieses darauf hinweist. Setzt das betroffene Vorstandsmitglied seine Tätigkeit unverändert fort, kann die Beanstandung durch das Aufsichtsratsmitglied bei der Beurteilung der Haftungs- oder Abberufungsfrage aus wichtigem Grund ins Gewicht fallen.[31]

3. Beschluss und Beschlussbedürftigkeit. a) Der Beschluss als mehrseitiges, nicht vertragliches Rechtsgeschäft eigener Art. Der Beschluss stellt das Ergebnis der Willensbildung des Aufsichtsrats durch Abstimmung über einen Antrag dar.[32] Er ist ein **mehrseitiges, nicht vertragliches Rechtsgeschäft eigener Art**.[33] Er ist kein Sozialakt.[34] Der BGH legt sich nicht eindeutig fest; er spricht dem Beschluss rechtsgeschäftlichen Charakter zu, der „auf die Begründung, Änderung oder Aufhebung sozial- oder individualrechtlicher Befugnisse oder Pflichten gerichtet ist".[35]

Der Beschluss ist ein **Rechtsgeschäft,** weil die abstimmenden Aufsichtsratsmitglieder für ihr Organ eine verbindliche Rechtsfolge herbeiführen wollen. Auf Grund der Anzahl der mitstimmenden Aufsichtsratsmitglieder ist das Rechtsgeschäft **mehrseitig**. Der Beschluss ist ein **nicht vertragliches** Rechtsgeschäft **eigener Art,** weil für sein Zustandekommen das Mehrheitsprinzip und nicht das Prinzip der Willensübereinstimmung (wie bei Abschluss eines Vertrags) gilt. Auch diejenigen Aufsichtsratsmitglieder, die nicht mitgestimmt oder gegen den Beschluss gestimmt haben, sind an ihn gebunden.[36]

Auch Beschlüsse, die im Verhältnis zur Gesellschaft weder zu Anteilseignern noch zu Dritten Rechte und Pflichten begründen, sind mehrseitige, nicht vertragliche Rechtsgeschäfte eigener Art.[37]

Als Rechtsgeschäft kann der Beschluss auch unter einer aufschiebenden Bedingung gemäß § 158 Abs. 1 BGB gefasst werden.[38]

b) Beschlussbedürftigkeit. Willenserklärungen des Aufsichtsrats sind **beschlussbedürftig**.[39] Eines Aufsichtsratsbeschlusses bedarf es demzufolge für die oben aufgeführten (→ Rn. 14) Fallgruppen (Antrag eines Aufsichtsratsmitglieds, Erfüllung der dem Aufsichtsrat zugewiesenen Aufgaben, Vorentscheidungen, die der Erfüllung zugewiesener Aufgaben vorgeschaltet sind). Erfolgt etwa die Erklärung der Bestellung oder Abberufung des Vorstands (§ 84) ohne einen zuvor gefassten Aufsichtsratsbeschluss, ist sie nichtig. Dies gilt selbst dann, wenn der gesamte Aufsichtsrat mit der Bestellung oder der Abberufung einverstanden ist.

Nicht beschlussbedürftig sind die Äußerungen des Aufsichtsrats oder einzelner seiner Mitglieder gegenüber dem Vorstand. Sie fallen nicht unter die Vorschrift über die Beschluss-

---

[30] Kölner Komm AktG/*Mertens/Cahn* Rn. 12; GK-MitbestG/*Naendrup* § 25 Rn. 67.
[31] Kölner Komm AktG/*Mertens/Cahn* Rn. 12.
[32] MüKoAktG/*Habersack* Rn. 11; Kölner Komm AktG/*Mertens/Cahn* Rn. 7; Hüffer/*Koch* Rn. 3.
[33] Kölner Komm AktG/*Mertens/Cahn* Rn. 7; MüKoAktG/*Habersack* Rn. 11 und Hüffer/*Koch* Rn. 3 sehen hierin zu Recht eine Abkehr der sog. Sozialaktstheorie; *Axhausen,* Anfechtbarkeit aktienrechtlicher Aufsichtsratsbeschlüsse, 1986, 11, 12. Vgl. ausführlich zum Rechtsbegriff „Beschluss" die Darstellung bei *Baltzer,* Der Beschluss als rechtstechnisches Mittel organschaftlicher Funktion im Privatrecht, 1965, 42 ff.
[34] So aber früher BGHZ 52, 316 (318); zurückhaltend gegenüber dieser Annahme BGHZ 65, 93 (97 f.); vgl. auch MüKoAktG/*Habersack* Rn. 11.
[35] BGHZ 124, 111 (122).
[36] Kölner Komm AktG/*Mertens/Cahn* Rn. 7; vgl. auch Palandt/*Ellenberger* BGB Überbl v § 104 Rn. 12.
[37] Kölner Komm AktG/*Mertens/Cahn* Rn. 7.
[38] OLG München Urt. v. 19.12.2012, 7 U 1711/12, insoweit n. V.
[39] Kölner Komm AktG/*Mertens/Cahn* Rn. 9.

fassung des Aufsichtsrats (→ Rn. 15). Ebenso wenig bedürfen die auf Grund einer durch Beschluss getroffenen Vorentscheidung abgegebenen tatsächlichen Äußerungen des Aufsichtsrats einer weiteren Entscheidung des Aufsichtsrats. Sie sind Rechtsfolge des gefassten Beschlusses und dienen nur seiner Durchführung. Sie wollen keine Rechtsfolge herbeiführen.

21 **4. Erfordernis der ausdrücklichen Beschlussfassung.** Der Aufsichtsrat muss seine Beschlüsse **ausdrücklich** fassen.[40] Dies gilt für den Gesamtaufsichtsrat genauso wie für seine Ausschüsse.[41]

22 **a) Verbot konkludenter Aufsichtsratsbeschlüsse.** Es gibt **keine stillschweigenden** oder **konkludenten** Aufsichtsratsbeschlüsse.[42] Der Aufsichtsrat kann zwar stillschweigend oder konkludent seine Zustimmung zum Ausdruck bringen oder seine Meinung kundtun. Diese Äußerungen entfalten aber keinerlei Rechtswirkungen.[43] Konkludentes Handeln erfüllt nicht die Voraussetzungen an eine Beschlussfassung des Aufsichtsrats.[44] Gegen die Zulässigkeit konkludenter oder stillschweigender Aufsichtsratsbeschlüsse spricht die Vorschrift über die innere Ordnung des Aufsichtsrats (§ 107 Abs. 2). Danach ist eine Sitzungsniederschrift anzufertigen, in welcher der wesentliche Verhandlungsinhalt und die gefassten Beschlüsse anzugeben sind. Bei einer stillschweigenden Beschlussfassung würden sich weder Beschlussfähigkeit noch Abstimmungsergebnis noch tragende Gründe feststellen lassen.[45]

23 Fasst der Aufsichtsrat **keinen ausdrücklichen Beschluss,** können hieraus **keine Willenserklärungen, auch keine konkludenten Willenserklärungen** des Aufsichtsrats abgeleitet werden.[46] Der Aufsichtsrat kann nicht konkludent in die Befreiung eines Vorstandsmitglieds vom Wettbewerbsverbot einwilligen.[47] Ebenso wenig darf der Aufsichtsrat konkludent der Zahlung eines Abschlags auf den Bilanzgewinn zustimmen (§ 59 Abs. 3). Der Rechtsprechung zufolge[48] muss die Kreditgewährung an Vorstandsmitglieder[49] ebenfalls auf einem ausdrücklichen Aufsichtsratsbeschluss basieren.

24 Ist der **Beschlussinhalt ausdrücklich festgelegt,** sind **konkludente Stimmabgaben** einzelner Aufsichtsratsmitglieder oder eine konkludente Feststellung des Abstimmungsergebnisses **zulässig.**[50] Sie beeinträchtigen nicht das Gebot der ausdrücklichen Beschlussfassung.

25 **b) Auslegung ausdrücklicher Beschlüsse mit konkludentem Erklärungsgehalt.** Ein ausdrücklich gefasster Beschluss kann eine konkludente Entscheidung beinhalten. Der rechtlich gewollte Sinngehalt einer konkludenten Erklärung ist **mittels Auslegung** zu

---

[40] BGHZ 41, 282 (286); 47, 341 (343 ff.); BGH AG 2009, 327 (328); OLG Frankfurt AG 2011, 790 (791); OLG Köln ZIP 1994, 1773 (1774); MüKoAktG/*Habersack* Rn. 12; Hüffer/*Koch* Rn. 4; Großkomm AktG/*Hopt/Roth* Rn. 20; Spindler/Stilz/*Spindler* Rn. 9.
[41] Kölner Komm AktG/*Mertens/Cahn* Rn. 14; BGH AG 1989, 129 (130) = NJW 1989, 1928 (1929) = EWiR 1989, 317 mit zust. Anm. *Fleck*.
[42] StRspr. seit BGHZ 10, 187 (194); 41, 282 (286); 65, 190 (195); BGH WM 1970, 1394; BGH AG 1991, 398 = WuB II A. § 108 AktG 1.91 mit Anm. *Locher*; OLG Dresden AG 1999, 1630 (1634); OLG Frankfurt WM 1974, 936 (938); OLG Köln ZIP 1994, 1773 (1774); OLG Schleswig ZIP 2001, 71 (73); OLG Frankfurt AG 2011, 790 (791); LG Frankfurt NZG 2004, 672 (673); RegBegr *Kropff* S. 151; Kölner Komm AktG/ *Mertens/Cahn* Rn. 14; Hüffer/*Koch* Rn. 4; Großkomm AktG/*Hopt/Roth* Anm. 20; MHdB AG/*Hoffmann-Becking* § 31 Rn. 61; *Baums* ZGR 1983, 300 (334 ff.); *Rellermeyer* ZGR 1993, 77 (101 f.).
[43] Hüffer/*Koch* Rn. 4.
[44] BegrRegE *Kropff* S. 151; BGHZ 10, 187 (194); BGHZ 41, 282 (286) = NJW 1964, 1367; BGH NJW 1989, 1928 (1929); Hüffer/*Koch* Rn. 4; *Baums* ZGR 1983, 300 (334 ff.).
[45] BGHZ 10, 187 (194); LG Frankfurt NZG 2004, 672 (674); MüKoAktG/*Habersack* Rn. 12.
[46] Kölner Komm AktG/*Mertens/Cahn* Rn. 14.
[47] § 88 Abs. 1; Kölner Komm AktG/*Mertens/Cahn* Rn. 14.
[48] BGH AG 1991, 398 = WuB II A. § 108 AktG 1.91.
[49] § 89, Kölner Komm AktG/*Mertens/Cahn* Rn. 14.
[50] MüKoAktG/*Habersack* Rn. 13; Kölner Komm AktG/*Mertens/Cahn* Rn. 14.

ermitteln.[51] Die Bestellung eines Vorstandsmitglieds ist zB rechtswirksam, wenn der Aufsichtsrat zwar entgegen der gesetzlichen Vorschrift (§ 84 Abs. 1) länger als 12 Monate vor Ablauf der Amtszeit über die Amtsverlängerung beschlossen hat, aber über die bei dieser Beschlussfassung zurückgestellte Regelung der Gehaltsansprüche des Vorstandsmitglieds innerhalb der Jahresfrist durch ausdrücklichen Beschluss entscheidet. In diesem ausdrücklichen Beschluss über die Regelung der Gehaltsansprüche bringt der Aufsichtsrat stillschweigend seinen Willen zum Ausdruck, dass die Amtszeit des Vorstandsmitglieds verlängert werden soll.

Allerdings verlangt das Gebot der Ausdrücklichkeit bei Ermittlung eines konkludenten Erklärungsgehalts große Zurückhaltung.[52] Eine Aufweichung des Ausdrücklichkeitsgebots ist zu vermeiden.

Kein Fall der Auslegung eines ausdrücklichen Beschlusses mit konkludentem Erklärungsinhalt liegt vor, wenn die Sitzungsniederschrift den tatsächlich gefassten Beschluss **falsch wiedergibt**. Die Sitzungsniederschrift und die in ihr enthaltene Beschlussfeststellung haben keine Auswirkung auf die Wirksamkeit des Beschlusses.[53] Weicht das in der Niederschrift festgestellte Beschlussergebnis von dem tatsächlichen Beschlussinhalt ab, so ist nur dieser maßgeblich.[54] Die Gegenansicht betont hingegen das Erfordernis, die Beschlusslage eindeutig feststellen zu können und will deshalb auf den protokollierten Beschlussinhalt abstellen.[55] Diese Ansicht überzeugt nicht. Ein Aufsichtsratsbeschluss stellt die Abstimmung der Aufsichtsratsmitglieder über einen konkreten Antrag dar (→ Rn. 16). Dieser Antrag legt den Abstimmungsgegenstand und damit den Inhalt des Aufsichtsratsbeschlusses fest. Auch die Gegenansicht erkennt an, dass die Feststellung und Verkündung des Beschlussergebnisses keine Voraussetzung für die Wirksamkeit des Beschlusses ist.[56] Dann ist aber nicht einsichtig, warum eine nicht erforderliche Feststellung für den Beschlussinhalt maßgeblich sein soll, wenn sie falsch ist. 26

5. Rechtsscheinsetzung bei ausdrücklich gefassten Aufsichtsratsbeschlüssen. Ein Aufsichtsratsmitglied kann durch sein **Verhalten** nur bei Bestehen eines ausdrücklichen Aufsichtsratsbeschlusses oder zumindest bei Anschein eines solchen an einen Rechtsschein gebunden werden. Erklärungen des Aufsichtsrats oder einzelner seiner Mitglieder, die sich nicht auf einen entsprechenden Beschluss gründen, verursachen keinen Rechtsschein- und keinen Vertrauenstatbestand. Es obliegt den einzelnen Vorstandsmitgliedern, sich zu vergewissern, ob Erklärungen des Aufsichtsrats oder einzelner seiner Mitglieder auf einen Aufsichtsratsbeschluss gestützt werden.[57] Der Aufsichtsrat pflegt rechtsgeschäftlichen Verkehr innergesellschaftlich mit dem Vorstand und nicht außerhalb der Gesellschaft. Die Interessen des Rechtsverkehrs treten deshalb zurück.[58] 27

III. Beschlussfähigkeit des Aufsichtsrats (Abs. 2)

Das **Zustandekommen** des **Beschlusses** setzt voraus, dass der Aufsichtsrat in der jeweiligen Sitzung und für jeden einzelnen Beschluss **beschlussfähig** ist.[59] Eine neben der 28

---

[51] OLG Schleswig ZIP 2001, 71 (73, 74) mit Hinweis auf BGH ZIP 1989, 294 (295) = NJW 1989, 1928 (1929); Kölner Komm AktG/*Mertens/Cahn* Rn. 15; Hüffer/*Koch* Rn. 4; MHdB AG/*Hoffmann-Becking* § 31 Rn. 61.
[52] Kölner Komm AktG/*Mertens/Cahn* Rn. 15; Hüffer/*Koch* Rn. 4; OLG Schleswig ZIP 2001, 71: Der Beschluss über die Bestellung eines Vorstandsmitglieds kann nicht ohne besondere Anhaltspunkte auch als Beschluss über die Anstellung ausgelegt werden.
[53] MüKoAktG/*Habersack* Rn. 12, 26, 73; aA Kölner Komm AktG/*Mertens/Cahn* Rn. 54.
[54] MüKoAktG/*Habersack* Rn. 12, 26, 73.
[55] Kölner Komm AktG/*Mertens/Cahn* Rn. 54.
[56] Kölner Komm AktG/*Mertens/Cahn* Rn. 53.
[57] Vgl. BGH NZG 2013, 792 (794).
[58] Kölner Komm AktG/*Mertens/Cahn* Rn. 16; differenzierend aber *Cahn*, FS Hoffmann-Becking, 2013, 247 (270 ff.).
[59] Übersicht über die Regelungen zur Beschlussfähigkeit und Mehrheitserfordernissen bei: *Deilmann* BB 2012, 2191.

Beschlussfähigkeit bestehende besondere Handlungsfähigkeit des Aufsichtsrats, welche von seiner vollständigen Besetzung abhängt, kennt das AktG nicht.[60] Der Aufsichtsrat muss nicht vollständig zusammentreten, um beschlussfähig zu sein. Allerdings ist eine gesetzmäßige Besetzung erforderlich, wenn der Aufsichtsrat eine **Leitungsentscheidung**[61] zu treffen hat. Sie kann nicht getroffen werden, wenn dem Aufsichtsrat nicht mindestens die nach dem Gesetz erforderliche Mitgliederzahl angehört.

29 1. **Teilnahme an der Beschlussfassung. Innerhalb wie außerhalb der Sitzung** (Abs. 4) müssen so viele Aufsichtsratsmitglieder wie zur Beschlussfähigkeit erforderlich sind, an der Sitzung und an der Beschlussfassung teilnehmen.

30 Allein die **tatsächliche Beteiligung** an der Beschlussfassung ist maßgeblich. Die Teilnahme eines Aufsichtsratsmitglieds an der Beschlussfassung bestimmt sich nicht danach, ob das Mitglied zur Teilnahme berechtigt ist, stimmberechtigt ist[62] oder ob es eine gültige Stimme abgibt.

31 Es darf nicht zur **Beschlussvereitelung** auf Grund der Abwesenheit des Vorsitzenden oder anderer bestimmter Personen kommen. Die Teilnahme des Vorsitzenden oder bestimmter anderer Personen darf nicht zur Beschlussvoraussetzung erhoben werden; ebenso wenig die Teilnahme mindestens eines Aufsichtsratsmitglieds jeder Gruppe.

32 Das **abwesende Aufsichtsratsmitglied** kann durch eine schriftliche Stimmabgabe (Abs. 3) an der Sitzung teilnehmen.[63]

33 Ist die **Wahl eines Aufsichtsratsmitgliedes unwirksam** und nimmt dieses Aufsichtsratsmitglied an einer Abstimmung im Aufsichtsrat teil, so ist die Stimmabgabe dieses Mitglieds für die Beschlussfassung wie die Stimmabgabe eines Nichtmitgliedes zu behandeln.[64] Seine Stimmabgabe ist somit nichtig und nicht in das Beschlussergebnis einzuberechnen. War die Stimme dieses Mitgliedes für das Beschlussergebnis ausschlaggebend, hat dies die Unwirksamkeit des Aufsichtsratsbeschlusses oder sogar die Umkehrung des Beschlussergebnisses zur Folge.[65]

34 a) **Beteiligungsmöglichkeiten.** Es bestehen drei Möglichkeiten der Beteiligung an der Beschlussfassung: **Ja-Stimme, Nein-Stimme** oder **Stimmenthaltung**.[66] In einer anderen Form kann sich das Aufsichtsratsmitglied an der Beschlussfassung nicht beteiligen. Sonst wird es trotz Anwesenheit bei der Sitzung für die Feststellung der Beschlussfähigkeit nicht mitgerechnet.[67]

35 **Stimmenthaltungen** zählen als Teilnahme an der Beschlussfassung.[68] Die Satzung kann nicht bestimmen, dass Stimmenthaltungen als Nichtteilnahme gewertet werden.[69] Dies würde bedeuten, dass die Stimmenthaltungen ebenfalls bei der Ermittlung der Beschlussfähigkeit außer Acht bleiben müssten mit der Konsequenz, dass die Beschlussfähigkeit erst nach erfolgter Abstimmung festgestellt werden könnte.[70] Zudem käme der als Nichtteilnahme gewerteten Stimmenthaltung eine zu große Bedeutung zu.[71] Sie könnte die Beschlussfähigkeit des Aufsichtsrats beeinflussen.

---

[60] Großkomm AktG/*Hopt*/*Roth* Anm. 86.
[61] BGHZ 149, 158 = ZIP 2002, 172. Vgl. auch BGH NZG 2003, 817 (818) mit Verweis auf BGHZ 149, 158. Jeweils für einen unterbesetzten Vorstand. Vgl. hierzu auch *Bettnauer* NZG 2002, 414 ff. und *Götz* ZIP 2002, 1748 ff.
[62] BGH AG 2007, 484 (485).
[63] → Rn. 162 ff.; Kölner Komm AktG/*Mertens*/*Cahn* Rn. 25; Hüffer/*Koch* Rn. 19.
[64] BGH NZG 2013, 456; BGH NZG 2013, 792 (794).
[65] BGH NZG 2013, 456; BGH NZG 2013, 792 (794).
[66] OLG Karlsruhe NJW 1980, 2137.
[67] MüKoAktG/*Habersack* Rn. 37.
[68] Hüffer/*Koch* Rn. 6, 15. Vgl. zum Begriff der Teilnahme auch *Stadler*/*Berner* NZG 2003, 49 (51).
[69] MüKoAktG/*Habersack* Rn. 36; Kölner Komm AktG/*Mertens*/*Cahn* Rn. 81; *Ulmer* ZHR 141 (1977), 490 (504).
[70] *Ulmer* ZHR 141 (1977), 490 (504).
[71] MüKoAktG/*Habersack* Rn. 36; Kölner Komm AktG/*Mertens*/*Cahn* Rn. 74, 81.

b) Teilnahme als Stellungnahme. Physische Teilnahme an der Sitzung allein reicht 36
nicht. Teilnahme im Sinne dieser Bestimmung bedeutet **Stellungnahme** zum Gegenstand
der Beschlussfassung.[72] Hierzu zählt ebenfalls die **Stimmenthaltung,**[73] welche auch von
dem einem **Stimmrechtsverbot** unterliegenden Aufsichtsratsmitglied abgegeben werden
kann.[74] Sonst könnte ein Stimmrechtsverbot die Beschlussfähigkeit des Aufsichtsrats verhindern (→ § 103 Rn. 40). Dies widerspräche dem Sinn dieser gesetzlichen Vorschrift. Wer
mit keiner der drei Beteiligungsmöglichkeiten an der Sitzung teilnimmt, wird trotz Anwesenheit für die Feststellung der Beschlussfähigkeit nicht mitgezählt.[75]

c) Teilnahme durch schriftliche Stimmabgabe. Lässt ein abwesendes Aufsichtsrats- 37
mitglied seine Stimme in der Sitzung **schriftlich** übergeben (Abs. 3), nimmt es an der
Beschlussfassung teil. Häufig werden die Aufsichtsratsmitglieder schon bei Einberufung der
Sitzung aufgefordert, bei Nichtteilnahme an der Sitzung eine schriftliche Stimmabgabe
überreichen zu lassen. Auch die vorsorgliche Einsammlung schriftlicher Stimmabgaben von
allen Aufsichtsratsmitgliedern, die bei Teilnahme an der Sitzung zurückgegeben werden, ist
zulässig.

Schweigt das abwesende Aufsichtsratsmitglied trotz Aufforderung zur schriftlichen 38
Stimmabgabe, nimmt es nicht an der Aufsichtsratssitzung teil.[76] Dies darf **nicht als Stimmenthaltung** und somit als Teilnahme an der Beschlussfassung gewertet werden. Nur wenn
tatsächlich eine schriftliche Stimmabgabe überreicht wird, darf diese Stimme bei der Feststellung der Beschlussfähigkeit mitgerechnet werden. Die schriftliche Stimmabgabe kann
eine Stimmenthaltung sein.

Erklärt das Aufsichtsratsmitglied ausdrücklich oder konkludent, es wolle sich an der 39
Abstimmung nicht beteiligen, nimmt es an der Beschlussfassung nicht teil.[77] Eine dahingehende Satzungsregelung ist möglich.

Gibt das Aufsichtsratsmitglied bei Beschlussfassungen **außerhalb der Sitzung** (Abs. 4) 40
keine Erklärung ab, nimmt es an der Abstimmung nicht teil.[78]

2. Gesetzliche Regelungen zur Beschlussfähigkeit des Aufsichtsrats (S. 1). Primär 41
gelten für die Beschlussfähigkeit des Aufsichtsrats die gesetzlichen Regelungen. Ist keine
zwingende gesetzliche Norm vorhanden, kann die Satzung entsprechende Regelungen
treffen. Sind weder gesetzliche noch satzungsmäßige Regelungen vorhanden, gilt das
gesetzliche Mindesterfordernis (Abs. 2 S. 2).

Gesetzliche Regelungen finden sich in den jeweiligen Mitbestimmungsgesetzen (§ 28 42
MitbestG, § 10 MontanMitbestG, § 11 MitbestErgG). Sie schränken die Satzungsautonomie ein.

a) Beschlussfähigkeit des nach dem MitbestG gebildeten Aufsichtsrats. Ein Auf- 43
sichtsrat ist nur beschlussfähig, wenn **mindestens die Hälfte** der Mitglieder, aus denen er
insgesamt zu bestehen hat, an der Beschlussfassung teilnimmt (§ 28 MitbestG). Diese
Regelung ist **zwingend;**[79] die Satzung kann von ihr nicht nach unten abweichen.[80] Ob

---

[72] MüKoAktG/*Habersack* Rn. 36; Kölner Komm AktG/*Mertens/Cahn* Rn. 74.
[73] OLG Karlsruhe NJW 1980, 2137; Kölner Komm AktG/*Mertens/Cahn* Rn. 74.
[74] BGH AG 2007, 484 (485); entgegen BayObLG AG 2003, 427 (429) = NZG 2003, 691; OLG Frankfurt ZIP 2005, 2322 (2324), ebenfalls aA MüKoAktG/*Habersack* Rn. 33, 36.
[75] MüKoAktG/*Habersack* Rn. 37.
[76] Kölner Komm AktG/*Mertens/Cahn* Rn. 74; *Hoffmann/Lehmann/Weinmann* MitbestG § 28 Rn. 5; vgl. zur Unterscheidung von Nichtteilnahme und Enthaltung *Baltzer*, Der Beschluss als rechtstechnisches Mittel organschaftlicher Funktion im Privatrecht, 1965, 137 ff.
[77] MüKo/AktG/*Habersack* Rn. 37; Kölner Komm AktG/*Mertens/Cahn* Rn. 74; MHdB AG/*Hoffmann-Becking* § 31 Rn. 57; *Hoffmann/Lehmann/Weinmann* MitbestG § 28 Rn. 5; *Ulmer* ZHR 141 (1977), 490 (504); GK-MitbestG/*Naendrup* MitbestG § 28 Rn. 6.
[78] Kölner Komm AktG/*Mertens/Cahn* Rn. 74.
[79] Kölner Komm AktG/*Mertens/Cahn* § 117 Anh. B § 28 MitbestG Rn. 2; MHdB AG/*Hoffmann-Becking* § 31 Rn. 59.
[80] Hüffer/*Koch* Rn. 18; *Deilmann* BB 2012, 2191 (2193).

und wenn ja, in welcher Weise die Satzung Abweichungen nach oben vorsehen, die Regeln an die Beschlussfassung also verschärfen kann, ist streitig (→ Rn. 48 ff.).

44 Im Übrigen verweist das MitbestG auf die Anwendung der aktiengesetzlichen Regelung zur Beschlussfassung des Aufsichtsrats (§ 28 S. 2 MitbestG). Es kommt auf das für seine Zusammensetzung maßgebende zahlenmäßige Verhältnis nicht an.

45 **b) Beschlussfähigkeit des nach dem MontanMitbestG und dem MitbestErgG gebildeten Aufsichtsrats.** Die gesetzlichen Vorschriften über die Beschlussfähigkeit nach diesen beiden Gesetzen sind gleich lautend (§ 10 MontanMitbestG, § 11 MitbestErgG). Demnach ist der Aufsichtsrat zwingend[81] beschlussfähig, wenn mindestens die Hälfte der Mitglieder, aus denen er nach Gesetz oder Satzung zu bestehen hat (Sollstärke), an der Beschlussfassung teilnimmt. Im Gegensatz zur Regelung des MitbestG fehlt es hier an dem Wörtchen „nur". Da die gesetzlichen Regelungen auf die Sollstärke abstellen, ist die **Gruppenparität nicht maßgebend** für die Beschlussfähigkeit.[82]

46 Im Übrigen verweisen die gesetzlichen Vorschriften (§ 10 S. 2 MontanMitbestG, § 11 S. 2 MitbestErgG) ebenfalls auf die Anwendbarkeit der aktienrechtlichen Vorschrift (Abs. 2 S. 4). Die Wahrung des zahlenmäßigen Verhältnisses ist nicht ausschlaggebend für die Beschlussfähigkeit.

47 **c) Besonderheiten bei der Ausübung von Beteiligungsrechten zur Vermeidung doppelter Mitbestimmung (§ 32 MitbestG).** Bei der **Ausübung von Beteiligungsrechten** bedürfen diesbezügliche Beschlüsse der Mehrheit der Stimmen der Anteilseigner (§ 32 Abs. 1 S. 2 MitbestG, § 15 Abs. 1 S. 2 MitbestErgG), wenn die Beteiligung an dem anderen Unternehmen mehr als ein Viertel beträgt (§ 32 Abs. 2 MitbestG, § 15 Abs. 2 MitbestErgG). In diesem Fall ist der Aufsichtsrat beschlussfähig, wenn mindestens die Hälfte der Aufsichtsratsmitglieder der Anteilseigner an der Abstimmung teilnimmt.[83] Für die Beschlussfähigkeit bei der Ausübung des Beteiligungsrechts nach dem MitbestG (§ 32 Abs. 1 MitbestG) kommt es auf die Sollstärke der Aufsichtsratsmitglieder der Anteilseigner an.[84]

48 **3. Satzungsregelungen zur Beschlussfähigkeit (S. 1).** Sind keine mitbestimmungsrechtlichen Regeln zur Beschlussfähigkeit vorhanden, können entsprechende **Satzungsregelungen** im Rahmen der zwingenden gesetzlichen Regelungen (Abs. 2 S. 3) getroffen werden. Welche satzungsrechtlichen Möglichkeiten bestehen, richtet sich danach, ob der Aufsichtsrat mitbestimmungsrechtlichen Sondervorschriften unterliegt.

49 **a) Allgemein unzulässige Satzungsregelungen.** Sowohl in Gesellschaften, die ihren Aufsichtsrat mit Arbeitnehmerbeteiligung bilden, als auch in Gesellschaften, deren Aufsichtsrat sich nur aus Anteilseignervertretern zusammensetzt, sind Satzungsbestimmungen unzulässig, welche die Beschlussfähigkeit von der Teilnahme bestimmter Personen abhängig machen. Es kann nicht von der **Teilnahme des Aufsichtsratsvorsitzenden** oder seines Stellvertreters oder sonst von der Teilnahme einer bestimmten Person abhängen, ob der Aufsichtsrat beschlussfähig ist.[85] Diese Person hätte ein **unzulässiges Vetorecht**

---

[81] Hüffer/*Koch* Rn. 17.
[82] Hüffer/*Koch* Rn. 17.
[83] Kölner Komm AktG/*Mertens/Cahn* § 117 Anh. B § 32 MitbestG Rn. 19; *Scheuffler*, Fehlerhafte Aufsichtsratsbeschlüsse, 1962, 53.
[84] Kölner Komm AktG/*Mertens/Cahn* § 117 Anh. B § 32 MitbestG Rn. 19.
[85] BGHZ 83, 151 (155) = AG 1982, 223 (224); OLG Karlsruhe NJW 1980, 2137 (2139); MüKoAktG/*Habersack* Rn. 38; Kölner Komm AktG/*Mertens/Cahn* Rn. 80; Großkomm AktG/*Hopt/Roth* Anm. 75; MHdB AG/*Hoffmann-Becking* § 31 Rn. 60; *Lutter/Krieger/Verse* Rn. 720; *Raiser* NJW 1980, 209 (211) weist darauf hin, dass die durch das Mitbestimmungsrecht gewährte Rechtsposition der Arbeitnehmervertreter nicht spürbar gemindert werden dürfe und dass der Gleichbehandlungsgrundsatz zu wahren sei; *Säcker* JZ 1980, 82 (86); *Geitner* AG 1982, 212 (217); aA LG Mannheim NJW 1980, 236; *Rittner* DB 1980, 2493 (2501 ff.) unter Hinweis darauf, dass aus dem aktienrechtlichen Gleichbehandlungsgrundsatz nicht der Grundsatz der Gleichbehandlung der Gruppen folge; vgl. auch *Steindorff/Joch* ZHR 146 (1982), 336 (342).

(→ Rn. 121, 140). Die Rechtsstellung des Aufsichtsratsvorsitzenden darf nicht auf diese Weise verstärkt werden.[86]

Der Vorschrift (Abs. 2 S. 4) steht eine Satzungsbestimmung aber nicht entgegen, derzufolge Beschlussfähigkeit nur bei Teilnahme einer gewissen Anzahl von Anteilseigner- und Arbeitnehmervertretern gegeben ist.[87] 50

Die Satzung darf ebenso wenig den **Gleichbehandlungsgrundsatz** der Arbeitnehmer- und der Anteilseignervertreter verletzen.[88] Eine die Gleichbehandlung verletzende Bestimmung ist nichtig; der auf ihr beruhende Aufsichtsratsbeschluss ebenfalls.[89] 51

b) Satzungsregelungen in Aufsichtsräten, die keiner mitbestimmungsrechtlichen Sonderregelung zur Beschlussfähigkeit unterliegen. In Gesellschaften, die keinen mitbestimmungsrechtlichen Sonderregeln unterliegen, gilt eine beschränkte Satzungsautonomie. 52

aa) Gestaltungsspielraum. Fehlen gesetzliche Sonderregeln, kann die Satzung die Beschlussfähigkeit nach ihrem Ermessen regeln (Abs. 2 S. 1). Sie unterliegt jedoch gewissen Beschränkungen (→ Rn. 56 ff.). 53

Die Satzung kann bestimmte **Anforderungen an die erforderliche Anzahl der an der Beschlussfassung teilnehmenden Aufsichtsratsmitglieder** stellen. Sie kann verlangen, dass die Mehrheit oder nur ein geringer Teil der Mitglieder des Aufsichtsrats an der Beschlussfassung mitwirken muss. Sie kann voraussetzen, dass mehr oder weniger als die Hälfte der Mitglieder, aus denen der Aufsichtsrat nach Gesetz oder Satzung insgesamt zu bestehen hat, an der Beschlussfassung teilnehmen muss.[90] 54

Stellt die Satzung nur allgemein auf die **Hälfte** der Aufsichtsratsmitglieder ab, muss klar erkennbar sein, ob die Hälfte der tatsächlich vorhandenen Aufsichtsratsmitglieder oder die Hälfte derjenigen gemeint ist, die nach Gesetz oder Satzung dem Aufsichtsrat anzugehören haben (Sollstärke). Im Zweifel ist die satzungsmäßig vorgeschriebene Sollstärke der Berechnung zugrunde zu legen.[91] 55

bb) Grenzen der Regelungsmöglichkeit durch die Satzung. (1) Beachtung zwingender gesetzlicher Vorschriften. Die zwingende Grenze der Mindestteilnahme von drei Mitgliedern an der Beschlussfassung darf durch Satzungsregelung nicht unterschritten werden(Abs. 2 S. 2; vgl. → Rn. 75). 56

(2) Unzulässige Knüpfung der Beschlussfähigkeit an die Sollstärke. Der Aufsichtsrat ist funktionsfähig zu halten. Es gilt der Grundsatz der Gleichbehandlung aller Aufsichtsratsmitglieder.[92] Deshalb ist eine **Satzungsregelung unzulässig,** die eine Teilnahme aller Aufsichtsratsmitglieder, aus denen der Aufsichtsrat zu bestehen hat **(Sollstärke),** an der Beschlussfassung vorsieht.[93] Dem steht die gesetzliche Vorschrift entgegen, die ausdrücklich vorsieht, dass das Fehlen von Aufsichtsratsmitgliedern der Beschlussfähigkeit nicht entgegensteht (Abs. 2 S. 4). Eine Satzungsbestimmung, die den Gleichbehandlungsgrundsatz verletzt, ist nichtig, ein auf einer solchen Satzungsbestimmung beruhender Beschluss ebenfalls.[94] 57

(3) Unabhängigkeit der Beschlussfähigkeit vom Abstimmungsergebnis. Die Beschlussfähigkeit des Aufsichtsrats darf nicht vom Abstimmungsergebnis abhängig gemacht werden. Stimmenthaltungen dürfen nicht als Nichtteilnahme an der Abstimmung gewertet 58

---

[86] BGHZ 83, 151 (156) = AG 1982, 23 (24).
[87] Kölner Komm AktG/*Mertens/Cahn* Rn. 82.
[88] Kölner Komm AktG/*Mertens/Cahn* Rn. 80; MHdB AG/*Hoffmann-Becking* § 31 Rn. 60.
[89] Großkomm AktG/*Hopt/Roth* Anm. 88, 91.
[90] *Deilmann* BB 2012, 2191 (2193).
[91] BGHZ 4, 224 (228); *v. Schenck* in Semler/v. Schenck AR-HdB § 5 Rn. 120.
[92] *v. Schenck* in Semler/v. Schenck AR-HdB § 5 Rn. 122; Kölner Komm AktG/*Mertens/Cahn* Rn. 80.
[93] *v. Schenck* in Semler/v. Schenck AR-HdB § 5 Rn. 120; Kölner Komm AktG/*Mertens/Cahn* Rn. 80; MHdB AG/*Hoffmann-Becking* § 31 Rn. 59; *Lutter/Krieger/Verse* Rn. 719; aA Hüffer/*Koch* Rn. 15.
[94] Großkomm AktG/*Hopt/Roth* Anm. 88, 91.

werden. Dies würde bedeuten, dass diejenigen Aufsichtsratsmitglieder, die sich der Stimme enthalten, auch bei der Ermittlung der Beschlussfähigkeit außer Betracht bleiben würden. Einer Stimmenthaltung käme sonst größere Bedeutung zu als einer Nein-Stimme.[95]

59   **c) Satzungsregelungen in Aufsichtsräten, die mitbestimmungsrechtlichen Sonderregelungen zur Beschlussfähigkeit unterliegen.** Die Satzung kann festlegen, dass die Beschlussfähigkeit von der Teilnahme einer bestimmten Mindestzahl jeweils der Anteilseigner- und Arbeitnehmervertreter abhängig ist.[96]

60   Eine Satzungsregelung, die bei Abwesenheit des Aufsichtsratsvorsitzenden die Voraussetzungen an die Beschlussfähigkeit verschärft, ist nach umstrittener Entscheidung des OLG Hamburg zulässig. Demnach ist ein aus 16 Mitgliedern bestehender Aufsichtsrat mit Arbeitnehmerbeteiligung beschlussfähig, wenn zwölf oder mehr Aufsichtsratsmitglieder teilnehmen.[97] Das OLG Hamburg sieht hierin keine Beeinträchtigung der Funktionsfähigkeit. Die Bedenken von *Mertens/Cahn*,[98] welche die Gefahr sehen, dass dem Vorsitzenden eine Sonderrolle in Bezug auf die Beschlussfähigkeit eingeräumt wird und sich dafür aussprechen, dass das gleiche Recht dem Stellvertreter gewährt werden müsse, sind beachtlich und nicht von der Hand zu weisen.

61   **aa) Unzulässige Knüpfung der Beschlussfähigkeit an die Wahrung des Gruppenverhältnisses.** Eine Satzungsbestimmung, welche die Beschlussfähigkeit von der Wahrung des Gruppenverhältnisses oder von der Teilnahme einer bestimmten Zahl von Mitgliedern jeder Gruppe von Aufsichtsratsmitgliedern abhängig macht, ist unzulässig.[99] Die Beschlussfähigkeit soll dem aktienrechtlichen Grundsatz zufolge (Abs. 2 S. 4) gerade nicht von der Wahrung des für die Zusammensetzung des Aufsichtsrats maßgebenden zahlenmäßigen Verhältnisses und damit von der Gruppenzugehörigkeit abhängen.[100]

62   Eine Störung des Gruppenverhältnisses kann durch gerichtliche Ergänzung des Aufsichtsrats (§ 104 Abs. 2) behoben werden. Gehören einem Aufsichtsrat, der nach den Vorschriften des MitbestG, des MitbestErgG oder des MontanMitbestG gebildet wird, nicht alle Mitglieder an, aus denen er zu bestehen hat, liegt stets ein dringender Fall für eine Ersatzbestellung vor. Die dreimonatige Wartefrist entfällt (§ 104 Abs. 3 Nr. 2 iVm. § 104 Abs. 2 S. 1 und S. 2).

63   **bb) Eingeschränkte Satzungsregelungen in dem nach dem MitbestG gebildeten Aufsichtsrat.** Die gesetzliche Regelung (§ 28 MitbestG) ist **zwingend**.[101] Weder Satzung noch Geschäftsordnung können bestimmen, dass Beschlüsse mit **weniger** als der Hälfte der

---

[95] MüKoAktG/*Habersack* Rn. 36.
[96] MüKoAktG/*Habersack* Rn. 39; Kölner Komm AktG/*Mertens/Cahn* Rn. 82, § 117 Anh. B § 28 MitbestG Rn. 2.
[97] OLGZ 1984, 307 (315) = OLG Hamburg AG 1984, 246 (248) mit abl. Anm. *Oetker* BB 1984, 1766 (1770 f.); zustimmend *Feldmann* DB 1986, 29 (31); teilweise kritisch Kölner Komm AktG/*Mertens/Cahn* Rn. 80.
[98] Kölner Komm AktG/*Mertens/Cahn* Rn. 80.
[99] MüKoAktG/*Gach* MitbestG § 28 Rn. 6, Kölner Komm AktG/*Mertens/Cahn* Rn. 75, 82; unter Hinweis darauf, dass dies sogar für den Fall gelte, dass die Vertreter einer Gruppe völlig ausfallen, es sei denn, die Satzung habe die gegenteilige Regelung getroffen; *Raiser/Veil* MitbestG § 28 Rn. 3 mit dem Hinweis darauf, dass ansonsten die Gruppe der Arbeitnehmer- oder Anteilseignervertreter durch die Abwesenheit der Aufsichtsratstätigkeit verhindern könne; aA v. *Godin/Wilhelmi* Anm. 7.
[100] MüKoAktG/*Habersack* Rn. 45; Großkomm AktG/*Hopt/Roth* Anm. 88.
[101] Str., wie hier MüKoAktG/*Gach* MitbestG § 28 Rn. 3; Kölner Komm AktG/*Mertens/Cahn* § 117 Anh. B § 28 MitbestG Rn. 2; MHdB AG/*Hoffmann-Becking* § 31 Rn. 59; UHH/*Ulmer/Habersack* MitbestG § 28 Rn. 4; WWKK/*Koberski* MitbestG § 28 Rn. 6; *Hoffmann/Lehmann/Weinmann* MitbestG § 28 Rn. 11; *Raiser/Veil* MitbestG § 28 Rn. 3; *Paefgen,* Struktur und Aufsichtsratsverfassung der mitbestimmten AG, 1982, 167 f., demzufolge der zwingende Charakter der Vorschrift nicht verhindert, dass der Satzungsgeber Einfluss auf die Abstimmungsvoraussetzungen nimmt, unter denen sich diese Mehrheit bildet; *Säcker* JZ 1980, 82 (84 ff.); *Säcker/Theisen* AG 1980, 29 (35); *Wiesner* AG 1979, 205 (Anmerkung zu LG Frankfurt AG 1979, 205); *Wank* AG 1980, 148 (151); aA LG Frankfurt NJW 1978, 2398 (2399) = AG 1979, 205; LG Hamburg NJW 1980, 235 = BB 1979, 1367 mit dem Argument, dass die Satzungsautonomie in der mitbestimmten AG nicht vor der

Aufsichtsratsmitglieder, aus denen der Aufsichtsrat insgesamt zu bestehen hat, gefasst werden können.

Ob und wenn ja inwieweit die Satzung **strengere Anforderungen** an die Beschluss- **64** fähigkeit stellen darf, ist **umstritten**.[102] Gegen eine diesbezügliche Regelungsmöglichkeit durch die Satzung wird eingewandt, dass der Wortlaut der Vorschrift (§ 28 S. 1 MitbestG) zwingende Geltung habe. Die Regelung über die Beschlussfähigkeit sei im Grundsatz abschließender Natur, für eine Satzungsregelung sei daher kein Raum.[103] Der Gesetzeswortlaut verbietet jedoch nur, dass die Beschlussfähigkeit durch Satzungsregelung auf 100 % der Sollstärke festgesetzt wird. Der Gesetzeswortlaut besagt nicht, dass Verschärfungen generell ausgeschlossen sind. Die Satzung kann deshalb höhere Anforderungen an die Beschlussfähigkeit stellen.[104] Sie unterliegt aber engen Grenzen auf Grund der Rechtsgleichheit aller Aufsichtsratsmitglieder und der Funktionsfähigkeit des Aufsichtsrats.[105]

Bei Entscheidungen, die im MitbestG (§§ 27, 31 MitbestG) ausdrücklich festgelegt sind, **65** ist eine Änderung über die Regeln der Beschlussfähigkeit nicht zulässig.

cc) Keine Satzungsregelungen in dem nach dem MontanMitbestG bzw. dem **66** **MitbestErgG gebildeten Aufsichtsrat.** Das MontanMitbestG (§ 10 MontanMitbestG) und das MitbestErgG (§ 11 MitbestErgG) lassen eine Regelung der Beschlussfähigkeit durch die Satzung für den Gesamtaufsichtsrat nicht zu. Eine davon abweichende Satzungsbestimmung ist nichtig. Dies gilt im Sinne einer sachgerechten Ausschussarbeit nicht für Aufsichtsratsausschüsse.[106]

d) Vertagungsklauseln. Das AktG enthält keine Vorschrift über die Vertagung der **67** Aufsichtsratssitzung oder die Behandlung einzelner Tagesordnungspunkte.[107] Unter dem **Begriff der Vertagung** ist der Abbruch der Beratungen in der begonnenen Sitzung und die Anberaumung einer neuen Sitzung unter Beachtung der für die Einberufung maßgeblichen Formen und Fristen zu verstehen.[108] Wenn die Beratungen noch nicht begonnen haben und ihr Beginn verschoben wird, handelt es sich um eine **Verlegung der Sitzung**.

Fehlt eine entsprechende Regelung in der Satzung oder der Geschäftsordnung, entschei- **68** det die Aufsichtsratsmehrheit über **Vertagungsanträge** durch Beschluss. Eine besondere Regelung in der Satzung oder der Geschäftsordnung kann den Aufsichtsratsvorsitzenden zur einmaligen Vertagung aus eigenem Ermessen ermächtigen.[109] Das einzelne Aufsichtsrats-

---

inneren Ordnung des Aufsichtsrats haltmache; LG Mannheim NJW 1980, 236; *Rittner* DB 1980, 2493 (2502 f.).
[102] Offen gelassen BGHZ 83, 151 (153 f.) = AG 1982, 223 (224).
[103] OLG Karlsruhe NJW 1980, 2137 (2139); UHH/*Ulmer/Habersack* MitbestG § 28 Rn. 4; *Raiser/Veil* MitbestG § 28 Rn. 3; WWKK/*Koberski* MitbestG § 28 Rn. 6; *Hoffmann/Lehmann/Weinmann* MitbestG § 28 Rn. 1; *Geitner* AG 1982, 212 (217); *Säcker* DB 1977, 1791 (1796 Fn. 40); *Säcker* JZ 1980, 82 (85); *Theisen* AG 1980, 29 (35 f.); *Wiesner* AG 1979, 205 (Anmerkung zu LG Frankfurt AG 1979, 205); *Preusche* AG 1980, 125 (126); MüKoAktG/*Habersack* Rn. 40 stellt hingegen auf die Sicherung der Funktionsfähigkeit des Aufsichtsrats ab, um den abschließenden Charakter des § 28 MitbestG zu begründen.
[104] OLG Hamburg OLGZ 1984, 307 (312 ff.) = AG 1984, 246; LG Frankfurt NJW 1978, 2398 (2399) = AG 1979, 205 mit Anm. *Wiesner*; LG Hamburg NJW 1980, 235 = BB 1979, 1367; LG Mannheim NJW 1980, 236; MHdB AG/*Hoffmann-Becking* § 31 Rn. 56; *Lutter/Krieger/Verse* Rn. 715; *Canaris* DB 1981, Beil. Nr. 14, S. 1, 6; *Rittner* DB 1980, 2493 (2503); *Heinsius* AG 1977, 281 (282).
[105] BGHZ 83, 151 (154 f.) = AG 1982, 223 (224); Kölner Komm AktG/*Mertens/Cahn* Rn. 79.
[106] Kölner Komm AktG/*Mertens/Cahn* Rn. 79; *Rellermeyer*, Aufsichtsratsbeschlüsse, 1986, 167 f.
[107] Vgl. zu mitbestimmungsrechtlichen Vertagungs- und Unterbrechungsklauseln zB *Canaris* DB 1981, Beil. Nr. 14, S. 1 (11).
[108] Vgl. etwa UHH/*Ulmer/Habersack* MitbestG § 25 Rn. 34.
[109] MüKoAktG/*Habersack* Rn. 42; Kölner Komm AktG/*Mertens/Cahn* Rn. 83; MHdB AG/*Hoffmann-Becking* § 31 Rn. 81; *Lutter/Krieger/Verse* Rn. 724; *Raiser/Veil* MitbestG § 28 Rn. 4; *Paefgen*, Struktur und Aufsichtsratsverfassung der mitbestimmten AG, 1982, 204 f.; aA WWKK/*Koberski* MitbestR § 28 Rn. 7 mit der Begründung, dass solche Regelungen unzulässig seien, weil sie die zwingende gesetzliche Vorschrift des § 28 MitbestG außer Kraft setzen könnten; GK-MitbestG/*Naendrup* MitbestG § 25 Rn. 80, demzufolge eine Vertagung nur von den jeweils anwesenden Mitgliedern von Fall zu Fall beschlossen werden könne.

mitglied hat ein Recht auf Vertagung, wenn Anträge zur Tagesordnung nicht rechtzeitig angekündigt wurden oder die Sitzung nicht ordnungsgemäß einberufen wurde.[110]

69 Die Vertagung der Aufsichtsratssitzung ist unabhängig davon, ob die zur Beschlussfassung erforderliche Anzahl von Aufsichtsratsmitgliedern anwesend ist.[111]

70 Vertagungsklauseln dürfen aber nicht zu einer Blockierung der Aufsichtsratsarbeit führen. Ebenso wenig dürfen sie Satzungsbestimmungen aushebeln, die eine Verschärfung der Beschlussfähigkeitsvoraussetzungen eingrenzen oder ausschließen.[112] Die Zulässigkeit einer Vertagungsklausel bemisst sich daran, ob sie einzelnen oder mehreren nicht an der Aufsichtsratssitzung teilnehmenden Aufsichtsratsmitgliedern eine faktische Blockademöglichkeit einräumen oder gegen den Gleichbehandlungsgrundsatz verstoßen würde.

71 aa) **Einmalige Vertagung.** Satzungsbestimmungen, die eine einmalige Vertagung einer Aufsichtsratssitzung ermöglichen, sind zulässig. Der Vorsitzende kann durch die Satzung ermächtigt werden, einmalig die Sitzung aus eigenem Ermessen zu vertagen. Mehrmalige Vertagungen sind ausgeschlossen.[113] Sie würden die Funktionsfähigkeit des Aufsichtsrats einschränken und die zwingenden Vorschriften über die Beschlussfassung umgehen.

72 bb) **Vertagung wegen Abwesenheit bestimmter Personen oder Gruppen.** Es kann nicht sein, dass die Beschlussfähigkeit des Aufsichtsrats an der Nichtteilnahme einer oder mehrerer bestimmter Personen scheitert. Die Satzung kann nicht vorsehen, dass eine Vertagung einseitig wegen der Nichtteilnahme des Vorsitzenden oder bestimmter anderer Aufsichtsratsmitglieder erfolgt.[114] Bei Nichtteilnahme des Vorsitzenden oder seines Stellvertreters enthält die Satzung in der Praxis oft eine Bestimmung, derzufolge das älteste Aufsichtsratsmitglied Vorsitz und Sitzungsleitung übernimmt.[115]

73 Die Entstehung von **Zufallsmehrheiten** ist zu vermeiden.[116] Eine Satzungsbestimmung ist zulässig, welche die Vertagung der Behandlung eines, mehrerer oder aller Tagesordnungspunkte auf eine spätere Sitzung vorsieht, wenn Anteilseigner- und Arbeitnehmervertreter nicht in gleicher Anzahl anwesend sind.[117]

74 Möglich ist eine Vertagungsklausel, die darauf abstellt, dass **nicht alle Aufsichtsratsmitglieder anwesend** sind bzw. eine schriftliche Stimmabgabe überreichen lassen können.[118] Eine solche Regelung muss allerdings beachten, dass die Anforderungen an die Beschlussfähigkeit (§ 28 MitbestG, § 10 MontanMitbestG, § 11 MitbestErgG) nicht unzulässig verschärft werden.

75 4. **Das Hälfteerfordernis als subsidiär gesetzliche Regelung (Abs. 2 S. 2).** Bestimmen weder die gesetzlichen Sonderregeln (§ 28 MitbestG, § 10 MontanMitbestG, § 11 MitbestErgG) noch die Satzung die Beschlussfähigkeit des nach dem Drittelbeteiligungsgesetz[119] zusammengesetzten bzw. des ohne Arbeitnehmerbeteiligung gebildeten Aufsichtsrats, ist dieser beschlussfähig, wenn **mindestens die Hälfte der Mitglieder,** aus denen er

---

[110] MüKoAktG/*Habersack* Rn. 41; UHH/*Ulmer*/*Habersack* MitbestG § 25 Rn. 34; WWKK/*Koberski* MitbestR § 25 Rn. 24.
[111] Kölner Komm AktG/*Mertens*/*Cahn* Rn. 83.
[112] Kölner Komm AktG/*Mertens*/*Cahn* Rn. 83.
[113] MüKoAktG/*Habersack* Rn. 42; Kölner Komm AktG/*Mertens*/*Cahn* Rn. 83; *Raiser*/*Veil* MitbestG § 28 Rn. 4; MHdB AG/*Hoffmann-Becking* § 31 Rn. 82.
[114] MüKoAktG/*Habersack* Rn. 42; Kölner Komm AktG/*Mertens*/*Cahn* Rn. 84; *Paefgen,* Struktur und Aufsichtsratsverfassung der mitbestimmten AG, 1982, 200 (203).
[115] Vgl. *v. Schenck* in Semler/v. Schenck AR-HdB § 5 Rn. 105.
[116] UHH/*Ulmer*/*Habersack* MitbestG § 25 Rn. 35.
[117] LG Hamburg NJW 1980, 235, = BB 1979, 1367 mit zust. Anm. *Ulmer;* Kölner Komm AktG/*Mertens*/*Cahn* Rn. 83; MHdB AG/*Hoffmann-Becking* § 31 Rn. 82; *Raiser*/*Veil* MitbestG § 28 Rn. 4; GK-MitbestG/*Schneider* MitbestG § 29 Rn. 118 f.; *Paefgen,* Struktur und Aufsichtsratsverfassung der mitbestimmten AG, 1982, 201; *Rittner* DB 1980, 2493 (2501); vgl. zu den Vertagungsklauseln *Werner* AG 1979, 330 ff. (zugleich Besprechung der Entscheidung des LG Hamburg vom 29.6.1979); aA *Kindl,* Die Teilnahme an der Aufsichtsratssitzung, 1993, 99; WWKK/*Koberski* MitbestR § 28 Rn. 7; GK-MitbestG/*Naendrup* § 25 Rn. 80.
[118] MüKoAktG/*Habersack* Rn. 42; Kölner Komm AktG/*Mertens*/*Cahn* Rn. 83.
[119] Das Drittelbeteiligungsgesetz hat mit Wirkung zum 1.7.2004 das BetrVG 1952 abgelöst.

nach Gesetz oder Satzung zu bestehen hat **(Sollstärke)**, an der Beschlussfassung teilnimmt.[120] Eine entgegenstehende Satzungsregelung[121] sowie ein gegen diese Regelung verstoßender Aufsichtsratsbeschluss[122] ist nichtig. Abzustellen ist auf die Sollstärke und nicht auf die Mehrheit der vorhandenen Mitglieder.[123]

In jedem Fall müssen **mindestens drei Mitglieder** an der Beschlussfassung teilnehmen (Abs. 2 S. 3). Dies gilt selbst dann, wenn die Hälfte der Sollstärke erreicht oder überschritten ist.[124] Der Beschlussfähigkeit steht nicht entgegen, dass die Anteilseigner- oder Arbeitnehmervertreter vollständig ausfallen, solange mindestens drei Mitglieder an der Beschlussfassung teilnehmen.

Das Hälfteerfordernis gilt nicht, wenn der Aufsichtsrat insgesamt nur aus drei Mitgliedern besteht.[125] In diesem Fall **müssen alle drei Aufsichtsratsmitglieder teilnehmen,** um die Beschlussfähigkeit zu gewährleisten. Andernfalls ist der Aufsichtsrat beschlussunfähig, ein von ihm gefasster Beschluss nichtig.[126] Die Teilnahme von **zwei Mitgliedern ist für eine Beschlussfassung nicht ausreichend.**[127] Ein Aufsichtsratsmitglied nimmt auch dann an der Beschlussfassung teil, wenn es einem Stimmverbot unterliegt.[128] Das Stimmverbot führt nicht zur Beschlussunfähigkeit des Aufsichtsrats, sondern hat lediglich zur Folge, dass das vom Stimmverbot betroffene Aufsichtsratsmitglied sich bei der Abstimmung der Stimme zu enthalten hat.[129] Weigert sich ein Aufsichtsratsmitglied, an der Beschlussfassung teilzunehmen, und führt es dadurch die Beschlussunfähigkeit des Aufsichtsrats herbei, kommt eine Ergänzungsbestellung gemäß § 104 Abs. 1 Satz 1 in Betracht.[130]

Das Hälfteerfordernis gilt gleichfalls für die durch Satzung geregelte Beschlussfähigkeit (→ Rn. 45). Eine Satzungsbestimmung, die dagegen verstößt, ist nichtig; der so gefasste Aufsichtsratsbeschluss ebenfalls.[131]

Greift das Hälfteerfordernis auf Grund fehlender gesetzlicher oder satzungsmäßiger Regelung, ist der Aufsichtsrat – abhängig von der Zahl der satzungsmäßigen Zahl seiner Mitglieder (3, 6, 9, 12, 15, 18, 21) (§ 95 S. 3 und S. 4) – beschlussfähig, wenn mindestens 3, 5, 6, 8, 9 oder 11 Mitglieder an der Beschlussfassung teilnehmen.

Bei Unterbesetzung oder Beschlussunfähigkeit kommt eine gerichtliche Ergänzung in Frage.[132]

5. Beschlussfähigkeit trotz Unterbesetzung des Aufsichtsrats (Abs. 2 S. 4). Die unvollständige Besetzung des Aufsichtsrats beeinträchtigt nicht die Beschlussfähigkeit, solange **mindestens drei Mitglieder** an der Beschlussfassung teilnehmen (Abs. 2 S. 4). So darf beispielsweise bei Aufsichtsräten mit einer zweistelligen Mitgliederzahl das Fehlen von zwei Mitgliedern nicht zur Beschlussunfähigkeit führen.[133]

---

[120] Vgl. OLG München AG 2011, 840 (842).
[121] Vgl. BGHZ 12, 327 ff.
[122] Zum BetrVG 1952 BGHZ 4, 224 (229).
[123] MüKoAktG/*Habersack* Rn. 43; Hüffer/*Koch* Rn. 16.
[124] LG Düsseldorf AG 1999, 134 (135); MüKoAktG/*Habersack* Rn. 44; Hüffer/*Koch* Rn. 16.
[125] Ausführlich *Priester* AG 2007, 190.
[126] Großkomm AktG/*Hopt/Roth* Anm. 83, vgl. auch OLG München AG 2006, 337 (338).
[127] LG Karlsruhe AG 1994, 87 = BB 1993, 1408 = DB 1993, 1352; MüKoAktG/*Habersack* Rn. 44; Hüffer/*Koch* AktG Rn. 16. Vgl. zum Einfluss eines Stimmrechtsausschlusses → Rn. 159.
[128] *Priester* AG 2007, 190 (193).
[129] BGH AG 2007, 484 (485), aA BayObLG AG 2003, 427 (428); OLG Frankfurt AG 2005, 925 (927): Beschlussunfähigkeit wegen fehlenden Stimmrechts.
[130] Ausführlich *Reichard* AG 2012, 359.
[131] BGHZ 4, 224 (229); MüKoAktG/*Habersack* Rn. 44.
[132] Vgl. OLG Düsseldorf AG 2010, 750; OLG Düsseldorf AG 2010, 368.
[133] MüKoAktG/*Habersack* Rn. 38; Kölner Komm AktG/*Mertens/Cahn* Rn. 80; Hüffer/*Koch* Rn. 15 und v. Godin/Wilhelmi Anm. 7 lassen eine Satzungsbestimmung zu, welche die Teilnahme aller Mitglieder an der Beschlussfassung zur Voraussetzung der Beschlussfähigkeit erheben können. MHdB AG/*Hoffmann-Becking* § 31 Rn. 56 geht einschränkend davon aus, dass zumindest die Teilnahme aller vorhandenen Mitglieder Voraussetzung der Beschlussfähigkeit sein könne. Richtigerweise sieht *Mertens/Cahn* aber auch darin eine Beschränkung der Funktionsfähigkeit des Aufsichtsrats in nicht hinnehmbarer Weise.

82   Der Aufsichtsrat ist selbst dann beschlussfähig, wenn das für seine Zusammensetzung maßgebende zahlenmäßige Verhältnis nicht gewahrt ist.[134] Auch wenn ausschließlich Aufsichtsratsmitglieder der Anteilseigner oder der Arbeitnehmer an der Beschlussfassung teilnehmen, ist der Aufsichtsrat beschlussfähig, wenn nur die für die Beschlussfähigkeit erforderliche Zahl von Aufsichtsratsmitgliedern teilgenommen hat.[135] Die Satzung darf keine entgegenstehende Regelung treffen.[136]

83   Gleichgültig ist, ob die Unterbesetzung von vornherein vorliegt oder erst später eintritt – etwa durch Fortfall eines Mitglieds. Nur der absichtliche Missbrauch einer solchen Situation kann die Beschlussfassung und damit den Aufsichtsratsbeschluss sittenwidrig und fehlerhaft machen.[137]

84   Eine besondere von der vollständigen und richtigen Besetzung des Aufsichtsrats abhängige Handlungsfähigkeit wird neben der Beschlussfähigkeit nicht anerkannt.

85   **6. Auswirkungen der Beschlussunfähigkeit auf einzelne Aufsichtsratsmitglieder und Ausschüsse bei beschlussunfähigem Aufsichtsrat.** Die Stellung der einzelnen Aufsichtsratsmitglieder und der Ausschüsse wird durch die Beschlussunfähigkeit des Aufsichtsrats nicht berührt. Sie müssen weiterhin ihre Pflichten erfüllen[138] und unterliegen nach wie vor ihrer gesetzlichen Haftung.[139]

86   **a) Erhöhte Aufmerksamkeitspflicht der verbliebenen Aufsichtsratsmitglieder.** Jedes in einem beschlussunfähigen Aufsichtsrat verbliebene Mitglied trifft eine erhöhte Aufmerksamkeitspflicht.[140] Im Rahmen seiner Möglichkeiten muss es den Vorstand überwachen und ihn insbesondere zur Berichterstattung (§ 90) anhalten.[141] Der Vorstand darf sich seiner Berichtspflicht auch bei einem beschlussunfähigen Aufsichtsrat nicht entziehen. Besteht ein beschlussunfähiger Aufsichtsrat nur aus einem Mitglied, ist der Vorstand deshalb verpflichtet, auf dessen alleiniges Verlangen an dieses zu berichten.[142] Diese früher streitige Frage ist heute gesetzlich klargestellt.[143]

87   Das Gesetz zwingt die verbleibenden Aufsichtsratsmitglieder zwar nicht zum Antrag auf Ergänzung des Aufsichtsrats. Sie müssen aber dennoch dafür sorgen, dass der unvollständige Aufsichtsrat im Wege einer Bestellung durch das Gericht (§ 104 Abs. 2, 3) ergänzt wird.[144] Dies kann sowohl durch eigene Antragstellung als auch durch Einwirkung auf den Vorstand geschehen.[145]

88   **b) Unabhängigkeit der Beschlussfähigkeit des Ausschusses von der Beschlussfähigkeit des Aufsichtsrats.** Die Beschlussfähigkeit des Aufsichtsrats beeinflusst nicht die Beschlussfähigkeit des Ausschusses.[146] Für dessen Beschlussfähigkeit sind allein die für ihn geltenden Vorschriften ausschlaggebend (→ § 107 Rn. 389 ff.). Der Ausschuss muss (und

---

[134] Kölner Komm AktG/*Mertens/Cahn* Rn. 75.
[135] Siehe aber zur gerichtlichen Ergänzung des unterbesetzten Aufsichtsrats → § 104 Rn. 65 ff.
[136] Kölner Komm AktG/*Mertens/Cahn* Rn. 82.
[137] Kölner Komm AktG/*Mertens/Cahn* Rn. 75; *Canaris* DB 1981, Beil. 14, S. 9.
[138] MüKoAktG/*Habersack* Rn. 47; Kölner Komm AktG/*Mertens/Cahn* Rn. 77.
[139] §§ 116, 93; Großkomm AktG/*Hopt/Roth* Anm. 95.
[140] RGZ 146, 145 (152 f.) mit dem Hinweis darauf, dass gerade bei Beschlussunfähigkeit das Aufsichtsratsmitglied die Pflicht hat, für die baldige Wiederherstellung der Beschlussfähigkeit Sorge zu tragen; MüKoAktG/*Habersack* Rn. 48; Kölner Komm AktG/*Mertens/Cahn* Rn. 77; Großkomm AktG/*Hopt/Roth* Anm. 96.
[141] MüKoAktG/*Habersack* Rn. 48; Kölner Komm AktG/*Mertens/Cahn* Rn. 77; Großkomm AktG/*Hopt/Roth* Anm. 95 mit dem Hinweis auf eine sonst drohende Schadensersatzpflicht.
[142] MüKoAktG/*Habersack* Rn. 48; Kölner Komm AktG/*Mertens/Cahn* Rn. 77; Großkomm AktG/*Hopt/Roth* Anm. 95.
[143] § 90 Abs. 3 S. 2 idF des TransPuG.
[144] Aus der Überwachungspflicht folgt bei Beschlussunfähigkeit eine Pflicht des Aufsichtsratsmitglieds zur Stellung des Antrags auf gerichtliche Ergänzung, vgl. → § 104 Rn. 53.
[145] RGZ 161, 129 (136) zur Pflicht, für die baldige Wiederherstellung der verlorengegangenen Beschlussfähigkeit zu sorgen.
[146] Kölner Komm AktG/*Mertens/Cahn* Rn. 76.

IV. Beschlussfassung des Aufsichtsrats

1. Anwendbare Vorschriften. Die **gesetzlichen Vorschriften** über die Beschlussfassung (§ 108), die innere Ordnung des Aufsichtsrats (§ 107), die Teilnahme an Sitzungen des Aufsichtsrats und seiner Ausschüsse (§ 109) und die Einberufung des Aufsichtsrats (§ 110) regeln das Beschlussverfahren **nicht abschließend.** In der Satzung (§ 23 Abs. 5) oder in der Geschäftsordnung (→ § 107 Rn. 416 ff.) können ergänzende Bestimmungen zu den Erfordernissen einer Beschlussfassung vorgesehen werden. Lediglich subsidiär gelten nach hL[147] für Beschlüsse des Aufsichtsrats die Vorschriften des Vereinsrechts (§§ 28 Abs. 1, 32 Abs. 1 S. 2, 34 BGB) zumindest analog, und zwar insbesondere die Bestimmungen über die Beschlussfassung des Vereinsvorstands. 89

2. Zustandekommen eines Beschlusses. Ein Beschluss kommt durch Antrag, Verhandlung bzw. Verhandlungsmöglichkeit, Abstimmung und Feststellung des Abstimmungsergebnisses zustande. So kann im Nachhinein festgestellt werden, was der Wille des Aufsichtsrats war und worüber abgestimmt wurde. Es empfiehlt sich im Hinblick auf die Möglichkeit schriftlicher Stimmabgaben abwesender Aufsichtsratsmitglieder (Abs. 3), bereits mit der Tagesordnung den Wortlaut der begehrten oder empfohlenen Beschlussfassung mitzuteilen. 90

a) Antrag zur Abstimmung. Der Vorsitzende des Aufsichtsrats und jedes Aufsichtsratsmitglied ist berechtigt, zu einem Gegenstand der Tagesordnung einen Abstimmungsantrag zu stellen. Der Aufsichtsratsvorsitzende muss über zulässige Anträge abstimmen lassen. Dies sind auch Anträge auf sofortige Abstimmung oder solche zur Geschäftsordnung. Bezieht sich allerdings ein Antrag nicht auf einen Tagesordnungspunkt, kann (und muss bei fehlender Zustimmung aller vorhandenen Mitglieder) der Aufsichtsratsvorsitzende die Abstimmung darüber ablehnen. Gleiches gilt, wenn der Antrag in die Rechtswahrungskompetenz des Vorsitzenden eingreift oder auf einen Beschluss gerichtet ist, der wegen Rechtswidrigkeit nichtig wäre.[148] 91

b) Beschlussfassung des Aufsichtsrats in der Sitzung. Der Beschluss wird durch den **gesamten Aufsichtsrat** in der Sitzung gefasst. Überweist der Aufsichtsrat eine Aufgabe einem **Ausschuss** zur Beschlussfassung, ist nur der betreffende Teil des Aufsichtsrats zur Willensbildung berufen. **Einzelne Aufsichtsratsmitglieder** können keinen Aufsichtsratsbeschluss fassen. Sie können aber auf Grund eines wirksamen Aufsichtsratsbeschlusses Ausführungshandlungen, zu denen sie durch diesen Beschluss bevollmächtigt worden sind, rechtswirksam vornehmen. Die Regeln des bürgerlichen Rechts über die rechtsgeschäftliche Vertretung (§§ 164 ff. BGB) finden auf diese Ausführungshandlungen Anwendung.[149] 92

aa) Zusammentreten in Sitzungen. Als ein aus mehreren Mitgliedern bestehendes Organ kann der Aufsichtsrat einen einheitlichen Willen nur gemeinsam bilden. Um diese Willensbildung vornehmen zu können, muss der Aufsichtsrat regelmäßig zu einer **Sitzung** zusammenkommen. Nach § 110 Abs. 3 AktG muss der Aufsichtsrat von börsennotierten Unternehmen mindestens zwei Sitzungen im Kalenderhalbjahr abhalten. Bei nicht börsennotierten Gesellschaften kann der Aufsichtsrat beschließen, nur eine Sitzung im Kalender- 93

---

[147] Kölner Komm AktG/*Mertens/Cahn* Rn. 15; Kölner Komm AktG/*Mertens/Cahn* Rn. 17, *Scheuffler*, Fehlerhafte Aufsichtsratsbeschlüsse, 1962, 4 ff. mwN (S. 8 Fn. 2); *Meilicke*, FS Walter Schmidt, 1959, 71 (77); GK-MitbestG/*Schneider* MitbestG § 29 Rn. 13, Großkomm AktG/*Hopt/Roth* Anm. 23 f.; aA *Baums* ZGR 1983, 300 (305), der die Bestimmungen des § 32 BGB zur Lückenfüllung als ungenügend und ungeeignet einstuft; gegen eine direkte Anwendbarkeit des Vereinsrechts *Lemke*, Der fehlerhafte Aufsichtsratsbeschluß, 1994, 81 ff.
[148] MüKoAktG/*Habersack* Rn. 17; Kölner Komm AktG/*Mertens/Cahn* Rn. 18.
[149] Vgl. MüKoAktG/*Habersack* § 107 Rn. 61 und Kölner Komm AktG/*Mertens/Cahn* § 107 Rn. 55.

halbjahr abzuhalten. In Eilfällen, die eine sofortige Entscheidung fordern, muss die Willensbildung in einer **außerordentlichen** Aufsichtsratssitzung erfolgen.

94 Nach Vorstellung des Gesetzgebers erfordert eine Aufsichtsratssitzung eine **physische Präsenz** der Aufsichtsratsmitglieder. Darunter war nach der historischen Vorstellung des Gesetzgebers eine körperliche Anwesenheit der Aufsichtsratsmitglieder in einem Raum zu verstehen, weil nach dem damaligen technischen Stand nur auf diese Weise eine unmittelbar Kommunikation zwischen den einzelnen Mitgliedern durch Sehen und Hören gewährleistet werden konnte. Diese Vorstellung des Gesetzgebers muss nach der rasanten Entwicklung in der Kommunikationstechnik der letzten 20 Jahre als **überholt** gelten. Entscheidend für das Vorliegen einer Sitzung ist nicht die körperliche Anwesenheit der Aufsichtsratsmitglieder, sondern die Möglichkeit einer **unmittelbaren und gleichzeitigen Kommunikation** der Aufsichtsratsmitglieder untereinander durch **uneingeschränkte Sicht- und Hörbarkeit**.[150]

95 Die erforderliche Kommunikation zwischen den Aufsichtsratsmitgliedern kann insbesondere nach der Änderung des § 108 Abs. 4 durch das NaStraG[151] auch durch **Videokonferenzen** hergestellt werden. Sie erfüllen bei allgemeiner und einwandfreier Sicht- und Hörbarkeit die Voraussetzungen an eine Präsenzsitzung.[152] Die Sitzungsleitung durch den Aufsichtsratsvorsitzenden ist ebenso möglich wie die offene Abstimmung. Auch die behaupteten Probleme bei Durchführung einer geheimen Abstimmung,[153] die regelmäßig als Gegenargument angeführt werden,[154] bestehen bei dem heutigen Stand der Technik nicht mehr.[155] Die modernen Kommunikationstechniken über Internet ermöglichen anonymisierte Abstimmungsverfahren in Echtzeit.[156]

96 Dem Sitzungserfordernis genügt auch die **Zuschaltung** einzelner Aufsichtsratsmitglieder **per Videokonferenz** oder per **Internetkonferenz** mit Bild- und Tonübertragung. Es genügt dem Anwesenheitserfordernis allerdings nicht, wenn das zugeschaltete Aufsichtsratsmitglied nur von den anderen Aufsichtsratsmitgliedern gesehen oder gehört werden kann.[157] Erforderlich für eine wirksame Teilnahme an der Sitzung ist jedenfalls, dass das zugeschaltete Aufsichtsratsmitglied alle anderen Mitglieder sehen und hören kann. Reine Telefonkonferenzen erfüllen daher diese Anforderung an eine Sitzung nicht.[158] Kann das zugeschaltete Aufsichtsratsmitglied die anderen Aufsichtsratsmitglieder nicht selbst sehen oder hören und nicht am Sitzungsgeschehen teilnehmen, ist es wie ein abwesendes Mitglied zu behandeln.

97 Der Widerspruch eines einzelnen Aufsichtsratsmitglieds gegen dieses Verfahren ist ohne Bedeutung. Es handelt sich um eine Beschlussfassung in einer Sitzung und nicht um eine Beschlussfassung ohne Sitzung.[159]

---

[150] Kölner Komm AktG/*Mertens/Cahn* Rn. 20.
[151] Gesetz zur Namensaktie und zur Erleichterung der Stimmrechtsausübung (Namensaktiengesetz – NaStraG) vom 18.1.2001, BGBl. 2001 I S. 123. Vgl. zur Entstehungsgeschichte → Rn. 7 ff.
[152] Kölner Komm AktG/*Mertens/Cahn* Rn. 20; Großkomm AktG/*Hopt/Roth* Rn. 117; Hüffer/*Koch* Rn. 22; *Wagner* NZG 2002, 58 (59); aA MüKoAktG/*Habersack* Rn. 16, der auch Videokonferenzen als einen Fall einer besonderen Form der Beschlussfassung im Sinne des § 108 Abs. 4 einstuft, ebenso MHdB AG/*Hoffmann-Becking* § 31 Rn. 90; *Hoffmann-Becking*, Liber Amicorum Happ, 2006, 81 (86).
[153] Vgl. zur geheimen Abstimmung → Rn. 104 ff.
[154] So zB bei MüKoAktG/*Habersack* Rn. 20.
[155] Kölner Komm AktG/*Mertens/Cahn* Rn. 20; aA MüKoAktG/*Habersack* Rn. 16.
[156] Beispielhaft stellt Kölner Komm AktG/*Mertens/Cahn* Rn. 20 in Fn. 42 ein geheimes Abstimmungsverfahren mittels passwortgeschützter Stimmabgabe dar.
[157] Kölner Komm AktG/*Mertens/Cahn* Rn. 20.
[158] AA *Hoffmann-Becking*, Liber Amicorum Happ, 2006, 81 (86).
[159] Kölner Komm AktG/*Mertens/Cahn* Rn. 39; Großkomm AktG/*Hopt/Roth* Rn. 117; aA MHdB AG/*Hoffmann-Becking* § 31 Rn. 90. *Kindl* ZHR 166 (2002), 343; *Wagner* NZG 2002, 58 für den Fall, dass ein Mitglied der Zuschaltung widerspricht, es sei denn, die Satzung lässt die Beschlussfassung außerhalb der Präsenzsitzung auch gegen den Widerspruch eines Mitglieds zu; Beschlussfassung außerhalb einer Sitzung und kombinierte Beschlussfassung von anwesenden und zugeschalteten Aufsichtsratsmitgliedern seien gleich zu behandeln.

Sitzungen des Aufsichtsrats können im In- oder im Ausland stattfinden.[160] Ebenso ist es **98** zulässig, als **Arbeitssprache** in der Geschäftsordnung des Aufsichtsrats eine Fremdsprache, zumeist Englisch, festzulegen.[161] Die Effizienz der Überwachung wird dadurch nicht beeinträchtigt.[162] Eine Änderung der in der Geschäftsordnung festgelegten Arbeitssprache durch Beschluss des Aufsichtsrats bleibt jederzeit möglich.[163] Sind nicht alle Aufsichtsratsmitglieder der Arbeitssprache mächtig, erfordert die Arbeitsfähigkeit des Aufsichtsrats neben der mehrsprachigen Ausfertigung der Sitzungsunterlagen unter Umständen auch die Beiziehung eines Simultandolmetschers[164].

bb) Beschlussfassung ohne Sitzung. Die gesetzliche Vorschrift (§ 108 Abs. 4) sieht **99** eine **Ausnahme** von der Beschlussfassung innerhalb der Sitzung vor. Beschlussfassungen außerhalb von Sitzungen sind ohne Rücksicht darauf, ob vorab ein mündlicher oder schriftlicher Meinungsaustausch stattgefunden hat, vorbehaltlich einer näheren Regelung durch Geschäftsordnung oder Satzung (nur) zulässig, wenn kein Aufsichtsratsmitglied widerspricht (→ Rn. 191).

cc) Teilnahme an Sitzungen. Jedes Mitglied ist **berechtigt** und **verpflichtet,** an den **100** Sitzungen des Aufsichtsrats teilzunehmen.[165] Ziffer 5.4.7 des Deutschen Corporate Governance Kodex empfiehlt, dass im Bericht des Aufsichtsrats vermerkt werden soll, wenn ein Aufsichtsratsmitglied in einem Geschäftsjahr an weniger als der Hälfte der Sitzungen des Aufsichtsrats teilgenommen hat.[166] Das Recht auf Teilnahme kann durch Klage und einstweilige Verfügung durchgesetzt werden. Nur in ganz wenigen Ausnahmefällen ist ein Ausschluss von der Teilnahme zulässig.[167]

Ist das **Aufsichtsratsmitglied verhindert,** an der Sitzung teilzunehmen, so bleibt es **101** gleichwohl nach § 108 Abs. 3 verpflichtet, seine Stimme zumindest durch Übersendung einer schriftlichen Stimmbotschaft oder durch Entsendung einer gemäß § 109 Abs. 3 ermächtigten Person als Stimmboten abzugeben. Die Aufsichtsratsmitglieder können sich ihren Überwachungspflichten nicht durch Fernbleiben der Sitzungen entziehen.[168]

c) Auswahl der Abstimmungsart. Die Auswahl der **Abstimmungsart** ist eine Ver- **102** fahrensregelung und keine Rechtsfrage. Der Aufsichtsratsvorsitzende bestimmt die Abstimmungsart im Rahmen seiner Regelungsbefugnis.[169] Allerdings kann durch Mehrheitsbeschluss der Aufsichtsratsmitglieder von der festgesetzten Abstimmungsart abgewichen werden.[170]

aa) Offene Abstimmungen. Der Aufsichtsrat fasst seine Beschlüsse in offenen Abstim- **103** mungen. Dies ist der gesetzliche Normalfall. Allerdings gibt es Situationen, in denen eine geheime Abstimmung den Vorzug verdient. Dies ist beispielsweise bei Auseinandersetzungen zwischen einzelnen Aufsichtsratsmitgliedern oder einzelnen Gruppen[171] oder bei Personalentscheidungen[172] der Fall, wenn „Solidaritätserwägungen" vermieden werden sollen.[173]

---

[160] *Wasse* AG 2011, 685 (689).
[161] *Wasse* AG 2011, 685 (688); *Rodewald/Ternick* BB 2011, 910.
[162] *Wasse* AG 2011, 685 (688) mit Verweis in Fn. 40 auf eine Entscheidung des LG Frankfurt v. 21.1.2004 – 3–03 O 88/03.
[163] *Rodewald/Ternick* BB 2011, 910 (911).
[164] *Rodewald/Ternick* BB 2011, 910 (911).
[165] MüKoAktG/*Habersack* § 109 Rn. 1, 7; Kölner Komm AktG/*Mertens/Cahn* § 109 Rn. 10; Hüffer/*Koch* § 109 Rn. 2.
[166] Vgl. Ziff. 5.4.7 DCGK (idF 13.5.2013).
[167] Vgl. → § 109 Rn. 13ff.; wegen Interessenwiderstreits vgl. → Exkurs 3 Rn. 53ff.
[168] MüKoAktG/*Habersack* § 109 Rn. 7. Vgl. auch → § 116 Rn. 187.
[169] Siehe *v. Schenck* in Semler/v. Schenck AR-HdB § 4 Rn. 80; Kölner Komm AktG/*Mertens/Cahn* Rn. 23; MHdB AG/*Hoffmann-Becking* § 31 Rn. 55.
[170] Kölner Komm AktG/*Mertens/Cahn* Rn. 23.
[171] *v. Schenck* in Semler/v. Schenck AR-HdB § 5 Rn. 131.
[172] Hüffer/*Koch* Rn. 5a; UHH/*Ulmer/Habersack* MitbestG § 25 Rn. 26.
[173] *v. Schenck* in Semler/v. Schenck AR-HdB § 5 Rn. 131; UHH/*Ulmer/Habersack* MitbestG § 25 Rn. 26.

104 **bb) Zulässigkeit der geheimen Abstimmung.** Das Gesetz sieht eine **geheime Abstimmung** nicht vor. Die heute überwiegend vertretene Ansicht befürwortet zutreffend ihre Zulässigkeit.[174] Als Verfahrensregelung obliegt sie der Sitzungsleitungs- (→ § 107 Rn. 115 ff.) und Regelungsbefugnis des Aufsichtsratsvorsitzenden mit dem Vorbehalt einer revidierenden Plenarentscheidung.[175]

105 Gegner dieser Auffassung lehnen die Zulässigkeit der geheimen Abstimmung unter Hinweis darauf ab, dass diese sich nicht mit der Verantwortung und Haftung (§§ 93, 116) der einzelnen Mitglieder für die Willensbildung im Aufsichtsrat und deren Offenlegung vertrage.[176] Damit das einzelne Aufsichtsratsmitglied für seine Entscheidung zur Verantwortung gezogen werden könne, müsse bekannt sein, wie es sich in einer bestimmten Frage entschieden habe. Dem muss entgegengehalten werden, dass sich das Aufsichtsratsmitglied ohnehin nicht schon durch die Offenlegung seines Abstimmungsverhaltens exkulpieren kann.[177] Die Verfolgung von Schadensersatzansprüchen ist nicht an eine offene Abstimmung geknüpft. Die Pflicht des Aufsichtsratsmitglieds erschöpft sich nicht darin, gegen eine bestimmte Maßnahme zu stimmen. Es muss sich notfalls auch gegen die Mehrheit aktiv gegen die geplante Maßnahme wenden.[178]

106 Allerdings folgern die Gegner einer geheimen Abstimmung aus einer durchgeführten geheimen Abstimmung nicht die Nichtigkeit des gefassten Aufsichtsratsbeschlusses. Es handele sich nur um die Nichtbeachtung einer Verfahrensvorschrift. Auf die Beachtung einer solchen Ordnungsvorschrift könnten die Aufsichtsratsmitglieder übereinstimmend verzichten.[179] Daraus folgt, dass eine widerspruchslos durchgeführte geheime Abstimmung nicht zur Nichtigkeit einer geheim abgegebenen Stimme und somit auch nicht zur Nichtigkeit aller in geheimer Abstimmung gefassten Beschlüsse führt.

107 **cc) Modalitäten der geheimen Abstimmung.** Der **Vorsitzende entscheidet** darüber, ob offen oder geheim abgestimmt wird. Er ordnet die geheime Abstimmung nach pflichtgemäßem Ermessen unter Berücksichtigung des Gesellschaftsinteresses aus eigenem Antrieb an.[180] Der Vorsitzende kann einem dahingehenden Verfahrensantrag entsprechen, ihn ablehnen oder ihn zur Abstimmung stellen.[181]

---

[174] MüKoAktG/*Habersack* Rn. 18; Großkomm AktG/*Hopt/Roth* Anm. 42; Hüffer/*Koch* Rn. 5 mit dem Argument, dass die Qualität der Entscheidungsfindung vorrangig sei; K. Schmidt/Lutter/*Drygala* Rn. 14; *v. Schenck* in Semler/v. Schenck AR-HdB § 5 Rn. 132; UHH/*Ulmer/Habersack*/ MitbestG § 25 Rn. 26; Hoffmann/Lehmann/Weinmann MitbestG § 25 Rn. 162; Lutter/Krieger/Verse Rn. 722; Hoffmann/Preu Rn. 424; Peus, Der Aufsichtsratsvorsitzende, 1983, 120 ff.; Peus DStR 1996, 1656, Meier DStR 1996, 385 (386); U. H. Schneider, FS Robert Fischer, 1979, 727 (734 ff.); Ulmer AG 1982, 300 (301 ff.); Kollhosser, FS Hadding 2004, 501 (511); wohl auch Lemke, Der fehlerhafte Aufsichtsratsbeschluß, 1994, 146; kritisch Spindler/Stilz/*Spindler* Rn. 16; explizit **aA** Kölner Komm AktG/*Mertens/Cahn* Rn. 52; GK-MitbestG/*Naendrup* MitbestG § 25 Rn. 76 mit dem Argument, dass sonst eine Haftung der Aufsichtsratsmitglieder nicht immer durchsetzbar wäre; UHH/*Raiser/Heermann* MitbestG § 52 Rn. 225; Raiser/Veil MitbestG § 25 Rn. 23; WWKK/*Koberski* MitbestG § 25 Rn. 23; Baumbach/Hueck/Zöllner/*Noack* GmbHG § 52 Rn. 230; Spieker AuR 1961, 209; Mertens ZGR 1983, 189 (206 ff.); Säcker/Theisen AG 1980, 29 (40), die sich auf haftungsrechtliche Grundsätze berufen.
[175] Vgl. § 100; *v. Schenck* in Semler/v. Schenck AR-HdB § 4 Rn. 80; aA Potthoff/Trescher, Das Aufsichtsratsmitglied, 2. Aufl. 1994, 341, wonach geheim abzustimmen ist, wenn ein Mitglied dies verlangt und nur so eine eigenverantwortliche Entscheidung gesichert werden kann.
[176] Kölner Komm AktG/*Mertens/Cahn* Rn. 52; WWKK/*Koberski* MitbestG § 25 Rn. 23; GK-MitbestG/ *Naendrup* MitbestG § 25 Rn. 76; Spieker AuR 1961, 209; Säcker DB 1977, 1791 (1797 Fn. 43); Säcker/Theisen AG 1980, 29 (40).
[177] AA Spindler/Stilz/*Spindler* Rn. 16.
[178] MüKoAktG/*Habersack* Rn. 18; *v. Schenck* in Semler/v. Schenck AR-HdB § 7 Rn. 361; UHH/*Ulmer/Habersack* MitbestG § 25 Rn. 26, aA Kölner Komm AktG/*Mertens/Cahn* Rn. 52, denenzufolge einer geheimen Abstimmung das Prinzip der offenen und sachbezogenen Diskussion entgegenstehe. Das einzelne Aufsichtsratsmitglied habe kein Recht auf Anonymität in der verantwortlichen Ausübung eines freiwillig übernommenen treuhänderischen Amtes.
[179] Kölner Komm AktG/*Mertens/Cahn* Rn. 52, 94, Spindler/Stilz/*Spindler* Rn. 19.
[180] Hüffer/*Koch* Rn. 5a; vgl. auch *v. Schenck* in Semler/v. Schenck AR-HdB § 4 Rn. 82.
[181] *v. Schenck* in Semler/v. Schenck AR-HdB § 5 Rn. 131; Hoffmann/Preu Rn. 424.

Nur die **Mehrheit** der Aufsichtsratsmitglieder **kann die Anordnung** der geheimen 108
Abstimmung **erzwingen.** Ein einzelnes Aufsichtsratsmitglied kann zwar einen dahingehenden Verfahrensantrag stellen, eine geheime Abstimmung aber nicht erzwingen.[182] Eine analoge Anwendung der Vorschriften über die Berichte an den Aufsichtsrat (§ 90 Abs. 3 S. 2) und über die Einberufung des Aufsichtsrats (§ 110 Abs. 2) kommt nicht in Betracht.[183] Es mangelt an einer bewussten Regelungslücke. Hätte der Gesetzgeber einen diesbezüglichen Minderheitenschutz für erforderlich gehalten, hätte er ihn im AktG normiert. Einer Minderheit im Aufsichtsrat kann nicht das Recht zukommen, über die wichtige Verfahrensfrage der Geheimabstimmung zu entscheiden.[184]

Das **Abstimmungsverhalten** einer geheimen Abstimmung **wird nicht dokumentiert.** 109
Gerade im Hinblick auf die später mögliche Geltendmachung von Schadensersatzansprüchen kann aber jedes Aufsichtsratsmitglied beantragen, dass sein Abstimmungsverhalten zu Beweiszwecken in der Niederschrift dokumentiert wird. Dies gilt auch dann, wenn dadurch das Abstimmungsgeheimnis insgesamt oder teilweise offenbart wird. Der Dokumentationsanspruch eines Aufsichtsratsmitglieds ist mit Blick auf eine mögliche Schadensersatzhaftung höher zu gewichten als das Geheimhaltungsinteresse der übrigen Aufsichtsratsmitglieder.[185] Eine Dokumentation des Abstimmungsverhaltens empfiehlt sich auch dann, wenn die Wirksamkeit der Wahl eines Aufsichtsratsmitgliedes strittig ist. Da nach neuerer Rechtsprechung die Unwirksamkeit der Wahl auch zur Nichtigkeit der Stimmabgabe des betroffenen Aufsichtsratsmitgliedes führt[186] und seine Stimmabgabe somit nicht in das Beschlussergebnis einzuberechnen ist, kommt es für die Wirksamkeit des Beschlusses und für das Beschlussergebnis darauf an, ob die Stimme des betroffenen Aufsichtsratsmitgliedes für die Beschlussfähigkeit des Aufsichtsrats und für das Beschlussergebnis ausschlaggebend war (→ Rn. 33).

Bei geheimen Abstimmungen nach dem MitbestG (§§ 29 Abs. 2 S. 1, 31 Abs. 4 S. 1 110
MitbestG) erhält der Aufsichtsratsvorsitzende zwei Stimmkarten. Hat der Vorsitzende ein Stichentscheidsrecht, muss er sein Stimmverhalten offen legen oder seine Stimmkarte markieren lassen.[187]

d) **Schriftliche bzw. nachträgliche Stimmabgabe.** § 108 Abs. 3 räumt abwesenden 111
Aufsichtsratsmitgliedern die Möglichkeit ein, ihre Stimme schriftlich durch Dritte abgeben zu lassen (→ Rn. 162 ff.). Eine nachträgliche Stimmabgabe ist bei sog. **gemischten Beschlussfassungen** möglich (→ Rn. 209 ff.).

e) **Feststellen des Beschlussergebnisses durch den Vorsitzenden.** Der Aufsichtsrats- 112
vorsitzende stellt das Abstimmungsergebnis und damit die Beschlussfassung fest. Ihm obliegt die Ermittlung der Ja- und Nein-Stimmen sowie die der Stimmenthaltungen. Er gibt die festgestellten Stimmenzahlen mit der Beschlussfeststellung bekannt. Das Abstimmungsergebnis wird im Sitzungsprotokoll festgehalten.[188] Die **Feststellung und Verkündung** des Beschlussergebnisses sind zwar üblich, sie sind aber **keine Voraussetzungen für die Wirksamkeit** des Aufsichtsratsbeschlusses.[189]

---

[182] *v. Schenck* in Semler/v. Schenck AR-HdB § 5 Rn. 131; aA Hüffer/*Koch* Rn. 5a; *Peus* DStR 1996, 1656 (1657); *Potthoff/Trescher,* Das Aufsichtsratsmitglied, 2. Aufl. 1994, 341, demzufolge schon ein Aufsichtsratsmitglied wirksam die geheime Abstimmung verlangen kann. Nach MüKoAktG/*Habersack* Rn. 19 und UHH/ *Ulmer/Habersack* MitbestG § 25 Rn. 26; *Ulmer* AG 1982, 300 (305), kann eine Mindestzahl von zwei bis drei Mitgliedern eine geheime Abstimmung durchsetzen. *Meier* DStR 1996, 385 (386) zufolge soll einem Antrag einer Minderheit in Anlehnung an die Regelung der Gemeindeordnung in Nordrhein-Westfalen mindestens ein Fünftel der Aufsichtsratsmitglieder zustimmen. Dieser Ansicht kann nicht zugestimmt werden. Das Gesetz sieht keinen „Minderheitenschutz" für Aufsichtsratsmitglieder vor.
[183] Vgl. aber *Ulmer* AG 1982, 300 (305); wie hier Kölner Komm AktG/*Mertens/Cahn* Rn. 52; *Mertens* ZGR 1983, 189 (211 ff.).
[184] *Peus* DStR 1996, 1656 (1657); *Ulmer* AG 1982, 300 (305); *Meier* DStR 1996, 385 (386).
[185] Siehe *v. Schenck* in Semler/v. Schenck AR-HdB § 5 Rn. 133.
[186] BGH NZG 2013, 456; BGH NZG 2013, 792 (794).
[187] Hüffer/*Koch* Rn. 5a; *Peus* DStR 1996, 1657.
[188] *v. Schenck* in Semler/v. Schenck AR-HdB § 4 Rn. 87.
[189] MüKoAktG/*Habersack* Rn. 26, 73; Kölner Komm AktG/*Mertens/Cahn* Rn. 53.

113 Der Vorsitzende prüft, ob **unzulässige Stimmen** abgegeben worden sind und stellt ggf. ihre Ungültigkeit fest. Die Beurteilung der Stimmberechtigung ist eine **Rechtsfrage**. Das zulässige Rechtsmittel hiergegen ist die gerichtliche Überprüfung, nicht der Widerspruch. Der Aufsichtsrat kann keine Mehrheitsentscheidung über einen Widerspruch herbeiführen.[190]

114 aa) **Beschlussfassung in der Sitzung.** Die Beschlusslage muss **eindeutig** feststehen. Eindeutig ist nur die Beschlussfeststellung, welche den tatsächlich gefassten Beschluss inhaltlich richtig im Sitzungsprotokoll wiedergibt. Entspricht das festgestellte Beschlussergebnis nicht dem tatsächlichen Ergebnis, ist der Beschluss fehlerhaft.[191] Ergeben sich **Diskrepanzen zwischen dem tatsächlichen und dem festgestellten Beschlussergebnis,** geht das tatsächliche Beschlussergebnis dem fehlerhaft festgestellten vor.[192]

115 Bei Beschlussfassung in der Sitzung ist eine besondere **Feststellung** und Verkündung zu ihrer Wirksamkeit nicht notwendig.[193] Eine Feststellung empfiehlt sich jedoch zu Beweiszwecken. Sie liegt vor, wenn der Vorsitzende die Beschlussfassung feststellt und die Abstimmungsbeteiligten hierüber informiert. Eine Feststellung liegt ferner vor, wenn sich die mitstimmenden Aufsichtsratsmitglieder über das Abstimmungsergebnis einig waren und ihnen erst später rechtliche oder tatsächliche Zweifel am Inhalt oder der Wirksamkeit des Beschlusses kommen.[194]

116 bb) **Beschlussfassung ohne Sitzung.** Bei Beschlussfassung **außerhalb** der Sitzung ist die Feststellung und Verkündung des Beschlussergebnisses durch den Aufsichtsratsvorsitzenden hingegen notwendig. Er stellt nach Ablauf der gesetzten Frist zur Stimmabgabe das Abstimmungsergebnis fest. In analoger Anwendung der Vorschrift über die innere Ordnung des Aufsichtsrats (§ 107 Abs. 2) wird eine Niederschrift über den Verlauf und das Ergebnis der mündlichen oder schriftlichen Stimmabgabe erstellt.[195] Die Aufsichtsratsmitglieder müssen darüber in Kenntnis gesetzt werden, ob der Beschluss zustande gekommen ist. Der Abstimmungsvorgang selbst wird erst durch die Feststellung des Beschlussergebnisses beendet.[196]

117 f) **Umsetzung des Beschlusses durch Erklärung gegenüber Dritten.** Die Erklärung des Beschlussinhalts an einen Erklärungsempfänger zählt nicht zu dem eigentlichen Beschlussverfahren. Dem Aufsichtsratsvorsitzenden oder einer durch Aufsichtsratsbeschluss bevollmächtigten Person obliegt die Umsetzung des Beschlusses in eine Willenserklärung im Verhältnis zu Dritten.[197] Die **Willenserklärung ist der Gesellschaft erst zurechenbar, wenn** der Beschluss in der Absicht, eine Rechtsfolge herbeizuführen, **kundgetan** wird.[198] Bei empfangsbedürftigen Willenserklärungen tritt eine Rechtsverbindlichkeit erst mit Zugang beim Adressaten ein (§ 130 BGB).

Mängel des Aufsichtsratsbeschlusses werden durch die Willenserklärung des Aufsichtsratsvorsitzenden oder der durch Aufsichtsratsbeschluss bevollmächtigten Person **nicht ge-**

---

[190] *v. Schenck* in Semler/v. Schenck AR-HdB § 4 Rn. 88; aA *Peus,* Der Aufsichtsratsvorsitzende, 1983, 128.
[191] Vgl. zur Fehlerhaftigkeit von Aufsichtsratsbeschlüssen → Rn. 213 ff.
[192] MüKoAktG/*Habersack* Rn. 26, 73; *Seipp* NJW 1954, 1833 (1834); GK-MitbestG/*Naendrup* § 25 Rn. 77; *Peus,* Der Aufsichtsratsvorsitzende, 1983, 129 ff.; aA OLG Hamburg AG 1992, 197 (198); Kölner Komm AktG/*Mertens/Cahn* Rn. 54, *Baums* ZGR 1983, 300 (321 f.). Nach Großkomm AktG/*Hopt/Roth* Anm. 46, spricht bei einer genehmigten Niederschrift eine tatsächliche Vermutung für die Richtigkeit des festgestellten Ergebnisses, die nur durch ein Vorgehen gegen den Beschluss zu beseitigen sei. BGHZ 122, 342 (347 ff.) = NJW 1993, 2307 (2308) hat die Beantwortung dieser Frage dahinstehen lassen. *Lemke,* Der fehlerhafte Aufsichtsratsbeschluß, 1994, 145 zufolge soll der verkündete Beschluss angefochten werden können, wenn dieser auf Grund der mitgezählten ungültigen Stimmen zustande kam.
[193] MüKoAktG/*Habersack* Rn. 26; Kölner Komm AktG/*Mertens/Cahn* Rn. 53.
[194] Kölner Komm AktG/*Mertens/Cahn* Rn. 53; Baumbach/Hueck/*Zöllner* GmbHG § 47 Anh. Rn. 120.
[195] Kölner Komm AktG/*Mertens/Cahn* Rn. 55; *v. Schenck* in Semler/v. Schenck AR-HdB § 4 Rn. 111.
[196] Kölner Komm AktG/*Mertens/Cahn* Rn. 55.
[197] OLG Dresden AG 1999, 1632, 1634; Kölner Komm AktG/*Mertens/Cahn* Rn. 56.
[198] Kölner Komm AktG/*Mertens/Cahn* Rn. 56; vgl. auch *Baltzer,* Der Beschluss als rechtstechnisches Mittel organschaftlicher Funktion im Privatrecht, 1965, 128.

heilt.[199] Fehlt es an einem wirksamen Aufsichtsratsbeschluss, so geht die Willenserklärung des Aufsichtsratsvorsitzenden oder der durch Aufsichtsratsbeschluss bevollmächtigten Person ins Leere.[200] Eine Haftung der Gesellschaft aufgrund Vertrauens- und Rechtsscheinhaftungstatbeständen kommt nicht in Betracht.[201] Die Zurücksetzung der Interessen des Rechtsverkehrs ist eine Folge der Beschränkung der Organfunktionen des Aufsichtsrats auf den Innenbereich.[202] Der Personenkreis, der nach der gesetzlichen Aufgabenverteilung mit dem Aufsichtsrat im Außenverhältnis in rechtsgeschäftlichen Kontakt tritt, insbesondere also der Vorstand, ist im Verhältnis zur Gesellschaft nicht schutzwürdig. Ihm ist zuzumuten, sich über das Vorliegen eines wirksamen Aufsichtsratsbeschlusses eigenständig zu vergewissern.[203]

Allerdings ist es möglich, dass der Aufsichtsrat eine zunächst unwirksam abgegebene Willenserklärung, beispielsweise des Aufsichtsratsvorsitzenden, nachträglich genehmigt und damit heilt.[204]

V. Beschlussfassung durch die Mehrheit

1. Gleichwertigkeit der Stimmen. Jedes Aufsichtsratsmitglied hat kraft zwingenden Rechts das **gleiche Stimmrecht**.[205] Daran kann die Satzung nichts ändern. Mehrstimmrecht oder eine Koppelung des Stimmrechts an den Aktienbesitz sind unzulässig.[206] Dies gilt sowohl für den Aufsichtsrat mit Arbeitnehmerbeteiligung als auch für den Aufsichtsrat ohne Arbeitnehmerbeteiligung.[207]

Der **Aufsichtsratsvorsitzende** hat die **gleiche Stimmkraft** wie jedes andere Aufsichtsratsmitglied. Abweichend kann die Satzung vorsehen, dass die Stimme des Vorsitzenden bei Stimmengleichheit den Ausschlag geben soll.[208] Da es sich bei dieser Stimmrechtsstärkung nicht nur um eine Verfahrensregelung handelt, genügt eine Festlegung in der Geschäftsordnung des Aufsichtsrats nicht.[209]

Das MitbestG (§ 29 Abs. 2 und § 31 Abs. 4 MitbestG) sieht unter bestimmten Voraussetzungen zur Auflösung von Pattsituationen ein **Zweitstimmrecht** des Aufsichtsratsvorsitzenden vor.[210]

Ein Vorzugsstimmrecht zugunsten der durch das AktG (§ 101 Abs. 2) entsandten Mitglieder kann nicht begründet werden.[211] Ebenso unzulässig ist eine Satzungsbestimmung, die Beschlüsse des Aufsichtsrats von der Zustimmung eines einzelnen Mitglieds abhängig macht oder einem Mitglied ein Vetorecht einräumt.[212]

2. Beschlussfassung mit einfacher Mehrheit. Das AktG besagt nichts über die erforderliche Mehrheit. Soweit weder Gesetz noch Satzung abweichende Mehrheiten fordern, bedürfen in Anlehnung an die bürgerlich-rechtliche und die mitbestimmungsrechtliche Vorschrift Beschlüsse des Aufsichtsrats zu ihrer Wirksamkeit grundsätzlich der **Mehrheit** der

---

[199] AA mit beachtenswerten Argumenten *Cahn*, FS Hoffmann-Becking, 247 (258 ff.).
[200] OLG München AG 2013, 136.
[201] AA *Cahn*, FS Hoffmann-Becking, 247 (258 ff.), der einen Verkehrsschutz infolge der gesetzlichen Vertretungsmacht des Aufsichtsrats aus § 112 und die Geltung des Prinzips der Abstraktheit der Vertretungsmacht annimmt.
[202] Kölner Komm AktG/*Mertens/Cahn* Rn. 16; einschränkend *Cahn*, FS Hoffmann-Becking, 247 (275 ff.).
[203] BGH NZG 2013, 792 (794); OLG München AG 2013, 136; Kölner Komm AktG/*Mertens/Cahn* Rn. 16.
[204] BGH NZG 2013, 792 (794), *Fischer/Hoffmann* NZG 2013, 1419.
[205] Kölner Komm AktG/*Mertens/Cahn* Rn. 64; *Hüffer/Koch* Rn. 9.
[206] MüKoAktG/*Habersack* Rn. 28.
[207] MüKoAktG/*Habersack* Rn. 28; Kölner Komm AktG/*Mertens/Cahn* Rn. 64; Großkomm AktG/*Hopt/Roth* Anm. 51.
[208] MHdB AG/*Hoffmann-Becking* § 31 Rn. 64.
[209] *v. Schenck* in Semler/v. Schenck AR-HdB § 4 Rn. 86.
[210] Ausführlich MHdB AG/*Hoffmann-Becking* § 31 Rn. 75 ff.; ferner Kölner Komm AktG/*Mertens/Cahn* § 117 Anh. B § 29 MitbestG Rn. 5. Kritisch *Canaris* DB 1981, Beilage Nr. 14, S. 1 (10).
[211] Kölner Komm AktG/*Mertens/Cahn* Rn. 28; Großkomm AktG/*Hopt/Roth* Anm. 51.
[212] Kölner Komm AktG/*Mertens/Cahn* Rn. 28. Vgl. hierzu schon → Rn. 49.

abgegebenen Stimmen (**einfache Mehrheit**).²¹³ Dies gilt insbesondere für die dem Aufsichtsrat per Gesetz zugewiesenen Aufgaben.²¹⁴

123 Die Zahl der gültigen Ja-Stimmen muss die Zahl der gültigen Nein-Stimmen um mindestens eine Stimme übertreffen.²¹⁵ Bei Stimmengleichheit gilt der Antrag als abgelehnt (→ Rn. 138).

124 **3. Ausnahmen. a) Abweichende Mehrheitserfordernisse in mitbestimmungsrechtlichen Vorschriften.** Die Mitbestimmungsgesetze (§§ 27, 31 Abs. 2 und 3, 32 MitbestG; § 15 MitbestErgG, §§ 8 Abs. 1 und 13 Abs. 1 MontanMitbestG) statuieren zahlreiche Ausnahmen von dem Erfordernis der einfachen Mehrheit.

125 **aa) Bestellung und Abberufung von Vorstands- und Aufsichtsratsmitgliedern und des Arbeitsdirektors.** Die erforderliche Mehrheit zur Bestellung und Abberufung von **Vorstandsmitgliedern** in Gesellschaften, die der Anwendung des **MitbestG** unterfallen, beträgt im ersten Wahlgang zwei Drittel der anwesenden Aufsichtsratsmitglieder (Iststärke) (§ 31 Abs. 2 MitbestG). Für den zweiten und dritten Wahlgang zur Vorstandsbestellung genügt wiederum die einfache Mehrheit aller Aufsichtsratsmitglieder (Sollstärke) (§ 31 Abs. 3 S. 2, Abs. 4 MitbestG). Gleiches gilt für den Widerruf der Bestellung eines Vorstandsmitglieds (§ 31 Abs. 5 MitbestG).

126 Die Wahl des **weiteren Aufsichtsratsmitglieds** nach dem **MontanMitbestG** (§ 8 Abs. 1 MontanMitbestG) bedarf der Zustimmung von mindestens drei Vertretern der Anteilseigner und der Arbeitnehmer (§ 8 Abs. 2 MontanMitbestG). Das neutrale Mitglied bedarf nach dem **MitbestErgG** (§ 5 Abs. 3 MitbestErgG) zu seiner Wahl der Mehrheit aller Stimmen der übrigen Aufsichtsratsmitglieder.

127 Die Bestellung des **Arbeitsdirektors** nach dem MontanMitbestG kann nicht gegen die Stimmen der Arbeitnehmervertreter erfolgen. Gleiches gilt für den Widerruf seiner Bestellung (§ 5 Abs. 3 MitbestErgG).

128 **bb) Wahl des Aufsichtsratsvorsitzenden und seines Stellvertreters.** Nach dem **MitbestG** (§ 27 Abs. 1 MitbestG) werden der Aufsichtsratsvorsitzende und sein Stellvertreter mit Zweidrittelmehrheit gewählt. Maßgebend ist die Sollstärke. Findet ein zweiter Wahlgang statt, wählen die Anteilseignervertreter den Vorsitzenden und die Arbeitnehmervertreter den Stellvertreter jeweils mit der einfachen Mehrheit. Zugrunde gelegt wird jetzt die Zahl der vorhandenen Mitglieder (§ 27 Abs. 2 MitbestG). Das dritte und das vierte Mitglied des Vermittlungsausschusses werden entsprechend gewählt (§ 27 Abs. 3 MitbestG).

129 **cc) Ausübung von Beteiligungsrechten zur Vermeidung doppelter Mitbestimmung (§ 32 MitbestG).** Sollen Beteiligungsrechte in einem anderen Unternehmen ausgeübt werden, ist für die Beschlussfassung des Aufsichtsrats nach dem Wortlaut des **MitbestG** nur die einfache Mehrheit der Stimmen der Anteilseigner notwendig (§ 32 Abs. 1 S. 2 MitbestG). Zur Vermeidung der Beschlussunfähigkeit bei Fehlen auch nur eines Anteilseignervertreters, muss die Vorschrift (→ Abs. 2) dahingehend verstanden werden, dass der Aufsichtsrat beschlussfähig ist, wenn mehr als die Hälfte der Anteilseignervertreter, die dem Aufsichtsrat nach Gesetz oder Satzung anzugehören haben, an der Beschlussfassung teilnehmen.²¹⁶

130 Maßgeblich für die Beschlussfassung nach der Vorschrift des **MitbestErgG** (§ 15 MitbestErgG) ist die Mehrheit der vorhandenen Aufsichtsratsmitglieder.

---

²¹³ § 32 Abs. 1 S. 3 BGB und § 29 Abs. 1 MitbestG; Kölner Komm AktG/*Mertens/Cahn* Rn. 57; Hüffer/*Koch* Rn. 6; MHdB AG/*Hoffmann-Becking* § 31 Rn. 62; *Potthoff/Trescher*, Das Aufsichtsratsmitglied, 2. Aufl. 1994, 341; *Deilmann* BB 2012, 2191 (2194).
²¹⁴ Kölner Komm AktG/*Mertens/Cahn* Rn. 62; MHdB AG/*Hoffmann-Becking* § 31 Rn. 65.
²¹⁵ Hüffer/*Koch* Rn. 6.
²¹⁶ *J. Semler*, Leitung und Überwachung, Rn. 378 mwN.

b) Sonstige Abweichungen. Änderungen der **Geschäftsordnung** des Aufsichtsrats 131 bedürfen der in der Geschäftsordnung vorgesehenen Mehrheit. Enthält sie keine Regelung, ist Einstimmigkeit nicht erforderlich.[217] Eine qualifizierte Mehrheit ist zulässig; den allgemeinen Grundsätzen folgend kann die Geschäftsordnung die relative Mehrheit verlangen.

Beschlüsse des Aufsichtsrats mit Arbeitnehmerbeteiligung über Vorschläge zur **Wahl von** 132 **Aufsichtsratsmitgliedern** bedürfen nur der Mehrheit der Stimmen der Anteilseigner (§ 124 Abs. 3 S. 4).

4. Abweichungsmöglichkeiten durch die Satzung. Bei der Zulässigkeit der Einfüh- 133 rung qualifizierter Beschlussmehrheiten durch die Satzung[218] ist zu differenzieren.

Die Satzung kann von dem Erfordernis der einfachen Mehrheit in **paritätisch besetzten** Aufsichtsräten nicht abgehen.[219]

In **nicht paritätisch besetzten** Aufsichtsräten gilt Folgendes: Für **gesetzlich vorgesehene** 134 **Beschlussfassungen** des Aufsichtsrats darf die Satzung keine andere als die einfache Mehrheit vorsehen.[220] Die gesetzliche Regelung ist abschließend, selbst wenn nicht ausdrücklich die Beschlussfassung mit „einfacher Mehrheit" niedergeschrieben ist. Bei den Zustimmungsvorbehalten des Aufsichtsrats (§ 111 Abs. 4 S. 2) verbleibt es ebenfalls bei der einfachen Mehrheit. Eine Erschwerung des Selbstorganisationsprozesses ist zu vermeiden.[221] Eine größere als die einfache Mehrheit kann die Satzung nur ausnahmsweise für Beschlüsse vorsehen, die **satzungsmäßig eingeräumte Befugnisse** betreffen.[222] Auch hier kann aber kraft mitbestimmungsrechtlicher Sonderregel (§ 29 Abs. 1 MitbestG) die einfache Mehrheit zwingend sein.

5. Stimmenthaltungen. Mitglieder, die zwar zu der Aufsichtsratssitzung erscheinen, sich 135 aber der **Stimme enthalten,** werden (anders als bei der Feststellung der Beschlussfähigkeit (→ Rn. 30)) mangels einer anderweitigen Satzungsregelung (→ Rn. 137) bei der Beschlussfassung nicht mitgezählt.[223] Sie gelten insbesondere nicht als Nein-Stimmen.[224] Dies folgt aus der entsprechenden Anwendung der bürgerlich-rechtlichen Vorschrift über Beschlussfassung des Vereins (§ 32 Abs. 1 S. 3 BGB). **Ungültige Stimmen** werden bei der Mehrheitsberechnung nicht berücksichtigt.[225]

Die Stimmenthaltung ist eine der Möglichkeiten, an der Beschlussfassung des Aufsichtsrats 136 teilzunehmen, ohne sich in einer Sachentscheidung festzulegen. Im Gegensatz zur unentschuldigten Nichtteilnahme an einer Aufsichtsratssitzung oder an einer Abstimmung stellt sie nicht ohne weiteres eine **Pflichtverletzung** dar. Etwas anderes gilt aber nicht nur, wenn das Aufsichtsratsmitglied aus Rechtsgründen keine andere Möglichkeit hatte, als sich für oder gegen den Beschluss zu entscheiden.[226] Eine Sorgfaltspflichtverletzung kann auch vorliegen, wenn sich ein Aufsichtsratsmitglied in einer für die Gesellschaft wichtigen Angelegenheit der Stimme enthält.[227] Aufsichtsratsmitglieder werden bestellt, um erforderlichenfalls Entscheidungen zu treffen und nicht, um ihnen auszuweichen.

---

[217] Unentschieden Großkomm AktG/*Hopt/Roth* Anm. 39.
[218] Hierzu ausführlich *Jürgenmeyer* ZGR 2007, 112.
[219] Kölner Komm AktG/*Mertens/Cahn* Rn. 62; Großkomm AktG/*Hopt/Roth* Anm. 35; MHdB AG/*Hoffmann-Becking* § 31 Rn. 67; WWKK/*Koberski* MitbestG § 29 Rn. 8; UHH/*Ulmer/Habersack* MitbestG § 29 Rn. 8; *Raiser/Veil* MitbestG § 29 Rn. 7.
[220] Kölner Komm AktG/*Mertens/Cahn* Rn. 62; Großkomm AktG/*Hopt/Roth* Anm. 36; MHdB AG/*Hoffmann-Becking* § 31 Rn. 65; Hüffer/*Koch* Rn. 8.
[221] Kölner Komm AktG/*Mertens/Cahn* Rn. 62; GK-MitbestG/*Schneider* § 29 Rn. 105.
[222] MüKoAktG/*Habersack* Rn. 24; Hüffer/*Koch* Rn. 8; Großkomm AktG/*Hopt/Roth* Anm. 36.
[223] HM, BGHZ 83, 35 (36 f.) zu § 32 BGB, Großkomm AktG/*Hopt/Roth* Anm. 32; MüKoAktG/*Habersack* Rn. 20; Kölner Komm AktG/*Mertens/Cahn* Rn. 59; Spindler/Stilz/*Spindler* Rn. 23; MHdB AG/*Hoffmann-Becking* § 31 Rn. 62; UHH/*Ulmer/Habersack* MitbestG § 29 Rn. 6; >*Ulmer* ZHR 141 (1977), 490 (507 Fn. 74); *Säcker/Theisen* AG 1980, 29 (37).
[224] MüKoAktG/*Habersack* Rn. 20; Hüffer/*Koch* Rn. 6.
[225] OLG Hamburg AG 1984, 248 (249) = WM 1984, 965 (967); MüKoAktG/*Habersack* Rn. 20; Kölner Komm AktG/*Mertens/Cahn* Rn. 59.
[226] Kölner Komm AktG/*Mertens/Cahn* Rn. 59.
[227] Vgl. → Rn. 101; vgl. auch → § 116 Rn. 187.

137 Die **Satzung** kann mangels abschließender Regelung des Beschlussverfahrens im Gesetz bestimmen, dass bei der Berechnung der einfachen Mehrheit Stimmenthaltungen als Ja- oder Nein-Stimme mitzuzählen sind.[228] Dies gilt nicht bei Stimmverboten. Diese Möglichkeit einer Satzungsfestlegung besteht auch in paritätisch besetzten Aufsichtsräten. Es liegt keine unzulässige Erschwerung der Beschlussfassung vor.[229]

138 **6. Stimmengleichheit.** Für die Annahme eines Antrags bedarf es der Mehrheit der abgegebenen Stimmen. Grundsätzlich gilt ein Beschlussantrag bei Stimmengleichheit als **abgelehnt**.[230]

139 **a) Regelungen durch die Satzung.** Die Satzung, nicht aber die Geschäftsordnung, kann für den Fall der Stimmengleichheit bei der Beschlussfassung dem **Vorsitzenden oder seinem Stellvertreter** die **Entscheidung zuweisen (Stichentscheidsrecht)**.[231] Dies kann sowohl durch stärkere Gewichtung seiner Stimme als auch durch Einräumung eines Zweitstimmrechts nach dem Muster des MitbestG[232] geschehen. Eine solche Regelung ist in paritätisch besetzten Aufsichtsräten nicht zulässig.[233]

140 Die Satzung kann aber weder dem Vorsitzenden des Aufsichtsrats noch einer anderen Person ein **Vetorecht** einräumen.[234] Die Entscheidung kann nicht einer Person allein überlassen werden. Dem stünde die Auffassung des Gesetzes entgegen, dass der Aufsichtsrat ein Kollegialorgan ist. Ebenso wenig kann die Satzung die Entscheidung der Hauptversammlung zuweisen.[235] Sie hat in Angelegenheiten des Aufsichtsrats keine Zuständigkeit.

141 **b) Stimmengleichheit bei Mitbestimmungsangelegenheiten.** Eine ausdrückliche Regelung für den Fall der Stimmengleichheit bei Abstimmungen findet sich im MitbestG. Hier hat der Vorsitzende bei erneuter Abstimmung über denselben Gegenstand eine zweite Stimme, wenn es ansonsten wieder zu einer Stimmengleichheit käme (§ 29 Abs. 2 MitbestG). Gleiches gilt für den Fall der Bestellung von Vorstandsmitgliedern mit der Maßgabe, dass dem Stellvertreter keine zweite Stimme gebührt (§ 31 Abs. 4 MitbestG).

142 **c) Losentscheidung.** Sieht das Gesetz nicht zwingend eine anderweitige Entscheidung vor (§§ 29 Abs. 2, 31 Abs. 4 MitbestG), kann eine Losentscheidung bei Stimmengleichheit nur durch die Satzung oder durch übereinstimmende Erklärung aller Aufsichtsratsmitglieder eingeführt werden. Allerdings ist die Losentscheidung heute praktisch nur bei Personal-

---

[228] MüKoAktG/*Habersack* Rn. 25; Kölner Komm AktG/*Mertens/Cahn* Rn. 60; *Hoffmann/Lehmann/Weinmann* MitbestG § 29 Rn. 6; WWKK/*Koberski* MitbestG § 29 Rn. 6; *Raiser/Veil* MitbestG § 29 Rn. 6; *Lutter/Krieger/Verse* Rn. 733; *Ulmer* ZHR 141 (1977), 490 (507 Fn. 74); einschränkend GK-MitbestG/*Schneider* MitbestG § 29 Rn. 108, demzufolge eine Stimmenthaltung bei Einbeziehung nur wie eine ablehnende Stimme gezählt werden dürfe; aA K. Schmidt/Lutter/*Drygala* Rn. 26; UHH/*Ulmer/Habersack* MitbestG § 29 Rn. 6, demzufolge dies mit der zwingenden Geltung des § 29 Abs. 1 MitbestG nicht zu vereinbaren wäre; zweifelnd Hüffer/*Koch* Rn. 8.

[229] Kölner Komm AktG/*Mertens/Cahn* Rn. 60, der den Aufsichtsratsmitgliedern ein satzungsfestes Recht, sich der Stimme mit neutraler Wirkung zu enthalten, aberkennt.

[230] MüKoAktG/*Habersack* Rn. 25; Kölner Komm AktG/*Mertens/Cahn* Rn. 61; Hüffer/*Koch* Rn. 6; Großkomm AktG/*Hopt/Roth* Anm. 3.

[231] Vgl. → § 107 Rn. 163 ff.; Kölner Komm AktG/*Mertens/Cahn* § 107 Rn. 65; Hüffer/*Koch* Rn. 8; *v. Schenck* in Semler/v. Schenck AR-HdB/ § 4 Rn. 86; MHdB AG/*Hoffmann-Becking* § 31 Rn. 64; aA Großkomm AktG/*Hopt/Roth* Anm. 33; *Lutter/Krieger/Verse* Rn. 733, die eine entsprechende Regelung in der Geschäftsordnung für ausreichend erachten. Dem kann nicht gefolgt werden. Die Stärkung des Stimmrechts für den Vorsitzenden ist nicht nur eine Verfahrensregelung und kann deshalb nicht vom Aufsichtsrat in der Geschäftsordnung verankert werden.

[232] Vgl. hierzu → Rn. 120; vgl. §§ 29 Abs. 2, 31 Abs. 4 MitbestG.

[233] Kölner Komm AktG/*Mertens/Cahn* § 107 Rn. 66.

[234] Vgl. → § 107 Rn. 162. Unstr.: Kölner Komm AktG/*Mertens/Cahn* § 107 Rn. 63; Hüffer/*Koch* Rn. 8; MHdB AG/*Hoffmann-Becking* § 31 Rn. 64; Großkomm AktG/*Hopt/Roth* Anm. 38; *Lutter/Krieger/Verse* Rn. 733. Umstritten hingegen die Zulässigkeit eines Vetorechts für Vorstandsmitglieder vgl. MüKoAktG/*Habersack* § 77 Rn. 16 und Hüffer/*Koch* § 77 Rn. 12 mwN.

[235] Kölner Komm AktG/*Mertens/Cahn* Rn. 61.

entscheidungen in Aufsichtsräten ohne Arbeitnehmerbeteiligung oder in nach dem Dritt-BetG gebildeten Aufsichtsräten denkbar.[236]

d) Stimmengleichheit in Aufsichtsratsausschüssen. Sowohl die Satzung als auch die 143 Geschäftsordnung können dem Aufsichtsratsvorsitzenden als Ausschussvorsitzendem oder einem anderen Ausschussmitglied ein **Stichentscheidungsrecht** einräumen. Dies gilt auch für paritätisch zusammengesetzte Aufsichtsräte, allerdings nicht für den sog. Vermittlungsausschuss.[237]

7. Keine nachträgliche Stimmabgabe in der Sitzung. Die nachträglich abgegebene 144 Stimme ist ohne Wirkung. Ein bei der Sitzung anwesendes Mitglied kann sich nicht vorbehalten, nachträglich an der Beschlussfassung teilzunehmen. Weder Unentschlossenheit noch Verlassen der Sitzung berechtigen ohne Zustimmung der übrigen Aufsichtsratsmitglieder zur nachträglichen Stimmabgabe.

Der Aufsichtsrat kann aber **einstimmig** beschließen, die nachträgliche Stimmabgabe 145 zuzulassen.[238] In diesem Fall muss allen nicht anwesenden Aufsichtsratsmitgliedern die Möglichkeit gegeben werden, nachträglich von ihrem Stimmrecht Gebrauch zu machen.[239] Andernfalls ist der Beschluss unwirksam, es sei denn, das übergangene Mitglied stimmt dem Beschluss im Nachhinein zu.

Abwesende Aufsichtsratsmitglieder können ihre Stimme in der Sitzung nur schriftlich 146 überreichen lassen.[240]

8. Stimmrechtsausschluss. Einen allgemeinen aktienrechtlichen Stimmrechtsausschluss 147 für den Fall der Interessenkollision gibt es bei Aufsichtsratsmitgliedern nicht.[241] Die aktienrechtliche Vorschrift über den Ausschluss des Stimmrechts (§ 136) gilt nicht für Aufsichtsratsmitglieder bei Beschlussfassungen des Aufsichtsrats. Das Aufsichtsratsmitglied hat die Pflicht, sich bei Interessenkollisionen neutral zu verhalten.[242] Der Stimmrechtsausschluss beeinträchtigt die **Bestandskraft** des Beschlusses; er wirkt sich nicht auf die **Beschlussfähigkeit** aus.[243]

a) Entscheidung über den Stimmrechtsausschluss. Die Entscheidung über den 148 Stimmrechtsausschluss ist eine Rechtsfrage.[244] Hierüber entscheidet der Aufsichtsratsvorsitzende als Versammlungsleiter allein, ohne an einen eventuellen Aufsichtsratsbeschluss gebunden zu sein. Lässt der Aufsichtsratsvorsitzende ein Aufsichtsratsmitglied zur Abstimmung zu, obwohl es an und für sich einem Stimmrechtsausschluss unterliegt, ist seine Stimmabgabe wegen Verstoßes gegen das Stimmverbot nichtig.[245] Der auf Grund des zu Unrecht ausgeschlossenen Aufsichtsratsmitglieds zustande gekommene Beschluss ist fehlerhaft, wenn er auf der unzulässig abgegebenen Stimme beruht.[246]

---

[236] MüKoAktG/*Habersack* Rn. 25; Kölner Komm AktG/*Mertens/Cahn* Rn. 61.
[237] § 27 Abs. 3 iVm § 31 Abs. 3 S. 1 MitbestG; BGHZ 83, 106 (117 ff.); BGHZ 83, 144 (146 ff.) = AG 1982, 221 (222 f.); Kölner Komm AktG/*Mertens/Cahn* Rn. 61.
[238] Kölner Komm AktG/*Mertens/Cahn* Rn. 24.
[239] Großkomm AktG/*Hopt/Roth* Anm. 28.
[240] Abs. 3, zur Möglichkeit nachträglicher Stimmabgabe bei gemischter Beschlussfassung vgl. → Rn. 209 ff.
[241] OLG Stuttgart AG 2007, 873 (876); OLG München AG 2006, 336 (338); MüKoAktG/*Habersack* Rn. 29; Kölner Komm AktG/*Mertens/Cahn* Rn. 65; Hüffer/*Koch* Rn. 9; WWKK/*Koberski* MitbestG § 25 Rn. 34; *Potthoff/Trescher*, Das Aufsichtsratsmitglied, 2. Aufl. 1994, 341; MHdB AG/*Hoffmann-Becking* § 31 Rn. 66; *Hoffmann-Becking* ZHR 150 (1986), 570 (580). *U. H. Schneider* ZHR 150 (1986), 609 (613) (allerdings für den GmbH-Konzern) mit dem zutreffenden Hinweis darauf, dass ein solch allgemeines Stimmverbot zu unbestimmt wäre; *Ulmer* NJW 1980, 1603 (1605); aA Großkomm AktG/*Hopt/Roth* Anm. 54 f., der für den Fall der echten Interessenkollision dem Aufsichtsratsmitglied die Stimmberechtigung abspricht.
[242] Ausführlich zu Interessenkollisionen in → Exkurs 3 Rn. 41 ff.
[243] BGH AG 2007, 484 (485); OLG Stuttgart AG 2007, 873 (876); aA OLG Frankfurt AG 2005, 925.
[244] Vgl. → § 107 Rn. 149; Kölner Komm AktG/*Mertens/Cahn* Rn. 71.
[245] Kölner Komm AktG/*Mertens/Cahn* Rn. 71.
[246] OLG Stuttgart AG 2007, 873 (876); Kölner Komm AktG/*Mertens/Cahn* Rn. 71.

149 Das einem Stimmrechtsausschluss unterliegende Aufsichtsratsmitglied hat ein Recht auf **Anwesenheit** bei der Sitzung und auf **Teilnahme** an der Beratung. Nimmt es nicht an der Sitzung teil, kann es seinen **Stimmboten** nur eine Stimmenthaltung überreichen lassen.

150 Dem Aufsichtsrat gehört nach wie vor die zur **Beschlussfähigkeit** erforderliche Anzahl an Mitgliedern an. Sie nehmen nur nicht alle an der Beschlussfassung teil. Eine analoge Anwendung des § 104 AktG über die Bestellung durch das Gericht oder des § 29 BGB über die Notbestellung durch das Amtsgericht ist nicht erforderlich. Der Stimmrechtsausschluss führt nicht zu einer Beschlussunfähigkeit des Aufsichtsrats, da das von der Beschlussfassung ausgeschlossene Mitglied gleichwohl als anwesend zu behandeln ist.[247]

151 **b) Persönliche und unmittelbare Betroffenheit des Aufsichtsratsmitglieds.** Das Aufsichtsratsmitglied, das mit einem Stimmrechtsausschluss belegt werden soll, muss persönlich und unmittelbar betroffen sein.

152 § 34 BGB über den Ausschluss des Stimmrechts ist entsprechend anzuwenden.[248] Das Mitglied ist von der Beschlussfassung ausgeschlossen, wenn sie auf die Vornahme eines **Rechtsgeschäfts mit ihm** oder die Einleitung oder die Erledigung eines **Rechtsstreits** zwischen ihm und der Gesellschaft gerichtet ist.[249] Gleiches gilt, wenn ein sonstiger echter **Interessenwiderstreit** gegeben ist.[250]

153 Die unmittelbare Betroffenheit des Aufsichtsratsmitglieds wird vermutet, wenn bei Rechtsgeschäften zwischen zwei Gesellschaften nahezu vollständige **Interessenidentität** gegeben ist. Dies kann der Fall sein, wenn auf beiden Seiten dasselbe Organmitglied handelt.[251]

154 Über die entsprechende Anwendung des § 34 BGB über den Ausschluss des Stimmrechts hinaus besteht ein **Verbot des Richtens in eigener Sache.** Es ist dem Aufsichtsratsmitglied verwehrt, über Maßnahmen abzustimmen, welche sich aus wichtigem Grund gegen es selbst richten.[252] Das Aufsichtsratsmitglied darf bei einem Beschluss des Aufsichtsrats aber mitstimmen, bei dem es um die Stellungnahme zu einem Antrag auf die gerichtliche Bestellung von Sonderprüfern geht, auch wenn mit der Prüfung sein eigenes Verhalten untersucht werden soll.[253]

155 Das Aufsichtsratsmitglied, welches zum Vorsitzenden oder zum Stellvertreter gewählt werden soll, kann bei seiner Wahl mitstimmen.[254] Gleiches gilt für den Widerruf seiner Bestellung und für die Wahlen in einen Ausschuss.

---

[247] BGH AG 2007, 484 (485); OLG Karlsruhe NJW 1980, 2137; MüKoAktG/*Habersack* Rn. 36; Kölner Komm AktG/*Mertens/Cahn* Rn. 74; Hüffer/*Koch* Rn. 15; aA MHdB AG/*Hoffmann-Becking* § 31 Rn. 58; *Priester* AG 2007, 190 (193).

[248] MüKoAktG/*Habersack* Rn. 29; Kölner Komm AktG/*Mertens/Cahn* Rn. 65; Großkomm AktG/*Hopt/Roth* Anm. 54; Hüffer/*Koch* Rn. 9; Lutter/Krieger/*Verse* Rn. 730; Ulmer NJW 1982, 2288 (2289).

[249] BGH AG 2007, 484 (485); OLG Stuttgart AG 2007, 873 (876); OLG München AG 2006, 337 (338); BayObLG AG 2003, 427 (428); OLG Schleswig NZG 2003, 821; MüKoAktG/*Habersack* Rn. 29; Kölner Komm AktG/*Mertens/Cahn* Rn. 65; Großkomm AktG/*Hopt/Roth* Anm. 54f; MHdB AG/*Hoffmann-Becking* § 31 Rn. 58; WWKK/*Koberski* MitbestG § 25 Rn. 33; *Hoffmann/Lehmann/Weinmann* MitbestG § 29 Rn. 19; UHH/*Ulmer/Habersack* MitbestG § 25 Rn. 27; Lutter/Krieger/*Verse* Rn. 730; *Mestmäcker*, Verwaltung, Konzerngewalt und Rechte der Aktionäre, 1958, 250; *Meilicke*, FS Walter Schmidt, 1959, 71 (85 ff.). Vgl. aber *Engfer*, Der Ausschluß des organschaftlichen Stimmrechts bei Interessenkollisionen, 1970, 83 ff.; *Behr* AG 1984, 281 (284 ff.), der Stimmverbote auf Grund von Interessenkollision und Gefährdung des Unternehmensinteresses grundsätzlich nicht anerkennt und anstatt einer formalen Konfliktlösung durch Stimmverbot eine materielle Konfliktlösung für erforderlich hält; sowie *Matthießen*, Stimmrecht und Interessenkollision im Aufsichtsrat, 1989, 51 ff., 189 ff., 483 ff.

[250] Vgl. hierzu Exkurs 3 Rn. 12 ff. Zu weit gehend jedoch der Fall des OLG Schleswig NZG 2003, 821 in dem ein Stimmverbot für Mitglieder eines fakultativen Aufsichtsrats einer GmbH bei der Beschlussfassung über die Zustimmung zur Übertrag vinkulierter GmbH-Anteile angenommen wurde, hierzu *Triebel* ZIP 2004, 156 (157).

[251] Kölner Komm AktG/*Mertens/Cahn* Rn. 68.

[252] Kölner Komm AktG/*Mertens/Cahn* Rn. 65; *Meilicke*, FS Schmidt, 1959, 71 (86); UHH/*Ulmer/Habersack* MitbestG § 25 Rn. 27; *Matthießen*, Stimmrecht und Interessenkollision im Aufsichtsrat, 1989, 280.

[253] § 142 Abs. 5; Kölner Komm AktG/*Mertens/Cahn* Rn. 65; Lutter/Krieger/*Verse* Rn. 731.

[254] Kölner Komm AktG/*Mertens/Cahn* Rn. 67; Großkomm AktG/*Hopt/Roth* Anm. 56 denenzufolge auch bei sonstigen, die inneren Angelegenheiten des Aufsichtsrats betreffenden Beschlüssen das betroffene Mitglied

c) **Keine Ausdehnung des Stimmrechtsausschlusses.** Der Stimmrechtsausschluss gilt 156 nur, wenn das Aufsichtsratsmitglied **persönlich** betroffen ist.[255] Das Stimmverbot darf nicht auf Fälle der Betroffenheit des Ehegatten oder eines Verwandten ausgedehnt werden, es sei denn, diese sind dem Aufsichtsratsmitglied gesetzlich gleichgestellt (§ 115 Abs. 2).

Das Stimmverbot greift nicht, wenn das Aufsichtsratsmitglied als Organmitglied einer 157 anderen Körperschaft oder Personenvereinigung handelt und über ein Rechtsgeschäft mit dieser ein Beschluss gefasst werden soll.[256]

d) **Kein Stimmrechtsausschluss bei korporationsrechtlichen Rechtsgeschäften.** 158 Das Stimmverbot gilt nicht für **korporationsrechtliche Rechtsgeschäfte.** Das Aufsichtsratsmitglied darf in der Ausübung seines Stimmrechts nicht bei korporationsrechtlichen Rechtsgeschäften ausgeschlossen werden. Es darf sich selbst wählen, also bei seiner Wahl zum Aufsichtsratsvorsitzenden oder in den Vorstand mitstimmen.[257]

e) **Stimmrechtsausschluss in Aufsichtsräten mit Arbeitnehmerbeteiligung.** Es 159 gibt keinen automatischen Stimmrechtsausschluss für **Arbeitnehmervertreter** bei Aufeinandertreffen der Interessen des Unternehmens auf der einen und der Arbeitnehmerschaft bzw. der Gewerkschaft auf der anderen Seite.[258] Ein obligatorischer Stimmrechtsausschluss könnte zu vermeidbaren Schwierigkeiten bei der Beschlussfähigkeit des Aufsichtsrats führen. Zwar sollen die Arbeitnehmervertreter die besonderen Interessen der Arbeitnehmer im Rahmen des Unternehmensinteresses wahren.[259] Das gesetzlich vorgesehene zahlenmäßige Gleichgewicht zwischen Arbeitnehmer- und Anteilseignervertretern soll nicht gestört werden; unbewegliche Stimmrechtsschranken sind deshalb zu vermeiden.[260] Anders ist die Sachlage bei schweren Interessengegensätzen zu beurteilen, wie sie typischerweise bei arbeitskampf- und tarifpolitischen Entscheidungen bestehen. In diesen Fällen haben sich die Arbeitnehmervertreter der Stimme zu enthalten.[261]

f) **Stimmrechtsausschluss von entsandten Aufsichtsratsmitgliedern.** In den Auf- 160 sichtsrat **entsandte Mitglieder** (§ 101 Abs. 2) unterliegen bei Rechtsgeschäften oder Rechtsstreitigkeiten zwischen der Gesellschaft und dem Entsender nach bisher überwiegen-

---

mitstimmen kann; vgl. ausführlich zur Wahl des Vorsitzenden und seines Stellvertreters *v. Schenck* in Semler/ *v. Schenck* AR-HdB § 4 Rn. 18 ff., 27 ff.

[255] BGHZ 56, 47 (54) (allerdings für den Fall der Erbengemeinschaft); BGHZ 80, 69 (71) (für die GmbH); BGH WM 1985, 422 (424) (für den Gläubigerausschuss); Kölner Komm AktG/*Mertens/Cahn* Rn. 68; aA *Matthießen*, Stimmrecht und Interessenkollision im Aufsichtsrat, 1989, 338 ff., demzufolge alle in § 115 Abs. 2 genannten Personen einbezogen werden müssen.

[256] Kölner Komm AktG/*Mertens/Cahn* Rn. 68; UHH/*Ulmer/Habersack* MitbestG § 25 Rn. 27; aA Großkomm AktG/*Hopt/Roth* Anm. 60; *Engfer*, Der Ausschluß des organschaftlichen Stimmrechts bei Interessenkollisionen, 1970, 144; *Matthießen*, Stimmrecht und Interessenkollision im Aufsichtsrat, 1989, 344 ff.; *Meyer-Giesow*, Stimmverbote in den Aktienrechten der EWG-Staaten, Diss. Bonn, 1966, 152 ff.; *Redding* NJW 1956, 48 (50); vgl. allgemein zu den personellen Verbindungen im Aktienrecht *Pleyer* AG 1961, 205 ff.

[257] Kölner Komm AktG/*Mertens/Cahn* Rn. 67; *Mertens* ZGR 1983, 189 (203 ff.); MHdB AG/*Hoffmann-Becking* § 31 Rn. 66; *Lutter/Krieger/Verse* Rn. 731; *Wilhelm* NJW 1983, 912 (915); iE wohl auch *Matthießen*, Stimmrecht und Interessenkollision im Aufsichtsrat, 1989, 238 ff.; aA *Hüffer/Koch* Rn. 9; *Hüffer*, FS Heinsius, 1991, 337 (341 ff.); Spindler/Stilz/*Spindler* Rn. 30; *Ulmer* NJW 1980, 1603 (1605); *Ulmer* NJW 1982, 2288 (2290 ff.); *Giesen*, Organhandeln und Interessenkonflikt, 1984, 119f; differenzierend, nur für den Vorstand: UHH/*Ulmer/Habersack* MitbestG § 31 Rn. 18 a.

[258] *Seiter*, FS Müller, 1981, 589 (603) zufolge sollen die Arbeitnehmervertreter nicht stimmberechtigt sein, wenn eine einheitliche Haltung in einer tarif-, arbeitskampf- oder koalitionspolitischen Frage zu erreichen ist.

[259] Kölner Komm AktG/*Mertens/Cahn* Rn. 70.

[260] Kölner Komm AktG/*Mertens/Cahn* Rn. 70; aA *Säcker* MitbestGespr. 1978, 96 (97); *Säcker* RdA 1979, 380 (383); GK-MitbestG/*Naendrup* MitbestG § 25 Rn. 214; GK-MitbestG/*Schneider* MitbestG § 29 Rn. 28 ff.; *Brinkmann*, Unternehmensinteresse und Unternehmensrechtsstruktur, Diss. Frankfurt, 1983, 289 f. befürworten einen Stimmrechtsausschluss einseitig für Arbeitnehmervertreter in Fragen, die arbeitskampf- und tarifpolitische Beschlussfassungen betreffen. Darüber hinaus befürwortet *Säcker* DB 1977, 1794 einen Stimmrechtsausschluss sogar bei Beschlüssen, welche die betriebliche Mitbestimmung betreffen.

[261] Großkomm AktG/*Hopt/Roth* Anm. 62; *Hanau* ZGR 1977, 397 (403); schwächer „sollen": *Redding* NJW 1956, 48.

der Ansicht keinem Stimmrechtsausschluss.²⁶² Die entsandten Aufsichtsratsmitglieder hätten ohnehin die Interessen der Gesellschaft zu wahren²⁶³ und könnten sich der Stimme enthalten. Diese permissive Ansicht trägt dem in neuer Zeit zu beobachtenden Wandel der Funktion des Aufsichtsrats von einem Interessenvertretungsorgan hin zu einem professionellen Überwachungsorgan nicht ausreichend Rechnung.²⁶⁴ Auch bei einem entsandten Aufsichtsratmitglied kann ein schwerer Interessenkonflikt bestehen. Ein denkbares Szenario wären Aufsichtsratsbeschlüsse über ein Übernahmeangebot des entsendenden Unternehmens.²⁶⁵ Ausschlaggegebendes Kriterium sollte daher für die Beurteilung des Vorliegens eines Stimmverbotes für das entsandte Aufsichtsratmitglied sein, ob bei einer objektiven, abstrakten Betrachtung eine unbefangene Entscheidung des betreffenden Aufsichtsratsmitgliedes nicht mehr zu erwarten ist.²⁶⁶

161 **g) Einfluss des Stimmrechtsausschlusses auf die Beschlussfähigkeit des Aufsichtsrats.** Ein Stimmverbot darf nicht dazu führen, dass der Aufsichtsrat beschlussunfähig wird. Insbesondere ein aus drei Mitgliedern bestehender Aufsichtsrat wäre gegenüber einem mit einem Stimmrechtsausschluss belegten Aufsichtsratsmitglied handlungsunfähig.²⁶⁷ Zur Vermeidung der Beschlussunfähigkeit muss das betroffene Aufsichtsratsmitglied an der Abstimmung teilnehmen und sich bei der Abstimmung der Stimme enthalten.²⁶⁸ Tut es dies nicht, sondern sabotiert es die Abstimmung, droht ihm auf Grund der Verletzung seiner Mitwirkungspflicht die Geltendmachung von Schadensersatzansprüchen.

VI. Schriftliche Stimmabgabe durch abwesende Aufsichtsratsmitglieder (Abs. 3)

162 **1. Allgemeines.** Das Gesetz lässt die schriftliche Stimmabgabe zu. Sie gilt für Beschlussfassungen des Gesamtaufsichtsrats und seiner Ausschüsse. Es bedarf keiner satzungsmäßigen Ermächtigung zur schriftlichen Stimmabgabe. Die schriftliche Stimmabgabe ist nur unzulässig, wenn eine Satzungsbestimmung dies ausdrücklich verbietet. Dies folgt im Umkehrschluss aus dem Wortlaut der gesetzlichen Vorschrift. Allerdings ist diese Regelung ein **Notbehelf**.²⁶⁹ Eine Vorverlagerung der Beratungen und Entscheidungen in Vorbesprechungen ist zu vermeiden.²⁷⁰

163 **Schriftliche Stimmabgaben** erfordern eine **Sitzung** und eine mündliche Beschlussfassung. Die Vorschrift (Abs. 3) hat mit der schriftlichen, fernmündlichen oder vergleichbaren Formen der Beschlussfassung des nachfolgenden Absatzes (Abs. 4) nichts zu tun. Im letztgenannten Fall liegt insgesamt eine schriftliche Beschlussfassung ohne Sitzung vor.

---

²⁶² BGHZ 36, 296 (307); Kölner Komm AktG/*Mertens/Cahn* Rn. 69; *Hoffmann/Lehmann/Weinmann* MitbestG § 29 Rn. 19; *Engfer*, Der Ausschluß des organschaftlichen Stimmrechts bei Interessenkollisionen, 1970, 146; aA Großkomm AktG/*Hopt/Roth* Anm. 57; *Matthießen*, Stimmrecht und Interessenkollision im Aufsichtsrat, 1989, 346 f.; *Mestmäcker*, Verwaltung, Konzerngewalt und Rechte der Aktionäre, 1958, 250 f. mit dem Hinweis, dass nicht nur die entsandten, sondern auch die unabhängig gewählten Aufsichtsratsmitglieder zur Wahrung der Gesellschaftsinteressen verpflichtet seien; *Meyer-Giesow*, Stimmverbote in den Aktienrechten der EWG-Staaten, Diss. Bonn, 1966, 155.
²⁶³ BGHZ 36, 296 (310); vgl. → § 101 Rn. 61 ff. zur Entsendung von Aufsichtsratsmitgliedern.
²⁶⁴ So auch Großkomm AktG/*Hopt/Roth* Anm. 57, 61.
²⁶⁵ Beispiel bei Großkomm AktG/*Hopt/Roth* Anm. 60 unter Verweis auf die Corporate Governance Grundsätze der Deutschen Bank.
²⁶⁶ Großkomm AktG/*Hopt/Roth* Anm. 60.
²⁶⁷ So in der Tat OLG Frankfurt AG 2005, 925 (927).
²⁶⁸ BGH AG 2007, 484 (485); Kölner Komm AktG/*Mertens/Cahn* Rn. 66. *Stadler/Berner* NZG 2003, 49 (51 ff.) stellen darauf ab, dass auch das nicht stimmberechtigte Mitglied tatsächlich teilnehme. Egal wie es abstimme, sei seine Stimme nicht mitzuzählen. Bleibt das betroffene Mitglied fern, könne ein wirksamer Beschluss aus dem Verbot des venire contra factum proprium hergeleitet werden: Es kann die Nichtigkeit nicht einwenden, wenn sie selbst pflichtwidrig herbeigeführt hat. Vgl. auch → § 103 Rn. 40.
²⁶⁹ MüKoAktG/*Habersack* Rn. 50; *Raiser/Veil* MitbestG § 25 Rn. 24; *Kindl*, Die Teilnahme an der Aufsichtsratssitzung, 1993, 32.
²⁷⁰ MüKoAktG/*Habersack* Rn. 50; UHH/*Ulmer/Habersack* MitbestG § 25 Rn. 30, die auf Grund des Notbehelfscharakters für eine enge Auslegung der Vorschrift plädieren.

Durch schriftliche Stimmabgabe können **schriftliche Erklärungen, Anträge** und **Stimmenthaltungen**[271] überreicht werden. Die schriftliche Stimmabgabe kann sich auf alle oder nur auf einzelne Beschlussfassungen der Sitzung beziehen. Es muss klar erkennbar sein, zu welchen Anträgen und in welchem Sinne die Stimme schriftlich abgegeben werden soll.[272] Das für die Aufsichtsratstätigkeit geltende **Vertretungsverbot** darf nicht relativiert werden. Trotz schriftlicher Stimmabgabe ist es allein Sache des Aufsichtsratsmitglieds, über die Abgabe der Erklärung und ihren Inhalt zu entscheiden. 164

Das Stimmrecht muss **persönlich** ausgeübt und die Authentizität der Stimme gewährleistet werden. Dies bedeutet aber nicht zwangsläufig, dass das Aufsichtsratsmitglied bei der Aufsichtsratssitzung anwesend sein muss. Das abwesende Aufsichtsratsmitglied kann sich durch schriftliche Stimmabgabe an den Sitzungen des Aufsichtsrats und seiner Ausschüsse beteiligen (Abs. 3 S. 1). Seine Verhinderung darf nicht zur Folge haben, dass es sein Mitwirkungsrecht nicht wahrnehmen und sein Stimmrecht nicht ausüben kann. 165

Das abwesende Aufsichtsratsmitglied bedient sich zur Übergabe der schriftlichen Stimmabgabe eines Überreichers. Er ist in begrenztem Umfang das Sprachrohr des abwesenden Mitglieds und handelt als sein **Stimmbote**. Er handelt **nicht** als sein **Vertreter**.[273] Der Überreicher kann im Sinne des abwesenden Mitglieds das Wort ergreifen und die Stimmabgabe begründen.[274] 166

2. Geltung für alle Aufsichtsratsmitglieder. Die schriftliche Stimmabgabe ist im Hinblick auf das Verbot der Bestellung von Stellvertretern (§ 101 Abs. 3 S. 1) gegenüber dem AktG 1937 erleichtert worden. Der Gesetzeswortlaut spricht allgemein von „abwesenden Aufsichtsratsmitgliedern". Demnach können auch der Aufsichtsratsvorsitzende und sein Stellvertreter ihre Stimme schriftlich überreichen lassen, wenn sie an der Aufsichtsratssitzung nicht teilnehmen können.[275] Der Stimmbote des Aufsichtsratsvorsitzenden erwirbt dadurch nicht die Stellung des Aufsichtsratsvorsitzenden.[276] 167

3. Gebot der Schriftlichkeit. Das abwesende Aufsichtsratsmitglied muss seine Stimme **schriftlich** überreichen lassen. Eine **fernmündliche Stimmabgabe** kann der schriftlichen Stimmabgabe **nicht** gleichgestellt werden.[277] Sie kann auf Grund fehlenden körperlichen Substrats nicht überreicht werden. Als mündliche Stimmabgabe kann sie nicht angesehen werden, da das Aufsichtsratsmitglied nicht anwesend ist. 168

4. Erfordernis der eigenen Namensunterschrift. Das Schriftformgebot will Sicherheit bei der schriftlichen Stimmabgabe erreichen. Streitig ist, ob aus dem Gebot der Schriftform (§ 126 BGB) das Erfordernis der **eigenen Namensunterschrift** folgt. Die Frage ist bedeutsam dafür, ob die Übergabe von **Telegramm, Telex, Telefax, SMS** oder **e-mail** durch den Stimmboten dem Schriftlichkeitserfordernis genügt.[278] Diese Fragestellung ist auch vor dem Hintergrund der Lockerung des Formerfordernisses für Aufsichtsrats- 169

---

[271] MüKoAktG/*Habersack* Rn. 51; *v. Schenck* in Semler/v. Schenck AR-HdB § 5 Rn. 135 mwN.
[272] MHdB AG/*Hoffmann-Becking* § 31 Rn. 84 f.
[273] Vgl. hierzu → Rn. 177; MüKoAktG/*Habersack* Rn. 56; MHdB AG/*Hoffmann-Becking* § 31 Rn. 83.
[274] MüKoAktG/*Habersack* Rn. 56; Großkomm AktG/*Hopt/Roth* Anm. 105; einschränkend (nur begründen): UHH/*Ulmer/Habersack* MitbestG § 25 Rn. 32.
[275] MüKoAktG/*Habersack* Rn. 51; Kölner Komm AktG/*Mertens/Cahn* Rn. 28; Großkomm AktG/*Hopt/Roth* Anm. 99.
[276] MüKoAktG/*Habersack* Rn. 51; Kölner Komm AktG/*Mertens/Cahn* Rn. 28.
[277] MüKoAktG/*Habersack* Rn. 52; Kölner Komm AktG/*Mertens/Cahn* Rn. 25; Großkomm AktG/*Hopt/Roth* Anm. 109; *Hoffmann/Preu* Der Aufsichtsrat Rn. 420.
[278] Kölner Komm AktG/*Mertens/Cahn* Rn. 25 ff.; Spindler/Stilz/*Spindler* Rn. 56; Hüffer/*Koch* Rn. 20; MHdB AG/*Hoffmann-Becking* § 31 Rn. 86; Lutter/Krieger/*Verse* Rn. 725; Hoffmann/Lehmann/Weinmann MitbestG § 25 Rn. 45; Raiser/Veil MitbestG § 25 Rn. 26; *Kindl* ZHR 166 (2002), 335 (347); *Kindl*, Die Teilnahme an der Aufsichtsratssitzung, 1993, 33 f., *Lutter*, FS Duden, 1977, 269 (280 f.); *Luther* ZGR 1977, 306 (308); *Miettinen/Villeda* AG 2007, 346 (348 f.); *Paefgen*, Struktur und Aufsichtsratsverfassung der mitbestimmten AG, 1982, 210 ff., der die Auslegung des § 108 Abs. 3 von der des § 126 BGB ablösen will. Ablehnend: MüKoAktG/*Habersack* Rn. 53; UHH/*Ulmer/Habersack* MitbestG § 25 Rn. 31.

beschlüsse in § 108 Abs. 4 AktG durch das NaStraG[279] zu beurteilen.[280] Sinn und Zweck des Gebotes der schriftlichen Stimmabgabe für abwesende Aufsichtsratsmitglieder über einen Stimmboten ist es zu gewährleisten, dass die Stimmabgabe wirklich von dem abwesenden Aufsichtsratsmitglied stammt, wobei der Einsatz eines Stimmboten Sicherheit und Authentizität gewährleisten soll. Daher wurde bisher für eine schriftliche Stimmabgabe die Namensunterschrift, oder unter den Voraussetzungen der § 126 Abs. 3 BGB, § 126a Abs. 1 BGB, die elektronische Form als unerlässlich angesehen.[281]

170 Der normale unterschriebene **Brief** genügt danach den Erfordernissen an das Schriftformgebot. **Telegramm, Telex,** und einfache **e-mail** weisen naturgemäß keine Unterschrift auf und erfüllen daher das Gebot der Schriftform nicht.[282] Die Stimmabgabe mittels einer digital signierten **e-mail** wiederum genügt dem Schriftformgebot in der Form des § 126a BGB (elektronische Form), weil damit die Identität des Absenders durch die digitale Signatur überprüft werden kann.[283] Ebenso soll ein unterschriebenes **Telefax** als ausreichend erachtet werden.[284] Eine **SMS** ist wäre hingegen wie eine einfache e-mail zu behandeln.

Diese Auslegung ist vor dem Hintergrund der Formerleichterungen in § 108 Abs. 4 und § 109 Abs. 3 insofern unbefriedigend, als die unterschiedlichen Formerfordernisse zu sachlich nicht erklärbaren Widersprüchen führen.[285] So wäre bei einer Beschlussfassung ohne Sitzung eine Abstimmung mittels einfacher Email zulässig, für die Beschlussfassung in einer Sitzung bei schriftlicher Stimmabgabe und Überbringung durch einen Stimmboten wäre hingegen eine Namensunterschrift erforderlich. Bei einer gemischten Beschlussfassung wäre die nachträgliche Abstimmung abwesender Aufsichtsratsmitglieder per Email als „vergleichbare Form" zulässig, die sofortige Abstimmung noch während der Sitzung allerdings nicht.[286] Im Fall einer Stimmabgabe durch einen gemäß § 109 Abs. 3 ermächtigten Sitzungsvertreter würde für die Ermächtigung zur Teilnahme die Textform genügen, hingegen müsste der Sitzungsvertreter eine ihm von dem Aufsichtsratsmitglied mitgegebene schriftliche Stimmabgabe in Schriftform überreichen.[287] Angesichts dieser Ungereimtheiten spricht viel für die von *Hoffmann-Becking* vertretene Auffassung, in der unveränderten Fortführung des Schriftformgebotes in § 108 Abs. 3 ein Versehen des Gesetzgebers zu sehen, welches zu einer planwidrigen Lücke geführt hat, die durch eine Analogie zu § 109 Abs. 3 oder § 108 Abs. 4 zu schließen ist.[288]

171 Zu beachten ist, dass es sich bei der Beschlussfassung in einer **Videokonferenz** nach hier vertretener Ansicht um eine Beschlussfassung innerhalb einer Sitzung handelt (→ Rn. 93 f.). Fraglich ist, ob hier eine schriftliche Stimmabgabe möglich ist. Es genügt, dass die schriftliche Stimmabgabe in die Aufsichtsratssitzung eingebracht wird. Es müssen nicht alle Teilnehmer oder der Sitzungsleiter die Möglichkeit haben, die Stimmabgabe in Händen zu

---

[279] Gesetz zur Namensaktie und zur Erleichterung der Stimmrechtsausübung (Namensaktiengesetz – NaStraG) vom 18.1.2001, BGBl. 2001 I S. 123.
[280] Hierzu ausführlich *Hoffmann-Becking*, Liber Amicorum Happ, 2006, 81 (89 ff.).
[281] So ausdrücklich MüKoAktG/*Semler*, 2. Aufl.2004, § 108 Rn. 167; MüKoAktG/*Habersack* Rn. 52 f.
[282] MüKoAktG/*Habersack* Rn. 53; *Lutter/Krieger/Verse* Rn. 725, der dies mit dem Umkehrschluss aus der Neufassung des § 109 Abs. 3 begründet, der „Textform" genügen lässt; aA Kölner Komm AktG/*Mertens/Cahn* Rn. 25; Hüffer/*Koch* Rn. 20; Großkomm AktG/*Hopt/Roth* Rn. 109; Spindler/Stilz/*Spindler* Rn. 56; *Kindl* ZHR 166 (2002), 347. Die Befürworter wollen § 108 Abs. 4 analog anwenden und verweisen auf einen sonst bestehenden Wertungswiderspruch zwischen § 108 Abs. 3 und § 109 Abs. 3, der darin bestehe, dass § 109 Abs. 3 für die Bevollmächtigung eines Sitzungsvertreters Textform im Sinne des § 126b BGB genügen lasse, andererseits aber für die einfache Stimmabgabe die strengere Schriftform des § 126 BGB gelte.
[283] Kölner Komm AktG/*Mertens/Cahn* Rn. 25; Großkomm AktG/*Hopt/Roth* Rn. 109; Spindler/Stilz/*Spindler* Rn. 56; Hüffer/*Koch* Rn. 20; *Lutter/Krieger/Verse* Rn. 725; *Hoffmann-Becking*, Liber Amicorum Happ, 2006, 81 (89).
[284] MHdB AG/*Hoffmann-Becking* § 31 Rn. 86; *Lutter/Krieger/Verse* Rn. 725; *Hoffmann/Preu* Rn. 420; aA MüKoAktG/*Habersack* Rn. 53, der die Ansicht vertritt, bei einem Telefax ermangele es an der „Überreichung"; UHH/*Ulmer/Habersack* MitbestG § 25 Rn. 31a.
[285] Ausführlich *Hoffmann-Becking*, Liber Amicorum Happ, 2006, 81 (89 ff.).
[286] Beispiele von *Hoffmann-Becking*, Liber Amicorum Happ, 2006, 81 (91).
[287] Beispiel von *Hoffmann-Becking*, Liber Amicorum Happ, 2006, 81 (91).
[288] *Hoffmann-Becking*, Liber Amicorum Happ, 2006, 81 (91).

halten. Die Übertragung der Übergabe durch den Stimmboten auf Video genügt allen Funktionen des Schriftformerfordernisses.[289]

Der Stimmbote ist nur Bote des abwesenden Aufsichtsratsmitglieds, **nicht** sein **Stellvertreter**. Er übermittelt eine fremde Willenserklärung, nämlich die des abwesenden Aufsichtsratsmitglieds. Er gibt keine eigene Willenserklärung ab.[290] Mangels Vertretereigenschaft kann ihm nicht die Ausstellung der Stimme überlassen werden.[291] Er darf deshalb anders als der Vertreter[292] nicht mit dem Namen des Vertretenen unterzeichnen.[293]

Die Heranziehung des im Gesetz vorgesehenen, vorbehaltlich einer abweichenden Satzungsregelung geltenden **Widerspruchsrechts** (Abs. 4) gegen jede Art der Beschlussfassung außerhalb einer Sitzung ist zur Begründung der erforderlichen eigenen Namensunterzeichnung nicht erforderlich. Das Widerspruchsrecht trägt dem fehlenden mündlichen Meinungsaustausch nur bei telegrafischen, schriftlichen oder fernmündlichen Beschlussfassungen Rechnung. Bei der schriftlichen Stimmabgabe durch abwesende Mitglieder (Abs. 3) findet eine Sitzung und eine mündliche Abstimmung statt. Die anwesenden Mitglieder haben damit die Möglichkeit, sich auszutauschen. Sie bedürfen keines Widerspruchsrechts. Dieses ist nach dem Sinn und Zweck der Vorschrift nicht dazu gedacht, Sicherheit bei der Mitwirkung abwesender Mitglieder an der Abstimmung zu gewährleisten.

5. Stimmüberreichung durch Stimmboten (Abs. 3 S. 2 und S. 3). Andere Aufsichtsratsmitglieder und **Nichtmitglieder** (Abs. 3 S. 2 und S. 3) können als Stimmboten fungieren. Die Vertraulichkeit der Beratungen muss aber gewahrt bleiben. Das Gesetz verlangt bei der schriftlichen Stimmabgabe durch Nichtmitglieder eine Satzungsregelung, die ihnen die Teilnahme an Aufsichtsratssitzungen an Stelle verhinderter Aufsichtsratsmitglieder erlaubt. Nichtmitglieder bedürfen der schriftlichen Ermächtigung des abwesenden Aufsichtsratsmitglieds.[294] Ihnen kann die Stimmüberreichung verwehrt werden, wenn das abwesende Aufsichtsratsmitglied tatsächlich nicht an der Teilnahme verhindert ist (§ 109 Abs. 3).

Es genügt, wenn das abwesende Aufsichtsratsmitglied seine Stimme dem **Aufsichtsratsvorsitzenden** übersendet. Es darf davon ausgegangen werden, dass der Vorsitzende bereit ist, als Stimmbote zu handeln und er die ihm übersandte Stimme in der Sitzung überreicht.[295] Daraus wird geschlossen, dass nicht notwendigerweise neben dem Vorsitzenden ein weiteres Mitglied an der Sitzung teilnehmen muss.[296] Übersendet das abwesende Mitglied seine Stimme einem anderen Aufsichtsratsmitglied, ergibt sich aus seinem organschaftlichen Rechtsverhältnis zur Gesellschaft die Verpflichtung, die Stimmbotschaft an den Aufsichtsratsvorsitzenden weiterzuleiten, wenn der Absender die Weiterleitung nicht ausdrücklich untersagt hat und das beauftragte Mitglied nicht an der Sitzung teilnimmt.

Bei **Beschlussfassungen in einem Ausschuss** muss das Aufsichtsratsmitglied, das die Stimmabgabe überreichen soll, Mitglied des Ausschusses sein.

---

[289] *Wagner* NZG 2002, 60; für die Zulassung der Verwendung der Telekopie durch den Boten *Kindl*, Die Teilnahme an der Aufsichtsratssitzung, 1993, 348.
[290] Großkomm AktG/*Hopt/Roth* Anm. 105; *Meilicke*, FS Schmidt, 1959, 71 (87).
[291] So aber Kölner Komm AktG/*Mertens/Cahn* Rn. 30.
[292] *Palandt/Ellenberger* 74. Aufl. 2015 BGB § 126 Rn. 9.
[293] MüKoAktG/*Habersack* Rn. 56; UHH/*Ulmer/Habersack* MitbestG § 25 Rn. 31; *Hoffmann/Lehmann/Weinmann* MitbestG § 25 Rn. 46 f.; aA Kölner Komm AktG/*Mertens/Cahn* Rn. 30.
[294] *Miettinen/Villeda* AG 2007, 346 (348) wollen hierfür auch eine Ermächtigung durch Email genügen lassen.
[295] Kölner Komm AktG/*Mertens/Cahn* Rn. 35; *Mertens* AG 1977, 210 (213 Fn. 17); *Raiser/Veil* MitbestG § 25 Rn. 23; *Paefgen*, Struktur und Aufsichtsratsverfassung der mitbestimmten AG, 1982, 222; *Lutter*, FS Duden, 1977, 269 (271); *Riegger* BB 1980, 130 (132); aA *Baumbach/Hueck* Rn. 12; *Möhring/Nirk/Tank* Bd. 1 2 Aufl. Rn. 382, demzufolge der Aufsichtsratsvorsitzende nicht zur Überreichung der ihm übersandten Erklärung verpflichtet ist.
[296] MHdB AG/*Hoffmann-Becking* § 31 Rn. 87; Kölner Komm AktG/*Mertens/Cahn* Rn. 35.

177 **6. Funktion des Stimmboten als Bote und nicht als Vertreter.** Der Überreicher ist bloß Stimmbote, er ist **nicht Stellvertreter** des abwesenden Aufsichtsratsmitglieds.[297] Der Stimmbote übermittelt die Willenserklärung des abwesenden Aufsichtsratsmitglieds. Er gibt keine eigene Willenserklärung ab.

178 **a) Kein eigener Entscheidungsspielraum des Stimmboten.** Die Stimmabgabe muss immer auf dem Entschluss des abwesenden Aufsichtsratsmitglieds beruhen. Es zählt einzig und allein seine Entscheidung über Abgabe und Inhalt seiner Erklärung. Es muss in der Sache selbst frei entscheiden. Eine Fremdbestimmung durch eigene Willenserklärungen des Stimmboten ist unzulässig.[298] Hierin läge eine unzulässige Überschreitung seiner Botenmacht.

179 Dem Stimmboten ist die Ausübung jeglichen **eigenen Entscheidungsspielraums verwehrt.**[299] Das abwesende Aufsichtsratsmitglied darf ihm nicht mehrere inhaltlich unterschiedliche Stimmabgaben überlassen, von denen er selbstständig in der Sitzung eine auswählen kann.[300] Eine solche Stimmabgabe ist ungültig. Ebenso wenig darf das abwesende Aufsichtsratsmitglied den Stimmboten instruieren, so zu stimmen wie die jeweilige Mehrheit oder wie ein bestimmtes anderes Mitglied.[301]

180 Dagegen kann das abwesende Aufsichtsratsmitglied dem Stimmboten mehrere Stimmabgaben mitgeben und den Stimmboten im Laufe der Sitzung genau anweisen, welche er abgeben soll.[302] In diesem Fall trifft das abwesende Aufsichtsratsmitglied die Entscheidung, welches Votum es abgeben will, selbst und überlässt die Entscheidung nicht dem Ermessen seines Stimmboten. Letzteres wäre unzulässig.

181 **b) Keine Blankostimmabgabe.** Die schriftliche Stimmabgabe muss zu ihrer Wirksamkeit vom abwesenden Aufsichtsratsmitglied vollständig ausgefüllt und unterschrieben sein.[303] Aus ihr muss klar hervorgehen, dass es sich um die Stimmabgabe des abwesenden Mitglieds handelt und mit welchem Votum es an der Abstimmung teilnehmen will. Eine Mitwirkung des Stimmboten oder gar eines Dritten bei der Errichtung der Stimmerklärung ist nicht zulässig.[304] Es verstößt gegen die gesetzliche Vorschrift (Abs. 3), wenn der Stimmbote das abwesende Aufsichtsratsmitglied über den Gang der Beratungen informiert und anschließend selbst das Blankett ausfüllt. Handelt der Stimmbote selbstständig und aktiv, liegt kein bloßes Überreichen im Sinne der Vorschrift vor. Das abwesende Mitglied darf ihm **kein**

---

[297] Vgl. → Rn. 166; MüKoAktG/*Habersack* Rn. 56.
[298] Kölner Komm AktG/*Mertens/Cahn* Rn. 31; Hüffer/*Koch* Rn. 19; UHH/*Ulmer/Habersack* MitbestG § 25 Rn. 32.
[299] MüKoAktG/*Habersack* Rn. 56; Hüffer/*Koch* Rn. 19; UHH/*Ulmer/Habersack* MitbestG § 25 Rn. 32.
[300] AllgM; MüKoAktG/*Habersack* Rn. 56; Kölner Komm AktG/*Mertens/Cahn* Rn. 33; *Mertens* AG 1977, 210 (211); UHH/*Ulmer/Habersack* MitbestG § 25 Rn. 32; WWKK/*Koberski* MitbestG § 25 Rn. 27; *Raiser/Veil* MitbestG § 25 Rn. 25; *Lutter*, FS Duden, 1977, 269 (276); *Werner* ZGR 1977, 236 (242); *Riegger* BB 1980, 130 (133).
[301] MüKoAktG/*Habersack* Rn. 56; Kölner Komm AktG/*Mertens/Cahn* Rn. 33; *Raiser/Veil* MitbestG § 25 Rn. 25; *Paefgen*, Struktur und Aufsichtsratsverfassung der mitbestimmten AG, 1982, 218 f.; *Lutter*, FS Duden, 1977, 269 (277) mit dem Hinweis darauf, dass der Stimmbote dem Aufsichtsratsmitglied, an dessen Votum er sich anschließen soll, die Stimme des verhinderten Mitglieds verschaffen würde; *Riegger* BB 1980, 130 (133).
[302] Kölner Komm AktG/*Mertens/Cahn* Rn. 34; Spindler/Stilz/*Spindler* Rn. 54; *Paefgen*, Struktur und Aufsichtsratsverfassung der mitbestimmten AG, 1982, 217 f.; *Lutter*, FS Duden, 1977, 269 (276 f.).
[303] Hüffer/*Koch* Rn. 19.
[304] MüKoAktG/*Habersack Rn. 56;* Spindler/Stilz/*Spindler Rn. 54; Raiser/Veil* MitbestG § 25 Rn. 27; aA Kölner Komm AktG/*Mertens/Cahn* Rn. 34; *Mertens* AG 1977, 210 (211) sowie ihm folgend GK-MitbestG/*Schneider* MitbestG § 29 Rn. 48; *Paefgen*, Struktur und Aufsichtsratsverfassung der mitbestimmten AG, 1982, 214 ff.; *Lutter*, FS Duden 1977, 269 (276 ff.), der allerdings alle Stimmabgaben für unzulässig hält, die ihrem wahren Inhalt nach nicht vom verhinderten Mitglied abstammen. *Mertens/Cahn* zufolge gibt es zwar keine Stellvertretung im Willen, wohl aber eine Stellvertretung in der Erklärung. Ihrer Ansicht nach wird durch die sog. Erklärungsvertretung die persönliche Amtswahrnehmung des Aufsichtsratsamts nicht tangiert. Diese Figur ist vom BGH zum Adoptionsrecht entwickelt worden und kann nicht auf die aktienrechtliche Vorschrift übertragen werden. Gegen die Figur der Erklärungsvertretung auch *Hoffmann/Lehmann/Weinmann* MitbestG § 25 Rn. 46 f.; UHH/*Ulmer/Habersack* MitbestG § 25 Rn. 31; *Kindl*, Die Teilnahme an der Aufsichtsratssitzung, 1993, 35; *Riegger* BB 1980, 130 (131).

Blankett überlassen, welches er erst in der Sitzung – sei es auf Weisung,[305] sei es nach eigenem Ermessen[306] – ausfüllt.[307] Der Aufsichtsrat darf nicht entgegen der gesetzlichen Vorschrift (Abs. 3) zum bloßen Abstimmungsorgan werden.[308]

c) Bedingte Stimmabgabe. Die bedingte Stimmabgabe ist zulässig, solange dem **182** Stimmboten kein eigener Entscheidungsspielraum[309] eröffnet und ihm keine selbstständig vorzunehmende Handlung abverlangt wird. Die Stimmabgabe kann etwa unter die Bedingung gestellt werden, dass der Aufsichtsratsvorsitzende dem Antrag zustimmt.

7. Überreichen durch den Stimmboten. Der Stimmbote ist verpflichtet, die schriftli- **183** che Stimmabgabe dem Sitzungsleiter bei der Beschlussfassung zu überreichen.[310] Er muss sie zur Niederschrift nehmen. Erst durch das Überreichen der Stimmbotschaft nimmt das abwesende Aufsichtsratsmitglied an der Sitzung teil und wird bei der Beschlussfähigkeit mitgezählt. Überreicht der Stimmbote die schriftliche Stimme nicht, bleibt der Beschluss dennoch gültig, wenn die erforderlichen Formalien auch ohne die Stimmabgabe erfüllt sind.

Der Stimmbote darf die **Stimmabgabe nicht zurückhalten.** Sein Verschulden hat das **184** abwesende Aufsichtsratsmitglied in entsprechender Anwendung der bürgerlich-rechtlichen Vorschrift über das Verschulden des Erfüllungsgehilfen (§ 278 BGB) in gleichem Umfang wie eigenes Verschulden zu vertreten. Das Innenverhältnis zwischen abwesendem Mitglied und seinem Überreicher richtet sich nach den allgemeinen Vorschriften.

Die Stimmabgabe ist nichtig, wenn der Bote nicht im Rahmen seiner Befugnisse **185** handelt.[311]

VII. Beschlussfassung ohne Sitzung (Abs. 4)

§ 108 Abs. 1 AktG setzt eine Sitzung und eine mündliche Beschlussfassung voraus. Das **186** abwesende Aufsichtsratsmitglied kann sich nach § 108 Abs. 3 AktG daran durch eine schriftliche Stimmabgabe beteiligen. Die schriftliche Stimmabgabe des abwesenden Aufsichtsratsmitglieds ist der mündlichen Stimmabgabe des anwesenden Mitglieds gleichgestellt.

Davon ist die **Beschlussfassung ohne Sitzung** nach § 108 Abs. 4 AktG zu unterschei- **187** den.[312] Der Beschluss wird nicht in einer gemeinsamen Sitzung gefasst, sondern in einer der in § 108 Abs. 4 AktG bezeichneten Formen. Diese Formanforderungen wurden durch das NaStraG gelockert.[313]

1. Formen der Beschlussfassung. Der Aufsichtsrat kann seine Beschlüsse ohne Sitzung **188** auf **schriftlichem** oder **fernmündlichem** Weg oder in **anderer vergleichbarer Form** fassen. **Video-** und **Telefonkonferenzsitzungen** fallen nunmehr unter den neu geschaffe-

---

[305] Für Zulässigkeit der Ausfüllung des Blanketts auf Weisung: MHdB AG/*Hoffmann-Becking* § 31 Rn. 85; *Hoffmann/Lehmann/Weinmann* MitbestG § 25 Rn. 48; *Lutter,* FS Duden, 1977, 269 (276); *Riegger* BB 1980, 130 (131); einschränkend Kölner Komm AktG/*Mertens/Cahn* Rn. 33 f., denenzufolge dem Stimmboten kein Blankett ohne eindeutige Instruktionen über dessen Vervollständigung mitgegeben werden darf; *Lutter/Krieger/Verse* Rn. 726, wonach die Erteilung einer Blankoerklärung möglich ist, wenn dem Boten so exakte Weisungen vorliegen oder in der Sitzung telefonisch gegeben werden, dass für eigene Ermessensausübung des Boten keinerlei Raum bleibt.
[306] Gegen eine Ausfüllung des Blanketts nach Ermessen: *Hoffmann/Preu* Der Aufsichtsrat Rn. 420; MHdB AG/*Hoffmann-Becking* § 31 Rn. 85; *Riegger* BB 1980, 130.
[307] Wie hier gegen die Zulässigkeit eines Blanketts: MüKoAktG/*Habersack* Rn. 56; Spindler/Stilz/*Spindler* Rn. 54; Hüffer/*Koch* Rn. 19; Raiser/Veil MitbestG § 25 Rn. 27.
[308] Spindler/Stilz/*Spindler* Rn. 54; Hüffer/*Koch* Rn. 19.
[309] Kölner Komm AktG/*Mertens/Cahn* Rn. 34 stellt für die Zulässigkeit der bedingten Stimmabgabe nur darauf ab, dass der Stimmbote keine eigene Ermessensentscheidung treffen kann.
[310] Kölner Komm AktG/*Mertens/Cahn* Rn. 35.
[311] Kölner Komm AktG/*Mertens/Cahn* Rn. 36; *Lutter,* FS Duden, 1977, 269 (283 f.).
[312] Ausführlich *Miettinen/Villeda* AG 2007, 346.
[313] Gesetz zur Namensaktie und zur Erleichterung der Stimmrechtsausübung (Namensaktiengesetz – NaStraG) vom 18.1.2001, BGBl. 2001 I S. 123.

nen Auffangtatbestand der „anderen vergleichbaren Form".[314] Die telegrafische Beschlussfassung ist seit der Neuregelung der Vorschrift[315] nicht mehr ausdrücklich genannt. Ihr praktischer Wert dürfte ohnehin gering gewesen sein. Als „andere vergleichbare Form" der Beschlussfassung für zulässig erachtet wird ferner eine Beschlussfassung ohne unmittelbaren Blick- und Sichtkontakt, z. B. durch Kommunikation in einem „Email-Chatroom".[316]

189 **2. Regelung durch die Satzung oder die Geschäftsordnung.** Die Satzung oder die Geschäftsordnung können Einzelheiten der schriftlichen, fernmündlichen oder einer vergleichbaren Form der Beschlussfassung regeln,[317] müssen dies aber nicht. Sie können Formen der Beschlussfassung ohne Sitzung ausschließen, einschränken oder an weitere erschwerende Umstände knüpfen.[318] Gleiches gilt für Beschlussfassungen eines Ausschusses.

190 Bis zur Änderung des § 108 Abs. 4 AktG durch das NaStraG konnten **Video- und Telefonkonferenzsitzungen** nur abgehalten werden, wenn kein Aufsichtsratsmitglied widersprach. Die jetzige Fassung erlaubt es der Satzung oder der Geschäftsordnung, das Widerspruchsrecht des einzelnen Teilnehmers auszuschließen und somit die Durchführung dieser Sitzungsformen zu erleichtern.

191 **3. Kein Widerspruch. a) Ausschluss oder Modifizierung des Widerspruchsrechts.** Beschlussfassungen des Aufsichtsrats ohne Sitzungen sind grundsätzlich in einer der genannten (→ Rn. 188) Formen zulässig, wenn **kein Aufsichtsratsmitglied** der vorgeschlagenen Abstimmungsform **widerspricht**.[319] Bei Widerspruch darf die Beschlussfassung ohne Sitzung nicht erfolgen, es sei denn, **Satzung oder Geschäftsordnung** haben eine andere Regelung getroffen (→ Rn. 189). Satzung und Geschäftsordnung können vorsehen, dass das Widerspruchsrecht des einzelnen Aufsichtsratsmitglieds hinter der autonomen Regelung zurücktritt.[320]

192 Ein solcher **Ausschluss** des Widerspruchsrechts in der Satzung muss ausdrücklich geschehen. Aus einer Satzungsvorschrift, die die Zulässigkeit von Videositzungen oder einer anderen Form der Beschlussfassung außerhalb der Sitzung regelt, ohne zum Widerspruchsrecht Stellung zu nehmen, kann der Ausschluss nicht ohne weiteres gefolgert werden.[321]

193 Denkbar ist auch eine differenziertere **Ausgestaltung** des Widerspruchsrechts dergestalt, dass beispielsweise der Widerspruch eines einzelnen Mitglieds unbeachtlich, der Widerspruch mehrerer Teilnehmer aber beachtlich ist.[322] Ebenfalls kann der Widerspruch gegen eine bestimmte Form der Beschlussfassung außerhalb der Sitzung generell als unbeachtlich oder beachtlich bezeichnet werden.[323]

194 **b) Kein Ausschluss.** Wurde die Beachtlichkeit des Widerspruchs durch ein Mitglied weder in der Satzung ausgeschlossen noch modifiziert,[324] muss jedes Aufsichtsratsmitglied die Möglichkeit haben, dem Verfahren **zu widersprechen**. Es muss die Aufforderung zur

---

[314] Nach der hier vertretenen Ansicht handelt es sich bei Videokonferenzen um eine Form der Präsenzsitzung, also der Beschlussfassung nach § 108 Abs. 1, vgl. → Rn. 95.
[315] Gesetz zur Namensaktie und zur Erleichterung der Stimmrechtsausübung (Namensaktiengesetz – NaStraG) vom 18.1.2001, BGBl. 2001 I S. 123. Vgl. zur Entstehungsgeschichte → Rn. 7 ff.
[316] *Kindl* ZHR 166 (2002), 335 (341).
[317] LG Frankfurt NZG 2004, 672 (674); *Miettinen/Villeda* AG 2007, 346 (347); *Kindl* ZHR 166 (2002), 335 (338).
[318] MüKoAktG/*Habersack* Rn. 67 f.; Kölner Komm AktG/*Mertens/Cahn* Rn. 46; MHdB AG/*Hoffmann-Becking* § 31 Rn. 92; Großkomm AktG/*Hopt/Roth* Anm. 126; *Hoffmann/Lehmann/Weinmann* MitbestG § 25 Rn. 53; WWKK/*Koberski* MitbestG § 25 Rn. 31; *Lutter/Krieger/Verse* Rn. 728; *Kindl* ZHR 166 (2002), 335 (338).
[319] LG Frankfurt NZG 2004, 672 (674).
[320] MüKoAktG/*Habersack* Rn. 68; *Hüffer/Koch* Rn. 21; *Lutter/Krieger/Verse* Rn. 728; *Kindl* ZHR 166 (2002), 335 (338 f.); *Wagner* NZG 2002, 58.
[321] Für eine solche Auslegung *Kindl* ZHR 166 (2002), 335 (338 f.); *Wagner* NZG 2002, 58.
[322] MüKoAktG/*Habersack* Rn. 68; *Kindl* ZHR 166 (2002), 335 (338).
[323] Ähnlich *Kindl* ZHR 166 (2002), 335 (338).
[324] Zur Zulässigkeit derartiger Satzungsklauseln *Hoffmann-Becking*, Liber Amicorum Happ, 2006, 81 (84).

Stimmabgabe und den Beschlussantrag außerhalb der Sitzung erhalten haben und Gelegenheit zum Widerspruch gegen das Abstimmungsverfahren bestehen.[325]

Die Mitteilung des Beschlussantrags mit der Aufforderung zur Stimmabgabe ohne Sitzung muss jedem Mitglied **zugegangen** sein. Steht fest, dass einem Aufsichtsratsmitglied die Aufforderung zur schriftlichen Beschlussfassung nicht zugegangen ist, muss eine Beschlussfassung ohne Sitzung unterbleiben.[326] Der Aufsichtsrat ist zu einer Sitzung einzuberufen. 195

Der **Widerspruch** muss **ausdrücklich** erfolgen. Er muss sich konkret gegen diese Art der Beschlussfassung richten. **Schweigen** auf die Aufforderung zur Beschlussfassung ohne Sitzung ist weder als Stimmenthaltung noch als Ablehnung dieser Art von Beschlussfassung zu werten. Wer nicht antwortet, hat zwar nicht abgestimmt, aber auch weder der schriftlichen Abstimmung noch dem Beschluss widersprochen.[327] Das Schweigen auf die Aufforderung darf nicht als Widerspruch oder Stimmenthaltung ausgelegt werden.[328] Geht der Widerspruch noch vor der schriftlichen Beschlussverkündung beim Aufsichtsratsvorsitzenden ein, ist er beachtlich.[329] Widerspricht niemand, ist die Beschlussfassung ohne Sitzung zulässig. Die Beschlussfassung ist trotz eines Widerspruches zulässig, wenn in der Satzung oder in der Geschäftsordnung die Unbeachtlichkeit eines Widerspruchs geregelt ist.[330] 196

4. Verfahren der Beschlussfassung ohne Sitzung. Das Verfahren der Beschlussfassung ohne Sitzung kann durch **Satzung oder Geschäftsordnung** näher geregelt werden, wobei die persönliche Stimmabgabe nicht ersetzt werden darf.[331] Öfters setzt die Satzung eine Frist fest, innerhalb welcher der Widerspruch gegen die Beschlussfassung ohne Sitzung erhoben werden muss.[332] Die Beschlussfassung ohne Sitzung kann durch Satzung oder Geschäftsordnung allerdings auch ganz **ausgeschlossen** werden.[333] 197

Der **Aufsichtsratsvorsitzende** entscheidet im Rahmen der Bestimmungen der Satzung oder der Geschäftsordnung, ob eine Beschlussfassung ohne Sitzung stattfinden soll.[334] Einzelne Aufsichtsratsmitglieder hingegen können nicht eine Sitzung ohne Beschlussfassung einleiten, da das Selbsteinberufungsrecht des § 110 Abs. 2 AktG diese Form der Beschlussfassung nicht umfasst.[335] 198

a) **Unterrichtung über Beschlussfassung ohne Sitzung.** Der Vorsitzende muss die anderen Aufsichtsratsmitglieder von der Absicht der Beschlussfassung auf dem vom ihm bestimmten Weg unterrichten. Er fordert sie unter **Nennung des Beschlussantrags** zur Stimmabgabe außerhalb der Sitzung auf. 199

Die gesetzte **Frist** bis zur Stimmabgabe muss den Aufsichtsratsmitgliedern genügend Zeit zu Kenntnisnahme und Überlegung geben. Diese Frist kann kürzer sein, als die Ladungsfrist zu einer Aufsichtsratssitzung.[336] Ist die Frist zu kurz gewählt, können die Mitglieder nach dem Termin der Beschlussfassung ohne Sitzung innerhalb einer angemessenen Frist **widersprechen.** Eine solche Frist kann in der Satzung bestimmt werden.[337] 200

---

[325] Kölner Komm AktG/*Mertens/Cahn* Rn. 40.
[326] Kölner Komm AktG/*Mertens/Cahn* Rn. 40; Großkomm AktG/*Hopt/Roth* Anm. 121; *Hoffmann/Lehmann/Weinmann* MitbestG § 25 Rn. 54.
[327] MüKoAktG/*Habersack* Rn. 61; Großkomm AktG/*Hopt/Roth* Anm. 121.
[328] Kölner Komm AktG/*Mertens/Cahn* Rn. 41; *Hoffmann/Lehmann/Weinmann* MitbestG § 25 Rn. 54; *Lutter/Krieger/Verse* Rn. 728; Großkomm AktG/*Hopt/Roth* Anm. 121.
[329] MüKoAktG/*Habersack* Rn. 61; MHdB AG/*Hoffmann-Becking* § 31 Rn. 91.
[330] *Hoffmann-Becking*, Liber Amicorum Happ, 2006, 81 (84).
[331] Kölner Komm AktG/*Mertens/Cahn* Rn. 46.
[332] So auch MüKoAktG/*Habersack* Rn. 69; *Luther*, FG Hengeler, 1972, 167 (174), demzufolge eine solche Satzungsbestimmung zur praktischen Funktionsfähigkeit sogar erforderlich ist.
[333] Hüffer/*Koch* Rn. 21; Kölner Komm AktG/*Mertens/Cahn* Rn. 49; MHdB AG/*Hoffmann-Becking* § 31 Rn. 92; WWKK/*Koberski* MitbestR § 25 Rn. 31; *Hoffmann/Lehmann/Weinmann* MitbestG § 25 Rn. 53; *Lutter/Krieger/Verse* Rn. 728; *Ulmer* ZHR 141 (1977), 490 (506).
[334] *Miettinen/Villeda* AG 2007, 346 (347); *Hoffmann-Becking*, Liber Amicorum Happ, 2006, 81 (82).
[335] *Hoffmann-Becking*, Liber Amicorum Happ, 2006, 81 (82).
[336] *Hoffmann-Becking*, Liber Amicorum Happ, 2006, 81 (82).
[337] Kölner Komm AktG/*Mertens/Cahn* Rn. 46; *Luther*, FG Hengeler, 1972, 167 (174), eine solche Satzungsbestimmung ist sogar erforderlich, damit die Vorschrift des Abs. 4 praktisch funktionieren könne.

201 **b) Teilnahme an der Beschlussfassung ohne Sitzung.** Es müssen zwar alle Aufsichtsratsmitglieder zur Beschlussfassung aufgefordert werden. Aber nicht alle Aufsichtsratsmitglieder müssen an der Beschlussfassung ohne Sitzung teilnehmen. Die Teilnahme von so vielen Mitgliedern ist erforderlich, wie zur Beschlussfähigkeit notwendig ist. Wer sich nicht äußert, also weder zustimmt noch ablehnt oder eine Stimmenthaltungserklärung abgibt, wird für die Feststellung der Beschlussfähigkeit nicht mitgerechnet.[338]

202 **c) Stimmabgabe durch die Aufsichtsratsmitglieder.** Das Aufsichtsratsmitglied gibt seine Stimme persönlich gegenüber dem Aufsichtsratsvorsitzenden oder gegenüber einer von dem Vorsitzenden beauftragten Empfangsperson ab.[339] Der Aufsichtsratsvorsitzende kann eine einheitliche Art der Übermittlung festlegen und die Gültigkeit der Stimmabgabe an die festgelegte Übermittlungsart knüpfen. Tut er dies nicht, kann jedes Aufsichtsratsmitglied seine Stimme schriftlich, fernmündlich oder in vergleichbarer Form übermitteln. § 108 Abs. 4 enthält insoweit keine Vorgaben, insbesondere ist nicht erforderlich, dass alle Aufsichtsratsmitglieder ihre Stimme einheitlich auf die gleiche Weise abgeben. Ebensowenig ist erforderlich, dass alle Aufsichtsratsmitglieder auf derselben Beschlussausfertigung unterzeichnen.[340]

203 Hat der Vorsitzende die mündliche Abstimmung nicht ausgeschlossen, kann die Stimmabgabe **mündlich** gegenüber dem Vorsitzenden oder gegenüber einer von ihm beauftragten Person erfolgen.[341]

204 Bis zur Beschlussfeststellung zählt die verspätet abgegebene Stimme.[342] Eine Stimmabgabe nach diesem Termin und nach Feststellung des Beschlussergebnisses durch den Aufsichtsratsvorsitzenden ist verspätet und wird nicht mehr berücksichtigt.

205 Äußert sich ein Aufsichtsratsmitglied nicht auf die Aufforderung zur Stimmabgabe, zählt es bei der Feststellung der Beschlussfähigkeit nicht mit.[343]

206 **d) Niederschrift über die erfolgte Beschlussfassung und Bekanntgabe.** In analoger Anwendung von § 107 Abs. 2 S. 1 und 2 ist eine **Niederschrift**[344] zu verfassen, die zusammen mit der Aufforderung zu dieser Beschlussfassung und den einzelnen Abstimmungen der Aufsichtsratsmitglieder aufzubewahren ist. Eine fernmündliche Stimmabgabe muss der Aufsichtsratsvorsitzende schriftlich niederlegen. Es empfiehlt sich, die telefonische Stimmabgabe im Wortlaut zusammen mit dem festgestellten Abstimmungsergebnis allen Aufsichtsratsmitgliedern mitzuteilen. Dadurch hat jedes Mitglied die Möglichkeit zur Berichtigung.[345] Seine eigene Stimme muss der Aufsichtsratsvorsitzende ebenfalls in die Niederschrift aufnehmen.[346]

207 Die Anfertigung der Niederschrift ist erforderlich aber noch nicht genügend, um das Beschlussverfahren abzuschließen. Anders als bei der Beschlussfassung in einer Sitzung ist bei einer **Beschlussfassung außerhalb einer Sitzung** immer auch die **Bekanntgabe des Beschlussergebnisses** gegenüber allen Aufsichtsratsmitgliedern **Voraussetzung für die Wirksamkeit** des Beschlusses.[347]

208 **e) Beschlussfassung ohne Sitzung als Pflichtsitzung gemäß § 110 Abs. 3.** Seit der Neufassung des § 108 Abs. 4 durch das NaStraG[348] wird diskutiert, ob eine Beschlussfassung

---

[338] *Hoffmann-Becking,* Liber Amicorum Happ, 2006, 81 (83).
[339] MüKoAktG/*Habersack* Rn. 64; Kölner Komm AktG/*Mertens/Cahn* Rn. 44.
[340] *Hoffmann-Becking,* Liber Amicorum Happ, 2006, 81 (83).
[341] MüKoAktG/*Habersack* Rn. 64; Kölner Komm AktG/*Mertens/Cahn* Rn. 43.
[342] MüKoAktG/*Habersack* Rn. 64; Kölner Komm AktG/*Mertens/Cahn* Rn. 42.
[343] MHdB AG/*Hoffmann-Becking* § 31 Rn. 93, *Hoffmann-Becking,* Liber Amicorum Happ, 2006, 81 (83); *Lutter/Krieger/Verse* Rn. 728.
[344] *Hoffmann-Becking,* Liber Amicorum Happ, 2006, 81 (83).
[345] MüKoAktG/*Habersack* Rn. 65; Kölner Komm AktG/*Mertens/Cahn* Rn. 45.
[346] MüKoAktG/*Habersack* Rn. 65.
[347] Vgl. *Hoffmann-Becking,* Liber Amicorum Happ, 2006, 81 (83).
[348] Gesetz zur Namensaktie und zur Erleichterung der Stimmrechtsausübung (Namensaktiengesetz – NaStraG) vom 18.1.2001, BGBl. 2001 I S. 123.

ohne Sitzung als „**Pflichtsitzung**" im Sinne des § 110 Abs. 3 gelten könne.[349] In der Folge wurde durch das TransPuG[350] der Wortlaut des § 110 Abs. 3 geändert. Der Begriff „zusammentreten" wurde durch den Begriff „abhalten" ersetzt. Danach sind nunmehr folgende Formen der Beschlussfassung zu unterscheiden. Die Beschlussfassung im Rahmen einer Videokonferenz wird allgemein als Pflichtsitzung akzeptiert, da bei dieser Form der Beschlussfassung kein Fall des § 108 Abs. 4, sondern ein Fall des § 108 Abs. 1 vorliegt, die Videokonferenz ist richtigerweise als Präsenzsitzung zu qualifizieren.[351] Hingegen gilt eine Beschlussfassung ohne Sitzung, bei der die Aufsichtsratsmitglieder völlig unabhängig voneinander gegenüber dem Vorsitzenden abgeben (→ Rn. 203) eindeutig nicht als Pflichtsitzung.[352] Bei Beschlussfassungen im Rahmen einer Telefonkonferenz ohne Sichtkontakt der Teilnehmer liegt zwar ebenfalls eine wirksame Beschlussfassung im Sinne des § 108 Abs. 4 vor, sofern diese Form der Beschlussfassung durch die Satzung nicht ausgeschlossen ist, aber diese Form der Beschlussfassung kann nicht als Pflichtsitzung angerechnet werden.[353]

VIII. Nachträgliche Teilnahme (gemischte Beschlussfassung)

Bei den Beschlussfassungen innerhalb (Abs. 3) und außerhalb (Abs. 4) der Sitzung handelt es sich jeweils um einheitliche Vorgänge. Die Beschlussfassung erfolgt entweder mündlich oder in einer anderen vorgeschlagenen Form. Bei der Beschlussfassung in der Sitzung ist die nachträglich abgegebene Stimme unwirksam,[354] es sei denn der Aufsichtsrat beschließt einstimmig ihre Zulassung (→ Rn 145). In der Praxis kann der Aufsichtsrat auf Grund der Abwesenheit von Mitgliedern **beschlussunfähig** oder bei wichtigen Entscheidungen **nicht repräsentativ** besetzt sein. Will man eine Vertagung vermeiden oder kommt eine solche nicht in Betracht, kann auf die sog. **gemischte Beschlussfassung** zurückgegriffen werden. Hierbei wird die Beschlussfassung innerhalb der Sitzung mit einer Beschlussfassung der abwesenden Aufsichtsratsmitglieder außerhalb der Sitzung kombiniert.[355]

Die Entscheidung über die Zulassung einer kombinierten Beschlussfassung obliegt, vorbehaltlich zulässiger Satzungsbestimmung,[356] dem Vorsitzenden des Aufsichtsrats oder seinem Stellvertreter.[357] Ein ausdrückliches Einverständnis der Aufsichtsratsmitglieder ist nicht erforderlich,[358] es genügt, wenn weder anwesende noch abwesende Aufsichtsratsmitglieder **widersprechen.**[359] Den abwesenden Mitglieder muss die Gelegenheit geben werden,

---

[349] Zum Diskussionsstand *Casper* ZHR 165 (2001), 219 und *Kindl* ZHR 166 (2002), 335 (344 ff.) sowie Kölner Komm AktG/*Mertens*/*Cahn* § 110 Rn. 33.
[350] Gesetz zur weiteren Reform des Aktien- und Bilanzrechts, zu Transparenz und Publizität (Transparenz- und Publizitätsgesetz) vom 19.7.2002, BGBl. 2002 I S. 2681.
[351] Kölner Komm AktG/*Mertens*/*Cahn* § 110 Rn. 33; Großkomm AktG/*Hopt*/*Roth* Anm. 27; Spindler/Stilz/*Spindler* § 110 Rn. 48; Hüffer/*Koch* § 110 Rn. 11; Wachter/*Schick* § 110 Rn. 11; Bürgers/Körber/*Bürgers*/*Israel* § 110 Rn. 10; *v. Schenck* in Semler/v. Schenck AR-HdB § 5 Rn. 146; *Kindl* ZHR 166 (2002), 335 (345); aA K. Schmidt/Lutter/*Drygala* § 110 Rn. 20; MüKoAktG/*Habersack* Rn. 16, vgl. aber ders. § 110 Rn. 45.
[352] Spindler/Stilz/*Spindler* § 110 Rn. 48.
[353] Kölner Komm AktG/*Mertens*/*Cahn* § 110 Rn. 33, Großkomm AktG/*Hopt*/*Roth* Anm. 27; K. Schmidt/Lutter/*Drygala* § 110 Rn. 20 aA für eine Zulässigkeit: MüKoAktG/*Habersack* § 110 Rn. 45; Hüffer/*Koch* § 110 Rn. 11; Wachter/*Schick* § 110 Rn. 11; Bürgers/Körber/*Bürgers*/*Israel* § 110 Rn. 10.
[354] MüKoAktG/*Habersack* Rn. 70; MHdB AG/*Hoffmann-Becking* § 31 Rn. 88.
[355] Deshalb wird diese teilweise auch als „kombinierte Beschlussfassung" bezeichnet, vgl. ausführlich *Hoffmann-Becking*, FS Priester 2007, 233.
[356] MüKoAktG/*Habersack* Rn. 71; *Hoffmann-Becking*, FS Priester 2007, 233 (242); Wachter/*Schick* Rn. 18.
[357] MüKoAktG/*Habersack* Rn. 71; Großkomm AktG/*Hopt*/*Roth* Anm. 129.
[358] *Hoffmann-Becking*, FS Priester 2007, 233 (242); *Hoffmann-Becking*, Liber Amicorum Happ, 2006, 81 (88); teilweise aA Großkomm AktG/*Hopt*/*Roth* Anm. 129 und MüKoAktG/*Habersack* Rn. 71, die einen Beschluss mit einfacher Mehrheit für den Fall verlangen, dass die anwesenden Mitglieder bereits abgestimmt haben und nun die nachträgliche Stimmabgabe von abwesenden Mitgliedern zugelassen werden soll.
[359] MüKoAktG/*Habersack* Rn. 71; Kölner Komm AktG/*Mertens*/*Cahn* Rn. 51; Bürgers/Körber/*Bürgers*/*Israel* Rn. 16; MHdB AG/*Hoffmann-Becking* § 31 Rn. 88; UHH/*Ulmer*/*Habersack* MitbestG § 25 Rn. 33; Lutter/Krieger/*Verse* Rn. 729; *Hoffmann*/*Preu* Der Aufsichtsrat Rn. 419; *Hoffmann*/*Lehmann*/*Weinmann* Mit-

dieses Einverständnis nachträglich abzugeben.³⁶⁰ Der Aufsichtsratsvorsitzende fordert die abwesenden Aufsichtsratsmitglieder zur nachträglichen Stimmabgabe innerhalb einer bestimmten Frist auf. Ihre Stimmen werden **nachträglich** auf schriftlichem oder fernmündlichem Weg oder in einer sonstigen vergleichbaren Form eingeholt und gegenüber dem Vorsitzenden abgegeben.³⁶¹ Nach Eingang ihrer Stimmen stellt der Vorsitzende das Ergebnis der gemischten Beschlussfassung fest.

211 Die Satzung kann die Zulässigkeit und Modalitäten der gemischten Beschlussfassung näher regeln, § 108 Abs. 4.³⁶² Sie kann Zulässigkeit und Modalitäten verschärfen oder erweitern, insbesondere das Widerspruchsrecht gegen diese Form der Beschlussfassung ausschließen.³⁶³

212 War ein Beschluss wegen eines Mangels der Beschlussfähigkeit bislang unwirksam, kann die nachträglich abgegebene Stimme die Gültigkeit eines Beschlusses ex nunc bewirken.³⁶⁴

IX. Fehlerhaftigkeit eines Aufsichtsratsbeschlusses³⁶⁵

213 **1. Allgemeines.** § 108 schweigt zu der Frage, ob und unter welchen Voraussetzungen ein Aufsichtsratsbeschluss fehlerhaft ist. Er sagt nicht, wer sich gegen einen Beschlussmangel wenden kann. Es sind keine Anhaltspunkte für die form- und fristgerechte Geltendmachung eines Beschlussmangels ersichtlich. Folgerichtig sind dem Gesetz auch nicht die Folgen eines fehlerhaften Beschlusses zu entnehmen.

214 Einzelne Vorschriften (§ 107 Abs. 2 S. 3; §§ 32 Abs. 1 S. 2, 34 BGB) regeln **Sonderfragen:** Die Vorschrift über die innere Ordnung des Aufsichtsrats (§ 107 Abs. 2 S. 3) bestimmt, dass die Nichtanfertigung einer ordnungsgemäßen Niederschrift über die Aufsichtsratssitzung oder das Fehlen von Angaben (§ 107 Abs. 2 S. 2) in dieser Niederschrift nicht zur Unwirksamkeit des Beschlusses führen. Die bürgerlich-rechtliche Vorschrift über die Mitgliederversammlung bei Vereinen (§ 32 Abs. 1 S. 2 BGB) bestimmt die Ungültigkeit eines Beschlusses, wenn der Gegenstand der Beschlussfassung bei der Einberufung nicht mitgeteilt worden ist. Das Stimmrecht eines Vereinsmitglieds ist in bestimmten Fällen ausgeschlossen (§ 34 BGB). Die Rechtsfolgen eines Verstoßes sind nicht geregelt.

215 **2. Gültige Aufsichtsratsbeschlüsse.** Verstöße gegen sanktionslose Ordnungsvorschriften werden nicht geahndet.³⁶⁶ Der Beschluss ist und bleibt **gültig**. Hierzu zählen u. a. die vom Vermittlungsausschuss versäumte Monatsfrist im Fall von Bestellung und Widerruf im Bereich des MitbestG (§ 31 Abs. 3 S. 1 MitbestG), ein Verstoß gegen die Zahl der Pflichteinberufungen des Aufsichtsrats (§ 110 Abs. 3) sowie eine fehlerhafte oder ganz fehlende Protokollierung (§ 107 Abs. 2 S. 3).

216 **3. Arten des Mangels eines fehlerhaften Aufsichtsratsbeschlusses.** Die Fehlerhaftigkeit eines Aufsichtsratsbeschlusses kann verschiedene Ursachen haben. Die Art des Mangels bestimmt die rechtlichen Folgen. Im Einzelnen sind zu unterscheiden:

217 **a) Beschlüsse eines nicht-rechtmäßigen Gremiums.** Aufsichtsratsbeschlüsse kann nur ein rechtmäßig bestehender Aufsichtsrat fassen. Beschlüsse anderer Gremien sind, wenn

---

bestG § 25 Rn. 56; *Raiser/Veil* MitbestG § 25 Rn. 22; zweifelnd *Hüffer/Koch* Rn. 23, der eine entsprechende Klausel in der Satzung oder der Geschäftsordnung fordert; teilweise aA Großkomm AktG/*Hopt/Roth* Anm. 129, siehe Fn. 358.
³⁶⁰ Großkomm AktG/*Hopt/Roth* Anm. 129; MüKoAktG/*Habersack* Rn. 71; *v. Schenck* in Semler/v. Schenck AR-HdB § 5 Rn. 144.
³⁶¹ MüKoAktG/*Habersack* Rn. 71.
³⁶² *Hoffmann-Becking*, FS Priester 2007, 233 (242).
³⁶³ *Kindl* ZHR 166 (2002), 335 (342 f.).
³⁶⁴ *v. Schenck* in Semler/v. Schenck AR-HdB § 5 Rn. 144.; Bürgers/Körber/*Bürgers/Israel* Rn. 16.
³⁶⁵ Rechtsvergleichende Übersicht bei *Fleischer* DB 2013, 160 (217).
³⁶⁶ MHdB AG/*Hoffmann-Becking* § 31 Rn. 109; Großkomm AktG/*Hopt/Roth* Anm. 137; UHH/*Ulmer/Habersack* MitbestG § 25 Rn. 40, vgl. MüKoAktG/*Habersack* Rn. 79.

sie sich Aufsichtsratskompetenzen anmaßen, **Nichtbeschlüsse**.[367] Wenn ein Beirat einer AG einem zustimmungspflichtigen Geschäft zustimmt oder seine Zustimmung verweigert, sind derartige Beschlüsse keine Aufsichtsratsbeschlüsse. Auch ein stillschweigender (konkludent gefasster) Beschluss des Aufsichtsrats ist rechtlich ein Nichtbeschluss.

b) Beschlüsse bei fehlender Beschlusszuständigkeit. Es kann vorkommen, dass der 218 Aufsichtsrat einen Beschluss fasst, dessen Gegenstand nicht in seine Zuständigkeit fällt.[368] Dies ist zB der Fall, wenn der Aufsichtsrat (anstelle der Hauptversammlung) den Abschlussprüfer wählt **(absolute Unzuständigkeit)**. Auch ist es möglich, dass ein Ausschuss des Aufsichtsrats in einer Angelegenheit einen Beschluss fasst, zu deren Erledigung er nicht bevollmächtigt ist **(gegenständliche Unzuständigkeit)**. Dabei wird wieder zu unterscheiden sein, ob es an einer Bevollmächtigung überhaupt fehlt **(absolute gegenständliche Unzuständigkeit)** oder ob zwar eine Bevollmächtigung vorliegt, gesetzte Grenzen aber überschritten werden **(relative gegenständliche Unzuständigkeit)**.

c) Fehlerhaftigkeit eines Beschlusses wegen eines Inhaltsmangels. Schwere Verstöße gegen **zwingendes Recht**[369] und **Vorschriften der Satzung** stellen Inhaltsmängel 219 dar.[370] Ein Inhaltsmangel liegt zB vor, wenn der Aufsichtsrat eine gegen zwingendes Mitbestimmungsrecht verstoßende Geschäftsordnung verabschiedet[371] oder Beschlüsse zur Inanspruchnahme eines genehmigten Kapitals fasst, ohne dass ein solches von der Hauptversammlung geschaffen worden ist.[372] Ein Inhaltsmangel besteht auch dann, wenn der Aufsichtsrat Zustimmungsvorbehalte nach § 111 Abs. 4 einführt, welche in die Leitungskompetenz des Vorstands eingreifen.[373]

Ein inhaltlicher Verstoß liegt auch bei **Überschreiten der Grenzen pflichtgemäßer** 220 **Ermessensausübung** vor. Das Aufsichtsratsmitglied kann sein Ermessen pflichtwidrig überschreiten.[374] Die Rechtsprechung kann unternehmerische Entscheidungen kaum überprüfen und auch keine eigene Bewertung des Unternehmensinteresses vornehmen. Diesbezügliche Ermessensentscheidungen des Aufsichtsrats unterliegen zwar der gerichtlichen Kontrolle. Der Richter hat aber keinen autonomen Entscheidungsspielraum.[375]

d) Fehlerhaftigkeit eines Beschlusses wegen eines Verfahrensmangels. Es muss 221 zwischen schweren und leichten Verfahrensmängeln unterschieden werden. Das Gericht kann nur prüfen, ob ein Ermessensspielraum vorlag und seine Grenzen nicht überschritten wurden. Wenn eine Ermessensüberschreitung vorliegt, handelt es sich um einen schweren inhaltlichen Verstoß und nicht um einen Verfahrensmangel.

aa) Schwere Verfahrensmängel. Beschlüsse mit schweren Verfahrensmängeln verstoßen 222 nicht ihrem Inhalt nach, sondern in der **Form ihres Zustandekommens gegen** die **gesetzlichen** oder **satzungsmäßigen Vorschriften**. Hierzu zählen Beschlussunfähig-

---

[367] Großkomm AktG/*Hopt/Roth* Anm. 151; *v. Schenck* in Semler/v. Schenck AR-HdB § 1 Rn. 214 mit weiteren Beispielen; aA *Meilicke*, FS Schmidt, 1959, 71 (79) demzufolge der Nicht-Beschluss gar keinen Beschluss darstellt.
[368] MüKoAktG/*Habersack* Rn. 76; MHdB AG/*Hoffmann-Becking* § 31 Rn. 109; *Kindl* AG 1993, 153 (159).
[369] KG AG 2005, 205; MHdB AG/*Hoffmann-Becking* § 31 Rn. 109; Kölner Komm AktG/*Mertens/Cahn* Rn. 97.
[370] Kölner Komm AktG/*Mertens/Cahn* Rn. 86, 97.
[371] OLG Hamburg DB 1992, 774 (775); *Lutter/Krieger/Verse* Rn. 738; *v. Schenck* in Semler/v. Schenck AR-HdB § 1 Rn. 212.
[372] Vgl. für weitere Beispiele: *v. Schenck* in Semler/v. Schenck AR-HdB § 1 Rn. 212.
[373] Siehe *Fleischer* BB 2013, 835 (843).
[374] Kölner Komm AktG/*Mertens/Cahn* Rn. 98; MüKoAktG/*Habersack* Rn. 80. Vgl. auch BGHZ 135, 244 (252 ff.).
[375] BGHZ 135, 242 (252 ff.) = ZIP 1997, 883 = NJW 1997, 1926, teilweise aA die Vorinstanz OLG Düsseldorf AG 1995, 416 (418 ff.) = ZIP 1995, 1183 (1190). Allerdings lag bei Erscheinen der letzten Auflage die Entscheidung des BGH noch nicht vor. *Dreher* ZHR 158 (1994), 614 (634 ff., 636 ff.); *Martens* ZHR 159 (1995), 567 (578); vgl. *J. Semler*, FS Ulmer, 2003, 627 (641).

keit,[376] Beschlussfassung ohne Sitzung trotz Widerspruchs eines Aufsichtsratsmitglieds, Beschlussfassungen über nicht in der Tagesordnung angekündigte Anträge[377] oder die Nichtladung einzelner Mitglieder.[378] Eine fehlerhafte Zusammensetzung liegt bei Verstoß gegen die zwingende gesetzliche Vorschrift über die Zusammensetzung des Aufsichtsrats (§ 96) vor. Bevor die fehlerhafte Zusammensetzung geltend gemacht werden kann, muss allerdings das Statusverfahren (§§ 97–99) durchgeführt werden. Bis dahin sind gefasste Beschlüsse gültig. Eine fehlerhafte Zusammensetzung des Aufsichtsrats führt jedoch dann nicht zur Nichtigkeit, wenn dem Aufsichtsrat zwar mehr als die gesetzlich vorgeschriebene Anzahl Mitglieder angehören, die in § 95 Satz 4 AktG geregelte Höchstzahl jedoch nicht überschritten wird.[379]

223 **(1) Beschlussfassung ohne die erforderliche Mehrheit.** Ein ohne die erforderliche Mehrheit gefasster, aber vom Vorsitzenden festgestellter Beschluss leidet unter einem schweren Verfahrensmangel.[380] Die erforderliche Mehrheit kann fehlen, wenn dem Aufsichtsratsvorsitzenden bei Feststellung des Beschlussergebnisses ein Zählfehler unterlaufen ist. Sie kann entfallen, wenn die ursprünglich erreichte erforderliche Mehrheit auf Grund einer oder mehrerer nichtiger Stimmabgaben zustande gekommen ist. Die Nichtigkeit einer Stimmabgabe kann mehrere Ursachen haben.

224 **(2) Nichtige Stimmabgabe.** Die Stimmabgabe ist nichtig, wenn die Bestimmungen für die schriftliche Stimmabgabe (Abs. 3) oder für die Beschlussfassung ohne Sitzung (Abs. 4) nicht eingehalten wurden oder wenn sich ein nicht wirksam gewähltes Aufsichtsratsmitglied an der Beschlussfassung beteiligt hat.[381]

225 Die Abgabe einer Stimme ist auch unwirksam,[382] wenn die Stimmabgabe **nicht mehr pflichtgemäßer** Ermessensausübung entspricht, so zB wenn ein Aufsichtsratsmitglied im Aufsichtsrat die Gruppenzugehörigkeit zur Arbeitnehmerschaft oder zu den Anteilseignern zum erklärten Ziel seines Abstimmungsverhaltens macht. Auch die treuwidrige Stimmabgabe kann die Nichtigkeit zur Folge haben.[383] Die fehlerhafte Stimmabgabe führt allerdings nur zu Fehlerhaftigkeit des Aufsichtsratsbeschlusses, wenn sie das Beschlussergebnis beeinflusst.

226 Eine Stimmabgabe ist nicht deshalb unwirksam, weil sich das Aufsichtsratsmitglied damit einer **Pflichtverletzung** gegenüber der Gesellschaft schuldig macht.[384]

227 Eine Fehlerhaftigkeit der Stimmabgabe wird bei Teilnahme an der Beschlussfassung trotz bestehenden **Stimmverbots** und bei Verstoß der Stimmabgabe gegen die guten Sitten begründet.[385]

---

[376] BGHZ 4, 224 (228); BGH AG 1989, 129 (130) = NJW 1989, 1928 (1929) (allerdings nur für Aufsichtsratsausschüsse); LG Karlsruhe AG 1994, 87 = DB 1993, 1352; Kölner Komm AktG/*Mertens/Cahn* Rn. 89; MHdB AG/*Hoffmann-Becking* § 31 Rn. 109, der den schweren Verfahrensmangel als absoluten Verfahrensfehler bezeichnet; *Lutter/Krieger/Verse* Rn. 739; *Fortun/Knies* DB 2007, 1451; *Baums* ZGR 1983, 300 (317 ff.), der bei fehlender Beschlussfähigkeit allerdings grundsätzlich Nichtigkeit und nicht bloße Anfechtbarkeit annimmt; ebenso *Heinsius* AG 1977, 281; *Werner* AG 1979, 330 (331).
[377] *Lutter/Krieger/Verse* Rn. 739.
[378] *v. Schenck* in Semler/v. Schenck AR-HdB § 1 Rn. 216; MüKoAktG/*Habersack* Rn. 76; MHdB AG/*Hoffmann-Becking* § 31 Rn. 110; aA *Lutter/Krieger/Verse* Rn. 739, die lediglich Anfechtbarkeit annehmen; ebenso *Baums* ZGR 1983, 300 (309 ff.); *Axhausen*, Anfechtbarkeit aktienrechtlicher Aufsichtsratsbeschlüsse, 1986, 190 ff.
[379] OLG Hamburg AG 2002, 460 (461).
[380] MHdB AG/*Hoffmann-Becking* § 31 Rn. 110; UHH/*Ulmer/Habersack* MitbestG § 25 Rn. 39; vgl. Kölner Komm AktG/*Mertens/Cahn* Rn. 90.
[381] BGH NZG 2013, 792 (794) mit Anm. *Fischer/Hoffmann* NZG 2013, 1419.
[382] OLG Hamburg AG 1984, 248 (249).
[383] So BGH NZG 2013, 792 (794) für den Fall der treuwidrigen Verweigerung der Genehmigung einer vom Aufsichtsratvorsitzenden erteilten Prozeßvollmacht.
[384] Kölner Komm AktG/*Mertens/Cahn* Rn. 86.
[385] § 138 Abs. 1 BGB; Kölner Komm AktG/*Mertens/Cahn* Rn. 86.

(3) Kausalität zwischen fehlerhafter Stimmabgabe und Beschlussergebnis. Ein 228
Aufsichtsratsbeschluss ist nur fehlerhaft, wenn die fehlerhafte Stimmabgabe **kausal** für den zustande gekommenen Beschluss und ausschlaggebend für das gefasste Beschlussergebnis gewesen ist.[386] Sonst ist der Beschluss trotz fehlerhafter Stimmabgabe eines Aufsichtsratsmitglieds nicht fehlerhaft.[387]

Zur Feststellung der **Beschlussfähigkeit** wird das Aufsichtsratsmitglied mitgerechnet, 229 welches eine fehlerhafte Stimme abgegeben hat.[388] Andernfalls könnte nachträglich Beschlussunfähigkeit eintreten. Dies hätte die Fehlerhaftigkeit des Aufsichtsratsbeschlusses zur Folge, obwohl die fehlerhafte Stimme nicht entscheidend für das Zustandekommen des Beschlusses war.

(4) Änderung des Beschlussergebnisses. Die Anzahl aller abgegebenen gültigen Stim- 230
men entscheidet über die Annahme oder die Ablehnung eines Beschlussantrags. Der auf Grund der fehlerhaften Stimmabgabe zustande gekommene Beschluss bleibt zwar gültig. **Entfällt** jedoch **die erforderliche Mehrheit** auf Grund der nichtigen Stimmabgabe, ist der Beschlussantrag tatsächlich nicht angenommen, sondern abgelehnt worden. Es liegt ein negativer und kein positiver Beschluss vor. Im umgekehrten Fall bewirkt die nichtige Stimmabgabe die Annahme des Beschlusses anstatt seiner Ablehnung.[389]

(5) Anfechtung der eigenen Stimmabgabe. Die Anfechtung der eigenen Stimm- 231
abgabe auf Grund von Willensmängeln ist nach allgemeinen Grundsätzen zulässig.[390] Eine durch **Irrtum** (§ 119 BGB), **Drohung** oder **arglistige Täuschung** (§ 123 Abs. 1 BGB) zustande gekommene Stimmabgabe ist anfechtbar. Die falsche Information oder eine nicht genügende Aufklärung über den Beschlussgegenstand kommen als **Anfechtungsgrund** (§ 119 Abs. 2 BGB) in Betracht. Das anfechtende Aufsichtsratsmitglied setzt sich entgegen der bürgerlich-rechtlichen Vorschrift über die Schadensersatzpflicht des Anfechtenden (§ 122 BGB) keiner Schadensersatzpflicht aus.

Die **Anfechtungsberechtigung** steht nur dem Aufsichtsratsmitglied zu, das einen An- 232
fechtungsgrund geltend machen kann. Die **Anfechtungserklärung** muss es gegenüber dem Aufsichtsratsvorsitzenden, bei seiner Abwesenheit gegenüber dem jeweiligen Sitzungsleiter unverzüglich abgeben.[391] Die Anfechtung führt zur **Nichtigkeit** der Stimmabgabe. Führt die Anfechtung der eigenen Stimmabgabe darüber hinaus zur Nichtigkeit des Beschlusses, ist sie auch gegenüber dem Vorstand geltend zu machen.[392] Im Regelfall ist es Sache des Vorsitzenden, den Vorstand zu informieren.

---

[386] OLG Stuttgart AG 2007, 873 (876); vgl. auch MüKoAktG/*Habersack* Rn. 77; Kölner Komm AktG/*Mertens/Cahn* Rn. 91 und 94, der jedoch danach differenziert, ob die fehlerhafte Stimmabgabe auf einer Verletzung des Teilnahme- und Stimmrechtes des Aufsichtsratsmitgliedes beruht. In diesem Fall soll der Beschluss auch dann unwirksam sein, wenn die fehlerhafte Stimmabgabe für das Beschlussergebnis nicht kausal geworden ist.
[387] RGZ 106, 258 (263); BGHZ 12, 327 (331); UHH/*Ulmer/Habersack* MitbestG § 25 Rn. 41; *Lutter/Krieger/Verse* Rn. 739; *Engfer*, Der Ausschluß des organschaftlichen Stimmrechts bei Interessenkollisionen, 1970, 164; *Meyer-Giesow*, Stimmverbote in den Aktienrechten der EWG-Staaten, Diss. Bonn, 1966, 157; *Meilicke*, FS Schmidt, 1959, 71 (90 f.); für den Fall der Teilnahme eines Unbefugten an der Beschlussfassung WWKK/*Koberski* MitbestG § 25 Rn. 36. Ausführlich zum Erfordernis der Kausalität: *Lemke*, Der fehlerhafte Aufsichtsratsbeschluß, 1994, 140 ff.
[388] BGH AG 2007, 484 (485).
[389] BGH NZG 2013, 792 (794); Kölner Komm AktG/*Mertens/Cahn* Rn. 92; *Hoffmann/Lehmann/Weinmann* MitbestG § 29 Rn. 54; WWKK/*Koberski* MitbestG § 25 Rn. 36; Soergel/*Hadding* BGB § 32 Rn. 39; kritisch GK-MitbestG/*Naendrup* MitbestG § 25 Rn. 85; grundlegend zur Nichtigkeit der Einzelstimme *Zöllner* S. 359 ff.
[390] Vgl. zur Anfechtung eines fehlerhaften Aufsichtsratsbeschlusses → Rn. 247 ff.; Kölner Komm AktG/*Mertens/Cahn* Rn. 90; Großkomm AktG/*Hopt/Roth* Anm. 143; *Meilicke*, FS Schmidt, 1959, 71 (91); *Baltzer*, Der Beschluss als rechtstechnisches Mittel organschaftlicher Funktion im Privatrecht, 1965, 152.
[391] Kölner Komm AktG/*Mertens/Cahn* Rn. 90; Großkomm AktG/*Hopt/Roth* Rn. 143; aA v. *Godin/Wilhelmi* Anm. 6, welche den Vorstand als Adressat der Anfechtungserklärung sehen.
[392] Großkomm AktG/*Hopt/Roth* Anm. 143.

233 **bb) Leichte Verfahrensmängel.** Als leichte Verfahrensmängel gelten zB die Durchführung einer Aufsichtsratssitzung ohne Wahrung der Mindesteinberufungsfrist, Verstöße gegen Vorschriften über Zeit und Ort der Sitzung oder die Verhandlung und Beschlussfassung von Anträgen, obwohl diese nicht rechtzeitig in der Tagesordnung angekündigt waren.[393]

234 Die **Teilnahme nicht berechtigter Personen** an der Aufsichtsratssitzung ist ein leichter Verfahrensmangel.[394] Nur berechtigte Personen dürfen an den Sitzungen des Aufsichtsrats und seinen Beschlussfassungen mitwirken. Dies ergibt sich aus der gesetzlichen Vorschrift (Abs. 3 S. 3, § 109 Abs. 3). Nimmt eine nicht zur Teilnahme berechtigte Person an der Abstimmung teil, ist die von ihr abgegebene Stimme nichtig. Der Beschluss ist fehlerhaft, wenn ihre Stimmabgabe mitgezählt wurde und das Beschlussergebnis entschieden hat.[395] Es schadet nicht, wenn die nicht zur Teilnahme berechtigte Person bei den Verhandlungen Einfluss auf andere Aufsichtsratsmitglieder nimmt.[396] Der heutigen Rechtsprechung zufolge bleibt das Beschlussergebnis unverändert bestehen, wenn die Stimme des Unbefugten für das Ergebnis nicht kausal geworden ist.[397]

235 Ein Aufsichtsratsbeschluss ist **fehlerhaft,** wenn ein Aufsichtsratsmitglied bei der Wahrnehmung seiner Teilnahme- und Mitwirkungsrechte durch den Verfahrensmangel behindert worden ist.[398] Das Gesetz verlangt die Einhaltung der Teilnahme- und Stimmrechte des einzelnen Aufsichtsratsmitglieds. Das Recht auf Teilnahme an der Aufsichtsratssitzung ist von Ausnahmen abgesehen grundsätzlich unentziehbar.[399] In diesem Fall kommt es auf die Art des Verfahrensmangels nicht an.[400] Wenn ein Aufsichtsratsmitglied aus rechtlichen Gründen (wie zB wegen Interessenwiderstreits) von der Stimmabgabe ausgeschlossen worden ist, liegt kein Verfahrensmangel vor. Nur die **tatsächliche** Beeinträchtigung der Ausübung von Teilnahmerechten führt zur Fehlerhaftigkeit des Beschlusses. Dies gilt ohne Rücksicht darauf, ob dieser Verfahrensverstoß kausal für das Beschlussergebnis war.

236 Der Beschluss ist **fehlerfrei,** wenn das von einem Verfahrensverstoß betroffene Aufsichtsratsmitglied **ohne Hinderung** seiner Mitwirkungsrechte an der Beschlussfassung hat teilnehmen können. Der Verfahrensverstoß ist nicht beschlussrelevant geworden.[401]

237 Aufsichtsratsmitglieder können **auf** die Wahrung dieser **Verfahrensvorschriften verzichten.** Ein Aufsichtsratsbeschluss kann trotz eines leichten Verfahrensmangels fehlerfrei sein.

238 Das betroffene Aufsichtsratsmitglied muss auf eine Rüge des **Verfahrensmangels nicht** ausdrücklich oder konkludent **verzichten.**[402] Bei Unkenntnis des Aufsichtsratsmitglieds von dem Verfahrensfehler liegt keine tatsächliche Beeinträchtigung seiner Mitwirkungs-

---

[393] Vgl. *v. Schenck* in Semler/v. Schenck AR-HdB § 1 Rn. 218.
[394] BGHZ 47, 341 (349 f.) = NJW 1967, 1711 (1713) gebraucht zwar nicht diesen Begriff, beurteilt die Teilnahme nichtberechtigter Personen aber nicht als schädlich für die Wirksamkeit des Beschlusses; unter teilweiser Abweichung von BGHZ 12, 327 (331) = NJW 1954, 797 (derjenige, der sich auf die Gültigkeit des Beschlusses berief, sollte einwandfrei die Möglichkeit ausräumen, dass der Beschluss durch das Mitstimmen der Unbefugten beeinflusst worden ist).
[395] RGZ 110, 194 (197); BGHZ 12, 327 (331); 47, 341 (346); OLG Stuttgart AG 2007, 873 (876); MüKoAktG/*Habersack* Rn. 77; Kölner Komm AktG/*Mertens/Cahn* Rn. 93; Großkomm AktG/*Hopt/Roth* Anm. 145; *Lemke,* Der fehlerhafte Aufsichtsratsbeschluß, 1994, 141 f.; *Scheuffler,* Fehlerhafte Aufsichtsratsbeschlüsse, 1962, 34, 46; *Meilicke,* FS Walter Schmidt, 1959, 71 (90) zufolge tritt Nichtigkeit und nicht nur Anfechtbarkeit ein.
[396] BGHZ 47, 341 (346) in Abweichung von BGHZ 12, 327 (331).
[397] BGHZ 47, 341 (346); Kölner Komm AktG/*Mertens/Cahn* Rn. 93.
[398] OLG Stuttgart AG 1985, 193 (194); MüKoAktG/*Habersack* Rn. 77; Kölner Komm AktG/*Mertens/Cahn* Rn. 94; WWKK/*Koberski* MitbestG § 25 Rn. 36; GK-MitbestG/*Naendrup* MitbestG § 25 Rn. 88; *Kindl* AG 1993, 153 (159).
[399] LG Mühlhausen AG 1996, 527; *v. Schenck* in Semler/v. Schenck AR-HdB § 7 Rn. 237.
[400] Kölner Komm AktG/*Mertens/Cahn* Rn. 94; WWKK/*Koberski* MitbestG § 25 Rn. 36.
[401] Kölner Komm AktG/*Mertens/Cahn* Rn. 95.
[402] BGHZ 122, 342 (351 f.) = NJW 1993, 2307 (2309) = WuB II A. § 107 AktG 1.93 mit Anm. *Rellermeyer;* Kölner Komm AktG/*Mertens/Cahn* Rn. 95.

rechte vor. Der Beschluss ist fehlerfrei.[403] Nur wenn der Verfahrensmangel (nicht der Beschluss) vom betroffenen Aufsichtsratsmitglied **gerügt** worden ist, können sich auch bei leichten Verfahrensmängeln Auswirkungen auf die Gültigkeit des Beschlusses ergeben. Diese Rüge ist im Allgemeinen gegenüber dem Aufsichtsvorsitzenden zu erklären und zwar mit „zumutbarer Beschleunigung".[404] Die Einhaltung dieser Vorgabe sollte gesichert sein, wenn die Verfahrensrüge längstens innerhalb von vier Wochen erfolgt.

Wirkt sich der **Verfahrensmangel** auf das **Beschlussergebnis** aus, ist der Beschluss 239 fehlerhaft.[405]

cc) Auswirkungen des Verzichts auf die Einhaltung von Verfahrensvorschriften. 240
Der Aufsichtsrat als Organ und einzelne Aufsichtsratsmitglieder können auf die Einhaltung von disponiblen Verfahrensvorschriften **verzichten**.

e) Disponible Vorschriften. Disponibel sind die Vorschriften, deren Verletzung zu 241 einem leichten Verfahrensmangel führen würde.[406] Es sind dies satzungsmäßige Vorschriften über die Einberufungsfrist sowie über Ort und Zeit der Sitzungen und die Verhandlung und Beschlussfassung von Anträgen, die nicht rechtzeitig in der Tagesordnung angekündigt waren.[407]

f) Verzicht auf die Geltendmachung des Verfahrensverstoßes. Aufsichtsratsmitglie- 242 der können auf die Einhaltung von Verfahrensvorschriften vor der Beschlussfassung verzichten. Ein wirksamer Verzicht schließt die Nichtigkeit des fehlerhaften Beschlusses aus.[408] Der Verfahrensfehler ist unbeachtlich.

Alle Aufsichtsratsmitglieder und nicht nur das betroffene Mitglied müssen mit dem 243 Verzicht einverstanden sein.[409] Ein einziges Mitglied kann nicht allein auf die Heilung des Verfahrensverstoßes und damit die Heilung des Beschlusses hinwirken. Das Gesetz bezweckt nicht nur den Schutz der individuellen Mitwirkungsrechte, sondern auch die Einhaltung eines ordnungsgemäßen Verfahrens.[410]

4. Rechtsfolgen der Fehlerhaftigkeit eines Aufsichtsratsbeschlusses. a) Nicht- 244 **beschluss.** Ein Nichtbeschluss existiert rechtlich nicht. Er hat keinerlei Wirkungen. Zu seiner Beseitigung bedarf es keiner rechtlichen Maßnahmen. Ein Nichtbeschluss wird schlicht ignoriert.

b) Sorgfaltswidrige Beschlüsse. Verursacht ein Aufsichtsratsbeschluss einen Schaden 245 für die Gesellschaft oder besteht die Möglichkeit der Schadensverursachung, berührt diese Folge nicht seine Gültigkeit. Weigert sich der Aufsichtsrat, Schadensersatzansprüche gegen den Vorstand geltend zu machen, kann hierin ein **Sorgfaltspflichtverstoß** liegen (→ § 116 Rn. 17, 813). Dieser beurteilt sich unabhängig von der Bestandskraft des Aufsichtsratsbeschlusses. Eine Nichtigkeit oder Vernichtbarkeit des Beschlusses liegt nicht vor.[411] Die Aufsichtsratsmitglieder können sich allerdings selbst schadensersatzpflichtig machen und ggf. abberufen (§ 103) werden.

---

[403] Kölner Komm AktG/*Mertens/Cahn* Rn. 95; *Kindl*, Die Teilnahme an der Aufsichtsratssitzung, 1993, 175 f.; *Lemke*, Der fehlerhafte Aufsichtsratsbeschluß, 1994, 148.
[404] BGHZ 122, 342 (352) = NJW 1993, 2307 (2309).
[405] Kölner Komm AktG/*Mertens/Cahn* Rn. 94.
[406] Vgl. → Rn. 233 ff.; UHH/*Ulmer/Habersack* MitbestG § 25 Rn. 39.
[407] Vgl. *v. Schenck* in Semler/v. Schenck AR-HdB § 1 Rn. 218.
[408] Kölner Komm AktG/*Mertens/Cahn* Rn. 96.
[409] Kölner Komm AktG/*Mertens/Cahn* Rn. 96; aA *Kindl*, Die Teilnahme an der Aufsichtsratssitzung, 1993, 180 f., demzufolge nur das betroffene Mitglied an der Heilung des Mangels zu beteiligen ist; *Lemke*, Der fehlerhafte Aufsichtsratsbeschluß, 1994, 126. Sie sprechen sich dafür aus, dass ein einziges Mitglied allein den Beschluss anfechten kann.
[410] Kölner Komm AktG/*Mertens/Cahn* Rn. 96.
[411] *Götz*, FS Lüke 1997, 167 (184); aA BGHZ 135, 244 (251 ff.) allerdings ohne nähere Begründung in Abkehr von BGHZ 106, 54 (67) und jetzt auch unter Aufgabe der gegenteiligen Ansicht der Vorauflage Hüffer/*Koch* Rn. 27.

246 Das Unterlassen einer gebotenen Verfolgung von Schadensersatzansprüchen gegen Organmitglieder beinhaltet jedoch **keinen Verbotstatbestand** im Sinne der bürgerlich-rechtlichen Vorschrift (§ 134 BGB). Der Verstoß gegen die Sorgfaltspflicht begründet nicht die Nichtigkeit des Aufsichtsratsbeschlusses.[412]

247 **c) Fehlerhafte Beschlüsse.** Aufsichtsratsbeschlüsse sind entweder **gültig** oder **fehlerhaft**. Die fehlerhaften Aufsichtsratsbeschlüsse lassen sich in unbedingt **nichtige** und **bedingt nichtige** Beschlüsse einteilen. Ob ein Aufsichtsratsbeschluss nichtig oder bedingt nichtig ist, richtet sich nach der Schwere des Rechtsverstoßes.

248 Die Fehlerhaftigkeit kann auf einem **Mangel im Beschlussverfahren** oder einem **inhaltlichen Verstoß** gegen Gesetz oder Satzung beruhen. Eine **mit Mängeln behaftete Stimmabgabe** zieht nicht per se die Fehlerhaftigkeit des Beschlusses nach sich. Sie muss das Abstimmungsergebnis beeinflusst haben (→ Rn. 228). Nur wenn bei Wegdenken der mangelhaften Stimmabgabe kein Beschluss zustande kommt (fehlende Mehrheit), ist der gefasste Beschluss fehlerhaft.

249 Der bedingt nichtige Aufsichtsratsbeschluss (→ Rn. 238) hat **Bestandskraft**, wenn der Verfahrensmangel nicht mit der gebotenen Beschleunigung rechtzeitig gerügt worden ist. Erfolgt keine Rüge des Verfahrensverstoßes, bleibt der Beschluss rechtswirksam. Dies folgt aus dem Rechtsgedanken der bürgerlich-rechtlichen Vorschrift über die Wirkung der bürgerlich-rechtlichen Anfechtung.[413]

250 **aa) Allgemeines.** Das AktG schweigt zu der Frage, wie ein fehlerhafter Aufsichtsratsbeschluss zu behandeln ist. Über seine Behandlung besteht Uneinigkeit in Rechtsprechung und Literatur. Fehlerhafte Beschlüsse waren nach Ansicht der früher hM[414] stets nichtig. Übereinstimmung besteht heute darin, dass aus Gründen der Rechtssicherheit ein **Bedürfnis zur Zurückdrängung der Nichtigkeitsfolge** besteht.[415] Wie diese Zurückdrängung erfolgen soll, ist streitig.

251 Vielfach wird eine entsprechende Anwendung der Vorschriften über die **Nichtigkeits- und Anfechtungsgründe eines Hauptversammlungsbeschlusses** gefordert.[416] Bedingt nichtige Beschlüsse sollen durch Anfechtung nichtig werden. Wenn eine Anfechtung unterbleibt, sollen bedingt fehlerhafte Beschlüsse wirksam bleiben. Der BGH[417] und ein Teil des Schrifttums lehnen die entsprechende Anwendung der für Hauptversammlungsbeschlüsse geltenden Vorschriften über die Anfechtung ab.[418] Die „auf Hauptversammlungsbeschlüsse zugeschnittene Abgrenzung von Anfechtungs- und Nichtigkeitsgründen (wird) den Besonderheiten von Aufsichtsratsbeschlüssen nicht gerecht."[419]

252 **bb) Differenzierung zwischen Nichtigkeit und bedingter Nichtigkeit.** Die neuere Lehre und Teile der Rechtsprechung unterscheiden entgegen der Ansicht des BGH[420]

---

[412] *Kindler* ZHR 162 (1998), 101 (116); *Götz*, FS Lüke, 1997, 167 (184); aA BGHZ 135, 244 (251 ff.) allerdings ohne weitere Erläuterung und jetzt auch Hüffer/*Koch* Rn. 27.

[413] § 142 BGB, vgl. Palandt/*Ellenberger* BGB § 142 Rn. 3.

[414] MüKoAktG/*Habersack* Rn. 82; Großkomm AktG/*Hopt/Roth* Anm. 138, Spindler/Stilz/*Spindler* Rn. 65, 73; Hüffer/*Koch* Rn. 28; *Scheffler*, Fehlerhafte Aufsichtsratsbeschlüsse, 1962, 8; *Meilicke*, FS Schmidt, 1959, 71 (78).

[415] Vgl. BGHZ 122, 342 (351) = NJW 1993, 2307 (2309) = WuB II A. § 107 AktG 1.93 mit Anm. *Rellermeyer*; *Lemke*, Der fehlerhafte Aufsichtsratsbeschluß, 1994, 142.

[416] §§ 241 ff., vgl. *Henze* ZIP 2002, 98.

[417] BGHZ 122, 341 (346 ff.) = NJW 1993, 2307 ff. = WuB II A. § 107 AktG 1.93 mit Anm. *Rellermeyer*; BGHZ 124, 111 (115); BGHZ 135, 244 (247) = NJW 1997, 1926 = ZIP 1997, 883; ihm folgend LG Frankfurt ZIP 1996, 1661 (1662); aA OLG Hamburg AG 1992, 197 (198) = DB 1992, 774 (775 f.) mit dem Argument der Rechtssicherheit.

[418] MüKoAktG/*Habersack* Rn. 81; Großkomm AktG/*Hopt/Roth* Anm. 1386, Spindler/Stilz/*Spindler* Rn. 73; Hüffer/*Koch* Rn. 28; *v. Schenck* in Semler/v. Schenck AR-HdB § 1 Rn. 209; *Götz*, FS Lüke, 1997, 167 (178); *Brandes* WM 1994, 2177 (2182); *Raiser* DZWiR 1993, 510 f.; *Kindl* AG 1993, 153 (158 f.); aA *Axhausen*, Anfechtbarkeit aktienrechtlicher Aufsichtsratsbeschlüsse, 1986, 157 ff.

[419] BGHZ 122, 342 (352) = NJW 1993, 2307 (2309).

[420] BGHZ 122, 341 (351) = NJW 1993, 2307 (2309).

zwischen **Nichtigkeit und Vernichtbarkeit von Aufsichtsratsbeschlüssen**.[421] Der Streit geht um die Behandlung von fehlerhaften Beschlüssen, die nicht unbedingt nichtig sind.

cc) Rechtsprechung des BGH. Der Rechtsprechung des **BGH**[422] zufolge sind Aufsichtsratsbeschlüsse, die unter einem Verfahrensverstoß oder unter einem Inhaltsmangel leiden, **grundsätzlich nichtig** und nicht nur anfechtbar. Aufsichtsratsbeschlüsse mit einem minderschweren Mangel sind zwar auch nichtig; der BGH schränkt in diesem Fall die Nichtigkeitsfolge aber mit Hilfe des Rechtsinstituts der **Verwirkung** ein. Ihm folgen Teile der Literatur.[423] Die Nichtigkeit soll nur innerhalb einer Verwirkungsfrist geltend gemacht werden können. 253

Dem BGH zufolge soll jedes Aufsichtsratsmitglied einen minderschweren **Beschlussmangel** gegenüber dem Aufsichtsratsvorsitzenden innerhalb angemessener Zeit nach der betreffenden Aufsichtsratssitzung **geltend machen** können. Ein Zeitraum von vier Wochen wird angemessen sein (→ Rn. 238). Zu den minderschweren Mängeln zählt der BGH verzichtbare (Verfahrens-)Vorschriften, die lediglich der Sicherung von Teilhaberechten des Aufsichtsratsmitglieds dienen. Mit Ablauf der Verwirkungsfrist verwirken die Rügeberechtigten nach Ansicht des BGH ihr Recht zur Geltendmachung der Nichtigkeit.[424] Der Beschluss bleibt nichtig, erlangt aber **Bestandskraft**.[425] 254

dd) Stellungnahme. Es gibt nur gültige oder nichtige Aufsichtsratsbeschlüsse. Aufsichtsratsbeschlüsse, die unter leichten Verfahrensmängeln leiden, haben **Bestandskraft,** wenn der Verfahrensmangel nicht in angemessener Frist (regelmäßig ein Monat seit Beschlussfassung) gegenüber dem Aufsichtsratsvorsitzenden gerügt worden ist. Aufsichtsratsbeschlüsse, die unter schweren Verfahrensmängeln oder gerügten leichten Verfahrensmängeln zustande gekommen sind, sind **nichtig.** Sie entfalten keine Rechtswirksamkeit.[426] Bestandskräftige Beschlüsse sind ggf. in das Handelsregister einzutragen. Die Rechtsfolgen von Beschlussmängeln sind ohne wesentlichen Unterschied, egal ob der Ansicht des BGH oder der Auffassung der Anfechtbarkeit von Aufsichtsratsbeschlüssen gefolgt wird.[427] 255

d) Rechtsfolgen. aa) Nichtigkeit von Aufsichtsratsbeschlüssen. Inhaltsmängel machen einen fehlerhaften Aufsichtsratsbeschluss stets **nichtig**.[428] Eine Verwirkung der Nichtigkeitsfolge und die Annahme einer Bestandskraft kommen nicht in Betracht. Gelegentlich wird die Ansicht vertreten, dass bei leichten Inhaltsmängeln ausnahmsweise keine Nichtigkeit, sondern eine (befristet mögliche) Vernichtbarkeit in Betracht kommen kann. Dies soll zB gelten, wenn der Aufsichtsrat bei einer Kapitalerhöhung aus genehmigtem Kapital einem 256

---

[421] OLG Hamburg AG 1983, 21 (24); OLG Hamburg AG 1984, 248 (249); OLG Hamburg AG 1992, 197 ff.; OLG Celle AG 1990, 264 (266); Kölner Komm AktG/*Mertens/Cahn* Rn. 101, 103; WWKK/*Koberski* MitbestG § 25 Rn. 38; *Lutter/Krieger/Verse* Rn. 737 ff.; GK-MitbestG/*Naendrup* MitbestG § 25 Rn. 89; *Baums* ZGR 1983, 300 (305 ff.); *Kindl* AG 1993, 153 (155); *Kindl* DB 1993, 2065 (2067); *Lemke,* Der fehlerhafte Aufsichtsratsbeschluß, 1994, 94 ff.; *Radtke* BB 1960, 1045 (1048) sind Aufsichtsratsbeschlüsse nur anfechtbar und nicht nichtig; *Rellermeyer* ZGR 1993, 77 (101); vgl. auch MüKoBGB/*Reuter* § 32 Rn. 51 ff.; vgl. Nachweise bei *Henze* ZIP 2002, 97; vgl. gegen Anfechtbarkeit *Hüffer* ZGR 2001, 870.
[422] BGHZ 122, 342 (351) = NJW 1993, 2307 (2309), dem folgend KG AG 2005, 205.
[423] Hüffer/*Koch* Rn. 29; MüKoAktG/*Habersack* Rn. 82; Spindler/Stilz/*Spindler* Rn. 78; *Scheuffler*, Fehlerhafte Aufsichtsratsbeschlüsse, 1962, 48 f. diskutierte bereits zum AktG 1937 den Verwirkungsgedanken.
[424] BGHZ 122, 342 (351 f.) = NJW 1993, 2307 (2309).
[425] Kölner Komm AktG/*Mertens/Cahn* Rn. 101.
[426] *v. Schenck* in Semler/v. Schenck AR-HdB § 1 Rn. 219 f.
[427] MHdB AG/*Hoffmann-Becking* § 31 Rn. 108; Kölner Komm AktG/*Mertens/Cahn* Rn. 101, der in der Differenzierung zwischen nichtigen und vernichtbaren Aufsichtsratsbeschlüssen den überlegeneren Ansatz sieht.
[428] MüKoAktG/*Habersack* Rn. 80; *v. Schenck* in Semler/v. Schenck AR-HdB § 1 Rn. 211 mit Hinweis auf *Lutter/Krieger*, 3. Aufl., § 6 Rn. 252; KG AG 2005, 205; OLG Hamburg DB 1992, 774 (775); *Lutter/Krieger/Verse* Rn. 738; differenzierend Kölner Komm AktG/*Mertens/Cahn* Rn. 104 ff., denen zufolge inhaltliche Mängel nur zur Nichtigkeit führen, wenn der Aufsichtsrat rechtswidrige normative Bestimmungen beschließt. Bei Inhaltsmängeln, die einen Verstoß gegen dispositive Regelungen darstellen, soll Anfechtbarkeit vorliegen.

Bezugsrechtsausschluss (§ 204 Abs. 1 S. 2) ohne sachlichen Grund[429] zustimmt. Eine weitere Ausnahme soll für den Fall gelten, dass Aufsichtsratsmitglieder bei der Verteilung gewinnabhängiger Vergütungsanteile ungleich behandelt wurden.[430] Dem ist nicht zu folgen. Ein inhaltlich fehlerhafter Aufsichtsratsbeschluss ist nicht nur vernichtbar. Es bleibt bei der Nichtigkeit.

257 **bb) Rechtsfolge von schweren Verfahrensmängeln.** Schwere Verfahrensmängel bewirken die Nichtigkeit des Beschlusses, nicht jedoch leichte Mängel.[431] Die Rechtsfolgen eines leichten Verfahrensfehlers richten sich danach, ob die Aufsichtsratsmitglieder die Einhaltung der betreffenden Vorschrift **rügen**. Der mit einem leichten Verfahrensfehler behaftete Beschluss ist nichtig, wenn der Verfahrensmangel in angemessener Frist gerügt wird.[432]

258 **cc) Teilnichtigkeit von Aufsichtsratsbeschlüssen.** Erfasst der schwere Verfahrensmangel oder der Inhaltsmangel nur einen Teil des Beschlusses, beurteilt sich das Schicksal des Beschlusses insgesamt nach der bürgerlich-rechtlichen Vorschrift über die Teilnichtigkeit.[433] Diese Vorschrift ist auf Organbeschlüsse des Aufsichtsrats und auf Beschlüsse mit lediglich interner Wirkung anwendbar.[434] Der Beschluss weist den von der Rechtsprechung[435] für die Anwendbarkeit der Vorschrift über die Teilnichtigkeit (§ 139 BGB) geforderten rechtsgeschäftlichen Charakter auf. Er ist ein mehrseitiges, nicht vertragliches Rechtsgeschäft eigener Art (→ Rn. 16).

259 **dd) Vernichtbare Aufsichtsratsbeschlüsse.** Ein fehlerhafter Aufsichtsratsbeschluss ist vernichtbar, wenn er **gegen disponible Vorschriften** verstößt (→ Rn. 285 ff.) oder wenn er an einem **leichten Verfahrensmangel** leidet.[436] Leichte Verfahrensmängel und verzichtbare schwere Verfahrensmängel sind im Gegensatz zu nicht verzichtbaren schweren Verfahrensmängeln nur vernichtbar.

260 Ein vernichtbarer Beschluss ist wirksam, wenn der Verfahrensverstoß nicht **fristgerecht gerügt** wird. Er bleibt wirksam, wenn kein Aufsichtsratsmitglied den Verfahrensverstoß rügt und damit die Unwirksamkeit des Beschlusses geltend macht.[437]

261 **Rechtsfolge** einer erfolgreichen Rüge ist die **Nichtigkeit** des Beschlusses.[438] Eine Feststellungsklage ist nicht erforderlich.[439]

262 **ee) Verzicht auf das Rügerecht.** Der Verzicht auf ein bestehendes Rügerecht ist in analoger Anwendung der bürgerlich-rechtlichen Vorschrift über die Bestätigung des anfechtbaren Rechtsgeschäfts (§ 144 Abs. 1 BGB) möglich. In diesem Fall hat eine Beschlussfassung bereits stattgefunden, wenn auch auf Grund eines schweren oder leichten Verfahrensverstoßes mit einem Rügerecht behaftet. Der Verzicht wirkt wie eine Bestätigung des vernichtbaren Beschlusses. Er beseitigt das Rügerecht.

---

[429] *Baums* ZGR 1983, 300 (327 ff.); aA *Axhausen,* Anfechtbarkeit aktienrechtlicher Aufsichtsratsbeschlüsse, 1986, 174.
[430] *Axhausen,* Anfechtbarkeit aktienrechtlicher Aufsichtsratsbeschlüsse, 1986, 176 ff.
[431] Großkomm AktG/*Hopt/Roth* Anm. 137; generell kritisch gegenüber der Einschränkung der Nichtigkeit bei Verfahrensfehlern *Axhausen,* Anfechtbarkeit aktienrechtlicher Aufsichtsratsbeschlüsse, 1986, 183 ff.
[432] *v. Schenck* in Semler/v. Schenck AR-HdB § 1 Rn. 220; *Lutter/Krieger/Verse* Rn. 739; MHdB AG/*Hoffmann-Becking* § 31 Rn. 109. OLG Hamburg DB 1992, 774 (775) tendiert zur bloßen Anfechtbarkeit anstatt zur Nichtigkeit. Vgl. ausführlicher zum Verzicht → Rn. 242 ff.
[433] § 139 BGB; Kölner Komm AktG/*Mertens/Cahn* Rn. 107; *Brandes* WM 1994, 2177 (2182).
[434] BGHZ 124, 111 (122) lässt die Beantwortung dieser Frage dahinstehen, will § 139 BGB aber jedenfalls dann anwenden, wenn der Beschluss auf die Begründung, Änderung oder Aufhebung sozial- oder individualrechtlicher Befugnisse oder Pflichten gerichtet ist und ihm bereits deswegen ein rechtsgeschäftlicher Inhalt zuerkannt werden kann; weitergehend Kölner Komm AktG/*Mertens/Cahn* Rn. 107.
[435] BGHZ 124, 111 (122).
[436] *v. Schenck* in Semler/v. Schenck AR-HdB § 1 Rn. 220; vgl. auch MHdB AG/*Hoffmann-Becking* § 31 Rn. 109; und Hüffer/*Koch* Rn. 29.
[437] Kölner Komm AktG/*Mertens/Cahn* Rn. 101; *v. Schenck* in Semler/v. Schenck AR-HdB § 1 Rn. 220.
[438] Kölner Komm AktG/*Mertens/Cahn* Rn. 88.
[439] AA MüKoAktG/*Habersack* Rn. 82; Hüffer/*Koch* Rn. 29.

Alle Aufsichtsratsmitglieder müssen zur Wirksamkeit des vernichtbaren Beschlusses 263
auf ihr Rügerecht verzichten. Es genügt nicht, wenn ein Mitglied allein den Verzicht erklärt.
Das würde bedeuten, dass der Beschluss von den übrigen Aufsichtsratsmitgliedern nach wie
vor gerügt werden kann. Dies ist aus Rechtssicherheitsgründen zu vermeiden.

5. Fehlerhafte Vertretungshandlungen des Aufsichtsrats. a) Vertretungshandlun- 264
gen für die Gesellschaft. Wenn der Aufsichtsrat Vertretungshandlungen für die Gesellschaft vornimmt, können diese
– auf einem rechtmäßigen Beschluss des Aufsichtsrats beruhen;
– auf einem fehlerhaften Beschluss des Aufsichtsrats beruhen;
– ohne die Grundlage eines Aufsichtsratsbeschlusses vorgenommen worden sein.

b) Abgabe von Willenserklärungen für die Gesellschaft und Zustimmung zu Ge- 265
schäftsführungsmaßnahmen des Vorstands. Bei Rechtsgeschäften mit dem Vorstand
wird die Aktiengesellschaft durch den Aufsichtsrat vertreten, § 112 AktG. Von der Kundgabe
der rechtsgeschäftlichen Willenserklärung des Aufsichtsrats zu unterscheiden ist die vorgelagerte Entscheidungsfindung im Aufsichtsrat, die der Willenserklärung zugrunde liegt. Diese
Entscheidungsfindung kann nur durch Aufsichtsratsbeschluss erfolgen.[440] Für die Kundgabe
des durch Beschluss gebildeten Willens des Aufsichtsrats ist danach zu unterscheiden, ob der
Aufsichtsratsbeschluss die Willenserklärung bereits enthält oder aber so eng umschreibt, dass
dem Übermittler kein eigner Entscheidungsspielraum verbleibt, oder ob dem Übermittler bei
der Umsetzung des Aufsichtsratsbeschlusses ein eigener Handlungsspielraum verbleibt. Im
ersteren Fall wird der Übermittler als Bote, im zweiten Fall als Erklärungsvertreter tätig. Die
Erklärungsvertretung kann durch den Gesamtaufsichtsrat oder durch einzelne Mitglieder des
Aufsichtsrats erfolgen, die zur Einzelvertretung vom Aufsichtsrat ermächtigt werden.[441] Die
Einschaltung organfremder Dritter als Erklärungsvertreter ist umstritten.[442] Unstreitig
zulässig ist die Einschaltung organfremder Dritter als Erklärungsbote.[443]

Ist ein Aufsichtsratsbeschluss überhaupt nicht oder nur fehlerhaft gefasst, sind die Aus- 266
wirkungen des fehlenden oder des fehlerhaften Beschlusses auf die Willenserklärung des
Aufsichtsrats streitig.[444] Nach überwiegender Ansicht ist eine ohne wirksamen Aufsichtsratsbeschluss im Namen des Aufsichtsrats abgegebene Willenserklärung unwirksam.[445] Der
Aufsichtsrat kann jedoch eine ohne wirksamen Beschluss im Namen des Aufsichtsrats abgegebene Willenserklärung durch nachträglichen Beschluss genehmigen.[446]

Hingegen wirkt eine fehlerhaft abgegebene Willenserklärung grundsätzlich nicht auf die 267
Rechtmäßigkeit des Aufsichtsratsbeschlusses zurück. Gibt der Aufsichtsrat für die Gesellschaft eine rechtswidrige Willenserklärung ab, macht dies den Beschluss nicht automatisch
fehlerhaft. Gleiches gilt für rechtliche Mängel, welche die **Zustimmung zu Geschäftsführungsmaßnahmen des Vorstands** betreffen. Fehlerhaft und nichtig ist der Aufsichtsratsbeschluss möglicherweise dann, wenn die Geschäftsführungsmaßnahme des Vorstands
nicht rechtmäßig ist. Für die Beurteilung der Rechtmäßigkeit ist auf den Zeitpunkt der
Beschlussfassung abzustellen. Der Beschluss bleibt fehlerfrei, wenn die Maßnahme im Zeitpunkt der Beschlussfassung rechtmäßig war. Stellt sich später heraus, dass die Geschäftsführungsmaßnahme des Vorstands rechtswidrig ist, kann dies nicht mehr auf den Aufsichtsratsbeschluss zurückwirken. Er wird in diesem Fall nicht „infiziert".[447]

---

[440] BGH NZG 2013, 792 (794).
[441] MüKoAktG/*Habersack* § 112 Rn. 26, Spindler/Stilz/*Spindler* § 112 Rn. 31; Hüffer/*Koch* § 112 Rn. 8.
[442] Befürwortend MüKoAktG/*Habersack* § 112 Rn. 27; Spindler/Stilz/*Spindler* § 112 Rn. 31; Lutter/Krieger/*Verse* Rn. 444; ausführlich *Cahn*, FS Hoffmann-Becking, 2013, 247 (251, 258); ablehnend K. Schmidt/Lutter/*Drygala* § 112 Rn. 14.
[443] *Cahn*, FS Hoffmann-Becking, 2013, 247 (258).
[444] Vgl. OLG München AG 2013, 136 und *Cahn*, FS Hoffmann-Becking, 2013, 247 (275 ff.).
[445] Vgl. BGH NZG 2013, 792 (794); OLG München AG 2013, 136; differenzierend *Cahn*, FS Hoffmann-Becking, 2013, 247 ff.
[446] BGH NZG 2013, 792 (794); OLG Karlsruhe AG 1996, 224; K. Schmidt/Lutter/*Drygala* § 112 Rn. 19.
[447] So die Terminologie bei Kölner Komm AktG/*Mertens/Cahn* Rn. 97.

268 Anders wenn die **Geschäftsführungsmaßnahme des Vorstands offensichtlich rechtswidrig** war. Der Aufsichtsrat hätte die Rechtswidrigkeit erkennen müssen. In diesem Fall wirkt die rechtswidrige Maßnahme auf den Aufsichtsratsbeschluss zurück und lässt ihn fehlerhaft werden.[448] Den Aufsichtsrat trifft bei der Beschlussfassung über ein zustimmungsbedürftiges Geschäft keine generelle Pflicht zur rechtlichen Überprüfung aller darin enthaltenen Regelungen.

269 Ist die Beschlussfassung über die **Abberufung eines Vorstandsmitglieds** aus wichtigem Grund (§ 84 Abs. 3) rechtmäßig, kann der Abberufungsbeschluss nicht angegriffen werden. Es kommt vielmehr auf die Wirksamkeit der Abberufungserklärung an.[449] Sie bleibt bis zur rechtskräftigen Entscheidung über die Wirksamkeit bestehen (§ 84 Abs. 3 S. 4). Der Abberufungsbeschluss kann mit der Nichtigkeitsklage angegriffen werden, wenn die Abberufung offensichtlich willkürlich war.[450]

270 **6. Folgen nichtiger Aufsichtsratsbeschlüsse. a) Nichteintritt der rückwirkenden Nichtigkeitsfolge.** Die rückwirkende Nichtigkeit eines fehlerhaften Aufsichtsratsbeschlusses und die damit verbundene Rückabwicklung nach bürgerlich-rechtlichen Grundsätzen ist in manchen Situationen unangebracht. Ihr können Bestandsinteressen und geschaffene Vertrauenstatbestände entgegenstehen. Eine beschränkte rechtliche Anerkennung des fehlerhaften Aufsichtsratsbeschlusses kann uU die Folge sein.[451]

271 **aa) Aufsichtsratshandlungen, die auf nichtigen Aufsichtsratsbeschlüssen beruhen.** Die auf einem nichtigen Aufsichtsratsbeschluss beruhende Handlung des Aufsichtsrats verdient grundsätzlich **keinen Bestandsschutz.** Hierzu zählen die nichtige Zustimmung des Aufsichtsrats zu Geschäften des Vorstands nach § 111 Abs. 4 ebenso wie die Vertretung der Gesellschaft durch den Aufsichtsrat bei Abschluss von Rechtsgeschäften mit dem Vorstand.[452] Diese Zustimmung wirkt nicht im Außenverhältnis. Vertrauensinteressen Dritter werden deshalb nicht tangiert. Ebenso wenig bedarf es im Fall der nichtigen Feststellung des Jahresabschlusses einer beschränkten rechtlichen Anerkennung. Die Vorschrift über die Haftung der Aktionäre beim Empfang verbotener Leistungen (§ 62) bietet gutgläubigen Dividendenbeziehern ausreichenden Schutz.

272 **bb) Ausnahmsweise Vernichtung ex nunc anstatt Nichtigkeit ex tunc.** Ist die Bestellung und die Anstellung eines Vorstandsmitglieds oder die Bestellung des Aufsichtsratsvorsitzenden nichtig, hat dies nicht die Nichtigkeit ex tunc, sondern die Vernichtung ex nunc entsprechend den Grundsätzen über das fehlerhafte Anstellungsverhältnis zur Folge.[453] Die betreffende Person bleibt trotz nichtiger Bestellung bis zur Geltendmachung der Nichtigkeit im Amt.[454]

273 Bei dem in Vollzug gesetzten Anstellungsvertrag eines fehlerhaft bestellten Vorstandsmitglieds tritt ebenfalls keine Nichtigkeit *ex tunc* ein. Zur Vermeidung unbilliger Härten wird dieser bis zur Feststellung der Unwirksamkeit als wirksam zustande gekommen angesehen.[455]

274 **b) Anfechtbarkeit von Hauptversammlungsbeschlüssen.** Ist der die Hauptversammlung einberufende Aufsichtsratsbeschluss nichtig, sind die von der Hauptversammlung gefassten Beschlüsse **anfechtbar.**[456] Möglicherweise konnten einige Anteilseigner nicht an der Beschlussfassung mitwirken, weil sie auf Grund der erkannten Nichtigkeit des Aufsichts-

---

[448] Kölner Komm AktG/*Mertens/Cahn* Rn. 97 spricht von „unvertretbaren" Geschäftsführungsmaßnahmen.
[449] BGH WM 1962, 811; Kölner Komm AktG/*Mertens/Cahn* Rn. 97.
[450] Kölner Komm AktG/*Mertens/Cahn* Rn. 97.
[451] Kölner Komm AktG/*Mertens/Cahn* Rn. 101.
[452] OLG München AG 2013, 136; aA *Cahn*, FS Hoffmann-Becking, 2013, 247 (275 ff.); *Fortun/Knies* DB 2007, 1451 (1454) befürworten eine nachträgliche Genehmigungsfähigkeit durch den Aufsichtsrat.
[453] Kölner Komm AktG/*Mertens/Cahn* Rn. 108; GK-MitbestG/*Naendrup* MitbestG § 25 Rn. 89; *Lemke*, Der fehlerhafte Aufsichtsratsbeschluß, 1994, 35 f.
[454] Kölner Komm AktG/*Mertens/Cahn* Rn. 108.
[455] Kölner Komm AktG/*Mertens/Cahn* Rn. 108; Großkomm AktG/*Hopt/Roth* Anm. 164f; weitergehend BGHZ 65, 190 (194 f.) = AG 1976, 43 (44) mit Anm. *Werner;* MüKoAktG/*Semler*, 2. Aufl. 2004, Rn. 267.
[456] Kölner Komm AktG/*Mertens/Cahn* Rn. 109.

ratsbeschlusses an der Hauptversammlung nicht teilgenommen haben. Sieht die Satzung allerdings ein Einberufungsrecht für einzelne Aufsichtsratsmitglieder vor, kann in der nichtigen Einberufung des Aufsichtsrats als Organ bei Vorliegen der satzungsmäßigen Voraussetzungen eine gültige Einberufung durch einzelne Aufsichtsratsmitglieder liegen. Dann ist die Einberufung ordnungsmäßig erfolgt.

Beruht der Vorschlag zur Beschlussfassung über die Bekanntmachung der Tagesordnung (§ 124 Abs. 3) auf einem nichtigen Aufsichtsratsbeschluss, ist ein daraufhin gefasster Hauptversammlungsbeschluss **nicht anfechtbar,** sondern wirksam. Die Vorschrift über die Anfechtung der Wahl von Aufsichtsratsmitgliedern (§ 251 Abs. 1) setzt eine Bindung der Hauptversammlung an den Wahlvorschlag des Aufsichtsrats voraus. Eine solche Bindung ist bei den Wahlvorschlägen des Aufsichtsrats nicht gegeben. 275

c) **Ausschluss der beschränkten rechtlichen Anerkennung.** Kann ein gravierender Gesetzes- oder Sittenverstoß selbst für einen kurzen Zeitraum nicht toleriert werden, so hat dies zur Folge, dass dem Beschluss die beschränkte rechtliche Anerkennung und seine Aufrechterhaltung versagt wird.[457] 276

X. Geltendmachung von Beschlussmängeln

Die Nichtigkeit von Aufsichtsratsbeschlüssen wird gerichtlich geltend gemacht. Für fehlerhafte Aufsichtsratsbeschlüsse, die unter einem gerügten Verfahrensmangel leiden, gilt dies ebenso. Wenn das Verfahren gerügt worden ist und tatsächlich eine Vernichtbarkeit vorlag, ist der Beschluss nichtig. Es besteht kein Grund für eine andersartige Behandlung. 277

1. **Nichtigkeitsfeststellungsklage.** Der Aufsichtsrat hat die Pflicht dafür zu sorgen, dass keine nichtigen Beschlüsse gefasst werden. Ist ein solcher dennoch gefasst worden und bestehen Meinungsverschiedenheiten über die Gesetzes- bzw. Satzungskonformität, wird mit Hilfe einer gewöhnlichen Feststellungsklage gemäß § 256 ZPO[458] eine Klärung herbeigeführt. Die Vorschriften der §§ 241ff über die Anfechtbarkeit und Nichtigkeit fehlerhafter Hauptversammlungsbeschlüsse sind nicht entsprechend anwendbar.[459] Eine Feststellungsklage gemäß § 256 ZPO setzt jedoch voraus, dass die Klage auf Feststellung eines Rechtsverhältnisses gerichtet ist. Dies ist dann nicht der Fall, wenn der Kläger lediglich geltend macht, ein Vorstandsbeschluss oder ein Beschluss eines Aufsichtsratsausschusses verletze die Rechte der Aktionäre.[460] 278

Die **Zulässigkeit** der Feststellungsklage setzt neben dem allgemeinen Rechtsschutzbedürfnis ein **besonderes Feststellungsinteresse** voraus. Zu dem Kreis der Feststellungsinteressenten zählen jedes **Aufsichtsrats-**[461] und jedes **Vorstandsmitglied.**[462] Jedes Organmitglied kann ein eigenes persönliches Interesse oder ein aus der Stellung als Aufsichtsrats-[463] bzw. Vorstandsmitglied abgeleitetes Interesse haben.[464] Ein Feststellungsinteresse ist beispielsweise gegeben, wenn das klagende Aufsichtsratsmitglied unmittelbar in seiner Rechtsstellung betroffen oder ein Beschluss auf Grund eines Verfahrensfehlers nicht zustande gekommen ist.[465] Eine 279

---

[457] Kölner Komm AktG/*Mertens/Cahn* Rn. 110.
[458] BGH AG 2006, 38 (39) – Mangusta/Commerzbank II; OLG Frankfurt AG 2007, 282 (284); vgl. auch *Fleischer* DB 2013, 160 (161); *Hüffer* ZGR 2001, 869.
[459] BGH AG 2006, 38 (39) – Mangusta/Commerzbank II; BGHZ 122, 342 = NJW 1993, 2307 (2309) = WuB II A. § 107 AktG 1.93 mit Anm. *Rellermeyer;* OLG Frankfurt AG 2007, 282 (284); OLG Düsseldorf AG 1995, 416 = ZIP 1995, 1183; LG Düsseldorf AG 1995, 333 mit dem Hinweis darauf, dass es an einer vergleichbaren Situation mangele; *Brandes* WM 1994, 2177 (2182); aA OLG Schleswig NZG 2003, 821 für fakultativen Aufsichtsrat einer GmbH.
[460] OLG Frankfurt AG 2011, 631 (633).
[461] Für Aufsichtsratsmitglieder folgt das Feststellungsinteresse schon aus ihrer Organstellung: BGHZ 135, 244 (248) = NJW 1997, 1926 = ZIP 1997, 883 (884) im Anschluss an BGHZ 122, 342 (350) = NJW 1993, 2307 (2309); OLG Düsseldorf AG 1995, 416; *Hüffer/Koch* Rn. 30; aA *Fleischer* DB 2013, 217 (219).
[462] Kölner Komm AktG/*Mertens/Cahn* Rn. 112.
[463] OLG Düsseldorf AG 1995, 416 (417) mit Hinweis auf die Aufgabe des Aufsichtsratsmitglieds zur Wahrnehmung der Gesellschaftsinteressen; aA *Fleischer* DB 2013, 217 (219).
[464] Vgl. die Beispiele bei *Meilicke,* FS Schmidt, 1959, 71 (109 ff.).
[465] *Stodolkowitz* ZHR 154 (1990), 1 (17).

280 Einschränkung des Klagerechts für Aufsichtsratsmitglieder unter dem Gesichtspunkt der Verwirkung bei der Geltendmachung minderschwerer Beschlussmängel ist nicht geboten.[466]

280 Dem **Anteilseigner** obliegt nicht die Überprüfung der Rechtmäßigkeit von Aufsichtsratsbeschlüssen.[467] Die Anteilseignereigenschaft für sich allein genommen genügt für die Begründung eines Feststellungsinteresses nicht. Stehen allerdings finanzielle Interessen der Gesellschaft in Frage, kann auch ein Anteilseigner die Nichtigkeit des Aufsichtsratsbeschlusses geltend machen.[468] Erhebt ein Aufsichtsratsmitglied, das zugleich Anteilseigner ist, Feststellungsklage, fehlt seiner Klage als Aufsichtsratsmitglied das Rechtsschutzbedürfnis, wenn es als Anteilseigner mit demselben Rechtsschutzziel vorgehen kann.[469] In diesem Fall muss das Aufsichtsratsmitglied konkret darlegen, warum es als Aufsichtsratsmitglied eigene Rechte geltend macht.[470]

281 Kein Feststellungsinteresse besteht, wenn auf Grund einer Nichtigkeit der Stimmabgabe die **erforderliche Stimmenmehrheit entfallen** ist und kein positiver Beschluss vorliegt.[471] Ein Feststellungsurteil kann keine konstituierende Wirkung auf den Aufsichtsratsbeschluss haben.[472]

282 **Klagegegner** ist die Gesellschaft vertreten durch den Vorstand und nicht durch den Aufsichtsrat.[473] Der Aufsichtsrat ist als bloßes Organ der AG nicht selbst parteifähig.[474]

283 Die Einhaltung einer **Frist** muss nicht beachtet werden.[475] Fehlerhafte Beschlüsse mit inhaltlichen Mängeln können unbefristet gerichtlich geltend gemacht werden.[476] Bei leichten Verfahrensverstößen gilt das entsprechend, wenn der Verfahrensmangel rechtzeitig gerügt worden ist. Fehlt es an einer Rüge, so soll bei minderschweren Mängeln eine Verwirkung des Klagerechts eintreten.[477] Ab welchem Zeitraum Verwirkung eintritt, ist allerdings bislang ungeklärt.[478]

284 Unabhängig davon, ob sie Partei des Rechtsstreits waren, erstreckt sich die **Rechtskraft des Urteils** in6

entsprechender Anwendung des § 248 für und gegen jedermann, also auf alle Anteilseigner, Vorstands- und Aufsichtsratsmitglieder.[479] Dies gilt für ein die Nichtigkeit des Aufsichtsratsbeschlusses bestätigendes oder ablehnendes Urteil. Gibt das Gericht dem Klageantrag nicht statt, entfällt eine Rechtskrafterstreckung.[480]

---

[466] So aber BGHZ 122, 342 (351) = NJW 1993, 2307 (2309); OLG Düsseldorf AG 1995, 416.
[467] *Zöllner* ZGR 1988, 393 (398).
[468] Kölner Komm AktG/*Mertens*/*Cahn* Rn. 112; *Meilicke*, FS Schmidt, 1959, 71 (111 f.).
[469] OLG Stuttgart AG 2007, 873 (875).
[470] OLG Stuttgart AG 2007, 873 (875).
[471] Hüffer/*Koch* Rn. 27.
[472] Hüffer/*Koch* Rn. 27.
[473] BGHZ 83, 144 (146) = AG 1982, 221 (222); BGHZ 122, 342 (344) = NJW 1993, 2307; OLG Düsseldorf AG 1995, 416; OLG Hamburg AG 1992, 197; OLG Köln WM 1981, 413 (414); LG Düsseldorf AG 1995, 333; LG Frankfurt ZIP 1996, 1661 (1662); LG Hannover AG 1989, 448 (449); Kölner Komm AktG/*Mertens*/*Cahn* Rn. 113; Großkomm AktG/*Hopt*/*Roth* Anm. 180; *Meilicke*, FS Schmidt, 1959, 71 (112); *Brandes* WM 1994, 2177 (2182); aA *Lutter* S. 70; *Raiser* ZGR 1989, 44 (56, 66 ff.); *Stodolkowitz* ZHR 154 (1990), 1 (18); *Bork* ZIP 1991, 137 (144), demzufolge die Klage auch gegen den Aufsichtsrat als Organ gerichtet werden kann, wenn sie mit der Verletzung eigener organmitgliedschaftlicher Rechte begründet werde. Wohl auch *Hommelhoff* ZHR 143 (1979), 288 (314 f.).
[474] OLG Hamburg AG 1992, 197 mwN; aA *Lutter*, Information und Vertraulichkeit, S. 70; *Hommelhoff* ZHR 143 (1979), 305 f. für den Berichtsrecht; *Bork* ZIP 1989, 1 (22 f.); *Raiser* ZGR 1989, 44 ff. Sie befürworten eine relative Parteifähigkeit der Organe einer AG. Diese Ansicht ist von den OLG Hamburg zutreffend auf Grund von entstehenden Abgrenzungsproblemen zugunsten der Rechtssicherheit abgelehnt worden.
[475] Vgl. OLG Hamm NJW-RR 1997, 989 zur Verwirkung des Klagerechts bei (nicht rechtzeitigem) Vorgehen gegen Vereinsmaßnahmen; Spindler/Stilz/*Spindler* Rn. 77.
[476] OLG Düsseldorf AG 1995, 416 (418); MHdB AG/*Hoffmann-Becking* § 31 Rn. 106; *Lutter/Krieger/Verse* Rn. 741; *Hoffmann/Preu* Der Aufsichtsrat Rn. 606. Das LG Frankfurt ZIP 1996, 1661 (1663) hingegen betrachtet eine drei Monate Frist als angemessen.
[477] BGHZ 122, 342 (351); Bürgers/Körber/*Bürgers/Israel* Rn. 20; *Fleischer* DB 2013, 217 (221 f.) mwN.
[478] *Fleischer* DB 2013, 217 (221).
[479] Tendenziell BGHZ 122, 342 (350 f.) = NJW 1993, 2307 (2309); MüKoAktG/*Habersack* Rn. 85; Kölner Komm AktG/*Mertens*/*Cahn* Rn. 114; Großkomm AktG/*Hopt*/*Roth* Anm. 186; Spindler/Stilz/*Spindler* Rn. 79; *Raiser*/*Veil* MitbestG § 25 Rn. 44; *Meilicke*, FS Walter Schmidt, 1959, 71 (112 f.); *Baums* ZGR 1983, 300 (308); aA *Lemke*, Der fehlerhafte Aufsichtsratsbeschluß, 1994, 176.

2. Verfahrensrüge statt Anfechtungsklage. Aufsichtsratsbeschlüsse, die an einem 285 leichten Verfahrensfehler leiden, sind vernichtbar. Die Vernichtung des Beschlusses wird durch Rüge des Verfahrens herbeigeführt. Die Erhebung einer Klage ist nicht geboten.[481]

Rügebefugt sind nur Aufsichtsratsmitglieder.[482] Die Rügebefugnis ist nicht davon abhän- 286 gig, dass sich der gerügte Verfahrensfehler auf das anfechtende Aufsichtsratsmitglied auswirkt.[483] Die **Rüge** ist gegenüber dem Aufsichtsratsplenum oder gegenüber dem Aufsichtsratsvorsitzenden abzugeben.[484] Will der Vorsitzende rügen, erklärt er die Rüge gegenüber seinem Stellvertreter oder gegenüber dem Aufsichtsratsplenum.[485]

Die Rüge ist **formlos** möglich.[486] Sie muss **unverzüglich,** also ohne schuldhaftes 287 Zögern erfolgen.[487] Angemessen ist im Allgemeinen eine Frist von vier Wochen. Allerdings sind bei der Bewertung der Frage, ob Unverzüglichkeit vorliegt, die Schwere des Verstoßes und die Komplexität des Vorgangs zu berücksichtigen. Dem Betroffenen muss genügend Zeit zur gründlichen Überlegung gewährt werden. Die Erklärung muss spätestens in der auf die Beschlussfassung folgenden Sitzung abgegeben werden.[488]

3. Keine positive Beschlussfeststellungsklage. Eine Verbindung von Nichtigkeits- 288 und positiver Beschlussfeststellungsklage[489] ist bei Aufsichtsratsbeschlüssen – anders als bei Hauptversammlungsbeschlüssen[490] – nicht möglich.[491]

Eine Verbindung von Nichtigkeitsfeststellungs- und positiver Beschlussfeststellungsklage 289 ist möglich. Der Kläger hat ein Feststellungsinteresse an der gerichtlichen Entscheidung seines Antrags auf positive Feststellung des näher bestimmten Beschlussinhalts. Zwar kann der Aufsichtsrat auf die Möglichkeit der erneuten Beschlussfassung verwiesen werden, diese Lösung ist jedoch unbefriedigend.[492]

---

[480] Kölner Komm AktG/*Mertens/Cahn* Rn. 114; *Noack* S. 86.
[481] Str., wie hier: Kölner Komm AktG/*Mertens/Cahn* Rn. 88; *v. Schenck* in Semler/v. Schenck AR-HdB § 1 Rn. 220; Hüffer/*Koch* Rn. 29; UHH/*Ulmer/Habersack* MitbestG § 25 Rn. 39; *Noack* DZWiR 1994, 341 (342); OLG Hamburg WM 1982, 1090 (1095) = AG 1983, 21 (24) lässt sowohl die Anfechtungserklärung als auch die Anfechtungsklage zu; aA OLG Hamburg DB 1992, 774 (775) = AG 1992, 197 (198); MüKoAktG/*Habersack* Rn. 82; und jetzt auch *Lutter/Krieger/Verse* Rn. 742; *Axhausen,* Anfechtbarkeit aktienrechtlicher Aufsichtsratsbeschlüsse, 1986, 212 ff.; *Lemke,* Der fehlerhafte Aufsichtsratsbeschluß, 1994, 179; *Baums* ZGR 1983, 300 (337 ff.). Der Streit hat im Übrigen nur theoretische Bedeutung. In der Praxis wird die Erhebung einer Klage allein auf Grund der zu erwartenden Verfahrensdauer kaum in Erwägung gezogen.
[482] Kölner Komm AktG/*Mertens/Cahn* Rn. 88; *Axhausen,* Anfechtbarkeit aktienrechtlicher Aufsichtsratsbeschlüsse, 1986, 218 ff.; weitergehend *Baums* ZGR 1983, 300 (340) und Kölner Komm AktG/*Mertens/Cahn* Rn. 112, demzufolge auch Anteilseignern ein Anfechtungsrecht zusteht, wenn der Aufsichtsratsbeschluss gegen Gesetz oder Satzung verstößt und der Anteilseigner dadurch in seinen Rechten verletzt ist.
[483] Kölner Komm AktG/*Mertens/Cahn* Rn. 103, 116.
[484] *v. Schenck* in Semler/v. Schenck AR-HdB § 1 Rn. 220; *Hoffmann/Preu* Der Aufsichtsrat Rn. 604.
[485] Kölner Komm AktG/*Mertens/Cahn* Rn. 116.
[486] Kölner Komm AktG/*Mertens/Cahn* Rn. 116.
[487] OLG Hamburg WM 1982, 1090 (1095) = AG 1983, 21 (24); OLG Hamburg AG 1984, 248; *v. Schenck* in Semler/v. Schenck AR-HdB § 1 Rn. 221; *Hoffmann/Preu* Der Aufsichtsrat Rn. 605; *Lutter,* FS Duden, 1977, 269 (286). Eine angemessene Frist verlangen: BGHZ 122, 342 (351 f.) = NJW 1993, 2307 (2309) = AG 1993, 464 (466); Kölner Komm AktG/*Mertens/Cahn* Rn. 117; *Lemke,* Der fehlerhafte Aufsichtsratsbeschluß, 1994, 180 f.; *Meilicke,* FS Walter Schmidt, 1959, 71 (78 f.); *Kindl* AG 1993, 153 (161); allgemein für jeden Verfahrensmangel: *Scheuffler,* Fehlerhafte Aufsichtsratsbeschlüsse, 1962, 49; *Baums* ZGR 1983, 300 (341 ff.) bemisst die Anfechtungsfrist zur Klageerhebung an die Anfechtungsfrist von Gesellschafterbeschlüssen der GmbH; *Axhausen,* Anfechtbarkeit aktienrechtlicher Aufsichtsratsbeschlüsse, 1986, 217 f. gewährt eine dreimonatige Frist. *Noack* DZWiR 1994, 341 (342) will ganz auf eine Anfechtungsfrist verzichten, da es keine Notwendigkeit für eine Anfechtungsklage gebe.
[488] Vgl. *v. Schenck* in Semler/v. Schenck AR-HdB § 1 Rn. 221.
[489] Vgl. zur positiven Beschlussfeststellungsklage bei der Anfechtung von Hauptversammlungsbeschlüssen *Leuering* in Semler/Volhard/Reichert HV HdB § 44 Rn. 114 f.
[490] Vgl. *Leuering* in Semler/Volhard/Reichert HV HdB § 44 Rn. 114 f sowie *Rützel* ZIP 1996, 1961 ff.
[491] Kölner Komm AktG/*Mertens/Cahn* Rn. 115 stehen einer Verknüpfung von Nichtigkeits- und positiver Beschlussfeststellungsklage ablehnend gegenüber und begründen dies mit dem mangelnden (Feststellungs-)Interesse der Gesellschaft oder der Aufsichtsratsmitglieder.
[492] Vgl. zur positiven Beschlussfeststellungsklage iVm. der Anfechtungsklage von Hauptversammlungsbeschlüssen: *Leuering* in Semler/Volhard/Reichert HV-HdB § 44 Rn. 114 f. AA Kölner Komm AktG/

§ 109 Teilnahme an Sitzungen des Aufsichtsrats und seiner Ausschüsse

(1) ¹An den Sitzungen des Aufsichtsrats und seiner Ausschüsse sollen Personen, die weder dem Aufsichtsrat noch dem Vorstand angehören, nicht teilnehmen. ²Sachverständige und Auskunftspersonen können zur Beratung über einzelne Gegenstände zugezogen werden.

(2) Aufsichtsratsmitglieder, die dem Ausschuß nicht angehören, können an den Ausschußsitzungen teilnehmen, wenn der Vorsitzende des Aufsichtsrats nichts anderes bestimmt.

(3) Die Satzung kann zulassen, daß an den Sitzungen des Aufsichtsrats und seiner Ausschüsse Personen, die dem Aufsichtsrat nicht angehören, an Stelle von verhinderten Aufsichtsratsmitgliedern teilnehmen können, wenn diese sie hierzu in Textform ermächtigt haben.

(4) Abweichende gesetzliche Vorschriften bleiben unberührt.

Schrifttum: *Arnold,* Verantwortung und Zusammenwirken des Vorstands und Aufsichtsrats bei Compliance-Untersuchungen, ZGR 2014, 76; *Bamberger/Roth,* Kommentar zum Bürgerlichen Gesetzbuch: BGB, 3. Aufl. 2012; *Behr,* Teilnahmerecht und Mitwirkungsmöglichkeit des Aufsichtsratsmitglieds bei der Aufsichtsratssitzung, AG 1984, 281; *Boos/Fischer/Schulte-Mattler,* Kommentar zu KWG und Ausführungsvorschriften, 4. Aufl. 2012; *Bosse,* TransPuG: Änderungen zu den Bereichspflichten des Vorstands und zur Aufsichtsratstätigkeit, DB 2002, 1592; *Böttcher,* Unzulässige Besetzung von Aufsichtsräten, NZG 2012, 809; *Deckert,* Effektive Überwachung der AG-Geschäftsführung durch Ausschüsse des Aufsichtsrates, ZIP 1996, 985; *Dittmar,* Informationsrechte des Prüfungsausschusses, NZG 2014, 210; *Gelhausen,* Reform der externen Rechnungslegung und ihrer Prüfung durch den Wirtschaftsprüfer, AG-Sonderheft 1997, 73; *Hennerkes/Schiffer,* Ehrenvorsitzender oder Ehrenmitglied eines Aufsichtsrats, DB 1992, 875; *Hoerdemann,* Aktienrechtsreform und kein Ende – Bedarf es der Verschärfung der Aufsichtsratshaftung?, ZRP 1997, 44; *Janberg/Oesterlink,* Gäste im Aufsichtsrat, AG 1960, 240; *Johannsen-Roth/Kießling,* Das Amt des Ehrenvorsitzenden des Aufsichtsrats, NZG 2013, 972; *Jüngst,* Der Ehrenvorsitzende in der Aktiengesellschaft, BB 1984, 1583; *Korte,* Die Information des Aufsichtsrats durch die Mitarbeiter, 2009; *Krieger,* Zum Aufsichtsratspräsidium, ZGR 1985, 338; *Kropff,* Zur Information des Aufsichtsrats über das interne Überwachungssystem, NZG 2003, 346; *Leyendecker-Langner/Huthmacher,* Kostentragung für Aus- und Fortbildungsmaßnahmen von Aufsichtsratsmitgliedern, NZG 2012, 1415; *Luther,* § 23 Abs. (5) AktG im Spannungsfeld von Gesetz, Satzung und Einzelentscheidungen der Organe der Aktiengesellschaft, FS Hengeler, 1972, 167; *Lutter,* Der Aufsichtsrat im Konzern, AG 2006, 517; *Lutter,* Ehrenämter im Aktien- und GmbH-Recht, ZIP 1984, 645; *Roth,* Information und Organisation des Aufsichtsrates, ZGR 2012, 343; *Scheffler,* Aufgaben und Zusammensetzung von Prüfungsausschüssen (Audit Comitees), ZGR 2003, 236; *Schnorbus/Ganzer,* Gemeinsame Sitzungen von Aufsichtsorganen innerhalb eines Konzerns, AG 2013, 445; *Theisen,* Risikomanagement als Herausforderung für die Corporate Governance, BB 2003, 1426; *U. H. Schneider,* Die Teilnahme von Vorstandsmitgliedern an Aufsichtsratssitzungen, ZIP 2002, 873; *U. H. Schneider,* Gemeinsame Sitzungen und gemeinsame Beschlussfassung von Aufsichtsräten im Konzern?, FS Konzen, 2006, 881; *Semler/Stengel,* Interessenkonflikte von Aufsichtsratsmitgliedern von Aktiengesellschaften am Beispiel von Konflikten bei Übernahme, NZG 2003, 1; *Semler,* Ausschüsse des Aufsichtsrats, AG 1988, 60; *Vetter,* Die Teilnahme des Vorstands an den Sitzungen des Aufsichtsrats und die Corporate Governance, VersR 2002, 951; *Weber-Rey/Buckel,* Die Pflichten des Aufsichtsrats bei der Mandatierung des Vergütungsberaters, NZG 2010, 761.

Übersicht

	Rn.
I. Allgemeines	1
1. Inhalt und Bedeutung der Norm	1
2. Anwendungsbereich	8
3. Entstehungsgeschichte	9
4. Empfehlungen und Anregungen des Deutschen Corporate Governance Kodex	10
II. Teilnahme an Aufsichtsratssitzungen (Abs. 1)	11
1. Aufsichtsratsmitglieder	11
a) Teilnahmerecht und Teilnahmepflicht	11
b) Einschränkungen des Teilnahmerechts	13
2. Vorstandsmitglieder	20
a) Kein Teilnahmerecht	20
b) Teilnahmepflicht	24
c) Teilnahmeregelung durch die Satzung	28

	Rn.
3. Sachverständige und Auskunftspersonen	30
a) Sachverständige	32
b) Auskunftspersonen	36
4. Hinzuziehung sonstiger Personen	40
III. Teilnahme an Ausschusssitzungen (Abs. 2)	42
1. Beschränktes Teilnahmerecht für Nichtausschussmitglieder	42
2. Ausschluss ausschussfremder Aufsichtsratsmitglieder	48
a) Allgemeines	48
b) Mitbestimmungsspezifische Besonderheiten	55
3. Rechtsbehelfe des ausgeschlossenen Aufsichtsratsmitglieds	56
4. Teilnahme von Vorstandsmitgliedern und Dritten an Ausschusssitzungen	57
IV. Teilnahme anstelle verhinderter Aufsichtsratsmitglieder (Abs. 3)	58
1. Allgemeines	58
2. Voraussetzungen für die Teilnahme des Beauftragten an der Sitzung	60
a) Verhinderung des abwesenden Aufsichtsratsmitglieds	60
b) Satzungsregelung	61
c) Ermächtigung	64
3. Stellung und Haftung des Beauftragten	65
V. Abweichende gesetzliche Bestimmungen (Abs. 4)	66

I. Allgemeines

1. Inhalt und Bedeutung der Norm. Die Vorschrift regelt die **Berechtigung** von 1 Aufsichtsrats- und Vorstandsmitgliedern sowie organfremden Dritten zur **Teilnahme an Sitzungen** des Aufsichtsrats und seiner Ausschüsse. **Abs. 1** bestimmt den Kreis zulässiger Teilnehmer. Außer den Mitgliedern des Aufsichtsrats und des Vorstands dürfen nach dieser Vorschrift nur Sachverständige und Auskunftspersonen an den Sitzungen teilnehmen.

Abs. 2 regelt die **Teilnahme** von ausschussfremden Aufsichtsratsmitgliedern an Aus- 2 schusssitzungen. Sie sind zur Teilnahme berechtigt, soweit der Aufsichtsratsvorsitzende nicht etwas anderes bestimmt.

Abs. 3 eröffnet der Gesellschaft die Möglichkeit, durch Satzungsbestimmung die Sit- 3 zungsteilnahme von nicht dem Aufsichtsrat angehörenden Personen anstelle von verhinderten Aufsichtsratsmitgliedern zuzulassen, wenn eine **Ermächtigung** durch das verhinderte Mitglied vorliegt.

Abs. 4 stellt klar, dass § 109 das Teilnahmerecht dritter Personen nicht abschließend 4 regelt.[1]

Die Regelung des § 109 soll die **Vertraulichkeit** der Beratungen und die Arbeitsfähigkeit 5 des Aufsichtsrats und seiner Ausschüsse gewährleisten.[2] Sie bezweckt eine klare **personelle Abgrenzung des Aufsichtsrats** von Beiräten und anderen gesetzlich nicht vorgesehenen Organen. Die Mitglieder solcher Gremien sollen nicht durch regelmäßige Teilnahme an den Sitzungen des Aufsichtsrats und seiner Ausschüsse Einfluss auf die Entscheidungen des Aufsichtsrats nehmen können, ohne gleichzeitig die Verantwortung hierfür tragen zu müssen.[3] Die Bestimmung dient auch der Wahrung der in § 95 gesetzten Grenzen für die Mitgliederzahl im Aufsichtsrat und soll damit eine **effiziente Aufgabenerfüllung** ermöglichen.[4]

Die Regelungen in § 109 stellen **zwingendes Recht** dar.[5] Trotz seiner Formulierung als 6 Sollvorschrift stellt auch Abs. 1 eine zwingende Regelung dar, die keinen Raum für abweichende Bestimmungen in der Satzung oder einer Geschäftsordnung des Aufsichtsrats lässt.

---

[1] MüKoAktG/*Habersack* Rn. 1.
[2] Kölner Komm AktG/*Mertens/Cahn* Rn. 9; MüKoAktG/*Habersack* Rn. 2.
[3] BGH NZG 2012, 347 (349) = WM 2012, 448 (450); Hölters/*Hambloch-Gesinn/Gesinn* Rn. 1; Hüffer/ *Koch* Rn. 1; Spindler/Stilz/*Spindler* Rn. 1; MüKoAktG/*Habersack* Rn. 2; *Kindl* S. § 13 verweist auf die Praxis der Bildung von Beiräten vor dem AktG 1937 und die damit einhergehenden Probleme.
[4] MüKoAktG/*Habersack* Rn. 2; Spindler/Stilz/*Spindler* Rn. 1; *Kindl* S. 14.
[5] AllgM; für viele Spindler/Stilz/*Spindler* Rn. 4; Hüffer/*Koch* Rn. 1; aA wohl *Jüngst* BB 1984, 1583 (1584).

7 **Aufsichtsratsbeschlüsse** sind **nicht** allein deshalb **unwirksam,** weil sie in einer Sitzung gefasst worden sind, an der zu Unrecht Dritte teilgenommen haben.[6]

8 **2. Anwendungsbereich.** Die Vorschrift findet auch auf die **KGaA** Anwendung (§ 278 Abs. 3). Darüber hinaus erfasst sie nach § 25 Abs. 1 S. 1 Nr. 2 MitbestG[7], § 3 Abs. 2 MontanMitbestG[8], § 3 Abs. 1 MitbestErgG[9] und § 1 Abs. 1 Nr. 3 DrittelbG[10] die **mitbestimmte GmbH,** in der zwingend ein Aufsichtsrat zu bilden ist, sowie über Art. 9 Abs. 1 lit. c) ii) SE-VO[11] die **dualistisch verfasste SE.** Für die monistisch verfasste SE gilt § 36 SEAG, der § 109 entspricht.[12]

9 **3. Entstehungsgeschichte.** Die Norm geht auf § 93 AktG 1937 zurück, der neben dem in § 109 Abs. 2 verbürgten Ausschlussrecht des Aufsichtsratsvorsitzenden auch die Möglichkeit vorsah, das Recht ausschussfremder Aufsichtsratsmitglieder zur Teilnahme an den Ausschusssitzungen durch **Satzungsbestimmung** zu beschränken.[13] Diese Befugnis besteht seit der Einführung des AktG 1965 nicht mehr. Der Gesetzgeber wollte mit der Neufassung die Rechte der Aufsichtsratsmitglieder stärken und dem Recht zur Teilnahme an Ausschusssitzungen einen erhöhten Stellenwert beimessen.[14] Im Gegensatz zum früheren Recht stellt § 109 Abs. 3 klar, dass (nur) die Satzung die Sitzungsteilnahme von nicht dem Aufsichtsrat angehörenden Personen nur für den Fall der Verhinderung eines Aufsichtsratsmitglieds zulassen kann. Ihre jüngste Änderung erfuhr die Vorschrift durch das Formanpassungsgesetz vom 13.7.2001.[15] Eine **Ermächtigung** nach **§ 109 Abs. 3** muss nun nicht mehr schriftlich erteilt werden. Ausreichend ist insoweit **Textform,** also die Ermächtigung per Email oder Telefax (Rn 64).[16]

10 **4. Empfehlungen und Anregungen des Deutschen Corporate Governance Kodex.** Nimmt ein Aufsichtsratsmitglied während eines Geschäftsjahrs an weniger als der Hälfte der Sitzungen des Aufsichtsrats teil, soll dies gem. **Ziff. 5.4.7 DCGK**[17] im Bericht des Aufsichtsrats vermerkt werden. Diese Empfehlung soll die Aufsichtsratsmitglieder zu einer regelmäßigen Sitzungsteilnahme veranlassen.[18] Die Anregung in **Ziff. 3.6 Abs. 2 DCGK,** der zufolge der Aufsichtsrat bei Bedarf ohne den Vorstand tagen soll, bezweckt vor dem Hintergrund der dem Aufsichtsrat zukommenden Überwachungsaufgabe eine unbefangene und vertrauliche Aussprache,[19] etwa um sich über die Leistung

---

[6] BGHZ 47, 341 (349 f.) = NJW 1967, 1711 (1712); MüKoAktG/*Habersack* Rn. 3; Hüffer/*Koch* Rn. 4; Spindler/Stilz/*Spindler* Rn. 4.
[7] Gesetz über die Mitbestimmung der Arbeitnehmer (Mitbestimmungsgesetz – MitbestG) vom 4.5.1976, BGBl. 1976 I S. 1153.
[8] Gesetz über die Mitbestimmung der Arbeitnehmer in den Aufsichtsräten und Vorständen der Unternehmen des Bergbaus und der Eisen und Stahl erzeugenden Industrie (Montan-Mitbestimmungsgesetz – Montan-MitbestG) vom 21.5.1951, BGBl. 1951 I S. 347.
[9] Gesetz zur Ergänzung des Gesetzes über die Mitbestimmung der Arbeitnehmer in den Aufsichtsräten und Vorständen der Unternehmen des Bergbaus und der Eisen und Stahl erzeugenden Industrie (Mitbestimmungsergänzungsgesetz – MitbestErgG) vom 7.8.1956, BGBl. 1956 I S. 707.
[10] Gesetz über die Drittelbeteiligung der Arbeitnehmer im Aufsichtsrat (Drittelbestimmungsgesetz – DrittelbG) vom 18.5.2004, (BGBl. 2004 I S. 974).
[11] Verordnung (EG) Nr. 2157/2001 des Rates vom 8.10.2001 über das Statut der Europäischen Gesellschaft (SE) (ABl. Nr. L 294 S. 1).
[12] Gesetz zur Ausführung der Verordnung (EG) Nr. 2157/2001 des Rates vom 8. Oktober 2001 über das Statut der Europäischen Gesellschaft (SE) (SE-Ausführungsgesetz – SEAG) vom 22.12.2004, BGBl. 2004 I S. 3675.
[13] Vgl. MüKoAktG/*Habersack* Rn. 4; Spindler/Stilz/*Spindler* Rn. 3.
[14] Vgl. BegrRegE *Kropff* S. 153; *Rellermeyer* Aufsichtsratsausschüsse, 1986, 228.
[15] Gesetz zur Anpassung der Formvorschriften des Privatrechts und anderer Vorschriften an den modernen Rechtsgeschäftsverkehr (Formanpassungsgesetz) vom 13.7.2001 (BGBl. 2001 I S. 1542).
[16] Hüffer/*Koch* Rn. 7; Großkomm AktG/*Hopt/Roth* Rn. 84; *Bosse* DB 2002, 1592 (1593); siehe zur Textform auch RegBegr. BT-Drs. 14/4987, 18 ff.
[17] Deutscher Corporate Governance Kodex in der Fassung vom 13.5.2013 (BAnz. AT Nr. 130610 B3 S. 1).
[18] MüKoAktG/*Habersack* Rn. 6.
[19] Vgl. Spindler/Stilz/*Spindler* Rn. 13.

des Vorstands auszutauschen. Gleiches gilt, wenn in einer Aufsichtsratssitzung die Geltendmachung von Ersatzansprüchen gegen den Vorstand oder dessen Abberufung diskutiert werden sollen.[20] **Ziff. 7.2.4 DCGK** wiederholt § 171 Abs. 1 S. 2, wonach der Abschlussprüfer an den Beratungen des Aufsichtsrats oder des Prüfungsausschusses über den Jahres- und Konzernabschluss teilnimmt und über die wesentlichen Ergebnisse seiner Prüfung berichtet.

II. Teilnahme an Aufsichtsratssitzungen (Abs. 1)

1. Aufsichtsratsmitglieder. a) Teilnahmerecht und Teilnahmepflicht. Jedes Aufsichtsratsmitglied ist kraft seines Amtes zur Teilnahme an den Aufsichtsratssitzungen berechtigt.[21] Dem Teilnahmerecht entspricht eine **Teilnahmepflicht**.[22] Letztere erfordert nicht die persönliche Teilnahme an der Sitzung, wie sich aus § 108 Abs. 3 und § 109 Abs. 3 ergibt. Im Falle eines Fernbleibens bestehen aber die haftungsbewehrten Überwachungs- und Sorgfaltspflichten des nicht anwesenden Aufsichtsratsmitglieds unverändert fort.[23]

Nicht einheitlich wird die Frage nach dem Teilnahmerecht von **Aufsichtsratsmitgliedern innerhalb eines Konzerns** beurteilt.[24] Dies betrifft sowohl den Fall, dass Aufsichtsratsmitglieder der Muttergesellschaft an Sitzungen des Aufsichtsrats einer Tochtergesellschaft teilnehmen, als auch den umgekehrten Fall einer Teilnahme von Aufsichtsratsmitgliedern der Tochtergesellschaft an Sitzungen des Aufsichtsrats der Muttergesellschaft. Die hM ordnet die Aufsichtsratsmitglieder eines anderen Konzernunternehmens zutreffend als **aufsichtsratsfremde Dritte** ein, die nur in den Grenzen des § 109 Abs. 1 S. 2 zur Teilnahme an den Sitzungen des Aufsichtsrats berechtigt sind.[25] Ob ein Mitglied des Aufsichtsrats eines Konzernunternehmens die Anforderungen an eine **Auskunftsperson** oder einen **Sachverständigen** (vgl. § 109 Abs. 1 S. 2) erfüllt, ist eine **Einzelfallentscheidung** (zu Auskunftspersonen und Sachverständigen → Rn. 30 ff.). Diese trifft der Aufsichtsratsvorsitzende.[26] Ein generelles Teilnahmerecht für Vertreter von Konzernunternehmen lässt sich aus § 109 Abs. 2 S. 2 nicht herleiten.[27]

b) Einschränkungen des Teilnahmerechts. Das Recht des einzelnen Aufsichtsratsmitglieds zur Teilnahme an den Sitzungen des Aufsichtsrats ist grundsätzlich unentziehbar.[28] Eine Beschränkung kommt nur ausnahmsweise und im Einzelfall in Betracht.[29] Während das Gesetz selbst keine Ausschlussgründe nennt, sind heute zwei Fallgruppen anerkannt, die eine Einschränkung des Teilnahmerechts gestatten.[30] Dabei handelt es sich zum einen um **Störungen des Sitzungsverlaufs** und zum anderen um die **Gefährdung wichtiger Gesellschaftsbelange**.

aa) Sicherung eines ordnungsgemäßen Sitzungsablaufs. Der Aufsichtsratsvorsitzende hat im Rahmen seiner Leitungskompetenz für einen ordnungsgemäßen und störungsfreien Sitzungsablauf zu sorgen. Er ist befugt, ein Aufsichtsratsmitglied von der Teilnahme an der Sitzung auszuschließen, wenn die **innere Ordnung** nicht auf andere Weise her-

---
[20] Großkomm AktG/*Hopt/Roth* Rn. 95; *Peltzer* Rn. 211; RKLW/*v. Werder* Rn. 410.
[21] Für viele Kölner Komm AktG/*Mertens/Cahn* Rn. 11 mwN; LG Mühlhausen AG 1996, 527.
[22] AllgM. K. Schmidt/Lutter/*Drygala* Rn. 3 mwN; Hüffer/*Koch* Rn. 2; Spindler/Stilz/*Spindler* Rn. 5.
[23] MüKoAktG/*Habersack* Rn. 7.
[24] Siehe ausführlich zu dieser Frage *U. H. Schneider*, FS Konzen, 881 ff.; *Schnorbus/Ganzer* AG 2013, 445 (445 ff.).
[25] MüKoAktG/*Habersack* Rn. 8; Großkomm AktG/*Hopt/Roth* Rn. 12; Kölner Komm AktG/*Mertens/Cahn* Rn. 25; *Lutter* ZIP 1984, 645 (652).
[26] In dieser Hinsicht zutreffend: *U. H. Schneider*, FS Konzen, 881 (886).
[27] Vgl. *U. H. Schneider*, FS Konzen, 881 (886 f.).
[28] Hölters/*Hambloch-Gesinn/Gesinn* Rn. 3; Hüffer/*Koch* Rn. 2.
[29] K. Schmidt/Lutter/*Drygala* Rn. 4; Spindler/Stilz/*Spindler* Rn. 6.
[30] HM: Kölner Komm AktG/*Mertens/Cahn* Rn. 12 f.; K. Schmidt/Lutter/*Drygala* Rn. 4; Hüffer/*Koch* Rn. 2; Henssler/Strohn/*Henssler* Rn. 3; aA LG Mühlhausen ZIP 1996, 1660 (1661), das sich mit knapper Begründung auf eine angebliche Unentziehbarkeit der Rechte der Aufsichtsratsmitglieder beruft.

gestellt werden kann.[31] Allerdings bleibt dem Plenum die Letztentscheidung über den Ausschluss vorbehalten.[32] Das betroffene Aufsichtsratsmitglied kann durch einen Geschäftsordnungsantrag einen entsprechenden Verfahrensbeschluss des Aufsichtsrats herbeiführen.[33]

15 bb) **Wahrung wichtiger Gesellschaftsbelange.** Der Aufsichtsrat kann ein Aufsichtsratsmitglied zur **Wahrung wichtiger Gesellschaftsbelange** von der Sitzungsteilnahme ausschließen.[34] Das betroffene Aufsichtsratsmitglied hat dabei **kein Stimmrecht**.[35] An die Begründung des Ausschlusses sind strenge Anforderungen zu stellen. Insbesondere kann ein Ausschluss nicht allein darauf gestützt werden, dass das betroffene Aufsichtsratsmitglied einem Stimmverbot unterliegt.[36] Ein Ausschluss von der Sitzungsteilnahme kommt in Betracht, wenn ein Mitglied einem **Interessenkonflikt** unterliegt, dem durch Stimmrechtsausschluss nicht ausreichend begegnet werden kann.[37] Ein Interessenkonflikt liegt unter anderem dann vor, wenn eine Verhandlung oder Beratung die persönlichen Belange eines Aufsichtsratsmitglieds berührt.[38] Beispielhaft seien folgende Fälle genannt:[39]
– Vereinbarungen zwischen dem Aufsichtsratsmitglied und der Gesellschaft (§ 114)
– Befreiung des Aufsichtsratsmitglieds von Verbindlichkeiten gegenüber der Gesellschaft
– Durchsetzung von Ansprüchen gegen das Aufsichtsratsmitglied
– Kandidatur des Aufsichtsratsmitglieds zum Vorstand
– Zustimmung zur Kreditgewährung (§ 115)

16 Gehört das Aufsichtsratsmitglied zugleich dem Organ eines konkurrierenden Unternehmens an und werden in der Aufsichtsratssitzung Informationen ausgetauscht, die für das **Konkurrenzunternehmen** bedeutsam sind, kommt ein Ausschluss in Betracht, wenn eine **konkrete Gefährdung der Gesellschaftsbelange zu befürchten** ist, also die Erwartung besteht, dass es zur Auflösung des Interessenkonflikts zum Nachteil der Gesellschaft kommt.[40] Im Falle eines dauerhaften Interessenkonflikts muss das Aufsichtsratsmitglied sein **Mandat niederlegen**.[41] Eine entsprechende **Empfehlung** enthält **Ziff. 5.5.3 S. 2 DCGK.**

17 Unabhängig vom Vorliegen eines Interessenkonflikts vermag eine auf konkreten Anhaltspunkten beruhende Befürchtung des **Geheimnisverrats** eine Beschränkung des Teilnahmerechts zu begründen.[42] Im Falle eines Sitzungsausschlusses zur Wahrung wichtiger Gesellschaftsbelange ist das Aufsichtsratsmitglied auch vom sonstigen Informationsfluss zu dem betroffenen Sitzungsgegenstand auszuschließen (vgl. zur Einschränkung des Informationsflusses → § 116 Rn. 312 f.).

---

[31] Großkomm AktG/*Hopt/Roth* Rn. 25 f.; Spindler/Stilz/*Spindler* Rn. 10; *Säcker* NJW 1979, 1521 (1522); einschränkend *Behr* AG 1984, 281 (284).
[32] MüKoAktG/*Habersack* Rn. 9; Hölters/*Hambloch-Gesinn/Gesinn* Rn. 4.
[33] MüKoAktG/*Habersack* Rn. 9; *Kindl* S. 89.
[34] K. Schmidt/Lutter/*Drygala* Rn. 4; MüKoAktG/*Habersack* Rn. 10; Hüffer/*Koch* Rn. 2; *Lutter/Krieger/Verse* § 11 Rn. 700; NK-AktG/*Breuer/Fraune* Rn. 3; *Semler/Stengel* NZG 2003, 1 (4); aA Großkomm AktG/*Hopt/Roth* Rn. 23 (Ausschlussbefugnis des Aufsichtsratsvorsitzenden mit Revisionsrecht des Plenums); Kölner Komm AktG/*Mertens/Cahn* Rn. 15; *Baumbach/Hueck* Rn. 4 (Ausschlussbefugnis des Aufsichtsratsvorsitzenden ohne Revisionsrecht des Plenums).
[35] *Semler/Stengel* NZG 2003, 1 (4).
[36] Spindler/Stilz/*Spindler* Rn. 6; *Kindl* S. 116 ff. begründet dies mit der Haftung nach §§ 93, 116, die auch im Falle eines Stimmverbots weiter bestehe.
[37] MüKoAktG/*Habersack* Rn. 10.
[38] Großkomm AktG/*Hopt/Roth* Rn. 19.
[39] Auflistung von Großkomm AktG/*Hopt/Roth* Rn. 19.
[40] MüKoAktG/*Habersack* Rn. 10; Großkomm AktG/*Hopt/Roth* Rn. 20.
[41] Spindler/Stilz/*Spindler* Rn. 8; differenzierend *v. Schenck* in Semler/v. Schenck AR-HdB § 7 Rn. 306 f.; aA *Lutter/Krieger/Verse* § 1 Rn. 22 f., die ein anfängliches Bestellungshindernis annehmen, soweit ein Interessenkonflikt bereits bei der Bestellung des Aufsichtsratsmitglieds vorliegt.
[42] MüKoAktG/*Habersack* Rn. 10; Spindler/Stilz/*Spindler* Rn. 7; MüKoAktG/*Semler,* 2. Aufl. 2004, § 100 Rn. 156; *Semler/Stengel* NZG 2003, 1 (4).

Vor einem Sitzungsausschluss ist dem betroffenen Aufsichtsratsmitglied **Gelegenheit zur Stellungnahme** zu geben.[43] Eine Einschränkung des Teilnahmerechts muss angesichts der Schwere des Eingriffs in die Rechte des Mitglieds stets verhältnismäßig sein. Insbesondere darf **kein milderes Mittel,** etwa ein Abstimmungsverbot, zur Verfügung stehen, um den angestrebten Zweck zu erreichen.[44] Ein Sitzungsausschluss ist nur für diejenigen Beratungsgegenstände zulässig, die von dem Interessenkonflikt betroffen sind oder bei denen die begründete Befürchtung eines Geheimnisverrats besteht; ein Ausschluss für die gesamte Sitzung wird deshalb regelmäßig unverhältnismäßig sein.[45]

Bei einem **dreiköpfigen Aufsichtsrat** ist zu beachten, dass der Ausschluss eines Mitglieds von der Sitzungsteilnahme zur Beschlussunfähigkeit des Gremiums führt, die nur durch Ersatzbestellung nach § 104 oder Neuwahl beseitigt werden kann.[46]

2. Vorstandsmitglieder. a) Kein Teilnahmerecht. Das Gesetz gestattet den Vorstandsmitgliedern die Teilnahme an Aufsichtsrats- und Ausschusssitzungen, ohne ihnen einen Anspruch auf Teilnahme einzuräumen (§ 109 Abs. 1 S. 1).[47] Ein **gesetzlicher Anspruch** des Vorstands auf Teilnahme wäre mangels Gewährleistung einer vertraulichen Aussprache **nicht** mit der Überwachungsfunktion des Aufsichtsrats vereinbar.[48] Die Teilnahme der Vorstandsmitglieder an den Sitzungen des Aufsichtsrats stellt in der **Praxis** gleichwohl den **Regelfall** dar.[49] Entsprechend regt Ziff. 3.6 Abs. 2 DCGK an, dass der Aufsichtsrat bei Bedarf und damit nur im Einzelfall ohne den Vorstand tagen sollte (→ Rn. 10).[50]

Die Vorschrift des § 109 Abs. S. 1 gestattet nur den Mitgliedern desjenigen Vorstands die Teilnahme, der Organ derselben Gesellschaft wie der tagende Aufsichtsrat ist.[51] **Vorstandsmitglieder anderer Konzernunternehmen** können jedoch unter den Voraussetzungen des § 109 Abs. 1 S. 2 als Auskunftspersonen teilnehmen (→ Rn. 12).

Nimmt ein Mitglied des Vorstands an einer Sitzung des Aufsichtsrats oder eines Ausschusses teil, hat es das Recht, während der Sitzung das Wort zu ergreifen.[52] Das Vorstandsmitglied kann die Aufnahme seiner Äußerungen in die Sitzungsniederschrift verlangen.[53] **Antrags- oder Stimmrechte** stehen ihm hingegen **nicht** zu.[54]

Die Entscheidung über die **Hinzuziehung von Vorstandsmitgliedern** obliegt dem **Aufsichtsratsvorsitzenden** kraft seiner Kompetenz zur Sitzungsleitung. Die Letztentscheidung ist dem Plenum vorbehalten, welches auf Antrag eines Mitglieds des Aufsichtsrats Abweichendes beschließen kann.[55]

b) Teilnahmepflicht. Auf Verlangen des Aufsichtsratsvorsitzenden oder des Aufsichtsratsplenums sind die Vorstandsmitglieder **verpflichtet,** an den Sitzungen des Aufsichtsrats **teilzunehmen.**[56] Ein einzelnes Aufsichtsratsmitglied kann ein Mitglied des Vorstands nicht zur Sitzungsteilnahme verpflichten.[57] Es ist darauf verwiesen, Berichte des Vorstands an den Gesamtaufsichtsrat zu verlangen (§ 90 Abs. 3 S. 2).

---

[43] MüKoAktG/*Habersack* Rn. 10; Hölters/*Hambloch-Gesinn/Gesinn* Rn. 4; Spindler/Stilz/*Spindler* Rn. 9.
[44] Spindler/Stilz/*Spindler* Rn. 9.
[45] Vgl. Spindler/Stilz/*Spindler* Rn. 7.
[46] Vgl. Kölner Komm AktG/*Mertens/Cahn* Rn. 4.
[47] Hölters/*Hambloch-Gesinn/Gesinn* Rn. 6; Hüffer/*Koch* Rn. 3.
[48] MüKoAktG/*Habersack* Rn. 11.
[49] v. *Schenck* in Semler/v. Schenck AR-HdB § 7 Rn. 242; K. Schmidt/Lutter/*Drygala* Rn. 6; Hüffer/*Koch* Rn. 3; *Roth* ZGR 2012, 343 (361).
[50] Teilweise wird gefordert, dass der Aufsichtsrat in jeder Sitzung zeitweilig ohne den Vorstand tagen soll, vgl. *Roth* ZGR 2012, 343 (361 f.).
[51] MüKoAktG/*Habersack* Rn. 11; insoweit großzügiger *U. H. Schneider,* FS Konzen, 881 (885 ff.).
[52] MüKoAktG/*Habersack* Rn. 13.
[53] Hölters/*Hambloch-Gesinn/Gesinn* Rn. 6.
[54] Hölters/*Hambloch-Gesinn/Gesinn* Rn. 6; Kölner Komm AktG/*Mertens/Cahn* Rn. 22; Spindler/Stilz/*Spindler* Rn. 16.
[55] MüKoAktG/*Habersack* Rn. 13; Spindler/Stilz/*Spindler* Rn. 15.
[56] Hüffer/*Koch* Rn. 3 mwN; zum Vorsitzenden NK-AktG/*Breuer/Fraune* Rn. 4; MHdB AG/*Hoffmann-Becking* § 31 Rn. 49.
[57] Spindler/Stilz/*Spindler* Rn. 14.

25 Kommt der Vorstand einem berechtigten Verlangen auf Teilnahme an einer Sitzung nicht nach, verstößt er gegen seine aus § 90 folgende **Pflicht zur umfassenden Unterrichtung** des Aufsichtsrats.[58] Dies gilt auch dann, wenn ein Vorstandsmitglied seine Teilnahme für entbehrlich hält, etwa weil es bereits schriftlich seiner Pflicht zur Berichterstattung gemäß § 90 Abs. 1 und Abs. 3 nachgekommen ist.[59]

26 Zur Teilnahme an **Vorbesprechungen** der Anteilseigner- oder Arbeitnehmervertreter sind Vorstandsmitglieder **nicht** verpflichtet.[60]

27 Die Berichts- und Auskunftspflicht trifft grundsätzlich den Vorstand als Organ. Der Aufsichtsrat darf zwar **einzelne Vorstandsmitglieder** zur Sitzung **laden**.[61] Das einzelne Vorstandsmitglied kann allerdings nur über sein Ressort berichten, es sei denn, es wurde vom Vorstand zu einer umfassenden Berichterstattung ermächtigt.[62]

28 c) **Teilnahmeregelung durch die Satzung.** Das Recht der Vorstandsmitglieder zur Teilnahme an den Sitzungen des Aufsichtsrats oder seiner Ausschüsse kann in der **Satzung geregelt** werden. Ein genereller Ausschluss des Vorstands von den Sitzungen des Aufsichtsrats ist allerdings ebenso wenig zulässig wie ein uneingeschränktes Teilnahmerecht in Form eines allgemeinen Ausschlussverbots.[63] Derartige Regelungen widersprächen der Überwachungsaufgabe des Aufsichtsrats und dem angestrebten Zusammenwirken zwischen Vorstand und Aufsichtsrat.[64]

29 **Zulässig** ist eine Satzungsregelung, welche eine **regelmäßige Teilnahme** des Vorstands an den Sitzungen des Aufsichtsrats vorsieht, wobei der Aufsichtsratsvorsitzende oder das Plenum die **Teilnahme im Einzelfall untersagen** können.[65] Diese Praxis wird teilweise unter Hinweis auf das Erfordernis einer unbefangenen und vertraulichen Aussprache im Aufsichtsrat sowie auf die mit einem Sitzungsausschluss einhergehende Begründungslast für den Aufsichtsrat kritisiert.[66] Die regelmäßige Teilnahme von Vorstandsmitgliedern an Aufsichtsratssitzungen ist jedoch wesentlicher Bestandteil eines förderlichen Zusammenwirkens zwischen beiden Organen (vgl. Ziff. 3.6. Abs. 2 DCGK, der eine regelmäßige Teilnahme der Vorstandsmitglieder an den Sitzungen des Aufsichtsrats voraussetzt).

30 **3. Sachverständige und Auskunftspersonen.** Personen, die weder dem Aufsichtsrat noch dem Vorstand angehören, sollen an Sitzungen des Aufsichtsrats grundsätzlich nicht teilnehmen (§ 119 Abs. 1 S. 1). Eine Ausnahme bestimmt das Gesetz für Sachverständige und Auskunftspersonen (§ 109 Abs. 1 S. 2). Diese können zur **Beratung über einzelne Gegenstände** hinzugezogen werden.[67] Ob es im Einzelfall einer Teilnahme der genannten Personen bedarf, entscheidet der Aufsichtsratsvorsitzende; er ist jedoch an einen abweichenden Beschluss des Plenums gebunden.[68] Die Entscheidung kann durch Satzungsregelung auch ausschließlich dem Plenum übertragen werden.[69] Fallen durch die Hinzuziehung von

---

[58] MüKoAktG/*Habersack* Rn. 12; Kölner Komm AktG/*Mertens/Cahn* Rn. 20.
[59] MüKoAktG/*Habersack* Rn. 12; Spindler/Stilz/*Spindler* Rn. 14.
[60] Spindler/Stilz/*Spindler* Rn. 14; MüKoAktG/*Habersack* Rn. 12.
[61] Kölner Komm AktG/*Mertens/Cahn* Rn. 20; MüKoAktG/*Habersack* Rn. 12.
[62] MüKoAktG/*Habersack* Rn. 12; Spindler/Stilz/*Spindler* Rn. 14 mwN; *Johannes Semler* Leitung Rn. 171.
[63] Spindler/Stilz/*Spindler* Rn. 17.
[64] Vgl. Großkomm AktG/*Hopt/Roth* Rn. 28; Kölner Komm AktG/*Mertens/Cahn* Rn. 17.
[65] MüKoAktG/*Habersack* Rn. 14; K. Schmidt/Lutter/*Drygala* Rn. 5 spricht nur vom „Aufsichtsrat"; Hüffer/*Koch* Rn. 3; ausführlich *U. H. Schneider* ZIP 2002, 873 (874 f.).
[66] Spindler/Stilz/*Spindler* Rn. 17; vgl. auch VerBAV 3/2002, 67: Das Bundesaufsichtsamt für das Versicherungswesen (heute BaFin) erklärte danach, Satzungsbestimmungen von Versicherungsunternehmen, die Vorstandsmitgliedern eine regelmäßige Teilnahme an Aufsichtsratssitzungen ermöglichen, nicht mehr zu genehmigen; aA *Lutter/Krieger/Verse* § 11 Rn. 702; *Vetter* VersR 2002, 951 (953); *U. H. Schneider* ZIP 2002, 873 (874 f.), der die Praxisferne einer solchen Auffassung betont; so auch NK-AktG/*Breuer/Fraune* Rn. 4 und Fußnote 9.
[67] K. Schmidt/Lutter/*Drygala* Rn. 8; MüKoAktG/*Habersack* Rn. 16; Hölters/*Hambloch-Gesinn/Gesinn* Rn. 8; Spindler/Stilz/*Spindler* Rn. 19.
[68] K. Schmidt/Lutter/*Drygala* Rn. 15; MüKoAktG/*Habersack* Rn. 20; Hölters/*Hambloch-Gesinn/Gesinn* Rn. 9.
[69] Großkomm AktG/*Hopt/Roth* Rn. 55; *Kindl* S. 23.

Sachverständigen oder Auskunftspersonen **Kosten** an, sind diese von der Gesellschaft zu tragen. Sie wird bei der Auswahl und Beauftragung durch den Aufsichtsrat vertreten; dieser ist befugt, mit dem Sachverständigen eine Vergütung zu vereinbaren.[70]

Die Hinzuziehung einer sachverständigen Person oder einer Auskunftsperson ist nur zulässig, soweit sie tatsächlich zur Beratung beitragen oder Auskunft geben kann.[71] War die Teilnahme hingegen nicht notwendig, **haften die Aufsichtsratsmitglieder** für die hierdurch entstandenen Kosten, sofern sie bei der Hinzuziehung sorgfaltswidrig gehandelt haben.[72]

a) Sachverständige. Der Begriff des Sachverständigen ist weit auszulegen. Es muss sich nicht um einen Sachverständigen im technischen Sinne handeln. Als sachverständig gilt (über §§ 402 ff. ZPO hinaus) vielmehr jeder, der im Hinblick auf den Beratungsgegenstand über **besondere Sachkunde** verfügt,[73] wie etwa die Verfasser von dem Aufsichtsrat vorgelegten Gutachten und Untersuchungen.[74] Typische Sachverständige sind Wirtschaftsprüfer und Rechtsanwälte.[75] Zunehmend gebräuchlich ist die Einschaltung von **Vergütungsberatern,** um Haftungsrisiken für eine zu hoch oder falsch festgesetzte Vorstandsvergütung zu verringern.[76]

Die Hinzuziehung eines Sachverständigen ist auch dann möglich, wenn bestimmte Aufsichtsratsmitglieder selbst über den gleichen Sachverstand verfügen.[77] Andernfalls wäre der Aufsichtsrat gezwungen, seine Entscheidung allein auf die Sachkunde einzelner Plenumsmitglieder zu stützen. Angesichts einer **drohenden Haftung** der Aufsichtsratsmitglieder für Fehlentscheidungen muss dem Aufsichtsrat jedoch die Inanspruchnahme externen Sachverstands grundsätzlich freistehen.[78]

Die Möglichkeit zur Hinzuziehung eines Sachverständigen kann sich zu einer Hinzuziehungspflicht verdichten, soweit der Aufsichtsrat ansonsten seine Sorgfaltspflichten verletzen würde.[79] Das Gesetz sieht zudem in § 171 Abs. 1 S. 2 zwingend die **Teilnahme des Abschlussprüfers** an den Beratungen über den Jahres- und Konzernabschluss (Bilanzsitzung) vor.[80]

Unzulässig ist die Hinzuziehung eines **ständigen Beraters.**[81] Ist der Aufsichtsrat dauerhaft auf Fachkenntnisse auf einem bestimmten Gebiet angewiesen, muss er der Hauptversammlung einen geeigneten Sachverständigen zur Wahl in den Aufsichtsrat vorschlagen.[82]

b) Auskunftspersonen. Als Auskunftspersonen kommen solche Personen in Betracht, die über bestimmte **Vorgänge oder Einzelheiten** aus ihrer Tätigkeit für die Gesellschaft berichten können oder von denen sich der Aufsichtsrat in **sonstiger Weise Informationen**

---

[70] K. Schmidt/Lutter/*Drygala* Rn. 13; MüKoAktG/*Habersack* Rn. 20; Spindler/Stilz/*Spindler* Rn. 22; ausführlich zur Herleitung der Annexkompetenz Leyendecker-Langner/Huthmacher NZG 2012, 1415 (1418).
[71] K. Schmidt/Lutter/*Drygala* Rn. 8.
[72] Spindler/Stilz/*Spindler* Rn. 26. Soweit der Aufsichtsratsvorsitzende die sorgfaltswidrige Entscheidung über die Hinzuziehung eines Sachverständigen oder einer Auskunftsperson getroffen hat, kann eine Haftung der übrigen Aufsichtsratsmitglieder darauf beruhen, dass sie es sorgfaltswidrig unterlassen haben, ihr Revisionsrecht auszuüben.
[73] K. Schmidt/Lutter/*Drygala* Rn. 9; MüKoAktG/*Habersack* Rn. 17; Hüffer/*Koch* Rn. 5; Spindler/Stilz/ *Spindler* Rn. 19; Henssler/Strohn/*Henssler* Rn. 6.
[74] *v. Schenck* in Semler/v. Schenck AR-HdB § 5 Rn. 101.
[75] Hölters/*Hambloch-Gesinn/Gesinn* Rn. 8; vgl. K. Schmidt/Lutter/*Drygala* Rn. 9.
[76] K. Schmidt/Lutter/*Drygala* Rn. 9; siehe zu den Pflichten des Aufsichtsrats bei der Mandatierung von Vergütungsberatern Weber-Rey/Buckel NZG 2010, 761.
[77] MüKoAktG/*Habersack* Rn. 17; Hopt/*Roth* in Großkomm. AktG Rn. 47; Spindler/Stilz/*Spindler* Rn. 19.
[78] Vgl. MüKoAktG/*Habersack* Rn. 17; Spindler/Stilz/*Spindler* Rn. 19.
[79] MüKoAktG/*Habersack* Rn. 16; Spindler/Stilz/*Spindler* Rn. 19; in diese Richtung auch BGHZ 85, 293 (296 f.) = NJW 1983, 991 (992); aA Großkomm AktG/*Hopt/Roth* Rn. 54, die eine Ermessensreduktion nur in besonderen Ausnahmefällen annehmen und nicht schon im Falle einer bloßen Haftungsgefahr.
[80] AA bei Ausschluss durch den Aufsichtsrat Gelhausen AG-Sonderheft 1997, 73 (79).
[81] BGHZ 85, 293 (296 f.); = AG 1983, 133 – Hertie; BGH NZG 2012, 347 (349): K. Schmidt/Lutter/ *Drygala* Rn. 8; Kölner Komm AktG/*Mertens/Cahn* Rn. 27; Spindler/Stilz/*Spindler* Rn. 20.
[82] MüKoAktG/*Habersack* Rn. 16; Großkomm AktG/*Hopt/Roth* Rn. 41.

zu einem bestimmten Tagesordnungspunkt verspricht.[83] Hierzu zählen insbesondere Angestellte der Gesellschaft, Vorstands- und Aufsichtsratsmitglieder herrschender oder abhängiger Gesellschaften, Gewerkschaftsmitglieder und externe Berater.[84]

37 **Großaktionäre** können als Auskunftspersonen hinzugezogen werden, soweit es um deren Haltung zu bestimmten Vorhaben der Geschäftsführung oder um die allgemeine Geschäftspolitik des Unternehmens geht.[85] Eine regelmäßige Teilnahme von Großaktionären an Aufsichtsrats- oder Ausschusssitzungen ist demgegenüber wegen andernfalls zu befürchtender Beeinflussung der Beschlussfassung nicht mit dem Gesetz vereinbar.[86]

38 Die Hinzuziehung von **Angestellten** der Gesellschaft als Auskunftspersonen ist rechtlich unbedenklich, soweit dies im **Einvernehmen mit dem Vorstand** geschieht. Die sich auf diese Weise ergebenden Direktkontakte, insbesondere zu leitenden Mitarbeitern, verschaffen dem Aufsichtsrat Informationen aus erster Hand und sind damit Ausdruck einer intensiven Zusammenarbeit von Vorstand und Aufsichtsrat.[87] **Umstritten** ist, ob der Aufsichtsrat Mitarbeiter des Unternehmens auch **unmittelbar selbst ohne Vermittlung des Vorstands** zur Sitzung laden darf.[88] Die wohl noch herrschende Auffassung hält eine unmittelbare Ladung durch den Aufsichtsrat entweder gar nicht[89] oder nur ausnahmsweise dann für zulässig, wenn konkrete Verdachtsmomente gegen Vorstandsmitglieder vorliegen und andernfalls die Ermittlung des Sachverhalts gefährdet wäre.[90] Die grundsätzliche Ablehnung eines Vorladungsrechts des Aufsichtsrats wird mit der Berichtspflicht des Vorstands gegenüber dem Aufsichtsrat, die dieser grundsätzlich in eigener Person zu erfüllen hat,[91] der Trennung von Geschäftsführung und Überwachung im dualistischen System[92] und dem allein dem Vorstand zustehenden Direktionsrecht gegenüber den Arbeitnehmern der Gesellschaft begründet.[93] Andere bejahen mit Blick auf eine unbefangene Informationserteilung die Zulässigkeit eines **Direktkontakts zwischen Aufsichtsrat und Angestellten.**[94] Nachdem das BilMoG[95] die Pflichten des Aufsichtsrats und des Prüfungsausschusses zur Überwachung des Risikomanagements, der internen Kontrollsysteme und der Finanzberichterstattung kodifiziert hat (§ 107 Abs. 3 S. 2) und auch das KWG für Institute ab einer gewissen Bedeutung die Einrichtung direkter Kommunikationslinien zwischen den Vorsitzenden der Risiko- und Prüfungsausschüsse[96] und den Leitern der internen Revision und des Risikocontrollings verlangt (§ 25d Abs. 8 S. 7, 8 Abs. 9 S. 4 KWG),[97] ist dem Aufsichtsrat nach **hier vertretener Auffassung** der unmittelbare Zugriff jeden-

---

[83] MüKoAktG/*Habersack* Rn. 18; Großkomm AktG/*Hopt/Roth* Rn. 47.
[84] MüKoAktG/*Habersack* Rn. 18; Spindler/Stilz/*Spindler* Rn. 21; Berater können sowohl Sachverständige als auch Auskunftspersonen sein, je nachdem, ob der Aufsichtsrat ihre besondere Sachkunde oder ihre Kenntnisse aus ihrer Tätigkeit für die Gesellschaft in Anspruch nimmt.
[85] Großkomm AktG/*Hopt/Roth* Rn. 48; Kölner Komm AktG/*Mertens/Cahn* Rn. 23.
[86] Spindler/Stilz/*Spindler* Rn. 21.
[87] K. Schmidt/Lutter/*Drygala* Rn. 10.
[88] Ausführliche Darstellung bei *Korte* S. 151 ff. und *Kindl* S. 40 ff.
[89] *Lutter* AG 2006, 517 (521); *Hoerdemann* ZRP 1997 44 (45); *Lieder* S. 791; *Oetker* in Hommelhoff/Hopt/v. Werder S. 292; *Theisen* BB 2003, 1426 (1428); *Scheffler* ZGR 2003, 236 (254 f.).
[90] Spindler/Stilz/*Spindler* Rn. 21; Großkomm AktG/*Hopt/Roth* Rn. 49; Kölner Komm AktG/*Mertens/Cahn* Rn. 24; *Arnold* ZGR 2014, 76 (92).
[91] Hölters/*Hambloch-Gesinn/Gesinn* Rn. 8 und 10; *Arnold* ZGR 2014, 76 (91).
[92] *Lutter* Information Rn. 309 ff.; *Lutter* AG 2006, 517 (521); *Hoerdemann* ZRP 1997 44 (45); *Lieder* S. 791; *Oetker* in Hommelhoff/Hopt/v. Werder S. 292; *Theisen* BB 2003, 1426 (1428); wohl auch *Scheffler* ZGR 2003, 236 (254 f.), der den Aufsichtsrat für nicht zuständig hält.
[93] Großkomm AktG/*Hopt/Roth* Rn. 49; Kölner Komm AktG/*Mertens/Cahn* Rn. 24.
[94] MüKoAktG/*Habersack* Rn. 19; K. Schmidt/Lutter/*Drygala* Rn. 11; *Kropff* NZG 2003, 346 (349 f.); *Korte* S. 155; offen gelassen bei *Dittmar* NZG 2014, 210 (211), der darauf hinweist, dass sich der Vorstand dem begründeten Wunsch des Aufsichtsrats kaum verschließen werde.
[95] Gesetz zur Modernisierung des Bilanzrechts (BilMoG) vom 25. Mai 2009 (BGBl. 2009 I S. 1102).
[96] Sollte der jeweilige Ausschuss nicht eingerichtet sein, tritt der Aufsichtsratsvorsitzende an die Stelle der Ausschussvorsitzenden.
[97] Nach § 25d Abs. 8 S. 8, Abs. 9 S. 5 KWG ist die Geschäftsleitung über den Direktkontakt zu unterrichten. Die Pflicht zur Einrichtung von Kommunikationslinien zwischen Aufsichtsratsvorsitzendem und der Risikokontrollfunktion besteht auch für Versicherungsunternehmen nach MARisk VA AT 7.2.1 Abs. 3b.

falls auf die für diese Ressorts verantwortlichen Personen (zB Leiter der internen Revision oder Leiter des Risikomanagements oder -controllings) zuzugestehen.[98] Dieses Ergebnis entspricht der neueren Rechtsprechung des **BGH**, eine **Selbstinformationspflicht des Aufsichtsrats** als gleichrangige Pflicht neben Überwachungs- und Beratungspflichten anzuerkennen.[99]

Macht der Aufsichtsrat von der Möglichkeit des Direktzugriffs Gebrauch, verbleibt das **39** Direktionsrecht gegenüber dem Angestellten gleichwohl beim Vorstand.[100] Vom Aufsichtsrat geladene Angestellte sind auch ohne entsprechende Weisung des Vorstands **zum Erscheinen verpflichtet**.[101] Der Mitarbeiter ist in einer Aufsichtsrats- oder Ausschusssitzung zu befragen. Eine **Befragung am Arbeitsplatz** ist **unzulässig**.[102]

4. Hinzuziehung sonstiger Personen. Eine Hinzuziehung sonstiger Personen außer- **40** halb des Anwendungsbereichs von § 109 Abs. 1 ist nur zulässig, soweit ihre Anwesenheit aus **technischen oder organisatorischen Gründen** erforderlich ist und nicht der Vertraulichkeit der Beratungen des Aufsichtsrats und seiner Ausschüsse entgegensteht.[103] Satzungsregelungen, die generelle Teilnahmerechte Dritter vorsehen, sind unzulässig.[104] Die Hinzuziehung von **Protokollführern** und **Dolmetschern** ist rechtlich unbedenklich, solange sie zur Wahrung der Vertraulichkeit verpflichtet werden. Sie wohnen der Sitzung bei, nehmen aber mangels Rede-, Antrags- und Stimmrecht im Rechtssinne nicht an ihr teil.[105] Der Aufsichtsratsvorsitzende entscheidet im Rahmen seines Rechts zur Sitzungsleitung nicht nur über die Hinzuziehung der genannten Hilfspersonen,[106] sondern vorbehaltlich eines anderslautenden Aufsichtsratsbeschlusses auch über **deren Ausschluss** aus der Sitzung (etwa aufgrund der Behandlung vertraulicher Angelegenheiten).[107] **Mitarbeiter einzelner Aufsichtsratsmitglieder** können nur als Sachverständige, Auskunftspersonen oder als (Stimm-)Boten nach den §§ 108 Abs. 3, 109 Abs. 3 an den Sitzungen des Aufsichtsrats teilnehmen.

Eine Hinzuziehung des **Ehrenvorsitzenden** und von Ehrenmitgliedern des Aufsichts- **41** rats kommt nur in Betracht, wenn sie als Sachverständige oder Auskunftspersonen auftreten, da sie gesellschaftsrechtlich keine Organmitglieder sind.[108] Gleiches gilt für **ehemalige Vorstands- und Aufsichtsratsmitglieder.**[109] Auch **künftige** Aufsichtsratsmitglieder dürfen nicht wie ständige Gäste **routinemäßig** an Sitzungen des Aufsichtsrats teilnehmen.[110] Zulässig ist aber ihre Anwesenheit im Einzelfall, damit sie sich mit ihrer künftigen Aufgabe vertraut machen können. Auf diese Weise erhalten die bisherigen Aufsichtsrats-

---

[98] K. Schmidt/Lutter/*Drygala* Rn. 11; vgl. auch MüKoAktG/*Habersack* Rn. 19; ausdrücklich aA *Theisen* BB 2003, 1426 (1428); *Scheffler* ZGR 2003, 236 (254 f.), allerdings zur Rechtslage vor dem BilMoG.
[99] BGH NJW 2009, 2454 (2455) = NZG 2009, 550 (551); K. Schmidt/Lutter/*Drygala* Rn. 12; aA *Arnold* ZGR 2014, 76 (92), der den Verweis auf die Selbstinformationspflicht des Aufsichtsrats für einen Zirkelschluss hält.
[100] K. Schmidt/Lutter/*Drygala* Rn. 12; Großkomm AktG/*Hopt/Roth* Rn. 49; *Kropff* NZG 2003, 346 (349 f.).
[101] Vgl. MüKoAktG/*Habersack* Rn. 19; Großkomm AktG/*Hopt/Roth* Rn. 49; *Kropff* NZG 2003, 346 (350) für den Fall eines erfolglosen Versuchs, den Mitarbeiter unter Mithilfe des Vorstands zu laden, weil der Vorstand der „Bitte" nicht nachkommt.
[102] K. Schmidt/Lutter/*Drygala* Rn. 10.
[103] MüKoAktG/*Habersack* Rn. 21.
[104] Spindler/Stilz/*Spindler* Rn. 27; Hüffer/*Koch* Rn. 4.
[105] MüKoAktG/*Habersack* Rn. 21.
[106] MüKoAktG/*Habersack* Rn. 21; MHdB AG/*Hoffmann-Becking* § 31 Rn. 58.
[107] Vgl. Großkomm AktG/*Hopt/Roth* Rn. 56; *Kindl* S. 40.
[108] Vgl. *Böttcher* NZG 2012, 809 (810); Grigoleit/*Tomasic* Rn. 10; *v. Schenck* in Semler/v. Schenck AR-HdB § 4 Rn. 174; *Hennerkes/Schiffer* DB 1992, 875 (876); aA *Jüngst* BB 1984, 1583 (1584 f.); *Johannsen-Roth/Kießling* NZG 2013, 972 (975) mit ausführlicher Begründung und Bezugnahme auf die Praxis in DAX-Unternehmen.
[109] Großkomm AktG/*Hopt/Roth* Rn. 48; Hüffer/*Koch* Rn. 4 f.; Kölner Komm AktG/*Mertens/Cahn* Rn. 25.
[110] MüKoAktG/*Habersack* Rn. 21; Lutter/Krieger/*Verse* § 11 Rn. 703.

mitglieder zudem Gelegenheit, sich ein Bild über die **Eignung** des künftigen Kollegen zu machen.[111]

III. Teilnahme an Ausschusssitzungen (Abs. 2)

42 1. **Beschränktes Teilnahmerecht für Nichtausschussmitglieder.** Aufsichtsratsmitglieder, die einem **Ausschuss angehören,** sind berechtigt und verpflichtet, an den Sitzungen des Ausschusses teilzunehmen. Sie können nach allgemeinen Regeln von der Sitzungsteilnahme ausgeschlossen werden (vgl. für den Gesamtaufsichtsrat → Rn. 13 ff.).[112]

43 **Ausschussfremde Aufsichtsratsmitglieder** haben ein einschränkbares Teilnahmerecht, das gemäß § 109 Abs. 2 unter dem **Widerspruchsvorbehalt des Aufsichtsratsvorsitzenden** steht (→ Rn. 48 ff.). Eine förmliche Einladung ausschussfremder Aufsichtsratsmitglieder ist nicht erforderlich, es sei denn sie äußern einen entsprechenden Wunsch.[113] In diesem Fall sind sie über Zeit, Ort und Tagesordnung der Ausschusssitzung zu informieren. Der Aufsichtsratsvorsitzende ist stets zu informieren.[114]

44 Dem ausschussfremden Aufsichtsratsmitglied steht ein **Rederecht** zu, das die Befugnis umfasst, Erklärungen zu Protokoll zu geben.[115] Es hat jedoch **weder ein Antrags- oder Stimmrecht** noch die Befugnis, Auskünfte vom Vorstand zu verlangen.[116]

45 Einem Ausschuss nicht angehörende Mitglieder sind berechtigt, die für die jeweilige Ausschusssitzung maßgeblichen **Sitzungsunterlagen** und das Protokoll der Ausschusssitzung **einzusehen.**[117] Sie sind insbesondere keine Unbefugten im Sinne von § 14 Abs. 1 Nr. 2 WpHG[118] (Verbot der Weitergabe von Insiderinformationen).[119] Nach zutreffender Auffassung haben sie jedoch **keinen Anspruch** auf **vorherige Zuleitung** der Sitzungsunterlagen.[120] Die Entscheidung darüber ist vielmehr in das Ermessen des Aufsichtsratsvorsitzenden zu stellen.[121]

46 Ausschussfremde Aufsichtsratsmitglieder können Einsichtnahme in die an den Gesamtaufsichtsrat erstatteten Berichte (vgl. § 107 Abs. 3 S. 4 AktG) verlangen.[122] Dies gilt auch dann, wenn sie an der betreffenden Sitzung nicht teilgenommen haben oder von der Teilnahme ausgeschlossen worden sind.[123] Das Informationsrecht ist durch Antrag im Plenum und ggf. durch Klage auf Auskunft gegen die Gesellschaft geltend zu machen.[124] Ein solches Informationsrecht steht ausschussfremden Aufsichtsratsmitgliedern, die hinsichtlich des Berichtsgegenstands einem Interessenkonflikt unterliegen, nicht zu.

---

[111] MüKoAktG/*Habersack* Rn. 21; *Janberg/Oesterlink* AG 1960, 243; aA Kölner Komm AktG/*Mertens/Cahn* Rn. 25.
[112] Großkomm AktG/*Hopt/Roth* Rn. 58 und Fn. 249.
[113] Großkomm AktG/*Hopt/Roth* Rn. 59; *Gittermann* in Semler/v. Schenck AR-HdB § 6 Rn. 95; aA Geßler/Hefermehl/*Geßler* Rn. 24 f.
[114] MüKoAktG/*Habersack* Rn. 22.
[115] Kölner Komm AktG/*Mertens/Cahn* Rn. 30; Spindler/Stilz/*Spindler* Rn. 36.
[116] § 90 Abs. 3 S. 2 gewährt dem einzelnen Aufsichtsratsmitglied das Recht, Auskünfte vom Vorstand an den Aufsichtsrat zu verlangen; vgl. MüKoAktG/*Habersack* Rn. 22; Großkomm AktG/*Hopt/Roth* Rn. 60.
[117] Spindler/Stilz/*Spindler* Rn. 37; Großkomm AktG/*Hopt/Roth* Rn. 60.
[118] Gesetz über den Wertpapierhandel (Wertpapierhandelsgesetz – WpHG) vom 9.9.1998, BGBl. 1998 I S. 2708.
[119] Großkomm AktG/*Hopt/Roth* Rn. 60.
[120] Einen solchen Anspruch bejahend: Spindler/Stilz/*Spindler* Rn. 37; MüKoAktG/*Semler*, 2. Aufl. 2004, Rn. 67; bedingt aussagekräftig OLG Hamburg ZIP 1984, 819 (823), das eine Zuleitungspflicht aus der Mitbestimmung herleiten will; wie hier MüKoAktG/*Habersack* Rn. 23; Großkomm AktG/*Hopt/Roth* Rn. 60.
[121] Ebenso Großkomm AktG/*Hopt/Roth* Rn. 60.
[122] MüKoAktG/*Habersack* Rn. 30; Großkomm AktG/*Hopt/Roth* Rn. 68 und 72; Spindler/Stilz/*Spindler* Rn. 38 und 40.
[123] Großkomm AktG/*Hopt/Roth* Rn. 72; MüKoAktG/*Habersack* Rn. 30.
[124] Spindler/Stilz/*Spindler* Rn. 39; vgl. BGHZ 49, 396 (398) = WM 1968, 532; richtiger Klagegegner ist die Gesellschaft: MüKoAktG/*Semler*, 2. Aufl. 2004, Rn. 69.

Einschränkungen bestehen für den **Informationsaustausch** zwischen ausschussangehörigen und ausschussfremden Aufsichtsratsmitgliedern über Gegenstand und Inhalt von Ausschusssitzungen. Zwar sind die Aufsichtsratsmitglieder untereinander grundsätzlich nicht zur Verschwiegenheit verpflichtet.[125] Anderes gilt, wenn ein Aufsichtsratsmitglied nach § 109 Abs. 2 ausgeschlossen worden ist oder Vorlagen und Prüfberichte nach § 170 Abs. 3 S. 2 nur an die Ausschussmitglieder übermittelt worden sind.[126] Die Weitergabe vertraulicher Informationen an ausschussfremde Aufsichtsratsmitglieder erfordert aufgrund der Ausschlussbefugnis des Aufsichtsratsvorsitzenden die **Zustimmung des Aufsichtsratsvorsitzenden.**[127]

2. Ausschluss ausschussfremder Aufsichtsratsmitglieder. a) Allgemeines. Der **Aufsichtsratsvorsitzende** ist berechtigt, ausschussfremde Aufsichtsratsmitglieder von der Teilnahme an Ausschusssitzungen auszuschließen (Abs. 2). Eine **Delegation dieses Rechts** an den Ausschussvorsitzenden, den Ausschuss selbst oder ein anderes Organ der Gesellschaft ist **unzulässig.**[128] Weder das grundsätzlich bestehende Teilnahmerecht von ausschussfremden Mitgliedern noch das Recht des Aufsichtsratsvorsitzenden zum Ausschluss sind einer **Satzungsregelung** zugänglich. Nach § 93 AktG 1937 konnte das Teilnahmerecht von Nichtausschussmitgliedern noch per Satzung ausgeschlossen werden. Das AktG 1965 hat diese Regelung nicht übernommen (vgl. dazu schon → Rn. 9).[129]

Das Recht des Aufsichtsratsvorsitzenden zum Ausschluss ist auch nicht anderweitig beschränkbar.[130] Eine Minderansicht will dem Aufsichtsratsplenum das Recht zubilligen, eine Entscheidung des Vorsitzenden zu revidieren.[131] Dies ergebe sich aus der Kompetenz des Aufsichtsrats zur Einsetzung der Ausschüsse.[132] Die hM nimmt dagegen zu Recht unter Berufung auf den Gesetzeswortlaut eine **nicht korrigierbare Alleinentscheidungsbefugnis** des Aufsichtsratsvorsitzenden an.[133] Der Aufsichtsratsvorsitzende selbst kann weder von der Teilnahme an den Ausschusssitzungen noch von der Einsicht in die Ausschussunterlagen ausgeschlossen werden.[134]

Ein Ausschluss durch den Vorsitzenden kommt nur im Einzelfall bei Vorliegen eines **sachlichen Grundes** in Betracht.[135] Ein Ausschluss kann etwa dann gerechtfertigt sein, wenn gegen ein ehemaliges Vorstandsmitglied, das nunmehr dem Aufsichtsrat angehört, Schadensersatzansprüche geprüft und deren Durchsetzung vorbereitet wird.[136]

Der Aufsichtsratsvorsitzende kann einzelnen oder auch allen anderen Aufsichtsratsmitgliedern die Teilnahme an den Sitzungen eines Ausschusses verweigern.[137] Umstritten ist, ob ein **dauerhafter Ausschluss einzelner Mitglieder aus sämtlichen Sitzungen** eines bestimmten Ausschusses zulässig ist.[138] Nach einer **Minderansicht** verletzt der dauerhafte Ausschluss die Organisationsverfassung von Plenum, Aufsichtsratsvorsitzendem und Aus-

---

[125] OLG Hamburg AG 1984, 248 (251).
[126] MüKoAktG/*Habersack* Rn. 24.
[127] *Gittermann* in Semler/v. Schenck AR-HdB § 6 Rn. 106.
[128] MüKoAktG/*Habersack* Rn. 25; Hölters/*Hambloch-Gesinn/Gesinn* Rn. 15; Spindler/Stilz/*Spindler* Rn. 29; Bürgers/Körber/*Bürgers/Israel* Rn. 6.
[129] MüKoAktG/*Habersack* Rn. 32; Großkomm AktG/*Hopt/Roth* Rn. 75; Spindler/Stilz/*Spindler* Rn. 41.
[130] Großkomm AktG/*Hopt/Roth* Rn. 62.
[131] *Peus* S. 58 ff.; *Krieger* ZGR 1985, 338 (358); *Rellermeyer*, Aufsichtsratsausschüsse, 1986, 230 ff.
[132] *Peus* S. 58 ff.
[133] So auch Großkomm AktG/*Hopt/Roth* Rn. 62; Kölner Komm AktG/*Mertens/Cahn* Rn. 31; MüKoAktG/*Habersack* Rn. 25; Spindler/Stilz/*Spindler* Rn. 29; Bürgers/Körber/*Bürgers/Israel* Rn. 6; *v. Schenck* in Semler/v. Schenck AR-HdB § 4 Rn. 121 und 125; Lutter/Krieger/Verse § 11 Rn. 774; Semler AG 1988, 60 (65).
[134] *v. Godin/Wilhelmi*, 4. Aufl. 1971, Rn. 7; Großkomm AktG/*Hopt/Roth* Rn. 62.
[135] AllgM. statt vieler: MüKoAktG/*Habersack* Rn. 26 f.; Spindler/Stilz/*Spindler* Rn. 30; so auch das LG München I NZG 2008, 348 (350), das von einer Ermessensentscheidung spricht, die von sachlichen Gründen getragen werden muss.
[136] Großkomm AktG/*Hopt/Roth* Rn. 66; Spindler/Stilz/*Spindler* Rn. 32.
[137] MHdB AG/*Hoffmann-Becking* § 32 Rn. 28.
[138] Vgl. Großkomm AktG/*Hopt/Roth* Rn. 64.

schüssen sowie das Regel-Ausnahme-Verhältnis des Abs. 2.[139] Nach zutreffender Ansicht kann der Aufsichtsratsvorsitzende jedoch ein **Teilnahmeverbot für alle Sitzungen** eines bestimmten Ausschusses anordnen.[140] Dies kann etwa im vorbereitenden Personalausschuss aus Gründen der Vertraulichkeit geboten sein.[141] Der Grundsatz der **Gleichbehandlung der Aufsichtsratsmitglieder** ist dabei zu wahren (vgl. zu den mitbestimmungsspezifischen Besonderheiten → Rn. 55).

52 **Unzulässig** ist demgegenüber eine Anordnung, wonach die Teilnahme an Ausschusssitzungen, denen ein Aufsichtsratsmitglied nicht angehört, **generell ausgeschlossen** sein soll.[142]

53 Mit dem Teilnahmeverbot **erlischt** das Recht des Aufsichtsratsmitglieds, **Einsicht** in die Unterlagen, Niederschriften und an den Ausschuss gerichteten Berichte zu nehmen.[143] Das ausgeschlossene Aufsichtsratsmitglied ist darauf verwiesen, die Berichte einzusehen, die der Ausschuss dem Gesamtaufsichtsrat erstattet.[144] Auch steht dem ausgeschlossenen Mitglied ein Anspruch auf Auskunft über die vom Ausschuss gefassten Beschlüsse zu.[145]

54 Umstritten ist, ob das **Teilnahmerecht** dahingehend **eingeschränkt** werden kann, dass nur die Einsicht in die Ausschussunterlagen, nicht aber die Teilnahme an der Ausschusssitzung untersagt wird.[146] Nach zutreffender Ansicht ist ein eingeschränktes Teilnahmerecht von § 109 Abs. 2 nicht gedeckt.[147] Für ein eingeschränktes Teilnahmerecht besteht auch kein Bedarf, da der Informationsgehalt der Sitzungsunterlagen typischerweise hinter dem der Sitzung zurückbleibt.[148]

55 **b) Mitbestimmungsspezifische Besonderheiten.** Auch in den Ausschüssen ist der **Grundsatz der Gleichbehandlung** aller Aufsichtsratsmitglieder zu beachten. Eine Diskriminierung der Angehörigen bestimmter Gruppen, etwa der Arbeitnehmervertreter, ist unzulässig.[149] Ein Ausschluss der ausschussfremden Arbeitnehmervertreter aus einer Ausschusssitzung, in der **mitbestimmungsspezifische Angelegenheiten** zu entscheiden sind, ist unzulässig.[150]

56 **3. Rechtsbehelfe des ausgeschlossenen Aufsichtsratsmitglieds.** Schließt der Aufsichtsratsvorsitzende ein dem Ausschuss nicht angehörendes Aufsichtsratsmitglied in **rechtsmissbräuchlicher** Weise von der Teilnahme an einer Ausschusssitzung aus, kann dieses gegen die Gesellschaft auf Feststellung klagen, dass der Ausschluss rechtswidrig war.[151] Für die Klage sind unabhängig von der Zugehörigkeit des Mitglieds zur Arbeitnehmer- oder Anteilseignerseite die ordentlichen Gerichte zuständig.[152] **Gesellschaftsinterne Abhilfe**

---

[139] *Peus* S. 55 ff.; WWKK/*Koberski* MitbestG § 29 Rn. 44, letzterer allerdings ohne Begründung; für den Kreditausschuss *Hommelhoff*, FS Werner, 315 (325).
[140] Großkomm AktG/*Hopt/Roth* Rn. 64; Kölner Komm AktG/*Mertens/Cahn* Rn. 34; MüKoAktG/*Habersack* Rn. 28; Bürgers/Körber/*Bürgers/Israel* Rn. 6; MHdB AG/*Hoffmann-Becking* § 32 Rn. 28.
[141] Großkomm AktG/*Hopt/Roth* Rn. 64.
[142] Kölner Komm AktG/*Mertens/Cahn* Rn. 34; Großkomm AktG/*Hopt/Roth* Rn. 63; aA *Rellermeyer*, Aufsichtsratsausschüsse, 1986, S. 237 ff.
[143] Großkomm AktG/*Hopt/Roth* Rn. 68; MüKoAktG/*Habersack* Rn. 30; Spindler/Stilz/*Spindler* Rn. 40; K. Schmidt/Lutter/*Drygala* Rn. 17.
[144] Großkomm AktG/*Hopt/Roth* Rn. 68; MüKoAktG/*Habersack* Rn. 30; Spindler/Stilz/*Spindler* Rn. 40.
[145] MüKoAktG/*Habersack* Rn. 30; Kölner Komm AktG/*Mertens/Cahn* Rn. 36.
[146] Großkomm AktG/*Hopt/Roth* Rn. 73 Fn. 322, berufen sich auf den milderen Eingriff, den das eingeschränkte Teilnahmerecht gegenüber dem vollständigen Sitzungsausschluss darstelle; *Potthoff/Trescher* S. 203, *Rellermeyer*, Aufsichtsratsausschüsse, 1986, S. 248 ff. nimmt die Zulässigkeit eines eingeschränkten Teilnahmerechts allein zum Schutz vertraulicher Informationen an; *Deckert* ZIP 1996, 985 (992).
[147] MüKoAktG/*Habersack* Rn. 39; MüKoAktG/*Semler*, 2. Aufl. 2004, Rn. 68.
[148] MüKoAktG/*Habersack* Rn. 39.
[149] MüKoAktG/*Habersack* Rn. 26; *Gittermann* in Semler/v. Schenck AR-HdB § 6 Rn. 21.
[150] OLG Hamburg ZIP 1984, 819 (823).
[151] MüKoAktG/*Habersack* Rn. 31; Großkomm AktG/*Hopt/Roth* Rn. 70; Spindler/Stilz/*Spindler* Rn. 34.
[152] MüKoAktG/*Habersack* Rn. 31.

kann das ausgeschlossene Mitglied weder durch Beschwerde beim Aufsichtsratsplenum noch durch ein Anrufen der Hauptversammlung erlangen.[153]

4. Teilnahme von Vorstandsmitgliedern und Dritten an Ausschusssitzungen. Für 57 die Teilnahme von **Vorstandsmitgliedern und Dritten** an Sitzungen der Ausschüsse gelten die auf Sitzungen des Gesamtaufsichtsrats anwendbaren Grundsätze (→ Rn. 20 ff.), wobei die Entscheidung über die Teilnahme hier beim Ausschussvorsitzenden oder beim Ausschuss liegt. Vorstandsmitglieder sind **verpflichtet,** an den Ausschusssitzungen teilzunehmen, soweit der Ausschussvorsitzende oder der Ausschuss dies verlangen.[154]

IV. Teilnahme anstelle verhinderter Aufsichtsratsmitglieder (Abs. 3)

1. Allgemeines. Die **Satzung** kann zulassen, dass an Sitzungen des Aufsichtsrats und 58 seiner Ausschüsse **Personen, die dem Aufsichtsrat nicht angehören,** an Stelle von verhinderten Aufsichtsratsmitgliedern teilnehmen können, wenn diese sie hierzu **in Textform ermächtigt** haben (Abs. 3). Die ermächtigte Person handelt als Stimmbote des verhinderten Mitglieds (§ 108 Abs. 3 S. 3 AktG), nicht als dessen Stellvertreter.[155]

Dem Aufsichtsrat angehörende Personen können unabhängig von einer Satzungsregelung 59 oder einer Ermächtigung als Stimmboten beauftragt werden (§ 108 Abs. 3 S. 2 AktG). Für die Stimmabgabe gilt **stets** das **Schriftformerfordernis** (§ 108 Abs. 3 S. 1 AktG).[156]

2. Voraussetzungen für die Teilnahme des Beauftragten an der Sitzung. a) Ver- 60 **hinderung des abwesenden Aufsichtsratsmitglieds. Abs. 3** setzt die tatsächliche Verhinderung eines Aufsichtsratsmitglieds voraus. Das betroffene Aufsichtsratsmitglied muss am Sitzungstag wegen **Krankheit, einer Reise oder sonstigen unaufschiebbaren Verpflichtungen** verhindert sein.[157] Nimmt es trotz Verhinderung an der Sitzung teil, erlischt das Teilnahmerecht eines zuvor Beauftragten.[158]

b) Satzungsregelung. Die Teilnahme Dritter, die dem Aufsichtsrat nicht angehören, an 61 Stelle verhinderter Aufsichtsratsmitglieder setzt voraus, dass die Satzung die Erteilung einer entsprechenden **Ermächtigung zulässt.** Enthält die Satzung eine solche Regelung nicht, kann nur ein anderes Aufsichtsratsmitglied beauftragt werden (§ 108 Abs. 3 S. 2).

Die Satzung kann die Möglichkeit zur Ermächtigung eines Dritten **nicht erweitern.**[159] 62 Insbesondere kann sie weder von der Pflicht zur schriftlichen Ermächtigung noch von dem Erfordernis einer Verhinderung befreien.[160] Die Satzung kann aber **einschränkende Voraussetzungen** für die Teilnahme Dritter aufstellen. Zulässig sind etwa Anforderungen an die fachliche Qualifikation des Beauftragten und die Beschränkung einer möglichen Teilnahme Dritter auf das Aufsichtsratsplenum oder ausgewählte Ausschüsse.[161] Die Satzung kann auch bestimmen, dass nur bestimmte Verhinderungsgründe beachtlich sind.[162] Das **Diskriminierungsverbot** und das Gebot der Gleichbehandlung der Aufsichtsratsmitglieder sind zu beachten.[163] Unzulässig sind Regelungen, die es allein den Anteilseignern erlauben, als Stimmboten für verhinderte Aufsichtsratsmitglieder aufzutreten, oder die nur bestimmten Aufsichtsratsmitgliedern die Beauftragung Dritter gestatten.[164]

---

[153] Großkomm AktG/*Hopt*/*Roth* Rn. 69; vgl. *v. Schenck* in Semler/v. Schenck AR-HdB § 4 Rn. 127.
[154] MüKoAktG/*Habersack* Rn. 33; Großkomm AktG/*Hopt*/*Roth* Rn. 74.
[155] Spindler/Stilz/*Spindler* Rn. 42 und 43.
[156] MüKoAktG/*Habersack* Rn. 35; Hüffer/*Koch* Rn. 7.
[157] Großkomm AktG/*Hopt*/*Roth* Rn. 80; Hüffer/*Koch* Rn. 7 spricht von einer objektiven Verhinderung.
[158] MüKoAktG/*Habersack* Rn. 36.
[159] MüKoAktG/*Habersack* Rn. 40.
[160] MüKoAktG/*Habersack* Rn. 40.
[161] Großkomm AktG/*Hopt*/*Roth* Rn. 81.
[162] MüKoAktG/*Habersack* Rn. 40.
[163] *Kindl* S. 25; MüKoAktG/*Habersack* Rn. 40; Spindler/Stilz/*Spindler* Rn. 42.
[164] *Kindl* S. 25; Großkomm AktG/*Hopt*/*Roth* Rn. 81.

63 Nach zutreffender Auffassung kann die Satzung **nicht** vorsehen, dass der Aufsichtsratsvorsitzende, das Plenum oder der Ausschussvorsitzende über die **Zulassung des beauftragten Dritten** entscheidet.[165]

64 c) **Ermächtigung.** Die Ermächtigung ist in **Textform** zu erteilen (§ 126b BGB). Zulässig sind demnach **E-Mail und Telefax.** Auch eine Ermächtigung per **SMS** ist möglich, da diese dauerhaft aus dem Speicher des Mobiltelefons abgerufen werden kann.[166] Die Ermächtigung muss auf den Namen des Beauftragten lauten.[167] Sie ist für jeden **einzelnen Sitzungstermin** zu erteilen, da die Verhinderung im Zeitpunkt der Ermächtigung feststehen muss.[168] Soweit die Verhinderung für einen bestimmten Zeitraum feststeht, etwa bei längerer Krankheit, kann sich die Ermächtigung ausnahmsweise auch auf diesen Zeitraum beziehen.[169]

65 3. **Stellung und Haftung des Beauftragten.** Der Beauftragte ist kein Vertreter, sondern **Bote** des verhinderten Aufsichtsratsmitglieds (vgl. schon → Rn 58). Eine Vertretung von Aufsichtsratsmitgliedern widerspräche dem Prinzip der persönlichen Amtsausübung.[170] Das Teilnahmerecht des Beauftragten umfasst das Recht auf Anwesenheit, aber **kein eigenes Rede-, Antrags- oder Stimmrecht.**[171] Anträge, die der Sitzungsvertreter einbringen soll, müssen deshalb von dem verhinderten Aufsichtsratsmitglied **vorformuliert** sein.[172] Gibt der Beauftragte im Rahmen der Antragstellung neben der Meinung des verhinderten Ausschussmitglieds seine eigene Meinung wieder, ist der Ausschussvorsitzende kraft seines Rechts zur Sitzungsleitung befugt, den Vortrag zu unterbrechen und zu beenden.[173] Zwischen der Gesellschaft und dem Beauftragten besteht **weder ein vertragliches noch ein gesetzliches Schuldverhältnis.**[174] Mangels Organstellung im Sinne der §§ 116, 93 ist der Beauftragte gegenüber der Gesellschaft nicht zur Verschwiegenheit verpflichtet und kann sich nicht wegen einer Verletzung von Geheimhaltungspflichten nach § 404 AktG strafbar machen.[175] Das verhinderte Aufsichtsratsmitglied hat deshalb dafür zu sorgen, dass sich der Dritte gegenüber der Gesellschaft zur **Vertraulichkeit verpflichtet;** ausreichend ist auch eine zugunsten der Gesellschaft wirkende (§ 328 BGB) Verpflichtung zur Verschwiegenheit.[176] Im Übrigen haftet der Beauftrage gegenüber der Gesellschaft allenfalls deliktisch nach § 117, §§ 823, 826 BGB.[177]

V. Abweichende gesetzliche Bestimmungen (Abs. 4)

66 Die aktienrechtlichen Regelungen über die Teilnahme an Sitzungen des Aufsichtsrats und seiner Ausschüsse sind nicht abschließend. Daneben bleiben **aufsichtsrechtliche und bilanzrechtliche Sonderbestimmungen** anwendbar, die gesetzliche Teilnahmerechte für Vertreter von Aufsichtsbehörden[178] (zB §§ 44 Abs. 4, und 5 KWG[179], § 83 Abs. 1 S. 1

---

[165] *Kindl*, S. 25; MüKoAktG/*Habersack* Rn. 40; Spindler/Stilz/*Spindler* Rn. 42; vgl. *Luther*, FS Hengeler, 167 (176); zweifelnd Großkomm AktG/*Hopt/Roth* Rn. 82; aA Kölner Komm AktG/*Mertens/Cahn* Rn. 40; Behr AG 1984, 281 (282).
[166] Vgl. OLG Schleswig NJW 2012, 2524 (2525); BeckOK BGB/*Roth* BGB § 126b Rn. 5.
[167] MüKoAktG/*Habersack* Rn. 37; Spindler/Stilz/*Spindler* Rn. 46.
[168] Spindler/Stilz/*Spindler* Rn. 42; MüKoAktG/*Habersack* Rn. 37.
[169] MüKoAktG/*Habersack* Rn. 37; Großkomm AktG/*Hopt/Roth* Rn. 83.
[170] Vgl. K. Schmidt/Lutter/*Drygala* Rn. 19 und MüKoAktG/*Habersack* Rn. 34.
[171] MüKoAktG/*Habersack* Rn. 38; Spindler/Stilz/*Spindler* Rn. 43; aA Behr AG 1984, 281 (282).
[172] MüKoAktG/*Habersack* Rn. 38; Spindler/Stilz/*Spindler* Rn. 46; Henssler/Strohn/*Henssler* Rn. 12; offen lassend Großkomm AktG/*Hopt/Roth* Rn. 87.
[173] MüKoAktG/*Habersack* Rn. 38
[174] MüKoAktG/*Habersack* Rn. 39.
[175] Großkomm AktG/*Hopt/Roth* Rn. 89.
[176] MüKoAktG/*Habersack* Rn. 39; Spindler/Stilz/*Spindler* Rn. 44.
[177] Vgl. MüKoAktG/*Habersack* Rn. 39.
[178] Vgl. K. Schmidt/Lutter/*Drygala* Rn. 20; MüKoAktG/*Habersack* Rn. 41; Hüffer/*Koch* Rn. 8.
[179] Gesetz über das Kreditwesen (Kreditwesengesetz – KWG) vom 9.9.1998 (BGBl. 1998 I S. 2776).

Nr. 5 VAG[180]) und die Verpflichtung des Abschlussprüfers zur Teilnahme an der Bilanz- oder Prüfungsausschusssitzung (§ 171 Abs. 1 S. 2) begründen.

Den Aufsichtsrat trifft nach § 171 Abs. 1 und Abs. 2 S. 3 AktG die Pflicht, den **Jahres-** **67** **abschluss und den Lagebericht zu prüfen** sowie zu dem Ergebnis der Prüfung des Jahresabschlusses durch den Abschlussprüfer Stellung zu nehmen. Zur Erfüllung dieser Pflichten sind die Anwesenheit des Abschlussprüfers und dessen mündliche Erläuterungen in der Sitzung des Aufsichtsrats oder des Prüfungsausschusses von erheblicher Bedeutung.[181] Wenn der Aufsichtsrat entgegen § 171 Abs. 1 Satz 2 dem Prüfer die Sitzungsteilnahme verweigert, kann der Prüfer seine Teilnahme nicht erzwingen.[182] Allerdings verletzt der Aufsichtsrat mit einer Verweigerung seine Sorgfaltspflichten aus § 116.[183]

Bei Instituten, Finanzholding-Gesellschaften oder gemischten Finanzholding-Gesellschaf- **68** ten, die in der Rechtsform der juristischen Person geführt werden, hat die **BaFin** das Recht, durch Vertreter an Sitzungen der Aufsichtsorgane und ihrer Ausschüsse[184] teilzunehmen (§ 44 Abs. 4, Abs. 5 KWG). In den Sitzungen steht dem Vertreter der BaFin ein **Rederecht** zu, aber **kein Stimmrecht oder Antragsrecht**.[185] Im Rahmen ihres **Beschlussvorlagerechts** kann die BaFin allerdings verlangen, dass dem Aufsichtsorgan bestimmte Gegenstände zur Beschlussfassung angekündigt werden (§ 44 Abs. 5 S. 1 KWG).[186] Die BaFin ist nach § 44 Abs. 1 S. 1 KWG berechtigt, von den Instituten, Finanzholding-Gesellschaften oder gemischten Finanzholding-Gesellschaften Auskunft über anstehende Aufsichtsorgansitzungen zu verlangen.

§ 110 Einberufung des Aufsichtsrats

(1) ¹Jedes Aufsichtsratsmitglied oder der Vorstand kann unter Angabe des Zwecks und der Gründe verlangen, daß der Vorsitzende des Aufsichtsrats unverzüglich den Aufsichtsrat einberuft. ²Die Sitzung muß binnen zwei Wochen nach der Einberufung stattfinden.

(2) Wird dem Verlangen nicht entsprochen, so kann das Aufsichtsratsmitglied oder der Vorstand unter Mitteilung des Sachverhalts und der Angabe einer Tagesordnung selbst den Aufsichtsrat einberufen.

(3) ¹Der Aufsichtsrat muss zwei Sitzungen im Kalenderhalbjahr abhalten. ²In nicht-börsennotierten Gesellschaften kann der Aufsichtsrat beschließen, dass eine Sitzung im Kalenderhalbjahr abzuhalten ist.

Schrifttum: *Achenbach,* Aus der 2011/2012 veröffentlichten Rechtsprechung zum Wirtschaftsstrafrecht, NStZ 2012, 682; *Baums,* Der fehlerhafte Aufsichtsratsbeschluß, ZGR 1983, 300; *Boos/Fischer/Schulte-Mattler* Kreditwesengesetz, Kommentar, 4. Aufl. 2012; *Fahr/Kaulbach/Bähr,* VAG Kommentar, 5. Aufl. 2012; *Götz,* Rechte und Pflichten des Aufsichtsrats nach dem Transparenz- und Publizitätsgesetz, NZG 2002, 599; *Heller,* Die Einberufung von Aufsichtsratssitzungen – ein Risikofaktor?, AG 2008, 160; *Lutter/Hommelhoff,* SE-Kommentar, 1. Aufl. 2008; *Manz/Mayer/Schröder,* Europäische Aktiengesellschaft SE, Kommentar, 2. Aufl. 2010; *Mutter,* Neues zur Garantenstellung bei Compliance, AG 2012, 275; *Mutter/Kruchen,* Anmerkung zum Beschluss des OLG Braunschweig vom 14.6.2012 (Ws 44/12, CCZ 2013, 124) – Zur Frage der Untreue durch Aufsichtsratsmitglieder bei der Abrechnung und Auszahlung von Sitzungsgeldern unter bewusstem Verstoß gegen eine Satzung im Sinne des § 113 AktG, CCZ 2013, 125; *Mutter/Quinke,* Vorstand und Aufsichtsrat – Garantenstellung bei pflichtwidriger Compliance, AG 2009, R416; *Ringleb/Kremer/Lutter,* Kommentar zum Deutschen Corporate Governance Codex, 4. Aufl. 2010; *Rübenstahl,* Anmerkung zum Beschluss des OLG Braunschweig vom 14.6.2012 (Ws 44/12; NZWiSt 2013, 264) – Zur Untreue durch

---

[180] Gesetz über die Beaufsichtigung der Versicherungsunternehmen (Versicherungsaufsichtsgesetz – VAG) vom 17.12.1992, BGBl. 1993 I S. 2.
[181] *v. Schenck* in Semler/v. Schenck AR-HdB § 5 Rn. 153.
[182] Spindler/Stilz/*Spindler* § 171 Rn. 27.
[183] Spindler/Stilz/*Spindler* § 171 Rn. 27.
[184] Vgl. zur Anwendbarkeit von § 44 Abs. 4, Abs. 5 KWG auf Aufsichtsratsausschüsse: Boos/Fischer/Schulte-Mattler/*Braun* KWG § 44 Rn. 96.
[185] Boos/Fischer/Schulte-Mattler/*Braun* KWG § 44 Rn. 95.
[186] Boos/Fischer/Schulte-Mattler/*Braun* KWG § 44 Rn. 100.

Aufsichtsratsmitglieder, NZWiSt 2013, 264; *Säcker,* Die Rechte des einzelnen Aufsichtsratsmitglieds, NJW 1979, 1521; *Scheffler,* Der Aufsichtsrat – nützlich oder überflüssig?, ZGR 1993, 63; *Schumacher-Mohr,* Fristprobleme bei der außerordentlichen Kündigung von Vorstandsmitgliedern einer Aktiengesellschaft, ZIP 2002, 2245; *Wagner,* Aufsichtsratssitzung in Form der Videokonferenz, NZG 2002, 57.

Übersicht

	Rn.
I. Allgemeines	1
1. Inhalt und Bedeutung der Norm	1
2. Anwendungsbereich und Besonderheiten des SE-Rechts	3
3. Abdingbarkeit und Satzungsautonomie	5
4. Einfluss des Deutschen Corporate Governance Kodex	7
5. Entstehungsgeschichte	10
II. Ordentliche Einberufung durch den Aufsichtsratsvorsitzenden	13
1. Regelzuständigkeit und Rechtsnatur	13
2. Ermessen und Pflicht zur Einberufung	17
3. Form und Frist der Einberufung	20
4. Inhalt und Tagesordnung	24
5. Rechtsfolgen von Einberufungsmängeln	27
III. Einberufung nach Einberufungsverlangen (Abs. 1)	28
1. Antragsberechtigung und Antragsgegenstand	28
2. Form, Adressat und Inhalt des Einberufungsverlangens	31
3. Pflicht zur Stellung des Einberufungsverlangens	33
4. Erfüllung des Einberufungsverlangens	34
IV. Selbsthilferecht (Abs. 2)	40
1. Berechtigte	40
2. Voraussetzungen und Einberufungsmodalitäten	42
3. Inhalt, Frist und Kosten der Einberufung	48
4. Pflicht zur Selbsteinberufung	53
V. Mindestanzahl und Form der Sitzungen (Abs. 3)	55
1. Anzahl der Sitzungen	55
2. Form der Sitzungen	61
VI. Entsprechende Anwendung auf Aufsichtsratsausschüsse	64
VII. Einberufung auf Verlangen der Aufsichtsbehörde	67

I. Allgemeines

1. Inhalt und Bedeutung der Norm. Anders als die Normüberschrift vermuten lässt, regelt die Vorschrift die Einberufung des Aufsichtsrats nicht umfassend. Sie setzt die Zuständigkeit des Aufsichtsratsvorsitzenden voraus; nicht geregelt sind Art und Weise der Einberufung. **Abs. 1** gewährt jedem Aufsichtsratsmitglied und dem Vorstand ein **Recht auf Einberufung**, welches erforderlichenfalls im Wege der **Selbsthilfe nach Abs. 2** durchgesetzt werden kann. **Abs. 3** bestimmt eine **Mindestzahl von Aufsichtsratssitzungen,** die der Aufsichtsrat im Kalenderhalbjahr abhalten muss.

Die Norm soll die **effektive Kontrolle** des Vorstands durch den Aufsichtsrat sicherstellen.[1] Das Einberufungsrecht des einzelnen Aufsichtsratsmitglieds und des Vorstands kann sich zu einer Einberufungspflicht verdichten (→ Rn. 18).[2]

2. Anwendungsbereich und Besonderheiten des SE-Rechts. Die Vorschrift findet auch auf die KGaA (§ 278 Abs. 3) und nach § 3 Abs. 2 MontanMitbestG, § 3 Abs. 1 MitbestErgG, § 25 Abs. 1 S. 1 Nr. 2 MitbestG, § 1 Abs. 1 Nr. 3 DrittelbG sowie § 24 Abs. 2 S. 2 MgVG auf die **mitbestimmte GmbH** Anwendung.

Für die **dualistisch verfasste SE** finden sich in der SE-VO[3] keine Sonderregeln zur Einberufung des Aufsichtsrats; § 110 ist also anwendbar.[4] Zur **monistisch verfassten SE**

---

[1] Großkomm AktG/*Hopt/Roth* Rn. 3; MüKoAktG/*Habersack* Rn. 2; K. Schmidt/Lutter/*Drygala* Rn. 1; *Säcker* NJW 1979, 1521.
[2] MüKoAktG/*Habersack* Rn. 2.
[3] Verordnung (EG) Nr. 2157/2001 des Rates vom 8.10.2001 über das Statut der Europäischen Gesellschaft (SE), ABl. Nr. L 294 S. 1.
[4] Großkomm AktG/*Hopt/Roth* Rn. 88.

enthält § 37 SEAG⁵ eine dem § 110 entsprechende Vorschrift. Nur den Mitgliedern des Verwaltungsrats und nicht auch den geschäftsführenden Direktoren steht danach ein Recht auf Einberufung und ein Selbsthilferecht zu.⁶ Der Verwaltungsrat tritt mindestens alle drei Monate zusammen (Art. 44 Abs. 1 SE-VO).

3. Abdingbarkeit und Satzungsautonomie. Das **Initiativrecht** (Abs. 1) und das **Selbsteinberufungsrecht** (Abs. 2) sind **zwingender Natur**. Sie können weder durch die Satzung noch durch eine Geschäftsordnung abbedungen oder erschwert werden.⁷ Regelungen, welche diese Rechte erweitern oder ihre Geltendmachung erleichtern, sind grundsätzlich zulässig 5

Der **Mindestturnus** (Abs. 3) darf erhöht, aber grundsätzlich **nicht verringert** werden.⁸ Bei nichtbörsennotierten Gesellschaften kann allerdings der Aufsichtsrat beschließen, dass nur eine Sitzung im Kalenderhalbjahr abzuhalten ist, sofern die Satzung keine anderweitige Bestimmung enthält.⁹ Die Festlegung einer höheren Sitzungsanzahl oder -frequenz ist stets zulässig (zum Mindestturnus im Einzelnen → Rn. 55 ff.).¹⁰ 6

4. Einfluss des Deutschen Corporate Governance Kodex¹¹. Der DCGK behandelt die Einberufung des Aufsichtsrats und die Frequenz seiner Sitzungen nur bruchstückhaft. Nach **Ziff. 5.2 Abs. 3 S. 3 DGCK** soll der Aufsichtsratsvorsitzende bei wichtigen Ereignissen, die für die Beurteilung der Lage, Entwicklung sowie für die Leitung des Unternehmens von wesentlicher Bedeutung sind, den Aufsichtsrat unterrichten und erforderlichenfalls eine außerordentliche Aufsichtsratssitzung einberufen.¹² Allerdings trifft den Aufsichtsratsvorsitzenden ohnehin eine organschaftliche Pflicht, bei Vorliegen entsprechender Voraussetzungen, den Aufsichtsrat außerordentlich einzuberufen (→ Rn. 18).¹³ 7

Nimmt ein Aufsichtsratsmitglied während eines Geschäftsjahrs an weniger als der **Hälfte der Sitzungen** des Aufsichtsrats teil, soll dies gem. **Ziff. 5.4.7 DCGK** im Bericht des Aufsichtsrats vermerkt werden. 8

Ziff. 3.6 Abs. 1 DCGK enthält den Hinweis, dass in mitbestimmten Aufsichtsräten die Vertreter der **Anteilseigner** und der **Arbeitnehmer** die Aufsichtsratssitzungen jeweils **gesondert vorbereiten** können.¹⁴ Nach **Ziff. 3.6 Abs. 2 DCGK** soll der Aufsichtsrat bei Bedarf ohne den Vorstand tagen (vgl. → § 109 Rn. 20). 9

5. Entstehungsgeschichte. § 110 Abs. 1 und 2 gehen auf **§ 94 AktG 1937** zurück. Das **BetrVG 1952** hat in dessen Abs. 3 die Pflicht zur regelmäßigen Durchführung von 10

---

⁵ Gesetz zur Ausführung der Verordnung (EG) Nr. 2157/2001 des Rates vom 8. Oktober 2001 über das Statut der Europäischen Gesellschaft (SE) (SE-Ausführungsgesetz – SEAG) vom 22.12.2004, BGBl. 2004 I S. 3675.
⁶ Lutter/Hommelhoff/*Teichmann* Art. 43 Anh. SE-VO (§ 37 SEAG) Rn. 5; Manz/Mayer/Schröder/*Manz* SE-VO Art. 43 Rn. 119; Großkomm AktG/*Hopt/Roth* Rn. 90; Spindler/Stilz/*Casper/Eberspächer* SE-VO Art. 44 Rn. 2.
⁷ KG HRR 1933 Nr. 835; OLG Stuttgart HRR 1933, Nr. 1446; Großkomm AktG/*Hopt/Roth* Rn. 6; MüKoAktG/*Habersack* Rn. 4; Kölner Komm AktG/*Mertens/Cahn* Rn. 28; Hoffmann/Lehmann/Weinmann MitbestG § 25 Rn. 70.
⁸ MüKoAktG/*Habersack* Rn. 4.
⁹ Vgl. MüKoAktG/*Habersack* Rn. 4; Henssler/Strohn/*Henssler* Rn. 17; Großkomm AktG/*Hopt/Roth* Rn. 66.
¹⁰ Großkomm AktG/*Hopt/Roth* Rn. 6; MüKoAktG/*Habersack* Rn. 4 und 42; K. Schmidt/Lutter/*Drygala* Rn. 2; Kölner Komm AktG/*Mertens/Cahn* Rn. 31.
¹¹ Deutscher Corporate Governance Kodex (DCGK) vom 24.6.2014.
¹² Dazu MüKoAktG/*Habersack* Rn. 7; Henssler/Strohn/*Henssler* Rn. 3.
¹³ Insoweit konkretisiert Ziff. 5.2 Abs. 3 S. 3 DCGK nur die ohnehin bestehende organschaftliche Pflicht. Während die Verletzung der organschaftlichen Verpflichtung den Vorsitzenden zum Schadensersatz verpflichten kann, löst ein Nichtbefolgen der Empfehlung des DCGK lediglich eine Erklärungspflicht nach § 161 aus, vgl. MüKoAktG/*Habersack* Rn. 7.
¹⁴ Die Bestimmung war schon seit ihrer Einführung als bloße Anregung („sollte") formuliert; seit 2012 beschränkt sie sich auf den Hinweis, dass getrennte Vorbesprechungen stattfinden können; vgl. Großkomm AktG/*Hopt/Roth* Rn. 79; RKLW/*v. Werder* Rn. 405; *Scheffler* ZGR 1993, 63 (72); *v. Schenck* in Semler/v. Schenck AR-HdB § 5 Rn. 14.

Aufsichtsratssitzungen eingeführt.[15] Das **AktG 1965** hat die gesamte Vorschrift nahezu unverändert übernommen.

11 Mit dem **KonTraG**[16] wurde für den Mindestturnus eine Differenzierung zwischen börsennotierten und nichtbörsennotierten Gesellschaften eingeführt. Die in Abs. 3 bestimmte Mindestzahl von zuvor einer Aufsichtsratssitzung im Kalenderhalbjahr wurde (nur) für **börsennotierte Aktiengesellschaften** auf zwei erhöht. Die Regelung wurde damit gerechtfertigt, dass (Klein–)Anleger in (börsennotierten) Publikumsgesellschaften ihr Stimmrecht vielfach nicht ausübten und daher die allgemeine Überwachungsaufgabe des Aufsichtsrats in börsennotierten Gesellschaften eine bedeutsamere Rolle spiele.[17]

12 Zuletzt hat das **TransPuG**[18] auch für **nichtbörsennotierte Gesellschaften** bestimmt, dass sie mindestens zwei Aufsichtsratssitzungen im Kalenderhalbjahr abhalten müssen; zugleich hat es dem Aufsichtsrat das Recht eingeräumt zu beschließen, eine Aufsichtsratssitzung im Kalenderhalbjahr ausreichen zu lassen (→ Rn. 57). Zur Selbsteinberufung nach Abs. 2 ist nunmehr jedes einzelne Aufsichtsratsmitglied berechtigt.[19] Anders als nach dem bisherigen Wortlaut des Abs. 3 muss der Aufsichtsrat nicht mehr „zusammentreten", sondern seine Sitzungen nur noch „abhalten". Damit sind nach hier vertretener Auffassung auch Telefon- oder Videokonferenzen auf den Mindestturnus anrechenbar (str.; → Rn. 61 f.).[20]

II. Ordentliche Einberufung durch den Aufsichtsratsvorsitzenden

13 **1. Regelzuständigkeit und Rechtsnatur.** Der **Aufsichtsratsvorsitzende** ist im Grundsatz für die Einberufung der Sitzungen des Aufsichtsrats zuständig. Diese Zuständigkeit ergibt aus seiner Stellung innerhalb des Kollegialorgans;[21] § 110 Abs. 1 S. 1 setzt sie voraus.[22] Die Einberufung stellt eine rein **innergesellschaftliche Handlung** dar.[23] Der Aufsichtsratsvorsitzende tritt im eigenen Namen auf, auch wenn die Einberufung durch Hilfspersonen des Aufsichtsratsvorsitzenden, etwa durch dessen Sekretärin, erfolgt.[24] Die für **Rechtsgeschäfte geltenden Vorschriften** sind nicht anwendbar.[25]

14 Bei Verhinderung des Vorsitzenden übernimmt sein **Stellvertreter** die Einberufung (§ 107 Abs. 1 S. 3). Hat der Aufsichtsrat keinen Vorsitzenden und keinen Stellvertreter oder sind beide verhindert, kann in entsprechender Anwendung des Abs. 2 ein **beliebiges Aufsichtsratsmitglied** oder der **Vorstand** den Aufsichtsrat einberufen.[26]

15 Den **ersten Aufsichtsrat** nach der Gründung der Gesellschaft berufen die Gründer selbst ein (vgl. zur Zusammensetzung des ersten Aufsichtsrats → § 96 Rn. 51 ff.).[27]

---

[15] MüKoAktG/*Habersack* Rn. 6; Hüffer/*Koch* Rn. 1.
[16] Gesetz zur Kontrolle und Transparenz im Unternehmensbereich (KonTraG) vom 27.4.1998 (BGBl. 1998 I S. 786).
[17] Begr. Reg-E KonTraG BT-Drs. 13/9712, 16.
[18] Gesetz zur weiteren Reform des Aktien- und Bilanzrechts, zu Transparenz und Publizität (TransPuG) vom 19.7.2002 (BGBl. 2002 I S. 2681).
[19] Nach alter Rechtslage konnte das Selbsteinberufungsrecht nur von mindestens zwei Mitgliedern geltend gemacht werden.
[20] Begr. Reg-E TransPuG BT-Drs. 14/8769, 17.
[21] Großkomm AktG/*Hopt/Roth* Rn. 10.
[22] Großkomm AktG/*Hopt/Roth* Rn. 10; MüKoAktG/*Habersack* Rn. 7; Kölner Komm AktG/*Mertens/Cahn* Rn. 2; Hüffer/*Koch* Rn. 2.
[23] BGHZ 100, 264 (267) zur GmbH-Gesellschafterversammlung; auch Großkomm AktG/*Hopt/Roth* Rn. 17; Spindler/Stilz/*Spindler* Rn. 15 und 24; Hüffer/*Koch* Rn. 2.
[24] Großkomm AktG/*Hopt/Roth* Rn. 12; Spindler/Stilz/*Spindler* Rn. 15; vgl. *v. Schenk* in Semler/v. Schenck AR-HdB § 5 Rn. 39.
[25] Beispielsweise finden die Bestimmungen über den Zugang gemäß § 130 Abs. 1 S. 1 BGB und die Stellvertretung gemäß §§ 164 ff. BGB keine Anwendung.
[26] Großkomm AktG/*Hopt/Roth* Rn. 13; MüKoAktG/*Habersack* Rn. 10; Hüffer/*Koch* Rn. 2.
[27] MüKoAktG/*Habersack* Rn. 11; Kölner Komm AktG/*Mertens/Cahn* Rn. 2.

Nach einer **Neuwahl des Aufsichtsrats** beruft der bisherige Vorsitzende die Sitzung ein; **16** dies gilt auch dann, wenn er dem Organ nicht mehr angehört.[28] Regelmäßig legt indessen bereits die **Satzung** fest, dass die konstituierende Sitzung unmittelbar im Anschluss an die Hauptversammlung stattfindet, in der die Anteilseignervertreter gewählt worden sind.[29]

2. Ermessen und Pflicht zur Einberufung. Der Aufsichtsratsvorsitzende entscheidet **17** nach **pflichtgemäßem Ermessen,** wann und wie oft er den Aufsichtsrat einberuft.[30] Dieses Ermessen ist durch das Initiativ- und Selbsteinberufungsrecht der Aufsichtsratsmitglieder und des Vorstands (Abs. 1 und 2) sowie die gesetzliche Pflicht zur Durchführung einer Mindestzahl von Aufsichtsratssitzungen innerhalb eines Kalenderhalbjahrs beschränkt.[31]

Zudem ist der Aufsichtsratsvorsitzende **verpflichtet,** eine Sitzung einzuberufen, wenn **18** das **Wohl der Gesellschaft** dies erfordert (vgl. schon → Rn. 2).[32] Dies ist etwa der Fall, wenn ihm Umstände bekannt werden, welche die Abberufung eines Vorstandsmitglieds aus wichtigem Grund rechtfertigen. Mit Blick auf die Zwei-Wochen-Frist des § 626 Abs. 2 BGB für die fristlose Kündigung des Anstellungsvertrags ist eine Aufsichtsratssitzung dann kurzfristig einzuberufen.[33]

Der Aufsichtsratsvorsitzende handelt pflichtwidrig, wenn er eine **offensichtlich nutzlose** **19** **Sitzung einberuft.**[34]

3. Form und Frist der Einberufung. Das Gesetz enthält **keine Formvorschriften** für **20** die Einberufung von Aufsichtsratssitzungen.[35] Eine (rechtlich zulässige) mündliche oder telefonische Einberufung sollte in der Praxis aus Beweisgründen gleichwohl unterbleiben. Die Satzung kann bestimmte Anforderungen an die Form der Einberufung stellen, etwa eingeschriebenen Brief, Schriftform oder Textform (insbesondere E-Mail) verlangen.[36]

Die Einberufung hat eine **angemessene Zeit vor der Sitzung** zu erfolgen,[37] um den **21** Aufsichtsratsmitgliedern eine ordnungsgemäße Vorbereitung zu ermöglichen. Üblich ist ein Zeitraum von zwei Wochen bei Präsenzsitzungen des Aufsichtsrats.[38] Wird eine Sitzung in Form einer **Telefonkonferenz** einberufen, dürften (deutlich) kürzere Fristen ausreichen (→ Rn. 36 und 61 f.). Kürzere Einberufungsfristen kommen unabhängig von der Form der einzuberufenden Aufsichtsratssitzung bei eiligen Angelegenheiten in Betracht.[39] Schreiben Satzung oder Geschäftsordnung bestimmte **Mindestfristen** vor, kann gleichwohl mit kürzerer Frist einberufen werden, wenn sich die Mitglieder des Aufsichtsrats einvernehmlich darüber hinwegsetzen.[40] Daneben kann im Einzelfall das Wohl der Gesellschaft die Durchbrechung satzungsmäßiger Fristen rechtfertigen, wenn eine unverzügliche Entscheidung geboten ist (→ Rn. 18).[41]

---

[28] MüKoAktG/*Habersack* Rn. 11; Kölner Komm AktG/*Mertens/Cahn* Rn. 2.
[29] Vgl. beispielsweise § 10 Abs. 1 der Satzung der Deutschen Bank AG idF vom 23.5.2013; auch Kölner Komm AktG/*Mertens/Cahn* Rn. 2.
[30] MüKoAktG/*Habersack* Rn. 7.
[31] MüKoAktG/*Habersack* Rn. 1.
[32] MüKoAktG/*Habersack* Rn. 7.
[33] Gleiches gilt, wenn über dringende zustimmungsbedürftige Vorhaben des Vorstands Beschluss zu fassen ist, MüKoAktG/*Habersack* Rn. 7; *Schumacher-Mohr* ZIP 2002, 2245 (2247 f.); Spindler/Stilz/*Spindler* Rn. 29.
[34] Großkomm AktG/*Hopt/Roth* Rn. 12; Kölner Komm AktG/*Mertens/Cahn* Rn. 2.
[35] *Heller* AG 2008, 160; Großkomm AktG/*Hopt/Roth* Rn. 17; MüKoAktG/*Habersack* Rn. 15; Spindler/Stilz/*Spindler* Rn. 16.
[36] Spindler/Stilz/*Spindler* Rn. 16; MüKoAktG/*Habersack* Rn. 15.
[37] Großkomm AktG/*Hopt/Roth* Rn. 17; MüKoAktG/*Habersack* Rn. 16; Spindler/Stilz/*Spindler* Rn. 43; *v. Schenk* in Semler/v. Schenck AR-HdB § 5 Rn. 42 f.
[38] Abweichend Großkomm AktG/*Hopt/Roth* Rn. 18: regelmäßig eine Woche; vgl. MüKoAktG/*Habersack* Rn. 16.
[39] Großkomm AktG/*Hopt/Roth* Rn. 18; MüKoAktG/*Habersack* Rn. 16.
[40] Vgl. OLG Köln GmbHR 2002, 492 (494 f.); Großkomm AktG/*Hopt/Roth* Rn. 19; MüKoAktG/*Habersack* Rn. 16.
[41] Großkomm AktG/*Hopt/Roth* Rn. 19; MüKoAktG/*Habersack* Rn. 16.

22 Eine **Höchstfrist** von zwei Wochen, wie sie § 110 Abs. 1 S. 2 für die Einberufung auf Verlangen vorschreibt, lässt sich auf die reguläre Einberufung **nicht übertragen**.[42]

23 Für die **Berechnung** der Einberufungsfrist ist davon auszugehen, dass sie in dem Zeitpunkt beginnt, in dem unter gewöhnlichen Umständen mit dem Zugang der Einladung gerechnet werden kann.[43] Als gewöhnliche Zustellungszeit innerhalb Deutschlands sind im Postverkehr etwa zwei Tage anzusetzen.[44] Ein tatsächlicher Zugang gemäß § 130 Abs. 1 S. 1 BGB ist nicht erforderlich. Die Satzung kann die gewöhnliche Zustellungszeit definieren oder bestimmen, dass als Fristbeginn der Tag der Absendung gilt.[45]

24 4. Inhalt und Tagesordnung. In der Einladung sind **Ort und Zeitpunkt** der Sitzung anzugeben.[46] Die Gesellschaft muss in eindeutiger Weise bezeichnet sein.[47] Eine Angabe von Firma und Sitz der Gesellschaft ist nicht zwingend erforderlich, aber zweckmäßig.[48] Die Sitzung muss nicht am Sitz der Gesellschaft stattfinden.[49] Auch die Abhaltung der Sitzung im Ausland ist zulässig.[50]

25 Unverzichtbar ist die Angabe der **Gegenstände der Tagesordnung**; die Aufsichtsratsmitglieder müssen abschätzen können, ob weitere Informationen eingeholt oder Vorgespräche geführt werden müssen und wie dringend die persönliche Sitzungsteilnahme ist.[51] Die Gegenstände der Tagesordnung müssen nicht notwendigerweise bereits mit der Einladung selbst mitgeteilt werden.[52] Gleichwohl müssen sie, sobald verfügbar, in hinreichend konkreter Form mitgeteilt werden.[53] Sofern eine Einberufungsfrist in der Satzung oder Geschäftsordnung festgelegt ist, sind die Gegenstände der Tagesordnung innerhalb dieser Frist bekanntzugeben.[54] Ein **mögliches Geheimhaltungsinteresse** kann einen **Verzicht** auf die Mitteilung der Gegenstände der Tagesordnung **nicht** rechtfertigen.[55]

26 Die Mitteilung **konkreter Beschlussanträge** ist nicht zwingend erforderlich.[56] Die mitgeteilten Gegenstände der Tagesordnung müssen **hinreichend bestimmt** sein.[57] Daran fehlt es etwa bei Bezeichnungen wie „Vorstandsangelegenheiten"[58], „Erwerb bedeutender Beteiligungen" oder „Verschiedenes".[59]

27 5. Rechtsfolgen von Einberufungsmängeln. Wurden die Gegenstände der Tagesordnung nicht, nicht rechtzeitig oder nicht hinreichend konkret mitgeteilt, kann eine Be-

---

[42] Großkomm AktG/*Hopt/Roth* Rn. 19; MüKoAktG/*Habersack* Rn. 16.
[43] BGHZ 100, 264 (267) zur GmbH-Gesellschafterversammlung; auch Spindler/Stilz/*Spindler* Rn. 24; Hüffer/*Koch* Rn. 3; anders noch RGZ 60, 144 (145 f.).
[44] Spindler/Stilz/*Spindler* Rn. 24.
[45] Großkomm AktG/*Hopt/Roth* Rn. 20.
[46] Großkomm AktG/*Hopt/Roth* Rn. 16; MüKoAktG/*Habersack* Rn. 16; Kölner Komm AktG/*Mertens/Cahn* Rn. 4; Spindler/Stilz/*Spindler* Rn. 18; KG NJW 1965, 2157 (2159) lässt im Ausnahmefall die Angabe des Sitzungstags genügen.
[47] Spindler/Stilz/*Spindler* Rn. 18.
[48] Großkomm AktG/*Hopt/Roth* Rn. 16; Spindler/Stilz/*Spindler* Rn. 18; aA MüKoAktG/*Habersack* Rn. 16 für eine zwingende Angabe von Firma und Sitz.
[49] MHdB AG/*Hoffmann-Becking* § 31 Rn. 39.
[50] MHdB AG/*Hoffmann-Becking* § 31 Rn. 39.
[51] *Baums* ZGR 1983, 300 (315 f.); Großkomm AktG/*Hopt/Roth* Rn. 21; MüKoAktG/*Habersack* Rn. 18; Kölner Komm AktG/*Mertens/Cahn* Rn. 4; Spindler/Stilz/*Spindler* Rn. 19.
[52] AllgM: Großkomm AktG/*Hopt/Roth* Rn. 21 ff.; MüKoAktG/*Habersack* Rn. 18 ff.; Spindler/Stilz/*Spindler* Rn. 19; K. Schmidt/Lutter/*Drygala* Rn. 10.
[53] MüKoAktG/*Habersack* Rn. 18; Großkomm AktG/*Hopt/Roth* Rn. 23; Kölner Komm AktG/*Mertens/Cahn* Rn. 4.
[54] MüKoAktG/*Habersack* Rn. 18; Kölner Komm AktG/*Mertens/Cahn* Rn. 4.
[55] Großkomm AktG/*Hopt/Roth* Rn. 22; MüKoAktG/*Habersack* Rn. 20.
[56] Kölner Komm AktG/*Mertens/Cahn* Rn. 4; MüKoAktG/*Habersack* Rn. 18.
[57] Großkomm AktG/*Hopt/Roth* Rn. 23; MüKoAktG/*Habersack* Rn. 19; Kölner Komm AktG/*Mertens/Cahn* Rn. 4; Spindler/Stilz/*Spindler* Rn. 19.
[58] Vgl. BGH NZG 2000, 945 für den Verwaltungsrat einer Sparkasse; auch OLG Naumburg NZG 2001, 901 (902); OLG Stuttgart BB 1985, 879 (880) für den GmbH-GF und DB 2003, 932 f. im Genossenschaftsrecht; Großkomm AktG/*Hopt/Roth* Rn. 23; MüKoAktG/*Habersack* Rn. 20; Spindler/Stilz/*Spindler* Rn. 19.
[59] Großkomm AktG/*Hopt/Roth* Rn. 23; MüKoAktG/*Habersack* Rn. 20; Spindler/Stilz/*Spindler* Rn. 19; differenzierend Kölner Komm AktG/*Mertens/Cahn* Rn. 5.

schlussfassung nur erfolgen, wenn **kein Aufsichtsratsmitglied** der Beschlussfassung **widerspricht**.[60] Entsprechendes gilt, wenn in der Einladung die Angabe von Ort und Zeit der Sitzung fehlt.[61] Abwesenden Aufsichtsratsmitgliedern ist Gelegenheit zum Widerspruch oder zur Stimmabgabe zu geben (zu den Rechtsfolgen von Einberufungsmängeln im Einzelnen → § 108 Rn. 213 ff.).[62]

III. Einberufung nach Einberufungsverlangen (Abs. 1)

1. Antragsberechtigung und Antragsgegenstand. Jedes Aufsichtsratsmitglied kann unter Angabe des Zwecks und der Gründe verlangen, dass der Vorsitzende unverzüglich den Aufsichtsrat einberuft (§ 110 Abs. 1 S. 1). Dies gilt auch dann, wenn der betreffende Gegenstand an einen Ausschuss delegiert wurde.[63]

Dem **Vorstand** steht das Initiativrecht nur als Organ zu; er muss über dessen Geltendmachung mit Mehrheit beschließen (§ 77 Abs. 1 S. 2).[64] Zur Teilnahme an der betreffenden Sitzung ist der Vorstand nicht berechtigt, wohl aber verpflichtet, wenn der Aufsichtsratsvorsitzende oder der Aufsichtsrat dies verlangen.[65] **Satzungsregelungen,** die ein Einberufungsverlangen durch einzelne Vorstandsmitglieder zulassen oder das Mehrheitserfordernis für die Beschlussfassung des Vorstands aufheben, sind unzulässig.[66]

In entsprechender Anwendung von § 110 Abs. 1 können die Antragsberechtigten eine **Ergänzung der Tagesordnung** verlangen, sofern eine Sitzung bereits anberaumt wurde.[67] Sie können auch die Einleitung einer Beschlussfassung ohne Sitzung verlangen (s. dazu im Einzelnen → Rn. 36).[68]

2. Form, Adressat und Inhalt des Einberufungsverlangens. Das Einberufungsverlangen ist **nicht an eine bestimmte Form gebunden**.[69] Satzung oder Geschäftsordnung können für das Einberufungsverlangen keine Formerfordernisse aufstellen.[70] Es ist **an den Aufsichtsratsvorsitzenden** oder, bei dessen Verhinderung, an seinen Stellvertreter zu richten. Sind weder ein Vorsitzender noch ein Stellvertreter vorhanden oder sind beide verhindert, sind jedes Aufsichtsratsmitglied und der Vorstand berechtigt, den Aufsichtsrat einzuberufen (→ Rn. 14).[71] Das Verlangen muss sich nicht zwingend auf eine „unverzügliche" Einberufung richten.[72]

Anzugeben sind **Zweck und Gründe der Einberufung.** Mit dem Zweck ist die Bezeichnung des oder der Gegenstände, über die beschlossen oder beraten werden soll, gemeint.[73] Die Beifügung einer (förmlichen) Tagesordnung ist hierfür ausreichend, aber nicht erforderlich (→ Rn. 25 f.).[74] Gründe sind die Umstände, welche die Notwendigkeit

---

[60] Vgl. MüKoAktG/*Habersack* Rn. 21.
[61] MüKoAktG/*Habersack* Rn. 21; vgl. MHdB AG/*Hoffmann-Becking* § 31 Rn. 110.
[62] MüKoAktG/*Habersack* Rn. 21; *Baums* ZGR 1983, 300 (316); aA Großkomm AktG/*Hopt/Roth* § 108 Rn. 147.
[63] Großkomm AktG/*Hopt/Roth* Rn. 26; MüKoAktG/*Habersack* Rn. 22.
[64] AllgM, Großkomm AktG/*Hopt/Roth* Rn. 32; MüKoAktG/*Habersack* Rn. 23; Kölner Komm AktG/*Mertens/Cahn* Rn. 8; Spindler/Stilz/*Spindler* Rn. 8.
[65] Hüffer/*Koch* Rn. 3 mwN; zum Vorsitzenden NK-AktG/*Breuer/Fraune* Rn. 4; MHdB AG/*Hoffmann-Becking* § 31 Rn. 49.
[66] Großkomm AktG/*Hopt/Roth* Rn. 32; MüKoAktG/*Habersack* Rn. 29.
[67] AllgM, Großkomm AktG/*Hopt/Roth* Rn. 29; MüKoAktG/*Habersack* Rn. 26; Spindler/Stilz/*Spindler* Rn. 20; Kölner Komm AktG/*Mertens/Cahn* Rn. 13.
[68] MüKoAktG/*Habersack* Rn. 25; Spindler/Stilz/*Spindler* Rn. 10 f.
[69] Großkomm AktG/*Hopt/Roth* Rn. 28; MüKoAktG/*Habersack* Rn. 24; Spindler/Stilz/*Spindler* Rn. 10; Kölner Komm AktG/*Mertens/Cahn* Rn. 9.
[70] Großkomm AktG/*Hopt/Roth* Rn. 30; MüKoAktG/*Habersack* Rn. 24; aA Spindler/Stilz/*Spindler* Rn. 10.
[71] MüKoAktG/*Habersack* Rn. 10.
[72] Großkomm AktG/*Hopt/Roth* Rn. 28; MüKoAktG/*Habersack* Rn. 25.
[73] Großkomm AktG/*Hopt/Roth* Rn. 28; MüKoAktG/*Habersack* Rn. 27; Spindler/Stilz/*Spindler* Rn. 9; Kölner Komm AktG/*Mertens/Cahn* Rn. 9.
[74] MüKoAktG/*Habersack* Rn. 27.

einer Sitzung und die Eilbedürftigkeit ihrer Einberufung erkennen lassen.[75] Die **Satzung** kann vom Begründungserfordernis befreien,[76] nicht aber von der Angabe des Zwecks der Sitzung.[77]

33 **3. Pflicht zur Stellung des Einberufungsverlangens.** Die einzelnen Aufsichtsratsmitglieder oder der Vorstand können zu einem Einberufungsverlangen **verpflichtet** sein, wenn sie **besondere Kenntnisse** von Umständen erlangen, die eine Einberufung **im Gesellschaftsinteresse erforderlich** erscheinen lassen.[78] Verlangen sie in diesem Fall nicht die Einberufung, sind sie der Gesellschaft zum Schadensersatz verpflichtet (§§ 116 S. 2, 93 Abs. 2 S. 1 und § 93 Abs. 2 S. 1).[79] Ein mögliches Verschulden des Aufsichtsratsvorsitzenden entlastet sie nicht.[80]

34 **4. Erfüllung des Einberufungsverlangens.** Ist das Einberufungsverlangen berechtigt, muss der Aufsichtsratsvorsitzende **unverzüglich,** dh ohne schuldhaftes Zögern (§ 121 Abs. 1 S. 1 BGB), den Aufsichtsrat einberufen. Dem Vorsitzenden ist eine angemessene Prüfungs- und Vorbereitungszeit für die Einberufung einzuräumen. Ein Zeitraum von zwei Wochen dürfte aber in der Regel zu lang sein.[81]

35 Die Sitzung muss **binnen zwei Wochen** nach der Einberufung stattfinden (§ 110 Abs. 1 S. 2). Damit soll verhindert werden, dass sich das Antragsbegehren zum Zeitpunkt der Sitzung bereits erledigt hat.[82] Abweichende Satzungsbestimmungen, die eine längere Einberufungsfrist vorsehen, gelten daher für eine Einberufung auf Verlangen nicht.[83] Der Vorsitzende muss die Zweiwochenfrist nicht ausschöpfen; in dringenden Fällen ist er sogar verpflichtet, sie abzukürzen.[84] Für den **Fristbeginn** gilt das allgemein zur Einberufung von Aufsichtsratssitzungen Gesagte (→ Rn. 23). Maßgeblich ist auch hier der Zeitpunkt, in dem unter gewöhnlichen Umständen mit dem Zugang der Ladung zu rechnen ist.[85]

36 Der Aufsichtsratsvorsitzende entscheidet nach pflichtgemäßem Ermessen, ob er eine **Präsenzsitzung** oder eine Sitzung in Form einer **Video- oder Telefonkonferenz** einberuft **oder eine Beschlussfassung ohne Sitzung** einleitet, soweit die Satzung oder Geschäftsordnung das Recht des einzelnen Aufsichtsratsmitglieds zum Widerspruch gegen die in Frage kommende Form der Beschlussfassung ausschließen (§ 108 Abs. 4).[86] Fehlt eine solche Regelung, ist eine Beschlussfassung in Form einer **Video- oder Telefonkonferenz oder eine Beschlussfassung ohne Sitzung** nur zulässig, wenn der Antragsteller dies verlangt hat oder einer solchen Beschlussfassung zustimmt und der Aufsichtsratsvorsitzende oder ein anderes Aufsichtsratsmitglied nach § 108 Abs. 4 nicht widersprechen.[87] Sofern für einen innerhalb der Zweiwochenfrist liegenden Termin ohnehin eine Sitzung anberaumt ist, genügt der Aufsichtsratsvorsitzende dem Einberufungsverlangen durch **Ergänzung der Beschlussgegenstände.**[88]

---

[75] Großkomm AktG/*Hopt/Roth* Rn. 28; MüKoAktG/*Habersack* Rn. 27.
[76] KG HRR 1933 Nr. 835; MüKoAktG/*Habersack* Rn. 29; Spindler/Stilz/*Spindler* Rn. 14.
[77] MüKoAktG/*Habersack* Rn. 29; Spindler/Stilz/*Spindler* Rn. 14; aA, aber ohne Begründung KG HRR 1933 Nr. 835.
[78] Großkomm AktG/*Hopt/Roth* Rn. 40; MüKoAktG/*Habersack* Rn. 22; Spindler/Stilz/*Spindler* Rn. 1.
[79] MüKoAktG/*Habersack* Rn. 22; Spindler/Stilz/*Spindler* Rn. 1.
[80] MüKoAktG/*Habersack* Rn. 22.
[81] Abweichend offenbar *Schumacher-Mohr* ZIP 2002, 2245 (2247); vgl. OLG Hamm NJW-RR 1990, 523 zur Unverzüglichkeit der Anfechtung; Großkomm AktG/*Hopt/Roth* Rn. 36 mit Verweis auf die Kommentierungen zu § 121 BGB.
[82] MüKoAktG/*Habersack* Rn. 30.
[83] AllgM, Großkomm AktG/*Hopt/Roth* Rn. 37; MüKoAktG/*Habersack* Rn. 31; Spindler/Stilz/*Spindler* Rn. 27 und 43.
[84] Großkomm AktG/*Hopt/Roth* Rn. 37; MüKoAktG/*Habersack* Rn. 31.
[85] MüKoAktG/*Habersack* Rn. 30; aA Großkomm AktG/*Hopt/Roth* Rn. 37, der entsprechend § 121 Abs. 4 S. 2 auf den Tag der Absendung des Briefes abstellt.
[86] Vgl. MüKoAktG/*Habersack* Rn. 13; aA bzgl. Beschlussfassung ohne Sitzung und Telefonkonferenzen Spindler/Stilz/*Spindler* Rn. 10; bzgl. Telefonkonferenzen *Wagner* NZG 2002, 57 (62).
[87] Spindler/Stilz/*Spindler* Rn. 10; Kölner Komm AktG/*Mertens/Cahn* Rn. 16.
[88] MüKoAktG/*Habersack* Rn. 31.

Einem **missbräuchlichen Einberufungsverlangen** muss der Vorsitzende nicht entsprechen.[89] Ein solches liegt vor, wenn mit dem Verlangen ein gesetzes- oder sittenwidriger Zweck verfolgt wird[90] oder sich der Aufsichtsrat schon abschließend mit der Angelegenheit befasst hat und neue Umstände nicht eingetreten sind oder deren Eintritt nicht zu erwarten ist.[91] Eine Verweigerung der Einberufung ist auch dann geboten, wenn die begehrten Beschluss- oder Beratungsgegenstände nicht in die Zuständigkeit des Aufsichtsrats fallen.[92] Der Aufsichtsratsvorsitzende darf die Einberufung aber nicht deshalb verweigern, weil eine Beschlussfassung im Sinne des Antragstellers nicht zu erwarten ist.[93] Wird eine Sitzung auf Grund eines missbräuchlichen Verlangens anberaumt, ist der Antragsteller zur Kostentragung verpflichtet.[94] 37

Verweigert der Aufsichtsratsvorsitzende die Einberufung, ist der Antragsteller auf das Selbsthilferecht des Abs. 2 verwiesen (→ Rn. 40 ff.). Anders als im Falle des § 122 Abs. 3 ist eine **gerichtliche Geltendmachung** des Einberufungsverlangens **nicht statthaft** und angesichts des bestehenden Selbsthilferechts auch nicht erforderlich.[95] 38

Lehnt der Vorsitzende die Einberufung zu Unrecht ab, ist er gegenüber der Gesellschaft zum Schadensersatz verpflichtet; auf das Selbsteinberufungsrecht des Antragstellers nach § 110 Abs. 2 kann er sich insoweit nicht berufen.[96] 39

IV. Selbsthilferecht (Abs. 2)

1. Berechtigte. Entspricht der Aufsichtsratsvorsitzende dem Verlangen auf Einberufung des Aufsichtsrats nicht, kann der Antragsteller (das einzelne Aufsichtsratsmitglied oder der Vorstand) unter Mitteilung des Sachverhalts und Angabe einer Tagesordnung selbst den Aufsichtsrat einberufen (Abs. 2). Entsprechendes gilt, wenn dem Verlangen auf Ergänzung der Beschlussgegenstände einer bereits anberaumten Sitzung nicht entsprochen wurde (→ Rn. 30); in diesem Fall ist der Antragsteller in entsprechender Anwendung von § 110 Abs. 2 berechtigt, die Tagesordnung selbst zu ergänzen.[97] Der **Vorstand** kann die Selbsteinberufung wiederum nur als Gesamtorgan betreiben und muss darüber mit Mehrheit beschließen (→ Rn. 29).[98] 40

Soweit mehrere Aufsichtsratsmitglieder die Einberufung verlangt haben, genügt es, wenn eines dieser Mitglieder den Aufsichtsrat einberuft.[99] 41

2. Voraussetzungen und Einberufungsmodalitäten. Das Selbsthilferecht setzt ein **vergebliches Einberufungsverlangen** eines Berechtigten voraus. Das Verlangen ist vergeblich, wenn der Aufsichtsrat überhaupt nicht oder zu einem anderem als dem verlangten Zweck einberufen wird oder wenn nicht sämtliche Gegenstände des Einberufungsverlangens von der Einberufung erfasst sind.[100] Ausnahmsweise ist ein vorheriges Einberufungs- 42

---

[89] AllgM, OLG Köln WM 1959, 1402 (1404); Großkomm AktG/*Hopt/Roth* Rn. 35; MüKoAktG/*Habersack* Rn. 32; Spindler/Stilz/*Spindler* Rn. 12; Kölner Komm AktG/*Mertens/Cahn* Rn. 11.
[90] Großkomm AktG/*Hopt/Roth* Rn. 35; MüKoAktG/*Habersack* Rn. 32; Kölner Komm AktG/*Mertens/Cahn* Rn. 11.
[91] Großkomm AktG/*Hopt/Roth* Rn. 35; MüKoAktG/*Habersack* Rn. 32; Kölner Komm AktG/*Mertens/Cahn* Rn. 11.
[92] AllgM, Großkomm AktG/*Hopt/Roth* Rn. 35; MüKoAktG/*Habersack* Rn. 32; Spindler/Stilz/*Spindler* Rn. 12; Kölner Komm AktG/*Mertens/Cahn* Rn. 11.
[93] MüKoAktG/*Habersack* Rn. 32; Spindler/Stilz/*Spindler* Rn. 12; Kölner Komm AktG/*Mertens/Cahn* Rn. 12.
[94] Spindler/Stilz/*Spindler* Rn. 12.
[95] Großkomm AktG/*Hopt/Roth* Rn. 39; Kölner Komm AktG/*Mertens/Cahn* Rn. 17; aA in Bezug auf die gerichtliche Erzwingbarkeit Spindler/Stilz/*Spindler* Rn. 55.
[96] Großkomm AktG/*Hopt/Roth* Rn. 39; Kölner Komm AktG/*Mertens/Cahn* Rn. 17.
[97] AllgM, Großkomm AktG/*Hopt/Roth* Rn. 43; MüKoAktG/*Habersack* Rn. 26.
[98] MüKoAktG/*Habersack* Rn. 34; Kölner Komm AktG/*Mertens/Cahn* Rn. 17; Spindler/Stilz/*Spindler* Rn. 36.
[99] MüKoAktG/*Habersack* Rn. 35; vgl. Spindler/Stilz/*Spindler* Rn. 36.
[100] BGH WM 1985, 567 (568) (für das Recht der GmbH); Großkomm AktG/*Hopt/Roth* Rn. 41; MüKoAktG/*Habersack* Rn. 35; Spindler/Stilz/*Spindler* Rn. 38.

verlangen entbehrlich, wenn der Aufsichtsrat **keinen Vorsitzenden** und **keinen Stellvertreter** hat oder beide verhindert sind. Dann kann jedes einzelne Aufsichtsratsmitglied oder der Vorstand in entsprechender Anwendung von § 110 Abs. 2 die Sitzung selbst einberufen (→ Rn. 14).[101]

43 **Satzungsbestimmungen**, mit denen der Vorrang des Einberufungsverlangens vor dem Selbsthilferecht ausgeschlossen werden soll, sind unwirksam.[102]

44 Hat der Aufsichtsratsvorsitzende das Verlangen nicht ausdrücklich abgelehnt, darf der Antragsteller den Aufsichtsrat erst dann einberufen, wenn mit einer Erfüllung **nicht mehr ernsthaft gerechnet** werden kann.[103] Eine vom Antragsteller selbst gesetzte Frist muss jedenfalls fruchtlos abgelaufen sein.[104]

45 Die Ausübung des Selbsteinberufungsrecht kann ebenso **missbräuchlich** sein wie das Einberufungsverlangen (→ Rn. 37). Die Aufsichtsratsmitglieder sind in diesem Fall nicht verpflichtet, der Einladung nachzukommen.[105] Soweit sie nicht ersehen können, ob es sich um ein missbräuchliches oder ein berechtigtes Verlangen handelt, empfiehlt sich aber eine Sitzungsteilnahme.[106]

46 Das Einberufungsrecht **erlischt**, wenn es **nicht unverzüglich** nach Zurückweisung des Verlangens oder, mangels ausdrücklicher Ablehnung, nach Verstreichen einer angemessenen Wartefrist **ausgeübt** wird.[107] Nach Erlöschen des Selbsteinberufungsrechts muss der Antragsteller ggf. den Weg über ein erneutes Einberufungsverlangen beschreiten.[108]

47 Das Selbsthilferecht ist mit Einberufung und ordnungsgemäßer Durchführung der Sitzung **erschöpft**.[109] Unerheblich ist, ob der Aufsichtsrat beschlussfähig ist oder ob er im Sinne des Antragstellers beschließt.[110]

48 **3. Inhalt, Frist und Kosten der Einberufung.** Die Einberufung durch den Antragsteller muss zunächst den **allgemeinen Anforderungen** an die Einberufung von Aufsichtsratssitzungen genügen (→ Rn. 20 ff.).[111]

49 Außerdem ist gemäß § 110 Abs. 2 der maßgebliche **Sachverhalt** mitzuteilen. Der Antragsteller muss also die Aufsichtsratsmitglieder in der Einladung darüber informieren, dass er ein Verlangen auf Einberufung an den Vorsitzenden gerichtet hat und dass dieses erfolglos geblieben ist.[112] Inhalt und Zugang des Verlangens sind darzulegen.[113]

50 Die Einladung muss ausweislich des Wortlauts des Abs. 2 eine **Tagesordnung** enthalten. An diese sind indessen keine höheren Anforderungen zu stellen als an die übliche Einberufung durch den Vorsitzenden.[114] Erforderlich und ausreichend ist demnach die Angabe der Gegenstände der Tagesordnung (→ Rn. 25).

---

[101] Großkomm AktG/*Hopt/Roth* Rn. 31, 43; MüKoAktG/*Habersack* Rn. 10; Kölner Komm AktG/*Mertens/Cahn* Rn. 10.
[102] MüKoAktG/*Habersack* Rn. 35; Kölner Komm AktG/*Mertens/Cahn* Rn. 28.
[103] BGHZ 87, 1 (3) = NJW 1983, 1677 (für das Recht der GmbH); Großkomm AktG/*Hopt/Roth* Rn. 41; MüKoAktG/*Habersack* Rn. 35.
[104] MüKoAktG/*Habersack* Rn. 35; Großkomm AktG/*Hopt/Roth* Rn. 41; Spindler/Stilz/*Spindler* Rn. 38.
[105] Begr. Reg-E TransPuG BT-Drs. 14/8769, 16; Großkomm AktG/*Hopt/Roth* Rn. 50; Spindler/Stilz/*Spindler* Rn. 37.
[106] *Götz* NZG 2002, 599 (601); Großkomm AktG/*Hopt/Roth* Rn. 50.
[107] MüKoAktG/*Habersack* Rn. 36; Kölner Komm AktG/*Mertens/Cahn* Rn. 20.
[108] Großkomm AktG/*Hopt/Roth* Rn. 48; Kölner Komm AktG/*Mertens/Cahn* Rn. 23; Spindler/Stilz/*Spindler* Rn. 8; aA Geßler/Hefermehl/*Geßler* Rn. 38: erneutes Recht zur Selbsteinberufung ohne vorheriges Einberufungsverlangen.
[109] Großkomm AktG/*Hopt/Roth* Rn. 48; MüKoAktG/*Habersack* Rn. 38; Kölner Komm AktG/*Mertens/Cahn* Rn. 23.
[110] Großkomm AktG/*Hopt/Roth* Rn. 48; MüKoAktG/*Habersack* Rn. 38; Kölner Komm AktG/*Mertens/Cahn* Rn. 23; Spindler/Stilz/*Spindler* Rn. 8.
[111] MüKoAktG/*Habersack* Rn. 37.
[112] Großkomm AktG/*Hopt/Roth* Rn. 46; MüKoAktG/*Habersack* Rn. 37; Kölner Komm AktG/*Mertens/Cahn* Rn. 22.
[113] MüKoAktG/*Habersack* Rn. 37.
[114] Begr. Reg-E TransPuG BT-Drs. 14/8769, 16.

Die zwischen Einladung und Sitzung einzuhaltende **Zweiwochenfrist des Abs. 1 S. 2** 51
ist auf die Selbsteinberufung nach zutreffender Auffassung **nicht entsprechend** anwendbar;
die vom Antragsteller einberufene Sitzung kann also auch zu einem späteren Zeitpunkt
stattfinden.[115]

Die durch die Einberufung und die Sitzung entstehenden **Kosten** sind grundsätzlich von 52
der Gesellschaft zu tragen.[116] Bei **missbräuchlicher Einberufung** kann die Gesellschaft
den Antragsteller allerdings auf Schadensersatz in Anspruch nehmen (§§ 116 S. 1, 93).[117]

4. Pflicht zur Selbsteinberufung. Das Selbsthilferecht kann sich, ebenso wie das Recht 53
auf Einberufung, zu einer entsprechenden Pflicht verdichten, wenn das **Gesellschaftsinteresse** eine Einberufung erfordert (zur Pflicht zur Geltendmachung des Einberufungsverlangens vgl. schon → Rn. 18).[118] Unterlässt der Antragsteller (das einzelne Aufsichtsratsmitglied oder der Vorstand) pflichtwidrig die Einberufung, kann dies eine Schadensersatzpflicht nach §§ 116 S. 1, 93 auslösen.[119]

Aufsichtsratsmitgliedern drohen bei pflichtwidrig unterlassener Einberufung nach neueren 54
Tendenzen in der Rechtsprechung auch **strafrechtliche Konsequenzen:**[120] So urteilte das
OLG Braunschweig, dass sich aus einer **Garantenstellung** der Aufsichtsratsmitglieder gegenüber der Gesellschaft gemäß § 13 StGB die Pflicht ergebe, bei Kenntnis eines rechtswidrigen Verhaltens des Vorstands mit allen zur Verfügung stehenden Mitteln auf diesen einzuwirken, um den Pflichtverstoß zu verhindern oder zu beenden.[121] Diese aus der Garantenstellung folgende **Einwirkungspflicht** umfasse auch die Verpflichtung des einzelnen
Mitglieds, erforderlichenfalls den Aufsichtsrat **selbst einzuberufen,** um einen Aufsichtsratsbeschluss zu erwirken, der den Vorstand zur Änderung der rechtswidrigen Vorgehensweise
anhält; andernfalls drohe eine Strafbarkeit wegen Unterlassens.[122]

V. Mindestanzahl und Form der Sitzungen (Abs. 3)

1. Anzahl der Sitzungen. Börsennotierte Gesellschaften müssen zumindest **zwei** 55
Aufsichtsratssitzungen im Kalenderhalbjahr abhalten. Innerhalb des Kalenderhalbjahrs
können die Sitzungen frei verteilt werden; es muss also nicht zwingend eine Sitzung pro
Quartal stattfinden. Allerdings erscheint es zweckmäßig, die Zeitabstände zwischen einzelnen Sitzungen nicht zu groß werden zu lassen.[123] Börsennotiert ist eine Gesellschaft gemäß
§ 3 Abs. 2, wenn ihre Aktien an einem regulierten Markt zugelassen sind. Erfasst sind auch
ausländische Börsen; nicht aber der (privatrechtlich organisierte) Freiverkehr.[124]

Der Aufsichtsrat einer börsennotierten Gesellschaft hat die **Anzahl** der von ihm abge- 56
haltenen Sitzungen in seinem jährlichen **Bericht an die Hauptversammlung** anzugeben
(§ 171 Abs. 2 S. 2). In dem Aufsichtsratsbericht soll gemäß **Ziff. 5.4.7 DCGK** überdies
vermerkt werden, falls ein Mitglied im zurückliegenden Geschäftsjahr an weniger als der
Hälfte der Sitzungen teilgenommen hat.

---

[115] MüKoAktG/*Habersack* Rn. 36; Kölner Komm AktG/*Mertens/Cahn* Rn. 20; Hüffer/*Koch* Rn. 9; aA Spindler/Stilz/*Spindler* Rn. 41.
[116] MüKoAktG/*Habersack* Rn. 40.
[117] Begr. Reg-E TransPuG BT-Drs. 14/8769, 16; *Götz* NZG 2002, 599, 601; MüKoAktG/*Habersack* Rn. 40; Spindler/Stilz/*Spindler* Rn. 44.
[118] Großkomm AktG/*Hopt/Roth* Rn. 47; Kölner Komm AktG/*Mertens/Cahn* Rn. 26; Spindler/Stilz/*Spindler* Rn. 38.
[119] Großkomm AktG/*Hopt/Roth* Rn. 47; MüKoAktG/*Habersack* Rn. 39; Spindler/Stilz/*Spindler* Rn. 38.
[120] Vgl. *Mutter* AG 2012, R275 f. und *Mutter/Quinke* AG 2009, R416, R417.
[121] OLG Braunschweig wistra 2012, 391 (394); *Mutter/Kruchen* CCZ 2013, 125; *Achenbach* NStZ 2013, 697 (700).
[122] OLG Braunschweig wistra 2012, 391 (394); *Mutter/Kruchen* CCZ 2013, 125; kritisch *Rübenstahl* NZWiSt 2013, 264 (268 f.).
[123] Vgl. Spindler/Stilz/*Spindler* Rn. 47.
[124] OLG München NZG 2008, 755 (758); Begr. Reg-E KonTraG BT-Drs. 13/9712, 12; Hüffer/*Koch* § 3 Rn. 6; Großkomm AktG/*Hopt/Roth* Rn. 61.

57 Auch für **nichtbörsennotierte Gesellschaften** gilt im Grundsatz der Mindestturnus von zwei Sitzungen pro Kalenderhalbjahr, wobei gemäß § 110 Abs. 3 S. 2 eine **Herabsetzung auf eine Sitzung** pro Kalenderhalbjahr **zulässig** ist. Die Mindestzahl kann durch Mehrheitsbeschluss des Aufsichtsrats[125] herabgesetzt werden.

58 Weder die **Satzung** noch die **Geschäftsordnung** können – abgesehen von der in § 110 Abs. 3 S. 2 geregelten Befugnis bei nichtbörsennotierten Gesellschaften – vom gesetzlichen Mindestturnus befreien.[126] Zulässig ist hingegen die Festlegung **höherer Sitzungsfrequenzen**.[127] Hat der Aufsichtsrat eine erhöhte Sitzungsfrequenz in einer von ihm selbst erlassenen Geschäftsordnung bestimmt, kann er sich mit Mehrheitsbeschluss darüber hinwegsetzen, sofern er die Vorgaben des § 110 Abs. 3 einhält.[128] Von einer Satzungsregelung, die eine höhere Sitzungszahl vorsieht, kann der Aufsichtsrat demgegenüber nicht abweichen.[129]

59 Unberührt vom gesetzlichen Mindestturnus und etwaigen Satzungsregelungen bleibt die Pflicht des Aufsichtsratsvorsitzenden und ggf. der einzelnen Aufsichtsratsmitglieder und des Vorstands (→ Rn. 18) zur Einberufung einer **außerordentlichen Sitzung** des Aufsichtsrats, wenn das Gesellschaftsinteresse dies erfordert.[130]

60 Wird der gesetzliche oder satzungsmäßige Mindestturnus **unterschritten**, verletzt jedenfalls der Aufsichtsratsvorsitzende seine Pflichten als Leiter des Kollegialorgans, womit er sich, sofern die weiteren Voraussetzungen vorliegen, gegenüber der Gesellschaft schadensersatzpflichtig macht (§§ 116 S. 1, 93).[131] Eine Unterschreitung des Mindestturnus begründet regelmäßig die **Anfechtbarkeit** zumindest des Beschlusses zur **Entlastung** des Vorsitzenden.[132]

61 **2. Form der Sitzungen.** Auf den Mindestturnus des § 110 Abs. 3 **anrechenbar** sind Sitzungen, die der Aufsichtsrat in einem Kalenderhalbjahr „abgehalten" hat. Seit Neufassung der Bestimmung durch das TransPuG ist nicht mehr notwendig, dass er „zusammentritt".[133] Jedenfalls anrechenbar sind **Präsenzsitzungen**. Nach hier vertretener Auffassung sind **auch** Sitzungen anzurechnen, die in Form von **Video- oder Telefonkonferenzen** abgehalten werden.[134] Anders als im Bericht der Regierungskommission Corporate Governance vorgeschlagen, ist dem Gesetzestext eine Einschränkung auf begründete Ausnahmefälle nicht zu entnehmen.[135] Auch die **Bilanzsitzung** kann als Video- oder Telefonkonferenz abgehalten werden.[136]

62 Von der Frage der Anrechenbarkeit im Rahmen des § 110 Abs. 3 zu trennen ist die Frage, ob es **zweckmäßig** ist, jedenfalls einen Teil der Sitzungen in Form von Präsenzsitzungen abzuhalten. Mit Blick auf die in der Regel intensivere Kommunikation der Sitzungsteilnehmer bei einem persönlichen Treffen wird man das bejahen müssen. Das gilt insbesondere für große (mitbestimmte) Aufsichtsräte, wenn diese eine umfangreiche Tagesordnung oder

---

[125] Großkomm AktG/*Hopt/Roth* Rn. 64; MüKoAktG/*Habersack* Rn. 41; die Regierungskommission Corporate Governance hatte noch für Einstimmigkeit gefordert, vgl. *Baums* Rn. 57.
[126] MüKoAktG/*Habersack* Rn. 42; Spindler/Stilz/*Spindler* Rn. 46.
[127] MüKoAktG/*Habersack* Rn. 42; Spindler/Stilz/*Spindler* Rn. 46; Großkomm AktG/*Hopt/Roth* Rn. 66; ausführlich zur Sitzungsfrequenz *v. Schenck* in Semler/v. Schenck AR-HdB § 5 Rn. 30.
[128] MüKoAktG/*Habersack* Rn. 42.
[129] MüKoAktG/*Habersack* Rn. 42.
[130] MüKoAktG/*Habersack* Rn. 42.
[131] AllgM, Großkomm AktG/*Hopt/Roth* Rn. 63; MüKoAktG/*Habersack* Rn. 43; Spindler/Stilz/*Spindler* Rn. 51; Kölner Komm AktG/*Mertens/Cahn* Rn. 31.
[132] Henssler/Strohn/*Henssler* Rn. 17; MüKoAktG/*Habersack* Rn. 43.
[133] Begr. Reg-E TransPuG BT-Drs. 14/8769, 17; MüKoAktG/*Habersack* Rn. 6.
[134] So auch MüKoAktG/*Habersack* Rn. 45; NK-AktG/*Breuer/Fraune* Rn. 11; Bürgers/Körber/*Bürgers/Israel* Rn. 10; aA in Bezug auf Telefonkonferenzen Kölner Komm AktG/*Mertens/Cahn* Rn. 33, welche die gesteigerte Qualität einer Sitzung mit allseitiger Hör- und Sichtbarkeit betonen; Großkomm AktG/*Hopt/Roth* Rn. 69 f.
[135] Bericht der Regierungskommission „Corporate Governance" BT-Drs. 14/7515, 47.
[136] MüKoAktG/*Semler*, 2. Aufl. 2004, Rn. 113; diff. MüKoAktG/*Habersack* Rn. 45, der die Bilanzsitzung in Form einer Videokonferenz für zulässig hält, wenn der Abschlussprüfer zuvor nach § 171 Abs. 1 S. 2 an der Sitzung des Bilanzausschusses teilgenommen hat; aA Großkomm AktG/*Hopt/Roth* Rn. 71.

komplizierte Gegenstände zu behandeln haben.[137] Allerdings erscheint es angesichts des eindeutigen Gesetzeswortlauts auch dann nicht gerechtfertigt, eine Verletzung der Überwachungspflicht des Aufsichtsrats anzunehmen, wenn dieser Telefon- oder Videokonferenzen zur Regel werden lässt.[138] Insofern ist nach hier vertretener Auffassung ein (nicht überprüfbarer) Beurteilungsspielraum des Aufsichtsratsvorsitzenden anzunehmen.

Schriftliche Beschlussfassungen außerhalb von Sitzungen (§ 108 Abs. 4) sind auf den gesetzlichen Mindestturnus **nicht** anrechenbar.[139] Ebenfalls nicht anrechenbar ist eine einberufene Sitzung, die vor ihrer vollständigen Durchführung abgesagt oder abgebrochen wurde.[140] Eine Beschlussfassung ist nicht notwendige Voraussetzung für eine Sitzung iSd § 110 Abs. 3, sodass auch reine Beratungssitzungen anrechenbar sind.[141]

VI. Entsprechende Anwendung auf Aufsichtsratsausschüsse

Für die Einberufung von Aufsichtsratsausschüssen gelten die zum Gesamtaufsichtsrat dargestellten Grundsätze weitestgehend entsprechend.[142] Zuständig für die Einberufung ist der **Ausschussvorsitzende** oder bei dessen Verhinderung sein Stellvertreter.[143] Hat der Ausschuss keinen Vorsitzenden und auch keinen Stellvertreter oder sind beide verhindert, kann jedes einzelne Ausschussmitglied oder der Vorstand den Ausschuss nach den oben dargestellten Grundsätzen (Abs. 1 und 2) einberufen.[144] Nach zutreffender Ansicht ist in diesem Fall auch der Aufsichtsratsvorsitzende zur Einberufung des Ausschusses berechtigt.[145] Die Modalitäten der Einberufung entsprechen denen bei Einberufung des Plenums. Es sind also sämtliche Ausschussmitglieder einzuladen. Ort und Zeit der Sitzung sowie die Gegenstände der Tagesordnung (letztere nicht notwendigerweise in der Einladung) sind mitzuteilen. Zwischen Einladung und Sitzung muss eine angemessene Zeit zur Vorbereitung der Ausschussmitglieder liegen. Die **Satzung, die Geschäftsordnung des Aufsichtsrats oder die Geschäftsordnungen von Ausschüssen** können die Einberufung an eine bestimmte Form oder an bestimmte Fristen binden.[146]

Das einzelne Ausschussmitglied und der Vorstand können in entsprechender Anwendung des § 110 Abs. 1 S. 1 ein **Einberufungsverlangen** an den Ausschussvorsitzenden richten.[147] Wird dem Einberufungsverlangen nicht entsprochen, steht dem Antragsteller analog § 110 Abs. 2 ein **Selbsteinberufungsrecht** zu.[148]

Eine **Mindestanzahl an Sitzungen** ist nicht vorgeschrieben; § 110 Abs. 3 AktG findet keine entsprechende Anwendung.[149] Allerdings muss der Gesamtaufsichtsrat einer börsennotierten Gesellschaft in seinem Bericht nach § 171 Abs. 2 S. 2 neben der Zahl der Sitzungen des Plenums auch die Anzahl der Ausschusssitzungen veröffentlichen (→ § 171 Rn 121).

---

[137] MüKoAktG/*Semler*, 2. Aufl. 2004, Rn. 113.
[138] So aber MüKoAktG/*Habersack* Rn. 45; Hüffer/*Koch* § 109 Rn. 11; Kölner Komm AktG/*Mertens/Cahn* Rn. 34; Spindler/Stilz/*Spindler* Rn. 35.
[139] *Götz* NZG 2002, 599 (601); Großkomm AktG/*Hopt/Roth* Rn. 72; MüKoAktG/*Habersack* Rn. 44; Spindler/Stilz/*Spindler* Rn. 48.
[140] Begr. Reg-E KonTraG BT-Drs. 13/9712, 16; MüKoAktG/*Habersack* Rn. 44; Spindler/Stilz/*Spindler* Rn. 49.
[141] Großkomm AktG/*Hopt/Roth* Rn. 72; MüKoAktG/*Habersack* Rn. 44.
[142] Großkomm AktG/*Hopt/Roth* Rn. 74; MüKoAktG/*Habersack* Rn. 14; *Gittermann* in Semler/v. Schenck AR-HdB § 6 Rn. 153.
[143] MüKoAktG/*Habersack* § 107 Rn. 159.
[144] MüKoAktG/*Habersack* Rn. 14; vgl. Großkomm AktG/*Hopt/Roth* Rn. 74; Hüffer/*Koch* § 107 Rn. 19; vgl. *Gittermann* in Semler/v. Schenck AR-HdB § 6 Rn. 153.
[145] Kölner Komm AktG/*Mertens/Cahn* Rn. 3; *Gittermann* in Semler/v. Schenck AR-HdB § 6 Rn. 152; a. A MüKoAktG/*Habersack* Rn. 14.
[146] Vgl. *Gittermann* in Semler/v. Schenck AR-HdB § 6 Rn. 55, 57 und 60.
[147] MüKoAktG/*Habersack* Rn. 14; vgl. Kölner Komm AktG/*Mertens/Cahn* Rn. 27; Großkomm AktG/*Hopt/Roth* Rn. 75.
[148] Großkomm AktG/*Hopt/Roth* Rn. 75; MüKoAktG/*Habersack* Rn. 14; Kölner Komm AktG/*Mertens/Cahn* Rn. 27.
[149] Großkomm AktG/*Hopt/Roth* Rn. 76; Geßler/Hefermehl/*Geßler* Rn. 48.

VII. Einberufung auf Verlangen der Aufsichtsbehörde

67 Die BaFin[150] kann bei **Versicherungsunternehmen** nach § 83 Abs. 1 Nr. 6 VAG[151] die Einberufung des Aufsichtsrats verlangen. Die Behördenvertreter dürfen an den Sitzungen teilnehmen und haben ein Rederecht, jedoch kein Antrags- und Stimmrecht (§ 83 Abs. 1 Nr. 5 VAG).[152] Der BaFin steht im Falle eines erfolglosen Einberufungsverlangens ein Selbsteinberufungsrecht zu (§ 83 Abs. 5b VAG)[153]

68 § 44 Abs. 5 S. 1 KWG[154] gewährt der BaFin das Recht, das Aufsichtsorgan von **Instituten, Finanzholding-Gesellschaften oder gemischten Finanzholding-Gesellschaften** in der Rechtsform einer juristischen Person zur Sitzungseinberufung zu verpflichten, nicht aber die Sitzung selbst einzuberufen.[155] Die BaFin kann verlangen, dass dem Gremium bestimmte Gegenstände zur Beschlussfassung angekündigt werden. Den Vertretern der BaFin steht, wie bei der Versicherungsaufsicht, ein Teilnahme- und Rederecht, aber kein Stimmrecht zu (§ 44 Abs. 4 S. 2, Abs. 5 S. 3 KWG) (→ § 109 Rn. 68).[156]

§ 111 Aufgaben und Rechte des Aufsichtsrats

(1) Der Aufsichtsrat hat die Geschäftsführung zu überwachen.

(2) ¹Der Aufsichtsrat kann die Bücher und Schriften der Gesellschaft sowie die Vermögensgegenstände, namentlich die Gesellschaftskasse und die Bestände an Wertpapieren und Waren, einsehen und prüfen. ²Er kann damit auch einzelne Mitglieder oder für bestimmte Aufgaben besondere Sachverständige beauftragen. ³Er erteilt dem Abschlußprüfer den Prüfungsauftrag für den Jahres- und den Konzernabschluß gemäß § 290 des Handelsgesetzbuchs.

(3) ¹Der Aufsichtsrat hat eine Hauptversammlung einzuberufen, wenn das Wohl der Gesellschaft es fordert. ²Für den Beschluß genügt die einfache Mehrheit.

(4) ¹Maßnahmen der Geschäftsführung können dem Aufsichtsrat nicht übertragen werden. ²Die Satzung oder der Aufsichtsrat hat jedoch zu bestimmen, daß bestimmte Arten von Geschäften nur mit seiner Zustimmung vorgenommen werden dürfen. ³Verweigert der Aufsichtsrat seine Zustimmung, so kann der Vorstand verlangen, daß die Hauptversammlung über die Zustimmung beschließt. ⁴Der Beschluß, durch den die Hauptversammlung zustimmt, bedarf einer Mehrheit, die mindestens drei Viertel der abgegebenen Stimmen umfaßt. ⁵Die Satzung kann weder eine andere Mehrheit noch weitere Erfordernisse bestimmen.

(5) ¹Der Aufsichtsrat von Gesellschaften, die börsennotiert sind oder der Mitbestimmung unterliegen, legt für den Frauenanteil im Aufsichtsrat und im Vorstand Zielgrößen fest. ²Liegt der Frauenanteil bei Festlegung der Zielgrößen unter 30 Prozent, so dürfen die Zielgrößen den jeweils erreichten Anteil nicht mehr unterschreiten. ³Gleichzeitig sind Fristen zur Erreichung der Zielgrößen festzulegen. ⁴Die Fristen dürfen jeweils nicht länger als fünf Jahre sein. ⁵Soweit für den Aufsichtsrat bereits eine Quote nach § 96 Absatz 2 gilt, sind die Festlegungen nur für den Vorstand vorzunehmen.

(6) Die Aufsichtsratsmitglieder können ihre Aufgaben nicht durch andere wahrnehmen lassen.

---

[150] Bundesanstalt für Finanzdienstleistungsaufsicht.
[151] Gesetz über die Beaufsichtigung der Versicherungsunternehmen (Versicherungsaufsichtsgesetz – VAG) vom 17.12.1992, BGBl. 1993 I S. 2.
[152] Großkomm AktG/*Hopt/Roth* Rn. 57.
[153] Kölner Komm AktG/*Mertens/Cahn* Rn. 30.
[154] Gesetz über das Kreditwesen (Kreditwesengesetz – KWG) vom 9.9.1998, BGBl. 1998 I S. 2776.
[155] Kölner Komm AktG/*Mertens/Cahn* Rn. 30; Großkomm AktG/*Hopt/Roth* Rn. 58.
[156] Boos/Fischer/Schulte-Mattler/*Braun* KWG § 44 Rn. 100 f.

Schrifttum: *Albach,* Strategische Unternehmensplanung und Aufsichtsrat, ZGR 1997, 32; *Albach,* Welche Maßnahmen empfehlen sich, insbesondere im Gesellschafts- und Kapitalmarktrecht, um die Eigenkapitalausstattung der Unternehmen langfristig zu verbessern?, in Verhandlungen des 55. Deutschen Juristentages, Bd. 2, 1984, K 15; *Altmeppen,* Grenzen der Zustimmungsvorbehalte des Aufsichtsrats und die Folgen ihrer Verletzung durch den Vorstand, FS K. Schmidt, 2009, 23; *Ambrosius,* Der Berichtsanspruch des Aufsichtsrats nach § 90 Abs. 3 AktG – sein Umfang und seine Grenze, DB 1979, 2165; *Apfelbacher/Metzner,* Aktuelle Rechtsentwicklungen bei den Anforderungen an die interne Organisation, die Qualifikation und die Überwachungsfunktion der Mitglieder des Aufsichtsorgans von Kreditinstituten, AG 2013, 773; Arbeitskreis „*Externe und interne Überwachung der Unternehmung*" der Schmalenbach-Gesellschaft, Grundsätze ordnungsmäßiger Aufsichtsratstätigkeit – ein Diskussionspapier, DB 1995, 1; Arbeitskreis „*Externe und interne Überwachung der Unternehmung*" der Schmalenbach-Gesellschaft, Überwachung der Wirksamkeit des internen Kontrollsystems und des Risikomanagemeutsystems durch den Prüfungsausschuss, DB 2011, 2101; *Arnold,* Verantwortung und Zusammenwirken des Vorstands und Aufsichtsrats bei Compliance-Untersuchungen, ZGR 2014, 76; *Baltzer,* Krisenerkennung durch den Aufsichtsrat, 1983; *Bär,* Funktionsgerechte Ordnung der Verantwortlichkeit des Aufsichtsrats, SAG 1986, 57; *Basedow,* Frauenquoten oder: Gesellschaftspolitik durch Privatrecht, ZEuP 2013, 451; *Baums,* Bericht der Regierungskommission Corporate Governance, 2001; *Bayer,* Legalitätspflicht der Unternehmensleitung, nützliche Gesetzesverstöße und Regress bei verhängten Sanktionen, FS K. Schmidt, 2009, 85; *Bea/Scheurer,* Die Kontrollfunktion des Aufsichtsrats, DB 1994, 2145; *Berg,* Zustimmungsvorbehalte gegen den Willen (der Mehrheit) des Aufsichtsrats, WiB 1994, 382; *Bergau,* Einführung von Aufsichtsratsvorbehalten durch Hauptversammlungsbeschluss, AG 2006, 769; *Bernhardt,* Aufsichtsrat- Die schönste Nebensache der Welt?, ZHR 159 (1995), 310; *Berrar,* Die zustimmungspflichtigen Geschäfte nach § 111 Abs. 4 AktG im Lichte der Corporate Governance-Diskussion, DB 2001, 2181; *Bezzenberger,* Der Vorstandsvorsitzender der Aktiengesellschaft, ZGR 1996, 661; *Bezzenberger/Keul,* Die Aufgaben und Sorgfaltspflichten von Aufsichtsratsmitgliedern –Eine Übersicht-, FS Schwark, 2009, 121; *Biener,* Die Überwachung der Geschäftsführung durch den Aufsichtsrat, BFuP 1977, 489; *Binder,* Anforderungen an Organentscheidungsprozesse in der neueren höchstrichterlichen Rechtsprechung – Grundlagen einer körperschaftsrechtlichen Entscheidungslehre?, AG 2012, 885; *Binder,* Geschäftsleiterhaftung und fachkundiger Rat, AG 2008, 274; *Bischof/Oser,* Zweifelsfragen zur Teilnahmepflicht des Abschlußprüfers an der Bilanzsitzung des Aufsichtsrats, WPg 1998, 539; *Blasche,* Die Anwendung der Business Judgement Rule bei Kollegialentscheidungen und Vorliegen eines Interessenkonflikts bei einem der Vorstandsmitglieder, AG 2010, 692; *Bleicher,* Der Aufsichtsrat im Wandel, 1987; *Bleicher,* Gedanken zur Gestaltung der Konzernorganisation bei fortschreitender Diversifizierung, ZfO 1979, 243; *Bleicher/Leberl/Paul,* Unternehmensverfassung und Spitzenorganisation, 1989; *Bleicher/Paul,* Das amerikanische Boardmodell im Vergleich zur deutschen Vorstands-/Aufsichtsratsverfassung – Stand und Entwicklungstendenzen, DBW 1986, 263; *Börsig/Löbbe,* Die gewandelte Rolle des Aufsichtsrats, FS Hoffmann-Becking, 2013, 125; *Bork,* Materiell-rechtliche und prozeßrechtliche Probleme des Organstreits zwischen Vorstand und Aufsichtsrat einer Aktiengesellschaft, ZGR 1989, 1; *Boujong,* Rechtliche Mindestanforderungen an eine ordnungsgemäße Vorstandskontrolle und -beratung, AG 1995, 203; *Brandes,* Die Rechtsprechung des Bundesgerichtshofs zur Aktiengesellschaft, WM 1994, 2177; *Brandi,* Ermittlungspflicht des Aufsichtsrats über die wirtschaftliche Situation des Unternehmens „am Vorstand vorbei"?, ZIP 2000, 173; *Brebeck/Herrmann,* Zur Forderung des KonTraG-Entwurfs nach einem Frühwarnsystem und zu den Konsequenzen für die Jahres- und Konzernabschlußprüfung, WPg 1997, 381; *Bremeiner/Mülder/Schilling,* Praxis der Aufsichtsratstätigkeit in Deutschland. Chancen zur Professionalisierung, 1994; *Brücher,* Ist der Aufsichtsrat einer Gesellschaft befugt, gegen den Vorstand oder die Geschäftsführung zu klagen?, AG 1989, 190; *Büdenbender,* Die Kontrolle des Vorstandes durch den Aufsichtsrat in deutschen Aktiengesellschaften (Rechtslage und rechtstatsächliche Übung), JA 1999, 813; *Burgard/Heimann,* Information des Aufsichtsrats, AG 2014, 360; *Cahn,* Aufsichtsrat and Business Judgment Rule, WM 2013, 1293; *Cahn,* Gesellschaftsinterne Informationspflichten bei Zusammenschluss- und Akquisitionsvorhaben, AG 2014, 525; *Claussen,* Wie ändert das KonTraG das Aktiengesetz?, DB 1998, 177; *Claussen,* Buchbesprechung von Johannes Semler, Die Überwachungsaufgabe des Aufsichtsrats, WPg 1981, 454; *Claussen/Korth,* Anforderungen an ein Risikomanagementsystem aus der Sicht des Aufsichtsrats, FS Lutter, 2000, 327; *Claussen/J. Semler,* Abgestufte Überwachungspflicht des Aufsichtsrats?, AG 1984, 20; *Clemm,* Der Abschlußprüfer als Krisenwarner und der Aufsichtsrat, FS Havermann, 1995, 83; *Clemm,* Abschlußprüfer und Aufsichtsrat, ZGR 1980, 455; *Clemm/Dürrschmidt,* Gedanken zur Schadensersatzpflicht von Vorstands- und Aufsichtsratsmitgliedern der Aktiengesellschaft für verlustverursachende Fehlentscheidungen, FS Welf Müller, 2001, 67; *Coenenberg/Reinhart/Schmitz,* Audit Committees – Ein Instrument zur Unternehmensüberwachung? – Reformdiskussion im Spiegel einer Befragung der Vorstände deutscher Unternehmen, DB 1997, 989; *Deckert,* Der Aufsichtsrat in der Diskussion, JuS 1999, 736; *Deckert,* Organrechtliche und vertragliche Beratungspflichten des Aufsichtsratsmitglieds, AG 1997, 109; DVFA, „Scorecard for German Corporate Governance", 2000; *Dörner/Oser,* Erfüllen Aufsichtsrat und Wirtschaftsprüfer ihre Aufgaben?, DB 1995, 1085; *Dreher,* Antikorruptionsuntersuchungen durch den Aufsichtsrat, FS Goette, 2011, 43; *Dreher,* Direktkontakte des Aufsichtsrats in der Aktiengesellschaft zu dem Vorstand nachgeordneten Mitarbeitern, FS Ulmer, 2003, 87; *Dreher,* Nochmals: Das unternehmerische Ermessen des Aufsichtsrats, ZIP 1995, 628; *Dreher,* Das Ermessen des Aufsichtsrats, ZHR 158 (1994), 614; *Dreist,* Die Überwachungsfunktion des Aufsichtsrats bei Aktiengesellschaften – Probleme und Reformüberlegungen aus betriebswirtschaftlicher Sicht, 1980; *Dreyer,* Zum Ausbau der Informationsbestandteile des § 90 Abs. 1 Satz 1 AktG zu Informationskonzeptionen, BB 1981, 1436; *Dreyer,* Entwicklung und Beurteilung aufsichtsratsorientierter Informationskonzeptionen, 1980; *Drinhausen/Marsch-Barner,* Die Rolle des Aufsichtsratsvorsitzenden in der börsennotierten Aktiengesellschaft, AG 2014, 337; *Drinhausen/Marsch-Barner,* Zur

Rechtsstellung des Aufsichtsratsvorsitzenden als Leiter der Hauptversammlung einer börsennotierten Gesellschaft, AG 2014, 757; *DVFA (Deutsche Vereinigung für Finanzanalyse und Asset Management),* Scorecard for German Corporate Governance, 2000; *Duden,* Überwachung: Wen oder Was?, FS Robert Fischer 1979, 95; *Eichner/Höller,* Anforderungen an das Tätigwerden des Aufsichtsrats bei Verdacht einer Sorgfaltspflichtverletzung des Vorstands, AG 2011, 885; *Elsing/M. Schmidt,* Individuelle Informationsrechte von Aufsichtsratsmitgliedern einer Aktiengesellschaft, BB 2002, 1705; *Emde,* Das Sonderwissen des Aufsichtsratsmitglieds und die Pflicht zur Informationsweitergabe, DB 1999, 1486; *Emmerich/Doehner,* Die Beratungstätigkeit der Aufsichtsratsmitglieder einer Kommanditgesellschaft auf Aktien, FS Georgiades, 2006, 625; *Escher-Weingart,* Die gewandelte Rolle des Wirtschaftsprüfers als Partner des Aufsichtsrats nach den Vorschriften des KonTraG, NZG 1999, 909; *Feddersen,* Neue gesetzliche Anforderungen an den Aufsichtsrat, AG 2000, 385; *Feddersen,* Nochmals – Die Pflichten des Vorstands zur Unternehmensplanung, ZGR 1993, 114; *Fleischer,* Gestaltungsgrenzen für Zustimmungsvorbehalte des Aufsichtsrats nach § 111 Abs. 4 S. 2 AktG, BB 2013, 835; *Fleischer/Schmolke,* Zum Sondervotum einzelner Vorstands- oder Aufsichtsratsmitglieder bei Stellungnahmen nach § 27 WpÜG, DB 2007, 95; *Fonk,* Zustimmungsvorbehalte des AG-Aufsichtsrats, ZGR 2006, 841; *Forster,* Zum Zusammenspiel von Aufsichtsrat und Abschlußprüfer nach dem KonTraG, AG 1999, 193; *Forster,* MG, Schneider, Balsam und die Folgen – was können Aufsichtsräte und Abschlußprüfer gemeinsam tun?, AG 1995, 1; *Forster,* Abschlußprüfung nach dem Regierungsentwurf des KonTraG, WPg 1998, 41; *Forster,* Fragen der Prüfung des Jahresabschlusses durch den Aufsichtsrat, FS Kropff, 1997, 72; *Forster,* Aufsichtsrat und Abschlußprüfung, ZfB 58 (1988), 789; *François-Poncet/Deilmann/Otte,* Frauenquote in französischen Aufsichts- und Verwaltungsräten – ist eine Quote auch in Deutschland zulässig?, NZG 2011, 450; *Frerk,* Praktische Gedanken zur Optimierung der Kontrollfunktion des Aufsichtsrats, AG 1995, 212; *Frotz/Dellinger/Stockenhuber,* Das neugierige Aufsichtsratsmitglied, öGesRZ 1993, 181; *Gaul/Otto,* Haftung von Aufsichtsratsmitgliedern, AuA 2000, 312; *Gelhausen,* Aufsichtsrat und Abschlußprüfer – eine Zweckgemeinschaft, BFuP 1999, 390; *Gelhausen,* Reform der externen Rechnungslegung und ihrer Prüfung durch den Wirtschaftsprüfer, AG 1997, 73; *Gerum,* Aufsichtsratstypen – Ein Beitrag zur Theorie der Organisation der Unternehmensführung, DBW 1991, 719; *Girgensohn,* Die Mitwirkung des Aufsichtsrats bei unternehmenspolitisch relevanten Entscheidungen, DB 1980, 337; *Goerdeler,* Das Audit Committee in den USA, ZGR 1987, 219; *Goerdeler,* Zur Überwachungsaufgabe des Aufsichtsrats, WPg 1982, 33; *Goette,* Leitung, Aufsicht, Haftung, FS aus Anlaß des fünfzigjährigen Bestehens von BGH, Bundesanwaltschaft und Rechtsanwaltschaft beim BGH, 2000, 123; *Goette,* Zur ARAG/GARMENBECK-Doktrin, Liber Amicorum M, Winter, 2011, 153; *Goette,* Organisationspflichten in Kapitalgesellschaften zwischen Rechtspflicht und Opportunität, ZHR 175 (2011), 388; *Goette,* Grundsätzliche Verfolgungspflicht des Aufsichtsrats bei sorgfaltswidrig schädigendem Verhalten im AG-Vorstand?, ZHR 176 (2012), 588; *Goette,* Zu den vom Aufsichtsrat zu beachtenden Abwägungskriterien im Rahmen seiner Entscheidung nach den ARAG/Garmenbeck-Kriterien – dargestellt am Beispiel des Kartellrechts, FS Hoffmann-Becking, 2013, 377; *Götz,* Rechte und Pflichten des Aufsichtsrats nach dem Transparenz- und Publizitätsgesetz, NZG 2002, 599; *Götz,* Das „Überwachungssystem" im Sinne des § 91 II AktG, DBW 61 (2001), 393; *Götz,* Leitungssorgfalt und Leitungskontrolle der Aktiengesellschaft hinsichtlich abhängiger Unternehmen, ZGR 1998, 524; *Götz,* Die Pflicht des Aufsichtsrats zur Haftbarmachung von Vorstandsmitgliedern, NJW 1997, 3275; *Götz,* Die Überwachung der Aktiengesellschaft im Lichte jüngerer Unternehmenskrisen, AG 1995, 337; *Götz,* Zustimmungsvorbehalte des Aufsichtsrats der Aktiengesellschaft, ZGR 1990, 633; *Götz,* Die Sicherung der Rechte der Aktionäre der Konzernobergesellschaft bei Konzernbildung und Konzernleitung – zugleich auch Besprechung der „Holzmüller"-Entscheidung des Bundesgerichtshofs, AG 1984, 85; *Grooterhorst,* Pflicht und Haftung des Aufsichtsrats bei zustimmungsbedürftigen Geschäften des Vorstands, NZG 2011, 921; *Grundsatzkommisssion Corporate Governance,* Corporate Governance-Grundsätze („Code of best practice") für börsennotierte Gesellschaften, AG 2000, 106; *Grundsatzkommisssion Corporate Governance,* German Code of Corporate Governance (GCCG) des Berliner Initiativkreises GCCG, DB 2000, 1573; *Haasen,* Die Bedeutung der Audit Committees – Ein Beispiel für die Zusammenarbeit der Überwachungsträger?, ZfbF 40 (1988), 370; *Habersack,* Die Freistellung des Organwalters von seiner Haftung gegenüber der Gesellschaft, FS Ulmer, 2003, 151; *Habersack,* Die Teilhabe des Aufsichtsrats an der Leitungsaufgabe des Vorstands gemäß § 111 Abs, 4 S. 2 AktG, dargestellt am Beispiel der Unternehmensplanung, FS Hüffer, 2010, 259; *Habersack,* Corporate Governance-Belange und Arbeitnehmerbelange im Rahmen des § 111 Abs. 4 Satz 2 AktG, ZHR 178, (2014), 131; *Habersack,* Grund und Grenzen der Compliance-Verantwortung des Aufsichtsrats der AG, AG 2014, 1; *Habersack,* Aufsichtsrat und Prüfungsausschuss nach dem BilMoG, AG 2008, 98; *Harbath,* Zustimmungsvorbehalt im faktischen Aktienkonzern, FS Hoffmann-Becking, 2013, 457; *Hasselbach,* Überwachungs- und Beratungspflichten des Aufsichtsrats in der Krise, NZG 2012, 41; *Hasselbach/Ebbinghaus,* Anwendung der Business judgement Rule bei unklarer Rechtslage, AG 2014, 873; *Hasselbach/Seibel,* Ad-hoc-Ausschüsse des Aufsichtsrats, AG 2012, 114; *Heermann,* Wie weit reicht die Pflicht des Aufsichtsrats zur Geltendmachung von Schadensersatzansprüchen gegen Mitglieder des Vorstands? AG 1998, 201; *Heidel,* Zur Weisungsgebundenheit von Aufsichtsratsmitgliedern bei Beteiligung von Gebietskörperschaften und Alleinaktionären, NZG 2012, 48; *Heimbach/Boll,* Führungsaufgabe und persönliche Haftung der Vorstandsmitglieder und des Vorstandsvorsitzenden im ressortaufgeteilten Vorstand einer AG, VersR 2001, 801; *Helwig,* Beratungsverträge des Abschlussprüfers – Genehmigungspflicht analog § 114 AktG und Publizitätspflicht analog § 125 Abs, 1 S. 3, ZIP 1999, 2117; *Hennerkes/Lorz,* „Roma locuta, causa finita: Die GmbH & Co. KGaA ist zulässig." DB 1997, 1388; *Hennrichs,* Corporate Governance und Abschlussprüfung, FS Hommelhoff, 2012, 383; *Henze,* Holzmüller vollendet das 21. Lebensjahr, FS Ulmer, 2003, 212; *Henze,* Entscheidungen und Kompetenzen der Organe in der AG: Vorgaben der höchstrichterlichen Rechtsprechung, BB 2001, 53; *Henze,* Leitungsverantwortung des Vorstands – Überwachungspflicht des Aufsichtsrats, BB 2000, 209; *Henze,* Prüfungs- und Kontrollaufgaben des Aufsichtsrats – Die Entscheidungspraxis des Bundesgerichtshofs, NJW 1998, 3309; *Henze,* Neuere Rechtsprechung zu Rechtsstellung und Aufgaben des Aufsichtsrats, BB 2005, 165; *Herb,* Gesetz für die gleichberechtigte Teilhabe an Führungspositionen – Umsetzung in der Praxis, DB 2015, 964; *Herkenroth,* Bankenvertreter als Aufsichtsratsmitglieder von Zielgesellschaften: Zur beschränkten Leistungsfähigkeit des Rechts bei der Lösung von Interessenkonflikten anläßlich der Finanzierung von Übernahmen, AG 2001, 33; *Hippeli/Hofmann,* Die Stellungnahme des Vorstands und Aufsichtsrats der Zielgesellschaft nach § 27 WpÜG in der Anwendungspraxis der BaFin, NZG 2014, 850; *Höhn,* Die verweigerte Zustimmung des Aufsichtsrats – Fehlverhalten der Geschäftsführer, GmbHR 1994, 604; *Höhn,* Pflicht des Aufsichtsrats zur Beratung der GmbH-Geschäftsführer? GmbHR 1993, 777; *Hölters,* Die zustimmungspflichtigen Geschäftsführungsmaßnahmen im Spannungsfeld zwischen Satzungs- und Aufsichtsratsautonomie, BB 1978, 640; *Hönig,* Mehrheitserfordernisse bei der Beschlußfassung über die Besetzung von Aufsichtsratsausschüssen in mitbestimmten Unternehmen, DB 1979, 744; *Hönsch/Kaspar,* Der Nominierungsausschuss nach § 25d Abs. 11 KWG, AG 2014, 297; *Hoffmann-Becking,* Das Recht des Aufsichtsrats zur Prüfung durch Sachverständige nach § 111 Abs. 2 Satz 2 AktG, ZGR 2011, 136; *Hoffmann-Becking,* Zur rechtlichen Organisation der Zusammenarbeit im Vorstand der AG, ZGR 1998, 497; *Hoffmann-Becking,* Der Aufsichtsrat im Konzern, ZHR 159 (1995), 325; *Hoffmann/Kirchhoff,* Beratungsverträge mit Aufsichtsratsmitgliedern, WPg 1991, 111; *Hofmann,* Intensität und Effizienz der Überwachung der Führungskräfte von Kapitalgesellschaften, DB 1990, 2333; *Hommelhoff,* Der Aufsichtsratsentscheid über prüfungsfremde Leistungen des Abschlussprüfers, FS Hoffmann-Becking, 2013, 547; *Hommelhoff,* Die neue Position des Abschlußprüfers im Kraftfeld der aktienrechtlichen Organisationsverfassung (Teil I), BB 1998, 2567; *Hommelhoff,* Vernetzte Aufsichtsratsüberwachung im Konzern? – eine Problemskizze, ZGR 1996, 144; *Hommelhoff,* Grundsätze ordnungsgemäßer Kontrolle der Beteiligungsverwaltung des Konzernvorstands durch den Konzernaufsichtsrat, AG 1995, 225; *Hommelhoff,* Zur Anteils- und Beteiligungsüberwachung im Aufsichtsrat, FS Stimpel, 1985, 603; *Hommelhoff,* Zur Kreditüberwachung im Aufsichtsrat, FS Winfried Werner, 1984, 315; *Hommelhoff,* Die Autarkie des Aufsichtsrats, ZGR 1983, 551; *Hommelhoff,* Die Konzernleitungspflicht, 1982; *Hommelhoff,* Besprechung von Lewerenz, Leistungsklagen zwischen Organen und Organmitgliedern, ZHR 79 (1979), 363; *Hopt,* Das System der Unternehmensüberwachung in Deutschland, in: Bericht über die Fachtagung 2000 des Instituts der Wirtschaftsprüfer in Deutschland e. V., 2001, S. 27; *Hopt,* ECLR Übernahmen, Geheimhaltung und Interessenkonflikte: Probleme für Vorstände, Aufsichtsräte und Banken, ZGR 2002, 333; *Hopt,* Der Deutsche Corporate Governance Kodex: Grundlagen und Praxisfragen, FS Hoffmann-Becking, 2013, 563; *Horn,* Die Haftung des Vorstands der AG nach § 93 AktG und die Pflichten des Aufsichtsrats, ZIP 1997, 1129; *v. Hoyningen-Huene/Powietzka,* Unterrichtung des Aufsichtsrats in einem mitbestimmten GmbH, BB 2001, 529; *Hueck, Götz,* Zur Verschwiegenheitspflicht der Arbeitnehmer im Aufsichtsrat, RdA 1975, 35; *Hüffer,* Die leitungsbezogene Verantwortung des Aufsichtsrats, NZG 2007, 47; *Hüffer,* Zur Holzmüller-Problematik: Reduktion des Vorstandsermessens oder Grundlagenkompetenz der Hauptversammlung?, FS Ulmer, 2003, 279; *Hüffer,* Der Aufsichtsrat in der Publikumsgesellschaft, ZGR 1980, 320; *J. Hüffer,* Vorstandspflichten beim Zustimmungsvorbehalt bei M&A-Transaktionen, FS Hüffer, 2010, 365; *IDW,* IDW Prüfungsstandard: Beauftragung des Abschlußprüfers (IDW PS 220), FN-IDW 2001, 316; *IDW,* Stellungnahme zum Fragenkatalog der Regierungskommission „Corporate Governance: Unternehmensführung – Unternehmenskontrolle – Modernisierung des Aktienrechts", WPg 2000, 1027; *Immenga,* Zuständigkeiten des mitbestimmten Aufsichtsrats, ZGR 1977, 249; *Jäger,* Die Beratung des Vorstands als Teil der Überwachungsaufgabe des Aufsichtsrats, DStR 1996, 671; *Jaeger/Trölitzsch,* Unternehmerisches Ermessen des Aufsichtsrats bei der Geltendmachung von Schadensersatzansprüchen gegenüber Vorstandsmitgliedern, ZIP 1995, 1157; *Jaschke,* Die betriebswirtschaftliche Überwachungsfunktion aktienrechtlicher Aufsichtsräte, 1990; *Jehle,* Reformvorschläge zur Verstärkung der eigentümerbezogenen Managementkontrolle in Publikumsgesellschaften, ZfbF 1982, 1065; *Junge,* Das Unternehmensinteresse, FS v. Caemmerer, 1978, 547; *Kallmeyer,* Pflichten des Vorstands der Aktiengesellschaft zur Unternehmensplanung, ZGR 1993, 114; *Kalss,* Das Interne Kontrollsystem (IKS) als Ausgangspunkt für Corporate Governance in Kapitalgesellschaften, FS Krejci, 2001, 699; *Kanavelis,* Die Funktion des mitbestimmten Aufsichtsrats in der Aktiengesellschaft, 1987; *Kiethe,* Die zivil- und strafrechtliche Haftung von Aufsichtsräten für Geschäftsrisiken, WM 2005, 2122; *Kindler,* Unternehmerisches Ermessen und Pflichtenbindung, ZHR 162 (1998), 101; *Kling,* Die Innenhaftung des Aufsichtsratsmitglieds in der Aktiengesellschaft, DZWIR 2005,45; *Koch,* Die schleichende Erosion der Verfolgungspflicht nach ARAG/Garmenbeck, NZG 2014, 934; *Koch,* EU-Kompetenz für eine Frauenquote in den Führungsgremien von Aktiengesellschaften, ZHR 175, 827; *Koch,* Begriff und Rechtsfolgen von Interessenkonflikten und Unabhängigkeit im Aktienrecht, ZGR 2014, 697; *Koch,* Beschränkung der Regressfolgen im Kapitalgesellschaftsrecht, AG 2012, 429; *Koch,* Keine Ermessensspielräume bei der Entscheidung über die Inanspruchnahme von Vorstandsmitgliedern, AG 2009, 93; *Köstler,* Zustimmungsvorbehalte des Aufsichtsrats als Realisierung der Sorgfaltspflicht, WiB 1994, 714; *Köstler/Schmidt,* Interessenvertretung und Information – Zum Verhältnis von Information und Vertraulichkeit im Aufsichtsrat, BB 1981, 88; *Kort,* Compliance-Pflichten von Vorstandsmitgliedern und Aufsichtsratsmitgliedern, FS Hopt, 2010, 983; *Kort,* Corporate Governance-Fragen der Größe und Zusammensetzung des Aufsichtsrats bei AG, GmbH und SE, AG 2008, 137; *Kort,* Haftung des Aufsichtsrats wegen Verletzung von Kontrollpflichten, EWiR 1999, 1145; *Kort,* Die Klagebefugnis der Arbeitnehmervertreter im Aufsichtsrat der AG, 1987, 193; *Krejci,* Der neugierige Aufsichtsrat, ÖGesRZ 1993, 2; *Krieger,* Zum Aufsichtsratspräsidium, ZGR 1985, 338; *Kromschröder/Lück,* Grundsätze risikoorientierter Unternehmensüberwachung, DB 1998, 1573; *Kroneberg,* Die mitbestimmte selbständige Aktiengesellschaft, 1982; *Kropff,* Aufsichtsratsmitglied „im Auftrag", FS U. Huber, 2006, 841; *Kropff,* Informationsbeschaffungspflichten des

Aufsichtsrats, FS Raiser, 2005, 225; *Kropff,* Zur Information des Aufsichtsrats über das interne Überwachungssystem, NZG 2003, 346; ders., Der Abschlußprüfer in der Bilanzsitzung des Aufsichtsrats, FS Welf Müller, 2001, 481; *Kropff,* Die Unternehmensplanung im Aufsichtsrat, NZG 1998, 613; *Künast,* Geschlechtergerechte Besetzung von Aufsichtsräten, ZRP 2011, 11; *Kunze,* Das Einsichtsrecht einzelner Aufsichtsratsmitglieder, Mitbestimmungsgespräch 1969, 13; *Lange,* Zustimmungsvorbehaltspflicht und Kataloghaftung des Aufsichtsrats nach neuem Recht, DStR 2003, 376; *Lenz,* Zustimmungsvorbehalte im Konzern, AG 1997, 448; *Leyendecker-Langner,* Rechte und Pflichten des Vorstands bei Kompetenzüberschreitungen des Aufsichtsratsvorsitzenden, NZG 2012, 721; *Leyens/Schmidt,* Corporate Governance durch Aktien-, Bankaufsichts- und Versicherungsaufsichtsrecht – Ausgewählte Einflüsse, Impulse und Brüche –, AG 2013, 533; *Lieder,* Zustimmungsvorbehalte des Aufsichtsrats nach neuer Rechtslage, DB 2004, 2251; *Lippert,* Überwachungspflicht, Informationsrecht und gesamtschuldnerische Haftung des Aufsichtsrats nach dem Aktiengesetz 1965, 1976; *Löbbe/Fischbach,* Die Business Judgement Rule bei Kollegialentscheidungen des Vorstands, AG 2014, 717; *Lutter,* Zum Beschluss des Aufsichtsrats über den Verzicht auf eine Haftungsklage gegen den Vorstand, FS Hoffmann-Becking, 2013, 747; *Lutter,* Aufsichtsrat und Sicherstellung der Legalität im Unternehmen, FS Hüffer, 2010, 617; *Lutter,* Zustimmungspflichtige Geschäfte im Konzern, Liber Amicorum Happ, 2006, 143; *Lutter,* Der Aufsichtsrat im Konzern, AG 2006, 517; *Lutter,* Der Wirtschaftsprüfer als Element der Corporate Governance, 2002; *Lutter,* Kodex guter Unternehmensführung und Vertrauenshaftung, FS Druey, 2002, 463; *Lutter,* Die Kontrolle der gesellschaftsrechtlichen Organe: Corporate Governance – ein internationales Thema, Jura 2002, 83; *Lutter,* Der Aufsichtsrat: Kontrolleur oder Mit-Unternehmer?, FS Albach, 2001, 226; *Lutter,* Die kleine Aktiengesellschaft – ein Angebot an die Praxis, FS Vieregge, 1995, 603; *Lutter,* Grundsätze ordnungsmäßiger Aufsichtsratstätigkeit, DB 1995, 1925; *Lutter,* Defizite für eine effiziente Aufsichtsratstätigkeit und gesetzliche Möglichkeiten der Verbesserung, ZHR 159 (1995), 287, *Lutter,* Rechte und Pflichten des deutschen Aufsichtsrats, in v. Büren/Hausheer/Wiegand, Grundfragen des neuen Aktienrechts, 1993, 35; *Lutter,* Unternehmensplanung und Aufsichtsrat, FS Albach, 1991, 345 und AG 1991, 249; *Lutter,* Organzuständigkeiten im Konzern, FS Stimpel, 1985, 825; *Lutter,* Zur Wirkung von Zustimmungsvorbehalten nach § 111 Abs. 4 Satz 2 AktG auf nahestehende Gesellschaften, FS Robert Fischer, 1979, 419; *Lutter,* Information und Vertraulichkeit, 3. Aufl. 2006; *Lutter/Drygala,* Die besondere sachverständige Beratung des Aufsichtsrats durch seine Mitglieder, FS Ulmer, 2003, 380; *Lutter/Grossmann,* Zur Teilnahme des Aufsichtsrats an Sitzungen des Vorstands einer Aktiengesellschaft, AG 1976, 203; *Lutter/Kremer,* Die Beratung der Gesellschaft durch Aufsichtsratsmitglieder, ZGR 1992, 87; *Lutter/Krieger,* Hilfspersonen von Aufsichtsratsmitgliedern, DB 1995, 257; *Marsch-Barner,* Doppelte Überwachung der Geschäftsführung in der AG & Co. KGaA, FS Hoffmann-Becking, 2013, 777; *Marsch-Barner,* Zur Information des Aufsichtsrats durch Mitarbeiter des Unternehmens, FS Schwark, 2009, 219; *Martens,* Der Aufsichtsrat im Konzern, ZHR 159 (1995), 567; *Martens,* Die Rechtsstellung des leitenden Angestellten im Anwendungsbereich des Mitbestimmungsgesetzes, ZfA 1980, 611; *Martens,* Organisationsprinzipien und Präsidialregelung des mitbestimmten Aufsichtsrats, DB 1980, 1381; *Marx,* Die Unabhängigkeit des Abschlussprüfers, ZGR 2002, 292; *Mattheus,* Die gewandelte Rolle des Wirtschaftsprüfers als Partner des Aufsichtsrats nach dem KonTraG, ZGR 1999, 682; *Meier-Schatz,* Managementhaftung und Marktkontrolle, ZHR 149 (1985), 76; *Mense/Klie,* Die Quote kommt- aber wie? Konturen der geplanten Neuregelung zur Frauenquote, GWR 2015, 1; *Mertens,* Schadensersatzhaftung des Aufsichtsrats bei Nichtbeachtung der Regeln des ARAG-Urteils über die Inanspruchnahme von Vorstandsmitgliedern?, FS K. Schmidt, 2009, 1183; *Mertens* in Adolf Weber Stiftung, Reform der Selbstkontrolle im Unternehmen, 1995, S. 43; *Mertens,* Organstreit in der Aktiengesellschaft? ZHR 154 (1990), 24; *Mertens,* Zur Berichtspflicht des Vorstands gegenüber dem Aufsichtsrat, AG 1980, 67; *Mertens,* Zuständigkeiten des mitbestimmten Aufsichtsrats, ZGR 1977, 270; *Mestmäcker,* Verwaltung, Konzerngewalt und Rechte der Aktionäre, 1958; *Mielke,* Die Leitung der verbundenen Aktiengesellschaft, 1990; *Helmut Müller,* Mitbestimmung Im Aufsichtsrat und Kontrolle der Unternehmenspolitik, 1986; *Mutter,* Hauptversammlungsleitung unter dem Gesetz für die gleichberechtigte Teilhabe von Frauen und Männern an Führungspositionen, AG 2014, R218; *Neuling,* Die Teilnahmepflicht des Abschlussprüfers an Bilanzsitzungen des Aufsichtsrats im Aktienrecht, BB 2003, 166; *Nonnenmacher,* Möglichkeiten zur weiteren Verbesserung der Zusammenarbeit zwischen Aufsichtsrat und Abschlussprüfer, WPg Sonderheft 2001, 15; *Oechsler,* Der Aufsichtsrat in der Insolvenz, AG 2006, 606; *Osterloh,* Zum Problem der rechtzeitigen Information bei Arbeitnehmervertretern in Betriebs- und Aufsichtsräten, AuR 1986, 332; *Paefgen,* Die Inanspruchnahme pflichtvergessener Vorstandsmitglieder als unternehmerische Ermessensentscheidung des Aufsichtsrats, AG 2008, 761; *Passarge,* Zum Begriff der Führungslosigkeit – scharfes Schwert gegen Missbrauch oder nur theoretischer Papiertiger, GmbHR 2010, 295; *Pellens/Hillebrandt,* Umsetzung von Corporate-Governance-Richtlinien in der Praxis, BB 2001, 1243; *Peltzer,* Corporate Governance Codices als zusätzliche Pflichtenbestimmung für den Aufsichtsrat, NZG 2002, 10; *Peltzer,* Besprechung von Gerd Krieger, Personalentscheidungen des Aufsichtsrats, WM 1982, 996; *Peltzer,* Deutsche Corporate Governance, Ein Leitfaden, 2003; *Pflugradt,* Leistungsklagen zur Erzwingung rechtmäßigen Vorstandsverhaltens in der Aktiengesellschaft, 1990; *Pohle/v. Werder,* Die Einschätzung der Kernthesen des German Code of Corporate Governance (GCCG) durch die Praxis. Ergebnisse einer Befragung der DAX 100-Unternehmen, DB 2001, 1101; *Pollanz,* Offene Fragen der Prüfung von Risikomanagementsystemen nach KonTraG, DB 2001, 1317; *Potthoff,* Ein Kodex für den Aufsichtsrat!, DB 1995, 163; *Rahlmeyer/Gömöry,* Der unternehmerische Ermessensspielraum (§ 93 I 2 AktG) bei Beratungsverträgen mit Aufsichtsratsmitgliedern, NZG 2014, 616; *Raiser,* Pflicht und Ermessen von Aufsichtsratsmitgliedern, NJW 1996, 552; *Raiser,* Organklagen zwischen Aufsichtsrat und Vorstand, AG 1989, 185; *Raiser,* Weisungen an Aufsichtsratsmitglieder?, ZGR 1978, 391; *v. Rechenberg,* Zustimmungsvorbehalte des Aufsichtsrats für die Unternehmensplanung, BB 1990, 1356; *Redeke,* Auswirkungen des UMAG auf die Verfolgung von Organhaftungsansprüchen seitens des Aufsichtsrats?, ZIP 2008, 1549; *Reichert,* Das Prinzip der Regelverfolgung von Schadensersatzansprüchen nach „ARAG/Garmenbeck", FS Hommelhoff, 2012, 907; *Rellermeyer,* Der Aufsichtsrat – Betrachtungen zur neueren Rechtsprechung des Bundesgerichtshof-, ZGR 1993, 77; *Rieger/ Rothenfußer,* Zusammenwirken von Vorstand und Aufsichtsrat bei wesentlichen Unternehmensentscheidungen, NZG 2014, 1012; *Rittner,* Wirtschaftsrecht. Ein Lehrbuch, 2. Aufl. 1987; *Rittner,* Vakanzen im Ausschuß nach § 27 Abs. 3 MitbestG, FS Fischer, 1979, 627; *Roth,* Information und Organisation des Aufsichtsrats, ZGR 2012, 343; *Roth,* Möglichkeiten vorstandsunabhängiger Information des Aufsichtsrats, AG 2004, 1; *Rowedder,* Die Rechte des Aufsichtsrats in der beherrschten Gesellschaft, FS Duden, 1977, 501; *Ruhwedel/Epstein,* Eine empirische Analyse der Strukturen und Prozesse in den Aufsichtsräten deutscher Aktiengesellschaften, BB 2003, 161; *Säcker/Rehm,* Grenzen der Mitwirkung des Aufsichtsrats an unternehmerischen Entscheidungen des Aufsichtsrats, DB 2008, 2814; *Salzberger,* Die Überwachung des Risikomanagements durch den Aufsichtsrat, DBW 60 (2000), 756; *Scheffler,* Neue Aufgaben des Aufsichtsrats im Zusammenhang mit der Abschlussprüfung, AG 2014, R304; *Scheffler,* Zum Rollenverständnis der Aufsichtsräte, DB 2000, 433; *Scheffler,* Der Aufsichtsrat – nützlich oder überflüssig, ZGR 1993, 63; *v. Schenck,* Der Aufsichtsrat und sein Vorsitzender-Eine Regelungslücke, AG 2010, 649; *Schiessl,* Die Rolle des Aufsichtsrats der Zielgesellschaft bei der Anbahnung öffentlicher Übernahmen, FS Hoffmann-Becking, 2013, 1019; *Schilling,* Die Überwachungsaufgabe des Aufsichtsrats, AG 1981, 341; *Schladebach/Stefanopoulou,* Frauenquote in Aufsichtsräten – Überlegungen zur Änderung des Aktienrechts, BB 2010, 1042; *Schlitt,* Der aktive Aufsichtsratsvorsitzende, DB 2005, 2007; *Schlömer,* Das aktienrechtliche Überwachungssystem unter Berücksichtigung der Besonderheiten von Unternehmenskrisen, 1985; *Schmalenbach Gesellschaft Arbeitskreis „Externe und interne Überwachung der Unternehmung"* DB 1995, 1 und DB 1995, 1926; *Karsten Schmidt,* Insolvenzordnung und Gesellschaftsrecht, ZGR 1998, 633; *M. Schmidt,* Konzernsteuerung über Aufsichtsräte – Ein Beitrag zum Recht der Konzernleitung, FS Imhoff, 1998, 67; *Dieter Schneider,* Der Aufsichtsrat im Konkurs der Aktiengesellschaft, FS Oppenhoff, 1985, 349; *Sven H. Schneider,* „Unternehmerische Entscheidungen" als Anwendungsvoraussetzung für die Business Judgement Rule, DB 2005, 707; *Uwe H. Schneider,* Der Aufsichtsrat des herrschenden Unternehmens im Konzern, FS Hadding, 2004, 621; *Uwe H. Schneider,* Der Aufsichtsrat des abhängigen Unternehmens im Konzern, FS Raiser, 2005, 341; *Uwe H. Schneider,* Das Informationsrecht des Aufsichtsratsmitglieds einer Holding AG, FS Kropff, 1997, 271; *Uwe H. Schneider,* Konzernleitung als Rechtsproblem – Überlegungen an einem Konzernverfassungsrecht, BB 1981, 249; *Schnorbus/Ganzer,* Gemeinsame Sitzungen von Aufsichtsorganen innerhalb eines Konzerns, AG 2013, 445; *Schöne/Petersen,* Regressansprüche gegen (ehemalige) Vorstandsmitglieder – quo vadis?, AG 2012, 700; *Schreyögg,* Der Aufsichtsrat als Steuerungsinstrument des Vorstands – Die Verwaltung der Aktiengesellschaft im Lichte der neueren Managementlehre, AG 1983, 278; *Schüppen,* Wirtschaftsprüfer und Aufsichtsrat – alte Fragen und aktuelle Entwicklungen, ZIP 2012, 1317; *Schulz,* Zur Verdrängung und Ersetzung der Gesellschaftsorgane durch den Konkursverwalter, KTS 1986, 1029; *Schulze-Fielitz,* Neue Kriterien für die verwaltungsgerichtliche Kontrolldichte bei der Anwendung unbestimmter Rechtsbegriffe, JZ 1993, 772; *Schwab,* Vorstandsregress und Streitverkündung, NZG 2013, 521; *Schwark,* Virtuelle Holding und Bereichsvorstände – eine aktien- und konzernrechtliche Betrachtung, FS Ulmer, 2003, 605; *Seebach,* Kontrollpflicht und Flexibilität – Zu den Möglichkeiten des Aufsichtsrats bei der Ausgestaltung und Handhabung von Zustimmungsvorbehalten, AG 2012, 70; *Seibt,* Verhaltenspflichten und Handlungsoptionen des Aufsichtsrats der Zielgesellschaft in Übernahmesituationen, FS Hoffmann-Becking, 2013, 1119; *Seibert,* „Das 10-Punkte-Programm „Unternehmensintegrität und Anlegerschutz", BB 2003, 693; *Seibert,* Im Blickpunkt: Der Deutsche Corporate Governance Kodex ist da, BB 2002, 581; *Seibert,* Die Entstehung des § 91 Abs. 2 AktG im KonTraG – „Risikomanagement" oder „Frühwarnsystem"?, FS Bezzenberger, 2000, 427; *Semler,* Die Effizienzprüfung des Aufsichtsrats, FS Raiser, 2005, 399; *Semler,* Zustimmungsvorbehalte als Instrument der Überwachung durch den Aufsichtsrat, FS Doralt, 2004, 609; *Semler,* Entscheidungen und Ermessen im Aktienrecht, FS Ulmer, 2003, 627; *Semler,* Grundsätze ordnungsmäßiger Überwachung?, FS Peltzer, 2001, 489; *Semler,* Die Überwachung des Risikomanagement-Systems durch den Aufsichtsrat, DBW 61 (2001), 391; *Semler,* Rechtsvorgabe und Realität der Organzusammenarbeit in der Aktiengesellschaft, FS Lutter, 2000, 721; *Semler,* Rechtsfragen der divisionalen Organisationsstruktur in der unabhängigen Aktiengesellschaft, FS Döllerer, 1988, 571; *Semler,* Abgestufte Überwachungspflicht des Aufsichtsrats?, AG 1984, 21; *Semler,* Aufgaben und Funktionen des aktienrechtlichen Aufsichtsrats in der Unternehmenskrise, AG 1983, 141; *Semler,* Die Unternehmensplanung in der Aktiengesellschaft, ZGR 1983, 1; *Semler,* Schwerpunkte der Unternehmensaufsicht durch den Aufsichtsrat – Öffentlichkeitsvorstellung, Gesetzesvorgabe und Alltagsanforderung, BFuP 29 (1977), 519; *Siegelmann,* Die Stellung des Vorstands, des Aufsichtsrats und der Hauptversammlung nach Eröffnung des Konkursverfahrens über das Vermögen der Aktiengesellschaft, DB 1967, 1029 ; *Sigle,* Beiräte, NZG 1998, 619; *Simon/Merkelbach,* Organisationspflichten des Vorstands betreffend das Compliance-System – Der Neubürger-Fall, AG 2014, 318. *Söllner,* Informationsprozesse zwischen Abschlußprüfer und Aufsichtsrat in deutschen Aktiengesellschaften, 1988; *Spindler,* Kommunale Mandatsträger in Aufsichtsräten – Verschwiegenheitspflicht und Weisungsgebundenheit, ZIP 2011, 689; *Spindler/Brandt,* Verfassungsrechtliche Zulässigkeit einer Gleichstellungsquote im Aufsichtsrat der börsennotierten AG, NZG 2011, 401; *Steinmann/Klaus,* Der Aufsichtsrat: Beratungs- oder Kontrollorgan des Vorstands, DBW 1986, 526; *Stöbener/Böhm,* Kompetenzen ohne Grenzen – Der Vorschlag der EU-Kommission zur Frauenquote für Aufsichtsräte, EuZW 2013, 371; *Strohn,* Beratung der Geschäftsleitung durch Spezialisten als Ausweg aus der Haftung?, ZHR 176 (2012), 137; *Stüber,* Regierungsentwurf zur sog. „Frauenquote" – Eine Übersicht der Neuerungen, CCZ 2015, 38; *Teichmann/Rüb,* Der Regierungsentwurf zur Geschlechterquote in Aufsichtsrat und Vorstand, BB 2015, 259; *Theisen,* Vergabe und Konkretisierung des WP-Prüfungsauftrages durch den Aufsichtsrat, DB 1999, 341; *Theisen,* Grundsätze ordnungsgemäßer Kontrolle und Beratung der Geschäftsführung durch den Aufsichtsrat, AG 1995, 193; *Theisen,* Notwendigkeit, Chancen und Grenzen der Zusammenarbeit von Wirtschaftsprüfer und Aufsichtsrat, WPg 1994, 809; *Theisen,* Haftung und Haftungsrisiko des Aufsichtsrats, DBW 1993, 295; *Theisen,* Überwachungsfunktion und -aufgabe des Aufsichtsrats und seiner einzelnen Mitglieder, DB 1989, 311; *Theisen,* Das Board-Modell: Lösungsansatz zur Überwindung der Überwachungslücke in der deutschen Aktiengesellschaft, AG 1989, 161; *Theisen,* Die Überwachungsberichterstattung des Aufsichtsrats, BB 1988, 705; *Theisen,* Die Überwachung der Unternehmensführung, 1987; *Thiessen,* Zustimmungsvorbehalte des Aufsichtsrats zwischen Pflicht und Kür, AG 2013, 573; *Thole,* Managerhaftung für Gesetzesverstöße, ZHR 173 (2009), 504; *Thümmel,* Aufsichtsräte in der Pflicht? – Die Aufsichtsratshaftung gewinnt Konturen, DB 1999, 885; *Thümmel,* Zu den Pflichten des Aufsichtsrats bei der Verfolgung von Haftungsansprüchen gegenüber dem Vorstand der AG, DB 1997, 1117; *Tiedemann,* Untreue bei Interessenkonflikten, FS Tröndle, 1989, 319; *Timm,* Die Mitwirkung des Aufsichtsrats bei unternehmensstrukturellen Entscheidungen, DB 1980, 1201; *Trescher,* Die Auskunftspflicht des Aufsichtsrats in der Hauptversammlung, DB 1990, 515; *Trescher,* Überwachungsberichte des Aufsichtsrats, DB 1989, 1981; *Turner,* Zur Stellung des Aufsichtsrats im beherrschten Unternehmen, DB 1991, 583; *Uhlenbruck,* Gesellschaftsrechtliche Aspekte des neuen Insolvenzrechts, in: Arbeitskreis für Insolvenz- und Schiedsgerichtswesen e. V. (Hrsg.), Kölner Schrift zur Insolvenzordnung, 1997, 879; *Velte,* Erteilung des Prüfungsauftrags und Überwachung des Abschlussprüfers durch den Prüfungsausschuss – vorbereitende oder ersetzende Tätigkeit'?, NZG 2011, 771; *Velte,* Die Zusammenarbeit zwischen Aufsichtsrat und Abschlussprüfer, AG 2009, 102; *E. Vetter,* Zur Compliance-Verantwortung des Vorstands und zu den Compliance-Pflichten des Aufsichtsrats, FS Graf v. Westphalen, 2010, 719; *E. Vetter,* Gruppenvorbesprechungen im Aufsichtsrat – Ausdruck einer Good Corporate Governance?, FS Hüffer, 2010, 1017; *Vogel,* Aktienrecht und Aktienwirklichkeit – Organisation und Aufgabenteilung von Vorstand und Aufsichtsrat, 1980; *Volhard/Weber,* Abschlussprüfung und Interessenkonflikte, FS Ulmer, 2003, 865; *Vollmer/Maurer,* Beratung durch Aufsichtsratsmitglieder oder Abschlussprüfer aufgrund von Zusatzaufträgen, BB 1993, 591; *Wagner,* Aufgabenwahrnehmung und Vergütung des Aufsichtsrats, NZG 1999, 1092; *Wasmann/Rothenburg,* Praktische Tipps zum Umgang mit der Frauenquote, DB 2015, 291; *Weber-Rey,* Whistleblowing zwischen Corporate Governance und Better Regulation, AG 2006, 406; *v. Werder,* Grundsätze ordnungsmäßiger Unternehmensleitung in der Arbeit des Aufsichtsrats, DB 1999, 2221; *v. Werder,* Management: Mythos oder regelgeleitete Kunst des Möglichen?, DB 1995, 2177; *Westermann,* Eigenständige Wahrnehmung der Aufsichtsratspflichten – eine Selbstverständlichkeit?, FS Hommelhoff, 2012, 1319; *Wilsing,* Voraussetzungen und Folgen der Nichtgeltendmachung von Haftungsansprüchen gegen Vorstandsmitglieder aus übergeordneten Gründen des Unternehmenswohls, FS Maier-Reimer, 2010, 889; *Winter,* Die Verantwortlichkeit des Aufsichtsrats für „Corporate Compliance", FS Hüffer, 2010, 1103; *Ziemons,* Erteilung des Prüfungsauftrages an den Abschlussprüfer einer Aktiengesellschaft durch den Aufsichtsratsausschuss?, DB 2000, 77; *Zürn/Böhm,* Neue Regeln für die Vergütung in Banken – Arbeitsrechtliche Umsetzung der Änderungen der Instituts-Vergütungsverordnung, BB 2014, 1269.

Übersicht

	Rn.
A. Allgemeines	1
I. Bedeutung der Norm	1
II. Entstehungsgeschichte	11
III. Rechtscharakter	13
IV. Anwendungsbereich	14
V. Deutscher Corporate Governance Kodex (DCGK)	16
1. Entstehungsgeschichte	16
2. Arten von Handlungsgrundsätzen	17
3. Verpflichtung zur Abgabe einer Entsprechenserklärung	18
4. Übersicht der Kodex Empfehlungen für den Aufsichtsrat	19
VI. Sonstige gesetzliche Aufgabenzuweisungen an den Aufsichtsrat	20
1. § 4 VWGmbHÜG	22
2. §§ 4, 6, 7, 8, 14 PublG	23
3. §§ 3, 27, 33, 33a WpÜG, Ziff. 3.7 DCGK	29
a) Rechte und Pflichten des Aufsichtsrats bei Unternehmensübernahmen	29
b) Stellungnahmepflicht, § 27 Abs. 1 WpÜG	39
c) Abwehrmaßnahmen bei feindlichen Übernahmen, § 33 Abs. 1 S. 2 3. Variante WpÜG	46
d) Zustimmung zu Maßnahmen aufgrund einer Ermächtigung der Hauptversammlung, § 33 Abs. 2 S. 4 WpÜG	55
e) Europarechtliches Verhinderungsverbot, § 33a Abs. 2 Ziff. 1 WpÜG	58
f) Stellungnahme des Aufsichtsrats zu Übernahmeangeboten, Ziff. 3.7 DCGK	61
4. Vertretung der Gesellschaft bei Führungslosigkeit, § 78 AktG	63
5. Insolvenzantragsrecht/-pflicht bei Führungslosigkeit, §§ 15, 15a InsO	66
6. §§ 160, 222 UmwG	70
7. Zustimmungsbedürftigkeit des Aufsichtsrats bei gesetzlich genehmigtem Kapital, § 3 FMStBG aF	73

	Rn.
8. Zustimmungsbedürftigkeit der Ausgestaltung der Aktien bei genehmigtem Kapital, § 5 FMStBG	75
9. Anforderungen an Mitglieder des Verwaltungs-/Aufsichtsorgans gemäß § 25d KWG	80
a) Bildung von Ausschüssen	83
b) Sachkunde und Erfahrungsnachweis der einzelnen Aufsichtsratmitglieder	97
B. Die Überwachungsaufgabe des Aufsichtsrats und die Leitungskompetenz des Vorstands	104
I. Grundsätze der materiellen Unternehmensverfassung (Corporate Governance)	104
II. Gleichberechtigung der Verwaltungsorgane	106
III. Konzernrechtliche Einordnung	107
IV. Handlungspflicht des Organs	108
V. Gleichberechtigung aller Aufsichtsratsmitglieder	111
VI. Handlungspflichten des einzelnen Aufsichtsratsmitglieds	121
VII. Bedeutung der Lage des Unternehmens	127
VIII. Selbstorganisation des Aufsichtsrats	132
1. Geschäftsordnung	133
2. Errichtung von Ausschüssen	134
IX. Grundsätze ordnungsmäßiger Überwachung und „code of best practice"	141
1. Rechtsnatur	145
2. Inhalt	147
3. Einführung von Corporate Governance Grundsätzen im Unternehmen	149
X. Grundsätze ordnungsmäßiger Unternehmensführung und Überwachung im Konzern	150
XI. Übertragung weiterer Kompetenzen auf den Aufsichtsrat	159
C. Die Überwachungspflicht des Aufsichtsrats (Abs. 1)	161
I. Die allgemeine Überwachungspflicht	161
II. Gegenstand und Umfang der Überwachung	166
1. Geschäftsführung des Vorstands als Gegenstand der Überwachung	166
2. Regelmäßige Überwachung der Geschäftsführung	170
3. Umfang der Überwachung	173
a) Gesamtverantwortung des Vorstand	176
b) Ressortverantwortung eines Vorstandsmitglieds	179
c) Gegenseitige Kontrollverantwortung	181
d) Originäre Führungsfunktionen und Führungsentscheidungen	182
4. Zu überwachende Personen	186
a) Mitglieder des Vorstands	188
b) Mitglieder der zweiten Führungsebene	190
c) Sonstige Mitarbeiter	196
d) Geschäftsleiter von verbundenen Unternehmen	198
e) Hauptversammlung	199
5. Keine Überwachung im Einzelnen	200
a) Berichterstattung des Vorstands nach § 90 AktG	201
b) Prüfung des Jahresabschlusses, § 171 AktG	203
c) Unternehmensorganisation	205
d) Pflichtverletzungen des Vorstands	206
6. Schranken der Überwachung	207
a) Entscheidungsspielräume	208
b) Ermessensgrenzen	217
c) Business Judgment Rule	220
III. Maximen der Geschäftsführung und der Aufsicht	228
1. Verfolgung des Unternehmensgegenstands	229
2. Erzielung eines angemessenen Gewinns	233
3. Beachtung des Unternehmensinteresses	234
4. Instrumente der Überwachung	235
a) Aktienrechtliche Information als Grundlage der Überwachung	240
b) Ermittlung des Sachverhalts als Grundlage der Überwachung	253
c) Beurteilung und Wertung des Sachverhalts	277
d) Information des Vorstands über das Ergebnis der Prüfung	280
e) Durchsetzung einer abweichenden Beurteilung	283
IV. Die besondere Überwachungspflicht	301
1. Besondere Haftungstatbestände (§ 93 Abs. 3)	302
2. Nachhaltige Fehlentwicklung des Unternehmens	305
3. Krisensituation des Unternehmens	306
4. Begründete Verdachtsmomente gegen den Vorstand oder einzelne Vorstandsmitglieder wegen Verletzung der Geschäftsführungspflichten	308
5. Beachtung organschaftlicher Mindestpflichten	309

	Rn.
6. Vorschläge zur Beschlussfassung der Hauptversammlung	311
7. Überwachung der Ausführung von Hauptversammlungsbeschlüssen	312
V. Die Überwachungspflicht im Unternehmensverbund	313
1. Abhängigkeit von der Konzerngeschäftsführungsbefugnis	316
a) Faktische Konzernabhängigkeit	317
b) Vertragliche Konzernabhängigkeit	319
c) Eingliederung.	321
2. Überwachungspflicht im konzernbeherrschenden Unternehmen	322
3. Überwachungspflicht im konzernabhängigen Unternehmen	335
VI. Die Beratung des Vorstands durch den Aufsichtsrat	340
1. Beratung des Vorstands durch den Aufsichtsrat im Rahmen der Überwachungspflicht	341
2. Beratung des Unternehmens durch einzelne Aufsichtsratsmitglieder	356
VII. Durchsetzung der Überwachung	360
1. Klage des Vorstands gegen den Aufsichtsrat auf Überwachung	362
2. Abberufung eines Aufsichtsratsmitglieds	364
3. Klage auf Schadensersatz durch ein Aufsichtsratsmitglied	366
4. Wegfall der Honorierung	367
D. Die Informationsrechte des Aufsichtsrats (Abs. 2)	368
I. Informationsrecht und Informationspflicht	369
1. Die Informationspflichten des Vorstands	372
2. Selbstständige Informationsrechte des Aufsichtsrats	378
3. Informationswünsche eines einzelnen Aufsichtsratsmitglieds	383
II. Wahrnehmung der Informationsbefugnisse durch den Aufsichtsrat	386
1. Umfang und Schranken	387
2. Adressaten	391
a) Organ Vorstand	392
b) Einzelne Vorstandsmitglieder	393
c) Angestellte des Unternehmens	394
d) Abschlussprüfer des Unternehmens	395
e) Dritte	396
3. Beschlussfassung über ein Informationsbegehren	397
4. Information des Vorstands über den Beschluss	398
III. Einsichtsrechte des Aufsichtsrats	399
IV. Prüfungsrechte des Aufsichtsrats	406
V. Übertragung des Einsichts- und Prüfungsrechts auf einzelne Aufsichtsratsmitglieder	408
1. Auswahl des Mitglieds	410
2. Befugnisse des beauftragten Mitglieds	411
VI. Übertragung von bestimmten Aufgaben auf besondere Sachverständige	413
1. Auswahl des Sachverständigen	415
2. Einflussnahme des Vorstands	416
3. Auftragserteilung, Vertragsverhältnis	418
4. Befugnisse des Sachverständigen	421
5. Überwachung der Sachverständigentätigkeit	422
VII. Auftragserteilung an den Abschlussprüfer	423
1. Die Wahl des Abschlussprüfers	426
a) Gesetzliche Vorgaben	426
b) Vorbereitung des Wahlvorschlages, Ziff. 7.2.1 DCGK	431
c) Verhandlung und Prüfung des Angebots	437
d) Vorschlag des Aufsichtsrats	444
e) Bestellung durch die Hauptversammlung	445
f) Information des gewählten Abschlussprüfers	446
2. Erteilung des Auftrags	447
a) Gesetzlicher Inhalt des Auftrags	448
b) Erweiterung des Auftrags	449
c) Beschlussfassung im Aufsichtsrat	450
d) Übermittlung des Auftrags	452
e) Zulässigkeit eines Vorab-Beschlusses	453
3. Auftragserfüllung durch den Abschlussprüfer	455
a) Begleitende Verbindung während der Prüfungszeit	456
b) Abstimmung des Prüfungsberichts mit dem Vorstand	461
c) Übergabe des Prüfungsberichts	465
d) Managementletter und ähnliche Briefe	467
e) Überschreitung der vorgesehenen Kosten	469
4. Auftragsabrechnung und Zahlung	470
5. Mangelhafte Auftragserfüllung	471

	Rn.
E. Einberufung einer Hauptversammlung (Abs. 3)	472
I. Allgemeines Einberufungsrecht	473
II. Pflicht zur Einberufung einer Hauptversammlung	475
III. Beschlussfassung im Aufsichtsrat	484
IV. Einberufungsverfahren	488
F. Geschäftsführungsverbot und Zustimmungsvorbehalte (Abs. 4)	490
I. Geschäftsführungsverbot	491
1. Inhalt des Geschäftsführungsverbots	493
a) Zulässige Geschäftsführungsmaßnahmen des Aufsichtsrats	496
b) Anwendung der business judgment rule auf den Aufsichtsrat	497
2. Unzulässigkeit faktischer Oberleitung durch den Aufsichtsrat oder seinen Vorsitzenden (Gleichordnung der Organe)	502
3. Zulässige Geschäftsführungsmaßnahmen	504
a) Anstellung und Beendigung der Anstellung von Vorstandsmitgliedern (§ 84 Abs. 1 S. 5)	504
b) Festlegung von Zustimmungsvorbehalten	505
c) Maßnahmen im Zusammenhang mit der Ausübung eigener Kompetenzen	506
d) Änderung der Satzungsfassung	508
e) Sonderkompetenzen im Bereich der Mitbestimmung	509
f) Abgabe der Entsprechenserklärung	510
4. Entscheidungs- und Mitentscheidungskompetenzen des Aufsichtsrats	514
a) Billigung des Jahresabschlusses	515
b) Entscheidung über zustimmungspflichtige Geschäfte	520
c) Grundsätze beabsichtigter Geschäftspolitik	521
II. Bindung des Vorstands an die Zustimmung des Aufsichtsrats	524
1. Zulässigkeit und Zulässigkeitsgrenzen	525
2. Festlegung des Vorbehalts	530
a) Satzungsbestimmung	531
b) Aufsichtsratsbeschluss	532
3. Verpflichtung zur Anordnung von Zustimmungsvorbehalten	539
4. Ziff. 3.3 DCGK	543
5. Wirkung des Zustimmungsvorbehalts auf Geschäfte von verbundenen Unternehmen	544
a) Konzernweite Festlegung	545
b) Konzernweite Geltung durch Auslegung	549
c) Geltungsgrenzen in den einzelnen Verbundarten	553
6. Rechtliche Bedeutung des Zustimmungserfordernisses	559
a) Reine Innenwirkung	560
b) Kein Haftungsausschluss	561
c) Keine Verpflichtung des Vorstands zur Geschäftsdurchführung	562
d) Handeln bei Gefahr von Nachteilen	563
III. Erteilung der Zustimmung	565
1. Zeitpunkt	566
2. Zuständigkeit	569
3. Rahmenzustimmungen	571
4. Verpflichtung zur Zustimmung?	573
IV. Verweigerung der Zustimmung	574
1. Handlungsmaxime des Aufsichtsrats	574
2. Ersatzzustimmung durch die Hauptversammlung (S. 3 bis 5)	575
G. Verpflichtung zur Festlegung von Zielgrößen für Aufsichtsräte und Vorstände (Abs. 5)	579
I. Entstehungsgeschichte	579
II. Anwendungsbereich	583
III. Festlegung von Zielgrößen für den Frauenanteil	590
IV. Fristen zur Erreichung der Zielgrößen	600
V. Konsequenzen einer Nichtbefolgung	601
VI. Inkrafttreten der Neuregelung	602
H. Höchstpersönliche Amtsführung des Aufsichtsratsmitglieds (Abs. 6)	603
I. Pflichten des einzelnen Aufsichtsratsmitglieds	604
II. Zuziehung von Beratern und Assistenten	608
III. Zuziehung von Hilfskräften	610
I. Der Aufsichtsrat im Insolvenzverfahren	611
J. Beiräte und ähnliche Gremien	618
K. Besonderheiten bei der KGaA	625
I. Überblick	625
II. Zusammensetzung	630
III. Wählbarkeit	633

	Rn.
IV. Kompetenzen	634
1. Personalkompetenz	634
2. Zustimmungsvorbehalte	639
3. Überwachung	641
4. Beratung	646
5. Information	647
6. Vertretung	648
7. Ausführungskompetenz	649
V. Besonderheiten bei der kapitalistischen KGaA	650
VI. Sonderorgane	659

A. Allgemeines

I. Bedeutung der Norm

1 Die Rechte und Pflichten des Aufsichtsrats sind in dieser Vorschrift nicht abschließend geregelt.[1] Die Bestimmung beinhaltet eine Kompetenzabgrenzung gegenüber dem Vorstand.[2] Wohl aber findet sich in dieser Gesetzesbestimmung die rechtliche Grundlage für **die wesentliche Aufgabe des Aufsichtsrats, die Überwachung der Geschäftsführung.** Man mag darüber streiten, ob die Kompetenz des Aufsichtsrats zur Vorstandsbestellung größere Bedeutung hat als die Überwachung. Aber auch bei einem hervorragenden Vorstand behält die Überwachungsaufgabe ihre Bedeutung. Sie kann deshalb auch nicht auf einen Ausschuss des Aufsichtsrats mit der Folge übertragen werden, dass der Aufsichtsrat im Plenum von seiner Überwachungspflicht frei wird. Ein Ausschuss kann nur vorbereitende Arbeiten leisten.

2 **Wesentliche Kompetenzen** des Aufsichtsrats werden in der Vorschrift **nicht aufgeführt**.[3] Dabei handelt es sich vor allem um das Recht und die Pflicht des Aufsichtsrats, die Mitglieder des Vorstands zu bestellen (§ 84 Abs. 1) und abzuberufen (§ 84 Abs. 3), ggf. einen Vorsitzenden des Vorstands zu ernennen (§ 84 Abs. 2) und die Ernennung zu widerrufen (§ 84 Abs. 3 S. 1) sowie die Gesellschaft gegenüber Vorstandsmitgliedern zu vertreten (→ § 112 Rn. 8 ff.). Die Vertretungsbefugnis umfasst auch das Recht und ggf. die Pflicht, etwaige Schadensersatzforderungen gegen Vorstandsmitglieder durchzusetzen.[4] Während diese Rechte dem Plenum des Aufsichtsrats vorbehalten sind (§ 107 Abs. 3 S. 2), kann die weitere Zuständigkeit zur Behandlung des Anstellungsverhältnisses (§ 84 Abs. 1 S. 5) auch von einem Ausschuss des Aufsichtsrats wahrgenommen werden. Mit dieser Aufzählung des Gesetzes, die nicht in der hier behandelten Vorschrift aufgeführt ist, werden weitere Aufgaben des Aufsichtsrats deutlich. Der Aufsichtsrat ist befugt (und ggf. verpflichtet), für eine Geschäftsordnung des Vorstands zu sorgen.[5] Er hat die Berichte des Vorstands entgegenzunehmen und darf weitere Informationen vom Vorstand fordern (§ 90). Er hat, wenn die Satzung schweigt, Zustimmungsvorbehalte für den Vorstand festzulegen (Abs. 4 S. 2). Wenn die Gesellschaft beabsichtigt, einen Abschlag auf den Bilanzgewinn zu zahlen, darf sie dies nur mit Zustimmung des Aufsichtsrats tun (§ 59 Abs. 3). Bei der Festlegung der Bedingungen einer Aktienausgabe gelegentlich der Ausnutzung genehmigten Kapitals wirkt er mit. Der Aufsichtsrat hat den Jahresabschluss zu prüfen und ggf. mit dem Vorstand festzustellen (§§ 171, 172). Er kann bei entsprechender Ermächtigung durch die Hauptversammlung Fassungsänderungen der Satzung beschließen (§ 179 Abs. 1 S. 2). Er muss im Bereich der Mitbestimmung Beteiligungsrechte ausüben (§ 32 MitbestG).

---

[1] MüKoAktG/*Habersack* Rn. 1; Spindler/Stilz/*Spindler* Rn. 1; *Rellermeyer* ZGR 1993, 77.
[2] MüKoAktG/*Habersack* Rn. 1; Hüffer/*Koch* Rn. 1.
[3] Siehe näher → Rn. 20. Zu den Zuständigkeiten des mitbestimmten Aufsichtsrats aus zeitbezogener Sicht *Immenga* ZGR 1977, 249 und Korreferat *Mertens* ZGR 1977, 270.
[4] Vgl. → § 116 Rn. 17 mwN und LG München AG 2007, 375 (377).
[5] § 77 Abs. 2 S. 1; MüKoAktG/*Habersack* Rn. 27.

Der Aufsichtsrat muss darauf achten, dass der Vorstand alles Erforderliche tut, um das **Vermögen** der Gesellschaft zu **mehren** und **Schaden** von ihr **abzuwenden**.[6] Besondere Bedeutung hat die Aufgabe des Vorstands, Entwicklungen, die den Fortbestand der Gesellschaft gefährden, frühzeitig zu erkennen und rechtzeitig geeignete Gegenmaßnahmen zu ergreifen. Der Aufsichtsrat muss darauf achten, dass der Vorstand ein geeignetes **Risikoüberwachungssystem** einführt[7] und zielführend nutzt.

Zur wirkungsvollen Ausübung seiner Überwachungsaufgabe benötigt der Aufsichtsrat **Informationen über die Lage und die Entwicklung des Unternehmens.** Sie sind vom Vorstand zu geben. Die Vorschriften über die Berichterstattungspflicht des Vorstands finden sich in den aktienrechtlichen Bestimmungen über die Pflichten und Rechte des Vorstands (§ 90).

Das Gesetz gewährt dem Aufsichtsrat ein eigenes **Einsichts- und Prüfungsrecht** (Abs. 2). Er hat die Möglichkeit, die Richtigkeit der ihm gegebenen Informationen zu überprüfen. Wenn die Nachprüfung objektiv erforderlich ist, muss der Aufsichtsrat von den ihm eingeräumten Rechten in geeigneter Weise Gebrauch machen. Die Bedeutung einer von der Geschäftsführung getrennten Überprüfung vorgelegter Informationen wird dadurch hervorgehoben, dass der Aufsichtsrat dem von der Hauptversammlung gewählten **Abschlussprüfer den Prüfungsauftrag** erteilt. Insoweit hat das Gesetz die Geschäftsführungszuständigkeit vom Vorstand auf den Aufsichtsrat verlagert.

Der Aufsichtsrat hat das Wohl der Gesellschaft, das Unternehmensinteresse zu verfolgen. In diesem Rahmen hat er die **Belange der Aktionäre** ebenso wie die der **Arbeitnehmer** zu beachten und deren Interessen zu wahren. Dies gilt auch in Gesellschaften, in deren Aufsichtsrat keine Arbeitnehmer vertreten sind, und dann, wenn bei einzelnen Geschäften oder Maßnahmen neben den Interessen der Aktionäre und Arbeitnehmer auch die Interessen anderer Interessenträger berücksichtigt werden müssen.

Die Versammlung der Aktionäre, die **Hauptversammlung**, ist berufen, grundsätzliche Entscheidungen zur Struktur der Gesellschaft zu treffen. Wenn derartige Entscheidungen anstehen oder eine Information der Hauptversammlung über die Lage und die Entwicklung der Gesellschaft geboten ist, muss der Aufsichtsrat eine Hauptversammlung einberufen (Abs. 3), sofern es der Vorstand nicht tut.

Die materielle Unternehmensverfassung der AG sieht eine **Trennung von Geschäftsführungs- und Überwachungszuständigkeit** vor.[8] Diese Festlegung ist die wesentliche Aussage der hier behandelten Vorschrift. Der Aufsichtsrat ist nicht zur Geschäftsführung befugt, es sei denn, das Gesetz sieht ausdrücklich eine Ausnahme vor. Greift der Aufsichtsrat in die dem Vorstand vorbehaltene Geschäftsführungskompetenz und Leitungsverantwortung ein, verletzt er das aktienrechtliche Kompetenzgefüge.[9]

Allerdings muss die Satzung vorsehen oder der Aufsichtsrat durch sein Plenum beschließen, dass bestimmte Arten von **Geschäften nur mit Zustimmung des Aufsichtsrats** vorgenommen werden dürfen.[10] Dieser Vorbehalt hat nur interne Wirkung; ein dennoch abgeschlossenes Geschäft begründet zwar eine Pflichtwidrigkeit des Vorstands, ist aber nach außen voll wirksam.[11] Die Entscheidung des Aufsichtsrats über die Zustimmung oder Ablehnung, nicht aber die Einführung des Vorbehalts selbst, kann auch durch einen Ausschuss getroffen werden (→ Rn. 569; → § 107 Rn. 360). Der Vorstand kann eine Entscheidung der Hauptversammlung verlangen, wenn er mit einem ablehnenden Beschluss des Aufsichtsrats nicht einverstanden ist; die Hauptversammlung muss ihren Beschluss mit einer qualifizierten Mehrheit fassen (Abs. 4 S. 3).

---

[6] Zur dahingehenden Pflicht des Vorstands vgl. MüKoAktG/*Spindler* § 93 Rn. 26; Kölner Komm AktG/*Mertens/Cahn* § 93 Rn. 24.

[7] § 92 Abs. 2. Vgl. dazu *Salzberger* DBW 60 (2000), 756; dazu *J. Semler* DBW 61 (2001), 391 und *H. Götz* DBW 61 (2001), 393; *Pollanz* DB 2001, 1317.

[8] Vgl. hierzu auch MüKoAktG/*Habersack* Vor § 95 Rn. 1.

[9] Näher hierzu *Leyendecker-Langner* NZG 2012, 721 f.

[10] Abs. 4 S. 2. Aus der früheren „Kann"-Vorschrift ist durch das TransPuG vom 19.7.2002, BGBl. 2002 I S. 2681, eine „Muss"-Vorschrift geworden; vgl. → Rn. 12.

[11] Kölner Komm AktG/*Mertens/Cahn* Rn. 112.

10 Schließlich fordert das Gesetz die **höchstpersönliche Amtsführung** jedes einzelnen Aufsichtsratsmitglieds (Abs. 6). Kein Aufsichtsratsmitglied darf seine Pflichten von einem Dritten wahrnehmen lassen oder einem Dritten die ihm zustehenden Rechte übertragen. Bei der Bemessung des Umfangs der erwarteten Tätigkeit eines Aufsichtsratsmitglieds muss allerdings stets beachtet werden, dass das Gesetz in der Unternehmensaufsicht eine nebenamtliche Tätigkeit sieht, die im Wesentlichen mit vier Sitzungen im Jahr, sowie durch darauf ausgerichtete Vorbereitung und Nacharbeit erledigt werden kann.

II. Entstehungsgeschichte

11 Die Vorschrift entspricht, von sprachlichen Änderungen abgesehen, in weitem Umfang den Rechtsvorschriften des **AktG 1937**.[12] In Abs. 2 wurde 1965 festgelegt, dass die Hauptversammlung schon dann einzuberufen ist, wenn eine einfache Mehrheit des Aufsichtsrats dies verlangt. Bei der Behandlung von Zustimmungserfordernissen wurde ein Rechtsmittel zugunsten des Vorstands eingeführt: Gegen eine ablehnende Entscheidung des Aufsichtsrats kann der Vorstand die Hauptversammlung anrufen. In diesem Zusammenhang wurden Verfahrensvorschriften eingeführt.

12 1998 ist durch das **KonTraG** die Vorschrift des Abs. 2 S. 3 eingefügt worden.[13] Der Prüfungsauftrag für den Jahres- und Konzernabschluss ist für die Gesellschaft vom Aufsichtsrat und nicht mehr vom Vorstand zu erteilen.[14] Das **TransPuG**[15] hat aus der „Kann"-Vorschrift des Abs. 4 S. 2 eine „Muss"-Vorschrift gemacht und dadurch die Stellung des Aufsichtsrats gestärkt.[16] Durch das Gesetz für die gleichberechtigte Teilhabe von Frauen und Männern an Führungspositionen in der Privatwirtschaft und im öffentlichen Dienst (GlTeilhG)[17] wurde § 111 Abs. 5 eingefügt, der für den Aufsichtsrat börsennotierter oder mitbestimmter Gesellschaften die Verpflichtung einführt, Zielgrößen für den Anteil von Frauen für den Aufsichtsrat und für den Vorstand der Gesellschaft festzulegen. Der bisherige Abs. 5 wurde Abs. 6.

III. Rechtscharakter

13 Die Vorschrift hat in ihrem Kern **zwingenden Charakter**,[18] soweit sie die Befugnisses und Aufgaben des Aufsichtsrats gegenüber den anderen beiden Organen, Vorstand und Hauptversammlung, regelt. Die Satzung kann die Befugnisses und Aufgaben des Aufsichtsrats weder einschränken oder erweitern, noch anderen Organen übertragen.[19] Ebensowenig können die Aufgaben anderer Organe auf den Aufsichtsrat übertragen werden.[20] Allerdings kann der Umfang der Zustimmungsvorbehalte im Sinne des § 111 Abs. 4 S. 2 in der Satzung unterschiedlich weit gezogen werden (→ Rn. 531).

IV. Anwendungsbereich

14 § 111 findet neben der AG gemäß § 278 Abs. 3 auch Anwendung auf die KGaA und nach den § 25 Abs. 1 S. 1 Nr. 2 MitbestG, § 3 Abs. 2 MontanMitbestG, § 3 Abs. 1 MitbestErgG und § 1 Abs. 1 Nr. 3 DrittelbG ebenfalls Anwendung auf die mitbestimmte

---

[12] § 95 AktG 1937; MüKoAktG/*Habersack* Rn. 4. Vgl. allgemein zur Entwicklung des AktG MüKoAktG/*Spindler* Vor § /6 Rn. / ff.
[13] Art. 1 Nr. 12 KonTraG vom 27.4.1998, BGBl. 1998 I S. 786.
[14] Vgl. *Forster* WPg 1998, 41. Vgl. zur Neuordnung auch *Gelhausen* AG 1997, 73.
[15] Ges. vom 19.7 2002, BGBl. 2002 I S. 2681.
[16] MüKoAktG/*Habersack* Rn. 4.
[17] Gesetz für die gleichberechtigte Teilhabe von Frauen und Männern an Führungspositionen in der Privatwirtschaft und im öffentlichen Dienst, G v. 6.3.2015, BT-Drs. 18/3784, 18/4053, BR-Drs. 77/15.
[18] MüKoAktG/*Habersack* Rn. 6.
[19] → Rn. 159; MüKoAktG/*Habersack* Rn. 6.
[20] MüKoAktG/*Habersack* Rn. 6.

GmbH. Gemäß § 52 Abs. 1 GmbHG kann in der Satzung einer mitbestimmungsfreien GmbH die entsprechende Anwendbarkeit von § 111 AktG bestimmt werden.

Für die SE enthalten die Art. 40 ff. SE-VO und für die Genossenschaft enthalten die §§ 36–42 GenG jeweils eigenständige Regelungen.

V. Deutscher Corporate Governance Kodex (DCGK)

1. Entstehungsgeschichte[21]. Neben der gesetzlichen Regelung des § 111 enthält der Deutsche Corporate Governance Kodex **Handlungsgrundsätze für den Aufsichtsrat**. Der DCGK geht auf die Anregung einer Regierungskommission, der sog. Kodex-Kommission, zurück, die ihrerseits auf Empfehlung der Regierungskommission Corporate Governance zur Erarbeitung eines einheitlichen Corporate Governance Kodex eingesetzt wurde.[22] Der DCGK sollte die rechtlichen Bestimmungen zur Corporate Governance verständlich darstellen und, wo das Recht Gestaltungsspielräume lässt, Empfehlungen zu vernünftiger Corporate Governance geben.[23] Der DCGK wurde erstmalig am 26.2.2002 als Verhaltenskodex für Vorstände und Aufsichtsräte börsennotierter Aktiengesellschaften vorgelegt.[24] Er wurde seither mehrfach aktualisiert. Die letzte Fassung stammt vom 13.5.2013.[25]

2. Arten von Handlungsgrundsätzen. Der Kodex enthält drei Arten von Handlungsgrundsätzen.[26]

– Vorschriften, die geltendes Gesetzesrecht wiedergeben und kraft Gesetzes verbindlich sind.
– Verhaltensempfehlungen, die in einem gut geführten Unternehmen nach Auffassung der Kommission beachtet werden sollen. Sie sind rechtlich nicht verbindlich. Unternehmen sollen aber offen legen, wann sie von den Grundsätzen abweichen, und sie sollen die Abweichung begründen.
– Unverbindliche Anregungen, von denen ohne Offenlegung abgewichen werden kann.

3. Verpflichtung zur Abgabe einer Entsprechenserklärung. Der Kodex selbst stellt kein zwingendes Recht dar. § 161 schreibt jedoch für **börsennotierte** Aktiengesellschaften eine Entsprechenserklärung gesetzlich vor. Vorstand und Aufsichtsrat einer börsennotierten Gesellschaft werden hierdurch verpflichtet, jährlich zu erklären, ob und inwieweit sie die Kodexempfehlungen befolgt haben und in Zukunft befolgen werden und eine etwaige Nichtbefolgung zu erläutern.

4. Übersicht der Kodex Empfehlungen für den Aufsichtsrat. Der DCGK enthält eine Reihe von Bestimmungen, welche den Anwendungsbereich des § 111 berühren und teilweise konkretisieren. Das **Zusammenwirken von Vorstand und Aufsichtsrat** nach § 111 Abs. 1 und Abs. 4 S. 1 und S. 2 wird in den Ziff. 3.1 bis 3.3 und 3.5 sowie Ziff. 4.1.2 behandelt. Ziff. 5.1.1 DCGK wiederholt den Regelungsgedanken des § 111 Abs. 1 über die **Beratung und Überwachung** des Vorstands durch den Aufsichtsrat. Die **Aufgaben und Befugnisse des Aufsichtsratsvorsitzenden** werden in Ziff. 5.2 DCGK näher umschrieben. Ziff. 3.4 DCGK, der die **Informationsversorgung** des Aufsichtsrats betrifft, konkretisiert § 111 Abs. 2. Ziff. 3.7 DCGK behandelt schließlich die Rechte und Pflichten des Aufsichtsrats bei **Unternehmensübernahmen**. In Ziff. 7.2 DCGK finden sich Regelungen über die Auswahl und Beauftragung des **Abschlussprüfers** der Gesellschaft durch den Aufsichtsrat.

---

[21] Hierzu ausführlich *Hopt,* FS Hoffmann-Becking, 2013, 563 und *Börsig/Löbbe,* FS Hoffmann-Becking, 2013, 125.
[22] Eingesetzt am 6.9.2001 unter dem Vorsitz von Gerhard Cromme.
[23] *Seibert* BB 2002, 581.
[24] Vgl. *Peltzer* NZG 2002, 10; *Peltzer,* Deutsche Corporate Governance, Ein Leitfaden, 2003.
[25] Veröffentlicht im EBAnz.
[26] Vgl. MüKoAktG/*Spindler* Vor § 76 Rn. 71.

VI. Sonstige gesetzliche Aufgabenzuweisungen an den Aufsichtsrat

20 § 111 regelt die Befugnisse des Aufsichtsrats nicht abschließend. Verschiedene Normen innerhalb und außerhalb des Aktiengesetzes regeln weitere Aufgaben und Befugnisse des Aufsichtsrats.

Im Aktiengesetz enthalten die §§ 33 Abs. 1, 59 Abs. 3, 77 Abs. 2 S. 1, 78 Abs. 1, 84 Abs. 1–3, 87 Abs. 1 und Abs. 2, 88 Abs. 1, 89, 90, 112, 124 Abs. 3, 161, 171, 172, 188 Abs. 1, 204 Abs. 1 S. 2, 223, 245 Nr. 5, 249 Abs. 1 und 314 Aufgabenzuweisungen und weitere Befugnisse für den Aufsichtsrat.[27]

21 Außerhalb des Aktiengesetzes werden Aufgaben und Befugnisse des Aufsichtsrats in folgenden Normen geregelt:

22 **1. § 4 VWGmbHÜG.** Das Gesetz über die Überführung der Anteilsrechte an der Volkswagenwerk Gesellschaft mit beschränkter Haftung in private Hand[28] bestimmt in § 4 Abs. 2, dass die Errichtung und die Verlegung von Produktionsstätten eines zustimmenden Beschlusses des Aufsichtsrats der Volkswagenwerk GmbH bedürfen, der mit einer Mehrheit von 2/3 der Mitglieder des Aufsichtsrats zu fassen ist.

23 **2. §§ 4, 6, 7, 8, 14 PublG.** Das Publizitätsgesetz[29] enthält in den §§ 4, 6, 7 und 8 PublG Regelungen für den Aufsichtsrat eines publizitätspflichtigen Unternehmens. Nach § 3 Abs. 1 PublG werden von diesen Bestimmungen erfasst **Personenhandelsgesellschaften** (§ 3 Abs. 1 Ziff. 1 PublG) für die kein Abschluss nach § 264a HGB oder § 264b HGB aufgestellt wird, sowie **Vereine** mit wirtschaftlichen Geschäftsbetrieb (§ 3 Abs. 1 Ziff. 3 PublG), rechtsfähige **Stiftungen** des Privatrechts, die ein Gewerbe betreiben (§ 3 Abs. 1 Ziff. 4 PublG), und **Körperschaften, Stiftungen oder Anstalten des öffentlichen Rechts** (§ 3 Abs. 1 Ziff. 5 PublG), die Kaufmann im Sinne des § 1 HGB sind oder als solche im Handelsregister eingetragen sind, soweit diese Unternehmen jeweils mindestens 2 von 3 der in § 1 Abs. 1 PublG genannten Merkmale erfüllen.

24 Besteht bei dem publizitätspflichtigen Unternehmen kein Aufsichtsrat, aber ein **anderes Überwachungsorgan**, so erstreckt § 4 Abs. 2 PublG die für den Aufsichtsrat geltenden Bestimmungen der §§ 6, 7 und 8 PublG auf dieses Organ, wenn dieses einem Aufsichtsrat entspricht. Dies ist dann der Fall, wenn das Organ die Geschäftsführung nicht nur berät, sondern eine Überwachungsfunktion ausübt, die § 111 vergleichbar ist.[30] Unerheblich ist indessen, wie das Organ bezeichnet wird.[31] Die staatliche Aufsicht über Körperschaften, Stiftungen und Anstalten des öffentlichen Rechts ist hingegen nicht erfasst, da diese nicht an eine Organeigenschaft anknüpft.[32]

25 § 6 Abs. 3 PublG ordnet an, dass bei publizitätspflichtigen **Vereinen, Stiftungen** oder **Körperschaften,** Stiftungen und Anstalten des öffentlichen Rechts, bei denen ein Aufsichtsrat oder ein entsprechendes Überwachungsorgan gebildet worden ist, der Abschlussprüfer durch den Aufsichtsrat bzw. des Überwachungsorgan zu bestellen ist.

26 § 7 PublG regelt in enger Anlehnung an § 170 die **Vorlagepflicht des geprüften Jahresabschlusses** durch das Vertretungsorgan an den Aufsichtsrat des publizitätspflichtigen Unternehmens. Dieser hat den Jahresabschluss dann zu prüfen und darüber Bericht zu erstatten (§ 7 S. 2 PublG). § 7 S. 3 bestimmt die sinngemäße Anwendung der §§ 170 Abs. 3, 171 Abs. 1 S. 2 und S. 3, Abs. 2 S. 2 bis S. 4, Abs. 3.

---

[27] Kölner Komm AktG/*Mertens/Cahn* Rn. 9.
[28] Gesetz über die Überführung der Anteilsrechte an der Volkswagenwerk Gesellschaft mit beschränkter Haftung in private Hand, BGBl. III 641-1-1, zuletzt geändert durch Art. 14c des Gesetzes vom 30. Juli 2009 (BGBl. 2009 I S. 2479).
[29] Gesetz über die Rechnungslegung von bestimmten Unternehmen und Konzernen (Publizitätsgesetz) vom 15.8.1969, (BGBl. 2009 I S. 1189, BGBl. 1970 I S. 1113, zuletzt geändert durch Gesetz vom 22.12.2011 (BGBl. 2011 I S. 3044).
[30] ADS § 4 PublG Rn. 5.
[31] ADS § 4 PublG Rn. 5 führt als Beispiele Beirat, Verwaltungsrat oder Kontrollausschuss an.
[32] ADS § 4 PublG Rn. 5.

§ 8 PublG betrifft die **Feststellung des Jahresabschlusses** durch das hierfür zuständige 27
Organ des publizitätspflichtigen Unternehmens. Die Norm regelt das Feststellungsverfahren,
nicht aber die Notwendigkeit der Feststellung als solcher oder die unternehmensinterne
Zuständigkeit.[33] Liegt die Zuständigkeit zur Feststellung des Jahresabschlusses nicht beim
Aufsichtsrat bzw. beim Überwachungsorgan des publizitätspflichtigen Unternehmens, bestimmt § 8 Abs. 1 PublG die Vorlagepflichten gegenüber dem für die Feststellung zuständigen Organ.

§ 14 Abs. 3 PublG enthält Bestimmungen über die **Prüfung des Konzernabschlusses** 28
eines publizitätspflichtigen Unternehmens. Besteht bei dem Mutterunternehmen ein Aufsichtsrat oder ein entsprechendes Überwachungsorgan, ist diesem der Konzernabschluss
einschließlich des Konzernlageberichtes und des Prüfungsberichtes des Abschlussprüfers
unverzüglich zur **Kenntnisnahme** vorzulegen. Eine gesonderte Prüfungspflicht des Aufsichtsrats ist nicht vorgesehen.[34] Die Vorlagepflicht besteht gegenüber dem Aufsichtsrat als
Organ, nicht gegenüber den einzelnen Aufsichtsratmitgliedern.[35]

3. §§ 3, 27, 33, 33a WpÜG, Ziff. 3.7 DCGK. a) Rechte und Pflichten des Auf- 29
sichtsrats bei Unternehmensübernahmen. Der Aufsichtsrat einer börsennotierten Aktiengesellschaft im Sinne des § 3 Abs. 2 unterliegt besonderen **kapitalmarktrechtlichen**
Pflichten und Aufgaben. Während sich die Vorschriften des WpÜG (§§ 3 Abs. 3, 27
Abs. 1, Abs. 3, 33 Abs. 1, 33a Abs. 2 WpÜG) an den Aufsichtsrat als Organ der Gesellschaft
richten, beinhaltet das WpHG (§ 14, 15a WpHG) Pflichten für das einzelne Aufsichtsratmitglied. Diese kapitalmarktrechtlichen Pflichten und Aufgaben treten neben die weitergeltenden aktienrechtlichen Vorschriften. So umfasst die allgemeine aktienrechtliche
Überwachungspflicht des Aufsichtsrats natürlich auch die Beachtung der kapitalmarktrechtlichen Pflichten durch den Vorstand.[36]

Adressat der Pflichten nach dem WpÜG ist der Aufsichtsrat der Zielgesellschaft. Dieser 30
ist gemäß § 3 Abs. 3 WpÜG gemeinsam mit dem Vorstand der Gesellschaft verpflichtet,
auch in einer Übernahmesituation ausschließlich im **Interesse der Zielgesellschaft** zu
handeln. Die Erwähnung dieser nach §§ 93, 116 ohnehin selbstverständlichen Pflicht in
§ 3 Abs. 3 WpÜG hat lediglich klarstellende Bedeutung[37]. § 33 Abs. 1 WpÜG, der dem
Vorstand Handlungen verbietet, die den Erfolg des Angebots des Bieters verhindern
könnten, geht als lex specialis § 3 Abs. 3 WpÜG vor.[38] Jedoch hat der Aufsichtsrat bei
seiner Entscheidung nach § 33 Abs. 1 S. 2 WpÜG über die Zulassung bestimmter Maßnahmen des Vorstands das Interesse der Zielgesellschaft im Sinne des § 3 Abs. 3 WpÜG zu
berücksichtigen.[39]

Die Bezugnahme auf das Interesse der Zielgesellschaft begründet keinen neuen Ver- 31
haltensmaßstab und beinhaltet auch keine eigenständige Vorgabe eines bestimmten Unternehmenszieles. Vielmehr verweist die Formulierung auf den aktienrechtlichen Begriff des
Gesellschafts- bzw. Unternehmensinteresse.[40] Unter diesem Begriff sind neben den Aktionärsinteressen auch die Interessen anderer *„stakeholder"* zu berücksichtigen, namentlich die
Interessen der Arbeitnehmer, Gläubiger, Kunden und der Gebietskörperschaften, in deren
Gebiet die Gesellschaft ihren Sitz oder Fabrikationsstätten unterhält.[41]

---

[33] ADS § 8 PublG Rn. 1.
[34] BeBiKo/*Ellrott/M.Ring*, 6. Aufl. 2006, HGB Vor § 325 Rn. 140, unklar BeBiKo/*Grottel/H.Hoffmann*,
9. Aufl. 2014, HGB Vor § 325 Rn. 140.
[35] ADS § 14 PublG Rn. 11.
[36] *Lutter/Krieger/Verse* Rn. 612.
[37] Assmann/Pötzsch/Schneider/*Krause/Pötzsch* WpÜG § 3 Rn. 29; Kölner Komm WpÜG/*Versteegen* § 3
Rn. 34.
[38] Assmann/Pötzsch/Schneider/*Krause/Pötzsch* WpÜG § 3 Rn. 31.
[39] Assmann/Pötzsch/Schneider/*Krause/Pötzsch* WpÜG § 3 Rn. 31.
[40] Dazu näher → Rn. 234, Assmann/Pötzsch/Schneider/*Krause/Pötzsch* WpÜG § 3 Rn. 34 f.
[41] Assmann/Pötzsch/Schneider/*Krause/Pötzsch* WpÜG § 3 Rn. 37; *Schiessl*, FS Hoffmann-Becking, 2013,
1019 (1022).

32 Die Besonderheiten einer Übernahmesituation bedingen eine **erhöhte Überwachungsintensität** des Aufsichtsrats.[42] Diese ist dem Umstand geschuldet, dass eine Übernahmesituation regelmäßig die Gefahr von **Interessenkonflikten** für den Vorstand der Zielgesellschaft verstärken wird.[43] Je nach Situation und Bieter kann der Vorstand ein gesteigertes Eigeninteresse an einem Erfolg oder einem Mißerfolg des Angebotes haben. Während eine Übernahme durch einen Wettbewerber häufig mit einem Verlust der Organstellung für die Mitglieder des Vorstands der Zielgesellschaft verbunden sein wird und diese darum versucht sein können, das Angebot zu verhindern, stellen Private-Equity Investoren den Vorständen der Zielgesellschaft häufig lukrative Beteiligungsmöglichkeiten in Aussicht, welche die Neutralität des Vorstands zugunsten des Bieters beeinflussen können.

33 Diesen typischen Interessenkonfliktsituationen hat der Aufsichtsrat durch eine gesteigerte Überwachungstätigkeit und durch geeignete organisatorische Maßnahmen entgegen zu wirken.

Eine Steigerung der Überwachungstätigkeit wird zunächst eine Intensivierung der Berichtspflichten des Vorstands nach § 90 Abs. 1 S. 3 an den Aufsichtsratsvorsitzenden zur Folge haben. Dieser ist bereits im Vorfeld konkreter Maßnahmen, Verhandlungen oder Vertragsabschlüsse umfassend zu informieren,[44] um dem Aufsichtsrat Gelegenheit zu geben, die erforderlichen Überwachungsmaßnahmen organisatorisch vorzubereiten und den Transaktionsprozeß zu begleiten.

34 Zu den **Überwachungsfeldern,** denen der Aufsichtsrat regelmäßig **besondere Aufmerksamkeit** zollen muss, zählen insbesondere:[45]

– Vereinbarung mit dem Bieter über Vertraulichkeit, Verfahrensablauf, Exklusivität, break up fees,
– Ablauf und Organisation einer etwaigen Due Diligence,
– Vereinbarungen zwischen Vorstand und Bieter über die zukünftige Rolle und Vergütung der Vorstandsmitglieder,
– Vereinbarungen zur Sicherung der Interessen anderer „stakeholder", zB mit Arbeitnehmervertretern,
– Preisfindung und Preisverhandlung,
– Ansprache alternative Bieter,
– sonstige Interessenkonflikte.

35 Zu den in Frage kommenden **organisatorischen Maßnahmen** zählen insbesondere die Einrichtung von Zustimmungsvorbehalten gemäß § 111 Abs. 4 S. 2 sowie die Bildung eines **Aufsichtsratausschusses für Übernahmesituationen.** Die Bildung eines derartigen Ausschusses ist zulässig.[46] Ihm kann auch die Abgabe der Stellungnahme zum Angebot gemäß § 27 Abs. 1 WpÜG und die Zustimmung zu Maßnahmen des Vorstands gemäß § 33 Abs. 1 WpÜG übertragen werden.[47] Die Bildung kann auch auf „Vorrat" bereits vor Eintritt einer konkreten Übernahmesituation erfolgen.[48]

36 Die Einrichtung eines speziellen Ausschusses für Übernahmesituationen erfordert **keine gruppenparitätische Besetzung** hinsichtlich der Vertreter der Anteilseigner und der Arbeitnehmer.[49] Allerdings wird vertreten, dass in dem Ausschuss zumindest ein Arbeitneh-

---

[42] Schiessl, FS Hoffmann-Becking, 2013, 1019 (1029 f.).
[43] Schiessl, FS Hoffmann-Becking, 2013, 1019 (1029 f.); Seibt, FS Hoffmann-Becking, 2013, 1119.
[44] Schiessl, FS Hoffmann-Becking, 2013, 1019 (1026); Seibt, FS Hoffmann-Becking, 2013, 1119 (1127); siehe hierzu auch Cahn AG 2014, 525.
[45] Aufzählung bei Schiessl, FS Hoffmann-Becking, 2013, 1019 (1029); Cahn AG 2014, 525.
[46] Schiessl, FS Hoffmann-Becking, 2013, 1019 (1028); Seibt, FS Hoffmann-Becking, 2013, 1119 (1124).
[47] Kölner Komm WpÜG/Hirte § 27 Rn. 21 und § 33 Rn. 87; Assmann/Pötzsch/Schneider/Krause/Pötzsch WpÜG § 27 Rn. 40, § 33 Rn. 182; Schiessl, FS Hoffmann-Becking, 2013, 1019 (1028); Seibt, FS Hoffmann-Becking, 2013, 1119 (1124).
[48] Kölner Komm WpÜG/Hirte § 27 Rn. 21 und § 33 Rn. 87.
[49] Seibt, FS Hoffmann-Becking, 2013, 1119 (1125).

mervertreter Mitglied sein muss.[50] Ein weiterer Vorteil des Ausschusses besteht darin, dass nur eine kleine Gruppe von Aufsichtsratmitgliedern regelmäßig informiert werden muss. Dies fördert sowohl die Flexibilität, als auch die Einhaltung der Vertraulichkeit.[51]

Auch die Bildung eines Ausschusses für Übernahmesituationen ändert jedoch nichts an der **Aufgabenverteilung** zwischen Vorstand und Aufsichtsrat. Die strategische Ausrichtung und Führung der Gesellschaft in Übernahmesituationen, einschließlich etwaiger Gespräche und Verhandlungen mit Bietern und Interessenten, sei es im Vorfeld eines Angebotes oder danach, unterfällt ausschließlich dem **Leitungsermessen des Vorstands.**[52] Der Aufsichtsrat hat dieses Leitungsermessen des Vorstands bei der Ausgestaltung etwaiger Zustimmungsvorbehalte nach § 111 Abs. 4 S. 2 zu berücksichtigen. Zustimmungsvorbehalte dürfen nicht so eng ausgestaltet werden, das dadurch die Leitungsverantwortung des Vorstands ausgehöhlt wird und dieser gehindert ist Geschäftsführungsmaßnahmen zu initiieren.[53] Daher ist bei einer Einführung von **Zustimmungsvorbehalten** für Einzelmaßnahmen, die für Übernahmesituationen typisch sind, Zurückhaltung geboten. 37

Unzulässig sind Zustimmungsvorbehalte, welche bereits die Aufnahme von Gesprächen mit Interessenten oder Bietern an die Zustimmung des Aufsichtsrats knüpfen.[54] Gleiches gilt für die Entscheidung, dem Interessenten eine Due Diligence zu ermöglichen.[55] Anderes gilt für den Abschluss konkreter Vereinbarungen zwischen dem Bieter und der Zielgesellschaft, sei es, dass es sich um sogenannte „Investor Agreements" oder „Business Combination Agreements" handelt.[56] Der Abschluss derartiger Vereinbarungen kann unter Zustimmungsvorbehalt des Aufsichtsrats gestellt werden. Gleiches gilt für andere Vereinbarungen, sofern diesen ein besonderes Gewicht für die Gesellschaft zu kommt und der Abschluss dieser Vereinbarung als „Geschäft" im Sinne des § 111 Abs. 4 S. 2 zu qualifizieren ist.[57] 38

Unzweifelhaft unzulässig wäre es, die Abgabe der Stellungnahme nach § 27 Abs. 1 WpÜG durch den Vorstand an die Zustimmung des Aufsichtsrats zu binden.[58]

b) Stellungnahmepflicht, § 27 Abs. 1 WpÜG. Mit Abgabe eines Übernahmeangebotes durch den Bieter sind der Vorstand und der Aufsichtsrat der Zielgesellschaft gemäß § 27 Abs. 1 WpÜG verpflichtet, eine begründete **Stellungnahme** zu dem Angebot einschließlich etwaiger Änderungen abzugeben.[59] Die Stellungnahme muss nach § 27 Abs. 1 S. 2 WpÜG jeweils mindestens[60] auf die folgenden vier Punkte eingehen: 39

– Art und Höhe der angebotenen Gegenleistung,
– die voraussichtlichen Folgen eines erfolgreichen Angebotes für die Zielgesellschaft, die Arbeitnehmer und ihre Vertretungen, die Beschäftigungsbedingungen und die Standorte der Zielgesellschaft,
– die vom Bieter mit dem Angebot verfolgten Ziele
– die Absicht der Mitglieder des Vorstands und des Aufsichtsrats, soweit sie Inhaber von Wertpapieren der Zielgesellschaft sind, das Angebot anzunehmen.

Vorstand und Aufsichtsrat können die Stellungnahme gemeinsam, aber auch getrennt abgeben.[61] **Adressat** der Stellungnahmepflicht ist der Aufsichtsrat als Organ, nicht das 40

---

[50] Kölner Komm WpÜG/*Hirte* § 27 Rn. 21 und § 33 Rn. 87, Assmann/Pötzsch/Schneider/*Krause/Pötzsch* WpÜG § 27 Rn. 40, § 33 Rn. 182; *Seibt*, FS Hoffmann-Becking, 2013, 1119 (1125).
[51] Vgl. zur Problematik der Einhaltung der Vertraulichkeit *Schiessl*, FS Hoffmann-Becking, 2013, 1019 (1027 f.); zu weiteren organisatorischen Maßnahmen *Seibt*, FS Hoffmann-Becking, 2013, 1119 (1124 f.).
[52] *Schiessl*, FS Hoffmann-Becking, 2013, 1019 (1022 f.).
[53] *Schiessl*, FS Hoffmann-Becking, 2013, 1019 (1023 f.).
[54] *Schiessl*, FS Hoffmann-Becking, 2013, 1019 (1024).
[55] *Schiessl*, FS Hoffmann-Becking, 2013, 1019 (1024).
[56] *Schiessl*, FS Hoffmann-Becking, 2013, 1019 (1024); *Seibt*, FS Hoffmann-Becking, 2013, 1119 (1130).
[57] *Schiessl*, FS Hoffmann-Becking, 2013, 1019 (1024).
[58] Lutter/Krieger/*Verse* Rn. 622.
[59] Vgl. hierzu *Hippeli/Hofmann* NZG 2014, 850.
[60] MüKoAktG/*Wackerbarth* WpÜG § 27 Rn. 4.
[61] Assmann/Pötzsch/Schneider/*Krause/Pötzsch* WpÜG § 27 Rn. 42; Kölner Komm WpÜG/*Hirte* § 27 Rn. 16.

einzelne Aufsichtsratmitglied.[62] Soweit einzelne Mitglieder des Aufsichtsrats Interessenkonflikten unterliegen, sind diese in der Stellungnahme offenzulegen.[63] Fraglich ist, ob befangene Aufsichtsratmitglieder bei der Beschlussfassung stimmberechtigt sind oder sich der Stimme enthalten müssen.[64] Bei schwerwiegenden Interessenkollisionen, wenn zB das Aufsichtsratmitglied Organ der Bietergesellschaft ist, dürfte aber die bloße Aufdeckung der Interessenkollision nicht ausreichen. In schwerwiegenden Kollisionslagen spricht vieles dafür, zumindest ein Stimmverbot des befangenen Aufsichtsratmitgliedes anzunehmen.[65] Unabhängig von einem Stimmverbot bleibt das befangene Aufsichtsratmitglied aber verpflichtet, sich zu dem Angebot gemäß § 27 Abs. 1 S. 2 Nr. 4 WpÜG zu erklären.[66]

41   Die **Entscheidung** über den **Inhalt der Stellungnahme** erfolgt durch **Aufsichtsratbeschluss** mit einfacher Mehrheit.[67] Zulässig ist, die Entscheidung auf einen Ausschuss des Aufsichtsrats zu delegieren.[68] Erfolgt die Abstimmung nicht einstimmig sondern mit Mehrheit *(split boards),* wird es als zulässig erachtet, auf die Stimmverhältnisse und auf die Argumente der nicht zustimmenden Aufsichtsratmitglieder in der Stellungnahme hinzuweisen.[69] Der dieser Ansicht immanente Zielkonflikt zwischen kapitalmarktrechtlichem Transparenzgebot und der aktienrechtlichen Verschwiegenheitspflicht der Organe (§ 93 Abs. 1 S. 3, § 116 S. 2) wird dahingehend aufgelöst, dass im Wege praktischer Konkordanz eine abgestufte Offenlegung der organinternen Meinungsverschiedenheiten als erforderlich angesehen wird.[70]

42   Dem Aufsichtsrat obliegt bei der Beurteilung des Angebotes des Bieters eine **eigenständige Prüfungs- und Ermittlungspflicht.**[71] Die Prüfungspflicht betrifft alle dem Angebot zugrundeliegenden Angaben in rechtlicher und tatsächlicher Hinsicht, insbesondere aber die Unternehmensbewertung der Zielgesellschaft, die dem Angebot des Bieters zugrundeliegt.[72] Der Aufsichtsrat hat sich eine eigene Meinung darüber zu verschaffen, ob das Angebot des Bieters eine angemessene Gegenleistung enthält.

43   Inwieweit im Rahmen der Beurteilung der Angemessenheit des Angebotes eine **Pflicht zur Beauftragung unabhängiger Berater** zur besteht, ist bislang ungeklärt. Eine gesetzliche Pflicht besteht nicht.[73] Es ist jedoch üblich,[74] dass die Zielgesellschaft im Übernahmeverfahren von einer Investmentbank beraten wird, die vom Vorstand mandatiert wird und

---

[62] Assmann/Pötzsch/Schneider/*Krause/Pötzsch* WpÜG § 27 Rn. 35; Kölner Komm WpÜG/*Hirte* § 27 Rn. 20.

[63] Assmann/Pötzsch/Schneider/*Krause/Pötzsch* WpÜG § 27 Rn. 37; Kölner Komm WpÜG/*Hirte* § 27 Rn. 22.

[64] Für Stimmberechtigung: Kölner Komm AktG/*Hirte* WpÜG § 27 Rn. 22; Schwark/Zimmer/*Noack/Holzborn* WpÜG § 27 Rn. 13; MüKoAktG/*Wackerbarth* WpÜG § 27 Rn. 11; Baums/Thoma/*Harbarth* WpÜG § 27 Rn. 31; für Stimmverbot: *Lutter/Krieger/Verse* Rn. 901; Hopt ZGR 2002, 333 (364 ff.).

[65] *Lutter/Krieger/Verse* Rn. 899 ff.; *Schiessl,* FS Hoffmann-Becking, 2013, 1019 (1036); Baums/Thoma/*Harbarth* WpÜG § 27 Rn. 31 und *Lutter/Krieger/Verse* Rn. 900 ziehen als weitergehende Maßnahmen auch die Amtsniederlegung oder sogar die Abberufung des befangenen Aufsichtsratsmitgliedes in Betracht.

[66] Kölner Komm AktG/*Hirte* WpÜG § 27 Rn. 22; Baums/Thoma/*Harbarth* WpÜG § 27 Rn. 30.

[67] Assmann/Pötzsch/Schneider/*Krause/Pötzsch* WpÜG § 27 Rn. 36, Kölner Komm WpÜG/*Hirte* § 27 Rn. 20; Baums/Thoma/*Harbarth* WpÜG § 27 Rn. 30.

[68] Assmann/Pötzsch/Schneider/*Krause/Pötzsch* WpÜG § 27 Rn. 40; Kölner Komm WpÜG/*Hirte* WpÜG § 27 Rn. 21; Baums/Thoma/*Harbarth* WpÜG § 27 Rn. 32.

[69] Assmann/Pötzsch/Schneider/*Krause/Pötzsch* WpÜG § 27 Rn. 38; *Lutter/Krieger/Verse* Rn. 620; Baums/Thoma/*Harbarth* WpÜG § 27 Rn. 30; MüKoAktG/*Wackerbarth* WpÜG § 27 Rn. 11; Kölner Komm WpÜG/*Hirte* WpÜG § 27 Rn. 20; ausführlich zu diesem Problemkreis *Fleischer/Schmolke* DB 2007, 95.

[70] *Fleischer/Schmolke* DB 2007, 95 (99) sehen vier Stufen zunehmender Transparenz vor: 1. Offenlegung der Stimmverhältnisse im Aufsichtsrat, 2. Benennung der maßgeblichen Streitpunkte, 3. Namhaftmachung der dissentierenden Organmitglieder, 4. Veröffentlichung eines eigenständigen Sondervotums; aA Assmann/Pötzsch/Schneider/*Krause/Pötzsch* WpÜG § 27 Rn. 38, welche eine Pflichte zur Benennung der maßgeblichen Streitpunkte und der dissentierenden Organmitglieder sowie zur Abgabe von Sondervoten verneinen.

[71] MüKoAktG/*Wackerbarth* WpÜG § 27 Rn. 12; Assmann/Pötzsch/Schneider/*Krause/Pötzsch* WpÜG § 27 Rn. 48; Kölner Komm WpÜG/*Hirte* WpÜG § 27 Rn. 17.

[72] Ausführlich *Schiessl,* FS Hoffmann-Becking, 2013, 1019 (1033).

[73] Kölner Komm WpÜG/*Hirte* WpÜG § 27 Rn. 33; MüKoAktG/*Wackerbarth* WpÜG § 27 Rn. 13; Assmann/Pötzsch/Schneider/*Krause/Pötzsch* WpÜG § 27 Rn. 49.

[74] *Schiessl,* FS Hoffmann-Becking, 2013, 1019 (1033) spricht von „Marktstandard".

die zu dem Angebot des Bieters eine eigene *Fairness Opinion* abgibt. Grundsätzlich darf der Aufsichtsrat bei seiner Entscheidung auf das Urteil dieser Investmentbank zurückgreifen.[75] Bestehen allerdings Zweifel an der Fairness Opinion oder bestehen beim Vorstand der Zielgesellschaft besondere Interessenkonflikte, zB bei Angeboten von Private-Equity Investoren, kann der Aufsichtsrat gehalten sein, eine eigene Investmentbank zu mandatieren, welche die Fairness Opinion der vom Vorstand beauftragten Bank überprüft.[76]

Die **Angabepflicht** nach § 27 Abs. 1 S. 2. Ziff. 4 WpÜG hinsichtlich der Absicht der einzelnen Aufsichtsratsmitglieder, soweit sie selbst Wertpapiere der Zielgesellschaft halten, das Angebot des Bieters anzunehmen, trifft alle Mitglieder des Aufsichtsrats, also auch diejenigen, die der Stellungnahme nicht zustimmen oder wegen eines Interessenkonfliktes an der Abstimmung nicht teilnehmen oder sich enthalten.[77] **44**

Die Angabepflicht umfasst auch Kleinstbeteiligungen und Beteiligungen, die von dem Aufsichtsratsmitglied mittelbar über eine **Vermögensbeteiligungsgesellschaft** gehalten werden, wenn das Aufsichtsratsmitglied die Vermögensbeteiligungsgesellschaft kontrolliert.[78]

Entscheiden sich die Aufsichtsratmitglieder nicht einheitlich, ob sie das Angebot annehmen wollen, so ist in der Stellungnahme **namentlich zu differenzieren,** welches Aufsichtsratsmitglied in welchem prozentualen Umfang seiner Beteiligung das Angebot annehmen will.[79] Halten Aufsichtsratsmitglieder keine Wertpapiere der Zielgesellschaft, ist auch auf diesen Umstand in der Stellungnahme hinzuweisen.[80] Die Erklärung in der Stellungnahme ist eine Absichtserklärung, die keine Pflicht des Aufsichtsratsmitgliedes zur Folge hat, das Angebot auch tatsächlich anzunehmen.[81] **45**

c) **Abwehrmaßnahmen bei feindlichen Übernahmen, § 33 Abs. 1 S. 2 3. Variante WpÜG.** Mit Abgabe des Übernahmeangebotes unterliegt der **Vorstand der Zielgesellschaft** gemäß § 33 Abs. 1 S. 1 WpÜG einem kapitalmarktrechtlichen **Verhinderungsverbot**.[82] Dem Vorstand sind grundsätzlich alle Handlungen und Maßnahmen untersagt, die den Erfolg des Angebotes verhindern könnten. Nach § 33 Abs. 1 S. 2 3. Variante WpÜG besteht eine Ausnahme allerdings für solche Handlungen, denen der Aufsichtsrat der Zielgesellschaft zugestimmt hat. Wird der Vorstand von der Hauptversammlung der Zielgesellschaft gemäß § 33 Abs. 2 S. 1 WpÜG zu Handlungen ermächtigt, die in den Zuständigkeitsbereich der Hauptversammlung fallen und die geeignet sind, den Erfolg des Übernahmeangebotes zu verhindern, so bedarf die Ausnutzung dieser Ermächtigung durch den Vorstand ebenfalls der Zustimmung des Aufsichtsrats, § 33 Abs. 2 S. 4 WpÜG. **46**

Der **Aufsichtsrat** als Organ unterliegt **keinem Verhinderungsverbot,** da dies mit seiner Kontrollfunktion und seiner Berechtigung, den Vorstand gemäß § 33 Abs. 1 S. 2 3. Variante WpÜG zu Abwehrmaßnahmen zu ermächtigen, kollidieren würde.[83] Nach überwiegender Ansicht soll der Aufsichtsrat dem kapitalmarktrechtlichen **Verhinderungsverbot** aus § 33 Abs. 1 WpÜG **aber dann** unterliegen, **wenn** er nicht als Kontrollorgan, sondern als **Verwaltungsorgan** tätig wird,[84] beispielsweise bei der Bestellung und Abberu- **47**

---

[75] *Schiessl*, FS Hoffmann-Becking, 2013, 1019 (1033).
[76] *Schiessl*, FS Hoffmann-Becking, 2013, 1019 (1033).
[77] Assmann/Pötzsch/Schneider*Krause/Pötzsch* WpÜG § 27 Rn. 88; Baums/Thoma/*Harbarth* WpÜG § 27 Rn. 65; Kölner Komm WpÜG/*Hirte* WpÜG § 27 Rn. 22.
[78] Assmann/Pötzsch/Schneider/*Krause/Pötzsch* WpÜG § 27 Rn. 84; Baums/Thoma/*Harbarth* WpÜG § 27 Rn. 59
[79] Assmann/Pötzsch/Schneider/*Krause/Pötzsch* WpÜG § 27 Rn. 85; Baums/Thoma/*Harbarth*WpÜG § 27 Rn. 60f; Lutter/Krieger/*Verse* Rn. 621.
[80] Kölner Komm WpÜG/*Hirte* WpÜG § 27 Rn. 46.
[81] Assmann/Pötzsch/Schneider/*Krause/Pötzsch* WpÜG § 27 Rn. 87; Baums/Thoma/*Harbarth* WpÜG § 27 Rn. 62; Kölner Komm WpÜG/*Hirte* WpÜG § 27 Rn. 48; MüKoAktG/*Wackerbarth* WpÜG § 27 Rn. 28.
[82] Zur Entstehungsgeschichte der Norm ausführlich MüKoAktG/*Schlitt/Ries* WpÜG § 33 Rn. 41 ff.
[83] MüKoAktG/*Schlitt/Ries* WpÜG § 33 Rn. 60; Assmann/Pötzsch/Schneider/*Krause/Stephan* WpÜG § 33 Rn. 76; Kölner Komm WpÜG/*Hirte* WpÜG § 33 Rn. 48.
[84] Kölner Komm WpÜG/*Hirte* WpÜG § 33 Rn. 49; Baums/Thoma/*Grunewald* WpÜG § 33 Rn. 22; MüKoAktG/*Schlitt/Ries* WpÜG § 33 Rn. 62.

fung des Vorstands, der Festlegung der Vergütung des Vorstands, und der Bestellung der Abschlussprüfer. Dieser Ansicht ist nicht zuzustimmen. Angesichts des eindeutigen Wortlautes der Norm wäre diese Auffassung nur im Wege einer Analogie zu begründen. Die Voraussetzungen einer Analogie, Vorliegen einer planwidrigen Lücke, lassen sich aus der Gesetzgebungsgeschichte jedoch nicht herleiten.[85] Auch spricht das strafrechtliche Analogieverbot (Art. 103 Abs. 2 GG) angesichts der Bußgeldbewehrung eines Verstoßes gegen das Verhinderungsverbot (§ 60 Abs. 1 Ziff. 8 WpÜG) gegen eine Ausweitung des Anwendungsbereich des § 33 Abs. 1 WpÜG im Wege der Analogie über den strengen Wortlaut der Norm hinaus.[86]

48 Der Aufsichtsrat unterliegt im Anwendungsbereich des § 33 WpÜG daher allein den **allgemeinen aktienrechtlichen Pflichtenbindungen**.[87] Im Rahmen seiner allgemeinen aktienrechtlichen Überwachungspflicht hat der Aufsichtsrat darüber zu wachen, dass der Vorstand das Verhinderungsverbot samt der weiteren Ausnahmen in § 33 Abs. 1 S. 2 1. Variante WpÜG, Handlungen eines ordentlichen und gewissenhaften Geschäftsleiters einer nicht von einem Übernahmeangebot betroffenen Gesellschaft und § 33 Abs. 1 S. 2 2. Variante WpÜG, Suche nach einem alternativen Bieter, beachtet.[88]

49 § 33 Abs. 1 S. 2 3. Variante WpÜG beinhaltet eine **eigenständige Kompetenzzuweisung** an den Aufsichtsrat.[89] Daher ist die Vorschrift auch auf den Aufsichtsrat einer **KGaA** anwendbar.[90] Vom sachlichen Anwendungsbereich der Norm erfasst werden alle Geschäftsführungsmaßnahmen des Vorstands, die nicht in den Zuständigkeitsbereich der Hauptversammlung fallen.[91] Maßnahmen die einen Hauptversammlungsbeschluss erfordern, wie beispielsweise Kapitalerhöhungen[92] oder die Ermächtigung zum Erwerb eigener Aktien, dürfen auch im Anwendungsbereich des § 33 Abs. 1 S. 2 3. Variante WpÜG vom Vorstand nicht aufgrund einer bloßen Ermächtigung des Aufsichtsrats vorgenommen werden. § 33 Abs. 1 S. 2 3. Variante WpÜG ermöglicht aber die Vornahme von Maßnahmen, die gerade aus Anlass des Übernahmeangebotes getroffen werden.[93]

50 Die Zustimmung des Aufsichtsrats muss in Form einer **Einwilligung** gemäß § 183 BGB **vor Vornahme** der Maßnahme erteilt werden.[94] Dies gilt auch Eilfällen und bei unaufschiebbaren Maßnahmen.[95] Eine nachträgliche Genehmigung im Sinne des § 184 BGB, die manche für zulässig erachten,[96] würde die Entscheidungsfreiheit des Aufsichtsrats unzulässig beschränken, da es kaum denkbar sein dürfte, dass der Aufsichtsrat einer bereits durchgeführten Maßnahme des Vorstands die Genehmigung verweigert.[97] Kann die Maßnahme nicht unter Gremienvorbehalt gestellt werden, ist eine Vornahme ohne vorherige Zustimmung des Aufsichtsrats nur in den Grenzen der § 33 Abs. 1 S. 2 1. Variante und 2. Variante WpÜG möglich.[98]

---

[85] So richtig Assmann/Pötzsch/Schneider/*Krause/Pötzsch/Stephan* WpÜG § 33 Rn. 79.
[86] Assmann/Pötzsch/Schneider/*Krause/Pötzsch/Stephan* WpÜG § 33 Rn. 79 in Fußnote 5.
[87] Assmann/Pötzsch/Schneider/*Krause/Pötzsch/Stephan* WpÜG § 33 Rn. 79.
[88] *Lutter/Krieger/Verse* Rn. 625.
[89] Assmann/Pötzsch/Schneider/*Krause/Pötzsch/Stephan* WpÜG § 33 Rn. 173, 181.
[90] MüKoAktG/*Schlitt/Ries* WpÜG § 33 Rn. 162; Assmann/Pötzsch/Schneider/*Krause/Pötzsch/Stephan* WpÜG § 33 Rn. 173; Baums/Thoma/*Grunewald* WpÜG § 33 Rn. 66; aA Kölner Komm WpÜG/*Hirte* § 33 Rn. 78.
[91] Assmann/Pötzsch/Schneider/*Krause/Pötzsch/Stephan* WpÜG § 33 Rn. 174; Kölner Komm WpÜG/*Hirte* § 33 Rn. 80; MüKoAktG/*Schlitt/Ries* WpÜG § 33 Rn. 164.
[92] Kölner Komm WpÜG/*Hirte* § 33 Rn. 82.
[93] Assmann/Pötzsch/Schneider/*Krause/Pötzsch/Stephan* WpÜG § 33 Rn. 175; Baums/Thoma/*Grunewald* WpÜG § 33 Rn. 65.
[94] MüKoAktG/*Schlitt/Ries* WpÜG § 33 Rn. 173; Baums/Thoma/*Grunewald* WpÜG § 33 Rn. 73; Assmann/Pötzsch/Schneider/*Krause/Pötzsch/Stephan* WpÜG § 33 Rn. 179.
[95] Assmann/Pötzsch/Schneider/*Krause/Pötzsch/Stephan* WpÜG § 33 Rn. 179; MüKoAktG/*Schlitt/Ries* WpÜG § 33 Rn. 173.
[96] Baums/Thoma/*Grunewald* WpÜG § 33 Rn. 73; Kölner Komm WpÜG/*Hirte* § 33 Rn. 86.
[97] Assmann/Pötzsch/Schneider/*Krause/Pötzsch/Stephan* WpÜG § 33 Rn. 179; MüKoAktG/*Schlitt/Ries* WpÜG § 33 Rn. 173.
[98] Assmann/Pötzsch/Schneider/*Krause/Pötzsch/Stephan* WpÜG § 33 Rn. 179.

Die Zustimmung kann nur zu **konkreten Abwehrmaßnahmen** des Vorstands erfolgen. 51
Pauschale oder Blankettermächtigungen sind unzulässig, da sie keine wirksame Kontrolle
des Vorstandshandeln ermöglichen.[99] Die Zustimmung muss den Aktionären der Gesellschaft **nicht bekanntgegeben** werden.[100]

Der Aufsichtsrat entscheidet über die Zustimmung durch **Beschluss mit einfacher** 52
Mehrheit.[101] Die Entscheidung kann an einen Ausschuss des Aufsichtsrats delegiert werden,
der auch bereits vor Abgabe eines Übernahmeangebotes gebildet werden kann.[102] Für
diesen Ausschuss gilt keine Gruppenparität, jedoch muss mindestens ein Mitglied des
Ausschusses Arbeitnehmervertreter sein.[103]

Der Aufsichtsrat unterliegt bei seiner Entscheidung über die Zustimmung zu Abwehr- 53
maßnahmen des Vorstands einem **Ermessen**, dass am **Unternehmenswohl** der Zielgesellschaft im Sinne des § 3 Abs. 3 WpÜG auszurichten ist.[104] Damit sind neben den Interessen
der Aktionäre auch die Interessen der Arbeitnehmer und die Interessen der Gesellschaft zu
berücksichtigen.[105] Die Maßstäbe des Ermessens werden über § 116 S. 1 durch die *business
judgment rule* nach § 93 Abs. 1 S. 2 konkretisiert[106].

Verletzt der Aufsichtsrat bei einer Entscheidung nach § 33 Abs. 1 S. 2 3. Variante WpÜG 54
seine Pflichten, indem er beispielsweise einer Abwehrmaßnahme zustimmt, die nicht im
Unternehmensinteresse liegt, **haftet** er der Zielgesellschaft nach den **allgemeinen aktienrechtlichen Vorschriften**, § 116 iVm § 93 Abs. 2.[107] Ansprüche der Aktionäre oder des
Bieters gegen Mitglieder des Aufsichtsrats aus § 823 Abs. 2 BGB bestehen nicht, da § 33
WpÜG kein Schutzgesetz ist.[108] In Ausnahmefällen ist eine Haftung wegen vorsätzlicher
sittenwidriger Schädigung gegenüber den Aktionären oder dem Bieter denkbar.[109]

d) Zustimmung zu Maßnahmen aufgrund einer Ermächtigung der Hauptver- 55
sammlung, § 33 Abs. 2 S. 4 WpÜG. Die Hauptversammlung kann den Vorstand vor
Abgabe eines Übernahmeangebotes durch einen **Vorratsbeschluss** zu Handlungen ermächtigen, die den Erfolg eines Übernahmeangebotes verhindern.[110] Von einem Vorratsbeschluss zu unterscheiden sind ad-hoc Beschlüsse der Hauptversammlung, die auf Initiative
des Vorstands nach Abgabe eines Übernahmeangebotes gefasst werden. Derartige ad-hoc

---

[99] Assmann/Pötzsch/Schneider/*Krause/Pötzsch/Stephan* WpÜG § 33 Rn. 180; MüKoAktG/*Schlitt/Ries* WpÜG § 33 Rn. 172; Baums/Thoma/*Grunewald* WpÜG § 33 Rn. 71; aA insoweit Kölner Komm WpÜG/*Hirte* § 33 Rn. 86, der eine Zustimmung zu noch nicht feststehenden Maßnahmen für zulässig hält, wenn der Aufsichtsrat die Bedingungen festlegt, unter denen von der Zustimmung Gebrauch gemacht werden darf.
[100] Assmann/Pötzsch/Schneider/*Krause/Pötzsch/Stephan* WpÜG § 33 Rn. 180; aA KölnKomm WpÜG/ *Hirte* WpÜG § 33 Rn. 86.
[101] Assmann/Pötzsch/Schneider/*Krause/Pötzsch/Stephan* WpÜG § 33 Rn. 181; MüKoAktG/*Schlitt/Ries* WpÜG § 33 Rn. 174; Kölner Komm WpÜG/*Hirte* § 33 Rn. 87.
[102] Assmann/Pötzsch/Schneider/*Krause/Pötzsch/Stephan* WpÜG § 33 Rn. 182; MüKoAktG/*Schlitt/Ries* WpÜG § 33 Rn. 175; Kölner Komm WpÜG/*Hirte* WpÜG § 33 Rn. 87; *Schiessl*, FS Hoffmann-Becking, 2013, 1019 (1028); *Seibt*, FS Hoffmann-Becking, 2013, 1119 (1124).
[103] *Seibt*, FS Hoffmann-Becking, 2013, 1119 (1125); Kölner Komm WpÜG/*Hirte* WpÜG § 33 Rn. 87.
[104] Assmann/Pötzsch/Schneider/*Krause/Pötzsch/Stephan* WpÜG § 33 Rn. 185; Kölner Komm WpÜG/ *Hirte* WpÜG § 33 Rn. 84; Baums/Thoma/*Grunewald* WpÜG § 33 Rn. 72; MüKoAktG/*Schlitt/Ries* WpÜG § 33 Rn. 177.
[105] Assmann/Pötzsch/Schneider/*Krause/Pötzsch/Stephan* WpÜG § 33 Rn. 186; Kölner Komm WpÜG/ *Hirte* § 33 Rn. 84.
[106] Assmann/Pötzsch/Schneider/*Krause/Pötzsch/Stephan* WpÜG § 33 Rn. 185; Baums/Thoma/*Grunewald* WpÜG § 33 Rn. 72; aA MüKoAktG/*Schlitt/Ries* WpÜG § 33 Rn. 177, Kölner Komm WpÜG/*Hirte* WpÜG § 33 Rn. 84.
[107] MüKoAktG/*Schlitt/Ries* WpÜG § 33 Rn. 246; Assmann/Pötzsch/Schneider/*Krause/Pötzsch/Stephan* WpÜG § 33 Rn. 314.
[108] MüKoAktG/*Schlitt/Ries* WpÜG § 33 Rn. 245 f.; Assmann/Pötzsch/Schneider/*Krause/Pötzsch/Stephan* WpÜG § 33 Rn. 312, 315.
[109] MüKoAktG/*Schlitt/Ries* WpÜG § 33 Rn. 245 f.; Assmann/Pötzsch/Schneider/*Krause/Pötzsch/Stephan* WpÜG § 33 Rn. 312 f., 315.
[110] MüKoAktG/*Schlitt/Ries* WpÜG § 33 Rn. 197; Assmann/Pötzsch/Schneider/*Krause/Pötzsch/Stephan* WpÜG § 33 Rn. 200.

Beschlüsse werden durch § 33 Abs. 2 WpÜG nicht ausgeschlossen.[111] Die Einberufung der Hauptversammlung kann unter den erleichterten Bedingungen des § 16 Abs. 3 und Abs. 4 WpÜG erfolgen. Die Ausübung von ad-hoc Ermächtigungen der Hauptversammlung durch den Vorstand unterliegt nicht dem Zustimmungserfordernis des Aufsichtsrats nach § 33 Abs. 2 S. 4 WpÜG.

56 Wird der Vorstand bereits vor Abgabe eines Übernahmeangebotes von der Hauptversammlung durch Vorratsbeschluss zu Abwehrmaßnahmen ermächtigt, bedarf die **Ausnutzung dieser Ermächtigung** der vorherigen **Zustimmung des Aufsichtsrats**.[112] Dieses Zustimmungserfordernis soll den Umstand ausgleichen, dass die Ermächtigung von der Hauptversammlung noch nicht in Kenntnis eines konkreten Übernahmeangebotes erteilt wurde.[113] Grundsätzlich ist die Zustimmung auch in diesem Fall vorab in Form einer Einwilligung (§ 183 BGB) zu erteilen, jedoch wird, anders als im Fall der Zustimmung nach § 33 Abs. 1 S. 2 3. Variante WpÜG auch eine nachträgliche Genehmigung (§ 184 BGB) in Ausnahmefällen für zulässig gehalten.[114]

57 Die **Delegation** der Entscheidung auf einen Ausschuss ist zulässig.[115]

Bei seiner Entscheidung hat der Aufsichtsrat die gleichen Ermessensspielräume zu beachten, wie im Fall der Entscheidung nach § 33 Abs. 1 S. 2 3. Variante WpÜG (→ Rn. 49).

58 e) **Europarechtliches Verhinderungsverbot, § 33a Abs. 2 Ziff. 1 WpÜG.** Durch die Umsetzung der **Übernahmerichtlinie**[116] in deutsches Recht wurde im Jahr 2006 § 33a WpÜG eingefügt, der es der Gesellschaft ermöglicht, durch Satzungsregelung die Geltung der § 33 Abs. 1 und Abs. 2 WpÜG abzubedingen und stattdessen für die strengeren, d. h. bieterfreundlicheren Regelungen der Übernahmerichtlinie zu optieren.[117] Von diesem Recht haben bislang deutsche Gesellschaften offenbar keinen Gebrauch gemacht, jedenfalls liegen der BaFin bisher keine Meldungen nach § 33a Abs. 3 WpÜG über entsprechende Satzungsänderungen vor.[118] Die Vorschrift ist daher in der praktischen Anwendung in Deutschland von untergeordneter Bedeutung.

59 Anders als nach § 33 Abs. 1 WpÜG unterliegt nach § 33a Abs. 2 S. 1 WpÜG auch der **Aufsichtsrat der Zielgesellschaft** im Falle eines Übernahmeangebotes einem **Verhinderungsverbot**.[119] Im Gegensatz zu § 33 Abs. 1 S. 2 3. Variante WpÜG besteht daher für den Aufsichtsrat keine Möglichkeit, Abwehrmaßnahmen des Vorstands durch Zustimmung zu legalisieren. Ebensowenig besteht die Möglichkeit des § 33 Abs. 2 S. 4 WpüG, Abwehrmaßnahmen im Vorfeld einer Übernahme von der Hauptversammlung genehmigen zu lassen und dann im Übernahmefall nur mit Zustimmung des Aufsichtsrats umzusetzen.[120] Abwehrmaßnahmen der Zielgesellschaft sind im Rahmen des § 33a Abs. 2 S. 2 Ziff. 1 WpÜG nur möglich, soweit Vorstand oder Aufsichtsrat nach Abgabe des Übernahmeangebotes von der Hauptversammlung der Zielgesellschaft hierzu ermächtigt worden sind. Der Aufsichtsrat ist daher im Falle der Anwendbarkeit des europäischen Verhinderungsverbotes nach § 33a Abs. 2 WpÜG verpflichtet, Maßnahmen des Vorstands, die gegen

---

[111] MüKoAktG/*Schlitt/Ries* WpÜG § 33 Rn. 189; Assmann/Pötzsch/Schneider/*Krause/Pötzsch/Stephan* WpÜG § 33 Rn. 188 f.; Kölner Komm WpÜG/*Hirte* WpÜG § 33 Rn. 88 f.; Baums/Thoma/*Grunewald* WpÜG § 33 Rn. 81.
[112] Assmann/Pötzsch/Schneider/*Krause/Pötzsch/Stephan* WpÜG § 33 Rn. 240; MüKoAktG/*Schlitt/Ries* WpÜG § 33 Rn. 231; Kölner Komm WpÜG/*Hirte* WpÜG § 33 Rn. 137.
[113] MüKoAktG/*Schlitt/Ries* WpÜG § 33 Rn. 230; Assmann/Pötzsch/Schneider/*Krause/Pötzsch/Stephan* WpÜG § 33 Rn. 240; Kölner Komm WpÜG/*Hirte* WpÜG § 33 Rn. 136.
[114] Assmann/Pötzsch/Schneider/*Krause/Pötzsch/Stephan* WpÜG § 33 Rn. 240; MüKoAktG/*Schlitt/Ries* WpÜG § 33 Rn. 231; Kölner Komm WpÜG/*Hirte* WpÜG § 33 Rn. 137.
[115] MüKoAktG/*Schlitt/Ries* WpÜG § 33 Rn. 231; aA Steinmeyer/*Steinmeyer* WpÜG § 33 Rn. 50.
[116] Richtlinie 2004/25/EG des Europäischen Parlaments und des Rates vom 21.4.2004 betreffend Übernahmeangebote, ABl. L 142 vom 30.4.2004; abgedruckt bei Assmann/Pötzsch/Schneider WpÜG S. 1713.
[117] Art. 12 Abs. 2 der Richtlinie, sogenanntes opt-in der Gesellschaft.
[118] Assmann/Pötzsch/Schneider/*Stephan* WpÜG § 33a Rn. 1.
[119] Assmann/Pötzsch/Schneider/*Stephan* WpÜG § 33a Rn. 13, 32; MüKoAktG/*Schlitt/Ries* WpÜG § 33a Rn. 27.
[120] Assmann/Pötzsch/Schneider/*Stephan* WpÜG § 33a Rn. 13.

§ 33a Abs. 2 WpÜG verstoßen würden, zu unterbinden, dh die Zustimmung gemäß § 111 Abs. 4 zu verweigern.[121]

Im Verstoßfalle **haften** die Mitglieder des Aufsichtsrats der Gesellschaft nach den **allgemeinen aktienrechtlichen Grundsätzen**.[122] Der vorsätzliche oder leichtfertige Verstoß gegen das Verhinderungsverbot in § 33a Abs. 2 S. 1 WpÜG ist ebenso wie der Verstoß gegen das Verhinderungsverbot in § 33 Abs. 1 WpÜG nach § 60 Abs. 1 Nr. 8 WpÜG eine bußgeldbewehrte Ordnungswidrigkeit. Im Unterschied zu einem Verstoß gegen § 33 Abs. 1 WpÜG kann ein Verstoß gegen § 33a Abs. 2 S. 1 WpÜG auch den Aufsichtsrat treffen, da dieser selbst Pflichtenadressat ist. 60

f) Stellungnahme des Aufsichtsrats zu Übernahmeangeboten, Ziff. 3.7 DCGK. 3.7 DCGK lautet: 61

„Bei einem Übernahmeangebot müssen Vorstand und Aufsichtsrat der Zielgesellschaft eine begründete Stellungnahme zu dem Angebot abgeben, damit die Aktionäre in Kenntnis der Sachlage über das Angebot entscheiden können.

[...] Bei ihren Entscheidungen sind Vorstand und Aufsichtsrat an das beste Interesse der Aktionäre und des Unternehmens gebunden. [...]"

3.7 DCGK soll für Anleger leicht verständlich die **wesentlichen Pflichten für Vorstand und Aufsichtsrat** der Zielgesellschaft im Falle eines Übernahmeangebotes zusammenfassen,[123] nicht aber vollständig die gesetzliche Regelung wiedergeben. Die Vorschrift hat lediglich erläuternden Charakter. Abweichungen von den vorstehend beschriebenen gesetzlichen Pflichten bestehen nicht. Die wesesentliche Pflicht des Aufsichtsrats in Falle eines Übernahmeangebotes wird darin gesehen, den Aktionären der Zielgesellschaft eine Entscheidungsgrundlage zu geben, ob sie das Übernahmeangebot annehmen sollen. Hierfür ist der Aufsichtsrat verpflichtet, eine schriftliche Stellungnahme zu dem Angebot abzugeben und den Aktionären zugänglich zu machen. 62

4. Vertretung der Gesellschaft bei Führungslosigkeit, § 78 AktG. Das Gesetz zur Modernisierung des GmbH-Rechts und zur Bekämpfung von Missbräuchen (MOMiG) vom 23.10.2008 (BGBl. 2008 I S. 2026) hat in § 78 Abs. 1 S. 2 eine neue Regelung über die Vertretung der Gesellschaft für den Fall eingeführt, dass bei der Gesellschaft ein Vorstand nicht vorhanden ist. Dieser Fall wird im Gesetz als **„Führungslosigkeit"** bezeichnet. Für diesen Fall bestimmt § 78 Abs. 1 S. 2, dass die Gesellschaft bei der Entgegennahme von Willenserklärungen oder der Zustellung von Schriftstücken **vom Aufsichtsrat vertreten** wird, wobei im Fall der Abgabe einer Willenserklärung gegenüber der Gesellschaft gemäß § 78 Abs. 2 S. 2 2. Variante die Abgabe gegenüber einem Aufsichtsratsmitglied ausreichend ist. 63

Anders als bei Gesellschaften mit beschränkter Haftung dürfte Führungslosigkeit bei einer Aktiengesellschaft äußerst selten eintreten. **Führungslosigkeit** im Sinne der Vorschrift ist gegeben, **wenn** bei der Gesellschaft **kein Vorstand** vorhanden ist, sei es durch Amtsniederlegung, Abberufung, Tod oder aus anderen Gründen.[124] Auch der **unwirksam bestellte, faktische Vorstand** begründet Führungslosigkeit selbst dann, wenn er im Handelsregister eingetragen ist.[125] Nicht zur Führungslosigkeit führt eine bloße Unerreichbarkeit oder Handlungsunwilligkeit des Vorstands.[126] 64

---

[121] Assmann/Pötzsch/*Stephan* WpÜG § 33a Rn. 32;
[122] Assmann/Pötzsch/*Stephan* WpÜG § 33a Rn. 74; MüKoAktG/*Schlitt/Ries* WpÜG § 33a Rn. 60.
[123] RKLW/*Ringleb* Rn. 422.
[124] Hüffer/*Koch* § 78 Rn. 4a; Spindler/Stilz/*Fleischer* § 78 Rn. 23; Uhlenbruck/*Hirte* InsO § 15 Rn. 2A.
[125] Spindler/Stilz/*Fleischer* § 78 Rn. 23.
[126] Hüffer/*Koch* § 78 Rn. 4a; Spindler/Stilz/*Fleischer* § 78 Rn. 23; Uhlenbruck/*Hirte* InsO § 15 Rn. 2A; weitergehend *Passarge* GmbHR 2010, 295 (297 ff.), der Führungslosigkeit auch dann annimmt, wenn der Geschäftsleiter „nachrichtenlos abtaucht, handlungsunwillig oder planvoll unerreichbar ist".

65 Der Aufsichtsrat als Organ wird regelmäßig in der Lage sein, einer sich abzeichnenden oder plötzlich auftretenden Führungslosigkeit durch Bestellung eines neuen Vorstands, und sei es auch nur eines Interims-Vorstands, abzuhelfen. Etwas anderes kann für akute Krisensituationen gelten, in denen kein Dritter mehr bereit ist, das Amt des Vorstands zu übernehmen.

66 **5. Insolvenzantragsrecht/-pflicht bei Führungslosigkeit, §§ 15, 15a InsO.** Ist es in einer derartigen Krisensituation nicht möglich, die Führungslosigkeit der AG durch Bestellung eines Vorstands zu beseitigen, weil geeignete Kandidaten fehlen oder nicht bereit sind, das Amt des Vorstands zu übernehmen, gehen das Recht und die **Pflicht zur Insolvenzantragstellung** nach den ebenfalls durch das MOMiG geänderten §§ 15 Abs. 1 und 15a Abs. 3 InsO vom Vorstand auf **die einzelnen Mitglieder des Aufsichtsrats** über. Diese sind nun jeweils eigenständig nach § 15 Abs. 1 S. 2 InsO **berechtigt,** aber nach § 15a Abs. 3 2. Alternative InsO auch **verpflichtet,** Insolvenzantrag für die Gesellschaft bei Zahlungsunfähigkeit oder bei Überschuldung zu stellen. Nicht erforderlich für die Verpflichtung des einzelnen Aufsichtsratsmitgliedes zur Stellung eines Insolvenzantrages ist die Mitteilung und Bekanntmachung gemäß § 106 über die Mitgliedschaft im Aufsichtsrat.[127]

67 Eine **Pflicht** zur Stellung eines Insolvenzantrages **besteht** für das einzelne Aufsichtsratsmitglied **nicht, wenn** es von der Zahlungsunfähigkeit oder der Überschuldung oder der Führungslosigkeit der Gesellschaft **keine Kenntnis** hatte (§ 15a Abs. 3 InsO). Kenntnis bedeutet **positive Kenntnis,** Kennenmüssen ist nicht ausreichend, anders wenn sich das Aufsichtsratmitglied bewusst der Kenntnis verschließt.[128] Für die fehlende Kenntnis ist das verpflichtete Aufsichtsratsmitglied voll beweispflichtig.[129] Hierbei ist zu berücksichtigen, dass sich bereits aus der Kenntnis eines risikoerhöhenden Merkmales, sei es der Zahlungsunfähigkeit oder der Überschuldung oder der Führungslosigkeit, eine gesteigerte Überwachungspflicht für alle Aufsichtsratsmitglieder ergibt, die zu konkreten Nachforschungen durch das Aufsichtsratsmitglied Anlass geben.[130] Bei Kenntnis von dem Vorliegen eines Insolvenzantragsgrundes und Kenntnis der Führungslosigkeit ist das Aufsichtsratmitglied verpflichtet, ohne schuldhaftes Zögern, spätestens aber **3 Wochen** nach Eintritt der Zahlungsunfähigkeit oder der Überschuldung Insolvenzantrag zu stellen.

68 Eine **Verletzung der Pflicht** zur rechtzeitigen Stellung des Insolvenzantrages stellt eine **Straftat** nach § 15a Abs. 4 und Abs. 5 InsO da, die mit Freiheitsstrafe bis zu drei Jahren oder mit Geldstrafe bewehrt ist.

Darüber hinaus kann eine **Haftung gegenüber den Gläubigern** der Gesellschaft aus § 823 Abs. 2 BGB iVm § 15a InsO bestehen, da § 15a InsO Schutzgesetz ist.[131] Daneben kann eine Haftung aus § 826 BGB entstehen.

69 Gegenüber dem Fiskus kann eine verspätete Antragstellung eine **Haftung des Aufsichtsratmitgliedes** nach § 69 AO iVm § 34 AO **für Ansprüche des Fiskus** aus dem Steuerschuldverhältnis auslösen.[132] Diese Risiko besteht vorrangig bei den von der Gesellschaft abzuführenden Lohnsteueranteilen.

70 **6. §§ 160, 222 UmwG.** § 152 UmwG ermöglicht in Verbindung mit § 158 UmwG die **Ausgliederung von Vermögenswerten** aus dem Vermögen eines im Handelsregister eingetragenen Einzelkaufmannes, oder auch die Ausgliederung des gesamten Vermögens auf eine im Zuge der Ausgliederung neu gegründete Kapitalgesellschaft. Handelt es sich bei der aufnehmenden Kapitalgesellschaft um eine AG oder KGaA, so sind der Vorstand der AG bzw. der persönlich haftende Gesellschafter der KGaA und der Aufsichtsrat nach § 160

---

[127] Uhlenbruck/*Hirte* InsO § 15 Rn. 2A.
[128] Uhlenbruck/*Hirte* InsO § 15a Rn. 63.
[129] Uhlenbruck/*Hirte* InsO § 15a Rn. 63.
[130] Uhlenbruck/*Hirte* InsO § 15a Rn. 63, zur Steigerung der Überwachspflicht in der Krise siehe auch → Rn. 127 ff.
[131] Uhlenbruck/*Hirte* InsO § 15a Rn. 39.
[132] Uhlenbruck/*Hirte* InsO § 15a Rn. 52.

Abs. 1 UmwG verpflichtet, die Ausgliederung zur Neugründung gemeinsam mit dem ausgründenden Einzelkaufmann beim Handelsregister am Sitz der neu gegründeten Aktiengesellschaft bzw. KGaA anzumelden.[133] Die Anmeldung ist von **sämtlichen** Vorstands- und Aufsichtsratsmitgliedern in **notariell beglaubigter Form** vorzunehmen.[134] Eine Vertretung der einzelnen Vorstands- oder Aufsichtsratsmitglieder in notariell beglaubigter Form ist möglich.[135] Eine Vertretung des Aufsichtsrats als Organ durch den Aufsichtsratsvorsitzenden ist ungenügend.

Entsprechend ist bei einem Formwechsel einer Personenhandelsgesellschaft in eine Genossenschaft, Aktiengesellschaft oder Kommanditgesellschaft auf Aktien die Anmeldung des Formwechsels zum Handelsregister, bei dem der formwechselnde Rechtsträger einzutragen ist, (§ 198 Abs. 1 UmwG) gemäß § 222 Abs. 1 S. 1 UmwG von allen Mitgliedern des künftigen Vertretungsorganes und von **allen** Mitgliedern des Aufsichtsrats vorzunehmen. **71**

Bei einem **Formwechsel einer Personenhandelsgesellschaft** in eine GmbH mit einem Aufsichtsrat ist nach § 222 Abs. 1 S. 1 UmwG danach zu differenzieren, ob der Aufsichtsrat fakultativ oder obligatorisch zu bilden ist. Im Falle eines fakultativen Aufsichtsrats sind dessen Mitglieder nicht verpflichtet, bei der Anmeldung des Formwechsels mitzuwirken.[136] Hier wird die Anmeldung allein von der Geschäftsführung der GmbH vorgenommen.[137] Anderes gilt bei einem obligatorischen Aufsichtsrat, da dieser bereits vor Anmeldung des Formwechsels zu bilden ist.[138] Ob auch die Arbeitnehmervertreter im Zeitpunkt der Anmeldung bereits bestellt sein und die Anmeldung mit unterzeichnen müssen, ist umstritten.[139] Hier empfiehlt sich die vorherige Abstimmung mit dem zuständigen Handelsregister. **72**

7. Zustimmungsbedürftigkeit des Aufsichtsrats bei gesetzlich genehmigtem Kapital, § 3 FMStBG aF. Durch Art. 2 des Finanzmarktstabilisierungsgesetzes vom 17.10.2008[140] wurde am 17.10.2008 das „Gesetz zur Beschleunigung und Vereinfachung des Erwerbs von Anteilen an sowie Risikopositionen von Unternehmen des Finanzsektors durch den Fonds „Finanzmarktstabilisierungsfonds – FMS" (Finanzmarktstabilisierungsbeschleunigungsgesetz – FMStBG)[141] geschaffen. Dieses sollte gemeinsam mit dem Gesetz zur Errichtung eines Finanzmarktstabilisierungsfonds (Finanzmarktstabilisierungsfondsgesetz-FMStFG)[142] dazu dienen, Eigenkapitalengpässe bei Unternehmen des Finanzsektors (§ 2 Abs. 1 FMStFG) durch verschiedene Stabilisierungsmaßnahmen zu überwinden.[143] Zu diesen **Stabilisierungsmaßnahmen** zählt auch die sogenannte **„Rekapitalisierung"** gemäß § 7 FMStFG, welche die Übernahme von Anteilen oder stillen Beteiligungen und sonstigen Bestandteilen der Eigenmittel dieser Unternehmen gegen Leistung einer Einlage durch den Finanzmarktstabilisierungsfonds (FMS) vorsah. Als möglichen Weg zum Erwerb von Anteilen durch den FMS sah § 3 FMStBG ein gesetzliches genehmigtes Kapital vor, welches den Vorstand der Gesellschaft ermächtigte, ohne Beschluss der Hauptversammlung **73**

---

[133] Kallmeyer/*Zimmermann* UmwG § 160 Rn. 3.
[134] Kallmeyer/*Zimmermann* UmwG § 160 Rn. 3.
[135] Kallmeyer/*Zimmermann* UmwG § 160 Rn. 4.
[136] Kallmeyer/*Dirksen*/*Blasche* UmwG § 222 Rn. 2; Kölner Komm UmwG/*Dauner-Lieb*/*Tettinger* UmwG § 222 Rn. 6.
[137] Kallmeyer/*Dirksen*/*Blasche* UmwG § 222 Rn. 2.
[138] Kallmeyer/*Dirksen*/*Blasche* UmwG § 222 Rn. 2.
[139] Bejahend *Semler*/*Stengel* UmwG § 222 Rn. 9, ablehnend Kallmeyer UmwG/*Dirksen*/*Blasche* UmwG § 222 Rn. 2; differenzierend Lutter/*Joost* UmwG § 222 Rn. 3 f. nur, soweit bereits gewählt.
[140] Gesetz zur Umsetzung eines Maßnahmenpakets zur Stabilisierung des Finanzmarktes (Finanzmarktstabilisierungsgesetz – FMStG) vom 17.10.2008, BGBl. 2008 I S. 1982.
[141] Finanzmarktstabilisierungsbeschleunigungsgesetz vom 17.10.2008 (BGBl. 2008 I S. 1982, 1986), zuletzt geändert durch Art. 6 Abs. 8 des Gesetzes vom 28.8.2013, BGBl. 2013 I S. 3395.
[142] Finanzmarktstabilisierungsfondsgesetz vom 17.10.2008 (BGBl. 2008 I S. 1982), zuletzt geändert durch Art. 6 Abs. 8 des Gesetzes vom 28.8.2013, BGBl. 2013 I S. 3395.
[143] Ausführlich hierzu MüKoAktG/*Bayer* § 202 Rn. 121 ff.

(§ 3 Abs. 2 S. 1 FMStBG aF), allein mit Zustimmung des Aufsichtsrats (§ 3 Abs. 1 S. 2 FMStBG aF), das Grundkapital der Gesellschaft um bis zu 50% des Betrages, der bei Inkrafttreten des Gesetzes am 18.10.2008 im Handelsregister eingetragen war, gegen Einlagen des FMS zu erhöhen und diese Aktien unter Ausschluss des Bezugsrechts der Aktionäre (§ 3 Abs. 3 FMStBG aF) an den FMS zu begeben.[144]

74 Diese gesetzliche Ermächtigung ist überwiegend auf verfassungs- und europarechtliche Kritik gestoßen[145] und wurde durch das Zweite Finanzmarktstabilisierungsgesetz[146] mit Wirkung vom 1.3.2012 **ersatzlos aufgehoben.**

75 **8. Zustimmungsbedürftigkeit der Ausgestaltung der Aktien bei genehmigtem Kapital, § 5 FMStBG. Rekapitalisierungsmaßnahmen** des FMS bei Unternehmen des Finanzsektors (§ 2 Abs. 1 FMStFG) in Form von Beteiligung am Grundkapital der Gesellschaft bedürfen seit Aufhebung des gesetzlichen genehmigten Kapitals durch das Zweite Finanzmarktstabilisierungsgesetz[147] gemäß § 7 Abs. 2 FMStBG nunmehr der **Zustimmung der Hauptversammlung** mit der **einfachen Mehrheit** der abgegebenen Stimmen. Wird das **Bezugsrecht** der Aktionäre **ausgeschlossen,** weil alle Aktien aus der Kapitalerhöhung vom FMS gezeichnet werden, bedarf der Beschluss der Hauptversammlung gemäß § 7 Abs. 3 FMStBG einer **Mehrheit von mindestens zwei Drittel** der abgegebenen Stimmen oder des vertretenen Grundkapitals. Ist die Hälfte des Grundkapitals vertreten genügt die einfache Mehrheit der abgegeben Stimmen.

76 Die **Ausgestaltung** der Aktien hinsichtlich Inhalts der Aktienrechte und der **Bedingungen** der Aktienausgabe, obliegt gemäß § 5 Abs. 1 FMStBG dem **Vorstand** der Gesellschaft. Sollen die Aktien mit einem Gewinnvorzug oder einer Liquidationspräferenz begeben werden oder sollen stimmrechtslose Vorzugsaktien ausgegeben werden, bei denen der Vorzug nicht nachzahlbar ist, obliegt die Entscheidung hierüber nach § 7 Abs. 5 FMStBG der Hauptversammlung.

77 Zulässig ist gemäß § 5 Abs. 3 FMStBG auch die Festsetzung eines **Ausgabebetrages** für die Aktien, der unter dem Börsenpreis liegt. Eine *unter-pari* Emission bleibt jedoch unzulässig (§ 5 Abs. 3 S. 3 FMStBG mit Verweis auf § 9 AktG). Ein etwaiger Gewinnvorzug oder eine etwaige Liquidationspräferenz enden mit Übertragung der Aktien von dem FMS auf einen Dritten, § 5 Abs. 5 FMStBG.

78 Die Entscheidung des Vorstands über die Ausgestaltung der Aktien und über den Ausgabebetrag bedarf gemäß § 5 Abs. 2 FMStBG und § 5 Abs. 3 S. 2 FMStBG der **Zustimmung des Aufsichtsrats.** Für die Erteilung der Zustimmung gelten die im Rahmen des § 202 Abs. 3 S. 2 entwickelten Grundsätze. Der Aufsichtsrat entscheidet durch **Beschluss,** für den vorbehaltlich abweichender Satzungsbestimmungen eine **einfache Mehrheit** ausreichend ist.[148] Die Entscheidung kann auf einen Ausschuss übertragen werden.[149] Erforderlich ist jedoch, dass sich der Aufsichtsratsbeschluss jeweils auf eine konkrete Ausgabe von Aktien bezieht. Unzulässig wäre eine generelle Zustimmung zu zukünftigen Aktienausgaben.[150]

79 **Fehlt die Zustimmung** des Aufsichtsrats, so ist dadurch die Ausgabe der Aktien an den FMS **nicht unwirksam,** der Vorstand handelt jedoch pflichtwidrig.[151]

80 **9. Anforderungen an Mitglieder des Verwaltungs-/Aufsichtsorgans gemäß § 25d KWG.** Sehr **ausführliche Anforderungen** an die persönlichen Fähigkeiten und Kenntnisse des einzelnen Aufsichtsmitglieds und an die Organisation und Arbeitsweise des Auf-

---

[144] Siehe MüKoAktG/*Bayer* § 202 Rn. 127 ff.
[145] Siehe MüKoAktG/*Bayer* § 202 Rn. 147 ff und dort Fn. 320 mwN.
[146] Art. 3 Nr. 3 des Gesetzes vom 24.2.2012, BGBl. 2012 I S. 206.
[147] Art. 3 Nr. 3 des Gesetzes vom 24.2.2012, BGBl. 2012 I S. 206.
[148] MüKoAktG/*Bayer* § 202 Rn. 92.
[149] MüKoAktG/*Bayer* § 202 Rn. 92.
[150] MüKoAktG/*Bayer* § 202 Rn. 92.
[151] Vgl. zur Rechtslage bei § 202 AktG, MüKoAktG/*Bayer* § 202 Rn. 93.

sichtsrats als Organ sind durch das CRD IV-Umsetzungsgesetz (CRDIVUG)[152] in § 25d KWG für Aufsichtsräte von Kreditinstituten, Finanzholding-Gesellschaften und gemischten Finanzholding-Gesellschaften eingefügt worden.[153] Die Regelungen, die zum 1.1.2014 in Kraft getreten sind, wurden zum Teil durch das Gesetz zur Anpassung von Gesetzen auf dem Gebiet des Finanzmarktes (FiMaAnpG)[154] bereits wieder geändert.

§ 25d KWG enthält in den Absätzen 7 bis 12 **unmittelbare Regelungen** über die **Aufgaben** und über die **innere Organisation** des Aufsichtsrates. Weiter schreibt die Norm in den Absätzen 3 bis 6 die persönlich erforderlichen Fähigkeiten und Erfahrungen für die einzelnen Aufsichtsratsmitglieder vor und enthält in Absatz 4 eine gesetzliche Pflicht zur Fortbildung für die Aufsichtsratsmitglieder. 81

Die organisatorischen Vorschriften für den Aufsichtsrat in § 25d Abs. 7 bis Abs. 12 KWG gelten nur für Kreditinstitute im Sinne des § 1 Abs. 3d KWG,[155] die von erheblicher Bedeutung im Sinne des § 25 Abs. 3 S. 7 KWG sind. Nach dieser Vorschrift ist ein **Kreditinstitut von erheblicher Bedeutung** wenn 82

– seine Bilanzsumme in den letzten drei abgeschlossenen Geschäftsjahren jeweils € 15 Milliarden übersteigt oder
– wenn nach es Artikel 6 Absatz 4 der Verordnung (EU) Nr. 1024/2013 des Rates vom 15. Oktober 2013 zur Übertragung besonderer Aufgaben im Zusammenhang mit der Aufsicht über Kreditinstitute auf die Europäische Zentralbank[156] von der Europäischen Zentralbank beaufsichtigt wird
– oder aber als „potentiell systemgefährdend" im Sinne des § 47 Abs. 1 KWG eingestuft wurde
– sowie Finanzhandelsinstitute im Sinne des § 25f Abs. 1 KWG.

a) Bildung von Ausschüssen. § 25d Abs. 7 KWG schreibt die Bildung von bestimmten **Aufsichtsratsausschüssen** vor,[157] wenn dies wegen der Größe, der internen Organisation und der Art, des Umfangs, der Komplexität und dem Risikogehalt der Geschäfte des Kreditinstituts erforderlich erscheint. Kommt das Unternehmen dieser Vorgabe nicht nach, kann die Bundesanstalt für Finanzdienstleistungsaufsicht (BaFin) die Einrichtung entsprechender Ausschüsse gemäß § 25d Abs. 7 S. 5 KWG verlangen. Bei der Beurteilung der Erforderlichkeit der Bildung derartiger Ausschüsse kann die Bundesanstalt neben der Größe, internen Organisation, Art, Umfang, Komplexität und Risikogehalt der Geschäftsaktivitäten ferner berücksichtigen, ob es sich bei dem betreffenden Institut um ein Handels- oder Nichthandelsbuchinstitut handelt. Ebenfalls berücksichtigt werden kann die Höhe der Bilanzsumme, jedoch darf dabei die Komplexität der Geschäfte nicht in den Hintergrund treten.[158] 83

---

[152] Gesetz zur Umsetzung der Richtlinie 2013/36/EU über den Zugang zur Tätigkeit von Kreditinstituten und die Beaufsichtigung von Kreditinstituten und Wertpapierfirmen und zur Anpassung des Aufsichtsrechts an die Verordnung (EU) Nr. 575/2013 über Aufsichtsanforderungen an Kreditinstitute und Wertpapierfirmen (CRD IV-Umsetzungsgesetz – CRDIVUG) vom 28.8.2013 BGBl. 2013 I S. 3395; hierzu *Apfelbacher/Metzner* AG 2013, 773.
[153] Zum Begriff „Verwaltungsorgan" in diesem Zusammenhang siehe *Hönsch/Kaspar* AG 2014, 297 (298).
[154] Gesetz zur Anpassung von Gesetzen auf dem Gebiet des Finanzmarktes vom 15.7.2014, BGBl. 2014 I S. 934.
[155] Die gesetzliche Bezeichnung „CRR-Institute" verweist auf § 1 Abs. 3d KWG, der wiederum auf die Definition des Begriffes „Kreditinstitut" in Artikel 4 Absatz 1 Nummer 1 der Verordnung (EU) Nr. 575/2013 des Europäischen Parlaments und des Rates vom 26. Juni 2013 über Aufsichtsanforderungen an Kreditinstitute und Wertpapierfirmen und zur Änderung der Verordnung (EU) Nr. 646/2012 (ABl. L 176 vom 27.6.2013, S. 1) verweist.
[156] ABl. L 287 vom 29.10.2013, S. 63.
[157] § 25 Abs. 7 KWG geht auf die Art. 75, 88 und 91 RL 2013/36/EU (ABl. L 176/385 v. 27.6.2013) sowie die EBA Guidelines on Internal Governance (GL 44), III, Title II, B.2 Nummer 14 (Organisational functioning of the management body) Tz. 6 ff. (Specialised committees of the management body) zurück, welche Vorgaben für bestimmte Ausschüsse enthalten.
[158] So die Begründung zum Gesetzentwurf für das CRD IV-Umsetzungsgesetz, BR-Drs. 510/12, 144.

84 Grundsätzlich haben alle Kreditinstitute entsprechende Ausschüsse zu bilden. Eine **Ausnahme** gilt nur Unternehmen, deren Aufsichtsrat weniger als 10 Mitglieder angehören, da erst ab dieser Größe die Bildung von Ausschüssen als sinnvoll und notwendig erachtet wird, um eine Entscheidung des Gesamtaufsichtsrats vorzubereiten.[159] Angesichts der Tatsache, dass die Bundesanstalt für Finanzdienstleistungsaufsicht (BaFin) die Einrichtung der Ausschüsse nach § 25d Abs. 7 S. 5 KWG verlangen kann, empfiehlt sich eine Abstimmung mit der Bundesanstalt, sofern beabsichtigt ist, von der Bildung von Ausschüssen abzusehen.[160]

85 Hat das Kreditinstitut nach § 25d Abs. 7 KWG Ausschüsse zu bilden, so schreiben die § 25d Abs. 8, Abs. 9, Abs. 11 und Abs. 12 KWG die Bildung eines **Risikoausschusses**, eines **Prüfungsausschusses**, eines **Nominierungsausschusses** und eines **Vergütungskontrollausschusses** vor. Falls dies sinnvoll erscheint, läßt § 25d Abs. 10 KWG auch die Bildung eines gemeinsamen Risiko- und Prüfungsausschuss zu.

86 **aa) Risikoausschuss.** Der **Risikoausschuss** soll nach Vorgabe des § 25d Abs. 8 S. 2 KWG den Aufsichtsrat zur aktuellen und zur künftigen **Gesamtrisikobereitschaft und -strategie** des Unternehmens beraten und den Aufsichtsrat bei der Überwachung der Geschäftsleitung hinsichtlich der Umsetzung dieser Strategie unterstützen. Ferner hat der Risikoausschuss darüber zu wachen und durch Einwirkung auf den Vorstand dafür Sorge zutragen, dass die Konditionen im Kundengeschäft mit dem Geschäftsmodell und der Risikostruktur des Kreditinstitues im Einklang stehen. Weiter hat der Risikoausschuss die Aufgabe, das **Vergütungssystem** des Unternehmens daraufhin zuüberwachen, ob die durch das Vergütungssystem gesetzten Anreize die Risiko-, Kapital- und Liquiditätsstruktur des Unternehmens sowie die Wahrscheinlichkeit und Fälligkeit von Einnahmen berücksichtigen.

87 Ausdrücklich geregelt ist nunmehr in § 25d Abs. 8 S. 7 KWG die Befugnis für den Vorsitzenden des Ausschusses bzw. für den Vorsitzenden des Aufsichtsrats, falls kein Risikoausschuss gebildet wurde, **unmittelbar** beim Leiter der Internen Revision und beim Leiter des Risikocontrollings **Auskünfte einzuholen.** Der Vorstand ist über die Informationseinholung lediglich zu informieren. Dieselben Befugnisse räumt § 25d Abs. 9 S. 5 KWG dem Vorsitzenden des Prüfungsausschusses ein. Wurde kein Prüfungsausschuss gebildet, stehen die Informationsrechte dem Vorsitzenden des Aufsichtsrats zu (→ Rn. 193). Diese Regelungen sind insofern zu begrüßen, als bislang strittig war, ob und gegebenfalls unter welchen Bedingungen und Voraussetzung der Aufsichtsrat berechtigt war, im Rahmen seiner Überwachungstätigkeit unmittelbar und direkt Kontakt zu Mitarbeitern des Unternehmens ohne vorherige Einschaltung des Vorstands zu suchen.[161] Auch die Einschaltung externer Sachverständiger zur Unterstützung des Aufsichtsrats ist § 25d Abs. 8 S. 9 KWG ist nunmehr ausdrücklich gesetzlich vorgesehen.

88 **bb) Prüfungsausschuss.** Der nach § 25d Abs. 9 KWG zu bildende Prüfungsausschuss soll den Aufsichtsrat des Kreditinstitutes zuunächst bei der **Überwachung des Rechnungslegungsprozesses,** der **Wirksamkeit des Risikomanagementsystems,** des **internen Kontrollsystems** und der **internen Revision** unterstützen. Weiter gehören die Unterstützung des Aufsichtsrats bei der Durchführung der Jahresabschlussprüfung sowie bei der Auswahl und Ausgestaltung der Vergütung des Abschlußprüfers zu den Aufgaben des Prüfungsausschusses.

89 Der Vorsitzende des Prüfungsausschusses muss nach § 25d Abs. 9 S. 4 KWG über Sachverstand auf den Gebieten Rechnungslegung und Abschlussprüfung verfügen. Er soll aber nach der Empfehlung des **Ziff. 5.2 DCGK** nicht zugleich den Aufsichtsratsvorsitz übernehmen (→ Rn. 134). Der Vorsitzende des Prüfungsausschusses oder, falls ein Prüfungsausschuss nicht eingerichtet wurde, der Vorsitzende des Verwaltungs- oder Aufsichtsorgans,

---

[159] Begründung zum Gesetzentwurf für das CRD IV-Umsetzungsgesetz, BR-Drs. 510/12, 143 f.
[160] *Hönsch/Kaspar* AG 2014, 297 (298).
[161] Vgl. → Rn. 190, 196; eher skeptisch *Arnold* ZGR 2014, 76 (94).

cc) Nominierungsausschuss. Unter den Voraussetzungen des § 25d Abs. 7 KWG ist 90 nach § 25d Abs. 11 KWG seit dem 1.1.2014 auch ein Nominierungsausschuss zu bilden,[162] der den Aufsichtsrat bei der **Auswahl von Kandidaten für den Vorstand** und bei der **Vorbereitung der Nominierung von Kandidaten für den Aufsichtsrat** unterstützt.[163] Diese gesetzliche Vorgabe entspricht der bereits seit längerem bestehenden Empfehlung in Ziff. 5.3.3 DCGK. Unterliegt das Aufsichtsorgan der Gesellschaft den Regelungen der Mitbestimmung, muss der Nominierungsausschuss wie alle Ausschüsse mindestens 3 Mitglieder umfassen.[164] Im Gegensatz zum Vergütungsausschuss ist für den Nominierungsausschuss keine Vertretung der Arbeitnehmer vorgeschrieben. Damit kann der Aufsichtsrat eigenständig über die Besetzung des Nominierungsausschusses entscheiden.[165] Besondere fachliche Spezialkenntnisse sind für die Mitgliedschaft im Nominierungsausschuss nicht vorgeschrieben.[166]

Hauptaufgabe des Nominierungsausschusses ist die Ermittlung von Kandidaten für den 91 Vorstand und die Vorbereitung von Wahlvorschlägen für die Wahl der Mitglieder des Aufsichtsrats. Die Ermittlung von Vorstandskandidaten soll nicht nur im konkreten Bedarfsfall erfolgen, sondern den **Bedarf vorausschauend planen.**[167] Ferner hat der Nominierungsausschuss gemäß § 25d Abs. 11 S. 2 Ziff. 2 KWG die Aufgabe, eine „Zielsetzung zur Förderung der Vertretung des unterrepräsentierten Geschlechts"[168] im Aufsichtsorgan[169] sowie eine „Strategie zu deren Erreichung" zu erarbeiten.[170] § 25d Abs. 11 S. 2 Ziff. 2 KWG ist gegenüber der neu eingefügten Regelung des § 111 Abs. 5 vorrangig.[171]

Weiter hat der Nominierungsausschuss mindestens einmal jährlich die **Struktur, Größe,** 92 **Zusammensetzung** und **Leistung** von Vorstand und Aufsichtsrat **zu bewerten** und auf dieser Bewertung basierende Empfehlungen auszusprechen. Diese Bewertung soll vorrangig der Effizienzprüfung im Sinne des Ziff. 5.6 DCGK dienen.[172]

Ebenfalls mindestens einmal im Jahr hat der Nominierungsausschuss die persönlichen 93 Kenntnisse, die Fähigkeit und die Erfahrung der einzelnen Mitglieder des Vorstands als auch der Mitglieder des Aufsichtsrats zu bewerten. Schließlich sind die Grundsätze des Vorstands für die Auswahl und Bestellung der oberen Führungsebene des Unternehmens zu überprüfen.

dd) Vergütungskontrollausschuss. Als weiterer Ausschuss ist ein **Vergütungskon-** 94 **trollausschuss** zu bilden, der **nicht mit dem Vergütungsausschuss** gemäß § 6 Verordnung über die aufsichtsrechtlichen Anforderungen an Vergütungssysteme von Instituten (InstitutsVergV)[173] zu **verwechseln** ist. Beide Regelungen bestehen unabhängig von einander. Eine Verbindung besteht nur insoweit, als Institute, die „bedeutend" im Sinne der InstitutsVergV sind, auch einen Vergütungskontrollausschuss gemäß § 25d Abs. 12 KWG

---

[162] Speziell zum Nominierungsausschuss *Hönsch/Kaspar* AG 2014, 297.
[163] Abs. 11 setzt Art. 88 Abs. 2 RL 2013/36/EU sowie EBA Guidelines on Internal Governance (GL 44), III, Titel II, Nummer 11 (Composition, appointment and succession of the management body), Tz. 1, 3, 6 und Nummer 14 (Organisational functioning of the management body) Tz. 6, 7) um siehe *Hönsch/Kaspar* AG 2014, 297 f.
[164] *Hönsch/Kaspar* AG 2014, 297 (299).
[165] *Hönsch/Kaspar* AG 2014, 297 (299).
[166] *Hönsch/Kaspar* AG 2014, 297 (300).
[167] *Hönsch/Kaspar* AG 2014, 297 (302).
[168] Zur zunehmenden sprachlichen Unschärfe des Begriffes „Geschlecht" mit weiterführenden Literaturhinweisen vgl. *Mutter* AG 2014, R218.
[169] Art. 88 Abs. 2a) 2 CRD IV verwendet den weitergehenden Begriff „Leitungsorgan", welches auch den Vorstand umfasst, siehe *Hönsch/Kaspar* AG 2014, 297 (303).
[170] Ausführlich hierzu *Hönsch/Kaspar* AG 2014, 297 (303 f.).
[171] Vgl. *Stüber* CCZ 2015, 38 (40).
[172] *Hönsch/Kaspar* AG 2014, 297 (304).
[173] Institutsvergütungsverordnung vom 16.12.2013 (BGBl. 2013I S. 4270); hierzu näher *Zürn/Böhm* BB 2014, 1269.

einzurichten haben.[174] **Zweck** des Vergütungskontrollausschusses ist es, eine effektivere Überwachung der Vergütungssysteme des Unternehmens durch den Aufsichtsrat sicherzustellen. Dabei verbindet der Gesetzgeber die Vorstellung, dass es dem Aufsichtsrat so ermöglicht wird, sich tiefer in Detailfragen der Vergütungssysteme einzuarbeiten um diese dann dem Gesamtaufsichtsrat verständlich und nachvollziehbar erläutern zu können.[175] Nach der Begründung des Gesetzes soll so insbesondere die Vergütung des Vorstandes und die Ausgestaltung der Vergütung für die Leiter der Risikocontrolling-Funktion und Compliance-Funktion im Sinne von § 25a Abs. 1 S. 3 Nummer 3c KWG sowie die Vergütung für diejenigen Mitarbeiter im Sinne von § 5 Abs. 1 InstitutsVergV überwacht werden, deren Tätigkeit einen wesentlichen Einfluss auf das Gesamtrisikoprofil des Unternehmens hat.[176]

95 Gemäß § 25d Abs. 12 S. 3 KWG muss mindestens ein Mitglied des Vergütungskontrollausschusses über ausreichend **Sachverstand und Berufserfahrung** im Bereich des **Risikomanagement** und des **Risikocontrolling** verfügen, insbesondere im Hinblick auf Mechanismen zur Ausrichtung der Vergütungssysteme an der Gesamtrisikobereitschaft und -strategie und an der Eigenmittelausstattung des Unternehmens. Unterliegt das Kreditinstitut der Mitbestimmung, muss dem Vergütungskontrollausschuss mindestens ein Vertreter der Arbeitnehmer angehören.[177]

96 Entsprechend den Regelungen für die Vorsitzenden des Risikokontrollausschusses und des Prüfungsausschusses räumt das Gesetz in § 25d Abs. 12 S. 7 KWG dem Vorsitzenden des Vergütungskontrollausschusses das Recht ein, **unmittelbar** beim Leiter der Internen Revision und beim Leiter der für die Ausgestaltung der Vergütungssystem zuständigen Abteilung **Auskünfte einzuholen.** Der Vorstand ist über die Informationseinholung lediglich zu informieren. Bei Beratungen über die eigene Vergütung im Vergütungskontrollausschuss ist den Mitgliedern des Vorstands die Teilnahme untersagt.

97 **b) Sachkunde und Erfahrungsnachweis der einzelnen Aufsichtsratmitglieder.** Neben den Vorgaben für die Organisation des Aufsichtsrats durch Bildung von Ausschüssen enthalten § 25d Abs. 1, 3 und 4 KWG Vorgaben für die Kenntnisse, Fähigkeiten und Erfahrungen der einzelnen Aufsichtsratmitglieder sowie in Abs. 3 spezielle Inkompatibilitätsregelungen. § 25d Abs. 1 KWG entspricht dem früheren § 36 Abs. 3 S. 1 und S. 2 KWG.[178] Die nötige „Sachkunde" zur Wahrnehmung der Kontrollfunktion, die § 25d Abs. 1 S. 1 KWG von den Mitgliedern des Aufsichtsrats verlangt, setzt in Anlehnung an die Rechtsprechung des BGH[179] finanztechnisches Fachwissen nur in dem Umfang voraus, der das Aufsichtsratmitglied befähigt, an Entscheidungen des Aufsichtsrats mitzuwirken.[180] Nicht erforderlich ist, dass sämtliche Mitglieder des Aufsichtsrats über alle notwendigen Spezialkenntnisse verfügen.[181] Entscheidend ist eine Gesamtschau der Kenntnisse und Fähigkeiten aller Mitglieder des Aufsichtsrats.[182]

98 **aa) Inkompatibilitätsregeln.** Neu ist die ausdrückliche gesetzliche Regelung in § 25d Abs. 1 KWG, dass Aufsichtsratmitglieder über ausreichend Zeit für die Wahrnehmung ihrer Aufgaben verfügen müssen. Dies Anforderung wird flankiert durch spezielle Inkompatibilitätsregeln in § 25d Abs. 3 KWG. Neben den bereits früher geltenden Regeln zur Unvereinbarkeit von Aufsichtsrats und Geschäftsleitungsfunktion in demselben Unternehmen[183]

---

[174] Begründung zum Gesetzentwurf für das CRD IV-Umsetzungsgesetz, BR-Drs. 510/12, 144.
[175] So die Begründung zum Gesetzentwurf für das CRD IV-Umsetzungsgesetz, BR-Drs. 510/12, 144.
[176] Begründung zum Gesetzentwurf für das CRD IV-Umsetzungsgesetz, BR-Drs. 510/12, 144.
[177] *Zürn/Böhm* BB 2014, 1269 (1271).
[178] *Apfelbacher/Metzner* AG 2013, 773 (775), siehe auch *Leyens/Schmidt* AG 2013, 533 (539 f.).
[179] BGHZ 85, 293 ff. Rn. 11.
[180] Ausführlich das Merkblatt zur Kontrolle der Mitglieder von Verwaltungs- und Aufsichtsorganen gemäß KWG und VAG der Bundesanstalt für Finanzdienstleistungsaufsicht vom 3.12.2012, Neufassung anstehend vgl. BaFin Konsultation 01/2015 vom 20.1.2015.
[181] Begründung zum Gesetzentwurf für das CRD IV-Umsetzungsgesetz, BR-Drs. 510/12, 142.
[182] *Apfelbacher/Metzner* AG 2013, 773 (775).
[183] *Apfelbacher/Metzner* AG 2013, 773 (777).

enthält § 25d Abs. 3 S. 1 Nr. 3 und Nr. 4 KWG Regelungen zur unzulässigen Ämterhäufung. Nach § 25d Abs. 3 S. 1 Nr. 3 KWG kann nicht Mitglied des Aufsichtsrats sein, wer Geschäftsleiter in einem anderen Unternehmen ist und zugleich bereits mehr als 2 Aufsichtsratsmandate in anderen Unternehmen innehat. § 25d Abs. 3 S. 1 Nr. 4 KWG enthält eine Höchstgrenze für Mandate in Verwaltungs- und Aufsichtsorganen. Danach kann nicht Aufsichtsrat eines Institutes werden, wer bereits mehr als 4 Mandate in anderen Verwaltungs- und Aufsichtsorganen innehat. Nicht als mehrere Mandate zählen nach § 25d Abs. 3 S. 3 KWG Mandate bei Unternehmen, die entweder (i) derselben Institutsgruppe, Finanzholding-Gruppe oder gemischten Finanzholding-Gruppe angehören, (ii) demselben institutsbezogengen Sicherungssystem angehören oder (iii) an denen das Institut eine bedeutende Beteiligung hält. Auch in diesen Fällen ist jedoch zwischen Geschäftsleitermandanten und Aufsichtsmandaten zu unterscheiden. Eine „Überkreuzherunterrechnung"[184] ist unzulässig.

99 Ebenfalls privilegiert werden nach § 25d Abs. 3 S. 4 KWG Mandate bei Organisationen und Unternehmen, die überwiegend nicht gewerbliche Ziele verfolgen. Hierzu zählen insbesondere Unternehmen, die der kommunalen Daseinsvorsorge dienen.[185] Ebenfalls nicht miteingerechnet

100 Die Regelung nach § 25d Abs. 3 S. 1 Nr. 4 KWG gilt nach § 25d Abs. 3 S. 6 KWG nicht für kommunale Hauptverwaltungsbeamte,[186] die kraft kommunaler Satzung zur Wahrnehmung eines Mandats in einem kommunalen Unternehmen oder einem kommunalen Zweckverband verpflichtet sind.

101 Mandate, die bereits am 31.12.2013 bestanden, genießen Bestandsschutz.[187] Die Regelungen zur unzulässigen Häufung von Mandaten in Verwaltungs- und Aufsichtsorganen gelten aber ohne Bestandsschutz für Mitglieder des Aufsichtsrats „systemgefährdender Institute" (§ 47 KWG) ab dem 30.6.2014. Ob „systemgefährdend" im Sinne einer konkreten Systemgefährdung oder eine abstrakten Systemgefährdung zu verstehen ist, ist derzeit noch ungeklärt.[188] Dem Schutzzweck der Norm dürfte es eher entsprechen, eine abstrakte Systemgefährdung als ausreichend anzusehen.

102 **bb) Fortbildungspflicht.** § 25d Abs. 4 KWG geht von einer Pflicht der Aufsichtsratsmitglieder zur Fort- und Weiterbildung aus und verpflichtet das Unternehmen, hierfür angemessene personelle und finanzielle Ressourcen zur Verfügung zu stellen. Zuständig für die Überwachung der Einhaltung der Fort- und Weiterbildungspflicht ist der Vorsitzende des Aufsichtsrats.[189] Die Überwachung der ebenfalls in § 25d Abs. 4 KWG enthaltenen Fort- und Weiterbildungspflicht für den Vorstand obliegt dem Aufsichtsrat als Organ.[190]

103 **cc) Vergütung der Aufsichtsratsmitglieder.** In § 25d Abs. 5 KWG wird erstmals auch die Vergütung der Aufsichtsratsmitglieder einer Kontrolle dahingehend unterzogen, dass die Ausgestaltung der Vergütung keinen Interessenkonflikt bei den Aufsichtsratsmitgliedern im Hinblick auf die wirksame Wahrnehmung ihrer Überwachungsfunktion erzeugen darf. Damit dürften Vergütungssysteme für Aufsichtsratsmitglieder, die sich am Ergebnis des Unternehmens orientieren, zumindest bei Kreditinstituten künftig unzulässig sein.[191] Weiterhin zulässig bleiben variable Vergütungssysteme, die an andere Unternehmensparameter anknüpfen. Denkbar und im Sinne einer wirksamen Überwachung förderlich wäre zB eine Anknüpfung an die Veränderung des Aufwands des Unternehmens im Zusammenhang mit gesetzlichen, aufsichtsrechtlichen und sonstigen Compliance-Verstößen im Ver-

---

[184] So die Formulierung bei *Apfelbacher/Metzner* AG 2013, 773 (777).
[185] Ausführlich *Apfelbacher/Metzner* AG 2013, 773 (777).
[186] I. E. hauptamtliche Bürgermeister, Landräte, vgl. *Apfelbacher/Metzner* AG 2013, 773 (777).
[187] *Apfelbacher/Metzner* AG 2013, 773 (777).
[188] *Apfelbacher/Metzner* AG 2013, 773 (777).
[189] *Apfelbacher/Metzner* AG 2013, 773 (778).
[190] *Apfelbacher/Metzner* AG 2013, 773 (778).
[191] So auch *Apfelbacher/Metzner* AG 2013, 773 (781).

B. Die Überwachungsaufgabe des Aufsichtsrats und die Leitungskompetenz des Vorstands

I. Grundsätze der materiellen Unternehmensverfassung (Corporate Governance)

104   Dem Vorstand obliegen die Leitung und die Geschäftsführung der AG.[192] Der Aufsichtsrat bestellt den Vorstand und überwacht seine Tätigkeit.[193] Die Hauptversammlung wählt die Anteilseignervertreter im Aufsichtsrat und beschließt über Strukturfragen der Gesellschaft; sie ist Empfänger der Rechenschaftslegung von Vorstand und Aufsichtsrat. Vorstand und Aufsichtsrat zusammen bilden die **Verwaltung** der AG. Dies folgt aus der Vorschrift über die Bedeutung der Entlastung: „Durch die Entlastung billigt die Hauptversammlung die Verwaltung der Gesellschaft durch die Mitglieder des Vorstands und des Aufsichtsrats" (§ 120 Abs. 2 S. 1).

105   Diese **Zusammenhänge der aktienrechtlichen Unternehmensverfassung** muss man sich immer wieder vor Augen halten, wenn man die Aufgaben des Aufsichtsrats erörtert oder deren Wahrnehmung kritisch zu beurteilen versucht.[194]

II. Gleichberechtigung der Verwaltungsorgane

106   Vorstand und Aufsichtsrat stehen sich rechtlich als **gleichberechtigte Organe** gegenüber.[195] Die Realität sieht häufig anders aus.[196] Jedes der beiden Organe kann ein Übergewicht im Verhältnis zum anderen Organ gewinnen. Die gesetzlichen Handlungspflichten und Verantwortlichkeiten ändern sich dadurch nicht. Dessen müssen sich die Mitglieder eines jeden Organs stets bewusst sein. Wenn der Gesellschaft aus der faktischen Vormachtstellung eines der Organe ein Schaden entsteht, kann eine Verantwortlichkeit der Organmitglieder in Betracht kommen (§ 116), weil sie das vom Gesetz vorgesehene Gleichgewicht nicht herbeigeführt haben. Jedes Mitglied des Organs Vorstand und des Organs Aufsichtsrat ist verpflichtet, für die vom Gesetz gewollte Gleichberechtigung aller Mitglieder des betreffenden Organs zu sorgen. Der Aufsichtsrat ist darüber hinaus als Organ der Gesellschaft im Rahmen seiner Überwachungspflicht dafür verantwortlich, dass im Vorstand (genau: von den Vorstandsmitgliedern) die gesetzlich vorgeschriebene Gleichberechtigung beachtet wird.

III. Konzernrechtliche Einordnung

107   Die Eigenständigkeit einer AG und die darauf abgestellte Unternehmensverfassung der AG ändern sich, wenn die AG als herrschendes Unternehmen von ihr abhängige Unternehmen erwirbt oder selbst in die Abhängigkeit von einem anderen Unternehmen gerät. Die **Aufgaben** des Aufsichtsrats bleiben auch **bei abhängigen und herrschenden Unternehmen** im Grundsatz die gleichen wie in der eigenständigen AG.[197] Aber im Einzelnen verändern sie sich auch rechtlich im gleichen Maße, in dem sich Leitungsmacht und

---

[192] MüKoAktG/*Spindler* § 76 Rn. 14 ff., § 77 Rn. 5; vgl. auch *Heimbach/Boll* VersR 2001, 801 ff.
[193] *Steinmann/Klaus* AG 1987, 29; *Herkenroth* AG 2001, 33 (35).
[194] Eine ausführliche Darstellung dieser Zusammenhänge findet sich bei MüKoAktG/*Spindler* Vor § 76 Rn. 42 ff. Unter → Rn. 49 ff. wird dort auch auf die Fragen eines Rechtsschutzes bei Organstreitigkeiten eingegangen.
[195] MüKoAktG/*Habersack* Rn. 13 und MüKoAktG/*Spindler* Vor § 76 Rn. 42.
[196] *J. Semler*, FS Lutter, 2000, 721 und MüKoAktG/*Spindler* Vor § 76 Rn. 42.
[197] MüKoAktG/*Habersack* Rn. 15.

Verantwortlichkeit des Vorstands ändern.[198] Gesetzesvorgabe und Realität können jedoch auch hier auseinander klaffen, ohne dass dies rechtliche Auswirkungen auf die Handlungspflichten und die Verantwortlichkeit des einzelnen Organmitglieds hat (§§ 308 ff.).

IV. Handlungspflicht des Organs

Die gesetzlichen Handlungspflichten betreffen vorrangig das Organ als solches. Dies wird dadurch deutlich, dass die **Überwachung der Geschäftsführung** stets vom Gesamtaufsichtsrat vorzunehmen ist.[199] Sie kann nicht mit befreiender Wirkung auf einen Ausschuss übertragen werden.[200] Ein Ausschuss kann (und sollte) allerdings vorbereitende Arbeiten leisten. Genügt der Aufsichtsrat seiner Überwachungspflicht nicht, so handelt er pflicht- und gesetzeswidrig im Sinne der § 116 S. 1 iVm § 93.[201] **108**

Während das Gesetz bei der Entlastung der Verwaltung festlegt, dass die „Mitglieder des Vorstands" und die „Mitglieder des Aufsichtsrats" zu entlasten sind, sind die Aufgaben des Aufsichtsrats in erster Linie **Aufgaben des Organs** der Gesellschaft und erst in zweiter Linie Angelegenheit der einzelnen Mitglieder des Organs. Die Erfüllung der dem Aufsichtsrat zugewiesenen Aufgaben wird vom Organ Aufsichtsrat geschuldet.[202] Die **einzelnen Aufsichtsratsmitglieder** schulden eine sorgfältige, dh. ordentliche und gewissenhafte Mitwirkung an der Arbeit und den Entscheidungen des Organs.[203] Wenn das Organ Aufsichtsrat seine Aufgaben nicht mit der gesetzlich gebotenen Sorgfalt erfüllt, müssen die einzelnen Aufsichtsratsmitglieder nachweisen, dass sie selbst die Sorgfalt eines ordentlichen und gewissenhaften Aufsichtsratsmitglieds beachtet haben. Kein Aufsichtsratsmitglied darf (und kann von Rechts wegen) von der Mitarbeit im Aufsichtsrat ausgeschlossen werden (vgl. auch → § 109 Rn. 13 ff.), sofern nicht im Einzelfall Gründe vorliegen, die einen Ausschluss von den Beratungen oder vom Stimmrecht gebieten. **109**

Kompetenzen, die nach dem Gesetz einem **Ausschuss** des Aufsichtsrats oder einem **einzelnen Aufsichtsratsmitglied** zustehen, sind nicht originär begründet, sondern leiten sich vom Gesamtaufsichtsrat ab.[204] Der Aufsichtsrat als solcher bleibt Geschäftsherr. Andererseits nutzen ordnungsgemäß eingesetzte Ausschüsse und ordnungsgemäß beauftragte Aufsichtsratsmitglieder Kompetenzen des Aufsichtsrats. Ihnen stehen grundsätzlich auch die Rechte des Gesamtaufsichtsrats auf Auskunft und Vorlagen zu, ohne dass es einer besonderen Bevollmächtigung bedarf.[205] **110**

V. Gleichberechtigung aller Aufsichtsratsmitglieder

Alle Aufsichtsratsmitglieder sind gleichberechtigt.[206] Daran ändert auch die Bestellung von Funktionsträgern (Vorsitzender, stellvertretender Vorsitzender, Mitglied eines Ausschusses) nichts. Der **Funktionsträger** hat zusätzliche Pflichten und Rechte, die mit seiner Funktion verbunden sind. Sie gehen nicht zu Lasten der Pflichten und Rechte anderer Aufsichtsratsmitglieder, wenn das Gesetz dies nicht in Sonderfällen vorsieht. Dies ist zB der Fall, wenn das Plenum des Aufsichtsrats einem aus seiner Mitte gebildeten Ausschuss die Kompetenz überträgt, an seiner Stelle Entscheidungen zu treffen. Aber auch die Übertragung von Zuständigkeiten auf einen Ausschuss ist nicht unbegrenzt zulässig. Es gibt eine **111**

---
[198] Hierzu *Lutter* AG 2006, 517 und → Rn. 150 ff.
[199] Vgl. → Rn. 109; OLG Frankfurt AG 2008, 456 (457); MüKoAktG/*Habersack* Rn. 17; Kölner Komm AktG/*Mertens/Cahn* Rn. 13; Großkomm AktG/*Hopt/Roth* Anm. 108.
[200] MüKoAktG/*Habersack* Rn. 17; Kölner Komm AktG/*Mertens/Cahn* Rn. 13.
[201] BGH AG 2013, 90 (91).
[202] MüKoAktG/*Habersack* Rn. 18.
[203] MüKoAktG/*Habersack* Rn. 18.
[204] MüKoAktG/*Habersack* Rn. 17; Kölner Komm AktG/*Mertens/Cahn* Rn. 13.
[205] AA Kölner Komm AktG/*Mertens/Cahn* § 107 Rn. 137, der eine ausdrückliche Übertragung der Befugnisse fordert.
[206] Vgl. MüKoAktG/*Habersack* Vor § 95 Rn. 14 und § 111 Rn. 17.

Reihe von Angelegenheiten, die einem Ausschuss nicht zur Entscheidung übertragen werden dürfen.[207] Die Amtsführung jedes Ausschusses ist vom Plenum des Aufsichtsrats in geeigneter Weise zu überwachen.

112 **Der Vorsitzende des Aufsichtsrats** (oder im Fall seiner Verhinderung sein Stellvertreter) ist nicht der Vorgesetzte der anderen Aufsichtsratsmitglieder, gleichgültig von welchem Wahlkörper er gewählt worden ist. Insbesondere kommt ihm rechtlich keine herausgehobene Stellung gegenüber den anderen Aufsichtsratsmitgliedern zu. Er hat ausschließlich die Rechte, die er bei der Wahrnehmung der ihm übertragenen Aufgaben von Rechts wegen benötigt.[208] Entsprechendes gilt für die ihm auferlegten Pflichten. Seine Rechte sind **Ausfluss seiner Wahl** in den Aufsichtsrat und der durch seine (gleichberechtigten) Kollegen erfolgten Bestellung zu einem Funktionsträger. Entsprechendes gilt für den stellvertretenden Vorsitzenden und für jedes Mitglied von Ausschüssen, die der Aufsichtsrat aus seiner Mitte bestellt und mit Mitgliedern besetzt hat. Auch sie sind nicht „herausgehobene Mitglieder", sondern Mitglieder mit besonderen, durch ihre Funktion begründeten Rechten und Pflichten.[209]

113 In der praktischen Aufsichtsratstätigkeit kommt dem Vorsitzenden des Aufsichtsrats jedoch häufig sehr wohl eine **herausgehobene Stellung** zu. Diese resultiert jedoch nicht aus gesetzlichen Privilegien, sondern aus dem Umstand, dass der Aufsichtsratsvorsitzende regelmäßig das einzige Aufsichtsratsmitglied ist, welches auch außerhalb der turnusmäßigen Aufsichtsratssitzungen ständigen Kontakt zum Vorstand der Gesellschaft hält.[210] Hieraus ergibt sich ein faktischer Informationsvorsprung des Aufsichtsratsvorsitzenden gegenüber den übrigen Aufsichtsratsmitgliedern. Dieser Umstand und die daraus für den Aufsichtsratsvorsitzenden folgenden Entscheidungsprobleme, wann und in welchem Umfang er die anderen Aufsichtsratsmitglieder informieren sollte, finden weder in der gesetzlichen Regelung noch in Ziff. 5.2 DCGK ausreichend Berücksichtigung.[211]

114 Ziff. 5.2 DCGK fasst die gesetzlich eher verstreut geregelten Aufgaben und Befugnisse des Aufsichtsratsvorsitzenden in folgender Kodex Empfehlung zusammen.[212]

Ziff. 5.2 DCGK:

> *„Der Aufsichtsratsvorsitzende koordiniert die Arbeit im Aufsichtsrat, leitet dessen Sitzungen und nimmt die Belange des Aufsichtsrats nach außen wahr.*
> *Der Aufsichtsratsvorsitzende soll nicht den Vorsitz im Prüfungsausschuss (Audit Committee) innehaben.*
> *Der Aufsichtsratsvorsitzende soll zwischen den Sitzungen mit dem Vorstand, insbesondere mit dem Vorsitzenden bzw. Sprecher des Vorstands, regelmäßig Kontakt halten und mit ihm Fragen der Strategie, der Planung, der Geschäftsentwicklung, der Risikolage, des Risikomanagements und der Compliance des Unternehmens beraten. Der Aufsichtsratsvorsitzende wird über wichtige Ereignisse, die für die Beurteilung der Lage und Entwicklung sowie für die Leitung des Unternehmens von wesentlicher Bedeutung sind, unverzüglich durch den Vorsitzenden bzw. Sprecher des Vorstands informiert. Der Aufsichtsratsvorsitzende soll sodann den Aufsichtsrat unterrichten und erforderlichenfalls eine außerordentliche Aufsichtsratssitzung einberufen."*

115 Als zentrale Aufgaben werden die **Koordination der Arbeit** des Aufsichtsrats, die **Sitzungsleitung** und die **Außenvertretung** des Aufsichtsrats betont. Diese Aufgabenaufzählung ist nicht vollständig. Wesentliche weitere Aufgaben des Aufsichtsratsvorsitzenden, die in der Kodex Empfehlung nicht angesprochen werden, sind beispielsweise die **Leitung**

---

[207] Vgl. die nicht abschließende Aufzählung in § 107 Abs. 3 S. 2; vgl. auch → § 107 Rn. 321 ff.
[208] Zu seinen Kompetenzen vgl. → § 107 Rn. 93 ff. vgl. auch *Leyendecker-Langner* NZG 2012, 722.
[209] *Drinhausen/Marsch-Barner* AG 2014, 337 (338).
[210] Ausführlich zur Rolle des Aufsichtsratsvorsitzenden: *Drinhausen/Marsch-Barner* AG 2014, 337, *v. Schenck* AG 2010, 649 und *Roth* ZGR 2012, 343 (365 f.); *Schlitt* DB 2005, 2007.
[211] *v. Schenck* AG 2010, 649 (652 f.).
[212] RKLW/*Kremer* Rn. 914.

der **Hauptversammlung**[213] und die Mitwirkung an Handelsregisteranmeldungen der Gesellschaft.[214]

Die Kodexempfehlung in Ziff. 5.2 S. 2 DCGK betreffend den Vorsitz des Aufsichtsrats- 116 vorsitzenden im Personalausschuss wurde bei der Überarbeitung des Kodex im Jahr 2013 ersatzlos gestrichen. Die Empfehlung beinhaltet nunmehr nur noch als Ziff. 5.2 S. 2 DCGK den ehemaligen S. 3, wonach der **Aufsichtsratsvorsitzende nicht den Vorsitz im Prüfungsausschuss**[215] innehaben soll. Damit soll einer möglichen Beeinflussung des Prüfungsausschusses vorgebeugt werden. Der Kodex geht davon aus, dass der Aufsichtsratsvorsitzende eine besondere Nähebeziehung zum Vorstand unterhält, die einer unabhängigen Arbeit im Prüfungsausschuss hinderlich ist. Eine einfache Mitgliedschaft im Prüfungsausschuss ist dem Aufsichtsratsvorsitzenden damit jedoch nicht verwehrt.[216]

In **Ziff. 5.2 S. 3 DCGK** beschreibt die Empfehlung die **Verbindungsfunktion des** 117 **Aufsichtsratsvorsitzenden** als Bindeglied zwischen den Organen Vorstand und Aufsichtsrat. Zwischen den Aufsichtsratssitzungen ist es die Aufgabe des Vorsitzenden, regelmäßigen Kontakt zum Vorstand, namentlich zu dessen Vorsitzenden oder Sprecher, zu halten. Die Empfehlung eines regelmäßigen Kontaktes, nicht unüblich sind wöchentliche Abstimmungen, geht über die gesetzliche Regelung des § 90 Abs. 1 S. 3 hinaus, der eine Berichtspflicht des Vorstands an den Aufsichtsratsvorsitzenden nur bei „wichtigen Anlässen" vorsieht. Diese gesetzliche Berichtspflicht wird in Ziff. 5.2 S. 4 DCGK in Bezug genommen. Die Empfehlung macht im Weiteren deutlich, dass es die Aufgabe des Aufsichtsratsvorsitzenden ist, den Gesamtaufsichtsrat als Organ zu unterrichten und erforderlichenfalls eine Sitzung einzuberufen.

Rechte und Pflichten eines Funktionsträgers gelten ausschließlich für Handlungen 118 und Maßnahmen, die in **Ausübung der Funktion** wahrgenommen werden. Für das Verhalten außerhalb der Funktionsausübung gelten die allgemeinen Vorschriften für Aufsichtsratsmitglieder. Zusätzliche Informationsrechte können nur für Angelegenheiten eingesetzt werden, die sich aus der Funktionsausübung ergeben. Besondere Verschwiegenheitspflichten gegenüber anderen, dem Ausschuss nicht angehörenden Aufsichtsratmitgliedern (wie zB in Personalangelegenheiten) gelten für die allgemeine Tätigkeit nicht.

Das Gebot der Gleichberechtigung gilt auch dann, wenn die **Mitbestimmungsgesetze** 119 einzelnen Aufsichtsratsmitgliedern besondere Funktionen zuweisen. Der stellvertretende Vorsitzende in einem mitbestimmten Aufsichtsrat ist **normales Aufsichtsratsmitglied,** wenn er nicht den Vorsitzenden in Zeiten seiner Verhinderung vertritt. So hat er bspw. keinen Anspruch, neben dem Vorsitzenden die Vorsitzberichte (§ 90 Abs. 1 S. 2) ebenfalls zu erhalten, wenn und solange dieser sein Amt selbst ausübt. Bei der Entscheidung der Frage, ob ein Vorsitzbericht (§ 90 Abs. 1 S. 2) nachfolgende Maßnahmen erfordert, hat er von Rechts wegen kein Mitspracherecht. Allerdings ist es dem Vorsitzenden nicht verwehrt, diese Frage mit seinem Stellvertreter zu erörtern. Die Entscheidung hat er aber auch dann allein und unter eigener Verantwortung zu treffen.

Unterschiedliche Wahlkörper begründen keine besonderen Rechte und Pflichten für 120 die gewählten Aufsichtsratsmitglieder. Von den Aktionären gewählte Mitglieder, von einem Aktionär entsandte Mitglieder[217] und von den Arbeitnehmern gewählte Mitglieder sind **vollkommen gleichberechtigt,** aber auch unterschiedslos verpflichtet.[218] Die Verbindung zu einem Wahlkörper ist nur dann zu berücksichtigen, wenn das Gesetz dies ausdrücklich festlegt. Dies ist zB in einem mitbestimmten Unternehmen bei der Wahl des Vorsitzenden und seines Stellvertreters (§ 27 MitbestG) und bei der Wahl der Mitglieder für den sog.

---

[213] Speziell hierzu *Drinhausen/Marsch-Barner* AG 2014, 757; vgl. auch LG Ravensburg AG 2014, 910.
[214] RKLW/*Kremer* Rn. 919.
[215] Zu den Aufgaben des Prüfungsausschuss speziell *Schüppen* ZIP 2012, 1317 (1319 f.).
[216] RKLW/*Kremer* Rn. 922.
[217] Zur besonderen Problematik der Weisungsgebundenheit von Vertretern der öffentlichen Hand → Exkurs 3 Rn. 29 sowie *Heidel* NZG 2012, 48 (51); *Spindler* ZIP 2011, 689.
[218] Vgl. OLG Hamm NZG 2008, 914 (915).

Mitbestimmungs- oder Vermittlungsausschuss (§ 27 Abs. 3 MitbestG) der Fall. In allen anderen Fällen sind bei der Vergabe von Funktionen ausschließlich sachliche Gesichtspunkte zu beachten. Es gibt keinen Anspruch einzelner Aufsichtsratsmitglieder auf Mitwirkung in einem besonderen Ausschuss, weder für Anteilseignervertreter noch für Arbeitnehmervertreter, weder für Gewerkschaftsvertreter noch für Vertreter der leitenden Angestellten. Es gibt auch keine Ansprüche aus der Zugehörigkeit zu einem bestimmten Geschlecht, einer besonderen Rasse oder einer bestimmten Religion. Eines ist aber zu beachten: Niemand darf wegen des Ursprungs seiner Mitgliedschaft oder aus anderen Gründen im Aufsichtsrat diskriminiert werden.

VI. Handlungspflichten des einzelnen Aufsichtsratsmitglieds[219]

121 Jedes Aufsichtsratsmitglied ist verpflichtet, seine **Pflichten selbst mit der erforderlichen Sorgfalt** wahrzunehmen.[220] Wer dies nicht tut und dadurch der Gesellschaft einen Schaden verursacht, ist haftbar,[221] auch wenn anderen Aufsichtsratsmitgliedern eine gleiche Sorgfaltspflichtverletzung vorzuwerfen ist. Jedes Aufsichtsratsmitglied ist dafür verantwortlich, dass der Gesamtaufsichtsrat seinen Aufgaben nachkommt.[222]

122 Hinsichtlich der von jedem Aufsichtsratmitglied **geschuldeteten Sorgfalt** ist zu unterscheiden zwischen dem gesetzlichen **Mindeststandard,** der für alle Aufsichtsratsmitglieder gleichermaßen gilt,[223] und dem **erhöhten Sorgfaltsmaßstab,** den ein einzelnes Aufsichtsratsmitglied aufgrund besonderer, individueller Sachkunde zu erfüllen hat.[224]

123 Als **gesetzlicher Mindeststandard** wird von allen Aufsichtsratsmitgliedern, unabhängig davon, ob sie Vertreter der Arbeitnehmer- oder der Arbeitgeberseite sind, ob sie entsandt oder von der Hauptversammlung gewählt worden sind, die Sorgfalt geschuldet, die von einem ordentlichen Aufsichtsratmitglied bei der Überwachung der Verwaltung fremden Vermögens[225] nach der Verkehrsanschauung mindestens erwartet werden kann.[226]

124 Verfügt das Aufsichtsratmitglied über **besondere Fachkenntnisse** erhöht sich die geschuldete Sorgfalt auf das Maß, welches für einen Angehörigen der Gruppe mit diesen besonderen Fachkenntnissen üblich ist.[227]

125 **Befugnisse des Aufsichtsrats** stehen grundsätzlich dem Gesamtaufsichtsrat als Organ zu.[228] Sie können allerdings auf Ausschüsse und einzelne Mitglieder ausdrücklich oder konkludent übertragen werden.[229] Regelmäßig werden sie mit der Einsetzung eines Ausschusses oder der Beauftragung eines einzelnen Aufsichtsratsmitglieds in dem Umfang konkludent übertragen, in dem die Ausführung der Aufgabe dies erfordert. Eine klare gesetzliche Regelung des Umfanges der übertragenen Kompetenzen, insbesondere für den Vorsitzenden des Aufsichtsrats fehlt jedoch.[230] Maßt sich allerdings ohne Beauftragung ein einzelnes Aufsichtsratsmitglied Befugnisse an, die nur dem Gesamtaufsichtsrat als Organ

---

[219] Vgl. → Rn. 109 und ausf. → Rn. 598 ff.; Kölner Komm AktG/*Mertens/Cahn* Rn. 13; *Theisen* DB 1989, 311; vgl. auch → Rn. 383.
[220] LG Dortmund AG 2002, 97 (99); vgl. auch *Emde* DB 1999, 1486 („Sonderwissen" und Informationsweitergabe).
[221] §§ 116, 83 AktG. LG Dortmund AG 2002, 97 (99).
[222] Großkomm AktG/*Hopt/Roth* Anm. 116.
[223] *Doralt/Doralt* in Semler/*v. Schenck* AR-HdB § 14 Rn. 134.
[224] *Doralt/Doralt* in Semler/v. Schenck AR-HdB § 14 Rn. 133.
[225] Vgl. OLG Düsseldorf AG 1997, 231 (235); Hüffer/*Koch* § 93 Rn. 64.
[226] *Doralt/Doralt* in Semler/v. Schenck AR-HdB § 14 Rn. 134; *Kling* DZWiR 2005, 45 (48); *Semler,* FS Doralt, 2004, 609 (614).
[227] *Doralt/Doralt* in Semler/v. Schenck AR-HdB § 14 Rn. 143; vgl. auch *Kiethe* WM 2005, 2122.
[228] MüKoAktG/*Habersack* Rn. 17; Kölner Komm AktG/*Mertens/Cahn* Rn. 13; Großkomm AktG/*Hopt/Roth* Anm. 108.
[229] OLG Frankfurt AG 2008, 456 (457); MüKoAktG/*Habersack* Rn. 17; Kölner Komm AktG/*Mertens/Cahn* Rn. 13; vgl.auch → Rn. 110.
[230] Zu den sich hieraus ergebenden Problemen und Risiken für den Aufsichtsratsvorsitzenden ausführlich *v. Schenck* AG 2010, 649 (654 f.).

zustehen, kann dieses Verhalten im Wiederholungsfall einen wichtigen Grund zur Abberufung des Aufsichtsratmtgliedes darstellen.[231]

Einige **Rechte** stehen **dem einzelnen Aufsichtsratsmitglied** originär zu, nämlich 126
- Antrag auf Einberufung des Aufsichtsrats (§ 110 Abs. 1 und 2);
- Antrag zur Ergänzung des Aufsichtsrats (§ 104 Abs. 1 und 2);
- Mitwirkung bei der Wahl der Vorsitzenden (§ 107 Abs. 1 S. 1);
- Teilnahme an den Sitzungen des Aufsichtsrats und (grds.) seiner Ausschüsse (§ 109 Abs. 2 mit dem Recht des Aufsichtsratsvorsitzenden, anderes zu bestimmen);
- Widerspruch gegen Beschlussfassung außerhalb von Sitzungen (§ 108 Abs. 4);
- Antrag auf Einleitung eines Verfahrens zur gerichtlichen Entscheidung über die Zusammensetzung des Aufsichtsrats (§ 98 Abs. 1);
- Recht auf Kenntnisnahme von den Abschlussunterlagen und bedingter Anspruch auf Aushändigung (§ 170 Abs. 3);
- Recht auf Anforderung von Berichten des Vorstands sowie dessen Durchsetzung (§ 90 Abs. 3 S. 2).

VII. Bedeutung der Lage des Unternehmens

Der Aufsichtsrat muss die Intensität seiner Überwachung der Lage der Gesellschaft 127 anpassen.[232] Dabei gehen die Handlungserfordernisse ebenso wie die Veränderungen der Lage des Unternehmens ineinander über.[233] Daher ist es von vorrangiger Bedeutung, dass der Aufsichtsrat überhaupt erkennt, in welcher Lage sich das Unternehmen befindet.[234] Bei normalem Gang der Geschäfte kann sich der Aufsichtsrat mit einer **begleitenden Überwachung** begnügen.[235] Er braucht nur die im Gesetz für die laufende Überwachung vorgesehenen Kompetenzen wahrzunehmen. Dies ist regelmäßig der Fall, wenn der Aufsichtsrat den Jahres- und Konzernabschluss nebst Lagebericht und die Regelberichte des Vorstands sorgfältig prüft und mit dem Vorstand erörtert, mithin die Geschäftsführung kritisch begleitet.[236]

Bei einer sich verschlechternden Lage des Unternehmens muss er seine Tätigkeit intensivieren, er muss zu einer **unterstützenden Überwachung** übergehen.[237] Er muss insbesondere für Bereiche oder Funktionen, bei denen sich die Lage verschlechtert hat oder Risiken deutlich geworden sind, zusätzliche Berichte anfordern und sich ggf. in Sondersitzungen speziell mit der Lage und Entwicklung dieser Bereiche befassen. Er muss prüfen, ob er besondere Zustimmungsvorbehalte beschließen muss,[238] ohne dadurch die Eigenverantwortlichkeit des Vorstands über Gebühr einzuschränken. Auch wird er überlegen, ob eine Verstärkung des Vorstands oder Veränderungen im Vorstand angebracht sind. Er darf jedoch nicht selbst Geschäftsführungsmaßnahmen veranlassen.

---

[231] OLG Frankfurt AG 2008, 456 (457).
[232] OLG Stuttgart AG 2012, 298 (300); OLG Brandenburg AG 2009, 662 (664); OLG Hamburg DB 2001, 583 (584); K.Schmidt/Lutter/*Drygala* Rn. 22 f.; Hüffer/*Koch* Rn. 15; *v. Schenck* in Semler/v. Schenck ARHdB § 7 Rn. 206; *Boujong* AG 1995, 203 (2059); *Goerdeler* WPg 1982, 33 (34); *Henze* BB 2000, 209 (214); Lutter/Krieger/*Verse* Rn. 93 ff.; *J. Semler* AG 1983, 141; *J. Semler*, Leitung und Überwachung, Rn. 231 ff.; *J. Semler* AG 1984, 20 (21); *Mestmäcker* Konzerngewalt S. 89. Grundsätzlich aA *Claussen* AG 1984, 20; zurückhaltend Großkomm AktG/Hopt/*Roth* Anm. 316; Kölner Komm AktG/*Mertens/Cahn* Rn. 25.
[233] Kölner Komm AktG/*Mertens/Cahn* Rn. 25, der einer abgestuften Überwachungspflicht skeptisch gegenüber steht.
[234] *Hasselbach* NZG 2012, 41.
[235] Kritisch zur begleitenden Überwachung: K. Schmidt/Lutter/*Drygala* Rn. 22 f.
[236] OLG München AG 2009, 745 (747); MüKoAktG/*Habersack* Rn. 44; kritisch mit Hinweis auf aktuelle Complianceverstöße K.Schmidt/Lutter/*Drygala* Rn. 23.
[237] OLG München AG 2009, 745 (748); OLG Brandenburg AG 2009, 662 (664); OLG Hamburg DB 2001, 583 (584); LG München AG 2007, 827 (828); MüKoAktG/*Habersack* Rn. 45; K.Schmidt/Lutter/*Drygala* Rn. 25; *Henze* BB 2000, 209 (214); *J. Semler*, Leitung und Überwachung, Rn. 233.
[238] So *Berg* WiB 1994, 382 (384).

129 Wenn die Lage des Unternehmens sich weiter verschlechtert oder sich gar eine krisenhafte Entwicklung anbahnt, wird die Aufgabe des Aufsichtsrats zur **gestaltenden Überwachung**.[239] Der Aufsichtsrat darf nicht tatenlos zusehen, wie sich die Situation des Unternehmens verschlechtert und die Existenz des Unternehmens in Gefahr gerät. Er muss (uU durch Einschaltung von Sachverständigen)[240] unter Ausschöpfung aller ihm zur Verfügung stehenden Informationsquellen die Lage analysieren und überlegen, welche Maßnahmen zu treffen sind, um die Existenz des Unternehmens zu sichern. Hierzu kann auch die Veranlassung konkreter Geschäftsführungsmaßnahmen zählen.[241] Wenn der Vorstand die Lage nicht meistert, hat der Aufsichtsrat vorübergehend die Handlungsverantwortung für das Unternehmen kraft seiner Personalhoheit.[242] Er muss in dieser Situation handeln und durch Neubesetzung des Vorstands (§ 84 Abs. 3) den Versuch unternehmen, das Unternehmen zum Erfolg zurückzuführen.[243] Lassen sich in der aktuen Krisensituation keine geeigneten Vorstandskandidaten finden, kann der Aufsichtsrat auch gemäß § 105 Abs. 2 für einen Zeitraum von maximal einem Jahr übergangsweise Mitglieder des Aufsichtsrats als „Stellvertreter" für die fehlenden Vorstandsmitglieder bestellen. Diese übernehmen während der Zeit ihrer Bestellung dann originäre Geschäftsführungsaufgaben.[244] Aber auch diese Ausnahmesituation ändert nichts an dem Grundsatz, dass der Aufsichtsrat als Organ nicht selbst die Geschäftsführung übernehmen darf. Die Leitung der Gesellschaft bleibt beim Vorstand, auch wenn der Aufsichtsrat wegen seiner Personalhoheit eine besondere Verantwortung trägt.

130 Ist das Unternehmen bereits insolvenzreif, muss der Aufsichtsrat dafür sorgen, dass der Vorstand rechtzeitig Insolvenzantrag stellt und keine Zahlungen mehr leistet, die mit der Sorgfalt eines ordentlichen und gewissenhaften Geschäftsleiters unvereinbar sind.[245] Untätigkeit in einer Krisensituation stellt eine haftungsbegründende Pflichtverletzung des Aufsichtsrats dar.[246]

131 Die Tatsache, dass in einer Krisensituation der gesamte Aufsichtsrat als Organ verantwortlich ist, darf nicht darüber hinweg täuschen, dass in der Praxis dem **Aufsichtsratsvorsitzenden** der Hauptteil der Arbeit und Verantwortung zufallen wird. Dies ergibt sich aus dem Umstand, dass ein mehrköpfiges Kollegialorgan naturgemäß in seiner Handlungs- und Entscheidungsgeschwindigkeit beschränkt ist. Dem Aufsichtsratsvorsitzenden kommt in der Krisensituation noch stärker die Aufgabe zu, den Kontakt zum Vorstand und zu den anderen Aufsichtsratsmitgliedern zu halten.[247]

VIII. Selbstorganisation des Aufsichtsrats

132 Der Aufsichtsrat muss seine Tätigkeit so organisieren, dass er die ihm obliegenden Pflichten mit gebotener Sorgfalt ausreichend wahrnehmen und die ihm zustehenden Rechte im gebotenen Umfang angemessen ausüben kann.[248] Jedes Aufsichtsratsmitglied muss die Möglichkeit haben, seine rechtlichen Befugnisse wahrzunehmen und seine rechtlichen Pflichten zu erfüllen. Die rechtliche und tatsächliche Gleichberechtigung der einzelnen Aufsichtsratsmitglieder muss im notwendigen Umfang gesichert werden. Unterschiede sind nur zulässig, wenn und soweit die besondere Stellung eines Aufsichtsratsmitglieds (Vorsitz, Ausschussmitgliedschaft, Sonderauftrag im Sinne des § 111 Abs. 2 S. 2) eine unterschiedliche Behandlung erfordert.[249] Neben der von § 27 Abs. 3 MitbestG geforderten Errichtung

---

[239] *J. Semler,* Leitung und Überwachung, Rn. 234; MüKoAktG/*Habersack* Rn. 45.
[240] So explizit LG München AG 2007, 827 (828) und MüKoAktG/*Habersack* Rn. 45.
[241] *v. Schenck* in Semler/v. Schenck AR-HdB § 7 Rn. 207.
[242] *v. Schenck* in Semler/v. Schenck AR-HdB § 7 Rn. 207.
[243] Vgl. BGH AG 2009, 404 (405); OLG Düsseldorf AG 2013, 171 (172).
[244] *v. Schenck* in Semler/v. Schenck AR-HdB § 7 Rn. 207.
[245] BGH AG 2009, 404 (405); OLG Düsseldorf AG 2013, 171 (172).
[246] BGH AG 2009, 404 (405); OLG Düsseldorf AG 2013, 171 (172).
[247] Vgl. *v. Schenck* in Semler/v. Schenck AR-HdB § 7 Rn. 206.
[248] Zur Effizienz der Aufsichtsratsorganisation vgl. *Semler,* FS Raiser, 2005, 399.
[249] *Martens* DB 1980, 1381.

des Mitbestimmungsausschusses[250] müssen erforderlichenfalls weitere Ausschüsse gebildet werden. Aus der Selbstorganisation des Aufsichtsrats folgt jedoch nicht, dass dieser zur Erfüllung seiner Aufgaben über ein eigenes Budget oder Zugriff auf die Konten des Unternehmens verfügt.[251]

1. Geschäftsordnung. Der Aufsichtsrat muss sich eine **Geschäftsordnung** geben, wenn nicht die Größe des Gremiums eine ausdrücklich formulierte Geschäftsordnung entbehrlich macht. Das Gesetz schreibt dies zwar nicht vor. Aber § 82 Abs. 2 geht vom Vorhandensein einer Geschäftsordnung aus.[252] Wenn der Aufsichtsrat auf den Erlass einer Geschäftsordnung für sein eigenes Wirken verzichtet, muss er im Schadensfall nachweisen, dass die gebotene Sorgfalt eines ordentlichen Überwachers eine solche nicht notwendig erscheinen ließ. Ziff. 5.1.3 DCGK empfiehlt die Festlegung einer Geschäftsordnung.   133

2. Errichtung von Ausschüssen. § 107 Abs. 3 gestattet ausdrücklich die Errichtung von Ausschüssen, die aus der Mitte des Aufsichtsrats zu besetzen sind.[253] Je größer die satzungsmäßige Zahl der Aufsichtsratsmitglieder, desto bedeutsamer wird im Allgemeinen die Errichtung eines Ausschusses oder mehrerer Ausschüsse sein.[254] Intensive Überwachungsarbeit kann in einem Aufsichtsrat mit vielen Mitgliedern, insbesondere bei paritätischer Besetzung, praktisch nicht geleistet werden. Wenn die Aufsichtsratsmitglieder der ihnen gebotenen Sorgfaltspflicht nachkommen wollen, müssen sie wesentliche Arbeiten in **kleinere Gremien** verlagern.[255] Eine entsprechende Empfehlung ist in Ziff. 5.3.1. DCGK gegeben. Für bestimmte **Kreditinstitute** im Sinne des § 25d Abs. 3 S. 1 KWG enthält § 25d Abs. 7 S. 1 KWG mittlerweile eine **Pflicht zur Bildung von Ausschüssen,** wenn der Aufsichtsrat des Unternehmens über mehr als 10 Mitglieder verfügt (→ Rn. 80). Dem Gesetzgeber erschien die Bildung von Ausschüssen ab einer Anzahl von zehn Aufsichtsratsmitgliedern sinnvoll und notwendig, um eine bestimmte Thematik für den Gesamtaufsichtsrat vorzubereiten.[256] Ein weiterer, zunehmend wichtiger werdender Grund für die Bildung von Ausschüssen liegt in der wachsenden Bedeutung der Gewähr der **Unabhängigkeit der Aufsichtsratsmitglieder.**[257] Von der Errichtung von Ausschüssen zu unterscheiden ist die unzulässige Delegation von Aufgaben des Aufsichtsrats auf einzelne Mitglieder.[258]   134

Neben der Bildung eines **Prüfungsausschusses** (Audit Committee)[259] sind die Bildung eines **Nominierungs-** und **Personalausschusses** und eines Aufsichtsratspräsidium oder **Präsidialausschusses** (Standing Committee) bei Gesellschaften mit großen und mitbestimmten Aufsichtsräten verbreitet.[260] Bei Kreditinstituten ist die Bildung eines **Kreditausschusses** üblich.[261]   135

Ziff. 5.2 DCGK empfiehlt, dass der Aufsichtsratsvorsitzende nicht den Vorsitz im Prüfungsausschuss (Audit Committee)[262] übernimmt. Dieser Empfehlung liegt die Überlegung zugrunde, dass der Aufsichtsratsvorsitzende regelmäßig in einer besonderen Nähebeziehung zum Vorstand steht. Der Verzicht auf den Vorsitz im Prüfungsausschuss soll die   136

---

[250] Vgl. *Rittner,* FS Fischer, 1979, 627.
[251] Vgl. hierzu *Knoll/Zachert* AG 2011, 309.
[252] Vgl. die Erläuterungen zu → § 107 Rn. 411 ff.; siehe auch *Büdenbender* JA 1999, 813 (818).
[253] Vgl. die Erläuterungen zu → § 107 Rn. 226 ff. Ausführlich zur Arbeit von Ausschüssen: *Gittermann* in Semler/v. Schenck AR-HdB § 6. Zur besonderen Bedeutung des Präsidialausschusses *Krieger* ZGR 1985, 338.
[254] So auch *Roth* ZGR 2012, 343 (354).
[255] AA Großkomm AktG/*Hopt/Roth* Anm. 142.
[256] Begründung zum Gesetzentwurf für das CRD IV-Umsetzungsgesetz, BR-Drs. 510/12, 143 f.
[257] Vgl. *Roth* ZGR 2012, 343 (352 f.).
[258] Vgl. BGH AG 2005, 475.
[259] Zur Überwachung des internen Kontrollsystems durch den Prüfungsausschuss siehe *Arbeitskreis Externe und interne Überwachung der Schmalenbach-Gesellschaft für Betriebswirtschaft e. v.* DB 2011, 2101.
[260] Hierzu ausführlich *Roth* ZGR 2012, 343 (358 f.) und *Gittermann* in Semler/v. Schenck AR-HdB § 6 Rn. 114 ff.
[261] *Gittermann* in Semler/v. Schenck AR-HdB § 6 Rn. 142.
[262] Zum Prüfungsausschuss und seinen Aufgaben speziell *Habersack* AG 2008, 98 (99).

Unabhängigkeit des Ausschusses vom Vorstand stärken.[263] Eine einfache Mitgliedschaft des Aufsichtsratsvorsitzenden im Prüfungsausschuss oder dessen stellvertretender Vorsitz sind mit der Kodexempfehlung vereinbar.

Eine Nichtbefolgung der Kodexempfehlung kann anzeigt sein, wenn der Aufsichtsratsvorsitzende über besondere Fachkompetenz oder über besonders wichtige Kenntnisse über das Unternehmen verfügt.[264]

137 Allerdings darf die Aufgabenübertragung nicht dazu führen, dass der Aufsichtsrat als Organ seiner ihm obliegenden Funktion beraubt wird. **Grundlegende Entscheidungen,** insbesondere die eigentliche Überwachungsaufgabe, müssen auch bei intensiver Vorbereitung durch einen Ausschuss **vom Gesamtaufsichtsrat** getroffen werden. Deswegen schreibt das Gesetz vor, dass bestimmte Aufgaben einem Ausschuss nicht zur Entscheidung übertragen werden dürfen.[265]

138 In bestimmten Situationen kann es erforderlich sein, neben den ständigen Ausschüssen zur Bewältigung besonderer Aufgaben sogenannte **Ad-hoc Ausschüsse** zu bilden.[266] Typische Sondersituationen, welche die Bildung eines derartigen Ad-hoc Ausschusses rechtfertigen können, sind beispielsweise die Abgabe eines Übernahmeangebotes für die Aktien die Gesellschaft oder Interessenkonflikte bei einzelnen Mitgliedern des Aufsichtsrats,[267] Antikorruptionsausschüsse oder spezielle „litigation committees".[268]

139 Der Aufsichtsrat entscheidet über die Bildung, Größe und Zusammensetzung des Ad-hoc Ausschusses durch einen mit **einfacher Mehrheit** zu fassenden Beschluss.[269] Die Aufgabe des Ad-hoc Ausschusses und die Abgrenzung zu den Aufgaben anderer Ausschüsse sind präzise zu definieren. Möglich ist die Übertragung sowohl vorbereitender Aufgaben wie auch die Übertragung von Entscheidungskompetenzen, zB die Kompetenz zur Entscheidung über die Stellungnahme des Aufsichtsrats zu einem Übernahmeangebot gemäß § 27 Abs. 1 WpÜG. Wie bei ständigen Ausschüssen ist jedoch die Übertragung der Überwachungsfunktion im Ganzen unzulässig.[270]

140 Über die personelle Besetzung entscheidet der Aufsichtsrat nach eigenem Ermessen. Sollem dem Ad-hoc Ausschusses Entscheidungskompetenzen übertragen werden, müssen dem Ad-hoc Ausschuss nach § 108 Abs. 2 S. 3 mindestens drei Mitglieder angehören.[271] Eine Besetzung nach dem mitbestimmungsrechtlichen Paritätsprinzip ist nicht erforderlich.[272]

IX. Grundsätze ordnungsmäßiger Überwachung und „code of best practice"[273]

141 In den angelsächsischen Staaten, deren Gesellschaftsrechte im Allgemeinen nicht so eingehend verfasst sind wie das deutsche Aktienrecht, haben zunächst große börsennotierte und später auch andere Aktiengesellschaften begonnen, die **Grundsätze ihrer materiellen Unternehmensverfassung** umfassend festzulegen und zu publizieren.[274] Dies war notwendig, weil ohne solche ausformulierten Grundsätze für den Außenstehenden, insbesondere

---

[263] RKLW/*Kremer* Rn. 922.
[264] RKLW/*Kremer* Rn. 923, *Kort* AG 2008, 137 (144).
[265] Vgl. § 107 Abs. 3 S. 2. Die Aufzählung im Gesetz ist nicht abschließend, vgl. → § 107 Rn. 317 ff.
[266] Ausführlich *Hasselbach/Seibel* AG 2012, 114.
[267] *Hasselbach/Seibel* AG 2012, 114 (115) geben einen Überblick über die verschiedenen in der Praxis gebildeten Ad-Hoc Ausschüsse.
[268] *Roth* ZGR 2012, 343 (359 f.).
[269] *Hasselbach/Seibel* AG 2012, 114 (119).
[270] *Hasselbach/Seibel* AG 2012, 114 (116).
[271] *Hasselbach/Seibel* AG 2012, 114 (117).
[272] Nach *Hasselbach/Seibel* AG 2012, 114 (118) muss die Besetzung jedoch „diskriminierungsfrei" erfolgen.
[273] Vgl. Spindler/Stilz/*Spindler* Rn. 22.
[274] Zur internationalen Entwicklung von Corporate Governance Grundsätzen MüKoAktG/*Spindler* Vor § 76 Rn. 63 ff. und der Bericht der Regierungskommission Corporate Governance, *Baums* Rn. 5.

den Aktionär, nicht erkennbar war, nach welchen Grundsätzen die Zusammensetzung und die Zusammenarbeit der verschiedenen Unternehmensorgane erfolgt.

Den internationalen Teilnehmern an den **deutschen Kapitalmärkten,** die mit Einzelheiten der deutschen Rechtsordnung wenig vertraut waren, fiel das Fehlen entsprechender ausformulierter Grundsätze für deutsche Unternehmen auf. Zunehmend wurde von Analysten und institutionellen Anlegern darauf hingewiesen, dass das Fehlen solcher Grundsätze und einer entsprechenden Selbstverpflichtung zur Einhaltung solcher Grundsätze für das jeweilige Unternehmen vom Kapitalmarkt nachteilig eingeschätzt wird. Deswegen wurde auch in Deutschland begonnen, Corporate Governance Grundsätze zu erarbeiten. Verschiedene Gruppen haben besondere Empfehlungen für die **Ausgestaltung** der materiellen Unternehmensverfassung, für die **Corporate Governance** entworfen.[275] Eine Reihe von Unternehmen hat daraufhin eigene Grundsätze erarbeitet und ihren Aktionären bekannt gegeben. **142**

Schon in früherer Zeit war speziell von betriebswirtschaftlicher Seite versucht worden, für die Arbeit des Aufsichtsrats **Grundsätze ordnungsmäßiger Überwachung (GoÜ)** einzuführen.[276] Sie sollten wie die Grundsätze ordnungsmäßiger Buchführung als ein gesetzesähnliches Regelwerk die Arbeit des Aufsichtsrats in bestimmte Normen fassen. Diese Bestrebungen begegneten starken Bedenken.[277] Die Aufgaben des Aufsichtsrats sind viel zu sehr vom lebendigen Geschehen abhängig, als dass man sie in ein starres Normensystem hineinzwängen könnte.[278] Hiermit nicht völlig deckungsgleich sind verschiedene von der Praxis erarbeitete Kodizes, **(„code of best practice")** die den aktuellen „Stand der Technik"[279] guter Überwachungspraxis dokumentieren und verallgemeinern sollen.[280] **143**

Die Grundsätze ordnungsgemäßer Überwachung werden über S. 1 Ziffer 3.8. DCGK durch den Deutschen Corporate Governance Kodex (DCGK) in Bezug genommen.[281] Durch diese Bezugnahme wird verdeutlicht, dass die im DCGK enthaltenen Standards nicht als eigenständige und abschließende Regelung zu verstehen sind, sondern als ein besonders hervorgehobener Teil aller allgemein anerkannten Leitungs- und Überwachungsgrundsätze.[282] **144**

Einzelne Grundsätze ordnungsgemäßer Überwachung haben im DCGK ausdrücklich Erwähnung gefunden.

1. Rechtsnatur. Die Grundsätze ordnungsmäßiger Überwachung sind keine Rechtsnormen.[283] Sie haben den **Charakter sachverständiger Fachurteile.**[284] Sie können – wie jede andere Sachverständigenaussage – widerlegt werden. Dies kann durch die mündliche oder schriftliche Aussage eines Sachverständigen oder sonstige Beweismittel erfolgen. **145**

Die Befolgung von Grundsätzen ordnungsmäßiger Überwachung ist im Schadensfall nicht ohne weiteres ein ausreichender Nachweis dafür, dass das Aufsichtsratsmitglied die ihm **obliegende Sorgfalt befolgt** hat.[285] Es kommt nicht darauf an, allgemeine Grundsätze zu **146**

---

[275] *Grundsatzkommisssion Corporate Governance,* Corporate Governance-Grundsätze („Code of best practice") für börsennotierte Gesellschaften, AG 2000, 106; German Code of Corporate Governance (GCCG) des Berliner Initiativkreises GCCG, DB 2000, 1573; DVFA, „Scorecard for German Corporate Governance", 2000.

[276] *Theisen* DBW 1993, 295 (297 f.); *Schmalenbach Gesellschaft Arbeitskreis* „Externe und interne Überwachung der Unternehmung" DB 1995, 1 mit krit. Anm. *Lutter* sowie Antwort des Arbeitskreises DB 1995, 1926; zustimmend *Bleicher/Leber/Paul* S. 69 f., 270; *Potthoff* DB 1995, 163 (164); *Dörner/Oser* DB 1995, 1085, 1088; *v. Werder* DB 1995, 2177; kritisch *Scheffler* ZGR 1993, 63 (75); *Jaschke* S. 32 f., 93.

[277] So zB Kölner Komm AktG/*Mertens/Cahn* Rn. 36.

[278] Kölner Komm AktG/*Mertens/Cahn* Rn. 36; *J. Semler,* Leitung und Überwachung, Rn. 86 ff.

[279] So RKLW/*v.Werder* Rn. 430.

[280] Spindler/Stilz/*Spindler* Rn. 22; RKLW/*v.Werder* Rn. 431.

[281] Ziff. 3.8 S. 1 DCGK lautet: „Vorstand und Aufsichtsrat beachten die Regeln ordnungsgemäßer Unternehmensführung".

[282] RKLW/v.*Werder* Rn. 430.

[283] Hüffer/*Koch* Rn. 1; Spindler/Stilz/*Spindler* Rn. 23; *J. Semler,* FS Peltzer, 2001, 489 (494).

[284] *Kalss,* FS Krejci, 2001, 699; *Semler,* FS Peltzer, 2001, 489.

[285] Vgl. Hüffer/*Koch* Rn. 1: „weil Rechtspflicht und betriebswirtschaftliche Wünschbarkeit nicht klar getrennt werden".

beachten, sondern die in der konkreten Situation erforderlichen Überwachungserfordernisse zu erfüllen. Umgekehrt kann allerdings die Nichteinhaltung der Einhaltung von Corporate Governance Grundsätzen eine Verletzung der Sorgfaltspflicht indizieren.

147 2. **Inhalt.** Die Grundsätze ordnungsmäßiger Überwachung haben zunächst durchweg **formalen Charakter.** Sie stellen dar, welche formalen Erfordernisse bei der Aufsichtsratstätigkeit zu erfüllen sind. Die ordnungsmäßige Erfüllung muss im Einzelfall nicht notwendig vom Aufsichtsratsmitglied persönlich kontrolliert werden. Eine mit Sorgfalt ausgesuchte, entsprechend geschulte und sachgerecht überwachte Sekretärin kann diese Arbeiten für das Aufsichtsratsmitglied erledigen. Dies gilt besonders dann, wenn das Aufsichtsratsmitglied eine geeignete Check-Liste erstellt hat.

148 Im Schwerpunkt formulierter Grundsätze stehen jedoch **materielle Aussagen.** Sie müssen mit Vorsicht angewendet werden. Die eigentliche materielle Aufsichtsratstätigkeit setzt neben ausreichenden Kenntnissen des Aktienrechts betriebswirtschaftliche Kenntnisse und umfassende Erfahrungen voraus. Ausformulierte Grundsätze ordnungsmäßiger Überwachung können nur bedingt helfen. Allerdings wird die Einhaltung der aus solchen Grundsätzen folgenden Verhaltensregeln im Allgemeinen Voraussetzung für eine fachgerechte Aufsicht sein. Nur genügt eine solche Beachtung der Grundsätze meist nicht, um die erforderliche Sorgfalt walten zu lassen.

149 3. **Einführung von Corporate Governance Grundsätzen im Unternehmen.** Die Zuständigkeit für die Einführung von Corporate Governance Grundsätzen in Unternehmen hängt vom **materiellen Gehalt der Grundsätze** ab. Wenn sie allein das Verhalten des Vorstands betreffen, darf der Vorstand sie nach § 77 Abs. 2 S. 1 als Teil seiner Geschäftsordnung einführen, solange die Satzung nichts anderes vorsieht oder der Aufsichtsrat die Erlass-Kompetenz für eine Geschäftsordnung nicht an sich gezogen hat. Wenn die Grundsätze auch das Verhalten des Aufsichtsrats berühren, sind sie (auch) Teil der Geschäftsordnung des Aufsichtsrats. Insoweit kann sie allein der Aufsichtsrat beschließen. Wenn die Corporate Governance Grundsätze darüber hinaus auch die innere Ordnung der Hauptversammlung regeln, handelt es sich um einen Teil der Geschäftsordnung für die Hauptversammlung im Sinne des § 129 Abs. 1 S. 1. Ihre Einsetzung bedarf eines qualifizierten Hauptversammlungsbeschlusses.[286]

X. Grundsätze ordnungsmäßiger Unternehmensführung und Überwachung im Konzern

150 Auch im Konzern hat der Aufsichtsrat der Obergesellschaft die Geschäftsführung des Vorstands zu überwachen. Der Aufsichtsrat hat darüber zu wachen, dass der Vorstand die Grundsätze der Ordnungsmäßigkeit, Rechtmäßigkeit, Zweckmäßigkeit und Wirtschaftlichkeit bei Ausübung seiner Geschäftsführungstätigkeit beachtet.[287] Diese Überwachungsaufgabe des Aufsichtsrats der Obergesellschaft erfährt jedoch im Konzern eine Ausdehnung insoweit, wie die Geschäftsführungstätigkeit des Vorstands der Obergesellschaft Belange der Konzernuntergesellschaften umfasst.[288] Allerdings führt diese Ausdehnung der Überwachungsaufgaben für den Aufsichtsrat der Konzernobergesellschaft nicht dazu, dass dieser als „**Konzernaufsichtsrat**" tätig würde. Der Aufsichtsrat der Konzernobergesellschaft bleibt ausschließlich Organ dieser Gesellschaft.[289]

---

[286] Die Hauptversammlung ist zB betroffen, wenn der Kodex eine Beschränkung der Zahl zulässiger Mandate vorsieht, vgl. *Baums* Rn. 52.
[287] *v. Schenck* in Semler/v. Schenck AR-HdB § 1 Rn. 317; *Lutter* AG 2006, 517, 519.
[288] Kölner Komm AktG/*Mertens/Cahn* Rn. 28; *v. Schenck* in Semler/v. Schenck AR-HdB § 1 Rn. 320; *Lutter* AG 2006, 517.
[289] Kölner Komm AktG/*Mertens/Cahn* Rn. 28; *v. Schenck* in Semler/v. Schenck AR-HdB § 1 Rn. 329, § 7 Rn. 69, *Lutter* AG 2006, 517 (518).

Den **Gegenstand der Überwachung** durch den Aufsichtsrat bildet auch im Konzern 151
das **Verhalten der Mitglieder des Vorstands der Konzernobergesellschaft**.[290] Die
Mitglieder der Geschäftsleitungen der Konzerngesellschaften sind hingegen nicht Gegenstand der Überwachung durch den Aufsichtsrat der Konzernobergesellschaft, sondern unterliegen unverändert der Überwachung durch ihre eigenen Kontrollorgane.[291]

Das **Ausmaß der zusätzlichen Überwachungsaufgaben** für den Aufsichtsrat der 152
Konzernobergesellschaft ist davon abhängig, in welchem Umfang der Vorstand dieser
Gesellschaft Maßnahmen der Konzernführung trifft.[292] Neben derartigen Maßnahmen hat
der Aufsichtsrat die Verwaltung der Beteiligungen an den Konzernuntergesellschaften durch
den Vorstand zu überwachen.[293]

Der Vorstand der Konzernobergesellschaft ist im Rahmen seiner Geschäftsführungstätig- 153
keit nicht nur berechtigt, sondern grundsätzlich verpflichtet, von seiner Leitungsmacht
gegenüber den Konzernuntergesellschaften Gebrauch zu machen.[294] Der Umfang der
Konzernleitung ist jedoch nicht vorgegeben, sondern abhängig von der Art des bestehenden
Konzernverhältnisses sowie von dem Grad der von dem Vorstand der Konzernobergesellschaft gewünschten Einflussnahme.[295] Sofern es sich bei der Konzernobergesellschaft nicht
um eine reine Beteiligungsholding handelt, ist der Vorstand im Rahmen seiner Konzernleitungsfunktion jedoch zumindest verpflichtet, ein den gesamten Konzern **umfassendes
Unternehmenskonzept** zu erstellen und dessen Umsetzung in den Konzernuntergesellschaften durch zu setzen.[296] Zu diesen Pflichten gehören die Festlegung der Konzernstrategie, eine Konzernplanung, die rechtliche Organisation des Konzerns, der Aufbau und
die Einrichtung eines konzernweiten Informationssystems sowie eines Konzern-Controllings
und einer Konzern-Revision und die Konzernfinanzierung.[297]

Die Geschäftsführungsaufgabe für den Vorstand der Konzernobergesellschaft umfasst nicht 154
die Einflussnahme auf das Tagesgeschäft der Konzernuntergesellschaften,[298] sondern vielmehr die **Planung, Kontrolle** und **Koordinierung für den Konzern** als Unternehmensgruppe.[299] Auf dieser Ebene hat der Vorstand der Konzernobergesellschaft auch darüber zu
entscheiden, welche Form der Konzerneinbindung für jede einzelne Konzernuntergesellschaft am zweckmäßigsten ist und hat er die für die Einbindung erforderlichen Zustimmungen und Beschlussfassungen einzuholen.[300]

Der Aufsichtsrat der Konzernobergesellschaft hat seinen Vorstand zum einen daraufhin zu 155
überwachen, ob dieser sich bei der **Erfüllung seiner Konzernleitungspflicht** im Rahmen
der gesetzlichen Schranken hält, zum anderen aber auch daraufhin, ob die getroffenen
Konzernführungsmassnahmen angemessen und zweckdienlich sind.[301] Umstritten ist dabei,
ob der Prüfungsmaßstab für Vorstand und Aufsichtsrat dabei das Unternehmensinteresse der
Konzernobergesellschaft, der Konzernuntergesellschaften[302] oder ein übergeordnetes **Konzerninteresse** bildet.[303]

---

[290] *v. Schenck* in Semler/v. Schenck AR-HdB § 1 Rn. 323; *Schwark,* FS Ulmer, 2003, 605 (624).
[291] *v. Schenck* in Semler/v. Schenck AR-HdB § 7 Rn. 71.
[292] *v. Schenck* in Semler/v. Schenck AR-HdB § 1 Rn. 329.
[293] Näher *v. Schenck* in Semler/v. Schenck AR-HdB Rn. 318; *Lutter* AG 2006, 517 f.; weitergehend *U. H. Schneider,* FS Hadding, 2004, 621 (625 f.), der den gesamten Verantwortungs- und Pflichtenbereich des Vorstands der Konzernobergesellschaft einbezieht.
[294] *v. Schenck* in Semler/v. Schenck AR-HdB § 1 Rn. 319; aA Kölner Komm AktG/*Mertens/Cahn* Rn. 28.
[295] Kölner Komm AktG/*Mertens/Cahn* Rn. 28; *v. Schenck* in Semler/v. Schenck AR-HdB § 1 Rn. 322.
[296] MüKoAktG/*Habersack* Rn. 55; *v. Schenck* in Semler/v. Schenck AR-HdB § 1 Rn. 322; zweifelnd Kölner Komm AktG/*Mertens/Cahn* Rn. 28.
[297] So *Lutter* AG 2006, 517 (518 f.); vgl. auch *U. H. Schneider,* FS Hadding, 2004, 621 (627).
[298] *v. Schenck* in Semler/v. Schenck AR-HdB § 1 Rn. 328.
[299] *v. Schenck* in Semler/v. Schenck AR-HdB § 1 Rn. 325.
[300] *v. Schenck* in Semler/v. Schenck AR-HdB § 1 Rn. 327.
[301] *v. Schenck* in Semler/v. Schenck AR-HdB § 1 Rn. 320; *Lutter* AG 2006, 517 (519).
[302] So *U. H. Schneider,* FS Raiser, 2005, 341 (353); *Schwark,* FS Ulmer, 2003, 605 (625).
[303] Ablehnend MüKoAktG/*Habersack* Rn. 54; Kölner Komm AktG/*Mertens/Cahn* Rn. 28.

156 Um seiner Überwachungsaufgabe nachkommen zu können, ist der Aufsichtsrat der Konzernobergesellschaft verpflichtet, sich über die einzelnen Konzerngesellschaften zu informieren.[304] Hierfür ist er vor allem auf eine entsprechend umfassende **Berichterstattung** durch den Vorstand der Konzernobergesellschaft angewiesen.[305] Dies bedeutet, dass der Vorstand der Konzernobergesellschaft seine Berichterstattung auf die Unternehmensgruppe als Ganzes auszudehnen hat.[306] Die Berichterstattung hat in konsolidierter Form zu erfolgen, nicht in Einzeldarstellungen der einzelnen Konzernuntergesellschaften, es sei denn, besondere Vorkommnisse bei einer bestimmten Gesellschaft machen eine gesonderte Darstellung erforderlich.[307] Neben dem Vorstand steht dem Aufsichtsrat der Konzern-Abschlussprüfer als unmittelbare Informationsquelle zur Verfügung.[308] Darüber hinaus können auch Mitarbeiter der Konzerobergesellschaft in Ausnahmefällen von dem Aufsichtsrat der Konzernobergesellschaft als Auskunftsquelle herangezogen werden.[309]

157 Inhaltlich gelten für die Berichte des Vorstands an den Aufsichtsrat der Konzernobergesellschaft die gleichen Anforderungen, die auch für die Berichterstattung bei einer nicht konzerngebundenen Gesellschaft gelten.[310]

158 Die Geschäftsleitungsorgane der Konzernuntergesellschaften sind verpflichtet, die für die Berichterstattung erforderlichen Informationen dem Vorstand der Konzernobergesellschaft zu erteilen.[311]

XI. Übertragung weiterer Kompetenzen auf den Aufsichtsrat

159 Die **Satzung** kann dem Aufsichtsrat grundsätzlich keine weiteren Befugnisse zuweisen,[312] da die in § 111 enthaltene Aufgabenverteilung zwischen den Organen zwingenden Charakter hat. Deshalb können dem Aufsichtsrat insbesondere keine Kompetenzen zugewiesen werden, die nach den Vorschriften des AktG von anderen Organen wahrzunehmen sind.[313] Als Ausnahmen von diesem Grundsatz seien die Ernennung eines Ehrenvorsitzenden genannt[314] oder zB ein Auftrag an den Aufsichtsrat, sich besonders um bestimmte Belange wissenschaftlicher, kultureller oder sozialer Art zu kümmern. Aber auch hier gilt, dass der Vorstand geschäftsführendes Organ bleibt. Über Mittel der Gesellschaft kann nur dieser verfügen. Anregungen des Aufsichtsrats bleiben auch in solchen Fällen für den Vorstand rechtlich unverbindlich.

160 Für den Einzelfall kann **die Hauptversammlung** dem Aufsichtsrat nach § 179 Abs. 1 S. 2 zusätzliche Aufgaben durch Beschluss zuweisen, so zB Änderungen der Satzung, die nur die Fassung betreffen. Eine zusätzliche Aufgabe für den Aufsichtsrat kann sich mittelbar aus einem Hauptversammlungsbeschluss ergeben. So kann sich ein Verlangen des Vorstands nach § 83 auch auf die Vorbereitung von Maßnahmen richten, die der Überwachungskompetenz des Aufsichtsrats unterliegen.[315] Auch hier bleibt aber die gesetzliche Zuständigkeit Schranke jeder Kompetenzübertragung, sofern das Gesetz nicht ausdrücklich etwas anderes vorsieht. Keinesfalls kann die Satzung gesetzmäßige Kompetenzen des Aufsichtsrats an die Mitwirkung der Hauptversammlung binden.[316]

---

[304] Zur Informationsbeschaffungspflicht des Aufsichtsrats siehe speziell *Kropff*, FS Raiser, 2005, 225; *Kropff* NZG 2003, 346; *Roth* AG 2004, 1.
[305] *v. Schenck* in Semler/v. Schenck AR-HdB § 1 Rn. 342 ff., *U. H. Schneider*, FS Hadding, 2004, 621 (627 f.).
[306] *v. Schenck* in Semler/v. Schenck AR-HdB § 1 Rn. 343.
[307] *v. Schenck* in Semler/v. Schenck AR-HdB § 1 Rn. 343.
[308] *Lutter* AG 2006, 517 (519).
[309] Vgl. hierzu ausführlich *Roth* AG 2004, 1 (8 ff.); siehe auch *Kropff*, FS Raiser, 2005, 225 (242); *Kropff* NZG 2003, 346 (350); *Lutter* AG 2006, 517 (520 f.); *Schwark*, FS Ulmer, 2003, 605 (625).
[310] *v. Schenck* in Semler/v. Schenck AR-HdB § 1 Rn. 345.
[311] *v. Schenck* in Semler/v. Schenck AR-HdB § 1 Rn. 346.
[312] MüKoAktG/*Habersack* Rn. 16; Spindler/Stilz/*Spindler* Rn. 5.
[313] MüKoAktG/*Habersack* Rn. 16; Spindler/Stilz/*Spindler* Rn. 5.
[314] MüKoAktG/*Habersack* Rn. 16; Kölner Komm AktG/*Mertens/Cahn* Rn. 10.
[315] MüKoAktG/*Habersack* Rn. 16.
[316] Großkomm AktG/*Hopt/Roth* Anm. 78.

C. Die Überwachungspflicht des Aufsichtsrats (Abs. 1)

I. Die allgemeine Überwachungspflicht

Der Aufsichtsrat hat die Geschäftsführung zu überwachen. Mit diesem Satz des Gesetzes **161** überträgt das Gesetz dem Aufsichtsrat eine Aufgabe, die es im Einzelnen nicht näher umschreibt. Der Aufsichtsrat muss **„überwachen"**.[317] Er muss nicht irgendetwas überwachen, sondern konkret **„die Geschäftsführung"**, die er selbst nicht wahrnehmen darf. Maßnahmen der Geschäftsführung können dem Aufsichtsrat nach § 111 Abs. 4 S. 1 nicht übertragen werden.[318]

Auch die **Hauptversammlung** ist von sich aus nicht befugt, die Geschäfte der Gesell- **162** schaft zu führen. „Über Fragen der Geschäftsführung kann die Hauptversammlung gemäß § 119 Abs. 2 nur entscheiden, wenn der Vorstand es verlangt".

Die Vorschriften des Gesetzes machen deutlich, dass die im Gesetz geforderte **Geschäfts- 163 führung eine Angelegenheit des Vorstands** ist. Wenn das Gesetz dem Aufsichtsrat die Aufgabe stellt, die Geschäftsführung zu überwachen, indiziert dies, dass der Aufsichtsrat den Vorstand zu überwachen hat.

Vor dem AktG 1937 war der Aufsichtsrat verpflichtet, die Geschäftsführung „in allen **164** Zweigen der Verwaltung" zu überwachen.[319] Auch damals war allerdings schon allgemein anerkannt, dass eine derart ausgedehnte Überwachung praktisch nicht möglich ist.[320] Deswegen wurden im AktG 1937 die Worte „in allen Zweigen der Verwaltung" gestrichen. Damit sollte deutlich gemacht werden, dass nur die für die Lage und die Entwicklung des Unternehmens **wirklich bedeutsamen Geschäftsführungsmaßnahmen** einer Überwachung unterliegen sollten.[321]

Die Frage, welche Geschäftsführungsmaßnahmen einer Überwachung unterliegen sollen, **165** muss **in doppelter Hinsicht untersucht** werden:

Zum einen ist für eine Abgrenzung bedeutsam, welcher Teil der Geschäftsführung als so wesentlich anzusehen ist, dass er als regelmäßig überwachungsbedürftig angesehen werden muss.

Zum anderen bedarf es der Klärung, ob bestimmte, nicht regelmäßig getroffene Maßnahmen oder auch eine bestimmte Lage oder eine besondere Entwicklung des Unternehmens Einfluss auf die Überwachungsbedürftigkeit von Geschäftsführungsmaßnahmen haben.

II. Gegenstand und Umfang der Überwachung

1. Geschäftsführung des Vorstands als Gegenstand der Überwachung. Nach dem **166** Wortlaut des Gesetzes ist „die Geschäftsführung" zu überwachen. Was hierunter genau zu verstehen ist, wird vom Gesetz nicht näher definiert. Der Begriff der „Geschäftsführung" ist jedenfalls nicht deckungsgleich mit demjenigen in § 77 Abs. 1 S. 1, sondern entspricht eher dem Begriff der „Leitung".[322] Unter den Begriff der „Geschäftsführung" lassen sich sowohl

---

[317] Vgl. *Henze* NJW 1998, 3309; *Goerdeler* WPg 1982, 33 sowie *Schilling* AG 1981, 341. Kritisch zu den Möglichkeiten der Überwachung durch den Aufsichtsrat *Hofmann* DB 1990, 2333.
[318] MüKoAktG/*Habersack* Rn. 18; Kölner Komm AktG/*Mertens/Cahn* Rn. 77.
[319] In Art. 225 ADHGB hieß es: „Ist ein Aufsichtsrat bestellt, so überwacht derselbe die Geschäftsführung der Gesellschaft in allen Zweigen der Verwaltung". Im HGB lautete die Vorschrift (§ 246): „Der Aufsichtsrat hat die Geschäftsführung der Gesellschaft in allen Zweigen der Verwaltung zu überwachen und sich zu dem Zwecke von dem Gang der Angelegenheiten der Gesellschaft zu unterrichten."
[320] Sehr pointiert *Walther Rathenau*, Vom Aktienwesen – Eine geschäftliche Betrachtung, 1917, S. 5: „Wollte ein Aufsichtsrat auch nur von den wichtigeren Geschäften einer Großunternehmung Kenntnis nehmen – geschweige sie beraten – so würde es nicht genügen, dass er in Permanenz tagte und zwar jeden Tag, einschließlich Sonntags, vierundzwanzig Stunden lang."
[321] Wie hier MüKoAktG/*Habersack* Rn. 19; siehe auch Großkomm AktG/*Hopt/Roth* Anm. 159; *Lutter/Krieger/Verse* Rn. 67.
[322] Spindler/Stilz/*Spindler* Rn. 7. Siehe auch → Rn. 174.

das Ergebnis des Handelns bestimmter Personen als auch die Tätigkeit dieser Personen als solche verstehen. Allerdings ist die Frage, ob das Gesetz eine Funktionsüberwachung oder eine Handelndenüberwachung erwartet, von keiner praktischen Bedeutung.[323] Der Begriff der „Geschäftsführung" ist vielmehr an dem Normzweck des § 111 zu konkretisieren, eine umfassende Kontrolle der Tätigkeit des Vorstands zu ermöglichen.[324]

167 Der Aufsichtsrat hat die Geschäftsführung des Vorstands auf die **Einhaltung der wesentlichen Grundsätze für eine ordnungsmäßige Geschäftsführung** zu überwachen. Diese Grundsätze sind[325]
– die Ordnungsmäßigkeit;
– die Rechtmäßigkeit;
– die Zweckmäßigkeit und
– die Wirtschaftlichkeit

der Geschäftsführung. Hingegen ist die Wahrnehmung sozialer Verpflichtungen kein eigenständiger Überwachungsmaßstab.[326]

168 Die Rechtmäßigkeit der Geschäftsführung, **(Compliance)**, ist, obwohl es sich dabei eigentlich um eine Selbstverständlichkeit handeln sollte, angesichts der Skandale und Unternehmenskrisen der letzten Jahre Gegenstand intensiver Diskussionen geworden.[327] Dabei ist auch die Aufgabe des Aufsichtsrats, die Einhaltung der gesetzlichen und satzungsmäßigen Schranken der Geschäftsführung nicht nur zu überwachen, sondern auch präventiv sicherzustellen, verstärkt in den Fokus gerückt.[328] Ziel der Überwachungstätigkeit des Aufsichtsrats soll es sein, rechtswidrige und nicht ordnungsgemäße Geschäftsführungsmaßnahmen nach Möglichkeit zu verhindern, bevor der Vorstand sie vornimmt.[329]

169 Hieraus folgt, dass sich die Überwachungspflicht des Aufsichtsrats auch auf die zukünftige Geschäftspolitik und die geplanten Vorhaben der Gesellschaft erstreckt. Die Überwachung des Aufsichtsrats beinhaltet zwar auch eine Kontrolle der Vergangenheit, um auf schuldhaft fehlerhafte Geschäftsführung durch geeignete Sanktionen zu reagieren.[330] Aber vor allem muss der Aufsichtsrat durch **vorbeugende Überwachung** zu verhindern trachten, dass die Gesellschaft überhaupt Schaden nimmt.[331] Hierzu muss sich der Aufsichtsrat auf der Basis der Informationen ein Bild über die **Lage des Unternehmens** verschaffen.[332] Als Mittel für eine vorbeugende Überwachung dient vorrangig die **Beratung** des Vorstands.[333]

---

[323] MüKoAktG/*Habersack* Rn. 20; vgl. *Hüffer/Koch* Rn. 2: Die „Funktion (kann) nicht ohne ihren Träger, der Vorstand als Organ nicht ohne seine Tätigkeit kontrolliert werden". IE ebenso *Lutter/Krieger/Verse* Rn. 65 Fn. 1. Ausführlich *J. Semler*, Leitung und Überwachung, Rn. 112.
[324] Spindler/Stilz/*Spindler* Rn. 8.
[325] Vgl. → Rn. 172 ff.; BGHZ 75, 120 (133) = NJW 1979, 1879; BGHZ 114, 127 (129 f.) = NJW 1991, 1830; Spindler/Stilz/*Spindler* Rn. 42; *Hüffer/Koch* Rn. 14; K.Schmidt/Lutter/*Drygala* Rn. 20 f.; *Lutter/Krieger/Verse* Rn. 73 ff.; *J. Semler*, Leitung und Überwachung, Rn. 184 ff.
[326] MüKoAktG/*Spindler* § 76 Rn. 17; *Hüffer/Koch* Rn. 14; *v. Schenck* in Semler/v. Schenck AR-HdB § 7 Rn. 184 bis 205, vgl. auch → Rn. 159.
[327] Vgl. den Fall des LG München I AG 2014, 332 mit Kommentar *Simon/Merkelbach* AG 2014, 318. Speziell zu diesem Problemkreis *Lutter*, FS Hüffer, 2010, 617 ff.; *Habersack* AG 2014, 1; *Dreher*, FS Konzen, 2006, 85 ff.; *E.Vetter*, FS Graf v. Westphalen, 2010, 719 ff.; *Thole* ZHR 173 (2009), 504; *Bayer*, FS K.Schmidt, 2009, 85.
[328] Vgl. *Dreher*, FS Goette, 2011, 43 ff.; *Goette*, FS Hoffmann-Becking, 2013, 377; *Goette*, FS 50 Jahre BGH, 2000, 123; *Kort*, FS Hopt, 2010, 983 ff.; *E.Vetter*, FS Graf v. Westphalen, 2010, 719 ff.; *Winter*, FS Hüffer, 2010, 1103 ff.; *Habersack* AG 2014, 1; *Eichner/Höller* AG 2011, 885 ff.; *Bayer*, FS K.Schmidt, 2009, 85.
[329] Kölner Komm AktG/*Mertens/Cahn* Rn. 14.
[330] Hierzu näher → Rn. 288.
[331] Unstreitig. BGHZ 114, 127 (130) = NJW 1991, 1830; Kölner Komm AktG/*Mertens/Cahn* Rn. 14 f.; Spindler/Stilz/*Spindler* Rn. 10; MHdB AG/*Hoffmann-Becking* § 29 Rn. 31 („Meinungsbeschlüsse" des Aufsichtsrats); *Hüffer/Koch* Rn. 13; *Lutter/Krieger/Verse* Rn. 103; *Lutter* ZHR 159 (1995), 287 (290 ff.); *Lutter/Kremer* ZGR 1992, 87 (88 ff.); *Peltzer* NZG 2002, 10 (15); *Scheffler* DB 2000, 433 (435); *J. Semler*, Leitung und Überwachung, Rn. 249 mwH.
[332] *Hasselbach* NZG 2012, 41 (42).
[333] *Henze* BB 2005, 165; *Henze* NJW 1998, 3309 (3310); zur Beratung siehe auch → Rn. 340.

2. Regelmäßige Überwachung der Geschäftsführung. Der Aufsichtsrat hat die Ge- 170 schäftsführung nicht nur sporadisch von Fall zu Fall, sondern regelmäßig, d. h. laufend zu überwachen. Die Überwachungsfunktion läuft parallel zur Geschäftsführungsfunktion, die auch nicht sporadisch ausgeübt werden kann, sondern, von wenigen Fällen wie zB ruhenden Gesellschaften abgesehen, **dauernd** zu erfolgen hat.[334]

Dies bedeutet allerdings nicht, dass der Aufsichtsrat in Permanenz tagen muss. **Ausübung** 171 **und Gegenstand der Überwachung** sind zu unterscheiden. Das Gesetz geht davon aus, dass der Aufsichtsrat in Sitzungen tätig wird, die in bestimmten Abständen stattzufinden haben. Aber in diesen Sitzungen sind nicht nur einzelne Geschäftsvorfälle zu überwachen. Die gesamte Geschäftsführung, vor allem das Geschehen seit der letzten Sitzung muss in die Tagesordnung der Sitzung einbezogen werden. Eine Feststellung, dass sich keine überwachungsbedürftigen Vorgänge ereignet haben, ist auch Ausübung der Überwachung.

Auch die **Berichterstattung des Vorstands** an den Aufsichtsrat[335] muss in ihrer Folge 172 vollständige Zeiträume abdecken. Zwar sind die Berichte des Vorstands zu bestimmten Zeitpunkten zu erstatten und haben bestimmte Zeiträume abzudecken, aber sie müssen aneinandergereiht eine lückenlose Erfassung der Entwicklung der Gesellschaft sichern.

3. Umfang der Überwachung. Der Aufsichtsrat hat alles zu überwachen, was der 173 Vorstand im Rahmen seiner **gesetzlichen Leitungsaufgabe** zu leisten hat, gleichgültig ob der Vorstand diese Aufgabe ordnungsmäßig ausführt oder nicht. Auch ein Nichthandeln des Vorstands unterliegt der Überwachung durch den Aufsichtsrat, wenn die ordnungsmäßige Erfüllung der Leitungsaufgabe ein Handeln erfordert hätte. Es gibt keine überwachungsfreien Räume bedeutsamer Vorstandstätigkeit.[336] Insbesondere können sie nicht vom Vorstand eingeführt werden.

Die Formulierung des Gesetzes, die in § 76 Abs. 1 von der **Leitungsaufgabe des** 174 **Vorstands,** in § 77 Abs. 1 von der Geschäftsführung des Vorstands spricht und in § 111 Abs. 1 eine **Überwachung der Geschäftsführung** durch den Aufsichtsrat fordert, könnte für das Vorhandensein überwachungsfreier Räume sprechen. Das wäre der Fall, wenn sich Leitung des Vorstands und Geschäftsführung als Gegenstand der Überwachung nicht decken würden. Dies ist aber nicht der Fall.[337] Eine Analyse der unterschiedlichen Begriffsverwendung im Gesetz (Leitung, Geschäftsführung) ist nicht weiterführend. Der Begriff der Leitung wird zB im Recht der verbundenen Unternehmen in § 18 Abs. 1 S. 1 (einheitliche Leitung) mit wieder anderem Inhalt verwendet. Zu überwachen ist in jedem Fall die aus der Leitung resultierende **Ausübung der originären Führungsfunktionen.** Zu überwachen sind aber auch wesentliche Einzelmaßnahmen, die der Geschäftsführung des Vorstands außerhalb der eigentlichen Leitung zugerechnet werden können und dennoch zu überwachende Leitungsmaßnahmen sind.[338] Mit derartigen Vorgängen muss sich der Vorstand selbst beschäftigen. Er muss anstehende Entscheidungen selbst treffen und ihre Ausführung kontrollieren. Die Entscheidungsvorbereitung kann vom Vorstand auf nachgeordnete Führungskräfte delegiert werden, nicht aber die Entscheidung selbst. Ein Vorstand, der die von ihm selbst auszuführenden Funktionen nicht selbst wahrnimmt oder von ihm selbst zu treffende Entscheidungen von anderen treffen lässt, verletzt die ihm obliegende Sorgfaltspflicht.

Die Überwachungsaufgabe des Aufsichtsrats erstreckt sich somit auf alle Führungsfunk- 175 tionen, die ein Vorstandsmitglied zu erfüllen hat, nämlich
– die Teilhabe an Vorgängen, die in die Gesamtverantwortung des Vorstands fallen;

---

[334] MüKoAktG/*Habersack* Rn. 18. Bedeutsam der Aufsatz von *Frerk* AG 1995, 212 zur Optimierung der Kontrollfunktion des Aufsichtsrats.
[335] § 90 AktG; vgl. hierzu *v. Hoyningen-Huene/Powietzka* BB 2001, 529 ff. für die mitbestimmte GmbH.
[336] Spindler/Stilz/*Spindler* Rn. 8.
[337] *J. Semler*, Leitung und Überwachung, Rn. 6; Spindler/Stilz/*Spindler* Rn. 8.
[338] *Hüffer/Koch* Rn. 3; *Hüffer* NZG 2007, 47; teilweise anders *J. Semler*, Leitung und Überwachung, Rn. 3: Dort wird Leitung als Oberbegriff für Geschäftsführung und Vertretung gesehen, ohne dass sich dies Ergebnis aber auf die Abgrenzung des Überwachungsfelds auswirkt.

– die Führung eines ihm übertragenen Ressorts;
– die Wahrnehmung der gegenseitigen Kontrolle.

176 **a) Gesamtverantwortung des Vorstand.** Die Leitung der AG ist eine Aufgabe, die in die Gesamtverantwortung des Vorstands fällt. Jedes Vorstandsmitglied, auch ein stellvertretendes Vorstandsmitglied, muss bei der Leitung mitwirken. Diese Mitwirkung kann sich für die einzelnen Vorstandsmitglieder unterschiedlich gestalten. Sie kann in der Entscheidungsvorbereitung, in der Beschlussfassung selbst oder in der Durchführung der Entscheidung bestehen. Entscheidend ist, dass sich kein Vorstandsmitglied bei der Leitung der Gesellschaft mit rechtlicher Wirkung ausklammern kann.

177 Die Wahrnehmung der originären Führungsfunktionen und das Treffen von Führungsentscheidungen sind Teil dieser **Leitungsaufgabe**. Sie können durch eine Ressortverteilung weder auf einzelne Vorstandsmitglieder übertragen noch an nachgeordnete Funktionsträger delegiert werden.

178 Der Aufsichtsrat hat darauf zu achten, dass die **Grundsätze der Gesamtverantwortung** beachtet werden. Vorstandssitzungen müssen regelmäßig abgehalten werden, jeder Vorstand hat laufend über sein Ressort zu berichten. Arbeiten von Vorstandsausschüssen sind dem Gesamtvorstand vorzustellen. Die Führung der erforderlichen Handelsbücher und eines Risikomanagementsystems[339] können zwar zur Ausführung delegiert werden. Die Verantwortung bleibt aber stets beim Gesamtvorstand.

179 **b) Ressortverantwortung eines Vorstandsmitglieds.** Die Satzung oder die Geschäftsordnung des Vorstands kann bestimmen, dass **Aufgaben,** die sich nicht als Teil der Leitung der Gesellschaft darstellen, **einzelnen Vorstandsmitgliedern** zur Ausübung **zugewiesen** werden. Das beauftragte Vorstandsmitglied verwaltet sein Ressort eigenverantwortlich, ist aber dem Gesamtvorstand gegenüber berichts- und rechenschaftspflichtig.

180 Der Aufsichtsrat hat darauf zu achten, dass dies geschieht. Eine **Überwachung** der Lage und Entwicklung **des Ressorts** obliegt ihm nur, wenn Führungsentscheidungen getroffen werden müssen. Allerdings kann sich bei negativen Entwicklungen in einem Ressort eine besondere Überwachungspflicht ergeben (→ Rn. 189).

181 **c) Gegenseitige Kontrollverantwortung**[340]. Die nicht mit der Ressortleitung betrauten Vorstandsmitglieder sind verpflichtet, ihre Kollegen mit der erforderlichen Sorgfalt zu überwachen. Die Pflicht zur **Überwachung eines fremden Ressorts** durch ein an der Ressortleitung nicht beteiligtes Vorstandsmitglied geht weiter als eine Überwachung durch den Aufsichtsrat. Der Vorstand muss auch negativen Entwicklungen nachgehen, die für die Gesellschaft insgesamt keine Bedeutung haben.

182 **d) Originäre Führungsfunktionen und Führungsentscheidungen.** Überwachungsbedürftige Vorgänge können sich als allgemeine Teilfunktion der Vorstandstätigkeit darstellen oder von Fall zu Fall entstehen.

183 **aa) Originäre Führungsfunktionen.** Originäre Führungsfunktionen sind die Funktionen, die ausgeübt werden müssen, um die **Funktionsfähigkeit des Unternehmens** zu gewährleisten. Welche Funktionen nach Vorstellung des Gesetzgebers hierzu zählen, wird an den Berichterstattungspflichten des Vorstands aus § 90 AktG deutlich.[341] Die Tätigkeit des Unternehmens muss geplant werden. Dies geschieht mittels der Funktion Unternehmensplanung. Die Tätigkeit der Mitarbeiter, insbesondere der Führungskräfte muss zur optimalen Wirkung geführt werden. Dies erfolgt durch die Unternehmenskoordinierung. Die Aktivitäten im Unternehmen und der Verlauf der Geschäfte müssen fortlaufend kontrolliert werden. Dazu dient die Funktion Unternehmenskontrolle. Und schließlich müssen

---

[339] Dazu *Claussen/Korth,* FS Lutter, 2000, 327; vgl. auch *Jakobi* NZZ vom 25.6.2002.
[340] Vgl. MüKoAktG/*Spindler* § 77 Rn. 55 f.; Kölner Komm AktG/*Mertens/Cahn* § 93 Rn. 92 aE; vgl. → Rn. 189.
[341] Vgl. *J. Semler,* Leitung und Überwachung, Rn. 103 ff.

die Führungsstellen unterhalb des Vorstands mit geeigneten Mitarbeitern besetzt werden. Dies geschieht mittels der Funktion Führungsstellenbesetzung. Der Aufsichtsrat hat darauf zu achten, dass die Funktionen vollständig und sachgerecht wahrgenommen werden.

bb) Sonstige Funktionen. Vereinzelt werden weitere Funktionen als originäre Führungsfunktionen des Vorstands gesehen. **Nicht** dazu gehört die **Wahrnehmung sozialer Verpflichtungen.** Dies ist weder eine besondere Funktion[342] noch ein eigener Überwachungsmaßstab. Es ist eine allgemeine Vorgabe, die bei der Ausübung aller Führungsfunktionen und bei allen Führungsentscheidungen neben anderen Vorgaben zu beachten ist. 184

cc) Führungsentscheidungen. Auch außerhalb der originären Führungsfunktionen werden in jedem Unternehmen **Entscheidungen** notwendig, die **wesentliche Bedeutung für die Ertragslage, die Vermögenslage oder die Belegschaft** haben.[343] Solche Entscheidungen sind Führungsentscheidungen, die der Vorstand nicht delegieren darf, sondern selbst treffen muss. Sie müssen ebenfalls vom Aufsichtsrat überwacht werden.[344] 185

4. Zu überwachende Personen. Das Gesetz spricht davon, dass der Aufsichtsrat „die Geschäftsführung" zu überwachen habe. Die Geschäftsführung als solche lässt sich aber nicht überwachen, weil sie Einwirkungen nicht zugänglich ist. **Überwacht** werden können **nur** die **Personen,** die die Geschäfte führen und die Geschäftsführung gestalten. Der Gegensatz zwischen Funktionsüberwachung und Organüberwachung (Handelndenüberwachung) ist aber, wie *Hüffer*[345] darlegt, für die hier behandelte Frage ohne Bedeutung. 186

Es stellt sich die Frage, ob allein der für die Geschäftsführung zuständige **Vorstand** oder ob auch **weitere Personen** oder gar ein **anderes Organ,** wie zB die Hauptversammlung, zu überwachen sind. Im Konzern kämen auch die Geschäftsleiter der konzernabhängigen Gesellschaften als zu überwachende Personen in Betracht. 187

a) Mitglieder des Vorstands. Obwohl die **Zuständigkeit für die Geschäftsführung** gemäß § 77 beim Vorstand als Organ liegt, bilden die Entscheidungen der Vorstandsmitglieder als Organwalter den Anknüpfungspunkt für die Überwachung durch den Aufsichtsrat.[346] Somit sind die Entscheidungen der einzelnen Vorstandsmitglieder, seien es Einzelentscheidungen oder gemeinschaftliche Entscheidungen von mehreren oder allen Vorstandsmitgliedern, vom Aufsichtsrat zu überwachen.[347] Das Organ Vorstand handelt immer nur durch seine einzelnen Mitglieder, die diese Entscheidungen vorbereiten und ausführen. Grundlage der Überwachung sind allerdings die Berichte des Vorstands, die dieser als Organ abgegeben hat.[348] 188

Die Überwachung der einzelnen Vorstandsmitglieder und ihrer jeweiligen Ressortgeschäftsführung obliegt in erster Linie den anderen Vorstandsmitgliedern. Der Aufsichtsrat hat zu kontrollieren, dass dies geschieht.[349] Wenn er sich vom Funktionieren dieser gegenseitigen Überwachung überzeugt hat, braucht er selbst diese Überwachung nicht in den Vordergrund seiner eigenen Arbeit zu stellen. Auf eines wird er aber stets achten müssen: Die Zusammenarbeit im Vorstand muss von Kollegialität, gegenseitigem Vertrauen und wechselseitiger Anerkennung getragen sein.[350] Der Vorstand besteht auch dann aus gleichberechtigten Mitgliedern, wenn ein **Vorstandsvorsitzender** ernannt ist. Dieser ist und 189

---

[342] Wie hier MüKoAktG/*Spindler* § 76 Rn. 17; Großkomm AktG/*Hopt/Roth* Anm. 232; Hüffer/*Koch* Rn. 14, aA UHW/*Raiser/Heermann* GmbHG § 52 Rn. 87.
[343] *Henze* NJW 1998, 3309.
[344] Vgl. *Biener* BFuP 1977, 489 (492).
[345] *Hüffer,* 10. Aufl. 2012, Rn. 2.
[346] MüKoAktG/*Habersack* Rn. 23; Grigoleit/*Grigoleit/Tomasic* Rn. 11.
[347] MüKoAktG/*Habersack* Rn. 24; Spindler/Stilz/*Spindler* Rn. 9; Kölner Komm AktG/*Mertens/Cahn* Rn. 24; Lutter/Krieger/*Verse* Rn. 69.
[348] MüKoAktG/*Habersack* Rn. 24.
[349] MüKoAktG/*Habersack* Rn. 23.
[350] So auch Kölner Komm AktG/*Mertens/Cahn* Rn. 16.

bleibt gleichberechtigter Kollege mit besonderen Aufgaben, wird aber nicht der Vorgesetzte der anderen Vorstandsmitglieder (→ Rn. 110 mwN). Dies mag in der Praxis oft anders gehandhabt werden. Der vorangestellte Grundsatz bleibt aber dessen ungeachtet richtig. Gerade in Großunternehmen besteht die Gefahr, dass der Vorstandsvorsitzende den Bezug zur Realität verliert und die von ihm übermäßig beeinflussten Entscheidungen des Unternehmens nicht mehr mit der erforderlichen Sorgfalt getroffen werden.

190 **b) Mitglieder der zweiten Führungsebene.** Streitig ist, ob auch das Verhalten der Führungskräfte der zweiten Führungsebene der Überwachung durch den Aufsichtsrat unterliegt.[351] Tatsächlich kommt es vor, dass **Entscheidungen,** die eine wesentliche Bedeutung für die Finanzlage, die Ertragslage oder die Belegschaft haben, **ohne eine Zuziehung des Vorstands** von Entscheidungsträgern der zweiten Führungsebene selbstständig getroffen werden.

191 Von Teilen des Schrifttums wird dargelegt,[352] dass in solchen Fällen der Aufsichtsrat auch derartige Entscheidungen und damit notgedrungen auch die **Verantwortungsträger aus der zweiten Führungsebene zu überwachen** habe. Würde man darauf verzichten, so würden Entscheidungen im Unternehmen uU überwachungsfrei bleiben.

192 Andere verweisen darauf,[353] dass sich der Vorstand durch Verzicht auf seine eigene Entscheidungszuständigkeit **nicht der Verantwortung** für die getroffene Entscheidung **entziehen** könne. Er habe in solchen Fällen diesen Entscheidungsverzicht unmittelbar zu verantworten und im Weiteren nachträglich auch die Verantwortung für die Entscheidung selbst zu tragen. Die Vertreter dieser Ansicht sehen die Überwachungsaufgabe des Aufsichtsrats vorrangig darin, zu prüfen, ob die Delegation der Verantwortung an die zweite Führungsebene überhaupt möglich und zweckmäßig ist und ob der Vorstand den zur Erfüllung der delegierten Aufgabe bestimmten Mitarbeiter sorgfältig ausgewählt hat und überwacht.[354]

193 Richtigerweise kann es für die Frage der Überwachungsbedürftigkeit einer Führungsentscheidung nicht darauf ankommen, ob die Entscheidung unter persönlicher Beteiligung eines Vorstandsmitgliedes getroffen wurde.[355] Wenn die Organisation des Unternehmens darauf ausgerichtet ist, dass Führungsentscheidungen auch von einer Führungskraft unterhalb des Vorstands vorgenommen werden, sind diese Entscheidungen ebenfalls zu überwachen.[356] Dies ändert jedoch nichts daran, dass der **Vorstand und seine Mitglieder,** nicht aber eine nachgeordnete Führungskraft **vom Aufsichtsrat zu überwachen** sind.[357] Überträgt der Vorstand Führungsentscheidungen auf nachgeordnete Führungskräfte, so ist diese Führungsentscheidung des Vorstands vom Aufsichtsrat zu prüfen und daraufhin zu überwachen, dass der Vorstand die von den nachgeordneten Führungskräften getroffenen Entscheidungen überwacht.

194 Ein Erstrecken der unmittelbaren Aufsichtsratsüberwachung auf eine nachgeordnete Führungskraft am Vorstand vorbei würde ein **unmittelbares Einwirken** des Aufsichtsrats **auf diese nachgeordnete Führungskraft** erforderlich machen. Dies ist grundsätzlich (zur Ausnahme → Rn. 193) wegen der Geschäftsführungsprärogative des Vorstands **unzuläs-**

---

[351] Ausführlich hierzu Kölner Komm AktG/*Mertens/Cahn* Rn. 26.
[352] Vgl. Spindler/Stilz/*Spindler* Rn. 9; Hüffer/*Koch* Rn. 4; Grigoleit/*Grigoleit/Tomasic* Rn. 12; K.Schmidt/Lutter/*Drygala* Rn. 13; MHdB AG/*Hoffmann-Becking* § 29 Rn. 24; *Biener* BfuP 1977, 489 (491 f.); *Martens* ZfA 1980, 611 (634); *U. H. Schneider* BB 1981, 249 (252); Scholz/*Schneider* GmbHG § 52 Rn. 90; UHW/Raiser/*Heermann* GmbHG § 52 Rn. 86.
[353] Vgl. OLG Köln AG 1978, 17 (21); MüKoAktG/*Habersack* Rn. 21, 25; Kölner Komm AktG/*Mertens/Cahn* Rn. 26; *J. Semler,* Leitung und Überwachung, Rn. 115 ff.; *Lutter* ZHR 159 (1995), 287 (290); Lutter/Krieger/*Verse* Rn. 70.
[354] MüKoAktG/*Habersack* Rn. 25; Kölner Komm AktG/*Mertens/Cahn* Rn. 26; K.Schmidt/Lutter/*Drygala* Rn. 13; zustimmend insoweit auch Spindler/Stilz/*Spindler* Rn. 9.
[355] Kölner Komm AktG/*Mertens/Cahn* Rn. 26.
[356] Großkomm AktG/*Hopt/Roth* Anm. 252; Kölner Komm AktG/*Mertens/Cahn* Rn. 26; K.Schmidt/Lutter/*Drygala* Rn. 13; Grigoleit/*Grigoleit/Tomasic* Rn. 12.
[357] So auch RKLW/*Lutter* Rn. 861.

sig.³⁵⁸ Eine Überwachung ohne Sanktionsmöglichkeit ist aber keine Überwachung im Rechtssinn. Der Aufsichtsrat kann somit übertragene Führungsentscheidungen nur mittelbar überwachen.

Wenn die Entscheidung, die ohne Zutun des Vorstands getroffen worden ist, richtig war, hat es damit sein Bewenden. Wenn die Entscheidung fehlerhaft war, muss der Aufsichtsrat darauf drängen, dass der Vorstand eine richtige Entscheidung trifft und die Folgen einer fehlerhaften Entscheidung der nachgeordneten Führungskraft unverzüglich beseitigt. Bei dieser richtigen Betrachtung verliert der Streit über die Frage, ob der Aufsichtsrat auch Angestellte zu überwachen hat, seine Bedeutung.³⁵⁹

Eine **Ausnahme** von diesem Grundsatz wurde jüngst durch die Umsetzung der CRD IV-Richtlinie der EU³⁶⁰ bei **Kredit- und Finanzdienstleistungsinstituten** eingeführt. Nach § 25d Abs. 8 S. 7 und 8, Abs. 9 S. 4 und 5 KWG sind die Vorsitzenden der Risiko- und Prüfungsausschüsse (oder, sollte der jeweilige Ausschuss nicht eingerichtet worden sein, der Aufsichtsratsvorsitzende) mittlerweile ausdrücklich berechtigt, unmittelbar beim Leiter der internen Revision und beim Leiter des Risikocontrollings Auskünfte einzuholen (→ Rn. 85). Die Geschäftsleitung des Instituts ist über diese Kontakte zu informieren. Bei Versicherungsunternehmen ist der Aufsichtsrat, vertreten durch seinen Vorsitzenden berechtigt,³⁶¹ direkt mit der Risikokontrollabteilung zu kommunizieren.

c) Sonstige Mitarbeiter. Was für Führungskräfte der zweiten, dem Vorstand unmittelbar unterstellte Leitungsebene gilt, gilt auch für **andere Mitarbeiter des Unternehmens,** gleichgültig welche Funktion sie bekleiden. Für die Geschäftsführung, also die Ausübung der originären Führungsfunktionen und für Leitungsentscheidungen, ist grundsätzlich allein der Vorstand zuständig. Allerdings sind in zwei Fällen von diesem Grundsatz **Ausnahmen** zu bilden. Unkritisch sind Direktkontakte zu Mitarbeitern, soweit diese über Spezialkenntnisse verfügen, welche für die Überwachung der Geschäftsführung des Unternehmens erforderlich sind und die in der benötigten Detailtiefe bei den Mitgliedern des Vorstands nicht vorhanden sind. Hier ist insbesondere an Einzelfragen im Bereich Rechnungswesen zu denken. Kritisch zu bewerten sind hingegen Direktkontakt zu Mitarbeitern, die einer Überwachung und Überprüfung des Handelns des Vorstands dienen. Hierzu ist der Aufsichtsrat im Rahmen seiner Überwachungspflicht befugt, jedoch gehalten, diese Befugnis mit äußerster Zurückhaltung auszuüben.³⁶² Eine direkte Befragung von Mitarbeitern zur Überwachung des Vorstands stellt eine massive Misstrauensbekundung gegenüber dem Vorstand dar, die nur in Ausnahmefällen angebracht erscheint,³⁶³ zB bei konkreten Anhaltspunkten für eine unvollständige oder fehlerhafte Berichterstattung durch den Vorstand.³⁶⁴

Die Geschäftsführungsprärogative des Vorstands verbietet hingegen nicht Direktkontakte des Aufsichtsrats zu Mitarbeitern des Unternehmens, soweit diese anderen Zwecken dienen als der Überwachung. So ist zB eine Kontaktaufnahme uneingeschränkt zulässig, durch die eine Eignung der betreffenden Person für den Vorstand festgestellt werden soll.³⁶⁵

d) Geschäftsleiter von verbundenen Unternehmen. Geschäftsleiter verbundener Unternehmen sind **nicht** vom Aufsichtsrat der Obergesellschaft **zu überwachen.** Das ist Sache des Vorstands der Obergesellschaft im Rahmen der Beteiligungverwaltung bzw. des Auf-

---

³⁵⁸ So auch *Arnold* ZGR 2014, 76 (91); aA Großkomm AktG/*Hopt/Roth* Anm. 252 f.
³⁵⁹ Im Ergebnis ebenso MüKoAktG/*Habersack* Rn. 25.
³⁶⁰ Gesetz zur Umsetzung der Richtlinie 2013/36/EU über den Zugang zur Tätigkeit von Kreditinstituten und die Beaufsichtigung von Kreditinstituten und Wertpapierfirmen und zur Anpassung des Aufsichtsrechts an die Verordnung (EU) Nr. 575/2013 über Aufsichtsanforderungen an Kreditinstitute und Wertpapierfirmen (CRD IV-Umsetzungsgesetz – CRDIVUG), Gesetz vom 28.8.2013, BGBl. 2013, S. 3395.
³⁶¹ Vgl. BaFin Rundschreiben 3/2009 Aufsichtsrechtliche Mindestanforderungen an das Risikomanagement (MARisk VA) AT 7.2.1 Abs. 3b.
³⁶² MüKoAktG/*Habersack* Rn. 68; Kölner Komm AktG/*Mertens/Cahn* Rn. 26.
³⁶³ Vgl. MüKoAktG/*Habersack* Rn. 66a; *Arnold* ZGR 2014, 76 (91 f.).
³⁶⁴ Kölner Komm AktG/*Mertens/Cahn* Rn. 26.
³⁶⁵ Vgl. auch *Dreher,* FS Ulmer, 2003, 87.

sichtsrats des verbundenen Unternehmens.³⁶⁶ Hingegen ist die Beteiligungsverwaltung durch den Vorstand der Obergesellschaft eine Führungsfunktion des Vorstands, die der Überwachung durch den Aufsichtsrat der Obergesellschaft unterliegt.³⁶⁷

199   **e) Hauptversammlung.** Die Hauptversammlung entscheidet über Fragen der Geschäftsführung, wenn der Vorstand dies verlangt (§ 119 Abs. 2). Ein solches Verlangen des Vorstands **begründet** aber **keine Überwachungskompetenz** des Aufsichtsrats, auch nicht bezüglich der betreffenden Angelegenheit.³⁶⁸ Das Recht zur Anrufung der Hauptversammlung ist gerade geschaffen, um dem Vorstand eine vom Aufsichtsrat unabhängige und ihn entlastende (§ 93 Abs. 4) Einschaltung des Anteilseignerorgans zu ermöglichen. Würde man dem Aufsichtsrat Überwachungskompetenzen zusprechen, müsste man entweder das Anrufungsrecht des Vorstands einschränken oder die Entscheidung der Hauptversammlung Einwirkungsrechten des Aufsichtsrats unterwerfen. Beides hat das Gesetz nicht gewollt.³⁶⁹

Von der abzulehnenden Überwachung von Entscheidungen der Hauptversammlung zu unterscheiden ist die Pflicht des Aufsichtsrats zur Überwachung des Vorstands bei der Umsetzung von Hauptversammlungsbeschlüssen.

200   **5. Keine Überwachung im Einzelnen.** Der Aufsichtsrat hat die Geschäftsführung des Vorstands regelmäßig, aber nicht in allen Einzelheiten zu überwachen.³⁷⁰ Zu überwachen sind alle **Massnahmen, die wesentlichen Einfluss** auf die Lage und die Entwicklung der Gesellschaft **haben**.³⁷¹

201   **a) Berichterstattung des Vorstands nach § 90 AktG.** Die besonderen, der Überwachungspflicht des Aufsichtsrats unterliegenden Geschäftsvorgänge werden durch die **Berichterstattungspflichten des Vorstands** nach § 90 AktG indiziert. Die Berichterstattung dient der Überwachung. Was der Vorstand berichtet hat, ist zu überwachen.

202   Aber auch außerhalb der Regelberichterstattung kann es weitere überwachungsbedürftige Vorgänge geben, die der Vorstand zu berichten und der Aufsichtsrat zu ermitteln hat. Auch unabhängig von den Berichten des Vorstands muss der Aufsichtsrat **eigene Informationsanstrengungen** unternehmen und kritische und risikoreiche Unternehmensbereiche eigenständig, wenn auch stichprobenartig, einer Überprüfung unterziehen. Regelmäßig sollte er den Vorstand auffordern, zu bestimmten Fragestellungen zu berichten.³⁷²

203   **b) Prüfung des Jahresabschlusses, § 171 AktG.** Eine weitere Überwachungspflicht des Aufsichtsrats wird durch seine Mitwirkung bei der Feststellung und Prüfung des Jahresabschlusses vorgegeben.³⁷³ Der Abschlussprüfer ist verpflichtet, an der Bilanzsitzung des Aufsichtsrats teilzunehmen.³⁷⁴

204   Der Aufsichtsrat kann seine Überwachungstätigkeit aber schon bereits bei der **Aufstellung des Jahresabschlusses** entfalten.³⁷⁵ Zwar liegt die Federführung für die Aufstellung des Jahresabschlusses beim Vorstand. Aber der Aufsichtsrat ist bei Entscheidungen, die im Zusammenhang mit der Aufstellung des Jahresabschlusses zu treffen sind, gleichberechtigter Entscheidungsträger.³⁷⁶

---

[366] MüKoAktG/*Habersack* Rn. 52; Kölner Komm AktG/*Mertens/Cahn* Rn. 28.
[367] Grigoleit/*Grigoleit/Tomasic* Rn. 13.
[368] MüKoAktG/*Habersack* Rn. 26; Hüffer/*Koch* Rn. 2; Kölner Komm AktG/*Mertens/Cahn* Rn. 27; *J. Semler*, Leitung und Überwachung, Rn. 128; *Timm* DB 1980, 1201; zustimmend zur Gesellschafterversammlung der GmbH Scholz/*Schneider* GmbHG § 52 Rn. 88; aA *Duden*, FS Robert Fischer, 1979, 95.
[369] Ausführlich *J. Semler*, Leitung und Überwachung, Rn. 128 ff.
[370] OLG München AG 2009, 745 (747 f.); Kölner Komm AktG/*Mertens/Cahn* Rn. 16.
[371] OLG München AG 2009, 745 (747 f.); MüKoAktG/*Habersack* Rn. 20.
[372] Kölner Komm AktG/*Mertens/Cahn* Rn. 17.
[373] Zur Prüfung des Aufsichtsrats vgl. *Forster*, FS Kropff, 1997, 72; *Forster* AG 1995, 1.
[374] Vgl. *Neuling* BB 2003, 166.
[375] Vgl. MüKoAktG/*Spindler* Vor § 76 Rn. 46.
[376] MüKoAktG/*Spindler* Vor § 76 Rn. 46.

c) Unternehmensorganisation. Der Überwachungspflicht unterliegt insbesondere die **205** Binnenorganisation des Unternehmens. Der Aufsichtsrat hat zu prüfen, ob das Unternehmen über angemessene und sachgerechte Führungsinstrumentarien und Organisationsstrukturen verfügt und ob Organisationsanweisungen des Vorstands nicht nur existieren, sondern auch umgesetzt und eingehalten werden. Zu den überwachungspflichten Führungsinstrumentarien und Organisationsstrukturen gehören:[377]
– Unternehmensplanung;
– Rechnungswesen und Controlling;
– interne Revision;
– Früherkennungssystem zur Erkennung bestandsgefährdender Risiken gemäß § 91 Abs. 2 AktG;
– Compliance;[378]
– sonstige gesetzliche oder aufsichtsrechtliche Organisationspflichten.[379]

d) Pflichtverletzungen des Vorstands. Erfährt der Aufsichtsrat von **möglichen oder** **206** **drohenden Pflichtverletzungen** des Vorstands oder einzelner Vorstandsmitglieder, ist er verpflichtet, diesen Hinweisen eigenständig nach zu gehen[380] und gegebenfalls **Schadensersatzansprüche** gegen den Vorstand **geltend zu machen.**[381]

6. Schranken der Überwachung. Der Aufsichtsrat hat bei der Überwachung der **207** Geschäftsführung des Vorstands Schranken zu beachten, die auf der gesetzlichen Aufgabenverteilung zwischen Vorstand und Aufsichtsrat fußen. Dem Vorstand steht allein die Geschäftsführungsbefugnis zu, während der Aufsichtsrat für die Überwachung zuständig ist.[382] Aus dieser Aufgabenverteilung folgt ein **unternehmerischer Ermessensspielraum** des Vorstands, der vom Aufsichtsrat zu respektieren ist. Auch wenn der Aufsichtsrat die Entscheidung des Vorstands nicht teilt, darf er nicht seine eigenen unternehmerischen Vorstellungen gegenüber dem Vorstand durchsetzen,[383] solange sich die Entscheidung des Vorstands in den Grenzen eines vertretbaren unternehmerischen Ermessens hält.

a) Entscheidungsspielräume. Die Grenzen vertretbaren unternehmerischen Ermessens **208** lassen sich nicht immer eindeutig bestimmen. Meist stehen mehrere vertretbare Optionen für das anstehende Verhalten zur Verfügung.[384] Der Vorstand ist in seiner Entscheidung, welche Option er wählt, allerdings nicht vollständig frei. Der ihm zur Verfügung stehende Entscheidungsspielraum hängt von der Art der zu treffenden Entscheidung ab. Dabei ist zwischen **Sachverhaltsfeststellungen, Beurteilungsspielräumen** und **Ermessensspielräumen** im engeren Sinn sowie zwischen unternehmerischen Entscheidungen und gebundenen Entscheidungen zu unterscheiden. Unternehmerische Entscheidungen sind dadurch gekennzeichnet, dass sie typischerweise mit einem hohen Maß an Unsicherheit behaftet sind und prognostische Elemente beinhalten.[385] Bei rechtlich gebundenen Entscheidungen,[386] steht dem Vorstand kein Entscheidungsspielraum zu,[387] wie zB bei der gesetzlichen Pflicht zur Insolvenzantragstellung.

---

[377] Vgl. Kölner Komm AktG/*Mertens/Cahn* Rn. 16; *Winter,* FS Hüffer, 2010, 1103 (1108).
[378] Hierzu *Winter,* FS Hüffer, 2010, 1103, *Lutter,* FS Hüffer, 2010, 617 (619); *Kort,* FS Hopt, 2010, 983; *E. Vetter,* FS Graf v. Westphalen, 2010, 719; *Bayer,* FS K.Schmidt, 2009, 85.
[379] ZB §§ 25a, 25d KWG.
[380] Kölner Komm AktG/*Mertens/Cahn* Rn. 16.
[381] Hierzu ausführlich → Rn. 288.
[382] Kölner Komm AktG/*Mertens/Cahn* Rn. 14; MüKoAktG/*Habersack* Rn. 29.
[383] MüKoAktG/*Habersack* Rn. 29.
[384] Vgl. MüKoAktG/*Spindler* § 76 Rn. 32; *J. Semler,* FS Ulmer, 2003, 627 (632); *Henze* BB 2001, 53 (57, 58); *Jaeger/Trölitzsch* ZIP 1995, 1157; *Kindler* ZHR 162 (1998), 101.
[385] MüKoAktG/*Spindler* § 93 Rn. 36; Kölner Komm AktG/*Mertens/Cahn* § 93 Rn. 19; *Doralt/Doralt* in Semler/*v. Schenck* AR-HdB § 14 Rn. 112.
[386] Kölner Komm AktG/*Mertens/Cahn* § 93 Rn. 17.
[387] Mit Recht kritisch hierzu *Doralt/Doralt* in Semler/v. Schenck AR-HdB § 14 Rn. 113.

209 aa) **Sachverhaltsfeststellungen.** Sachverhaltsfeststellungen sind immer mit der gebotenen Sorgfalt zu treffen. Sie können richtig oder falsch sein. Der Entscheidungsträger muss alle ihm zur Verfügung stehenden Möglichkeiten ausschöpfen, um einen **vollständigen und richtigen Sachverhalt** zu erhalten. Unvollständig ermittelte Sachverhalte sind keine Grundlage für bestandskräftige Entscheidungen. Eine unvollständige Ermittlung des Sachverhaltes kann in einer Krisensituation des Unternehmens sogar eine haftungsbegründende Pflichtverletzung darstellen.[388]

210 Jede Sachverhaltsfeststellung unterliegt einer vollständigen **Nachprüfung durch den Aufsichtsrat.** Es gibt keinen Entscheidungsspielraum für den Vorstand. Hier geht es um ein „richtig" oder „falsch". Die Richtigkeit der Sachverhaltsermittlung muss gesichert sein, bevor eine Erkenntnis- oder Handlungsentscheidung getroffen oder beurteilt wird. Der Aufsichtsrat ist an die Sachverhaltsfeststellung des Vorstands nicht gebunden. Der Aufsichtsrat ist auch nicht an die Mittel und Methoden gebunden, die der Vorstand zur Ermittlung des Sachverhalts eingesetzt hat. Er kann bei der Sachverhaltsermittlung eigene Wege gehen und Untersuchungen anstellen, die der Vorstand nicht angestellt hat. Er ist bei der Sachverhaltswürdigung frei und nicht an die Würdigung des Vorstands gebunden.[389] Entscheidend ist allein, dass die Entscheidung auf einem richtigen Sachverhalt beruht.

211 bb) **Beurteilungsspielräume.** Im Rahmen einer bevorstehenden Entscheidung sind häufig auf der Grundlage des festgestellten Sachverhalts **unbestimmte Rechtsbegriffe** zu beurteilen.[390] So muss der Handelnde bspw. entscheiden, ob sein beabsichtigtes Verhalten „im Unternehmensinteresse"[391] liegt oder ob es „einer angemessenen Gewinnerzielung"[392] dient. Der Entscheidungsträger muss auf allgemeine Wertungen zurückgreifen, um zu einer annehmbaren Entscheidung zu kommen. Für solche Entscheidungen steht dem Handelnden ein **Beurteilungsspielraum** zur Verfügung. Es gibt oft nicht nur eine vertretbare Beurteilung. Der handelnde Vorstand ist in der Beurteilung des unbestimmten Rechtsbegriff frei.

212 Der Aufsichtsrat ist grundsätzlich verpflichtet, sich an die Beurteilung des Vorstands zu halten. Er darf und muss aber selbst beurteilen, ob der Vorstand
– den Sachverhalt vollständig und richtig ermittelt hat;
– der verwendete Rechtsbegriff einen Beurteilungsspielraum zulässt;
– die Anwendung des Beurteilungsspielraums den Grundsätzen der Rechtsordnung entspricht und allgemeinen Denkgesetzen nicht widerspricht.[393]

213 Der **Aufsichtsrat ist an die Beurteilung des Vorstands gebunden,** wenn sich die Ausnutzung des bestehenden Beurteilungsspielraums im gesetzlichen Rahmen bewegt. Er ist nicht befugt, seine Beurteilung eines unbestimmten Rechtsbegriffs an die Stelle der Beurteilung des Vorstands zu setzen.[394] Dies folgt aus der dem Vorstand gewährten Eigenverantwortlichkeit.[395]

214 cc) **Ermessensspielräume.** Wenn der Vorstand bei einer von ihm zu treffenden Geschäftsführungsentscheidung unter mehreren Handlungsoptionen zu wählen hat, steht ihm ein **Ermessensspielraum** zur Verfügung. Er muss und darf allein entscheiden, welche Entscheidung nach seiner Auffassung den verfolgten Zielen am besten gerecht wird.[396] Der

---

[388] BGH AG 2009, 81 (82 f.); OLG Düsseldorf AG 2013, 171 (172).
[389] Ebenso Spindler/Stilz/*Spindler* Rn. 17.
[390] Hierzu auch *Dreher*, FS Konzen, 2006, 85 (93).
[391] Dazu MüKoAktG/*Spindler* § 76 Rn. 63 ff.
[392] Dazu MüKoAktG/*Spindler* § 76 Rn. 69.
[393] *J. Semler*, FS Ulmer, 2003, 627 (634).
[394] So auch Spindler/Stilz/*Spindler* Rn. 17.
[395] § 76 Abs. 1, vgl. auch LG Frankfurt a. M. AG 2005, 51 (52).
[396] BGHZ 125, 239 (246) – Deutsche Bank; LG Frankfurt a. M. AG 2005, 51 (52); Hüffer/*Koch* § 76 Rn. 30 ff.; Kölner Komm AktG/*Mertens/Cahn* § 76 Rn. 9; *Hommelhoff* Konzernleitungspflicht S. 168 ff.; *J. Semler*, Leitung und Überwachung, Rn. 70; *J. Semler*, FS Ulmer, 2003, 627 (635). Vgl. auch *Dreher* ZHR 158 (1994), 614 (616 f.).

Aufsichtsrat darf das Verhalten des Vorstands nicht deswegen beanstanden, weil er selbst als Geschäftsherr anders handeln würde.[397] Ebensowenig rechtfertigt eine Differenz zwischen Vorstand und Aufsichtsrat über eine unternehmerische Ermessensentscheidung eine Abberufung des Vorstands aus wichtigem Grund.[398]

Der Vorstand ist im Rahmen seiner Ermessensfreiheit zur Entscheidung berechtigt, ob er **215** mit seinem zur Entscheidung anstehenden Vorhaben **langfristigen oder kurzfristigen Zielen seiner Geschäftspolitik** folgen will. Ebenso hat er das Recht zur Entscheidung, ob und wie er seine Geschäftspolitik maßgeblich an der Entwicklung des Unternehmenswerts („shareholder value") orientieren will, solange er das **Unternehmensinteresse** nicht vernachlässigt.[399] Bei der Beurteilung der Zweckmäßigkeit und der Wirtschaftlichkeit hat der Vorstand einen Ermessensspielraum, bei der Entscheidung über das Unternehmensinteresse und das Unternehmensziel einen Beurteilungsspielraum.

dd) Abwägungsbereiche. Verschiedene Handlungsoptionen können unterschiedliche **216** Rechtsfolgen auslösen. Diese Rechtsfolgen können für das Unternehmen vorteilhaft, zugleich aber auch schädlich sein. Die Organe eines Unternehmens sind berechtigt, Vorteile und Schäden gegeneinander abzuwägen. Sie sind nicht gehalten, das von ihnen verwaltete Unternehmen zu schädigen, wenn die Vorteile aus einem Vollzug der **Rechtsfolge außer Verhältnis zu den zu erwartenden Nachteilen** stehen.[400] Allerdings darf bei der Abwägung, ob ein rechtlich gebotenes Verhalten erfolgen soll oder ob gewichtige Gründe entgegenstehen, nur das Interesse der Gesellschaft, nicht das Interesse einer durch die gebotene Maßnahme möglicherweise betroffenen Person berücksichtigt werden.[401] Auch ein noch so großer Nachteil der betroffenen Person rechtfertigt nicht, dass die Gesellschaft von einem rechtlich gebotenen Verhalten Abstand nimmt. Dies gilt insbesondere, wenn die Gesellschaft Schadensersatzansprüche gegen ein gegenwärtiges oder früheres Organmitglied hat.[402] Frühere Verdienste oder eine persönliche Notlage rechtfertigen nicht, von der Verfolgung eines der Gesellschaft zustehenden Anspruchs Abstand zu nehmen. Dies gilt auch bei einem Bruch der Verschwiegenheitspflicht.[403] Ob der Vorstand einen Strafantrag stellt oder nicht, ist keine Ermessensfrage. Der Vorstand muss den Strafantrag stellen, wenn nicht eine Abwägung des zu ahndenden Straftatbestands mit den Interessen des Unternehmens etwas Gegenteiliges ergibt. Die Interessen der Person, die den Bruch der Verschwiegenheit verwirklicht hat, dürfen nicht berücksichtigt werden.

b) Ermessensgrenzen. aa) Keine sachfremden Erwägungen. Grenze eines jeden **217** Ermessensspielraumes ist, dass **keine sachfremden Umstände** bei der Entscheidung berücksichtigt werden. Insbesondere dürfen **niemals persönliche Interessen** auf die Entscheidung Einfluss haben.[404] Der Vorstand ist verpflichtet, den Bestand des Unternehmens zu erhalten, seine Ertragsfähigkeit zu fördern und Schaden von ihm abzuwenden.[405] Er muss sein Handeln am Unternehmensinteresse ausrichten.[406] Diese **organschaftliche Treuebindung** verbietet das Ausnützen der Organstellung zu eigennützigen

---

[397] MüKoAktG/*Habersack* Rn. 43; Spindler/Stilz/*Spindler* Rn. 17; vgl. auch *Dreher* ZHR 158 (1994), 614 (630).
[398] MüKoAktG/*Habersack* Rn. 29.
[399] Spindler/Stilz/*Spindler* Rn. 19; *Henze* BB 2000, 209 (212); *Mülbert* ZGR 1997, 129; MHdB AG/*Wiesner* § 19 Rn. 20; *J. Semler*, FS Ulmer, 2003, 627 (636).
[400] BGHZ 135, 244 (254) – ARAG; vgl. hierzu auch *Heimbach/Boll* VersR 2001, 801 (808 f.).
[401] In solchen Fällen besteht kein unternehmerisches Entscheidungsermessen, vgl. *Lutter* ZIP 1995, 441; teilw. abw. *Dreher* ZIP 1995, 628.
[402] BGHZ 135, 244 – ARAG; vgl. dazu *H. Götz* NJW 1997, 3275; *Heimbach/Boll* VersR 2001, 801 (808 f.); *Kindler* ZHR 162 (1998), 101; *Thümmel* DB 1997, 1117. Vgl. → § 116 Rn. 21, 167.
[403] § 404, vgl. *J. Semler*, FS Ulmer, 2003, 627 (637).
[404] Spindler/Stilz/*Spindler* Rn. 18; vgl. auch BGH AG 2002, 347 (348 f.) zu den Grenzen des Sponsoring; allgemein zu gemeinnützigen Zielen vgl. MüKoAktG/*Spindler* Vor § 76 Rn. 49.
[405] MüKoAktG/*Spindler* § 93 Rn. 26 f.; Kölner Komm AktG/*Mertens/Cahn* Rn. 14; *J. Semler*, FS Ulmer, 2003, 627 (635); *J. Semler*, Leitung und Überwachung, Rn. 73.
[406] Vgl. → Rn. 211, 215, 220, 234, 279; vgl. *v. Schenck* in Semler/v. Schenck AR-HdB § 7 Rn. 197 f.

Zwecken.⁴⁰⁷ Allerdings sind die Grenzen zwischen rein eigennützigen Zwecken und einer noch zulässigen mittelbaren Förderung des Unternehmeninteresses fließend.⁴⁰⁸ In Zweifelsfällen ist der Vorstand verpflichtet, den Aufsichtsrat in seine Entscheidung mit einzubeziehen.⁴⁰⁹ Überschreitet der Vorstand seinen Ermessenspielraum, muss der Aufsichtsrat eingreifen und für eine Entscheidung sorgen, die keine sachfremden Interessen berücksichtigt.⁴¹⁰ Dabei ist der Aufsichtsrat an seinem Handeln nicht durch die Kompetenzen des Vorstands gehindert. Nichts rechtfertigt ein für die Gesellschaft nachteiliges Verhalten des Vorstands, das durch persönliche Interessen bestimmt wird.

218 bb) **Legalitätspflicht.** Das Ermessen, das dem handelnden Vorstand zur Verfügung steht, wird ferner durch **rechtliche Grenzen** beschränkt.⁴¹¹ Der Vorstand muss bei jeder Entscheidung oder Maßnahme auf deren **Rechtmäßigkeit** achten und die von ihm **gesetzlich, satzungsrechtlich** oder **vertraglich geschuldeten Sorgfaltspflichten** befolgen. Insbesondere ist der Vorstand **nicht berechtigt,** eine **Abwägung** zwischen den Vorteilen, die dem Unternehmen durch einen Rechtsverstoß entstehen, und den Nachteilen, welche ein gesetzmäßiges Verhalten zur Folge haben kann, **vorzunehmen.**⁴¹² Ob diese rechtlich und moralisch rigiden Anforderungen von Unternehmen einzuhalten sein werden, die Aufträge und Projekte in Ländern mit einer anderen Wirtschaftskultur und Wirtschaftsmoral abwickeln, wird abzuwarten sein.

219 cc) **Wirtschaftliche Grenzen.** Der dem Vorstand zustehende Ermessensspielraum hat aber auch **wirtschaftliche Grenzen.** Er muss sein Verhalten an der Art und der Größe des Unternehmens ausrichten.⁴¹³ Der Vorstand darf keine Entscheidungen treffen, wenn die damit verbundenen Risiken das Bestehen des Unternehmens gefährden können. Vor jeder Entscheidung muss der Vorstand die erwarteten Chancen gegen die drohenden Risiken abwägen. Bei überwiegenden Risiken darf der Vorstand im Allgemeinen die beabsichtigte Handlung nicht durchführen.

220 c) *Business Judgment Rule.* Unternehmerische Entscheidungen des Vorstands sind Geschäftsführungsentscheidungen, die unter **Beachtung der gebotenen Sorgfalt** zu treffen sind. Der Handelnde hat bei diesen Entscheidungen Sorgfaltsmaßstäbe zu beachten, die in der sogenannten *„Business Judgment Rule"* in § 93 Abs. 1 S. 2 ihre gesetzliche Ausprägung gefunden haben.⁴¹⁴

221 Das handelnde Vorstandsmitglied ist danach verpflichtet, nur diejenigen unternehmerischen Entscheidungen zu treffen, bei denen es *„vernünftiger Weise annehmen durfte, auf der Grundlage angemessener Informtionen zum Wohle der Gesellschaft zu handeln".* Die *business judgment rule* stellt nach überwiegender Ansicht⁴¹⁵ eine **Konkretisierung der objektiven Sorgfaltspflichten des Vorstands** dar,⁴¹⁶ jedoch keinen Tatbestandsausschlussgrund⁴¹⁷

---

⁴⁰⁷ *J. Semler,* FS Ulmer, 2003, 627 (637); *Kindler* ZHR 162 (1998), 101 (106); MüKoAktG/*Spindler* Vor § 76 Rn. 49; Kölner Komm AktG/*Mertens/Cahn* § 93 Rn. 99.
⁴⁰⁸ BGH AG 2002, 347 (348 f.) räumt dem Vorstand einen weiten Ermessensspielraum ein, der durch den Unternehmensgegenstand beschränkt wird.
⁴⁰⁹ BGH AG 2002, 347 (349); MüKoAktG/*Spindler* Vor § 76 Rn. 49.
⁴¹⁰ Spindler/Stilz/*Spindler* Rn. 18.
⁴¹¹ Vgl. *Bayer,* FS K.Schmidt, 2009, 85 (88); *Dreher* ZHR 158 (1994), 614 (622).
⁴¹² BGH AG 2011, 876 (878); K.Schmidt/Lutter/*Drygala* Rn. 20 weist zu Recht daraufhin, dass jede Berufung auf eine ökonomische Effizienz des Rechtsbruchs, also darauf, dass der durch Rechtsbruch erlangte Vorteil groß, das Entdeckungsrisiko hingegen klein ist, ausgeschlossen ist. Das Recht hat absoluten Vorrang vor der Ökonomie. Ebenso *Bayer,* FS K.Schmidt, 2009, 85 (90 f.).
⁴¹³ Großkomm AktG/*Hopt/Roth* § 93 Rn. 86.
⁴¹⁴ Zur Business Judgement Rule in § 93 ausführlich MüKoAktG/*Spindler* § 93 Rn. 36ff, aus der neueren Literatur siehe *Koch* ZHR 2014, 697; *Löbbe/Fischbach* AG 2014, 717.
⁴¹⁵ Zum Meinungsstand Kölner Komm AktG/*Mertens/Cahn* § 93 Rn. 15.
⁴¹⁶ MüKoAktG/*Spindler* § 93 Rn. 39, Großkomm AktG/*Hopt/Roth* § 93 Rn. 12; Kölner Komm AktG/*Mertens/Cahn* § 93 Rn. 15 mwN.
⁴¹⁷ So aber Spindler/Stilz/*Fleischer* § 93 Rn. 65.

oder unwiderlegliche Rechtsvermutung.⁴¹⁸ In ihrer Wirkung soll die *business judgment rule* dem Vorstand einen geschützten Bereich⁴¹⁹ eröffnen, in dem unternehmerische Entscheidungen, sollten diese Entscheidungen später zu nachteiligen Wirkungen für die Gesellschaft führen, nicht der nachträglichen gerichtlichen Überprüfung unterliegen.⁴²⁰ Eine Beachtung der *business judgment rule* lässt bereits die objektive Pflichtwidrigkeit des Vorstandshandeln entfallen, nicht nur das Verschulden.⁴²¹

Die *business judgment rule* in ihrer gesetzlichen Ausprägung läßt die **objektive Pflicht-** **widrigkeit** eines Vorstandshandelns entfallen, wenn:⁴²² 222
- ein Vorstandsmitglied bei einer unternehmerischen Entscheidung
- vernünftigerweise annehmen durfte,
- auf der Grundlage angemessener Informationen
- zum Wohle der Gesellschaft zu handeln.

Privilegiert werden nur **bewusst getroffene unternehmerische** Entscheidungen und 223 Unterlassungen.⁴²³ Unterlassungen, die nicht auf eine bewusste Entscheidung zurückzuführen sind, werden hingegen nicht erfasst.⁴²⁴ Unternehmerische Entscheidungen beinhalten typischerweise ein hohes Maß an Unsicherheit und prognostische Elemente.⁴²⁵ Unternehmerische Entscheidungen sind abzugrenzen von sogenannten **„gebundenen Entscheidungen"**. Im Gegensatz zu unternehmerischen Entscheidungen unterliegen „gebundene Entscheidungen" in vollem Umfang der gerichtlichen Nachprüfung.⁴²⁶ Auch bei diesen können, entgegen dem missverständlichen Wortlaut⁴²⁷, durchaus Entscheidungsoptionen für den Handelnden bestehen. Im Unterschied zu unternehmerischen Entscheidungen sind „gebundene Entscheidungen" aber dadurch gekennzeichnet, dass bei ihnen **keine** rechtlich zulässige Entscheidungsoption besteht.⁴²⁸ Insbesondere besteht keinerlei Entscheidungsoption bei der Pflicht zur Beachtung rechtlicher Vorschriften.⁴²⁹ **Rechtswidriges Handeln ist nie** von der *business judgment rule* **gedeckt.**⁴³⁰

Unternehmerische Entscheidungen müssen daher immer mindestens zwei rechtmäßige Entscheidungsmöglichkeiten beinhalten.⁴³¹

Die unternehmerische Entscheidung muss ferner auf einen **Entscheidungsfindungs-** 224 **prozeß** zurückgehen, der auf angemessenen Informationen beruht. Wann die vom Handelnden ausgewerteten Informationen als angemessen zu beurteilen sind, ist eine Frage des Einzelfalles,⁴³² die sowohl von der Komplexität der zu treffenden Entscheidung als auch von dem Risikopotential der Entscheidung für die Gesellschaft abhängig ist. Je komplexer eine Entscheidung ist oder je riskanter die Folgen einer Fehlentscheidung für die Gesellschaft sein können, desto umfangreicher und gründlicher muss sich der Handelnde informieren. Eine Auswertung „aller nur denkbaren Informationen" ist nicht erforderlich.⁴³³

---

⁴¹⁸ So Hüffer/*Koch* § 93 Rn. 144c, 4d; *Doralt/Doralt* in Semler/v. Schenck AR-HdB § 14 Rn. 104.
⁴¹⁹ Sogenannter „safe harbour".
⁴²⁰ Kölner Komm AktG/*Mertens/Cahn* § 93 Rn. 15.
⁴²¹ Grigoleit/*Grigoleit/Tomasic* § 93 Rn. 27.
⁴²² *Doralt/Doralt* in Semler/v. Schenck AR-HdB § 14 Rn. 100.
⁴²³ Hüffer/*Koch* § 93 Rn. 164 f.
⁴²⁴ *Doralt/Doralt* in Semler/v. Schenck AR-HdB § 14 Rn. 111; *Sven H. Schneider* DB 2005, 707 (709).
⁴²⁵ MüKoAktG/*Spindler* § 93 Rn. 36; Kölner Komm AktG/*Mertens/Cahn* § 93 Rn. 19; *Doralt/Doralt* in Semler/v. Schenck AR-HdB § 14 Rn. 112, zur Besonderheit bei rechtlich geprägten unternehmerischen Entscheidungen *Hasselbach/Ebbinghaus* AG 2014, 873.
⁴²⁶ *Sven H. Schneider* DB 2005, 707 (710).
⁴²⁷ Vgl. *Sven H. Schneider* DB 2005, 707 (710).
⁴²⁸ *Sven H. Schneider* DB 2005, 707 (710); vgl. auch *Binder* AG 2012, 885 (888) und *Dreher*, FS Konzen, 2006, 85 (96).
⁴²⁹ → Rn. 218 und *Bayer*, FS K.Schmidt, 2009, 85 (91), teilweise aA *Hasselbach/Ebbinghaus* AG 2014, 873 (876 ff.).
⁴³⁰ Vgl. *Dreher*, FS Konzen, 2006, 85 (96); kritisch *Hasselbach/Ebbinghaus* AG 2014, 873 (874 ff.).
⁴³¹ *Sven H. Schneider* DB 2005, 707 (710); Hüffer/*Koch* § 93 Rn. 164 f.
⁴³² Ausführlich hierzu *Doralt/Doralt* in Semler/v. Schenck AR-HdB § 14 Rn. 116–128; zur Rechtsprechungsentwicklung vgl. *Binder* AG 2012, 885 (887 ff.).
⁴³³ Spindler/Stilz/*Fleischer* § 93 Rn. 73; Kölner Komm AktG/*Mertens/Cahn* § 93 Rn. 33.

225 Der Handelnde hat die **Chancen und die Risiken** seiner Entscheidung für die Gesellschaft unter Berücksichtigung ihrer **Eintritts- bzw. Realisierungswahrscheinlichkeit** zu **bewerten** und gegeneinander **abzuwägen**.[434] Ist dem Handelnden eine eigene abschließende Bewertung aufgrund eigener Erfahrung und Kenntnisse nicht möglich, ist die Hinzuziehung geeigneter externer Berater angezeigt. **Externe Berater** in diesem Sinne stellen nicht nur unternehmensfremde, sondern auch unternehmensinterne Fachleute (zB Rechtsabteilung, Rechnungswesen) dar.[435] Bei der Einschaltung externer Berater ist sicher zu stellen, dass diese nicht nur über die erforderlichen Sachkenntnisse verfügen, sondern ihre Empfehlungen auch unabhängig und im besten Interesse des Unternehmens auf der Basis ausreichender eigener Informationen abgeben.[436] Die Empfehlungen der Experten hat der Handelnde auf ihre Plausibilität zu überprüfen. Unter den genannten Voraussetzungen, Sachkenntnis, Unabhängigkeit, vollständige Informationen, Plausibilitätskontrolle, darf sich der Handelnde auf das Urteil der Experten verlassen. Stellt sich die Empfehlung des Experten im nachhinein als fehlerhaft dar, haftet der Handelnde unter den vorgenannten Voraussetzungen mangels Pflichtwidrigkeit eigenen Verhaltens nicht.[437] Ob diese Linie auch zukünftig vor der Rechtsprechung Bestand haben wird, ist nach einer jüngeren Entscheidung des EuGH und verschiedenen Äußerungen im Schrifttum allerdings zweifelhaft.[438]

226 Das Vorstandsmitglied muss weiter vernünftigerweise annehmen dürfen, zum **Wohl der Gesellschaft** zu handeln. Hiermit sollen Entscheidungen ausgeklammert werden, die auf Eigeninteressen oder auf Interessenkonflikten beruhen.[439] Betrifft der Interessenkonflikt bei einem mehrköpfigen Vorstand lediglich ein Vorstandsmitglied, so ist zweifelhaft, ob dieser Umstand auch die Entscheidung der anderen Vorstandsmitglieder „infiziert" und damit aus dem Schutzbereich der *business judgment rule* ausnimmt.[440]

227 Bei dem von dem Handelnden bei seiner Entscheidung anzuwendenden **Sorgfaltsmaßstab** ist grundsätzlich die Sorgfalt eines ordentlichen und gewissenhaften Geschäftsleiters[441] bei der Verwaltung fremden Vermögens zu Grunde zu legen.[442] Es ist somit ein objektiver Sorgfaltsmaßstab anzulegen, die subjektive Sichtweise des Handelnden ist nicht entscheidend.[443]

III. Maximen der Geschäftsführung und der Aufsicht

228 Der Vorstand muss bei seiner Geschäftsführung und der Aufsichtsrat bei seiner Überwachung bestimmte Regeln einhalten, die sich aus dem Gesetz, der Satzung und aus ungeschriebenem Recht ergeben. Der **Aufsichtsrat ist verpflichtet dafür zu sorgen, dass der Vorstand seine Aufgaben ordnungsgemäß in Übereinstimmung mit Gesetz und Satzung erfüllt.**[444] Im Verstoßfalle hat er einzugreifen und den Vorstand zu gesetzeskonformem Verhalten anzuhalten.[445] Bereits bei **drohenden Rechtsverstößen** ist der Aufsichtsrat verpflichtet einzuschreiten und alle ihm zu Gebote stehenden Mittel einzuset-

---

[434] *Doralt/Doralt* in Semler/v. Schenck AR-HdB § 14 Rn. 117f; Kölner Komm AktG/*Mertens/Cahn* § 93 Rn. 35.
[435] *Binder* AG 2012, 885 (892).
[436] Vgl. *Doralt/Doralt* in Semler/v. Schenck AR-HdB § 14 Rn. 120 ff.
[437] *Doralt/Doralt* in Semler/v. Schenck AR-HdB § 14 Rn. 123; Spindler/Stilz/*Fleischer* § 93 Rn. 73, 209; *Strohn* ZHR 176 (2012), 137.
[438] EuGH Urt. v. 18.6.2013 – C-681/11; *Binder* AG 2008, 274 (284f).
[439] MüKoAktG/*Spindler* § 93 Rn. 60; Spindler/Stilz/*Fleischer* § 93 Rn. 72; Hüffer/*Koch* § 93 Rn. 24.
[440] So MüKoAktG/*Spindler* § 93 Rn. 60; aA Kölner Komm AktG/*Mertens/Cahn* § 93 Rn. 29; Hüffer/*Koch* § 93 Rn. 264g; *Löbbe/Fischbach* AG 2014, 726; ausführlich *Blasche* AG 2010, 692, *Koch* ZGR 2014, 697 (701 f.).
[441] *Binder* AG 2008, 274 (283).
[442] OLG Düsseldorf AG 1997, 231 (235); Hüffer/*Koch* § 93 Rn. 64.
[443] MüKoAktG/*Spindler* § 93 Rn. 59.
[444] Hierzu *Bayer*, FS K. Schmidt, 2009, 85 und *Arnold* ZGR 2014, 76 (100 ff.).
[445] BGH AG 2011, 876 (878); OLG Karlsruhe AG 2008, 900 (902); LG München AG 2007, 375 (377).

zen, um den Vorstand von seinem rechtswidrigen Vorhaben abzuhalten.[446] Greift der Aufsichtsrat nicht ein, kann er selbst **schadensersatzpflichtig** werden.[447]

Von diesem eher selbstverständlichen Grundsatz abgesehen, ist Folgendes zu bemerken:

1. Verfolgung des Unternehmensgegenstands. Wenn vom Vorstand durchgeführte 229 Geschäfte außerhalb des Unternehmensgegenstands liegen, dann sind die Geschäfte zwar wirksam, aber der Vorstand handelt pflichtwidrig. Fraglich ist, ob durch eine **nachträgliche** von der Hauptversammlung beschlossene und ins Handelsregister eingetragene **Erweiterung** des Unternehmensgegenstands der Satzung diese Pflichtwidrigkeit beseitigt werden kann. Dies wird man annehmen können. Die Grenzen der zulässigen Unternehmenstätigkeit sind von den Aktionären durch die Hauptversammlung mit der Satzung gezogen worden. Als die Herren der Satzung können die Aktionäre eine Überschreitung der Grenzen durch Änderung der Satzung nachträglich genehmigen.

Zu überlegen ist, ob die Pflichtwidrigkeit auch durch einen **satzungsdurchbrechenden** 230 **Beschluss** der Hauptversammlung nachträglich beseitigt werden kann. Die Frage sollte bejaht werden, wenn die Voraussetzungen für einen satzungsdurchbrechenden Beschluss vorliegen und das den Satzungsgegenstand überschreitende Geschäft keine Nachwirkungen hat. Es hat wenig Sinn, wenn nur um der Form willen eine Satzungsänderung verlangt wird, die in der Zukunft keine Bedeutung mehr erlangt. Anders dann, wenn das den Satzungsgegenstand überschreitende Geschäft eine Dauerwirkung hat. Dann ist auf jeden Fall eine Satzungsänderung erforderlich.

Der **Aufsichtsrat** wird der rechtlichen Beurteilung des Vorgangs folgen. Wenn die 231 Hauptversammlung den Vorgang nachträglich billigt, braucht der Aufsichtsrat nichts zu tun, vor allem, wenn er vor Geschäftsabschluss die beabsichtigte Überschreitung des Unternehmensgegenstands kannte. Wenn die Hauptversammlung den Satzungsverstoß nicht billigt, kann der Aufsichtsrat in eine schwierige Lage kommen, wenn er den Geschäftsabschluss in Kenntnis des Satzungsverstoßes gebilligt hat. Man wird davon ausgehen müssen, dass durch die Billigung des Aufsichtsrats die Pflichtwidrigkeit des seine Geschäftsführungskompetenz überschreitenden Vorstands nicht beseitigt wird, genauso wenig wie durch Billigung einer schadenstiftenden Handlung seitens des Aufsichtsrats eine Ersatzpflicht des Vorstands beseitigt wird (§ 93 Abs. 4 S. 2).

Aber auch der Aufsichtsrat hat eine **Pflichtwidrigkeit** begangen. Er hat ein gegen die 232 Satzung verstoßendes Geschäft trotz Kenntnis der Pflichtverletzung des Vorstands nicht unterbunden. Wenn der Gesellschaft durch das pflichtwidrig vorgenommene Geschäft ein Schaden entstanden ist, kann eine Schadensersatzpflicht des Aufsichtsrats in Frage kommen.[448]

2. Erzielung eines angemessenen Gewinns. Jede AG ist – wenn die Satzung nichts 233 anderes festlegt – zur Gewinnerzielung verpflichtet.[449] Der **Aufsichtsrat** muss darauf achten, dass die Grundsätze einer angemessenen Gewinnerzielung eingehalten werden.

3. Beachtung des Unternehmensinteresses. In ständiger Rechtsprechung haben das 234 BVerfG und der BGH entschieden, dass die Handlungsmaxime der Verwaltung einer AG das Unternehmensinteresse sein muss.[450] Allerdings **fehlt es an einer Definition** dieser Maxime. Im Schrifttum begegnen wir einer Vielzahl von Versuchen, den Begriff des Unternehmensinteresses mit fassbaren Elementen auszufüllen. Im Einzelnen werden die Prämissen dargestellt, die bei der Feststellung des Unternehmensinteresses zu beachten sind.[451]

---

[446] OLG Karlsruhe AG 2008, 900 (902); *Bezzenberger/Keul*, FS Schwark, 2009, 121 (134 f.).
[447] §§ 116, 93, ausführlich *Kiethe* WM 2005, 2122.
[448] §§ 116, 93, ausführlich *Kiethe* WM 2005, 2122.
[449] Vgl. ausführlich MüKoAktG/*Spindler* § 76 Rn. 70; OLG Hamm AG 1995, 512 (514) – Harpener/Omni; Hüffer/*Koch* § 76 Rn. 34; Kölner Komm AktG/*Mertens/Cahn* § 76 Rn. 21; *Rittner* Wirtschaftsrecht § 8 Rn. 32; *Junge*, FS v. Caemmerer, 1978, 547 (554); *J. Semler*, Leitung und Überwachung, Rn. 34 ff.
[450] BVerfGE 50, 290 (374); BGHZ 36, 296 (306, 310); BGH NJW 1979, 1823 (1826); differenzierend BGH AG 2002, 347 (348 f.).
[451] Vgl. → Rn. 218, MüKoAktG/*Spindler* § 76 Rn. 63 ff.

235 **4. Instrumente der Überwachung.** Wer überwachen will, muss informiert sein. Jedes Mitglied des Aufsichtsrats benötigt **umfassende Kenntnisse über das Unternehmen.** Zwar ist in erster Linie der Vorstand dafür verantwortlich, dem Aufsichtsrat die für seine Tätigkeit notwendigen Informationen zu vermitteln, aber jedes Aufsichtsratsmitglied muss auch von sich aus bestrebt sein, sich die notwendigen Informationen für seine Überwachungstätigkeit zu besorgen. Dabei bezieht sich diese Anforderung vor allem in Großunternehmen auf die Kernfragen der unternehmerischen Tätigkeit. Neben dem Vorstand ist der Abschlussprüfer des Unternehmens eine wichtige Informationsquelle für den Aufsichtsrat. Die Rolle des Abschlussprüfers als eine vom Vorstand unabhängige Informationsquelle für den Aufsichtsrat wurde vom Gesetz gezielt verstärkt.[452] Inwieweit sich der Aufsichtsrat zum Zweck der Informationsbeschaffung auch direkt an Mitarbeiter des Unternehmens wenden darf, ist bislang, mit **Ausnahme für Kredit- und Finanzdienstleistungsinstitute**[453] noch nicht abschließend geklärt.[454]

236 Jede Überwachung muss von einem selbstständig ermittelten oder doch überprüften richtigen **Sachverhalt** ausgehen. Der vom Vorstand festgestellte Sachverhalt muss vom Aufsichtsrat **sachgerecht beurteilt** werden. Der Aufsichtsrat muss im Weiteren feststellen, ob der Vorstand die Grundsätze der Ordnungsmäßigkeit und der Rechtmäßigkeit eingehalten und sich in der Frage der Wirtschaftlichkeit und der Zweckmäßigkeit in den Grenzen seines zulässigen Ermessens gehalten hat.

237 Nach Abschluss seiner Beurteilung muss der Aufsichtsrat **den Vorstand** vom Ergebnis seiner eigenen Überlegungen **unterrichten.** Er muss ihm sagen, wenn er die Geschäftsführung des Vorstands insgesamt oder in einzelnen Maßnahmen missbilligt. Er muss ihm aber auch sagen, was der Vorstand nach seiner Auffassung hätte tun müssen. Der Aufsichtsrat genügt der ihm obliegenden Sorgfaltspflicht nicht, wenn er nur beanstandet, aber nicht auch positiv rät.

238 Nach seiner Aussprache mit dem Vorstand muss der Aufsichtsrat entscheiden, ob er die von ihm festgestellten Mängel der Geschäftsführung hinnehmen kann oder ob er **tätig werden** muss. Dabei wird er seine Entscheidung innerhalb gewisser Beurteilungsspielräume treffen können (→ Rn. 499 f.).

239 Wenn er zum Ergebnis kommt, dass er einzuschreiten hat, dann muss er entscheiden, **welche Eingriffsmöglichkeit** von ihm gewählt werden soll. Er hat eine weit gefächerte, wenn auch nicht immer verwendbare Auswahl rechtlicher Möglichkeiten zur Verfügung:
– formelle erneute Rücksprache mit dem Vorstand;
– formelle mündliche oder schriftliche Beanstandung;
– Festlegung eines allgemeinen oder eines konkreten Zustimmungsvorbehalts (§ 111 Abs. 4 S. 2);
– Änderung der Geschäftsordnung oder der Geschäftsverteilung des Vorstands (§ 77 Abs. 2);
– Änderung der personellen Zusammensetzung des Vorstands (Abberufung eines vorhandenen oder Bestellung eines neuen Vorstandsmitglieds) (§ 84);
– Hinweis im Bericht des Aufsichtsrats an die Hauptversammlung (§ 151 Abs. 2 S. 2);
– Einberufung einer außerordentlichen Hauptversammlung (§ 111 Abs. 3; → Rn. 475 ff.).

240 **a) Aktienrechtliche Information als Grundlage der Überwachung.** Das AktG legt umfassend fest, was dem Vorstand vom Aufsichtsrat zu berichten ist. Regelberichte und Sonderberichte müssen vom Vorstand ohne besonderes Zutun des Aufsichtsrats erstattet werden.[455] Dieser hat jedoch auf die vollständige und rechtzeitige Erfüllung seines Informa-

---

[452] Zur Zusammenarbeit von Abschlussprüfer und Aufsichtsrat siehe → Rn. 423.
[453] Zum gesetzlichen Recht des Aufsichtsrats von Kredit- und Finanzdienstleistungsinstituten unmittelbar Mitarbeiter zu befragen, vgl. → Rn. 195.
[454] Hierzu ausführlich *Marsch-Barner*, FS Schwark, 2009, 219 sowie *Arnold* ZGR 2014, 76 (90 ff.).
[455] Vgl. hierzu *Götz* AG 1995, 337 (349).

tionsanspruches zu achten.[456] Im Regelfall reichen diese Berichte aus, um den Aufsichtsrat über die überwachungsbedürftige Geschäftsführung zu unterrichten.[457] Das Gesetz räumt dem Aufsichtsrat **Ansprüche auf weitere Berichte** ein.[458] Es gehört zu den Pflichten des Aufsichtsrats, von diesen Anforderungsrechten stets Gebrauch zu machen, wenn zusätzlicher, von der Regelberichterstattung nicht abgedeckter Informationsbedarf besteht.[459] Bedenken der Aufsichtsratsmitglieder, dem Vorstand mit solchen Anforderungen lästig zu fallen, das Arbeitsklima zu verschlechtern oder den Vorstand von wichtigeren Arbeiten abzuhalten, rechtfertigen einen Verzicht auf eine gebotene Berichtsanforderung nicht.

aa) Allgemeine Informationen durch das Unternehmen. Die vom Gesetz geforderten **Regel- und Sonderberichte** zeigen das Ergebnis der originären Führungsfunktionen des Vorstands. Sie decken damit das Überwachungsfeld des Aufsichtsrats ab. 241

§ 90 AktG schreibt vor, was vom Vorstand wann und wie zu berichten ist. Es bestimmt weiter, dass die Berichte „den **Grundsätzen einer gewissenhaften und getreuen Rechenschaft**" entsprechen müssen (§ 90 Abs. 4). Sie dürfen sich nicht auf die Wiedergabe von Zahlen beschränken, sondern müssen den Kern der Entwicklung und die Ursachen für Abweichungen von der Planung[460] deutlich machen. Darum müssen Zahlenübersichten verbal erläutert werden. Der Aufsichtsrat darf erwarten, dass der Vorstand alle bedeutsamen Vorgänge und Entwicklungen in seinen Berichten aufzeigt. Der Vorstand berichtet nicht pflichtgemäß, wenn der Aufsichtsrat selbst mühsam aus dem Zahlenwerk herausarbeiten muss, wie sich das Unternehmen entwickelt hat, wie seine Lage ist und welche besonderen Vorkommnisse sich im Berichtszeitraum ergeben haben. Die Berichterstattung muss **zeitnah**[461] erfolgen. Berichte, die Monate nach Ablauf des Berichtszeitraums erstattet werden, verfehlen ihren Zweck. Der Aufsichtsrat ist kein Geschichtsforscher, sondern Überwacher des laufenden Geschehens. 242

Über die **Form der Berichte** hat das Gesetz früher nichts gesagt. Von verschiedenen Seiten wurde daher die Meinung vertreten, dass auch eine mündliche Berichterstattung den Anforderungen des Gesetzes gerecht wird. Andere hielten schon immer eine schriftliche Berichterstattung für unerlässlich. Eine Berichterstattung in Textform (§ 90 Abs. 4 S. 2) ist für den Regelfall durch das TransPuG[462] in Ergänzung des bisherigen Gesetzes angeordnet worden. 243

Eine **Ausnahme** mag für ruhende Gesellschaften oder Holdinggesellschaften, die keine Managementaufgaben wahrnehmen, gelten. Bei diesen Gesellschaften verändert sich die Lage von Berichtszeitraum zu Berichtszeitraum kaum. Auch wird die Entwicklung durch so wenige Vorfälle gekennzeichnet, dass eine schriftliche Darstellung jedenfalls unterjährig verzichtbar ist. 244

Die Berichte müssen so abgefasst werden, dass sie von den (dem Vorstand bekannten) Aufsichtsratsmitgliedern **ohne weiteres verstanden** werden. Weder dürfen die Ausführungen durch Verwendung eines Fachjargons für normale Lesende unverständlich bleiben noch durch Allgemeinheiten an den wesentlichen Erkenntnissen vorbeiführen. Sie müssen kurz und prägnant das Wesentliche erkennen lassen. Wenn der Vorstand durch neue Maßnahmen unwillkommenen Entwicklungen zu begegnen versucht, muss dies berichtet werden. Berichte müssen erkennen lassen, welchen Erfolg Handlungen des Vorstands gehabt haben, auf die in früheren Berichten hingewiesen worden ist. 245

---

[456] *Hüffer* NZG 2007, 47 (49).
[457] MüKoAktG/*Habersack* Rn. 44; Kölner Komm AktG/*Mertens/Cahn* Rn. 14, 18; *Lutter/Krieger/Verse* Rn. 206; skeptisch *Theisen* Überwachung S. 78 f.; vgl. *v. Schenck* in Semler/v. Schenck AR-HdB § 7 Rn. 44 ff.
[458] *Ambrosius* DB 1979, 2165 f.
[459] Vgl. *Ruhwedel/Epstein* BB 2003, 161 (1639).
[460] Vgl. *Bea/Scheurer* DB 1994, 2145.
[461] *Lutter/Krieger/Verse* Rn. 193 mH auf Osterloh AuR 1986, 332 (336) und *Theisen* Überwachung S. 68, *v. Schenck* in Semler/v. Schenck AR-HdB § 7 Rn. 45.
[462] Ges. v. 19.7.2002, BGBl. 2002 I S. 2681.

246 Nach § 90 Abs. 1 S. 1 Nr. 4 AktG hat der Vorstand den Aufsichtsrat über alle Geschäfte zu informieren, die für die **Rentabilität oder Liquidität** der Gesellschaft von besonderer Bedeutung sind. Hierzu gehören beispielsweise geplante Unternehmenskäufe oder Zusammenschlüsse.[463] Die Berichterstattung hat nach § 90 Abs. 2 Nr. 4 AktG so rechtzeitig zu erfolgen, dass der Aufsichtsrat vor Vornahme des Geschäftes Gelegenheit hat, dazu Stellung zu nehmen. Eine bestimmte Frist ist gesetzlich nicht vorgeschrieben. Kommt der Vorstand seiner Pflicht zur Information nicht rechtzeitig nach, kann hierin ein Pflichtenverstoß zu sehen sein, der bei der Entlastung des Vorstands zu berücksichtigen ist.[464]

247 Ohne dass das Gesetz dies ausdrücklich vorsieht, ist der Vorstand außerhalb der gesetzlich geregelten Berichtsordnung dazu verpflichtet, **wesentliche Ereignisse,** die sich nicht als besondere rentabilitäts- oder liquiditätsbedeutsame Geschäfte darstellen, ebenfalls unverzüglich an den Aufsichtsrat zu berichten. Dies gilt zB für größere Schadensfälle (Brände) und dgl. Allerdings wird dies meist über einen Vorsitzbericht erfolgen (→ Rn. 261 ff.).

248 **Ziff. 5.2 DCGK** legt dar, dass der Aufsichtsratsvorsitzende über wichtige Ereignisse, die für die Beurteilung der Lage und Entwicklung sowie für die Leitung des Unternehmens von wesentlicher Bedeutung sind, unverzüglich durch den Vorstandsvorsitzenden oder Sprecher des Vorstands informiert wird. Hierauf soll der Aufsichtsratsvorsitzende ggf. durch Einberufung einer außerordentlichen Sitzung reagieren.[465]

249 Jedes Aufsichtsratsmitglied hat das Recht, von den an den Aufsichtsrat erstatteten **Berichten Kenntnis** zu nehmen (§ 90 Abs. 5 S. 1). Wenn Berichte schriftlich erstattet worden sind, sind sie auf Verlangen jedem Aufsichtsratsmitglied auszuhändigen. Allerdings kann der Aufsichtsrat anderes beschließen (§ 90 Abs. 5 S. 2). Diese Bestimmung ist bedeutungsvoll, wenn der Vorstand Tischvorlagen verteilt hat. Er muss diese Vorlagen jedem Aufsichtsratsmitglied belassen, wenn der Aufsichtsrat sich nicht mit einfacher Mehrheit für eine Rückgabe der Vorlagen entschieden hat. Die Bestimmung ist auch für Vorsitzberichte oder Berichte an Ausschüsse bedeutsam. Vom grundsätzlichen Aushändigungsanspruch jedes Aufsichtsratsmitglieds kann der Vorstand auch hier nur abweichen, wenn der Aufsichtsrat mit einfacher Mehrheit anderes beschlossen hat. Aber auch dann bleibt jedes Aufsichtsratsmitglied berechtigt, den Inhalt der Berichte zur Kenntnis zu erhalten (§ 90 Abs. 5 S. 1).

250 Der Vorstand darf das Aushändigungsrecht aller Aufsichtsratsmitglieder nicht **willkürlich beeinträchtigen.** Wenn der Vorstand auch nur einem Aufsichtsratsmitglied einen schriftlichen Bericht aushändigt, entsteht sogleich auf Grund des Gleichbehandlungsgrundsatzes, der im Gesetz zum Ausdruck kommt (§ 90 Abs. 5 S. 2), ein Aushändigungsanspruch der anderen Aufsichtsratsmitglieder.

251 **bb) Allgemeine Informationen über das Unternehmen.** Ein pflichtbewusster Aufsichtsrat wird auf Medienberichte über das Unternehmen, über die relevanten Märkte und über die für das Unternehmen bedeutsamen technischen Entwicklungen besonders achten. Wer dies nicht tut, kommt den ihm auferlegten Pflichten nicht mit der erforderlichen Sorgfalt nach.

252 Viele Unternehmen erfassen derartige Berichte in einer **Presseschau.** Es gehört zur pflichtgerechten Information des Aufsichtsrats durch den Vorstand, ihm solche Informationssammlungen unaufgefordert regelmäßig zur Verfügung zu stellen. Der Aufsichtsrat muss auch solche, nicht vom Gesetz geforderte allgemeine Informationen beachten.

253 **b) Ermittlung des Sachverhalts als Grundlage der Überwachung.** Die Überwachung der Geschäftsführung durch den Aufsichtsrat beginnt mit einer sorgfältigen Erfassung des tatsächlichen Geschehens. Die Grundlage bildet die Vorstandsberichterstattung, die notfalls durch Fragen, Anforderungsberichte, Einsichtnahme, Prüfungen und Sachverständi-

---

[463] Vgl. OLG Frankfurt AG 2014, 373.
[464] Vgl. OLG Frankfurt AG 2014, 373 (375) und dazu Burgard/Heimann AG 2014, 360.
[465] → § 107 Rn. 103, 107; → Rn. 263.

gentätigkeit ergänzt werden muss.⁴⁶⁶ Sie besteht aus Regelberichten, Sonderberichten, Anforderungsberichten, Vorlageberichten und Finanzberichten.⁴⁶⁷ Der Aufsichtsrat muss die Berichte sorgfältig prüfen und kritisch durcharbeiten.⁴⁶⁸ Dabei hat der Aufsichtsrat sein Augenmerk nicht nur auf die Rechtmäßigkeit der Vorlagen, zB des Jahresabschlusses, zu richten, sondern weitergehend auch die Zweckmäßigkeit der in den Vorlagen beschriebenen Maßnahmen und Vorschläge zu beurteilen.⁴⁶⁹

aa) Regelberichte. Das Gesetz fordert, dass der Vorstand dem Aufsichtsrat regelmäßig 254 über die Lage und Entwicklung des Unternehmens berichtet. Dabei unterscheidet es verschiedene Berichtsarten:

(1) Vierteljahresberichte (§ 90 Abs. 1 S. 1 Nr. 3). Mindestens vierteljährlich (§ 90 255 Abs. 2 Nr. 3) hat der Vorstand über „den Gang der Geschäfte, insbesondere den Umsatz, und die Lage der Gesellschaft" zu berichten.

(2) Jahresberichte. Einmal jährlich muss der Vorstand über die beabsichtigte Geschäfts- 256 politik und andere grundsätzliche Fragen der Unternehmensplanung (insbesondere die Finanz-, Investitions- und Personalplanung, wobei auf Abweichungen der tatsächlichen Entwicklung von früher berichteten Zielen unter Angabe von Gründen einzugehen ist) berichten, § 90 Abs. 1 S. 1 Nr. 1.⁴⁷⁰ Weiter hat der Vorstand dem Aufsichtsrat den Jahresabschluss und den Lagebericht unverzüglich nach ihrer Aufstellung vorzulegen (§ 170 Abs. 1). Dieser ist von dem Aufsichtsrat als Plenum zu prüfen.⁴⁷¹

(3) Rentabilitätsberichte. Zugleich mit der Vorlage des Jahresabschlusses (§ 90 Abs. 2 257 Nr. 2) hat der Vorstand dem Aufsichtsrat über die Rentabilität der Gesellschaft, insbesondere die Rentabilität des Eigenkapitals zu berichten (§ 90 Abs. 1 S. 1 Nr. 2).

(4) Unzulängliche Berichte. Berichte, die nicht ordnungsgemäß sind, kann und muss 258 der Aufsichtsrat zurückweisen.⁴⁷² Unzureichende Berichte gelten als nicht erstattet. Der Aufsichtsrat kann (und muss) mit einfacher Mehrheit ordnungsmäßige Berichte anfordern. Dabei handelt es sich nicht um die Ausübung des Berichtsanforderungsrechts, das der Aufsichtsrat von Gesetzes wegen hat (§ 90 Abs. 3), sondern um die Geltendmachung und die Durchsetzung des originären Berichtsanspruchs.

bb) Sonderberichte. Die Berichtspflicht des Vorstands beschränkt sich nicht auf Regel- 259 berichte. Der Vorstand hat auch von Fall zu Fall zu berichten, wenn das Informationsbedürfnis des Aufsichtsrats dies fordert.⁴⁷³

(1) Bedeutende Geschäfte (§ 90 Abs. 1 S. 1 Nr. 4). Der Vorstand hat dem Aufsichts- 260 rat über Geschäfte, die für die Rentabilität oder Liquidität der Gesellschaft von erheblicher Bedeutung sein können, zu berichten.⁴⁷⁴ Der Bericht ist nach Möglichkeit so rechtzeitig zu erstatten,⁴⁷⁵ dass der Aufsichtsrat **vor der Vornahme** des Geschäfts Gelegenheit hat, zum Geschäft Stellung zu nehmen. Eine solche Möglichkeit wird regelmäßig bestehen. Geschäfte von erheblicher Bedeutung werden nicht aus dem Handgelenk abgeschlossen. Mehrfache Verspätung der vom Gesetz angeordneten Berichtspflicht indiziert eine mangelhafte Geschäftsführung des Vorstands. Die Möglichkeit, vor der Vornahme des Geschäfts dazu

---

⁴⁶⁶ Dazu OLG Frankfurt AG 2014, 373 (374 f.) und *Burgard/Heimann* AG 2014, 360; *Rieger/Rothenfußer* NZG 2014, 1012; *Mertens* AG 1980, 67.
⁴⁶⁷ Vgl. *Lutter/Krieger/Verse* Rn. 193 ff.
⁴⁶⁸ Vgl. hierzu ausführlich *Hennrichs*, FS Hommelhoff, 2012, 383.
⁴⁶⁹ *Hennrichs*, FS Hommelhoff, 2012, 383 (386).
⁴⁷⁰ Zur Unternehmensplanung vgl. *Feddersen* ZGR 1993, 114; *J. Semler* ZGR 1983, 1.
⁴⁷¹ *Hennrichs*, FS Hommelhoff, 2012, 383 (385).
⁴⁷² *Lutter* Information S. 79.
⁴⁷³ Vgl. *Ambrosius* DB 1979, 2165; *v. Schenck* in Semler/v. Schenck AR-HdB § 7 Rn. 52 ff.
⁴⁷⁴ Hierzu *Cahn* AG 2014, 525 und *Rieger/Rothenfußer* NZG 2014, 1012, 1013.
⁴⁷⁵ OLG Frankfurt AG 2014, 373 (374 f.); *Burgard/Heimann* AG 2014, 360 (362). § 90 Abs. 4 S. 2 idF des TransPuG vom 19.7.2002, BGBl. 2002 I S. 2681.

Stellung zu nehmen, begründet die Verpflichtung des Aufsichtsrats zu einer solchen Stellungnahme.

261 (2) **Vorsitzberichte.** Der Vorstand hat dem Vorsitzenden des Aufsichtsrats (und zunächst nur diesem) zu berichten, wenn ein wichtiger Anlass dies gebietet (§ 90 Abs. 1 S. 3). Als Faustregel wird der Vorstand davon auszugehen haben, dass ein Aufsichtsratsvorsitzender wichtige Dinge ungern zuerst aus der Zeitung erfährt. Medienwirksame Vorgänge lösen im Regelfall eine Berichtspflicht aus.

262 Das Gesetz bestimmt ausdrücklich, dass ein Vorsitzbericht auch dann zu erstatten ist, wenn ein dem Vorstand bekannt gewordener **Vorgang bei einem verbundenen Unternehmen** auf die Lage der Gesellschaft von erheblichem Einfluss sein kann. Das interne Kontrollsystem der Gesellschaft wird im Allgemeinen dafür sorgen, dass derartige Vorgänge dem Vorstand des herrschenden Unternehmens stets unverzüglich zur Kenntnis gelangen. Jedenfalls ist es Aufgabe des Vorstands des herrschenden Unternehmens, die rechtzeitige Versorgung mit solchen Informationen sicherzustellen.

263 Der Aufsichtsratsvorsitzende erhält den Vorsitzbericht **nicht,** um seine persönliche Wissbegier zu befriedigen oder um ihm einen **Informationsvorsprung** vor den anderen Aufsichtsratsmitgliedern zu geben. Er erhält den Bericht, um zu prüfen und zu entscheiden, ob die anderen Aufsichtsratsmitglieder oder die Mitglieder eines Aufsichtsratsausschusses alsbald ebenfalls über den Vorgang informiert werden müssen oder ob sogar eine außerordentliche Aufsichtsratssitzung nötig ist.[476] In der nächsten ordentlichen Sitzung hat der Aufsichtsratsvorsitzende den Aufsichtsrat über den Vorgang und die erfolgte Berichterstattung zu informieren (§ 90 Abs. 5 S. 3), wenn sich der Vorgang nicht schon erledigt hat; Historie braucht nicht berichtet zu werden.

264 cc) **Anforderungsberichte.** Das Gesetz gibt dem Aufsichtsrat die Möglichkeit, alle Informationen zu erhalten, die er für erforderlich hält, um seine Überwachung sachgerecht vornehmen zu können. Der Aufsichtsrat kann vom Vorstand jederzeit einen Bericht verlangen (§ 90 Abs. 3) über
– Angelegenheiten der Gesellschaft;
– die rechtlichen und geschäftlichen Beziehungen der Gesellschaft zu verbundenen Unternehmen;
– geschäftliche Vorgänge bei diesen Unternehmen, die auf die Lage der überwachten Gesellschaft von erheblichem Einfluss sein können.

265 Ebenso wie allgemeine Anforderungsberichte[477] kann der Aufsichtsrat **Ergänzungs- und Zusatzberichte** zu vom Vorstand erstatteten Regelberichten verlangen. Dieses eigenständige Recht ist vom Anspruch des Aufsichtsrats auf Ersatz oder Nachbesserung unzulänglicher Berichte zu unterscheiden.[478]

266 dd) **Vorlageberichte.** In einer Reihe von Fällen ordnet das Gesetz einen Bericht an den Aufsichtsrat an oder ergibt sich die Notwendigkeit der Berichterstattung aus dem Sachzusammenhang. Der Aufsichtsrat kann davon ausgehen, dass der Vorstand ihm Vorlagen in Textform (vgl. § 90 Abs. 4 S. 2) zur Verfügung stellt, wenn er vom Aufsichtsrat einen Beschluss erwartet. Im Regelfall kann der Aufsichtsrat einen solchen schriftlichen Bericht rechtzeitig vor der erbetenen schriftlichen Entscheidung oder vor der Aufsichtsratssitzung erwarten. Jedenfalls wird das Verlangen eines Aufsichtsratsmitglieds um Fristverlängerung sorgfältig zu prüfen sein, wenn die Entscheidung eines schwierigen Vorgangs ansteht. Der notwendige Umfang des Berichts richtet sich nach dem Beschlussbegehren. Dieses muss durch den Bericht schlüssig begründet werden.

---

[476] Vgl. → Rn. 246, → § 107 Rn. 103, 107. Vgl. auch Ziff. 5.2 DCGK.
[477] § 90 Abs. 3 S. 2; dazu *Mertens* AG 1980, 67 (71); *v. Schenck* in Semler/v. Schenck AR-HdB § 7 Rn. 61.
[478] Vgl. → Rn. 258; *Lutter* Information S. 82.

(1) Vorschlag für Gewinnverwendung. Der Vorstand hat dem Aufsichtsrat seinen **267** Vorschlag für die Gewinnverwendung vorzulegen (§ 170 Abs. 2). Für die Vorlage schreibt das Gesetz eine besondere Gliederung vor. Der Aufsichtsrat hat den Gewinnverwendungsvorschlag zu prüfen (§ 171 Abs. 1 S. 1).

(2) Zustimmungspflichtige Geschäfte. Zustimmungspflichtige Geschäfte dürfen vom **268** Vorstand nur vorgenommen werden, wenn der Aufsichtsrat sie billigt (§ 111 Abs. 4 S. 2). Wenn der Aufsichtsrat über eine vom Vorstand erbetene Zustimmung entscheiden soll, benötigt er die dafür nötigen Informationen. Bei derartigen Geschäften wird es sich regelmäßig um solche von besonderer Bedeutung handeln. Dies bedingt regelmäßig eine Vorlage in Textform. Der Vorstand kann nicht erwarten, dass der Aufsichtsrat ohne eine solche Vorlage über die erbetene Zustimmung entscheidet. Andernfalls könnte dem Aufsichtsrat eine Sorgfaltspflichtverletzung vorgeworfen werden.

ee) Finanzberichte. In mehreren Fällen schreibt das Gesetz vor, dass Maßnahmen des **269** Vorstands im Finanzbereich einer Billigung durch den Aufsichtsrat bedürfen. Sie dürfen vom Aufsichtsrat nur gebilligt werden, wenn sie vorher von ihm geprüft worden sind. Dies gilt unabhängig davon, ob das Gesetz dies ausdrücklich sagt oder nicht. Der Aufsichtsrat kann den Vorgang nur prüfen, wenn er ausreichende Informationen erhalten hat. Sie sind ihm vom Vorstand regelmäßig in Textform zur Verfügung zu stellen. Aufgrund mündlicher Informationen ist eine pflichtgemäße Prüfung regelmäßig nicht möglich.

(1) Abschlagszahlungen auf den Bilanzgewinn. Bei Ermächtigung durch die Satzung **270** können nach Ablauf des Geschäftsjahres Abschlagszahlungen auf den Bilanzgewinn gezahlt werden (§ 59). Voraussetzung dafür ist, dass ein vorläufiger Jahresabschluss einen ausreichenden Jahresüberschuss ausweist. Das Gesetz legt fest, was darunter zu verstehen ist (§ 59 Abs. 1). Die Zahlung darf nur erfolgen, wenn sie vom Aufsichtsrat gebilligt worden ist. Dieser muss prüfen, ob die Voraussetzungen vorliegen. Für diese Prüfung benötigt er eine Vorlage in Textform, wenn er die ihm obliegende Sorgfaltspflicht beachten will.

(2) Inhalt von Aktienrechten. Das Gesetz legt die Form, die Mindestbeträge und **271** weitere Einzelheiten der Aktien genau fest (§ 8). Wenn die Satzung den Vorstand zu einer Kapitalerhöhung ermächtigt (genehmigtes Kapital) (§ 202), kann der Inhalt der Aktienrechte regelmäßig noch nicht bestimmt werden. Deswegen sieht das Gesetz vor (§ 204 Abs. 1), dass der Vorstand **mit Zustimmung des Aufsichtsrats** über den Inhalt der Aktienrechte und die Bedingungen der Ausgabe entscheidet. Für eine sorgfaltsgerechte Entscheidung benötigt der Aufsichtsrat eine Vorlage in Textform, die der Vorstand vorzulegen hat.

(3) Abhängigkeitsbericht. Das Gesetz bestimmt die Verantwortlichkeiten bei Fehlen **272** eines Beherrschungsvertrags (§§ 311ff). Der Vorstand ist verpflichtet, nach Maßgabe eingehender Regelungen einen schriftlichen Bericht über die Beziehungen der Gesellschaft zu verbundenen Unternehmen aufzustellen (§ 312 Abs. 1 S. 1). Dieser Bericht ist zunächst durch den Abschlussprüfer (§ 313) und danach durch den Aufsichtsrat zu prüfen (§ 314). Deswegen hat der Vorstand den Abhängigkeitsbericht unverzüglich nach dessen Aufstellung dem Aufsichtsrat vorzulegen und den Prüfungsbericht des Abschlussprüfers beizufügen. Die Vorlagen sind den Mitgliedern des Aufsichtsrats oder, wenn der Aufsichtsrat so beschlossen hat, den Mitgliedern eines Ausschusses vorzulegen (§ 314 Abs. 1 S. 2). Der Aufsichtsrat hat den Abhängigkeitsbericht zu prüfen und über das Ergebnis seiner Prüfung zu berichten (§ 314 Abs. 2).

ff) Keine Teilnahme an Vorstandssitzungen. Grundsätzlich haben weder der Auf- **273** sichtsrat insgesamt noch ein einzelnes Aufsichtsratsmitglied, weder Ausschüsse noch der Aufsichtsratsvorsitzende ein **Recht zur Teilnahme** an Vorstandssitzungen.[479] Jedes Organ

---

[479] Vgl. Großkomm AktG/*Hopt/Roth* Anm. 331; *Lutter/Grossmann* AG 1976, 203 (205).

ist befugt, seine Meinungsbildung organintern vorzunehmen und ohne Anwesenheit von Angehörigen des anderen Verwaltungsorgans Entscheidungen zu treffen. Die Eigenverantwortlichkeit und die Selbstständigkeit des Organs Vorstand ist nicht gewahrt, wenn sich Aufsichtsratsmitglieder in die Zusammenkünfte des Organs Vorstand hineindrängen.

274 Andererseits bestehen keine Bedenken, dass Mitglieder des Vorstands (auch frühere Mitglieder) unter der besonderen Beachtung der Voraussetzungen des Gesetzes (§ 109 Abs. 1 S. 2) als Auskunftspersonen oder als Sachverständige **an den Beratungen** des Aufsichtsrats **teilnehmen.** Die Zuziehung bedarf eines mit einfacher Mehrheit gefassten Aufsichtsratsbeschlusses. Ein Teilnahmerecht wird dadurch nicht begründet. Vorstandsmitglieder werden allerdings regelmäßig bei Aufsichtsratssitzungen anwesend sein.[480]

275 Der Aufsichtsrat hat auch keinen Anspruch auf regelmäßige **Aushändigung der Niederschriften** über die Vorstandssitzungen.[481] Diese sind organinterne Dokumente zur ausschließlichen Verwendung durch die Organmitglieder. Das Gesetz schreibt vor, wann und wie der Vorstand an den Aufsichtsrat zu berichten hat (§ 90 Abs. 1 und 2). Niederschriften über Vorstandssitzungen sind im Gesetz nicht genannt und auch nicht mittelbar erfasst. Eine unbegründete laufende Aushändigung der Niederschriften an den Aufsichtsrat, einen Ausschuss oder den Vorsitzenden ist nicht statthaft, auch nicht auf Anforderung des Aufsichtsrats.[482] Die regelmäßige Überlassung von Niederschriften über die Vorstandssitzungen an Aufsichtsratsmitglieder würde die Organintegrität und die Eigenverantwortlichkeit des Vorstands verletzen.

276 Wenn es allerdings um konkrete Aufklärungsbedürfnisse des Aufsichtsrats geht, sind die Niederschriften über Vorstandssitzungen von der gesetzlichen Prüfungsbefugnis des Aufsichtsrats nicht ausgenommen (§ 111 Abs. 2).

277 **c) Beurteilung und Wertung des Sachverhalts.** Nach vollständiger und zutreffender Erfassung des Sachverhalts hat der Aufsichtsrat zu prüfen, ob der Vorstand seine Pflichten erfüllt hat.

278 **aa) Beachtung der allgemeinen Geschäftsführungsgrundsätze.** Der Aufsichtsrat muss prüfen, ob der Vorstand die für seine Geschäftsführung geltenden Grundsätze der Ordnungsmäßigkeit und der Rechtmäßigkeit uneingeschränkt beachtet hat. Er muss beurteilen, ob der Vorstand bei der Beurteilung der Wirtschaftlichkeit und der Zweckmäßigkeit die Grenzen unternehmerisch zulässigen Ermessens eingehalten hat.[483]

279 **bb) Beachtung der allgemeinen Maximen für die Geschäftsführung.** Der Aufsichtsrat muss darauf achten, dass der Vorstand den allgemeinen Maximen der Geschäftsführung gefolgt ist. Er muss entscheiden, ob er sich im Rahmen des Unternehmensgegenstands bewegt hat, ob er die Erzielung eines angemessenen Gewinns als Ziel seines Verhaltens zugrunde gelegt hat und ob er bei seiner Entscheidung das Unternehmensinteresse[484] beachtet hat.[485]

280 **d) Information des Vorstands über das Ergebnis der Prüfung.** Zumeist werden die Entscheidungen des Aufsichtsrats in Sitzungen getroffen, an denen der Vorstand teilnimmt. Dann erübrigt sich eine besondere Information. Wenn dies nicht der Fall ist, muss der Aufsichtsrat den Vorstand über das Ergebnis seiner Überlegungen und die maßgeblichen Beweggründe unterrichten. Der Vorstand darf über die Auffassung des Aufsichtsrats zu vorgelegten Fragen nicht im Unklaren gelassen werden.

281 Im Referentenentwurf (§ 85 Abs. 6 S. 1) und im Regierungsentwurf (§ 87 Abs. 6) des AktG 1965 war diese Informationspflicht ausdrücklich vorgesehen. Die Bestimmung ist in

---

[480] Vgl. § 109 Abs. 1, Ziff. 3.6 DCGK. Hierzu ausf. → § 109 Rn. 20 ff.
[481] MüKoAktG/*Habersack* Rn. 63; aA Großkomm AktG/*Hopt/Roth* Anm. 331, 410.
[482] Vgl. *Hoffmann/Preu* Rn. 260.
[483] Weitergehend *Bea/Scheurer* DB 1994, 2145 (2149).
[484] Vgl. → Rn. 218 mwH, *Lutter/Krieger/Verse* Rn. 893.
[485] *Henze* BB 2000, 209 (212). Vgl. zu den Maximen auch → Rn. 220.

den Ausschussberatungen mit der Begründung gestrichen worden, dass es **dem Aufsichtsrat überlassen** bleiben müsse, wie er sich zu den Berichten äußere.

Tatsächlich ist eine Vorschrift entbehrlich, die dem Aufsichtsrat vorschreibt, in jedem Fall eine Stellungnahme abzugeben.[486] Wenn sie nötig ist, gebietet schon die **sorgfältige Ausübung der Überwachungspflicht,** den Vorstand über die Auffassung des Aufsichtsrats zu informieren. Wenn sie nicht nötig ist, kann eine gesetzliche Vorschrift auch nichts bewirken.

e) Durchsetzung einer abweichenden Beurteilung. Die Aufgabe des Aufsichtsrats unterscheidet sich dadurch von einer bloßen Prüfung, dass der Aufsichtsrat seine von der des Vorstands **abweichende Auffassung** auch **durchsetzen** muss, wenn er damit nicht in die Geschäftsführungszuständigkeit des Vorstands eingreift. Eine Reihe von Möglichkeiten steht ihm zur Verfügung.[487] Es mag Fälle geben, in denen der Aufsichtsrat nach geeigneten Mitteln sucht, um den Vorstand zu rechtmäßigem Handeln anzuhalten. Üblicherweise wird der Aufsichtsrat wohl stets eine Trennung vom Vorstand vorsehen, wenn er sein Verhalten missbilligt und der Vorstand nicht von sich aus einlenkt. In seltenen Fällen kann auch eine Amtsniederlegung der Aufsichtsratsmitglieder in Betracht kommen, die aber eher ein Zeichen der Hilflosigkeit der Aufsichtsratsmitglieder ist.

aa) Rücksprache und Äußerung von Bedenken. Fast ausnahmslos wird der Aufsichtsrat vor weitergehenden Maßnahmen zunächst (durch seinen Vorsitzenden) mit dem Vorstand (ggf. seinem Vorsitzenden) sprechen. Er wird eingehend begründen, warum der Vorstand nach seiner Auffassung nicht so handeln darf wie er möchte. Er wird gleichzeitig mitteilen, welche weiteren Maßnahmen der Aufsichtsrat ergreifen wird, wenn der Vorstand den Bedenken des Aufsichtsrats nicht folgt.

bb) Beanstandung. Wenn der Vorstand nach einem eingehenden Gespräch und begründeten Hinweisen zur Fehlerhaftigkeit seines Handelns nicht einlenkt, wird der Aufsichtsrat zunächst zum **mildesten Mittel einer Einwirkung** greifen und eine **formelle Beanstandung** der Geschäftsführung aussprechen. Dieses Vorgehen hat deswegen besonderes Gewicht, weil der Aufsichtsrat kaum umhin kann, von einer solchen Maßnahme in seinem gesetzlichen Jahresbericht (§ 171 Abs. 2 S. 2) zu berichten.

cc) Zustimmungsvorbehalt. Wenn der Aufsichtsrat durch das von ihm beanstandete Verhalten des Vorstands, vor allem durch ein nach seiner Auffassung unrechtmäßiges Geschäft einen Schaden für die Gesellschaft befürchtet, muss er alles tun, um ein Handeln des Vorstands zu verhindern. Er kann dies dadurch erreichen, dass er das Geschäft oder die Maßnahme durch einen Beschluss **von seiner Zustimmung abhängig** macht.[488] Er hat dieses Recht auch dann, wenn § 111 Abs. 4 S. 2 folgend von ihm oder der Satzung bereits Zustimmungsvorbehalte festgelegt worden sind.[489]

dd) Erlass einer Geschäftsordnung, Änderung der Geschäftsordnung. Der Aufsichtsrat ist befugt, jederzeit von seiner Geschäftsordnungskompetenz (§ 77 Abs. 2) Gebrauch zu machen. Soweit nicht die Satzung einzelne Dinge bindend vorschreibt, ist er **zu allen Festlegungen berechtigt,** die er unter Berücksichtigung der Umstände für sachdienlich hält. Gegen eine Änderung der Geschäftsordnung kann der Vorstand nichts unternehmen. Allerdings hat der Aufsichtsrat die aktienrechtliche Kompetenzordnung zu beachten (→ Rn. 525). Falls er die eigenverantwortliche Leitungsaufgabe des Vorstands unzulässigerweise beschränkt, kann der Vorstand diesen Beschluss des Aufsichtsrats im Wege der Feststellungsklage angreifen (→ § 108 Rn. 279).

---

[486] *J. Semler,* Leitung und Überwachung, Rn. 197.
[487] Vgl. *Lutter/Krieger/Verse* Rn. 109.
[488] § 111 Abs. 4 S. 2, vgl. → Rn. 524, insbes. → Rn. 537; BGHZ 124, 111 (127) = NJW 1994, 520; LG Stuttgart AG 2000, 237 – ASS; EWiR 1999, 1145 mit Anm. *Kort; v. Schenck* in Semler/v. Schenck AR-HdB § 7 Rn. 290 ff.
[489] MüKoAktG/*Habersack* Rn. 115.

288 **ee) Schadensersatznahme gegen ein Vorstandsmitglied.** Wenn der Gesellschaft durch das pflichtwidrige Handeln des Vorstands oder eines Vorstandsmitglieds ein Schaden entstanden ist, ist der Aufsichtsrat nach der ARAG/GARMENBECK Entscheidung des BGH[490] **verpflichtet,** Schadensersatzansprüche gegen den Vorstand oder gegen das Vorstandsmitglied **zu prüfen** und **geltend zu machen.**[491] Die Prüfung durch den Aufsichtsrat hat in **zwei Stufen** zu erfolgen.[492]

289 Auf der **ersten Stufe** hat der Aufsichtsrat zu prüfen, ob der Vorstand nicht nur falsch, sondern schuldhaft und pflichtwidrig gehandelt und dadurch der Gesellschaft einen kompensierbaren Schaden zugefügt hat.[493] Kommt der Aufsichtsrat hier zu einem positiven Prüfungsergebnis, so hat er weiter zu prüfen, ob eine gerichtliche Durchsetzung von Schadensersatzansprüchen erfolgversprechend ist und ob eine Vollstreckung gegen den Vorstand zum Ausgleich des Schadens führen wird.[494]

290 Führt die Prüfung des Aufsichtsrats auch auf der ersten Stufe zu einem positiven Ergebnis, so ist er rechtlich grundsätzlich verpflichtet, den Schadensersatzanspruch gegen den Vorstand gerichtlich durchzusetzen,[495] es sei denn, der Aufsichtsrat kommt auf der **zweiten Stufe** seiner Prüfung zu dem Ergebnis, dass ausnahmsweise von einer Anspruchsverfolgung abzusehen ist.[496] Eine derartige Ausnahmesituation kann zB dann bestehen, wenn der Aufwand der Gesellschaft für die Durchsetzung des Anspruchs das Gesellschaftsvermögen im Ergebnis eher mindern statt wiederherstellen würde.[497] Keine derartige Ausnahmesituation rechtfertigen die persönlichen Verhältnisse des in Anspruch genommenen Vorstandsmitglieds. Mag es auch noch so viele Verdienste für die Gesellschaft haben, es hat für einen von ihm schuldhaft verursachten Schaden einzustehen.

291 Von den Voraussetzungen, unter denen der Aufsichtsrat **ausnahmsweise von einer Anspruchsverfolgung absehen** darf,[498] ist insbesondere die Reichweite eines unternehmerischen Entscheidungsermessens des Aufsichtsrats Gegenstand intensiver Diskussion. Im Grundsatz besteht Einigkeit darüber, dass dem Aufsichtsrat bei seiner Prüfung der ersten Stufe kein Entscheidungsermessen zusteht, sondern der Aufsichtsrat dem Legalitätsprinzip verpflichtet ist.[499] Bei seiner Entscheidung, ob ausnahmsweise von einer Anspruchsverfolgung im Interesse des Unternehmens abzusehen ist, steht dem Aufsichtsrat ein Entscheidungsermessen zu, über dessen Grenzen und gerichtliche Nachprüfbarkeit jedoch unterschiedliche Ansichten bestehen.[500] Überzeugend erscheint darauf abzustellen, ob eine Anspruchsverfolgung im Interesse des Unternehmens liegt. Dieses Unternehmensinteresse ist entscheidend, denn ihm hat der pflichtwidrig handelnde Vorstand ebenso zu dienen wie der

---

[490] BGHZ 135, 244 = AG 1997, 377 – ARAG/GARMENBECK; vgl. auch → § 116 Rn. 17, 21.
[491] Ein Ausschnitt aus dem umfangreichen Schrifttum zu dieser Entscheidung aus neuerer Zeit: *Bayer*, FS K. Schmidt, 2009, 85 (98 ff.), *Cahn* WM 2013, 1293 (1295 ff.), *Dreher*, FS Konzen, 2006, 85 (103 ff.); *Eichner/Höller* AG 2011, 885; *Goette*, FS Hoffmann-Becking, 2013, 377; *Goette* ZHR 176 (2012), 588; *Goette*, Liber Amicorum M.Winter, 2011, 153; *Koch* NZG 2014, 934; *Koch* AG 2009, 93; *Lutter*, FS Hoffmann-Becking, 2013, 747; *Mertens*, FS K. Schmidt, 2009, 1183; *Paefgen* ZIP 2008, 1549; *Redeke* ZIP 2008, 1549; *Reichert*, FS Hommelhoff, 2012, 907; *Schöne/Petersen* AG 2012, 700; *Wilsing*, FS Maier-Reimer, 2010, 889. Aus der älteren Literatur vgl. *Heimbach/Boll* VersR 2001, 801 (808); *Thümmel* DB 1999, 885; *Heermann* AG 1998, 201; *Horn* ZIP 1997, 1129.
[492] Siehe *Goette*, FS Hoffmann-Becking, 2013, 377 (378 ff.); *Goette* ZHR 176 (2012), 588 (600 ff.); *Eichner/Höller* AG 2011, 885 (886).
[493] So die Formel bei *Goette*, Liber Amicorum M.Winter, 2011, 153 (156).
[494] *Paefgen* AG 2008, 761 (762); *Eichner/Höller* AG 2011, 885 (886).
[495] BGHZ 135, 244 = AG 1997, 377 (379), zu den prozessualen Sorgfaltspflichten bei der Verfolgung von Schadensersatzansprüchen siehe *Schwab* NZG 2013, 521
[496] BGHZ 135, 244 = AG 1997, 377 (379); *Eichner/Höller* AG 2011, 885 (8939); *Wilsing*, FS Maier-Reimer, 2010, 889.
[497] *Cahn* WM 2013, 1293 (1297); *Wilsing*, FS Maier-Reimer, 2010, 889 (917 f.).
[498] Speziell zu dieser Fragestellung: *Goette* ZHR 176 (2012), 588; *Lutter*, FS Hoffmann-Becking, 2013, 747; *Paefgen* AG 2008, 761; *Reichert*, FS Hommelhoff, 2012, 907; *Wilsing*, FS Maier-Reimer, 2010, 889.
[499] Siehe *Goette*, Liber Amicorum M.Winter, 2011, 153 (156 f.).
[500] Siehe *Paefken* AG 2008, 761 (764); *Koch* NZG 2014, 934 (935 f.); *Koch* AG 2009, 93, *Goette*, Liber Amicorum M.Winter, 2011, 153 (159); *Goette* ZHR 176 (2012), 588 (609); *Lutter*, FS Hoffmann-Becking, 2013, 747 (751 f.); *Kling* DZWiR 2005, 45 (46).

Aufsichtsrat. Bei der Ermittlung und Bestimmung des Unternehmensinteresse ist der Aufsichtsrat frei. Eine Ausnahme ist nur für den Fall zu machen, dass der Vorstand mit seinem pflichtwidrigen Handeln strafbewehrte oder bußgeldbewehrte Normen verletzt hat. In diesen Fällen verbietet die Legalitätspflicht dem Aufsichtsrat, von einer Verfolgung abzusehen.[501] Die Entscheidung des Aufsichtsrats unterliegt in jedem Fall der gerichtlichen Kontrolle.[502]

Ein **Verzicht auf die Geltendmachung** eines bestehenden Schadensersatzanspruchs ist nach dem Gesetz vor Ablauf von drei Jahren und ohne eine Zustimmung der Hauptversammlung unzulässig.[503] Eine Unterlassung der Geltendmachung durch den Aufsichtsrat kann zu einer Schadensersatzpflicht des Aufsichtsrats führen.[504] Allerdings indiziert das Bestehen eines Schadensersatzanspruches gegen den Vorstand noch nicht, dass auch der Aufsichtsrat mit der Unterlassung pflichtwidrig gehandelt und der Gesellschaft einen Schaden zugefügt hat.[505]

Ein einzelnes **Aufsichtsratsmitglied** kann keine Schadensersatzansprüche gegen ein Vorstandsmitglied durchsetzen, auch nicht zugunsten der Gesellschaft. Es muss den Aufsichtsrat dazu bringen, eine Rechtsverfolgung zu beschließen. Ein ablehnender Beschluss des Plenums kann (und muss, wenn es sich im Recht glaubt) von ihm angegriffen werden.[506]

ff) Bestellung oder Abberufung eines Vorstandsmitglieds. Der Aufsichtsrat ist im Rahmen der Satzung (§ 23 Abs. 2 Nr. 6) berechtigt, ein weiteres Vorstandsmitglied oder mehrere weitere Vorstandsmitglieder zu **bestellen.** Wenn die Satzung die Bestimmung der Zahl der Vorstandsmitglieder dem Aufsichtsrat überlässt, ist er im Rahmen seiner Sorgfaltspflicht an der Bestellung weiterer Vorstandsmitglieder nicht gehindert. Wenn die Satzung die Zahl der Vorstandsmitglieder bindend vorgibt, kann er bis zu einer Satzungsänderung über die festgelegte Zahl hinaus kein Vorstandsmitglied bestellen.

Sobald ein wichtiger Grund vorliegt, und die Nichtbeachtung begründeter Einwendungen des Aufsichtsrats gegen die Geschäftsführung wird regelmäßig ein solcher Grund sein, kann der Aufsichtsrat ein Vorstandsmitglied oder mehrere Vorstandsmitglieder **aus wichtigem Grund abberufen** (§ 84 Abs. 3 S. 1). Allerdings wird der Aufsichtsrat sorgfältig darauf zu achten haben, dass die Gesellschaft auch nach einer solchen Abberufung sachgerecht geführt werden kann. Im Allgemeinen wird die unverzügliche Neubestellung eines anderen Vorstandsmitglieds mit der Abberufung des alten Vorstands einhergehen müssen.

gg) Einberufung einer Hauptversammlung. Das Gesetz gibt dem Aufsichtsrat die rechtliche Möglichkeit, eine Hauptversammlung einzuberufen, wenn das Wohl der Gesellschaft es fordert (Abs. 3). Es wird allerdings einer ganz besonderen Konstellation bedürfen, wenn der Aufsichtsrat zu diesem Mittel greift. In einer Publikumsgesellschaft wird es **kaum je in Betracht kommen.** In einer Gesellschaft mit beschränktem Aktionärskreis kann es ratsam sein, dass der Aufsichtsrat bei Meinungsverschiedenheiten über grundlegende Fragen der Geschäftspolitik die Meinung der Hauptversammlung erkundet. Allerdings muss er sich darüber im Klaren sein, dass die Hauptversammlung auf seine Einladung hin nicht über Fragen der Geschäftsführung entscheiden kann. Dazu kann sie nur vom Vorstand angerufen werden (§ 119 Abs. 2). Aber das Votum der Hauptversammlung kann geeignet sein, den Aufsichtsrat in seiner Meinung zu bestärken oder ihn davon abzubringen. Die Hauptversammlung kann dem Vorstand ihr Misstrauen aussprechen. Dies bildet einen wichtigen Grund zur Abberufung des Vorstands (§ 84 Abs. 3 S. 2). Auch in einer von ihm einberufenen Hauptversammlung ist der Aufsichtsrat nicht zu Auskünften verpflichtet.[507]

---

[501] *Reichert*, FS Hommelhoff, 2012, 907 (925).
[502] *Koch* NZG 2014, 934 (940 f.).
[503] *Paefken* AG 2008, 761 (765).
[504] *Mertens*, FS K. Schmidt, 2009, 1183 (1194 f.).
[505] *Mertens*, FS K. Schmidt, 2009, 1183 (1195).
[506] § 108. Insbes. → § 108 Rn. 245 f.
[507] *Trescher* DB 1990, 515.

297 **hh) Beanstandung des Vorstands im Bericht an die Hauptversammlung.** Ein wohl eher theoretisches Mittel der Sanktion gegen den Vorstand ist eine Beanstandung seiner Geschäftsführung im Aufsichtsratsbericht an die Hauptversammlung. Seine Anwendung ist unvermeidbar, wenn der Aufsichtsrat die Geschäftsführung formell beanstandet und der Vorstand den Einwendungen des Aufsichtsrats nicht Rechnung getragen hat. Wenn der Aufsichtsrat bis dahin den Vorstand oder einzelne seiner Mitglieder nicht abberufen hat, ist es ein Zeichen evidenter **Hilflosigkeit des Aufsichtsrats.** Was soll denn die Hauptversammlung machen? Sie kann doch nur den Aufsichtsrat abberufen (§ 103 Abs. 1) und durch neue Aufsichtsratsmitglieder ein beherztes Einschreiten gegen den Vorstand herbeiführen! Deswegen sollte ein Aufsichtsrat, der dieses Mittel der Sanktion wählt, seinen eigenen Rücktritt mit einem solchen Berichtsvermerk verbinden.

298 **ii) Verweigerung der Zustimmung zum Jahresabschluss.** Der Aufsichtsrat kann seine Zustimmung zum Jahresabschluss verweigern.[508] Dann muss die Hauptversammlung den Jahresabschluss feststellen (§ 173 Abs. 1). Dieses Sanktionsmittel kommt nur in Frage, wenn zwischen Vorstand und Aufsichtsrat **Uneinigkeit über den Jahresabschluss** besteht. Bei anderen Meinungsverschiedenheiten ist sein Einsatz kaum adäquat und daher bei Anwendung der gebotenen Sorgfalt auch nicht verwendbar.

299 **jj) Empfehlung der Nichtentlastung des Vorstands.** Eine solche Empfehlung (§§ 120, 124 Abs. 3) wird vom Aufsichtsrat gelegentlich ausgesprochen, im Allgemeinen aber wohl nur **im Hinblick auf ein bereits ausgeschiedenes Vorstandsmitglied.** Der Vorschlag einer Nichtentlastung kann in Frage kommen, wenn der Gesellschaft ein Schaden entstanden ist und die Untersuchungen über die Verantwortlichkeiten noch nicht abgeschlossen sind. Allerdings wird in solchen Fällen eher eine Vertagung der Entlastung vorzuschlagen sein.

300 Der Aufsichtsrat hat keine Befugnis zur **Erhebung einer Klage** gegen den Vorstand auf Beachtung seiner Beanstandungen. Es gibt weder eine Organklage des Aufsichtsrats gegen den Vorstand[509] noch ein Klagerecht einzelner Aufsichtsratsmitglieder gegen den Vorstand.[510]

IV. Die besondere Überwachungspflicht

301 Besondere Situationen verlangen besonderes Verhalten. Die allgemeine Überwachungspflicht muss **anders fokussiert und ggf. verstärkt werden,** wenn die Verhältnisse dies fordern. Eine besondere Überwachungspflicht greift in solchen Fällen Platz.

302 **1. Besondere Haftungstatbestände (§ 93 Abs. 3).** Das Gesetz zählt eine Reihe von Vorgängen auf, die bei Vorliegen **„namentlich zum Ersatz" verpflichten.**

303 Es geht um folgende **Tatbestände, die zum Schadensersatz verpflichten,** wenn sie entgegen dem Gesetz herbeigeführt werden:[511]
1. Die Rückgewähr von Einlagen an die Aktionäre;
2. Zahlung von Zinsen oder Gewinnanteilen an die Aktionäre;
3. Zeichnung, Erwerb, Inpfandnahme oder Einziehung eigener Aktien der Gesellschaft oder einer anderen Gesellschaft;
4. Ausgabe von Aktien vor voller Leistung des Nennbetrags;
5. Verteilung von Gesellschaftsvermögen;
6. Leistung von Zahlungen, nachdem die Zahlungsunfähigkeit der Gesellschaft eingetreten ist oder sich ihre Überschuldung ergeben hat;

---
[508] Vgl. dazu Kölner Komm AktG/*Mertens/Cahn* Rn. 49.
[509] Hüffer/*Koch* Rn. 16.
[510] Zum Rechtsschutz bei Organstreitigkeiten vgl. BGHZ 106, 54 = NJW 1989, 979 – Opel; OLG Celle NJW 1990, 582 (583 re. Sp.).
[511] § 93 Abs. 3. Vgl. auch → § 116 Rn. 564 ff.

7. Gewährung von Vergütungen an Aufsichtsratsmitglieder;[512]
8. Gewährung von Kredit;[513]
9. Ausgabe von Bezugsaktien bei der bedingten Kapitalerhöhung außerhalb des festgesetzten Zwecks oder vor der vollen Leistung des Gegenwerts.

Der Aufsichtsrat muss in diesen Fällen seine **Überwachung** auch auf diese Vorgänge ausdehnen. Der Aufsichtsrat muss sich wegen des Gesetzesbefehls mit Fragen befassen, die sonst vielleicht nicht in sein Überwachungsfeld fallen würden. Von ihm wird dabei (ebenso wie vom Vorstand) eine besondere Sorgfalt verlangt. 304

2. Nachhaltige Fehlentwicklung des Unternehmens[514]. Bei einem nachhaltigen Verfehlen der geplanten Ziele muss sich der Aufsichtsrat darüber klar werden, ob die Ziele zu hoch angesetzt waren oder ob das Verfehlen der Ziele auf **mangelnde Führungsstärke des Vorstands** zurückzuführen ist. In beiden Fällen muss er prüfen und entscheiden, ob der Vorstand seiner Aufgabe gewachsen ist oder ob eine Abberufung nötig wird. 305

3. Krisensituation des Unternehmens. Wenn das Unternehmen in eine Krisensituation gerät, muss der Aufsichtsrat seine **Tätigkeit verstärken.**[515] Er muss den Vorstand unterstützen und verstärkt kontrollieren und alle ihm nach §§ 90 Abs. 3, 111 Abs. 2 zur Verfügung stehenden Erkenntnisquellen ausschöpfen.[516] Er muss auch immer wieder prüfen, ob der Vorstand seiner Aufgabe (noch) gewachsen ist. Gute Schönwetterkapitäne können nicht jeden Sturm bestehen. Insbesondere hat der Aufsichtsrat zu prüfen, ob das Unternehmen insolvenzreif ist und hat in diesem Fall darauf hinzuwirken, dass der Vorstand rechtzeitig Insolvenzantrag stellt.[517] 306

Die Frage, ob eine Krisensituation eine **verstärkte Tätigkeit** des Aufsichtsrats verlangt, ist umstritten. Hierzu wurde oben bereits Stellung genommen.[518] 307

4. Begründete Verdachtsmomente gegen den Vorstand oder einzelne Vorstandsmitglieder wegen Verletzung der Geschäftsführungspflichten. Unter normalen Umständen braucht der Aufsichtsrat den Mitgliedern des Vorstands nicht mit Misstrauen zu begegnen.[519] Er kann von der Ehrenhaftigkeit der Mitglieder des Vorstands ausgehen, allerdings allgemein unter Beachtung des Grundsatzes „**Vertrauen ist gut, Kontrolle ist besser**". Er kann sich auf das allgemeine interne Kontrollsystem und die von ihm wahrgenommenen allgemeinen Überwachungsmechanismen verlassen. Anders, wenn Anzeichen unsorgfältigen oder gar dolosen Verhaltens erkennbar werden. Solchen Anzeichen muss er mit besonderer Sorgfalt nachgehen, ein bloßes Befragen des Vorstands genügt nicht.[520] 308

5. Beachtung organschaftlicher Mindestpflichten. Das Gesetz fordert vom Vorstand in bestimmten Situationen die Erfüllung besonderer Pflichten.[521] Ihre **Erfüllung** liegt vor allem **im öffentlichen Interesse**. 309

---

[512] Vgl. auch den Fall des OLG München AG 2003, 164 (165), in dem es um die wechselseitige Ausgabe von Optionen und Optionsschuldverschreibungen an Vorstand und Aufsichtsrat ging.
[513] LG Dortmund AG 2002, 97 (98 f.).
[514] Kölner Komm AktG/*Mertens/Cahn* Rn. 23.
[515] OLG Brandenburg AG 2009, 662 (664); LG Bielefeld ZIP 2000, 20 – Balsam mit Anm. *H. P. Westermann* = WM 1999, 2457 = AG 2000, 136; Anm. *Thümmel* BB 1999, 2633; *v. Gerkan* EWiR 2000, § 116 AktG, 1/2000; *Lutter/Krieger/Verse* Rn. 94; *J. Semler* AG 1983, 141; *v. Schenck* in Semler/v. Schenck AR-HdB § 7 Rn. 206 f.; *Hasselbach* NZG 2012, 41 (42 f.).
[516] BGH AG 2009, 404 (405).
[517] BGH AG 2009, 404 (405).
[518] Vgl. → Rn. 129. Vgl. auch → § 116 Rn. 128.
[519] Teilweise abweichend mit Hinweis auf *Kanavelis* S. 154 f.
[520] Vgl. LG Bielefeld ZIP 2000, 20 – Balsam mit Anm. *H. P. Westermann* = WM 1999, 2457 = AG 2000, 136; Kölner Komm AktG/*Mertens/Cahn* Rn. 22. Dennoch ist es nicht die Aufgabe des Aufsichtsrats, etwaige Straftaten aufzuspüren. AA *Tiedemann*, FS Tröndle, 1989, 319 (321).
[521] ZB Sorge für das Führen der erforderlichen Handelsbücher (§ 91 Abs. 1); Einrichtung eines Risikoüberwachungssystems (§ 91 Abs. 2); Aufstellung von Jahresabschluss und Lagebericht sowie Vorlage dieser Unterlagen an den Abschlussprüfer (§ 264 Abs. 1, 320 Abs. 1 HGB); Aufstellung des Berichts über Beziehungen zu

310 Der Aufsichtsrat kann solche Maßnahmen **nicht von seiner Zustimmung abhängig** machen. Der Vorstand muss sich gesetzestreu verhalten. Der Aufsichtsrat muss aber darauf drängen, dass der Vorstand seine Pflichten erfüllt, wenn er Anlass hat, an ihrer ordnungsmäßigen Erfüllung zu zweifeln.

311 **6. Vorschläge zur Beschlussfassung der Hauptversammlung.** Der Aufsichtsrat muss zu jedem Gegenstand der Tagesordnung, über den die Hauptversammlung beschließen soll, **in der Bekanntmachung der Tagesordnung** Vorschläge zur Beschlussfassung unterbreiten (§ 124 Abs. 3). Abgesehen von Vorschlägen zur Wahl von Aufsichtsratsmitgliedern und Prüfern, die allein vom Aufsichtsrat vorzulegen sind, hat auch der Vorstand Vorschläge zu machen. Dies entbindet den Aufsichtsrat nicht, seine eigenen Vorschläge mit der ihm obliegenden Sorgfalt zu entwickeln. Sie können von denen des Vorstands abweichen, wenn erforderlich, müssen sie es. Wenn das Gesetz Vorschläge ausschließlich vom Aufsichtsrat fordert, ist es dem Vorstand untersagt, eigene Vorschläge zu machen, sich den Vorschlägen des Aufsichtsrats anzuschließen, kurz: überhaupt zu diesen Vorschlägen Stellung zu nehmen.

312 **7. Überwachung der Ausführung von Hauptversammlungsbeschlüssen.** Der **Vorstand** muss Maßnahmen, die in die Zuständigkeit der Hauptversammlung fallen, auf deren Verlangen vorbereiten (§ 83 Abs. 1). Ebenso ist der Vorstand verpflichtet, die von der Hauptversammlung im Rahmen ihrer Zuständigkeit beschlossenen Maßnahmen auszuführen (§ 83 Abs. 2). Die dem Vorstand übertragenen Aufgaben sind Maßnahmen der Geschäftsführung. Sie unterliegen damit der Überwachung durch den Aufsichtsrat. Dabei hat der Aufsichtsrat den **Beschluss der Hauptversammlung** hinzunehmen, auch wenn er ihn für unzweckmäßig oder unwirtschaftlich hält. Wenn der Beschluss nach seiner Auffassung rechtswidrig ist, muss er den Vorstand anhalten, den Beschluss anzufechten (§ 243 Abs. 1). Da das Gesetz dem Vorstand das Recht zur Anfechtung gibt (§ 245 Nr. 4), muss er auf Grund der ihm auferlegten Sorgfaltspflicht von diesem Recht auch Gebrauch machen. Der Aufsichtsrat selbst hat kein Anfechtungsrecht. Nur einzelne Aufsichtsratsmitglieder können den Beschluss anfechten, wenn sie sich strafbar machen, eine Ordnungswidrigkeit begehen oder ersatzpflichtig werden würden (§ 245 Nr. 5).

V. Die Überwachungspflicht im Unternehmensverbund

313 Der Aufsichtsrat einer Gesellschaft, die mit einem oder mehreren anderen Unternehmen verbunden ist, muss auch die **Geschäftsführung im Verhältnis zu verbundenen Unternehmen überwachen.**[522] Dies steht zwar nicht im Gesetz, ergibt sich aber aus der Pflicht des Aufsichtsrats, alles das zu überwachen, was der Vorstand geschäftsführend tut. Die Geschäftsführung eines Unternehmens, das selbst abhängig ist oder gegenüber anderen Unternehmen als herrschend betrachtet wird, bietet keine Besonderheiten, solange der Vorstand des herrschenden Unternehmens keine einheitliche Leitung ausübt. Der Aufsichtsrat hat lediglich darauf zu achten, dass der Vorstand die Vorschriften beachtet, die für die Verantwortlichkeit bei Fehlen eines Beherrschungsvertrags gelten.[523] Besonderheiten ergeben sich jedoch, wenn das beaufsichtigte Unternehmen mit einem oder mehreren anderen Unternehmen zu einem Konzern zusammengefasst ist.

314 Der Aufsichtsrat des herrschenden Unternehmens eines Konzerns wird dadurch **nicht** zu einem „**Konzernaufsichtsrat**", er bleibt Aufsichtsrat der Obergesellschaft.[524] Er übt seine

---

verbundenen Unternehmen (§ 312) und Vorlage an den Abschlussprüfer (§ 313 Abs. 1); Wahrnehmung der Pflichten nach § 92 bei Verlust des halben Grundkapitals, bei Zahlungsunfähigkeit oder bei Überschuldung.
[522] Grundlegend *Lutter*, FS Stimpel, 1985, 825; im Weiteren *H. Götz* ZGR 1998, 524; *H. Götz* AG 1995, 337 (350); *Hoffmann-Becking* ZHR 159 (1995), 325 (3329; *Martens* ZHR 159 (1995), 567; *Scheffler* DB 1994, 793; *Turner* DB 1991, 583.
[523] §§ 311 ff.; vgl. *Hommelhoff* AG 1995, 225; *Hommelhoff*, FS Stimpel, 1985, 603.
[524] Kölner Komm AktG/*Mertens/Cahn* Rn. 28, *Hüffer/Koch* Rn. 18; *v. Schenck* in Semler/v. Schenck AR-HdB § 7 Rn. 69; *Lutter* AG 2006, 517; *Hoffmann-Becking* ZHR 159 (1995), 325 (329 f.); aA *U. H. Schneider*, FS Hadding, 2004, 621 (625).

Überwachung als Aufsichtsrat des herrschenden Unternehmens aus.[525] Allerdings können sich seine Pflichten ändern.[526]

Das Nebeneinander von Aufsichtsorganen bei Ober- und Untergesellschaften auf den verschiedenen Konzernebenen läßt das Bedürfnis nach **gemeinsamen Sitzungen** dieser Aufsichtsorgane entstehen.[527] Soweit an einer gemeinsamen Sitzung ein Aufsichtsrat einer AG oder KGaA teilnehmen soll, ist die rechtliche Zulässigkeit vor dem Hintergrund der Regelung des § 109 Abs. 1 S. 1 zweifelhaft. Danach ist die Teilnahme Dritter, die nicht dem Vorstand oder dem Aufsichtsrat der Gesellschaft angehören, an einer Aufsichtsratssitzung nur unter den Einschränkungen des § 109 Abs. 1 S. 2 möglich.[528] Diese Einschränkungen sollen die Vertraulichkeit, Funktionsfähigkeit und Unabhängigkeit der Meinungsbildung im Aufsichtsrat sichern.[529] Eine gemeinsame Sitzung der Aufsichtsräte von Konzerngesellschaften ist daher nur in Einzelfällen zu bestimmten Punkten der Tagesordnung zulässig, wenn hierfür ein besonderes Interesse besteht.[530] 315

1. Abhängigkeit von der Konzerngeschäftsführungsbefugnis. Die Überwachungsaufgabe des Aufsichtsrat in einem Konzernunternehmen hängt von der **konzernverursachten Leitungsbefugnis und der Weisungsabhängigkeit** ab. Sie kann nur zutreffend erfasst werden, wenn zunächst Klarheit über die bestehende Leitungsbefugnis des Vorstands im überwachten Unternehmen und etwaige konzernbedingte Einschränkungen der Leitungsbefugnis gewonnen wird. 316

a) Faktische Konzernabhängigkeit. Gegenüber einem abhängigen Unternehmen, mit dem das herrschende Unternehmen keinen Beherrschungsvertrag geschlossen hat, sind die gesetzlichen Schranken zu beachten. Das herrschende Unternehmen hat grundsätzlich **keinerlei Weisungsbefugnis** gegenüber dem abhängigen Unternehmen, der Vorstand eines konzernabhängigen Unternehmens unterliegt keinerlei Folgepflicht. Er ist im Gegenteil dafür verantwortlich, dass das herrschende Unternehmen keinen schädigenden Einfluss auf das abhängige Unternehmen ausübt. 317

Der Vorstand eines konzernabhängigen Unternehmens darf einer **Einflussnahme** des herrschenden Unternehmens nachgeben, wenn dem abhängigen Unternehmen dadurch kein Schaden entsteht oder ein entstehender Schaden ausgeglichen wird. 318

b) Vertragliche Konzernabhängigkeit. Bei Bestehen eines Beherrschungsvertrags darf das herrschende Unternehmen dem Vorstand der konzernabhängigen Gesellschaft hinsichtlich der Leitung der Gesellschaft **Weisungen erteilen.** Wenn sie den Belangen des herrschenden Unternehmens oder einem Unternehmen dienen, das diesem oder der überwachten Gesellschaft verbunden ist, dürfen sie für das angewiesene Unternehmen auch nachteilig sein (§ 308 Abs. 1). 319

Der Vorstand des konzernabhängigen Unternehmens ist verpflichtet, den **Weisungen** des herrschenden Unternehmens zu **folgen,** es sei denn, die Weisung dient offensichtlich weder den Belangen des herrschenden noch denen eines mit ihm verbundenen Unternehmens (§ 308 Abs. 2 S. 2). 320

c) Eingliederung. Der Vorstand eines eingegliederten Unternehmens unterliegt uneingeschränkt den Weisungen der Hauptgesellschaft. Auch bei offensichtlicher Drittnützigkeit darf der Vorstand des eingegliederten Unternehmens die Befolgung der Weisung nicht verweigern. 321

---

[525] Hüffer/Koch Rn. 18; Kölner Komm AktG/Mertens/Cahn Rn. 28 f.; Hoffmann-Becking ZHR 159 (1995), 325 (3319; J. Semler, Leitung und Überwachung, Rn. 382; aA U. H. Schneider, FS Kropff, 1997, 271 (279).
[526] Lutter AG 2006, 517 (518); U. H.Schneider, FS Hadding, 2004, 621 (624).
[527] Ausführlich hierzu Schnorbus/Ganzer AG 2013, 445.
[528] Kölner Komm AktG/Mertens/Cahn § 109 Rn. 7; Schnorbus/Ganzer AG 2013, 445 (446).
[529] Ausführlich Schnorbus/Ganzer AG 2013, 445 (446 f.).
[530] Schnorbus/Ganzer AG 2013, 445 (448).

322 **2. Überwachungspflicht im konzernbeherrschenden Unternehmen.** Das Überwachungsverfahren entspricht dem in einer nicht konzernverbundenen AG. Die Unterschiede sind weniger qualitativer als **quantitativer Art.**

323 Die **Konzerngeschäftsführungsaufgabe** ist ein Teil der Geschäftsführungsaufgabe des Vorstands eines herrschenden Konzernunternehmens.[531] Sie beinhaltet die konzernweite Wahrnehmung der unternehmerischen Führungsfunktionen. Der Vorstand des herrschenden Konzernunternehmens ist zur Konzernführung grundsätzlich nicht nur berechtigt, sondern auch verpflichtet. Es obliegt jedoch seinem pflichtgemäßen Ermessen zu entscheiden, inwieweit er unternehmerische Führungsfunktionen durch einheitliche Leitung selbst ausüben will und inwieweit er ihre Wahrnehmung den Organen konzernabhängiger Gesellschaften überlässt oder überträgt. Ausübung der unternehmerischen Führungsfunktionen und einheitliche Leitung sind verschiedene Begriffe. Die einheitliche Leitung muss sich zwar auf unternehmerische Führungsfunktionen erstrecken, braucht sie aber nicht alle zu umfassen. Ausübung der Unternehmenskontrolle für sich allein begründet keine einheitliche Leitung.

324 Der **Inhalt der Konzerngeschäftsführung** erstreckt sich abhängig von der Rechtsform der abhängigen Unternehmen, der Art des Konzernverhältnisses und des Sitzes des abhängigen Unternehmens in unterschiedlicher Intensität auf die Führungsfunktionen[532]
– Konzernstrategie;
– Konzernplanung;
– Konzernkoordinierung;
– Konzernkontrolle;
– Konzernrevision;
– Konzernfinanzierung und
– Führungsstellenbesetzung.

325 Die **Grundsätze sorgfältiger Geschäftsführung** (Ordnungsmäßigkeit, Rechtmäßigkeit, Wirtschaftlichkeit, Zweckmäßigkeit) gelten auch für Geschäftsführungsmaßnahmen im Konzern.[533] Entsprechendes gilt auch für die **Handlungsmaximen der Organe** (Befolgung des Unternehmensgegenstands, Erzielung eines angemessenen Gewinns, Beachtung des Unternehmensinteresses). Grundsätze und Maximen müssen den Besonderheiten im Konzern Rechnung tragen.[534]

326 Die **Grenzen der zulässigen Tätigkeit des Konzerns** werden durch den satzungsmäßigen Gegenstand des Unternehmens der Obergesellschaft bestimmt. Auch abhängige Unternehmen, gleichgültig ob in eine einheitliche Leitung einbezogen oder nicht, dürfen nur im Rahmen des in der Satzung des herrschenden Unternehmens festgelegten Unternehmensgegenstands tätig sein. Wenn der Vorstand ein Unternehmen erwerben will, das außerhalb des satzungsmäßigen Unternehmensgegenstands tätig ist, muss er zunächst eine Satzungsänderung durch die Hauptversammlung beantragen.

327 Bei der Konzerngeschäftsführung gilt nicht das Interesse des herrschenden Unternehmens als Handlungsmaxime, sondern ein besonderes **Konzerninteresse.**[535] Zwar sind die Interessen der Anteilseigner konzernabhängiger Unternehmen im Vertragskonzern hinreichend geschützt, nicht aber im faktischen Konzernverhältnis. In die jeweilige Ermittlung des Konzerninteresses ist nicht nur das Interesse der Arbeitnehmer des herrschenden Unternehmens einzubeziehen, sondern auch das Interesse der Arbeitnehmer aller in- und ausländischen Konzernunternehmen. Die Tatsache, dass die Arbeitnehmer der Konzerngesell-

---

[531] Vgl. hierzu *J. Semler*, Leitung und Überwachung, Rn. 270.
[532] Vgl. *Lutter* AG 2006, 517 (519).
[533] *Scheffler* DB 1994, 793 (794).
[534] Vgl. *J. Semler*, Leitung und Überwachung, Rn. 351.
[535] Ebenso *Lutter/Krieger/Verse* Rn. 147; *Marsch-Barner* in *Semler/v. Schenck* AR-HdB § 13 Rn. 135; *J. Semler*, Leitung und Überwachung, Rn. 367; *Scheffler* DB 1994, 793 (797); jetzt auch unter Aufgabe der Meinung der Vorauflage *v. Schenck* in *Semler/v. Schenck* AR-HdB § 7 Rn. 202; *Hoffmann-Becking* ZHR 159 (1995), 325 (329); Kölner Komm AktG/*Mertens/Cahn* Rn. 28.

schaften mit Sitz im Inland nicht immer in gleicher Weise an der Wahl der Arbeitnehmervertreter im Aufsichtsrat mitwirken wie die im herrschenden Unternehmen und die Arbeitnehmer ausländischer Unternehmen überhaupt nicht wahlberechtigt sind, ändert daran nichts. Mitarbeiter sind Mitarbeiter.

Die **Berichterstattungspflicht** des Vorstands muss sich auf den Konzern erstrecken. Da der Vorstand einen erweiterten Geschäftsführungsumfang abdeckt, muss er auch entsprechend umfassender berichten. Die Konzerngeschäftsführung ist berechtigt und verpflichtet, sich die für die Konzernführung und die Konzernberichterstattung benötigten Daten bei den konzernabhängigen Unternehmen zu beschaffen. Diese Informationen werden dem herrschenden Unternehmen zur sachgerechten Konzernführung und nicht in seiner Eigenschaft als Aktionär gegeben. Eine nachträgliche Auskunftspflicht gegenüber anderen Aktionären in der Hauptversammlung ist nach § 131 Abs. 4 S. 3 AktG mit diesen Informationen nicht verbunden. 328

Der **Aufsichtsrat** des herrschenden Konzernunternehmens muss die **Rechtmäßigkeit der Konzerneinbeziehung** und im Weiteren die Ordnungsmäßigkeit und die Rechtmäßigkeit sowie die Ermessensausübung bei der wirtschaftlichen und zweckmäßigen **Konzerngeschäftsführung** überwachen.[536] Im Grundsatz gelten die Regeln, die für die Überwachung in der eigenständigen AG gelten. Adressat der Aufsicht ist auch im Unternehmensverbund stets und nur der Vorstand des herrschenden Unternehmens.[537] 329

Wenn sich bei der Überwachung des Aufsichtsrats Mängel im Konzernbereich ergeben, die trotz eines Hinweises des Aufsichtsrats vom Vorstand des herrschenden Unternehmens nicht abgestellt werden, dann kann und darf der Aufsichtsrat nur auf den Vorstand des herrschenden Unternehmens **einwirken,** um ihn zu notwendigen Maßnahmen zu veranlassen. Eine unmittelbare Einwirkung auf Geschäftsleitungs- oder Aufsichtsorgane abhängiger Unternehmen durch den Aufsichtsrat des herrschenden Unternehmens ist ganz und gar unzulässig. 330

Zustimmungsvorbehalte im herrschenden Unternehmen gelten nicht ohne weiteres auch im abhängigen Unternehmen. Im Zweifel sind jedoch Angehörige der Obergesellschaft, die im Aufsichtsorgan des konzernabhängigen Unternehmens tätig sind, gehalten, für die Obergesellschaft bestehende Zustimmungsvorbehalte auch in der konzernabhängigen AG wirksam werden zu lassen. Dies kann entweder durch Festlegung entsprechender Zustimmungsvorbehalte mittels eines Aufsichtsratsbeschlusses, durch entsprechende Ausgestaltung der Satzung des abhängigen Unternehmens oder durch Einzelfallentscheidung des Aufsichtsrats geschehen. Nicht alle Zustimmungsvorbehalte der Obergesellschaft können konzernweite Geltung beanspruchen. Vorbehalte, die ersichtlich nur die Obergesellschaft betreffen, brauchen nicht durchgesetzt zu werden (zB Ernennung von Prokuristen). 331

Der Aufsichtsrat einer Konzernobergesellschaft muss den **Konzernabschluss und den Konzernlagebericht prüfen.**[538] Mit der Prüfung ist zwar keine förmliche Feststellung verbunden. Der Aufsichtsrat muss den Abschluss aber billigen. Für die Prüfung des Konzernabschlusses und des Konzernlageberichts durch den Aufsichtsrat gelten die Grundsätze, die auch für die Prüfung des Jahresabschlusses und des Lageberichts der Obergesellschaft gelten. 332

Eine wesentliche Aufgabe des Vorstands im herrschenden Unternehmen ist die sachgerechte **Besetzung der Geschäftsführungspositionen** in konzernabhängigen Gesellschaf- 333

---

[536] Vgl. *Lutter/Krieger/Verse* Rn. 142; *Hüffer/Koch* Rn. 53; *Hommelhoff* Konzernleitungspflicht S. 188; *Martens* ZHR 159 (1995), 567 (577); *J. Semler*, Leitung und Überwachung, Rn. 401; zur Frage einer konkludenten Geltung von Zustimmungsvorbehalten (ablehnend) Kölner Komm AktG/*Mertens/Cahn* Rn. 97 (eine ausdrückliche Festlegung ist nötig). Hüffer/Koch Rn. 21 hält eine konzernbezogene Geltung von Zustimmungsvorbehalten im Wege einer objektiven Auslegung der Satzung für gegeben, wenn anderenfalls der Zweck des Vorbehalts nicht erreichbar wäre.
[537] Kölner Komm AktG/*Mertens/Cahn* Rn. 28; *Hoffmann-Becking* ZHR 159 (1995), 325 (329 ff.); aA *U. H. Schneider* BB 1981, 249 (252).
[538] § 171 Abs. 1; Kölner Komm AktG/*Mertens/Cahn* Rn. 28.

ten. Dabei sind unterschiedliche Rechtsgrundlagen zu beachten, die für die Einflussmöglichkeiten des Aufsichtsrats von Bedeutung sind.[539]

– In Aktiengesellschaften und in Gesellschaften mit beschränkter Haftung mit mehr als 2000 Mitarbeitern ist allein der Aufsichtsrat der jeweiligen Gesellschaft für die Bestellung und Abberufung von Vorstandsmitgliedern zuständig.[540] Das hindert die im Auftrag der Konzernobergesellschaft tätigen Aufsichtsratsmitglieder aber nicht daran, die Besetzungsfrage vorab im Vorstand des herrschenden Unternehmens zu erörtern. Ein unmittelbarer Zustimmungsvorbehalt im abhängigen Unternehmen zugunsten des Aufsichtsrats im herrschenden Unternehmen ist nicht zulässig.

– In Gesellschaften mit beschränkter Haftung, die nicht dem MitbestG unterliegen, werden die Geschäftsführer von der Gesellschafterversammlung bestellt, wenn der Gesellschaftsvertrag nichts anderes festlegt. Hier kann der Aufsichtsrat des herrschenden Unternehmens einen Zustimmungsvorbehalt festlegen.

334 Der Aufsichtsrat des herrschenden Unternehmens muss in seinem jährlich zu erstattenden **Bericht** (§ 171 Abs. 2 S. 2) auch über die Ausübung der Konzernüberwachung berichten. Sie ist Teil seiner Überwachungstätigkeit, die er in seinem Bericht (§§ 171 Abs. 1 S. 2, 170 Abs. 3) zu erläutern hat.

335 **3. Überwachungspflicht im konzernabhängigen Unternehmen**[541]. Der Vorstand muss seine Aufgaben wie im unabhängigen Unternehmen erfüllen. Er darf nicht auf eine eigene Geschäftsführungstätigkeit mit der Begründung verzichten, dass er (im **konzernvertraglich abhängigen Unternehmen**) ja ohnehin weisungsabhängig sei (§ 308 Abs. 1). Die Geschäftsführungszuständigkeit des Vorstands der abhängigen Gesellschaft ist nicht beseitigt, sondern nur insoweit eingeschränkt, als der Vorstand des herrschenden Unternehmens von seiner Weisungsbefugnis Gebrauch macht. Der Vorstand hat dem Aufsichtsrat über Weisungen des herrschenden Unternehmens zu berichten, die Einfluss auf seine unternehmerischen Führungsfunktionen haben oder Führungsentscheidungen darstellen.[542]

336 Bei **Fehlen eines Beherrschungsvertrags** darf der Vorstand des abhängigen Unternehmens Anregungen des herrschenden Unternehmens nachkommen, wenn sie für das abhängige Unternehmen nicht nachteilig sind oder etwaige Nachteile vom herrschenden Unternehmen ausgeglichen werden.[543] Er hat sorgfältig zu prüfen, ob dies der Fall ist. Über die Beziehungen zum herrschenden Unternehmen hat der Vorstand des abhängigen Unternehmens jährlich einen Bericht zu erstatten (§ 312). Während des Jahres muss er alle Geschäfte mit dem herrschenden Unternehmen oder auf dessen Veranlassung vorgenommene Geschäfte sowie alle Maßnahmen und Einflussnahmen sorgfältig aufzeichnen.

337 Der **Aufsichtsrat** muss seiner Überwachungsaufgabe zunächst wie in einem eigenständigen Unternehmen nachkommen. Er ist der „Hüter der Interessen des abhängigen Unternehmens"[544] und seiner Aktionäre.[545] Insbesondere hat er darauf zu achten, dass der Vorstand auch **im konzernvertraglich verbundenen Unternehmen** eine eigenverantwortliche Geschäftspolitik betreibt, soweit nicht Weisungen des herrschenden Unternehmens vorliegen. Seine Überwachungsaufgabe wird nicht dadurch eingeschränkt, dass das herrschende Unternehmen eine eigene Konzernkontrolle durchführt. Allerdings muss er eine Geschäftsführungsmassnahme des Vorstands akzeptieren, wenn diese zwar dem Konzerninteresse, nicht aber dem Unternehmensinteresse des abhängigen Unternehmens ent-

---

[539] Die von Kölner Komm AktG/*Mertens/Cahn* Rn. 28 unter Berufung auf *Martens* ZHR 159 (1995), 567 (577 ff.) wiedergegebene Empfehlung, die Besetzung wichtiger Führungspositionen in abhängigen Unternehmen an die Zustimmung des Aufsichtsrats zu binden, ist deswegen nicht so ohne weiteres möglich.
[540] § 84; §§ 1 Abs. 1, 6, 30 ff. MitbestG.
[541] Dazu *U. H.Schneider*, FS Raiser, 2005, 341 (347 ff.); *Rowedder*, FS Duden, 1977, 501.
[542] OLG Stuttgart AG 2007, 873 (876 f.).
[543] *Schwark*, FS Ulmer, 2003, 605 (625).
[544] *Schwark*, FS Ulmer, 2003, 605 (625).
[545] *U. H.Schneider*, FS Raiser, 2005, 341 (353).

spricht.⁵⁴⁶ Dies ist Ausfluss der Konzernleitungsmacht des herrschenden Unternehmens. Der Aufsichtsrat des abhängigen Unternehmens ist jedoch verpflichtet sicherzustellen, dass etwaige Nachteile vom herrschenden Unternehmen auch tatsächlich ausgeglichen werden.⁵⁴⁷

Wenn das herrschende Unternehmen eine Weisung zu einer Maßnahme erteilt, für die der Vorstand des abhängigen Unternehmens die **Zustimmung des Aufsichtsrats** bedarf, muss der Vorstand diese zunächst bei seinem Aufsichtsrat beantragen.⁵⁴⁸ Erteilt der Aufsichtsrat die Zustimmung nicht, hat der Vorstand des abhängigen Unternehmens dies dem herrschenden Unternehmen zu berichten. Eine erneute mit Zustimmung des Aufsichtsrats im herrschenden Unternehmen erteilte Weisung muss vom Vorstand des abhängigen Unternehmens ohne Rücksicht auf die Einstellung seines Aufsichtsrats befolgt werden. 338

In einem Unternehmen, das mit dem herrschenden **Unternehmen nicht durch einen Beherrschungsvertrag verbunden** ist, muss der Aufsichtsrat darauf achten, dass das herrschende Unternehmen die Selbstständigkeit und die Integrität des abhängigen Unternehmens beachtet. Er muss darum besorgt sein, dass die erforderlichen Aufzeichnungen über Rechtsgeschäfte und Maßnahmen laufend geführt werden und dass der Bericht über die Beziehungen zu verbundenen Unternehmen ordnungsgemäß erstellt wird (§ 311). Der Bericht muss von ihm geprüft werden (§ 314). 339

VI. Die Beratung des Vorstands durch den Aufsichtsrat

Der Aufsichtsrat hat den Vorstand **im Rahmen seiner Überwachungstätigkeit** auch zu beraten.⁵⁴⁹ Außerdem kann es vorkommen, dass der Vorstand den Wunsch hat, von einem bestimmten Aufsichtsratsmitglied **außerhalb der Überwachungsaufgabe beraten** zu werden. Die Rechtsprechung hat für beide Möglichkeiten Grundsätze entwickelt, die das Gesetz ergänzen. 340

1. Beratung des Vorstands durch den Aufsichtsrat im Rahmen der Überwachungspflicht⁵⁵⁰. Die Überwachung durch den Aufsichtsrat darf sich **nicht** auf eine **kritische Beobachtung der Vergangenheit** beschränken. Der Aufsichtsrat würde dann ausschließlich im Nachhinein feststellen können, ob der Vorstand sachgerecht gehandelt hat oder nicht. Für die wesentliche unternehmerische Aufgabe der kritischen Begleitung zukunftsweisender Vorhaben wäre kein Raum. Der Aufsichtsrat muss sich darum mindestens in gleicher Weise im Rahmen einer **begleitenden und vorausschauenden Überwachung** mit den Planungen des Vorstands für die Zukunft befassen.⁵⁵¹ 341

Die vom Aufsichtsrat geschuldete Beratung wird durch den Umfang der Überwachungspflicht begrenzt.⁵⁵² Der Vorstand muss dem Aufsichtsrat über die **beabsichtigte Geschäftspolitik und andere grundsätzliche Fragen der Unternehmensplanung** (insbesondere die Finanz-, Investitions- und Personalplanung) **berichten,** wobei auf Abweichungen der tatsächlichen Entwicklung von früher berichteten Zielen unter Angabe von Gründen einzugehen ist.⁵⁵³ Diese Berichtspflicht des Vorstands indiziert eine entsprechende Überwachungspflicht des Aufsichtsrats, die durch eine Beratung des Vorstands ausgeübt wird.⁵⁵⁴ 342

---

⁵⁴⁶ *Schwark,* FS Ulmer, 2003, 605 (625).
⁵⁴⁷ *U. H. Schneider,* FS Raiser, 2005, 341 (350).
⁵⁴⁸ *U. H. Schneider,* FS Raiser, 2005, 341 (351).
⁵⁴⁹ BGH AG 1991, 312; OLG Hamburg AG 2007, 404 (406); *Emmerich/Doehner,* FS Georgiades, 2006, 625 (628, 631); *Deckert* AG 1997, 109 (111); krit. *Höhn* GmbHR 1993, 777.
⁵⁵⁰ Vgl. dazu auch → Rn. 169; allg. *Lutter/Krieger* ZGR 1992, 87; *v. Schenck* in Semler/v. Schenck AR-HdB § 7 Rn. 118 f.
⁵⁵¹ Vgl. BGH AG 1991, 312 (313); OLG Hamburg AG 2007, 404 (406); *U. H. Schneider,* FS Hadding, 2004, 621 (623).
⁵⁵² *Deckert* AG 1997, 109 (111).
⁵⁵³ § 90 Abs. 1 S. 1 Nr. 1 idF des TransPuG, BGBl. 2002 I S. 2681, siehe auch *Deckert* AG 1997, 109 (112).
⁵⁵⁴ Vgl. ebenso *Feddersen* ZGR 1993, 114; *v. Schenck* in Semler/v. Schenck AR-HdB § 7 Rn. 118; *U. H. Schneider,* FS Hadding, 2004, 621 (623).

343 Die **Beratung** des Vorstands **als Teil der Überwachung**[555] vollzieht sich in gleicher Weise wie die nachträgliche Behandlung von bereits durchgeführten Geschäftsführungsmaßnahmen. Vom Grundsatz her besteht kein Unterschied, ob der Vorstand dem Aufsichtsrat ein einzelnes Vorhaben oder die gesamte Entwicklung der Unternehmensgruppe vorträgt. Der Aufsichtsrat muss sich zur Prüfung der Planung vom Vorstand zunächst die Planungsprämissen, die Planungsziele und den vorgesehenen Ressourceneinsatz darlegen lassen. Er muss sich die Plausibilität und Machbarkeit der geplanten Entwicklung vortragen lassen und vor allem einen Überblick über die bestehenden Risiken und die erwarteten Chancen gewinnen. Ein Vorhaben, bei dem die Risiken größer sind als die Chancen, darf der Aufsichtsrat im Allgemeinen nicht billigen. Umgekehrt wird der Aufsichtsrat keine Einwendungen erheben, wenn bei kleinen Risiken große Chancen zu erwarten sind.

344 Es ist nicht zu erwarten, dass der Aufsichtsrat bei Vorlage einer Unternehmensplanung umfassende Vorstellungen für eine andere Planung entwickelt. **Initiative und Planungszuständigkeit** liegen allein beim Vorstand. Der Aufsichtsrat ist nicht berechtigt, in das aktienrechtliche Kompetenzgefüge einzugreifen und über das Instrument der Beratung die Leitungsverantwortung des Vorstands zu unterlaufen.[556] Aber der Aufsichtsrat wird durchaus in der Lage sein, insbesondere zu den Planungsprämissen eigene Überlegungen beizutragen, zB mag er die Entwicklung der Wechselkurse vielleicht anders sehen, die Konjunkturentwicklung anders beurteilen oder die Inflationsentwicklung anders als der Vorstand einschätzen.

345 Auch **schwierige technische Vorhaben** sind berichtspflichtig und müssen vom Aufsichtsrat überwacht werden, wenn sie für das Unternehmen wesentliche Bedeutung haben. Sicherlich wird im Allgemeinen kein Aufsichtsratsmitglied und schon gar nicht der Aufsichtsrat insgesamt in der Lage sein, die technischen Fragen sachverständig zu überprüfen. Aber das ist auch nicht die Aufgabe des Aufsichtsrats. Dieser muss sich vergewissern, dass im Vorstand der notwendige Sachverstand vertreten ist, dass der Vorstand eine umfassende Risikoanalyse angestellt hat, dass die Chancen die unvermeidbaren Risiken hinnehmbar erscheinen lassen und dass das Unternehmen die Folgen eines etwaigen Misslingens dieses Vorhabens tragen kann.

346 Der Beratung **fehlt** jede **Verbindlichkeit,** solange der Vorstand nicht mit der Umsetzung seiner Vorhaben beginnt. Rat ist stets unverbindlich. Eine fehlerhafte Beratung durch den Aufsichtsrat entlastet den Vorstand nicht von seiner Haftung.[557] Wenn der Vorstand gegen den Rat des Aufsichtsrats handelt, muss der Aufsichtsrat allerdings prüfen und entscheiden, ob er zur Durchsetzung seiner Bedenken auf den Vorstand einwirken muss. Auch hier hat er nur dann eine rechtliche Möglichkeit dazu, wenn der Vorstand mit seinen Vorhaben die Ordnungsmäßigkeit oder die Rechtmäßigkeit einer sorgfältigen Geschäftsführung verletzt oder die Grenzen pflichtgemäßen unternehmerischen Ermessens in den Fragen der Wirtschaftlichkeit und der Zweckmäßigkeit verletzt.

347 Ziff. 5.1.1 DCGK umschreibt die Beratungsaufgabe des Aufsichtsrats folgendermaßen:

„5.1.1.: Aufgabe des Aufsichtsrats ist es, den Vorstand bei der Leitung des Unternehmens regelmäßig zu beraten und zu überwachen. Er ist in Entscheidungen von grundlegender Bedeutung für das Unternehmen einzubinden."

Die in Ziff. 5.1.1 DCGK ausgesprochene Empfehlung betrifft die Kernaufgabe des Aufsichtsrats, den Vorstand bei seiner Tätigkeit zu überwachen. Insoweit wiederholt Ziff. 5.1.1

---

[555] Vgl. BGH AG 1991, 312; MHdB AG/*Hoffmann-Becking* § 29 Rn. 32 („Beratung und Kontrolle gehen ineinander über"); *Hüffer* ZGR 1980, 320 (324); *Lutter* ZHR 159 (1995), 287 (290 ff.); *Lutter/Kremer* ZGR 1992, 87 (88 ff.); *Lutter/Krieger/Verse* Rn. 103; Kölner Komm AktG/*Mertens/Cahn* Rn. 40; aA (eigenständige Beratungskompetenz) *Jäger* DStR 1996, 671 (675); *Steinmann/Klaus* AG 1987, 29; zurückhaltend *Scheffler* ZGR 1993, 63 (69).
[556] *Leyendecker-Langner* NZG 2012, 721 (722) auch mit Vorschlägen zu den Möglichkeiten des Vorstands-Vorstandes, sich gegen Kompetenzübergriffe des Aufsichtsrats zu wehren.
[557] BGH AG 2011, 876 (877 f.).

S. 1 DCGK die gesetzliche Aufgabenzuweisung aus § 111 Abs. 1. Die Empfehlung ist im Zusammenhang mit Ziff. 3.1 DCGK und Ziff. 3.2 DCGK zu lesen, welche das Zusammenwirken von Aufsichtsrat und Vorstand bei der Leitung des Unternehmens thematisieren. Ziff. 5.1.1 S. 3 DCGK steht hingegen in Bezug zu Ziff. 3.3 DCGK.

Wie auch § 111 Abs. 1 bezieht sich die Überwachungspflicht des Aufsichtsrats auf die Mitglieder des Vorstands, nicht aber auf die Mitarbeiter und sonstigen Führungskräfte des Unternehmens.[558] Nähere Angaben zu den Überwachungsbereichen enthält die Kodex Empfehlung ebensowenig wie das Gesetz. Wie dort bilden aber die Rechtmäßigkeit, Ordnungsmäßigkeit, Wirtschaftlichkeit und Zweckmäßigkeit der Unternehmensführung die wesentlichen Überwachungsbereiche.

Im Gegensatz zur gesetzlichen Regelung in § 111 betont die Kodex Empfehlung die Aufgabe des Aufsichtsrats, den Vorstand bei seiner Tätigkeit nicht nur zu überwachen, sondern auch **zu beraten**. Dass die Beratung Teil der Aufgabe des Aufsichtsrats ist, ist auch für § 111 anerkannt. Beratung erfordert nicht nur die reine Erörterung, sondern eine ausdrückliche Stellungnahme des Aufsichtsrats zu den geplanten Maßnahmen des Vorstands.[559]

Wenn der Aufsichtsrat im Rahmen pflichtgemäßer Überwachung gegen beabsichtigte Maßnahmen des Vorstands eingreifen muss, wird sich, wenn gütliches Zureden nicht fruchtet, die **Anordnung eines Zustimmungsvorbehalts** als sachgerechte Einwirkungsmaßnahme darstellen. Der Aufsichtsrat muss sich durch einen Plenarbeschluss für die beabsichtigte Maßnahme seine Zustimmung vorbehalten und anschließend, wenn er das Vorhaben ausreichend geprüft hat und zu einer negativen Beurteilung gekommen ist, sogleich die Zustimmung verweigern.

Im **DCGK** befassen sich **Ziff. 3.1** und **Ziff. 3.2** mit der Zusammenarbeit und Abstimmung der strategischen Ausrichtung zwischen Aufsichtsrat und Vorstand.

Ziff. 3.1 DCGK lautet:

„Vorstand und Aufsichtsrat arbeiten zum Wohle des Unternehmens eng zusammen."

Ziff. 3.2 DCGK lautet:

„Der Vorstand stimmt die strategische Ausrichtung des Unternehmens mit dem Aufsichtsrat ab und erörtert mit ihm in regelmäßigen Abständen den Stand der Strategieumsetzung."

Ziff. 3.1 und Ziff. 3.2 DCGK betonen die Bedeutung der **Abstimmung zwischen** den beiden Organen **Vorstand und Aufsichtsrat** für eine gute Unternehmensführung. Das „Wohl des Unternehmens" ist gleichbedeutend mit dem Begriff des „Unternehmensinteresse".[560] Eine Interpretation des Unternehmensinteresses in Richtung eines bestimmten Unternehmenskonzeptes, sei es in Richtung eines „Shareholder" oder in Richtung eines „Stakeholder" Ansatzes, ist dem Kodex nicht zu entnehmen. Jedoch entspricht die angemessene Berücksichtigung der Interessen Dritter, seien es Arbeitnehmer, Kunden, Lieferanten oder die Allgemeinheit wie im „Stakeholder" Ansatz, der in Deutschland verbreiteten Ansicht über eine gute Unternehmensführung.[561]

Die enge Zusammenarbeit, die in Ziff. 3.1 DCGK angesprochen wird, ist im Sinne einer **intensiven und vertrauensvollen Zusammenarbeit** zu verstehen.[562] Der Charakter der Zusammenarbeit hängt wesentlich von der Person des Aufsichtsratsvorsitzenden ab, dem in seiner Funktion eine bedeutende Scharnierfunktion zwischen den beiden Organen zukommt.

Ziff. 3.2 DCGK adressiert zwei Bereiche, in denen die Abstimmung zwischen den Organen besonders wichtig ist. Der erste Bereich betrifft die Abstimmung über die **strate-

---

[558] RKLW/*Lutter* Rn. 861.
[559] RKLW/*Lutter* Rn. 871.
[560] RKLW/*v.Werder* Rn. 319.
[561] Hierzu mit weiteren Nachweisen ausführlich RKLW/*v.Werder* Rn. 322.
[562] RKLW/*v.Werder* Rn. 326.

gische Ausrichtung des Unternehmens. Hierunter sind alle wesentlichen unternehmerischen Grundentscheidungen zu fassen, namentlich die Eröffnung und Aufgabe von Geschäftsfeldern, Investitionsschwerpunkte oder gewichtige Finanzierungsentscheidungen.[563] Die Kodex Empfehlung bedeutet jedoch nicht, dass der Aufsichtsrat selbst die Initiative bei der strategischen Ausrichtung des Unternehmens übernehmen darf.[564] Es ist nicht die Aufgabe des Aufsichtsrats, die strategische Ausrichtung der Gesellschaft selbst festzulegen. Diese verbleibt unverändert beim Vorstand der Gesellschaft. Der Aufsichtsrat muss jedoch die Vorstellungen des Vorstands für die strategische Ausrichtung des Unternehmens mit diesem beraten und diese mittragen.[565] Stimmt der Aufsichtsrat mit den strategischen Vorstellungen des Vorstands nicht überein, bleibt dem Aufsichtsrat als letztes Mittel die Abberufung des Vorstands.

355 Der zweite Bereich betrifft den **Informationsaustausch zwischen den Organen,** der für eine effektive Überwachung der Unternehmensführung unerläßlich ist. Ziff. 3.2 DCGK spricht davon, dass der Aufsichtsrat in „regelmäßigen Abständen" den Stand der Strategieumsetzung mit dem Vorstand erörtert. Mit der Verwendung des Begriffes „regelmäßig" schreibt die Empfehlung nicht einen bestimmten Sitzungsturnus vor, sondern umschreibt damit lediglich einen sich in bestimmten Zeitabständen wiederholenden Informationsaustausch, dessen Häufigkeit sich nach den Bedürfnissen der Gesellschaft, insbesondere ihrer wirtschaftlichen Lage richtet.[566]

356 **2. Beratung des Unternehmens durch einzelne Aufsichtsratsmitglieder.** Von der Beratung als Teil der Überwachung ist die **Beratung des Unternehmens** durch ein **einzelnes Aufsichtsratsmitglied** zu unterscheiden.[567] Bei der Beratung durch ein einzelnes Aufsichtsratsmitglied sind unterschiedliche Beratungsaktivitäten denkbar.[568] Es kann sowohl eine Beratung im Bereich der Geschäftsführung, die der Überwachung durch den Aufsichtsrat unterliegt, in Frage kommen als auch eine Beratung auf einem Gebiet, das weder als Ausübung der unternehmerischen Führungsfunktion noch als Führungsentscheidung zu verstehen ist, und damit auch nicht in das Überwachungsfeld des Aufsichtsrats fällt.

357 Im **Bereich der Aufsichtsratsüberwachung** kommt ein eigenständiger Beratungsauftrag an ein einzelnes Aufsichtsratsmitglied nicht in Betracht. § 114 Abs. 1 sieht nur Verträge außerhalb der Tätigkeit im Aufsichtsrat vor.[569] Eine besondere Beratung im Überwachungsfeld kann allenfalls auf Wunsch des Aufsichtsrats im Betracht kommen. Die Bestimmung, die dem Aufsichtsrat das Recht gibt, einzelne Aufsichtsratsmitglieder mit der Einsicht und Prüfung zu beauftragen (Abs. 2 S. 2), bietet eine sachgerechte Grundlage. Nachdem heute die Beratung als Mittel der Überwachung allgemein anerkannt ist, muss auch die Beauftragung eines Aufsichtsratsmitglieds mit der Beratung ebenso zulässig sein wie die Beauftragung eines einzelnen Mitglieds mit der Einsicht und der Prüfung. Allerdings kann die Beratung des Vorstands durch ein einzelnes Aufsichtsratsmitglied die Beratung durch das Organ Aufsichtsrat als Teil der Überwachungspflicht nicht ersetzen. Eine besondere Vergütung für diese Einzelberatung im Auftrag des Aufsichtsrats kommt nicht in Frage. Alles, was ein Aufsichtsratsmitglied im Rahmen seiner Überwachungsaufgabe tut, wird durch das

---

[563] RKLW/*Lutter* Rn. 330.
[564] *Roth* ZGR 2012, 343 (347 f.).
[565] RKLW/*Lutter* Rn. 331.
[566] RKLW/*Lutter* Rn. 332.
[567] Ausführlich zu Beratungsverträgen mit Aufsichtsratsmitgliedern: *Rahlmeyer/Gömöry* NZG 2014, 616; *v. Falkenhausen* AnwBl. 2012, 889; *Rohde* AG 2007, 1128; *Weiss* BB 2007, 1853; *Vetter* AG 2006, 173.
[568] Vgl. BGH WM 1991, 1075; dazu *Hoffmann/Kirchhoff* WPg 1991, 111; *Vollmer/Maurer* BB 1993, 591 (592).
[569] BGH AG 2007, 484 (485); OLG Hamburg AG 2007, 404 (406); vgl. auch *Emmerich/Doehner,* FS Georgiades, 2006, 625 (628); *Lutter/Krieger/Verse* Rn. 858 ff. *Rellermeyer* ZGR 1993, 77 (85); *Deckert* AG 1997, 109 (110). Zur Ausdehnung des Beratungsverbots auf verbundene Personen vgl. *Lutter/Drygala,* FS Ulmer, 2003, 380 (381).

in der Satzung festgesetzte oder von der Hauptversammlung beschlossene Honorar abgedeckt.⁵⁷⁰

Ein besonderer **Auftrag des Vorstands zur Beratung im Bereich der Aufsichtsratstätigkeit** ist unzulässig, auch wenn eine Entgeltlichkeit nicht vorgesehen ist. Das Aufsichtsratsmitglied ist ohnehin verpflichtet, sein Wissen und seine Erfahrung zur Beratung des Vorstands zur Verfügung zu stellen. Dies gilt beispielsweise auch für die juristische Beratung zu grundlegenden Fragen der Unternehmenspolitik.⁵⁷¹ Das einzelne Aufsichtsratsmitglied ist Teil des Organs und darf sich nur nach Maßgabe der Spielregeln betätigen, die für das Organ gelten. 358

Ein Beratungsvertrag über **Gegenstände, die nicht der Überwachung** durch den Aufsichtsrat **unterliegen,** ist grundsätzlich zulässig. Der Vertrag wird zwischen dem Aufsichtsratsmitglied und der Gesellschaft, vertreten durch den Vorstand, abgeschlossen. Der Vorstand bedarf der Zustimmung des Aufsichtsrats. Die gesetzlichen Vorgaben sind sorgfältig zu beachten.⁵⁷² 359

VII. Durchsetzung der Überwachung

Die Überwachungsaufgabe des Aufsichtsrats ist ein Teil der Verwaltung der AG. Für ein ordentliches Funktionieren der Verwaltung ist die laufende sachgerechte **Mitwirkung des Aufsichtsrats unerlässlich.** Im Allgemeinen wird der Aufsichtsrat jedenfalls eine gewisse Tätigkeit entfalten. Es stellt sich dennoch die Frage, ob ein anderes Organ der Gesellschaft, vor allem der Vorstand, oder auch ein einzelner Aktionär rechtliche Mittel einsetzen kann, um die Aufsichtsratsmitglieder zur Erfüllung ihrer gesetzlichen Pflichten anzuhalten, wenn es im konkreten Fall hieran mangelt.⁵⁷³ 360

Bevor der Vorstand irgendwelche Maßnahmen gegen das untätige Aufsichtsratsmitglied einleitet, muss er sich darüber klar werden, ob in der Untätigkeit eine **konkludente Amtsniederlegung** des betreffenden Aufsichtsratsmitglieds zu sehen ist. Dies kann vor allem dann der Fall sein, wenn die Satzung keine Formerfordernisse und keine Fristen für eine Amtsniederlegung vorsieht. Der Vorstand muss sich durch Rückfrage versichern, ob das gewählte Aufsichtsratsmitglied sein Amt fortführen will. Wenn er keine Antwort erhält, wird dies ein Indiz für die erfolgte Amtsniederlegung sein. 361

1. Klage des Vorstands gegen den Aufsichtsrat auf Überwachung. Eine Klage der Gesellschaft auf Überwachung, vertreten durch den Vorstand, ist **unzulässig.**⁵⁷⁴ Aus dem Urteil könnte nicht vollstreckt werden.⁵⁷⁵ Auch eine Klage auf Feststellung, dass der Beklagte zur Überwachung verpflichtet sei, kommt nicht in Betracht. 362

Wenn ein Aufsichtsratsmitglied der Meinung ist, es sei nicht oder nicht mehr Mitglied des Aufsichtsrats (nichtige Wahl, Amtsniederlegung, Abberufung), kann nicht auf Ausübung der Überwachungspflicht geklagt werden. In einem solchen Fall kann aber die **gerichtliche Feststellung** begehrt werden, dass die betreffende Person Mitglied des Aufsichtsrats ist. Ob eine solche Klage praktische Bedeutung hat, bleibe dahingestellt. 363

2. Abberufung eines Aufsichtsratsmitglieds. Das Gesetz sieht Möglichkeiten zur **Abberufung von Aufsichtsratsmitgliedern** vor (§ 103). Aufsichtsratsmitglieder, die ohne Bindung an einen Wahlvorschlag von der Hauptversammlung gewählt worden sind, können von dieser wieder abberufen werden (§ 103 Abs. 1). Aufsichtsratsmitglieder, die auf 364

---

⁵⁷⁰ Vgl. die Erläuterungen zu § 113 und *Emmerich/Doehner*, FS Georgiades, 2006, 625 (628).
⁵⁷¹ OLG Hamburg AG 2007, 404 (406).
⁵⁷² Vgl. die Erläuterungen zu § 114.
⁵⁷³ Vgl. die Entscheidung OLG München AG 2003, 452 (453), nach welcher der Vorstand nicht dafür verantwortlich ist, dass der Aufsichtsrat seinen Pflichten nachkommt.
⁵⁷⁴ Großkomm AktG/*Hopt/Roth* Anm. 384. Eine solche Klage wurde von *Ritter* AktG 1937 § 95 Anm. 2b für möglich gehalten.
⁵⁷⁵ § 888 ZPO; Großkomm AktG/*Hopt/Roth* Anm. 384.

Grund der Satzung in den Aufsichtsrat entsandt worden sind, können vom Entsendungsberechtigten jederzeit abberufen werden (§ 103 Abs. 2).

365 Jedes Aufsichtsratsmitglied kann vom **Gericht** abberufen werden, wenn ein **wichtiger Grund** vorliegt (§ 103 Abs. 3). Der Antrag wird vom Aufsichtsrat gestellt, der über die Antragstellung mit einfacher Mehrheit beschließt. Für die Beschlussfassung gelten Besonderheiten. Das betroffene Aufsichtsratsmitglied ist vom Stimmrecht ausgeschlossen.[576] Die Aufsichtsratsmitglieder, die sich an der Abstimmung beteiligen, müssen ihre Stimme unter Beachtung der erforderlichen Sorgfalt abgeben (§§ 93, 116 AktG). Wenn sie trotz Vorliegen eines wichtigen Grundes gegen die Abberufung stimmen oder sich auch nur der Stimme enthalten und der Gesellschaft durch die Untätigkeit des zur Abberufung vorgeschlagenen Aufsichtsratsmitglieds ein Schaden entsteht, kann sich ein Aufsichtsratsmitglied, das ohne ausreichenden Grund nicht für die Abberufung stimmt, schadensersatzpflichtig machen (§§ 116, 93 Abs. 2).

366 **3. Klage auf Schadensersatz durch ein Aufsichtsratsmitglied.** Wenn ein Aufsichtsratsmitglied mit der Erfüllung der ihm obliegenden gesetzlichen Pflichten säumig ist und der Gesellschaft aus dieser Untätigkeit ein Schaden entsteht, kann das betreffende Aufsichtsratsmitglied schadensersatzpflichtig werden (§§ 116, 93 Abs. 2). Der Schadensersatzanspruch ist vom Aufsichtsrat zu verfolgen.

367 **4. Wegfall der Honorierung.** Einem Aufsichtsratsmitglied, das seine Pflichten nicht erfüllt, kann die Vergütung wegen Untätigkeit gekürzt oder vollständig vorenthalten werden.[577] Dies gilt sowohl bei entschuldigter als auch bei unentschuldigter Untätigkeit. Auf den Grund kommt es nicht an. Auch durch lange Krankheit wird kein Anspruch auf Aufsichtsratsvergütung erworben. Zuständig für eine Aberkennung oder Kürzung ist der Aufsichtsrat.

D. Die Informationsrechte des Aufsichtsrats (Abs. 2)

368 Wer handeln muss, benötigt zunächst Informationen. Das Gesetz sieht verschiedene Möglichkeiten vor, dem Aufsichtsrat die **benötigten Informationen** zur Verfügung zu stellen.

I. Informationsrecht und Informationspflicht

369 Voraussetzung jeder Überwachungstätigkeit des Aufsichtsrats ist eine zureichende Aufklärung des Sachverhalts. Solange dieser unklar ist, besteht die primäre **Verpflichtung des Aufsichtsrats** in einer sachgerechten Aufklärung des Sachverhalts.[578] Wenn der Aufsichtsrat trotz festgestellter Unklarheiten von möglichen Aufklärungsmitteln keinen Gebrauch macht, vernachlässigt er die ihm obliegende Sorgfalt.[579] Ein dem Aufsichtsrat eingeräumtes Recht verpflichtet ihn, bei Bedarf davon Gebrauch zu machen. Dies gilt gleichermaßen für Berichtsanforderungsrechte wie für Auskunftsrechte, Einsichtsrechte und Prüfungsrechte.[580]

370 Die Wirkungsmöglichkeit des Aufsichtsrats hängt von einer ausreichenden Kenntnis der Lage, der Entwicklung und wesentlicher Vorkommnisse im Unternehmen ab, die ihm im nötigen Umfang allein durch den Vorstand verschafft werden kann. Der **Vorstand ist**

---

[576] Streitig; wie hier Großkomm AktG/*Hopt/Roth* § 103 Anm. 49; Kölner Komm AktG/*Mertens/Cahn* § 103 Rn. 31; UHH/*Ulmer/Habersack* MitbestG § 6 Rn. 70; *Raiser/Veil* MitbestG § 6 Rn. 36; aA *Hoffmann/Preu* Der Aufsichtsrat Rn. 366.

[577] Kölner Komm AktG/*Mertens/Cahn* § 113 Rn. 32; *Wagner* in Semler/v. Schenck AR-HdB § 11 Rn. 59.

[578] Insofern kann man durchaus davon sprechen, dass die ausreichende Informationsversorgung des Aufsichtsrats eine gemeinsame Aufgabe von Vorstand und Aufsichtsrat ist, vgl. Ziff. 3.4 DCGK; vgl. auch *Wagner* NZG 1999, 1092 (1093).

[579] Vgl. BGH AG 2007, 167 (168).

[580] Zur Entwicklung von Informationskonzeptionen vgl. *Dreyer* BB 1981, 1436; für ein Berichtssystem *Wagner* NZG 1999, 1092 (1093).

verpflichtet, dem Aufsichtsrat alle erforderlichen Informationen rechtzeitig zu vermitteln. Ein Vorstand, der diese Verpflichtung verletzt, begeht eine gröbliche Sorgfaltsverletzung. Dabei ist ihm nicht so sehr die mangelhafte Information vorzuwerfen, sondern der Umstand, dass er dem Aufsichtsrat die Grundlage seines Handelns (die Grundlagen der Überwachung) vorenthält oder entzieht und damit die Funktionsfähigkeit der geltenden Unternehmensverfassung zerstört.

Die Informationspflicht des Vorstands und umgekehrt das Informationsrecht des Aufsichtsrats erstreckt sich auch auf die rechtlichen und geschäftlichen Beziehungen zu **verbundenen Unternehmen** sowie auf geschäftliche Vorgänge bei diesen Unternehmen, die auf die Lage der Gesellschaft von erheblichem Einfluss sein können. Das Gesetz erstreckt den Berichtsanspruch des Aufsichtsrats ausdrücklich auch hierauf (§ 90 Abs. 3). Es bestimmt außerdem, dass auch aus sonstigen wichtigen Anlässen über bekannt gewordene geschäftliche Vorgänge bei einem verbundenen Unternehmen, die auf die Lage der Gesellschaft von erheblichem Einfluss sein können, berichtet werden muss (§ 90 Abs. 1 S. 2). 371

1. Die Informationspflichten des Vorstands. Das Gesetz legt fest, in welcher Weise der **Vorstand den Aufsichtsrat** über die Lage und die Entwicklung der Gesellschaft, über die beabsichtigte Geschäftspolitik und andere grundsätzliche Fragen der Unternehmensplanung sowie über Geschäfte, die für die Rentabilität oder die Liquidität der Gesellschaft von erheblicher Bedeutung sein können, unterrichten muss.[581] 372

Ganz unabhängig von den gesetzlichen Vorgaben ist der Vorstand verpflichtet, den Aufsichtsrat so gut zu informieren, dass er seine Aufgaben reibungslos und effizient erfüllen kann. Diese Verpflichtung folgt nicht nur aus dem Gesetz (§ 90 Abs. 1 S. 2), sondern auch aus dem **Gebot wechselseitiger Förderungspflicht** der Organe. Die Organe der AG, insbesondere die Verwaltungsorgane Vorstand und Aufsichtsrat, haben im Interesse der Gesellschaft alles zu tun, um sich gegenseitig die Arbeit zu erleichtern und die Effizienz ihres Wirkens zu fördern und zu sichern. 373

Ziff. 3.4 DCGK behandelt ausführlich die Informationspflichten des Vorstands gegenüber dem Aufsichtsrat. 374

Ziff. 3.4 DCGK lautet:

„Die ausreichende Informationsversorgung des Aufsichtsrats ist gemeinsame Aufgabe von Vorstand und Aufsichtsrat.
Der Vorstand informiert den Aufsichtsrat regelmäßig, zeitnah und umfassend über alle für das Unternehmen relevanten Fragen der Strategie, der Planung, der Geschäftsentwicklung, der Risikolage, des Risikomanagements und der Compliance. Er geht auf Abweichungen des Geschäftsverlaufs von den aufgestellten Plänen und Zielen unter Angabe von Gründen ein.
Der Aufsichtsrat soll die Informations- und Berichtspflichten des Vorstands näher festlegen. Berichte des Vorstands an den Aufsichtsrat sind in der Regel in Textform zu erstatten. Entscheidungsnotwendige Unterlagen, werden den Mitgliedern des Aufsichtsrats möglichst rechtzeitig vor der Sitzung zugeleitet."

Ziff. 3.4 S. 1 DCGK konkretisiert die gesetzlich in § 90 verankerte Informationspflicht des Vorstands gegenüber dem Aufsichtsrat. Dabei betont die Kodex Empfehlung mit der Formulierung „gemeinsame Aufgabe", dass neben der Informationspflicht des Vorstands auch eine eigene Verantwortung des Aufsichtsrats zur Informationsbeschaffung besteht.[582] Der Aufsichtsrat muss also, wenn ihm die vom Vorstand zur Verfügung gestellten Informationen nicht ausreichen, selbst aktiv werden und die für seine Überwachungsaufgabe erforderlichen Informationen beschaffen. 375

Die in Ziff. 3.4 S. 2 und S. 3 DCGK ausgesprochene Empfehlung fasst die in § 90 Abs. 2 im Einzelnen umschriebenen Berichtspflichten zusammen, allerdings ohne die im Gesetz 376

---

[581] § 90 Abs. 2; zur Frage, welche Auskünfte die Geschäftsführung dem Aufsichtsrat bei der mitbestimmten GmbH erteilen muss *v. Hoyningen-Huene/Powietzka* BB 2001, 529 ff. (531).
[582] RKLW/*Lutter* Rn. 348.

enthaltenen Mindestfristen für die Berichterstattung. Damit bringt die Kodex Empfehlung zum Ausdruck, dass der Aufsichtsrat kürzere Berichtspflichten vorsehen kann. Dementsprechend regt Ziff. 3.4 S. 4 DCGK an, dass der Aufsichtsrat konkrete Vorgaben für die Berichterstattung durch den Vorstand erläßt.[583]

377 Die Anforderung, die Berichte in Textform zu erstatten, entspricht der gesetzlichen Vorgabe in § 90 Abs. 4 S. 2. Hingegen betont 3.4 S. 5 DCGK eine Selbstverständlichkeit, die in der Praxis leider nicht immer beachtet wird. Die Berichte sind so rechtzeitig zu erstatten, dass den Mitgliedern des Aufsichtsrats vor der Sitzung ausreichend Zeit bleibt, die Berichte zur Kenntnis zu nehmen.

378 **2. Selbstständige Informationsrechte des Aufsichtsrats.** Der Aufsichtsrat ist berechtigt und nach Sachlage auch verpflichtet, zu jedem ihm bekannt gewordenen bedeutsamen Vorgang der Gesellschaft vom Vorstand einen **Bericht zu verlangen.**[584] Der Vorstand muss diesen Bericht erstatten.

379 Der Aufsichtsrat kann dem Vorstand im gleichen Ausmaß, dh. in Angelegenheiten der Gesellschaft sowie zu rechtlichen und geschäftlichen Beziehungen zu verbundenen Unternehmen und zu geschäftlichen Vorgängen bei diesen Unternehmen, die auf die Lage der Gesellschaft erheblichen Einfluss haben können, auch **Fragen** stellen. Sie sind vom Vorstand zu beantworten. Wenn der Vorstand von Gesetzes wegen einen Bericht erstatten muss, ist er auch rechtlich verpflichtet, Fragen zu beantworten, die gegenüber der Erstattung eines Berichts ein weniger darstellen.

380 Der Aufsichtsrat kann von dem Vorstand auch die Vorlage von Urkunden und Einsicht in dieselben verlangen.[585]

381 Der Aufsichtsrat wird sich nur in den seltensten Fällen darauf berufen können, dass seine Handlungsmöglichkeiten durch eine ungenügende Berichterstattung des Vorstands eingeschränkt worden seien. Wenn auch nur das geringste Anzeichen für einen aufklärungsbedürftigen Vorgang festzustellen ist, gibt **das Gesetz dem Aufsichtsrat alle Mittel an die Hand,** die zur Aufklärung erforderlich sind. Die Sorgfaltspflicht der Aufsichtsratsmitglieder gebietet diesen, von den gesetzlich zur Verfügung stehenden Mitteln in erforderlichem Umfang voll Gebrauch zu machen.

382 Wenn der Aufsichtsrat vom Vorstand nicht ausreichend informiert wird, ist die Festsetzung einer „**Informationsordnung**"[586] erforderlich. Im Regelfall und vernünftig wird sie einvernehmlich zwischen Aufsichtsrat und Vorstand vereinbart. Wenn sich der Vorstand verweigert, kann (und muss) der Aufsichtsrat die notwendige Informationsordnung einseitig festsetzen. Die Pflicht des Vorstands zur Berichterstattung (§ 90 Abs. 1 und 2) und der Anspruch des Aufsichtsrats auf die Erstattung von Berichten (§ 90 Abs. 3) bilden eine ausreichende Grundlage. Das Recht zur Festlegung einer Geschäftsordnung weist dem Aufsichtsrat die letztinstanzliche Kompetenz zu. Eine Informationsordnung ist Bestandteil der Geschäftsordnung des Vorstands.

383 **3. Informationswünsche eines einzelnen Aufsichtsratsmitglieds.** Jedes Aufsichtsratsmitglied ist berechtigt, zu den vom Vorstand erstatteten Berichten, aber auch unabhängig davon **Fragen** zu stellen.[587] Dies folgt einmal daraus, dass ein Aufsichtsratsmitglied weitergehend vom Vorstand sogar einen Bericht fordern kann (§ 90 Abs. 3 S. 2), der vom Vorstand zu erstatten ist. Was für einen Bericht gilt, muss umso mehr für eine mit sehr viel geringerem Aufwand verbundene Antwort auf eine Frage gelten. Zum anderen muss der Vorstand mit seinen Informationen den Grundsätzen einer gewissenhaften und getreuen

---

[583] Vgl. RKLW/*Lutter* Rn. 349.
[584] § 90 Abs. 3 S. 1; Kölner Komm AktG/*Mertens*/*Cahn* Rn. 17; *v. Schenck* in Semler/v. Schenck AR-HdB § 7 Rn. 189.
[585] OLG Stuttgart AG 2007, 873 (877); *Hasselbach* NZG 2012, 41 (44 f.).
[586] Vgl. dazu auch *Lutter*/*Krieger*/*Verse* Rn. 317, *v. Schenck* in Semler/v. Schenck AR-HdB § 7 Rn. 175 ff. Vgl. auch → § 116 Rn. 170, 388.
[587] OLG Stuttgart AG 2007, 633 (639); *v. Schenck* in Semler/v. Schenck AR-HdB § 7 Rn. 65.

Rechenschaft entsprechen. Diese Pflicht gebietet, auf Fragen eines Aufsichtsratsmitglieds zu erstatteten Berichten zu antworten.[588] Auch Informationen, die ein Aufsichtsratsmitglied von einem Vorstandsmitglied „im Privatgespräch" erhält, sind eine aktienrechtliche Information, wenn die Information das Überwachungsfeld betrifft. Das betreffende Aufsichtsratsmitglied muss seine Kollegen über den Inhalt des Gesprächs informieren.[589]

Von dem Recht eines einzelnen Aufsichtsratsmitgliedes zur Anforderung eines Berichtes nach § 90 Abs. 3 S. 2 zu unterscheiden ist das Recht, einzelne Unterlagen der Gesellschaft einsehen zu können. Dieses Recht steht nur dem Aufsichtsrat als Gesamtgremium zu, nicht aber jedem einzelnen Aufsichtsratsmitglied.[590] **384**

Anders als bisher darf der Vorstand die Beantwortung einer Frage nicht ablehnen, wenn das Aufsichtsratsmitglied nicht die **Unterstützung eines anderen Aufsichtsratsmitglieds** findet. Der Vorstand muss antworten, auch wenn nur ein Aufsichtsratsmitglied ein besonderes Informationsbedürfnis hat (§ 90 Abs. 3 S. 2). **385**

II. Wahrnehmung der Informationsbefugnisse durch den Aufsichtsrat

Der Aufsichtsrat ist in seinen Informationsrechten nicht völlig ungebunden. Er muss gewisse Grundsätze beachten. Sie folgen aus seiner Aufgabe. Was der Aufsichtsrat nicht zur ordnungsmäßigen Erfüllung seiner Amtspflichten benötigt, darf er nicht erfragen und braucht der Vorstand nicht zu erläutern. **386**

1. Umfang und Schranken. Der Aufsichtsrat kann Informationen nur **387**
– zu Angelegenheiten der Gesellschaft;
– zu rechtlichen und geschäftlichen Beziehungen zu verbundenen Unternehmen;
– zu geschäftlichen Vorgängen bei verbundenen Unternehmen, die auf die Lage der Gesellschaft von erheblichem Einfluss sein können,

verlangen. Anders ausgedrückt: Der Vorstand muss den Aufsichtsrat über alles informieren, was der Überwachung des Aufsichtsrats unterliegt, und zwar sowohl der regelmäßigen Überwachung als auch einer besonderen Überwachungspflicht. In diesem Ausmaß kann der Aufsichtsrat auch Fragen stellen, die der Vorstand beantworten muss.

Fragen nach **Angelegenheiten außerhalb des Überwachungsfeldes** des Aufsichtsrats braucht der Vorstand nicht zu beantworten.[591] Er braucht keine Informationen zB über persönliche Angelegenheiten eines Vorstandsmitglieds oder eines Mitarbeiters der Gesellschaft zu geben. **388**

Wenn der Vorstand der Auffassung ist, dass der Aufsichtsrat sein **Informationsrecht missbraucht,**[592] kann er Antworten auf gestellte Fragen verweigern und dem Aufsichtsrat das Betreten der Räume und die Einsicht in dort ablaufende Vorgänge oder verwahrte Unterlagen verwehren. Allerdings muss die sachfremde Absicht deutlich erkennbar sein. Solange der Aufsichtsrat einen Zusammenhang mit der beabsichtigten Einsicht darlegen kann, muss der Vorstand das Vorgehen des Aufsichtsrats dulden. **389**

Der Vorstand kann und muss dem Aufsichtsrat die Beantwortung von Fragen, das Betreten von Räumen und die Einsicht in Unterlagen verwehren, wenn er sich durch die Information **strafbar** machen oder **gesetzliche Vorschriften** verletzen würde.[593] Andere Gesichtspunkte berechtigen den Vorstand nicht, dem Aufsichtsrat Auskünfte zu verweigern und ihm das Betreten von Räumen oder die Einsicht in Unterlagen zu verweigern. Insbesondere wird ein solches Verhalten nicht durch eine Berufung auf das Gemeinwohl oder **390**

---

[588] Zum Wunsch eines Aufsichtsratsmitglieds, Informationsgespräche bei Tochtergesellschaften führen zu dürfen, vgl. *Elsing/M. Schmidt* BB 2002, 1705.
[589] Vgl. *Emde* DB 1999, 1486.
[590] Das Informationsrecht steht nach OLG Stuttgart AG 2007, 873 (877) nur dem Organ Aufsichtsrat zu, nicht den einzelnen Mitgliedern.
[591] Kölner Komm AktG/*Mertens/Cahn* § 90 Rn. 9, 13.
[592] Vgl. *Hoffmann/Preu* Der Aufsichtsrat Rn. 258.
[593] MüKoAktG/*Spindler* § 90 Rn. 54; Großkomm AktG/*Hopt/Roth* Anm. 414.

auf öffentliche Interessen gerechtfertigt. Wenn der Vorstand zur Wahrung solcher Belange verpflichtet ist, dann ist es der Aufsichtsrat in gleicher Weise. Die Mitglieder des Aufsichtsrats sind wie die Mitglieder des Vorstands zur Verschwiegenheit verpflichtet (§§ 116, 93 Abs. 1 S. 2).

391 **2. Adressaten.** In einem Unternehmen kommen verschiedene Kategorien von Auskunftspersonen in Betracht. Der Regelfall und Sonderfälle sind zu unterscheiden.

392 **a) Organ Vorstand.** Im Regelfall teilt der Aufsichtsrat sein Informationsbedürfnis durch seinen Vorsitzenden dem Organ Vorstand mit. Der Vorstand entscheidet, wer die Information erteilt. Für die Richtigkeit der Information hat der **gesamte Vorstand** einzustehen. Wie der Vorstand dies erreicht, ist seine Sache. Einen Bericht wird der Vorstand im Allgemeinen formell durch Beschluss verabschieden. Fragen werden unmittelbar beantwortet. Ein Vorstandsmitglied, das mit der Antwort nicht einverstanden ist oder sie ergänzen möchte, muss sich zu Wort melden und seine Ergänzung vortragen. Keinesfalls ist der Wunsch eines Vorstandsmitglieds, Meinungsverschiedenheiten im Vorstand nicht erkennbar werden zu lassen, ein rechtfertigender Grund für Schweigen trotz besserer Kenntnis. Das Informationsrecht des Aufsichtsrats rechtfertigt weder eine regelmäßige Teilnahme an Vorstandssitzungen[594] noch eine generelle Anforderung von Niederschriften über Vorstandssitzungen. Im Normalfall stehen den beiden Verwaltungsorganen gesonderte Arbeitsbereiche zu, die außerhalb von Beratung und Kontrolle die Achtung einer Intimsphäre gebieten.

393 **b) Einzelne Vorstandsmitglieder.** Grundsätzlich hat der Aufsichtsrat nur einen Anspruch auf Information durch den Vorstand. Es kann aber **Ausnahmefälle** geben, in denen das besondere Wissen eines einzelnen Vorstandsmitglieds gefragt ist. Wenn es bei einer Information auf den ganz besonderen Sachverstand oder die Tatkenntnis eines Vorstandsmitglieds ankommt, wenn im Zuständigkeitsbereich eines bestimmten Vorstandsmitglieds negative Entwicklungen auftreten, wenn Verdachtsmomente gegen das ordnungsmäßige Verhalten eines Vorstandsmitglieds vorliegen, dann kann ein unmittelbares Befragen in Betracht kommen. In solchen Fällen kann der Aufsichtsrat verlangen, dass ein **bestimmtes,** von ihm benanntes **Vorstandsmitglied** die gewünschte Information erteilt. Wenn ein solches Verlangen ausdrücklich gestellt wird, haben der Vorstand und das betroffene Vorstandsmitglied zu folgen.[595]

394 **c) Angestellte des Unternehmens.** Da der Aufsichtsrat die Geschäftsführung des Vorstands und nicht die seiner Mitarbeiter überwacht, kann der Aufsichtsrat **grundsätzlich** von Angestellten **keine Informationen** verlangen.[596] Eine gesetzliche **Ausnahme** existiert seit kurzem für Kredit- und Versicherungsinstitute.[597] Aber auch bei anderen Unternehmen kann es Ausnahmen geben. Wenn der Aufsichtsrat für die Überwachung der Geschäftsführung des Vorstands Informationen benötigt, die ihm nur ein bestimmter Angestellter geben kann, dann darf er sie auch von ihm einfordern. Allerdings wird das Auskunftsersuchen regelmäßig über den Vorstand gestellt werden und die Befragung ebenso regelmäßig in Gegenwart des Vorstands oder eines Vorstandsmitglieds erfolgen. Es ist dem Aufsichtsrat aber nicht verwehrt, in ganz besonderen Ausnahmefällen, wenn anders die notwendige Klarheit über einen Sachverhalt nicht gewonnen werden kann, einen Mitarbeiter des Unternehmens unmittelbar und ohne Kenntnis und ohne Anwesenheit eines Vorstandsmitglieds

---

[594] Ebenso *Lutter/Grossmann* AG 1976, 203 (205). Vgl. → Rn. 273.
[595] Kölner Komm AktG/*Mertens/Cahn* Rn. 20 empfiehlt, dass der Aufsichtsratsvorsitzende im Benehmen mit dem Vorstandsvorsitzenden von Zeit zu Zeit Einzelgespräche mit allen Vorstandsmitgliedern führt.
[596] *Arnold* ZGR 2014, 76 (91); *Marsch-Barner*, FS Schwark, 2009, 219 (221); *Brandi* („Ermittlungen am Vorstand vorbei") ZIP 2000, 173 mH auf OLG Düsseldorf ZIP 1984, 825; *Dreher*, FS Ulmer, 2003, 87; vgl. aber *Scheffler* Grundsätze S. 10.
[597] Vgl. § 25d Abs. 8 S. 7 und 8, Abs. 9 S. 4 und 5 KWG und BaFin Rundschreiben 3/2009 Aufsichtsrechtliche Mindestanforderungen an das Risikomanagement (MARisk VA) AT 7.2.1 Abs. 3b sowie Rn. 195.

zu befragen.⁵⁹⁸ Dies kann zB in Betracht kommen, wenn der Aufsichtsrat persönlichen Vorwürfen gegen ein Vorstandsmitglied, zB im Hinblick auf eine fristlose Kündigung, nachgehen muss.

d) Abschlussprüfer des Unternehmens. Die Gesellschaft wird gegenüber dem Abschlussprüfer durch den Aufsichtsrat vertreten. Darum hat der Aufsichtsrat stets und **uneingeschränkt das Recht,** den Abschlussprüfer über Abgelegenheiten seines Auftrags und seiner Durchführung **zu befragen.**⁵⁹⁹ Der Abschlussprüfer muss auf Wunsch über alle seine Feststellungen berichten. Er hat gegenüber dem Aufsichtsrat kein Schweigerecht. Er ist nicht verpflichtet, dem Vorstand von sich aus über seine Gespräche mit dem Aufsichtsrat zu informieren. Er darf dies nicht tun, wenn der Aufsichtsrat Stillschweigen verlangt. Allerdings sollte ein solches Schweigen nur in Ausnahmefällen verlangt werden, da es geeignet ist, die Arbeitsatmosphäre bei der Prüfung zu verschlechtern. Dies ist einer sorgfältigen Prüfung nicht förderlich. 395

e) Dritte. Gegenüber Dritten gibt es keinen Informationsanspruch des Aufsichtsrats. Ob der Aufsichtsrat Dritten in Angelegenheiten der Gesellschaft Fragen stellen darf, ist eine andere Frage. **Im Regelfall** ist sie **zu verneinen.** Wenn allerdings begründeter Anlass zur Annahme besteht, dass der Vorstand den Aufsichtsrat bewusst falsch oder ungenügend informiert, kann als ultima ratio auch eine Befragung Dritter in Betracht kommen. Der Aufsichtsrat muss sich bewusst sein, dass sein Vorgehen eine Schädigung des Ansehens des Vorstands und der Gesellschaft zur Folge haben kann. Für daraus entstehende materielle Schäden hat er einzustehen, wenn er nicht mit der erforderlichen Sorgfalt vorgegangen ist. 396

3. Beschlussfassung über ein Informationsbegehren. Ein formelles Informationsbegehren des Aufsichtsrats an den Vorstand oder – wenn gerechtfertigt – an andere Personen **bedarf eines Aufsichtsratsbeschlusses (Aufklärungsbeschluss).**⁶⁰⁰ Er wird mit einfacher Mehrheit der anwesenden Mitglieder gefasst, falls die Geschäftsordnung für den Aufsichtsrat nichts anderes vorsieht. Der Beschluss muss dokumentiert werden. Dies gehört zur ordnungsmäßigen Führung der Geschäfte und ist vor allem dann, wenn es um die Frage der Anwendung gebotener Sorgfalt geht, von besonderer Bedeutung. 397

4. Information des Vorstands über den Beschluss. Der Aufsichtsrat muss **den Vorstand** über einen von ihm gefassten Aufklärungsbeschluss **unterrichten,** falls nicht nach Sachlage eine Geheimhaltung gegenüber dem Vorstand geboten ist. Dies sollte der Aufsichtsrat ausdrücklich beschließen und sorgfältig dokumentieren. Nach erfolgter Information ist der Vorstand gehalten, das Informationsbegehren, an wen es auch gerichtet ist, nach Kräften zu unterstützen. 398

III. Einsichtsrechte des Aufsichtsrats

Das Gesetz sieht vor, dass der Aufsichtsrat „die Bücher und Schriften der Gesellschaft, namentlich die Gesellschaftskasse und die Bestände an Wertpapieren einsehen" kann (Abs. 2 S. 1). Diese **Formulierung ist veraltet** und darf nicht wörtlich genommen werden. Die Aufzählung dessen, was der Aufsichtsrat einsehen darf, ist nur beispielhaft.⁶⁰¹ Natürlich darf der Aufsichtsrat alles das einsehen, was im Gesetz aufgeführt ist. Aber sein Einsichtsrecht geht weiter. Alle Vermögenswerte und Unterlagen darf der Aufsichtsrat einsehen.⁶⁰² Das 399

---

⁵⁹⁸ Großkomm AktG/*Hopt/Roth* Anm. 177; *v. Schenck* in Semler/v. Schenck AR-HdB § 7 Rn. 228 ff.; *Arnold* ZGR 2014, 76 (92); vgl. auch *Marsch-Barner,* FS Schwark, 2009, 219 und *Brandi* ZIP 2000, 173.
⁵⁹⁹ Vgl. *Clemm* ZGR 1980, 455 (462); zur Zusammenarbeit von Vorstand und Aufsichtsrat *Dörner/Öser* DB 1995, 1085 (1088).
⁶⁰⁰ Großkomm AktG/*Hopt/Roth* Anm. 397; *Lutter/Krieger/Verse* Rn. 241; Kölner Komm AktG/*Mertens/Cahn* Rn. 56.
⁶⁰¹ Hüffer/*Koch* Rn. 19.
⁶⁰² Hüffer/*Koch* Rn. 19.

Einsichtsrecht steht dem Aufsichtsrat als Gesamtorgan zu, nicht dem einzelnen Aufsichtsratmitglied.[603]

400 Der Aufsichtsrat darf **alle Geschäftsräume** der Gesellschaft betreten und sich ein Bild von allen Vorgängen machen, die in diesen Räumen ablaufen. Dabei ist es unerheblich, ob die Räume Entwicklungszwecken, der Produktion oder allgemeinen Distributions- oder Verwaltungsfunktionen dienen. Wenn der Aufsichtsrat im Rahmen seiner gesetzlichen Aufgabe Vorgänge in seine Überwachung einbezogen hat, darf er alles tun, um zu einem zutreffenden und richtigen Sachverhalt zu gelangen. Das Einsichtsrecht kann überall ausgeübt werden, wo Aktivitäten der Gesellschaft entfaltet werden.[604] Es ist unbeachtlich, ob sich die besichtigten Räume in eigenen Baulichkeiten befinden oder gemietet sind. Ebenso ist ohne Bedeutung, ob sich die Räume im Inland oder im Ausland befinden.

401 **Gegenständliche Schranken** für das Einsichts- und Prüfungsrecht gibt es **nicht.** Es ist keineswegs auf die Gesellschaftskasse und Wertpapierbestände beschränkt. Der Aufsichtsrat kann die Fabrikationsanlagen und die Forschungseinrichtungen besichtigen. Auch Fabrikationsunterlagen und Verfahrensbeschreibungen können eingesehen werden, wenn die Überwachung dies notwendig macht. Dies kann der Fall sein, wenn sich der Aufsichtsrat zB in Patentstreitigkeiten ein eigenes Urteil über die Rechtslage bilden will.

402 Man wird ein Einsichtsrecht auch dann annehmen müssen, wenn der Aufsichtsrat in Vorgänge Einsicht nehmen will, die sich bei voll im Eigentum der Gesellschaft befindlichen **Tochtergesellschaften** ereignen. Es wäre reine Formalität, wenn man das Einsichtsbegehren des Aufsichtsrats in solchen Fällen mit der Begründung abweisen wollte, dass es sich um eine andere juristische Person handelt. Der Aufsichtsrat ist dazu berufen, die Geschäftsführung des Vorstands zu überwachen. Dieser Überwachung kann sich der Vorstand nicht dadurch entziehen, dass er Aktivitäten in einer hundertprozentigen Tochtergesellschaft ablaufen lässt.

403 Der Vorstand hat gegenüber dem Aufsichtsrat grundsätzlich kein Geheimhaltungsrecht.[605] Was der Vorstand weiß, darf auch der Aufsichtsrat wissen. Der Vorstand ist nur dann berechtigt, dem Aufsichtsrat die gewünschte Einsicht und Prüfung zu verweigern, wenn der Aufsichtsrat seine **Rechte missbraucht** oder wenn der Vorstand **sich durch die Gewährung des Einsichts- oder Prüfungsrechts strafbar macht.** Wenn sich Vorstand und Aufsichtsrat über ein unmittelbares Einsichtsrecht des Aufsichtsrats nicht zu einigen vermögen, bietet sich als Ausweg die Bestellung eines zur Berufsverschwiegenheit verpflichteten Sachverständigen an.[606] Bei einem klar umrissenen Einsichtsauftrag kann der Vorstand dessen Einsichtnahme nicht zurückweisen.

404 Der **Aufsichtsrat** muss sich bei der Ausübung des Einsichtsrechts (und noch mehr bei der Ausübung des Prüfungsrechts) **zurückhalten.** Er muss sich bewusst sein, dass die Ausübung seines Einsichtsrechts als Misstrauen gewertet und dadurch die Vertrauensbasis zwischen Vorstand und Aufsichtsrat gestört wird.[607] Auch kann es zu einer Schädigung des Ansehens des Unternehmens und seines Vorstands in der Öffentlichkeit kommen, wenn das Vorgehen des Aufsichtsrats bekannt wird. Auf der anderen Seite darf sich der Aufsichtsrat in der Ausübung seiner Rechte nicht zurückhalten, wenn die Aufklärung eines Sachverhalts notwendig und anders nicht zu erreichen ist.[608] Er muss das Für und Wider seines Handelns gegeneinander abwägen.

405 **Kosten,** die mit der Einsichtnahme verbunden sind, hat die Gesellschaft zu tragen. Dies gilt für Reisekosten ebenso wie für Sachkosten, die durch die Auftragsausführung bedingt sind. Das beauftragte Aufsichtsratsmitglied hat die Auslagen nachzuweisen.[609]

---

[603] OLG Stuttgart AG 2007, 873 (877); OLG Stuttgart AG 2007, 633 (639).
[604] Vgl. dazu auch OLG Düsseldorf WM 1984, 1080 (Pflicht zum Verschaffen eines persönlichen Eindrucks, ggf. auch im Ausland).
[605] Großkomm AktG/*Hopt/Roth* Anm. 413.
[606] Vgl. Großkomm AktG/*Hopt/Roth* Anm. 417; *Lutter/Krieger/Verse* Rn. 242.
[607] So *Lutter/Krieger/Verse* Rn. 244; Kölner Komm AktG/*Mertens/Cahn* Rn. 52, aA Großkomm AktG/*Hopt/Roth* Anm. 410.
[608] Hüffer/*Koch* Rn. 20.
[609] Wegen etwaiger Streitigkeiten vgl. → § 113 Rn. 140 ff.

IV. Prüfungsrechte des Aufsichtsrats

Der Aufsichtsrat ist nicht nur zur Einsicht, sondern auch zur Prüfung von Vorgängen berechtigt. Er darf die zunächst besichtigten Vorgänge prüfen, dh Unterlagen einsehen, Belege einfordern und mit geprüften Vorgängen abgleichen, Bestände zählen usw. **406**

Für das **Ausmaß des Prüfungsrechts** gelten die Ausführungen zum Einsichtsrecht entsprechend. Was der Aufsichtsrat einsehen darf, darf er auch prüfen. **407**

V. Übertragung des Einsichts- und Prüfungsrechts auf einzelne Aufsichtsratsmitglieder

Der Aufsichtsrat ist nicht darauf angewiesen, seine Einsichts- und Prüfungsrechte durch das Plenum oder einen Ausschuss des Aufsichtsrats vornehmen zu lassen. Er kann die Aufgabe der Einsicht oder der Prüfung dem Vorsitzenden oder einem anderen seiner Mitglieder übertragen. Mit der Übertragung auf ein einzelnes Mitglied wird zugleich die Mitwirkung anderer Mitglieder an der Untersuchung ausgeschlossen.[610] Eine Anwendung der Vorschrift, nach der Aufsichtsratsmitglieder im Grundsatz an Ausschusssitzungen auch dann teilnehmen dürfen, wenn sie nicht Mitglieder des Ausschusses sind (§ 109 Abs. 2), kommt nicht in Betracht. **408**

Die **Übertragung** erfolgt **durch Beschluss**. Der Beschluss muss den Auftrag genau umreißen. Dies ist notwendig, weil sich die Befugnisse des beauftragten Mitglieds nach dem Auftrag richten. Ein allgemeiner Untersuchungsauftrag ist unzulässig. Es gibt keinen eigenen „Controller" des Aufsichtsrats.[611] Der Vorstand muss von der Beauftragung und dem Inhalt des Auftrags informiert werden. Üblicherweise geschieht dies durch den Vorsitzenden des Aufsichtsrats. **409**

1. Auswahl des Mitglieds. Die Auswahl des beauftragten Mitglieds muss vom Plenum des Aufsichtsrats getroffen werden. Der **Aufsichtsrat überträgt** einen Teil seiner **Befugnisse** auf ein Mitglied. Es ist aber auch als zulässig anzusehen, dass der Aufsichtsrat den Vorsitzenden ermächtigt, ein von ihm auszusuchendes Mitglied mit der Vornahme der Einsicht oder der Prüfung zu beauftragen. Dann überträgt der Aufsichtsrat die notwendigen Befugnisse auf das ausgewählte Aufsichtsratsmitglied über seinen Vorsitzenden, den er vorher zu dieser Übertragung ermächtigt hat. **410**

2. Befugnisse des beauftragten Mitglieds. Das beauftragte Mitglied hat im Rahmen des ihm erteilten Einsichts- oder Prüfungsauftrags die **Befugnisse des Aufsichtsrats**.[612] Es kann Fragen stellen, die der Vorstand beantworten muss. Der Vorstand kann einen oder mehrere Mitarbeiter beauftragen, gestellte Fragen zu beantworten. Die Verantwortung für die Richtigkeit der Informationen bleibt allerdings beim Vorstand. Das beauftragte Mitglied ist berechtigt, alle Räumlichkeiten des Unternehmens zu betreten und in alle relevanten Vorgänge Einsicht zu nehmen. Im gleichen Ausmaß darf das beauftragte Mitglied Vorgänge prüfen. Es hat alle Befugnisse, die es zur sachgerechten Erfüllung seines Auftrags benötigt, ohne dass es einer besonderen Übertragung durch den Gesamtaufsichtsrat bedarf. **411**

Die Tätigkeit des beauftragten Aufsichtsratsmitglieds kann weder vom Aufsichtsrat noch vom Vorstand **gesondert honoriert** werden. Vergütungen für die Tätigkeit als Aufsichtsrat kann nur die Hauptversammlung bewilligen (§ 113). Auch bei Festsetzung eines Gesamtbetrags kann die besondere Tätigkeit nur gesondert aus dem Gesamtbetrag honoriert werden, wenn die Satzung oder ein Hauptversammlungsbeschluss dies vorsieht.[613] **412**

---

[610] Großkomm AktG/*Hopt/Roth* Anm. 420.
[611] Kölner Komm AktG/*Mertens/Cahn* Rn. 58.
[612] MüKoAktG/*Habersack* Rn. 73.
[613] *Wagner* in Semler/v. Schenck AR-HdB § 11 Rn. 14. Vgl. zur Gesamtvergütung → § 113 Rn. 85 f.

VI. Übertragung von bestimmten Aufgaben auf besondere Sachverständige

413 Der Aufsichtsrat ist nicht darauf angewiesen, alle Ermittlungen und Sachverhaltsfeststellungen selbst oder durch eigene Mitglieder zu treffen. Er kann Sachverständige beauftragen und ihnen bestimmte Aufgaben stellen.[614]

414 In einem derartigen Fall bleibt das Einsichts- und Prüfungsrecht, anders als bei der Beauftragung von Aufsichtsratsmitgliedern, beim Aufsichtsrat. Der Sachverständige handelt auf Grund des ihm von der Gesellschaft durch den Aufsichtsrat erteilten Auftrags. Er hat keine originären Rechte gegenüber der Gesellschaft, sondern nur solche Rechte, die aus dem Auftrag folgen.

415 **1. Auswahl des Sachverständigen.** Der Sachverständige wird vom Aufsichtsrat ausgewählt. Der Aufsichtsrat kann durch das Plenum, aber auch im Rahmen seiner Zuständigkeit durch einen Ausschuss handeln.[615] Die Auswahl kann auch dem Vorsitzenden oder einem Mitglied übertragen werden. Der Sachverständige muss auf dem Gebiet, mit dessen Untersuchung er beauftragt werden soll, wirklich sachverständig sein. Wenn im Bereich der Sachverständigentätigkeit Personen zur Verfügung stehen, die zur Berufsverschwiegenheit verpflichtet sind, wird die Sorgfaltspflicht des Aufsichtsrats die Auftragserteilung an einen solchen Sachverständigen gebieten.

416 **2. Einflussnahme des Vorstands.** Der Vorstand hat keinen Anspruch, vor Bestellung des Sachverständigen gehört zu werden oder an der Bestellung mitzuwirken. Die Auswahl obliegt allein dem Aufsichtsrat. Auch die Abgrenzung des dem Sachverständigen erteilten Auftrags bedarf keiner Abstimmung zwischen Aufsichtsrat und Vorstand. Selbstverständlich bestehen keine Bedenken gegen eine Fühlungnahme des Aufsichtsrats mit dem Vorstand, solange nur der Aufsichtsrat seine Auftragskompetenz voll wahrnimmt.

417 Allerdings bestehen keine Bedenken dagegen, dass der Aufsichtsrat den Vorstand bittet, seinerseits ein Gutachten zu einem festgelegten Thema einzuholen.[616] Bei einem solchen Wunsch des Aufsichtsrats an den Vorstand, zu einem genau umrissenen Sachverhalt ein Sachverständigengutachten einzuholen, ist der **Vorstand Geschäftsherr.** Er erteilt namens der Gesellschaft den Auftrag und legt die Einzelheiten des Vertrags der Gesellschaft mit dem Sachverständigen fest. Es handelt sich um ein normales Geschäft der Gesellschaft, bei dem der Aufsichtsrat nur Veranlasser, der Vorstand Geschäftsherr ist.

418 **3. Auftragserteilung, Vertragsverhältnis.** Der Auftrag an den Sachverständigen wird namens der Gesellschaft vom Aufsichtsrat erteilt. Der Aufsichtsrat handelt auf Grund **eigener,** aus der gesetzlichen Befugnis zur Sachverständigenbestellung erwachsener **Geschäftsführungsbefugnis** für die Gesellschaft.[617] Es bedarf keiner Mitwirkung des Vorstands, da es sich nicht um eine dem Vorstand vorbehaltene Maßnahme der Geschäftsführung der Gesellschaft handelt (Abs. 4 S. 1), sondern um eine Maßnahme des Aufsichtsrats zur Ausübung der Überwachung. Sie ist zwar auch Geschäftsführung, aber eine ausdrücklich dem Aufsichtsrat zugewiesene Funktion. In der Praxis wird der Auftrag jedoch häufig von Vorstand und Aufsichtsrat gemeinsam erteilt.[618]

419 Bei dem Vertrag mit dem Sachverständigen handelt es sich um einen Dienst- oder Werkvertrag, der eine **Geschäftsbesorgung** zum Gegenstand hat (§ 675 BGB). Für ihn gelten die Vorschriften des bürgerlichen Rechts. Der Aufsichtsrat muss alles tun, was ein sorgfältiger Sachwalter fremder Angelegenheiten zu tun verpflichtet ist.

420 Die **Honorierung des Sachverständigen** richtet sich nach allgemeinem Recht. Der Aufsichtsrat hat die **Abrechnungsmodalitäten bei Auftragserteilung** zu **vereinbaren**

---

[614] *Arnold* ZGR 2014, 76 (95); *Hoffmann-Becking* ZGR 2011, 136; *Hüffer* NZG 2007, 47 (53).
[615] *Hüffer/Koch* Rn. 22; *Arnold* ZGR 2014, 76, (95).
[616] *Hüffer/Koch* Rn. 22.
[617] *Hoffmann-Becking* ZGR 2011, 136 (141).
[618] Näher hierzu *Hoffmann-Becking* ZGR 2011, 136 (140 f.).

und die erforderlichen Nachweise festzulegen. Bei größeren Aufträgen wird sich die Vereinbarung von Zwischenrechnungen empfehlen. Der Vergütungsanspruch des Sachverständigen richtet sich gegen die Gesellschaft.[619]

4. Befugnisse des Sachverständigen. Der Sachverständige hat die Befugnisse, die ihm der **Aufsichtsrat** im Rahmen des Vertrags **einräumt.** Der Aufsichtsrat überträgt ihm nicht eigene Befugnis (wie bei der Beauftragung eines Mitglieds), sondern räumt ihm kraft seiner Stellung geschäftsführend für die Gesellschaft Befugnisse ein.[620] Der Sachverständige hat nur die Befugnisse, die ihm vom Aufsichtsrat ausdrücklich übertragen worden sind. Beim Auftragsgegenstand muss es sich um konkrete – in sachlicher und zeitlicher Hinsicht beschränkte – Einzelangelegenheiten handeln.[621] Wenn die eingeräumten Befugnisse nicht ausreichen, muss er sich vom Aufsichtsrat weitere Befugnisse einräumen lassen. Dies unterscheidet ihn vom beauftragten Aufsichtsratsmitglied, das seine Befugnisse originär und nicht auf Grund einer besonderen Übertragung hat. 421

5. Überwachung der Sachverständigentätigkeit. Die Tätigkeit des Sachverständigen ist vom Aufsichtsrat zu überwachen, um sicherzustellen, dass der erteilte Auftrag sachgerecht erledigt wird. Die sorgfältige Auswahl allein genügt zur Wahrung der Sorgfalt des Aufsichtsrats nicht.[622] Das **Ausmaß der Überwachungsbedürftigkeit** richtet sich nach der Art des Auftrags und der Person des Sachverständigen. Wenn ein Wirtschaftsprüfer mit der Klärung einer Buchführungsfrage beauftragt wird, braucht sich der Aufsichtsrat nur zu vergewissern, dass der Sachverständige die Frage richtig verstanden hat. Wenn es um eine schwierige technische Frage geht, kann es notwendig sein, dass der Sachverständige jeden einzelnen Schritt vorab mit dem Aufsichtsrat abstimmt und hinterher über das Ergebnis der Einzelschritte berichtet. Der Aufsichtsrat muss sicherstellen, dass der Sachverständige die Frage beantwortet, auf deren Beantwortung es nach Auffassung des Aufsichtsrats ankommt. 422

VII. Auftragserteilung an den Abschlussprüfer

Der Jahresabschluss und der Lagebericht von Kapitalgesellschaften, die nicht sog. kleine Gesellschaften sind, müssen **von einem Abschlussprüfer geprüft** werden.[623] Dies gilt auch für einen von der Gesellschaft aufzustellenden Konzernjahresabschluss und einen Konzernlagebericht (§ 316 Abs. 2 HGB). 423

Seit Inkrafttreten des KonTraG ist der Abschlussprüfer, der von der Hauptversammlung gewählt wird (§ 318 Abs. 1 S. 4 HGB), vom Aufsichtsrat mit der Durchführung der Prüfung zu **beauftragen.**[624] Diese Neuregelung hat das Verhältnis des Abschlussprüfers zur Gesellschaft und ihren Organen völlig neu bestimmt.[625] 424

Die Gesellschaft kann dem **Abschlussprüfer** auch **andere Aufträge** erteilen, wenn der Auftragsgegenstand nicht der Abschlussprüfung unterliegt. § 114 Abs. 1 AktG kennt keine Zustimmungspflicht des Aufsichtsrats, wie sie für Aufträge an Aufsichtsratsmitglieder gilt, obgleich eine entsprechende Anwendung der Vorschrift ratsam wäre.[626] Auf jeden Fall ist 425

---

[619] MüKoAktG/*Habersack* Rn. 74; MHdB AG/*Hoffmann-Becking* § 29 Rn. 35; Hüffer/*Koch* Rn. 22.
[620] Nach *Hoffmann-Becking* ZGR 2011, 136 (142) muss der Umfang der Beauftragung auf die Dimension eines „Hilfsgeschäftes" beschränkt bleiben.
[621] *Arnold* ZGR 2014, 76 (95).
[622] Großkomm AktG/*Hopt*/*Roth* Anm. 431; Kölner Komm AktG/*Mertens*/*Cahn* Rn. 67.
[623] § 316 Abs. 1 HGB. Vgl. zur Stärkung der Rolle des Abschlussprüfers das „10-Punkte-Papier zur Stärkung der Unternehmensintegrität und des Anlegerschutzes", Börsen-Zeitung v. 29.8.2002; *Seibert* BB 2003, 693 (696).
[624] Abs. 2 S. 3; § 318 Abs. 1 S. 4 HGB; vgl. dazu IDW Prüfungsstandard: Beauftragung des Abschlussprüfers (IDW PS 220); IDW-Fn. 2001, 316. Vgl. auch *Nonnenmacher* WPg Sonderheft 2001, 15; vgl. auch Ziff. 7.2.2 DCGK.
[625] *Hennrichs*, FS Hommelhoff, 2012, 383 (387); *Escher-Weingart* NZG 1999, 909; *Mattheus* ZGR 1999, 682; noch zum alten Recht *Theisen* WPg 1994, 809.
[626] In diese Richtung auch *Hommelhoff*, FS Hoffmann-Becking, 2013, 547 /556, 558(; siehe auch *Helwig* ZIP 1999, 2117.

dem Aufsichtsrat anzuraten, Aufträge der Gesellschaft an den Abschlussprüfer seiner Zustimmung zu unterwerfen.[627]

426 1. **Die Wahl des Abschlussprüfers. a) Gesetzliche Vorgaben.** Der Abschlussprüfer ist gemäß **§ 318 Abs. 1 S. 1 HGB** von der **Hauptversammlung** der Gesellschaft zu wählen.[628] Ist nach § 290 Abs. 1 HGB ein Konzernabschluss zu erstellen und nach § 316 Abs. 1 HGB zu prüfen, ist der Konzernabschlussprüfer nach § 318 Abs. 1 S. 1 HGB von der Hauptversammlung der Muttergesellschaft zu bestellen. Der Abschlussprüfer soll gemäß § 318 Abs. 1 S. 3 HGB **vor Abschluss des Geschäftsjahres** gewählt werden, auf das sich seine Prüfungstätigkeit erstreckt. Sinn dieser Regelung ist es, dem Abschlussprüfer die Teilnahme an einer zum Abschlussstichtag stattfindenden Inventur zu ermöglichen.[629] Typischerweise erfolgt die Wahl des Abschlussprüfers daher auf der jährlichen ordentlichen Hauptversammlung, die über die Gewinnverwendung und Entlastung für das vorangegangene Geschäftsjahr Beschluss fasst.[630] Die Wahl kann nur für jeweils ein Geschäftsjahr erfolgen, eine Wahl für mehrere Geschäftsjahre wäre unzulässig.[631] Unberührt bleibt die Möglichkeit der Wiederwahl des gewählten Abschlussprüfers in den Folgejahren.[632] Bei der Wiederwahl sind bei kapitalmarktorientierten Unternehmen zusätzlich die besonderen Ausschlussgründe des § 319a Abs. 1 S. 1 und Abs. 2 HGB zu beachten. Danach ist ein Abschlussprüfer u. a. von der Abschlussprüfung ausgeschlossen, wenn er in den letzten 5 Jahren vor seiner erneuten Bestellung, jeweils mehr als 15 % seiner Gesamteinnahme aus seiner beruflichen Tätigkeit von dem zu prüfenden Unternehmen oder von einem Tochterunternehmen, an dem das zu prüfende Unternehmen mit mehr als 20 % des Kapitals beteiligt ist, bezogen hat. Ebenso ist der Abschlussprüfer von der Prüfung ausgeschlossen, wenn er in mindestens 7 Fällen die Abschlussprüfung bei dem Unternehmen geleitet hat.

Für den Aufsichtsrat kapitalmarktorientierter Gesellschaften folgen weitere Aufgaben im Zusammenhang mit der Abschlussprüfung aus den europarechtlichen Vorgaben der Europäischen Abschlußprüfungsrichtlinie[633] und der EU-Verordnung Nr. 537/2014 (APVO) über die Abschlussprüfung bei Unternehmen von öffentlichem Interesse.[634] Diese Vorgaben betreffen zum einen die Binnenorganisation des Aufsichtsrats hinsichtlich der persönlichen Anforderungen an die Mitglieder des Prüfungsausschusses[635], zum anderen bestehen sie in einer Präzisierung der Aufgaben des Prüfungsausschusses.[636]

427 Bereits in der **Bekanntmachung der Tagesordnung** der ordentlichen Hauptversammlung hat der Aufsichtsrat einen oder mehrere alternative Abschlussprüfer zu benennen und zur Wahl **vorzuschlagen**.[637] Der Vorstand ist nach § 124 Abs. 3 S. 1 nicht befugt, an diesem Vorschlag mitzuwirken. Der Aufsichtsrat muss vor Unterbreitung eines Wahlvorschlages das Vorliegen aller Bestellungsvoraussetzungen und die Abwesenheit etwaiger Bestellungshindernisse sorgfältig prüfen. Die Hauptversammlung muss davon ausgehen können, dass der vorgeschlagene Prüfer für die Prüfungsaufgabe geeignet ist, dass der Übernahme des Mandats keine Hindernisse entgegenstehen und dass die zu entrichtende Vergütung angemessen sein wird. Der Wahlvorschlag muss daher vom Aufsichtsrat mit der erforderlichen Sorgfalt vorbereitet werden. Neben der Befassung des Plenums ist auch die Beauftragung eines Ausschusses, beispielsweise des Prüfungsausschusses („audit committee"), mit der Auswahl des Abschlussprüfers und mit der Erstellung des Wahlvorschlages

---

[627] Vgl. Hüffer/*Koch* Rn. 25.
[628] § 119 Abs. 1 Nr. 4 verwendet den Terminus „Bestellung" für die Wahl.
[629] BeBiKo/*Schmidt/Heinz* HGB § 318 Rn. 11.
[630] BeBiKo/*Schmidt/Heinz* HGB § 318 Rn. 11.
[631] Kölner Komm Rechnungslegung/*Müller* HGB § 318 Rn. 15.
[632] Kölner Komm Rechnungslegung/*Müller* HGB § 318 Rn. 16.
[633] Europäische Abschlussprüfungsrichtlinie 2014/56/EU (APRL).
[634] Hierzu *Scheffler* AG 2014 R304.
[635] Art. 39 Abs. 1 APRL.
[636] Art. 43 Abs. 6 APRL, hierzu *Scheffler* AG 2014 R304.
[637] Vgl. *Hennrichs*, FS Hommelhoff, 2012, 383 (387 ff.).

zulässig.⁶³⁸ Die Entscheidung über die Auswahl erfolgt jeweils durch Beschluss des Plenums bzw. des Ausschusses. Der Vorschlag des Abschlussprüfers ist eine genuin unternehmerische Entscheidung des Aufsichtsrats, welcher dem Haftungsprivileg der *business judgment rule* unterliegt.⁶³⁹

Abschlussprüfer einer Aktiengesellschaft können gemäß § 319 Abs. 1 S. 1 HGB **nur** **Wirtschaftsprüfer** oder Wirtschaftsprüfungsgesellschaften sein. Die Wahl vereidigter Buchprüfer zum Abschlussprüfer einer Aktiengesellschaft ist unzulässig. Ferner muss sich der Wirtschaftsprüfer gemäß § 57a WPO einer externen Qualitätskontrolle durch Berufskollegen unterziehen. Die Qualitätskontrolle ist alle sechs Jahre, bei Prüfung börsennotierter Unternehmen alle drei Jahre zu wiederholen (§ 57a Abs. 6 S. 8 WPO). **428**

Bei der Auswahl der Wirtschaftsprüfungsgesellschaften bzw. des Wirtschaftsprüfers für den Vorschlag an die Hauptversammlung sind weiter etwaige Bestellungshindernisse, insbesondere die gesetzlichen Ausschlussgründe des § 319 Abs. 2 und Abs. 3 HGB zu beachten. **429**

Der Aufsichtsrat hat daher in einem ersten Schritt von einem(r) oder von mehreren Wirtschaftsprüfern oder Wirtschaftsprüfungsgesellschaften ein **Angebot** für die Durchführung der gesetzlichen Jahresabschlussprüfung (und ggf. der Prüfung des Konzernabschlusses) **einzuholen**. Zusammen mit dem Angebot hat sich der Aufsichtsrat in einer sogenannten „**Unabhängigkeitserklärung**" von der Wirtschaftsprüfungsgesellschaft bzw. dem Wirtschaftsprüfer versichern zu lassen, dass der Übernahme des Mandats keine gesetzlichen Hindernisse entgegenstehen. **430**

b) Vorbereitung des Wahlvorschlages, Ziff. 7.2.1 DCGK. Zusätzlich den gesetzlichen Bestimmungen in HGB und AktG⁶⁴⁰ befasst sich der Deutsche Corporate Governance Kodex in den Ziffer. 7.2.1 bis 7.2.3 mit einzelnen Aspekten der Vorbereitung und Durchführung der Jahresabschlussprüfung. Die Unabhängigkeitserklärung ist Gegenstand der Empfehlung in Ziff. 7.2.1 DCGK. Ziff. 7.2.1 DCGK empfiehlt für die Vorbereitung des Wahlvorschlages: **431**

„Vor Unterbreitung des Wahlvorschlags soll der Aufsichtsrat bzw. der Prüfungsausschuss eine Erklärung des vorgesehenen Prüfers einholen, ob und ggf. welche geschäftlichen, finanziellen, persönlichen oder sonstigen Beziehungen zwischen dem Prüfer und seinen Organen und Prüfungsleitern einerseits und dem Unternehmen und seinen Organmitgliedern andererseits bestehen, die Zweifel an seiner Unabhängigkeit begründen können. Die Erklärung soll sich auch darauf erstrecken, in welchem Umfang im vorausgegangenen Geschäftsjahr andere Leistungen für das Unternehmen, insbesondere auf dem Beratungssektor, erbracht wurden bzw. für das folgende Jahr vertraglich vereinbart sind."

Diese Kodexempfehlung soll die **Unabhängigkeit des Abschlussprüfers** betonen. Die angeblich unzureichende Unabhängigkeit des Abschlussprüfers in Deutschland war lange Zeit Gegenstand internationaler Kritik.⁶⁴¹ International besteht die Besorgnis, dass wirtschaftliche Beziehungen des Abschlussprüfers zu dem zu prüfenden Unternehmen, vor allem aufgrund sonstiger Beratungsleistungen wie Bewertungen, Begleitung bei M&A- oder Outsourcing Projekten o. ä. zu einer finanziellen Abhängigkeit des Wirtschaftsprüfers führen können.⁶⁴² Ferner wird die Gefahr gesehen, dass es im Rahmen der Jahresabschlussprüfung zu einer Art „Selbstprüfung" kommen könne, wenn der Abschlussprüfer zuvor Beratungsleistungen erbracht habe, deren Ergebnis sich im zu prüfenden Jahresabschluss widerspiegelten.⁶⁴³ Der deutsche Gesetzgeber hat dieser Kritik Rechnung getragen und mit dem Bilanz- **432**

---

⁶³⁸ Kölner Komm Rechnungslegung/*Müller* HGB § 318 Rn. 4; Kölner Komm AktG/*Noack/Zetsche* § 124 Rn. 71; Hüffer/*Koch* § 124 Rn. 20; kritisch *Velte* NZG 2011, 771.
⁶³⁹ *Hennrichs*, FS Hommelhoff, 2012, 383 (388).
⁶⁴⁰ Vgl. hierzu auch *Velte* AG 2009, 102.
⁶⁴¹ Vgl. RKLW/*Kremer* Rn. 1211.
⁶⁴² Vgl. RKLW/*Kremer* Rn. 1215; *Marx* ZGR 2002, 292.
⁶⁴³ RKLW/*Kremer* Rn. 1215.

rechtsreformgesetz[644] die **gesetzlichen Unabhängigkeitsbestimmungen** im HGB (§ 319 Abs. 3 HGB, § 319a HGB) deutlich verschärft. Die Kodexempfehlung will dieses gesetzgeberische Anliegen unterstützen. Die Kodexempfehlung betrifft allerdings nur die Wirtschaftsprüfungsgesellschaft bzw. den Wirtschaftsprüfer, welche das Unternehmen prüfen sollen, nicht aber auch andere Wirtschaftsprüfungsgesellschaften, die beispielsweise in den Konzernabschluss einbezogene Tochtergesellschaften prüfen.[645]

433   aa) **Unabhängigkeitserklärung.** Die Unabhängigkeitserklärung ist **schriftlich** zu erstellen und muss **inhaltlich aussagekräftig** sein.[646] Die inhaltlichen Anforderungen beziehen sich zum einen auf die gesetzlichen Befangenheitsgründe nach § 319 Abs. 2 und Abs. 3 HGB sowie § 319a HGB, also auf die geschäftlichen, finanziellen und persönlichen Beziehungen zwischen dem Wirtschaftsprüfer bzw. der Wirtschaftsprüfungsgesellschaft und dem Unternehmen. Ziffer 7.2.1 DCGK umfasst aber weitergehend auch sonstige Beziehungen rechtlicher und tatsächlicher Natur zu dem zu prüfenden Unternehmen und dessen Mitarbeitern, welche die Unabhängigkeit der Wirtschaftsprüfungsgesellschaft, ihrer Organe und des Prüfungsleiters tangieren können, wie zB die Teilnahme an Incentive Reisen von Organen und Mitarbeitern oder die Gewährung wertvoller Geschenke.[647]

434   bb) **Gesetzliche Befangenheitsgründe, § 319 Abs. 2 und Abs. 3 HGB, § 319a HGB.** Gründe, die nach § 319 Abs. 2 HGB zu einem Ausschluss des Wirtschaftsprüfers als Abschlussprüfer wegen der Besorgnis der Befangenheit führen können, können ihren Ursprung in geschäftlichen, finanziellen, und persönlichen Beziehungen haben.[648] Damit umschreibt § 319 Abs. 2 HGB allgemein Lebenssachverhalte, die Anlass zur Besorgnis der Befangenheit des Wirtschaftsprüfers geben.[649] Bei diesen sogenannten „**relativen**" Ausschlussgründen ist eine Einzelfallprüfung erforderlich und ein Ausräumen der Besorgnis der Befangenheit möglich.

435   § 319 Abs. 3 HGB enthält hingegen „**absolute**" Ausschlussgründe, die typisiert und unabhängig von der tatsächlichen persönlichen Befangenheit immer zum Ausschluss des betroffenen Wirtschaftsprüfers führen.[650]
§ 319a Abs. 1 HGB enthält weitergehende absolute Ausschlussgründe für die Prüfung kapitalmarktorientierter Unternehmen.

436   Bei den relativen Ausschlussgründen des § 319 Abs. 2 HGB ist die Besorgnis der Befangenheit im Einzelfall **objektiv** zu beurteilen. Maßgeblich ist das Urteil eines vernünftigen und sachverständigen Dritten, inwieweit die Umstände des Einzelfall bei diesem Dritten Zweifel an der Unvoreingenommenheit des Wirtschaftsprüfers zu wecken geeignet sind.[651] Relative Ausschlussgründe können nur solche Gründe sein, die nicht bereits tatbestandlich von den absoluten Ausschlussgründen des § 319 Abs. 3 HGB oder des § 319a HGB erfasst werden.[652] Dabei ist zu berücksichtigen, dass in Fällen, in denen ein absoluter Ausschlussgrund wegen des Nichterreichens dort genannter quantitativer Grenzen nicht eingreift, besondere zusätzliche Umstände hinzutreten müssen, um die Besorgnis der Befangenheit im Einzelfall nach § 319 Abs. 2 HGB zu begründen.[653]

437   c) **Verhandlung und Prüfung des Angebots.** Die inhaltliche Ausgestaltung des Prüfungsauftrages, insbesondere die Prüfungsschwerpunkte und die Verhandlung über die

---

[644] Gesetz zur Einführung internationaler Rechnungslegungsstandards und Sicherung der Qualität der Abschlußprüfung vom 4.12.2004 (BGBl. 2004 I S. 3166.).
[645] RKLW/*Kremer* Rn. 1230.
[646] RKLW/*Kremer* Rn. 1232.
[647] RKLW/*Kremer* Rn. 1232.
[648] Siehe hierzu *Marx* ZGR 2002, 292 (300 ff.) und *Schüppen* ZIP 2012, 1317 (1320 ff.).
[649] BeBiKo/*Schmidt/Heinz* HGB § 319 Rn. 20.
[650] Vgl. auch Kölner Komm Rechnungslegung/*Müller* HGB § 319 Rn. 1.
[651] BeBiKo/*Schmidt/Heinz* HGB § 319 Rn. 21.
[652] Fallgruppen bei Kölner Komm Rechnungslegung/*Müller* HGB § 319 Rn. 34 ff.
[653] BeBiKo/*Schmidt/Heinz* HGB § 319 Rn. 21.

Honorierung des Abschlussprüfers sind **Aufgabe des Aufsichtsrats** und dürfen nicht dem Vorstand überlassen werden.[654]
Ziff. 7.2.2 DCGK empfiehlt insoweit:

„Der Aufsichtsrat erteilt dem Abschlussprüfer den Prüfungsauftrag und trifft mit ihm die Honorarvereinbarung."

Wenngleich die Zuständigkeit für diese Verhandlungen beim Aufsichtsrat als Organ liegt, kann der Aufsichtsrat einen Prüfungsausschuss („audit committee") (§ 107 → Rn. 267) oder seinen Vorsitzenden mit der Verhandlungsführung beauftragen.[655] Eine sinnvolle Verhandlung ist nicht vorstellbar, wenn als Vertreter der Gesellschaft etwa ein Dutzend Aufsichtsratsmitglieder anwesend sind. Inhaltlich soll der Aufsichtsrat die Ausgestaltung des Prüfungsauftrages mit dem Prüfer erörtern und die besonderen Prüfungsschwerpunkte der gesetzlichen Abschlussprüfung sowie etwaige wünschenswerte zusätzliche Prüfungen und die damit verbundenen Kosten mit dem Abschlussprüfer abstimmen. Die Vereinbarung der Vergütung erfolgt regelmäßig auf der Basis einer Honorarvereinbarung.

Ziffer 7.2.1 DCGK empfiehlt inhaltlich außerdem die **Vereinbarung einer Informationspflicht** des Abschlussprüfers gegenüber dem Vorsitzenden des Aufsichtsrats bzw. gegenüber dem Prüfungsausschuss, diese unverzüglich über nachträglich, d. h. während der Prüfung auftretende Befangenheitsgründe zu informieren, sofern diese nicht unverzüglich beseitigt werden.

„Der Aufsichtsrat soll mit dem Abschlussprüfer vereinbaren, dass der Vorsitzende des Aufsichtsrats bzw. des Prüfungsausschusses über während der Prüfung auftretende mögliche Ausschluss- und Befangenheitsgründe unverzüglich unterrichtet wird, soweit diese nicht unverzüglich beseitigt werden."

Mit dieser Regelung soll verhindert werden, dass sich der Aufsichtsrat mit Ausschluss- oder Befangenheitsgründen befassen muss, die bereits wieder beseitigt worden sind, andererseits will die Regelung aber auch deutlich machen, dass nur ganz kurzfristig zu beseitigende Ausschluss- oder Befangenheitsgründen den Abschlussprüfer von seiner Informationspflicht gegenüber dem Aufsichtsrat befreien.[656]

Weitere **inhaltliche Vorgaben** für den Prüfungsauftrag finden sich in Ziff. 7.2.3 DCGK:

„Der Aufsichtsrat soll vereinbaren, dass der Abschlussprüfer über alle für die Aufgaben des Aufsichtsrats wesentlichen Feststellungen und Vorkommnisse unverzüglich berichtet, die sich bei der Durchführung der Abschlussprüfung ergeben.
Der Aufsichtsrat soll vereinbaren, dass der Abschlussprüfer ihn informiert bzw. im Prüfungsbericht vermerkt, wenn er bei Durchführung der Abschlussprüfung Tatsachen feststellt, die eine Unrichtigkeit der von Vorstand und Aufsichtsrat abgegebenen Erklärung zum Kodex ergeben."

Ziff. 7.2.3 DCGK enthält zwei wesentliche, über die gesetzlichen Anforderungen hinausgehende Empfehlungen an den Aufsichtsrat, mit dem Abschlussprüfer eine spezielle Offenlegungsvereinbarung abzuschließen, um dadurch die in § 171 Abs. 1 S. 2 enthaltene Rede- und Berichtspflicht des Abschlussprüfers gegenüber dem Aufsichtsrat zu erweitern.[657] Die Empfehlung in Ziff. 7.2.3 Abs. 1 DCGK betrifft die Redepflicht des Abschlussprüfers gegenüber dem Aufsichtsrat hinsichtlich bedeutsamer Prüfungsfeststellungen im Rahmen der Abschlussprüfung.

Ziff. 7.2.3 Abs. 2 DCGK empfiehlt eine Erweitung der Prüfungsaufgabe für den Abschlussprüfer. Ohne besondere Vereinbarung erstreckt sich die Jahresabschlussprüfung nicht auf die Prüfung der Richtigkeit der Entsprechenserklärung nach § 161. Der Kodex empfiehlt, den Prüfungsauftrag insoweit zu erweitern.[658]

---

[654] Vgl. dazu *Volhard/Weber*, FS Ulmer, 2003, 865.
[655] Hüffer/*Koch* Rn. 27.
[656] RKLW/*Kremer* Rn. 1235.
[657] RKLW/*Kremer* Rn. 1241.
[658] RKLW/*Kremer* Rn. 1243.

443 Nach Abschluss der Verhandlungen des Angebotes und vor Unterbreitung des Wahlvorschlages hat der Aufsichtsrat eine **Prüfung des Angebots** vorzunehmen. Die Prüfung hat sich darauf zu erstrecken, ob der Prüfer alle Voraussetzungen für eine ordnungsmäßige Prüfung mitbringt und ob sich die Honorarvereinbarung in einem vertretbarem Rahmen bewegt. Er kann das Angebot auch dem Vorstand der Gesellschaft zuleiten und dessen unverbindliche Stellungnahme einholen. Dabei wird sich der Aufsichtsrat auch vergewissern, ob eine vertrauensvolle Zusammenarbeit zwischen Vorstand und Abschlussprüfer erwartet werden kann oder ob sachlich begründete Vorbehalte bestehen.

444 d) **Vorschlag des Aufsichtsrats.** Wenn sich der Aufsichtsrat vergewissert hat, dass alle **Voraussetzungen für eine sachgerechte Prüfung** und eine angemessene Honorierung erfüllt sind, hat er seinen **Vorschlag** zur Wahl des von ihm ausgewählten Prüfers zur Tagesordnung zu veröffentlichen. Er muss die Voraussetzungen vor Bekanntgabe seines Vorschlags prüfen, weil einem bekannt gegebenen Vorschlag von der Hauptversammlung fast stets gefolgt wird und nach der Wahl praktisch kein Verhandlungsspielraum mehr besteht. Der gewählte Abschlussprüfer ist seines Mandats sicher und braucht deswegen den Wünschen des Aufsichtsrats nicht mehr entgegenzukommen.

445 e) **Bestellung durch die Hauptversammlung.** Die Hauptversammlung wählt den Abschlussprüfer. Mit der Bekanntgabe des Wahlbeschlusses ist der Aufsichtsrat gehalten, unverzüglich den Prüfungsauftrag zu erteilen (§ 318 Abs. 1 S. 4 HGB).

446 f) **Information des gewählten Abschlussprüfers.** Nach dem Ende der Hauptversammlung hat der Vorstand dem gewählten Abschlussprüfer seine Wahl mitzuteilen. Die **Verantwortung für die Information liegt beim Vorstand** und nicht beim Aufsichtsrat. Er hat die Formalien abzuwickeln, die sich aus den Beschlüssen der Hauptversammlung ergeben. Der Vorstand hat die Niederschrift der Versammlung dem Handelsregister einzureichen (§ 130 Abs. 4), er hat zB Beschlüsse über Satzungsänderungen zur Eintragung in das Handelsregister anzumelden (§ 181 Abs. 1 S. 1). Jedem Aufsichtsratsmitglied und jedem Aktionär sind auf Verlangen die in der Hauptversammlung gefassten Beschlüsse mitzuteilen (§ 125 Abs. 4). Die (ausschließliche) Zuständigkeit für die Verbindung der Gesellschaft zum Abschlussprüfer beginnt erst mit dem Abschluss des Prüfungsvertrags.

447 2. **Erteilung des Auftrags.** Der Aufsichtsrat schließt mit dem Abschlussprüfer im Namen der Gesellschaft den **Prüfungsvertrag.** Dabei bedarf es keiner besonderen Festlegung des allgemeinen Prüfungsinhalts. Er ist gesetzlich vorgegeben. Wohl aber sind Einzelheiten über die Prüfungszeit, den Vorlagetermin für den Prüfungsbericht, etwaige Zwischenprüfungen und die daraus resultierenden Berichterstattungspflichten sowie vereinbarte Prüfungsschwerpunkte festzuhalten.[659]

448 a) **Gesetzlicher Inhalt des Auftrags.** Der Gegenstand der Prüfung und die Grundsätze für seine Durchführung sind gesetzlich festgelegt (§ 317 HGB). Das schließt nicht aus, dass Aufsichtsrat und Abschlussprüfer besondere **Schwerpunkte der gesetzlichen Prüfung** – zweckmäßig über mehrere Jahre hinweg – vereinbaren. Der Abschlussprüfer kann und braucht nicht jedes Jahr alle Vorgänge mit gleicher Intensität zu prüfen. Der Aufsichtsrat ist aber daran interessiert, dass alle prüfungspflichtigen Gebiete in einem gewissen Turnus vertieft geprüft werden. Auch ist er daran interessiert, Gebiete zu benennen, die in einem Prüfungsjahr nach seiner Auffassung besonders prüfungsbedürftig sind.

449 b) **Erweiterung des Auftrags.** Der Aufsichtsrat darf dem Abschlussprüfer **Aufträge** erteilen, die er zwar nicht im Rahmen der Abschlussprüfung erledigen muss, die er aber **im Zuge der Prüfung erledigen** kann. Mit solchen Aufträgen verpflichtet der Aufsichtsrat unmittelbar die Gesellschaft.[660] Aus arbeitsökonomischen Gründen empfiehlt sich die Ertei-

---

[659] Dazu *Theisen* DB 1999, 341.
[660] Eine Mitwirkung des Vorstands bei der Festlegung solcher Schwerpunkte ist zu vermeiden. Der Geprüfte darf keinen Einfluss auf die Prüfung nehmen. Vgl. *Feddersen* AG 2000, 385 (387).

lung eines entsprechenden Auftrags zusammen mit dem Auftrag zur Durchführung der gesetzlichen Abschlussprüfung. Dabei kann es zB um eine Prüfung der Gestaltung des betrieblichen Vorschlagwesens, um die interne Organisation einzelner Betriebsabteilungen, um die Auslagenabrechnung der Vorstandsmitglieder oder dergleichen gehen.

c) **Beschlussfassung im Aufsichtsrat.** Der Abschluss des Vertrags mit dem Abschlussprüfer **bedarf eines Beschlusses** des Aufsichtsrats. Der Vorsitzende des Aufsichtsrats wird zwar den Vertrag mit dem Prüfer oder ein entsprechendes Auftragsschreiben unterzeichnen. Aber vorab bedarf es eines Beschlusses des Aufsichtsrats und einer entsprechenden Abschlussvollmacht.

Streitig ist, ob der Auftrag durch einen **Ausschuss des Aufsichtsrats** erteilt werden kann. Die Frage ist zu bejahen.[661] Die Aufgabe des Aufsichtsrats zur Auftragserteilung (nach Abs. 2 S. 3) ist nicht unter den Aufgaben aufgeführt, die einem Ausschuss des Aufsichtsrats nicht zur Beschlussfassung übertragen werden können (Abs. 3 S. 2). Auch handelt es sich nicht um die eigentliche organschaftliche Bestellung, sie wird von der Hauptversammlung vorgenommen. Es geht um die schuldrechtliche Gestaltung der Vertragsbeziehungen. Das Gesetz kennt auch in anderen Fällen ähnliche unterschiedliche Gestaltungen. Die Bestellung und Abberufung eines Vorstandsmitglieds muss zwingend durch das Plenum des Aufsichtsrats beschlossen werden, über die Anstellung und ihre Beendigung kann auch ein Ausschuss des Aufsichtsrats entscheiden. Die Festlegung von Zustimmungsvorbehalten bedarf eines Plenarentscheidung, die Entscheidung über die Zustimmung kann von einem Ausschuss getroffen werden.

d) **Übermittlung des Auftrags.** Nach gehöriger Beschlussfassung im Aufsichtsrat muss der **Vorsitzende** (oder ein sonst bevollmächtigtes Mitglied) den Auftrag formell erteilen. Dies wird in aller Regel in Textform (§ 126b BGB) zu geschehen haben.

e) **Zulässigkeit eines Vorab-Beschlusses.** Der Aufsichtsrat muss dem Abschlussprüfer unverzüglich nach seiner Wahl den Prüfungsauftrag erteilen (§ 111 Abs. 2 S. 3; § 318 Abs. 1 S. 4 HGB). Kann der Aufsichtsrat den Beschluss über die Auftragserteilung schon zusammen mit dem Beschluss über den Vorschlag an die Hauptversammlung fassen? Der Aufsichtsratsvorsitzende würde dann bei entsprechender Ermächtigung in der Lage sein, unverzüglich nach dem Ende der Hauptversammlung dem gewählten Abschlussprüfer den Prüfungsauftrag zu erteilen. Andernfalls müsste zunächst die folgende Aufsichtsratssitzung abgewartet werden, um den nötigen Aufsichtsratsbeschluss zu fassen oder eine schriftliche Beschlussfassung erfolgen. Eine Verzögerung der Auftragserteilung wäre die Folge. Wenn sich die Zusammensetzung des Aufsichtsrats zwischen dem Tag, an dem über den Prüfervorschlag beschlossen wird, und dem Zeitpunkt nach der Hauptversammlung, in der die Prüferwahl erfolgt, nicht ändert, sollten keine Bedenken bestehen. Eine **Hauptversammlung unterbricht die Amtsperiode des Aufsichtsrats nicht.** Frühere Beschlüsse gelten weiter. Aber auch dann, wenn im Aufsichtsrat eine Ersatzbestellung erfolgt, wird man die Fortgeltung des Beschlusses über die Auftragserteilung annehmen können. Das für die Auftragserteilung zuständige Organ Aufsichtsrat besteht fort.

Bedenken könnten allerdings bestehen, wenn der gesamte Aufsichtsrat in der Hauptversammlung neu gewählt worden ist. Dann fallen die Beschlusszuständigkeit des neuen Aufsichtsrats und die Beschlussfassung des alten Aufsichtsrats personell auseinander. Dies kann zu schwierigen Fragen in einem Haftungsfall führen. Dennoch wird im Regelfall auch dann eine **Vorab-Beauftragung** zulässig sein, weil eben die Wirksamkeit der Handlungen des Aufsichtsrats nicht von seiner jeweiligen Zusammensetzung abhängig ist. Es gibt in diesem Sinne – anders als beim Parlament – keine echten Amtsperioden. Auch vom alten Aufsichtsrat erlassene Geschäftsordnungen oder festgelegte Zustimmungsvorbehalte gelten

---

[661] Wie hier Hüffer/*Koch* Rn. 27; aA *Forster* WPg 1998, 41 (42); *Hommelhoff* BB 1998, 2567 (2570); *Hoffmann/Preu* Der Aufsichtsrat Rn. 310; *Mattheus* ZGR 1999, 682 (708); *Theisen* DB 1999, 341 (345); *Ziemons* DB 2000, 77 (81); kritisch *Velte* NZG 2011, 771 (773).

fort. Wenn der neu gewählte Aufsichtsrat mit den Bedingungen der Auftragserteilung nicht einverstanden ist, kann und muss er den Beschluss über die Vorab-Beauftragung widerrufen und neu verhandeln.

455   **3. Auftragserfüllung durch den Abschlussprüfer.** Der Abschlussprüfer muss seine Prüfung mit der ihm obliegenden Sorgfalt durchführen (§ 323 Abs. 1 HGB).

456   **a) Begleitende Verbindung während der Prüfungszeit.** Der Abschlussprüfer muss während der Durchführung seiner Prüfung laufend mit dem Aufsichtsratsvorsitzenden als dem Repräsentanten des für ihn zuständigen Vertretungsorgans der Gesellschaft **Verbindung halten.**[662] Der Vorstand und seine der Prüfung unterliegende geschäftsführende Tätigkeit sind Objekt der Prüfung, aber im Verhältnis zum Abschlussprüfer ist der Vorstand nicht Vertreter der geprüften Gesellschaft.

457   Allerdings muss der **Vorstand** dem Abschlussprüfer die für eine sachgerechte Prüfung **erforderlichen Unterlagen vorlegen** und die erforderlichen Belege und Nachweise beibringen (§ 320 HGB). Er und nicht der Aufsichtsrat muss die erforderlichen Auskünfte erteilen. Der Vorstand ist für die Buchführung der Gesellschaft verantwortlich (§ 91 Abs. 1).

458   **aa) Einwirkung auf den Vorstand.** Der Aufsichtsrat muss **auf den** Vorstand in geeigneter Weise **einwirken,** wenn dieser sich berechtigten Anliegen des Abschlussprüfers widersetzt. Er muss die Wünsche des Abschlussprüfers auf ihre Rechtmäßigkeit prüfen. Wenn das Anliegen des Abschlussprüfers nach Ansicht des Aufsichtsrats berechtigt ist, muss er den Vorstand dazu bewegen, den Wünschen nach zu kommen.

459   **bb) Streitschlichtung.** Etwas anderes gilt bei **Meinungsverschiedenheiten** zwischen dem Abschlussprüfer und dem Vorstand der geprüften Gesellschaft über „die Auslegung und Anwendung der gesetzlichen Vorschriften sowie von Bestimmungen des Gesellschaftsvertrags oder der Satzung über den Jahresabschluss, Lagebericht, Konzernabschluss oder Konzernlagebericht". In derartigen Fällen geht es um die zutreffende Behandlung von Fachfragen, für deren Behandlung in der Gesellschaft der Vorstand zuständig ist. Der Vorstand und nicht der Aufsichtsrat muss den fachlichen Standpunkt der Gesellschaft vertreten. Es geht hier nicht um das Rechtsverhältnis zwischen Gesellschaft und Abschlussprüfer, für das auf Seiten der Gesellschaft allein der Aufsichtsrat zuständig ist. Wenn sich der Vorstand und der Abschlussprüfer nicht einigen, muss das Gericht entscheiden (§ 324 HGB).

460   **cc) Vollständigkeitserklärung.** Der Abschlussprüfer verlangt vor Abschluss seiner Prüfung eine Erklärung der Gesellschaft über die **Vollständigkeit und die Richtigkeit** der dem Prüfer vorgelegten Unterlagen und der ihm erteilten Auskünfte (sog. Vollständigkeitserklärung). Diese Erklärung ist vom Vorstand und nicht vom Aufsichtsrat zu unterzeichnen. Der Vorstand ist für die Vollständigkeit und die Richtigkeit der dem Abschlussprüfer überlassenen Informationen verantwortlich. Er ist der „gesetzliche Vertreter der Kapitalgesellschaft", dem die Informationspflicht auferlegt ist (§ 320 HGB).

461   **b) Abstimmung des Prüfungsberichts mit dem Vorstand.** Vor Zuleitung des Prüfungsberichts an den Aufsichtsrat ist dem Vorstand Gelegenheit zur Stellungnahme zu geben (§ 321 Abs. 5 S. 2 HGB). Die Überlassung eines Leseexemplars, also eines noch nicht endgültigen Berichts an den Vorstand ist seit Einführung der Abschlussprüfung üblich. Das Verfahren ist allerdings häufig angegriffen worden. Es wird eingewandt, dass damit dem Vorstand Gelegenheit gegeben wird, ihm nicht genehme Berichtsteile zu korrigieren. Dies sei unzulässig.

---

[662] Hüffer/*Koch* Rn. 29, der eine solche ständige Begleitung zweckmäßiger findet als eine vorangehende Erteilung von Zusatzaufträgen. Das eine schließt aber das andere nicht aus. Der DCGK empfiehlt in 7.2.3: „Der Aufsichtsrat soll vereinbaren, dass der Abschlussprüfer über alle für die Aufgaben des Aufsichtsrats wesentlichen Feststellungen und Vorkommnisse unverzüglich berichtet, die sich bei der Durchführung der Abschlussprüfung ergeben." Vgl. dazu *Clemm,* FS Havermann, 1995, 83 (95).

Bei einer ordnungsmäßigen Abschlussprüfung ist die Überlassung eines Vor-Berichts an 462 den Vorstand notwendig. Im Zuge der Prüfung wird dem Abschlussprüfer und seinen Gehilfen von vielen Mitarbeitern des Unternehmens eine Vielzahl von Informationen gegeben. Nur mittels Durchsicht eines Entwurfs des Prüfungsberichts kann der Vorstand sicherstellen, dass vom Abschlussprüfer keine Informationen verwendet werden, die nicht dem Wissen und der Auffassung des Vorstands entsprechen. Nur nach Durchsicht des Vor-Berichts kann der Vorstand die verlangte Vollständigkeitserklärung unterzeichnen. Ohne Kenntnis der beabsichtigten Berichterstattung kann der Vorstand nicht wissen, ob der Abschlussprüfer alle nötigen Informationen richtig erhalten hat.

Allerdings muss sichergestellt sein, dass der Vorstand zwar Gelegenheit zur Stellungnahme 463 erhält, **nicht** aber **Einfluss auf Art und Inhalt der Berichterstattung** nimmt. Letzteres ist ganz und gar unzulässig. Einem dahingehenden Vorwurf kann der Abschlussprüfer am besten dadurch begegnen, dass er zugleich mit dem Vorstand auch dem Aufsichtsratsvorsitzenden einen Vor-Bericht zusendet.

Der Aufsichtsrat kann sich aber auch in anderer Weise vergewissern, dass der Abschluss- 464 prüfer bei der Berichterstattung keiner Einflussnahme des Vorstands erlegen ist. Die Übersendung eines Vor-Berichts an den Vorstand ist nach allgemeinen Grundsätzen dokumentationspflichtig. Der Abschlussprüfer ist verpflichtet, eine mit der **Urschrift** übereinstimmende Wiedergabe des abgesandten **Vor-Berichts zurückzubehalten** (§ 238 Abs. 2 HGB). Aufgrund des Vertragsverhältnisses mit der Gesellschaft hat er eine Wiedergabe der Urschrift auf Verlangen der Gesellschaft seinem Auftraggeber zur Verfügung zu stellen. Er muss die ordnungsmäßige Erfüllung des Auftrags nachweisen.

c) Übergabe des Prüfungsberichts. Der fertiggestellte Prüfungsbericht ist vom Ab- 465 schlussprüfer dem Aufsichtsrat vorzulegen (§ 321 Abs. 5 S. 1). Eine **Stellungnahme des Vorstands** ist beizufügen. Das steht zwar nicht im Gesetz, ergibt sich aber aus Sinn und Zweck einer solchen Stellungnahme. Sie wäre sinnlos, wenn der Abschlussprüfer sie nur zu seinen Akten nehmen würde.

Jedes Aufsichtsratsmitglied ist berechtigt, vom Prüfungsbericht Kenntnis zu nehmen 466 (§ 170 Abs. 3 S. 1). Er ist jedem Aufsichtsratsmitglied **auszuhändigen,** sofern nicht der Aufsichtsrat beschlossen hat, die Aushändigung auf Mitglieder eines Ausschusses zu beschränken (§ 170 Abs. 3 S. 2). Wenn der Aufsichtsrat eine Beschränkung der Verteilung beschlossen hat, muss der Vorsitzende des Aufsichtsrats besonders darauf bedacht sein, dass jedes Aufsichtsratsmitglied, das dem Ausschuss nicht angehört, ausreichend Gelegenheit hat, den **Bericht einzusehen.** Es ist zumindest anzuraten, dass jedem so gegenüber Ausschussmitgliedern benachteiligten Aufsichtsratsmitglied vom Vorsitzenden des Aufsichtsrats mitgeteilt wird, wann und wo es den Prüfungsbericht einsehen kann. Es kann nicht von der Hand gewiesen werden, dass sich durch den Beschluss über die Einschränkung der Verteilung die Holschuld in eine Bringschuld verwandelt. Nur so ist eine annähernde Gleichberechtigung mit den Aufsichtsratsmitgliedern, die den Bericht ausgehändigt erhalten, hergestellt.

d) Managementletter und ähnliche Briefe. Es entspricht guter Übung, bedeutsame 467 Feststellungen, die der Abschlussprüfer während seiner Prüfung getroffen hat und die mit der eigentlichen Abschlussprüfung nichts zu tun haben, der Gesellschaft durch einen **besonderen Bericht** (Managementletter) mitzuteilen. Über die Behandlung eines Managementletters entsteht häufig Streit.

Gegen die Abfassung eines Managementletters bestehen keine Bedenken. In Erfüllung 468 seines Prüfungsauftrags hat der Abschlussprüfer **Feststellungen, die nicht abschlussrelevant sind,** dem Auftraggeber mitzuteilen, wenn sie für diesen in anderer Hinsicht wichtig sind. Der Managementletter ist grundsätzlich an die Gesellschaft zu Händen des Aufsichtsrats zu richten, da dieser die Gesellschaft in allen Fragen des Prüfungsvertrags vertritt. Aber es bestehen auch keine Bedenken, wenn der Prüfer den Managementletter an den Vorstand richtet und dem Aufsichtsratsvorsitzenden für den Aufsichtsrat eine Abschrift übersendet.

Wenn der Managementletter überwachungsrelevante Feststellungen enthält, muss der Aufsichtsratsvorsitzende ihn allen Aufsichtsratsmitgliedern zugänglich machen, sonst nicht.

469 **e) Überschreitung der vorgesehenen Kosten.** Bei sorgfältiger Auftragsvorbereitung besteht zwischen Abschlussprüfer und Gesellschaft zu Beginn der Prüfung Einigkeit über die **voraussichtliche Höhe** der Kosten. Es ist durchaus möglich, dass sich durch unvorhergesehene Umstände die Kosten der Prüfung zu erhöhen drohen. Als Nebenverpflichtung des Prüfungsvertrags muss der Abschlussprüfer seinen Auftraggeber unverzüglich unterrichten, wenn eine nicht nur unbedeutende Honorarüberschreitung droht.

470 **4. Auftragsabrechnung und Zahlung.** Der Abschlussprüfer muss seine Leistung gegenüber der Gesellschaft abrechnen, die dabei vom Aufsichtsrat vertreten wird. Der Aufsichtsrat wird den **Mengenansatz** der Rechnung vom Vorstand prüfen lassen, da nur dieser genaue Kenntnis vom Zeiteinsatz des Abschlussprüfers hat. Die **Wertansätze** muss der Aufsichtsrat prüfen, da die Vereinbarung über diese Ansätze von ihm für die Gesellschaft getroffen worden ist. Bei Richtigbefund wird der Aufsichtsrat dies durch seinen Vorsitzenden dokumentieren und die Rechnung zur Zahlungsanweisung an den Vorstand geben.

471 **5. Mangelhafte Auftragserfüllung.** Nicht jeder Prüfungsauftrag wird mangelfrei ausgeführt. Wenn sich während der Prüfung eine **mangelhafte Prüfungsleistung** herausstellt oder wenn sich nachträglich Mängel ergeben, muss der Vorstand den Aufsichtsrat informieren. Dieser muss auf Grund seiner Vertretungsbefugnis (§ 111 Abs. 2 S. 3) die Rechte der Gesellschaft gegenüber dem Abschlussprüfer geltend machen.

E. Einberufung einer Hauptversammlung (Abs. 3)

472 Das Gesetz verpflichtet den Aufsichtsrat, eine Hauptversammlung einzuberufen, wenn das **Wohl der Gesellschaft** es fordert.

I. Allgemeines Einberufungsrecht

473 Eine Hauptversammlung wird üblicherweise **vom Vorstand** einberufen. Dies gilt sowohl für die ordentlichen Hauptversammlungen (§ 175 Abs. 1) als auch für andere Hauptversammlungen (§ 121 Abs. 2 S. 1). Das Einberufungsrecht des Vorstands ist kein ausschließliches Recht. Es beeinträchtigt nicht das Einberufungsrecht anderer Personen, die dazu auf Grund von Gesetz oder Satzung befugt sind (§ 121 Abs. 2 S. 2).

474 Die Hauptversammlung ist einzuberufen, wenn eine **Minderheit von Aktionären** dies verlangt (§ 122 Abs. 1). Wenn der Vorstand dem Einberufungsverlangen der Minderheit nicht entspricht, kann das Gericht die fordernden Aktionäre zur Einberufung ermächtigen (§ 122 Abs. 3 S. 1).

II. Pflicht zur Einberufung einer Hauptversammlung

475 Im Zusammenhang mit seiner Überwachungspflicht ist der Aufsichtsrat verpflichtet, eine **Hauptversammlung einzuberufen,** wenn das **Wohl der Gesellschaft** es fordert. Die Einberufungspflicht ist ihm besonders auferlegt, obgleich ganz allgemein und an den Vorstand gerichtet (§ 121 Abs. 2 S. 1) ein entsprechender Gesetzesbefehl bereits besteht (§ 121 Abs. 1). Die Vorschrift kann also nur Bedeutung haben, wenn entweder Aufsichtsrat und Vorstand über die Notwendigkeit einer Einberufung unterschiedlicher Meinung sind oder wenn der Vorstand trotz eines entsprechenden Bewusstseins die Hauptversammlung nicht einberuft.

476 Die Voraussetzungen für eine solche Einberufung sind umstritten. Dies geht vor allem darauf zurück, dass zwar der Vorstand der Hauptversammlung **Fragen der Geschäftsführung** zur Entscheidung vorlegen darf, nicht aber der Aufsichtsrat (§ 119 Abs. 2). Wegen

dieser Vorschrift wird die Meinung vertreten, dass der Aufsichtsrat eine Hauptversammlung nur einberufen darf, wenn er in die Tagesordnung Anträge aufnimmt, deren Behandlung in die Kompetenz der Hauptversammlung fällt. So wäre nach aM die Einberufung zulässig, wenn die Versammlung Gelegenheit erhalten soll, dem Vorstand ihr Misstrauen auszusprechen.[663]

Diese Meinung wird der Bedeutung der Vorschrift nicht gerecht. Die vom Aufsichtsrat im Rahmen der Überwachung einberufene Hauptversammlung darf nicht nur im Zusammenhang mit einer einzelnen Maßnahme gesehen werden. Das Aktienrecht erkennt zwar keine Dominanz der Hauptversammlung im Verhältnis der Organe zueinander an. Aber es geht doch davon aus, dass die **Aktionäre die Geschäftsherren** sind. Die Anteilseigner gründen die Gesellschaft. Sie treffen die rechtlichen und die wirtschaftlichen Grundlagenentscheidungen (Strukturentscheidungen). Und schließlich entscheiden sie über eine Auflösung der Gesellschaft.

Wenn das Wohl der Gesellschaft ein Zusammentreten der Aktionäre notwendig macht, dann muss es – jedenfalls vom Aufsichtsrat – herbeigeführt werden, will der Aufsichtsrat eine Haftung nach §§ 116, 93 vermeiden.[664] Es kommt nicht darauf an, ob mit der Einberufung eine Tagesordnung bekannt gemacht wird, die Entscheidungen der Aktionäre notwendig oder doch möglich machen. Es genügt der Tagesordnungspunkt: **„Erörterung der Lage der Gesellschaft."** Die Aktionäre haben mit einer Minderheit die Möglichkeit, die Ankündigung eines weiteren Tagesordnungspunkts zu verlangen. Sie können die „Abberufung von Aufsichtsratsmitgliedern" (§ 103 Abs. 1) oder auch „Entzug des Vertrauens zum Vorstand" (§ 84 Abs. 2 S. 3) als Gegenstand der Beschlussfassung ankündigen. Aber dies ist nicht nötig. Es genügt, wenn der Aufsichtsrat es im Interesse der Gesellschaft für geboten hält, den Aktionären zu berichten, mit ihnen die Lage der Gesellschaft zu erörtern und ihre Meinung zu erfragen.

Bei der Erörterung dieser Frage darf nicht allein von einer großen AG mit einer Vielzahl von Aktionären ausgegangen werden. Es gibt auch **kleine Gesellschaften,** in denen die Aktionäre durchaus daran interessiert sind, ihre Meinung vorzutragen, auch wenn sie für die Verwaltungsorgane unverbindlich ist. Und es gibt größere Gesellschaften, in denen zwei oder einige wenige Großaktionäre in zulässiger Weise wesentlichen Einfluss ausüben möchten.

Es gibt Gesellschaften, in denen der Aufsichtsrat auch bei Beachtung des Unternehmensinteresses Wert darauf legt, die wirklichen unternehmerischen **Interessen der Anteilseigner zu erfahren,** wenn grundlegende Entscheidungen bevorstehen. Es ist ihm nicht verwehrt, diese Interessen in seine eigene Interessenabwägung einzubeziehen, solange er die anderen für die Bestimmung des Unternehmensinteresses bedeutsamen Interessen nicht ungebührlich vernachlässigt.

Allerdings besteht das Einberufungsrecht des Aufsichtsrats nur, wenn das **Wohl der Gesellschaft** eine Einberufung nötig macht.[665] Die Lage der Gesellschaft muss so sein, dass die Aktionäre nach Ansicht des Aufsichtsrats Gelegenheit erhalten müssen, sich in einer Hauptversammlung zu treffen, die Lage zu erörtern und ggf. Beschlüsse zu fassen. Das Wohl der Gesellschaft kann sowohl dann eine Hauptversammlung fordern, wenn die innere Situation der Gesellschaft Grund zu ernsthafter Sorge gibt, als auch dann, wenn äußere Umstände eine Information oder (weitergehend) Beschlüsse der Hauptversammlung nötig machen.

---

[663] § 84 Abs. 3 S. 2; siehe auch Hüffer/*Koch* Rn. 30; *Lutter/Krieger/Verse* Rn. 136; MHdB AG/*F.-J. Semler* § 35 Rn. 3; aA Kölner Komm AktG/*Zöllner* § 119 Rn. 33.
[664] Ebenso *Lutter/Krieger/Verse* Rn. 136; MHdB AG/*F.-J. Semler* § 35 Rn. 4, 9; im Ergebnis auch Großkomm AktG/*Hopt/Roth* Anm. 543. Zweifelnd, ablehnend Hüffer/*Koch* Rn. 31, der eine solche Einberufung gegen den Willen des Vorstands nur zulassen will, wenn es bspw. um die Einholung einer gebotenen Stellungnahme geht, deren Einberufung der Vorstand pflichtwidrig handeln würde, mit Hinweis auf BGHZ 83, 122 = NJW 1982, 1703 – Holzmüller.
[665] MüKoAktG/*Habersack* Rn. 90.

482 Ein Grund für eine notwendige Einberufung der Hauptversammlung kann darin bestehen, dass in einer schwierigen wirtschaftlichen Lage der Gesellschaft die üblichen, dem Aufsichtsrat zur Verfügung stehenden **Mittel nicht mehr ausreichen,** um seine Überwachungsaufgabe ordnungsgemäß zu erfüllen, ein allerdings wohl eher seltener Zustand. In einem solchen Fall wird der Aufsichtsrat konkrete Vorschläge zur Tagesordnung machen, wie etwa „Abberufung eines Aufsichtsratsmitglieds und Wahl eines neuen Aufsichtsratsmitglieds" oder „Entzug des Vertrauens in ein Vorstandsmitglied".

483 Das Wohl der Gesellschaft kann eine Hauptversammlung aber auch fordern, wenn **Entscheidungen** anstehen, die so **tief in die Entwicklung der Gesellschaft eingreifen,** dass die Verwaltungsorgane schlechterdings nicht davon ausgehen können, dass sie diese Entscheidungen ohne Anhörung der Aktionäre treffen dürfen.[666] Wenn dann der Vorstand keine Hauptversammlungsentscheidung beantragt, muss der Aufsichtsrat eine Anhörung der Hauptversammlung herbeiführen. Spricht sich die Hauptversammlung gegen das Vorhaben aus, wird er unverzüglich einen Zustimmungsvorbehalt für das in Frage kommende Geschäft beschließen und danach die Zustimmung verweigern.

III. Beschlussfassung im Aufsichtsrat

484 Die Einberufung der Hauptversammlung erfolgt durch das Organ Aufsichtsrat und nicht durch einzelne Aufsichtsratsmitglieder in auch noch so großer Zahl. Das Einberufungsrecht kann nicht auf einen Ausschuss delegiert werden (§ 107 Abs. 3 S. 2). Der **Aufsichtsrat** beschließt über die Einberufung der Hauptversammlung mit **einfacher Mehrheit.** Ein Stimmverbot kann in Frage kommen, wenn es um die Abberufung eines Aufsichtsratsmitglieds geht. Bei der Beschlussfassung über den Antrag auf die gerichtliche Abberufung eines Aufsichtsratsmitglieds (§ 103 Abs. 3) ist das betroffene Aufsichtsratsmitglied nach überwiegender Auffassung nicht stimmberechtigt.[667] Wenn das richtig ist, dann muss auch bei einer auf die Abberufung eines Aufsichtsratsmitglieds gerichteten Beschlussfassung im Aufsichtsrat zur Einberufung einer Hauptversammlung Gleiches gelten. Die Entscheidung der Frage kann nicht vom Weg abhängen, der für die Abberufung gewählt wird.

485 Einberufungsberechtigt ist der **amtierende Aufsichtsrat.** Eine Ausnahme gilt dann, wenn seine Wahl nichtig war. Eine bloße Anfechtbarkeit der Wahl schadet nicht, solange die Wahl nicht für nichtig erklärt worden ist. Die Nichtigkeit der Wahl eines einzelnen Aufsichtsratsmitglieds ist unbeachtlich, wenn die gültig gewählten Mitglieder für eine Beschlussfähigkeit ausreichen.

486 Beschlüsse einer Hauptversammlung, die von einem Aufsichtsrat einberufen worden ist, dessen **Wahl nichtig** ist, haben keine Gültigkeit (§ 241 Nr. 1). Die Hauptversammlung ist nicht nach den gesetzlichen Vorschriften einberufen worden.[668] Es handelt sich um eine Leitungsaufgabe. Nur ein ordnungsgemäß bestellter Aufsichtsrat kann eine Hauptversammlung einberufen.

487 Die **Kosten** einer vom Aufsichtsrat einberufenen Hauptversammlung fallen der Gesellschaft zur Last. Teilweise wird angenommen, dass Schadensersatzansprüche bestehen können, wenn Voraussetzungen zur Einberufung nicht vorliegen.[669] Dem ist nicht zuzustimmen. Die Voraussetzungen sind streitig, dem Aufsichtsrat kann kein Vorwurf gemacht werden, wenn er im Interesse der Gesellschaft auch bei unklarer Rechtslage vorsorglich eine Hauptversammlung einberuft und damit den Anteilseignern Stellungnahmen ermöglicht.

---

[666] BGHZ 83, 122 = NJW 1982, 1703 – Holzmüller; vgl. *Henze,* FS Ulmer, 2003, 211; *Hüffer,* FS Ulmer, 2003, 279.
[667] Streitig. Vgl. → Rn. 365; → § 108 Rn. 154.
[668] § 121 Nr. 1; Abs. 3; BGHZ 149, 158 bis 165 = NJW 2002, 1128.
[669] Hüffer/*Koch* Rn. 32.

IV. Einberufungsverfahren

Für die Einberufung der Hauptversammlung **gelten die allgemeinen Vorschriften:** 488
- Die Einberufung ist in den Gesellschaftsblättern bekannt zu machen (§ 121 Abs. 3 S. 1) und seit 1.1.2003 in den Bundesanzeiger einzurücken (§ 25 Abs. 1). Sind die Aktionäre der Gesellschaft namentlich bekannt, kann die Hauptversammlung mit eingeschriebenem Brief einberufen werden.
- Die Einberufung muss den Einberufenden, die Firma, den Sitz der Gesellschaft, Zeit und Ort der Hauptversammlung und die Bedingungen angeben, von denen die Teilnahme an der Hauptversammlung und die Ausübung des Stimmrechts abhängen.
- Die Tagesordnung ist mit der Einberufung bekannt zu machen.
- Zu jedem Gegenstand der Tagesordnung hat der Aufsichtsrat in der Bekanntmachung Vorschläge zur Beschlussfassung zu machen. Auch der Vorstand muss Vorschläge machen, wenn es nicht um die Wahl von Aufsichtsratsmitgliedern oder von Prüfern geht.[670] Die Pflicht des Vorstands wird nicht dadurch beseitigt, dass der Aufsichtsrat die Hauptversammlung einberuft.
- Die Einberufung ist vom Aufsichtsrat durch seinen Erklärungsvertreter (regelmäßig der Aufsichtsratsvorsitzende) zu unterzeichnen. Die Einladung muss aber erkennen lassen, dass ein ordnungsmäßiger Aufsichtsratsbeschluss zugrunde liegt.[671]

Die **Mitglieder des Aufsichtsrats und die Mitglieder des Vorstands** haben das Recht 489 und im Zweifel auch die Pflicht, an der Hauptversammlung teilzunehmen (§ 118 Abs. 2) und sämtliche ihre in der Hauptversammlung bestehenden Rechte und Pflichten wahrzunehmen. Daran ändert sich nichts dadurch, dass die Hauptversammlung vom Aufsichtsrat im Rahmen seiner Überwachung einberufen worden ist.

F. Geschäftsführungsverbot und Zustimmungsvorbehalte (Abs. 4)

In diesem Absatz werden Fragen behandelt, die sich aus dem **Verhältnis des Aufsichts-** 490 **rats zum Vorstand** ergeben. Die geltende Unternehmensverfassung sieht vor, dass für die Verwaltung der AG (§ 120 Abs. 2) die Organe Vorstand und Aufsichtsrat gemeinsam zuständig sind, wobei dem Vorstand die Geschäftsführung, dem Aufsichtsrat ihre Überwachung obliegt. Die Überwachung umfasst auch die Beratung des Vorstands durch den Aufsichtsrat. Daneben bestehen selbstständige Entscheidungs- und Mitentscheidungskompetenzen des Aufsichtsrats. Die „Verantwortung (des Aufsichtsrats) steht neben der des Vorstands und setzt nicht erst danach ein".[672]

I. Geschäftsführungsverbot

Der Aufsichtsrat ist grundsätzlich **nicht zur Führung von Geschäften** der Gesellschaft 491 **befugt**. Maßnahmen der Geschäftsführung dürfen ihm weder durch die Satzung noch durch Beschluss eines anderen Organs übertragen werden.[673] Einige wenige Ausnahmen ergeben sich aus dem Gesetz oder als Folgen einer gesetzlichen Regelung. Diese Ausnahmen sind abschließend geregelt. Die Satzung kann keine neuen Geschäftsführungskompetenzen des Aufsichtsrats schaffen. Der Vorstand kann eigene Kompetenzen nicht an den Aufsichtsrat abgeben. Der Aufsichtsrat ist nicht befugt, Meinungsverschiedenheiten im Vorstand bindend zu entscheiden und kann auch nicht dazu berufen werden.[674] Allerdings kann

---

[670] § 124 Abs. 3. Es spielt keine Rolle, dass die Hauptversammlung vom Aufsichtsrat einberufen worden ist. Die Teilnahmeverpflichtung der Aufsichtsratsmitglieder kann durch die Satzung eingeschränkt werden, § 118 Abs. 2 S. 2.
[671] MüKoAktG/*Habersack* Rn. 93.
[672] *Lutter* AG 1979, 85 (909; *Lutter/Krieger/Verse* Rn. 481.
[673] Vgl. *Leyendecker-Langner* NZG 2012, 721.
[674] Großkomm AktG/*Hopt/Roth* Anm. 557.

in der Satzung oder der Geschäftsordnung für den Vorstand das Recht eines Vorstandsmitglieds vorgesehen werden, bei Meinungsverschiedenheiten im Vorstand die (unverbindliche) Auffassung des Aufsichtsrats zu erkunden.

492 Der Vorstand kann den Aufsichtsrat oder ein einzelnes Mitglied des Aufsichtsrats allerdings mit der **Ausführung eines einzelnen Geschäfts** beauftragen, wenn dies aus besonderen Gründen zweckmäßig ist.[675] Dadurch wird die Geschäftsführungszuständigkeit des Vorstands nicht beeinträchtigt. Der Vorstand bleibt Herr der Geschäftsführung und bei der Ausführung des Geschäfts erforderlichenfalls weisungsbefugt. Es gibt aber keinen Grund dafür, den Aufsichtsrat oder eines seiner Mitglieder nicht mit der Ausführung eines einzelnen Geschäfts zu beauftragen, wenn dieser über besondere Sachkunde oder besonders gute Beziehungen zum Geschäftspartner verfügt. Allerdings darf die Wirksamkeit der unabhängigen Überwachung nicht gefährdet werden.

493 **1. Inhalt des Geschäftsführungsverbots.** Durch das an den Aufsichtsrat gerichtete Geschäftsführungsverbot des Gesetzes (Abs. 4 S. 1) soll die ebenfalls im Gesetz vorgesehene eigenverantwortliche Leitung der Gesellschaft durch den Vorstand[676] sichergestellt werden. Diese klare Trennung stellt zum einen die **Zuständigkeiten der beiden Organe** klar, legt zum anderen und vor allem aber die Verantwortlichkeiten fest. Der Vorstand hat die Geschäftsführung zu verantworten, er kann sich nicht darauf berufen, dass Teile der Geschäftsführung vom Aufsichtsrat beeinflusst werden und daher auch von diesem zu verantworten seien.[677]

494 Eine **Einschränkung der Geschäftsführungsbefugnis** des Vorstands ergibt sich daraus, dass die Satzung und der Aufsichtsrat Maßnahmen der Geschäftsführung festlegen müssen, die nur mit Zustimmung des Aufsichtsrats durchgeführt werden dürfen (→ Rn. 500). Eine Betrachtung der Aufgabenabgrenzung macht deutlich, dass die Festlegung solcher Zustimmungsvorbehalte auf bestimmte bedeutsame Arten von Geschäften beschränkt bleiben muss. Die Geschäftsführungsautonomie des Vorstands darf nicht durch eine Überzahl von Zustimmungsvorbehalten beseitigt oder auch nur gewichtig beeinträchtigt werden.

495 Geschäftsführung wird vom Aufsichtsrat schon dann ausgeübt, wenn er sich nicht darauf beschränkt, die Ordnungsmäßigkeit und die Rechtmäßigkeit des Vorstandshandelns durchzusetzen, sondern darüber hinaus auch in den Fragen der **Zweckmäßigkeit und der Wirtschaftlichkeit** seiner Meinung Vorrang zu verschaffen sucht. Ein Verstoß gegen das Geschäftsführungsverbot liegt nicht erst vor, wenn der Aufsichtsrat auch die Initiative in Geschäftsführungsmaßnahmen ergreift.

496 **a) Zulässige Geschäftsführungsmaßnahmen des Aufsichtsrats.** Allerdings gibt es **Geschäftsführungsmaßnahmen,** die trotz Geschäftsführungsverbots vom **Aufsichtsrat vorzunehmen** sind.[678] Auch gibt es Geschäftsführungsmaßnahmen, die zwar der Vorstand durchführt, an denen aber der **Aufsichtsrat mitwirken** muss (Entscheidungs- und Mitentscheidungskompetenzen des Aufsichtsrats).[679] Diese Mitwirkung kann in gleichberechtigter Weise vorgesehen, aber auch als Zustimmungserfordernis ausgestaltet sein.

497 **b) Anwendung der *business judgment rule* auf den Aufsichtsrat**[680]. Bei Geschäftsführungsmaßnahmen des Aufsichtsrats ist zweifelhaft, inwieweit auch der Aufsichtsrat die

---

[675] Großkomm AktG/*Hopt/Roth* Anm. 560.
[676] *Leyendecker-Langner* NZG 2012, 722.
[677] Zu den Möglichkeiten des VorstandsVorstandes, sich gegen ein „Hineinregieren" des Aufsichtsrates zu wehren, ausführlich *Leyendecker-Langner* NZG 2012, 721.
[678] Personalkompetenz (§ 84); Beschlussfassung über Zustimmungsvorbehalte (§ 111 Abs. 4 S. 2).
[679] Zustimmung zu Abschlagszahlungen auf den Bilanzgewinn (§ 59 Abs. 3); Mitwirkung bei der Feststellung des Jahresabschlusses (§ 172); Einstellung eines Teils des Jahresüberschusses in Gewinnrücklagen (§ 58 Abs. 2); Entscheidung über die Bedingungen der Aktienausgabe beim genehmigten Kapital (§ 204 Abs. 1); Mitwirkung bei der Ausübung von Beteiligungsrechten in mitbestimmten Tochtergesellschaften (§ 32 MitbestG, § 15 MitbestErgG).
[680] Hierzu speziell *Cahn* WM 2013, 1293.

Schutzwirkung der *business judgment rule* für seine Entscheidungen in Anspruch nehmen kann. Ziff. 3.8 S. 3 des DCGK hat die Formulierung der *business judgment rule* sowohl für die Mitglieder des Vorstands wie auch für die Mitglieder des Aufsichtsrats übernommen. Jedoch sind bei der Anwendung der *business judgment rule* auf Mitglieder des Aufsichtsrats verschiedene Besonderheiten zu beachten. Maßnahmen, Entscheidungen und Unterlassungen eines Aufsichtsratsmitglieds können Teil einer unternehmerischen Entscheidung des Aufsichtsrats, Teil einer Überwachungsentscheidung oder Teil der Beratungstätigkeit des Aufsichtsrats sein.

aa) Überwachungs- und Beratungstätigkeit des Aufsichtsrats. Auf Maßnahmen, die zur Überwachungs- und Beratungstätigkeit des Aufsichtsrats gehören, findet die *business judgment rule* keine Anwendung.[681] Bei Überwachungsentscheidungen hat der Aufsichtsrat keinen eigenen Entscheidungsspielraum.[682] Er ist nur berechtigt und verpflichtet, die **sachgerechte Ausnutzung von Entscheidungsspielräumen** durch den Vorstand zu überwachen. Er muss kontrollieren, ob dieser seine Entscheidungsspielräume im Einklang mit dem Gesetz ausgeübt hat. Er ist zwar befugt, die Beurteilung des Vorstands zu überprüfen und kann dabei auch zu einem abweichenden Urteil kommen. Der Aufsichtsrat ist aber nicht berechtigt, ein vom Vorstand ordnungsgemäß ausgeübtes Ermessen durch seine eigene Ermessensentscheidung ersetzen. Insoweit schützt die *business judgment rule* zugunsten des Vorstands mittelbar auch den Aufsichtsrat. Ist die Entscheidung des Vorstands ordnungsgemäß im Sinne der *business judgment rule* zustande gekommen, haftet auch der Aufsichtsrat nicht, da er gegen eine pflichtgemäße Entscheidung des Vorstands nicht hätte einschreiten müssen.[683] 498

bb) Unternehmerische Entscheidungen des Aufsichtsrats. Bei unternehmerischen Entscheidungen, bei denen dem Aufsichtsrat **die gleichen Entscheidungsspielräume** wie dem Vorstand und eine **eigene Gestaltungskompetenz** zur Verfügung stehen, kann der Aufsichtsrat ebenso wie der Vorstand die Schutzwirkung der *business judgment rule* in Anspruch nehmen.[684] Unternehmerische Entscheidungen liegen vor, wenn die Entscheidung der Gesellschaft allein vom Aufsichtsrat getroffen wird, wie zB in Ausübung der Personalkompetenz,[685] beim Vertragsabschluss mit dem Abschlussprüfer[686] oder bei der Ausübung von Beteiligungsrechten in einer mitbestimmten Tochtergesellschaft (§ 32 MitbestG, § 15 MitbestErgG). Entsprechendes gilt auch für die Mitwirkung bei der Feststellung des Jahresabschlusses[687] und bei der Entscheidung über die Einstellung eines Teils des Jahresüberschusses in die Gewinnrücklagen (§ 58 Abs. 2). Es handelt sich hier nicht um Zustimmungskompetenzen, sondern um eigenständige Mitwirkungsrechte. 499

cc) Zustimmungsbedürfte Geschäfte. In anderen Fällen, wenn die Geschäftsführungsentscheidung des Vorstands der **Zustimmung des Aufsichtsrats** bedarf, hat der Aufsichtsrat zwar auch die gleichen Entscheidungsspielräume wie der Vorstand,[688] aber er hat keine eigene Gestaltungskompetenz. Er darf nicht die Entscheidung des Vorstands durch eine eigene Sachentscheidung ersetzen.[689] Dies gilt zB bei der Entscheidung über einem Zustimmungsvorbehalt unterliegende Geschäfte (§ 111 Abs. 4 S. 2), bei der Zustimmung zu Abschlagszahlungen auf den Bilanzgewinn (§ 59 Abs. 3) und bei der Entscheidung über die Bedingungen der Aktienausgabe beim Genehmigten Kapital (§ 204 Abs. 1). 500

---

[681] *v. Schenck* in Semler/v. Schenck AR-HdB § 7 Rn. 205; *Hüffer* NZG 2007, 47 (48).
[682] Vgl. *Kling* DZWiR 2005, 45 (46).
[683] *Cahn* WM 2013, 1293.
[684] *Bezzenberger/Keul,* FS Schwark, 2009, 121 (133).
[685] Vgl. *Kling* DZWiR 2005, 45 (46).
[686] *Henrichs,* FS Hommelhoff, 2012, 383 (388).
[687] § 172. Vgl. dazu *Forster,* FS Kropff, 1997, 73; *Forster* AG 1995, 1; *Forster* Wpg 1998, 41.
[688] Vgl. *Grooterhorst* NZG 2011, 921 (923).
[689] *Säcker/Rehm* DB 2008, 2814 (2817).

501 Bei diesen Geschäften stellt sich die Tätigkeit des Aufsichtsrats als eine präventive Kontrolle der unternehmerischen Tätigkeit des Vorstands dar.[690] Es steht im unternehmerischen Ermessen des Aufsichtsrats, ob er nach sorgfältiger Beurteilung des Sachverhalts eine vom Vorstand vorgeschlagene Entscheidung billigt oder ablehnt. Bei dieser, auf präventive Kontrolle gerichteten Ermessensentscheidung kommt dem Aufsichtsrat die *business judgment rule* zu Gute.[691]

502 **2. Unzulässigkeit faktischer Oberleitung durch den Aufsichtsrat oder seinen Vorsitzenden (Gleichordnung der Organe).** Das an den Aufsichtsrat gerichtete Verbot, die Geschäfte der Gesellschaft zu führen, gilt nicht nur für rechtliche Gestaltungen, sondern auch für eine **faktische (Mit-)Geschäftsführung des Aufsichtsrats.** Es ist dem Aufsichtsrat verwehrt, kraft seiner Einflussmacht als Herr der Bestellung und der Anstellung der Vorstandsmitglieder wesentlichen Einfluss auf Geschäftsführungsmaßnahmen zu nehmen. Er muss stets darauf bedacht sein, sich gegenüber dem Vorstand keine Vormachtstellung anzumaßen, sondern seine Gleichberechtigung zu wahren.

503 Wenn der Aufsichtsrat faktisch Maßnahmen der Geschäftsführung ergreift, **verletzt** er die ihm obliegende **Sorgfaltspflicht**.[692] Wenn der Gesellschaft aus seiner faktischen Geschäftsführungstätigkeit ein Schaden entsteht, haftet der Aufsichtsrat gemäß §§ 116, 93 Abs. 2 AktG auf Schadensersatz. Ob allerdings dem Vorstand ein Klagerecht auf Unterlassung der faktischen Geschäftsführung einzuräumen ist,[693] erscheint zweifelhaft.

504 **3. Zulässige Geschäftsführungsmaßnahmen. a) Anstellung und Beendigung der Anstellung von Vorstandsmitgliedern (§ 84 Abs. 1 S. 5).** Der Aufsichtsrat ist für den Abschluss und die Beendigung von Anstellungsverträgen der Gesellschaft mit Vorstandsmitgliedern ausschließlich zuständig. Er ist insoweit sowohl allein **geschäftsführungsbefugt** als auch allein **vertretungsberechtigt** (§ 112). Er kann seine Aufgaben an einen Ausschuss überweisen. Zwar können die Rechte zur Bestellung und zur Abberufung eines Vorstandsmitglieds sowie das Recht zur Ernennung eines Vorstandsvorsitzenden und zum Widerruf der Ernennung nur vom Plenum ausgeübt werden. Das Verbot einer Ausschussübertragung gilt aber nicht für die Gestaltung des schuldrechtlichen Verhältnisses, mit Ausnahme der Festsetzung der Gesamtbezüge eines Vorstandsmitglieds (Siehe § 107 Abs. 3).

505 **b) Festlegung von Zustimmungsvorbehalten.** Der Aufsichtsrat ist nach § 111 Abs. 4 S. 2 AktG berechtigt, Maßnahmen der Geschäftsführung von seiner Zustimmung abhängig zu machen. Dieses **Recht** ist **unentziehbar,** es besteht auch, wenn bereits die Satzung Zustimmungsvorbehalte festgelegt hat. Zustimmungsvorbehalte können nur vom Plenum des Aufsichtsrats und nicht von einem Ausschuss festgelegt, erweitert oder vermindert werden (§ 107 Abs. 3 S. 2). Aus diesem Recht wird eine Verpflichtung, wenn nicht schon die Satzung Zustimmungsvorbehalte festgelegt hat. Das Gesetz sieht seit Inkrafttreten des TransPuG[694] verpflichtend vor, dass der Aufsichtsrat bestimmte Arten von Geschäften festzulegen hat, die vom Vorstand nur mit Zustimmung des Aufsichtsrats vorgenommen werden dürfen.

506 **c) Maßnahmen im Zusammenhang mit der Ausübung eigener Kompetenzen.** Der Aufsichtsrat ist zu Geschäftsführungsmaßnahmen berechtigt, wenn sie Voraussetzung oder Folge seiner Amtsführung sind.[695] Dazu gehören beispielsweise:

---

[690] Vgl. BGHZ 135, 244 = AG 1997, 377 (379) – ARAG/GARMENBECK; *Bezzenberger/Keul,* FS Schwark, 2009, 121 (132 f.).
[691] Vgl. *Grooterhorst* NZG 2011, 921 (923); *Säcker/Rehm* DB 2008, 2814 (2817); *Bezzenberger/Keul,* FS Schwark, 2009, 121 (133).
[692] *Leyendecker-Langner* NZG 2012, 721 (722).
[693] So *Leyendecker-Langner* NZG 2012, 721 (723 f.).
[694] Ges. v. 19.7.2002, BGBl. 2002 I S. 2681. Vgl. hierzu MüKoAktG/*Spindler* Vor § 76 Rn. 30 und *Lieder* DB 2004, 2251 (2252 ff.).
[695] Vgl. *Gaul/Otto* AuA 2000, 312 (313).

- Miete von Räumen für Sitzungen und Besprechungen;
- Bestellung von Mahlzeiten anlässlich von Sitzungen oder Besprechungen;
- Einsatz von Transportmitteln anlässlich von Sitzungen oder Besprechungen;
- Nutzung von sachlichen und personellen Ressourcen zur Vorbereitung und Durchführung der Arbeit des Aufsichtsrats;
- Abschluss von Verträgen mit Sachverständigen und anderen Hilfskräften des Aufsichtsrats;
- Verpflichtung eines Personalberaters für die Suche nach einem Vorstandsmitglied
- Reisekostenerstattung an Bewerber für eine Vorstandsbestellung.

Wenn der Aufsichtsrat zu Geschäftsführungsmaßnahmen berechtigt ist, hat er regelmäßig auch die Befugnis, die **Gesellschaft zu verpflichten** und beim Abschluss des Geschäfts zu vertreten. Zwar kann er auch den Weg über den Vorstand wählen. Dann muss der Vorstand die vom Aufsichtsrat beschlossene Handlung für die Gesellschaft vollziehen. Aber der Aufsichtsrat kann die Maßnahme auch selbst durchführen. Er handelt dann unmittelbar für die Gesellschaft. Diese muss die von ihm eingegangenen Verpflichtungen erfüllen. 507

d) Änderung der Satzungsfassung. Nach Ermächtigung durch die Hauptversammlung darf der Aufsichtsrat **Änderungen der Satzung** vornehmen, wenn sie nur die Fassung betreffen.[696] 508

e) Sonderkompetenzen im Bereich der Mitbestimmung. Zur Vermeidung einer „doppelten Mitbestimmung" sind bestimmte Geschäftsführungsmaßnahmen gegenüber mitbestimmten Beteiligungsgesellschaften, an denen die Gesellschaft mit mindestens 25 % beteiligt ist, **nur auf Grund eines Aufsichtsratsbeschlusses** zulässig (§ 32 MitbestG). Der Aufsichtsrat entscheidet über die Ausübung der Rechte allein mit den Stimmen der Anteilseigner. Die Arbeitnehmer sind vom Stimmrecht ausgeschlossen.[697] 509

f) Abgabe der Entsprechenserklärung. Vorstand und Aufsichtsrat einer börsennotierten AG sind gesetzlich verpflichtet, **jährlich zu erklären,** ob sie den Empfehlungen des Deutschen Corporate Governance Kodex (DCGK) entsprochen haben und entsprechen werden oder welche Empfehlungen nicht befolgt wurden und warum.[698] Die Erklärung ist dauerhaft zugänglich zu machen.[699] 510

Der **Aufsichtsrat entscheidet eigenständig,** ob er den sich auf den Aufsichtsrat beziehenden Empfehlungen folgt oder nicht.[700] Diese Eigenständigkeit bezieht sich auf die Entscheidung des Aufsichtsrats als Organ, inwieweit der Aufsichtsrat den ihn betreffenden Empfehlungen des DCGK entsprechen will. Hiervon zu unterscheiden ist die Frage, ob die Erklärungen des Vorstands und des Aufsichtsrats hinsichtlich der Anwendung von Empfehlungen des DCGK, die beide Organe betreffen, inhaltlich divergieren können.[701] Diese Frage ist zu verneinen. Wenn Vorstand und Aufsichtsrat hinsichtlich der Anwendung einer beide Organe betreffenden Empfehlung des DCGK unterschiedlicher Ansicht sind, bleibt nur die Möglichkeit, eine gemeinsame „no-comply" Erklärung zu dieser Empfehlung abzugeben.[702] Die Abgabe unterschiedlicher Erklärungen beider Organe zu dieser Empfehlung würde nur unnötige Verwirrung stiften und den Zweck des § 161 verfehlen.[703] Diese Verpflichtung zur Abgabe einer inhaltlich übereinstimmenden Erklärung bedeutet allerdings nicht, dass zwingend beide Erklärungen in einer gemeinsamen Verlautbarung verlautbart werden müssen. 511

---

[696] § 179 Abs. 1 S. 2; vgl. *Lutter/Krieger/Verse* Rn. 507.
[697] *Lutter/Krieger/Verse* Rn. 497.
[698] § 161 S. 1; vgl. → Rn. 18. Siehe auch *J. Semler/Wagner* NZG 2003, 553 ff.
[699] Zur Berichtigungs- und Aktualisierungspflicht vgl. *J. Semler/Wagner* NZG 2003, 553 (554).
[700] MüKoAktG/*Goette* § 161 Rn. 66.
[701] Befürwortend: *Lutter/Krieger/Verse* Rn. 493; MüKoAktG/*Semler*, 2. Aufl. 2004, Rn. 384, vgl. auch *Semler/Wagner* NZG 2003, 553 ff.
[702] MüKoAktG/*Goette* § 161 Rn. 71.
[703] MüKoAktG/*Goette* § 161 Rn. 70.

512 Der Aufsichtsrat entscheidet mit einfacher Mehrheit durch Beschluss, ob er eine Entsprechenserklärung abgeben will. Hinsichtlich der Reichweite der Entsprechenserklärung ist die Zustimmung jedes einzelnen Aufsichtsratsmitgliedes erforderlich, soweit es sich um Empfehlungen handelt, welche das Aufsichtsratsmitglied individuell betreffen.[704]

513 Der Aufsichtsrat hat dafür zu sorgen, dass seine Entscheidung ordnungsmäßig bekannt gemacht wird.

514 **4. Entscheidungs- und Mitentscheidungskompetenzen des Aufsichtsrats.** In einigen Fällen liegt zwar die Geschäftsführungsbefugnis beim Vorstand, kann aber nur zusammen mit dem Aufsichtsrat ausgeübt werden. Der Aufsichtsrat ist zur **Mitentscheidung** berufen.[705] Er hat zwar nicht immer auch ein Initiativrecht für die zu entscheidenden Maßnahmen, ist aber bei seiner Mitwirkung nur dem Gebot der Sorgfaltspflicht unterworfen. Er ist nicht darauf beschränkt, das Ermessen des Vorstands zu überprüfen, sondern befugt, eigenes Ermessen auszuüben.

515 **a) Billigung des Jahresabschlusses.** Der Aufsichtsrat muss den vom Vorstand aufgestellten Jahresabschluss mit Hilfe des Prüfungsberichts des Abschlussprüfers auch **selbst prüfen.** Er muss entscheiden, ob er die Ansatz- und Bewertungswahlrechte ebenso ausüben will wie der Vorstand. Dabei muss er seine eigene Einschätzung der Lage des Unternehmens und seiner Entwicklungsmöglichkeiten eigenverantwortlich zugrunde legen. Er muss entstehende Fragen mit dem Abschlussprüfer erörtern und klären. Der Abschlussprüfer hat an den Verhandlungen über den Jahresabschluss teilzunehmen (§ 171 Abs. 1 S. 2).

516 **Ziff. 7.2.4 DCGK** fasst die Regelung des § 171 Abs. 1 S. 2 zusammen und betont die Teilnahmepflicht und die Berichtspflicht des Abschlussprüfers:

„Der Abschlussprüfer nimmt an den Beratungen des Aufsichtsrats über den Jahres- und Konzernabschluss teil und berichtet über die wesentlichen Ergebnisse seiner Prüfung."

517 An die Entscheidungen des Vorstands ist der Aufsichtsrat **nicht gebunden.** Er kann von solchen Vorstandsentscheidungen abweichen, auch wenn er in Fragen der Zweckmäßigkeit oder der Wirtschaftlichkeit anderer Ansicht ist als der Vorstand. Er trägt ebenso wie der Vorstand die volle Verantwortung für alle im Zusammenhang mit der Aufstellung des Jahresabschlusses getroffenen Entscheidungen.[706] Ein vorangehendes Handeln des Vorstands entlastet ihn nicht. Wenn Vorstand und Aufsichtsrat sich nicht über die Bilanzierung einigen, ein eher seltener Fall, beschließt die Hauptversammlung (§ 173 Abs. 1).

518 Der Aufsichtsrat hat nicht nur den Jahresabschluss und den Lagebericht[707] der Obergesellschaft, sondern auch den **Konzernabschluss und den Konzernlagebericht** zu prüfen (§ 171 Abs. 1 S. 1). Für die Durchführung seiner Prüfung gelten die für die Prüfung des Abschlusses der Obergesellschaft festgestellten Grundsätze sinngemäß. Das Prüfungsergebnis muss in den Aufsichtsratsbericht an die Hauptversammlung aufgenommen werden (§ 171 Abs. 2).

519 Mit **Abschluss der Prüfung** des Konzernabschlusses und des Konzernlageberichts sind diese endgültig, auch ohne dass rechtlich eine besondere „Feststellung" (§ 172) erfolgt.

520 **b) Entscheidung über zustimmungspflichtige Geschäfte.** Soweit die Satzung oder der Aufsichtsrat für bestimmte Arten von Maßnahmen oder – ausnahmsweise – für eine einzelne Maßnahme einen Zustimmungsvorbehalt festgelegt haben, muss der Aufsichtsrat bei Vorlage der beabsichtigten Maßnahme durch den Vorstand prüfen und entscheiden, ob **die beabsichtigte Maßnahme durchgeführt** werden soll. Die Aufgabe des Aufsichtsrats besteht nicht wie sonst darin, nur die Ordnungsmäßigkeit und die Rechtmäßigkeit der

---

[704] MüKoAktG/*Goette* § 161 Rn. 68.
[705] Dazu auch *Schreyögg* AG 1983, 278.
[706] Vgl. dazu *Lutter/Krieger/Verse* Rn. 485; *Forster*, FS Kropff, 1977, 73; *Forster* AG 1995, 1; *Forster* Wpg 1998, 41.
[707] Vgl. hierzu BGH AG 2008, 83 (86).

beabsichtigten Maßnahme zu prüfen und die Ermessensausübung bei der Beurteilung der Zweckmäßigkeit und der Wirtschaftlichkeit zu beurteilen, sondern mit der gebotenen Sorgfalt darüber hinaus eine eigene unternehmerische Entscheidung zu treffen.[708]

c) Grundsätze beabsichtigter Geschäftspolitik. Der Vorstand hat dem Aufsichtsrat **521** auch die Grundsätze der beabsichtigten Geschäftspolitik mitzuteilen.[709] Diese Grundsätze sind die **Leitschnur des unternehmerischen Handelns.** An ihnen richtet sich die Leitung der Gesellschaft in der Gestaltung der Geschäftspolitik im Einzelnen aus. Sie bezeichnen das unternehmerische Ziel und kennzeichnen die Strategie, mit der dieses Ziel erreicht werden soll.

Im Allgemeinen ist der Aufsichtsrat nicht gehalten, sich die Grundsätze des vom Vorstand **522** geplanten und umgesetzten wirtschaftlichen Handelns zu eigen zu machen. Er darf den Vorstand ruhig eigene Wege gehen und Maßnahmen ergreifen lassen, die er selbst nicht gehen würde, solange sich der Vorstand in den Grenzen zulässigen unternehmerischen Ermessens bewegt. Darf sich der Aufsichtsrat auch dann mit einer solchen **Ermessenskontrolle** begnügen, wenn er das **Ziel oder die strategischen Wege zum Ziel für falsch hält?** Doch wohl nicht. Wenn die Verwaltung der Gesellschaft funktionieren soll, müssen Vorstand und Aufsichtsrat sich im langfristigen unternehmerischen Ziel und in den strategischen Vorstellungen über die Zielerreichung einig sein.[710] Sonst kann diese gemeinsame Verwaltung nicht funktionieren. Es ist nicht möglich, dass der Aufsichtsrat bei seiner Überwachung ständig sagt: „Ich halte zwar das vom Vorstand angestrebte Ziel für falsch und die zur Zielerreichung eingesetzten Strategien für unrichtig, da sie aber vertretbar sind, begnüge ich mich mit guten Ratschlägen. Der Vorstand folgt diesen zwar nicht, aber ich habe keinen Grund zum Einschreiten. Darum begnüge ich mich mit einer Überwachung von Einzelmaßnahmen zur Durchführung einer grundsätzlich für falsch gehaltenen Geschäftspolitik."

Vorstand und Aufsichtsrat müssen sich **im langfristigen unternehmerischen Ziel und 523 in der strategischen Geschäftspolitik einig** sein.[711] Demgemäß legt **Ziff. 3.2 DCGK** dar, dass der Vorstand die strategische Ausrichtung des Unternehmens mit dem Aufsichtsrat abstimmt und mit ihm in regelmäßigen Abständen den Stand der Strategieumsetzung erörtert. Zur stategischen Ausrichtung zählen insbesondere unternehmerische Grundentscheidungen, wie die Eröffnung neuer oder die Aufgabe bestehender Geschäftsfelder.[712] Der Aufsichtsrat ist zwar nicht berufen, die Politik selbst zu entwickeln. Die Initiative liegt allein beim Vorstand.[713] Aber der Aufsichtsrat muss in diesen grundlegenden unternehmerischen Fragen mitentscheiden. Der Vorstand benötigt das Einverständnis des Aufsichtsrats. Wenn dies nicht erreichbar ist, dann werden regelmäßig personelle Konsequenzen notwendig sein. Der Aufsichtsrat muss entweder einen anderen Vorstand einsetzen oder selbst zurücktreten.

II. Bindung des Vorstands an die Zustimmung des Aufsichtsrats

Zustimmungsvorbehalte sind das rechtliche Mittel, um das Verhalten des Vorstands bei **524** bestimmten Maßnahmen und in besonderen Einzelfällen **vom Willen des Aufsichtsrats abhängig** zu machen. Damit wird die Geschäftsführungszuständigkeit nicht auf den Aufsichtsrat übertragen, sie bleibt auch bei Maßnahmen, die der Zustimmung des Aufsichtsrats

---

[708] Großkomm AktG/*Hopt*/*Roth* Anm. 667 und Anm. 671 f.; hierzu notwendig ist eine umfassende Information des Aufsichtsrats durch den Vorstand. Für eine Obliegenheit für den Vorstand, den Aufsichtsrat umfassend zu unterrichten *Büdenbender* JA 1999, 813 (814); vgl. auch *Gaul*/*Otto* AuA 2000, 312 ff.
[709] Vgl. Ziff. 4.1.2 DCGK: „Der Vorstand entwickelt die strategische Ausrichtung des Unternehmens, stimmt sie mit dem Aufsichtsrat ab und sorgt für ihre Umsetzung."
[710] Vgl. *Deckert* JuS 1999, 736 (738).
[711] RKLW/*Lutter* Rn. 331; *J. Semler* ZGR 1983, 1 (23 ff.). Wohl aA Kölner Komm AktG/*Mertens*/*Cahn* Rn. 14, der in einem unternehmerischen Dissens zwischen Vorstand und Aufsichtsrat keinen wichtigen Grund zur Abberufung des Vorstands sieht, wenn dieser sich im Rahmen seines unternehmerischen Ermessens hält.
[712] RKLW/*Lutter* Rn. 330.
[713] RKLW/*Lutter* Rn. 331.

unterliegen, beim Vorstand. Nur dieser kann ein solches Geschäft initiieren. Der Aufsichtsrat erhält durch den Zustimmungsvorbehalt weder eine eigene Initiativbefugnis noch ein Weisungsrecht.[714] Der Zustimmungsvorbehalt soll lediglich die Wirksamkeit der Überwachung durch den Aufsichtsrat gewährleisten.[715]

525 **1. Zulässigkeit und Zulässigkeitsgrenzen.** Mit einem Zustimmungsvorbehalt wird die eigenverantwortliche Leitung der Gesellschaft durch den Vorstand (§ 76 Abs. 1) eingeschränkt. Dies hat der Gesetzgeber bewusst dadurch bewirkt, dass er die Notwendigkeit solcher Vorbehalte verpflichtend festgelegt hat.[716] Dem Aufsichtsrat steht somit hinsichtlich der Frage, ob Zustimmungsvorbehalte festgelegt werden sollen, kein Ermessen zu.[717] Hingegen hat der Gesetzgeber auf inhaltliche Vorgaben verzichtet[718] und die Ausgestaltung der Zustimmungsvorbehalte in das Ermessen des Aufsichtsrats gestellt.[719] Die Verpflichtung zur Festlegung von Zustimmungsvorbehalten geht auf den Bericht der Regierungskommission Corporate Governance zurück.[720] Aber der Gesetzgeber hat das Gebot der eigenverantwortlichen Leitung der Gesellschaft durch den Vorstand nicht aufgehoben. Deswegen dürfen Zustimmungsvorbehalte **die Leitungsverantwortung des Vorstands nicht aushöhlen.**[721] Es würde die eigenverantwortliche Leitungsaufgabe des Vorstands unzulässig beeinträchtigen.

526 Ein Zustimmungsvorbehalt kann nicht nur für nach außen wirkende Geschäfte,[722] sondern **auch für interne Leitungsmaßnahmen** festgelegt werden.[723] So können auch Einzelentscheidungen der **Unternehmensplanung** einem Zustimmungsvorbehalt unterworfen werden.[724] Auch für das Jahresbudget kann ein Zustimmungsvorbehalt festgelegt werden.[725] Streitig ist, ob die alleinige Geschäftsführungszuständigkeit des Vorstands auch für die Mehrjahresplanung durch einen Zustimmungsvorbehalt eingeschränkt werden darf.[726] Die Frage ist zu bejahen. Gerade die zukünftige Geschäftspolitik bestimmt entscheidend das Schicksal des Unternehmens. Dem trägt die Neufassung der Berichtspflichten durch das KonTraG und das TransPuG Rechnung (§ 90 Abs. 1 Nr. 1). Diese Berichtspflicht begründet eine entsprechende Überwachungspflicht des Aufsichtsrats. Sie soll nicht nur eine rechtlich irrelevante Neugier befriedigen. Wenn die Überwachung aber die zukünftige Geschäftspolitik umfasst, müssen dem Aufsichtsrat auch die Eingriffsmöglichkeiten des Gesetzes zur Verfügung stehen.[727] Vorstand und Aufsichtsrat müssen sich über die Grundsätze der künftigen Geschäftspolitik einig sein. Die Überwachungsaufgabe kann nicht sinnvoll ausgeübt werden, wenn über das wichtigste Ziel der Geschäftspolitik keine Einigkeit besteht.[728]

---

[714] Vgl. auch *Säcker/Rehm* DB 2008, 2814.
[715] *Semler,* FS Doralt, 2004, 609 (616).
[716] Abs. 4 S. 2 idF des TransPuG vom 19.7.2002, BGBl. 2002 I S. 2681. Früher war im Gesetz nur die Zulässigkeit von Zustimmungsvorbehalten vorgesehen. Vgl. hierzu *Semler,* FS Doralt, 2004, 609 (615).
[717] *Säcker/Rehm* DB 2008, 2814 (2815).
[718] *Säcker/Rehm* DB 2008, 2814 (2816).
[719] Vgl. *Habersack* ZHR 178 (2014), 131 (139).
[720] Vgl. *Baums* Rn. 35. Siehe auch RKLW/*Lutter* Rn. 336.
[721] MüKoAktG/*Habersack* Rn. 106; *Habersack,* FS Hüffer, 2010, 259 (264); *Fleischer* BB 2013, 835; *Lieder* DB 2004, 2251 (2254); zu dem daraus resultierenden Zielkonflikt vgl. *Thiessen* AG 2013, 573 (578).
[722] Hierzu *Habersack,* FS Hüffer, 2010, 259 (267).
[723] *Lutter/Krieger/Verse* Rn. 120; *Lange* DStR 2003, 376; teilweise aA Kölner Komm AktG/*Mertens/Cahn* Rn. 89.
[724] *Hüffer/Koch* Rn. 41; *Kropff* NZG 1998, 613; *Habersack,* FS Hüffer, 2010, 259 (268 ff.); zur Pflicht des Aufsichtsrats *Feddersen* ZGR 1993, 114 (117); *J. Semler* ZGR 1983, 1 (20 f.); teilweise aA *v. Rechenberg* BB 1990, 1356.
[725] *Hüffer/Koch* Rn. 41; Kölner Komm AktG/*Mertens/Cahn* Rn. 86; *J. Semler* ZGR 1983, 1 (23).
[726] Zustimmend *Albach* ZGR 1997, 32 (36 f.); *Kropff* NZG 1998, 613 (615 f.); *Lutter* AG 1991, 249 (254).
[727] Wie hier *Kropff* NZG 1998, 613 (616); *Lutter* AG 1991, 249 (254); *Lutter/Krieger/Verse* Rn. 122; *J. Semler* ZGR 1983, 1 (23 ff.); teilweise aA *Hüffer/Koch* Rn. 41; Kölner Komm AktG/*Mertens/Cahn* Rn. 86.
[728] Vgl. *J. Semler* ZGR 1983, 1.

Einem Zustimmungsvorbehalt können **bestimmte Arten von Geschäften** unterworfen 527 werden. Grundsätzlich ist der Zustimmungsvorbehalt nicht für Einzelgeschäfte geschaffen. Aber es gibt Ausnahmen, dazu Näheres unten (→ Rn. 531). Die dem Zustimmungsvorbehalt unterworfenen Geschäfte müssen eindeutig bestimmt sein, unbestimmte Zustimmungsvorbehalte sind unzulässig.[729] Wenn die Satzung oder der Aufsichtsrat sich nicht klar äußern, besteht kein wirksamer Zustimmungsvorbehalt. Es darf keinen Zweifel darüber geben, ob der Vorstand allein handeln darf oder ob er den Aufsichtsrat um Zustimmung bitten muss. Die Einschränkung der Geschäftsführung durch Zustimmungsvorbehalte ist viel zu bedeutungsvoll als dass durch unklare Formulierungen Unsicherheiten in Kauf genommen werden dürften. Wenn ein Zustimmungsvorbehalt nicht klar formuliert ist, bleibt die uneingeschränkte Geschäftsführungszuständigkeit des Vorstands als Grundmodell der Geschäftsführungszuständigkeit erhalten.

Nur **bedeutsame und der Art nach bestimmte Geschäfte** dürfen einem Zustim- 528 mungsvorbehalt unterworfen werden.[730] Im Bereich der Tagesgeschäfte hat der Aufsichtsrat nichts zu suchen. Die Geschäfte müssen ihrer Art wegen für das Unternehmen[731] bedeutsam sein, sie müssen aber auch wegen ihres Umfangs oder wegen sicherer oder möglicher Folgen besondere Bedeutung für das Unternehmen haben.[732] Zu unbestimmt und damit unzulässig wäre es, „alle außergewöhnlichen Geschäfte" oder alle „wichtigen Geschäfte" der Zustimmung zu unterwerfen.[733] Weder „außergewöhnliche Geschäfte" noch „wichtige Geschäfte" bilden eine bestimmte Art.[734] Bei der Beurteilung, welche Geschäfte als bedeutsam für das Unternehmen einzustufen sind, kommt dem Aufsichtsrat ein eigenes Ermessen zu.[735] Eine typische Fallgruppe bedeutsamer Geschäfte, die regelmäßig einem Zustimmungsvorbehalt unterliegen, stellen M&A Transaktionen dar.[736]

Der Zustimmungsvorbehalt kann so festgelegt werden, dass dem Vorbehalt nur **Geschäf-** 529 **te** einer bestimmten Art unterfallen, die ein **festgelegtes Ausmaß** überschreiten.[737] Die Grenze kann beweglich gestaltet werden. Es kann festgelegt werden, dass die Ausmaße des zustimmungspflichtigen Geschäfts jeweils vom Aufsichtsrat festgelegt werden. Wenn der Aufsichtsrat Geschäfte überhaupt seiner Zustimmung unterwerfen kann, dann darf er auch bewegliche Grenzen festlegen, die er von Zeit zu Zeit neu bemisst. Entsprechend kann auch bei Satzungsbestimmungen verfahren werden. Die Satzung kann bestimmen, dass bestimmte Arten von Geschäften zustimmungspflichtig sein sollen, wenn sie eine vom Aufsichtsrat festgelegte Grenze überschreiten. Der Aufsichtsrat ist in einem solchen Fall gehalten, die Grenze festzulegen. Er kann seine Bestimmung jederzeit ändern. Die Festlegung bedarf eines Plenarbeschlusses, da es sich nicht um die Zustimmung, sondern um die Festlegung der Zustimmungsbedürftigkeit handelt (§ 107 Abs. 3 S. 2. Vgl. § 107 rn. 356).

2. Festlegung des Vorbehalts. Das Gesetz kennt mehrere Möglichkeiten, einen Zu- 530 stimmungsvorbehalt festzulegen.[738]

a) Satzungsbestimmung[739]. Die Satzung der Gesellschaft kann Zustimmungsvorbehalte 531 vorsehen. Dies gilt sowohl für die **Ursprungssatzung** als auch für **spätere Einfügungen** durch Satzungsänderung. Diese erfolgen durch Hauptversammlungsbeschluss mit einer

---

[729] Hierzu *Altmeppen,* FS K.Schmidt, 2009, 23 (24).
[730] Vgl. *Altmeppen,* FS K.Schmidt, 2009, 23 (29 f.); *Fonk* ZGR 2006, 841 (846 f.); *Lieder* DB 2004, 2251 (2252).
[731] Hierauf weist *Semler,* FS Doralt, 2004, 609 (617) zu Recht hin.
[732] *Bernhardt* ZHR 159 (1995), 310 (313); *Fonk* ZGR 2006, 841 (846), zu den Kriterien für Zustimmungstatbestände siehe *Fleischer* BB 2013, 835 (840 f.) und *Säcker/Rehm* DB 2008, 2814 (2816 f.).
[733] Großkomm AktG/*Hopt/Roth* Anm. 643; Kölner Komm AktG/*Mertens/Cahn* Rn. 85; *Lange* DStR 2003, 376 (379); *Seebacher* AG 2012, 70 (71).
[734] *Semler,* FS Doralt, 2004, 609 (617).
[735] *Habersack,* FS Hüffer, 2010, 259 (265 f.).
[736] Hierzu ausführlich *J.Hüffer,* FS Hüffer, 2010, 365.
[737] *Hommelhoff,* FS Werner, 1984, 315 (318 ff.).
[738] § 107 Abs. 3 S. 2; vgl. dazu *Hölters* BB 1978, 640.
[739] Eine Übersicht über in der Kautelarpraxis übliche Klauseln gibt *Fleischer* BB 2013, 835.

Mehrheit von drei Vierteln des bei der Beschlussfassung vertretenen Grundkapitals, sofern die Satzung keine andere Kapitalmehrheit vorsieht.[740] Sieht die Satzung einen Zustimmungsvorbehalt vor, kann dieser auch nur von der Hauptversammlung wieder aufgehoben werden. Ein satzungsdurchbrechender Aufsichtsratbeschluss des Inhalts, das Geschäft sei nicht zustimmungspflichtig, wäre unwirksam.[741] Ebensowenig kann der Aufsichtsrat einen von der Satzung festgelegten Zustimmungsvorbehalt durch eine pauschale Zustimmung unterlaufen.[742]

532 **b) Aufsichtsratsbeschluss.** Zustimmungsvorbehalte können auch vom Aufsichtsrat festgelegt werden (Abs. 4 S. 2). Dieses Recht ist unentziehbar,[743] da Zustimmungsvorbehalte ein **wesentliches Instrument der Überwachung** durch den Aufsichtsrat bilden. Es entfällt auch nicht dadurch, dass die Satzung bereits Zustimmungsvorbehalte enthält.[744] Die Satzung kann die Festlegung von Zustimmungsvorbehalten nicht erschweren, insbes. keine qualifizierte Mehrheit im Aufsichtsrat vorschreiben.[745] Der Aufsichtsrat kann weitere Vorbehalte beschließen, nicht aber durch die Satzung geschaffene Vorbehalte aus eigener Machtvollkommenheit beseitigen. Ein Beschluss, der einen Zustimmungsvorbehalt schafft, kann nur vom Plenum, nicht von einem Ausschuss des Aufsichtsrats gefasst werden.[746] Zustimmungsvorbehalte, die vom Aufsichtsrat festgelegt worden sind, können vom Plenum des Aufsichtsrats auch wieder aufgehoben werden.[747]

533 **aa) Durch Geschäftsordnung.** Der Aufsichtsrat kann die von ihm gewünschten Zustimmungsvorbehalte in eine Geschäftsordnung aufnehmen. Man findet entsprechende Regelungen sowohl in **Geschäftsordnungen** für den **Vorstand** als auch in solchen für den **Aufsichtsrat**. Da die Zustimmungsvorbehalte die Geschäftsführung des Vorstands betreffen, sollten sie in die Geschäftsordnung des Vorstands aufgenommen werden. Die Geschäftsordnung des Aufsichtsrats regelt die Geschäfte des Aufsichtsrats, sie wendet sich vor allem an die Aufsichtsratsmitglieder.

534 Zustimmungsvorbehalte können auf Anregung oder doch im Einvernehmen mit dem Aufsichtsrat in eine vom Vorstand einstimmig beschlossene oder in eine vom Aufsichtsrat verabschiedete **Geschäftsordnung für den Vorstand** (§ 77 Abs. 2) aufgenommen werden. Die Geschäftsordnung kann zugleich Bestimmungen zum Verfahren für die Einholung der Zustimmung festlegen. Es empfiehlt sich, für den Antrag auf Zustimmung zu einem Geschäft die Textform (§ 126b BGB) vorzusehen.

535 Das Gesetz regelt die **Geschäftsordnung für den Aufsichtsrat** nicht. Es geht aber davon aus, dass es eine Geschäftsordnung geben kann, weil es die Mitglieder des Vorstands verpflichtet, Beschränkungen aus der Geschäftsordnung für den Aufsichtsrat einzuhalten (§ 82 Abs. 2). Ziff. 5.1.3 DCGK empfiehlt, dass sich der Aufsichtsrat eine Geschäftsordnung geben soll. Bestimmungen über Zustimmungsvorbehalte in der Geschäftsordnung des Aufsichtsrats werden vom Gesamtaufsichtsrat mit einfacher Mehrheit festgelegt. Entsprechendes gilt für die Ausfüllung von Rahmenbestimmungen, die in der Satzung oder einer Geschäftsordnung enthalten sind.

536 **bb) Durch gesonderten Aufsichtsratsbeschluss.** Zustimmungsvorbehalte für bestimmte Arten von Geschäften können auch durch einen Aufsichtsratsbeschluss festgelegt werden. Sie sind voll wirksam. Allerdings hat diese Art der Festlegung den Nachteil, dass die

---

[740] § 179 Abs. 2. Ausführlich zur Einführung von Zustimmungsvorbehalten durch die Hauptversammlung, *Bergau* AG 2006, 769.
[741] *Semler,* FS Doralt, 2004, 609 (618).
[742] *Semler,* FS Doralt, 2004, 609 (618).
[743] *Seebacher* AG 2012, 70 (71).
[744] MHdB AG/*Hoffmann-Becking* § 29 Rn. 40; Hüffer/*Koch* Rn. 38; Lutter/Krieger/Verse Rn. 114; *Götz* ZGR 1990, 633 (634) mwN; *Immenga* ZGR 1977, 249 (261 ff.).
[745] Vgl. Kölner Komm AktG/*Mertens/Cahn* Rn. 81.
[746] § 107 Abs. 3 S. 2; *J.Hüffer,* FS Hüffer, 2010, 365 (366).
[747] Vgl. *Semler,* FS Doralt, 2004, 609 (618).

Zustimmungsvorbehalte im Laufe der Zeit **in Vergessenheit geraten** können, insbesondere wenn die personelle Zusammensetzung des Aufsichtsrats wechselt. Wenn sie vom Aufsichtsrat nicht durchgesetzt werden (weil sie bspw. in Vergessenheit geraten sind) und der Gesellschaft daraus ein Schaden entsteht, kann eine Schadensersatzverpflichtung der Aufsichtsratsmitglieder wegen Sorgfaltspflichtverletzung in Betracht kommen (§ 116, 93 Abs. 2).

cc) Durch Ad hoc-Beschluss des Aufsichtsrats. Wenn der Vorstand die Durchführung eines Geschäfts beabsichtigt, das nach Auffassung des Aufsichtsrats nicht mit der Sorgfalt eines ordentlichen Vorstandsmitglieds in Einklang steht, muss er das Geschäft verhindern.[748] Jedenfalls gilt dies dann, wenn die **Grundsätze der Ordnungsmäßigkeit und der Rechtmäßigkeit** für die Geschäftsführung des Vorstands verletzt sind.[749] Der Aufsichtsrat darf nicht untätig zusehen, wenn der Vorstand ein Geschäft abschließen will, das zB gegen die Bestimmungen des Außenwirtschaftsgesetzes oder des Wettbewerbsgesetzes verstößt. Dies gilt auch dann, wenn der Vorstand die Grenzen zulässigen unternehmerischen Ermessens bei der **Beurteilung der Zweckmäßigkeit oder der Wirtschaftlichkeit** nicht beachtet. So darf der Aufsichtsrat zB nicht tatenlos zusehen, wenn der Vorstand ein Geschäft machen will, das mit so hohen Risiken verbunden ist, dass bei Misslingen des Geschäfts die Existenz des Unternehmens gefährdet ist.[750] In diesen Fällen reduziert sich das Ermessen des Aufsichtsrats zum Erlass von Zustimmungsvorbehalten auf Null.[751]

In derartigen Fällen kann der Aufsichtsrat einen **Zustimmungsvorbehalt** beschließen und sogleich bestimmen, dass die notwendige **Zustimmung verweigert** wird. Es wäre übertriebener Formalismus, wenn man in einem derartigen Fall fordern würde, dass der Aufsichtsrat in seiner Sitzung zunächst nur den Zustimmungsvorbehalt beschließt, eine neue Sitzung vereinbart und in dieser nunmehr die vom Vorstand beantragte Zustimmung verweigert. Sicher ist richtig, dass sich der Aufsichtsrat mit einem solchen Verfahren das Recht zum Verbot von Maßnahmen der Geschäftsführung nimmt. Aber wenn es notwendig ist, schweren Schaden von der Gesellschaft abzuwenden, muss er die Geschäftsführungsautonomie des Vorstands in dieser Weise durchbrechen.

3. Verpflichtung zur Anordnung von Zustimmungsvorbehalten. Seit Inkrafttreten des TransPuG ergeben sich Notwendigkeiten zur Anordnung von Zustimmungsvorbehalten sowohl **aus dem Gesetz** als auch **aus der Sorgfaltspflicht** des Aufsichtsrats.[752]

Die Regierungskommission Corporate Governance hatte in ihrem Bericht empfohlen, im **Gesetz** eine Verpflichtung zur Festlegung von Zustimmungsvorbehalten vorzusehen. Dem ist der Gesetzgeber gefolgt. In jeder Gesellschaft müssen nunmehr bestimmte Arten von Geschäften festgelegt werden, die einer Zustimmung des Aufsichtsrats unterliegen. Dabei lässt das Gesetz offen, ob die Zustimmungsvorbehalte von der Satzung oder vom Aufsichtsrat festgelegt werden. Formal besteht zwischen den Festlegungsarten keine Rangordnung. Tatsächlich hat der Aufsichtsrat die entscheidende Zuständigkeit. Solange der Satzungsgeber schweigt, obliegt es dem Aufsichtsrat, die gesetzlich vorgeschriebenen Zustimmungsvorbehalte zu bestimmen. Wenn die Satzung in ausreichendem Umfang Zustimmungsvorbehalte festgelegt hat, braucht der Aufsichtsrat die gesetzliche Vorgabe nicht mehr zu beachten. Aber die ihm obliegende Sorgfaltspflicht kann dennoch die Festlegung weiterer Zustimmungsvorbehalte fordern. Gleiches gilt, wenn die Satzungsfestlegungen unzureichend sind. Nimmt der Aufsichtsrat seine Verpflichtung zur Bestimmung angemes-

---

[748] BGHZ 124, 111 (127) = NJW 1994, 520; OLG Stuttgart WM 1979, 1296 (1300); *Lutter/Krieger/Verse* Rn. 117; *Lutter*, FS Vieregge, 1995, 603 (612); vgl. auch Kölner Komm AktG/*Mertens/Cahn* Rn. 14; *Berrar* DB 2001, 2181 (2182); *Boujong* AG 1995, 203 (206); *Brandes* WM 1994, 2177 (2183 liSp); *Götz* ZGR 1990, 633 (639); *Dreher* ZHR 158 (1994), 614 (634 f.); *Köstler* WiB 1994, 714 (716); einschränkend *Hoffmann/Preu* Der Aufsichtsrat Rn. 304.
[749] *Habersack*, FS Hüffer, 2010, 259 (266).
[750] BGHZ 124, 111 (127); *Lutter/Krieger/Verse* Rn. 117.
[751] *Habersack*, FS Hüffer, 2010, 259 (266); *Hüffer* NZG 2007, 47 (53).
[752] Abs. 4 S. 2, §§ 116, 93. Vgl. *Dreher* ZHR 158 (1994), 614 (615); *Lange* DStR 2003, 376 (380).

sener Zustimmungsvorbehalte nicht wahr, stellt dies eine Pflichtverletzung dar, die eine Schadensersatzpflicht des Aufsichtsrats auslösen kann.[753] Ob die Entscheidung des Aufsichtsrats Zustimmungsvorbehalte einzuführen der *business judgment rule* unterliegt, ist strittig.[754]

541 Der Gesetzesvorgabe wird nur entsprochen, wenn materiell bedeutsame Geschäftsarten einer Zustimmungspflicht unterworfen werden. Formale Festlegungen wie zB die Ernennung von Prokuristen, Geschäfte mit Grundstücken oder dgl. genügen nicht. Eine Mitwirkung des Aufsichtsrats soll bei Geschäften gesichert werden, die „nach den Planungen oder Erwartungen die Ertragsaussichten oder Risikoexposition des Unternehmens grundlegend verändern."[755]

542 Wenn der Aufsichtsrat erkennt, dass ein vom Vorstand beabsichtigtes und nicht seiner Zustimmung unterliegendes Geschäft für die Gesellschaft einen schweren Schaden zur Folge haben würde, muss der Aufsichtsrat im Hinblick auf seine Sorgfaltspflicht einen Zustimmungsvorbehalt beschließen. Die Aufgabe des Aufsichtsrats besteht auch darin, **schweren Schaden von der Gesellschaft abzuwenden.** Wenn ein solcher droht, der Vorstand den Ratschlägen und Vorhaltungen des Aufsichtsrats nicht folgt und die Verhinderung des Geschäfts durch die Einführung eines Zustimmungsvorbehalts und dessen Verweigerung das einzige Mittel zur Schadensabwendung ist, dann muss er es einsetzen.[756]

543 **4. Ziff. 3.3 DCGK.** Ziff. 3.3 DCGK lautet:

„Für Geschäfte von grundlegender Bedeutung legen die Satzung oder der Aufsichtsrat Zustimmungsvorbehalte zugunsten des Aufsichtsrats fest. Hierzu gehören Entscheidungen oder Maßnahmen, die die Vermögens-, Finanz- oder Ertragslage des Unternehmens grundlegend verändern."[757]

Satz 1 der Kodex Empfehlung wiederholt den Regelungsgehalt von § 111 Abs. 4 S. 2. Ziff. 3.3 S. 2 DCGK gibt eine Auslegungshilfe für den Begriff „Geschäfte von grundlegender Bedeutung". § 111 Abs. 4 S. 2 verwendet demgegenüber die weitere Formulierung „bestimmte Arten von Geschäften". Ein sachlicher Unterschied besteht darin nicht. Bei der Auslegung der gesetzlichen Formulierung ist allgemein anerkannt, dass nur wesentliche, d. h. grundlegende Geschäfte von § 111 Abs. 4 S. 2 erfasst werden.[758] Als Beispiel erwähnt die Kodex Empfehlung Maßnahmen, die sich auf die drei grundlegenden Überwachungsbereiche, Vermögens- Finanz- und Ertragslage, auswirken können.

544 **5. Wirkung des Zustimmungsvorbehalts auf Geschäfte von verbundenen Unternehmen.** In Unternehmensgruppen werden Zustimmungsvorbehalte häufig ausdrücklich so festgelegt, dass sie im ganzen Konzern gelten sollen.[759] In anderen Konzernen geschieht dies nicht, sie werden aber so gehandhabt. Es wird davon auszugehen sein, dass ein Organ, das Zustimmungsvorbehalte von konzernweiter Bedeutung festgelegt hat, regelmäßig solche Geschäfte nicht nur in der Obergesellschaft, sondern **in der ganzen Unternehmensgruppe** von der Zustimmung des Aufsichtsrats abhängig machen möchte.

545 **a) Konzernweite Festlegung.** Wenn die Festlegung des Zustimmungsvorbehalts ausdrücklich für die ganze Unternehmensgruppe erfolgt ist, dann bedeutet dies einmal die Einschränkung der Geschäftsführungsbefugnis in der Obergesellschaft und zum anderen eine **Handlungsanweisung an den Vorstand zur Durchsetzung des Zustimmungs-**

---

[753] *Habersack,* FS Hüffer, 2010, 259 (265).
[754] Verneinend *Habersack* ZHR 178 (2014), 131 (140); bejahend *Rodewig* in Semler/v. Schenck AR-HdB § 8 Rn. 43.
[755] *Baums* Rn. 34.
[756] So auch Kölner Komm AktG/*Mertens/Cahn* Rn. 105 aE, der ansonsten einer Verpflichtung zur Festlegung von Zustimmungsvorbehalten eher zurückhaltend gegenüber steht.
[757] Hierzu weiterführend *Götz* NZG 2002, 599 (602); früher schon *Girgensohn* DB 1980, 337.
[758] Vgl. MüKoAktG/*Habersack* Rn. 106 f.; Kölner Komm AktG/*Mertens/Cahn* Rn. 84.
[759] Vgl. *Lutter* AG 2006, 517 (520); *Lutter,* FS Happ, 2006, 143 (144); *Lutter.,* FS Fischer, 1979, 419; *Lenz* AG 1997, 448, der von einer eher seltenen Konzernfestlegung spricht.

vorbehalts in abhängigen Unternehmen.[760] Diese Durchsetzung wird so erreicht, dass zunächst in den einzelnen abhängigen Gesellschaften entsprechende Zustimmungsvorbehalte in die Satzungen aufgenommen werden. Sie werden zugunsten von Aufsichtsräten eingeführt, wenn die Gesellschaft solche hat, zugunsten von anderen Gremien, wenn solche vorhanden sind, oder zugunsten der jeweiligen Gesellschafterversammlungen.

Im Weiteren werden diejenigen **Personen,** die kraft Stellung in der Obergesellschaft oder kraft Auftrags Mandate **in abhängigen Gesellschaften** wahrzunehmen und über die Zustimmung zu solchen Vorbehalten zu entscheiden haben, verpflichtet, über eine Zustimmung nur zu beschließen, wenn vorab eine entsprechende Entscheidung des Aufsichtsrats der Obergesellschaft herbeigeführt worden ist. Diese Entscheidung ist von den konzernangehörigen Mandatsträgern im abhängigen Unternehmen kraft ihres Dienstverhältnisses zu beachten, wenn über die Zustimmung zu einem unter Zustimmungsvorbehalt stehenden Geschäft entschieden wird. 546

Durch einen solchen Konzernvorbehalt darf allerdings die Verpflichtung zur **eigenverantwortlichen Entscheidung von Aufsichtsratsmitgliedern in Aktiengesellschaften** nicht beeinträchtigt werden. Dem einzelnen Mandatsträger muss ausdrücklich die gesetzlich vorgeschriebene Eigenverantwortlichkeit bestätigt werden, wenn er zur Einhaltung konzernweiter Zustimmungsvorbehalte verpflichtet wird. Ebenso muss sichergestellt werden, dass sich solche Aufsichtsratsmitglieder weiterhin allein vom Unternehmensinteresse des von ihnen überwachten Unternehmens leiten lassen müssen, soweit nicht eine entgegenstehende rechtlich zulässige Einflussnahme des herrschenden Unternehmens erfolgt ist.[761] 547

Die Verpflichtung des Vorstands zur Durchsetzung konzernweiter Zustimmungsvorbehalte steht **nicht im Widerspruch zum Geschäftsführungsverbot** des Aufsichtsrats (Abs. 4 S. 1) oder zum Recht des Vorstands auf eigenverantwortliche Geschäftsführung (§ 76 Abs. 1). Zwar ist die Einführung von Zustimmungsvorbehalten bei Tochtergesellschaften eine Maßnahme der Geschäftsführung des Vorstands der Obergesellschaft. Aber mit der Verpflichtung des Vorstands durch den Aufsichtsrat, Zustimmungsvorbehalte zugunsten des Aufsichtsrats der Obergesellschaft in abhängigen Unternehmen einzuführen, wird nur das im Gesetz ausdrücklich vorgesehene Recht (Abs. 4 S. 2) zu Zustimmungsvorbehalten für den ganzen Umfang der Geschäftsführungszuständigkeit durchgesetzt. 548

b) Konzernweite Geltung durch Auslegung. Auch dann, wenn die Satzung oder der Aufsichtsratsbeschluss nicht ausdrücklich eine konzernweite Geltung vorsieht, kann eine solche bei Vorbehalten mit konzernweiter Bedeutung angenommen werden.[762] Es ist unwahrscheinlich, dass der Satzungsgeber oder der Aufsichtsrat der Obergesellschaft zwar bestimmte Arten von Geschäften in der Obergesellschaft seiner Zustimmung unterwerfen, aber keinen Einfluss auf gleichartige Geschäfte in verbundenen Unternehmen nehmen will. Es besteht eine **tatsächliche Vermutung,** dass in einer Unternehmensgruppe Zustimmungsvorbehalte konzernweit gelten sollen.[763] Dies gilt vor allem dann, wenn entsprechende Maßnahmen einer weitgehend selbstständigen Betriebsabteilung (zB divisionaler Bereich, Sparte) einem Zustimmungsvorbehalt unterliegen.[764] In Zweifelsfällen ist die objektive Auslegung der Bestimmung und ihres Zwecks entscheidend.[765] 549

Ein Zustimmungsvorbehalt gilt in jedem Fall dann, wenn Geschäfte, die in der Obergesellschaft der Zustimmung des Aufsichtsrats bedürfen, absichtlich in den Handlungsbereich einer Tochtergesellschaft verlagert werden, um das Zustimmungserfordernis zu vermeiden. 550

---

[760] *Lutter* AG 2006, 517, 520, *U. H. Schneider,* FS Raiser, 2005, 341 (351).
[761] Eingliederung § 323, Beherrschungsvertrag § 308. Vgl. besonders das Verfahren bei Widerspruch des Aufsichtsrats im abhängigen Unternehmen § 308 Abs. 3.
[762] MHdB AG/*Hoffmann-Becking* § 29 Rn. 45; *Hoffmann-Becking* ZHR 159 (1995), 325 (339 ff.); *Lenz* AG 1997, 448 (452 f.).
[763] Kritisch hierzu *Fonk* ZGR 2006, 841 (853).
[764] *Hüffer/Koch* Rn. 53; Kölner Komm AktG/*Mertens/Cahn* Rn. 96 f.; *Götz* ZGR 1990, 633 (655).
[765] *Hüffer/Koch* Rn. 21; *U. H. Schneider,* FS Raiser, 2005, 341 (352); *U. H. Schneider,* FS Hadding, 2004, 621 (630).

Solche Geschäfte sind wie Geschäfte der Obergesellschaft zu behandeln. Durch die **Verlagerung des zustimmungspflichtigen Geschäfts** kann die Zustimmungspflicht des Aufsichtsrats nicht verhindert werden. Andererseits ersetzt eine Zustimmung des Aufsichtsrats auf Ebene der Obergesellschaft nicht eine erforderliche Zustimmung des Aufsichtsrats des verbundenen Unternehmens.[766]

551 Allerdings kann die Geltung von Zustimmungsvorbehalten in verbundenen Unternehmen nicht für alle Zustimmungsvorbehalte angenommen werden. Vorbehalte, die sich **typischerweise nur** auf die **Obergesellschaft** beziehen sollen, können keine Geltung in verbundenen Unternehmen beanspruchen. So wird zB die Zustimmung zur Bestellung von Prokuristen und zu anderen Personalmaßnahmen vom Aufsichtsrat der Obergesellschaft sicher nicht konzernweit beansprucht werden.[767] Jeder Zustimmungsvorbehalt muss darauf untersucht werden, ob er konzernweit gelten soll. Dies zeigt, dass es zweckmäßig ist, wenn die Satzung und der Aufsichtsrat festlegen, welche Zustimmungsvorbehalte konzernweit gelten sollen. Nur solche Maßnahmen werden im Bereich konzernverbundener Unternehmen durch einen Zustimmungsvorbehalt des herrschenden Unternehmens erfasst, die im Kern der Bedeutung des in der Obergesellschaft benannten Geschäfts entsprechen.[768]

552 Wenn die Satzung Zustimmungsvorbehalte festlegt und eine konzernweite Geltung nicht zu erkennen gibt, kann der Aufsichtsrat diese bestimmen.[769] Damit verstößt der Aufsichtsrat nicht gegen die Satzungsbindung, der er unterliegt. Er lässt den **Satzungsvorbehalt** voll bestehen, **erstreckt** nur seine Geltung auf verbundene Unternehmen. Dazu, ebenso wie zur Festlegung neuer Vorbehalte, ist er durch das Gesetz (Abs. 4 S. 2) berechtigt.

553 **c) Geltungsgrenzen in den einzelnen Verbundarten.** Die Möglichkeit einer konzernweiten Durchsetzung von Zustimmungsvorbehalten wird durch die **Form des Unternehmensverbunds** beeinflusst.

554 **aa) Geltung für eingegliederte Unternehmen.** Bei eingegliederten Unternehmen ist die Zulässigkeit einer **Geltung** von Zustimmungsvorbehalten, die in der Hauptgesellschaft angeordnet sind, **ohne weiteres** anzunehmen. Der Vorstand der eingegliederten Gesellschaft ist in seiner Geschäftsführung durch die in der Satzung festgelegten oder vom Aufsichtsrat beschlossenen Zustimmungsvorbehalte ebenso eingeschränkt wie der Vorstand der Hauptgesellschaft, sobald der Vorstand der Hauptgesellschaft eine entsprechende Weisung gegeben hat (§ 323 Abs. 1). Der Vorstand der Hauptgesellschaft ist zu einer solchen Weisung verpflichtet, weil sie Ausfluss seiner Geschäftsführungsverpflichtung sind. Aufgrund der Eingliederung kann der Vorstand der Hauptgesellschaft die Durchführung der in Rede stehenden Geschäfte von seiner eigenen Zustimmung abhängig machen. Er darf seine Zustimmung erst geben, wenn der Aufsichtsrat der Hauptgesellschaft zugestimmt hat.

555 **bb) Geltung für konzernvertraglich verbundene Unternehmen.** Auch bei Unternehmen, die durch einen Beherrschungsvertrag mit dem herrschenden Unternehmen verbunden sind, bestehen **keine Bedenken gegen die Geltung** von Zustimmungsvorbehalten der Obergesellschaft.[770] Sie müssen allerdings durch besondere Maßnahmen, also durch eine Satzungsänderung oder durch Aufsichtsratsbeschluss eingeführt werden. Die Verpflichtung der Mandatsträger im Aufsichtsrat, zunächst eine Entscheidung des Aufsichtsrats der Obergesellschaft einzuholen, ergibt sich aus ihrem Rechtsverhältnis zur Obergesellschaft.

---

[766] *U. H. Schneider*, FS Hadding, 2004, 621 (631).
[767] MüKoAktG/*Habersack* Rn. 119; Kölner Komm AktG/*Mertens/Cahn* Rn. 92; Großkomm AktG/*Hopt/Roth* Anm. 688; *Lutter/Krieger/Verse* Rn. 160; differenzierend nach der Bedeutung der Personalentscheidung für die Obergesellschaft *Harbarth*, FS Hoffmann-Becking, 2013, 459 (464).
[768] Kölner Komm AktG/*Mertens/Cahn* Rn. 96; MHdB AG/*Hoffmann-Becking* § 29 Rn. 45; *Hoffmann-Becking* ZHR 159 (1995), 325 (339 ff.); *Hüffer/Koch* Rn. 53; *U. H. Schneider*, FS Raiser, 2005, 341 (352); *Götz* ZGR 1990, 633 (655); *Lenz* AG 1997, 448 (452); teilw. anders *M. Schmidt*, FS Imhoff, 1998, 67 (71).
[769] *U. H. Schneider*, FS Hadding, 2004, 621 (631).
[770] Vgl. *Lutter*, FS Happ, 2006, 143 (145).

cc) Geltung für abhängige Unternehmen, die nicht durch einen Beherrschungs- 556 vertrag verbunden sind. Bei abhängigen Unternehmen ist die Frage nach der Geltung von Zustimmungsvorbehalten der Obergesellschaft nach der **Art des Verbunds** zu beantworten.

(1) Geltung bei faktischer Konzernierung. Wenn der Vorstand die abhängige Gesell- 557 schaft ganz oder teilweise der einheitlichen Leitung des herrschenden Unternehmens unterwirft, muss der Vorstand des herrschenden Unternehmens bei seiner einheitlichen Leitung auch die für ihn im herrschenden Unternehmen geltenden **Zustimmungserfordernisse beachten.**[771] Dies gilt bei Beachtung der Schranken, die für die Ausübung von Leitungsmacht bei Abhängigkeitsverhältnissen gelten,[772] und ebenso, wenn die zulässigen Grenzen etwa überschritten werden, der Vorstand des herrschenden Unternehmens aber einen Nachteilsausgleich leistet oder verbindlich zusagt (§ 311). Die Verhängung und die Durchsetzung eines Zustimmungsvorbehalts sind berichtspflichtige Maßnahmen, die im Bericht über die Beziehungen zu verbundenen Unternehmen (§ 312) aufgeführt werden müssen.

(2) Geltung bei schlichter Abhängigkeit. Bei schlichter Abhängigkeit nimmt der 558 Vorstand des herrschenden Unternehmens keinen Einfluss auf die Geschäftsführung in der abhängigen Gesellschaft. Hier ist er **nicht genötigt, Zustimmungsvorbehalte,** die für die Geschäftsführung im herrschenden Unternehmen gelten, im abhängigen Unternehmen **durchzusetzen.** Durch die Einführung konzernweit geltender Zustimmungsvorbehalte würde eine einheitliche Leitung durch das herrschende Unternehmen indiziert.

6. Rechtliche Bedeutung des Zustimmungserfordernisses. Der Zustimmungsvor- 559 behalt ist eine **Einschränkung der eigenverantwortlichen Geschäftsführung des Vorstands.** Im Ergebnis führt der Zustimmungsvorbehalt zu einer begrenzten gemeinsamen Geschäftsführung von Vorstand und Aufsichtsrat bei dem Geschäft, für dessen Durchführung die Zustimmung des Aufsichtsrats notwendig ist.[773]

a) Reine Innenwirkung. Der Zustimmungsvorbehalt hat keine Auswirkung auf die 560 Vertretungsbefugnis des Vorstands. Seine Wirkung beschränkt sich auf die **nur nach innen wirkende Geschäftsführungsbefugnis.**[774] Ein Vorstand, der den Zustimmungsvorbehalt nicht beachtet, handelt pflichtwidrig.[775] Er verletzt die für ihn geltenden gesetzlichen Vorgaben und macht sich ggf. schadensersatzpflichtig.[776]

b) Kein Haftungsausschluss. Auch bei Mitwirkung des Aufsichtsrats, der einem Ge- 561 schäft zustimmt, bleibt der Vorstand zur **Einhaltung der** ihm obliegenden **Sorgfalt** verpflichtet. Wenn er sie verletzt, kann er schadensersatzpflichtig werden.[777] Allerdings hat auch der Aufsichtsrat die ihm obliegende Sorgfalt zu beachten. Er ist zum Ersatz des aus einer Sorgfaltsverletzung entstehenden Schadens verpflichtet, wenn er schuldhaft gehandelt hat (§§ 116, 93 Abs. 2).

c) Keine Verpflichtung des Vorstands zur Geschäftsdurchführung. Der Vorstand 562 ist **nicht verpflichtet,** ein Geschäft durchzuführen, für dessen Durchführung er die Zustimmung des Aufsichtsrats erbeten und erhalten hat.[778] Die Verantwortung für die sorgfältige Durchführung liegt nach wie vor (auch) beim Vorstand. Wenn er nach Zustimmung

---

[771] Ausführlich zum Geltungsbereich von Zustimmungsvorbehalten im faktischen Aktienkonzern, *Harbarth,* FS Hoffmann-Becking, 2013, 459; vgl. auch *Fonk* ZGR 2006, 841 (852 ff.).
[772] § 311, vgl. *Lutter,* FS Happ, 2006, 143 (146).
[773] Grundlegend aA *Höhn* GmbHR 1994, 604.
[774] Kölner Komm AktG/*Mertens/Cahn* Rn. 112.
[775] Hierzu *Altmeppen,* FS K.Schmidt, 2009, 23 (31 ff.).
[776] Differenzierend *Altmeppen,* FS K.Schmidt, 2009, 23 (31 ff.).
[777] § 93 Abs. 2; vgl. Großkomm AktG/*Hopt/Roth* Anm. 715, 717; Kölner Komm AktG/*Mertens/Cahn* Rn. 113.
[778] Kölner Komm AktG/*Mertens/Cahn* Rn. 114.

des Aufsichtsrats Zweifel an der Zweckmäßigkeit oder der Wirtschaftlichkeit des Geschäfts bekommt, darf er es nicht durchführen. Trotz der Zustimmung des Aufsichtsrats, braucht er das Geschäft nicht auszuführen. Insoweit ist die Mit-Geschäftsführungsbefugnis des Aufsichtsrats nur begrenzt.

563 **d) Handeln bei Gefahr von Nachteilen.** Wenn der Vorstand nach sorgfältiger Prüfung feststellt, dass die zeitliche Verschiebung eines Geschäfts, das einem Zustimmungsvorbehalt des Aufsichtsrats unterliegt, erhebliche Nachteile für die Gesellschaft zur Folge haben würde, muss er prüfen, ob er das Geschäft ohne Zustimmung des Aufsichtsrats durchführen muss. Ein Zustimmungsvorbehalt zwingt den Vorstand **nicht zu einer bewussten Schädigung** der Gesellschaft. Allerdings wird er stets versuchen müssen, den Aufsichtsratsvorsitzenden und die Mitglieder eines möglicherweise bestehenden Eilausschusses über das beabsichtigte Geschäft und die Nachteile, die bei einer Verschiebung drohen, zu informieren. Wenn sich eine Mehrheit der angesprochenen Mitglieder gegen die Geschäftsausführung ausspricht, hat das Geschäft zu unterbleiben. Ganz allgemein werden die Überlegungen heranzuziehen sein, die für einen Verzicht auf die Zustimmung aller geschäftsführenden Gesellschafter einer OHG bei Gefahr im Verzug gelten (§ 115 Abs. 2 HGB).

564 Der Zustimmungsvorbehalt kann so formuliert sein, dass er in jedem Fall zu beachten ist und auch **in Notsituationen** ein selbstständiges Handeln des Vorstands **untersagt** bleibt. Bei einem derartig verfassten Zustimmungsvorbehalt darf der Vorstand nicht handeln. Die Verantwortung für einen etwaigen Schaden der Gesellschaft hat der Aufsichtsrat zu tragen, wenn er bei der Formulierung des Vorbehalts die ihm obliegende Sorgfalt außer Acht gelassen hat. Wenn der Vorbehalt in der Satzung festgelegt ist, kommen Schadensersatzansprüche gegen Vorstand oder Aufsichtsrat nicht in Betracht.

III. Erteilung der Zustimmung

565 Der Vorstand muss beim Aufsichtsrat die Zustimmung zu einem beabsichtigten Geschäft beantragen, wenn sich der Aufsichtsrat die Zustimmung für diese Art von Geschäften vorbehalten hat. Von seltenen Ausnahmen abgesehen, zB bei Eilbedürftigkeit, wird der **Antrag** in Textform (§ 126b BGB) zu stellen sein. Er muss **schlüssig begründet** sein und alle Informationen enthalten, die ein sorgfältig handelnder Geschäftsmann braucht, wenn er ein solches Geschäft abschließen will. Der Aufsichtsrat hat im Rahmen seiner Ordnungsmäßigkeitsprüfung darauf zu achten, dass bei der Abfassung des Antrags die kaufmännische Sorgfalt beachtet ist. Der Aufsichtsrat verletzt seine Pflicht zur Überwachung des Vorstands, wenn er seine Zustimmung zu einer Geschäftsführungsmaßnahme auf der Basis unzureichender Informationen und einer unzureichenden Chancen- und Risikobeurteilung erteilt.[779]

566 **1. Zeitpunkt.** Der gesetzliche Zustimmungsvorbehalt fordert im Regelfall eine vorherige Zustimmung **(Einwilligung)**.[780] Er ist ein Mittel der Überwachung der Geschäftsführung durch den Aufsichtsrat und nicht ein allgemeines Instrument der Mitgeschäftsführung. Zur Überwachung kann der Zustimmungsvorbehalt nur dann wirksam eingesetzt werden, wenn der Aufsichtsrat vor Abschluss des Geschäfts befragt werden muss und nicht erst dann, wenn das Geschäft bereits abgeschlossen ist. Eine nachträgliche Zustimmung ist allenfalls dazu geeignet, dass sich der Aufsichtsrat ein Urteil über die Sorgfalt bildet, mit der der Vorstand die Geschäfte führt.

567 Es empfiehlt sich daher, **bei der Festlegung eines Zustimmungsvorbehalts** – sei es in der Satzung, sei es in einem Aufsichtsratsbeschluss – ausdrücklich von **„Einwilligung"**[781]

---

[779] BGH AG 2007, 167 (168).
[780] HM, Hüffer/*Koch* Rn. 46; *Lutter/Krieger/Verse* Rn. 124; Kölner Komm AktG/*Mertens/Cahn* Rn. 106; Großkomm AktG/*Hopt/Roth* Rn. 680; aA *Hoffmann/Preu* Der Aufsichtsrat Rn. 302.
[781] Großkomm AktG/*Hopt/Roth* Anm. 682.

zu sprechen. Diese Begriffswahl beseitigt Zweifel über den Zeitpunkt der Einschaltung des Aufsichtsrats.

Ein Antrag auf nachträgliche Zustimmung **(Genehmigung)** (vgl. § 184 BGB) ist erforderlich, wenn der Vorstand wegen eines der Gesellschaft drohenden erheblichen Nachteils ein Geschäft, das einem Zustimmungsvorbehalt unterliegt, bewusst ohne Einwilligung des Aufsichtsrats durchgeführt hat (→ Rn. 514, 560). Er muss bestrebt sein, seine Pflichtverletzung durch nachträgliche Zustimmung des Aufsichtsrats zu beseitigen. **568**

2. Zuständigkeit. Die Festlegung von Zustimmungsvorbehalten bedarf in jedem Fall eines Plenarbeschlusses. Das legt das Gesetz ausdrücklich fest (§ 107 Abs. 3 S. 3). Die **Entscheidung** des Aufsichtsrats über die **Zustimmung zu einem Geschäft,** das einem Zustimmungsvorbehalt unterliegt, kann jedoch auch durch einen Ausschuss des Aufsichtsrats getroffen werden. Solche Entscheidungen sind nicht dem Plenum vorbehalten (vgl. § 107 Abs. 3 S. 3; → § 107 Rn. 356). Eine Übertragung auf den Aufsichtsratsvorsitzenden allein ist jedoch unzulässig, auch in Eilfällen.[782] Unzulässig ist die Bindung der Zustimmung an die Erklärung eines Dritten,[783] sei es auch nur ein Aktionär. Das Zustimmungsverfahren ist eine interne Angelegenheit der Organe. Mängel des Beschlusses können von einem einzelnen Aufsichtsratmitglied im Wege der Feststellungsklage geltend gemacht werden.[784] Klagegegner ist die durch den Vorstand vertretene Gesellschaft und nicht der Aufsichtsrat.[785] **569**

Die Zustimmung erteilt der Aufsichtsrat (oder ein zuständiger Ausschuss) durch **Beschluss,** für den eine einfache Mehrheit der abgegebenen Stimmen erforderlich ist. Sie wird durch Information des Vorstands wirksam. **570**

3. Rahmenzustimmungen. Grundsätzlich kann der Aufsichtsrat bei von ihm selbst festgelegten Zustimmungsvorbehalten bestimmen, dass für **Geschäfte, die unter einer** von ihm festgelegten **Grenze** bleiben, die Zustimmung vorab allgemein erteilt wird oder überhaupt nicht erforderlich ist. Da er nach eigenem Belieben Zustimmungsvorbehalte festlegen kann, darf er auch bestimmen, dass bestimmte Geschäfte einem solchen Vorbehalt nicht unterliegen oder allgemein vorab genehmigt werden.[786] Die Verfahrensweise ist unterschiedlich. Wenn unterhalb der festgelegten Grenze liegende Geschäfte von der Zustimmungspflicht ausgenommen werden, ist diese Entscheidung eine im Ermessen des Aufsichtsrats liegende Freistellung von der Zustimmungspflicht. Wenn bei festgelegtem Zustimmungsvorbehalt Geschäften von geringerem Ausmaß vorab pauschal zugestimmt wird, muss der Aufsichtsrat die Wahrung seiner Sorgfaltspflicht beachten. Auch für die Zuständigkeit ist die Art der Freistellung bedeutsam. Wenn Geschäfte generell von der Zustimmungspflicht ausgenommen werden sollen, kann dies nur das Plenum des Aufsichtsrats beschließen. Es geht um eine Modalität des Zustimmungsvorbehalts. Wenn in Geschäfte unterhalb einer bestimmten Größenordnung pauschal vorab eingewilligt werden soll, kann dies ein Ausschuss beschließen. Es geht um die Zustimmung zum Geschäft. **571**

Wenn der **Vorbehalt von der Satzung festgelegt** ist, darf der Aufsichtsrat auch kleinere Geschäfte nicht von der Zustimmungspflicht befreien.[787] Er hat die Vorgaben der Satzung zu beachten. Es ist ihm jedoch unbenommen, in Geschäfte unterhalb einer von ihm festgelegten Größenordnung pauschal vorab einzuwilligen, wenn die ihm obliegende Sorgfaltspflicht dies erlaubt. Da es sich um eine Entscheidung über ein Geschäft und nicht um den Zustimmungsvorbehalt selbst handelt, kann die Vorabeinwilligung von einem Ausschuss beschlossen werden. **572**

---

[782] *Semler*, FS Doralt, 2004, 609 (618).
[783] Vgl. Großkomm AktG/*Hopt/Roth* Anm. 660.
[784] OLG Stuttgart AG 2007, 873 (875 f.).
[785] BGH AG 1993, 464; OLG Hamburg AG 1992, 197; OLG Stuttgart AG 2007, 873 (876).
[786] MüKoAktG/*Habersack* Rn. 126; Großkomm AktG/*Hopt/Roth* Anm. 665, *Semler*, FS Doralt, 2004, 609 (618).
[787] Großkomm AktG/*Hopt/Roth* Anm. 663; *Semler*, FS Doralt, 2004, 609 (618).

573 4. Verpflichtung zur Zustimmung? Der Aufsichtsrat wirkt bei der Behandlung eines zustimmungspflichtigen Geschäfts an einer unternehmerischen Entscheidung mit und wird nicht nur überwachend tätig.[788] Der Aufsichtsrat muss daher das Geschäft, für das ein Zustimmungsvorbehalt gilt, mit der erhöhter Sorgfalt8 prüfen.[789] Aber er ist **nicht gehalten, dem Geschäft zuzustimmen,** wenn die Grundsätze der Ordnungsmäßigkeit und der Rechtmäßigkeit beachtet sind und der Vorstand sich bei der Beurteilung der Zweckmäßigkeit und der Wirtschaftlichkeit im Rahmen des ihm zustehenden unternehmerischen Ermessens gehalten hat. Der Aufsichtsrat kann unter Beachtung der ihm obliegenden Sorgfalt seine Zustimmung durchaus auch dann verweigern, wenn das vom Vorstand geplante Geschäft völlig in Ordnung ist, er aber aus eigenen Erwägungen ein solches Geschäft nicht durchgeführt sehen möchte.[790]

IV. Verweigerung der Zustimmung

574 1. Handlungsmaxime des Aufsichtsrats. Der Aufsichtsrat ist berechtigt, seine Zustimmung zu einem unter Vorbehalt stehenden Geschäft zu verweigern, auch wenn er keine Fehler bei der Entscheidung des Vorstands feststellt. Wenn die Zustimmung versagt wird, muss die beabsichtigte Maßnahme unterbleiben. Die Zustimmungsverweigerung entspricht einem Vetorecht.[791] Die Zustimmung oder die Verweigerung des Aufsichtsrats unterliegt **allein seinem Ermessen.** Der Aufsichtsrat darf seine Entscheidung nur auf der Basis ausreichender Informationen durch den Vorstand treffen.[792] Aber auch dann darf der Aufsichtsrat diese Entscheidung nur treffen, wenn sie mit der Sorgfalt eines ordentlichen und gewissenhaften Aufsichtsratsmitglieds vereinbar ist (§§ 116, 93 Abs. 1). Hierzu gehört insbesondere eine sorgfältige Abwägung der Chancen und Risiken des vorzunehmenden Geschäftes.[793] Ebenso wie der Vorstand hat er bei der Entscheidung über einen Zustimmungsvorbehalt die Aufgabe, durch seine Entscheidung das Vermögen der Gesellschaft zu mehren und Schaden von der Gesellschaft abzuwenden. Wenn er einem Geschäft nicht zustimmt, das nach Auffassung des Vorstands vorteilhaft für die Gesellschaft ist, dann muss er rechtfertigen, warum er dieses Geschäft nicht gewollt hat. Er ist zwar hinsichtlich der Entscheidung über den Zustimmungsvorbehalt frei, so oder so zu entscheiden. Aber gerade diese Freiheit muss von ihm nach allgemeinen Grundsätzen verantwortet werden.

575 2. Ersatzzustimmung durch die Hauptversammlung (S. 3 bis 5). Wenn der Aufsichtsrat die notwendige Zustimmung zu einem Geschäft verweigert, kann der Vorstand verlangen, dass die **Hauptversammlung über die Zustimmung beschließt** (Abs. 4 S. 3). Dieses Recht des Vorstands besteht unabhängig davon, ob der Zustimmungsvorbehalt auf einer Satzungsbestimmung oder einem Aufsichtsratsbeschluss beruht.

576 Diese Rekurs-Möglichkeit hat **keinerlei praktische Bedeutung.** Zwar ist die Vorschrift gegen heftigen Widerstand der Mitbestimmungsanhänger geschaffen worden, um das Gleichgewicht zwischen Vorstand und Aufsichtsrat zu sichern und den Vorstand in Geschäftsführungsfragen nicht zu sehr vom Aufsichtsrat abhängig werden zu lassen. Aber in der Praxis würde ein derartiges Verlangen des Vorstands eine völlige Zerrüttung des Verhältnisses zwischen den Verwaltungsorganen deutlich machen. Auch ist kaum vorstellbar, dass ein Vorstand, der nicht in der Lage ist, den Aufsichtsrat von der Vorteilhaftigkeit seines Vorhabens zu überzeugen, damit gegen das Votum des Aufsichtsrats in der Hauptversammlung durchdringt. Schließlich werden auch die Konsequenzen eines solchen Verfahrens beim Aufsichtsrat zu beachten sein. Kann ein Aufsichtsratsmitglied, das in dieser Weise von der

---

[788] *Semler,* FS Doralt, 2004, 609 (620).
[789] *Semler,* FS Doralt, 2004, 609 (620).
[790] Vgl. dazu Kölner Komm AktG/*Mertens/Cahn* Rn. 111; die Grenze ist zu sehen, wo die Verweigerung der Zustimmung den Interessen der Gesellschaft schadet, vgl. *Büdenbender* JA 1999, 813 (814).
[791] Hüffer/*Koch* Rn. 40.
[792] BGH AG 2007, 167 (169).
[793] BGH AG 2007, 167 (168 f.).

Hauptversammlung überstimmt wird, wirklich noch vertrauensvoll und wirksam seiner Überwachungsaufgabe nachkommen? Ein von den Anteilseignern ohne Bindung an einen Wahlvorschlag gewähltes Aufsichtsratsmitglied wird im Zweifel zurücktreten, denn das gegen die Entscheidung des Aufsichtsrats gerichtete Votum stellt sich praktisch als ein Misstrauensvotum der Hauptversammlung gegen die von ihr gewählten Aufsichtsratsmitglieder dar.

Für die **Einberufung und die Durchführung der Hauptversammlung** gelten die allgemeinen Vorschriften. Die Versammlung wird vom Vorsitzenden des Aufsichtsrats geleitet, wenn die Satzung nichts anderes vorsieht. Die Mitglieder des Vorstands und des Aufsichtsrats sind nicht nur befugt, an der Hauptversammlung teilzunehmen, sie sollen dies sogar (§ 118 Abs. 2). Die Mitglieder des Aufsichtsrats sind befugt, das Wort zu ergreifen und Anträge zu stellen.

Das Gesetz schreibt vor, dass der **Beschluss der Hauptversammlung** zur Zustimmung einer qualifizierten Mehrheit von mindestens drei Vierteln der abgegebenen Stimmen umfassen muss (Abs. 4 S. 4). Dieses Mehrheitserfordernis kann von der Satzung weder erleichtert noch erschwert werden, es ist absolut bindend. So schreibt das Gesetz es vor (Abs. 4 S. 5). Eine Kapitalmehrheit ist daneben nicht erforderlich.[794]

G. Verpflichtung zur Festlegung von Zielgrößen für Aufsichtsräte und Vorstände (Abs. 5)

I. Entstehungsgeschichte

Durch das Gesetz für die gleichberechtigte Teilhabe von Frauen und Männern an Führungspositionen in der Privatwirtschaft und im öffentlichen Dienst (GlTeilhG)[795] wurde der Abs. 5 neu in § 111 eingefügt. Danach ist der Aufsichtsrat von Gesellschaften, die entweder börsennotiert sind oder der Mitbestimmung unterliegen, künftig verpflichtet, eine **Zielgröße** für einen **Frauenanteil** im **Aufsichtsrat** und im **Vorstand** festzulegen. Die Änderung des § 111 steht in sachlichen Zusammenhang mit der Einführung einer festen Mindestquote in § 96 Abs. 2 für Frauen und Männer in den Aufsichtsräten börsennotierter Gesellschaften, die zugleich dem Mitbestimmungsgesetz, dem Montan-Mitbestimmungsgesetz oder dem Mitbestimmungsergänzungsgesetz unterliegen, in Höhe von jeweils 30%. Die Festlegung von Zielvorgaben für die Zusammensetzung des Aufsichtsrats und die Beteiligung von Frauen war bereits in Ziff. 5.4.1 Abs. 2 DCGK angesprochen. Anders als die Kodexempfehlung, die eine reine „Soll"-Vorschrift enthält, ist die Regelung des § 111 Abs. 5 für den Aufsichtsrat gesetzlich verpflichtend. Eine Verletzung dieser Pflicht soll nach der Vorstellung des Gesetzgebers eine Haftung der Aufsichtsratsmitglieder nach § 93 Abs. 2 Satz 1, § 116 AktG auslösen.[796]

Der Gesetzesänderung ist eine längere, überwiegend mit gesellschaftspolitischen[797] Argumenten geführte Debatte auf nationaler und europäischer[798] Ebene vorangegangen. Im Juni 2014 wurde ein Referentenentwurf eines Gesetzes für die gleichberechtigte Teilhabe von Frauen und Männern an Führungspositionen in der Privatwirtschaft und im öffentlichen Dienst präsentiert und am 9.9.2014 eine überarbeitete Fassung vorgestellt.[799]

---

[794] Hüffer/Koch Rn. 50.
[795] Gesetz für die gleichberechtigte Teilhabe von Frauen und Männern an Führungspositionen in der Privatwirtschaft und im öffentlichen Dienst vom 6.3.2015, (GlTeilhG), BT-Drs. 18/3784, 18/4053, 18/4227, BR-Drs. 77/15.
[796] RegE BT-Drs. 18/3784, 123.
[797] Siehe zB *Künast* ZRP 2011, 11.
[798] Hierzu zB *Basedow* ZEuP 2013, 451 (452 f.); *Koch* ZHR 175, 827; *Schladebach/Stefanopoulou* BB 2010, 1042; *Stöbener/Böhm* EuZW 2013, 371; *François-Poncet/Deilmann/Otte* NZG 2011, 450.
[799] Vgl. *Mense/Klie* GWR 2015, 1; *Teichmann/Rüb* BB 2015, 259; *Stüber* CCZ 2015, 38; *Wasmann/Rothenburg* DB 2015, 291.

Am 11.12.2014 wurde der Entwurf vom Bundeskabinett verabschiedet[800] und am 6.3.2015 mit geringen Änderungen durch den Ausschuss für Familie, Senioren, Frauen und Jugend[801] vom Bundestag beschlossen. Am 27.3.2015 hat das Gesetz den Bundesrat passiert.[802]

581 Erklärtes Ziel des Gesetzes ist die „gleichberechtigte Teilhabe" von weiblichen Führungskräften in Spitzenpositionen der deutschen Wirtschaft und der Bundesverwaltung. Der geringe Frauenanteil in Aufsichtsräten und Vorständen deutscher Unternehmen widerspreche einer geschlechtergerechten Teilhabe an verantwortungsvollen Positionen in der deutschen Wirtschaft [...][803]. Es sei gesellschaftspolitisch nicht zu erklären, dass Frauen, die über 50 Prozent der Bevölkerung in Deutschland ausmachen, nach einer gut abgeschlossenen Ausbildung nur zu einem sehr geringen Teil in den Führungspositionen der deutschen Wirtschaft und Verwaltung vertreten seien.[804] Vor diesem Hintergrund hat die Politik einen zwingenden politischen Handlungsbedarf ausgemacht, damit der angeblich aus Art. 3 Abs. 2 Satz 2 GG abzuleitende verfassungsrechtliche Auftrag zur „gleichberechtigten Teilhabe" von Frauen und Männern an Führungspositionen erfüllt werden könne.[805]

582 In einer Reihe von Stellungnahmen zu den Entwürfen wurden verfassungsrechtliche und europarechtliche Bedenken gegen die Einführung einer starren Mindestquote ohne Qualifikationsvorbehalt[806] und ohne Härtefallregelung[807] geäußert, die aber in dem beschlossenen Gesetzentwurf keine Berücksichtigung gefunden haben. Die verfassungsrechtliche und europarechtliche Konformität des Gesetzes bleibt daher abzuwarten.

II. Anwendungsbereich

583 Abs. 5 neuer Fassung ist auf Aufsichtsräte börsennotierter oder mitbestimmter Gesellschaften in der Rechtsform der AG oder der KGaA anzuwenden.[808] Vergleichbare Regelungen enthält das Gesetz auch für Gesellschaft mit beschränkter Haftung[809], eingetragene Genossenschaften[810], Versicherungsvereine auf Gegenseitigkeit[811] und für die Europäische Aktiengesellschaft[812]. Die Zahl der von diesen neuen Regelungen betroffenen Unternehmen soll nach Schätzung des Gesetzgebers bei ca. 3.500 liegen.[813] Anders als in § 96 Abs. 2, dessen Anwendbarkeit kumulativ erfordert, dass die Gesellschaft börsennotiert ist **und** zugleich dem Mitbestimmungsgesetz, dem Montan-Mitbestimmungsgesetz oder dem Mitbestimmungsergänzungsgesetz unterliegt, genügt für die Anwendbarkeit des Abs. 5, dass die betroffene Gesellschaft entweder börsennotiert ist **oder** der Mitbestimmung unterliegt. Abs. 5 ist aber auch anwendbar auf börsennotierte Gesellschaften, die zugleich der Mitbestimmung unterliegen.[814]

584 Höchst zweifelhaft ist die Anwendbarkeit von Abs. 5 bei Gesellschaften in der Rechtsform der KGaA. Geschäftsführungsorgan ist hier nicht der Vorstand, sondern der persönlich

---

[800] RegE BT-Drs. 18/3784.
[801] BT-Drs. 18/4227.
[802] BR-Drs. 77/15.
[803] RegE BT-Drs. 18/3784, 1.
[804] RegE BT-Drs. 18/3784, 1.
[805] Auf den sprachlichen und begrifflichen Unterschied zwischen „Gleichberechtigung" (Art. 3 Abs. 2 Satz 2 GG) und „gleichberechtigter Teilhabe" ist hier nicht näher einzugehen.
[806] *Teichmann/Rüb* BB 2015, 259 (261 f.); Stellungnahme DAV RefE S. 26, S. 32.
[807] Stellungnahme DAI RefE S. 7 ff.; Stellungnahme BDA/BDI RegE Seite 5; generell zur Verfassungsmäßigkeit starrer Quoten: *Spindler/Brandt* NZG 2011, 401.
[808] RegE BT-Drs. 18/3784, 46; *Herb* DB 2015, 964 (968).
[809] GlTeilhG BT-Drs. 18/3784, 18/4053, 18/4227, BR-Drs. 77/15, Art. 15 Ziff. 3.
[810] GlTeilhG BT-Drs. 18/3784, 18/4053, 18/4227, BR-Drs. 77/15,, Art. 17 Ziff. 2.
[811] GlTeilhG BT-Drs. 18/3784, 18/4053, 18/4227, BR-Drs. 77/15, Art. 19 Ziff. 3, 4.
[812] GlTeilhG BT-Drs. 18/3784, 18/4053, 18/4227, BR-Drs. 77/15, Art. 14 Ziff. 1 und 2.
[813] RegE BT-Drs. 18/3784 S. 46; abweichende Zahlen nennen *Wasmann/Rothenburg* DB 2015, 291 (294).
[814] RegE BT-Drs. 18/3784 S. 123.

haftende Gesellschafter.⁸¹⁵ Dieser kann nach dem gesetzlichen Leitbild eine natürliche Person, nach der Entscheidung des Bundesgerichtshofes aus dem Jahr 1997⁸¹⁶ aber auch eine juristische Person sein. Eine Personalkompetenz hinsichtlich der Person des persönlich haftenden Gesellschafters steht dem Aufsichtsrat der KGaA vorbehaltlich spezieller Satzungsermächtigung, gesetzlich nicht zu.⁸¹⁷ Aus diesem Grund werden Zielvorgaben des Aufsichtsrats für die Frauenquote beim persönlich haftenden Gesellschafter regelmäßig ins Leere gehen. Etwas anderes kann nur gelten, wenn ausnahmsweise dem Aufsichtsrat der KGaA die Personalkompetenz zusteht, sei es aufgrund spezieller Satzungsbestimmung⁸¹⁸ oder bei Bildung einer Einheits-KGaA.⁸¹⁹

Der Anwendungsbereich des Abs. 5 beschränkt sich daher bei einer KGaA regelmäßig auf **585** Zielvorgaben für die Zusammensetzung des Aufsichtsrats. Weiter eingeschränkt wird der Anwendungsbereich durch Satz 5 des Abs. 5, wonach dieser keine Anwendung auf Gesellschaften findet, für deren Aufsichtsrat bereits die Quotenregelung des § 96 Abs. 2 gilt. Im Ergebnis bedeutet dies, dass Abs. 5 bei einer KGaA nur für Zielvorgaben für die Zusammensetzung des Aufsichtsrats gilt, wenn die Gesellschaft entweder börsennotiert ist und nicht dem Mitbestimmungsgesetz, dem Montan-Mitbestimmungsgesetz oder dem Mitbestimmungsergänzungsgesetz unterliegt oder aber nicht börsennotiert ist, jedoch nach dem Drittel-Beteiligungsgesetz mitbestimmt ist.

Der Begriff „börsennotiert" entspricht der Legaldefinition des § 3 Abs. 2. Börsennotiert **586** sind danach Gesellschaften, deren Aktien zu einem Markt zugelassen sind, der von staatlich anerkannten Stellen geregelt und überwacht wird, regelmäßig stattfindet und für das Publikum mittelbar oder unmittelbar zugänglich ist. Erfaßt werden damit Gesellschaften, der Aktien zum Handel im regulierten Markt (§ 32ff BörsG) zugelassen sind, wobei es nicht darauf ankommt, ob es sich um einen inländischen oder um einen ausländischen Handelsplatz handelt.⁸²⁰ Nicht erfaßt werden hingegen Gesellschaften, deren Aktien im Freiverkehr (§ 48 BörsG) gehandelt werden.⁸²¹

Abweichend von § 96 Abs. 2, der nur auf Gesellschaften Anwendung findet, die dem **587** Mitbestimmungsgesetz, dem Montan-Mitbestimmungsgesetz oder dem Mitbestimmungsergänzungsgesetz unterliegen, findet Abs. 5 ebenso wie § 76 Abs. 4 Anwendung auf alle Gesellschaften, die „der Mitbestimmung" unterliegen. Damit unterfallen Abs. 5 auch Gesellschaften, die nach dem Drittelbeteiligungsgesetz mitbestimmt sind.⁸²² Unternehmen, die lediglich auf betriebsverfassungsrechtlicher Ebene über ihren Betriebsrat mitbestimmt sind unterfallen der Regelung nicht.⁸²³

Unterliegt die Gesellschaft als sogenanntes CRR-Institut⁸²⁴ bereits der Regelung des **588** § 25d Abs. 11 KWG, findet Abs. 5 keine Anwendung, da § 25d Abs. 11 KWG insoweit lex specialis ist.⁸²⁵ Hingegen ist das Verhältnis der neuen Vorschrift zu den Regelungen des Allgemeinen Gleichbehandlungsgesetz (AGG), insbesondere zum Benachteiligungsverbot in § 7 AGG noch ungeklärt.⁸²⁶

---

⁸¹⁵ Hüffer/Koch § 278 Rn. 11.
⁸¹⁶ BGHZ 134, 392.
⁸¹⁷ Hüffer/Koch § 278 Rn. 15, ausführlich → Rn. 627.
⁸¹⁸ Schütz/Bürgers/Riotte/*Bürgers* Rn. 507.
⁸¹⁹ Näher Schütz/Bürgers/Riotte/*Reger* Rn. 216.
⁸²⁰ Kölner Komm AktG/*Mertens/Cahn* § 3 Rn. 24; Hüffer/Koch § 3 Rn. 6.
⁸²¹ Kölner Komm AktG/*Mertens/Cahn* § 3 Rn. 24; Hüffer/Koch § 3 Rn. 6.
⁸²² So auch *Mense/Klie* GWR 2015, 1 (4); *Teichmann/Rüb* BB 2015, 259 (263); *Wasmann/Rothenburg* DB 2015, 291 (294).
⁸²³ *Mense/Klie* GWR 2015, 1 (4).
⁸²⁴ Die gesetzliche Bezeichnung „CRR-Institute" verweist auf § 1 Abs. 3d KWG, der wiederum auf die Definition des Begriffes „Kreditinstitut" in Artikel 4 Absatz 1 Nummer 1 der Verordnung (EU) Nr. 575/2013 des Europäischen Parlaments und des Rates vom 26. Juni 2013 über Aufsichtsanforderungen an Kreditinstitute und Wertpapierfirmen und zur Änderung der Verordnung (EU) Nr. 646/2012 (ABl. L 176 vom 27.6.2013, S. 1) verweist.
⁸²⁵ RegE BTDr. 18/3784 S. 123; *Stüber* CCZ 2015, 38 (40).
⁸²⁶ *Herb* DB 2015, 964 (970).

589 Das Gesetz enthält keine Ausnahmen oder Erleichterungen für Konzerngesellschaften.[827] Dies bedeutet, dass auch bei Bestehen eines Konzerns der Aufsichtsrat jeder Einzelgesellschaft eigene Zielvorgaben für seine Gesellschaft erstellen muss.[828] Die Berufung auf eine gesellschaftsübergreifende, konzernweite Erfüllung der Quoten für Aufsichtsrat und Vorstand ist damit nicht möglich.

III. Festlegung von Zielgrößen für den Frauenanteil

590 § 111 Abs. 5 verpflichtet den Aufsichtsrat, Zielgrößen für den Frauenanteil im Vorstand und im Aufsichtsrat der Gesellschaft festzulegen. Diese Regelung ist auf mitbestimmte Gesellschaften nur eingeschränkt anwendbar. Zur Mitwirkung bei der Auswahl der Arbeitnehmervertreter ist der Aufsichtsrat nicht befugt.[829] Diese Auswahl obliegt allein den Arbeitnehmern der Gesellschaft. Eine Zielgröße für den Frauenanteil kann daher von vornherein nur für die Vertreter der Anteilseigner im Aufsichtsrat festgelegt werden. Offen ist bisher, ob bei der Festlegung der Zielgröße für die Vertreter der Anteilseigner im Aufsichtsrat mitbestimmter Gesellschaft auch die Vertreter der Arbeitnehmer stimmberechtigt sind. Hierzu enthält die Gesetzesbegründung keine Aussage.

591 Für Wahlvorschläge von Aufsichtsratsmitgliedern bei mitbestimmten Gesellschaften bestimmt § 124 Abs. 3 S. 5, dass diese Wahlvorschläge nur mit den Stimmen der Vertreter der Anteilseigner zu fassen sind. Eine entsprechende Regelung für die Beschlussfassung über die Festlegung von Zielgrößen hat der Gesetzgeber versäumt.[830] Um die mitbestimmungsrechtliche Balance zwischen den Vertretern der Anteilseigner und der Arbeitnehmer im Aufsichtsrat nicht zu beeinträchtigen, sollte daher § 124 Abs. 3 S. 5 analog auf die Festlegung von Zielvorgaben für die Vertreter der Anteilseigner im Aufsichtsrat angewandt werden.

592 Die Formulierung „Aufsichtsrat" lässt weiter nicht erkennen, ob mit dieser Aufgabe zwingend der Gesamtaufsichtsrat befasst werden muss oder ob die Festlegung der Zielgrößen auch an einen Ausschuss delegiert werden darf. Ausführungen hierzu enthält die Gesetzesbegründung nicht. Nach der Kodexempfehlung Ziff. 5.4.1 Abs. 2 DCGK konnte bisher die Festlegung der Zielvorgaben auch durch einen Ausschuss, insbesondere den Personalausschuss oder den Nominierungsausschuss erfolgen.[831] Angesichts der Tatsache, dass künftig die Verletzung der gesetzlichen Pflicht zur Festlegung von Zielgrößen eine Haftung der Aufsichtsratsmitglieder nach § 93 Abs. 2 Satz 1, § 116 AktG auslösen soll,[832] erscheint zweifelhaft, ob an dieser Praxis festgehalten werden kann.[833]

593 Der Aufsichtsrat ist grundsätzlich verpflichtet zwei Zielgrößen festzulegen, eine Zielgröße für den Vorstand und eine weitere Zielgröße für den Aufsichtsrat.[834] Die Verpflichtung zur Festlegung einer Zielgröße für den Aufsichtsrat entfällt jedoch nach Abs. 5 Satz 5, wenn auf die Zusammensetzung des Aufsichtsrats bereits die feste Mindestquotenregelung des § 96 Abs. 2 Anwendung findet, die Gesellschaft also börsennotiert ist und nach dem Mitbestimmungsgesetz, dem Montan-Mitbestimmungsgesetz oder dem Mitbestimmungsergänzungsgesetz mitbestimmt ist.

594 Die Festsetzung der Zielgrößen erfolgt durch einen Beschluss des Aufsichtsrats[835]. Nach der Gesetzesbegründung soll nur auf diese Weise eine taugliche Grundlage für die spätere Veröffentlichung und Berichterstattung über den Stand der Umsetzung geschaffen werden

---

[827] *Wasmann/Rothenburg* DB 2015, 291 (294); kritisch auch Stellungnahme BDA/BDI RegE Seite 15;
[828] *Herb* DB 2015, 964 (969).
[829] Zu Recht kritisch Stellungnahme DAV S. 52 Rn. 123.
[830] Dies wird in der Stellungnahme DAV S. 52 Rn. 123 bereits kritisiert.
[831] RKLW/*Kremer* Rn. 983.
[832] RegE BT-Drs. 18/3784, 123, hierzu kritisch Stellungnahme DIHK RefE S. 8, DIHK RegE S. 9.
[833] So auch *Herb* DB 2015, 964 (968).
[834] *Herb* DB 2015, 964 (968).
[835] RegE BT-Drs. 18/3784, 124; *Mense/Klie* GWR 2015, 1 (4).

können.[836] Dies entspricht der Rechtslage zur Abgabe der Entsprechenserklärung nach § 161 AktG.[837]

Inhaltlich ist der Aufsichtsrat in der Bestimmung der Zielgrößen grundsätzlich frei, er darf jedoch in seiner Vorgabe nicht hinter eine bereits erreichte Quote zurückgehen, wenn diese kleiner als 30 % ist. Übersteigt die Frauenquote jedoch bei Festsetzung der Zielgröße bereits 30 %, darf nach der Gesetzesbegründung die festzulegende Zielgröße den erreichten Wert auch wieder unterschreiten.[838] Dies bedeutet, dass der Aufsichtsrat im Extremfall auch eine Zielgröße von Null[839] vorgeben kann, wenn Vorstand und Aufsichtsrat der Gesellschaft entweder bislang ausschließlich mit Männern besetzt sind oder aber eine Frauenquote von 30 % bereits überschritten ist.[840] **595**

Das Verbot, eine einmal erreichte Frauenquote unterhalb von 30 % wieder zu unterschreiten, dürfte jedoch bei kleineren Gesellschaften zu einer Reihe von Problemen führen, die dem Anliegen des Gesetzes eher hinderlich sein werden. So wird beispielsweise bei einem vierköpfigen Vorstand, der bislang nur aus Männern besteht, der Aufsichtsrat die Bestellung einer Frau möglicherweise gerade deshalb vermeiden, weil ansonsten diese Frau im Falle ihres Ausscheidens zwangsläufig wieder durch eine Frau ersetzt werden müsste, um nicht gegen die gesetzliche Vorgabe des Abs. 5 Satz 2 zu verstoßen.[841] In einem Zwölfer-Aufsichtsrat, dem bislang drei Frauen angehören, ist nunmehr die Wahl eines Mannes an Stelle einer Frau nicht mehr möglich, weil unterhalb der 30 %-Schwelle der bisherige Frauenanteil nicht unterschritten werden darf[842]. **596**

Der Zeitpunkt auf den festzustellen ist, ob die bereits erreichte Frauenquote im Aufsichtsrat oder im Vorstand 30 % über- oder unterschreitet, ist der Zeitpunkt der Beschlussfassung durch den Aufsichtsrat. Dies ergibt sich aus der Gesetzesbegründung, die davon ausgeht, dass der Zeitpunkt der Festlegung der Zielgröße entscheidend ist.[843] Die Zielgröße kann in Form einer Kopfzahl oder in Form einer prozentualen Angabe erfolgen. Auch eine zeitliche Staffelung in Form einer Endgröße oder die Angabe von Zwischenschritten ist zulässig.[844] **597**

Die in diesem Zusammenhang bereits aufgeworfene Frage,[845] wie Geschlechtsumwandlungen von Aufsichtsratsmitgliedern zu behandeln sind, dürfte ein interessantes, aber eher theoretisches Problem darstellen. Diese Frage zeigt jedoch, dass das sexuelle oder gefühlte[846] Geschlecht einer Person vermutlich nur begrenzt als Anknüpfungspunkt für die Auswahl als Aufsichtsratsmitglied geeignet ist, weil es sich hierbei um ein individuelles Persönlichkeitsmerkmal handelt, welches für die Aufgabe des Aufsichtsrats – die Überwachung und Kontrolle der Unternehmensführung – keine besondere Relevanz beanspruchen kann. **598**

Die festgesetzten Zielgrößen sind nach § 289a Abs. 2 Ziff. 4 HGB in einer Erklärung zur Unternehmensführung im Lagebericht in einem gesonderten Abschnitt anzugeben. Neben der Zielgröße ist auch anzugeben, ob die festgelegte Zielgröße in dem festgelegten Zeitraum erreicht worden ist. Wird die Zielgröße verfehlt, sind die Gründe für das Verfehlen anzugeben. **599**

---

[836] RegE BT-Drs. 18/3784, 124.
[837] Vgl. Hüffer/*Koch* § 161 Rn. 13.
[838] RegE BT-Drs. 18/3784, 123.
[839] *Wasmann/Rothenburg* DB 2015, 291 (295).
[840] RegE BT-Drs. 18/3784, 123.
[841] Beispiel aus der Stellungnahme des BDA/BDI zum RegE S. 16; im Ergebnis ebenso Stellungnahme DAI RefE S. 20.
[842] Beispiel aus der Stellungnahme des BDA/BDI zum RegE S. 16.
[843] RegE BT-Drs. 18/3784, 123.
[844] RegE BT-Drs. 18/3784, 123.
[845] Stellungnahme DAV S. 46 Rn. 106.
[846] Vgl. zur zunehmenden Unschärfe des Begriffes „Geschlecht" mit weiterführenden Literaturhinweisen *Mutter* AG 2014, R218.

IV. Fristen zur Erreichung der Zielgrößen

600 Nach § 25 EGAktG müssen die Zielvorgaben durch den Aufsichtsrat erstmalig bis spätestens 30.9.2015 beschlossen worden sein. Die Frist bis zur Erreichung der Zielvorgabe darf bei der erstmaligen Festlegung zwei Jahre nicht überschreiten. Die folgenden Frist dürfen jeweils nicht länger als fünf Jahre sein.[847] Die Vorgabe einer erstmaligen Frist von nicht länger als zwei Jahren ist höchst problematisch, wenn die Amtsdauer der bei Beschlussfassung amtierenden Vorstands- oder Aufsichtsratsmitglieder zwei Jahre übersteigt.[848] Eine Verpflichtung der Gesellschaft, in diesem Fall neue Vorstandspositionen zu schaffen oder gar eine Satzungsänderung durch die Hauptversammlung beschließen zu lassen, um die Zahl der Aufsichtsratsmitglieder zu erhöhen, dürfte ebenso ausscheiden wie eine Verpflichtung, in einem derartigen Fall die Bestellung amtierender Vorstandsmitglieder zu widerrufen oder das Mandat als Aufsichtsratsmitglied niederzulegen.[849]

V. Konsequenzen einer Nichtbefolgung

601 Verletzt der Aufsichtsrat seine Pflicht zur Festlegung von Zielgrößen, so soll dies eine Schadensersatzpflicht nach § 93 Abs. 2 S. 2, § 116 AktG nach sich ziehen.[850] Diese Sanktion ist während des Gesetzgebungsverfahrens teilweise als zu weitgehend kritisiert worden.[851] Da die Haftung nach § 93 Abs. 2 S. 2, § 116 AktG gegenüber der Gesellschaft besteht, ist fraglich, worin in einer Nichtbefolgung der Festlegung von Zielquoten für Vorstand oder Aufsichtsrat der Schaden der Gesellschaft liegen soll. Dieser wäre von der Gesellschaft zu beweisen[852].

VI. Inkrafttreten der Neuregelung

602 Zielvorgaben durch den Aufsichtsrat gemäß § 111 Abs. 5 müssen nach § 25 EGAktG erstmalig bis spätestens 30.9.2015 beschlossen worden sein.

H. Höchstpersönliche Amtsführung des Aufsichtsratsmitglieds (Abs. 6)

603 Ein Aufsichtsratsmitglied kann seine Aufgaben **nicht durch andere Personen** ausüben lassen. Es kann weder die Rechte noch die Pflichten übertragen. Er darf allerdings auf eigene Rechnung Berater zuziehen, wenn es feststehende Grundsätze beachtet. Keine Bedenken bestehen gegen den Einsatz von Hilfskräften. Diese bisher in Abs. 5 enthaltene Regelung wurde infolge der Einführung eines neuen Abs. 5 durch das Gesetz für die gleichberechtigte Teilhabe von Frauen und Männern an Führungspositionen in der Privatwirtschaft und im öffentlichen Dienst[853] ohne inhaltliche Änderung zu Abs. 6.

I. Pflichten des einzelnen Aufsichtsratsmitglieds

604 Jedes Aufsichtsratsmitglied ist verpflichtet, seine mit dem Amt verbundenen Pflichten **selbst zu erfüllen**. Es gibt keine Stellvertretung im Amt.[854] Jede Vernachlässigung der mit dem Amt verbundenen Aufgaben stellt eine Sorgfaltspflichtverletzung dar. Während der

---

[847] RegE BT-Drs. 18/3784, 123.
[848] Stellungnahme DAI RefE S. 24
[849] So auch die Begründung zu EGAktG 25, RegE BT-Drs. 18/3784, 124: Bestehende Mandate können bis zu ihrem regulären Ende auslaufen.
[850] RegE BT-Drs. 18/3784, 123.
[851] Stellungnahme DIHK RefE S. 8, DIHK RegE S. 9.
[852] MüKoAktG/*Spindler* § 93 Rn. 185.
[853] Gesetz für die gleichberechtigte Teilhabe von Frauen und Männern an Führungspositionen in der Privatwirtschaft und im öffentlichen Dienst vom 6.3.2015, (GlTeilhG), BT-Drs. 18/3784, 18/4053, 18/4227, BR-Drs. 77/15.
[854] MHdB AG/*Hoffmann-Becking* § 33 Rn. 3.

Dauer des Mandats ist das Aufsichtsratsmitglied ständig gehalten, seine Pflichten zu erfüllen. Es gibt keinen „Urlaub" vom Mandat.

Jedes Aufsichtsratsmitglied ist verpflichtet, für die pünktliche und ordnungsmäßige Vorlage der gesetzlich vorgeschriebenen Berichte zu sorgen, die vom Vorstand erstatteten **Berichte eingehend zu studieren** und auf etwaige Handlungserfordernisse durchzuarbeiten. Jedes Aufsichtsratsmitglied hat Unklarheiten durch Fragen und Berichtsanforderung aufzuklären, soweit dies nicht schon auf Grund entsprechenden Verlangens anderer Aufsichtsratsmitglieder geschehen ist. Jedes einzelne Aufsichtsratsmitglied muss sich auf Grund des festgestellten Sachverhalts ein eigenes **Urteil bilden** und dies, wenn nötig, begründet vortragen. Es muss an der Entscheidung über Maßnahmen mitwirken, die auf Grund der Sachverhaltsbeurteilung in Frage kommen. Dabei steht es ihm frei, nach eigener Prüfung einem Maßnahmenvorschlag zuzustimmen oder ihn abzulehnen. **Stimmenthaltung** sollte eine ganz seltene Ausnahme sein. Niemand ist in den Aufsichtsrat berufen worden, um sich vor Entscheidungen zu drücken. Wer sich bei wichtigen Entscheidungen der Stimme enthält, wird häufig pflichtwidrig handeln. Er kommt seiner Pflicht zur Meinungsäußerung in einer Überwachungsangelegenheit nicht nach (→ § 116 Rn. 59, 187). 605

Das Aufsichtsratsmitglied muss **an jeder Sitzung,** die ordnungsgemäß einberufen worden ist, **teilnehmen,** wenn es nicht durch unabweisbare Gründe verhindert ist. Dabei werden „andere Termine" im Regelfall keine ausreichende Entschuldigung für das Versäumen einer gemeinsam terminierten Sitzung sein. Wer nicht Herr über seinen Terminkalender ist, darf kein Aufsichtsratsmandat annehmen. Wiederholtes Fehlen stellt einen wichtigen Grund für eine gerichtliche Abberufung dar (§ 103 Abs. 3 S. 1. Vgl. → § 103 Rn. 48). Da der Aufsichtsrat insgesamt verpflichtet ist, für eine ordnungsmäßige Amtsführung des Organs Aufsichtsrat zu sorgen, kann die Sorgfaltspflicht gebieten, einen Abberufungsantrag zu stellen (§ 103 Abs. 3 S. 2). 606

Aufsichtsratsmitglieder können keinen Weisungen unterworfen werden.[855] Sie müssen eigenverantwortlich handeln. Dies gilt für gewählte wie für entsandte Mitglieder, für Anteilseignervertreter und für Arbeitnehmervertreter. Auch im Konzern gibt es von Rechts wegen keine Ausnahme. 607

II. Zuziehung von Beratern und Assistenten

Das Gebot höchstpersönlicher Amtsführung verbietet dem einzelnen Aufsichtsratsmitglied nicht die **persönliche Zuziehung** von Beratern oder Assistenten **auf eigene Rechnung.**[856] Eine Ausnahme gilt für Aufsichtsräte in **Kreditinstituten,** die unter die Regelungen des § 25d Abs. 7 KWG fallen (→ Rn. 78). Nach § 25d Abs. 8 S. 9 steht es den Mitgliedern des Risikoausschusses frei, externe Sachverständige zu ihrer Unterstützung einzuschalten. Auch wenn dies im Gesetz nicht ausdrücklich geregelt wurde, dürfte es aber selbstverständlich sein, dass die Kosten der externen Beratung von der Gesellschaft und nicht von den Mitgliedern des Aufsichtsrats getragen werden. Voraussetzung für die Einschaltung externer Berater ist aber in jedem Fall die Sicherung der Verschwiegenheit solcher Berater. Wenn sie nicht erreichbar ist, darf das Aufsichtsratsmitglied ihnen keine vertraulichen Unterlagen der Gesellschaft zur Kenntnis oder zur Bearbeitung geben. Eine Zuziehung von Beratern, die zur Berufsverschwiegenheit verpflichtet sind, ist unbedenklich. 608

Durch die Einschaltung von Beratern wird das Aufsichtsratsmitglied von der **eigenen Pflicht zur Überwachung** nicht frei.[857] Es kann sich von dieser Pflicht nicht mit dem Hinweis befreien, wegen eigenen Zeitmangels habe es die Unterlagen von einem erfahrenen Berater prüfen lassen, der keine Anhaltspunkte für die Notwendigkeit eines Eingreifens gefunden habe. Natürlich darf das Aufsichtsratsmitglied seine Berater und Assistenten mit Vorarbeiten beauftragen. Aber eines darf es nicht: Es darf niemals auf eigenes kritisches 609

---

[855] Vgl. dazu MHdB AG/*Hoffmann-Becking* § 33 Rn. 7; *Raiser* ZGR 1978, 391 (404).
[856] *Lutter/Krieger* DB 1995, 257. Eher einschränkend MHdB AG/*Hoffmann-Becking* § 33 Rn. 5.
[857] BGHZ 85, 293 = NJW 1983, 991. Vgl. dazu *Hommelhoff* ZGR 1983, 551.

Durcharbeiten der ihm zugegangenen Unterlagen verzichten und sich auf Kurzfassungen der Berichte und auswertende Hinweise von Mitarbeitern verlassen. Das übernommene Mandat verpflichtet es zu eigener Arbeit.

III. Zuziehung von Hilfskräften

610 Die Verpflichtung zur höchstpersönlichen Wahrnehmung des Mandats bedeutet natürlich nicht, dass sich das Aufsichtsratsmitglied **bei nötigen Hilfsarbeiten** keiner Hilfskraft bedienen dürfte. Selbstverständlich darf das Aufsichtsratsmitglied Schreib- und Bürokräfte beschäftigen, die für eine ordnungsmäßige Büroabwicklung des Mandats sorgen. Es darf sich auch Sitzungsunterlagen vorordnen, geeignetes Informationsmaterial vorbereiten und einschlägige Fachliteratur zusammenstellen lassen.[858]

I. Der Aufsichtsrat im Insolvenzverfahren[859]

611 Die Eröffnung des Insolvenzverfahrens führt zur Auflösung einer AG (§ 262 Abs. 1 Nr. 3) und nicht zu ihrer Beendigung. Eine Abwicklung findet nicht statt (§ 264 Abs. 1). Die Gesellschaft unterliegt damit weiter den für eine werbende Gesellschaft geltenden Vorschriften. Die **Organstruktur** der AG **bleibt erhalten.**[860] Der Insolvenzverwalter kann den Aufsichtsrat nicht abberufen. Allerdings sind die Restbefugnisse des Aufsichtsrats in der praktischen Abwicklung fast bedeutungslos. Der Insolvenzverwalter und seine Tätigkeit unterliegen nicht der Überwachung durch den Aufsichtsrat.

612 Durch die Insolvenz werden die Kompetenzen von Vorstand und Aufsichtsrat weitgehend durch Kompetenzen des Insolvenzverwalters überlagert und verdrängt. Drei Kompetenzbereiche werden unterschieden:

613 Im **Verdrängungsbereich** ist allein der Insolvenzverwalter zuständig. Er umfasst die Verwaltung des Gesellschaftsvermögens und das Verfügungsrecht über die zur Masse gehörenden Vermögensgegenstände. Der Insolvenzverwalter ist ein im eigenen Namen handelnder Amtsträger. Er unterliegt allein der Überwachung durch das Insolvenzgericht und den Gläubigerausschuss.

614 Im **Insolvenzschuldnerbereich** sind Vorstand und Aufsichtsrat zuständig. Er umfasst die Verwaltung des insolvenzfreien Vermögens, das durch Freigabe durch den Konkursverwalter entstehen kann. In diesen Bereich fallen auch insolvenzneutrale gesellschaftsrechtliche Maßnahmen wie die Abberufung und Bestellung von Vorstandsmitgliedern, die Sache des Aufsichtsrats bleiben. Auch die Einberufung und Durchführung einer Hauptversammlung bleibt Angelegenheit der normalen gesellschaftsrechtlichen Organe.

615 In den **Überschneidungsbereich** fallen Maßnahmen, die nur durch das Zusammenwirken der zuständigen Gesellschaftsorgane mit dem Konkursverwalter vorgenommen werden können. Es sind Maßnahmen, die den gesellschaftsrechtlichen Zuständigkeitsbereich betreffen, aber geeignet sind, die der Verwaltung durch den Insolvenzverwalter unterliegende Vermögensmasse zu schmälern. Welche Maßnahmen wirklich unter diese Zuständigkeit fallen, ist fraglich.[861]

---

[858] *Lutter/Krieger* DB 1995, 257 (259); Kölner Komm AktG/*Mertens/Cahn* Rn. 120.
[859] Allgemeines Schrifttum: *Braun/Uhlenbruck*, Unternehmensinsolvenz, 1997, 86 ff.; Hüffer/*Koch* § 264 Rn. 8 ff.; *B. Kübler/Prütting* InsO Kommentar, Sonderband 1 in *Noack*, Gesellschaftsrecht, 1999; Kölner Komm AktG/*Mertens/Cahn* § 103 Rn. 53; *Oechsler* AG 2006, 606; *Karsten Schmidt* ZGR 1998, 633 ff.; *Dieter Schneider*, FS Oppenhoff, 1985, 349 ff.; *W. Schulz* KTS 1986, 389 ff.; *Siegelmann* DB 1967, 1029 ff.; *Uhlenbruck*, Gesellschaftsrechtliche Aspekte des neuen Insolvenzrechts, in: Kölner Schrift zur Insolvenzordnung, 1997, S. 879 ff.; *F. Weber* KTS 1970, 73 ff.
[860] HM, OLG München AG 1995, 232; *Braun/Uhlenbruck* Unternehmensinsolvenz, 1997, 88; Hüffer/*Koch* § 264 Rn. 8; *Karsten Schmidt* ZGR 1998, 633 (645); umfassend *Weber* KTS 1970, 73 ff.; aA *Schulz* KTS 1986, 389 (393 f.) aus faktischen Erwägungen.
[861] Vgl. Hüffer/*Koch* § 264 Rn. 10.

616 Soweit Zuständigkeiten des Aufsichtsrats fortbestehen, gelten auch die allgemeinen Vorschriften für die **Aufgaben und Rechte** des Aufsichtsrats. Allerdings haben sie nur dann praktische Bedeutung, wenn ein nennenswertes insolvenzfreies Vermögen vorhanden ist. Auch die Bestimmungen über Sorgfaltspflicht und Verantwortlichkeit der Aufsichtsratsmitglieder gelten fort (§§ 116, 93).

617 Durch das MOMiG[862] wurde in § 78 Abs. 1 S. 2 eine neue Regelung eingeführt für den Fall der „**Führungslosigkeit**" der Gesellschaft. Diese soll nach dem Gesetz vorliegen, wenn bei der Gesellschaft kein Vorstand vorhanden ist. In diesem Fall gehen nach den ebenfalls durch das MOMiG geänderten §§ 15 Abs. 1 und 15a Abs. 3 InsO das Recht und die Pflicht zur Insolvenzantragstellung vom Vorstand auf die einzelnen Mitglieder des Aufsichtsrats über. Jedes einzelne Aufsichtsratmitglied ist nach § 15 Abs. 1 S. 2 InsO berechtigt und nach § 15a Abs. 3 2. Alternative InsO verpflichtet, im Falle der Zahlungsunfähigkeit oder der Überschuldung Insolvenzantrag für die Gesellschaft zu stellen. Die Verpflichtung des einzelnen Aufsichtsratsmitgliedes zur Stellung eines Insolvenzantrages ist nicht davon abhängig, dass seine Mitgliedschaft im Aufsichtsrat gemäß § 106 mitgeteilt und bekannt gemacht worden ist.[863]

J. Beiräte und ähnliche Gremien

618 Bei manchen Gesellschaften, vor allem in der Finanzdienstleistungs- und Versicherungsbranche, sind **Gremien** üblich, die der **Beratung** und **Unterstützung** des Vorstands oder der **Verbindung** zu besonderen Kunden dienen.[864] Es gibt verschiedenartige Bezeichnungen für derartige Gremien: Beraterkreis, Beirat, Verwaltungsrat und dgl.

619 Grundsätzlich sind derartige Gremien zulässig. Sie können allerdings keinerlei organschaftliche Pflichten übernehmen oder organschaftliche Rechte erhalten. Derartige Gremien sind **der Gesellschaft schuldrechtlich verbunden.** Die Berufung ihrer Mitglieder ist eine Geschäftsführungsangelegenheit, sie obliegt dem Vorstand.

620 Allerdings kann auch die **Satzung** solche Gremien vorsehen und ihnen Aufgaben übertragen, die durch die Satzung geschaffen und außerhalb der organschaftlichen Befugnisse dem Aufsichtsrat übertragen werden können. Das Recht zur Auswahl der Mitglieder kann dem Aufsichtsrat oder der Hauptversammlung gewährt werden. Organschaftliche Rechte oder Pflichten können aber weder durch die Satzung noch durch Beschluss eines Organs einem von der Gesellschaft geschaffenen Gremium übertragen werden.

621 **Vergütungen** für die Tätigkeit der Mitglieder solcher Gremien werden vom Vorstand im Rahmen seiner Geschäftsführung festgesetzt und **ausgezahlt.** Aber auch die Satzung kann vorsehen, dass den Mitgliedern derartiger Gremien Vergütungen gezahlt werden. Sie sind im Lagebericht für jedes bestehende Gremium gesondert aufzuführen (§ 285 Nr. 9 HGB).

622 Grundsätzlich können den Mitgliedern solcher Gremien alle **Informationen** vorgetragen werden, die öffentlich bekannt sind. Ebenso wie anderen Beratern der Gesellschaft können Mitgliedern solcher Gremien auch vertrauliche Informationen zur Verfügung gestellt werden, wenn sie diese Informationen für ihre Beratungstätigkeit benötigen. Allerdings muss der Vorstand dafür sorgen, dass jedes Mitglied, das nicht schon einer Berufsverschwiegenheit unterliegt, ausdrücklich zur Verschwiegenheit verpflichtet wird. Dies ist sowohl aktienrechtlich als auch kapitalmarktrechtlich notwendig, um dem Vorstand die Möglichkeit zur Weitergabe vertraulicher Informationen zu geben.[865] Ein Auskunftsrecht,

---

[862] Gesetz zur Modernisierung des GmbH-Rechts und zur Bekämpfung von Missbräuchen vom 23.10.2008, BGBl. 2008 I S. 2026.
[863] Uhlenbruck/*Hirte* InsO § 15 Rn. 2A.
[864] Hierzu umfassend *Sigle* NZG 1998, 619.
[865] Der Vorstand ist zur Verschwiegenheit verpflichtet, § 93 Abs. 1 S. 2. Der Vorstand darf als Insider einem anderen unbefugt keine Insidertatsachen mitteilen oder zugänglich machen, § 14 Abs. 1 Nr. 2 WpHG.

das mit einer Pflicht des Vorstands zur Beantwortung verbunden ist, kann den Mitgliedern derartiger Gremien ebenso wenig wie ein Berichtsanforderungsrecht gewährt werden. Es würde eine Übertragung von Rechten bedeuten, die das Aktienrecht für Aktionäre in der Hauptversammlung (§ 131 Abs. 1) oder Mitglieder des Aufsichtsrats (Entspr. § 90 Abs. 3 S. 2) geschaffen hat; solche Rechte sind nicht auf Gremien übertragbar, die keine aktienrechtlichen Aufgaben haben.

623 Von beratenden Gremien der Gesellschaft sind **Gremien** zu unterscheiden, die **von Aktionären oder Aktionärsgruppen** gebildet werden. Solche Gremien haben keine Rechtsbeziehungen zur Gesellschaft. Ihre Mitglieder werden von den Aktionären, die das Gremium gebildet haben, berufen. Sie erhalten von der Gesellschaft keine Vergütung. Mitglieder des Vorstands oder des Aufsichtsrats sind weder aktienrechtlich noch kapitalmarktrechtlich befugt, den Mitgliedern dieser Gremien vertrauliche Angaben mitzuteilen oder sonst zugänglich zu machen.

624 Mitglieder von Gremien, die von der Gesellschaft geschaffen worden sind, haben ihre Pflichten mit der **Sorgfalt** zu erfüllen, wie sie für das jeweils geschaffene schuldrechtliche Verhältnis gilt. Auch ihre Verantwortlichkeit richtet sich nach den allgemeinen Vorschriften. Die aktienrechtlichen Bestimmungen über Sorgfalt und Verantwortlichkeit (§§ 116, 93) gelten nicht, es sei denn, sie würden ausdrücklich vereinbart.

K. Besonderheiten bei der KGaA

I. Überblick

625 Ebenso wie bei der Aktiengesellschaft ist bei der Kommanditgesellschaft auf Aktien ein Aufsichtsrat als Organ zu bilden. Auf den Aufsichtsrat der KGaA finden die allgemeinen Vorschriften des Aktiengesetzes (§ 278 Abs. 3, §§ 95 ff.) Anwendung, soweit sich nicht aus den gesetzlichen Regelungen der KGaA (§§ 278–290) oder aufgrund der anderen Struktur der Vertretung der KGaA durch persönlich haftende Gesellschafter Abweichendes ergibt. Ebenfalls auf den Aufsichtsrat der KGaA anwendbar sind im Rahmen ihres Anwendungsbereiches die mitbestimmungsrechtlichen Vorschriften. Die Anwendbarkeit mitbestimmungsrechtlicher Vorschriften verändert die durch das AktG vorgegebenen Kompetenzen des Aufsichtsrats der KGaA jedoch nicht.[866]

626 Die Unterschiede in den Rechten und Kompetenzen des Aufsichtsrats der KGaA gegenüber dem Aufsichtsrat einer AG sind im Wesentlichen durch die abweichende Organisationsstruktur der KGaA bedingt.[867] Die Führung der KGaA obliegt nicht einem Vorstand, sondern einem oder mehreren persönlich haftenden Gesellschaftern, die natürliche Personen oder juristische Personen sein können. Im Verhältnis zwischen persönlich haftenden Gesellschaftern und der KGaA gilt das Recht der Kommanditgesellschaft. Im Verhältnis zur Anteilseignerseite, den Kommanditaktionären, kommt hingegen Aktienrecht zur Anwendung. Aus diesem Unterschied in der Führungsstruktur resultieren die **wesentlichen Einschränkungen** in der Kompetenz des Aufsichtsrats der KGaA. Diesem fehlen nach dem gesetzlichen Leitbild wesentliche Kompetenzen eines Aufsichtsrats einer AG. Der Aufsichtsrat der KGaA kann – vorbehaltlich abweichender Satzungsbestimmungen – nicht die persönlich haftenden Gesellschafter bestellen oder abberufen. Ihm fehlt damit die Möglichkeit, die personelle Zusammensetzung der Geschäftsführung der Gesellschaft zu bestimmen. Er kann ferner für die Geschäftsführung keine Zustimmungsvorbehalte entsprechend § 111 Abs. 4 S. 2 erlassen. Allerdings bedürfen außergewöhnliche Geschäfte bei einer KGaA der Zustimmung der Kommanditaktionäre (§ 278 Abs. 2 iVm § 161 Abs. 2, 116 Abs. 2 HGB). Ebensowenig obliegt dem Aufsichtsrat der KGaA die Feststellung des Jahresabschlusses.

---

[866] MüKoAktG/*Perlitt* § 287 Rn. 3.
[867] *Lutter/Krieger/Verse* Rn. 1301.

Hierfür sind die persönlich haftenden Gesellschaftern gemeinsam mit der Hauptversammlung zuständig.[868]

Ungeachtet dieser Einschränkungen hat der Aufsichtsrat der KGaA die Aufgabe, die Geschäftsführung der KGaA durch die persönlich haftenden Gesellschafter zu überwachen, die Beschlüsse der Kommanditaktionäre auszuführen[869] und die KGaA gegenüber den persönlich haftenden Gesellschaftern zu vertreten.[870] **627**

Die **Satzung** und die **Hauptversammlung** können die Kompetenzen des Aufsichtsrats jedoch **erweitern,** insbesondere die Kompetenzen denen eines Aufsichtsrats einer AG angleichen.[871] So kann dem Aufsichtsrat der KGaA durch Satzungsregelung die Personalkompetenz zugewiesen werden und ihm das Recht zum Erlass von Zustimmungsvorbehalten entsprechend § 111 Abs. 4 S. 2 eingeräumt werden. **628**

Eine Einschränkung der Kompetenzen des Aufsichtsrats gegenüber dem gesetzlichen Leitbild durch Satzungsbestimmung ist ebenfalls möglich, soweit nicht die Überwachungskompetenz beschränkt wird. Die Überwachungskompetenz kann dem Aufsichtsrat durch die Satzung weder ganz entzogen noch beschränkt werden.[872] Beschränkbar ist hingegen die Ausführungs- und Vertretungskompetenz des Aufsichtsrats. So ist es möglich, die Ausführung von Beschlüssen der Hauptversammlung oder die Vertretung der KGaA gegenüber ihren persönlich haftenden Gesellschaftern in der Satzung abweichend vom gesetzlichen Leitbild zu regeln und diese Kompetenzen beispielsweise einem besonderen Organ zuzuweisen.[873] Bestehen insoweit besondere Satzungsbestimmungen, ist die Hauptversammlung an diese Regelungen der Satzung gebunden. Abweichende Beschlüsse wären unzulässig.[874] **629**

II. Zusammensetzung

Die Zusammensetzung des Aufsichtsrats richtet sich auch bei der KGaA nach den allgemeinem aktienrechtlichen Vorschriften. Mindest- und Höchstzahl der Aufsichtsratsmitglieder richten sich nach § 95. Für die Bestimmung der Höchstzahl der Aufsichtsratsmitglieder ist nur auf das Grundkapital der KGaA abzustellen, das Gesamtkapital, also das Grundkapital zuzüglich eines etwaigen Komplementärkapitals, ist nicht zu berücksichtigen.[875] **630**

Die KGaA unterliegt den Regelungen der Mitbestimmung. Bei Gesellschaften mit mehr als 2000 Mitarbeitern kommt § 1 Abs. 1 Nr. 2 MitbestG iVm § 7 MitbestG zur Anwendung. Bei Gesellschaften mit mehr als 500, aber weniger als 2000 Mitarbeitern gilt § 1 Abs. 1 Nr. 2 DrittelbG. Insoweit gelten für die Zusammensetzung, Wahl und Entsendung der Aufsichtsratsmitglieder die gleichen rechtlichen Rahmenbedingungen wie für die AG. Allerdings können persönlich haftende Gesellschafter gemäß § 285 Abs. 1 Nr. 1 kein Entsendungsrecht ausüben.[876] **631**

Handelt es sich bei dem persönlich haftenden Gesellschafter nicht um eine naürliche, sondern um eine juristische Person, stellt sich die Frage, inwieweit auch Gesellschafter und Geschäftsführer des persönlich haftenden Gesellschafters vom Entsendungsrecht ausgeschlossen sind. Mitgliedern des Geschäftsführungsorgans des persönlich haftenden Gesellschafters steht in entsprechender Anwendung des § 287 Abs. 3 ebensowenig ein Entsendungsrecht **632**

---

[868] MüKoAktG/*Perlitt* § 286 Rn. 44.
[869] § 287 Abs. 1. Ausführlich zu der Frage, ob der Aufsichtsrat in diesem Fall als Organ der Gesellschaft oder als Organ der Kommanditaktionäre tätig wird, Kölner Komm AktG/*Mertens/Cahn* § 287 Rn. 2. Im ersteren Sinne BGH NZG 2006, 138 (140).
[870] MüKoAktG/*Perlitt* § 287 Rn. 5.
[871] MüKoAktG/*Perlitt* § 287 Rn. 5.
[872] MüKoAktG/*Perlitt* § 287 Rn. 7.
[873] MüKoAktG/*Perlitt* § 287 Rn. 9 f.
[874] MüKoAktG/*Perlitt* § 287 Rn. 12.
[875] MüKoAktG/*Perlitt* § 287 Rn. 17.
[876] MüKoAktG/*Perlitt* § 287 Rn. 18.

zu, wie Gesellschaftern des Komplementärs, die kraft ihrer Beteiligung oder ihres Stimmrechtes einen beherrschenden Einfluss auf den persönlich haftenden Gesellschafter ausüben können.[877] Gesellschafter des Komplementärs, die keinen beherrschenden Einfluss ausüben können, werden hingegen vom Entsendungsverbot nicht erfasst.[878]

III. Wählbarkeit

633 Vorstehende Beschränkungen des Entsendungsrechtes gelten entsprechend für die Wählbarkeit, § 287 Abs. 3. Persönlich haftende Gesellschafter, Mitglieder des Geschäftsführungsorganes eines persönlich haftenden Gesellschafters oder beherrschende Gesellschafter des persönlich haftenden Gesellschafters können nicht Mitglied des Aufsichtsrats der KGaA werden.[879] Daneben gelten die allgemeinen aktienrechtlichen Inhabilitätsregeln des § 100 und § 105. Mitglied des Aufsichtsrats können daher ebensowenig Prokuristen oder Handlungsbevollmächtigte der KGaA sein, wie gesetzliche Vertreter von abhängigen Unternehmen. Die Inhabilitätsvorschrift des § 287 Abs. 3 ist satzungsfest und erstreckt sich auch auf nicht geschäftsführungs- oder vertretungsberechtigte persönlich haftende Gesellschafter.[880] Unzulässig ist auch die Delegation von Aufsichtsratsmitgliedern in die Geschäftsführung der KGaA,[881] sei es als persönlich haftender Gesellschafter, sei es als Mitglied des Geschäftsführungsorgans eines persönlich haftenden Gesellschafters.

IV. Kompetenzen

634 **1. Personalkompetenz.** Der wesentliche Unterschied in den Kompetenzen zwischen dem Aufsichtsrat der KGaA und dem Aufsichtsrat der AG besteht in der fehlenden Personalkompetenz. Anders als der Aufsichtsrat der AG hat der Aufsichtsrat der KGaA nach dem gesetzlichen Leitbild keinen Einfluss auf die Auswahl des persönlich haftenden Gesellschafters. Nach der Vorstellung des Gesetzgebers verträgt sich die unbeschränkte persönliche Haftung des Komplementärs nicht mit einer Fremdbestimmung durch den Aufsichtsrat.[882] Stattdessen findet für die Geschäftsführung und Vertretung der KGaA durch ihren persönlich haftenden Gesellschafter über § 278 Abs. 2, § 161 Abs. 2, 114, 125 HGB Personengesellschaftsrecht Anwendung.[883] Die persönlich haftenden Gesellschafter werden somit, anders als der Vorstand nach § 84, nicht durch den Aufsichtsrat „bestellt", sondern sie gelten, aufgrund des personengesellschaftlichen Prinzips der Selbstorganschaft, als das „geborene" Geschäftsführungs- und Vertretungsorgan der KGaA.[884]

635 Folgerichtig enthält § 31 Abs. 1 S. 2 MitBestG für mitbestimmte Kommanditgesellschaften auf Aktien eine Ausnahmeregelung dahingehend, dass die Bestellung des Geschäftsführungs- und Vertretungsorgans nicht durch den mitbestimmten Aufsichtsrat erfolgt. In der mitbestimmten KGaA ist auch kein Arbeitsdirektor zu bestellen, § 33 Abs. 1 S. 2 MitBestG.

636 Seit der ausdrücklichen Zulassung der kapitalistischen KGaA durch den Bundesgerichtshof im Jahr 1997[885] wird diskutiert, ob diese mitbestimmungsrechtliche Privilegierung auch für die kapitalistische KGaA gelte, bei der keine natürliche Person hafte. Teilweise wird versucht, diese vermeintliche „Lücke" in der Mitbestimmung durch eine analoge Anwendung der § 4 Abs. 1 MitBestG oder § 5 MitBestG zu schließen.[886] Der Bundesgerichtshof

---

[877] BGH NZG 2006, 138 (140); MüKoAktG/*Perlitt* § 278 Rn. 323; einschränkend hinsichtlich der Gesellschafter des Komplementärs Hüffer/*Koch* § 287 Rn. 4.
[878] Hüffer/*Koch* § 287 Rn. 4; im Ergebnis auch BGH NZG 2006, 138 (141).
[879] MüKoAktG/*Perlitt* § 287 Rn. 29.
[880] MüKoAktG/*Perlitt* § 287 Rn. 28.
[881] MüKoAktG/*Perlitt* § 287 Rn. 30.
[882] MüKoAktG/*Perlitt* § 287 Rn. 44.
[883] *Lutter/Krieger/Verse* Rn. 1305.
[884] *Lutter/Krieger/Verse* Rn. 1305.
[885] BGHZ 134, 392 ff.
[886] Ausführlich Großkomm AktG/*Assmann/Sethe* Vor § 287 Rn. 9 ff.

hat diese Argumente in seiner Entscheidung abgelehnt und auf den Gesetzgeber verwiesen.[887]

Ebensowenig wie die Kompetenz zur Bestellung der persönlich haftenden Gesellschafter steht dem Aufsichtsrat der KGaA nach dem gesetzlichen Leitbild das Recht zu, auf die Geschäftsverteilung zwischen den persönlich haftenden Gesellschaftern Einfluss zu nehmen. Ihm steht keine Geschäftsordnungskompetenz zu.[888]

Vorstehend beschriebene Beschränkungen der Kompetenz des Aufsichtsrats im Bereich der Auswahl und Kontrolle der persönlich haftenden Gesellschafter sind jedoch **dispositiv.** Durch Satzungsregelung können auch dem Aufsichtsrat einer KGaA entsprechende Rechte zugewiesen werden. So kann dem Aufsichtsrat das alleinige Recht zugewiesen werden, über die Aufnahme von Komplementären zu entscheiden.[889] Weiter können ihm die Befugnis zum Erlass einer Geschäftsordnung sowie die Befugnis zum Erlass von Zustimmungsvorbehalten entsprechend § 111 Abs. 4 eingeräumt werden.[890]

2. Zustimmungsvorbehalte. Ohne Sonderzuweisung in der Satzung fehlt dem Aufsichtsrat in der gesetzestypischen KGaA die Kompetenz zum Erlass von Zustimmungsvorbehalten gemäß § 111 Abs. 4. Auch diese Kompetenzbeschränkung gegenüber den Kompetenzen des Aufsichtsrats einer AG ist Ausdruck der unterschiedlichen Geschäftsführungs- und Vertretungsstruktur der KGaA.[891] In der gesetzestypischen KGaA obliegt die Kontrolle der Geschäftsführung bei der Vornahme außergewöhnlicher Geschäfte den Kommanditaktionären, die gemäß § 287 Abs. 2 und § 161 Abs. 2, § 116 Abs. 2 HGB in der Hauptversammlung ihre Zustimmung erteilen müssen.

Die Satzung kann dem Aufsichtsrat die Kompetenz zum Erlass von Zustimmungsvorbehalten zuweisen. Ebenso kann in der Satzung das Recht der Kommanditaktionäre zur Zustimmung aus § 116 Abs. 2 HGB abbedungen werden. Bedingt die Satzung das Zustimmungsrecht der Kommanditaktionäre ab, führt dies nicht zu einem automatischen Übergang dieser Zuständigkeit auf den Aufsichtsrat.[892]

3. Überwachung. Die Überwachung der Geschäftsführung der persönlich haftenden Gesellschafter ist die Hauptaufgabe des Aufsichtsrats der KGaA. Hierzu stehen dem Aufsichtsrat unter anderem die Informationsrechte aus § 90 zu. Anders als bei der AG liegt der Schwerpunkt der Überwachungstätigkeit des Aufsichtsrats einer KGaA jedoch auf der nachträglichen Kontrolle der Geschäftsführung sowie in deren Beratung, da dem Aufsichtsrat der KGaA die präventiven Eingriffsmöglichkeiten, insbesondere das Recht zum Erlass von Zustimmungsvorbehalten, fehlen.[893]

Gegenstand der Überwachung ist wie bei der AG die Geschäftsführung der Gesellschaft durch deren Leitungsorgan, im Falle der KGaA also die Geschäftsführung durch den oder durch die persönlichen haftenden Gesellschafter. Diese ist wie bei der AG auf ihre Rechtmäßigkeit, Ordnungsmäßigkeit, Wirtschaftlichkeit und Zweckmäßigkeit hin zu überwachen.[894]

Diese Überwachungsaufgabe kann dem Aufsichtsrat durch die Satzung weder entzogen noch beschränkt werden.[895] Eine mittelbare Beschränkung des Umfangs der Überwachung kann jedoch durch eine Beschränkung oder Verlagerung der Geschäftsführungsbefugnis der Komplementäre in der Satzung eintreten. Wird die Geschäftsführungsbefugnis der persönlich haftenden Gesellschafter beschränkt oder auf ein anderes Organ verlagert, verringert sich die Überwachungsaufgabe des Aufsichtsrats entsprechend. Ohne ausdrückliche Sat-

---

[887] BGHZ 134, 392 (400).
[888] MüKoAktG/*Perlitt* § 287 Rn. 43.
[889] Schütz/Bürgers/Riotte/*Bürgers* Rn. 507.
[890] Schütz/Bürgers/Riotte/*Bürgers* Rn. 507.
[891] Lutter/Krieger/*Verse* Rn. 1316.
[892] MüKoAktG/*Perlitt* § 278 Rn. 193; Lutter/Krieger/*Verse* Rn. 1316.
[893] Lutter/Krieger/*Verse* Rn. 1309.
[894] Lutter/Krieger/*Verse* Rn. 1310.
[895] MüKoAktG/*Perlitt* § 287 Rn. 7; Lutter/Krieger/*Verse* Rn. 1310.

zungsbestimmung erstreckt sich die Überwachungskompetenz des Aufsichtsrats nicht auf andere Gremien oder andere Organe der KGaA.[896]

644 Die Überwachungskompetenz des Aufsichtsrats kann durch Satzungsbestimmung erweitert werden und der Überwachungskompetenz des Aufsichtsrats der AG angeglichen werden.[897] Insbesondere kann ihm durch die Satzung das Recht zum Erlass von Zustimmungsvorbehalten entsprechend § 111 Abs. 4 eingeräumt werden.

645 Anders als bei der AG fehlt dem Aufsichtsrat der KGaA das Recht zur Feststellung des Jahresabschlusses. Dieser wird bei der KGaA von den persönlich haftenden Gesellschaftern gemeinsam mit der Hauptversamlung festgestellt, § 286 Abs. 1. Dem Aufsichtsrat obliegt jedoch nach §§ 287 Abs. 3, 171 Abs. 1 das Recht zur Prüfung des Jahresabschlusses. Über das Ergebnis seiner Prüfung hat der Aufsichtsrat der Hauptversammlung gemäß § 171 Abs. 2 zu berichten.

646 **4. Beratung.** Unterschiede zwischen dem Aufsichtsrat einer AG und dem Aufsichtsrat der KGaA bestehen auch bei der Beratung des geschäftsleitenden Organs. Während die Beratung des Vorstands zu den Pflichten des Aufsichtsrats einer AG gehört (→ Rn. 337)[898], besteht eine solche Beratungspflicht für den Aufsichtsrat der KGaA nicht.[899] Dieser unterschiedliche Pflichtenumfang findet seine Begründung in der vergleichsweise stärkeren Stellung des persönlich haftenden Gesellschafters der KGaA gegenüber dem Vorstand einer AG.[900] Dies hat zur weiteren Folge, dass Beratungsverträge mit Aufsichtsratsmitgliedern bei einer KGaA unter erleichterten Voraussetzungen abgeschlossen werden können, als bei einer AG (→ Rn. 354).[901]

647 **5. Information.** Die Informationsrechte des Aufsichtsrats der KGaA entsprechen denen des Aufsichtsrats der AG. Insbesondere die Informationsrechte aus § 90 und § 111 Abs. 2 stehen dem Aufsichtsrat der KGaA im gleichen Umfang zu.[902] Die fehlenden Einwirkungsmöglichkeiten des Aufsichtsrats haben keinen Einfluss auf den Umfang der Informationen, die diesem für seine Überwachungsaufgabe zur Verfügung stehen.[903] Die Pflicht zur Berichterstattung gemäß § 90 liegt in der KGaA bei den persönlich haftenden Gesellschaftern. Im Gegenzug haben die persönlich haftenden Gesellschafter einen Anspruch, über das Ergebnis der Beratungen im Aufsichtsrat informiert zu werden.[904] Beide Organe haben im Bereich der Geschäftsführung und deren Überwachung eine Pflicht zur Zusammenarbeit.[905]

648 **6. Vertretung.** Bei der Vertretung der KGaA durch den Aufsichtsrat ist zu unterscheiden zwischen der Vertretung der KGaA bei Rechtsgeschäften mit den persönlich haftenden Gesellschaftern und der Vertretung der Kommanditaktionäre gemäß § 287 Abs. 2. Die Vertretung der KGaA bei Rechtsgeschäften mit den Komplementären entspricht der Vertretung der AG durch deren Aufsichtsrat bei Geschäften mit dem Vorstand, § 112. Hingegen hat die Vertretung der Kommanditaktionäre durch den Aufsichtsrat bei der AG keine Entsprechung. Diese KGaA spezifische Aufgabenzuweisung hat ihren Ursprung in der Existenz zweier verschiedener Gesellschaftergruppen in der KGaA.[906] Bei Rechtsstreitigkeiten zwischen der Gesellschaftergruppe der Kommanditaktionäre und den persönlich haftenden Gesellschaftern werden die Kommanditaktionäre vom Aufsichtsrat der Gesellschaft vertreten. Rechtsstreitigkeiten im Sinne des § 287 Abs. 2 sind alle Streitigkeiten aus

---

[896] MüKoAktG/*Perlitt* § 287 Rn. 41; *Lutter/Krieger/Verse* Rn. 1310.
[897] MüKoAktG/*Perlitt* § 287 Rn. 53.
[898] Vgl. *Emmerich/Doehner*, FS Georgiades, 2006, 625 (627 ff.).
[899] *Emmerich/Doehner*, FS Georgiades, 2006, 625 (631).
[900] *Emmerich/Doehner,* FS Georgiades, 2006, 625 (631).
[901] Vgl. *Emmerich/Doehner* FS Georgiades, 2006, 625 (631).
[902] MüKoAktG/*Perlitt* § 287 Rn. 40.
[903] *Lutter/Krieger/Verse* Rn. 1311.
[904] MüKoAktG/*Perlitt* § 287 Rn. 42.
[905] MüKoAktG/*Perlitt* § 287 Rn. 42.
[906] MüKoAktG/*Perlitt* § 287 Rn. 72; *Lutter/Krieger/Verse* Rn. 1322.

der Gesellschafterstellung. also beispielsweise Streitigkeiten über die Entziehung der Geschäftsführungs- und Vertretungsbefugnis oder über den Ausschluss eines persönlich haftenden Gesellschafters. Der Aufsichtsrat wird in diesem Fall als Organ der Gesellschaft tätig, nicht als Organ der Kommanditaktionäre.[907] Hieraus folgt, dass der Aufsichtsrat im Konfliktfall die Interessen der Gesellschaft zu vertreten hat und nicht die – möglicherweise divergierenden – Interessen der Kommanditaktionäre.[908] Diese können aber gemäß § 287 Abs. 2 S. 1 durch Hauptversammlungsbeschluss einen besonderen Vertreter wählen, der dann anstelle des Aufsichtsrats die Interessen der Gesamtheit der Kommanditaktionäre gegenüber den persönlich haftenden Gesellschaftern vertritt.

7. Ausführungskompetenz. Soweit die Kommanditaktionäre in der Hauptversammlung Beschlüsse fassen, die ihrerseits der Umsetzung bedürfen, erfolgt die Ausführung der Beschlüsse durch den Aufsichtsrat, § 287 Abs. 1. Hierbei handelt es sich um Beschlüsse, die bei einer Kommanditgesellschaft der Gesamtheit der Kommanditisten zustehen, also beispielsweise die Geltendmachung von Auskunftsrechten nach § 166 HGB oder die Erklärung der Zustimmung zu außergewöhnlichen Geschäften.[909] Beschlüsse der Hauptversammlung, die nach Aktienrecht vom Vorstand der Gesellschaft ausgeführt werden, zB die Handelsregisteranmeldung von Kapitalmaßnahmen, werden von § 287 Abs. 1 nicht erfasst. Deren Ausführung obliegt bei der KGaA den persönlich haftenden Gesellschaftern. Gleiches gilt für alle Beschlüsse der Hauptversammlung, die bei der KGaA der Zustimmung der persönlich haftenden Gesellschafter bedürfen.[910]

V. Besonderheiten bei der kapitalistischen KGaA

Nach der Entscheidung des BGH aus dem Jahre 1997[911] ist nunmehr anerkannt, dass persönlich haftender Gesellschafter einer KGaA auch ausschließlich eine juristische Person sein kann. Diese Entscheidung beseitigte die Unsicherheit über die Zulässigkeit dieser Gestaltung.[912] Seither ist die Zahl der Kommanditgesellschaften auf Aktien mit einer juristischen Person als persönlich haftenden Gesellschafter stark angestiegen.[913] Neben der GmbH finden auch Aktiengesellschaften, Stiftungen,[914] die SE[915] und ausländische Kapitalgesellschaften[916] als persönlich haftende Gesellschafter Verwendung. Einige Gesellschaften sind sogar börsennotiert.[917] Diese spezielle Form der KGaA wird in Abgrenzung zum gesetzlichen Leitbild der KGaA mit einer natürlichen Person als Komplementär auch als „kapitalistische" oder „atypische" KGaA bezeichnet.[918]

Bei der kapitalistischen KGaA ergeben sich einige Besonderheiten, die den Aufsichtsrat der Gesellschaft betreffen. So wird diskutiert, ob die Privilegierung der Rechtsform der KGaA im Mitbestimmungsrecht in § 31 Abs. 1 S. 2 MitbestG und § 33 Abs. 1 S. 2 MitbestG auch für die kapitalistische KGaA gilt.[919] Teilweise wird dies mit dem Argument bestritten, diese Privilegierung sei nur berechtigt, wenn eine natürliche Person als Komplementär unbeschränkt hafte. Für die kapitalistische KGaA wird von dieser Ansicht eine

---

[907] Mittlerweile einhellige Ansicht, vgl. MüKoAktG/*Perlitt* § 287 Rn. 75 mwN.
[908] *Lutter/Krieger/Verse* Rn. 1322.
[909] MüKoAktG/*Perlitt* § 287 Rn. 58.
[910] MüKoAktG/*Perlitt* § 287 Rn. 59.
[911] BGHZ 134, 392.
[912] Hierzu ausführlich: *Hennerkes/Lorz* DB 1997, 1388: „Roma locuta, causa finita: Die GmbH & Co. KGaA ist zulässig".
[913] In der Literatur werden Zahlen zwischen 200 bis 400 Gesellschaften genannt, vgl. zB Spindler/Stilz/ *Bachmann* § 278 Rn. 11. Eine Abfrage im elektronischen Handelsregister im Juni 2013 ergab 286 bei den deutschen Handelsregistern eingetragene Gesellschaften in der Rechtsform der KGaA.
[914] ZB Dussmann Stiftung & Co. Kommanditgesellschaft auf Aktien in Berlin.
[915] ZB Fresenius SE & Co. KGaA, OBI Group Holding SE & Co. KGaA.
[916] ZB Advantum Resources Ltd. & Co. KGaA in Frankfurt/Main oder ALBA plc & Co. KGaA in Berlin.
[917] ZB Fresenius SE & Co. KGaA; Fresenius Medical Care AG & Co. KGaA, Henkel AG & Co. KGaA.
[918] Spindler/Stilz/*Bachmann* § 278 Rn. 3.
[919] Nachweise bei Großkomm AktG/*Assmann/Sethe* Vor § 287 Rn. 9 ff.

analoge Anwendung der § 4 Abs. 1 MitbestG oder § 5 MitbestG befürwortet.[920] Der BGH ist dieser Ansicht allerdings bislang nicht gefolgt.[921] Auch die kapitalistische KGaA unterliegt nicht den mitbestimmungsrechtlichen Vorschriften.[922]

652 Eine weitere Besonderheit kann sich ergeben, wenn auch bei dem persönlich haftenden Gesellschafter ein Aufsichtsrat besteht. Dies ist regelmäßig bei der AG & Co. KGaA der Fall. Aber auch bei der GmbH & Co. KGaA kann diese Situation entstehen, wenn bei der GmbH ein fakultativer Aufsichtsrat gebildet wird. In dieser Konstellation bestehen zwei Aufsichtsorgane, einmal auf der Ebene der Komplementär Gesellschaft und einmal bei der KGaA, deren Aufgabenbereiche sich in weiten Teilen überschneiden. Besteht der Geschäftszweck der Komplementärin ausschließlich in der Geschäftsführung der KGaA, sind die Aufgabenbereiche des Aufsichtsrats der Komplementärin und des Aufsichtsrats der KGaA sogar weitgehend deckungsgleich. Beide haben in diesem Fall die Aufgabe, die Geschäftsführung durch den Vorstand der Komplementärin im Interesse der KGaA zu überwachen, diesen zu beraten und mit ihm zusammen zu arbeiten.[923] Hier stellt sich die Frage, wie die Aufgaben und Kompetenzen der beiden Aufsichtsorgane abzugrenzen sind.[924]

653 Dem Aufsichtsrat der Komplementärin kommt hierbei die zentrale Rolle zu. Anders als der Aufsichtsrat der KGaA ist der Aufsichtsrat der Komplementärin gesetzlich nicht gehindert, sondern sogar verpflichtet, Zustimmungsvorbehalte gemäß § 111 Abs. 4 S. 2 zu erlassen. Dies gilt nicht nur für die Eigen-Geschäfte der Komplementärin, sondern auch für die Geschäftsführung der KGaA durch die Komplementärin.[925]

654 Die Informationspflichten des Vorstands der Komplementärin gegenüber dem Aufsichtsrat der Komplementärin aus § 90 umfassen nicht nur die Angelegenheiten der Komplementärin, sondern auch die Angelegenheiten der KGaA.[926] Der Aufsichtsrat der Komplementärin ist damit umfassend über die Angelegenheiten beider Gesellschaften zu informieren. Auch der Aufsichtsrat der KGaA ist vom Vorstand der Komplementärin nicht nur über die Angelegenheit der KGaA zu informieren, sondern auch über die Angelegenheiten der Komplementärin, soweit diese die Geschäftsführung der KGaA betreffen. Betreibt die Komplementärgesellschaft neben der Geschäftsführung der KGaA noch eigene Geschäfte, sind diese von der Berichterstattung an den Aufsichtsrat der KGaA ausgenommen.[927] Hinsichtlich der gemäß § 170 Abs. 1 S. 1 vorzulegenden Jahresabschlüsse wird vertreten, dass dem Aufsichtsrat der Komplementärin regelmäßig auch der Jahresabschluss der KGaA zur Information vorzulegen ist,[928] der Aufsichtsrat der KGaA aber grundsätzlich keinen Anspruch auf Vorlage des Jahresabschlusses der Komplementärin hat. Die Prüfungspflicht obliegt beiden Organen jeweils nur in Bezug auf den Jahresabschluss der eigenen Gesellschaft.[929]

655 Einsichts- und Prüfungsrechte hinsichtlich der Geschäftsunterlagen sollen beiden Organen nur hinsichtlich ihrer eigenen Gesellschaft zustehen. Ein wechselseitiges Einsichts- und Prüfungsrecht betreffend die jeweils andere Gesellschaft besteht grundsätzlich nicht.[930] Etwas anderes muss jedoch geltend werden, wenn ein Aufsichtsorgan, gleich aus welchen Gründen, seine Prüfungsrechte trotz eines konkreten Prüfungsanlasses nicht ausübt.

656 Die Personalkompetenz für die Bestellung der Mitglieder des Geschäftsführungsorgans liegt ausschließlich bei dem Aufsichtsrat der Komplementärin. Handelt es sich bei der Komplementärin um eine AG, würde eine Satzungsbestimmung, die diese Kompetenz dem

---

[920] Nachweise bei MüKoAktG/*Perlitt* § 278 Rn. 299 und Fn. 328.
[921] BGHZ 134, 392 (400).
[922] So jetzt auch MüKoAktG/*Perlitt* § 278 Rn. 303.
[923] *Marsch-Barner*, FS Hoffmann-Becking, 2013, 777 (779).
[924] Hierzu ausführlich *Marsch-Barner*, FS Hoffmann-Becking, 2013, 777.
[925] *Marsch-Barner*, FS Hoffmann-Becking, 2013, 777 (780).
[926] *Marsch-Barner*, FS Hoffmann-Becking, 2013, 777 (782 f.).
[927] *Marsch-Barner*, FS Hoffmann-Becking, 2013, 777 (784).
[928] *Marsch-Barner*, FS Hoffmann-Becking, 2013, 777 (785).
[929] *Marsch-Barner*, FS Hoffmann-Becking, 2013, 777 (785 f.).
[930] *Marsch-Barner*, FS Hoffmann-Becking, 2013, 777 (787).

Aufsichtsrat der KGaA zuweisen würden, gegen die zwingende Vorschrift des § 84 verstoßen und wäre damit nichtig.[931] Aber auch bei einer GmbH als Komplementärin, selbst wenn bei dieser kein Aufsichtsrat gebildet wurde, wäre es unzulässig, in der Satzung dem Aufsichtsrat der KGaA das Recht zuzuweisen, die Geschäftsführung der Komplementär-GmbH zu bestellen.[932] Die Einräumung einer entsprechenden Befugnis in den Satzungen der GmbH und der KGaA würde zu einer unzulässigen Abspaltung des mitgliedschaftlichen Stimmrechts auf gesellschaftsfremde Dritte führen.[933] Etwas anderes gilt jedoch dann, wenn die KGaA zugleich die alleinige Gesellschafterin der Komplementär Gesellschaft ist. Bei dieser „Einheits-KGaA" kann die KGaA natürlich als Gesellschafterin der Komplementärin deren Geschäftsführung bestellen und abberufen.[934]

Zulässig ist es auch, dem Aufsichtsrat der KGaA das Recht einzuräumen, den persönlich haftenden Gesellschafter insgesamt auszutauschen. **657**

Gemeinsamen Sitzungen der beiden Aufsichtsorgane steht regelmäßig die zwingende Vorschrift des § 109 Abs. 1 entgegen.[935] Dieser beschränkt die Teilnahmebefugnis an Aufsichtsratssitzungen grundsätzlich auf die Mitglieder des Vorstands bzw. der Geschäftsführung des persönlich haftenden Gesellschafters und auf die Mitglieder des Aufsichtsrats der Gesellschaft. Die Mitglieder des Aufsichtsrats der KGaA bzw. der Komplementärin sind hingegen als Dritte im Sinne des § 109 Abs. 1 zur Teilnahme an der Aufsichtsratssitzung der jeweils anderen Gesellschaft nur in Ausnahmefällen befugt, wenn hierfür ein besonderes Bedürfnis besteht.[936] **658**

VI. Sonderorgane

Anders als bei der AG, für die durchgehend die aktienrechtliche Satzungsstrenge gilt, ist es bei der KGaA zulässig, in der Satzung Sonderorgane einzurichten, denen bestimmte mitgliedschaftliche oder organschaftliche Funktionen übertragen werden können.[937] Diese Gremien können zB als Beirat, Gesellschafterausschuss oder Verwaltungsrat bezeichnet werden. Bei der Schaffung derartiger Sonderorgane sind jedoch Grenzen zu beachten. Diese verlaufen zum einen dort, wo das Gesetz auch für die KGaA die Geltung des Aktienrechtes und damit die aktienrechtliche Satzungsstrenge vorschreibt sowie einem Organ bestimmte, gesetzlich zwingende Kompetenzen zuweist, zum anderen in den personengesellschaftsrechtlichen Grundsätzen der Selbstorganschaft und des Kernbereichs der Mitgliedschaft.[938] **659**

Nicht zulässig ist daher jede Beschränkung der Überwachungsfunktion des Aufsichtsrats, da hinsichtlich dieser Funktion § 278 Abs. 3 auf das erste Buch des Aktiengesetzes und damit auf die aktienrechtliche Satzungsstrenge verweist.[939] Möglich ist jedoch, ein Sondergremium einzurichten, welches neben dem Aufsichtsrat Überwachungsaufgaben wahrnimmt.[940] **660**

§ 112 Vertretung der Gesellschaft gegenüber Vorstandsmitgliedern

¹Vorstandsmitgliedern gegenüber vertritt der Aufsichtsrat die Gesellschaft gerichtlich und außergerichtlich. ²§ 78 Abs. 2 Satz 2 gilt entsprechend.

---

[931] Schütz/Bürgers/Riotte/*Schütz*/*Reger* § 5 Rn. 212.
[932] Schütz/Bürgers/Riotte/*Schütz*/*Reger* § 5 Rn. 212; MüKoAktG/*Perlitt* § 278 Rn. 372 f. mwN; offenbar aA *Marsch-Barner*, FS Hoffmann-Becking, 2013, 777 (789).
[933] Schütz/Bürgers/Riotte/*Schütz*/*Reger* § 5 Rn. 212.
[934] Hierzu näher Schütz/Bürgers/Riotte/*Schütz*/*Reger* § 5 Rn. 216.
[935] *Schnorbus*/*Ganzer* AG 2013, 445 (448).
[936] Ausführlich *Schnorbus*/*Ganzer* AG 2013, 445 (448).
[937] *Lutter*/*Krieger*/*Verse* Rn. 1333; Schütz/Bürgers/Riotte/*Bürgers* § 5 Rn. 558 ff.
[938] Ausführlich Schütz/Bürgers/Riotte/*Schütz*/*Reger* § 5 Rn. 7 ff.; s. a. *Lutter*/*Krieger*/*Verse* Rn. 1333.
[939] Großkomm AktG/*Assmann*/*Sethe* § 287 Rn. 75; MüKoAktG/*Perlitt* § 287 Rn. 53.
[940] Schütz/Bürgers/Riotte/*Bürgers* § 5 Rn. 561.

Schrifttum: *Behr/Kindl,* Zur Vertretung der Aktiengesellschaft gegenüber ehemaligen Vorstandsmitgliedern DStR 1999, 119; *Brandes,* Die Rechtsprechung des Bundesgerichtshofs zur Aktiengesellschaft, WM 2000, 53; *Brandner,* Zur gerichtlichen Vertretung der Gesellschaft gegenüber ausgeschiedenen Vorstandsmitgliedern/ Geschäftsführern, FS Quack, 1991, 201; *Buckel/Vogel,* Die angegriffene Wahl des Aufsichtsrats – Gutglaubensschutz statt Rechtsfigur des fehlerhaften Organs, ZIP 2014, 58; *Cahn,* Die Vertretung der Aktiengesellschaft durch den Aufsichtsrat, FS Hoffmann-Becking, 2013, 247; *Ekkenga,* Insichgeschäfte geschäftsführender Organe im Aktien- und GmbH-Recht unter besonderer Berücksichtigung der Einmann-Gesellschaft, AG 1985, 40; *Fischer,* Vertretung einer Aktiengesellschaft durch den Aufsichtsrat, ZNotP 2002, 297; *Fischer/Hoffmann,* Genehmigung einer vom Aufsichtsratsvorsitzenden erteilten Prozessvollmacht, NZG 2013, 1419; *Frels,* Vertretung der AG durch Aufsichtsratsausschüsse bei Rechtsgeschäften mit Vorstandsmitgliedern, AG 1971, 349; *Graef,* Vertretungsmacht des Aufsichtsrats gegenüber Vorstandsmitgliedern im Arbeitsgerichtsprozess – Abstrakte Befangenheit des Vorstands, Anmerkung zu BAG BB 2002, 692, BB 2002, 694; *Hager,* Die Vertretung Aktiengesellschaft im Prozeß mit ihren früheren Vorstandsmitgliedern, NJW 1992, 352; *Happ,* Zur Wirksamkeit von Rechtshandlungen eines fehlerhaft bestellten Aufsichtsrats, FS Hüffer, 2010, 293; *Heim,* Ermächtigung des Aufsichtsratsvorsitzenden zur Vertretung gegenüber Vorstandsmitgliedern, AG 1970, 191; *Heim,* Vorrang der Satzung gegenüber einer Geschäftsordnung des Aufsichtsrats, AG 1972, 229; *Hemeling,* Neuere Entwicklungen in der D&O-Versicherung, FS Hoffmann-Becking, 2013, 491; *Henning/Simon,* Unabhängigkeit des Aufsichtsrats durch Kostenhoheit, Board 2012, 175; *Hübner,* Interessenkonflikte und Vertretungsmacht, 1977; *Hueck,* Die Vertretung von Kapitalgesellschaften im Prozeß, FS Böttcher, 1969, 197; *Knoll/Zachert,* Budgetrecht und Verfügungsrecht des Aufsichtsrats über Gesellschaftskonten im Interesse der Corporate Governance, AG 2011, 309; *Lim,* Die Vertretungsmacht des Aufsichtsrats einer Aktiengesellschaft, 1986; *Meilicke,* Abberufung und Kündigung eines Vorstandsmitglieds: Richtige Klageerhebung bei Unklarheiten über den richtigen Beklagtenvertreter, DB 1987, 1723; *Paul,* Anmerkung zum Anwendungsbereich des § 112 AktG, EWiR 2009, 397; *Pöschl,* Nachweis der Vertretungsbefugnis des Aufsichtsrats einer AG gegenüber dem Grundbuchamt, BB 1966, 804; *Priester,* Beschlussmitwirkung fehlerhaft bestellter Aufsichtsratsmitglieder, GWR 2013, 175; *Rupietta,* Die Vertretung der Aktiengesellschaft gegenüber dem Vorstand, NZG 2007, 801; *Schmits,* Die Vertretung der Aktiengesellschaft gegenüber ausgeschiedenen Vorstandsmitgliedern, AG 1992, 149; *Uwe H. Schneider/Sven Schneider,* Anmerkung zur Vertretungsbefugnis des Aufsichtsrats der Aktiengesellschaft gegenüber der Witwe eines Vorstandsmitglieds, WuB II A § 112 AktG 1.07; *Schwab,* Die Vertretung der Aktiengesellschaft gegenüber ausgeschiedenen Vorstandsmitgliedern im Liquidationsstadium, ZIP 2006, 1478; *Semler,* Geschäfte einer Aktiengesellschaft mit Mitgliedern ihres Vorstands, FS Rowedder, 1994, 441; *Stein,* Die Grenzen vollmachtloser Vertretung der Gesellschaft gegenüber Vorstandsmitgliedern und Geschäftsführern, AG 1999, 28; *Steiner,* Die Vertretung der „kleinen" Aktiengesellschaft durch den Aufsichtsrat, BB 1998, 1910; *Theisen,* Kostenstelle Aufsichtsrat, FS Säcker, 2011, 487; *Theusinger/Wolf,* Mittelbare Geschäfte zwischen Vorstandsmitglied und Aktiengesellschaft, NZG 2012, 901; *Vetter,* Die Vertretung der AG gegenüber den Mitgliedern des Vorstands im rechtsgeschäftlichen Verkehr, FS Roth, 2011, 855; *Werner,* Vertretung der Aktiengesellschaft gegenüber Vorstandsmitgliedern, ZGR 1989, 369; *Werner,* Anstellung von GmbH-Geschäftsführern nach dem Mitbestimmungsgesetz, FS Robert Fischer, 1979, 821; *Werner,* Aktuelle Probleme der Vertretung der Aktiengesellschaft durch den Aufsichtsrat nach § 112 AktG, Der Konzern 2008, 639; *Wiesner,* Zum Beginn der Ausschlußfrist des § 626 Abs. 2 BGB bei Kenntniserlangung durch Organmitglieder BB 1981, 1533; *Wilhelm,* Selbstwahl eines Aufsichtsratsmitglieds in den Vorstand, NJW 1983, 912; *Witt,* Rechtsfolgen eines Verstoßes gegen § 57 AktG, ZGR 2013, 668; *Ziemons,* Zur Vertretung der Aktiengesellschaft durch den Aufsichtsrat, EWiR 2004, 97.

Übersicht

	Rn.
I. Allgemeines	1
1. Bedeutung der Norm	1
2. Entstehungsgeschichte	5
3. Rechtstatsachen	7
II. Geschäfte mit Vorstandsmitgliedern und Dritten	8
1. Bestellungsfolgen	9
2. Geschäfte des täglichen Lebens	11
3. Außergewöhnliche Geschäfte	13
4. Beratungsverträge	14
5. Gerichtliche Vertretung	15
6. Geschäfte gegenüber Dritten	16
III. Umfang der Vertretungsmacht	18
1. Vertretung der Gesellschaft	18
2. Vertretung gegenüber Vorstandsmitgliedern	19
a) Amtierende Vorstandsmitglieder	20
b) Geschäfte im Vorfeld der Bestellung	21
c) Nachwirkende Geschäfte	23
d) Vertretung gegenüber Angehörigen von Vorstandsmitgliedern	35
e) Stellvertreter eines Vorstandsmitglieds	36

		Rn.
f) Vertretungsfälle		37
g) Insbesondere: Geschäfte mit Unternehmen, an denen ein Vorstandsmitglied beteiligt ist		40
3. Vertretung der Gesellschaft gegenüber Dritten		43
a) Geschäfte in unmittelbarem Zusammenhang mit der Vertretungstätigkeit des Aufsichtsrats		44
b) Geschäfte im Zusammenhang mit der Überwachungstätigkeit des Aufsichtsrats		46
c) Allgemeine Verträge		47
d) Prüfungsauftrag für Abschlussprüfer		48
e) Anfechtungs- und Nichtigkeitsklagen, Freigabeverfahren		49
4. Budgetrecht des Aufsichtsrats?		51
IV. Wahrnehmung der Vertretungsmacht durch den Aufsichtsrat		52
1. Willensbildung		53
2. Vertretung		56
a) Aktivvertretung		57
b) Passivvertretung (§ 112 Satz 2) und Wissenszurechnung		65
c) Mitwirkung eines fehlerhaft bestellten Aufsichtsratsmitglieds		69
3. Bevollmächtigung Dritter		73
4. Regelungen in der Geschäftsordnung oder der Satzung		75
V. Rechtsfolgen von Beschluss- oder Vertretungsmängeln		78
1. Fehlerhafter Aufsichtsratsbeschluss als Grundlage eines Vertretungshandelns		79
2. Mängel der Vertretungsmacht		88
a) Vollmachtloses Vertretungshandeln durch den Vorstand		88
b) Vollmachtloses Vertretungshandeln durch den Aufsichtsratsvorsitzenden oder einzelne Aufsichtsratsmitglieder		94
c) Vollmachtloses Vertretungshandeln Dritter		99
3. Prozessuale Rechtsfolgen		100
4. Sorgfaltspflichten des Aufsichtsrats		104
VI. Nachweis der Vertretungsmacht		105

I. Allgemeines

1. Bedeutung der Norm. Der Aufsichtsrat ist ausschließlich zuständig, die Gesellschaft 1 gegenüber dem Vorstand gerichtlich und außergerichtlich zu vertreten. Die Regelung verdrängt in ihrem Anwendungsbereich die regelmäßige gesetzliche (§ 78 Abs. 1) und rechtsgeschäftliche Vertretungsbefugnis des Vorstands für Rechtshandlungen der Gesellschaft.

Ziel der Regelung ist es, bei der Vertretung der Gesellschaft gegenüber dem Vorstand eine 2 **unbefangene Wahrung der Gesellschaftsbelange** zu gewährleisten.[1] Die Zuweisung der Vertretungsbefugnis an den Aufsichtsrat wirkt möglichen Interessenkonflikten bei der Vornahme von Rechtshandlungen des Vorstands gegenüber einzelnen seiner Mitglieder entgegen. Die Vorschrift dient der Vermeidung einer abstrakten Gefährdung von Gesellschaftsinteressen; das Vorliegen einer konkreten Gefahr für die Gesellschaftsbelange ist für die rechtliche Beurteilung nicht erforderlich.[2]

Die Regelung ist **zwingend**.[3] Die Satzung kann die Zuständigkeit des Aufsichtsrats 3 weder ausschließen noch einschränken. Sie gilt sowohl im Rahmen der Willensbildung durch Beschluss des Aufsichtsrats (Geschäftsführung) als auch für die Durchführung der Vertretungshandlung im Außenverhältnis. Die Entscheidungszuständigkeit kann nicht auf einzelne Aufsichtsratsmitglieder (insbesondere den Aufsichtsratsvorsitzenden), auf einen Ausschuss oder gar organfremde Dritte beschränkt werden. Einer entsprechenden satzungs-

---

[1] AllgM, BGHZ 103, 213 (216) = BGH NJW 1988, 1384; BGH NJW 1989, 2055 (2056); BGH AG 1991, 269 reSp.; BGHZ 130, 108 (111 f.) = BGH NJW 1995, 2559; OLG Düsseldorf AG 1997, 231 (234 liSp); OLG München AG 1996, 86 reSp; *Brandes* WM 2000, 53; *Werner* ZGR 1989, 369 (381 f.); Hüffer/*Koch* Rn. 1; Kölner Komm AktG/*Mertens*/*Cahn* Rn. 2; MHdB AG/*Wiesner* § 23 Rn. 6; aA *Kleindiek* WuB II A § 112, AktG 1.88, der lediglich von einer Annexkompetenz des Aufsichtsrats ausgeht.

[2] BGH NJW 1997, 318 = WM 1996, 2234; BGH NJW 1997, 2324 = WM 1997, 1210; BGHZ 130, 108 (111 f.) = BGH NJW 1995, 2559; BGH WM 1993, 1630 (1632); BGH AG 1991, 269 f. = WuB II A § 112 AktG 1.91 mit Anm. *Peterhoff* S. 999; OLG Stuttgart BB 1992, 1669 (1670); *J. Semler*, FS Rowedder, 1994, 441 (444); *Stein* AG 1999, 28 (39); *Henze* HRR AktienR Rn. 685; Hüffer/*Koch* Rn. 2; Kölner Komm AktG/*Mertens*/*Cahn* Rn. 2.

[3] Hüffer/*Koch* Rn. 1; Kölner Komm AktG/*Mertens* Rn. 9.

mäßigen Regelung steht die zwingende aktienrechtliche Zuständigkeitsordnung entgegen.[4] Die Regelung gilt auch dann, wenn der Vorstand vom Verbot der Vornahme von Insichgeschäften durch zulässige Gestattung befreit ist.[5]

4 Die Vertretungszuständigkeit des Aufsichtsrats für Rechtshandlungen gegenüber dem Vorstand ist **keine abschließende Regelung der Vertretungsbefugnis des Aufsichtsrats**. Er kann die Gesellschaft auch bei Geschäften, die er als sog. Hilfsgeschäfte zur Durchführung seiner organschaftlichen Aufgaben ausführt, vertreten. Hierunter fallen zum einen Geschäfte, die er in Zusammenhang mit seinen Überwachungsaufgaben abschließt, zum anderen Geschäfte, die in unmittelbarem Zusammenhang mit seiner Vertretungskompetenz stehen.[6]

5 **2. Entstehungsgeschichte.** Die Vorschrift entspricht der durch das **AktG 1965** neu gefassten Regelung über die Vertretung der Gesellschaft gegenüber dem Vorstand durch den Aufsichtsrat.

6 Nach **früherem Recht**[7] war die Vertretung der Gesellschaft durch den Aufsichtsrat auf die Vornahme von Rechtsgeschäften und Aktivprozesse, deren Führung von der Hauptversammlung beschlossen werden musste, beschränkt. Im Übrigen war die Vertretung der Gesellschaft durch den Aufsichtsrat gegenüber dem Vorstand fakultativ.[8] Nach vorherrschender Auffassung[9] war es zulässig, dass der Vorstand die Gesellschaft gegenüber Vorstandsmitgliedern vertreten konnte, soweit Vorstandsmitglieder in vertretungsberechtigter Zahl vorhanden waren.[10] Für die Bestellung und Abberufung von Vorstandsmitgliedern, sowie für den Abschluss und die Kündigung von Anstellungsverträgen mit Mitgliedern des Vorstands war der Aufsichtsrat ausschließlich zuständig.[11]

7 **3. Rechtstatsachen.** Die Vorschrift entfaltet ihre größte Bedeutung im Zusammenhang mit **Anstellungsverträgen aktiver oder ehemaliger Vorstandsmitglieder** (sowie deren Hinterbliebenen) und allen damit zusammenhängenden Vereinbarungen, daneben auch bei Verträgen zwischen dem Unternehmen und Gesellschaften, an denen ein Vorstandsmitglied beteiligt ist, sowie dann, wenn die Gesellschaft ein Vorstandsmitglied auf Schadensersatz in Anspruch nimmt. Leicht übersehen wird ihre Anwendung auf Geschäfte des täglichen Lebens (→ Rn. 11).

II. Geschäfte mit Vorstandsmitgliedern und Dritten[12]

8 Zwischen der Gesellschaft und ihren Vorstandsmitgliedern können verschiedene rechtsgeschäftliche Beziehungen bestehen, bei denen eine **Vertretung** der Gesellschaft durch den Aufsichtsrat erforderlich ist. Darüber hinaus liegt in Einzelfällen auch eine Vertretungsbefugnis des Aufsichtsrats gegenüber Dritten vor (→ Rn. 43 ff.).

9 **1. Bestellungsfolgen.** Für eine Vertretung der Gesellschaft durch den Aufsichtsrat kommen zunächst Geschäfte im Zusammenhang mit der Bestellung des Vorstandsmitglieds in Betracht. Namentlich geht es um:
– Anstellungsverträge;
– Pensionsverträge;

---

[4] § 23 Abs. 5; str. → Rn. 76 f.
[5] § 181 BGB; *Ekkenga* AG 1985, 40 (41); *J. Semler*, FS Rowedder, 1994, 441 (445); Großkomm AktG/*Meyer-Landrut*, 3. Aufl. 1973, Anm. 1; vgl. auch *Fischer* ZNotP 2002, 298.
[6] *v. Schenck* in Semler/v. Schenck AR-HdB § 4 Rn. 136.
[7] § 97 Abs. 1 AktG 1937. Vgl. allgemein zur Entwicklung des AktG MüKoAktG/*Spindler* Vor § 76 Rn. 7 ff.
[8] Der Aufsichtsrat war insoweit lediglich zur Vertretung „befugt".
[9] Großkomm AktG/*Hopt/Roth* Anm. 2; *Schlegelberger/Quassowski*, 2. Aufl. 1950/1953, § 97 Rn. 3 f.
[10] *Werner* ZGR 1989, 369 (370); Großkomm AktG/*Hopt/Roth* Anm. 2.
[11] *Werner* ZGR 1989, 369 (370); Großkomm AktG/*Hopt/Roth* Anm. 2.; *Schlegelberger/Quassowski*, 2. Aufl. 1950/1953, § 97 Rn. 3.
[12] Zu den Einzelerläuterungen vgl. auch *J. Semler*, FS Rowedder 1994, 441 (442).

– Nebenfragen der Vorstandstätigkeit:
– Ersatz von Reisekosten;
– Ersatz anderer Auslagen;
– Beistellung von PKW und Fahrer sowie deren Privatnutzung;
– Vergünstigter oder freier Bezug von Erzeugnissen des Unternehmens (sog. Deputate oder Kontingente)
– Mietverträge für Dienstwohnungen;
– Bereitstellung von Hilfskräften (Gärtner, Handwerker, Bewirtungspersonal);
– Erstattung von Reisekosten für begleitende Ehefrauen;
– Zulassung von Nebentätigkeiten;
– Behandlung von Diensterfindungen;
– Versicherungsschutz.

Fraglich ist, ob der Aufsichtsrat für den **Abschluss einer D&O-Versicherung** zuständig ist oder dies in die allgemeine Zuständigkeit des Vorstands fällt. Für die Zuständigkeit des Aufsichtsrats könnte sprechen, dass die Versicherung den Vorstandsmitgliedern zugute kommt, sie mithin ein Eigeninteresse haben; um diesen Interessenkonflikt zu vermeiden, könnte man daher ein Handeln des Aufsichtsrats fordern. Hierbei ist jedoch zu berücksichtigen, dass D&O-Versicherungen regelmäßig zugleich Ansprüche gegen Vorstand und Aufsichtsrat abdecken, eine Zuweisung der Zuständigkeit an den Aufsichtsrat mithin keine befriedigende Lösung wäre. Hinzu kommt, dass Vorstände und Aufsichtsräte im Wesentlichen Innenhaftungsrisiken ausgesetzt sind, nämlich einer möglichen Inanspruchnahme durch das Unternehmen, dessen Organ sie sind oder waren. Dem Schutz des Organs vor einer Haftung korrespondiert dabei das Interesse des Unternehmens an einem solventen Schuldner, den es in Gestalt des D&O-Versicherers haben sollte; die vereinbarte Deckungssumme übersteigt regelmäßig bei weitem die Leistungsfähigkeit einzelner oder auch aller Vorstands- und Aufsichtsratsmitglieder des Unternehmens, so dass bei diesem stets ein massives Eigeninteresse an einer möglichst hohen und umfassenden Versicherungsdeckung für Innenhaftungs- und Regressansprüche gegen seine Organe bestehen wird. Dieses Interesse des Unternehmens lässt das Eigeninteresse der beteiligten Organe, Vorstand und Aufsichtsrat, in den Hintergrund treten, weshalb es sich um eine **Maßnahme der regulären Geschäftsführung** handelt. Deshalb ist das im Normalfall zur Vertretung des Unternehmens berufene Organ, der Vorstand, auch zum Abschluss einer D&O-Versicherung für Vorstand und Aufsichtsrat zuständig.[13] 10

2. Geschäfte des täglichen Lebens. Insbesondere bei Gesellschaften der Konsumgüterwirtschaft ergeben sich oftmals sog. Geschäfte des täglichen Lebens. Hier bedarf jeder Erwerb von Produkten oder der Bezug von Waren oder Dienstleistungen des Unternehmens in jedem Einzelfall einer vertraglichen Regelung zwischen dem das Produkt erwerbenden Vorstandsmitglied und der Gesellschaft; eine Bagatellklausel gibt es nicht.[14] Die Gesellschaft wird dabei zwingend **durch den Aufsichtsrat vertreten**.[15] Als Gegenstände derartiger Geschäfte kommen insbesondere in Betracht der Bezug jedweder von dem Unternehmen hergestellter Produkte, insbesondere Konsumgüterprodukte, aber zB auch von dem Unternehmen Kunden angebotene Dienstleistungen. 11

Aus Gründen der Praktikabilität ist es bei solchen Geschäften jedoch möglich, dass der Aufsichtsrat klare **Leitlinien** erstellt, zu welchen Konditionen und in welchem Umfange solche Geschäfte zwischen Vorstandsmitgliedern und dem Unternehmen abgewickelt werden dürfen; für nicht ganz triviale Geschäfte sollte er dafür einen Bevollmächtigten bestellen.[16] Unter diesen Voraussetzungen bedarf es **im Einzelfall keiner Mitwirkung des** 12

---

[13] Dies entspricht der ganz herrschenden Meinung, vgl. MüKoAktG/*Habersack* Rn. 8; Spindler/Stilz/*Spindler* Rn. 8; Grigoleit/*Grigoleit/Tomasic* Rn. 3; *Hemeling*, FS Hoffmann-Becking, 491, 493.
[14] Hüffer/*Koch* Rn. 3.
[15] Großkomm AktG/*Hopt/Roth* Rn. 53; Spindler/Stilz/*Spindler* Rn. 22.
[16] Vgl. Großkomm AktG/*Hopt/Roth* Rn. 53 sowie MüKoAktG/*Habersack* Rn. 19.

Aufsichtsrats mehr, doch sollte dieser sicherstellen, dass er periodisch Einblick in die so abgewickelten Geschäfte erhält und etwaige Missbräuche feststellen kann.[17]

13 **3. Außergewöhnliche Geschäfte.** In Sonderfällen kommen außergewöhnliche Geschäfte mit Mitgliedern des Vorstands in Betracht. Hierzu gehören in erster Linie die Gewährung von Krediten (vgl. § 89), Kaufverträge über Immobilien und Mobilien, ferner Lizenzverträge, insbesondere über Namensrechte. Dabei muss stets der **Aufsichtsrat selbst handeln.**

14 **4. Beratungsverträge.** Häufig werden mit ausscheidenden Mitgliedern des Vorstands Beratungsverträge abgeschlossen. Auch diese unterfallen der alleinigen Vertretungsmacht des Aufsichtsrats.[18]

15 **5. Gerichtliche Vertretung.** Der Aufsichtsrat ist für Rechtsstreitigkeiten jeder Art, auch für die Verfolgung von Schadensersatzansprüchen gegenüber Vorstandsmitgliedern, vertretungsbefugt. Die Gesellschaft ist in solchen Fällen die Geschädigte und wird durch den Aufsichtsrat vertreten.[19]

16 **6. Geschäfte gegenüber Dritten.** Darüber hinaus sieht das Gesetz in bestimmten Fällen die Vertretung der Gesellschaft durch den Aufsichtsrat gegenüber Dritten vor. Hierzu gehören insbesondere:
- Antrag auf Abberufung eines Aufsichtsratsmitglieds (§ 103 Abs. 3);
- Einberufung der Hauptversammlung (§ 111 Abs. 3 S. 1);
- Hinzuziehung von Sachverständigen (§ 111 Abs. 2 S. 2);
- Erteilung des Prüfungsauftrags an den Abschlussprüfer (§ 111 Abs. 2 S. 3);
- Vertreterbestellung bei der Geltendmachung besonderer Ersatzansprüche;[20]
- Vertretung der Gesellschaft durch den Aufsichtsrat (neben dem Vorstand) bei der Durchführung von Anfechtungs- und Nichtigkeitsprozessen (§§ 246 Abs. 2 S. 2, 249 Abs. 1 S. 1, 250 Abs. 3, 251 Abs. 3, 254 Abs. 2, 255 Abs. 3, 256 Abs. 7, 257 Abs. 2);
- Ausübung der Anteilseignerrechte bei mitbestimmten abhängigen Unternehmen (§ 32 MitbestG, § 15 MitbestErgG).

17 Bestellt allerdings die Hauptversammlung besondere Vertreter zur Geltendmachung von Schadensersatzansprüchen u. a. gegen Gründer, Mitglieder des Vorstands oder des Aufsichtsrats (§ 147 Abs. 2), so sind insoweit ausschließlich diese besonderen Vertreter zur Vertretung der Gesellschaft befugt und greift § 112 Satz 1 nicht.[21]

III. Umfang der Vertretungsmacht

18 **1. Vertretung der Gesellschaft.** Der Aufsichtsrat ist nur zur Vertretung der Gesellschaft befugt, deren Organ er ist. Die Vertretung Dritter – zB konzernabhängiger Gesellschaften – sieht das Gesetz nicht vor. Wird ein Vorstandsmitglied eines herrschenden Unternehmens in die Geschäftsführung einer abhängigen Konzerngesellschaft bestellt, kommt ein Rechtsverhältnis zustande, das ausschließlich die abhängige Gesellschaft berührt.[22] Für die Obergesellschaft handelt der Vorstand, der sich auch selbst zum Geschäftsführer der konzernabhängi-

---

[17] Großkomm AktG/*Hopt/Roth* Rn. 53.
[18] Nach allgM ist die Regelung des § 112 auch auf Fälle anwendbar, in denen die Gesellschaft gegenüber ehemaligen Vorstandsmitgliedern vertreten wird, vgl. hierzu näher → Rn. 25, 34 ff.
[19] *Kau/Kukat* BB 2000, 1046; BGHZ 135, 244 ff. – ARAG/Garmenbeck. Allerdings wird eine wegen Vermögenslosigkeit gelöschte AG, für die gem. § 264 Abs. 2 ein Abwickler bestellt wurde, auch in einem Prozess gegen den früheren Vorstand vom Abwickler und nicht vom Aufsichtsrat vertreten, OLG Köln NZG 2002, 1062.
[20] § 147 Abs. 3; die Vorschrift verdrängt § 112; *Hueck,* FS Böttcher, 1969, 197 (199 ff.); Hüffer/*Koch* Rn. 1.
[21] Hüffer/*Koch* Rn. 1; NK-AktG/*Breuer/Fraune* Rn. 1a.
[22] Kölner Komm AktG/*Mertens/Cahn* Rn. 4.

gen Gesellschaft bestellen kann. Das Verbot des Selbstkontrahierens ist im Bereich der körperschaftlichen Willensbildung nicht anwendbar.[23]

2. Vertretung gegenüber Vorstandsmitgliedern. Die **ausschließliche Vertretungs-** 19 **kompetenz** des Aufsichtsrats besteht für alle mit dem Vorstand und seinen Mitgliedern abzuschließenden Rechtsgeschäfte sowie Rechtsstreitigkeiten aller Art (Aktiv- und Passivprozesse) (§ 112). Will das Vorstandsmitglied mit der Gesellschaft ein Rechtsgeschäft abschließen, muss es das Rechtsgeschäft als solches sowie die einzelnen Bedingungen mit dem Aufsichtsrat aushandeln. Ferner sind etwaige Streitigkeiten aus einem solchen Geschäft mit dem Aufsichtsrat auszutragen und mögliche Folgeansprüche diesem gegenüber geltend zu machen. Darüber hinaus vertritt der Aufsichtsrat die Gesellschaft bei der Geltendmachung von Ersatzansprüchen gegen die Mitglieder des Vorstands. Im Übrigen ist zu unterscheiden:

a) Amtierende Vorstandsmitglieder. Dem Aufsichtsrat obliegt die Vertretung der 20 Gesellschaft gegenüber amtierenden Vorstandsmitgliedern. Dies gilt nach zutreffender Auffassung ohne Rücksicht auf die Wirksamkeit der Bestellung des einzelnen Vorstandsmitglieds, also auch für sog. **faktische Vorstandsverhältnisse.**[24] Die Möglichkeit eines Interessenwiderstreits zwischen der Gesellschaft und dem Vorstand besteht hier im Hinblick auf Ansprüche aus einzelnen Bestellungsfolgen sowie hieraus resultierende Folgeansprüche, die die Zeit der Vorstandstätigkeit betreffen, in gleichem Maße wie für Vorstandsmitglieder, die ordnungsgemäß bestellt worden sind.[25]

b) Geschäfte im Vorfeld der Bestellung. Der Aufsichtsrat ist auch dann zur Vertretung 21 der Gesellschaft befugt, wenn er Rechtshandlungen mit dem Ziel vornimmt, ein neues Vorstandsmitglied zu bestellen.[26] Dies gilt neben Rechtshandlungen im Zusammenhang mit dem **Abschluss des Anstellungsvertrags** auch für Zusagen im Rahmen der **Vertragsverhandlungen,** etwa die Erstattung von Reisekosten (Spesenerstattung).[27] Es spielt dabei keine Rolle, ob der Aufsichtsrat die Personen, mit denen er verhandelt, später bestellt hat oder nicht.[28] Der Aufsichtsrat muss gegenüber Bewerbern handlungsfähig sein, ohne dass der Vorstand (mittelbar) in den Auswahlprozess eingeschaltet werden muss.

Bei **Organbestellung** und **Anstellung** des **Vorstandsmitglieds** handelt es sich um zwei 22 getrennte Vorgänge, für die jeweils der Aufsichtsrat zuständig ist.[29] Die Vertretungsbefugnis des Aufsichtsrats ist jedoch dann nicht gegeben, wenn einzelne Aktionäre, die selbst nicht dem Vorstand angehören, die Vorstandsbesetzung zum Gegenstand einer Feststellungsklage machen. Dies gilt auch dann, wenn hierbei eine Befangenheit des Vorstands bei der Vertretung der Gesellschaft im Prozess nicht völlig ausgeschlossen ist.[30]

c) Nachwirkende Geschäfte. Die Vertretungszuständigkeit des Aufsichtsrats besteht – 23 über den Wortlaut der Regelung hinaus – auch gegenüber **ausgeschiedenen Vorstandsmitgliedern.**[31] Die bei einem Rechtsgeschäft mit einem ehemaligen Vorstandsmitglied

---

[23] BGHZ 52, 316 (318); Kölner Komm AktG/*Mertens*/*Cahn* Rn. 4.
[24] *J. Semler,* FS Rowedder, 1994, 441 (448 f.); *Werner* ZGR 1989, 369 (376 f.); Hüffer/*Koch* Rn. 2; MHdB AG/*Wiesner* § 23 Rn. 6; aA BGHZ 47, 341 (344) = NJW 1967, 1711 zum früheren Recht, wonach neben dem Aufsichtsrat auch der Vorstand als vertretungsberechtigt angesehen wurde.
[25] *J. Semler,* FS Rowedder 1994, 441 (448 f.); *Werner* ZGR 1989, 369 (377).
[26] BGHZ 26, 236 (238) = NJW 1958, 419; *Werner* ZGR 1989, 369 (376); Kölner Komm AktG/*Mertens*/*Cahn* Rn. 15; Hüffer/*Koch* Rn. 2.
[27] Kölner Komm AktG/*Mertens*/*Cahn* Rn. 15; *Werner* ZGR 1989, 369 (376).
[28] *J. Semler,* FS Rowedder 1994, 441 (445); aA *Schmits* AG 1992, 149 (150); Kölner Komm AktG/*Mertens*/*Cahn* Rn. 15.
[29] Kölner Komm AktG/*Mertens*/*Cahn* § 84 Rn. 4; OLG Schleswig NZG 2001, 275 (rechtskräftig; der BGH hat die Revision nicht angenommen).
[30] BGH NJW 1997, 318 f. im Rahmen der Vertretung einer Genossenschaft gem. § 39 Abs. 1 GenG iVm § 112 AktG; Hüffer/*Koch* Rn. 4.
[31] BGH NZG 2009, 466 f.; BAG NZG 2002, 393 = BAG BB 2002, 692 = BAG EzA § 112, 3; OLG Hamburg NZG 2001, 989; BGHZ 130, 108 (111 f.) = BGH NJW 1997, 2324; BGH AG 1991, 269; für die GmbH BGH WuB II C § 52 GmbHG, 1.90; vgl. auch BGHZ 103, 213 = BGH NJW 1988, 1384; BGH

befürchtete Befangenheit des Vorstands folgt aus der möglichen solidarischen Haltung des Vorstands gegenüber dem früheren Vorstandskollegen, die sich aus der Dauer und Intensität der bisherigen Zusammenarbeit und den hierbei entstandenen engen persönlichen Beziehungen ergeben kann. Dies gilt auch für den Fall, dass die Gesellschaft durch Umwandlung einer GmbH entstanden ist und das ausgeschiedene Vorstandsmitglied zuvor Geschäftsführer der GmbH war.[32] Die entgegenstehende Auffassung,[33] wonach der Gesetzeszweck, eine unbefangene Vertretung der Gesellschaft zu gewährleisten, ebenso gut durch die Ausübung der allgemeinen Überwachungspflicht des Aufsichtsrats verwirklicht werden könne, überzeugt nicht,[34] da ihrer Argumentation folgend die gesamte Vorschrift überflüssig wäre. Natürlich kann es auch zu einer Befangenheit im Aufsichtsrat kommen, wenn diesem ehemalige Vorstandsmitglieder des Unternehmens angehören, doch werden diese in der Regel in der Minderheit sein, insbesondere wenn der Kodex-Empfehlung gefolgt wird, dass nicht mehr als zwei ehemalige Vorstandsmitglieder dem Aufsichtsrat angehören sollen (Ziff. 5.4.2 S. 3 DCGK).

24 Entscheidend für eine Bejahung der Vertretungsbefugnis des Aufsichtsrats ist auch hier, dass die Angelegenheit mit der Tätigkeit des ehemaligen Vorstandsmitglieds **in Zusammenhang steht**.[35] Hier sind unterschiedliche Fallgruppen zu unterscheiden:

25 **aa) Streitigkeiten über die Bestellung oder die Abberufung.** Die **Kündigungsschutzklage** eines ausgeschiedenen Vorstandsmitglieds gegen die Kündigung seines für die Dauer der Vorstandstätigkeit angeblich ruhenden Arbeitsverhältnisses ist gegen die AG, vertreten durch den Aufsichtsrat, zu richten, es sei denn, die Kündigungsgründe stehen nicht in unmittelbarem Zusammenhang mit seiner Tätigkeit als Mitglied des Vorstands.[36] Grund dieser Vertretung der Gesellschaft durch den Aufsichtsrat und nicht durch den Vorstand ist, dass die Gefahr besteht, dass Vorstandsmitglieder von der Vorstellung beeinflusst werden, eines Tages in eine ähnliche Situation geraten zu können wie das klagende Vorstandsmitglied.[37]

26 Wird die **Bestellung eines Vorstandsmitglieds** durch den Aufsichtsrat **widerrufen** (§ 84 Abs. 3) und ist die Wirksamkeit des Widerrufs strittig, ist der Aufsichtsrat dem Vorstandsmitglied gegenüber zur Vertretung berufen. Grund dieser Zuständigkeitsregelung ist, dass trotz der zunächst angenommenen Wirksamkeit des Widerrufs später dessen Unwirksamkeit durch das Gericht festgestellt werden könnte und der Rechtsstreit dann mit einem amtierenden Vorstandsmitglied zu führen wäre.[38] Die Zuständigkeit des Aufsichtsrats ist aber auch dann gegeben, wenn das Vorstandsmandat vor Beendigung des Rechtsstreits über die Wirksamkeit des Widerrufs durch Zeitablauf endete.[39] In diesem Fall wird die

---

NJW 1989, 2055; BGH NJW 1987, 254 f.; *Henze* HRR AktienR Rn. 56 ff.; *Fischer* ZNotP 2002, 299; Hüffer/*Koch* Rn. 2; Lutter/Krieger/*Verse* Rn. 442; Kölner Komm AktG/*Mertens/Cahn* Rn. 16 mwN.

[32] Vgl. im Einzelnen Nachweise bei MHdB AG/*Wiesner* § 23 Rn. 6.
[33] *Behr/Kindl* DStR 1999, 119 (122 ff., 125).
[34] Vgl. auch die ausführlich begründete Ablehnung dieser Auffassung durch Großkomm AktG/*Hopt/Roth* Rn. 27.
[35] *Brandner*, FS Quack, 1991, 201 (206 f.); *Rellermeyer* ZGR 1993, 77 (81); Lutter/Krieger/*Verse* Rn. 442; *J. Semler*, FS Rowedder, 1994, 441 (447); Kölner Komm AktG/*Mertens/Cahn* Rn. 16; BAG NJW 2002, 1444 für Kündigungsschutzklage ausgeschiedener Vorstandsmitglieds.
[36] BAG BB 2002, 691 = BAG NZG 2002, 392 = BAG EzA § 112, 3.
[37] BAG BB 2002, 693; ablehnend auch *Gravenhorst* in Anm. EzA § 112, 3 S. 10, 12, der aus Vorsichtsgründen eine zulässige Benennung von Vorstand und Aufsichtsrat im Passivrubrum befürwortet, wie auch *Graef* in Anm. BB 2002, 694, der vertritt, dass zu klären gewesen wäre, ob der Aufsichtsrat überhaupt berechtigt war, das ruhende Arbeitsverhältnis durch Kündigung zu beenden, was durch gegen den Vorstand gerichtete Klage zu überprüfen gewesen sei. Gegen diese Meinungen spricht bereits, dass es heute herrschender Meinung entspricht, dass der Aufsichtsrat die Gesellschaft auch gegenüber ausgeschiedenen Vorstandsmitgliedern vertritt, vgl. Rn. 21.
[38] BGH ZIP 1986, 1381; OLG Hamburg WM 1986, 972; *J. Semler*, FS Rowedder, 1994, 441 (446); *Henze* HRR AktienR Rn. 681 ff.; Kölner Komm AktG/*Mertens/Cahn* Rn. 16.
[39] BGHZ 103, 213 = NJW 1988, 1384; *J. Semler*, FS Rowedder, 1994, 441 (446); *Henze* HRR AktienR Rn. 681 f.

Unbefangenheit der Vertretung zwar nicht dadurch beeinträchtigt, dass mit der Rückkehr des Vorstandsmitglieds in sein Amt gerechnet werden müsste. Eine entsprechende Befangenheitsvermutung ergibt sich jedoch daraus, dass Dauer und Intensität der bisherigen Zusammenarbeit regelmäßig eine enge persönliche Bindung zwischen den einzelnen Vorstandsmitgliedern herbeiführen können.[40] Außerdem gilt die Vertretungsbefugnis des Aufsichtsrats gegenüber dem Vorstand auch dort, wo nicht die Beendigung der Organstellung Gegenstand der Streitigkeit war, sondern der Fortbestand des Dienstverhältnisses oder Einzelfragen des Dienstvertrags.[41]

Strittig ist, ob die Gesellschaft gegenüber ehemaligen Vorstandsmitgliedern durch den Aufsichtsrat vertreten wird, wenn ein **ehemaliges Mitglied** des Vertretungsorgans zum **Arbeitnehmer** der Gesellschaft werden bzw. diese Arbeitnehmereigenschaft wieder beendet werden soll. Hier werden Probleme der Kompetenzabgrenzung zwischen dem Vorstand, dem die Personalverantwortung obliegt und der Arbeitgeberfunktion hat, und dem Aufsichtsrat befürchtet. Da der Vorstand für die Überwachung der Mitarbeiter zuständig sei, müsse ihm auch die Entscheidung über deren Einstellung bzw. Ausscheiden zukommen.[42] Richtig muss darauf abgestellt werden, ob Punkte in Frage stehen, die in **unmittelbarem Zusammenhang** mit der ehemaligen Vorstandstätigkeit stehen. Ist dies der Fall, muss von einer Zuständigkeit des Aufsichtsrats angenommen werden; fehlt es an einem solchen unmittelbaren Zusammenhang, ist der Vorstand zuständig.[43]

Der Aufsichtsrat ist stets zuständig, wenn es um die **Geltendmachung von Schadensersatzansprüchen** gegen ein ausgeschiedenes Vorstandsmitglied geht.[44]

Er vertritt die Gesellschaft auch dann, wenn ein ehemaliges Vorstandsmitglied nach Beendigung seiner Vorstandstätigkeit Mitglied des Aufsichtsrats geworden ist und es um Fragen geht, die auf die Vorstandstätigkeit zurückgehen.[45]

In einem Rechtsstreit zwischen **Dritten** wie zB Aktionären und der Gesellschaft über die Frage, ob ein Vorstandsmitglied wirksam bestellt oder abberufen sei, vertritt der Vorstand die Gesellschaft, da hier Gegner der Gesellschaft nicht ein – künftiges, gegenwärtiges oder ehemaliges – Vorstandsmitglied, sondern eben ein Dritter ist und die Rechtskraft eines Urteils sich nicht auf einen etwaigen Rechtsstreit zwischen dem (vermeintlichen) Vorstandsmitglied und der Gesellschaft erstrecken würde.[46]

Eine **AG,** die sich **in Liquidation** befindet, wird im Rechtsstreit mit einem ehemaligen Vorstandsmitglied, jedenfalls wenn die Abwicklung durch einen Fremdabwickler stattfindet (§ 265 Abs. 2 Satz 1), durch den Liquidator und nicht durch den Aufsichtsrat vertreten.[47]

bb) Geschäfte des täglichen Lebens. Die Vertretungszuständigkeit des Aufsichtsrats bei nachwirkenden Geschäften gegenüber früheren Vorstandsmitgliedern gilt bei „Geschäften des täglichen Lebens"[48] nicht. In diesen Fällen wird der früheren Vorstandszugehörigkeit **nicht das gleiche Gewicht** beigemessen, wie einer bestehenden Vorstandszugehörigkeit.[49] Die Regelung über die Vertretung der Gesellschaft durch den Aufsichtsrat ist allerdings so lange anzuwenden, wie über das Bestehen oder Nichtbestehen des Organverhältnisses Streit

---

[40] Vgl. *Henze* HRR AktienR Rn. 684 ff.
[41] BGHZ 103, 213 = NJW 1988, 1384; *J. Semler,* FS Rowedder, 1994, 441 (446).
[42] So *Graef* Anm. BB 2002, 694.
[43] IE ähnlich *Graef* Anm. BB 2002, 694, der bei unmittelbarem Zusammenhang Zuständigkeit des Aufsichtsrats bejaht, anders *Gravenhorst* Anm. EzA § 112, 3, S. 13, der nur auf den Streitgegenstand und nicht auf einen Zusammenhang abstellen will und aus Gründen der Rechtssicherheit für die Zuständigkeit des Vorstands bei Arbeitsverhältnissen plädiert.
[44] BGH WM 1989, 637, 638 = BGH NJW 1989, 2055; hierzu ausführlich *Brandner,* FS Quack, 1991, 201 (203); *J. Semler,* FS Rowedder, 1994, 441 (447).
[45] Kölner Komm AktG/*Mertens/Cahn* Rn. 16.
[46] So für den insoweit vergleichbaren Fall einer Genossschaft BGH NJW 1997, 3188 f.
[47] § 269 Abs. 1; Brandenburgisches OLG OLG-NL 2002, 103.
[48] Zum Begriff → Rn. 11.
[49] *Werner* ZGR 1989, 369 (382).

herrscht.[50] Hat ein Geschäft mit der früheren Vorstandstätigkeit nichts zu tun, steht das ehemalige Vorstandsmitglied der Gesellschaft neutral gegenüber, so dass für die Zuständigkeit des Aufsichtsrats kein Anlass besteht.

33 cc) **Außergewöhnliche Geschäfte.** Die vorgenannten Grundsätze zu Vertretung der Gesellschaft bei Geschäften des täglichen Lebens (→ Rn. 29) gelten ebenso für den Abschluss außergewöhnlicher Geschäfte. Insoweit genießen die Zuweisung der Geschäftsführungskompetenz an den Vorstand und die Regelung über die grundsätzliche Unzulässigkeit von Geschäftsführungsmaßnahmen durch den Aufsichtsrat Vorrang. Die Sorgfaltspflicht des Vorstands kann es hier jedoch gebieten (§ 93 Abs. 1), **dem Aufsichtsrat das beabsichtigte Geschäft vorzutragen,** um diesem die Möglichkeit der vorbeugenden Wahrnehmung seiner Überwachungspflicht zu geben.[51]

34 dd) **Beratungsverträge mit ausgeschiedenen Vorstandsmitgliedern.** Zur Fallgruppe der nachwirkenden Geschäfte gehören ebenfalls Beratungsverträge mit ausgeschiedenen Vorstandsmitgliedern. Hier lassen sich im Wesentlichen drei Konstellationen unterscheiden:[52]
– Die Altersversorgung eines ausscheidenden Vorstandsmitglieds soll erhöht werden, ohne dies – evtl. wegen einer Präjudizwirkung für andere Fälle des Ausscheidens – deutlich werden zu lassen. Eine vorgesehene **Abfindung** soll durch einen Beratungsvertrag weniger auffällig geleistet werden. In solchen Fällen handelt es sich trotz der Bezeichnung als Beratungsvertrag um ein Ruhegeld oder eine Abfindung. Beide Leistungen können nur durch den Aufsichtsrat zugesagt werden. Dies gilt auch für einen solchen Beratungsvertrag. Ob eine nachträgliche Zusage überhaupt zulässig ist, muss im Einzelfall geprüft werden. Eine Berücksichtigung auf Grund solcher Vereinbarungen vereinbarter und geleisteter Zahlungen bei der Offenlegung der Gesamtbezüge ehemaliger Vorstandsmitglieder ist erforderlich (§ 285 Nr. 9 lit. b HGB).
– Sollen die Erfahrungen und Fähigkeiten des ausgeschiedenen Vorstandsmitglieds durch eine **Beratungsvereinbarung** gesichert werden, wird regelmäßig der Aufsichtsrat für den Vertragsschluss zuständig sein.[53] Der Vertrag wird in Nachwirkung des Vorstandsverhältnisses geschlossen.
– Wird ein früheres Vorstandsmitglied **längere Zeit nach dem Ausscheiden** zur Beratung der Gesellschaft herangezogen, bleibt der Vorstand zur Vertretung der Gesellschaft berechtigt und verpflichtet. Ein Zusammenhang zu der früheren organschaftlichen Stellung besteht im Regelfall nicht. Sollte dies doch der Fall sein, ergibt sich eine Zuständigkeit des Aufsichtsrats.

35 d) **Vertretung gegenüber Angehörigen von Vorstandsmitgliedern.** Eine Vertretungszuständigkeit des Aufsichtsrats besteht auch dann, wenn es um Ansprüche eines dem Vorstandsmitglied nahe stehenden Dritten geht und diese im Vorstandsverhältnis begründet sind (zB Streitigkeiten über die Höhe und den Umfang von Pensionsregelungen).[54] So ist von Teilen der Rechtsprechung die Vertretungskompetenz auch dort bejaht worden, wo es um Ansprüche der aus einem mit dem Vorstandsmitglied geschlossenen Versorgungsvertrag zugunsten der Familienangehörigen geht.[55] Dem ist angesichts der auch hier bestehenden Möglichkeit von Interessenkollisionen zuzustimmen. Darüber hinaus gewährleistet die Einbeziehung von dem einzelnen Vorstandsmitglied nahe stehenden Dritten, dass Fragen der

---

[50] *J. Semler*, FS Rowedder 1994, 441 (447).
[51] *J. Semler*, FS Rowedder 1994, 441 (448).
[52] *J. Semler*, FS Rowedder 1994, 441 (448).
[53] OLG Saarbrücken NZG 2012, 1348 (1349).
[54] § 112 analog; BGH WM 2006, 2308 f. = WuB A. § 112 AktG 1.07 m Anm *U. H. Schneider/S. H. Schneider;* LG München I AG 1996, 38; Hüffer/*Koch* Rn. 2; Kölner Komm AktG/*Mertens/Cahn* Rn. 17; MHdB AG/*Wiesner* § 23 Rn. 6; aA OLG München AG 1996, 328 f.
[55] LG München I AG 1996, 38; aA OLG München AG 1996, 328 f.

Pensionsregelung einer einheitlichen Entscheidung durch den Aufsichtsrat zugeführt werden. Die **Vertretungskompetenz des Aufsichtsrats** gilt überall, wo Ansprüche aus dem Anstellungs- oder Pensionsverhältnis gegenüber der Gesellschaft geltend gemacht werden. Dies kann Ehefrauen, Kinder, Enkel evtl. auch Partner einer nichtehelichen Lebensgemeinschaft betreffen.

e) Stellvertreter eines Vorstandsmitglieds. Wird ein Aufsichtsratsmitglied vorübergehend als Stellvertreter eines verhinderten Vorstandsmitglieds in den Vorstand bestellt (§ 105 Abs. 2), ist der Aufsichtsrat auch in diesem Fall für die Vertretung der Gesellschaft gegenüber dem Stellvertreter zuständig. Die Zuständigkeit währt, solange der Vertretungsfall andauert.[56]

f) Vertretungsfälle. Die Vertretungsbefugnis des Aufsichtsrats gilt auch dann, wenn sich ein Vorstandsmitglied **durch einen Dritten** vertreten lässt.[57] Die Besorgnis der Befangenheit des Vorstands bei dem Abschluss von Rechtsgeschäften mit seinen Mitgliedern besteht unabhängig davon, ob das Vorstandsmitglied persönlich auftritt oder durch einen Dritten vertreten wird.

Wenn ein **Dritter** sich durch ein **Vorstandsmitglied** vertreten lässt, bleibt der Vorstand kraft seiner organschaftlichen Vertretungsbefugnis bei Rechtsgeschäften vertretungsberechtigt (§ 78). Auf das Verbot des Selbstkontrahierens ist zu achten.[58]

Eine Besorgnis der Befangenheit des Vorstands kann aber dann bestehen, wenn persönliche Interessen des als Vertreter handelnden Vorstandsmitglieds mit dem Rechtsgeschäft in Verbindung stehen. Ein taugliches Abgrenzungsmerkmal liegt mit der **Berührung persönlicher Interessen** nicht vor, so dass im Regelfall eine Vertretungsbefugnis des Aufsichtsrats nicht begründet werden kann. Es gelten die Grundsätze für die Behandlung von Interessenkonflikten.[59]

g) Insbesondere: Geschäfte mit Unternehmen, an denen ein Vorstandsmitglied beteiligt ist. Besteht zwischen dem Dritten und dem das Unternehmen vertretenden Vorstandsmitglied **wirtschaftliche Identität,** handelt es sich insbesondere bei dem Dritten um die Einpersonen-Gesellschaft dieses Vorstandsmitglieds, greift § 112 seinem Wortlaut nach nicht, doch entspricht es der hM, dass eine Vertretung durch den Aufsichtsrat zu erfolgen hat.[60] Grund ist die bei einer solchen Konstellation zweifelsfreie Interessenidentität zwischen dem Vorstandsmitglied einerseits und der von ihm allein gehaltenen Gesellschaft andererseits. Zudem kann dann ein Insichgeschäft iSd § 181 erster Fall BGB vorliegen, wenn das befangene Vorstandsmitglied zugleich für beide Vertragspartner auftritt. Doch auch wenn die im alleinigen Anteilsbesitz des Vorstandsmitglieds stehende Gesellschaft durch einen Dritten vertreten wird, bleibt es bei der wirtschaftlichen Identität und muss somit eine Vertretung durch den Aufsichtsrat erfolgen.

---

[56] OLG Hamburg WM 1986, 972; Kölner Komm AktG/*Mertens/Cahn* Rn. 21.
[57] *Werner* ZGR 1989, 369, 371; Kölner Komm AktG/*Mertens/Cahn* Rn. 19.
[58] § 181 BGB; vgl hierzu *Fischer* ZNotP 2002, 298.
[59] Vgl. MüKoAktG/*Spindler* § 93 Rn. 92 ff. mwN sowie Ziff. 4.3 DCGK.
[60] OLG Saarbrücken NZG 2014, 343 (nicht rechtskräftig) sowie NZG 2012, 1348 (1349 f.); Kölner Komm AktG/*Mertens/Cahn* Rn. 18; MüKoAktG/*Habersack* Rn. 9; Hüffer/*Koch* Rn. 4; Grigoleit/*Grigoleit/Tomasic* Rn. 6; *Theusinger* NZG 2012, 901 (902 f.); *Vetter*, FS Roth, 855 (859). Fischer ZNotP 2002, 297 lehnt aus Gründen der Rechtssicherheit und Rechtsklarheit und unter Hinweis auf die sehr formale Frage der Vertretungszuständigkeit auch bei einer Ein-Personen-Gesellschaft des Vorstandsmitglieds eine analoge Anwendung des § 112 ab. Großkomm AktG/*Hopt/Roth* Rn. 43 scheinen der Auffassung zuzuneigen, das Vorstandsmitglied bleibe für die Vertretung der Gesellschaft zuständig, müsse aber den Aufsichtsrat über seinen Interessenkonflikt informieren. OLG München ZIP 2012, 1024 lässt die Frage einer Anwendbarkeit des § 112 in solchen Fällen offen, lehnt sie jedoch schlechthin ab, wenn das Vorstandsmitglied nicht alleiniger Gesellschafter des Vertragspartners der Gesellschaft ist. In der Revisionsentscheidung BGHZ 196, 312 Rn. 9 f. lässt der BGH die Frage einer Anwendbarkeit des § 112 bei wirtschaftlicher Beherrschung offen, da er eine solche angesichts des Minderheitsanteils des Vorstandsmitglieds und der fehlenden vertraglichen Sicherung einer Beherrschung verneint.

41 Gegen die Zuständigkeit des Aufsichtsrats in Fällen wirtschaftlicher Identität wird eingewandt, dieser nehme dann auch Aufgaben der Geschäftsführung wahr, wofür es an einer Grundlage fehle.[61] Im Übrigen sprächen Gründe der Rechtssicherheit und Rechtsklarheit sowie die sehr formale Frage der Vertretungszuständigkeit auch bei einer Ein-Personen-Gesellschaft des Vorstandsmitglieds gegen eine analoge Anwendung des § 112. Schließlich könne der Aufsichtsrat solche Geschäfte von seiner Einwilligung abhängig machen.[62] Dem ist jedoch zu entgegen, dass, wie eingangs bereits dargelegt, der von § 112 Satz 1 eingeräumten Vertretungsbefugnis zwingend eine Geschäftsführungsbefugnis korrespondiert, weil die Vertretungsbefugnis sonst faktisch funktionslos wäre; diese Erwägungen gelten gleichermaßen bei einer Vertretung der Gesellschaft durch den Aufsichtsrat im Falle einer von dem Vorstandsmitglied allein gehaltenen Gesellschaft. Der Einwand der Rechtssicherheit und -klarheit ist gewichtig, doch sollten unter Hinweis darauf nicht leichteste Möglichkeiten zur **Umgehung des Regelungszwecks des § 112** zugelassen werden. Schließlich erscheint es auch nicht befriedigend, eine Regelungslücke statt durch eine naheliegende analoge Anwendung einer einschlägigen Vorschrift dadurch zu schließen, dass dem Aufsichtsrat aufgegeben wird, seinerseits durch Anordnung eines Zustimmungsvorbehalts sicherzustellen, dass der sichtliche Wille des Gesetzes verwirklicht wird.

42 Schwieriger einzuordnen sind dagegen Fälle, in denen das Vorstandsmitglied nicht alleiniger Gesellschafter ist, sondern entweder eine **Mehrheits-** oder eine **Minderheitsbeteiligung** hält, oder anstelle des Vorstandsmitglieds oder neben diesem ihm nahestehende Personen wie Familienmitglieder beteiligt und/oder Geschäftsführer sind. Hier stellt sich die grundsätzliche Frage, ob die *ratio legis* eine erweiternde Auslegung der Vorschrift gebietet oder zumindest gestattet, oder ob das formale Element mangelnder vollständiger wirtschaftlicher Identität Vorrang genießen soll. Nunmehr hat auch der BGH einen solchen Fall entschieden, und er ist der Rechtsprechung zweier OLGs sowie die überwiegenden Meinung in der Literatur gefolgt und hat eine entsprechende Anwendung in Fällen einer weniger als hundertprozentigen Beteiligung des Vorstandsmitglieds an dem Vertragspartner mangels festgestellten maßgeblichen Einflusses abgelehnt,[63] und dies, obgleich es sich um einen besonders krassen Fall handelte, in dem das Vorstandsmitglied selbst 24,99 % der Anteile und mit seinen Familienmitgliedern über 85 % der Anteile der anderen Gesellschaft hielt, die restlichen Anteile von zwei Gesellschaften gehalten wurden, über deren Gesellschafter das Vorstandsmitglied sich ausschwieg, und dessen Ehefrau Geschäftsführerin der anderen Gesellschaft war.[64] Diese von Rechtsprechung und Literatur geforderte restriktive Auslegung des § 112 Satz 1 öffnet **Umgehungen** Tür und Tor und macht die Vorschrift faktisch funktionslos, was der Intention des Gesetzgebers nicht entsprechen dürfte. Zur Vermeidung evidenter Interessenkonflikte und resultierender Gefährdungen der Gesellschaftsinteressen muss eine analoge Anwendung des § 112 Satz 1 dann erfolgen, wenn das fragliche Vorstandsmitglied den Vertragspartner des von ihm vertretenen Unternehmens beherrscht, was auf Grund einer wertenden Betrachtung festzustellen ist. Entstehen dem Unternehmen durch die unzulässige Vertretungshandlung des Vorstandsmitglieds wirtschaftliche Nachteile, so hat es den entstandenen Schaden zu ersetzen. Resultierende Beeinträchtigungen von Rechtssicherheit und -klarheit gehen zu Lasten einerseits des vertretenen Unternehmens, dem das Vorstandsmitglied angehört, das sich von diesem Ersatz holen kann, andererseits zu Lasten des von dem Vorstandsmitglied beherrschten Unternehmens, was dieses hinzunehmen hat.

---

[61] Großkomm AktG/*Hopt/Roth* Rn. 43.
[62] *Behr/Kindl* DStR 1999, 119 (125 f.).
[63] BGHZ 196, 312 Rn. 9 f. in Bestätigung der Entscheidung des OLG München ZIP 2012, 1024 ff.; OLG Saarbrücken NZG 2001, 414; Kölner Komm AktG/*Mertens/Cahn* Rn. 18; MüKoAktG/*Habersack* Rn. 9; Hüffer/*Koch* Rn. 4; Grigoleit/*Grigoleit/Tomasic* Rn. 6; kritisch zu der Entscheidung des OLG München (zeitlich vor der sie bestätigenden Entscheidung des BGH) *Theusinger* NZG 2012, 901 (902 f.).
[64] BGHZ 196, 312 Rn. 9 f.; OLG München ZIP 2012, 1024 ff.; dem BGH folgend *Witt* ZGR 2013, 668 (679 ff.); vgl. *Theusinger* NZG 2012, 901 (902 f.).

Es ist zu hoffen, dass der BGH bald Gelegenheit haben wird, hier ein klares Wort zu sprechen.

3. Vertretung der Gesellschaft gegenüber Dritten. Die Vertretungsbefugnis des Aufsichtsrats erschöpft sich nicht in der Vertretung der Gesellschaft gegenüber den Mitgliedern des Vorstands. Vielmehr können auch **Nebengeschäfte** in den Aufgabenkreis des Aufsichtsrats fallen, die eine Vertretung der Gesellschaft durch den Aufsichtsrat bedingen. Im Einzelnen ist zu unterscheiden: 43

a) Geschäfte in unmittelbarem Zusammenhang mit der Vertretungstätigkeit des Aufsichtsrats. Soweit **Nebengeschäfte** in unmittelbarem Zusammenhang mit der Vertretungskompetenz des Aufsichtsrats stehen, erstreckt sich dessen Zuständigkeit auch auf den Abschluss solcher Geschäfte. Der Aufsichtsrat ist insoweit berechtigt, die Gesellschaft gegenüber Dritten zu verpflichten.[65] Die im Zusammenhang mit der Vertretungstätigkeit erforderlichen Zahlungen sind zwar aus der Gesellschaftskasse zu leisten, der Vorstand oder andere nachgeordnete Stellen sind jedoch nicht dazu berechtigt, die Notwendigkeit der die Zahlungsverpflichtung begründenden Leistungen zu überprüfen oder deren Angemessenheit zu kontrollieren. Dies folgt zwingend aus der Funktion des Aufsichtsrats, der vom Vorstand unabhängig und diesem übergeordnet ist; es wäre nicht hinnehmbar, wenn der Aufsichtsrat bei der Wahrnehmung seiner Aufgaben faktisch einer Kontrolle durch den Vorstand unterläge. Indes kann der Aufsichtsrat für seine Tätigkeit erforderliche Rechtshandlungen an den Vorstand delegieren.[66] 44

Der Vertragsschluss muss in **unmittelbarem Zusammenhang** mit der Vertretung durch den Aufsichtsrat stehen. Ein solcher Zusammenhang liegt etwa dort vor, wo der Aufsichtsrat einen Personalberater *(head hunter)* einschalten muss oder über einen potenziellen Kandidaten für die Besetzung einer Vorstandsposition eine Auskunft einholen muss. Darüber hinaus können Kosten für die Durchführung von Vorstellungsgesprächen, Inseratskosten, Reise- und Aufenthaltskosten von Bewerbern sowie Kosten im Zusammenhang mit der Beauftragung weiterer Sachverständiger (*assessment*-Spezialisten, Psychologen etc.) entstehen.[67] 45

b) Geschäfte im Zusammenhang mit der Überwachungstätigkeit des Aufsichtsrats. Der Aufsichtsrat ist auch zum Abschluss solcher Geschäfte befugt, die im Zusammenhang mit seiner Überwachungsaufgabe stehen. Dies ist in Einzelfällen auch ausdrücklich gesetzlich geregelt, so zB für die **Einschaltung von Sachverständigen** zur Beratung in Rechts- und Steuerfragen.[68] Darüber hinaus ist der Aufsichtsrat berechtigt, Sachverständige und Auskunftspersonen (§ 109 Abs. 1 S. 2) zu seinen Sitzungen hinzuzuziehen; den Abschlussprüfer hat er zu der Bilanzaufsichtsratssitzung oder der entsprechenden Sitzung des Prüfungsausschusses hinzuzuziehen (§ 171 Abs. 1 S. 2), und er kann den Abschlussprüfer auch zur Teilnahme an weiteren Sitzungen entweder des Plenums oder einzelner Ausschüsse einladen. Auch die Anmietung von Sitzungsräumen kommt in Betracht. 46

c) Allgemeine Verträge. Zum Abschluss eigener Beratungsverträge (laufende Beratung des Aufsichtsrats in Rechts- und Steuerfragen, **losgelöst vom konkreten Einzelfall**), für die Einstellung allgemeiner Hilfskräfte (Sekretariat des Aufsichtsratsvorsitzenden) oder für die Beschaffung von Sachmitteln (Dienstwagen, Büroeinrichtung) hat der Aufsichtsrat **keine eigene Abschlusskompetenz**.[69] Dies ergibt sich bereits aus der einschränkenden Formulierung des Gesetzes, der Aufsichtsrat könne „Sachverständige" nur im Hinblick auf „be- 47

---

[65] Kölner Komm AktG/*Mertens/Cahn* Rn. 24; MüKoAktG/*Habersack* Rn. 4; Hüffer/*Koch* Rn. 1; *J. Semler*, FS Claussen, 1997, 381 (397).
[66] Kölner Komm AktG/*Mertens/Cahn* Rn. 24 f.; *Werner* ZGR 1989, 369 (383 f.) sieht weitergehend ein paralleles Vertretungsrecht des Vorstands.
[67] Kölner Komm AktG/*Mertens/Cahn* Rn. 24.
[68] *J. Semler*, FS Rowedder, 1994, 441 (454 f.); *Werner* ZGR 1989, 369 (383); Kölner Komm AktG/*Mertens/Cahn* Rn. 24.
[69] *J. Semler*, FS Rowedder, 1994, 441 (455); Kölner Komm AktG/*Mertens/Cahn* Rn. 27.

stimmte Aufgaben" zur Wahrnehmung seiner Pflichten heranziehen (§ 111 Abs. 2 S. 2). Die Bereitstellung der erforderlichen Kapazitäten ist Sache des Vorstands, der den Anforderungen der Aufsichtsratstätigkeit insoweit unter Beachtung seiner Sorgfaltspflicht (§ 93 Abs. 1) Rechnung zu tragen hat. Dem Aufsichtsrat steht es nicht zu, gegen den Willen des Vorstands einen umfassenden Apparat zur Wahrnehmung der ihm obliegenden Aufgaben aufzubauen. Die Wahrnehmung der Aufsichtsratstätigkeit ist eine höchstpersönliche Aufgabe, die grundsätzlich nicht durch Dritte wahrgenommen werden kann (§ 111 Abs. 5).

48   d) **Prüfungsauftrag für Abschlussprüfer.** Nach der durch das KonTraG eingeführten Regel[70] wird die Gesellschaft auch bei **Erteilung des Prüfungsauftrags** (vgl. § 318 Abs. 1 S. 4 HGB) gegenüber dem Abschlussprüfer vom Aufsichtsrat vertreten. Die Auswahl und Bestellung der Abschlussprüfer obliegt dabei jedoch weiterhin der Hauptversammlung. In diesem Zusammenhang ist die Vorschlagspflicht des Aufsichtsrats zur Tagesordnung der Hauptversammlung bedeutsam (§ 124 Abs. 3 S. 1). Die Regelung entspricht der Tendenz des Gesetzgebers, die Zusammenarbeit von Aufsichtsrat und Abschlussprüfer im Interesse einer verbesserten Unternehmenskontrolle zu stärken.[71] Dem Aufsichtsrat soll zudem Gelegenheit gegeben werden, eigene Prüfungsschwerpunkte mit den Prüfern festzulegen.[72]

49   e) **Anfechtungs- und Nichtigkeitsklagen, Freigabeverfahren.** Bei Anfechtungs- und Nichtigkeitsklagen wird die Gesellschaft regelmäßig durch den Vorstand und den Aufsichtsrat **gemeinsam** vertreten (§§ 246 Abs. 2 S. 2, 249 Abs. 1 S. 1 iVm 246 Abs. 2). Klagt der Vorstand oder ein Vorstandsmitglied, ist die Vertretungsbefugnis dem Aufsichtsrat und im umgekehrten Fall dem Vorstand zugewiesen (§ 246 Abs. 2 S. 2, 249 Abs. 1 S. 1). Sind sowohl Mitglieder des Vorstands als auch des Aufsichtsrats an der Prozessführung beteiligt, ist für die Gesellschaft ein **besonderer Vertreter** zu bestellen (§ 57 Abs. 1 ZPO).

50   Betreibt die Gesellschaft im Zusammenhang mit einer Anfechtungsklage das **Freigabeverfahren**, so wird sie nur durch den Vorstand vertreten.[73]

51   **4. Budgetrecht des Aufsichtsrats?** Vertretungshandlungen des Aufsichtsrats lösen häufig Zahlungsverpflichtungen der Gesellschaft aus, die der Aufsichtsrat selbst jedoch nicht erfüllen kann, da er – mangels genereller Geschäftsführungs- und Vertretungsbefugnis – regelmäßig nicht zur Verfügung über Konten der Gesellschaft befugt ist. Er muss daher den Vorstand veranlassen, solche Verpflichtungen zu erfüllen. Dies wirft zum einen die – an anderer Stelle → § 113 Rn. 142 ff. zu erörternde – Frage auf, ob der Vorstand dann berechtigt oder sogar verpflichtet ist, die Rechtmäßigkeit oder auch die Angemessenheit solcher Zahlungen zu überprüfen (zB den Aufwand im Zusammenhang mit einer ohne den Vorstand geplanten und abgehaltenen Klausursitzung des Aufsichtsrats), und zum anderen das Problem, dass der Vorstand damit zwangsläufig Kenntnis erhält auch von solchen Maßnahmen des Aufsichtsrats, die ihm gegenüber vertraulich gehalten werden sollten (zB der Einschaltung eines Personalberaters für die Suche nach einem neuen Vorstandsvorsitzenden wegen der beabsichtigten Abberufung des gegenwärtigen Vorstandsvorsitzenden). In diesem Zusammenhang wird in der Literatur vereinzelt gefordert, ein Budget des Aufsichtsrats entweder in der Satzung oder durch Beschluss der Hauptversammlung festzusetzen;[74] dies ist jedoch **nicht geeignet,** das Problem zu lösen: Erstens müsste ein Budget nicht nur die periodisch anfallenden, überschaubaren Auslagen des Aufsichtsrats (zB im Zusammenhang mit dessen Sitzungen) erfassen, sondern auch den nicht planbaren, außerordentlichen Aufwand (wie zB Rechnungen von Personalberatern, Unternehmensberatern, Investmentbanken, Anwälten und Wirtschaftsprüfern, die der Aufsichtsrat in besonderen Fällen beauf-

---

[70] § 111 Abs. 2 S. 3; im Einzelnen → § 111 Rn. 418 ff.
[71] Vgl. zur geplanten Stärkung der Rolle des Abschlussprüfers das „10-Punkte-Papier zur Stärkung der Unternehmensintegrität und des Anlegerschutzes", Börsen-Zeitung v. 29.8.2003; *Seibert* BB 2002, 693 (696).
[72] *Rodewig* in Semler/v. Schenck AR-HdB § 8 Rn. 205.
[73] MüKoAktG/*Hüffer* § 246a Rn. 9.
[74] *Theisen*, FS Säcker, 487 (511 f.); *Knoll/Zachert* AG 2011, 309 (311 ff.). Ablehnend Kölner Komm AktG/*Mertens/Cahn* Rn. 26; *Henning/Simon* Board 2012, 175 ff.

tragen kann); es ist meist nicht vorhersehbar, ob und gegebenenfalls in welcher Höhe ein solcher Aufwand entstehen wird, und er würde im Zweifel ein etwa gewährtes Budget sprengen, womit dessen Zweck vereitelt würde. Zweitens setzte ein Budget den Aufsichtsrat immer noch nicht in die Lage, gestellte Rechnungen ohne Einschaltung des Vorstands zu begleichen. Die hierfür vorgeschlagene Lösung einer dem Aufsichtsratsvorsitzenden vom Vorstand zu gewährenden **Kontovollmacht**[75] wäre nicht zielführend, da sie jederzeit widerrufen werden könnte und dem Vorstand zugleich die volle Kontrolle über vom Aufsichtsrat veranlasste Kontobewegungen gäbe. Nach derzeitiger Gesetzeslage gibt es somit keine befriedigende Lösung, vielmehr sollte de lege ferenda erwogen werden, dem Aufsichtsratsvorsitzenden gesetzlich eine **externe Geschäftsführungs- und Vertretungsbefugnis** einzuräumen, die intern zu beschränken wäre auf Maßnahmen der genannten Art, die ihrerseits wiederum im Einzelfall eines entsprechenden Beschlusses des Aufsichtsrats bedürften.[76] Der Aufsichtsratsvorsitzende könnte so ein Gesellschaftskonto einrichten, über das nur er und sein Stellvertreter verfügen könnten, das jedoch regelmäßig vom Abschlussprüfer darauf zu prüfen wäre, ob alle Zahlungen im Rahmen der Befugnisse sowie auf der Grundlage von Beschlüssen des Aufsichtsrats erfolgt seien.

IV. Wahrnehmung der Vertretungsmacht durch den Aufsichtsrat

Bei der Wahrnehmung der Vertretungsbefugnis durch den Aufsichtsrat ist streng zwischen **52** Maßnahmen der Willensbildung (Geschäftsführung) und der das Außenverhältnis berührenden Umsetzung von Willenserklärungen (Vertretung im engeren Sinn) zu unterscheiden.[77] Das Gesetz spricht zwar nur von der Vertretung, während es beim Vorstand deutlich zwischen Geschäftsführung (§ 77 AktG) und Vertretung (§ 78 AktG) unterscheidet, doch muss, damit die Vorschrift ihren Zweck erfüllen kann, **aus der Vertretungsmacht auch die korrespondierende Geschäftsführungsbefugnis folgen.**[78]

1. Willensbildung. Die Entscheidung über die Ausübung der Vertretungsbefugnis gegenüber dem Vorstand erfolgt durch **Beschluss des Aufsichtsrats** (§ 108 Abs. 1). Eine **53** Beschlussfassung kann auch eine konkludente Bevollmächtigung des Aufsichtsratsvorsitzenden enthalten.[79] Es ist ausreichend, wenn der Beschlussinhalt im Wege der Auslegung ermittelt werden kann.[80] Fehlt es dagegen an einem entsprechenden Beschluss des Aufsichtsrats und mandatiert der Aufsichtsratsvorsitzende gleichwohl einen Rechtsanwalt, der die fehlende Legitimation des Aufsichtsratsvorsitzenden kennt, so kommt ein Mandatsvertrag nicht zu Stande und sind von dem Rechtsanwalt getätigte Prozesshandlungen unwirksam,[81] es sei denn, der Aufsichtsrat genehmigt nachträglich das vollmachtlose Handeln des Aufsichtsratsvorsitzenden.[82]

Der Aufsichtsrat kann die Beschlussfassung einem **Ausschuss** übertragen, sofern die **54** Entscheidung nicht dem Plenum vorbehalten ist.[83] Die umfassende Übertragung der Ent-

---

[75] *Knoll/Zachert* AG 2011, 309 (313 ff.).
[76] Vgl. *v. Schenck* in Semler/v. Schenck AR-HdB § 1 Rn. 305.
[77] *J. Semler,* FS Rowedder, 441 (443 ff.); *Cahn,* FS Hoffmann-Becking, 247 (248 f.); Grigoleit/*Grigoleit/Tomasic* Rn. 2.
[78] *J. Semler,* FS Rowedder, 441 (443 ff.); *Cahn,* FS Hoffmann-Becking, 247 (248 f.); Großkomm AktG/*Hopt/Roth* Rn. 13 unter Berufung auf BGHZ 135, 244 (252) – ARAG/Garmenbeck.
[79] § 108 Abs. 1; BGHZ 41, 282 (286) = NJW 1964, 1367; BGHZ 10, 187 (194); MHdB AG/*Hoffmann-Becking* § 31 Rn. 95a; Kölner Komm AktG/*Mertens/Cahn* Rn. 31, 39; *J. Semler,* FS Rowedder, 1994, 441 (449); *v. Schenck* in Semler/v. Schenck AR-HdB § 4 Rn. 141.
[80] Kölner Komm AktG/*Mertens/Cahn* Rn. 39; *v. Schenck* in Semler/v. Schenck AR-HdB § 4 Rn. 141.
[81] OLG Zweibrücken AG 2010, 918 f.
[82] BGH NZG 2013, 792 (794). → Rn. 94 ff., 96.
[83] § 107 Abs. 3 Satz 3 nennt die Aufgaben, die das Plenum des Aufsichtsrats nicht auf einen Ausschuss übertragen kann; BGHZ 65, 190 (191) = BGH NJW 1976, 145; Hüffer/*Koch* Rn. 8; Kölner Komm AktG/*Mertens/Cahn* Rn. 2; *v. Schenck* in Semler/v. Schenck AR-HdB § 4 Rn. 138; MHdB AG/*Hoffmann-Becking* § 32 Rn. 3 ff.

scheidungsbefugnis über die Vertretung der Gesellschaft auf einen Aufsichtsratsausschuss ist unzulässig.[84]

55 Unzulässig ist es darüber hinaus, die dem Aufsichtsrat zugewiesene Vertretung im Willen einem **einzelnen Aufsichtsratsmitglied,** dem Aufsichtsratsvorsitzenden, einem Dritten oder dem Vorstand zu übertragen.[85] Die Entscheidung über den Abschluss eines entsprechenden Rechtsgeschäfts ist auch hier dem Aufsichtsratsplenum oder einem entsprechenden Ausschuss vorbehalten. Häufig handelt es sich bei entsprechenden Angelegenheiten jedoch um Wiederholungsvorgänge, die auf Grund einer Globalermächtigung des Aufsichtsrats durch einzelne Aufsichtsratsmitglieder oder Dritte abgewickelt werden dürfen.

56 **2. Vertretung.** Die Regelung über die Vertretung der Gesellschaft durch den Aufsichtsrat weist diesem im Außenverhältnis zwar die Vertretungsbefugnis für den Abschluss von Rechtsgeschäften mit dem Vorstand zu, trifft jedoch keine Aussage darüber, wie diese **Vertretungsbefugnis im Einzelfall auszuüben** ist. Anders als im Rahmen der Willensbildung ist die Übertragung von Ausführungs- und Vollzugshandlungen auf einzelne Aufsichtsratsmitglieder oder Dritte, insbesondere auch Mitglieder des Vorstands, grundsätzlich zulässig.[86] Bei der Vertretung der Gesellschaft im Außenverhältnis ist im Übrigen zwischen der Abgabe (Aktivvertretung) und der Entgegennahme von Willenserklärungen durch den Aufsichtsrat (Passivvertretung) zu unterscheiden.

57 **a) Aktivvertretung.** Die Vornahme von Vertretungshandlungen durch das **Aufsichtsratsplenum** ist allgemein **nicht praktikabel.**[87] Selbst ein aus nur drei Personen bestehender Aufsichtsrat wird regelmäßig nicht nach außen gemeinsam Handlungen vornehmen oder rechtsgeschäftliche Erklärungen abgeben, sondern zunächst einen Beschluss fassen und dessen Umsetzung sodann auf eine einzelne Person übertragen. Der Beschluss als regelmäßige Form des Handelns des Aufsichtsrats[88] stellt dabei dessen Willenserklärung dar.[89] Um die rechtliche Qualität der Umsetzung eines Aufsichtsratsbeschlusses zu beurteilen, muss differenziert werden, was anhand des folgenden alltäglichen Beispiels erfolgen soll: Der Aufsichtsrat beschließt die Bestellung eines neuen Vorstandsmitglieds sowie den Abschluss eines Anstellungsvertrags mit diesem zu bereits vorab zwischen dem Aufsichtsratsvorsitzenden und dem zu bestellenden Vorstandsmitglied – vorbehaltlich abweichender Vorstellungen des Aufsichtsrats – ins Auge gefassten Konditionen; zudem wird der Aufsichtsratsvorsitzende ermächtigt und beauftragt, die Bestellung dem neuen Vorstandsmitglied mitzuteilen und den Anstellungsvertrag mit ihm abzuschließen. Dieser **Aufsichtsratsbeschluss** lässt sich wie folgt einordnen: Der **Bestellungsbeschluss** als korporativer Akt steht einer einseitigen empfangsbedürftigen Willenserklärung gleich, die als solche dem neuen Vorstandsmitglied mitgeteilt werden muss; der **Beschluss zum Abschluss des Anstellungsvertrags** ist zunächst nicht mehr als das Äquivalent einer Willensäußerung, den ausgehandelten Anstellungsvertrag mit dem neuen Vorstandsmitglied abzuschließen. Teilt der Aufsichtsratsvorsitzende – auf der Grundlage des ihm vom Aufsichtsrat erteilten Mandats – dem neuen Vorstand seine Bestellung – die dann noch der Annahme durch diesen bedarf – mit, so handelt er nicht als Vertreter, sondern als **Bote des Aufsichtsrats,** denn er übermittelt eine fremde Willenserklärung.[90] Bei der Unterzeichnung des Anstellungsvertrags tritt der Aufsichtsratsvorsitzende dagegen als **Bevollmächtigter und Erklärungsvertreter des Auf-**

---

[84] BGH AG 2008, 894 (895); *Frels* AG 1971, 349 (350); MüKoAktG/*Habersack* Rn. 22.
[85] AllgM, BGH WM 1993, 1630 (1632); OLG Stuttgart BB 1992, 1669; *J. Semler*, FS Rowedder, 1994, 441 (449); *Stein* AG 1999, 28 (39); Hüffer/*Koch* Rn. 8; Kölner Komm AktG/*Mertens/Cahn* Rn. 37 f.; Großkomm AktG/*Hopt/Roth* Anm. 90 f.; etwas anderes gilt demgegenüber für Ausführungshandlungen im Rahmen der Vertretung, hierzu → Rn. 57 ff.
[86] Im Einzelnen → Rn. 73 f.
[87] Vgl. *Cahn*, FS Hoffmann-Becking, 247 (250).
[88] *v. Schenck* in Semler/v. Schenck AR-HdB § 1 Rn. 208.
[89] *Cahn*, FS Hoffmann-Becking, 247 (252 ff.).
[90] *Cahn*, FS Hoffmann-Becking, 247 (251 f.).

sichtsrats auf, denn er handelt anstelle des Aufsichtsrats, den er rechtsgeschäftlich vertritt durch Abgabe einer Erklärung für diesen (der wiederum als Vertreter des Unternehmens handelt).[91]

Variiert man den eben dargestellten Fall und ermächtigt und beauftragt der Aufsichtsrat den Aufsichtsratsvorsitzenden, mit dem neu bestellten Vorstand einen Anstellungsvertrag auszuhandeln, der bestimmte Eckwerte nicht überschreiten dürfe, nach Möglichkeit aber deutlich darunter liegen solle, so handelt der Aufsichtsratsvorsitzende als **Abschlussvertreter,** weil er über ein Ermessen verfügt, zu welchen Konditionen – innerhalb der vorgegebenen Parameter – er tatsächlich mit dem neuen Vorstand kontrahieren will; die im Rahmen der Vorgaben getroffene endgültige Vereinbarung bedarf sodann keines erneuten Beschlusses des Aufsichtsrats.[92] **58**

Als **Bote** kommt nach allgemeinen Rechtsgrundsätzen jede vom Aufsichtsrat benannte Person in Betracht, es ist somit rechtlich nicht erforderlich, dass der Vorsitzende oder ein Mitglied des Aufsichtsrats den Bestellungsbeschluss überbringt.[93] Als **Erklärungsvertreter** kann neben dem Vorsitzenden oder einem Mitglied des Aufsichtsrats auch ein Vorstandsmitglied oder ein Dritter beauftragt werden,[94] während als Abschlussvertreter nur ein Mitglied des Aufsichtsrats mandatiert werden sollte, da es untunlich erscheint, das Ermessen des Aufsichtsrats – selbst innerhalb eines gesetzten Rahmens – einer diesem Gremium nicht angehörenden Person zu überlassen.[95] **59**

Die vom Aufsichtsrat mandatierte Person übt, auch soweit sie als Bevollmächtigte handelt, nicht die organschaftliche Vertretungsmacht des Aufsichtsrats aus; sie handelt vielmehr als **Bevollmächtigte des Gesamtaufsichtsrats.** Die Bevollmächtigung kann generell durch Beschluss des Aufsichtsrats, durch die Geschäftsordnung oder durch die Erteilung einer Einzelvollmacht erfolgen. Eine generelle Zuweisung der Vertretungsbefugnis durch die Satzung ist demgegenüber nur dann zulässig, wenn hierdurch nicht in die Geschäftsordnungskompetenz des Aufsichtsrats eingegriffen wird.[96] Der Aufsichtsrat kann die Vertretungsmacht einem Ausschuss, nicht aber einem einzelnen Mitglied oder einem Dritten übertragen.[97] **60**

Der Aufsichtsrat bzw. das Einzelne für ihn im Rechtsverkehr auftretende Mitglied oder ein Dritter muss bei der Ausübung der Vertretungsbefugnis im Außenverhältnis grundsätzlich **nachweisen, dass** seine **Vertretungshandlung** von allen Aufsichtsratsmitgliedern **legitimiert** ist (→ Rn. 105 ff.). Problematisch ist die Rechtslage, wenn die Vertretungshandlung entgegen einer gegen den zugrundeliegenden Beschluss votierenden Minderheit vorgenommen werden soll. Hier erscheint es sachgerecht, der den Beschluss tragenden **Aufsichtsratsmehrheit** die Vertretungsbefugnis des Aufsichtsrats im Außenverhältnis zuzuweisen.[98] Andernfalls müsste die gegen den Beschluss votierende Minderheit gerichtlich zur Mitwirkung an der Vertretungshandlung gezwungen werden. Folgerichtig kann ein auf einem Mehrheitsbeschluss des Aufsichtsrats beruhender Vertretungsakt ohne die Mitwirkung der überstimmten Aufsichtsratsmitglieder vorgenommen werden. Dies gilt auch dann, **61**

---

[91] BGHZ 41, 282 (285) = BGH NJW 1964, 1367; OLG Karlsruhe WM 1996, 161 (164); OLG Stuttgart BB 1992, 1669; *Cahn*, FS Hoffmann-Becking, 247 (251); *Stein* AG 1999, 28 (39); Hüffer/*Koch* Rn. 8; Kölner Komm AktG/*Mertens/Cahn* Rn. 31; *J. Semler*, FS Rowedder, 1994, 441 (450); *v. Schenck* in Semler/v. Schenck AR-HdB § 4 Rn. 141; MHdB AG/*Hoffmann-Becking* § 31 Rn. 96.
[92] *Cahn*, FS Hoffmann-Becking, 247 (255 ff.).
[93] Es ist nicht einmal Geschäftsfähigkeit erforderlich (getreu dem Merkspruch: Und ist das Kind auch noch so klein, so kann es doch schon Bote sein.), Palandt/*Ellenberger* BGB Vor § 164 Rn. 11, doch gebietet die Bedeutung des Vorgangs eine angemessene Form der Übermittlung, mithin einer Mitteilung durch jemanden, der dem neu bestellten Vorstand zumindest ebenbürtig ist.
[94] Da es um die Abgabe rechtsgeschäftlicher Erklärungen geht, muss der Erklärungsvertreter jedoch, anders als der Bote, geschäftsfähig sein.
[95] Vgl. *Cahn*, FS Hoffmann-Becking, 247 (257).
[96] Str., → Rn. 76 f.
[97] OLG Stuttgart AG 1993, 85 f.
[98] OLG Frankfurt AG 1981, 230 (231) (zur Vertretung einer GmbH durch die Gesellschafter) mit Anm. *Mertens* AG 1981, 216 (217 f.), Kölner Komm AktG/*Mertens/Cahn* Rn. 31.

wenn der Aufsichtsratsvorsitzende in einer dem MitbestG unterliegenden Gesellschaft seine Zweitstimme eingesetzt hat.[99] Allerdings haben die überstimmten Aufsichtsratsmitglieder die Pflicht, sich dem Willen der Aufsichtsratsmehrheit anzuschließen und an der Vollziehung des Aufsichtsratsbeschlusses loyal mitzuwirken.[100] Dies gilt auch für den überstimmten Aufsichtsratsvorsitzenden, der von der Beschlussmehrheit verpflichtet wird, den Mehrheitsbeschluss auszuführen.

62 Fehlt es an einem ausdrücklichen Beschluss, der dem Vorsitzenden oder einzelnen Mitgliedern des Aufsichtsrats die Vertretung der Gesellschaft im Außenverhältnis zuweist, und gibt es auch keine entsprechende Regelung in der Geschäftsordnung des Aufsichtsrats, so ist bei einem Aufsichtsratsbeschluss, der noch eines rechtsgeschäftlichen Vollzugs bedarf, eine **konkludente Ermächtigung des Aufsichtsratsvorsitzenden** anzunehmen, das Rechtsgeschäft für die Gesellschaft abzuschließen.[101]

63 Der Umgang mit „Geschäften des täglichen Lebens" ist bereits → Rn. 32 besprochen worden. Handlungen wie die Prüfung von Reiseabrechnungen und die entsprechenden Auszahlungsanweisungen, können auf der Grundlage klarer Vorgaben im Einzelfall, aber auch generell dem **Vorstand** oder **nachgeordneten Angestellten** der Gesellschaft übertragen werden.[102]

64 Aus der Sorgfaltspflicht des Aufsichtsrats folgt, dass er die Beachtung der von ihm zur Außenvertretung festgelegten Grundsätze für Wiederholungsvorgänge bei der Vertretung durch Dritte **kontrolliert**.[103] Eine entsprechende Prüfung kann durch ein Mitglied des Aufsichtsrats (zB den Aufsichtsratsvorsitzenden) vorgenommen werden. Es kann jedoch auch ein Dritter, zB der Abschlussprüfer, ein anderer Wirtschaftsprüfer oder ein Rechtsanwalt, mit einer entsprechenden Prüfung beauftragt werden.[104]

65 **b) Passivvertretung (§ 112 Satz 2) und Wissenszurechnung.** Richtet ein ausgeschiedenes Vorstandsmitglied eine auf sein früheres Anstellungsverhältnis bezogene **Kündigungsschutzklage** gegen die Gesellschaft, so wird diese durch den Aufsichtsrat vertreten.[105]

66 Bislang war umstritten, ob jedes einzelne Aufsichtsratsmitglied oder nur der Aufsichtsratsvorsitzende und das Gesamtgremium zur Entgegennahme von an den Aufsichtsrat gerichteten Willenserklärungen befugt seien. Seit dem MoMiG ist diese Frage dahin entschieden, dass entsprechend der für den Vorstand geltenden Regel (§ 78 Abs. 2 Satz 2 erster Halbs.) **jedes Aufsichtsratsmitglied zur Passivvertretung des Aufsichtsrats befugt** ist (§ 112 Satz 2). Dies ist nicht unproblematisch angesichts der Tatsache, dass der Aufsichtsrat im Wesentlichen ein Innenorgan ist, dessen Mitglieder zudem in der Regel weder am Sitz des Unternehmens ihr Büro oder ihren Arbeitsplatz haben, noch in einem ständigen Kontakt miteinander stehen.[106] Jedes Aufsichtsratsmitglied muss sich jetzt dessen bewusst sein, dass ihm gegenüber abgegebene Willenserklärungen unverzüglich dem Aufsichtsratsvorsitzenden sowie dem Plenum des Aufsichtsrats zur Kenntnis gebracht werden müssen. In diesem Zusammenhang ist auch zu berücksichtigen, dass die Verweisung auf die Vertretungsregelung für den Vorstand auch den Fall der Führungslosigkeit der Gesellschaft umfasst: Hat die Gesellschaft keinen Vorstand, so wird die Gesellschaft passiv durch den Aufsichtsrat – und damit auch durch ein einzelnes Aufsichtsratsmitglied – vertreten, gilt also einem Aufsichts-

---

[99] Kölner Komm AktG/*Mertens/Cahn* Rn. 31.
[100] Kölner Komm AktG/*Mertens/Cahn* Rn. 31.
[101] Kölner Komm AktG/*Mertens/Cahn* § 107 Rn. 51; *v. Schenck* in Semler/v. Schenck AR-HdB § 4 Rn. 141. Nach MHdB AG/*Hoffmann-Becking* § 31 Rn. 95b bedarf der Aufsichtsratsvorsitzende keiner besonderen oder konkludenten Ermächtigung, sondern ergibt sich seine Befugnis zur Kundgabe von Beschlüssen aus seiner Funktion als Vorsitzender eines Kollegialorgans.
[102] *J. Semler*, FS Rowedder, 1994, 441 (450).
[103] *Giesen* S. 80; *Hübner* S. 249; *J. Semler*, FS Rowedder, 1994, 441 (450); Kölner Komm AktG/*Mertens/Cahn* Rn. 22.
[104] *J. Semler*, FS Rowedder, 1994, 441 (450).
[105] BAG AG 2002, 458 (459) = NZG 2002, 392 (393 f.).
[106] Siehe auch die Kritik von Spindler/Stilz/*Spindler* Rn. 33.

ratsmitglied gegenüber abgegebene Willenserklärung als nicht nur dem Aufsichtsrat, sondern der Gesellschaft zugegangen (§ 112 Satz 2 iVm § 78 Abs. 2 letzter Halbs., Abs. 1 Satz 2).

Ob die gesetzliche Einführung der Einzel-Passivvertretung auch zur Folge hat, dass nunmehr das **Wissen eines Aufsichtsratsmitglieds dem Gesamtgremium zugerechnet** wird, ist **umstritten:** So wird einerseits vertreten, die gesetzgeberische Entscheidung für die passive Einzelvertretung habe zur Folge, dass nunmehr auch das Wissen jedes Aufsichtsratsmitglieds allen Aufsichtsratsmitgliedern zugerechnet werden müsse,[107] oder zumindest das Wissen der an der Vertretung der Gesellschaft beteiligten Aufsichtsratsmitglieder, was insbesondere für den wichtigen Fall der Kenntnis von wichtigen Gründen für die Kündigung des Anstellungsvertrags eines Vorstandsmitglieds gelte, zumal eine Differenzierung zwischen der Kenntnis von Willenserklärungen und der Kenntnis von Tatsachen nicht überzeuge.[108] Andererseits wird vertreten, trotz der Neuregelung des § 112 Satz 2 genüge die Kenntnis nur eines Organmitglieds nicht, da der Aufsichtsrat – bei der Kenntnis von Kündigungsgründen für Vorstandsverträge – als Gesamtorgan über die Kündigung zu entscheiden und Beschluss zu fassen habe, was eine entsprechende Kenntnis aller Aufsichtsratsmitglieder voraussetze.[109] 67

Stellungnahme: Eine Ausdehnung der Neuregelung der Passivvertretung auch auf die Kenntnis von Tatsachen erscheint weder zwingend noch auch nur geboten. § 112 Satz 2 hat die Funktion, es dem Rechtsverkehr zu erleichtern, dem Gremium Aufsichtsrat gegenüber Willenserklärungen abzugeben. Dies kann nicht gleichgesetzt werden mit der Kenntnis einzelner Aufsichtsratsmitglieder von sonstigen Umständen, da die **Kenntnis von Tatsachen** auch und gerade im Rahmen der überwachenden Tätigkeit des Aufsichtsrats eine Rolle spielt. Erhält zB ein einzelnes Aufsichtsratsmitglied Kenntnis von einer kritischen Entwicklung, die ein Eingreifen des Aufsichtsrats erfordert, gibt es diese Kenntnis jedoch nicht sofort an das Kollegium oder auch nur an den Aufsichtsratsvorsitzenden weiter, und rechnet man dieses Wissen dem Aufsichtsrat – und damit der Gesellschaft – zu, so könnte auch jedes andere Aufsichtsratsmitglied wegen einer Verletzung seiner Überwachungspflicht haftbar gemacht werden, obwohl es persönlich von dem fraglichen Vorgang keine Kenntnis gehabt hätte. Selbst der Umstand, dass das informierte Aufsichtsratsmitglied zu einer Weitergabe seines Wissens oder gegebenenfalls zum Durchsetzen der Einberufung einer Aufsichtsratssitzung verpflichtet war, ändert nichts daran, dass bei den anderen Aufsichtsratsmitgliedern keine Kenntnis bestand. Dies gilt ebenso und umso mehr bei wichtigen Gründen für die Kündigung von Anstellungsverträgen von Vorstandsmitgliedern, die kurze Fristen für das Aussprechen einer Kündigung in Gang setzen, doch erscheint es hier wie auch in allen anderen Fällen als angemessen, eine **Kenntnis des Aufsichtsratsvorsitzenden** genügen zu lassen.[110] Dessen Kenntnis wird der Gesellschaft jedoch nicht bereits mit der Mitteilung an ihn zugerechnet, sondern erst mit der Unterrichtung der einzelnen Aufsichtsratsmitglieder im Rahmen der nächsten Aufsichtsratssitzung. Dies ergibt sich aus dem Charakter des Aufsichtsrats als Kollegialorgan, das seinen Willen im Rahmen der Beschlussfassung bildet. Insoweit ist für eine Zurechnung die Kenntnis der Organmitglieder als Mitwirkende an der kollektiven Willensbildung des Organs maßgebend.[111] Der Aufsichtsratsvorsitzende wird in diesem Fall jedoch verpflichtet sein, den Aufsichtsrat unverzüglich einzuberufen, wenn das Gesellschaftsinteresse dies gebietet (§ 110 Abs. 1). Im Interesse des Rechtsverkehrs ist die Kenntniserlangung der einzelnen Aufsichtsratsmitglieder durch eine Teilnahme an der Aufsichtsratssitzung für eine Zurechnung nicht erforderlich. Maßgebend ist vielmehr, dass alle Mitglieder bei ordnungs- 68

---

[107] So ohne Begründung Bürgers/Körber/*Bürgers/Israel* Rn. 7 aE.
[108] Kölner Komm AktG/*Mertens/Cahn* Rn. 34.
[109] Spindler/Stilz/*Spindler* Rn. 35.
[110] Kölner Komm AktG/*Mertens/Cahn* Rn. 34; aA Spindler/Stilz/*Spindler* Rn. 35 aE.
[111] BGH ZIP 1998, 1269 (1270) (im Hinblick auf die Kenntnis der Mitglieder der Gesellschafterversammlung bei der GmbH); *Henze* HRR AktienR Rn. 692.

gemäßer Amtsführung des Vorsitzenden im Rahmen der Aufsichtsratssitzung hätten informiert werden können.[112]

69 **c) Mitwirkung eines fehlerhaft bestellten Aufsichtsratsmitglieds.** Nach verbreiteter Auffassung war die Mitwirkung eines fehlerhaft bestellten Aufsichtsratsmitglieds bei der Vertretung der Gesellschaft für die Wirksamkeit des Vertretungshandelns ohne Bedeutung;[113] insoweit galten für den Aufsichtsrat keine Besonderheiten gegenüber dem Vertreterhandeln eines fehlerhaft bestellten Vorstandsmitglieds[114] und kam es auf die Kenntnis der Fehlerhaftigkeit der Bestellung durch einzelne Aufsichtsratsmitglieder oder den Vorstand nicht an.[115] Fraglich ist, ob und gegebenenfalls wie dies beeinflusst wird durch die neue Rechtsprechung des BGH zur Mitwirkung fehlerhaft bestellter Aufsichtsratsmitglieder an Beschlüssen des Aufsichtsrats:[116] Der BGH hat jüngst entschieden, die Nichtigkeit der Wahl eines Aufsichtsratsmitglieds führe grundsätzlich dazu, dass dieses bei Aufsichtsratsbeschlüssen, die seit der für nichtig erklärten Wahl gefasst worden seien, wie ein Nichtmitglied zu behandeln sei, weshalb solche Beschlüsse dann als nicht gefasst gälten oder sich ihr Ergebnis umkehre, wenn es auf die Stimme dieses Aufsichtsratsmitglieds angekommen sei.[117] Der **BGH** hat damit die **Lehre des fehlerhaften Organs,** die bei Vorstandsmitgliedern anerkannt ist,[118] als **auf die Wahl von Aufsichtsratsmitgliedern grundsätzlich nicht anwendbar** erklärt. Zugleich hat er jedoch die Möglichkeit von Ausnahmen angedeutet, soweit eine Rückabwicklung den Interessen der Beteiligten widerspreche;[119] als einen solchen Fall hat er den Vollzug von Aufsichtsratsbeschlüssen gegenüber Dritten, welche die Unwirksamkeit des Beschlusses nicht kannten oder kennen müssten, genannt.[120] Hiervon abgegrenzt hat er Vorstandsbestellungen auf Grund nichtiger Aufsichtsratsbeschlüsse: Der nach Feststellung der Nichtigkeit der Wahl korrekt besetzte Aufsichtsrat könne die Bestellung entweder bestätigen oder sie beenden; das Vorstandsmitglied sei hinsichtlich seiner Vergütung und seiner Befugnis zur Geschäftsführung durch die Grundsätze zur fehlerhaften Bestellung hinreichend geschützt.[121]

70 Stellungnahme: Die Entscheidung überzeugt nicht.[122] Unstreitig gelten die Grundsätze zur fehlerhaften Organbestellung auch für den Aufsichtsrat, soweit es um die Pflichten des einzelnen Aufsichtsratsmitglieds und um dessen Vergütungsanspruch geht.[123] Hiervon die Mitwirkung des fehlerhaft gewählten Aufsichtsratsmitglieds an Aufsichtsratsbeschlüssen auszunehmen, deren Zustandekommen kausal durch die Stimme des fehlerhaft gewählten Aufsichtsratsmitglieds bedingt ist, dann aber wiederum Rückausnahmen zu machen, wo eine Rückabwicklung den Interessen der Beteiligten widerspreche, erscheint weder konsequent noch einleuchtend und schafft eine **erhebliche Rechtsunsicherheit.** Überhaupt nicht vereinbar ist die Entscheidung zudem mit einer nur kurze Zeit zuvor getroffenen Entscheidung desselben Senats des BGH, in welcher er die Grundsätze des faktischen Organs als auf den besonderen Vertreter anwendbar erklärt und dies damit begründet hat,

---

[112] *Wiesner* BB 1981, 1533 (1538 f.).
[113] Kölner Komm AktG/*Mertens/Cahn* Rn. 35.
[114] Vgl. zum faktischen Organ MüKoAktG/*Spindler* § 93 Rn. 17 ff.
[115] Kölner Komm AktG/*Mertens/Cahn* Rn. 35; → § 101 Rn. 219 ff. zu den Rechtsfolgen fehlerhafter Bestellung.
[116] BGHZ 196, 195 Rn. 20 ff.; kritisch dazu *Cziupka* DNotZ 2013, 579 ff. sowie *Schürnbrand* NZG 2013, 481 ff. Vgl. ferner *Buckel/Vogel* ZIP 2014, 58 ff.
[117] Ausführlich zu dieser Entscheidung → § 104 Rn. 35 ff.
[118] MüKoAktG/*Habersack* § 202 Rn. 69 ff.; Spindler/Stilz/*Spindler* § 101 Rn. 110.
[119] BGHZ 196, 195 Rn. 21 ff.
[120] BGHZ 196, 195 Rn. 22.
[121] BGHZ 196, 195 Rn. 24.
[122] Ebenso *Cziupka* DNotZ 2013, 579 ff. sowie *Schürnbrand* NZG 2013, 481 ff. Mit ausführlicher Begründung für die grundsätzliche Wirksamkeit von Rechtshandlungen eines fehlerhaft bestellten Aufsichtsrats *Happ,* FS Hüffer, 2010, S. 293 ff.
[123] MüKoAktG/*Spindler* § 101 Rn. 110; Kölner Komm AktG/*Mertens/Cahn* § 101 Rn. 108 f.; Hüffer/*Koch* § 101 Rn. 20 ff.; *Lutter/Krieger/Verse* Rn. 360.

der besondere Vertreter habe im Rahmen seines Aufgabenkreises Organqualität.[124] Zweifellos ist es unbefriedigend, wenn fehlerhaft bestellte Aufsichtsratsmitglieder bis zur rechtskräftigen Feststellung der Nichtigkeit ihrer Wahl gestaltend an der Tätigkeit des Aufsichtsrats teilnehmen können; mit Rücksicht hierauf hat eine hergebrachte Meinung bereits bisher die Unwirksamkeit auf Grund der Mitwirkung eines fehlerhaft gewählten Aufsichtsratsmitglieds zustande gekommener Aufsichtsratsbeschlüsse angenommen.[125] Dieses Bedenken gilt indes gleichermaßen für Vorstandsmitglieder, deren Handeln für die Gesellschaft unstreitig grundsätzlich Bestand hat, selbst wenn sich nachfolgend die Nichtigkeit ihrer Bestellung herausstellen sollte. Um die resultierende Rechtsunsicherheit zu vermeiden, hatte sich eine in der jüngeren Literatur ganz überwiegende Auffassung für die entsprechende Anwendung der Lehre des fehlerhaften Organs auch auf unter Mitwirkung fehlerhaft gewählter Aufsichtsratsmitglieder gefasste Beschlüsse eingesetzt.[126] Dem ist der BGH jedoch nicht gefolgt.

Auch die vom BGH vorgeschlagene **Ausnahme für gegenüber Dritten vollzogene** 71 **Aufsichtsratsbeschlüsse** überzeugt nicht: Ein Interesse am Bestand von Aufsichtsratsbeschlüssen kann nicht nur ein Vertragspartner des Unternehmens, sondern auch dieses selbst haben. So kann dieses Urteil des BGH zB dazu führen, dass ein seinen Abschluss mit dem Unternehmen bereuender Vertragspartner sich auf die Unwirksamkeit der Zustimmung des Aufsichtsrats berufen und vom Vertrag zurücktreten kann, weil die Zustimmung des Aufsichtsrats nicht innerhalb der vertraglich vereinbarten Frist herbeigeführt worden ist.[127] Wollte man ein solches Ergebnis vermeiden, müsste man wiederum eine Ausnahme von der Rückausnahme machen.

Gleichwohl werden sich die Unternehmen auf diese Rechtsprechung des BGH einstellen 72 und nach der Anfechtung von Aufsichtsratswahlen bis zur Entscheidung darüber vorsorglich einen der beiden folgenden Wege beschreiten müssen: Entweder es nehmen die Aufsichtsratsmitglieder, deren Wahl angefochten worden ist, nicht an Beschlussfassungen des Aufsichtsrats teil, oder es müssen entgegen der bisher allgemeinen Praxis, bei allen Aufsichtsratsbeschlüssen die **Stimmabgaben der Aufsichtsratsmitglieder einzeln namentlich erfassen** werden, um später rekonstruieren zu können, ob sich die Stimmabgabe des nicht wirksam gewählten Aufsichtsratsmitglieds auf das Beschlussergebnis ausgewirkt hat oder nicht. Parallel dazu muss das Unternehmen prüfen, wie es vor der nächsten Hauptversammlung möglichst kurzfristig eine **korrekte Besetzung des Aufsichtsrats herbeiführen** kann, was gerade bei paritätisch mitbestimmten Unternehmen eine besondere Bedeutung hat. Die hierfür in der Literatur angebotenen Lösungen (zB Niederlegung und Neubestellung durch das Gericht,[128] oder durch die rechtskräftige Feststellung der Anfechtung aufschiebend bedingte gerichtliche Bestellung[129]) kranken daran, dass sie das Ziel der Anfechtung konterkarieren würden,[130] was jedenfalls dann bedenklich erschiene, wenn Grund der Anfechtung nicht ein formaler, sondern ein inhaltlicher Mangel (wie zB eine behauptete mangelnde Qualifikation des Aufsichtsratsmitglieds) war.

3. Bevollmächtigung Dritter. Der Aufsichtsrat kann Dritte zur Erfüllung seiner Auf- 73 gaben bei der Vertretung der Gesellschaft heranziehen.[131] Die Entscheidung hierüber ergeht

---

[124] BGH NZG 2011, 1383 (1384).
[125] MüKoAktG/*Semler*, 2. Aufl. 2004, § 101 Rn. 238; Großkomm AktG/*Hopt/Roth* § 101 Rn. 220 ff.; Kölner Komm AktG/*Mertens/Cahn* § 101 Rn. 111.
[126] MüKoAktG/*Habersack* § 101 Rn. 70; Spindler/Stilz/*Spindler* § 101 Rn. 112; *Hüffer*, 10. Aufl., § 101 Rn. 18; Grigoleit/*Grigoleit/Tomasic* § 101 Rn. 33; *Happ*, FS Hüffer, 2010, 293 ff.; *Priester* GWR 2013, 175 (176 f.); Lutter/Krieger/*Verse* Rn. 739; *Cziupka* DNotZ 2013, 579 (581 f.); *Schürnbrand* NZG 2013, 481 ff.; aA jetzt Hüffer/*Koch* § 101 Rn. 22, der sich von der Argumentation des BGH (BGHZ 196, 195 ff.) überzeugt zeigt.
[127] Vgl. *Cziupka* DNotZ 2013, 579 (583).
[128] *Schürnbrand* NZG 2013, 481 (483 f.).
[129] *Cziupka* DNotZ 2013, 579 (586); *Schürnbrand* NZG 2013, 481 (484).
[130] *Schürnbrand* NZG 2013, 481 (484).
[131] § 111 Abs. 2 S. 2; hierzu im Einzelnen → § 111 Rn. 409 ff.

74 Bei der Bevollmächtigung von **Mitgliedern des Vorstands** wird nach Sachlage zu unterscheiden sein. Geht es um die Wahrnehmung von Aufgaben des Aufsichtsrats gegenüber dem Vorstand oder einzelner seiner Mitglieder, ist eine Übertragung der Aufgaben auf ein Vorstandsmitglied unzulässig.[132] Der Aufsichtsrat kann jedoch Mitglieder des Vorstands ebenso wie jede andere Person als Erklärungsboten einsetzen.[133] Dies gilt insbesondere für Geschäfte des täglichen Lebens, kommt aber auch bei einzelnen Bestellungsfolgen (zB Reisekostenabrechnungen)[134] in Betracht (→ Rn. 9).

75 **4. Regelungen in der Geschäftsordnung oder der Satzung.** Die Kundgabe von Beschlüssen des Plenums oder einzelner Ausschüsse wird häufig in der **Geschäftsordnung** des Aufsichtsrats geregelt. Dort heißt es im Regelfall, dass der Vorsitzende des Aufsichtsrats die Beschlüsse des Organs dokumentiert und verkündet.[135]

76 **Umstritten** ist, ob die Zuständigkeit einzelner Aufsichtsratsmitglieder, insbesondere des Aufsichtsratsvorsitzenden, zur Abgabe von Willenserklärungen des Aufsichtsrats durch die **Satzung festgelegt** werden kann. Zugunsten entsprechender Satzungsregelungen wird teilweise vorgetragen, dass hierdurch die Vertretungsmacht der zur Vertretung befugten Organmitglieder im Rechtsverkehr leichter nachgewiesen werden könnte.[136] Dies kann nur dort gelten, wo die Abgabe der Willenserklärung durch ein einzelnes Organmitglied (insbesondere den Aufsichtsratsvorsitzenden) oder einen Ausschuss fakultativ ist. Jede darüber hinausgehende zwingende Festlegung der Vertretungsbefugnis nach außen durch die Satzung würde einen unzulässigen **Eingriff in das aktienrechtliche Zuständigkeitsgefüge** darstellen (§ 23 Abs. 5).

77 **Stellungnahme:** Die Hauptversammlung kann dem Aufsichtsrat als gleichberechtigtem Organ nicht vorschreiben, wie und durch wen er seine Beschlüsse bekannt zu geben hat. Sieht die Satzung eine Regelung vor, nach der Beschlüsse durch den Aufsichtsratsvorsitzenden bekannt zu geben sind, ist es hierdurch dem Aufsichtsrat nicht verwehrt, eine andere Person mit der Kundgabe und Dokumentation des Beschlusses zu betrauen. Entsprechende Satzungsregelungen sind regelmäßig unwirksam. Die **Entscheidung** über die Zuständigkeit für die Willensäußerung des Aufsichtsrats ist dem **Aufsichtsrat selbst** bzw. der Regelung der von ihm erlassenen Geschäftsordnung vorbehalten.[137]

V. Rechtsfolgen von Beschluss- oder Vertretungsmängeln

78 Schwierigkeiten im Zusammenhang mit einem Handeln für die Gesellschaft gegenüber dem Vorstand können zum einen auf Mängeln des zu Grund liegenden Aufsichtsratsbeschlusses, zum anderen auf einer mangelnden Bevollmächtigung der handelnden Person beruhen. Die Auswirkungen von Beschlussmängeln auf das Vertretungshandeln sowie auf die Rechtsverhältnisse, auf welche sich der jeweilige Aufsichtsratsbeschluss bezieht, sind komplex und bislang nur wenig erforscht.[138]

---

[132] OLG Hamburg WM 1986, 972 (974); zust. Anm. *Emmerich* WuB II A § 112 1.86; *Meyer-Landrut* EWiR § 112 AktG 1/86, 539, 540; Kölner Komm AktG/*Mertens/Cahn* Rn. 40; aA *Werner* ZGR 1989, 369 (388) für Geschäfte des täglichen Lebens.
[133] BGHZ 12, 327 (334 ff.); OLG Hamburg WM 1986, 972 (974); Kölner Komm AktG/*Mertens/Cahn* Rn. 40.
[134] *J. Semler*, FS Rowedder, 1994, 441 (450).
[135] *J. Semler*, FS Rowedder, 1994, 441 (451); MHdB AG/*Hoffmann-Becking* § 31 Rn. 87; *Lutter/Krieger/Verse* Rn. 682.
[136] *Heim* AG 1967, 41.
[137] OLG Frankfurt AG 1975, 18; Kölner Komm AktG/*Mertens/Cahn* Rn. 41; *J. Semler*, FS Rowedder 1994, S. 441, 451 f.; *v. Godin/Wilhelmi* Anm. 2; Großkomm AktG/*Hopt/Roth* Anm. 85 f.; aA BegrRegE *Kropff* S. 156; *Lutter/Krieger/Verse* Rn. 682.
[138] Grundlegend und mit neuen Ansätzen dazu *Cahn*, FS Hoffmann-Becking, 2013, 247 ff.

1. Fehlerhafter Aufsichtsratsbeschluss als Grundlage eines Vertretungshandelns. 79
Zur Nomenklatur ist voranzuschicken, dass stets von „fehlerhaften", nicht dagegen von „falschen" Aufsichtsratsbeschlüssen gesprochen werden sollte. Ein in der Sache richtiger, aber gegen formales oder materielles Recht verstoßender Beschluss (zB Bestellung eines kompetenten Vorstandsmitglieds bei nicht gegebenem Quorum für die Beschlussfassung) ist nicht „falsch", sondern (nur) **„fehlerhaft"**, während ein formalrechtlich korrekter Beschluss gleichwohl in der Sache **„falsch"** sein kann (zB die Zustimmung zu einer vom Vorstand geplanten, sich später als nicht rentabel herausstellenden Investition). Der Begriff „fehlerhaft" ist mit dem Begriff „mangelhaft" austauschbar.

Während Teile der Lehre und Instanzgerichte zwischen nichtigen und bloß vernichtbaren 80
Aufsichtsratsbeschlüssen unterscheiden,[139] hat der BGH sich mit der herrschenden Meinung klar festgelegt: Gegen Gesetz oder Satzung verstoßende Aufsichtsratsbeschlüsse sind nicht nur anfechtbar, sondern **nichtig**, bei minder schweren Beschlussmängeln kann indes eine **Berufung auf den Mangel verwirkt** und zudem der zur Geltendmachung des Mangels berechtigte Personenkreis beschränkt werden.[140] Beide Meinungen führen allerdings häufig zu gleichen Ergebnissen,[141] doch ist dies gerade im Rahmen der Anwendung des § 112 Satz 1 nicht immer der Fall.[142] Problematisch erscheint insbesondere, inwieweit ein Beschlussmangel auf das Außenverhältnis durchschlägt, wer sich gegebenenfalls darauf berufen kann, und was für mögliche Haftungsfolgen es gibt. Komplizierend kommt hinzu, dass noch zu unterscheiden ist zwischen originärem Handeln des Aufsichtsrats einerseits und dem Zwischenschalten von Boten und Vertretern andererseits.

Leidet ein Aufsichtsratsbeschluss an einem **leichten Mangel** wie etwa einem Verstoß 81
gegen eine Ordnungsvorschrift (zB Nichteinhaltung von Form oder Frist für die Einberufung der Aufsichtsratssitzung) und hat keine derjenigen Personen, zu deren Schutz die verletzte Vorschrift dient (dies sind Aufsichtsratsmitglieder, nicht dagegen Vorstandsmitglieder oder Dritte), diesen Mangel zeitnah (spätestens in der folgenden Aufsichtsratssitzung) gerügt, so ist weder einem Aufsichtsratsmitglied, noch einem Vorstandsmitglied oder einem Dritten eine Berufung auf die Nichtigkeit des Aufsichtsratsbeschlusses möglich, hat er also Bestand und entfaltet uneingeschränkt intern und extern Wirkungen.

Leidet ein Aufsichtsratsbeschluss dagegen an einem **schweren Mangel** (zB wegen fehlen- 82
der Beschlussfähigkeit des Aufsichtsrats), so ist er nichtig, kann jedermann sich auf diese Nichtigkeit berufen und entfaltet er grundsätzlich keinerlei Rechtswirkungen.[143] Dies muss unabhängig davon gelten, ob der Beschluss keiner Kundgabe bedarf, etwa weil der Betroffene in der Aufsichtsratssitzung anwesend war (zB das Vorstandsmitglied, dessen Bestellung beendet werden sollte), ob der Beschluss noch der Kundgabe durch eine vom Aufsichtsrat hiermit betraute Person bedarf, die den Beschluss sodann als Bote überbringt, oder ob der Beschluss den Aufsichtsratsvorsitzenden oder ein Aufsichtsratsmitglied bevollmächtigt, auf der Grundlage des Beschlusses und gegebenenfalls im Rahmen entsprechender Vorgaben mit einem Vorstandsmitglied oder einem Dritten eine rechtsgeschäftliche Vereinbarung zu treffen (zB den Anstellungsvertrag mit einem neu zu bestellenden Vorstandsmitglied abzuschließen).

Ist die Wahl eines an der Beschlussfassung beteiligten Aufsichtsratsmitglieds angefochten 83
worden, so gilt das → Rn. 69 ff. Gesagte.

Geht es um eine **Vorstandsbestellung** und ist das auf der Grundlage eines nichtigen 84
Aufsichtsratsbeschlusses bestellte Vorstandsmitglied tatsächlich tätig geworden, kommen die

---

[139] Kölner Komm AktG/*Mertens/Cahn* § 108 Rn. 87 ff. mit umfangreichen Nachweisen; OLG Hamburg AG 1992, 197 f.
[140] BGHZ 122, 342 (351 f.), bestätigt durch BGHZ 124, 11 (125) sowie BGHZ 135, 244; Großkomm AktG/*Hopt/Roth* § 108 Rn. 136 ff.; Spindler/Stilz/*Spindler* § 108 Rn. 65; Hüffer/*Koch* § 108 Rn. 28.
[141] Großkomm AktG/*Hopt/Roth* § 108 Rn. 136. Vgl. hierzu *v. Schenck* in Semler/v. Schenck AR-HdB § 1 Rn. 209 ff.; § 11 Rn. 213 ff.
[142] So mit eingehender Begründung *Cahn*, FS Hoffmann-Becking, 2013, 247 ff.
[143] *Lutter/Krieger/Verse* Rn. 738.

zur faktischen Gesellschaft und auf dieser Grundlage für faktische Organmitglieder entwickelten Grundsätze auf das Vorstandsmitglied zur Anwendung und sind von dem fehlerhaft bestellten Vorstandsmitglied vorgenommene rechtsgeschäftliche Handlungen als wirksam zu behandeln.[144] Es gilt jedoch nicht mehr als Vorstandsmitglied und kann damit auch nicht mehr für die Gesellschaft handeln, sobald der Mangel festgestellt und auch ihm zur Kenntnis gebracht ist,[145] es sei denn, der nun wirksam besetzte Aufsichtsrat wiederholt die Bestellung.

85 Wer durch einen solchen nichtigen Aufsichtsratsbeschluss benachteiligt ist, kann von der Gesellschaft den **Ersatz seines Vertrauensschadens** beanspruchen,[146] doch entfaltet der nichtige Beschluss darüber hinaus keine Rechtswirkungen.

86 Diese Sichtweise ist jüngst von *Cahn*[147] auf der Grundlage seiner Ablehnung der vom BGH entwickelten Rechtsprechung zur Nichtigkeit von Aufsichtsratsbeschlüssen in einer eingehenden Analyse umfassend in Frage gestellt worden, wobei *Cahn* zu differenzierten, der herkömmlichen Lehre zum Teil entgegengesetzten Ergebnissen gelangt, die einer tieferen, an dieser Stelle nicht möglichen Analyse und Auseinandersetzung bedürfen.

87 Von dem Vertretungshandeln auf Grund eines fehlerhaften Aufsichtsratsbeschlusses zu unterscheiden ist ein im Folgenden zu behandelndes vollmachtloses Handeln eines Vorstandsmitglieds, eines Aufsichtsratsmitglieds oder eines Dritten gegenüber einem aktiven oder ehemaligen Vorstandsmitglied oder gegenüber einem ehemaligen Vorstandsmitglied durch Ehe oder Abkunft verbundenen Person.

88 **2. Mängel der Vertretungsmacht. a) Vollmachtloses Vertretungshandeln durch den Vorstand.** Die Rechtsfolgen eines Vertretungshandelns durch den Vorstand unter Verstoß gegen die von der Vorschrift (§ 112 Satz 1) getroffene Vertretungsregelung sind **umstritten.**[148]

89 Nach **verbreiteter Auffassung**[149] handelt das ohne Vertretungsbefugnis im Rechtsverkehr auftretende Vorstandsmitglied als Vertreter ohne Vertretungsmacht (§ 177 BGB). Das zwischen der Gesellschaft und dem Vorstandsmitglied abgeschlossene Rechtsgeschäft sei, so meinen die Vertreter dieser Meinung, **schwebend unwirksam** und bedürfe zur Erlangung seiner Rechtswirkungen der Genehmigung des Aufsichtsrats gemäß § 177 Abs. 1 BGB.[150] Bei der Vorschrift handle es sich um eine Regelung der Vertretungsmacht und nicht etwa um ein gesetzliches Verbot.[151]

90 Dafür sprechen Vorteile der **Praktikabilität.** Die Genehmigungsmöglichkeit ist für die Gesellschaft vorteilhaft, da sie günstige Geschäfte für sich gelten lassen kann und umgekehrt vor ungünstigen Geschäften durch die Versagung der Genehmigung geschützt ist.[152] Darüber hinaus hat der Geschäftsgegner unter Anwendung der allgemeinen Vertretungsregelungen

---

[144] MüKoAktG/*Spindler* § 84 Rn. 225 ff.
[145] *Lutter/Krieger/Verse* Rn. 360.
[146] Praktisch wird dies kaum, da gegenüber Personen, die auf einen gesetzten Rechtsschein vertrauen durften, auf Grund fehlerhafter Beschlüsse abgegebene Erklärungen des Aufsichtsrats auch nach der jüngsten Rechtsprechung des BGH als wirksam zu behandeln sind, vgl. BGHZ 196, 195 Rn. 22.
[147] FS Hoffmann-Becking, 2013, 247 ff.
[148] Die Frage ist von der Rspr. in der Vergangenheit ausdrücklich offen gelassen worden, vgl. insoweit BGH AG 1994, 35. Das OLG Karlsruhe AG 1996, 224 (225) bejaht demgegenüber die Anwendung der Vertretungsregelungen des BGB in Fällen, in denen der Aufsichtsrat durch einzelne ohne Vertretungsbefugnis handelnde Aufsichtsratsmitglieder bzw. den Aufsichtsratsvorsitzenden vertreten wird.
[149] Für die Genossenschaft LG Dresden NL BzAR 2002, 342; OLG Celle BB 2002, 1438, für einen durch den Vorstand geschlossenen Kaufvertrag; BGHZ 41, 282 (285 f.) = NJW 1964, 1367, für den Anstellungsvertrag eines Vorstandsmitglieds; *Werner* ZGR 1989, 369 (392 ff.); *Hübner* S. 249 f.
[150] BGH WM 2009, 702 f. = NZG 2009, 466 f.: Der Aufsichtsrat kann die bisherige Prozessführung des Vorstands genehmigen; hierzu bedarf es eines ausdrücklichen Beschlusses, doch kann die Genehmigung auch schlüssig erklärt werden. OLG Celle AG 2003, 433; Kölner Komm AktG/*Mertens/Cahn* Rn. 10; MüKoAktG/ *Habersack* Rn. 32.
[151] § 134 BGB, OLG Celle BB 2002, 1438.
[152] *Werner* ZGR 1989, 369 (393); *Schmits* AG 1992, 149 (154); *Fonk* WiB 1996, 434; Hüffer/*Koch* AktG Rn. 12.

(§ 179 Abs. 1) die Möglichkeit, gegen das als vollmachtloser Vertreter auftretende Vorstandsmitglied nach den allgemeinen Regeln Schadensersatzansprüche geltend zu machen.[153]

Dagegen wird geltend gemacht, die zwingende Zuweisung der Vertretungsbefugnis an den Aufsichtsrat gebiete es, dass Rechtsgeschäfte zwischen der Gesellschaft und dem Vorstandsmitglied **ausnahmslos** als **nichtig** anzusehen seien, wenn die Gesellschaft nicht von Beginn an durch den Aufsichtsrat vertreten worden sei.[154] Dabei sei unerheblich, ob das betreffende Vorstandsmitglied die Regelung über die Vertretungszuständigkeit des Aufsichtsrats gekannt habe oder nicht. Dieser Schluss ergebe sich bereits aus dem im Gesetz angelegten Verbot, die Entscheidungsbefugnisse des Aufsichtsrats an Dritte zu delegieren (vgl. § 111 Abs. 5, sowie → § 111 Rn. 573 ff.). 91

Lasse man die **nachträgliche Zustimmung (Genehmigung)** der vom Vorstand unter Missachtung der gesetzlich festgelegten Vertretungsregelung abgeschlossenen Rechtsgeschäfte zu, würde nach dieser Auffassung der Aufsichtsrat zu einem reinen Zustimmungsorgan herabgestuft, das von Dritter Seite vorgefertigte Beschlüsse nur noch annehmen oder ablehnen könne.[155] Diese Auffassung werde ferner durch einen Blick auf die aktienrechtlichen Vorschriften gestützt, die eine nachträgliche Zustimmung des Aufsichtsrats ausdrücklich vorsähen (§§ 89 Abs. 5, 114 Abs. 1, 115 Abs. 4). Das Gesetz verzichte in § 112 Satz 1 auf eine entsprechende Regelung, was nahelege, dass die nachträgliche Genehmigungsfähigkeit von Rechtsgeschäften, die in der Zuständigkeit des Aufsichtsrats lägen, vom Gesetzgeber nicht beabsichtigt gewesen sei.[156] Die rückwirkende Genehmigungsfähigkeit des durch den Vorstand abgeschlossenen Rechtsgeschäfts stehe in Widerspruch zu dem Zweck der Norm, eine unbefangene Wahrnehmung der Gesellschaftsbelange zu gewährleisten. Ein Aufsichtsrat, der vor der Frage stehe, ob er ein vom Vorstand unzulässigerweise abgeschlossenes Rechtsgeschäft mit dem Vorstandsmitglied genehmigen solle, sei in seiner Entscheidung nicht mehr frei. Der Aufsichtsrat werde dabei möglicherweise ein Geschäft oder dessen Bedingungen – wenn auch zähneknirschend – genehmigen, das er unter Beachtung der aktienrechtlichen Zuständigkeit nicht abgeschlossen hätte.[157] Notwendig sei daher die Annahme einer Nichtigkeit des Rechtsgeschäfts. 92

Stellungnahme: Richtig ist danach zu differenzieren, ob lediglich ein **Handeln** ohne Vertretungsmacht vorliegt, **oder** ob der angestrebte **Geschäftserfolg** wegen Befangenheit des Vorstands nicht in dessen Zuständigkeit fallen soll. Im letzten Fall, der in der Regel gegeben sein dürfte, erfordert der Normzweck der Vorschrift die Nichtigkeit des Geschäfts, während im ersten Fall die Gesellschaft ausreichend dadurch geschützt ist, dass die Genehmigung des Geschäfts versagt werden kann.[158] 93

b) Vollmachtloses Vertretungshandeln durch den Aufsichtsratsvorsitzenden oder einzelne Aufsichtsratsmitglieder. Handeln einzelne Aufsichtsratsmitglieder, der Aufsichtsratsvorsitzende oder ein Ausschuss ohne Vertretungsbefugnis für die Gesellschaft, ist ähnlich wie im Fall der vollmachtlosen Vertretung durch den Vorstand **umstritten**,[159] ob 94

---

[153] *Werner* ZGR 1989, 369 (393); *Fonk* WiB 1996, 433 (434).
[154] § 112 AktG iVm § 134 BGB; OLG Stuttgart AG 1993, 85 (86); OLG Hamburg WM 1986, 972; *Schmidt/Lutter/Drygala* Rn. 18 f.; *Ekkenga* AG 1985, 40 (41 f.); *Schmits* AG 1992, 149 (155); *J. Semler*, FS Roweder, 1994, 441 (455 f.); *Stein* AG 1999, 28 (39 ff.); Schmidt/Lutter/*Drygala* Rn. 19; im Ergebnis ebenso Großkomm AktG/*Hopt/Roth* Rn. 109 f., soweit es sich um den „Kernbereich der Aufgaben des Aufsichtsrats" gehe, während außerhalb dessen (zB bei Geschäften mit ehemaligen Vorstandsmitgliedern oder bei Hilfsgeschäften) eine Genehmigung durch den Aufsichtsrat möglich sei.
[155] OLG Stuttgart AG 1992, 85 (86); OLG Hamburg WM 1986, 972; *J. Semler*, FS Roweder 1994, 441 (456).
[156] So zutreffend *Hirte/Hasselbach* WuB II A § 112 AktG 1.96 S. 711 (Anm. OLG Karlsruhe).
[157] *J. Semler*, FS Roweder, 1994, 441 (456); zustimmend *Stein* AG 1999, 28 (38).
[158] So Hüffer/*Koch* Rn. 12. Ähnlich Kölner Komm AktG/*Mertens/Cahn* Rn. 11, die eine Genehmigungsmöglichkeit dann ablehnen, wenn der Vorstand Geschäfte getätigt habe, die in den zwingenden Zuständigkeitsbereich des Aufsichtsrats fielen und von diesem nicht dem Vorstand überlassen werden dürften (wie zB Auswahl, Bestellung und Anstellung von Vorstandsmitgliedern).
[159] Die Frage ist von der Rspr. bislang nicht abschließend geklärt worden, vgl. BGH WM 1993, 1630 f., wo die Frage ausdrücklich offen gelassen wurde.

das Rechtsgeschäft nach den Vertretungsregeln des BGB (§§ 177 ff. BGB) schwebend unwirksam und infolgedessen genehmigungsfähig oder von Gesetzes wegen unwirksam ist (§ 112 iVm § 134 BGB).

95 Nach verbreiteter Ansicht wird ein zwischen dem Aufsichtsratsvorsitzenden oder einem Aufsichtsratsmitglied und dem Vorstand ohne zugrunde liegende Bevollmächtigung abgeschlossenes Rechtsgeschäft als unwirksam angesehen:[160] Die Regelung über die Vertretungsbefugnis des Aufsichtsrats gegenüber dem Vorstand sehe eine Gesamtvertretung durch den Aufsichtsrat bzw. einen seiner Ausschüsse ausdrücklich vor. Diese Vertretungsbefugnis könne nicht durch den Aufsichtsratsvorsitzenden oder ein einzelnes seiner Mitglieder usurpiert werden, um das Rechtsgeschäft später dem Plenum oder einem seiner Ausschüsse zur Genehmigung vorzulegen. Die dem Aufsichtsrat obliegende Pflicht, die zur Beschlussfassung anstehenden Fragen ausführlich zu erörtern, könne in diesem Fall nicht sachgerecht wahrgenommen werden. Insoweit gälten die zur vollmachtlosen Vertretung durch einzelne Vorstandsmitglieder gemachten Ausführungen entsprechend (→ Rn. 88 ff.). Auch in dem Fall der vollmachtlosen Vertretung durch den Aufsichtsratsvorsitzenden oder einzelne Aufsichtsratsmitglieder stehe die Annahme, das Rechtsgeschäft könne nach den allgemeinen Regeln vom Plenum oder einem seiner Ausschüsse genehmigt werden, in eindeutigem Widerspruch zur Zielsetzung der Norm. Eine unbefangene Wahrnehmung der Gesellschaftsinteressen sei offensichtlich nicht gewährleistet, wenn das ohne Vertretungsmacht abgeschlossene Rechtsgeschäft jederzeit zur Genehmigung durch das Plenum oder einen Ausschuss vorgelegt werden könne. Dass die übrigen Aufsichtsratsmitglieder in diesem Fall eine **unvoreingenommene und ergebnisoffene Entscheidung** fällten, erscheine zumindest **zweifelhaft.** Dies gelte umso mehr, als dem vertragsschließenden Aufsichtsratsmitglied bei Versagung der Genehmigung durch den Aufsichtsrat eine Haftung des Vertreters ohne Vertretungsmacht treffen könne (§ 179 BGB). Unter den vorstehenden Gesichtspunkten und im Hinblick auf das Ziel des Gesetzes, eine präventive Vermeidung von Interessenkonflikten zwischen und innerhalb der Gesellschaftsorgane sicherzustellen, sei auch hier eine zwingenden Nichtigkeit des Abschlusses von Rechtsgeschäften durch vollmachtlos handelnde Aufsichtsratsmitglieder anzunehmen.

96 Der **BGH** ist dieser Auffassung nicht gefolgt; in einer neuen Entscheidung hat er den Meinungsstreit dahin entschieden, dass eine von dem Aufsichtsratsvorsitzenden in einem Eilfall ohne zuvor vom Aufsichtsrat eingeholte Zustimmung erteilte **Prozessvollmacht** nachträglich durch Mehrheitsbeschluss des Aufsichtsrats **genehmigt** werden könne, und damit zugleich auch die bisherige Prozessführung; der Aufsichtsratsvorsitzende habe insofern lediglich als Vertreter ohne Vertretungsmacht gehandelt.[161]

97 Wie ist nun umzugehen mit Situationen, in denen zB der **Aufsichtsratsvorsitzende** ohne vorangehenden Aufsichtsratsbeschluss **mit einem potentiellen Vorstandsmitglied spricht** und auch die mögliche Vergütung erörtert wird, er aber das Risiko einer nachfolgenden Versagung der Genehmigung seines vollmachtlosen Handelns vermeiden will? Der Aufsichtsratsvorsitzende darf sowohl eigene Vorstellungen darlegen, als auch die Erwartungen des Kandidaten hören und mit ihm darüber sprechen. In keinem Falle darf er aber den Eindruck erwecken, mit dem Kandidaten ein Verhandlungsergebnis erzielen zu wollen oder zu können, das nur noch der Genehmigung durch das Plenum des Aufsichtsrats bedürfe. Vielmehr muss er über jeden Zweifel hinaus **klarstellen,** dass alle von ihm und von dem Kandidaten geäußerten Vorstellungen vollständig **zur Disposition des Aufsichtsrats** stehen und es allein dessen Kompetenz ist, eine die Gesellschaft bindende Vereinbarung zu treffen.

---

[160] Vgl. OLG Karlsruhe AG 1996, 224 (225) = WiB 1996, 431 mit Anm. *Fonk* WiB 1996, 434, *Sethe* EWiR § 112 AktG 1/96, S. 58; Großkomm AktG/*Hopt/Roth* Rn. 108; Kölner Komm AktG/*Mertens/Cahn* Rn. 11 aE; ablehnend dagegen *Hirte/Hasselbach* WuB II A § 112, 1.96, S. 709.

[161] BGH NZG 2013, 792 Rn. 23. Vgl. zur Abgrenzung den oben (→ Rn. 53) erwähnten Fall, in dem der bevollmächtigte Rechtsanwalt den Mangel der Vollmacht kannte und es zu keiner Genehmigung des Handelns des Aufsichtsratsvorsitzenden durch den Aufsichtsrat kam.

Die vorstehenden Darlegungen können nicht gelten, wenn es um die Wirksamkeit einer **98** Entscheidung geht, die der Aufsichtsrat im Rahmen seiner Sachkompetenz **falsch getroffen** hat.[162] Hier muss es mit den allgemeinen Grundsätzen sein Bewenden haben.[163]

c) Vollmachtloses Vertretungshandeln Dritter. Wird die Gesellschaft gegenüber **99** dem Vorstandsmitglied statt durch den Aufsichtsrat vollmachtlos durch einen Dritten vertreten, erscheint es zwingend, das maßgebende Rechtsgeschäft ebenfalls als **rechtlich unwirksam und nicht genehmigungsfähig** anzusehen.[164] Insoweit müssen die vorgenannten (→ Rn. 95), vom BGH nur für ein Handeln des Aufsichtsratsvorsitzenden in einem Eilfall verworfenen Erwägungen, gelten, denn es ist nicht hinnehmbar, dass ein Dritter oder auch ein Vorstandsmitglied es sich anmaßt, anstelle des Aufsichtsrats zu handeln.[165]

3. Prozessuale Rechtsfolgen. Der Aufsichtsrat handelt **bei Prozesshandlungen** ge- **100** genüber Vorstandsmitgliedern als **gesetzlicher Vertreter** der AG (§ 112 Satz 1 iVm § 51 Abs. 1 ZPO). Vertretungsberechtigt ist das Organ als solches.[166] Dies gilt – als Maßnahme der kollektiven Willensbildung – sowohl für die Entscheidung über die Prozessführung als solche als auch für die mit der Prozessführung in Verbindung stehenden Prozesshandlungen. Kommt es während der Rechtshängigkeit des Verfahrens zu einem Ausscheiden eines oder mehrerer Aufsichtsratsmitglieder und bleibt der Aufsichtsrat beschlussfähig, liegen weder die Voraussetzungen für eine Unterbrechung (§ 241 ZPO) noch für ein Aussetzen (§ 246 ZPO) des Verfahrens vor.[167]

Verfahrensrechtlich führt die fehlende Zuständigkeit bei der Vertretung der AG zur **101** **Unzulässigkeit der Klage**.[168] Dies gilt unabhängig davon, ob sich die AG in der Rolle der Klägerin oder der Beklagten befindet. Ein entsprechender Mangel ist auch noch in der Revisionsinstanz zu beachten.[169] Die Revisionsinstanz muss daher die gegen das unzulässig agierende Organ gerichtete Klage als unzulässig zurückweisen, wenn das vertretungsbefugte Organ seine Zuständigkeit versagt. Hat das Gericht der Tatsacheninstanz oder auch der Berufungsinstanz es versäumt, auf die Unzulässigkeit der Klage wegen der mangelnden Vertretungskompetenz des Vorstands hinzuweisen,[170] so kann dies zu Unbilligkeiten zu Lasten der Klägerseite führen. Hier erscheint es der Sache nach angezeigt, das Verfahren an das erstinstanzliche Gericht zurückzuverweisen,[171] um der klagenden Partei Gelegenheit zu geben, die Klage an die richtige Prozesspartei erneut stellen zu können; dies setzt jedoch voraus, dass infolge der falschen Würdigung der Zulässigkeitsfrage eine umfangreiche oder aufwändige Beweiserhebung notwendig ist,[172] was bei einer falschen Würdigung der Passivlegitimation selten der Fall sein dürfte.

Nach überwiegender Auffassung und auch nach der Rechtsprechung des BGH kann der **102** Vertretungsmangel einer fehlenden Bevollmächtigung des Vorstands in diesem Fall dadurch geheilt werden, dass der **Aufsichtsrat** die **Prozessführung** in den einzelnen Instanzen

---

[162] Vgl. hierzu die oben (→ Rn. 79) erklärte Differenzierung zwischen „falschen" und „fehlerhaften" Beschlüssen.
[163] → Rn. 79 sowie *J. Semler*, FS Rowedder, 1994, 441 (456).
[164] OLG Stuttgart BB 1992, 1669.
[165] Schmidt/Lutter/*Drygala* Rn. 19; aA (Genehmigungsmöglichkeit) MüKoAktG/*Habersack* Rn. 32.
[166] Kölner Komm AktG/*Mertens/Cahn* Rn. 13.
[167] *Hueck*, FS Bötticher, 1969, 197 (205); Kölner Komm AktG/*Mertens/Cahn* Rn. 13.
[168] BGH WM 1991, 941 (942); BGH WM 1986, 1411; BAG NZG 2002, 394; MHdB AG/*Wiesner* § 23 Rn. 8. Zur Zurückweisung der Klage, wenn der richterliche Hinweis nach § 139 Abs. 2 ZPO unterblieben ist sogleich
→ Rn. 85.
[169] BGH NJW 1997, 318; BGHZ 130, 108 (111 f.) = NJW 1995, 2559; BGH AG 1991, 269; BGH AG 1990, 359; BGH NJW 1987, 254; Kölner Komm AktG/*Mertens/Cahn* Rn. 13.
[170] Gemäß § 139 Abs. 2 ZPO ist das Gericht verpflichtet, einen solchen rechtlichen Hinweis zu geben; vgl. *Hager* NJW 1992, 352 (354).
[171] Das Prozessrecht sieht diese Möglichkeit in § 539 ZPO wegen wesentlicher Verfahrensmängel ausdrücklich vor.
[172] § 538 Abs. 2 Satz 1 Nr. 1 ZPO; nach § 539 ZPO aF gab es diese Hürde nicht.

(und nicht erst in der Revisionsinstanz) **übernimmt** und damit die bisherigen Prozesshandlungen des Vorstands ausdrücklich oder konkludent genehmigt.[173]

103 Diese Ansicht stößt auf **Bedenken** und ist vor dem Hintergrund der hier vertretenen Auffassung inkonsequent. Eine unbefangene Vertretung der Gesellschaft ist dann gefährdet, wenn der Vorstand im Prozess gegen einzelne seiner Mitglieder sowohl die Auswahl der Prozessbevollmächtigten hat treffen als auch für deren notwendige Sachinformation hat bestimmen können. Auch die Entscheidung über eine mögliche Verteidigungsstrategie bei Passivprozessen unter Einbeziehung der Möglichkeit einer außergerichtlichen Streitbeilegung durch einen Vergleich erscheint in dieser Hinsicht problematisch.[174] Allerdings sprechen Praktikabilitätsgründe letztlich für die Möglichkeit der Fortführung eines von dem unzuständigen Vorstand begonnenen Prozesses durch den Aufsichtsrat.

104 **4. Sorgfaltspflichten des Aufsichtsrats.** Der Aufsichtsrat hat bei der Wahrnehmung seiner Kompetenzen die erforderliche Sorgfalt anzuwenden. Für sein ausnahmsweises Tätigwerden als gesetzlicher Vertreter der AG geht es dabei nicht um die aus seiner Überwachungsaufgabe folgende Sorgfalt. Maßgebend ist vielmehr ein Sorgfaltsmaßstab, der die **Sorgfalt eines ordentlichen und gewissenhaften Geschäftsleiters** bei der Geschäftsführung umfasst.[175] Insoweit erhält die Regelung über die Haftung des Aufsichtsrats für sein Fehlverhalten (§§ 116, 93) bei der Wahrnehmung seiner Aufgaben nach § 112 einen anderen Sorgfaltsmaßstab als bei der Wahrnehmung seiner aktienrechtlichen Überwachungsaufgaben.

VI. Nachweis der Vertretungsmacht

105 Wird die Gesellschaft bei der Kundgabe einer Willenserklärung durch den Aufsichtsrat, durch einzelne seiner Mitglieder oder durch Dritte vertreten, ist es regelmäßig erforderlich, die Vertretungsbefugnis dem Geschäftsgegner oder dem Registergericht (Handelsregister, Grundbuchamt) durch **Vorlage der Geschäftsordnung** oder einen entsprechenden **Aufsichtsratsbeschluss** nachzuweisen,[176] wobei Letzteres regelmäßig durch Vorlage eines Auszugs aus dem Protokoll der entsprechenden Aufsichtsratssitzung erfolgt. Der Nachweis kann darüber hinaus durch eine von allen Aufsichtsratsmitgliedern unterzeichnete Vertragsurkunde oder Vollmacht erbracht werden,[177] doch ist dies wenig praktikabel. Bei Vorstandsverträgen sollte aus Gründen der Sorgfalt jeder Vereinbarung ein Auszug der Niederschrift über die entsprechende Sitzung des Aufsichtsrats beigefügt werden.[178] Eine in der Satzung enthaltene Regelung der Vertretungszuständigkeit ist demgegenüber nach hier vertretener Auffassung nicht ausreichend, um einen Nachweis der Vertretungsbefugnis zu erbringen. Eine entsprechende Satzungsregelung stellt einen Verstoß gegen die im Gesetz begründete Zuständigkeitsordnung dar und ist infolgedessen unwirksam.[179]

106 Liegt ein das Rechtsgeschäft zulassender Aufsichtsratsbeschluss vor, ist es ausreichend, wenn der **Aufsichtsratsvorsitzende** die jeweilige Erklärung abgibt, da er vorbehaltlich eines abweichenden Beschlussinhalts regelmäßig als konkludent hierzu ermächtigt gilt.[180]

---

[173] BGH ZIP 1999, 1669 (1670); BGH WM 1998, 308 (309); BGH AG 1991, 269 (270); BGH NJW 1989, 2055 f.; BGH NJW 1987, 254 (255); OLG Karlsruhe AG 1996, 224 (226) jeweils unter Verweis auf § 551 Nr. 5 ZPO; zustimmend *Brandner*, FS Quack, 1991, 201 (202); *Werner* ZGR 1989, 369 (391 f.); *Henze* HRR AktienR Rn. 687; Hüffer/*Koch* AktG Rn. 13; Kölner Komm AktG/*Mertens/Cahn* Rn. 13; Spindler/Stilz/ *Spindler* Rn. 44.
[174] *Stein* AG 1999, 28 (40).
[175] *J. Semler*, FS Rowedder, 1994, 441 (457).
[176] *Heim* AG 1967, 4; *J. Semler*, FS Rowedder, 1994, 441 (452); Hüffer/*Koch* Rn. 11; Kölner Komm AktG/ *Mertens/Cahn* Rn. 42; Großkomm AktG/*Hopt/Roth* Rn. 100; aA *Pöschl* BB 1966, 804.
[177] *Steiner* BB 1998, 1910 (1911) Hüffer/*Koch* Rn. 11; *J. Semler*, FS Rowedder, 1994, 441 (452).
[178] *J. Semler*, FS Rowedder, 1994, 441 (452).
[179] → Rn. 3; MüKoAktG/*Habersack* Rn. 29.
[180] Kölner Komm AktG/*Mertens/Cahn* Rn. 42.

Vergütung der Aufsichtsratsmitglieder   § 113 AktG

Der Nachweis der Bestellung des Aufsichtsratsvorsitzenden lässt sich durch die vom Vorstand dem Handelsregister einzureichende Liste der Aufsichtsratsmitglieder führen.[181]

Ist einem Kündigungsschreiben des Aufsichtsratsvorsitzenden an ein Vorstandsmitglied **107** weder der diesbezügliche Aufsichtsratsbeschluss, noch eine Vollmacht in Urschrift beigefügt, so kann das Vorstandsmitglied die Abberufungs- und Kündigungserklärung zurückweisen.[182]

§ 113 Vergütung der Aufsichtsratsmitglieder

(1) ¹Den Aufsichtsratsmitgliedern kann für ihre Tätigkeit eine Vergütung gewährt werden. ²Sie kann in der Satzung festgesetzt oder von der Hauptversammlung bewilligt werden. ³Sie soll in einem angemessenen Verhältnis zu den Aufgaben der Aufsichtsratsmitglieder und zur Lage der Gesellschaft stehen. ⁴Ist die Vergütung in der Satzung festgesetzt, so kann die Hauptversammlung eine Satzungsänderung, durch welche die Vergütung herabgesetzt wird, mit einfacher Stimmenmehrheit beschließen.

(2) ¹Den Mitgliedern des ersten Aufsichtsrats kann nur die Hauptversammlung eine Vergütung für ihre Tätigkeit bewilligen. ²Der Beschluss kann erst in der Hauptversammlung gefasst werden, die über die Entlastung der Mitglieder des ersten Aufsichtsrats beschließt.

(3) ¹Wird den Aufsichtsratsmitgliedern ein Anteil am Jahresgewinn der Gesellschaft gewährt, so berechnet sich der Anteil nach dem Bilanzgewinn, vermindert um einen Betrag von mindestens vier vom Hundert der auf den geringsten Ausgabebetrag der Aktien geleisteten Einlagen. ²Entgegenstehende Festsetzungen sind nichtig.

Schrifttum: *Baums,* Aktienoptionen für Vorstandsmitglieder, FS Claussen, 1997, 3; *Beater,* Beratungsvergütungen für Aufsichtsratsmitglieder (§§ 113, 114 AktG), ZHR 157 (1993), 420; *Bergmann,* Das Abzugsverbot des § 12 Ziff. 3 KStG, Praxisfragen zum Körperschaftsteuerrecht 2000, 31; *Bergmann,* Bestellung eines Aufsichtsratsmitglieds zum nicht dauernden Stellvertreter eines Vorstandsmitglieds (§ 105 Abs. 2 AktG) unter Fortzahlung seiner Aufsichtsratsbezüge, DB 1975, 1622; *Berger,* Die Kosten der Aufsichtsratstätigkeit in der Aktiengesellschaft, 2000; *Berrar,* Zur Reform des Aufsichtsrats nach den Vorschlägen der Regierungskommission „Corporate Governance", NZG 2001, 1113; *Bischof,* Zweckmäßigkeit erfolgsunabhängiger Aufsichtsratsvergütung, BB 2006, 2672; *Bosse/Malchow,* Unterstützung und Kostentragung für die Aus- und Fortbildung von Aufsichtsratsmitgliedern – Der Kodex nimmt Stellung, NZG 2010, 972; *Bremeier,* Die Aufgaben des Aufsichtsrats lassen sich nicht länger mit links erledigen, FAZ vom 13.12.1999; *Buckel,* Die unterjährige Herabsetzung der Aufsichtsratsvergütung, AG 2013, 451; *Dänzer-Vanotti,* Aufwendungsersatzanspruch des Aufsichtsratsmitglieds wegen aufgewandter Prozeßkosten, BB 1985, 1632; *Diekmann,* Die Drittvergütung von Mitgliedern des Vorstands einer Aktiengesellschaft, FS Maier-Reimer, 2010, 75; *Dreher,* Der Abschluss von D&O Versicherungen und die aktienrechtliche Zuständigkeitsordnung, ZHR 165 (2001), 293; *K. v. Falkenhausen,* Sonderleistungen von Aufsichtsratsmitgliedern und deren Vergütung, AG 1966, 379; *Ch. Fischer,* Zur Bedienung aktienbasierter Vergütungsmodelle für Aufsichtsräte mit zurückerworbenen Aktien, ZIP 2003, 282; *J. Fischer/Theuner,* Zur Abführungspflicht der Gewerkschaftsmitglieder in Aufsichtsräten, Arbeit und Recht 2011, 466; *Fischer,* Sondervergütungen an Aufsichtsratsmitglieder, BB 1967, 859; *Fleischer,* Director's Dealings, ZIP 2002, 1217; *Fonk,* Auslagenersatz für Aufsichtsratsmitglieder, NZG 2009, 761; *Fuchs,* Grenzen für eine aktienkursorientierte Vergütung von Aufsichtsratsmitgliedern, WM 2004, 2233; *Gehling,* Erfolgsorientierte Vergütung des Aufsichtsrats, ZIP 2005, 549; *Geßler,* Zur Begrenzung der Aufsichtsratsvergütungen – ein Diskussionsvorschlag, DB 1978, 63; *Heinrich Götz,* Die Überwachung der Aktiengesellschaft im Licht jüngerer Unternehmenskrisen, AG 1995, 337; *Grätz,* Aufsichtsratsbezüge – Ergebnisse einer Analyse, AG 1978, 67; *Haarmann,* Die steuerliche Diskriminierung der Aufsichtsratsvergütung, Aufsichtsrat 2012, 1; *Haarmann,* Gleichbehandlung aller Aufsichtsräte, eine sinnvolle Fiktion? Möglichkeiten der differenzierten Vergütung von Aufsichtsräten, FS Hüffer, 2010, 243; *Habersack,* Der Aufsichtsrat im Visier der Kommission, ZHR 168 (2004), 373; *Habersack,* Die erfolgsabhängige Vergütung des Aufsichtsrats und ihre Grenzen, ZGR 2004, 721; *Hoffmann-Becking,* Gestaltungsmöglichkeiten bei Anreizsystemen, NZG 1999, 797; *Hoffmann-Becking,* Rechtliche Möglichkeiten und Grenzen einer Verbesserung der Arbeit des Aufsichtsrats, FS Havermann, 1995, 229; *Hommelhoff,* Die Atarkie des Aufsichtsrats, ZGR 1983, 552; *Hüffer,* Aktienbezugsrechte als Bestandteil der Vergütung von Vorstandsmitgliedern und Mitarbeitern, ZHR 161 (1997), 214; *Kästner,* Aktienrechtliche Probleme der D&O-Versicherung, AG 2000, 113; *Kalb/Fröhlich,* Die Drittvergütung von Vorständen, NZG 2014, 167; *Kenntemich,* Zur Bemessungsgrundlage der gewinnabhängigen Vorstands- und Aufsichtsratsvergütung, Wpg 1971, 105; *Kalb/Fröhlich,* Die Drittvergütung von Vorständen, NZG 2014, 167; *Knoll/Knoesel/*

---
[181] § 106; Kölner Komm AktG/*Mertens/Cahn* Rn. 42.
[182] Analog § 174 S. 1 BGB, vgl. OLG Düsseldorf NZG 2004, 141 ff.

Probst, Aufsichtsratsvergütungen in Deutschland: Empirische Befunde, Zeitschrift für betriebswirtschaftliche Forschung 49, 1997, 236; *Kort*, Rechtsfragen der Höhe und Zusammensetzung der Vergütung von Mitgliedern des Aufsichtsrats einer AG, FS Hüffer, 2010, 483; *Krüger*, Nichtigkeit des D&O-Versicherungsvertrages bei fehlender Genehmigung durch die Hauptversammlung, NVersZ 2001, 8; *Lange*, Zulässigkeitsvoraussetzungen einer gesellschaftsfinanzierten D&O Versicherung, ZIP 2001, 1524; *Leyendecker-Langner/Hutmacher*, Kostentragung für Aus- und Fortbildungsmaßnahmen von Aufsichtsratsmitgliedern, NZG 2012, 1415; *Lutter*, Defizite für eine effiziente Aufsichtsratstätigkeit und gesetzliche Möglichkeiten der Verbesserung, ZHR 159 (1995), 287; *Lutter*, Gesetzliche Gebührenordnung für Aufsichtsräte?, AG 1979, 85; *Lutter/Kremer*, Die Beratung der Gesellschaft durch Aufsichtsratsmitglieder, ZGR 1992, 87; *Mäger*, Vergütung des Aufsichtsrats – welchen Spielraum gibt das Aktienrecht?, BB 1999, 1389; *Martinius/Zimmer*, Keine Boni mehr für Aufsichtsräte?, BB 2011, 3014; *Mertens*, Beratungsverträge mit Aufsichtsratsmitgliedern, FS Steindorff, 1990, 173; *Mertens*, Bedarf der Abschluss einer D&O Versicherung durch die AG der Zustimmung der HV?, AG 2000, 447; *Maser/Göttle*, Rechtlicher Rahmen der Vergütung des Aufsichtsrats, NZG 2013, 201; *Mutter*, Zur Anpassung der Vergütung von Aufsichtsräten an den Deutschen Corporate Governance Kodex, ZIP 2002, 1230; *Natzel*, Die Vergütung der Aufsichtsratsmitglieder, DB 1963, 1388 und DB 1965, 1429; *Neuhaus/ Gellißen*, Drittvergütungen für Aufsichtsratsmitglieder, NZG 2011, 1361; *Paefgen*, Börsenpreisorientierte Vergütung und Überwachungsaufgabe des Aufsichtsrats, WM 2004, 1169; *Pellens*, Unternehmenswertorientierte Vergütungssysteme, 1998; *Peltzer*, Die Vergütung des Aufsichtsrats im Gesellschafts- und Steuerrecht, FS Zimmerer, 1997, 377; *Potthoff/Trescher*, Das Aufsichtsratsmitglied, 6. Aufl. 2003; *Reichard/Kaubisch*, Sitzungsgeld für Telefon- und Videokonferenzen des Aufsichtsrats?, AG 2013, 150; *Reimsbach*, Fehlanreize der erfolgsabhängigen Aufsichtsratsvergütung nach DCGK 5.4.6, BB 2011, 940; *Richardi*, Die Rechtswirkung des § 86 Abs. 2 AktG auf zum Inkrafttreten des AktG 1965 bereits begründete Anstellungsverhältnisse, AG 1969, 273; *Stefan Richter*, Aktienoptionen für den Aufsichtsrat?, BB 2004, 949; *Roller*, Die Vergütung des Aufsichtsrates in Abhängigkeit vom Aktienkurs, 2000; *v. Rosen*, Aufsichtsratsvergütungen bei deutschen Unternehmen, Jan. 2003; *Ruhwedel/Epstein*, Eine empirische Analyse der Strukturen und Prozesse in den Aufsichtsräten deutscher Aktiengesellschaften, BB 2003, 161; *Schaefer*, Aktuelle Probleme der Mitarbeiterbeteiligung im Aufsichtsrat nach Inkrafttreten des KonTraG, NZG 1999, 531; *Säcker*, Die Rechte des einzelnen Aufsichtsratsmitglieds, NJW 1979, 1521; *Schiessl*, Deutsche CorporTE Governance post Enron, AG 2002, 593; *Schiessl*, Ist das deutsche Aktienrecht kapitalmarkttauglich?, AG 1999, 442; *Schmidt/Werner*, Zeitpunkt der Besteuerung von Vergütungen aus Aufsichtsratstätigkeit bei Bilanzierung gem. § 4 Abs. 1 EStG, DStZ 2003, 235; *G. Schmitt*, Begrenzung der Aufsichtsratsvergütung, DB 1968, 1545; *Schubert*, Zur Behandlung der Aufsichtsratsvergütung im Jahresabschluß der AG, Wpg 1971, 106; *Seibert*, Das 10-Punkte-Programm „Unternehmensintegrität und Anlegerschutz", BB 2003, 693; *Seibert*, Aufsichtsrats-Reform in der 13. Wahlperiode, ZBB 1994, 352; *Seibt*, Interessenkonflikte im Aufsichtsrat, FS Hopt, 2010, Bd. 1, 1363; *Selzner*, Drittvergütungen in der Übernahme, AG 2013, 818; *Johannes Semler*, Leistungs- und erfolgsbezogene Vergütungen, FS Budde, 1995, 599; *Spieker*, Verzicht auf Aufsichtsratsvergütung und unzulässige Wahlbeeinflussung, BB 1962, 925; *Theisen*, Steuerrebell gesucht, Der Aufsichtsrat 2012, 157; *Theisen*, Zusammensetzung und Struktur der Vergütung für den Aufsichtsrat nach dem KontraG, DB 1999, 165; *Theisen*, Die Überwachung der Unternehmensführung, 1987; *Thüsing/Forst*, Abführung von Aufsichtsratsvergütung an gewerkschaftliche Bildungseinrichtungen, FS v. Westphalen, 2010, 696; *Vetter*, Stock Options für Aufsichtsräte – ein Widerspruch?, AG 2004, 234; *Vetter*, Aktienrechtliche Probleme der D&O Versicherung, AG 2000, 453; *Vetter*, Stillschweigender Grundsatzbeschluß der Hauptversammlung zur Bewilligung der Aufsichtsratsvergütung, BB 1989, 442; *J. Wagner*, Aufgabenwahrnehmung und Vergütung des Aufsichtsrats, NZG 1999, 1092; *Wellkamp*, Rechtliche Zulässigkeit einer aktienkursorientierten Vergütung von Aufsichtsräten, WM 2001, 489; *Weiss*, Aktienoptionen für Führungskräfte, 1999; *Weiss*, Aktienoptionsprogramme nach dem KonTraG, WM 1999, 353; *Wettich*, (Teil-)Verzicht eines Aufsichtsratsmitglieds auf die ihm zustehende Aufsichtsratsvergütung, NZG 2009, 852; *Wilhelmi*, Sondervergütung für Aufsichtsratsmitglieder nach dem neuen AktG, BB 1966, 1172; *Wissmann*, Im Blickpunkt: Der Beratungsvertrag mit der Sozietät eines Aufsichtsratsmitglieds, NZG 2001, 1113; *Witte/Indenhuck*, Wege aus der Haftung – die Beauftragung externer Berater durch den Aufsichtsrat, BB 2014, 2563; *Woeste*, Poolung von Aufsichtsratsvergütungen, BB 1960, 200; *Zimmer*, Die Ausgabe von Optionsrechten an Mitglieder des Aufsichtsrats und externe Berater, DB 1999, 999; *v. Zwehl*, Die Berechnung der Vorstands- und Aufsichtsratantiemen nach dem AktG 1965, DB 1966, 1937.

Übersicht

	Rn.
I. Allgemeines	1
1. Bedeutung der Norm	1
2. Entstehungsgeschichte	12
3. Rechtstatsachen	15
4. Reformvorhaben	17
II. Allgemeines zur Vergütung	22
1. Entgeltliche oder unentgeltliche Tätigkeit	22
2. Ehrenvorsitzender	26
3. Rechtsgrund der Vergütung	28
4. Grundsatz der Gleichbehandlung	30
5. Gebot der Angemessenheit (Abs. 1 S. 3)	36

	Rn.
III. Der Vergütungsanspruch im Einzelnen	43
1. Arten der Vergütung	43
a) Feste Vergütung	45
b) Variable Vergütung	46
c) Sitzungsgeld	75
d) Pauschale Aufwandsentschädigungen	78
e) Sachleistungen	79
f) Übernahme von Prämien für D&O-Versicherungen	80
2. Gesamtvergütung, Aufteilung unter den Aufsichtsratsmitgliedern	85
3. Entstehung und Fälligkeit des Anspruchs	87
4. Einwendungen, Einreden	90
a) Untätigkeitseinwand	90
b) Verjährung	93
5. Teilvergütung, Vergütung während der Abwicklung	94
6. Zahlung einer Vergütung durch Dritte	96
7. Verzicht auf die Vergütung	99
8. Insolvenz, Verschmelzung, Umwandlung	100
9. Rechtsfolgen eines Verstoßes gegen die Norm	105
IV. Die Erstattung von Auslagen	108
1. Allgemeines	108
2. Anspruchsbegründende Tätigkeiten	109
a) Vorbesprechung der Aufsichtsratsmitglieder	110
b) Teilnahme an Sitzungen	111
c) Tätigkeiten zwischen den Sitzungen	112
d) Einarbeitungs-, Informationsaufwand und Repräsentation	113
e) Nachbereitung der Sitzungen	115
f) Anspruchsbegründende Tätigkeiten des Aufsichtsratsvorsitzenden	116
g) Sonstige Tätigkeiten	117
3. Erstattungsfähige und nicht erstattungsfähige Kosten	118
a) Kosten aus laufender Tätigkeit des Aufsichtsratsmitglieds	119
b) Reisekosten	120
c) Dolmetscher- und Übersetzungskosten	123
d) Einkommenseinbußen und Ertragsausfall	124
e) Aufgewandte Prozesskosten	125
f) Gesetzwidrige Zahlungen	129
g) Kostenerstattung für Literatur und Fortbildungsveranstaltungen	130
h) Kosten für die Inanspruchnahme von Sachverständigen	134
i) Kosten beim Aufsichtsratsvorsitzenden	138
4. Entscheidungskompetenz über die Erstattung von Auslagen	140
V. Festsetzung, Bewilligung der Vergütung (Abs. 1)	144
1. Allgemeines	144
2. Festsetzung durch die Satzung (Abs. 1 S. 2 und 4)	147
a) Inhalt der Satzungsregelung	147
b) Bestimmbarkeit der Satzungsregelung	149
c) Rechtlicher Charakter der Satzungsregelung	150
d) Eintragung in das Handelsregister	152
e) Herabsetzung der Aufsichtsratsvergütung (Abs. 1 S. 4)	153
3. Bewilligung durch die Hauptversammlung	163
4. Vertraglich vereinbarte Vergütung	167
5. Sonderregelung für den ersten Aufsichtsrat (Abs. 2)	169
6. Vergütungsanspruch des in den Vorstand delegierten Aufsichtsratsmitglieds	174
VI. Steuerliche Aspekte	175
1. Steuerliche Behandlung der Vergütung beim Aufsichtsratsmitglied	175
2. Steuerliche Behandlung der Aufsichtsratsvergütung bei der Gesellschaft	181
VII. Ausweispflicht der Bezüge	185

I. Allgemeines

1. Bedeutung der Norm. Nach **Abs. 1** kann dem Aufsichtsratsmitglied eine Vergütung 1 gewährt werden (Abs. 1 S. 1). Dies setzt voraus, dass die Vergütung in der Satzung festgesetzt oder durch einen Beschluss der Hauptversammlung bewilligt worden ist (Abs. 1 S. 2). Die Tätigkeit bleibt unentgeltlich, wenn eine entsprechende Vergütungsregelung nicht getroffen worden ist. Mit Rücksicht hierauf gibt es auch **keinen Anspruch auf eine angemessene Vergütung.** Ist eine Vergütung in der Satzung festgelegt, so kann die

Hauptversammlung eine die Vergütung herabsetzende Satzungsänderung mit einfacher Mehrheit beschließen (Abs. 1 S. 4).

2 Die Vergütung soll in einem **angemessenen Verhältnis** zu den Aufgaben der Aufsichtsratsmitglieder und der Lage der Gesellschaft stehen (Abs. 1 S. 3); der Kodex spezifiziert dies dahin, dass die Vergütung der Verantwortung und dem Tätigkeitsumfang der Aufsichtsratsmitglieder sowie der wirtschaftlichen Lage und dem Erfolg des Unternehmens Rechnung zu tragen hat (Ziffer 5.4.6 S. 2 DCGK).

3 **Abs.** 2 legt die Anforderungen an die Bewilligung der Vergütung des ersten Aufsichtsrats fest.

4 **Abs.** 3 regelt die Voraussetzungen der Berechnung einer Beteiligung der Aufsichtsratsmitglieder am Jahresgewinn der Gesellschaft.

5 **Zielsetzung der Regelung** ist es, die **Entscheidungskompetenz der Hauptversammlung** über die Vergütung der Aufsichtsratsmitglieder für deren organschaftliche Tätigkeit sicherzustellen.[1] Diese Kompetenzzuweisung an die Hauptversammlung sowie die Begrenzung des Vergütungsumfangs auf ein angemessenes Maß schützen die Aktionäre und Gesellschaftsgläubiger vor überhöhten Bezügen. Sie unterbinden vor allem bei kleineren Gesellschaften die Entziehung des Gesellschaftskapitals.[2] Gleichzeitig soll die Vorschrift die wechselseitige Begünstigung der Aufsichtsrats- und Vorstandsmitglieder und eine hierdurch drohende Entstehung von Interessenkonflikten (→ § 100 Rn. 117 ff.) verhindern. Die Bestimmung dient damit der Aufrechterhaltung der inneren Ordnung der AG.[3] Darüber hinaus soll durch die Regelung – in Ergänzung zur Jahresabschlusspublizität (vgl. § 285 Nr. 9a HGB) – ein erhöhtes Maß an Transparenz der auf den Aufsichtsrat entfallenden Gesamtvergütung hergestellt werden.[4]

6 Durch die Regelung des Abs. 2 will der Gesetzgeber die **Einflussnahme der Gründer** auf die Vergütung des ersten Aufsichtsrats **unterbinden**.[5]

7 Die Vorschrift ist **zwingend**.[6] Grundlage des Vergütungsanspruchs eines Aufsichtsratsmitglieds kann nur eine entsprechende Satzungsbestimmung oder ein festsetzender Hauptversammlungsbeschluss sein. Der Vorstand oder der Aufsichtsrat können unter keinen Umständen irgendeine Vergütung bewilligen.

8 Auf Grund der zwingenden Wirkung der Norm sind vertragliche Zusagen einer Sondervergütung für die Aufsichtsratstätigkeit durch den Vorstand oder den Aufsichtsrat unwirksam und damit **nichtig**.[7] Die Regelung besitzt insoweit **Verbotscharakter**.[8] Nur Tätigkeiten außerhalb der Aufsichtsratstätigkeit dürfen mit Zustimmung des Aufsichtsrats auf Vertragsbasis honoriert werden.[9]

9 Die Bedeutung der Norm kommt nicht zuletzt durch die gesetzliche **Sanktion** von Vergütungsleistungen an Aufsichtsratsmitglieder zum Ausdruck, die den gesetzlichen Vorschriften zuwiderlaufen (→ Rn. 101). Die Mitglieder des Vorstands und die Aufsichtsratsmitglieder sind bei gesetzeswidriger Leistung bzw. Entgegennahme unzulässiger Leistungen

---

[1] *Mertens,* FS Steindorff, 1990, 173 (174); Kölner Komm AktG/*Mertens/Cahn* Rn. 3.
[2] Hüffer/*Koch* Rn. 1.
[3] *Beater* ZHR 157 (1993), 420 (426), *Peltzer,* FS Zimmerer, 1997, 377 (382); *Mertens,* FS Steindorff, 1990, 173 (174); *Fischer* BB 1967, 859 (862); Hüffer/*Koch* Rn. 1.
[4] *Beater* ZHR 157 (1993), 420 (426); *Lutter* AG 1979, 85 (88 (Fn. 21)); *Lutter/Kremer* ZGR 1992, 87 (92); Kölner Komm AktG/*Mertens/Cahn* Rn. 3; *Mertens,* FS Steindorff, 1990, 173 (174).
[5] MHdB AG/*Hoffmann-Becking* § 33 Rn. 21; Hüffer/*Koch* Rn. 8; Kölner Komm AktG/*Mertens/Cahn* Rn. 4.
[6] MHdB AG/*Hoffmann-Becking* § 33 Rn. 10; Großkomm AktG/*Hopt/Roth* Anm. 5; Kölner Komm AktG/ *Mertens/Cahn* Rn. 6; *Potthoff/Trescher* S. 176.
[7] Vgl. hierzu BGHZ 126, 330 (344) = NJW 1994, 2484 ff.; BGHZ 114, 127 (133) = NJW 1991, 1830 ff. – Deutscher Herold; sowie → § 114 Rn. 22.
[8] § 134 BGB; BGHZ 126, 330 (344) = NJW 1994, 2484 ff.; BGHZ 114, 127 (129) = NJW 1991, 1830 ff.; *Beater* ZHR 157 (1993), 420 (432); Hüffer/*Koch* Rn. 5; Kölner Komm AktG/*Mertens/Cahn* Rn. 5; aA MüKoAktG/*Geßler,* 1. Aufl. Rn. 18.
[9] § 114; *Fischer* BB 1967, 859; *Mertens,* FS Steindorff, 1990, 173 (183 ff.); Hüffer/*Koch* § 114 Rn. 6; Kölner Komm AktG/*Mertens/Cahn* Rn. 5; aA MüKoAktG/*Geßler,* 1. Aufl. Rn. 18.

unabhängig von einem sonstigen Schadenseintritt der Gesellschaft für die Rückzahlung der zu Unrecht bezogenen Beträge haftbar.[10] Das sog. „10-Punkte-Papier zur Stärkung der Unternehmensintegrität und des Anlegerschutzes" sieht darüber hinaus eine Verpflichtung zur Rückzahlung auf der Basis falscher Bilanzen geleisteter Vergütungen und überzogener Abfindungen vor.[11] Die Bestimmung erlaubt den Anteilseignern durch die Möglichkeit einer Anfechtung des die Vergütung festsetzenden Hauptversammlungsbeschlusses[12] oder durch Anregung eines Registerverfahrens (§ 398 FamFG), eine **materielle Beschlusskontrolle**.[13]

Die Regelung umfasst auch Vergütungsleistungen, die das Aufsichtsratsmitglied für seine Aufsichtsratstätigkeit von einem **abhängigen Unternehmen** erhält, soweit diese nicht selbst durch eine zulässige Vereinbarung mit diesem Unternehmen gedeckt sind.[14] 10

Die Bestimmung gilt kraft Verweisung ebenfalls für den Anwendungsbereich der **GmbH**.[15] Die Festsetzung der Vergütung bei einer Gesellschaft mit fakultativem Aufsichtsrat erfolgt grundsätzlich durch die Gesellschafterversammlung; sie kann aber auch einem Beirat oder einem ähnlichen Organ übertragen werden. Die Festsetzung der Vergütung durch die Geschäftsführer oder den Aufsichtsrat selbst ist unzulässig.[16] 11

2. Entstehungsgeschichte. Die Vorschrift wurde durch das **AktG 1965** geändert. Abs. 1 S. 2 stellt gegenüber dem früheren Recht[17] eindeutig klar, dass den Aufsichtsratsmitgliedern eine Vergütung nur durch Satzungsregelung oder Hauptversammlungsbeschluss bewilligt werden kann.[18] Die Vergütung soll mit den Aufgaben der einzelnen Aufsichtsratsmitglieder und der Lage der Gesellschaft in Einklang stehen. Die früher zwingende Regelung[19] wurde 1965 in eine Sollvorschrift geändert (Abs. 1 S. 3). 12

Geändert wurde auch die Berechnung der Gewinnbeteiligung als Bestandteil einer variablen Aufsichtsratsvergütung (Abs. 3). Seither **orientiert** sich die Berechnung der Gewinnbeteiligung **am Bilanzgewinn der Gesellschaft** (§ 58 Abs. 4). Durch die Annäherung der Berechnungsweise an die Dividendenberechnung für den Gewinnanspruch der Aktionäre wollte der Gesetzgeber der Stellung der Aufsichtsratsmitglieder in stärkerem Maße entsprechen.[20] Die frühere Regelung über die Notwendigkeit eines angemessenen Verhältnisses der Gewinnbeteiligung zu den sozialen Aufwendungen des Unternehmens[21] wurde vom Gesetzgeber fallengelassen.[22] 13

Die Norm wurde nach 1965 zuletzt durch Art. 1 Nr. 9 **StückAG**[23] vom 25.3.1998 in Abs. 3 S. 1 geändert. Hierbei wurde das Wort „Nennbetrag" durch die Wörter „geringsten Ausgabebetrag" ersetzt. Durch die Änderung wurde der Zulassung von Stückaktien in der AG (vgl. § 8 Abs. 3) Rechnung getragen. 14

3. Rechtstatsachen. Im Vergleich zu den in Deutschland seit ihrer Offenlegung stark angestiegenen Vorstandsgehältern haben sich die Bezüge von Aufsichtsratsmitgliedern überwiegend nur moderat erhöht; deutliche Erhöhungen hat es allerdings in den letzten Jahren 15

---

[10] § 93 Abs. 3 Nr. 7 iVm. § 116 (für Mitglieder des Aufsichtsrats).
[11] Börsen-Zeitung v. 29.8.002; vgl. auch *Seibert* BB 2003, 693 (694).
[12] § 243; LG Mannheim AG 1967, 83 (84).
[13] Kölner Komm AktG/*Mertens/Cahn* Rn. 3; Großkomm AktG/*Hopt/Roth* Rn. 4; *Lutter* AG 1979, 85 (88).
[14] Kölner Komm AktG/*Mertens/Cahn* Rn. 7; *Mertens*, FS Steindorff, 1990, 173 (186).
[15] § 52 Abs. 1 GmbHG; § 25 Abs. 1 Nr. 2 MitbestG, § 77 Abs. 1 BetrVG 1952.
[16] Großkomm AktG/*Heermann* GmbHG § 52 Rn. 123; Lutter/Hommelhoff/*Lutter* GmbHG § 52 Rn. 76; *Wagner* in Semler/v. Schenck AR-HdB § 11 Rn. 100; OLG Celle NZG 1998, 266; offen gelassen von BGH NJW 1998, 1946 (1948).
[17] § 98 Abs. 1 AktG 1937.
[18] So für das AktG 1937 *Ritter* § 98 Anm. 2.
[19] § 98 Abs. 1 S. 1 AktG 1937.
[20] BegrRegE *Kropff* S. 157.
[21] § 98 Abs. 4 AktG 1937.
[22] Vgl. hierzu näher BegrRegE *Kropff* S. 157; Kölner Komm AktG/*Mertens/Cahn* Rn. 2.
[23] BGBl. I S. 590.

bei etlichen DAX-Unternehmen gegeben. Die **durchschnittlichen Bezüge** sind jedoch weiterhin überwiegend auf einem **unangemessen niedrigen Niveau**,[24] was insbesondere deutlich wird, wenn man sie mit den durchschnittlichen Vorstandsgehältern vergleicht und zudem den Anstieg von Anforderungen an Qualifikation, von Verantwortung, zeitlichem Aufwand und Haftungsrisiko des einzelnen Aufsichtsratsmitglieds berücksichtigt.[25] Den hieraus resultierenden Schwierigkeiten bei der Rekrutierung qualifizierter Aufsichtsratsmitglieder versucht man häufig dadurch zu begegnen, dass diesen zusätzlich Beratungsverträge mit dem Unternehmen angeboten werden, die ihnen insgesamt zu einer angemessenen Vergütung verhelfen und die Übernahme der Funktion damit attraktiv machen sollen. Dies ist risikobehaftet, weil eine entgeltliche Beratung des Unternehmens durch ein Aufsichtsratsmitglied nur außerhalb des Aufgabenkreises des Aufsichtsrats zulässig, eine Abgrenzung schwierig und die Rechtsprechung zunehmend restriktiv ist.[26]

16 Zugleich hat es hinsichtlich der Struktur der Vergütung wechselnde Tendenzen gegeben: Hatte der Kodex über Jahre hinweg empfohlen, dass die Vergütung der Aufsichtsratsmitglieder feste und variable Elemente enthalten solle, ist diese Empfehlung nun entfallen und wird nun nur noch empfohlen, dass eine etwa zugesagte „erfolgsorientierte Vergütung ... auf einen nachhaltigen Unternehmenserfolg ausgerichtet" sein solle.[27] Für **Kredit- und Finanzdienstleistungsinstitute** sowie einfache oder gemischte Finanzholding-Gesellschaften ist durch das CRD IV-Umsetzungsgesetz[28] eine Regelung in das KWG eingefügt worden, die vorschreibt, dass die Ausgestaltung der Vergütungssysteme für Mitglieder des Verwaltungs- oder Aufsichtsorgans im Hinblick auf die Wahrnehmung ihrer Überwachungsfunktion **keine Interessenkonflikte erzeugen** darf (§ 25d Abs. 5 KWG); die Tendenz dieser Formulierung ist klar gegen variable Vergütungselemente gerichtet, ohne sie schlechthin zu verbieten, und geht auf eine entsprechende Empfehlung des Committee of European Bank Supervisors (CEBS) zurück.[29] Es ist zu beobachten, dass eine zunehmende Zahl von Unternehmen die Vergütung ihrer Aufsichtsräte auf eine reine Festvergütung umstellt.

17 **4. Reformvorhaben.** An den einzelnen Gesetzesänderungen im Rahmen des AktG 1965 wird die Bemühung des Gesetzgebers deutlich, Aufsichtsratsmitglieder einerseits zu einer **effektiveren Organtätigkeit** zu veranlassen, zugleich aber überhöhte Vergütungen auszuschließen. Dass die Regelung diesen Zielen gerecht wird, ist seither wiederholt in Frage gestellt worden. Mängel in der Unternehmensaufsicht werden u. a. als Reflex einer unzureichenden Vergütungspraxis gesehen.[30]

18 Die bislang eingebrachten Vorschläge zur Änderung der Norm waren vielfach widersprüchlich. Überwiegend gehen sie aber eher in die Richtung einer **Erhöhung**[31] der

---

[24] *Lutter* ZHR 159 (1995), 287 (303); *Peltzer*, FS Zimmerer, 1997, 377 (378); *Henn* Rn. 674; MHdB AG/*Hoffmann-Becking* § 33 Rn. 19; *Hoffmann-Becking*, FS Havermann, 1995, 229 (245); *Schiessl* AG 2002, 593 (597); *Wagner* in Semler/v. Schenck AR-HdB § 11 Rn. 52 f.; *Semler*, RWS-Forum 1995, S. 179, 233 f.

[25] *Haarmann*, FS Hüffer, 2010, 243 f.; *v. Rosen*, Aufsichtsratsvergütungen, 13.

[26] Vgl. zur Abgrenzung Kölner Komm AktG/*Mertens*/*Cahn* Rn. 5 sowie → § 114 Rn. 22 ff., 42 ff.

[27] Ziff. 5.4.6 Abs. 2 Satz 2 DCGK idF vom 15. Mai 2012 in Abweichung zu der Vorfassung.

[28] Gesetz vom 28.8.2013, BGBl. 2013 I S. 3395.

[29] "Guidelines on Remuneration Policies and Practices" vom 10.12.2010, Tz. 47: „In order to properly address conflicts of interests, it is good practice for members of the supervisory function to be compensated only with fixed remuneration. Incentive-based mechanisms should generally be excluded. If such mechanisms do occur, they must be strictly tailored to the assigned monitoring and control tasks, reflecting the individual's capabilities and the achieved results. If instruments are granted, appropriate measures should be taken, such as retention periods until the end of the mandate, in order to preserve the independence of judgment of those members of the management body."

[30] *Knoll/Knoesel/Probst* zfbf 1997, 236 (250 f.); *Lutter* ZHR 159 (1995), 287 (303 f.); *Peltzer*, FS Zimmerer, 1997, 377 (380); *Henn* Rn. 674; Kölner Komm AktG/*Mertens*/*Cahn* Rn. 30.

[31] Vgl. zB Großkomm AktG/*Hopt*/*Roth* Rn. 57. Von *Lutter* ZHR 159 (1995), 287 (304) ist vorgeschlagen worden, in Abs. 3 eine Sollbestimmung festzuschreiben, nach welcher neben einer Grundvergütung den Aufsichtsratsmitgliedern ein Anteil am Jahresüberschuss (und nicht am Bilanzgewinn oder der Dividende) gewährt werden solle. In diese Richtung gehend auch *Knoll/Knoesel/Probst* zfbf 1997, 236, 239 f.

Aufsichtsratsvergütung als in die Richtung einer Begrenzung.³² Diese Tendenz erscheint unter verschiedenen Gesichtspunkten gerechtfertigt. Die pauschale Begrenzung der Aufsichtsbezüge würde einer angemessenen Berücksichtigung der Aufgaben des einzelnen Aufsichtsratsmitglieds in einer bestimmten Branche oder Unternehmung oder die besondere Lage der Gesellschaft, die einen erhöhten Beratungsaufwand erfordern kann, außer Acht lassen.³³ Die Berücksichtigung individueller Kriterien durch die Vergütung kann im Übrigen im Hinblick auf die **individuelle Leistung des Aufsichtsratsmitglieds,** seinen Marktwert, den tatsächlich geleisteten Zeiteinsatz, das Laufbahnrisiko sowie die Haftung und Verantwortung geboten erscheinen, ist aber schwer zu realisieren. Darüber hinaus würde durch eine Begrenzung ein weitergehender Einsatz der Aufsichtsratsmitglieder, etwa die Ausübung einer hauptamtlichen Aufsichtsratstätigkeit, unterbunden. Auch eine Kopplung der Aufsichtsratsbezüge an die Bezüge des Vorstands³⁴ kann unter diesen Gesichtspunkten nicht überzeugen.

Erhöhte Anforderungen an das Wirken der Aufsichtsratsmitglieder sollten von der Unternehmenspraxis dazu genutzt werden, die Vergütung für Mitglieder des Aufsichtsrats leistungs- und erfolgsgerecht festzulegen. Diese Notwendigkeit kommt auch in der **Regierungsbegründung zum KonTraG** zum Ausdruck:³⁵ 19

„Ein Aufsichtsratsmandat, vor allem aber ein Vorsitzmandat, ist kein Ehrenamt, sondern eine verantwortungsvolle und hohen Einsatz fordernde Aufgabe. Durch die Aufwertung des Amtes des Aufsichtsratsvorsitzenden wird ein Beitrag zu einer Professionalisierung dieses Amtes geleistet. Es wäre wünschenswert, und im Einzelfall kann es sogar geboten sein, dass der Aufsichtsratsvorsitzende zumindest bei börsennotierten Gesellschaften sich diesem Amt hauptberuflich widmet. Dies kann das Gesetz freilich nicht generell anordnen. Die Differenzierung soll auch der Praxis einen Anstoß geben, einer dem tatsächlichen Einsatz entsprechende herausgehobene Vergütung des Vorsitzenden und gegebenenfalls auch der Mitglieder arbeitsintensiver Ausschüsse offener zu begegnen. Dies ist nach § 113 möglich, der einer Änderung deshalb nicht bedarf."

Dem ist nichts hinzuzufügen, außer einem Zweifel ob in der Mehrzahl der Unternehmen tatsächlich die Vergütung der Aufsichtsräte „in einem angemessenen Verhältnis zu den Aufgaben der Aufsichtsratsmitglieder und zur Lage der Gesellschaft (steht)" (§ 113 Abs. 1 Satz 3). Ein solches angemessenes Verhältnis ist schon deshalb schwer herzustellen, weil zum einen die **Geschicke eines Unternehmens sich sehr schnell wenden können** und zum anderen Arbeitsaufwand, Verantwortung und Haftungsrisiko der Aufsichtsratsmitglieder in einem inversen Verhältnis zur Lage des Unternehmens zu stehen pflegen: Sie sind geringer, wenn es dem Unternehmen gut geht, und sie sind erheblich größer, wenn es ihm schlecht geht.³⁶ 20

Auch wenn eine Änderung der aktienrechtlichen Vergütungsregelung nicht in Erwägung gezogen wird, sollte über Änderungen im Regelungsumfeld der Bestimmung über die Vergütung der Mitglieder des Aufsichtsrats nachgedacht werden. Hierzu gehören in erster Linie die **steuerliche Behandlung der Aufsichtsratsvergütung** bei der Gesellschaft (→ Rn. 175 ff.) sowie die erschwerten Voraussetzungen der Einbindung von Aufsichtsratsmitgliedern in Aktienoptionsprogramme (→ Rn. 69 ff.). Über die Zweckmäßigkeit einer Einbeziehung möge jede Gesellschaft selbst entscheiden. 21

II. Allgemeines zur Vergütung³⁷

1. Entgeltliche oder unentgeltliche Tätigkeit. Das Gesetz bestimmt, dass den Aufsichtsratsmitgliedern eine Vergütung für ihre Tätigkeit gewährt werden kann (Abs. 1 S. 1). 22

---

³² Vgl. BT-Drs. V, 3659 (SPD-Fraktion); BT-Drs. 7/5162 (Abgeordnetengruppe der CDU); dazu kritisch *G. Schmitt* DB 1968, 1545 ff.
³³ *Lutter* AG 1979, 85 (89).
³⁴ *Geßler* DB 1978, 63 ff. mit Vorschlag: 4 % der Vorstandsbezüge (bis DM 250 000 und 1 % für den übersteigenden Betrag nach einem angemessenen Arbeitsaufwandsverhältnis von 1:25).
³⁵ Begr. zu Nr. 8 (§ 100 AktG) KonTraG, BT-Drs. 13/9712, 16.
³⁶ *Reimsbach* BB 2011, 940 (943).
³⁷ Vgl. im Einzelnen *Wagner* in Semler/v. Schenck AR-HdB § 11.

Um einen entsprechenden **Vergütungsanspruch** des Aufsichtsratsmitglieds herzustellen, muss die Vergütung entweder durch satzungsmäßige Regelung oder Bewilligungsbeschluss der Hauptversammlung festgelegt sein (Abs. 1 S. 2). Ist eine Vergütung weder durch die Satzung festgesetzt noch von der Hauptversammlung bewilligt, hat das Aufsichtsratsmitglied seine Tätigkeit unentgeltlich auszuüben. Es besteht insoweit keine Vermutung für die Entgeltlichkeit der Aufsichtsratstätigkeit. Ein Anspruch auf eine Vergütung besteht auch dann nicht, wenn eine solche den Umständen nach zu erwarten ist.[38]

23 Ist eine Vergütung für die Tätigkeit des Aufsichtsratsmitglieds im Einzelfall nicht vorgesehen, kann durch Satzungsregelung oder Hauptversammlungsbeschluss **nachträglich** eine Vergütung bewilligt werden.[39]

24 Die Situation, dass weder durch Satzungsbestimmung noch durch Hauptversammlungsbeschluss eine Vergütung bewilligt wird, tritt häufig in **kommunalen Unternehmen** oder **Konsumgenossenschaften** ein, wo sich das Entgelt für die Aufsichtsratstätigkeit nicht selten auf ein pauschales Sitzungsgeld oder eine Erstattung von Aufwendungen beschränkt;[40] nur soweit das pauschale Sitzungsgeld über die tatsächlichen Aufwendungen hinausgeht, bedarf es dafür einer Festsetzung in der Satzung oder eines Hauptversammlungsbeschlusses.[41]

25 Die Aufsichtsratsvergütung steht dem Aufsichtsratsmitglied **grundsätzlich zur freien Verfügung**. Ausnahmen können sich für Beamte, Arbeitnehmervertreter und Aufsichtsratsmitglieder in Konzerngesellschaften ergeben. So haben **Beamte,** die auf Veranlassung ihrer Behörde zu Aufsichtsratsmitgliedern bestellt werden, einen Teil dieser Einkünfte an ihren Dienstherrn abzuführen, wenn hierbei bestimmte Bruttobeträge überstiegen werden.[42] Nach dem Beschluss des DGB-Bundesausschusses vom 4.3.2009[43] haben die Aufsichtsratsmitglieder der **Arbeitnehmerseite** einen Teil ihrer Aufsichtsratsvergütung an die **Hans-Böckler-Stiftung** abzuführen.[44] Arbeitnehmervertreter werden bei ihrer Wahl in einen Aufsichtsrat nur unterstützt, wenn sie sich vor ihrer Wahl schriftlich zur Einhaltung der Abführungsregeln verpflichtet haben.[45] Ferner werden Einkünfte von Vorstandsmitgliedern der Obergesellschaft aus dem **Aufsichtsratsmandat in einem Konzernunternehmen** regelmäßig an die Konzernmutter abgeführt oder mit den vertraglichen Bezügen in der Obergesellschaft verrechnet.[46]

26 **2. Ehrenvorsitzender.** Häufig werden verdiente langjährige Aufsichtsratsvorsitzende nach ihrem Ausscheiden aus dem Aufsichtsrat der Satzung entsprechend durch Beschluss des Aufsichtsrats oder der Hauptversammlung zu **Ehrenvorsitzenden** des Aufsichtsrats gewählt. Trifft die Satzung keine Regelung, ist nur die Hauptversammlung zur Entscheidung

---

[38] Vgl. § 612 Abs. 1 BGB; vgl. MHdB AG/*Hoffmann-Becking* § 33 Rn. 10; Großkomm AktG/*Hopt/Roth* Anm. 9; vgl. *Wagner* in Semler/v. Schenck AR-HdB § 11 Rn. 2; *Potthoff/Trescher* S. 176; *Berger,* Kosten der Aufsichtsratstätigkeit, 23.

[39] Vgl. Großkomm AktG/*Hopt/Roth* Anm. 9.

[40] *Köstler/Zachert/Müller* Rn. 739.

[41] MüKoAktG/*Habersack* Rn. 11.

[42] Vgl. § 6 Abs. 3 S. 1 iVm Abs. 2, Abs. 4 BNebTätVO; vgl. zur steuerlichen Behandlung dieser Einkünfte → Rn. 175 ff.

[43] Auszug mit Rechenbeispielen abgedruckt bei *Köstler/Kittner/Zachert/Müller* Rn. 743.; dieser Beschluss ersetzt einen früheren Beschluss des desselben Ausschusses vom 7.3.1979. Vgl. ebenfalls *Hoffmann/Preu* Der Aufsichtsrat Rn. 460.

[44] Die Zulässigkeit dieser Abführungspflicht ist heute sowohl gesellschaftsrechtlich als auch steuerlich allgemein anerkannt, Großkomm AktG/*Hopt/Roth* Rn. 11; Kölner Komm AktG/*Mertens/Cahn* Rn. 58; MüKoAktG/*Habersack* Rn. 46; Spindler/Stilz/*Spindler* Rn. 7; *Köstler/Zachert/Müller* Rn. 743; *Fischer/Theuner* AuR 2011, 466 ff.; strikt ablehnend noch *Thüsing/Forst,* FS v. Westphalen, 2010, 696 ff. sowie *Berger,* Kosten der Aufsichtsratstätigkeit, 36 ff.

[45] Zu der darin liegenden Problematik vgl. *Hoffmann-Becking,* FS Havermann, 1995, 229 (245); *Peltzer,* FS Zimmerer, 1997, 378 (379 f.); *Spieker* BB 1962, 925; *Theisen,* Die Überwachung der Unternehmensführung, 1987, 263, 444 f. Zur steuerlichen Behandlung → Rn. 175 ff.

[46] *Peltzer,* FS Zimmerer, 1997, 377 (380).

befugt.⁴⁷ Der Ehrenvorsitzende hat regelmäßig Anspruch auf Erstattung seiner notwendigen Auslagen.⁴⁸

Die Wahl in den Ehrenvorsitz ist gelegentlich mit der Leistung eines sog. **"Ehrensolds"** 27 verbunden, wobei die bisherige Vergütung ganz oder teilweise weiter gewährt wird. Die aktienrechtlichen Vergütungsregelungen sind auf die Vergütung des Ehrenvorsitzenden oder Ehrenmitglieds nicht anwendbar. Der Ehrenvorsitzende oder das Ehrenmitglied ist nicht Mitglied des Aufsichtsrats. Die Bewilligung eines Ehrensolds muss im Wahlbeschluss vorgesehen sein. Die Kompetenz zu seiner Gewährung folgt aus dem Recht zur Wahl des Ehrenvorsitzenden, so dass das Organ für die Bestimmung zuständig ist, das über die Wahl des Ehrenvorsitzenden befindet.⁴⁹

3. Rechtsgrund der Vergütung. Anders als nach früher teilweise vertretener Ansicht⁵⁰ 28 ist der Rechtsgrund für die Aufsichtsratsvergütung nicht in einer einzelvertraglichen Vereinbarung zwischen der Gesellschaft und dem Aufsichtsratsmitglied, sondern in einem die Vergütung festsetzenden **korporationsrechtlichen Akt,** dh. der Satzungsregelung oder dem Hauptversammlungsbeschluss, zu sehen.⁵¹ Rechtsgrund für Vergütungszahlungen ist folglich das durch die Satzungsregelung oder den Hauptversammlungsbeschluss begründete korporative Rechtsverhältnis.

Satzungsregelungen über die Vergütung des Aufsichtsrats gelten für alle Aufsichtsratsmit- 29 glieder in gleichem Umfang. Sie sind aus diesem Grund, anders als ein individueller schuldrechtlicher Vertrag, **objektiv** und **allgemeingültig auszulegen.**

4. Grundsatz der Gleichbehandlung. Alle Aufsichtsratsmitglieder sind in der Frage, ob 30 ihnen überhaupt eine Vergütung gewährt werden soll, gleich zu behandeln. Im Hinblick auf den Vergütungsumfang sind Differenzierungen anhand sachlich nachprüfbarer Kriterien – wie Funktion, Verantwortung oder zeitliche Inanspruchnahme – in begrenztem Maße zulässig und sinnvoll.

So können bei der Vergütung der Aufsichtsratsmitglieder **aufgaben-** bzw. **funktions-** 31 **bezogene Differenzierungen** vorgenommen werden. Dies ergibt sich bereits aus dem Gesetz (Abs. 1 S. 1 und 3), da "den Aufsichtsratsmitgliedern für ihre Tätigkeit" einerseits eine Vergütung gewährt werden kann, die Vergütung andererseits in einem angemessenen Verhältnis zu "den Aufgaben der Aufsichtsratsmitglieder" und nicht des Aufsichtsrats allgemein zu stehen hat. Folglich wird dem Aufsichtsratsvorsitzenden und seinem Stellvertreter auf Grund ihrer Stellung, der damit verbundenen Aufgaben, des höheren Zeiteinsatzes und der besonderen Verantwortung im Regelfall eine höhere Vergütung bewilligt.⁵² Üblicherweise entfällt auf den Vorsitzenden die doppelte oder dreifache, auf den stellvertretenden Vorsitzenden die anderthalbfache oder doppelte Vergütung. Ebenso kann die Vergütung für die Mitglieder bestimmter Ausschüsse, die im Vergleich zum Gesamtaufsichtsrat verhältnismäßig oft tagen oder Fragen von besonderer Verantwortung und Tragweite behandeln, höher bemessen werden. Häufig werden ihnen besondere Sitzungsgelder gewährt.⁵³

Differenzierungen auf Grund von nicht unternehmensbezogenen Kriterien, wie die 32 **persönliche Qualifikation** oder der **Marktwert** des Aufsichtsratsmitglieds, kommen dem-

---

⁴⁷ → § 107 Rn. 82; *v. Schenck* in Semler/*v.* Schenck AR-HdB § 4 Rn. 171 ff.
⁴⁸ *v. Schenck* in Semler/*v.* Schenck AR-HdB § 4 Rn. 176.
⁴⁹ *v. Schenck* in Semler/*v.* Schenck AR-HdB § 4 Rn. 175.
⁵⁰ Vgl. Großkomm AktG/*Hopt/Roth* Anm. 1.
⁵¹ Großkomm AktG/*Hopt/Roth* Anm. 16; MHdB AG/*Hoffmann-Becking* § 33 Rn. 10; *Hoffmann/Preu* Der Aufsichtsrat Rn. 443; *Lutter/Krieger/Verse* Rn. 842; *Kort*, FS Hüffer, 483 f. Kölner Komm AktG/*Mertens/Cahn* Rn. 8 sprechen von einem gesetzlichen Schuldverhältnis, bezeichnen den Unterschied zu dem hier angenommenen korporativen Rechtsverhältnis aber zu Recht als unerheblich, Kölner Komm AktG/*Mertens/Cahn* § 101 Rn. 5.
⁵² Vgl. zum Gebot der Angemessenheit → Rn. 34 ff.
⁵³ *Natzel* DB 1965, 1429 (1434), *Fischer* BB 1967, 859 (860); MHdB AG/*Hoffmann-Becking* § 33 Rn. 17; Kölner Komm AktG/*Mertens/Cahn* Rn. 9; *J. Semler* in Semler/*v.* Schenck AR-HdB § 10 Rn. 17; *J. Semler*, RWS-Forum, 1995, S. 179, 234.

gegenüber nach zutreffender herrschender Ansicht[54] nicht in Betracht. Früher oft übliche, anders lautende Satzungsbestimmungen sind unwirksam.

33 Allerdings ist in jüngerer Zeit ein neuer Vorstoß in Richtung einer nach Qualifikation und Marktwert der einzelnen Aufsichtsratsmitglieder **differenzierenden Aufsichtsratsvergütung** gemacht worden.[55] Hierbei wird zwar einerseits vertreten, dass eine solche Differenzierung bereits nach geltendem Recht möglich sei, da die vom Gesetz geforderte Gleichbehandlung bedeute, dass Gleiches gleich, Ungleiches aber auch ungleich zu behandeln sei;[56] andererseits wird aus Gründen der Rechtssicherheit gleichwohl eine Gesetzesänderung für erforderlich gehalten, um eine solche differenzierende Vergütung tatsächlich umzusetzen.[57] Dieser im Ansatz durchaus interessanten Auffassung ist zu **widersprechen;** weder ist sie *de lege lata* haltbar, noch ist sie praktikabel: Während das Gesetz beim Vorstand von der Vergütung „des einzelnen Vorstandsmitglieds" spricht (§ 87 Abs. 1 S. 1), bezieht es sich beim Aufsichtsrat lediglich auf die „(d)en Aufsichtsratsmitgliedern" zu gewährende Vergütung, sieht mithin eine individuelle, mit dem einzelnen Aufsichtsratsmitglied zu vereinbarende Vergütung nicht vor.[58] Zudem macht das gesetzliche Erfordernis einer Festsetzung der Aufsichtsratsvergütung entweder durch die Satzung oder durch die Hauptversammlung die Gewährung einer individuellen, sich an Qualifikation oder Marktwert des einzelnen Aufsichtsratsmitglieds orientierenden Vergütung impraktikabel: Es müsste bei jeder Wahl eines Aufsichtsratsmitglieds auch über dessen Vergütung abgestimmt werden, über die vorab mit dem Kandidaten zu verhandeln wäre; da wäre bereits unklar, wer seitens des Unternehmens diese Verhandlungen führen sollte, denn der Vorstand hätte einen Interessenkonflikt, da er sich durch entgegenkommendes Verhandeln dem neuen Aufsichtsratsmitglied geneigt zu machen versucht sein könnte; der Aufsichtsrat hätte gleichermaßen einen Interessenkonflikt, da jedes vorhandene Mitglied zwangsläufig zugleich an die eigene Vergütung denken dürfte, und die Hauptversammlung selbst kann Verhandlungen nicht führen. Hinzu kommt, dass immer wieder Aufsichtsratsmitglieder nicht von der Hauptversammlung gewählt, sondern unterjährig vom Gericht bestellt werden, weil die Hauptversammlung nicht kurzfristig handlungsfähig ist; wer sollte dann die Vergütung festsetzen?

34 Auch die Idee, durch Satzung oder Hauptversammlung eine Gesamtvergütung des Aufsichtsrats festlegen zu lassen,[59] führt nicht weiter: Allenfalls eine erstmalige Festlegung des Verteilungsschlüssels etwa durch den Aufsichtsratsvorsitzenden, einen Ausschuss oder das Plenum des Aufsichtsrats wäre praktisch denkbar, doch jede nachfolgende Gewährung einer höheren Vergütung an ein neues Aufsichtsratsmitglied auf Grund dessen besserer Qualifikation und höheren Marktwerts würde zwingend zu einer anteiligen Herabsetzung der Vergütung der anderen Aufsichtsratsmitglieder führen und dürfte daher auf deren Widerstand stoßen.

35 Eine vergütungsmäßige Unterscheidung zwischen Aufsichtsratsmitgliedern der **Anteilseigner** und der **Arbeitnehmer** ist ebenfalls unzulässig, sofern keine sachlichen Kriterien (→ Rn. 31) eine Differenzierung rechtfertigen.[60] Auch das entsandte Aufsichtsratsmitglied

---

[54] Großkomm AktG/*Hopt/Roth* Rn. 70; Kölner Komm AktG/*Mertens/Cahn* Rn. 10; Spindler/Stilz/*Spindler* Rn. 30; *Säcker* NJW 1979, 1521 (1525): *Wellkamp* WM 2001, 489 (495); Ulmer/Habersack/Henssler/ *Habersack* § 25 Rn. 84; *Raiser/Veil* MitbestG § 25 Rn. 104; aA *Lutter* AG 1979, 85 (89), jedoch mit Zweifeln an der praktischen Umsetzbarkeit.
[55] *Haarmann,* FS Hüffer, 2010, 243 ff.; vgl. auch schon *Berger,* Kosten der Aufsichtsratstätigkeit, 53 ff. sowie *Lutter* AG 1979, 85 (89), der eine entsprechende Differenzierung allerdings als praktisch nicht durchführbar bezeichnet hat, da sie zu schädlichen Spannungen in der Gruppe Aufsichtsrat führen würde.
[56] *Haarmann,* FS Hüffer, 2010, 243 (244 f.).
[57] *Haarmann,* FS Hüffer, 2010, 243 (253 f.).
[58] Kölner Komm AktG/*Mertens/Cahn* Rn. 10.
[59] *Haarmann,* FS Hüffer, 2010, 243 (255); vgl. dazu Kölner Komm AktG/*Mertens/Cahn* Rn. 47 f., die eine ausdrückliche Satzungsregelung nicht nur der Gesamtvergütung, sondern auch des Rechts des Aufsichtsrats fordern, die Verteilung unter den einzelnen Aufsichtsratsmitgliedern nach billigem Ermessen vorzunehmen.
[60] Für die Montanindustrie ergibt sich dies bereits aus § 4 Abs. 3 S. 1 MontanMitbestG und § 5 Abs. 4 MitbestErgG; vgl. auch Kölner Komm AktG/*Mertens/Cahn* Rn. 9; MHdB AG/*Hoffmann-Becking* § 33 Rn. 17; *Raiser/Veil* MitbestG § 25 Rn. 104.

(→ § 101 Rn. 62 ff.), das weitere „neutrale" (§§ 4 Abs. 1c, 8 MontanMitbestG; § 5 Abs. 1 S. 2, Abs. 3 MitbestErgG) und das gerichtlich bestellte Aufsichtsratsmitglied (§ 104) haben **Anspruch auf die gleiche Vergütung,** wie sie die anderen Aufsichtsratsmitglieder erhalten.[61] Der Anspruch des gerichtlich Bestellten besteht gegenüber der Gesellschaft und nicht gegenüber der Staatskasse (vgl. § 104 Abs. 6 und → § 104 Rn. 127 f.).

5. Gebot der Angemessenheit (Abs. 1 S. 3). Die Aufsichtsratsvergütung insgesamt 36 „soll in einem angemessenen Verhältnis zu den Aufgaben der Aufsichtsratsmitglieder und zur Lage der Gesellschaft stehen" (Abs. 1 S. 3). Mit dieser Vorschrift will das Gesetz nach allgM **überhöhte Aufsichtsratsvergütungen verhindern,** nicht aber zu niedrige Vergütungen einer angemessenen Höhe zuführen.[62] Eine solche Auslegung dieser Vorschrift ergibt sich nicht zwingend aus dem Gesetzeswortlaut, kann doch auch eine zu niedrige Vergütung angesichts der Aufgaben eines Aufsichtsratsmitglieds unangemessen sein und ist sie dies häufig auch tatsächlich. Der Umstand jedoch, dass unstreitig das Gesetz keinen Anspruch darauf gewährt, dass überhaupt eine Aufsichtsratsvergütung gezahlt wird (→ Rn. 22), zwingt zu der einschränkenden Auslegung des insoweit alles andere als klaren Gesetzeswortlauts, dass tatsächlich nur überhöhte, nicht aber unangemessen niedrige Aufsichtsratsbezüge verhindert werden sollen. Rechtspolitisch ist dieses Ergebnis zu bedauern, denn wiewohl der Gesetzgeber – wie aus vielen gerade auch neueren Regelungen ersichtlich – eine stärkere Kontrolle des Vorstands durch den Aufsichtsrat wünscht, kann dieser Wusch leicht dadurch konterkariert werden, dass Satzung oder Hauptversammlung eine so geringe Vergütung vorgeben, dass keine qualifizierten Aufsichtsräte gewonnen werden können.

Der Deutsche Corporate Governance Kodex empfiehlt, dass **Vorsitz und stellvertre-** 37 **tender Vorsitz** im Aufsichtsrat bzw. Vorsitz und Mitgliedschaft in den Ausschüssen bei der Festlegung der Vergütung des entsprechenden Mandatsträgers berücksichtigt werden sollen.[63] Diese Berücksichtigung wird sich in einer erhöhten Vergütung auswirken. Wie viel höher die Vergütung des Aufsichtsratsvorsitzenden im Verhältnis zu anderen Aufsichtsratsmitgliedern sein sollte, ist damit nicht festgelegt.

Für den Aufsichtsratsvorsitzenden verbreitet ist zumindest der zweifache, zunehmend auch 38 das **Dreifache einer einfachen Vergütung,**[64] zT wird auch der vierfache Betrag[65] oder, bei faktischer Vollzeittätigkeit, eine Angleichung an die Vorstandsvergütung empfohlen;[66] eine deutlich höhere Vergütung des Aufsichtsratsvorsitzenden erscheint angesichts dessen ungleich höherer Beanspruchung im Vergleich zu einfachen Aufsichtsratsmitgliedern durchaus angemessen. Für einen stellvertretenden Aufsichtsratsvorsitzenden sind 50 % bis 75 % der Vergütung des Vorsitzenden üblich;[67] dies ist unter Berücksichtigung des in der Regel gegebenen starken Gefälles an erforderlichem Arbeitseinsatz vom Vorsitzenden zum Stellvertreter allerdings eher großzügig. Zudem sind regelmäßig **Erhöhungen für den Vorsitz oder die Mitgliedschaft in Ausschüssen** vorgesehen. Hierbei erscheint es angemessen, dem Vorsitzenden des Prüfungs- oder Bilanzausschusses eine höhere Vergütung als anderen Ausschussvorsitzenden zu gewähren, da seine Pflichten und seine Verantwortung ständig zunehmen und seine Position als die zweitwichtigste im Aufsichtsrat anzusehen ist. Solche **funktionsbezogenen Erhöhungen** sind indes zwar **verbreitet,** aber keineswegs zwingend.[68]

---

[61] Großkomm AktG/*Hopt/Roth* Rn. 70; Kölner Komm AktG/*Mertens/Cahn* Rn. 9, 11.
[62] Großkomm AktG/*Hopt/Roth* Rn. 56; Hüffer/*Koch* Rn. 4; Kölner Komm AktG/*Mertens/Cahn* Rn. 30; MüKoAktG/*Habersack* Rn. 41; Spindler/Stilz/*Spindler* Rn. 27; *Kort*, FS Hüffer, 2010, 483 (485 f.); *Wellkamp* WM 2001, 494; aA MüKoAktG/*Semler*, 2. Aufl. 2004, Rn. 34; *Theisen*, Die Überwachung der Unternehmensführung, 263.
[63] Ziff. 5.4.5 DCGK; zur Umsetzung in einer Satzung *Mutter* ZIP 2002, 1230.
[64] Großkomm AktG/*Hopt/Roth* Rn. 68.
[65] *Lutter* ZHR 159 (1995), 287 (308 f.).
[66] Kölner Komm AktG/*Mertens/Cahn* § 113 Rn. 12; *J. Wagner* NZG 1999, 1092 (1093); kritisch zu einer Angleichung an Vorstandsgehälter *Kort*, FS Hüffer, 2010, 483 (490); → Rn. 31.
[67] Vgl. Großkomm AktG/*Hopt/Roth* Rn. 68.
[68] *Kort*, FS Hüffer, 2010, 483 (488 f.).

39 Das Gesetz sieht keine Sanktionen gegen **unangemessen hohe Vergütungen** vor. Allerdings gelten auch die allgemeinen Verbotsnormen des bürgerlichen Rechts. Sittenwidrige Festsetzungen sind nichtig.[69] Das bedeutet im Einzelnen:
– Ein Hauptversammlungsbeschluss, durch den eine sittenwidrige unangemessen hohe Vergütung gewährt wird, ist nichtig (§ 241 Nr. 4);
– Der Registerrichter kann (und muss) die Eintragung eines durch die Höhe der Festsetzung sittenwidrigen Hauptversammlungsbeschlusses ablehnen.[70]
– Der Registerrichter muss eine Satzungsbestimmung, die bewirkt, dass eine früher nicht unangemessen hohe Vergütung zu einem Anspruch der Aufsichtsratsmitglieder in sittenwidriger Höhe führt, von Amts wegen löschen.[71]
– Die Mitglieder des Aufsichtsrats, die eine Vergütung in sittenwidriger Höhe auf Grund einer nichtigen Grundlage entgegennehmen, sind zur Rückgewähr verpflichtet (§ 817 S. 1 BGB). Eine darüber hinausgehende Schadensersatzverpflichtung ist nicht ausgeschlossen (§§ 116, 93).

40 Bei **minder schweren Verstößen** gegen das Angemessenheitsgebot werden Nichtigkeitsfolgen nicht in Betracht kommen. Allerdings ist ein Hauptversammlungsbeschluss, der das Gebot der Angemessenheit missachtet, anfechtbar.[72] Neben den Aktionären können auch die Mitglieder des Vorstands einen entsprechenden Hauptversammlungsbeschluss anfechten (§ 245 Nr. 4). Bloße Zweifel an der Angemessenheit werden hierzu jedoch regelmäßig nicht ausreichen. Aufsichtsratsmitglieder, die eine dem Angemessenheitsgebot widersprechende Vergütung entgegennehmen, können sich einer Verletzung der Sorgfaltspflicht schuldig machen (§§ 116, 93).

41 Minderschwere Verstöße gegen das Angemessenheitsgebot können sich aus einer formalen Tantiemepflichtigkeit von Sondererträgen ergeben, die mit dem Verlauf des Geschäftsjahres und der Leistung der Verwaltung nichts zu tun haben (sog. **„windfall profits"**). In solchen Fällen gebietet die Sorgfaltspflicht der Aufsichtsratsmitglieder, bei Mitgliedern des Vorstands für eine Freistellung solcher Gewinne von der Tantiempflicht zu sorgen und selbst auf eine insoweit ungerechtfertigte Tantieme zu verzichten.

42 Hat die Gesellschaft einen **Großaktionär**, der über die Hauptversammlungsmehrheit verfügt, und kommt dieser einer vom Aufsichtsrat erhobenen Forderung auf angemessene Vergütung nicht nach, kann die Treuepflicht, der ein beherrschender Aktionär unterliegt,[73] im Interesse der Gesellschaft gebieten, dass er in der Hauptversammlung eine angemessene Vergütung beschließt,[74] doch dürfte es praktisch schwirig sein, diese einzufordern.

III. Der Vergütungsanspruch im Einzelnen

43 **1. Arten der Vergütung.** Über die Art der Vergütung trifft das **Gesetz keine abschließende Regelung.** Die Gesellschaft kann daher bestimmen, auf welche Weise sie die Leistung ihrer Aufsichtsräte vergüten will.[75] In der praktischen Handhabung wird zwischen festen und variablen Vergütungen, Sitzungsgeldern, Aufwandsentschädigungen und Sachleistungen unterschieden. Die festen und variablen Bezüge können miteinander kombiniert oder aneinander gekoppelt werden. Die Gestaltungsformen sind vielfältig. So können die festen Bezüge auf eine Gewinnbeteiligung angerechnet werden, wenn diese eine bestimmte Höhe überschreitet. Darüber hinaus kann die Gewinnbeteiligung in bestimmter Höhe ohne

---

[69] § 138 Abs. 1 BGB; Großkomm AktG/*Hopt*/*Roth* Anm. 60 f.
[70] Kölner Komm AktG/*Mertens*/*Cahn* Rn. 49; *Lutter* AG 1979, 85 (88); *Wellkamp* WM 2001, 489 (496).
[71] § 398 FamFG; Kölner Komm AktG/*Mertens*/*Cahn* Rn. 49; *Wellkamp* WM 2001, 489 (496); unabhängig vom Kriterium der Sittenwidrigkeit *Lutter* AG 1979, 85 (88).
[72] § 243; LG Mannheim AG 1967, 83 (84); Kölner Komm AktG/*Mertens*/*Cahn* Rn. 49; *Lutter* AG 1979, 85 (88); *Wellkamp* WM 2001, 489 (494); Großkomm AktG/*Hopt*/*Roth* Anm. 60.
[73] Hüffer/*Koch* § 53a Rn. 13 ff.; MHdB AG/*Wiesner* § 17 Rn. 15 ff.
[74] Vgl. *Kort*, FS Hüffer, 2010, 483 (493).
[75] MüKoAktG/*Habersack* Rn. 10.

Rücksicht auf die Höhe des Anteils am Jahresgewinn zugesichert werden;[76] in solchen Fällen handelt es sich tatsächlich um einen Teil der Festvergütung.

Wird neben einer Festvergütung auch eine variable Vergütung gewährt, ist zu bedenken, **44** dass die Festvergütung auch dann als **angemessene Vergütung** dienen muss, wenn aus irgendwelchen Gründen eine erfolgsbezogene Vergütung ausbleibt. Schwierige Geschäftsjahre, in denen es zB zur Streichung der Dividende kommen kann, sind für Aufsichtsratsmitglieder oft besonders arbeitsaufwändig. Die Vergütung muss auch und gerade dann dem Tätigkeitsumfang Rechnung tragen.[77]

a) Feste Vergütung. Eine feste Vergütung kann entweder als Teil einer sich aus verschiedenen Elementen zusammensetzenden **Gesamtvergütung** oder aber als **Einzelvergütung** **45** festgesetzt werden. Sie kann als fester Betrag oder als ein bestimmter Prozentsatz des Grundkapitals vorgesehen werden. Einzelvergütungen ohne variablen Zusatz sind vor allem bei abhängigen Konzerngesellschaften üblich.

b) Variable Vergütung. Die Einräumung einer variablen Vergütung soll die Mitglieder **46** des Aufsichtsrats am wirtschaftlichen Erfolg des Unternehmens teilhaben lassen. Der **Deutsche Corporate Governance Kodex** empfiehlt nicht mehr, Aufsichtsratsmitgliedern eine erfolgsorientierte Vergütung zu gewähren (→ Rn. 16), sondern nur, dass eine etwa **gewährte erfolgsorientierte Vergütung auf den langfristigen Unternehmenserfolg ausgerichtet** sein soll (Ziff. 5.4.6 Abs. 2 S. 2 DCGK). Für Aufsichtsratsmitglieder von Kredit- und Finanzdienstleistungsinstituten sowie von einfachen und gemischten Finanzholding-Gesellschaften ist eine Vergütungsregelung unzulässig, die Interessenkonflikte erzeugen kann (§ 25d Abs. 5 KWG); diese Regelung richtet sich klar gegen variable Vergütungen, schließt sie aber nicht *per se* aus (→ Rn. 16 mit Fn. 29). Die Vergütung soll im Anhang des Konzernabschlusses individualisiert und aufgegliedert nach Bestandteilen ausgewiesen werden. Auch eine etwaige Vergütung für persönlich erbrachte Leistungen, insbesondere Beratungs- und Vermittlungsleistungen, sollen individualisiert im Anhang zum Konzernabschluss gesondert angegeben werden. Die Bezüge für jedes Organmitglied gesondert unter Namensnennung auszuweisen, war von der Regierungskommission Corporate Governance noch nicht für notwendig erachtet worden.[78]

Die erfolgsorientierte Vergütung hat **Anreizfunktion.**[79] Ob dies bei dem Aufsichtsrat **47** angebracht ist, mag man in Zweifel ziehen, wenn man bloß an die rückwärtsgerichtete Kontrollfunktion des Aufsichtsrats denkt, die auf von dem Vorstand bereits Geleistetes oder nicht Geleistetes blickt;[80] berücksichtigt man indes, dass der Aufsichtsrat über Zustimmungsvorbehalte durchaus auch steuernd auf das Verhalten des Vorstands einwirkt und diesen zudem auch laufend berät, so erscheint es nicht sachfremd, auch ihn am Erfolg des Unternehmens zu beteiligen. Hierbei ist allerdings das Phänomen zu berücksichtigen, dass der Arbeitseinsatz des Aufsichtsrats in guten Zeiten geringer, in schlechten aber größer zu sein pflegt; eine bei schwieriger Geschäftslage sinkende variable Vergütung des Aufsichtsrats kann dann kaum die ihr zugesprochene Motivationswirkung entfalten.[81]

In diesem Zusammenhang ist der Gedanke geäußert worden, **Satzung oder Hauptversammlung** **48** könnten durch eine entsprechende Gestaltung der Vergütung des Aufsichtsrats **Einfluss** darauf **nehmen,** ob der Aufsichtsrat eher beaufsichtigen oder eher beraten solle;[82] dies erscheint jedoch bedenklich, denn Kontrolle und Beratung des Vorstands als gleichwertige Pflichten des Aufsichtsrats sind durch Gesetz und Rechtsprechung vorgege-

---

[76] Vgl. im Einzelnen *Schubert* WPg 1971, 106 (107).
[77] Vgl. auch Ziff. 5.4.5 DCGK; *Wagner* in Semler/v. Schenck AR-HdB § 11 Rn. 30; *Wellkamp* WM 2001, 489 (495 f.).
[78] *Baums* Rn. 257.
[79] Vgl. *Ruhwedel/Epstein* BB 2003, 161 (165) sowie *Bischof* BB 2006, 2672 ff.
[80] Vgl. die Kritik von Kölner Komm AktG/*Mertens/Cahn* Rn. 18.
[81] *Reimsbach* BB 2011, 940 (943).
[82] *Martinius/Zimmer* BB 2011, 3014 (3018).

ben, und ihre Wahrnehmung sollte nicht durch Gestaltungen der Vergütung in die eine oder die andere Richtung beeinflusst werden.

49 Eine **variable Vergütung** wird **regelmäßig neben einer festen Vergütung** gewährt. Als Formen der variablen Aufsichtsratsvergütung lassen sich die Beteiligung am Jahresgewinn (Abs. 3), die dividenden- und börsenkursorientierte Tantieme sowie die Gewährung von Aktienoptionen unterscheiden.

50 **aa) Beteiligung am Jahresgewinn (Abs. 3). (1) Allgemeines.** Das Gesetz enthält eine nach oben hin **zwingende** Sonderbestimmung für den Fall, dass den Aufsichtsratsmitgliedern ein bestimmter Anteil am Jahresgewinn der Gesellschaft als variabler Vergütungsbestandteil gewährt wird (Abs. 3 S. 1). Sonstige gewinnabhängige Vergütungen bleiben von der Regelung unberührt (→ Rn. 63 ff.).

51 Während das Gesetz früher für Vorstandsmitglieder den Anteil am Jahresgewinn anhand des Jahresüberschusses berechnet hat,[83] ist für die Aufsichtsratstantieme der **Bilanzgewinn** (§ 58), der gleichzeitig die für eine Ausschüttung zur Verfügung stehende Grundlage des Gewinnverteilungsbeschlusses der Aktionäre bildet (§ 58 Abs. 4), ausschlaggebend.

52 Der Bestimmung kommt praktisch nur **geringe Bedeutung** zu. Der Jahresgewinn wird selten als Grundlage einer Erfolgsvergütung herangezogen; er erscheint als Grundlage für die Berechnung einer Tantieme ungeeignet. Die Berechnung kann dazu führen, dass ein und derselbe Gewinn mehrfach tantiemepflichtig wird.[84] Ebenfalls fragwürdig erscheint die Bemessung des tantiemefreien Gewinns mit 4 % unabhängig von der Höhe des Kapitalmarktzinses.

53 Auch für den in Abhängigkeit vom Jahresgewinn zu berechnenden Gewinnanspruch gilt das Gebot der **Angemessenheit,** der Gewinnanspruch darf mithin nicht zu hoch sein (Abs. 1 S. 3; → Rn. 36 ff.). Der Anteil kann von vornherein zu hoch oder aber zum Zeitpunkt seiner Festsetzung angemessen sein und auf Grund einer späteren Erhöhung des Bilanzgewinns zu einer unangemessen hohen Vergütung führen.

54 Im Rahmen einer **vereinfachten Kapitalherabsetzung** (§§ 299 ff.) ist die Gewinnausschüttung verboten, wenn die gesetzliche Rücklage und die Kapitalrücklage nicht 10 % des Grundkapitals erreicht haben (§ 233 Abs. 1). Die vom Jahresgewinn anteilsmäßig zu berechnende Aufsichtsratstantieme wird hiervon nicht erfasst. Sie hängt nicht von der Ausschüttung des Bilanzgewinns ab, auch wenn ihre Berechnung sich an diesem orientiert. Wenn allerdings der tatsächlich ausgeschüttete Gewinn Grundlage der Aufsichtsratstantieme ist, geht der Aufsichtsrat in solchen Fällen leer aus.

55 **(2) Berechnung.** Für die aus einem Anteil am Jahresgewinn bestehende Vergütung ist ungeachtet einer anderen Festsetzung oder Bewilligung der **Bilanzgewinn** als Berechnungsgrundlage maßgebend (Abs. 3 S. 1). Der Bilanzgewinn ergibt sich aus dem Jahresüberschuss/Jahresfehlbetrag unter Hinzu- oder Abrechnung des Gewinn- oder Verlustvortrags, der Entnahmen aus offenen Rücklagen und den Einstellungen aus dem Jahresüberschuss in offene Rücklagen (vgl. § 158 Abs. 1 S. 1 Nr. 5). Für die Berechnung bedeutet dies, dass

– der Gewinnvortrag des Vorjahres der Tantiemepflicht unterliegt und damit als Teil des Bilanzgewinns des Vorjahrs mehrfach tantiemepflichtig sein kann;[85]
– Entnahmen aus offenen Rücklagen, die aus dem Jahresüberschuss früherer Geschäftsjahre stammen, der Tantiemepflicht unterliegen. Auch sie können mehrfach tantiemepflichtig sein, wenn sie aus dem Bilanzgewinn früherer Geschäftsjahre gebildet worden sind:[86]

---

[83] § 86 Abs. 2 (aufgehoben).
[84] → Rn. 55 ff.; Kölner Komm AktG/*Mertens/Cahn* Rn. 23; Großkomm AktG/*Hopt/Roth* Anm. 120; *Wagner* in Semler/v. Schenck AR-HdB § 11 Rn. 32.
[85] Spindler/Stilz/*Spindler* Rn. 47.
[86] Vgl. § 58 Abs. 3; Kölner Komm AktG/*Mertens/Cahn* Rn. 23; Großkomm AktG/*Hopt/Roth* Anm. 120; *Wagner* in Semler/v. Schenck AR-HdB § 11 Rn. 32.

– Einstellungen aus dem Jahresüberschuss in die gesetzliche Rücklage oder im Rahmen der Feststellung des Jahresabschlusses gebildete Gewinnrücklagen (vgl. § 58 Abs. 1 und 2) nicht tantiemepflichtig sind;[87]
– von der Hauptversammlung im Beschluss über die Verwendung des Bilanzgewinns beschlossene Einstellungen in offene Rücklagen oder als Gewinnvortrag (vgl. § 58 Abs. 3) tantiemepflichtig sind, da sie den Bilanzgewinn nicht mindern.[88]

Stellt ausnahmsweise die **Hauptversammlung** den **Jahresabschluss** fest, kann sie dem Aufsichtsrat die aus dem Bilanzgewinn stammende Tantieme im Rahmen des Beschlusses über die Feststellung des Jahresabschlusses nicht vollständig entziehen.[89] Daran hindert sie die Beschränkung für die Einstellung in freie Rücklagen (§ 58 Abs. 1 S. 2). 56

Maßgebend für die Berechnung der **Aufsichtsratstantieme** ist in der Regel der für die Aktionäre zur Verfügung stehende Betrag, der Bilanzgewinn.[90] Die Aufsichtsratstantieme ist im Regelfall bereits **im Aufwand** des Geschäftsjahrs enthalten. Nach zutreffender Auffassung ist der Bilanzgewinn bereits um die **Vorstandstantieme** gekürzt. Sie ist zur Berechnung der Aufsichtsratstantiemen dem Bilanzgewinn nicht wieder hinzuzurechnen.[91] 57

(3) Kürzung des Bilanzgewinns um 4% der geleisteten Einlagen. Nach dem Gesetz ist der Bilanzgewinn für die Berechnung der vom Jahresgewinn abhängigen Aufsichtsratstantieme um einen Betrag von mindestens 4% der auf den geringsten Ausgabebetrag der Aktien geleisteten Einlagen zu mindern (Abs. 3 S. 1). Durch die Änderung der Norm[92] wurde der Zulassung von Stückaktien Rechnung getragen (§ 8 Abs. 3). Für die Berechnung ist daher entweder der Nennbetrag der Aktien oder der Anteil am Grundkapital der Gesellschaft maßgebend (§ 8 Abs. 2 und 3). 58

Die Kürzung des Bilanzgewinns um **4%** erfolgt, wenn das Grundkapital noch nicht voll eingezahlt ist, nur von den **auf das Grundkapital geleisteten Einlagen,** nicht auf das nominelle Grundkapital. Ein eventuell geleistetes Aufgeld (Agio) wird bei der Berechnung der 4% nicht berücksichtigt. Es stellt keine auf den geringsten Ausgabebetrag geleistete Einlage dar.[93] 59

Besitzt die Gesellschaft **eigene Aktien,** ist der Gesamtnennbetrag der Aktien nicht um den Gesamtnennbetrag der eigenen Aktien, bzw. bei Stückaktien nicht um die Zahlen der eigenen Aktien der Gesellschaft zu kürzen.[94] Die Satzung kann einen höheren Abzug („mindestens") vorschreiben. 60

(4) Nichtigkeit entgegenstehender Vereinbarungen (Abs. 3 S. 2). Entgegenstehende Festsetzungen über die Beteiligung der Aufsichtsratsmitglieder am Jahresgewinn sind **nichtig** (Abs. 3 S. 2), wenn und soweit sie zu einer Besserstellung des Aufsichtsratsmitglieds führen.[95] In den Anwendungsbereich der Norm fallen nicht nur satzungsmäßige „Festsetzungen" (vgl. Abs. 1 S. 2), sondern **auch Bewilligungen durch die Hauptversammlung.** 61

Die Nichtigkeit einer entsprechenden Bewilligung führt nicht dazu, dass das Aufsichtsratsmitglied die erhaltene zu hohe Beteiligung am Jahresgewinn vollständig zurückführen muss (§ 139 BGB). Vielmehr ist im Fall der Nichtigkeit des Hauptversammlungsbeschlusses oder 62

---

[87] *Kraft* WP Hdb. Bd. 1 S 38; Großkomm AktG/*Hopt*/*Roth* Anm. 120.
[88] *Kraft* WP Hdb. Bd. 1 S 40; Großkomm AktG/*Hopt*/*Roth* Anm. 120.
[89] AllgM, Großkomm AktG/*Hopt*/*Roth* Anm. 120.
[90] ADS § 174 Rn. 45, *W. Müller* WP-HdB Bd. 1 Q 43 ff.; Großkomm AktG/*Hopt*/*Roth* Anm. 38.
[91] Großkomm AktG/*Hopt*/*Roth* Anm. 122; MüKoAktG/*Habersack* Rn. 59; Spindler/Stilz/*Spindler* Rn. 47; aA MüKoAktG/*Semler*, 2. Aufl. 2004, Rn. 53.
[92] Art. 1 Nr. 9 StückAG; → Rn. 14.
[93] Die Bestimmung bezieht sich insoweit unmittelbar auf § 9 Abs. 1; Hüffer/*Koch* Rn. 10; vgl. zur Rechtslage vor Inkrafttreten des StückAG AusschussB *Kropff* S. 158; Großkomm AktG/*Meyer-Landrut*, 3. Aufl. 1973, Anm. 10.
[94] Großkomm AktG/*Hopt*/*Roth* Anm. 121; MüKoAktG/*Habersack* Rn. 60; Spindler/Stilz/*Spindler* Rn. 48.
[95] Hüffer/*Koch* Rn. 10 unter Hinweis darauf, dass nur die „überschießende" Festlegung nichtig ist; Großkomm AktG/*Hopt*/*Roth* Anm. 125.

der Satzungsregelung die Beteiligung des Aufsichtsratsmitglieds an den gesetzlichen Berechnungsmodus anzupassen.[96]

63 bb) **Dividendenorientierte Tantieme.** Verbreitet und gegenüber der vom Bilanzgewinn abgeleiteten Vergütung vorzugswürdig ist eine **dividendenorientierte Tantieme**. Sie ist der Berechnungsregel des Gesetzes (§ 113 Abs. 3 S. 1) nicht unterworfen.[97]

64 In der Praxis wird regelmäßig ein **bestimmter Betrag je Prozent** der zur Ausschüttung vorgesehenen **Dividende** als Tantieme gewährt.[98] Die Tantieme ist dabei entweder von der Dividendensumme oder dem Dividendenprozentsatz bzw. dem Dividendenbetrag je Aktie abhängig.[99] Die Regelung über die Tantiemefreiheit von 4 % des Nennkapitals in Abs. 3 findet keine Anwendung, so dass jedes Prozent Dividende der Tantiemeberechnung zugrunde gelegt werden kann.[100] Allerdings wird eine Anknüpfung an die Dividende zurecht kritisch gesehen, da so der Aufsichtsrat über den von ihm gemeinsam mit dem Vorstand der Hauptversammlung zu unterbreitenden Dividendenvorschlag letztlich die Höhe seiner eigenen Vergütung mitbestimmen könne.[101]

65 Schwierigkeiten können sich im Rahmen der **Ausschüttung von Sonderdividenden** ergeben, wie dies früher bei steuerlich motivierten Ausschüttungen nach EK 56 und EK 50 besonders häufig geschehen ist.[102] Hier kann es zu einem „**windfall profit**" kommen,[103] der im Hinblick auf die Sorgfaltspflicht jedes Aufsichtsratsmitglieds (§§ 116, 93) nicht zur Grundlage der Tantieme werden darf. Das Aufsichtsratsmitglied verletzt seine Sorgfaltspflicht, wenn es eine aus diesen Sondererträgen herrührende Tantieme entgegennimmt.

66 cc) **Aktienkursorientierte Tantieme.** Als erfolgsorientierte Vergütung kommen auch aktienkursorientierte Tantiemen in Betracht, sog. „**Stock Appreciation Rights**".[104] Die Gesellschaft wird hier bei Steigerung der absoluten oder relativen Kursentwicklung der Aktie zur Zahlung eines bestimmten Geldbetrags an das Aufsichtsratsmitglied verpflichtet.

67 Nach einem ähnlichen Konzept werden sog. *phantom stocks* aufgelegt. Hier wird der Begünstigte so gestellt, als ob er Inhaber einer bestimmten Anzahl von Wertpapieren sei. Zu bestimmten Stichtagen werden dem Aufsichtsratsmitglied Kursgewinne und Dividenden ausgezahlt.[105] Die Gewährung entsprechender Tantiemen bedarf in beiden Fällen weder einer bedingten Kapitalerhöhung noch eines Aktienrückerwerbs durch die Gesellschaft.[106]

68 Darüber hinaus kommen **weitere Bezugsgrößen** für eine Anknüpfung der Aufsichtsratstantieme in Betracht, soweit hierbei die individuelle Managementleistung und nicht nur eine Marktentwicklung im Vordergrund steht. So kann die Gesellschaft sowohl eine umsatzorientierte Tantieme als auch eine konzernerfolgsabhängige Tantieme gewähren. Darüber hinaus kann die Tantieme von einem Vorsteuer-Ergebnis abhängig gemacht oder an das Aktionärsvermögen gebunden werden.[107]

---

[96] Großkomm AktG/*Hopt/Roth* Rn. 125.
[97] *Hoffmann-Becking* NZG 1999, 797 (800); MHdB AG/*Hoffmann-Becking* § 33 Rn. 30; Kölner Komm AktG/*Mertens/Cahn* Rn. 20, 22; *Kraft* WP HdB Bd. 1 S 45; aA Hüffer/*Koch* Rn. 11 (auch Dividendentantieme muss § 113 Abs. 3 entsprechen). Zur Verwendung der Dividende als Bezugsgröße für eine variable Aufsichtsratsvergütung kritisch *Roller* S. 35 f.
[98] *Knoll/Knoesel/Probst* zfbf 1997, 236 (241); *Wagner* in Semler/v. Schenck AR-HdB § 11 Rn. 33; Kölner Komm AktG/*Mertens/Cahn* Rn. 22; MHdB AG/*Hoffmann-Becking* § 33 Rn. 20; *Hoffmann/Preu* Der Aufsichtsrat Rn. 445.
[99] Vgl. *J. Semler*, FS Budde, 1995, 559 (603).
[100] MHdB AG/*Hoffmann-Becking* § 33 Rn. 20; Kölner Komm AktG/*Mertens/Cahn* Rn. 22; aA Hüffer/*Koch* Rn. 11(§ 113 Abs. 3 gilt entsprechend).
[101] *Lutter/Krieger/Verse* Rn. 855.
[102] *Hoffmann-Becking* NZG 1999, 797 (800).
[103] *Hoffmann-Becking* NZG 1999, 797 (800).
[104] Vgl. hierzu *Baums*, FS Claussen, 1997, 1 (6); *Hoffmann-Becking* NZG 1999, 797 (800); *Roller* S. 7.
[105] Vgl. *Baums*, FS Claussen, 1997, 1 (6); *Roller* S. 7.
[106] Zum ganzen *Baums*, FS Claussen, 1997, 6; *Roller* S. 7; zur Bilanzierung solcher „virtueller Vergütungsformen *Pellens/Crasselt* in Pellens, Unternehmenswertorientierte Vergütungssysteme, 1998, 130 f.
[107] Vgl. *J. Semler*, FS Budde, 1995, 599 (603).

dd) Gewährung von Aktienoptionen. (1) Allgemeines. Als weitere variable Vergütungsform hatte sich die Gewährung von Aktienoptionen wachsender Beliebtheit erfreut, bis der BGH dem ein Ende setzte: In einem Urteil aus dem Jahr 2004[108] erklärte er Aktienoptionsprogramme zugunsten von Aufsichtsratsmitgliedern sowohl bei Unterlegung mit eigenen Aktien der Gesellschaft, als auch bei Unterlegung mit bedingtem Kapital für unzulässig. Zur Begründung verwies der BGH darauf, dass der Gesetzgeber des KonTraG zwar ausdrücklich Aktienoptionsprogramme anerkannt habe, welche die Ausgabe von isolierten Bezugsrechten *(naked warrants)* vorsähen, wofür das Gesetz zwei Wege zur Verfügung stelle, nämlich den Rückkauf eigener Aktien nach § 71 Abs. 1 Nr. 8 sowie die Schaffung neuer Aktien im Wege einer bedingten Kapitalerhöhung nach § 192 Abs. 2 Nr. 3 (jetzt § 192 Abs. 2 Nr. 4). Die ausdrückliche Beschränkung der Bezugsberechtigten der mit bedingtem Kapital unterlegten Optionen in § 192 Abs. 2 Nr. 3 (jetzt § 192 Abs. 2 Nr. 4) auf „Arbeitnehmer und Mitglieder der Geschäftsführung der Gesellschaft oder eines verbundenen Unternehmens" sei indes abschließend und beziehe Mitglieder des Aufsichtsrats nicht mit ein, weshalb ihnen auf diesem Wege keine Aktienoptionen gewährt werden könnten. Gleiches gelte aber auch für den Weg über den Rückkauf eigener Aktien; zwar finde sich diese Beschränkung nicht in der Vorschrift des § 71 Abs. 1 Nr. 8 Satz 5 AktG selbst, doch werde in ihr auf § 192 Abs. 2 Nr. 3 (jetzt § 192 Abs. 2 Nr. 4) verwiesen, der eben diese Beschränkung enthalte. In einem *obiter dictum* hat der BGH zudem **Zweifel** daran geäußert, dass ein Aktienoptionsprogramm für Aufsichtsratsmitglieder alternativ über die **Begebung von Wandel- und Optionsanleihen** nach § 221 realisiert werden könne, da den Neuregelungen des KonTraG wohl ein entgegenstehender Wille des Gesetzgebers zu entnehmen sei.[109]

Diese Entscheidung des BGH ist auf ein **sehr geteiltes Echo** gestoßen, das von uneingeschränkter Zustimmung[110] oder Hinnahme[111] über grundsätzliche, aber auf Fälle wie den entschiedenen beschränkter Zustimmung[112] bis zu vorsichtiger[113] oder gar vehementer[114] Ablehnung geht, wobei differenziert wird zwischen der Gewährung von gedeckten und ungedeckten Aktienoptionen *(stock options* und *naked warrants,* der Begebung von Wandelschuldverschreibungen *(convertible bonds)* und der Gewährung von virtuellen Aktienoptionen *(phantom stocks).*

(2) Aktienoptionen und *naked warrants*. Die Gewährung von Aktienoptionen und *naked warrants* ist nach dem Gesetzeswortlaut und der Bestätigung durch den BGH **unzulässig,** was mit Rücksicht auf den Gedanken der Vermeidung paralleler Vergütungsinteressen von Vorstand und Aufsichtsrat[115] einleuchtet; gerade dieser Gedanke lässt auch eine Differenzierung zwischen gedeckten und nicht gedeckten Optionen als unangebracht erscheinen. Demgegenüber in den Hintergrund tritt der Gedanke, der Aufsichtsrat könne über die Festlegung der Konditionen der Optionsausübung durch den Vorstand letztlich auch auf seine eigene Vergütung Einfluss nehmen (sog. *back scratching*), denn dem hätte man durch eine Übertragung der Festlegung der Konditionen auf die Hauptversammlung entgegenwirken können.[116]

(3) Wandelschuldverschreibungen und Optionsanleihen. In der Literatur unterschiedlich beurteilt wird, ob auch die Ausgabe von Wandel- oder Optionsanleihen an die

---

[108] BGHZ 158, 122 ff.
[109] BGHZ 158, 122 (129).
[110] K. Schmitt/Lutter/*Drygala* Rn. 29 f.; Großkomm AktG/*Hopt/Roth* Rn. 41; Kölner Komm AktG/*Mertens/Cahn* Rn. 27; MüKoAktG/*Habersack* Rn. 17; *Habersack* ZHR 168 (2004) 373 (379 ff.); *Habersack* ZGR 2004, 721 ff.
[111] *Paefgen* WM 2004, 1169 ff.
[112] *Martinius/Zimmer* BB 2011, 3014 (3016 f.).
[113] Hüffer/*Koch* Rn. 12; *Gehling* ZIP 2005, 549 (555).
[114] *Fuchs* WM 2004, 2233 ff.; *Stefan Richter* BB 2004, 949 ff.
[115] BGHZ 158, 122 (127).
[116] Spindler/Stilz/*Spindler* Rn. 51.

Mitglieder des Aufsichtsrats ausgeschlossen ist.[117] Der BGH hatte dies in seiner erwähnten Entscheidung bewusst offengelassen, an diesem Weg aber gleichwohl deutliche Zweifel geäußert angesichts des von ihm als naheliegend angenommenen gegenteiligen Willens des Gesetzgebers;[118] tatsächlich ergibt sich dies nicht nur aus dem Verweis in § 221 Abs. 4 S. 2 auf § 193 Abs. 2 Nr. 4, der Aufsichtsratsmitglieder nicht erwähnt, sondern kann dies der Begründung des UMAG entnommen werden;[119] gleichwohl werden in der Literatur hieran vielfach Zweifel geäußert,[120] doch muss sich die Praxis angesichts der recht klaren Meinungsäußerung des BGH damit abfinden, dass dieser **Weg auf absehbare Zeit nicht gangbar** sein dürfte. Sachlich dürfte dies auch gerechtfertigt sein, da es keinen wesentlichen Unterschied darstellt, ob dem Aufsichtsrat Aktien direkt oder auf dem Umweg über Wandel- oder Optionsanleihen gewährt werden,[121] insbesondere dann, wenn der darin liegende Anreiz in dem Bezugsrecht und nicht in der Verzinsung der Anleihe besteht.[122]

73 **(4) *Phantom Stocks.*** Aktienkursbezogene Tantieme *(stock appreciation rights)* sowie virtuelle Aktienoptionsprogramme *(phantom stocks)* für Aufsichtsratsmitglieder sind weder vom Gesetz ausdrücklich unterbunden noch bislang vom BGH auch nur in einem *obiter dictum* als bedenklich bezeichnet worden; es erscheint daher als zu weitgehend, sie schlechthin als unzulässig zu bezeichnen.[123] Auch bei ihnen kann jedoch eine Parallelität zu ähnlichen den Vorstand begünstigenden Programmen gegeben sein, welche die Kontrollfunktion des Aufsichtsrats kompromittieren könnte und daher kritisch zu sehen wäre. Deshalb und angesichts der in der Rechtsprechung des BGH erkennbaren Tendenz muss damit gerechnet werden, dass auch so gestaltete aktienkursbezogene Vergütungen für Aufsichtsräte die Anerkennung versagt werden könnte; es kann daher **nicht mehr empfohlen** werden, solche Programme neu aufzulegen.[124]

74 **Aktienoptionen für Arbeitnehmer** über eine bedingte Kapitalerhöhung oder den Erwerb eigener Aktien sind im Gesetz ausdrücklich zugelassen (vgl. § 192 Abs. 2 Nr. 3). Ist ein Vertreter der Arbeitnehmer im Aufsichtsrat in ein Aktienoptionsprogramm einbezogen, werden seine Ansprüche aus dem Programm nicht dadurch berührt, dass er Aufsichtsratsmitglied ist.[125] Die Optionszusage erfolgt gerade unabhängig von der Wahrnehmung des Aufsichtsratsmandats. Ein Verstoß gegen den Gleichbehandlungsgrundsatz kommt deshalb nicht in Betracht.

---

[117] Gegen eine Zulässigkeit MüKoAktG/*Habersack* Rn. 19; *Habersack* ZGR 2004, 721 ff.; Kölner Komm AktG/*Mertens/Cahn* Rn. 28; Spindler/Stilz/*Spindler* Rn. 53; Hölters/*Hambloch-Geinn/Gesinn* Rn. 19; Bürgers/Körber/*Bürgers/Israel* Rn. 11; Grigoleit/*Grigoleit/Tomasic* Rn. 14; *Paefgen* WM 2004, 1169 (1170 ff., 1175) (aber mit dem Appell, *de lege ferenda* die Voraussetzungen für eine Zulässigkeit zu schaffen); für eine Zulässigkeit K. Schmidt/Lutter/*Drygala* Rn. 29 f.; *Fuchs* WM 2004, 2233 (2236 f.); *Stefan Richter* BB 2004, 949 (956); *Vetter* AG 2004, 234 (237 f.); tendenziell *Kort*, FS Hüffer, 2010, 483 (498 ff.); wohl auch Hüffer/*Koch* Rn. 12, Differenzierend Großkomm AktG/*Hopt/Roth* Rn. 42 ff.
[118] BGHZ 158, 122 (129).
[119] BT-Drs. 15/5092, 25. Zustimmend *Habersack* ZGR 2004, 721 (728 f.); Kölner Komm AktG/*Mertens/Cahn* Rn. 28.
[120] Siehe die Nachweise in Fn. 113.
[121] Kölner Komm AktG/*Mertens/Cahn* Rn. 28.
[122] So zutreffend Großkomm AktG/*Hopt/Roth* Rn. 44, die indes die Ausgabe von Wandelschuldverschreibungen an den Aufsichtsrat weiter für zulässig halten.
[123] Für eine Zulässigkeit Großkomm AktG/*Hopt/Roth* Rn. 47; Spindler/Stilz/*Spindler* Rn. 55 f.; NK-AktG/*Breuer/Fraune* Rn. 12c; *Vetter* AG 2004, 234 (237 f.); *Fuchs* WM 2004, 2233 ff., der indes eine Festlegung aller Parameter in einem Beschluss der Hauptversammlung sowie eine deutliche Differenzierung zu Vergütungsanreizen des Vorstands verlangt; *Stefan Richter* BB 2004, 949 (956); *Gehling* ZIP 2005, 549 (557); aA MüKoAktG/*Habersack* Rn. 19; Kölner Komm AktG/*Mertens/Cahn* Rn. 29; K. Schmitt/Lutter/*Drygala* Rn. 31; *Paefgen* WM 2004, 1169 (1175), der allerdings dieses Ergebnis kritisiert und für eine gesetzliche Änderung plädiert, die eine aktienkursbezogene Vergütung des Aufsichtsrats gestattet.
[124] Großkomm AktG/*Hopt/Roth* Rn. 47; NK-AktG/*Breuer/Fraune* Rn. 12c. Für die Zulässigkeit bestehender Programme nachdrücklich *Stefan Richter* BB 2004, 949 (957).
[125] AA *Habersack* ZGR 2004, 721 (727), der verlangt, bei Eintritt in den Aufsichtsrat noch offene Optionen abzufinden.

c) Sitzungsgeld. Neben der festen und variablen Aufsichtsratsvergütung wird häufig ein 75 festes Sitzungsgeld für den Zeitaufwand der Aufsichtsratsmitglieder gewährt. Soweit dieses – wie im Regelfall – über die Abgeltung der tatsächlichen Auslagen hinausgeht und ohne Nachweis gezahlt wird, handelt es sich um eine **zusätzliche feste Vergütung,** die anders als die Erstattung von Barauslagen durch eine satzungsmäßige Festsetzung oder einen Hauptversammlungsbeschluss legitimiert sein[126] und – bei mittelgroßen und großen Kapitalgesellschaften – mit der Vergütung der Aufsichtsratsmitglieder im Anhang zum Jahresabschluss offengelegt werden muss (§§ 295 Nr. 9a iVm 267 Abs. 2 und 3, 288 S. 1 HGB). Um entsprechenden Zweifeln entgegenzuwirken, sollte die Satzung ausdrücklich regeln, ob auch für Telefon –und Videokonferenzen Sitzungsgelder zu zahlen sind,[127] was dann angemessen erscheint, wenn mit den Sitzungsgeldern der Zeitaufwand abgegolten und nicht ein pauschaler Auslagenersatz geleistet werden soll.

Demgegenüber geht es lediglich um die **Erstattung von Auslagen,** wenn mit dem 76 Sitzungsgeld ein Aufwand abgegolten werden soll und die Zahlung sich betragsmäßig in diesem Rahmen hält, auch wenn die Erstattung pauschal unabhängig von den tatsächlichen Auslagen gewährt wird (→ Rn. 104 ff.). Entscheidend für die Einordnung und damit für die Entscheidungszuständigkeit für das Sitzungsgeld ist, ob nur ein tatsächlicher Aufwand entschädigt wird oder die Entschädigung darüber hinaus den Charakter einer Vergütung hat.

Die Handhabung der **Auszahlung** des Sitzungsgelds ist unterschiedlich; sie kann unmit- 77 telbar nach jeder Sitzung oder auch mit der übrigen Vergütung erfolgen,[128] eine Barzahlung bei der Sitzung ist heute unüblich.

d) Pauschale Aufwandsentschädigungen. In manchen Unternehmen werden pau- 78 schalierte Aufwandsentschädigungen geleistet, die den Aufsichtsratsmitgliedern entstehende Auslagen erstatten und der Verwaltungsvereinfachung dienen. Sofern sich diese Leistungen in etwa mit den Aufwendungen der Aufsichtsratsmitglieder decken, bestehen keine Bedenken, sie **als Auslagenersatz zu qualifizieren.** Wird dieser Rahmen überschritten, handelt es sich um hiervon abweichende und ausweispflichtige Aufsichtsratsvergütungen, die ihrerseits eine entsprechende Satzungsbestimmung oder einen gesonderten Hauptversammlungsbeschluss erfordern.[129] Letztlich ist ein solcher pauschaler Auslagenersatz desto weniger praktikabel, wie die Zusammensetzung des Aufsichtsrats heterogener ist: Sitzt ein Mitglied an einem fernen Ort, im Ausland, oder gar in Übersee, ein anderes dagegen in der Zentrale des Unternehmens, wo auch die Aufsichtsratssitzungen abgehalten werden, so liegen die zu erstattenden Reisekosten weit auseinander und funktioniert eine Pauschale nicht.

e) Sachleistungen. In seltenen Fällen werden den Aufsichtsratsmitgliedern neben einer 79 festen oder variablen Vergütung zusätzliche Sachleistungen gewährt (zB die Überlassung eines **Dienstwagens**). Sind entsprechende Leistungen auch für private Zwecke nutzbar (zB **Dienstwohnung,** Deputate), handelt es sich um eine Aufsichtsratsvergütung, für die die allgemeinen Grundsätze gelten.[130]

f) Übernahme von Prämien für D&O-Versicherungen. Einigkeit besteht darüber, 80 dass der **Abschluss** einer D&O-Versicherung durch die Gesellschaft auf deren Kosten zugunsten der Aufsichtsratsmitglieder **zulässig** ist.[131] Strittig ist, ob die Prämienübernahme als Vergütungsbestandteil zu werten ist, mit der Konsequenz der Notwendigkeit eines Hauptversammlungsbeschlusses oder einer Festlegung in der Satzung.

---

[126] §§ 285 Nr. 9, 314 Nr. 6 HGB; Großkomm AktG/*Hopt/Roth* Rn. 29; Kölner Komm AktG/*Mertens/Cahn* Rn. 15; Hüffer/*Koch* Rn. 4; MHdB AG/*Hoffmann-Becking* § 33 Rn. 16.
[127] Vgl. dazu *Reichard/Kaubisch* AG 2013, 150 ff. sowie Wachter/*Schick* Rn. 4.
[128] *Wagner* in Semler/v. Schenck AR-HdB § 11 Rn. 42.
[129] *Wagner* in Semler/v. Schenck AR-HdB § 11 Rn. 43.
[130] *Wagner* in Semler/v. Schenck AR-HdB § 11 Rn. 44.
[131] *Vetter* AG 2000, 454; *W. Doralt* in Semler/v. Schenck AR-HdB § 15 Rn. 42; *Kästner* AG 2000, 115 ff.; *Baums* Rn. 75; MHdB AG/*Wiesner* § 21 Rn. 29; *Lutter/Krieger/Verse* Rn. 1037; *Dreher* ZHR (165) 2001, 293, 322; *Lange* ZIP 2001, 1524.

81 Zum Teil wird in der Übernahme der Versicherungsprämie eine Nebenleistung mit **Vergütungscharakter** gesehen.[132] Die Versicherungen regulieren Schadensersatzforderungen, die sich aus dem spezifischen Haftungsrisiko der Organmitglieder ergeben können (insbes. Haftpflicht- und Rechtsschutzversicherungen).[133] Der Versicherungsschutz umfasst dabei neben der Befriedigung begründeter Schadensersatzforderungen regelmäßig auch die Abwehr unbegründeter Schadensersatzansprüche.[134] Befürworter eines Vergütungscharakters meinen, hiermit sei eine Verbesserung der Vermögenssituation der Verwaltungsmitglieder verbunden; entsprechende Vereinbarungen bedürften wegen ihres Vergütungscharakters einer Regelung in der Satzung oder eines Beschlusses der Hauptversammlung.[135] Für den Vergütungscharakter könnte in der Tat der Vorschlag der Regierungskommission Corporate Governance sprechen, im Anhang bzw. Konzernanhang den Betrag für eine D&O-Versicherung und die für die Vorstands- und Aufsichtsratsmitglieder gezahlten Versicherungsprämien sowie die Höhe des Selbstbehalts auszuweisen.[136] Diesem Vorschlag ist der Gesetzgeber bislang nicht gefolgt. Allerdings nennt die Vorschrift über die Pflichtangaben im Jahresabschluss als Gesamtbezüge des Aufsichtsrats auch Versicherungsentgelte.[137] Hieraus wird gefolgert, dass diese allgemein Vergütungscharakter haben.

82 **Stellungnahme.** Die Übernahme der D&O-Versicherung stellt **keinen Vergütungsbestandteil** dar. Sie ist keine Gegenleistung für die Mandatsübernahme, sondern Bestandteil der rechtlichen und wirtschaftlichen Grundlagen des Mandats.[138] Das Risiko, für das die Versicherung aufkommt, ist amtsbezogen und kann nicht dem Privatbereich des Aufsichtsratsmitglieds zugeordnet werden.[139] Zweck der Versicherung ist es, den Vermögensbedarf der Gesellschaft zu decken und ein Haftungssubstrat für Innenhaftungs- und Regressansprüche bereitzustellen. Dies **dient dem Unternehmensinteresse.** Zwar sollen auch die Verwaltungsmitglieder von der Schadenstragung bewahrt werden. Dies dient aber mittelbar ebenfalls dem Unternehmensinteresse, da es die Attraktivität des Unternehmens für die Gewinnung kompetenter Mandatsträger erhöht.[140]

83 Die von der Gesellschaft zu zahlende Versicherungsprämie berechnet sich nach Umsatz und Risikofaktoren, die sich aus der besonderen Situation der Gesellschaft ergeben; sie kann nicht auf das einzelne Aufsichtsratsmitglied umgelegt werden.

84 Es handelt sich um eine wirtschaftliche Interessen verfolgende **Geschäftsführungsentscheidung,** die nicht unter die Hauptversammlungszuständigkeit fällt.[141] Die Regierungskommission Corporate Governance[142] hat trotz der in der Praxis häufigen Entscheidung ohne Beteiligung der Hauptversammlung dargelegt, dass eine gesetzliche Regelung der Frage „ob und wie beim Abschluss einer Haftpflichtversicherung für Organmitglieder die Hauptversammlung mitzuwirken hat", „nicht angezeigt" sei.[143]

---

[132] *Kästner* AG 2000, 113, 115 ff.; vgl. *W. Doralt* in Semler/v. Schenck AR-HdB § 15 Rn. 76 ff.; *Hüffer*, 10. Aufl. 2012, Rn. 2a; *Lutter/Krieger/Verse* Rn. 1038; vgl. auch *Krüger* NVersZ 2001, 8.

[133] *W. Doralt* in Semler/v. Schenck AR-HdB § 15 Rn. 14.

[134] *W. Doralt* in Semler/v. Schenck AR-HdB § 15 Rn. 14.

[135] *Kästner* AG 2000, 113 (115 ff.); *W. Doralt* in Semler/v. Schenck AR-HdB § 15 Rn. 76 ff.; *Hüffer*, 10. Aufl. 2012, Rn. 2a; aA jetzt Hüffer/*Koch* Rn. 2a, der aber im Hinblick auf fehlende Rechtsprechung eine Satzungsregelung empfiehlt.

[136] *Baums* Rn. 75.

[137] § 289 Nr. 9a HGB, vgl. gegen diese Auslegung *Lange* ZIP 2001, 1524 (1525).

[138] Ganz hM: Großkomm AktG/*Hopt/Roth* § 113 Rn. 53; Kölner Komm AktG/*Mertens/Cahn* Rn. 16; MüKoAktG/*Habersack* § 113 Rn. 13; Spindler/Stilz/*Spindler* § 113 Rn. 16; Bürgers/Körber/*Bürgers/Israel* § 113 Rn. 16; *Grigoleit* in Grigoleit/Tomasic § 113 Rn. 9; *Vetter* AG 2000, 453 (457). Weitere Nachweise bei MüKoAktG/*Habersack* § 113 Fn. 49. Vgl. auch *Vetter* AG 2000, 456 (457); *Mertens* AG 2000, 447, 449; *Lange* ZIP 2001, 1526.

[139] *Vetter* AG 2000, 456, 457; *Mertens* AG 2000, 452; Hüffer/*Koch* Rn. 2 (dient nicht allein dem Schutz der AR-Mitglieder, sondern mindestens in gleichem Maße Schutz der AG).

[140] *Mertens* AG 2000, 451; *Dreher* ZHR 165 (2001), 293 (310 f.).

[141] *Mertens* AG 2000, 452; *Dreher* ZHR 165 (2001), 293 (322).

[142] Vgl. hierzu MüKoAktG/*Semler/Spindler*, 2. Aufl. 2004, Vor § 76 Rn. 229 ff.

[143] *Baums* Rn. 75. → § 116 Rn. 826.

2. Gesamtvergütung, Aufteilung unter den Aufsichtsratsmitgliedern. In seltenen 85
Fällen wird in der Satzung oder durch einen Hauptversammlungsbeschluss ein **Gesamtbetrag für die Aufsichtsratsvergütung** festgesetzt. In diesem Fall hat jedes Mitglied Anspruch auf den gleichen Anteil an der Gesamtvergütung (§ 420 BGB). Dies gilt vorbehaltlich abweichender Regelungen auch dann, wenn die einzelnen Aufsichtsratsmitglieder unterschiedliche Funktionen innehaben (zB der Aufsichtsratsvorsitzende oder sein Stellvertreter). Aus diesem Grund sollte die Satzung eine Regelung enthalten, wonach der Aufsichtsrat über die Zuweisung der Einzelvergütungen an seine Mitglieder nach billigem Ermessen entscheiden kann.[144] Regelmäßig werden hier funktionsbezogen einzelnen Mitgliedern wie dem Aufsichtsratsvorsitzenden und seinem Stellvertreter sowie den Mitgliedern besonders arbeitsintensiver Ausschüsse erhöhte Vergütungen zugebilligt. Liegt eine entsprechende satzungsmäßige Ermächtigung nicht vor, ist der Betrag gleichmäßig auf alle Aufsichtsratsmitglieder zu verteilen.[145] Eine je nach Qualifikation und Marktwert des einzelnen Aufsichtsratsmitglieds unterschiedliche Zumessung der Vergütung ist dagegen nicht zulässig (→ Rn. 32 ff.).

Der **Anspruch** auf den Anteil an der Gesamtvergütung richtet sich **gegen die Gesell-** 86
schaft und steht dem einzelnen Mitglied zu.[146]

3. Entstehung und Fälligkeit des Anspruchs. Der **Anspruch** des einzelnen Aufsichts- 87
ratsmitglieds auf die **feste Vergütung entsteht** mit Beginn des Geschäftsjahres in Höhe der zu diesem Zeitpunkt bestehenden Satzungsbestimmung bzw. des den Vergütungsanspruch begründenden Hauptversammlungsbeschlusses. Der Anspruch auf eine **variable Vergütung** entsteht mit dem Ende des Geschäftsjahres.[147]

Die **Fälligkeit** der Vergütung richtet sich ebenfalls nach der Art der Vergütung. Eine feste 88
Vergütung wird mit Abschluss des Geschäftsjahres fällig, eine gewinnabhängige Vergütung mit Feststellung des Jahresabschlusses des Jahres, für das sie gezahlt wird,[148] eine dividendenabhängige Vergütung mit dem Gewinnverwendungsbeschluss der Hauptversammlung für das tantiemebegründende Jahr. Aufwandsentschädigungen werden mit dem Zeitpunkt der Beendigung der Tätigkeit fällig, für die eine Aufwandsentschädigung erbracht wird.[149]

Die **Satzung** kann einen hiervon abweichenden Fälligkeitszeitpunkt festlegen, beispiels- 89
weise eine feste Vergütung auf Quartalsleistungen aufteilen oder eine von der Jahresdividende unabhängige Vergütung mit dem Gewinnverteilungsbeschluss fällig stellen.[150]

4. Einwendungen, Einreden. a) Untätigkeitseinwand. Ob dem Anspruch des ein- 90
zelnen Aufsichtsratsmitglieds die **Einwendung der Untätigkeit** (bzw. die Einrede des nicht erfüllten Vertrags – § 320 BGB analog) entgegengehalten werden kann, ist **umstritten**. Hier wird im Ergebnis zu unterscheiden sein.

Ist das Aufsichtsratsmitglied zu keiner Sitzung des Aufsichtsrats oder der Ausschüsse, denen 91
es angehört, erschienen und war das **Fehlen** nicht entschuldigt, so besteht kein Anspruch auf eine Vergütung.[151] Dies gilt ebenfalls bei begründeter regelmäßiger Abwesenheit.[152] Die

---

[144] AllgM, *Wagner* in Semler/v. Schenck AR-HdB § 11 Rn. 17; Kölner Komm AktG/*Mertens/Cahn* Rn. 30; *Wellkamp* WM 2001, 489 (492). Im Einzelnen ist str., inwieweit eine Verteilung durch den Aufsichtsrat zulässig ist, wenn die Verteilung nicht durch Satzungsregelung oder Hauptversammlungsbeschluss geregelt ist, → Rn. 137 ff., 140 ff.
[145] AllgM Hüffer/*Koch* Rn. 3; Kölner Komm AktG/*Mertens/Cahn* Rn. 29 f.; *Wagner* in Semler/v. Schenck AR-HdB § 11 Rn. 17 f.
[146] RGZ 75, 308; KG OLGE 22, 2, aA Dresden OLGE 24, 141.
[147] Kölner Komm AktG/*Mertens/Cahn* Rn. 16.
[148] Vgl. *v. Godin/Wilhelmi* Anm. 2; MHdB AG/*Hoffmann-Becking* § 33 Rn. 18; Kölner Komm AktG/*Mertens/Cahn* Rn. 17; Großkomm AktG/*Hopt/Roth* Anm. 77.
[149] *Wagner* in Semler/v. Schenck AR-HdB § 10 Rn. 4; Goßkomm AktG/*Hopt/Roth* Rn. 77; Kölner Komm AktG/*Mertens/Cahn* Rn. 17.
[150] *Wagner* in Semler/v. Schenck AR-HdB § 11 Rn. 5.
[151] Kölner Komm AktG/*Mertens/Cahn* Rn. 32; Großkomm AktG/*Hopt/Roth* Rn. 78; *Wagner* in Semler/v. Schenck AR-HdB § 10 Rn. 55; aA RGZ 75, 308 (310 f.); *Natzel* DB 1965, 1429 (1434).
[152] Großkomm AktG/*Hopt/Roth* Rn. 78; *Wagner* in Semler/v. Schenck AR-HdB § 10 Rn. 55.

Entschuldigung, man habe andere Termine wahrnehmen müssen, reicht nicht aus. Einer besonderen Aufforderung zum Tätigwerden bedarf es nicht. Auch das besondere Haftungsrisiko der Aufsichtsratsmitglieder macht eine solche nicht erforderlich.[153]

92 Anders ist zu verfahren, wenn gegenüber dem Aufsichtsratsmitglied eingewandt wird, es habe seine **Pflichten nicht erfüllt**. Grundsätzlich obliegt die Wahrnehmung der Aufgaben des Aufsichtsrats dem Gesamtgremium. Auf das einzelne Mitglied entfallen nur sehr selten Pflichten, die es allein zu erfüllen hat. Dies ist allenfalls bei einer Beauftragung zu Einsichts- und Prüfungsaufgaben durch den Aufsichtsrat der Fall (§ 111 Abs. 2 S. 2). Hat das Aufsichtsratsmitglied solche Pflichten nicht wahrgenommen, ist es schwer, den darauf entfallenden Teil seiner Vergütung, die für seine Gesamttätigkeit im Aufsichtsrat gezahlt wird, festzustellen. Ein bloßes Untätigbleiben (Schweigen, Nichtausführen einzelner Aufgaben) reicht für eine Kürzung oder eine Streichung der Vergütung nicht aus.

93 **b) Verjährung.** Der Anspruch auf eine Vergütung **verjährt** in vier Jahren (§ 197 BGB). Verjährungsbestimmungen, die ein Dienstverhältnis mit der Gesellschaft für den Vergütungsanspruch aus dem Organverhältnis voraussetzen (§ 196 Nr. 8 BGB), finden keine Anwendung, da das Aufsichtsratsmitglied in keinem abhängigen Dienstverhältnis zu der Gesellschaft steht.[154]

94 **5. Teilvergütung, Vergütung während der Abwicklung.** Endet das Amt eines Aufsichtsratsmitglieds während der Amtsdauer durch Tod, Widerruf oder Niederlegung, kann das Mitglied oder dessen Rechtsnachfolger **anteilige Vergütung** verlangen. Für die Folgezeit bestehen keine Ansprüche.[155] Das gilt sowohl für die feste Vergütung als auch für die Tantieme. Dabei ist die Tantieme für das Gesamtgeschäftsjahr zeitanteilig aufzuteilen. Bemessungsgrundlage sind stets die Werte des Gesamtjahres und nicht eines Zeitabschnitts. Für die Fälligkeit gelten die allgemeinen Regeln (→ Rn. 88 f.).

95 Während der **Abwicklung** bestehen die Ansprüche der Aufsichtsratsmitglieder auf eine feste Vergütung – soweit eine solche vorgesehen ist – fort.[156] Ansprüche auf eine Gewinnbeteiligung bestehen für das Geschäftsjahr, in dem die Auflösung eingetreten ist, nicht. Es fehlt an einem tantiemefähigen Gewinn. Die Hauptversammlung kann den Aufsichtsratsmitgliedern jedoch eine Beteiligung am Liquidationsgewinn oder -erlös einräumen.

96 **6. Zahlung einer Vergütung durch Dritte**[157]. Häufig hat ein Dritter, zB ein Großaktionär, ein Interesse daran, dass eine bestimmte Person in den Aufsichtsrat eintritt, und ist der Dritte bereit, dieser Person hierfür eine Vergütung zu zahlen, die von einer von der Gesellschaft etwa gezahlten Vergütung unabhängig ist. Diese Konstellation ist in der Literatur bislang nur wenig behandelt worden,[158] obgleich sie in der Praxis immer wieder vorkommt, insbesondere dann, wenn sich ein **Unternehmen in der Krise** befindet und es schwer fällt, qualifizierte Personen zu finden, stehen doch der in einer solchen Situation erforderliche Arbeitseinsatz und die vom Unternehmen gezahlte Vergütung regelmäßig außer Verhältnis zueinander. Bedenken können sich aus der vom Gesetz geforderten Unabhängigkeit der Aufsichtsratsmitglieder sowie aus einer etwa fehlenden internen und externen Publizität ergeben.

97 Aufsichtsratsmitglieder werden häufig gerade deswegen für den Aufsichtsrat vorgeschlagen, weil sie dort die Interessen eines Aktionärs vertreten sollen, unbeschadet ihrer Verpflichtung auf das Unternehmensinteresse. Sind sie von dem Aktionär fest angestellt,

---

[153] Kölner Komm AktG/*Mertens/Cahn* Rn. 32; Großkomm AktG/*Hopt/Roth* Rn. 78; aA *Natzel* DB 1965, 1434; *v. Godin/Wilhelmi* Anm. 2.
[154] BGHZ 36, 142 zur Verjährung von Vorstandsbezügen; *Natzel* DB 1965, 1434; Kölner Komm AktG/ *Mertens/Cahn* Rn. 18.
[155] Kölner Komm AktG/*Mertens/Cahn* Rn. 19; MHdB AG/*Hoffmann-Becking* Rn. 18.
[156] Vgl. Hüffer/*Koch* § 264 Rn. 17.
[157] Zur Zahlung einer Vergütung durch Dritte an Vorstände vgl. *Kalb/Fröhlich* NZG 2014, 167 ff.
[158] Siehe aber die Beiträge von *Neuhaus/Gellißen* NZG 2011, 1361 ff. und *Selzner* AG 2013, 825 ff. sowie zum Vorstand den Beitrag von *Diekmann*, FS Maier-Reimer, 2010, 75 ff.

erhalten sie als Aufsichtsratsmitglieder faktisch bereits eine Drittvergütung, selbst wenn diese nicht als solche ausgewiesen ist; das Gesetz nimmt daran keinen Anstoß. Ist ein Aufsichtsratsmitglied dagegen zB selbständig und erhält es für seine Tätigkeit in dem Aufsichtsrat von einem Aktionär eine Vergütung, so ist dies qualitativ nichts anderes. In beiden Fällen ist das **Aufsichtsratsmitglied dem Unternehmensinteresse verpflichtet,** hat es keine Weisungen zu befolgen und muss es mit etwa entstehenden Interessenkonflikten wie jedes andere Aufsichtsratsmitglied verantwortlich umgehen, von der Offenlegung des Interessenkonflikts gegenüber dem Aufsichtsrat über die Nichtteilnahme an Informationsfluss, Beratung und Beschlussfassung bis hin zur Amtsniederlegung.[159] Bedenken wegen einer mangelnden Unabhängigkeit oder wegen möglicher Interessenkonflikte stehen einer Drittvergütung somit nicht entgegen.

Gefordert werden muss dagegen, dass die Nähe des Aufsichtsratsmitglieds zu einem Aktionär bei der Aufsichtsratswahl in der Hauptversammlung **offengelegt** wird, damit diese sich mit der Frage der Unabhängigkeit auseinandersetzen kann; zudem sollte die Tatsache des Empfangs einer Drittvergütung von dem Aufsichtsratsmitglied zumindest dem Aufsichtsrat offengelegt werden, damit dieser gegebenenfalls handeln kann, wenn das betroffene Aufsichtsratsmitglied sich in einem Interessenkonflikt befinden und nicht angemessen reagieren sollte. Eine Offenlegung auch gegenüber den Aktionären braucht dagegen nicht zu erfolgen, wenn, wie hier gefordert, die Verbindung zu dem Aktionär den Aktionären offengelegt wird, zumal das Unternehmen durch die von dritter Seite gezahlte Vergütung finanziell nicht belastet wird. Mit Rücksicht auf den letzteren Umstand ist es auch weder gesetzlich (§§ 267 Abs. 2 und 3, 288 HGB) noch nach dem Kodex (Ziff. 5.4.6 Abs. 3 S. 1 DCGK) geboten, diese Vergütung in Anhang oder Lagebericht zu veröffentlichen.[160] Ein Beschluss der Hauptversammlung oder eine Zustimmung des Aufsichtsrats sind aus den gleichen Gründen ebenfalls entbehrlich.[161]

7. Verzicht auf die Vergütung. Geht es dem Unternehmen schlecht oder gibt es mögliche Versäumnisse des Aufsichtsrats, so fordern Aktionäre oder auch die von Lohnkürzungen betroffenen Arbeitnehmer gelegentlich, dass der Aufsichtsrat ganz oder zum Teil auf seine Vergütung verzichten solle. Ein solcher Verzicht kann **nicht durch das Organ Aufsichtsrat** erklärt werden, weil es sich um **individuelle Ansprüche der Aufsichtsratsmitglieder** handelt;[162] vielmehr ist es Sache des einzelnen Aufsichtsratsmitglieds, einen solchen Verzicht gegenüber der Gesellschaft zu erklären,[163] welche Erklärung allerdings auch in einem einstimmigen Beschluss des Aufsichtsrats gesehen werden kann. Da der Verzicht rechtlich des Abschlusses eines Erlassvertrags gem. § 397 Abs. 1 BGB zwischen Gläubiger und Schuldner der Forderung bedarf, muss das Unternehmen mitwirken; hierbei wird es durch den Vorstand vertreten.[164] Zwar ist die Hauptversammlung für die Festsetzung der Vergütung zuständig, weshalb man ihre Zuständigkeit auch für die Annahme eines Verzichts auf die Vergütung annehmen könnte, doch ist die Interessenlage in diesem Falle eine andere, denn die Interessen des Unternehmens bedürfen keines besonderen Schutzes, wenn es um einen Vorgang geht, der dem Unternehmen nur einen finanziellen Vorteil bringt.[165] Schriftliche Form des Erlassvertrags ist nicht erforderlich, zu Beweiszwecken allerdings zu emp-

---

[159] Neuhaus/Gellißen NZG 2011, 1361 (1363 f.); vgl. zu Interessenkonflikten von Aufsichtsratsmitgliedern eingehend Seibt, FS Hopt, 2010, 1363 ff. Dies gilt auch, wenn einem Aufsichtsratsmitglied in einer Übernahmesituation von dem Bieter eine Vergütung gezahlt oder zugesagt wird, Selzner AG 2013, 818, 825.
[160] Neuhaus/Gellißen NZG 2011, 1361 (1364 f.).
[161] Neuhaus/Gellißen NZG 2011, 1361 (1364).
[162] Spindler/Stilz/Spindler Rn. 38; Wettich NZG 2009, 852 (853); MHdB AG/Hoffmann-Becking AG § 33 Rn. 22.
[163] Spindler/Stilz/Spindler Rn. 38; Wettich NZG 2009, 852 (853); MHdB AG/Hoffmann-Becking § 33 Rn. 22.
[164] Spindler/Stilz/Spindler Rn. 38; Wettich NZG 2009, 852 (853); MHdB AG/Hoffmann-Becking § 33 Rn. 22.
[165] Spindler/Stilz/Spindler Rn. 38; ohne weitere Begründung im Ergebnis ebenso Kölner Komm AktG/Mertens/Cahn Rn. 55.

fehlen;¹⁶⁶ sollte der Vorstand an der Aufsichtsratssitzung, in der die Aufsichtsratsmitglieder ihren Verzicht erklären, teilnehmen, kann er diesen sogleich für das Unternehmen annehmen, was dann protokoliert werden sollte.

100 **8. Insolvenz, Verschmelzung, Umwandlung.** Mit der Eröffnung des **Insolvenzverfahrens** endet der Anspruch des Aufsichtsratsmitglieds auf weitere Vergütung,¹⁶⁷ allerdings besteht weiterhin ein Anspruch auf Aufwendungsersatz.¹⁶⁸ Wenn auch die organschaftliche Stellung des Aufsichtsratsmitglieds fortbesteht, hat sich der Aufgabenkreis des Aufsichtsrats völlig verändert und verkleinert.¹⁶⁹

101 Mit der **Verschmelzung** oder **vermögensübertragenden Umwandlung** einer AG erlischt mit dem Amt des Aufsichtsratsmitglieds der Vergütungsanspruch für die Zukunft. Das Aufsichtsratsmitglied hat einen anteiligen Anspruch auf eine feste Vergütung, soweit es um den Zeitraum geht, der vor der Verschmelzung liegt. Eine Gewinnbeteiligung kann auch nicht anteilig für das laufende Geschäftsjahr, soweit es bis zur Verschmelzung bzw. Umwandlung schon verstrichen ist, gefordert werden. Die für das Gesamtjahr maßgeblichen Werte können nicht mehr ermittelt werden. Es kann aber in dem Verschmelzungs- bzw. Umwandlungsbeschluss etwas anderes bestimmt werden.¹⁷⁰

102 Bleibt der Aufsichtsrat nach Vollzug einer **formwechselnden Umwandlung** unverändert bestehen, ist im Zweifel anzunehmen, dass die einzelnen Regelungen über die Vergütung, dh. auch diejenigen über variable Vergütungsbestandteile, fortgelten.¹⁷¹ Ist die Vergütung auf Grund einer satzungsmäßigen Bestimmung festgelegt, ist die neue Satzung maßgebend.

103 Die gesetzlichen Beschränkungen über die Festsetzungen der **Vergütung des ersten Aufsichtsrats** (→ Rn. 169 ff.) gelten nicht für den ersten Aufsichtsrat nach einer formwechselnden Umwandlung der Gesellschaft, da das UmwG (§ 197 S. 2 UmwG) die Anwendung der Bestimmungen über die Bildung und Zusammensetzung des ersten Aufsichtsrats für diesen Fall ausschließt¹⁷² und die aktienrechtlichen Regelungen über die Vergütung des ersten Aufsichtsrats diese Bestimmungen voraussetzen. Dies gilt insbesondere dann, wenn die Aufsichtsratsmitglieder des Rechtsträgers der alten Rechtsform für den Rest ihrer Amtszeit als Mitglieder des Aufsichtsrats des neuen Rechtsträgers im Amt bleiben (§ 203 S. 1 UmwG; → Rn. 169 ff.). In diesem Fall gilt die alte Vergütungsregelung fort, solange sie nicht nach den für den neuen Rechtsträger geltenden Vorschriften geändert wird.

104 Der Abschluss eines **Gewinnabführungsvertrags** (§ 291 Abs. 1) ist ohne Einfluss auf eine den Aufsichtsratsmitgliedern zustehende gewinnabhängige Vergütung. Besteht diese aus einem Anteil am Jahresgewinn, ist für ihre Berechnung der Betrag maßgebend, der ohne die Gewinnabführung als Bilanzgewinn entstanden wäre. Der effektive „Jahresüberschuss" erhöht oder vermindert sich um einen noch bestehenden Gewinn- oder Verlustvortrag sowie um Einstellungen in offene Rücklagen. Bei Entnahmen aus freien Rücklagen kommt es darauf an, wann sie gebildet worden sind.¹⁷³ Zweckmäßig wird für die Zeit nach Inkrafttreten des Gewinnabführungsvertrags eine nicht vom Ergebnis abhängige Tantieme festgelegt.

---

¹⁶⁶ *Wettich* NZG 2009, 852 (853).
¹⁶⁷ RGZ 81, 332; RAG JW 1935, 85; Großkomm AktG/*Hopt/Roth* Rn. 73; Kölner Komm AktG/*Mertens/Cahn* Rn. 39; MüKoAktG/*Habersack* § 103 Rn. 57; *Baumbach/Hueck* Rn. 3; *v. Godin/Wilhelmi* Anm. 3, *Ritter* AktG 1937 § 87 Anm. 3e.
¹⁶⁸ MüKoAktG/*Habersack* § 103 Rn. 57.
¹⁶⁹ § 276a InsO; dazu Karsten Schmidt/*Undritz* Insolvenzordnung § 276a Rn. 2, ferner MüKoAktG/*Habersack* § 103 Rn. 57.
¹⁷⁰ Kölner Komm AktG/*Mertens/Cahn* Rn. 40; Großkomm AktG/*Hopt/Roth* Rn. 74.
¹⁷¹ Kölner Komm AktG/*Mertens/Cahn* Rn. 40; Großkomm AktG/*Hopt/Roth* Rn. 75.
¹⁷² So auch MHdB AG/*Hoffmann-Becking* § 33 Rn. 31.
¹⁷³ Vgl. § 301 S. 2. Kölner Komm AktG/*Mertens/Cahn* Rn. 41.

9. Rechtsfolgen eines Verstoßes gegen die Norm. Die **Umgehung** der gesetzlichen 105 Vergütungsregelung führt die **Unzulässigkeit der geleisteten Zahlung** herbei. Die gesetzliche Regelung kann nicht dadurch umgangen werden, dass die Zahlung der Vergütung durch ein abhängiges Unternehmen erfolgt.[174]

Erfolgt die **Zahlung** an das Aufsichtsratsmitglied **ohne Rechtsgrund** (Satzungsregelung 106 oder Hauptversammlungsbeschluss), bestimmt sich die Rückgewähr der Zahlungen nach Bereicherungsrecht.[175] Darüber hinaus haften die Mitglieder des Vorstands und des Aufsichtsrats für jeden Schaden, der der Gesellschaft durch die unzulässig erfolgte Zahlung entstanden ist (§§ 93 Abs. 3 Nr. 7, 116).

Für den **Rückgewähranspruch der Gesellschaft** ist es unerheblich, in welcher Form 107 und unter welcher Bezeichnung die (unzulässige) Aufsichtsratsvergütung geleistet wurde. Werden die Leistungen etwa als Auslagenersatz (zB Sitzungsgelder) gewährt und wurden keine entsprechenden Auslagen getätigt, bleibt das Bestehen des gesetzlichen Rückgewähranspruchs von der bloßen Bezeichnung unberührt. Vergütungsleistungen, die teilweise begründet, teilweise aber unbegründet sind, müssen von dem Aufsichtsratsmitglied anteilig zurückgeführt werden.

IV. Die Erstattung von Auslagen

1. Allgemeines. Von der Gewährung einer Aufsichtsratsvergütung ist der Ersatz von 108 Auslagen zu unterscheiden. Dieser kann dem Aufsichtsratsmitglied auch ohne satzungsmäßige Regelung oder Bewilligung durch die Hauptversammlung eingeräumt werden. Rechtsgrundlage dieser Ansprüche sind die Auftragsbestimmungen des bürgerlichen Rechts (§§ 670, 675 BGB). Hiernach kann das einzelne Aufsichtsratsmitglied die Erstattung der **angemessenen Aufwendungen** verlangen, wenn es diese „den Umständen nach für erforderlich halten durfte" (vgl. § 670 BGB). Die Angemessenheit der Aufwendungen lässt sich nicht allgemein beurteilen, richtet sich jedoch regelmäßig nach der Praxis des Unternehmens bei der Abrechnung unternehmensbezogener Aufwendungen sowie den Gepflogenheiten des einzelnen Aufsichtsratsmitglieds.

2. Anspruchsbegründende Tätigkeiten. Auslagen des Aufsichtsratsmitglieds sind dann 109 erstattungsfähig, wenn die Aufwendungen, die **Teil der Wahrnehmung des Aufsichtsratsmandats** sind, im **Zusammenhang mit seiner Tätigkeit erforderlich** sind. Hier lassen sich unterschiedliche erstattungsfähige Tätigkeiten identifizieren:

a) **Vorbesprechung der Aufsichtsratsmitglieder.** Vorbesprechungen zwischen den 110 Vertretern der Anteilseigner oder der Arbeitnehmervertreter des Aufsichtsrats sind in vielen Unternehmen **üblich und erforderlich.** Die Teilnahme ist insoweit Bestandteil der Amtsführung des Aufsichtsratsmitglieds. Teilweise sind auch Besprechungen von Aufsichtsratsmitgliedern untereinander oder mit dem Vorsitzenden bzw. dessen Stellvertreter notwendig. Über solche Zusammenkünfte sollten der Aufsichtsratsvorsitzende oder dessen Stellvertreter, sofern deren Teilnahme nicht vorgesehen ist, vorab informiert werden, um Missdeutungen zu vermeiden.

b) **Teilnahme an Sitzungen.** Im Rahmen der Aufsichtsratstätigkeit, etwa zur Teilnahme 111 an **Aufsichtsratssitzungen, Ausschüssen oder der Hauptversammlung,** die außerhalb des Wohnorts des Aufsichtsratsmitglieds stattfinden, muss dieses Anfahrtswege auf sich nehmen. Darüber hinaus hat das Aufsichtsratsmitglied nach pflichtgemäßem Ermessen über die Erforderlichkeit von Geschäftsreisen zu entscheiden, an denen teilzunehmen es nicht gesetzlich verpflichtet ist.[176] Dies gilt insbesondere für die Teilnahme an **Ausschusssitzungen,** wenn das Aufsichtsratsmitglied dem betreffenden Ausschuss nicht angehört. In diesem

---

[174] → Rn. 10; *Wagner* in Semler/v. Schenck AR-HdB § 11 Rn. 10.
[175] § 812 Abs. 1 S. 1 Alt. 1 BGB; da ein Gesetzesverstoß vorliegt, kann sich der Zahlungsempfänger nicht auf die Einrede der Entreicherung berufen (§ 819 Abs. 2 BGB).
[176] *J. Semler,* FS Claussen, 1997, 381 (384).

Fall sollte sich das Aufsichtsratsmitglied vergewissern, dass der Aufsichtsratsvorsitzende einer Teilnahme nicht widerspricht (§ 109 Abs. 2). In Einzelfällen kann eine vorzeitige Anreise des Aufsichtsratsmitglieds erforderlich sein, weil nur hierdurch ein pünktliches Erscheinen gewährleistet wird oder weil eine Vorbesprechung eingeplant werden muss.

112   c) **Tätigkeiten zwischen den Sitzungen.** Das Aufsichtsratsmitglied hat zwischen den Aufsichtsratssitzungen die ihm zugehenden **Berichte** und **Vorlagen** kritisch zu lesen. Hierzu gehören insbesondere Berichte des Vorstands und der Abschlussprüfer sowie Unterlagen über die Branche und die Stellung von Wettbewerbsunternehmen. Ggf. sind in diesem Zusammenhang Stellungnahmen auszuarbeiten und anderen Mitgliedern des Aufsichtsrats bzw. zumindest dem Aufsichtsratsvorsitzenden zu übermitteln. In diesem Zusammenhang entstehen regelmäßig erstattungsfähige Telefon- und Korrespondenzkosten.

113   d) **Einarbeitungs-, Informationsaufwand und Repräsentation.** Zu einer wirkungsvollen Ausübung der Überwachungstätigkeit gehört auch das **Einsichts- und Prüfungsrecht** des Aufsichtsrats (vgl. § 111 Abs. 2) im Hinblick auf Unterlagen und zum Besitz der Gesellschaft gehörende Vermögensobjekte, wie etwa Fabrikationsanlagen und sonstige Betriebsstätten (→ § 111 Rn. 382 ff.). Mit Zustimmung des Aufsichtsratsvorsitzenden können hierfür erforderliche Reisen vorgenommen werden. Das Einverständnis des Vorstands ist notwendig. Widerspricht der Vorstand einer solchen Maßnahme oder stimmt der Aufsichtsratsvorsitzende ihr nicht zu, muss der Aufsichtsrat eine entsprechende örtliche Information beschließen, um die erforderliche Rechtsgrundlage für die Reise und damit den Erstattungsanspruch zu schaffen.[177]

114   Im Einzelfall kann es für ein Aufsichtsratsmitglied erforderlich sein, **Repräsentationsaufgaben** für das Unternehmen wahrzunehmen. Dies ist insbesondere dann der Fall, wenn der Vorstand zur Wahrnehmung dieser Aufgabe – etwa aus Zeitgründen – nicht in der Lage ist und das Unternehmen durch einen namhaften Repräsentanten vertreten werden soll. Voraussetzungen für die spätere Kostenerstattung sind in diesem Fall der Wunsch des Vorstands und die Zustimmung des Aufsichtsratsvorsitzenden.[178]

115   e) **Nachbereitung der Sitzungen.** Die Durchsicht der Sitzungsniederschrift und die Auswertung eigener Notizen können zu Nacharbeiten führen, die mit weiteren **Sachaufwendungen** wie Ferngesprächen und Korrespondenz verbunden sind. Hierdurch entstehende Kosten sind ebenfalls als Sachauslagen zu qualifizieren.

116   f) **Anspruchsbegründende Tätigkeiten des Aufsichtsratsvorsitzenden.** Der Sache nach kommen für den Aufsichtsratsvorsitzenden die gleichen anspruchsbegründenden Tätigkeiten in Betracht wie für die übrigen Aufsichtsratsmitglieder. Die Notwendigkeit zu Zusammenkünften mit anderen Aufsichtsratsmitgliedern und dem Vorstand wird sich für den Aufsichtsratsvorsitzenden jedoch sehr viel häufiger ergeben als für die übrigen Aufsichtsratsmitglieder. Für den Aufsichtsratsvorsitzenden können sich besondere **Repräsentationserfordernisse** ergeben, die zu Aufwendungs- und Erstattungsansprüchen führen können. Weitere Kosten kommen durch die aufgabenspezifische **Einrichtung und Aufrechterhaltung von Bürokapazitäten** in Betracht. Der Aufsichtsratsvorsitzende ist nicht verpflichtet, die auf die Aufsichtsratstätigkeit entfallenden Personal- und Sachkosten selbst zu tragen. Sie sind von der Gesellschaft entweder gegen Einzelnachweis oder mit angemessenen Pauschalabfindungen zu tragen.[179]

117   g) **Sonstige Tätigkeiten.** Verschiedene Tätigkeiten und damit verbundene Aufwendungen, die einer sorgfältigen Amtsführung förderlich sind, gehören nicht zu den erstattungsfähigen Aufwendungen des Aufsichtsratsmitglieds. Hierzu gehören grundsätzlich die Teilnahme an **Fortbildungskursen** und **unternehmerischen Informationsveranstaltun-**

---

[177] *Wagner* in Semler/v. Schenck AR-HdB § 11 Rn. 67.
[178] *Wagner* in Semler/v. Schenck AR-HdB § 11 Rn. 68; *J. Semler,* FS Claussen, 1997, 381 (386).
[179] *Wagner* in Semler/v. Schenck AR-HdB § 11 Rn. 81; *J. Semler,* FS Claussen, 1997, 381 (393 ff.).

gen sowie die **Anschaffung von Fachliteratur.**[180] Dies gilt sowohl für Arbeitnehmer- als auch für Anteilseignervertreter. Das einzelne Aufsichtsratsmitglied muss insoweit die für die Wahrung seiner Aufgaben erforderlichen Kenntnisse und Fähigkeiten mitbringen und im Zweifelsfall die Kosten für ihre Erlangung selbst tragen.

3. Erstattungsfähige und nicht erstattungsfähige Kosten. Hinsichtlich der Kosten, 118 die dem Aufsichtsratsmitglied im Zusammenhang mit der Ausübung des Aufsichtsratsmandats entstehen, ist zwischen erstattungsfähigen und nicht erstattungsfähigen Kosten zu unterscheiden. Erstattungsfähig sind nur solche Kosten, die dem beaufsichtigten Unternehmen unmittelbar durch die Aufsichtstätigkeit entstehen. Nicht erstattungsfähig sind demgegenüber solche Kosten, die sich nicht unmittelbar auf das Unternehmen beziehen.

a) Kosten aus laufender Tätigkeit des Aufsichtsratsmitglieds. Für das Aufsichtsrats- 119 mitglied sind zunächst die Kosten zu erstatten, die aus der laufenden Verbindung zwischen dem Aufsichtsratsmitglied, anderen Aufsichtsratsmitgliedern und der Gesellschaft entstehen. Dabei geht es in erster Linie um Fernsprech- und Korrespondenzkosten. Kosten für ein Arbeitszimmer, eine Schreibkraft oder Sekretärin, einen Assistenten oder sonstige Hilfskräfte, die für die Amtsausübung förderlich sind, sind **nicht unmittelbar unternehmensbezogen** und daher grundsätzlich nicht erstattungsfähig. Ausnahmen hierzu sind im Einzelfall dort anzunehmen, wo ein Aufsichtsratsmitglied eine umfassende Stellungnahme etwa zu einer Vorstandsvorlage oder einem Tagesordnungspunkt einer anstehenden Sitzung zu erarbeiten hat und diese dem Aufsichtsratsvorsitzenden, dem Gesamtaufsichtsrat oder dem Vorstand vorzulegen ist.

b) Reisekosten. Reisekosten sind **grundsätzlich in vollem Umfang erstattungs-** 120 **fähig,** wenn die Reise zur Wahrnehmung der Aufgaben des Aufsichtsratsmitglieds erforderlich war. Für die Höhe der erstattungsfähigen Kosten lassen sich keine allgemeinen Grundsätze aufstellen. Im Regelfall wird jedoch der Kostenansatz der steuerlichen Richtlinien für die Erstattung von Reisekosten (§ 9 Abs. 1 S. 3 Nr. 5 iVm § 4 Abs. 5 S. 1 Nr. 5 EStG) zu sachgerechten Ergebnissen führen.[181] Im Einzelfall können hierbei auch höhere oder niedrigere Kosten erstattungsfähig sein. Nicht erstattungsfähig sind demgegenüber Kosten für die allgemeine Lebensführung des Aufsichtsratsmitglieds, auch wenn sie während einer Dienstreise anfallen.

Dient die Reise dem **Interesse mehrerer Auftraggeber,** hat das Aufsichtsratsmitglied 121 die Kosten für die einzelnen Auftraggeber anteilig abzurechnen.

Im Einzelnen gilt für die Abrechnung von Reisekosten folgendes: 122

– Die Erstattung von **Beförderungskosten** hängt von der Übung des Reisenden, aber auch von der Übung der Gesellschaft ab. Vorbehaltlich vom Aufsichtsrat selbst festgesetzter Erstattungsregeln mag das Folgende gelten: Bei Bahnfahrten wird regelmäßig eine Fahrkarte 1. Klasse erstattungsfähig sein. Bei (kaum noch vorkommenden) Nachtfahrten ist die Inanspruchnahme eines Schlafwagens zu erstatten. Bei Flugreisen hängt es regelmäßig von der Übung der einzelnen Gesellschaft und deren Vorstandsmitgliedern ab, welche Reiseklasse zu erstatten ist. Insoweit ist für Vorstands- und Aufsichtsratsmitglieder ein einheitlicher Maßstab anzusetzen. Die Kosten der Benutzung eines Taxis oder sonstiger Nahverkehrsmittel sind zu erstatten. Bei Nutzung des eigenen PKW kann das Aufsichtsratsmitglied das steuerlich zulässige Kilometergeld oder bei Nachweis entsprechend höhere Kosten der Nutzung veranschlagen. Dies gilt regelmäßig auch für die Inanspruchnahme eines eigenen Fahrers, sofern dies sachgerecht erscheint. Im Einzelfall kann die Benutzung eines Leihwagens angemessen sein.

---

[180] Vgl. hierzu Kölner Komm AktG/*Mertens/Cahn* Rn. 10; *Hoffmann/Preu* Der Aufsichtsrat Rn. 448 f.; aA Köstler/Zachert/Müller Rn. 750; → Rn. 130 ff.

[181] Als Bemessungsgrundlage für die Höhe von Auslagen ist hierbei weder das Rechtsanwaltsvergütungsgesetz noch das Bundesreisekostengesetz anwendbar.

- Angefallene **Übernachtungskosten** sind bei Nutzung eines Hotels mit angemessener räumlicher Ausstattung zu erstatten. Die Nutzung einer Hotelsuite wird nur abgerechnet werden können, wenn der zusätzliche Raum für Besprechungen notwendig war.
- **Aufenthalts- und Nebenkosten** wie vom Unternehmen nicht bereitgestellte Mahlzeiten, Trinkgelder etc. sind vom Unternehmen ebenfalls zu erstatten. Hierbei werden regelmäßig die steuerlichen Pauschalbeträge anzusetzen sein.

123 c) **Dolmetscher- und Übersetzungskosten.** Bei Aufsichtsratsmitgliedern, die die deutsche Sprache nicht ausreichend beherrschen, ist die Übersetzung von Vorlagen und Berichten des Vorstands erforderlich; Gleiches gilt, wenn im Aufsichtsrat zB die englische Sprache verwendet wird und ein Aufsichtsratsmitglied diese nicht ausreichend gut beherrscht. Die Kosten der Übersetzung aller Dokumente wie auch die Kosten für Simultanübersetzungen während der Verhandlungen des Aufsichtsrats hat die **Gesellschaft zu tragen.**

124 d) **Einkommenseinbußen und Ertragsausfall.** Ob Einkommens- oder Ertragseinbußen, die dem Aufsichtsratsmitglied infolge der Mandatsausübung entstehen, erstattungsfähig sind, ist umstritten,[182] wobei meist nur der Lohnausfall der Arbeitnehmervertreter gemeint ist.[183] Für eine Erstattungsfähigkeit wird das mitbestimmungsrechtliche **Benachteiligungsverbot** ins Feld geführt, das nicht nur das Arbeitsverhältnis, sondern auch das resultierende Einkommen schütze.[184] Diese Meinung verkennt zweierlei: Erstens wird für eine Aufsichtsratstätigkeit in einem mitbestimmten Unternehmen regelmäßig eine Vergütung gezahlt, die auch einen Ausgleich für entgangenen Verdienst darstellt; wenn ein Arbeitnehmervertreter den Großteil der erhaltenen Vergütung freiwillig an die Hans-Böckler-Stiftung abführt, bedeutet dies keine Benachteiligung durch das Unternehmen, in dessen Aufsichtsrat es gewählt ist. Allenfalls könnte eine Benachteiligung insoweit vorliegen, wie das Unternehmen, in dem der Arbeitnehmervertreter beschäftigt ist, ihm den Lohn kürzt und die Kürzung durch die Aufsichtsratsvergütung (vor Abführung eines Teilbetrags an die Hans-Böckler-Stiftung) nicht kompensiert wird; in diesem Umfange hat dann eine Kürzung zu unterbleiben.[185] Zweitens handelt es sich bei einer Lohnkürzung oder einem Verdienstausfall nicht um eine Auslage des Aufsichtsratsmitglieds. Ob aus dem entsprechenden Dienstverhältnis eine Fortzahlung der Bezüge verlangt werden kann, ist lediglich eine Frage des Arbeitsvertrags zwischen der betreffenden Gesellschaft und dem Arbeitnehmer und keine Frage der Auslagenerstattung.[186] Richtiger Ansicht nach sind Lohn- und Einkommensausfälle somit **nicht erstattungsfähig.**[187]

125 e) **Aufgewandte Prozesskosten.** Im Hinblick auf die dem Aufsichtsratsmitglied entstehenden Kosten ist zwischen Kosten gegenüber Dritten (Außenverhältnis) und den Kosten gegenüber der Gesellschaft (Innenverhältnis) zu unterscheiden.

126 Im **Außenverhältnis** hat das Aufsichtsratsmitglied bei der Entstehung von Prozesskosten für die Gesellschaft in Vorlage zu treten.[188]

---

[182] Für eine Erstattungsfähigkeit Großkomm AktG/*Hopt/Roth* Rn. 19 und 127 ff.; MüKoAktG/*Habersack* Rn. 23.
[183] So ausdrücklich Großkomm AktG/*Hopt/Roth* Rn. 19 und 127 ff., die nur Lohnausfälle von Arbeitnehmervertretern für erstattungsfähig halten, nicht Einkommensausfälle von Anteilseignervertretern. Kölner Komm AktG/*Mertens/Cahn* Rn. 12; *Hoffmann/Preu* Der Aufsichtsrat Rn. 447; halten eine Lohnfortzahlung bei Sitzungsteilnahme, Hin- und Rückreise und erforderlichen Vorbesprechungen allgemein für gerechtfertigt, da auch die Angestelltenvertreter in dieser Hinsicht keine Gehaltseinbuße erlitten; dies ist aber etwas anderes als ein Ersatz des Einkommensausfalls, denn es muss sich in Konzernen bei dem Unternehmen, in dessen Aufsichtsrats das Aufsichtsratsmitglied sitzt, nicht um dasselbe handeln, bei dem der Arbeitnehmer beschäftigt ist.
[184] Großkomm AktG/*Hopt/Roth* Rn. 127 ff., 129.
[185] MüKoAktG/*Habersack* Rn. 23.
[186] Spindler/Stilz/*Spindler* Rn. 11.
[187] *Wagner* in Semler/v. Schenck AR-HdB § 11 Rn. 77; Spindler/Stilz/*Spindler* Rn. 11; MüKoAktG/*Habersack* Rn. 23; Hölters/*Hambloch-Gesinn/Gesinn* Rn. 24.
[188] *Wagner* in Semler/v. Schenck AR-HdB § 11Rn 78; *J. Semler*, FS Claussen 1997, 381 (390); vgl. zum Konflikt zwischen Organen oder Organmitgliedern *Lutter*, Information und Vertraulichkeit, S. 70 f.

Das AktG sieht in einzelnen Bestimmungen eine Einzelklagebefugnis des Aufsichtsrats- **127** mitglieds vor (§ 245 Nr. 5 iVm. §§ 243, 250, 254, 255, 257). Es klagt dann im eigenen Namen, so dass kein Fall der **Prozessstandschaft** vorliegt. Das Gesetz gewährt den einzelnen Aufsichtsratsmitgliedern auch eigenständige Antragsbefugnisse (§§ 85 Abs. 1, 98 Abs. 2 Nr. 2, 104 Abs. 1 S. 1). Wenn das Aufsichtsratsmitglied in dem von ihm angestrengten Klageverfahren obsiegt, entstehen ihm keine Kosten. Nicht erstattungsfähig sind die Kosten der Beteiligten eines Antragsverfahrens (§ 99 Abs. 6 S. 9), die den verlierenden Prozessparteien auferlegt werden.

Hiervon zu unterscheiden ist das **Innenverhältnis** zwischen der Gesellschaft und dem **128** einzelnen Aufsichtsratsmitglied. Hier gelten die allgemeinen Erstattungsregelungen des BGB (§§ 670, 675 BGB). Folglich kommt ein Erstattungsanspruch des Aufsichtsratsmitglieds dann in Betracht, wenn es mit einem Erfolg der Klage rechnen konnte. Weiterhin muss die Rechtsverfolgung im Interesse der Gesellschaft erfolgt sein. Dies ist regelmäßig auch dann zu bejahen, wenn das Aufsichtsratsmitglied ein eigenes Interesse an der Rechtsverfolgung hatte. Die Eigennützigkeit der Rechtsverfolgung schließt nicht aus, dass die gerichtliche Klärung gleichzeitig auch im Unternehmensinteresse liegt. Es gehört zu den unbestreitbaren Interessen jeder Gesellschaft, in Einklang mit Recht und Gesetz zu leben und keine Tatbestände zu verwirklichen, die die Mitglieder ihres Aufsichtsrats schadensersatzpflichtig machen.[189]

f) Gesetzwidrige Zahlungen. Aus gesetzeswidrigen Zahlungen erwachsen dem Auf- **129** sichtsratsmitglied keine Erstattungsansprüche. Dies gilt auch dann, wenn das Aufsichtsratsmitglied die Leistung im Interesse der Gesellschaft erbracht hat.

g) Kostenerstattung für Literatur und Fortbildungsveranstaltungen. Das Auf- **130** sichtsratsmitglied kann von der Gesellschaft Auslagen für die Anschaffung von Literatur sowie für die Teilnahme an Fortbildungsveranstaltungen oder Lehrgängen **grundsätzlich nicht erstattet** verlangen.[190] Aufsichtsratsmitglieder werden in der Regel gerade auf Grund ihrer besonderen Qualifikation als Interessenvertreter der Anteilseigner und Arbeitnehmer gewählt. Sie müssen grundsätzlich zum Zeitpunkt der Übernahme des Aufsichtsratsmandats diejenigen Mindestkenntnisse und Mindestfähigkeiten besitzen, die erforderlich sind, um die im normalen Geschäftsverlauf anfallenden Vorgänge ohne fremde Hilfe verstehen und sachgerecht beurteilen zu können. Dies gilt für Aufsichtsratsmitglieder der Anteilseigner und der Arbeitnehmer in gleichem Maße.[191] Gleichwohl erscheint es **angemessen,** dass die Gesellschaft ihrerseits den Aufsichtsratsmitgliedern im Zusammenhang mit ihrem **Amtsantritt Schulungen und Fortbildungsveranstaltungen** anbietet; dies liegt angesichts der ständig steigenden Anforderungen an die Qualifikation der Aufsichtsratsmitglieder auch im Interesse des Unternehmens. Solche Schulungs- und Fortbildungsveranstaltungen können im Unternehmen durch eigene oder externe Fachleute erfolgen, es kann das Unternehmen den Aufsichtsratsmitgliedern aber auch den Besuch externer Veranstaltungen anbieten, wenn nur so die erforderlichen Kenntnisse vermittelt werden können. Gleiches muss gelten für **Fortbildungsveranstaltungen zu Gesetzesänderungen** und den hieraus folgenden Konsequenzen für die Wahrnehmung der Aufsichtsratstätigkeit, oder für Fortbildungsveranstaltungen zur Umstellung oder Modifikation von Rechnungslegungsstandards. Davon abgesehen hat ein Aufsichtsratsmitglied die Kosten einer Aus- oder Weiterbildung seiner Amtszeit grundsätzlich selbst zu tragen.

---

[189] *Dänzer-Vanotti* BB 1985, 1632 ff.
[190] Kölner Komm AktG/*Mertens/Cahn* Rn. 12; MüKoAktG/*Habersack* Rn. 24; Hüffer/*Koch* Rn. 2e; MHdB AG/*Hoffmann/Becking* § 33 Rn. 13; Ulmer/Habersack/Henssler/*Ulmer*/Henssler MitbestG § 26 Rn. 7; *Fitting* MitbestG § 26 Rn. 11; *J. Semler*, FS Claussen, 1997, 381 (386); *Hommelhoff* ZGR 1983, 552 ff.; aA GK-MitbestG/*Naendrup* § 26 Anm. 18; *Säcker* NJW 1979 1521 (1526); differenzierend Leyendecker-*Langner/Huthmacher* NZG 2012, 1415 ff.; → Rn. 117.
[191] BGHZ 85, 293 (295 f.) = BGH NJW 1983, 991 – Hertie, MüKoAktG/*Habersack* § 100 Rn. 9; *Hommelhoff* ZGR 1983, 552 ff.; *Hoffmann/Preu* Der Aufsichtsrat Rn. 449; aA *Köstler/Zachert/Müller* Rn. 750.

131 Eine **Ausnahme** von der bereits zu Beginn der Aufsichtsratstätigkeit vorausgesetzten Qualifikation gilt bei Unternehmen, die gemäß **KWG und VAG** der Aufsicht der **BaFin** unterliegen: Seit das Finanzmarktstärkungsgesetz[192] die – für Mitglieder der Geschäftsleitung solcher Unternehmen immer schon geltende – Eignungsprüfung auch auf Mitglieder von deren Verwaltungs- und Aufsichtsorganen erstreckt hat und angenommen wurde, dass viele bereits aktive oder potentielle Mitglieder der Verwaltungs- oder Aufsichtsräte die Qualifikationsanforderungen nicht erfüllen könnten, hat die BaFin ihre Verwaltungspraxis dahin präzisiert, dass sie es neu bestellten Mitgliedern der Verwaltungs- und Aufsichtsorgane ermöglicht, die erforderliche Qualifikation durch eine Fortbildung innerhalb von sechs Monaten nach Beginn ihrer Tätigkeit zu erwerben.[193]

132 Zudem ist nunmehr auch im **KWG** festgeschrieben, dass „Institute, Finanzholding-Gesellschaften und gemischte Finanzholding-Gesellschaften angemessene personelle und finanzielle Ressourcen einsetzen (müssen), um den Mitgliedern des Verwaltungs- oder Aufsichtsorgans die **Einführung in ihr Amt zu erleichtern und die Fortbildung zu ermöglichen,** die zur Aufrechterhaltung der erforderlichen Sachkunde notwendig ist" (§ 25d Abs. 4 KWG). Damit ermöglicht diese spezialgesetzliche Regelung es den davon betroffenen Unternehmen, ohne eine entsprechende Satzungsregelung den Mitgliedern ihres Aufsichtsrats Aus- und Fortbildungskosten zu erstatten.

133 Die nunmehr vom **Kodex** empfohlene „**angemessene Unterstützung**" der Aufsichtsratsmitglieder bei der Wahrnehmung der für ihre Tätigkeit erforderlichen Aus- und Fortbildungsmaßnahmen (Ziff. 5.4.5 Abs. 2 S. 2 DCGK) kann schon auf Grund der mangelnden rechtlichen Verbindlichkeit des Kodex an der vorstehend beschriebenen Rechtslage nichts ändern; die Förderung von Aus- und Fortbildungsmaßnahmen bedeutet nicht, dass ein dieser Empfehlung des Kodex entsprechendes Unternehmen nunmehr verpflichtet wäre, von den Aufsichtsratsmitgliedern belegte entsprechende Kurse zu finanzieren. Vielmehr ist die Empfehlung so zu verstehen, dass das Unternehmen solche Veranstaltungen für seine Aufsichtsratsmitgliedern **intern organisieren** soll; nur wenn sich dies aus praktischen oder Kostengründen nicht anbietet, kommt in Frage, dass das Unternehmen seinen Aufsichtsratsmitgliedern die Teilnahme an kommerziell angebotenen Kursen empfiehlt und die Kosten hierfür übernimmt, ohne dass diese damit eine Aufsichtsratsvergütung darstellten.[194] Allerdings ist es auch möglich, einen entsprechenden Hauptversammlungsbeschluss herbeizuführen oder durch eine **Regelung in der Satzung** vorzusehen, dass das Unternehmen in angemessenem Umfang für die Kosten der Aus- und Fortbildung seiner Aufsichtsratsmitglieder aufkommt; damit entfällt dann auch das Risiko, dass etwa eine großzügige Übernahme solcher Kosten als verdeckte Zahlung einer Vergütung angesehen werden könnte.[195]

134 **h) Kosten für die Inanspruchnahme von Sachverständigen.** Eine Kostenerstattung für die Inanspruchnahme von Sachverständigen zur Unterstützung der von dem Aufsichtsratsmitglied geschuldeten Überwachungs- und Beratungstätigkeit ist aus ähnlichen Erwägungen wie die Erstattung von Auslagen bei dem Besuch von Schulungsveranstaltungen (→ Rn. 130 ff.) **regelmäßig ausgeschlossen.** Das Aufsichtsratsmitglied muss diejenigen Mindestkenntnisse und -fähigkeiten besitzen, die erforderlich sind, um die normalerweise anfallenden Geschäftsvorgänge auch ohne fremde Hilfe verstehen und sachgerecht beur-

---

[192] Gesetz zur Stärkung der Finanzmarkt- und der Versicherungsaufsicht vom 29.7.2009, BGBl. 2009 I S. 2305.
[193] BaFin-Merkblatt zur Kontrolle der Mitglieder von Verwaltungs- und Aufsichtsorganen gemäß KWG und VAG vom 3. Dezember 2012, BA 53-FR 1903–2012/0003, Abschnitt I.1.c).
[194] Kölner Komm AktG/*Mertens/Cahn* Rn. 12; MüKoAktG/*Habersack* Rn. 24.
[195] *Bosse/Malchow* NZG 2010, 972 (974). Dagegen entbehrte bei Fehlen einer solchen Satzungsregelung ein Beschluss des Aufsichtsrats, generell Aus- und Fortbildungskosten des Aufsichtsrats zu Lasten des Unternehmens gehen zu lassen, der rechtlichen Grundlage, Kölner Komm AktG/*Mertens/Cahn* Rn. 12; aA Großkomm AktG/*Hopt/Roth* Rn. 20; *Ringleb/Kremer/Lutter/v. Werder* NZG 2010, 1161 (1166).

teilen zu können.¹⁹⁶ Es kann seine Aufgaben nicht durch Dritte wahrnehmen lassen (§ 111 Abs. 5).

Nur unter engen Voraussetzungen und beschränkt auf konkrete Einzelfälle kann die **135** Erstattung von durch die Hinzuziehung eines Sachverständigen entstandenen Kosten gerechtfertigt sein.¹⁹⁷ Das Gesetz sieht die Möglichkeit der **Hinzuziehung eines Sachverständigen** für bestimmte Einsichts- und Prüfungsaufträge des **Gesamtaufsichtsrats** ausdrücklich vor (§ 111 Abs. 2 S. 2, → Rn. 404 ff.). Dann müssen auch die Kosten erstattungsfähig sein.

Eine Kostenerstattung kann im Übrigen dann angezeigt sein, wenn die Erfüllung der **136** Aufgabe im Unternehmensinteresse erforderlich ist und nicht durch eine gesellschaftsinterne Aufklärung oder durch Befragung des Abschlussprüfers ersetzt werden kann. An die gesellschaftsinterne Aufklärung sind ebenfalls hohe Anforderungen zu stellen. Hierzu gehört nicht nur die Einbeziehung des Vorstands und des Aufsichtsratsvorsitzenden, sondern auch die Expertise der übrigen Aufsichtsratsmitglieder.¹⁹⁸ Reichen auch die Kenntnisse der übrigen Aufsichtsratsmitglieder zur Klärung der Sachfrage durch den Aufsichtsrat nicht aus, kommt die **Bestellung eines Sachverständigen in Betracht.** Die Beauftragung eines Sachverständigen durch ein einzelnes Aufsichtsratsmitglied ist unzulässig, da es die allgemein notwendigen Kenntnisse selbst haben muss.¹⁹⁹ Eine Kostenerstattung kommt nicht in Betracht.

Angesichts der ständig wachsenden Komplexität der Führung von Unternehmen ist es **137** auch als zulässig anzusehen, das der Aufsichtsrat in Situationen, die eine besondere Expertise erfordern, wie etwa großen Investitionsprojekten, beim Auftreten massiver Probleme in einem bestimmten Tätigkeitsbereich oder in einer Krise des Unternehmens, **fachlichen externen Rat einholt,** der unabhängig ist von der internen oder externen Beratung des Vorstands. Hierbei kann es sich um eine rechtliche, steuerliche oder finanzielle Beratung handeln, aber auch z. B. um einen IT-Experten bei der geplanten Einführung eines neuen IT-Systems. Die hierdurch verursachten Kosten sind vom Unternehmen zu tragen.

i) **Kosten beim Aufsichtsratsvorsitzenden.** Dem Aufsichtsratsvorsitzenden entstehen **138** regelmäßig **höhere Kosten als den übrigen Aufsichtsratsmitgliedern.** Diese werden namentlich durch die kontinuierliche Verbindung zum Vorstand und seinen Mitgliedern, Besprechungen mit anderen Aufsichtsratsmitgliedern oder Dritten und durch den Besuch von Betriebsstätten des Unternehmens begründet. Für die Kostenerstattung dieser Auslagen durch das Unternehmen ergeben sich hierbei gegenüber der Erstattung an die übrigen Aufsichtsratsmitgliedern keine Besonderheiten.

Dies gilt grundsätzlich auch für Kosten, die dem Aufsichtsratsvorsitzenden für die **Re- 139 präsentation** des Unternehmens nach außen entstehen. Zwar gehört die **Repräsentation** nicht zu den originären Aufgaben des Aufsichtsratsvorsitzenden, gleichwohl ist es hier gelegentlich erforderlich, für das Unternehmen öffentlich aufzutreten. Dies gilt insbesondere für Tendenz- und Großunternehmen.²⁰⁰

4. Entscheidungskompetenz über die Erstattung von Auslagen. Streitigkeiten über **140** die Erstattung von Auslagen sind wegen der ausschließlichen Geschäftsführungszuständigkeit des Vorstands für diesen Bereich zwischen dem einzelnen **Aufsichtsratsmitglied und** dem **Vorstand** zu lösen.

Macht das Aufsichtsratsmitglied Auslagenersatz gegenüber der Gesellschaft geltend, ergibt **141** sich bei gerechtfertigten Ansprüchen eine **Zahlungsverpflichtung der Gesellschaft.**

---

¹⁹⁶ BGHZ 85, 293 (295 f.) = NJW 1983, 991 f. – Hertie; *Hoffmann/Preu* Der Aufsichtsrat Rn. 450; *J. Semler,* FS Claussen, 1997, 381 (392).
¹⁹⁷ *Hoffmann/Preu* Der Aufsichtsrat Rn. 450. Weitergehend („immer dann …, wenn er dessen zur Erfüllung seiner Aufgaben bedarf") *Witte/Indenhuck* BB 2014, 2563, 2567 ff.
¹⁹⁸ *Hoffmann/Preu* Rn. 450.
¹⁹⁹ BGH Urt. v. 15.11.1982, BGHZ 85, 293 = NJW 1983, 991 – Hertie.
²⁰⁰ Vgl. hierzu im Einzelnen *J. Semler,* FS Claussen, 1997, 381 (393).

Interne Anweisungen über die Abwicklung von Auslagen der Aufsichtsratsmitglieder können **kein Zustimmungserfordernis** der Gesellschaft begründen. Zahlungen sind deswegen aber nicht ungeprüft zu leisten. Die Prüfungskompetenz hierüber liegt zunächst beim Aufsichtsrat, denn der Vorstand soll keine Möglichkeit haben, durch Vergütungsfragen auf den Aufsichtsrat einzuwirken. Wird aus dem unmittelbaren Kontakt zwischen dem Unternehmen, vertreten durch den Vorstand, und dem Erstattung begehrenden Aufsichtsratsmitglied keine Einigung erzielt, hat sich der Aufsichtsratsvorsitzende damit zu befassen. Bleibt auch dieser Weg erfolglos, hat der Aufsichtsrat im Plenum oder ggf. durch einen Ausschuss über die Verhältnismäßigkeit der Leistung zu entscheiden. Lehnt der Aufsichtsrat die Erstattung der Leistung ab, hat das Aufsichtsratsmitglied den Rechtsweg zu beschreiten.[201] Andernfalls hat die Gesellschaft zu zahlen und damit den Anspruch des Aufsichtsratsmitglieds zu erfüllen.

142 Es bleibt aber die **gesetzliche Haftungsandrohung** für den Vorstand zu beachten (§ 93 Abs. 3 Nr. 7). Sieht er die beantragte Auslagenerstattung als gesetzeswidrig an, darf er die Erstattung nicht ohne weitere Prüfung vornehmen. Hier ist wie folgt zu unterscheiden:
– Zweifelt der Vorstand den **Anlass der Zahlungen** an, muss er eine Stellungnahme des Aufsichtsrats einholen. Dieser trifft die endgültige Entscheidung. Die Entscheidung, ob die Handlungen des Aufsichtsratsmitglieds erforderlich waren, wird nicht durch den Vorstand, sondern durch den Aufsichtsrat getroffen.
– Geht es um den **Umfang des Erstattungsanspruchs,** verfügt der Vorstand auf Grund seiner Geschäftsführungszuständigkeit über die notwendige Entscheidungskompetenz. Lehnt er eine Zahlung ab, so muss das Aufsichtsratsmitglied den Rechtsweg beschreiten.

143 Die Gegenauffassung sieht eine ausschließliche Entscheidungszuständigkeit des Aufsichtsrats,[202] was insoweit zunächst einleuchtet, als eine Entscheidungskompetenz des Vorstands in die unabhängige Wahrnehmung der Aufgaben des Aufsichtsrats eingreift. Allerdings ist hierbei zu berücksichtigen, dass der **Vorstand** nach geltendem Recht das ausschließliche Recht zur Verfügung über die Kasse des Unternehmens hat; seiner Pflicht, nur rechtmäßige Zahlungen zu Lasten des Unternehmens vorzunehmen, muss ein Recht entsprechen, die Ordnungsmäßigkeit der Zahlung sowohl hinsichtlich des Anlasses, als auch der Höhe **in begrenztem Umfange zu prüfen:** Will sich zB ein Aufsichtsratsmitglied die Kosten einer Urlaubsreise aus der Kasse des Unternehmens erstatten lassen, so darf und muss der Vorstand dies ablehnen; dagegen darf er die Kostenerstattung für eine Reise zur Besichtigung einer Produktionsstätte des Unternehmens nicht ablehnen, selbst wenn er die Reise für überflüssig hält. Gleichermaßen darf und muss der Vorstand es zB in der Regel ablehnen, die Kosten eines gecharterten Flugzeugs für eine Strecke zu ersetzen, auf der es genügend Linienflüge gibt. Diese begrenzte Prüfungskompetenz des Vorstands gilt solange, wie dem Aufsichtsrat nicht im Rahmen seines Aufgabenkreises *de lege ferenda* eine eigene Verfügungsbefugnis über Konten der Gesellschaft gewährt wird.[203]

V. Festsetzung, Bewilligung der Vergütung (Abs. 1)

144 **1. Allgemeines.** Die Vergütung kann in der **Satzung** festgesetzt oder von der **Hauptversammlung** bewilligt werden (Abs. 1 S. 2). Die Festlegung der Vergütung ist **allein den Aktionären** vorbehalten. Die Vergütung kann nicht durch andere Organe, etwa den Vorstand oder den Aufsichtsrat selbst, angeordnet werden. Das Erfordernis der Bewilligung in der Satzung oder durch die Hauptversammlung gilt auch, wenn eine Vergütung an eine juristische Person geleistet wird, deren **gesetzlicher Vertreter** Aufsichtsratsmitglied der leistenden AG ist. Hierdurch soll der Missbrauchsgefahr vorgebeugt werden, die bestünde,

---

[201] Vgl. hierzu *Semler,* FS Claussen, 1997, 380 (401 ff.); *Wagner* in Semler/v. Schenck AR-HdB § 11 Rn. 85 ff.; Spindler/Stilz/*Spindler* Rn. 9; *Fonk* NZG 2009, 761 (765 f.).
[202] Großkomm AktG/*Hopt/Roth* Rn. 26; Kölner Komm AktG/*Mertens/Cahn* Rn. 13; MüKoAktG/*Habersack* Rn. 26; vgl. *Knoll/Zachert* AG 2011, 309 (312 f.).
[203] Vgl. insoweit *v. Schenck* in Semler/v. Schenck AR-HdB § 1 Rn. 305.

wenn das Aufsichtsratsmitglied Tätigkeiten, die zu seinem Aufgabenkreis gehören, durch eine juristische Person ausführen lässt, deren gesetzlicher Vertreter es ist, und diese dafür eine Vergütung erhalten würde.[204]

Die Möglichkeit der satzungsmäßigen Festsetzung der Vergütung gilt mit Ausnahme der Bestimmungen über die Vergütung der Mitglieder des **ersten Aufsichtsrats**.[205] Hier kann die Vergütung nicht bereits im Zuge der Gründung durch Satzungsregelung festgelegt werden. Es bedarf vielmehr eines eigenen Hauptversammlungsbeschlusses, der erst in der ersten Hauptversammlung, die über die Entlastung des ersten Aufsichtsrats entscheidet, gefasst werden darf (→ Rn. 170). **145**

Die Vorschrift bezieht sich ausschließlich auf die Vergütung für die **allgemeine Aufsichtsratstätigkeit,** nicht hingegen auf besondere Dienstleistungen von Aufsichtsratsmitgliedern außerhalb ihres Amtes (→ § 114 Rn. 22) oder etwa den Ersatz von Auslagen (→ Rn. 108 ff.). **146**

2. Festsetzung durch die Satzung (Abs. 1 S. 2 und 4). a) Inhalt der Satzungsregelung. Die Festsetzung der Aufsichtsratsvergütung durch die Satzung entspricht dem gesetzlichen Regelfall. Eine etwa jährliche Festsetzung durch die Hauptversammlung ist möglich, aber ungebräuchlich. Auf die obigen Ausführungen zu einer möglichen Gesamtvergütung (→ Rn. 85 f.) sei verwiesen. **147**

Die Aktionäre können in der **Hauptversammlung** auch über die Satzungsregelung **hinausgehende Vergütungsregelungen** zugunsten einzelner oder aller Aufsichtsratsmitglieder beschließen. Einer ausdrücklichen Regelung in der Satzung bedarf es dazu nicht.[206] Es existiert insoweit keine durch die Satzungsregelung entstandene Selbstbindung der Hauptversammlung; allerdings bedarf es hierfür einer satzungsändernden Mehrheit, während für Vergütungsbeschlüsse der Hauptversammlung bei fehlender Satzungsregelung die einfache Mehrheit genügt.[207] **148**

b) Bestimmbarkeit der Satzungsregelung. Der Umfang des Vergütungsanspruchs des Aufsichtsrats muss sich aus der Satzungsregelung **eindeutig** ableiten lassen. Es muss für jeden Dritten erkennbar sein, welche Beträge an den Gesamtaufsichtsrat gezahlt werden oder auf welcher Grundlage diese zu berechnen sind. Es reicht nicht aus, wenn lediglich bestimmt wird, dass der Aufsichtsrat eine Vergütung erhalten soll.[208] Durch das Erfordernis der Bestimmbarkeit[209] soll sichergestellt werden, dass die Zahlungen an den Aufsichtsrat nicht zu einer „Selbstbedienung" der einzelnen Aufsichtsratsmitglieder führen können. Andererseits soll hierdurch dem gesetzlichen Zweck, eine gewisse Transparenz der Aufsichtsratsvergütung herzustellen, Rechnung getragen werden.[210] **149**

c) Rechtlicher Charakter der Satzungsregelung. Bei der Regelung der Vergütung durch die Satzung handelt es sich nach richtiger Auffassung[211] um einen **materiellen** **150**

---

[204] Daher für die analoge Anwendung des § 115 Abs. 3 das LG Köln ZIP 2002, 1296, 1298.
[205] § 113 Abs. 2 S. 1 iVm §§ 30 Abs. 3 S. 1, 31; zur Rechtslage bei Einbringung eines Unternehmens oder Unternehmensteils vgl. → Rn. 103.
[206] Spindler/Stilz/*Spindler* Rn. 26; *Wagner* in Semler/v. Schenck AR-HdB § 11 Rn. 8; aA Großkomm AktG/*Hopt/Roth* Rn. 85; Kölner Komm AktG/*Mertens/Cahn* Rn. 25.
[207] Spindler/Stilz/*Spindler* Rn. 26.
[208] Großkomm AktG/*Hopt/Roth* Rn. 84; Hüffer/*Koch* AktG Rn. 3; *Wagner* in Semler/v. Schenck AR-HdB § 11 Rn. 16; *Wellkamp* WM 2001, 490.
[209] Großkomm AktG/*Hopt/Roth* Anm. 84; Hölters/*Hambloch-Gesinn/Gesinn* Rn. 27 („hinreichend bestimmt"). Hüffer/*Koch* Rn. 3 spricht missverständlich von einer Bezifferung, was eine Bestimmtheit der Vergütung impliziert; dies ist insoweit unzutreffend, als die Zulassung einer variablen (anstelle oder neben einer festen) Aufsichtsratsvergütung bedingt, dass nicht nur feste Beträge, sondern auch Berechnungsgrundlagen für die Ermittlung der variablen Vergütung genannt werden können. Die Zulässigkeit einer variablen Vergütung folgt jedenfalls aus § 113 Abs. 3 AktG, der eine am Jahresgewinn der Gesellschaft orientierte Vergütung zulässt; → Rn. 149. Zum Detaillierungsgrad einer Satzungsregelung *Wellkamp* WM 2001, 489 (490 f.).
[210] → Rn. 5; *Wagner* in Semler/v. Schenck AR-HdB § 11 Rn. 16.
[211] *Roller* S. 55 ff. mwN.

Satzungsbestandteil.[212] Eine Satzungsbestimmung über die Vergütung des Aufsichtsrats regelt das korporationsrechtliche Verhältnis zwischen der Gesellschaft und dem Aufsichtsratsmitglied und ist nicht schuldrechtlicher Natur. Darüber hinaus betrifft die Regelung typischerweise die innere Ordnung der AG. Der Ansicht, es handele sich bei der Vergütungsregelung um eine formelle[213] oder „indifferente"[214] Satzungsbestimmung, kann demnach nicht gefolgt werden. Ein satzungsändernder Beschluss kann aus diesem Grund nur durch Dreiviertelmehrheit herbeigeführt werden (vgl. § 179 Abs. 2 S. 1). Nur im Sonderfall der Herabsetzung der Vergütung genügt eine einfache Mehrheit (Abs. 1 S. 2).

151 Fraglich ist, welche rechtliche Qualität den Satzungsbestimmungen über die Gewährung einer Aufsichtsratstantieme zukommt. Bei objektiver Auslegung ergibt sich, dass es sich nicht um eine schuldrechtliche Verpflichtung, sondern um eine **das Gesellschaftsverhältnis gestaltende Regel** handelt.[215] Die Satzung ist organisationsrechtlicher Art.

152 **d) Eintragung in das Handelsregister.** Die satzungsmäßige Festsetzung der Aufsichtsratsvergütung wird **mit Eintragung** der Satzungsänderung **in das Handelsregister rechtswirksam** (§ 181 Abs. 3). Eine Änderung der Vergütung für ein bereits abgelaufenes Geschäftsjahr kann sich daraus nicht ergeben. Die Änderung ist damit erst für das nachfolgende Geschäftsjahr anzuwenden. Der Vergütungsanspruch entsteht mit Beginn des jeweiligen Geschäftsjahres in Höhe der dann geltenden Satzungsbestimmung. Über eine Vergütungserhöhung für das abgelaufene oder das laufende Geschäftsjahr muss die Hauptversammlung gesondert beschließen.

153 **e) Herabsetzung der Aufsichtsratsvergütung (Abs. 1 S. 4).** Nach dem Gesetz kann die Hauptversammlung eine Satzungsänderung, durch welche die Vergütung herabgesetzt wird, **mit einfacher Stimmenmehrheit,** dh. ohne Einhaltung der sonst für Satzungsänderungen gesetzlich oder satzungsmäßig vorgeschriebenen Kapitalmehrheit (§ 179 Abs. 2) beschließen (Abs. 1 S. 4).

154 Die Vorschrift ist **zwingend.** Die einfache Stimmenmehrheit kann durch die Satzung nicht erschwert werden. Auch können die Erfordernisse nicht etwa durch die Anknüpfung an eine Kapitalmehrheit modifiziert werden (§ 23 Abs. 5 S. 1).

155 Der Herabsetzungsbeschluss der Hauptversammlung wird erst mit der **Eintragung** in das **Handelsregister** wirksam (§ 181 Abs. 3). Mit der Eintragung ist die Vergütung der einzelnen Aufsichtsratsmitglieder herabgesetzt. Die Herabsetzung kann in einer dauernden Herabsetzung für alle zukünftigen Geschäftsjahre, aber auch in einer beschränkten Reduzierung der Vergütung für das kommende oder die kommenden drei Geschäftsjahre bestehen. Auch wenn sie sich nur auf das nächste Geschäftsjahr beziehen soll, muss der Beschluss als Satzungsänderung eingetragen werden.

156 Dem **Herabsetzungsbeschluss** kann **keine rückwirkende Kraft** beigelegt werden. Die Herabsetzung der Vergütung für das abgelaufene Geschäftsjahr ist daher unzulässig. Dies gilt auch für die Herabsetzung der gewinn- oder dividendenabhängigen Tantieme vor Feststellung des Jahresabschlusses oder des Gewinnverwendungsbeschlusses durch die Hauptversammlung.[216]

157 Ob die Vergütung für das **laufende Geschäftsjahr beschränk**t werden kann, ist **umstritten.** Nach zutreffender Auffassung ist eine Herabsetzung der **festen Vergütung** für das

---

[212] MüKoAktG/*Habersack* Rn. 28; Spindler/Stilz/*Spindler* Rn. 22; vgl. zum Begriff MüKoAktG/*Pentz* § 23 Rn. 40.
[213] Hüffer/*Koch* Rn. 3; insoweit widersprüchlich, da *Koch* § 23 Rn. 5 annimmt, dass es sich bei der die Vergütung regelnden Satzungsbestandteilen um indifferente Satzungsbestimmungen handele.
[214] K. Schmidt/Lutter/*Drygala* Rn. 7 („indifferente(r), also gleichermaßen formelle(r) wie materielle(r) Satzungsbestandteil"); Vgl. zum Begriff MüKoAktG/*Pentz* § 23 Rn. 43 ff.; Großkomm AktG/*Röhricht* § 23 Rn. 17.
[215] Vgl. hierzu MüKoAktG/*Pentz* § 23 Rn. 44.
[216] MHdB AG/*Hoffmann-Becking* § 33 Rn. 23; *Wagner* in Semler/v. Schenck AR-HdB § 11 Rn. 19; vgl. auch *Wellkamp* WM 2001, 489 (493) (Rückwirkung richte sich nach allgemeinen Grundsätzen).

laufende Geschäftsjahr rechtlich unzulässig.[217] Die gegenteilige Auffassung[218] würde voraussetzen, dass das Aufsichtsratsmitglied seinen Vergütungsanspruch erst mit dem Ende des Geschäftsjahres erwirbt.[219] Richtig erwirbt das Aufsichtsratsmitglied aber mit Beginn des Geschäftsjahres eine unentziehbare Anwartschaft auf eine Vergütung nach den Regeln, wie sie zu Beginn des Geschäftsjahres bestehen. Abweichungen sind dann nur mit Zustimmung des Aufsichtsratsmitglieds möglich.[220] Auch der Anspruch auf **Sitzungsgeld** entsteht zu Beginn des Geschäftsjahres und kann daher nicht herabgesetzt werden.

Anders ist jedoch die **gewinn- oder dividendenorientierte Vergütung** zu behandeln. 158 Ein Anspruch auf sie kann erst entstehen, wenn eine bezifferbare Basis für den Anspruch vorliegt. Eine Herabsetzung während des laufenden Geschäftsjahres ist möglich, da noch keine bezifferbare Grundlage für den Tantiemeanspruch existiert.[221]

Die gesetzlich zwingend vorgeschriebene Kompetenz der Hauptversammlung, über die 159 Aufsichtsratsvergütung zu entscheiden, kann nicht durch **einzelvertragliche Vereinbarung** mit dem Vorstand umgangen werden (→ Rn. 147). Eine vertragliche Vereinbarung ist deshalb gegenüber dem Herabsetzungsbeschluss wirkungslos.[222]

Die Herabsetzung der Vergütung kann einen **wichtigen Grund zur Niederlegung** des 160 Aufsichtsratsmandats bilden. Eine Niederlegung des Amtes zur Unzeit kann jedoch eine Schadensersatzpflicht des Aufsichtsratsmitglieds auslösen.[223]

Die Satzungsänderung durch die Hauptversammlung kann auch in einer **Streichung der** 161 **Satzungsbestimmung** über die Vergütung bestehen. Ein solches Verfahren kann in Frage kommen, wenn die Hauptversammlung wünscht, dass die Aufsichtsratsmitglieder künftig ihre Tätigkeit unentgeltlich ausüben sollen, oder weil die in der Satzung dauerhaft begründete Festsetzung der Aufsichtsratsvergütung beseitigt und durch eine jährliche Bewilligung der Hauptversammlung ersetzt werden soll. Für solche Beschlüsse gilt die gesetzliche Beschlusserleichterung (Abs. 1 S. 4) nicht. Sie soll nur die Herabsetzung einer in der Satzung festgesetzten Vergütung erleichtern, nicht aber deren völlige Streichung ermöglichen. Diese Satzungsänderung bedarf deshalb der für sie besonders geregelten oder sonst vorgesehenen Mehrheiten.

Für eine **Erhöhung** der in der Satzung festgesetzten **Vergütung** bedarf es entweder der 162 allgemein für Satzungsänderungen vorgesehenen Kapitalmehrheit oder der besonders für die Änderung dieser Satzungsbestimmung bestimmten anderen Kapitalmehrheit (§ 179 Abs. 2 S. 2). Es gelten die allgemeinen Erfordernisse, sofern die Satzung keine speziellen Beschlusserfordernisse festlegt.

3. Bewilligung durch die Hauptversammlung. Wird die Vergütung der Aufsichtsrats- 163 mitglieder durch Beschluss der Hauptversammlung festgelegt, bedarf es hierzu einer ordnungsgemäßen **Bekanntmachung** (§ 124). Eine bloße Ankündigung des Beschlussthemas Aufsichtsratsvergütung genügt dabei regelmäßig nicht. Sind die Einzelheiten der vorgesehenen Vergütungsregelungen nicht bereits als Gegenstand der Tagesordnung angekündigt, müssen Vorstand und Aufsichtsrat in ihren Beschlussvorschlägen (§ 124 Abs. 3) die Einzelheiten der von ihnen vorgeschlagenen Vergütung mitteilen.

---

[217] MHdB AG/*Hoffmann-Becking* Rn. 23; Kölner Komm AktG/*Mertens/Cahn* Rn. 51; Großkomm AktG/*Hopt/Roth* Anm. 96; *Hüffer/Koch* Rn. 6; *Wagner* in Semler/v. Schenck AR-HdB § 11 Rn. 19.
[218] KG in Soz. Pr. 1938, 1066 mit Anm. v. *Möhring*; *Hüffer*, 10. Aufl. 2012, Rn. 6 mit Verw. auf LG Magdeburg JW 1930, 288; *Buckel* AG 2013, 451, 454: Herabsetzung der festen Vergütung wirksam ab Registereintragung.
[219] Vgl. Großkomm AktG/*Hopt/Roth* Anm. 96.
[220] *Wagner* in Semler/v. Schenck AR-HdB § 11 Rn. 24.
[221] LG München NZG 2013, 182 (183); Spindler/Stilz/*Spindler* Rn. 36; MHdB AG/*Hoffmann-Becking* § 33 Rn. 23; *Kort*, FS Hüffer, 2010, 483 (492 f.); aA Kölner Komm AktG/*Mertens/Cahn* Rn. 52; *Hüffer/Koch* Rn. 6 (schutzwürdige Anwartschaft kann nicht durch Beschluss der Hauptversammlung entzogen werden); *Buckel* AG 2013, 451 (455); differenzierend Großkomm AktG/*Hopt/Roth* Anm. 96: Herabsetzung „allenfalls für die Zeit nach der Fassung des Hauptversammlungsbeschlusses" sowie *Buckel* AG 2013, 451 (453): ab Registereintragung.
[222] AllgM, BGHZ 114, 127 (129); Großkomm AktG/*Hopt/Roth* Rn. 97; MHdB AG/*Hoffmann-Becking* § 33 Rn. 10.
[223] → § 103 Rn. 108. Kölner Komm AktG/*Mertens/Cahn* Rn. 53.

164 Ist die Aufsichtsratsvergütung in der Satzung nicht ausdrücklich beziffert, ist dort regelmäßig festgeschrieben, dass die Vergütung des Aufsichtsrats von der Hauptversammlung festgelegt werden soll. Die Beschlussfassung, die diese „Ermächtigung" ausfüllt, bedarf der **einfachen Mehrheit in der Hauptversammlung.** Die Hauptversammlung kann im Übrigen eine Vergütungsregelung auch dann treffen, wenn die Satzung keinerlei Vergütungsregelung vorsieht. Auch hier reicht zur Beschlussfassung in der Hauptversammlung eine einfache Mehrheit aus.

165 Die Hauptversammlung kann eine Vergütung für ein Geschäftsjahr – meist das abgelaufene – oder für mehrere bestimmte Geschäftsjahre bewilligen. Besagt der Beschluss darüber nicht ausdrücklich etwas, gilt er für das laufende und alle künftigen Geschäftsjahre als **sog. Grundsatzbeschluss.**[224] Liegt ein Grundsatzbeschluss vor, gilt dieser bis zu seinem Widerruf. Durch den Widerruf lassen sich bestehende Anwartschaften auf eine Aufsichtsratsvergütung für das laufende Geschäftsjahr nicht beseitigen.[225] Der Beschluss bedarf nur der einfachen Stimmenmehrheit (§ 133 Abs. 1). Die Satzung kann keine höhere Mehrheit oder weitere Erfordernisse bestimmen. Dies ergibt sich bereits aus dem Gesetz, wonach für eine Satzungsänderung über die Herabsetzung der Vergütung die einfache Stimmenmehrheit vorgesehen ist (Abs. 1 S. 49). Soll das Bewilligungsrecht der Hauptversammlung erschwert werden, muss die Satzung die Vergütung selbst festsetzen.

166 Für die **Änderung** einer durch einen **Grundsatzbeschluss** bewilligten Vergütung, sei es ihre Erhöhung oder ihre Herabsetzung, genügt gleichfalls ein mit einfacher Stimmenmehrheit gefasster Beschluss. Der Beschluss ist sofort wirksam und gilt bis zu seinem Widerruf.[226]

167 **4. Vertraglich vereinbarte Vergütung.** Dienst- oder Werkverträge bezüglich der Überwachungstätigkeit zwischen Aufsichtsratsmitglied und Gesellschaft sind nicht zulässig (vgl. § 114 Abs. 1). Auch ohne eine vertragliche Vereinbarung über die Beratung der Gesellschaft ist jedes Aufsichtsratsmitglied verpflichtet, alle Kenntnisse, Fähigkeiten und Erfahrungen der Gesellschaft zur Verfügung zu stellen.

168 Vertragliche Honorarvereinbarungen kommen allein für **Beratungsleistungen außerhalb des Überwachungsbereichs** in Betracht.[227] Zur Abgrenzung zulässiger honorierfähiger Beratung zur Erfüllung von Organpflichten ist darauf abzustellen, ob die zu leistende Beratung ein besonderes Fachgebiet betrifft. Der Beratungsvertrag muss hierzu konkrete Feststellungen enthalten.[228] Zur Wirksamkeit solcher Verträge ist die Zustimmung des Aufsichtsrats erforderlich.[229]

169 **5. Sonderregelung für den ersten Aufsichtsrat (Abs. 2).** Eine in der Satzung festgesetzte Vergütung gilt nicht für die Mitglieder des ersten Aufsichtsrats (Abs. 2). Ob sie eine Vergütung für ihre Tätigkeit erhalten, hängt allein davon ab, ob die **Hauptversammlung** diese bewilligt. Sie ist dafür ausschließlich zuständig (Abs. 2 S. 19). Entgegenstehende Vereinbarungen sind unwirksam (§ 134 BGB). Die Beschlussfassung hat mit einfacher Stimmenmehrheit zu erfolgen (§ 133 Abs. 1).

170 Auch die Hauptversammlung kann die Vergütung des ersten Aufsichtsrats nicht jederzeit beschließen. Der Bewilligungsbeschluss kann erst von der Hauptversammlung gefasst werden, die über die **Entlastung der Mitglieder des ersten Aufsichtsrats** für das erste Voll- oder Rumpfgeschäftsjahr entscheidet (Abs. 2 S. 2 iVm § 30 Abs. 3). Ein von einer früheren

---

[224] Kölner Komm AktG/*Mertens/Cahn* Rn. 44; Großkomm AktG/*Hopt/Roth* Anm. 88; vgl. *Wagner* in Semler/v. Schenck AR-HdB § 11 Rn. 23; aA *Vetter* BB 1989, 442 f.
[225] *Wagner* in Semler/v. Schenck AR-HdB § 11 Rn. 19.
[226] Wegen seiner Wirkung auf die bisherige Vergütung → Rn. 156 ff.
[227] AllgA., BGHZ 170, 60 (65); 126, 340 (344 ff.); 114, 127 (129); BGH AG 1998, 584; Großkomm AktG/*Hopt/Roth* Rn. 13 ff.; Kölner Komm AktG/*Mertens/Cahn* Rn. 5; MüKoAktG/*Habersack* Rn. 22. Vgl. im Übrigen die Kommentierung zu § 114.
[228] LG Stuttgart ZIP 1998, 1275; *Wissmann* BB 1998, 1957 (1958); vgl. auch *Rodewig* in Semler/v. Schenck AR-HdB § 8 Rn. 153 f.
[229] *Wagner* in Semler/v. Schenck AR-HdB § 11 Rn. 92 f.

Hauptversammlung gefasster Beschluss ist nichtig.²³⁰ Durch die Regelung soll jeder Einfluss der Gründer auf die Festsetzung der Vergütung ausgeschlossen werden.²³¹ Wird die Beschlussfassung über die Entlastung der Mitglieder des ersten Aufsichtsrats vertagt, kann auch der Beschluss über die Vergütung erst in der Hauptversammlung gefasst werden, die tatsächlich über die Entlastung beschließt. Zweckmäßigerweise sollte die Beschlussfassung deshalb erst nach der Entscheidung über die Entlastung stattfinden. Ob die Entlastung erteilt oder verweigert wird, ist belanglos. Die Vorschrift (Abs. 2 S. 2) schließt nicht aus („erst"), dass die Vergütung von einer späteren Hauptversammlung bewilligt wird.

Der **erste Aufsichtsrat** ist ein gesetzlich bestimmter Begriff. Es ist der von den Gründern bestellte Aufsichtsrat (§ 30 Abs. 1), bei einer Sachgründung durch Einbringung oder Übernahme eines Unternehmens(teils) gehören zu ihm auch die nach dem Gesetz zu bestellenden Aufsichtsratsmitglieder der Arbeitnehmer (§ 31 Abs. 3 und 5). Ist während der Amtsdauer des ersten Aufsichtsrats ein Aufsichtsratsmitglied weggefallen (zB durch Tod, Amtsniederlegung, gerichtliche Abberufung), ist auch das für ihn gerichtlich bestellte Aufsichtsratsmitglied (§ 104) Mitglied des ersten Aufsichtsrats. **171**

Die Beschränkungen für die Festsetzung der Vergütung des ersten Aufsichtsrats gelten nicht für den ersten Aufsichtsrat nach einer **formwechselnden Umwandlung** der Gesellschaft; auf die obigen Ausführungen (→ Rn. 103) sei verwiesen. **172**

Ohne rechtswirksame Bewilligung der Hauptversammlung gezahlte Vergütungen sind nach bereicherungsrechtlichen Grundsätzen **zurückzugewähren.** Das Aufsichtsratsmitglied kann sich bei der Geltendmachung eines Rückgewähranspruchs der Gesellschaft nicht auf einen Kondiktionsausschluss auf Grund eines Gesetz- oder Sittenverstoßes berufen (§ 817 Abs. 2 BGB). Darüber hinaus kann eine **Schadensersatzpflicht** von Vorstand und Aufsichtsrat in Betracht kommen (§§ 93 Abs. 3 Nr. 7, 116). **173**

6. Vergütungsanspruch des in den Vorstand delegierten Aufsichtsratsmitglieds. **174**
Wird ein Aufsichtsratsmitglied zum Stellvertreter eines fehlenden oder verhinderten Vorstandsmitglieds bestellt, entfällt mit der Bestellung in den Vorstand auch die Aufsichtsratsvergütung.²³² Die Vergütung wird nicht für die Zugehörigkeit zum Aufsichtsrat, sondern für die Tätigkeit als Aufsichtsratsmitglied gewährt.²³³ Das in den Vorstand abgeordnete Aufsichtsratsmitglied hat Anspruch auf eine für seine Vorstandstätigkeit angemessene Vergütung (§ 87 Abs. 1 S. 1).

VI. Steuerliche Aspekte

1. Steuerliche Behandlung der Vergütung beim Aufsichtsratsmitglied. Die Aufsichtsratsvergütung sowie Sitzungsgelder, Aufwandsentschädigungen, Reisekostenerstattungen und sonstige Sachleistungen sind als Einkünfte aus selbstständiger Tätigkeit²³⁴ **einkommensteuerpflichtig.**²³⁵ Dies gilt für Vertreter der Arbeitnehmer²³⁶ und der Anteilseigner **175**

---

²³⁰ § 241 Nr. 3; so auch Kölner Komm AktG/*Mertens/Cahn* Rn. 45.
²³¹ Vgl. → Rn. 6 sowie MHdB AG/*Hoffmann-Becking* § 33 Rn. 31; Hüffer/*Koch* Rn. 8; Kölner Komm AktG/*Mertens/Cahn* Rn. 45.
²³² Großkomm AktG/*Hopt/Roth* Rn. 72.
²³³ AA Kölner Komm AktG/*Mertens/Cahn* Rn. 38 (Anrechnung der Aufsichtsratsvergütung auf eine Vergütung als Stellvertreter eines Vorstandsmitglieds).
²³⁴ § 18 Abs. 1 Nr. 3 EStG. Vgl. auch *Schmidt/Werner* DStZ 2003, 235.
²³⁵ Kölner Komm AktG/*Mertens/Cahn* Rn. 56; Hüffer/*Koch* Rn. 7; Schmidt/*Wacker* EStG § 18 Rn. 150; Peltzer, FS Zimmerer, 1997, 377 (392); *Hoffmann/Preu* Der Aufsichtsrat Rn. 453. Vgl. zum Zeitpunkt der Besteuerung *Schmidt/Werner* DStZ 2003, 235 ff. Einen Sonderfall entschieden hat der BFH (AG 2013, 684 ff.):
„1. Nimmt ein Aufsichtsrat einer nicht börsennotierten AG an einer Maßnahme zum Bezug neuer Aktien teil, die nur Mitarbeitern und Aufsichtsratsmitgliedern der Gesellschaft eröffnet ist, und hat er die Option, die von ihm gezeichneten Aktien innerhalb einer bestimmten Frist zum Ausgabekurs an die Gesellschaft zurückzugeben, so erzielt er Einkünfte aus selbständiger Arbeit, wenn er die unter dem Ausgabepreis notierenden Aktien innerhalb der vereinbarten Frist zum Ausgabepreis an die Gesellschaft zurückgibt.
2. Die Höhe der Einkünfte bemisst sich nach der Differenz zwischen Ausgabepreis und dem tatsächlichen Wert der Aktien im Zeitpunkt der Ausübung der Option.
3. Der Zufluss erfolgt im Zeitpunkt der Ausübung der Option." (Leitsätze des Urteils)
²³⁶ BFH BStBl. 1972 II S. 810; BFH BStBl. 1981 III S. 28.

gleichermaßen. Aufwendungen, die auf Seiten des Aufsichtsratsmitglieds für die Ausübung der Aufsichtsratstätigkeit notwendig sind, können von diesem als Betriebsausgaben abgesetzt werden.[237] Zu den notwendigen Aufwendungen gehören auch Abgaben für betriebliche oder gewerkschaftliche Einrichtungen.

176 Übernehmen **Beamte** auf Veranlassung ihrer Behörde ein Aufsichtsratsmandat, unterliegen die hieraus bezogenen Einnahmen als solche aus selbstständiger Tätigkeit nach allgM ebenfalls der Einkommensteuerpflicht,[238] soweit sie nicht ohnehin abzuführen sind.

177 **Arbeitnehmervertreter** im Aufsichtsrat können Zahlungen an die Hans-Böckler-Stiftung (vgl. hierzu bereits → Rn. 25) im Rahmen ihrer Einkommensteuerpflicht als Betriebsausgabe ansetzen.[239]

178 Die Vergütung für die Aufsichtsratstätigkeit ist als Einnahme aus selbstständiger Tätigkeit **umsatzsteuerpflichtig;**[240] dies gilt für Arbeitnehmer- und Anteilseignervertreter.[241]

179 Häufig sieht die Satzung der Gesellschaft vor, dass die Aufsichtsratsvergütung zuzüglich der darauf entfallenden Umsatzsteuer zu leisten ist.[242] Ist eine solche Satzungsregelung ausnahmsweise nicht vorgesehen, so ist **umstritten,** ob das Aufsichtsratsmitglied die Erstattung der von ihm zu leistenden Umsatzsteuer von der Gesellschaft verlangen kann. Nach zutreffender Auffassung kann die Umsatzsteuer als Auslagenersatz gegen die Gesellschaft geltend gemacht werden, da sie dort – von Ausnahmen abgesehen – als Vorsteuer verrechnet werden kann und die Erfolgsrechnung der Gesellschaft insoweit nicht belastet wird.[243]

180 Eine Befreiung von der Umsatzsteuerpflicht kann für sog. **Kleinunternehmer,** dh. Aufsichtsratsmitglieder mit einem Jahresumsatz von im vorangegangenen Jahr nicht mehr als 17.500 Euro und einem voraussichtlichen Umsatz von nicht mehr als 50.000 Euro für das laufende Kalenderjahr, erfolgen (vgl. § 19 Abs. 1 UStG). Zum Umsatz gehören hierbei neben der Aufsichtsratsvergütung – einschließlich Aufwendungsersatz – auch Einnahmen aus anderen freiberuflichen oder gewerblichen Tätigkeiten.[244] In Einzelfällen kann ein Verzicht auf die Umsatzsteuerbefreiung zweckmäßig sein (§ 19 Abs. 2 S. 1 UStG). Dies gilt insbesondere dann, wenn das Unternehmen die Aufsichtsratsvergütung mit Gutschriften abrechnet und die darin gesondert ausgewiesene Umsatzsteuer von der Vorsteuer abgezogen wird.[245]

181 **2. Steuerliche Behandlung der Aufsichtsratsvergütung bei der Gesellschaft.** Bei der Gesellschaft ist die Aufsichtsratsvergütung nur zur Hälfte **als Betriebsausgabe absetzbar.** Dies gilt für die Festvergütung, für Tantiemen und andere Vergünstigungen, die einen Teil der Aufsichtsratsvergütung darstellen.[246] Die andere Hälfte ist aus dem zu versteuernden Gewinn zu erbringen (§ 10 Nr. 4 KStG). Voll abzugsfähig sind die dem Aufsichtsratsmitglied zu erstattenden Auslagen, auch wenn sie als pauschalierter Aufwandsersatz gelten können (zB Sitzungsgelder).[247]

182 Die Regelung über den steuerlichen Hälfteabzug der Aufsichtsratsvergütung ist **rechtspolitisch umstritten,** wird als verfassungswidrig angesehen[248] und stößt in der Wissenschaft

---

[237] BStBl. 1987 II S. 42, 43; BFH BStBl. 1972 II S. 810, 811; *Wagner* in Semler/v. Schenck AR-HdB § 11 Rn. 96.
[238] Vgl. Schmidt/*Wacker* EStG § 18 Rn. 152; Herrmann/Heuer/Raupach/*Brandt*, EStG/KStG, Losebl., Stand Juni 2010, § 18 Anm. 268; aA die ältere Rechtsprechung des BFH auf Grundlage der sog. „Ausflusstheorie", BFH BStBl. III 1957 S. 226.
[239] BFH BStBl. 1981 II S. 29; *Hoffmann/Preu* Der Aufsichtsrat Rn. 461; Schmidt/*Wacker* EStG § 18 Rn. 151.
[240] BStBl. 1987 II S. 42; *Hoffmann/Preu* Der Aufsichtsrat Rn. 454; Hüffer/*Koch* AktG Rn. 7; MHdB AG/*Hoffmann-Becking* § 33 Rn. 34; Kölner Komm AktG/*Mertens/Cahn* Rn. 57.
[241] BStBl. 1987 II S. 42; BFH BStBl. 1972 II S. 810; *Peltzer*, FS Zimmerer, 1997, S. 377, 392.
[242] *Hoffmann/Preu* Der Aufsichtsrat Rn. 454.
[243] MHdB AG/*Hoffmann-Becking* § 33 Rn. 34; Kölner Komm AktG/*Mertens/Cahn* Rn. 57; Hüffer/*Koch* Rn. 7; Großkomm AktG/*Hopt/Roth* Rn. 137; *Peltzer*, FS Zimmerer, 1997, 377 (392).
[244] *Hoffmann/Preu* Der Aufsichtsrat Rn. 456.
[245] *Hoffmann/Preu* Der Aufsichtsrat Rn. 457 f.
[246] MHdB AG/*Kraft* § 49 Rn. 13 ff.
[247] MHdB AG/*Kraft* § 49 Rn. 15.
[248] Kölner Komm AktG/*Mertens/Cahn* Rn. 56.

zurecht auf einhellige Ablehnung.²⁴⁹ Sie wird vom Gesetzgeber mit dem Interesse an einer angemessenen Begrenzung der Aufsichtsratsbezüge gerechtfertigt²⁵⁰ und vom Bundesverfassungsgericht als verfassungsgemäß befunden worden.²⁵¹ Ihre rechtspolitische Berechtigung ist gleichwohl höchst fragwürdig und leistet der häufig unzulänglichen Honorierung der Aufsichtsratstätigkeit Vorschub.²⁵²

Die Regierungskommission Corporate Governance hatte in ihrem Bericht empfohlen, **183** diese Vorschrift zu streichen.²⁵³ Junge Unternehmen sollten bei der Gewinnung qualifizierter Aufsichtsratsmitglieder nicht behindert werden. Der Gesetzgeber ist dieser Empfehlung jedoch bislang nicht nachgekommen.

Für den Fall, dass das Aufsichtsratsmitglied neben dem Aufsichtsratsmandat **andere Tätig- 184 keiten** für das Unternehmen wahrnimmt, stellt sich die Frage, ob die Vergütungen für diese Tätigkeiten ebenfalls hälftig abzuziehen sind oder vom Unternehmen voll abgezogen werden können. Hält sich die Tätigkeit des Aufsichtsratsmitglieds innerhalb des Aufgabenbereichs des Aufsichtsratsmitglieds, ist eine gesonderte Honorierung nicht zulässig (→ Rn. 168 sowie → § 114 Rn. 22 ff.), so dass sich die Frage der Abzugsfähigkeit nicht stellt. Ohne einen von der Aufsichtsratstätigkeit klar abgrenzbaren Vertrag wird eine entsprechende Aufteilung von der Rechtsprechung abgelehnt.²⁵⁴ Dies gilt etwa dann, wenn das Aufsichtsratsmitglied ohne eine eindeutige Zusatzvereinbarung das Unternehmen bei der Beratung von Einzelfragen zu unterstützen hat.²⁵⁵ Nimmt ein Aufsichtsratsmitglied Aufgaben außerhalb des Tätigkeitsbereichs der Aufsichtsratsmitgliedschaft wahr, bedarf es einer besonderen Vereinbarung und der Zustimmung des Aufsichtsrats hierzu. Eine solche Tätigkeit liegt dann eindeutig außerhalb der eigentlichen Aufsichtsratsaufgaben, so dass für eine Einschränkung der Abzugsfähigkeit kein Raum ist.

VII. Ausweispflicht der Bezüge

Die Höhe der Gesamtbezüge (einschließlich der Aufwandsentschädigung und aller geld- **185** werten Leistungen, die nicht zweifelsfrei mit der ausgeübten (nicht einer früheren) Aufsichtsratstätigkeit zusammenhängen) aller Aufsichtsratsmitglieder für das Geschäftsjahr ist für mittelgroße und große Kapitalgesellschaften (vgl. §§ 267 Abs. 2, 3; 288 S. 1 HGB) im Anhang des Jahresabschlusses anzugeben (§ 285 Nr. 9a HGB). Die Höhe der **Bezüge der einzelnen Aufsichtsratsmitglieder** ist **nach dem Gesetz nicht offenlegungspflichtig** (§ 285 Nr. 9a HGB). Folgerichtig können solche Angaben unterbleiben, durch die sich die Bezüge der einzelnen Aufsichtsratsmitglieder identifizieren lassen (vgl. § 286 Abs. 4 HGB). Dies wird regelmäßig nicht der Fall sein.²⁵⁶

Der **Kodex** empfiehlt hingegen, die Vergütung jedes einzelnen Aufsichtsratsmitglieds im **186** Anhang oder Lagebericht individualisiert und nach Bestandteilen aufgegliedert offenzulegen (Ziff. 5.4.6 Abs. 3 S. 1 DCGK); zusätzlich sollen auch gesondert gezahlte Vergütungen oder gewährte Vergütungen für erbrachte Leistungen wie zB aus Beratungsverträgen ausgewiesen werden (Ziff. 5.4.6 Abs. 3 S. 2 DCGK). Hat mithin ein Unternehmen erklärt, dieser Regelung des Kodex zu entsprechen, ist trotz fehlender entsprechender gesetzlicher Ver-

---

²⁴⁹ Großkomm AktG/*Hopt/Roth* Rn. 131; Kölner Komm AktG/*Mertens/Cahn* Rn. 56; MüKoAktG/*Habersack* Rn. 53; Spindler/Stilz/*Spindler* Rn. 68; Hüffer/*Koch* Rn. 7; K. Schmidt/Lutter/*Drygala* Rn. 34; *Theisen* Der Aufsichtsrat 2012, 157.
²⁵⁰ Bericht des Finanzausschusses, BT-Drs. 7/5310, 8; der RegE hatte zuvor die ersatzlose Streichung der Nichtabziehbarkeit vorgeschlagen, BT-Drs. 7/1470, 344.
²⁵¹ BVerfGE 34, 103 ff.; BFH BStBl. 1981 II S. 623.
²⁵² AllgM *Hoffmann-Becking*, FS Havermann, 1995, 229 (245 f.); *Lutter* ZHR 159 (1995), 287 (303 f.); *Götz* AG 1995, 337 (351); *Seibert* ZBB 1994, 352; Hüffer/*Koch* Rn. 7; Kölner Komm AktG/*Mertens/Cahn* Rn. 56; *Wagner* NZG 1999, 1092 (1094); *Haarmann* Aufsichtsrat 2012, 1.
²⁵³ *Baums* Rn. 65.
²⁵⁴ MHdB AG/*Kraft* § 49 Rn. 14. Vgl. BGHZ 126, 340 (344 f.); LG Stuttgart ZIP 1998, 1275 (1278). → § 114 Rn. 41.
²⁵⁵ MHdB AG/*Kraft* § 49 Rn. 14.
²⁵⁶ *Peltzer*, FS Zimmerer, 1997, 377 (386).

pflichtung eine **individualisierte Offenlegung aller an Aufsichtsratsmitglieder gezahlten Vergütungen und gewährten Vorteile** erforderlich.

§ 114 Verträge mit Aufsichtsratsmitgliedern

(1) Verpflichtet sich ein Aufsichtsratsmitglied außerhalb seiner Tätigkeit im Aufsichtsrat durch einen Dienstvertrag, durch den ein Arbeitsverhältnis nicht begründet wird, oder durch einen Werkvertrag gegenüber der Gesellschaft zu einer Tätigkeit höherer Art, so hängt die Wirksamkeit des Vertrags von der Zustimmung des Aufsichtsrats ab.

(2) ¹Gewährt die Gesellschaft auf Grund eines solchen Vertrags dem Aufsichtsratsmitglied eine Vergütung, ohne dass der Aufsichtsrat dem Vertrag zugestimmt hat, so hat das Aufsichtsratsmitglied die Vergütung zurückzugewähren, es sei denn, dass der Aufsichtsrat den Vertrag genehmigt. ²Ein Anspruch des Aufsichtsratsmitglieds gegen die Gesellschaft auf Herausgabe der durch die geleistete Tätigkeit erlangten Bereicherung bleibt unberührt; der Anspruch kann jedoch nicht gegen den Rückgewähranspruch aufgerechnet werden.

Schrifttum: *Adams*, Die Usurpation von Aktionärsbefugnissen mittels Ringverflechtung in der „Deutschland AG", AG 1994, 148 (156); *Baums*, Kontrolle und Transparenz in Großunternehmen – Stellungnahme für den Rechtsausschuss des Bundestages 1997, S. 7; *Becker*, Anm. zum Urteil des OLG Frankfurt vom 15.2.2011, Konzern 2011, 233; *Benecke*, Beratungsvereinbarungen mit Aufsichtsratsmitgliedern – neue Akzente der Rechtsprechung und ungeklärte Fragen, WM 2007, 717; *Bicker*, Zulässigkeit von Vorstandszahlungen an Aufsichtsratsmitglieder – Besprechung von OLG Frankfurt a. M., Urteil v. 25.2.2011, 5 U 30/10, DStR 2011, 2155; *Bosse*, Rechtliche Anforderungen an Verträge mit Aufsichtsratsmitgliedern und die Zustimmung des Aufsichtsrats nach § 114 AktG, NZG 2007, 172; *Brandner*, Der Hausanwalt einer AG als Mitglied des Aufsichtsrats, FS Geiß 2000, 231; *v. Bünau*, Beratungsverträge mit Aufsichtsratsmitgliedern im Aktienkonzern, 2004; *Burger*, Die Wirksamkeit von Beratungsverträgen zwischen der Aktiengesellschaft und Mitgliedern ihres Aufsichtsrats, insbesondere im Hinblick auf § 113 Abs. 1 AktG, 1997; *Cahn*, Beratungsverträge mit Aufsichtsratsmitgliedern – zugleich Anmerkung zu BGH II ZR 48/11, Der Konzern 2012, 420; *Deckert*, Beratungsverträge mit Aufsichtsratsmitgliedern, WiB 1997, 561; *Dieckmann*, Rechtsrealismus im Aktienrecht – Bemerkungen zur Behandlung von Gesetzesrecht und Richterrecht im Fresenius-Urteil des Bundesgerichtshofes, BWNotZ 2013, 2; *Drygala*, Anmerkung zur Diskussion um Beraterverträge mit Aufsichtsratsmitgliedern, ZIP 2011, 427; ; *J. v. Falkenhausen*, Der Anwalt im Aufsichtsrat – Interessenkonflikte und Unabhängigkeit – Gesellschaftsrecht und anwaltliches Berufsrecht, ZIP 2013, 862; *J. v. Falkenhausen*, Die anwaltliche Beratung der Aktiengesellschaft – Der Anwalt im Spannungsfeld zwischen Vorstand und Aufsichtsrat, Liber Amicorum Martin Winter, 2011, 117 = AnwBl. 2012, 889; *K. v. Falkenhausen*, Sonderleistungen von Aufsichtsratsmitgliedern und deren Vergütung, AG 1966, 379; *Freidank/Sassen*, Aufsichtsratsvergütung als Instrument der Corporate Governance, BB 2013, 1195; *Goette*, Neuere aktienrechtliche Rechtsprechung des II. Zivilsenats des Bundesgerichtshofes, DStR 2007, 2264; *Goette*, Aktuelle Rechtsprechung des II. Zivilsenats zum Aktienrecht, DStR 2006, 2132; *Grunewald*, Kombinationen von Beratungsverträgen und Aufsichtsratsmandaten, AnwBl. 2007, 568; *Happ*, Anwaltlicher Beratungsvertrag und Aufsichtsratsmandat, FS Priester, 2007, 175; *Hellwig*, Beratungsverträge des Abschlussprüfers – Genehmigungspflicht analog § 114 AktG und Publizitätspflicht analog § 125 Abs. 1 S. 3 AktG, ZIP 1999, 2117; *Henssler*, Beratungsverträge von Aufsichtsräten mit Vorstandsmitgliedern und Gesellschaftern einer Aktiengesellschaft, FS Goette, 2009, 135; *Heussen*, Interessenkonflikte zwischen Amt und Mandat bei Aufsichtsräten, NJW 2001, 708; *Hoffmann-Becking*, Beratungsverträge mit Aufsichtsratsmitgliedern – grenzenlose Anwendung des § 114 AktG?, FS Karsten Schmidt, 2009, 657; *Ihrig*, Vergütungszahlungen auf einen Beratungsvertrag mit einem Aufsichtsratsmitglied vor Zustimmung des Aufsichtsrats – Besprechung der Entscheidung BGHZ 194, 14 – Fresenius, ZGR 2013, 417; *Axel Jäger*, Rechtsprechungsbericht: Die Entwicklung der Judikatur zur AG in den Jahren 1997–1998, NZG 1999, 573; *Axel Jäger*, Die Beratung des Vorstands als Teil der Überwachungsaufgabe des Aufsichtsrats, DStR 1996, 671; *C. Jaeger*, Beraterverträge mit Aufsichtsratsmitgliedern, ZIP 1994, 1759; *Kanzler*, Rückabwicklung von Beratungsverträgen in der Aktiengesellschaft, AG 2013, 554; *Knöringer*, Der Rechtsanwalt im Aufsichtsrat, AnwBl. 2003, 266; *Krüger/Thonfeld*, Anm. OLF Frankfurt 21.9.2005, EWiR § 114 AktG 1/06, 385; *Krummel/Küttner*, Dienst- und Werkverträge mit Aufsichtsratsmitgliedern nach § 114 AktG, DB 1996, 193; *Lorenz/Pospiech*, Beratungsverträge mit Aufsichtsratsmitgliedern in Zeiten moderner Corporate Governance, NZG 2011, 81; *Lutter*, Beraterverträge mit Aufsichtsratsmitgliedern in Gesellschaft und Konzern, FS Westermann, 2008, 1171; *Lutter*, Die Beratung der Gesellschaft durch Aufsichtsratsmitglieder – Bemerkungen zur Entscheidung BGHZ 114, 127ff, ZGR 1, 1992, 87; *Lutter/Drygala*, Die besondere sachverständige Beratung des Aufsichtsrats durch seine Mitglieder, FS Kropff, 2003, 381; *Mertens*, Beratungsverträge mit Aufsichtsratsmitgliedern, FS Steindorff, 1990, 173; *Hans-Friedrich Müller*, Aufsichtsratsmandat und anwaltliche Tätigkeit, NZG 2002, 797; *W. Oppenhoff*, Zum Kreis der von § 114 AktG Betroffenen, FS Barz, 1974, 283; *Peltzer*, Beratungsverträge der Gesellschaft mit Aufsichtsratsmitgliedern: Ist das

gute Corporate Governance?, ZIP 2007, 305; *Peltzer,* Reparaturbedarf des Kodex – Kritische Anmerkungen zu kontraproduktiven und änderungsbedürftigen Aussagen des DCGK, FS Priester, 2007, 573; *Pietzke,* Beratungsverträge mit Aufsichtsratsmitgliedern – der BGH hat jetzt das letzte Wort, BB 2012, 658; *Priester,* Stimmverbot beim dreiköpfigen Aufsichtsrat, AG 2007, 190; *Quinke,* Verträge mit Aufsichtsratsmitgliedern – zum Fresenius-Urteil des BGH, DStR 2012, 2020; *Rellermeyer,* Der Aufsichtsrat – Betrachtungen zur neueren Rechtsprechung des Bundesgerichtshofs, ZGR 1993, 77; *Roth/Wörle,* Die Unabhängigkeit des Aufsichtsrats – Recht und Wirklichkeit, ZGR 2004, 565; *Ruoff,* Der richtige Umgang mit Beratungsaufträgen an Aufsichtsratsmitglieder nach dem Fresenius-Urteil des BGH, BB 2013, 899; *v. Schenck,* Der Aufsichtsrat und sein Vorsitzender – Eine Regelungslücke, AG 2010, 649; *v. Schenck,* Verträge mit Beratungsunternehmen, denen ein Aufsichtsratsmitglied des beratenen Unternehmens angehört, DStR 2007, 395; *Schlaus,* Verträge mit Aufsichtsratsmitgliedern gemäß § 114 AktG, AG 1968, 376; *Semler,* Corporate Governance – Beratung durch Aufsichtsratsmitglieder, NZG 2007, 881; *Semler,* Rechtsvorgabe und Realität der Organzusammenarbeit in der Aktiengesellschaft, FS Lutter, 2000, 721; *Spindler,* Beratungsverträge mit Aufsichtsratsmitgliedern – Die Fresenius-Entscheidung des BGH, NZG 2012, 1161; *Spindler,* Beratungsverträge mit Aufsichtsratsmitgliedern – Vorabzustimmung oder nachträgliche Genehmigung?, NZG 2011, 334; *Spindler,* Beratungsverträge mit Aufsichtsratsmitgliedern – Grundlage und Grenzen einer analogen Anwendung von § 114 AktG, FS v. Westphalen, 2010, 641; *Spindler,* Anm. zum Urteil des BGH vom 3.7.2006, WuB II A. § 114 AktG 2.06; *Staake,* Anm. zu OLG Frankfurt 21.9.2005, EWiR § 114 AktG 1/09, 625, *Steinmann/Klaus,* Zur Rolle des Aufsichtsrates als Kontrollorgan, AG 1987, 29; *Thümmel,* BB-Kommentar zur BGH-Entscheidung bezüglich Beratungsverträgen mit Aufsichtsräten, BB 2007, 232; *Tophoven,* Sind Rahmen-Beratungsvereinbarungen mit Aufsichtsratsmitgliedern (doch) noch zu retten?, BB 2007, 2413; *Uhlendorf,* BB-Kommentar zu OLG Köln 31.1.2013, 18 U 21/12: Die Entscheidung führt zu einer erheblichen zeitlichen Vorverlagerung möglicher anfechtungsrelevanter Verhaltensweisen der Verwaltung, BB 2013, 596; *Uhlendorf/Rösner,* BB-Kommentar: Die ‚goldene Brücke' – wie im Fall Fresenius SE – wird künftig nicht mehr angeführt werden können, BB 2012, 2526; *Ullrich,* Beratungsverträge mit Aufsichtsratsmitgliedern – Konsequenzen der Entscheidung des BGH v. 10.7.2012 – II ZR 48/11 für die GmbH -, GmbHR 2012, 1153; *Vetter,* Beratungsverträge mit Aufsichtsratsmitgliedern (zugleich Anmerkung zu OLG Frankfurt v. 21.9.2005 – 1 U 14/05, AG 2005, 925), AG 2006, 173; *Vossius,* Anm. zum BGH-Urteil v. 20.11.2006 – Nichtiger Beratungsvertrag mit der Gesellschaft eines Aufsichtsratsmitglieds, NotBZ 2007, 99; *Gunther A. Weiss* Anm. zum Urteil OLG Frankfurt v. 15.2.2011, 5 U 30/10: Nichtigkeit von Entlastungsbeschlüssen von Vorstand und Aufsichtsrat der Fresenius SE durch HV 2009 bestätigt, BB 2011, 594; *Gunther A. Weiss,* Beratungsverträge mit Aufsichtsrats- und Beiratsmitgliedern in der Aktiengesellschaft und der Gesellschaft mit beschränkter Haftung, BB 2007, 1853; *Gunther A. Weiss,* BB-Kommentar zu BGH-Urteil v. 11.12.2006, BB 2007, 396; *Werner,* Die Beratung der Aktiengesellschaft durch Mitglieder ihres Aufsichtsrats, BB 2006, 935; *S. Wilhelmi,* Sondervergütungen für Aufsichtsratsmitglieder nach dem neuen AktG, BB 1966, 1172; *Wissmann/Ost,* Im Blickpunkt: Der Beratungsvertrag mit der Sozietät eines Aufsichtsratsmitglieds, BB 1998, 1957; *Ziemons,* Beraterverträge mit Mitgliedern des Aufsichtsrats, GWR 2012, 451.
Im Übrigen vgl. das Schrifttum zu § 113.

Übersicht

	Rn.
I. Allgemeines	1
1. Bedeutung der Norm	1
2. Entstehungsgeschichte	11
3. Rechtstatsachen	12
4. Reformvorhaben	14
5. Entwicklung der Rechtsprechung	20
II. Unzulässige Beratungsverträge	22
1. Keine Beratung im Bereich der Amtspflichten des Aufsichtsratsmitglieds	22
2. Abgrenzung der Amtspflichten des Aufsichtsratsmitglieds von zulässigen Beratungstätigkeiten	23
a) Umfang und Grenzen organschaftlicher Beratungspflichten	24
b) Einzelne Abgrenzungsmerkmale	25
c) Anforderungen an die Gestaltung von Beratungsverträgen	31
III. Zustimmungspflichtige Verträge	33
1. Vertragspartner	33
a) Aufsichtsratsmitglied	33
b) Gesellschaft	47
c) Beratungsverträge mit Vorstandsmitgliedern	56
d) Beratungsverträge mit Aktionären	57
2. Vertragsinhalt	58
a) Informationspflichten	58
b) Vertragsgegenstand	60
c) Leistungsinhalt	64
IV. Zustimmung des Aufsichtsrats	70
1. Erteilung der Zustimmung	70
a) Zeitpunkt der Zustimmung	71

	Rn.
b) Rechtslage vor Erteilung der Zustimmung	77
c) Altverträge	79
d) Erteilung oder Versagung der Zustimmung	80
2. Zustimmungsgrundlage	84
a) Konkretisierung des Vertragsinhalts	84
b) Nachträgliche Konkretisierung, insbesondere bei Rahmenverträgen, sowie Teilbarkeit	85
3. Form und Inhalt der Zustimmung	91
a) Beschlussfassung des Aufsichtsrats	91
b) Gegenstand und Inhalt der Beschlussfassung	96
4. Rechtsfolgen fehlender Zustimmung	98
a) Leistungsverträge im Aufgabenbereich des Aufsichtsratsmitglieds	98
b) Leistungsverträge außerhalb des Aufgabenbereichs des Aufsichtsratsmitglieds	99
V. Behandlung unwirksamer Verträge	101
1. Keine Zahlungsverpflichtung der Gesellschaft	101
2. Rückgewähranspruch der Gesellschaft (Abs. 2 S. 1)	102
a) Anspruchsvoraussetzungen	102
b) Anspruchsinhaber	108
c) Fälligkeit	109
d) Rechtsvernichtende Einwendungen des Aufsichtsratsmitglieds	110
3. Ansprüche des Aufsichtsratsmitglieds	113
a) Bereicherungsansprüche (Abs. 2 S. 2)	113
b) Andere Anspruchsgrundlagen	116
VI. Ausweispflicht der Bezüge und steuerliche Behandlung	117
1. Ausweispflicht der Bezüge	117
2. Steuerliche Behandlung der Bezüge	119
a) Steuerliche Behandlung der Bezüge beim Aufsichtsratsmitglied	119
b) Steuerliche Behandlung der Bezüge bei der Gesellschaft	121
VII. Berufsrechtliche Aspekte	122

I. Allgemeines

1. Bedeutung der Norm. Zweck der Bestimmungen über Beratungsverträge mit Aufsichtsratsmitgliedern ist es, einer **sachwidrigen Beeinflussung** des einzelnen Aufsichtsratsmitglieds durch nicht gerechtfertigte Sonderzuwendungen seitens des Vorstands entgegenzuwirken.[1] Die Möglichkeit aus solchen Zuwendungen resultierender Interessenkonflikte zwischen dem Aufsichtsrat und dem Vorstand soll von Anfang an unterbunden werden. Die Vorschrift dient damit einer Sicherung der Effektivität der Überwachungstätigkeit des Aufsichtsrats. Zugleich soll der Aufsichtsrat von der Existenz und dem Inhalt von unternehmensbezogenen Beratungsvereinbarungen, die seine Mitglieder betreffen, umfassend unterrichtet werden, um ihm eine präventive Prüfung zu ermöglichen;[2] dies gilt auch dann, wenn keine Vergütung geschuldet wird.[3] Die Entscheidung über ihre Wirksamkeit wird ihm überlassen.

Weiteres Ziel der Vorschrift ist, eine unsachgemäße Beeinflussung von Aufsichtsratsmitgliedern durch den Vorstand[4] sowie eine **Umgehung** der Regelungen zu **verhindern**[5], die allein der Hauptversammlung die Entscheidung über die Höhe der Vergütung der Aufsichtsratsmitglieder zuweisen (§ 113).

Das Gesetz unterwirft in **Abs. 1** Dienst- und Werkverträge, durch die sich ein Aufsichtsratsmitglied gegenüber der Gesellschaft zu einer über seinen Aufgabenbereich hinausgehen-

---

[1] BGHZ 194, 14 Rn. 13; 170, 60 Rn. 9; 126, 340 (347 f.) = NJW 1994, 2484; *Lutter/Kremer* ZGR 1992, 87 (93); MHdB AG/*Hoffmann-Becking* § 33 Rn. 35; Kölner Komm AktG/*Mertens/Cahn* Rn. 2; Großkomm AktG/*Hopt/Roth* Rn. 4.

[2] BGHZ 194, 14 Rn. 13; 168, 188 Rn. 9; 126, 340 (347); *Dieckmann* BWNotZ 2013, 2 (8).

[3] *Mertens*, FS Steindorff, 1990, 173 (185); *Cahn* Konzern 2012, 501 (505).

[4] BGHZ 194, 14 Rn. 13; 170, 60 Rn. 9; 126, 340 (347 f.) = NJW 1994, 2484; *Hüffer/Koch* Rn. 1.

[5] BGHZ 194, 14 Rn. 13; 170, 60 Rn. 9; 126, 340 (347), = NJW 1994, 2484 (2486); AusschussB *Kropff* S. 158; *Lutter/Kremer* ZGR 1992, 87 (93); *Mertens*, FS Steindorff, 1990, 173 (175); *Vollmer/Maurer* BB 1993, 591 (594); *Hellwig* ZIP 1999, 2117 (2125); MHdB AG/*Hoffmann-Becking* § 33 Rn. 35; Kölner Komm AktG/*Mertens/Cahn* Rn. 2; Großkomm AktG/*Hopt/Roth* Rn. 4. Vgl. auch *Burger*, Wirksamkeit von Beratungsverträgen, S. 20 ff.

den Tätigkeit höherer Art verpflichtet (idR Beratungsverträge), der **Zustimmungspflicht des Aufsichtsrats**. Die Zustimmung erfolgt durch Beschluss des Aufsichtsrats, kann auch durch einen entsprechend bevollmächtigten Ausschuss erfolgen,[6] nicht aber durch ein einzelnes bevollmächtigtes Aufsichtsratsmitglied, selbst wenn dies der Aufsichtsratsvorsitzende ist.[7] Dagegen kann die Erklärung der Zustimmung gegenüber dem Vorstand durch ein von Aufsichtsrat oder Ausschuss entsprechend bevollmächtigtes einzelnes Aufsichtsratsmitglied, aber auch durch einen Dritten erfolgen.[8]

Die Zustimmung darf nur erteilt werden, wenn die vertraglich vereinbarten Leistungen 4 **nicht bereits auf Grund des Aufsichtsratsmandats geschuldet** werden. Im Bereich der geschuldeten Amtspflicht eines Aufsichtsratsmitglieds ist kein Raum für weitere vertragliche Leistungsvereinbarungen. Was gesetzlich geschuldet wird, kann nicht zugleich einer vertraglichen Regelung unterworfen werden.

Eine **Vergütung** auf der Grundlage eines zulässigen Dienst- oder Werkvertrags darf nur 5 geleistet werden, wenn der Vertrag mit seinen Entgeltbestimmungen vom Aufsichtsrat genehmigt worden ist. Dies bedingt, dass dem Aufsichtsrat die Vergütungsregelung bekannt gegeben wird.

Sonstige Verträge mit Aufsichtsratsmitgliedern, dh. Verträge, die nicht den hier erläuter- 6 ten Vorschriften unterfallen, können unter eigener Verantwortung des Vorstands ohne Mitwirkung des Aufsichtsrats abgeschlossen werden.

Abs. 2 sichert die **Durchsetzbarkeit der Norm** durch einen Rückgewähranspruch der 7 Gesellschaft gegenüber dem Aufsichtsratsmitglied für den Fall, dass der Aufsichtsrat seine Zustimmung nicht erteilt oder verweigert (Abs. 2 S. 1). Darüber hinaus statuiert das Gesetz ein Aufrechnungsverbot mit einem etwaigen Bereicherungsanspruch des Aufsichtsratsmitglieds, um die Rückzahlung der zu Unrecht gezahlten Vergütung zu sichern (Abs. 2 S. 2).

Die **Auslegung der Vorschrift** hat sich an der Abwägung zwischen der unbefangenen 8 Wahrnehmung der Aufsichtsratstätigkeit seitens des Aufsichtsratsmitglieds und der beabsichtigten Nutzung besonderer Kenntnisse des Aufsichtsratsmitglieds durch die Gesellschaft zu orientieren. Es ist zu berücksichtigen, dass § 114 keineswegs ausschließlich oder auch nur überwiegend restriktiv zu lesen ist.[9] Während der Gesetzgeber zum einen das Entstehen von Interessenkonflikten zwischen einzelnen Aufsichtsratsmitgliedern und dem Vorstand durch die Begründung lukrativer Nebentätigkeiten verhindern will, soll die Gesellschaft andererseits auf das spezifische Fachwissen ihrer Aufsichtsräte im Wege vertraglicher Sondervereinbarungen zurückgreifen können.[10] Dieses Spannungsverhältnis versucht der Gesetzgeber dadurch abzumildern, dass der Aufsichtsrat über entsprechende Vereinbarungen unterrichtet **(Transparenzgebot)** und ihr Abschluss von seiner Zustimmung abhängig gemacht wird.[11] Sind dem Aufsichtsrat gegenüber entsprechende Vereinbarungen offen zu legen, kann dieser in Kenntnis hieraus entstehender Interessenkonflikte über den Bestand der Vereinbarung sachgerecht entscheiden.

Interessant ist in diesem Zusammenhang die Feststellung des BGH, das **gesetzliche** 9 **Verbot** des § 113 richte sich nicht gegen die Beratungstätigkeit, sondern **gegen die Vergütungsvereinbarung,** weshalb § 817 S. 2 BGB (der eine Rückforderung ausschließt,

---

[6] Großkomm AktG/*Hopt/Roth* Rn. 48; Kölner Komm AktG/*Mertens/Cahn* Rn. 25; Spindler/Stilz/*Spindler* Rn. 21; Hüffer/*Koch* Rn. 8; Bürgers/Körber/*Bürgers/Israel* Rn. 7.
[7] *Ruoff* BB 2013, 899 (902); aA Spindler/Stilz/*Spindler* Rn. 21 sowie *Spindler* NZG 2012, 1161 (1164).
[8] MüKoAktG/*Habersack* Rn. 30, 26 f.
[9] So aber insbesondere das OLG Frankfurt AG 2011, 256 (257), wenn es nur von der „Funktionsfähigkeit der innerkörperschaftlichen Kontrolle" und dem „Schutz der Gesellschaft vor rechtsgrundlosen Zahlungen an Dritte" spricht und betont, es sollten „(s)achlich ungerechtfertigte Sonderleistungen und eine unsachliche Beeinflussung eines Aufsichtsratsmitglieds durch den Vorstand ... verhindert werden", aber nicht erwähnt, dass die Norm zugleich klarstellt, dass Beratungsverträge mit Aufsichtsratsmitgliedern grundsätzlich zulässig sind.
[10] *Hellwig* ZIP 1999, 2117 (2125); *Lutter/Kremer* ZGR 1992, 87 (93); *Mertens,* FS Steindorff, 1990, 173 (175).
[11] AusschussB *Kropff* S. 158; BGHZ 126, 340 (347) = NJW 1994, 2484; *Beater* ZHR 157 (1993), 420 (427 f.); *Hellwig* ZIP 1999, 2117 (2125).

wenn auch dem Leistenden ein Verstoß gegen ein gesetzliches Verbot zur Last fällt) nicht anzuwenden sei.[12] Dies erscheint konsequent, befasst § 113 sich doch nur mit der Vergütung des Aufsichtsrats, für deren Regelung er die Satzung und die Hauptversammlung als die einzig Kompetenten erklärt, während sie sich zu etwaigen Beratungsverträgen nicht erklärt; so hat der BGH auch in einer früheren Entscheidung nicht einen Beratungsvertrag als gegen § 113 verstoßend bezeichnet, sondern nur die darin getroffene Vergütungsvereinbarung.[13] Für eine solche ist nun einmal im Rahmen des Pflichtenkreises des Aufsichtsrats kein Raum.

10   Die Vorschrift findet auch auf den **mitbestimmten Aufsichtsrat der GmbH** Anwendung.[14] Im Übrigen gilt die Bestimmung für den fakultativen Aufsichtsrat der GmbH, soweit der Gesellschaftsvertrag keine abweichenden Regelungen vorsieht.[15]

11   **2. Entstehungsgeschichte.** Die Vorschrift wurde vom Bundestag auf Vorschlag der am Gesetzgebungsverfahren beteiligten Ausschüsse in den Gesetzesvorschlag aufgenommen und durch das **AktG 1965** eingefügt.[16] Seitdem ist die Vorschrift nicht geändert worden.

12   **3. Rechtstatsachen.** Bis zum Inkrafttreten dieser Vorschrift war es verbreitet, Mitgliedern des Aufsichtsrats durch die Zahlung von Beratungshonoraren eine **erhöhte Vergütung** für die Aufsichtsratstätigkeit zukommen zu lassen. Auch heute noch wird häufig versucht, Aufsichtsratsmitgliedern durch Abschluss von Beratungsverträgen, die sich dann jedoch im zulässigen Bereich des § 114 zu bewegen bemühen, zusätzliche Vergütungen zukommen zu lassen, so insbesondere dann, wenn eine besonders kompetente Person als Aufsichtsratsmitglied gewonnen werden soll, dies jedoch an einer – häufig zu Recht – als unzulänglich angesehenen Aufsichtsratsvergütung zu scheitern droht. Solche Verträge werden von der Rechtsprechung äußerst kritisch gesehen[17] und sind nur zulässig, und es darf von der Gesellschaft nur dann darauf eine Vergütung gezahlt werden, wenn die jeweilige Beratungsleistung von der Gesellschaft benötigt und gewollt ist und von dem Aufsichtsratsmitglied tatsächlich erbracht wird,[18] was gegebenenfalls entsprechend zu dokumentieren ist. Liegen diese Voraussetzungen nicht vor, handelt es sich um ein die Gesellschaft schädigendes Scheingeschäft, das gemäß § 117 BGB nichtig ist,[19] mit entsprechenden zivil- und strafrechtlichen Haftungsfolgen für die Beteiligten.[20]

13   Hinzu kommt, dass nicht selten **Mitglieder von** Anwaltssozietäten und anderer **Beratungsunternehmen** in Aufsichtsräte gewählt werden, was zu einer erweiterten Auslegung der Vorschrift durch die Rechtsprechung geführt hat, so dass bei jeglicher Mandatierung der Sozietät oder des Beratungsunternehmens durch das Unternehmen zu prüfen ist, ob der Beratungsgegenstand möglicher Weise innerhalb des Aufgabengebiets des Aufsichtsrats liegt, und in praktisch jedem Fall der Aufsichtsrat einer Mandatierung zuzustimmen hat.

14   **4. Reformvorhaben.** Die Regelung ist im Rahmen der einzelnen Stellungnahmen zum **KonTraG**[21] Gegenstand von Reformüberlegungen geworden. So sah der **SPD-Entwurf**[22] die Zuweisung der **Zustimmungskompetenz an die Hauptversammlung** statt wie bisher an den Aufsichtsrat vor. Die für die Änderung der Vorschrift vorgetragene Begründung entsprach hierbei den grundsätzlichen Zielen des Gesetzentwurfs, bestehenden Per-

---

[12] BGH NZG 2007, 516 Rn. 20; ablehnend *Kanzler* AG 2013, 554 (559 f.), der für eine teleologische Reduktion dieser Vorschrift eintritt.
[13] BGHZ 170, 60 Rn. 13.
[14] § 25 Abs. 1 Nr. 2 MitbestG; § 3 Abs. 2 MontanMitbestG; § 77 Abs. 1 BertrVG 1952.
[15] § 52 Abs. 1 GmbHG; zu den hiermit in Zusammenhang stehenden Einschränkungen *Krummel/Küttner* DB 1996, 193 (194); *Lutter/Krieger* Rn. 868; *Weiss* BB 2007, 1853 ff.
[16] AusschussB *Kropff* S. 158.
[17] Vgl. *Staake* EWiR § 114 AktG 1/09, 629.
[18] *Lutter/Kremer* ZGR 1992, 87 (98).
[19] *Lutter/Kremer* ZGR 1992, 87 (98); *Burger,* Wirksamkeit von Beratungsverträgen, S. 29 f.
[20] *Hölters/Hambloch-Gesinn/Gesinn* Rn. 4.
[21] Gesetz zur Kontrolle und Transparenz im Unternehmensbereich vom 1.5.1998, BGBl. I S. 786.
[22] BT-Drs. 13/367.

sonenverflechtungen in deutschen Aufsichtsräten entgegenzuwirken.[23] Die veränderte Bestimmung sollte den Anreiz einer gegenseitigen Vorteilsgewährung, der sich aus dem Abschluss von Beratungsverträgen zugunsten einzelner Aufsichtsratsmitglieder ergeben kann, unterbinden und den Anspruch einer effizienteren Kontrolltätigkeit des Aufsichtsrats gerecht werden.[24] Alternativ wurden Berichtspflichten über entsprechende Vereinbarungen im Anhang des Jahresabschlusses[25] oder eine Berichterstattung gegenüber der Hauptversammlung vorgeschlagen.[26]

Die **Regierungskommission Corporate Governance**[27] hatte vorgeschlagen, börsennotierte Aktiengesellschaften zu verpflichten, im Anhang zum Jahres- (Konzern-)Abschluss von den Mitgliedern des Aufsichtsrats bezogene Vergütungen oder Vorteile für Beratungs-, Vermittlungs- oder ähnliche Leistungen von Aufsichtsratsmitgliedern anzugeben,[28] soweit sie von der Gesellschaft für persönlich erbrachte Leistungen, insbesondere Beratungs- und Vermittlungsleistungen, vergütet worden sind. Diesem Vorschlag ist der Gesetzgeber bisher nicht gefolgt. 15

Der deutsche **Corporate Governance Kodex** empfiehlt, die von der Gesellschaft an Mitglieder des Aufsichtsrats gezahlten Vergütungen oder gewährten Vorteile für persönlich erbrachte Leistungen, insbesondere Beratungs- und Vermittlungsleistungen, im Anhang zum Konzernabschluss individualisiert anzugeben (Ziff. 5.4.6 Abs. 3 S. 2 DCGK). Die Einhaltung dieser Empfehlung ist Gegenstand der gesetzlich geforderten Entsprechenserklärung zum Corporate Governance Kodex (§ 161 Abs. 1 S. 1). Somit ist zumindest bei börsennotierten Gesellschaften eine entsprechende Transparenz (individualisierte Angabe oder Ablehnung der Empfehlung) zu erwarten. 16

Es wäre wünschenswert, wenn der Gesetzgeber den Anwendungsbereich der Regeln über Dienst- und Werkverträge mit Aufsichtsratsmitgliedern wie die Regelung über die Kreditvergabe an Aufsichtsratsmitglieder (§ 115 Abs. 1) auf **Konzernsachverhalte** ausdehnen würde, um die in dieser Hinsicht bestehende Rechtsunsicherheit (→ Rn. 47) zu beseitigen. 17

Vereinzelt wird für eine **analoge Anwendung** der Norm auf **Beratungsverträge des Abschlussprüfers mit der Gesellschaft** eingetreten.[29] Die dem Aufsichtsrat durch das KonTraG übertragene Kompetenz zur Erteilung des Prüfungsauftrags zugunsten des Abschlussprüfers (§ 318 Abs. 1 S. 4 HGB) werde vereitelt, wenn der Vorstand dem Abschlussprüfer durch die Erteilung von Beratungsmandaten ungenehmigte Beratungshonorare vermitteln könne.[30] Die Unabhängigkeit des Abschlussprüfers könne beeinträchtigt sein, wenn er selbst oder eine mit ihm verbundene Gesellschaft für das betroffene Unternehmen zugleich beratend tätig werde.[31] Teilweise wird für die Erteilung von **Beratungsaufträgen an die Abschlussprüfer** der Gesellschaft bereits *de lege lata* eine Zustimmungspflicht des Aufsichtsrats gefordert, wie sie für den Abschluss von Beratungsverträgen mit Aufsichtsratsmitgliedern besteht.[32] 18

Eine analoge Anwendung der Gesetzesvorschrift auf Verträge mit dem Abschlussprüfer ist **nach geltendem Recht nicht möglich.** Das Gesetz bezieht nur Mitglieder des Aufsichtsrats ein. Der Deutsche Corporate Governance Kodex empfiehlt, dass der Auf- 19

---

[23] BT-Drs. 13/367, Art. 2, 3. a); *Adams* AG 1994, 148 (156); *Krummel/Küttner* DB 1996, 193.
[24] *Krummel/Küttner* DB 1996, 193.
[25] Siehe die bislang geltende Regelung in § 285 Nr. 9c HGB.
[26] *Baums*, Kontrolle und Transparenz in Großunternehmen – Stellungnahme für den Rechtsausschuss des Bundestages, S. 7 f.
[27] Vgl. hierzu MüKoAktG/*Semler/Spindler*, 2. Aufl. 2004, Vor § 76 Rn. 229 ff.
[28] *Baums* Rn. 265.
[29] *Hellwig* ZIP 1999, 2117 (2125 ff.) mit Bezug auf OLG Karlsruhe ZIP 1996, 229.
[30] *Hellwig* ZIP 1999, 2117 (2125).
[31] *Hellwig* ZIP 1999, 2117; vgl. *Baums* Rn. 302 f.; vgl. auch § 201 Sarbanes Oxley Act, der ein solches Verbot (mit der Möglichkeit, in begrenztem Umfang Befreiungen zu erteilen, in Section 10A des Securities and Exchange Act of 1934 eingefügt hat.
[32] Vgl. Beschlüsse des 61. DJT Karlsruhe 1996, E. Abt. Wirtschaftsrecht, IV AR, Nr. 18a, S. 27; *de lege ferenda Hellwig* ZIP 1999, 2117 (2125).

sichtsrat oder der Prüfungsausschuss vor Unterbreitung des Wahlvorschlags eine Erklärung des vorgesehenen Prüfers einholen sollen, ob und ggf. welche beruflichen, finanziellen oder sonstigen Beziehungen zwischen dem Prüfer, den Organen einer Prüfungsgesellschaft sowie den Prüfungsleitern einerseits und dem Unternehmen und seinen Organmitgliedern andererseits bestehen, die Zweifel an seiner Unabhängigkeit begründen können. Die Erklärung soll sich auch darauf erstrecken, in welchem Umfang im vorausgegangenen Geschäftsjahr andere Leistungen für das Unternehmen, insbesondere auf dem Beratungssektor, erbracht wurden bzw. für das folgende Jahr vertraglich vereinbart sind (Ziff. 7.2.1 Abs. 1 S. 2 DCGK).

20 **5. Entwicklung der Rechtsprechung.** Der **BGH** hat in einer Reihe von Entscheidungen die Konturen zulässiger Beratungsverträge definiert und dabei das von § 114 AktG postulierte Zustimmungserfordernis teleologisch argumentierend **extensiv ausgelegt,** was zu zum Teil lebhaftem Widerspruch in der Literatur bis hin zum Abgesang auf die Möglichkeit von Beratungsverträgen mit Aufsichtsratsmitgliedern geführt hat.[33] Letztere Reaktionen waren übertrieben, doch muss die Rechtsprechung sich davor hüten, Entscheidungen des Gesetzgebers zu konterkarieren, weil ihr diese oder gewisse daraus folgende rechtstatsächliche Entwicklungen nicht gefallen. Hierzu gehört, dass § 114 nun einmal **Beratungsverträge mit Aufsichtsratsmitgliedern gestattet** (→ Rn. 9), was unweigerlich dazu führt, dass es im Rahmen solcher Beratungsverhältnisse in gewisser Hinsicht zu einer Umkehrung der Verhältnisse kommt, indem das Aufsichtsratsmitglied Aufträge des Vorstands entgegennimmt und hierfür eine Vergütung erhält, während es sonst die Tätigkeit des Vorstands überwacht und über dessen Vergütung entscheidet. Hieraus resultieren zwangsläufig Risiken von Interessenverquickungen und -konflikten, mit denen verantwortlich umgegangen werden muss; völlig unabhängig von der Regelung des § 114 kann es zB auch dann besonders schwierig werden, wenn der Vorstand mit der Qualität der von einem Aufsichtsratsmitglied erbrachten Beratungsleistung nicht zufrieden ist.

21 Solange der Gesetzgeber Rufen nach einer Abschaffung der Vorschrift[34] widersteht, gilt sie und darf sie nicht durch erweiternde Auslegung faktisch funktionslos gemacht werden; andererseits ist es der **Praxis** trotz gegenteiliger Äußerungen bislang durchaus möglich, den Anforderungen der Rechtsprechung gerecht zu werden und legitimen Wünschen nach einer gesonderten Beratung des Unternehmens durch Aufsichtsratsmitglieder (oder durch Unternehmen oder Sozietäten, denen sie angehören) zu entsprechen, selbst wenn dies bedeutet, dass bislang geltende Routinen bei Auftragserteilung, Genehmigung und Abwicklung angepasst werden müssen.

II. Unzulässige Beratungsverträge

22 **1. Keine Beratung im Bereich der Amtspflichten des Aufsichtsratsmitglieds.** Die Regelung über den Abschluss von Dienst- oder Werkverträgen mit Aufsichtsratsmitgliedern bezieht sich nur auf Vereinbarungen, die das Mitglied zu Diensten außerhalb seiner Tätigkeit im Aufsichtsrat verpflichten (Abs. 1). Im Bereich der organschaftlichen Leistungspflichten des Aufsichtsratsmitglieds kann es keine Beratungsverträge geben. Vereinbarungen, die dazu dienen, dem Aufsichtsratsmitglied im organschaftlichen Aufgabenbereich eine zusätzliche Vergütung für die Erfüllung von Aufgaben zu gewähren, verstoßen gegen ein **gesetzliches Verbot** und sind nichtig.[35] Entgegen der von der Rechtsprechung und im Schrifttum

---

[33] Vgl. *Bicker* DStR 2011, 2155 (2158); *Pietzke* BB 2012, 658 (662); *Elisabeth Wagner* WuB II A. § 114 AktG 1.11.
[34] So von *Peltzer* ZIP 2007, 305 (309).
[35] § 113 iVm § 134 BGB; BGHZ 170, 60 Rn. 13; 168, 188 Rn. 20; 126, 340 (344) = NJW 1994, 2484; BGHZ 114, 127 (129) = NJW 1991, 1830 mAnm *J. Semler* EWiR § 114 AktG 1/1991, 525; OLG Köln ZIP 1994, 1773 (1774); OLG Stuttgart AG 1991, 404 f.; *Beater* ZHR 157 (1993), 420 (435); *Jäger* NZG 1999, 573 (576); *Lutter/Kremer* ZGR 1992, 87 (92); *Mertens*, FS Steindorff, 1990, 173 (175); *Vollmer/Maurer* BB 1993, 591 (592); *Hüffer/Koch* Rn. 6; MHdB AG/*Hoffmann-Becking* § 33 Rn. 36; Kölner Komm AktG/*Mertens/Cahn* Rn. 5; *Heussen* NJW 2001, 708 (710).

weithin vertretenen Auffassung[36] können sie auch **nicht durch einen Beschluss der Hauptversammlung genehmigt werden,** weil für Beratungsverträge im Rahmen der originären Aufsichtsratstätigkeit kein Raum ist;[37] zudem liegt auf Grund der zwingenden Aufgabenverteilung der §§ 113, 114 die Zuständigkeit für die Genehmigung von Beratungsverträgen beim Aufsichtsrat,[38] während die Hauptversammlung nur für die Gewährung einer Vergütung für die Aufsichtsratstätigkeit, nicht aber für andere Tätigkeiten von Aufsichtsratsmitgliedern, zuständig ist.[39] Hinzu kommt, dass bei der von der Hauptversammlung zu gewährenden Vergütung der Gleichheitssatz zu beachten ist, der zwangsläufig verletzt wird, wenn ein einzelnes Aufsichtsratsmitglied für seine Aufsichtsratstätigkeit eine erhöhte Vergütung erhält,[40] sofern diese sich nicht aus seiner besonderen Funktion im Aufsichtsrat ergibt (→ § 113 Rn. 30 ff.). Schließlich wäre die Gewährung einer besonderen Vergütung durch die Hauptversammlung im Rahmen einer vertraglichen Vereinbarung mit einem einzelnen Aufsichtsratsmitglied ohnehin nur bei Gesellschaften mit einem sehr kleinen Aktionärskreis, die ad hoc eine Universalversammlung abhalten können, niemals dagegen bei Publikumsgesellschaften praktikabel.

2. Abgrenzung der Amtspflichten des Aufsichtsratsmitglieds von zulässigen Beratungstätigkeiten. Der Aufsichtsrat schuldet der Gesellschaft die Überwachung der Geschäftsführung (§ 111 Abs. 1). Im Rahmen seiner allgemeinen Überwachungspflichten ist er **auch zur Beratung des Vorstands verpflichtet** (→ § 111 Rn. 337 ff.). Die Abgrenzung von Beratungsaufgaben innerhalb und außerhalb des Aufgabenkreises des Aufsichtsratsmitglieds rückt damit in den Mittelpunkt der Beurteilung der Zulässigkeit von Beratungsverträgen, die zwischen der Gesellschaft und dem Aufsichtsratsmitglied abgeschlossenen werden (→ § 111 Rn. 353 ff.).

a) Umfang und Grenzen organschaftlicher Beratungspflichten. Nach der Rechtsprechung und dem überwiegenden Teil der Literatur[41] gehört zur Kontrolle der gegenwärtigen Geschäftsführung durch den Aufsichtsrat auch die **Beratung des Vorstands in übergeordneten Fragen der Unternehmensführung.** Die beratende Überwachung durch den Aufsichtsrat erstreckt sich dabei nicht nur auf die in der Vergangenheit liegende abgeschlossene, sondern auch auf die gegenwärtige Geschäftsführung sowie grundsätzliche Fragen künftiger Geschäftspolitik.[42] Dabei hat sich die Beratung ebenso wie die vergangenheits- und zukunftsbezogene Überwachung auf die originären Führungsfunktionen Unter-

---

[36] BGHZ 170, 60 (65); BGH NZG 2007, 516 (518); OLG Köln ZIP 2013, 516 (518); Großkomm AktG/*Hopt/Roth* Rn. 27; *Grigoleit/Grigoleit/Tomasic* Rn. 5; MüKoAktG/*Habersack* Rn. 22, 26, 28, 37; Spindler/Stilz/*Spindler* Rn. 22; *Rodewig* in Semler/v. Schenck AR-HdB § 8 Rn. 165; *Benecke* WM 2007, 717 (720); *Bosse* NZG 2007, 172 (174); *Ruoff* BB 2013, 899 (904); *Semler* NZG 2007, 881 (885); *Vetter* AG 2006, 173 (175); offengelassen von BGHZ 114, 127 (135).

[37] *Mertens,* FS Steindorff, 1990, 173 (179 f.); Kölner Komm AktG/*Mertens/Cahn* Rn. 6; Hölters/*Hambloch-Gesinn/Gesinn* Rn. 5; *Peltzer* ZIP 2007, 305 (309); zutreffend differenzierend zwischen dogmatisch korrekter Sichtweise und Behandlung durch die hM *Ziemons* GWR 2012, 451 (456); aA MüKoAktG/*Habersack* Rn. 22, 26, 28, 37; Spindler/Stilz/*Spindler* Rn. 22; implizit *Lutter,* FS Westermann, 2008, 1176; *Benecke* WM 2007, 717 (720); *Bosse* NZG 2007, 172 (174).

[38] *Ziemons* GWR 2012, 451 (456) hält dagegen eine Zustimmung der Hauptversammlung für möglich.

[39] Siehe hierzu grundlegend *Mertens,* FS Steindorff, 1990, 173 (179 f.) sowie Kölner Komm AktG/*Mertens/Cahn* Rn. 6, 26.

[40] *Mertens,* FS Steindorff, 1990, 173 (180); Kölner Komm AktG/*Mertens/Cahn* Rn. 6; Hölters/*Hambloch-Gesinn/Gesinn* Rn. 5. Hierauf verweisen zutreffend auch mehrere Vertreter der Gegenmeinung, siehe zB *Bosse* NZG 2007, 172 (174); aA *Vetter* AG 2006, 173 (175).

[41] → § 111 Rn. 337 ff.; BGHZ 126, 340 (344) = NJW 1994, 2484; BGHZ 114, 127 (129 f.) = NJW 1991, 1830 – Deutscher Herold; KG AG 1997, 42 (43); *Henze* HRR AktienR Rn. 796; *Deckert* AG 1997, 109 (110); *Krummel/Küttner* DB 1996, 193 (195 f.); *Lutter/Kremer* ZGR 1992, 87 (88 f.); Hüffer/*Koch* Rn. 7; *Burger* S. 170 ff.; *v. Schenck* in Semler/v. Schenck AR-HdB § 7 Rn. 118 ff.; *v. Schenck* AG 2010, 649 Fn. 1 mwN; die Beratungsaufgabe des Aufsichtsrats kann demgegenüber auch als eigenständige, dh von der Überwachung losgelöste Aufgabe gesehen werden, vgl. *J. Semler,* Leitung und Überwachung S. 93, Fn. 242. Kritisch zur Vermengung von Überwachungs- und Beratungsfunktion vom wirtschaftswissenschaftlichen Standpunkt *Steinmann/Klaus* AG 1987, 29 (30); *Theisen* AG 1993, 49 (64).

[42] *Henze,* HRR AktienR, Rn. 797; *v. Schenck* in Semler/v. Schenck AR-HdB § 7 Rn. 118.

nehmensplanung, Unternehmenskoordinierung, Unternehmenskontrolle und Führungsstellenbesetzung sowie auf Führungsentscheidungen zu erstrecken. Die Beratungsfunktion des Aufsichtsrats ist nicht auf die Ordnungsmäßigkeit und die Rechtmäßigkeit einzelner Geschäftsführungsmaßnahmen des Vorstands beschränkt. Der Aufsichtsrat hat sich vielmehr auch zur Zweckmäßigkeit und Wirtschaftlichkeit solcher Maßnahmen zu äußern (→ § 111 Rn. 343). Allerdings darf er in Fragen der Wirtschaftlichkeit und der Zweckmäßigkeit sein Ermessen nicht an die Stelle des Vorstandsermessens stellen.[43] Entgeltliche Beratungsverträge in Angelegenheiten, die im Bereich der Führungsfunktionen und von Führungsentscheidungen des Vorstands liegen, sind per se unzulässig.

25 **b) Einzelne Abgrenzungsmerkmale.** Die Rechtsprechung und der überwiegende Teil des Schrifttums[44] orientieren sich für die Abgrenzung von Tätigkeiten innerhalb und außerhalb der Aufsichtsratstätigkeit am Gegenstand der durch das Aufsichtsratsmitglied vertraglich geschuldeten Beratung. So ist im Bereich der allgemeinen Aufsichtsratstätigkeit eine gesonderte vertraglich geregelte Beratung durch ein Aufsichtsratsmitglied nicht zulässig (→ Rn. 22). Bedeutsam ist aber auch, ob der Beratungsvertrag Umstände eines **besonderen Fachgebiets** oder die Beurteilung von speziellen Geschäften berührt, für deren Beurteilung das Aufsichtsratsmitglied besonders qualifiziert ist. Auch solche Maßnahmen sind einer gesonderten Beratung durch das betreffende Aufsichtsratsmitglied verschlossen, wenn sie im Überwachungsbereich liegen. Vielmehr ist ein fachlich besonders qualifiziertes Aufsichtsratsmitglied verpflichtet, seine spezifischen Kenntnisse, gerade wegen derer es möglicher Weise in den Aufsichtsrat gewählt worden ist, in seine Tätigkeit im Aufsichtsrat einzubringen;[45] tut es dies nicht und wird dadurch das Unternehmen geschädigt, so ist das Aufsichtsratsmitglied dem Unternehmen zum Ersatz verpflichtet.[46]

26 Gegenstand einer besonderen Beratung können Fachfragen sein, die sich **nicht zugleich auf allgemeine Fragen der Unternehmenspolitik beziehen**.[47] Die organschaftlichen Überwachungs- und Beratungsaufgaben des Aufsichtsrates beziehen sich auf die wesentlichen Leitungsmaßnahmen des Vorstands, nicht auf das operative Geschäft an sich.[48] Es gehört nicht zu den Zielen des Gesetzgebers, Beratungsfunktionen des Aufsichtsrats zu konstruieren, die mit einer realistischen Wahrnehmung der Überwachungsaufgabe schlechterdings nichts mehr zu tun haben.[49] So können Ausmaß und Intensität der zu leistenden Beratung, häufig auch als „Beratungstiefe" apostrophiert, ein Indiz dafür sein, dass der Beratungsgegenstand nicht zum Pflichtenkreis des Aufsichtsrats gehört.[50]

---

[43] *Semler*, Leitung und Überwachung, Rn. 264.
[44] → § 111 Rn. 353 ff.; BGHZ 126, 340 (344) = NJW 1994, 2484; BGHZ 114, 127 (132) = NJW 1991, 1830 – Entscheidungsgrundlage war hier ein Beratungsvertrag, der allgemeine Bereiche der Unternehmensführung betraf, und auf Grund dessen das Aufsichtsratsmitglied „Know-how" auf dem Gebiet des Versicherungswesens erbringen sollte; OLG Köln ZIP 1994, 1773 (1774) – der Entscheidung lag ein Beratungsvertrag zugrunde, nach dem das Aufsichtsratsmitglied ein EDV-gestütztes umfassendes Controlling-Konzept entwickeln sollte, das die Bereiche Liquiditäts- und Finanzierungsplanung, GuV, Bilanzanalyse und -planung, Ergebnis- und Erfolgsplanung, Renditeberechnung und Investitionsrechnung, Investitionsplanung und Unternehmensbewertung umfasste; konkretisierend LG Stuttgart ZIP 1998, 1275 (1277 f.); *Boujong* AG 1995, 203 (204 f.); *D. Hoffmann*, FS Havermann, 1995, 201 (211 ff.); *Krummel/Küttner* DB 1996, 193 (196); *Lutter/Kremer* ZGR 1992, 87 (95 ff.); *Henze*, HRR AktienR, Rn. 799; Großkomm AktG/*Hopt/Roth* Rn. 17; MHdB AG/*Hoffmann-Becking* § 33 Rn. 36 f.; *Hüffer/Koch* Rn. 7; *Mertens*, FS Steindorff, 1990, 173 (180 ff.); Kölner Komm AktG/*Mertens/Cahn* Rn. 6 sowie mit praktischen Beispielsfällen bei Rn. 8. Kritisch zu dem vom BGH formulierten Kriterium *Hoffmann/Kirchhoff* WPg 1991, 592 (594); *Beater* ZHR 157 (1993), 420 (423 f.); *Deckert* AG 1997, 109 (112); *Jaeger* ZIP 1994, 1759 f., der Formulierung des BGH lediglich Beispielcharakter zuschreibt.
[45] BGH NZG 2011, 1271 (1274) – ISION; BGHZ 168, 188 Rn. 17; OLG Hamburg NZG 2007, 470 (471) = AG 2007, 404 (406); *Lorenz/Pospiech* NZG 2011, 81 (83); MüKoAktG/*Habersack* Rn. 23.
[46] BGH NZG 2011, 1271 (1274) – ISION.
[47] BGHZ 114, 127 (132) = NJW 1991, 1830.
[48] LG Stuttgart ZIP 1998, 1275 (1277 f.); *Boujong* AG 1995, 203 (205); *Deckert* AG 1997, 109 (112); *Wissmann/Ost* BB 1998, 1957 (1958).
[49] *D. Hoffmann*, FS Havermann, 1995, 201 (207 ff.); vgl. Kölner Komm AktG/*Mertens/Cahn* Rn. 6.
[50] BGHZ 126, 340 (345); *Lutter/Kremer* ZGR 1992, 87 (108); *Lorenz/Pospiech* NZG 2011, 81 (84). Eine Reihe positiver und negativer Beispiele findet sich bei Kölner Komm AktG/*Mertens/Cahn* Rn. 8.

Die Abgrenzung des zulässigen vertraglichen Beratungsgegenstands lässt sich nicht anhand 27
des Umfangs und der **Intensität des erforderlichen Arbeitseinsatzes** des Aufsichtsratsmitglieds vornehmen.[51] Erfordern die Verhältnisse der Gesellschaft eine über den üblichen Einsatz des Aufsichtsrats hinausgehende Beanspruchung des Aufsichtsratsmitglieds, so ist dieser Einsatz zu erbringen,[52] ungeachtet dessen, dass eine Aufsichtsratstätigkeit regelmäßig ein Nebenamt darstellt, was bedeutet, dass von einem Aufsichtsratsmitglied kein unbegrenzter Zeiteinsatz erwartet werden kann.[53]

Es kommt nicht darauf an, ob die **Beratung dem Vorstand oder dem Aufsichtsrat** 28 (Plenum oder Ausschuss) erbracht wird. Ohne Bedeutung ist schließlich auch, ob der Beratungsvertrag durch den Vorstand, rechtsgeschäftlich bevollmächtigte Angestellte oder – was auf jeden Fall unzulässig ist – durch den Aufsichtsrat abgeschlossen wurde.

Die beratende Überwachung des Vorstands in übergeordneten Fragen der Geschäftspolitik 29 ist in erster Linie Aufgabe des Aufsichtsrats als Organ der Gesellschaft. Problematisch sind in diesem Zusammenhang **Beratungsvereinbarungen mit ehemaligen Vorstandsmitgliedern,** die in den Aufsichtsrat berufen worden sind. Ein Beratungsvertrag wird hier auch bei konkreter Bezeichnung der zu erbringenden Beratungsleistungen regelmäßig wegen der parallel geschuldeten Beratungspflichten des in den Aufsichtsrat gewählten ehemaligen Vorstandsmitglieds unzulässig sein,[54] da der Grund von dessen Wahl eine besondere Vertrautheit mit den Besonderheiten des Unternehmens gewesen sein wird, die es aber ohnehin als Aufsichtsratsmitglied dem Unternehmen nutzbar zu machen verpflichtet ist. Die Gesellschaft muss entscheiden, ob sie ein Aufsichtsratsmitglied oder einen externen Berater haben will. Beides zugleich ist schwierig.

Für die Wirksamkeit und den Fortbestand des Beratungsvertrags ist neben der individuel- 30 len Qualifikation des vertragschließenden Aufsichtsratsmitglieds dessen **konkrete Funktion** im Aufsichtsrat entscheidend. Es ist selbstverständlich, dass ein dem Bilanzausschuss des Aufsichtsrats angehörendes Mitglied der Gesellschaft weitergehende Überwachungs- und damit Beratungspflichten in dem Bereich der Ausschusstätigkeit schuldet als ein Aufsichtsratsmitglied, das diesem Ausschuss nicht angehört. Dies kann umgekehrt freilich nicht dazu führen, dass sich das ausschussfremde Aufsichtsratsmitglied beim Abschluss eines Beratungsvertrags auf die innere Organisation des Aufsichtsrats berufen kann. Die Unzulässigkeit eines Beratungsvertrags wird indiziert, wenn der Gesellschaft die Beratung durch ein entsprechend qualifiziertes, dem Aufsichtsrat angehörendes Aufsichtsratsmitglied zur Verfügung steht[55] und der Umfang der erforderlichen Beratung sich in einem Rahmen hält, der für ein Aufsichtsratsmitglied, das ja nur im Nebenamt tätig ist, zumutbar erscheint. Zulässig bleibt aber auch dann ein Beratungsvertrag mit einem externen Sachverständigen.[56] Der Aufsichtsrat braucht sich bei der Behandlung schwieriger Vorgänge nicht auf den Rat aus den eigenen Reihen zu beschränken.

c) Anforderungen an die Gestaltung von Beratungsverträgen. Der Beratungsver- 31 trag hat spezifische Einzelfragen, in denen das Aufsichtsratsmitglied den Vorstand beraten

---

[51] KG AG 1997, 42 (43); BGHZ 126, 304 (345) = NJW 1994, 2484; BGHZ 114, 127 (131) = NJW 1991, 1830; Boujong AG 1995, 203 (204); MHdbBAG/*Hoffmann-Becking* § 33 Rn. 37; *Lutter/Kremer* ZGR 1992, 87 (94); *Mertens,* FS Steindorff, 1990, 173 (181); Kölner Komm AktG/*Mertens/Cahn* Rn. 6; *Henze,* HRR AktienR, Rn. 798; aA noch *Lehmann* DB 1966, 1757.
[52] BGHZ 168, 188 Rn. 17; BGHZ 114, 127 (131); *Mertens,* FS Steindorff, 1990, 173 (176 ff.); *Lorenz/Pospiech* NZG 2011, 81 (83).
[53] *Müller* NZG 2002, 797.
[54] *Rodewig* in Semler/v. Schenck AR-HdB § 8 Rn. 169.
[55] *Deckert* AG 1997, 109 (114); *Lutter/Kremer* ZGR 1992, 87 (97 f.).
[56] Dies führt dazu, dass zB der Entwurf eines Leitfadens für die Hauptversammlung zwar entweder der Rechtsabteilung des Unternehmens oder einer externen Anwaltssozietät, die keinerlei personelle Verflechtungen mit dem Aufsichtsrat hat, übertragen werden kann, nicht aber im Rahmen eines Beratungsvertrags einer Anwaltssozietät, der ein Aufsichtsratsmitglied angehört, weil es sich bei der Teilnahme an der Hauptversammlung (und damit auch bei deren Vorbereitung) um eine originäre Aufsichtsratstätigkeit handelt, vgl. OLG Köln ZIP 2013, 516 (519) – Solarworld.

soll, so **konkret zu bezeichnen,** dass sich der Aufsichtsrat ein eigenverantwortliches Urteil über Art und Umfang der Leistung und die Höhe und Angemessenheit der Vergütung bilden kann.[57] Der Aufsichtsrat soll in der Lage sein zu erkennen, ob die zu erbringende Beratungsleistung außerhalb des Aufgabenbereichs des Aufsichtsratsmitglieds liegt oder ob der Vertrag verdeckte Sonderzuwendungen enthält. Verträge, die eine eindeutige Zuordnung nicht zulassen – etwa weil sie als Beratungsgegenstand nur generell bezeichnete Einzelfragen auf einem Gebiet angeben, das auch zu der Organtätigkeit des Aufsichtsrats gehört – sind nicht vom Gesetz gedeckt, sondern wegen eines Verstoßes gegen die aktienrechtliche Vergütungsregelung (§ 113 AktG iVm. § 134 BGB) unwirksam.

32 Auch wenn es **kein gesetzliches Schriftformerfordernis** für Beratungsverträge mit Aufsichtsratsmitgliedern gibt, folgt die Notwendigkeit einer Schrift- oder Textform (§§ 126 Abs. 1, 126b BGB) praktisch daraus, dass die Zustimmung des Aufsichtsrats auf der Grundlage einer dem Aufsichtsrat vorab zuzuleitenden Vorlage erfolgen sollte, um diesem eine gründliche Prüfung zu ermöglichen;[58] zudem ist eine Dokumentation der dem Aufsichtsrat zur Entscheidung vorgelegten Vereinbarungen aus Beweisgründen unbedingt anzuraten.[59]

III. Zustimmungspflichtige Verträge

33 **1. Vertragspartner. a) Aufsichtsratsmitglied.** Abs. 1 unterwirft Verträge der Gesellschaft mit einem ihrer Aufsichtsratsmitglieder der Zustimmung des Aufsichtsrats (→ Rn. 70 ff.). Dabei ist es gleichgültig, ob der Vorstand oder ob andere rechtsgeschäftlich vertretungsberechtigte Personen für die Gesellschaft handeln.

34 Die Bestimmung gilt unabhängig davon, ob es sich um ein **Aufsichtsratsmitglied** der Aktionäre, der Arbeitnehmer oder ein weiteres, „neutrales" Mitglied (§ 4 Abs. 1c, § 8 MontanMitbestG; § 5 Abs. 1 S. 2c, Abs. 3 MitbestErgG) handelt. Ebenso spielt die Art der Bestellung des Aufsichtsratsmitglieds, ob es gewählt, entsandt oder gerichtlich bestellt (§ 104) wurde, keine Rolle.[60] Auch wenn die Bestellung aus irgendeinem Grund nichtig sein sollte, gilt die Vorschrift uneingeschränkt.[61] Ist der oder die Betreffende als Aufsichtsratsmitglied tätig, gilt die Vorschrift auch für ihn oder sie. **Ersatzmitglieder** werden von der Vorschrift nicht erfasst, solange der Ersatzfall nicht eingetreten ist und sie somit nicht ordentliches Aufsichtsratsmitglied geworden sind.[62]

35 **aa) Zeitpunkt des Vertragsschlusses. (1) Beratungsverträge mit amtierenden Aufsichtsratsmitgliedern.** Das Gesetz unterstellt Verträge mit amtierenden Aufsichtsratsmitgliedern der Kontrolle des Aufsichtsrats. Hierzu gehören unstreitig Vereinbarungen, die **während der Amtszeit** des Aufsichtsratsmitglieds mit der Gesellschaft geschlossen werden.

36 **(2) Beratungsverträge vor Eintritt in den Aufsichtsrat.** Die Regelung trifft keine Aussage darüber, ob auch Vereinbarungen der Zustimmung des Aufsichtsrats unterliegen, die **vor Übernahme des Aufsichtsratsmandats** getroffen wurden.

37 Nach **früher überwiegend** vertretener Auffassung unterlagen vor der Amtszeit des Aufsichtsratsmitglieds abgeschlossene Verträge (**„Altverträge"**) nicht dem Zustimmungs-

---

[57] BGHZ 126, 340 (344 f.) = NJW 1994, 2484; LG Stuttgart ZIP 1998, 1275 (1278); *Henze,* HRR AktienR, Rn. 800; MHdB AG/*Hoffmann-Becking* § 33 Rn. 27; *Lutter/Kremer* ZGR 1992, 87 (95 ff.); *Mertens,* FS Steindorff, 1990, 173 ff. (175, 179); Kölner Komm AktG/*Mertens* Rn. 4; kritisch *Hoffmann,* FS Havermann, 1995, 201 (223); aA *Müller* NZG 2002, 800 (801), der die Anforderungen an die Konkretisierung für überspannt hält.
[58] Vgl. hierzu das OLG Frankfurt WM 2007, 327 (329), das zu Recht daran zweifelt, dass mündliche Beratungsverträge überhaupt dem Kontrollerfordernis genügen können; ebenso *Werner* DB 2006, 935 (937).
[59] Vgl. *Happ,* FS Priester, 2007, 175 (189) sowie *Lorenz/Pospiech* NJW 2011, 81 (84 f.).
[60] MüKoAktG/*Habersack* Rn. 8; Spindler/Stilz/*Spindler* Rn. 4.
[61] MüKoAktG/*Habersack* Rn. 8.
[62] MüKoAktG/*Habersack* Rn. 9.

vorbehalt der Norm.[63] Dies wird heute nicht mehr vertreten. Gleichermaßen überholt ist die Auffassung, Altverträge würden mit Eintritt des Beraters endgültig unwirksam.[64]

Nachdem *Mertens* einer Fortgeltung von Altverträgen bei Eintritt eines Beraters in den Aufsichtsrat widersprochen und deren automatische Beendigung postuliert hatte,[65] folgte der **BGH** in einer Entscheidung aus dem Jahre 1991[66] dieser Auffassung insoweit, als auch er – jedoch zunächst nur für § 113 AktG unterfallende Verträge – deren Fortgeltung bei Eintritt in den Aufsichtsrat widersprach, er aber zugleich erklärte, dass solche Verträge für die Dauer des Bestehens des Aufsichtsratsmandats „ohne Inhalt und damit ohne Wirkung" seien.[67] Diesen Grundsatz hat er in einer späteren Entscheidung auch auf § 114 AktG unterfallende Verträge ausgedehnt.[68] In der Folge hat sich allgemein die Auffassung durchgesetzt, dass bei Eintritt eines Beraters in den Aufsichtsrat im Aufgabengebiet des Aufsichtsrats bestehende oder gemäß § 114 AktG **genehmigungspflichtige Beratungsverträge** solange **ruhen**, wie der Berater dem Aufsichtsrat angehört, sie nach dessen Ausscheiden aus dem Aufsichtsrat aber wieder aufleben.[69] Mit dem Eintritt des Beraters in den Aufsichtsrat darf sich dessen Verhältnis zu der Gesellschaft allein nach den zwingenden gesetzlichen Bestimmungen über die Vergütung und den Abschluss von Verträgen mit den Mitgliedern des Aufsichtsrats richten. Das Aufsichtsratsmitglied unterliegt von Anbeginn seiner Amtszeit den allgemeinen mit seiner Organstellung verbundenen Pflichten. Es kann sich auch nicht durch den Abschluss von Beratungsverträgen vor Eintritt in den Aufsichtsrat vergütungsmäßig besserstellen lassen.

38

Daher sind vor dem Amtsantritt wirksam abgeschlossene **Beratungsverträge** gegenüber dem Aufsichtsrat **offen zu legen**. Der Aufsichtsrat muss die Verträge prüfen. Wenn sie Gegenstände betreffen, die nicht in den Aufgabenbereich des Aufsichtsratsmitglieds fallen und in die Amtszeit des Aufsichtsratsmitglieds hineinreichen, kann der Aufsichtsrat die Verträge billigen, er muss es aber nicht. Wenn er zB Interessenbeeinflussungen fürchtet, wird er keine Zustimmung erteilen.

39

Wird der Vertrag dem Aufsichtsrat nicht zur Genehmigung vorgelegt oder **verweigert** der Aufsichtsratz die **Zustimmung** zur Fortgeltung oder Übernahme des mit dem Berater abgeschlossenen Vertrags, bleibt die Vereinbarung für die Dauer der Mitgliedschaft des Beraters im Aufsichtsrat suspendiert, lebt nach dessen Ausscheiden aus dem Aufsichtsrat aber ohne weiteres Zutun wieder auf,[70] soweit sie nicht gegenstandslos geworden ist oder sich durch Zeitablauf erledigt hat.

40

(3) Teilnichtigkeit. Sieht der Beratervertrag eine Beratung der Gesellschaft auf mehreren Beratungsfeldern vor, von denen nur einzelne Aufgaben gegen das Verbot der Beratung in organeigenen Angelegenheiten verstoßen, können die übrigen Vertragsbestandteile vom Aufsichtsrat genehmigt werden, wenn gemäß § 139 BGB anzunehmen ist, dass die Parteien den Vertrag auch ohne den nichtigen Teil abgeschlossen hätten.[71] Wichtig ist in solchen Fällen allerdings, dass **klar abgegrenzt werden kann,** welcher Teil der Vergütung auf den

41

---

[63] *Schlaus* AG 1968, 376 (378); demgegenüber einschränkend im Hinblick auf die Behandlung von vor dem Inkrafttreten des AktG 1965 abgeschlossenen Verträgen, Großkomm AktG/*Meyer-Landrut*, 3. Aufl. 1970 ff., Anm. 6.

[64] So noch MüKoAktG/*Semler*, 2. Aufl. 2004, Rn. 35, der diese Meinung jedoch in NZG 2007, 881 (883 Fn. 31) ausdrücklich aufgegeben hat.

[65] *Mertens*, FS Steindorff, 1990, 173 (182 f.).

[66] BGHZ 114, 127 (134).

[67] BGHZ 114, 127 (134).

[68] BGHZ 126, 340 (346 ff.).

[69] Großkomm AktG/*Hopt/Roth* Rn. 35; Kölner Komm AktG/*Mertens/Cahn* Rn. 22; MüKoAktG/*Habersack* Rn. 10; Spindler/Stilz/*Spindler* Rn. 5; K. Schmidt/Lutter/*Drygala* Rn. 12; Hölters/*Hambloch-Gesinn/Gesinn* Rn. 10; Bürgers/Körber/*Bürgers/Israel* Rn. 4; Hüffer/*Koch* Rn. 2; *Rodewig* in Semler/v. Schenck AR-HdB § 8 Rn. 166; *Semler* NZG 2007, 881 (883).

[70] BGHZ 114, 127 (134); 126, 340 (348).

[71] § 139 BGB, Kölner Komm AktG/*Mertens/Cahn* Rn. 9; Spindler/Stilz/*Spindler* AktG Rn. 23; *Beater* ZHR 157 (1993), 420 (434); MHdB AG/*Hoffmann-Becking* § 33 Rn. 39; *Lorenz/Pospiech* NZG 2011, 81 (86); *Lutter/Kremer* ZGR 1992, 87 (96); *v. Schenck* DStR 2007, 395 (399).

genehmigungsfähigen Teil entfällt, da nur dann für den Aufsichtsrat feststeht, welche Vergütung für die seiner Entscheidung unterliegenden Vertragsleistungen vereinbart worden ist.[72] In diesem Falle sind die gegen § 113 AktG verstoßenden Teile nichtig, die gemäß § 114 AktG genehmigungsfähigen Teile dagegen bis zu der Erteilung der Genehmigung durch den Aufsichtsrat schwebend unwirksam.[73] Dem ist in der Rechtsprechung das OLG Frankfurt entgegengetreten, das sich allerdings wohl zu Unrecht auf die Rechtsprechung des BGH beruft.[74]

42 **bb) Beratungsverträge im Umkreis des Aufsichtsratsmitglieds.** Die Regelung des Gesetzes bezieht sich nach ihrem Wortlaut nur auf Beratungsverträge zwischen dem einzelnen Aufsichtsratsmitglied und der Gesellschaft. Es ist inzwischen jedoch allgemein anerkannt, dass § 114 auch dann entsprechend anzuwenden ist, wenn der Vertrag nicht mit dem Aufsichtsratsmitglied selbst, sondern mit einer ihm **nahestehenden Person** abgeschlossen wird.[75] Hierbei geht es in der Regel dann im Regelfall um eine Gesellschaft, an der das Aufsichtsratsmitglied beteiligt ist oder in der es eine führende Funktion hat; allerdings gilt dies ebenso für Beratungsverträge mit dem Aufsichtsratsmitglied nahestehende natürliche Personen, wobei die Regelung des § 115 Abs. 2 entsprechend anzuwenden ist. Einzelheiten sind streitig.

43 So hat die Rechtsprechung des **BGH** den **Anwendungsbereich der Vorschrift kontinuierlich ausgedehnt:** Zunächst auf den alleinigen Gesellschafter einer GmbH, mit der das Unternehmen einen Beratungsvertrag abgeschlossen hatte,[76] sodann auch auf eine „nicht notwendig beherrschende" Beteiligung des Aufsichtsratsmitglieds an dem Beratungsunternehmen, es sei denn, es handelte sich bei dem Aufsichtsratsmitglied zufließenden „mittelbaren Zuwendungen um – abstrakt betrachtet – ganz geringfügige Leistungen ... oder wenn sie im Vergleich zu der von der Hauptversammlung durch Satzungsbestimmung oder Einzelbeschluss festgesetzten Aufsichtsratsvergütung einen vernachlässigenswerten Umfang" hätten;[77] wenig später ließ der BGH eine bloße Beteiligung (in ungenannter Höhe) an dem Beratungsunternehmen und einen Zufluss bei dem Aufsichtsratsmitglied „nicht nur ganz geringfügiger Zuwendungen" für eine Zustimmungspflichtigkeit gemäß § 114 AktG genügen.[78] Zuletzt hat der BGH einen Zufluss bei dem Aufsichtsratsmitglied von jährlich etwa € 10.000 als weder absolut noch im Verhältnis zu einer Aufsichtsratsvergütung in Höhe von € 149.000 (bei einer Festvergütung von € 20.000) zu vernachlässigend bezeichnet;[79] in derselben Entscheidung hat der BGH zudem das vorinstanzliche Urteil[80] auch insoweit bestätigt, als er festgestellt hat, dass die **Zahlung der Vergütung** auf einen zustimmungspflichtigen Vertrag **vor Erteilung der Zustimmung** durch den Aufsichtsrat eine **Pflichtverletzung des Vorstands** darstelle, die trotz der Rückwirkung der nachfolgenden Genehmigung nicht entfalle;[81] der BGH hat jedoch insoweit einen entschuldigenden Rechtsirrtum des Vorstands angenommen,[82] der jedenfalls nach dieser höchstrichterlichen Entscheidung in Zukunft nicht mehr in Frage kommen dürfte.

44 Die Instanzgerichte hatten jeweils zuvor bereits eine „nicht nur marginal(e)" Beteiligung des Aufsichtsratsmitglieds an einer GmbH[83] oder die bloße Mitgliedschaft in einer beraten-

---

[72] BGHZ 126, 340 (344 f.).
[73] Kölner Komm AktG/*Mertens/Cahn* Rn. 28.
[74] OLG Frankfurt WM 2006, 327 (328); die BGH-Entscheidung, auf die das OLG Frankfurt sich beruft, BGHZ 126, 340 (344 f.), grenzt vielmehr so wie hier dargestellt ab.
[75] MüKoAktG/*Habersack* Rn. 12.
[76] BGHZ 168, 188 Rn. 10.
[77] BGHZ 170, 60 Rn. 8.
[78] BGH NZG 2007, 516 (517).
[79] BGHZ 194, 14 Rn. 15.
[80] OLG Frankfurt AG 2011, 256 ff. – Fresenius.
[81] BGHZ 194, 14 Rn. 17 ff. – Fresenius.
[82] BGHZ 194, 14 Rn. 23 – Fresenius; dem widerspricht vehement *Dieckmann* BWNotZ 2013, 2 (13 f.).
[83] OLG Frankfurt WM 2006, 327 (328).

den Anwaltssozietät[84] genügen lassen; das **OLG Frankfurt** hatte zudem die These aufgestellt, es beeinflusse die „Stellung (des Aufsichtsratsmitglieds) in der Partnerschaft oder auch nur sein dortiges Ansehen", wenn das Unternehmen an die Sozietät jährlich erhebliche Gesamtzahlungen leiste.[85] Letztere Frage hat der BGH ausdrücklich offen gelassen,[86] und er ist auch nicht auf die vom OLG Frankfurt aufgestellte weitere Annahme eingegangen, eine Interessenkonflikt sei auch bei Berücksichtigung der sonstigen guten Einkommens- und Vermögensverhältnisse des Aufsichtsratsmitglieds nicht ausgeschlossen, da es „(e)inen Satz der Lebenserfahrung, dass das Interesse an zusätzlichen Einkünften mit der Höhe der bereits erzielten Einkünfte erlischt, (nicht) gibt…".[87] Allerdings hat der BGH auch klargestellt, dass **§ 114 AktG nicht verbietet, einen Beratungsvertrag ohne vorherige Zustimmung des Aufsichtsrats abzuschließen und durch das Aufsichtsratsmitglied zu erfüllen;** dadurch entstehe noch keine Verflechtung zwischen Vorstand und Aufsichtsratsmitglied, sondern erst durch die Zahlung der Vergütung.[88]

Stellungnahme. Es erscheint angemessen und ist auch in der Literatur inzwischen weitgehend anerkannt, den Abschluss eines Beratungsvertrags mit dem Aufsichtsratsmitglied selbst und mit einer Gesellschaft, der das Aufsichtsratsmitglied angehört, jedenfalls dann gleichzusetzen, wenn diese Beteiligung nicht nur marginal ist.[89] Gleichwohl wäre es **wünschenswert,** wenn es hier eine **Beteiligungsquote** gäbe, unterhalb derer eine Beteiligung zu vernachlässigen wäre.[90] Stattdessen stellt die Rechtsprechung des BGH zusätzlich auf die Höhe des Zuflusses bei dem Aufsichtsratsmitglied ab, die sowohl abstrakt als auch im Verhältnis zu der von dem Aufsichtsratsmitglied bezogenen Vergütung zu setzen sei; auch hier verzichtet der BGH jedoch darauf, konkret zu werden und zu spezifizieren, welchen Betrag er maximal als „vernachlässigenswert" ansieht. Eine Indikation gibt allerdings die Bezeichnung eines Betrags von € 10.000 als absolut – und damit unabhängig von der von dem Aufsichtsratsmitglied bezogenen Aufsichtsratsvergütung oder gar von seinem Gesamteinkommen[91] – nicht vernachlässigenswert; damit muss faktisch schon ein **vierstelliger Eurobetrag als kritisch angesehen werden.** Dies überzeugt nicht. 45

Diese Rechtsprechung führt in der Praxis dazu, dass **praktisch ausnahmslos jeder Beratungsvertrag** mit einem Aufsichtsratsmitglied oder mit einer Gesellschaft, der das Aufsichtsratsmitglied angehört oder an deren Ergebnis es beteiligt ist, dem Aufsichtsrat **zur Genehmigung vorzulegen** ist, da nur selten im Vorhinein feststehen dürfte, dass daraus bei dem Aufsichtsratsmitglied nur ein vernachlässigenswerter Zufluss resultieren könnte.[92] Anders müsste dies wohl nur bei Kleinstbeteiligungen an börsennotierten Gesellschaften zu sehen sein. 46

b) Gesellschaft. aa) Beratungsverträge im Konzern. Umstritten ist, ob und in welchem Umfang die Regelung über Verträge mit Aufsichtsratsmitgliedern auch auf Sachverhalte anwendbar ist, in denen der Vertrag nicht mit der Gesellschaft selbst, sondern einem mit ihr verbundenen Konzernunternehmen abgeschlossen wird[93]; der BGH hat bislang keine Gelegenheit gehabt, sich mit dieser Frage auseinanderzusetzen.[94] 47

---

[84] OLG Hamburg AG 2007, 404.
[85] OLG Frankfurt AG 2011, 256 (258) – Fresenius.
[86] BGHZ 194, 14 Rn. 15 – Fresenius.
[87] OLG Frankfurt AG 2011, 256 Rn. 34 – Fresenius.
[88] BGHZ 194, 14 Rn. 21 – Fresenius.
[89] MüKoAktG/*Habersack* Rn. 14 f.; Spindler/Stilz/*Spindler* Rn. 9 f.; Bürgers/Körber/*Bürgers/Israel* Rn. 5 f.; Großkomm AktG/*Hopt/Roth* Rn. 43 f. wollen nur eine beherrschende Beteiligung an einer Kapitalgesellschaft gelten lassen, lehnen eine generelle Ausdehnung auf Personengesellschaften dagegen ab.
[90] So *v. Schenck* DStR 2007, 395 (397).
[91] *v. Schenck* DStR 2007, 395 (398).
[92] K. Schmidt/Lutter/*Drygala* Rn. 16; *Happ,* FS Priester, 175 (178 f.). Zur Anwendung auf die GmbH *Ullrich* GmbHR 2012, 1153 ff.
[93] *v. Bünau* S. 55 ff.; *Rodewig* in Semler/v. Schenck AR-HdB § 8 Rn. 146.
[94] *v. Bünau* S. 55.

48 Übereinstimmung besteht insoweit, als Beratungsverträge im Konzern zunächst am Aufgabenbereich des Aufsichtsratsmitglieds (§ 113) zu messen sind.[95] Die Überwachungsaufgaben (und damit die Beratungspflicht) des Aufsichtsrats der Konzernobergesellschaft erstreckt sich auf die Konzernleitung des Vorstands. Vereinbarungen über eine **konzernbezogene Beratung im Überwachungsbereich** sind folglich unzulässig, weil es keine vertragliche Beratung im Überwachungsbereich geben kann (§ 113 iVm § 134 BGB). Im Bereich der organschaftlichen Pflichten des Aufsichtsratsmitglieds darf es keine zusätzlichen vertraglichen Absprachen geben.

49 Bei Beratungsverträgen außerhalb des organschaftlichen Pflichtenkreises des Aufsichtsratsmitglieds ist **strittig**, ob eine Pflicht zur Zustimmung durch den Aufsichtsrat besteht.

50 Eine starke **Mindermeinung** lehnt eine generelle Ausdehnung des Anwendungsbereichs der Norm auf Konzernsachverhalte wegen des Fehlens einer entsprechenden Gesetzesvorschrift und unter Hinweis auf die ausdrückliche Regelung dieses Problems bei der Kreditvergabe an Aufsichtsratsmitglieder (§ 115) ab.[96] Für die Kreditgewährung eines herrschenden Unternehmens an Aufsichtsratsmitglieder eines abhängigen Unternehmens bzw. für Kredite einer abhängigen Gesellschaft an die Aufsichtsratsmitglieder des herrschenden Unternehmens verlange das Gesetz eine Einwilligung des Aufsichtsrats (§ 115 Abs. 1 S. 2). Da der Bestimmung über den Abschluss von Beratungsvereinbarungen eine entsprechende Konzernklausel fehle, sei bei Beratungsverträgen mit verbundenen Unternehmen ein Zustimmungsvorbehalt nicht gegeben. Nur bei einem kollusiven Zusammenwirken zwischen Vorstand und Aufsichtsrat soll durch eine Anwendung der Norm ein Zustimmungsvorbehalt angenommen werden. Dies soll zB in Fällen gelten, in denen die Vereinbarung nach ihrem Gegenstand ebenso mit der Muttergesellschaft hätte abgeschlossen werden können[97] bzw. der Umgehungszweck durch Einschaltung eines verbundenen Unternehmens offenkundig ist.[98]

51 Stellungnahme. Dieser **Auffassung kann nicht gefolgt werden.**[99] Die Regelung über den Vertragsschluss mit Aufsichtsratsmitgliedern hat zum Ziel, sachlich nicht gerechtfertigte Sonderleistungen an Aufsichtsratsmitglieder und die daraus resultierende Interessenverbindung zwischen Vorstand und Aufsichtsrat zu unterbinden. Eine entsprechende Interessenkollision kann gerade bei Beratungsverträgen mit Aufsichtsratsmitgliedern innerhalb eines Unternehmensverbunds in Betracht kommen. Der entsprechenden Situation bei Abschluss von Kreditvereinbarungen hat der Gesetzgeber durch eine ausdrückliche Konzernklausel Rechnung getragen. Von dem Schutzzweck beider Normen ausgehend ist es sachlich nicht einzusehen, weshalb der Abschluss eines Beratungsvertrags mit dem Aufsichtsratsmitglied im Konzern einer rechtlich anderen Behandlung unterliegen soll als ein Kreditvertrag. Das Erfordernis einer entsprechenden Regelung für Beratungsverträge wurde schlichtweg übersehen. Die Norm wurde erst in einem relativ späten Stadium der Ausschussverhandlungen eingefügt.[100]

52 Bejaht man die Anwendung der Norm auf Konzernsachverhalte,[101] ist zwischen Verträgen der abhängigen Gesellschaft mit Aufsichtsratsmitgliedern der Konzernobergesellschaft und

---

[95] *Rodewig* in Semler/v. Schenck AR-HdB § 8 Rn. 148; *Lutter/Krieger* Rn. 871; *Deckert* WiB 1997, 561, 565; *Krummel/Küttner* DB 1996, 193 (195).

[96] *Schlaus* AG 1968, 376 (377); MHdB AG/*Hoffmann-Becking* § 33 Rn. 41; Kölner Komm AktG/*Mertens/Cahn* Rn. 11; *Mertens*, FS Steindorff, 1990, 173 (186).

[97] MHdB AG/*Hoffmann-Becking* § 33 Rn. 41; *Rodewig* in Semler/v. Schenck AR-HdB § 8 Rn. 148.

[98] Kölner Komm AktG/*Mertens/Cahn* Rn. 11.

[99] Wie hier KG AG 1997, 42 (44); *Oppenhoff*, FS Barz, 1974, 283 (289); *Krummel/Küttner* DB 1996, 193 (195); *Lutter/Kremer* ZGR 1992, 86 (106); *Deckert* WiB 1997, 561 (565); *Rellermeyer* ZGR 1993, 77 (87 f.).

[100] *Rodewig* in Semler/v. Schenck AR-HdB § 8 Rn. 147; *Oppenhoff*, FS Barz, 1974, 283 (285); *Deckert* WiB 1997, 561 (564); vgl. aber *v. Bünau* S. 69 f., der unter Hinweis auf die Kommentierung von Geßler/Hefermehl/*Geßler* Rn. 4 als dem zur Zeit der Einführung des § 114 zuständigen Abteilungsleiter im Bundesjustizministerium meint, es spreche mehr für ein bewusstes Unterlassen der Ausweitung des Anwendungsbereichs dieser Vorschrift.

[101] Zurückhaltend und differenzierend mit eingehender Begründung *v. Bünau* S. 71 ff.

Vereinbarungen zwischen der herrschenden Gesellschaft und Aufsichtsratsmitgliedern abhängiger Unternehmen **zu unterscheiden.**

Die Regelung ist nach hier vertretener Auffassung jedenfalls dort anwendbar, wo der 53 Vorstand der Konzernobergesellschaft die Möglichkeit hat, den **Abschluss eines Beratungsvertrags zu beeinflussen.** Dies wird für Verträge, die zwischen einem Aufsichtsratsmitglied und einem von der AG beherrschten Unternehmen abgeschlossen werden, bejaht.[102]

Der Schutzzweck der Norm greift nicht ein, wenn ein Aufsichtsratsmitglied des abhängi- 54 gen Unternehmens einen **Beratungsvertrag** mit einem seine AG **beherrschenden Unternehmen** abschließt.[103] Der Vorstand der abhängigen AG hat keinen Einfluss auf Geschäfte eines die AG beherrschenden Unternehmens.[104] Es ist dem herrschenden Unternehmen ohne weiteres gestattet, einem Aufsichtsratsmitglied eines abhängigen Unternehmens eine zusätzliche Vergütung zu zahlen.

bb) Zustimmungspflicht des Aufsichtsrats zur Übernahme von Aufsichtsrats- 55 **mandaten in Konzerngesellschaften.** Im Schrifttum wird die Frage erörtert, ob die Regelungen über die Kreditgewährung und den Vertragsschluss mit Aufsichtsratsmitgliedern (§§ 113, 114) im Wege der Gesamtanalogie eine Zustimmungspflicht des Aufsichtsrats für Fälle statuieren, in denen einzelne **Mitglieder des Aufsichtsrats der Konzernobergesellschaft Aufsichtsratsmandate in abhängigen Konzerngesellschaften übernehmen.**[105] Hierfür spricht die **vergleichbare Interessenlage,** da der Vorstand der überwachten AG maßgebenden Einfluss auf die Bestellung und Vergütung des Aufsichtsrats der Tochtergesellschaft ausübt. Eine analoge Anwendung der für Verträge und Kreditgewährung geltenden Regeln stellt eine erhöhte Transparenz der Aufgaben einzelner Aufsichtsratsmitglieder im Konzern gegenüber dem Gesamtaufsichtsrat her. Deswegen sollten Aufsichtsratsmandate in konzernabhängigen Unternehmen von Aufsichtsratsmitgliedern des herrschenden Unternehmens – wenn überhaupt – nur mit Zustimmung des Aufsichtsrats des herrschenden Unternehmens übernommen werden.

c) Beratungsverträge mit Vorstandsmitgliedern. In der Literatur wird die Auffassung 56 vertreten, § 114 solle entsprechend angewandt werden, wenn ein Aufsichtsratsmitglied mit einem Vorstandsmitglied einen Beratungsvertrag abschließe, und zwar jedenfalls dann, wenn es einen zumindest mittelbaren Bezug zum Unternehmen gebe,[106] oder auch allgemein;[107] dies wird damit begründet, die **Risikolage einer Abhängigkeit des Aufsichtsratsmitglieds von dem Vorstand** sei jener, die zu schützen § 114 geschaffen worden sei, vergleichbar.[108] **Dem ist nicht zu folgen,** weil es zu einer Überdehnung des § 114 führen würde: Die Vorschrift ist, entgegen der Rechtsprechung des OLG Frankfurt, keine allgemeine „Verhaltensnorm", welche „die Funktionsfähigkeit der innergesellschaftlichen Kontrolle" aufrechterhalten soll,[109] sie schützt die Unabhängigkeit der Aufsichtsratsmitglieder nicht in jeder Hinsicht, sondern nur im Hinblick auf mögliche Sonderzuwendungen seitens der Gesellschaft.[110] Es obliegt insoweit dem einzelnen Aufsichtsratsmitglied, darauf zu achten, dass es sich durch vertragliche Beziehungen zu einem Vorstandsmitglied nicht inhabil macht; geschieht dies dennoch, hat es seinen Interessenkonflikt dem Aufsichtsrat

---

[102] *Oppenhoff,* FS Barz, 1974, 283 (289); *Lutter/Kremer* ZGR 1992, 86 (106); *Deckert* WiB 1997, 561 (565); *Rellermeyer* ZGR 1993, 77 (87 f.); *Rodewig* in Semler/v. Schenck AR-HdB § 8 Rn. 149.
[103] *Oppenhoff,* FS Barz, 1974, 283 (289); *Lutter/Krieger* Rn. 875; *Lutter/Kremer* ZGR 1992, 86 (106); *Deckert* WiB 1997, 561 (565).
[104] *Lutter/Krieger* Rn. 875; *Deckert* WiB 1997, 561 (565).
[105] *Lutter/Kremer* ZGR 1992, 86 (107); *Deckert* WiB 1997, 561 (565).
[106] *Säcker* AG 2004, 180 (183).
[107] MüKoAktG/*Habersack* Rn. 18.
[108] MüKoAktG/*Habersack* Rn. 18.
[109] OLG Frankfurt AG 2011, 256; kritisch dazu *Pietzke* BB 2012, 658 (660 f.).
[110] Kölner Komm AktG/*Mertens/Cahn* Rn. 19; *Hoffmann-Becking,* FS Karsten Schmidt, 657 (667) mit ausführlicher Begründung; *Henssler,* FS Goette, 2009, 135 (141 f.).

offenzulegen. Eine Pflicht, solche Beratungsverträge schlechthin offenzulegen, besteht nicht, und es hängt noch viel weniger die Wirksamkeit solcher Verträge von einer Zustimmung des Aufsichtsrats ab.

57 d) **Beratungsverträge mit Aktionären.** Erhalten Aufsichtsratsmitglieder von Aktionären eine Vergütung für ihre Tätigkeit in dem Aufsichtsrat des Unternehmens, so ist **§ 114** gleichermaßen **nicht anwendbar.**[111] Es ist eine – auch schon dem Gesetzgeber des § 114 – bekannte Tatsache, dass namhafte Aktionäre dem Aufsichtsrat bei ihnen angestellte oder ihnen nahestehende Personen, häufig sogar Vorstandsmitglieder, zur Wahl in den Aufsichtsrat vorschlagen,[112] ungeachtet der Unabhängigkeit jedes Aufsichtsratsmitglieds bei der Ausübung seines Amtes; hätte der Gesetzgeber die damit einhergehenden finanziellen Verflechtungen zwischen solchen Aufsichtsratsmitgliedern und Aktionären des Unternehmens irgendwelchen Beschränkungen unterwerfen wollen, hätte er eine entsprechende Regelung geschaffen.

58 2. **Vertragsinhalt. a) Informationspflichten.** Der Vorstand und das betroffene Aufsichtsratsmitglied unterliegen im Hinblick auf den Inhalt des Beratungsvertrags und die zugrunde liegende Vergütung weitreichenden Informationspflichten gegenüber dem Aufsichtsrat (→ Rn. 23 ff.). Hierdurch soll es dem Aufsichtsrat ermöglicht werden, im Rahmen seiner Beschlussfassung über die Wirksamkeit des Vertrags eine **informierte Entscheidung** zu treffen. Der Vertrag muss dem Aufsichtsrat nicht gänzlich vorgelegt werden. Jedoch ist ihm der wesentliche Inhalt mitzuteilen.

59 Es besteht ein **umfassendes Transparenzgebot** hinsichtlich der Formulierung, Durchführung (insbes. hinsichtlich möglicher Änderungen) und Dokumentation des Beratungsvertrags.[113] Nur so kann der Zweck der gesetzlichen Vorschrift erreicht werden.

60 b) **Vertragsgegenstand. aa) Leistungspflichten.** Die Vorlage muss deutlich machen, auf welchen Feldern die Gesellschaft beraten werden soll, damit für den Aufsichtsrat nachvollziehbar ist, dass die vertraglich geschuldeten Leistungen außerhalb der Aufsichtsratstätigkeit des Mitglieds liegen. **Je präziser der Beratungsgegenstand bezeichnet ist,** desto geringer ist das Risiko, dass nicht doch eine Überlappung mit dem Aufgabenbereich des Aufsichtsrats entsteht. Der Vertrag muss zugleich deutlich machen, dass er sich nicht auf Führungsfunktionen bezieht.

61 bb) **Vergütung.** Die **Höhe der Vergütung** für die Beratungsleistungen des Aufsichtsratsmitglieds muss sich aus dem Vertrag **eindeutig** ergeben.[114] Die ausschließliche Festsetzung von Tages- oder Stundensätzen ist nicht ausreichend, wenn es dem Aufsichtsratsmitglied weitestgehend überlassen bleibt, das Volumen seiner Beratungsleistungen selbst zu bestimmen.[115] Auch ein Verweis auf die entsprechende Gebührenordnung oder auf die üblichen Tarife reicht nicht aus.[116] Liegt, wie dringend anzuraten ist, ein schriftlich fixierter Vertrag vor, kann auf diesen verwiesen werden. Kann die Höhe der Vergütung bei Behandlung des Vertrags noch nicht eindeutig bestimmt werden, muss der Rahmen fest-

---

[111] Kölner Komm AktG/*Mertens/Cahn* Rn. 20; *Henssler*, FS Goette, 2009, 135 (142 f.); *Rodewig* in Semler/v. Schenck AR-HdB § 8 Rn. 139 aE.
[112] *Henssler*, FS Goette, 2009, 135 (142 f.); *Roth/Wörle* ZGR 2004, 565 (596 f.).
[113] *Rodewig* in Semler/v. Schenck AR-HdB § 8 Rn. 153; *Deckert* AG 1997, 109 (114); *Jaeger* ZIP 1994, 1759 (1760); *Krummel/Küttner* DB 1996, 193 (199); Kölner Komm AktG/*Mertens/Cahn* Rn. 26 f.
[114] BGHZ 170, 60 Rn. 13; 168, 188 Rn. 16; 126, 340 (344 f.) = NJW, 1994, 2484; LG Stuttgart ZIP 1998, 1275 (1279); OLG Köln ZIP 1994, 1773 (1774); *Deckert* WiB 1997, 561 (566); Hüffer/*Koch* Rn. 8; MHdB AG/*Hoffmann-Becking* § 33 Rn. 30; *Rodewig* in Semler/v. Schenck AR-HdB § 8 Rn. 156.
[115] LG Stuttgart ZIP 1998, 1275 (1279); *Rodewig* in Semler/v. Schenck AR-HdB § 8 Rn. 156.
[116] OLG Frankfurt WM 2006, 327 (328) („wenn (der Vertrag) die zu erwartende Vergütung in etwa beschreibt"); Großkomm AktG/*Hopt/Roth* Rn. 52; aA Kölner Komm AktG/*Mertens/Cahn* Rn. 26; LG Stuttgart ZIP 1998, 1275 (1279); MHdB AG/*Hoffmann-Becking* § 33 Rn. 43 (keine Bezifferung, „(w)enn sich die Höhe der Vergütung aus einer amtlichen Gebührenordnung oder allgemein verwendeten Richtsätzen ableiten lässt"); ; einschränkend *Rellermeyer* ZGR 1993, 77 (90) (sofern eine konkrete Bezifferung nicht möglich sei, sei auch hier der Rahmen anzugeben, in dem sich die Gegenleistung bewegen werde).

gelegt und bei dessen Überschreitung eine erneute Zustimmung des Aufsichtsrats eingeholt werden.

cc) Vereinbarkeit mit dem Unternehmensinteresse. Der Beratungsvertrag muss mit dem **Gesellschaftsinteresse vereinbar** sein. 62

Problematisch kann es sein, wenn dem Aufsichtsrat von **dritter Seite** ebenso **sach-kundige, effiziente und preiswerte Hilfe** angeboten wird, wie durch das Aufsichtsratsmitglied. Hier wird im Zweifelsfall eine Beratung durch Dritte vorzuziehen sein, weil dort nicht in gleichem Maße die Gefahr einer Beeinflussung oder Befangenheit des Aufsichtsratsmitglieds besteht. Es müssen besondere Gründe dafür sprechen, das Aufsichtsratsmitglied in die Beratung der Gesellschaft einzubeziehen. Dies ist zB dann der Fall, wenn das Aufsichtsratsmitglied mit den besonderen Umständen der Beratungsfrage besonders vertraut ist und die Beratung ohne größeren Einarbeitungsaufwand geleistet werden kann. Für eine Beratung durch das Aufsichtsratsmitglied kann in diesem Zusammenhang auch sprechen, dass das Aufsichtsratsmitglied durch bisherige Beratungsleistungen gegenüber der Gesellschaft das besondere Vertrauen des Vorstands erlangt hat.[117] 63

c) Leistungsinhalt. aa) Dienst- und Werkverträge. Die in der Vorschrift verankerte Zustimmungspflicht ist auf Dienst- und Werkverträge, typischerweise Beratungsverträge, beschränkt, die eine Tätigkeit höherer Art zum Gegenstand haben. 64

Andere Austauschverhältnisse, wie Kauf-, Leasing-, Mietverträge, Schenkungen usw. fallen **nicht** in den Anwendungsbereich der Norm. 65

Mit der Beschränkung auf Dienst- und Werkverträge kommt die **gesetzliche Wertung** zum Ausdruck, nach der bei Verträgen, die nicht den Regelungen über Kreditverträge und über Werk- bzw. Dienstverträge mit Leistungen höherer Art unterliegen, dem freien Liefer- und Leistungsverkehr und den zugrunde liegenden Austauschbeziehungen Vorrang gegenüber dem Interesse eingeräumt wird, eine etwaige verdeckte Gewährung von Sonderleistungen an einzelne Aufsichtsratsmitglieder zu verhindern. Der Vorstand kann kraft seiner gesetzlichen Vertretungsbefugnis alle sonstigen Verträge mit einzelnen Aufsichtsratsmitgliedern ohne Zustimmung des Aufsichtsrats schließen.[118] Allerdings sind allgemein bestehende Zustimmungserfordernisse zugunsten des Aufsichtsrats zu beachten. 66

Bei Abschluss von **Vereinbarungen** mit Aufsichtsratsmitgliedern und ihnen nahestehenden Unternehmen und Personen hat der Vorstand besonders sorgfältig vorzugehen. Auch der Aufsichtsrat hat solche Verträge besonders sorgsam zu prüfen, wenn sie ihm vorgelegt werden oder er sie sich vorlegen lässt. Andernfalls können sich die einzelnen Vorstands- und Aufsichtsratsmitglieder wegen einer Sorgfaltspflichtverletzung schadensersatzpflichtig machen (§§ 93, 116). 67

Ob eine Vereinbarung als **Dienst- oder Werkvertrag** zu qualifizieren ist, bestimmt sich nach allgemeinen Regeln (vgl. §§ 611, 631 BGB). Entscheidend ist, ob sich das Aufsichtsratsmitglied zur Leistung von Diensten (§ 611 BGB) oder zur Herstellung eines Werkes (§ 631 BGB) verpflichtet hat. 68

bb) Tätigkeit höherer Art. Die Vereinbarung unterliegt nur dann dem Anwendungsbereich der Norm, wenn sie das Aufsichtsratsmitglied zu einer **Tätigkeit höherer Art** verpflichtet. Die Auslegung dieses Begriffs bestimmt sich nach bürgerlichem Recht.[119] Bei einem Dienstvertrag werden als Dienste höherer Art solche Dienstleistungen angesehen, die sich nach Art und Wert gegenüber anderen Diensten des Aufsichtsratsmitglieds hervorheben.[120] Da im Interesse der Arbeitnehmervertreter arbeitsvertragliche Vereinbarungen aus dem Anwendungsbereich der Norm ausgenommen sind, fallen in erster Linie Beratungs- 69

---

[117] *Rodewig* in Semler/v. Schenck AR-HdB § 8 Rn. 168.
[118] Vgl. *K. v. Falkenhausen* AG 1966, 379.
[119] § 627 Abs. 1 BGB, vgl. hierzu instruktiv *Beater* ZHR (1993), 426 f. zu § 622 BGB aF.
[120] BAG AP Nr. 1.

verträge auf wirtschaftlichem, technischem, juristischem oder architektonischem Gebiet in den Anwendungsbereich der Norm.

IV. Zustimmung des Aufsichtsrats

70 **1. Erteilung der Zustimmung.** Der zwischen dem Aufsichtsratsmitglied und dem Vorstand abgeschlossene Dienst- bzw. Werkvertrag bedarf zu seiner Wirksamkeit der Zustimmung des Aufsichtsrats. Die Vorschrift beschränkt damit – entgegen der allgemeinen Regel (§ 82 Abs. 1) – die Vertretungsmacht des Vorstands im Außenverhältnis.

71 **a) Zeitpunkt der Zustimmung.** Der Begriff der Zustimmung erfasst sowohl die vor dem Vertragsschluss erteilte **Einwilligung** des Aufsichtsrats (§ 183 S. 1 BGB) als auch die **nachträgliche Genehmigung** (§ 184 Abs. 1 BGB) des zwischen dem Vorstand und dem Aufsichtsratsmitglied abgeschlossenen Dienst- oder Werkvertrags.[121] Zum Abschluss eines Beratungsvertrags mit einem Aufsichtsratsmitglied ist es nicht notwendig, noch nicht einmal aus der Sache heraus sinnvoll oder erwünscht, dass der Aufsichtsrat seine Zustimmung vor Abschluss des Vertrags erteilt. Dadurch unterscheidet sich die Zustimmung zu einem derartigen Vertrag von der Zustimmung zu einem Geschäft, das einem Zustimmungsvorbehalt des Aufsichtsrats unterliegt. Die Genehmigung durch den Aufsichtsrat kann folglich noch nach Abschluss des Vertrags und auch noch nach Erbringung der Leistung des Beraters erfolgen; vorzugsweise sollte aber über die Zustimmung vor Beginn der Leistungserbringung, jedenfalls aber vor der Zahlung der Vergütung entschieden werden.[122]

72 Eine im Voraus erteilte Zustimmung **(Einwilligung)** des Aufsichtsrats kann nur dann wirksam abgegeben werden, wenn sie sich auf einen konkreten Vertrag und einen bestimmten Vertragsinhalt bezieht, der sodann in seinen wesentlichen Teilen nicht mehr von dem abweichen darf, wozu der Aufsichtsrat seine Einwilligung erteilt hat.

73 Nach Auffassung des BGH und des OLG Frankfurt stellt die **Zahlung der Vergütung auf** einen vom Aufsichtsrat noch **nicht genehmigten Beratungsvertrag** mit einem Aufsichtsratsmitglied (oder einem Unternehmen, dem dieses angehört) einen Pflichtverstoß des Vorstands dar. Die nachfolgende Genehmigung durch den Aufsichtsrat schaffe zwar einen Rechtsgrund für die Zahlung, die somit nach erfolgter Genehmigung nicht mehr zurückgewährt zu werden brauche, das in der vorangehenden Zahlung auf einen noch schwebend unwirksamen Beratungsvertrag liegende Vorstandshandeln sei und bleibe aber pflichtwidrig. Da das OLG Frankfurt darin zudem einen eindeutigen und schwerwiegenden Gesetzesverstoß sah, kam es zu dem Ergebnis, dass die Nichtoffenlegung dieses Vorgangs gegenüber den Aktionären deren Beschluss über die Entlastung des Vorstands anfechtbar gemacht habe.[123] Der BGH folgte dieser Argumentation weitgehend und kam nur deshalb nicht zu dem gleichen Ergebnis, weil es seiner Auffassung nach für den Vorstand nicht vorhersehbar war, dass ein Gericht diese vorzeitige Auszahlung als pflichtwidrig ansehen würde.[124] OLG und BGH versagen damit der von § 114 Abs. 2 Satz 1 a. E. als möglich vorgesehenen Genehmigung die Rückwirkung auf das Handeln des Vorstands und beschränken sie auf die Zahlung selbst.

74 Für die Annahme eines Verbots der Zahlung auf einen Beratervertrag mit einem Aufsichtsratsmitglied vor Genehmigung des Vertrags durch den Aufsichtsrat spricht der Wortlaut von § 114 Abs. 2 Satz 1 AktG, der die Rückgewähr einer so gezahlten Vergütung postuliert, allerdings mit der Einschränkung „es sei denn, dass der Aufsichtsrat den Vertrag genehmigt". Dagegen spricht wiederum der Wortlaut des § 114 Abs. 1 letzter Halbsatz AktG, der von „der Zustimmung des Aufsichtsrats" spricht, denn unstreitig beinhaltet der Begriff „Zustimmung" sowohl eine (vorherige) Einwilligung als auch eine (nachfolgende)

---

[121] *Deckert* WiB 1997, 561 (565); Hüffer/*Koch* Rn. 9; Kölner Komm AktG/*Mertens/Cahn* Rn. 25; Großkomm AktG/*Hopt/Roth* Anm. 47; Henn Rn. 678, *Hoffmann/Preu* Der Aufsichtsrat Rn. 324.
[122] Siehe zur Leistungserbringung und zur Zahlung der Vergütung vor Genehmigung → Rn. 87.
[123] OLG Frankfurt AG 2011, 256 (257) – Fresenius.
[124] BGHZ 194, 14 Rn. 23 – Fresenius.

Genehmigung[125] und führt die **Rückwirkung der Genehmigung** dazu, dass das genehmigte Rechtsgeschäft so anzusehen ist, als sei es von Anfang an wirksam gewesen (§§ 114 Abs. 2 S. 1 aE AktG, 184 Abs. 1 BGB). Dies stellen BGH und OLG Frankfurt auch nicht in Frage, doch beschränken sie die Rückwirkung auf das Rechtsgeschäft selbst, also auf den Beratervertrag mit dem Aufsichtsratsmitglied, so dass die beiderseitigen Leistungen als mit Rechtsgrund erbracht anzusehen sind; das Vorstandshandeln betrachten sie davon isoliert und nehmen es von der Rückwirkung der Genehmigung aus.[126]

Diese Sichtweise ist in der Literatur zum Teil auf Zustimmung, zum Teil aber auf heftige Ablehnung gestoßen;[127] sie überrascht, und sie überzeugt umso weniger, wenn in einer Zahlung vor Genehmigung eine **eindeutige und schwere Gesetzesverletzung** des Vorstands gesehen wird.[128] Es ist zweierlei, ob der Vorstand gegen ein gesetzliches Verbot verstößt, was zu einer Nichtigkeit des Rechtsgeschäfts führt, wenn sich aus dem verletzten Gesetz nicht etwas anderes ergibt (§ 134 BGB), oder ob er ohne die für die Wirksamkeit des Rechtsgeschäfts erforderliche Genehmigung eine Zahlung an einen Berater leistet in der gerechtfertigten Erwartung, der zu dem Zeitpunkt noch schwebend unwirksame Vertrag werde nach dem normalen Verlauf der Dinge vom Aufsichtsrat genehmigt.[129] Dennoch wird die Praxis sich auf diese Rechtsprechung einstellen müssen;[130] schon zuvor war von einzelnen Stimmen in der Literatur durchaus eine Verpflichtung des Vorstands gesehen worden, vor solchen Zahlungen die Genehmigung des Vertrags durch den Aufsichtsrat einzuholen,[131] nur war in einer früheren Zahlung weder eine eindeutige und schwere Gesetzesverletzung des Vorstands gesehen, noch gar deren Fortbestand nach erfolgter Genehmigung angenommen worden. 75

Offen bleibt auch nach diesen Entscheidungen allerdings, ob die Gesetzeswidrigkeit einer Vergütungszahlung auch dann anzunehmen ist, wenn das Aufsichtsratsmitglied zB als Of Counsel seiner das Unternehmen beratenden Sozietät noch angehört, aber an deren Gewinnen nicht mehr beteiligt ist;[132] die Möglichkeit einer finanziellen Korrumpierung des Aufsichtsratsmitglieds[133] bestünde dann nicht mehr, und man könnte allenfalls bei Berücksichtigung der vom OLG Frankfurt ins Spiel gebrachten **weichen Faktoren** wie einer Verbesserung des Standings des Aufsichtsratsmitglieds innerhalb seiner Sozietät eine ungebührliche Beeinflussung der Entscheidung des Aufsichtsrats für möglich halten; zudem bliebe die vom BGH als weiterer Zweck des § 114 AktG genannte präventive Prüfung solcher Beraterverträge verhindert.[134] Der **BGH** hat jedoch den Gedanken der Berücksichtigung solcher weicher Faktoren **nicht aufgegriffen** und zudem ausdrücklich erklärt, dass § 114 AktG (ungeachtet der damit angestrebten präventiven Kontrolle) nicht verbiete, einen Beratungsvertrag mit einem Aufsichtsratsmitglied ohne Zustimmung des Aufsichtsrats 76

---

[125] § 182 iVm §§ 183, 184 Abs. 1 BGB; Großkomm AktG/*Hopt/Roth* Rn. 47; Kölner Komm AktG/ *Mertens/Cahn* Rn. 25; MüKoAktG/*Habersack* Rn. 27; *Habersack* NJW 2011, 1234; Spindler/Stilz/*Spindler* Rn. 21; K. Schmidt/Lutter/*Drygala* Rn. 17; Hölters/*Hambloch-Gesinn/Gesinn* Rn. 4; Bürgers/Körber/*Bürgers/ Israel* Rn. 7; Hüffer/*Koch* Rn. 9; *Pietzke* BB 2012, 658 (660).
[126] BGHZ 194, 14 Rn. 20 – Fresenius; OLG Frankfurt AG 2011, 256 (257) – Fresenius.
[127] Zustimmend *Dieckmann* BWNotZ 2013, 2 ff. (mit zT abweichender Begründung); *Ihrig* ZGR 2013, 417 (430); *Spindler* NZG 2012, 1161 ff. und NZG 2011, 334 ff.; ablehnend Kölner Komm AktG/*Mertens/Cahn* Rn. 29 ff.; *Becker* Konzern 2011, 233 (234 f.9); *Bicker* DStR 2011, 2155 ff.; *Cahn* Konzern 2012, 501 ff.; *Drygala* ZIP 2011, 427 (429); *Habersack* NJW 2011, 1234; *Pietzke* BB 2012, 658 ff.; *Quinke* DStR 2012, 2020 ff.; *Ruoff* BB 2013, 899 (903).
[128] *Bicker* DStR 2011, 2155 (2158); *Drygala* ZIP 2011, 427 (429); *Habersack* NJW 2011, 1234.
[129] Ebenso *Benecke* WM 2007, 717 (719 f.), die insoweit von bloßen „Beschränkungen der rechtsgeschäftlichen Gestaltungsbefugnis" spricht. Siehe aber *Dieckmann* BWNotZ 2013, 2 (13 ff.), der unabhängig von der Regelung des § 114 AktG in jeder Zahlung des Vorstands auf einen schwebend unwirksamen Vertrag eine gravierende Pflichtverletzung sieht, mit der der Vorstand das ihm anvertraute Vermögen gefährde, wenn nicht schädige.
[130] *Ruoff* BB 2013, 899 (903); *Uhlendorf/Rösner* BB 2012, 2526 f.
[131] Großkomm AktG/*Hopt/Roth* Rn. 47; MüKoAktG/*Semler*, 2. Aufl. 2004, Rn. 68 aE.
[132] *Uhlendorf/Rösner* BB 2012, 2526 (2527).
[133] OLG Frankfurt WM 2006, 327 (328); *Peltzer* ZIP 2007, 305 (309); v. *Schenck* DStR 2007, 395 (397).
[134] BGHZ 194, 14 Rn. 13; 168, 188 Rn. 9; 126, 340 (347).

zu schließen und seitens des Aufsichtsratsmitglieds zu erfüllen; dies führe noch nicht zu einer „Verflechtung" zwischen Vorstand und Aufsichtsratsmitglied, die § 114 verhindern solle.[135] Deshalb sollte in einem solchen Fall jedenfalls keine eindeutige und schwere Gesetzesverletzung anzunehmen sein.

77 **b) Rechtslage vor Erteilung der Zustimmung.** Solange die Zustimmung des Aufsichtsrats nicht vorliegt, ist der Vertrag **schwebend unwirksam**.[136] Der Schwebezustand wird nach allgemein geltenden Regeln auch nicht durch das Verstreichen einer angemessenen Frist außer Kraft gesetzt.[137] Allerdings muss der Vorstand im Hinblick auf seine Sorgfaltspflicht dafür sorgen, dass der Aufsichtsrat innerhalb einer angemessenen Frist über den Vertrag entscheidet. Dabei muss er sich bewusst sein, dass eine Zahlung der Vergütung für eine nicht genehmigte Leistung für ihn eine Schadensersatzverpflichtung begründen kann.

78 Mit Verweigerung der Zustimmung durch den Aufsichtsrat ist der Vertrag **nichtig** (§ 114 AktG iVm. § 134 BGB). Die Versagung der Zustimmung durch den Aufsichtsrat wirkt sich unmittelbar auf die Vertragsbeziehung zwischen dem Aufsichtsratsmitglied und der Gesellschaft aus. Die Vereinbarung muss nicht eigens aufgehoben werden.

79 **c) Altverträge.** Wurde der **Beratungsvertrag** bereits **vor** der **Bestellung** zum Aufsichtsratsmitglied abgeschlossen, bedarf es ebenfalls einer Zustimmung des Aufsichtsrats.[138] Lehnt der Aufsichtsrat eine Zustimmung ab oder wird versäumt, sie einzuholen, ruht der Beratervertrag für die Dauer der Mitgliedschaft des Beraters im Aufsichtsrat; nach dessen Ausscheiden lebt der Vertrag ohne weiteres Zutun wieder auf (→ Rn. 40).

80 **d) Erteilung oder Versagung der Zustimmung.** Die Versagung der Zustimmung zum Abschluss eines zulässigen Beratungsvertrags steht im **pflichtgemäßen Ermessen** des Aufsichtsrats.[139] Sie ist nicht an das Vorliegen eines wichtigen Grundes gebunden. So kann der Aufsichtsrat die Zustimmung nicht nur versagen, wenn er zB die Vergütung für unangemessen hoch hält, sondern auch dann, wenn er befürchtet, dass die Natur des Mandats sich auf die Unvoreingenommenheit des Aufsichtsratsmitglieds gegenüber dem Vorstand negativ auswirken könne.[140] Das einzelne Aufsichtsratsmitglied wird sich im Regelfall auch nicht darauf berufen können, dass der Aufsichtsrat einem anderen Aufsichtsratsmitglied den Abschluss einer Beratungsvereinbarung mit der Gesellschaft gestattet hat und mit der Verweigerung der Zustimmung zu dem mit ihm geschlossenen Vertrag den Grundsatz der Gleichbehandlung der Aufsichtsratsmitglieder verletze.[141]

81 Es ist die **Pflicht** der Vertragspartner, also sowohl des Vorstands als auch des betreffenden Aufsichtsratsmitglieds, den zwischen ihnen abgeschlossenen **Vertrag** dem Aufsichtsrat **zur Zustimmung vorzulegen**.[142]

82 Das einzelne Aufsichtsratsmitglied kann sich bei Scheitern des Vertrags wegen Nichteinholung der Zustimmung des Aufsichtsrats durch den Vorstand nicht auf einen **Anspruch aus einem rechtsgeschäftsähnlichen Vertrag** mit der Gesellschaft (culpa in contrahendo) berufen,[143] doch kann es gegebenenfalls einen Bereicherungsanspruch geltend machen, mit diesem jedoch nicht gegen einen Rückgewähranspruch des Unternehmens wegen einer etwa schon gezahlten Vergütung aufrechnen (§ 114 Abs. 2 S. 2; → Rn. 110).

---

[135] BGHZ 194, 14 Rn. 21; so auch *Dieckmann* BWNotZ 2013, 2 (8). → Rn. 44.
[136] AusschussB *Kropff* S. 158; *Hoffmann/Preu* Der Aufsichtsrat Rn. 324.
[137] So früher GHEK/*Geßler* Rn. 19.
[138] BGHZ 126, 340 (347 f.) = NJW 1994, 2484; BGHZ 114, 127 (132 f.) = NJW 1991, 1830; *Henze*, HRR AktienR, Rn. 804; Kölner Komm AktG/*Mertens/Cahn* Rn. 22. → Rn. 36 ff.
[139] Großkomm AktG/*Hopt/Roth* Rn. 49.
[140] *Hoffmann-Becking*, FS Karsten Schmidt, 2009, 657 (659).
[141] Großkomm AktG/*Hopt/Roth* Rn. 49.
[142] Kölner Komm AktG/*Mertens/Cahn* Rn. 34; MüKoAktG/*Habersack* Rn. 27; Großkomm AktG/*Hopt/Roth* Rn. 47; *Schlaus* AG 1968, 376 (377).
[143] § 311 BGB; wie hier Kölner Komm AktG/*Mertens/Cahn* Rn. 34; Großkomm AktG/*Hopt/Roth* Rn. 62; *Schlaus* AG 1968, 376 (377); aA v. *Godin/Wilhelmi* Anm. 4.

Entsteht der Gesellschaft durch die Zahlung der Vergütung aus einem nicht genehmigten 83
Vertrag ein Schaden, können sich das Aufsichtsratsmitglied und der Vorstand der Gesellschaft
gegenüber **schadensersatzpflichtig** machen (§ 116 iVm. § 93 Abs. 3 Nr. 7).

2. Zustimmungsgrundlage. a) Konkretisierung des Vertragsinhalts. Entsprechend 84
den Anforderungen an die Konkretisierung des zustimmungspflichtigen Vertrags
(→ Rn. 58 ff.) als Grundlage der Zustimmung des Aufsichtsrats sind diesem oder dem
zuständigen Ausschuss gegenüber Art und Umfang der Leistung und die zugrunde liegende
Vergütung so konkret zu bezeichnen, dass dieser sich ein **eigenständiges Urteil über
deren Zulässigkeit und Angemessenheit** bilden kann.

b) Nachträgliche Konkretisierung, insbesondere bei Rahmenverträgen, sowie 85
Teilbarkeit. Im Zusammenhang mit allgemein gefassten, von den Aufsichtsratsaufgaben
nicht ausreichend klar abgegrenzten Beratungsverträgen mit Aufsichtsratsmitgliedern stellt
sich immer wieder die Frage, ob eine nachträgliche Konkretisierung des Vertragsinhalts
möglich ist. Einer solchen Konkretisierung mag es bedürfen entweder wegen einer unzureichenden **Bezeichnung des Beratungsgegenstands** oder wegen einer **nicht ausreichend
konkreten Vereinbarung der zu zahlenden Vergütung.** Untechnisch gesprochen bedeutet dies, dass ein ursprünglich jedenfalls zum Teil gegen § 113 verstoßender Vertrag ohne
Beteiligung des Aufsichtsrats seitens des Aufsichtsratsmitglieds durchgeführt, die Beratungsleistung also erbracht worden ist und der Vertrag sodann unter Berücksichtigung der tatsächlich erbrachten Dienstleistung präzisiert wird und damit zugleich die beiderseitigen Leistungspflichten konkretisiert werden. Rechtlich bedeutet dies: Beinhaltet der Vertrag nur
Beratungsaufgaben, die zum Aufgabengebiet des Aufsichtsrats gehören, ist er wegen Verstoßes gegen § 113 nichtig. Beinhaltet der Vertrag genehmigungsfähige und -bedürftige,
möglicherweise aber nicht ausreichend konkretisierte Beratungsaufgaben, und ist die Vergütung möglicher Weise nicht bestimmt oder bestimmbar, ist der Vertrag bis zu einer
Genehmigung durch den Aufsichtsrat schwebend unwirksam. Umfasst der Beratungsvertrag
sowohl Aufgaben aus dem Aufgabengebiet des Aufsichtsrats als auch sonstige Aufgaben,
kommt eine Konkretisierung und nachfolgende Genehmigung der nicht § 113 unterfallenden Aufgaben nur dann in Betracht, wenn man eine **Teilbarkeit** in unwirksame und in
genehmigungsbedürftige Elemente für zulässig hält (→ Rn. 85 ff.).

Zahlreichen Entscheidungen des BGH zu § 114 lagen **Rahmenverträge** zu Grunde, 86
denen das Gericht wegen mangelnder Bestimmtheit und Abgrenzung zu den Beratungspflichten des Aufsichtsrats die Geltung versagt hat.[144] Dies ist kein Zufall, ist es doch sehr
schwer, in einem *per definitionem* breit zu fassenden Rahmenvertrag die zu erbringenden
Beratungsleistungen und die dafür geschuldeten Vergütungen so konkret zu bezeichnen,
dass zum einen eine klare Abgrenzung von den Aufsichtsratspflichten gegeben ist, und zum
anderen die von der Gesellschaft zu erbringende Gegenleistung ausreichend bestimmt oder
zumindest bestimmbar ist.[145] Bei der Durchführung eines Einzelauftrags werden sich fast
ausnahmslos Abweichungen gegenüber den Annahmen und Vorgaben des Rahmenvertrags
ergeben, die dazu führen, dass sich die im Vorhinein erteilte Zustimmung darauf nicht, oder
jedenfalls nicht in vollem Umfange, erstreckt.

Die Vorschrift will dem Aufsichtsrat eine **präventive Kontrolle** mit einem Aufsichtsrats- 87
mitglied zu treffender Vereinbarungen ermöglichen, um den Aufsichtsrat in die Lage zu
versetzen, zu prüfen, ob es tatsächlich um eine Beratungsleistung außerhalb der originären
Aufsichtsratstätigkeit geht und ob die vereinbarte Vergütung angemessen ist und es sich
nicht um eine verdeckte Sondervergütung handelt.[146] Gleichwohl entspricht es der in der
Literatur ganz herrschenden Meinung, dass derartige **Beratungsverträge auch nach
Erbringung der Beratungsleistung durch den Aufsichtsrat genehmigt werden kön-**

---

[144] BGHZ 114, 127 ff.; 126, 340 ff.; 168, 188 ff.; 170, 60 ff.; BGH NZG 2007, 516 ff.
[145] Ausführlich hierzu *Tophoven* NZG 2007, 2413 ff.
[146] BGHZ 194, 14 Rn. 13; 168, 188 Rn. 9; 126, 340 (347); *Dieckmann* BWNotZ 2013, 2 (8).

nen,[147] und auch die Rechtsprechung hat dies bislang so angenommen,[148] mit Ausnahme des OLG Frankfurt, das eine nachträgliche Genehmigung durch den Aufsichtsrat mit der Begründung ablehnt, dieser sei nach Leistungserbringung in seiner Entscheidung deutlich unfreier, da er sich aus Loyalitätserwägungen daran gehindert sehen könnte, eine Entscheidung zu treffen, die dazu führen würde, dass eine Aufsichtsrats-Kollege „mehr oder weniger umsonst gearbeitet" habe.[149] Diese Frage ist nun aber vom **BGH** gegen das OLG Frankfurt entschieden worden: Der BGH hat ausdrücklich erklärt, dass § 114 AktG nicht verbietet, einen Beratungsvertrag ohne vorherige Zustimmung des Aufsichtsrats abzuschließen und durch das Aufsichtsratsmitglied zu erfüllen; dadurch entstehe noch keine Verflechtung zwischen Vorstand und Aufsichtsratsmitglied, sondern erst durch die Zahlung der Vergütung, und deren Verzögerung sei eben der Preis, den das Aufsichtsratsmitglied zahlen müsse, wenn es Aufträge vom Unternehmen erhalten wolle.[150]

88 Die **Literatur befürwortet** zudem überwiegend die Möglichkeit einer **nachträglichen Konkretisierung** bereits seitens des Beraters erfüllter, mangels ausreichender Konkretisierung unwirksamer Beratungsverträge;[151] eine solche nachfolgende Präzisierung ist gerade bei Rahmenverträgen häufig erforderlich. Dem ist das OLG Frankfurt in derselben Entscheidung mit den gleichen Erwägungen entgegengetreten.[152] Der **BGH** hat diese Frage dagegen bislang ausdrücklich **offengelassen**.[153]

89 Dieser Meinungsstand bedeutet indes nicht, dass Rahmenverträge über von Aufsichtsratsmitgliedern (oder, wie häufig, von Wirtschaftsprüfungs- und Steuerberatungsgesellschaften oder Rechtsanwaltssozietäten, denen sie angehören) zu erbringende Beratungsdienstleistungen nicht mehr denkbar wären: Sinnvoll und praktikabel ist es durchaus, in einem Rahmenvertrag allgemein die Gebiete, auf denen eine Beratung erfolgen soll, zu benennen, die Parameter der zu zahlenden Vergütung (so etwa zur Anwendung kommende Stunden- oder Tagessätze) zu bestimmen sowie weitere übliche und für alle Fälle geltende Regelungen zu treffen. Für jeden zu erteilenden oder erteilten **Einzelauftrag** ist dann jedoch, unter Bezugnahme auf die Regelungen des Rahmenvertrags, die **spezifische Beratungsaufgabe konkret zu benennen** und die **Vergütung** entweder als Pauschale **zu vereinbaren** oder eine **Schätzung des zu erwartenden Honorars** aufzunehmen; dieser Vertrag ist sodann dem Aufsichtsrat zur Genehmigung vorzulegen.[154] Kommt es nachfolgend zu wesentlichen Änderungen, insbesondere zu Überschreitungen des vereinbarten Vergütungsrahmens, so sind diese vom Aufsichtsrat erneut zu genehmigen.[155] Nicht ausreichend ist es dagegen, nur Stundensätze zu vereinbaren[156] oder gar nur auf „übliche Stundensätze" zu verweisen,[157] selbst wenn, wie häufig, der endgültige Zeitaufwand nicht sicher vorherzusehen ist; stattdessen ist der vorgehend beschriebene Weg zu beschreiten.

90 Enthält ein Beratungsvertrag sowohl gegen § 113 verstoßende, als auch gemäß § 114 genehmigungsfähige Gegenstände, so stellt sich die Frage, ob der Vertrag in nichtige Elemente einerseits und genehmigungsbedürftige Elemente andererseits aufgeteilt werden

---

[147] Großkomm AktG/*Hopt/Roth* Rn. 47; Kölner Komm AktG/*Mertens/Cahn* Rn. 25; *Benecke* WM 2007, 717 (720); *Bicker* DStR 2011, 2155 (2157); *Cahn* Konzern 2012, 501 (506 f.); *Habersack* NJW 2011, 1234; *Krüger/Thonfeld* EWiR § 114 AktG 1/06, 385; *Linnerz* EWiR § 114 AktG 1/11, 203, 204;
[148] BGHZ 194, 14 Rn. 18 f.
[149] OLG Frankfurt WM 2006, 327 (329). Dagegen zB *Becker* Konzern 2011, 233 (234); *Krüger/Thonfeld* EWiR § 114 AktG 1/06 385, 386; *Pietzke* BB 2012, 658 (661).
[150] BGHZ 194, 14 Rn. 21 – Fresenius; aA *Ihrig* ZGR 2013, 417 (431).
[151] Kölner Komm AktG/*Mertens/Cahn* Rn. 29 f.; *Happ*, FS Priester, 2007, 175 (190 ff.); *Lutter/Drygala*, FS Ulmer, 2003, 381 (395 f.); *Bosse* NZG 2007, 172 (174); *Vetter* AG 2006, 173 (178); aA MüKoAktG/*Habersack* Rn. 25.
[152] OLG Frankfurt WM 2006, 327 (329).
[153] BGHZ 170, 60 Rn. 15; 194, 14 Rn. 18.
[154] So auch Großkomm AktG/*Hopt/Roth* Rn. 26.
[155] Kölner Komm AktG/*Mertens/Cahn* Rn. 25; Grigoleit/*Grigoleit/Tomasic* Rn. 15;
[156] So aber *Tophoven* NZG 2007, 2413 (2414), der auch *caps* sowie weitere Parameter zur Bestimmung der genauen Vergütung für entbehrlich hält.
[157] LG Stuttgart ZIP 1998, 1275 (1275 ff.).

kann. Während der BGH hat die Frage der **Teilbarkeit** bislang bewusst offengelassen hat,[158] wendet die Literatur § 139 BGB an und kommt damit zu einer Wirksamkeit der genehmigungsfähigen Vertragsbestandteile, sofern anzunehmen ist, dass die Parteien einen Fortbestand des Vertrags auch nur in Teilen gewollt hätten.[159] Dies mag auf den ersten Blick insofern bedenklich erscheinen, als man darin Missbrauchspotential in der Richtung befürchten könnte, dass sie faktisch eine geltungserhaltende Reduktion zum Teil gegen § 113 verstoßender Beratungsverträge mit Aufsichtsratsmitgliedern ermöglicht; dennoch ist diese Meinung **sachgerecht,** da sie der Schwierigkeit Rechnung trägt, Beratungsverträge so zu formulieren, dass es zweifelsfrei keinerlei Überlappung genehmigungsfähiger und wegen Verstoßes gegen § 113 unwirksamer Beratungsgegenstände gibt.

3. Form und Inhalt der Zustimmung. a) Beschlussfassung des Aufsichtsrats. Die 91 Zustimmung erteilt der Aufsichtsrat durch **Beschluss.** Anstelle des Plenums kann auch ein entsprechend bevollmächtigter Ausschuss die Zustimmung erteilen;[160] die Bevollmächtigung des Ausschusses kann für den Einzelfall oder auf Dauer erfolgen. Ein Delegieren dieser Zustimmungsbefugnis von dem Aufsichtsrat oder einem ermächtigten Aufsichtsratsausschuss an seinen Vorsitzenden ist nicht zulässig.[161] Der Aufsichtsratsbeschluss wird mit Erklärung gegenüber dem Vorstand wirksam. Die Erklärung der Zustimmung kann dem Aufsichtsratsvorsitzenden oder einem anderen Mitglied des Aufsichtsrats übertragen werden. Stillschweigende oder konkludent gefasste Beschlüsse sind nicht ausreichend.

Das von der vertraglichen Vereinbarung betroffene Aufsichtsratsmitglied ist bei der Be- 92 schlussfassung **nicht stimmberechtigt.**[162]

Die Zustimmung des Aufsichtsrats zu einem zulässigen Vertrag kann **nicht durch** einen 93 zustimmenden Beschluss der **Hauptversammlung** ersetzt werden.[163] Ein unzulässiger Vertrag kann von der Hauptversammlung nicht zugelassen werden. Allerdings steht es der Hauptversammlung frei, wenn die Vergütung für die mandatsbezogenen Tätigkeiten des Aufsichtsratsmitglieds nicht abschließend in der Satzung festgelegt ist, dem Aufsichtsratsmitglied eine dem vorgesehenen Honorar entsprechende Sondervergütung zu gewähren (§ 113). Ein entsprechender Hauptversammlungsbeschluss kann jedoch mit dem Grundsatz der Gleichbehandlung der Aufsichtsratsmitglieder kollidieren und aus diesem Grund anfechtbar sein (→ § 113 Rn. 30 ff.).

Der Beschluss über die Zustimmung zum genehmigungspflichtigen Vertrag sowie der 94 wesentliche Inhalt der Verhandlung des Aufsichtsrats sind in einer **Niederschrift** aufzunehmen (§ 107 Abs. 2 S. 2). Der Beschluss sollte neben der erwarteten Leistung des Aufsichtsratsmitglieds die voraussichtliche Höhe der vertraglichen Vergütung als wesentlichen und damit in die Niederschrift aufzunehmenden Beschlussinhalt ausdrücklich nennen.[164]

Die Aufnahme des Beschlusses in die Niederschrift ist **keine Voraussetzung** für die 95 **Wirksamkeit der Beschlussfassung** (§ 107 Abs. 2 S. 3).

b) Gegenstand und Inhalt der Beschlussfassung. Der Aufsichtsrat muss bei seiner 96 Beschlussfassung den **wesentlichen Inhalt des Leistungsvertrags kennen und billigen.** Hierzu gehören die Art und der Gegenstand der Tätigkeit sowie die Höhe der Ver-

---

[158] BGHZ 168, 188 Rn. 18.
[159] *Happ*, FS Priester, 2007, 175 (196 f.); *Beater* ZHR 157 (1993) 420 (434); *Lutter/Kremer* ZGR 1992, 87 (96); MHdB AG/*Hoffmann-Becking* § 33 Rn. 39.
[160] OLG Köln ZIP 1994, 1773 (1774); *Krummel/Küttner* DB 1996, 193 (199); *Schlaus* AG 1968, 376 (377); MHdB AG/*Hoffmann-Becking* § 33 Rn. 42; *Rodewig* in Semler/v. Schenck AR-HdB § 8 Rn. 153; *Henn* Rn. 678; Großkomm AktG/*Hopt/Roth* Rn. 48; *Wachter/Schick* Rn. 9.
[161] *Ruoff* BB 2013, 899 (902); aA *Spindler* NZG 2012, 1161 (1164).
[162] Vgl. hierzu → § 108 Rn. 147 ff.; Kölner Komm AktG/*Mertens/Cahn* Rn. 26 und § 108 Rn. 65; *Bosse* NZG 2007, 172 (175).
[163] OLG Köln ZIP 1994, 1773 (1775); *Krummel/Küttner* DB 1996, 193 (200); Kölner Komm AktG/*Mertens/Cahn* Rn. 26 aE. Vgl. zu den Vorschlägen de lege ferenda → Rn. 14.
[164] OLG Köln ZIP 1994, 1773 (1774); Kölner Komm AktG/*Mertens/Cahn* Rn. 26; Großkomm AktG/ *Hopt/Roth* Rn. 52 f.

gütung.¹⁶⁵ Auf einen schriftlich vorliegenden Vertrag kann in dem Beschluss verwiesen werden. Der Aufsichtsrat muss in der Lage sein, sich ein eigenes Urteil über Art und Umfang der Leistung, ihre Notwendigkeit sowie die Höhe und Angemessenheit der Gegenleistung bilden zu können. Zu einem Organpflichten betreffenden Leistungsvertrag darf die Zustimmung nicht erteilt werden (→ Rn. 22 ff.). Zur Abgrenzung muss der Vertrag konkrete Feststellungen über das Fachgebiet enthalten, das Gegenstand des Beratungsvertrags ist.¹⁶⁶

97 Eine im Voraus **allgemein erklärte Zustimmung** oder eine nicht auf bestimmte Angelegenheiten beschränkte Zustimmung zum Abschluss von Beratungsvereinbarungen (zB zur laufenden Beratung) ist **unzulässig**.

98 **4. Rechtsfolgen fehlender Zustimmung. a) Leistungsverträge im Aufgabenbereich des Aufsichtsratsmitglieds.** Vereinbarungen über Leistungen, die das Aufsichtsratsmitglied auf Grund seines Mandats erbringen muss, sind **unzulässig**. Was das einzelne Aufsichtsratsmitglied der Gesellschaft gesetzlich schuldet, kann nicht zugleich Gegenstand einer vertraglichen Regelung sein. Es ist völlig unerheblich, ob der Aufsichtsrat sich mit einem solchen Vertrag befasst oder nicht. Er kann nicht genehmigt werden und es bedarf keines besonderen Ablehnungsbeschlusses des Aufsichtsrats. Eine entsprechende Vereinbarung, durch die dem Aufsichtsratsmitglied eine **zusätzliche Vergütung** für dessen Tätigkeit im Aufsichtsrat oder für Sonderleistungen in diesem Rahmen gewährt werden soll, ist außerdem wegen eines Verstoßes gegen die aktienrechtliche Vergütungsregelung (§ 113) unwirksam. Der Aufsichtsrat kann keine Zustimmung über eine entsprechende Vereinbarung erteilen.

99 **b) Leistungsverträge außerhalb des Aufgabenbereichs des Aufsichtsratsmitglieds. aa) Verträge mit amtierenden Aufsichtsratsmitgliedern.** Fällt der Vertrag nicht in den Aufgabenbereich des Aufsichtsratsmitglieds, so beurteilt sich dessen Wirksamkeit nach dem Vorliegen oder dem Versagen der Zustimmung durch den Aufsichtsrat. Solange eine Zustimmung des Aufsichtsrats nicht vorliegt, ist der Vertrag schwebend unwirksam. Verweigert der Aufsichtsrat seine Zustimmung, ist der Vertrag nichtig.

100 **bb) Leistungsverträge vor Eintritt in den Aufsichtsrat.** Wurde die Leistungsvereinbarung bereits vor Eintritt in den Aufsichtsrat abgeschlossen (sog. **Altvertrag**), hängt ihre andauernde Wirksamkeit ebenfalls von der Zustimmung des Aufsichtsrats ab. Im Einzelnen wurde oben dazu Stellung genommen (→ Rn. 36 ff.).

V. Behandlung unwirksamer Verträge

101 **1. Keine Zahlungsverpflichtung der Gesellschaft.** Ist der **Vertrag** wegen fehlender Zustimmung des Aufsichtsrats **nichtig** (→ Rn. 98), hat das Aufsichtsratsmitglied keinen Anspruch auf die vereinbarte Vergütung. Wenn das Scheitern des Vertrags für das Aufsichtsratsmitglied zu einem schlechterdings untragbaren Ergebnis führen würde,¹⁶⁷ kann die Einrede der Gesellschaft, der Beratungsvertrag sei nichtig, rechtsmissbräuchlich sein; hierzu wird es nur in extremen Ausnahmefällen kommen.¹⁶⁸

102 **2. Rückgewähranspruch der Gesellschaft (Abs. 2 S. 1). a) Anspruchsvoraussetzungen.** Liegt die nach Abs. 1 erforderliche Zustimmung des Aufsichtsrats nicht vor, hat das Aufsichtsratsmitglied eine empfangene **Vergütung zurückzugewähren** (Abs. 2 S. 1);

---

¹⁶⁵ OLG Köln ZIP 1994, 1773 (1774), nach dem die Bestimmungen über die Beschlussfassung des Aufsichtsrats im Interesse der Publizität eng auszulegen sind. LG Stuttgart ZIP 1998, 1275 (1278 ff.); Kölner Komm AktG/*Mertens/Cahn* Rn. 26; MHdB AG/*Hoffmann-Becking* § 33 Rn. 43; Hüffer/*Koch* Rn. 8; Großkomm AktG/*Hopt/Roth* Rn. 52; *Krummel/Küttner* DB 1996, 193 (199); *Deckert* WiB 1997, 561 (566).
¹⁶⁶ LG Stuttgart ZIP 1998, 1275; *Wissmann/Ost* BB 1998, 1957 (1958); → auch Rn. 25, 89.
¹⁶⁷ Vgl. OLG Köln ZIP 1994, 1773 (1775), das einen Rechtsmissbrauch unter Berücksichtigung der kurzen Vertragsdauer (4 Monate) sowie der sozialen Stellung des Aufsichtsratsmitglieds und seiner intellektuellen Voraussetzungen jedoch ablehnte.
¹⁶⁸ Vgl. BGHZ 114, 127 (137); BGHZ 65, 190 (194); LG Stuttgart ZIP 1998, 1275 (1282).

dies gilt nach der Rechtsprechung auch dann, wenn die Vergütung nicht dem Aufsichtsratsmitglied zugeflossen ist, sondern einem Unternehmen, an dem es beteiligt ist, wobei in letzterem Falle der Rückzahlungsanspruch sich nach dem BGH in entsprechender Anwendung des § 114 Abs. 2 auch gegen das Unternehmen bzw die Sozietät des Aufsichtsratsmitglieds richtet.[169] Dies erscheint indes bedenklich und hat den Charakter einer Strafsanktion zu Lasten des betroffenen Aufsichtsratsmitglieds, da zB bei dessen Mitgliedschaft in einer Großsozietät und einer entsprechend geringen Quote an deren Erträgen ihm nur ein Bruchteil des Beratungshonorars zufließen, es aber gleichwohl **auf den Gesamtbetrag haften** würde;[170] erschwerend kommt hinzu, dass etwaige Bereicherungsansprüche wegen rechtsgrundlos erbrachter Leistungen nur von dem Unternehmen bzw der Sozietät als Vertragspartnerin erhoben werden könnten und das Aufsichtsratsmitglied somit auf einen Ausgleich im Innenverhältnis angewiesen wäre.[171] Hier wäre eine **restriktivere Auslegung der Vorschrift** dergestalt **zu überlegen,** dass eine gesamtschuldnerische Haftung von Unternehmen bzw. Sozietät und Aufsichtsratsmitglied nur in Höhe des durchgerechneten Zuflusses bei dem Aufsichtsratsmitglied, ansonsten aber eine Rückzahlungsverpflichtung lediglich des durch die Vergütungszahlung direkt begünstigten Unternehmens anzunehmen wäre.

Die Durchsetzbarkeit des Rückgewähranspruchs der Gesellschaft hängt nicht davon ab, ob der Vertrag dem Aufsichtsrat überhaupt vorgelegen hat oder ob eine Zustimmung des Aufsichtsrats verweigert wurde. Allein die fehlende Zustimmung des Aufsichtsrats genügt, um einen Rückgewähranspruch der Gesellschaft zu begründen. **103**

Der Rückgewähranspruch der Gesellschaft stellt einen selbstständigen **aktienrechtlichen Anspruch** dar.[172] Das Aufsichtsratsmitglied kann sich der Gesellschaft gegenüber nicht auf bereicherungsrechtliche Einwendungen, wie die Kenntnis der Nichtschuld (§ 814 BGB) oder Entreicherung (§ 818 Abs. 3 BGB), berufen. **104**

Ist ein Beratungsvertrag zum Teil wegen Verstoßes gegen § 113 nichtig, zum Teil wegen mangelnder Genehmigung gemäß § 114 Abs. 1 unwirksam, so gilt die **Rückzahlungsverpflichtung** gemäß § 114 Abs. 2 S. 1 nicht nur für die auf den unwirksamen, sondern in entsprechender Anwendung des § 114 Abs. 2 S. 1 **auch für die auf den nichtigen Teil gezahlte Vergütung.**[173] Dies begründet der BGH überzeugend damit, dass es ungereimt wäre, wenn die Rechtsfolge eines wegen Gesetzeswidrigkeit nichtigen Beratervertrags (nämlich nur ein etwaigen Aufrechnungsansprüchen ausgesetzter Bereicherungsanspruch gemäß §§ 812 ff. BGB) weniger einschneidend wäre als die eines mangels wirksamer Genehmigung endgültig unwirksamen Beratervertrags (nämlich eines Rückzahlungsanspruchs, gegen den gemäß § 114 Abs. 2 S. 2 letzter Halbs. nicht ausgerechnet werden kann). **105**

Nur die **nachträgliche Genehmigung** des Aufsichtsrats beseitigt den Rückgewähranspruch. Sie kann noch nach Durchführung des Vertrags oder nach Zahlung der Vergütung erteilt werden, allerdings bleibt nach der Rechtsprechung des BGH bei Zahlung vor Genehmigung die Rechtswidrigkeit des Handelns des Vorstands durch Bewirkung der Zahlung bestehen (→ Rn. 73). **106**

Der Rückgewähranspruch kann von der Gesellschaft bereits dann geltend gemacht werden, wenn der zwischen der Gesellschaft und dem Aufsichtsratsmitglied abgeschlossene **Vertrag** wegen der ausstehenden Genehmigung durch den Aufsichtsrat **schwebend unwirksam** ist. **107**

---

[169] BGHZ 170, 60 Rn. 16; NK-AktG/*Breuer/Fraune* Rn. 9a. Zustimmend MüKoAktG/*Habersack* Rn. 33; *Lutter*, FS Westermann, 2008, 1171 (1187). Der BGH nimmt damit wohl, ohne dies auszusprechen, eine gesamtschuldnerische Haftung beider Verpflichteten an, *Benecke* WM 2007, 717 (721).
[170] *v. Schenck* DStR 2007, 395 (399).
[171] Kölner Komm AktG/*Mertens/Cahn* Rn. 33; *v. Schenck* DStR 2007, 395 (399).
[172] *Deckert* WiB 1997, 561 (566); *Krummel/Küttner* DB 1996, 193 (200); Hüffer/*Koch* Rn. 10.
[173] BGHZ 168, 188 Rn. 21; MüKoAktG/*Habersack* Rn. 37.

108 **b) Anspruchsinhaber.** Anspruchsinhaber ist die Gesellschaft. Der Vorstand als das für die Geschäftsführung zuständige Organ hat den **Anspruch** gegenüber dem Aufsichtsratsmitglied **geltend zu machen.** Verstößt er gegen diese Pflicht, macht er sich gegenüber der Gesellschaft schadensersatzpflichtig (§ 93 Abs. 3 Nr. 7).

109 **c) Fälligkeit.** Der Rückgewähranspruch wird mit der Zahlung der Vergütung **sofort fällig.**[174] Die Gesellschaft kann die an das Aufsichtsratsmitglied erbrachten Leistungen in voller Höhe einschließlich Kosten und Auslagen zurückfordern. Der Anspruch erfasst auch die Rückgewähr von Gegenständen, die die Gesellschaft dem Aufsichtsratsmitglied im Rahmen des nichtigen Vertragsverhältnisses überlassen hat.[175]

110 **d) Rechtsvernichtende Einwendungen des Aufsichtsratsmitglieds.** Das Aufsichtsratsmitglied kann gegen den bestehenden Rückgewähranspruch der Gesellschaft nicht mit einem eigenen Rückgewähranspruch aufrechnen. Ein etwaiges Recht des Aufsichtsratsmitglieds zur Geltendmachung weiterer Ansprüche bleibt hiervon unberührt (Abs. 2 S. 2, 2. Halbs.).

111 Ein **Zurückbehaltungsrecht** (§ 273 BGB) kann dem Rückgewähranspruch der Gesellschaft nicht entgegengehalten werden. Dies gilt auch für Ansprüche der Gesellschaft auf die Rückgabe von Gegenständen, die dem betreffenden Aufsichtsratsmitglied im Rahmen der unwirksamen Vertragsbeziehung zur Verfügung gestellt wurden.[176]

112 Mit dem **Ausschluss der Geltendmachung rechtsvernichtender Einreden** durch das beratende Aufsichtsratsmitglied soll verhindert werden, dass der relativ leicht feststellbare Rückgewähranspruch der Gesellschaft durch langwierige Rechtsstreitigkeiten über etwaige Bereicherungen, über deren Höhe und ihren Wegfall ausgehebelt wird.[177]

113 **3. Ansprüche des Aufsichtsratsmitglieds. a) Bereicherungsansprüche (Abs. 2 S. 2).** Die Gesellschaft kann durch Tätigkeiten, die das Aufsichtsratsmitglied auf Grund eines ohne Zustimmung des Aufsichtsrats abgeschlossenen Vertrags erbracht hat, bereichert sein. Das Aufsichtsratsmitglied kann mit diesem Bereicherungsanspruch zwar nicht gegen den der Gesellschaft zustehenden Rückgewähranspruch aufrechnen, ihn aber selbständig geltend machen.[178]

114 Ob die Gesellschaft dem Bereicherungsanspruch des Aufsichtsratsmitglieds die Einrede der **Kenntnis der Nichtschuld** auf Seiten des Aufsichtsratsmitglieds (§ 814 BGB) entgegenstellen kann,[179] ist anhand der Umstände des Einzelfalls zu ermitteln. Die Voraussetzungen der von der Gesellschaft zu erhebenden Einrede werden dabei in der Regel gegeben sein. Das Aufsichtsratsmitglied wird Kenntnis davon haben, dass die vertragliche Vereinbarung zustimmungsbedürftig ist und die Leistung aus diesem Grund rechtsgrundlos erfolgt.[180] Dem steht auch nicht entgegen, dass das Aufsichtsratsmitglied seine Leistung im Hinblick auf eine erwartete Genehmigung erbracht hat;[181] ließe man diesen Einwand zu, würde das Zustimmungsbedürfnis des § 114 Abs. 1 unterlaufen. Auf einen Bereicherungsanspruch auf Grund des Nichteintritts des mit der Leistung bezweckten Erfolgs *(condictio ob rem)* (§ 812 Abs. 1 S. 2, 2. Fall BGB) kann sich das Aufsichtsratsmitglied nicht berufen.[182]

---

[174] Vgl. AusschussB *Kropff* S. 159 („sofort").
[175] BGHZ 126, 340 (350) = NJW 1994, 2484 (2486); *Deckert* WiB 1997, 561 (566); Kölner Komm AktG/ *Mertens/Cahn* Rn. 32.
[176] BGHZ 126, 340 (350) = NJW 1994, 2484.
[177] Kölner Komm AktG/*Mertens/Cahn* Rn. 32.
[178] Abs. 2 S. 2, 1. Halbs. („unberührt").
[179] Zur grundsätzlichen Anwendbarkeit siehe AusschussB *Kropff* S. 159; *Hoffmann/Kirchhoff* WPg 1991, 592 (598); *Krummel/Küttner* DB 1996, 193 (200); Hüffer/*Koch* Rn. 11; Kölner Komm AktG/*Mertens/Cahn* Rn. 32.
[180] *Baumbach/Hueck* Rn. 4; Hüffer/*Koch* Rn. 7; Kölner Komm AktG/*Mertens/Cahn* Rn. 32; aA *v. Godin/ Wilhelmi* Anm. 4 die davon ausgehen, dass die Einrede des § 814 BGB in jedem Fall durchgreift.
[181] *Happ*, FS Priester, 2007, 175 (198); so aber Großkomm AktG/*Hopt/Roth* Rn. 61, Hüffer/*Koch* Rn. 11 sowie *Kanzler* AG 2013, 554 (558).
[182] Kölner Komm AktG/*Mertens/Cahn* Rn. 32; *v. Godin/Wilhelmi* Anm. 4; *Kanzler* AG 2013, 554, 557; *Schlaus* AG 1968, 376, 377.

Das Aufsichtsratsmitglied kann einen **Ersatz** für seine Tätigkeit nur in dem **Umfang** 115 verlangen, in dem die Gesellschaft bereichert ist.[183] Im Regelfall wird das Aufsichtsratsmitglied aus diesem Grund nur den Ersatz des Werts der Leistung beanspruchen können, die es der Gesellschaft tatsächlich bereits erbracht hat. Dies kann dazu führen, dass der Bereicherungsanspruch wertmäßig unterhalb des vertraglich vereinbarten Beratungsentgelts liegt.

b) Andere Anspruchsgrundlagen. Der BGH hat als mögliche Grundlage für Gegen- 116 ansprüche des Aufsichtsratsmitglieds auch eine auftragslose Geschäftsführung genannt,[184] doch erscheint die **Anwendung der bereicherungsrechtlichen Vorschriften näherliegend**.[185] Andere Anspruchsgrundlagen für Ansprüche des Aufsichtsratsmitglieds gegenüber der Gesellschaft kommen nicht in Betracht. Dies gilt namentlich für Ansprüche aus rechtsgeschäftsähnlichen Rechtsverhältnissen (culpa in contrahendo) iVm. den Bestimmungen über die Haftung des Vereins für Organe (§ 31 BGB) mit der Begründung, dass der Vertragsschluss durch Nichteinholung der Zustimmung des Aufsichtsrats gescheitert sei.[186] Diese Folge ergibt sich bereits aus dem Gedanken der unzulässigen Rechtsausübung (§ 242 BGB), da das Aufsichtsratsmitglied seinerseits zur Vorlage des Vertrags gegenüber dem Aufsichtsrat verpflichtet war[187] und die Gewährung eines solchen Anspruchs das Genehmigungserfordernis des § 114 Abs. 1 unterlaufen würde.[188]

Vorstands- und Aufsichtsratsmitglieder machen sich der Gesellschaft **schadensersatzpflichtig** (vgl. §§ 93 Abs. 3 Nr. 7, 116), wenn sie in welcher Weise auch immer der gesetzlichen Regelung (§ 114) zuwiderhandeln.

VI. Ausweispflicht der Bezüge und steuerliche Behandlung

1. Ausweispflicht der Bezüge. Die Bestimmungen über die Berichtspflichten hinsicht- 117 lich der Gesamtbezüge des Aufsichtsrats im Anhang des Jahresabschlusses (§ 285 Nr. 9a HGB) erfassen nur solche Bezüge, die das Aufsichtsratsmitglied **auf Grund seiner organschaftlichen Stellung** erhält.[189] Die Vergütung aus Verträgen zwischen der Gesellschaft und dem Aufsichtsratsmitglied betrifft gerade nicht Tätigkeiten im Rahmen der Organstellung. Sie sind von Gesetzes wegen nicht in die Gesamtbezüge des Aufsichtsrats einzubeziehen.

Der deutsche **Corporate Governance Kodex** empfiehlt für börsennotierte Aktien- 118 gesellschaften, **gezahlte Vergütungen oder gewährte Vorteile für persönlich erbrachte Leistungen**, insbesondere Beratungs- und Vermittlungsleistungen, individualisiert im Anhang zum Konzernabschluss gesondert anzugeben (Ziff. 5.4.5 DCGK; → Rn. 15).

2. Steuerliche Behandlung der Bezüge. a) Steuerliche Behandlung der Bezüge 119 **beim Aufsichtsratsmitglied.** Die Bezüge aus dem Vertragsverhältnis unterliegen beim Aufsichtsratsmitglied als Einkünfte aus selbstständiger Tätigkeit der **Einkommensteuerpflicht**.[190] Aufwendungen, die für die Wahrnehmung der vertraglich vereinbarten Tätigkeiten erforderlich sind, können von dem Aufsichtsratsmitglied als Betriebsausgaben abgesetzt werden.

---

[183] § 818 Abs. 2, 3 BGB; *Kanzler* AG 2013, 554 (560 f.).
[184] BGH AG 2009, 1924 = DStR 2009, 1924; AG 2007, 484 = NZG 2007, 516 (518).
[185] *Kanzler* AG 2013, 554 (555 Fn. 3) mit umfangreichen Nachweisen zum Streitstand.
[186] OLG Köln ZIP 1994 1773 (1775); MüKoAktG/*Habersack* Rn. 38; Kölner Komm AktG/*Mertens/Cahn* Rn. 34; Großkomm AktG/*Hopt/Roth* Rn. 60; Spindler/Stilz/*Spindler* Rn. 28.
[187] OLG Köln ZIP 1994, 1773 (1775 f.).
[188] *Kanzler* AG 2013, 554 (556).
[189] AllgM *Schlaus* AG 1968, 376 (378); Großkomm AktG/*Hopt/Roth* § 113 Rn. 63; Kölner Komm AktG/ *Mertens/Cahn* § 113 Rn. 59.
[190] § 18 Abs. 1 EStG; vgl. im Übrigen für die Aufsichtsratsvergütung: Kölner Komm AktG/*Mertens/Cahn* § 113 Rn. 56; Schmidt/*Wacker* EStG § 18 Rn. 150; *Peltzer*, FS Zimmerer, 1997, 377 (392); *Hoffmann/Preu* Der Aufsichtsrat Rn. 453; *Potthoff/Trescher/Theisen* S. 179; → § 113 Rn. 175 ff.

120 Bezüge aus dem Vertragsverhältnis sind daneben **umsatzsteuerpflichtig**, soweit sie nicht der Kleinunternehmerregelung unterfallen.[191]

121 **b) Steuerliche Behandlung der Bezüge bei der Gesellschaft.** Entgelte, die das Aufsichtsratsmitglied auf Grund seiner Tätigkeit außerhalb seines Amtes erhält, sind, anders als die allgemeine Aufsichtsratsvergütung (→ § 113 Rn. 175 ff.), **steuerlich voll abzugsfähig**. Daher empfiehlt es sich auch unter steuerlichen Gesichtspunkten, die vom Aufsichtsratsmitglied außerhalb seiner Aufsichtsratstätigkeit zu erbringenden Leistungen eindeutig von seinen Aufgaben als Mitglied des Überwachungsorgans abzugrenzen.

VII. Berufsrechtliche Aspekte

122 Beschränkungen der Tätigkeit von Berufsträgern wie Rechtsanwälten, Steuerberatern und Wirtschaftsprüfern in Aufsichtsräten, die sie oder das Unternehmen oder die Sozietät, der sie angehören, beraten, können sich aus den einschlägigen berufsrechtlichen Vorschriften wie BRAO, StBerG sowie WPO ergeben, sind hier aber nicht zu kommentieren. Beispielhaft sei nur verwiesen auf § 45 BRAO, der eine Vielzahl von **Tätigkeitsverboten für Rechtsanwälten** enthält, die im Einzelfall zu Konflikten mit einer Aufsichtsratstätigkeit führten können.[192]

§ 115 Kreditgewährung an Aufsichtsratsmitglieder

(1) ¹Die Gesellschaft darf ihren Aufsichtsratsmitgliedern Kredit nur mit Einwilligung des Aufsichtsrats gewähren. ²Eine herrschende Gesellschaft darf Kredite an Aufsichtsratsmitglieder eines abhängigen Unternehmens nur mit Einwilligung ihres Aufsichtsrats, eine abhängige Gesellschaft darf Kredite an Aufsichtsratsmitglieder des herrschenden Unternehmens nur mit Einwilligung des Aufsichtsrats des herrschenden Unternehmens gewähren. ³Die Einwilligung kann nur für bestimmte Kreditgeschäfte oder Arten von Kreditgeschäften und nicht für länger als drei Monate im Voraus erteilt werden. ⁴Der Beschluss über die Einwilligung hat die Verzinsung und Rückzahlung des Kredits zu regeln. ⁵Betreibt das Aufsichtsratsmitglied ein Handelsgewerbe als Einzelkaufmann, so ist die Einwilligung nicht erforderlich, wenn der Kredit für die Bezahlung von Waren gewährt wird, welche die Gesellschaft seinem Handelsgeschäft liefert.

(2) Absatz 1 gilt auch für Kredite an den Ehegatten, Lebenspartner oder an ein minderjähriges Kind eines Aufsichtsratsmitglieds und für Kredite an einen Dritten, der für Rechnung dieser Personen oder für Rechnung eines Aufsichtsratsmitglieds handelt.

(3) ¹Ist ein Aufsichtsratsmitglied zugleich gesetzlicher Vertreter einer anderen juristischen Person oder Gesellschafter einer Personenhandelsgesellschaft, so darf die Gesellschaft der juristischen Person oder der Personenhandelsgesellschaft Kredit nur mit Einwilligung des Aufsichtsrats gewähren; Absatz 1 Satz 3 und 4 gilt sinngemäß. ²Dies gilt nicht, wenn die juristische Person oder die Personenhandelsgesellschaft mit der Gesellschaft verbunden ist oder wenn der Kredit für die Bezahlung von Waren gewährt wird, welche die Gesellschaft der juristischen Person oder der Personenhandelsgesellschaft liefert.

(4) Wird entgegen den Absätzen 1 bis 3 Kredit gewährt, so ist der Kredit ohne Rücksicht auf entgegenstehende Vereinbarungen sofort zurückzugewähren, wenn nicht der Aufsichtsrat nachträglich zustimmt.

---

[191] § 19 UStG; vgl. hierzu die Erläuterungen zur Besteuerung der Vergütung von Aufsichtsmitgliedern → § 113 Rn. 175 ff.
[192] Dazu *J. v. Falkenhausen* ZIP 2013, 862 ff.; *J. v. Falkenhausen*, Liber Amicorum Winter, 2011, 117 ff. = AnwBl. 2012, 889 ff.; *Müller* NZG 2002, 797 ff.

(5) **Ist die Gesellschaft ein Kreditinstitut oder Finanzdienstleistungsinstitut, auf das § 15 des Gesetzes über das Kreditwesen anzuwenden ist, gelten an Stelle der Absätze 1 bis 4 die Vorschriften des Gesetzes über das Kreditwesen.**

Schrifttum: *Dreher,* Interessenkonflikte bei Aufsichtsratsmitgliedern von Aktiengesellschaften, JZ 1990, 896; *Heinsius,* Zur Auslegung des Begriffs „Kredit" in § 89 Abs. 4 und § 115 Abs. 3 AktG 1965, Bank-Betrieb 1966, 290; *Oppenhoff,* Zum Kreis der von § 114 AktG Betroffenen, FS Barz, 1974, 283; *U. H. Schneider,* Kredite der GmbH an ihre Geschäftsführer, GmbHR 1982, 197; *Werner,* Der erste Kommentar zum neuen Aktienrecht, AG 1967, 102.

Übersicht

	Rn.
I. Allgemeines	1
1. Bedeutung der Norm	1
2. Entstehungsgeschichte	9
3. Rechtstatsachen	12
II. Kreditbegriff	13
1. Allgemeines	13
2. Kreditformen	14
a) Darlehen	15
b) Stundungen von Zahlungsverpflichtungen	16
c) Bürgschaften, Garantien sowie die Gewährung anderer Sicherheiten	17
d) Vorschüsse auf Aufsichtsratsvergütungen oder andere noch nicht fällige Ansprüche	18
e) Übernahme von Darlehensforderungen	19
f) Selbsteintritt	20
3. Kleinkredite	21
4. Warenkredite für Einzelkaufleute	22
III. Kreis der Kreditnehmer	25
1. Aufsichtsratsmitglieder	25
2. Familienangehörige (Abs. 2, 1. Halbs.)	33
3. Für Rechnung handelnde Dritte (Abs. 2, 2. Halbs.)	34
4. Juristische Personen und Personenhandelsgesellschaften (Abs. 3)	35
IV. Die Einwilligung des Aufsichtsrats	36
1. Der zuständige Aufsichtsrat	36
2. Beschlussfassung	37
3. Bilanzmäßiger Ausweis	41
V. Rechtsfolgen bei Verstößen (Abs. 4)	42
VI. Sonderregelung für Kreditinstitute und Wertpapierdienstleistungsunternehmen (Abs. 5)	44

I. Allgemeines

1. Bedeutung der Norm. Die Bestimmung regelt die Voraussetzungen für eine **Kredit-** 1 **gewährung** an die Mitglieder des Aufsichtsrats. Die Kreditgewährung erfordert gem. **Abs. 1** die **Zustimmung des Aufsichtsrats.** Sie kann durch das Plenum oder einen Ausschuss erteilt werden. Die Zustimmungspflicht gilt auch für Kredite an Aufsichtsratsmitglieder eines von der Gesellschaft abhängigen oder diese beherrschenden Unternehmens (Abs. 1 S. 2).

Abs. 2 und **3** enthalten Regelungen über den **Kreis der Kreditnehmer.** Gemäß Abs. 2 2 bedürfen auch Kredite an Familienangehörige eines Aufsichtsratsmitglieds (Abs. 2, 1. Halbs.) oder Dritte, die für Rechnung des Aufsichtsratsmitglieds oder eines Familienangehörigen handeln (Abs. 2, 2. Halbs.), der Zustimmung des Aufsichtsrats. Nach Abs. 3 sind auch solche Kredite zustimmungspflichtig, die an juristische Personen oder Personenhandelsgesellschaften vergeben werden sollen, deren gesetzlicher Vertreter bzw. Gesellschafter Mitglied des Aufsichtsrats ist.

Abs. 4 bestimmt die **Rechtsfolgen** bei Verstößen gegen die Norm. **Abs. 5** statuiert eine 3 **Sonderregelung für Kreditinstitute.**

Zweck der Regelung ist es, einer durch ungerechtfertigte Sonderleistungen entstehen- 4 den **wirtschaftlichen Abhängigkeit der einzelnen Aufsichtsratsmitglieder vorzubeugen.** Sie sollen ihre Überwachungs- und Kontrolltätigkeit unbeeinflusst wahrnehmen.¹ Aus diesem Grund wird die Kreditgewährung an ein Aufsichtsratsmitglied der Zustimmung und der Kontrolle des Aufsichtsrats unterstellt.² Das Beschlusserfordernis auf Seiten des Aufsichtsrats dient dazu, eine erhöhte Transparenz der Kreditvergabe an die Mitglieder des Aufsichtsrats zu gewährleisten. Ein verdeckter Abfluss von Gesellschaftsmitteln an die Gesellschaftsorgane soll verhindert werden. Durch die Begrenzung der Kreditrisiken im Rahmen der laufenden Geschäftstätigkeit hat die Regelung zugleich gläubigerschützende Wirkung.³

5 Die Vorschrift ist – mit Ausnahme der Bestimmung über die Genehmigungsfreiheit von Warenkrediten (vgl. Abs. 1 S. 5) – eng an die Regelungen über die Kreditgewährung an Vorstandsmitglieder (§ 89) angelehnt, ohne indes auf diese zu verweisen.⁴ Sie ist ebenso wie diese **zwingend**.⁵

6 Der Aufsichtsratsbeschluss kann durch das Plenum oder einen Ausschuss getroffen werden.⁶

7 Für **Kredit-** oder **Finanzdienstleistungsinstitute** gelten anstelle der aktienrechtlichen Regelungen die Vorschriften des Kreditwesengesetzes (KWG) (Abs. 5, → Rn. 44).

8 Bei **börsennotierten Gesellschaften** ist die Kreditgewährung im Prospekt über die Zulassung von Aktien aufzuführen (§ 28 Abs. 2 Nr. 6 BörsZulVO).

9 **2. Entstehungsgeschichte.** Die Regelung geht in ihrer heutigen Fassung auf den Entwurf von 1930 sowie § 14 KWG 1937 zurück.⁷ Mit der Einführung der Vorschrift durch das AktG 1965 hat der Gesetzgeber die Kreditgewährung an Mitglieder des Aufsichtsrats der Regelung über die Kreditgewährung an Vorstandsmitglieder (vgl. § 89) weitestgehend gleichgestellt. Das bis dahin geltende Recht enthielt lediglich für Mitglieder des Vorstands und leitende Angestellte Beschränkungen der Kreditvergabe.⁸

10 Abs. 2 ist durch Art. 3 § 28 des Gesetzes zur Beendigung der Diskriminierung gleichgeschlechtlicher Gemeinschaften: Lebenspartnerschaften vom 16.2.2001 (BGBl. 2001 I S. 266) geändert worden.

11 Abs. 5 ist durch Art. 4 Nr. 7 Begleitgesetz zum Gesetz zur Umsetzung der EG-Richtlinien zur Harmonisierung von bank- und wertpapieraufsichtsrechtlichen Vorschriften vom 22.10.1997 (BGBl. 1997 I S. 2567) neu gefasst worden.⁹ Nach der Neuregelung werden neben Kreditinstituten auch **Finanzdienstleistungsinstitute** von den Regelungen der Abs. 1 bis 4 ausgenommen und dem Anwendungsbereich des KWG unterstellt.

12 **3. Rechtstatsachen.** Die **praktische Bedeutung** der Norm ist **gering,** was sich schon am Fehlen praktisch jeglicher spezifischer Judikatur oder Äußerungen in der Literatur in den zurückliegenden 25 Jahren zeigt. Kredite von Unternehmen an ihre Aufsichtsratsmitglieder kommen heute kaum vor, mit möglichen Ausnahmen in Unternehmen mit sehr kleinem Gesellschafterkreis.

II. Kreditbegriff

13 **1. Allgemeines.** Die Bestimmungen über die Kreditvergabe an Mitglieder des Vorstands (§ 89) und des Aufsichtsrats (§ 115) gehen von einem einheitlichen **wirtschaftlichen Kreditbegriff** aus.¹⁰ Unter einem Kredit ist hiernach jede zeitliche Überlassung von Kapital

---

¹ BegrRegE *Kropff* S. 160; Hüffer/*Koch* Rn. 1; *Hoffmann/Preu* Der Aufsichtsrat Rn. 325.
² BegrRegE *Kropff* S. 160.
³ *U. H. Schneider* GmbHR 1982, 197 (198).
⁴ Auf Grund der weitgehenden Gleichheit der beiden Vorschriften verweisen die Kommentierungen des § 115 meist auf die Kommentierungen des § 89, weshalb diese hier häufig zitiert werden.
⁵ Großkomm AktG/*Hopt/Roth* Anm. 4.
⁶ § 107; Hüffer/*Koch* Rn. 2.
⁷ § 15 KWG in der Fassung vom 9.9.1998, BGBl. I S. 2776.
⁸ § 80 AktG 1937.
⁹ Zur entsprechenden Neuregelung des § 89 Abs. 6 → § 89 Rn. 1.
¹⁰ Wachter/*Schick* Rn. 2.

oder von Kaufkraft zu verstehen[11], oder in anderen Worten die Zurverfügungstellung oder Belassung von Mitteln auf Zeit.[12]

2. Kreditformen. In den Anwendungsbereich der Norm fallen

a) Darlehen. Angesichts des für die Vorschrift geltenden wirtschaftlichen Kreditbegriffs fallen hierunter jedwede Formen von Geld- oder Sachdarlehen, unabhängig von der Gestaltung oder den Konditionen,[13] ferner auch die Prolongation oder Aufstockung von Darlehen.[14]

b) Stundungen von Zahlungsverpflichtungen. Auch die über das im Geschäftsverkehr Übliche hinausgehende Stundung einer fälligen Verbindlichkeit oder Verlängerung der Zahlungsfrist einer Verbindlichkeit stellt wirtschaftlich eine Kreditgewähr dar und wird von der Vorschrift erfasst,[15] ebenso ein solches Stillhalten.[16] Die Einschränkung auf solche nicht üblichen Maßnahmen trägt dem Gedanken Rechnung, den normalen Geschäftsverkehr auch mit Aufsichtsratsmitgliedern nicht unnötig zu erschweren.[17]

c) Bürgschaften, Garantien sowie die Gewährung anderer Sicherheiten. Zu Gunsten eines Aufsichtsratsmitglieds übernommene Bürgschaften und Garantien, ferner Schuldbeitritte, Schuldübernahmen sowie die Stellung aller Formen von Sicherheiten sind wirtschaftlich ebenfalls als Kreditgewährungen anzusehen und werden daher von § 115 erfasst.[18]

d) Vorschüsse auf Aufsichtsratsvergütungen oder andere noch nicht fällige Ansprüche. Vorauszahlungen auf Aufsichtsratsvergütungen oder auf Vergütungen für Beratungsdienstleistungen iSd § 114 fallen unter die Vorschrift, desgleichen Vorschüsse und Anzahlungen auf andere künftige Ansprüche wie zB Auslagenerstattungen, dies jedoch nur, wenn sie über das übliche Maß hinausgehen oder einen erheblichen Umfang haben.[19]

e) Übernahme von Darlehensforderungen. Übernimmt die Gesellschaft von dem Gläubiger eines Aufsichtsratsmitglieds eine Forderung gegen dieses, stellt das wirtschaftlich einen Kredit iSd Vorschrift dar,[20] selbst wenn es ohne das Zutun des Aufsichtsratsmitglieds geschieht.

f) Selbsteintritt. Ein sog. Selbsteintritt liegt dann vor, wenn ein Aufsichtsratsmitglied das Unternehmen veranlasst, ein bestimmtes Geschäft vorzunehmen, ohne festzulegen, ob dies für das Unternehmen oder für eigene Rechnung erfolgen soll, und wenn es zu einem späteren Zeitpunkt sodann das Geschäft rückwirkend auf eigene Rechnung buchen lässt.[21] Dies war früher insbesondere in Kreditinstituten verbreitet, ist heute dagegen aus Compliancegründen zu Recht ausgeschlossen und daher nur noch von geringer Bedeutung; zudem ist es angesichts der mangelnden Geschäftsführungsbefugnis von Aufsichtsratsmitgliedern kaum denkbar, dass es zu solchen Konstellationen kommen wird.

3. Kleinkredite. Anders als nach den Regelungen über die Kreditvergabe an Vorstandsmitglieder (§ 89 Abs. 1 S. 5) sind bei Aufsichtsratsmitgliedern vom Kreditbegriff der Norm auch sog. **Kleinkredite** erfasst, als welche Kredite verstanden werden, die ein Monatsgehalt nicht übersteigen.[22] Auch sie bedürfen der Einwilligung des Aufsichtsgremiums.

---

[11] Vgl. MüKoAktG/*Spindler* § 89 Rn. 19.
[12] Großkomm AktG/*Hopt/Roth* Rn. 18.
[13] MüKoAktG/*Spindler* § 89 Rn. 6.
[14] MüKoAktG/*Habersack* Rn. 10.
[15] Spindler/Stilz/*Fleischer* Rn. 6.
[16] MüKoAktG/*Spindler* § 89 Rn. 12.
[17] MüKoAktG/*Spindler* § 89 Rn. 12.
[18] Spindler/Stilz/*Fleischer* Rn. 6; MüKoAktG/*Spindler* § 89 Rn. 12.
[19] MüKoAktG/*Spindler* § 89 Rn. 15 f.; Großkomm AktG/*Hopt/Roth* Rn. 18.
[20] MüKoAktG/*Spindler* § 89 Rn. 18.
[21] Vgl. MüKoAktG/*Spindler* § 89 Rn. 19; Großkomm AktG/*Hopt/Roth* Rn. 18.
[22] Großkomm AktG/*Hopt/Roth* Rn. 24.

22 **4. Warenkredite für Einzelkaufleute.** Warenkredite, die eine Gesellschaft einem Einzelkaufmann im Rahmen eines Handelsgewerbes gewährt, unterliegen, auch wenn der Einzelkaufmann Mitglied des Aufsichtsrats ist, unabhängig von ihrer Höhe nicht der Zustimmungspflicht.[23] Die Erhaltung von Handelsbeziehungen zwischen der Gesellschaft und ihren Aufsichtsratsmitgliedern soll auch während der Amtszeit der Aufsichtsratsmitglieder ermöglicht werden.[24]

23 Der **Begriff des Warenkredits** ist von besonderer Bedeutung; anders als das Gesetz spricht man gemeinhin von einem Lieferantenkredit.[25]. In den Anwendungsbereich der Ausnahmeregel fällt nur die Kreditgewährung beim Bezug von Waren, die das Aufsichtsratsmitglied in seinem Handelsgewerbe kauft, um sie wieder zu verkaufen. Weder eine Kreditierung des Kaufpreises bei der Lieferung von Investitionsgütern (zB Maschinen) noch die Kreditgewährung bei der Beschaffung von Dienstleistungen (zB Software-Programmen für den eigenen Gebrauch) sind von der Zustimmungspflicht ausgenommen. Änderungen des Angebotsspektrums dürfen allerdings nicht unberücksichtigt bleiben. Unter die Freistellung fallen deswegen auch Kredite an ein Aufsichtsratsmitglied, das im Rahmen seines Handelsgewerbes Softwareprodukte und ähnliches vertreibt.[26]

24 Die Befreiung für Warenkreditgeschäfte gilt entsprechend für Kredite im Zusammenhang mit der Lieferung von Waren an **juristische Personen oder Personenhandelsgesellschaften,** deren gesetzlicher Vertreter oder Gesellschafter das Aufsichtsratsmitglied ist (Abs. 3 S. 2).

III. Kreis der Kreditnehmer

25 **1. Aufsichtsratsmitglieder.** Die Beschränkungen greifen ein, wenn es sich um einen Kredit an ein Aufsichtsratsmitglied oder eine mit ihm in Verbindung stehende Person (vgl. Abs. 2, → Rn. 25 ff.) handelt. Maßgebend ist, ob der Begünstigte **im Zeitpunkt der Kreditzusage** Aufsichtsratsmitglied ist oder nicht. Auch faktische Aufsichtsratsmitglieder sind dem Vorbehalt unterworfen. Gleichgültig ist, ob die Auszahlung der Kreditsumme während oder nach der Amtszeit des Aufsichtsratsmitglieds erfolgt und ob die Kreditlaufzeit während der Amtszeit des Aufsichtsratsmitglieds endet oder über die Amtszeit des Aufsichtsratsmitglieds hinausgeht. Der Tag der Krediteinräumung (spätestens der Tag, an dem der Kreditvertrag geschlossen wird) ist für die Zustimmungspflicht entscheidend.

26 Wird das Aufsichtsratsmitglied zum **Stellvertreter** eines **fehlenden oder verhinderten Vorstandsmitglieds** bestellt (§ 105 Abs. 2), gelten für dieses Aufsichtsratsmitglied die Regelungen über die Kreditvergabe an Mitglieder des Vorstands (§ 89) und nicht die Bestimmungen für die Kreditgewährung an Aufsichtsratsmitglieder. Das Aufsichtsratsmandat ruht in diesem Zeitraum (→ § 105 Rn. 52 ff.). Während der Bestellung in den Vorstand entfällt für das betroffene Aufsichtsratsmitglied die Freistellung von der Zustimmungspflicht für Warenkredite (§ 115 Abs. 1 S. 5; → Rn. 15). Hingegen kann es die Erleichterung für Kleinkredite ausnützen (§ 89 Abs. 1 S. 5; → Rn. 9).

27 Das Zustimmungserfordernis gilt zum einen für Kredite an **Aufsichtsratsmitglieder der Anteilseigner,** gleichgültig, ob sie von der Hauptversammlung gewählt, von einem Aktionär entsandt oder gerichtlich bestellt worden sind. Es gilt ebenso für das weitere, „neutrale" Mitglied des Aufsichtsrats im Sinne des MontanMitbestG und des MitbestErgG (§§ 4 Abs. 1c, 8 MontanMitbestG; § 5 Abs. 1 S. 2, Abs. 3 MitbestErgG).

28 Fraglich ist, ob das Zustimmungserfordernis zum anderen auch uneingeschränkt auf **Aufsichtsratsmitglieder der Arbeitnehmer** anzuwenden ist. Hiergegen wird teilweise eingewandt, dass eine zugunsten von Arbeitnehmern im Rechtsverkehr übliche Kreditgewährung erschwert werden würde. Demzufolge sollen Kredite, die in dem betreffenden

---

[23] Abs. 1 S. 5; NK-AktG/*Breuer/Fraune* Rn. 2.
[24] Kölner Komm AktG/*Mertens/Cahn* Rn. 4.
[25] Großkomm AktG/*Hopt/Roth* Rn. 21.
[26] Großkomm AktG/*Hopt/Roth* Rn. 22.

Unternehmen üblicherweise an Arbeitnehmer gewährt werden, nicht unter die Ausweispflicht über derartige Vereinbarungen im Anhang des Jahresabschlusses (vgl. § 285 Nr. 9c HGB) fallen[27] und demgemäß auch keiner Zustimmung des Aufsichtsrats bedürfen. Diese Auffassung ist abzulehnen. Ob es sich bei der Kreditgewährung an den Arbeitnehmervertreter im Aufsichtsrat um einen Kredit handelt, der auch jedem anderen Arbeitnehmer gewährt worden wäre, oder ob eine Bevorzugung des Aufsichtsratsmitglieds gegenüber anderen Aufsichtsratsmitgliedern gegeben ist, wird sich in der Praxis regelmäßig nicht feststellen lassen. Aber selbst wenn dies möglich wäre, erscheint eine Ausnahme vom Zustimmungserfordernis mit dem Sinn und Zweck der Vorschrift nicht vereinbar.[28] Um unerwünschten Folgerungen der Öffentlichkeit zu begegnen, mag im Anhang (§ 285 Nr. 9c HGB) festgestellt werden, dass es sich bei den ausgewiesenen Beträgen um eine in der Gesellschaft übliche Kreditgewährung an Arbeitnehmer handelt. Gleiches kann zur Begründung der Kreditgewährung anlässlich des Antrags auf Zustimmung im Aufsichtsrat erklärt werden.

Das Unternehmen, das dem Aufsichtsratsmitglied den Kredit gewährt, muss die **Rechtsform der AG** oder der **KGaA** haben, wenn eine Einwilligung des Aufsichtsrats erforderlich werden soll. Auch Aufsichtsratsmitglieder einer **mitbestimmten GmbH** unterliegen dem Zustimmungserfordernis der hier erörterten Vorschrift (vgl. § 25 Abs. 1 MitbestG). Nicht erfasst sind Aufsichtsratsmitglieder einer GmbH, die den Bestimmungen des BetrVG 1952 unterliegt (vgl. § 77 Abs. 1 BetrVG 1952). 29

Die Einwilligung des Aufsichtsrats ist nicht nur für Kredite erforderlich, die die Gesellschaft selbst einem ihrer Aufsichtsratsmitglieder gewährt (Abs. 1 S. 1). Eine Einwilligung des Aufsichtsrats ist auch erforderlich, wenn der Kredit von einem **verbundenen Unternehmen** gewährt wird. Im Einzelnen sind folgende Fälle zu unterscheiden:[29] 30

– Der Einwilligung des Aufsichtsrats des herrschenden Unternehmens bedürfen **Kredite des herrschenden Unternehmens an Mitglieder seines eigenen Aufsichtsrats,** wenn es sich um eine AG, eine KGaA oder eine mitbestimmte GmbH handelt.
– Der Einwilligung des Aufsichtsrats des herrschenden Unternehmens bedürfen **Kredite des herrschenden Unternehmens an Aufsichtsratsmitglieder eines abhängigen Unternehmens,** wenn es sich bei dem abhängigen Unternehmen um eine AG, eine KGaA oder eine mitbestimmte GmbH handelt.
– Der Einwilligung des Aufsichtsrats des herrschenden Unternehmens bedürfen **Kredite eines abhängigen Unternehmens an Mitglieder des Aufsichtsrats im herrschenden Unternehmen,** wenn es sich bei diesem um eine AG, eine KGaA oder eine mitbestimmte GmbH handelt.

Genehmigungspflichtig sind auch **Kredite an eine juristische Person oder eine Personenhandelsgesellschaft,** wenn ein Aufsichtsratsmitglied gesetzlicher Vertreter dieser juristischen Person oder Gesellschafter der Personenhandelsgesellschaft ist. Ausgenommen sind kraft ausdrücklicher Gesetzesfestlegung (Abs. 3 S. 2, 1. Halbs.; → Rn. 24) Kredite an juristische Personen, die verbundene Unternehmen (§ 15) sind. 31

Die Kredit gewährende Gesellschaft (AG, KGaA, mitbestimmte GmbH) muss ein **deutsches Unternehmen** sein. Auf die Kreditgewährung ausländischer (herrschender oder abhängiger – vgl. § 17 Abs. 1) Gesellschaften an ein Aufsichtsratsmitglied eines deutschen Unternehmens ist die Bestimmung nicht anwendbar. Dies gilt auch für den Fall der Kreditgewährung einer abhängigen deutschen AG an ein Organmitglied eines sie beherr- 32

---

[27] *Köstler/Zachert/Müller,* Aufsichtsratspraxis, Rn. 738.
[28] Großkomm AktG/*Hopt/Roth* Anm. 11; Kölner Komm AktG/*Mertens/Cahn* Rn. 5; MüKoAktG/*Habersack* Rn. 9; Spindler/Stilz/*Spindler* Rn. 9; Hüffer/*Koch* Rn. 2 mit Hinweis auf abweichende Prüfungspraxis gem. BeBiKo/*Ellrott* HGB § 285 Rn. 190; *Hoffmann/Preu* Der Aufsichtsrat Rn. 327; nach BeBiKo/*Grottel* HGB § 285 Rn. 212 kommt es darauf an, ob der Kredit dem Arbeitnehmervertreter im Aufsichtsrat in dieser Funktion oder in seiner Funktion als Arbeitnehmer gewährt worden ist.
[29] Vgl. Großkomm AktG/*Hopt/Roth* Rn. 15.

schenden ausländischen Unternehmens.³⁰ Allerdings wird zu prüfen sein, ob nach ausländischem Recht für einen solchen Fall besondere Vorkehrungen getroffen werden.

33 **2. Familienangehörige (Abs. 2, 1. Halbs.).** Die Zustimmung des Aufsichtsrats bzw. eines seiner Ausschüsse ist auch für Kredite an **Ehegatten, Lebenspartner** oder ein **minderjähriges Kind** des Aufsichtsratsmitglieds erforderlich (Abs. 2, 1. Halbs.). Dies gilt auch für Kredite an nicht eheliche Kinder und an Adoptivkinder, sowohl des Ehemanns als auch der Ehefrau.³¹ Maßgebend ist auch hier der familienrechtliche Status zum Zeitpunkt der Kreditzusage.

34 **3. Für Rechnung handelnde Dritte (Abs. 2, 2. Halbs.).** Das Gesetz erstreckt das Zustimmungserfordernis für die Kreditzusage auch auf die Kreditgewährungen an Dritte, die für Rechnung des Aufsichtsratsmitglieds, seines Ehegatten, seines Lebenspartners oder eines seiner minderjährigen Kinder handeln (Abs. 2, 2. Halbs.). Für Rechnung der genannten Personen handelt ein Dritter dann, wenn er ihnen die Mittel oder einzelne Vorteile aus der Kreditgewährung unmittelbar oder mittelbar zufließen lässt.³²

35 **4. Juristische Personen und Personenhandelsgesellschaften (Abs. 3).** Das Zustimmungserfordernis gilt, wie auch im Rahmen der Regelungen über die Kreditgewährung an Mitglieder des Vorstands der AG (§ 89 Abs. 4), ebenso für Kredite an juristische Personen oder Personenhandelsgesellschaften, wenn ein Aufsichtsratsmitglied der Kredit gewährenden Gesellschaft zugleich deren Gesellschafter oder gesetzlicher Vertreter ist (Abs. 3 S. 1). Dies gilt nicht wenn die juristische Person oder Personenhandelsgesellschaft mit dem Unternehmen verbunden ist (Abs. 3 S. 2 1. Halbs.) oder wenn es sich um einen Warenkredit handelt (→ Rn. 14 f.).

IV. Die Einwilligung des Aufsichtsrats

36 **1. Der zuständige Aufsichtsrat.** Zu der Frage, welcher Aufsichtsrat bei verbundenen Unternehmen die Einwilligung zu erteilen hat, siehe die Darstellung bei → Rn. 30.

37 **2. Beschlussfassung.** Die Entscheidung über die Kreditgewährung erfolgt durch Beschluss des Aufsichtsrats. Die Zustimmung ist vom Gesetz ausdrücklich als Einwilligung, mithin als **Beschlussfassung vor der Kreditgewährung** ausgestaltet,³³ weshalb eine vorherige Valutierung des Kredits unzulässig ist.³⁴ Der Beschluss hat die Modalitäten der Kreditgewähr (Kreditart, Kreditgewähr, Rückzahlung, Verzinsung³⁵ etc.) konkret zu bezeichnen (Abs. 1 S. 4). Es bedarf einer ausdrücklichen Beschlussfassung, ein stillschweigender oder konkludenter Beschluss ist nicht wirksam.³⁶ Der Beschluss kann nicht für einen Zeitraum von mehr als drei Monaten im voraus gefasst werden (Abs. 3 S. 1). Das durch die Kreditgewährung begünstigte Aufsichtsratsmitglied darf zwar an der Beratung, nicht aber an der Beschlussfassung des Aufsichtsrats teilnehmen.³⁷ Es muss sich der Stimme enthalten.³⁸

38 Die Gewährung des Kredits liegt im **Ermessen des Aufsichtsrats,** das dieser pflichtgemäß auszuüben hat. Die Gewährung des Kredits muss im Unternehmensinteresse liegen;³⁹ das Aufsichtsratsmitglied hat keinen Anspruch auf die Gewährung eines Kredits durch das Unternehmen.

---

³⁰ Vgl. Kölner Komm AktG/*Mertens/Cahn* Rn. 6; Großkomm AktG/*Hopt/Roth* Anm. 14.
³¹ Großkomm AktG/*Hopt/Roth* Anm. 16; MüKoAktG/*Spindler* § 89 Rn. 27.
³² Vgl. auch. MüKoAktG/*Spindler* § 89 Rn. 28.
³³ Abs. 1 Satz 1 iVm § 183 Satz 1 BGB; Großkomm AktG/*Hopt/Roth* Rn. 25.
³⁴ MüKoAktG/*Habersack* Rn. 16.
³⁵ Auch ein zinsloser Kredit ist möglich, sofern dies im Gesellschaftsinteresse liegt, doch bedarf es in jedem Falle einer ausdrücklichen Regelung, MüKoAktG/*Spindler* § 89 Rn. 42 aE.
³⁶ Großkomm AktG/*Hopt/Roth* Rn. 25; MüKoAktG/*Habersack* Rn. 17.
³⁷ *Dreher* JZ 1990, 896 (897, 901 Fn. 57); Kölner Komm AktG/*Mertens/Cahn* Rn. 8; *Hoffmann/Preu* Der Aufsichtsrat Rn. 330.
³⁸ Kölner Komm AktG/*Mertens/Cahn* Rn. 8.
³⁹ Kölner Komm AktG/*Mertens/Cahn* § 89 Rn. 2; MüKoAktG/*Spindler* § 89 Rn. 47.

Die Beschlussfassung kann einem **Ausschuss** (vgl. § 107 Abs. 3), in der Regel dem 39 Personalausschuss oder dem Präsidium, übertragen werden,[40] nicht aber dessen Vorsitzenden.[41]

Dem Vorstand obliegt als Geschäftsführungsorgan die **Durchführung** der Kreditgewäh- 40 rung.[42] Er darf den Kredit erst gewähren, wenn die Zustimmung des Aufsichtsrats vorliegt.

3. Bilanzmäßiger Ausweis. Forderungen an Aufsichtsratsmitglieder aus genehmigungs- 41 pflichtigen Krediten sind im Anhang des Jahresabschlusses gesondert auszuweisen. Eine Aufschlüsselung ist nicht nötig, wohl aber sind zusätzliche Angaben zu den Krediten erforderlich.[43]

V. Rechtsfolgen bei Verstößen (Abs. 4)

Das Einwilligungserfordernis hat nur im Innenverhältnis zwischen Kreditgeber und Kre- 42 ditnehmer Bedeutung. Ein Einwilligungsbeschluss, der nicht den Vorgaben des Gesetzes entspricht, beeinträchtigt die Kreditvergabe nicht. Jedoch ist der Kredit ohne Rücksicht auf entgegenstehende Vereinbarungen **sofort zurück zu zahlen**;[44] Grundlage ist nach hM ein vertraglicher Rückgewähranspruch mit gesetzlich vorverlagerter Fälligkeit, der gemäß Abs. 5 sofort fällig ist.[45] Allerdings schneidet Abs. 5 nach hM nicht die Möglichkeit der Aufrechnung ab, wenn deren Voraussetzungen gegeben sind.[46] Etwa gestellte Sicherheiten bleiben bestehen und sichern den Rückzahlungsanspruch der Gesellschaft.[47] Die sofortige Rückgewährpflicht entfällt, wenn der Aufsichtsrat nachträglich seine Zustimmung erteilt, letztere Möglichkeit sieht das Gesetz ausdrücklich vor (Abs. 4 letzter Halbs.). Allerdings kann der Aufsichtsrat nicht gemäß § 177 Abs. 2 BGB zur Erteilung der Zustimmung aufgefordert werden.[48] Auch die **nachträgliche Zustimmung** muss ausdrücklich und in Form eines Beschlusses (und kann somit nicht konkludent) erfolgen. Waren bei der Genehmigung der Kreditgewährung die Verzinsung und die Rückzahlung nicht geregelt, ist der Zustimmungsbeschluss unwirksam. Wenn eine Rückzahlungspflicht vermieden werden soll, müssen darüber nachträgliche Bestimmungen getroffen und durch einen Zustimmungsbeschluss des Aufsichtsrats abgedeckt werden. Andernfalls genügt die Bestimmung nicht den gesetzlichen Voraussetzungen (vgl. Abs. 1 S. 4).

Sowohl Mitglieder des Aufsichtsrats als auch des Vorstands können sich bei Verstößen 43 gegen die einschlägigen Bestimmungen zur Kreditgewährung gegenüber der Gesellschaft **schadensersatzpflichtig** machen.[49] Die nachträgliche Zustimmung des Aufsichtsrats ändert nichts an der Pflicht der an der unzulässigen Kreditgewährung mitwirkenden Vorstands- und Aufsichtsratsmitglieder zum Ersatz eines der Gesellschaft etwa entstandenen Schadens.[50]

---

[40] Vgl. § 107 Abs. 3 Satz 3. MHdB AG/*Hoffmann-Becking* § 32 Rn. 6, 8; *Hoffmann/Preu* Der Aufsichtsrat Rn. 330; Kölner Komm AktG/*Mertens/Cahn* Rn. 58.
[41] Dies folgt bereits daraus, dass Beschlüsse des Aufsichtsrats und auch seiner Ausschüsse eines Quorums von drei Personen bedürfen, § 108 Abs. 2 Satz 3, Beschlüsse des Aufsichtsrats mithin nicht einer einzelnen Person übertragen werden können. → § 116 Rn. 99.
[42] § 78 Abs. 1; vgl. MüKoAktG/*Habersack* Rn. 16.
[43] Vgl. § 285 Nr. 9c HGB und die Erläuterungen zu dieser Vorschrift.
[44] Abs. 4; wenn das Gesetz „sofort" sagt, meint es nicht „unverzüglich", also ohne schuldhaftes Zögern (§ 121 Abs. 1 Satz 1 BGB), sondern eben sofort, aA K. Schmidt/Lutter/*Seibt* § 89 Rn. 15.
[45] Großkomm AktG/*Kort* § 89 Rn. 137; MüKoAktG/*Spindler* § 89 Rn. 52; Spindler/Stilz/*Fleischer* § 89 Rn. 24; Hüffer/*Koch* § 89 Rn. 8; K. Schmidt/Lutter/*Seibt* § 89 Rn. 15.
[46] Spindler/Stilz/*Fleischer* § 89 Rn. 24; K. Schmidt/Lutter/*Seibt* § 89 Rn. 15; Hüffer/*Koch* Rn. 8.
[47] Hüffer/*Koch* § 89 Rn. 8; K. Schmidt/Lutter/*Seibt* § 89 Rn. 15.
[48] MüKoAktG/*Spindler* § 89 Rn. 56; K. Schmidt/Lutter/*Seibt* § 89 Rn. 15.
[49] Vgl. §§ 116, 93 Abs. 3 Nr. 8; Großkomm AktG/*Hopt/Roth* Rn. 35.
[50] MüKoAktG/*Spindler* § 89 Rn. 57 unter Hinweis auf Abs. 4 S. 2 und 3, wonach die Gesellschaft auf Ersatzansprüche gegen Organe grundsätzlich erst nach Ablauf von drei Jahren und auf Grund eines entsprechenden Hauptversammlungsbeschlusses verzichten kann; ebenso Hüffer/*Koch* § 89 Rn. 8.

VI. Sonderregelung für Kreditinstitute und Wertpapierdienstleistungsunternehmen (Abs. 5)

44 Ist die Gesellschaft ein **Kreditinstitut** (vgl. §§ 1 Abs. 1, 2 Abs. 1 KWG) oder ein **Finanzdienstleistungsinstitut** (vgl. §§ 1 Abs. 1a; 2 Abs. 6 KWG), gelten anstelle der aktienrechtlichen Regelungen die Vorschriften des KWG (Abs. 5, so insbes. § 15 KWG). Für die Gewährung sog. „Organkredite" sind ein einstimmiger Beschluss der Geschäftsleiter des Kreditinstituts und eine ausdrückliche Zustimmung des Aufsichtsorgans erforderlich (§ 15 KWG).

§ 116 Sorgfaltspflicht und Verantwortlichkeit der Aufsichtsratsmitglieder

¹Für die Sorgfaltspflicht und Verantwortlichkeit der Aufsichtsratsmitglieder gilt § 93 mit Ausnahme des Absatzes 2 Satz 3 über die Sorgfaltspflicht und Verantwortlichkeit der Vorstandsmitglieder sinngemäß. ²Die Aufsichtsratsmitglieder sind insbesondere zur Verschwiegenheit über erhaltene vertrauliche Berichte und vertrauliche Beratungen verpflichtet. ³Sie sind namentlich zum Ersatz verpflichtet, wenn sie eine unangemessene Vergütung festsetzen (§ 87 Absatz 1).

Schrifttum: *Altmeppen/Wilhelm,* Quotenschaden, Individualschaden und Klagebefugnis bei der Verschleppung des Insolvenzverfahrens über das Vermögen der GmbH, NJW 1999, 673; *Albrecht-Baba,* Die Treuepflicht der politischen Mandatsträger als Aufsichtsratsmitglieder in einem Unternehmen, NWVBl. 2011, 4; *Apfelbacher/Metzner,* Mitglied im Aufsichtsorgan eines Kreditinstituts im Jahr 2013, AG 2013, 773; *Arnold,* Verantwortung und Zusammenwirken des Vorstands und Aufsichtsrats bei Compliance-Untersuchungen, ZGR 2014, 76; *Balthasar/Hamelmann,* Finanzkrise und Vorstandshaftung nach § 93 Abs. 2 AktG: Grenzen der Justiziabilität unternehmerischer Entscheidungen, WM 2010, 589; *Baums,* Die Unabhängigkeit des Vergütungsberaters, AG 2010, 53; *Baums,* Bericht der Regierungskommission Corporate Governance, Unternehmensführung, Unternehmenskontrolle, Modernisierung des Aktienrechts, 2002 (zitiert *Baums*); *Baums,* Empfiehlt sich eine Neuregelung des aktienrechtlichen Anfechtungs- und Organhaftungsrechts, insbesondere der Klagemöglichkeiten von Aktionären, Gutachten F zum 63. DJT, Leipzig 2000; *Baums,* Ersatz von Reflexschäden in der Kapitalgesellschaft, ZGR 1987, 554; *Bachmann,* Reform der Organhaftung? – Materielles Haftungsrecht und seine Durchsetzung in privaten und öffentlichen Unternehmen, Gutachten E zum 70. Deutschen Juristentag, 2014; *Bachmann,* Organhaftung in der Eigenverwaltung, ZIP 2015, 101; *Bachmann,* Zehn Thesen zur deutschen Business Judgment Rule, WM 2015, 105; *Bank,* Die Verschwiegenheitspflicht von Organmitgliedern in Fällen multipler Organmitgliedschaften, NZG 2013, 801; *Bartz/v. Werder,* Unabhängigkeit von Kandidaten für den Aufsichtsrat – Empirische Befunde zur tatsächlichen Anwendung der Kodexempfehlung en zur Beziehungstransparenz, NZG 2014, 841; *Bartz/v. Werder,* Unabhängigkeit von Kandidaten für den Aufsichtsrat, NZG 2014, 841; *Bayer/Scholz,* Haftungsbegrenzung und D&O-Versicherung im Recht der aktienrechtlichen Organhaftung, NZG 2014, 926; *Berwanger,* Das Haftungsprivileg der Business Judgment Rule, Der Aufsichtsrat 2014, 2; *Bicker,* Legalitätspflicht des Vorstands – ohne Wenn und Aber? AG 2014, 8; *Binder,* Vorstandshandeln zwischen öffentlichem und Verbandsinteresse, ZGR 2013, 760; *Binder,* Anforderungen an Organentscheidungsprozesse in der neueren höchstrichterlichen Rechtsprechung – Grundlagen einer körperschaftsrechtlichen Entscheidungslehre?, AG 2012, 885; *Blasche,* Die Anwendung der Business Judgment Rule bei Kollegialentscheidungen und Vorliegen eines Interessenkonflikts bei einem der Vorstandsmitglieder, AG 2010, 692; *Bormann,* Anm. zum Beschluss des OVG Sachsen v. 3.7.2012, GmbHR 2013, 35; *Brandes,* Ersatz von Gesellschafts- und Gesellschafterschaden, FS Fleck, 1988, 13; *Brömmelmeyer,* Neue Regeln für die Binnenhaftung des Vorstands – Ein Beitrag zur Konkretisierung der Business Judgment Rule, WM 2005, 2056; *Buck-Heeb,* Die Haftung von Mitgliedern des Leitungsorgans bei unklarer Rechtslage, BB 2013, 2247; *Bunz,* Die Business Judgment Rule bei Interessenkonflikten im Kollegialorgan, NZG 2011, 1294; *Burgard/Heimann,* Respice finem! – Eine Replik, NZG 2014, 1294; *Cahn,* Aufsichtsrat und Business Judgment Rule, WM 2013, 1293; *Cahn,* Business Judgment Rule und Rechtsfragen, Der Konzern 2015, 105; *Canaris,* Hauptversammlungsbeschlüsse und Haftung der Verwaltungsmitglieder im Vertragskonzern, ZGR 1978, 207; *Claussen,* Abgestufte Überwachungspflicht des Aufsichtsrats? AG 1984, 20; *ders.,* Über die Vertraulichkeit im Aufsichtsrat, AG 1981, 57; *Clemm/Dürrschmidt,* Gedanken zur Schadensersatzpflicht von Vorstands- und Aufsichtsratsmitgliedern der Aktiengesellschaft für verlustverursachende Fehlentscheidung, FS Müller, 2001, 67; *Decker,* Umfang und Grenzen einer Haftungsvermeidung durch fachkundige Expertise, GmbHR 2014, 72; *Dose,* Rechtsstellung der Vorstandsmitglieder, 3. Aufl. 1975; *Dreher,* Interessenkonflikte bei Aufsichtsratsmitgliedern von Aktiengesellschaften, JZ 1990, 896; *Dreher,* Nochmals: Das unternehmerische Ermessen des Aufsichtsrats, ZIP 1995, 628; *Dreher,* Ausstrahlungen des Aufsichtsrats aus dem Aktienrecht, ZGR 2010, 496; *Druey,* Standardisierung der Sorgfaltspflicht?. Fragen zur Business Judgment Rule, FS Goette, 2011, 57; *Edenfeld/Neufang,* Die Haftung der Arbeitnehmervertreter im Aufsichtsrat, AG 1999, 49; *Erle,* Das Vetorecht des Vorstandsvorsitzenden in der

AG, AG 1987, 7; *v. Falkenhausen,* Ist die Business Judgment Rule ein Haftungsprivileg für Vorstände?, NZG 2012, 644; *Fischer,* Die Verjährung beim Gesamtschuldnerregress unter Organmitgliedern, ZIP 2014, 406; *Fleischer,* Aufsichtsratsverantwortlichkeit für die Vorstandsvergütung und Unabhängigkeit der Vergütungsberater, BB 2010, 67; *Fleischer,* Aktuelle Entwicklungen der Managerhaftung, NJW 2009, 2337; *Fleischer,* Vertrauen von Geschäftsleitern und Aufsichtsratsmitgliedern auf Informationen Dritter, ZIP 2009, 1397; *Fleischer,* Zur Verantwortlichkeit einzelner Vorstandsmitglieder bei Kollegialentscheidungen im Aktienrecht, BB 2004, 2645; *Fleischer,* Die „Business Judgment Rule": Vom Richterrecht zur Kodifizierung, ZIP 2004, 685; *Fleischer,* Die „Business Judgment Rule" im Spiegel von Rechtsvergleichung und Rechtsökonomie, FS Wiedemann, 2002, 827; *Fleischer,* Verjährung von Organhaftungsansprüchen: Rechtspraxis – Rechtsvergleichung – Rechtspolitik, AG 2014, 457; *Fleischer,* Reform der Organhaftung im Spiegel der Rechtsvergleichung, BB 2014, Die Erste Seite; *Fleischer,* Satzungsmäßige Haftungshöchstgrenzen und andere Haftungsmilderungen für Aufsichtsratsmitglieder?, Der Aufsichtsrat 2014, 100; *Fleischer,* Vergleiche über Organhaftungs-, Einlage- und Drittansprüche der Aktiengesellschaft, AG 2015, 133; *Flore,* Verschwiegenheitspflicht der Aufsichtsratsmitglieder, BB 1993, 133; *Freidank/Sassen,* Entwicklung eines Haftungsmanagementsystems für den Aufsichtsrat, DB 2013, 2283; *Freund,* Organhaftung in der Bauwirtschaft, NJW 2013, 2545; *Gärtner,* BB-Rechtsprechungsreport zur Organhaftung 2013, BB 2014, 2627; *Gaul,* Information und Vertraulichkeit der Aufsichtsratsmitgliedern, einer GmbH, GmbHR 1986, 296; *Gaul,* Regressansprüche bei Kartellbußen im Lichte der Rechtsprechung und der aktuellen Debatte über die Reform der Organhaftung, AG 2015, 109; *Gaul/Otto,* Haftung von Aufsichtsratsmitgliedern, AuA 2000, 313; *Göppert,* Die Reichweite der Business Judgment Rule bei unternehmerischen Entscheidungen der Aktiengesellschaft, 2010; *Constantin Goette,* Managerhaftung: Handlung auf Grundlage angemessener Information, DStR 2014, 1776; *Wulf Goette,* Zur ARAG/GARMENBECK-Doktrin, Liber Amicorum Winter, 2011, 153; *Heinrich Götz,* Rechte und Pflichten des Aufsichtsrats nach dem Transparenz- und Publizitätsgesetz, NZG 2002, 599; *Grooterhorst,* Die ARAG/Garmenbeck-Prozesse – eine Gesamtschau im Rückblick, ZIP 1999, 1117; *Grundei/v. Werder,* Die Angemessenheit der Informationsgrundlage als Anwendungsvoraussetzung der Business Judgment Rule, AG 2005, 825; *Grundei/Zaumseil,* Der Aufsichtsrat im System der Corporate Governance, 2012; *Habersack,* Grund und Grenzen der Compliance-Verantwortung des Aufsichtsrats der AG, AG 2014, 1; *Habersack,* Perspektiven der aktienrechtlichen Organhaftung, ZHR 177 (2013) 782; *Habersack,* Die Mitgliedschaft – subjektives und „sonstiges" Recht, 1996; *Habscheid,* Prozessuale Probleme hinsichtlich der „Geltendmachung von Gläubigerrechten" durch den Konkursverwalter beim Konkurs einer Aktiengesellschaft (§ 93 Abs. 5 AktG), FS F. Weber, 1979, 197; *Handelsrechtsausschuss des deutschen Anwaltsvereins,* Stellungnahme zum Entwurf eines Gesetzes zur Angemessenheit der Vorstandsvergütung (/VorstAG), NZG 2009, 612; *Harbarth,* Unternehmerisches Ermessen des Vorstands im Interessenkonflikt, FS Hommelhoff, 2012, 323; *Harnos,* Geschäftsleiterhaftung bei unklarer Rechtslage, 2013; *Hasselbach,* Überwachungs- und Beratungspflichten des Aufsichtsrats in der Krise, NZG 2012, 41; *Hasselbach/Ebbinghaus,* Anwendung der Business Judgement Rule bei unklarer Rechtslage, AG 2014, 873; *Hefermehl,* Zur Haftung der Vorstandsmitglieder bei Ausführung von Hauptversammlungsbeschlüssen, FS Schilling, 1973, 159; *Hemeling,* Organisationspflichten des Vorstands zwischen Rechtspflicht und Opportunität, ZHR 175 (2001) 368; *Hemeling,* Reform der Organhaftung?, ZHR 2014, 221; *Herrmann/Olufs/Barth,* Haftung des Vorstandes und des Aufsichtsrates in der Staatsschuldenkrise, BB 2012, 1935; *Hess,* Insolvenzrecht, 2. Aufl. 2013; *Hoffmann-Becking,* Unabhängigkeit im Aufsichtsrat, NZG 2014, 801; *Hölscher/Altenhain,* Handbuch Aufsichts- und Verwaltungsräte in Kreditinstituten, 2013; *Hönsch/Kaspar,* Der Nominierungsausschuss nach § 25d Abs. 11 KWG, AG 2014, 297; *Hölters,* Zur Durchsetzung von Schadensersatzansprüchen durch eine Aktionärsminderheit, FS Wiedemann, 2002, 975; *Hoffmann,* Existenzvernichtende Haftung von Vorständen und Aufsichtsräten? NJW 2012, 1393; *Hoffmann,* Urteilsbildungs- und Verhinderungspflicht des Vorstands, AG 2012, 478; *Hoffmann-Becking/Krieger,* Leitfaden zur Anwendung des Gesetzes zur Angemessenheit der Vorstandsvergütung (VorstAG), NZG 2009, Beiheft zu Heft 26, 1; *Holle,* Rechtsbindung und Business Judgment Rule, AG 2011, 778; *Hopt,* Gesellschaftsrecht im Wandel, FS Wiedemann, 2002, 1013; *Hopt,* Kontrolle und Transparenz im Unternehmensbereich, FS Kübler, 1997, 435; *v. Hoyningen-Huene,* Die Information der Belegschaft durch Aufsichtsrats- und Betriebsratsmitglieder, DB 1979, 2422; *G. Hueck,* Zur Verschwiegenheitspflicht der Arbeitnehmervertreter im Aufsichtsrat, RdA 1975, 35; *Hüffer,* Die leitungsbezogene Überwachung des Aufsichtsrats, NZG 2007, 47; *Jürgenmeyer,* Das Unternehmensinteresse, 1984; *Jungmann,* Die Business Judgment Rule – ein Institut des allgemeinen Verbandsrechts?, FS Karsten Schmidt, 2009, 831; *Jungmann,* Die Business Judgment Rule im Gesellschaftsinsolvenzrecht – Wider eine Haftungsprivilegierung im Regelinsolvenzverfahren und in der Eigenverwaltung, NZI 2009, 80; *Junker/Biederbick,* Die Unabhängigkeit des Unternehmensjuristen, AG 2012, 898; *Kaulich,* Die Haftung von Vorstandsmitgliedern einer Aktiengesellschaft für Rechtsanwendungsfehler, 2012; *Keilich/Brummer,* Reden ist Silber, Schweigen ist Gold – Geheimhaltungspflichten auch für die Arbeitnehmervertreter im Aufsichtsrat, BB 2012, 897; *Kern,* Privilegiertes Business Judgment trotz Interessenkonflikts?, ZVglRWiss 112 (2013), 70; *Kiefner/Krämer,* Geschäftsleiterhaftung nach ISION und das Vertrauendürfen auf Rechtsrat, AG 2012, 498; *Kiem,* Zu den Aufgaben des Aufsichtsratsvorsitzenden, EWiR 2006, 257; *Kindler,* Vorstands- und Geschäftsführerhaftung mit Augenmaß – Über einige neuere Grundsatzentscheidungen des II. Zivilsenats des BGH zu §§ 93 AktG und 43 GmbHG, FS Goette, 2011, 231; *Kittner,* Unternehmensverfassung und Information – Die Schweigepflicht von Aufsichtsratsmitgliedern, ZHR 136 (1972), 208; *Klein,* Noch einmal: Information und Vertraulichkeit im Aufsichtsrat, AG 1982, 7; *Koch,* Begriff und Rechtsfolgen von Interessenkonflikten und Unabhängigkeit im Aktienrecht, ZGR 2014, 697; *Koch,* Regressreduzierung im Kapitalgesellschaftsrecht – eine Sammelreplik, AG 2014, 513; *Koch,* Die schleichende Erosion der Verfolgungspflicht nach ARAG/Garmenbeck, NZG 2014, 934; *Kocher,* Zur Reichweite der Business Judgment Rule, CCZ 2009, 215; *Krause,*

Strafrechtliche Haftung des Aufsichtsrats, NStZ 2011, 57; *Krause,* Managerhaftung und Strategien zur Haftungsvermeidung, BB 2009, 1370; *Krieger,* Wie viele Rechtsberater braucht ein Geschäftsleiter?, ZGR 2012, 496; *Krieger,* Personalentscheidungen des Aufsichtsrats, 1981; *Kust,* Zur Sorgfaltspflicht und Verantwortlichkeit eines ordentlichen und gewissenhaften Geschäftsleiters, WM 1980, 758; *Lang/Balzer,* Handeln auf angemessener Informationsgrundlage – zum Haftungsregime von Vorstand und Aufsichtsrat von Kreditinstituten, WM 2012, 1167; *Langenbucher,* Vorstandshandeln und Kontrolle – Zu einigen Neuerungen durch das UMAG, DStR 2005, 2083; *Leuering,* Organhaftung und Schiedsverfahren, NJW 2014, 657; *von der Linden,* Haftung für Fehler bei der Leitung der Hauptversammlung, NZG 2013, 208; *Lingemann/Wasmann,* Mehr Kontrolle und Transparenz im Aktienrecht: Das KonTraG tritt in Kraft, BB 1998, 853; *Löbbe/Fischbach,* Die Business Judgment Rule bei Kollegialentscheidungen des Vorstands, AG 2014, 717; *Loritz/Wagner,* Haftung von Vorständen und Aufsichtsräten, DStR 2012, 2189; *Lowe,* Fehlerhaft gewählte Aufsichtsratsmitglieder, Organstellung, Tätigkeit und Anstellungsverhzältnis,1989; *Lutter,* Die Business Judgment Rule und ihre praktische Anwendung, *ZIP 2007, 841; Lutter,* Interessenkonflikte und Business Judgment Rule, FS Canaris, 2007, Bd. II, 245; *Lutter,* Rolle und Recht. Überlegungen zur Einwirkung von Rollenkonflikten auf die Rechtsordnung, FS Coing, 1982, S. 565; *Lutter,* Zum Beschluss des Aufsichtsrats über den Verzicht auf eine Haftungsklage gegen denVorstand, FS Hoffmann-Becking, 2013, 747; *Martens,* Die Anzeigepflicht des Verlustes des Garantiekapitals nach dem AktG und dem GmbHG, ZGR 1972, 254; *Merkt,* Unternehmensleitung und Interessenkollision, ZHR 159 (1995), 423; *Merkt/Mylich,* Zwei aktienrechtliche Fragen im Lichte der ISION-Entscheidung des BGH, NZG 2012, 525; *Mertens,* Schadensersatzhaftung des Aufsichtsrats bei Nichtbeachtung der Regeln des ARAG-Urteils über die Inanspruchnahme von Vorstandsmitgliedern? FS Karsten Schmidt, 2009, 1183; *Mertens,* Zur Verschwiegenheitspflicht der Aufsichtsratsmitglieder, Anmerkung zum Urteil des BGH zur Geschäftsordnung des Aufsichtsrats der Bayer AG, AG 1997, 235; *Mertens,* Die gesetzlichen Einschränkungen der Disposition über Ersatzansprüche der Gesellschaft durch Verzicht und Vergleich in der aktien- und konzernrechtlichen Organhaftung, FS Fleck, 1988, 209; *Mertens,* Die Geschäftsführerhaftung in der GmbH und das ITT-Urteil, FS Robert Fischer, 1979, 461; *Mertens,* Liquidationsvergleich über das Gesellschaftsvermögen und Ersatzansprüche nach § 93 Abs. 5 AktG, AG 1977, 66; *Meßmer/Saliger,* Die Änderung des AktG durch das KonTraG und ihre Auswirkungen auf die Haftungsverhältnisse in AG, GmbH und Genossenschaft, VersR 1999, 539; *Meyer-Landrut,* Die Verschwiegenheitspflicht amtierender und ausgeschiedener Vorstands- und Aufsichtsratsmitglieder der Aktiengesellschaft, AG 1964, 325; *Hans-Friedrich Müller,* Geschäftsleiterhaftung wegen Insolvenzverschleppung und fachkundige Beratung, NZG 2012, 981; *Gerd Müller,* Gesellschafts- und Gesellschafterschaden, FS Kellermann, 1991, S. 317; *Mutter,* Unternehmerische Entscheidungen und Haftung des Aufsichtsrats der Aktiengesellschaft, 1994; *Mutter/Gayk,* Wie die Verbesserung der Aufsichtsratsarbeit – wider jede Vernunft – die Haftung verschärft, ZIP 2003, 1773; *Nagel,* Die Verlagerung der Konflikte um die Unternehmensmitbestimmung auf das Informationsproblem, BB 1979, 1799; *Nirk,* Zur Justiziabilität unternehmerischer Entscheidungen des Aufsichtsrats, FS Boujong, 1996, 393; *Oetker,* Verschwiegenheitspflicht der Aufsichtsratsmitglieder und Kommunikation im Aufsichtsrat, FS Hopt, 2010, Bd. 1, 1091; *Paefgen,* Die Inanspruchnahme pflichtvergessen Vorstandsmitglieder als unternehmerische Ermessensentscheidung des Aufsichtsrats, AG 2008, 761; *Paefgen,* Dogmatische Grundlagen, Anwendungsbereich und Formulierung einer Business Judgment Rule im künftigen UMAG, AG 2004, 245; *Paefgen,* Organhaftung: Bestandsaufnahme und Zukunftsperspektiven – Ein kritischer Werkstattbericht vor dem Hintergrund der Beratungen des 70. Deutschen Juristentages, AG 2014, 554; *Pahlke,* Risikomanagement nach KonTraG – Überwachungspflichten und Haftungsrisiken für den Aufsichtsrat, NJW 2002, 1680; *Patzina/Bank/Schimmer/Simon-Widmann,* Haftung von Unternehmensorganen, 2010; *Peltzer,* Das Grünbuch der EU-Kommission vom 5.4.2011 und die Deutsche Corporate Governance, NZG 2011, 961; *Peltzer,* Haftungsgeneigte Personalentscheidungen des Aufsichtsrats, FS Semler, 1993, 261; *Peltzer,* Ansprüche der Gläubiger einer AG gegen Vorstands- und Aufsichtsratsmitglieder nach §§ 93 Abs. 5, 116 AktG im Falle eines gerichtlichen Vergleiches der AG, AG 1976, 100; *Peters,* Angemessene Informationsbasis als Voraussetzung pflichtgemäßen Vorstandshandelns, AG 2010, 811; *Pitkowitz,* Praxishandbuch Vorstands- und Aufsichtsratshaftung, 2014; *Poelzig/Thole,* Kollidierende Geschäftsleiterpflichten, ZGR 2010, 836; *Priebe,* Die Haftung von Vorstand und Aufsichtsrat in der insolvenzrechtlichen Krise der Aktiengesellschaft, ZInsO 2014, 2013; *Priester,* Interessenkonflikte im Aufsichtsratsbericht – Offenlegung versus Vertraulichkeit, ZIP 2012, 1781; *Radke,* Treuepflicht der Arbeitnehmervertreter im Aufsichtsrat bei Streik, NJW 1956, 1581; *Raisch,* Zum Begriff und zur Bedeutung des Unternehmensinteresses als Verhaltensmaxime von Vorstands- und Aufsichtsratsmitgliedern, FS Hefermehl, 1976, 347; *Raiser/Veil,* Mitbestimmungsgesetz und Drittelbeteiligungsgesetz, 5. Aufl. 2009; *Redeke,* Institutionelle Investoren und Organhaftung, AG 2015, 253; *Rehbinder,* Zehn Jahre Rechtsprechung zum Durchgriff im Gesellschaftsrecht, FS Robert Fischer, 1979, 579; *Reichert/Ott,* Die Zuständigkeit von Vorstand und Aufsichtsrat zur Aufklärung von Non Compliance in der AG, NZG 2014, 241; *Reichert/Ullrich,* Aufsichtsrat und Vorstand nach dem VorstAG, FS Uwe H. Schneider, 2011, 1017; *Reichert/Weller,* Haftung von Kontrollorganen, ZRP 2002, 50; *Reuter,* Das Verhältnis der unternehmerischen Mitbestimmung zum Arbeitsrecht, RdA 1988, 280; *Reuter,* Informationsrechte in Unternehmen und Betrieb, ZHR 144 (1980), 493; *Rellermeyer,* Aufsichtsratsausschüsse, 1986; *Rieckers,* Fortsetzung der Anfechtungsklage gegen Aufsichtsratswahlen nach Rücktritt des Aufsichtsrats, AG 2013, 383; *Rieder/Holzmann,* Die Auswirkungen des UMAG auf die Organhaftung, AG 2011, 265; *Rittner,* Die Verschwiegenheitspflicht der Aufsichtsratsmitglieder nach BGHZ 64, 325, FS Hefermehl, 1976, 365; *Römermann,* Steuerberater: Geborene Mittäter bei Insolvenzverschleppung?, GmbHR 2013, 513; *Rust,* Beschränkung der unbeschränkten Vorstandshaftung durch die Satzung der AG, Der Aufsichtsrat 2014, 36; *Saage,* Die Haftung des Aufsichtsrats für wirtschaftliche Fehlentscheidungen des Vorstands nach dem Aktiengesetz, DB 1973, 115; *Säcker,* Aktuelle Probleme der Verschwiegenheitspflicht der Aufsichtsratsmitglieder, NJW 1986, 803; *Säcker,* Informationsrechte der Betriebs- und Aufsichtsratsmitglieder, 1979; *Säcker,* Vorkehrungen zum Schutz der gesetzlichen Verschwiegenheitspflicht und gesellschaftsrechtliche Treuepflicht der Aufsichtsratsmitglieder, FS Fischer, 1979, 635; *Schäfer,* Interessenkonflikte und Unabhängigkeit im Recht der GmbH und der Personengesellschaften, ZGR 2014, 731; *Schaefer/Missling,* Haftung von Vorstand und Aufsichtsrat, NZG 1998, 441; *Sander/Schneider,* Die Pflicht der Geschäftsleiter zur Einholung von Rat, ZGR 2013, 725; *K. Schmidt,* Aufsichtsratshaftung bei Insolvenzverschleppung, GmbHR 2010, 1319; *Schmidt-Aßmann/Ulmer,* Die Berichterstattung von Aufsichtsratsmitgliedern einer Gebietskörperschaft nach § 394 AktG, BB Beilage 13/1988, S. 1; *Schmidt-Leithoff,* Die Verantwortung der Unternehmensleitung, 1989; *Uwe H. Schneider,* Die Weitergabe von Insiderinformationen im Konzern, FS Wiedemann, 2002, 1255; *Uwe H. Schneider,* Haftungsmilderung für Vorstandsmitglieder und Geschäftsführer bei fehlerhafter Unternehmensleitung, FS Werner, 1984, 795; *Uwe H. Schneider,* Die Haftung von Mitgliedern des Vorstands und der Geschäftsführer bei Vertragsverletzungen der Gesellschaft, FS Hüffer, 2010, 905; *Scholderer,* Unabhängigkeit und Interessenkonflikte, NZG 2012, 168; *Schwintowski,* Verschwiegenheitspflicht für politisch legitimierte Mitglieder des Aufsichtsrats, NJW 1990, 1009; *Schürnbrand,* Überwachung des insolvenzrechtlichen Zahlungsverbots durch den Aufsichtsrat, NZG 2010, 1207; *Schürnbrand,* Rechtsstellung und Verantwortlichkeit des Leiters der Hauptversammlung, NZG 2014, 1211; *Schwintowski,* Die Zurechnung des Wissens von Mitgliedern des Aufsichtsrats in einem oder mehreren Unternehmen, ZIP 2015, 617; *Seibt,* Interessenkonflikte im Aufsichtsrat, FS Hopt, 2010, Bd. 1, 1363; *Seibt/Cziupka,* Rechtspflichten und Best Practices für Vorstands- und Aufsichtsratshandeln bei der Kapitalmarktrecht-Compliance, AG 2015, 93; *Selter,* Die Pflicht von Aufsichtsratsmitgliedern zur eigenständigen Risikoanalyse, NZG 2012, 660; *Selter,* Haftungsrisiken von Vorstandsmitgliedern bei vorhandenen und von Aufsichtsratsmitgliedern bei nicht vorhandenem Fachwissen, AG 2012, 11; *J. Semler,* Entscheidungen und Ermessen im Aktienrecht, FS Ulmer, 2002, 627; *J. Semler,* Ausschüsse des Aufsichtsrats, AG 1988, 60; *J. Semler,* Abgestufte Überwachungspflicht des Aufsichtsrats?, AG 1984, 20; *J. Semler,* Aufgaben und Funktionen des aktienrechtlichen Aufsichtsrats in der Unternehmenskrise, AG 1983, 141; *J. Semler,* Zur Sorgfaltspflicht von AR-Mitgliedern, Urteilsbericht und Anm. zu öOGH, Urt. v. 31.5.1977, AG 1983, 81; *J. Semler,* Schwerpunkte der Unternehmensaufsicht durch den Aufsichtsrat – Öffentlichkeitsvorstellung, Gesetzesvorgabe und Alltagsanforderung, BFuP 1977, 119; *Semler/Stengel,* Interessenkonflikte bei Aufsichtsratsmitgliedern von Aktiengesellschaften am Beispiel von Konflikten bei Übernahme, NZG 2003, 1; *Simon,* Die Rechte der Gläubiger einer AG gegenüber Aktionären, Organen und herrschenden Unternehmen in dogmatischer und zivilprozessualer Hinsicht, Diss. Göttingen, 1970; *Sina,* Zur Berichtspflicht des Vorstandes gegenüber dem Aufsichtsrat bei drohender Verletzung der Verschwiegenheitspflicht durch einzelne Aufsichtsratsmitglieder, NJW 1990, 1016; *Spieker,* Die Verschwiegenheitspflicht der Aufsichtsratsmitglieder, NJW 1965, 1937; *Spindler,* Organhaftung in der AG – Reformbedarf aus wissenschaftlicher Perspektive, AG 2013, 889; *Spindler,* Sonderprüfung und Pflichten eines Bankvorstands in der Finanzkrise. Anmerkung zu OLG Düsseldorf, Beschl. v. 9.12.2009 – 6 W 45/09 – IKB, NZG 2010, 281; *Spindler,* Die Haftung von Vorstand und Aufsichtsrat für die fehlerhafte Auslegung von Rechtsbegriffen, FS Canaris, Bd. II, 2007, 403; *Spindler,* Unternehmensorganisationspflichten, 2001; *Stein,* Das faktische Organ, 1984; *Stephanblome,* Der Unabhängigkeitsbegriff des Deutschen Corporate Governance Kodex, NZG 2013 445; *Strasser,* Die Treuepflicht der Aufsichtsratsmitglieder der Aktiengesellschaft, 1998; *Strohn,* Beratung der Geschäftsleitung durch Spezialisten als Ausweg aus der Haftung? ZHR 176 (2012), 137; *Strohn,* Beratung der Geschäftsleitung durch Spezialisten als Ausweg aus der Haftung? ZHR 176 (2012), 137; *Sünner,* Auswahlpflichten und Wahlverschulden bei der Wahl von Aufsichtsratsmitgliedern, ZIP 2003, 834; *Taeger,* Die Offenbarung von Betriebs- und Geschäftsgeheimnissen, 1988; *Theisen,* Information und Berichterstattung des Aufsichtsrats, 4. Aufl. 2007; *Theusinger/Schilha,* Die Leitung der Hauptversammlung – eine Aufgabe frei von Haftungsrisiken?, BB 2015,131; *Thümmel,* Persönliche Haftung von Managern und Aufsichtsräten, 4. Aufl. 2008; *Thümmel,* Aufsichtsratshaftung vor neuen Herausforderungen – Überwachungsfehler, unternehmerische Fehlentscheidungen, Organisationsmängel und andere Risikofelder, AG 2004, 83; *Thümmel,* Manager- und Aufsichtsratshaftung nach dem Referentenentwurf zur Änderung des AktG und des HGB, DB 1997, 261; *Trescher,* Aufsichtsratshaftung zwischen Norm und Wirklichkeit, DB 1995, 661; *Ulmer,* Haftungsfreistellung bis zur Grenze grober Fahrlässigkeit bei unternehmerischen Fehlentscheidungen von Vorstand und Aufsichtsrat? DB 2004, 859; *Ulmer,* Die Aktionärsklage als Instrument zur Kontrolle des Vorstands- und Aufsichtsratshandelns, ZHR 163 (1999), 290; *Ulmer,* Zur Haftung des abordnenden Körperschaft nach § 31 BGB für Sorgfaltsverstöße des von ihr benannten Aufsichtsratsmitglieds, FS Stimpel, 1985, 705; *Veith,* Zur Verschwiegenheitspflicht der Aufsichtsratsmitglieder, NJW 1966, 526; *Vetter,* Die Verantwortung und Haftung des überstimmten Aufsichtsratsmitglieds, DB 2004, 2623; *Vetter,* Aktienrechtliche Organhaftung und Satzungsautonomie, NZG 2014, 921; *Vetter,* Spagat zwischen Freiheit und Verantwortung: Reform der Organhaftung?, AnwBl. 2014, 582; *Gerhard Wagner,* Organhaftung im Interesse der Verhaltenssteuerung – Skizze eines Haftungsregimes, ZHR 2014, 227; *Klaus R. Wagner/Spemann,* Organhaftung bei unterlassener Richtigstellung von unvollständigem bzw. unwahrem Prozessvortrag der „eigenen" Prozessanwälte?, NZG 2014, 1328; *Wardenbach,* Interessenkonflikte und mangelnde Sachkunde als Bestellungshindernisse zum Aufsichtsrat der AG, 1996; *Weber-Rey,* Ausstrahlungen des Aufsichtsrechts (insbesondere für Banken und Versicherungen) auf das Aktienrecht – oder die Infiltration von Regelungssätzen?, ZGR 2010, 543; *Weber-Rey/Buckel,* Best Practice Empfehlungen des Deutschen Corporate Governance Kodex und die Business Judgment Rule, AG 2011, 845; *Weber-Rey/Buckel,* Die Pflichten des Aufsichtsrats bei der Mandatierung des Vergütungsberaters, NZG 2010, 761; *Wedemann,* Vorzeitige Wiederbestellung von Vorstandsmitgliedern: Gesetzesumgehung, Rechtsmissbrauch und intertemporale Organtreue auf dem Prüfstand, ZGR 2013, 316; *Wessing/Hölters,* Die Verschwiegenheitspflicht von Aufsichtsratsmitgliedern nach dem Inkrafttreten des Mitbestimmungsgesetzes, DB 1976, 1671; *Wiedemann,* Zu den Treuepflichten im Gesellschaftsrecht, FS Heinsius, 1991, 949; *Wiedemann,* Juristische Person und Gesamthand als Sondervermögen, WM Sonderbeilage Nr. 4/1975; *G. T. Wiese,* Verantwortlichkeit des Aufsichtsrats – Aktuelle Entwicklungen im Bereich der Corporate Governance, DB 2000, 1901; *Winter,* Verdeckte Gewinnausschüttungen im GmbH-Recht, ZHR 148 (1984), 579; *Zempelin,* Fragen der Aufsichtsratshaftung, AcP 155 (1956), 209; *Ziegelmeier,* Die Systematik der Haftung von Aufsichtsratsmitgliedern gegenüber der Gesellschaft, ZGR 2007, 144; *K. Zimmermann,* Vereinbarungen über die Erledigung von Ersatzansprüchen gegen Vorstandsmitglieder von Aktiengesellschaften, FS Duden, 1977, 773.

Übersicht

	Rn.
A. Einführung	1
I. Bedeutung der Norm	1
II. Entstehungsgeschichte	10
III. Rechtstatsachen	15
1. Die Realität der Aufsichtsratshaftung	15
2. Der wachsende Einfluss des Aufsichtsrechts	24
IV. Reformüberlegungen	26
B. Grundlagen	27
I. Innen- und Außenhaftung	27
II. Normadressaten	28
III. Gleichbehandlung	29
1. Allgemeiner Grundsatz	30
2. Arbeitnehmervertreter	31
3. Eigentümervertreter	32
4. Konzernvertreter	35
5. Entsandte Vertreter	36
6. Auf Veranlassung einer Gebietskörperschaft in den Aufsichtsrat gewählte oder entsandte Mitglieder (§§ 394, 395)	37
IV. Beginn und Ende der Haftung	38
1. Beginn der Haftung	39
2. Ende der Haftung	41
3. Haftung des fehlerhaften Organs	47
4. Haftung des faktischen Organs	52
V. Haftung des überstimmten Aufsichtsratsmitglieds	54
VI. Haftung des verhinderten Aufsichtsratsmitglieds	59
VII. Haftung bei Delegation auf Ausschüsse	60
VIII. Wechselseitige Überwachung und Evaluierung	67
1. Wechselseitige Überwachung	68
2. Evaluierung	70
3. Abberufungsantrag	72
4. Honoraraberkennung	74
IX. Materielle Eignungsvoraussetzungen eines Aufsichtsratsmitglieds	77
1. Mindestkenntnisse, -fähigkeiten und -erfahrungen	82
2. Unternehmensabhängige Kenntnisse, Fähigkeiten und Erfahrungen	85
3. Notwendige Kenntnisse	88
4. Notwendige Fähigkeiten	93
5. Notwendige Erfahrungen	95
6. Hinzuziehung von externen Beratern	96
7. Besondere Fachkompetenz	99
8. Fortbildung	104
C. Anwendung der Vorschriften des § 93 Abs. 1 und 2	105
I. Vorbemerkung – Die Aufgaben des Aufsichtsrats und seiner Mitglieder	107
1. Einführung	108
a) Der Aufgabenbereich des Aufsichtsrats	110
b) Mitwirkungspflichten des einzelnen Aufsichtsratsmitglieds	117
c) Pflicht zur Selbstorganisation	150
d) Pflicht zur Selbstinformation	164
e) Treuepflicht	177
f) Organschaftliche Förderpflicht	218
g) Umgang mit widerstreitenden Interessen	219
2. Überblick über die Entscheidungskompetenzen des Aufsichtsrats	236
a) Ausübung der Personalkompetenz	237
b) Vorschlag für die Wahl des Abschlussprüfers und Abschluss eines Dienstvertrages mit dem von der Hauptversammlung gewählten Abschlussprüfer	243
c) Festlegung von Zustimmungsvorbehalten (§ 111 Abs. 4 S. 2)	244

	Rn.
d) Einberufung einer Hauptversammlung, wenn das Wohl der Gesellschaft dies fordert (§ 111 Abs. 3)	246
e) Änderung der Satzungsfassung	250
f) Vorschläge zu den Tagesordnungspunkten einer Hauptversammlung	252
g) Abgabe der Entsprechenserklärung nach § 161	254
3. Mitentscheidungskompetenzen des Aufsichtsrats	257
a) Beschlussfassung über den Jahresabschluss	258
b) Beschlussfassung über den Gewinnverwendungsvorschlag	260
c) Beschlussfassung über Geschäfte, die einem Zustimmungsvorbehalt unterworfen sind	261
d) Einwilligung zur Kreditgewährung an Aufsichtsratsmitglieder und Zustimmung zu Verträgen mit Aufsichtsratsmitgliedern	263
e) Zustimmung zu Geschäften im Übernahmeverfahren (§ 33 WpÜG)	265
f) Abgabe einer Stellungnahme zu einem Übernahmeangebot	267
g) Zustimmung zur Ausnutzung des genehmigten Kapitals	268
4. Überwachungskompetenzen des Aufsichtsrats	270
5. Sorgfaltsmaßstab für Aufsichtsratsmitglieder	275
II. Entscheidungen und Ermessen bei der Leitung und der Überwachung	282
1. Unternehmerische Entscheidungen	283
a) Geschäftsführungsentscheidungen	284
b) Überwachungsentscheidungen	285
c) Strukturentscheidungen	287
2. Entscheidungsspielräume	288
a) Sachverhaltsfeststellungen	289
b) Beurteilungsspielräume	290
c) Ermessensspielräume	293
d) Abwägungsbereiche	298
3. Richtige und falsche Entscheidungen – die business judgment rule	299
a) Ursprünge im US-amerikanischen Recht	300
b) Adaptation in Deutschland – ARAG/Garmenbeck	301
c) Kodifizierung in § 93 Abs. 1 S. 2	302
d) Fehlende Entscheidungsspielräume („Ermessensreduzierung auf Null")	320
e) Grenzen zulässiger Ermessensausübung	321
III. Ausübung der Personalkompetenz gegenüber Vorstandsmitgliedern und Vertragsabschluss mit dem Abschlussprüfer	326
1. Erstmalige Bestellung eines Vorstandsmitglieds	327
a) Auswahl geeigneter Personen	329
b) Überwachung der Nachwuchspolitik	335
2. Wiederbestellung von Vorstandsmitgliedern	336
a) Beurteilung des zur Wiederbestellung anstehenden Vorstandsmitglieds	337
b) Prüfung anderer Möglichkeiten	339
c) Vorzeitige Wiederbestellung eines Vorstandsmitglieds	340
3. Ernennung eines Vorstandsvorsitzenden	341
4. Abberufung von Vorstandsmitgliedern und Widerruf der Ernennung zum Vorsitzenden	342
5. Abschluss und Überwachung von Anstellungsverträgen	344
6. Gewährung von Sondervergütungen	353
a) Während der Laufzeit des Dienstvertrags	355
b) Nach Ablauf des Dienstvertrags	356
7. Aufhebung von Anstellungsverträgen	360
8. Kreditgewährung	361
9. Verfolgung von Ersatzansprüchen	363
a) Gegen Vorstandsmitglieder	365
b) Gegen Aufsichtsratsmitglieder	366
10. Geschäftsordnung für den Vorstand	367
11. Vertragsabschluss mit dem Abschlussprüfer	377
12. Überwachung des Abschlussprüfers	378
IV. Sorgfaltspflicht der Aufsichtsratsmitglieder bei der Überwachung der Geschäftsführung nach § 93 Abs. 1 S. 1	379
1. Ordnungsmäßige Überwachung der Geschäftsführung	380
a) Geschäftsführung der Vergangenheit	382
b) Planung der zukünftigen Geschäftsführung	384
2. Zutreffende Ermittlung des Sachverhalts	386
a) Evaluierung des Berichtswesens	387
b) Überwachung des pünktlichen Berichtseingangs	389
c) Überwachung des ordnungsmäßigen Berichtsinhalts	390

	Rn.
d) Anordnung eigener Ermittlungen	391
e) Durchführung eigener Ermittlungen	393
3. Feststellung der Handlungsoptionen	394
4. Bewertung der Handlungsoptionen	397
5. Beurteilung des Vorstandsverhaltens	402
6. Entscheidung des Aufsichtsrats über Eingriffserfordernisse	403
7. Intensität der Überwachungstätigkeit	404
8. Gesteigerte Überwachungspflicht	405
9. Überwachungspflicht gegenüber Ausschüssen	407
10. Überwachung der Risikosteuerung	408
11. Haftungsvermeidungsstrategien für den Aufsichtsrat	410
V. Allgemeine Verschwiegenheitspflicht der Aufsichtsratsmitglieder nach § 93 Abs. 1 S. 3	411
1. Grundsatz	411
a) Allgemeines	412
b) Informationshoheit des Aufsichtsrats	415
2. Geltung für alle Aufsichtsratsmitglieder	416
a) Beachtung des Unternehmensinteresses	418
b) Beachtung des Aktionärsinteresses	420
c) Beachtung der Arbeitnehmerinteressen	421
3. Sachlicher Umfang und Begriffsbestimmung	426
a) Geheimnisse der Gesellschaft	428
b) Vertrauliche Angaben	439
c) Beratungs- und Abstimmungsgeheimnis	440
4. Reichweite der Verschwiegenheitspflicht	446
5. Persönlicher Umfang	449
6. Konkretisierung der Verschwiegenheitspflicht	457
7. Zeitlicher Umfang	460
8. Verschwiegenheitspflicht im Konzern	462
9. Einschränkungen der Verschwiegenheitspflicht	464
a) Offenbarungspflicht	465
b) Offenbarungsbefugnis	471
c) Offenlegung im Gesellschaftsinteresse	476
d) Offenlegung im berechtigten Eigeninteresse	477
e) Keine Einschränkung der Verschwiegenheitspflicht auf Grund verfassungsrechtlicher Meinungsfreiheit	478
10. Grundsätzlich keine Verschwiegenheitspflicht gegenüber anderen Aufsichtsratsmitgliedern	483
11. Zeugnisverweigerungsrecht	486
12. Strafbarkeit	487
VI. Insiderverbote nach dem WpHG	488
1. Insidertatsachen	489
2. Insider	490
3. Insiderverbote	491
a) Informationsweitergabe innerhalb des Aufsichtsrats	492
b) Weitergabe an Dritte	493
4. Insiderverzeichnis	494
5. Strafbewehrung	495
D. Die besondere Verschwiegenheitspflicht nach § 116 Satz 2	496
I. Vorbemerkung	501
II. Verpflichtete Personen	505
III. Gegenstand des besonderen Schweigeschutzes	507
1. Vertrauliche Berichte	510
2. Vertrauliche Beratungen	515
IV. Verschwiegenheitsverpflichtung	518
V. Keine Ausnahmen wegen sonstiger Bindung	519
VI. Geltungsumfang	521
VII. Strafsanktion	522
E. Ersatzpflicht bei Festsetzung einer unangemessenen Vergütung des Vorstands	523
F. Rechenschaftslegung des Aufsichtsrats	526
I. Der Aufsichtsratsbericht (§ 171 Abs. 2)	528
II. Erläuterung des Berichts in der Hauptversammlung (§ 171 Abs. 3 S. 2)	530
III. Strafsanktion (§ 400 Abs. 1 Nr. 1)	532
G. Allgemeine Schadensersatzpflicht eines Aufsichtsratsmitglieds nach § 93 Abs. 2 S. 1 und Umkehr der Darlegungs- und Beweislast nach § 93 Abs. 2 S. 2	533
I. Schaden der Gesellschaft	533

	Rn.
II. Sorgfaltspflichtverletzung	542
III. Kausalität	544
IV. Verschulden	546
V. Darlegungs- und Beweislast	560
H. Besondere Schadensersatzpflicht eines Aufsichtsratsmitglieds nach § 93 Abs. 3	564
I. Grundlagen	564
1. Allgemeines	564
2. Dogmatische Einordnung	566
3. Pflicht zum Schadensersatz	568
4. Begriff des Schadens	570
5. Rechtliche Bedeutung	576
a) Beweiserleichterung	577
b) Erleichterung der Geltendmachung von Ersatzansprüchen durch Gesellschaftsgläubiger	581
6. Über den Fehlbetrag hinausgehender Schaden	582
II. Die einzelnen Tatbestände	585
I. Gesamtschuldnerische Haftung	595
I. Allgemeines	595
II. Rückgriffsrechte	599
J. Haftungsausschluss gegenüber der Gesellschaft nach § 93 Abs. 4 S. 1	600
K. Kein Haftungsausschluss durch Mitwirkung des Vorstands entspr. § 93 Abs. 4 S. 2	603
L. Sonstige Haftungsbeschränkungen	605
I. Vertragliche Haftungsbeschränkungen	605
II. Betrieblich veranlasste Tätigkeit	607
III. Verwirkung	608
M. Verzicht der Gesellschaft, Vergleich mit der Gesellschaft nach § 93 Abs. 4 S. 3	609
I. Allgemeines	609
II. Drei-Jahres-Frist	612
III. Erfasste Rechtshandlungen	618
IV. Zustimmung der Hauptversammlung	629
V. Kein Verzicht auf Ersatzansprüche durch Entlastung	635
VI. Kein Verzicht durch Abschluss einer D & O-Versicherung	636
VII. Widerspruch der Minderheit	637
VIII. Rechtsfolgen	644
IX. Ausnahmen von der Geltung des § 93 Abs. 4 S. 3	648
1. Zahlungsunfähigkeit des Ersatzpflichtigen	648
2. Insolvenz der Gesellschaft	656
3. Keine Wirkung des Verzichts oder Vergleichs gegenüber den Gläubigern	659
N. Geltendmachung des Ersatzanspruchs durch die Gläubiger nach § 93 Abs. 5	660
I. Zweck der Norm	660
II. Dogmatische Einordnung	667
III. Voraussetzungen der Geltendmachung des Ersatzanspruchs	672
1. Anspruch der Gesellschaft gegen das Aufsichtsratsmitglied	673
2. Anspruch des Gläubigers gegen die Gesellschaft	678
3. Keine Befriedigung durch die Gesellschaft	682
4. Haftungsmaßstab	684
IV. Ausübung des Verfolgungsrechts; Rechtsfolgen	686
V. Verhältnis zwischen Gläubiger, Gesellschaft und Verwaltungsmitglied	689
VI. Beweislast	701
VII. Ausübung des Verfolgungsrechts durch den Insolvenzverwalter oder den Sachwalter	703
O. Verjährung	714
I. Geltungsbereich der Verjährungsfrist	714
II. Keine Verlängerung oder Verkürzung der Verjährungsfrist	718
III. Beginn und Ablauf der Verjährung	719
IV. Hemmung und Unterbrechung der Verjährung	735
P. Ansprüche aus weiteren Anspruchsgrundlagen der Gesellschaft	740
Q. Außenhaftung der Aufsichtsratsmitglieder gegenüber Aktionären	746
I. Keine Geltung der Innenhaftungsnormen des AktG	746
II. Sonderbestimmungen des AktG	748
III. Haftung wegen Verletzung eines absoluten Rechts	750
IV. Haftung wegen vorsätzlicher sittenwidriger Schädigung	757
V. Haftung wegen Verletzung eines Schutzgesetzes	758
1. Strafnormen des StGB	758
2. Aktienrechtliche Schutzgesetze	760
VI. Mittelbare Schadensverursachung und Beweislast	763
VII. Ausschluss des Doppelschadens	765

	Rn.
R. Außenhaftung der Aufsichtsratsmitglieder gegenüber Gläubigern und Dritten	779
I. Keine Geltung der Innenhaftungsnormen des AktG	779
II. Vertragliche und vertragsähnliche Ansprüche	780
III. Ansprüche aus Delikt	782
1. Straf- und Bußgeldvorschriften des AktG	785
2. Strafnormen des StGB	786
3. Insolvenzantragspflicht	788
4. Vorsätzliche sittenwidrige Schädigung (§ 826 BGB)	793
S. Haftung im Konzern	794
T. Haftung für Aufsichtsratsmitglieder	797
I. Haftung der Gesellschaft für ihre Aufsichtsratsmitglieder	797
II. Haftung der entsendenden Körperschaft für Aufsichtsratsmitglieder	799
U. Verfahrensfragen	806
V. D&O-Versicherung für Aufsichtsratsmitglieder	809
I. Allgemeines	809
1. Bedeutung und Funktion	812
2. Entstehungsgeschichte	816
3. Abgrenzung zu anderen Versicherungsformen	817
4. Erscheinungsformen	819
II. Gesellschaftsrechtliche Zulässigkeit	820
1. Unternehmensinteresse	822
2. Organinteresse	825
3. Prämienzahlung durch das Unternehmen keine Aufsichtsratsvergütung	826
III. Pflicht zum Abschluss?	827
1. Keine allgemeine Pflicht	827
2. Vertragliche Vereinbarung?	828
3. Satzungsregelung	829
IV. Rechtliche Ausgestaltung der D&O-Versicherung	830
1. Dreiecksverhältnis Versicherer, Unternehmen, Aufsichtsratsmitglied	830
2. Claims made-Prinzip	831
3. Innen- und Außenhaftung werden abgedeckt	834
V. Selbstbehalt	835
VI. Insolvenz	840
VII. Schwächen gängiger D&O-Policen	842
1. Unzureichende Höchstsummen	842
2. Häufig keine Absicherung für die volle Dauer der gesetzlichen Verjährungsfrist von 5 bzw 10 Jahren	843
3. Kenntnis oder Kennenmüssen?	844
4. Anspruchskonkurrenz zwischen versicherten Vorstands- und Aufsichtsratsmitgliedern	845
5. Kein Einfluss des ausgeschiedenen Aufsichtsratsmitglieds auf Beibehaltung der Deckung	846
6. Risiko kollusiven Zusammenwirkens von Unternehmen und Aufsichtsratsmitglied?	847
7. Kosten der Anspruchsabwehr mindern die zur Ersatzleistung zur Verfügung stehende Summe	848
8. Widerstreitende Interessen	849
VIII. Probleme der Anspruchsdurchsetzung	850
1. Unkenntnis der Versicherungsbedingungen	850
2. Verletzung von Obliegenheiten und Ausschlussgründe	852
3. Unterschiedliche Policen bei mehreren Versicherern	854
4. Zwischenzeitlich erfolgter Wechsel des Versicherers	855
5. Zugang zu Unterlagen	856
IX. Alternative Gestaltungsformen	858
1. Haftungsbeschränkung?	858
2. Versicherungsverschaffungsklauseln in der Satzung	859
3. Getrennte Policen für Vorstand und Aufsichtsrat	860
4. Individuelle Vermögensschaden-Haftpflichtversicherungen für jedes Organmitglied	861
5. Ergänzende D&O-Vertrags-Rechtsschutzversicherung und Straf-Rechtsschutzversicherung	862

A. Einführung

I. Bedeutung der Norm

Die Vorschrift legt unter Verweisung auf die für Vorstandsmitglieder geltenden Bestimmungen (§ 93 S. 1) die **allgemeine Sorgfaltspflicht** für Aufsichtsratsmitglieder fest und regelt deren **Verantwortlichkeit in ihrer organschaftlichen Stellung** gegenüber der Gesellschaft. Die organschaftlichen Haftungsvorschriften bilden eine eigene gesetzliche Anspruchsgrundlage. Sie sind keine Ableitung aus irgendwelchen anderen Ansprüchen. Insbesondere sind sie keine Ausprägungen von Ansprüchen aus rechtsgeschäftlichen oder rechtsgeschäftsähnlichen Schuldverhältnissen (§ 311 BGB) etwa in der Form von positiver Vertragsverletzung oder culpa in contrahendo.

Die Anwendung der für Vorstandsmitglieder geltenden Haftungsvorschriften auf Aufsichtsratsmitglieder erfolgt ausdrücklich sinngemäß. Dies bedeutet, dass bei der Bestimmung und der Reichweite der **Sorgfaltspflichten** die unterschiedlichen Aufgaben von Vorstand und Aufsichtsrat berücksichtigt werden müssen. Die Sorgfaltspflichten der Aufsichtsratsmitglieder können im Einzelnen nur im Zusammenhang mit ihren besonderen Aufgaben und Verhaltenspflichten bestimmt werden.[1] Dabei sind zwei Besonderheiten zu beachten.

– Aufsichtsratsmitglieder führen nicht die Geschäfte des Unternehmens, sondern sie überwachen und beraten die Geschäftsführung. Dementsprechend unterscheidet sich der Inhalt der von den Organmitgliedern zu leistenden Aufgaben.
– Auch sind Aufsichtsratsmitglieder regelmäßig nicht hauptberuflich für die Gesellschaft tätig, mit Ausnahme weniger Aufsichtsratsvorsitzender von Großunternehmen. Sie unterliegen nicht dem für Vorstandsmitglieder geltenden Wettbewerbsverbot (§ 88). Allerdings haben auch sie auf Grund ihrer Treupflicht zur Gesellschaft kein Recht zu uneingeschränktem Wettbewerb. Ihre übrige Tätigkeit und die daraus gewonnen Erfahrungen können Auswirkungen auf die zu leistende Sorgfaltspflicht haben (→ Rn. 169 ff.).

Im Mittelpunkt der verschiedenartigen Aufgaben des Aufsichtsrats stehen die **Bestellung des Vorstands** und die **Überwachung der Geschäftsführung** (§ 111 Abs. 1 S. 1). Aufsichtsratsmitglieder haben die ihnen obliegenden Sorgfaltspflichten im Allgemeinen nicht bei der Geschäftsführung, sondern bei der ihnen obliegenden Überwachung anzuwenden. Ein Aufsichtsratsmitglied hat die Sorgfalt und Verantwortlichkeit eines ordentlichen „Überwachers" zu leisten.[2] Dabei bedeutet Überwachung nicht nur die Kontrolle des abgelaufenen Geschehens, sondern ebenso die Beratung des Vorstands im Hinblick auf das zukünftige Geschehen. Die Überwachung durch den Aufsichtsrat und die Leitung der Gesellschaft durch den Vorstand sind als unternehmerische Tätigkeiten zu verstehen.[3] Maßgeblicher Orientierungspunkt für das Verhalten von Vorstand und Aufsichtsrat ist das **Unternehmensinteresse,** an dem beide Organe ihr Handeln auszurichten haben.[4]

Aufsichtsratsmitglieder unterliegen, ebenso wie Vorstandsmitglieder, **organschaftlichen Treuebindungen.** Dabei ist zu berücksichtigen, dass ein Mitglied des Aufsichtsrats für die AG typischerweise im Nebenamt tätig ist.[5] Deshalb können nicht die gleichen Grundsätze übernommen werden, die für Vorstandsmitglieder gelten. Es kann insbesondere nicht gefordert werden, dass ein Aufsichtsratsmitglied bei seinem gesamten Verhalten den Interessen der Gesellschaft stets den Vorrang gibt.[6] Der absolute Interessenvorrang zugunsten der

---

[1] *Peltzer* WM 1981, 346 (349); *P. Doralt/W. Doralt* in Semler/v. Schenck AR-HdB § 14 Rn. 33 ff.; *Zempelin* AcP 155 (1956), 209 (210 ff.).
[2] Vgl. K. Schmidt/Lutter/*Drygala* Rn. 3.
[3] *J. Semler*, Leitung und Überwachung, Rn. 85.
[4] Spindler/Stilz/*Spindler* Rn. 21; *Raisch*, FS Hefermehl, 1976, 347 ff.; OLG Düsseldorf AG 1995, 416 (418); *J. Semler*, Leitung und Überwachung, Rn. 50 ff.; *ders.* BFuP 1977, 519 (521); vgl. Kölner Komm AktG/ Mertens/Cahn Rn. 329.
[5] *Kübler* GesR § 15 IV 3b); Hüffer/*Koch* Rn. 7; Grigoleit/*Grigoleit/Tomasic* Rn. 2.
[6] Hüffer/*Koch* Rn. 7.

überwachten Gesellschaft gilt allerdings immer dann, wenn ein Aufsichtsratsmitglied als solches tätig wird.

5 Als ein Ausfluss der allgemeinen Treuepflicht ist bereits in den für Vorstandsmitglieder maßgeblichen Bestimmungen die **Verschwiegenheitspflicht** ausdrücklich normiert (§ 93 Abs. 1 S. 2). Auf Grund der für Aufsichtsratsmitglieder geltenden Verweisungsnorm ist die für Vorstandsmitglieder geltende Verschwiegenheitspflicht auch von Aufsichtsratsmitgliedern zu beachten. Aber das Gesetz fordert seit Inkrafttreten des TransPuG[7] seinem Wortlaut nach von Aufsichtsratsmitgliedern noch mehr: Es verlangt ausdrücklich die Wahrung der Verschwiegenheit über erhaltene vertrauliche Berichte und vertrauliche Beratungen.[8] Die damit im Zusammenhang verwendeten Begriffe sind gesetzlich nicht definiert. Bei einer Auslegung des Umfangs der Verschwiegenheitspflicht ist als Normzweck zu berücksichtigen, dass neben einer unbefangenen Meinungsäußerung im Aufsichtsrat eine vertrauensvolle Zusammenarbeit innerhalb des Aufsichtsrats sowie zwischen diesem und dem Vorstand ermöglicht werden und die AG vor einer Offenbarung ihrer Interna geschützt werden soll[9] und dieser Schutz dem wirtschaftlichen Interesse des Unternehmens zu dienen bestimmt ist.[10]

6 Die Regelungen der für Aufsichtsratsmitglieder unmittelbar oder mittelbar geltenden Vorschriften sind **zwingend** und damit unabdingbar.[11] Die Haftung des Aufsichtsratsmitglieds und seine Verschwiegenheitspflicht können weder durch die Satzung noch durch Geschäftsordnungen noch durch irgendwelche schuldrechtlichen Verträge vermindert oder verschärft werden.[12] Der Aufsichtsrat kann das Ausmaß seiner Haftung und seiner Verschwiegenheitspflicht auch nicht durch einen eigenen Beschluss verändern. Allerdings kann er die Vertraulichkeit von Berichten und Beratungen dadurch aufheben, dass er ihren Inhalt öffentlich bekannt macht.

7 Die **Haftungsvoraussetzungen** entsprechen den Grundsätzen des allgemeinen Schadensersatzrechts. Tatbestandsvoraussetzungen sind also Schadenseintritt, sorgfaltswidriges Verhalten, Rechtswidrigkeit und Kausalität des rechtswidrigen Verhaltens, Verschulden.[13] Dabei gilt allerdings eine Regel der Beweislastumkehr: Ist streitig, ob ein Aufsichtsratsmitglied die Sorgfalt eines ordentlichen und gewissenhaften Überwachers angewendet hat, trägt es die Beweislast, sofern nicht auf Grund der Anwendbarkeit der *business judgment rule* ein pflichtgemäßes Handeln unwiderleglich vermutet wird (→ Rn. 302 ff.).

8 Neben der Pönalisierung dient die Haftung in erster Linie der Verhaltenssteuerung. Das Haftungsrisiko soll die Aufsichtsratsmitglieder dazu anhalten, die ihnen auferlegten **Pflichten gegenüber der Gesellschaft mit der gebotenen Sorgfalt zu erfüllen.**[14] Dies wiederum soll die Gefahr eines Schadenseintritts mindern. Darüber hinaus sollen die verantwortlichen Aufsichtsratsmitglieder zugunsten der geschädigten Gesellschaft einen **Ausgleich für die Nachteile** leisten, die dieser durch das pflichtwidrige Handeln der Aufsichtsratsmitglieder entstanden sind.[15]

9 Das eigentliche Problem der aktienrechtlichen **Schadensersatzpflicht** ist nicht die Normierung der Ersatzpflicht, sondern die ungenügende **Möglichkeit ihrer Durchsetzung.** Rechtstheoretisch müssen Ersatzansprüche der Gesellschaft gegen ein Vorstandsmit-

---

[7] Gesetz zur weiteren Reform des Aktien- und Bilanzrechts, zu Transparenz und Publizität (Transparenz- und Publizitätsgesetz) vom 19.7.2002, BGBl. 2002 I S. 2681.
[8] S. 2. Allerdings gilt gem. § 394 eine Ausnahme für Aufsichtsratsmitglieder, die auf Veranlassung einer Gebietskörperschaft in den Aufsichtsrat gewählt oder entsandt worden sind; vgl. dazu → Rn. 37.
[9] Großkomm AktG/*Hopt/Roth* Rn. 218.
[10] *v. Stebut* S. 4, 10.
[11] OLG Düsseldorf BB 1984, 997 (998) = AG 1984, 273; Spindler/Stilz/*Fleischer* § 93 Rn. 3; Großkomm AktG/*Hopt* § 93 Rn. 23 ff., *v. Godin/Wilhelmi* § 93 Anm. 4.
[12] BGHZ 64, 239 (244); BGHZ 64, 325 ff. – Bayer; Kölner Komm AktG/*Mertens/Cahn* § 93 Rn. 8; Spindler/Stilz/*Fleischer* § 93 Rn. 3; aA hinsichtlich einer Haftungsverschärfung: *v. Godin/Wilhelmi* § 93 Anm. 4.
[13] *P. Doralt/W. Doralt* in Semler/v. Schenck AR-HdB § *14* Rn. 31 ff.
[14] Großkomm AktG/*Hopt* § 93 Rn. 11 mwN; Spindler/Stilz/*Fleischer* Rn. 2.
[15] Spindler/Stilz/*Fleischer* Rn. 2.

glied in erster Linie vom Aufsichtsrat, gegen ein Aufsichtsratsmitglied vom Vorstand durchgesetzt werden. Die gebotene enge Zusammenarbeit der beiden Organe hat die Verfolgung von Schadensersatzansprüchen gegen den Vorstand durch den Aufsichtsrat in der Vergangenheit praktisch zu einem kaum ernsthaft verfolgten Anliegen gemacht,[16] doch hat sich dies in letzter Zeit gewandelt und machen immer häufiger Aufsichtsräte und Insolvenzverwalter energisch Haftungsansprüche gegenüber früheren Vorstandsmitgliedern geltend. Ein Vorstand, der amtierende Mitglieder des Aufsichtsrats verklagt, ist indes aus naheliegenden Gründen (ist der Aufsichtsrat doch für seine (Wieder-)Bestellung und Abberufung zuständig) unrealistisch.[17] Doch die Durchsetzungsmöglichkeiten für Aktionäre sind als Minderheitenrecht gestaltet und deswegen gerade bei großen Gesellschaften wenig praktikabel.

II. Entstehungsgeschichte

Im **AktG 1884** wurde zum ersten Mal der allgemeine, noch heute im Gesetz (S. 1, § 93 Abs. 2) enthaltene Schadensersatzanspruch der Gesellschaft gegen Organmitglieder bei Vernachlässigung ihrer Sorgfalt kodifiziert.[18] Dies wurde von den Entwurfsverfassern nicht als sachliche Neuerung gesehen. Die Bestimmung wurde als gesetzliche Deklaration einer Anspruchsgrundlage im Aktienrecht aufgefasst, die längst im Auftragsrecht akzeptiert war und zur ständigen Rechtsprechung des ROHG gehörte.[19] Aus dem Auftragsrecht stammt auch die Umkehr der Darlegungs- und Beweislast dafür, dass das Organmitglied seine Pflichten ordnungsgemäß erfüllt hat. Die damals festgelegten Grundsätze wurden in der Folgezeit beibehalten.

Durch das **AktG 1937** wurde die Geschäftsführung ausschließlich auf den Vorstand übertragen. Dies hatte auch Auswirkungen auf die Haftung des Aufsichtsrats. Seine Überwachungspflichten mussten sich dem erweiterten Verantwortungsbereich des Vorstands anpassen. Das Gesetz übernahm die Vorschriften über die Sorgfaltspflicht und die Verantwortlichkeit der Vorstandsmitglieder (§ 84 Abs. 1 S. 1) fast wörtlich aus dem HGB (§ 241 Abs. 1 HGB idF v. 1.1.1900), wonach Mitglieder des Vorstands bei ihrer Geschäftsführung die Sorgfalt eines ordentlichen Geschäftsmanns anzuwenden hatten. Es fügte hinzu, dass die Vorstandsmitglieder über vertrauliche Angaben Stillschweigen zu bewahren haben. Damit wurde die Verschwiegenheitspflicht durch das AktG 1937 ausdrücklich normiert.[20] Die Sorgfalts- und Verschwiegenheitspflicht der Aufsichtsratsmitglieder wurde nicht mehr selbständig geregelt, sondern durch Verweisung[21] auf die den Vorstandsmitgliedern obliegenden Pflichten festgelegt.[22] Eine ausdrückliche Verpflichtung zur Geheimhaltung von Betriebs- und Geschäftsgeheimnissen enthielt das AktG 1937 nicht.[23]

---

[16] Plastisch spricht *Habersack* (ZHR 177 (2013) 782 (785 f.)) von einem „Konstruktionsfehler" im Zusammenhang mit der Durchsetzung von Organhaftungsansprüchen, *Ulmer* (FS Canaris, 2007, Bd. II, S. 451) von einer „Beißhemmung" des Aufsichtsrats gegenüber dem Vorstand.

[17] *Bachmann* Gutachten E, 50. DJT, 2014, S. E 87 f.; um dies zu kompensieren, schlägt *Bachmann* einen Ausbau der Aktionärsklage vor (S. E 88 ff.), was indes nicht unproblematisch ist, da es der Branche der Berufskläger erneut Auftrieb geben könnte. Die Frage, ob institutionelle Investoren zu einer Verstärkung der Verfolgung von Organhaftungsansprüchen beitragen können, stellt und verneint *Redeke* AG 2015, 253.

[18] Art. 226 Abs. 1 HGB aF; vgl. zur Entwicklung des AktG MüKoAktG/*Spindler* Vor § 76 Rn. 7 ff.

[19] *Hommelhoff*, Eigenkontrolle statt Staatskontrolle, in *Schubert/Hommelhoff*, Hundert Jahre modernes Aktienrecht, S. 53, 95; Abdruck: Entwurf eines Gesetzes betreffend die KGaA und AG vom 7.3.1884, in *Schubert/ Hommelhoff*, S. 387, 462.

[20] Zur geschichtlichen Entwicklung vgl. *v. Stebut* S. 81 ff.

[21] § 99 AktG 1937.

[22] § 84 Abs. 1 AktG 1937.

[23] *v. Stebut* S. 85. Eine ausführlichere Regelung enthielt § 55 Abs. 1 iVm § 76 Abs. 2 S. 5 BetrVG 1952. Danach waren Arbeitnehmervertreter im Aufsichtsrat verpflichtet, über vertrauliche Angaben oder Betriebs- und Geschäftsgeheimnisse, von denen sie wegen ihrer Zugehörigkeit zum Aufsichtsrat Kenntnis erlangt hatten und die vom Arbeitgeber ausdrücklich als geheim zu halten bezeichnet worden waren, Stillschweigen auch nach ihrem Ausscheiden aus dem Aufsichtsrat zu wahren. Selbst die leichtfertige Verletzung der Schweigepflicht durch Arbeitnehmervertreter konnte mit Gefängnis bis zu sechs Monaten oder mit Geldstrafe bestraft

12 Das **AktG 1965** stellte die Verletzung der Geheimhaltungspflicht durch Mitglieder des Vorstands oder des Aufsichtsrats unter die Strafdrohung von bis zu einem Jahr Gefängnis und/oder Geldstrafe (§ 404 Abs. 1 S. 1). Darüber hinaus wurde der Umfang der Schweigepflicht der Organmitglieder präzisiert. Allerdings ist die Strafnorm als Antragsdelikt ausgestaltet.

13 Mit dem **TransPuG**[24] wurde die Verschwiegenheitspflicht für Aufsichtsratsmitglieder **im Jahr 2002** durch Einfügung von Satz 2 erweitert. Danach sind Aufsichtsratsmitglieder insbesondere zur Verschwiegenheit über erhaltene vertrauliche Berichte und vertrauliche Beratungen verpflichtet. Der Grund für die Verschärfung der für Aufsichtsratsmitglieder geltenden Verschwiegenheitspflicht war die durch dieses Gesetz geschaffene Verbesserung der Berichterstattung des Vorstands an den Aufsichtsrat. „Zwischen Information und Vertraulichkeit besteht ein unlösbarer Zusammenhang".[25] Die Strafbewehrung wurde für börsennotierte Gesellschaften verschärft. Wer die Geheimhaltungspflicht verletzt, kann mit bis zu zwei Jahren, bei Handeln gegen Entgelt mit bis zu drei Jahren Freiheitsstrafe bestraft werden (§ 404 Abs. 1 und 2). Doch unverändert ist die Strafnorm ein Antragsdelikt (§ 404 Abs. 3).

14 Das **UMAG**[26] hat mit dem neuen § 93 Abs. 1 S. 2, der über die Verweisung in § 116 S. 1 nicht nur für Vorstands-, sondern auch für Aufsichtsratsmitglieder gilt, erstmals in Deutschland die *business judgment rule* mit dem Ziel kodifiziert, Vorständen und Aufsichtsräten den für unternehmerisches Handeln erforderlichen Freiraum ohne stete Sorge vor Haftung zu schaffen.

Das **Restrukturierungsgesetz**[27] hat durch Änderung des § 93 Abs. 6 die Verjährungsfrist für Ansprüche aus Pflichtverletzungen von Vorstands- und Aufsichtsratsmitgliedern börsennotierter Unternehmen von fünf Jahren auf zehn Jahre verdoppelt.

III. Rechtstatsachen

15 **1. Die Realität der Aufsichtsratshaftung.** Obwohl es eine Reihe von reichsgerichtlichen Entscheidungen gibt, die sich mit der Haftung des Aufsichtsrats auseinandersetzen,[28] hatten die Haftungsnormen des AktG längere Zeit nur eine geringe praktische Bedeutung.[29] Das hat sich in neuerer Zeit geändert, Haftungsansprüche werden häufiger geprüft und auch geltend gemacht.[30] Noch immer ist bei der Durchsetzung der Organhaftung im Innenverhältnis eine allerdings abnehmende **Praxis der gegenseitigen Rücksichtnahme** festzustellen. Auch wird der Vorstand, dem die Geltendmachung von Ersatzansprüchen der Gesellschaft gegen die Mitglieder des Aufsichtsrats obliegt (gem. § 78), möglicherweise zögern, den Anspruch zu verfolgen, wenn sich der Sachverhalt auf die eigene Amtszeit bezieht, liegt hierin doch die Gefahr, dass sich der Vorstand selbst belastet.[31]

---

werden, § 79 Abs. 1 BetrVG 1952. Hingegen trat bei dem Vertreter der Anteilseigner nur eine zivilrechtliche Schadenshaftung ein, §§ 99, 94 AktG 1937. Die unterschiedliche Regelung stieß im Schrifttum auf verfassungsrechtliche Bedenken: vgl. *Radke* NJW 1956, 1581 (1582, Fn. 14); BegrRegE *Kropff* § 93.
[24] Transparenz- und Publizitätsgesetz v. 19.7.2002.
[25] RegE BT-Drs. 14/8769, 18.
[26] Gesetz zur Unternehmensintegrität und Modernisierung des Anfechtungsrechts v. 22.9.2005.
[27] Gesetz zur Restrukturierung und geordneten Abwicklung von Kreditinstituten, zur Errichtung eines Restrukturierungsfonds für Kreditinstitute und zur Verlängerung der Verjährungsfrist der aktienrechtlichen Organhaftung v. 9.12.2010.
[28] RGZ 13, 43 ff.; 18, 56 ff.; 22, 133 ff.; 35, 83 ff.; 35, 332 f.; 36, 27 ff.; 39, 62 ff.; 63, 203 ff.; 63, 325 ff.; 65, 241 ff.; 74, 428 ff.; 93, 338 ff.; RG JW 1924, 1145 ff.; RGZ 115, 289 ff.; RG JW 1930, 3730 ff.; 1932, 1648 ff.; RGZ 142, 123 ff.; 142, 134 ff.; RG JW 1934, 1494 f.; 1934, 2687 ff. = RGZ 144, 348 ff.; RGZ 146, 71 ff.; 146, 145 ff.; 148, 357 ff.; RG JW 1936, 2313 f.; RGZ 152, 273 ff.; 156, 291 ff.; 157, 213 ff.; 159, 86 ff.; 161, 129 ff.; und auch ROHG 19, 178 ff.; 22, 239 ff. sowie KG JW 1934, 3073 ff.; hierzu auch *Peltzer* WM 1981, 346.
[29] *Kübler/Assmann* GesR § 15 III 5 zu § 93 AktG; *Schaefer/Missling* NZG 1998, 441 ff.; *J. Semler* AG 1983, 81 (83).
[30] Vgl. die entsprechenden tatsächlichen Feststellungen von *Bachmann* Gutachten E, 50. DJT 2014, S. E 12 ff. sowie *Loritz/Wagner* DStR 2012, 2189; *Freidank/Dürr/Sassen* BB 2013, 2283.
[31] Vgl. zu dem inhärenten Interessenkonflikt *Habersack* ZHR 177 (2013), 782 (785 f.), ferner *Trescher* DB 1995, 661 ff.; *P. Doralt/W. Doralt* in Semler/v. Schenck AR-HdB § 14 Rn. 192; *Thümmel* DB 1999, 885 (887);

Aus der Rechtsprechung gibt es **wenig rechtlich aufbereitetes Fallmaterial**. Haftungsansprüche gegen Organmitglieder werden meist nur, dies allerdings zunehmend, in der Insolvenz des Unternehmens oder im Wege der Aufrechnung gegenüber den Zahlungsklagen ausgeschiedener Organmitglieder geltend gemacht.[32] 16

Die Chance einer Durchsetzung von Ersatzansprüchen ist zum einen auf Grund der **Erleichterung des Klageerzwingungsverfahrens** seitens der Aktionäre[33] durch das KonTraG[34] und die **Erleicherung der Aktionärsklage** durch das UMAG,[35] zum anderen durch die **„ARAG/Garmenbeck"-Entscheidung des BGH**[36] vergrößert worden. Nach dieser Entscheidung ist der Aufsichtsrat verpflichtet, einen Schadensersatzanspruch gegen den Vorstand gerichtlich durchzusetzen, sofern die **Erfolgsaussichten** einer Klage positiv zu bewerten sind und eine Klage im **Unternehmensinteresse** liegt.[37] Der Aufsichtsrat muss also das Prozessrisiko einschätzen. Er hat zu prüfen, ob der **Anspruch hinreichend substantiiert** und **begründet** ist, ob er **bewiesen** werden und schließlich auch, ob er im Wege der Zwangsvollstreckung **durchgesetzt** werden kann. Die mangelnde Verfolgung von Schadensersatzansprüchen durch den Aufsichtsrat kann zu einer **eigenen Schadensersatzpflicht** der Aufsichtsratsmitglieder führen.[38] 17

Bei der Frage der Durchsetzbarkeit des Schadensersatzanspruchs ist zu berücksichtigen, dass dem Vorstand bei der Geschäftsleitung ein weiter Handlungsspielraum zuerkannt werden muss, ohne den eine unternehmerische Tätigkeit nicht denkbar ist. Es kann durchaus **haftungsfreie Fehlentscheidungen** geben, bei denen der Vorstand nicht pflichtwidrig gehandelt hat.[39] Beruht die Fehlentscheidung jedoch auf einer unsorgfältigen oder einer aus ex-ante Sicht schlicht fehlerhaften Planung oder sind die Grundlagen der Entscheidung unsorgfältig ermittelt worden, dann ist der unternehmerische Handlungsspielraum überschritten und eine Sorgfaltswidrigkeit anzunehmen.[40] 18

Die **grundsätzliche Pflicht des Aufsichtsrats zur Verfolgung von Schadensersatzansprüchen** ist dadurch eingeschränkt, dass der BGH eine in das Entscheidungsermessen des Aufsichtsrats gestellte **Interessenabwägung** zulässt.[41] Ein Absehen von der Verfolgung eines durchsetzbaren Schadensersatzanspruchs ist ausnahmsweise zulässig, wenn gewichtige Gründe des Gesellschaftswohls dies erfordern.[42] Dann stehen der Verfolgung übergeordnete Gesichtspunkte entgegen. Dies ergibt sich aus der Pflichtenbindung des Aufsichtsrats. Seine oberste Pflicht ist die Wahrung des Unternehmenswohls.[43] Persönliche Interessen des zum Schadensersatz verpflichteten Organmitglieds dürfen bei der Interessenabwägung keine Bedeutung haben. 19

---

das gilt gleichermaßen für die Verfolgung von Schadensersatzansprüchen gegen den Vorstand durch den Aufsichtsrat: *Baums* Gutachten F 241; *Peltzer* WM 1981, 346 (348).

[32] MHdB AG/*Hoffmann-Becking* § 33 Rn. 57; *Baums* Gutachten F 246; *Peltzer* WM 1981, 346.
[33] § 147, vgl. zu dieser Vorschrift ausführlich *Hölters*, FS Wiedemann, 2002, 975 ff.
[34] Ges. v. 27.4.1998.
[35] Ges. v. 22.9.2005.
[36] BGHZ 135, 244 = NJW 1997, 1926 = AG 1997, 377. Bei dieser Entscheidung geht es um die Verpflichtung des Aufsichtsrats zur Geltendmachung von Schadensersatzansprüchen gegen ein Vorstandsmitglied, eine sinngemäße Geltung für die Haftung der Aufsichtsratsmitglieder und deren Inanspruchnahme durch den Vorstand ist anzunehmen. Urteilsbespr. und Aufsätze: *Götz* NJW 1997, 3275 ff.; *Grooterhorst* ZIP 1999 1117 ff.; *Horn* ZIP 1997, 1129 ff.; *Jaeger/Trölitzsch* WiB 1997, 684 ff.; *Thümmel* DB 1997, 1117 ff.; *Nirk*, FS Boujong, 1996, 393 ff.; *Heermann* AG 1998, 201 (202 ff.); *Kindler* ZHR 162 (1998), 101 ff.; *Lutter* ZIP 1995, 441 ff.; *Schiessl* AG 2002, 593 (602).
[37] → Rn. 301 ff. Vgl. auch *v. Schenck* in Semler/v. Schenck AR-HdB § 7 Rn. 341; *Lutter/Krieger/Verse* Rn. 447 ff.; *Heermann* AG 1998, 201 ff.
[38] *Lutter*, FS Hoffmann-Becking, 2013, 747 (753).
[39] BGHZ 135, 244, 253 – ARAG/Garmenbeck; *Horn* ZIP 1997, 1129 (1133); *Meßmer/Saliger* VersR 1999, 539 (540); *Clemm/Dürrschmidt*, FS Müller, 2001, 67 (81); *Ulmer* ZHR 163 (1999), 290 (297 ff.).
[40] BGHZ 135, 244 (253) – ARAG/Garmenbeck; *Henze* NJW 1998, 3309 (3310).
[41] BGHZ 135, 244 (256) – ARAG/Garmenbeck.
[42] *Lutter/Krieger/Verse* Rn. 449; *Clemm/Dürrschmidt*, FS Müller, 2001, 67 (82).
[43] *Kindler* ZHR 162 (1998), 101 (113 f.) mit krit. Anm. zu dem vom BGH eingeräumten Entscheidungsermessen des Aufsichtsrats (Fn. 43).

20 Bei der Interessenabwägung ist zu berücksichtigen, dass der Aufsichtsrat ebenso wie der Vorstand grundsätzlich nicht berechtigt ist, Vermögenswerte der Gesellschaft freiwillig aufzugeben. Die Unternehmensorgane nehmen gegenüber den Aktionären eine **treuhänderische Stellung** ein. Sie können die anvertrauten Mittel unternehmerisch nutzen, nicht aber nach Belieben darüber verfügen.[44] Der BGH hat zu Recht bei der Verfolgung von Schadensersatzansprüchen ein Ermessen, das einer gerichtlichen Überprüfung entzogen wäre, grundsätzlich verneint.[45]

21 Die „ARAG/Garmenbeck"-Entscheidung hat zu einem verstärkten Bewusstsein geführt, dass der Aufsichtsrat verpflichtet ist, das Bestehen von Schadensersatzansprüchen gegen Vorstandsmitglieder zu prüfen und diese gegebenenfalls auch durchzusetzen.[46] Der BGH klargemacht, dass es **nicht dem freien Ermessen** und damit einer gerichtlich nicht nachprüfbaren Beurteilung durch den Aufsichtsrat **überlassen** ist, ob ein durchsetzbarer Schadensersatzanspruch gegen ein Vorstandsmitglied verfolgt wird oder nicht.[47]

22 Um das faktisch bisher sehr geringe Haftungsrisiko für Organmitglieder zu vergrößern, ist die Durchsetzung von Schadensersatzansprüchen für die Aktionäre erleichtert worden.[48] Für sie besteht grundsätzlich nicht die Möglichkeit, Schadensersatzansprüche der Gesellschaft gegenüber den Verwaltungsmitgliedern der Gesellschaft in eigenem Namen oder im Namen der Gesellschaft geltend zu machen.[49] Nunmehr sind Aktionäre mit einem Aktienbesitz von 5 % oder nominal 500 000 Euro berechtigt (§ 147 Abs. 3), die **Bestellung eines besonderen Vertreters** durch das Gericht zu beantragen. Es müssen Tatsachen vorliegen, die den dringenden Verdacht rechtfertigen, dass der Gesellschaft durch Unredlichkeiten oder grobe Verletzung des Gesetzes oder der Satzung Schaden zugefügt worden ist. Wenn hinreichende Erfolgsaussichten bestehen, ist der besondere Vertreter verpflichtet, den Ersatzanspruch geltend zu machen.[50]

23 Ob die praktische Bedeutung dieser Gesetzesänderung groß ist, bleibt offen. **Bedeutsamer** ist die **Entscheidung des BGH:** Das Gericht hat eine weitgehende Pflicht des Aufsichtsrats zur Inanspruchnahme des Vorstands festgestellt.[51] Kommt der Aufsichtsrat dieser Pflicht nicht nach, setzt er sich selbst dem Risiko einer Schadensersatzpflicht aus.

24 **2. Der wachsende Einfluss des Aufsichtsrechts.** Getrieben vor allem durch Initiativen und Rechtsakte der EU macht sich zunehmend ein nicht immer in die Systematik des deutschen Aktienrechts passender Einfluss des Aufsichtsrechts bemerkbar. So fordert neuerdings das **KWG** bei Instituten ab einer gewissen Bedeutung die **Einrichtung einer Mehrzahl von Aufsichtsratsausschüssen**[52], während das AktG die Einrichtung von Aufsichtsratsausschüssen bislang nicht verlangt,[53] sowie die Einrichtung direkter Kommunikationslinien zwischen den Vorsitzenden der Risiko- und Prüfungsausschüsse (oder, sollte der jeweilige Ausschuss nicht eingerichtet worden sein, dem Aufsichtsratsvorsitzenden) und Leiter der internen Revision sowie Leiter des Risikocontrollings (§ 25d Abs. 8 S. 7 und 8, Abs. 9 S. 4 und 5 KWG), sowie bei Versicherungsunternehmen zwischen Aufsichtsrats-

---

[44] *Raiser* NJW 1996, 552 (554).
[45] BGHZ 135, 244 (254) – ARAG/Garmenbeck, eine solche „Entscheidungsprärogative" hatte die Vorinstanz angenommen: OLG Düsseldorf ZIP 1995, 1183 ff., krit. hierzu *Jaeger/Trölitzsch* ZIP 1995, 1157 ff.; *Raiser* NJW 1996, 552 ff.
[46] Vgl: zu den seinerzeitigen Erwartungen *Meßmer/Saliger* VersR 1999, 539 (540) die eine schärfere Verfolgung von Schadensersatzansprüchen erwarteten, aA *Baums* Gutachten F 246.
[47] → § 111 Rn. 285 ff.; aA *Baums* Gutachten F 246.
[48] Referentenwurf zur Änderung des AktG („KonTraG"), ZIP 1996, 2129 (2136); hierzu *Thümmel* DB 1997, 261 ff.; ausführlich *Ulmer* ZHR 163 (1999), 290 ff.; krit. *Götz* AG 1995, 337 (351 ff.); *Hopt*, FS Kübler, 1997, 435 ff.
[49] Vgl. *Hölters*, FS Wiedemann, 2002, 975.
[50] Zur Rechtsstellung der besonderen Vertreter *Hölters*, FS Wiedemann, 2002, 975 (987).
[51] § 147 Abs. 3; BGHZ 135, 244 (254 f.) – ARAG/Garmenbeck.
[52] § 25d Abs. 7 bis 12 KWG, v. Rn. 153 Fn. 255.
[53] *Gittermann* in Semler/v. Schenck AR-HdB § 6 Rn. 3. Nur für der paritätischen bzw der Montan-Mitbestimmung unterliegende AGs schreiben § 27 Abs. 3 MitbestG bzw § 8 Abs. 2 MontanMitbestG die Bildung eines Vermittlungsausschusses vor.

vorsitzendem und Risikokontrollfunktion,[54] während das deutsche Aktienrecht nur in Ausnahmefällen einen direkten Zugriff des Aufsichtsrats auf Mitarbeiter unterhalb des Vorstands für zulässig hält.[55] Zugleich gibt es nunmehr außer für die Vorstandsmitglieder auch für die Aufsichtsratsmitglieder von Instituten und Versicherungsunternehmen Vorgaben nicht nur für deren Zuverlässigkeit, sondern auch für deren Sachkunde.[56]

Es erscheint möglich, dass auf diesem Wege und mit Hilfe weiterer gesetzlicher Regelungen und in Form von **„Mindestanforderungen"** der BaFin aufsichtsrechtliche Anforderungen auch auf nicht einer Aufsicht unterliegende Unternehmen ausgedehnt werden, womit in zunehmendem Umfange Erwerbsunternehmen aller Branchen in ein immer engeres Korsett rechtlicher Vorgaben eingeschnürt werden könnten, was zu Lasten ihrer Handlungs- und Anpassungsfähigkeit gehen und eine gewisse Entfernung vom Leitbild der klassischen Aktiengesellschaft bedeuten könnte.[57]

IV. Reformüberlegungen

Welche Haftung für Organmitglieder angemessen ist, war schon immer und ist auch aktuell Gegenstand heftiger Diskussionen, angefacht nicht zuletzt durch die Finanzkrise, deren Ursachen von Vielen auch in einem Versagen von Bankvorständen und -aufsichtsräten gesehen werden. Die Überlegungen gehen keineswegs undifferenziert in Richtung einer Verschärfung der ohnehin schon recht empfindlichen Innen- und Außenhaftung von Organmitgliedern.[58] *Habersack* ruft in der Folge von *Ulmer*[59] nach einem „Gleichklang von materiellem Recht und Rechtsverfolgung" und regt an eine begrenzte Satzungsautonomie hinsichtlich des Haftungsmaßstabs, aber nicht bis hin zu einer Beschränkung auf grobe Fahrlässigkeit und Vorsatz,[60] ferner eine Abschaffung der dreijährigen Sperrfrist für den Verzicht auf Schadensersatzansprüche gegen Organmitglieder sowie eine Begrenzung der Beweislastumkehr auf noch amtierende Organmitglieder.[61] Auch *Spindler* schlägt vor, dem Satzungsgeber die Möglichkeit zu geben, haftungsreduzierende Klauseln aufzunehmen, welche jedoch entweder die Organhaftung auf grobe Fahrlässigkeit begrenzen oder Obergrenzen für eine Haftung aus einfacher Fahrlässigkeit setzen würden, dies allerdings bei gleichzeitiger Erleichterung der Klagemöglichkeiten der Aktionäre.[62] *Bachmann, Paefgen* und *Vetter* empfehlen eine satzungsmäßige Beschränkung der Organhaftung bis hin zur groben Fahrlässigkeit sowie die Einführung einer Billigkeitsklausel,[63] *Rust* schlägt die Möglichkeit einer satzungsmäßigen Haftungshöchstgrenze vor.[64] *Bayer/Scholz* haben sogar ernsthafte Zweifel geäußert, dass die unbeschränkte persönliche Haftung der Organmitglieder verfassungsgemäß sei.[65] Fast allgemein wird zudem eine Rücknahme der Verlängerung der Verjährungsfrist für Ansprüche wegen Pflichtverletzungen von fünf auf zehn Jahre gefordert.(→ Rn. 714) Dagegen spricht sich *Fleischer* vehement gegen Haftungshöchstgrenzen und andere Haftungsmilderungen für Aufsichtsratsmitglieder aus.[66] Die Aktualität dieses Themas wird auch dadurch unterstrichen, dass

---

[54] MARisk VA AT 7.2.1 Abs. 3b.
[55] Vgl. *v. Schenck* in Semler/v. Schenck AR-HdB § 7 Rn. 228 f.
[56] § 36 Abs. 3 S. 3 und 4 KWG sowie § 7a Abs. 4 S. 1 VAG; dazu *Dreher* ZGR 2010, 496 (507 f.).
[57] Vgl. zu diesem Phänomen ausführlich *Dreher* ZGR 2010, 496 ff. sowie *Weber-Rey* ZGR 2010, 543 ff., ferner *Binder* ZGR 2013, 760 ff.
[58] *Habersack* ZHR 177 (2013), 782 (794).
[59] *Ulmer* ZHR 163 (1999), 290 ff.
[60] Ebenso bereits *Ulmer* DB 2004, 859 ff.
[61] *Habersack* ZHR 177 (2013), 782 (800 ff.).
[62] *Spindler* AG 2013, 889 (894 ff.), 899 ff.).
[63] *Bachmann* Gutachten E, 50. DJT, 2014, S.E 56 ff.; *Paefgen* AG 2014, 554 (569 f.); *Vetter* NZG 2014, 921 (922 ff.) (aber zeitlich befristet),
[64] Der Aufsichtsrat 2014, 36 f.
[65] NZG 2014, 926, 928.
[66] Der Aufsichtsrat 2014, 100 ff.

sich der 70. Deutsche Juristentag 2014 mit der Frage einer Reform der Organhaftung befasst hat.[67]

B. Grundlagen

I. Innen- und Außenhaftung

27   Die Vorschrift über die von einem Aufsichtsratsmitglied geschuldete Sorgfaltspflicht und die bei ihrer Verletzung in Betracht kommende Schadensersatzpflicht behandelt nur die **organschaftliche Verantwortlichkeit der Aufsichtsratsmitglieder gegenüber der Gesellschaft.** Ob im konkreten Fall eine Schadensersatzpflicht gegenüber Aktionären, Gläubigern oder Dritten in Betracht kommt, richtet sich nach allgemeinen Vorschriften und wird im AktG nicht behandelt.[68]

II. Normadressaten

28   Die gesetzlichen Vorschriften über die Sorgfaltspflicht und die Verantwortlichkeit (§§ 116, 93) gelten für alle **Aufsichtsratsmitglieder, auch für die entsandten** (§ 101 Abs. 2) **und die gerichtlich bestellten** (§ 104) Mitglieder. Ersatzmitglieder (§ 101 Abs. 3 S. 2) unterliegen diesen Vorschriften erst, wenn sie Mitglieder des Aufsichtsrats geworden sind.[69] Personen, die nur anstelle von Aufsichtsratsmitgliedern an Sitzungen des Aufsichtsrats teilnehmen (§ 109 Abs. 3) und schriftliche Stimmabgaben überreichen (§ 108 Abs. 3), haften nicht. Die Haftung knüpft grundsätzlich an die organschaftliche Stellung an. Sie fehlt bei diesen Personen. Eine möglicherweise faktische Einflussnahme reicht nicht,[70] solange sich die betreffende Person nicht als Mitglied des Aufsichtsrats geriert. Leitet ein Mitglied des Aufsichtsrats – ganz üblicher Weise gemäss entsprechender Satzungsregelung der Aufsichtsratsvorsitzende – die Hauptversammlung, so findet § 116 AktG keine Anwendung, da es sich bei dieser Tätigkeit um keine ihm übertragene gesetzliche Aufgabe handelt und der Hauptversammlungsleiter kein Organ der Gesellschaft ist.[71]

III. Gleichbehandlung

29   Die Vorschriften über die Sorgfaltspflicht, die Verantwortlichkeit und die Verschwiegenheit der Aufsichtsratsmitglieder (§§ 93, 116) sind auf Anteilseignervertreter und Arbeitnehmervertreter, auf gewählte, entsandte und gerichtlich bestellte Mitglieder in gleicher Weise anzuwenden. Dies entspricht dem Grundsatz der **Gleichstellung aller Aufsichtsratsmitglieder** und folgt aus ihrer aller Bindung an das Unternehmensinteresse.[72]

30   **1. Allgemeiner Grundsatz.** Die Anforderungen an die Kenntnisse, Fähigkeiten und Erfahrungen eines Aufsichtsratsmitglieds sind für alle Aufsichtsratsmitglieder gleich.[73] Sie werden nicht nach den jeweiligen Wahlkörpern unterschieden. Die Sorgfaltspflicht (§ 93

---

[67] Siehe hierzu das Gutachten von *Bachmann* „Reform der Organhaftung? – Materielles Haftungsrecht und seine Durchsetzung in privaten und öffentlichen Unternehmen", Gutachten E, 50. DJT, 2014, S.E 1 ff.

[68] Einen kurzen Überblick der Innen- und Außenhaftung von Vorständen und Aufsichtsräten einschließlich einer Behandlung von Fragen zur D&O-Versicherung und steuerlicher Fragen geben *Loritz/Wagner* DStR 2012, 2189 ff. und 2205 ff.

[69] Ab Eintritt des Ersatzfalls → § 101 Rn. 195 ff.; *Lutter/Krieger/Verse* Rn. 1059.

[70] Großkomm AktG/*Hopt* § 93 Rn. 30.

[71] LG Ravensburg AG 2014, 910 ff. = NZG 2014, 1233 ff. = BB 2015, 131 m. Anm. *Theusinger/Schilha*; MüKoAktG/*Kubis* § 119 Rn. 184; v. d. *Linden* NZG 2013, 208 (209 f.).

[72] Zum Unternehmensinteresse *Lutter/Krieger/Verse* Rn. 893; *Mertens* ZGR 1977, 270 (275 ff.).

[73] HM; BGHZ 85, 293 (295 f.) = NJW 1983, 991 – Hertie; MHdB AG/*Hoffmann-Becking* § 33 Rn. 61; *Lutter/Krieger/Verse* Rn. 1009 zum entsprechenden Verschuldensmaßstab; *Edenfeld/Neufang* AG 1999, 49 (50 f.); *Schwark*, FS Werner, 1984, 841 (850); *Götz* AG 1995, 337 (345); UHH/*Ulmer/Habersack* MitbestG § 25 Rn. 118; Hüffer/*Koch* Rn. 3.

Abs. 1 S. 1) gilt für alle Aufsichtsratsmitglieder in gleicher Weise. Eine Abstufung der Schweigepflicht ist im Gesetz nicht angelegt.

2. Arbeitnehmervertreter. Auch Arbeitnehmervertreter müssen die Mindestvoraussetzungen (Fähigkeiten, Kenntnisse, Erfahrungen) mitbringen, die ein Aufsichtsratsmitglied aufweisen muss.[74] Die **gesetzliche Schweigepflicht besteht uneingeschränkt** und lässt auch keine Ausnahmen für Mitglieder oder Vorsitzende betrieblicher Arbeitnehmergremien im Verhältnis zu anderen Mitgliedern dieser Gremien zu. Von Arbeitnehmern gewählte Mitglieder sind nicht berechtigt, in einem Betriebsrat oder im Wirtschaftsausschuss über vertrauliche Angelegenheiten oder Geheimnisse der Gesellschaft zu berichten, die sie als Mitglieder des Aufsichtsrats erfahren haben.[75] Dies wird deutlich anders gesehen nur von der Gewerkschaftsseite, welche die Schweigepflicht der Aufsichtsratsmitglieder zu Gunsten einer Information der Arbeitnehmer des Unternehmens äußerst restriktiv interpretiert.[76]

3. Eigentümervertreter. Wer Großaktionär ist oder von einem Großaktionär in den Aufsichtsrat gewählt worden ist, hat **keine besonderen Rechte.** Er muss die Mindestvoraussetzungen erfüllen, wie es von jedem Aufsichtsratsmitglied verlangt wird. Die Eigenschaft als Großaktionär befreit ein solches Mitglied nicht von der Voraussetzung, die zur Ausübung des Amtes notwendigen Fähigkeiten, Kenntnisse und Erfahrungen zu besitzen. Es trägt als Aufsichtsratsmitglied Verantwortung nicht nur für sein eigenes Vermögen, sondern auch für das Vermögen anderer Aktionäre. Als Aufsichtsratsmitglied muss es alle Aktionäre in die Wahrung des Unternehmensinteresses einbeziehen. Selbst wenn nur ganz wenige oder keine Fremdaktionäre vorhanden sind, darf es als Aufsichtsratsmitglied das Unternehmen nicht als sein eigenes ansehen.

Bei der **Amtsausübung** hat ein solcher Großaktionär oder ein von ihm vorgeschlagenes Aufsichtsratsmitglied keine besonderen Rechte. Auch wenn die wirtschaftlichen Folgen des unternehmerischen Handelns der Gesellschaft wegen seiner hohen Kapitalbeteiligung vor allem von ihm zu tragen sind, gewährt ihm dies keine eigenen Gestaltungs- oder Verhinderungsrechte. Zustimmungsvorbehalte (§ 111 Abs. 4 S. 2) zugunsten einzelner Aktionäre sind dem Aktienrecht fremd. Sie sind unzulässig. Wenn er solche ausüben will, muss er sämtliche Anteile erwerben oder, wenn er über die erforderliche Mehrheit verfügt, mit der Gesellschaft einen Beherrschungsvertrag abschließen oder sie in eine Rechtsform umwandeln, die ihm die Ausübung des gewünschten Einflusses gestattet.

Gleiches gilt hinsichtlich der **Verschwiegenheitspflicht.** Über die Vertraulichkeitserfordernisse und die Geheimhaltungsbedürfnisse kann nur die Gesellschaft durch ihre zuständigen Organmitglieder verfügen, nicht aber ein einzelner Aktionär, sei er auch noch so hoch beteiligt. Was der Großaktionär als Mitglied des Aufsichtsrats erfährt, unterliegt seiner Verschwiegenheitspflicht, wenn es sich um vertrauliche Angelegenheiten oder Geheimnisse der Gesellschaft handelt.

4. Konzernvertreter. Gleiches gilt für Aufsichtsratsmitglieder, die als Vertreter des herrschenden Unternehmens oder eines sonstwie übergeordneten Konzernunternehmens in den Aufsichtsrat gewählt worden sind. Sie sind wie jedes andere Aufsichtsratsmitglied **uneingeschränkt den Verschwiegenheitspflichten des Gesetzes unterworfen** (§ 93 Abs. 1 S. 2; → § 93 Rn. 43 ff.).

5. Entsandte Vertreter. Entsandte Vertreter sind **gewählten Vertretern gleichgestellt.** Nur die Art des Erwerbs der Mitgliedschaft im Aufsichtsrat unterscheidet sie von gewählten Vertretern. Die Entsendung begründet weder Ausnahmen von den Mindestvoraussetzungen für die Ausübung eines Aufsichtsratsmandats noch Sonderrechte oder Ausnahmen bei der Ausübung des Mandats.

---

[74] Bürgers/Körber/*Bürgers/Israel* Rn. 2.
[75] Spindler/Stilz/*Spindler* Rn. 83 f.; *Reuter* RdA 1988, 280 (285) mwN; vgl. auch *Schiessl* AG 2002, 593 (596).
[76] Köstler/Kittner/Zachert/*Müller* Rn. 546 ff.

37 **6. Auf Veranlassung einer Gebietskörperschaft in den Aufsichtsrat gewählte oder entsandte Mitglieder (§§ 394, 395).** Solche Mitglieder müssen die Mindestvoraussetzungen für die Übernahme eines Aufsichtsratsmandats aufweisen. Sie haben die gleichen Rechte und Pflichten wie andere Mitglieder. Allerdings unterliegen sie hinsichtlich der Berichte, die sie der Gebietskörperschaft zu erstatten haben, **grundsätzlich keiner Verschwiegenheitspflicht** (§ 394). Dies gilt für vertrauliche Angaben und Geheimnisse der Gesellschaft, namentlich Betriebs- oder Geschäftsgeheimnisse indes nur, wenn ihre Kenntnis für die Zwecke der Berichte von Bedeutung ist und der Empfänger sie vertraulich behandelt.[77]

IV. Beginn und Ende der Haftung

38 Die Haftung eines Aufsichtsratsmitglieds knüpft unmittelbar an die **Organstellung** an[78] und ist unabhängig von dem etwaigen Abschluss eines Dienstvertrags.[79] Dies hat Auswirkungen auf Beginn und Ende der Haftung und auf die Haftung von fehlerhaften Organen.

39 **1. Beginn der Haftung.** Grundsätzlich erwirbt das Aufsichtsratsmitglied das Amt mit seiner Bestellung (§ 101) und deren Annahme.[80] Dadurch entsteht ein **korporationsrechtliches Verhältnis** zwischen dem Aufsichtsratsmitglied und der AG. Erst durch Annahme des Aufsichtsratsamts kann die Verpflichtung zu einer Handlung, deren Verletzung einen Schadensersatzanspruch nach sich ziehen kann, begründet werden.[81] **Die Haftung beginnt** mit dem Wirksamwerden der **Bestellung** durch deren **Annahme.** Die Annahme muss nicht ausdrücklich erfolgen; jedes Verhalten, aus dem sich schließen lässt, dass der Gewählte mit seiner Wahl einverstanden ist, genügt. Dies wird regelmäßig mit der Aufnahme der Tätigkeit als Aufsichtsratsmitglied gegeben sein.

40 Die Gesellschaft muss noch nicht eingetragen sein. Die Haftung besteht bereits im **Gründungsstadium.**[82] Für die Verletzung gründungsspezifischer Pflichten findet sich im Gesetz eine besondere Regelung (§ 48).

41 **2. Ende der Haftung.** Die Haftung endet regelmäßig mit **Ablauf der Amtszeit** oder dem wirksamen **Widerruf der Bestellung.**[83]

42 Eine wirksame **Amtsniederlegung** schließt die Haftung für danach getroffene Entscheidungen oder Maßnahmen aus.[84] Durch Amtsniederlegung kann sich das betreffende Aufsichtsratsmitglied aber nicht der Verantwortung für Vorgänge während seiner Amtszeit entziehen.[85] Um einer Haftung wegen einer zu seiner Amtszeit vom Aufsichtsrat getroffenen Entscheidung zu entgehen, muss es versucht haben, den betreffenden Beschluss nicht zur Wirksamkeit kommen zu lassen (vgl. im Einzelnen → Rn. 54 ff.).

---

[77] § 394 S. 2. Ausführlich: *Schmidt-Aßmann/Ulmer* BB Beilage 13/1988, 1 ff. Mit der Aktienrechtsnovelle 2014 soll § 394 um einen Satz 3 ergänzt werden, der zur Beseitigung von Zweifeln an der Rechtsgrundlage klarstellt, dass die Berichtspflicht nach Satz 1 auf Gesetz, Satzung oder Rechtsgeschäft beruhen kann.

[78] Großkomm AktG/*Hopt* § 93 Rn. 20, 44; *Mutter* S. 164.

[79] Daher ist es an dieser Stelle auch unerheblich, ob durch die Bestellung neben dem korporationsrechtlichen Verhältnis entgegen der hier vertretenen Meinung auch ein Anstellungsverhältnis auf vertraglicher Grundlage begründet wird. Zum Meinungsstand vgl. die Ausführungen in → § 101 Rn. 155 ff.; Hüffer/*Koch* § 101 Rn. 2.

[80] AllgM: Spindler/Stilz/*Spindler* § 101 Rn. 10; MHdB AG/*Hoffmann-Becking* § 30 Rn. 22; Hüffer/*Koch* § 101 Rn. 8; Großkomm AktG/*Hopt/Roth* § 101 Anm. 82; Kölner Komm AktG/*Mertens/Cahn* § 101 Rn. 36; *Lutter/Krieger/Verse* Rn. 31; differenzierend zwischen Wirksamkeit der Bestellung an sich und Begründung von organschaftlichen Verpflichtungen: *Strasser* S. 26 ff.; ausführlich zu Begriff und Elemente der Bestellung: *Bollweg* S. 34 ff.; → § 101 Rn. 148.

[81] RGZ 144, 348 (356).

[82] MHdB AG/*Hoffmann-Becking* § 3 Rn. 29; v. Schenck in Semler/v. Schenck AR-HdB § 3 Rn. 65.

[83] In Betracht kommen eine Abberufung durch die Hauptversammlung, durch Arbeitnehmerorgane, durch den Entsendungsberechtigten oder durch das Gericht; *P. Doralt/W. Doralt* in Semler/v. Schenck AR-HdB § 14 Rn. 244.

[84] Vgl. Großkomm AktG/*Hopt* § 93 Rn. 38.

[85] v. *Godin/Wilhelmi* Anm. 1.

Eine **Amtsniederlegung,** sofern sie nicht zur Unzeit geschieht, ist jederzeit zulässig und 43 möglich,[86] vorbehaltlich einschränkender Regelungen in Satzung oder Geschäftsordnung, die häufig eine gewisse Frist für die Wirksamkeit des Ausscheidens aus dem Amt vorsehen. Besteht ein wichtiger Grund, kann das Amt jedoch trotz bestehender Fristregelungen mit sofortiger Wirkung niedergelegt werden.[87] Das Amt erlischt mit Zugang der Niederlegungserklärung bei der Gesellschaft. Die Amtsniederlegung muss ausdrücklich und bedingungsfrei erfolgen. Eine **reine Untätigkeit** kann nicht als schlüssig erklärte Amtsniederlegung ausgelegt werden,[88] vielmehr wird dadurch eine **Verletzung der Sorgfaltspflichten in Form der Mitwirkungspflicht** begründet.[89]

Sofern das Aufsichtsratsmitglied seine Tätigkeit über den Widerruf der Bestellung hinaus 44 ausübt, endet die Haftung nicht schon mit der rechtlichen, sondern erst mit der **tatsächlichen Beendigung der Bestellung.**[90] Weichen rechtliche und tatsächliche Beendigung zeitlich voneinander ab, gilt der spätere Zeitpunkt für das Ende der Verpflichtungszeit.

Ausgenommen von der Beendigung der Verpflichtung zu Sorgfalt und Haftung sind die 45 **nachwirkenden Pflichten.** Die Verpflichtung zur Verschwiegenheit reicht über die Amtszeit hinaus.[91] Gleiches kann auch für andere Pflichten gelten, wenn das Ausscheiden aus dem Aufsichtsrat nicht nach allgemeinem rechtlichen und unternehmerischen Verständnis zur Beendigung jeglicher Treuebindung auch für den konkreten Vorgang führt.

Ist ein **Widerruf der Bestellung durch die Gesellschaft unwirksam,** so ist eine 46 Haftung des Aufsichtsratsmitglieds für einen Schaden, der auf einer Verletzung der Mitwirkungspflichten beruht, ausgeschlossen. Zwar hat rechtlich seine Organstellung fortgedauert. Eine Inanspruchnahme des Aufsichtsratsmitglieds durch die Gesellschaft lässt sich aber nicht begründen, da dieser die Fehlerhaftigkeit des Beschlusses über den Widerruf der Bestellung zuzurechnen ist. Eine Inanspruchnahme muss als ein *venire contra factum proprium* auch dann ausscheiden, wenn der vermeintlich Ausgeschiedene von der Fehlerhaftigkeit des Beschlusses Kenntnis hatte[92] und sich selbst gegen den Beschluss gewehrt hat.[93]

3. Haftung des fehlerhaften Organs[94]. Ein wirksamer Bestellungsakt ist nicht Voraus- 47 setzung einer Haftung. Auch das fehlerhaft bestellte Aufsichtsratsmitglied haftet (§§ 116, 939, sofern ein Bestellungsakt tatsächlich erfolgt ist, seine Wirksamkeit angenommen wurde und das vermeintliche Organmitglied mit Wissen der Gesellschaft seine Tätigkeit aufgenommen hat.[95] Dabei ist es unerheblich, ob die Wahl nichtig oder anfechtbar ist, es kommt nur darauf an, ob die Tätigkeit eines Aufsichtsratsmitglieds **tatsächlich ausgeübt** wurde.[96] Mit Aufnahme der Tätigkeit muss das Aufsichtsratsmitglied verpflichtet sein, die Sorgfalt eines

---

[86] In der Amtsniederlegung zur Unzeit kann eine eigene Pflichtverletzung liegen: OLG Koblenz GmbHR 1995, 730 mit krit. Anm *Trölitzsch,* Die Amtsniederlegung von Geschäftsführern in der Krise der GmbH, GmbHR 1995, 857 (für die GmbH); *v. Schenck* in Semler/v. Schenck AR-HdB § 2 Rn. 51; Großkomm AktG/*Hopt* § 93 Rn. 40; Kölner Komm AktG/*Mertens/Cahn* § 103 Rn. 57; für die einschränkungslose Möglichkeit einer Amtsniederlegung: Lutter/Krieger/Verse Rn. 35, allerdings mit Hinweis auf die Treuepflicht des Aufsichtsratsmitglieds als äußerste Grenze, deren Verletzung eine Schadensersatzpflicht nach sich ziehen kann, durch die aber keine Bleibepflicht begründet werden kann.
[87] v. Schenck in Semler/v. Schenck AR-HdB § 2 Rn. 52.
[88] → § 103 Rn. 85; BGH WM 1983, 835 (836) = DB 1983, 1846.
[89] *Lutter/Krieger/Verse* Rn. 37.
[90] Kölner Komm AktG/*Mertens/Cahn* § 93 Rn. 41.
[91] *Strasser* S. 94; *Lutter,* Information und Vertraulichkeit, S. 156.
[92] Vgl. Großkomm AktG/*Hopt* § 93 Rn. 48; *Baumbach/Hueck/Zöllner* GmbHG § 43 Rn. 1a (für die GmbH).
[93] Vgl. MüKoAktG/*Spindler* § 93 Rn. 16.
[94] Ausführlich hierzu: *Lowe,* Fehlerhaft gewählte Aufsichtsratsmitglieder; *Stein,* Das faktische Organ.
[95] → § 101 Rn. 223; *Stein* S. 33 ff.; *v. Godin/Wilhelmi* Anm. 7; Großkomm AktG/*Hopt* § 93 Rn. 44.
[96] AllgM: RGZ 152, 273 (277); vgl. auch BGHZ 75, 96 (106 f.) – Herstatt; *Hüffer/Koch* § 101 Rn. 20; Kölner Komm AktG/*Mertens/Cahn* § 101 Rn. 107; Großkomm AktG/*Hopt/Roth* § 93 Anm. 358; *Lowe* S. 86, mit der Einschränkung, dass das fehlerhaft bestellte Aufsichtsratsmitglied für solche Folgen nicht haftbar gemacht werden kann, deren Vermeidung eine wirksame Bestellung voraussetzt; *P. Doralt/W. Doralt* in Semler/v. Schenck AR-HdB § 14 Rn. 245. → § 93 Rn. 16.

48 Ausreichend für die **Kenntnis** der Gesellschaft **von der Aufnahme der Tätigkeit** ist das Wissen wenigstens eines Organmitglieds.[98]

49 Die Haftung erstreckt sich auch auf Aufsichtsratsmitglieder, die auf Grund eines **fehlerhaften Dienstvertrags** tätig werden,[99] sofern man entgegen der hier vertretenen Auffassung ein Dienstverhältnis zwischen Gesellschaft und Aufsichtsratsmitglied bejaht.[100] Das ergibt sich schon daraus, dass die Haftung grundsätzlich an die Organstellung anknüpft und nicht an den etwaigen Abschluss eines Dienstvertrags.[101]

50 Die **Haftungserweiterung auf Nichtorgane** liegt darin begründet, dass das fehlerhaft bestellte Aufsichtsratsmitglied faktisch die gleichen Funktionen ausübt wie das rechtmäßig bestellte Organ. Solange der Mangel in der Bestellung nicht bekannt ist und die Maßnahmen des fehlerhaft bestellten Aufsichtsratsmitglieds respektiert werden, zeigen diese, wenn auch nicht immer rechtliche,[102] jedenfalls faktische Wirkung. Es liegt im berechtigten **Interesse der Gesellschaft**,[103] dass die ausgeübte Tätigkeit wie die organschaftliche Funktion mit der Sorgfalt ordentlicher und gewissenhafter Aufsichtsratsmitglieder wahrgenommen wird.[104]

51 Aus dieser Verpflichtung ergibt sich die haftungsrechtliche Verantwortlichkeit. Diese ist dem fehlerhaften Organmitglied auch **zumutbar**, denn die organschaftlichen Pflichten entstehen nicht schon durch den Bestellungsakt, sondern (erst) durch die Annahme der Bestellung (→ Rn. 39). Durch das Einverständnis mit seiner Bestellung hat sich der Betroffene auch mit seinen Pflichten einverstanden erklärt. Er kann sein Verhalten darauf einstellen.[105]

52 **4. Haftung des faktischen Organs.** In Frage steht, ob das **vermeintliche Organmitglied** auch dann haftet, wenn überhaupt kein Bestellungsakt vorliegt.[106] Richtig ist die Frage zu bejahen. Wer selbst annimmt, Aufsichtsratsmitglied zu sein, sich als solches geriert und Mitwirkungsrechte beansprucht, muss auch für die Sorgfalt eines ordentlichen und ordnungsgemäß bestellten Aufsichtsratsmitglieds einstehen.

53 Gleiches muss gelten für ein Aufsichtsratsmitglied, dessen **Wahl durch die Hauptversammlung erfolgreich angefochten** worden ist, wenn es bis zu der Feststellung der Unwirksamkeit seiner Wahl das Amt tatsächlich ausgeübt hat, ungeachtet der Tatsache, dass der BGH in einer überraschenden jüngeren Entscheidung eine Anwendung der Grundsätze des fehlerhaften Organs auf einen solchen Fall abgelehnt hat.[107]

V. Haftung des überstimmten Aufsichtsratsmitglieds

54 Allein die Tatsache, dass das Aufsichtsratsmitglied gegen einen Beschluss gestimmt hat, den es für fehlerhaft und unternehmensschädlich hält und sich an dessen Ausführung nicht

---

[97] Vgl. BGHZ 41, 283 (287).
[98] RG JW 1935, 2044; BGH WM 1955, 830 (832); 1956, 565; 1959, 81 (84); BGHZ 41, 283 (287).
[99] Vgl. BGHZ 41, 282 (287); BGHZ 47, 341 (343) (Vorstandsmitglied).
[100] So die hL und Rspr, vgl. MüKoAktG/*Spindler* § 101 Rn. 155 ff.
[101] → Rn. 39; der BGH zählt dementsprechend solche Pflichten auf, die ihre Begründung schon in der organschaftlichen Bestellung haben und nicht erst in einem Anstellungsvertrag: vgl. BGHZ 41, 282 (287); vgl. auch *Lowe* S. 84 Fn. 58.
[102] Die Tätigkeit fehlerhaft bestellter Aufsichtsratsmitglieder kann auch rechtliche Wirkung haben, etwa bei der Feststellung des Jahresabschlusses, dessen Nichtigkeit 6 Monate nach Bekanntmachung im Bundesanzeiger nicht mehr geltend gemacht werden kann, vgl. *Lowe* S. 85 Fn. 62.
[103] BGHZ 41, 282 (287); *Lowe* S. 85 spricht vom „Schutzinteresse der Gesellschaft".
[104] *Lowe* S. 84 f.
[105] *Lowe* S. 85.
[106] *Stein* S. 121, 200 lehnt hier eine Haftung ab, da ohne Bestellungsakt kein rechtserheblich vertrauensgründender Akt vorliegt, der die Grundlage dafür schafft, das fehlerhaft bestellte Organmitglied den rechtswirksam bestellten Organmitgliedern gleichzustellen. Haftungslücken will sie im Rahmen des Normanwendungsansatzes schließen, gestützt auf den Gedanken des Organverdrängungsprinzips. Großkomm AktG/*Hopt* § 93 Rn. 44 stellt auf die Ausübung der organschaftlichen Befugnisse ab und knüpft hieran die Haftung.
[107] BGHZ 196, 195 Rn. 20; dazu kritisch *Rieckers* AG 2013, 383 ff.

beteiligt hat, befreit es nicht von einer Haftung für etwaige gesellschaftsschädliche Auswirkungen des Beschlusses.[108] Ein Aufsichtsratsmitglied wird seiner Sorgfaltspflicht nicht schon durch bloße Abgabe seiner Gegenstimme gerecht. Das Aufsichtsratsmitglied muss, um eine Haftung zu vermeiden, zunächst auf den Aufsichtsrat einwirken, den schädigenden Beschluss nicht zu fassen. Dabei muss es seine Bedenken klar formulieren und mit Nachdruck darlegen. Wenn das nichts nützt, sollte es seinen **Widerspruch** gegen den Beschluss **zu Protokoll erklären** ggf. auch den eigenen abgelehnten Vorschlag hinzufügen.[109]

Das Aufsichtsratsmitglied muss **eindringlich** die nach seiner Auffassung **gegen den Beschluss sprechenden Gründe** vortragen und seine Kollegen vor dem Beschluss warnen. Es muss darauf hinwirken, dass der Vorstand von seiner ablehnenden Auffassung informiert wird. In besonders gewichtigen Fällen muss das überstimmte Aufsichtsratsmitglied den Antrag auf Einberufung einer außerordentlichen Hauptversammlung stellen. Auch kann ein Antrag auf Abberufung des Vorstands notwendig sein.[110] 55

Wenn der gegen den Widerspruch des Aufsichtsratsmitglieds gefasste **Beschluss** nach dessen Auffassung **gesetzwidrig** ist, kann auch eine entsprechende **Feststellungsklage** gegen die Gesellschaft in Betracht kommen.[111] Eine Klage auf Feststellung der Nichtigkeit eines Aufsichtsratsbeschlusses stellt die Verantwortlichkeiten klar und entzieht einer Haftung des klagenden Aufsichtsratsmitglieds (nach § 116) von vornherein die Grundlage. Eine Verpflichtung, den Inhalt des vom Gesamtaufsichtsrat gefassten Beschlusses gerichtlich überprüfen zu lassen, besteht aber nicht. Dem Haftungsrisiko kann, wie dargestellt, auch in anderer Weise begegnet werden.[112] 56

Die anderen Mitglieder müssen deutlich spüren, dass es dem überstimmten Aufsichtsratsmitglied mit seinen Bedenken und seiner Sorge um das Wohl der Gesellschaft ernst ist. Erst wenn das dissentierende Aufsichtsratsmitglied **alle** ihm zur Verfügung stehenden **Möglichkeiten ausgeschöpft** hat, entfällt die Haftung. 57

Es besteht keine Verpflichtung für das Aufsichtsratsmitglied, in jedem Fall des Überstimmtwerdens zurückzutreten, auch wenn dies als ein geeignetes Druckmittel erscheint.[113] Eine **Niederlegung des Mandats** kann insbesondere dann nicht erwartet werden, wenn sich das Aufsichtsratsmitglied gegen den nach seiner Ansicht rechtswidrig handelnden Aufsichtsrat zwar in diesem Fall nicht durchsetzen konnte, aber weiterhin mit der Gesellschaft nützender Tätigkeit rechnen kann. Eine Amtsniederlegung zur Unzeit kann für die Gesellschaft schädlich sein und eine Haftung des zurückgetretenen Aufsichtsratsmitglieds auslösen. 58

VI. Haftung des verhinderten Aufsichtsratsmitglieds

Ein Aufsichtsratsmitglied, das an einem Beschluss oder einer sonstigen Entscheidung nicht mitgewirkt hat, haftet auch nicht für die Folgen. Allerdings gilt dies nicht für eine Stimmenthaltung und auch nicht für ein **bewusstes Fernbleiben,** um an der Beschlussfassung nicht teilnehmen zu müssen. Ein Aufsichtsratsmitglied ist grundsätzlich verpflichtet, seine Auffassung zu bekunden. Die Pflichtwidrigkeit liegt in einem solchen Fall im Fernbleiben oder in der Stimmenthaltung.[114] 59

---

[108] Kölner Komm AktG/*Mertens/Cahn* Rn. 64; NK-AktG/*Breuer/Fraune* Rn. 3e.
[109] OLG Düsseldorf BB 1996, 230 (231); *Lutter/Krieger/Verse* Rn. 999; *v. Schenck* in Semler/v. Schenck AR-HdB § 7 Rn. 365; *P. Doralt/W. Doralt* in Semler/v. Schenck AR-HdB § 14 Rn. 163; *Vetter* DB 2004, 2623 (2625 f.); vgl. *Noack* DZWir 1994, 343. Vgl. zur entsprechenden Situation bei Vorstandsmitgliedern *Fleischer* BB 2004, 2645 ff.
[110] *Zempelin* AcP 155 (1956), 209 (214 f.).
[111] *Lutter/Krieger/Verse* Rn. 1000; *Vetter* DB 2004, 2623 (2626).
[112] OLG Düsseldorf BB 1996, 230 (231); Kölner Komm AktG/*Mertens/Cahn* Rn. 64 (ausgenommen in Extremfällen); *P. Doralt/W. Doralt* in Semler/v. Schenck AR-HdB § 14 Rn. 165.
[113] *P. Doralt/W. Doralt* in Semler/v. Schenck AR-HdB § 14 Rn. 166; *Vetter* DB 2004, 2623 (2627); *Zempelin* AcP 155 (1956), 209 (215); *Lutter/Krieger/Verse* Rn. 1001; *v. Godin/Wilhelmi* § 93 Anm. 2.
[114] NK-AktG/*Breuer/Fraune* Rn. 3 f.

VII. Haftung bei Delegation auf Ausschüsse

60 Auf Grund seiner Organisationsautonomie ist der Gesamtaufsichtsrat berechtigt, Aufgaben auf Ausschüsse zu übertragen.[115] Die **Mitglieder des Ausschusses haften für dessen Fehlentscheidungen** ebenso wie die Mitglieder des Plenums für fehlerhafte Plenarentscheidungen haften.

61 Die **Sorgfaltspflichten der Plenumsmitglieder,** an denen die Haftung anknüpft, unterscheiden sich je nachdem, ob es sich um die Tätigkeit vorbereitender oder erledigender Ausschüsse handelt.

62 Bei **vorbereitenden Ausschüssen** bleibt die abschließende Beschlussfassung oder Bewertung **in jedem Einzelfall** dem Plenum vorbehalten. Das bedeutet, dass sich jedes Plenumsmitglied eine eigenverantwortliche Meinung zu allen Einzelfragen bilden muss.[116]

63 Hinsichtlich der Grundlagen der Entscheidungsfindung darf auf die vorbereitende Arbeit des Ausschusses zurückgegriffen werden, sofern ein **konkreter Vertrauenstatbestand** gegeben ist. Wenn keine gegenteiligen Anhaltspunkte vorliegen, darf darauf vertraut werden, dass die Berichte des Ausschusses alle **entscheidungserheblichen Informationen** enthalten.

64 Einer **Bewertung** dieser Informationen durch den Ausschuss dürfen sich die Plenumsmitglieder nur dann anschließen, wenn die Bewertung schlüssig begründet und damit nachvollziehbar ist. Durften die Plenumsmitglieder danach auf die Ausschussarbeit vertrauen, sind nur die Mitglieder des Ausschusses für die fehlerhaften Vorarbeiten verantwortlich.[117]

65 Wenn der Aufsichtsrat die **Entscheidungsbefugnis** in einer bestimmten Entscheidung oder für eine bestimmte Art von Entscheidungen auf einen von ihm gebildeten Ausschuss überträgt, verändert sich das Haftungsgefüge für nicht dem Ausschuss angehörende Aufsichtsratsmitglieder. Die Haftung der Mitglieder des Plenums ist auf ein **Auswahl- und Überwachungsverschulden** beschränkt. Die Mitglieder des Plenums genügen ihrer Sorgfaltspflicht, wenn sie die Mitglieder des Ausschusses sorgfältig auswählen und die Tätigkeit des Ausschusses, etwa anhand der dem Plenum zu erstattenden Berichte, insgesamt überwachen.[118]

66 Das dem Ausschuss nicht angehörende Mitglied muss sich zunächst (nochmals) der **Ordnungsmäßigkeit** der Errichtung des entscheidenden Ausschusses und der Ordnungsmäßigkeit seiner Besetzung **vergewissern**. Die formale Rechtmäßigkeit der Beschlussfassung muss, wenn Zweifel bestehen, geprüft werden. Hat die für eine Beschlussfassung erforderliche Mitgliederzahl am Beschluss mitgewirkt? Sodann muss jedes nicht dem Ausschuss angehörende Aufsichtsratsmitglied die Schlüssigkeit des Berichts über die im Ausschuss erfolgte Beschlussfassung kontrollieren. Ein solcher Bericht ist von Gesetzes wegen zu erstatten.[119] Eine über die Schlüssigkeitsprüfung hinausgehende Prüfungspflicht besteht regelmäßig nicht. Kann sich jedoch ein nicht dem Ausschuss angehörendes Aufsichtsratsmitglied von der Ordnungsmäßigkeit des Beschlusses nicht überzeugen, muss es nachfragen. Allerdings darf es die Ausübung des Ermessens, das im Rahmen der Zulässigkeitsgrenzen ausgeübt worden ist, nicht überprüfen. Insoweit hat der Ausschuss das Recht zu eigenständiger Geschäftsführung. Durften die Mitglieder des Plenums erwarten, dass der Aus-

---

[115] Ausführlich: *Rellermeyer* Aufsichtsratsausschüsse; *J. Semler* AG 1988, 60 ff.; *Lutter/Krieger/Verse* Rn. 743 ff.; zur Delegationsautonomie: *Gittermann* in Semler/v. Schenck AR-HdB § 6 Rn. 23 ff.
[116] Vgl. *Lutter/Krieger/Verse* Rn. 99.
[117] *Rellermeyer* S. 62 ff.
[118] *Rellermeyer* S. 57 (und nicht jede einzelne Entscheidung); *v. Schenck* in Semler/v. Schenck AR-HdB § 6 Rn. 13; *Lutter/Krieger/Verse* Rn. 1004; zu den Prüfungsmaßstäben vgl. § 107 Rn. 397 ff. und *Rellermeyer* S. 57 ff.; aA Kölner Komm AktG/*Mertens/Cahn* Rn. 11: keine persönliche Pflicht zur Kontrolle, ob der Aufsichtsrat die übertragene Aufgabe sachgerecht erfüllt, nur bei Bekanntwerden eines Fehlverhaltens oder pflichtwidrigen Handelns der Ausschussmitglieder muss sich der Gesamtaufsichtsrat damit befassen.
[119] § 107 Abs. 3 S. 3; *Lutter/Krieger/Verse* Rn. 748.

schuss seine Aufgaben sachgemäß erledigen würde, haften sie nicht für dessen Fehlentscheidungen.[120]

VIII. Wechselseitige Überwachung und Evaluierung

Die Mitglieder des Aufsichtsrats sind zur gegenseitigen Überwachung verpflichtet. **67**

1. Wechselseitige Überwachung. Die Eigenständigkeit der Tätigkeit eines Aufsichts- **68** ratsmitglieds bedingt einerseits eine weitgehende Unabhängigkeit von anderen Organen, begründet andererseits aber die Verpflichtung jedes Aufsichtsratsmitglieds zur Überwachung seiner Kollegen. Dies bedeutet nicht, dass ein Aufsichtsratsmitglied andere Aufsichtsratsmitglieder bespitzeln oder ihnen mit ständigem Misstrauen begegnen muss. Aber wenn ein Aufsichtsratsmitglied ein gesetz- oder satzungswidriges Verhalten eines anderen Aufsichtsratsmitglieds feststellt, muss es für die **Beseitigung dieses ordnungswidrigen Zustands** sorgen. Es muss den Vorsitzenden des Gremiums unterrichten und mit ihm überlegen, wie am besten vorgegangen werden soll. In gravierenden Fällen muss der Vorsitzende (oder das betreibende Aufsichtsratsmitglied) den Aufsichtsrat auffordern, bei Gericht die Abberufung des betreffenden Aufsichtsratsmitglieds zu beantragen.[121]

Im Allgemeinen ist es **nicht Sache des Vorstands,** das Verhalten des Aufsichtsrats zu **69** kontrollieren. Der Aufsichtsrat unterliegt nur einer Eigenkontrolle.[122] Aber auch dieser Grundsatz kennt Ausnahmen. Stellt der Vorstand ein gesetzwidriges Verhalten von Aufsichtsratsmitgliedern fest, muss er ebenfalls zunächst den Aufsichtsratsvorsitzenden unterrichten und das weitere Vorgehen mit ihm beraten. Er muss die Verfolgung der Angelegenheit allerdings dem Aufsichtsrat überlassen. Das Gesetz gibt nur dem Aufsichtsrat, nicht aber dem Vorstand das Recht, eine gerichtliche Abberufung des gesetzwidrig handelnden Aufsichtsratsmitglieds zu beantragen. Als allerletztes Mittel bleibt dem Vorstand die Einberufung einer außerordentlichen Hauptversammlung (§ 121 Abs. 1, 2). Er kann die Abberufung eines Aufsichtsratsmitglieds (§ 103 Abs. 1, 2) vorschlagen.[123]

2. Evaluierung. Der Aufsichtsrat muss sich über die Effizienz seines Wirkens Gedanken **70** machen. Dies sieht der Deutsche Corporate Governance Kodex[124] für börsennotierte Aktiengesellschaften ausdrücklich vor (Ziff. 5.6 DCGK). Der **Aufsichtsrat** soll regelmäßig die **Effizienz seiner Tätigkeit überprüfen.** Zwar gilt dies nur für börsennotierte Aktiengesellschaften, die diese Empfehlung des Kodex ausdrücklich in ihrer Entsprechenserklärung anerkannt haben. Aber auch andere Aufsichtsräte sollten sich regelmäßig überlegen, ob sie
- alles getan haben, was das Gesetz von ihnen verlangt,
- mit ihrer Überwachung das Wohl des Unternehmens gefördert und Schaden von ihm abgewendet haben,
- den Vorstand durch leistungsfähige Personen besetzt, für eine effiziente Arbeitsweise des Vorstands gesorgt und sich von ausreichender Nachwuchspolitik überzeugt haben,
- sich von einer sachgerechten Risikoerkennung und Risikovorsorge überzeugt haben,
- den Aktionären in ihrem jährlichen Bericht umfassend über ihr Wirken berichtet haben,
- bei Vorliegen eines wichtigen Grundes die gerichtliche Abberufung eines seinen Aufgaben nicht gewachsenen Aufsichtsratsmitglieds beantragt haben.

---

[120] *Rellermeyer* S. 57.
[121] § 103 Abs. 3. Allgemein hierzu *W. Doralt* in Semler/v. Schenck AR-HdB § 12 Rn. 67 ff.
[122] Das Gesetz sieht eine ausdrückliche Verpflichtung des Vorstands zur Kontrolle der Aufsichtsratsmitglieder vor. Vorstandsmitglieder sind zum Schadensersatz verpflichtet, wenn entgegen den Vorschriften des AktG Vergütungen an den Aufsichtsrat geleistet werden (§ 93 Abs. 3 Ziff. 7). Die Schadensersatzandrohung setzt voraus, dass der Vorstand berechtigt (und verpflichtet) ist, solche Zahlungen zu verhindern. → § 93 Rn. 37.
[123] Zur Abberufung durch die Hauptversammlung *W. Doralt* in Semler/v. Schenck AR-HdB § 12 Rn. 38 ff.
[124] Vgl. die Erläuterungen zu § 161. Vgl. auch MüKoAktG/*Spindler* Vor § 76 Rn. 79 f.

71 Darüber hinaus empfiehlt die EU-Kommission für börsennotierte Gesellschaften auch eine eigene Effizienzprüfung des Prüfungsausschusses.[125] Noch weitergehende interne und externe Evaluierungspflichten diskutiert das **Grünbuch der EU-Kommission** vom 6. April 2011:[126] Die Selbstbeurteilung solle sich auf die Zusammensetzung und Organisation und die Arbeitsweise als Gruppe beziehen, es sollten die Kompetenz und Leistung auch seiner einzelnen Mitglieder und seiner Ausschüsse bewertet werden, und es solle die Gesamtleistung im Vergleich zu den Leistungsvorgaben beurteilt werden. Schließlich regt das Grünbuch an, regelmäßig, etwa alle drei Jahre, auf einen externen *facilitator* zurückzugreifen.

72 **3. Abberufungsantrag.** Der Aufsichtsrat muss, wenn Anlass besteht, bei Gericht die Abberufung eines Aufsichtsratsmitglieds beantragen.[127] Dies gebietet die ihm obliegende Sorgfaltspflicht. Die gesetzliche Abberufungsmöglichkeit gibt dem Aufsichtsrat nicht nur das Recht, bei Vorliegen eines wichtigen Grundes die Abberufung zu verlangen. Die Schaffung des Rechts begründet für den Aufsichtsrat zugleich die **Pflicht,** entsprechend zu verfahren, wenn ein wichtiger Grund vorliegt.[128]

73 Das Gesetz beschränkt die Antragsmöglichkeit **nicht** auf die jeweiligen **nach Wahlkörpern** geordneten Gruppen. Die Antragspflicht besteht für jedes Aufsichtsratsmitglied gegenüber jedem Aufsichtsratsmitglied. Der Verzicht auf einen gebotenen Antrag ist kein Beitrag zum sozialen Frieden, sondern ein Pflichtversäumnis.

74 **4. Honoraraberkennung.** Kein Aufsichtsratsmitglied hat von Gesetzes wegen einen Anspruch auf Vergütung.[129] Wenn die Satzung schweigt und die Hauptversammlung nichts beschließt, muss das Aufsichtsratsmitglied seine Tätigkeit unentgeltlich ausüben (§ 113). Nur dann, wenn die Satzung oder die Hauptversammlung durch Beschluss eine Vergütung gewährt, sind bestimmte Grundsätze des Gesetzes zu beachten. Das Gesetz sieht eine Vergütung nur für die **Tätigkeit** eines Aufsichtsratsmitglieds vor. Die **Mitgliedschaft** als solche kann **nicht** vergütet werden (vgl. § 113 Abs. 1 S. 1; → § 105 Rn. 85).

75 Die Tätigkeit eines Aufsichtsratsmitglieds spielt sich zu einem wesentlichen Teil in der **Teilnahme an den Sitzungen des Aufsichtsrats** und den dort erfolgenden Beratungen ab. Die bloße Bearbeitung zugesandter Berichte ist für sich allein, auch wenn das Aufsichtsratsmitglied sehr viel Zeit und Arbeit darauf verwendet, kein ausreichend werthaltiger Beitrag für die Tätigkeit des Aufsichtsrats. Erst wenn das Aufsichtsratsmitglied sein Wissen in die Beratungen des Aufsichtsrats einbringt, gewinnt die vorbereitende Arbeit gebührenden Wert. Deshalb ist die Sitzungsteilnahme die wesentliche Grundlage für eine Vergütung. Es ist unbeachtlich, warum das Aufsichtsratsmitglied an einer Sitzung nicht teilnimmt. Auch Krankheit entschuldigt nicht, weil eben die Aufsichtsratsvergütung eine Teilnahme- und keine Mitgliedschaftsvergütung ist. Kurzfristiges, vorübergehendes oder einmaliges Fernbleiben von der Aufsichtsratsarbeit hat allerdings keine Auswirkungen auf die Vergütung, sofern die Satzung oder die Geschäftsordnung des Aufsichtsrats nicht Abweichendes vorsieht.

76 Wer an den Sitzungen des Aufsichtsrats nicht oder nicht regelmäßig teilnimmt, hat **keinen Anspruch auf Vergütung.**[130] Er hat keine vergütungsfähige Tätigkeit ausgeübt. Der Aufsichtsrat, und zwar das Plenum, muss auf Antrag des Vorsitzenden beschließen, ob

---

[125] Ziff. 8 der Empfehlung der Kommission vom 15. Februar 2005 zu den Aufgaben von nicht geschäftsführenden Direktoren/Aufsichtsratsmitgliedern börsennotierter Gesellschaften sowie zu den Ausschüssen des Verwaltungs-/Aufsichtsrats (2005/162/EG) ABl.L 52, S. 51 ff.
[126] Grünbuch der Kommission: Europäischer Corporate Governance-Rahmen, KOM(2011) 164 endg.; dazu *Peltzer* NZG 2011, 961 ff.
[127] § 103 Abs. 3; zu den Voraussetzungen *W. Doralt* in Semler/v. Schenck AR-HdB § 12 Rn. 72 ff.
[128] *Handelt der Aufsichtsrat nicht, macht sich jedes Aufsichtsratsmitglied potentiell ersatzpflichtig.*
[129] Ausführlich zur Vergütung der Aufsichtsratsmitglieder: *Wagner* in Semler/v. Schenck AR-HdB § 11 Rn. 1 ff.; *Lutter/Krieger/Verse* Rn. 843 ff.
[130] *Wagner* in Semler/v. Schenck AR-HdB § 10 Rn. 59; Kölner Komm AktG/*Mertens/Cahn* § 113 Rn. 32; Großkomm AktG/*Hopt/Roth* § 113 Anm. 78.

das Mitglied überhaupt keine oder nur eine verminderte Vergütung zu erhalten hat. Der Vorsitzende ist nicht nur berechtigt, sondern auf Grund seiner Sorgfaltspflicht verpflichtet, einen entsprechenden Antrag zu stellen. Entsprechendes gilt auch für alle anderen Aufsichtsratsmitglieder.

IX. Materielle Eignungsvoraussetzungen eines Aufsichtsratsmitglieds[131]

Das AktG legt neben den allgemeinen persönlichen Voraussetzungen[132] keine besonderen persönlichen Merkmale als Voraussetzung für die Übernahme eines Aufsichtsratsamts fest. Jedes Aufsichtsratsmitglied muss in der Lage sein, die für die Gesellschaft maßgeblichen wirtschaftlichen Zusammenhänge und die anfallenden Geschäftsvorgänge ohne fremde Hilfe zu verstehen und sachgerecht zu beurteilen.[133] Diese **Mindestqualifikation** wird bei allen Aufsichtsratsmitgliedern vorausgesetzt.[134] Die Übernahme des Amtes ohne das Vorhandensein der vorausgesetzten Mindestqualifikation kann zu einer Haftung aus Übernahmeverschulden führen, sofern die Qualifikationsmängel Ursache der Sorgfaltspflichtverletzung sind.[135]

Ein Aufsichtsratsmitglied kann sich **nicht mit der Behauptung entlasten,** es habe die **Tragweite bestimmter Vorgänge** oder das **eigene Haftungsrisiko** nicht überblicken können. Es kann sich auch nicht mit der Erklärung entlasten, es habe ihm zustehende Rechte nicht gekannt, wie beispielsweise das unentziehbare Recht zur Kenntnisnahme von Vorlagen und Prüfungsberichten (gem. § 170 Abs. 3) und von Vorstandsberichten (gem. § 90 Abs. 5 S. 1).

Kein Aufsichtsratsmitglied kann eine **Ausnahme von den Anforderungen an eine Mindestqualifikation** beanspruchen. Weder eine (Mit-)Eigentümerstellung noch eine besondere Eigenschaft, die zur Wahl geführt hat, wie zB die des Kleinaktionärs, noch die Vertretung eines besonderen Verbandes (Kleinaktionäre, Umweltschützer, Menschenrechtler) erlaubt einen Verzicht auf die allgemeine Mindestqualifikation.

Für Mitglieder des Aufsichtsrats bestimmter **Unternehmen des Finanzsektors**[136] gelten **besondere Anforderungen,** die für den Bankensektor durch die Umsetzung der Kapitaladäquanzrichtlinie der EU nochmals verschärft worden sind: Aufsichtsratsmitglieder von Kredit- und Finanzdienstleistungsinstituten müssen zuverlässig sein und die Sachkunde besitzen, die zur Wahrnehmung ihrer Kontrollfunktion sowie zur Überwachung der Geschäfte, die das Unternehmen betreibt, erforderlich ist, und sie müssen der Wahrnehmung ihrer Aufgabe ausreichend Zeit widmen (§ 25d Abs. 1 S. 1 KWG). Wer Geschäftsleiter desselben Unternehmens war, kann nicht zum Mitglied des Aufsichtsrats bestellt werden, wenn bereits zwei weitere ehemalige Geschäftsleiter des Unternehmens dem Aufsichtsrat angehören, wer bereits in einem anderen Unternehmen Geschäftsleiter und zugleich Aufsichtsratsmitglied in mehr als zwei anderen Unternehmen ist, und wer bereits in mehr als drei anderen Unternehmen Aufsichtsratsmitglied ist.[137] Für Aufsichtsratsmitglieder von **Ver-**

---

[131] Vgl. dazu auch die Erläuterungen zu → § 100 Rn. 19 ff.
[132] Gem. § 100; vgl. die Kommentierung dort.
[133] BGHZ 85, 293 (295 f.) – Hertie mit Bespr. *Hommelhoff* ZGR 1983, 551 ff.; hierzu auch *Dreher*, FS Boujong, 1996, 71 (75); Österreichischer OGH AG 1983, 81 (82) mit Anm. *J. Semler; Prühs* AG 1970, 347 (348); *Steinmann/Klaus* AG 1987, 29 (34); vgl. *Feddersen* AG 2000, 385 (389); *Hüffer/Koch* Rn. 3; Kölner Komm AktG/*Mertens/Cahn* Rn. 6 f.
[134] BGHZ 85, 293 (296) – Hertie; die Auferlegung gleicher Rechte und Pflichten bei allen Aufsichtsratsmitgliedern findet sich bereits in den Mitbestimmungsurteilen: BGHZ 83, 106 (113); BGHZ 83, 144 (147); BGHZ 83, 151 (154).
[135] *v. Schenck* in Semler/v. Schenck AR-HdB § 1 Rn. 34; *Götz* AG 1995, 337 (345); aA *v. Godin/Wilhelmi* Anm. 4.
[136] Kreditinstitute und Finanzdienstleistungsinstitute, § 36 Abs. 3 Satz 1 iVm § 1 Abs. 1b KWG, sowie Versicherungsunternehmen, Pensionsfonds, Versicherungs-Holdinggesellschaften und gemischte Finanzholding-Gesellschaften, § 7a Abs. 4 Satz 1 VAG.
[137] § 25d Abs. 3 S. 1 Nr. 2 bis 4 KWG. Gewisse Ausnahmen von der Anrechnung weiterer Mandate gelten bei verbundenen oder derselben Sicherungseinrichtung angehörenden sowie bei überwiegend nicht gewerb-

sicherungsunternehmen, Pensionsfonds, Versicherungs-Holdinggesellschaften und gemischten Finanzholding-Gesellschaften gelten ähnliche, aber etwas weniger restriktive Beschränkungen (§ 7a Abs. 4 S. 1, 3 und 4 VAG). Das Vorliegen dieser Voraussetzungen prüft die BaFin; ist sie der Meinung, dass ein Aufsichtsratsmitglied den für es geltenden Anforderungen nicht entspricht, kann sie ihm die Ausübung seiner Tätigkeit untersagen oder, bei mangelnder Kontrolltätigkeit allerdings erst nach vorangegangener erfolgloser Verwarnung, dessen Abberufung verlangen (§ 36 Abs. 3 S. 1 KWG, § 87 Abs. 8 S. 1 und 2 VAG).

81 Zu den über die gesetzlichen Anforderungen hinausgehenden Empfehlungen des DCGK sei auf die Kommentierung von § 100 (→ § 100 Rn. 6 ff.) sowie auf die einschlägigen Kommentierungen des DCGK verwiesen.

82 **1. Mindestkenntnisse, -fähigkeiten und -erfahrungen.** Jedes Aufsichtsratsmitglied muss ein Mindestmaß an Kenntnissen, Fähigkeiten und Erfahrungen haben.[138] Es muss alles das wissen, was dem Aufsichtsrat und seinen Mitgliedern durch das Aktienrecht und andere einschlägige Gesetze als Aufgaben und Pflichten einerseits und als Rechte andererseits zugewiesen ist.

83 Jedes Aufsichtsratsmitglied muss in der Lage sein, die **Aufgaben** kompetent zu erfüllen, die das Gesetz zwingend dem **Gesamtaufsichtsrat** zuweist.

84 Bei kapitalmarktorientierten Unternehmen muss nach dem AktG mindestens ein Mitglied unabhängig sein und über Sachverstand auf den Gebieten Rechnungslegung oder Abschlussprüfung verfügen;[139] das Unabhängigkeitskriterium dies sog. *financial expert* definiert das Gesetz indes nicht (vgl. → § 100 Rn. 95 ff.). Bei Kreditinstituten und Finanzdienstleistungsinstituten muss der Vorsitzende des Prüfungsausschusses über Sachverstand auf beiden vorgenannten Gebieten verfügen (§ 25d Abs. 9 S. 3 KWG). Bei Kreditinstituten und Finanzdienstleistungsinstituten muss zudem mindestens ein Mitglied des Vergütungskontrollausschusses über ausreichend Sachverstand und Berufserfahrung im Bereich Risikomanagement und Risikocontrolling verfügen (§ 25d Abs. 12 S. 3 KWG).

85 **2. Unternehmensabhängige Kenntnisse, Fähigkeiten und Erfahrungen.** Ein Aufsichtsratsmitglied muss **nicht alle Spezialkenntnisse** haben, die für das volle Verständnis der individuellen Besonderheiten des überwachten Unternehmens erforderlich sind. Das einzelne Aufsichtsratsmitglied braucht die technischen und technologischen Prozesse, die im überwachten Unternehmen ablaufen, nicht selbst zu kennen oder gar zu beherrschen. Nicht jedes Aufsichtsratsmitglied eines Kreditinstituts muss gelernter Bankier sein, allerdings gelten für Aufsichtsratsmitglieder von Instituten sowie Unternehmen des Versicherungssektors besondere Anforderungen (→ Rn. 84).

86 Es sollte jedoch in jedem Aufsichtsrat mindestens **ein Spezialist** vorhanden sein, der die Besonderheiten des überwachten Unternehmens kennt. Bei Vorschlägen zur Wahl von Aufsichtsratsmitgliedern soll dem Deutschen Corporate Governance Kodex zufolge darauf geachtet werden, dass Aufsichtsräten börsennotierter Aktiengesellschaften jederzeit Mitglieder angehören, die über die zur ordnungsgemäßen Wahrnehmung der Aufgaben erforderlichen Kenntnisse und Fähigkeiten verfügen (. . .).[140] Nicht notwendig in jedem Mitglied, aber **im Kollegium Aufsichtsrat sollten die besonderen Spezialkenntnisse vorlie-**

---

lich ausgerichteten Unternehmen, § 25d Abs. 3 S. 2 und 3 KWG; zudem kann die BaFin weitere Ausnahmen von der Anrechnung gestatten, § 25d Abs. 3 S. 4 KWG.

[138] *J. Semler* AG 1983, 81 (83); vgl. auch → § 100 Rn. 74, 81 ff.

[139] § 100 Abs. 5; eine Kapitalgesellschaft gilt als kapitalmarktorientiert, wenn sie einen organisierten Markt durch von ihr emittierte Wertpapiere in Anspruch nimmt oder die Zulassung solcher Wertpapiere an einem organisierten Markt beantragt hat, § 264d HGB. Zum Begriff der Unabhängigkeit eines Aufsichtsratsmitglieds eingehend → § 100 Rn. 96 ff. sowie jüngst *Hoffmann-Becking* NZG 2014, 801 ff.; *Koch* ZGR 2014, 697 (726 ff.); zum Unabhängigkeitsbegriff des DCGK *Stephanblome* NZG 2013, 445 ff.; zur Unabhängigkeit in der GmbH und in Personengesellschaften *Schäfer* ZGR 2014, 731 ff. Einen empirischen Bericht über die Unabhängigkeit von Aufsichtsratskandidaten erstatten *Bartz/v. Werder* NZG 2014, 841 ff.

[140] Ziff. 5.4.1 Abs. 1 DCGK; vgl. auch *Lutter* ZIP 2003, 417 (148). Vgl. zu Auswahlpflichten und Auswahlverschulden, *Lutter* ZIP 2003, 417 ff. sowie *Sünner* ZIP 2003, 834 ff.

gen.[141] Die Mitgliedschaft in einem Aufsichtsrat, dem ein solcher Spezialist fehlt, ist für die Aufsichtsratsmitglieder mit erhöhtem Risiko verbunden. Sie müssen in geeigneter Weise besorgt sein, für ihre Entscheidungen die benötigte Sach- und Fachkenntnis zu beschaffen. Der Hinweis, dass eine solche besondere Sach- und Fachkenntnis gefehlt hat und die Aktionäre dies zu verantworten haben, entschuldigt die Aufsichtsratsmitglieder nicht. Niemand ist gezwungen, ein Aufsichtsratsmandat anzunehmen. Er muss sich vor Annahme vergewissern, dass die benötigte Sach- und Fachkenntnis im Aufsichtsrat vertreten ist. Ist sie das, kann das Aufsichtsratsmitglied, das eine solche Sachkenntnis nicht besitzt, erwarten, dass der Amtskollege mit Spezialkenntnissen die besonderen Risiken und Gefahren aufzeigt.

Auch ein solcher Spezialist muss über die allgemeinen Eignungsvoraussetzungen eines Aufsichtsratsmitglieds verfügen.[142] Lässt sich eine solche Person nicht finden, muss ggf. bei Bedarf ein Sachverständiger zu den Beratungen des Aufsichtsrats zugezogen werden.

3. Notwendige Kenntnisse. Vorausgesetzt sind **allgemeine Kenntnisse** zB über die Zusammenhänge zwischen Kosten und Ertrag, Dividende und Kapitalmarkt, Arbeitsmarktverhältnisse und Deckung des Beschäftigtenbedarfs, Produktentwicklung und Zukunftsaussichten, Produktqualität und Serviceleistung, Marktnachfrage und Preisstellung und ähnliches.

Notwendig sind aber auch die **besonderen Kenntnisse,** über die ein Aufsichtsratsmitglied verfügen muss. Es muss die Aufgaben kennen, die vom Aufsichtsrat nicht einem Ausschuss übertragen werden dürfen (§ 107 Abs. 3 S. 2). Diese sind:
– die Wahl des Vorsitzenden und des stellvertretenden Vorsitzenden (§ 107 Abs. 3 S. 3 iVm § 107 Abs. 1 S. 1);
– die Zustimmung zur Zahlung eines Abschlags auf den Bilanzgewinn (§ 107 Abs. 3 S. 3 iVm § 59 Abs. 3);
– der Erlass einer Geschäftsordnung für den Vorstand (§ 107 Abs. 3 S. 3 iVm § 77 Abs. 2 S. 1);
– die erste Bestellung und die erneute Bestellung eines Vorstandsmitglieds sowie deren Widerruf und
– die Ernennung eines Vorsitzenden des Vorstands und deren Widerruf (§ 107 Abs. 3 S. 3 iVm § 84 Abs. 1 S. 1 und 3, Abs. 2 und Abs. 3 S. 1);
– die Festlegung der Gesamtbezüge sowie eine etwaige Herabsetzung der Bezüge oder des Ruhegehalts eines Vorstandsmitglieds (§ 107 Abs. 3 S. 3 iVm § 87 Abs. 1 und Abs. 2 S. 1 und 2)
– die Einberufung einer Hauptversammlung durch den Aufsichtsrat (§ 107 Abs. 3 S. 3 iVm § 111 Abs. 3);
– die Prüfung der Jahresabschlussunterlagen und
– die Berichterstattung über die Tätigkeit des Aufsichtsrats (§ 107 Abs. 3 S. 3 iVm § 171);
– die Prüfung des Berichts über die Beziehungen zu verbundenen Unternehmen und
– die gesetzlich vorgeschriebene Beschlussfassung zum Abhängigkeitsbericht (§ 107 Abs. 3 S. 3 iVm § 314 Abs. 2 und 3; → § 314 Rn. 30).

Jedes Aufsichtsratsmitglied einer börsennotierten AG muss die Besonderheiten des **Deutschen Corporate Governance Kodex** und der damit verbundenen Entsprechenserklärung kennen.[143] Schließlich muss er auch mit dem Verfahren vertraut sein, durch das die Vornahme bestimmter Arten von Geschäften der Zustimmung des Aufsichtsrats unterworfen wird.

Jedes Aufsichtsratsmitglied muss wissen, wie die Arbeit eines geschäftsleitenden und eines überwachenden Gremiums **sachgerecht organisiert** werden muss, um ein Höchstmaß an Effizienz zu erreichen.[144]

---

[141] Vgl. für Kreditinstitute *Apfelbacher/Metzner* AG 2013, 773 (776).
[142] AA *v. Godin/Wilhelmi* Anm. 2.
[143] § 161, vgl. die dortigen Erläuterungen.
[144] *v. Schenck* in Semler/v. Schenck AR-HdB § 2 Rn. 96 ff.

92 Von den Aufsichtsratsmitgliedern eines Kreditinstituts oder Finanzdienstleistungsinstituts wird insbesondere gefordert, dass sie in ihrer Gesamtheit über solche Spezialkenntnisse verfügen, wie sie sich aus dem von dem Institut betriebenen Geschäft ergeben.[145]

93 **4. Notwendige Fähigkeiten.** Jedes Aufsichtsratsmitglied muss in der Lage sein, die schriftlichen und mündlichen Berichte des Vorstands zu verstehen, kritisch zu würdigen und verständlich dazu Stellung zu nehmen. Jedes Mitglied muss in der Lage sein, **Personalentscheidungen** zu treffen.

94 Darüber hinaus muss jedes einzelne Aufsichtsratsmitglied in der Lage sein, die Arbeit der **Ausschüsse** im Rahmen einer allgemeinen Überwachung zu überprüfen (→ Rn. 60 ff.). Dazu gehört die Fähigkeit, mündliche Berichte kritisch anzuhören, Unklarheiten festzustellen und durch sachdienliche Fragen eine ausreichende Übersicht über die Arbeit der Ausschüsse und deren Ergebnis zu gewinnen.

95 **5. Notwendige Erfahrungen.** Jedes Aufsichtsratsmitglied muss genug **unternehmerische Erfahrung** haben, um die an den Gesamtaufsichtsrat zu erstattenden Berichte (nach § 90) zu verstehen und kritisch zu würdigen. Es muss notfalls in Berichten auch „zwischen den Zeilen" lesen können.

96 **6. Hinzuziehung von externen Beratern**[146]. Das Amt des Aufsichtsratsmitglieds ist ein höchstpersönliches und kann nicht auf andere übertragen werden (vgl. § 111 Abs. 5). Deshalb muss das einzelne Aufsichtsratsmitglied grundsätzlich in der Lage sein, seinen Sorgfaltspflichten ohne fremde Hilfe nachzukommen.[147] Notfalls kann es seine Kollegen im Aufsichtsrat um Unterrichtung, Rat und Aufklärung bitten. Die Einholung eines externen Rats darf nur ausnahmsweise erfolgen,[148] wenn im Einzelfall die Erfüllung gesetzlicher oder satzungsmäßiger Aufgaben mit der Sachkompetenz der Aufsichtsratsmitglieder nicht zu bewältigen ist.[149] Das Gesetz gibt dem Aufsichtsrat die Befugnis, zur **Beratung über einzelne Gegenstände** Sachverständige hinzuzuziehen (§ 109 Abs. 1 S. 2) und diese auch mit **bestimmten Prüfungsaufgaben** zu beauftragen (§ 111 Abs. 2 S. 2). Dies wird allerdings nur in Fällen fachlicher Spezialfragen in Betracht kommen. Die Hinzuziehung externer Berater kann dann allerdings sogar zu einer Pflicht werden.[150]

97 Die Zuziehung eines Beraters unter Beachtung der gesetzlichen Einschränkungen (§§ 109 Abs. 1 Nr. 2, 111 Abs. 2 Nr. 2) führt nicht zu einer **Verletzung der Verschwiegenheitspflicht,** wenn Berater ausgewählt werden, die gesetzlich zur Verschwiegenheit verpflichtet sind, wie Rechtsanwälte, Wirtschaftsprüfer, Steuerberater, oder wenn andere Berater eine besondere Vertraulichkeitsverpflichtung unterzeichnen.[151] Die Zuziehung eines Beraters kann zu einer **Sorgfaltspflichtverletzung** führen, wenn das Aufsichtsratsmitglied bei der Auswahl des Beraters nicht sorgfältig verfährt und dessen Verschwiegenheit nicht sicherstellt.[152]

98 Nicht vereinbar mit dem Gebot der höchstpersönlichen Amtsausübung ist die **Zuziehung eines ständigen Beraters.**[153] Sofern sich ein Aufsichtsratsmitglied häufig nicht in der Lage sieht, anfallende normale Geschäftsvorgänge zu beurteilen, sollte es sein Amt niederlegen, um die Gefahr einer Haftung zu vermeiden.[154] Die Zuziehung eines externen ständigen Beraters ist ihm jedenfalls nicht gestattet.

---

[145] § 25d Abs. 2 S. 1 KWG, *Apfelbacher/Metzner* AG 2013, 773 (776 f.).
[146] *Lutter/Krieger* DB 1995, 257 ff.
[147] BGHZ 85, 293 (295 f.) – Hertie; hierzu: *Hommelhoff* ZGR 1983, 551 ff. und *Theisen* AG 1987, 137 (147).
[148] *v. Schenck* in Semler/v. Schenck AR-HdB § 7 Rn. 362; *Lutter/Krieger/Verse* Rn. 865.
[149] BGHZ 85, 293 (296 f.) – Hertie; *Wardenbach* S. 180.
[150] BGHZ 85, 293 (296) – Hertie; *Lutter/Krieger* DB 1995, 257; aA GHEK/*Geßler* Rn. 13.
[151] Kölner Komm AktG/*Mertens/Cahn* Rn. 59; *v. Godin/Wilhelmi* Anm. 4; *Spieker* NJW 1965, 1937 spricht von einem „zuverlässigen Sachverständigen"; *Veith* NJW 1966, 526 (528).
[152] BGHZ 64, 325 (331 f.) – Bayer; *Säcker,* FS Fischer, 1979, 648 ff.; vgl. Kölner Komm AktG/*Mertens/Cahn* Rn. 59.
[153] BGHZ 85, 293 (295 f.) – Hertie; Kölner Komm AktG/*Mertens/Cahn* § 111 Rn. 121 ff.
[154] *v. Schenck* in Semler/v. Schenck AR-HdB § 7 Rn. 362.

7. Besondere Fachkompetenz. Der Aufsichtsrat ist als ein **Kollegialorgan** ausgestattet und entscheidet stets als Kollegium. Ein einzelnes Aufsichtsratsmitglied kann nicht mit Wirkung für den Gesamtaufsichtsrat einen Beschluss fassen.[155]

Sofern für eine sachgerechte Überwachung eine **besondere Fachkompetenz** benötigt wird, reicht es aus, wenn der Aufsichtsrat bzw. der Aufsichtsratsausschuss die zusätzlichen Anforderungen **insgesamt erfüllen** kann. Es genügt, ist aber auch erforderlich, dass wenigstens ein Mitglied des Aufsichtsrats über die entsprechende Sonderqualifikation verfügt.[156]

Der grundsätzlich gleiche Sorgfaltsmaßstab beschränkt sich auf die bei allen Aufsichtsratsmitgliedern vorauszusetzende Mindestqualifikation.[157] An das Aufsichtsratsmitglied, welches über eine besondere Sachkunde verfügt und diese in den Dienst der Gesellschaft stellt, können **gesteigerte Anforderungen** gestellt werden. Es kann ein **individueller Sorgfaltsmaßstab** zugrunde gelegt werden.[158] So hat der BGH im Falle eines Rechtsanwalts verlangt, dass dieser seine besonderen Fachkenntnisse in seine Aufsichtsratsarbeit einbringen müsse, und der BGH hat, da der Rechtsanwalt dies im konkreten Fall nicht getan hatte, eine Pflichtverletzung angenommen und dessen Haftung bejaht.[159]

Besonders deutlich wird die Notwendigkeit einer Differenzierung des Sorgfaltsmaßstabs, wenn einzelne Aufsichtsratsmitglieder **gerade wegen ihrer besonderen Sachkunde** zu Mitgliedern eines **Ausschusses** gewählt worden sind.[160] Dies gilt insbesondere für den unabhängigen Finanzexperten, den das Gesetz für Aufsichtsräte kapitalmarktorientierter Aktiengesellschaften fordert (§ 100 Abs. 5) und als Mitglied eines etwa gebildeten Prüfungsausschusses vorschreibt (§ 107 Abs. 4 iVm § 100 Abs. 5). Die übrigen Aufsichtsratsmitglieder müssen sich darauf verlassen können, dass die Sonderqualifikation zum Nutzen des Unternehmens eingebracht werden wird. Die betreffenden Aufsichtsratsmitglieder müssen sich an dieser berechtigten Erwartung messen lassen.[161]

Allerdings enthebt dies nicht die übrigen Aufsichtsratsmitglieder der Pflicht zur sorgfältigen Prüfung, ob sie den Beitrag der Spezialisten als eigenen übernehmen können. Es gehört zu den Mindestanforderungen an jedes einzelne Aufsichtsratsmitglied,[162] die Berichte von Ausschüssen im Sinne einer **Plausibilitätskontrolle** sachkundig überprüfen und auswerten zu können.[163] Insoweit kann die unkritische Befolgung des Ratschlags von Spezialisten eine Sorgfaltspflichtverletzung weder rechtfertigen noch entschuldigen.[164]

8. Fortbildung. Aufsichtsratsmitglieder müssen die wesentlichen für das von ihnen beaufsichtigte Unternehmen geltenden allgemeinen und speziellen gesetzlichen Regelun-

---

[155] *Strasser* S. 13.
[156] *J. Semler* in Semler/v. Schenck AR-HdB § 1 Rn. 35; vgl. Kölner Komm AktG/*Mertens/Cahn* Rn. 7. Vgl. auch → Rn. 81.
[157] *v. Godin/Wilhelmi* (Anm. 2) meinen, dass die Spezialisten nicht über die Mindestqualifikation verfügen müssen. Er spricht von den meist einseitigen Spezialisten (Techniker, Chemiker etc.), die für die Gesellschaft wegen ihrer hohen Fachkenntnisse wertvoll sind. Es wäre unmöglich, sie in Aufsichtsräte zu bringen, wenn sie für jeden Teil des Geschäfts eigene Sachkunde haben müssten (so auch Großkomm AktG/*Schilling* Anm. 5).
[158] So bereits LG Hamburg AG 1982, 51 (53); zur Zulässigkeit einer solchen personellen Differenzierung vgl. *Dreher*, FS Boujong, 1996, 71 (78 ff.); Spindler/Stilz/*Spindler* Rn. 17; Lutter/Krieger/*Verse* Rn. 1011; Edenfeld/Neufang AG 1999, 49 (53); *v. Schenck* in Semler/v. Schenck AR-HdB § 7 Rn. 363; Großkomm AktG/*Schilling* Anm. 5, differenzierend *Schwark*, FS Werner, 1984, 841 (850 f.).
[159] BGH NZG 2011, 1271 ff. = WM 2011, 2092 ff. = DB 2011, 2484 ff. – ISION. Zustimmend *Merkt/Mylich* NZG 2012, 525 (528 ff.), kritisch *Kiefner/Krämer* AG 2012, 498 ff.
[160] Lutter/Krieger/*Verse* Rn. 1011; MHdB AG/*Hoffmann-Becking* § 33 Rn. 61; in diesem Bereich zustimmend *Schwark*, FS Werner, 1984, 841 (848 f.).
[161] *Mutter/Gayk* ZIP 2003, 1773 ff. haben bereits früh auf das Paradoxon hingewiesen, dass die Verbesserung der Aufsichtsratsarbeit durch Bestellung von Spezialisten eine Haftungsverschärfung zur Folge hat.
[162] Vgl. *Prühs* AG 1970, 347 (348).
[163] LG Essen NZG 2012, 1307 (1309 f.) – Arcandor (nicht rechtskräftig); siehe zu diesem Thema ausführlich → Rn. 60 ff.
[164] BGH NJW 1979, 1882; *Strohn* ZHR 176 (2012), 137 (141 f.). Vgl. auch Schweizerisches Bundesgericht BGE 99 II, 176 ff. in *Strasser* S. 15 Fn. 55. Kritisch zum Erfordernis der Plausibilitätsprüfung *Kiefner/Krämer* AG 2012, 498 (500).

gen und Verordnungen kennen; da diese sich laufend verändern, bedingt dies eine **Pflicht zur Fortbildung,** auch wenn das AktG eine solche nicht ausdrücklich statuiert. Der Kodex erklärt hierzu, dass Aufsichtsratsmitglieder „die für ihre Aufgaben erforderlichen Aus- und Fortbildungsmaßnahmen eigenverantwortlich wahr(nehmen)" (Ziff. 5.4.5 Abs. 2 S. 1 DCGK), er setzt also eine bestehende entsprechende Pflicht voraus,[165] empfiehlt jedoch, dass die Gesellschaft die Aufsichtsratsmitglieder dabei angemessen unterstützt (Ziff. 5.4.5 Abs. 2 S. 2 DCGK). Während bis zu der Aufnahme dieser Empfehlung in den Kodex umstritten war, ob die Gesellschaft Fortbildungsmaßnahmen der Aufsichtsratsmitglieder überhaupt unterstützen müsse oder auch nur dürfe, entspricht es jetzt trotz unveränderter Gesetzeslage der wohl hM, dass die Gesellschaft den Aufsichtsratsmitgliedern jedenfalls **intern kostenfrei Fortbildungsmaßnahmen anzubieten** hat, um der Kodexempfehlung zu entsprechen.[166] Hinsichtlich von Aufsichtsratsmitgliedern aus eigener Initiative wahrgenommener Fortbildungsveranstaltungen bis hin zur Bezahlung von Fachliteratur besteht weiterhin Streit, ob die Gesellschaft diese erstatten muss oder darf; Klarheit kann durch eine entsprechende **Regelung in der Satzung** geschaffen werden (→ § 113 Rn. 133). Für **Kredit- und Finanzdienstleistungsinstitute** schreibt nunmehr § 25d Abs. 4 KWG vor, dass das Institut angemessene finanzielle und personelle Ressourcen einzusetzen habe, um Aufsichtsratsmitgliedern sowohl deren Einführung in ihr Amt als auch ihre laufende Fortbildung zu ermöglichen.[167]

C. Anwendung der Vorschriften des § 93 Abs. 1 und 2

105 Die für den Vorstand geltenden Vorschriften des AktG über **Sorgfaltspflicht und Verantwortlichkeit** greifen unmittelbar ineinander. Die Festlegung der Vorstandsmitglieder auf die Verpflichtung zur Anwendung der Sorgfalt eines ordentlichen und gewissenhaften Geschäftsleiters ist die Grundlage für etwaige **Schadensersatzansprüche.**[168] Dies gilt gleichermaßen für Aufsichtsratsmitglieder. Sie haben ihrer Aufgabe entsprechend die Sorgfalt eines ordentlichen und gewissenhaften Überwachers anzuwenden, soweit sie nicht selbst geschäftsführend tätig sind.[169]

106 Von der Verweisung auf die für den Vorstand geltenden Haftungsvorschriften ausgenommen ist die erst mit dem VorstAG eingefügte Regelung des § 93 Abs. 2 S. 3, die im Falle einer von dem Unternehmen für den Vorstand abgeschlossenen **D&O-Versicherung** einen Selbstbehalt von mindestens 10 Prozent des Schadens bis mindestens zur Höhe des Eineinhalbfachen der jährlichen Festvergütung des Vorstandsmitglieds verlangt. Dies bedeutet, dass **für Aufsichtsratsmitglieder** abgeschlossene D&O-Versicherungen **keinen Selbstbehalt** vorsehen müssen. Allerdings empfiehlt der **DCGK,** auch **bei Aufsichtsratsmitgliedern einen Selbstbehalt in gleicher Höhe** und auf gleicher Bemessungsgrundlage wie für Vorstandsmitglieder vorzusehen (Ziff. 3.8 Abs. 3 DCGK). Dieser Empfehlung ist eine erhebliche Zahl börsennotierter Unternehmen zu Recht gefolgt, denn trotz der sehr unterschiedlichen Verantwortung und Vergütung von Vorstand und Aufsichtsrat unterstreicht es die Beispielsfunktion des Aufsichtsrats als faktischem Vorgesetzten des Vorstands, wenn der Aufsichtsrat in ähnlicher Weise persönlich ins Risiko geht, wie der Vorstand es nach zwingendem Recht tun muss.[170]

---

[165] Der Kodex verwendet für Empfehlungen das Wort „soll" und für Anregungen das Wort „sollte"; verwendet er weder das eine, noch das andere Wort, gibt er den Gesetzesstand wieder; Ziff 1 Abs. 8 DCGK.
[166] Vgl. zu diesem Komplex die Kommentierung zu → § 113 Rn. 130 ff.
[167] Dazu *Apfelbacher/Metzner* AG 2013, 773 (778) sowie → § 113 Rn. 132.
[168] Vgl. MüKoAktG/*Spindler* § 93 Rn. 21.
[169] Vgl. MüKoAktG/*Spindler* Vor § 76 Rn. 45 ff.; vgl. auch *Gaul/Otto* AuA 2000, 312; *Clemm/Dürrschmidt,* FS Müller, 2001, 67 (83).
[170] Einen Selbstbehalt empfehlen auch Großkomm AktG/*Hopt/Roth* § 113 Rn. 53 sowie Spindler/Stilz/ *Spindler* § 113 Rn. 19.

I. Vorbemerkung – Die Aufgaben des Aufsichtsrats und seiner Mitglieder

Das Gesetz sieht als **Adressaten der Pflichten** grundsätzlich nicht das einzelne Aufsichtsratsmitglied, sondern den Gesamtaufsichtsrat als Organ.[171] Allerdings knüpft das Gesetz die Schadensersatzpflicht an die **schadenstiftende Sorgfaltspflichtverletzung des einzelnen Aufsichtsratsmitglieds.** Dieses wiederum ist für eine Sorgfaltspflichtverletzung nur verantwortlich, wenn sie für einen Schaden ursächlich war. Solange nur irgendein Aufsichtsratsmitglied seiner Sorgfaltspflicht nachkommt und damit einen Schaden verhindert, gibt es auch für das nachlässigste Aufsichtsratsmitglied keine Schadensersatzpflicht. Insofern ist die Sanktion für eine Verletzung der Sorgfaltspflicht sehr beschränkt.

1. Einführung. Bei den allen Aufsichtsratsmitgliedern auferlegten Sorgfaltspflichten geht es allgemein um die Pflicht zur sorgfältigen Wahrnehmung der Organfunktion.[172] Geschuldet wird kein bestimmter Erfolg, sondern Sorgfalt bei der Tätigkeit.[173] Deshalb geht es bei der organschaftlichen Haftung (§§ 116, 93) auch nicht um eine Erfolgshaftung, sondern ausschließlich um eine **Haftung für sorgfaltswidriges Verhalten,** welches aus einer **ex-ante Sicht** zu beurteilen ist.[174]

Ausgangspunkt für eine Beurteilung der sorgfältigen Wahrnehmung der Organfunktion sind die **Befugnisse und Pflichten des Aufsichtsrats** in seiner Gesamtheit,[175] welche sich aus den verschiedenen Einzelbestimmungen des AktG ergeben.

a) Der Aufgabenbereich des Aufsichtsrats. Unternehmensaufsicht in einer AG bedeutet zuallererst **Sorge für einen leistungsfähigen Vorstand,** sowohl in seiner personellen Zusammensetzung als auch in seiner Arbeitsweise.[176] Unmittelbar danach steht im Mittelpunkt der aktienrechtlich fixierten Aufgaben des Aufsichtsrats die **Überwachung der Geschäftsführung** (§ 111 Abs. 1; → § 111 Rn. 41 ff.). Die laufenden und beabsichtigten grundlegenden geschäftspolitischen Vorhaben des Vorstands müssen ständig mitverfolgt und nachvollzogen werden.[177]

Der Inhalt der Überwachungspflicht des Aufsichtsrats besteht nicht nur in einer **vergangenheitsbezogenen Kontrolle** der Vorstandstätigkeit, sondern auch in einer **präventiven,** in die Zukunft wirkenden **Überwachung.** Ausgeübt wird die in die Zukunft gerichtete Kontrolle durch Beratung des Vorstands bei der Planung der beabsichtigten Geschäftsführung.[178]

Aus den gesetzlich zugewiesenen Aufgaben lässt sich erkennen, dass es dem Gesetzgeber um eine **wirkliche Aufsicht durch einen unabhängigen, befähigten und objektiv urteilenden Aufsichtsrat** ging.[179] Die gesetzlichen Vorschriften markieren den Aufgabenbereich des Aufsichtsrats, grenzen seine Tätigkeit von der des geschäftsführenden Organs ab und zeigen Schwerpunkte der formalen Aufsichtsführung. Innerhalb der zugewiesenen Aufgabenbereiche muss der Aufsichtsrat alles tun, was für eine effiziente Amtsführung nötig ist.[180]

Im Rahmen der **Überwachungsaufgabe** ist der Aufsichtsrat verpflichtet, von seinen Informationsrechten Gebrauch zu machen und sein Einsichts- und Prüfungsrecht wahr-

---

[171] Kölner Komm AktG/*Mertens/Cahn* Rn. 5; *Wardenbach* S. 184.
[172] *Lutter/Krieger/Verse* Rn. 984 ff; Kölner Komm AktG/*Mertens/Cahn* Rn. 5 ff.
[173] Spindler/Stilz/*Spindler* Rn. 37; *Strasser* S. 9.
[174] Großkomm AktG/*Hopt* § 93 Rn. 81; Spindler/Stilz/*Spindler* Rn. 37.
[175] Kölner Komm AktG/*Mertens/Cahn* Rn. 5.
[176] Zu den Personalentscheidungen des Aufsichtsrats: *Peltzer,* FS Semler, 1993, 261 (262 ff.); *Fonk* in Semler/v. Schenck AR-HdB § 10 Rn. 1 ff.; *Lutter/Krieger/Verse* Rn. 331 ff.
[177] *J. Semler* AG 1983, 141 (144).
[178] BGHZ 114, 127 (129 f.) = NJW 1991, 183; BGHZ 126, 340 (344 f.) = NJW 1994, 2484; *Henze* NJW 1998, 3309 f.; *Boujong* AG 1995, 203 (205) zu BGHZ 114, 127; 124, 111; *Peltzer* WM 1981, 346 (348); *v. Schenck* in Semler/v. Schenck AR-HdB § 1 Rn. 79; *Lutter/Krieger/Verse* Rn. 92 ff. mwN; krit. Steinmann/Klaus AG 1987, 29 (30 f.). Vgl. auch → § 111 Rn. 93.
[179] *Saage* DB 1973, 115 f.
[180] *J. Semler,* Leitung und Überwachung, Rn. 89.

zunehmen (§ 111 Abs. 2; → § 111 Rn. 153 ff.). Er hat für bestimmte Arten von Geschäften einen Zustimmungsvorbehalt zu begründen[181] und laufend zu prüfen, ob der Katalog der zustimmungspflichtigen Geschäfte noch sachgerecht ist. Ist er dies nicht, hat er für eine Änderung zu sorgen. Er hat bei der Feststellung des Jahresabschlusses und des Lageberichts mitzuwirken und diese vorher zu prüfen (§§ 171, 172). Er muss die Anwendung des Corporate Governance Kodex prüfen und sich zur vergangenheitsbezogenen und zur zukunftweisenden Anwendung der seinen Verantwortungsbereich betreffenden Klauseln erklären (§ 161).

114 Die **Überwachungspflicht** als solche ist **nicht** auf einen erledigenden **Ausschuss** delegierbar (§ 107 Abs. 3 S. 2). Zulässig ist die Übertragung der Vorbereitungsarbeiten auf einen vorbereitenden Ausschuss. Das enthebt die **einzelnen Aufsichtsratsmitglieder** nicht ihrer Pflicht, den Sachverhalt aufzunehmen, sich ein eigenes Urteil zu bilden und selbständig Stellung zu nehmen.[182]

115 Im Zusammenhang mit der **Personalkompetenz** des Aufsichtsrats stehen die Bestellung und die Abberufung des Vorstands, der Abschluss und die Kündigung des Anstellungsvertrags (§ 84) sowie die Regelung der Bezüge der Vorstandsmitglieder und die Anpassung an die Lage der Gesellschaft (§ 87). Hierzu gehört die Zustimmung zur Kreditgewährung an Vorstandsmitglieder und an leitende Angestellte (§ 89). Darüber hinaus obliegen dem Aufsichtsrat die ausschließliche Vertretung der Gesellschaft bei Rechtsgeschäften mit dem Vorstand und die Führung von gegen ihn gerichteten Rechtsstreitigkeiten (§ 112).

116 Der Aufsichtsrat hat die Verpflichtung, den Vorstand von **unerlaubten Handlungen oder gesellschaftsschädlichen Geschäften** mit allen ihm zur Verfügung stehenden Mitteln, notfalls durch Abberufung, abzuhalten. Ggf. hat der Aufsichtsrat auch von allgemeinen Rechtsbehelfen, wie Anzeigen bei Behörden, Gebrauch zu machen.[183]

117 **b) Mitwirkungspflichten des einzelnen Aufsichtsratsmitglieds.** Die Aufgaben des Aufsichtsrats sind Aufgaben des Organs, das seine Aufgaben durch die Mitarbeit seiner Mitglieder erfüllt. Dies gilt auch für die Rechte des Aufsichtsrats. Sie werden durch Beschlüsse des Aufsichtsrats ausgeübt, die Verwirklichung der Rechte erfolgt auf Grund dieser Beschlüsse durch den Vorsitzenden oder beauftragte Mitglieder. Eine Ausnahme bildet das **Berichtsverlangen** einzelner Aufsichtsratsmitglieder gegenüber dem Vorstand.[184] Dieses Anforderungsrecht ist ein Pflichtrecht.[185] Das einzelne Aufsichtsratsmitglied muss von seinem Informationsrecht Gebrauch machen, wenn ihm Vorgänge unklar sind. Die Scheu, sich etwa vor Kollegen zu blamieren, rechtfertigt ein Unterlassen des Fragerechts nicht. Abgesehen davon kann das einzelne Aufsichtsratsmitglied von sich aus keine Kontrollmaßnahmen gegen den Vorstand durchführen. Einem Verlangen nach persönlicher Berichterstattung durch ein Aufsichtsratsmitglied darf der Vorstand nicht nachgeben, es sei denn, es ist dazu vom Aufsichtsrat ermächtigt.[186] Deshalb beschränken sich die Verpflichtungen der Aufsichtsratsmitglieder im Übrigen auf die **Mitarbeit im Aufsichtsrat**.[187]

118 **aa) Allgemeine Mitwirkungspflichten.** Der inhaltliche Umfang der Mitwirkungspflicht ergibt sich aus der Bestimmung des Gesetzes, welche die unübertragbaren Aufgaben des Aufsichtsrats festsetzt (§ 107 Abs. 3 S. 2). Allerdings ist die im Gesetz vorgenommene Aufzählung nicht abschließend. Es gibt weitere Aufgaben, die der Aufsichtsrat selbst erledigen muss. Die Aufgaben, die einem Ausschuss nicht abschließend übertragen werden können, sind **Plenaraufgaben**. An Plenaraufgaben müssen alle Aufsichtsratsmitglieder mitwirken.[188]

---

[181] § 111 Abs. 4 idF des TransPuG; vgl. auch Ziff. 3.3 DCGK.
[182] *Lutter/Krieger/Verse* Rn. 748; Großkomm AktG/*Brönner* § 171 Rn. 3; vgl. auch → § 107 Rn. 399.
[183] Zu den Aufgaben des Aufsichtsrats: *J. Semler*, Leitung und Überwachung, Rn. 91 ff.
[184] § 90 Abs. 3 S. 2; *Lutter/Krieger/Verse* Rn. 829.
[185] Hüffer/*Koch* § 90 Rn. 12; *v. Schenck* in Semler/v. Schenck AR-HdB § 7 Rn. 64.
[186] Kölner Komm AktG/*Mertens/Cahn* Rn. 16.
[187] Kölner Komm AktG/*Mertens/Cahn* Rn. 10 f.; *Wardenbach* S. 199.
[188] *Rellermeyer* S. 17; *Semler* AG 1988, 60, 61; *Wardenbach* S. 187 f.

(1) Mitwirkung an Plenaraufgaben. Die **Pflicht zur Mitwirkung an Plenaraufga-** 119
ben erfordert die regelmäßige Sitzungsteilnahme,[189] eine ausreichende Vorbereitung auf die Sitzungen und die gewissenhafte Erledigung etwaiger dem Aufsichtsratsmitglied vom Gesamtaufsichtsrat übertragener Aufgaben.[190] Das einzelne Aufsichtsratsmitglied muss sich mit der Sachproblematik, die im Plenum verhandelt wird, befassen und **eine eigenständige Beurteilung und Entscheidung leisten.**[191]

Im Allgemeinen braucht der Aufsichtsrat die **Entscheidungsgrundlagen** nicht selbst zu 120 erarbeiten. Es ist Sache des Vorstands, sie vorzubereiten und dem Aufsichtsrat zur Verfügung zu stellen. Allerdings darf der Aufsichtsrat die vom Vorstand erarbeiteten Entscheidungsgrundlagen seinen eigenen Beurteilungen und Entscheidungen nicht unkritisch zu Grunde legen. Er muss zumindest die Plausibilität der Feststellungen überprüfen. Wenn Unklarheiten entstehen, muss er durch eigene Ermittlungen dafür sorgen, dass ihm ein tragfähiger Sachverhalt vorliegt. Unklare Sachverhalte können nur selten zu richtigen Entscheidungen führen.[192]

(2) Mitwirkung außerhalb von Plenaraufgaben. Außerhalb von Plenumsaufga- 121
ben beschränkt sich die Mitwirkungspflicht auf eine Verfahrens- und **Plausibilitätskontrolle** der von anderen Aufsichtsratsmitgliedern erarbeiteten Entscheidungen. Dies gilt sowohl bei der Überwachung der Tätigkeit beschließender Ausschüsse als auch bei einer Aufgabenerledigung durch das Plenum, die von vorbereitenden Ausschüssen oder von anderen Aufsichtsratsmitgliedern vorbereitet worden ist.[193]

(3) Tätigkeiten außerhalb der Pflichtaufgaben des Aufsichtsrats. Zu Aktivitäten, 122
die dem **Aufsichtsrat als Organ der Gesellschaft nicht obliegen,** sind die Aufsichtsratsmitglieder nicht verpflichtet.[194] Sie brauchen nicht selbst Finanzierungsmodelle oder gar Sanierungsvorschläge zu entwerfen. Derartige Maßnahmen fallen in die ausschließliche Zuständigkeit des Vorstands.[195] Auch kann von einem Rechtsanwalt im Aufsichtsrat nicht verlangt werden, dass er in Geschäftsführungsangelegenheiten ein Rechtsgutachten erstattet.[196] Wohl aber ist von ihm zu erwarten, dass er seine speziellen Rechtskenntnisse einsetzt, wenn der Vorstand aus Unkenntnis oder auf Grund falscher Beratung seinem Beschlussvorschlag für den Aufsichtsrat eine unzutreffende Rechtsmeinung zu Grunde legt.[197]

bb) Geschuldeter Arbeitseinsatz. Jedes Aufsichtsratsmitglied muss den Arbeitseinsatz 123
zur Verfügung stellen, den die sorgfältige Erfüllung seiner Pflichten von ihm verlangt. Es achtet darauf, dass ihm für die Wahrnehmung seiner Mandate genügend Zeit zur Verfügung steht (Ziff. 5.4.5 S. 1 DCGK). Der Umfang der Überwachungsaufgabe bestimmt sich zum einen durch die dem Aufsichtsrat **zugewiesenen Kompetenzen,** zum anderen durch die **tatsächlichen Möglichkeiten** der Ausübung.

(1) Durchschnittlicher Arbeitseinsatz des Aufsichtsratsmitglieds. Ein Aufsichts- 124
ratsmitglied muss der Gesellschaft nicht seine volle Arbeitskraft zur Verfügung stellen.[198] Das ergibt sich daraus, dass das Gesetz eine beschränkte Arbeitszeit voraussetzt. Das Gesetz verpflichtet den Aufsichtsrat, mindestens **zweimal im Kalenderhalbjahr,** also viermal im Jahr zusammenzutreten. Dies gilt im Grundsatz für börsennotierte und nicht börsennotierte

---

[189] *Lutter/Krieger/Verse* Rn. 699.
[190] Kölner Komm AktG/*Mertens/Cahn* Rn. 20 f.
[191] OLG Düsseldorf WM 1984, 1080 (1084) = BB 1984, 997 (999) (zum Aufsichtsrat einer Publikums-KG); Kölner Komm AktG/*Mertens/Cahn* Rn. 10; *Wardenbach* S. 199.
[192] Siehe auch Anm. *J. Semler* in Wardenbach S. 193.
[193] *Wardenbach* S. 199; vgl. → Rn. 59 ff.
[194] Kölner Komm AktG/*Mertens/Cahn* Rn. 5.
[195] LG Düsseldorf AG 1991, 70 (71) – Girmes mit Kurzkomm *Timm* EWiR § 116 AktG 1/90, 119.
[196] Kölner Komm AktG/*Mertens/Cahn* Rn. 5.
[197] BGH NZG 2011, 1271 ff. = WM 2011, 2092 ff. = DB 2011, 2484 ff. – ISION.
[198] Kölner Komm AktG/*Mertens/Cahn* Rn. 20; *Gaul, Otto* AuA 2000, 312; *Clemm/Dürrschmidt,* FS Müller, 2001, 85.

125 Des Weiteren gestattet das Gesetz dem Aufsichtsratsmitglied in nicht börsennotierten Gesellschaften die **gleichzeitige Ausübung von bis zu 10 Aufsichtsratsmandaten** (§ 100 Abs. 2). Für börsennotierte Aktiengesellschaften sieht der Corporate Governance Kodex vor, dass eine Person, die dem Vorstand einer börsennotierten Gesellschaft angehört, nicht mehr als drei Aufsichtsratsmandate in konzernexternen börsennotierten Gesellschaften wahrnimmt (Ziff. 5.4.5 Abs. 2 S. 1 DCGK). Mandate, für die das Mitglied zum Vorsitzenden gewählt worden ist, sind doppelt zu rechnen (§ 100 Abs. 2 S. 3). Dies gilt auch für die Berechnung der Höchstzahl nach dem Deutschen Corporate Governance Kodex.[200] Das Gesetz setzt voraus, dass Aufsichtsratsmandate nicht hauptberuflich ausgeübt werden.[201] Weitergehende Beschränkungen gelten für Unternehmen des Finanzsektors (→ Rn. 80).

126 Normalerweise **genügt das einzelne Aufsichtsratsmitglied seiner Aufgabe,** wenn es sich auf die Sitzungen des Aufsichtsrats und der Ausschüsse vorbereitet, an den Sitzungen teilnimmt, die Berichte des Vorstands kritisch zur Kenntnis nimmt und zu den Berichten seine eigene Auffassung bekannt gibt.[202]

127 Zur **Übernahme besonderer Aufgaben** ist das einzelne Aufsichtsratsmitglied nur im Rahmen des Zumutbaren verpflichtet. Dabei ist der nebenamtliche Charakter des Amtes zu berücksichtigen.[203] Allerdings darf sich kein Aufsichtsratsmitglied der Wahl in einen Ausschuss widersetzen (→ § 107 Rn. 296; vgl. auch → Rn. 144). Auch muss es bereit sein, Aufträge zur Einsichtnahme und zur Prüfung zu übernehmen (§ 111 Abs. 2 S. 2).

128 **(2) Erhöhter Arbeitseinsatz des Aufsichtsratsmitglieds.** Der Aufsichtsrat muss, wenn er sein Amt sorgfältig ausüben will, seine **Überwachungstätigkeit der Lage der Gesellschaft anpassen** (→ § 111 Rn. 125). Droht sich diese zu verschlechtern oder befindet sich die Gesellschaft bereits in der **Krise,** hat der Aufsichtsrat seine Überwachungstätigkeit zu verstärken.[204] Aus einer begleitenden Überwachung muss eine unterstützende oder sogar eine gestaltende Überwachung werden.[205] Das hat auch Auswirkungen auf den vom einzelnen Aufsichtsratsmitglied geschuldeten Arbeitseinsatz. Es kann zum einen bedeuten, dass der Aufsichtsrat häufiger und länger tagt, zum anderen, dass das einzelne Mitglied **besondere Aufgaben** zu übernehmen hat.[206]

129 Die Verpflichtung zur verstärkten Überwachung folgt aus dem Erfordernis erhöhter Sorgfalt. Die Notwendigkeit erhöhter Sorgfalt folgt aus den **Grundregeln des bürgerlichen Rechts** (§ 276 Abs. 2 BGB). Durch erhöhte Gefahr wird das Maß der im Verkehr erforderlichen Sorgfalt erhöht.[207] Auch dem AktG ist zu entnehmen, dass der Gesetzgeber eine **differenzierte Überwachungstätigkeit** erwartet. Der Aufsichtsrat kann seine Tätigkeit mit gestaffelter Intensität ausüben. Er hat die gesetzlichen Mittel, seinen Informationsstand zu vergrößern oder verstärkt Einfluss zu nehmen.[208] So gehört die Abberufung eines Vorstandsmitglieds in einer Krisensituation (§ 84 Abs. 3 S. 2) nicht zu den alltäglichen

---

[199] § 110 Abs. 3 idF des TransPuG; *Lutter/Krieger/Verse* Rn. 688 ff.
[200] Vgl. MüKoAktG/*Semler,* 2. Aufl. 2004, § 161 Rn. 437.
[201] Großkomm AktG/*Hopt/Roth* Rn. 137; MüKoAktG/*Habersack* Rn. 36; Kölner Komm AktG/*Mertens/Cahn* Rn. 20.
[202] *Lutter/Krieger/Verse* Rn. 990; Kölner Komm AktG/*Mertens/Cahn* Rn. 20.
[203] Kölner Komm AktG/*Mertens/Cahn* Rn. 20.
[204] OLG Stuttgart DB 2012, 2332 (2335 f.); OLG Hamburg DB 2001, 583 (584); *J. Semler,* Leitung und Überwachung, Rn. 235 ff.; *J. Semler* AG 1983, 141; zustimmend *Steinbeck* S. 92 ff.; *Lutter/Krieger/Verse* Rn. 87 f.; *Hasselbach* NZG 2012, 41 ff.; *v. Schenck* in Semler/v. Schenck AR-HdB § 7 Rn. *206 f.;* Kölner Komm AktG/*Mertens/Cahn* Rn. 20; aA *Claussen* AG 1984, 20 f.; dagegen *J. Semler* AG 1984, 21 f.
[205] Zur Begrifflichkeit siehe *J. Semler,* Leitung und Überwachung, Rn. 323 ff.; ähnlich *Lutter/Krieger/Verse* Rn. 87; kritisch hierzu Kölner Komm AktG/*Mertens/Cahn* AktG § 111 Rn. 25. Zum gesteigerten Haftungsrisiko des Aufsichtsrats *Priebe* ZInsO 2014, 2013 (2023 f.).
[206] Kölner Komm AktG/*Mertens/Cahn* Rn. 20.
[207] *J. Semler* AG 1983, 141.
[208] *J. Semler* AG 1983, 141.

Überwachungsaufgaben. Sie ist nur in besonderen Situationen des Unternehmens gerechtfertigt.[209]

Wenn es darum geht, eine geeignete Person zu überreden, die **Zuwahl in einen** **130** **Aufsichtsrat** anzunehmen, wird ihr regelmäßig ein problemloses Unternehmen geschildert. „Es geht nur um die Wahrnehmung der üblichen Aufgaben und die Teilnahme an vier Sitzungen und einer Hauptversammlung im Jahr. Der Vorstand ist hervorragend besetzt, der Aufsichtsrat leistungsfähig zusammengesetzt." Wer so zur Annahme einer Aufsichtsratswahl überredet wird, tut gut daran, sich auf das Schlimmste einzustellen. Er sollte einen erheblichen Arbeitsbedarf voraussehen.

cc) Mittel zur Durchsetzung innerhalb des Aufsichtsrats. Ein Aufsichtsratsmitglied **131** darf sich nicht auf Gedeih und Verderb auf die Aktivität des Aufsichtsratsvorsitzenden verlassen. Die Organisationspflicht schließt die Pflicht des einzelnen Aufsichtsratsmitglieds ein, ggf. die **Einberufung des Aufsichtsrats** zu verlangen[210] oder durch das daran anknüpfende **Recht zur Selbsthilfe** (§ 110 Abs. 2) selbst den Aufsichtsrat einzuberufen.[211] Das Aufsichtsratsmitglied muss **Mängel in der Aufsichtsratsarbeit** mit dem Vorsitzenden erörtern und, wenn dieser keine Abhilfe schafft, im Aufsichtsrat zur Diskussion stellen. Dort muss es auf einen entsprechenden Aufsichtsratsbeschluss drängen.[212] Es kann erneute intensive Beratung fordern, notfalls auch die Abberufung des Vorstands.[213] Wird das Aufsichtsratsmitglied überstimmt, kann es die Einberufung einer Hauptversammlung fordern, wenn das Wohl der Gesellschaft dies fordert.[214]

Die **Niederlegung seines Amtes** darf von einem überstimmten Aufsichtsratsmitglied **132** nicht sogleich erwartet werden (→ Rn. 57). Ein Verbleiben im Aufsichtsrat und das Vertreten des eigenen Standpunkts entsprechen eher der Sorgfaltspflicht als das oft übliche stillschweigende Ausscheiden.[215] Solange das Aufsichtsratsmitglied noch eine Chance sieht, seine Auffassung durchzusetzen, darf es nicht ausscheiden. Wenn es aber als *ultima ratio* sein Ausscheiden beschlossen und bewirkt hat, wird es zu prüfen und zu entscheiden haben, ob nicht eine Information der Öffentlichkeit geboten ist. Allerdings ist eine Bekanntgabe vertraulicher Vorgänge auch dann nicht gerechtfertigt. Das Ausscheiden führt nicht zu einer Befreiung von der Schweigepflicht.

Unter Umständen kann ein Aufsichtsratsmitglied gehalten sein, den Gesamtaufsichtsrat zu **133** einem Antrag an das Gericht zu veranlassen (§ 103 Abs. 3), ein **rechtswidrig handelndes Aufsichtsratsmitglied** aus wichtigem Grund abzuberufen.[216] Kann sich das Aufsichtsratsmitglied damit innerhalb des Aufsichtsrats nicht durchsetzen, muss es sich an den Vorstand wenden. Der Vorstand ist das Organ, das die Gesellschaft vor Pflichtverletzungen der Aufsichtsratsmitglieder zu schützen hat und Ansprüche der Gesellschaft gegen pflichtwidrig handelnde Aufsichtsratsmitglieder gerichtlich durchsetzen kann.[217] Allerdings hat der Vorstand kein Recht, bei Gericht einen Abberufungsantrag zu stellen.

Die Bestellung **ungeeigneter Aufsichtsratsmitglieder** hat das einzelne Aufsichtsrats- **134** mitglied nicht zu verantworten, da das Gesetz ihm oder dem Gesamtaufsichtsrat keine Möglichkeit der Anfechtung der Wahl einräumt.[218] Allerdings ist jedes Aufsichtsratsmitglied gehalten, bei dem gesetzlich vorgesehenen Wahlvorschlag (§ 124 Abs. 2) auf die ausreichen-

---

[209] *Lutter/Krieger/Verse* Rn. 364 ff.
[210] § 110 Abs. 1. *Lutter/Krieger/Verse* Rn. 695.
[211] *Lutter/Krieger/Verse* Rn. 696; → § 110 Rn. 40.
[212] Großkomm AktG/*Hopt/Roth* Rn. 125; Kölner Komm AktG/*Mertens/Cahn* Rn. 16.
[213] *Lutter/Krieger/Verse* Rn. 361 ff.
[214] § 111 Abs. 3. *Lutter/Krieger/Verse* Rn. 136; vgl. → § 111 Rn. 471 ff.
[215] Vgl. Spindler/Stilz/*Spindler* Rn. 41.
[216] Kölner Komm AktG/*Mertens/Cahn* Rn. 18.
[217] Kölner Komm AktG/*Mertens/Cahn* Rn. 19. Zu dem darin liegenden „Konstruktionsfehler" des Gesetzes *Habersack* ZHR 177 (2013) 782 (785 ff.).
[218] § 251 sieht für die Wahl der Anteilseignervertreter keine Anfechtungsbefugnis des Aufsichtsrats vor, eine Anfechtung der Wahl von Arbeitnehmervertretern ist auch ausgeschlossen, vgl. Kölner Komm AktG/*Mertens/Cahn* Rn. 18.

de Mindestkompetenz der vorgeschlagenen Mitglieder zu achten und sich gegen Vorschläge zu wenden, die den Eignungsvoraussetzungen nicht entsprechen.[219] Aufsichtsratsmitglieder, die bei den Wahlvorschlägen die gebotene Sorgfalt vermissen lassen, können sich schadensersatzpflichtig machen. Auch wer über ein Entsendungsrecht verfügt, muss bei der Auswahl die gebotene Sorgfalt walten lassen.[220]

135 **dd) Besondere Mitwirkungspflichten wegen vorhandener Kenntnisse, Fähigkeiten und Erfahrungen.** Wer **beruflich** besondere Kenntnisse, Fähigkeiten und Erfahrungen besitzt, muss diese im Bedarfsfall bei der Ausübung seines Aufsichtsamts einsetzen (→ Rn. 101). Dies mag nicht gelten, wenn jemand solche Eigenschaften außerhalb seiner beruflichen Tätigkeit erworben hat, da ein **Hobby nicht** zu erhöhten Pflichten und verstärkter Verantwortlichkeit führen sollte; etwas anderes muss indes gelten, wenn das Aufsichtsratsmitglied gerade im Hinblick auf seine entsprechende besondere Qualifikation bestellt worden ist.

136 **ee) Pflicht zum Einschreiten**[221]. Bei Anhaltspunkten für eine **Verletzung der Geschäftsführungspflicht** durch den Vorstand muss das einzelne Aufsichtsratsmitglied dafür sorgen, dass sich der Aufsichtsrat oder der zuständige Ausschuss mit der Angelegenheit befasst.[222] Dabei wird es in der Regel genügen, den Aufsichtsratsvorsitzenden zu **informieren**.[223] Weitere Schritte sind erst geboten, wenn der Vorsitzende nicht reagiert.

137 Das Erfordernis des Einschreitens gilt insbesondere bei Hinweisen auf **existenzbedrohende Geschäftsführungsmaßnahmen** des Vorstands, auch wenn diese sich nur als vages Gerücht darstellen.[224] Das Aufsichtsratsmitglied muss darauf hinwirken, dass der Aufsichtsrat zumindest einen **Zustimmungsvorbehalt** (gem. § 111 Abs. 4 S. 2) für die fraglichen Geschäfte anordnet oder, falls erforderlich, mit einer **Abberufung** oder Suspendierung der Vorstandsmitglieder reagiert.[225] Bei ernst zu nehmenden Informationen genügt es nicht, wenn das betreffende Aufsichtsratsmitglied sich mit einer Frage an den Vorstand und dessen verneinender Antwort begnügt.

138 Das **OLG Düsseldorf** hat es als grobe Pflichtverletzung des Vorstands einer Bank bezeichnet, dass dieser in nach Auffassung des Gerichts unzulässiger Weise in erheblichem Umfange von dem Unternehmenszweck nicht gedeckte Verbriefungsgeschäfte getätigt habe, und es hat zudem eine Pflichtverletzung des Aufsichtsrats darin gesehen, dass dieser dagegen **nicht eingeschritten** ist, wobei es auch auf die Möglichkeiten des Aufsichtsrats hingewiesen hat, beantragte Zustimmungen nicht zu erteilen oder ad hoc Zustimmungsvorbehalte anzuordnen.[226] Weitere erhebliche Verletzungen der Überwachungspflichten des Aufsichtsrats hat das OLG Düsseldorf darin gesehen, dass der Aufsichtsrat nicht nachgefragt hat, als erkennbar war, dass der Vorstand Pflichtverletzungen beging, indem er übergroße und existenzbedrohende Risiken einging und wichtige Funktionen auf eine Tochtergesellschaft verlagerte.[227] Deutlich wird hieraus, dass einer **Pflichtverletzung des Vorstands sehr leicht eine Überwachungspflichtverletzung des Aufsichtsrats folgt,** wenn die Pflichtverletzung des Vorstands dem Aufsichtsrat bekannt oder für ihn erkennbar ist und er weder nachfragt noch einschreitet.

---

[219] Vgl. zu etwaigem Auswahlverschulden *Lutter* ZIP 2003, 417 ff. und *Sünner* ZIP 2003, 834 ff.
[220] Vgl. *Lutter* ZIP 2003, 419.
[221] Zu den Einwirkungsrechten des Aufsichtsrats *J. Semler,* Leitung und Überwachung, Rn. 217 ff.
[222] Kölner Komm AktG/*Mertens/Cahn* Rn. 16.
[223] Zu den weiteren Einwirkungsmöglichkeiten des einzelnen Aufsichtsratsmitglieds auf das Plenum → Rn. 131 ff.
[224] LG Bielefeld WM 1999, 2457 (2465) – Balsam-AG (Größenordnung von Factoring-Geschäften, Devisenoptionsgeschäfte ohne Grundgeschäft) = ZIP 2000, 20 (23 ff.) mit Anm. *Westermann* S. 25 ff.; Kurzkomm *v. Gerkan* EWiR § 116 AktG 1/2000, 107; Komm *Thümmel* BB 1999, 2633.
[225] LG Bielefeld WM 1999, 2457 (2465) – Balsam-AG; Spindler/Stilz/*Spindler* Rn. 34.
[226] OLG Düsseldorf AG 2010, 126 (127 f.) – IKB. Kritisch hierzu *Spindler* NZG 2010, 281 (283). Vgl. in diesem Zusammenhang auch die Entscheidung des BGH ZIP 2013, 455 (456 f.) – Coreal credit Bank.
[227] OLG Düsseldorf AG 2010, 126 (129 f.) – IKB.

Nur in Ausnahmefällen kann auch die **Information der Öffentlichkeit** oder von 139
Behörden zu einer Pflicht des Aufsichtsratsmitglieds werden, wenn keine andere Möglichkeit besteht, schweren Schaden von der Gesellschaft abzuwenden.[228]

ff) Pflicht zur Information des Aufsichtsrats. Kaum lösbare Schwierigkeiten ergeben 140
sich für ein Aufsichtsratsmitglied, das im Besitz **sensiblen Wissens**[229] ist. Wenn ein Aufsichtsratsmitglied hauptberuflich in einem Unternehmen tätig ist, das mit dem überwachten Unternehmen in Geschäftsbeziehungen steht, darf es grundsätzlich keine Kenntnisse verwerten, die es in dem anderen Unternehmen erworben hat. Dem steht aber die Treuepflicht zum überwachten Unternehmen (und ggf. die Dienstpflicht des Unternehmens, in dem es hauptberuflich tätig ist) gegenüber. Dementsprechend empfiehlt der Corporate Governance Kodex (Ziff. 5.4.2 S. 4 DCGK), der Regierungskommission Corporate Governance[230] folgend, dass Aufsichtsratsmitglieder börsennotierter Aktiengesellschaften **keine Organfunktionen oder Beratungsaufgaben bei wesentlichen Wettbewerbern** des Unternehmens wahrnehmen sollen. Wird im Aufsichtsrat etwa über die Gewährung eines ungesicherten Darlehens an ein anderes Unternehmen beraten, muss ein Aufsichtsratsmitglied von seiner Kenntnis über eine wirtschaftlich negative Entwicklung des Darlehensnehmers unbedingt berichten und den Aufsichtsrat über seine Bedenken informieren. Tut es dies nicht, begeht es eine Sorgfaltspflichtverletzung. Gleiches gilt, wenn das Aufsichtsratsmitglied von Lieferschwierigkeiten des Unternehmens weiß, in dem es hauptberuflich tätig ist. Wenn diese Schwierigkeiten Auswirkungen auf das überwachte Unternehmen haben können, muss er seine Kenntnisse im frühestmöglichen Zeitpunkt offenbaren.

Eine weitere Pflichtverletzung ergibt sich, wenn es seine Kenntnis nicht zum Anlass 141
nimmt, gegen die Gewährung des Darlehens zu stimmen.[231] In beiden Fällen verletzt es bei Offenbarung aber auch seine Dienstpflichten aus der hauptberuflichen Tätigkeit. Weder Verzicht auf die Sitzungsteilnahme noch Stimmenthaltung können das Problem lösen. Hier hilft nur eines: Das Aufsichtsratsmitglied darf sein Mandat nur übernehmen oder beibehalten, wenn es die **Entstehung sensiblen Wissens vorab verhindert.** Es muss sicherstellen, dass keine Geschäftsbeziehungen entstehen, die zu Konflikten führen können, oder in seiner dienstvertraglichen Beziehung eine Freistellung von der Treuepflicht herbeiführen. Eine Freistellung von der Treuepflicht im überwachten Unternehmen ist nicht möglich. Hier unterliegt das Aufsichtsratsmitglied einer gesetzlichen Verpflichtung, die nicht zur Disposition der Organe steht. Eine Amtsniederlegung kann bei dauerhaftem Konflikt notwendig werden, um einer Schadensersatzpflicht zu entgehen (→ § 100 Rn. 198).

gg) Keine Klagebefugnis einzelner Aufsichtsratsmitglieder. Einzelne Aufsichtsrats- 142
mitglieder sind **nicht berechtigt,** gegen Geschäftsführungsmaßnahmen des Vorstands im Wege der Klage vorzugehen.[232] Ein solches Eigenrecht ergibt sich weder aus dem AktG (§ 90 Abs. 3 S. 2, Abs. 5 und § 245 Nr. 5) noch aus dem MitbestG (§ 25 MitbestG).

Eine Verfolgung mit Hilfe der **„actio pro socio"** wird nicht ausgeschlossen.[233] Unge- 143
rechtfertigt ist eine Klage aus fremdem Recht jedenfalls dann, wenn sie dazu dient,

---

[228] Kölner Komm AktG/*Mertens/Cahn* Rn. 17; weitergehend *Säcker* NJW 1986, 803, 804: „Ein Aufsichtsratsmitglied, das mit den unternehmerischen Plänen des Vorstands nicht einverstanden ist, weil es die vom Vorstand vorgetragenen Gründe nicht als stichhaltig ansieht und der Überzeugung ist, dem Unternehmen werde Schaden zugefügt, wenn die behördliche Entscheidung allein auf der Grundlage der vom Vorstand bereits erteilten Informationen erfolgt, kann der Behörde seine Bedenken bzw. seine andersartige Seh- und Wertungsweise mitteilen.". Dies erscheint bedenklich, weil das Aufsichtsratsmitglied so den Vorstand gegenüber der Behörde desavouiert. Anstelle eines solchen Schritts sollte das Aufsichtsratsmitglied den hier vorgeschlagenen Weg einer Einschaltung des Aufsichtsratsvorsitzenden sowie gegebenenfalls des gesamten Aufsichtsrats wählen und versuchen, die Maßnahme des Vorstands notfalls durch einen *ad hoc* verhängten Zustimmungsvorbehalt unterbinden zu lassen; siehe → Rn. 138, 286, 403.
[229] → § 100 Rn. 198; vgl. auch *Semler/Stengel* NZG 2003, 1 (5).
[230] *Baums* Rn. 54.
[231] LG Hamburg AG 1982, 51 (52) = ZIP 1981, 194 ff.
[232] Hierzu *Raiser* ZGR 1989, 44 ff.
[233] *Lutter/Krieger/Verse* Rn. 840 „nur in Ausnahmefällen".

144 **hh) Mitwirkung an der Ausschussarbeit.** Ein stärkerer Arbeitseinsatz – etwa die **Arbeit in einem Ausschuss** – kann von einem Aufsichtsratsmitglied mit dessen Einverständnis auf der Grundlage eines entsprechenden Beschlusses vorgesehen werden.[235] Dabei ist zu beachten, dass ein Aufsichtsratsmitglied **grundsätzlich verpflichtet ist, an der Ausschussarbeit mitzuwirken;** wird es dazu berufen, muss es also grundsätzlich sein Einverständnis erteilen.[236] Das gilt vor allem dann, wenn ein Aufsichtsratsmitglied gerade wegen seiner fachlichen Qualifikation in den Aufsichtsrat gewählt wurde und es um die Zusammensetzung von Ausschüssen geht, die auf diese besondere Sachkunde angewiesen sind. Einer Übernahme der Ausschusstätigkeit können nur sachliche Gründe, wie etwa **Interessenkollisionen,** entgegengehalten werden.[237]

145 **ii) Über die Organtätigkeit hinausgehende Aufgaben.** Der Aufsichtsrat und seine Mitglieder sind **frei zu entscheiden,** ob sie sich mit Aufgaben befassen wollen, die nicht zu den Überwachungs- und Beratungsaufgaben des Aufsichtsrats gehören. Angelegenheiten des laufenden Geschäfts, die keinen wichtigen Anlass bilden (vgl. § 90 Abs. 1 S. 2), muss der Aufsichtsrat nicht aufgreifen. Befasst sich ein Aufsichtsratsmitglied freiwillig mit solchen Aufgaben, haftet es allerdings nach den allgemeinen Vorschriften.[238] In den Bereichen, die außerhalb der Organtätigkeit liegen, können entgeltliche Beraterverträge mit den Aufsichtsratsmitgliedern geschlossen werden.[239]

146 Im **Bereich des eigentlichen Überwachungsfelds** muss das Aufsichtsratsmitglied hingegen alles, was es an Fähigkeiten, Kenntnissen und Erfahrungen besitzt, der Arbeit des Aufsichtsrats zu Verfügung stellen.[240] Diese Pflicht umfasst auch berufs- und fachspezifische Kenntnisse.[241]

147 **jj) Höherer Arbeitseinsatz des Aufsichtsratsvorsitzenden**[242]. Die Notwendigkeit eines höheren Arbeitseinsatzes des Aufsichtsratsvorsitzenden ergibt sich schon daraus, dass er nach dem Gesetz die **Koordinations- und Sitzungsleiterfunktion** hat.[243] Er muss entscheiden, ob und wann eine Aufsichtsrats- oder Ausschusssitzung anberaumt werden muss.[244] Die Aufsichtsratssitzungen müssen durch ihn vorbereitet werden, er muss gemeinsam mit dem Vorstand die Tagesordnung aufstellen.[245] Nach der Sitzung muss er für ein ordnungsmäßiges Protokoll sorgen (§ 107 Abs. 2), die gefassten Beschlüsse, soweit erforderlich und angebracht, dem Vorstand mitteilen und deren Umsetzung durch den Vorstand überwachen.[246]

---

[234] BGHZ 106, 54 (59 ff.) mwN aus dem Schrifttum.
[235] Kölner Komm AktG/*Mertens/Cahn* Rn. 20.
[236] → Rn. 127; → § 107 Rn. 283; *Rellermeyer* S. 99; *J. Semler* AG 1988, 60 (63); *Gittermann* in Semler/v. Schenck AR-HdB § 6 Rn. 49; Kölner Komm AktG/*Mertens/Cahn* § 107 Rn. 114; Spindler/Stilz/*Spindler* Rn. 39.
[237] *Gittermann* in Semler/v. Schenck AR-HdB § 6 Rn. 49.
[238] *J. Semler*, Leitung und Überwachung, Rn. 264.
[239] § 114; zur Zulässigkeit von Beratungsverträgen und zur Abgrenzung zwischen Tätigkeiten innerhalb und außerhalb des Aufsichtsratsamtes: BGHZ 114, 127 ff.; 126, 340 (344 ff.); BGH Urt. v. 11.3.1991 – II ZR 187/89, nicht veröffentlicht; *Boujong* AG 1995, 203 ff. sowie → § 114 Rn. 22.
[240] *J. Semler*, Leitung und Überwachung, Rn. 266.
[241] Siehe auch Kölner Komm AktG/*Mertens/Cahn* Rn. 63, aber auch Rn. 22 (keine Pflicht zur Übernahme solcher Tätigkeiten, die nicht Teil der Organpflichten sind und typischerweise gegen Entgelt einem beruflichen Fachmann überlassen werden, soweit sie nicht in unmittelbarem Zusammenhang mit der Überwachungstätigkeit stehen).
[242] Ausführlich zu den Aufgaben des Aufsichtsratsvorsitzenden: *v. Schenck* in Semler/v. Schenck AR-HdB § 4 Rn. 1 ff.
[243] *v. Schenck* in Semler/v. Schenck AR-HdB § 4 Rn. 3. Vgl. zur Rolle des Aufsichtsratsvorsitzenden *Drinhausen/Marsch-Barner* AG 2014, 337 ff.
[244] *v. Schenck* in Semler/v. Schenck AR-HdB § 4 Rn. 47 ff.
[245] *J. Semler* AG 1983, 141 (144).
[246] *v. Schenck* in Semler/v. Schenck AR-HdB § 5 Rn. 168.

Darüber hinaus muss der Aufsichtsratsvorsitzende **ständigen Kontakt zum Vorstand** 148 halten. Dementsprechend empfiehlt der Deutsche Corporate Governance Kodex Vorsitzenden von Aufsichtsräten börsennotierter Aktiengesellschaften, regelmäßig mit dem Vorstand Kontakt zu halten und mit ihm Fragen der Strategie, der Planung, der Geschäftsentwicklung, der Risikolage, des Risikomanagements und der Compliance zu beraten (Ziff. 5.2 Abs. 3 S. 1 DCGK). Er muss dafür sorgen, dass der Aufsichtsrat in die Lage versetzt wird, Entscheidungen des Vorstands nachzuvollziehen. Wenn erforderlich, muss er Auskunftspersonen oder betriebsfremde Sachverständige zur Aufsichtsratssitzung hinzuziehen.[247] Der Aufsichtsratsvorsitzende wird vom Vorstand über wichtige Ereignisse, die für die Beurteilung der Lage und Entwicklung sowie für die Leitung des Unternehmens von wesentlicher Bedeutung sind, informiert. Anhand dieser Information muss er entscheiden, ob die Einberufung einer außerordentlichen Aufsichtsratssitzung notwendig ist (Ziff. 5.2 Abs. 3 S. 2 und 3 DCGK; → § 110 Rn. 18; → § 107 Rn. 107).

Der Aufsichtsratsvorsitzende muss **Aufgaben** übernehmen, die der **Gesamtaufsichtsrat** 149 **auf ihn delegiert.** Solche Aufgaben sind vor allem in Personalfragen sehr zeitaufwändig. Die Neubesetzung eines Vorstandspostens bedarf erheblicher Vorbereitung. Einer Bestellung zum Ausschussvorsitzenden kann er sich nicht entziehen.[248] Vielmehr empfiehlt der Corporate Governance Kodex, dass der Aufsichtsratsvorsitzende zugleich Vorsitzender der Ausschüsse sein soll, die die Vorstandsverträge behandeln und die Aufsichtsratssitzungen vorbereiten (Ziff. 5.2 Abs. 2 S. 1 DCGK; → § 107 Rn. 142).

c) Pflicht zur Selbstorganisation. Zu den Plenumsaufgaben gehört die **Selbstorgani-** 150 **sation des Aufsichtsrats.**[249] Alle Mitglieder des Aufsichtsrats sind zur Mitwirkung an der Selbstorganisation verpflichtet. Diesbezügliche Entscheidungen können nicht auf einen Ausschuss übertragen werden.[250] Dazu gehört die Sorge um die ordnungsmäßige (vollständige) Besetzung des Aufsichtsrats (→ § 104 Rn. 53).

Das einzelne Aufsichtsratsmitglied muss darauf achten, dass das Organ Aufsichtsrat **dem** 151 **Gesetz entsprechend und sachgerecht organisiert** ist.[251] Der Aufsichtsrat muss höchste Effizienz entfalten können. Leerlauf darf nicht entstehen. Überwachungsbedarf muss unverzüglich erkannt und befriedigt werden.

aa) Wahl des Vorsitzenden. Das Gesetz schreibt vor, dass der Aufsichtsrat nach näherer 152 Bestimmung der Satzung aus seiner Mitte einen Vorsitzenden und mindestens einen Stellvertreter zu wählen hat.[252] In mitbestimmten Gesellschaften gelten besondere Bestimmungen.[253]

bb) Einsetzung von Ausschüssen. Zur Selbstorganisation gehört die sachgerechte **Ver-** 153 **teilung von Aufgaben auf Ausschüsse.**[254] In großen Unternehmen ist der Aufsichtsrat als Plenum oft nur **bedingt handlungsfähig.** Die Bildung von Ausschüssen wird dann zu einer **Rechtsverpflichtung,** auch wenn das Gesetz die Bildung von Ausschüssen, außer bei Kreditinstituten,[255] nur zulässt und nicht ausdrücklich gebietet (§ 107 Abs. 3). Die Ver-

---

[247] *J. Semler* AG 1983, 141 (144).
[248] Kölner Komm AktG/*Mertens/Cahn* Rn. 23.
[249] → § 111 Rn. 130 ff.; → § 107 Rn. 274; *Rellermeyer* S. 17; *J. Semler* AG 1988, 60 (61); *Wardenbach* S. 187 f.
[250] *v. Schenck* in Semler/v. Schenck AR-HdB § 1 Rn. 43.
[251] Kölner Komm AktG/*Mertens/Cahn* Rn. 18; *Lutter/Krieger/Verse* Rn. 654.
[252] § 107 Abs. 1 S. 1. *Lutter/Krieger/Verse* Rn. 660 ff.
[253] § 27 MitbestG. *Lutter/Krieger/Verse* Rn. 669 ff.
[254] Zur Arbeit von Ausschüssen *Gittermann* in Semler/v. Schenck AR-HdB § 6; *Lutter/Krieger/Verse* Rn. 743 ff.; *Deckert* ZIP 1996, 985 ff.
[255] Der seit dem 1. Januar 2014 geltende § 25d Abs. 7 bis 12 KWG schreibt nunmehr den Aufsichtsräten von Kreditinstituten und Finanzdienstleistungsinstituten sowie gewissen Finanzholding-Gesellschaften „abhängig von der Größe, der internen Organisation und der Art, dem Umfangs, der Komplexität und dem Risikogehalt der Geschäfte des Unternehmens" (Abs. 7 iVm Abs. 3 S. 1) vor, aus ihrer Mitte mehrere Ausschüsse zu bilden, nämlich einen Risikoausschuss (Abs. 8), einen Prüfungsausschuss (Abs. 9), einen Nominierungsaus-

pflichtung ergibt sich aus der **allgemeinen Sorgfaltspflicht** des Aufsichtsrats (§§ 116, 93). Diese erfordert, dass ein arbeitsunfähiges Plenum sich die Mittel schafft, die es braucht, um die eigene Arbeitsfähigkeit herzustellen.[256] Demgemäß empfiehlt der Deutsche Corporate Governance Kodex, dass Aufsichtsräte börsennotierter Gesellschaften abhängig von den spezifischen Gegebenheiten und der Anzahl ihrer Mitglieder fachlich qualifizierte Ausschüsse bilden (Ziff. 5.3.1 DCGK).

154 Gleichzeitig mit der Einsetzung von Ausschüssen müssen auch die **Rechenschaftslegung** der Ausschüsse und die **Überwachung** der Ausschussarbeit durch das Plenum geregelt werden. Eine regelmäßige Berichterstattung der Ausschussvorsitzenden an das Plenum ist unerlässlich.

155 Nicht im Gesetz vorgesehen ist die dauerhafte Auftragserteilung an **einzelne Aufsichtsratsmitglieder.** Das Gesetz kennt die Erteilung von Aufträgen zur Nachschau und zur Prüfung an einzelne Aufsichtsratsmitglieder, aber keine Daueraufträge an Mitglieder zur Vorbereitung von Plenaraufgaben. Das Schweigen des Gesetzes schließt die Einsetzung von Einzelpersonen nicht aus. Wenn solche Aufträge erteilt werden, muss das einzelne Mitglied sie mit der gebotenen Sorgfalt erledigen und regelmäßig an das Plenum berichten. Das Plenum muss seine Arbeit überwachen.

156 cc) **Besetzung von (und Mitwirkung in) Ausschüssen.** Eingesetzte Ausschüsse müssen **sachverständig und arbeitsfähig besetzt** werden. Es gibt keinen Anspruch auf Mitgliedschaft, weder von Mitgliedern noch von Personen, die Wahlkörpern verbunden sind (→ § 107 Rn. 296, 300). Beachtet werden muss allein das Diskriminierungsverbot.[257]

157 Aufsichtsratsmitglieder sind **verpflichtet,** die Berufung in einen Ausschuss anzunehmen. Allerdings ist die Mitarbeit in Ausschüssen auf alle sachverständigen Mitglieder des Aufsichtsrats zu verteilen.

158 dd) **Beschlüsse zur Verteilung von Unterlagen.** Das Gesetz sieht in einzelnen Fällen vor, dass der Aufsichtsrat über die Verteilung von Unterlagen beschließen kann (§ 90 Abs. 5 S. 2). Solche Beschlüsse sollten frühzeitig gefasst werden.

159 ee) **Festlegung von Zustimmungsvorbehalten.** Die Satzung oder der Aufsichtsrat müssen bestimmen, dass bestimmte Arten von Geschäften nur mit Zustimmung des Aufsichtsrats vorgenommen werden dürfen.[258] Im Rahmen seiner Selbstorganisation hat der Aufsichtsrat **in regelmäßigen Zeitabständen zu überprüfen,** ob die durch die Satzung und durch eigene Beschlüsse festgelegten Zustimmungsvorbehalte weiterhin ausreichen bzw. unverändert notwendig sind, um eine ordnungsgemäße Überwachung sicherzustellen.[259] Auch diese Beschlüsse gehören zu den Plenumsaufgaben und können nicht einem Ausschuss übertragen werden (§ 107 Abs. 3 S. 2).

160 ff) **Festlegung einer Geschäftsordnung für den Aufsichtsrat.** Das Gesetz legt nicht fest, dass sich der Aufsichtsrat eine Geschäftsordnung zu geben hat. Es setzt aber voraus, dass es eine solche gibt.[260] Der Deutsche Corporate Governance Kodex empfiehlt die Einführung einer Geschäftsordnung (Ziff. 5.1.3 DCGK). In großen Unternehmen, insbesondere

---

schuss (Abs. 11) sowie einen Vergütungskontrollausschuss (Abs. 12); ist dies „sinnvoll", kann auch ein gemeinsamer Risiko- und Prüfungsausschuss gebildet werden (Abs. 10). Der Nominierungsausschuss soll nicht nur, wie der vom DCGK empfohlene Nominierungsausschuss (Ziff. 5.3.3 DCGK), dem Aufsichtsrat Vorschläge für der Hauptversammlung zur Wahl in den Aufsichtsrat vorzuschlagende Kandidaten machen, sondern auch Vorschläge für die Bestellung von Geschäftsleitern (Abs. 11 Satz 2 Nr. 3). Dazu *Apfelbacher/Metzner* AG 2013, 773 (778 f.) sowie *Hönsch/Kaspar* AG 2014, 297 ff.

[256] *J. Semler*, Leitung und Überwachung, Rn. 156; zur Delegationsautonomie des Aufsichtsrats: *Gittermann* in Semler/v. Schenck AR-HdB § 6 Rn. 23 ff.
[257] → § 107 Rn. 302; BGHZ 122, 342 (355 ff.); *Lutter/Krieger/Verse* Rn. 765; siehe auch die Nachweise bei *Theisen* AG 1987, 137 (145).
[258] § 111 Abs. 4 S. 2. *Lutter/Krieger/Verse* Rn. 112 ff.
[259] *v. Schenck* in Semler/v. Schenck AR-HdB § 1 Rn. 50; vgl. auch *Lange* DStR 2003, 376 (381).
[260] § 82 Abs. 2. Vgl. hierzu Hüffer/*Koch* § 107 Rn. 34 ff.

in solchen, die der Mitbestimmung unterliegen, ist der Erlass einer **Geschäftsordnung unerlässlich**. Die gesetzlichen Bestimmungen über die Formalanforderungen und -regelungen sind nicht ausreichend, um die Erfüllung aller Pflichten des Aufsichtsrats mit der erforderlichen Sorgfalt zu gewährleisten. Diese Sorgfaltspflicht gebietet dem einzelnen Aufsichtsratsmitglied, sich für die Verabschiedung einer sachgerechten Geschäftsordnung für den Aufsichtsrat einzusetzen, an der Erstellung mitzuwirken und die ordnungsmäßige Verabschiedung mit den anderen Aufsichtsratsmitgliedern zu betreiben.

Durch die Geschäftsordnung für den Aufsichtsrat werden **Fragen** geregelt (vgl. → § 107 Rn. 421 ff.), die **nicht bereits vom Gesetz oder der Satzung entschieden** worden sind.[261] Dazu gehören zB Fragen der Sitzungseinberufung und -vorbereitung, der Festlegung der Tagesordnung, Einzelheiten der Niederschrift und ihrer Billigung, Widerspruch gegen Beschlüsse, Einzelfragen der Teilnahme und der Abstimmung, die Einsetzung und Besetzung von Ausschüssen, das Verfahren in Ausschüssen und dgl. **161**

gg) Ordnungsmäßige Sitzungsordnung und Sitzungsvorbereitung. Regelmäßig pflegt der Aufsichtsratsvorsitzende schon vor Beginn eines Geschäftsjahres Vorschläge für die Sitzungen des Aufsichtsrats im folgenden Jahr vorzulegen. Dies gehört zu seinen Pflichten.[262] Er muss erreichen, dass möglichst alle Aufsichtsratsmitglieder diesem **Sitzungskalender** zustimmen. Das einzelne Aufsichtsratsmitglied muss besorgt sein, diesen Termin für die eigene Teilnahme frei zu halten und ausreichend Zeit zur Vorbereitung zu reservieren. **162**

Jedes Aufsichtsratsmitglied muss sich eingehend **auf eine anstehende Sitzung vorbereiten**. Dazu gehört zum einen das Studium der vom Vorstand zugesandten Unterlagen, zum anderen die allgemeine Information über Grundlagen für Entscheidungen, die in der Sitzung beschlossen werden sollen. Jedes Aufsichtsratsmitglied hat die Verpflichtung, sich mit dem „Handwerkszeug" zu versehen, das es für die Erfüllung seiner Pflichten braucht. **163**

d) Pflicht zur Selbstinformation. Jedes Aufsichtsratsmitglied muss sich ständig ein umfassendes Bild von der Lage und der Entwicklung des überwachten Unternehmens machen.[263] Dazu kann und muss es den **Vorstand zur ausreichenden Berichterstattung anhalten**.[264] **164**

Die **Verpflichtung zur Informationsbeschaffung** trifft jedes Aufsichtsratsmitglied **persönlich,** da ihm ein **individuelles Recht** auf Berichterstattung zusteht.[265] Empfänger der Berichte auf Anforderung ist zwar grundsätzlich der Aufsichtsrat als Gesamtorgan.[266] Jedes einzelne Aufsichtsratsmitglied hat aber die Pflicht, von den erstatteten Berichten **persönlich Kenntnis** zu nehmen.[267] **165**

aa) Beurteilung des allgemeinen Berichtswesens. Die Entscheidungen des Aufsichtsrats sind nur dann pflichtgemäß, wenn er sich die zur **Beurteilung der Sachlage** erforderlichen Informationen beschafft hat. Dies gilt vor allem bei **zustimmungspflichtigen Geschäften.**[268] Eine Zustimmung ohne ausreichende Entscheidungsgrundlage ist pflichtwidrig. **166**

Jedes Aufsichtsratsmitglied muss sich bei Beginn seiner Tätigkeit und später immer wieder kritisch mit der Frage auseinandersetzen, **ob es ausreichend informiert** wird. Es muss die Reichweite der Verpflichtungen des Vorstands zur Berichterstattung (§ 90 Abs. 1 und 2) und den Informationsbedarf des Aufsichtsrats vergleichen und auf Informationsdefizite aufmerksam machen. **167**

---

[261] *Lutter/Krieger/Verse* Rn. 652.
[262] *v. Schenck* in Semler/v. Schenck AR-HdB § 4 Rn. 47 ff.
[263] *J. Semler,* Leitung und Überwachung, Rn. 92.
[264] Gem. § 90 Abs. 3. Vgl. auch *Henze* BB 2000, 209 (213); *Ruhwedel* BB 2003, 161 (163).
[265] Nach § 90 Abs. 3 S. 2. *Lutter/Krieger/Verse* Rn. 212 ff.
[266] *Theisen* S. 20; *Lutter/Krieger/Verse* Rn. 222.
[267] Kölner Komm AktG/*Mertens/Cahn* Rn. 13.
[268] Kölner Komm AktG/*Mertens/Cahn* Rn. 13; Spindler/Stilz/*Spindler* Rn. 35.

168 Auch wenn ein Aufsichtsratsmitglied lästig wird, muss es immer wieder auf zusätzlichen Informationsbedarf hinweisen. Wer den Informationsmangel erkennt und nicht auf seine Beseitigung drängt, verletzt die ihm obliegende Sorgfaltspflicht.

169 Über die **Berichtspflicht** des Vorstands[269] hinaus gehört zur Ordnungsmäßigkeit der vorgelegten Entscheidungsgrundlagen auch die Vorlage von Gutachten und Vertragsentwürfen und allen weiteren Unterlagen, die für eine Prüfung des Vorhabens durch den Aufsichtsrat notwendig sind; allerdings sollten umfangreichere Dokumente wie zB Unternehmenskaufverträge oder *due diligence*-Berichte in Form knapper, alle wesentlichen Regelungen und Aussagen wiedergebender **Zusammenfassungen** vorgelegt werden, da es weder zumutbar noch sinnvoll ist, dass jedes Aufsichtsratsmitglied solche häufig sehr langen Dokumente vollständig durcharbeitet.[270] Auf Wunsch hat der Vorstand dem Aufsichtsrat jedoch auch die vollständigen Dokumente zur Verfügung zu stellen.[271] Jedes Aufsichtsratsmitglied muss darauf hinwirken, dass das Vorhaben nachvollziehbar vorgetragen und begründet wird, so dass es eine ordnungsmäßige Grundlage für die Beurteilung der Rechtmäßigkeit, Wirtschaftlichkeit und Zweckmäßigkeit des Vorstandshandelns erhält.[272]

170 **bb) Beschluss einer Informationsordnung.** Wenn die Berichterstattung des Vorstands nach Art, Umfang und Tiefe nicht dem entspricht, was ein pflichtbewusstes Aufsichtsratsmitglied erwarten kann, muss dieses Aufsichtsratsmitglied auf die **Festlegung einer Informationsordnung** zwischen Aufsichtsrat und Vorstand hinwirken.[273] Dazu muss es zunächst den Aufsichtsratsvorsitzenden und seine Kollegen auf die bestehenden Informationsdefizite aufmerksam machen. Haben mündliche Hinweise keinen Erfolg, wird es dies schriftlich wiederholen und dabei auch auf die Folgen einer fehlenden Informationsordnung für die Beurteilung der Sorgfalt der Aufsichtsratsmitglieder hinweisen.

171 **cc) Überprüfung der erhaltenen Berichte.** Jedes Aufsichtsratsmitglied hat darauf zu achten, dass die **Berichterstattung des Vorstands systematisch, termingerecht und umfassend** erfolgt. Es hat insbesondere darauf zu achten, dass die ihm vom Vorstand laufend vorgelegten Berichte und die bei Bedarf vorgelegten Entscheidungsgrundlagen insbesondere für Führungsentscheidungen sorgfältig erarbeitet worden sind.

172 Jedes Aufsichtsratsmitglied muss die vom Vorstand erhaltenen Berichte prüfen. Es muss sich von der **Ordnungsmäßigkeit** der Berichterstattung überzeugen. Dies bedeutet nicht, dass es die korrekte Anwendung der Grundrechenarten nachvollziehen muss (solange es nicht Anlass dazu hat). Aber es muss prüfen, ob die Berichte hinsichtlich Art, Umfang und Tiefe der vereinbarten Informationsordnung entsprechen. Liegt eine solche nicht vor, muss er die Ordnungsmäßigkeit nach allgemeinen Grundsätzen prüfen. Berichte, die nicht den Anforderungen entsprechen, kann und muss der Aufsichtsrat zurückweisen. Jedes Aufsichtsratsmitglied, das gewichtige Mängel feststellt, muss entsprechende Anträge stellen.

173 **dd) Ausübung gesetzlich bestehender Informationsrechte.** Es ist kaum vorstellbar, dass ein kritisch denkendes Aufsichtsratsmitglied zu den vorgelegten Berichten des Vorstands keine **Fragen** hat. Auch werden solche Berichte in fast allen Fällen Anlass zu weiterem Diskussionsbedarf geben. Nicht jede Kleinigkeit muss erörtert werden. Geschähe dies, würde keine Zeit für die Diskussion wichtiger Fragen bleiben. Das Fragerecht ist im Gesetz nicht ausdrücklich vorgesehen. Da aber das Gesetz jedem Aufsichtsratsmitglied Anspruch auf einen Bericht einräumt (§ 90 Abs. 3 S. 2), besteht auch ein Anspruch auf schlichte Beantwortung einer Frage.

---

[269] § 90 Abs. 1. Im Einzelnen *Lutter/Krieger/Verse* Rn. 193 ff.
[270] Vgl. *v. Schenck* in Semler/*v. Schenck* AR-HdB § 7 Rn. 46.
[271] Dies folgt bereits aus dem Recht des Aufsichtsrats, „die Bücher und Schriften der Gesellschaft ... zu prüfen", § 111 Abs. 2 S. 1.
[272] *J. Semler*, Leitung und Überwachung, Rn. 184. Vgl. auch *Henze* BB 2003, 209 (214).
[273] → Rn. 388 sowie *v. Schenck* in Semler/*v. Schenck* AR-HdB § 1 Rn. 105 sowie § 7 Rn. 175. Vgl. → § 111 Rn. 378; vgl. auch Ziff. 3.4 Abs. 3 S. 1 DCGK, wonach der Aufsichtsrat die Informations- und Berichtspflichten des Vorstands näher festlegen soll.

Das Gesetz räumt dem Aufsichtsrat unbeschränkte **Einsichts- und Prüfungsrechte** ein 174
(§ 111 Abs. 2). Jedes Aufsichtsratsmitglied, das einen Nachschau- oder Prüfungsbedarf sieht, muss einen entsprechenden Antrag im Aufsichtsrat stellen. Von selbst verwirklichen sich die dem Aufsichtsrat eingeräumten Rechte nicht.[274]

ee) **Wahrnehmung von Besichtigungs- und Einsichtsmöglichkeiten.** Mit dem 175
Einsichts- oder Prüfungsverlangen des Aufsichtsrats ist die Grundlage für ein entsprechendes Vorgehen geschaffen. Einer **Zustimmung des Vorstands bedarf es nicht.** Der Aufsichtsrat braucht dem Vorstand nur von seinem Beschluss Mitteilung zu machen und ihm zu sagen, welches seiner Mitglieder er mit der Wahrnehmung dieser Rechte beauftragt hat.

ff) **Sachgerechte Unterrichtung über die Gegenstände der Tagesordnung.** Eine 176
ordnungsmäßige und pflichtbewusste Vorbereitung auf die bevorstehende Aufsichtsratssitzung erfordert eine gründliche Beschäftigung mit den einzelnen Tagesordnungspunkten. Die Aufsichtsratsmitglieder haben darauf zu achten und hinzuwirken, dass ihnen die Tagesordnung mit ausreichender Darstellung der einzelnen Beratungsgegenstände **rechtzeitig zugeht.** Der Vorstand muss berücksichtigen, dass das Aufsichtsratsmandat eine Nebentätigkeit ist. Die Zusendung der Unterlagen muss so rechtzeitig erfolgen, dass auch ein hauptamtlich viel beschäftigtes Aufsichtsratsmitglied ausreichend **Zeit zur Vorbereitung** findet. Zur Vorbereitung gehört auch die allgemeine Information über die rechtlichen und wirtschaftlichen Gegebenheiten, auf denen ein Tagesordnungspunkt beruht. Es ist indes nicht Sache des Vorstands, den Aufsichtsratsmitgliedern Nachhilfeunterricht in aktienrechtlichen Spezialfragen zu geben, sondern Sache der Aufsichtsratsmitglieder, sich umfassend fachlich zu informieren. Wer dies nicht tut, vernachlässigt seine Sorgfaltspflicht.

e) **Treuepflicht.** Mit der Annahme seiner Wahl entsteht zwischen der AG und dem 177
einzelnen Aufsichtsratsmitglied ein organschaftliches Rechtsverhältnis. Dieses begründet und umfasst ausdrücklich im Gesetz niedergelegte Rechte und Pflichten. Aber daneben werden **weitere ungeschriebene Pflichten** begründet. Zu diesen gehört die organschaftliche Treuepflicht.[275]

aa) **Allgemeines.** Die organschaftliche Treuepflicht besteht auch für die Mitglieder des 178
Aufsichtsrats, hat aber einen anderen Inhalt als die Treuepflicht des Vorstands.[276] Das ergibt sich aus den unterschiedlichen Tätigkeitsbereichen. Ein wesentlicher Unterschied ist, dass ein Aufsichtsratsmitglied seine Tätigkeit regelmäßig **nebenberuflich** ausübt und dadurch weitaus leichter in Interessenkonflikte geraten kann als ein Vorstandsmitglied, das seine Tätigkeit hauptberuflich ausübt. Auch gilt das **Wettbewerbsverbot** (§ 88) nicht für Aufsichtsratsmitglieder,[277] sondern nur für den hauptberuflich tätigen Vorstand.[278]

Soweit das Aufsichtsratsmitglied **innerhalb seines Mandats** tätig ist, haben die Interessen 179
der AG Vorrang vor Privatinteressen oder kollidierenden Interessen aus anderen Tätigkeiten.[279] **Außerhalb der Organfunktion** dürfen Aufsichtsratsmitglieder vorrangig gesellschaftsfremde Interessen verfolgen. Sie dürfen jedoch die durch die Aufsichtsratstätigkeit erworbenen Kenntnisse nicht zum Nachteil der AG verwerten.[280]

Ein Aufsichtsratsmitglied darf den **Vorstand** in keinem Fall zu einem Handeln veranlas- 180
sen, welches er in Ausübung seiner Organstellung beanstanden müsste.[281] Ebenso wenig darf ein Aufsichtsratsmitglied ein **anderes Aufsichtsratsmitglied oder Arbeitnehmer** der

---

[274] Der Aufsichtsrat muss sich ein persönliches Bild von in Angriff genommenen Investitionsvorhaben machen, ggf. auch im Ausland. Für den Aufsichtsrat einer PublikumsKG OLG Düsseldorf WM 1984, 1080.
[275] Ausführlich Kölner Komm AktG/*Mertens/Cahn* Rn. 29 ff.; K. Schmidt/Lutter/*Drygala* Rn. 209 ff.
[276] → § 93 Rn. 18; *Merkt* ZHR 159 (1995), 423 (432 ff.); Hüffer/*Koch* Rn. 7.
[277] Vgl. § 105 Abs. 2 S. 4 für in den Vorstand entsandte Aufsichtsratsmitglieder.
[278] Großkomm AktG/*Hopt* § 93 Rn. 147.
[279] → Rn. 229. Zu Interessenkollisionen allgemein → Rn. 219 ff.
[280] *Kübler* GesR § 15 IV 3b) mwN.
[281] *Ulmer* NJW 1980, 1603.

Gesellschaft zu einem **gesellschaftsschädlichen Verhalten veranlassen.**[282] Ein Aufsichtsratsmitglied darf zB nicht aktiv tätig werden, um einem Vorstandsmitglied, dessen Bestellung andauert, zu einer Tätigkeit bei einer anderen Gesellschaft zu verhelfen. Ebenso wenig darf es an dem Beschluss zur Bestellung eines Vorstandsmitglieds mitwirken, wenn er weiß, dass dieses Vorstandsmitglied noch auf längere Zeit bei einem anderen Unternehmen zum Vorstandsmitglied bestellt ist und er dem Aufsichtsrat dieses anderen Unternehmens angehört. Bestehende Konzernverhältnisse mögen im Einzelfall zu einer anderen Beurteilung führen.

181 bb) **Rechtsgrundlage.** Das AktG hat die Treuepflicht nicht ausdrücklich normiert. Das Bestehen einer gesellschaftsrechtlichen Treuepflicht ist aber allgemein anerkannt. Auch das Gesetz nimmt erkennbar das Bestehen einer derartigen Pflichtbindung an, indem es verlangt, dass die Aufsichtsratsmitglieder ihr Amt mit der Sorgfalt eines ordentlichen und gewissenhaften „Überwachers" auszuüben haben. Das bedeutet, dass das Gesetz von einem **redlich handelnden Verwalter fremden Vermögens** ausgeht. Redlich und damit ordentlich handelt, wer die ihm anvertrauten Aufgaben im Interesse des Eigentümers erledigt.[283]

182 Das Aufsichtsratsmitglied trifft also gegenüber der Gesellschaft bei Wahrnehmung seines Mandats ein unbedingtes Gebot,[284] sich ihr gegenüber **loyal** zu verhalten und bei jedem die Gesellschaft berührenden Handeln das **Unternehmensinteresse** zu wahren.[285] Dessen Wahrung steht nicht im Widerspruch zur Interessenwahrung gegenüber dem Eigentümer bei der Verwaltung fremden Vermögens. Unmittelbarer Eigentümer des Vermögens ist das überwachte Unternehmen. Aus der gesellschaftsrechtlichen Treuepflicht ergibt sich auch die rechtliche Verpflichtung zur **vertrauensvollen Zusammenarbeit** innerhalb des Aufsichtsrats und mit dem Vorstand im Interesse des Unternehmenswohls.[286]

183 Außerhalb seiner Aufsichtsratstätigkeit ist die **Treuepflicht eingeschränkt.** Das Aufsichtsratsmitglied darf durchaus eigene Interessen verfolgen. Aber es darf dabei keine Kenntnisse aus vertraulichen Informationen oder Verfahren verwerten, die es seiner Aufsichtsratstätigkeit verdankt. Auch darf das Aufsichtsratsmitglied keinesfalls zum Nachteil der Gesellschaft handeln.

184 cc) **Konkretisierung durch Satzung oder Geschäftsordnung.** Bestehende Treuepflichten können durch die Satzung konkretisiert werden. Allerdings ist das Gebot der **Satzungsstrenge** zu beachten. Abweichungen vom Gesetz können nicht statuiert werden. Ergänzungen sind nur zulässig, wenn das Gesetz keine abschließende Regelung getroffen hat. So ist nach Inkrafttreten des TransPuG kein Raum mehr für die früher übliche umfassende Satzungsregelung der Verschwiegenheitspflicht der Aufsichtsratsmitglieder. Eine Bestimmung, wonach jedes Aufsichtsratsmitglied Informationen über Angelegenheiten des Aufsichtsrats, auch wenn sie nicht vertraulich sind und keine Geheimnisse darstellen, erst nach Unterrichtung des Aufsichtsratsvorsitzenden an Dritte weiter geben darf, ist weiterhin zulässig. Eine derartige Bestimmung konkretisiert die **Verpflichtung jedes Aufsichtsratsmitglieds zur vertrauensvollen Zusammenarbeit.**[287]

185 dd) **Aktive Treuepflichten.** Aktive Treuepflichten beziehen sich auf die Ausübung des Aufsichtsratsmandats. Die Aufsichtsratsmitglieder sind verpflichtet, sich bei den im Aufsichts-

---

[282] *Fleck,* FS Heinsius, 1991, 89 (92); Kölner Komm AktG/*Mertens/Cahn* Rn. 27, während § 117 vorsätzliches pflichtwidriges Handeln voraussetzt, genügt für eine Haftung nach §§ 116, 93 fahrlässige Verursachung.
[283] Ausführlich zur Begründung einer gesellschaftsrechtlichen Treuepflicht der Aufsichtsratsmitglieder: *Strasser* S. 42 ff.; *Fleck,* FS Heinsius, 1991, 89 (90 ff.); *Wiedemann,* FS Heinsius, 1991, 949 (953); *Lutter/Krieger/Verse* Rn. 1005 f.; für eine Übernahme der kritischen Einschätzung des Treue- und Fürsorgegedankens im Arbeitsrecht in das Gesellschaftsrecht: *Köstler/Kittner/Zachert/Müller* Rn. 783 ff.
[284] Welches weit über § 242 BGB hinausgeht.
[285] Kölner Komm AktG/*Mertens/Cahn* Rn. 25.
[286] *Säcker,* FS Fischer, 1979, 635 (639).
[287] *Säcker,* FS Fischer, 1979, 635 (645 f.).

rat zu treffenden Entscheidungen ausschließlich am **Unternehmensinteresse** auszurichten.[288] Was jeweils im Interesse der Gesellschaft liegt, ist im Einzelfall zu bestimmen. Dabei hat das Aufsichtsratsmitglied einen breiten **Beurteilungsspielraum.**

Die Verpflichtung auf das Unternehmenswohl besteht uneingeschränkt und bindet jedes Aufsichtsratsmitglied. Das **Unternehmensinteresse** bindet jedes einzelne Mitglied, obwohl es sich beim Aufsichtsrat um ein **Kollegialorgan** handelt. Der Gesetzgeber hat durch die Mitgliedschaft von Arbeitnehmervertretern zwar die Voraussetzung für einen Interessenpluralismus geschaffen. Dieser muss aber stets mit dem Unternehmensinteresse vereinbar sein.[289] Das Einbringen von **Partikularinteressen** in die Diskussion ist durchaus erwünscht.[290] Die Verfolgung von Partikularinteressen begründet aber einen Verstoß gegen die Treuepflicht, wenn deren Verfolgung im Hinblick auf das Unternehmensinteresse nicht begründbar ist.[291] Dies ist vor allem dann der Fall, wenn eine Entscheidung einseitig auf die Wahrung der Interessen eines Flügels im Aufsichtsrat abstellt und das sich aus der Vielzahl von Interessen ergebende Unternehmensinteresse gar nicht erst ermittelt wird. **186**

Zu den Treuepflichten gehört auch, dass es den Aufsichtsratsmitgliedern grundsätzlich nicht gestattet ist, sich bei einer wichtigen Entscheidung der **Stimme zu enthalten.**[292] Ein Aufsichtsratsmitglied soll einen Entscheidungsbeitrag leisten und muss gegebenenfalls gegen einen Beschlussvorschlag stimmen.[293] Wer dazu nicht in der Lage ist, sollte aus dem Aufsichtsrat ausscheiden, keinesfalls aber sich vor einer Entscheidung drücken. Anderes gilt nur, wenn die Geschäftsordnung bestimmt, dass nichtabgegebene Stimmen als Pro- oder Kontra-Stimmen gewertet werden oder wenn ein Interessenkonflikt besteht, der eine Enthaltung gebietet.[294] **187**

ee) Passive Treuepflichten. Außerhalb ihrer organschaftlichen Tätigkeit unterliegen die Aufsichtsratsmitglieder keiner Verpflichtung, das Gesellschaftswohl aktiv zu fördern. Es trifft sie nur eine **allgemeine Rücksichtnahmepflicht,** die aus dem Organverhältnis mit der Gesellschaft folgt.[295] In diesem Bereich sind sie berechtigt, ihre **eigenen Interessen** zu fördern und einer **eigenen Erwerbstätigkeit** nachzugehen.[296] Bei der Wahrnehmung berechtigter privater Interessen dürfen die Aufsichtsratsmitglieder nur dann die Interessen der Gesellschaft beeinträchtigen, wenn es unvermeidbar ist.[297] Sie dürfen es nicht, wenn ihr Handeln gar nicht dem eigenen Vorteil dient, sondern nur die Gesellschaft benachteiligt. **188**

Zweck der passiven Treuepflichten ist, die Gesellschaft vor den spezifischen Gefährdungen zu schützen, die für sie aus der Übertragung von Macht und Einfluss auf die Aufsichtsratsmitglieder entstehen.[298] Auf Grund ihrer Informationsrechte erhalten die Aufsichtsratsmitglieder umfassenden Einblick in das Unternehmen. Diese Informationen dürfen sie nicht dazu nutzen, sich oder Dritten zum Nachteil der Gesellschaft Vorteile zu ver- **189**

---

[288] *Strasser* S. 47; *Lutter/Krieger/Verse* Rn. 1006; Kölner Komm AktG/*Mertens/Cahn* Rn. 29 ff.; Spindler/Stilz/*Spindler* Rn. 66 f.; *Raisch,* FS Hefermehl, 1976, 347 ff.
[289] *Strasser* S. 65; zum Unternehmensinteresse ausführlich MüKoAktG/*Spindler* § 76 Rn. 69 ff.
[290] Nach Kölner Komm AktG/*Mertens/Cahn* Rn. 30 ist es positiv zu beurteilen, dass ein Aufsichtsratsmitglied seine Erfahrungen, Beziehungen und die von ihm in anderen Funktionen repräsentierten Interessen in die Aufsichtsratsarbeit einbringt; es sei widersprüchlich zu verlangen, es habe bei seiner Tätigkeit im Aufsichtsrat alle Drittinteressen zurückzustellen; *Mertens* ZGR 1977, 270 (284).
[291] Kölner Komm AktG/*Mertens/Cahn* Rn. 29 f.
[292] Spindler/Stilz/*Spindler* Rn. 34.
[293] Spindler/Stilz/*Spindler* Rn. 41.
[294] → § 108 Rn. 136. *Strasser* S. 65, 67; siehe ausführlich → § 100 Rn. 167 ff.
[295] Nach § 242 BGB, vgl. Kölner Komm AktG/*Mertens/Cahn* Rn. 34.
[296] *Dreher* JZ 1990, 896 (900 ff.); *Fleck,* FS Heinsius, 1991, 89 (90 ff.); *Merkt* ZHR 159 (1995), 423 (432 ff.); *Strasser* S. 67; *Ulmer* NJW 1980, 1603 (1605 ff.); *Werner* ZHR 145 (1981), 254 (261 ff.); Kölner Komm AktG/*Mertens/Cahn* Rn. 26, 31; zu einzelnen Handlungen der Aufsichtsratsmitglieder, die keine Treupflichtverletzung bedeuten, vgl. Kölner Komm AktG/*Mertens/Cahn* Rn. 29.
[297] Im Einzelnen: *Fleck,* Heinsius FS, 1991, 89 (90 ff.); Kölner Komm AktG/*Mertens/Cahn* Rn. 31.
[298] *Strasser* S. 96.

schaffen. Gleiches gilt für die Ausnutzung ihres rechtlichen oder fachlichen Einflusses (**Verbot der Ausnutzung der Organstellung**).[299]

190 Bereits in der Gefährdung **ideeller Interessen** der Gesellschaft ist ein Nachteil zu sehen,[300] den ein Aufsichtsratsmitglied der von ihm überwachten Gesellschaft nicht zufügen darf. Ein Aufsichtsratsmitglied ist nicht berechtigt, in der Öffentlichkeit negative Urteile über das von ihm mitbeaufsichtigte Unternehmen abzugeben. Berechtigte Kritik muss es in den Aufsichtsratssitzungen anbringen, unberechtigte Kritik muss es unterlassen.

191 **ff) Einzelfälle passiver Treuepflichtverletzungen.** Die Schutz- oder Loyalitätspflichten gegenüber der Gesellschaft, die außerhalb der Organtätigkeit bestehen, umfassen das **Ausnützungsverbot** und das **Willkürverbot**. Durch das Ausnützungsverbot ist es den Aufsichtsratsmitgliedern untersagt, ihre Stellung zum Schaden der Gesellschaft auszunützen.[301] Dabei ist unbeachtlich, ob die Ausnutzung der Stellung zu eigenem oder fremdem Nutzen erfolgt. Vom Ausnützungsverbot ist auch das Verbot umfasst, ein anderes Aufsichtsratsmitglied zu einer schädigenden Handlung **anzustiften**. Das Willkürverbot verbietet dem Aufsichtsratsmitglied eine Schädigung der Gesellschaft auch dann, wenn sein Verhalten keinen eigenen Vorteil bezweckt und auch nicht auf den Vorteil eines ihm verbundenen Dritten abstellt.

192 **(1) Wahrnehmung von Geschäftschancen.** Das Aufsichtsratsmitglied darf keine Geschäftschancen wahrnehmen, an denen auch die Gesellschaft interessiert ist, wenn es von der Chance auf Grund seines Mandats erfahren hat. Gleiches gilt, wenn die Wahrnehmung der Geschäftschance durch sein Mandat erleichtert oder erst ermöglicht wird. Dadurch würde es seine Stellung zum Schaden der Gesellschaft ausnützen. Hat es auf andere Weise von der Geschäftschance erfahren, darf es diese wahrnehmen. Ein umfassendes **Wettbewerbsverbot**, wie für Vorstandsmitglieder, gibt es für Aufsichtsratsmitglieder nicht.[302]

193 **(2) Vertragsschlüsse mit der eigenen Gesellschaft.** Aufsichtsratsmitglieder dürfen mit der Gesellschaft Verträge abschließen und dabei ihre eigenen wirtschaftlichen Interessen verfolgen. Es ist ihnen aber nicht gestattet, den Vorstand unter Druck zu setzen.[303] Sie müssen sich bei den Vertragsverhandlungen im Rahmen des **kaufmännisch Üblichen** halten.[304] Dies ist dann nicht mehr der Fall, wenn ein objektiver Beobachter den Eindruck gewinnen würde, dass das Aufsichtsratsmitglied versucht, bei den Verhandlungen **seine Organstellung ungebührlich zur Geltung zu bringen.**[305]

194 Sofern das Aufsichtsratsmitglied unter Ausnutzung seiner Organstellung einen Vertragsschluss mit der Gesellschaft erreicht, der im Unternehmensinteresse liegt, fehlt es an einem Schaden der Gesellschaft.[306] Wenn die **Gesellschaft nicht geschädigt** wird, ist es dem Aufsichtsratsmitglied nicht verwehrt, seine Stellung zur Förderung eigener Interessen auszunutzen.

195 **(3) Anbahnung von Geschäften.** Aufsichtsratsmitglieder dürfen grundsätzliche keine **Verträge** an Dritte **vermitteln** und auch keine vorbereitenden Verhandlungen führen. Dies wäre ein unzulässiger **Eingriff in die Geschäftsleitungsbefugnis** des Vorstands.[307] Sie

---

[299] Kölner Komm AktG/*Mertens/Cahn* Rn. 32; Spindler/Stilz/*Spindler* Rn. 60.
[300] Kölner Komm AktG/*Mertens/Cahn* Rn. 31.
[301] *Lutter/Krieger/Verse* Rn. 881; Kölner Komm AktG/*Mertens/Cahn* Rn. 32; Hüffer/*Koch* Rn. 7.
[302] *Strasser* S. 68 Fn. 243, 72; *Fleck*, FS Heinsius, 1991, 89 (100); *Lutter/Krieger/Verse* Rn. 880; Kölner Komm AktG/*Mertens/Cahn* Rn. 31.
[303] *Lutter/Krieger/Verse* Rn. 882 f.: das Aufsichtsratsmitglied darf „nicht zum Nachteil der Gesellschaft auf deren Geschäftsführung einwirken".
[304] *Ulmer* NJW 1980, 1603 (1606).
[305] *Strasser* S. 69; *Fleck*, FS Heinsius, 1991, 89 (94).
[306] *Strasser* S. 70; sofern das Aufsichtsratsmitglied davon ausging, dass der Vertragsschluss im Unternehmensinteresse liegt, wird bereits die Pflichtwidrigkeit zu verneinen sein, so *Fleck*, FS Heinsius, 1991, 89 (93).
[307] Es sei denn, die Geschäftsanbahnung findet im Auftrag der Gesellschaft und ggf. mit Zustimmung des Aufsichtsrats statt, *Fleck*, FS Heinsius, 1991, 89 (103).

dürfen aber im Rahmen ihrer organschaftlichen Beratungstätigkeit Dritte als Vertragspartner vorschlagen. Dabei haben sie wiederum darauf zu achten, dass sie den Vorstand unter Einsatz der ihnen durch das Amt vermittelten Autorität nicht unter Druck setzen.[308]

Eine Verletzung der Treuepflicht ist jedenfalls dann anzunehmen, wenn das Aufsichtsratsmitglied zur Förderung seiner eigenen Geschäfte dem Vorstand den **Abschluss eines für die AG schädlichen Rechtsgeschäfts** nahe legt.[309] Die gesetzliche Pflicht zur Überwachung der Geschäftsführung und zur Abwendung gesellschaftsschädigenden Verhaltens schließt mit Selbstverständlichkeit die Pflicht ein, solche Maßnahmen dem Vorstand nicht von sich aus nahe zu legen.[310] **196**

Das gilt auch dann, wenn das Aufsichtsratsmitglied als Vertreter des Geschäftspartners der Mandatsgesellschaft und in Erfüllung einer Verbindlichkeit handelt.[311] **197**

(4) Annahme von Geschenken und sonstigen Vorteilen. Grob treuwidrig ist die Annahme von Belohnungen, wenn sich das Aufsichtsratsmitglied auf Grund deren verpflichtet, Interessen zu verfolgen, die nicht im Gesellschaftsinteresse liegen.[312] Die Gesellschaft hat Anspruch auf Herausgabe des Erlangten.[313] **198**

Lässt sich das Aufsichtsratsmitglied eine **Provision** von einem Dritten dafür versprechen, dass es diesem einen Auftrag verschafft, liegt darin eine besonders schwere Treuepflichtverletzung. Dabei kommt es nicht darauf an, ob und wie sich das Provisionsversprechen auf den Angebotspreis zu Lasten der Gesellschaft auswirkt.[314] Das spielt allein für die Ermittlung des Schadens eine Rolle. **199**

(5) Verbot von Insidergeschäften[315]. Eine spezifische Treuepflicht gebietet das Unterlassen jeglichen Handels in Wertpapieren des überwachten Unternehmens, wenn das Aufsichtsratsmitglied besondere Kenntnisse über die Lage und die Entwicklung des Unternehmens hat und insoweit über Insiderinformationen verfügt. Speziellere Beschränkungen gelten indes auf Grund des WpHG, das es verbietet, Insiderinformationen zum Handel in Insiderpapieren auszunutzen, Insiderinformationen weiterzugeben oder auf Grund von Insiderinformationen Empfehlungen zum Kauf oder Verkauf von Insiderpapieren zu geben (§ 14 Abs. 1 WpHG). Mitglieder des Aufsichtsrats werden infolge ihrer Stellung regelmäßig Kenntnis von Insiderinformationen haben, weshalb die genannten Verbote für sie gelten. Da es bei den Insiderinformationen auf die Kursrelevanz der jeweiligen Information ankommt, sind die **Tatbestände des WpHG enger gefasst als die der aktienrechtlichen Verschwiegenheitspflicht.** **200**

Verstöße gegen das Verbot der Ausnutzung oder der Weitergabe einer Insiderinformation sowie gegen das Verbot der Empfehlung von Insidergeschäften (§ 14 WpHG) sind strafbar, sofern das Aufsichtsratsmitglied vorsätzlich oder bedingt vorsätzlich handelt (§ 38 WpHG). **201**

Ist in einem solchen Verstoß auch eine Verletzung der **Treuepflichten** zu sehen? Dies ist nach *Strasser*[316] zu bejahen, wenn das Verbot des Insiderhandels ein **Schutzgesetz zugunsten der Gesellschaft** darstellt. Der Schutzzweck der Norm liegt aber nicht darin, durch Begründung einer spezifischen Treuepflicht Schaden von der Gesellschaft fernzuhalten. Erfasst ist jede erhebliche Kursbeeinflussung,[317] also auch eine solche, die der Gesellschaft zugute kommt. **202**

---

[308] *Fleck*, FS Heinsius, 1991, 89 (105); *Strasser* S. 71.
[309] Spindler/Stilz/*Spindler* Rn. 60; Lutter/Krieger/*Verse* Rn. 882; *Kübler* GesR § 15 IV 3 b.
[310] So die in den Mittelpunkt gestellte Begründung des BGH NJW 1980, 1628 f. – Schaffgotsch.
[311] BGH NJW 1980, 1628 – Schaffgotsch; vgl. Kölner Komm AktG/*Mertens/Cahn* Rn. 32 f.
[312] *Strasser* S. 71 f. mit differenzierender Darstellung; Kölner Komm AktG/*Mertens/Cahn* Rn. 31.
[313] Nach § 687 Abs. 2 BGB oder nach §§ 675, 667 BGB. Lutter/Krieger/*Verse* Rn. 884; Kölner Komm AktG/*Mertens/Cahn* Rn. 31 aE.
[314] *Fleck*, FS Heinsius, 1991, 89 (106) ohne Nennung des Begriffs „Treupflichtverletzung".
[315] Ausführlich hierzu: *Marsch-Barner* in Semler/v. Schenck AR-HdB § 12 Rn. 184 ff.; Lutter/Krieger/*Verse* Rn. 293 ff. Vgl. zur besonderen Verschwiegenheitspflicht → Rn. 446 ff.
[316] *Strasser* S. 75.
[317] Über den Begriff der Insidertatsache vgl. Assmann/Schneider/*Assmann* WpHG § 13 Rn. 31.

203 In der Weitergabe einer Insidertatsache liegt eine **strafbewehrte Verletzung der Geheimhaltungspflicht** (§ 404 AktG; → Rn. 488 ff.). Daraus können sich Schadensersatzansprüche der Gesellschaft ergeben.[318] Auch der Verstoß gegen die Verschwiegenheitspflicht (§§ 116, 93), der in der Weitergabe der Insidertatsache liegt, begründet eine mögliche Schadensersatzpflicht gegenüber der Gesellschaft.

204 Schließlich begründet *Strasser*[319] die Treuwidrigkeit des Insiderhandels mit dem **öffentlichen Interesse** an dem Unterbleiben derartiger Geschäfte. Zu dessen Wahrung ist die Gesellschaft verpflichtet, wenn eine Norm die Bekämpfung des Insiderhandels für die Gesellschaft verbindlich macht. Das WpHG schreibt eine Verpflichtung zu angemessenen internen Kontrollverfahren vor (§ 33 Abs. 1 S. 2 Nr. 3 und 3a WpHG).

205 *Fleck*[320] hält jeden Insiderhandel für treuwidrig. Ein Aufsichtsratsmitglied verletzt seine Pflicht, jederzeit die Interessen der Gesellschaft zu wahren, wenn es sich auf Grund von Insiderinformationen durch Wertpapiere bereichert. Es **gefährdet Ruf und Ansehen** der Gesellschaft, was zu einem betragsmäßig schwer bezifferbaren Schaden führt. In der eigennützigen Ausschlachtung von Insiderinformationen liege, so meinen *Fleck*[321] und auch *Mertens/Cahn*,[322] jedenfalls dann ein Verstoß gegen die Treuepflicht, wenn die materiellen oder ideellen Interessen der Gesellschaft beeinträchtigt oder gefährdet werden. Ein Ansehens- oder Vertrauensverlust gegenüber Dritten reiche aus.

206 **Stellungnahme:** Ein Aufsichtsratsmitglied, das Insidertatsachen ausnutzt oder weitergibt, handelt treuwidrig. Dabei **kommt es nicht darauf an, ob es zum eigenen Vorteil handelt.** Insiderkenntnisse werden stets unter Mandatsbezug erworben. Das Aufsichtsratsmitglied hat ausschließlich die Interessen des überwachten Unternehmens zu beachten. Insiderverstöße beeinträchtigen das Ansehen und den Ruf des Unternehmens, sie können darüber hinaus weiteren Schaden anrichten. Wer als Aufsichtsratsmitglied Insiderwissen ausnutzt oder weitergibt, verletzt gröblich seine Treuepflicht gegenüber der Gesellschaft.[323]

207 **(6) Willkürverbot.** Die Treuepflicht begründet auch ein Willkürverbot. Eine willkürliche Schädigung kann einen **Schadensersatzanspruch** der Gesellschaft begründen; sie liegt dann vor, wenn das Aufsichtsratsmitglied die Gesellschaft schädigt und daraus entweder keinen Nutzen zieht oder wenigstens keinen größeren Nutzen als eine die Gesellschaft nicht schädigende Alternative.[324]

208 Das Willkürverbot spielt freilich nur bei einer **Schädigung** der Gesellschaft eine Rolle, die **nicht im Zusammenhang mit dem Aufsichtsratsamt** steht, da im anderen Fall die Verantwortlichkeit bereits wegen der Verletzung von Sorgfaltspflichten gegeben ist. Da das Aufsichtsratsmitglied außerhalb seiner Organtätigkeit der Gesellschaft wie ein Dritter gegenübersteht, lässt sich das Willkürverbot nicht aus dem Gebot von Treu und Glauben (§ 242 BGB) herleiten. Es ergibt sich aber aus seiner Mitgliedschaft und der **besonderen Verantwortung,** die mit seinem Amt verbunden ist.[325]

209 **(7) Pflicht zur Verschwiegenheit auch außerhalb der Aufsichtsratstätigkeit.** Eine Verpflichtung zur Verschwiegenheit in Bezug auf solche Informationen, von denen das Aufsichtsratsmitglied irgendwann **vor seiner Bestellung** oder in **irgendeinem anderen Zusammenhang** erfahren hat, kann sich aus der ihm obliegenden Treuepflicht ergeben.[326]

---

[318] Assmann/Schneider/*Assmann* WpHG § 15 Rn. 110.
[319] *Strasser* S. 76 f.
[320] *Fleck*, FS Heinsius, 1991, 89 (100 ff.).
[321] *Fleck*, FS Heinsius, 1991, 89 (100 ff.).
[322] Kölner Komm AktG/*Mertens/Cahn* Rn. 31.
[323] Vgl. für Verletzung durch den Vorstand → § 93 Rn. 18.
[324] *Strasser* S. 98.
[325] *Strasser* S. 79 f.
[326] *v. Stebut* S. 63 Fn. 22; *Marsch-Barner* in Semler/v. Schenck AR-HdB § 13 Rn. 2; wegen des strafrechtlichen Bestimmtheitsgrundsatzes ist eine solche Ausdehnung in Bezug auf § 404 ausgeschlossen.

gg) „Nützliche" Pflichtverletzungen. Im Rahmen der Vorstandspflichten wird die **210** Frage diskutiert, inwieweit ein Vorstandsmitglied Pflichtverletzungen begehen dürfe, wenn diese dem Unternehmen nützten. Gemeint sind **Verstöße gegen die Legalitätspflicht,** also die Pflicht des Vorstands, sich an die gesetzliche Ordnung sowie an die Satzung des Unternehmens zu halten.[327] Klassische Beispielsfälle (oft nur vermeintlich) nützlicher Gesetzesverletzungen sind Schmiergeldzahlungen, wettbewerbswidrige Absprachen oder unerlaubte Waffengeschäfte;[328] Beispiele von Satzungsverstößen sind Abweichungen vom Unternehmensgegenstand oder die Nichteinhaltung von Zustimmungsvorbehalten.[329] Nach hM sind solche **nützlichen Pflichtverletzungen schlechthin unzulässig,**[330] wobei dies vereinzelt zutreffend dahin nuanciert wird, dass formale Verstöße wie Parkdelikte oder ein Verstoß gegen baurechtliche Vorschriften (aber nicht ein Schwarzbau) zu tolerieren seien[331] in letzteren Fällen wird es ohnehin meist an einem Schaden fehlen.[332] Bei dem Aufsichtsrat stellt sich die Frage nützlicher Pflichtverstöße seltener, da er kein Exekutiv-, sondern Kontrollorgan ist. Gleichwohl kommt der Aufsichtsrat in dem Moment in die gleiche Situation, in dem er zB um Zustimmung zu einer vom Vorstand beabsichtigten Maßnahme gebeten wird, die einen Gesetzes- oder Satzungsverstoß beinhaltet, oder in dem er von einer entsprechenden Absicht erfährt und entscheiden muss, ob er dagegen einzuschreiten hat. Hier muss für den Aufsichtsrat das Gleiche gelten wie für den Vorstand, also das grundsätzliche Verbot nützlicher Pflichtverletzungen,[333] mit den genannten begrenzten Ausnahmen.

Grundsätzlich entspricht es Prinzipien guter Unternehmensführung, dass Vorstand und **211** Aufsichtsrat sich auch an von dem Unternehmen eingegangene **vertragliche Verpflichtungen gegenüber Dritten** zu halten haben. Rücksichtsloses Geschäftsgebaren durch beliebiges Brechen vertraglicher Vereinbarungen mag dem Unternehmen im Einzelfall Vorteile bringen, dürfte ihm langfristig aber schaden. Dennoch liegt es **im unternehmerischen Ermessen des Vorstands, ob er eine vertragliche Pflicht erfüllt oder nicht,** denn es kann im Einzelfall dem Unternehmensinteresse entsprechen, eine eingegangene vertragliche Verpflichtung nicht einzuhalten.[334] Begeht der Vorstand somit eine Vertragsverletzung, die dem Unternehmen einen Vorteil bringt, ist darin keine Pflichtverletzung zu sehen,[335] es sei denn, der Vorstand verletzte dadurch zugleich das absolute Recht eines Dritten[336] oder er verursachte mögliche nicht-finanzielle Nachteile des Unternehmens wie etwa einen erheblichen Reputationsschaden.

hh) Nachwirkende Treuepflichten. Tritt ein Aufsichtsratsmitglied zurück, weil das **212** Unternehmen, dessen Vorstand es angehört, mit dem Unternehmen, dessen Aufsichtsrat es angehört, in **schwere Interessenkonflikte** gerät, so kann sich aus einer nachwirkenden Treuepflicht gegenüber dem einstigen Mandatsunternehmen ergeben, dass das Aufsichtsratsmitglied die konfliktverursachende Angelegenheit nicht mitberaten und mitentscheiden darf.

Als Ausfluss der allgemeinen Treuepflicht wirkt die Verschwiegenheitspflicht auch **nach** **213** **dem Ausscheiden** aus dem Amt fort.[337]

---

[327] MüKoAktG/*Spindler* § 93 Rn. 63 f.
[328] Vgl. Spindler/Stilz/*Fleischer* § 93 Rn. 36.
[329] MüKoAktG/*Spindler* § 93 Rn. 63.
[330] Kölner Komm AktG/*Mertens*/*Cahn* § 93 Rn. 21; Spindler/Stilz/*Fleischer* § 93 Rn. 36; MüKoAktG/ *Spindler* § 93 Rn. 63 f.
[331] Grigoleit/*Grigoleit*/*Tomasic* § 93 Rn. 14, die insoweit von relativen (statt absoluten) Verbotsgesetzen sprechen und damit solche Normen meinen, die „in ihrem Systemkontext hinreichend sanktioniert" seien.
[332] Vgl. Kölner Komm AktG/*Mertens*/*Cahn* § 93 Rn. 21.
[333] Kölner Komm AktG/*Mertens*/*Cahn* § 93 Rn. 21.
[334] Spindler/Stilz/*Fleischer* § 93 Rn. 33; *Uwe. H. Schneider,* FS Hüffer, 2010, 905 (911 ff.).
[335] Spindler/Stilz/*Fleischer* § 93 Rn. 33; *Uwe. H. Schneider,* FS Hüffer, 2010, 905 (911 ff.); Bürgers/Körber/ *Bürgers*/*Israel* § 93 Rn. 8.
[336] *Uwe. H. Schneider,* FS Hüffer, 2010, 905 (915).
[337] OLG Koblenz WM 1987, 480 (481) mwN; *Meyer-Landrut* AG 1964, 525 (526); → Rn. 45.

214 **ii) Treuepflicht der Arbeitnehmervertreter bei Streik.** Das Gesetz zeigt sich gegenüber der Konfliktsituation, in der sich die Arbeitnehmervertreter im Aufsichtsrat bei einem gegen das Unternehmen gerichteten Streik befinden, **tolerant.** An einem **rechtmäßigen Streik** dürfen Arbeitnehmervertreter im Aufsichtsrat teilnehmen, sie können gleichzeitig auch ihr Amt ausüben.[338] Das Streikrecht ist grundgesetzlich geschützt. Dieses grundgesetzlich geschützte Recht würde verletzt, wollte man wegen des zwar gesetzlich, nicht aber grundgesetzlich geschützten Teilnahme- und Stimmrechts aller Aufsichtsratsmitglieder im Hinblick auf die Treuepflicht etwa ein Ruhen des Mandats während des Streiks annehmen.

215 Allerdings hat diese Grundhaltung Auswirkungen. Die Rechte und Pflichten der Arbeitnehmervertreter unterliegen den **Geboten,** die sich aus einem **Interessenwiderstreit** ergeben.[339] Wenn in einer Aufsichtsratssitzung vom Vorstand über den Streik und seine Auswirkungen nicht nur berichtet wird, sondern Entscheidungen und Beschlüsse zur Reaktion auf den Streik anstehen, dürfen die Arbeitnehmervertreter an der Sitzung nicht weiter teilnehmen.[340] Die Waffengleichheit der Tarifpartner würde gestört, wenn die Arbeitnehmervertreter als Aufsichtsratsmitglieder von den im Unternehmen geplanten Maßnahmen zur Abwehr der Kampfmaßnahmen und der Streikfolgen erfahren würden. Die **Treuepflicht** der von der Arbeitnehmerseite gestellten Aufsichtsratsmitglieder gebietet ihr **Fernbleiben von der Sitzung.** Sie sind auch nicht stimmberechtigt, wenn es um eine Entscheidung im Zusammenhang mit dem Streik geht. Die Auffassung, dass eine volle Wahrnehmung der Rechte in diesem Fall unschädlich sei, weil die Arbeitnehmervertreter nach hM dem Unternehmensinteresse verpflichtet seien, vermag demgegenüber nicht zu überzeugen. Die Arbeitnehmervertreter im Aufsichtsrat würden mit der Sitzungsteilnahme „sensibles Wissen" (vgl. hierzu → § 100 Rn. 198) erwerben. Sie könnten in den Betriebsratserörterungen nicht mehr unbefangen auftreten und nicht ihr in der Aufsichtsratssitzung erlangtes Wissen verschweigen. Berichteten sie dagegen über die Beratungen und Beschlüsse des Aufsichtsrats, verletzten sie ihre Treuepflicht als Aufsichtsratsmitglied.

216 Die Einschränkungen der Rechte (und Pflichten) der Arbeitnehmervertreter gilt im Allgemeinen auch für den **Vertreter der leitenden Angestellten.** Er ist zwar selbst nicht tarifgebunden, aber doch Teil der Arbeitnehmerbank. Etwas anderes mag gelten, wenn der Vertreter der leitenden Angestellten nicht nur dem Bereich der nicht tarifgebundenen Angestellten angehört, sondern zugleich sichergestellt ist, dass auch die anderen Angehörigen des Wahlkörpers einen entsprechenden Status haben.

217 Anders ist die Rechtslage bei einem **nicht rechtmäßigen Streik.** Hier steht der aktienrechtlichen Treuepflicht kein höherrangiges grundgesetzlich festgelegtes Koalitionsrecht gegenüber. Der nicht rechtmäßige Streik genießt nicht den Schutz des Grundgesetzes. Arbeitnehmervertreter im Aufsichtsrat, die an einem solchen Streik teilnehmen, verlieren für die Dauer des Streiks ihre Mandatsfähigkeit; ihr Amt als Aufsichtsratsmitglied ruht. Es wäre widersinnig, wollte man demjenigen, der das Unternehmen rechtswidrig bekämpft, dennoch das Recht zur Mitwirkung an der Verwaltung des Unternehmens belassen. Bei einem Schaden des Unternehmens können sich Ersatzpflichten der rechtswidrig Streikenden ergeben. Ähnlich wird man die Mitwirkung an einem **Warnstreik** zu beurteilen haben. Selbst wenn er als zulässig angesehen wird, bedeutet dies nicht zugleich einen grundgesetzlichen Schutz.

218 **f) Organschaftliche Förderpflicht.** Die Verwaltungsorgane einer AG sind zu enger Zusammenarbeit verpflichtet (vgl. auch Ziff. 3.1 DCGK). Sie sind gehalten, das jeweils andere Organ bei dessen Pflichterfüllung **im größtmöglichen Umfang zu unterstützen.** Jedes Aufsichtsratsmitglied muss an der Wahrnehmung dieser Förderpflicht teilnehmen und sich unaufgefordert für die Interessen des Vorstands und der einzelnen Vorstandsmitglieder einsetzen. Zur Förderpflicht gehört auch die Verpflichtung, außerhalb von Vorstand und

---

[338] *Lutter/Krieger/Verse* Rn. 908; *Radke* NJW 1956, 1581 ff. (1584). → § 100 Rn. 148 ff., 192.
[339] Vgl. eingehend die Kommentierung zu § 100.
[340] *Lutter/Krieger/Verse* Rn. 908; ausführlich *Reuter* RdA 1988, 280 (286) mN zur Rspr.

Aufsichtsrat mit kritischen Urteilen über Vorstandsmitglieder sehr zurückhaltend zu sein. Die Treuepflicht gebietet zwar nicht, dass ein Aufsichtsratsmitglied wider seine eigene Überzeugung die Leistungen eines Vorstandsmitglieds lobt. Aber kritische Urteile gehören in die Aufsichtsratssitzung und nicht in die Öffentlichkeit. Dies gilt sinngemäß für Urteile über die Persönlichkeit eines anderen Aufsichtsratsmitglieds.

g) Umgang mit widerstreitenden Interessen. Da das Amt des Aufsichtsratsmitglieds durch das Gesetz nebenberuflich ausgestaltet ist (→ Rn. 178 ff.) und im Aufsichtsrat verschiedene Interessen vertreten werden, sind Interessengegensätze zwischen einem Aufsichtsratsmitglied und der Mandatsgesellschaft nahezu unvermeidbar.[341] 219

aa) Gesetzliche Unvereinbarkeitsregelungen. Das Gesetz regelt nur wenige Fälle von Interessengegensätzen. Es führt einige Sachverhalte auf, in denen die Wahl eines Aufsichtsratsmitglieds wegen einer anderen Tätigkeit ausgeschlossen ist.[342] Dabei interessieren hier diejenigen Regelungen, welche sich auf die Vermeidung von Interessenkonflikten im Aufsichtsrat beziehen.[343] 220

Nach dem Aktienrecht darf ein Mitglied des Aufsichtsrats **nicht gleichzeitig** dem **Vorstand** angehören.[344] Auch die Ausnahmeregelung, die es gestattet, ein fehlendes Vorstandsmitglied vorübergehend durch Entsendung eines Aufsichtsratsmitglieds zu ersetzen (§ 105 Abs. 2), verlangt für diesen Zeitraum das Ruhen des Aufsichtsratsamtes. 221

Eine andere Regelung beschränkt die **zulässige Höchstzahl der Aufsichtsratsmandate** (§ 100 Abs. 2 Nr. 1, Abs. 3). Sie dient weniger der Vermeidung von Interessenkonflikten. Vor allem will sie eine zeitliche Überlastung der Aufsichtsratsmitglieder vermeiden.[345] Auch soll eine übermäßige Machtkonzentration verhindert werden. Auf die Vermeidung von Interessenkonflikten zielt hingegen die Vorschrift, nach der das zu wählende Aufsichtsratsmitglied **nicht gesetzlicher Vertreter** eines von der Gesellschaft **abhängigen Unternehmens** sein darf (§ 100 Abs. 2 Nr. 2, → § 100 Rn. 32) sowie das Verbot der **Überkreuzverflechtung** (§ 100 Abs. 2 Nr. 3, → § 100 Rn. 37). 222

Eine Regelung, wonach es untersagt ist, gleichzeitig in den Aufsichtsräten **konkurrierender Unternehmen** tätig zu sein, fand sich in einem Entwurf zum **KonTraG**.[346] Sie wurde aber in die endgültige Fassung des Gesetzes nicht aufgenommen. Um andere Interessenbindungen wenigstens erkennbar zu machen, müssen bei Wahlen zum Aufsichtsrat den Aktionären und Aufsichtsratsmitgliedern die Mitgliedschaften des Kandidaten in anderen gesetzlich zu bildenden Aufsichtsräten mitgeteilt werden (§ 125 Abs. 1 S. 5 erster Hs.). Außerdem sollen die Mitgliedschaften in vergleichbaren in- und ausländischen Gremien von Wirtschaftsunternehmen angegeben werden.[347] Die Mitgliedschaft in Aufsichtsräten wesentlicher Wettbewerber widerspricht aber guter Corporate Governance. Einem Vorschlag der Regierungskommission Corporate Governance[348] folgend, wurde in den Corporate Governance Kodex eine Empfehlung übernommen, wonach Aufsichtsratsmitglieder börsennotierter Aktiengesellschaften keine Organfunktionen oder Beratungsaufgaben bei wesentlichen Wettbewerbern des Unternehmens ausüben sollen (Ziff. 5.4.2 S. 4 DCGK). In Verfolg des **TransPuG**[349] hebt der **Corporate Governance Kodex** hervor, dass jedes Aufsichtsratsmitglied dem Unternehmensinteresse verpflichtet ist und dass es bei seinen Entscheidungen 223

---

[341] *Marsch-Barner* in Semler/v. Schenck AR-HdB § 13 Rn. 82 ff.; *Lutter/Krieger/Verse* Rn. 894 ff. Ausführlich → § 100 Rn. 133 ff.
[342] *Marsch-Barner* in Semler/v. Schenck AR-HdB § 13 Rn. 88 ff.
[343] Und nicht solche, die die Neutralität im Hauptamt sichern sollen, wie etwa Art. 55 Abs. 2, 66 GG, § 48 Abs. 5 GWB, § 20 Abs. 1 Nr. 5 VwVfG, vgl. *Marsch-Barner* in Semler/v. Schenck AR-HdB § 13 Rn. 88.
[344] § 105, auf die dortige Kommentierung wird verwiesen.
[345] BegrRegE *Kropff* S. 135; *Marsch-Barner* in Semler/v. Schenck AR-HdB § 13 Rn. 91.
[346] Entwurf der SPD-Fraktion, BT-Drs. 13/367, abgedruckt in ZBB 1994, 191 ff.; hierzu *Reichert/Schlitt* AG 1995, 241 (253 f.).
[347] § 125 Abs. 1 S. 5 zweiter Hs.; vgl. *Marsch-Barner* in Semler/v. Schenck AR-HdB § 13 Rn. 79.
[348] *Baums* Rn. 54.
[349] Ges. v. 19.7.2002, BGBl. 2002 I S. 2681.

weder persönliche Interessen verfolgen noch Geschäftschancen, die dem Unternehmen zustehen, für sich nutzen darf (Ziff. 5.5.1 DCGK). Er empfiehlt, dass jedes Aufsichtsratsmitglied Interessenkonflikte, besonders solche, die auf Grund einer Beratung oder Organfunktion bei Kunden, Lieferanten, Kreditgebern oder sonstigen Dritten entstehen können, dem Aufsichtsrat gegenüber offen legt (Ziff. 5.5.2 DCGK).

224 Alljährlich sind im Anhang zum **Jahresabschluss** der ausgeübte Beruf und bei börsennotierten Gesellschaften und Kreditinstituten die weiteren Aufsichtsratsmandate der Vorstands- und Aufsichtsratsmitglieder anzugeben (§§ 285 Nr. 10, 340a Abs. 4 Nr. 1 HGB). Nach den Empfehlungen des Corporate Governance Kodex soll der Aufsichtsrat in seinem Bericht an die Hauptversammlung über aufgetretene Interessenkonflikte und deren Behandlung informieren (Ziff. 5.5.3 S. 1 DCGK).

225 **Wesentliche und nicht nur vorübergehende Interessenkonflikte** in der Person eines Aufsichtsratsmitglieds sollen, so empfiehlt der Kodex weiter, zur Beendigung des Mandats führen (Ziff. 5.5.3 S. 2 DCGK; vgl. hierzu auch → § 100 Rn. 164 ff.).

226 **bb) Allgemeine Beurteilungsmerkmale zur Behandlung von Interessengegensätzen.** Es ist zwischen Interessengegensätzen (widerstreitenden Interessen) und Interessenkonflikten (Interessenkollisionen) zu unterscheiden.[350] **Interessengegensätze** sind nach der Wertung des AktG nicht erheblich. Sie werden hingenommen. Interessengegensätze liegen vor, wenn ein Aufsichtsratsmitglied neben seinem Aufsichtsratsmandat beruflich, hoheitlich oder privat Interessen wahrnimmt, die den Interessen des beaufsichtigten Unternehmens begegnen. Dies kann sich aus Liefer- oder Abnahmebeziehungen, aus Beratungsleistungen, aus Aufsichtspflichten und ähnlichen Relationen ergeben.

227 Besonders schwierig sind Interessengegensätze zu beurteilen und zu behandeln, wenn eine Person gleichzeitig Mandate bei Unternehmen wahrnimmt, die zueinander im Wettbewerb stehen. In diesen Fällen kann es zu dem besonderen **Tatbestand des sensiblen Wissens** kommen. Dieser Tatbestand liegt vor, wenn ein Aufsichtsratsmitglied unvermeidbar von zwei konkurrierenden Unternehmen Kenntnisse über das geschäftliche Verhalten in von beiden Unternehmen betriebenen Kerngeschäftsfeldern erhält.[351]

228 **cc) Vorhandensein von Interessengegensätzen (mehrfache Pflichtenbindung).** Bei der Erörterung von Interessengegensätzen ist zwischen einem Tätigwerden **innerhalb und außerhalb der Organfunktion** zu unterscheiden.[352]

229 Bei Wahrnehmung der **Rechte und Pflichten innerhalb des Aufsichtsratsmandats** haben die Interessen der Mandatsgesellschaft[353] stets Vorrang vor anderen gleichzeitig wahrzunehmenden Verpflichtungen.[354]

230 **Außerhalb der Tätigkeit im Aufsichtsrat** kann jedes Aufsichtsratsmitglied grundsätzlich seinen eigenen Interessen nachgehen.[355] Allerdings darf es weder Kenntnisse aus seiner Mandatstätigkeit verwerten noch den bestehenden rechtlichen oder tatsächlichen Mandatseinfluss für eigene Zwecke nutzen. Die Interessen des überwachten Unternehmens dürfen durch solche eigenen Geschäfte, wenn überhaupt, nur in geringem Ausmaß beeinträchtigt werden.

---

[350] *Lutter/Krieger/Verse* Rn. 896. → § 100 Rn. 141.
[351] → § 100 Rn. 198 sowie oben → Rn. 140 f.; *Semler/Stengel* NZG 2003, 1 (5).
[352] Ausführlich zu den Interessenkollisionen: *Decher* ZIP 1990, 277 ff.; *Deckert* DZWir 1996, 406 (408); *Dreher* JZ 1990, 896 ff.; *Heermann* WM 1997, 1689 ff.; *Herkenroth* AG 2001, 33 ff.; *Säcker*, FS Rebmann, 1989, 781 ff.; *Lutter* ZHR 145 (1981), 224 ff.; *Ulmer* NJW 1980, 1603 ff.; *Werner* ZHR 145 (1981), 252 ff.; vgl. hierzu *Marsch-Barner* in Semler/v. Schenck AR-HdB § 13 Rn. 103; → Rn. 177 ff. zur organschaftlichen Treupflicht.
[353] Zum Unternehmensinteresse siehe MüKoAktG/*Spindler* § 76 Rn. 69 ff.
[354] BGHZ 36, 296 (307); BGH NJW 1980, 1629 (1630) – Schaffgotsch; *Deckert* DZWir 1996, 406 (408); *Fischer*, GS Duden 1982, 55 f., 63 f., 71 f.; *Lutter* ZHR 145 (1981), 224 (239 ff.); *Marsch-Barner* in Semler/v. Schenck AR-HdB § 13 Rn. 94 f.; *Ulmer* NJW 1980, 1603 (1605); *Wiedemann* ZIP 1997, 1565 (1566); Hüffer/*Koch* Rn. 8; Spindler/Stilz/*Spindler* Rn. 67.
[355] *Marsch-Barner* in Semler/v. Schenck AR-HdB § 13 Rn. 98 spricht von einem Grundsatz der Rollentrennung, durch den der Grundsatz vom Vorrang des Unternehmensinteresses relativiert wird.

Auch **entsandte Aufsichtsratsmitglieder** haben vorrangig die Interessen der Mandats- 231
gesellschaft wahrzunehmen. Sie müssen den Belangen der Gesellschaft den Vorzug vor
denen des Entsendungsberechtigten geben. An Weisungen des Entsendungsberechtigten
sind sie nicht gebunden.[356] Gibt ein Aufsichtsratsmitglied den Belangen des Unternehmens,
das ihn für den Aufsichtsrat vorgeschlagen oder ihn dorthin entsandt hat, den Vorrang und
entsteht dem Mandatsunternehmen daraus ein Schaden, kann es haftbar sein.[357] Das entsendende Unternehmen haftet nicht.[358]

Bei einer Tätigkeit außerhalb der Organfunktion können sich **Rückwirkungen auf das** 232
Mandatsunternehmen ergeben. Dadurch können Situationen entstehen, die das Aufsichtsratsmitglied ausnahmsweise bei Tätigwerden außerhalb des Mandats auf das Interesse
des Mandatsunternehmens verpflichten.[359] Im Schrifttum findet sich der Vorschlag, bei
einem schädigenden Verhalten außerhalb des Aufsichtsratsamts zwischen zulässigen Auswirkungen und unzulässigen Einwirkungen zu unterscheiden.[360]

In Bezug auf Tätigkeiten außerhalb des Aufsichtsratsamts ist zwischen **einzelfallbezo-** 233
genen Interessengegensätzen und echten Pflichtenkollisionen zu differenzieren.[361] Bloße
Interessengegensätze lassen sich durch Beachtung des Vorrangs des Unternehmensinteresses
lösen. Ist dies im **Einzelfall** nicht möglich, trifft das Aufsichtsratsmitglied die **Pflicht,** sich
ausnahmsweise der **Stimme zu enthalten.**[362]

dd) **Entstehung von Interessenkonflikten. Echte Pflichtenkollisionen** können in 234
unterschiedlichster Form auftreten:[363] Es können interne Pflichten kollidieren, so etwa im
Falle eines Übernahmeangebots die Neutralitätspflicht mit der Pflicht, Schaden von dem
Unternehmen abzuwenden,[364] oder es können interne Pflichten mit externen, unter Umständen strafbewehrten Geboten kollidieren, so etwa die Pflicht zur Abführung der Sozialabgaben mit dem Verbot, bei Insolvenzreife noch Zahlungen vorzunehmen;[365] zwar befindet sich in beiden genannten Beispielsfällen zunächst der Vorstand in einer Konfliktlage,
doch kann diese sehr schnell auch den Aufsichtsrat treffen, wenn dieser von der Konfliktlage
erfährt und er nicht einschreitet, oder wenn der Vorstand eine Entscheidung des Aufsichtsrats erbittet. Schließlich können gerade Aufsichtsratsmitglieder Pflichtenkollisionen ausgesetzt sein, wenn sie konkurrierenden Pflichten aus dem Mandatsunternehmen und aus
einem anderen Unternehmen, als dessen Geschäftsleiter oder Aufsichtsratsmitglied sie fungieren, ausgesetzt sind.[366] Allgemein anerkannte Lösungen für solche Kollisionslagen gibt es
noch nicht; zunächst ist in allen solchen Situationen danach zu trachten, den **Konflikt**
aufzulösen, ohne gegen die eine oder die andere Pflicht zu verstoßen. Gelingt dies
nicht, ist bei kollidierenden internen Pflichten zunächst zu klären ob das Gesetz oder die
Rechtsprechung einen Hinweis für die Lösung des Konflikts geben; fehlt es daran, ist der
Weg zu wählen, der dem Unternehmen den geringeren Schaden zufügt.[367] Kollidieren
interne Pflichten mit strafbewehrten externen Pflichten, so ist tendenziell anzunehmen, dass
jenem Interesse der Vorrang gebührt, welches das Gesetz unter **strafrechtlichen Schutz**
gestellt hat, sofern nicht das durch die interne Pflicht geschützte Rechtsgut gleich- oder

---

[356] OVG Sachsen GmbHR 2013, 35 mit zust. Anm. *Bormann;* BGHZ 36, 296 (306); RGZ 165, 68 (78 f.); *Schwintowski* NJW 1995, 1316 (1318).
[357] Gem. §§ 116, 93; BGHZ 90, 381 (398).
[358] Das ergibt sich aus der eigenverantwortlichen und unabhängigen Stellung des Aufsichtsratsmitglieds, vgl. BGHZ 90, 381 (398).
[359] *Deckert* DZWir 1996, 406 (408); vgl. *Marsch-Barner* in Semler/v. Schenck AR-HdB § 13 Rn. 104.
[360] So *Werner* ZHR 145 (1981), 252 (258 ff., 261 ff.); krit. hierzu *Lutter* ZHR 145 (1981), 224 (236); vgl. *Marsch-Barner* in Semler/v. Schenck AR-HdB § 13 Rn. 102.
[361] Vgl. ausführlich Erläuterungen → § 100 Rn. 133 ff.
[362] *Marsch-Barner* in Semler/v. Schenck AR-HdB § 13 Rn. 105.
[363] Eingehend dazu *Poelzig/Thole* ZGR 2010, 836 ff., allerdings bezogen auf Geschäftsführer und Vorstände.
[364] §§ 33 Abs. 1 S. 1 WpÜG, 93 Abs. 1 S. 1 AktG; dazu *Poelzig/Thole* ZGR 2010, 836 (844 ff.).
[365] §§ 266a StGB, 92 Abs. 2, 93 Abs. 3 Nr. 6 AktG; dazu *Poelzig/Thole* ZGR 2010, 836 (841 ff.).
[366] *Poelzig/Thole* ZGR 2010, 836 (849 f.).
[367] *Poelzig/Thole* ZGR 2010, 836 (856).

höherwertig ist.[368] Kollidieren zwei **gleichrangige Verpflichtungen,** befindet der Vorstand oder Aufsichtsrat sich mithin in einem tragischen Konflikt, kann ihm nicht vorgeworfen werden, wenn er sich für die eine oder die andere Option entscheidet, selbst wenn er damit die konkurrierende Pflicht verletzt.[369] In Fällen einer Kollision interner mit gleichwertigen externen Pflichtenbindungen, die aus einer weiteren externen Organstellung resultieren, bleibt dem Aufsichtsratsmitglied dagegen als *ultima ratio* nur die Niederlegung seines Mandats in dem einen oder dem anderen Unternehmen.

235 Legt das Aufsichtsratsmitglied bei **dauerhaften Interessenkonflikten** sein Amt nicht nieder, trifft die anderen Aufsichtsratsmitglieder die aus der Sorgfaltspflicht resultierende Pflicht (§§ 116, 93), einen **Antrag auf gerichtliche Abberufung** zu stellen.[370]

236 **2. Überblick über die Entscheidungskompetenzen des Aufsichtsrats.** Der Aufsichtsrat übt **entscheidende, mitentscheidende und überwachende Kompetenzen** aus. Innerhalb der entscheidenden Kompetenzen des Aufsichtsrats steht die Ausübung der Personalkompetenz bei weitem im Vordergrund.

237 **a) Ausübung der Personalkompetenz. aa) Vorstandsangelegenheiten.** Der Aufsichtsrat hat die Verpflichtung, das Geschäftsführungsorgan zu besetzen (§ 84 Abs. 1 und 2) und für dessen Tätigkeit erforderlichenfalls **Organisationsgrundsätze** (§ 77 Abs. 2) aufzustellen.[371]

238 **(1) Bestellung des Vorstands.** Bei der **Bestellung des Vorstands** hat der Aufsichtsrat die fachliche und persönliche Eignung der Kandidaten zu überprüfen und die im Gesellschaftsinteresse bestmögliche Wahl zu treffen.[372] Der Deutsche Corporate Governance Kodex empfiehlt, dass der Aufsichtsrat gemeinsam für eine **langfristige Nachfolgeplanung** sorgen soll (Ziff. 5.1.2 Abs. 1 S. 3 DCGK; → Rn. 335). Auch bei einer anstehenden Wiederbestellung muss die Zweckmäßigkeit der Wiederbestellung sorgfältig geprüft und mit besonderer Sorgfalt darüber entschieden werden. Entsprechend dem Deutschen Corporate Governance Kodex sollte bei **Erstbestellungen** die maximal mögliche Bestelldauer von fünf Jahren nicht die Regel sein. Für eine Wiederbestellung vor Ablauf eines Jahres vor dem Ende der Bestelldauer bei gleichzeitiger **Aufhebung der laufenden Bestellung** empfiehlt der Kodex, dass dies nur bei Vorliegen besonderer Umstände erfolgen soll. Allerdings hat der BGH, einer Entscheidung des OLG Zweibrücken folgend, überraschend entschieden, eine vorzeitige Wiederbestellung unter Aufhebung der laufenden Bestellung sei auch ohne besonderen Grund zulässig;[373] damit hat er eine Umgehung der Beschränkung vorzeitiger Wiederbestellungen faktisch legitimiert (→ Rn. 340).

239 Der Kodex empfiehlt auch, eine **Altersgrenze** für Vorstandsmitglieder festzulegen (vgl. Ziff. 5.1.2 Abs. 2 S. 3 DCGK). Bei jeder Vorstandsbestellung **hat jedes Aufsichtsratsmitglied die persönliche Pflicht,** sich über die Eignung des betreffenden Vorstandsmitglieds ausreichend zu informieren.[374] Dies folgt daraus, dass das Gesetz die Bestellung eines Vorstandsmitglieds zwingend als Plenaraufgabe festgelegt hat (§ 107 Abs. 3 S. 3). Die Entscheidung muss ausreichend vorbereitet werden. Die Einsetzung eines besonderen Personalausschusses oder die Übertragung der Vorbereitung auf einen bestehenden Ausschuss (Präsidialausschuss, Arbeitsausschuss) ist oft sachgerecht. Dem entsprechend regt der Deutsche Corporate Governance Kodex an, dass der Aufsichtsrat die Vorbereitung der Bestellung von

---

[368] *Poelzig/Thole* ZGR 2010, 836 (860 f.).
[369] *Poelzig/Thole* ZGR 2010, 836 (857 f.) unter Hinweis auf den Rechtssatz „*impossibilium nulla est obligatio*".
[370] → § 100 Rn. 187, 190; vgl. *Semler/Stengel* NZG 2003, 1 (6).
[371] Ausführlich *Krieger*, Personalentscheidungen des Aufsichtsrats, 1981 (dazu *Peltzer* WM 1982, 996) sowie *Fonk* in Semler/v. Schenck AR-HdB § 10; *J. Semler*, Leitung und Überwachung, Rn. 91.
[372] Ausführlich hierzu *Fonk* in Semler/v. Schenck AR-HdB § 10 Rn. 1 ff.
[373] BGH AG 2012, 677 ff. = NZG 2012, 1027 ff. = BB 2012, 2455 m. zust. Anm *Wilsing/Paul*; *Fonk* in Semler/v. Schenck AR-HdB § 10 Rn. 52; differenzierend *Wedemann* ZGR 2013, 616 ff.; kritisch *Priester* ZIP 2012, 1781 (1783 ff.).
[374] Kölner Komm AktG/*Mertens/Cahn* Rn. 15. Vgl. *Fonk* in Semler/v. Schenck AR-HdB § 10 Rn. 2.

Vorstandsmitgliedern einem Ausschuss übertragen kann, der auch die Bedingungen des Anstellungsvertrags einschließlich der Vergütung vorschlägt, während die **Entscheidung über die Gesamtvergütung nunmehr dem Plenum des Aufsichtsrats vorbehalten** ist (Ziff. 5.1.2 Abs. 1 S. 4 DCGK, § 107 Abs. 3 S. 3 iVm § 87 Abs. 1). Bei der Entscheidung über die Bestellung oder die Wiederbestellung hat der Aufsichtsrat einen eigenen unternehmerischen **Ermessensspielraum**.[375]

(2) Anstellung eines Vorstandsmitglieds. Das vom Aufsichtsrat bestellte Vorstandsmitglied muss von der Gesellschaft angestellt werden. Auch hier vertritt der Aufsichtsrat die Gesellschaft. Die Entscheidung kann auf einen **Ausschuss** delegiert werden, sofern die Entscheidung über die Gesamtvergütung von dem Aufsichtsrat getroffen wird (→ Rn. 239). Es kommt gelegentlich vor, dass **Interims-Vorstände** von Dienstleistungsunternehmen gestellt werden und mit diesen keine Anstellungsverträge abgeschlossen werden, sondern stattdessen ein Vertrag über die Gestellung eines Vorstandsmitglieds mit dem entsprechenden Dienstleister. Dies ist rechtlich zulässig, nur muss darauf geachtet werden, dass dem Vorstandsmitglied gleichwohl vertraglich die Pflichten auferlegt werden, die üblicher Weise Gegenstand des Vorstandsvertrags sind; zudem dürfen solche Konstruktionen nicht dazu genutzt werden, um gesetzliche Vergütungsregeln und entsprechende Empfehlungen des Kodex zu umgehen. 240

(3) Festsetzung einer Geschäftsordnung für den Vorstand. Das Gesetz sieht vor, dass der Vorstand sich einstimmig eine Geschäftsordnung geben kann, wenn nicht die Satzung diese Aufgabe dem Aufsichtsrat zuweist oder der Aufsichtsrat die Geschäftsordnung erlässt (§ 77 Abs. 2 S. 1). In jedem Fall liegt die Verantwortung für eine gesetzmäßige Aufteilung der Geschäfte unter mehreren Vorstandsmitgliedern und die gesetzmäßige Führung der Geschäfte beim Aufsichtsrat. Die **Geschäftsordnung für den Vorstand ist vom Plenum zu beschließen** (§ 107 Abs. 3 S. 3). 241

Die Verantwortung für eine gesetzmäßige und sachgerechte Geschäftsordnung umfasst auch die Verantwortung für eine gesetzmäßige und sachgerechte **Geschäftsverteilung.** Dies folgt schon daraus, dass die vom Gesetz geforderte Einstimmigkeit von Vorstandsbeschlüssen in Geschäftsordnungsfragen (§ 77 Abs. 2 S. 3) eingeführt worden ist, um zu verhindern, dass einem Vorstandsmitglied gegen seinen Willen durch den Vorstand selbst Geschäftsführungszuständigkeiten genommen werden.[376] 242

b) Vorschlag für die Wahl des Abschlussprüfers und Abschluss eines Dienstvertrages mit dem von der Hauptversammlung gewählten Abschlussprüfer. Der Aufsichtsrat – und zwar **nur der Aufsichtsrat** – hat der Hauptversammlung einen Vorschlag für die Wahl eines Abschlussprüfers zu machen (§ 124 Abs. 3). Der Vorschlag bedarf eines Beschlusses des Aufsichtsrats, der mit einfacher Mehrheit gefasst werden kann, wenn Satzung oder Geschäftsordnung des Aufsichtsrats keine größere Mehrheit vorschreiben;[377] Die Übertragung der Entscheidung auf einen Ausschuss ist zulässig, da vom Gesetz nicht ausdrücklich untersagt (vgl. § 107 Abs. 3 S. 3), aber unüblich. Der Auftrag kann auch von einem Ausschuss erteilt werden;[378] unterzeichnet wird er in der Regel vom Aufsichtsratsvorsitzenden im Auftrag des Aufsichtsrats. 243

c) Festlegung von Zustimmungsvorbehalten (§ 111 Abs. 4 S. 2). Die Festlegung und Ausübung von Zustimmungsvorbehalten ist eines der **wichtigsten Mittel** des Aufsichtsrats **zur Durchsetzung seiner Überwachung** und zur Mitwirkung an der Geschäftsführung. Da die Geschäftsführungsprärogative beim Vorstand liegt, darf der Aufsichtsrat von diesem Einwirkungsmittel nur beschränkt Gebrauch machen. 244

---

[375] Hüffer/*Koch* § 84 Rn. 5; *Schaefer/Missling* NZG 1998, 441 (445).
[376] Vgl. BegrRegE *Kropff* S. 99.
[377] MüKoAktG/*Kubis* § 124 Rn. 33.
[378] HM. *Rodewig* in Semler/v. Schenck AR-HdB § 8 Rn. 217 mwN.

245 Zustimmungsvorbehalte können nur **vom Plenum festgesetzt** werden (§ 107 Abs. 3 S. 2). Die Entscheidung über die Vornahme von Geschäften, die einem Zustimmungsvorbehalt unterliegen, kann von einem dazu berufenen Ausschuss des Aufsichtsrats getroffen werden.

246 **d) Einberufung einer Hauptversammlung, wenn das Wohl der Gesellschaft dies fordert (§ 111 Abs. 3).** Diese Kompetenz des Aufsichtsrats ist das wohl **schärfste Mittel** in einem Streit zwischen Vorstand und Aufsichtsrat. Es wird deswegen auch kaum einmal eingesetzt.

247 Die Einberufung einer Hauptversammlung durch den Aufsichtsrat bedarf zwingend der Beschlussfassung durch den Gesamtaufsichtsrat (§ 107 Abs. 3 S. 2).

248 Der Aufsichtsrat kann nicht nur eine Hauptversammlung einberufen, sondern auch die **Ergänzung der Tagesordnung** einer vom Vorstand einberufenen Hauptversammlung beschließen.

249 Der Beschluss zur Erweiterung der Tagesordnung einer bereits einberufenen Hauptversammlung kann nur vom Plenum des Aufsichtsrats gefasst werden. Diese Befugnis kann einem Ausschuss des Aufsichtsrats nicht übertragen werden.

250 **e) Änderung der Satzungsfassung.** Die Befugnis zu Änderungen der Satzung, die nur die Fassung betreffen, kann die Hauptversammlung dem **Aufsichtsrat** übertragen (§ 179 Abs. 1 S. 2). Diese Ermächtigung kann sowohl durch eine entsprechende Satzungsbestimmung erfolgen als auch durch einen besonderen Hauptversammlungsbeschluss.[379]

251 Der Beschluss zur Fassungsänderung ist nicht dem Plenum vorbehalten. Die Befugnis zur Fassungsänderung kann einem **Ausschuss** übertragen werden.

252 **f) Vorschläge zu den Tagesordnungspunkten einer Hauptversammlung.** Das Gesetz bestimmt, dass Vorstand und Aufsichtsrat, zu bestimmten Punkten nur der Aufsichtsrat, Vorschläge zur Abstimmung über die Tagesordnungspunkte der Hauptversammlung machen (§ 124 Abs. 3 S. 1). Dies ist mehr als ein Formalvorschlag. Das Gesetz setzt voraus, dass der Abstimmungsvorschlag von jedem Aufsichtsratsmitglied mit der erforderlichen Sorgfalt geprüft worden ist. Die erforderliche Sorgfalt bedingt eine vollständige Erfassung des zugrunde liegenden Sachverhalts, eine sorgfältige Prüfung der Ordnungsmäßigkeit, der Rechtmäßigkeit, der Zweckmäßigkeit und der Wirtschaftlichkeit des Vorschlags und eine Feststellung der Verträglichkeit der vorgeschlagenen Maßnahme mit den finanziellen und sonstigen Möglichkeiten des Unternehmens.

253 Alles was der Aufsichtsrat von Rechts wegen zu tun hat, muss er mit der **erforderlichen Sorgfalt** tun (S. 1, § 93 Abs. 1 S. 1). Die Aktionäre müssen annehmen können, dass der Aufsichtsrat seine gesetzlichen Pflichten erfüllt. Die vielfach übliche Verlesung der Tagesordnung in der Bilanzsitzung des Aufsichtsrats durch ein Vorstandsmitglied mit Erwähnung der Abstimmungsvorschläge zu den einzelnen Tagesordnungspunkten hat mit einer Erfüllung der erforderlichen Sorgfalt nichts zu tun, wenn die zur Abstimmung stehenden Tagesordnungspunkte nicht bereits in dieser oder einer vorhergehenden Sitzung gründlich erörtert worden sind.

254 **g) Abgabe der Entsprechenserklärung nach § 161**[380]. Das Gesetz fordert, dass der Aufsichtsrat und der Vorstand einer börsennotierten AG einmal jährlich erklären, ob den **Verhaltensempfehlungen der Kodex-Kommission zur Unternehmensleitung und -überwachung** entsprochen wurde und wird oder welche Empfehlungen nicht angewendet werden und warum nicht. Die Erklärungen sind den Aktionären dauerhaft zugänglich zu machen. Der Aufsichtsrat muss die geforderte Erklärung für seinen Bereich abgeben und zugleich darauf achten, dass auch der Vorstand seiner Verpflichtung im ihn betreffenden

---

[379] Dieser Hauptversammlungsbeschluss bedarf nach ganz hM einer satzungsändernden Mehrheit, MüKo-AktG/*Stein* § 179 Rn. 167; Spindler/Stilz/*Holzborn* § 179 Rn. 110; Hüffer/*Koch* Rn. 11; Hölters/*Haberstock/Greitemann* § 179 Rn. 41; aA K. Schmitt/Lutter/*Seibt* § 179 Rn. 23.
[380] Vgl. dortige Kommentierung.

Bereich der Empfehlungen nachkommt. In der Praxis geben Vorstand und Aufsichtsrat meist eine gemeinsame Erklärung ab, doch sind auch separate divergierende Erklärungen möglich,[381] wenn auch im Unternehmensinteresse nach Möglichkeit zu vermeiden.

Der Aufsichtsrat muss sorgfältig prüfen, ob er im zurückliegenden Jahr den Empfehlungen des Kodex gefolgt ist. Er muss prüfen und entscheiden, ob er auch in Zukunft die Empfehlungen des Kodex befolgen will. Danach muss er eine **Erklärung abgeben,** die für jeden erkennen lässt, ob und inwieweit den Empfehlungen des Kodex im vergangenen Jahr gefolgt worden ist und ob den Empfehlungen auch zukünftig gefolgt werden wird. Der Aufsichtsrat hat darauf zu achten, dass seine Erklärung ordnungsgemäß veröffentlicht und nachhaltig zugänglich gemacht wird.

Nach Abgabe der Erklärung muss der Aufsichtsrat darauf achten, dass die Erklärung befolgt wird. Wenn die Absichten zur zukünftigen Anwendung der Entsprechenserklärung geändert werden, muss der Aufsichtsrat eine **Aktualisierungserklärung** veranlassen.[382]

3. Mitentscheidungskompetenzen des Aufsichtsrats. Das Gesetz sieht in einer Reihe von Fällen vor, dass der Vorstand nur **gemeinsam** mit dem Aufsichtsrat oder nur mit **Zustimmung** des Aufsichtsrats handeln darf. Die Sorgfaltspflicht des Aufsichtsrats gebietet eine sorgfältige und strenge Beachtung dieser Mitentscheidungs- oder Zustimmungserfordernisse. Ein Aufsichtsrat, der nicht auf die Beachtung der Mitentscheidungsrechte achtet oder sie nicht durchsetzt, verletzt seine Sorgfaltspflicht.

a) Beschlussfassung über den Jahresabschluss. Der Jahresabschluss (und der Konzernabschluss) wird durch den Vorstand aufgestellt und vom Aufsichtsrat nach Prüfung (ggf. nach Einarbeitung von Änderungsvorschlägen durch den Vorstand) gebilligt (§ 172). Der Aufsichtsrat muss mit Hilfe des Prüfungsberichts des Abschlussprüfers die **Gesetzmäßigkeit des Jahresabschlusses** und vor allem die **Ausübung der Wahlrechte prüfen.** Unklarheiten muss er durch Befragung des Abschlussprüfers, der an der jeweiligen Sitzung teilnimmt (§ 171 Abs. 1 S. 2), aufhellen. Die vorgenommenen Prüfungen und die dazu erfolgten Diskussionen müssen in der Sitzungsniederschrift festgehalten werden.

In der Praxis wird die Prüfungspflicht oft sehr **großzügig gehandhabt.** Der Aufsichtsratsvorsitzende stellt nach formaler Befragung fest, dass jedes Aufsichtsratsmitglied den Prüfungsbericht eingehend studiert hat. Er fordert zu Fragestellungen auf. Eine gründliche Diskussion bestehender Wahlmöglichkeiten und alternativer Bilanzierungsmöglichkeiten findet nur selten statt. Es bedarf wohl keiner Diskussion, um festzustellen, dass ein Aufsichtsrat mit der beschriebenen Handhabung seiner Sorgfaltspflicht nicht genügt. Eine derartige Handhabung ist allenfalls zu rechtfertigen, wenn ein Prüfungsausschuss besteht und dieser den Abschluss mit dem Abschlussprüfer eingehend erörtert hat.

b) Beschlussfassung über den Gewinnverwendungsvorschlag. Der Aufsichtsrat muss den Gewinnverwendungsvorschlag des Vorstands prüfen und dazu Stellung nehmen (§ 171 Abs. 1 S. 1, Abs. 2 S. 1). Eine solche Prüfung bedingt, dass auch alternative Möglichkeiten der Gewinnverwendung vorgestellt und diskutiert werden.

c) Beschlussfassung über Geschäfte, die einem Zustimmungsvorbehalt unterworfen sind. Der Aufsichtsrat kann zwar keine Geschäfte initiieren. Dies verbietet ihm die Geschäftsführungsprärogative des Vorstands (§ 111 Abs. 4 S. 1). Aber bei Geschäften, die seinem Zustimmungsvorbehalt unterliegen, wirkt er gleichberechtigt und gleich verantwortlich mit. Die Zustimmungsbefugnis kann einem **Ausschuss des Aufsichtsrats übertragen** werden.[383]

Dies bedeutet, dass dem Aufsichtsrat die **Unterlagen** vorgelegt werden müssen, die ein pflichtbewusster und sorgfältig arbeitender Aufsichtsrat benötigt, wenn er über die anste-

---

[381] Hüffer/Koch § 161 Rn. 11.
[382] Zur Berichtigungs- und Aktualisierungspflicht Semler/Wagner NZG 2003, 553 (554).
[383] Die Zustimmung zu (oder die Ablehnung von) zustimmungspflichtigen Geschäften ist in § 107 Abs. 3 S. 3 nicht aufgeführt. Vgl. auch → § 111 Rn. 9, 563.

hende Maßnahme oder das anstehende Geschäft entscheiden muss. Der Aufsichtsrat muss die Vorlage nicht nur auf Plausibilität, sondern umfassend auf Vollständigkeit und Richtigkeit prüfen. Er muss prüfen, ob das **Geschäft rechtmäßig, zweckmäßig und wirtschaftlich** ist. Seine unternehmerische Mitwirkung ist unbeschränkt. Er trägt auch die Verantwortung für Zweckmäßigkeit und Wirtschaftlichkeit. Er muss sich nach alternativen Handlungsmöglichkeiten erkundigen und feststellen, ob eine vorgeschlagene Alternative dem Unternehmensinteresse am ehesten entspricht. Er muss prüfen, ob das Unternehmen die Ressourcen zur Verfügung hat, die es zur Durchführung des geplanten Geschäfts benötigt. Der Aufsichtsrat muss sich über die möglichen Risiken des geplanten Geschäfts unterrichten und nach Prüfung entscheiden, ob das Unternehmen die etwa anfallenden Risiken tragen kann. Schließlich muss der Aufsichtsrat sich vergewissern, dass das für das Geschäft zuständige Vorstandsmitglied die Fähigkeiten und die Zeit zur Durchführung des Geschäfts besitzt.

263 **d) Einwilligung zur Kreditgewährung an Aufsichtsratsmitglieder und Zustimmung zu Verträgen mit Aufsichtsratsmitgliedern.** Kredite an Aufsichtsratsmitglieder (§ 115) dürfen nur nach **Einwilligung** des Aufsichtsrats gewährt, Beratungsverträge mit Aufsichtsratsmitgliedern (§ 114) nur mit **Zustimmung** des Aufsichtsrats abgeschlossen werden. Dies gilt nicht nur für Verträge, die unmittelbar mit Aufsichtsratsmitgliedern geschlossen werden, sondern auch für Verträge mit diesen nahe stehenden oder verbundenen Personen. Auf die Erläuterungen zu den jeweiligen Vorschriften wird verwiesen. Die Zustimmung zur Kreditgewährung muss im Voraus („Einwilligung"), die zu Verträgen kann auch nachträglich („Zustimmung") erteilt werden. Praktisch sollten Verträge ebenfalls nur nach vorheriger Zustimmung des Aufsichtsrats abgeschlossen werden.

264 Der Aufsichtsrat muss die Verträge, die den von ihm zu billigenden Geschäften zugrunde liegen, besonders sorgfältig prüfen. Er muss sicherstellen, dass die Aufsichtsratsmitglieder durch diese Verträge ihre **Unabhängigkeit und Objektivität nicht verlieren.** Wenn auch nur die geringste Gefahr in dieser Richtung besteht, darf der Aufsichtsrat nicht zustimmen. Dabei kommt es nicht nur auf die Situation im Zeitpunkt des Vertragsabschlusses an, sondern vor allem auf mögliche Konstellationen im Zeitablauf.

265 **e) Zustimmung zu Geschäften im Übernahmeverfahren (§ 33 WpÜG).** Das WpÜG sieht vor, dass der Vorstand nach Bekanntgabe einer Übernahmeabsicht bestimmte zur Verhinderung einer Übernahme geeignete Geschäfte nur mit **Zustimmung des Aufsichtsrats** vornehmen darf. Es handelt sich um Geschäfte, die ein ordentlicher und gewissenhafter Geschäftsleiter einer Gesellschaft, die nicht von einem Übernahmeangebot betroffen ist, nicht vorgenommen hätte.

266 Die Festlegung einer Mitentscheidungskompetenz des Aufsichtsrats in solchen Fällen ist **rechtspolitisch richtig.** Der Vorstand und seine Mitglieder befinden sich in einem Interessenkonflikt. Ihre eigene Zukunft kann vom Erfolg der Übernahme abhängig sein. Bei einem Interessenkonflikt der Vorstandsmitglieder muss der Aufsichtsrat auch die Zweckmäßigkeit und die Wirtschaftlichkeit des Geschäfts unter voller Einbeziehung einer eigenen Prüfung des Unternehmensinteresses überprüfen. Dies wird durch Festlegung eines Mitentscheidungsrechts gewährleistet.

267 **f) Abgabe einer Stellungnahme zu einem Übernahmeangebot.** Bei einem Übernahmeangebot müssen **Vorstand und Aufsichtsrat der Zielgesellschaft** eine **begründete Stellungnahme zu dem Angebot** abgeben, damit die Aktionäre in Kenntnis der Sachlage über das Angebot entscheiden können (Ziff. 3.7 Abs. 1 und 2 DCGK; vgl. § 33 WpÜG). Wie auch in ähnlichen Fällen (Vorschläge zur Tagesordnung, Abgabe der Entsprechenserklärung) bedeutet dies nicht, dass Vorstand und Aufsichtsrat ein eigenes (dem Aktienrecht fremdes) Beschlussgremium bilden müssen. Jedes Organ entscheidet für sich. Wenn sich beide Gremien auf eine gemeinsame Stellungnahme einigen, wird diese bekannt gegeben. Wenn unterschiedliche Meinungen bestehen, muss jedes Organ seine eigene

Auffassung bekannt geben.[384] Der Aufsichtsrat muss darauf achten, dass wegen der besonderen Bedeutung einer Übernahme für die Aktionäre deren Interessen bei der Ermittlung des Unternehmensinteresses maßgeblich berücksichtigt werden.

g) Zustimmung zur Ausnutzung des genehmigten Kapitals. Die Hauptversammlung kann den Vorstand durch eine entsprechende Satzungsbestimmung ermächtigen, das Grundkapital bis zu einem bestimmten Nennbetrag durch Ausgabe neuer Aktien gegen Einlagen zu erhöhen (§ 202 Abs. 1). Die neuen Aktien sollen nur mit Zustimmung des Aufsichtsrats ausgegeben werden (§ 202 Abs. 3 S. 2). 268

Der Aufsichtsrat muss den gesamten Kapitalerhöhungsvorgang sorgfältig prüfen. Insbesondere muss er darauf achten, dass die vom Vorstand beschlossene Kapitalerhöhung den **Erläuterungen** entspricht, die der Vorstand der Hauptversammlung **bei Einräumung** des genehmigten Kapitals gegeben hat und dass die Einzelheiten der **Beschlussfassung** durch die Hauptversammlung **beachtet** worden sind. Es mag streitig sein, ob der Aufsichtsrat allgemein als Treuhänder der Aktionäre betrachtet werden kann. Hier ist er es unzweifelhaft. 269

4. Überwachungskompetenzen des Aufsichtsrats. Neben der Ausübung der Personalkompetenz liegt die Hauptpflicht des Aufsichtsrats in der Überwachung und Kontrolle der Geschäftsleitung (§ 111 Abs. 1; insbes. → § 111 Rn. 159 ff.). 270

Objekt der Überwachung ist ausschließlich der Vorstand und nicht die Hauptversammlung, auch wenn diese ausnahmsweise im Bereich der Geschäftsführung tätig werden sollte.[385] Ebenso wenig erstreckt sich die Überwachungspflicht des Aufsichtsrats auf die Überwachung von Angestellten mit Leitungsfunktionen unterhalb der Vorstandsebene oder auf Ausführungsgehilfen des Vorstands.[386] Eine unmittelbare Überwachung von Personen, die auf nachgeordneter Ebene Leitungsfunktionen übernehmen, oder von Angestellten als Ausführungsgehilfen des Vorstands wäre ein unzulässiger Eingriff in die Leitungsfunktion des Vorstands.[387] Allerdings gilt infolge der Umsetzung der CRD IV-Richtlinie der EU bei **Kredit- und Finanzdienstleistungsinstituten,** dass die Vorsitzenden der Risiko- und Prüfungsausschüsse (oder, sollte der jeweilige Ausschuss nicht eingerichtet worden sein, der Aufsichtsratsvorsitzende) befugt sind, unmittelbar beim Leiter der internen Revision und beim Leiter des Risikocontrollings Auskünfte einzuholen, wovon sie die Geschäftsleitung zu informieren haben (§ 25d Abs. 8 S. 7 und 8, Abs. 9 S. 4 und 5 KWG). Bei Versicherungsunternehmen darf der Aufsichtsratsvorsitzende direkt mit der Risikokontrollfunktion kommunizieren.[388] 271

Wenn der Vorstand ihm (nicht ausschließlich) obliegende **Geschäftsführungsmaßnahmen auf Angestellte delegiert,** muss der Aufsichtsrat im Rahmen seiner Überwachungsaufgabe die **Zweckmäßigkeit einer solchen Organisation** überprüfen. Er muss sich außerdem mit der Frage befassen, ob die jeweiligen Angestellten die erforderliche Eignung haben und vom Vorstand ordnungsgemäß überwacht werden.[389] Er muss darauf achten, dass der Vorstand nicht Teile seiner originären Führungsaufgaben unzulässig auf nachgeordnete Führungskräfte überträgt. Die originären Führungsaufgaben des Vorstands sind unübertragbar. 272

Der Aufsichtsrat hat bei seiner Beurteilung des Vorstandshandelns auf **Ordnungsmäßigkeit, Rechtmäßigkeit, Wirtschaftlichkeit und Zweckmäßigkeit** zu achten.[390] Auf die Erläuterungen der Aufgaben und Rechte des Aufsichtsrats wird verwiesen (§ 111). 273

---

[384] Vgl. MüKoAktG/*Spindler* § 93 Rn. 88.
[385] Wie in den Fällen des §§ 119 Abs. 2, 111 Abs. 4 S. 3; aA *Duden,* FS Fischer, 1979, 95 ff.
[386] MHdB AG/*Hoffmann-Becking* § 29 Rn. 24; *J. Semler,* Leitung und Überwachung, Rn. 112 ff.; *Steinbeck* S. 35 ff.; Kölner Komm AktG/*Mertens/Cahn* § 111 Rn. 26; *Lutter/Krieger/Verse* Rn. 70 f.; die Bedeutung des Meinungsstreits relativierend Hüffer/*Koch* Rn. 4; aA noch *Hüffer,* 10. Aufl. 2012, § 111 Rn. 3, der die Auffassung vertrat, die in § 111 Abs. 1 genannte Geschäftsführung beschränke sich nicht nur auf das Vorstandshandeln (mwN zur Gegenmeinung).
[387] *J. Semler,* Leitung und Überwachung, Rn. 116 ff.
[388] MARisk VA AT 7.2.1 Abs. 3b.
[389] BGHZ 75, 120 (133); *Henze* NJW 1998, 3309; *Lutter/Krieger/Verse* Rn. 68.
[390] *J. Semler,* Leitung und Überwachung, Rn. 183 mwN; Ausführlich *Lutter/Krieger/Verse* Rn. 73 ff.; diff. *Mertens* ZGR 1977, 270 (271): Zweckmäßigkeitskontrolle erst, wenn das Erhaltungsinteresse tangiert ist.

274 Angestrebte Maßnahmen der Geschäftsleitung werden durch den Aufsichtsrat im Wesentlichen durch laufende Beratung sowie Einräumung von Zustimmungsvorbehalten kontrolliert. Einzelmaßnahmen, die für die **Rentabilität und Liquidität der Gesellschaft** bedeutsam sind, hat der Aufsichtsrat besonders zu kontrollieren.[391] Wenn er ein vom Vorstand beabsichtigtes Geschäft für gesellschaftsschädlich hält und der Vorstand nach Widerspruch des Aufsichtsrats auf der Durchführung besteht, muss (und darf) er dieses Geschäft seiner Zustimmung unterwerfen.[392]

275 **5. Sorgfaltsmaßstab für Aufsichtsratsmitglieder.** Der Gesetzgeber hat von einer Konkretisierung des Sorgfaltsmaßstabs abgesehen und es bei einem **generalklauselartigen Maßstab** belassen.[393] Dabei gilt, dass an alle Aufsichtsratsmitglieder, Arbeitnehmervertreter, ebenso wie Anteilseignervertreter, der gleiche Sorgfaltsmaßstab anzulegen ist.[394]

276 Dem Sorgfaltsmaßstab zugrunde zu legen ist die **Stellung des Aufsichtsrats** im Unternehmen sowie der ihm zukommende **Aufgabenbereich** (→ Rn. 107 ff.). Das Gesetz knüpft nicht an irgendeine allgemein bestimmbare Sorgfaltspflicht an. Maßgeblich ist stets die für eine bestimmte Tätigkeit erforderliche Sorgfaltspflicht.[395] Das ergibt sich bereits aus der Begriffsbestimmung der Fahrlässigkeit (§ 276 Abs. 2 BGB), die auf die **im Verkehr erforderliche Sorgfalt** abstellt.[396] Der anzuwendende **Sorgfaltsmaßstab** ist also ein **objektiver Maßstab**. Er richtet sich nach dem Erforderlichen und nicht nach dem Üblichen. Er ist ein **relativer** Maßstab, denn er ist den jeweiligen Anforderungen anzupassen.[397]

277 Eine übliche Sorglosigkeit kann nicht entlasten.[398] Insbesondere verändert ein **eingerissener Schlendrian** die rechtlich erforderliche Sorgfalt nicht. Dies müssen alle Aufsichtsratsmitglieder sorgfältig beachten. Die fehlenden Durchsetzungsmöglichkeiten für Schadensersatzansprüche erwecken nur allzu leicht den Eindruck, dass mit der Tätigkeit eines Aussichtsratsmitglieds keinerlei Risiko verbunden sei. Weit gefehlt. Es gibt keine umfassenderen und schärferen Haftungsvorschriften als die für die Tätigkeit eines Aufsichtsratsmitglieds.[399] Wenn heute altgediente (und meist bewährte) Unternehmer meinen, die Arbeit eines Aufsichtsratsmitglieds selbstverständlich und routinemäßig erledigen zu können, werden sie eines Tages eines besseren belehrt werden. Wer die im Gesetz festgelegten Sorgfaltsmaßstäbe und die in Rechtsprechung und Rechtslehre entwickelten Überwachungsgrundsätze nicht sorgfältig beachtet hat, läuft Gefahr, sein ganzes Vermögen zu verlieren. Wenn alle Kandidaten für Aufsichtsratsmandate wüssten, was die Rechtsordnung von ihnen verlangt, würden viele nicht mehr für Mandate zur Verfügung stehen. Dies gilt für Unternehmensführer ebenso wie für Gewerkschaftsfunktionäre oder Politiker und spiegelt sich in einigen spektakulären Fällen der jüngeren Vergangenheit wider.[400]

278 Der **Aufsichtsratsvorsitzende** unterliegt einem erhöhten Sorgfaltsmaßstab. Die ordnungsgemäße Ausübung seines Amts verlangt weitergehende Kenntnisse, Fähigkeiten und Erfahrungen als die eines einfachen Mitglieds.[401] Niemand muss ein Aufsichtsratsmandat und schon gar nicht ein Vorsitzmandat annehmen. Wer es tut, muss sich über die erweiterte Sorgfaltspflicht und die erhöhte Haftung im Klaren sein.

---

[391] LG Stuttgart DB 1999, 2462 (2463) = AG 2000, 237 ff. mit Kurzkomm *Kort* EWiR 1/99 § 111 AktG.
[392] BGHZ 124, 111 (127) = NJW 1994, 520; Kölner Komm AktG/*Mertens/Cahn* § 111 Rn. 100; *Boujong* AG 1995, 203 (206); *Brandes* WM 1994, 2177 (2183); *Götz* ZGR 1990, 633 (639).
[393] MHdB AG/*Hoffmann-Becking* § 33 Rn. 59.
[394] *v. Schenck* in Semler/v. Schenck AR-HdB § 7 Rn. 363 f.; MHdB AG/*Hoffmann-Becking* § 33 Rn. 61; *J. Semler* AG 1983, 81 (83); *Edenfeld/Neufang* AG 1999, 49 ff.
[395] *J. Semler* AG 1983, 141 (143).
[396] Vgl. MüKoBGB/*Grundmann* § 276 Rn. 50 ff.
[397] Vgl. zum Sorgfaltsmaßstab auch Großkomm AktG/*Hopt* § 93 Rn. 79.
[398] RGZ 128, 44; 138, 325; OLG Düsseldorf BB 1984, 997 (1000) = WM 1984, 1080 ff.
[399] Vgl. *Habersack* ZHR 177 (2013) 782 (794).
[400] Man denke an die Fälle Mannesmann/Vodafone, BGHSt 50, 331 ff. und IKB, OLG Düsseldorf AG 2010, 126 ff.
[401] Zu den Aufgaben des Aufsichtsratsvorsitzenden vgl. *J. Semler* AG 1983, 141 (144); *v. Schenck* in Semler/v. Schenck AR-HdB § 4 Rn. 1 ff.

Im deutschen Aktienrecht hat der Aufsichtsrat die **Stellung eines unabhängigen Kontrollorgans,** das **eigenverantwortlich** tätig ist.[402] Er ist weder an Weisungen noch an Aufträge gebunden.[403] Das entspricht dem ebenso weitgehend unabhängigen, eigenverantwortlichen Vorstand. Die Weisungsunabhängigkeit des Vorstands, dessen unabhängige Geschäftsführung lässt sich nur vertreten, weil dieser einer laufenden Überwachung durch ein unabhängiges Kontrollorgan unterliegt.[404] Der Aufsichtsrat ist der Garant eines funktionierenden Systems der *checks and balances.* Er hat rechtlich alle Mittel, es zu erhalten. Wenn er zulässt, das dieses System aus dem Gleichgewicht gerät, vergrößert sich seine Sorgfaltspflicht und damit naturgemäß das Haftungsrisiko. 279

Überall dort, wo der Aufsichtsrat die unternehmerische Tätigkeit des Vorstands im Sinne einer **präventiven Kontrolle** mitbegleitet und dadurch unternehmerische Aufgaben wahrnimmt, wie zB 280
– bei der Bestellung von Vorstandsmitgliedern und deren Widerruf (gem. § 84 Abs. 1 und Abs. 3);
– bei der Bestimmung von Zustimmungsvorbehalten (gem. § 111 Abs. 4 S. 2);
– bei der Entscheidung über zustimmungspflichtige Geschäfte

steht dem Aufsichtsrat ein unternehmerischer Entscheidungsspielraum zu.[405]

Im Bereich der **nachträglichen Überwachungstätigkeit** hat der Aufsichtsrat zwar die dem Vorstand zustehende unternehmerische Handlungsfreiheit zu berücksichtigen. Bei der Entscheidung über das Handeln des Vorstands kann der Aufsichtsrat **keinen eigenen unternehmerischen Entscheidungsspielraum** in Anspruch nehmen.[406] 281

II. Entscheidungen und Ermessen bei der Leitung und der Überwachung

Der **Vorstand** eines Unternehmens ist ständig gezwungen, Entscheidungen zu treffen.[407] Er muss aus mehreren Handlungs- oder Erkenntnismöglichkeiten **eine oder mehrere Optionen auswählen.** Der **Aufsichtsrat** muss, soweit er eigene Geschäftsführungsentscheidungen zu treffen hat, Gleiches tun. Im Rahmen seiner **Überwachungsaufgabe** muss der Aufsichtsrat die Entscheidungen des Vorstands auf Ordnungsmäßigkeit und Rechtmäßigkeit kontrollieren und darauf achten, dass der Vorstand in der Frage der Zweckmäßigkeit und der Wirtschaftlichkeit des Geschäfts sein Ermessen nicht fehlerhaft gebraucht. 282

1. Unternehmerische Entscheidungen. Unternehmerische Entscheidungen sind dadurch gekennzeichnet, dass sie **Chancen und Risiken** begründen oder bewusst in Kauf nehmen. Eine Entscheidung, die kein Risiko beinhaltet, ist keine „unternehmerische" Entscheidung. Die Übernahme von Risiken ist per se keine Verletzung der Sorgfaltspflicht. Fehlerhaft wird eine Entscheidung erst dann, wenn den eingegangenen Risiken keine oder keine ausreichenden Chancen gegenüber stehen. 283

a) Geschäftsführungsentscheidungen. Geschäftsführungsentscheidungen **beeinflussen gestaltend die Lage und die Entwicklung** der Gesellschaft oder einzelne zugehörige Elemente des Geschehens. Sie können sowohl vom Vorstand als auch im Rahmen seiner besonderen Entscheidungs- oder Mitentscheidungszuständigkeit vom Aufsichtsrat getroffen werden. 284

---

[402] Zur Bedeutung des Autarkiegebots des Aufsichtsrats hinsichtlich seiner Pflichten siehe *Hommelhoff* ZGR 1983, 551 ff.; vgl. auch *Jürgenmeyer* S. 204 f.
[403] Zum Unterschied zwischen Repräsentation und Vertretung vgl. *Jürgenmeyer* S. 192 Fn. 72 mwN.
[404] *J. Semler* AG 1983, 141 (143).
[405] Zur Frage des Entscheidungsspielraums *J. Semler,* FS Ulmer, 2002, 627 (631 ff.); *Mertens* ZGR 1977, 270 (279 f.); *Nirk,* FS Boujong, 1996, 394 ff.; grundsätzlich gegen eine Ermessensreduzierung *Dreher* ZHR 158 (1994), 614 ff., krit. hierzu *Lutter* ZIP 1995, 441, erwidernd hierauf *Dreher* ZIP 1995, 628.
[406] BGHZ 135, 244 ff. – ARAG/Garmenbeck, dagegen *Dreher* ZIP 1995, 628, die Vorinstanz hatte noch eine „Entscheidungsprärogative" angenommen, OLG Düsseldorf ZIP 1995, 1183 = AG 1995, 416.
[407] Vgl. hierzu *J. Semler,* FS Ulmer, 2002, 627.

285 **b) Überwachungsentscheidungen.** Durch seine Überwachungsentscheidungen überwacht der Aufsichtsrat die Entscheidungsfindung des Vorstands. Er muss kontrollieren, ob der Vorstand ihm eingeräumte Entscheidungsspielräume rechtsfehlerfrei genutzt hat und – im Rahmen der vorausschauenden Überwachung – rechtsfehlerfrei zu nutzen beabsichtigt. Hierbei hat er die Maßnahmen des Vorstands auf ihre **Zweckmäßigkeit und Wirtschaftlichkeit** zu überprüfen, wobei er sich nur **am Wohl des Unternehmens orientieren** darf.[408] Der Aufsichtsrat ist nicht berechtigt, eine Entscheidung des Vorstands zu beanstanden, wenn die Entscheidung ordnungsmäßig und rechtmäßig ist und die Entscheidungsspielräume im Bereich der Wirtschaftlichkeit und der Zweckmäßigkeit mit der erforderlichen Sorgfalt ausgeübt worden sind.

286 Wenn eine Entscheidung nicht ordnungsgemäß oder nicht rechtmäßig ist, muss der Aufsichtsrat für eine ordnungsmäßige und rechtmäßige Entscheidung sorgen. Er ist aber **nicht berechtigt, eine Entscheidung anstelle des Vorstands selbst zu treffen.** Bei der Entscheidung, ob der Aufsichtsrat gegen eine nicht ordnungsmäßige oder nicht rechtmäßige Entscheidung des Vorstands einschreitet, hat der Aufsichtsrat keinen Entscheidungsspielraum: Er muss einschreiten. Tut er das nicht, macht er sich selbst haftbar.[409] Er kann, wenn gütliches Zureden nicht hilft, *ad hoc* einen Zustimmungsvorbehalt festsetzen.[410]

287 **c) Strukturentscheidungen. Rechtliche** Strukturänderungen bedürfen eines Hauptversammlungsbeschlusses, regelmäßig durch Satzungsänderung. Auch **wirtschaftliche** Entscheidungen können unter ganz besonderen Umständen zu Strukturentscheidungen werden. Dies liegt nahe, bedarf aber jeweils sorgfältiger Prüfung, wenn sie sich im Kernbereich der Unternehmenstätigkeit abspielen, den wertvollsten Betriebszweig betreffen und die Unternehmensstruktur von Grund auf ändern.[411]

288 **2. Entscheidungsspielräume.** Der Vorstand steht ständig vor der Aufgabe, Sachverhalte festzustellen, **alternative Handlungsmöglichkeiten** zu entwickeln und sich für eine Option zu entscheiden. Entscheidungen lassen sich nur selten vorausberechnen. Meist muss zwischen mehreren Möglichkeiten gewählt werden. Dabei hat der Vorstand Entscheidungsspielräume. Sie sind unterschiedlicher Art. Von ihrer Art hängt es ab, ob und wie der Aufsichtsrat einzugreifen berechtigt und verpflichtet ist.

289 **a) Sachverhaltsfeststellungen.** Das Ziel der Sachverhaltsfeststellung muss die **Ermittlung eines vollständigen und richtigen Sachverhalts** sein. Bei der Sachverhaltsfeststellung gibt es keine Entscheidungsspielräume, da ein Sachverhalt nur richtig oder falsch sein kann. Allerdings kann der Vorstand uU in gewissem Umfang auf die Beseitigung restlicher Unklarheiten verzichten. Wenn feststeht, dass die bestehenden Unklarheiten keine Entscheidungserheblichkeit haben, dann brauchen sie nicht aufgeklärt zu werden. Diese Entscheidung ist aber keine Ermessensentscheidung, sondern eine Sachfeststellung über falsch und richtig.

290 **b) Beurteilungsspielräume.** Im Rahmen einer anstehenden Entscheidung sind häufig **unbestimmte Rechtsbegriffe** zu beurteilen.[412] Der Vorstand muss zB entscheiden,
– ob ein bestimmtes Verhalten dem „Unternehmensinteresse" dient;
– ob eine bestimmte Entscheidung eine „angemessene Gewinnerzielung" sichert;
– ob für eine anstehende Entscheidung „ein wichtiger Grund" vorliegt.

291 Bei der Beurteilung solcher Rechtsbegriffe hat der Entscheidende einen **Beurteilungsspielraum.** Oft gibt es bei der Auslegung dieser Begriffe nicht nur eine Beurteilungs-

---

[408] LG Stuttgart AG 2000, 237 ff. – Altenburger und Stralsunder Spielkarten Fabriken GmbH.
[409] BGH AG 2007, 785 (788).
[410] *v. Schenck* in Semler/v. Schenck AR-HdB § 7 Rn. 293.
[411] BGHZ 83, 122 (131 ff.) – Holzmüller.
[412] Vgl. dazu *Spindler*, FS Canaris, Bd. II, 2007, 403 ff. sowie *Dreher* ZHR 158 (1994), 614 (622).

möglichkeit. Der Vorstand ist frei, innerhalb eines rechtlich vorgegebenen Spektrums seine Entscheidung zu treffen.

Der **Aufsichtsrat** ist grundsätzlich verpflichtet (und berechtigt), sich an die Beurteilung des Vorstands zu halten. Die eigenständige Beurteilung unbestimmter Rechtsbegriffe ist Teil der Geschäftsführungsprärogative des Vorstands. Der Aufsichtsrat muss allerdings feststellen und beurteilen, ob

– der verwendete Rechtsbegriff einen Beurteilungsspielraum zulässt;
– der Vorstand den Sachverhalt vollständig und richtig ermittelt hat;
– die Anwendung des Beurteilungsspielraums den Grundsätzen der Rechtsordnung entspricht und allgemeinen Denkgesetzen nicht widerspricht.

c) Ermessensspielräume. Wenn der Vorstand vor einer Entscheidung steht, stehen ihm meist **mehrere Entscheidungsoptionen** zur Verfügung. Er darf und muss allein entscheiden, welche der verschiedenen Optionen den verfolgten Zielen am besten gerecht wird. Er kann und muss die verschiedensten Interessen verschiedener Interessenträger gegeneinander abwägen.

Das dem Vorstand zur Verfügung stehende **Ermessen ist nicht völlig frei.** Er muss die Gebote der Ordnungsmäßigkeit und der Rechtmäßigkeit beachten (vgl. schon → Rn. 273). Er muss die von ihm gesetzlich, satzungsmäßig und dienstvertraglich geschuldeten Sorgfaltspflichten befolgen. Dies bedingt die Einhaltung des Unternehmensgegenstands, die Sorge für den Bestand und für eine angemessene Ertragsfähigkeit des Unternehmens, die Pflicht zur Abwendung eines Schadens vom Unternehmen und die Beachtung des Unternehmensinteresses.

Auch **wirtschaftliche Gebote** bestimmen die Grenzen des zur Verfügung stehenden Ermessens. Risiken und Chancen des beabsichtigten Vorhabens müssen in einem angemessenen Verhältnis zueinander stehen. Bei überwiegenden Risiken darf der Vorstand das Vorhaben nicht durchführen, es sei denn, besondere Verhältnisse empfehlen es. Der Vorstand muss prüfen, ob ihm die notwendigen Ressourcen zur Verfügung stehen. Ohne eine entsprechende Gewissheit darf er das Vorhaben nicht beginnen.

Der Vorstand hat zu entscheiden, ob er die mit seiner Entscheidung beginnende **Entwicklung** eher **unter kurzfristigen oder unter langfristigen Gesichtspunkten** beurteilt. Ebenso obliegt es ihm, unterschiedliche Interessen verschiedener Kernbereiche seines Unternehmens abzuwägen und bei der Entscheidung zu berücksichtigen.

Der **Aufsichtsrat** hat sich im Allgemeinen mit der vom Vorstand getroffenen Ermessensentscheidung abzufinden. Wenn er feststellt, dass die Entscheidung ordnungsmäßig und rechtmäßig ist, muss er sie respektieren, auch wenn er sie selbst nicht oder anders getroffen hätte. Eine gewisse Einschränkung gilt für **Entscheidungen mit langfristiger Wirkung.** Das gebotene Zusammenwirken von Vorstand und Aufsichtsrat hat zur Voraussetzung, dass sich beide Organe in den langfristigen Zielen des Unternehmens einig sind. Es gehört zu den Aufgaben des Aufsichtsrats, für dieses Einvernehmen zu sorgen.

d) Abwägungsbereiche. Rechtlich gesicherte Ansprüche der Gesellschaft gegen den Vorstand muss der **Aufsichtsrat** grundsätzlich verfolgen. Für seine Entscheidung besteht grundsätzlich kein Ermessenspielraum. Allerdings kann er **verschiedene Interessen des Interessenträgers Unternehmen** gegeneinander abwägen.[413] Er kann überlegen, ob das „Inkassointeresse" des Unternehmens so gewichtig ist, dass etwaige entgegenstehen Image-Interessen unberücksichtigt bleiben müssen. Sein Abwägungsprozess kann auch ergeben, dass der erwartete Imageschaden zu groß ist, um das „Inkasso" durchzusetzen. Eines darf er allerdings nicht: Er darf Interessen anderer Interessenträger nicht in die Abwägung einbeziehen. Dazu müsste er einen Ermessensspielraum haben, der ihm hier nicht zur Verfügung steht.

---

[413] BGHZ 135, 245 – ARAG/Garmenbeck; *J. Semler,* FS Ulmer, 2003, 627 (636). Vgl. aber → Rn. 305 ff.

299 **3. Richtige und falsche Entscheidungen – die *business judgment rule*.** „Es irrt der Mensch so lang er strebt"[414] – jeder, der handelt, läuft Gefahr, einen Fehler zu begehen, denn kein Mensch verfügt über absolutes Wissen und kann es deshalb stets vermeiden, einen Fehler zu begehen. Und selbst dann, wenn jemand nichts tut, wenn er es unterlässt, zu handeln, kann dies ein Risiko bedeuten und sich später als falsch herausstellen. Dieses Risiko gilt gleichermaßen für Geschäftsleiter von Unternehmen: Nicht nur heißt es manches Mal, durch positives Tun zu versuchen, einen Schaden für das Unternehmen zu vermeiden; erst recht heißt es immer wieder, ein geschäftliches Risiko einzugehen, um zu versuchen, für das Unternehmen Chancen zu sichern oder einen Vorteil zu erlangen. Erwartete man von dem Vorstand eines Unternehmens, stets die Richtigkeit von ihm getroffener Entscheidungen zu gewährleisten, führte dies unweigerlich zur **Vermeidung von Risiken** und damit auch zum Vermeiden des Ergreifens von Chancen für das Unternehmen. Dies gilt umso mehr, als man hinterher stets klüger ist und man bei der nachträglichen Beurteilung des Vorstandshandelns Gefahr läuft, dem *hindsight bias* zu unterliegen und zu meinen, der tatsächlich eingetretene Verlauf der Dinge sei vorhersehbar oder gar wahrscheinlich und daher vermeidbar gewesen.[415] Nähme man dem Vorstand dagegen schlechthin jede Verantwortung für sein Handeln ab, wäre dies ein Freibrief für das Eingehen jedweder Risiken und führte mit Sicherheit früher oder später zu großen Schäden für das Unternehmen.

300 **a) Ursprünge im US-amerikanischen Recht.** Um dieses Dilemma zu lösen, hat die US-amerikanische Rechtsprechung, unterstützt von der amerikanischen Jurisprudenz, das Institut der *business judgment rule* entwickelt; danach gilt eine Vermutung, dass der Manager eines Unternehmens, der eine unternehmerische Entscheidung trifft, ohne ins Gewicht fallende Eigeninteressen auf der Grundlage ausreichender Informationen in gutem Glauben zum Wohle des Unternehmens handelt.[416] Damit hat der Manager seiner Sorgfaltspflicht genügt und kann er gerichtlich nicht wegen einer Pflichtverletzung belangt werden, sollte sich später herausstellen, dass seine Entscheidung falsch war und zu einem Schaden des Unternehmens geführt hat (sog. *safe harbor rule*), es sei denn, diese Vermutung wird widerlegt, wofür derjenige, der den Manager in Anspruch nehmen will, beweispflichtig ist.[417]

301 **b) Adaptation in Deutschland – ARAG/Garmenbeck.** Die deutschen Gerichte haben die Haftungsvorschrift des § 93 seit jeher so verstanden, dass sie keine Erfolgshaftung des Vorstands stipuliere, sondern von ihm bei der Führung der Geschäfte nur die Anwendung der Sorgfalt eines ordentlichen und gewissenhaften Geschäftsleiters erwarte.[418] In der

---

[414] Johann Wolfgang von Goethe, Faust, Der Tragödie erster Teil, Prolog im Himmel.
[415] Vgl. dazu MüKoAktG/*Habersack* § 93 Rn. 41 mwN.
[416] So der Delaware Supreme Court in einer Entscheidung aus dem Jahr 1984 (Aronson v. Lewis 473 A.2d 805, 812): „*It is a presumption that in making a business decision the directors of a corporation acted on an informed basis, in good faith and in the honest belief that the action taken was in the best interest of the company.*Es hat vielfältige Versuche der amerikanischen Rechtspraxis gegeben, hieraus einen allgemeingültigen Rechtssatz zu entwickeln; so hat insbesondere das American Law Institute im Jahr 1994 die *business judgment rule* wie folgt formuliert;"*A director or officer who makes a business judgment in good faith fulfills the duty under this section, if the director or officer (1) is not interested in the subject of the business judgment; (2) is informed with respect to the subject of the business judgment to the extent the director or officer reasonably believes to be appropriate under the circumstances; and (3) rationally believes that the business judgment is in the best interest of the corporation.*" (American Law Institute, Principles of Corporate Governance: Analysis and Recommendations, Band I,1994, § 4.01 (c)). Dazu *Cahn* WM 2013, 1293 (1294) sowie *Paefgen* AG 2004, 245 (247).
[417] „*The burden is on the party challenging the decision to establish facts rebutting the presumption.*" (Aronson v. Lewis 473 A.2d 805, 812) Ähnlich auch das American Law Institute, Principles of Corporate Governance: Analysis and Recommendations, Band I (1994), § 4.01 (d): „*A person challenging the conduct of a director under this Section has the burden of proving a breach of the duty of care, including the inapplicability of the provisions as to the fulfilment of duty under Subsection (b) or (c), and, in a damage action, the burden of proving that the breach was the legal cause of damage suffered by the corporation.*" Vgl. Cahn WM 2013, 1293 (1295).
[418] Entsprechend dem Wortlaut des § 93 Abs. 1 S. 1. MüKoAktG/*Spindler* § 93 Rn. 5; Spindler/Stilz/*Fleischer* § 93 Rn. 60; Hüffer/*Koch* Rn. 11; *Goette*, Liber Amicorum Winter, 2011, 153 (158): „Eine schlichte Haftung für Misserfolg gibt es nicht." Die Geltung der *business judgment rule* für die GmbH erkennt der BGH (NZG 2013, 1021 Rn. 26 f.) implizit an; dazu *Bachmann* NZG 2013, 1121 (1122 ff.) mwN.

wegweisenden ARAG/Garmenbeck-Entscheidung hat der **BGH** dem **Vorstand einen weiten Handlungsspielraum zugebilligt,** „ohne den unternehmerisches Handeln nicht denkbar" sei;[419] hierbei hat der BGH zutreffend betont, dass mit dem bewussten Eingehen geschäftlicher Risiken selbst bei Anwendung größter Sorgfalt grundsätzlich das Risiko von Fehlbeurteilungen und Fehleinschätzungen verbunden sei. Der BGH hat jedoch vorausgesetzt, dass der Vorstand sich in den „Grenzen (halte), in denen sich ein von Verantwortungsbewusstsein getragenes, ausschließlich am Unternehmenswohl orientiertes, auf sorgfältiger Ermittlung der Entscheidungsgrundlagen beruhendes unternehmerisches Handeln bewegen" müsse.[420]

c) Kodifizierung in § 93 Abs. 1 S. 2. Mit dem **UMAG** ist der Gesetzgeber Rufen aus der Rechtswissenschaft sowie den Vorgaben der ARAG/ Garmenbeck-Entscheidung gefolgt und hat die *business judgment rule* in Form eines neuen Satzes 2 in § 93 Abs. 1 eingefügt, die somit nun von Gesetzes wegen für den Vorstand und, über die Verweisung in § 116 S. 1, auch für den Aufsichtsrat gilt. Danach liegt „(e)ine **Pflichtverletzung nicht vor,** wenn das Vorstandsmitglied bei einer unternehmerischen Entscheidung vernünftigerweise annehmen durfte, auf der Grundlage angemessener Information zum Wohle des Unternehmens zu handeln." Ein pflichtgemäßes Handeln des Vorstands wird somit unwiderleglich vermutet, wenn die Voraussetzungen einer Anwendung der *business judgment rule* gegeben sind.[421] Im Einzelnen:

aa) Unternehmerische Entscheidung. Zunächst muss es um eine unternehmerische Entscheidung gehen; liegt eine solche nicht vor, scheidet eine Anwendung der *business judgment rule* von vornherein aus. Ziel des Gesetzgebers bei der Einführung der *business judgment rule* war es, „den Bereich unternehmerischen Handlungsspielraums aus dem Tatbestand der Sorgfaltspflichtverletzung nach (§ 116 Abs. 1) Satz 1 (auszugrenzen)".[422] Hierbei erklärt die Gesetzesbegründung, dass „(u)nternehmerische Entscheidungen ... infolge ihrer Zukunftsbezogenheit durch Prognosen und nicht justiziable Einschätzungen geprägt" seien.[423] Solche Entscheidungen bergen damit unvermeidlich das **Risiko einer von den Annahmen abweichenden Entwicklung und damit eines Scheiterns.**[424] Allerdings gibt es auch beim Treffen einer Entscheidung auf unklarer Tatsachen- oder Rechtslage vergleichbare Unsicherheiten, die somit die Annahme einer unternehmerischen Entscheidung rechtfertigen.[425]

Wie definiert man eine unternehmerische Entscheidung? Mit *Lutter* liegt „eine unternehmerische Entscheidung ... vor, wenn der **Vorstand frei ist, sich so oder auch anders zu entscheiden und zu verhalten**".[426] Häufig wird der Entscheidung ein prognostisches Element innewohnen, also Unsicherheit darüber bestehen, welche wirtschaftlichen oder sonstigen Auswirkungen die Entscheidung haben wird, doch ist dies nicht zwingend.[427] Das Gesagte gilt gleichermaßen für den Aufsichtsrat.[428] Beschließt der Aufsichtsrat zB über eine Vorlage des Vorstands, ordnet er einen Zustimmungsvorbehalt an, trifft er eine Personalentscheidung, legt er die Vergütung des Vorstands fest oder erteilt er den Prüfungsauftrag an den Abschlussprüfer, trifft er eine **Leitungsentscheidung** und liegt

---

[419] BGHZ 135, 244 (253).
[420] BGHZ 135, 244 (253). Kritisch mit der vom BGH postulierten Schadensersatzhaftung des Aufsichtsrats bei Nichtbeachtung der vom BGH aufgestellten Regeln für die Inanspruchnahme des Vorstands setzt sich auseinander *Mertens,* FS Karsten Schmidt, 2009, 1183 ff.
[421] Hüffer/*Koch* Rn. 12; *Uwe H. Schneider,* FS Hüffer, 2010, 905 (908).
[422] Regierungsbegründung des UMAG, BT-Drs. 15/5092 vom 15.3.2005 S. 11, linke Spalte.
[423] Regierungsbegründung des UMAG, BT-Drs. 15/5092 vom 15.3.2005 S. 11, linke Spalte.
[424] BGHZ 135, 245 (253) – ARAG/Garmenbeck.
[425] Kölner Komm AktG/*Mertens/Cahn* Rn. 69.
[426] *Lutter* ZIP 2007, 841 (843).
[427] Hüffer/*Koch* Rn. 18.
[428] Vgl. Kölner Komm AktG/*Mertens/Cahn* Rn. 67.

regelmäßig eine unternehmerische Entscheidung vor.[429] Eine solche kann auch dann vorliegen, wenn der Aufsichtsrat bewusst untätig bleibt, um damit einen bestimmten Erfolg zu erzielen;[430] dagegen liegt keine unternehmerische Entscheidung vor, wenn der Aufsichtsrat handelt, ohne eine bewusste Entscheidung zu treffen, oder wenn er schlicht und unreflektiert untätig bleibt.[431]

305 Im Rahmen **der Beratung des Vorstands** sowie der rückwärtsgerichteten Überwachung trifft der Aufsichtsrat in der Regel unmittelbar keine Entscheidungen, so dass bereits aus diesem Grund **kein Raum für eine Anwendung der** *business judgment rule* ist.[432] Ebenfalls scheiden nach hM aus die Erfüllung organschaftlicher Pflichtaufgaben, gesellschafts- und kapitalmarktrechtlicher Informationspflichten und gesetzlicher oder sich aus der Organstellung oder dem Anstellungsvertrag ergebender Pflichten, soweit letztere dem Aufsichtsrat kein Entscheidungsermessen belassen[433]; man spricht insoweit auch von sog. **Pflichtaufgaben** oder **gebundenen Entscheidungen.** Dies erscheint indes in dieser Absolutheit **nicht überzeugend:** Zwar hatte die Gesetzesbegründung zu dem neuen § 93 Abs. 1 Satz 2 und 3 insoweit klar abgegrenzt, dass von unternehmerischen Entscheidungen zu unterscheiden sei die „Beachtung gesetzlicher, satzungsmäßiger oder anstellungsvertraglicher Pflichten ohne Beurteilungsspielraum".[434] Auch hatte der BGH insoweit bereits in der ARAG/Garmenbeck-Entscheidung eindeutig Position bezogen und erklärt, eine die gerichtliche Nachprüfbarkeit beschränkende Entscheidungsprärogative des Aufsichtsrats gebe es nicht, wenn es um die Durchsetzbarkeit eines Schadensersatzanspruchs gegen den Vorstand gehe; der Aufsichtsrat habe hier kein Handlungsermessen, da er solche Ansprüche zu verfolgen verpflichtet sei und es somit nicht um die Entscheidung zwischen verschiedenen Handlungsmöglichkeiten gehe.[435] Verallgemeinernd ist damit gesagt, dass stets dann, wenn eine rechtliche Pflicht zum Handeln bestehe, keinen Raum mehr für ein unternehmerisches Ermessen sei. Dies überzeugt nicht, da auch im Rahmen gebundener Entscheidungen häufig **Positionen zu schwierigen Rechtsfragen eingenommen oder Prognoseentscheidungen getroffen werden** müssen. Der BGH selbst hat in der ARAG/Garmenbeck-Entscheidung sein Dogma gleich wieder aufgeweicht und zugestanden, dass es auch beim Bestehen von Ersatzansprüchen gegen Vorstandsmitglieder opportun sein könne, auf deren Verfolgung zu verzichten, wenn „gewichtige Interessen und Belange der Gesellschaft dafür sprechen, den ihr entstandenen Schaden ersatzlos hinzunehmen",[436] oder auch dann, wenn „auf der einen Seite das pflichtwidrige Verhalten nicht allzu schwerwiegend und die der Gesellschaft zugefügten Schäden verhältnismäßig gering sind, auf der anderen Seite jedoch einschneidende Folgen für das ersatzpflichtig gewordene Vorstandsmitglied drohen";[437] schließlich hat der BGH darauf hingewiesen, dass der Aufsichtsrat das Prozessrisiko sowie die Beitreibbarkeit der Forderung zu analysieren habe,[438] ihm aber auch insoweit „ein unternehmerisches Ermessen in dem vom Berufungsgericht angenommenen

---

[429] Kölner Komm AktG/*Mertens*/*Cahn* Rn. 68; MüKoAktG/*Habersack* Rn. 43; Grigoleit/*Grigoleit*/*Tomasic* Rn. 8; *Göppert* S. 129. *Langenbucher* DStR 2005, 2083 (2086) definiert als unternehmerische Entscheidung „jede Betätigung eines Vorstands im Außenverhältnis, mit welcher er von seiner aus § 76 Abs. 1 AktG folgenden Leitungsmacht Gebrauch macht, um den mit der AG verfolgten Unternehmenszweck auszufüllen." Die Beschränkung auf das Außenverhältnis erscheint indes nicht angemessen, da auch interne Umstrukturierungsmaßnahmen oder Personalrochaden durchaus auch den Charakter einer unternehmerischen Entscheidung haben können.
[430] Siehe insoweit MüKoAktG/*Spindler* § 93 Rn. 42: Das bewusste Nichtergreifen einer als zu riskant angesehenen Geschäftschance ist zweifelsfrei eine unternehmerische Entscheidung.
[431] Regierungsbegründung des UMAG, BT-Drs. 15/5092 vom 15.3.2005 S. 11, linke Spalte.
[432] MüKoAktG/*Habersack* Rn. 44.
[433] Spindler/Stilz/*Fleischer* § 93 Rn. 67.
[434] Regierungsbegründung des UMAG, BT-Drs. 15/5092 vom 15.3.2005 S. 11, linke Spalte.
[435] BGHZ 135, 244 (254). Zustimmend *Lutter*, FS Hoffmann-Becking, 2013, 747 (750 ff.) sowie *Holle* AG 2011, 778 (784).
[436] BGHZ 135, 244 (255) – ARAG/Garmenbeck.
[437] BGHZ 135, 244 (256) – ARAG/Garmenbeck.
[438] BGHZ 135, 244 (253) – ARAG/Garmenbeck.

Sinne" nicht zustehe.⁴³⁹ *Goette* hat im Rahmen seiner Erläuterung der tragenden Gedanken und Aussagen der ARAG/Garmenbeck-Entscheidung betont, dass der Aufsichtsrat nur auf einer ersten Prüfungsstufe verpflichtet sei, „wie ein unabhängiger Richter zu prüfen, ob die Gesellschaft einen Schaden erlitten hat, der durch ein Vorstandshandeln verursacht worden ist, das als schuldhafte Pflichtwidrigkeit eingestuft werden muss." Die Pflicht des Aufsichtsrats, im Interesse einer Wahrung des Unternehmenswohls das geschädigte Gesellschaftsvermögen wiederherzustellen, sei durch das vom BGH verwendete Wort „grundsätzlich" im Zusammenhang mit der Pflicht des Aufsichtsrats zur Wiederherstellung des Gesellschaftsvermögens relativiert; auf einer zweiten Stufe habe der Aufsichtsrat nämlich eine **Beitreibbarkeitsanalyse** durchzuführen sowie zu prüfen, ob es andere Gründe für ein Absehen von einer Beitreibung der Forderung gebe.⁴⁴⁰ Gebiete das Unternehmenswohl ein Absehen von der Verfolgung der Ersatzansprüche, so sei der Aufsichtsrat in seiner Entscheidung frei.⁴⁴¹

Dem folgend treten jene Literaturstimmen, die dem BGH folgen, dafür ein, dass auch **306** bei Pflichtaufgaben keine bedingungslose Handlungspflicht des Vorstands oder Aufsichtsrats besteht, sondern dem Organ zumindest ein **gewisses Handlungsermessen** zusteht;⁴⁴² hierbei ist allerdings zu berücksichtigen, dass der BGH und *Goette* dahin verstanden werden müssen, dass jedenfalls die Frage, ob das Unternehmenswohl ein Absehen von der Durchsetzung der Ersatzansprüche gebietet, **vollen Umfangs gerichtlich nachprüfbar** sein soll.

Damit ist gleichwohl der Boden bereitet für die **Gegenmeinung**, welche die vom BGH **307** angestellte Differenzierung ablehnt und auch **bei gebundenen Entscheidungen** des Vorstands oder des Aufsichtsrats noch die **Möglichkeit eines Handlungsermessens** sieht und damit die Annahme einer unternehmerischen Entscheidung für möglich hält, dies unter Hinweis darauf, dass Unsicherheiten nicht nur über die künftige Entwicklung, sondern auch und gerade bei der Einschätzung der Rechtslage im Zusammenhang mit einer zu treffenden gebundenen Entscheidung bestehen können.⁴⁴³ Besonders deutlich wird dies etwa bei der Insolvenzantragspflicht: Im Falle der Zahlungsunfähigkeit oder der Überschuldung einer juristischen Person sind die organschaftlichen Vertreter, und ist im Falle der Führungslosigkeit einer Aktiengesellschaft jedes Mitglied des Aufsichtsrats, verpflichtet, ohne schuldhaftes Zögern, spätestens aber innerhalb von drei Wochen einen Insolvenzeröffnungsantrag zu stellen (§ 15a Abs. 1 S. 1, Abs. 3 InsO). Ob allerdings ein Insolvenzgrund vorliegt, ist keine binäre Entscheidung, sondern erfordert zB im Falle der Überschuldung eine Entscheidung darüber, ob für die Gesellschaft noch eine **positive Fortführungsprognose** abgegeben werden kann, nämlich ob die erfolgreiche Fortführung des Unternehmens überwiegend wahrscheinlich ist.⁴⁴⁴ Eine solche Entscheidung ist auf die Zukunft gerichtet und mit zahlreichen Unsicherheiten behaftet, weshalb es sich zweifelsfrei um eine unternehmerische Entscheidung handelt,⁴⁴⁵ ungeachtet der rechtlichen Handlungspflicht von Vorstand bzw Aufsichtsrat im Falle des Bestehens einer Insolvenzrei-

---

⁴³⁹ BGHZ 135, 244 (255) – ARAG/Garmenbeck.
⁴⁴⁰ *Goette*, Liber Amicorum Winter, 2011, 153 (156 ff.). Dagegen *Lutter*, FS Hoffmann-Becking, 2013, 747 (752 f.).
⁴⁴¹ *Goette*, Liber Amicorum Winter, 2011, 153 (161). Diese Aussage erscheint allerdings in sich widersprüchlich: Wenn das Unternehmenswohl ein Absehen von der Verfolgung der Ersatzansprüche „gebietet", bleibt kein Raum für eine Entscheidungsfreiheit des Aufsichtsrats, sondern muss er von einer Durchsetzung absehen; andernfalls würde er gegen das Unternehmenswohl handeln.
⁴⁴² Dies hat der BGH in seiner gerade erwähnten Entscheidung auch angedeutet, BGHZ 135, 244 (256). Vgl. Spindler/Stilz/*Fleischer* § 93 Rn. 68; Grigoleit/Grigoleit/*Tomasic* § 93 Rn. 17; *Bicker* AG 2014, 8 f.; *Holle* AG 2011, 778 (780 ff.) lehnt bei Pflichtaufgaben die Möglichkeit unternehmerischen Ermessens kompromisslos ab und billigt den Organen lediglich einen gerichtlich vollen Umfangs nachprüfbaren Beurteilungsspielraum zu.
⁴⁴³ Kölner Komm AktG *Mertens/Cahn* Rn. 69; *Cahn* Der Konzern 2015, 105 (107 ff.); *Kocher* CCZ 2009, 215 (216 ff.). AA *Lutter* FS Hoffmann-Becking, 2013, 747 (752 f.).
⁴⁴⁴ § 19 Abs. 2 S. 1 InsO; *Karsten Schmidt* InsO § 19 Rn. 46 ff.
⁴⁴⁵ *Brömmelmeyer* WM 2005, 2065 (2066).

fe. Die sorgfältig handelnden Organe benötigen auch und gerade in solchen Fällen einen Ermessensspielraum;[446] Zweifel und Unsicherheiten gibt es in Fällen wie dem gerade genannten bereits hinsichtlich des Bestehens oder Nichtbestehens einer rechtlichen Handlungspflicht bzw. hinsichtlich der Richtigkeit der zu treffenden Entscheidung,[447] weshalb auch kein verantwortlich handelndes, gut beratenes Organ eine solche Entscheidung ohne gutachtliche Absicherung durch Experten wie Insolvenzrechtler, Wirtschaftsprüfer und Unternehmensberater trifft.[448]

308 Wenn zB ein Schadensersatzanspruch gegen ein Vorstandsmitglied zweifelsfrei besteht und daher grundsätzlich eine Pflicht des Aufsichtsrats gegeben ist, diesen Anspruch zu verfolgen,[449] können, wie vom BGH selbst angedeutet, Gründe des Unternehmensinteresses, eine Abwägung des zu erwartenden Aufwands gegen den realistischen Ertrag und schließlich auch die Frage der Leistungsfähigkeit des Vorstandsmitglieds den Aufsichtsrat dazu veranlassen, von der Verfolgung des Anspruchs abzusehen. Hierbei handelt es sich ebenso um eine mit Unsicherheiten behaftete Entscheidung wie bei den allgemein als solchen anerkannten unternehmerischen Entscheidungen. Es erscheint daher geboten, die ***business judgment rule* auch auf gebundene Entscheidungen anzuwenden,**[450] auch wenn dies nicht dem – allerdings nur in der Regierungsbegründung zum Ausdruck gekommenen – historischen Willen des Gesetzgebers entspricht.

309 **bb) Handeln zum Wohle der Gesellschaft.** Stets erforderlich ist, dass Vorstand und Aufsichtsrat beim Treffen einer unternehmerischen Entscheidung das Wohl des Unterneh-

---

[446] So auch der BGH in BGHZ 126, 181 (199) für die GmbH; dazu *Kaulich* S. 176 f. Ebenso Kölner Komm AktG/*Mertens/Cahn* Rn. 70 sowie *Cahn* WM 2013, 1293 (1294); *Buck-Heeb* BB 2013, 2247 (2250 ff.). Nach *Jungmann* NZI 2009, 80 (83 ff.) schützt die *business judgment rule* in der Insolvenz des Unternehmens weder den Insolvenzverwalter noch, bei Eigenverwaltung, die Vorstandsmitglieder, da in der Insolvenz die Interessen aller Verfahrensbeteiligten, nicht dagegen nur die der Aktionäre, zu beachten seien und sich das Interesse der Gesellschaftsgläubiger ausschließlich auf die Befriedigung ihrer Forderungen richte. Zur Haftung des Sachwalters in der Eigenverwaltung *Bachmann* ZIP 2015, 101 ff.
[447] *Bachmann* Gutachten E 50. DJT, 2014, S. E 44 f. plädiert in solchen Fällen auch für eine Privilegierung des handelnden Vorstands, sei es, mit der Rechtsprechung, auf der Verschuldensebene, sei es, mit der Lehre, durch Ablehnen einer Pflichtverletzung.
[448] Nach BGH NZG 2012, 672 Rn. 15 f., 21 = GmbHR 2012, 746 mAnm *Blöse* hat der für die Prüfung einer Insolvenzreife nicht hinreichend sachkundige Geschäftsführer einer GmbH bei Anzeichen einer Krise unverzüglich unter umfassender Darstellung der Verhältnisse der Gesellschaft und Offenlegung aller erforderlichen Unterlagen einer unabhängigen, fachlich qualifizierten Person einen entsprechenden Prüfungsauftrag zu erteilen und auf darauf hinzuwirken, dass das Prüfungsergebnis unverzüglich vorgelegt wird. Dazu *Hans-Friedrich Müller* NZG 2012, 981 sowie *Römermann* GmbHR 2012, 513 ff.; vgl. ferner *Binder* AG 2012, 885 ff., *Decker* GmbHR 2014, 72 ff. sowie *Peters* AG 2010, 811 (814 ff.). Vgl. ferner die Entscheidung des IX. Senats des BGH GmbHR 2013, 543 Rn. 21 ff., in der dieser festgestellt hat, dass ein übliches steuerliches Dauerberatungsmandat den Steuerberater nicht verpflichtet, die Mandantin bei einer Unterdeckung in der Handelsbilanz auf die Pflicht ihres Geschäftsführers hinzuweisen, zu überprüfen oder überprüfen zu lassen, ob eine Insolvenzreife bestehe; hierbei hat der BGH (Rn. 24 ff.) zugleich darauf hingewiesen, dass den Berater auch keine entsprechende drittschützende Pflicht gegenüber dem Geschäftsführer treffe.
[449] Vgl. dazu ausführlich *Mertens*, FS Karsten Schmidt, 2009, 1183 ff.
[450] *Kocher* CCZ 2009, 215 (216 ff.); *Paefgen* AG 2008, 761 (762 ff.). *Mertens/Cahn* in MüKo AktG Rn. 69 sowie *Cahn* WM 2013, 1293 (1294 f.) wollen Entscheidungen, bei denen es auf die Antwort auf eine Rechtsfrage ankommt, aus dem Anwendungsbereich der *business judgment rule* ausklammern, deren tragende Rechtsgedanken aber gleichwohl anwenden. Ähnlich *Hasselbach/Ebbinghaus* 2014, 873, 883 und *Spindler*, FS Canaris, 2007, Bd. II, 403 (420 f.). AA *Holle* AG 2011, 778 (780 ff.) sowie im Grundsatz *Kaulich* S. 174 ff., der die Anwendbarkeit des § 93 Abs. 1 S. 2 beschränkt wissen will „auf solche Normen, in denen sich die Konkretisierung des Unternehmensinteresses niederschlägt und die darüber hinaus das Verbandsinnenrecht zum Regelungsgegenstand haben". *Cahn* Der Konzern 2015, 105 ff. und *Harnos* S. 108 ff. und S. 115 ff. unterscheidet zwischen Außen- und Innenhaftung, wobei *Harnos* jedoch am Beispiel des Kartellrechts in beiden Fällen einen Beurteilungsspielraum ablehnt, auf einer strikten Einhaltung des Legalitätsprinzips besteht und stattdessen eine „Lösung auf der Verschuldensebene" empfiehlt. *Bachmann* (WM 2015, 105, 107) kommt zu dem gleichen Ergebnis wie hier vorgeschlagen, indem er dafür plädiert, auch außerhalb des Anwendungsbereichs der *business judgment rule* ein haftungsfreies Ermessen anzunehmen. *Koch* (NZG 2014, 934, 941) lehnt jegliches Entscheidungsermessen des Aufsichtsrats ab, kommt somit zu einer vollen rechtlichen Überprüfbarkeit der Entscheidung, hilft den Aufsichtsratsmitgliedern bei Fehlentscheidungen trotz sorgfältigen Vorgehens aber mit der Annahme eines fehlenden Verschuldens.

mens im Auge haben; tun sie dies nicht, sondern handeln sie aus sachfremden Erwägungen, zB nur, um einen Wettbewerber zu benachteiligen, so gebührt ihnen kein Schutz vor einer Fehlentscheidung.

cc) Handeln auf der Grundlage angemessener Informationen. Eine gute Entscheidung bedarf einer guten Faktenbasis; Entscheidungen ins Blaue hinein können nur mit Glück zu einem guten Ergebnis führen. Das handelnde Organ muss sich daher angemessen informieren, bevor es eine unternehmerische Entscheidung trifft. Der **BGH** hat im Zusammenhang mit den Sorgfaltspflichten eines GmbH-Geschäftsführers formuliert, dieser habe, um ein unternehmerisches Ermessen in Anspruch nehmen zu können, „in der konkreten Entscheidungssituation alle verfügbaren Informationsquellen tatsächlicher und rechtlicher Art auszuschöpfen";[451] hieraus wird zum Teil gefolgert, dass auch im Rahmen der tatbestandlichen Voraussetzungen einer Anwendung der *business judgment rule* **alle verfügbaren Informationen** nutzbar gemacht werden müssten. Dies schösse jedoch über das Ziel hinaus, denn gerade angesichts der im Zeitalter des Internets schier unbegrenzten verfügbaren Informationen wird es selten möglich sein, tatsächlich alle verfügbaren Informationen zu beschaffen und auszuwerten; häufig wäre dies auch ineffizient und würde zu unnötigen oder sogar schädlichen Verzögerungen führen.[452] Es erscheint daher geboten, sich an den Gesetzeswortlaut zu halten und nur zu verlangen, dass die eingeholten und ausgewerteten **Informationen angemessen** sind;[453] damit trägt man auch flexibel den Bedürfnissen des Einzelfalles Rechnung und ermöglicht es dem handelnden Organ, im konkreten Fall in dem Umfang Informationen zusammenzutragen, welcher der zu treffenden Entscheidung angemessen und erforderlich ist.[454] Insbesondere ist nicht zu verlangen, dass der Aufsichtsrat seine Entscheidung auf einer gleich breiten Informationsbasis wie der Vorstand trifft, vielmehr darf er sich grundsätzlich auf die ihm vom Vorstand zu Verfügung gestellten Informationen verlassen, solange er nicht Anlass hat, daran zu zweifeln, dass er ausreichend informiert wird.[455] Es trifft allerdings nicht zu, dass auch der BGH selbst in jüngeren Entscheidungen nicht mehr die Beschaffung aller verfügbaren Informationen verlangt habe,[456] vielmehr hat er noch jüngst die gleichen Worte verwendet wie in der früheren Entscheidung;[457] dieser Rechtsprechung ist mithin Rechnung zu tragen, soweit dies in der konkreten Situation möglich ist.

dd) Handeln frei von Interessenkonflikten. Nicht im Wortlaut der Vorschrift enthalten ist, unstreitig jedoch ebenfalls zu verlangen ist, dass das Organmitglied frei von Interessenkonflikten handelt;[458] der Gesetzgeber hielt dies für so offensichtlich, dass er davon abgesehen hat, dies auch in der Vorschrift auszuformulieren.[459] Es entspricht in der Tat

---

[451] BGH NJW 2008, 3361 = NZG 2008, 751 = ZIP 2008, 1675 Rn. 11; ebenso BGH NJW 2013, 3636 Rn. 30.
[452] *Kindler*, FS Goette, 2011, 231 (232 f.).
[453] *Balthasar/Hamelmann* WM 2010, 589 (591 f.); *Kindler*, FS Goette, 2011, 231 (233); *Hüffer/Koch* Rn. 20.
[454] Vgl. *Kocher* CCZ 2009, 215 (220 f.). Weitergehend *Druey* (FS Goette, 2011, 57 (65)), der ausruft „Informationsbeschaffung ist business judgment par excellence" und fordert, die *business judgment rule* müsse dorthin expandieren, wo sie gerade nicht gelten solle, nämlich in ihre Voraussetzungen hinein. Dies legt den Finger auf die Wunde der dem Organmitglied auferlegten Beweislast hinsichtlich des Vorliegens dieser Voraussetzungen; siehe dazu sogleich bei → Rn. 316.
[455] *Lang/Balzer* WM 2012, 1167 (1173 f.). Zur Informationsversorgung des Aufsichtsrats *Hüffer* NZG 2007, 47 (48 ff.) sowie *v. Schenck* in Semler/v. Schenck AR-HdB § 7 Rn. 44 ff. Vgl. ferner *Hemeling* (ZHR 175 (2011), 368 (378)) zu den Anforderungen an eine Entscheidungsvorlage für den Vorstand.
[456] *Hüffer/Koch* Rn. 20. So aber *Bachmann* ZHR 177 (2013) 1 (3 f.) unter Berufung auf BGH NZG 2009, 117 f., doch hatte der BGH in dieser Entscheidung keinen Anlass, die Notwendigkeit der Ausschöpfung sämtlicher Informationsquellen zu postulieren, da er feststellen konnte, dass der Vorstand bereits die Einholung ganz elementarer Informationen unterlassen hatte.
[457] BGH NJW 2013, 3636 Rn. 30 unter ausdrücklicher Berufung auf BGH ZIP 2008, 1675 Rn. 11.
[458] Kölner Komm AktG/*Mertens/Cahn* § 93 Rn. 25 ff.; MüKoAktG/*Spindler* § 93 Rn. 54 ff.; Spindler/Stilz/*Fleischer* § 93 Rn. 72; K. Schmidt/Lutter/*Krieger/Sailer-Coceani* § 93 Rn. 15; *Hüffer/Koch* § 93 Rn. 24 f.; Hölters/*Hölters* § 93 Rn. 38; Bürgers/Körber/*Bürgers/Israel* § 93 Rn. 14.
[459] So die Regierungsbegründung des UMAG, BT-Drs. 15/5092 vom 15.3.2005 S. 11, rechte Spalte.

bereits der Treupflicht jedes Organmitglieds, im Rahmen seiner Tätigkeit für das Unternehmen **frei von Eigeninteressen** zu handeln, mithin seine Interessen hinter die des Unternehmens zurückzustellen.[460] Es geht dabei letztlich um die Integrität der von den Organen des Unternehmens getroffenen Entscheidungen. Hierbei ist zu berücksichtigen, dass die Ausgangslage bei den Mitgliedern des Aufsichtsrats eine andere ist als bei den Mitgliedern des Vorstands: Da Aufsichtsratsmitglieder von wenigen Ausnahmen abgesehen nur nebenamtlich tätig sind, sie also zwangsläufig beruflich parallel auch andere Interessen verfolgen, besteht bei ihnen ein höheres Risiko von Interessenkonflikten als bei den in der Regel hauptamtlich tätigen Vorstandsmitgliedern; neben die aus Eigeninteressen potentiell resultierenden Interessenkollisionen treten **Pflichtenkollisionen** aus weiteren, potentiell kollidierenden Pflichtenbindungen des einzelnen Aufsichtsratsmitglieds.[461] Allerdings ergeben sich bei der Behandlung von Interessenkollisionen einerseits und Pflichtenkollisionen andererseits keine Unterschiede,[462] weshalb im Folgenden nur von Interessenkonflikten gesprochen wird.

312   Das AktG enthält **keine generelle Regelung für den Umgang mit Interessenkonflikten von Organmitgliedern;** es befasst sich damit nur punktuell, wenn es etwa ein Stimmverbot bei eigener Betroffenheit wie der Entlastung anordnet (§ 136 Abs. 1), Wettbewerbsverbote für Vorstandsmitglieder festlegt (§ 88) oder es ausschließt, dass ein Mitglied des Aufsichtsrats zugleich auch Mitglied des Vorstands, dauernd Stellvertreter von Vorstandsmitgliedern, Prokurist oder Handlungsbevollmächtigter desselben Unternehmens sein kann (§ 105 Abs. 1). Allerdings gebietet es bereits die **Treupflicht** und empfiehlt auch der Kodex Aufsichtsratsmitgliedern, einen in ihrer Person bestehenden Interessenkonflikt dem Aufsichtsrat **offenzulegen,** was entweder durch Mitteilung an den Aufsichtsratsvorsitzenden, der sodann die übrigen Mitglieder zu informieren hat, oder gegenüber dem Plenum erfolgen kann; zudem empfiehlt der Kodex dem Aufsichtsrat, in seinem Bericht an die Hauptversammlung über aufgetretene Interessenkonflikte und deren Behandlung zu berichten (Ziff. 5.5.3 S. 1 DCGK). Damit ist es jedoch nicht getan; abhängig von Schwere und Dauer des Interessenkonflikts muss das Aufsichtsratsmitglied auf eine **Teilnahme an der Abstimmung** über den Tagesordnungspunkt, hinsichtlich dessen es sich in einem Interessenkonflikt befindet, **verzichten** und sich auch **aus der Beratung und dem Informationsfluss** zu diesem Gegenstand **zurückziehen.**[463] Bei einem andauernden wesentlichen Interessenkonflikt wird an einer **Niederlegung des Amtes** kein Weg vorbeiführen, wie dies auch der Kodex empfiehlt (Ziff. 5.5.3 S. 2 DCGK). Verhält sich das betroffene Aufsichtsratsmitglied nicht entsprechend diesen Vorgaben, hat der Aufsichtsratsvorsitzende oder jedes andere Aufsichtsratsmitglied darauf hinzuwirken, dass entsprechend verfahren wird, notfalls durch einen entsprechenden Beschluss des Aufsichtsrats. Das grundsätzlich unentziehbare Recht jedes Aufsichtsratsmitglieds zur Teilnahme an den Aufsichtsratssitzungen muss insoweit zurückstehen.[464]

313   Nimmt ein Aufsichtsratsmitglied, in dessen Person ein nicht nur unwesentlicher oder vorübergehender Interessenkonflikt besteht, an Informationsfluss, Beratung und Beschlussfassung zu einem Tagesordnungspunkt, hinsichtlich dessen der Interessenkonflikt besteht, teil, so stellt sich die Frage, ob dies zur Folge hat, dass nicht nur dem betroffenen, **sondern auch den anderen Aufsichtsratsmitgliedern der Schutz der** *business judgment rule* **entzogen** wird.[465] Bei einem leichten Interessenkonflikt mag eine bloße Offenlegung gegenüber dem Aufsichtsrat ohne das Ziehen weiterer Konsequenzen genügen, um den

---

[460] *Seibt,* FS Hopt, 2010, Bd. 1, 1363 (1370 f.); *Dreher* JZ 1990, 896 ff.
[461] Vgl. hierzu ausführlich *Seibt,* FS Hopt, 2010, Bd. 1, 1363 ff.
[462] *Seibt,* FS Hopt, 2010, Bd. 1, 1363 (1365); MüKoAktG/*Habersack* § 100 Rn. 85.
[463] Ausführlich hierzu *Seibt,* FS Hopt, 2010, Bd. 1, 1362 ff.
[464] Kölner Komm AktG/*Mertens/Cahn* § 109 Rn. 13 f.; MüKoAktG/*Habersack* § 109 Rn. 10. AA *Behr* AG 1984, 281 (285 ff.), der ein Ausschlussrecht des Aufsichtsrats nur bei gröblichster Störung des Sitzungsablaufs für zulässig hält.
[465] Grundlegend in diesem Sinne *Lutter,* FS Canaris, 2007, 245 (254); ebenso MüKoAktG/*Habersack* § 93 Rn. 61.

nicht betroffenen Aufsichtsratsmitgliedern die Anwendung der *business judgment rule* zu erhalten; handelt es sich dagegen um einen wesentlichen Interessenkonflikt, wird der dargestellte Ausschluss von der Beschlussfassung und gegebenenfalls auch von dem Informationsfluss und der Beratung zu verlangen sein, um sicherzustellen, dass die nicht betroffenen Aufsichtsratsmitglieder nicht durch die Befangenheit des einen Aufsichtsratsmitglieds infiziert werden.[466] Zu weitgehend erscheint es dagegen, eine solche Infektion der anderen Aufsichtsratsmitglieder auch dann anzunehmen, wenn diesen der Interessenkonflikt eines Aufsichtsratsmitglieds nicht bekannt ist,[467] jedenfalls sofern man ihnen oder dem Aufsichtsrat insgesamt nicht vorwerfen kann, mit Interessenkonflikten generell lax umgegangen zu sein und keine Bemühungen zu deren Vermeidung oder Offenlegung unternommen zu haben.[468]

Ist dem betroffenen Aufsichtsratsmitglied der in seiner Person bestehende **Interessenkonflikt nicht bekannt,** kann sein Handeln auch nicht durch fremde Interessen beeinflusst worden sein, weshalb in einem solchen Fall eine Anwendung der *business judgment rule* nicht wegen Bestehens eines Interessenkonflikts entfällt,[469] doch trägt das betroffene Aufsichtsratsmitglied die Darlegungslast für seine Gutgläubigkeit. Diese wird in der Gesetzesbegründung ausdrücklich vorausgesetzt, ist aber in der Vorschrift nicht ausdrücklich erwähnt.[470]

ee) „vernünftigerweise annehmen". Ihrem Wortlaut nach verlangt die Vorschrift schließlich, dass das Organmitglied „vernünftigerweise annehmen durfte, auf der Grundlage angemessener Informationen zum Wohle der Gesellschaft zu handeln". Die Formulierung „vernünftigerweise annehmen" bedeutet eine gewisse Verschärfung gegenüber dem ursprünglichen Vorschlag des Referentenentwurfs, ein Handeln „ohne grobe Fahrlässigkeit" zu verlangen, da kritische Stimmen in der Wissenschaft darin eine Vermengung von Pflichten- und Sorgfaltsmaßstab gesehen hatten.[471] Problematisch und verunglückt erscheint indes die Wortstellung; so hat *Goette* darauf hingewiesen, dass die Vorschrift richtigerweise lauten müsste: „Eine Pflichtverletzung liegt nicht vor, wenn das Vorstandsmitglied bei einer unternehmerischen Entscheidung auf der Grundlage angemessener Informationen vernünftigerweise annehmen durfte, zum Wohle der Gesellschaft zu handeln."[472] Diese Auslegung, die bereits **für die „vernünftige Annahme" eine angemessene Informationsgrundlage verlangt,** erscheint jedenfalls dann vorzugswürdig, wenn, wie oben → Rn. 310 ausgeführt, tatsächlich eine Entscheidung nur auf der Grundlage angemessener, nicht dagegen aller verfügbaren Informationen verlangt wird.

ff) **Haftungsprivilegierung?** Nach schriftlicher Niederlegung der *business judgment rule* in Satz 2 des § 93 Abs. 1 ist vielfach von einer Haftungserleichterung und einem *safe haven* gesprochen und geschrieben worden.[473] Dies beruht auf einem Missverständnis oder ist zumindest **eine Übertreibung.**[474] Zum einen hat es eine Erfolgshaftung von Organmit-

---

[466] *Diekmann/Fleischmann* AG 2013, 141 (149). AA *Löbbe/Fischbach* AG 2014, 717 (727 f.).
[467] *Löbbe/Fischbach* AG 2014, 717 (726 f.); *Paefgen* AG 2014, 554 (564). *Koch* (in Hüffer/*Koch* § 93 Rn. 26 sowie ZGR 2014, 697 (708 f.)) lehnt zwar ein Infizieren des den Interessenkonflikt des Kollegen nicht kennenden Organmitglieds ab, sieht aber die Entscheidung des Organs als infiziert an und fordert für diese daher die volle richterliche Kontrolle. Für ein Infizieren auch des gutgläubigen Organmitglieds aber *Lutter,* FS Canaris, 2007, Bd. II, 245 (249) und *Blasche* AG 2010, 692 (695).
[468] Gegen eine Anwendung der *business judgment rule* auch beim Bestehen von Interessenkonflikten spricht sich aus *Kern* ZVglRWiss 112 (2013), 70 ff.
[469] *Lutter,* FS Canaris, 2007, Bd. II, 245 (247).
[470] Vgl. hierzu Kölner Komm AktG/*Mertens/Cahn* § 93 Rn. 27.
[471] Regierungsbegründung des UMAG, BT-Drs. 15/5092 vom 15.3.2005 S. 11, rechte Spalte; dazu *Ulmer* DB 2004, 859 (862); *Ihrig* WM 2004, 2098 (2106); *v. Falkenhausen* NZG 2012, 644 (648 f.); *Spindler* AG 2013, 889 (892).
[472] *Goette* ZGR 2008, 436 (448 Fn. 46).
[473] Vgl. die Regierungsbegründung des UMAG, BT-Drs. 15/5092 vom 15.3.2005 S. 11, linke Spalte; Hüffer/*Koch* Rn. 14; *Habersack* ZHR 177 (2013), 782 (798); MüKoAktG/*Spindler* § 93 Rn. 80; Spindler/Stilz/*Fleischer* § 93 Rn. 65; *Berwanger* Der Aufsichtsrat 2014, 2; *Bachmann* ZHR 177 (2013), 1.
[474] Grundlegend in diesem Sinne *v. Falkenhausen* NZG 2012, 644 (649) sowie *Cahn* WM 2013, 1293 (1295) und Der Konzern 2015, 105 (109 ff.).

gliedern schon vor der gesetzlichen Regelung der *business judgment rule* nicht gegeben (→ Rn. 301), zum anderen greift auch nicht automatisch eine Haftung wegen Pflichtverletzung, wenn die Entscheidung eines Vorstands oder Aufsichtsrats zu einem Schaden des Unternehmens führt und die Voraussetzungen der *business judgment rule* nicht gegeben sind; entscheidend aber ist, dass die Annahme pflichtgemäßen Handelns nur bei Erfüllung aller dargelegten Voraussetzungen der *business judgment rule* gilt, wofür das handelnde Organmitglied beweispflichtig ist.[475] Der rettende *safe haven* ist somit erst nach Umschiffen einer Mehrzahl von Klippen und Untiefen erreicht, während bei dem amerikanischen Pendant im Falle einer unternehmerischen Entscheidung das Vorliegen der entlastenden Tatbestandsmerkmale zu Gunsten des Organmitglieds vermutet wird und mithin beweispflichtig ist, wer deren Nichtvorliegen behauptet.[476] Den somit **erforderlichen Beweis normkonformen Handelns** zu erbringen, wird nicht immer einfach sein und macht es umso dringlicher, beim Treffen unternehmerischer Entscheidungen dafür Sorge zu tragen und soweit möglich zu dokumentieren, dass alle Tatbestandsvoraussetzungen der *business judgment rule* gegeben sind und insbesondere kein Interessenkonflikt besteht.[477] Besteht dagegen am Vorliegen aller Voraussetzungen der *business judgment rule* kein Zweifel, kann ein Vorwurf pflichtwidrigen Verhaltens nicht mehr erhoben werden.

317 Ist ein einzelnes Tatbestandsmerkmal der *business judgment rule* nicht erfüllt, entfällt die Annahme pflichtgemäßen Verhaltens des Organmitglieds, doch unterliegt es damit dennoch nicht einer Erfolgshaftung;[478] das Organmitglied kann und muss nun aber gemäß der **allgemeinen Beweisregel** des § 93 Abs. 2 S. 2 darlegen, dass es gleichwohl die Sorgfalt eines ordentlichen und gewissenhaften Kaufmanns angewandt hat.[479]

318 Auch der **Nachweis pflichtgemäßen Alternativverhaltens** ist möglich, das Organmitglied kann sich somit entlasten, wenn es darlegen kann, dass der Schaden auch bei pflichtgemäßem Verhalten eingetreten wäre,[480] es sei denn, es hat gegen geltende Kompetenz-, Organisations- oder Verhaltensregeln verstoßen.[481] Angesichts dessen jedoch, dass in der Regel nicht das einzelne Aufsichtsratsmitglied, sondern der Aufsichtsrat durch Beschluss handelt, wird eine solche Berufung auf ein pflichtgemäßes Alternativverhalten nur selten möglich sein: Das einzelne Aufsichtsratsmitglied kann sich nämlich nicht darauf berufen, seine Stimme sei für das Abstimmungsergebnis nicht kausal gewesen,[482] denn damit könnte sich dann jedes Aufsichtsratsmitglied, das ebenso abgestimmt hat, exkulpieren; die dogmatische Begründung ist schwierig, kann aber mit *Fleischer*[483] über die deliktsrechtliche Vorschrift des § 830 Abs. 1 Satz 2 BGB gefunden werden, die bei Unklarheit darüber, wer von mehreren Beteiligten einen Schaden verursacht hat, jeden einzelnen verantwortlich macht.[484]

319 Besteht ein **Interessenkonflikt** und entfällt deswegen eine Anwendung der *business judgment rule* bei einem, mehreren oder allen Mitgliedern des Gremiums (→ Rn. 313), so ist dadurch eine Pflichtverletzung des betroffenen Mitglieds nicht indiziert, doch ist die **Pflichtgemäßheit seines Verhaltens gerichtlich vollen Umfangs nachprüfbar.**[485]

---

[475] *Habersack* ZHR 177 (2013), 782 (799); *Bachmann* ZHR 177 (2013), 1 (7 f.); *Druey* (FS Goette, 2011, 57 (69, 70 ff. sowie 64 ff.)) spricht zurecht von einer „Dokumentationsobliegenheit" des handelnden Organs, zweifelt insgesamt eine Privilegierung durch die *business judgment rule* an und ruft dazu auf, sie zu vergessen oder sie auch auf einer zweiten Ebene, nämlich jener der Informationsbeschaffung durch das Organ, anzuwenden.
[476] *Brömmelmeyer* WM 2005, 2065 f.
[477] Vgl. *Herrmann/Olufs/Barth* BB 2012, 1935 (1941); *Hoffmann* AG 2012, 478 f.; *Habersack* ZHR 177 (2013), 782 (798); vgl. auch *Constantin Goette* DStR 2014, 1776 (1779) für Unternehmenskäufe.
[478] *Cahn* WM 2013, 1293 (1295).
[479] *Scholderer* NZG 2012, 168 (175).
[480] Spindler/Stilz/*Fleischer* § 93 Rn. 216; MüKoAktG/*Spindler* § 93 Rn. 156.
[481] Spindler/Stilz/*Fleischer* § 93 Rn. 216; MüKoAktG/*Spindler* § 93 Rn. 156.
[482] Spindler/Stilz/*Fleischer* § 93 Rn. 217; MüKoAktG/*Spindler* § 93 Rn. 157.
[483] BB 2004, 2645 (2646 f.) sowie in Spindler/Stilz/*Fleischer* § 93 Rn. 217.
[484] Ebenso MüKoAktG/*Spindler* § 93 Rn. 157.
[485] *Lutter*, FS Canaris, 2007, Bd. II, 245 (247); MüKoAktG/*Spindler* § 93 Rn. 46 aE.

d) Fehlende Entscheidungsspielräume („Ermessensreduzierung auf Null""). Vorstand und Aufsichtsrat dürfen ihr Ermessen **nur** einsetzen, **wenn ein Ermessensspielraum besteht**. Wenn aus tatsächlichen oder rechtlichen Gründen kein Spielraum gegeben ist, darf ein Ermessen nicht in Anspruch genommen werden. Ein Organmitglied, das dies dennoch tut, verletzt seine Sorgfaltspflicht. In solchen Fällen wird gelegentlich von einer „Ermessensreduzierung auf Null" gesprochen. Diese Ausdrucksweise ist irreführend. Wenn kein Ermessensspielraum vorhanden ist, kann nichts reduziert werden. 320

e) Grenzen zulässiger Ermessensausübung. Der Vorstand eines Unternehmens hat von Rechts wegen einen **weiten Handlungsspielraum**.[486] Er soll in Erfüllung seiner Sorgfaltspflicht die Ressourcen des Unternehmens und die Chancen der Märkte voll nutzen und damit die Entwicklung des Unternehmens nach besten Kräften fördern. Er darf nach eigenem Ermessen sich bietende Chancen nutzen und dabei auch Risiken eingehen. 321

Der **Vorstand** muss handeln. Wer als Vorstand sich bietende Chancen nicht ergreift, weil er die damit verbundenen Risiken fürchtet, läuft Gefahr, seine Sorgfaltspflicht zu verletzen.[487] Allgemeine Untätigkeit vermeidet zwar möglicherweise Risiken, lässt aber auch Chancen ungenutzt. Wer von einem bestehenden Entscheidungsspielraum aus Angst keinen Gebrauch macht, verletzt seine Sorgfaltspflicht wegen **Ermessensunterschreitung**. 322

Auch der **Aufsichtsrat** ist zum Handeln und nicht zur Untätigkeit bestimmt. Er muss den Vorstand zum Handeln antreiben, wenn der Vorstand nicht von sich aus aktiv wird. Allerdings kann ein Unternehmen auf die Dauer mit „Pferden, die man zum Saufen treiben muss", nichts anfangen. Es werden sich Personalfragen stellen, die der Aufsichtsrat beantworten muss. So oder so gebietet die Sorgfaltspflicht dem Aufsichtsrat, bei mangelnder Handlungsbereitschaft des Vorstands aktiv zu werden. 323

Umgekehrt darf der **Vorstand** aber auch nicht nach eigenem Ermessen handeln, wenn das Gesetz ihm **keinen Ermessensspielraum** zur Verfügung stellt. Ob der Vorstand den Unternehmensgegenstand oder die Gewinnerzielungsvorgabe beachtet, unterliegt nicht dem Ermessen des Vorstands. Ebenso wenig darf er sein Ermessen in weiterem Maße walten lassen, als es ihm von der Rechtsordnung eingeräumt ist. Eine **Ermessensüberschreitung** gestattet das Gesetz nicht. 324

Der **Aufsichtsrat** muss darauf achten, dass der Vorstand sich bei der Ausübung von Ermessen in den Grenzen der Rechtsordnung hält. Tut der Aufsichtsrat dies nicht, läuft er Gefahr, seine Sorgfaltspflicht zu verletzen. 325

III. Ausübung der Personalkompetenz gegenüber Vorstandsmitgliedern und Vertragsabschluss mit dem Abschlussprüfer

Die **Ausübung der Personalkompetenz** ist die wohl **wichtigste Aufgabe** des Aufsichtsrats.[488] Ein Aufsichtsrat, der hier versagt, kann im Allgemeinen durch noch so eifrige Überwachung sein vorhergehendes Versäumnis nicht wieder gutmachen. 326

1. Erstmalige Bestellung eines Vorstandsmitglieds. Die Aufgabe, **nach geeigneten Kandidaten** für den Vorstandsposten **zu suchen** und mit diesen Kontakt aufzunehmen, ist nach Auffassung des Schrifttums rechtlich eine **Aufgabe des Gesamtaufsichtsrats**. Sie gehört nicht zu den individuellen Pflichten des einzelnen Mitglieds, auch nicht des Aufsichtsvorsitzenden.[489] 327

Praktisch ist die Situation anders.[490] Zwar liegt die Verantwortung für die Bestellung der richtigen Person beim Gesamtaufsichtsrat. Die gebotene sorgfältige **Vorbereitung** kann 328

---

[486] BGHZ 135, 244 (253) – ARAG/Garmenbeck.
[487] Vgl. MüKoAktG/*Spindler* § 93 Rn. 52.
[488] *Fonk* in Semler/v. Schenck AR-HdB § 10 Rn. 1 ff. Ausführlich *Krieger*, Personalentscheidungen des Aufsichtsrats, 1981 (dazu *Peltzer* WM 1982, 996); *Peltzer*, FS Semler, 1993, 261 ff.;
[489] Kölner Komm AktG/Mertens/Cahn Rn. 15.
[490] Vgl. *Peltzer* WM 1982, 996 (997) mit Stellungnahme zu *Krieger*, Personalentscheidungen des Aufsichtsrats, S. 72.

aber nur von einzelnen Personen getroffen werden.[491] Auswahl und Bestellung sind ein ständiges Wechselspiel zwischen dem Plenum des Aufsichtsrats und den ausführenden Personen. Während das Plenum die Anforderungen an das gesuchte Vorstandsmitglied festsetzt, muss ein Ausschuss die der Anforderung entsprechenden Personen suchen. Unter mehreren in Frage kommenden Kandidaten wird dann – sofern nicht eine weitgehende Bevollmächtigung des Ausschusses erfolgt ist – nach Unterrichtung des Plenums und Stellungnahme zur Vorauswahl der endgültige Kandidat bestimmt. Über seine Bestellung entscheidet wiederum das Plenum.

329 **a) Auswahl geeigneter Personen.** Der Vorstand muss in der Lage sein, die Gesellschaft in der gegenwärtigen Situation zu leiten und zu steuern. Aber er muss auch in der Lage sein, das Unternehmen **unter widrigen Umständen** erfolgreich zu **führen**. „Schönwetterkapitäne" sollten nicht an die Spitze von Unternehmen berufen werden. Ein Aufsichtsrat, der das nicht in seine Überlegungen einbezieht, verletzt seine Sorgfaltspflicht.

330 Bei der Festlegung der Sorgfaltspflicht des Aufsichtsrats, die dieser bei der erstmaligen Bestellung einer Person zum Vorstandsmitglied anzuwenden hat, ist zwischen der Bestellung von **unternehmensangehörigen** und **unternehmensfremden Kandidaten** zu unterscheiden. In großen Unternehmen wird bei der Auswahl anders vorgegangen werden als in kleinen Unternehmen. Im Großunternehmen konzentriert sich das Schwergewicht der Suche meist (und zulässig) beim Aufsichtsratsvorsitzenden.[492]

331 Bei der **Suche eines unternehmensfremden Kandidaten** wird im Allgemeinen ein anerkannter Personalberater mit der Suche beauftragt. Er schlägt dem Unternehmen einige Kandidaten vor. Aus den vorgeschlagenen Kandidaten wird dann der am besten geeignete Bewerber herausgesucht.

332 **In kleineren Unternehmen** hat es sich als **zweckmäßig** erwiesen, im Bedarfsfall einen **eigenen kleinen Ausschuss** *(finding committee)* mit drei bis vier Mitgliedern zu bestellen, der vorbereitend zunächst das Anforderungsprofil für das gesuchte Vorstandsmitglied entwirft. Danach sucht er nach gehörigen Leistungspräsentationen verschiedener Personalberater den Personalberater aus, der den Suchauftrag erhalten soll. Sodann führt er die notwendigen Gespräche mit diesem Personalberater. Der **Personalberater** legt nach einer gewissen Zeit schriftliche Personalunterlagen über eine Reihe von Personen vor (etwa 10 Kandidaten), mit denen zunächst noch nicht gesprochen worden ist. Der Ausschuss prüft die Unterlagen und benennt drei bis fünf Kandidaten für die endgültige Auswahl. Dieses Ergebnis wird dem Gesamtaufsichtsrat vorgestellt. Nach Billigung führt der Ausschuss nunmehr Gespräche mit den in die engere Auswahl gezogenen Kandidaten. Die Gespräche werden eingehend dokumentiert. Die Berichte werden dem Plenum mit einem weiteren Vorschlag für den endgültigen Kandidaten unterbreitet. Dieser wird dann, wenn das Plenum nicht anders entscheidet, dem Gesamtaufsichtsrat vorgestellt. Es kann auch ratsam sein, den Mitgliedern des Gesamtaufsichtsrats zunächst Gelegenheit für Einzelgespräche mit dem Endkandidaten zu geben. Billigt der Gesamtaufsichtsrat die Auswahl, wird der Kandidat zum Mitglied des Vorstands bestellt. **In größeren Unternehmen** wird die Suche regelmäßig vom Aufsichtsratsvorsitzenden im Zusammenwirken mit dem Präsidialausschuss unternommen. Das Verfahren konzentriert sich im Allgemeinen zunächst auf diesen Ausschuss.

333 Bei der Suche eines unternehmensfremden Kandidaten ist **allergrößte Sorgfalt** geboten. Die Wahrscheinlichkeit, ein hervorragendes Vorstandsmitglied „von außen" zu finden, ist bei einem normalen Unternehmen vergleichsweise gering. Selten verlässt ein wirklich hervorragendes Vorstandsmitglied das Unternehmen, in dem es bisher tätig war, ohne Grund. Diesen Grund gilt es herauszufinden. Gelingt dies, kann der Aufsichtsrat zumindest prüfen und entscheiden, ob der Kandidat dennoch für das eigene Unternehmen gewonnen

---

[491] *Peltzer*, FS Semler, 1993, 261 (2699. Vgl. auch → Rn. 229.
[492] Vgl. ausführlich *Fonk* in Semler/v. Schenck AR-HdB § 1 Rn. 22 ff.

werden soll. So mag im Einzelfall nicht mangelnder Erfolg ein Grund für die Wechselbereitschaft sein, sondern fehlende Entwicklungschancen im eigenen Unternehmen.

Deutlich weniger Risiko beinhaltet die Bestellung einer geeigneten **Führungskraft,** die sich **im eigenen Unternehmen lange Jahre bewährt** hat.[493] Aber auch hier ist eine gehörige Sorgfalt bei der Bestellung geboten. Der bisherige Werdegang muss genau überprüft werden. Haben sich irgendwann einmal negative Beurteilungsmerkmale ergeben? Je sorgfältiger die Personal- und Nachwuchspolitik im Unternehmen gestaltet ist, desto geringer ist das Bestellungsrisiko. Dafür muss ein anderes Risiko beachtet werden. Gibt es andere hervorragende Führungskräfte im Unternehmen, die evtl. das Unternehmen verlassen werden, weil sie sich zu Unrecht übergangen fühlen? Wenn diese Befürchtung besteht, muss der Vorstand mit solchen Führungskräften sprechen. Der Aufsichtsrat muss darauf achten, dass dies geschieht. 334

b) Überwachung der Nachwuchspolitik. Wirklich gute Vorstandsmitglieder kann ein Unternehmen im Allgemeinen nur erhalten, wenn es mit einer guten Nachwuchspolitik für eine **Gruppe hervorragender Führungskräfte** sorgt, aus denen der eine oder andere als Kandidat für eine frei werdende Vorstandsposition in Betracht kommt. Das darin liegende erhebliche Potential wird von einigen Unternehmen sehr erfolgreich, von anderen dagegen überhaupt nicht genutzt. Der Aufsichtsrat muss dafür sorgen, dass eine solche Nachwuchspolitik betrieben wird. Der Deutsche Corporate Governance Kodex empfiehlt, dass der Aufsichtsrat hierfür gemeinsam mit dem Vorstand sorgen soll (Ziff. 5.1.2 Abs. 1 S. 3 DCGK; vgl. auch → Rn. 335). Allerdings hat es sich durchaus bewährt, wenn von Zeit zu Zeit auch geeignete unternehmensfremde Führungskräfte zu Vorstandsmitgliedern bestellt werden. 335

2. Wiederbestellung von Vorstandsmitgliedern. Auch in Unternehmen, die bei erstmaliger Bestellung von Vorstandsmitgliedern mit größter Sorgfalt vorgehen, wird bei der Wiederbestellung von Vorstandsmitgliedern oft leichtfertig verfahren. Häufig wird nicht einmal geprüft, ob die Vorstandsposition, die der Kandidat bekleidet, überhaupt noch erforderlich ist. Der Aufsichtsratsvorsitzende ruft im Plenum den Tagesordnungspunkt auf, teilt mit, dass das Vorstandsmitglied X zur Wiederbestellung ansteht und lässt ohne Aussprache abstimmen. So sollte nicht verfahren werden, wenn ein Aufsichtsrat die ihm obliegende Sorgfaltspflicht beachten will. Eine **vorangehende Prüfung und abwägende Entscheidung** im Personalausschuss (oder im Präsidialausschuss) ist in jedem Fall erforderlich. 336

a) Beurteilung des zur Wiederbestellung anstehenden Vorstandsmitglieds. Zwar bedarf die Wiederbestellung eines Vorstandsmitglieds nicht der gleichen umfangreichen Vorbereitungen wie die Neubestellung. Aber ein gewisses Maß an Vorbereitung ist erforderlich, wenn der Aufsichtsrat der ihm obliegenden Sorgfaltspflicht nachkommen will. Der Aufsichtsrat muss sich selbst oder in einem Ausschuss noch einmal mit den Leistungen des zur Wiederbestellung anstehenden Vorstandsmitglieds beschäftigen. Er muss dessen **Erfolge gegen Misserfolge abwägen.** Er muss prüfen, ob nach allgemeinen Grundsätzen eine gleich bleibende, vielleicht sogar verbesserte Leistungsfähigkeit zu erwarten ist. Er muss sorgfältig prüfen, ob die bisherigen Anforderungen seine Leistungsfähigkeit etwa reduziert haben, ob er schon teilweise „ausgebrannt" ist. 337

Wer nicht die Gewähr für eine gleich bleibende oder sogar sich verbessernde Leistungsfähigkeit bietet, darf keinesfalls für die höchstmögliche Bestellungszeit neu bestellt werden. Sicherlich wird sich der Kandidat gegen eine **kürzere Bestellungszeit** wehren und die Abkürzung als ehrenrührig bezeichnen. Solche Anwürfe dürfen den Aufsichtsrat nicht von seinem Vorhaben abbringen. Der Deutsche Corporate Governance Kodex regt aus gutem Grund an, dass jedenfalls bei Erstbestellungen die maximale Bestelldauer nicht die Regel 338

---

[493] *Krieger* S. 34.

sein sollte (Ziff. 5.1.2 Abs. 2 S. 1 DCGK). Wer nicht mit an Sicherheit grenzender Wahrscheinlichkeit für die gewünschte Dauer der Bestellung leistungsfähig zur Verfügung steht, darf nicht so lange bestellt werden. Andernfalls verletzt der Aufsichtsrat seine Sorgfaltspflicht. Das Gesetz hat bewusst die Bestellungszeit auf fünf Jahre begrenzt. Damit soll dem Aufsichtsrat rechtlich und praktisch die Möglichkeit gegeben werden, in regelmäßigen Zeitabständen den Vorstandsbedarf und die personelle Eignung zu überprüfen.

339 **b) Prüfung anderer Möglichkeiten.** Auch bei einer Wiederbestellung muss der Aufsichtsrat prüfen, ob es zweckmäßig ist, nicht das bisherige Vorstandsmitglied wieder zu bestellen, sondern eine andere Person neu zu bestellen. Das Gesetz hat für die Bestellungsdauer bewusst eine Höchstzeit von fünf Jahren festgelegt. Der Aufsichtsrat soll die Möglichkeit haben, **in regelmäßigen Zeitabständen über die Vorstandsbesetzung erneut nachzudenken.** Ein Aufsichtsrat, der diese Möglichkeit nicht nutzt, vernachlässigt seine Sorgfaltspflicht. Er ist nicht gezwungen, bestehende andere Optionen auszunutzen, aber er muss sie sorgfältig prüfen.

340 **c) Vorzeitige Wiederbestellung eines Vorstandsmitglieds.** Die Wiederbestellung eines Vorstandsmitglieds ist grundsätzlich und auch wiederholt zulässig. Sie darf aber nicht früher als ein Jahr vor Ablauf der Bestellungszeit erfolgen (§ 84 Abs. 1 S. 3). Häufig geschieht es indes, dass Aufsichtsrat und jeweiliges Vorstandsmitglied **im gegenseitigen Einvernehmen eine Aufhebung der laufenden Bestellung** vereinbaren und der Aufsichtsrat dann eine neue Bestellung beschließt. Der Deutsche Corporate Governance Kodex empfiehlt in diesem Zusammenhang, dass eine Wiederbestellung vor Ablauf eines Jahres vor dem Ende der Bestelldauer nur bei Vorliegen besonderer Gründe erfolgen soll. Ziff. 5.1.2 Abs. 2 S. 2 DCGK). Der **BGH** hat nun jedoch entschieden, dass eine solche **vorzeitige Neubestellung bei Aufhebung der bisherigen Bestellung auch ohne Vorliegen besonderer Gründe zulässig** sein soll.[494] Dies ist umso bemerkenswerter, als es sich um einen extremen Fall handelte, bei dem die neu bestellten Vorstände erst kurze Zeit im Amt waren und die Neubestellung am Tag vor der Hauptversammlung erfolgte, in der ein neuer Aufsichtsrat zu wählen war.[495] Es fragt sich, ob dem BGH das damit geschaffene Missbrauchspotential bewusst war, als er, dem OLG Zweibrücken[496] folgend, diese überraschende Entscheidung traf. Zwar ist eine vorzeitige Beendigung der Bestellung im gegenseitigen Einvernehmen jederzeit möglich, wenn beide Seiten sich einig sind. Ist Grund der Beendigung der Bestellung jedoch einzig der Wunsch, das Vorstandsmitglied vorzeitig für eine längere Periode Jahre zum Vorstandsmitglied wieder zu bestellen, so darf dies kein besonderer Grund für die vorzeitige Aufhebung der Bestellung sein.[497] Gründe, die für eine längere Laufzeit der Bestellung sprechen, mögen vorliegen. Aber sie haben hier keine Bedeutung, weil das Gesetz eine solche längere Laufzeit ausdrücklich untersagt. Ist die vereinbarte Aufhebung tatsächlich nicht gewollt, sondern vielmehr deren Verlängerung, so liegt in der vorzeitigen Aufhebung eine evidente Umgehung des Wortlauts und auch der Intention des Gesetzes, die Gesellschaft nicht übermäßig lang zu binden. Die Rechtsprechung des BGH dürfte dazu führen, dass Aufsichtsräte zunehmend dem Druck von Vorstandsmitgliedern ausgesetzt werden, ihre Bestellung vorzeitig zu verlängern.[498]

341 **3. Ernennung von Vorstandsvorsitzenden.** Die Grundsätze der gebotenen Sorgfalt bei der Bestellung, dem Widerruf der Bestellung und der Wiederbestellung von Vorstandsmitgliedern gelten sinngemäß auch für die Ernennung von Vorstandsvorsitzenden oder

---

[494] BGH AG 2012, 677 ff. = NZG 2012, 1027 ff. – Heberger.
[495] Siehe dazu *Fonk* in Semler/v. Schenck AR-HdB § 10 Rn. 50.
[496] OLG Zweibrücken AG 2011, 304 ff. – Heberger.
[497] AA wohl *Fonk* in Semler/v. Schenck AR-HdB § 10 Rn. 50.
[498] *Wedemann* (ZGR 2013, 316 ff.) stimmt der generellen Zulässigkeit vorzeitiger Wiederbestellungen zu, hält die Entscheidung des BGH gleichwohl – nach der hier vertretenen Auffassung zutreffend – für falsch, da sie sowohl einen evidenten Missbrauch als auch einen Verstoß gegen die „intertemporale Organtreue" durch Bindung des unmittelbar danach neu zu wählenden Aufsichtsrats als gegeben ansieht.

Vorstandssprechern (letztere erfolgt regelmäßig durch die anderen Vorstandsmitglieder, unterliegt aber als Geschäftsordnungsmaßnahme gleichwohl der Verantwortung des Aufsichtsrats). Mit besonderer Sorgfalt müssen die **Eignung des betreffenden Vorstandsmitglieds für die herausgehobene Stellung** und die Auswirkung der Ernennung auf die Leistungsbereitschaft der anderen Vorstandsmitglieder beurteilt werden.

4. Abberufung von Vorstandsmitgliedern und Widerruf der Ernennung zum Vorsitzenden. Die **fehlende Fähigkeit zur Führung der Geschäfte** ist ein wichtiger Grund zur **Abberufung** des Vorstands (§ 84 Abs. 3; → § 84 Rn. 92 ff.). Eine gefahrvolle Entwicklung des Unternehmens, die durch das Vorstandshandeln verursacht wird, darf der Aufsichtsrat nicht hinnehmen.[499] Ein **überprüfungsfreier Beurteilungsspielraum** steht dem Aufsichtsrat bei der Entscheidung, ob ein wichtiger Grund vorliegt (§ 84 Abs. 3 S. 1), bei einer solchen Entwicklung des Unternehmens nicht zu.[500] 342

Der Aufsichtsrat hat jedoch einen Ermessensspielraum bei der Entscheidung, ob er das Vorstandsmitglied bei **Vorliegen eines wichtigen Grundes** abberuft.[501] Dies ergibt sich zum einen aus der Ermächtigung des Gesetzes (§ 84 Abs. 3) „kann die Bestellung ... widerrufen".[502] Zum anderen folgt dies daraus, dass der Aufsichtsrat sein Handeln nach dem Unternehmensinteresse zu richten hat. Bedeutung hat dies in den Fällen, in denen die **Hauptversammlung** einem Vorstandsmitglied das **Vertrauen entzieht**.[503] Eine Entscheidung des Aufsichtsrats für eine Weiterbeschäftigung kann im Interesse des Unternehmens begründet sein.[504] Allerdings handelt der Aufsichtsrat pflichtwidrig, wenn er ein solches Misstrauensvotum unbeachtet lässt und nicht zum Anlass für eingehende Beratungen nimmt.[505] Die Abberufung eines Vorstandsmitglieds aus wichtigem Grund verpflichtet den Aufsichtsrat nicht, auch ein anderes Vorstandsmitglied abzuberufen, in dessen Person vergleichbar gravierende Gründe vorliegen.[506] 343

5. Abschluss und Überwachung von Anstellungsverträgen. Die Finanzkrise hat zu vielfältigen Bemühungen des Gesetzgebers sowie auch der Kodex-Kommission geführt, die Vorstandsgehälter zu begrenzen. So hat das VorstAG die weithin übliche Praxis jedenfalls in mitbestimmten Gesellschaften, die Verhandlung und den Abschluss von Vorstandsverträgen an einen Ausschuss, in der Regel den Vergütungsausschuss oder das Präsidium, zu delegieren, beendet; nunmehr muss das **Plenum des Aufsichtsrats über die Gesamtvergütung jedes Vorstandsmitglieds Beschluss fassen** und dürfen nur die Vorbereitung dieses Beschlusses und dessen Ausführung sowie die Verhandlung und der Abschluss mit dem Vorstandsmitglied delegiert werden.[507] 344

Ausdrückliche Regeln für eine bezifferte Bemessung der **Bezüge der Vorstandsmitglieder** kennt das Gesetz zwar weiterhin nicht, doch hat das VorstAG eine Reihe von Leitlinien geschaffen, denen der Aufsichtsrat bei der Ausgestaltung der Vorstandsvergütung Rechnung zu tragen hat. So hat der Aufsichtsrat bei der Festsetzung der Gesamtbezüge (einschließlich aller Elemente mit Vergütungscharakter) dafür zu sorgen, dass diese in einem angemessenen Verhältnis zu den Aufgaben und Leistungen sowie zur Lage der Gesellschaft stehen und die übliche Vergütung nicht ohne besondere Gründe übersteigen (§ 87 Abs. 1 345

---

[499] *J. Semler*, Leitung und Überwachung, Rn. 234.
[500] MüKoAktG/*Spindler* § 84 Rn. 94; Kölner Komm AktG/*Mertens/Cahn* § 84 Rn. 127; Bürgers/Körber/ *Bürgers*/Israel § 84 Rn. 27; Schaefer/Missling NZG 1998, 441 (445); aA *Krieger* S. 138 ff., der die gerichtliche Kontrolle auf die Vertretbarkeit der Beurteilung des Aufsichtsrats beschränken will; *Thümmel* Rn. 203 billigt dem Aufsichtsrat einen Beurteilungsspielraum bei der Frage zu, ob ein wichtiger Grund für den Widerruf gegeben ist.
[501] öOGH AG 1999, 140 (141).
[502] AA *Schaefer/Missling* NZG 1998, 441 (445 f.).
[503] Vgl. BGHZ 13, 188 (193), Vertrauensentzug aus erkennbar völlig unsachlichen Gründen.
[504] Vgl. Kölner Komm AktG/*Mertens/Cahn* § 84 Rn. 122 ff.; Spindler/Stilz/ *Spindler* § 84 Rn. 128; *Krieger* S. 140 ff.
[505] Vgl. Kölner Komm AktG/*Mertens/Cahn* § 84 Rn. 129; *Krieger* S. 141.
[506] OLG Stuttgart NZG 2002, 971 ff.
[507] § 107 Abs. 3 S. 3.

S. 1). Für **börsennotierte Gesellschaften** fordert das Gesetz nun zusätzlich, die Vergütungsstruktur auf eine nachhaltige Unternehmensentwicklung auszurichten (§ 87 Abs. 1 S. 2). Zudem sollen variable Vergütungsbestandteile eine mehrjährige Bemessungsgrundlage haben und für außerordentliche Entwicklungen eine Begrenzung vereinbart werden (§ 87 Abs. 1 S. 3).

346 Eine zusätzliche Komplexität bringen die **Empfehlungen des Kodex,** das Verhältnis der Vorstandsvergütung zur Vergütung des obersten Führungskreises und der Belegschaft insgesamt und auch in der zeitlichen Entwicklung zu berücksichtigen (Ziff. 4.2.2 Abs. 2 S. 2 DCGK), sowohl positiven als auch negativen Entwicklungen Rechnung zu tragen (Ziff. 4.2.3 Abs. 2 S. 3 DCGK), sowohl für die Vergütung insgesamt als auch für die variablen Bestandteile **Höchstgrenzen** vorzusehen (Ziff. 4.2.3 Abs. 2 S. 5 DCGK) und die variablen Vergütungsbestandteile auf anspruchsvolle Vergleichsparameter zu beziehen (Ziff. 4.2.3 Abs. 2 S. 6 DCGK), ferner eine nachträgliche Änderung der Erfolgsziele oder der Vergleichsparameter auszuschließen (Ziff. 4.2.3 Abs. 2 S. 7 DCGK). Weitere Empfehlungen richten sich auf die **Begrenzung von Abfindungen** bei vorzeitiger Beendigung der Vorstandstätigkeit (Ziff. 4.2.3 Abs. 4 und 5 DCGK) sowie auf die Ausgestaltung von Versorgungszusagen (Ziff. 4.2.3 Abs. 3 DCGK). Schließlich empfiehlt der Kodex in den Aufsichtsratsbericht eine äußerst detaillierte Darstellung der den Vorstandsmitgliedern gewährten und der zugeflossenen Zuwendungen (unter Erwähnung der bei variablen Vergütungsteilen erreichbaren Maximal- und Minimalvergütung) sowie des Aufwands für Altersversorgung und sonstige Versorgungsleistungen im bzw für das Berichtsjahr aufzunehmen (Ziff. 4.2.5 Abs. 3 DCGK); für diese Darstellung liefert der Kodex als Anlagen zwei Mustertabellen mit zahlreichen Anmerkungen und Vorgaben für deren vollständige Ausfüllung (Ziff. 4.2.5 Abs. 3 letzter Satz sowie die Anlage zum DCGK).

347 Die Komplexität der gesetzlichen Vorgaben sowie der zusätzlichen Empfehlungen des Kodex machen es den Aufsichtsräten börsennotierter Unternehmen praktisch unmöglich, die Vorstandsvergütung ohne Hinzuziehung eines externen Vergütungsberaters zu strukturieren und für die Darstellung im Aufsichtsratsbericht aufzubereiten; ein solcher **Vergütungsberater** soll nach einer weiteren Empfehlung des Kodex vom Vorstand bzw vom Unternehmen unabhängig sein (Ziff. 4.2.2 Abs. 3 DCGK), er darf mithin zB nicht im Auftrag des Vorstands auch die Vergütungsstruktur der Führungsebenen unterhalb des Vorstands ausarbeiten.[508]

348 Noch komplizierter wird es bei **Kreditinstituten und Finanzdienstleistungsinstituten:** Im KWG sind nun über die Regelungen des AktG sowie die Empfehlungen des Kodex weit hinausgehende zwingende Vorgaben gemacht (§ 25d Abs. 5 KWG) und in der Instituts-Vergütungsverordnung[509] weiter spezifiziert.

349 Im Falle einer nachfolgenden Verschlechterung der Lage des Unternehmens soll der Aufsichtsrat die **Bezüge** auf eine angemessene Höhe **herabsetzen,** wenn ihre Weitergewährung für die Gesellschaft unbillig wäre (§ 87 Abs. 2 S. 1); dies bedeutet eine durch das VorstAG eingeführte leichte Verschärfung gegenüber der früheren Regelung, die den Aufsichtsrat nur berechtigte, bei einer Verschlechterung der Lage der Gesellschaft die Vorstandsvergütung zu kürzen, wenn deren Weitergewährung „eine schwere Unbilligkeit für die Gesellschaft" bedeutet hätte.[510]

---

[508] Hierbei ist umstritten, ob sich dieses Unabhängigkeitskriterium auf ein Beratungsunternehmen oder auf einen Berater dieses Unternehmens bezieht. Legt man, wie naheliegt, den gleichen Maßstab an wie bei Beratungsverträgen mit Aufsichtsratsmitgliedern, so erstreckt sich die Inhabilität nicht auf den einzelnen Berater, sondern auf das Beratungsunternehmen, vgl. *Fleischer* BB 2010, 67 (71); *Weber-Rey/Buckel* NZG 2010, 761 (763) sowie zu Beraterverträgen mit Aufsichtsratsmitgliedern → § 114 Rn. 42 ff.; aA *Baums* AG 2010, 53 (58) auf der Grundlage eines für die Beratungsgesellschaft Towers, Perrin, Forster & Crosby, Inc. am 7. Dezember 2009 erstatteten Gutachtens.

[509] Verordnung über die aufsichtsrechtlichen Anforderungen an Vergütungssysteme von Instituten vom 16. Dezember 2013, erlassen auf der Grundlage des § 25a Abs. 6 KWG.

[510] § 87 Abs. 2 S. 1 aF.

Für Vergütungen, die **nach Ablauf der Bestellung** zu zahlen sind, gilt eine besondere 350 Grenze. Wenn diese Vergütungen so hoch sind, dass die Entscheidungsfreiheit des Aufsichtsrats bei der Wiederbestellung dadurch eingeschränkt würde, sind sie nicht zulässig. Unbeschadet der Unzulässigkeit ist die Vereinbarung solcher Bezüge mit der Sorgfaltspflicht des Aufsichtsrats nicht vereinbar. Hier greift zudem die Empfehlung des Kodex, für den Fall einer vorzeitigen Beendigung der Vorstandstätigkeit eine zu zahlende Abfindung auf zwei Jahresvergütungen (einschließlich Nebenleistungen) zu begrenzen (sog. Abfindungs-Cap) (Ziff. 4.2.3 Abs. 4 DCGK); für den Fall der vorzeitigen Beendigung der Vorstandstätigkeit wegen eines Kontrollwechsels soll eine zu zahlende Abfindung 150 % des Abfindungs-Caps nicht übersteigen (Ziff. 4.2.3 Abs. 5 DCGK).

In die Bezüge sind, wenn es um deren Angemessenheit geht, alle **Vergütungen und** 351 **Nebenleistungen einzubeziehen,** die das Vorstandsmitglied auf Grund seiner Stellung erhält. Was zu versteuern ist, muss immer einbezogen werden, was steuerlich abzugsfähig ist, verliert damit nicht schon ohne Weiteres den Vergütungscharakter. Maßstab für die Abgrenzung kann der Vergleich mit einem Privatmann sein. Was ein solcher selbst zu bezahlen hat, ist Vergütung, wenn der Betrag nicht als geschäftlich zwingend bedingte Auslage von der Gesellschaft zu erstatten ist. Einzubeziehen sind auch die Aufwendungen, die der Gesellschaft durch die Zusage von Renten oder anderen Vergütungen für die Zeit nach Beendigung eines Dienstvertrags entstehen. Die Höhe der Vergütung eines Vorstandsmitglieds A, der keine Altersversorgung erhält, kann angemessen sein, die eines Vorstandsmitglieds B nicht, wenn dieser gleichzeitig eine Ruhegeldzusage und die Beibehaltung von Dienstwagen, Sekretariat und vom Unternehmen gestellter Wohnung zugesagt erhält.

Als Vertreter des Dienstherrn muss der Aufsichtsrat auch **während der Laufzeit des** 352 **Dienstvertrags** darauf achten, dass die Bedingungen des Vertrags beachtet werden. Jedes Vorstandsmitglied muss wissen, dass der Aufsichtsrat die sorgfältige Trennung privater und geschäftlicher Ausgaben kontrolliert. Wenn der Aufsichtsratsvorsitzende sich die Lohnsteuerprüfungsberichte vorlegen lässt und sie auf Feststellungen durchsieht, die dienstvertragliche Angelegenheiten betreffen, genügt er im Allgemeinen seiner Sorgfaltspflicht. Eine andere Möglichkeit besteht darin, dass die Prüfung der Beachtung dienstvertraglicher Bestimmungen einem Wirtschaftsprüfer, zweckmäßig nicht dem Abschlussprüfer, übertragen wird. Alternativ mag auch die interne Revision des Unternehmens infrage kommen, solange keine Zweifel an deren Unabhängigkeit und Leistungsfähigkeit bestehen. Ein beanstandungsfreier Bericht erledigt die Sorgfaltspflicht des Aufsichtsrats.

6. Gewährung von Sondervergütungen. Der Aufsichtsrat ist für den Abschluss (und 353 die Änderung) von Anstellungsverträgen mit Vorstandsmitgliedern zuständig. Er vertritt die Gesellschaft gegenüber Vorstandsmitgliedern ausschließlich (§ 112). Darum ist er auch **das einzige Organ,** das Vorstandsmitgliedern eine **Sondervergütung** gewähren kann. Allerdings ist damit noch nicht gesagt, dass er dies auch darf. Ohne besonderen Grund darf er dies sicher nicht. Zuständigkeit und Rechtsgrundlage müssen sorgfältig auseinander gehalten werden. Wenn ein besonderer Grund vorliegt und eine Rechtsgrundlage gegeben ist, ist er dazu befugt, wenn gleichzeitig die gesetzlichen Regeln für die Bezüge der Vorstandsmitglieder einbehalten werden und die Gesamtbezüge unter Einrechnung der Sondervergütung immer noch als angemessen zu betrachten sind. So sind ohne vertragliche Grundlage und Nutzen für das Unternehmen gezahlte sog. kompensationslose Anerkennungsprämien[511] unzulässig und können wie auch sonst die Zahlung einer unangemessenen Vergütung an Vorstandsmitglieder zu einer persönlichen Haftung der Aufsichtsratsmitglieder führen, die eine solche Prämie oder Vergütung beschlossen haben.[512]

---

[511] Diesen Begriff hat der BGH im Fall Mannesmann/Vodafone, BGHSt 50, 331 ff. geprägt; siehe dazu → Rn. 744.
[512] Vgl. zu den Voraussetzungen der Zulässigkeit von Anerkennungsprämien *Fonk* in Semler/'v. Schenck AR-HdB § 10 Rn. 146 ff.

354 Um Auseinandersetzungen über die Zulässigkeit einer Sondervergütung zu vermeiden, empfiehlt sich eine **Bestimmung im Anstellungsvertrag**, dass der Aufsichtsrat neben den fixierten Bezügen für besondere Leistungen einmalige Sondervergütungen gewähren kann.

355 **a) Während der Laufzeit des Dienstvertrags.** Sondervergütungen dürfen einem Vorstandsmitglied während seiner aktiven Tätigkeit dann gewährt werden, wenn es **Leistungen** vollbringt, die **durch den geltenden Dienstvertrag nicht abgegolten** sind. Wer bereits an einem Aktienoptionsplan beteiligt ist, wird in der Regel keinen Anspruch auf weitere Erfolgsvergütungen haben. Ein und derselbe Erfolg darf vom Aufsichtsrat im Allgemeinen nicht zweimal vergütet werden.

356 **b) Nach Ablauf des Dienstvertrags.** Nach Ablauf des Dienstvertrags oder der Zeit, für die der Dienstvertrag geschlossen ist, hat der Aufsichtsrat **keine Befugnis** mehr, **Sondervergütungen an ehemalige Vorstandsmitglieder zu gewähren**, wenn die Grundlage nicht schon im Dienst- oder Pensionsvertrag vereinbart worden war. Das Recht, Vergütungen zu gewähren, ist grundsätzlich auf die Zeit der aktiven Tätigkeit eines Vorstandsmitglieds begrenzt. Die Fortdauer der alleinigen Vertretungsbefugnis auch gegenüber ausgeschiedenen Vorstandsmitgliedern hat darauf keinen Einfluss.

357 Eine Ausnahme sollte für die **Anpassung von Ruhegeldzahlungen** gelten. Wenn, was ungewöhnlich ist, der Dienstvertrag oder ein gesondert geschlossener Pensionsvertrag keine Anpassungsklauseln für den Fall einer Geldwertveränderung enthält, wird man den Aufsichtsrat als befugt ansehen dürfen, bei gewichtigen Kaufkraftveränderungen eine Anpassung der Pensionen vorzunehmen. Allerdings muss die Veränderung der Ruhegelder für alle ehemaligen Vorstandsmitglieder mit gleichartigen Verträgen vorgenommen werden. Die Beschränkung der Veränderung auf einen Pensionsempfänger dürfte unzulässig sein. Es empfiehlt sich auf jeden Fall, eine Anpassung der Rentenbezüge nach Eintritt in den Ruhestand bereits im Dienstvertrag vorzusehen.

358 Eine Herabsetzung von Ruhegehalts- oder Hinterbliebenenbezügen ist nur in den ersten drei Jahren nach dem Ausscheiden aus der Vorstandstätigkeit zulässig (§ 87 Abs. 2 S. 2 AktG).

359 Unzulässig ist es, **nach Beendigung der aktiven Dienstzeit** Leistungen der Gesellschaft für frühere Tätigkeiten an das ehemalige Vorstandsmitglied **zu gewähren.** Wer selbst keine Leistungen für die Gesellschaft mehr erbringt, kann auch keine Ansprüche auf eine wie auch immer geartete Gegenleistung geltend machen. Dies gilt für Rentenleistungen ebenso wie für Wohnrechte, Kraftfahrzeugbenutzung, Hauspflege und dgl.

360 **7. Aufhebung von Anstellungsverträgen.** Bei **vorzeitigem Widerruf der Bestellung** eines Vorstandsmitglieds aus wichtigem Grund (§ 84 Abs. 3 S. 1) besteht fast durchweg der Dienstvertrag fort. Seine Beendigung bedarf – unbeschadet der rechtlichen Begründung – einer Verhandlung zwischen Vorstand und Aufsichtsrat. Sie ist vom Aufsichtsrat mit der gebotenen Sorgfalt zu führen. Der Verhandlungsspielraum ist nicht unbegrenzt. Das abberufene Vorstandsmitglied hat keine Ansprüche, die über seine bisher zugesagten Vergütungen hinausgehen. Der **Kodex** empfiehlt, in Vorstandsverträgen die Abfindung **bei vorzeitiger Beendigung** einschließlich Nebenleistungen auf zwei, in Übernahmefällen auf drei Jahresvergütungen zu **begrenzen** (Ziff. 4.2.3 Abs. 4 S. 1 und 3 DCGK); bei Beendigung aus von dem Vorstandsmitglied zu vertretendem wichtigem Grund solle keine Abfindung gezahlt werden (Ziff. 4.2.3 Abs. 4 S. 2 DCGK). Dieser Empfehlung wird, soweit ersichtlich, jedenfalls bei börsennotierten Unternehmen weithin gefolgt, zumal es in der Öffentlichkeit auf immer weniger Verständnis stößt, wenn häufig wegen Erfolglosigkeit vorzeitig das Unternehmen verlassenden Managern sehr hohe Abfindungen gezahlt werden.

361 **8. Kreditgewährung.** Kredite an Vorstandsmitglieder und an im Gesetz aufgeführte weitere Personen müssen durch den Aufsichtsrat der Gesellschaft beschlossen (§ 89) werden. Das Gesetz regelt im Einzelnen, was der Aufsichtsrat zu beachten hat. Die dem Aufsichtsrat vorgegebene Sorgfaltspflicht gebietet eine getreue Einhaltung aller dieser Vorschriften.

Wenn es sich bei dem Mandatsunternehmen nicht um ein Kreditinstitut handelt, bei dem **362** weitere Vorschriften zu beachten sind, sollten **Kredite,** die der Aufsichtsrat zu beschließen hat, **tunlichst nicht gewährt** werden. Sie sollten auf Fälle beschränkt werden, in denen das Vorstandsmitglied außergewöhnliche Aufwendungen im Zusammenhang mit der Vorstandstätigkeit zu tragen hat. Dazu gehört auch der Erwerb von Wohneigentum.[513] Keinesfalls sollten Kredite gewährt werden, wenn es um die Finanzierung des Vermögensaufbaus eines Vorstandsmitglieds oder gar um die Finanzierung von **Spekulationsgeschäften** geht. Für die Finanzierung solcher Geschäfte sind die Mittel der Gesellschaft nicht vorgesehen.

9. Verfolgung von Ersatzansprüchen. Der Aufsichtsrat ist das berufene Organ,[514] um **363** organschaftlich begründete Ansprüche der Gesellschaft gegen Organmitglieder zu verfolgen. Wenn es um Ansprüche gegen Aufsichtsratsmitglieder geht, ist auch der Vorstand für die Anspruchsverfolgung zuständig (§ 78 Abs. 1).

Wenn Ansprüche gegeben sind, liegt es nicht im Ermessen der Organe, ob der Anspruch **364** verfolgt wird. Grundsätzlich **müssen Rechte** der Gesellschaft **wahrgenommen werden.**[515] In besonderen Fällen können allerdings Interessen der Gesellschaft, die einer Geltendmachung der Schadensersatzansprüche entgegenstehen, gegen das Interesse der Gesellschaft an der Geltendmachung der Ansprüche abgewogen werden. Interessen des betroffenen Organmitglieds müssen grundsätzlich außer Betracht bleiben. Auch langjährige Verdienste um die Gesellschaft rechtfertigen einen Pflichtenverstoß nicht (hierzu → Rn. 364). In der Regel wird die Rechtsverfolgung, nach vorangehenden außergerichtlichen Verhandlungen, im Wege der Klage vor öffentlichen Gerichten geschehen, doch kann es sich im Hinblick auf eine negative Öffentlichkeitswirkung empfehlen, stattdessen den Weg des Schiedsverfahrens zu wählen, wenn dieser gangbar ist.[516]

a) Gegen Vorstandsmitglieder. Anspruchsgrundlage für organschaftliche Ansprüche ist **365** die Haftungsvorschrift bei Sorgfaltspflichtverletzung (§ 93 Abs. 2). Weitere Haftungsvorschriften kommen in Betracht (→ Rn. 740 ff.).

b) Gegen Aufsichtsratsmitglieder. Schadensersatzansprüche gegen Aufsichtsratsmit- **366** glieder haben ihre Grundlage in der hier behandelten Vorschrift. Sie erklärt die Vorschriften über die Verantwortlichkeit der Vorstandsmitglieder für sinngemäß anwendbar.

10. Geschäftsordnung für den Vorstand. Der **Aufsichtsrat** ist im Ergebnis dafür **367** **verantwortlich,** dass die organisatorischen Grundlagen für die Arbeit des Vorstands funktionsfähig vorhanden sind. Zwar kann der Vorstand sich einstimmig selbst eine Geschäftsordnung geben,[517] wenn die Satzung nichts anderes vorschreibt. Aber der Aufsichtsrat kann das Organisationsrecht stets an sich ziehen.[518] Seine Sorgfaltspflicht gebietet ihm, dies zu tun, wenn das Interesse der Gesellschaft dies angeraten sein lässt.

Zur Geschäftsordnung gehört auch die **Geschäftsverteilung.** Dabei spielt es keine Rolle, **368** ob die Geschäftsverteilung offiziell durch einen Geschäftsverteilungsplan vorgenommen wird oder eher faktisch erfolgt. Auch die Zuweisung von Aufgaben durch einen oder mehrere Einzelbeschlüsse ist eine Art der Geschäftsverteilung und unterliegt damit den Vorschriften über die Geschäftsordnung. Der Aufsichtsrat muss darauf achten, dass durch die Geschäftsverteilung keine Ungleichgewichte im Vorstand entstehen, die das vom Gesetz gewollte System der *checks and balances* außer Kraft setzen.

Eine einseitige Machtzuweisung an den Vorstandsvorsitzenden kann geeignet sein, dieses **369** System derart auszuhöhlen, dass faktisch von einer **effizienten gegenseitigen Über-**

---

[513] Vgl. *Fonk* in Semler/v. Schenck AR-HdB § 10 Rn. 287.
[514] § 112 bei Ansprüchen gegenüber Vorstandsmitgliedern.
[515] BGHZ 135, 244 (254) – ARAG/Garmenbeck.
[516] Vgl. hierzu *Leuering* NJW 2014, 657 ff. mit dem Hinweis, dass Schiedssprüche nicht von der dreijährigen Sperre des § 93 Abs. 2 S. 2 für den Verzicht auf Ersatzansprüche erfasst werden.
[517] § 77 Abs. 2. Vgl. zur Rolle des Aufsichtsrats auch MüKoAktG/*Spindler* § 77 Rn. 42.
[518] MüKoAktG/*Spindler* § 77 Rn. 47 f.; *v. Schenck* in Semler/v. Schenck AR-HdB § 7 Rn. 286.

wachung der Vorstandsmitglieder nicht mehr gesprochen werden kann. Wenn der Aufsichtsrat – aus welchen Gründen auch immer – dieses Gleichgewicht nicht wieder herstellen will, muss er in anderer Weise die ausgefallene Gegenseitigkeitskontrolle kompensieren. Er kann dies zB dadurch tun, dass er einen besonderen Aufsichtsratsausschuss beruft oder einem vorhandenen Ausschuss zusätzlich die Aufgabe überweist, die sonst durch die Gegenseitigkeitskontrolle ausgeübte Überwachung innerhalb des Vorstands zu übernehmen. Ein solcher Ausschuss hat im Allgemeinen monatlich zu tagen. Er muss auf Grund einer von ihm selbst festgelegten Informationsordnung vom Vorstand laufend Berichte über die Lage und Entwicklung des übergewichtigen Ressorts erhalten und in seinen Sitzungen die Ordnungsmäßigkeit und Rechtmäßigkeit des Vorstandshandelns überprüfen. Er muss sich davon überzeugen, dass das betreffende übergewichtige Vorstandsmitglied sein Ermessen in Fragen der Zweckmäßigkeit und der Rechtmäßigkeit nicht missbräuchlich ausübt.

370 Dies gilt insbesondere, wenn eine Gesellschaft versucht, die vom Gesetz verbotene Einrichtung des Äquivalents eines „Generaldirektors" (oder in Neudeutsch: eines **CEO**) einzuführen. Das Gesetz verbietet, dass ein Vorstandsmitglied mit der Befugnis ausgestattet wird, Entscheidungen, die dem Vorstand als Organ vorbehalten sind, gegen den Willen der Mehrheit der Vorstandsmitglieder zu treffen (§ 77 Abs. 1 S. 2 2. Halbs.). Bei der Anwendung dieser Bestimmung kommt es nicht darauf an, ob gegen den Sinngehalt dieser Vorschrift ausdrücklich oder faktisch verstoßen wird. In diesem Zusammenhang stellt sich gelegentlich die Frage, ob zB dem Vorstandsvorsitzenden ein Vetorecht eingeräumt werden darf.

371 Dies ist umstritten: Die überwiegende, möglicherweise sogar als herrschend zu bezeichnende Meinung hält die Einräumung eines **Vetorechts** für zulässig, wobei einige der Befürworter nur von dem Vorstandsvorsitzenden sprechen, andere die Gewährung eines solchen Rechts an jedwedes Vorstandsmitglied für möglich halten.[519] Eine starke Mindermeinung hält dagegen die Gewährung eines Vetorechts an den Vorstandsvorsitzenden oder ein anderes Vorstandsmitglied für unzulässig.[520] Das OLG Karlsruhe hat an der Gewährung eines Vetorechts an den Vorstandsvorsitzenden einer Aktiengesellschaft keinen Anstoß genommen.[521] Der BGH hat diese Frage bislang nicht entschieden und in einer älteren Entscheidung ausdrücklich offen gelassen; sie kann daher nicht als geklärt angesehen werden.[522]

372 Einige der Befürworter des Vetorechts begründen ihre Meinung mit dem vom Aktiengesetz postulierten **Grundsatz der einstimmigen Geschäftsführung** (§ 77 Abs. 1 S. 19, der zur Folge habe, dass bereits ein einzelnes dem Beschlussvorschlag nicht zustimmendes Vorstandsmitglied den Beschluss verhindern könne und damit faktisch über ein Vetorecht verfüge. Dieses sei damit vom Gesetz akzeptiert.[523] Schließlich wird argumentiert, durch ein Vetorecht könnten nur Entscheidungen verhindert werden, weshalb damit kein Verstoß gegen das gesetzliche Verbot vorliege, einzelnen oder mehreren Vorstandsmitgliedern das Recht zu geben, Entscheidungen gegen die Mehrheit der Mitglieder des Vorstands durchzusetzen.[524]

---

[519] Großkomm AktG/*Kort* § 77 Rn. 27; Kölner Komm AktG/*Mertens/Cahn* § 77 Rn. 13; MüKoAktG/*Spindler* § 77 Rn. 17; K. Schmidt/Lutter/*Seibt* § 77 Rn. 14; Hölters/*Weber* § 77 Rn. 16; Hüffer/*Koch* § 77 Rn. 13; Bürgers/Körber/*Bürgers/Israel* § 77 Rn. 11; Grigoleit/*Vedder* § 77 Rn. 12; *Richter* in Semler/Peltzer ArbHdB Vorstandsmitglieder § 4 Rn. 102; Beck'sches Mandatshandbuch Vorstand der AG/*Lücke*, 2004, § 3 Rn. 40; Lutter/Krieger/*Verse* Rn. 465; *Kort* in Fleischer Vorstands-HdB, 2006, § 3 Rn. 12 (nur für den Vorstandsvorsitzenden). Zweifelnd: *Arnold* in Marsch-Barner/Schäfer, Handbuch der börsennotierten AG, 3. Aufl. 2009, § 18 Rn. 60.
[520] *Happ* AktG 8.01 Rn. 15; *Hoffmann-Becking* NZG 2003, 745 (665 f.) sowie ZGR 1998, 497 (518 f.); T. *Bezzenberger* ZGR 1996, 661 (665 ff.); *Erle* AG 1987, 7 (8 ff.); *Hoffmann/Preu* Der Aufsichtsrat Rn. 245; *Dose* S. 77 ff.
[521] OLG Karlsruhe AG 2001, 94 (95).
[522] BGHZ 89, 48 (58 ff.) – Reemtsma.
[523] Großkomm AktG/*Kort* § 77 Rn. 27; MüKoAktG/*Spindler* § 77 Rn. 17; Hölters/*Weber* § 77 Rn. 16.
[524] § 77 Abs. 1 S. 2 2. HS. Dazu Großkomm AktG/*Kort* § 77 Rn. 27; MüKoAktG/*Spindler* § 77 Rn. 18.

Die Gegner des Vetorechts halten den Hinweis auf die Differenzierung zwischen positiven 373 und negativen Entscheidungen und auf das gesetzliche Einstimmigkeitsprinzip für formal und in der Sache nicht überzeugend,[525] zumal der Übergang zwischen positiven und negativen Entscheidungen je nach Konstellation fließend sei[526] und sehen darin auch einen Verstoß gegen das vom Gesetz geschaffene, eine Gleichberechtigung aller Vorstandsmitglieder implizierende Kollegialprinzip.[527]

Stellungnahme: Die **Bedenken gegen das Vetorecht eines einzelnen Vorstands- 374 mitglieds** sind **überzeugend:** Die Berufung auf den gesetzlichen Grundsatz der Einstimmigkeit der Beschlüsse des Vorstands geht fehl, denn es hat eine völlig andere Qualität, ob in einem aus mehreren Personen bestehenden Gremium jedes Mitglied die Möglichkeit hat, durch seine Gegenstimme einen Beschluss des Gremiums zu verhindern, oder ob ein einzelnes Mitglied – und nur dieses – in allen Fällen die Möglichkeit hat, von der Mehrheit gewollte Beschlüsse zu verhindern. Im ersteren Fall ist die Gleichheit der Vorstandsmitglieder gewahrt, da keinem ein Sonderrecht gewährt wird; im letzten Fall wird ein Vorstandsmitglied über alle Vorstandskollegen gestellt.[528] Darin liegt zugleich ein eklatanter **Verstoß gegen das gesetzliche Kollegialprinzip,** das eine grundsätzliche Gleichheit aller Vorstandsmitglieder postuliert, ein Alleinentscheidungsrecht eines Vorstandsmitglieds, auch des Vorstandsvorsitzenden, verbietet und das Bild des Vorstands der Aktiengesellschaft prägt.[529] Dieses Prinzip darf selbst in der Unternehmenskrise nicht über Bord geworfen werden; auch dann gilt die auf allen Vorstandsmitgliedern lastende **Gesamtverantwortung,**[530] die sich nicht damit vereinbaren lässt, dass ein einzelnes Vorstandsmitglied stets das letzte Wort hat. Hinzu kommt, dass es höchst problematisch wäre, wenn ein einzelnes Vorstandsmitglied in Verfolgung möglicher eigenen Ziele (und etwa im Hinblick auf einen ihm persönlich ausgelobten Erfolgsbonus) jederzeit die Möglichkeit hätte, sich gegen alle anderen Vorstandsmitglieder zu stellen und von diesen gewollte, möglicherweise im Gesamtinteresse des Unternehmens dringend gebotene Beschlüsse zu verhindern. Erst recht bedenklich erscheint schließlich auch, dass die Gewährung eines Vetorechts an ein „normales" Vorstandsmitglied – und nicht etwa stattdessen an den Vorstandsvorsitzenden – die Autorität des Vorstandsvorsitzenden unterhöhlte, da dieser damit weniger Möglichkeiten hätte, sich im Vorstand durchzusetzen, als das mit einem Vetorecht ausgestattete Vorstandsmitglied.

Jedes Vorstandsmitglied sollte vielmehr auf die Kraft seiner Argumente vertrauen und zur 375 Durchsetzung seiner Auffassung nicht der Keule eines Vetorechts bedürfen.[531] Kommt es zu einer Krise des Unternehmens und zeigt sich, dass die dem Vorstandsvorsitzenden mit einem Vetorecht gegebene **Machtfülle** ursächlich dafür war, dass die negative Entwicklung nicht rechtzeitig gestoppt wurde, wird sich der Aufsichtsrat fragen lassen müssen, ob er pflichtgemäß gehandelt hat, als er das Vetorecht gewährte.

Vermittelnd wird von einigen Literaturstimmen vorgeschlagen, dem **Vorsitzenden** zwar 376 nicht ein Vetorecht, aber ein **Recht zur Vertagung einer Entscheidung** zu geben, um

---

[525] *Happ* AktG 8.01 Rn. 15.
[526] *T. Bezzenberger,* ZGR 1996, 661 (665), der darauf hinweist, dass bei Vorliegen von drei Entscheidungsoptionen und der Ausübung des Vetorechts bei zwei dieser Optionen faktisch die verbleibende Option den übrigen Vorstandsmitgliedern aufgezwungen werden könne.
[527] *Happ* AktG 8.01 Rn. 15; *Dose* S. 77 f.
[528] *T. Bezzenberger* ZGR 1996, 661 (666).
[529] *Kort* in Fleischer Vorstand-HdB, 2006, § 2 Rn. 81.
[530] Die Gesamtverantwortung aller Vorstandsmitglieder ist unstreitig, vgl. statt Aller MüKoAktG/*Spindler* § 93 Rn. 132.
[531] Rein empirisch hat eine Auswertung der Satzungen und veröffentlichten Vorstands-Geschäftsordnungen der DAX 30-Unternehmen Folgendes ergeben: Bei neun Unternehmen ergibt sich die Regelung der Beschlussfassung des Vorstands nicht aus der Satzung und ist die Geschäftsordnung des Vorstands nicht veröffentlicht. Bei drei weiteren Unternehmen handelt es sich um KGaAs mit einer Managementgesellschaft als einziger persönlich haftender Gesellschafterin, deren Satzung wiederum nicht veröffentlicht ist. Bei den übrigen siebzehn DAX-Unternehmen gibt es nur ein einziges, die Allianz SE, bei dem der Vorstandsvorsitzende ein Vetorecht hat, während in allen übrigen Unternehmen der Vorstandsvorsitzende (bei der Lufthansa ein vom Aufsichtsrat zu bestimmendes Vorstandsmitglied) nur das Recht zum Stichentscheid hat.

allen Beteiligten die Möglichkeit zu schaffen, eine Einigung herbeizuführen;[532] dies ist bedenkenfrei möglich.

377 **11. Vertragsabschluss mit dem Abschlussprüfer.** Der Aufsichtsrat muss bei pflichtbewusster Erfüllung seiner Pflicht zur Abgabe eines Abstimmungsvorschlags schon geprüft und festgelegt haben, welche **Bedingungen für das Vertragsverhältnis** zwischen Gesellschaft und Abschlussprüfer im Fall der Wahl durch die Hauptversammlung gelten sollen.[533] Diese Bedingungen müssen nach der Wahl unverzüglich mit dem Prüfer vereinbart werden. Dem dient es, wenn die Jahresabschlussprüfung periodisch ausgeschrieben wird und so ein Wettbewerbsdruck geschaffen und zudem eine Vergleichbarkeit der angebotenen Konditionen hergestellt wird.

378 **12. Überwachung des Abschlussprüfers**[534]. Der Aufsichtsrat vertritt die Gesellschaft gegenüber dem Abschlussprüfer. Er hat daher auf Grund seiner Sorgfaltspflicht auch die Aufgabe, die **Arbeit des Prüfers** wie die jedes anderen Dienstleisters zu **überwachen**, während der Prüfungszeit ständig mit dem Prüfer Verbindung zu halten, von wesentlichen Feststellungen auch vor Abschluss der Prüfung den Vorstand zu unterrichten und erforderlichenfalls dafür zu sorgen, dass der Prüfer seiner Arbeit reibungslos nachgehen kann und ihm alle gewünschten Auskünfte erteilt werden. Im Aufsichtsrat wird diese Aufgabe einem Ausschuss zu übertragen sein und vom Vorsitzenden erfüllt werden.

IV. Sorgfaltspflicht der Aufsichtsratsmitglieder bei der Überwachung der Geschäftsführung nach § 93 Abs. 1 S. 1

379 Die **Sorgfaltspflichten** eines Aufsichtsratsmitglieds ergeben sich zum einen **aus den sachlich zugeordneten Aufgaben,** zum anderen aus dem **im Gesetz festgelegten Sorgfaltsmaßstab.** Die Aufgaben bei der Überwachung der Geschäftsführung sind im Einzelnen behandelt. Auf diese Erläuterungen wird verwiesen. Auf die materiellen Anforderungen an den Aufsichtsrat und seine Mitglieder wird im Folgenden nur soweit eingegangen, als dies zur Verdeutlichung der Sorgfaltspflicht nötig ist.

380 **1. Ordnungsmäßige Überwachung der Geschäftsführung.** Neben der Wahrnehmung der Personalkompetenz ist die Überwachung der Geschäftsführung durch den Vorstand die wichtigste Aufgabe des Aufsichtsrats. Sie obliegt dem **Plenum.** Ein Ausschuss kann die Wahrnehmung der Überwachungspflicht nur vorbereiten. Aufsichtsratsmitglieder, die diese Grundregel nicht beachten, versäumen ihre Sorgfaltspflicht.

381 Die Überwachungsaufgabe umfasst sowohl die Kontrolle der Geschäftsführung in der **Vergangenheit** als auch die Überwachung der **Zukunftsplanung.** Während die zurückliegende Geschäftsführung in erster Linie kontrolliert wird, wird die zukunftsbezogene Geschäftsführung durch Beratung überwacht. Beide Aufgaben sind vom Aufsichtsrat und seinen Mitgliedern mit der erforderlichen Sorgfalt wahrzunehmen.

382 **a) Geschäftsführung der Vergangenheit.** Die vergangenheitsbezogene Überwachung der Geschäftsführung wird sich primär **von den Ergebnissen** der vom Vorstand abgeschlossenen Geschäfte und getroffenen Maßnahmen **leiten lassen.** Wo sich Erfolg eingestellt hat, braucht der Aufsichtsrat im Allgemeinen nichts zu prüfen. Er kann seine Überwachung auf die Misserfolge und ihre Ursachen beschränken. Allerdings muss ein Aufsichtsrat kritisch prüfen, ob der Erfolg nicht lediglich konjunkturell oder durch besondere Umstände bedingt war, er sich bei Anstellen eines Branchenvergleichs oder Abgleich mit entsprechenden *benchmarks* relativiert und er tatsächlich nur tatsächlich bestehende Schwächen verdeckt.

---

[532] Vgl. *Dose* S. 77 ff.; *Erle* AG 1987, 7 (9); *T. Bezzenberger* ZGR 1996, 661 (665 ff., 668 f.); *Hoffmann/Preu* Der Aufsichtsrat Rn. 245.
[533] Vgl. die Erläuterungen zu § 111 Abs. 2 S. 3.
[534] Zum Verhältnis von Aufsichtsrat und Abschlussprüfer vgl. auch Ziff. 7.2 DCGK.

Erfolgloses Verhalten des Vorstands oder Misserfolge nötigen zu Überwachungshand- 383
lungen. Der Aufsichtsrat muss die **Ursachen des mangelnden Erfolgs** festzustellen versuchen. Den Abschluss seiner Untersuchung bildet eine Antwort auf die Frage: Hat der Vorstand seine Sorgfaltspflicht beachtet? Mit einer sachgerechten Antwort auf diese Frage und notwendigen Konsequenzen hat der Aufsichtsrat seiner Sorgfaltspflicht genügt.

b) Planung der zukünftigen Geschäftsführung. Der Aufsichtsrat muss sich sowohl 384
mit der zukunftweisenden Planung des Unternehmens insgesamt als auch der Planung bedeutsamer zukünftiger Vorhaben befassen. Dabei muss der Aufsichtsrat beachten, dass das Gesetz dem **Vorstand einen weiten Spielraum eigenverantwortlicher Geschäftstätigkeit** zuweist und dass seine Aufgabe zunächst die Beachtung von Ordnungsmäßigkeit und Rechtmäßigkeit ist. Für die Beachtung dieser Vorgaben hat der Aufsichtsrat uneingeschränkt einzustehen. Die Durchsetzung dieser Grundsätze ist nicht Teil der dem Aufsichtsrat obliegenden Beratungspflicht, sondern Ausfluss der unmittelbaren Überwachungsaufgabe.

Die **Beratungsfunktion des Aufsichtsrats,** nach der Wahrnehmung der Personalkom- 385
petenz sicher die bedeutendste Aufgabe des Aufsichtsrats, muss vor allem durch Überzeugung aus hervorragender unternehmerischer Führungskompetenz erfolgen. Der Aufsichtsrat hat hier keine unmittelbare Durchsetzungsmöglichkeit, wenn der Vorstand Ordnung und Recht beachtet und die Grenzen zulässigen Ermessens nicht überschreitet. Er muss dulden, was der Vorstand vorhat. Nur dann, wenn er eine Entscheidung für unternehmerisch völlig falsch hält, kann (und muss) er sich durch Festlegung eines fallbezogenen Zustimmungsvorbehalts eine Eingreifmöglichkeit sichern.

2. Zutreffende Ermittlung des Sachverhalts. Der Vorstand hat zwar die Grundlagen 386
für die Erfassung des Sachverhalts zu liefern. Aber der Aufsichtsrat muss selbst darauf achten, dass der Sachverhalt vollständig und richtig ist.[535]

a) Evaluierung des Berichtswesens. Eine Grundvoraussetzung für ein pflichtbewusstes 387
Arbeiten des Aufsichtsrats ist eine **sachgerechte Berichterstattung.** Der Vorstand muss dafür sorgen, dass der Aufsichtsrat alles erfährt, was er für eine ordnungsmäßige Erfüllung seiner Überwachungsaufgabe wissen muss.[536] Der Aufsichtsrat muss deswegen zu Beginn seiner Tätigkeit und später von Zeit zu Zeit prüfen, ob das Berichtswesen des Unternehmens die aus der Sicht des Aufsichtsrats erforderlichen Informationen in angemessenem (weder zu großem noch zu kleinem) Umfang zeitgerecht liefert und die vorgenommenen Analysen und Vergleiche betriebswirtschaftlichen und allgemein unternehmerischen Anforderungen genügen.

Wenn das Berichtswesen nicht ordnungsgemäß ist, muss der Aufsichtsrat mit dem Vor- 388
stand eine sachgerechte **Informationsordnung** vereinbaren. Dem entsprechend empfiehlt der Deutsche Corporate Governance Kodex, dass der Aufsichtsrat die Informations- und Berichtspflichten des Vorstands näher festlegen soll.[537] Die Informationsordnung muss festlegen:
– Welche Berichte muss der Vorstand erstatten?
– Welchen Mindestinhalt müssen die zu erstattenden Berichte haben?
– In welcher Form sind die Berichte zu erstatten (Textform oder mündlich)?
– Wann müssen die Berichte dem Aufsichtsrat zugehen?
– An wen sind die Berichte zu richten (Plenum, Aufsichtsratsvorsitzender oder Prüfungsausschussvorsitzender[538])?
– Welche Möglichkeiten haben die einzelnen Aufsichtsratsmitglieder für notwendige Rückfragen?

---

[535] Vgl. *J. Semler,* FS Ulmer, 2003, 627 (632).
[536] Vgl. zur Informationspflicht und zum Informationsrecht → § 111 Rn. 366 ff.
[537] Ziff. 3.4 Abs. 3 S. 1 DCGK; *Lutter/Krieger/Verse* Rn. 317.
[538] Zu den Informationsrechten des Prüfungsausschusses *Dittmar* NZG 2014, 210 ff.

389 **b) Überwachung des pünktlichen Berichtseingangs.** Die Aufsichtsratsmitglieder müssen darauf achten, dass die Berichte des Vorstands pünktlich eingehen. Verspätete Berichterstattung nimmt der Überwachungstätigkeit die notwendige Basis.

390 **c) Überwachung des ordnungsmäßigen Berichtsinhalts.** Die Aufsichtsratsmitglieder müssen darauf achten, dass die Berichte hinreichend aussagefähig sind. Sie müssen einerseits durch ein **tragfähiges Zahlengerüst** untermauert sein. Andererseits bedürfen sie **sachgerechter und zielführender Erläuterungen.** Der Vorstand muss so berichten, dass der Aufsichtsrat alsbald etwaigen Handlungsbedarf feststellt. Der Vorstand muss berichten, wie er auf die festgestellten Erfordernisse reagieren will. Darüber muss der Aufsichtsrat diskutieren, wenn er seiner Überwachungspflicht nachkommen will. Wenn er wegen unzureichender Berichterstattung den Handlungsbedarf erst selbst feststellen und den Vorstand durch Fragen zu Überlegungen über die erforderlichen Reaktionen anhalten muss, ist die Berichterstattung nicht ordnungsgemäß. Ein Aufsichtsrat, der sich mit solch unzureichender Berichterstattung zufrieden gibt, versäumt seine Sorgfaltspflicht.

391 **d) Anordnung eigener Ermittlungen.** Wenn der vom Vorstand übermittelte **Sachverhalt unvollständig** ist, muss der Aufsichtsrat zunächst durch Fragen um weitere Aufklärung bemüht sein und sich eine eigene Meinung bilden, er darf sich, will er eine Pflichtverletzung vermeiden, mit den Informationen und Bewertungen des Sachverhalts durch den Vorstand nicht zufrieden geben.[539] Führt dies nicht zum Erfolg, muss der Aufsichtsrat ergänzende Feststellungen beschließen. Er muss festlegen, ob ein Mitglied des Aufsichtsrats oder ein Dritter die notwendigen Feststellungen treffen soll.[540] Wenn ein Dritter benannt wird, muss dieser mit der erforderlichen Sorgfalt ausgewählt und auf seine Zuverlässigkeit geprüft werden. Die zu treffenden Feststellungen müssen sorgfältig präzisiert und festgehalten werden. Der Vorstand muss von den beabsichtigten eigenen Feststellungen des Aufsichtsrats unterrichtet werden.

392 Es steht **nicht im Belieben des Aufsichtsrats**, ob er notwendige Ermittlungen durchführt oder nicht. Wenn ein Vorgang überwachungsbedürftig ist und Informationsbedarf besteht, muss der Aufsichtsrat sich die nötigen Informationen beschaffen. Es steht nicht in seinem Ermessen, ob er die Informationen beschafft oder nicht. Versteht der Aufsichtsrat die Informationen des Vorstands nicht, oder genügen sie nicht, muss er ergänzende Erklärungen vom Vorstand anfordern, gegebenenfalls fachkundige externe Berater einschalten oder, wenn auch dies nicht hilft, gegen das Handeln des Vorstands einschreiten.[541] Hat der Vorstand nach Compliance-Verstößen interne Untersuchungen veranlasst, so hat der Aufsichtsrat diese aufmerksam zu begleiten und sich vom Vorstand laufend darüber berichten zu lassen.[542]

393 **e) Durchführung eigener Ermittlungen.** Sind Mitglieder des Vorstands möglicher Weise selbst in Non Compliance-Vorgänge verwickelt, muss der Aufsichtsrat prüfen, ob es ausreicht und zielführend ist, die erforderliche **interne Untersuchung** allein beim Vorstand – dort allerdings in den Händen nicht betroffener Vorstandsmitglieder – zu belassen. Als Geschäftsführungs- und Vertretungsorgan liegt die Primärverantwortung zur Durchführung einer Untersuchung zwar beim Vorstand, doch befindet dieser sich in einem evidenten Interessenkonflikt, der sich wegen der Gesamtverantwortung aller Vorstandsmitglieder auch auf die nicht direkt betroffenen Vorstandsmitglieder erstreckt; der Aufsichtsrat muss daher kritisch prüfen, ob er darauf vertrauen kann, dass der Vorstand den Sachverhalt umfassend und ohne persönliche Rücksichten aufzuklären in der Lage ist.[543] Kommt er, wie naheliegt,

---

[539] Vgl. die nachdrücklichen Hinweise des OLG Stuttgart AG 2012, 298 (300 ff.) – Piech; dazu *Selter* NZG 2012, 660 ff. = CCZ 2013, 174 m. Anm. *Schubert.*
[540] OLG Stuttgart AG 2012, 298 (301) – Piech.
[541] OLG Stuttgart AG 2012, 298 (301) – Piech.
[542] Vgl. *Reichert/Ott* NZG 2014, 241 (244 ff.).
[543] Vgl. *Reichert/Ott* NZG 2014, 241 (248 ff.).

zu dem Ergebnis, dass insoweit Anlass zu Zweifeln besteht, ist der **Aufsichtsrat** nicht nur berechtigt, sondern verpflichtet, **zusätzlich eigene Ermittlungen zu veranlassen,**[544] die er mangels eines eigenen Apparats in der Regel durch externe Berater durchführen lassen wird.[545] Der Vorstand ist von diesen Ermittlungen in Kenntnis zu setzen, und er muss ohnehin kooperieren und den vom Aufsichtsrat eingeschalteten Beratern Zugang zum Unternehmen verschaffen, damit diese ihre Ermittlungen durchführen können. Nach einem gefassten Ermittlungsbeschluss des Aufsichtsrats darf der Aufsichtsrat die Durchführung nicht gänzlich der beauftragten Person überlassen. Er muss sich laufend über den Fortgang der Ermittlungen informieren. Dazu wird zweckmäßig ein bestehender oder *ad* hoc zu bildender Ausschuss oder der Aufsichtsratsvorsitzende mit der weiteren Verbindung zu den die Untersuchung durchführenden Beratern beauftragt.

3. Feststellung der Handlungsoptionen. Bei jeder Entscheidung gibt es – trotz des heute beliebten Begriffs der Alternativlosigkeit – andere Optionen.[546] Der Aufsichtsrat muss sie sich vortragen lassen. Meist ergibt der Vortrag wie durch Zufall, dass nur eine Option, die **vom Vorstand gewünschte Handlungsweise**, in Frage kommt. Der Aufsichtsrat muss sorgfältig feststellen, ob das gewünschte Handeln Einfluss auf die Beurteilung weiterer Optionen gehabt hat. 394

Die einfachste Verhaltensvarianz besteht im **Handeln oder Nichthandeln.** Vor- und Nachteile der beiden Optionen müssen ermittelt, die Ergebnisse gegeneinander abgewogen werden. Keinesfalls sollte auf eine genaue Evaluierung der weiteren Optionen verzichtet werden. Wer nicht alle bestehenden Optionen miteinander vergleicht, verletzt im Zweifel seine Sorgfaltspflicht. Er verzichtet bewusst auf die Anwendung eines unternehmerischen Führungsmodells. 395

Schwieriger ist die Lage, wenn es nicht nur um die Durchführung oder die Nichtdurchführung eines Vorhabens geht, sondern **mehrere Handlungsmöglichkeiten** in Frage kommen. Auch dann müssen die verschiedenen Möglichkeiten sorgfältig analysiert und mit ihren Vor- und Nachteilen gegeneinander abgewogen werden. 396

4. Bewertung der Handlungsoptionen. Bei der Bewertung der Handlungsoptionen muss der Wert des Unternehmens nach erfolgreicher Durchführung der jeweiligen Option ermittelt und mit dem Wert verglichen werden, der sich ohne Durchführung des Vorhabens ergibt. Zumeist ist eine Gesamtbewertung des Unternehmens nicht erforderlich. Es genügt die Bewertung der Folgen jeder Handlungsoption. Allerdings ist **Unternehmensführung keine Rechenoperation.** Die entscheidenden Zukunftswerte können regelmäßig nur geschätzt werden. Chancen können angenommen, aber nicht vorausberechnet werden. Die Eintrittswahrscheinlichkeit kann mit verschiedenen Größen angesetzt und ein Zielkorridor ermittelt werden. Ähnlich kann bei der Ermittlung von Risiken verfahren werden. Auch hier können keine mathematischen Größen, sondern nur mögliche Wahrscheinlichkeiten und in Frage kommende Risikoumfänge festgestellt werden. 397

Beim Vergleich der gegebenen Verhaltensmöglichkeiten wird zunächst das Ergebnis aus einer Gegenüberstellung feststehender Größen herangezogen werden. Die **erzielbare Vermögensmehrung** ist das **maßgebliche Kriterium für die Verhaltensentscheidung.** Aber diese Rechnung muss ergänzt werden durch eine Risikoanalyse. Die ermittelten Chancen und die ermittelten Risiken müssen gegenübergestellt werden. Ein hoher Risikoüberschuss kann hinreichender Grund für die Nichtdurchführung des Vorhabens sein. Wenn 398

---

[544] *Arnold* ZGR 2014, 76 (100 ff.) ist der Auffassung, dass auch bei möglichen Pflichtverstößen des Vorstands keine Verlagerung der Aufklärungsverantwortung vom Vorstand auf den Aufsichtsrat stattfindet. Dies ist insoweit richtig, als der Vorstand weiterhin zur Aufklärung des Sachverhalts verpflichtet bleibt; neben diese Pflicht des Vorstands tritt jedoch eine autonome Aufklärungsverantwortung und -kompetenz des Aufsichtsrats, *Reichert/Ott* NZG 2014, 241 (248 ff.); *Habersack* AG 2014, 1 (5 f.).
[545] Vgl. *Reichert/Ott* NZG 2014, 241 (248 f.).
[546] Vgl. *J. Semler,* FS Ulmer, 627. Vgl. auch *Mutter* S. 7: „… eine Entscheidung (ist) als bewusste Auswahl einer Alternative aus mehreren Handlungsmöglichkeiten zu definieren.".

sich schon vor der Risikoanalyse ein negativer Erfolg gezeigt hat, müssen die Chancen schon sehr hoch und recht sicher sein, um ein Vorhaben unternehmerisch zu rechtfertigen. Bei einem rechnerisch negativen Erfolg des Vorhabens und einem Überwiegen der Risiken über die Chancen wird das Vorhaben stets als nicht verantwortbar erscheinen.

399 Nicht nur messbare Größen sind bei einer Entscheidung anzusetzen. Oft sind die nicht messbaren Einflüsse für die Entscheidung bedeutsamer. Die sog. **weichen Faktoren** können insbesondere beim Erwerb anderer Unternehmen oder Unternehmensteile eine ganz entscheidende Rolle spielen.

400 Diese Hinweise können nur einige Gedanken zur sorgfältigen Entscheidungsfindung beisteuern. In der Realität unternehmerischen Handelns ist das meist viel schwieriger. Es ist keine Seltenheit, dass Unternehmen **bei der Risikoermittlung Versicherungsmathematiker hinzuziehen,** um Risiko, Risikohäufung und unterschiedliche Risikowahrscheinlichkeiten messbar zu machen.

401 Der **Aufsichtsrat** muss darauf achten, dass der Vorstand die in Betracht kommenden Handlungsoptionen vertretbar bemisst und richtig gegeneinander abwägt.

402 **5. Beurteilung des Vorstandsverhaltens.** Die Entscheidung über die Durchführung eines nicht einem Zustimmungsvorbehalt unterliegenden Vorhabens liegt allein beim Vorstand. Der **Aufsichtsrat darf** bei ordnungsgemäßer Darstellung der Entscheidungsgrundlagen ein rechtmäßiges Geschäft **nicht verhindern,** auch wenn er selbst anders handeln würde. Wenn ein interessengebundener Vorstand im Rahmen des vertretbaren Ermessens Wirtschaftlichkeit und Zweckmäßigkeit eines Geschäfts positiv einschätzt, darf der Aufsichtsrat ein solches Geschäft nicht unterbinden. Der Aufsichtsrat darf die Alleinverantwortung und die Eigenständigkeit der Leitung des Unternehmens durch den Vorstand nicht beeinträchtigen (§§ 76 Abs. 1, 111 Abs. 4 S. 1).

403 **6. Entscheidung des Aufsichtsrats über Eingriffserfordernisse.** Der Aufsichtsrat hat im Rahmen seiner Überwachung darauf zu achten, dass der Vorstand bei seinen Entscheidungen die Grundsätze der Ordnungsmäßigkeit und der Rechtmäßigkeit beachtet und dass er bei der Beurteilung der Zweckmäßigkeit und der Wirtschaftlichkeit eines Vorhabens die Grenzen des ihm zur Verfügung stehenden Ermessens nicht überschreitet. Wenn der Aufsichtsrat entsprechende Mängel feststellt, **muss** er **einschreiten** und das geplante Handeln des Vorstands unterbinden, notfalls durch einen *ad hoc* verhängten Zustimmungsvorbehalt (→ Rn. 286). Ob er dies tut oder nicht, liegt nicht in seinem Ermessen. Rechtswidriges Handeln des Vorstands muss der Aufsichtsrat verhindern.

404 **7. Intensität der Überwachungstätigkeit.** Der Aufsichtsrat muss sein Verhalten der Lage des Unternehmens anpassen.[547] Er muss die Überwachungserfordernisse einschätzen, uU häufiger tagen und prüfen, ob der Vorstand verstärkt oder sonst verändert werden muss.

405 **8. Gesteigerte Überwachungspflicht.** Wenn bestimmte Konstellationen eine gesteigerte Überwachungspflicht des Aufsichtsrats fordern, muss der Aufsichtsrat entsprechend verfahren. Dies gebietet die ihm obliegende Sorgfaltspflicht. Eine gesteigerte Überwachungspflicht ist zB anzuwenden, wenn der Vorstand Entscheidungen treffen muss, obwohl eigene Interessen des Vorstands berührt werden. Eine erhöhte Wachsamkeit kann geboten sein, wenn
– personenbezogen begründetes Misstrauen gegen ein Vorstandsmitglied besteht;
– schwerwiegende Bedenken gegen die Geschäftsführung des Vorstands bestehen;
– die Entwicklung oder die Lage einzelner Bereiche oder eines einzelnen Bereichs zu erheblicher Sorge Anlass geben.

406 In allen diesen Fällen darf sich der Aufsichtsrat nicht mit einer Frage an den Vorstand und einer beruhigenden Antwort zufrieden geben (→ Rn. 137). Die Sorgfaltspflicht der Auf-

---

[547] *J. Semler* AG 1983, 141; aA *Claussen* AG 1984, 20 f.; dagegen *J. Semler* AG 1984, 21 f.; vgl. → Rn. 128 f.

9. Überwachungspflicht gegenüber Ausschüssen. Die Einsetzung vorbereitender 407 oder beschließender Ausschüsse hat Auswirkungen auf die Sorgfaltspflicht von Aufsichtsratsmitgliedern, die den Ausschüssen nicht angehören. Auf die entsprechenden Ausführungen wird verwiesen (→ Rn. 60 ff.). Die solchen Aufsichtsratsmitgliedern obliegende **Aufsichtspflicht** gebietet ihnen, die nach Sachlage gebotenen Überwachungshandlungen vorzunehmen.

10. Überwachung der Risikosteuerung. Wirtschaftliche Schwierigkeiten eines Unternehmens entstehen häufig daraus, dass die Organe entstehende Risiken nicht oder nicht rechtzeitig erkannt oder falsch eingeschätzt haben. Durch das KonTraG ist den Aktiengesellschaften ein **vorsorgliches Risikomanagement** vorgeschrieben worden. „Der Vorstand hat geeignete Maßnahmen zu treffen, insbesondere ein Überwachungssystem einzurichten, damit den Fortbestand der Gesellschaft gefährdende Entwicklungen früh erkannt werden" (§ 91 Abs. 2). Der Aufsichtsrat muss sich überzeugen, dass dieses Überwachungssystem eingerichtet worden und funktionsfähig ist.[548] Er hat darauf zu achten, dass die Risiken vollständig und rechtzeitig erfasst werden. Ihre möglichen Folgen müssen richtig eingeschätzt werden. Erforderlichenfalls müssen frühzeitig Gegenmaßnahmen ergriffen werden. 408

Der Vorstand muss im **Lagebericht** zum Jahresabschluss auch auf die Risiken der künftigen Entwicklung eingehen (§ 289 Abs. 1 HGB). Der Aufsichtsrat hat darauf zu achten, dass dies geschieht. Die Darstellung der Risiken muss dem Leser des Lageberichts die Möglichkeit geben, die Bedeutung des Risikos für seine Vermögensanlage in der Gesellschaft einigermaßen zutreffend einzuschätzen. Der Aufsichtsrat muss dies sicherstellen. 409

11. Haftungsvermeidungsstrategien für den Aufsichtsrat. Was kann der Aufsichtsrat und kann jedes einzelne Mitglied tun, um dem gewachsenen Risiko einer persönlichen Inanspruchnahme wegen einer Pflichtverletzung zu entgehen? Neben einer äußerst sorgfältigen Wahrnehmung der eigenen Aufgaben sind dies eine stets **kritische Einstellung gegenüber allen Darstellungen des Vorstands**, ein **Hinterfragen** der den Planungen des Vorstands zugrunde liegenden Annahmen sowie eine **umfassende Dokumentation der eigenen Entscheidungsfindung**. Aus betriebswirtschaftlicher Sicht wird dem Aufsichtsrat zudem die Schaffung eines Haftungsmanagementsystems mit umfassenden Pflichtenkatalogen zur Haftungsidentifikation und langen Listen möglicher Zustimmungsvorbehalte empfohlen,[549] doch darf dies nicht den Blick darauf verstellen, dass gerade Checklisten leicht zu einer Scheinsicherheit führen und die sich im Einzelfall realisierenden Risiken häufig dennoch nicht erfassen. Hinzukommen muss in allen Fällen eine die möglichen Risiken wirksam abdeckende **D&O-Versicherung** (vgl. dazu → Rn. 809 ff.). 410

V. Allgemeine Verschwiegenheitspflicht der Aufsichtsratsmitglieder nach § 93 Abs. 1 S. 3

1. Grundsatz. Es gelten die gleichen Grundsätze wie für die Verschwiegenheitspflicht der Vorstandsmitglieder.[550] 411

a) Allgemeines. Der Aufsichtsrat und **jedes seiner Mitglieder** sind gesetzlich verpflichtet (§§ 116, 93 Abs. 1 S. 2; → § 93 Rn. 43 ff.), Geheimnisse und vertrauliche Angaben der Gesellschaft zu wahren.[551] Die Begriffe Geheimnis und vertrauliche Angaben sind keine 412

---

[548] Vgl. *Pahlke* NJW 2002, 1680; *v. Schenck* in Semler/v. Schenck AR-HdB § 7 Rn. 142 ff.
[549] *Freidank/Dürr/Sassen* BB 2013, 2283 ff.
[550] Kölner Komm AktG/Mertens/Cahn Rn. 37.
[551] *Marsch-Barner* in Semler/v. Schenck AR-HdB § 13 Rn. 29; ausführlich hierzu *Lutter/Krieger/Verse* Rn. 254 ff.

Synonyme.⁵⁵² Dogmatisch handelt es sich bei der Verschwiegenheitspflicht um eine **Präzisierung der organschaftlichen Treuepflicht**.⁵⁵³ Verletzt ein Aufsichtsratsmitglied massiv seine Verschwiegenheitspflicht, kann dies Grundlage seiner gerichtlichen Abberufung aus wichtigem Grund sein.⁵⁵⁴

413 Eine **Entscheidung über die Weitergabe unternehmensinterner Daten an die Öffentlichkeit** kann grundsätzlich nur der Vorstand treffen.⁵⁵⁵ Der Aufsichtsrat kann hierzu Empfehlungen aussprechen, aber keine Anweisungen geben.⁵⁵⁶ Das gilt auch für Geheimnisse, die im Bereich des Aufsichtsrats entstehen, aber Tatsachen betreffen, die nicht der alleinigen Offenbarungskompetenz des Aufsichtsrats unterliegen wie etwa die Mitwirkung bei zustimmungspflichtigen Geschäften (§ 111 Abs. 4) oder bei der Feststellung des Jahresabschlusses.⁵⁵⁷

414 Die Verschwiegenheitspflicht des Aufsichtsrats ist mit seinem **Recht auf umfassende Information** verknüpft.⁵⁵⁸ Die erlangten Kenntnisse über die Gesellschaft müssen von den Aufsichtsratsmitgliedern mit Sorgfalt behandelt und bewahrt werden. Ohne eine strikte Verschwiegenheitspflicht (gem. § 93 Abs. 1 S. 2) würde sich uU eine restriktive Interpretation der Informationsrechte des Aufsichtsrats durchsetzen können.⁵⁵⁹ Die besondere Bedeutung dieser Vertraulichkeit zeigt sich darin, dass im Gesetz ein besonderes Verschwiegenheitsgebot an den Aufsichtsrat aufgenommen worden ist (→ Rn. 453 ff.).

415 **b) Informationshoheit des Aufsichtsrats.** Vorgänge, die **ausschließlich** in der Macht- und Verantwortlichkeitssphäre des Aufsichtsrats liegen, wie die Bestellung neuer Vorstands- oder Aufsichtsratsmitglieder§ (§ 81, 106), unterliegen der alleinigen Offenbarungsbefugnis des Aufsichtsrats.⁵⁶⁰ Zur Entscheidung über diesbezügliche Beschlüsse und zu deren Begründung ist allein der Aufsichtsrat befugt. Allerdings muss er den Vorstand (und ggf. über diesen einen Pressesprecher des Unternehmens) mit der Bekanntgabe seiner Entscidung beauftragen. Dies folgt aus der Geschäftsführungsprärogative des Vorstands und seiner Vertretungskompetenz in Angelegenheiten, die nicht durch das Gesetz dem Aufsichtsrat zugewiesen sind (→ Rn. 513).

416 **2. Geltung für alle Aufsichtsratsmitglieder.** Die Verschwiegenheitspflicht gilt für alle Aufsichtsratsmitglieder, für Anteilseignervertreter und Arbeitnehmervertreter⁵⁶¹ sowie für gewählte und entsandte Aufsichtsratsmitglieder gleichermaßen.⁵⁶² Die vereinzelt vertretene

---

⁵⁵² Zur Begriffsbestimmung → Rn. 390 ff., 401.
⁵⁵³ *Hengeler,* FS Schilling, 1973, 175; *Säcker* NJW 1986, 803; *Hüffer/Koch* § 93 Rn. 29; Großkomm AktG/ *Hopt* § 93 Rn. 187 mit Nachweisen zum Meinungsstreit, ob die Verschwiegenheitspflicht aus der Sorgfaltspflicht oder der Treupflicht folgt. → § 93 Rn. 43.
⁵⁵⁴ OLG Stuttgart NZG 2007, 72 ff. – Carl Zeiss SMT AG im Fall eines Arbeitnehmervertreters, der im Zusammenhang mit einer möglichen Übernahme des Unternehmens vertrauliche Informationen weitergegeben hatte.
⁵⁵⁵ *Lutter,* Information und Vertraulichkeit, S. 127; *v. Stebut* S. 98. Vgl. auch *Linker/Zinger* NZG 2002, 497.
⁵⁵⁶ *Lutter,* Information und Vertraulichkeit, S. 136 f.; *Marsch-Barner* in Semler/v. Schenck AR-HdB § 13 Rn. 15.
⁵⁵⁷ § 172; vgl. *Lutter,* Information und Vertraulichkeit, S. 137; *Marsch-Barner* in Semler/v. Schenck AR-HdB § 13 Rn. 15.
⁵⁵⁸ *Marsch-Barner* in Semler/v. Schenck AR-HdB § 13 Rn. 2; *Hüffer/Koch* Rn. 9. → § 111 Rn. 267 ff.
⁵⁵⁹ *Lutter,* Information und Vertraulichkeit, S. 3 f. mit Buchbesprechung *J. Semler* NJW 1985, 1209; *Lutter/ Krieger/Verse* Rn. 254; krit. zu Lutter: *Claussen* AG 1981, 57, der eine absolute Schweigepflicht als nicht gewährleistet sieht und demzufolge die Vollinformation des Aufsichtsrats vermeiden will; ähnlich: *Sina* NJW 1990, 1016 ff.; *Mertens* AG 1980, 67 ff.; *Klein* AG 1982, 7.
⁵⁶⁰ *Lutter,* Information und Vertraulichkeit, S. 137; *Marsch-Barner* in Semler/v. Schenck AR-HdB § 13 Rn. 15; *Volhard* GRUR 1980, 496 (497); aA *Säcker,* FS Fischer, 1979, 635 (636): Bekanntgabe nur durch den Vorstand, das ergäbe sich aus der gesetzlichen Kompetenzverteilung, wonach dem Vorstand die Leitungs- und Vertretungskompetenz zusteht.
⁵⁶¹ BGHZ 64, 325 (330) – Bayer mit Bespr. *Meyer-Landrut* ZGR 1976, 510 (511); *Wachter/Schick* Rn. 8; *Rittner,* FS Hefermehl, 1976, 365 ff.; *Wessing/Hölters* DB 1976, 1671 ff.; ausführlich zu den Arbeitnehmervertretern: *G. Hueck* RdA 1975, 35 ff.; *Marsch-Barner* in Semler/v. Schenck AR-HdB § 13 Rn. 3; *Lutter/ Krieger/Verse* Rn. 255 f.; *Säcker* NJW 1986, 803; *Stege* DB Beilage 8/77 S. 1 ff.; *Hüffer/Koch* Rn. 11.
⁵⁶² *Lutter/Krieger/Verse* Rn. 265 ff.; *Marsch-Barner* in Semler/v. Schenck AR-HdB § 13 Rn. 3.

Ansicht, Aufsichtsratsmitglieder der Arbeitnehmerseite seien nicht in gleichem Umfang gebunden wie die Aufsichtsratsmitglieder der Anteilseignerseite, widerspricht dem **grundlegenden Prinzip der Gleichbehandlung** aller Aufsichtsratsmitglieder.[563]

Arbeitnehmervertreter dürfen Probleme des Unternehmens nicht publik machen, um 417 eine ihnen missliebige Strategie des Vorstands zu stören[564] und damit ihre Partikularinteressen durchzusetzen. Dies gilt auch dann, wenn sie meinen, die Strategie liege nicht im Unternehmensinteresse. Sie dürfen ihre abweichende Ansicht nur im Aufsichtsrat vorbringen und nur dort durchzusetzen versuchen. Es gibt **kein spezifisches Recht der Arbeitnehmervertreter auf Unterrichtung der Belegschaft** über die Entwicklung des Unternehmens, das die Schweigepflicht beschränken kann.[565] Ein eigenes Informationsrecht besteht auch dann nicht, wenn es sich um Informationen handelt, die für die Belegschaft hinsichtlich ihrer Tätigkeit und ihres wirtschaftlichen Schicksals von besonderer Bedeutung sind. Das Informationsbedürfnis der Arbeitnehmer ist vom Vorstand im Rahmen der dafür vorgesehenen betrieblichen Einrichtungen und Gremien zu befriedigen. Das Bestreben eines Arbeitnehmervertreters auf unmittelbare Information „seines Wahlkörpers" muss grundsätzlich zurückstehen.

a) Beachtung des Unternehmensinteresses. Allgemeiner Maßstab für den Umfang 418 der Verschwiegenheitspflicht ist ausschließlich das objektiv zu bestimmende Unternehmensinteresse.[566] Das bedeutet, dass ein Aufsichtsratsmitglied Informationen nur dann preisgeben darf, wenn die Preisgabe im Unternehmensinteresse begründet ist oder deren Vertraulichkeit offensichtlich außerhalb eines erheblichen Unternehmensinteresses liegt.[567] Die Ausrichtung auf das Unternehmensinteresse kann im **Einzelfall** dazu führen, dass die **Belegschaft** vom Vorstand zu **informieren** ist, etwa um **Unruhen** zu vermeiden. Im Fall einer **Betriebsstilllegung** kann die Information der Arbeitnehmer eine Klarstellung bringen und zu deren Beruhigung beitragen, die auch im Interesse des Unternehmens liegt. Einzelheiten müssen dabei nicht offen gelegt werden.

Aus dem Mitbestimmungsgedanken folgt, dass die **Arbeitnehmerinteressen** neben den 419 **Kapitaleignerinteressen** prinzipiell **gleichrangig** zu behandeln sind. Dem Auskunftsrecht der Aktionäre in der Hauptversammlung (gemäß § 131) stehen als Äquivalent die Auskunftsrechte gegenüber, die das BetrVG den Arbeitnehmern einräumt.[568] Das AktG sieht ebenso wenig wie das BetrVG eine allumfassende Auskunftspflicht vor. Die Eröffnung von Unternehmensgeheimnissen ist weder hier noch dort in die Auskunftspflicht einbezogen.

b) Beachtung des Aktionärsinteresses. Das **Auskunftsrecht der Aktionäre** erstreckt 420 sich auf die Angelegenheiten der Gesellschaft, deren Unterrichtung zur sachgemäßen Beurteilung des Gegenstands der Tagesordnung erforderlich ist.[569]

c) Beachtung der Arbeitnehmerinteressen. Die Belegschaft eines Betriebs hat das 421 Recht, durch den Betriebsrat über solche Angelegenheiten **unterrichtet** zu werden, die den Betrieb oder seine Arbeitnehmer unmittelbar betreffen (§ 45 BetrVG). Der **Vorstand** ist dem **Betriebsrat** nach Maßgabe der gesetzlichen Einzelbestimmungen zur rechtzeitigen

---

[563] → Rn. 29 ff.; *Keilich/Brummer* BB 2012, 897 ff.; *Schiessl* AG 2002, 596; *Säcker* NJW 1986, 803; Kölner Komm AktG/*Mertens/Cahn* Rn. 39.
[564] *Lutter/Krieger/Verse* Rn. 255, 268; *Lutter,* Information und Vertraulichkeit, S. 196 ff., 203 ff.; Kölner Komm AktG/*Mertens/Cahn* Rn. 36.
[565] *Edenfeld/Neufang* AG 1999, 49 (52); *Mertens* AG 1975, 235 mwN in der Fn. 3; *v. Hoyningen-Huene* DB 1979, 2422 (2424 f.).
[566] *Rittner,* FS Hefermehl, 1976, 365 (368 ff.); *Flore* BB 1993, 133; *Klein* AG 1982, 7 (9); *Mertens* AG 1975, 235.
[567] *Mertens* AG 1975, 235.
[568] *Reuter* ZHR 144 (1980), 493 (499).
[569] BGHZ 119, 1 (13 f.); *Volhard* in Semler/Volhard HV-HdB § 13 Rn. 22 ff.

und vollständigen Unterrichtung verpflichtet.[570] Dieser wiederum hat das Recht, unter Beachtung der Geheimhaltungspflicht[571] die Belegschaft zu informieren.[572]

422 Darüber hinaus ist der **Vorstand** verpflichtet, den **Arbeitnehmern** vierteljährlich eine grobe Gesamtschau über die wirtschaftliche Lage und Entwicklung des Unternehmens zu geben.[573]

423 Weitergehende Informationsrechte der Belegschaft, die zu einer Einschränkung der Verschwiegenheitspflicht der Organmitglieder führen würden, ergeben sich nicht.[574] Der **Gesetzgeber** hat in Kenntnis der geführten Debatte die **Reichweite des Informationsinteresses** der Arbeitnehmer **entschieden.** Sofern der Vorstand detaillierten Informationspflichten gegenüber dem Wirtschaftsausschuss unterliegt (§ 106 BetrVG), stehen diese ausdrücklich unter dem Vorbehalt, dass dadurch nicht Betriebs- und Geschäftsgeheimnisse gefährdet werden (§ 106 Abs. 2 BetrVG).

424 **Verletzt der Vorstand seine Berichtspflichten** nach dem BetrVG, kann es für die Arbeitnehmervertreter im Aufsichtsrat unzumutbar sein, die Belegschaft nicht entsprechend zu unterrichten. Allerdings hat das Aufsichtsratsmitglied in jedem Fall zuvor sein Vorhaben im Aufsichtsrat anzukündigen und den Vorstand zur Erfüllung seiner Pflichten aufzufordern. Erst wenn diese Schritte erfolglos bleiben, darf der Arbeitnehmervertreter zur Selbsthilfe greifen.

425 **Wahltaktische Überlegungen** eines Aufsichtsratsmitglieds aus dem Betriebsrat können die Verschwiegenheitspflicht in keinem Fall einschränken.[575]

426 **3. Sachlicher Umfang und Begriffsbestimmung.** Der Gesetzgeber unterscheidet ausdrücklich zwischen den Begriffen **Geheimnis und vertrauliche Angaben.** Auch wenn eine Abgrenzung nicht immer möglich ist, sind die Begriffe nicht völlig gleichbedeutend.[576] Angaben können auch dann vertraulich sein, wenn sie kein Geheimnis sind.[577] Ebenso wenig muss sich ein Geheimnis der Gesellschaft auf eine vertrauliche Angabe gründen.

427 Die Begriffe „Geheimnis" und „vertrauliche Angaben" enthalten subjektive Elemente. Sie sind aber in erster Linie **objektiv unter Zugrundelegung des Unternehmensinteresses** zu interpretieren.[578] Es kommt also nicht darauf an, dass eine bestimmte Angelegenheit durch den Informanten oder etwa durch Vorstandsbeschluss ausdrücklich als geheimhaltungsbedürftig bezeichnet ist. Der mehr oder minder stark ausgeprägte Geheimhaltungswunsch der Verwaltung ist ohne Belang.[579] Ein Vorstandsbeschluss in einer solchen Angelegenheit würde außerdem einen unzulässigen Eingriff in die eigenverantwortliche Tätigkeit des Aufsichtsrats darstellen.[580] Auch ohne Hinweise des Vorstands sind Geheimnisse und vertrauliche Angaben als solche zu behandeln.

428 **a) Geheimnisse der Gesellschaft.** Unter einem Geheimnis ist jede **relativ unbekannte Tatsache** zu verstehen, an der ein objektives, nämlich im Interesse des Unternehmens

---

[570] *Reuter* RdA 1988, 280 (285); *Lutter,* Information und Vertraulichkeit, S. 127.
[571] Nach § 79 BetrVG, erfasst sind Betriebs- und Geschäftsgeheimnisse, nicht auch vertrauliche Angaben, vgl. aber §§ 99 Abs. 1 S. 3, 102 Abs. 2 S. 5 und §§ 82 Abs. 2 S. 3, 83 Abs. 1 S. 3 BetrVG.
[572] *Säcker* S. 22 ff.; *v. Hoyningen-Huene* DB 1979, 2422 (2425).
[573] Vorausgesetzt, das Unternehmen beschäftigt mehr als 1000 ständig beschäftigte Arbeitnehmer, § 110 Abs. 1 BetrVG, oder mehr als zwanzig wahlberechtigte Arbeitnehmer, § 110 Abs. 2 BetrVG. Im ersten Fall ist eine schriftliche Unterrichtung erforderlich, im zweiten genügt eine mündliche.
[574] AA *Kittner* ZHR 136 (1972), 208 (218 ff.); *Nagel* BB 1979, 1799 (1803).
[575] Kölner Komm AktG/*Mertens/Cahn* Rn. 39; *Lutter/Krieger/Verse* Rn. 268; *Lutter,* Information und Vertraulichkeit, S. 198.
[576] → Rn. 374; Großkomm AktG/*Hopt* § 93 Rn. 196; *v. Stebut* S. 58 ff., 74; *Hengeler,* FS Schilling, 1973, 175 (185).
[577] Vgl. Großkomm AktG/*Hopt* § 93 Rn. 196; aA *Kittner* ZHR 136 (1972), 208, 224 ff., 228, der eine eigenständige Bedeutung des Begriffs der vertraulichen Angabe verneint.
[578] BGHZ 64, 325 (329) – Bayer; *Mertens* AG 1975, 235; *Säcker,* FS Fischer, 1979, 635 (638).
[579] Vgl. BGHZ 64, 325 (329) – Bayer; *Lutter,* Information und Vertraulichkeit, S. 132; *Nagel* BB 1979, 1799 (1802).
[580] Vgl. § 111 Abs. 1; *Nagel* BB 1979, 1799 (1802).

liegendes Geheimhaltungsinteresse besteht.[581] Der Begriff der **Tatsache** ist weit zu verstehen und umfasst objektive Daten ebenso wie Ansichten, Meinungen und Wertungen.[582]

Eine besondere Hervorhebung als Betriebs- oder Geschäftsgeheimnis ist nicht notwendig. Die Aufzählung im Gesetz hat nur beispielhaften Charakter.[583] Ein **Hinweis des Vorstands** auf die Geheimhaltungsbedürftigkeit einer Information ist gleichwohl für die Aufsichtsratsmitglieder von wesentlicher Bedeutung, da der Vorstand die Interessen der Gesellschaft und die Risiken der Verbreitung bestimmter Informationen am ehesten ermessen kann.[584] Ein objektiv nicht vorhandenes Interesse der Gesellschaft kann hierdurch aber nicht begründet werden. 429

Die **Verbreitung einer Tatsache durch den Vorstand** kann und wird regelmäßig darauf hinweisen, dass kein Bedürfnis der Gesellschaft nach Geheimhaltung besteht.[585] Nach *Mertens/Cahn*[586] kann der Vorstand keinen eigentlichen Geheimnisverzicht für die Gesellschaft aussprechen. Sie begründen dies mit dem Argument, dass der Vorstand nicht Herr über seine Verschwiegenheitspflicht sei. In ihren weiteren Ausführungen schränken *Mertens/Cahn* ihre Ansicht insoweit ein, als sie dem Vorstand zubilligen, dass er durch die Festlegung der Unternehmenspolitik auch mit darüber entscheide, ab wann bestimmte Informationen keine Geheimnisse mehr seien. 430

Den Überlegungen von *Mertens/Cahn* ist darin beizupflichten, dass der Vorstand nicht berechtigt ist, ein bestehendes Geheimnis durch Erklärung zur zugänglichen Tatsache zu machen. Diese Offenbarung bedarf einer **sorgfältigen Abwägung aller Umstände.** Wenn der Vorstand feststellt, dass ein Geheimhaltungsinteresse nicht besteht, kann er dies mit Wirkung für die gesetzlichen Geheimhaltungsgebote auch bekannt geben. Wenn das Geheimhaltungsinteresse fortbesteht, bleibt die Außenwirkung einer solchen Bekanntmachung die gleiche, aber der Vorstand läuft Gefahr, schadensersatzpflichtig zu werden. Er hat seine Sorgfaltspflicht verletzt.[587] Die Mitglieder im Aufsichtsrat können die Richtigkeit der Vorstandserklärung voraussetzen. Für sie besteht kein Geheimnis mehr. 431

Eine Feststellung über das **Bestehen oder Nichtbestehen eines Geheimnisses** kann im Allgemeinen nur der Vorstand als Organ treffen. Da es sich um eine Geschäftsführungshandlung handelt, kann allerdings auch das zuständige Vorstandsmitglied eine entsprechende Erklärung wirksam abgeben. 432

Der **Aufsichtsrat** kann **nicht entscheiden**, wann eine Tatsache den Geheimnischarakter im Zusammenhang mit der Unternehmenspolitik verliert.[588] Er kann allenfalls den Vorstand zur Prüfung und Erklärung auffordern, ob noch ein Geheimnis besteht oder nicht. In einem solchen Fall ist der Vorstand zum Handeln verpflichtet. Fragen des Aufsichtsrats muss der Vorstand beantworten. Wenn die Antwort von der Einschätzung des Unternehmensinteresses abhängt, muss der Vorstand dies auf Grund der ihm obliegenden Sorgfaltspflicht prüfen. 433

Das Gesetz nennt namentlich Betriebs- und Geschäftsgeheimnisse.[589] Das **Betriebsgeheimnis** umfasst Informationen aus dem technischen Bereich. Hierzu gehören zB der 434

---

[581] MHdB AG/*Wiesner* § 25 Rn. 45; deren Weitergabe zu einem Schaden der Gesellschaft führen würde: *Lutter/Krieger/Verse* Rn. 259; ausführlich: *Lutter,* Information und Vertraulichkeit, S. 129 ff.
[582] *v. Stebut,* Geheimnisschutz und Verschwiegenheitspflicht; *Marsch-Barner* in Semler/v. Schenck AR-HdB § 13 Rn. 7; *Lutter/Krieger/Verse* Rn. 259; *Lutter,* Information und Vertraulichkeit, S. 130 f. Vgl. auch → § 93 Rn. 46.
[583] *Hüffer/Koch* § 93 Rn. 30.
[584] *Lutter/Krieger/Verse* Rn. 261; Kölner Komm AktG/*Mertens/Cahn* Rn. 47.
[585] Kölner Komm AktG/*Mertens/Cahn* Rn. 47.
[586] Kölner Komm AktG/*Mertens/Cahn* Rn. 47; im Grundsatz aA *Lutter/Krieger/Verse* Rn. 262 f., aber dadurch keine Loslösung von der Pflichtenbindung des § 93; *Marsch-Barner* in Semler/v. Schenck AR-HdB § 13 Rn. 14.
[587] So auch *Lutter/Krieger/Verse* Rn. 263 unter Hinweis auf einen breiten Ermessensspielraum; vgl. *Meyer-Landrut* ZGR 1976, 510 (512 ff.).
[588] Kölner Komm AktG/*Mertens/Cahn* Rn. 47; *Lutter/Krieger/Verse* Rn. 284.
[589] Großkomm AktG/*Hopt* § 93 Rn. 191 hält eine Aufteilung in Betriebs- und Geschäftsgeheimnisse für kaum durchführbar und bedeutungslos, er unterteilt in Informationen über Zustand und Tätigkeit der Gesellschaft und Informationen über Planungen (mit Bsp. und Angaben zur Lit.); *Marsch-Barner* in Semler/

ganze Bereich der Forschung, technische Entwicklungen und Fertigungsverfahren, Produktentwicklungen und -vorhaben, Modelle, Konstruktionszeichnungen, Rezepturen und Erfindungen.[590]

435 Als **Geschäftsgeheimnisse** werden Informationen aus dem unternehmerischen, vor allem dem kaufmännischen Bereich geschützt, etwa Unternehmensplanungen und Teile daraus, Marketing- und Absatzpläne, Einkaufs- und Bezugsquellen, Kundenlisten und Verträge mit Kunden, Einkaufspreise, Kalkulationsunterlagen, Preisberechnungen, Zahlungsbedingungen und dgl. Aber auch beabsichtigte Zusammenschlüsse mit anderen Unternehmen,[591] Erwerbsabsichten und dgl. gehören zu den Geschäftsgeheimnissen.

436 **Sonstige Geheimnisse** der Gesellschaft sind solche, deren Offenbarung zu einem immateriellen Schaden der Gesellschaft führen kann, aber auch globale Zukunftsplanungen.[592]

437 **Relativ unbekannt** ist eine Tatsache, wenn der Personenkreis, dem die Tatsache bekannt ist, beschränkt ist. Demgegenüber muss es eine relevante Zahl von Personen geben, die potenziell an der fraglichen Information interessiert sein könnten. Voraussetzung für ein relatives Unbekanntsein ist auch, dass die Gesellschaft noch die Hüterin des Geheimnisses ist. Es ist nicht die Aufgabe der Rechtsordnung, eine nur fiktive Herrschaft über das Geheimnis zu schützen.[593]

438 Zum anderen darf die Tatsache Dritten nicht ohne Weiteres zugänglich sein. Ein problemloser Zugang zu einer Tatsache ist bei zwar **ermittelbaren Tatsachen,** aber nicht allgemein zugänglichen Tatsachen nicht gegeben. Eine relativ unbekannte Tatsache liegt weiterhin vor, sofern ein nicht unerheblicher Aufwand zur endgültigen Kenntniserlangung betrieben werden muss.[594]

439 b) **Vertrauliche Angaben.** Unter vertraulichen Angaben sind **Mitteilungen** an den Aufsichtsrat zu verstehen, **die dem persönlichen Lebensbereich, dem Organbereich oder dem sonstigen Unternehmensbereich zuzuordnen sind.**[595] Angaben sind vertraulich, wenn sie von der Gesellschaft in der Erwartung weitergegeben werden, dass der Empfänger Dritten hiervon keine Mitteilung macht. Diese Erwartung muss nicht ausdrücklich geäußert werden.[596] Jedes Aufsichtsratsmitglied muss zunächst annehmen, dass Informationen, die ihm als Aufsichtsratsmitglied gegeben werden, vertraulich zu behandeln sind. Wenn es Zweifel hat, wird die ihm obliegende Sorgfaltspflicht gebieten, die Auffassung des Aufsichtsratsvorsitzenden zu erkunden. Dieser wird, wenn die Lage unklar ist, die (zumeist verbindliche) Auffassung des Vorstands feststellen.

440 c) **Beratungs- und Abstimmungsgeheimnis.** Die Verpflichtung der Aufsichtsratsmitglieder zur vertrauensvollen Zusammenarbeit ist ein Rechtsprinzip.[597] Daraus ergibt sich, dass Beratung und Abstimmung im Aufsichtsrat und in den Ausschüssen grundsätzlich geheim zu halten sind.[598]

---

v. Schenck AR-HdB § 13 Rn. 6; auch Kölner Komm AktG/*Mertens/Cahn* Rn. 48 nehmen keine Unterteilung vor.
[590] MHdB AG/*Wiesner* § 25 Rn. 46; *Lutter,* Information und Vertraulichkeit, S. 136; *Säcker* S. 61 ff. mit einem Überblick über die Rechtsprechung zu den einzelnen Kriterien.
[591] MHdB AG/*Wiesner* § 25 Rn. 46; *Lutter,* Information und Vertraulichkeit, S. 136; *Säcker* S. 61 ff.
[592] *Säcker* S. 62.
[593] *Lutter,* Information und Vertraulichkeit, S. 130 f.
[594] *Lutter,* Information und Vertraulichkeit, S. 131.
[595] MHdB AG/*Wiesner* § 25 Rn. 41.
[596] *Hengeler,* FS Fischer, 1973, 175 (185); *Spieker* NJW 1965, 1937, 1939.
[597] *Lutter/Krieger/Verse* Rn. 265: „Magna Charta der Arbeit im Aufsichtsrat".
[598] Vgl. BGHZ 64, 325, 330, 332 „Bayer" zur vertraulichen Behandlung von Beratung und Abstimmung; *Hengeler,* FS Schilling, 1973, S. 175, 186 ff.; *Rittner,* FS Hefermehl, 1976, S. 365, 371; *Säcker* NJW 1986, 803, 806 f.; *Lutter/Krieger/Verse* Rn. 266 f.; *Marsch-Barner* in Semler/v. Schenck AR-HdB § 13 Rn. 24; *Gaul* GmbHR 1986, 296 ff.; MHdB AG/*Hoffmann-Becking* § 33 Rn. 45; Kölner Komm AktG/*Mertens/Cahn* Rn. 52.

Sorgfaltspflicht und Verantwortlichkeit der Aufsichtsratsmitglieder 441–447 § 116 AktG

Zweck der Verschwiegenheitspflicht ist es nämlich auch, die vertrauensvolle Zusammenarbeit im Aufsichtsrat und die unbefangene Meinungsäußerung und Meinungsbildung seiner Mitglieder zu schützen.[599] Ein unmittelbarer **Schaden** für die Gesellschaft braucht nicht zu drohen.[600] Ist die vertrauensvolle Zusammenarbeit gestört, kann sich dies über kurz oder lang gesellschaftsschädigend auswirken. Dieses Risiko allein genügt zur Begründung der Schweigepflicht. Durch die Erweiterung der Schweigepflicht für Aufsichtsratsmitglieder ist dies erkennbar deutlich gemacht worden.[601] 441

Hinsichtlich der **Stimmabgabe** und der **Stellungnahmen** anderer Aufsichtsratsmitglieder ist eine strikte Geheimhaltungspflicht der Aufsichtsratsmitglieder anzunehmen. **Persönliche Äußerungen** während der Aufsichtsratssitzung, die nur für die Anwesenden bestimmt sind, sind als vertrauliche Mitteilungen zu bewerten. **Vorgänge jedweder Art,** von denen ein Aufsichtsratsmitglied bei den Beratungen Kenntnis erlangt, fallen in weitestem Umfang unter die Schweigepflicht.[602] 442

Anders kann es zu beurteilen sein, ob der **Gesamtaufsichtsrat** in Fällen, in denen das Unternehmensinteresse es erfordert, Dritte oder die Öffentlichkeit von Entscheidungen des Aufsichtsrats unterrichten kann. Er wird dies in der Regel nicht gegen den Willen des einzelnen Aufsichtsratsmitglieds machen können, sofern dessen Meinungen oder Abstimmungsverhalten dadurch erkennbar werden.[603] 443

Streitig ist, ob das Aufsichtsratsmitglied auch sein **eigenes Stimmverhalten** geheim zu halten hat. Der BGH hat ausdrücklich nur die Stimmabgabe anderer Aufsichtsratsmitglieder als vertraulich bewertet.[604] Die Mitteilung des eigenen Abstimmungsverhaltens wird man jedenfalls dann für unzulässig erklären müssen, wenn daraus auf das **Abstimmungsverhalten der anderen Mitglieder** geschlossen werden kann.[605] Gleiches gilt, wenn sich durch eine solche Offenbarung des eigenen Stimmverhaltens die anderen Aufsichtsratsmitglieder genötigt sehen könnten, ihr Stimmverhalten ebenfalls offen zu legen und zu rechtfertigen.[606] Dadurch würde die durch die Verschwiegenheitspflicht angestrebte Unabhängigkeit der Entscheidungsfindung im Aufsichtsrat beeinträchtigt. 444

Ist der **Beschlussgegenstand** geheim zu halten und wird dieser durch Mitteilung des eigenen Stimmverhaltens offenbart, so handelt es sich in jedem Fall einer Offenbarung um eine Pflichtverletzung.[607] 445

4. Reichweite der Verschwiegenheitspflicht. Jedes Aufsichtsratsmitglied hat die Aufgabe, mit der notwendigen Sorgfalt zu prüfen, ob eine Information zur Weitergabe geeignet ist oder nicht.[608] Sie ist es jedenfalls nicht, wenn ein **objektives Interesse** der Gesellschaft an der Geheimhaltung besteht. 446

Bei der Frage, ob ein objektives Geheimhaltungsinteresse der Gesellschaft besteht, steht dem einzelnen Aufsichtsratsmitglied kein unternehmerischer **Entscheidungsspielraum** zu.[609] 447

---

[599] BGHZ 64, 325, 332 „Bayer"; *Lutter/Krieger/Verse* Rn. 266; Kölner Komm AktG/*Mertens/Cahn* Rn. 53; *Marsch-Barner* in Semler/v. Schenck AR-HdB § 13 Rn. 25.
[600] Kölner Komm AktG/*Mertens/Cahn* Rn. 53.
[601] S. 2; vgl. hierzu Rn. 458 ff.
[602] In dieser Weise differenzierend: BGHZ 64, 325, 332 „Bayer"; *Rittner,* FS Hefermehl, 1976, S. 365, 371.
[603] Vgl. Kölner Komm AktG/*Mertens/Cahn* Rn. 53.
[604] BGHZ 64, 325, 332 „Bayer".
[605] *Lutter/Krieger/Verse* Rn. 267; Kölner Komm AktG/*Mertens/Cahn* Rn. 54.
[606] *Marsch-Barner* in Semler/v. Schenck AR-HdB § 13 Rn. 25; für die grundsätzliche Zulässigkeit der Mitteilung des eigenen Abstimmungsverhaltens: *Säcker* NJW 1986, 803, 806 ff. allerdings ohne auf mögliche Auswirkungen auf die anderen Aufsichtsratsmitglieder einzugehen; generell einschränkend zur Verschwiegenheitspflicht: *Köstler/Kittner/Zachert/Müller* Rn. 554 ff.
[607] *Marsch-Barner* in Semler/v. Schenck AR-HdB § 13 Rn. 25.
[608] Vgl. BGHZ 64, 325 (327) – Bayer.
[609] *Lutter,* Information und Vertraulichkeit, S. 141 f.; *Rittner,* FS Hefermehl, 1976, 365 (369 f.); *Hengeler,* FS Schilling, 1973, 175 (184 f.); *G. Hueck* RdA 1975, 35 ff. (39); *Marsch-Barner* in Semler/v. Schenck AR-HdB § 13 Rn. 20; MHdB AG/*Hoffmann-Becking* § 33 Rn. 50 (einschränkend insoweit, als das Aufsichtsratsmitglied schuldlos handelt, wenn es im Rahmen des Vertretbaren bleibt); *Wessing/Hölters* DB 1976, 1671 f.; aA *Mertens*

448 Besteht **kein objektives Interesse an der Geheimhaltung,** kann der Vorstand eine Offenbarung nicht von seiner Zustimmung abhängig machen. Ebenso wenig kann er eine grundsätzliche Geheimhaltungspflicht für alle Tatsachen aussprechen, von denen ein Aufsichtsratsmitglied im Bereich seiner Organtätigkeit Kenntnis erlangt.[610]

449 **5. Persönlicher Umfang.** Die Verschwiegenheitspflicht besteht in der Regel nur gegenüber **Dritten,** dh gegenüber allen Personen, die nicht Mitglieder des Aufsichtsrats oder des Vorstands sind.[611]

450 Dritte sind auch Personen mit der Chance zur gleichen Information, deren Informationsanspruch sich aber aus anderen gesetzlichen Vorschriften als denen für den Aufsichtsrat ergibt, wie **Abschlussprüfer, Konzernabschlussprüfer** und **Sonderprüfer.**[612] Diese Personen haben zwar Auskunftsansprüche, sie bestehen aber nur gegenüber den gesetzlichen Vertretern der Gesellschaft (§ 320 Abs. 2 HGB).

451 Die Verschwiegenheitspflicht besteht gegenüber den **Aktionären,** auch dem Großaktionär, dem **Betriebsrat,** den **Gewerkschaften,** den **Mitarbeitern** und auch den **Ehrenmitgliedern** des Aufsichtsrats.[613] Sie sind keine Organe und keine Organmitglieder der Gesellschaft. Auch gegenüber dem **Aktionär,** von dem es **entsandt** wurde, hat das Aufsichtsratsmitglied die Verschwiegenheit zu wahren.[614]

452 **Ersatzmitglieder** sind, solange das Amt des Aufsichtsratsmitglieds, für das sie bestellt sind, nicht vorzeitig endet, keine Organmitglieder. Sie haben keinen Anspruch auf Information. Der Aufsichtsrat ist auch ihnen gegenüber zur Verschwiegenheit verpflichtet.[615]

453 Aufsichtsratsmitglieder dürfen auf eigene Kosten externe **Sachverständige hinzuziehen,** ohne dass dies eine Verletzung der Schweigepflicht bedeutet. Sie haben allerdings darauf zu achten, dass die Berater entweder einer gesetzlichen Schweigepflicht unterliegen, was in jedem Fall vorzuziehen ist, oder wenigstens vertraglich zur Verschwiegenheit verpflichtet werden.[616] Das beauftragende Aufsichtsratsmitglied ist für die Einhaltung der Schweigepflicht durch zugezogene Sachverständige verantwortlich; kommt es zu einer Verletzung der Schweigepflicht, kann das Aufsichtsratsmitglied sich nur durch Nachweis der Anwendung erforderlicher Sorgfalt entlasten.

454 Ebenso dürfen der Verschwiegenheitspflicht unterfallende Sachverhalte **vorbereitend tätigen Hilfspersonen** mitgeteilt werden. Dabei kann es sich sowohl um Hilfspersonen zur technischen Arbeitserleichterung,[617] wie etwa Sekretariatsmitarbeiter, als auch um Assistenten und hauseigene Experten handeln.[618] Dabei muss das Aufsichtsratsmitglied darauf achten, dass die Hilfspersonen sorgfältig ausgewählt und vertraglich zur Verschwiegenheit verpflichtet werden. Es trägt die Verantwortung für die Einhaltung der Schweigepflicht, von der es sich nur durch Nachweis der Einhaltung der erforderlichen Sorgfalt entlasten kann.

AG 1975, 235 f., Kölner Komm AktG/*Mertens/Cahn* Rn. 50 („in engen Grenzen ein gewisser unternehmerischer Beurteilungsspielraum").

[610] BGHZ 64, 325 (330) – Bayer, *Spieker* NJW 1965, 1937 (1940).
[611] *Lutter;* Information und Vertraulichkeit, S. 148; *Marsch-Barner* in Semler/v. Schenck AR-HdB § 13 Rn. 29 ff., auch zur Informationseinschränkung im Verhältnis zwischen Vorstand und Aufsichtsrat und der Aufsichtsratsmitglieder untereinander.
[612] *Marsch-Barner* in Semler/v. Schenck AR-HdB § 13 Rn. 35 f.; *Lutter,* Information und Vertraulichkeit, S. 150.
[613] *Lutter,* Information und Vertraulichkeit, S. 151 ff.; *G. Wiese,* FS E. Wolf, 1985, 685 (690 ff.); Kölner Komm AktG/*Mertens/Cahn* Rn. 56 ff.; *G. Hueck* RdA 1975, 35 (41 f.); *Reuter* RdA 1988, 280 (285); *Taeger* S. 142 f.
[614] Kölner Komm AktG/*Mertens/Cahn* Rn. 56; *Schmidt-Aßmann/Ulmer,* BB Beilage 13/1988, 1 (4); *Schwintowski* NJW 1990, 1009 (1014) (auf Veranlassung der Gemeinde entsandte Aufsichtsratsmitglieder).
[615] *Lutter,* Information und Vertraulichkeit, S. 149.
[616] Zur Hinzuziehung externer Berater → Rn. 90 ff. Vgl. auch → § 109 Rn. 40 f. zur Hinzuziehung sonstiger Personen zu Aufsichtsratssitzungen.
[617] Kölner Komm AktG/*Mertens/Cahn* Rn. 59.
[618] *Marsch-Barner* in Semler/v. Schenck AR-HdB § 13 Rn. 46.

Die Verschwiegenheitspflicht für Aufsichtsratsmitglieder, die auf Veranlassung einer **Ge-** 455
bietskörperschaft in den Aufsichtsrat gewählt oder entsandt worden sind, ist hinsichtlich
solcher Informationen aufgehoben, bei denen eine **Berichtspflicht** gegenüber der Gebietskörperschaft besteht (§ 394). In einem solchen Fall ist die Verschwiegenheitspflicht zum
Schutz der AG gesetzlich auf die Berichtsadressaten erstreckt.[619]

Eine **Verschwiegenheitspflicht** kann in **Einzelfällen** auch unter den Organmitgliedern 456
bestehen. So kann der Aufsichtsrat zur Verschwiegenheit **gegenüber dem Vorstand** verpflichtet sein, wenn es um die Geltendmachung von Ersatzansprüchen oder andere Rechtsstreitigkeiten gegen Vorstandsmitglieder geht.[620] Ebenso besteht eine Verschwiegenheitspflicht von Aufsichtsratsmitgliedern, die einem **beschließenden Ausschuss** angehören,
gegenüber anderen Aufsichtsratsmitgliedern, die dem Ausschuss nicht angehören.[621]

6. Konkretisierung der Verschwiegenheitspflicht. Die Verschwiegenheitspflicht ist 457
gesetzlich abschließend geregelt und kann weder durch **Satzung** noch durch **Geschäftsordnung** wirksam verschärft oder gemildert werden.[622]

Möglich sind aber **Richtlinien** oder **erläuternde Bestimmungen** zum Inhalt der 458
Schweigepflicht und zum Verfahren, welches bei einer Weitergabe von Informationen
eingehalten werden soll.[623] Diese Regelungen dürfen aber nicht über den Charakter einer
Präzisierung der gesetzlichen Schweigepflicht hinausgehen. Das Aufsichtsratsmitglied hat das
Recht, mit der gebotenen Sorgfalt eigenverantwortlich die Interessenlage der Gesellschaft
zu überprüfen,[624] und eigenverantwortlich zu entscheiden, ob er zur Verschwiegenheit
verpflichtet ist oder nicht.

Solche Bestimmungen sollten aber als **wichtiger Hinweis auf die Notwendigkeit** 459
vertraulicher Behandlung gesehen werden, den das Aufsichtsratsmitglied in seine Abwägung mit einzubeziehen hat. Entscheidet sich das Aufsichtsratsmitglied für die Weitergabe
der Informationen, sollte es zuvor eine Stellungnahme des Vorstands oder Aufsichtsrats
einholen.[625] Dadurch vermindert es sein Risiko, einen mit hoher Strafe bedrohten Bruch
der Verschwiegenheitspflicht zu begehen.

7. Zeitlicher Umfang. Die Verschwiegenheitspflicht **beginnt** mit dem Zeitpunkt, in 460
dem die Wahl, die gerichtliche Bestellung oder die Entsendung des Aufsichtsratsmitglieds
wirksam wird.[626] Sie **erlischt** aber nicht mit dem Ausscheiden des Aufsichtsratsmitglieds aus
dem Amt. Für ausgeschiedene Aufsichtsratsmitglieder dauert die Verschwiegenheitspflicht
an (→ Rn. 45, 213).

Die Verschwiegenheitspflicht erlischt auf jeden Fall, wenn die Tatsache vom Vorstand 461
bekannt gemacht worden ist oder von ihm deutlich gemacht wurde, dass ein Geheimhaltungsinteresse der Gesellschaft nicht mehr besteht.[627] Sofern die gesetzlichen Vorschriften über die
Verschwiegenheitspflicht nicht mehr unmittelbar angewendet werden können, kommt die
nachwirkende Treuepflicht aus der früheren Mitgliedschaft im Aufsichtsrat zum Tragen.[628]

---

[619] § 395. *Schwintowski* NJW 1990, 1009 (1014): das gilt nicht für Aufsichtsratsmitglieder, die auf Veranlassung einer Gemeinde in den Aufsichtsrat gewählt oder entsandt wurden; *Martens* AG 1984, 29 ff.; hierzu:
Zöllner AG 1984, 147; *Martens* AG 1984, 212 ff.; *Lutter/Krieger/Verse* Rn. 1432; *Kropff*, FS Hefermehl, 1976,
327 ff.; Kölner Komm AktG/*Mertens/Cahn* Rn. 57.
[620] Kölner Komm AktG/*Mertens/Cahn* Rn. 53.
[621] *v. Schenck* in Semler/v. Schenck AR-HdB § 6 Rn. 104 ff.; ebenso *Rellermeyer* § 9.
[622] Vgl. § 93 Rn. 66; BGHZ 64, 325 – Bayer und Urteilsbesprechung *Meyer-Landrut* ZGR 1976, 510 ff.;
OLG Düsseldorf WM 1973, 1425; *Säcker*, FS Fischer, 1979, 635 (637).
[623] BGHZ 64, 325 (328) – Bayer; MHdB AG/*Hoffmann-Becking* § 33 Rn. 52; Kölner Komm AktG/
Mertens/Cahn Rn. 51; vgl. → Rn. 176; vgl. § 93 Rn. 43.
[624] BGHZ 64, 325 (328) – Bayer; Kölner Komm AktG/*Mertens/Cahn* Rn. 51; vgl. auch *Schwintowski* NJW
1990, 1009 (1011 f.).
[625] Kölner Komm AktG/*Mertens/Cahn* Rn. 51; vgl. auch BGHZ 64, 325 (329, 331) – Bayer.
[626] *Marsch-Barner* in Semler/v. Schenck AR-HdB § 13 Rn. 68.
[627] *Lutter/Krieger/Verse* Rn. 285.
[628] OLG Koblenz WM 1987, 480 (481); *Marsch-Barner* in Semler/v. Schenck AR-HdB § 12 Rn. 69; *Lutter/
Krieger/Verse* Rn. 285.

462 **8. Verschwiegenheitspflicht im Konzern.** Die Verschwiegenheitspflicht umfasst auch die Geheimnisse und vertraulichen Angaben konzernverbundener Unternehmen.[629]

463 Die Verschwiegenheitspflicht eines Aufsichtsratsmitglieds, das **von einem herrschenden Unternehmen** in den Aufsichtsrat des konzernabhängigen Unternehmens gewählt oder entsandt worden ist, besteht auch gegenüber dem herrschenden Unternehmen.[630] Auskunftswünsche, die das herrschende Unternehmen gegenüber dem abhängigen Unternehmen hat, muss dieses in anderer Weise als durch das von ihm benannte Aufsichtsratsmitglied durchsetzen.

464 **9. Einschränkungen der Verschwiegenheitspflicht.** Die Verschwiegenheitspflicht ist eingeschränkt, soweit das Gesetz Offenbarungspflichten festlegt. Die **Befreiung von der Verschwiegenheitspflicht** gilt aber immer nur, soweit das Gesetz die Offenbarungspflicht eines Organs oder einer bestimmten Person fordert. Rückwirkungen auf die Verschwiegenheitspflicht anderer, von der gesetzlichen Befreiung nicht betroffener Personen hat die jeweilige Entbindung einzelner Mandatsträger von der Verschwiegenheitspflicht nicht. Dies gilt auch, wenn einer Behörde Auskünfte zu geben sind.[631]

465 **a) Offenbarungspflicht.** Börsennotierte Gesellschaften haben die Pflicht, Tatsachen zu veröffentlichen, die geeignet sind, den Kurs der Aktien erheblich zu beeinflussen (Ad-hoc-Publizität) (§ 15 WpHG). Die Verpflichtung zur **Ad hoc-Publizität** geht dem Geheimhaltungsinteresse der Gesellschaft grundsätzlich vor, doch ist die Gesellschaft solange von der Pflicht zur Veröffentlichung befreit, wie der Schutz ihrer berechtigten Interessen dies erfordert, keine Irreführung der Öffentlichkeit zu befürchten ist und die Gesellschaft die Vertraulichkeit der Informationen gewährleisten kann.[632] In einem solchen Fall trifft das Unternehmen selbst die Entscheidung, dass es von der Pflicht zur Veröffentlichung befreit ist, und es hat die BaFin entsprechend zu informieren (§ 15 Abs. 3 S. 4 WpHG). Zu beachten ist in diesem Zusammenhang, dass als Folge einer Entscheidung des EuGH und diesem folgend des BGH der Zeitpunkt für das Vorliegen einer *ad hoc*-Tatsache früher als bislang angenommen wird und bereits Zwischenschritte zu einer Entscheidung *ad hoc*-pflichtig sein können.[633]

466 Die Pflicht zur **Wahrung des Beratungsgeheimnisses** von Aufsichtsratssitzungen stößt da an eine Grenze, wo der Aufsichtsrat sich in der Entsprechenserklärung gemäß § 161 verpflichtet hat, entsprechend der Empfehlung des Kodex **der Hauptversammlung über im Aufsichtsrat aufgetretene Interessenkonflikte und deren Behandlung zu berichten** (Ziff. 5.5.3 Satz 1 DCGK). Hier stellt sich die Frage, wie dieser **Konflikt** zwischen der Pflicht zur Wahrung der gesetzlich gebotenen Vertraulichkeit der Beratungen des Aufsichtsrats und einer im Interesse der Aktionäre an einer Offenlegung im Aufsichtsrat aufgetretener Interessenkonflikte übernommenen Selbstverpflichtung zum Bericht über interne Vorgänge des Aufsichtsrats zu lösen ist. Dies ist umso bedeutender, als der BGH die Anfechtbarkeit der Entlastungsbeschlüsse der Hauptversammlung bestätigt hat, wenn die Entsprechenserklärung in diesem Punkt nicht eingeschränkt ist und im Aufsichtsrat aufgetretene Interessenkonflikte im Aufsichtsratsbericht gleichwohl nicht erwähnt werden.[634] Allerdings hat der BGH auch

---

[629] *Lutter/Krieger/Verse* Rn. 281 f.; *Marsch-Barner* in Semler/v. Schenck AR-HdB § 13 Rn. 22; Kölner Komm AktG/*Mertens/Cahn* Rn. 52; *Bank* NZG 2013, 801 ff. Vgl. zu Insiderverboten § 116 Rn. 446 ff.

[630] *Schmidt-Aßmann/Ulmer* BB Beilage 13/1988 S. 1, 4 f.; Kölner Komm AktG/*Mertens/Cahn* Rn. 52 und in Rn. 42 insoweit einschränkend, als die Information dem Zweck der einheitlichen Leitung der Untergesellschaft dient.

[631] AA *Säcker* NJW 1986, 803 (806).

[632] § 15 Abs. 3 S. 1 WpHG; dazu Schwark/Zimmer/*Zimmer/Kruse* WpHG § 15 Rn. 55 ff.

[633] BGH NZG 2013, 708 ff.; Rechtssache des EuGH C-19/11, ZIP 2012, 1282. Sehr instruktiv sind die Schlussanträge des Generalanwalts Paolo Mengozzi vom 21. März 2012 (aufrufbar unter eur-lex.europa.eu/LexUriServ/LexUriServ.do?uri=CELEX...DE:HTML), auf welche die Entscheidung des EuGH sich umfassend stützt. Auslöser war der Vorlagebeschluss des BGH ZIP 2011, 72 ff. In beiden Fällen ging es um die Absicht des früheren Vorstandsvorsitzenden der Daimler AG, Schrempp, sein Amt niederzulegen.

[634] BGHZ 180, 9 (21 ff.); 180, 272 (280).

entschieden, dass nicht jeder Verstoß gegen eine Empfehlung des Kodex, zu deren Einhaltung das jeweilige Organ sich verpflichtet hat, zu einer Anfechtung der Entlastungsbeschlüsse berechtigt, sondern nur ein solcher, der einen „nicht unwesentlichen Punkt" betreffe, was dann der Fall sei, wenn ein „objektiv urteilender Aktionär die Informationserteilung als Voraussetzung für die sachgerechte Wahrnehmung seines Teilnahme- und Mitwirkungsrechts ansähe".[635] Hier hat das OLG Frankfurt in einer jüngeren Entscheidung nachgelegt und detaillierte Informationen zu den Gründen sowie zur Identität der Personen, bei denen Interessenkonflikte aufgetreten waren, verlangt.[636] Diese Entscheidung ist zu Recht auf Kritik gestoßen, weil sie dem Informationsinteresse der Aktionäre nicht ausreichend das Interesse des Unternehmens an der Vertraulichkeit interner Informationen gegenüberstellt.[637] Letztlich wird man die in Befolgung der Kodexempfehlung übernommene **Berichtspflicht vor dem Hintergrund des Beratungsgeheimnisses des Aufsichtsrats restriktiv interpretieren** müssen und dann eine Offenlegung nicht fordern – und in deren Unterlassen keine Verletzung der Selbstverpflichtung sehen – können, wenn ein detaillierter Bericht über Auftreten und Behandlung von Interessenkonflikten im Aufsichtsrat dem Interesse des Unternehmens zuwider laufen würde.

Darüber hinaus gibt es eine Reihe **behördlicher Auskunftsrechte,** durch die die Verschwiegenheitspflicht aufgehoben wird.[638] Solche Auskunftsrechte haben die Gewerbeaufsichtsämter (§ 24b GewO), die Finanzbehörden (§§ 90, 93, 97 AO) sowie die BaFin im Rahmen des KWG (§ 44 KWG), des VAG (§ 83 VAG), des WpHG (§§ 9, 16 WpHG) und des WpÜG. Die auskunftsuchenden Behörden unterliegen ihrerseits der Verschwiegenheitspflicht. 467

Die **Berichtspflichten** hat der **Vorstand wahrzunehmen,** soweit nicht in Einzelfällen der Aufsichtsrat wegen seiner besonderen Zuständigkeit zu berichten hat.[639] Der Aufsichtsrat darf im Regelfall die Informationen des Vorstands nicht gegenüber der Behörde korrigieren.[640] Der Aufsichtsrat muss vielmehr auf den Vorstand einwirken, seinen Informationspflichten nachzukommen.[641] Nur wenn diese Versuche fehlschlagen, darf und muss der Aufsichtsrat selbst der Behörde berichtigende Informationen geben. 468

Eine allgemeine **Berichtspflicht** besteht nicht **gegenüber sonstigen Behörden,** die keinen gesetzlichen Auskunftsanspruch haben.[642] Sie haben auch dann keinen Auskunftsanspruch, wenn sie einer gesetzlichen Verschwiegenheitspflicht unterliegen.[643] 469

Eine Verschwiegenheitspflicht besteht selbstverständlich nicht hinsichtlich der Planung solcher **Straftaten,** deren Nichtanzeige eine eigene Strafbarkeit begründet. Die öffentlich-rechtliche Offenbarungspflicht genießt Vorrang.[644] 470

b) Offenbarungsbefugnis. Bestimmte Konfliktsituationen können dazu führen, dass die Geheimhaltung **freiwillig aufgegeben** wird. Eine solche Entscheidung trifft in erster Linie der **Vorstand.**[645] 471

---

[635] BGHZ 182, 272 (281 f.).
[636] OLG Frankfurt ZIP 2011, 1613, 1615 f.
[637] *Priester* ZIP 2011, 2081 (2082 ff.); *Drygala* AG 2007, 381.
[638] *Lutter,* Information und Vertraulichkeit, S. 168 f.; *Marsch-Barner* in Semler/v. Schenck AR-HdB § 13 Rn. 16 ff.; Kölner Komm AktG/*Mertens/Cahn* Rn. 43.
[639] *Marsch-Barner* in Semler/v. Schenck AR-HdB § 13 Rn. 17.
[640] Kölner Komm AktG/*Mertens/Cahn* Rn. 43.
[641] Nach *Säcker* NJW 1986, 803 (804) kann ein Aufsichtsratsmitglied, „das mit den unternehmerischen Plänen des Vorstands nicht einverstanden ist, weil es die vom Vorstand vorgetragenen Gründe nicht als stichhaltig ansieht und der Überzeugung ist, dem Unternehmen werde Schaden zugefügt, wenn die behördliche Entscheidung allein auf der Grundlage der vom Vorstand bereits erteilten Informationen erfolgt," der Behörde seine Bedenken mitteilen; dagegen mit Recht Kölner Komm AktG/*Mertens/Cahn* Rn. 43.
[642] *Schwintowski* NJW 1990, 1009 (1014); Kölner Komm AktG/*Mertens/Cahn* Rn. 43. → § 93 Rn. 58.
[643] Kölner Komm AktG/*Mertens/Cahn* Rn. 43.
[644] § 138 StGB; vgl. Kölner Komm AktG/*Mertens/Cahn* Rn. 43; *Lutter,* Information und Vertraulichkeit, S. 168; *v. Stebut* S. 125; *Marsch-Barner* in Semler/v. Schenck AR-HdB § 13 Rn. 17.
[645] Vgl. *Marsch-Barner* in Semler/v. Schenck AR-HdB § 13 Rn. 19 (mit Beispielen).

472 Für ein Aufsichtsratsmitglied, besonders für einen Arbeitnehmervertreter, kann sich die Frage stellen, ob es in Krisensituationen befugt ist, die **Mitarbeiter zu unterrichten.** Bei Geheimnissen und vertraulichen Angaben besteht ein solches Recht grundsätzlich nicht. Dies gilt auch im Fall einer echten Pflichtenkollision. Ein Lieferant darf die Geschäftsleitung seines Unternehmens, ein Bankier die Leitung seines Kreditinstituts nicht über die gefährdete Lage des Mandatsunternehmens unterrichten, wenn er als Aufsichtsratsmitglied davon erfährt.

473 Allerdings muss berücksichtigt werden, dass es **kein unbeschränktes Schweigegebot** gibt. Das Aufsichtsratsmitglied hat eigenverantwortlich und sorgfältig die Interessenlage der Gesellschaft zu überprüfen. Dabei kann es zu dem Ergebnis kommen, dass Schweigen unbedingt geboten oder dass es notwendig ist, eine bestimmte Angelegenheit öffentlich zu machen.[646] In einem solchen Fall darf das Aufsichtsratsmitglied regelmäßig nicht selbst nach außen tätig werden. Es muss zunächst den Aufsichtsrat (über den Vorsitzenden) informieren. Erst wenn dies erfolglos bleibt, darf es selbst handeln.

474 Einen rechtlichen **Entscheidungsspielraum,** der die Verantwortung des Aufsichtsratsmitglieds auf das Vertretbare beschränkt, hat es dabei nicht.[647] Hat das Aufsichtsratsmitglied objektiv gegen die Interessen der Gesellschaft gehandelt, ist die Verschwiegenheitspflicht verletzt. Der **Schuldvorwurf** kann allerdings dann zu verneinen sein, wenn das Aufsichtsratsmitglied auf der Grundlage sorgfältiger Prüfung zu der objektiv falschen Beurteilung gelangt und seine Entscheidung subjektiv vertretbar ist.[648]

475 Eine **allgemeine Öffentlichkeitsarbeit** für das Unternehmen gehört nicht zu den Kompetenzen des Aufsichtsrats. Nur der Vorstand darf in Unternehmensangelegenheiten Presse- oder sonstige Erklärungen für die Gesellschaft abgeben.[649] Der Aufsichtsrat ist auch nicht befugt, die Informationspolitik des Vorstands gegenüber der Öffentlichkeit zu korrigieren. Allerdings ist er und nicht der Vorstand zur Information der Öffentlichkeit befugt und verpflichtet, soweit seine eigene ausschließliche Geschäftsführungszuständigkeit betroffen ist. Wenn Vorstand und Aufsichtsrat gemeinsam zuständig sind, bleibt es bei der Zuständigkeit des Vorstands.

476 c) **Offenlegung im Gesellschaftsinteresse.** Ausnahmsweise und nachdem sämtliche gesellschaftsinternen Einwirkungsmöglichkeiten ausgeschöpft sind, kann es einem Aufsichtsratsmitglied geboten sein, die **Öffentlichkeit oder die Behörden zu informieren,** um schweren Schaden von der Gesellschaft abzuwenden.[650] Aber auch dann hat das Aufsichtsratsmitglied zunächst den Aufsichtsratsvorsitzenden zu informieren und seine Absicht bekannt zu geben.

477 d) **Offenlegung im berechtigten Eigeninteresse.** Ein Aufsichtsratsmitglied kann im Grundsatz nicht an einer objektiv berechtigten Wahrnehmung eigener Interessen gehindert werden. Es kann ihm nicht verwehrt werden, sich gegen eine **unberechtigte Abberufung** sachlich zu verteidigen und ihm zustehende Ansprüche gerichtlich zu verfolgen. Fraglich ist dies, wenn eine solche berechtigte Interessenwahrnehmung dazu führt, dass an sich der Schweigepflicht unterfallende Interna der Gesellschaft preisgegeben werden müssen.[651] Im Zweifel muss das Aufsichtsratsmitglied seine eigenen Interessen zurückstellen und die Verschwiegenheitspflicht beachten.

---

[646] BGHZ 64, 325 (327 ff.) – Bayer; vgl. → Rn. 380.
[647] Hüffer/*Koch* Rn. 11; aA Kölner Komm AktG/*Mertens/Cahn* Rn. 50.
[648] *Lutter,* Information und Vertraulichkeit, S. 142; MHdB AG/*Hoffmann-Becking* § 33 Rn. 50; *Marsch-Barner* in Semler/v. Schenck AR-HdB § 13 Rn. 20.
[649] *Volhard* GRUR 1980, 496 ff.; *Säcker,* FS Fischer, 1979, 635 (636); *Schwintowski* NJW 1990, 1009 (1010); *Spieker* NJW 1965, 1937 (1943); *Veith* NJW 1966, 526 (529); vgl. auch → Rn. 469 f.
[650] Kölner Komm AktG/*Mertens/Cahn* Rn. 17; *Marsch-Barner* in Semler/v. Schenck AR-HdB § 13 Rn. 21.
[651] Für einen Vorrang des berechtigten Eigeninteresses: *Meyer-Landrut* AG 1964, 325 (327); *Marsch-Barner* in Semler/v. Schenck AR-HdB § 13 Rn. 21.

e) **Keine Einschränkung der Verschwiegenheitspflicht auf Grund verfassungsrechtlicher Meinungsfreiheit.** Das Grundrecht der freien Meinungsäußerung (nach Art. 5 Abs. 1 GG) gilt nicht schrankenlos, sondern nur im Rahmen der allgemeinen Gesetze. Zu den allgemeinen Gesetzen gehören die gesetzlich normierte Verschwiegenheitspflicht und die allgemeine Treuepflicht.[652] Die Reichweite dieser Beschränkungen ist wiederum an der **Bedeutung des Grundrechts auf Meinungsfreiheit** zu messen.[653] Dabei müssen das Bedürfnis der Geheimhaltung im Interesse des Unternehmens und die besondere Bedeutung der Verschwiegenheits- und Treuepflichten für die Zusammenarbeit der Gesellschaftsorgane berücksichtigt werden.[654] 478

Außerdem ist zu bedenken, dass das Aufsichtsratsmitglied sein Amt freiwillig übernimmt. **Mit Übernahme des Amtes** verpflichtet es sich, sein Verhalten als Organmitglied nach dem Gesellschaftsinteresse auszurichten. Eigennützige Interessen haben zurückzustehen.[655] 479

Dem Aufsichtsratsmitglied ist durch das Gesetz **kein absolutes Schweigegebot** auferlegt. Es kann nach sorgfältiger Abwägung im Einzelfall die eigenverantwortliche Entscheidung treffen, ob eine Tatsache dem objektiven Geheimhaltungsinteresse des Unternehmens unterfällt oder nicht.[656] Allerdings trägt das einzelne Aufsichtsratsmitglied die volle Verantwortung für etwaige negative Folgen seiner Informationsweitergabe. Zweckmäßig ist deswegen eine vorangehende Abklärung mit dem Vorsitzenden des Aufsichtsrats. Eine vertrauensvolle Zusammenarbeit innerhalb des Aufsichtsrats wäre nicht möglich, könnten die Mitglieder Einzelheiten der Beratungen und Abstimmungen nach außen tragen.[657] Dem trägt die Bestimmung über die Verschwiegenheitspflicht von Aufsichtsratsmitgliedern Rechnung (S. 2). Das Grundrecht auf Meinungsäußerungsfreiheit schränkt die Verschwiegenheitspflicht der Aufsichtsratsmitglieder nicht ein.[658] 480

Dass das Aufsichtsratsmitglied auch verpflichtet ist, die **Kompetenzverteilung** zu beachten, nach der allein dem Vorstand die Informationspolitik zukommt, steht auf einem anderen Blatt.[659] 481

In Ausnahmefällen kann eine Durchbrechung der Verschwiegenheitspflicht wegen einer grundrechtlich geschützten **Gewissensentscheidung** zulässig sein.[660] 482

10. Grundsätzlich keine Verschwiegenheitspflicht gegenüber anderen Aufsichtsratsmitgliedern. Innerhalb des Aufsichtsrats herrscht grundsätzlich ein freier Informationsfluss, was bereits aus der Gleichberechtigung aller Aufsichtsratsmitglieder folgt; so steht es etwa jedem Aufsichtsratsmitglied frei, ein anderes Aufsichtsratsmitglied über den Gang der Beratung und die Beschlüsse einer Aufsichtsratssitzung zu informieren, an der das andere Aufsichtsratsmitglied nicht teilgenommen hat.[661] Es ergibt sich aus der Natur der Sache, dass eine Ausnahme allerdings dann gelten muss, wenn das abwesende Aufsichtsratsmitglied aus Gründen seiner Befangenheit an der fraglichen Sitzung nicht teilgenommen hatte. 483

---

[652] *Marsch-Barner* in Semler/v. Schenck AR-HdB § 13 Rn. 5.
[653] Nach der Wechselwirkungstheorie des BVerfG, vgl. BVerfGE 7, 198 (208) – Lüth-Urteil; *Säcker* NJW 1986, 803 (804); *Säcker*, FS Fischer, 1979, 635 (637). Vgl. auch → § 93 Rn. 59.
[654] *Marsch-Barner* in Semler/v. Schenck AR-HdB § 13 Rn. 5.
[655] Vgl. *Marsch-Barner* in Semler/v. Schenck AR-HdB § 13 Rn. 5; *Reuter* ZHR 144 (1980), 493 spricht von der Redefreiheit als einer privaten Freiheit. Dem kann nicht unbegrenzt gefolgt werden. Auch im beruflichen Bereich ist eine Redefreiheit nicht völlig eingeschränkt.
[656] Vgl. BGHZ 64, 325 (327) – Bayer.
[657] Vgl. BGHZ 64, 325 (332) – Bayer.
[658] So auch Kölner Komm AktG/*Mertens/Cahn* Rn. 43; *Marsch-Barner* in Semler/v. Schenck AR-HdB § 13 Rn. 5; *Säcker*, FS Fischer, 1979, S. 635, 637 mwN; nach *Volhard* GRUR 1980, 496, 497 sind der Aufsichtsrat und Gruppen von Aufsichtsratsmitgliedern als solche nicht grundrechtsfähig.
[659] Zur Abgrenzung (bei generell tendenziell restriktiver Auslegung der Verschwiegenheitspflicht der Aufsichtsratsmitglieder) *Säcker* NJW 1986, 803, 804; dagegen *Reuter* ZHR 144 (1980), 493.
[660] Kölner Komm AktG/*Mertens/Cahn* Rn. 43; zum Stellenwert der Gewissensentscheidung bei der Arbeitsverweigerung vgl.: BAG AG 1990, 159; *Denninger/Hohm* AG 1989, 145.
[661] Kölner Komm AktG/*Mertens/Cahn* Rn. 58; MüKoAktG/*Habersack* Rn. 56; Spindler/Stilz/*Spindler* Rn. 86; *Oetker*, FS Hopt, 2010, Bd. 1, 1091 (1092 f.).

484 Das gerade Gesagte gilt entsprechend für **Aufsichtsratsausschusssitzungen,** jedoch mit der weiteren Einschränkung, dass die Weitergabe von Informationen aus einer Ausschusssitzung an ein solches Aufsichtsratsmitglied ausgeschlossen ist, das von seinem Recht auf Teilnahme an einer Ausschusssitzung Gebrauch machen wollte, dem die Teilnahme jedoch aus Vertraulichkeitsgründen durch den Aufsichtsratsvorsitzenden untersagt worden war;[662] war ihm die Teilnahme aus anderen Gründen untersagt worden,[663] darf es dagegen informiert werden.[664]

485 Auch **gegenüber dem Vorstand** besteht grundsätzlich keine Verschwiegenheitspflicht,[665] es sei denn, diese ergibt sich aus der Natur der Sache, so etwa bei Beratungen über die Geltendmachung von Ersatzansprüchen gegen ein Vorstandsmitglied oder die mögliche Abberufung eines Vorstandsmitglieds.[666]

486 **11. Zeugnisverweigerungsrecht.** Aufsichtsratsmitglieder sind zur Zeugnisverweigerung im Zivilprozess[667] berechtigt, wenn sich die Vernehmung auf Tatsachen erstrecken würde, die ihnen anvertraut sind und deren Geheimhaltung geboten ist.[668] Das gilt auch für ausgeschiedene Aufsichtsratsmitglieder und ergibt sich aus ihrer nachwirkenden Verschwiegenheitspflicht als Ausfluss der allgemeinen Treuepflicht gegenüber der Gesellschaft (→ Rn. 45 und → Rn. 204). Ein **strafprozessuales Zeugnisverweigerungsrecht** steht ihnen nicht zu (arg. §§ 52 ff. StPO).

487 **12. Strafbarkeit.** Die unbefugte Offenbarung eines Geheimnisses der Gesellschaft ist strafbewehrt;[669] Es handelt sich jedoch nicht um ein Offizialdelikt, weshalb eine Verfolgung nur auf Antrag der Gesellschaft erfolgt (§ 404 Abs. 3).

VI. Insiderverbote nach dem WpHG

488 Für sog. **Insidertatsachen** bestehen besondere Verhaltensregeln.[670] Nach dem WpHG darf ein Insider (§ 13 Abs. 1 WpHG) grundsätzlich weder Insiderinformationen weitergeben, noch Insidergeschäfte tätigen oder Dritten Empfehlungen zu solchen Geschäften geben (§ 14 WpHG Abs. 1 Nr. 1–3). Die Tatbestände sind enger als die oben dargestellte aktienrechtliche Verschwiegenheitspflicht (→ Rn. 373 ff.). Geschützt werden nicht allgemein die Geheimhaltungsinteressen der Gesellschaft. Gegenstand der besonderen Verhaltensregeln sind nur kursrelevante Tatsachen,[671] denn geschützt wird die gute Ordnung des Kapitalmarkts.

489 **1. Insidertatsachen.** Dies sind **nicht öffentlich bekannte Tatsachen,** die sich auf einen oder mehrere Emittenten von Insiderpapieren oder auf Insiderpapiere selbst beziehen und geeignet sind, im Falle ihres öffentlichen Bekanntwerdens den Kursverlauf der Insiderpapiere erheblich zu beeinflussen (§ 13 Abs. 1 WpHG). Die Aktien börsennotierter Gesellschaften sind stets Insiderpapiere.[672]

---

[662] Gemäß § 109 Abs. 2; Spindler/Stilz/*Spindler* Rn. 86; *Oetker,* FS Hopt, 2010, Bd. 1, 1091 (1104).
[663] Als solche kommen zB in Betracht Gründe der Effizienz der Ausschussarbeit oder der Kostenersparnis.
[664] *Oetker,* FS Hopt, 2010, Bd. 1, 1091 (1103 ff.), der darauf hinweist, dass in einem solchen Falle nicht die Verschwiegenheitspflicht der Weitergabe der Informationen entgegensteht, sondern der Zweck des gemäß § 109 Abs. 2 angeordneten Ausschlusses von der Teilnahme an der Ausschusssitzung.
[665] Großkomm AktG/*Hopt*/*Roth* Rn. 254; Spindler/Stilz/*Spindler* Rn. 86; *Oetker,* FS Hopt, 2010, Bd. 1, 1091 (1093).
[666] Großkomm AktG/*Hopt*/*Roth* Rn. 255; Spindler/Stilz/*Spindler* Rn. 86.
[667] Gem. § 383 Abs. 1 Nr. 6 ZPO.
[668] Das ist streitig. Für eine grundsätzliche Geltung des § 383 Abs. 1 Nr. 6 ZPO für Organmitglieder: ausführlich OLG Koblenz WM 1987, 480 (481) mwN zum Meinungsstand; *Marsch-Barner* in Semler/v. Schenck AR-HdB § 13 Rn. 18.
[669] § 404. Vgl. *Marsch-Barner* in Semler/v. Schenck AR-HdB § 13 Rn. 77 f.
[670] Vgl. auch *Marsch-Barner* in Semler/v. Schenck AR-HdB § 13 Rn. 184 ff.
[671] *Marsch-Barner* in Semler/v. Schenck AR-HdB § 13 Rn. 188; *Marsch-Barner* in *Semler/Volhard* ÜN HdB § 7 Rn. 113; vgl. *Assmann/Schneider/Assmann* WpHG § 12 Rn. 2; vgl. auch *Schneider,* FS Wiedemann, 2002, 1255. Vgl. zur Treupflichtverletzung durch Verstöße → Rn. 192 ff.
[672] Zum Begriff vgl. § 12 WpHG; *Marsch-Barner* in Semler/v. Schenck AR-HdB § 13 Rn. 188; *Marsch-Barner* in *Semler/Volhard* ÜN HdB § 7 Rn. 107.

2. Insider. Personen, die in engem Kontakt zu Emittenten von Insiderpapieren stehen   **490**
und Zugang zu Insiderinformationen haben, sind Insider.[673] [674] **Aufsichtsratsmitglieder**
haben auf Grund ihrer Tätigkeit und Stellung im Unternehmen regelmäßig Zugriff auf
Insiderinformationen und unterliegen damit dem Verbot, Insidergeschäfte zu tätigen.[675]
Gleiches gilt, wenn Aufsichtsratsmitglieder außerhalb ihres Tätigkeitsbereichs wie Dritte
Kenntnis von Insiderinformationen erlangen.[676]

3. Insiderverbote. Personen, die über Insiderinformationen verfügen, ist es untersagt,   **491**
diese Informationen zum Handel in Insiderpapieren **auszunutzen,** Insiderinformationen
weiterzugeben oder auf Grund von Insiderinformationen **Empfehlungen** zum Kauf oder
Verkauf von Insiderpapieren zu geben (§ 14 Abs. 1 WpHG). Dies bedeutet allerdings nicht,
dass Personen, die *ex officio* Insider sind wie Vorstands- und Aufsichtsratsmitglieder, zu
keinem Zeitpunkt in Insiderpapieren handeln können, denn dies würde es zB dem im
Aufsichtsrat sitzenden Großaktionär unmöglich machen, weitere Aktien des Unternehmens
zu erwerben oder solche zu veräußern; dies folgt bereits aus § 15a WpHG, der festlegt, dass
Führungskräfte von Unternehmen (und zu diesen in einer engen Beziehung stehende
Personen) Wertpapiergeschäfte mit Aktien des Unternehmens oder sich darauf beziehenden
Finanzinstrumenten dem Emittenten und der BaFin mitzuteilen haben.[677] Entscheidend ist
vielmehr, dass sie **nicht ihnen zugängliche Insiderinformationen für** solche **Handels-**
aktivitäten ausnutzen. Um dem Rechnung zu tragen, legen börsennotierte Unternehmen häufig um sensible Termine wie die Veröffentlichung von Jahresabschluss, Quartalsabschlüssen und Trading Statement Sperrfristen für den Handeln in von dem Unternehmen begebenen Wertpapieren fest.

a) Informationsweitergabe innerhalb des Aufsichtsrats. Eine Informationsweiterga-   **492**
be innerhalb des Aufsichtsrats ist **zulässig,** wenn sie gesetzlich vorgesehen ist; so wenn der
Aufsichtsratsvorsitzende vom Vorstand Insiderinformationen erhält und diese zur pflichtgemäßen Unterrichtung an die Aufsichtsratsmitglieder weiterreicht. Auch ist die Informationsweitergabe innerhalb des Aufsichtsrats zulässig, soweit sie zur ordnungsgemäßen Aufgabenerfüllung nötig ist oder innerbetrieblichen Erfordernissen entspricht.[678]

b) Weitergabe an Dritte. Die Weitergabe von Insiderinformationen durch Aufsichts-   **493**
ratsmitglieder an Dritte ist regelmäßig weder gesetzlich vorgesehen noch erforderlich und
somit unbefugt. Anders ist dies nur in **Ausnahmefällen** zu beurteilen, in denen die
Weitergabe geboten oder erforderlich sein kann:
– Informationsweitergabe an einen Dritten, der als Auskunftsperson oder externer Berater
  an einer Aufsichtsrats- oder Ausschusssitzung teilnimmt;[679]
– Weitergabe an Sachverständige, die der Aufsichtsrat ausnahmsweise zur Erfüllung seiner
  Aufgaben heranzieht;[680]
– Weitergabe an persönliche Hilfskräfte des Aufsichtsratsvorsitzenden oder einzelner Auf-
  sichtsratsmitglieder, wie an Sekretariatsmitarbeiter. Diese Hilfskräfte sind dann selbst
  Insider;[681]

---

[673] Entscheidend ist, dass jemand über eine Insiderinformation verfügt, die Qualifikation als Insider spielt für sich dagegen keine Rolle; vgl. Schwark/Zimmer/*Schwark/Zimmer* WpHG Vor § 12 Rn. 20.
[674] Vgl. § 14 Abs. 1, 2 WpHG; *Lutter/Krieger/Verse* Rn. 293 f.; *Assmann/Schneider/Assmann/Cramer* WpHG § 14 Rn. 74; *Schneider,* FS Wiedemann, 2002, 1255 (1258).
[675] § 14 Abs. 1 WpHG; dazu die folgende → Rn. 491.
[676] *Marsch-Barner* in Semler/v. Schenck AR-HdB § 13 Rn. 189.
[677] Vgl. die ausführliche Regelung in § 15a WpHG einschließlich der Verpflichtung zur unverzüglichen Veröffentlichung solcher Wertpapiergeschäfte.
[678] *Assmann/Schneider/Assmann/Cramer* WpHG § 14 Rn. 49; *Marsch-Barner* in Semler/v. Schenck AR-HdB § 13 Rn. 205.
[679] *Assmann/Schneider/Assmann/Cramer* WpHG § 14 Rn. 56; *Marsch-Barner* in Semler/v. Schenck AR-HdB § 13 Rn. 207; *Marsch-Barner* in Semler/Volhard ÜN HdB § 7 Rn. 126.
[680] *Marsch-Barner* in Semler/v. Schenck AR-HdB § 13 Rn. 207.
[681] *Marsch-Barner* in Semler/v. Schenck AR-HdB § 13 Rn. 207.

– Weitergabe von Insiderinformationen an den Abschlussprüfer im Rahmen der gesetzlichen Informationspflicht (§ 320 Abs. 2 HGB, § 145 Abs. 2 AktG) und soweit sie für die Beurteilung des Jahresabschlusses vonnöten sind. Der Abschlussprüfer unterliegt seinerseits insiderrechtlichen Beschränkungen (§ 13 Abs. 1 Nr. 3 WpHG);
– Im Konzern kann die Informationsweitergabe an die Konzernobergesellschaft oder einen nicht konzernverbundenen Großaktionär erforderlich sein;[682]
– An die Hauptversammlung können und müssen solche Informationen weitergegeben werden, die zur Beurteilung eines Gegenstands der Tagesordnung erforderlich sind. Im Übrigen ist strittig, ob auf das Auskunftsverlangen eines Aktionärs hin Insidertatsachen offenbart werden dürfen;[683]
– Erfüllung von Meldepflichten gegenüber Aufsichtsämtern oder Börsen[684] bzw. Weitergabe an mit der Veröffentlichung betraute Druckereien, Verlage oder Agenturen zum Zweck der Veröffentlichung.[685] Nach der gesetzlich gebotenen Publikation fehlt der Charakter als Insidertatsache. Hiernach können Aufsichtsratsmitglieder die Tatsachen auch Journalisten oder Redakteuren weiterreichen.[686]

494 **4. Insiderverzeichnis.** Emittenten von Insiderpapieren sind zur Führung eines Insiderverzeichnisses verpflichtet, in das alle Personen aufzunehmen sind, die für das Unternehmen tätig sind und die bestimmungsgemäß Zugang zu Insiderinformationen haben (§ 15b WpHG).

495 **5. Strafbewehrung.** Verstöße gegen die Insiderverbote sind strafbar (§ 38 Abs. 1 WpHG).

D. Die besondere Verschwiegenheitspflicht nach § 116 Satz 2

496 Durch das TransPuG[687] sind im Jahr 2002 die Informationsrechte des Aufsichtsrats erweitert worden. Zum Ausgleich wurde die **Verschwiegenheitspflicht** des Aufsichtsrats **verdeutlicht**. Es wurde hervorgehoben, dass Aufsichtsratsmitglieder „insbesondere zur Verschwiegenheit über erhaltene vertrauliche Berichte und vertrauliche Beratungen verpflichtet" sind.[688] Materiellrechtlich liegt darin allerdings keine Erweiterung der bereits besprochenen[689], durch den Verweis auf die Verschwiegenheitspflicht des Vorstands bestehenden Verschwiegenheitspflicht der Aufsichtsratsmitglieder.[690]

497 Die geltenden Verschwiegenheitsbestimmungen wurden in der Vergangenheit häufig nicht beachtet. Dabei wurde insbesondere der Umfang der einer Verschwiegenheitspflicht unterliegenden Information verkannt. Es war keine Seltenheit, dass schon **vor einer Aufsichtsratssitzung** die Gegenstände der Tagesordnung und die Abstimmungsvorschläge des Vorstands und des Aufsichtsratsvorsitzenden **in der Tagespresse** zu lesen waren. Die Einzelheiten der Verwaltungsvorschläge mussten den Aufsichtsratsmitgliedern mitgeteilt werden, um rechtlich einwandfreie Stimmbotschaften erstellen zu können. Kaum hatte die Verwaltung die Entwürfe der Stimmbotschaften versandt, waren die Gegenstände der bevorstehenden Beratungen der Öffentlichkeit bekannt. Die Presse nutzte die Informationen,

---

[682] *Marsch-Barner* in Semler/v. Schenck AR-HdB § 12 Rn. 207; ausführlich zur Weitergabe im Konzern *Schneider*, FS Wiedemann, 2002, S. 1255 ff.; vgl. auch *Schwintowski* ZIP 2015, 617 ff.
[683] Vgl. Assmann/Schneider/*Assmann*/*Cramer* WpHG § 14 Rn. 50 ff., die Diskussion betrifft die Weitergabe durch den Vorstand. Der Aufsichtsrat darf der Hauptversammlung jedenfalls keine Insiderinformationen erteilen.
[684] Assmann/Schneider/*Assmann*/*Cramer* WpHG § 14 Rn. 55.
[685] Vgl. § 15 Abs. 3 S. 1 Nr. 2, Assmann/Schneider/*Assmann*/*Cramer* WpHG § 14 Rn. 56.
[686] Vgl. Assmann/Schneider/*Assmann*/*Cramer* WpHG § 14 Rn. 57 ff.
[687] Transparenz und Publizitätsgesetz v. 19.7.2002, BGBl. I S. 2681. Vgl. zur Einführung des § 116 S. 2 auch *Seibert* NZG 2002, 608 (611).
[688] S. 2. Vgl. *Götz* NZG 2002, 599 (603).
[689] Vgl. den vorangehenden Abschnitt, → Rn. 411 ff.
[690] Spindler/Stilz/*Spindler* Rn. 80; Kölner Komm AktG/*Mertens*/*Cahn* Rn. 37.

um gelegentlich schon vor den Sitzungen auf die Meinungsbildung der Aufsichtsratsmitglieder Einfluss zu nehmen.

Niemand hatte mehr die Gewissheit, dass **vor der Sitzung** die vorgesehenen Tagesordnungspunkte und Abstimmungsvorschläge oder **nach der Sitzung** die Beratungsergebnisse dem Willen des Gesetzes entsprechend vertraulich behandelt wurden. Vielfach wurde erwartet, dass die Beratungsgegenstände vor oder nach den Sitzungen in Gremien diskutiert würden, die keine Berechtigung zur Kenntnis der entsprechenden Informationen hatten. In Gremien der Arbeitnehmer, ja sogar in Betriebsversammlungen wurde über Entscheidungen des Aufsichtsrats und das Abstimmungsverhalten einzelner Aufsichtsratsmitglieder diskutiert. Es konnte nicht abgestritten werden, dass in Einzelfällen in Kreditausschüssen von Kreditinstituten und anderen Gremien über Beratungsgegenstände diskutiert worden war, die nicht der Öffentlichkeit bekannt gegeben waren. Ebenso ist unbestreitbar in Vorstandssitzungen herrschender Konzernunternehmen über die Tagesordnung von Aufsichtsratssitzungen abhängiger Unternehmen beraten worden, um den Aufsichtsratsmitgliedern aus dem herrschenden Unternehmen „Ratschläge" für ihr Stimmverhalten auf den Weg zu geben.

Es kam sogar vor, dass einzelne Aufsichtsratsmitglieder eines Unternehmens bei Übernahmetransaktionen mit Aufsichtsratsmitgliedern des anderen Unternehmens unautorisiert **Verhandlungen** aufnahmen, um die Möglichkeit von Vereinbarungen auszuloten, die nicht der Verhandlungslinie des Vorstands entsprachen. Es sind keine Einzelfälle, in denen die Aufsichtsratsmitglieder eines Unternehmens mit Aufsichtsratsmitgliedern eines anderen Unternehmens Fühlung nahmen, um festzustellen, wie ein zur Diskussion stehendes neues Vorstandsmitglied in dem Unternehmen beurteilt wurde, in dem dieses Vorstandsmitglied früher tätig war.

Das Bedenkliche in all diesen Fällen war nicht so sehr der Bruch der gebotenen Verschwiegenheit als solcher, so schwerwiegend er auch war. Viel schlimmer war es, dass den handelnden Personen **jegliches Unrechtsbewusstsein fehlte.** Sie meinten, zu ihrem gesetzwidrigen Verhalten nicht nur berechtigt, sondern im Interesse der Sache sogar verpflichtet zu sein. Ebenso fatal war und ist das durch ein solches Verhalten für den Vorstand geschaffene Dilemma, der zur umfassenden Information des Aufsichtsrats verpflichtet ist, der jedoch befürchten muss, dass von ihm an den Aufsichtsrat gegebene vertrauliche Informationen nicht von allen Aufsichtsratsmitgliedern ebenso vertraulich behandelt werden; dies führt unweigerlich zu einem restriktiven und selektiven Informationsverhalten des Vorstands, der oft nur noch den Aufsichtsratsvorsitzenden informiert,[691] der sodann abwägen muss, ob er die gebotene Weitergabe der erhaltenen Informationen an das Plenum verantworten kann.[692]

I. Vorbemerkung

Die **Vorschrift** zur Verschwiegenheitspflicht der Aufsichtsratsmitglieder will die **Vertraulichkeit der Informationspolitik** des Vorstands und die **Integrität des Beratungsgeheimnisses** gewährleisten. Damit soll sichergestellt werden, dass die durch das TransPuG erweiterten Informationspflichten auf jeden Fall der Verschwiegenheitspflicht unterliegen. „Zwischen Information und Vertraulichkeit besteht ein unlösbarer Zusammenhang".[693]

Zugleich mit der Verdeutlichung der Verschwiegenheitspflicht wurde bei börsennotierten Aktiengesellschaften der für eine Verletzung der Verschwiegenheitspflicht vorgesehene **Strafrahmen** erweitert (§ 404 Abs. 1, Abs. 2 S. 1). Allerdings blieb die Vorschrift ein Antragsdelikt und damit zur Bedeutungslosigkeit verdammt. Welcher Vorstand erstattet schon Strafanzeige gegen ein ihn überwachendes Aufsichtsratsmitglied.

---

[691] Großkomm AktG/*Hopt/Roth* Rn. 215.
[692] Vgl. hierzu *v. Schenck* AG 2010, 649 (653).
[693] BegrRegE BT-Drs. 14/9079, 18; vgl. auch H. *Götz* NZG 2002, 599 (603).

503 Die **bisherigen Vorschriften** zur Verschwiegenheit (§§ 116, 83) gelten unverändert weiter. Die Regelung des Satzes 2 will verdeutlichen, dass einige Vorgänge, an denen Aufsichtsratsmitglieder beteiligt sind, in jedem Fall der Verschwiegenheitspflicht unterliegen.

504 Alle Stellungnahmen zu **Einzelfragen,** die im Zusammenhang mit der allgemeinen Verschwiegenheitspflicht der Aufsichtsratsmitglieder erörtert worden sind, gelten auch für die besondere Verschwiegenheitspflicht. Deswegen werden nur einige wenige Fragen unter dem Aspekt der hier behandelten Bestimmung im Folgenden erneut erörtert.

II. Verpflichtete Personen

505 Der besonderen Verschwiegenheitspflicht unterliegen die **Aufsichtsratsmitglieder der Gesellschaft.** Die Verschwiegenheitspflicht gilt für alle Aufsichtsratsmitglieder gleichermaßen. Anteilseignervertreter und Arbeitnehmervertreter sind betroffen. Gewählte, entsandte und gerichtlich bestellte Aufsichtsratsmitglieder unterliegen der besonderen Schweigepflicht. Sie gilt auch für Mitglieder, die auf Veranlassung einer Gebietskörperschaft in den Aufsichtsrat gewählt oder entsandt worden sind. Allerdings gelten für diese auch insoweit die besonderen Bestimmungen über Berichte der Aufsichtsratsmitglieder an die Gebietskörperschaft.[694]

506 Die Schweigepflicht **beginnt** mit der Annahme der Berufung in den Aufsichtsrat durch die berufene Person. Für solche vertraulichen Informationen und Kenntnisse, die das Aufsichtsratsmitglied auf Grund seiner Mitgliedschaft im Aufsichtsrat erlangt hat, erlischt die Schweigepflicht auch nicht mit seinem Ausscheiden aus dem Amt (→ Rn. 460). Wegen der Einzelheiten wird auf die Ausführungen zum Beginn und zum Ende der Haftung verwiesen (→ Rn. 38 ff.). Gleiche Überlegungen gelten auch hier. Entsprechendes muss für die Verschwiegenheitspflicht des fehlerhaften oder faktischen Organs angenommen werden. Auch insoweit wird auf die entsprechenden Ausführungen verwiesen (→ Rn. 47, 52 f.).

III. Gegenstand des besonderen Schweigeschutzes

507 Der besondere Schweigeschutz gilt für **Informationen der Gesellschaft** an den Aufsichtsrat und seine Mitglieder sowie für Vorgänge, die mit den **Beratungen des Aufsichtsrats** im Zusammenhang stehen.

508 **Vertraulich** sind alle Informationen, die dem persönlichen Lebensbereich, dem Organbereich und dem sonstigen Unternehmensbereich zuzuordnen sind. Sie sind vertraulich, wenn sie **in der Erwartung gegeben werden, dass sie vom Empfänger nur persönlich zur Kenntnis genommen werden.** Eine besondere Betonung der Vertraulichkeit ist nicht erforderlich. Die Vertraulichkeit im hier behandelten Kontext muss auch im Zusammenhang mit dem Zweck des Satzes 2 gesehen werden. Das Unternehmen soll davor geschützt werden, dass

– der Inhalt der Berichte des Vorstands an den Aufsichtsrat vom Empfänger dritten Personen ganz oder teilweise mitgeteilt wird;
– die Unabhängigkeit und die Eigenverantwortlichkeit der Aufsichtsratsmitglieder dadurch beeinträchtigt werden, dass Dritte vor, während oder nach der Sitzung von Vorgängen erfahren, die Gegenstand der Aufsichtsratsberatung sind.

509 Es ist nicht erforderlich, dass Berichte ausdrücklich mit dem **Vermerk „vertraulich" bezeichnet** oder mündliche Ausführungen als solche gekennzeichnet werden, um die Vertraulichkeit herzustellen. Die gewollte Vertraulichkeit gilt auch ohne Hinweis. Umgekehrt wird bei allen Vorgängen die Vertraulichkeit zu vermuten sein, wenn sie als vertraulich bezeichnet worden sind.[695]

---

[694] § 394. *Schmidt-Aßmann/Ulmer* BB Beilage 13/1988, 1 (5 ff.); *Strohn* Der Aufsichtsrat 2015, 59. Mit der Aktienrechtsnovelle 2014 soll § 394 um einen Satz 3 ergänzt werden, der zur Beseitigung von Zweifeln an der Rechtsgrundlage klarstellt, dass die Berichtspflicht nach Satz 1 auf Gesetz, Satzung oder Rechtsgeschäft beruhen kann.

[695] RegE BT-Drs. 14/8769, 18.

1. Vertrauliche Berichte. Berichte sind alle Informationen, die das Aufsichtsratsmitglied 510 als solches von der Gesellschaft erhält. Der Verschwiegenheitspflicht unterliegen **sowohl schriftliche als auch mündliche Berichte.** Es kommt auch nicht darauf an, auf wessen Veranlassung ein Bericht erstattet wird. Der Verschwiegenheitspflicht unterliegen sowohl Berichte, die der Vorstand auf Grund seiner gesetzlichen Verpflichtung erstattet, als auch Berichte, die auf Grund der Anforderung durch ein Aufsichtsratsmitglied erstattet werden. Auch Berichte, die der Vorstand an den Aufsichtsratsvorsitzenden erstattet und über die der Aufsichtsratsvorsitzende in welcher Form auch immer einige oder alle Aufsichtsratsmitglieder informiert, unterliegen der Verschwiegenheitspflicht. Die Verschwiegenheitspflicht gilt auch für Antworten, die der Vorstand auf Fragen eines Aufsichtsratsmitglieds in- und außerhalb der Aufsichtsratssitzung zu geschäftlichen Vorgängen gibt.

Der Verschwiegenheitspflicht unterliegen auch Informationen, die ein **Mitarbeiter des** 511 **Unternehmens oder eines verbundenen Unternehmens** an ein Aufsichtsratsmitglied gibt. Dies gilt gleichermaßen für Vorträge, die während einer Aufsichtsratssitzung von einem Angestellten des Unternehmens gehalten werden, wie auch für Informationen, die zB während einer für den Aufsichtsrat veranstalteten Betriebsbesichtigung gegeben werden. Das Gesetz fordert auf der einen Seite uneingeschränkte Offenheit gegenüber Aufsichtsratsmitgliedern, statuiert aber gleichzeitig als Ausgleich eine alle Informationen umfassende Schweigepflicht der Aufsichtsratsmitglieder.

Allgemein gilt, dass **in Angelegenheiten des Unternehmens nur** und allein der **Vor-** 512 **stand** des Unternehmens zu **Erklärungen an die Öffentlichkeit** berechtigt ist (auch → Rn. 475). „Die Öffentlichkeitsarbeit des Unternehmens und seine Außendarstellung gehören nicht zu den Aufgaben des einzelnen Aufsichtsratsmitglieds oder des Aufsichtsrats als Gremium. Es ist auch nicht seine Aufgabe, mit dem frühzeitigen Öffentlichmachen von Informationen aus internen Entscheidungsprozessen inhaltlichen Einfluss auf diese Entscheidungen durch Erzeugen öffentlichen Drucks, durch Beschädigung von Personen oder durch die Schaffung vollendeter Tatsachen zu nehmen."[696]

Eine Besonderheit gilt für die Bekanntgabe von Angelegenheiten, die in die **alleinige** 513 **Zuständigkeit des Aufsichtsrats** fallen. Bei diesen Angelegenheiten liegt die Entscheidung, ob und was über Beratungen und Entscheidungen des Aufsichtsrats öffentlich gesagt werden soll, beim Aufsichtsrat. Der Aufsichtsrat entscheidet mit einfacher Mehrheit. Häufig wird der Aufsichtsrat seinen Vorsitzenden oder ein anderes Mitglied bevollmächtigen, die für die Öffentlichkeit bestimmte Erklärung zu formulieren. Die Abgabe der Erklärung an die Öffentlichkeit obliegt dem Vorstand (→ Rn. 415), der diese Aufgabe an nachgeordnete Stellen abgeben kann (zB die Presseabteilung oder den Pressesprecher). Hintergrundinformationen für den Verkehr des Pressesprechers mit der Öffentlichkeit dürfen gleichfalls nur vom Aufsichtsrat zur Verfügung gestellt werden.

Angelegenheiten, die der **Mitentscheidungszuständigkeit des Aufsichtsrats** unterlie- 514 gen, verändern die Veröffentlichungszuständigkeit des Vorstands nicht. Er allein entscheidet über das Ob und Wie der Bekanntgabe. Allerdings darf er über das Verhalten des Aufsichtsrats nur das berichten, was der Aufsichtsrat frei gibt.

2. Vertrauliche Beratungen. Beratungen des Aufsichtsrats sind grundsätzlich vertrau- 515 lich. Jedes Aufsichtsratsmitglied muss sich darauf verlassen können, dass **alles, was es bei einem Zusammentreffen des Aufsichtsrats sagt oder was von anderen Besprechungsteilnehmern gesagt wird,** nur den Besprechungsteilnehmern bekannt ist und wird. Der Aufsichtsratsvorsitzende muss sicherstellen, dass auch Dritte, die von ihm zur Sitzung zugelassen werden, in die Verschwiegenheitspflicht eingebunden werden. Wenn er dies nicht tut, verletzt er seine Sorgfaltspflicht.

Auch **Mitglieder des Vorstands,** die an einer Erörterung zwischen Aufsichtsratsmitglie- 516 dern teilnehmen, unterliegen der erweiterten Verschwiegenheitspflicht. Dies ergibt sich

---

[696] BegrRegE BT-Drs. 14/8769, 18.

zwar nicht unmittelbar aus der neuen Vorschrift des Gesetzes. Sie gilt nur für Aufsichtsratsglieder. Aber die allgemeine Verschwiegenheitspflicht (§ 93 Abs. 1 S. 2), die für Mitglieder des Vorstands gilt, wird durch die neue für Aufsichtsratsmitglieder geltende Vorschrift insoweit konkretisiert. Die Aufsichtsratsmitglieder müssen sich darauf verlassen können, dass Einzelheiten der Beratung auch nicht von Vorstandsmitgliedern verbreitet oder gar publiziert werden.

517 Der Verschwiegenheitspflicht unterliegen **die mündlichen Beratungen des Aufsichtsrats und die darüber gefertigten Niederschriften.** Aber auch die vorbereitenden Dokumente unterliegen dem Gebot der Vertraulichkeit. Sowohl die Tagesordnung als auch begleitende Dokumente gehören zu den vertraulichen Unterlagen. Gleiches gilt für die vom Unternehmen vorbereiteten Stimmbotschaften einschließlich des Wortlauts der zu den einzelnen Tagesordnungspunkten gestellten Anträge. Schriftliche Stellungnahmen einzelner Aufsichtsratsmitglieder oder des Vorstands unterliegen ebenfalls der Vertraulichkeit. Das vorzeitige Bekanntwerden einzelner Meinungen, Vorschläge und Anträge ist geeignet, die Unbefangenheit der Beratungen und der Beschlussfassungen des Aufsichtsrats zu beeinträchtigen. Dies zu verhindern ist eines der Ziele der durch das TransPuG eingeführten Gesetzesergänzung.

IV. Verschwiegenheitsverpflichtung

518 Das Gebot der Verschwiegenheit verbietet nicht nur klare Aussagen eines Aufsichtsratsmitglieds zu vertraulichen Vorgängen. Es gilt auch für vage **Andeutungen** oder für die Bekanntgabe von Ursachen oder Folgen, aus denen sich der Inhalt des vertraulichen Vorgangs ableiten lässt. Auch Antworten auf Fang- oder Suggestivfragen von Journalisten können einen Bruch der Vertraulichkeit begründen. Ein Aufsichtsratsmitglied sollte nicht versuchen, sich aus solchen Fragen durch gewundene Antworten heraus zu lavieren, sondern klar jede Stellungnahme verweigern.

V. Keine Ausnahmen wegen sonstiger Bindung

519 Es gibt keine zivilrechtlichen Verpflichtungen,[697] die einen Bruch der Vertraulichkeit rechtfertigen. Auch wenn das Aufsichtsratsmitglied **aus anderen Rechtsverhältnissen** einer Verpflichtung zur unbegrenzten Offenbarungspflicht unterliegt, entsteht daraus **kein Recht zum Bruch der Vertraulichkeit.** Dem sich ergebenden Interessenkonflikt muss in anderer Weise Rechnung getragen werden, nur nicht durch Bruch der Vertraulichkeit (vgl. Erläuterungen zu → § 100 Rn. 133 ff.).

520 Ob **strafrechtliche oder verwaltungsrechtliche Anzeigepflichten** einen Bruch der Vertraulichkeit rechtfertigen, muss im Einzelfall geprüft und entschieden werden. In Frage kommt eine Rechtfertigung des Bruchs der Verschwiegenheit nur, wenn das betreffende Aufsichtsratsmitglied durch gesetzliche Normen gezwungen ist, vertrauliche Angaben zu offenbaren (→ Rn. 467 ff.).

VI. Geltungsumfang

521 Die Verpflichtung zur Vertraulichkeit gilt für **alle Informationen, die das Unternehmen, ihm verbundene Unternehmen und sonst mit dem Unternehmen in Verbindung stehende juristische oder natürliche Personen betreffen.** Das Aufsichtsratsmitglied muss annehmen können, dass auch unbewiesene Andeutungen über Dritte, Werturteile über andere und ähnliche Äußerungen von ihm gemacht werden können, ohne dass es Weiterungen zu besorgen hat.

---

[697] Abgesehen von der Berichtspflicht an Gebietskörperschaften, § 394.

VII. Strafsanktion

Die aktienrechtlichen Strafbestimmungen (§ 404) wegen Verletzung der Geheimhaltungspflicht gelten, wenn ein Geheimnis verraten wird, auch im Rahmen der erweiterten Verschwiegenheitspflicht.

E. Ersatzpflicht bei Festsetzung einer unangemessenen Vergütung des Vorstands

Durch das VorstAG neu in die Vorschrift eingefügt worden ist Satz 3, der statuiert, dass die **Aufsichtsratsmitglieder** namentlich **zum Ersatz verpflichtet** sind, wenn sie eine ungemessene Vergütung festsetzen, wobei dann auf die Regelung des § 87 Abs. 1 verwiesen wird, welche die Grundsätze der Vorstandsvergütung vorschreibt. Nach allgemeiner Meinung hat die Vorschrift nur deklaratorischen Charakter, da unstreitig die Gewährung einer unangemessenen Vergütung eine Pflichtverletzung des Aufsichtsrats darstellt.[698] Allerdings erwähnt die Regelung des Satzes 3 nicht, dass der Aufsichtsrat auch pflichtwidrig handelt, wenn er es bei einer Verschlechterung der Lage des Unternehmens unterlässt, die Vorstandsvergütung sowie gegebenenfalls auch die Versorgungsbezüge innerhalb der letzten drei Jahre ausgeschiedener Vorstandsmitglieder auf ein angemessenes Maß herabzusetzen.[699] Bei der Entscheidung über eine **Herabsetzung** muss der Aufsichtsrat berücksichtigen, dass die einseitige Herabsetzung der Vergütung durch den Aufsichtsrat das betroffene **Vorstandsmitglied berechtigt, seinen Anstellungsvertrag** mit einer Frist von sechs Wochen zum Ende des folgenden Kalendervierteljahrs **zu kündigen** (§ 87 Abs. 2 S. 4); er muss deshalb abwägen, welche Folgen es für das Unternehmen hätte, wenn das Vorstandsmitglied von diesem Recht Gebrauch machte.

Ob eine festgesetzte Vergütung unangemessen ist, bestimmt sich an Hand der in § 93 Abs. 1 niedergelegten Grundsätze und bedarf im Einzelfall einer sorgfältigen Prüfung. Bei der Festsetzung der Vorstandsvergütung handelt es sich um eine **unternehmerische Entscheidung** des Aufsichtsrats, so dass sein Handeln der *business judgment rule* unterfällt und ihn gegebenenfalls privilegiert.[700]

Die Vergütung darf nur solange herabgesetzt bleiben, wie der Zustand andauert, der die Zahlung der vereinbarten Vergütung unangemessen erscheinen lässt. Dies bedeutet, dass der Aufsichtsrat laufend überprüfen muss, ob die **Voraussetzungen für eine Herabsetzung der Vergütung noch gegeben** sind.

F. Rechenschaftslegung des Aufsichtsrats

Der Aufsichtsrat ist ein gewichtiges Organ der AG. Er hat eine wesentliche Bedeutung für das Wohlergehen des Unternehmens. Die ihm vom Gesetz eingeräumten Machtbefugnisse sind umfangreich. Dies alles bedingt, dass er jedenfalls einmal im Jahr **ausführlich und getreu Rechenschaft** ablegt.

Ein Aufsichtsrat, der die wenigen Rechenschaftsverpflichtungen nicht sorgfältig beachtet, **verletzt seine Sorgfaltspflicht**.

---

[698] Gemäß § 93 Abs. 2 S. 1 iVm § 116 S. 1. Spindler/Stilz/*Spindler* Rn. 46; Hüffer/*Koch* Rn. 18; Bürgers/Körber/*Bürgers*/Israel Rn. 11; Peltzer, FS Hellwig, 2011, 269 (281 f.); Hoffmann-Becking/Krieger NZG 2009, Beiheft zu Heft 26, 1 (10 Nr. 79); *Handelsrechtsausschuss*, Stellungnahme zum VorstAG, NZG 2009, 612 (615 Nr. 28 f.).

[699] Spindler/Stilz/*Spindler* Rn. 46; Hoffmann-Becking/Krieger NZG 2009, Beiheft zu Heft 26, 1 (10 Nr. 79) unter Hinweis darauf, dass es sich insoweit nur um eine Sollvorschrift handelt, das Haftungsrisiko des Aufsichtsrats mithin etwas geringer ist.

[700] Hoffmann-Becking/Krieger NZG 2009, Beiheft zu Heft 26, 1 (10 Nr. 79). Siehe zur *business judgment rule* oben → Rn. 299 ff.

I. Der Aufsichtsratsbericht (§ 171 Abs. 2)

528 Der Aufsichtsrat muss über das Ergebnis seiner Prüfung des Jahresabschlusses schriftlich an die Hauptversammlung berichten.[701] Das Gesetz fordert weiter, dass in diesem Bericht der Aufsichtsrat auch mitzuteilen hat, **wie und in welchem Umfang er im abgelaufenen Geschäftsjahr die Geschäftsführung der Gesellschaft geprüft** hat. Bei börsennotierten Gesellschaften muss er angeben, welche Ausschüsse gebildet worden sind, wie häufig das Plenum getagt hat und wie oft sich die Ausschüsse getroffen haben. Auch soll er zum Ergebnis der Abschlussprüfung durch den Abschlussprüfer Stellung nehmen und schließlich erklären, ob nach dem abschließenden Ergebnis seiner Prüfung Einwendungen gegen den Jahresabschluss zu erheben sind und ob er den vom Vorstand aufgestellten Jahresabschluss billigt.

529 In den Bericht gehören auch **Ausführungen**
– zur Geschäftsordnung des Aufsichtsrats;
– zum Risikoerfassungssystem des Vorstands;
– zur Risikolage der Gesellschaft;
– zur Beachtung des Corporate Governance Kodex;
– zu im Aufsichtsrat aufgetretenen Interessenkonflikten und deren Behandlung;
– zu den vom Aufsichtsrat zu befolgenden Empfehlungen des Kodex wie:
– Evaluierung seiner eigenen Tätigkeit;
– Vermerk des Fernbleibens von Mitgliedern von mehr als der Hälfte der Sitzungen.

II. Erläuterung des Berichts in der Hauptversammlung (§ 171 Abs. 3 S. 2)

530 Das Gesetz schreibt vor, dass der Vorsitzende des Aufsichtsrats in der Hauptversammlung zu Beginn der Verhandlungen den Aufsichtsratsbericht erläutern soll (§ 176 Abs. 1 S. 2). Diese **Erläuterungen** erfolgen inzwischen meist mit großer Sorgfalt und umfassendem Informationsgehalt. Manches kann im mündlichen Bericht gesagt werden, was im schriftlichen Bericht nicht veröffentlicht wird. Richtschnur für den Inhalt des mündlichen Berichts sollte das Bestreben sein, sicherzustellen, dass jeder Aktionär in der Hauptversammlung, bevor er über die Entlastung des Aufsichtsrats abstimmt, alles Wichtige über die Tätigkeit des Aufsichtsrats in der abgelaufenen Geschäftsperiode weiß.

531 Nach dem Gesetz ist nur der Vorstand und nicht der Aufsichtsrat verpflichtet, in der Hauptversammlung **Fragen der Aktionäre** zu beantworten (§ 131 Abs. 1 S. 1). Aber das Gesetz verbietet dem Aufsichtsrat nicht, Fragen zu beantworten. Wo sich dies anbietet, sollte der Aufsichtsratsvorsitzende die Gelegenheit zu einer Stellungnahme zu Aktionärsfragen nicht ungenutzt vorübergehen lassen; betreffen Fragen der Aktionäre den Zuständigkeitsbereich des Aufsichtsrats, hat der Aufsichtsratsvorsitzende zu antworten. Er sollte sich immer bewusst sein, dass es die Aktionäre sind, die ihn in den Aufsichtsrat, wenn auch nicht zum Vorsitzenden, gewählt haben und die ihm die Sorge für ihr Vermögen anvertraut haben. Sie sollen ihn entlasten, also ihm das Vertrauen aussprechen. Die Sorgfaltspflicht gebietet eine eingehende Befassung mit berechtigten Anliegen der Aktionäre.

III. Strafsanktion (§ 400 Abs. 1 Nr. 1)

532 Die schriftlichen und mündlichen Berichte des Aufsichtsrats müssen klar und übersichtlich sein.[702] Wer als Mitglied des Vorstands oder des Aufsichtsrats die Verhältnisse der Gesellschaft einschließlich ihrer Beziehungen zu verbundenen Unternehmen in Darstellungen oder Übersichten über den Vermögensstand, in Vorträgen oder Auskünften in der Hauptver-

---

[701] § 171 Abs. 2. Zu den Anforderungen an den Aufsichtsratsbericht LG München WM 2008, 81 (84 f.).
[702] Der Aufstellungsgrundsatz für den Jahresabschluss (§ 243 Abs. 2) ist als allgemeiner Grundsatz für die Berichterstattung in der AG zu sehen.

sammlung **unrichtig wiedergibt oder verschleiert,** wird mit Freiheitsstrafe bis zu drei Jahren oder mit Geldstrafe bestraft (wenn die Tat nicht nach § 331 Nr. 1 HGB mit Strafe bedroht ist) (§ 400 Abs. 1 Nr. 1). Wer den Straftatbestand verwirklicht, verletzt zugleich seine organschaftliche Sorgfaltspflicht.

G. Allgemeine Schadensersatzpflicht eines Aufsichtsratsmitglieds nach § 93 Abs. 2 S. 1 und Umkehr der Darlegungs- und Beweislast nach § 93 Abs. 2 S. 2

I. Schaden der Gesellschaft

Die Ersatzpflicht des Aufsichtsratsmitglieds wegen einer Pflichtverletzung setzt voraus, dass der Gesellschaft dadurch ein Schaden entstanden ist. Maßgeblich für die Schadensfeststellung ist der Schadensbegriff des bürgerlichen Rechts.[703] Ein Anspruch auf Schadensersatz in Geld setzt einen **Vermögensschaden** voraus (§ 251 BGB). 533

Nach allgemeinen Grundsätzen ist ein Schaden durch die **objektive Differenz** zwischen zwei Vermögenslagen zu bestimmen. Er ist gegeben, wenn der tatsächliche Wert des Vermögens des Geschädigten geringer ist als der Wert, den das Vermögen ohne das die Ersatzpflicht begründende Ereignis haben würde.[704] Bei Anwendung dieses Grundsatzes liegt ein Schaden der Gesellschaft dann vor, wenn eine **Minderung des Gesellschaftsvermögens** eingetreten ist, ohne dass dieses durch einen damit im Zusammenhang stehenden **Vermögenszuwachs** ausgeglichen wird.[705] 534

Im Schrifttum wird auch ein **einschränkender Schadensbegriff** vertreten. Nach *Mertens/Cahn*[706] ist Schaden jede Vermögensminderung, die durch das pflichtwidrige Verhalten des Organmitglieds adäquat verursacht worden ist, doch habe in besonderen Fällen eine Billigkeitskorrektur stattzufinden durch Vergleich zur hypothetischen Vermögensentwicklung des Unternehmens im Falle eines pflichtgemäßen Verhaltens des ersatzpflichtigen Organmitglieds.[707] 535

Nach *Spindler* ist **Schaden jede pflichtwidrig verursachte Vermögensminderung** der Gesellschaft; unerheblich sei, ob die Vermögensminderung dem Unternehmenszweck widerspreche oder nicht. Einem sozialen Gebot entsprechende oder den vom Vorstand zu verfolgenden Zielen dienende Vermögensminderungen schieden als zu ersetzender Schaden aus.[708] 536

Ähnlich stellt auch *Fleischer* auf eine pflichtwidrig verursachte Vermögensminderung ab und berücksichtigt nicht, ob eine Vermögensminderung dem Unternehmenszweck widerspricht.[709] 537

Hopt[710] bestimmt den **Schadensbegriff ohne Rücksicht auf spezielle Zwecke der Gesellschaft,** da andernfalls Überlegungen, welche die Pflichtwidrigkeit des Handelns beträfen, beim Schaden erneut diskutiert werden müssten. Bei sozialen Aufwendungen sei es möglich und zumutbar, die der Entscheidung zugrundeliegenden Umstände offen zu legen, damit diese auf ihre Vereinbarkeit mit den für Ermessensentscheidungen in diesem Bereich geltenden Grundsätzen überprüfbar würden. 538

---

[703] §§ 249 ff. BGB. OLG Düsseldorf AG 1997, 231 (237); BGHZ 129, 136 (166); Großkomm AktG/*Hopt* § 93 Rn. 261; Hüffer/*Koch* § 93 Rn. 47.
[704] Palandt/*Grüneberg* BGB Vor § 249 Rn. 9 mwN.
[705] Großkomm AktG/*Hopt* § 93 Rn. 261.
[706] Kölner Komm AktG/*Mertens/Cahn* § 93 Rn. 14.
[707] Kölner Komm AktG/*Mertens/Cahn* § 93 Rn. 59.
[708] MüKoAktG/*Spindler* § 93 Rn. 154 f.
[709] Spindler/Stilz/*Fleischer* § 93 Rn. 211 f.
[710] Großkomm AktG/*Hopt* § 93 Rn. 263; so auch *Großmann,* Unternehmensziele im Aktienrecht, 1980, S. 188 f.; Rowedder/Schmidt-Leithoff/*Koppensteiner/Gruber* GmbHG § 43 Rn. 22; Scholz/*Schneider* GmbHG § 43 Rn. 149 (für die GmbH).

539 Stellungnahme: Die dargestellten Meinungen setzen sämtlich bei der **Differenzhypothese** und dem **bürgerlich-rechtlichen Schadensbegriff** an;[711] sie unterscheiden sich nur in Nuancen und kommen alle dann zum gleichen Ergebnis, wenn man dem Organmitglied die Berufung auf ein pflichtgemäßes Alternativverhalten gestattet.[712]

540 Grundlage der Schadensberechnung ist ausschließlich die **Vermögenslage der Gesellschaft** und nicht die der Aktionäre. Für die Feststellung eines Schadens der Gesellschaft ist es daher unerheblich, ob die Aktionäre durch die Schädigung der Gesellschaft selbst eine Vermögensminderung erleiden oder ob sie einen Vorteil daraus ziehen.[713] Da für eine Anrechnung von Vorteilen auf den Schaden nur Vorteile in Betracht kommen, die dem Geschädigten selbst zugute kommen, ist ein **Vorteilsausgleich** zwischen der Gesellschaft und den Aktionären ausgeschlossen.[714] Dies gilt auch für die **Einpersonengesellschaft**. Zwischen der Gesellschaft und dem Gesellschafter besteht keine Personenidentität.[715]

541 Bei einer bereits **überschuldeten Gesellschaft** kann durch pflichtwidriges Verhalten ein weiterer Schaden hinzukommen.[716] Die Tatsache der bestehenden Überschuldung ist für die Schadensermittlung unerheblich.

II. Sorgfaltspflichtverletzung

542 Jedes Aufsichtsratsmitglied muss die ihm **obliegenden Pflichten mit der gebotenen Sorgfalt erfüllen.** Aufsichtsratsmitglieder mit erweitertem Aufgabenbereich (Mitglieder eines Ausschusses) haben eine umfänglich, aber nicht inhaltlich weitergehende Sorgfaltspflicht als Mitglieder, die keinem Ausschuss angehören. Eine weit über den allgemeinen Umfang hinausgehende Sorgfaltspflicht trifft den Vorsitzenden des Aufsichtsrats. Der stellvertretende Vorsitzende hat diese umfänglich größere Sorgfaltspflicht nur, wenn er an Stelle des verhinderten Vorsitzenden dessen Aufgabe wahrnimmt. Etwas anderes gilt im Bereich des MitbestG. Hier treffen den stellvertretenden Vorsitzenden auch bei normalem Verlauf der Angelegenheiten uU zusätzliche Pflichten.

543 Ein Aufsichtsratsmitglied, das seine **Pflichten nicht erfüllt,** begeht eine Sorgfaltspflichtverletzung. Wenn der Gesellschaft daraus ein Schaden entsteht und die Sorgfaltspflichtverletzung schuldhaft begangen worden ist, kann das betreffende Aufsichtsratsmitglied schadensersatzpflichtig sein.

III. Kausalität

544 Der Schaden muss, wenn eine Ersatzpflicht in Frage kommen soll, durch die Pflichtverletzung verursacht worden sein. Für die Feststellung der Kausalität gelten die allgemeinen Grundsätze. Zugrunde gelegt wird die **Adäquanztheorie**.[717]

545 Der Einwand, der **Schaden** wäre **auch bei pflichtgemäßem Handeln eingetreten**, ist nur dann beachtlich, wenn das Aufsichtsratsmitglied imstande ist, den entsprechenden Nachweis zu führen, der aber nicht statthaft ist, wenn das Aufsichtsratsmitglied gegen geltende Kompetenz-, Organisations- oder Verhaltensregeln verstoßen hat (→ Rn. 318). Ebenso wenig entlastend wirkt der Hinweis, das eigene Abstimmungsverhalten sei für das Fassen des Beschlusses nicht kausal gewesen (→ Rn. 318). Zu weitgehend erscheint es

---

[711] §§ 249 ff. BGB; MüKoAktG/*Spindler* § 93 Rn. 154; Spindler/Stilz/*Fleischer* § 93 Rn. 211; Hüffer/*Koch* § 93 Rn. 47 ff.; Großkomm AktG/*Hopt* § 93 Rn. 263.
[712] Kölner Komm AktG/*Mertens/Cahn* AktG § 93 Rn. 59.
[713] Großkomm AktG/*Hopt* § 93 Rn. 265; Kölner Komm AktG/*Mertens/Cahn* § 93 Rn. 24; Spindler/Stilz/*Fleischer* § 93 Rn. 214.
[714] Großkomm AktG/*Hopt* § 93 Rn. 265; Kölner Komm AktG/*Mertens/Cahn* § 93 Rn. 24; Spindler/Stilz/*Fleischer* § 93 Rn. 214.
[715] BGH NJW 1977, 1283; Großkomm AktG/*Hopt* § 93 Rn. 265; Kölner Komm AktG/*Mertens/Cahn* § 93 Rn. 24; Spindler/Stilz/*Fleischer* § 93 Rn. 214.
[716] BGHZ 100, 190 (198) (für die GmbH); Großkomm AktG/*Hopt* § 93 Rn. 264.
[717] Vgl. Palandt/*Grüneberg* BGB Vor § 249 Rn. 54 ff.; *P. Doralt/W. Doralt* in Semler/v. Schenck AR-HdB § 14 Rn. 45.

jedoch, für eine Enthaltung den nur schwer zu erbringenden Nachweis zu verlangen, dass der Schaden unter allen Umständen entstanden wäre.[718] Geht es allerdings um den Vorwurf der pflichtwidrigen Unterlassung der Anrufung oder Information der anderen Aufsichtsratsmitglieder oder des Vorstands, so ist zu unterstellen, dass diese pflichtgemäß reagiert hätten.[719]

IV. Verschulden

Eine organschaftliche Haftung der Aufsichtsratsmitglieder setzt Verschulden voraus.[720] Die Generalklausel des Gesetzes (§ 93 Abs. 1 S. 1) gibt sowohl einen **allgemeinen Verhaltensstandard** als auch einen **typisierten Verschuldensmaßstab** vor.[721] Dieser ist sinngemäß auf Aufsichtsratsmitglieder anzuwenden. Das bedeutet, dass Aufsichtsratsmitglieder haften, wenn sie die Sorgfalt eines ordentlichen und gewissenhaften Überwachers vorsätzlich oder fahrlässig verletzen.[722]

Der Verschuldensmaßstab kann ebenso wenig wie der Sorgfaltsmaßstab[723] durch **Satzung** oder **Vereinbarung** geändert werden. Weder ein **Haftungsausschluss** noch eine **Haftungsverschärfung** sind zulässig.[724] Auch die **arbeitsrechtlichen Grundsätze** über die betrieblich veranlasste Gefahr haben keinen Einfluss auf den Verschuldensmaßstab.[725]

Es gelten die **allgemeinen zivilrechtlichen Grundsätze.** Danach liegt Verschulden bei einer objektiv pflichtwidrigen und subjektiv vorwerfbaren Handlung vor.[726] Das Aufsichtsratsmitglied muss nicht in dem **Bewusstsein** handeln, die Gesellschaft zu schädigen. Das Verschulden bezieht sich allein auf die Pflichtwidrigkeit des Verhaltens.[727] Es erstreckt sich nicht auf den Schadenseintritt. Daher kann der Nachweis, dass die schädlichen Folgen nicht vorhersehbar gewesen seien, insoweit also kein Verschulden gegeben sei, das Aufsichtsratsmitglied nicht entlasten, da es wissentlich und schuldhaft eine Pflichtverletzung begangen hat. Auch der Fahrlässigkeitsvorwurf wird sich damit in der Regel nicht ausräumen lassen.[728] Beim Vorwurf des Eingehens **risikoreicher Geschäfte** muss sich das Verschulden ausnahmsweise auch auf die Möglichkeit eines Schadenseintritts beziehen. Gerade darin liegt der Anknüpfungspunkt für die Pflichtverletzung.[729]

Das Aufsichtsratsmitglied kann sich bei einer objektiv pflichtwidrigen Handlung nicht dadurch entlasten, dass diese **subjektiv im Interesse der Gesellschaft** lag.[730] Objektive Pflichtwidrigkeit wird nicht dadurch zur Pflichterfüllung, dass das Aufsichtsratsmitglied meint, es handle im Interesse der Gesellschaft.

Fehlt dem Aufsichtsratsmitglied das **Bewusstsein, sorgfaltspflichtwidrig zu handeln,** kann ihm zwar nicht der Schuldvorwurf des Vorsatzes gemacht werden. Bei Vorliegen einer objektiven Sorgfaltspflichtverletzung wird aber in der Regel der Schuldvorwurf der Fahrlässigkeit zutreffen. Für die Schadensersatzpflicht genügt leichte Fahrlässigkeit.[731]

---

[718] So aber Kölner Komm AktG/*Mertens/Cahn* § 93 Rn. 55.
[719] LG Hamburg AG 1982, 51 (52 f.); Kölner Komm AktG/*Mertens/Cahn* Rn. 65.
[720] *v. Godin/Wilhelmi* § 93 Rn. 6; Großkomm AktG/*Hopt* § 93 Rn. 252; Hüffer/*Koch* § 93 Rn. 43; Kölner Komm AktG/*Mertens/Cahn* Rn. 98; *Doralt* in Semler/*v. Schenck* § 13 Rn. 53.
[721] Wie § 276 Abs. 2 BGB. Vgl. auch MüKoAktG/*Spindler* § 93 Rn. 158.
[722] Großkomm AktG/*Hopt* § 93 Rn. 252 führt aus, dass das Gesetz die Voraussetzung des Verschuldens zwar nicht ausdrücklich nennt, dieses Erfordernis sich aber aus der Doppelfunktion der Sorgfaltspflicht herleiten ließe. Dieser Ableitung bedarf es nicht. Die Voraussetzung des Verschuldens folgt aus dem Prinzip der Verschuldenshaftung, das im Gegensatz zur Gefährdungshaftung immer dann gilt, wenn die Verantwortlichkeit an menschliches Verhalten (hier an die Pflichtverletzung) geknüpft ist.
[723] Zum Sorgfaltsmaßstab → Rn. 275 ff.
[724] Zur vertraglichen Haftungsbeschränkung → Rn. 605 f.; Großkomm AktG/*Hopt* § 93 Rn. 253.
[725] Zur arbeitsrechtlichen Haftungsbeschränkung → Rn. 607; Großkomm AktG/*Hopt* § 93 Rn. 254.
[726] Palandt/*Grüneberg* BGB § 276 Rn. 5.
[727] Vgl. für den Vorstand MüKoAktG/*Spindler* § 93 Rn. 160.
[728] Vgl. auch Großkomm AktG/*Hopt* § 93 Rn. 256; Kölner Komm AktG/*Mertens/Cahn* § 93 Rn. 137.
[729] Großkomm AktG/*Hopt* § 93 Rn. 256; Kölner Komm AktG/*Mertens/Cahn* § 93 Rn. 137.
[730] *v. Godin/Wilhelmi* § 93 Anm. 4; Großkomm AktG/*Hopt* § 93 Rn. 256.
[731] Großkomm AktG/*Hopt* § 93 Rn. 253.

551 Das Erfordernis des Verschuldens hat nur **geringe praktische Bedeutung**. Liegt objektiv eine Sorgfaltspflichtverletzung vor, sind kaum Situationen denkbar, die nicht auf ein fahrlässiges Verhalten schließen lassen.[732] Die Verletzung einer Sorgfaltspflicht indiziert regelmäßig das zur Haftung erforderliche Verschulden.[733]

552 Bei der Beurteilung der Fahrlässigkeit wird ein **weitgehend objektiv typisierter Verschuldensmaßstab** zugrunde gelegt, der mit dem Mindestsorgfaltsmaßstab übereinstimmt.[734] Dieser Maßstab richtet sich nicht nach individuellen Fähigkeiten, sondern nach generellen Anforderungen, auf die man sich im Verkehr verlassen können soll. Zugrunde gelegt werden die Fähigkeiten eines durchschnittlich befähigten Aufsichtsratsmitglieds mit durchschnittlichen Kenntnissen und Erfahrungen.[735] Einer Verantwortung für eine Pflichtverletzung im Bereich der Mindestqualifikation kann sich kein Aufsichtsratsmitglied entziehen.[736] Dieser Verschuldensmaßstab gilt für alle Aufsichtsratsmitglieder in gleicher Weise. Auch Arbeitnehmervertreter unterliegen dieser Haftung.[737]

553 Der **subjektive Schuldvorwurf** kann bedeutsam sein. Hat das Aufsichtsratsmitglied spezielle berufstypische Kenntnisse und Fähigkeiten, muss es diese in seine Tätigkeit einbringen. Tut es dies nicht, erhöht sich der Verschuldensmaßstab diesen Kenntnissen entsprechend.[738] Die besondere individuelle Leistungsfähigkeit wirkt haftungsverschärfend.[739] Der Aufsichtsrat kann das von ihm insgesamt geforderte Überwachungsniveau nur dann erreichen, wenn eine Anzahl seiner Mitglieder über spezifische Kenntnisse verfügt und diese auch einbringt.[740] Der objektive Verschuldensmaßstab ist an den **individuellen Anforderungen der Aufgabe** auszurichten.[741]

554 Das Aufsichtsratsmitglied kann sich zu seiner Entlastung nicht auf **mangelnde Kenntnisse oder Fähigkeiten** berufen.[742] Ist es nicht im Besitz der für die Wahrnehmung des Aufsichtsratsamts erforderlichen Kenntnisse und Fähigkeiten, kann die subjektive Vorwerfbarkeit bereits in der Übernahme des Amtes liegen (sog. **Übernahmeverschulden**).[743]

555 Auch die **Unkenntnis bestehender Pflichten** entschuldigt in aller Regel nicht. Das Aufsichtsratsmitglied muss sich über die an ihn gestellten Anforderungen informieren.[744]

556 Ein schuldloser **Irrtum** über bestehende Pflichten ist nicht ausgeschlossen. Denkbar ist eine Situation, in der das Aufsichtsratsmitglied auf sachverständigen Rat angewiesen ist, etwa bei Rechtsunsicherheit oder einer Änderung der Rechtslage, und dieser nicht eingeholt

---

[732] *P. Doralt/W. Doralt* in Semler/v. Schenck AR-HdB *§ 14* Rn. 59: die Verletzung der Sorgfaltspflicht begründet auch das zur Haftung erforderliche Verschulden; vgl. auch OLG Koblenz ZIP 1991, 870 (871); Großkomm AktG/*Hopt* § 93 Rn. 255. Vgl. → § 91 Rn. 82.

[733] *P. Doralt/W. Doralt* in Semler/v. Schenck AR-HdB *§ 14* Rn. 59.

[734] RGZ 163, 200 (208); Hüffer/*Koch* § 93 Rn. 43; *P. Doralt/W. Doralt* in Semler/v. Schenck AR-HdB *§ 14* Rn. 55.

[735] *P. Doralt/W. Doralt* in Semler/v. Schenck AR-HdB *§ 14* Rn. 55; *v. Schenck* in Semler/v. Schenck AR-HdB § 1 Rn. 284.

[736] RGZ 144, 348 (355); Kölner Komm AktG/*Mertens/Cahn* Rn. 62; Hüffer/*Koch* Rn. 3. Vgl. → § 93 Rn. 22 für Vorstandsmitglieder.

[737] Vgl. auch → Rn. 178, 378. Heute hM vgl. Hüffer/*Koch* Rn. 2; *Lutter,* Information und Vertraulichkeit, S. 131 ff.; zum entsprechenden Sorgfaltsmaßstab: BGHZ 85, 293 (296) – Hertie; MHdB AG/*Hoffmann-Becking* § 33 Rn. 46; *Lutter/Krieger/Verse* Rn. 821, 1009; *Edenfeld/Neufang* AG 1999, 49 ff.; *Lutter* ZHR 145 (1981), 224 (227 f.); *Schwark,* FS Werner, 1984, 841 (849 f.).

[738] LG Hamburg AG 1982, 51; Kölner Komm AktG/*Mertens/Cahn* Rn. 62; *P. Doralt/W. Doralt* in Semler/v. Schenck AR-HdB § 14 Rn. 58; *Lutter* ZHR 145 (1981), 224 (228); gleiches gilt für den Sorgfaltsmaßstab → Rn. 95 f.; aA Hüffer/*Koch* Rn. 4; *Schwark,* FS Werner, 1984, 841 (853 f.).

[739] Siehe hierzu den instruktiven ISION-Fall, BGH NZG 2011, 1271 ff., sowie dazu *v. Schenck* in Semler/v. Schenck AR-HdB § 7 Rn. 364 sowie hier → Rn. 101.

[740] Kölner Komm AktG/*Mertens/Cahn* Rn. 62; *Lutter* ZHR 145 (1981), 224 (228).

[741] Kölner Komm AktG/*Mertens/Cahn* § 93 Rn. 136, ihm folgend Großkomm AktG/*Hopt* § 93 Rn. 255.

[742] Großkomm AktG/*Hopt* § 93 Rn. 255; Kölner Komm AktG/*Mertens/Cahn* Rn. 63; *P. Doralt/W. Doralt* in Semler/v. Schenck AR-HdB *§ 14* Rn. 56; *v. Schenck* in Semler/v. Schenck AR-HdB § 1 Rn. 284.

[743] *v. Schenck* in Semler/v. Schenck AR-HdB § 1 Rn. 284; so auch *Spieker* NJW 1965, 1937; nach Kölner Komm AktG/*Mertens/Cahn* Rn. 63 muss das betreffende Aufsichtsratsmitglied das Amt ablehnen.

[744] Großkomm AktG/*Hopt* § 93 Rn. 255.

werden kann, da die Situation sofortiges Handeln verlangt.[745] Allerdings ist zu prüfen, ob ein Verschulden darin liegt, dass Maßnahmen unterlassen worden waren, die eine solche Situation hätten verhindern können.[746] Kritischer sind Fälle, in denen **Rat eingeholt worden**[747] und diesem folgend gehandelt worden ist, der Rat sich im Nachhinein aber als falsch erweist. Ein entschuldbarer Rechtsirrtum des handelnden Organs wird dann von dem BGH nur angenommen, wenn ein einschlägig qualifizierter unabhängiger Berater eingeschaltet worden ist und diesem alle wesentlichen Informationen zugänglich gemacht worden sind;[748] zudem muss der Aufsichtsrat die – grundsätzlich schriftlich vorzulegende[749] – Stellungnahme des Sachverständigen einer eigenen **sorgfältigen Plausibilitätsprüfung** unterziehen.[750] Ein Verschulden des Sachverständigen wird dem Organ nicht zugerechnet, da der Sachverständige nicht Erfüllungsgehilfe des Vorstands und/oder des Aufsichtsrats ist.[751]

Infrage gestellt worden ist in diesem Zusammenhang, ob auch die **Rechtsabteilung des Unternehmens** als qualifiziert anzusehen ist, **unabhängigen Rechtsrat zu erteilen,** sowie ob die unabhängige Begutachtung eines Vorschlags auch durch die Person erfolgen kann, die den Vorschlag erarbeitet hat. Die Frage der Unabhängigkeit der Rechtsabteilung stellt sich auf zwei Stufen, nämlich bei einer Beratung des Vorstands und bei einer Beratung des Aufsichtsrats. Grundsätzlich muss man die Rechtsabteilung des Unternehmens als qualifiziert ansehen, unabhängigen Rechtsrat zu erteilen,[752] denn gerade dies ist ja ihre Funktion;[753] allerdings sollte im Einzelfall gegebenenfalls geprüft werden, ob das die Stellungnahme erstellende Mitglied der Rechtsabteilung möglicher Weise Druck ausgesetzt war, zu einem gewünschten Ergebnis zu gelangen,[754] was allerdings bei einem externen Rechtsanwalt ebenso der Fall sein kann.[755] In jedem Falle ist sicherzustellen, dass die Rat erteilende Person **fachlich einschlägig qualifiziert** ist.[756] Will indes der Aufsichtsrat einen vom Vorstand vorgelegten Vorschlag durch einen Sachverständigen überprüfen lassen, wird die Rechtsabteilung des Unternehmens nur dann in Frage kommen, wenn sie in die Erstellung oder Überprüfung des Vorschlags nicht einbezogen war und sie damit die erforderliche Unabhängigkeit besitzt. Hat die Rechtsabteilung dagegen den Vorschlag selbst erarbeitet oder dessen Erstellung durch einen externen Berater begleitet, kann sie zwar zu einer Erläuterung, nicht aber zu einer unabhängigen Begutachtung des Vorschlags herangezogen werden.

Nicht überzeugend erscheint es nämlich, jene **Person, die einen Vorschlag ausgearbeitet hat,** als qualifiziert anzusehen, diesen auch unabhängig zu begutachten; wer einen Vorschlag erarbeitet hat, ist zwingend Partei, und es ist zu vermuten, dass er oder sie dazu neigen wird, den eigenen Vorschlag zu verteidigen und damit für richtig zu befinden;[757] als

---

[745] v. Godin/Wilhelmi § 93 Anm. 6; Großkomm AktG/Hopt § 93 Rn. 255; Kölner Komm AktG/Mertens/Cahn AktG § 93 Rn. 99.
[746] Großkomm AktG/Hopt § 93 Rn. 255; Kölner Komm AktG/Mertens/Cahn AktG § 93 Rn. 99.
[747] Vgl. für die Einholung von Rat durch die Geschäftsleiter Sander/Schneider ZGR 2013, 725 ff.
[748] BGH NZG 2007, 545 Rn. 14 ff. (Prüfung der Insolvenzreife durch einen Wirtschaftsprüfer).
[749] BGH NZG 2011, 1271 Rn. 24 – ISION: eine gutachtliche Stellungnahme muss „über eine mündliche Auskunft auf eine schlichte Anfrage" hinausgehen. Ausnahmen dürften bei sehr einfachen Fragen oder in Eilfällen möglich sein.
[750] BGH NZG 2011, 1271 Rn. 18 – ISION (Prüfung der Struktur einer Kapitalerhöhung durch eine Rechtsanwaltskanzlei). Kritisch zum Erfordernis der Plausibilitätsprüfung Krieger ZGR 2012, 496 (501 ff.).
[751] BGH NZG 2011, 1271 Rn. 17 – ISION.
[752] MüKoAktG/Spindler § 93 Rn. 67; Spindler/Stilz/Fleischer § 93 Rn. 29; Fleischer ZIP 2009, 1397 (1403); Junker/Biederbick AG 2012, 898 (906); Krieger ZGR 2012, 496 (500).
[753] Strohn ZHR 176 (2012), 137 (140 f.).
[754] Strohn ZHR 176 (2012), 137 (141).
[755] Junker/Biederbick AG 2012, 898 (902): ausschlaggebend sei die Integrität der Auskunftsperson.
[756] Junker/Biederbick AG 2012, 898 (900 f.).
[757] Strohn ZHR 176 (2012), 137 (140). AA Krieger ZGR 2012, 496 (500) sowie Kiefner/Krämer AG 2012, 498 (501), die eine Disqualifizierung der gesamten Rechtsabteilung befürchten, wenn der Chefsyndikus in Vorüberlegungen und einen ersten *judgment call* eingebunden war; dies ist jedoch eine Überinterpretation und nicht mit der Ausarbeitung des Konzepts durch die Rechtsabteilung gleichzusetzen.

unabhängiger Sachverständiger muss daher ein **anderer Berater hinzugezogen** werden.[758] Dies muss keineswegs dazu führen, dass bei Unternehmenstransaktionen zwingend immer mindestens zwei Berater tätig werden müssen;[759] haben etwa einschlägig qualifizierte Angehörige der Rechtsabteilung den Vorschlag ausgearbeitet und mit den notwendigen Erläuterungen und Begründungen vorgelegt, so erfüllt diese den Zweck einer unabhängigen sachverständigen Stellungnahme[760] und ist es **nur bei größeren Transaktionen** gegebenenfalls angezeigt, zusätzlich eine weitere sachverständige Stellungnahme einzuholen. Es wäre indes widersinnig, stattdessen die für den Vorschlag verantwortliche Rechtsabteilung aufzufordern, zu ihrem eigenen Vorschlag gutachtlich Stellung zu nehmen. Bei Vorhaben von großer Tragweite ist allerdings in der Regel die *second opinion* eines weiteren unabhängigen Sachverständigen einzuholen;[761] dies tut in vielen Fällen ohnehin der Aufsichtsrat.

559 Die Aufsichtsratsmitglieder haften nur für **eigenes Verschulden.** Eine Zurechnung[762] der Tatbeiträge anderer Aufsichtsratsmitglieder findet nicht statt. Ebensowenig kommt dem Aufsichtsratsmitglied der Verschuldensbeitrag anderer Aufsichtsratsmitglieder oder Vorstandsmitglieder im Sinne eines Mitverschuldens (§ 254 BGB) zugute.[763]

V. Darlegungs- und Beweislast

560 Die **Verteilung der Darlegungs- und Beweislast**[764] bei Sorgfaltspflichtverletzungen eines Vorstandsmitglieds[765] gilt grundsätzlich auch für die Haftung der Aufsichtsratsmitglieder.

561 Das Aufsichtsratsmitglied trifft die Beweislast für das Fehlen einer **Pflichtverletzung** oder – positiv ausgedrückt – für die eigene Pflichterfüllung. Die Gesellschaft hat in einem Rechtsstreit nur zu behaupten und zu beweisen, dass ihr durch ein bestimmtes Verhalten des Aufsichtsratsmitglieds ein bestimmter **Schaden** entstanden ist. Das Aufsichtsratsmitglied muss darlegen, dass sein Verhalten, das in einem Tun oder Unterlassen bestehen kann, pflichtgemäß war.[766] Dabei hat es zur Abwendung der Ersatzpflicht darzulegen und zu beweisen, dass es objektiv nicht pflichtwidrig gehandelt hat.[767] Etwas anderes gilt nur, wenn die Voraussetzungen für eine Anwendung der *business judgment rule* gegeben sind (→ Rn. 299 ff.). Allerdings genügt es nicht, wenn das Unternehmen lediglich ein „möglicherweise" pflichtwidriges Verhalten des Organmitglieds behauptet; in einem solchen Falle trifft das Unternehmen die Darlegungs- und Beweislast für den Schaden und ein für diesen ursächliches pflichtwidriges Verhalten des Organmitglieds.[768]

---

[758] *Krieger* ZGR 2012, 496 (501) meint, die Prüfung, ob der Vorstand sich im Rahmen der Anforderungen der *business judgment rule* gehalten habe, könne ohne Zweifel auch von demselben Anwalt beantwortet werden, der die Transaktion strukturiert habe, da es bei der Strukturierung um das „Wie", nicht dagegen um das „Ob" gehe. Dies erscheint vertretbar, sofern nicht bereits die Strukturierung selbst sich mit Fragen des „Ob" befasst hat.

[759] So aber die Kritik von *Junker/Biederbick* AG 2012, 898 (899 Fn. 4).

[760] *Kiefner/Krämer* AG 2012, 498 (499) weisen zutreffend darauf hin, dass bei größeren Transaktionen die vom BGH anscheinend angenommene Zweiteilung – Erstellung der Dokumentation einerseits und rechtliche Stellungnahme andererseits – regelmäßig nicht stattfindet, sondern alle Elemente in einem „iterativen Prozess". Irritierend ist in diesem Zusammenhang allerdings die Aussage des BGH im ISION-Fall, „(d)ie bloße Annahme …, dass bei der Erstellung des Abwicklungskonzepts die rechtlichen Voraussetzungen der Sacheinlage überprüft wurden, ersetzt eine Beratung und gegebenenfalls eine Nachfrage nicht" (BGH NZG 2011, 1271 Rn. 22), da Vorstand und Aufsichtsrat bei der Vorlage eines Transaktionskonzepts annehmen können sollten, dass alle einschlägigen Rechtsfragen geklärt und etwaige Zweifelsfragen und Risiken erwähnt sind.

[761] MüKoAktG/*Spindler* § 93 Rn. 67; *Spindler,* FS Canaris, 2007, Bd. II, 403 (421); Hölters/*Fleischer* § 93 Rn. 29; *Krieger* ZGR 2012, 496 (500).

[762] Weder nach § 278 BGB noch nach einer anderen Norm.

[763] BGH WM 2015, 143 Rn. 22.

[764] Hierzu mit ausführlicher Übersicht über die Rspr. *Goette* ZGR 1995, 648 ff.

[765] § 93 Abs. 2 S. 2. Vgl. auch *Gerkan* ZHR 154 (1990), 39 ff.

[766] Anders: *Bergs* EWiR 2002, 463, der in seiner Anm. zum Urt. des LG Dortmund vom 1.8.2001 annimmt, dass den Unterlassen der Gesellschaft die Voraussetzungen der Pflicht zum Einschreiten zu beweisen hat.

[767] BAG – 1 AZR 519/76 – n. v.

[768] OLG Nürnberg WM 2015, 241 ff. = AG 2015, 91 ff. = BB 2015, 83 m Anm *Fortmann*.

Nicht ausreichend ist, dass die Gesellschaft einen Sachverhalt behauptet, der auf die **562** **Pflichtwidrigkeit des Vorstandshandelns** hindeutet. Eine Verletzung der Überwachungspflichten des Aufsichtsrats wird dadurch nicht indiziert. Die Gesellschaft muss, um ihrer Darlegungslast zu genügen, substantiiert vortragen, wieso der Aufsichtsrat bzw. einzelne seiner Mitglieder Veranlassung gehabt hätten, schadensvorbeugend oder -verhindernd einzugreifen.[769]

Eine **Entlastung** durch die Hauptversammlung der Gesellschaft (§ 120) bewirkt weder **563** einen Verzicht auf Ersatzansprüche noch eine Umkehr der Beweislast.[770]

H. Besondere Schadensersatzpflicht eines Aufsichtsratsmitglieds nach § 93 Abs. 3

I. Grundlagen

1. Allgemeines. Das Gesetz zählt **neun Sondertatbestände** auf, deren Erfüllung wegen **564** der Schwere der Verstöße in jedem Fall eine Pflichtverletzung darstellt (§ 93 Abs. 3). Die ausdrücklich genannten Pflichtverstöße beziehen sich unmittelbar nur auf das Handeln der Vorstandsmitglieder. Den Aufsichtsrat trifft die Pflicht, den Vorstand von der Verwirklichung der beschriebenen Handlungen abzuhalten[771] oder aber die ggf. erforderliche Mitwirkung zu verweigern.

Gemeinsam ist den aufgelisteten Tatbeständen, dass sie eine **gesetzwidrige Minderung** **565** **des Gesellschaftsvermögens** zur Folge haben.[772] Die Norm stellt auf den verbotenen Erfolg ab und nicht darauf, durch wen die Minderung bewirkt worden ist.[773]

2. Dogmatische Einordnung. Durch die im Gesetz aufgezählten Tatbestände (§ 93 **566** Abs. 3) wird die allgemeine Sorgfaltspflicht (§ 93 Abs. 1 S. 1) konkretisiert. Daraus könnte man schließen, dass durch die aufgezählten Sondertatbestände keine selbständige Haftung begründet wird. Wortlaut und Inhalt der Vorschrift legen nahe, dass es sich um eine **eigene Anspruchsgrundlage** handelt.[774] Das Gesetz nennt eine eigene Rechtsfolge, nämlich die Ersatzpflicht (§ 93 Abs. 3).

In jedem Fall handelt es sich bei diesen Sondertatbeständen um eine Präzisierung der **567** allgemeinen Haftungsvorschrift. Die Vorschrift begründet **keine Haftung eigener Art.** Die Formulierung, dass die Verwaltungsmitglieder „namentlich zum Ersatz" verpflichtet sind, wenn die nachstehend beschriebenen Handlungen vorgenommen werden, weist darauf hin, dass die übrigen Voraussetzungen für eine Schadensersatzpflicht vorliegen müssen. Voraussetzung einer Haftung ist daher auch hier ein Verschulden, das durch die objektive Pflichtwidrigkeit indiziert wird. Weitere Voraussetzung ist, sofern die Handlung nicht selbst vorgenommen wurde, die Verletzung eigener Pflichten und deren Ursächlichkeit für den Schaden.[775] Die Pflichtverletzung wird vermutet.[776]

3. Pflicht zum Schadensersatz. Eine Haftung bei Verwirklichung eines der genannten **568** Sondertatbestände setzt voraus, dass der Gesellschaft ein Schaden entstanden ist. Auch wenn im Gesetz von einer Ersatzpflicht die Rede ist, handelt es sich nicht um einen Ersatz-

---

[769] RGZ 161, 129 (134); nach *Goette* ZGR 1995, 648 (674) reicht es aus, wenn die Gesellschaft darlegt und beweist, dass ihr ein Schaden durch ein möglicherweise pflichtwidriges Verhalten des Organs entstanden ist; so auch *Lutter/Krieger/Verse* Rn. 1021; Kölner Komm AktG/*Mertens/Cahn* Rn. 64; *Hüffer/Koch* § 93 Rn. 16.
[770] Großkomm AktG/*Hopt* § 93 Rn. 352.
[771] *Hoffmann/Preu* Der Aufsichtsrat Rn. 512.1. *Zempelin* AcP 155 (1956), 209 (225 f.).
[772] Großkomm AktG/*Hopt* § 93 Rn. 234 MüKoAktG/*Spindler* § 93 Rn. 192.
[773] *Hüffer/Koch* Rn. 14.
[774] MüKoAktG/*Spindler* § 93 Rn. 194; Großkomm AktG/*Hopt* § 93 Rn. 211; vgl. aber LG Bochum ZIP 1989, 1557 (1558 f.). – Krupp/Rheinform.
[775] *v. Godin/Wilhelmi* § 93 Anm. 11.
[776] → § 93 Rn. 96; Großkomm AktG/*Hopt* § 93 Rn. 233; *Hüffer/Koch* § 93 Rn. 269; Kölner Komm AktG/*Mertens/Cahn* § 93 Rn. 145; Spindler/Stilz/*Fleischer* § 93 Rn. 259.

anspruch eigener Art, der auf bloße Zahlung des aufgewendeten oder fehlenden Betrags gerichtet ist. Die Ersatzpflicht ist auf den Ersatz des spezifischen Schadens gerichtet. Die Verpflichtung bezieht sich auf den **Ersatz des** durch das pflichtwidrige Verhalten entstandenen **Schadens**.[777] Das ergibt sich aus dem Zusammenhang der allgemeinen Schadensersatzpflicht und durch die Verwirklichung eines Sondertatbestands. Die Formulierung „namentlich" kann nur bedeuten, dass es sich bei den Sondertatbeständen um eine **Konkretisierung der Sorgfaltspflichten** von Abs. 2 handelt und damit um einen Schadensersatzanspruch.[778]

569 Würde vom Erfordernis eines Schadens abgesehen werden, könnte es zu einer **ungerechtfertigten Bereicherung** der Gesellschaft zu Lasten des Verwaltungsmitglieds kommen, wenn diese einen Ausgleich für die Vermögensminderung erlangt hat, der zu berücksichtigen ist.[779] Sofern der Gesellschaft kein Schaden entstanden ist, kann das schuldige Aufsichtsratsmitglied nicht in Anspruch genommen werden.[780] Liegt ein Schaden vor, hat das schuldige Aufsichtsratsmitglied den gesamten Schaden zu ersetzen, auch wenn er **über den Fehlbetrag** hinausgeht.[781]

570 **4. Begriff des Schadens.** Das Erfordernis eines Schadens führt zu Schwierigkeiten in der Begriffsbestimmung. So ist unter Zugrundelegung des bürgerlichrechtlichen Schadensbegriffs (§§ 249 ff. BGB) etwa in den Fällen der Nr. 4 und 6 ein Schaden der Gesellschaft nicht festzustellen.[782] Der Begriff muss daher nach dem Zweck der Vorschrift **modifiziert** werden.

571 Zweck der Sondertatbestände ist es, die Einhaltung bestimmter Normen des Aktienrechts zu sichern, indem Zuwiderhandlungen besonders sanktioniert werden. Der Schaden liegt bereits unmittelbar in der **gesetzwidrigen Minderung** des der Gesellschaft zur Verfügung stehenden Vermögens.[783] Es ist unerheblich, ob die Gesellschaft einen Rückforderungsanspruch durchsetzen kann.[784] Eine Gesamtvermögensbetrachtung unter Einschluss von Ansprüchen auf Rückzahlung oder Einlagenleistung wird nicht vorgenommen.[785]

572 Im Übrigen gelten die allgemeinen Grundsätze. Wenn der Gesellschaft unmittelbar durch das Fehlverhalten ein entsprechender Vermögensvorteil zuwächst, wird ein **Vorteilsausgleich**[786] vorgenommen mit der Folge, dass der Anspruch der Gesellschaft entfällt.[787] Das gilt auch, wenn der Anspruch von den Gläubigern (gem. § 93 Abs. 5) geltend gemacht wird.[788] Freiwillige Leistungen Dritter werden nicht berücksichtigt.[789]

573 Darüber hinaus wird die bürgerlichrechtliche Vorschrift über die Abtretung von Ersatzansprüchen bei Schadensersatzleistungen angewendet (§ 255 BGB). Das bedeutet, dass das schuldige Verwaltungsmitglied einen **Anspruch auf Abtretung** solcher Ansprüche hat, die

---

[777] So schon *Zempelin* AcP 155 (1956), 209 (223); *v. Godin/Wilhelmi* § 93 Anm. 11; Großkomm AktG/*Hopt* § 93 Rn. 239; Hüffer/*Koch* § 93 Rn. 68; Kölner Komm AktG/*Mertens/Cahn* § 93 Rn. 55 ff.
[778] → § 93 Rn. 96; Hüffer/*Koch* § 92 Rn. 22; Großkomm AktG/*Hopt* § 93 Rn. 239; MüKoAktG/*Spindler* § 93 Rn. 192.
[779] Großkomm AktG/*Hopt* § 93 Rn. 239; MüKoAktG/*Spindler* § 93 Rn. 192.
[780] RGZ 159, 211 (225); MüKoAktG/*Spindler* § 93 Rn. 192.
[781] Hüffer/*Koch* § 93 Rn. 22.
[782] Großkomm AktG/*Hopt* § 93 Rn. 239; *v. Godin/Wilhelmi* § 93 Anm. 11.
[783] Großkomm AktG/*Hopt* § 93 Rn. 235; Hüffer/*Koch* § 93 Rn. 22; vgl. Kölner Komm AktG/*Mertens/Cahn* § 93 Rn. 59.
[784] Es sei denn, die Gesellschaft unterliegt im Fall einer ungerechtfertigten Vorauszahlung keinen gesetzlichen Ausschüttungsverboten, dann ergibt sich die Haftung des Aufsichtsrats aus §§ 116, 93 Abs. 2 mit der Folge, dass ein Rückforderungsanspruch den Schaden entfallen lassen kann, vgl. BGH WM 1977, 1446 (1448) = NJW 1978, 425 f. (zur Publikumsgesellschaft).
[785] RGZ 159, 211 (230); Großkomm AktG/*Hopt* § 93 Rn. 235, 239; Hüffer/*Koch* § 93 Rn. 68.
[786] Vgl. Palandt/*Grüneberg* BGB Vor § 249 Rn. 119 ff.
[787] Vgl. BGH WM 1983, 957 ff.
[788] RGZ 159, 211 (230); Großkomm AktG/*Hopt* § 93 Rn. 240; relativierend Kölner Komm AktG/*Mertens/Cahn* § 93 Rn. 63.
[789] RGZ 152, 273 (280); Großkomm AktG/*Hopt* § 93 Rn. 240; zur Berechnung beim Verstoß gegen die Insolvenzantragspflicht (bei der GmbH) *Wimmer* NJW 1996, 2546 (2551).

der Gesellschaft auf Grund des Rechts gegen Aktionäre und Dritte zustehen.[790] Diese Ansprüche können im Wege des Zurückbehaltungsrechts (§ 273 BGB) geltend gemacht werden.[791] Die Gesellschaft hat danach Zug um Zug gegen die Schadensersatzzahlung ihren eigenen Anspruch abzutreten einschließlich etwaiger Sicherheiten, sofern diese nicht akzessorisch sind.[792] Ein solcher Anspruch besteht etwa gegen den Aktionär im Fall einer **Einlagenrückgewähr** (gem. § 62; § 93 Abs. 3 Nr. 1).

Allerdings setzt der Abtretungsanspruch (§ 255 BGB) den **Verlust einer Forderung** 574 voraus. Dieser Verlust muss nicht endgültig sein. Ausreichend ist ein vorläufiges Wertloswerden.[793] Die Haftung der Verwaltungsmitglieder ist aber nicht durch einen vorläufigen Rechtsverlust der Gesellschaft begründet. Ein solcher ist auch nicht erforderlich, um die Verwaltungsmitglieder in Anspruch zu nehmen.

Zweck des Abtretungsanspruchs (§ 255 BGB) ist die Sicherung des **schadensersatz-** 575 **rechtlichen Bereicherungsverbots.**[794] Durch die Vorschrift soll verhindert werden, dass der Geschädigte sowohl den Schädiger als auch einen Dritten in Anspruch nimmt und einen doppelten Ausgleich erhält. Auch die Gesellschaft soll in den Fällen des Schadensersatzes wegen Verletzung eines der Sondertatbestände keinen Vorteil erhalten, der ihr nicht zusteht.

5. Rechtliche Bedeutung. Der Aufsichtsrat und seine Mitglieder sind bereits auf Grund 576 der ihnen obliegenden allgemeinen Sorgfaltspflicht verpflichtet, für die Einhaltung der hinter den Sondertatbeständen stehenden gesetzlichen Vorschriften Sorge zu tragen. Ein **Verstoß gegen einen der Sondertatbestände** bedeutet also in jedem Fall auch einen **Verstoß gegen die allgemeine Sorgfaltspflicht.**[795] Die rechtliche Bedeutung dieser Sondertatbestände erschöpft sich jedoch nicht in einer Konkretisierung von Sorgfaltspflichten. Sie geht in zweifacher Hinsicht darüber hinaus. Zum einen dient die Vorschrift der **Beweiserleichterung** für die Gesellschaft, wobei sich auch Besonderheiten hinsichtlich des Schadensbegriffs ergeben. Zum anderen erleichtert sie die Geltendmachung von Ersatzansprüchen durch **Gesellschaftsgläubiger.**[796]

a) Beweiserleichterung. Wie sich aus dem Wortlaut der Bestimmung über die Sonder- 577 tatbestände ergibt, werden der Abfluss oder die Vorenthaltung von Mitteln ohne weiteres als ursächlich für den Eintritt eines Schadens angesehen. Damit wird bei einem Verstoß gegen einen der Sondertatbestände **vermutet,** dass der Gesellschaft durch das pflichtwidrige Verhalten ein Schaden entstanden ist. Abweichend von den allgemeinen Beweisregeln, nach denen jede Partei die Beweislast für die ihr günstigen Umstände trägt, hat das Aufsichtsratsmitglied sich zu entlasten, um einer Haftung zu entgehen.[797]

Dabei reicht der **Nachweis,** dass der Gesellschaft bisher kein Schaden entstanden ist, nicht 578 aus. Das Verwaltungsmitglied kann sich nur mit dem Nachweis entlasten, dass eine Schädigung als Folge der Pflichtverletzung nicht nur nicht eingetreten, sondern überhaupt nicht mehr möglich ist, weil der entgegen dem Gesetz ausgegebene oder vorenthaltene Betrag oder ein voller Wertausgleich in das Gesellschaftsvermögen gelangt ist.[798]

Bei einem unzulässigen Erwerb eigener Aktien genügt es daher nicht, dass die erworbe- 579 nen Aktien dem Wert des aufgewendeten Betrags entsprechen. Der Nachweis, dass der Gesellschaft überhaupt kein Schaden mehr entstehen kann, ist nur dann geführt, wenn der

---

[790] Großkomm AktG/*Hopt* § 93 Rn. 241; Spindler/Stilz/*Fleischer* § 93 Rn. 259; *v. Godin/Wilhelmi* § 93 Anm. 11 (ohne auf § 255 BGB Bezug zu nehmen).
[791] Vgl. Palandt/*Grüneberg* BGB § 255 Rn. 7 f.
[792] Großkomm AktG/*Hopt* § 93 Rn. 241; Spindler/Stilz/*Fleischer* § 93 Rn. 259.
[793] Vgl. Palandt/*Grüneberg* BGB § 255 Rn. 6.
[794] BGHZ 60, 358; Palandt/*Grüneberg* BGB § 255 Rn. 1.
[795] Großkomm AktG/*Hopt* § 93 Rn. 234.
[796] Großkomm AktG/*Hopt* § 93 Rn. 234.
[797] Großkomm AktG/*Hopt* § 93 Rn. 235; MüKoAktG/*Spindler* § 93 Rn. 193.
[798] RGZ 159, 211 (230); *v. Godin/Wilhelmi* § 93 Anm. 11; differenzierend Kölner Komm AktG/*Mertens/ Cahn* § 93 Rn. 63.

Fehlbetrag endgültig in das Vermögen der Gesellschaft gelangt ist, die Gesellschaft also beispielsweise die Aktien wieder verkauft hat.

580 Ebensowenig reicht die Behauptung aus, dass ein **Rückgewähranspruch** durchsetzbar sei, wie etwa im Fall einer Einlagenrückgewähr gegen den betreffenden Aktionär.[799] Der Schaden liegt bereits unmittelbar in der Minderung des der Gesellschaft zur Verfügung stehenden Vermögens. Dabei wird keine Gesamtvermögensbetrachtung unter Einschluss von Ansprüchen auf Rückzahlung oder Einlagenleistung vorgenommen.[800]

581 **b) Erleichterung der Geltendmachung von Ersatzansprüchen durch Gesellschaftsgläubiger.** Hinsichtlich der Gesellschaftsgläubiger haben die Sondertatbestände auch materiellrechtliche Bedeutung (§ 93 Abs. 5 S. 2). Bei Verletzung eines Sondertatbestands haften die Verwaltungsmitglieder den Gesellschaftsgläubigern schon bei **leichter Fahrlässigkeit,** während sie bei Verstößen gegen ihre allgemeine Sorgfaltspflicht nur für gröbliche Sorgfaltspflichtverletzungen (§ 93 Abs. 5 S. 2), also grobe Fahrlässigkeit, haften.[801]

582 **6. Über den Fehlbetrag hinausgehender Schaden.** Sofern durch die Handlung ein weiterer Schaden entstanden ist, wenn etwa die Gesellschaft auf Grund der Fehlbeträge ihre Aufgaben nicht erfüllen konnte, ist auch dieser zu ersetzen.[802] Bei dem Ersatzanspruch wegen Erfüllung eines der Sondertatbestände handelt es sich um einen Schadensersatzanspruch (→ Rn. 566). Es besteht kein Grund, diesen auf den Betrag zu beschränken, der der Gesellschaft durch die gesetzwidrige Handlung des Verwaltungsmitglieds entzogen oder vorenthalten wird.

583 Dies hat zur Folge, dass die Gläubiger der Gesellschaft **auch den über den Fehlbetrag hinausgehenden Schaden** (gem. Abs. 5 S. 1) geltend machen können, ohne dass sie grobe Fahrlässigkeit darlegen müssen.[803] Das ist auch sachgerecht. Das Verschulden bezieht sich nach allgemeinen Grundsätzen auf die Pflichtverletzung und nicht auf den Schaden. Die hier aufgeführten Verstöße sind besonders schwere Pflichtverletzungen und können als eine **typisierte Annahme fahrlässigen Verhaltens** gesehen werden.[804] Haftungsbegründend ist der Verstoß als solcher und nicht die Höhe des Schadens.[805] Ein weitergehender Schaden kann den Verschuldensmaßstab nicht ändern.

584 Allerdings kann für den Schaden, der über den Fehlbetrag hinausgeht, nicht die Schadensvermutung gelten, die unmittelbar an den Abfluss oder die Vorenthaltung von Mitteln anknüpft. Für einen über den Fehlbetrag hinausgehenden Schaden trägt die **Beweislast** derjenige, der das Aufsichtsratsmitglied in Anspruch nimmt.[806]

II. Die einzelnen Tatbestände[807]

585 **Nr. 1** betrifft die **Rückgewähr von Einlagen an Aktionäre** (§ 57 Abs. 1; → § 93 Rn. 99). Gleichgültig ist, ob es sich um Geld- oder Sacheinlagen handelt oder ob die Rückgewähr in offener oder verdeckter Form vorgenommen wird.[808] Erfasst ist auch die Zuwiderhandlung gegen das Zahlungsverbot bei vereinfachter Kapitalherabsetzung.[809]

---

[799] § 62; Großkomm AktG/*Hopt* § 93 Rn. 235.
[800] Vgl. zum Schadensbegriff → Rn. 487 ff.; RGZ 159, 211 (230); Großkomm AktG/*Hopt* § 93 Rn. 235; Hüffer/*Koch* § 93 Rn. 68.
[801] Großkomm AktG/*Hopt* § 93 Rn. 236; MüKoAktG/*Spindler* § 93 Rn. 194.
[802] Nach § 93 Abs. 3. Heute allgM Großkomm AktG/*Hopt* § 93 Rn. 237; MüKoAktG/*Spindler* § 93 Rn. 204; Hüffer/*Koch* § 93 Rn. 69; anders noch: RGZ 159, 211 (231 f.) (nur nach Abs. 2).
[803] Gem. Abs. 5 S. 2. Vgl. Großkomm AktG/*Hopt* § 93 Rn. 237.
[804] So Großkomm AktG/*Hopt* § 93 Rn. 238.
[805] *v. Godin/Wilhelmi* § 93 Anm. 28.
[806] Gem. § 93 Abs. 2. RGZ 159, 211 (230); *v. Godin/Wilhelmi* § 93 Anm. 11; Großkomm AktG/*Hopt* § 93 Rn. 238; Hüffer/*Koch* § 93 Rn. 69.
[807] Vgl. auch MüKoAktG/*Spindler* § 93 Rn. 195 ff. Ausführlich: *Thümmel* Rn. 71 bis 88.
[808] *v. Godin/Wilhelmi* § 93 Anm. 12; Großkomm AktG/*Hopt* § 93 Rn. 243.
[809] § 230; Großkomm AktG/*Hopt* § 93 Rn. 243.

Nr. 2 erfasst die **Zahlung von Zinsen oder Gewinnanteilen** an die Aktionäre entgegen den gesetzlichen Vorschriften.[810] Ob Nr. 2 auch überhöhte Bezüge erfasst, die einem Vorstands- oder Aufsichtsratsmitglied auf Grund seiner Stellung als Großaktionär gewährt werden, ist streitig.[811] Im Hinblick auf bestehende Vorschriften für verbundene Unternehmen (Anspruch der Aktionäre auf Ausgleich oder Abfindung bei Unternehmensverträgen (§§ 304, 305), Nachteilsausgleichspflicht im faktischen Konzern (§ 311)) wird eine Anwendung abgelehnt. **586**

Nr. 3 bezieht sich auf **Zeichnung, Erwerb, Inpfandnahme oder Einziehung eigener Aktien** der Gesellschaft oder einer von ihr abhängigen Gesellschaft.[812] Bei dem Erwerb eigener Aktien ist das schuldrechtliche Geschäft nichtig (§ 71 Abs. 4). Der Gesellschaft entsteht ein Schaden erst durch Zahlung der Gegenleistung.[813] **587**

Nr. 4 betrifft die **Ausgabe von Inhaberaktien vor voller Leistung des Ausgabebetrags,** der sich nach Maßgabe der Vorschriften über Aktien aus der Satzung ergibt.[814] Eine Ausgabe von Namensaktien vor voller Einzahlung ist nicht erfasst, da diese Möglichkeit gesetzlich vorgesehen ist (§ 10 Abs. 2). Eine unzulässige Ausgabe von Inhaberaktien liegt auch dann vor, wenn eine Sacheinlage anstelle der Bareinlage geleistet wird, die nicht den Anforderungen des Gesetzes entspricht.[815] **588**

Der Schaden liegt im noch ausstehenden Ausgabebetrag. Auch wenn der Gesellschaft durch vorzeitige Aktienausgabe kein Schaden entstehen kann, ist das schuldige Aufsichtsratsmitglied nur durch den Nachweis entlastet, dass der Gesellschaft nachträglich ein Betrag zugeflossen ist, der dem bei Ausgabe der Aktien ausstehenden Betrag gleichwertig ist.[816] **589**

Nr. 5 betrifft die **Verteilung von Gesellschaftsvermögen.** Der Begriff ist im Verhältnis zu den anderen Sondertatbeständen unscharf[817] und allgemein gehalten. Erfasst werden gesetzeswidrige Vermögensminderungen der Gesellschaft, die aber bereits in den Tatbeständen der Nrn. 1 bis 3 konkretisiert sind.[818] Darüber hinaus kommen die Vorschriften über die Abwicklung nach Auflösung (§§ 271, 272), über die Kapitalherabsetzung (§ 225 Abs. 2) und die Überzahlung von Nebenleistungen aus dem Bilanzgewinn (§ 61) in Betracht.[819] Ein Verstoß gegen die Bestimmungen über die Vergütung von Nebenleistungen (§ 61) kann auch eine verdeckte Gewinnausschüttung darstellen, die dann von Nr. 2 erfasst wird.[820] **590**

Nr. 6 bezieht sich auf das Zahlungsverbot nach Zahlungsunfähigkeit oder Überschuldung (§ 92 Abs. 3) und betrifft **Zahlungen nach Eintritt der Insolvenzreife,** ohne dass diese mit der Sorgfalt eines ordentlichen und gewissenhaften Geschäftsleiters vereinbar sind.[821] Von einer Rechtfertigung ist dann auszugehen, wenn die Zahlung zu keiner Masseschmälerung geführt hat, dem Gesellschaftsvermögen also eine angemessene Gegenleistung zugeflossen ist.[822] **591**

---

[810] §§ 57 Abs. 2 und 3, 58 Abs. 4, 60, 233; Großkomm AktG/*Hopt* § 93 Rn. 244.
[811] Für eine Haftung nach § 93 Abs. 3 Nr. 2: *v. Godin/Wilhelmi* § 93 Anm. 13; Kölner Komm AktG/*Mertens/Cahn* § 93 Rn. 127; für eine Haftung nach § 93 Abs. 2: Geßler/Hefermehl/*Hefermehl* § 93 Rn. 39a; für eine mögliche Haftung nach § 93 Abs. 3 Nr. 5: Großkomm AktG/*Hopt* § 93 Rn. 244.
[812] §§ 56, 71–71e, 237–239; Großkomm AktG/*Hopt* § 93 Rn. 245; Kölner Komm AktG/*Mertens/Cahn* § 93 Rn. 128.
[813] Großkomm AktG/*Hopt* § 93 Rn. 245.
[814] § 9; Hüffer/*Koch* § 93 Rn. 70.
[815] § 27 Abs. 2; RGZ 159, 211 (221 ff.); Großkomm AktG/*Hopt* § 93 Rn. 246.
[816] RGZ 159, 211 (228); *v. Godin/Wilhelmi* § 93 Anm. 15; Großkomm AktG/*Hopt* § 93 Rn. 246.
[817] Großkomm AktG/*Hopt* § 93 Rn. 247, der Begriff sei „verhältnismäßig unklar".
[818] Großkomm AktG/*Hopt* § 93 Rn. 247; Kölner Komm AktG/*Mertens/Cahn* § 93 Rn. 130.
[819] *v. Godin/Wilhelmi* § 93 Anm. 16; Hüffer/*Koch* § 93 Rn. 70 (zu §§ 225 Abs. 2, 271, 272); Großkomm AktG/*Hopt* § 93 Rn. 247; Kölner Komm AktG/*Mertens/Cahn* § 93 Rn. 130 (zu §§ 271 f., 61).
[820] Großkomm AktG/*Hopt* § 93 Rn. 247.
[821] § 92 Abs. 3 S. 2; *v. Godin/Wilhelmi* § 93 Anm. 17; Großkomm AktG/*Hopt* § 93 Rn. 248; Hüffer/*Koch* § 93 Rn. 71; Kölner Komm AktG/*Mertens/Cahn* § 93 Rn. 131.
[822] BGHZ 129, 236 (256 ff.); BGH AG 1995, 379 f.; BGH GmbHR 1996, 211 f.; OLG Köln GmbHR 1996, 213 f. (zu § 130a Abs. 3 S. 1 HGB); *Maser/Sommer* BB 1996, 65, 66; Kölner Komm AktG/*Mertens/Cahn* § 92 Rn. 55 ff.

592 **Nr. 7** betrifft die Fälle, in denen **Aufsichtsratsmitgliedern unter Verstoß gegen gesetzliche Vorschriften (§§ 113, 114) Vergütungen gewährt** wurden. Dabei haften auch die begünstigten Aufsichtsratsmitglieder. Bei Verletzung ihrer Sorgfaltspflicht sind sie verpflichtet, der Gesellschaft die unrechtmäßig erlangte Vergütung zurückzuzahlen.[823]

593 **Nr. 8** erfasst die **gesetzwidrige Gewährung von Krediten an Vorstandsmitglieder** und leitende Angestellte (§ 89) sowie an **Aufsichtsratsmitglieder**.[824]

594 **Nr. 9** erfasst die **unzulässige Ausgabe von Inhaberaktien bei bedingter Kapitalerhöhung**.[825]

I. Gesamtschuldnerische Haftung

I. Allgemeines

595 Da der Aufsichtsrat ein **Kollegialorgan** ist, werden bei Vorliegen einer Sorgfaltspflichtverletzung meist mehrere oder alle Aufsichtsratsmitglieder eine Pflichtverletzung begangen haben. Darum bestimmt das Gesetz, dass sie der Gesellschaft zum Ersatz des daraus entstehenden Schadens als Gesamtschuldner[826] verpflichtet sind.[827] Die Gesellschaft kann also die Leistung von jedem haftbaren Aufsichtsratsmitglied nach Belieben ganz oder teilweise fordern, die Leistung insgesamt aber nur einmal beanspruchen.[828]

596 Auch ein vergleichsweise **geringeres Verschulden** oder Fehlverhalten ändert nichts daran, dass jedes Aufsichtsratsmitglied gegenüber der Gesellschaft für die **volle Schadenshöhe** mit seinem eigenen Vermögen haftet.[829]

597 Eine gesamtschuldnerische Haftung kann sich auch zusammen mit den **Vorstandsmitgliedern** ergeben, sofern der Schaden auf einer Pflichtverletzung von Mitgliedern beider Organe beruht. Das kommt insbesondere bei zustimmungspflichtigen Geschäften in Betracht.

598 Sofern ein Aufsichtsratsmitglied die Gesellschaft **befriedigt,** werden alle anderen Gesamtschuldner von ihrer Leistungspflicht gegenüber der Gesellschaft frei.

II. Rückgriffsrechte

599 Ein Aufsichtsratsmitglied, das die Schadensersatzforderung der Gesellschaft beglichen hat, kann von den anderen Gesamtschuldnern Ausgleichung verlangen.[830] Die jeweilige Höhe des Ausgleichsanspruchs richtet sich nach dem **Maß der Verursachung** und dem **Grad des Verschuldens**.[831] Dabei können die verursachenden Vorstandsmitglieder stärker herangezogen werden als die Aufsichtsratsmitglieder, die den Schaden nur nicht verhindert haben.[832] Allerdings darf den Vorstandsmitgliedern nicht die alleinige Verantwortung aufgebürdet werden.[833]

---

[823] BGH Urt. v. 11.3.1991 – II ZR 187/89; Kölner Komm AktG/*Mertens/Cahn* § 93 Rn. 132.
[824] § 115; *v. Godin/Wilhelmi* § 93 Anm. 19 (zu § 89); Großkomm AktG/*Hopt* § 93 Rn. 250; Hüffer/*Koch* § 93 Rn. 71; Kölner Komm AktG/*Mertens/Cahn* § 93 Rn. 133.
[825] § 199; *v. Godin/Wilhelmi* § 93 Anm. 20; Großkomm AktG/*Hopt* § 93 Rn. 251; Hüffer/*Koch* § 93 Rn. 71; Kölner Komm AktG/*Mertens/Cahn* § 93 Rn. 133.
[826] Damit ist auf die §§ 421 ff. BGB verwiesen.
[827] §§ 116 S. 1, 93 Abs. 2 S. 1. *P. Doralt/W. Doralt* in Semler/v. Schenck AR-HdB *§ 14* Rn. 229 ff.
[828] Vgl. Palandt/*Grüneberg* BGB § 421 Rn. 1.
[829] Großkomm AktG/*Hopt* § 93 Rn. 299; Spindler/Stilz/*Fleischer* § 93 Rn. 262.
[830] Nach § 426 BGB. *Zempelin* AcP 155 (1956), 209 (221). Zur Frage der Verjährung solcher Regressansprüche *Fischer* ZIP 2014, 406 ff.
[831] Die Verteilung des Schadens richtet sich nach § 254 BGB.
[832] Vgl. Kölner Komm AktG/*Mertens/Cahn* § 93 Rn. 48; Spindler/Stilz/*Fleischer* § 93 Rn. 263.
[833] Vgl. Potthoff/*Trescher* S. 366; aA für die GmbH Baumbach/Hueck/*Zöllner* GmbHG § 43 Rn. 25; Scholz/ *Schneider* GmbHG § 43 Rn. 179.

J. Haftungsausschluss gegenüber der Gesellschaft nach § 93 Abs. 4 S. 1

Der bei Vorstandsmitgliedern vorgesehene Haftungsausschluss für ein Handeln, das auf „einen gesetzmäßigen Beschluss der Hauptversammlung beruht" (§ 93 Abs. 4 S. 1) gilt grundsätzlich sinngemäß auch für die Mitglieder des Aufsichtsrats. Allerdings kommt eine Haftungsbefreiung in der Regel nicht in Betracht,[834] da die Aufsichtsratsmitglieder, anders als die Vorstandsmitglieder (durch § 83 Abs. 2), **nicht verpflichtet** sind, Beschlüsse der Hauptversammlung auszuführen. Doch auch für den Vorstand reicht der Haftungsausschluss des Gesetzes (§ 93 Abs. 4 S. 1) grundsätzlich nur so weit, wie eine Bindung an die Beschlüsse der Hauptversammlung besteht.[835] **600**

Die Aufsichtsratsmitglieder unterliegen auch bei gesetzmäßigen Beschlüssen der Hauptversammlung ihren umfassenden **Überwachungspflichten.** Dies ist schon deshalb gerechtfertigt, weil sie im Verhältnis zur Hauptversammlung über **weiterreichende Informationsmöglichkeiten** verfügen.[836] Auch ein ablehnender Beschluss der Hauptversammlung über ein zustimmungspflichtiges Geschäft (gem. § 111 Abs. 4 S. 3) befreit den Aufsichtsrat nicht von der eigenen haftungsrechtlichen Verantwortlichkeit für eine Sorgfaltspflichtverletzung bei **Nichterteilung der Zustimmung.**[837] **601**

Etwas anderes gilt in den Fällen, in denen die Hauptversammlung die Geltendmachung von Ersatzansprüchen gegen Vorstandsmitglieder beschließt (gem. §§ 147 Abs. 1, 112). Dann ist der Aufsichtsrat **verpflichtet, den Beschluss auszuführen,** was ihm eine Berufung auf den Ausschluss der Ersatzpflicht ermöglicht.[838] **602**

K. Kein Haftungsausschluss durch Mitwirkung des Vorstands entspr. § 93 Abs. 4 S. 2

Der Aufsichtsrat handelt ebenso wie der Vorstand **unter eigener Verantwortung.** Eine Mitwirkung des Vorstands an Handlungen des Aufsichtsrats befreit diesen nicht von seiner Haftpflicht. Abgesehen von der Befolgung eines gesetzmäßigen Beschlusses der Hauptversammlung (§ 93 Abs. 4 S. 1) kann sich kein Organmitglied auf die Mitwirkung eines anderen Organmitglieds berufen. Das ergibt sich bereits aus der im Gesetz (§ 93 Abs. 2 S. 1) angeordneten gesamtschuldnerischen Haftung.[839] **603**

Allenfalls kann die **Mitwirkung des Vorstands** als ein Beweisanzeichen dafür gewertet werden, dass mit der entsprechenden Handlung nach Auffassung des Vorstands nicht gegen die Sorgfaltspflicht verstoßen wurde.[840] Dabei kommt der Mitwirkung des Vorstands nur ein indizieller Charakter zu, der Aufschluss über die Einschätzungsmöglichkeiten zum Zeitpunkt der Vornahme der Handlung geben kann.[841] **604**

---

[834] Hüffer/Koch Rn. 8; P. Doralt/W. Doralt in Semler/v. Schenck AR-HdB § 14 Rn. 251 ff.; Großkomm AktG/Hopt/Roth Rn. 295; aA Lutter/Krieger/Verse Rn. 1010; v. Godin/Wilhelmi Anm. 5; Canaris ZGR 1978, 207 (209), der wegen des Verbots widersprüchlichen Verhaltens (venire contra factum proprium) einen weiten Anwendungsbereich des § 93 Abs. 1 S. 4 und eine unbeschränkte Geltung auch für Aufsichtsratsmitglieder vertritt.
[835] Großkomm AktG/Hopt § 93 Rn. 306 ff.
[836] Vgl. Begründung von Großkomm AktG/Schilling Anm. 3.
[837] Großkomm AktG/Schilling Anm. 3.
[838] Hüffer/Koch Rn. 72; P. Doralt/W. Doralt in Semler/v. Schenck AR-HdB § 14 Rn. 251 ff. mwN.
[839] Vgl. v. Godin/Wilhelmi § 93 Anm. 23.
[840] Vgl. Großkomm AktG/Schilling § 93 Anm. 30.
[841] Vgl. Großkomm AktG/Hopt § 93 Rn. 348.

L. Sonstige Haftungsbeschränkungen

I. Vertragliche Haftungsbeschränkungen

605 Ein Ausschluss der Haftung durch Satzung oder Einzelvereinbarung ist nicht möglich.[842] Die aktienrechtlichen Verantwortlichkeitsvorschriften (§ 93) enthalten im Gegensatz zu den bürgerlichrechtlichen Vorschriften über die Verantwortlichkeit des Schuldners (§ 276 Abs. 1 S. 1 BGB) **zwingendes Recht**.[843] Die aktienrechtliche Vorschrift dient nicht nur dem Interesse der Gesellschaft, sondern vor allem den Interessen der Gläubiger und damit dem der Allgemeinheit.[844] Eine in Satzung oder Dienstvertrag vereinbarte Haftungsminderung oder ein Haftungsausschluss ist **nichtig**.[845]

606 Rechtlich zulässig und nicht ausgeschlossen ist es, dass **Dritte** (Muttergesellschaft, Großaktionär) den Aufsichtsratsmitgliedern eine Freistellung von ihrer Haftung zusagen.[846]

II. Betrieblich veranlasste Tätigkeit

607 Die Rechtsprechung, die eine gefahrgeneigte Tätigkeit als Voraussetzung einer arbeitsrechtlichen Haftungsprivilegierung verlangte und sie in solchen Fällen auch annahm, ist mittlerweile aufgegeben. Entscheidend ist nun, ob die Tätigkeit, die zum Schaden geführt hat, betrieblich veranlasst war.[847] Die Frage, ob die arbeitsrechtlichen Grundsätze einer Haftungsprivilegierung auch auf Verwaltungsorgane einer juristischen Person anwendbar sind, ist nach wie vor zu verneinen.[848] Sofern ein Aufsichtsratsmitglied wegen Verletzung seiner normalen Pflichten in Anspruch genommen wird, ist eine **Haftungsbeschränkung** ausgeschlossen.[849] Dies gilt auch für Fälle, in denen ein Aufsichtsratsmitglied wegen seiner besonderen Sachkunde mit bestimmten Aufgaben betraut wird, etwa für die Tätigkeit in einem Ausschuss.[850] Die im Bereich der Vorstandshaftung heute allgemein angenommene Möglichkeit einer Regressreduzierung im Bußgeld- und Sanktionsbereich[851] dürfte auch auf die Aufsichtsratshaftung übertragbar sein, dort indes mangels operativer Verantwortung der Aufsichtsratsmitglieder nur selten zur Anwendung kommen.

III. Verwirkung

608 Eine Verwirkung wird in der Regel nicht angenommen werden können, solange die fünf-, bei börsennotierten Gesellschaften zehnjährige Verjährungsfrist (§ 93 Abs. 6) nicht abgelaufen ist.[852]

---

[842] Nach *Lutter/Krieger/Verse* Rn. 1024 folgt das aus dem gesetzlichen Verbot, vor Ablauf von drei Jahren auf Schadensersatzansprüche zu verzichten (§ 93 Abs. 4 S. 3).
[843] OLG Düsseldorf WM 1984, 1080 (1084); *P. Doralt/W. Doralt* in Semler/v. Schenck AR-HdB § 14 Rn. 267 f.
[844] OLG Düsseldorf WM 1984, 1080 (1084).
[845] *Kust* WM 1980, 758 (762).
[846] *P. Doralt/W. Doralt* in Semler/v. Schenck AR-HdB § 14 Rn. 267.
[847] Vgl. BAG GS NZA 1993, 547 ff.; BGH NZA 1994, 271.
[848] *Lutter/Krieger/Verse* Rn. 1024; *Henze* Rn. 437 f.; *Fleck*, FS Hilger und Stumpf, 1983, 197 (215 ff.); teilw. aA *U. H. Schneider*, FS Werner, 1984, 795 (804, 812 f.).
[849] BGH WM 1995, 467 (469) (zum Vorstandsmitglied einer Genossenschaftsbank, § 34 GenG); nach *K. Zimmermann*, FS Duden, 1977, 773 ist die Geltung der Grundsätze schadensgeneigter Tätigkeit für Vorstandsmitglieder gänzlich ausgeschlossen, „die Führungsspitze ... muss stets voll für ihr Verhalten einstehen"; dagegen hält *Kust* WM 1980, 758 (762) eine Haftungsverschonung bei Pflichtverletzungen außerhalb der normalen Pflichten für möglich.
[850] Vgl. *Kust* WM 1980, 758 (762) (zum Vorstandsmitglied).
[851] Siehe Hüffer/*Koch* § 93 Rn. 51 mwN. sowie *Koch* AG 2014, 513 ff., *Gaul* AG 2015, 109 ff. und *Bachmann* Gutachten E, 50. DJT, 2014, S. E 123, der die Einführung einer schadensrechtlichen Billigkeitsklausel empfiehlt. Zu ex-ante-Risikominimierungspflichten *Seibt/Cziupka* AG 2015, 93 (108).
[852] Vgl. zur Verwirkung Palandt/*Grüneberg* BGB § 242 Rn. 87 ff.

M. Verzicht der Gesellschaft, Vergleich mit der Gesellschaft nach § 93 Abs. 4 S. 3

I. Allgemeines

Der nachträgliche Haftungsausschluss gilt über die Verweisungsnorm des Gesetzes (§ 116) **609** grundsätzlich auch für Ersatzansprüche gegen Mitglieder des Aufsichtsrats.[853] Zum Schutz der Aktionäre und einer Minderheit von 10 % des Grundkapitals ist ein Verzicht oder Vergleich nur unter den folgenden **Voraussetzungen** möglich.

Die AG kann erst nach einem **Zeitraum von drei Jahren** nach Entstehung des An- **610** spruchs auf Ersatzansprüche verzichten oder sich über diese vergleichen (§ 93 Abs. 4 S. 3). Dafür ist Voraussetzung, dass die Hauptversammlung zustimmt und nicht eine Minderheit, deren Anteile zusammen den zehnten Teil des Grundkapitals erreichen, Widerspruch zur Niederschrift erhebt.

Ein Verzicht oder Vergleich auf Ersatzansprüche durch die Gesellschaft ohne Beachtung **611** der vorstehend geschilderten Voraussetzungen ist **nichtig**.[854] Insoweit ist die Vertretungsbefugnis des Vorstands auch nach außen eingeschränkt, handelt er mithin ohne Vertretungsmacht, ohne dass eine Genehmigung seines Handelns möglich wäre.[855]

II. Drei-Jahres-Frist

Zweck der Frist ist es zu verhindern, dass vorschnell über die Geltendmachung von **612** Ersatzansprüchen entschieden wird, bevor das **Ausmaß des Schadens** übersehbar ist.[856] Des Weiteren sollen durch diese Frist **nachteilige und** auch **schädigende Absprachen** verhindert werden.[857] Die Aufsichtsratsmitglieder sollen damit rechnen müssen, dass sie für gesellschaftsschädigendes Verhalten belangt werden können, auch wenn sie zunächst von einem Groß- oder Alleinaktionär gedeckt werden. Innerhalb der Frist kann es zu einem Aktionärswechsel kommen, die Anteilsverhältnisse können sich ändern, und eine neue Mehrheit oder eine qualifizierte Minderheit kann die Haftung der Verwaltung durchsetzen.[858] Hier spielt die hier bereits erörterte und bejahte Frage mit hinein, ob dem Aufsichtsrat bei der Entscheidung über den Verzicht der Geltendmachung von Ansprüchen gegen den Vorstand ein Entscheidungsermessen zusteht und somit die *business judgment rule* des § 93 Abs. 1 S. 2 zur Anwendung kommt. (→ Rn. 305 ff.). Durch die Drei-Jahres-Frist wird erreicht, dass das Verfahren über die aktienrechtliche Organhaftung öffentlich vor der **ordentlichen Gerichtsbarkeit** durchgeführt werden muss. Ein Schiedsvertrag ist vor Ablauf der zwingenden Drei-Jahres-Frist unzulässig.[859]

Durch das Fristerfordernis wird allerdings **verhindert, dass berechtigte Einigungsver-** **613** **einbarungen** in Form schneller und endgültiger Regelungen, an denen alle Beteiligten ein Interesse haben, getroffen werden können, weshalb es in der Rechtswissenschaft eine breite, wachsende Ablehnungsfront dagegen gibt.[860]

---

[853] Hüffer/*Koch* Rn. 13. Vgl. auch MüKoAktG/*Spindler* § 93 Rn. 228.
[854] OLG Düsseldorf AG 1989, 361.
[855] § 78 Abs. 1; *v. Godin/Wilhelmi* § 93 Anm. 24 MüKoAktG/*Spindler* § 93 Rn. 224.
[856] Vgl. BegrRegE *Kropff* § 93 zu Abs. 4; Hüffer/*Koch* § 93 Rn. 76; Kölner Komm AktG/*Mertens/Cahn* § 93 Rn. 164; *P. Doralt/W. Doralt* in Semler/v. Schenck AR-HdB § 14 Rn. 257; *K. Zimmermann*, FS Duden, 1977, 773 (774).
[857] Großkomm AktG/*Hopt* § 93 Rn. 353. Kritisch *Habersack* (ZGR 177 (2013), 782 (804 f.)), der für eine Abschaffung dieser Sperrfrist plädiert.
[858] Großkomm AktG/*Hopt* § 93 Rn. 366; Kölner Komm AktG/*Mertens/Cahn* § 93 Rn. 164.
[859] *Mertens*, FS Fleck, 1988, 209 (211).
[860] So zuletzt *Fleischer* AG 2015, 133, 140 und auch bereits WM 2005, 909, 918 f.; *Bachmann* Gutachten E, 50. DJT, 1014, S. E 49 ff.; DAV-Handelsrechtsausschuss, NZG 2012, 380, 383; Großkomm AktG/*Hopt* § 93 Rn. 353, der sich aus rechtspolitischen Gründen für eine Abschaffung der Drei-Jahres-Frist ausspricht; ähnlich *Habersack* ZHR 177 (2013), 782 (804 f.). Kölner Komm AktG/*Mertens/Cahn* § 93 Rn. 164 treten auch im

614 Durch das AktG 1965 wurde die Frist von fünf Jahren auf drei Jahre **verkürzt**. Dies deshalb, weil der Anspruch nach fünf Jahren gem. § 93 Abs. 6 ohnehin meist verjährt war, so dass ein dann ausgesprochener Verzicht oder Vergleich bedeutungslos wurde. Auch sollte das Interesse der Gesellschaft berücksichtigt werden, einen ungewissen Schwebezustand schneller zu beenden.[861]

615 Die Drei-Jahres-Frist beginnt mit **Entstehung des Anspruchs.** Das entspricht der bürgerlichrechtlichen Regelung (§ 199 Abs. 1 Nr. 1 BGB) und tritt ein, wenn der Anspruch klageweise durchgesetzt werden kann. Ausreichend ist, dass die Möglichkeit, den Anspruch geltend zu machen, objektiv besteht. Auf die **Kenntnis** der Gesellschaft vom Bestehen des Anspruchs kommt es nicht an. Hinsichtlich der Berechnung von Fristbeginn und Fristende gelten die Bestimmungen des bürgerlichen Rechts (§§ 187, 188 BGB).

616 Da der Zweck der Sperrfrist sich nicht allein darauf beschränkt, das Ausmaß des Schadens überblicken zu können, gibt es **weder Ausnahmen** für den Fall, in dem der Schaden sofort überblickbar ist, noch verlängert sich die Frist in dem Fall, in dem der Schaden vor Fristablauf noch gänzlich unüberblickbar ist.[862]

617 Die Frist ist zwingenden Rechts. Alle vor Ablauf getroffenen Vereinbarungen, mit denen die Gesellschaft über die ihr zustehenden materiellen Ansprüche disponiert, sind **nichtig**.

III. Erfasste Rechtshandlungen

618 Neben den ausdrücklich genannten Rechtsgeschäften des Verzichts und Vergleichs erfasst die Norm auch alle sonstigen Rechtshandlungen, die auf **Ausschluss oder Schmälerung eines Anspruchs** der Gesellschaft gerichtet sind.[863]

619 Unter **Verzicht** ist ein Erlassvertrag oder ein negatives Schuldanerkenntnis zu verstehen, durch den das Schuldverhältnis hinsichtlich einer bestimmten Forderung erlischt.[864] Unter **Vergleich** ist vor allem das entsprechende bürgerlichrechtliche Rechtsgeschäft (§ 779 BGB) gemeint.

620 Darüber hinaus werden auch Prozesshandlungen erfasst, wie der **Prozessvergleich,**[865] der **Klageverzicht** (nach § 306 ZPO) und das **Anerkenntnis** der Gesellschaft auf Grund einer negativen Feststellungsklage des Aufsichtsratsmitglieds (nach § 307 ZPO). Allerdings muss der Gesellschaft die Möglichkeit bleiben, ein Verfahren über **offensichtlich nicht bestehende Ansprüche** auf diesem Weg zu beenden.[866] Zweck der Norm ist es zu verhindern, dass unter Umgehung der Voraussetzungen des Gesetzes (§ 93 Abs. 4) Ansprüche der Gesellschaft geschmälert oder ausgeschlossen werden. Das ist bei einer Verfahrensbeendigung bezüglich offensichtlich nicht bestehender Ansprüche nicht der Fall.

621 Nicht ausgeschlossen ist ein **Versäumnisurteil** gegen die klagende Gesellschaft und auch nicht gegen die beklagte Gesellschaft, wenn der Kläger schlüssig vorgetragen hat, dass Ersatzansprüche gegen ihn nicht bestehen.[867] Auch ein Urteil, das auf **pflichtwidriger Prozessführung** beruht, ist wirksam. Ein solches Vorgehen kann aber zu einem Schadensersatzanspruch wegen sittenwidriger Schädigung (§ 826 BGB) führen.[868]

Interesse der Gesellschaft *de lege ferenda* für eine Abschaffung der Sperrfrist für Vergleiche ein; *K. Zimmermann*, FS Duden, 1977, 773 (774) hält es für nicht erforderlich, dass der Schaden in seinem gesamten Umfang feststeht, da das Verwaltungsmitglied den vollen Schaden ohnehin nicht wiedergutmachen könne. Vgl. auch *Ilhas* S. 181.

[861] BegrRegE *Kropff* § 93 zu Abs. 4.
[862] Vgl. MüKoAktG/*Spindler* § 93 Rn. 221;. Großkomm AktG/*Hopt* § 93 Rn. 368; *Mertens*, FS Fleck, 1988, S. 209, 210.
[863] Großkomm AktG/*Hopt* § 93 Rn. 375; *Fleischer* in Spindler/Stilz § 93 Rn. 287.
[864] § 397 BGB. Palandt/*Grüneberg* BGB § 397 Rn. 1 f.
[865] Zur Nichtigkeit eines Verzichts im Rahmen eines Prozessvergleichs: OLG Düsseldorf AG 1989, 361 (362).
[866] *Mertens*, FS Fleck, 1988, 209 (214); *K. Zimmermann*, FS Duden, 1977, 773 (784 f.); vgl. Kölner Komm AktG/*Mertens/Cahn* § 93 Rn. 164; so wohl auch Großkomm AktG/*Hopt* § 93 Rn. 376.
[867] *Mertens*, FS Fleck, 1988, 209 (213); Großkomm AktG/*Hopt* § 93 Rn. 376.
[868] Großkomm AktG/*Hopt* § 93 Rn. 376.

Erfasst werden sämtliche **Abfindungsvereinbarungen,** welche vorsehen, dass alle An- 622
sprüche der Gesellschaft an das Aufsichtsratsmitglied oder alle gegenseitigen Ansprüche
erledigt sein sollen. Werden etwaige Ersatzansprüche nicht ausdrücklich oder konkludent
vorbehalten, so ist die Abfindungsvereinbarung insgesamt **nichtig.** Der Nichtigkeit kann
nicht dadurch entgegengewirkt werden, dass die Vereinbarung unter **Vorbehalt** einer
Zustimmung der Hauptversammlung nach Ablauf der Drei-Jahres-Frist getroffen wird.[869]

Nicht erfasst von dem Verzichts- und Vergleichsverbot sind Schiedssprüche;[870] Gleiches 623
gilt für Vereinbarungen, die ein Dritter, etwa der **Großaktionär,** mit dem betroffenen
Aufsichtsratsmitglied trifft. Er kann eine **Garantie** dafür übernehmen, dass die Gesellschaft
keine Ersatzansprüche geltend macht.[871] Unterlässt die Gesellschaft auf seine Veranlassung
die Geltendmachung von Ansprüchen, kann sich allerdings eine **Schadensersatzpflicht**
des Großaktionärs wegen unrechtmäßiger Benutzung des Einflusses auf die Gesellschaft
ergeben (§ 117 Abs. 1). Ist eine solche Garantie ausgesprochen worden, liegt es nahe, eine
unrechtmäßige Einflussnahme (§ 117 Abs. 1) zu vermuten. Im Fall des faktischen Konzerns
führt eine solche Einflussnahme zur Nachteilsausgleichspflicht.[872]

Unwirksam ist die **Stundung** eines Ersatzanspruchs,[873] da sie wirtschaftlich einen Teil- 624
verzicht bedeutet. Die Annahme eines Teilverzichts kann aber dadurch ausgeschlossen
werden, dass eine angemessene Verzinsung und eine Sicherstellung des Anspruchs vereinbart
werden. Auch **einseitige Verzichtserklärungen** sind unwirksam, etwa der Verzicht auf
eine Aufrechnungsbefugnis.[874]

Andere Verfügungen über die Ansprüche der Gesellschaft, wie die **Abtretung eines** 625
Ersatzanspruchs, dessen **Verpfändung** oder **Aufrechnung,** sind grundsätzlich wirksam.
Ausgenommen sind Geschäfte, die eine **Umgehung** des Vergleichs- und Verzichtsverbots
bezwecken.[875] Das ist offensichtlich, wenn der Ersatzanspruch an einen Dritten unentgeltlich abgetreten wird, damit dieser auf den Anspruch verzichtet.

Grundsätzlich ist bei allen zulässigen Verfügungen darauf zu achten, dass die Gesellschaft 626
eine **vollwertige Gegenleistung** erhält.[876] Dies gilt für die **Annahme einer Sachleistung**
an Erfüllung Statt, die sich andernfalls als unzulässiger Vergleich darstellen kann, und auch
für die **Schuldumschaffung** (Novation).[877]

Erhält die Gesellschaft **keine vollwertige Gegenleistung,** kann zwar nicht schon 627
ohne weiteres von einer Umgehung gesprochen werden. Das die Gesellschaft vertretende
Vorstandsmitglied kann aber in einem solchen Fall selbst **schadensersatzpflichtig** werden.[878]

Das schlichte **Unterlassen des Geltendmachens** bestehender und durchsetzbarer Scha- 628
densersatzansprüche gegen Vorstandsmitglieder stellt regelmäßig eine Pflichtverletzung des
Aufsichtsrats dar, gleich ob es bewusst oder aus Nachlässigkeit geschieht; etwas anderes wird
nur dann gelten, wenn das Bestehen solcher Ansprüche dem Aufsichtsrat nicht bekannt war
und ihm diese Unkenntnis wiederum nicht vorgeworfen werden kann.

IV. Zustimmung der Hauptversammlung

Die Hauptversammlung muss einem Verzicht oder einem Vergleich zustimmen. Dadurch 629
soll verhindert werden, dass sich Vorstand und Aufsichtsrat wechselseitig **von einer Haf-**

---

[869] *K. Zimmermann,* FS Duden, 1977, 773 (780); ihm zustimmend *Mertens,* FS Fleck, 1988, 209 (212); Großkomm AktG/*Hopt* § 93 Rn. 374; Kölner Komm AktG/*Mertens/Cahn* § 93 Rn. 171.
[870] *Leuering* NJW 2014, 657 ff.
[871] *Mertens,* FS Fleck, 1988, 209 (212); *K. Zimmermann,* FS Duden, 1977, 773 (781); Großkomm AktG/ *Hopt* § 93 Rn. 378.
[872] § 317 Abs. 1. Großkomm AktG/*Hopt* § 93 Rn. 378; Kölner Komm AktG/*Mertens/Cahn* § 93 Rn. 171
[873] OLG Düsseldorf AG 1989, 361 (362).
[874] Großkomm AktG/*Hopt* § 93 Rn. 375.
[875] Großkomm AktG/*Hopt* § 93 Rn. 377; MüKoAktG/*Spindler* § 93 Rn. 233.
[876] MüKoAktG/*Spindler* § 93 Rn. 233.
[877] Großkomm AktG/*Hopt* § 93 Rn. 375.
[878] *K. Zimmermann,* FS Duden, 1977, 773 (784); Großkomm AktG/*Hopt* § 93 Rn. 377. → § 93 Rn. 137.

tung befreien können.[879] Für die Zustimmung genügt die **einfache Stimmenmehrheit** der erschienenen Anteilseigner. Die Satzung kann eine größere Mehrheit festlegen (§ 133 Abs. 1). Eine **förmliche Beschlussfassung** ist erforderlich. Eine bloße Zustimmung etwa des Mehrheitsaktionärs reicht nicht aus.[880]

630 Richtet sich der Ersatzanspruch gegen einen Anteilseignervertreter im Aufsichtsrat, der selbst Aktionär ist, ist er bei der Abstimmung **nicht stimmberechtigt**.[881] Das gilt auch dann, wenn das Abstimmungsergebnis **unmittelbar** auf die Haftung des einzelnen Aufsichtsratsmitglieds wirkt. Dies ist der Fall, wenn für denselben Ersatzanspruch, der zur Abstimmung steht, eine Haftung als Gesamtschuldner in Betracht kommt und der Verzicht oder Vergleich einen Erlass für die übrigen Gesamtschuldner bewirkt.[882]

631 Soll nur ein Aufsichtsratsmitglied aus der Haftung entlassen werden, kann dies **mittelbar Auswirkungen** auf die anderen haftenden Mitglieder haben. Diese können nun nicht mehr die Möglichkeit einer Inanspruchnahme des betreffenden Mitglieds annehmen, noch ist ein Regress möglich. Eine solche mittelbare Auswirkung führt nicht zu einem Stimmrechtsausschluss.[883]

632 Sollen alle Aufsichtsratsmitglieder wegen eines **einheitlichen Vorgangs** von der Haftung befreit werden und erfolgt die Abstimmung über jedes einzelne Aufsichtsratsmitglied **nacheinander,** muss bei jeder einzelnen Abstimmung ein **Stimmverbot** auch für die übrigen Anteilseignervertreter angenommen werden. Andernfalls liegt eine unzulässige Umgehung des Stimmverbots vor.[884]

633 Hingegen besteht kein Stimmverbot für eine Abstimmung im Aufsichtsrat über einen **Beschlussvorschlag** an die Hauptversammlung.[885]

634 Ist die Zustimmung nur hinsichtlich eines Teils wirksam erklärt worden, ist die Zustimmung hinsichtlich des anderen Teils nichtig. Dann ist hinsichtlich des einen Teils nach § 139 BGB zu entscheiden, ob der Verzichts- oder Vergleichsvertrag durch die Parteien auch in Kenntnis der **Teilunwirksamkeit** geschlossen worden wäre.[886] Bei einem Vergleich kann dies im Zweifel nicht angenommen werden. Hingegen kann bei einer Zustimmung zu einem Teilverzicht angenommen werden, dass der Schuldner einen teilweisen Erlassvertrag abschließen wollte[887] und der andere Teil durchsetzbar bleiben sollte.

V. Kein Verzicht auf Ersatzansprüche durch Entlastung

635 Die Entlastung bedeutet eine bloße Vertrauenskundgebung und beinhaltet keinen Verzicht auf Ersatzansprüche. Dies ist im Gesetz (§ 120 Abs. 2; → Rn. 563) ausdrücklich festgelegt. Mit der Entlastung billigt die Hauptversammlung lediglich die **Verwaltung der Gesellschaft** durch die Mitglieder des Vorstands und des Aufsichtsrats.[888] Damit ist die Entscheidung des BGH aus dem Jahr 1959,[889] eine Entlastung durch alle Aktionäre beinhalte den Verzicht auf Geltendmachung von Schadensersatzansprüchen, überholt.[890] Aus der Entlastung ergibt sich auch keine **Umkehr der Beweislast**.[891]

---

[879] *K. Zimmermann*, FS Duden, 1977, 773 (774); Großkomm AktG/*Hopt* § 93 Rn. 354; Hüffer/*Koch* § 93 Rn. 78; Kölner Komm AktG/*Mertens*/*Cahn* § 93 Rn. 161.
[880] Großkomm AktG/*Hopt* § 93 Rn. 359.
[881] § 136 Abs. 1. Vgl. MüKoAktG/*Spindler* § 93 Rn. 222; Großkomm AktG/*Hopt* § 93 Rn. 355; Hüffer/*Koch* § 93 Rn. 78.
[882] § 423 BGB. Großkomm AktG/*Hopt* § 93 Rn. 355.
[883] Gem. § 136 Abs. 1. Vgl. dazu BGHZ 97, 28 (33) (zu § 47 Abs. 4 GmbHG); *v. Godin/Wilhelmi* § 93 Anm. 25b; Großkomm AktG/*Hopt* § 93 Rn. 355.
[884] § 136 Abs. 1; RGZ 55, 75 (77); *v. Godin/Wilhelmi* § 93 Anm. 25b; Großkomm AktG/*Hopt* § 93 Rn. 357.
[885] Vgl. Großkomm AktG/*Hopt* § 93 Rn. 358; Spindler/Stilz/*Fleischer* § 93 Rn. 279.
[886] Vgl. Großkomm AktG/*Hopt* § 93 Rn. 361.
[887] Vgl. Großkomm AktG/*Barz*, 3. Aufl. 1973, § 50 Anm. 14.
[888] OLG Düsseldorf ZIP 1996, 503 (504); OLG Stuttgart ZIP 1995, 387 (380).
[889] BGHZ 29, 385 (391).
[890] *P. Doralt/W. Doralt* in Semler/v. Schenck AR-HdB § 14 Rn. 263; Großkomm AktG/*Hopt* § 93 Rn. 352; Hüffer/*Koch* § 120 Rn. 13.
[891] OLG Düsseldorf ZIP 1996, 503 (504).

VI. Kein Verzicht durch Abschluss einer D & O-Versicherung

Ein jährlich gefasster Hauptversammlungsbeschluss über den Abschluss einer D & O- 636
Versicherung beinhaltet keinen Verzicht auf die Geltendmachung von Ersatzansprüchen.[892]

VII. Widerspruch der Minderheit

Verzicht und Vergleich sind ausgeschlossen, wenn eine Minderheit, deren Anteile zu- 637
sammen den zehnten Teil des Grundkapitals erreichen, Widerspruch zur Niederschrift
erhebt.

Zweck der Norm ist es zu verhindern, dass das Recht der Minderheit (§ 147), Ersatz- 638
ansprüche gegen Mitglieder des Vorstands und des Aufsichtsrats geltend machen zu können,
durch Verzicht oder Vergleich der Mehrheit unterlaufen werden kann.[893] Das Recht der
Minderheit ist durch das AktG 1965 verstärkt, seine Ausübung erleichtert worden. Mussten
früher die Anteile der Minderheit 20 % des Grundkapitals erreichen, so wurden mit Neuregelung des AktG 1965 die Voraussetzungen für die Minderheitserfordernisse bei der
Geltendmachung von Schadensersatzansprüchen (§ 147 Abs. 1) angeglichen.[894]

Bei der Berechnung des Prozentsatzes kommt es auf den **Nennbetrag** des vorhandenen 639
Grundkapitals an.[895] Weder die Vertretung in der Hauptversammlung ist entscheidend noch
das Stimmrecht der Aktien oder die Höhe der Einzahlung. Inhaber von Vorzugsaktien ohne
Stimmrecht können ebenso widersprechen wie Stammaktionäre.

Auch ein **einzelner Aktionär**, der die erforderlichen Anteile hält, kann widersprechen. 640
Er bildet mit dem erforderlichen Aktienbesitz ebenso eine „Minderheit" wie eine Gruppe
von Aktionären mit entsprechendem Aktienbesitz. Dass es sich bei der Minderheit, dem
Wortsinn entsprechend, um eine zahlenmäßig unterlegene Gruppe handeln muss, ist nicht
erforderlich. Der Ausdruck bezieht sich auf den Regelfall und soll den Charakter des
Widerspruchsrechts kennzeichnen.

Ein Widerspruch seitens der Aktionäre, die zunächst vorbehaltlos für einen Verzicht oder 641
Vergleich gestimmt hatten, ist wegen **Verstoßes gegen Treu und Glauben** nicht zulässig.

Der Widerspruch muss zur **Niederschrift** erklärt werden. Das bedeutet, dass der Notar 642
den Widerspruch in die Sitzungsniederschrift aufzunehmen hat. Eine bloße Stimmabgabe
gegen den Verzicht oder Vergleich genügt nicht.

Bezieht sich der Widerspruch nur auf einen **Teil des Beschlusses,** ist die Wirksamkeit 643
des anderen Teils durch Auslegung zu ermitteln.[896] Es gelten die Vorschriften des bürgerlichen Rechts (§ 139 BGB; → Rn. 587).

VIII. Rechtsfolgen

Zustimmung der Hauptversammlung und Fehlen des Minderheitswiderspruchs sind 644
Wirksamkeitsvoraussetzungen für Verzicht und Vergleich.[897] Das gilt auch für Umge-
hungsgeschäfte.[898]

Ein unter Umgehung der gesetzlichen Voraussetzungen (§ 93 Abs. 4 S. 3) getroffener 645
Verzicht oder Vergleich ist **nichtig.**[899] Dies betrifft insbesondere auch Vereinbarungen und
sonstige Rechtshandlungen, die vor Ablauf der Drei-Jahres-Frist getroffen werden.[900]

---

[892] *Kästner* AG 2000, 113 (118 f.). Vgl. zur Frage eines Vergütungscharakters der D & O-Versicherung → § 113 Rn. 80 ff.
[893] Vgl. Großkomm AktG/*Hopt* § 93 Rn. 362; vgl. Hüffer/*Koch* § 93 Rn. 78.
[894] Vgl. BegrRegE *Kropff* § 93 zu Abs. 4; *v. Godin/Wilhelmi* § 93 Anm. 25 c.
[895] Vgl. hierzu und im Folgenden: *v. Godin/Wilhelmi* Anm. 25c; Großkomm AktG/*Hopt* § 93 Rn. 363 f.; MüKoAktG/*Spindler* § 93 Rn. 223.
[896] Großkomm AktG/*Hopt* § 93 Rn. 365; vgl. MüKoAktG/*Spindler* § 93 Rn. 223.
[897] Hüffer/*Koch* § 93 Rn. 78.
[898] OLG Düsseldorf AG 1989, 361.
[899] Kölner Komm AktG/*Mertens/Cahn* § 93 Rn. 174; MüKoAktG/*Spindler* § 93 Rn. 224.
[900] *v. Godin/Wilhelmi* § 93 Anm. 24, 25; Großkomm AktG/*Hopt* § 93 Rn. 380; Hüffer/*Koch* § 93 Rn. 76.

Insoweit ist die Vertretungsbefugnis des Vorstands gegenüber Aufsichtsratsmitgliedern gesetzlich beschränkt. Auch der **Vorbehalt** in solchen Vereinbarungen, dass nach Ablauf der Frist die Genehmigung der Hauptversammlung eingeholt werden soll, macht diese nicht wirksam.[901] Ebenso wenig genügt eine **nachträgliche Genehmigung** der Hauptversammlung. Die Vereinbarung muss **neu vorgenommen** werden. Dabei genügt eine Bestätigung (§ 141 BGB). Erst mit Neuvornahme werden Verzicht und Vergleich wirksam.[902]

646 Gleiches gilt für die **Zustimmung** der Hauptversammlung. Wird sie vor Ablauf der Drei-Jahres-Frist erteilt, ist sie nichtig. Vergleich und Verzicht, auch wenn fristgemäß vereinbart, sind dadurch unwirksam.[903]

647 Vereinbarungen, die unter Beachtung der Drei-Jahres-Frist getroffen werden, sind solange **schwebend unwirksam,** bis die Hauptversammlung die Genehmigung erteilt hat, ohne dass ein Widerspruch der Minderheit vorliegt.[904]

IX. Ausnahmen von der Geltung des § 93 Abs. 4 S. 3

648 **1. Zahlungsunfähigkeit des Ersatzpflichtigen.** Die zeitliche Beschränkung von drei Jahren (§ 93 Abs. 4 S. 4) gilt nicht, wenn der Ersatzpflichtige zahlungsunfähig ist und sich zur Abwendung des Insolvenzverfahrens mit seinen Gläubigern vergleicht oder wenn die Ersatzpflicht in einem Insolvenzplan geregelt ist. Das Gesetz **verzichtet** ausdrücklich **nur auf die zeitliche Beschränkung.** Die Zustimmung der Hauptversammlung ist in beiden Fällen weiterhin erforderlich. Ebenso ist das Nichtvorliegen des Widerspruchs der Minderheit Wirksamkeitsvoraussetzung.

649 **Zahlungsunfähigkeit** ist iSd. Insolvenzordnung[905] zu verstehen.[906] Der Schuldner ist zahlungsunfähig, wenn er nicht in der Lage ist, seine fälligen Zahlungsverpflichtungen zu erfüllen (§ 17 Abs. 2 InsO). Das ist auch dann der Fall, wenn der Versuch einer vollständigen Geltendmachung des Schadensersatzanspruchs (§ 93 Abs. 2) zur Zahlungsunfähigkeit führt.[907]

650 Erfasst werden gerichtliche und außergerichtliche **Vergleiche.** Anstelle des früheren gerichtlichen Vergleichsverfahrens und eines möglichen Zwangsvergleichs gilt nun das Insolvenzplanverfahren. Kommt es dazu und wird der von dem Schuldner erstellte Insolvenzplan von den Gläubigern angenommen und vom Gericht bestätigt, so wird nach Rechtskraft der Bestätigung das Verfahren aufgehoben (§ 258 InsO). Leistet der Schuldner die im Insolvenzplan vorgesehene Befriedigung, ist er von den restlichen Verbindlichkeiten befreit (§ 227 InsO).

651 Wie die **Abwendung** des Insolvenzverfahrens ist auch dessen **Einstellung** auf Antrag des Schuldners zu behandeln.[908]

652 Bei einem **außergerichtlichen Vergleich** ist streitig, ob jeder Vergleich iSd. bürgerlichen Rechts (§ 779 BGB) erfasst ist, oder ob nur solche erfasst sind, die mit allen Gläubigern[909] oder einer großen Mehrheit von Gläubigern[910] geschlossen werden.

653 Gegen eine Einschränkung spricht, dass der Begriff einer **großen Mehrheit der Gläubiger** nicht eindeutig abgrenzbar und eine einvernehmliche Lösung mit allen Gläubigern,

---

[901] RGZ 133, 33 (38); *v. Godin/Wilhelmi* § 93 Anm. 25; Großkomm AktG/*Hopt* § 93 Rn. 380.
[902] Großkomm AktG/*Hopt* § 93 Rn. 381; Kölner Komm AktG/*Mertens/Cahn* § 93 Rn. 174.
[903] Großkomm AktG/*Hopt* § 93 Rn. 381, Kölner Komm AktG/*Mertens/Cahn* § 93 Rn. 174.
[904] *v. Godin/Wilhelmi* § 93 Anm. 25; Großkomm AktG/*Hopt* § 93 Rn. 382.
[905] § 17 InsO. Nach altem Recht iSd. § 102 KO.
[906] Hüffer/*Koch* § 93 Rn. 79; MüKoAktG/*Spindler* § 93 Rn. 226.
[907] *K. Zimmermann,* FS Duden, 1977, 773 (787): sofern die mangelnde Leistungsfähigkeit zweifelsfrei feststeht; Großkomm AktG/*Hopt* § 93 Fn. 1177.
[908] §§ 213 ff. InsO, nach altem Recht gem. §§ 202 f. KO (Konkursverzicht). Großkomm AktG/*Hopt* § 93 Rn. 386; Hüffer/*Koch* § 93 Rn. 79.
[909] *v. Godin/Wilhelmi* § 93 Anm. 26 („Gesamtheit der Gläubiger").
[910] *K. Zimmermann,* FS Duden, 1977, 773 (787) („größere Zahl"); Großkomm AktG/*Schilling* § 93 Anm. 39 unter Verweisung auf Großkomm AktG/*Barz* § 50 Anm. 18 („große Mehrheit der Gläubiger").

unter Einbeziehung der Gesellschaftsansprüche, praktisch kaum möglich ist, sofern nicht besondere Zugeständnisse an einzelne Gläubiger gemacht werden.[911]

Der Vergleich kann daher **sowohl mit einem als auch mit mehreren Gläubigern** 654 geschlossen werden, sofern er zur Abwendung des Insolvenzverfahrens objektiv geeignet ist und nicht nur eine Verringerung der Schulden des Aufsichtsratsmitglieds herbeiführt.[912] Ein **Vergleich mit mehreren Gläubigern** muss nicht für alle Beteiligten unter den gleichen Bedingungen geschlossen werden.[913]

Der **Insolvenzrichter** hat zu beachten, dass das Erfordernis der Zustimmung der Haupt- 655 versammlung ohne Widerspruch der Minderheit erfüllt sein muss. Ein gerichtlich bestätigter Insolvenzplan ist allerdings auch ohne Vorliegen dieser Voraussetzungen wirksam.[914] Ist der Beschluss, durch den der Insolvenzplan bestätigt wird, rechtskräftig, bindet er die Gesellschaft.

2. **Insolvenz der Gesellschaft.** Befindet sich die Gesellschaft selbst in der Insolvenz, gilt 656 für den Insolvenzverwalter weder das Erfordernis der Drei-Jahres-Frist[915] noch muss er die Zustimmung der Hauptversammlung ohne Widerspruch der Minderheit einholen.[916] Das ergibt sich aus der InsO, wonach die **alleinige Verfügungsgewalt** über das zur Insolvenzmasse gehörende Vermögen auf den **Insolvenzverwalter** übergeht.[917] Dazu zählen auch die **Ersatzansprüche der Gesellschaft** gegen Aufsichtsratsmitglieder.

An die **gesellschaftsrechtlichen Beschränkungen** (§ 93 Abs. 4 S. 3) hinsichtlich eines 657 Verzichts oder Vergleichs ist der Insolvenzverwalter nicht gebunden. Seine Rechtshandlungen müssen aber nach **Insolvenzrecht** wirksam sein. So darf er sich bei der Verwertung nicht über die Beschlüsse der Gläubigerversammlung hinwegsetzen (§§ 157, 159 InsO) und ist bei bestimmten Verwertungshandlungen, damit diese wirksam sind, die Zustimmung des Gläubigerausschusses erforderlich.[918] Aus dem Gesetz (§ 160 Abs. 2 S. 3 InsO) ergibt sich, dass der Insolvenzverwalter bei einem Verzicht oder Vergleich grundsätzlich der Zustimmung des Gläubigerausschusses bedarf, wenn dabei ein erheblicher Wert in Frage steht.[919]

Ein Verzicht oder Vergleich, der dem **Zweck des Insolvenzverfahrens** objektiv zu- 658 widerläuft, ist unwirksam.[920]

3. **Keine Wirkung des Verzichts oder Vergleichs gegenüber den Gläubigern.** Die 659 Rechte der Gesellschaftsgläubiger werden durch einen gegenüber der Gesellschaft wirksamen Verzicht oder Vergleich (§ 93 Abs. 4 S. 3) nicht berührt (§ 93 Abs. 5 S. 3).

---

[911] Großkomm AktG/*Hopt* § 93 Rn. 387; deshalb genügt nach MüKoAktG/*Spindler* § 93 Rn. 226 schon der Vergleich mit einem Gläubiger.
[912] Großkomm AktG/*Hopt* § 93 Rn. 387; Hüffer/*Koch* § 93 Rn. 79; Kölner Komm AktG/*Mertens/Cahn* § 93 Rn. 176; MüKoAktG/*Spindler* § 93 Rn. 226.
[913] Großkomm AktG/*Hopt* § 93 Rn. 387.
[914] Großkomm AktG/*Hopt* § 93 Rn. 388; ebenso zum gerichtlich bestätigten Vergleich nach altem Recht: Kölner Komm AktG/*Mertens/Cahn* § 93 Rn. 176.
[915] Großkomm AktG/*Hopt* § 93 Rn. 383 stellt hier auf den geänderten Wortlaut des § 93 Abs. 4 S. 4 ab: „die zeitliche Beschränkung gilt nicht (...) wenn die Ersatzpflicht in einem Insolvenzplan geregelt wird". Abs. 4 S. 4 bezieht sich auch in dieser Modalität aber nur auf den zahlungsunfähigen Ersatzpflichtigen und nicht auf die zahlungsunfähige Gesellschaft als Gläubigerin, die Nichtgeltung der Erfordernisse des Abs. 4 S. 3 kann sich daher nur aus der InsO ergeben.
[916] Großkomm AktG/*Hopt* § 93 Rn. 383. Vgl. MüKoAktG/*Spindler* § 93 Rn. 227.
[917] § 80 InsO. Bezogen auf die Geltendmachung von Ansprüchen durch Gesellschaftsgläubiger (noch zu § 6 KO): *v. Godin/Wilhelmi* § 93 Anm. 30.
[918] §§ 158, 160 InsO. Großkomm AktG/*Hopt* § 93 Rn. 384.
[919] *Karsten Schmidt* InsO § 160 Rn. 5 ff.; *Hess* InsO, Bd. II, § 160 Rn. 35.
[920] BGH NJW 1971, 701 (703); Großkomm AktG/*Hopt* § 93 Rn. 384.

N. Geltendmachung des Ersatzanspruchs durch die Gläubiger nach § 93 Abs. 5

I. Zweck der Norm

660 Grundsätzlich können die Gesellschaftsgläubiger ihre Ansprüche **nur gegenüber der Gesellschaft** geltend machen, auch wenn die Handlung, die zu dem Anspruch geführt hat, von einem Aufsichtsratsmitglied vorgenommen wurde. Ein direkter Anspruch **gegen Aufsichtsratsmitglieder** (dazu → Rn. 746 ff.) ist nur in Ausnahmefällen auf besonderer Anspruchsgrundlage möglich.[921]

661 Ist das Aufsichtsratsmitglied der Gesellschaft gegenüber ersatzpflichtig, können die Gläubiger auf der Grundlage eines vollstreckbaren Titels gegen die Gesellschaft den **Ersatzanspruch pfänden** und sich zur **Einziehung überweisen** lassen (§§ 829, 835 ZPO). Dabei sind die Gläubiger aber allen Einwendungen des Aufsichtsratsmitglieds ausgesetzt, die es auch gegen die Gesellschaft hat, insbesondere kann es sich auf einen nachträglichen Haftungsausschluss durch Verzicht oder Vergleich berufen.[922]

662 Unabhängig von dieser mittelbaren Befriedigungsmöglichkeit gewährt das Gesetz (§ 93 Abs. 5 S. 1) in sinngemäßer Anwendung den Gläubigern ein eigenes **Verfolgungsrecht** gegen ein der Gesellschaft ersatzpflichtiges Aufsichtsratsmitglied.[923] Die Gläubiger können unter bestimmten Voraussetzungen den Ersatzanspruch im eigenen Namen bis zur Deckung ihrer Forderung einschließlich aller Nebenforderungen geltend machen und Zahlung an sich selbst verlangen.[924] **Voraussetzung** ist, dass der Gläubiger eine fällige geldwerte Forderung gegen die Gesellschaft hat, von dieser keine Befriedigung erlangen konnte und das betreffende Aufsichtsratsmitglied seine Pflichten wenigstens grob fahrlässig verletzt hat.[925]

663 Die Vorschrift verlangt nicht, dass **zuvor Klage gegen die Gesellschaft** erhoben oder etwa ein **erfolgloser Vollstreckungsversuch** unternommen worden ist. Insoweit ist die Rechtsstellung des Gläubigers im Verhältnis zur mittelbaren Befriedigungsmöglichkeit verstärkt.[926]

664 Darüber hinaus wird der **Gläubiger** zum einen vor der **Nichtgeltendmachung** des Schadensersatzanspruchs seitens der Gesellschaft gegen die Aufsichtsratsmitglieder **geschützt**. Zum anderen wird berücksichtigt, dass ein direkter Anspruch meist nicht gegeben sein wird und dass die Durchsetzung eines Pfändungs- und Überweisungsbeschlusses durch Einwendungen erschwert sein kann.[927]

665 Die **praktische Bedeutung** der Norm ist gering. Damit das grundsätzliche **Verbot eines Haftungsdurchgriffs** nicht ganz aufgehoben ist, müssen besondere Voraussetzungen für das unmittelbare Klagerecht vorliegen. Dazu zählt das Erfordernis, dass von der Gesellschaft keine Befriedigung erlangt werden kann. Bei Vorliegen dieser Voraussetzung wird in der Regel das **Insolvenzverfahren** über das Vermögen der Gesellschaft eröffnet und das Recht der Gläubiger gegen die Aufsichtsratsmitglieder vom Insolvenzverwalter ausgeübt.[928] Ein eigenes Verfolgungsrecht des Gläubigers kommt erst dann wieder in Betracht, wenn der Antrag auf Eröffnung des Insolvenzverfahrens **mangels Masse** abgelehnt worden ist (§ 26 InsO) oder ein **Planinsolvenzverfahren** stattfindet.[929]

---

[921] Großkomm AktG/*Hopt* § 93 Rn. 392; MüKoAktG/*Spindler* § 93 Rn. 234.
[922] § 93 Abs. 4 S. 3. Großkomm AktG/*Hopt* § 93 Rn. 393.
[923] Vgl. Hüffer/*Koch* § 93 Rn. 83.
[924] Kölner Komm AktG/*Mertens/Cahn* § 93 Rn. 180 f.
[925] *P. Doralt/W. Doralt* in Semler/v. Schenck AR-HdB § *14* Rn. 22483.
[926] Kölner Komm AktG/*Mertens/Cahn* § 93 Rn. 180.
[927] Großkomm AktG/*Hopt* § 93 Rn. 394.
[928] Gem. § 93 Abs. 5 Nr. 4. Vgl. Großkomm AktG/*Hopt* § 93 Rn. 394.
[929] Kölner Komm AktG/*Mertens/Cahn* § 93 Rn. 180 f.

Auch hat das in Anspruch genommene Aufsichtsratsmitglied weiterhin die Möglichkeit, **666** mit **befreiender Wirkung** an die Gesellschaft zu leisten. Dem **Gläubiger** muss daher geraten werden, seinen **Anspruch auch gegen die Gesellschaft** geltend zu machen, einen vollstreckbaren Titel gegen diese zu erwirken und deren Ersatzanspruch pfänden und sich überweisen zu lassen.[930]

II. Dogmatische Einordnung

Ob das Verfolgungsrecht einen eigenen **materiellen Anspruch** begründet oder ob es **667** sich um eine gesetzliche **Prozessstandschaft** handelt, ist umstritten.[931] Prozessstandschaft ist die Befugnis, ein fremdes Recht in eigenem Namen gerichtlich geltend zu machen. Für eine Prozessstandschaft spricht der Wortlaut des Abs. 5, wonach es sich um einen Ersatzanspruch der Gesellschaft handelt, der durch ihre Gläubiger geltend gemacht werden kann.[932] Auch in der Begründung des Regierungsentwurfs von 1965 ist vom Ersatzanspruch der Gesellschaft, der auch von deren Gläubigern geltend gemacht werden kann, die Rede.[933]

Die Wertung als Prozessstandschaft würde eine Anspruchsvervielfältigung vermeiden.[934] **668** Darüber hinaus würde der **Schutzzweck der Norm,** die den Gläubiger vor der Nichtgeltendmachung eines Schadensersatzanspruchs seitens der Gesellschaft schützen will, durch ein gesetzliches Prozessführungsrecht erreicht.[935] Die Qualifizierung als Prozessstandschaft würde der körperschaftlichen Struktur der AG, die direkte Rechtsbeziehungen zwischen Organen und Gesellschaftsgläubigern grundsätzlich verbietet,[936] entsprechen.

Für ein **materielles Eigenrecht des Gläubigers** spricht, dass dieser von dem Aufsichts- **669** ratsmitglied Leistung an sich selbst verlangen kann (und muss) und nicht Leistung an die Gesellschaft.[937] Auch wird das Verfolgungsrecht des Gläubigers nicht von einem Verzicht oder Vergleich der Gesellschaft berührt, es ist also unabhängig von dem Fortbestehen des Anspruchs der Gesellschaft.[938] Eine historische Auslegung führt ebenfalls zur Bewertung des Verfolgungsrechts als eigenen materiellen Anspruch des Gläubigers, denn ursprünglich hatte der Gläubiger die unmittelbare Befugnis zur Inanspruchnahme von Verwaltungsmitgliedern.[939]

Darüber hinaus deutet die Verweisung auf die Beweislastumkehr auf einen eigenen **670** Anspruch hin. Diese wäre überflüssig, wenn es sich um einen Anspruch der Gesellschaft handelte.[940]

---

[930] Kölner Komm AktG/*Mertens/Cahn* § 93 Rn. 180 f.
[931] Für eine Prozessstandschaft: LG Köln AG 1976, 105 f.; *Habscheid,* FS F. Weber, 1975, 197 f. *Baumbach/ Hueck* § 93 Rn. 15, 17; GHEK/*Hefermehl* § 93 Rn. 68; Kölner Komm AktG/*Lutter* § 62 Anm. 24; *v. Godin/ Wilhelmi* § 93 Anm. 28, *Wilhelmi* bezeichnet das Recht des Gläubigers als eine durch den Umfang bedingte Sachbefugnis, selbst einen Anspruch der Gesellschaft geltend zu machen. Da es sich um einen Anspruch der Gesellschaft handele und nicht etwa einen eigenen Anspruch handele, käme es auch nicht darauf an, wann die Forderung des Gläubigers entstanden ist, ob vor oder nach der schuldhaften Handlung des Verwaltungsmitglieds. Für einen eigenen materiellen Anspruch: Großkomm AktG/*Hopt* § 93 Rn. 396 meint, dass es sich bei § 93 Abs. 5 um eine materiellrechtliche Anspruchsvervielfältigung eigener Art handelt. Ein Bestehen mehrerer auf das Gleiche gerichteter Ansprüche sei weder ungewöhnlich noch unerwünscht; Hüffer/*Koch* § 93 Rn. 81; Kölner Komm AktG/*Mertens/Cahn* § 93 Rn. 180; *Zempelin* AcP 155 (1956), 209 (237 ff.) mit ausführlicher Begründung; *Simon,* Die Rechte der Gläubiger, mwN.
[932] So GHEK/*Hefermehl* § 93 Rn. 68.
[933] Vgl. BegrRegE *Kropff* § 93.
[934] GHEK/*Hefermehl* § 93 Rn. 68.
[935] GHEK/*Hefermehl* § 93 Rn. 68.
[936] *Habscheid,* FS F. Weber, 1975, 197 ff. (200).
[937] Großkomm AktG/*Hopt* § 93 Rn. 397; Hüffer/*Koch* § 93 Rn. 81.
[938] Großkomm AktG/*Hopt* § 93 Rn. 397; Kölner Komm AktG/*Mertens/Cahn* § 93 Rn. 180; *Simon* S. 80.
[939] Kölner Komm AktG/*Mertens/Cahn* § 93 Rn. 180.
[940] *Zempelin* AcP 155 (1956), 209 (241); dieses Argument hält *Hopt* für nicht zwingend, da sich die Vorschrift auf die Gröblichkeit der Pflichtverletzung beziehe, die für einen Anspruch der Gesellschaft nicht Voraussetzung ist. Dem ist entgegenzuhalten, dass Abs. 5 S. 2 nicht nur den Haftungsmaßstab ändert, sondern eben auch auf Abs. 2 S. 2 verweist.

671 **Stellungnahme:** Es handelt sich um einen **eigenen materiellen Anspruch.** Nur so wird der angestrebte Gläubigerschutz wirklich erreicht. Die Annahme einer bloßen Prozessstandschaft zwingt zu einem prozessualen Umweg, der nicht nötig ist.

III. Voraussetzungen der Geltendmachung des Ersatzanspruchs

672 Die Ausübung des Verfolgungsrechts ist von **vier Voraussetzungen** abhängig:
– Die Gesellschaft muss einen Ersatzanspruch gegen das Aufsichtsratsmitglied haben.
– Der Gläubiger muss einen Anspruch gegen die Gesellschaft haben.
– Der Gläubiger darf von der Gesellschaft keine Befriedigung erlangen können.
– Das haftungsbegründende Verhalten des Aufsichtsratsmitglieds muss, außer in den aufgezählten Fällen besonders schwerer Pflichtverletzungen (§ 93 Abs. 3), eine grob fahrlässige Sorgfaltspflichtverletzung sein.

673 **1. Anspruch der Gesellschaft gegen das Aufsichtsratsmitglied.** Erforderlich ist, dass die Gesellschaft einen Schadensersatzanspruch gegen das Aufsichtsratsmitglied hat. Dabei muss es sich um einen Anspruch wegen **Verletzung von Organpflichten** handeln.[941] Das sind einmal die organschaftlichen Ansprüche wegen einer Sorgfaltspflichtverletzung (§§ 116, 93) sowie, wenn man solche entgegen der hier vertretenen Ansicht für möglich hält, Ansprüche aus positiver Vertragsverletzung wegen Verletzung einer Organpflicht. Der Schadensersatzanspruch muss **nicht tituliert** sein.[942]

674 Ein Anspruch aus einem Vertrag, den die Gesellschaft mit ihrem Aufsichtsratsmitglied **außerhalb seiner Organtätigkeit** abgeschlossen hat (etwa § 114), genügt nicht.[943]

675 Das Verfolgungsrecht setzt grundsätzlich voraus, dass der Gesellschaft der Ersatzanspruch gegen das Aufsichtsratsmitglied noch zusteht. Hat sie wirksam über den Anspruch verfügt, etwa durch **Abtretung**,[944] können die Gläubiger den Ersatzanspruch nicht mehr geltend machen.[945]

676 Eine Einschränkung des Erfordernisses besteht insoweit, als die Gesellschaft auf ihren Anspruch **verzichtet** oder sich über diesen **verglichen** hat. Dann wird der Anspruch des Gläubigers von dem Fortfall des Anspruchs der Gesellschaft nicht berührt (§§ 116, 93 Abs. 5 S. 3). Ebenso wenig hat ein Haftungsausschluss auf der Grundlage eines gesetzmäßigen Hauptversammlungsbeschlusses[946] Bedeutung für den Anspruch des Gläubigers (§§ 116, 93 Abs. 5 S. 3).

677 Wird der **Verzicht** oder **Vergleich** jedoch zwischen der Gesellschaft und dem zahlungsunfähigen Ersatzpflichtigen **zur Abwendung des Insolvenzverfahrens** geschlossen oder ist die Ersatzpflicht in einem Insolvenzplan geregelt (gem. §§ 116, 93 Abs. 4 S. 4), wirken Verzicht und Vergleich auch gegen den Gläubiger.[947] Der Gesetzeswortlaut sieht für diesen Fall zwar keine Ausnahme vor. Der Rechtsgedanke des Abs. 4 S. 4 ist aber sinngemäß heranzuziehen.[948] Die Aufrechterhaltung des Verfolgungsrechts würde dem Zweck des Insolvenzverfahrens zuwiderlaufen, eine allgemeine Bereinigung der Schulden zu erreichen.

---

[941] Großkomm AktG/*Hopt* § 93 Rn. 401; vgl. MüKoAktG/*Spindler* § 93 Rn. 236.
[942] Großkomm AktG/*Hopt* § 93 Rn. 403 MüKoAktG/*Spindler* § 93 Rn. 236.
[943] Großkomm AktG/*Hopt* § 93 Rn. 401; MüKoAktG/*Spindler* § 93 Rn. 237.
[944] Nach Kölner Komm AktG/*Mertens/Cahn* § 93 Rn. 187 ist eine Abtretung des Ersatzanspruchs gegenüber dem Gläubiger nicht wirksam, wenn die Voraussetzungen der Geltendmachung des Verfolgungsrechts bereits zum Zeitpunkt der Abtretung vorliegen. Dies ergebe sich aus dem Zweck des Abs. 5.
[945] *v. Godin/Wilhelmi* § 93 Anm. 29 (zur Abtretung und Verpfändung); Großkomm AktG/*Hopt* § 93 Rn. 418; aA Kölner Komm AktG/*Mertens/Cahn* § 93 Rn. 187; zur Wirksamkeit von Verfügungen über den Ersatzanspruch vgl. → Rn. 572 ff.
[946] §§ 116, 93 Abs. 4 S. 1; zur eingeschränkten Geltung des Haftungsausschlusses für Aufsichtsratsmitglieder → Rn. 554 ff.
[947] Kölner Komm AktG/*Mertens/Cahn* § 93 Rn. 185.
[948] Kölner Komm AktG/*Mertens/Cahn* § 93 Rn. 147 sprechen von einer Wirkung von Verzicht und Vergleich gegen den Gesetzeswortlaut.

Es käme zu einer Bevorzugung der Gesellschaftsgläubiger; die Regelung durch einen Insolvenzplan wäre erschwert.[949]

2. Anspruch des Gläubigers gegen die Gesellschaft. Der Gläubiger muss eine fällige **678** auf eine Geldleistung gerichtete Forderung gegen die Gesellschaft haben.[950] Ein vollstreckbarer Titel ist nicht erforderlich.[951]

Unerheblich ist, auf welchem Rechtsgrund der Gläubigeranspruch beruht. Erfasst sind **679** **vertragliche, vertragsähnliche, gesetzliche** und auch **deliktische Ansprüche.** Der deliktische Anspruch gegen die Gesellschaft kann auch in einer unerlaubten Handlung des Aufsichtsratsmitglieds begründet sein.[952] Dann wird dem Gläubiger aber meist zugleich ein unmittelbarer Anspruch gegen das Verwaltungsmitglied zustehen (aus §§ 823 ff. BGB).

Unerheblich ist auch der **Entstehungszeitpunkt** des Gläubigeranspruchs. Der Anspruch **680** kann sowohl vor als auch nach dem Ersatzanspruch der Gesellschaft entstanden sein. Es kommt auch nicht darauf an, ob der Gläubiger bei Entstehen seines Anspruchs Kenntnis von der Pflichtverletzung des Verwaltungsmitglieds hatte.[953]

Der Gläubiger kann nicht mehr gegen das Verwaltungsmitglied vorgehen, wenn er mit **681** seiner Forderung gegen die Gesellschaft durch den **Insolvenzplan** ausgefallen ist.[954] Das gilt unabhängig von seiner Zustimmung zum Insolvenzplan.[955] Eine direkte oder analoge Anwendung insolvenzrechtlicher Grundsätze über die Auswirkungen des Insolvenzplans (§ 254 Abs. 2 S. 1 InsO) ist ausgeschlossen.[956]

3. Keine Befriedigung durch die Gesellschaft. Der Gläubiger muss nachweisen, dass **682** er von der Gesellschaft keine Befriedigung erlangen kann. Es reicht nicht aus, dass eine zahlungsfähige Gesellschaft nicht zahlen will.[957] Erforderlich ist, dass die Gesellschaft zur Leistung **objektiv nicht in der Lage** ist. Die Gesellschaft muss also **zahlungsunfähig** oder **überschuldet** sein.[958] Eines fruchtlosen Vollstreckungsversuchs gegen die Gesellschaft bedarf es nicht,[959] auch eine Klageerhebung ist nicht erforderlich.[960] Die Zahlungsunfähigkeit kann in jedweder Weise nachgewiesen werden.

Das Vorliegen dieser Voraussetzung führt zu einer Pflicht des Vorstands, die Eröffnung des **683** Insolvenzverfahrens zu beantragen (§ 92 Abs. 2). Daher hat die Norm nur eine **geringe praktische Bedeutung.**[961] Eine Ausnahme besteht in den Fällen, in denen die Eröffnung des Insolvenzverfahrens mangels Masse abgewiesen wird[962] oder der Insolvenzverwalter den Ersatzanspruch freigegeben hat.[963] Die Ablehnung der Aufnahme des Rechtsstreits durch den Insolvenzverwalter (§ 85 Abs. 2 InsO) bedeutet zugleich die Freigabe des Anspruchs.[964]

---

[949] Kölner Komm AktG/*Mertens/Cahn* § 93 Rn. 186 (zum Zwangsvergleich nach altem Recht).
[950] Großkomm AktG/*Hopt* § 93 Rn. 404; Kölner Komm AktG/*Mertens/Cahn* § 93 Rn. 182.
[951] Großkomm AktG/*Hopt* § 93 Rn. 404; MüKoAktG/*Spindler* § 93 Rn. 239.
[952] Großkomm AktG/*Hopt* § 93 Rn. 404 (§§ 31, 831 BGB); Kölner Komm AktG/*Mertens/Cahn* § 93 Rn. 182 (§§ 31, 823 Abs. 2 BGB); MüKoAktG/*Spindler* § 93 Rn. 235.
[953] Großkomm AktG/*Hopt* § 93 Rn. 406; MüKoAktG/*Spindler* § 93 Rn. 235.
[954] Großkomm AktG/*Hopt* § 93 Rn. 405; nach altem Recht durch gerichtlich bestätigten Vergleich im Vergleichsverfahren: LG Köln AG 1976, 105 f.; zum Liquidationsvergleich über das Gesellschaftsvermögen *Mertens* AG 1977, 66; Kölner Komm AktG/*Mertens/Cahn* § 93 Rn. 186; aA *Peltzer* AG 1976, 100 ff.; GHEK/*Hefermehl* § 93 Rn. 71.
[955] § 254 Abs. 1 S. 3; Großkomm AktG/*Hopt* § 93 Rn. 405; Kölner Komm AktG/*Mertens/Cahn* § 93 Rn. 186.
[956] Nach altem Recht § 82 Abs. 2 S. 1 VerglO, hierzu mit ausführlicher Begründung: *Mertens* AG 1977, 66 ff.; Kölner Komm AktG/*Mertens/Cahn* § 93 Rn. 186; Großkomm AktG/*Hopt* § 93 Rn. 405.
[957] Kölner Komm AktG/*Mertens/Cahn* § 93 Rn. 182; Großkomm AktG/*Hopt* § 93 Rn. 407; Hüffer/*Koch* § 93 Rn. 82.
[958] Großkomm AktG/*Hopt* § 93 Rn. 407; Hüffer/*Koch* § 93 Rn. 82.
[959] *v. Godin/Wilhelmi* § 93 Anm. 28; Großkomm AktG/*Hopt* § 93 Rn. 407; Hüffer/*Koch* § 93 Rn. 82.
[960] *v. Godin/Wilhelmi* § 93 Anm. 28; Großkomm AktG/*Hopt* § 93 Rn. 407.
[961] S. → Rn. 619; Großkomm AktG/*Hopt* § 93 Rn. 408; Kölner Komm AktG/*Mertens/Cahn* § 93 Rn. 179.
[962] § 26 Abs. 1 InsO; vgl. *v. Godin/Wilhelmi* § 93 Anm. 28; Großkomm AktG/*Hopt* § 93 Rn. 408; Kölner Komm AktG/*Mertens/Cahn* § 93 Rn. 179.
[963] *Habscheid*, FS Werner, 1975, 197 (205); Großkomm AktG/*Hopt* § 93 Rn. 408.
[964] Großkomm AktG/*Hopt* § 93 Rn. 423; Kölner Komm AktG/*Mertens/Cahn* § 93 Rn. 190.

684 **4. Haftungsmaßstab.** Der Gläubiger kann den Ersatzanspruch der Gesellschaft nur dann gegen die Aufsichtsratsmitglieder geltend machen, wenn diese ihre allgemeinen Sorgfaltspflichten wenigstens gröblich verletzt, also **grob fahrlässig** gehandelt haben.[965] Ausgenommen sind die aufgezählten Sondertatbestände **besonders schwerer Pflichtverletzungen** (nach § 93 Abs. 3). Liegt ein solcher vor, genügt jedes Verschulden, auch leichte Fahrlässigkeit.[966] Das gilt auch für einen über den Fehlbetrag hinausgehenden Schaden (→ Rn. 582 ff.).

685 In allen anderen Fällen haftet das Aufsichtsratsmitglied **bei leichter Fahrlässigkeit nur der Gesellschaft** und nicht den Gesellschaftsgläubigern. Wird der Gläubiger gleichwohl unmittelbar befriedigt, ist das Aufsichtsratsmitglied gegenüber der Gesellschaft nicht von der Haftung befreit.[967]

IV. Ausübung des Verfolgungsrechts; Rechtsfolgen

686 Der Gläubiger muss Zahlung an sich selbst und nicht an die Gesellschaft verlangen.[968]

687 Dabei ist seine **Sachlegitimation** zum einen durch die Höhe seiner Forderung an die Gesellschaft begrenzt, zum anderen kann er keinen höheren Betrag geltend machen als den Schaden, den die Gesellschaft gegen das Aufsichtsratsmitglied geltend machen könnte.[969]

688 Entspricht das Erlangte der Forderung des Gläubigers, darf er es behalten. Er braucht es weder an die Gesellschaft noch an die Mitgläubiger abzuführen. Erlangt der Gläubiger mehr, als er fordern kann, hat er den Mehrbetrag nach den Grundsätzen einer **ungerechtfertigten Bereicherung** an die Gesellschaft herauszugeben. Das kommt dann in Betracht, wenn das Aufsichtsratsmitglied an den Gläubiger zahlt, obwohl dieser mittlerweile von der Gesellschaft befriedigt worden oder die Forderung des Gläubigers gegenüber der Gesellschaft bereits erloschen ist.[970] Gläubiger des Bereicherungsanspruchs ist die Gesellschaft und nicht das Aufsichtsratsmitglied.[971]

V. Verhältnis zwischen Gläubiger, Gesellschaft und Verwaltungsmitglied

689 Zwischen dem Aufsichtsratsmitglied und der Gesellschaft besteht **kein Gesamtschuldverhältnis**,[972] ein Ausgleich findet nicht statt.[973] Ein Gesamtschuldverhältnis setzt als entscheidendes Strukturelement eine Gleichstufigkeit (Gleichrangigkeit) der Verpflichtungen voraus.[974] Daran mangelt es hier, da das Aufsichtsratsmitglied nachrangig gegenüber dem Gläubiger haftet, nämlich erst bei Insolvenzreife der Gesellschaft (§ 93 Abs. 5 S. 1).

690 Auch zwischen einem Gläubiger und der Gesellschaft liegt **keine Gesamtgläubigerschaft** vor.[975] Obwohl Zahlungen des Aufsichtsratsmitglieds an die Gesellschaft oder an den Gläubiger[976] eine wechselseitige Tilgungswirkung haben, ist eine Gleichstufigkeit der Forderungen aus den nachfolgenden Gründen nicht gegeben.

---

[965] §§ 116, 93 Abs. 5 S. 2 Halbs. 1; vorsätzliches Handeln ist selbstverständlich auch erfasst, vgl. Großkomm AktG/*Hopt* § 93 Rn. 409.

[966] Großkomm AktG/*Hopt* § 93 Rn. 409.

[967] *v. Godin/Wilhelmi* § 93 Anm. 29.

[968] AllgM: MHdB AG/*Wiesner* § 26 Rn. 28; *v. Godin/Wilhelmi* § 93 Anm. 28; Großkomm AktG/*Hopt* § 93 Rn. 411; Hüffer/*Koch* § 93 Rn. 83; Kölner Komm AktG/*Mertens/Cahn* § 93 Rn. 181.

[969] *v. Godin/Wilhelmi* § 93 Anm. 29; Großkomm AktG/*Hopt* § 93 Rn. 411.

[970] Großkomm AktG/*Hopt* § 93 Rn. 413.

[971] Großkomm AktG/*Hopt* § 93 Rn. 413, der eine Parallele zur Rückabwicklung bei echten Verträgen zugunsten Dritter aufzeigt.

[972] §§ 421 ff. BGB; vgl. Großkomm AktG/*Hopt* § 93 Rn. 414: mangels Gleichstufigkeit kein Gesamtschuldverhältnis.

[973] § 426 BGB; vgl. Großkomm AktG/*Hopt* § 93 Rn. 414.

[974] Palandt/*Grüneberg* BGB § 421 Rn. 7.

[975] *Baumbach/Hueck* § 93 Rn. 16; *v. Godin/Wilhelmi* § 93 Anm. 28; Großkomm AktG/*Hopt* § 93 Rn. 415; Kölner Komm AktG/*Mertens/Cahn* § 93 Rn. 183; aA RGZ 74, 428 (429) (zu § 241 HGB aF).

[976] Sofern die Voraussetzungen des Verfolgungsrechts gegeben sind.

Eine **Zahlung** des Aufsichtsratsmitglieds **an die Gesellschaft** hat gegen alle Gesellschaftsgläubiger stets **befreiende Wirkung,** unabhängig davon, ob sie ihren Anspruch geltend gemacht haben oder nicht. Das Aufsichtsratsmitglied kann mit befreiender Wirkung an die Gesellschaft leisten, wenn es bereits von einem Gläubiger verklagt ist[977] und auch dann, wenn die Gesellschaft es nicht in Anspruch genommen hat.[978] Mit Leistung des Schadensersatzes gehen der Anspruch der Gesellschaft und der der Gläubiger unter.[979] 691

Die Gläubigerstellung der Gesellschaft weist zwar auf eine Gesamtgläubigerschaft hin,[980] es mangelt aber an einer gleichrangigen Stellung des Gesellschaftsgläubigers. **Zahlungen an den Gläubiger** haben nur dann **befreiende Wirkung,** wenn der Gläubiger das Aufsichtsratsmitglied in Anspruch genommen hat[981] und die gesetzlichen Voraussetzungen des Verfolgungsrechts vorliegen (§ 93 Abs. 5 S. 1 und 2). Leistet das Aufsichtsratsmitglied an den Gläubiger, ohne dass diese Voraussetzungen vorliegen, ist es nicht von seiner Verbindlichkeit gegenüber der Gesellschaft befreit. 692

Erst wenn die Voraussetzungen für eine Zahlung mit befreiender Wirkung an den Gesellschaftsgläubiger vorliegen, hat das Aufsichtsratsmitglied die **Wahl**, ob es an die Gesellschaft oder an einen Gläubiger leistet, oder an welchen der Gläubiger es leistet. Dabei kommt es weder darauf an, in welcher Reihenfolge die Ansprüche geltend gemacht werden, noch darauf, ob bereits Klage erhoben worden ist.[982] Das Aufsichtsratsmitglied kann auch dann mit befreiender Wirkung an die Gesellschaft oder an einen Gläubiger leisten, wenn ein anderer Gläubiger bereits ein Urteil erwirkt oder Zwangsvollstreckungsmaßnahmen eingeleitet hat. Aus einem vorläufig vollstreckbaren Urteil sollte daher stets umgehend vollstreckt werden.[983] Leistet das Aufsichtsratsmitglied an einen Gläubiger, ist damit dessen Anspruch gegenüber der Gesellschaft getilgt, die Verbindlichkeit der Gesellschaft ist erloschen.[984] 693

Das Aufsichtsratsmitglied kann seine Verbindlichkeit auch durch **Aufrechnung** mit einer ihm gegen den Gesellschaftsgläubiger zustehenden Forderung tilgen.[985] 694

Auf einen Verzicht oder Vergleich der Gesellschaft oder auf einen Hauptversammlungsbeschluss kann sich das in Anspruch genommene Aufsichtsratsmitglied nicht berufen (§ 93 Abs. 5 S. 3). Alle sonstigen **Einreden** und **Einwendungen,** die es gegenüber der Gesellschaft hat, stehen ihm auch gegenüber dem Gläubiger zu.[986] 695

Hat die Gesellschaft den Schadensersatzanspruch **abgetreten** oder sonst wirksam darüber verfügt, gilt das auch gegenüber dem Gesellschaftsgläubiger.[987] 696

Wird das Verwaltungsmitglied von **mehreren Seiten in Anspruch** genommen, kann es weder **Rechtshängigkeit**[988] noch **Rechtskraft** (§ 325 ZPO) einwenden.[989] Das gilt sowohl für eine Inanspruchnahme durch mehrere Gläubiger, als auch für eine Inanspruchnahme durch den oder die Gläubiger und die Gesellschaft, da es sich nicht um dieselben Parteien handelt.[990] Bei einer Inanspruchnahme durch Gläubiger und Gesellschaft kommt 697

---

[977] Großkomm AktG/*Hopt* § 93 Rn. 416 (nach Erwirkung eines Urteils durch den Gläubiger oder dem Beginn der Zwangsvollstreckung); Kölner Komm AktG/*Mertens/Cahn* § 93 Rn. 184.
[978] Kölner Komm AktG/*Mertens/Cahn* § 93 Rn. 184.
[979] Vgl. Hüffer/*Koch* § 93 Rn. 83.
[980] Vgl. Palandt/*Grüneberg* in § 428 Rn. 1.
[981] Großkomm AktG/*Hopt* § 93 Rn. 416 (ausreichend ist eine Zahlungsaufforderung, eine Klage ist nicht erforderlich); Hüffer/*Koch* § 93 Rn. 83; Kölner Komm AktG/*Mertens/Cahn* § 93 Rn. 184.
[982] Großkomm AktG/*Hopt* § 93 Rn. 416.
[983] Großkomm AktG/*Hopt* § 93 Rn. 416.
[984] Kölner Komm AktG/*Mertens/Cahn* § 93 Rn. 184; Großkomm AktG/*Hopt* § 93 Rn. 416; Hüffer/*Koch* § 93 Rn. 83.
[985] Großkomm AktG/*Hopt* § 93 Rn. 416 (Tilgung durch ein Surrogat).
[986] Großkomm AktG/*Hopt* § 93 Rn. 417; Kölner Komm AktG/*Mertens/Cahn* § 93 Rn. 185.
[987] AA Kölner Komm AktG/*Mertens/Cahn* § 93 Rn. 187; vgl. → Rn. 675.
[988] § 261 Abs. 3 Nr. 1 ZPO; MüKoAktG/*Spindler* § 93 Rn. 244.
[989] Großkomm AktG/*Hopt* § 93 Rn. 419; Hüffer/*Koch* § 93 Rn. 83; Kölner Komm AktG/*Mertens/Cahn* § 93 Rn. 184.
[990] Vgl. Thomas/Putzo/*Reichold* ZPO § 261 Rn. 11; Großkomm AktG/*Hopt* § 93 Rn. 419.

hinzu, dass die Anspruchsvoraussetzungen und Verteidigungsmöglichkeiten unterschiedlich sind.

698 Es würde dem Zweck des Verfolgungsrechts zuwiderlaufen, wenn ein Rechtsstreit der Gesellschaft gegen das Aufsichtsratsmitglied die Gläubiger **präkludierte**. Die Gläubiger sollen davor geschützt werden, dass die Gesellschaft in nicht geeigneter Weise gegen das Aufsichtsratsmitglied vorgeht.[991]

699 Die Einrede der **Rechtshängigkeit** steht dem Verwaltungsmitglied auch dann nicht zu, wenn der Gläubiger gleichzeitig gegen ein anderes Mitglied Klage erhoben hat, welches mit jenem als Gesamtschuldner (§ 425 BGB) verpflichtet ist.[992] Sofern ein Verfahren anhängig ist, kann der Beklagte die **Aussetzung der weiteren Verfahren** beantragen.[993]

700 Ist der Ersatzanspruch getilgt, sind die übrigen Prozesse **in der Hauptsache erledigt**.[994] Nach Leistung kann sich das Verwaltungsmitglied gegen eine anderweitige Inanspruchnahme aus einem Titel im Wege der Vollstreckungsgegenklage (gem. § 767 ZPO) zur Wehr setzen.[995]

VI. Beweislast

701 Der Gläubiger hat zu beweisen, dass ihm eine Forderung gegen die Gesellschaft zusteht und dass die Gesellschaft zahlungsunfähig oder überschuldet ist.[996] Bestreitet das in Anspruch genommene Aufsichtsratsmitglied seine Haftung gegenüber der Gesellschaft, muss der **Gläubiger das Bestehen des Anspruchs beweisen**.[997] Im Fall des Sondertatbestands Nr. 6 (Zahlungen nach Eintritt der Insolvenz) reicht es aus, wenn der Gläubiger Anhaltspunkte für Zahlungen nach Zahlungsunfähigkeit oder Überschuldung darlegt. Die Höhe der Zahlungen und der Empfänger müssen nicht genannt werden. Einen Schaden, der dem Tatbestand des Abs. 3 unterfällt, aber über den entzogenen oder vorenthaltenen Betrag hinausgeht, muss der Gläubiger beweisen. Der Haftungsmaßstab des Abs. 3 gilt jedoch auch hier, so dass der Gläubiger keine grobe Fahrlässigkeit darlegen muss.[998] Schon leichte Fahrlässigkeit genügt für einen Schadensersatzanspruch wegen Verwirklichung des Sondertatbestands.

702 Das Verschulden des Aufsichtsratsmitglieds muss der Gläubiger nicht beweisen. Die **Beweislastumkehr** gilt auch zugunsten des Gläubigers.[999]

VII. Ausübung des Verfolgungsrechts durch den Insolvenzverwalter oder den Sachwalter

703 Während der Dauer des Insolvenzverfahrens über das Vermögen der Gesellschaft übt der Insolvenzverwalter oder der Sachwalter die **Rechte der Gläubiger gegenüber den Verwaltungsmitgliedern** aus. Erforderlich ist, dass die gesetzlichen Voraussetzungen des Verfolgungsrechts vorliegen (§ 93 Abs. 5).

704 Die Einbeziehung des Sachwalters stellt klar, dass auch bei **Eigenverwaltung** (§§ 270 ff. InsO) der Insolvenzmasse durch die Gesellschaft das Verfolgungsrecht der Gläubiger auf den Sachwalter übertragen ist.[1000] Der **Sachwalter** wird anstelle der AG und deren zuständigen Organs, des Aufsichtsrats, tätig,[1001] und zugleich auch anstelle der Gläubiger der Gesell-

---

[991] v. Godin/Wilhelmi § 93 Anm. 28; Kölner Komm AktG/Mertens/Cahn § 93 Rn. 184.
[992] Großkomm AktG/Hopt § 93 Rn. 419.
[993] Großkomm AktG/Hopt § 93 Rn. 419; Kölner Komm AktG/Mertens/Cahn § 93 Rn. 184.
[994] Großkomm AktG/Hopt § 93 Rn. 420; Kölner Komm AktG/Mertens/Cahn § 93 Rn. 184.
[995] Großkomm AktG/Hopt § 93 Rn. 420; Kölner Komm AktG/Mertens/Cahn § 93 Rn. 184.
[996] v. Godin/Wilhelmi § 93 Anm. 28; Großkomm AktG/Hopt § 93 Rn. 407.
[997] Vgl. Großkomm AktG/Hopt § 93 Rn. 403; MüKoAktG/Spindler § 93 Rn. 246.
[998] v. Godin/Wilhelmi § 93 Anm. 28; vgl. → Rn. 583 f.
[999] § 93 Abs. 5 S. 2 Halbs. 1; vgl. v. Godin/Wilhelmi § 93 Anm. 28.
[1000] Großkomm AktG/Hopt § 93 Fn. 1271.
[1001] Hüffer/Koch § 93 Rn. 84: § 93 Abs. 4 S. 4 ist Sondervorschrift gegenüber § 274 InsO.

schaft;¹⁰⁰² ihm stehen insoweit, in Abweichung von der Regelung des § 274 InsO, die Befugnisse eines Insolvenzverwalters zu.¹⁰⁰³ ¹⁰⁰⁴

Der **Insolvenzverwalter** hat neben dem Recht zur Geltendmachung von Ersatzansprüchen der Gläubiger das Recht, die Gesellschaftsforderungen gegenüber dem Verwaltungsmitglied geltend zu machen. Damit obliegt ihm die alleinige Befugnis zur **gerichtlichen und außergerichtlichen Durchsetzung** sämtlicher Ersatzansprüche gegen die Verwaltungsmitglieder.¹⁰⁰⁵ 705

Sofern der Insolvenzverwalter **Ersatzansprüche der Gläubiger** geltend macht, braucht er sich einen **Verzicht** der Gesellschaft oder einen **Vergleich** mit dem Verwaltungsmitglied (§ 93 Abs. 5 S. 3) nicht entgegenhalten zu lassen. Auch kann sich das Verwaltungsmitglied ihm gegenüber nicht auf einen gesetzmäßigen **Beschluss der Hauptversammlung** (§ 93 Abs. 5 S. 3) berufen.¹⁰⁰⁶ Das gilt nicht, wenn der Insolvenzverwalter Rechte der Gesellschaft geltend macht.¹⁰⁰⁷ 706

Der Insolvenzverwalter kann verzichten oder sich vergleichen, ohne an die **gesellschaftsrechtlichen Beschränkungen** gebunden zu sein.¹⁰⁰⁸ Einen Verzicht oder Vergleich des Insolvenzverwalters oder Sachwalters über Ersatzansprüche müssen die Gesellschaft und alle Gläubiger gegen sich gelten lassen,¹⁰⁰⁹ sofern sie dem Insolvenzzweck nicht objektiv zuwiderlaufen.¹⁰¹⁰ Einer Mitwirkung der Gesellschaftsorgane bedarf es nicht, möglicherweise aber der Zustimmung des Gläubigerausschusses.¹⁰¹¹ 707

Ein Urteil im Verfahren des Insolvenzverwalters gegen das Verwaltungsmitglied entfaltet **Rechtskraft** sowohl für und gegen die Gesellschaft als auch für und gegen alle Gläubiger.¹⁰¹² 708

Nach Insolvenzeröffnung können die Gläubiger das Aufsichtsratsmitglied nicht mehr selbst in Anspruch nehmen, sie verlieren ihre **Aktivlegitimation.** Eine gleichwohl erhobene Klage ist mangels Sachberechtigung als unbegründet abzuweisen.¹⁰¹³ Ist bei Insolvenzeröffnung die Klage des Gläubigers bereits **rechtshängig** (§ 261 ZPO), wird das **Verfahren unterbrochen.**¹⁰¹⁴ Der Insolvenzverwalter kann als Rechtsnachfolger des Klägers (iSv § 325 ZPO) in den Prozess eintreten.¹⁰¹⁵ Sind mehrere Gläubigerprozesse rechtshängig, kann der Verwalter wählen, in welchen er eintritt. Darin liegt **keine Freigabe** der in den anderen Prozessen geltend gemachten Ansprüche.¹⁰¹⁶ 709

---

¹⁰⁰² K. Schmidt/Lutter/*Krieger/Seiler-Coceani* § 93 Rn. 60.
¹⁰⁰³ Hüffer/*Koch* § 93 Rn. 84.
¹⁰⁰⁴ Großkomm AktG/*Hopt* § 93 Rn. 421.
¹⁰⁰⁵ Großkomm AktG/*Hopt* § 93 Rn. 421; Kölner Komm AktG/*Mertens/Cahn* § 93 Rn. 189 zur Rechtslage vor Einführung der Eigenverwaltung durch den Sachwalter nach der InsO und des insoweit angepassten § 93 Abs. 5 S. 4.
¹⁰⁰⁶ *v. Godin/Wilhelmi* § 93 Anm. 30; Großkomm AktG/*Hopt* § 93 Rn. 421; Hüffer/*Koch* § 93 Rn. 84; Kölner Komm AktG/*Mertens/Cahn* § 93 Rn. 191.
¹⁰⁰⁷ Großkomm AktG/*Hopt* § 93 Rn. 421.
¹⁰⁰⁸ Gem. § 93 Abs. 4 S. 3; vgl. RGZ 74, 428 (430); *v. Godin/Wilhelmi* § 93 Anm. 30; Großkomm AktG/*Hopt* § 93 Rn. 421; Hüffer/*Koch* § 93 Rn. 84; Kölner Komm AktG/*Mertens/Cahn* § 93 Rn. 192.
¹⁰⁰⁹ RGZ 39, 62 (64 f.); 63, 203 (213 f.); 74, 428 (429); 84, 242 (251); *v. Godin/Wilhelmi* § 93 Anm. 30; Großkomm AktG/*Hopt* § 93 Rn. 424; Kölner Komm AktG/*Mertens/Cahn* § 93 Rn. 192.
¹⁰¹⁰ BGH NJW 1971, 701 (703).
¹⁰¹¹ Kölner Komm AktG/*Mertens/Cahn* § 93 Rn. 192; vgl. → Rn. 611.
¹⁰¹² Großkomm AktG/*Hopt* § 93 Rn. 424; einschränkend Kölner Komm AktG/*Mertens/Cahn* § 93 Rn. 192, in Bezug auf die Gläubiger nur, wenn deren Ansprüche in den Streit miteinbezogen sind. Vgl. → § 93 Rn. 154.
¹⁰¹³ RGZ 74, 428; *v. Godin/Wilhelmi* § 93 Anm. 30; Großkomm AktG/*Hopt* § 93 Rn. 422; Hüffer/*Koch* § 93 Rn. 84.
¹⁰¹⁴ Entsprechend § 240 ZPO; Großkomm AktG/*Hopt* § 93 Rn. 422, der unzutreffend auf die Anhängigkeit der Klage abstellt; Hüffer/*Koch* § 93 Rn. 84; Kölner Komm AktG/*Mertens/Cahn* § 93 Rn. 190.
¹⁰¹⁵ *v. Godin/Wilhelmi* § 93 Anm. 30; Großkomm AktG/*Hopt* § 93 Rn. 422; Kölner Komm AktG/*Mertens/Cahn* § 93 Rn. 190.
¹⁰¹⁶ Vgl. Großkomm AktG/*Hopt* § 93 Rn. 422; vgl. auch *Habscheid*, FS F. Weber, 1975, 197 (213 f.).

710 Gibt der Insolvenzverwalter den Anspruch frei, lebt die Prozessführungsbefugnis des Klägers wieder auf. Dies gilt für alle Insolvenzgläubiger.[1017] Der **Freigabe des Anspruchs** steht die Ablehnung der Aufnahme des Prozesses durch den Insolvenzverwalter gleich.[1018] Dies ergibt sich aus der Insolvenzordnung.[1019] Eine bloße Nichtgeltendmachung des Anspruchs bedeutet keine Freigabe.[1020] Eine Ablehnung der Aufnahme des Prozesses kann auch als Verzicht oder Teil eines Vergleichs auszulegen sein.[1021]

711 Die Ersatzansprüche werden durch den Insolvenzverwalter im **Interesse der Insolvenzmasse und einer gemeinschaftlichen Befriedigung der Gläubiger** eingezogen und nicht im Interesse eines bestimmten Gläubigers.[1022] Die Bedeutung der Ausübung des Verfolgungsrechts durch den Insolvenzverwalter liegt also allein darin, dass er aus der **Gläubigerposition** klagen kann.[1023]

712 Der Insolvenzverwalter, der aus der Gläubigerposition vorgeht, muss nicht die Position eines **bestimmten Gläubigers** einnehmen. Er muss nur darlegen, dass die Ansprüche der Gesellschaftsgläubiger insgesamt die Höhe des gegen das Verwaltungsmitglied geltend gemachten Schadensersatzanspruchs erreichen.[1024] Der eingeklagte Betrag fällt der Insolvenzmasse zu.[1025]

713 Endet das Insolvenzverfahren, ohne dass rechtskräftig über den Anspruch entschieden worden wäre und ohne dass der Insolvenzverwalter oder Sachwalter anderweitig über den Anspruch verfügt hätte, können die Gläubiger ihn wieder geltend machen.[1026] War der Insolvenzverwalter in den Prozess eines Gläubigers eingetreten, lebt dessen Sachberechtigung nach **Beendigung des Insolvenzverfahrens** wieder auf; der Gläubiger kann den Rechtsstreit als **Rechtsnachfolger des Insolvenzverwalters** fortsetzen.[1027]

O. Verjährung

I. Geltungsbereich der Verjährungsfrist

714 Die Ansprüche gegen Aufsichtsratsmitglieder **verjähren in fünf, bei börsennotierten Gesellschaften** (also nur bei Aktiengesellschaften) **sowie bei Kreditinstituten** (gleich welcher Rechtsform) auf Grund einer Änderung durch das Restrukturierungsgesetz[1028] **in zehn Jahren** (§§ 116, 93 Abs. 6, § 52a Abs. 1 KWG). Das gilt sowohl für Ansprüche aus allgemeinen (gem. § 93 Abs. 2) als auch aus besonderen (gem. § 93 Abs. 3) Sorgfaltspflichtverletzungen und – außer bei Kreditinstituten[1029] – auch für die Ansprüche der Gläubi-

---

[1017] Vgl. *Habscheid*, FS F. Weber, 1975, 197 (209); Großkomm AktG/*Hopt* § 93 Rn. 423; Kölner Komm AktG/*Mertens/Cahn* § 93 Rn. 190.

[1018] BGHZ 165, 32 (34); Großkomm AktG/*Hopt* § 93 Rn. 423; Kölner Komm AktG/*Mertens/Cahn* § 93 Rn. 152; K. Schmidt/*Sternal* InsO § 85 Rn. 54; aA RGZ 74, 428 (430); *v. Godin/Wilhelmi* § 93 Anm. 30.

[1019] § 85 Abs. 2 InsO. Großkomm AktG/*Hopt* § 93 Rn. 423; für die Anwendung des entsprechenden § 10 Abs. 2 KO ausführlich *Habscheid*, FS F. Weber, 1975, 197 (211 f.).

[1020] Großkomm AktG/*Hopt* § 93 Rn. 423.

[1021] Großkomm AktG/*Hopt* § 93 Rn. 423.

[1022] Vgl. § 1 InsO; Großkomm AktG/*Hopt* § 93 Rn. 424; Kölner Komm AktG/*Mertens/Cahn* § 93 Rn. 191.

[1023] Wodurch Abs. 5 S. 1 und 3 nicht gilt; vgl. Großkomm AktG/*Hopt* § 93 Rn. 421; Kölner Komm AktG/*Mertens/Cahn* § 93 Rn. 191.

[1024] Kölner Komm AktG/*Mertens/Cahn* § 93 Rn. 191.

[1025] Großkomm AktG/*Hopt* § 93 Rn. 424; Kölner Komm AktG/*Mertens/Cahn* § 93 Rn. 191.

[1026] Großkomm AktG/*Hopt* § 93 Rn. 425; Kölner Komm AktG/*Mertens/Cahn* § 93 Rn. 193.

[1027] RG JW 1935, 3301; *v. Godin/Wilhelmi* § 93 Anm. 30; Großkomm AktG/*Hopt* § 93 Rn. 425; Kölner Komm AktG/*Mertens/Cahn* § 93 Rn. 193.

[1028] Art. 6 des Gesetzes zur Restrukturierung und geordneten Abwicklung von Kreditinstituten, zur Errichtung eines Restrukturierungsfonds für Kreditinstitute und zur Verlängerung der Verjährungsfrist der aktienrechtlichen Organhaftung vom 9. Dezember 2010, BGBl. I S. 1900, in Kraft seit dem 15. Dezember 2010.

[1029] § 52a Abs. 1 KWG; Boos/Fischer/Schulte-Mattler/*Fischer* KWG § 52a Rn. 13.

ger.[1030] Für ein Greifen der zehnjährigen Verjährungsfrist muss das Unternehmen, soweit es nicht ein Kreditinstitut ist, zum Zeitpunkt der Verletzungshandlung börsennotiert gewesen sein (§§ 116, 93 Abs. 6); bei Kreditinstituten gilt die verlängerte Verjährungsfrist auch für vor Inkrafttreten des Restrukturierungsgesetzes begangene Pflichtverletzungen.[1031] Auf den Grad des Verschuldens kommt es nicht an.[1032] Auch für Ansprüche aus positiver Vertragsverletzung des Anstellungsvertrags gilt, sofern man solche Ansprüche zulässt, die fünf- bzw. zehnjährige Verjährungsfrist.[1033] Die als Folge der Finanzkrise überstürzt eingeführte zehnjährige Verjährungsfrist wurde zu Recht von Anfang an und wird zunehmend kritisch gesehen,[1034] da sie dem Gedanken des Rechtsfriedens entgegenläuft und zugleich den betroffenen Organmitgliedern ein unverhältnismäßige Last aufbürdet; Reformvorschläge gehen von einer ersatzlosen Abschaffung[1035] über eine kürzere, aber erst mit Amtsende beginnende Verjährungsfrist[1036] bis hin zu einer Anwendung des Verjährungsregimes des BGB (Lauf der kürzeren Verjährungsfrist ab Kenntnis, und ohne Kenntnis Verjährung in zehn Jahren).[1037] Diese Diskussion wird noch andauern.

Für Schadensersatzansprüche aus **anderen Vertragsverhältnissen** gelten die **allgemeinen Vorschriften**.[1038] Gleiches gilt für Ansprüche, denen die Verletzung einer gesellschafterlichen Treuepflicht zugrunde liegt,[1039] da diese als Teil der allgemeinen Sorgfaltspflichten gelten.[1040] Lässt das Verwaltungsmitglied eine **eigene Schuld,** also eine Forderung der Gesellschaft gegen sich selbst, **verjähren,** kommt eine Haftung aus Pflichtverletzung in Betracht.[1041] Auch der Aufsichtsrat, nicht nur der Vorstand, ist berufen, Ersatzansprüche gegen ein anderes Aufsichtsratsmitglied zu verfolgen, wenn dieses schuldhaft seine Pflichten verletzt hat.

Erfüllt der Verstoß gegen die Sorgfaltspflichten zugleich den Tatbestand einer **unerlaubten Handlung,** verjährt der deliktische Anspruch nach den Vorschriften des BGB,[1042] es handelt sich nicht um eine Gesetzes-, sondern um eine **Anspruchskonkurrenz**. In Anspruchskonkurrenz stehende Ansprüche verjähren selbständig.[1043] Auch Ansprüche aus **Bereicherungsrecht** (§§ 812 ff. BGB) verjähren nach den allgemeinen Vorschriften (§§ 194 ff. BGB).

Die **Ausgleichsansprüche der Gesamtschuldner** (§ 426 Abs. 1 BGB) untereinander verjähren in drei Jahren ab Kenntnis bzw. unabhängig von einer Kenntnis oder grob fahrlässiger Unkenntnis in zehn Jahren.[1044] Sofern die Gläubigerforderung auf einen Gesamtschuldner übergegangen ist (§ 426 Abs. 2 BGB), bleibt es bei der fünf- bzw zehnjährigen Verjährung.[1045]

[1030] Großkomm AktG/*Hopt* § 93 Rn. 426; MüKoAktG/*Spindler* § 93 Rn. 253.
[1031] § 52a Abs. 2 KWG; zur – im Gesetzgebungsverfahren in Frage gestellten – Verfassungsmäßigkeit der unechten Rückwirkung dieser Regelung Boos/Fischer/Schulte-Mattler/*Fischer* KWG § 52a Rn. 11 f.
[1032] RGZ 87, 306 (308); RG JW 1916, 129 (jeweils zu § 41 Abs. 4 GenG); Großkomm AktG/*Hopt* § 93 Rn. 426.
[1033] Großkomm AktG/*Hopt* § 93 Rn. 427; MüKoAktG/*Spindler* § 93 Rn. 253.
[1034] Vgl. zB Wachter/*Eckert* § 93 Rn. 63; *Lorenz* NZG 2010, 1046 (1052); *Fleischer* AG 2014, 457 (459, 467); *Bachmann* Gutachten E, 50. DJT, 2014, S. E 54 f.
[1035] *Fleischer* AG 2014, 457 (459, 467).
[1036] *Fleischer* AG 2014, 457 (459, 469).
[1037] *Bachmann* Gutachten E, 50. DJT, 2014, S. E 55 f.
[1038] Großkomm AktG/*Hopt* § 93 Rn. 427; Kölner Komm AktG/*Mertens/Cahn* § 93 Rn. 195.
[1039] Großkomm AktG/*Hopt* § 93 Rn. 427.
[1040] Vgl. BGH ZIP 1999, 230 f.; Goette ZNotP 1999, 50 65.
[1041] *v. Godin/Wilhelmi* § 93 Anm. 31; Großkomm AktG/*Hopt* § 93 Rn. 427.
[1042] §§ 195, 199 BGB, der deliktische Bereicherungsanspruch nach § 852 BGB. BGHZ 100, 190 (199 ff.); BGH ZIP 1989, 1390 (1397); hierzu auch *Fleck* ZIP 1991, 1269, 1271; mit ausführlicher Begründung Großkomm AktG/*Hopt* § 93 Rn. 428 und Kölner Komm AktG/*Mertens/Cahn* § 93 Rn. 195; Hüffer/*Koch* § 93 Rn. 85; aA RGZ 87, 306 (310 f.) (zur § 41 Abs. 4 GenG); RG JW 1938, 2019 (2020). Dies sollte auch für Kreditinstitute gelten Boos/Fischer/Schulte-Mattler/*Fischer* KWG § 52a Rn. 18.
[1043] Vgl. hierzu die sinngemäß zutreffende Argumentation in BGH AG 1987, 284 f.; Großkomm AktG/*Hopt* § 93 Rn. 428; Hüffer/*Koch* § 93 Rn. 86; Kölner Komm AktG/*Mertens/Cahn* § 93 Rn. 197.
[1044] §§ 195, 199 Abs. 1 und Abs. 4 BGB, siehe → Rn. 719. Zu § 195 BGB aF vgl. RGZ 159, 86 (89); Großkomm AktG/*Hopt* § 93 Rn. 431; Kölner Komm AktG/*Mertens/Cahn* § 93 Rn. 198.
[1045] Nach § 93 Abs. 6; Großkomm AktG/*Hopt* § 93 Rn. 431.

II. Keine Verlängerung oder Verkürzung der Verjährungsfrist

718 Die Verjährungsfrist kann weder durch Satzung noch durch Vertrag verlängert oder verkürzt werden; die gesetzliche Regelung ist zwingend und abschließend.[1046]

III. Beginn und Ablauf der Verjährung

719 Die Verjährung von Ansprüchen, die nicht der regelmäßigen Verjährungsfrist unterliegen, beginnt mit der **Entstehung des Anspruchs** (gem. § 200 BGB). Der Anspruch entsteht, wenn die klageweise Geltendmachung des Anspruchs durch den Berechtigten möglich wird.[1047] Auf seine **Kenntnis** vom Anspruch kommt es nicht an.[1048] Anderes gilt für die Regelverjährung des BGB. Dort wird eine kenntnisabhängige (relative) Verjährungsfrist von drei Jahren mit einer kenntnisunabhängigen (absoluten) Frist von 10 oder 30 Jahren kombiniert.[1049]

720 Die bloße Pflichtverletzung genügt für das Entstehen eines Schadens nicht. Hinzutreten muss der Eintritt eines Schadens. Der **Schaden** kann gleichzeitig mit der Pflichtverletzung entstehen,[1050] aber auch später.[1051] Vor dem Abschluss der pflichtwidrigen Handlung kann der Ersatzanspruch nicht entstehen.[1052]

721 Der Schaden muss nicht beziffert werden. Er braucht auch nicht Gegenstand einer Leistungsklage sein zu können. Er muss aber **dem Grunde nach entstanden** sein.[1053] Wenn ein Schaden feststeht, genügt die Möglichkeit, eine die Verjährung unterbrechende Feststellungsklage zu erheben.[1054] Ein **Schadensrisiko** genügt nicht.[1055] Ausreichend ist eine als Schaden anzusehende Verschlechterung der Vermögenslage, auch wenn noch nicht feststeht, ob diese endgültig wird.[1056]

722 Der aus einer Sorgfaltspflichtverletzung entstandene Schaden stellt mit der Pflichtverletzung eine **Einheit** dar. Die Zusammengehörigkeit erstreckt sich auch auf **spätere Schäden,** ohne dass für diese eine neue Verjährung beginnt. Das gilt aber nur, wenn bei Auftritt des ersten Schadens mit dem Auftreten weiterer Schäden zu rechnen ist. Ist zu befürchten, dass die weiteren Schäden erst nach Ablauf der Verjährungsfrist entstehen, kann eine die Verjährungsfrist unterbrechende Feststellungsklage erhoben werden. Für zunächst nicht vorhersehbare weitere Schäden beginnt mit deren Eintritt jeweils eine neue Verjährung.[1057]

723 Gleiches gilt, wenn die **pflichtwidrige Handlung wiederholt** wird. Jede schädigende Pflichtverletzung setzt eine neue Verjährung in Gang. Eine Rechtsfigur der fortgesetzten

---

[1046] Großkomm AktG/*Hopt* § 93 Rn. 432; Kölner Komm AktG/*Mertens/Cahn* § 93 Rn. 199; Grigoleit/ Grigoleit/Tomasic § 93 Rn. 67.
[1047] Kölner Komm AktG/*Mertens/Cahn* Rn. 74; MüKoAktG/*Spindler § 93* Rn. 255 f.
[1048] RGZ 83, 354 (356) (zu § 34 Abs. 4 GenG); RG JW 1932, 1648 (zu §§ 241, 249 HGB); BGHZ 100, 228 (231); BGH BB 1995, 2180 (2183) (zu § 43 GmbHG); Großkomm AktG/*Hopt* § 93 Rn. 433, 435; Hüffer/*Koch* § 93 Rn. 87; Kölner Komm AktG/*Mertens/Cahn* § 93 Rn. 200.
[1049] § 199 BGB; Palandt/*Ellenberger* BGB § 199 Rn. 1.
[1050] Etwa in den Fällen des § 93 Abs. 3.
[1051] Großkomm AktG/*Hopt* § 93 Rn. 434.
[1052] *v. Godin/Wilhelmi* § 93 Anm. 31; Kölner Komm AktG/*Mertens/Cahn* § 93 Rn. 201. Vgl. auch → § 93 Rn. 158.
[1053] *v. Godin/Wilhelmi* § 93 Anm. 31; Großkomm AktG/*Hopt* § 93 Rn. 433; Kölner Komm AktG/*Mertens/Cahn* § 93 Rn. 200.
[1054] RGZ 87, 306 (311 f.); BGHZ 73, 363 (365); 79, 176 (178); 96, 290 (294); 100, 228 (232); Baumbach/ Hueck § 93 Rn. 19; *v. Godin/Wilhelmi* § 93 Anm. 31; Großkomm AktG/*Hopt* § 93 Rn. 433; Hüffer/*Koch* § 93 Rn. 87; Kölner Komm AktG/*Mertens/Cahn* § 93 Rn. 200.
[1055] BGHZ 124, 27 (29 f.) (zur Abschlussprüferhaftung); *Fleck* WM 1994, 1957 (1963); Großkomm AktG/ *Hopt* § 93 Rn. 433.
[1056] RGZ 83, 354 (360); 87, 306 (311 f.); 153, 101 (106 f.); BGHZ 100, 228 (231); Großkomm AktG/*Hopt* § 93 Rn. 433.
[1057] BGHZ 50, 21 (24); BGHZ 100, 228 (231); mit dogmatischen Bedenken zur Behandlung der nicht vorhersehbaren weiteren Schäden aber im Ergebnis zustimmend: Großkomm AktG/*Hopt* § 93 Rn. 436; Kölner Komm AktG/*Mertens/Cahn* § 93 Rn. 202.

Handlung, wie sie früher im Strafrecht umfassend angewendet wurde, gibt es im Zivilrecht nicht.[1058]

Das **Verschweigen** einer pflichtwidrigen Handlung ist **keine zusätzliche Pflichtverletzung.**[1059] Das Verwaltungsmitglied ist nicht verpflichtet, sich selbst zu belasten.[1060] Nach *Mertens/Cahn* kann das Verschweigen aber eine eigene Pflichtverletzung darstellen: Wenn die Heimlichkeit sich auf eine Handlung beziehe, gegen die das Verwaltungsmitglied hätte vorgehen müssen, wäre sie von einem anderen vorgenommen worden, beginne die Verjährung erst nach Ablauf des Zeitraums, in dem das Verwaltungsmitglied zu seiner pflichtverletzenden Handlung geschwiegen habe.[1061] Allerdings ist zu bedenken, dass unter diesem Aspekt eine Verjährung kaum noch in Betracht käme. Eine Verpflichtung, gegen ein die Sorgfaltspflichten verletzendes Verwaltungsmitglied vorzugehen, würde so praktisch immer bestehen. Ein solcher umfassender Ausschluss der Verjährung wäre mit dem Zweck des Abs. 6 nicht vereinbar. Danach soll nach einer bestimmten Zeit die Möglichkeit der Geltendmachung von Schadensersatz ausgeschlossen sein, auch wenn keine Kenntnis vom Bestehen eines Anspruchs bestand.[1062] 724

Ist durch das Fehlverhalten des Verwaltungsmitglieds eine Situation entstanden, in der **im Interesse des Unternehmens eingeschritten oder berichtet werden muss,** dann muss das Verwaltungsmitglied reagieren, auch wenn dadurch das eigene Fehlverhalten bekannt wird.[1063] Tut es das nicht, liegt die Pflichtverletzung in dem Untätigsein begründet. Sie liegt nicht im Verschweigen einer vorhergehenden Pflichtverletzung. 725

Auch ein Tätigwerden des Verwaltungsmitglieds, um einer Inanspruchnahme zu entgehen, wie etwa das **Unterdrücken** oder **Manipulieren von Tatsachen,** ist nicht immer eine selbständig verjährende Pflichtverletzung.[1064] Hinzukommen muss ein zusätzlicher Unrechtsgehalt.[1065] Dieser kann darin liegen, dass für die Gesellschaft ein weiterer Schaden entsteht. 726

Hat das Verwaltungsmitglied durch Verschweigen, Unterdrücken oder Manipulieren von Tatsachen einer Inanspruchnahme entgehen wollen, kann der Verjährungseinrede die **Einrede der unzulässigen Rechtsausübung** entgegengehalten werden.[1066] Diese Einrede ist jedenfalls dann begründet, wenn das Verwaltungsmitglied durch das Verschleiern seiner Pflichtwidrigkeit die rechtzeitige Klageerhebung verhindert hat.[1067] 727

Schwieriger ist die Feststellung, wann bei einer **pflichtwidrigen Unterlassung** die Verjährungsfrist beginnt. Abzustellen sein dürfte auf den Zeitpunkt, bis zu welchem die Unterlassung als soziale Handlungseinheit angedauert hat.[1068] 728

In der Regel wird das der Zeitpunkt sein, zu dem **die Handlung spätestens hätte vorgenommen werden müssen,** um eine Pflichtverletzung zu vermeiden.[1069] Dabei sind **zeitliche Einschnitte** zu berücksichtigen, die für die Pflichten der Verwaltungsmitglieder von Bedeutung sind.[1070] 729

[1058] LG Waldshut-Tiengen DB 1995, 2157 (zur GmbH) RGZ 134, 335 (337); RG JW 1934, 1494 f.; Großkomm AktG/*Hopt* § 93 Rn. 437; Kölner Komm AktG/*Mertens/Cahn* § 93 Rn. 202. Vgl. → § 93 Rn. 159.
[1059] Großkomm AktG/*Hopt* § 93 Rn. 438; Kölner Komm AktG/*Mertens/Cahn* § 93 Rn. 201; MüKo-AktG/*Spindler* § 93 Rn. 257.
[1060] Kölner Komm AktG/*Mertens/Cahn* § 93 Rn. 201; MüKoAktG/*Spindler* § 93 Rn. 257
[1061] So Kölner Komm AktG/*Mertens/Cahn* § 93 Rn. 201.
[1062] Großkomm AktG/*Hopt* § 93 Rn. 439 mit ausführlicher Begründung.
[1063] Großkomm AktG/*Hopt* § 93 Rn. 439.
[1064] Großkomm AktG/*Hopt* § 93 Rn. 440.
[1065] Kölner Komm AktG/*Mertens/Cahn* § 93 Rn. 201.
[1066] RGZ 133, 33 (39); Großkomm AktG/*Hopt* § 93 Rn. 440 (Arglist gem. § 242 BGB); Kölner Komm AktG/*Mertens/Cahn* § 93 Rn. 162 (zusätzlich zum Hinausschieben der Verjährung).
[1067] Großkomm AktG/*Hopt* § 93 Rn. 440.
[1068] So Kölner Komm AktG/*Mertens/Cahn* § 93 Rn. 203; MüKoAktG/*Spindler* § 93 Rn. 257; Großkomm AktG/*Hopt* § 93 Rn. 444.
[1069] So Großkomm AktG/*Hopt* § 93 Rn. 442.
[1070] Kölner Komm AktG/*Mertens/Cahn* § 93 Rn. 164.

730 Ein Ersatzanspruch gegen Aufsichtsratsmitglieder wegen mangelhafter Überwachung der Geschäftsleitung beginnt daher regelmäßig mit dem **Abschluss des Geschäftsjahres** zu verjähren.[1071] Etwas anders gilt, wenn das Ereignis, zu dessen Verhinderung der Aufsichtsrat verpflichtet war, bereits eingetreten ist. Dann kann (und muss) die Unterlassung der Überwachung bereits zu diesem Zeitpunkt als abgeschlossen angesehen werden. Die Handlung ist nicht mehr nachholbar.[1072]

731 Das Unterlassen von Tätigkeiten, die bis zur nächsten **Hauptversammlung** durchzuführen waren, ist beendet, wenn die nächste ordentliche Hauptversammlung stattgefunden hat, in der der Aufsichtsrat über seine Tätigkeit zu berichten hat.[1073]

732 Die **Nichtzustimmung zu einem eindeutig günstigen Geschäft,** welches unter Zustimmungsvorbehalt steht, kann pflichtwidrig sein. Der Aufsichtsrat kann das Geschäft schuldhaft fehlerhaft beurteilt haben. Dann würde die Verjährung beginnen, wenn alle Bedenken ausgeräumt sein müssten bzw. das Geschäft nicht mehr oder nur mit Verlust nachholbar ist.

733 Mit Entstehen des Anspruchs der Gesellschaft beginnt auch die Verjährung gegenüber den Gläubigern. Das folgt aus der **Abhängigkeit des Verfolgungsrechts** der Gläubiger von dem Ersatzanspruch der Gesellschaft gegen das Verwaltungsmitglied. Es kommt also nicht darauf an, wann der einzelne Gläubiger seine Forderung erworben hat oder ab wann die Voraussetzung des Verfolgungsrechts (§ 93 Abs. 5 S. 1) gegeben ist.[1074]

734 Für die Berechnung der Verjährungsfrist gelten die allgemeinen Grundsätze.[1075]

IV. Hemmung und Unterbrechung der Verjährung

735 Es gelten die allgemeinen Regeln des bürgerlichen Rechts.[1076] Eine Unterbrechung der Verjährung durch die Gesellschaft wirkt auch zugunsten des **Verfolgungsrechts** der Gläubiger.[1077]

736 Die Unterbrechung durch einen Gläubiger gilt nach zutreffender hL nur für diesen selbst.[1078] Das ist zwar umstritten, lässt sich aber dadurch begründen, dass das Verfolgungsrecht des Gläubigers nur eine außerordentliche Befriedigungsmöglichkeit schaffen und nicht dazu dienen soll, die Gesellschaft zu privilegieren.[1079]

737 In der Insolvenz der Gesellschaft wirkt die Unterbrechung durch den Gläubiger in Höhe der ihm zustehenden Forderung auch zugunsten des Sachwalters oder **Insolvenzverwalters.**[1080]

738 Die **Insolvenz der Gesellschaft** führt nicht zu einer Hemmung der Ersatzansprüche der Gläubiger (nach § 93 Abs. 5 S. 1). Zwar können sie ihre Ansprüche nicht selbst geltend machen, ihr Recht gegen die Verwaltungsmitglieder wird aber vom Insolvenzverwalter oder Sachwalter ausgeübt (§ 93 Abs. 5 S. 4). Deren Verhalten auch in Bezug auf die Verjährung des Anspruchs müssen sich die Gläubiger zurechnen lassen.[1081]

[1071] Kölner Komm AktG/*Mertens/Cahn* § 93 Rn. 164.
[1072] Großkomm AktG/*Hopt* § 93 Rn. 443; Kölner Komm AktG/*Mertens/Cahn* § 93 Rn. 164.
[1073] Gem. §§ 171 Abs. 2, 176 Abs. 1 S. 2; vgl. Großkomm AktG/*Hopt* § 93 Rn. 442; so wohl auch Kölner Komm AktG/*Mertens/Cahn* § 93 Rn. 164.
[1074] *v. Godin/Wilhelmi* § 93 Anm. 31; Großkomm AktG/*Hopt* § 93 Rn. 445; Kölner Komm AktG/*Mertens/Cahn* § 93 Rn. 166.
[1075] Insbes. §§ 187 Abs. 1, 188 Abs. 2 BGB; vgl. statt aller Hüffer/*Koch* § 93 Rn. 87.
[1076] §§ 203 ff. BGB; vgl. statt aller Großkomm AktG/*Hopt* § 93 Rn. 447.
[1077] Großkomm AktG/*Hopt* § 93 Rn. 448; Hüffer/*Koch* § 93 Rn. 87; Kölner Komm AktG/*Mertens/Cahn* § 93 Rn. 166.
[1078] Großkomm AktG/*Hopt* § 93 Rn. 448; Kölner Komm AktG/*Mertens/Cahn* § 93 Rn. 166; einschränkend Hüffer/*Koch* § 93 Rn. 87 („nicht zweifelsfrei"); aA *v. Godin/Wilhelmi* § 93 Anm. 31 (beschränkend auf die Höhe des geltend gemachten Betrags).
[1079] So die Begründung von Großkomm AktG/*Hopt* § 93 Rn. 448, der zutreffend die Bezugnahme auf §§ 429 Abs. 3, 425 Abs. 2 BGB ablehnt, da es sich nicht um einen Fall der Gesamtgläubigerschaft handelt, so aber: Kölner Komm AktG/*Mertens/Cahn* § 93 Rn. 205.
[1080] Großkomm AktG/*Hopt* § 93 Rn. 448; Hüffer/*Koch* § 93 Rn. 87; Kölner Komm AktG/*Mertens/Cahn* § 93 Rn. 206.
[1081] Großkomm AktG/*Hopt* § 93 Rn. 450; aA wohl Kölner Komm AktG/*Mertens/Cahn* § 93 Rn. 168.

Die Verjährung der Ersatzansprüche gegen die Verwaltungsmitglieder wird auch nicht **739** dadurch gehemmt, dass die Verwaltungsmitglieder, die an der Pflichtverletzung nicht beteiligt waren, nicht ausreichen, um die Gesellschaft gegenüber den Ersatzpflichtigen **wirksam zu vertreten**.[1082] Denkbar ist aber der Einwand der unzulässigen Rechtsausübung gegen die Verjährungseinrede, wenn durch das Verhalten der Verwaltungsmitglieder die Gesellschaft keine Möglichkeit hat, ihre Ersatzansprüche geltend zu machen.[1083]

P. Ansprüche aus weiteren Anspruchsgrundlagen der Gesellschaft

Die **aktienrechtlichen Vorschriften** über Sorgfaltspflicht und Verantwortlichkeit **740** (§§ 93, 116) regeln das Verhältnis zwischen Gesellschaft und Aufsichtsratsmitgliedern **nicht abschließend**. In Betracht kommen daneben weitere Anspruchsgrundlagen zugunsten der Gesellschaft.

Bedeutsam ist dabei weniger, ob besondere Ansprüche aus positiver Vertragsverletzung in **741** Betracht kommen. Wenn solche möglich sind, fallen sie in den Bereich der organschaftlichen Verantwortlichkeit (§§ 116, 93). Die **organschaftliche Verantwortlichkeit** verdrängt als spezielle Haftungsgrundlage die subsidiär geltenden Haftungsansprüche aus positiver Vertragsverletzung.[1084]

Eine **Anspruchskonkurrenz** besteht zwischen der organschaftlichen Verantwortlichkeit **742** (§§ 116, 93) und dem Sonderhaftungstatbestand der Mithaftung von Verwaltungsmitgliedern bei schädigender Beeinflussung (§ 117 Abs. 2). Bei diesem Tatbestand handelt es sich um eine eigenständige Anspruchsgrundlage der Gesellschaft.[1085] Ihre Bedeutung liegt darin, dass die Verwaltungsmitglieder bei schädigender Einflussnahme nicht nur der Gesellschaft, sondern auch den Aktionären verantwortlich sind.[1086]

Neben den organschaftlichen Ansprüchen (§§ 116, 93) kommen auch **Ansprüche aus** **743** **Delikt** in Betracht, insbesondere wegen Verletzung eines Schutzgesetzes oder wegen vorsätzlicher sittenwidriger Schädigung.[1087] Schutzgesetze zugunsten der Gesellschaft sind aus dem Bereich des AktG die Strafvorschriften wegen Verletzung der Geheimhaltungspflicht (§ 404) und wegen einer Verletzung von Ordnungsvorschriften.[1088] Die den Aufsichtsratsmitgliedern auferlegten Pflichten (nach §§ 116, 93) sind nur dann Schutzgesetze zugunsten der Gesellschaft, wenn sie als Straf- oder Bußgeldtatbestände ausgestaltet sind.[1089]

Als **Schutzgesetz zu Gunsten der Gesellschaft** kommt in diesem Zusammenhang **744** auch die Untreuevorschrift, § 266 StGB, in Betracht, auf welche die Rechtsprechung zunehmend rekurriert. Der **Missbrauchstatbestand** greift bei Aufsichtsratsmitgliedern in den seltenen Fällen, in denen der Aufsichtsrat eine nach außen wirkende Vertretungsmacht wahrnimmt, so insbesondere bei der Bewilligung von Zahlungen an Vorstandsmitglieder.[1090] So hat der BGH es als treupflichtwidrige Schädigung des Gesellschaftsvermögens angesehen, dass die Mitglieder des Präsidiums des Aufsichtsrats der Mannesmann AG im

---

[1082] § 210 BGB gilt nur für natürliche Personen. Zum entsprechenden § 206 BGB aF: BGH NJW 1968, 692 (694); v. Godin/Wilhelmi § 93 Anm. 31; Großkomm AktG/Hopt § 93 Rn. 449; Kölner Komm AktG/Mertens/Cahn § 93 Rn. 165.
[1083] Großkomm AktG/Hopt § 93 Rn. 449; Kölner Komm AktG/Mertens/Cahn § 93 Rn. 165. Vgl. → § 93 Rn. 161.
[1084] Großkomm AktG/Hopt § 93 Rn. 21, 226 f., 465.
[1085] Großkomm AktG/Hopt § 93 Rn. 466; Kölner Komm AktG/Mertens/Cahn § 93 Rn. 2.
[1086] Hüffer/Koch § 117 Rn. 10; vgl. im Einzelnen die Erläuterungen zu § 117.
[1087] § 826 und § 823 Abs. 2 BGB iVm. einem Schutzgesetz; vgl. Großkomm AktG/Hopt § 93 Rn. 467; Kölner Komm AktG/Mertens/Cahn § 93 Rn. 2.
[1088] § 405 Abs. 1; Großkomm AktG/Hopt § 93 Rn. 466.
[1089] Den Charakter der §§ 116, 93 als Schutzgesetz iSd. § 823 Abs. 2 BGB verneinend: BGH AG 1979, 263; LG Düsseldorf AG 1991, 70, 71 – Girmes"; aA Stein S. 157 ff.; hiergegen mit zutreffender Begründung Kölner Komm AktG/Mertens/Cahn § 93 Rn. 207, die darauf abstellen, dass § 93 die Verletzung der aus dem Organverhältnis folgenden Pflichten sanktioniert und keine Mithaftung von Dritten begründen soll; ebenso: Großkomm AktG/Hopt § 93 Rn. 467.
[1090] BGHSt 50, 331 ff. = NZG 2006, 141 ff. – Mannesmann/Vodafone.

Zusammenhang mit der Übernahme des Unternehmens durch Vodafone Vorstandsmitgliedern, die das Unternehmen im Zusammenhang mit der Übernahme verließen oder bereits verlassen hatten, die Zahlung „**kompensationsloser Anerkennungsprämien**" bewilligt hatten, also Boni, für die es keine vertragliche Grundlage gab und die auch nicht als Anreiz für künftige Leistungen dienen und so dem Unternehmen Nutzen bringen konnten.[1091]

745 Häufiger in Betracht kommt der **Treuebruchtatbestand.** Tathandlung ist die Verletzung der dem Täter im Innenverhältnis obliegenden Pflicht, fremde Vermögensinteressen wahrzunehmen. Eine solche Pflichtverletzung sieht die jüngere Rechtsprechung auch dort, wo sie eine Garantenstellung des Aufsichtsrats iSd § 13 StGB für ein gesetzeskonformes Verhalten des Vorstands annimmt und der Aufsichtsrat eine Pflichtverletzung des Vorstands nicht verhindert.[1092] Allerdings erscheint es problematisch, einem Organmitglied eine Pflichtverletzung vorzuwerfen, wenn dieses es unterlässt, einen unvollständigen oder unwahren Prozessvortrag der Anwälte seines Unternehmens in einem Verfahren richtigzustellen, mit dem dieses Organmitglied nicht befasst ist.[1093]

Q. Außenhaftung der Aufsichtsratsmitglieder gegenüber Aktionären

I. Keine Geltung der Innenhaftungsnormen des AktG

746 Die Aufsichtsratsmitglieder sind grundsätzlich nur gegenüber der Gesellschaft und nicht gegenüber einzelnen Aktionären verantwortlich.[1094] Im Fall einer unzureichenden Überwachung ist eine entsprechende Anwendung der organschaftlichen Schadensersatznormen (§§ 116, 93) zugunsten der Aktionäre ausgeschlossen.[1095] Das gilt auch für eine Haftung aus dem Gesichtspunkt der **Prospekthaftung,** sofern nicht besondere Umstände hinzutreten, die über die Tätigkeit als Aufsichtsrat hinausgehen und ein „typisiertes" Vertrauen des Aktionärs begründen könnten.[1096] Aktionäre können allerdings bei Erfüllung strenger Voraussetzungen selbst Ersatzansprüche der Gesellschaft gegen Organmitglieder geltend machen, § 148, oder durch mehrheitlichen Hauptversammlungsbeschluss die Gesellschaft zwingen, solche Ersatzansprüche zu erheben, § 147 Abs. 1; zu letzterem Zweck kann alternativ entweder die Hauptversammlung einen besonderen Vertreter bestellen, § 147 Abs. 2 S. 1, oder eine Minderheit (10 % des Grundkapitals oder ein anteiliger Betrag von 1 Million Euro) dessen gerichtliche Bestellung beantragen. Die Aktionärsklage hat sich indes als stumpfes Schwert erwiesen und praktisch nie zu einer erfolgreichen Inanspruchnahme geführt,[1097] weshalb verschiedene Vorschläge gemacht worden sind, sie zu modernisieren;[1098] dagegen ist es wiederholt gelungen, zur Geltendmachung von Schadensersatzansprüchen

---

[1091] BGHSt 50, 331 = NZG 2006, 141 Rn. 27 f.
[1092] OLG Braunschweig AG 2013, 47 (49) (der Aufsichtsrat hatte sich entgegen der Satzung vom Vorstand unberechtigt Sitzungsgelder auszahlen lassen).
[1093] So aber anscheinend das LG München in dem im Jahr 2015 begonnenen Strafprozess gegen Organmitglieder der Deutschen Bank wegen versuchten Prozessbetrugs; kritisch dazu *Klaus R. Wagner/Spemann* NZG 2014, 1328 ff.
[1094] *Lutter/Krieger/Verse* Rn. 1028; Kölner Komm AktG/*Mertens/Cahn* Rn. 80; Großkomm AktG/*Hopt* § 93 Rn. 469; ausführlich zur Haftung der Vorstandsmitglieder gegenüber Aktionären: *Ihlas* S. 136 ff.
[1095] OLG Hamburg AG 2001, 141 (144).
[1096] OLG Hamburg AG 2001, 141 (144); zur Prospekthaftung: *Thümmel* Rn. 291.
[1097] *Wagner* ZHR 178 (2014) 227 241 ff.
[1098] *Bachmann* (Gutachten S. E, 50. DJT, 2014, S. E 74 ff. und S. E 88 ff.) setzt sich mit der Frage auseinander, ob eine Erleichterung von Aktionärsklagen erforderlich und sinnvoll ist; er schlägt deren vorsichtigen Ausbau durch Senkung des Kostenrisikos und Beseitigung des Vorbesitzerfordernisses sowie des Selbsteintrittsrechts der Gesellschaft vor und regt an, über eine Senkung des Quorums nachzudenken. *Wagner* (ZHR 178 (2014) 227 ff.) dagegen fordert eine „Reform der Aktionärsklage an Haupt und Gliedern" bis hin zu einer Erfolgsbeteiligung der klagenden Aktionäre, plädiert zugleich aber für eine Begrenzung des Haftungsumfangs auf die Deckungssumme der D&O-Versicherung.

wegen Pflichtverletzungen einen besonderen Vertreter durch die Hauptversammlung oder gerichtlich bestellen zu lassen.[1099]

Gegen eine entsprechende Anwendung der Innenhaftungsnormen spricht bereits der **Wortlaut der Norm,** die eine Ersatzpflicht gegenüber der Gesellschaft und nicht gegenüber den Aktionären bestimmt (§§ 116, 93 Abs. 2 S. 1). Darüber hinaus wäre die gesetzliche Bestimmung (§ 147) überflüssig, in der unter besonderen Voraussetzungen die Aktionäre Ersatzansprüche der Gesellschaft durchsetzen können.[1100]

II. Sonderbestimmungen des AktG

Ein Direktanspruch der Aktionäre gegen Aufsichtsratsmitglieder kann gegeben sein, wenn die Pflichtwidrigkeit im Zusammenhang mit der **schädigenden Beeinflussung** von Mitgliedern der Unternehmensverwaltung steht.[1101]

Zum anderen kann sich auch aus **konzernrechtlichen Bestimmungen** ein Direktanspruch der Aktionäre ergeben (§ 309 Abs. 4 S. 1, § 310 Abs. 4 iVm. § 309 Abs. 4). Die Aktionäre können allerdings nur Leistung an die Gesellschaft verlangen (actio pro societate).[1102] Eine erweiternde Auslegung dieser Sonderbestimmung auf die Organe nichtkonzernverbundener Aktiengesellschaften ist wegen der ausdrücklichen Bestimmung, dass die Ersatzpflicht ausschließlich gegenüber der Gesellschaft eintritt (§ 93 Abs. 2 S. 1), nicht möglich.[1103] Auch die Vorschrift über die Geltendmachung von Ersatzansprüchen (§ 147) zeigt, dass der Gesetzgeber dem einzelnen Aktionär die Möglichkeit einer actio pro societate im Bereich der organschaftlichen Haftung nicht eröffnen wollte.[1104]

III. Haftung wegen Verletzung eines absoluten Rechts

Schadensersatzansprüche wegen Verletzung eines absoluten Rechts (§ 823 Abs. 1 BGB) kommen in der Regel nicht in Betracht. Das **Vermögen** zählt nicht zu den absolut geschützten Rechten. Das **Recht am eingerichteten und ausgeübten Gewerbebetrieb** steht allein der Gesellschaft und nicht den Aktionären zu.[1105]

Auch eine Verletzung des als absoluten Rechts anerkannten **Mitgliedschaftsrechts**[1106] ist dann ausgeschlossen, wenn nur das in der Aktie gebundene Vermögen beeinträchtigt ist. Der deliktische Eingriff muss sich unmittelbar gegen den Bestand der Mitgliedschaft richten. Das ist bei einer durch gesellschaftsschädigendes Verhalten herbeigeführten Entwertung jedenfalls nicht der Fall.[1107] Die Aktie als solche wird dadurch nicht verletzt.

Streitig ist, ob **Schäden, die sich nicht zugleich als Schäden der Gesellschaft darstellen,** einen Anspruch wegen Eingriffs in die Mitgliedschaftsrechte begründen können. In Betracht kommen hier Verstöße gegen die Gleichbehandlungspflicht oder Minderungen des Einflusses der Mitgliedschaftsposition durch gesetzes- und satzungswidriges Verhalten.[1108] Gedacht werden kann an die Kapitalerhöhung unter Ausschluss des Bezugsrechts durch den Vorstand auf Grund bestehender Satzungsermächtigung (§§ 202, 203 Abs. 2), wenn die gesetzlichen Voraussetzungen für den Bezugsrechtsausschluss nicht vorliegen.[1109] Auch unzulässige Abwehrmaßnahmen des Vorstands gegen den Versuch einer feindlichen Übernahme können einen Eingriff in die Mitgliedschaftsrechte dar-

---

[1099] Vgl. zu Bestellung, Funktion und Rechtsstellung des besonderen Vertreters ausführlich Heidel/*Lochner* § 147 Rn. 15 ff.
[1100] Großkomm AktG/*Hopt* § 93 Rn. 469; Kölner Komm AktG/*Mertens/Cahn* § 93 Rn. 61.
[1101] Gem. § 117 Abs. 1 S. 2, Abs. 2; vgl. *Thümmel* Rn. 278 f.
[1102] Vgl. *Thümmel* Rn. 280.
[1103] *Thümmel* Rn. 281.
[1104] §§ 116, 93. So zutreffend Kölner Komm AktG/*Mertens/Cahn* Rn. 80.
[1105] RGZ 158, 248 (255); Großkomm AktG/*Hopt* § 93 Rn. 470.
[1106] Vgl. *Palandt/Sprau* BGB § 823 Rn. 21.
[1107] Vgl. Großkomm AktG/*Hopt* § 93 Rn. 471.
[1108] Kölner Komm AktG/*Mertens/Cahn* § 93 Rn. 172.
[1109] *Thümmel* Rn. 282.

stellen.¹¹¹⁰ Die Pflichtverletzung des Aufsichtsrats liegt darin, dass er das rechts- oder satzungswidrige Verhalten des Vorstands im Rahmen seiner Überwachungsaufgabe nicht unterbindet.

753 Nach einer **Mindermeinung** handelt es sich bei diesen Handlungen um einen Eingriff in das Substrat der durch Gesetz und Satzung ausgeformten Mitgliedschaftsstellung mit der Folge, dass alle aus der Beeinträchtigung der Mitgliedschaft folgenden Nachteile zu ersetzen sind.¹¹¹¹ Erfasst sei auch die Wertminderung einer Schachtelbeteiligung, die sich daraus ergebe, dass der Einfluss der Sperrminorität durch satzungswidrige Ausgliederung eines Unternehmensteils entscheidend herabgesetzt werde.¹¹¹² Der BGH habe grundsätzlich die Möglichkeit bejaht, dass ein Aktionär den Vorstand wegen Verletzung seines Mitgliedschaftsrechts belangen könne.¹¹¹³

754 Diese Ansicht wird von der **hL** nicht geteilt. Auch solche Eingriffe erfolgen gerade nicht in das Recht selbst. Sie beeinträchtigen vielmehr das dahinterstehende Vermögen.¹¹¹⁴ Eine Anwendung der Vorschriften über die unerlaubte Handlung wegen des Eingriffs in ein absolutes Recht (§ 823 Abs. 1 BGB) ist in diesen Fällen **systemwidrig**. Der Anwendungsbereich, der das Vermögen als solches nicht erfasst,¹¹¹⁵ wird überschritten. Weitergehende Ansprüche der Aktionäre können sich nur gegen die Gesellschaft richten, da sie aus einer Verletzung der Sonderbeziehung zwischen Gesellschaft und Aktionären herrühren. Das trifft sich auch mit der Lösung des BGH in der „Holzmüller"-Entscheidung. Dort war die Gesellschaft ebenfalls richtiger Anspruchsgegner.¹¹¹⁶

755 **Stellungnahme:** Der hM ist zu folgen. Durch eine Verletzung der aktienrechtlichen Sorgfaltspflichten greift ein Aufsichtsratsmitglied nicht in das Mitgliedschaftsrecht als solches ein. Geschädigt wird das Vermögen, das sich in dem Unternehmen befindet, an dem der Aktionär beteiligt ist. Das Recht als solches, die Mitgliedschaft, wird von einem Wertverfall nicht berührt.

756 Im Zusammenhang mit Eingriffen in den rechtlichen Bestand der Mitgliedschaft können Leistungsansprüche, nämlich **Unterlassungs- und Beseitigungsansprüche,** eingreifen.¹¹¹⁷ Ein darüber hinausgehendes allgemeines Recht der Aktionäre auf gesetz- und satzungsmäßiges Verhalten des Aufsichtsrats gibt es nicht.¹¹¹⁸

IV. Haftung wegen vorsätzlicher sittenwidriger Schädigung

757 Eine Haftung wegen vorsätzlicher sittenwidriger Schädigung (§ 826 BGB) der Aufsichtsratsmitglieder wird wegen einer Verletzung der Aufsichtspflichten kaum in Betracht kommen. Denkbar ist eine solche Haftung eher im Bereich der dem Aufsichtsrat obliegenden Geschäftsführungsmaßnahmen. Derartige Ansprüche können in Betracht kommen, wenn der Aufsichtsrat es sittenwidrig unterlässt, offensichtlich gegebene und durchsetzbare **Schadensersatzansprüche** der Gesellschaft gegen die Vorstandsmitglieder **geltend zu machen.**¹¹¹⁹ Eine Haftung der Aufsichtsratsmitglieder wegen vorsätzlicher sittenwidriger Schä-

---

[1110] *Thümmel* Rn. 282.
[1111] Kölner Komm AktG/*Mertens/Cahn* § 93 Rn. 172; *Thümmel* Rn. 282, hält solche Schadensersatzansprüche grundsätzlich für möglich; vgl. auch *Habersack,* Die Mitgliedschaft – subjektives und „sonstiges" Recht, 1996, S. 258 ff.; BGHZ 110, 323 (327, 334 f.); vgl. LG Hamburg AG 1998, 432 (433).
[1112] Kölner Komm AktG/*Mertens/Cahn* § 93 Rn. 172; *Thümmel* Rn. 282.
[1113] BGHZ 83, 122 (133 ff.) – Holzmüller; Kölner Komm AktG/*Mertens/Cahn* § 93 Rn. 174.
[1114] Großkomm AktG/*Hopt* § 93 Rn. 473; vgl. auch *Habetha,* Direktorenhaftung und gesellschaftsfinanzierte Haftpflichtversicherung, 1995, 104 (108); *Hübner,* Managerhaftung, 1992, S. 20; MHdB AG/*Wiesner* § 26 Rn. 32.
[1115] BGHZ 41, 123 (127) (gegen eine allgemeine Vermögenshaftung).
[1116] Großkomm AktG/*Hopt* § 93 Rn. 473.
[1117] Großkomm AktG/*Hopt* § 93 Rn. 473.
[1118] Vgl. Kölner Komm AktG/*Mertens/Cahn* § 93 Rn. 190 (zum Vorstand) wegen Unvereinbarkeit mit der aktienrechtlichen Zuständigkeitsordnung.
[1119] Kölner Komm AktG/*Mertens/Cahn* Rn. 80.

digung greift schließlich auch, wenn sie den Vorstand bei betrügerischen Maßnahmen wie etwa betrügerischen Kapitalerhöhungen unterstützen.[1120]

V. Haftung wegen Verletzung eines Schutzgesetzes

Schrifttum: OLG München ZIP 2002, 1989 (mit Anm. *Möllers/Leisch*) = DB 2002, 2430, gegen LG Augsburg BB 2001, 2130; *Kleindieck,* Deliktshaftung und juristische Person, 1997; *Nelles,* Untreue zum Nachteil von Gesellschaften, 1991; *Ulmer,* FS Pfeiffer, 1975, 853.

1. Strafnormen des StGB. In der Vergangenheit ist der Straftatbestand der **Untreue** (§ 266 StGB) vereinzelt als **Schutzgesetz** zugunsten der Aktionäre iSd. Deliktsrechts bezeichnet worden.[1121] Dem widerspricht *Spindler*: Es bestehe kein Treueverhältnis zwischen den Aktionären und den Verwaltungsmitgliedern, sondern nur zwischen der Gesellschaft und den Verwaltungsmitgliedern.[1122] Die personale Selbständigkeit der Gesellschaft führe dazu, dass keine unmittelbare Verbindung zwischen der Gesellschaft und den Aktionären bestehe; eine unmittelbare Erstreckung der Treupflicht des Vorstands auf die Aktionäre missachte die Trennung von Gesellschaft und Gesellschafter und beschwöre unnötige Probleme bei der Schadenskongruenz herauf.[1123] **Stellungnahme:** *Spindler* ist zu folgen. Ein Organmitglied, das seine Sorgfaltspflicht verletzt, begeht nicht gleichzeitig strafrechtliche Untreue gegenüber den Aktionären. Es gibt kein besonderes Treueverhältnis zwischen den Aktionären und den Verwaltungsmitgliedern. Ein solches besteht nur zwischen der Gesellschaft und den Mitgliedern von Vorstand und Aufsichtsrat. Nicht jedes zivilrechtliche Fehlverhalten darf zugleich kriminalisiert werden. Der BGH hat sich, soweit ersichtlich, zur Schutzgesetzqualität des Untreuetatbestands noch nicht geäußert, doch kann angesichts der extensiven Anwendung des § 266 auf das Handeln von Vorständen und Aufsichtsräten nicht ausgeschlossen werden, dass er darin auch ein Schutzgesetz zu Gunsten der Aktionäre der Gesellschaft sieht.

Andere Vermögensdelikte, wie Betrug (§ 263 StGB) oder Bankrott (§ 283 StGB), kommen als Schutzgesetze in Betracht.[1124] Im konkreten Fall ist zu prüfen, ob die Tatbestandsvoraussetzungen erfüllt sind.

2. Aktienrechtliche Schutzgesetze. Die **Innenhaftungsnormen** des AktG (§§ 93, 116) sind **keine Schutzgesetze.** Organschaftliche Schadensersatzansprüche sollen nach der gesetzlichen Konzeption grundsätzlich nur der Gesellschaft zukommen. Dieses Ziel des Gesetzes würde verfehlt, wenn die Innenhaftungsnormen als Schutzgesetze zugunsten Dritter gewertet würden.[1125]

Schutzgesetze sind hingegen die Strafvorschriften über falsche Angaben (§ 399) und wegen unrichtiger Darstellung (§ 400). Auch die Vorschriften über eine Verletzung der Geheimhaltungspflicht (§ 404) und über Ordnungswidrigkeiten (§ 405 Abs. 1) sind Schutzgesetze zugunsten der Aktionäre.

Ob es sich bei den Strafvorschriften wegen Verletzung der Vorschriften bei **Insolvenz**[1126] um Schutzgesetze handelt, ist umstritten.[1127] Auch wenn man die Frage bejaht, ergibt sich jedenfalls keine unmittelbare Haftung der Aufsichtsratsmitglieder gegenüber den Aktionären. Aufsichtsratsmitglieder sind in der Strafvorschrift (§§ 401 Abs. 1 Nr. 1 oder Abs. 2;

[1120] OLG Düsseldorf DB 2008, 1961 ff. m. Anm. *Wilsing/Ogorek* (S. 1963 ff.).
[1121] § 266 StGB iVm. § 823 Abs. 2 BGB. Kölner Komm AktG/*Mertens,* 2. Aufl. 1996, § 93 Rn. 170, 175; Großkomm AktG/*Hopt* § 93 Rn. 475 ff., wenn auch nicht ohne Zweifel und mit dem Hinweis, dass die Aktionäre dann nur Anspruch auf Zahlung an die Gesellschaft haben sollten. Vgl. dazu MüKoAktG/*Spindler* § 93 Rn. 275.
[1122] Großkomm AktG/*Hopt* § 93 Rn. 476; MüKoAktG/*Spindler* § 93 Rn. 276.
[1123] MüKoAktG/*Spindler* § 93 Rn. 276.
[1124] *P. Doralt/W. Doralt* in Semler/v. Schenck AR-HdB § 14 Rn. 316.
[1125] So zutreffend Großkomm AktG/*Hopt* § 93 Rn. 478; MüKoAktG/*Spindler* § 93 Rn. 273.
[1126] §§ 401 Abs. 1 Nr. 1 oder Abs. 2, 92 Abs. 1 (Verletzung der Verlustanzeigepflicht) und §§ 401 Abs. 1 Nr. 2 oder Abs. 2, 92 Abs. 2 (Pflichtverletzung bei Zahlungsunfähigkeit).
[1127] Vgl. Großkomm AktG/*Hopt* § 93 Rn. 479 mwN zum Meinungsstreit; nach GHEK/*Hefermehl* § 93 Rn. 91 handelt es sich um Schutzgesetze zugunsten der Aktionäre.

§ 401 Abs. 1 Nr. 2 oder Abs. 2) nicht genannt. Da es sich um eine strafrechtliche Norm handelt, ist eine entsprechende Anwendung ausgeschlossen.

VI. Mittelbare Schadensverursachung und Beweislast

763 Der Schaden eines Aktionärs braucht bei Verletzung eines aktienrechtlichen Schutzgesetzes nicht unmittelbar verursacht zu sein. Auch eine **mittelbare Verursachung genügt** für die Annahme einer Verantwortlichkeit. Verlieren die Aktien durch eine Schädigung der Gesellschaft an Wert, ist der Schaden des Aktionärs ersatzfähig.[1128]

764 Der Kläger trägt die **Beweislast** für das Vorliegen einer unerlaubten Handlung und den ursächlichen Zusammenhang zwischen ihr und dem eingetretenen Schaden nach allgemeinen Grundsätzen.[1129]

VII. Ausschluss des Doppelschadens

765 Von einem **Doppelschaden** ist dann die Rede, wenn der Schaden des Aktionärs bloß seinen Anteil an dem der Gesellschaft zugefügten Schaden darstellt. Gleiche Bedeutung hat der Begriff des **Reflexschadens,** der darauf hinweist, dass der Nachteil im Vermögen des Aktionärs lediglich den Schaden der Gesellschaft reflektiert. Ebenso wird der Begriff des mittelbaren oder kongruenten Schadens verwendet.[1130]

766 Ein Doppelschaden liegt dann vor, wenn der Aktionär **durch die Schädigung des Gesellschaftsvermögens** einen Schaden im **Wert seiner Aktie** erleidet. Der Kollektivschaden der Gesellschaft stellt zugleich den Individualschaden der einzelnen Aktionäre dar. Deren Aktien sind entwertet, weil sie Quoten des verminderten Gesellschaftsvermögens verkörpern. Wird der Schaden der Gesellschaft ausgeglichen, entfällt damit auch der Schaden des Aktionärs. Umgekehrt wird aber durch den Ausgleich des Schadens einzelner Aktionäre der Schaden der Gesellschaft nicht beseitigt. Ein späterer Ausgleich des Gesellschaftsschadens ergibt somit einen **ungerechtfertigten Wertzuwachs** für die Aktionäre.

767 Eine **Doppelhaftung** für denselben Schaden ist nach zutreffender allgM ausgeschlossen.[1131] Der Haftende braucht für den Schaden nur einmal Ersatz zu leisten. Fraglich ist, welche Auswirkungen dies auf den Anspruch des Aktionärs hat.

768 Nach zutreffender Ansicht kann der **Aktionär keinen Anspruch** haben, soweit auch die Gesellschaft anspruchsberechtigt ist. Der Schaden ist nur durch Ersatzleistung an die Gesellschaft auszugleichen. Dem entspricht auch die Regelung der Ersatzpflicht in der Vorschrift über einflussverursachten Schaden (§ 117 Abs. 1 S. 2). Durch das Gesetz ist kein Einzelklagerecht vorgesehen.[1132] Könnte jeder Aktionär für sich anteiligen Schadensersatz verlangen, käme dies einer unzulässigen Einlagenrückzahlung (§ 57 Abs. 1) oder Gewinnverteilung (§ 57 Abs. 3) gleich.[1133]

769 Eine **andere Ansicht** nimmt grundsätzlich auch an, dass eine **Zahlung in erster Linie an die Gesellschaft** als die unmittelbar Geschädigte zu erfolgen habe. Wenn aber feststehe, dass die Gesellschaft ihren Ersatzanspruch nicht durchsetzen werde, könne der Aktionär seinen Ersatzanspruch gegenüber dem Organmitglied geltend machen.[1134] Dann werde der

---

[1128] Großkomm AktG/*Hopt* § 93 Rn. 482.
[1129] § 93 Abs. 2 S. 2 gilt hier nicht.
[1130] Ausführlich zum Problem des Doppelschadens: *Gerd Müller,* FS Kellermann, 1991, 317 ff.; *Baums,* Der Geschäftsleitervertrag, S. 215 ff., zur unterschiedlichen Terminologie mwN S. 215 Fn. 18; *Martens* ZGR 1972, 254 (276 ff.) mwN in Fn. 44.
[1131] Großkomm AktG/*Hopt* § 93 Rn. 484; MüKoAktG/*Spindler* § 93 Rn. 283.
[1132] *v. Godin/Wilhelmi* § 93 Anm. 32; *Gerd Müller,* FS Kellermann, 1991, S. 317, 335, mit ausführlicher Analyse der Rechtsprechung.
[1133] *Martens* ZGR 1972, 254 (279).
[1134] BGH WM 1967, 287 f.; 1969, 1081 ff. (beide zur GmbH); RGZ 157, 213 (219); Großkomm AktG/*Schilling,* 3. Aufl. 1973, § 93 Anm. 73; *Golling,* Sorgfaltspflicht und Verantwortlichkeit, 1968, S. 100; *Baums* ZGR 1987, 554 (559 f.); *Brandes,* FS Fleck, 1988, 13 (19 f.); zur dogmatischen Einordnung: *Gerd Müller,* FS Kellermann, 1991, 317 (327).

mittelbare Schaden des Aktionärs zu einem unmittelbaren Schaden.[1135] Dieser Ansicht ist nicht zu folgen. Es handelt sich um ein Fehlverhalten der Gesellschaftsorgane. Hiergegen ist organschaftlich vorzugehen (§§ 116, 93). Pflichtverletzungen der Organe begründen keine eigenen Ansprüche der Aktionäre gegen die Gesellschaft.

Die **Rechtsprechung** nimmt überwiegend an, dass die Aktionäre das Recht haben, ihren Anspruch klageweise durchzusetzen, jedoch nur auf **Zahlung an die Gesellschaft**.[1136] Damit entspricht sie im Ergebnis der hM. Diese Lösung ist im Schrifttum verbreitet auf Zustimmung gestoßen.[1137]   770

Im Wesentlichen finden sich hierzu drei unterschiedliche **dogmatische Einordnungen**.   771

Obwohl ein Einzelklagerecht nicht vorgesehen sei, könne in Anbetracht der Zulässigkeit von Schadensersatzansprüchen unmittelbar gegen Organmitglieder eine Ausnahme hinsichtlich mittelbarer Schäden nicht überzeugen. Um eine **Doppelhaftung zu vermeiden**, müsse der Anspruch auf Zahlung an die Gesellschaft gerichtet sein.[1138]   772

Eine zweite Ansicht stellt darauf ab, dass durch Leistung an die Gesellschaft dem **Grundsatz der Kapitalerhaltung** genügt und die **Zweckwidmung des Gesellschaftsvermögens** beachtet werde.[1139]   773

Eine dritte Meinung legt den **Grundsatz der Naturalrestitution** zugrunde, wonach der Schaden dort ausgeglichen werden solle, wo er eingetreten sei, nämlich bei der Gesellschaft.[1140]   774

Stellungnahme: Die zweite Ansicht wird der Rechtslage am besten gerecht. Sie sichert die **Vermeidung einer Doppelhaftung** und gewährleistet zugleich die **Kapitalerhaltung der Gesellschaft**.   775

Der Aktionär kann **Zahlung an sich selbst** verlangen, soweit er den Schaden der AG ausgeglichen hat oder einen unmittelbaren, gesondert entstandenen Schaden geltend macht.[1141] Dieser muss in adäquatem Zusammenhang mit der unerlaubten Handlung des Verwaltungsmitglieds stehen.   776

Hat der Gesellschafter der Gesellschaft den Schaden ersetzt, kann er den an die Gesellschaft gezahlten Betrag als Vermögensschaden gegenüber dem Verwaltungsmitglied geltend machen, wenn dieses ihm gegenüber haftbar ist.[1142] Durch den Schadensausgleich wird aus dem bloßen Reflexschaden ein unmittelbarer Schaden.[1143] **Anspruchsgrundlage** kann der Gesellschaftsanspruch sein, wenn er dem Gesellschafter abgetreten wurde, möglich ist auch ein bereicherungsrechtlicher Rückgriffsanspruch.[1144]   777

Bei einem gesondert entstandenen Schaden muss es sich um einen **originären Aktionärsschaden** handeln. Gesellschaftsschäden sind stets durch Leistung an die Gesellschaft auszugleichen.[1145] Ein originärer Aktionärsschaden liegt etwa dann vor, wenn sich der   778

[1135] Großkomm AktG/*Schilling*, 3. Aufl. 1973, § 93 Anm. 73.
[1136] BGH NJW 1988, 413 (415); BGH AG 1987, 126 ff. – Dubai = NJW 1987, 1077 (1079 f.); BGH NJW 1985, 1900; BGHZ 65, 15 (21) – ITT; öOGH AG 1996, 42; OLG Düsseldorf AG 1997, 231 (236) – ARAG; BGHZ 129, 136 (166).
[1137] *Baums* ZGR 1987, 554 (558); *Brandes*; FS Fleck, 1988, 13 ff.; Großkomm AktG/*Hopt* § 93 Rn. 487; *Henze*, HRR AktienR, Rn. 584; Hüffer/Koch § 93 Rn. 19; *Martens* ZGR 1972, 254 (276 ff.); Kölner Komm AktG/*Mertens/Cahn* § 93 Rn. 170, 175;*Mertens*, FS Fischer, 1979, 461 (474 f.); *Wiedemann* WM 1975 Sonderbeil. Nr. 4 S. 26; *Winter* ZHR Nr. 148 (1984), 579 (596 f.).
[1138] Diese Lösung entspräche nach Ansicht von *Hopt* dem durch §§ 117 Abs. 1 S. 2, 317 Abs. 1 S. 2 zum Ausdruck gekommenen allgemeinen Rechtsgedanken, Großkomm AktG/*Hopt* § 93 Rn. 487.
[1139] BGH AG 1987, 126 ff. – Dubai; *Brandes*, FS Fleck, 1988, 13 (17); kritisch hierzu: *Gerd Müller*, FS Kellermann, 1991, 317 (326) („kein dogmatisch ausreichendes Modell").
[1140] *Frank* NJW 1974, 2313 (2314) (für die GmbH); *Mertens*, FS Fischer, 1979, 461 (474 f.); *Rehbinder*, FS Fischer, 1979, 579 (593); kritisch hierzu: *Brandes*, FS Fleck, 1988, 13 (16).
[1141] BGH AG 1987, 126 ff. – Dubai = JZ 1987, 781 m. Anm. *Wiedemann*.
[1142] OLG Düsseldorf AG 1997, 231 (236 f.) – ARAG/Garmenbeck; Großkomm AktG/*Hopt* § 93 Rn. 490; Kölner Komm AktG/*Mertens/Cahn* § 93 Rn. 176; Hüffer/Koch § 93 Rn. 63 (zum geschädigten Tochterunternehmen).
[1143] OLG Düsseldorf AG 1997, 231 (236 f.) – ARAG/Garmenbeck.
[1144] Großkomm AktG/*Hopt* § 93 Rn. 490; MüKoAktG/*Spindler* § 93 Rn. 283.
[1145] BGHZ 129, 136 (166); Großkomm AktG/*Hopt* § 93 Rn. 488.

Aktionär durch den Vermögensverlust zu weiteren nachteiligen Vermögensdispositionen gezwungen sieht oder wenn er durch falsche Angaben veranlasst worden ist, seine Aktien zu einem noch günstigen Kurs nicht zu verkaufen.[1146] Soweit dem Aktionär durch die Entwertung der Aktie ein Schaden entstanden ist, der über die Schädigung der Gesellschaft hinausgeht, kann er Ersatzleistung an sich selbst verlangen.[1147] Eine Kursverschlechterung als solche ist grundsätzlich kein originärer Aktionärsschaden.[1148]

R. Außenhaftung der Aufsichtsratsmitglieder gegenüber Gläubigern und Dritten

I. Keine Geltung der Innenhaftungsnormen des AktG

779 Zugunsten Dritter ist eine entsprechende Anwendung der Innenhaftungsnormen ausgeschlossen.[1149] Ein Durchgriff findet nicht statt. Die allgemeinen aktienrechtlichen Sorgfaltsvorschriften haben keinen Schutzgesetzcharakter iSd § 823 Abs. 2 BGB. Eine Haftung von Aufsichtsratsmitgliedern gegenüber Dritten ist nur auf Grund besonderer Anspruchsgrundlagen möglich.

II. Vertragliche und vertragsähnliche Ansprüche

780 Der Aufsichtsrat hat zwar die Geschäftsführung durch den Vorstand zu überwachen, ist aber gegenüber Außenstehenden nicht handlungsbefugt.[1150] Grundsätzlich können deswegen ihm und seinen Mitgliedern gegenüber vertragliche Ansprüche nicht in Betracht kommen.[1151]

781 Ob in diesem Zusammenhang Ansprüche aus **Prospekthaftung** in Verbindung mit einem **in Anspruch genommenen Marktvertrauen**[1152] in Betracht kommen können, erscheint sehr zweifelhaft. Es sind kaum Tatbestände vorstellbar, die eine Anspruchsgrundlage bilden können. Weder publiziert oder verbreitet der Aufsichtsrat Prospekte oder prospektähnliche Unterlagen, noch nimmt er Marktvertrauen in Anspruch. Eine Haftung aus dem Gesichtspunkt der Prospekthaftung käme nur dann in Betracht, wenn besondere Umstände, die über die Tätigkeit des Aufsichtsrats hinausgehen, hinzukämen und ein typisiertes Vertrauen des Anlegers begründeten.

III. Ansprüche aus Delikt

782 Für eine deliktische Schädigung Dritter haften Aufsichtsratsmitglieder persönlich nach den allgemeinen Vorschriften. Handelt es sich aber um ein Verhalten, welches sie ausschließlich der Gesellschaft schulden, kommt eine Außenhaftung nicht in Betracht.[1153]

783 Der **BGH** hat in einem Fall **kreditschädigender Äußerungen des Vorstandsmitglieds einer Bank** über einen Kunden der Bank die Schadensersatzhaftung nicht nur der Bank, sondern auch des Vorstandsmitglieds wegen eines Eingriffs in den eingerichteten und ausgeübten Gewerbebetrieb des Kunden bejaht;[1154] hierbei hat der BGH argumentiert, „(w)as der juristischen Person auf Grund der vertraglichen Treupflicht untersagt (sei), sei

---

[1146] Großkomm AktG/*Hopt* § 93 Rn. 488.
[1147] Großkomm AktG/*Hopt* § 93 Rn. 489; Kölner Komm AktG/*Mertens/Cahn* § 93 Rn. 175; zur Schwierigkeit den entsprechenden Nachweis zu führen: *v. Godin/Wilhelmi* § 93 Anm. 32.
[1148] Kölner Komm AktG/*Mertens/Cahn* § 93 Rn. 175; MüKoAktG/*Spindler* § 93 Rn. 283.
[1149] § 116 iVm § 93, abgesehen von § 93 Abs. 5; BGH WM 1979, 853 ff. (zu den Gesellschaftsgläubigern).
[1150] Vgl. OLG Hamburg AG 2001, 141 (144).
[1151] MüKoAktG/*Habersack* Rn. 79; Spindler/Stilz/*Spindler* Rn. 200.
[1152] Vgl. OLG Hamburg AG 2001, 141 (144); *Stein*, FS Peltzer, 2001, 557 (567). Vgl. auch MüKoAktG/ *Semler*, 2. Aufl. 2004, Vor § 76 Rn. 206 ff.
[1153] Großkomm AktG/*Hopt* § 93 Rn. 499.
[1154] BGH NJW 2006, 830 Rn. 44, 119 ff. – Kirch/Deutsche Bank/Breuer.

daher zwangsläufig auch dem oder den für sie handelnden Organen verboten".[1155] Begründet hat er dies mit einem Hinweis auf die „Einheit der Rechtsordnung" sowie damit, Pflichten seien nicht nur an das Unternehmen, sondern auch an das Organ adressiert.[1156] Während diese Rechtsprechung durchaus zu Widerspruch reizt, bedarf sie an dieser Stelle keiner näheren Erörterung, da auf Grund der fehlenden Vertretungsbefugnis der Aufsichtsratsmitglieder deren Handeln gegenüber Dritten dem Unternehmen nicht zugerechnet werden kann[1157] und es auf der Grundlage der Argumentation des BGH (Einheit der Rechtsordnung) dann auch nicht anginge, die Aufsichtsratsmitglieder in vergleichbaren Fällen gleichwohl persönlich haftbar zu machen.

Anspruchsgrundlage für eine Außenhaftung kann vor allem der Tatbestand der unerlaubten Handlung in Verbindung mit einem Schutzgesetz (§ 823 Abs. 2 BGB) sein. Auch eine Ersatzpflicht wegen sittenwidriger Schädigung kann in Betracht kommen. Allerdings hat dieser Tatbestand wohl nur geringe praktische Bedeutung. **784**

1. Straf- und Bußgeldvorschriften des AktG. Die straf- und bußgeldbewehrten **785** Normen des AktG sind **Schutzgesetze** iSd des Deliktsrechts. Einem Gläubiger kann ein Ersatzanspruch gegen ein Aufsichtsratsmitglied insbesondere bei falschen Angaben, Verschweigen erheblicher Umstände oder unrichtiger Darstellung zustehen.[1158]

2. Strafnormen des StGB. Als Schutzgesetze kommen in erster Linie die **Vermögens- 786 delikte** in Betracht. Der **BGH** (→ Rn. 234) hat wiederholt im Zusammenhang mit der Nichtabführung von Arbeitnehmerbeiträgen zur Sozialversicherung die **Schutzgesetzqualität des § 266a StGB** bestätigt;[1159] Aufsichtsratsmitglieder könnten insoweit als Garant für ein rechtmäßiges Handeln des Vorstands haftbar werden, wenn sie von der Nichtabführung von Sozialabgaben Kenntnis hätten und nicht korrigierend eingriffen.

Ein betrügerisches Verhalten iSd § 263 StGB liegt dagegen nicht schon darin begründet, **787** dass die Vertragspartner der Gesellschaft **während eines kurzfristigen Sanierungsversuchs** nicht auf die bedrohliche Lage des Unternehmens hingewiesen werden.[1160] Da der Vorstand nicht zu einer entsprechenden Offenbarung verpflichtet ist, kann dem Aufsichtsrat keine Versäumnis bei der Überwachungspflicht vorgeworfen werden.

3. Insolvenzantragspflicht. Auch die Vorschrift über die Insolvenzantragspflicht (§ 92 **788** Abs. 2) kommt als **Schutzgesetz** in Betracht.[1161] Diese Pflicht zur rechtzeitigen Beantragung des Insolvenzverfahrens trifft aber grundsätzlich nur die Vorstandsmitglieder (§ 92 Abs. 2), sie erstreckt sich dann auf die Aufsichtsratsmitglieder, wenn das Unternehmen über keinen Vorstand mehr verfügt und daher führungslos ist.[1162] Vom letztgenannten Fall abgesehen kann eine Haftung der Aufsichtsratsmitglieder gegenüber den Gläubigern nur wegen **Anstiftung** oder **Beihilfe** zur Verschleppung des Insolvenzantragsverfahrens in Betracht kommen,[1163] wobei Letzteres insbesondere dann in Betracht kommt, wenn der Aufsichtsrat die Insolvenzreife des Unternehmens erkannt, gleichwohl aber nicht darauf hingewirkt hat, dass der Vorstand Insolvenzantrag stellte.[1164]

[1155] BGH NJW 2006, 830 Rn. 127.
[1156] BGH NJW 2006, 830 Rn. 126.
[1157] Spindler/Stilz/*Spindler* Rn. 200.
[1158] §§ 399, 400; auf die jeweiligen Kommentierungen wird verwiesen.
[1159] BGHZ 133, 370 (374 f.); 134, 304 (306 f.); 136, 332 (333).
[1160] BGH 75, 96 (115) – Herstatt; BGH WM 1979, 853 (857).
[1161] BGHZ 75, 96 (106) – Herstatt; ausführlich zu § 92 Abs. 2 als Schutzgesetz: Kölner Komm AktG/ Mertens/Cahn § 92 Rn. 50 ff. (allerdings unter Beschränkung auf den Ersatz des Quotenschadens, die Rspr. hat diese Ansicht aufgegeben, vgl. BGHZ 126, 181).
[1162] § 15a Abs. 3 InsO; dazu K. Schmidt/K. Schmidt/Herchen InsO § 15a Rn. 19 ff., 33 ff.; *P. Doralt/W. Doralt* in Semler/v. Schenck AR-HdB § 14 Rn. 318.
[1163] § 92 Abs. 2 iVm. § 401 Abs. 1 Nr. 2 über § 823 Abs. 2, § 830 BGB; BGHZ 75, 96 (106 f.) – Herstatt; BGH WM 1979, 853 (855); Kölner Komm AktG/*Mertens/Cahn* Rn. 82, § 92 Rn. 48 f.; *P. Doralt/W. Doralt* in Semler/v. Schenck AR-HdB § 14 Rn. 319.
[1164] BGH WM 2009, 851 ff.

789 Die Begriffe der Anstiftung und Beihilfe sind im strafrechtlichen Sinn zu verstehen. Vorausgesetzt ist, dass der Entschluss des zum Handeln verpflichteten Vorstands, die Insolvenzanmeldung zu unterlassen, durch das Aufsichtsratsmitglied **vorsätzlich veranlasst oder unterstützt** wird.[1165] Deshalb ist bei einer Verletzung der Insolvenzantragspflicht durch den Vorstand eine Haftung des Aufsichtsrats nur in sehr engem Rahmen möglich.

790 Soweit sich durch die Verzögerung des Insolvenzverfahrens die Befriedigungsaussichten der **Altgläubiger** verringern, erhalten sie den Quotenschaden ersetzt.

791 Nach höchstrichterlicher Rechtsprechung haben die **Neugläubiger,** die ihre Forderungen gegen eine GmbH nach dem Zeitpunkt erworben haben, zu dem Insolvenzantrag hätte gestellt werden müssen, Anspruch auf Ausgleich des vollen Schadens (Vertrauensschaden).[1166]

792 Der Aufsichtsrat ist auch haftbar, wenn er nicht auf die Einhaltung des Zahlungsverbots hinwirkt, das im Falle der Zahlungsunfähigkeit oder der Überschuldung der Gesellschaft greift.[1167] **Problematisch** erscheint hierbei allerdings, dass der BGH einen **Ersatz aller unter Verstoß gegen das Zahlungsverbot vorgenommenen Zahlungen** verlangt, ohne hierfür einen Schaden der Gesellschaft zu verlangen;[1168] vielmehr konstruiert der BGH einen „Anspruch eigener Art"[1169], der neben den Anspruch der Gesellschaft auf Ersatz des Insolvenzverschleppungsschadens tritt und diesen erheblich übersteigen kann.[1170] Die in der Literatur angeregte schadensrechtliche Gesamtsaldierung[1171] lehnt der BGH ausdrücklich ab.[1172]

793 **4. Vorsätzliche sittenwidrige Schädigung (§ 826 BGB).** Eine solche ist allenfalls möglich, wenn der Aufsichtsrat geschäftsleitend tätig wird. Ein sittenwidriges Verhalten kann gegeben sein, wenn aus eigensüchtigen Motiven der Insolvenzantrag hinausgezögert wird, obwohl ernste Zweifel an dem Gelingen eines Sanierungsversuchs bestehen.[1173]

S. Haftung im Konzern

794 Für die Haftung im Konzern enthält das **Aktienrecht** spezielle **Haftungstatbestände** (§§ 309, 310, 317, 318), die eine erweiterte Überwachungspflicht des Aufsichtsrats begründen. Auf deren Kommentierung wird verwiesen.[1174]

795 Die allgemeinen aktienrechtlichen Haftungsnormen (§ 116 iVm § 93) kommen weiterhin bei einem Schadensersatzanspruch der **herrschenden Gesellschaft** in Betracht, wenn ihr Aufsichtsrat eine Pflichtverletzung begeht, die den Gesamtkonzern oder eine Tochtergesellschaft betrifft. Vorstellbar ist etwa die Entwertung der Beteiligung an einer abhängigen Gesellschaft durch nachlässige Konzernüberwachung.[1175] Ein Schaden kann auch dadurch

---

[1165] BGHZ 75, 96 (107) – Herstatt; RGSt 77, 268 f.; BGHSt 14, 280 ff.
[1166] BGHZ 126, 181; dazu K. Schmidt/K. Schmidt/Herchen InsO § 15a Rn. 39 f.
[1167] § 92 Abs. 2 S. 1; BGH GmbHR 2010, 1200 ff. – Doberlug. In dem zu entscheidenden Fall ging es allerdings um den fakultativen Aufsichtsrat einer GmbH, für den der BGH eine Ausnahme sah, da die verbotenen Zahlungen die Gesellschaft nicht geschädigt, sondern nur zu einer Verringerung der Insolvenzmasse – und damit zu einem Schaden der Insolvenzgläubiger – geführt hätten und es bei der GmbH an einer § 93 Abs. 3 Nr. 6 vergleichbaren Regelung (die Drittschäden einem Schaden der Gesellschaft gleichstelle) fehle. Gegen diese vom BGH gemachte Ausnahme *Schürnbrand* NZG 2010, 1207 ff.
[1168] BGH GmbHR 2010, 1200 Rn. 14 – Doberlug; kritisch hierzu *K. Schmidt* GmbHR 2010, 1319 (1320 ff.) sowie bereits früher ZHR 168 (2004), 637 (650 ff.); ebenso für die GmbH *Altmeppen/Wilhelm* NJW 1999, 673 (678 ff.).
[1169] BGH GmbHR 2010, 1200 Rn. 14 – Doberlug.
[1170] *K. Schmidt* GmbHR 2010, 1319 (1320); *Altmeppen/Wilhelm* NJW 1999, 673 (678 f.) für die GmbH.
[1171] *K. Schmidt* ZHR 168 (2004), 637 (650 ff.).
[1172] BGH GmbHR 2010, 1200 Rn. 14 aE – Doberlug.
[1173] BGHZ 75, 96 (114) – Herstatt; BGH WM 1979, 853 (857).
[1174] MüKoAktG/*Altmeppen* § 310 Rn. 35 f.; Spindler/Stilz/*Veil* § 310 Rn. 4; Hölters/*Leuering/Goertz* § 310 Rn. 20 f.
[1175] *P. Doralt/W. Doralt* in Semler/v. Schenck AR-HdB *§ 14* Rn. 335.

eintreten, dass der Aufsichtsrat die Ausführung von Weisungen durch den Vorstand nicht sorgfältig überwacht.[1176]

Bei dem Aufsichtsrat einer **abhängigen Gesellschaft** bleiben die allgemeinen Haftungsnormen (§ 116 iVm § 93) neben den speziellen des Konzernrechts[1177] bestehen.[1178] 796

T. Haftung für Aufsichtsratsmitglieder

I. Haftung der Gesellschaft für ihre Aufsichtsratsmitglieder

Die Gesellschaft haftet für ihre Aufsichtsratsmitglieder nach § 31 BGB.[1179] Voraussetzung für eine Schadenersatzhaftung ist, dass die Aufsichtsratsmitglieder im **Zusammenhang mit ihrer Amtstätigkeit** eine **gegenüber einem Dritten** zum Schadensersatz verpflichtende Handlung oder Unterlassung begangen haben. Erfasst sind alle Rechtsgründe, die eine Schadensersatzpflicht beinhalten.[1180] 797

Handelt es sich um Pflichtverstöße, die sich **gegen die Gesellschaft selbst** richten, haftet die Gesellschaft Dritten und Aktionären **nicht**. Sie haftet auch dann nicht, wenn es sich um Pflichten handelt, die (auch) im Interesse Dritter oder der Aktionäre bestehen und eine Haftung des Aufsichtsratsmitglieds wegen der Verletzung eines Schutzgesetzes (§ 823 Abs. 2 BGB) auslösen.[1181] Eine Haftung von Aufsichtsratsmitgliedern für Fehler in einem von der Gesellschaft herausgegebenen Verkaufsprospekt dürfte regelmäßig nicht in Betracht kommen, da der Aufsichtsrat für den Inhalt eines solchen Prospekts nicht verantwortlich ist und ihn ohne Hinzukommen weiterer Umstände auch keine Verpflichtung trifft, vom Vorstand autorisierte Verkaufsprospekte auf Richtigkeit zu überprüfen. 798

II. Haftung der entsendenden Körperschaft für Aufsichtsratsmitglieder

Die abordnende Gesellschaft haftet **Dritten gegenüber** nicht nach § 31 BGB.[1182] Streitig ist, ob sie der **aufnehmenden Gesellschaft** für die Schäden haftet, die das delegierte Aufsichtsratsmitglied dieser zugefügt hat. 799

Der **BGH verneint eine Haftung der abordnenden Gesellschaft** im Hinblick auf die Ersatzpflicht des Organmitglieds.[1183] Er verweigert eine Haftung auch dann, wenn der von der abordnenden Gesellschaft Vorgeschlagene bei der Wahrnehmung seiner gesetzlichen Aufgaben als Aufsichtsratsmitglied pflichtwidrig ihren Interessen den Vorrang gibt und dadurch die andere Gesellschaft schädigt.[1184] Eine Haftung der entsendenden Gesellschaft für die pflichtgemäße Wahrnehmung des Aufsichtsratsamtes bei der aufnehmenden Gesellschaft sei mit der unabhängigen und eigenverantwortlichen Rechtsstellung des Aufsichtsratsmitglieds unvereinbar. Die Person könne und dürfe im Aufsichtsrat der überwachten Gesellschaft nur in ihrer Eigenschaft als Organmitglied dieser Gesellschaft und nicht als Organmitglied der entsendenden Gesellschaft tätig werden. Eine Bevorzugung der Interessen der Entsendungskörperschaft bleibe, so der BGH, eine pflichtverletzende Handlung des Aufsichtsratsmitglieds und sei nicht zugleich eine Handlung in Ausführung der ihm bei der Entsendungskörperschaft zustehenden Verrichtung.[1185] 800

[1176] Hüffer/Koch § 310 Rn. 2 f.; aA MüKoAktG/Altmeppen § 310 Rn 36.
[1177] Etwa § 310 Abs. 1 oder § 318 Abs. 2 im faktischen Konzern.
[1178] MüKoAktG/Altmeppen § 317 Rn. 87 ff. sowie § 318 Rn. 23; P. Doralt/W. Doralt in Semler/v. Schenck AR-HdB § 14 Rn. 337.
[1179] Kölner Komm AktG/Mertens/Cahn Rn. 83.
[1180] Vgl. MüKoBGB/Reuter BGB § 31 Rn. 29 ff.
[1181] Vgl. Kölner Komm AktG/Mertens/Cahn § 76 Rn. 74.
[1182] Verantwortlich ist allein die aufnehmende Gesellschaft: Kölner Komm AktG/Mertens/Cahn § 76 Rn. 82. Vgl. allgemein Koenen, Die Zurechnung von Organverhalten bei juristischen Personen, 1991.
[1183] Nach §§ 93, 116 AktG bzw. § 43 GmbHG und §§ 34, 41 GenG.
[1184] BGHZ 90, 381 f. (397 f.), Bestätigung von BGHZ 36, 296 (309 ff.); so auch Ihlas S. 97.
[1185] BGHZ 90, 381 (397 f.); 36, 296 (309 f.); gegen die Begründung des BGH: Kölner Komm AktG/Mertens/Cahn § 76 Rn. 84, wegen ein den faktischen Verhältnissen offensichtlich widersprechendes „Es kann nicht sein, was nicht sein darf", so bereits Ulmer, FS Stimpel, 1985, 705 (721).

801 *Mertens/Cahn*[1186] Schließen eine Haftung der entsendenden Gesellschaft weitgehend, aber **nicht prinzipiell aus**. Jedenfalls sehen sie entgegen dem BGH eine Haftungsgrundlage, wenn das Organmitglied seine Pflichten gegenüber der aufnehmenden Gesellschaft gerade dadurch verletzt, dass es den Interessen der abordnenden Gesellschaft den Vorrang gibt und eine Schädigung der Mandatsgesellschaft zumindest bedingt vorsätzlich in Kauf nimmt. Dann stelle sich das Organmitglied zugunsten seines Wirkungskreises in der abordnenden Gesellschaft außerhalb des Pflichtenkreises der aufnehmenden Gesellschaft. Es geriere sich also auch gegenüber der aufnehmenden als Organ der abordnenden Gesellschaft. Dann müsse diese auch für sein Handeln verantwortlich gemacht werden.[1187]

802 Gegen eine grundsätzliche Zurechnung über § 31 BGB spreche, so meinen *Mertens/Cahn*,[1188] dass eine Haftung des Entsenders bei Einführung des Entsendungsrechts[1189] zwar erwogen, aber abgelehnt worden sei. Auch 1965 sei vom Gesetzgeber in Kenntnis des Problems eine solche Zurechnung nicht statuiert worden. Komme danach die generelle Haftung einer entsendenden juristischen Person (nach § 31 BGB) nicht in Betracht, so sei sie erst recht für die Körperschaft ausgeschlossen.

803 *Ulmer*[1190] argumentiert bei sorgfaltswidrigen Handlungen des von der entsendenden Gesellschaft benannten Aufsichtsratsmitglieds grundsätzlich für eine Inanspruchnahme der abordnenden Körperschaft nach Vereinshaftungsrecht (§ 31 BGB). Das Aufsichtsratsmitglied könne als **Doppelorgan** der abordnenden und der aufnehmenden Gesellschaft angesehen werden. Auch lasse es sich nicht ernsthaft bestreiten, dass Aufsichtsratsmandate nicht selten als Teil der im Hauptamt eingegangenen Verpflichtungen übernommen würden.[1191]

804 *Lutter*[1192] spricht sich für eine **Organisationspflicht** zu fachlich adäquater Zusammensetzung des Aufsichtsrats aus. Diese obliege den bestimmenden Großaktionären, sowie den Kreditinstituten, die entscheidende Teile der Stimmrechte über § 135 auf sich vereinigten oder die Stimmführerschaft in diesem Bereich für sich in Anspruch nähmen.[1193]

805 **Stellungnahme:** Eine **Einstandshaftung des entsendenden Unternehmens ist mit der Rechtsstellung des abgeordneten Aufsichtsratsmitglieds nicht vereinbar.** Indirekt würde eine solche Einstandshaftung auch ein Weisungsrecht des abordnenden Unternehmens rechtfertigen, das es jedoch nach ganz hM nicht gibt.[1194] Es hätte insbesondere bei den Gewerkschaftsvertretern in mitbestimmten Aufsichtsräten ungewollte Konsequenzen. Nimmt das abordnende Unternehmen rechtswidrig auf das Aufsichtsratsmitglied Einfluss oder handelt dieses selbst im Interesse des abordnenden Unternehmens gegen die Interessen des aufnehmenden Unternehmens, kommt eine Schadensersatzpflicht nach den entsprechenden aktienrechtlichen Vorschriften (§ 117) in Betracht.

U. Verfahrensfragen

806 **Gerichtsstand.** Für Klagen gegen Aufsichtsratsmitglieder sind die **ordentlichen Gerichte** und nicht die Arbeitsgerichte **sachlich zuständig**. Aufsichtsratsmitglieder sind keine Arbeitnehmer. Zwischen der Gesellschaft und dem Aufsichtsratsmitglied besteht kein

---

[1186] Kölner Komm AktG/*Mertens/Cahn* Rn. 84, § 76 Rn. 85, Vor § 95 Rn. 12; vgl. auch *Westermann* JuS 1961, 333 (336).
[1187] Kölner Komm AktG/*Mertens/Cahn* § 76 Rn. 85.
[1188] Kölner Komm AktG/*Mertens/Cahn* § 76 Rn. 84.
[1189] Durch § 88 AktG 1937.
[1190] *Ulmer,* FS Stimpel, 1985, 705 (715 ff., 722) mit ausführlicher Auseinandersetzung mit den Gegenansichten.
[1191] *Ulmer,* FS Stimpel, 1985, 705 (718, 721).
[1192] *Lutter* ZHR 145 (1981), 224 (229 f.).
[1193] Dagegen Kölner Komm AktG/*Mertens/Cahn* Rn. 84, jedoch für eine Pflicht des Entsenders, eine nicht offenbar ungeeignete Person zu entsenden, begründet durch das vertragsähnliche Vertrauensverhältnis zwischen Entsender und Gesellschaft, vgl. Kölner Komm AktG/*Mertens/Cahn* § 101 Rn. 63.
[1194] Vgl. *v. Schenck* in Semler/v. Schenck AR-HdB § 5 Rn. 12 mwN.

Dienstverhältnis. Auch ein anderes schuldrechtliches Anstellungsverhältnis[1195] liegt nicht vor. Auch die **Arbeitnehmervertreter** im Aufsichtsrat stehen in ihrer organschaftlichen Funktion in keinem Arbeitsverhältnis zum Unternehmen. Das Aufsichtsratsmandat beruht auf einem gesonderten organschaftlichen Rechtsverhältnis.[1196]

Örtlich zuständig ist das Gericht des Erfüllungsorts (§ 29 ZPO). Das ist der Sitz der Gesellschaft, da dort die Sorgfaltspflichten zu erfüllen sind.[1197]

V. D&O-Versicherung für Aufsichtsratsmitglieder

Schrifttum: *Bayer/Scholz,* Haftungsbegrenzung und D&O-Versicherung im Recht der aktienrechtlichen Organhaftung, NZG 2014, 926; *Böttcher,* Direktanspruch gegen den D&O-Versicherer – Neue Spielregeln im Managementhaftungsprozess, NZG 2008, 645; *Campbell/Campbell,* Liability of Corporate Directors (London et al), 1993; *Conradi,* D&O-Versicherung und Insolvenz; Werthaltige Deckung oder Illusion?, AnwBl. 2012, 803; *Dreher,* Der Abschluss von D&O-Versicherungen und die aktienrechtliche Zuständigkeitsordnung, ZHR 165 (2001) 293; *Dreher/Thomas,* Die D&O-Versicherung nach der VVG-Novelle 2008, ZGR 2009, 31; *Fassbach,* Activist Shareholder: Neue Figur auf dem D&O-Schachbrett, Der Aufsichtsrat 2014, 144 f.; *Fassbach,* Die D&O-Versicherung in der Aufsichtsratspraxis, Board 2014, 156 ff.; *Fassbach,* Deckungskonzepte für eine Aufsichtsrats-D&O-Versicherung, Der Aufsichtsrat 2013, 26; *Grooterhorst/Looman,* Kostentragung des Versicherers bei (teilweiser) Erschöpfung der VersSumme in der D&O-Versicherung, r+s 2014, 157; *Grooterhorst/Looman,* Rechtsfolgen der Abtretung des Freistellungsanspruchs gegen den Versicherer im Rahmen der D&O-Versicherung, NZG 2015, 215; *Heider/Hirte,* Die Herausgabepflicht von Aufsichtsratsunterlagen, CCZ 2009, 106; *Hemeling,* Neue Entwicklungen in der D&O-Versicherung, FS Hoffmann-Becking, 2013, 491; *Hendricks,* Neues von der D&O-Versicherungsfront, Der Aufsichtsrat 2007, 98; *Hendricks,* D&O-Versicherung auf eigene Rechnung, Der Aufsichtsrat 2015, 50; *Henssler* in *Henze/Hoffmann-Becking,* Gesellschaftsrecht 2001, RWS-Forum 20, 2001, 131; *Hölscher/Altenhain,* Handbuch Aufsichts- und Verwaltungsräte in Kreditinstituten, 2013; *Hübner,* Managerhaftung, 1992; *Ihlas,* Organhaftung und Haftpflichtversicherung, 2. Aufl. 2009; *v. Kann,* Zwingender Selbstbehalt bei der D&O-Versicherung – Gut gemeint, aber auch gut gemacht?, NZG 2009, 1010; *Kästner,* Aktienrechtliche Probleme der D&O-Versicherung, AG 2000, 113; *Kerst,* Haftungsmanagement durch die D&O-Versicherung nach Einführung des aktienrechtlichen Selbstbehalts in § 93 Abs. 2 Satz 3 AktG, WM 2010, 594; *Kiethe,* Persönliche Haftung von Organen der AG und der GmbH – Risikovermeidung durch D&O-Versicherung, BB 2003, 537; *Koch,* Einführung eines obligatorischen Selbstbehalts in der D&O-Versicherung durch das VorstAG, AG 2009, 637; *Koch,* Die Rechtsstellung der Gesellschaft und des Organmitglieds in der D&O-Versicherung, GmbHR 2004, 18; *Krüger,* Nichtigkeit des D&O-Versicherungsvertrages bei fehlender Genehmigung durch die Hauptversammlung, NVersZ 2001, 8; *Kubiak,* Zur AGB-Kontrolle der Versicherungsfalldefinition und zu den Auswirkungen auf das Claims-made-Prinzip in der D&O-Versicherung, VersR 2014, 932; . *Lange,* D&O-Versicherung und Managerhaftung, 2014; *O. Lange,* Die verbrauchte Versicherungssumme in der D&O-Versicherung, VersR 2014, 1413; *O. Lange,* Die D&O-Versicherung in der Insolvenz der Versicherungsnehmerin (Erster Teil), r+s 2014, 209; *O. Lange,* Die D&O-Versicherung in der Insolvenz der Versicherungsnehmerin (Zweiter Teil), r+s 2014, 261; *O. Lange,* Das Zusammenspiel von Anerkenntnis und Abtretung in der Haftpflichtversicherung nach der VVG-Reform, r+s 2007, 401; *O. Lange,* Die D&O-Versicherungsverschaffungsklausel im Manageranstellungsvertrag, ZIP 2004, 2221; *O. Lange,* Praxisfragen der D&O-Versicherung, DStR 2002, 1626 (Teil I) + 1674 Teil II); *Loritz/Wagner,* Haftung von Vorständen und Aufsichtsräten: D&O-Versicherungen und steuerliche Fragen, DStR 2012, 2205; *Mertens,* Bedarf der Abschluss einer D&O-Versicherung durch die Aktiengesellschaft der Zustimmung der Hauptversammlung?, AG 2000, 447; *Notthoff,* Rechtliche Fragestellungen im Zusammenhang mit dem Abschluss einer Director's & Officer's-Versicherung, NJW 2003, 1350; *Olbrich,* Die D&O-Versicherung in Deutschland, 2003; *Pammler,* Die gesellschaftsfinanzierte D&O-Versicherung im Spannungsfeld des Aktienrechts, 2006; *Peltzer,* Konstruktions- und Handhabungsschwierigkeiten bei der D&O-Versicherung, NZG 2009, 970; *Pitkowitz,* Praxishandbuch Vorstands- und Aufsichtsratshaftung, 2014; *Ruttmann,* D&O-Versicherungschutz für Geldstrafen und –bußen?, Versicherungswirtschaft 2015, 50; *Ruttmann,* Die Versicherbarkeit von Geldstrafen, Geldbußen, Strafschadensersatz und Regressansprüchen in der D&O-Versicherung, 2014; *v. Schenck,* Handlungsbedarf bei der D&O-Versicherung, NZG 2015,494; *Schlechtriem* in *Kreuzer,* Die Haftung der Leitungsorgane von Kapitalgesellschaften, 1991, 9; *Schneider/Ihlas,* Die Vermögensschadenhaftpflichtversicherung des Geschäftsführers einer GmbH, DB 1994, 1123; *Schüppen/Sanna,* D & O-Versicherungen, Gute und schlechte Nachrichten!, ZIP 2002, 550; *Seibt/Saame,* Geschäftsleiterpflichten bei der Entscheidung über D&O-Ver-

---

[1195] AA die üL und Rspr; vgl. Kommentierung zu → § 101 Rn. 155 ff.: mangels eines Dienstverhältnisses bedarf es bei Aufsichtsratsmitgliedern auch keiner Ausnahmeregelung wie bei Vorstandsmitgliedern in § 5 Abs. 1 S. 3 ArbGG.
[1196] OLG München JZ 1956, 60 mit Anm. *A. Hueck;* Großkomm AktG/*Hopt* § 93 Rn. 451; Kölner Komm AktG/*Mertens/Cahn* § 93 Rn. 5, *Fitting* MitbestG § 25 Rn. 126.
[1197] Großkomm AktG/*Hopt* § 93 Rn. 452; Kölner Komm AktG/*Mertens/Cahn* § 93 Rn. 5.

sicherungsschutz, AG 2006, 901; *Sieg,* Tendenzen und Entwicklungen der Managerhaftung in Deutschland, DB 2002, 1759; *Thümmel/Sparberg,* Haftungsrisiken der Vorstände, Geschäftsführer, Aufsichtsräte und Beiräte sowie deren Versicherbarkeit. Anmerkungen zu Directors' und Officers' Policen in Deutschland, DB 1995, 1013; *Thüsing/Traut,* Angemessener Selbstbehalt bei D&O-Versicherungen, Ein Blick auf die Neuerungen nach dem VorstAG, NZA 2010, 140; *Ulmer,* Strikte aktienrechtliche Organhaftung und D&O-Versicherung – zwei getrennte Welten?, FS Canaris, 2007, Bd. II, 451; *Vetter,* Aktienrechtliche Probleme der D&O-Versicherung, AG 2000, 453; *Wedemann,* Die D&O-Versicherung im Spiegel des Internationalen Zivilverfahrens- und Kollisionsrechts, ZIP 2014, 2469; *Wollny,* Die Directors' and Officers' Liability Insurance in den Vereinigten Staaten von Amerika (D & O-Versicherung), 1993.

I. Allgemeines

809   Waren Haftpflichtversicherungen für Organmitglieder in der Vergangenheit in Deutschland eher die Ausnahme, hat sich die aus dem angelsächsischen Rechtskreis stammende **directors and officers liability insurance** (D&O-Versicherung) inzwischen auch hier durchgesetzt und ist sie jedenfalls bei größeren Unternehmen Standard.[1198] Der Umfang der abgedeckten Risiken variiert von Police zu Police stark und bedarf großer Aufmerksamkeit; die Versicherer schließen gerne spezielle Risiken aus. Abgedeckt werden inzwischen routinemäßig sowohl Innen- als auch Außenhaftungsrisiken.[1199]

810   Eine Leistung der Versicherung setzt gegenwärtig die **gerichtliche Feststellung der Ersatzpflicht** voraus (§ 106 S. 1 VVG).

811   Weitere Möglichkeiten der Beschränkung sind die **Selbstbehaltsregelungen** oder der **Ausschluss des Versicherungsschutzes** bei wissentlicher Pflichtverletzung oder vorsätzlicher Handlung. Meist entfällt der Versicherungsschutz bereits beim Verschweigen wesentlicher Tatsachen vor Vertragsschluss,[1200] bei wissentlichem Abweichen von Gesetzen, Verordnungen, Satzungen, aber auch von Beschlüssen, Vollmachten und Weisungen.[1201]

812   **1. Bedeutung und Funktion.** D&O-Versicherungen sind aus dem Leben größerer, insbesondere börsennotierter Gesellschaften nicht mehr wegzudenken; ihre **Existenz wird** dort **meist vorausgesetzt** oder, bei Geschäftsleitern, vertraglich vereinbart.[1202] Gleichwohl wird ihnen bei weitem nicht die Aufmerksamkeit gewidmet, die erforderlich wäre, um sicherzustellen, dass objektiv auch tatsächlich eine befriedigende Absicherung gegen Haftungsrisiken besteht. Meist kennen Organmitglieder allenfalls die Höhe der eingekauften Versicherungsdeckung, doch sind ihnen die Kautelen und insbesondere mögliche Leistungsausschlüsse der D&O-Versicherung ebenso wenig bekannt wie der Kreis der durch diese Begünstigten. Dies kann im Haftungsfall zu einem bösen Erwachen führen, weshalb jedem Organmitglied dringend anzuraten ist, sich bereits vor Übernahme des Amtes intensiv mit der Frage einer angemessenen D&O-Versicherungsdeckung zu befassen.[1203]

813   **Zweck der Haftungsnormen** ist es, nicht nur eine Verhaltenssteuerung der Organmitglieder, sondern vor allem einen **Ausgleich für von Organmitgliedern verursachte Schäden der Gesellschaft** sicherzustellen.[1204] Angesichts des meist beachtlichen Schadensumfangs wird ein Schadensausgleich durch die Ersatzleistung der Organmitglieder kaum je

---

[1198] *Dreher/Thomas* ZGR 2009, 30 (32).
[1199] Spindler/Stilz/*Fleischer* § 93 Rn. 230.
[1200] § 19 Abs. 1 und 2 VVG: Das Verschweigen dem Versicherungsnehmer bekannter Gefahrumstände, nach denen der Versicherer gefragt hat, berechtigt den Versicherer zum Rücktritt; *Dreher/Thomas* ZGR 2009, 31 (62 ff.).
[1201] *W. Doralt* in Semler/v. Schenck AR-HdB § 15 Rn. 16 ff.; Versicherungsbedingungen abgedruckt bei Lange, D&O, Anhang S. 981 ff. sowie bei *Thümmel* Rn. 474 ff., zum Selbstbehalt Rn. 486, zum Ausschluss von Vorsatztaten Rn. 487; *Ihlas* (Anhang) S. 339 und S. 358. Der BGH hat jüngst (ZIP 2015, 184 ff.) im Falle einer Vermögensschaden-Haftpflichtversicherung für Insolvenzverwalter entschieden, daß der Versicherer für das Vorliegen des Ausschlussgrunds der Wissentlichkeit darlegungs- und beweispflichtig ist. Dies dürfte entsprechend für die D&O-Versicherung gelten.
[1202] Dazu *Lange* ZIP 2004, 2221 ff.
[1203] Vgl. *Cyrus/Gleißner* ZRFC 2013, 210, 216; *v. Schenck* NZG 2015, 494, 499.
[1204] → Rn. 8; *Ulmer,* FS Canaris, 2007, Bd. II, 451 (462 ff.) (Schadensausgleich und Verhaltenssteuerungsfunktion); *W. Doralt* in Semler/v. Schenck AR-HdB § 15 Rn. 47 (Schadensausgleich als primäre Funktion jedes Schadensersatzrechts). Vgl. auch → § 113 Rn. 82.

erreicht werden können. Dies kann dazu führen, dass die Verfolgung von Schadensersatzansprüchen ganz unterbleibt. Auch die „ARAG/Garmenbeck"-Entscheidung des BGH begründet eine Pflicht zur Verfolgung von Schadensersatzansprüchen u. a. erst dann, wenn die Durchsetzung des Anspruchs wahrscheinlich erscheint.[1205]

Die Möglichkeit, das betreffende Verwaltungsmitglied auf Grund der Höhe der Ersatzleistung **wirtschaftlich zu ruinieren**,[1206] mag eher zu einer zögerlichen Verfolgung von Schadensersatzansprüchen führen. Selbst der BGH hat, freilich in engen Grenzen,[1207] diese Überlegung in die vorzunehmende Abwägung miteinbezogen.[1208] 814

Man wird also sagen können, dass durch den **Versicherungsschutz die Chance des Schadensausgleichs wesentlich verbessert** wird und damit das Gesellschaftsvermögen und die Gläubiger besser geschützt sind.[1209] Zugleich sichert eine D&O-Versicherung die Organmitglieder gegen potentiell existenzvernichtende Haftungsrisiken, die angesichts steigender Haftungsinanspruchnahmen von Organmitgliedern wegen tatsächlicher oder behaupteter Pflichtverletzungen längst nicht mehr als nur theoretisch bestehend angesehen werden können. Einer damit verbundenen **Reduzierung der Verhaltenssteuerung** lässt sich mit der – für Aufsichtsratsmitglieder vom Kodex empfohlenen (Ziff. 3.8 Abs. 3 iVm Abs. 2 DCGK) – Möglichkeit des Selbstbehalts und anderen Sanktionen entgegenwirken.[1210] Darüber hinaus ist durch die üblichen **Ausschlussklauseln und die summenmäßige Begrenzung der Versicherungsdeckung** das Risiko für das Verwaltungsmitglied, selbst zur Ersatzleistung herangezogen zu werden, nie ganz ausgeschlossen.[1211] Natürlich kann man sagen, dass Personen, die zur Pflichterfüllung durch Haftung oder Selbstbehalt herangezogen werden müssen, besser nicht in den Aufsichtsrat gewählt werden sollten. Auch tritt eine (theoretische) Verhaltenssteuerung erst ein, wenn kein anderes Aufsichtsratsmitglied seine Verhaltenspflichten ordnungsgemäß erfüllt. Praktisch gesehen ist der beste Schutz gegen ein Haftungsrisiko neben der eigenen sorgfältigen Wahrnehmung der Rechte und Pflichten durch das Aufsichtsratsmitglied die Gewissheit, dass der Aufsichtsratsvorsitzende überaus pflichtbewusst ist und dem Aufsichtsrat mindestens ein weiteres Mitglied mit gleichem Pflichtbewusstsein angehört. 815

2. Entstehungsgeschichte. Nach dem amerikanischen Vorbild hat sich die D&O-Versicherung in Deutschland ab 1986 langsam durchgesetzt[1212] und haben sich gewisse Marktstandards herausgebildet. Allerdings ist die Grundstruktur der D&O-Versicherung entwickelt worden für den Typus der US-amerikanischen *corporation*, die über ein einheitliches *board of directors* verfügt und bei der Schadensersatzansprüche aus Pflichtverletzungen von Organmitgliedern meist von Aktionären, Gläubigern oder anderen Dritten geltend gemacht werden, während bei der deutschen Aktiengesellschaft mit Aufsichtsrat und Vorstand zwei Organe mit nicht stets gleichlaufenden Interessen nebeneinanderstehen und Ansprüche aus Pflichtverletzungen ganz überwiegend von dem Unternehmen selbst geltend gemacht werden; dies führt zu einer Vielzahl von Problemen wie insbesondere Interessenkonflikten.[1213] Anders als zB in der Kraftfahrzeug-Haftpflichtversicherung, **treten** neben die allgemeinen Versicherungsbedingungen **für D&O-Versicherungen regelmäßig besondere Versicherungsbedingungen des jeweiligen Versicherers,** weshalb der konkreten Ausgestaltung des jeweiligen Versicherungsverhältnisses beim Abschluss mit dem Versicherer große Aufmerksamkeit geschenkt werden muss. Eine wesentliche Änderung hat die Novel- 816

[1205] BGHZ 135, 244 (254 ff.) – ARAG/Garmenbeck; vgl. → Rn. 17.
[1206] Siehe *Hoffmann* NJW 2012, 1393 ff.
[1207] Die Verfolgung von Schadensersatzansprüchen muss die Regel sein: BGHZ 135, 244 (254 ff.) – ARAG/Garmenbeck.
[1208] BGHZ 135, 244 (254 ff.) – ARAG/Garmenbeck.
[1209] So auch Großkomm AktG/*Hopt* § 93 Rn. 519; Vetter AG 2000, 453 (454 f.).
[1210] *W. Doralt* in Semler/v. Schenck AR-HdB § *15* Rn. 31 ff.; MüKoAktG/*Spindler* § 93 Rn. 175.
[1211] Vgl. Großkomm AktG/*Hopt* § 93 Rn. 519; Vetter AG 2000, 453 (455).
[1212] Siehe hierzu *Olbrich* S. 5 ff.
[1213] *v. Schenck* NZG 2015, 494, 494 sowie unten Rn. 845, 847 und 849.

lierung des Versicherungsvertragsgesetzes im Jahre 2008 gebracht: Während es nach altem Gesetzesstand nur in Sondergesetzen einen direkten Anspruch des Geschädigten gegen den Versicherer gab und die Abtretung des Ersatzanspruchs des Begünstigten gegen seine Versicherung an den Geschädigten in den Versicherungsbedingungen regelmäßig ausgeschlossen war,[1214] sieht § 115 VVG nunmehr die **Möglichkeit eines Direktanspruchs** ausdrücklich vor, auch wenn das Gesetz ihn nur für Pflicht-Haftpflichtversicherungen zwingend vorschreibt (§ 115 Abs. 1 S. 1 Nr. 1 VVG). Den Versicherern ist es untersagt, formularmäßig[1215] eine Abtretung des Freistellungsanspruchs auszuschließen;[1216] dieser Ausschluss des Abtretungsverbots gilt allerdings nicht für Großrisiken.[1217] Mit Abtretung des Freistellungsanspruchs von dem Begünstigten (dem Aufsichtsratsmitglied) an den Geschädigten, bei Innenhaftungsansprüchen also das Unternehmen, hat dieses somit einen Direktanspruch gegen die Versicherung auf Ersatz des entstandenen Schadens.[1218]

817 3. **Abgrenzung zu anderen Versicherungsformen.** Die D&O-Versicherung ist eine **Haftpflichtversicherung,** die vom Zweck her einer Vermögensschaden-Haftpflichtversicherung verwandt ist, wie Wirtschaftsprüfer, Steuerberater und Rechtsanwälte sie abzuschließen pflegen, doch weist sie erhebliche Unterschiede auf nicht nur auf Grund der besonderen Konstellation mit drei Beteiligten (→ Rn. 830) und der anderen rechtlichen Ausgestaltung (*claims made*-Prinzip statt Verstoßprinzip, → Rn. 831), sondern auch infolge der mangelnden Standardisierung der Versicherungsbedingungen.

818 Die D&O-Versicherung ist **weder eine Rechtsschutzversicherung, noch eine Berufs-Haftpflichtversicherung;** Berufs-Haftpflichtversicherungen (ebenso wie reguläre Vermögensschaden-Haftpflichtversicherungen) schließen sogar häufig ausdrücklich Risiken aus Organtätigkeiten aus, erfassen mithin die typischerweise von D&O-Versicherungen abgedeckten Risiken nicht. Soll ein solches Risiko mitversichert werden, bedarf es daher in der Regel eines ausdrücklichen entsprechenden Einschlusses in die Versicherungspolice.

819 4. **Erscheinungsformen.** Die in Deutschland üblichen D&O-Versicherungen decken typischer Weise **Innen- und Außenhaftungsrisiken** ab und erstrecken sich auf **alle gegenwärtigen und ausgeschiedenen Mitglieder von Vorstand und Aufsichtsrat;**[1219] gelegentlich werden auch leitende Mitarbeiter unterhalb der Ebene des Vorstands mit erfasst.[1220] In Konzernen kann es auch Konzernpolicen geben, die dann auch die Organmitglieder aller oder einzeln bezeichneter Konzerngesellschaften erfassen. Die vereinbarte Haftungssumme kann in einer Versicherungsperiode nur einmal gezogen werden und schließt in der Regel die **Kosten der Rechtsverteidigung** gegen zivilrechtliche Ansprüche sowie meist auch gegen strafrechtliche Vorwürfe mit ein,[1221] je nach Ausgestaltung auch die Verteidigung gegen Ermittlungen in- oder gegebenenfalls auch ausländischer Behörden wie der Finanzaufsicht oder der Kartellbehörden.[1222] Versicherungsnehmer ist das Unterneh-

---

[1214] Vgl. *Böttcher* NZG 2008, 645 (646).
[1215] Im Rahmen einer Individualvereinbarung kann ein Abtretungsverbot dagegen weiterhin wirksam sein, *Lange* r+s 2007, 401 (403).
[1216] § 108 Abs. 2 VVG; dazu *Böttcher* NZG 2008, 645 (646).
[1217] § 210 Abs. 1 VVG; als Großrisiken definiert § 210 Abs. 2 S. 1 Nr 3 VVG bei Haftpflichtversicherungen mit Unternehmen, die mindestens zwei der folgenden drei Merkmale überschreiten: 6.200.000 Euro Bilanzsumme, 12.800.000 Euro Nettoumsatzerlöse, im Durchschnitt 250 Arbeitnehmer pro Wirtschaftsjahr.
[1218] *Böttcher* NZG 2008, 645 (646); zu den Rechtsfolgen *Grooterhorst/Loomann* NZG 2015, 215 ff.; vgl. aber *Lange* r+s 2007, 401 (403), der nur eine Teilabtretung annimmt, nämlich des Zahlungs-, nicht aber des Deckungsanspruchs.
[1219] Spindler/Stilz/*Fleischer* § 93 Rn. 230.
[1220] *Hemeling*, FS Hoffmann-Becking, 2013, 491 (493).
[1221] Im Falle einer unzureichenden Deckungssumme haben die Kosten der Rechtsverteidigung Vorrang vor anderen Erstattungsleistungen, *Grooterhorst/Loomann* r+s 2014, 157, 159 ff. Das OLG Frankfurt hat in einer überraschenden Entscheidung (VersR 2012, 432 Rn. 65) eine sehr verbreitete Versicherungsklausel für unwirksam erklärt, nach der in der Versicherungssumme unter anderem Anwalts-, Sachverständigen-, Zeugen- und Gerichtskosten enthalten seien. Kritisch dazu *Grooterhorst/Loomann* aaO.
[1222] Eine Deckung für Geldstrafen oder -bußen ist nicht zulässig, *Ruttmann* VersWirt 2015, 50, 50 f.; umstritten ist, ob Deckung gegen Regressansprüche wegen Unternehmensgeldbußen gewährt werden darf,

men, Begünstigte sind die Organmitglieder. D&O-Versicherungen haben häufig eine Laufzeit (bezeichnet als Versicherungsperiode) von einem Jahr und verlängern sich automatisch um ein weiteres Jahr, wenn sie nicht vorher fristgemäß gekündigt werden. Meist gibt es nicht nur eine Versicherungssumme, sondern zusätzlich sogenannte **Exzedenten,** die greifen, wenn die Versicherungssumme überschritten wird;[1223] während die Grundsumme von einem einzelnen Versicherer oder von einem Konsortium abgedeckt wird, treten für die Exzedenten regelmäßig Konsortien ein, um das Risiko breiter zu streuen. Hierbei können sich die Versicherungsbedingungen von Grundsicherung und Exzedenten-Versicherung voneinander unterscheiden. D&O-Versicherungen werden ausschließlich nach dem *claims made*-Prinzip angeboten; siehe dazu im Folgenden (→ Rn. 831). Anders als für Vorstandsmitglieder gilt **bei Aufsichtsratsmitgliedern kein gesetzliches Gebot eines Selbstbehalts** (dazu → Rn. 835 ff.); haben Vorstand und Aufsichtsrat allerdings eine Entsprechenserklärung gemäß § 161 Abs. 1 S. 1 abgegeben und sie diesbezüglich nicht eingeschränkt, muss auch für die Mitglieder des Aufsichtsrats entsprechend § 93 Abs. 2 S. 3 ein Selbstbehalt vereinbart werden, der mindestens 10 % des Schadens bis mindestens zur Höhe des Anderthalbfachen der jährlichen Festvergütung des einzelnen Aufsichtsratsmitglieds entspricht (Ziff. 3.8 Abs. 3 iVm Abs. 2 DCGK).

II. Gesellschaftsrechtliche Zulässigkeit

Bedenken gegen die Zulässigkeit von D&O-Versicherungen für Vorstands- und Aufsichtsratsmitglieder gelten heute als überholt,[1224] was sich seit dem Inkrafttreten des VorstAG auch daraus ergibt, dass § 93 Abs. 2 S. 3 nun beim Abschluss einer Berufshaftpflichtversicherung für Vorstandsmitglieder die Vereinbarung eines Selbstbehalts verlangt und damit die **Zulässigkeit einer solchen Versicherung voraussetzt.**[1225] 820

Allerdings wäre es verfehlt, in dem Abschluss einer die Aufsichtsratsmitglieder begünstigenden D&O-Versicherung einen impliziten Verzicht der Gesellschaft auf deren Inanspruchnahme im Falle von Pflichtverletzungen zu sehen.[1226] 821

1. Unternehmensinteresse. Der Abschluss einer D&O-Versicherung **liegt im Interesse des Unternehmens,** da dieses so im Falle eines durch Organverschulden verursachten Schadens einen solventen Schuldner hat,[1227] denn regelmäßig übersteigen derartige Schäden bei weitem die Leistungsfähigkeit des einzelnen Organmitglieds oder auch aller Organmitglieder zusammen. 822

Zwar ist eingewandt worden, die **verhaltenssteuernde Wirkung der Organhaftung** werde durch den Abschluss einer D&O-Versicherung neutralisiert, doch erscheint dies fragwürdig angesichts regelmäßig vereinbarter vielfältiger Leistungsausschlüsse sowie Haftungsobergrenzen, die häufig gleichwohl eine persönliche Inanspruchnahme möglich erscheinen lassen, ganz abgesehen von Reputationsrisiken bei Eintritt eines Schadensfalls und einer damit regelmäßig einhergehenden Verweigerung der Entlastung durch die Hauptversammlung.[1228] 823

Ruttmann aaO S. 51 f. sowie ausführlich *Ruttmann*, Die Versicherbarkeit von Geldstrafen, Geldbußen, Strafschadensersatz und Regressansprüchen in der D&O-Versicherung, 2014. In diesem Zusammenhang ist das Urteil des BGHZ 202, 26 ff. = NZG 2014, 1058 ff. zu erwähnen, das bei der Übernahme einer Geldstrafe, Geldbuße oder Geldauflage, der eine Pflichtverletzung eines Organmitglieds zugrunde liegt, durch die Gesellschaft einen zustimmenden Beschluss der Hauptversammlung verlangt.

[1223] *Hemeling*, FS Hoffmann-Becking, 2013, 491 (496).
[1224] K. Schmidt/Lutter/*Krieger/Sailer-Coceani* § 93 Rn. 38; *Dreher/Thomas* ZGR 2009, 31 (33).
[1225] Spindler/Stilz/*Fleischer* § 93 Rn. 226.
[1226] Spindler/Stilz/*Fleischer* § 93 Rn. 226; *Vetter* AG 2000, 453 (454).
[1227] MüKoAktG/*Habersack* § 113 Rn. 13.
[1228] Spindler/Stilz/*Fleischer* § 93 Rn. 229. Zu den Vor- und Nachteilen einer D&O-Versicherung einerseits für das Organmitglied und andererseits für das Unternehmen *Pitkowitz* Rn. 545 ff.

824 Zudem dürfte es inzwischen für ein Unternehmen schwer werden, geeignete Organmitglieder zu gewinnen, wenn es nicht bereit ist, diesen einen adäquaten D&O-Versicherungsschutz zu bieten.[1229]

825 **2. Organinteresse.** Zweifellos hat aber auch das Aufsichtsratsmitglied ein vitales Interesse daran, dass eine D&O-Versicherung besteht, damit es gegen nicht kalkulierbare, potentiell existenzvernichtende Risiken abgesichert ist.[1230]

826 **3. Prämienzahlung durch das Unternehmen keine Aufsichtsratsvergütung.** Vgl. hierzu ausführlich → § 113 Rn. 80 ff. Während es lange umstritten war, ob eine Zahlung der Prämien für eine die Aufsichtsratsmitglieder erfassende D&O-Versicherung Vergütungscharakter habe und somit der Zustimmung der Hauptversammlung bedürfe,[1231] entspricht es heute der ganz herrschenden Meinung, dass die **Prämienzahlung durch das Unternehmen betrieblichen Aufwand und keine Aufsichtsratsvergütung darstellt**[1232] und daher ohne Mitwirkung der Hauptversammlung vom Vorstand bewirkt werden kann[1233]; diese Frage kann nicht zuletzt auch dadurch als entschieden angesehen werden, dass die Finanzverwaltung eine entsprechende Handhabung gebilligt hat.[1234]

III. Pflicht zum Abschluss?

827 **1. Keine allgemeine Pflicht.** Eine generelle gesellschaftsrechtliche Pflicht, zu Gunsten der Mitglieder des Aufsichtsrats eine D&O-Versicherung abzuschließen, besteht nicht und kann auch nicht aus einer Fürsorgepflicht des Unternehmens für die Mitglieder seines Aufsichtsrats gefolgert werden.[1235] Allerdings kann es **im Interesse des Unternehmens liegen,** seinen Aufsichtsratsmitgliedern eine D&O-Versicherung zu bieten, um so qualifizierte, die bestehenden rechtlichen Risiken kennende Aufsichtsratsmitglieder gewinnen oder halten zu können.[1236] Zudem kann es dann, wenn das Geschäftsfeld des Unternehmens besonders risikoanfällig ist geboten sein, eine D&O-Versicherung abzuschließen, wenn dies zu wirtschaftlich vertretbaren Konditionen möglich ist.[1237]

828 **2. Vertragliche Vereinbarung?** Während es sich bei Vorstandsmitgliedern anbietet, in den Anstellungsvertrag eine detaillierte Versicherungsverschaffungsklausel aufzunehmen, die weitestgehend sicherstellt, dass das Unternehmen ihnen einen angemessenen Versicherungsschutz beschafft und diesen bis zur Verjährung möglicher Ersatzansprüche wegen Pflichtverletzungen unverändert aufrechterhält,[1238] erscheint eine vergleichbare Lösung im Falle von Aufsichtsratsmitgliedern schwierig; diese schließen regelmäßig hinsichtlich ihrer Organstellung keinerlei Vertrag mit dem Unternehmen, weil sich ihre Rechtsstellung aus Gesetz und Satzung ergibt.[1239] Hinzu kommt der für Mitglieder des Aufsichtsrats geltende Grund-

---

[1229] Spindler/Stilz/*Fleischer* § 93 Rn. 229.
[1230] *Hoffmann* NJW 2012, 1393 ff.
[1231] Für die Notwendigkeit einer Zustimmung der Hauptversammlung noch *Ulmer*, FS Canaris, 2007, Bd. II, 451 (471); *Kästner* AG 2000, 113 (117); *Krüger* NVersZ 2001, 8 ff.; *Doralt* in Semler/v. Schenck AR-HdB § 15 Rn. 84.
[1232] Großkomm AktG/*Hopt/Roth* § 113 Rn. 53; Kölner Komm AktG/*Mertens/Cahn* § 113 Rn. 16; MüKoAktG/*Habersack* § 113 Rn. 13; Hölters/*Hambloch-Gesinn/Gesinn* § 113 Rn. 22; Grigoleit/*Grigoleit/Tomasic* § 113 Rn. 9; *Hemeling*, FS Hoffmann-Becking, 2013, 491 (492 f.); differenzierend Spindler/Stilz/*Spindler* § 113 Rn. 16; aA noch K. Schmitt/Lutter/*Drygala* § 113 Rn. 12; Hüffer/*Koch* § 113 Rn. 2a; *Krüger* NVersZ 2001, 8 ff., *W. Doralt* in Semler/v. Schenck AR-HdB § 15 Rn. 76 ff. sowie *Pammler* S. 101 ff.
[1233] *Mertens* AG 2000, 447 ff. Eine entsprechende Satzungsregelung empfiehlt sich gleichwohl, siehe hierzu auch unten → Rn. 829; vgl. Großkomm AktG/*Hopt/Roth* § 113 Rn. 55 mwN.
[1234] *Hemeling*, FS Hoffmann-Becking, 2013, 491 (492 f.).
[1235] MüKoAktG/*Spindler* § 93 Rn. 177, Hölters/*Hölters* § 93 Rn. 404 sowie *Lange* DStR 2002, 1626 (1630) zum Vorstand; dies muss *a fortiori* auch für den Aufsichtsrat gelten.
[1236] Kölner Komm AktG/*Mertens/Cahn* § 113 Rn. 16.
[1237] Spindler/Stilz/*Fleischer* § 93 Rn. 236; MüKoAktG/*Spindler* § 93 Rn. 178; *Dreher* ZHR 165 (2001), 293 (313); *Koch* ZGR 2006, 184 (198 ff.).
[1238] Siehe dazu *Lange* ZIP 2004, 2221 ff.
[1239] Kölner Komm AktG/*Mertens/Cahn* § 101 Rn. 5.

satz der Gleichbehandlung (→ § 113 Rn. 30 ff.), der es verbietet, einem einzelnen Aufsichtsratsmitglied besondere Vorteile etwa in Gestalt der vertraglichen Zusicherung eines besonderen D&O-Versicherungsschutzes zuzusichern, ganz abgesehen davon, dass die regelmäßig bestehenden Gesamtpolicen für sämtliche gegenwärtigen und ausgeschiedenen Aufsichtsratsmitglieder **kaum Raum lassen für individuelle vertragliche Regelungen.**

3. **Satzungsregelung.** Rechtlich unbedenklich, wenn auch **noch unüblich** sind Satzungsregelungen, die das Unternehmen verpflichten, seinen Aufsichtsratsmitgliedern einen adäquaten, dem jeweils höchsten Marktstandard entsprechenden D&O-Versicherungsschutz zu beschaffen und diesen, soweit verfügbar, bis zum Ablauf der jeweils geltenden gesetzlichen Verjährungsfrist in der bei Amtsantritt bestehenden Höhe und zu gleichen Konditionen aufrechtzuerhalten (→ Rn. 843). 829

IV. Rechtliche Ausgestaltung der D&O-Versicherung

1. **Dreiecksverhältnis Versicherer, Unternehmen, Aufsichtsratsmitglied.** Bei der D&O-Versicherung handelt es sich rechtlich um eine Vermögensschaden-Haftpflichtversicherung für fremde Rechnung gemäß den §§ 43 ff., 100 ff., 210 VVG.[1240] **Versicherungsnehmer ist das Unternehmen, Begünstigter das Aufsichtsratsmitglied;** hierbei ist zwischen dem **Haftungsverhältnis** (das in Fällen der Innenhaftung zwischen dem Unternehmen und dem Aufsichtsratsmitglied besteht) und dem **versicherungsrechtlichen Deckungsverhältnis** (zwischen dem Aufsichtsratsmitglied und dem Versicherer) zu unterscheiden.[1241] Tritt ein von der D&O-Versicherung gedeckter Haftungsfall ein, so hat das **Unternehmen keinen eigenen direkten Deckungsanspruch gegen die Versicherung,** da dieser Anspruch bei dem Aufsichtsratsmitglied liegt und somit grundsätzlich von diesem geltend zu machen ist. Seit der Gesetzesänderung im Jahr 2008 ist es indes nicht mehr generell zulässig, dass der Versicherer in den Versicherungsbedingungen (außer bei Großrisiken) eine Abtretung des Deckungsanspruchs von dem Aufsichtsratsmitglied an das Unternehmen ausschließt;[1242] damit kann das Aufsichtsratsmittglied im Haftungsfall seinen Deckungsanspruch an das Unternehmen abtreten, welches diesen sodann selbst direkt gegen den Versicherer erheben kann.[1243] 830

2. *Claims made*-**Prinzip.** Sämtliche in Deutschland angebotenen D&O-Versicherungspolicen sind gemäß dem *claims made*-Prinzip strukturiert, was bedeutet, dass grundsätzlich **alle in der jeweiligen Versicherungsperiode erhobenen Ersatzansprüche erfasst** sind, gleich wann die Pflichtverletzung begangen worden ist, die zu dem geltend gemachten Schaden geführt hat.[1244] Der Versicherungsfall tritt somit erst bei ernsthafter Geltendmachung eines Ersatzanspruchs, nicht aber bereits mit der Verletzungshandlung ein.[1245] Dies bedeutet eine **zeitlich unbeschränkte Rückwärtsdeckung,** wobei allerdings zu beachten ist (und häufig verkannt wird), dass für die in einer Versicherungsperiode geltend gemachten Schäden die **Versicherungssumme nur einmal zur Verfügung steht,** gleich in welchen vorangehenden Zeiträumen die Pflichtverletzungen begangen worden sind;[1246] eine Kumulierung der Versicherungssummen aus früheren Jahren findet nicht statt.[1247] Dies kann dazu 831

[1240] OLG München VersR 2005, 540 ff.; Spindler/Stilz/*Fleischer* § 93 Rn. 230; *Hemeling,* FS Hoffmann-Becking, 2013, 491 (493).
[1241] *Hemeling,* FS Hoffmann-Becking, 2013, 491 (495 f.).
[1242] *Böttcher* NZG 2008, 645 (646); siehe dazu auch → Rn. 816.
[1243] *Dreher/Thomas* ZGR 2009, 31 (41 f.); *Hemeling,* FS Hoffmann-Becking, 2013, 491 (496).
[1244] Alternativ zu dem *claims made*-Prinzip gibt es das Verstoßprinzip, bei dem die in der Versicherungsperiode begangenen Verletzungshandlungen versichert sind, gleich ob der resultierende Ersatzanspruch noch während der Versicherungsperiode oder erst zu einem späteren Zeitpunkt erhoben wird.
[1245] *Hemeling,* FS Hoffmann-Becking, 2013, 491 (494). Wie dieser definiert wird, unterliegt nach dem BGH (VersR 2014, 625) nicht einer Inhaltskontrolle nach AGB-Grundsätzen; dies kritisiert *Kubiak* VersR 2014, 932 ff.
[1246] *Conradi* AnwBl. 2012, 803 (804).
[1247] Vgl. *Conradi* AnwBl. 2012, 803 (804).

führen, dass bei Eintritt des Aufsichtsratsmitglieds in das Unternehmen der auf dem Papier stehende Versicherungsschutz durch frühere Verletzungshandlungen anderer Organmitglieder bereits belastet und im Falle einer Inanspruchnahme potentiell zum Teil oder vollständig verbraucht sein kann.[1248]

832 Der Rückwärtsdeckung korrespondiert eine **Pflicht der Begünstigten, bei Abschluss der Versicherung bekannte Schäden offenzulegen;** dies ist naheliegend, denn niemand kann erwarten, dass er für einen Schaden, dessen Entstehen ihm bekannt ist, noch nachträglich Versicherungsschutz einkaufen kann.[1249] Kritischer wird es, wenn die Versicherungspolice nicht nur von Kenntnis, sondern auch von Kennenmüssen spricht, denn dies erweitert den Bereich nicht gedeckter Schäden potentiell erheblich und schafft zusätzliche Unsicherheiten, zumal dann, wenn die Versicherungsbedingungen in solchen Fällen nicht nur einen Leistungsausschluss, sondern auch eine Möglichkeit des Versicherers vorsehen, von dem Versicherungsvertrag zurückzutreten (§ 19 Abs. 1 und 2 VVG).

833 Das **OLG München** hat sich in einer wegweisenden Entscheidung mit dem *claims made*-Prinzip auseinandergesetzt und nach Abwägung der Nachteile aus der fehlenden Absicherung nach Ablauf der Versicherung erhobener Ansprüche und den Vorteilen aus der unbegrenzten Rückwärtsversicherung sowie dem Bestehen einer Nachmeldefrist festgestellt, dass entsprechende Klauseln in Versicherungsverträgen **der Inhaltskontrolle gemäß § 307 BGB standhalten.**[1250]

834 **3. Innen- und Außenhaftung werden abgedeckt.** In Deutschland angebotene D&O-Versicherungspolicen erfassen heute routinemäßig sowohl Innen- als auch Außenhaftungsansprüche, doch ist sorgfältig darauf zu achten, welche Haftungsfälle der Versicherer von der Deckung ausnehmen will.

V. Selbstbehalt

835 Anders als bei Vorstandsmitgliedern (§ 93 Abs. 2 S. 3) verlangt das Gesetz bei Aufsichtsratsmitgliedern keine Selbstbeteiligung bei Abschluss einer D&O-Versicherung, doch **empfiehlt der Kodex,** dass **für Aufsichtsratsmitglieder eine Selbstbeteiligung vereinbart wird,** die der bei Vorständen gesetzlich zwingenden Selbstbeteiligung entspricht (Ziff. 3.8 Abs. 3 iVm Abs. 2 DCGK). Dieser Empfehlung scheint nur etwa die Hälfte der DAX 30-Unternehmen zu folgen, bei im Prime Standard notierten Unternehmen scheint der Anteil sogar deutlich niedriger zu sein.[1251] Nach wohl hM erstreckt sich der Selbstbehalt auf Fälle sowohl der Innen- als auch der Außenhaftung.[1252]

836 Der Abschluss einer individuellen, von dem Aufsichtsratsmitglied finanzierten **Versicherung des aus der Selbstbeteiligung resultierenden Risikos ist zulässig**[1253] und braucht auch nicht in der Entsprechenserklärung erwähnt zu werden; im Gesetzgebungsverfahren zur Einführung des zwingenden Selbstbehalts für Vorstände war erwogen worden, eine Versicherung des Selbstbehalts zu verbieten, doch wurde dieser Gedanke – wohl auf Grund berechtigter Zweifel an der verfassungsrechtlichen Zulässigkeit eines Verbots, persönliche finanzielle Risiken zu versichern – wieder verworfen.[1254] Eine Übernahme dieser Kosten durch das Unternehmen wäre indes mit der Empfehlung des Kodex nicht vereinbar.[1255]

[1248] *Hemeling*, FS Hoffmann-Becking, 2013, 491 (497).
[1249] OLG München r+s 2009, 327 Rn. 31 mAnm *Schimikowski* = NZG 2009, 714 (716) mAnm *Staudinger*.
[1250] OLG München NZG 2009, 714 (715 f.) mAnm *Staudinger;* kritisch dazu *Staudinger* r+s 2009, 331.
[1251] RKLW/*Kremer* DCGK Rn. 528.
[1252] Spindler/Stilz/*Fleischer* § 93 Rn. 244; *v. Kann* NZG 2009, 1010 (1011); *Koch* AG 2009, 637 (643).
[1253] Hölters/*Hölters* § 93 Rn. 406, K. Schmitt/Lutter/*Krieger/Sailer-Coceani* § 93 Rn. 39, *v. Kann* NZG 2009, 1010 (1012) sowie RKLW/*Ringleb* DCGK Rn. 524 für den Vorstand; dies gilt *a fortiori* für den Aufsichtsrat. *Bachmann* (Gutachten E 50. DJT, 2014, S. E 40) sieht keinen Anlass für ein Selbstversicherungsverbot. Strikt ablehnend aber *Wagner* ZHR 178 (2014) 227, 272 f., der zudem eine Erstreckung des Selbstbehalts auch auf die variablen Vergütungsbestandteile fordert.
[1254] *Thüsing/Traut* NZA 2010, 140 (142 f.).
[1255] RKLW/*Ringleb* DCGK Rn. 522.

Die Empfehlung des Kodex zur Versicherung des Selbstbehalts erstreckt sich **nur auf die** 837
D&O-Versicherung; andere Versicherungen wie z. B. eine Rechtsschutzversicherung können ohne Vereinbarung eines Selbstbehalts abgeschlossen werden, ohne dass damit der Empfehlung des Kodex zuwidergehandelt würde.

Ein vereinbarter Selbstbehalt braucht **Kosten der Abwehr von Ansprüchen nicht zu** 838
umfassen, wie sich aus der Formulierung des Kodex „10 % des Schadens" ergibt.[1256]

Noch ungeklärt ist, wie der Selbstbehalt zu behandeln ist, wenn **mehrere Organmit-** 839
glieder gesamtschuldnerisch für einen Schaden haften; wollte man hier die Selbstbehalte addieren, würde dies nicht zu einem ungerechtfertigten Vorteil des D&O-Versicherers führen, sondern auch die einzelnen Organmitglieder unbillig belasten; angemessen erscheint es daher, den Selbstbehalt insgesamt nur einmal anzuwenden und ihn dem einzelnen Organmitglied im Verhältnis von dessen Anteil an der Verursachung des Schadens zu belasten.[1257]

VI. Insolvenz

Eine Insolvenz des Unternehmens hat in der Regel auch für die D&O-Versicherung 840
einschneidende Folgen.[1258] Zum einen sehen die Versicherungsbedingungen regelmäßig vor, dass der Versicherer bei Beantragung oder Eröffnung eines Insolvenzverfahrens über das Unternehmen **das Recht** hat, die **Versicherung zum Ende der Versicherungsperiode zu kündigen,** wenn sie nicht sogar **automatisch beendet** wird.[1259] Dies hat zur Folge, dass die Organmitglieder gerade dann ohne Versicherungsschutz dastehen, wenn das Risiko der Erhebung von Ersatzansprüchen deutlich steigt, da Insolvenzverwalter routinemäßig die Möglichkeit der Erhebung von Schadensersatzansprüchen gegen Organmitglieder wegen möglicher Pflichtverletzungen prüfen;[1260] ob solche Ersatzansprüche innerhalb der Nachhaftungsfrist oder erst nach deren Ablauf erhoben werden, hängt von deren Länge ab und hat das betroffene Organmitglied nicht in der Hand. Hier hilft nur eine **Umstandsmeldung** *(notice of circumstances)*, d. h. die Anzeige einer möglicher Weise künftig eintretenden Inanspruchnahme innerhalb von sechzig Tagen nach Vertragskündigung.[1261]

Selbst wenn der Versicherer trotz der Insolvenz das Versicherungsverhältnis nicht kündigt 841
und es auch nicht automatisch endet, besteht das Risiko, dass der **Insolvenzverwalter seinerseits die Versicherung kündigt,** möglicher Weise ohne eine Verlängerung der Nachhaftung zu vereinbaren, oder deren Umfang reduziert, um Kosten zu sparen; hierauf hat das bei oder vor der Insolvenz möglicher Weise ausgeschiedene Organmitglied keinen Einfluss mehr.[1262]

VII. Schwächen gängiger D&O-Policen

1. Unzureichende Höchstsummen. Bei der **Prüfung der Angemessenheit der** 842
bestehenden Versicherungsdeckung ist Folgendes zu berücksichtigen: Der Kreis der Begünstigten üblicher D&O-Policen umfasst sämtliche gegenwärtigen und früheren Vorstands- und Aufsichtsratsmitglieder, also einen **potentiell großen Personenkreis;** die gesetzliche Verjährungsfrist beträgt fünf, bei börsennotierten Unternehmen zehn Jahre (§ 93 Abs. 6 iVm § 116 S. 1); für in einem Jahr erhobene Ansprüche der gesamten Vergangenheit steht nur die einfache Versicherungssumme zur Verfügung;[1263] die **Nachhaftung be-**

[1256] Ziff. 3.8 Abs. 2 und 3 DCGK; RKLW/*Ringleb* DCGK Rn. 525; K. Schmitt/Lutter/*Krieger/Sailer-Coceani* § 93 Rn. 41.
[1257] Vgl. *Thüsing/Traut* NZA 2010, 140 (143).
[1258] Ausführlich hierzu *Lange* r+s 2014, 209 ff. und 261 ff.
[1259] *Conradi* AnwBl. 2012, 803 (8049).
[1260] Vgl. *Conradi* AnwBl. 2012, 803.
[1261] OLG München r+s 2009 327 Rn. 32m Anm *Schimikowski* = NZG 2009, 714 (716) m Anm *Staudinger; Hemeling,* FS Hoffmann-Becking, 2013, 491 (498).
[1262] *Conradi* AnwBl. 2012, 803 (804).
[1263] *Hemeling,* FS Hoffmann-Becking, 2013, 491 (501).

schränkt sich umfangmäßig auf die in einem Jahr der Prämienzahlung vertraglich geschuldete und noch nicht verbrauchte Versicherungssumme.[1264] Bedenkt man dies und stellt es in ein Verhältnis zu möglichen Risiken des aktuellen Geschäfts sowie der Geschäfte der näheren oder ferneren Vergangenheit, werden sich schnell Zweifel ergeben, ob die Deckung tatsächlich ausreicht.[1265]

843   **2. Häufig keine Absicherung für die volle Dauer der gesetzlichen Verjährungsfrist von 5 bzw 10 Jahren.** Übliche D&O-Policen bieten **Nachhaftungsfristen und/oder Nachmeldefristen** von einem bis zu drei Jahren, längere Fristen müssen ausgehandelt werden, doch ist es nicht immer einfach, eine Erweiterung auf die volle Dauer der anwendbaren Verjährungsfrist auszuhandeln. Zudem ist zu berücksichtigen, dass die Nachhaftung der Höhe nach auf die in einem Jahr zur Verfügung stehende, nicht durch anderweitige Inanspruchnahmen geminderte Versicherungssumme beschränkt ist (→ Rn. 842).

844   **3. Kenntnis oder Kennenmüssen?** Für die Organmitglieder besonders gefährlich ist die bei *claims made*-Policen unvermeidliche Vorkenntnisklausel, insbesondere dann, wenn neben Kenntnis auch ein **Kennenmüssen von Vorschäden** schaden soll;[1266] der *hindsight bias* führt schnell dazu, einen tatsächlich eingetretenen Schaden im Nachhinein als vorhersehbar einzuordnen und dem Organmitglied vorzuwerfen, es habe ihn kennen müssen. Hinzukommt, dass, wie bereits erwähnt, die Kenntnis oder gegebenenfalls das Kennenmüssen auch nur eines Begünstigten gemäß der Zurechnungsregel des § 47 VVG zu Lasten aller Begünstigten geht.[1267] Dies erscheint aus Sicht der Versicherten grob unbillig; hier sollte *de lege* ferenda an eine gesetzliche Korrektur gedacht werden, die den Ausschluss der Versicherungsdeckung auf das bösgläubige Organmitglied beschränkt.

845   **4. Anspruchskonkurrenz zwischen versicherten Vorstands- und Aufsichtsratsmitgliedern.** Kaum lösbare Probleme ergeben sich aus der **bei Gesamtpolicen unvermeidlichen** Anspruchskonkurrenz zwischen Vorstands-und Aufsichtsratsmitgliedern, da jeder Haftungsfall eines Vorstandsmitglieds potentiell auch ein Haftungsfall des Aufsichtsrats ist. Wird ein Vorstandsmitglied in Anspruch genommen, mindert sich automatisch die für den Aufsichtsrat zur Verfügung stehende Deckung, was insbesondere dann gilt, wenn das verklagte Vorstandsmitglied umgehend den Mitgliedern des Aufsichtsrats den Streit verkündet. Auch der Versicherer selbst gerät in eine schwierige Situation, wenn er Auskunftsansprüche einerseits gegen das verklagte Vorstandsmitglied, andererseits gegen die Mitglieder des Aufsichtsrats erhebt, die so erhaltenen Informationen aber jeweils vertraulich zu behandeln sind.[1268]

846   **5. Kein Einfluss des ausgeschiedenen Aufsichtsratsmitglieds auf Beibehaltung der Deckung.** Scheidet ein Organmitglied aus dem Unternehmen aus, verliert es jeglichen Einfluss auf den Fortbestand der während seiner Zugehörigkeit zum Unternehmen bestehenden D&O-Versicherungsdeckung, **sofern** es **keine vertragliche oder satzungsmäßige Regelung** gibt, die das Unternehmen zur Beibehaltung der Deckung der Höhe und den Konditionen nach verpflichtet. Zwar mag es unklug sein, wenn das Unternehmen die Deckung verschlechtert, weil das Unternehmen so die Mithaftung eines solventen Schuldners, des Versicherers, einschränkt, doch schließt dies nicht aus, dass solche Schritte ergriffen werden, die unmittelbar in die Interessen des ausgeschiedenen Organmitglieds eingreifen.

[1264] *Hemeling,* FS Hoffmann-Becking, 2013, 491 (501).
[1265] Zum Umgang mit unzureichenden Versicherungssummen *Lange* VersR 2014, 1413 ff.
[1266] Vgl. *Hemeling,* FS Hoffmann-Becking, 2013, 491 (498).
[1267] Vgl. *Fassbach* Der Aufsichtsrat 2013, 26 (27).
[1268] Vgl. ausführlich zu den schwierigen Rechtsbeziehungen *Koch* GmbHR 2004, 18 ff. und 160 ff. sowie *v. Schenck* NZG 2015, 494 (497 f.).

6. Risiko kollusiven Zusammenwirkens von Unternehmen und Aufsichtsrats- 847
mitglied? Die besondere Konstellation der D&O-Versicherung bringt es mit sich, dass Unternehmen und Organmitglied versucht sein können, aus einem **Vermögensschaden** des Unternehmens die Pflichtverletzung eines Organmitglieds und damit einen Versicherungsfall zu **konstruieren;** auf das Risiko eines solchen kollusiven Verhaltens ist wiederholt hingewiesen worden. Allerdings scheint es sich nicht realisiert zu haben,[1269] vielleicht wegen der resultierenden Risiken für das sich zu einer tatsächlich nicht begangenen Pflichtverletzung bekennende Organmitglied, insbesondere im Falle einer dann etwa erfolgenden Leistungsverweigerung des Versicherers, ganz abgesehen von den strafrechtlichen Risiken aus einem versuchten oder vollendeten Versicherungsbetrug. Letztlich mag auch der bei Vorständen obligatorische und bei Aufsichtsräten häufige Selbstbehalt hier geholfen haben.

7. Kosten der Anspruchsabwehr mindern die zur Ersatzleistung zur Verfügung 848
stehende Summe. Die von der D&O-Versicherung übernommenen Kosten der Abwehr von Ansprüchen mindern die zur Befriedigung erfolgreich erhobener Schadensersatzansprüche zur Verfügung stehende Versicherungssumme;[1270] es darf nicht unterschätzt werden, welche **hohen Kosten** die qualifizierte Abwehr erhobener Schadensersatzansprüche verursachen kann. Zugleich kann es aber auch sein, dass der Versicherer nicht bereit ist, die Honorare qualifizierter Rechtsanwälte zu bezahlen, welche regelmäßig nicht bereit sein dürften, zu den Sätzen des Rechtsanwaltsvergütungsgesetzes oder zu vergleichsweise niedrigen Stundensätzen tätig zu werden.[1271]

8. Widerstreitende Interessen. Paradox und wenig befriedigend ist es schließlich für 849
das Unternehmen, wenn es durch seine Zahlung der Versicherungsbeiträge der D&O-Versicherung die Abwehr seiner Ansprüche gegen ein pflichtvergessenes Organmitglied finanziert und die von der Versicherung finanzierte Abwehr der Ersatzansprüche des Unternehmens durch das Organmitglied zugleich die Deckungssumme der Versicherung verringert.[1272]

VIII. Probleme der Anspruchsdurchsetzung

1. Unkenntnis der Versicherungsbedingungen. Im Regelfall besteht bei Bestellung 850
eines neuen Aufsichtsratsmitglieds bereits eine D&O-Versicherung, doch wird dieser Umstand kaum thematisiert und wird das Aufsichtsratsmitglied insbesondere nicht mit dem Inhalt und den Besonderheiten der Versicherungspolice vertraut gemacht. Selbst auf **Nachfrage** wird das Aufsichtsratsmitglied in der Regel allenfalls eine Zusammenfassung der wesentlichen Versicherungsbedingungen erhalten, die aber nur selten genügend Informationen enthalten wird, um ein klares Bild zu gewinnen insbesondere von den Möglichkeiten des Versicherers, eine Leistung zu verweigern, und von den Obliegenheiten des Aufsichtsratsmitglieds als dem Begünstigten.

Kommt es zum **Haftungsfall,** muss das Aufsichtsratsmitglied sich zunächst einmal **Klar-** 851
heit über den Inhalt der Versicherungspolice verschaffen; dies wird zusätzlich kompliziert, wenn das Aufsichtsratsmitglied inzwischen ausgeschieden ist und ihm daher der direkte Zugang zum Unternehmen fehlt, zumal dieses in der Regel derjenige ist, der ihn in Anspruch nimmt.

2. Verletzung von Obliegenheiten und Ausschlussgründe. Regelmäßig enthalten 852
die Versicherungspolicen eine Vielzahl von Obliegenheiten des Unternehmens als Ver-

---

[1269] So *Hemeling,* FS Hoffmann-Becking, 2013, 491 (496).
[1270] Anders nur die neue Rechtsprechung des OLG Frankfurt VersR 2012, 432 ff.; siehe dazu oben Fn. 1221.
[1271] Vgl. *Cyrus* ZRFC 2013, 210 (216).
[1272] *Peltzer* NZG 2009, 970 (973); *Bayer/Scholz* NZG 2014, 926 (927 f.) kritisieren die Zulassung der gesellschaftsfinanzierten D&O-Versicherung durch den Gesetzgeber zudem als „Systembruch", da er damit die weitgehende Enthaftung des Vorstands zugelassen habe, was im Widerspruch zur strengen Vorstandshaftung stehe.

sicherungsnehmer sowie der Organmitglieder als den Begünstigten; eine Obliegenheitsverletzung kann zu einer Einschränkung oder dem Wegfall der Deckung im Einzelfall oder insgesamt führen. Kritisch ist hierbei insbesondere, dass die Verletzung einer Obliegenheit durch einen Begünstigten möglicher Weise zu einem Wegfall des Versicherungsschutzes für alle Begünstigten führen kann, wenn nicht ein Ausschluss der Zurechnung vereinbart oder ein begrenzter Ausschluss des Anfechtungsrechts (außer bei Täuschung durch den Anspruchsteller) vereinbart worden ist.[1273]

853 Hinzu kommt in der Regel auch eine Vielzahl von Leistungsausschlussgründen, die im Schadensfall dazu führen können, dass tatsächlich keine Deckung zur Verfügung steht.[1274]

854 **3. Unterschiedliche Policen bei mehreren Versicherern.** Mit einer bei Konsortien gegebenen Mehrzahl von Versicherern einhergehen können auch voneinander abweichende Versicherungsbedingungen, mit denen das Aufsichtsratsmitglied sich sodann auseinanderzusetzen hat. Dies wird zusätzlich kompliziert, wenn auch ausländische Versicherer beteiligt sind und damit nicht nur andere Bedingungen zur Anwendung kommen, sondern auch ein anderes Recht.

855 **4. Zwischenzeitlich erfolgter Wechsel des Versicherers.** Noch schwieriger wird es, wenn zwischenzeitlich ein Wechsel des Versicherers oder, bei Konsortien, eines oder mehrerer Versicherer stattgefunden hat; hier kann es insbesondere zu der Frage kommen, wer überhaupt im Einzelfall welche Deckung stellt, wenn, wie in solchen Fällen häufig, der oder die neuen Versicherer die Rückwärtsversicherung eingeschränkt haben.

856 **5. Zugang zu Unterlagen.** Eine weitere Hürde besteht darin, dass das Aufsichtsratsmitglied, wenn es in der Zwischenzeit aus dem Aufsichtsrat ausgeschieden ist, regelmäßig alle ihm zugegangenen, das Unternehmen betreffenden Unterlagen an dieses hat zurückgeben müssen, was eine Abwehr von Ersatzansprüchen ungemein erschwert.[1275] Der **BGH** hat in jüngerer Zeit ausdrücklich das **Recht des Unternehmens** bestätigt, **die Rückgabe solcher Unterlagen zu verlangen,** wobei er auf das Recht des Organmitglieds hingewiesen hat, Einsicht in die Unterlagen zu verlangen.[1276] Dies ist jedoch bei weitem nicht das Gleiche wie ein direkter Zugang zu solchen Unterlagen in den eigenen Räumen, zumal das Aufsichtsratsmitglied in den wenigsten Fällen in der Lage sein wird, benötigte Dokumente präzise zu bezeichnen, es vielmehr mindestens die Möglichkeit haben muss, die entsprechenden Akten selbst durchzusehen, um so finden zu können, was es sucht.

857 Die Rechtsprechung des BGH ist auf Widerspruch gestoßen,[1277] doch gibt es noch keinen Konsens, wie im Fall des Falles der Zugang eines ausgeschiedenen Organmitglieds zu die Zeit seiner Tätigkeit im Unternehmen betreffenden Unterlagen sichergestellt werden kann. Sicherster Weg wäre eine entsprechende **Satzungsregelung,** die entweder ein solches Recht ausdrücklich gewährte oder es ausgeschiedenen Organmitgliedern gestattete, für die Dauer einer möglichen Haftungsinanspruchnahme die ihnen vom Unternehmen zur Verfügung gestellten Unterlagen zu behalten.[1278]

IX. Alternative Gestaltungsformen

858 **1. Haftungsbeschränkung?** Für das betroffene Organmitglied optimal ist eine **Beschränkung** seiner Haftung in Fällen fahrlässiger Pflichtverletzungen **auf den Umfang der bestehenden und tatsächlich gewährten** Deckung durch den D&O-Versicherer, mit

---

[1273] Vgl. hierzu *Hemeling*, FS Hoffmann-Becking, 2013, 491 (499 ff.).
[1274] *Benna/Fischer* in Hölscher/Altenhain S. 847 weisen darauf hin, dass insbesondere bei D&O-Versicherungen von Kreditinstituten der Ausnahmetatbestand der „operativen Tätigkeit" vorkomme, der etwa bei fehlerhaften Kreditentscheidungen dem Versicherer die Möglichkeit gebe, die Deckung zu verweigern.
[1275] *Hoffmann* NJW 2012, 1393 (1398).
[1276] BGH AG 2008, 743 ff. = DStR 2008, 2075, zustimmend besprochen von *Heider/Hirte* CCZ 2009, 106 ff.
[1277] *v. Schenck* in Semler/v. Schenck AR-HdB § 7 Rn. 383.
[1278] Vgl. *v. Schenck* in Semler/v. Schenck AR-HdB § 7 Rn. 383.

Ausnahme des Selbstbehalts; eine solche Regelung dürfte aber jedenfalls in börsennotierten Unternehmen **schwer durchsetzbar** sein, gleich ob sie bei Vorstandsmitgliedern in den Anstellungsvertrag oder bei Aufsichtsratsmitgliedern in die Satzung aufzunehmen sein sollte.[1279] Sie würde dem Gedanken der Verhaltenssteuerung durch das Bestehen einer persönlichen Haftung des Organmitglieds, die, wie hier dargestellt, auch bei Bestehen einer D&O-Versicherung immer noch ein nicht zu vernachlässigendes Risiko einer persönlichen Inanspruchnahme übrig lässt, entgegenlaufen; die Hauptversammlung könnte ihre Zustimmung zu einer entsprechenden Satzungsänderung verweigern, und die Mitglieder des Aufsichtsrats könnten befürchten, sich ihrerseits pflichtwidrig zu verhalten, sollten sie einem Vorstandsmitglied eine solche anstellungsvertragliche Regelung zugestehen.

2. Versicherungsverschaffungsklauseln in der Satzung. Wie bereits erwähnt (→ Rn. 846), ist es für die Aufsichtsratsmitglieder erstrebenswert, in die Satzung eine möglichst umfassende Versicherungsverschaffungsklausel aufzunehmen, die dem Aufsichtsratsmitglied einen **Anspruch auf entsprechende Versicherungsdeckung** und damit auch eine **Aufrechnungsmöglichkeit** gibt, wenn das Unternehmen einen Ersatzanspruch geltend machen, die Beschaffung und Aufrechterhaltung der geschuldeten Versicherungsdeckung aber versäumt haben sollte.[1280] Hierbei ist allerdings zu berücksichtigen, das vielfältig mögliche Veränderungen der Verhältnisse dazu führen können, dass eine ursprünglich angemessen erscheinende Versicherungsdeckung nicht mehr ausreicht, oder überdimensioniert erscheint, oder die ausgelobte Deckung am Versicherungsmarkt zu vertretbaren Bedingungen nicht mehr zu beschaffen ist. Dem ist bei der Formulierung einer solchen Satzungsregelung Rechnung zu tragen. **859**

3. Getrennte Policen für Vorstand und Aufsichtsrat. Eine **erhebliche Verbesserung der Rechtsposition** sowohl der Vorstands- als auch der Aufsichtsratsmitglieder wäre erreicht, wenn es getrennte Policen für die Mitglieder des Vorstands einerseits und des Aufsichtsrats andererseits gäbe;[1281] einige der oben angesprochenen Probleme (→ Rn. 845, 848) könnten so gar nicht erst entstehen. Allerdings gäbe es immer noch jeweils eine Vielzahl von Begünstigten, nämlich nicht nur die aktiven, sondern auch die ausgeschiedenen Mitglieder des jeweiligen Organs, mit den resultierenden Risiken einer Beschränkung der jeweils zur Verfügung stehenden Deckungssumme. **860**

4. Individuelle Vermögensschaden-Haftpflichtversicherungen für jedes Organmitglied. Einen optimalen D&O-Versicherungsschutz würde eine individuell und separat von jedem Organmitglied auf eigene Rechnung abgeschlossene Vermögensschaden-Haftpflichtversicherung entweder nach dem *claims made-* oder nach dem Verstoß-Prinzip bieten,[1282] zumal dann, wenn sie mit Unterstützung eines die Interessen des Aufsichtsratsmitglieds vertretenden einschlägig qualifizierten Beraters ausgehandelt wäre; leider sind solche Policen am deutschen Markt **noch nicht üblich**, weshalb bis zur Etablierung eines Marktstandards Einzellösungen gefunden werden müssen. Allerdings ist es nicht erfordrlich, ähnlich hohe Deckungssummen wie bei D&O-Versicherungen für alle Organmitglieder und leitenden Angestellten vorzusehen, zumal die entsprechenden Kosten ohnehin prohibitiv hoch wären; es würde eine über das Privatvermögen des einzelnen Organmitglieds hinausgehende Deckungssumme genügen, da es müßig ist, ein nicht ungewöhnlich vermögendes Organmitglied mit einer extrem hohen Schadensersatzforderung zu überziehen, **861**

[1279] Vgl. zur Möglichkeit einer satzungsmäßigen Beschränkung der Haftung von Vorstandsmitgliedern *Rust* Der Aufsichtsrat 2014, 36 f. Siehe auch *Bayer/Scholz* NZG 2014, 926 ff., die in der unbeschränkten Vorstandshaftung eine möglicher Weise verfassungswidrige Verlagerung des rechtsformspezifischen Risikos von den Aktionären auf die Organe sehen; diese Überlegung greift ebenso bei der unbeschränkten Haftung der Aufsichtsratsmitglieder.
[1280] *Hemeling*, FS Hoffmann-Becking, 2013, 491 (508).
[1281] *v. Schenck* NZG 2015, 494 (500).
[1282] *Conradi* AnwBl. 2012, 803 (805); *Fassbach* Der Aufsichtsrat 2013, 26 (28); *Hendricks* Der Aufsichtsrat 2015, 50; *v. Schenck* NZG 2015, 494 (500 f.).

wenn allenfalls mit einer Durchsetzung in Höhe eines Bruchteils der Forderung gerechnet werden kann; die meisten Inanspruchnahmen scheitern oder enden mit einer vergleichsweisen Einigung auf dramatisch niedrigerer Höhe als die ursprüngliche Forderung, deren Höhe sich häufig mit Blick auf die hohe Deckungssumme der D&O-Versicherung erklärt.[1283] Würde die Absicherung von Organmitlgiedern gegen Ersatzansprüche wegen Pflichtverletzungen so strukturiert, träte das Unternehmensinteresse an einer solchen Absicherung im Vergleich zum Interesse des Organmitglieds in den Hintergrund, weshalb eine Zahlung der Versicherungsprämie durch das Unternehmen als Vergütung anzusehen wäre und bei dem Unternehmen steuerlich nicht mehr dem vollen Betriebskostenabzug unterläge; stattdessen sollte die Prämie von dem Organmitglied selbst gezahlt werden, welches sie als Werbungskosten steuerlich geltend machen könnte; seinen dadurch verursachten Aufwand könnte das Unternehmen bei der Gestaltung der Vergütung berücksichtigen.[1284]

862   5. Ergänzende D&O-Vertrags-Rechtsschutzversicherung und Straf-Rechtsschutzversicherung. Selbst ein formal und inhaltlich optimaler D&O-Versicherungsschutz des einzelnen Organmitglieds belässt diesem immer noch das Risiko, dass der Versicherer im Schadensfall nur ungern und stark verzögert zahlt oder sich zu Unrecht auf einen Leistungsausschluss beruft; dies kann das mit den Kosten sowohl des Haftungsprozesses mit dem Unternehmen als auch des Deckungsprozesses mit dem Versicherer belastete Organmitglied leicht an die Grenze seiner Leistungsfähigkeit bringen, insbesondere in den häufigen Fällen, in denen es seine frühere Position verloren hat. Hinzukommen können dann auch noch strafrechtliche Ermittlungen, die ebenfalls qualifizierte rechtliche Unterstützung zu entsprechenden Kosten notwendig machen. Hier helfen einerseits eine D&O-Vertrags-Rechtsschutzversicherung und andererseits eine Straf-Rechtsschutzversicherung;[1285] eine Übernahme der Zahlung der Prämien für solche Versicherungen durch das Unternehmen dürfte allerdings bei Aufsichtsratsmitgliedern als **zusätzliche Vergütung** anzusehen sein und bedürfte daher einer Zustimmung der Hauptversammlung bzw einer entsprechenden Regelung in der Satzung.

[1283] Vgl. *v. Schenck* NZG 2015, 494 (500).
[1284] *v. Schenck* NZG 2015, 494 (500).
[1285] Dazu *Hendricks* Der Aufsichtsrat 2007, 98 (99 f.); vgl. *Kiethe* BB 2003, 537 (539).

Fünfter Teil. Rechnungslegung. Gewinnverwendung

Erster Abschnitt. Jahresabschluss und Lagebericht. Entsprechenserklärung

§ 161 Erklärung zum Corporate Governance Kodex

(1) ¹Vorstand und Aufsichtsrat der börsennotierten Gesellschaft erklären jährlich, dass den vom Bundesministerium der Justiz im amtlichen Teil des Bundesanzeigers bekannt gemachten Empfehlungen der „Regierungskommission Deutscher Corporate Governance Kodex" entsprochen wurde und wird oder welche Empfehlungen nicht angewendet wurden oder werden und warum nicht. ²Gleiches gilt für Vorstand und Aufsichtsrat einer Gesellschaft, die ausschließlich andere Wertpapiere als Aktien zum Handel an einem organisierten Markt im Sinn des § 2 Abs. 5 des Wertpapierhandelsgesetzes ausgegeben hat und deren ausgegebene Aktien auf eigene Veranlassung über ein multilaterales Handelssystem im Sinn des § 2 Abs. 3 Satz 1 Nr. 8 des Wertpapierhandelsgesetzes gehandelt werden.

(2) Die Erklärung ist auf der Internetseite der Gesellschaft dauerhaft öffentlich zugänglich zu machen.

Schrifttum: *Arens/Petersen,* Über (Irr-)Wege zur Anfechtbarkeit eines Entlastungsbeschlusses wegen fehlerhafter Entsprechenserklärung, Der Konzern 2011, 197; *Bayer,* Grundsatzfragen der Regulierung der aktienrechtlichen Corporate Governance, NZG 2013, 1; *Berg/Stöcker,* Anwendungs- und Haftungsfragen zum Deutschen Corporate Governance Kodex, WM 2002, 1569; *Bröcker,* Selbstbindung mit Anfechtungsrisiko – Was sind die richtigen Sanktionsmechanismen für den Deutschen Corporate Governance Kodex ?, Der Konzern 2011, 313; *DAV,* Stellungnahme des Deutschen Anwaltvereins zum Referentenentwurf eines Transparenz- und Publizitätsgesetzes, NZG 2002, 115; *Deilmann/Albrecht,* Corporate Governance und Diversity – was empfiehlt der neue Kodex ?, AG 2010, 727; *Ederle,* Die jährliche Entsprechenserklärung und die Mär von der Selbstbindung, NZG 2010, 655; *Ettinger/Grützediek,* Haftungsrisiken im Zusammenhang mit der Abgabe der Corporate Governance Entsprechenserklärung gemäß § 161 AktG, AG 2003, 353; *Fischer,* Entsprechenserklärung und Entsprechensentscheidung 2005/2006 – Vorschläge zur Haftungsminimierung der erklärungspflichtigen Unternehmen, BB 2006, 337; *Habersack,* Möglichkeiten und Grenzen staatlicher und halbstaatlicher Eingriffe in die Unternehmensführung, NJW, Beilage zu 3/2012, 94; *Heckelmann,* Drum prüfe, wer sich ewig bindet, WM 2008, 2146; *Herkendell/Rieger,* Auswirkungen des Deutschen Corporate Kodex auf die Abschlussprüfung, WPg 2013, 202; *Hoffmann-Becking,* Deutscher Corporate Governance Kodex – Anmerkungen zu Zulässigkeit, Inhalt und Verfahren, FS Hüffer, 2010, 377; *Hoffmann-Becking,* Zehn kritische Thesen zum Deutschen Corporate Governance Kodex, ZIP 2011, 1173; *Ihrig,* Pflicht zur umgehenden Abgabe einer Entsprechenserklärung mit Inkrafttreten des BilMoG ?, ZIP 2009, 853; *Ihrig/Wagner,* Corporate Governance – Kodex-Erklärung und ihre unterjährige Korrektur, BB 2002, 2509; *Kiefner,* Fehlerhafte Entsprechenserklärung und Anfechtbarkeit von Hauptversammlungsbeschlüssen, NZG 2011, 201; *Kiethe,* Falsche Erklärung nach § 161 AktG – Haftungsverschärfung für Vorstand und Aufsichtsrat ?, NZG 2003, 559; *Kirschbaum,* Deutscher Corporate Governance Kodex überarbeitet, DB 2005, 1473; *Kocher/Lönner,* Erhöhte Diversity-Anforderungen des Corporate Governance Kodex 2010, CCZ 2010, 183; *Kohl/Rapp/Wolff,* Akzeptanz des Deutschen Corporate Governance Kodex, ZCG 2013, 153; *Kort,* Zur Anfechtung eines Entlastungsbeschlusses, EWiR 2010, 441; *Kremer,* Der Deutsche Corporate Governance Kodex auf dem Prüfstand: bewährte Selbst- oder freiwillige Überregulierung ?, ZIP 2011, 1177; *Krieger,* Interne Voraussetzungen für die Abgabe der Entsprechenserklärung nach § 161 AktG, FS Ulmer, 2003, S. 365; *Krieger,* Corporate Governance und Corporate Governance Kodex in Deutschland, ZGR 2012, 202; *Lutter,* Die Erklärung zum Corporate Governance Kodex gemäß § 161 AktG, ZHR 166 (2002), 523; *Mense/Rosenhänger,* Mehr Vielfalt wagen – Zu den jüngsten Änderungen des Deutschen Corporate Governance Kodex, GWR 2010, 311; *Mülbert,* Corporate Governance in der Krise, ZHR 174 (2010), 375; *Mülbert/Wilhelm,* Grundfragen des Deutschen Corporate Governance Kodes und der Entsprechenserklärung nach § 161 AktG, ZHR 176 (2012), 286; *Mutter,* Corporate Governance in der Praxis in Abeltshauser/Buck Corporate Governance, 2004; *Mutter,* Überlegungen zur Justiziabilität von Entsprechenserklärungen nach § 161 AktG, ZGR 2009, 788; *Mutter,* Wie der DCGK Vorstände und Aufsichtsräte in aktienrechtliche Abseits führt, AG-Report 2012, R308; *Nikoleyczik/Schult,* Mehr Transparenz im Aufsichtsrat – Neufassung 2012 des Deutschen Corporate Governance Kodex, GWR 2012, 289; *Peltzer,* Für einen schlankeren Kodex !, NZG 2012, 368; *Ringleb/Kremer/Lutter/v. Werder,* Die Kodex-Änderungen vom Mai 2010, NZG 2010, 1161; *Ringleb/Kremer/Lutter/v. Werder,* Die Kodex-Änderungen vom Mai 2012, NZG 2012, 1081; *Pfitzer/Oser/Wader,* Die Entsprechens-Erklärung nach § 161 AktG – Checkliste für Vorstände und Aufsichtsräte zur Einhaltung der Empfehlungen des Deutschen Corporate Governance Kodex, DB

2002, 1120; *Rosengarten/S. H. Schneider*, Die „jährliche" Abgabe der Entsprechenserklärung nach § 161 AktG, ZIP 2009, 1837; *Roth*, Wirtschaftsrecht auf dem Deutschen Juristentag 2012, NZG 2012, 881; *Schima*, Vorstandsvergütung als Corporate-Governance-Dauerbaustelle, S. 246 in Schenz/Eberhartinger, Corporate Governance in Österreich, 2012; *Schima*, Unternehmerisches Ermessen und die Business Judgement Rule, S. 131 in Konecny, Vorträge anlässlich des 18. Insolvenz-Forums Grundlsee im November 2011; *Schima/Toscani*, Die Vertretung der AG bei Rechtsgeschäften mit dem Vorstand (§ 97 Abs. 1 AktG), JBl. 2012, 482 (Teil 1)/570 (Teil 2); *Schüppen*, To comply or not to comply – that's the question! „Existenzfragen" des Transparenz- und Publizitätsgesetzes im magischen Dreieck kapitalmarktorientierter Unternehmensführung, ZIP 2002, 1269; *Schürnbrand*, Normadressat der Pflicht zur Abgabe einer Entsprechenserklärung, FS Schneider, 2011, 1197; *Seibert*, Transparenz- und Publizitätsgesetz, ZIP 2001, 2192; *Seibert*, Im Blickpunkt: Der Deutsche Corporate Governance Kodex ist da, BB 2002, 581; *Seibt*, Deutscher Corporate Governance Kodex – Antworten auf Zweifelsfragen der Praxis, AG 2003, 465; *Seibt*, Deutscher Corporate Governance Kodex und Entsprechenserklärung (§ 161 AktG-E), AG 2002, 249; *Seidel*, Kodex ohne Rechtsgrundlage, NZG 2004, 1095; *J. Semler/Wagner*, Deutscher Corporate Governance Kodex – Die Entsprechenserklärung und Fragen der gesellschaftsinternen Umsetzung, ZHR 2003, 553; *Tröger*, Aktionärsklage bei nicht-publizierter Kodexabweichung, ZHR 175 (2011), 746; *Ulmer*, Der Deutsche Corporate Governance Kodex – ein neues Regulierungsinstrument für börsennotierte Aktiengesellschaften, ZHR 166 (2002), 150; *Vetter*, Der Tiger zeigt die Zähne, NZG 2009, 561; *Vetter*, Der Deutsche Corporate Governance Kodex nur ein zahnloser Tiger ?, NZG 2008, 121; *Vetter*, Die Änderungen 2007 des Deutschen Corporate Governance Kodex, DB 2007, 1963; *Vetter*, Deutscher Corporate Governance Kodex, DNotZ 2003, 748; *v. Werder/Bartz*, Corporate Governance Report 2013, DB 2013, 885; *v. Werder/Bartz*, Corporate Governance Report 2012, DB 2012, 869; *v. Werder/Böhme*, Corporate Governance Report 2011, DB 2011, 1285; *v. Werder/Talaulicar*, Corporate Governance Report 2010, DB 2010, 853; *v. Werder/Talaulicar*, Corporate Governance Report 2009, DB 2009, 689; *v. Werder/Talaulicar*, Corporate Governance Report 2008, DB 2008, 825; *v. Werder/Talaulicar*, Corporate Governance Report 2007, DB 2007, 869; *v. Werder/Talaulicar*, Corporate Governance Report 2006, DB 2006, 849; *v. Werder/Talaulicar*, Corporate Governance Report 2005, DB 2005, 841; *v. Werder/Talaulicar/Kolat*, Corporate Governance Report 2004, DB 2004, 1377; *v. Werder/Talaulicar*, Corporate Governance Report 2003, DB 2003, 1857; *v. Werder/Talaulicar/Pissarczyk*, Das Kommentierungsverhalten bei Abweichungen vom Deutschen Corporate Governance Kodex, AG 2010, 62; *Wernsmann/Gatzka*, Der Deutsche Corporate Governance Kodex und die Entsprechenserklärung nach § 161 AktG, NZG 2011, 1001; *Windbichler*, Dienen staatliche Eingriffe guter Unternehmensführung ?, NJW 2012, 2625; *Wolf*, Corporate Governance – Der Import angelsächsischer „Self-Regulation" im Widerstreit zum deutschen Parlamentsvorbehalt, ZRP 2002, 59.

Übersicht

	Rn.
A. Einführung	1
I. Regelungsgehalt und Bedeutung der Norm	1
II. Normgeschichte	4
III. Rechtspolitische Diskussion	8
IV. Akzeptanz in der Praxis	10
V. Verfassungsrecht und Entsprechenserklärung	12
B. Anwendungsbereich	13
C. Pflicht zur Abgabe einer Entsprechenserklärung	16
I. Inhalt der Erklärung	17
1. Erklärung für die Vergangenheit	18
2. Erklärung für die Zukunft	21
3. Positiverklärung (mit/ohne Einschränkungen)	22
4. Negativerklärung	25
5. Begründung von Abweichungen	27
II. Zeitpunkt der Abgabe und Berichtszeitraum	30
III. Beschlussfassung durch Vorstand und Aufsichtsrat	34
IV. Einheitliche Entsprechenserklärung	38
V. Hauptversammlung	40
VI. „Kleinere" Abweichungen	41
VII. Unterjährige Kodexänderungen	43
VIII. Unterjährige tatsächliche Änderungen	44
IX. Form der Erklärung	45
D. Publizität nach § 161 Abs. 2	48
E. Sonstige Publizität	54
F. Folgen eines Verstoßes gegen § 161	57
I. Haftung der Organmitglieder und der Gesellschaft	57
1. Innenhaftung der Organe gegenüber der Gesellschaft	57
2. Außenhaftung der Organe gegenüber Dritten	61
3. Haftung der Gesellschaft	64
II. Strafrechtliche Relevanz und Ordnungswidrigkeit	65

	Rn.
III. Anfechtbarkeit von Beschlüssen	67
1. Entlastungsbeschlüsse	67
2. Wahlbeschlüsse	74

A. Einführung

I. Regelungsgehalt und Bedeutung der Norm

Die Vorschrift regelt in Abs. 1 die Pflicht zur Abgabe einer sog. Entsprechenserklärung 1 durch Vorstand und Aufsichtsrat börsennotierter Gesellschaften oder, nach Abs. 1 S. 2, nicht börsennotierter, aber kapitalmarktorientierter Aktiengesellschaften. Vorstand und Aufsichtsrat haben jährlich zu erklären, dass den vom Bundesministerium der Justiz im Bundesanzeiger bekannt gemachten Empfehlungen der Regierungskommission Deutscher Corporate Kodex entsprochen wurde und wird oder welche Empfehlungen nicht angewendet wurden oder werden und warum nicht („comply or explain").

Diese Erklärung bezieht sich ausschließlich auf die im Deutschen Corporate Governance 2 Kodex (DCGK oder Kodex) enthaltenen Empfehlungen[1]. Nicht erklären muss sich die Aktiengesellschaft dagegen nach dem Gesetz zu den zahllosen Anregungen[2], die der DCGK neben den Empfehlungen enthält.[3] Auch die sonstigen, deskriptiven Teile des Kodex, die gesetzliche Vorschriften nur – mal besser, mal schlechter[4] – beschreiben, sind nicht Gegenstand der Entsprechenserklärung.

Die Erklärung ist auf der Internetseite der Gesellschaft dauerhaft öffentlich zugänglich zu 3 machen.

II. Normgeschichte

Im Jahr 2002 wurde die Vorschrift durch das TransPuG[5] eingeführt. Dem war die 4 Einsetzung der Regierungskommission „Corporate Governance – Unternehmensführung – Unternehmenskontrolle – Modernisierung des Aktienrechts im Jahr 2000 vorausgegangen. Aufgabe der Kommission war es, sich mit möglichen Defiziten des deutschen Systems der Unternehmensführung und -kontrolle zu befassen und Modernisierungsvorschläge zu unterbreiten.[6] Auf Empfehlung der Kommission[7] wurde im Jahr 2001 eine weitere Kommission – die heutige Regierungskommission Deutscher Corporate Governance Kodex – eingesetzt, die einen Kodex für die Unternehmensleitung und -überwachung deutscher börsennotierter Gesellschaften entwickeln sollte.[8] Am 30.8.2002 machte das Bundesministerium der Justiz die erste Fassung im elektronischen Bundesanzeiger bekannt.[9]

Dies sollte der deutschen Unternehmenspraxis die Möglichkeit eröffnen, in einem „Akt 5 der Selbstorganisation" das deutsche Corporate Governance System in einer auch für

---

[1] Vgl. dazu die Definition in der Präambel des DCGK. Danach sind Empfehlungen des Kodex im Text durch die Verwendung des Wortes „soll" gekennzeichnet.
[2] Anregungen werden im DCGK mit dem Begriff „sollte" gekennzeichnet, vgl. Präambel des DCGK.
[3] So schon die Gesetzesbegründung zu § 161 in der Fassung des TransPuG, BT-Drs. 14/8769, 21.
[4] Vgl. *Mutter* AG-Report 2012, R308; *Hoffmann-Becking*, FS Hüffer, 2010, 337 (345 ff.).
[5] Art. 1 Nr. 16 Gesetz zur weiteren Reform des Aktien- und Bilanzrechts, zu Transparenz und Publizität vom 19.7.2002, BGBl. 2002 I S. 2681; Referentenentwurf in NZG 2002, 78 ff.
[6] Vgl. BT-Drs. 14/8769, 10; *Baums* S. 1.
[7] Vgl. BT-Drs. 14/7515, 32; *Baums* Rn. 17.
[8] Eine Liste der Mitglieder der Regierungskommission ist abrufbar unter www.corporate-governance-code.de; dazu auch RKLW/*v. Werder/Ringleb* Rn. 9 ff.
[9] Vgl. Bekanntmachung im Elektronischen Bundesanzeiger, AT 1, 2002, B 1 vom 30.8.2002; zur Entstehungsgeschichte des DCGK vgl. auch zB RKLW/*v. Werder/Ringleb* Rn. 6 ff.; Wilsing/*v. der Linden* DCGK Präambel Rn. 5 ff.; *Seibert* ZIP 2001, 2192; Großkomm AktG/*Leyens* Rn. 73 ff.; K. Schmidt/Lutter/*Spindler* Rn. 3.

ausländische Investoren geeigneten Form darzustellen.¹⁰ Dem Anspruch wurde er niemals gerecht, führte aber zu einer weiteren Bürokratisierung.¹¹

6 Das BilMoG¹² hat Abs. 1 S. 1 geändert, der seither neben der tradierten Offenlegung auch eine Begründung der Abweichungen von den Empfehlungen des DCGK vorsieht. Des Weiteren wurde auch der Anwendungsbereich in S. 2 verändert. Seit der Umsetzung des Art. 46a Abs. 1 lit. a und b der Bilanzrichtlinie in der Fassung der Abänderungsrichtlinie (vgl. Fn. 12) durch das BilMoG ist die Entsprechenserklärung (faktisch) auch Bestandteil der Erklärung zur Unternehmensführung nach § 289a HGB geworden.¹³

7 Schließlich wurde Abs. 1 S. 1 sprachlich an § 5 VkBkmG¹⁴ angepasst,¹⁵ ohne dass sich in der Sache Änderungen für die Entsprechenserklärung ergeben haben.

III. Rechtspolitische Diskussion

8 Seit mittlerweile mehr als einem Jahrzehnt mühen sich Wissenschaft und Praxis mit § 161. Von Anbeginn an wurde die dogmatische Fragwürdigkeit des Kodex, genauer der Verzahnung von AktG und persönlicher Meinung einzelner, die ohne Legitimation durch das Wahlvolk in eine sogenannte Regierungskommission Deutscher Corporate Governance Kodex entsandt wurden, kritisiert, namentlich und treffsicher durch *Peter Ulmer*.¹⁶ An der Richtigkeit seiner Angriffe hat sich seit 2002 nichts geändert.

9 2009 verschärfte sich das Spannungsverhältnis, als der BGH zur Justiziabilität von Entsprechenserklärungen entschied. Seither soll eine Unrichtigkeit der Entsprechenserklärung jedenfalls dann auch noch zur Anfechtung von Entlastungsbeschlüssen führen können, soweit die Organmitglieder die Unrichtigkeit kannten oder kennen mussten¹⁷. Allerdings muss eine gewisse Bagatellgrenze überschritten werden.¹⁸ Hierdurch wurden der DCGK und die Auseinandersetzung mit seinen Empfehlungen aus dem Bereich des „lästigen und obsoleten" in den Rang des auch vor Gerichten rechtlich Relevanten gehoben. Mit dem damit einhergehenden zusätzlichen Absicherungsaufwand ist eine weitere **Kostenbelastung** der Unternehmen verbunden. Trotz vielfältiger und berechtigter Kritik¹⁹ votierte indes der 69. Deutschen Juristentag 2012 gegen eine Abschaffung des Kodex.²⁰ Lediglich partiell folgte man den Kritikern, indem man beschloss, dass der Kodex von der Wiedergabe gesetzlicher Regelungen entlastet werden möge²¹ und auch dessen Empfehlungen regelmäßig im Hinblick auf Verschlankungsmöglichkeiten überprüft

---

¹⁰ Vorwort des ehem. Vorsitzenden der Regierungskommission G. Cromme zum DCGK vom 26.2.2002, abrufbar unter www.corporate-governance-code.de; ähnlich auch schon *Baums* Rn. 7.

¹¹ Hieran nicht (mehr) mitwirken zu wollen, trieb zwischenzeitlich sogar Einzelne dazu, die Regierungskommission zu verlassen. Vgl. FAZ vom 13.8.2013, „Manfred Gentz übernimmt Vorsitz der Kodex-Kommission", abrufbar unter www.faz.net.

¹² Gesetz zur Modernisierung des Bilanzrechts – Bilanzrechtsmodernisierungsgesetz vom 25.5.2009, BGBl. 2009 I S. 1102, Art. 5 Nr. 3; vgl. dazu die Richtlinie 2006/43/EG des europäischen Parlaments und des Rates vom 17.5.2006 über Abschlussprüfungen von Jahresabschlüssen und konsolidierten Abschlüssen, zur Änderung der Richtlinien 78/660/ EWG und 83/349/EWG des Rates und zur Aufhebung der Richtlinie 84/253/ EWG des Rates, ABl. EU Nr. L 157, 87 (sog. Abschlussprüfer-Richtlinie oder Bilanzrichtlinie) und Richtlinie 2006/46/EG des europäischen Parlaments und des Rates vom 14.6.2006 zur Änderung der Richtlinien des Rates 78/660/EWG, 83/349/EWG, 86/635/EWG und 91/674/EWG, ABl. EU Nr. L 224, 1 (Abänderungsrichtlinie), insb. Art. 46a.

¹³ BT-Drs. 16/10067, 103; vgl. dazu auch Ziff. 3.10 DCGK.

¹⁴ Gesetz über die Verkündung von Rechtsverordnungen und Bekanntmachungen.

¹⁵ Vgl. Art. 2 Abs. 49 Nr. 2 des Gesetzes zur Änderung von Vorschriften über Verkündung und Bekanntmachungen sowie der ZPO, der EGZPO und der AO vom 22.12.2011, BGBl. 2011 I S. 3044.

¹⁶ *Ulmer* ZHR 166(2002), 150.

¹⁷ BGHZ 180, 9 = ZIP 2009, 460 – Kirch/Deutsche Bank mit Anmerkung *Mutter*.

¹⁸ Vgl. dazu BGHZ 194, 14 = NZG 2012, 1064 (1066) – Fresenius.

¹⁹ Vgl. insb. *Hoffmann-Becking*, FS Hüffer, 2010, 337 ff.; *Hoffmann-Becking* ZIP 2011, 1173 (1176), der „eine längere Regelungspause und einen erheblichen Rückbau" fordert.

²⁰ Für die Beibehaltung votierte der 69. Deutsche Juristentag (DJT) mit 73 (Stimmen): 0 (Gegenstimmen): 6 (Enthaltungen), S. 22. Die Beschlüsse des 69. DJT sind abrufbar unter www.djt-net.de.

²¹ 45:35:3, S. 22.

werden sollten.²² Auch das Nebeneinander der Berichterstattung über Corporate Governance durch § 161 AktG, § 289a HGB und den Bericht nach Ziffer 3.10 DCGK wurde von der deutlichen Mehrheit kritisch gesehen und die Forderung nach deren Beseitigung angenommen.²³

IV. Akzeptanz in der Praxis

Die empirischen Erhebungen zur Akzeptanz und Anwendung der Empfehlungen des DCGK deuten vermeintlich auf eine hohe Akzeptanz hin.²⁴ So hatten beispielsweise *v. Werder* und *Bartz* schon für die Kodexfassung vom 15.5.2012 ermittelt, dass DAX-Unternehmen durchschnittlich 95,8 % der Empfehlungen umsetzen und die Unternehmen im General Standard immer noch 71,2 %.²⁵ Nach der Analyse von *Kohl/Rapp/Wolff* befolgen durchschnittlich 97,7 der DAX-Gesellschaften und 95,9 % der MDAX-Gesellschaften die Empfehlungen des DCGK.²⁶

Diese Zahlen dürfen jedoch nicht im Sinne einer überwältigenden Akzeptanz in der Wirtschaft falsch verstanden werden. Vielmehr entsprechen die Unternehmen meines Erachtens häufig den Empfehlungen wider der eigenen Überzeugung, weil man glaubt, dass „der Kapitalmarkt" dies erwarte. Subkutan schwelt jedoch mehr Ablehnung, als es die publizierten Zahlen widerspiegeln. Dies war auch der Regierungskommission Deutscher Corporate Kodex nicht verborgen geblieben. Sie sah sich daher 2012 genötigt, die Präambel des DCGK neu zu fassen und für eine „Abweichungskultur" zu werben,²⁷ indem man ausdrücklich darauf hinwies, dass auch eine gut begründete Abweichung von der Kodexempfehlung im Interesse einer guten Unternehmensführung liegen könne.

V. Verfassungsrecht und Entsprechenserklärung

Die **Verfassungsmäßigkeit** wird zwar von verschiedenen Stimmen²⁸ in Frage gestellt. Dies hat sich allerdings in der Rechtsprechung nicht durchgesetzt.²⁹ Ein eventuelles Fortschreiten der „Verrechtlichung" könnte dies ändern. Zuletzt hat der Bundesgerichtshof einer solchen Tendenz aber durch eine bedachte Entscheidung eher wieder Einhalt geboten, wenn nicht sogar ein Stück zurückgedreht.³⁰

B. Anwendungsbereich

§ 161 Abs. 1 S. 1 richtet sich an Vorstand und Aufsichtsrat einer **börsennotierten** Aktiengesellschaft. Gesellschaften sind börsennotiert, falls deren Aktien zu einem Markt zugelassen sind, der von staatlich anerkannten Stellen geregelt und überwacht wird, regelmäßig stattfindet und für das Publikum mittelbar oder unmittelbar zugänglich ist.³¹

---

[22] 85:0:1, S. 22; dazu schon zB *Kremer* ZIP 2011, 1177 (1180).
[23] 77:4:6, S. 22.
[24] Vgl. zur Akzeptanz der Empfehlungen und Anregungen des DCGK *v. Werder/Bartz* DB 2014, 905 ff.; *v. Werder/Bartz* DB 2013, 885 ff.; *Kohl/Rapp/Wolff* ZCG 2013, 153 ff. für DAX- und MDAX-Gesellschaften; ältere Untersuchungen *v. Werder/Böhme* DB 2012, 869 ff.; *v. Werder/Böhme* DB 2011, 1285 ff.; *v. Werder/Talaulicar* DB 2010, 853 ff.; *v. Werder/Talaulicar* DB 2009, 689 ff.; *v. Werder/Talaulicar* DB 2008, 825; *v. Werder/Talaulicar* DB 2007, 869 ff.; *v. Werder/Talaulicar* DB 2006, 849 ff.; *v. Werder/Talaulicar* DB 2005, 841 ff.; *v. Werder/Talaulicar/Kolat* DB 2004, 1377 ff.; *v. Werder/Talaulicar/Kolat* DB 2003, 1857; *Hölters/Hölters* Rn. 7.
[25] *v. Werder/Bartz* DB 2013, 885 (886); nachfolgend dieselben DB 2014, 905 ff.
[26] ZCG 2013, 153 (154).
[27] Vgl. *Ringleb/Krämer/Lutter/v. Werder* NZG 2012, 1081.
[28] *Mülbert/Wilhelm* ZHR 176 (2012), 286 (314 ff.); *Seidel* NZG 2004, 1095 (1096); *Wolf* ZRP 2002, 59; K. Schmidt/Lutter//*Spindler* Rn. 11; *Hüffer/Koch* Rn. 4; *Wernsmann/Gatzka* NZG 2011, 1001 (1007).
[29] OLG München ZIP 2008, 742 (743 f.); Grigoleit/*Grigoleit/Zellner* Rn. 7; Großkomm AktG/*Leyens* Rn. 54 ff.; Bürgers/Körber/*Runte/Eckert* Rn. 3 mwN.
[30] BGHZ 194, 14 = NZG 2012, 1064, 1066 – Fresenius.
[31] § 3 Abs. 2.; dazu Wilsing/*v. der Linden* DCGK § 161 AktG Rn. 9; vgl. zur Anwendbarkeit auf die SE Großkomm AktG/*Leyens* Rn. 128.

AktG § 161 14–20

14 § 161 Abs. 1 S. 2 erweitert den Anwendungsbereich darüber hinaus auf den Vorstand und Aufsichtsrat einer Gesellschaft, die **ausschließlich andere Wertpapiere** als Aktien zum Handel an einem **organisierten Markt** im Sinn des § 2 Abs. 5 WpHG ausgegeben hat und deren ausgegebene Aktien auf eigene Veranlassung über ein **multilaterales Handelssystem** im Sinne des § 2 Abs. 3 S. 1 Nr. 8 WpHG[32] gehandelt werden. Andere Wertpapiere sind zB Schuldverschreibungen.[33]

15 Der 69. DJT hat sich für eine Erweiterung des Anwendungsbereichs ausgesprochen. Auch Gesellschaften, deren Aktien auf eigene Veranlassung in einem multilateralen Handelssystem (insb. im **Freiverkehr**) gehandelt werden, sollen als Regelungsadressaten aufgenommen werden, nicht dagegen Familien- oder sonstige geschlossene Gesellschaften.[34] Zuvor war bereits der 67. DJT dafür eingetreten, § 3 Abs. 2, der eine Legaldefition der börsennotierten Gesellschaft enthält, dahingehend zu erweitern, dass auch Gesellschaften erfasst werden, deren Aktien mit ihrem Willen im Freiverkehr oder an einem nichtbörslichen multilateralen Handelssystem gehandelt werden.[35] Dies ist kritisch zu sehen, weil es für kleinere Gesellschaften und Wachstumsunternehmen den Zugang zum Kapitalmarkt über den Freiverkehr mit geringeren Kosten einschränken würde, indem dieser mit einem administrativen Aufwand belastet würde, den zu tragen man allenfalls den großen börsennotierten Gesellschaften abverlangen kann.

C. Pflicht zur Abgabe einer Entsprechenserklärung

16 Auf den ersten Blick wirkt der Gesetzeswortlaut des § 161 Abs. 1 S. 1 transparent. Bei näherem Besehen stellen sich jedoch zahlreiche Fragen, die auch durch die Rechtsprechung und Literatur noch nicht abschließend geklärt sind.[36]

I. Inhalt der Erklärung

17 Gesichert ist: Die Entsprechenserklärung nach § 161 Abs. 1 hat zwei Teile; die **Erklärung über die Praxis in der Vergangenheit** und eine **Erklärung in die Zukunft**.[37]

18 **1. Erklärung für die Vergangenheit.** Die Erklärung über die Vergangenheit ist eine **Wissenserklärung**[38] über Tatsachen, die im Hinblick auf alle Kodex-Empfehlungen abzugeben ist.

19 Hinsichtlich solcher Verhaltensempfehlungen des DCGK, die sich nur an einzele Organe oder Mitglieder von Organen richten, ist es daher erforderlich, dass sich Vorstand bzw. Aufsichtsrat im erforderlichen Ausmaß informieren. Insofern besteht auch ein umfassender **Auskunftsanspruch.**[39]

20 In der Praxis entwickeln viele Unternehmen ein Reporting-System, bei dem aus den befassten Fachbereichen an den Vorstand berichtet wird, wie mit den einzelnen Empfehlungen im jeweiligen Verantwortungsbereich umgegangen wurde. Die Hauptlast tragen hier typischerweise die Ressorts Investor Relations, Rechnungswesen und Recht.

---

[32] Dazu zählt insbesondere der Freiverkehr nach § 48 BörsG. Eine Liste weiterer multilateraler Handelssysteme des Committee of European Securities Regulators ist abrufbar unter www.mifiddatabase.esma.europa.eu.
[33] BT-Drs. 16/10067, 104; Hüffer/*Koch* Rn. 6b.; Hölters/*Hölters* Rn. 11.
[34] Angenommen mit 45:30:3, S. 21.
[35] Vgl. Beschlüsse des 67. DJT, S. 19. Die Beschlüsse des 67. DJT sind abrufbar unter www.djt-net.de.
[36] So schon der Befund von *Mutter* in Abeltshauser/Buck, Corporate Governance, S. 23 ff.
[37] Ganz hM, vgl. zB BGHZ 180, 9 = ZIP 2009, 460 (463) – Kirch/Deutsche Bank mit Anmerkung *Mutter*; MüKoAktG/*Goette* Rn. 35 mwN; NK-AktG/*Kirschbaum* Rn. 5 ff. mwN; RKLW/*Ringleb* Rn. 1563; aA *Ederle* NZG 2010, 655 (657 ff.9, der einen zukunftsbezogenen Teil der Erklärung nicht für zwingend hält.
[38] Grigoleit/*Grigoleit/Zellner* Rn. 11; Hüffer/*Koch* Rn. 14; Wilsing/*v. der Linden* DCGK § 161 AktG Rn. 16.
[39] MüKoAktG/*Goette* Rn. 58 und 40; Bürgers/Körber/*Runte/Eckert* Rn. 13; K. Schmidt/Lutter//*Spindler* Rn. 28.

2. Erklärung für die Zukunft. Bei der Erklärung für die Zukunft handelt es sich um 21
eine Aussage zur zukünftigen Praxis der Gesellschaft, eine **Absichtserklärung**.[40]

3. Positiverklärung (mit/ohne Einschränkungen). Die Positiverklärung kann **un-** 22
eingeschränkt sein. In diesem Fall erklären Vorstand und Aufsichtsrat, dass allen Empfehlungen des Kodex im Berichtszeitraum entsprochen wurde und in Zukunft entsprochen werden soll.[41]

Übererfüllung schadet nach der Literatur nicht.[42] Dies ist aber nur richtig, wenn tatsäch- 23
lich alle Empfehlungen im konkreten Unternehmensinteresse liegen, was oft nicht der Fall sein wird.[43] Würde hier trotzdem entsprochen, könnten die Organe haften, weil sie den vermeintlich „leichten" Weg gingen.

In dem Fall, dass von Empfehlungen des Kodex abgewichen wurde oder eine **Abwei-** 24
chung beabsichtigt ist, ist die Erklärung **einzuschränken.** Sie hat dabei die betroffenen Empfehlungen genau zu bezeichnen. Die Angabe der Ziffer reicht aus.[44] Überspannt ist es, wenn einzelne[45] an der Praxis vorbei auch eine Wiedergabe des Wortlauts derjenigen Empfehlung, von der abgewichen wurde oder werden soll, fordern. Dies bläht die Erklärung auf, ohne weitere Informationen zu transportieren und hat keine Grundlage im Gesetz.

4. Negativerklärung. Wurde den Empfehlungen des Kodex insgesamt nicht entspro- 25
chen und soll ihnen auch zukünftig nicht entsprochen werden, ist eine **Negativerklärung** abzugeben. Dieser Schritt ist allerdings wegen der drohenden Reputationsverluste der Gesellschaft im Markt derzeit wohl noch faktisch ausgeschlossen. Der in der Gesetzesbegründung erwogene Anwendungsfall des unternehmenseigenen „**Code of Best Practice**"[46] hat sich in der Praxis nicht durchgesetzt.

Aufgrund der Änderungen durch das BilMoG wäre aber auch jede Negativerklärung zu 26
begründen,[47] und zwar sowohl hinsichtlich des vergangenheitsbezogenen als auch der zukunftsbezogenen Teils.[48]

5. Begründung von Abweichungen. Vorstand und Aufsichtsrat haben mittlerweile[49] 27
nach Abs. 1 S. 1 zu begründen, warum sie Empfehlungen des DCGK nicht befolgen. Damit geht das Gesetz über die frühere bloße Offenlegungspflicht hinaus. Umgekehrt ist keine Begründung erforderlich, wenn die Gesellschaft in ihrem Verhalten den Empfehlungen des Kodex folgt oder darüber hinausgeht.

Die Begründungspflicht betrifft sowohl den Teil der Erklärung für die Vergangenheit als 28
auch den Teil für die Zukunft.

Aus dem Gesetz ergibt sich nicht, wie die **Begründung** beschaffen sein muss.[50] Ange- 29
sichts der Informationsfunktion, die der Erklärung nach § 161 zukommt, sind an die

---

[40] BT-Drs. 14/8769, 22 („unverbindliche Absichtserklärung"); Wilsing/*v. der Linden* § 161 AktG Rn. 18; K. Schmidt/Lutter//*Spindler* Rn. 29; zur Anfechtbarkeit im Hinblick auf die zukunftsgerichtete Erklärung vgl. zB KG AG 2009, 118 (119).
[41] K. Schmidt/Lutter//*Spindler* Rn. 31; Grigoleit/*Grigoleit*/*Zellner* Rn. 17; vgl. Formulierungsbeispiel in der Regierungsbegründung BT-Drs. 14/8769, 21.
[42] Bürgers/Körber/*Runte*/*Eckert* Rn. 21; Grigoleit/*Grigoleit*/*Zellner* Rn. 18.
[43] Daher wirbt mittlerweile auch die Regierungskommission selbst für die „Abweichungskultur", vgl. *Müller* in Cromme, Corporate Governance Report 2008, S. 18; dazu auch *Ringleb/Kremer/Lutter/v. Werder* NZG 2012, 1081.
[44] So auch Grigoleit/*Grigoleit*/*Zellner* Rn. 18.
[45] Kölner Komm AktG/*Lutter* Rn. 83; Bürgers/Körber/*Runte*/*Eckert* Rn. 21 mit Formulierungsbeispiel.
[46] BT-Drs. 14/8769, 21.
[47] Zu den Änderungen in der Praxis nach Einführung der Begründungspflicht *v. Werder*/*Talaulicar*/*Pissarczyk* AG 2010, 62 ff.
[48] Anders für eine generelle Nichtbefolgung des DCGK Spindler/Stilz/*Sester* Rn. 42 unter Hinweis auf den europarechtlichen Ursprung der Regelung und das Erfordernis einer europarechtskonformen Auslegung. IE so auch Grigoleit/*Grigoleit*/*Zellner* Rn. 21 mwN.
[49] Die Begründungspflicht wurde durch das BilMoG eingeführt, vgl. dazu Fn. 12.
[50] Auch der Gesetzesbegründung zum BilMoG sowie den zugrundeliegenden europarechtlichen Vorgaben ist keine Konkretisierung zu entnehmen.

Ausgestaltung der Begründung keine hohen Anforderungen zu stellen. Dass sie **wahrheitsgemäß** sein und die Erwägungen der Organe enthalten muss, ist indes einhellige Meinung.[51]

II. Zeitpunkt der Abgabe und Berichtszeitraum

30 Die Entsprechenserklärung ist nach dem Wortlaut des Gesetzes **jährlich** abzugeben. Offen bleibt, ob das Gesetz hier das Kalender- oder das Geschäftsjahr anspricht.

31 Richtigerweise geht es zum einen um die Zeitspanne zwischen zwei Entsprechenserklärungen, die nicht mehr als ein Jahr sein soll. Dies darf allerdings nicht mit mathematischer Genauigkeit verstanden werden.[52] Eine **Überschreitung** um wenige Tage ist unschädlich.[53] Nur so können Gesellschaften, die etwa turnusmäßig im selben Kalendermonat in Vorstand und Aufsichtsrat über die Erklärung beraten, mit der Sitzung des Aufsichtsrats „atmen" und diese beispielsweise in einem Jahr am 10. Oktober und im Folgejahr am 14. Oktober abhalten. Jede andere Auslegung führte zu dem offensichtlich falschen Ergebnis, dass die Erklärungen kontinuierlich früher abgegeben werden müssten.

32 Aber auch der **maßgebliche Berichtszeitraum** ist offen. Diskutiert wird auch hier das **Geschäftsjahr**[54] und das **Kalenderjahr**[55]. Meines Erachtens ist eine differenzierte Betrachtung geboten. Grundsätzlich wird man zwar über das abgelaufene **Geschäfts- oder Kalenderjahr** berichten müssen. Wesentlich ist aber etwas anderes, nämlich der **„lückenlose" Bericht** seit der letzten Entsprechenserklärung. Werden im Laufe des Jahres mehrere Entsprechenserklärungen abgegeben, schlägt das bei diesem Verständnis auf den Berichtszeitraum durch. Soweit die früheren Entsprechenserklärungen nämlich bereits zur Praxis der Gesellschaft berichtet haben, besteht kein Informationsbedürfnis für die Aktionäre. Der vergangenheitsbezogene Teil bezieht sich nur auf den Zeitraum seit der letzten Entsprechenserklärung.

33 Für die zukunftsbezogene Facette der Erklärung gilt ein anderer Maßstab. Diese ist grundsätzlich zeitlich unbegrenzt. Umstritten ist daher, ob auch eine in die Zukunft gerichtete Erklärung § 161 genügt, die **zeitlich befristet** wird.[56] Sofern die Begrenzung als solche für den Kapitalmarkt **erkennbar**[57] gemacht ist, sollte eine zeitliche Beschränkung der Geltungsdauer entsprechend dem Zweck der Entsprechenserklärung zulässig sein, jedenfalls sofern sie das laufende Geschäfts- oder Kalenderjahr voll umfasst.

---

[51] *v. Falkenhausen/Kocher* ZIP 2009, 1149 (1150); MüKoAktG/*Goette* Rn. 53; Großkomm AktG/*Leyens* Rn. 338 ff.; Kölner Komm AktG/*Lutter* Rn. 87; Spindler/Stilz/*Sester* Rn. 41.

[52] AA OLG München NZG 2008, 337, 338; Wilsing/*v. der Linden* Rn. 43.

[53] So wohl auch BGH NZG 2010, 618 (619); **wie hier** Kort EWiR 2010, 441 (442); NK-AktG/*Kirschbaum* Rn. 31; Großkomm AktG/*Leyens* Rn. 363; Kölner Komm AktG/*Lutter* Rn. 90; Bürgers/Körber/*Runte/ Eckert* Rn. 26; K. Schmidt/Lutter//*Spindler* Rn. 39 („geringfügige Überschreitungen, etwa zur Anpassung an Bilanzsitzungen"); **gegen jegliche (enge) Frist** wohl Heckelmann WM 2008, 2146, 2147; *Rosengarten/ S. H. Schneider* ZIP 2009, 1837 (1840 f.); *Schüppen* ZIP 2002, 1269 (1272); Hüffer/*Koch* Rn. 15; speziell zum maßgeblichen Zeitraum in der Krise *Mock* ZIP 2010, 15 (16); **aA** möglicherweise BGHZ 180, 9 = NZG 2009, 342 (345) – Kirch/Deutsche Bank („Charakter einer ‚Dauererklärung', die jeweils binnen Jahresfrist zu erneuern und im Fall vorheriger Abweichung von den DCGK-Empfehlungen umgehend zu berichten ist") mit Anmerkung *Mutter*.

[54] Hüffer/*Koch* Rn. 15; Hölters/*Hölters* Rn. 29; Bürgers/Körber/*Runte/Eckert* Rn. 27; Spindler/Stilz/*Sester* Rn. 55; RKLW/*Ringleb* Rn. 1582 f., dem zu Folge die Entsprechenserklärung zweckmäßigerweise im zeitlichen Zusammenhang mit dem Jahresabschluss abzugeben ist.

[55] Großkomm AktG/*Leyens* Rn. 360; *Schüppen* ZIP 2002, 1269 (1272); *Seibert* BB 2002, 581 (584); *Kiethe* NZG 2003, 559 (560); *Vetter* NZG 2009, 561 (562).

[56] **Für die Zulässigkeit** LG Schweinfurt WPg 2004, 339 (340), wonach sich die Zulässigkeit daraus ergibt, dass die Kodexempfehlungen auch in Gänze abgelehnt werden könnten. **Gegen die Zulässigkeit** *Rosengarten/S. H. Schneider* ZIP 2009, 1837 (18439; Großkomm AktG/*Leyens* Rn. 373; NK-AktG/*Wittmann/Kirschbaum* Rn. 51 mwN; *Marsch-Barner* in Marsch-Barner/Schäfer § 2 Rn. 65. Kritik an der Zulässigkeit äußern auch RKLW/*Ringleb* Rn. 1586 und K. Schmidt/Lutter//*Spindler* Rn. 41. Von einem bloßen „Scheinproblem" geht dagegen MüKoAktG/*Goette* Rn. 44 aus.

[57] So auch K. Schmidt/Lutter//*Spindler* Rn. 41; RKLW/*Ringleb* Rn. 1585 f. unter Hinweis auf die Intention des Gesetzgebers, durch die Entsprechenserklärung eine ununterbrochene Erklärungskette zu erreichen.

III. Beschlussfassung durch Vorstand und Aufsichtsrat

Der **Vorstand** beschließt nach allgemeinen Regeln, also grundsätzlich **einstimmig**.[58] 34
Satzung und Geschäftsordnung können aber Abweichungen regeln.[59] Besteht jedoch eine Ressortverteilung, nach der sich eine Kodexempfehlung an ein einzelnes Vorstandsmitglied richtet, muss dieses bei einem Mehrheitsbeschluss entweder unter den Befürwortern sein oder insoweit jedenfalls seine Zustimmung erteilen.[60]

Auch die Beschlussfassung im **Aufsichtsrat** folgt allgemeinen Regeln. **Einfache Stimmenmehrheit** ist ausreichend, es sei denn, Satzung oder Geschäftsordnung sehen andere Mehrheiten vor.[61] Obwohl die Abgabe der Entsprechenserklärung nicht vom Delegationsverbot des § 107 Abs. 3 S. 3 umfasst ist, hält die hM ihre **Abgabe durch einen Ausschuss** für unzulässig.[62] Die **Vorbereitung in einem Ausschuss** ist hingegen unkritisch (vgl. dazu → § 107 Rn. 286 ff.). 35

Eine andere Frage ist, ob bei jenen Teilen der Entsprechenserklärung, die auf die Besetzung der Anteilseignerseite des Aufsichtsrates zielen, § 124 Abs. 3 S. 5 anzuwenden ist und nur die Anteilseignervertreter mitzuwirken haben.[63] Dafür bestünde zwar ein sachliches Bedürfnis. Die Praxis und die überwiegende Ansicht[64] folgt dem aber mit dem Wortlaut[65] des § 161 Abs. 1 S. 1 nicht. 36

Sofern sich einzelne Empfehlungen des Kodex nur an den Vorstand oder Aufsichtsrat richten, beschließt nach einer Auffassung im Schrifttum[66] nur der jeweilige Regelungsadressat darüber. Dies ist jedoch weder Praxis noch hat es eine Grundlage im Wortlaut des § 161, nach dem „Vorstand **und** Aufsichtsrat" beschließen. 37

IV. Einheitliche Entsprechenserklärung

In der Literatur besteht auch Streit darüber, ob es sich dogmatisch um **eine** Erklärung von Vorstand und Aufsichtsrat[67] oder um **je eine selbstständige Erklärung**[68] handelt. Die Praxis setzt sich hierüber hinweg, indem man eine **zusammengefasste Erklärung** von Vorstand und Aufsichtsrat veröffentlicht, die von Vorstand und Aufsichtsrat zuvor gesondert beschlossen wird. Mag die Wissenschaft dies deuten, wie sie will. Auch eine vorangehende gemeinsame Beschlussfassung ist denkbar, aber nicht stets frei von Risiken.[69] 38

---

[58] Vgl. § 77; Hüffer/*Koch* Rn. 12; Großkomm AktG/*Leyens* Rn. 198; Bürgers/Körber/*Runte/Eckert* Rn. 8.
[59] Hüffer/*Koch* Rn. 12; Grigoleit/*Grigoleit/Zellner* Rn. 13; Großkomm AktG/*Leyens* Rn. 198; Wilsing/*v. der Linden* Rn. 34; Bürgers/Körber/*Runte/Eckert* Rn. 8.
[60] Großkomm AktG/*Leyens* Rn. 202; Bürgers/Körber/*Runte/Eckert* Rn. 8; Spindler/Stilz/*Sester* Rn. 17; K. Schmidt/Lutter//*Spindler* Rn. 24; zur Individualzustimmung schon im Anstellungsvertrag *Ulmer* ZHR 166 (2002), 150 (173).
[61] Hüffer/*Koch* Rn. 13; Bürgers/Körber/*Runte/Eckert* Rn. 9.
[62] *Krieger*, FS Ulmer, 2003, 365 (376); *Seibt* AG 2002, 249 (253); Hüffer/*Koch* Rn. 13; Großkomm AktG/*Leyens* Rn. 227 ff., 229 „ungeschriebener Delegationsvorbehalt für Aufgaben der Selbstorganisation"; Wilsing/*v. der Linden* Rn. 37; RKLW/*Lutter* Rn. 1536; Kölner Komm AktG/*Lutter* Rn. 20; K. Schmidt/Lutter//*Spindler* Rn. 26; aA für vergangenheitsbezogenen Teil der Erklärung *Ihrig/Wagner* BB 2002, 2509 (2513).
[63] Dafür *Ihrig/Meder* ZIP 2010, 1577 (1578).
[64] *Ringleb/Kremer/Lutter/v. Werder* NZG 2010, 1161 (1165); *Kocher/Lönner* CCZ 2010, 183 (184); *Deilmann/Albrecht* AG 2010, 727 (730); *Mense/Rosenhänger* GWR 2010, 311 (312).
[65] "Vorstand und Aufsichtsrat".
[66] Grigoleit/*Grigoleit/Zellner* Rn. 12; Hüffer/*Koch* Rn. 10 und 20; K. Schmidt/Lutter//*Spindler* Rn. 20 und 29; aA Bürgers/Körber/*Runte/Eckert* Rn. 6.
[67] So etwa *Schüppen* ZIP 2002, 1269 (1271); *Schürnbrand*, FS Schneider, 2011, 1197 (1207).
[68] *Seibt* AG 2002, 249 (253); *J. Semler/Wagner* NZG 2003, 553 (554 f.); *Vetter* NZG 2009, 561 (563); Grigoleit/*Grigoleit/Zellner* Rn. 10 mwN; Großkomm AktG/*Leyens* Rn. 145; Bürgers/Körber/*Runte/Eckert* Rn. 7; MüKoAktG/*J. Semler* Rn. 83 f.; K. Schmidt/Lutter//*Spindler* Rn. 19 mwN.
[69] Ob und unter welchen Voraussetzungen auch gemeinsame Beschlüsse zulässig sind, wird differenziert gesehen, vgl. MüKoAktG/*Goette* Rn. 47 f., 57, 70 ff.; Hüffer/*Koch* Rn. 11 mwN; Großkomm AktG/*Leyens* Rn. 151 und 297 ff.; RKLW/*Lutter* Rn. 1540; K. Schmidt/Lutter//*Spindler* Rn. 19 mwN und 23; Hölters/*Hölters* Rn. 12.

39 Sofern Vorstand und Aufsichtsrat unterschiedlicher Ansicht darüber sein sollten, ob die Verhaltensempfehlungen befolgt worden sind oder wie es in der Zukunft gehandhabt werden soll, steht es ihnen nach dem Gesetz[70] offen, voneinander abweichende Erklärungen abzugeben. Tatsächlich dürfte dies aber nicht vorkommen.[71]

V. Hauptversammlung

40 Die **Hauptversammlung** hat keine Entsprechenserklärung abzugeben. Dies gilt selbst dann, wenn Empfehlungen des Kodex (vgl. zB Ziff. 2.2.1 DCGK) betroffen sind, die sich auf Angelegenheiten der Hauptversammlung beziehen.[72] Weder §§ 118 ff., die in erster Linie die Rechte der Hauptversammlung regeln, noch § 161 sieht eine solche Abgabe der Entsprechenserklärung vor.

VI. „Kleinere" Abweichungen

41 Mangels einer gesetzlichen Regelung ist unklar, ob die Erklärung in ihrem Berichtsteil bereits dann einzuschränken ist, wenn es nur zu **unwesentlichen Abweichungen** gekommen ist. Der Handelsrechtsausschuss des *DAV* hatte eine entsprechende Klarstellung schon im Zuge des Gesetzgebungsverfahrens – erfolglos – gefordert.[73] Während daher mancherorts vertreten wird, jede Abweichung schade, streitet die Regierungsbegründung mit der wohl hM[74] für das Gegenteil (sog. Wesentlichkeitsschwelle). Wörtlich heißt es dort: *„und gab es im Berichtszeitraum keine ins Gewicht fallenden Abweichungen, so ... ".*[75]

42 Eine andere, praktisch bedeutsame, weil unternehmenspolitisch heikle Frage ist, ob ein Verstoß (nur) durch ein **einzelnes Organmitglied** die Pflicht begründet, dieses im Berichtsteil **namentlich** zu nennen. Nach *Lutter/Ringleb* soll die Gesellschaft in diesem Fall zur Nennung berechtigt, aber nicht verpflichtet sein.[76] Dieser Differenzierung ist zu folgen; davon unabhängig ist aber an die Grundsätze der ARAG/Garmenbeck-Entscheidung[77] des BGH zu erinnern. Soweit der individuelle Pflichtverstoß zu einem Schaden der Gesellschaft geführt hat, muss sich der Aufsichtsrat unabhängig von der Entsprechenserklärung mit dessen Geltendmachung befassen.

VII. Unterjährige Kodexänderungen

43 Unklar ist, wie die Entsprechenserklärung zu formulieren ist, wenn sich der vergangenheitsbezogene Teil der Erklärung auf einen Zeitraum erstreckt, in dem **zwei verschiedene Fassungen** des DCGK galten. Richtige Praxis ist wohl, die retrospektive Erklärung in einem solchen Fall zu untergliedern und den Zeitraum von der letzten Entsprechenserklärung bis zur Bekanntmachung der geänderten Fassung des DCGK zu beschreiben und im

---

[70] Großkomm AktG/*Leyens* Rn. 234; K. Schmidt/Lutter//*Spindler* Rn. 23; differenzierend nach dem jeweiligen Adressaten der Empfehlung Wilsing/*v. der Linden* Rn. 39.

[71] *Krieger*, FS Ulmer, 2003, 365 (370) sieht darin „eine deutliche Warnung für den Anleger, um die Aktien der Gesellschaft besser einen Bogen zu machen". Ähnlich K. Schmidt/Lutter//*Spindler* Rn. 23; Hölters/*Hölters* Rn. 20.

[72] Großkomm AktG/*Leyens* Rn. 155; Bürgers/Körber/*Runte/Eckert* Rn. 10; K. Schmidt/Lutter//*Spindler* Rn. 27, kritisch dazu noch Rn. 18.

[73] NZG 2002, 115 ff.

[74] BGHZ 180, 9 = ZIP 2009, 460 (463) – Kirch/Deutsche Bank („in einem nicht unwesentlichen Punkt") mit Anmerkung *Mutter*; BGHZ 182, 272 = ZIP 2009, 2051 (2053 f.) – Umschreibungsstopp; Hüffer/*Koch* Rn. 16 („dass Empfehlungen schon dann ,entsprochen' wird, wenn die Adressaten nach Absicht und Praxis danach ,leben', mögen auch einzelne Verstöße vorgekommen sein."); *Seibt* AG 2002, 249 (252); Hölters/*Hölters* Rn. 25; Großkomm AktG/*Leyens* Rn. 318; Wilsing/*v. der Linden* Rn. 25; Kölner Komm AktG/*Lutter* Rn. 82; RKLW/*Ringleb* Rn. 1554; Bürgers/Körber/*Runte/Eckert* Rn. 20; aA *Lutter* ZHR 166 (2002), 523 (528 f.); K. Schmidt/Lutter//*Spindler* Rn. 32; Grigoleit/*Grigoleit/Zellner* Rn. 17.

[75] BT-Drs. 14/8769, 21.

[76] RKLW/*Ringleb* Rn. 1599 f.; ebenso Grigoleit/*Grigoleit/Zellner* Rn. 18.

[77] BGHZ 135, 244 = ZIP 1997, 883; vgl. dazu auch *Schima* in Konecny, Insolvenz-Forum 2011, S. 131, 136 ff.

Anschluss gesondert den Zeitraum seit Geltung der neuen Empfehlungen bis zur Gegenwart.[78] Nur auf diese Weise entsteht ein lückenloser Bericht. Unter Hinweis darauf, dass der alte Kodex mit der Bekanntmachung der neuen Fassung seine Gültigkeit verliere, nehmen aber trotzdem manche an, dass sich die Erklärung lediglich auf die aktuelle Fassung beziehen müsse.[79] Eine andere Ansicht will die jeweils neue Fassung des DCGK unberücksichtigt lassen, denn es sei der Gesellschaft nicht möglich, Empfehlungen zu entsprechen, die es noch nicht gab.[80] Aber auch das überzeugt angesichts der Möglichkeit, die Erklärung zu splitten, nicht.

VIII. Unterjährige tatsächliche Änderungen

Die tatsächlichen Verhältnisse und Absichten der Gesellschaft(sorgane)[81] können sich **44** während des Zeitraums zwischen zwei Entsprechenserklärungen verändern, sodass eine unterjährige **Aktualisierung** notwendig wird. Insoweit ist seit der BGH-Entscheidung *Kirch/Deutsche Bank*[82] aus dem Jahr 2009 gesichert, dass bei solchen Veränderungen eine Pflicht zur **umgehenden Korrektur** der Erklärung besteht.

IX. Form der Erklärung

Nach dem Wortlaut des Gesetzes bedarf die Entsprechenserklärung keiner besonderen **45** Form. Insbesondere besteht kein gesetzliches Schriftformerfordernis.[83] Sie muss lediglich so gestaltet sein, dass sie im Internet dauerhaft zugänglich zu machen ist (vgl. dazu → Rn 47ff).

Die im Schrifttum zum Teil geforderte Praxis, die Vorsitzenden von Vorstand und **46** Aufsichtsrat seien verpflichtet, die Erklärung „ihres Organs" zu unterzeichnen,[84] findet im Gesetz keine Grundlage. Sie entspräche auch nicht der Vertretungsordnung der Gesellschaft.[85]

Fast nie wird eine Änderung der Entsprechenserklärung eine **Ad-hoc-Mitteilungs-** **47** **pflicht** nach dem WpHG auslösen können, auch wenn der Gesetzgeber diese Möglichkeit betonte.[86]

---

[78] Vgl. etwa *Fischer* BB 2006, 337 (338); *Heckelmann* WM 2008, 2146 (2152); NK-AktG/*Wittmann/ Kirschbaum* Rn. 57; RKLW/*Ringleb* Rn. 1570, 1581 und Anhang Nr. 3; *Rosengarten/S. H. Schneider* ZIP 2009, 1837 (1844); Wilsing/*v. der Linden* Rn. 44.

[79] *Vetter* DB 2007, 1963 (1968).

[80] Dafür spricht sich jedenfalls das Bundesministerium der Justiz aus, vgl. Presseerklärung Nr. 49/03 vom 10.6.2003, abgedruckt bei RKLW/*Ringleb* Rn. 1510; *Seibt* AG 2003, 465 (467); Grigoleit/*Grigoleit/Zellner* Rn. 23; Hölters/*Hölters* Rn. 31; Hüffer/*Koch* Rn. 15; Großkomm AktG/*Leyens* Rn. 382; K. Schmidt/Lutter//*Spindler* Rn. 40.

[81] So die hM, vgl. zB BGHZ 182, 272 = ZIP 2009, 2051 (2053 f.) – Umschreibungsstopp; OLG München ZIP 2009, 133 (134) – MAN; *Ihrig/Wagner* BB 2002, 2509 (2510 f.); *Lutter* ZHR 166 (2002), 521 (534 f.); NK-AktG/*Kirschbaum/Wittmann* Rn. 65; Bürgers/Körber/*Runte/Eckert* Rn. 31; MüKoAktG/*Goette* Rn. 43 und 35; Grigoleit/*Grigoleit/Zellner* Rn. 24; Hüffer/*Koch* Rn. 20; Hölters/*Hölters* Rn. 32; RKLW/*Ringleb* Rn. 1578 ff.; K. Schmidt/Lutter//*Spindler* Rn. 43; vgl. auch Großkomm AktG/*Leyens* Rn. 377 unter Hinweis auf das Ziel der Verhaltenssteuerung und der, wenn auch widerruflichen, Selbstverpflichtung der Organe gegenüber der Öffentlichkeit; aA *Ederle* NZG 2010, 655 (658); *Heckelmann* WM 2008, 2146 (2148 f.); *Seibt* AG 2002, 249 (254); *Schüppen* ZIP 2002, 1269 (1273).

[82] BGHZ 180, 9 = ZIP 2009, 460 – Kirch/Deutsche Bank mAnm *Mutter*. Vgl. auch zB LG Hannover AG 2010, 459 (461) – Continental/Schaeffler, wonach „Handlungsbedarf" bestehe, wenn nachträglich gerichtlich festgestellt wurde, dass ein gerichtlich bestelltes Aufsichtsratsmitglied nicht nur vorübergehenden Interessenkollisionen ausgesetzt sein könnte.

[83] Grigoleit/*Grigoleit/Zellner* Rn. 25; Hüffer/*Koch* Rn. 22; Kölner Komm AktG/*Lutter* Rn. 100; Bürgers/ Körber/*Runte/Eckert* Rn. 34; Spindler/Stilz/*Sester* Rn. 57; K. Schmidt/Lutter//*Spindler* Rn. 45 f.

[84] So zB Bürgers/Körber/*Runte/Eckert* Rn. 34.

[85] Im Ergebnis nun wie hier Hüffer/*Koch* Rn. 22 (aA Vorauflage).

[86] BT-Drs. 14/8769, 22; zu möglichen Haftungsfolgen Großkomm AktG/*Leyens* Rn. 598 ff.; *Ettinger/ Grützediek* AG 2003, 353 (357).

D. Publizität nach § 161 Abs. 2

48 Die Entsprechenserklärung nach § 161 muss auf der Internetseite der Gesellschaft dauerhaft öffentlich zugänglich gemacht werden.

49 Diese Veröffentlichung auf der Internetseite der Gesellschaft dient der Umsetzung europarechtlicher Vorgaben[87] und soll, anders als die vorherige Fassung, die Erklärung nicht nur den Aktionären zugänglich machen, sondern **jedermann**.[88] In der Praxis hatten Gesellschaften aber schon zuvor üblicherweise die Entsprechenserklärung (auch) auf der Internetseite veröffentlicht.

50 **Gegenstand** der Pubizitätspflicht ist die gesamte Erklärung, auch die Begründung für Abweichungen von Kodexempfehlungen.

51 Die Frage, wer für die Veröffentlichung zuständig ist, wird unterschiedlich beantwortet. Manche[89] sehen nur den Vorstand als zuständig an, während andere von einer gemeinsamen Verantwortung von Vorstand und Aufsichtsrat ausgehen.

52 Um dem Informationszweck gerecht zu werden, muss die Veröffentlichung jedenfalls so erfolgen, dass jedermann von der Entsprechenserklärung Kenntnis nehmen kann.[90] „Verstecken" auf einer unübersichtlichen Internetseite ist daher nicht geeignet, dem Gesetz zu entsprechen. Das Gebot, die Internetseite der Gesellschaft zu nutzen, schließt andererseits nicht aus, dass Gesellschaften sich bei ihrem Internetauftritt eines Dienstleisters bedienen. Unzulässig ist nur eine Separierung der Veröffentlichung vom „normalen" Internetauftritt der Gesellschaft.

53 **Dauerhafte** Zugänglichmachung ist anzunehmen, wenn die Erklärung nicht nur einmalig auf der Internetseite veröffentlicht wird, sondern in ihrer **jeweiligen aktuellen** Fassung zugänglich gemacht und jährlich aktualisiert wird.[91] Der Kodex empfiehlt in Ziffer 3.10, dass die Gesellschaft nicht mehr aktuelle Entsprechenserklärungen zum Kodex fünf Jahre lang auf ihrer Internetseite zugänglich hält und geht damit noch über § 161 Abs. 2 hinaus. Für die „dauerhafte" Zugänglichmachung kommt es nur darauf an, dass die Erklärung „unter normalen Umständen" einsehbar ist, nicht, dass die Gesellschaft stets und immer möglichen technischen Zugriff auf die Intenetseite garantiert. Dafür spricht nicht nur die Gesetzesbegründung zu § 161,[92] sondern auch die zu § 124a,[93] wonach die dort genannten Unterlagen nach Einberufung der Hauptversammlung auf der Internetseite der Gesellschaft zugänglich zu machen sind. Der Gesetzgeber hat deutlich erkennen lassen, dass „von der Gesellschaft nicht zu vertretende Störungen des Internets und kurzzeitige Unterbrechungen, die zB der Systemwartung dienen", unschädlich sein sollen. Die Literatur folgt dem.[94]

---

[87] Vgl. dazu die Richtlinie 2006/43/EG des europäischen Parlaments und des Rates vom 17.5.2006 über Abschlussprüfungen von Jahresabschlüssen und konsolidierten Abschlüssen, zur Änderung der Richtlinien 78/660/ EWG und 83/349/EWG des Rates und zur Aufhebung der Richtlinie 84/253/EWG des Rates, ABl. EU Nr. L 157, 87 (sog. Abschlussprüfer-Richtlinie oder Bilanzrichtlinie) und Richtlinie 2006/46/EG des europäischen Parlaments und des Rates vom 14.6.2006 zur Änderung der Richtlinien des Rates 78/660/ EWG, 83/349/EWG, 86/635/EWG und 91/674/EWG, ABl. EU Nr. L 224, S. 1 (Abänderungsrichtlinie), insb. Art. 46a.

[88] Vgl. BT-Drs. 16/10067, 104.

[89] *J. Semler/Wagner* NZG 2003, 553 (554); Bürgers/Körber/*Runte/Eckert* Rn. 35.

[90] Großkomm AktG/*Leyens* Rn. 402; ähnlich Bürgers/Körber/*Runte/Eckert* Rn. 35; K. Schmidt/Lutter// *Spindler* Rn. 58 ff.

[91] Vgl. BT-Drs. 14/8769, 22 unter Hinweis auf anderweitige Regelungen im AktG; vgl. zB § 126 Abs. 1.

[92] Vgl. BT-Drs. 14/8769, 22.

[93] BT-Drs. 16/11642, 30.

[94] *Lutter* ZHR 166 (2002), 523 (528); Großkomm AktG/*Leyens* Rn. 405 mwN; Kölner Komm AktG/ *Lutter* Rn. 62; K. Schmidt/Lutter//*Spindler* Rn. 58; MüKoAktG/*Goette* Rn. 79.

E. Sonstige Publizität

Ziffer 3.10 DCGK empfiehlt, jährlich über die Corporate Governance des Unternehmens zu berichten (Corporate Governance Bericht) und diesen Bericht „im Zusammenhang" mit der Erklärung zur Unternehmensführung zu veröffentlichen (§ 289a HGB). Es wird ferner in Ziff. 3.10 DCGK angeregt, dass die Gesellschaft auch zu den Anregungen des DCGK Stellung nimmt. 54

Daneben bestehen noch **handelsrechtliche Rechnungslegungspflichten.** Die Gesellschaft hat im Anhang zum Jahresabschluss anzugeben, dass die Erklärung nach § 161 abgegeben und wo sie öffentlich zugänglich gemacht wurde (§ 285 Nr. 16 HGB für den Einzelabschluss; § 314 Abs. 1 Nr. 8 HGB für den Konzernabschluss). Weiterhin ist die Entsprechenserklärung auch nach **§ 289a HGB** in die **Erklärung zur Unternehmensführung** aufzunehmen. Diese ist im **Lagebericht** der Gesellschaft als gesonderter Abschnitt aufzunehmen und kann auch zusätzlich auf der Internetseite der Gesellschaft zugänglich gemacht werden. In diesem Fall ist nach § 289a Abs. 1 S. 3 HGB im Lagebericht eine Bezugnahme aufzunehmen, welche die Angabe der Internetseite enthält. Nach der Gesetzesbegründung des BilMoG, das zur Einführung des § 289a HGB geführt hat, soll der Gesellschaft ermöglicht werden, die Entsprechenserklärung in die Erklärung zur Unternehmensführung aufzunehmen, um Kosten zu sparen.[95] In der Praxis sind wegen des Nebeneinanders von Publikationspflichten nach Ziffer 3.10 DCGK, § 289a HGB und § 161 dennoch doppelte Veröffentlichungen üblich.[96] 55

Nach **§ 325 Abs. 1 S. 1 und 3 HGB** ist die Erklärung gleichzeitig mit dem Jahresabschluss und anderen offenlegungspflichtigen Unterlagen beim Betreiber des Bundesanzeigers elektronisch einzureichen. Der Vorstand hat sodann nach § 325 Abs. 2 HGB unverzüglich die eingereichten Unterlagen im **elektronischen Bundesanzeiger** bekannt machen zu lassen. Unverzüglich meint ohne schuldhaftes Zögern iSd. § 121 Abs. 1 S. 1 BGB.[97] 56

F. Folgen eines Verstoßes gegen § 161

I. Haftung der Organmitglieder und der Gesellschaft

1. Innenhaftung der Organe gegenüber der Gesellschaft. Die Empfehlungen des Kodex haben keine unmittelbare Bindungswirkung. Auch durch die Abgabe der Entsprechenserklärung bindet sich die Gesellschaft in ihrem zukünftigen Verhalten nur dahingehend, Abweichungen durch eine **Aktualisierung** der Entsprechenserklärung offenlegen und begründen zu müssen.[98] Wenn aber Organe der Gesellschaft gegen diese Aktualisierungspflicht verstoßen, liegt darin eine Pflichtverletzung im Sinne der **§§ 93 Abs. 2, 116,**[99] die die Organe gegenüber der Gesellschaft schadensersatzpflichtig machen kann. Gleiches gilt, wenn die erklärungspflichtigen Organe gar keine[100], eine wahrheitswidrige oder nur 57

---

[95] Vgl. BT-Drs. 16/10067, 78.
[96] Dementsprechend wurde die Forderung der Abschaffung dieser parallelen Pflichten mit großer Mehrheit auf dem 69. Deutschen Juristentag beschlossen (77:4:6). Die Beschlüsse des 69. DJT sind abrufbar unter www.djt-net.de.
[97] MüKoHGB/*Fehrenbacher* HGB § 325 Rn. 76; Großkomm AktG/*Leyens* Rn. 422.
[98] *Kiethe* NZG 2003, 559 (564); Bürgers/Körber/*Runte/Eckert* Rn. 37; NK-AktG/*Wittmann/Kirschbaum* Rn. 73; K. Schmidt/Lutter//*Spindler* Rn. 67 f.
[99] Nach § 116 sind Mitglieder des Aufsichtsrats in gleicher Weise zum Schadensersatz verpflichtet wie Vorstandsmitglieder. Siehe zur Schadensersatzpflicht der Aufsichtsratsmitglieder allgemein *v. Schenck* in Semler/v. Schenck AR-HdB § 1 Rn. 270 ff.
[100] Zur Verletzung des § 161 durch eine „Scheinerklärung" OLG München ZIP 2009, 718 – MWG Biotech AG mAnm *Staake* EWiR 2009, 461.

eine unvollständige Erklärung abgeben.[101] Auch ein Verstoß gegen die Begründungspflicht ist ein Verstoß gegen § 161.[102]

58 Eine Pflichtverletzung kann sich auch daraus ergeben, dass Verhaltensvorschriften des Kodex, die in Satzung und Geschäftsordnung übertragen wurden, nicht eingehalten werden. Aufgrund der selbst gewählten innergesellschaftlichen Umsetzung sind die betroffenen Organe dann verpflichtet, solche Vorgaben zu beachten.[103]

59 Der **DCGK** kann nach einer teilweise in Schrifttum[104] und Rechtsprechung[105] vertretenen Ansicht auch insoweit mittelbare Wirkung haben, als er die allgemeinen Sorgfaltspflichten der §§ 93, 116 konkretisiert. Das Organmitglied muss nach §§ 93 Abs. 2, 116 die Sorgfalspflicht schuldhaft verletzt haben. Dabei hilft der geschädigten Gesellschaft die Beweislastumkehr des § 93 Abs. 2 S. 2. Organmitglieder haften als Gesamtschuldner (§§ 93 Abs. 2 S. 1, 116).

60 Der Nachweis eines kausalen **Schadens** der Gesellschaft dürfte jedoch die theoretisch erhebliche Gefahr einer Innenhaftung der Organmitglieder auf ein praktisch erträgliches Maß begrenzen.[106]

61 **2. Außenhaftung der Organe gegenüber Dritten.** Aktionäre, die im Vertrauen auf eine fehlerhafte Entsprechenserklärung kaufen oder verkaufen, könnten allenfalls in sehr engen Grenzen Ansprüche haben.

62 **§ 823 Abs. 1 BGB** und **§ 823 Abs. 2 BGB iVm § 161** und dem **DCGK** kommen nicht in Betracht. Das Mitgliedschaftsrecht als sonstiges Recht iSv § 823 Abs. 1 ist nicht berührt.[107] Auch sind weder § 161[108] noch der DCGK[109] Schutzgesetze iSd. § 823 Abs. 2. Auch eine Haftung aus **§ 823 Abs. 2 BGB iVm § 331 HGB** oder **§ 400** ist abzulehnen.[110] Vorsätzliche sittenwidrige Schädigung nach **§ 826 BGB** durch eine fehlerhafte Entsprechenserklärung ist zwar theoretisch nicht auszuschließen, scheitert aber in der Praxis spätestens an der Beweisbarkeit des Vorsatzes und der Kausalität.[111]

---

[101] K. Schmidt/Lutter//*Spindler* Rn. 66; NK-AktG/*Wittmann/Kirschbaum* Rn. 80; Bürgers/Körber/*Runte/Eckert* Rn. 51.
[102] Großkomm AktG/*Leyens* Rn. 526; Kölner Komm AktG/*Lutter* Rn. 157.
[103] Kölner Komm AktG/*Lutter* Rn. 88; K. Schmidt/Lutter/*Spindler* Rn. 68.
[104] *Schüppen* ZIP 2002, 1269 (1271); *Seibt* AG 2002, 249 (251); *Ulmer* ZHR 2002 (166), 150 (166 f.); RKLW/*Lutter* Rn. 1623; Kölner Komm AktG/*Lutter* Rn. 164 f.; wohl auch Hölters/*Hölters* Rn. 44 („keine grundlegenden Bedenken"); aA Bürgers/Körber/*Runte/Eckert* Rn. 53; K. Schmidt/Lutter/*Spindler* Rn. 68.
[105] ZB OLG Schleswig NZG 2003, 176 (179) – Mobilcom.
[106] *Seibt* AG 2002, 249 (255); *Kiethe* NZG 2003, 559 (564); NK-AktG/*Kirschbaum* Rn. 81; ähnlich K. Schmidt/Lutter//*Spindler* Rn. 66; Hölters/*Hölters* Rn. 56. Exemplarisch zu „Kursschäden" oder zu „Finanzierungsschäden" Kölner Komm AktG/*Lutter* Rn. 167; vgl. auch *Mülbert/Wilhelm* ZHR 176 (2012), 286 (300).
[107] *Ulmer* ZHR 166 (2002) 150 (168); *Berg/Stöcker* WM 2002, 1569 (1578); *Kiethe* NZG 2003, 559 (565); *Vetter* DNotZ 2003, 748 (762); Großkomm AktG/*Leyens* Rn. 569; Bürgers/Körber/*Runte/Eckert* Rn. 57 mwN; K. Schmidt/Lutter//*Spindler* Rn. 66.
[108] MüKoAktG/*Goette* Rn. 101; Hüffer/*Koch* Rn. 28; NK-AktG/*Wittmann/Kirschbaum* Rn. 83; Kölner Komm AktG/*Lutter* Rn. 181; Bürgers/Körber/*Runte/Eckert* Rn. 57; K. Schmidt/Lutter//*Spindler* Rn. 73.
[109] Die Empfehlungen des DCGK sind schon keine Rechtsnormen iSv Art. 2 EGBGB und scheiden als Schutzgesetz schon deshalb aus. Wie hier *Kiethe* NZG 2003, 559 (556); Hüffer/*Koch* Rn. 28; NK-AktG/*Wittmann/Kirschbaum* Rn. 83; Großkomm AktG/*Leyens* Rn. 574; Kölner Komm AktG/*Lutter* Rn. 180; K. Schmidt/Lutter//*Spindler* Rn. 73; vgl. zu den Anforderungen an eine Rechtsnorm iSv Art. 2 EGBGB zB MüKoBGB/*Wagner* § 823 Rn. 389; Hk-BGB/*A. Staudinger* BGB § 823 Rn. 143 f.
[110] NK-AktG/*Wittmann/Kirschbaum* Rn. 83; Bürgers/Körber/*Runte/Eckert* Rn. 57; differenzierend Großkomm AktG/*Leyens* Rn. 575 f., dort auch zu §§ 263, 264a, 265b StGB als Schutzgesetzen; Kölner Komm AktG/*Lutter* Rn. 182 f.
[111] *Mülbert/Wilhelm* ZHR 176 (2012), 286, 301 f.; Hüffer/*Koch* Rn. 29; Kölner Komm AktG/*Lutter* Rn. 185 ff.; Bürgers/Körber/*Runte/Eckert* Rn. 57; großzügiger Grigoleit/*Grigoleit/Zellner* AktG Rn. 41; zur gleichzeitigen Verletzung einer Ad-hoc-Mitteilungspflicht ausführlich Großkomm AktG/*Leyens* Rn. 578 ff. unter Hinweis auf BGH NZG 2005, 672, 675 „EM.TV". Danach kann bei fehlerhafter Ad-hoc-Mitteilung ein Schaden sowohl aus dem Kauf als auch aus dem unterlassenen Verkauf von Aktien resultieren. Falls Altanleger aufgrund einer nachweisbar beabsichtigten Handlung des Vorstandes nachweisbar von dem zu einem bestimmten Zeitpunkt fest beabsichtigten Verkauf der Aktien Abstand genommen haben, besteht ein ersatzpflichtiger Schaden in Höhe des hypothetischen Verkaufspreises minus Kurs an dem ursprünglich geplanten Verkaufstermin.

Schließlich sind richtigerweise auch keine Ansprüche der Anleger aus **Prospekthaftung** 63
denkbar.[112] Deren Fälle sind abschließend spezialgesetzlich geregelt (vgl. §§ 44ff. BörsG,
§ 127 InvG, § 13 VerkProspG). Die Erklärung nach § 161 ist aber kein Prospekt in diesem
technischen Sinne.[113] Auch für die **allgemeine zivilrechtliche Prospekthaftung** bzw.
eine Haftung aus vertragsähnlicher Beziehung nach **§§ 311 Abs. 3, 241 Abs. 2, 280
Abs. 1 BGB (culpa in contrahendo)** ist richtigerweise kein Raum.[114]

3. Haftung der Gesellschaft. Lässt man eine Außenhaftung gegenüber Anlegern über- 64
haupt zu, müsste wohl auch eine Haftung der Gesellschaft durch Zurechnung der Pflichtverletzungen ihrer Organe nach § 31 BGB möglich sein.[115] Dies ist von der Rechtsprechung zwar für die Verletzung von Ad-hoc-Mitteilungspflichten angenommen worden,[116]
kann aber nicht auf Verstöße gegen § 161 übertragen werden. Dem steht schon der
verschiedene Gesetzeszweck entgegen.

II. Strafrechtliche Relevanz und Ordnungswidrigkeit

Aus § 285 Nr. 16 HGB und § 314 Abs. 1 Nr. 8 HGB folgt, dass die Gesellschaft im 65
Anhang zum Jahresabschluss anzugeben hat, dass die Erklärung nach § 161 abgegeben und
wo sie öffentlich zugänglich gemacht wurde. Ein Verstoß hiergegen ist nach § 331 Nr. 1
HGB strafbewehrt. Unrichtige Angaben in der Entsprechenserklärung können dagegen
allenfalls bei Vorsatz als eine unrichtige Wiedergabe oder Verschleierung der Verhältnisse der
Gesellschaft nach § 400 Abs. 1 Nr. 1 strafbewehrt sein.[117]

Darüber hinaus handeln die Mitglieder des Vorstands und Aufsichtsrats ordnungswidrig, 66
wenn sie bei der Aufstellung oder Feststellung des Jahresabschlusses die Pflichtangabe über
die Abgabe und Zugänglichmachung der Entsprechenserklärung unterlassen, § 334 Abs. 1
Nr. 1d und Nr. 2f HGB (Konzernjahresabschluss).

III. Anfechtbarkeit von Beschlüssen

1. Entlastungsbeschlüsse. Gegenstand intensiver Diskussionen ist die Frage, ob Ent- 67
lastungsbeschlüsse[118] anfechtbar sind, die ein Verhalten von Vorstand oder Aufsichtsrat der
Gesellschaft betreffen, das gegen § 161 verstößt oder im Widerspruch zur Entsprechenserklärung steht.

Seit der Entscheidung *Kirch/Deutsche Bank* aus dem Jahr 2009[119] steht jedenfalls fest, dass 68
es nicht auf eine bloß formale Abgabe der Entsprechenserklärung und deren Veröffentlichung ankommt, sondern auch der **Inhalt der Erklärung** einer gerichtlichen Kontrolle
zugänglich ist. Entscheidend ist – so der BGH –, dass die Entsprechenserklärung von vornherein in einem **nicht unwesentlichen Punkt** unrichtig war oder bei einer später ein-

---

[112] K. Schmidt/Lutter//*Spindler* Rn. 76; Hölters/*Hölters* Rn. 54.
[113] *Ettinger/Grützediek* AG 2003, 353 (357); Grigoleit/*Grigoleit/Zellner* Rn. 40, dort Fn. 125 mwN; Bürgers/Körber/*Runte/Eckert* Rn. 58; Spindler/Stilz/*Sester* Rn. 77; K. Schmidt/Lutter//*Spindler* Rn. 76; vgl. ausführlich zu Vetrauens- und Prospekthaftung insb. Kölner Komm AktG/*Lutter* Rn. 170 ff.; RKLW/*Lutter* Rn. 1632 ff.
[114] Dagegen schon *Ettinger/Grützediek* AG 2003, 353 (357); MüKoAktG/*Goette* Rn. 102; Grigoleit/*Grigoleit/Zellner* Rn. 40; Hölters/*Hölters* Rn. 54; Bürgers/Körber/*Runte/Eckert* Rn. 58; K. Schmidt/Lutter//*Spindler* Rn. 79, für eine zivilrechtliche Prospekthaftung Kölner Komm AktG/*Lutter* Rn. 170.; wohl auch NK-AktG/*Wittmann/Kirschbaum* § 161 Rn. 84; offen gelassen von Großkomm AktG/*Leyens* Rn. 561 ff. mwN; schwankend Hüffer/*Koch* Rn. 30.
[115] Bürgers/Körber/*Runte/Eckert* Rn. 59; K. Schmidt/Lutter//*Spindler* Rn. 70; Hüffer/*Koch* Rn. 29 (anders noch Vorauflage); dagegen NK-AktG/*Wittmann/Kirschbaum* Rn. 86; Kölner Komm AktG/*Lutter* Rn. 189.
[116] BGH NZG 2005, 672 ff. – EM. TV.
[117] K. Schmidt/Lutter/*Spindler* Rn. 81; vgl. zur Begehung durch Unterlassen auch MüKoAktG/*Goette* Rn. 110.
[118] Siehe zur Entlastung allgemein *v. Schenck* in Semler/v. Schenck AR-HdB § 1 Rn. 260 ff.
[119] BGHZ 180, 9 = ZIP 2009, 460 – Kirch/Deutsche Bank mAnm *Mutter*.

tretenden Abweichung von den Kodexempfehlungen in einem solchen Punkt nicht umgehend berichtigt wird.[120] Bei Informationspflichtverletzungen komme es nach der Wertung des § 243 Abs. 4 S. 1 darauf an, dass ein objektiv urteilender Aktionär die Informationserteilung als Voraussetzung für die sachgerechte Wahrnehmung seines Teilnahme- und Mitgliedschaftsrechts ansehe.[121] Kannten alle Mitglieder von Vorstand und Aufsichtsrat die Unrichtigkeit der Erklärung oder mussten sie sie kennen, sind sämtliche Entlastungsbeschlüsse anfechtbar.[122]

69 Nachfolgend hat der BGH seinen materiell-rechtlichen Ansatz in mehreren Entscheidungen konkretisiert: Er bedient sich im Kern einer Relevanztheorie[123] und sieht Abweichungen zwischen Praxis der Gesellschaft und Entsprechenserklärung für den Entlastungsbeschluss nur dann als relevant an, wenn sie so gewichtig sind, dass sie einem **schwerwiegenden Verstoß gegen Gesetz oder Satzung** gleichstehen.[124] Das ist konsequent, da es im Ermessen der Hauptversammlung liegt, über die Entlastung einer Verwaltung zu befinden, die das Gesetz verletzt hat.[125] Dies muss– erst Recht – gelten, wenn „nur" unterliegendes „Soft Law" – hier der Kodex – Gegenstand eines Pflichtverstoßes ist.[126]

70 Einige Stimmen in der Literatur nehmen bei Berichts- und Prüfungspflichten nur dann einen hinreichend schwerwiegenden Verstoß an, wenn diese Pflichten auch strafbewehrt sind.[127] Eine differenzierte Betrachtung des Kodex nach den einzelnen Empfehlungen,[128] lehnen sie ab, da der DCGK nicht zwischen mehr oder weniger bedeutsamen Empfehlungen unterscheide.[129]

71 Die vom BGH aufgestellten materiellen Anfechtungsvoraussetzungen legen es allerdings nahe, für die Feststellung eines schwerwiegenden Verstoßes zwischen den einzelnen Kodexempfehlungen zu unterscheiden. Für eine Vielzahl der Empfehlungen wird man natürlich nicht annehmen können, dass ein Verstoß gegen sie qualitativ so schwer wiegt wie die vom BGH herangezogenen schwerwiegenden Gesetzes- oder Satzungsverstöße.[130]

72 Nicht Maßstab ist demgegenüber die bloß formale Kontrolle durch den Abschlussprüfer, der nach **IDW Prüfungsstandard 345**[131] nicht zu prüfen hat, „ob und inwieweit den Verhaltensempfehlungen des DCGK tatsächlich entsprochen wurde und ob Abweichungen von diesen Empfehlungen zutreffend in der Entsprechenserklärung dargestellt und begründet sind". In seiner Berichterstattung hat er lediglich den Bestätigungsvermerk einzuschrän-

---

[120] BGHZ 180, 9 = ZIP 2009, 460 (463) – Kirch/Deutsche Bank mAnm *Mutter;* vgl. zur Anfechtbarkeit bei unterlassener Aktualisierung der Erklärung auch OLG Frankfurt am Main ZIP 2011, 24 (31). Indes ist der Entlastungsbeschluss eines Aufsichtsratsmitglieds nicht anfechtbar, falls es schon vor einer abzugebenden Entsprechenserklärung ausgeschieden ist, vgl. BGH NZG 2010, 618 (619).
[121] BGH NZG 2013, 783; BGHZ 194, 14 = NZG 2012, 1064 (1066) – Fresenius; BGHZ 182, 272 = ZIP 2009, 2051 (2054) – Umschreibungsstopp.
[122] BGHZ 180, 9 = ZIP 2009, 460 (465) – Kirch/Deutsche Bank mAnm *Mutter.*
[123] BGHZ 149, 158 = ZIP 2002, 172 (174) – Sachsenmilch III; BGHZ 153, 32 = NZG 2003, 216 (217) (Bestellung eines Sonder- und Abschlussprüfers); BGHZ 160, 385 = ZIP 2004, 2428 (2430) – ThyssenKrupp; BGH AG 2010, 632 (634); zur Relevanz bei Bekanntmachungsfehlern nach § 124 Abs. 3 LG Düsseldorf AG 2010, 882 (883).
[124] BGH NZG 2013, 783; BGHZ 194, 14 = NZG 2012, 1064 (1066) – Fresenius; BGHZ 182, 272 = ZIP 2009, 2051 (2054) –Umschreibungsstopp; ablehnend *Mülbert/Wilhelm* ZHR 176 (2012), 286 (293 f.), denen zu Folge Einschränkungen aus den spezifischen Wertungen des § 120 AktG zur Entlastung von Organmitgliedern herzuleiten sind. Zum Erfordernis eines schwerwiegenden Gesetzesverstoßes im Zusammenhang mit Offenlegungspflichten nach Ziff. 5.5.3 DCGK auch OLG München AG 2009, 121 (123). Zur Anfechtbarkeit von Entlastungsbeschlüssen für den Vorstand bei Verletzung der Ziff. 5.5.3 DCGK vgl. im Instanzenzug OLG Frankfurt AG 2011, 713 – Kirch u. a./Deutsche Bank; sowie OLG Düsseldorf AG 2010, 330.
[125] Vgl. OLG Stuttgart AG 2011, 93 (zur Anfechtung bei Verweigerung einer Auskunft nach § 131); K. Schmidt/Lutter//*Spindler* § 120 Rn. 32 f. mwN.
[126] Vgl. dazu schon *Mutter* ZGR 2009, 788 (796).
[127] *Arens/Petersen* Der Konzern 2011, 197 (203); *Spindler* NZG 2011, 1007 (1011).
[128] Dafür *Mutter* ZGR 2009, 788 (797 ff.).
[129] *Arens/Petersen* Der Konzern 2011, 197 (205).
[130] Vgl. dazu ausführlich *Mutter* ZGR 2009, 788 (796); *Kleindiek,* FS W. Goette, 2011, 239 (246).
[131] Veröffentlicht in IDW Fachnachrichten 2012, 600 ff., Tz. 22 und 31; vgl. dazu *Herkendell/Rieger* WPg 2013, 202 ff.

ken, wenn „die formellen Anforderungen des § 161 AktG an die Entsprechenserklärung nicht erfüllt sind".

Für den wohl eher seltenen Fall der **Nichtabgabe einer Entsprechenserklärung** entgegen § 161 liegt hingegen ein schwerwiegender Gesetzesverstoß vor.[132] Gleiches dürfte auch im Fall der nicht ordnungsgemäßen Begründung von Abweichungen oder unterlassener Veröffentlichung gelten, denn hier ist ebenfalls ein eindeutiger Verstoß gegen die Pflichten aus § 161 gegeben.[133]   73

2. Wahlbeschlüsse. Umstritten ist, ob auch **Wahlbeschlüsse nach § 101 Abs. 1 S. 1** über die Wahl Aufsichtsratsmitgliedern der Anfechtung nach § 251 Abs. 1 S. 1 unterliegen, wenn der nach § 124 zu unterbreitende Wahlvorschlag gegen eine Empfehlung des Kodex verstößt, der nach der Entsprechenserklärung gefolgt werden soll.[134] Entsprechendes wird für die Anfechtung der **Wahl des Abschlußprüfers** diskutiert, etwa für den Fall der nicht offen gelegten Abweichung von Ziffer 7.2.1 DCGK.[135]   74

Manche halten schon die dadurch geförderte „doppelte Sanktionierung"[136] eines Verstoßes gegen § 161 für verfehlt. Hinreichender Vertrauensschutz der Aktionäre sei durch die Anfechtbarkeit eines auf einem Verstoß gegen die Erklärungspflicht beruhenden Entlastungsbeschlusses gewährleistet.[137]   75

Meines Erachtens sollte auch in diesem Bereich des DCGK danach abgegrenzt werden, ob ein Verstoß einer schwerwiegenden Gesetzes- oder Satzungsverletzung gleichkommt.[138] Dafür spricht auch der systematische Zusammenhang zwischen § 243 und § 251. So kommt eine Anfechtung beispielsweise dann nicht in Betracht, wenn die Hauptversammlung offen entgegen einer bestehenden Altersgrenze (vgl. Ziff. 5.4.1 DCGK) einen betagten Kandidaten wählt.[139]   76

Zweiter Abschnitt. Prüfung des Jahresabschlusses

2. Unterabschnitt. Prüfung durch den Aufsichtsrat

§ 170 Vorlage an den Aufsichtsrat

(1) ¹Der Vorstand hat den Jahresabschluß und den Lagebericht unverzüglich nach ihrer Aufstellung dem Aufsichtsrat vorzulegen. ²Satz 1 gilt entsprechend für einen Einzelabschluss nach § 325 Abs. 2a des Handelsgesetzbuchs sowie bei Mutterunternehmen (§ 290 Abs. 1, 2 des Handelsgesetzbuchs) für den Konzernabschluss und den Konzernlagebericht.

(2) ¹Zugleich hat der Vorstand dem Aufsichtsrat den Vorschlag vorzulegen, den er der Hauptversammlung für die Verwendung des Bilanzgewinns machen will. ²Der Vorschlag ist, sofern er keine abweichende Gliederung bedingt, wie folgt zu gliedern:
1. Verteilung an die Aktionäre

---

[132] OLG München ZIP 2009, 718 (719 f.) – MWG Biotech AG; ZIP 2008, 742 (743 f.) mAnm *Matyschok* BB 2009, 1096 (1097); *Ulmer* ZHR 166 (2002), 150 (165); Hüffer/*Koch* Rn. 31 mwN; Bürgers/Körber/ Runte/*Eckert* Rn. 47; Spindler/Stilz/*Sester* Rn. 62.

[133] Dafür auch *Goslar/v. der Linden* DB 2009, 1691 (1695); Kölner Komm AktG/*Lutter* Rn. 145 (Begründungspflicht).

[134] **Gegen die Anfechtbarkeit** noch LG München ZIP 2007, 2360 (2362) – MAN/VW mkritAnm *Kirschbaum*; *Hüffer* ZIP 2010, 1979 (1980); *Goslar/v der Linden* DB 2009, 1691 (1693 f.); *Kiefner* NZG 2011, 201 (203 ff.); *Rieder* NZG 2010, 737 (738); *Rieder* GWR 2009, 25 (28); MüKoAktG/*Goette* Rn. 93; Hüffer/ *Koch* Rn. 32 mwN; Bürgers/Körber/Runte/*Eckert* Rn. 47; **für die Anfechtbarkeit** OLG München ZIP 2009, 133 (135) – MAN/VW; LG Hannover NZG 2010, 744 (748) – Continenatal/Schaeffler; *Habersack*, FS Goette, 2011, 121 (123 f.); *Vetter* NZG 2008, 121 (123 ff.); NK-AktG/*Wittmann/Kirschbaum* Rn. 76a.

[135] Hölters/*Hölters* Rn. 60a; *Waclawik* ZIP 2011, 885 (890).

[136] *Bröcker* Der Konzern 2011, 313 (316); zustimmend *Mülbert/Wilhelm* ZHR 176 (2012), 286 (296).

[137] *Bröcker* Der Konzern 2011, 313 (316).

[138] Vgl. dazu *Mutter* ZGR 2009, 788 (800 ff.). Zu Verstößen gegen § 84 Abs. 1 S. 3 im Zusammenspiel mit Ziff. 5.1.2 DCGK (besondere Umstände) vgl. OLG Zweibrücken AG 2011, 304 (306).

[139] OLG München ZIP 2009, 133 – MAN; *Mutter* ZGR 2009, 788 (793 f.).

2. Einstellung in Gewinnrücklagen
3. Gewinnvortrag
4. Bilanzgewinn

(3) ¹Jedes Aufsichtsratsmitglied hat das Recht, von den Vorlagen und Prüfungsberichten Kenntnis zu nehmen. ²Die Vorlagen und Prüfungsberichte sind auch jedem Aufsichtsratsmitglied oder, soweit der Aufsichtsrat dies beschlossen hat, den Mitgliedern eines Ausschusses zu übermitteln.

Schrifttum: *Altmeppen,* Der Prüfungsausschuss – Arbeitsteilung im Aufsichtsrat, ZGR 2004, 390; *Bormann/ Gucht,* Übermittlung des Prüfungsberichts an den Aufsichtsrat – ein Beitrag zu § 170 Abs. 3 S. 2 AktG, BB 2003, 1887; *Buhleier/Krowas,* Persönliche Pflicht zur Prüfung des Jahresabschlusses durch den Aufsichtsrat, DB 2010, 1165; *Hommelhoff,* Die neue Position des Abschlußprüfers im Kraftfeld der aktienrechtlichen Organisationsverfassung (Teil I), BB 1998, 2567; *Hommelhoff,* Die neue Position des Abschlußprüfers im Kraftfeld der aktienrechtlichen Organisationsverfassung (Teil II), BB 1998, 2625; *Martens,* Die Vorlage des Jahresabschlusses und des Prüfungsberichts gegenüber dem Wirtschaftsausschuß, DB 1988, 1229; *Peemöller/Finsterer/Mahler,* Verbesserung der Unternehmensüberwachung durch den „Management Letter", DB 1999, 1565; *Petersen/ Zwirner/Wohlgemuth,* ABC der Buchführung, Bilanzierung und Bewertung, in: Beck'sches Steuerberater-Handbuch 2013/2014, 14. Aufl. 2013; *Verspay,* Befreiende Offenlegung nach § 325 IIa HGB jetzt auch für kleine und mittelgroße Kapitalgesellschaften, NZG 2008, 134; *Witte,* Der Prüfungsbericht als Informationsträger im Konzern; *Ziemons,* Erteilung des Prüfungsauftrages an den Abschlussprüfer einer Aktiengesellschaft durch einen Aufsichtsratsausschuss?, DB 2000, 77.

Übersicht

	Rn.
I. Bedeutung der Norm	1
1. Finanzberichterstattung der Gesellschaft	1
2. Rolle des Aufsichtsrats	7
3. Zeitlicher Ablauf von Auf- und Feststellung des Jahresabschlusses	9
II. Vorlagen des Vorstands (Abs. 1)	13
1. Adressat der Vorlagepflicht: Der Vorstand	13
2. Inhalt der Vorlagepflicht	14
3. Gegenstände der Vorlagepflicht	16
a) Vorlagen betreffend die Gesellschaft	16
b) Zusätzliche Vorlagen in Konzernen	28
4. Zeitpunkt der Vorlage	35
5. Adressat der Vorlagen: Der Aufsichtsrat	39
6. Nachträgliche Änderungen und Ergänzungen der Vorstandsvorlagen (vor der Feststellung des Jahresabschlusses)	41
7. Zwangsweise Durchsetzung der Vorlagepflicht	43
III. Vorlage des Prüfungsberichts des Abschlussprüfers	45
1. Vorlage bei Pflichtprüfung	45
a) Vorlage durch den Prüfer	45
b) Gegenstand der Vorlage	48
c) Zeitlicher Ablauf	53
d) Stellungnahme des Vorstands	56
e) Zwangsweise Durchsetzung der Vorlagepflicht	57
2. Vorlage bei freiwilliger Abschlussprüfung	58
IV. Gewinnverwendungsvorschlag (Abs. 2)	59
1. Bedeutung	59
2. Form	62
3. Gesetzliche Gliederung	64
a) Verteilung an die Aktionäre, Nr. 1	64
b) Einstellung in Gewinnrücklagen, Nr. 2	75
c) Gewinnvortrag, Nr. 3	79
d) Bilanzgewinn, Nr. 4	82
4. Ergänzungen zum/Abweichungen vom Gliederungsschema	83
5. Nachträgliche Änderungen und Ergänzungen	84
6. Zwangsweise Durchsetzung der Vorlagepflicht	86
V. Informationsrechte der Aufsichtsratsmitglieder (Abs. 3)	87
1. Grundsätzliches	87
2. Individualanspruch auf Übermittlung	90
3. Einschränkung des (individuellen) Informationsanspruches der Aufsichtsratsmitglieder	93
a) Grundsatz	93

	Rn.
b) Beschränkung durch Beschluss des Aufsichtsrats	96
c) Grenzen der zulässigen Beschränkung	97
4. Pflicht zur Kenntnisnahme	100
5. Zwangsweise Durchsetzung der Informationsrechte/Rechtsfolgen	101

I. Bedeutung der Norm

1. Finanzberichterstattung der Gesellschaft. §§ 170–172 regeln die **Mitwirkung** **1** **des Aufsichtsrats** im Rahmen der jährlichen (externen) Rechnungslegung der Aktiengesellschaft. Im Zentrum stehen dabei die Pflicht des Aufsichtsrats zur Prüfung des vom Vorstand aufgestellten Jahresabschlusses (§ 171 Abs. 1) sowie die Befugnis des Aufsichtsrats, gemeinsam mit dem Vorstand über die Feststellung des Jahresabschlusses zu entscheiden (§ 172 Abs. 1).

§ 170 kommt in diesem Zusammenhang eine in erster Linie **dienende Funktion** zu. **2** Indem die Norm regelt, wann der Vorstand dem Aufsichtsrat welche Rechnungslegungsunterlagen zur Prüfung vorlegen muss (Abs. 1), wann und in welcher Form der Vorstand dem Aufsichtsrat zusätzlich seinen Vorschlag zur Ergebnisverwendung zu unterbreiten hat (Abs. 2) und wie mit den vom Vorstand vorzulegenden Unterlagen innerhalb des Aufsichtsrats zu verfahren ist (Abs. 3), werden die organisatorischen Voraussetzungen dafür geschaffen, dass der Aufsichtsrat seine eingangs genannten Aufgaben ordnungsgemäß wahrnehmen kann.

Welche **organschaftlichen Pflichten den Vorstand** und/oder dessen einzelne Mit- **3** glieder im Zusammenhang mit der Finanzberichterstattung der Gesellschaft treffen, ist demgegenüber nicht Gegenstand von §§ 170–172. Insoweit knüpft § 170 an die allgemeinen Rechnungslegungsvorschriften des HGB (insbesondere §§ 242, 264 ff. HGB), die Sondertatbestände des Aktiengesetzes (zB § 312) sowie die allgemeinen aktienrechtlichen Regeln zu den Rechten und Pflichten des Vorstands (§§ 76 ff.) an.[1]

Trotz seiner herausragenden Bedeutung für die Arbeit des Aufsichtsrats nicht (mehr) **4** Gegenstand von § 170 Abs. 1 ist die Vorlage des **Prüfungsberichts des Abschlussprüfers** (vgl. § 321 HGB). Mit dem Inkrafttreten des KonTraG[2] wurde der bereits im Aktiengesetz 1937 vorgesehene Mechanismus wiederhergestellt, dass der Aufsichtsrat den Prüfungsbericht des Abschlussprüfers nicht vom Vorstand, sondern unmittelbar von dem von ihm beauftragten Abschlussprüfer erhält (vgl. § 321 Abs. 5 S. 2 HGB iVm § 111 Abs. 2 S. 3).[3] Hierdurch sollte nach dem Willen des Gesetzgebers insbesondere die Rolle des Abschlussprüfers als **sachverständiger Berater des Aufsichtsrats** klargestellt werden.[4] Eine Vorlage durch den Vorstand kommt somit allenfalls in Ausnahmefällen in Betracht (denkbar erscheint bspw., dass der Abschlussprüfer es versäumt, dem Aufsichtsrat den dem Vorstand bereits gemäß § 321 Abs. 5 S. 2 HGB zur Stellungnahme vorgelegten Prüfungsbericht zuzuleiten).[5]

§ 170 Abs. 1 S. 1 regelt nur die Pflicht zur Vorlage solcher Unterlagen, die nach all- **5** gemeinen handelsrechtlichen Grundsätzen (vgl. §§ 242, 264 ff. HGB) grundsätzlich bei allen Aktiengesellschaften vom Vorstand aufzustellen und dem Aufsichtsrat vorzulegen sind. § 170 Abs. 1 S. 2 erweitert diese Vorlagepflicht um Unterlagen, deren Aufstellung und Vorlage nach speziellen Vorschriften des allgemeinen Handelsrechts erforderlich oder zweckmäßig sein kann (insbesondere den Konzernabschluss und den Konzernlagebericht). **Sonstige Unterlagen** (zB der Abhängigkeitsbericht iSv § 312, der vom Vorstand einer „faktisch" – dh ohne Bestehen eines Beherrschungsvertrags – abhängigen Aktiengesellschaft

---

[1] Kölner Komm AktG/*Ekkenga* Rn. 3; vgl. auch Spindler/Stilz/*Euler* Rn. 23.
[2] Gesetz zur Kontrolle und Transparenz im Unternehmensbereich (KonTraG) vom 27.4.1998 (BGBl. 1998 I S. 786).
[3] Zur historischen Entwicklung vgl. Kölner Komm AktG/*Ekkenga* Rn. 1; sowie MüKoAktG/*Hennrichs/ Pöschke* Rn. 7 ff.
[4] MüKoAktG/*Hennrichs/Pöschke* Rn. 8.
[5] Kölner Komm AktG/*Ekkenga* Rn. 13.

zu erstatten ist), die nicht nach allgemeinen handelsrechtlichen Vorgaben, sondern aktienrechtlichen Sonderregeln zu erstellen sind, werden vom Wortlaut des § 170 Abs. 1 nicht erfasst.

6 Schließlich beschränkt sich der Anwendungsbereich des § 170 Abs. 1 auf die **jährliche (externe) Rechnungslegung** der AG. Aufgeführt sind dementsprechend nur jene Rechnungslegungsunterlagen, welche der Vorstand einer Aktiengesellschaft im Zusammenhang mit der Feststellung des Jahresabschlusses der Gesellschaft sowie ggf. der Billigung des Konzernabschlusses vorzulegen hat. So umfasst bei Gesellschaften, deren Wertpapiere zum Handel an einem organisierten Markt zugelassen sind („Inlandsemittenten" iSv § 2 Abs. 7 WpHG), die (externe) Finanzberichterstattung zusätzlich auch den Halbjahresfinanzbericht iSv §§ 37w, 37y Nr. 2 WpHG sowie ggf. nach börsenrechtlichen Regelungen zu erstellende Quartalsfinanzberichte.[6] Insoweit schreiben weder das Aktiengesetz noch die einschlägigen Sondertatbestände eine Vorlage an oder eine Prüfung durch den Aufsichtsrat vor.[7]

7 **2. Rolle des Aufsichtsrats.** Die Mitwirkung an der Feststellung des Jahresabschlusses gehört zu den Kernelementen der Tätigkeit des Aufsichtsrats einer Aktiengesellschaft. Insbesondere manifestiert sich hierin die **Doppelrolle des Aufsichtsrats** im System der Corporate Governance. Zum einen überwacht der Aufsichtsrat durch die Überprüfung des vom Vorstand aufgestellten Jahresabschlusses nachträglich die vorangegangene Geschäftsführung des Vorstands. Andererseits nimmt der Aufsichtsrat durch seine Mitwirkung an den bilanzpolitischen Entscheidungen (zB bei der Bildung oder Auflösung von Rücklagen (vgl. § 58 Abs. 2)) an den unternehmerischen Leitungsaufgaben teil.

8 Im Lichte dieser Doppelrolle des Aufsichtsrats erklärt sich auch, wie sich die „interne Abschlussprüfung" des Aufsichtsrats von der „externen Abschlussprüfung" durch den Abschlussprüfer unterscheidet. Während nämlich letzterer vor allem die technische Ordnungsgemäßheit des aufgestellten Jahresabschlusses und die Vertretbarkeit der getroffenen Bilanzierungsentscheidungen überprüft und bewertet, bildet bei der Prüfung durch den Aufsichtsrat die Frage nach der **Zweckmäßigkeit** der vom Vorstand vorgeschlagenen Bilanzierungsentscheidungen mit Blick auf die Interessen der Gesellschaft einen zusätzlichen Schwerpunkt. Im Ergebnis führt dies dazu, dass der Aufsichtsrat durch sein Tätigwerden bei der Prüfung und Feststellung des Jahresabschlusses auch Aufgaben der Geschäftsführung (mit) wahrnimmt.[8]

9 **3. Zeitlicher Ablauf von Auf- und Feststellung des Jahresabschlusses.** Der **Prozess der Finanzberichterstattung** der Gesellschaft[9] beginnt mit der Erfassung der einzelnen Geschäftsvorfälle in den Büchern der Gesellschaft. Auf dieser Grundlage hat der Vorstand als gesetzlicher Vertreter der Aktiengesellschaft gemäß § 264 Abs. 1 S. 3 HGB in den **ersten drei Monaten**[10] des Geschäftsjahres den Jahresabschluss und den Lagebericht aufzustellen.[11] Sofern es sich bei der Aktiengesellschaft zugleich um ein Mutterunternehmen iSv § 290 Abs. 1 HGB handelt, hat der Vorstand in den ersten fünf Monaten des Konzerngeschäftsjahres im Grundsatz zusätzlich einen Konzernabschluss und einen Konzernlagebericht aufzustellen.

---

[6] Vgl. bspw. § 52 der Börsenordnung der Frankfurter Wertpapierbörse in der Fassung vom 1.12.2014; näher → Exkurs 2 – Bilanzrecht Rn. 222 ff.

[7] *Nonnenmacher* in Marsch-Barner/Schäfer HdB börsennotierte AG § 57 Rn. 12; Kölner Komm AktG/ *Ekkenga* Rn. 17 mwN.

[8] MüKoAktG/*Hennrichs/Pöschke* § 170 Rn. 1.

[9] Näher zum Ganzen → Exkurs 2 – Bilanzrecht Rn. 17 ff.

[10] Bei Aktiengesellschaften, die nicht mindestens zwei der drei Größenmerkmale des § 267 Abs. 1 HGB erfüllen (sog. „kleinen" Aktiengesellschaften), beträgt die Aufstellungsfrist bis zu sechs Monates (§ 264 Abs. 1 S. 4 HGB).

[11] Bei einer kapitalmarktorientierten Kapitalgesellschaft, die nicht zur Aufstellung eines Konzernabschlusses verpflichtet ist, haben deren gesetzliche Vertreter den Jahresabschluss gemäß § 264 Abs. 1 S. 2 HGB um eine Kapitalflussrechnung und einen Eigenkapitalspiegel zu erweitern; näher → Exkurs 2 – Bilanzrecht Rn. 119 und Rn. 204 bis 206.

An die Aufstellung des Jahresabschlusses knüpft bei Aktiengesellschaften, die keine „kleinen" Kapitalgesellschaften iSv § 267 Abs. 1 HGB sind, unmittelbar die **externe Prüfung** durch den Abschlussprüfer an (vgl. §§ 316 ff. HGB). Der Vorstand ist gemäß § 320 Abs. 1 S. 1 HGB verpflichtet, dem Abschlussprüfer den aufgestellten Jahresabschluss und den Lagebericht unverzüglich vorzulegen (gleiches gilt gemäß § 320 Abs. 3 S. 1 HGB ggf. für den Konzernabschluss und den Konzernlagebericht). Die Prüfung endet mit der Unterzeichnung des Bestätigungs-/Versagungsvermerks sowie des Prüfungsberichts durch den Abschlussprüfer. 10

Ebenso wie § 320 Abs. 1 S. 1 HGB im Hinblick auf die Vorlage an den Abschlussprüfer verpflichtet § 170 Abs. 1 den Vorstand dazu, den aufgestellten Jahresabschluss sowie den Lagebericht unverzüglich nach Abschluss der Aufstellung dem Aufsichtsrat vorzulegen. Aufgrund des parallelen Wortlauts beider Normen ist mit der hM davon auszugehen, dass der Vorstand den aufgestellten Abschluss sowie den Lagebericht **zeitgleich dem Abschlussprüfer und dem Aufsichtsrat** vorzulegen hat.[12] In der Praxis beginnt allerdings zumindest der Abschlussprüfer regelmäßig bereits vor dem Abschluss der Aufstellungsphase auf Basis vorläufiger Entwürfe der Rechnungslegungsunterlagen mit der Durchführung seiner Prüfungshandlungen. Dies betrifft insbesondere solche Aktiengesellschaften, deren Wertpapiere zum Handel an einem organisierten Markt zugelassen sind, da diese nach den Regeln des WpHG verpflichtet sind, innerhalb der ersten vier Monate eines Geschäftsjahres ihren aufgestellten und geprüften Jahresabschluss zu veröffentlichen (vgl. § 37v Abs. 1 S. 1, Abs. 2 Nr. 1 WpHG). Im Übrigen ist zu beachten, dass der Aufsichtsrat einer prüfungspflichtigen Aktiengesellschaft seine Prüfung der vom Vorstand aufgestellten Rechnungslegungsunterlagen erst abschließen und insbesondere erst dann über die Feststellung des Jahresabschlusses entscheiden kann, wenn ihm der Prüfungsbericht des Abschlussprüfers vorliegt (vgl. § 316 Abs. 1 S. 2 HGB, § 256 Abs. 1 Nr. 2). 11

Der Aufsichtsrat hat die ihm vorgelegten Unterlagen binnen eines Monats zu prüfen und dem Vorstand einen Bericht über das Ergebnis seiner Prüfung vorzulegen (§ 171 Abs. 3 S. 1). Dies geschieht üblicherweise im Rahmen einer sogenannten **Bilanzsitzung**[13] des Aufsichtsrats, an welcher bei prüfungspflichtigen Gesellschaften gemäß § 171 Abs. 1 S. 2 seit dem KonTraG der Abschlussprüfer der Gesellschaft zwingend teilzunehmen hat. Der in der Sitzung anwesende Abschlussprüfer hat dem Aufsichtsrat mündlich über die wesentlichen Ergebnisse seiner Prüfung, insbesondere wesentliche Schwächen des internen Kontroll- und des Risikomanagementsystems (§ 171 Abs. 1 S. 2 2.HS), sowie Umstände, die seine Befangenheit besorgen lassen, und Leistungen, die er zusätzlich zu den Abschlussprüfungsleistungen erbracht hat (§ 171 Abs. 1 S. 3), zu berichten.[14] 12

II. Vorlagen des Vorstands (Abs. 1)

1. Adressat der Vorlagepflicht: Der Vorstand. Die Vorlagepflicht iSv § 170 Abs. 1 richtet sich an den Vorstand der Aktiengesellschaft. Sie entsteht, sobald der **gesamte Vorstand** als Kollektivorgan wirksam die Entscheidung getroffen hat, dass die Aufstellung des Jahresabschlusses sowie der weiteren nach § 170 Abs. 1 vorzulegenden Rechnungslegungsunterlagen abgeschlossen ist[15] und die nunmehr finalen Entwürfe sowohl dem Aufsichtsrat als ggf. auch dem Abschlussprüfer (vgl. § 320 Abs. 1 Satz 1 HGB) zur Prüfung und anschließenden Feststellung vorgelegt werden sollen. Die praktische Durchführung der Vorlage als rein verbandsinterner Vorgang kann dann von einem einzelnen Vorstandsmitglied – unabhängig von dessen individueller Vertretungsberechtigung im Außenverhältnis – vorgenommen werden.[16] 13

---

[12] Hierfür mit dem Hinweis auf die gesetzgeberische Vorstellung einer parallelen Prüfung durch Aufsichtsrat und Abschlussprüfer Hölters/*Waclawik* Rn. 12.
[13] MüKoAktG/*Hennrichs/Pöschke* Rn. 1.
[14] Vgl. hierzu ausführlich die Kommentierung → § 171 Rn. 91 ff.
[15] MüKoAktG/*Hennrichs/Pöschke* Rn. 30.
[16] Kölner Komm AktG/*Ekkenga* Rn. 10; sowie K. Schmidt/Lutter/*Drygala* Rn. 5.

14 **2. Inhalt der Vorlagepflicht.** Gemäß § 170 Abs. 1 ist der Vorstand als Kollektivorgan dazu verpflichtet, dem Aufsichtsrat Entwürfe zahlreicher von ihm vorzubereitender Rechnungslegungsunterlagen vorzulegen.[17] Dabei erschöpft sich der Inhalt der gemäß § 170 Abs. 1 geschuldeten Leistung in der **physischen bzw. elektronischen Übermittlung** der entsprechenden Dokumente.[18] Eine Beifügung zusätzlicher Erläuterungen ist in § 170 Abs. 1 nicht vorgesehen und kann daher vom Vorstand nur nach Maßgabe allgemeiner Vorschriften, insbesondere § 90, verlangt werden.[19]

15 Handelt es sich bei der Aktiengesellschaft um eine Inlandsemittentin iSv § 2 Abs. 7 WpHG, so kann der Inhalt der gemäß § 170 Abs. 1 und Abs. 2 dem Aufsichtsrat vorzulegenden Entwürfe von externen Rechnungslegungsunterlagen als **Insiderinformation iSv § 13 WpHG** anzusehen sein, deren Weitergabe gemäß § 14 Abs. 1 Nr. 2 WpHG grundsätzlich verboten und die gemäß § 15 Abs. 1 S. 1 WpHG im Grundsatz unverzüglich durch eine „Ad-Hoc-Mitteilung" zu veröffentlichen ist.[20] Im Hinblick auf die zu diesem Zeitpunkt noch ausstehende Prüfung der Rechnungslegungsunterlagen sowie Feststellung des Jahresabschlusses dürften jedoch regelmäßig die Voraussetzungen des § 15 Abs. 3 WpHG für ein Zurückstellen der Veröffentlichung vorliegen.[21] In jedem Fall ist unseres Erachtens die Vorlage der Rechnungslegungsentwürfe an den Abschlussprüfer und den Aufsichtsrat als „befugt" anzusehen, sodass das in § 14 Abs. 1 Nr. 2 WpHG vorgesehene Weitergabeverbot – und der daran anknüpfende Straftatbestand (§ 38 Abs. 1 Nr. 2 WpHG) – keine Anwendung findet.[22]

16 **3. Gegenstände der Vorlagepflicht. a) Vorlagen betreffend die Gesellschaft. aa) Jahresabschluss.** Vom Vorstand vorzulegen ist zunächst der nach den Vorgaben des HGB erstellte Jahresabschluss. Gemeint ist der nach den Regelungen des HGB aufzustellende Jahresabschluss, welcher gemäß § 264 Abs. 1 S. 1 iVm § 242 Abs. 3 HGB zwingend zumindest aus einer **Bilanz** (§§ 266 ff. HGB) sowie einer **Gewinn- und Verlustrechnung** (§§ 275 ff. HGB) zu bestehen hat.

17 Sofern es sich bei der Aktiengesellschaft nicht um eine Kleinstkapitalgesellschaft iSv § 267a HGB handelt und die Gesellschaft auch nicht die in § 264 Abs. 3 HGB für in den Konzernabschluss eines Mutterunternehmens iSv § 290 Abs. 1 HGB einbezogene Gesellschaften vorgesehenen Erleichterungen nutzt, umfasst der Jahresabschluss zusätzlich einen **Anhang** iSv §§ 284 ff. HGB. Bei kapitalmarktorientierten Kapitalgesellschaften iSv § 264d HGB ist der Jahresabschluss gemäß § 264 Abs. 1 S. 2 HGB zusätzlich um eine **Kapitalflussrechnung** und einen **Eigenkapitalspiegel** sowie – nach Wahl der Gesellschaft – **Segmentberichterstattung** zu erweitern.

18 Vorzulegen ist dem Aufsichtsrat stets eine vollständige Fassung des Jahresabschlusses. Voraussetzung für eine wirksame Vorlage ist des Weiteren, dass zuvor der gesamte Vorstand ordnungsgemäß beschlossen hat, den vorzulegenden Entwurf als **vollständig und ordnungsgemäß** anzuerkennen.[23] Wird der so vorgelegte Jahresabschluss nach einer ersten Vorlage iSv § 170 Abs. 1 nochmals geändert (zur Zulässigkeit solcher Änderungen siehe unten unter Rn. 41 f.), so hat der Vorstand erneut ein vollständiges Exemplar der neuen Fassung des Jahresabschlusses vorzulegen. Durch Vorlage nur der modifizierten Teile des Jahresabschlusses genügt der Vorstand seiner Pflicht iSv § 170 Abs. 1 nicht, da dem Aufsichtsrat – ebenso wie ggf. dem Abschlussprüfer im Rahmen einer nach § 316 Abs. 3 HGB erforderlichen Nachtragsprüfung – in diesem Falle keine taugliche Grundlage für seine Entscheidung über die Feststellung des Jahresabschlusses vorliegt.[24]

---

[17] MüKoAktG/*Hennrichs/Pöschke* Rn. 30; sowie Kölner Komm AktG/*Ekkenga* Rn. 7.
[18] Kölner Komm AktG/*Ekkenga* Rn. 7.
[19] Kölner Komm AktG/*Ekkenga* Rn. 6; **aA** Hölters/*Waclawik* Rn. 9.
[20] Vgl. auch Abschnitt IV.2.2.9.1 des Emittentenleitfadens der Bundesanstalt für Finanzdienstleistungsaufsicht (BaFin) in der Fassung der 4. Aufl. vom 22.7.2013.
[21] MüKoAktG/*Hennrichs/Pöschke* Rn. 37; sowie Kölner Komm AktG/*Ekkenga* Rn. 4.
[22] Kölner Komm AktG/*Ekkenga* Rn. 4; vgl. auch Assmann/Schneider/*Assmann* WpHG § 14 Rn. 80 f.
[23] MüKoAktG/*Hennrichs/Pöschke* Rn. 15.
[24] Vgl. ADS Ergbd. Rn. 15 f.; MüKoAktG/*Hennrichs/Pöschke* Rn. 16; sowie Spindler/Stilz/*Euler* Rn. 28.

Der Vorstand kann seiner Vorlagepflicht nach wohl ganz hM auch dadurch genügen, dass **19** er dem Aufsichtsrat den fertig aufgestellten Jahresabschluss vorlegt, ohne dass dieser bereits mit dem **Testat des Abschlussprüfers** (vgl. §§ 321 Abs. 5 S. 1, 322 Abs. 7 S. 1 HGB) versehen ist und die Mitglieder des Vorstands den **Abschluss gemäß § 245 HGB unterzeichnet** haben. Allerdings kann der Aufsichtsrat einen solchen Entwurf wegen § 256 Abs. 1 Nr. 2 HGB erst dann nach Maßgabe von § 172 Abs. 1 billigen, wenn der Abschlussprüfer seine Prüfung abgeschlossen und dem Aufsichtsrat gemäß § 321 Abs. 5 S. 1 HGB das Testat sowie seinen Prüfungsbericht vorgelegt hat.[25]

bb) Lagebericht. Neben dem Jahresabschluss hat der Vorstand dem Aufsichtsrat gemäß **20** § 170 Abs. 1 S. 1 auch einen **Lagebericht** iSv §§ 289 ff. HGB vorzulegen. § 170 Abs. 1 begründet auch in Bezug auf den Lagebericht keine eigenständige Verpflichtung zur Aufstellung, sondern setzt voraus, dass sich eine solche Verpflichtung aus den allgemeinen Rechnungslegungsvorschriften des Handelsrechts ergibt. Besteht danach keine Verpflichtung zur Aufstellung eines Lageberichts, so entfällt auch die Vorlagepflicht iSv § 170 Abs. 1 S. 1.[26]

Ob der Vorstand einer Aktiengesellschaft zur **Aufstellung eines Lageberichts ver- 21 pflichtet** ist, ergibt sich aus § 264 Abs. 1 HGB. Danach ist der Vorstand jeder Aktiengesellschaft zur Aufstellung eines Lageberichts verpflichtet, sofern es sich nicht um eine „kleine" Kapitalgesellschaft iSv § 267 Abs. 1 HGB handelt (§ 264 Abs. 1 S. 4 HGB). Ebenfalls ausgenommen von der Verpflichtung zur Aufstellung eines Lageberichts sind Vorstände solcher Aktiengesellschaften, die als Tochterunternehmen iSv § 290 Abs. 1 HGB in den Konzernabschluss eines Mutterunternehmens iSv § 290 Abs. 1 HGB einbezogen werden. Besteht keine gesetzliche Pflicht zur Aufstellung eines Lageberichts, kann sich diese jedoch auch aus der Satzung der Gesellschaft ergeben.[27]

Inhalt des Lageberichts ist gemäß § 289 Abs. 1 S. 1 HGB eine Analyse des Ge- **22** schäftsverlaufs (einschließlich des Geschäftsergebnisses) und der Lage der Kapitalgesellschaft (näher → Exkurs 2 – Bilanzrecht Rn. 208 ff.). Je nach Größe der Aktiengesellschaft und in Abhängigkeit von der Inanspruchnahme des Kapitalmarkts treten **weitere Pflichtinhalte** hinzu. Speziell für börsennotierte Aktiengesellschaften iSv § 3 Abs. 2 sowie weitere Aktiengesellschaften mit Kapitalmarktzugang erweitert § 289a HGB den Pflichtinhalt des Lageberichts um eine Erklärung zur Unternehmensführung, welche gemäß § 289a Abs. 2 Nr. 1 HGB insbesondere auch die Entsprechenserklärung zum DCGK (§ 161) umfasst.

cc) Einzelabschluss iSv § 325 Abs. 2a HGB. § 325 Abs. 2a HGB sieht die Möglich- **23** keit vor, dass Aktiengesellschaften[28] anstelle eines nach den Vorschriften des HGB erstellten Jahresabschlusses einen nach den in § 315a Abs. 1 HGB genannten **internationalen Rechnungslegungsstandards**[29] **erstellten Einzelabschluss** offenlegen. Hierdurch eröffnet der Gesetzgeber Gesellschaften die Möglichkeit, den Informationserwartungen internationaler Marktteilnehmer Rechnung zu tragen. Die Verpflichtung zur Aufstellung eines Jahres-

---

[25] OLG Stuttgart DB 2009, 1521 (1525); Hüffer/*Koch* § 256 Rn. 11.
[26] MüKoAktG/*Hennrichs*/*Pöschke* Rn. 20.
[27] BGH NJW-RR 2008, 907 (908).
[28] Umstritten ist, ob § 325 Abs. 2a HGB nur großen Kapitalgesellschaften iSv § 267 Abs. 3 HGB (dafür Baumbach/Hopt/*Merkt* HGB § 325 Rn. 6; sowie Spindler/Stilz/*Euler* Rn. 17), nur großen und mittelgroßen Gesellschaften (so MüKoHGB/*Fehrenbacher* HGB § 325 Rn. 83; sowie K. Schmidt/Lutter/*Drygala* Rn. 3) oder aber allen Aktiengesellschaften zur Verfügung steht (vgl. *Verspay* NZG 2008, 134; MüKoAktG/*Hennrichs*/ *Pöschke* Rn. 27 (Fn. 44); sowie Staub/*Kersting* HGB § 325 Rn. 53).
[29] Anzuwenden sind gemäß Art. 2 VO (EG) Nr. 1606/2002 des Europäischen Parlaments und des Rates vom 19. Juli 2002 betreffend die Anwendung internationaler Rechnungslegungsstandards die vom International Accounting Standards Board (IASB) herausgegebenen „*International Accounting Standards*" (IAS), „*International Financial Reporting Standards*" (IFRS) und damit verbundenen Auslegungen (SIC/IFRIC-Interpretationen), soweit die Kommission gemäß Art. 3 der Verordnung (EG) 1606/2002 deren Anwendbarkeit in der Gemeinschaft beschlossen hat.

abschlusses iSv §§ 242, 264 ff. BGB wird durch diese Regelung nicht berührt und besteht in jedem Falle fort.[30]

24 Entscheidet der Vorstand sich für die Aufstellung eines solchen Einzelabschlusses iSv § 325 Abs. 2a HGB, hat er gemäß § 170 Abs. 1 S. 2 auch diesen unverzüglich nach Abschluss der Aufstellung dem Aufsichtsrat vorzulegen.[31] Der **Aufsichtsrat entscheidet** darüber, ob er diesen Abschluss billigt oder nicht. Ohne Billigung des Aufsichtsrats darf der Vorstand einen solchen Einzelabschluss nicht veröffentlichen (vgl. § 171 Abs. 4 S. 2).

25 **dd) Vorschlag für die Gewinnverwendung.** Neben den in § 170 Abs. 1 genannten Pflichtvorlagen hat der Vorstand dem Aufsichtsrat gemäß § 170 Abs. 2 S. 1 unverzüglich nach der Aufstellung von Jahresabschluss und Lagebericht auch einen Vorschlag zur Verwendung des Bilanzgewinns vorzulegen. Hintergrund dieser Vorlagepflicht ist, dass Vorstand und Aufsichtsrat gemäß § 124 Abs. 3 S. 1 verpflichtet sind, der Hauptversammlung zu jedem Tagesordnungspunkt einen **Vorschlag zur Beschlussfassung** zu machen. Speziell für den Vorschlag zum Gewinnverwendungsbeschluss iSv §§ 119 Abs. 1 Nr. 2, 174 enthält das Aktiengesetz in § 170 Abs. 2 S. 1 spezifische Vorgaben zu dessen formaler Ausgestaltung (dazu sogleich → Rn. 62 f.).

26 **ee) Rentabilitätsbericht (§ 90 Abs. 1 S. 1 Nr. 2).** Der Rentabilitätsbericht iSv § 90 Abs. 1 S. 1 Nr. 2 dient dazu, den Aufsichtsrat regelmäßig über die Rentabilität der Aktiengesellschaft zu informieren. Anders als der Jahresabschluss und der Lagebericht ist der Rentabilitätsbericht jedoch **nicht Bestandteil der externen Finanzberichterstattung** der Aktiengesellschaft, sondern ein internes Dokument des zur Verschwiegenheit verpflichteten Vorstands (vgl. § 93 Abs. 1 S. 3) an den zur Verschwiegenheit verpflichteten Aufsichtsrat (§ 116 S. 2). Dementsprechend ist dieser Bericht auch nicht Regelungsgegenstand der Vorlagepflicht iSv § 170 Abs. 1 S. 1. Da dieser Bericht dem Aufsichtsrat allerdings eine bessere **Beurteilung der finanziellen Gesamtsituation** der Aktiengesellschaft ermöglicht, verpflichtet § 90 Abs. 2 Nr. 2 den Vorstand, den Rentabilitätsbericht zu jener Sitzung des Aufsichtsrats vorzulegen, in welcher dieser über den Jahresabschluss – dh den Prüfungsbericht an die Hauptversammlung (§ 171 Abs. 2) und die Entscheidung über die Feststellung des Jahresabschlusses (§ 172) – verhandelt.

27 **ff) Freiwillige (Zwischen-)Abschlüsse.** Sofern der Vorstand einer Aktiengesellschaft ohne Bestehen einer gesetzlichen Verpflichtung – dh freiwillig oder auf Grundlage einer Regelung in der Satzung der Gesellschaft – neben den bereits genannten weitere Abschlüsse aufstellt, so stellt sich die Frage, ob dem Aufsichtsrat auch diese **Abschlüsse gemäß § 170 Abs. 1 vorzulegen** sind. Durch eine gesetzliche Regelung beantwortet ist die Frage für den Fall des § 325 Abs. 2a HGB: Ein nach den in § 315a Abs. 1 HGB bezeichneten internationalen Rechnungslegungsstandards aufgestellter Einzelabschluss darf gemäß § 171 Abs. 4 S. 2 erst nach Billigung durch den Aufsichtsrat anstelle des Jahresabschlusses offengelegt werden. Nach dem Sinn und Zweck der Regelung liegt es jedoch nah, dies entsprechend auch für andere freiwillig aufgestellte Abschlüsse (bspw. zwecks Zuleitung an Banken) anzunehmen.[32]

28 **b) Zusätzliche Vorlagen in Konzernen. aa) Konzernabschluss.** Sofern es sich bei der Aktiengesellschaft um ein **Mutterunternehmen iSv § 290 Abs. 1 HGB** handelt, ist der Vorstand gemäß § 290 Abs. 1 HGB grundsätzlich dazu verpflichtet, zusätzlich zum Jahresabschluss und zum Lagebericht iSv § 264 Abs. 1 HGB einen **Konzernabschluss und einen Konzernlagebericht aufzustellen.** Hiervon ausgenommen sind nur solche

---

[30] BeBiKo/Grottel HGB § 325 Rn. 57; MüKoAktG/Hennrichs/Pöschke Rn. 27; sowie MüKoBilR/Drinhausen HGB § 325 Rn. 61.
[31] Nach Auffassung von MüKoAktG/Hennrichs/Pöschke Rn. 28 soll dies auch dann entsprechend gelten, wenn der Vorstand freiwillig einen Einzelabschluss nach internationalen Rechnungslegungsvorschriften aufstellt, ohne diesen gemäß § 325 Abs. 2a HGB offenlegen zu wollen.
[32] MüKoAktG/Hennrichs/Pöschke Rn. 28; vgl. hierzu auch → § 171 Rn. 36.

Mutterunternehmen iSv § 290 Abs. 1 HGB, die entweder nicht mindestens zwei der in § 293 Abs. 1 Nr. 1 oder Nr. 2 HGB niedergelegten Größenmerkmale erreichen oder ihrerseits Tochterunternehmen eines anderen Mutterunternehmens sind, in dessen Konzernabschluss sie nach Maßgabe von § 291 oder § 292 HGB einbezogen werden.

Bei der Aufstellung eines Konzernabschlusses hat der Vorstand grundsätzlich die **Wahl** **zwischen zwei verschiedenen Regelungssystemen,** nämlich zum einen den in §§ 297 – 315 HGB niedergelegten nationalen Regelungen und zum anderen den International Financial Reporting Standards (IFRS) des International Accounting Standards Board (IASB). Gemäß § 315a Abs. 3 HGB besteht für deutsche Mutterunternehmen grundsätzlich ein Wahlrecht, ob sie ihren Konzernabschluss nach den Regeln des deutschen HGB oder nach IFRS aufstellen. Lediglich im Sinne von Artikel 4 der Verordnung (EG) Nr. 1606/2002[33] **kapitalmarktorientierte** Aktiengesellschaften (§ 315a Abs. 1 HGB) oder solche, welche die Zulassung ihrer Wertpapiere zu einem organisierten Markt im Inland beantragt haben (vgl. § 315a Abs. 2 HGB), sind dazu verpflichtet, ihren Konzernabschluss sowie ihren **Konzernlagebericht zwingend nach den IFRS** aufzustellen.[34]

bb) Konzernlagebericht. Gemäß § 170 Abs. 1 S. 2 hat der Vorstand dem Aufsichtsrat ferner einen nach § 290 Abs. 1 S. 1 HGB zu erstellenden Konzernlagebericht iSv § 315 HGB vorzulegen.[35] Dieser kann gemäß § 315 Abs. 3 iVm 298 Abs. 3 HGB mit dem Lagebericht des Mutterunternehmens (vgl. §§ 264 Abs. 1 S. 1, 289 f. HGB) **zu einem einheitlichen Bericht zusammengefasst** werden. Eine solche Zusammenlegung hat allerdings nicht zur Folge, dass entweder der Lagebericht iSv § 289 HGB oder der Konzernlagebericht iSv § 315 HGB entbehrlich würde. Vielmehr müssen beide Berichte unter ausdrücklichem Hinweis auf die erfolgte Zusammenlegung – wegen der äußeren Verbindung zwingend gemeinsam – veröffentlicht werden.[36]

cc) Einzelinformationen über Tochtergesellschaften. Aus § 170 Abs. 1 ergibt sich hingegen **keine Vorlagepflicht** für die Jahresabschlüsse oder sonstigen Informationen über Tochtergesellschaften, welche diese der Aktiengesellschaft ggf. nach Maßgabe von § 294 Abs. 3 HGB für die Zwecke der Aufstellung eines Konzernabschlusses zur Verfügung stellen müssen.[37] Dies gilt auch für die sog. Handelsbilanz II (HB II)[38], welche entweder von den Tochtergesellschaften selbst (zusätzlich zu ihren eigenen regulären Rechnungslegungsunterlagen) oder – auf Basis von der Tochtergesellschaft zu überlassender Informationen – von der Aktiengesellschaft speziell für die Erstellung des Konzernabschlusses erstellt werden muss.[39] Gleichwohl kann der Aufsichtsrat nach Maßgabe der allgemeinen Regelung in § 111 Abs. 2 S. 1 verlangen, dass ihm diese Unterlagen – insbesondere für die Zwecke der Prüfung des Konzernabschlusses – zur Verfügung gestellt bzw. zugänglich gemacht werden.[40]

---

[33] Verordnung (EG) Nr. 1606/2002 des Europäischen Parlaments und des Rates vom 19. Juli 2002 betreffend die Anwendung internationaler Rechnungslegungsstandards, ABl. EU L243/1.
[34] Siehe auch → Exkurs 2 – Bilanzrecht Rn. 218.
[35] Dies gilt auch im Falle eines befreienden Konzernabschlusses nach § 315a HGB – vgl. BeBiKo/*Grottel* § 315 Rn. 1.
[36] BGH NJW-RR 2008, 907 (908).
[37] Nach ganz herrschender Auffassung bestehen die Informationsrechte und -pflichten iSv § 294 Abs. 3 HGB nur, wenn zumindest die Möglichkeit der Vollkonsolidierung der Tochtergesellschaft besteht (BeBiKo/*Förschle/Deubert* § 294 Rn. 20 sowie MüKoBilR/*Senger/Hoehne* HGB § 294 Rn. 21); kommt demgegenüber nur eine Teilkonsolidierung in Betracht, besteht das Informationsrecht nach ganz allgemeiner Auffassung nicht.
[38] Vgl. hierzu MüKoBilR/*Senger* HGB § 300 Rn. 13 f.; sowie Beck'sches Steuerberater-Handbuch 2013/2014/*Petersen/Zwirner/Wohlgemuth* Abschnitt A (ABC der Buchführung, Bilanzierung und Bewertung) Rn. 459.
[39] Vgl. hierzu Kölner Komm AktG/*Ekkenga* Rn. 5; sowie BeBiKo/*Förschle* HGB § 300 Rn. 27.
[40] *Witte,* Der Prüfungsbericht als Informationsträger im Konzern, S. 153; vgl. allgemein zum Einsichtsrecht betreffend Unterlagen abhängiger Unternehmen Kölner Komm AktG/*Mertens/Cahn* § 111 Rn. 54; Großkomm AktG/*Hopt/Roth* § 111 Rn. 435 f.

32 **dd) Handelsbilanz II.** Sofern die Aktiengesellschaft selbst als Tochterunternehmen in den Konzernabschluss eines (anderen) Mutterunternehmens iSv § 290 Abs. 1 HGB einbezogen werden soll, muss entweder die Aktiengesellschaft selbst oder das Mutterunternehmen die in der regulären Handelsbilanz ausgewiesenen Bilanzposten an die für den Konzernabschluss maßgeblichen Bilanzierungsregeln anpassen (Handelsbilanz II).[41] Eine solche Handelsbilanz II bildet **keinen Bestandteil der eigenen externen Rechnungslegung** der Gesellschaft.[42] Dementsprechend gehört sie auch nicht zu den Unterlagen, welche der Vorstand dem Aufsichtsrat gemäß § 170 Abs. 1 vorzulegen hat.[43]

33 **ee) Abhängigkeitsbericht.** Der Vorstand einer faktisch abhängigen Aktiengesellschaft (dh einer Aktiengesellschaft, die gemäß § 17 Abs. 1 von einem anderen Unternehmen abhängig ist, ohne dass zwischen beiden Unternehmen ein Beherrschungsvertrag iSv § 291 Abs. 1 besteht) ist gemäß § 312 Abs. 1 S. 1 verpflichtet, zusätzlich zum Jahresabschluss und zum Lagebericht in den ersten drei Monaten eines Geschäftsjahres einen **Bericht über die Beziehungen der Gesellschaft zu verbundenen Unternehmen,** den sogenannten „Abhängigkeitsbericht", aufzustellen. Dieser Bericht soll den Aufsichtsrat, die weiteren Aktionäre und die Gläubiger der Aktiengesellschaft in die Lage versetzen, zu überprüfen, ob die im Verhältnis zwischen der Aktiengesellschaft und dem herrschenden Unternehmen vorgenommenen oder unterlassenen Rechtsgeschäfte und Maßnahmen für die Aktiengesellschaft tatsächlich nicht nachteilig waren bzw. jeder für diese eingetretene Nachteil bis zum Ende des Geschäftsjahres ausreichend kompensiert wurde.[44]

34 Auch diesen Bericht hat der Vorstand zusammen[45] mit den gemäß §§ 170 Abs. 1, 320 Abs. 1 S. 1 HGB vorzulegenden Unterlagen dem Abschlussprüfer (§ 313 Abs. 1 S. 1) und dem Aufsichtsrat (§ 314 Abs. 1 S. 1) **zur Prüfung vorzulegen.**

35 **4. Zeitpunkt der Vorlage.** Sämtliche Unterlagen, zu deren Vorlage der Vorstand gemäß § 170 Abs. 1 verpflichtet ist, sind dem Aufsichtsrat **unverzüglich vorzulegen,** sobald die Aufstellung abgeschlossen ist. Für die Bestimmung dieses maßgeblichen Zeitpunkts ist darauf abzustellen, wann die Unterlagen aus Sicht des gemäß § 264 Abs. 1 HGB zur Aufstellung des Jahresabschlusses und des Lageberichts verpflichteten Vorstands in einer Form vorliegen, dass sie dem Aufsichtsrat zur Feststellung vorgelegt werden können;[46] auf die Unterzeichnung der Entwürfe durch sämtliche Vorstandsmitglieder kommt es hierfür nicht an.

36 Über den **Abschluss der Aufstellungsphase** hat der gesamte Vorstand als Kollektivorgan durch Beschluss zu entscheiden. Im Rahmen der gesetzlichen Aufstellungsfrist iSv § 264 Abs. 1 S. 1 HGB kann der Vorstand de facto nach eigenem Ermessen darüber entscheiden, wann die Aufstellungsphase beendet ist und die Vorlagepflicht iSv § 170 Abs. 1 (ebenso wie jene des § 320 Abs. 1 HGB) aktuell wird.[47] Insbesondere kann er die übliche Schlussbesprechung mit dem Abschlussprüfer abwarten, bevor er den Entwurf des Jahresabschlusses für final erklärt und Abschlussprüfer und Aufsichtsrat damit förmlich um Prüfung des Entwurfs sowie dessen Feststellung bittet.[48]

37 An den Zeitpunkt der Aufstellung des Jahresabschlusses sowie der weiteren Rechnungslegungsunterlagen knüpft nicht nur § 170 Abs. 1 die Vorlagepflicht gegenüber dem Aufsichtsrat, sondern auch § 320 Abs. 1 S. 1 HGB eine Vorlagepflicht gegenüber dem Abschlussprüfer an. Dies legt nahe, dass nach dem Willen des Gesetzgebers der **Abschlussprüfer und der Aufsichtsrat sämtliche Vorlagen gleichzeitig erhalten** und sowohl die (externe) Abschlussprüfung durch den Abschlussprüfer als auch die (interne) Prüfung durch

---

[41] Vgl. hierzu BeBiKo/*Förschle* § 300 Rn. 27.
[42] BeBiKo/*Förschle* § 300 Rn. 27.
[43] Vgl. zur Vorlagepflicht des Vorstands betreffend die Handelsbilanz II einer Tochtergesellschaft Kölner Komm AktG/*Ekkenga* Rn. 5.
[44] Hölters/*Leuering/Goertz* § 312 Rn. 3; sowie MüKoAktG/*Altmeppen* § 312 Rn. 3 und Rn. 5.
[45] Hüffer/*Koch* § 314 Rn. 2.
[46] Grigoleit/*Grigoleit/Zellner* Rn. 5; MüKoAktG/*Hennrichs/Pöschke* Rn. 33.
[47] Hölters/*Waclawik* Rn. 10.
[48] Kölner Komm AktG/*Ekkenga* Rn. 8; sowie ADS Ergbd., Rn. 16.

den Aufsichtsrat zeitgleich beginnen sollen. So geht die wohl ganz hM davon aus, dass der Vorstand mit der Vorlage des aufgestellten Jahresabschlusses sowie der Entwürfe der sonstigen Rechnungslegungsunterlagen nicht bis zum Abschluss der (externen) Abschlussprüfung und zum Vorliegen des Prüfungsberichts iSv § 321 HGB zuwarten darf, sondern diese bereits zuvor dem Aufsichtsrat vorzulegen hat;[49] es ist allenfalls zulässig, einzelne Vorlagen für eine gewisse Zeit zurückzuhalten, um alle Unterlagen gemeinsam vorlegen zu können.[50]

In der Praxis beginnt zumindest die (externe) **Abschlussprüfung** durch den Abschlussprüfer, häufig aber auch die (interne) Prüfung des Aufsichtsrats bereits, **bevor** der Vorstand seinen Beschluss über den **Abschluss der Aufstellungsphase** getroffen hat.[51] Dass ein solches Vorgehen mit den gesetzlichen Vorgaben zu vereinbaren sein muss, ergibt sich bereits aus den weiteren zeitlichen Vorgaben des Gesetzes: Gemäß § 171 Abs. 3 S. 1 muss der Aufsichtsrat seine Prüfung grds. innerhalb eines Monats nach Zugang der Vorlagen, spätestens aber am Ende des zweiten Monats nach deren Zugang abgeschlossen haben[52]; andernfalls gilt dies gemäß § 171 Abs. 3 S. 3 als Versagung der Billigung des Jahresabschlusses, sodass die Kompetenz für die Feststellung des Jahresabschlusses gemäß § 173 Abs. 1 S. 1 auf die Hauptversammlung übergehen würde.

5. Adressat der Vorlagen: Der Aufsichtsrat. Der Vorstand ist gemäß § 170 Abs. 1 verpflichtet, die genannten Dokumente dem Aufsichtsrat vorzulegen. Wie sich nicht zuletzt aus § 170 Abs. 3 S. 2 ergibt, bedeutet dies nicht, dass der Vorstand jedem einzelnen Mitglied des Aufsichtsrats ein eigenes Exemplar jedes Dokuments zuzuleiten hat. Vielmehr genügt der Vorstand seiner Verpflichtung nach wohl allgemeiner Auffassung bereits dann, wenn er **dem Vorsitzenden des Aufsichtsrats** oder einem anderen in der Geschäftsordnung des Aufsichtsrats bestimmten Empfänger – die erforderlichen Dokumente zur Verfügung stellt.[53]

Der Aufsichtsratsvorsitzende hat dann dafür Sorge zu tragen, dass die Unterlagen entsprechend der internen Beschlusslage des Aufsichtsrats (vgl. § 170 Abs. 3 S. 2) **an die Mitglieder des Aufsichtsrats verteilt** werden und im Übrigen für alle Aufsichtsratsmitglieder eine Möglichkeit besteht, die dem Aufsichtsrat überlassenen Dokumente gemäß § 170 Abs. 3 S. 1 rechtzeitig vor der Beschlussfassung des Aufsichtsrats über die Feststellung des Jahresabschlusses, ggf. die Billigung des Konzernabschlusses und den schriftlichen Bericht an die Hauptversammlung zur Kenntnis zu nehmen.[54] Bei der Wahrnehmung dieser Aufgabe kann sich der Aufsichtsratsvorsitzende der Hilfe des Vorstands bedienen. Dieser ist insbesondere verpflichtet, die Vorlagen nach Maßgabe der Weisungen des Aufsichtsratsvorsitzenden an die einzelnen Mitglieder zu übermitteln bzw. die organisatorischen Voraussetzungen für eine Einsichtnahme zu schaffen.[55]

6. Nachträgliche Änderungen und Ergänzungen der Vorstandsvorlagen (vor der Feststellung des Jahresabschlusses). Bis zur Feststellung des Jahresabschlusses durch einen Beschluss entweder des Aufsichtsrats (§ 172 S. 1) oder der Hauptversammlung handelt es sich bei dem vom Vorstand aufgestellten Jahresabschluss lediglich um einen Entwurf, an

---

[49] Spindler/Stilz/*Euler* Rn. 28.
[50] MüKoAktG/*Hennrichs/Pöschke* Rn. 34, die jedoch betonen, dass die Vorlage des Konzernabschlusses eigenen Fristen folgen kann; vgl. auch Kölner Komm AktG/*Ekkenga* Rn. 9.
[51] MüKoAktG/*Hennrichs/Pöschke* Rn. 18.
[52] Voraussetzung für den ordnungsgemäßen Abschluss der Prüfung durch den Aufsichtsrat sowie eine wirksame Feststellung des Jahresabschlusses ist gemäß § 316 Abs. 1 S. 2 HGB allerdings das Vorliegen des Prüfungsberichts des Abschlussprüfers (vgl. auch § 256 Abs. 1 Nr. 2) – dieser muss den Mitgliedern des Aufsichtsrats nach wohl einhelliger Meinung spätestens zwei Wochen vor der Bilanzsitzung des Aufsichtsrats übermittelt oder zur Einsichtnahme bereitgestellt werden (vgl. hierzu → Rn. 54). Dürfte der Abschlussprüfer erst mit der Vorlage iSv § 320 Abs. 1 S. 1 HGB mit der ersten Prüfungshandlung beginnen, so stünde ihm grds. nur ein Zeitraum von ca. 2 Wochen (höchstens 6 Wochen) für die gesamte Abschlussprüfung zur Verfügung.
[53] Grigoleit/*Grigoleit/Zellner* Rn. 4; ADS Rn. 8; sowie MüKoAktG/*Hennrichs/Pöschke* Rn. 32.
[54] MüKoAktG/*Hennrichs/Pöschke* Rn. 34; *Buhleier/Krowas* DB 2010, 1165 (1167); Spindler/Stilz/*Euler* Rn. 28; sowie Hölters/*Waclawik* Rn. 13.
[55] Kölner Komm AktG/*Ekkenga* Rn. 10.

den noch keine materiellen Rechtsfolgen anknüpfen.[56] Dementsprechend steht es dem Vorstand auch nach einer ersten Vorlage iSv § 170 Abs. 1 grds. weiterhin **frei, die von ihm aufgestellten Entwürfe der Rechnungslegungsunterlagen abzuändern.**[57] Voraussetzung hierfür ist stets – wie bereits bei der Ausgangsentscheidung über den ursprünglich aufgestellten Entwurf (→ Rn. 13) – ein entsprechender Beschluss des gesamten Vorstands.

42 **Bei prüfungspflichtigen Gesellschaften** ist der vom Vorstand geänderte Entwurf nicht nur dem Aufsichtsrat, sondern gemäß § 320 Abs. 1 S. 1 HGB auch dem Abschlussprüfer vorzulegen. Dieser hat den geänderten Entwurf sodann zum Gegenstand seiner (externen) Abschlussprüfung oder ggf. einer Nachtragsprüfung iSv § 316 Abs. 3 HGB zu machen.

43 **7. Zwangsweise Durchsetzung der Vorlagepflicht.** Kommt der Vorstand seiner **Vorlagepflicht nicht bzw. nicht fristgerecht nach,** kann der Aufsichtsrat ein Zwangsverfahren nach § 407 Abs. 1 betreiben. Neben der Einschaltung des Registergerichts verbleibt dem Aufsichtsrat die Möglichkeit, mit personellen Maßnahmen wie Kürzungen der variablen Vergütung, als ultima ratio auch mit einer Abberufung der gegen § 170 verstoßenden Vorstandsmitglieder gemäß § 84 Abs. 3, zu reagieren.[58] Sollten sich aus der verspäteten Vorlage Schäden für die Gesellschaft ergeben, muss der Aufsichtsrat die Vorstandsmitglieder dafür grundsätzlich gemäß § 93 Abs. 2 in Regress nehmen.[59]

44 Fraglich erscheint hingegen, ob der Aufsichtsrat daneben auch die Möglichkeit hat, die Vorlagepflicht des Vorstands im Wege einer **Leistungsklage gegen den Vorstand** durchsetzen.[60] Das deutsche Gesellschaftsrecht sieht solche Rechtsstreitigkeiten zwischen den Organen einer Kapitalgesellschaft zur Durchsetzung ihrer gegenseitigen Rechte und Pflichten nicht ausdrücklich vor.[61] Zudem wäre eine solche Klagemöglichkeit aus Sicht der Praxis wohl schon wegen der zu erwartenden Verfahrensdauer kein taugliches Instrument.[62]

III. Vorlage des Prüfungsberichts des Abschlussprüfers

45 **1. Vorlage bei Pflichtprüfung. a) Vorlage durch den Prüfer.** Seit dem Inkrafttreten des KonTraG[63] ist die Pflicht zur Vorlage des Prüfungsberichts des Abschlussprüfers über Art und Umfang sowie das Ergebnis seiner Prüfung nicht mehr Gegenstand der Vorlagepflicht iSv § 170 Abs. 1 S. 1. Stattdessen wurde die Vorlagepflicht des Abschlussprüfers in **§ 321 Abs. 5 HGB** unabhängig von der Rechtsform des zu prüfenden Unternehmens geregelt.

46 Gemäß § 321 Abs. 5 S. 2 HGB hat der Abschlussprüfer den Prüfungsbericht **unmittelbar dem Aufsichtsrat** vorzulegen, wenn dieser den Prüfungsauftrag erteilt hat. Bei einer Aktiengesellschaft liegt die Kompetenz für die Erteilung des Prüfungsauftrags gemäß § 111 Abs. 2 S. 3 zwingend beim Aufsichtsrat, sodass der Abschlussprüfer den Bericht nach hM selbst dann dem Aufsichtsrat vorzulegen hat, wenn ausnahmsweise nicht dieser, sondern ein Gericht den Abschlussprüfer bestellt hat.[64] Fehlt bei Gesellschaften anderer Rechtsform hingegen eine solche Zuweisung der Beauftragungskompetenz zum Aufsichtsrat (zB beim fakultativen Aufsichtsrat einer GmbH), so hat der Abschlussprüfer seinen Prüfungsbericht an

---

[56] Zwar ist der Abschluss der Aufstellungsphase für die rechtzeitige Erfüllung der Aufstellungsfrist iSv § 264 Abs. 1 HGB sowie für den Beginn der Prüfungs- und Berichtsfrist des § 171 Abs. 3 von Bedeutung, doch ergeben sich aus diesen Fristen keine unmittelbaren Rechtsfolgen für das Wirksamwerden des Jahresabschlusses.
[57] Bürgers/Körber/*Schulz* Rn. 3; ADS Rn. 5; sowie MüKoAktG/*Hennrichs/Pöschke* Rn. 19; **aA** Großkomm AktG/*Brönner,* Stand: 1.11.1992, Rn. 3.
[58] MüKoAktG/*Hennrichs/Pöschke* Rn. 36.
[59] MüKoAktG/*Hennrichs/Pöschke* Rn. 36; sowie Kölner Komm AktG/*Ekkenga* Rn. 11.
[60] Vgl. hierzu Grigoleit/*Grigoleit/Zellner* Rn. 15.
[61] Vgl. hierzu Hüffer/*Koch* § 90 Rn. 19; die Zulässigkeit von Interorganklagen ist daher umstritten: gegen die Zulässigkeit insbesondere Kölner Komm AktG/*Mertens/Cahn* 111 Rn. 43; für die Zulässigkeit solcher Interorganstreitigkeiten hingegen u. a. Spindler/Stilz/*Fleischer* § 90 Rn. 70; sowie *v.Schenck* in Semler/v. Schenck AR-HdB § 7 Rn 314.
[62] Im Ergebnis ebenso MüKoAktG/*Hennrichs/Pöschke*Rn. 36; sowie Kölner Komm AktG/*Ekkenga* Rn. 11.
[63] Gesetz zur Kontrolle und Transparenz im Unternehmensbereich (KonTraG), BGBl. 1998 I S. 786.
[64] Kölner Komm AktG/*Ekkenga* Rn. 12; sowie MüKoAktG/*Hennrichs/Pöschke* Rn. 42 mwN.

die gesetzlichen Vertreter der geprüften Gesellschaft zu erstatten (vgl. § 321 Abs. 5 S. 1 HGB).

Hat der Abschlussprüfer seinen Prüfbericht dem Aufsichtsrat vorzulegen, so bedeutet dies **47** in der Praxis, dass zunächst dem **Aufsichtsratsvorsitzenden** (oder einem anderen vom Aufsichtsrat bestimmten Vertreter) **ein Exemplar des Prüfberichts** zu übermitteln ist.[65] Ob und in welchem Umfang darüber hinaus weitere Ausfertigungen vorzulegen sind, bestimmt sich nach den vertraglichen Vereinbarungen zwischen dem Wirtschaftsprüfer und der zu prüfenden Gesellschaft.[66] Unabhängig davon obliegt die weitere Verteilung des Berichts an die Mitglieder des Aufsichtsrats grds. dem Vorsitzenden des Aufsichtsrats und ist von diesem persönlich oder unter Hinzuziehung von Hilfspersonen – dies kann auch der Abschlussprüfer oder ggf. sogar der Vorstand sein[67] – nach Maßgabe der Geschäftsordnung und der sonstigen Beschlüsse des Aufsichtsrats zu bewirken.

b) Gegenstand der Vorlage. Gegenstand der Vorlagepflicht iSv § 321 Abs. 5 HGB ist **48** grds. (nur) der **Prüfungsbericht** iSv § 321 Abs. 1 HGB. Dieser hat zumindest die in § 321 Abs. 1 bis Abs. 3 HGB allgemein vorgeschriebenen Bestandteile zu enthalten; bei börsennotierten Aktiengesellschaften muss der Bericht gemäß § 321 Abs. 4 HGB zusätzlich auch das Ergebnis der Überprüfung der gemäß § 91 Abs. 2 zu implementierenden Überwachungssysteme für Bestandsrisiken umfassen. Bei „faktisch" abhängigen Aktiengesellschaften hat der Abschlussprüfer gemäß § 313 Abs. 2 S. 3 in einem parallelen Verfahren zusätzlich einen schriftlichen Bericht über die Ergebnisse seiner Prüfung des Abhängigkeitsberichts (vgl. § 313 Abs. 1) vorzulegen.

In formaler Hinsicht ist streitig, ob der Abschlussprüfer seine Pflicht aus § 321 Abs. 5 **49** HGB (und § 313 Abs. 2 S. 3) nur durch **Vorlage einer bereits ordnungsgemäß unterzeichneten Fassung** seines Prüfungsberichts erfüllen kann (vgl. § 321 Abs. 5 S. 1 HGB)[68] oder ob auch die Übermittlung einer (beinahe) finalen Entwurfsfassung ausreicht.[69] Auswirken dürfte sich diese Unterscheidung wohl ohnehin nur im Hinblick auf die Fragen, ob eine ordnungsgemäße Ladung zur Bilanzsitzung des Aufsichtsrats auch auf Basis einer Entwurfsfassung des Prüfungsberichts bewirkt werden kann, ob der Vorstand seine Stellungnahme iSv § 321 Abs. 5 HGB im Hinblick auf einen Entwurf des Prüfungsberichts abgeben kann und ab wann eine nachträgliche Änderung des Prüfungsberichts eine Nachtragsprüfung iSv § 316 Abs. 3 HGB erfordert. Als hinreichende Basis für die Feststellung des Jahresabschlusses eignet sich eine Entwurfsfassung nicht (vgl. §§ 316 Abs. 1 S. 2 HGB, 256 Abs. 1 Nr. 2).[70]

Nicht abschließend geklärt erscheint des Weiteren, in welchem Umfang die verbreitete **50** **Praxis der sog. Management Letter** mit den gesetzlichen Vorgaben in § 111 Abs. 2 S. 3 und § 321 Abs. 5 S. 2 HGB zu vereinbaren ist.[71] Unter einem Management Letter versteht man üblicherweise ein zusätzliches Schreiben des Abschlussprüfers, in welchem dieser Hinweise zur Verbesserung der Organisation der zu prüfenden Gesellschaft, auf risikobehaftete Systeme und Schwachstellen sowie zu sonstigen Aspekten gibt, die ihm im Rahmen der Abschlussprüfung aufgefallen sind.[72] Solche Management Letter wurden in der Vergangenheit häufig unmittelbar und ausschließlich an den Vorstand adressiert und

---

[65] IDW Prüfungsstandard: Grundsätze ordnungsmäßiger Berichterstattung bei Abschlussprüfungen (IDW PS 450) Rn. 117; ADS HGB § 321 Rn. 171; zu den weiteren Einzelheiten vgl. BeBiKo/*Schmidt/Poullie* HGB § 321 Rn. 134.
[66] § 11 Abs. 3 der Allgemeinen Auftragsbedingungen für Wirtschaftsprüfer und Wirtschaftsprüfungsgesellschaften in der Fassung vom 1. Januar 2002 sieht einen Anspruch auf insgesamt 5 Ausfertigungen vor.
[67] MüKoAktG/*Hennrichs/Pöschke* § 170 Rn. 46.
[68] So Kölner Komm AktG/*Ekkenga* § 170 Rn. 15; ebenso *Hommelhoff*, BB 1998, 2625 (2628); *Altmeppen*, ZGR 2004, 390 (407); Grigoleit/*Grigoleit/Zellner* § 170 Rn. 3; Baumbach/Hopt/*Merkt* § 321 Rn. 12.
[69] Vgl. hierzu auch die eingehende Erörterung bei MüKoAktG/*Hennrichs/Pöschke* § 170 Rn. 45.
[70] OLG Stuttgart, DB 2009, 1521 (1525); MüKoAktG/*Hennrichs/Pöschke* § 170 Rn. 45.
[71] Die grundsätzliche Zulässigkeit ergibt sich bereits aus der Begründung der Bundesregierung zum Entwurf eines Gesetzes zur Kontrolle und Transparenz im Unternehmensbereich (KonTraG) – BT-Drs. 13/9712, 29.
[72] IDW PS 450 Rn. 17.

enthielten – so u. a. die Kritik – auch vertrauliche Hinweise auf Feststellungen innerhalb der Prüfung.[73]

51 Eindeutig ist die Rechtslage für solche **Vorgänge** oder Umstände, **die bereits nach den gesetzlichen Vorschriften in den Prüfungsbericht aufzunehmen** sind; dies gilt nicht nur für relevante Einwendungen gegen den geprüften Jahresabschluss (vgl. § 322 Abs. 4 HGB), sondern gemäß § 321 Abs. 2 S. 2 HGB auch für Mängel, die zwar nicht zu einer Einschränkung oder Versagung des Bestätigungsvermerks führen, gleichwohl aber für die Überwachungsaufgaben des Aufsichtsrats von Bedeutung sind. In all diesen Fällen kommt eine ausschließliche Erwähnung des fraglichen Vorgangs bzw. Umstands in einem Management Letter angesichts des klaren Regelungswillens des Gesetzgebers (vgl. auch § 170 Abs. 3) selbst dann nicht in Betracht, wenn die Gesellschaft objektiv ein Interesse an der Vertraulichkeit der entsprechenden Information hat.[74] In Zweifelsfällen sollte der Abschlussprüfer mit dem Aufsichtsratsvorsitzenden abstimmen, ob eine Aufnahme in den Prüfungsbericht iSv § 321 HGB geboten ist.[75]

52 Ist ein Vorgang oder Umstand demgegenüber **nicht in den Prüfungsbericht aufzunehmen**, so stellt sich die Frage, ob der Abschlussprüfer den Vorstand ohne Rücksprache mit und ohne Rückmeldung an den Aufsichtsrat darüber informieren darf. Letzteres erscheint im Hinblick auf den in § 111 Abs. 2 S. 3 und § 321 Abs. 5 S. 2 HGB zum Ausdruck kommenden Willen des Gesetzgebers fraglich: Der Abschlussprüfer muss beachten, dass seine Aufgaben nach dem gesetzlichen Leitbild insbesondere darin bestehen, den Aufsichtsrat bei der Wahrnehmung seiner Aufgaben als Sachverständiger zu unterstützen.[76] Vor diesem Hintergrund empfiehlt sich, dass der Abschlussprüfer die Form der Kommunikation von auf der Prüfung beruhenden Hinweisen an den Vorstand entweder zu Beginn der Auftragsdurchführung generell-abstrakt oder jeweils gesondert **mit dem Aufsichtsrat abstimmt**.[77]

53 **c) Zeitlicher Ablauf.** Aufgrund des insoweit gleichlautenden Wortlauts von einerseits § 320 Abs. 1 S. 1 HGB und andererseits § 170 Abs. 1 S. 1 liegt es nahe, dass der Vorstand Jahresabschluss und Lagebericht gleichzeitig – nämlich unverzüglich nach Abschluss des Aufstellungsprozesses – dem Aufsichtsrat und dem Abschlussprüfer vorzulegen hat. Demnach würden die interne Prüfung durch den Aufsichtsrat und die externe Prüfung durch den Abschlussprüfer **zeitgleich beginnen und wären parallel durchzuführen**.[78]

54 Anders als hinsichtlich der Prüfung durch den Aufsichtsrat (vgl. § 171 Abs. 3) schreibt das Gesetz betreffend die **Prüfung durch den Abschlussprüfer keinen spezifischen Zeitraum** vor.[79] Gleichwohl muss der Abschlussprüfer bei der Erfüllung seiner Vorlagepflicht die sonstigen gesetzlichen Fristen betreffend die Feststellung des Jahresabschlusses – insbesondere § 171 Abs. 3 und § 175 – sowie ggf. konkrete (vertragliche) Absprachen im Rahmen des Prüfungsauftrags berücksichtigen.[80] Dies bedeutet, dass der Prüfungsbericht

---

[73] MüKoAktG/*Hennrichs/Pöschke* Rn. 40.
[74] *Peemöller/Finsterer/Mahler* DB 1999, 1565 (1568); *Hommelhoff* BB 1998, 2625 (2630); BeBiKo/*Schmidt/Poullie* HGB § 321 Rn. 5; MüKoBilR/*Bormann* HGB § 321 Rn. 96; IDW PS 450 Rn. 17; WP HdB I, 14. Aufl., 2012, R 915.
[75] MüKoAktG/*Hennrichs/Pöschke* Rn. 40.
[76] MüKoAktG/*Hennrichs/Pöschke* Rn. 40.
[77] BeBiKo/*Schmidt/Poullie* HGB § 321 Rn. 50.
[78] Hölter/*Waclawik* Rn. 12.
[79] BeBiKo/*Schmidt/Küster* HGB § 316 Rn. 23.
[80] Aus § 175 Abs. 1 Satz 1 iVm § 123 Abs. 1 folgt mittelbar, dass das Testat und der Prüfungsbericht des Abschlussprüfers dem Aufsichtsrat spätestens Mitte des siebten Monats eines Geschäftsjahres in unterschriebener Form vorliegen müssen. Wegen § 256 Abs. 1 Nr. 2 kann der Aufsichtsrat andernfalls den Jahresabschluss nicht rechtzeitig vor der Hauptversammlung iSv § 175 Abs. 1 feststellen. Deren ordnungsgemäße Einberufung setzt gemäß § 175 Abs. 2 AktG nämlich voraus, dass ab dem Tag der Einberufung – diese muss gemäß §§ 123 Abs. 1 iVm. 121 Abs. 7 spätestens am 32. Tage vor dem geplanten Versammlungstermin erfolgen – u. a. der Jahresabschluss und der schriftliche Bericht des Aufsichtsrats iSv § 171 Abs. 2 entweder in den Geschäftsräumen der Gesellschaft zur Einsichtnahme ausgelegt oder über die Internetseite der Gesellschaft zugänglich gemacht werden.

dem Aufsichtsrat spätestens zwei Wochen vor der Bilanzsitzung des Aufsichtsratsplenums vorliegen muss, die ihrerseits allerspätestens zwei Monate nach Abschluss der Aufstellungsphase stattfinden muss. Zudem hat er die Vorlage so zu planen, dass auch dem Vorstand ausreichend Zeit verbleibt, um gemäß § 321 Abs. 5 S. 2 HGB zu dem Prüfungsbericht Stellung zu nehmen.

Es ist daher in der Praxis üblich und – wie sich u. a. aus § 320 Abs. 2 S. 2 HGB ergibt – **55** rechtlich auch zulässig, dass der Abschlussprüfer **die (externe) Abschlussprüfung bereits beginnt, bevor** die **Aufstellung** von Jahresabschluss und Lagebericht durch eine entsprechende Beschlussfassung des Vorstands **abgeschlossen** ist.[81] Insbesondere bei großen börsennotierten Gesellschaften lassen sich die zeitlichen Vorgaben des Kapitalmarktrechts anders kaum erfüllen. Allerdings ist bei einem solchen Vorgehen besonders darauf zu achten, dass die Aufgaben von Vorstand und Abschlussprüfer nicht vermischt werden. Die Ausübung von Ansatz- und Bewertungswahlrechten im Interesse des Unternehmens verbleibt immer die Aufgabe der Gesellschaftsorgane.[82]

d) Stellungnahme des Vorstands. § 321 Abs. 5 S. 2 HGB sieht vor, dass der Abschluss- **56** prüfer dem Vorstand als zur Aufstellung des Jahresabschlusses verpflichtetem Organ die Möglichkeit zu geben hat, **zum Prüfungsbericht des Abschlussprüfers Stellung zu nehmen.** Insoweit stellt sich nicht zuletzt im Hinblick auf den üblichen zeitlichen Ablauf – dh weitgehend gleichzeitige Durchführung von Aufstellung und (externer) Prüfung – die Frage, ob der Abschlussprüfer dem Vorstand bereits dann hinreichende Gelegenheit zur Stellungnahme zum Prüfungsbericht bietet, wenn er dem Vorstand einen noch nicht unterzeichneten Entwurf des Prüfungsberichts vorlegt (vgl. auch Rn. 49). Konkrete Rechtsfolgen sieht das AktG nur für den Fall vor, dass eine Abschlussprüfung pflichtwidrig vollständig unterbleibt oder den gesetzlichen Mindestanforderungen nicht genügt (vgl. § 256 Abs. 1 Nr. 2). Vor diesem Hintergrund und im Hinblick auf die Bedeutung der Stellungnahme des Vorstands für die anschließende (interne) Prüfung durch den Aufsichtsrat erscheint es sachgemäß, eine Stellungnahme des Vorstands zu einem weitgehend finalen, jedoch noch nicht unterzeichneten Entwurf des Prüfungsberichts als ausreichend zu erachten, sofern der endgültige Prüfungsbericht von diesem Entwurf nicht wesentlich abweicht.[83]

e) Zwangsweise Durchsetzung der Vorlagepflicht. Kommt der Abschlussprüfer sei- **57** ner Pflicht zur Vorlage des Prüfungsberichts (einschließlich des Bestätigungsvermerks) nicht oder jedenfalls nicht rechtzeitig nach, sieht das HGB – anders als das AktG für den Fall der Verletzung der Vorlagepflicht durch den Vorstand (→ Rn 43) – für diesen Fall der Verletzung der Vorlagepflicht iSv § 321 Abs. 5 HGB **keine ausdrückliche Sanktion** vor. Sofern sich Gesellschaft und Abschlussprüfer im Rahmen des Prüfungsauftrags auf einen Zeitplan verständigt haben, dürften vom Abschlussprüfer zu vertretende Verzögerungen eine Pflichtverletzung darstellen, deren wirtschaftliche Folgen von der Gesellschaft als **Verzugsschaden geltend gemacht** werden können. Darüber hinaus wird eine solche vom Abschlussprüfer zu vertretende Verzögerung häufig auch einen Grund iSv § 318 Abs. 3 S. 1 HGB darstellen, aufgrund dessen das Registergericht auf Antrag von Vorstand, Aufsichtsrat oder Aktionären anstelle des bisherigen einen **neuen Abschlussprüfer** bestellen kann. Der dem bisherigen Abschlussprüfer erteilte Prüfungsauftrag kann (nur) unter diesen Voraussetzungen gemäß § 318 Abs. 1 S. 5 HGB widerrufen werden.

---

[81] BeBiKo/*Schmidt*/*Heinz* HGB § 320 Rn. 5; MüKoAktG/*Hennrichs*/*Pöschke* Rn. 49 schlagen sogar vor, dass es das Ziel aller Beteiligten sein sollte, die Prüfung parallel zur Aufstellung durchzuführen, sodass die Aufstellung und die (externe) Prüfung quasi gleichzeitig beendet werden und Vorstand und Abschlussprüfer ihre Vorlagepflichten aus § 170 Abs. 1 und Abs. 2 bzw. § 321 Abs. 5 S. 2 HGB gleichzeitig erfüllen können.
[82] BeBiKo/*Schmidt*/*Heinz* HGB § 320 Rn. 5.
[83] MüKoAktG/*Hennrichs*/*Pöschke* Rn. 45; BeBiKo/*Schmidt*/*Poullie* HGB § 321 Rn. 134; **aA** MüKoBilR/ *Bormann* HGB § 321 Rn. 94.

58 **2. Vorlage bei freiwilliger Abschlussprüfung.** Wird der Jahresabschluss (und ggf. auch der Lagebericht) einer Gesellschaft nicht aufgrund zwingender gesetzlicher Vorgaben durch einen Abschlussprüfer geprüft, sondern beauftragt die Gesellschaft freiwillig einen Abschlussprüfer mit der Durchführung einer Prüfung des Jahresabschlusses, so findet **§ 321 Abs. 5 HGB nicht unmittelbar Anwendung.** Ein Teil der Literatur spricht sich unter Hinweis auf einerseits § 111 Abs. 2 S. 3[84] sowie andererseits die Entstehungsgeschichte und den Normzweck des § 321 Abs. 5 HGB für dessen entsprechende Anwendung aus.[85] Nach unserer Auffassung besteht jedoch für die Annahme einer gesetzlichen Vorlagepflicht analog § 321 Abs. 5 HGB kein Bedürfnis: Nur in den Fällen einer gesetzlich vorgeschriebenen Abschlussprüfung ist dem Abschlussprüfer zwingend die Rolle eines sachverständigen Beraters des Aufsichtsrates zugewiesen. Bei freiwilligen Prüfungen sollte daher stattdessen vorrangig auf die **vertraglichen Vereinbarungen** zwischen der Gesellschaft und dem beauftragten Abschlussprüfer abzustellen sein. Nur soweit diese keine ausdrücklichen Regelungen zu der Frage enthalten, wann und an wen der Abschlussprüfer seinen Bericht zu erstatten hat, sollten die gesetzlichen Regeln im Rahmen einer ergänzenden Auslegung des Prüfungsauftrags zur Begründung für eine Vorlagepflicht gegenüber dem Aufsichtsrat herangezogen werden.

IV. Gewinnverwendungsvorschlag (Abs. 2)

59 **1. Bedeutung.** Anders als die Entscheidung über die Feststellung des Jahresabschlusses ist die Entscheidung über die Verwendung des darin festgestellten Bilanzgewinns bei einer Aktiengesellschaft gemäß §§ 119 Abs. 1 Nr. 2, 174 Abs. 1 zwingend den Aktionären vorbehalten. Diese treffen ihre Entscheidung im Rahmen der sog. „ordentlichen Hauptversammlung" iSv §§ 175 ff., welche gemäß § 175 Abs. 1 S. 2 zwingend in den ersten acht Monaten des Geschäftsjahres stattzufinden hat. Auch für die **Entscheidung der Hauptversammlung über die Verteilung des festgestellten Bilanzgewinns** gilt die allgemeine Regelung, dass Vorstand und Aufsichtsrat der Aktiengesellschaft gemäß § 124 Abs. 3 S. 1 dazu verpflichtet sind, der Hauptversammlung einen Vorschlag zur Beschlussfassung zu unterbreiten.[86]

60 Nach dem gesetzlichen Leitbild des § 124 Abs. 3 S. 1 müssen Vorstand und Aufsichtsrat grds. jeweils einen **eigenen Vorschlag an die Hauptversammlung** formulieren.[87] Beide Kollektivorgane müssen mithin jeweils einen eigenständigen Beschluss zu dieser Frage fassen. Soweit beide Vorschläge jedoch – wie in der Praxis regelmäßig der Fall[88] – inhaltlich übereinstimmen, können beide Vorschläge zusammen als gemeinsamer Vorschlag von Vorstand und Aufsichtsrat veröffentlich werden.[89]

61 Gemäß § 171 Abs. 1 ist der Vorschlag des Vorstands zur Verwendung des Bilanzgewinns ebenso Gegenstand der **Rechtmäßigkeits- und Zweckmäßigkeitsprüfung** durch den Aufsichtsrat wie der aufgestellte Jahresabschluss und der Lagebericht. Die (externe) Prüfung durch den Abschlussprüfer umfasst hingegen grundsätzlich nicht auch die Prüfung des Gewinnverwendungsvorschlags.

62 **2. Form.** § 124 Abs. 3 S. 1 verpflichtet Vorstand und Aufsichtsrat nach wohl allgemeiner Auffassung dazu, der Hauptversammlung Beschlussvorschläge in Form von Entwürfen an die Hauptversammlung gerichteter Beschlussanträge zu unterbreiten.[90] Speziell für den Vor-

---

[84] Diese Norm findet nach wohl hM unabhängig davon Anwendung, ob die Durchführung der Abschlussprüfung aufgrund gesetzlicher Vorgaben oder freiwillig erfolgt (vgl. MüKoAktG/*Habersack* § 111 Rn. 80; MHdB AG/*Hoffmann-Becking* § 44 Rn. 5; sowie *Rodewig* in Semler/v.Schenck AR-HdB § 8 Rn. 206; wohl aA Spindler/Stilz/*Spindler* § 111 Rn. 56; MüKoAktG/*Semler*, 2. Aufl. 2004, § 111 Rn. 316; sowie Hölters/*Hambloch-Gesinn/Gesinn* § 111 Rn. 59).
[85] Kölner Komm AktG/*Ekkenga* Rn. 17.
[86] MüKoAktG/*Hennrichs/Pöschke* Rn. 4.
[87] Spindler/Stilz/*Rieckers* § 124 Rn. 27; Hölters/*Drinhausen* § 124 Rn. 16.
[88] MüKoAktG/*Hennrichs/Pöschke* Rn. 4; sowie Hölters/*Waclawik* Rn. 14.
[89] Spindler/Stilz/*Rieckers* § 124 Rn. 27.
[90] Spindler/Stilz/*Rieckers* § 124 Rn. 26; Hölters/*Drinhausen* § 124 Rn. 14.

schlag zur Verwendung des Bilanzgewinns wird diese allgemeine Anforderung durch die in § 170 Abs. 2 S. 2 vorgesehenen konkreten **Vorgaben zum formalen Aufbau des Beschlussantrags** für den Gewinnverwendungsvorschlag ergänzt.

Der in § 170 Abs. 2 S. 2 vorgegebene Aufbau des Gewinnverwendungsvorschlags orientiert sich an den in § 174 Abs. 2 genannten Pflichtinhalten des Gewinnverwendungsbeschlusses der Hauptversammlung. Allerdings unterscheidet sich die Reihenfolge, in welcher die einzelnen Elemente aufzuführen sind: Während die in § 170 Abs. 2 S. 2 vorgesehene Gliederung auf den Bilanzgewinn als Summe der Einzelposten hinführt (sog. „**Additionsgliederung**")[91], nimmt die in § 174 Abs. 2 vorgesehene Gliederung den Bilanzgewinn als Ausgangspunkt für die Aufzählung der einzelnen Verwendungsvarianten (sog. „**Subtraktionsgliederung**").[92] Inhaltlich unterscheiden sich beide Gliederungsschemata hingegen lediglich durch den in § 174 Abs. 2 zusätzlich vorgesehenen Posten „der zusätzliche Aufwand auf Grund des Beschlusses".[93] Nach ganz hM kommt eine Abweichung von dem in § 170 Abs. 2 vorgesehenen Gliederungsschema – auch die Nutzung des § 174 Abs. 2 vorgesehen Gliederungsschemas – nur in Betracht, wenn hierfür ein wichtiger Grund vorliegt.[94]

3. Gesetzliche Gliederung. a) Verteilung an die Aktionäre, Nr. 1. In dem Gewinnverwendungsvorschlag ist zunächst anzugeben, in welchem Umfang der festgestellte Bilanzgewinn an die Aktionäre verteilt werden soll. Anzugeben ist dabei insbesondere der **Gesamtbetrag der Mittel**, die für die Verteilung an die Aktionäre zur Verfügung gestellt werden sollen. Etwa bereits geleistete Abschlagszahlungen auf den Bilanzgewinn (vgl. § 59) sind dabei zu berücksichtigen und in einer Vorspalte von dem insgesamt für die Verteilung an die Aktionäre vorgesehenen Teil des Bilanzgewinns – dieser muss mindestens die Summe der geleisteten Abschlagszahlungen erreichen – abzusetzen.[95] Stimmt die Hauptversammlung dem Vorschlag – ggf. auch mit Änderungen – zu, soll die tatsächliche Auszahlung Stimmen in der Literatur zufolge allerdings weiterhin unter dem Vorbehalt der Vereinbarkeit mit den aktienrechtlichen Kapitalerhaltungsregeln stehen.[96]

Anknüpfungspunkt für die Gewinnverteilung ist der **im Jahresabschluss festgestellte Bilanzgewinn.** Dieser Wert wird aus dem durch die Gewinn- und Verlustrechnung iSv §§ 275 ff. HGB als Periodenergebnis ermittelten Jahresüberschuss bzw. -fehlbetrag abgeleitet und berücksichtigt insbesondere auch die vorgenommenen Einstellungen in die gesetzliche Gewinnrücklage (§ 150), die im Rahmen der Feststellung des Jahresabschlusses aus den Kapital- oder Gewinnrücklagen entnommenen und die gemäß § 58 Abs. 1 oder Abs. 2 in die Gewinnrücklagen eingestellten Beträge sowie einen etwaigen Gewinn- oder Verlustvortrag aus dem vorangegangenen Geschäftsjahr (vgl. § 158 Abs. 1).

Das AktG enthält keine spezifischen Vorgaben zu der Frage, welcher Teil des Bilanzgewinns an die Aktionäre zu verteilen ist. Gemäß § 58 Abs. 4 können die Aktionäre die Verteilung des gesamten Bilanzgewinns grds. nur verlangen, soweit dieser nicht aufgrund gesetzlicher oder statutarischer Anordnung oder aufgrund eines ordnungsgemäßen Beschlusses der Hauptversammlung von der Verteilung unter den Aktionären ausgeschlossen ist. Im Rahmen der gesetzlichen Vorgaben (dazu sogleich) sowie vorbehaltlich spezifischer Vorgaben in der Satzung (zB Vollauszahlungsgebote oder (str.) satzungsmäßige Ausschüttungssperren)[97] kann die **Hauptversammlung daher grds. nach eigenem Ermessen**

---

[91] Hölters/*Waclawik* Rn. 16.
[92] Hölters/*Waclawik* Rn. 16.
[93] Hintergrund für diese Abweichung ist die Regelung des § 278 HGB zur Berücksichtigung von Einkommen-/Ertragsteuern im Jahresabschluss – vgl. Hüffer/*Koch* Rn. 6; Grigoleit/*Grigoleit/Zellner* Rn. 6.
[94] ADS Rn. 21; BeBiKo/*Grottel/Hoffmann* HGB Vor § 325 Rn. 3; Hüffer/*Koch* Rn. 11; Spindler/Stilz/ *Euler* Rn. 36; Bürgers/Körber/*Schulz* Rn. 7; **aA** Hölters/*Waclawik* Rn. 16; sowie MHdB AG/*Hoffmann-Becking* § 44 Rn. 9.
[95] Spindler/Stilz/*Euler* Rn. 36; sowie ADS Rn. 37.
[96] Vgl. hierzu Kölner Komm AktG/*Ekkenga* Rn. 39; sowie die Kommentierungen zu § 58 Abs. 4 AktG, insbesondere Spindler/Stilz/*Cahn/v. Spannenberg*, 2010, § 58 Rn. 98.
[97] Vgl. hierzu Kölner Komm AktG/*Ekkenga* Rn. 25.

darüber entscheiden, in welchem Umfang der Bilanzgewinn an die Aktionäre verteilt oder für andere Zwecke verwendet werden soll.[98]

67 Eine Ausnahme von diesem Grundsatz kommt in Betracht, wenn bei der Gesellschaft eine „**außerbilanzielle Ausschüttungssperre**" iSv § 268 Abs. 8 HGB besteht.[99] In einem solchen Fall darf die Hauptversammlung eine Ausschüttung des Bilanzgewinns an die Aktionäre nur beschließen, soweit die Gesellschaft auch danach noch über „frei verfügbare Rücklagen"[100] oder einen Gewinnvortrag verfügen würde, welche in der Summe dem ausschüttungsgesperrten Betrag entsprechen. Andernfalls dürfen die Aktionäre einen entsprechenden Teil des Bilanzgewinns nur für Einstellungen in Gewinnrücklagen oder als Gewinnvortrag nutzen; eine Pflicht zu Einstellungen in (andere) Gewinnrücklagen besteht jedoch nicht.[101] Vorstand und Aufsichtsrat müssen diese Vorgaben bereits bei ihrem Gewinnverwendungsvorschlag berücksichtigen. Hierzu müssen sie sich der exakten Höhe der Ausschüttungssperre vergewissern.

68 Soll aufgrund entsprechender Ermächtigung in der Satzung der Gesellschaft eine **Sachausschüttung** erfolgen (vgl. § 58 Abs. 5), ist in dem Gewinnverwendungsvorschlag der Verwaltung neben der konkreten Bezeichnung jedes auszuschüttenden Gegenstandes auch dessen monetärer Wert anzugeben.[102] Insoweit stellt sich die Frage, ob der Buchwert oder ein davon etwa abweichender Verkehrswert zugrunde zu legen ist. Letzteres hätte zur Folge, dass Vermögensgegenstände nur dann als Sachdividende ausgeschüttet werden können, wenn der im festgestellten Jahresabschluss ausgewiesene Bilanzgewinn über dem Buchwert hinaus auch etwaige (noch nicht aufgedeckte) stille Reserven deckt. Im Hinblick auf den strengen Vermögensschutz des Aktienrechts (vgl. insbesondere § 57 Abs. 3) erscheint diese Lösung zutreffend.[103]

69 Zweifelhaft erscheint hingegen der in der Literatur vertretene Vorschlag, die als Sachdividende auszuschüttenden Gegenstände bereits im Jahresabschluss, der als Grundlage für die Sachausschüttung dienen soll, nicht mehr mit ihrem Buchwert, sondern – unter **ertragswirksamer Aufdeckung stiller Reserven** – mit ihrem Verkehrswert anzusetzen, um so ein hinreichendes Ausschüttungspotential darstellen zu können.[104] Zwar hat eine Sachausschüttung nach überwiegender Auffassung handelsbilanziell die Aufdeckung etwaiger stiller Reserven (oder stiller Lasten[105]) zur Folge.[106] Diese realisiert sich jedoch frühestens im Zeitpunkt des Beschlusses der Hauptversammlung über die Ausschüttung der Sachdividende und kann daher – da dieser Beschluss erst nach dem Ende des Geschäftsjahres eintritt – nicht im Jahresabschluss des abgelaufenen Geschäftsjahres berücksichtigt werden (vgl. § 252 Abs. 1 Nr. 4 HGB).[107]

70 Innerhalb der gesetzlichen und statutarischen Grenzen haben Vorstand und Aufsichtsrat ihren Vorschlag zur Gewinnverwendung an den Interessen der Gesellschaft auszurichten. Wichtige **Kriterien für die Festlegung eines angemessen Ausschüttungsbetrags** sind

---

[98] MHdB AG/*Hoffmann-Becking* § 46 Rn. 14; Kölner Komm AktG/*Ekkenga* Rn. 25; sowie Hüffer/*Koch* § 174 Rn. 2; vgl. zu möglichen Einschränkungen der Beschlussfreiheit der Hauptversammlung Großkomm AktG/*Brönner* § 174 Rn. 13.
[99] Der Betrag einer solchen Ausschüttungssperre iSv § 268 Abs. 8 HGB ist gemäß § 285 Nr. 28 im Anhang des Jahresabschlusses anzugeben.
[100] In Betracht kommen sowohl frei verfügbare Gewinnrücklagen als auch frei verfügbare Kapitalrücklagen – vgl. MüKoBilR/*Suchan* HGB § 268 Rn. 84; BeBiKo/*Grottel*/*F. Huber* § 268 Rn. 142.
[101] MüKoBilR/*Suchan* HGB § 268 Rn. 79; **aA** Kölner Komm AktG/*Ekkenga* Rn. 36.
[102] MüKoAktG/*Hennrichs*/*Pöschke* Rn. 63.
[103] Spindler/Stilz/*Cahn*/*v. Spannenberg* § 58 Rn. 110; Kölner Komm AktG/*Ekkenga* Rn. 25; Hölters/*Waclawik* § 58 Rn. 38 ff.; sowie K. Schmidt/Lutter/*Fleischer* § 58 Rn. 60; **aA** MüKoAktG/*Bayer* § 58 Rn. 110; sowie MüKoAktG/*Hennrichs*/*Pöschke* Rn. 69.
[104] Eine detaillierte Darstellung des Problemkreises findet sich bei MüKoAktG/*Hennrichs*/*Pöschke* Rn. 65 ff.
[105] Solche stillen Lasten können sich insbesondere in den Fällen des § 253 Abs. 3 S. 3 und 4 HGB ergeben, wenn der Verkehrswert von Vermögensgegenständen des Anlagevermögens bloß vorübergehend mindert.
[106] BeBiKo/*Winkeljohann*/*Büssow* HGB § 252 Rn. 49.
[107] Str.; **aA** BeBiKo/*Förschle*/*Büssow* HGB § 278 Rn. 139; MüKoAktG/*Hennrichs*/*Pöschke* Rn. 68, jeweils mwN.

die gegenwärtige Liquidität der Gesellschaft, deren künftig erwarteter Finanzbedarf[108] sowie etwaige Verluste, die sich seit dem Stichtag des Jahresabschlusses, welcher der geplanten Gewinnverteilung zugrunde liegt, ergeben haben.[109] Darüber hinaus ist zu beachten, dass überstimmte Aktionäre die Möglichkeit haben, die Wirksamkeit eines entsprechenden Gewinnverwendungsbeschlusses gemäß § 254 Abs. 1 gerichtlich anzufechten, wenn der für die Verteilung an die Aktionäre vorgesehene Teil des Bilanzgewinns nicht zumindest 4 Prozent des eingezahlten Grundkapitals entspricht und der gefasste Gewinnverwendungsbeschluss nicht im Interesse des Fortbestands der Gesellschaft erforderlich ist.[110]

Neben dem Gesamtbetrag, der insgesamt unter den Aktionären verteilt werden soll, muss in dem Beschlussvorschlag nach hM auch angegeben werden, wie dieser Betrag zum Zeitpunkt des Gewinnverwendungsbeschlusses unter den Aktionären, insbesondere unter den Inhabern verschiedener Gattungen von Aktien, zu verteilen sein wird.[111] Zwar ist diese Frage nicht Gegenstand des Gewinnverwendungsbeschlusses der Hauptversammlung iSv § 174 Abs. 1, da sich die **Verteilung allein nach den Vorgaben in** der **Satzung** der Aktiengesellschaft (vgl. § 60 Abs. 3) **oder** – soweit keine Satzungsregelungen vorhanden sind – nach **§ 60 Abs. 1 und Abs. 2** richtet. Im Hinblick auf das Interesse, das jeder Aktionär gerade an der Höhe des ihm zufließenden Betrags hat, ist diese Information jedoch gleichwohl geboten, um den Aktionären eine angemessene Wahrnehmung ihrer Interessen zu ermöglichen.[112] **71**

Bei der **Angabe der individuellen Gewinnansprüche** ist besondere Aufmerksamkeit erforderlich, wenn abzusehen ist, dass sich die Zahl der gewinnbezugsberechtigten Aktien oder der von der Gesellschaft gehaltenen eigenen Aktien zwischen dem Zeitpunkt des Vorschlags für die Gewinnverwendung und dem Zeitpunkt des tatsächlichen Gewinnverwendungsbeschlusses der Hauptversammlung – dieser allein ist für die tatsächliche Verteilung maßgeblich[113] – ändern könnte.[114] In einem solchen Fall müssen Vorstand (und Aufsichtsrat) sich darum bemühen, die tatsächlichen Verhältnisse am Tag des Gewinnverwendungsbeschlusses bestmöglich zu antizipieren. Ändert sich die Zahl der gewinnbezugsberechtigten bzw. der von der Gesellschaft gehaltenen eigenen Aktien innerhalb des genannten Zeitraums gegenüber der Prognose, so ist der Gewinnverwendungsvorschlag entsprechend abzuändern.[115] **72**

Schwierigkeiten bei der Verteilung des insgesamt für Ausschüttungen an die Aktionäre vorgesehenen Betrags auf die einzelnen Aktien können sich insbesondere dann ergeben, wenn Aktionäre nach aktienrechtlichen oder kapitalmarktrechtlichen Vorschriften (insbesondere §§ 20, 21, §§ 21 ff. WpHG und § 35 WpÜG) verpflichtet sind, der Gesellschaft ihren Anteilsbesitz zu melden. **Verstoßen** diese **Aktionäre gegen ihre Meldepflichten,** so nehmen sie gemäß §§ 20 Abs. 7 S. 2, 21 Abs. 4, § 28 WpHG und § 59 WpÜG nicht an der Gewinnverteilung der Gesellschaft teil, sofern sie die erforderliche Mitteilung nicht bis zum Gewinnverwendungsbeschluss der Hauptversammlung vornehmen oder – falls sie die Mitteilung später nachholen[116] – den Verstoß gegen die Meldepflichten vorsätzlich begangen haben.[117] **73**

---

[108] Kölner Komm AktG/*Ekkenga* Rn. 27.
[109] Vgl. auch Kölner Komm AktG/*Ekkenga* Rn. 24 und 39 mit Hinweisen zur Berücksichtigung solcher Verluste bei der Auszahlung der beschlossenen Dividende.
[110] Kölner Komm AktG/*Ekkenga* Rn. 26.
[111] Hüffer/*Koch* Rn. 7; K. Schmidt/Lutter/*Drygala* Rn. 9; sowie MüKoAktG/*Hennrichs/Pöschke* Rn. 58; **aA** Hölters/*Waclawik* Rn. 17, nach dessen Auffassung die Angabe lediglich sinnvoll ist.
[112] Näher hierzu Kölner Komm AktG/*Ekkenga* Rn. 28.
[113] ADS Rn. 31.
[114] Hintergrund dafür ist, dass der Gesellschaft aus eigenen Aktien gemäß § 71b keine Rechte – also auch keine Gewinnbezugsrechte – zustehen (vgl. Großkomm AktG/*Brönner* Rn. 15). Dementsprechend sind die eigenen Aktien bei der Verteilung des für Ausschüttungen an Aktionäre bereitgestellten Gesamtbetrags nicht zu berücksichtigen, sodass sich die auf jede andere Aktie zu zahlende Dividende (idR leicht) erhöht.
[115] K. Schmidt/Lutter/*Drygala* Rn. 11.
[116] Vgl. hierzu Spindler/Stilz/*Petersen* § 20 Rn. 53.
[117] Kölner Komm AktG/*Ekkenga* Rn. 31; sowie MüKoAktG/*Hennrichs/Pöschke* Rn. 60.

74 Für den Gewinnverwendungsvorschlag hat dies zur Folge, dass die Aktien solcher Aktionäre, die im Zeitpunkt der Beschlussfassung des Vorstands und des Aufsichtsrats gegen die genannten Meldepflichten verstoßen, grds. bei der Verteilung des für Ausschüttungen an Aktionäre zur Verfügung stehenden Teils des Bilanzgewinns berücksichtigt werden sollten. Eine Ausnahme gilt allenfalls dann, wenn für Vorstand und Aufsichtsrat eindeutig feststeht, dass ein vorsätzlicher Verstoß gegen die Meldepflichten vorliegt und nicht mehr damit zu rechnen ist, dass der Aktionär die erforderlichen Meldungen bis zur Beschlussfassung der Hauptversammlung über die Gewinnverwendung nachholen wird.[118] In allen anderen Fällen sollte die Verwaltung der Hauptversammlung vorschlagen, die **Gewinnverwendung unter Berücksichtigung des gegen** seine **Meldepflichten verstoßenden Aktionärs** zu beschließen.[119] Bis zu einer endgültigen Klärung sollte die Gesellschaft die auf diesen Aktionär entfallenden Beträge weder an diesen noch an andere Aktionäre auszahlen.[120]

75 **b) Einstellung in Gewinnrücklagen, Nr. 2.** Alternativ oder kumulativ zur Verteilung an die Aktionäre kann die **Hauptversammlung** im Rahmen ihres Gewinnverwendungsbeschlusses iSv § 174 Abs. 1 beschließen, den **Bilanzgewinn (oder einen Teil davon) in die Gewinnrücklagen** der Gesellschaft iSv § 272 Abs. 3 S. 2 HGB einzustellen.

76 Eine solche Einstellung in die Gewinnrücklagen ist streng zu trennen sowohl von den Einstellungen in die gesetzliche Rücklage (§ 150 Abs. 2) als auch von Einstellungen in andere Gewinnrücklagen, welche gemäß § 58 Abs. 1 oder Abs. 2 bereits bei der Feststellung des Jahresabschlusses vorgenommen werden. Zum einen gelten sowohl für die Einstellungen in die gesetzliche Rücklage als auch für Einstellungen in die anderen **Gewinnrücklagen im Rahmen der Feststellung des Jahresabschlusses** bestimmte Vorgaben zum zulässigen Umfang solcher Einstellungen. Und zum anderen sind derartige Einstellungen gemäß § 270 Abs. 2 HGB bereits bei der Aufstellung des Jahresabschlusses zu berücksichtigen, sodass die entsprechenden Beträge – obgleich eigentlich Ergebnis des Geschäftsjahres – in dem der Gewinnverwendung zugrunde liegenden (festgestellten) Jahresabschluss nicht als Teil des Bilanzgewinns, sondern bereits als Teil der Gewinnrücklagen ausgewiesen werden.

77 Soweit demgegenüber die Aktionäre im Rahmen der ordentlichen Hauptversammlung den gesamten ausgewiesenen Bilanzgewinn (oder einen Teil davon) in die anderen Gewinnrücklagen iSv § 272 Abs. 3 S. 2 HGB einstellen, müssen die Vorgaben der §§ 58, 150 nicht beachtet werden. Die Aktionäre können insbesondere entscheiden, ob die **zusätzlich den Gewinnrücklagen zugewiesenen Beträge** in die gesetzliche Rücklage iSv § 150 oder die anderen Gewinnrücklagen eingestellt werden sollen.[121] Allerdings werden die von der Hauptversammlung im Rahmen des Gewinnverwendungsbeschlusses iSv § 174 Abs. 1 eingestellten Beträge **erst im Jahresabschluss für das kommende Geschäftsjahr** als Gewinnrücklagen ausgewiesen.

78 Anders als bei einem Gewinnvortrag (dazu sogleich) hat eine Einstellung in die anderen Gewinnrücklagen zur Folge, dass der eingestellte Betrag in den kommenden Jahren nicht automatisch wieder Teil des Bilanzgewinns wird (vgl. § 158 Abs. 1). Mithin findet weder eine automatische Verrechnung des eingestellten Betrags mit Verlusten kommender Geschäftsjahre statt noch kann die Hauptversammlung in den Folgejahren ohne Weiteres erneut über die Verwendung beschließen. Voraussetzung für eine **spätere Verwendung** von in andere Gewinnrücklagen eingestellten Beträgen ist – vorbehaltlich der Möglichkeit einer Kapitalerhöhung aus Gesellschaftsmitteln (§§ 207 ff.) – die Auflösung dieser Rücklagen. Nach wohl allgemeiner Meinung entscheidet über die Auflösung allein das für die

---

[118] MüKoAktG/*Hennrichs/Pöschke* Rn. 60; aA Kölner Komm AktG/*Ekkenga* Rn. 31.
[119] K. Schmidt/Lutter/*Drygala* Rn. 11; sowie Spindler/Stilz/*Euler* Rn. 38.
[120] Zu den Einzelheiten vgl. Kölner Komm AktG/*Ekkenga* Rn. 32; sowie MüKoAktG/*Hennrichs/Pöschke* § 174 Rn. 28 f.
[121] MHdB AG/*Hoffmann-Becking* § 43 Rn. 3; sowie ADS Rn. 42.

c) **Gewinnvortrag, Nr. 3.** Anstelle den Bilanzgewinn (oder Teile davon) an die Aktio- 79
näre zu verteilen oder in Gewinnrücklagen iSv § 272 Abs. 3 S. 2 HGB einzustellen, kann
die Hauptversammlung gemäß § 58 Abs. 3 auch beschließen, den Bilanzgewinn **auf neue
Rechnung vorzutragen.**

Ein Gewinnvortrag hat zur Folge, dass der vorgetragene Gewinn automatisch bei der 80
Ermittlung des **Bilanzgewinns (oder -verlusts) des Folgejahres** zu berücksichtigen ist.
Soweit der vorgetragene Betrag nicht zum (automatischen) Ausgleich von Verlusten benötigt wird, kann die Hauptversammlung mithin im Folgejahr erneut über die Verwendung
des vorgetragenen Betrags entscheiden.[123] Bis dahin kann die Hauptversammlung eine
andere Verwendung des vorgetragenen Teils des Bilanzgewinns unter Beachtung der aktienrechtlichen Regelungen betreffend die Änderung von Gewinnverwendungsbeschlüssen
beschließen.[124]

Trifft die Hauptversammlung demgegenüber zunächst keine Entscheidung über die Ver- 81
wendung des gesamten oder eines Teils des Bilanzgewinns[125], so kann sie diese **Entscheidung später nachholen,** ohne die aktienrechtlichen Vorgaben für die Änderung von
Gewinnverwendungsbeschlüssen beachten zu müssen.[126]

d) **Bilanzgewinn, Nr. 4.** Schließlich ist nach der gesetzlichen Regelung am Ende des 82
Gewinnverwendungsvorschlags der im Jahresabschluss festgestellte Bilanzgewinn anzugeben.
Wegen § 58 Abs. 4 muss dieser Betrag der **Summe der zu den übrigen Posten des
Gewinnverwendungsvorschlags angegebenen Beträge** entsprechen. Andernfalls ist der
Gewinnverwendungsvorschlag entweder unvollständig oder – falls die Summe der übrigen
Posten den Bilanzgewinn übersteigt – wegen Verstoßes gegen gesetzliche Vorgaben unwirk-
sam.

4. Ergänzungen zum/Abweichungen vom Gliederungsschema. Aus dem Wortlaut 83
von § 170 Abs. 2 S. 2 folgt unmittelbar, dass das darin vorgeschriebene Gliederungsschema
des § 170 Abs. 2 S. 2 grds. zu verwenden ist, sofern nicht der Vorschlag **ausnahmsweise
eine andere Darstellungsweise** erfordert (vgl. hierzu bereits Rn. 63).[127] Letzteres ist
insbesondere dann der Fall, wenn der Bilanzgewinn aufgrund einer entsprechenden Ermächtigung in der Satzung der Aktiengesellschaft (vgl. § 58 Abs. 3 S. 2) zu anderen als den
in § 170 Abs. 2 S. 2 aufgeführten Zwecken verwendet werden soll. In der Praxis spielen als
weitere Zwecke u. a. Zuwendungen an Dritte (zB Stiftungen oder gemeinnützige Zwecke)
eine Rolle.[128]

5. Nachträgliche Änderungen und Ergänzungen. Ebenso wie hinsichtlich der von 84
ihm aufzustellenden Entwürfe der Rechnungslegungsunterlagen (→ Rn. 41) stellt sich die
Frage, ab wann und in welchem Umfang der Vorstand an seinen Vorschlag zur Verwendung des Bilanzgewinns gebunden ist. Jedenfalls bis zum Abschluss der **Prüfung des
Vorschlags durch den Aufsichtsrat** – dh die Beschlussfassung des Aufsichtsratsplenums
über den schriftlichen Bericht iSv § 171 Abs. 2 – sprechen u. E. keine durchgreifenden
Bedenken dagegen, dem Vorstand eine Änderung seines Vorschlags zu gestatten. Ab
diesem Zeitpunkt bis zur Einberufung der Hauptversammlung kommt eine Änderung
u. E. jedenfalls noch dann in Betracht, wenn sich Vorstand und Aufsichtsrat darüber einig

---

[122] MüKoAktG/*Hennrichs*/*Pöschke* § 174 Rn. 13 ff.; MüKoHGB/*Reiner* HGB § 270 Rn. 2; sowie Kölner
Komm AktG/*Ekkenga* Rn. 40.
[123] ADS Rn. 45.
[124] Vgl. hierzu MüKoAktG/*Hennrichs*/*Pöschke* § 174 Rn. 21 und Rn. 47 ff.; sowie ADS AktG § 174
Rn. 23 ff., insbesondere Rn. 25.
[125] Vgl. hierzu MüKoAktG/*Hennrichs*/*Pöschke* § 174 Rn. 21.
[126] ADS Rn. 45.
[127] Spindler/Stilz/*Euler* Rn. 32; sowie die Nachweise bei Fn. 94.
[128] Hüffer/*Koch* Rn. 11.

sind, sodass der Aufsichtsrat den geänderten Vorschlag zum Gegenstand seiner Prüfung machen und in der endgültigen Fassung seines Berichts an die Hauptversammlung berücksichtigen kann.

85 Ab dem Zeitpunkt der **Veröffentlichung der Einberufung zur Hauptversammlung** sind der Gewinnverwendungsvorschlag des Vorstands und der schriftliche Bericht des Aufsichtsrats an die Hauptversammlung gemäß § 175 Abs. 2 zugänglich zu machen. Obgleich § 175 Abs. 4 nach wohl allgemeiner Auffassung nicht auf den Gewinnverwendungsvorschlag anzuwenden ist, sind Vorstand und Aufsichtsrat ab diesem Zeitpunkt – ebenso wie bei anderen Beschlussvorschlägen[129] – grundsätzlich an ihren jeweiligen Gewinnverwendungsvorschlag gebunden. Ebenso wie bei sonstigen Beschlussvorschlägen, bei denen Vorstand und Aufsichtsrat nach heute wohl hM auch nach Einberufung der Hauptversammlung noch Änderungen vornehmen oder von einer entsprechenden Antragsstellung in der Hauptversammlung absehen können,[130] kommen nachträgliche Änderungen des Gewinnverwendungsvorschlags jedenfalls dann in Betracht, wenn diese aufgrund neu bekannt gewordener Tatsachen oder aus rechtlichen Gründen zwingend geboten sind (zB beim Vorhandensein eigener Aktien (siehe oben → Rn. 72)).[131]

86 **6. Zwangsweise Durchsetzung der Vorlagepflicht.** Kommt der Vorstand seiner Verpflichtung, dem Aufsichtsrat seinen Vorschlag zur Verwendung des Bilanzgewinns vorzulegen, **nicht oder nicht rechtzeitig** nach, so stehen dem Aufsichtsrat zur Durchsetzung der Vorlagepflicht dieselben Mittel zur Verfügung wie im Falle einer verspäteten Vorlage des aufgestellten Jahresabschlusses oder Lageberichts (→ Rn. 43). Insbesondere kann der Aufsichtsrat beim Registergericht anregen, dem Vorstand nach Maßgabe von § 407 Abs. 1 ein Zwangsgeld anzudrohen und ein solches gegen den Vorstand festzusetzen.[132]

V. Informationsrechte der Aufsichtsratsmitglieder (Abs. 3)

87 **1. Grundsätzliches.** Anders als Abs. 1 und Abs. 2 des § 170 betrifft dessen Abs. 3 nicht die Informationsversorgung des gesamten Aufsichtsrats durch den Vorstand, sondern die Frage, welchen Mitgliedern des Aufsichtsrats die von Vorstand bereitzustellenden Informationen zugänglich zu machen sind. Diesbezüglich knüpft § 170 Abs. 3 als Sonderregel für den Bereich der Rechnungslegung inhaltsgleich an die allgemeine Regelung zur organinternen **Weitergabe von Vorstandsinformationen** in § 90 Abs. 5 an. In der Praxis stellt sich diese Frage insbesondere dann, wenn bestimmte Aufgaben im Zusammenhang mit der Rechnungslegung Ausschüssen übertragen werden oder dem Aufsichtsrat Personen angehören, die über ihre Tätigkeit im Aufsichtsrat hinaus an den Informationen interessiert sein könnten (zB Banken- oder Arbeitnehmervertreter).

88 § 170 Abs. 3 vermittelt jedem Mitglied des Aufsichtsrats das individuelle Recht, die dem Aufsichtsrat von Vorstand und Abschlussprüfer im Zusammenhang mit der externen Rechnungslegung vorzulegenden Unterlagen (insbesondere: Jahresabschluss, Lagebericht sowie ggf. Konzernabschluss und Konzernlagebericht) sowie die Prüfungsberichte des Abschlussprüfers zur Kenntnis zu nehmen. Eine solche Kenntnis ist zwingende Voraussetzung dafür, dass sämtliche Aufsichtsratsmitglieder ordnungsgemäß an den gemäß § 107 Abs. 3 S. 3 zwingend dem Aufsichtsratsplenum vorbehaltenen Aufgaben[133] mitwirken können, die Rechnungslegung des Vorstands zu überprüfen (§ 171 Abs. 1), über die Verbindlichkeit des Jahresabschlusses zu entscheiden (§ 172 S. 1) und über das Ergebnis ihrer Prüfung sowie ihre

---

[129] MHdB AG/*Semler* § 35 Rn. 53; MüKoAktG/*Kubis* § 124 Rn. 44; sowie K. Schmidt/Lutter/*Ziemons* § 124 Rn. 63.
[130] Vgl. hierzu Hüffer/*Koch* § 124 Rn. 17; MHdB AG/*Semler* § 35 Rn. 53; einschränkend MüKoAktG/*Kubis* § 124 Rn. 44; sowie K. Schmidt/Lutter/*Ziemons* § 124 Rn. 63.
[131] Speziell zu nachträglichen Änderungen des Gewinnverwendungsvorschlags K. Schmidt/Lutter/*Drygala* Rn. 11; sowie MüKoAktG/*Hennrichs*/*Pöschke* Rn. 59.
[132] Kölner Komm AktG/*Ekkenga* Rn. 41.
[133] Vgl. hierzu MüKoAktG/*Habersack* § 107 Rn. 14.

Entscheidung an die Hauptversammlung zu berichten (§ 171 Abs. 2).[134] Vor diesem Hintergrund ist mit der wohl allgemeinen Auffassung davon auszugehen, dass das **Recht jedes Aufsichtsratsmitglieds auf individuelle Kenntnisnahme** der Rechnungslegungsunterlagen grds. weder durch die Satzung noch durch einen Beschluss des Aufsichtsrats beschränkt werden kann;[135] eine solche Beschränkung kommt mithin nur ausnahmsweise in Betracht, wenn sich aufgrund konkreter Anhaltspunkte abzeichnet, dass in der Person eines bestimmten Aufsichtsratsmitglieds ein nicht anders abzuwendender Interessenkonflikt besteht (siehe jedoch noch zu § 170 Abs. 3 S. 2).[136]

Hinsichtlich der **Kenntnisnahme des vertraulichen Berichts über die Beziehungen zu verbundenen Unternehmen** enthält nicht nur § 314 Abs. 1 S. 1 eine spezielle Regelung zur Vorlagepflicht des Vorstands, sondern § 314 Abs. 1 S. 2 auch eine spezielle Regelung zur Informationsweitergabe innerhalb des Aufsichtsrats. Diese Regelungen entsprechen inhaltlich § 170 Abs. 1 S. 1 bzw. § 170 Abs. 3 S. 2. Eine inhaltlich § 170 Abs. 3 S. 1 entsprechende Spezialregelung sieht das Aktiengesetz hingegen nicht vor. Da die Prüfung des Abhängigkeitsberichts (einschließlich der Berichterstattung an die Hauptversammlung) gemäß § 107 Abs. 3 S. 3 jedoch ebenfalls zwingend dem Aufsichtsratsplenum vorbehalten ist, gilt nach allgemeiner Auffassung § 170 Abs. 3 S. 1 entsprechend für den Abhängigkeitsbericht des Vorstands sowie den diesen Bericht betreffenden Teil des Prüfungsberichts des Abschlussprüfers: Ohne individuelle Kenntnis dieser Dokumente ist eine ordnungsgemäße Prüfung und Berichterstattung nicht möglich.[137]

2. Individualanspruch auf Übermittlung. Gemäß § 170 Abs. 3 S. 2 hat grds. jedes Mitglied des Aufsichtsrats Anspruch darauf, dass ihm/ihr jeweils eine Abschrift aller dem Aufsichtsrat vorzulegenden Unterlagen und Prüfungsberichte übermittelt werden. Das Aufsichtsratsmitglied kann also zunächst davon ausgehen, dass es diese Unterlagen nicht gesondert anfordern muss, sondern dass ihm diese **Unterlagen auch ohne besondere Aufforderung übermittelt** werden.[138] Dies entbindet die Aufsichtsratsmitglieder – insbesondere den Vorsitzenden des Aufsichtsrats – jedoch nicht von der Pflicht, sich bei Ausbleiben der Berichte unter Berücksichtigung der maßgeblichen Fristen (siehe → Rn. 53 ff.) nach dem Verbleib der Dokumente zu erkundigen.[139]

In zeitlicher Hinsicht hängt das Entstehen des Individualanspruchs auf Übermittlung der Unterlagen davon ab, wann der Vorstand dem Aufsichtsrat die Rechnungslegungsunterlagen gemäß § 170 Abs. 1 bzw. wann der Abschlussprüfer dem Aufsichtsrat seine(n) Prüfungsbericht(e) gemäß § 321 Abs. 5 S. 2 vorlegt. **Erst mit der Vorlage an das Gesamtorgan** entsteht auch der individuelle Übermittlungsanspruch jedes Aufsichtsratsmitglieds.[140] In jedem Fall muss allerdings jedem Aufsichtsratsmitglied zwischen dem Erhalt der Unterlagen und Prüfungsberichte und dem Beginn der Bilanzsitzung **ausreichend Zeit verbleiben,** um die Unterlagen sorgfältig durchzusehen.[141] Wie viel Zeit den Mitgliedern des Aufsichtsrats konkret zu belassen ist, hängt ab von den Umständen des Einzelfalls. Als Orientierungswert kann jedoch ein Zeitraum von ca. 2 Wochen dienen.[142]

Aus dem Anspruch jedes Aufsichtsratsmitglieds auf Übermittlung von Abschriften der Rechnungslegungsunterlagen und der Prüfungsberichte folgt nicht ohne Weiteres, dass

---

[134] Begründung zum Gesetzentwurf der Bundesregierung für ein Gesetz zur Kontrolle und Transparenz im Unternehmensbereich (KonTraG), BT-Drs. 13/9712, 22; MüKoAktG/*Hennrichs/Pöschke* Rn. 82.
[135] Hüffer/*Koch* Rn. 12; MüKoAktG/*Hennrichs/Pöschke* Rn. 85.
[136] Kölner Komm AktG/*Ekkenga* Rn. 43; auch Spindler/Stilz/*Euler* § 116 Rn. 46; wohl ebenso Großkomm AktG/*Brönner* Rn. 24.
[137] Hölters/*Leuering/Goertz* § 314 Rn. 12; auch Emmerich/Habersack/*Habersack* § 314 Rn. 7; sowie MüKoAktG/*Hennrichs/Pöschke* Rn. 86.
[138] Hölters/*Waclawik* Rn. 27; Bürgers/Körber/*Schulz* Rn. 14; Kölner Komm AktG/*Ekkenga* Rn. 47; sowie K. Schmidt/Lutter/*Drygala* Rn. 17.
[139] MüKoAktG/*Hennrichs/Pöschke* Rn. 111.
[140] Kölner Komm AktG/*Ekkenga* Rn. 43.
[141] K. Schmidt/Lutter/*Drygala* Rn. 17.
[142] MüKoAktG/*Hennrichs/Pöschke* Rn. 94 und Rn. 109; sowie Kölner Komm AktG/*Ekkenga* Rn. 45.

die Aufsichtsratsmitglieder diese Unterlagen auch dauerhaft behalten dürfen.[143] Bereits nach allgemeinen Regeln ist jedes Aufsichtsratsmitglied grundsätzlich verpflichtet, die ihm in seiner Funktion als Mitglied des Aufsichtsrats überlassenen Dokumente **spätestens bei seinem Ausscheiden aus dem Aufsichtsrat an die Gesellschaft zurückzugeben**.[144] Darüber hinaus kann die Satzung oder der Aufsichtsrat nach wohl hM festlegen, dass die Unterlagen und Prüfungsberichte auch von weiterhin dem Aufsichtsrat angehörenden Mitgliedern zurückzugeben sind, sobald diese – regelmäßig nach der Beschlussfassung des Aufsichtsrats über die Billigung des Jahresabschlusses und den Bericht an die Hauptversammlung – nicht mehr zur Erledigung anstehender Aufgaben benötigt werden.[145]

93 **3. Einschränkung des (individuellen) Informationsanspruches der Aufsichtsratsmitglieder. a) Grundsatz.** Insbesondere im Hinblick auf den Prüfungsbericht des Abschlussprüfers sowie ggf. den Abhängigkeitsbericht des Vorstands stellt sich in der Praxis immer wieder die Frage, wie die **Vertraulichkeit dieser Dokumente** sichergestellt werden kann. Zunächst einmal sind sämtliche Mitglieder des Aufsichtsrats allgemein unter Androhung von Schadensersatz zur strikten Vertraulichkeit verpflichtet (§ 116 S. 2). Diese Vertraulichkeit gilt nach ganz hM insbesondere auch für etwaige Arbeitnehmervertreter im Aufsichtsrat, und zwar auch im Verhältnis zu den Arbeitnehmern des Unternehmens und deren Interessenvertretern.[146]

94 Als weitere Maßnahme zum Schutz der Vertraulichkeit sieht § 170 Abs. 3 S. 2 die Möglichkeit vor, die **Anzahl der im Umlauf befindlichen Ausfertigungen** der Unterlagen und Prüfungsberichte zu **reduzieren**. Zu diesem Zweck kann der Aufsichtsrat – nicht jedoch die Aktionäre in Form einer Satzungsregelung[147] – beschließen, dass Abschriften der Rechnungslegungsunterlagen und Prüfungsberichte nur den Mitgliedern eines Aufsichtsratsausschusses zu übermitteln sind.

95 Die nicht dem Ausschuss angehörenden Mitglieder des Aufsichtsrats können ihr grds. **unentziehbares Recht auf Kenntnisnahme** der Unterlagen und Prüfungsberichte in einem solchen Fall jedenfalls wahrnehmen, indem sie diese in den Geschäftsräumen der Gesellschaft einsehen. In der Literatur wird darüber hinaus vereinzelt die These geäußert, dass durch einen Aufsichtsratsbeschluss iSv § 170 Abs. 3 S. 2 lediglich der Anspruch der ausschussfremden Aufsichtsratsmitglieder auf automatische Übermittlung der Unterlagen und Prüfungsberichte ausgeschlossen werde; es stehe den Ausschussfremden jedoch weiterhin das Recht zu, die Übermittlung der Unterlagen und Prüfungsberichte ausdrücklich zu verlangen.[148] Vor dem Hintergrund des Normzwecks vermag diese Auffassung jedoch nicht zu überzeugen. Nach zutreffender hM ist davon auszugehen, dass durch einen entsprechenden Beschluss des Aufsichtsratsplenums der individuelle Übermittlungsanspruch der ausschussfremden Aufsichtsratsmitglieder auf ein bloßes Einsichtnahmerecht reduziert werden kann.[149]

96 **b) Beschränkung durch Beschluss des Aufsichtsrats.** Gemäß § 170 Abs. 3 S. 2 kann der Aufsichtsrat im Rahmen seines **Selbstorganisationsrechts** beschließen, ob die Übermittlung der dem Aufsichtsrat vorzulegenden Unterlagen (vgl. → Rn. 16 ff.) **generell oder im Einzelfall** auf die Mitglieder eines oder mehrerer hiermit befasster Ausschüsse begrenzt

---

[143] Begründung zum Gesetzentwurf der Bundesregierung für ein Gesetz zur Kontrolle und Transparenz im Unternehmensbereich (KonTraG), BT-Drs. 13/9712, 22.
[144] BGH NZG 2008, 834.
[145] Spindler/Stilz/*Euler* Rn. 48; MüKoAktG/*Hennrichs/Pöschke* Rn. 95; Kölner Komm AktG/*Ekkenga* Rn. 46; K. Schmidt/Lutter/*Drygala* Rn. 17; sowie Bürgers/Körber/*Schulz* Rn. 14; **aA** Hölters/*Waclawik* Rn. 32.
[146] Nahezu einhellige Auffassung – vgl. hierzu BAG NZG 2009, 669 (671); OLG Stuttgart NZG 2007, 72; Hüffer/*Koch* § 116 Rn. 11; Spindler/Stilz/*Spindler* § 116 Rn. 83 mit zahlreichen weiteren Nachweisen.
[147] MüKoAktG/*Hennrichs/Pöschke* Rn. 96.
[148] Vgl. *Ziemons* DB 2000, 77 (80); sowie *Hommelhoff* BB 1998, 2567 (2573).
[149] MüKoAktG/*Hennrichs/Pöschke* Rn. 101; Kölner Komm AktG/*Ekkenga* Rn. 50.

werden soll;[150] eine solche Regelung kann auch in der Geschäftsordnung des Aufsichtsrats enthalten sein, nicht hingegen in der Satzung der Gesellschaft.[151] Ein wirksamer Beschluss betreffend die Einschränkung des Übermittlungsanspruchs ausschussfremder Aufsichtsratsmitglieder kann u. E. nur vom Aufsichtsratsplenum gefasst werden, auch wenn dieser in § 107 Abs. 3 S. 3 nicht ausdrücklich erwähnt wird.[152]

c) Grenzen der zulässigen Beschränkung. Bereits aus dem Wortlaut des § 170 Abs. 3 S. 2 folgt, dass der Aufsichtsrat lediglich das Recht jedes Aufsichtsratsmitglieds auf Übermittlung von Abschriften der dem Aufsichtsrat vorzulegenden Unterlagen und Prüfungsberichte begrenzen kann, nicht hingegen das Recht jedes Mitglieds, diese Unterlagen und Prüfungsberichte zur Kenntnis zu nehmen. Jedes Aufsichtsratsmitglied muss also die Möglichkeit erhalten, die Unterlagen und Prüfungsberichte **jedenfalls in den Geschäftsräumen der Gesellschaft einsehen** zu können. Die Kosten hierfür sind von der Gesellschaft zu tragen. Ein Recht jedes Aufsichtsratsmitglieds, externe Sachverständige als Hilfspersonen in die eigene Durchsicht der Unterlagen und Prüfungsberichte einzubeziehen, ist nicht anzuerkennen.[153]

Neben dieser absoluten Grenze gibt es für die Befugnis des Aufsichtsrats, das Recht jedes Aufsichtsratsmitgliedes auf Übermittlung von Abschriften der dem Aufsichtsrat vorzulegenden Unterlagen und Prüfungsberichte zu beschränken, nach zutreffender wohl hM auch **relative Grenzen** zu beachten: Insbesondere darf der Anspruch auf individuelle Übermittlung von Abschriften nur eingeschränkt werden, soweit dies im Hinblick auf das berechtigte Interesse der Gesellschaft am Schutz ihrer Geschäftsgeheimnisse **erforderlich und verhältnismäßig** ist.[154] Ein solches Interesse wird sich regelmäßig nur bei solchen Unterlagen bejahen lassen, die auf Dauer vertraulich zu behandeln sind (insbesondere die Prüfungsberichte des Abschlussprüfers sowie ggf. der Bericht über die Beziehungen zu verbundenen Unternehmen).[155] Bei Unterlagen, die nach Abschluss der Prüfung ohnehin der (Aktionärs-) Öffentlichkeit zugänglich zu machen sind (vgl. hierzu das in § 175 Abs. 2 vorgesehene Recht jedes Aktionärs, u. a. den Jahresabschluss und den Lagebericht einsehen zu dürfen), wird man dies hingegen nur in Ausnahmefällen bejahen können.

Hat das Aufsichtsratsplenum einen Beschluss iSv § 170 Abs. 3 S. 2 gefasst, so entfällt nicht nur die **Pflicht des Aufsichtsratsvorsitzenden,** den ausschussfremden Mitgliedern die betroffenen Unterlagen zur Verfügung zu stellen, sondern grundsätzlich auch die Berechtigung, dies freiwillig zu tun. Etwas anderes gilt dann, wenn der Aufsichtsrat seinen Vorsitzenden hierzu ermächtigt hat.[156] Allerdings ist bei der Wahrnehmung einer solchen (Rück-)Ausnahme vom Übermittlungsausschluss erneut der Gleichbehandlungsgrundsatz zu beachten: Die Entscheidung des Vorsitzenden, welchen ausschussfremden Mitgliedern er die Unterlagen auf Grundlage der (Rück-)Ausnahme übermittelt, muss sachlich gerechtfertigt sein.

---

[150] Hüffer/*Koch* Rn. 14; K. Schmidt/Lutter/*Drygala* Rn. 18; Kölner Komm AktG/*Ekkenga* Rn. 49; sowie MüKoAktG/*Hennrichs/Pöschke* Rn. 99.
[151] Hölters/*Waclawik* Rn. 30; sowie MüKoAktG/*Hennrichs/Pöschke* Rn. 96 und Rn. 99.
[152] Spindler/Stilz/*Euler* § 116 Rn. 46; MüKoAktG/*Hennrichs/Pöschke* Rn. 104; Kölner Komm AktG/*Ekkenga* Rn. 49; sowie Hüffer/*Koch* Rn. 14; wohl auch Großkomm AktG/*Brönner* Rn. 52 f.; **aA** Bürgers/Körber/*Schulz* Rn. 14.
[153] BGH NJW 1983, 991 – Hertie; MHdB AG/*Hoffmann-Becking* § 44 Rn. 12.
[154] K. Schmidt/Lutter/*Drygala* Rn. 19; MüKoAktG/*Hennrichs/Pöschke* Rn. 98; sowie Kölner Komm AktG/*Ekkenga* Rn. 51; Bürgers/Körber/*Schulz* Rn. 14; ADS Ergbd., § 170 AktG Rn. 30; **aA** Großkomm AktG/*Brönner* Rn. 23.
[155] MüKoAktG/*Hennrichs/Pöschke* Rn. 98; Spindler/Stilz/*Euler* § 116 Rn. 54; wohl **aA** Bürgers/Körber/*Schulz* Rn. 14.
[156] Bürgers/Körber/*Schulz* Rn. 14; vgl. auch Martens DB 1988, 1229 (1236); Kölner Komm AktG/*Ekkenga* Rn. 51, nimmt darüber hinaus sogar eine Übermittlungspflicht des Vorsitzenden gegenüber allen ausschussfremden Mitglieder des Aufsichtsrats an, bei denen sich die Gefahr einer Interessenkollision nicht konkret abzeichnet.

100 **4. Pflicht zur Kenntnisnahme.** Mit dem individuellen Recht auf Übermittlung bzw. Kenntnisnahme der vorzulegenden Unterlagen und Prüfungsberichte korrespondiert eine **Verpflichtung jedes Aufsichtsratsmitglieds,** sich mit diesen Unterlagen und Prüfungsberichten auseinanderzusetzen.[157] Diese Verpflichtung ist nicht speziell gesetzlich normiert. Sie ergibt sich jedoch aus den allgemeinen Amtspflichten der Aufsichtsratsmitglieder, da eine ordnungsgemäße Überwachung der Tätigkeit des Vorstands sowie die gebotene Mitwirkung an der Bilanzpolitik der Gesellschaft ohne Kenntnis der externen Rechnungslegung nicht möglich ist.[158]

101 **5. Zwangsweise Durchsetzung der Informationsrechte/Rechtsfolgen.** Werden die nach § 170 Abs. 3 S. 1 zu übermittelnden Unterlagen und Prüfungsberichte einem Aufsichtsratsmitglied nicht oder nicht rechtzeitig übermittelt, so kann das betroffene Aufsichtsratsmitglied seinen Informationsanspruch **im Klagewege** durchsetzen. Eine entsprechende Klage ist nicht gegen den Vorstand oder ein einzelnes Vorstandsmitglied zu richten, sondern gegen die Gesellschaft als solche.[159]

102 Haben Vorstand und Aufsichtsrat den Jahresabschluss gemäß § 172 S. 1 festgestellt, so begründen Fehler bei der Einbindung des Aufsichtsrats in die Feststellung des Jahresabschlusses gemäß § 256 Abs. 2 die **Nichtigkeit des festgestellten Jahresabschlusses.** Von der Nichtigkeit des Jahresabschlusses ist insbesondere dann auszugehen, wenn einzelne Mitglieder des Aufsichtsrats daran gehindert waren, ihre Rechte und Pflichten in diesem Zusammenhang ordnungsgemäß wahrzunehmen, und sie diese Verletzung ihrer Informationsrechte im Rahmen der Beschlussfassung rügen.[160] Auch vor diesem Hintergrund sollten der Vorstand und der Aufsichtsratsvorsitzende stets darauf achten, die Mitglieder des Aufsichtsrats ordnungsgemäß zu informieren.

§ 171 Prüfung durch den Aufsichtsrat

(1) ¹Der Aufsichtsrat hat den Jahresabschluß, den Lagebericht und den Vorschlag für die Verwendung des Bilanzgewinns zu prüfen, bei Mutterunternehmen (§ 290 Abs. 1, 2 des Handelsgesetzbuchs) auch den Konzernabschluß und den Konzernlagebericht. ²Ist der Jahresabschluss oder der Konzernabschluss durch einen Abschlussprüfer zu prüfen, so hat dieser an den Verhandlungen des Aufsichtsrats oder des Prüfungsausschusses über diese Vorlagen teilzunehmen und über die wesentlichen Ergebnisse seiner Prüfung, insbesondere wesentliche Schwächen des internen Kontroll- und des Risikomanagementsystems bezogen auf den Rechnungslegungsprozess, zu berichten. ³Er informiert über Umstände, die seine Befangenheit besorgen lassen und über Leistungen, die er zusätzlich zu den Abschlussprüfungsleistungen erbracht hat.

(2) ¹Der Aufsichtsrat hat über das Ergebnis der Prüfung schriftlich an die Hauptversammlung zu berichten. ²In dem Bericht hat der Aufsichtsrat auch mitzuteilen, in welcher Art und in welchem Umfang er die Geschäftsführung der Gesellschaft während des Geschäftsjahrs geprüft hat; bei börsennotierten Gesellschaften hat er insbesondere anzugeben, welche Ausschüsse gebildet worden sind, sowie die Zahl seiner Sitzungen und die der Ausschüsse mitzuteilen. ³Ist der Jahresabschluß durch einen Abschlußprüfer zu prüfen, so hat der Aufsichtsrat ferner zu dem Ergebnis der Prüfung des Jahresabschlusses durch den Abschlußprüfer Stellung zu nehmen. ⁴Am Schluß des Berichts hat der Aufsichtsrat zu erklären, ob nach dem abschließenden Ergebnis seiner Prüfung Einwendungen zu erheben sind und ob er den vom Vorstand aufgestellten

---

[157] MüKoAktG/*Hennrichs/Pöschke* Rn. 111.
[158] Bürgers/Körber/*Schulz* Rn. 17; sowie MüKoAktG/*Hennrichs/Pöschke* Rn. 82, 111; vgl. auch ADS Rn. 56.
[159] Hüffer/*Koch* Rn. 15; Kölner Komm AktG/*Ekkenga* Rn. 42; MHdB AG/*Hoffmann-Becking* § 44 Rn. 12.
[160] Bormann/*Gucht* BB 2003, 1887 (1892); MüKoAktG/*Hennrichs/Pöschke* Rn. 82, 114; sowie K. Schmidt/Lutter/*Drygala* Rn. 21 f.; vgl. auch Spindler/Stilz/*Rölike* § 256 Rn. 50.

Jahresabschluß billigt. ⁵Bei Mutterunternehmen (§ 290 Abs. 1, 2 des Handelsgesetzbuchs) finden die Sätze 3 und 4 entsprechende Anwendung auf den Konzernabschluss.

(3) ¹Der Aufsichtsrat hat seinen Bericht innerhalb eines Monats, nachdem ihm die Vorlagen zugegangen sind, dem Vorstand zuzuleiten. ²Wird der Bericht dem Vorstand nicht innerhalb der Frist zugeleitet, hat der Vorstand dem Aufsichtsrat unverzüglich eine weitere Frist von nicht mehr als einem Monat zu setzen. ³Wird der Bericht dem Vorstand nicht vor Ablauf der weiteren Frist zugeleitet, gilt der Jahresabschluß als vom Aufsichtsrat nicht gebilligt; bei Mutterunternehmen (§ 290 Abs. 1, 2 des Handelsgesetzbuchs) gilt das Gleiche hinsichtlich des Konzernabschlusses.

(4) ¹Die Absätze 1 bis 3 gelten auch hinsichtlich eines Einzelabschlusses nach § 325 Abs. 2a des Handelsgesetzbuchs. ²Der Vorstand darf den in Satz 1 genannten Abschluss erst nach dessen Billigung durch den Aufsichtsrat offen legen.

Schrifttum: *Boecker/Petersen/Zwirner,* Accounting Fraud – vielfältiges Betätigungsfeld des Abschlussprüfers, DB 2011, 889; *Böcking/Kiehne,* Zur Verantwortlichkeit des Aufsichtsrats im Rahmen der Zwischenberichterstattung, Der Konzern 2010, 296; *Buhleier/Krowas,* Persönliche Pflicht zur Prüfung des Jahresabschlusses durch den Aufsichtsrat, DB 2010, 1165; *Drinhausen/Marsch-Barner,* Die Rolle des Aufsichtsratsvorsitzenden in der Aktiengesellschaft, AG 2014, 337; *Drygala,* Aufsichtsratsbericht und Vertraulichkeit im System der Corporate Governance, AG 2007, 381; *Forster,* Zum Zusammenspiel von Aufsichtsrat und Abschlußprüfer nach dem KonTraG, AG 1999, 193; *Gernoth/Wernicke,* Neue Entwicklungen zum Bericht des Aufsichtsrats an die Hauptversammlung, NZG 2010, 531; *Gros/Velte,* Corporate Governance Reporting zum Prüfungsausschuss – Eine empirische Untersuchung im DAX und MDAX für das Geschäftsjahr 2011 unter besonderer Berücksichtigung der Finanzexpertise im Prüfungsausschuss, DStR 2012, 2243; *Hoffmann-Becking,* Das Recht des Aufsichtsrats zur Prüfung durch Sachverständige nach § 111 Abs. 2 Satz 2 AktG, ZGR 2011, 136; *Kompenhans/Buhleier/Splinter,* Festlegung von Prüfungsschwerpunkten durch Aufsichtsrat und Abschlussprüfer, WPg 2013, 59; *Kropff,* Der unabhängige Finanzexperte in der Gesellschaftsverfassung, FS K. Schmidt, 2009, 1023; *Kuhner,* Prozesse und Institutionen zur Kontrolle der periodischen Berichterstattung im deutschen Unternehmensrecht, ZGR 2010, 980; *Lanfermann/Röhricht,* Pflichten des Prüfungsausschusses nach dem BilMoG, BB 2009, 887; *Lutter,* Professionalisierung des Aufsichtsrats, DB 2009, 775; *Lutter,* Der Bericht des Aufsichtsrats an die Hauptversammlung, AG 2008, 1; *Lutter,* Der Aufsichtsrat im Konzern, AG 2006, 517; *Maser/Bäumker,* Steigende Anforderungen an die Berichtspflicht des Aufsichtsrats?, AG 2005, 906; *Mattheus,* Die gewandelte Rolle des Wirtschaftsprüfers als Partner des Aufsichtsrats nach dem KonTraG, ZGR 1999, 682; *Neuling,* Die Teilnahmepflicht des Abschlussprüfers an Bilanzsitzungen des Aufsichtsrats im Aktienrecht, BB 2003, 166; *Nonnenmacher/Pohle/v.Werder,* Aktuelle Anforderungen an Prüfungsausschüsse, DB 2009, 1447; *Nonnenmacher/Pohle/v. Werder,* Aktuelle Anforderungen an Prüfungsausschüsse, DB 2007, 2412; *Peemöller/Warncke,* Prüfungsausschüsse deutscher Aktiengesellschaften, DB 2005, 401; *Priester,* Interessenkonflikte im Aufsichtsratsbericht – Offenlegung versus Vertraulichkeit, ZIP 2011, 2081; *Schmalenbach/Kiefner,* Die Befreiung einer Kapitalgesellschaft von der Pflichtabschlussprüfung des § 264 Abs. 3 HGB – Besondere Sorgfaltspflichten des Tochter-Aufsichtsrats?, DB 2007, 1068; *Selter,* Die Prüfung des Jahresabschlusses durch den Aufsichtsrat bei Fehlen einer Prüfung gem. §§ 316 ff. HGB, AG 2013, 14; *Staake,* Der unabhängige Finanzexperte im Aufsichtsrat, ZIP 2010, 1013; *Strieder,* Zur Frist der Prüfungs- und Berichtspflicht des Aufsichtsrats hinsichtlich des Jahresabschlusses einer AG oder KGaA, AG 2006, 363; *Sünner,* Der Bericht des Aufsichtsrats an die Hauptversammlung nach § 171 Abs. 2 AktG, AG 2008, 411; *Theisen,* Vergabe und Konkretisierung des WP-Prüfungsauftrags durch den Aufsichtsrat, DB 1999, 341; *Theisen,* Die Überwachungsberichterstattung des Aufsichtsrats. BB 1988, 705; *Velte,* „Verlässlichkeitslücke" bei der Prüfung von Halbjahresfinanzberichten?, NZG 2013, 289; *Velte,* Prüfung der Buchführung durch den Aufsichtsrat – Recht oder Pflicht?, NZG 2010, 930; *Vetter,* Der Prüfungsausschuss in der AG nach dem BilMoG, ZGR 2010, 751; *Vetter,* Die Berichterstattung des Aufsichtsrates an die Hauptversammlung als Bestandteil seiner Überwachungsaufgabe, ZIP 2006, 257; *von der Linden,* Darstellung von Interessenkonflikten im Bericht des Aufsichtsrats an die Hauptversammlung, GWR 2011, 407; *v.Werder/Bartz,* Corporate Governance Report 2014: Erklärte Akzeptanz des Kodex und tatsächliche Anwendung bei Vorstandsvergütung und Unabhängigkeit des Aufsichtsrats, DB 2014, 905; *v.Werder/Bartz,* Corporate Governance Report 2013: Abweichungskultur und Unabhängigkeit im Lichte der Akzeptanz und Anwendung des aktuellen DCGK, DB 2013, 885; *Wolf,* Zur Anforderung eines internen Kontroll- und Risikomanagementsystems im Hinblick auf den (Konzern-) Rechnungslegungsprozess gemäß BilMoG, DStR 2009, 920.

Übersicht

	Rn.
I. Bedeutung und Zweck der Norm	1
1. Die Prüfung des Aufsichtsrats als Element der Corporate Governance	1
2. Verhältnis zur Prüfung durch den Abschlussprüfer	4
II. Prüfung durch den Aufsichtsrat	7
1. Allgemeines	7

	Rn.
2. Zweck der Prüfung durch den Aufsichtsrat (Prüfungsmaßstab)	10
a) Rechtmäßigkeit	11
b) Zweckmäßigkeit	15
3. Gegenstand und Umfang der Prüfung	18
a) Prüfung des Jahresabschlusses	18
b) Prüfung des Lageberichts	26
c) Prüfung des Gewinnverwendungsvorschlags	29
d) Weitere Prüfungsgegenstände	31
e) Prüfung der Systemüberwachung sowie des Rechnungslegungsprozesses	47
4. Vorbereitung der Prüfung durch einen Ausschuss	50
a) Zulässigkeit der Einbeziehung eines Prüfungsausschusses	50
b) Empfehlungen des Deutschen Corporate Governance Kodex	54
c) Grenzen der Einbeziehung eines Prüfungsausschusses	57
5. Kooperation mit dem Abschlussprüfer	59
6. Weitere Informationsquellen des Aufsichtsrats	61
7. Einschaltung von Hilfspersonen	63
a) durch den Aufsichtsrat	63
b) durch einzelne Aufsichtsratsmitglieder	66
8. Maßnahmen bei Bedenken	70
9. Sorgfaltspflicht und Verantwortlichkeit der Aufsichtsratsmitglieder	74
a) Persönliche Anforderungen	74
b) Sorgfaltspflicht bei vorangegangener Abschlussprüfung	77
c) Sorgfaltspflicht, wenn keine Abschlussprüfung stattgefunden hat	79
III. Zusammenarbeit mit dem Abschlussprüfer	80
1. Allgemeines	80
2. Der Prüfungsauftrag	82
a) Festlegung von Prüfungsschwerpunkten	82
b) Festlegung von Berichtspflichten	83
3. Pflicht des Prüfers zur Berichterstattung	86
a) Berichtspflicht	86
b) Inhalt des Berichts	88
4. Teilnahme des Abschlussprüfers an der Bilanzsitzung	91
a) Grundsatz	91
b) Teilnahmepflicht des Abschlussprüfers	92
c) Berichtspflicht des Abschlussprüfers im Rahmen der Bilanzsitzung	98
d) Teilnahme- und Rederecht des Abschlussprüfers?	113
e) Auskunftspflichten des Prüfers	115
f) Weitere Aufgaben des Prüfers im Aufsichtsrat	118
5. Zwangsweise Durchsetzung der Prüferpflichten	120
IV. Bericht des Aufsichtsrats an die Hauptversammlung (Abs. 2 und Abs. 3)	121
1. Zweck des Berichts	121
2. Gegenstand des Berichts	125
a) Ergebnis der Prüfung der Abschlussunterlagen	125
b) Art und Umfang seiner Überwachungstätigkeit	133
c) Beurteilung des Ergebnisses der Abschlussprüfung	138
3. Inhaltliche Anforderungen	140
4. Verfahren	145
a) Beschlussfassung des Aufsichtsrats	145
b) Unterzeichnung durch den Aufsichtsratsvorsitzenden	148
c) Vorlage beim Vorstand und Veröffentlichung	149
5. Fristen	151
a) Berichtsfrist	151
b) Nachfrist	153
6. Rechtsfolgen unzureichender oder verspäteter Berichterstattung	155
V. Rechnungslegung nach internationalen Standards (IFRS) (Abs. 4)	158
1. Allgemeines	158
2. Verhältnis von HGB- und IFRS-Einzelabschluss	159
3. Entsprechende Anwendung von § 171 Abs. 1–3	162

I. Bedeutung und Zweck der Norm

1. Die Prüfung des Aufsichtsrats als Element der Corporate Governance. Die Prüfung der jährlichen Rechnungslegungsunterlagen (dh Jahresabschluss und ggf. Lagebericht sowie ggf. Einzelabschluss iSv § 325 Abs. 2a HGB, Konzernabschluss und Konzernlagebericht) sowie des Gewinnverwendungsvorschlags des Vorstands und ggf. des Prüfungsberichts des Abschlussprüfers ist **Bestandteil der allgemeinen Überwachungsaufgabe des Aufsichtsrats.** § 171 Abs. 1 konkretisiert insoweit mit zwingender Wirkung[1] die allgemeine Überwachungspflicht iSv § 111 Abs. 1 speziell für den Bereich der jährlichen Rechnungslegung/Finanzberichterstattung.[2] Zugleich bildet diese Prüfung die Grundlage für die anschließende Entscheidung des Aufsichtsrats, ob er den vom Vorstand aufgestellten Jahresabschluss feststellt (vgl. § 172 S. 1) und ob er sich dessen Gewinnverwendungsvorschlag anschließt (oder eine andere Art der Gewinnverwendung vorschlägt).[3]

Auch die in § 171 Abs. 2 angeordnete **Berichtspflicht gegenüber der Hauptversammlung** steht in unmittelbarem Zusammenhang mit der Kontrollpflicht des Aufsichtsrats gegenüber dem Vorstand. Vor allem kommt in dieser Vorschrift zum Ausdruck, dass der Aufsichtsrat seine Überwachungsaufgabe nach dem gesetzlichen Leitbild insbesondere im Interesse der Aktionäre wahrzunehmen hat.[4] Den Aktionären selbst ist es nämlich nicht möglich, die internen Berichte zur finanziellen Lage der Gesellschaft (insbesondere den Bericht des Abschlussprüfers iSv § 321 HGB, den Rentabilitätsbericht des Vorstands iSv § 90 Abs. 1 S. 1 Nr. 2 oder ggf. einen vom Vorstand aufgestellten Bericht über Beziehungen zu verbundenen Unternehmen (sog. *„Abhängigkeitsbericht";* vgl. § 312)) unmittelbar einzusehen.[5] Da der Jahresabschluss nach wohl hM als solcher auch nicht zum unmittelbaren Gegenstand einer Sonderprüfung iSv §§ 142 ff. gemacht werden kann,[6] müssen sich die Aktionäre bei der Beurteilung der jährlichen Rechnungslegung/Finanzberichterstattung allein auf den Bericht des Aufsichtsrats über die Ergebnisse seiner unmittelbaren Prüfung der Rechnungslegungsunterlagen sowie ggf. den Bestätigungsvermerk des Abschlussprüfers verlassen.[7]

Im Ergebnis sorgt die Prüfungspflicht des Aufsichtsrats betreffend die jährlichen Rechnungslegungsunterlagen dafür, dass sich der Aufsichtsrat auch ohne konkreten Anlass (zumindest) einmal im Jahr über die Berichte des Vorstands iSv § 90 hinaus einen umfassenden **Überblick über die wirtschaftlichen Verhältnisse der Gesellschaft** verschaffen muss.[8] Über ihren unmittelbaren Zweck hinaus verbessert die Prüfung der Rechnungslegungsunterlagen damit die Voraussetzungen dafür, dass der Aufsichtsrat seiner allgemeinen Überwachungsaufgabe während des gesamten Geschäftsjahres effektiv nachkommen kann. Zugleich bietet die Mitwirkung an der Fertigstellung der Rechnungslegungsunterlagen dem Aufsichtsrat Gelegenheit, unmittelbaren Einfluss sowohl auf die finanzielle Planung der Gesellschaft als auch auf deren Außendarstellung zu nehmen.

2. Verhältnis zur Prüfung durch den Abschlussprüfer. Die in § 171 angeordnete (interne) Prüfung von Jahresabschluss und ggf. Lagebericht sowie ggf. des Konzernabschlusses und des Konzernlageberichts durch den Aufsichtsrat wird ergänzt durch die **externe Prüfung derselben Rechnungslegungsunterlagen** durch den von der Hauptversammlung zu wählenden Abschlussprüfer.[9] Historischer Hintergrund dieser „Dopplung" sind Fehlentwicklungen im Bereich der internen Abschlussprüfung durch den Aufsichtsrat, die als Ursache für den Zusammenbruch einiger bedeutender deutscher Unternehmen am Ende der 1920er und zu Beginn der 1930er Jahre identifiziert wurden.[10] Als Reaktion darauf wurden 1931 alle Aktiengesellschaften und Kommanditgesellschaften auf Aktien durch eine Notverordnung des Reichspräsidenten zur Durchführung einer (externen) Abschlussprüfung durch speziell hierfür ausgebildete Wirtschaftsprüfer verpflichtet.[11]

---

[1] Bürgers/Körber/*Schulz* Rn. 1; sowie Kölner Komm AktG/*Ekkenga* Rn. 3.
[2] ADS Rn. 1; Großkomm AktG/*Brönner* Rn. 2; sowie Hölters/*Waclawik* Rn. 1.
[3] Hüffer/*Koch* Rn. 1; Hölters/*Waclawik* Rn. 1; sowie MüKoAktG/*Hennrichs/Pöschke* Rn. 6 ff.
[4] Kölner Komm AktG/*Ekkenga* Rn. 4.
[5] MüKoAktG/*Hennrichs/Pöschke* Rn. 2.
[6] Hüffer/*Koch* § 142 Rn. 6 m. w. N.
[7] MüKoAktG/*Hennrichs/Pöschke* Rn. 2.
[8] MüKoAktG/*Hennrichs/Pöschke* § 170 Rn. 1 sowie § 171 Rn. 11.
[9] MüKoAktG/*Hennrichs/Pöschke* Rn. 15; sowie Kölner Komm AktG/*Ekkenga* Rn. 3.
[10] Vgl. *Theisen* DB 1999, 341.
[11] Vgl. *Selter* AG 2013, 14; MüKoBilR/*Bormann* HGB § 316 Rn. 6; Kölner Komm AktG/*Ekkenga* Rn. 5; sowie *Velte* NZG 2010, 930 (931).

5 Allerdings unterscheiden sich die externe Abschlussprüfung durch den Abschlussprüfer und die interne Abschlussprüfung durch den Aufsichtsrat sowohl hinsichtlich ihres inhaltlichen Umfangs als auch hinsichtlich der Prüfungsintensität. Während der externe Abschlussprüfer gemäß § 317 Abs. 1 S. 2 HGB[12] allein die Rechtmäßigkeit und Ordnungsgemäßheit der ihm vom Vorstand vorgelegten Rechnungslegungsunterlagen zu prüfen hat, umfasst die Prüfung durch den **Aufsichtsrat insbesondere die Zweckmäßigkeit** der vom Vorstand vorgelegten Unterlagen, insbesondere der darin vorgeschlagenen Ausübung von Ausweis-, Ansatz- und Bewertungswahlrechten.[13] Des Weiteren umfasst die Prüfung des Aufsichtsrats neben den vom Vorstand vorgelegten Rechnungsunterlagen auch den Vorschlag des Vorstands für die Verwendung des Bilanzgewinns (vgl. § 171 Abs. 1 S. 1). Im Gegenzug weist die interne Prüfung durch den Aufsichtsrat nach hM eine **geringere Prüfungsintensität** auf: Während der externe Abschlussprüfer gemäß § 317 Abs. 1 S. 1 HGB auch das dem Abschluss zugrunde liegende Zahlenwerk (dh die eigentliche Rechnungslegung/Buchführung) der Gesellschaft in seine Prüfung einzubeziehen hat, kann sich der Aufsichtsrat nach hM darauf beschränken, die Rechtmäßigkeit und Ordnungsgemäßheit der vorgelegten Unterlagen auf Basis der Prüfungsergebnisse des Abschlussprüfers auf deren Plausibilität zu überprüfen (→ Rn. 77 f.).[14]

6 Vor diesem Hintergrund und im Hinblick auf die Einführung von § 107 Abs. 3 S. 2 sowie die Neufassung von § 171 Abs. 1 S. 2 durch das BilMoG[15] lässt sich die Prüfungsaufgabe des Aufsichtsrats dahingehend zusammenfassen, dass dieser die **Gesamtverantwortung für die Prüfung** der vom Vorstand aufzustellenden Rechnungslegungsunterlagen trägt. Dabei hat der Aufsichtsrat im Hinblick auf die (externe) gesetzliche Abschlussprüfung durch den Abschlussprüfer dafür Sorge zu tragen, (i) dass der richtige Abschlussprüfer ausgewählt wird (§ 124 Abs. 3 S. 1), (ii) dieser hinreichend unabhängig von der Gesellschaft ist (vgl. §§ 107 Abs. 3 S. 2, 171 Abs. 1 S. 3) und (iii) die eigentliche Abschlussprüfung – ggf. auch über den Umfang der gesetzlichen Abschlussprüfung hinaus – in dem nach den Verhältnissen der Gesellschaft erforderlichen Umfang durchgeführt wird (vgl. § 111 Abs. 2 S. 3).[16] Anknüpfend an die Ergebnisse der gesetzlichen Abschlussprüfung hat er sodann eigenverantwortlich zu prüfen, ob die vom Vorstand entworfenen Rechnungslegungsunterlagen rechtmäßig und im Hinblick auf die Interessen der Gesellschaft auch zweckmäßig sind.[17]

II. Prüfung durch den Aufsichtsrat

7 **1. Allgemeines.** Die Prüfungspflicht des Aufsichtsrats knüpft unmittelbar an die gesetzlichen Vorlagepflichten des Vorstands an. Nach dem Wortlaut von § 171 Abs. 1 S. 1 sind **Gegenstand der Prüfung durch den Aufsichtsrat** genau die Entwürfe jener Rechnungslegungsunterlagen, welche der Vorstand dem Aufsichtsrat gemäß § 170 Abs. 1 und Abs. 2 unverzüglich nach ihrer Aufstellung vorzulegen hat. Den Prüfungsbericht des Abschlussprüfers hat der Aufsichtsrat im Rahmen seiner internen Abschlussprüfung ebenfalls zu berücksichtigen (vgl. § 171 Abs. 2 S. 3), doch handelt es sich insoweit nicht um einen

---

[12] Aufgrund der systematischen Stellung der Norm ist u. E. davon auszugehen, dass § 317 HGB allein den Umfang der Prüfungspflicht des (externen) Abschlussprüfers regelt, nicht hingegen auch den Umfang der unmittelbaren Prüfungspflicht des Aufsichtsrats (insoweit zweifelnd Kölner Komm AktG/*Ekkenga* Rn. 3). Davon zu trennen ist die Frage der mittelbaren Wirkung des Umfangs der gesetzlichen Abschlussprüfung auf den Umfang der internen Prüfung durch den Aufsichtsrat (vgl. § 171 Abs. 2 S. 3).

[13] Kölner Komm AktG/*Ekkenga* Rn. 22, MüKoAktG/*Hennrichs/Pöschke* Rn. 32, 36 und 41; Spindler/Stilz/*Euler* Rn. 43; sowie Hölters/*Waclawik* Rn. 8.

[14] Bürgers/Körber/*Schulz* Rn. 3; sowie Hölters/*Waclawik* Rn. 11; **aA** *Velte* NZG 2010, 930 (932).

[15] Gesetz zur Modernisierung des Bilanzrechts (Bilanzrechtsmodernisierungsgesetz – BilMoG) vom 25.9.2009, BGBl. 2009 I S. 1102.

[16] Vgl. Kölner Komm AktG/*Ekkenga* Rn. 32.

[17] Vgl. MüKoAktG/*Hennrichs/Pöschke* Rn. 15; im Ergebnis wohl ebenso ADS Rn. 20 f. und Rn. 23 ff. sowie Bürgers/Körber/*Schulz* Rn. 3.

Prüfungsgegenstand, sondern um ein „Hilfsmittel" bei der Prüfung der eigentlichen Prüfungsgegenstände.[18]

Konkretes **Ziel der Prüfung durch den Aufsichtsrat** ist die Vorbereitung einerseits 8 des Berichts des Aufsichtsrats an die Hauptversammlung (vgl. § 171 Abs. 2) und andererseits der Entscheidung des Aufsichtsrats, ob der vom Vorstand aufgestellte Jahresabschluss festgestellt (§ 172 S. 1) und ggf. der vom Vorstand aufgestellte Konzernabschluss gebilligt werden soll (vgl. § 173 Abs. 1 S. 2).[19] Dementsprechend endet die Pflicht des Aufsichtsrats zur Kontrolle der Rechnungslegung für ein bestimmtes Geschäftsjahr grds. dann, wenn der Bericht an die Hauptversammlung fertiggestellt und eine Entscheidung über die Feststellung des Jahresabschlusses und ggf. die Billigung des Konzernabschlusses getroffen worden ist.[20]

Die Prüfung der jährlichen Rechnungslegungsunterlagen ist (lediglich) ein besonders 9 herausgehobener **Bestandteil der allgemeinen Überwachungsaufgabe** des Aufsichtsrats (vgl. § 111 Abs. 1)[21] und besteht mithin unabhängig davon, ob der Vorstand seiner Pflicht zur Aufstellung und Vorlage von Rechnungslegungsunterlagen nachkommt.[22] Insbesondere hat der Aufsichtsrat auch zu prüfen, ob und in welchem Umfang eine Pflicht zur Rechnungslegung besteht – ob also bspw. die Voraussetzungen des § 264 Abs. 3 HGB für die Aufstellung und Veröffentlichungen eines „einfachen" Jahresabschlusses iSv § 242 Abs. 3 HGB vorliegen[23] oder ob die Aufstellung und Offenlegung eines Konzernabschlusses erforderlich ist und welche Gesellschaften in den Konsolidierungskreis des Konzernabschlusses einzubeziehen sind.[24] Soweit der Aufsichtsrat insoweit Pflichtverletzungen auf Seiten des Vorstands feststellt, muss er auf deren Beseitigung hinwirken.

2. Zweck der Prüfung durch den Aufsichtsrat (Prüfungsmaßstab). § 171 enthält 10 keine konkreten Angaben zu der Frage, welchen Prüfungsmaßstab der Aufsichtsrat bei seiner Prüfung der jährlichen Rechnungslegungsunterlagen anlegen soll. Die Regelung zum Prüfungsmaßstab der gesetzlichen Abschlussprüfung (vgl. § 317 Abs. 1 S. 2 HGB) kann nach wohl einhelliger Auffassung nicht zur Konkretisierung des Prüfungsmaßstabs des Aufsichtsrats herangezogen werden, da sich die Stellung des Aufsichtsrats innerhalb des Organisationsgefüges der Aktiengesellschaft deutlich von den beschränkten Aufgaben des Abschlussprüfers unterscheidet.[25] Vor diesem Hintergrund entspricht es wohl einhelliger Auffassung, dass der Aufsichtsrat seine Prüfung iSv § 171 Abs. 1 S. 1 entsprechend dem **Prüfungsmaßstab seiner allgemeinen Überwachungstätigkeit** sowohl auf die Rechtmäßigkeit als auch die Zweckmäßigkeit der zu prüfenden Unterlagen zu erstrecken hat.[26]

a) Rechtmäßigkeit. Ebenso wie der Abschlussprüfer im Rahmen der externen Prü- 11 fung der Jahresabschlussunterlagen muss **auch der Aufsichtsrat die Rechtmäßigkeit** der vom Vorstand vorbereiteten Rechnungslegungsunterlagen prüfen. Der Aufsichtsrat muss sich mithin ein eigenes Urteil zu der Frage bilden, ob die Buchführung und die weiteren geprüften Unterlagen den gesetzlichen Vorschriften und den ergänzenden Bestimmungen des Gesellschaftsvertrags oder der Satzung entsprechen (vgl. § 321 Abs. 2 S. 1

---

[18] MHdB AG/*Hoffmann-Becking* § 44 Rn. 13; sowie Kölner Komm AktG/*Ekkenga* Rn. 16.
[19] Kölner Komm AktG/*Ekkenga* Rn. 13; Großkomm AktG/*Brönner* Rn. 16; Hölters/*Waclawik* Rn. 4.
[20] Kölner Komm AktG/*Ekkenga* Rn. 14; sowie K. Schmidt/Lutter/*Drygala* Rn. 1.
[21] Kölner Komm AktG/*Ekkenga* Rn. 3; *Schmalenbach/Kiefner* DB 2007, 1068 (1069).
[22] Vgl. zum Entstehungszeitunkt der Prüfungspflicht Kölner Komm AktG/*Ekkenga* Rn. 14.
[23] Vgl. zur Prüfungspflicht in den Fällen des § 264 Abs. 3 HGB BeBiKo/*Grottel/H. Hoffmann* HGB Vor § 325 Rn. 22; sowie *Schmalenbach/Kiefner* DB 2007, 1068 (1070).
[24] MüKoAktG/*Hennrichs/Pöschke* Rn. 70; Bürgers/Körber/*Schulz* Rn. 4a; sowie Kölner Komm AktG/*Ekkenga* Rn. 26.
[25] Großkomm AktG/*Brönner* Rn. 11; im Ergebnis ebenso Kölner Komm AktG/*Ekkenga* Rn. 3, allerdings mit nicht überzeugenden Erwägungen zur Gesetzessystematik: §§ 316 ff. HGB betreffen allein die gesetzliche Abschlussprüfung und stehen in keinem unmittelbaren Zusammenhang mit der Prüfung durch den Aufsichtsrat.
[26] Hölters/*Waclawik* Rn. 6; ADS Rn. 17; Kölner Komm AktG/*Ekkenga* Rn. 22.

HGB).[27] Darüber hinaus muss sich der Aufsichtsrat auch darum bemühen, gezielte Vermögensschädigungen der Gesellschaft (*„accounting fraud"*) aufzudecken.[28]

12 Eine wesentliche Anforderung an eine rechtmäßige Rechnungslegung ist, dass der Jahresabschluss und der Lagebericht sowie ggf. der Konzernabschluss und der Konzernlagebericht insgesamt unter Beachtung der Grundsätze ordnungsmäßiger Buchführung oder sonstiger maßgeblicher Rechnungslegungsgrundsätze ein den **tatsächlichen Verhältnissen entsprechendes Bild der Vermögens-, Finanz- und Ertragslage** der Kapitalgesellschaft oder des Konzerns vermitteln (vgl. § 321 Abs. 2 S. 3 HGB).[29] Dies bedeutet, dass die Ausübung von bilanziellen Beurteilungs- und Ermessensspielräumen sowie von Bilanzierungswahlrechten nicht allein im Hinblick auf die Zweckmäßigkeit der Rechnungslegung zu beurteilen ist, sondern auch im Hinblick auf deren Rechtmäßigkeit.[30] Dies gilt insbesondere für börsennotierten Aktiengesellschaften, bei denen neben den Vorgaben des Bilanzrechts auch das strafbewehrte Verbot der Marktmanipulation (vgl. § 20a WpHG) zu beachten ist.

13 Bei seiner Prüfung der Rechtmäßigkeit der vom Vorstand aufgestellten Rechnungsunterlegungslagen darf und soll der Aufsichtsrat auf die **Ergebnisse der gesetzlichen Abschlussprüfung aufsetzen**.[31] Insbesondere geht die zutreffende hM davon aus, dass der Aufsichtsrat nicht dazu verpflichtet ist, eine eigene Prüfung der Buchführung der Gesellschaft durchzuführen, wenn der Abschlussprüfer einen uneingeschränkten Bestätigungsvermerk iSv § 322 Abs. 2 Nr. 1 und Abs. 3 HGB erteilt hat.[32] Zum einen wäre der Aufsichtsrat bereits im Hinblick auf den erforderlichen zeitlichen Aufwand allenfalls dazu in der Lage, eine Überprüfung in Form von Stichproben durchzuführen oder einen weiteren sachverständigen Prüfer mit einer umfassenderen Zweitprüfung zu beauftragen. Zum anderen stünde der zusätzliche Aufwand für eine erneute Prüfung der Rechnungslegung außer Verhältnis zu dem zu erwartenden Nutzen, zumal Aufsichtsratsmandate nach dem gesetzlichen Leitbild als Nebenämter ausgestaltet sind[33] und der Abschlussprüfer der eigentliche Spezialist für Rechnungslegungsfragen ist.[34]

14 Etwas anderes gilt allerdings dann, **wenn keine Prüfung durch einen Abschlussprüfer** stattgefunden hat, der Abschlussprüfer auf bestimmte Unregelmäßigkeiten bei der Rechnungslegung hingewiesen hat oder dem Aufsichtsrat sonst Umstände bekannt sind, aus denen sich – ggf. auch trotz eines uneingeschränkten Bestätigungsvermerks des Abschlussprüfers – Zweifel an der Rechtmäßigkeit der Rechnungslegungsunterlagen ergeben. Insbesondere müssen sich die Aufsichtsratsmitglieder **besonders intensiv** mit den Rechnungslegungsunterlagen befassen, wenn der Abschlussprüfer seinen **Bestätigungsvermerk eingeschränkt oder gar versagt** hat. In einem solchen Fall ist der Aufsichtsrat verpflichtet, sämtlichen Hinweisen nachzugehen und Zweifelsfragen entweder selbst, im Gespräch mit Vorstand und Abschlussprüfer oder gar durch Einschaltung weiterer Sachverständiger aufzuklären sowie ggf. für die Beseitigung eventueller Mängel Sorge zu tragen.[35]

---

[27] ADS Rn. 19; Hüffer/*Koch* Rn. 4 f.; sowie MüKoAktG/*Hennrichs*/*Pöschke* Rn. 32; zu Unrecht gegen die Relevanz von Satzungsbestimmungen im Rahmen der Rechtmäßigkeitsprüfung Kölner Komm AktG/*Ekkenga* Rn. 18.

[28] Kölner Komm AktG/*Ekkenga* Rn. 18; vgl. auch Boecker/Petersen/Zwirner DB 2011, 889 (890); sowie Großkomm AktG/*Brönner* Rn. 6.

[29] Hüffer/*Koch* Rn. 4; MüKoAktG/*Hennrichs*/*Pöschke* Rn. 35; ADS Rn. 20; sowie Bürgers/Körber/*Schulz* Rn. 3.

[30] Kölner Komm AktG/*Ekkenga* Rn. 19; sowie MüKoAktG/*Hennrichs*/*Pöschke* Rn. 38 und 41.

[31] MüKoAktG/*Hennrichs*/*Pöschke* Rn. 15.

[32] Hölters/*Waclawik* Rn. 10 f.; Bürgers/Körber/*Schulz* Rn. 3a; Großkomm AktG/*Brönner*s Rn. 6 und 9; einschränkend MüKoAktG/*Hennrichs*/*Pöschke* Rn. 105; **aA** *Velte* NZG 2010, 930 (932).

[33] K. Schmidt/Lutter/*Drygala* Rn. 5 f.

[34] ADS Rn. 26; *Richardt* in Semler/v.Schenck AR-HdB § 9 Rn. 88; sowie Großkomm AktG/*Brönner* Rn. 12; vgl. hierzu auch MüKoAktG/*Hennrichs*/*Pöschke* Rn. 108.

[35] Bürgers/Körber/*Schulz* Rn. 3b; MüKoAktG/*Hennrichs*/*Pöschke* Rn. 108; sowie ADS Rn. 19.

b) Zweckmäßigkeit. Anders als der Abschlussprüfer darf sich der Aufsichtsrat nicht auf die Prüfung der Rechtmäßigkeit der vorgelegten Rechnungslegungsunterlagen beschränken. Aufgrund seiner allgemeinen Mitverantwortung für die Leitung der Aktiengesellschaft (vgl. § 111) muss er sich darüber hinaus auch mit der Frage befassen, ob etwa bestehende Beurteilungs- und Ermessensspielräume sowie Bilanzierungswahlrechte **in Übereinstimmung mit den Interessen der Gesellschaft und deren Zielen** ausgeübt wurden.[36] Dies betrifft insbesondere die Bildung oder Auflösung von Rücklagen im Rahmen der Feststellung des Jahresabschlusses.

Besondere Aufmerksamkeit sollte der Aufsichtsrat den ihm vorgelegten Rechnungslegungsunterlagen zukommen lassen, soweit darin Maßnahmen vorgesehen sind, welche die **handelsrechtlich bestehenden Gestaltungsspielräume** bis an die Grenzen des Zulässigen ausnutzen. Dies gilt insbesondere für Änderungen von Bilanzierungs- und Bewertungsmethoden, außergewöhnliche Geschäftsvorfälle in unmittelbarem zeitlichen Zusammenhang mit dem Abschlussstichtag sowie sog. „sachverhaltsgestaltende Maßnahmen"[37] (vgl. hierzu auch § 321 Abs. 2 S. 4 HGB). Hier besteht für den Aufsichtsrat regelmäßig Anlass, kritisch zu hinterfragen, ob derartige Maßnahmen vorrangig den Interessen der Gesellschaft dienen.[38] Allerdings kann es im Einzelfall durchaus schwierig sein, die Interessen der Gesellschaft eindeutig zu bestimmen, da diese sich regelmäßig in einem Spannungsfeld der Interessen verschiedenster Stakeholder (z. B. Ausschüttungsinteresse der Aktionäre vs. Akquisitions-/Expansionspläne der Verwaltung) bewegt. Dementsprechend steht dem Aufsichtsrat insoweit ein gewisser Beurteilungsspielraum zu.[39]

Dessen ungeachtet steht dem Aufsichtsrat im Rahmen seiner Prüfung sowie seiner Entscheidung über die Feststellung des Jahresabschlusses – anders als der Hauptversammlung in den Fällen des § 173 Abs. 1[40] – nicht die Befugnis zu, den vom Vorstand aufgestellten Jahresabschluss zu ändern und mit geändertem Inhalt festzustellen.[41] Er hat lediglich die Möglichkeit, den Vorstand im Rahmen eines Dialogs sowie ggf. durch Inaussichtstellen der Verweigerung der Feststellung des aufgestellten Jahresabschlusses davon zu überzeugen, ihm einen **geänderten Jahresabschluss vorzulegen** (vgl. zur Zulässigkeit solcher Änderungen → § 170 Rn. 41 f.).[42] Ist der Vorstand zu einer solchen Änderung nicht bereit, so bleibt dem Aufsichtsrat nur die Möglichkeit, den ihm vorgelegten Entwurf festzustellen oder die Feststellungsentscheidung gemäß § 173 Abs. 1 der Hauptversammlung zu überlassen.

3. Gegenstand und Umfang der Prüfung. a) Prüfung des Jahresabschlusses. Gegenstand der (internen) Prüfung durch den Aufsichtsrat ist zunächst der vom Vorstand nach den Vorschriften des HGB aufgestellte Jahresabschluss. Dieser umfasst bei einer Aktiengesellschaft neben der **Bilanz** iSv §§ 241 Abs. 1 S. 1, 266 ff. HGB **und der Gewinn- und Verlustrechnung** iSv §§ 242 Abs. 2, 275 ff. HGB – dh dem Jahresabschluss iSv § 242 Abs. 3 HGB – grds. auch einen **Anhang** iSv §§ 284 ff. HGB. Nur in den Konzernabschluss einer anderen Gesellschaft einbezogene Gesellschaften sowie Kleinstkapitalgesellschaften iSv § 267a HGB können ihren Jahresabschluss unter bestimmten Voraussetzungen (vgl. § 264 Abs. 1 S. 5 bzw. Abs. 3 HGB) auch ohne Anhang aufstellen.

Kapitalmarktorientierte Kapitalgesellschaften iSv § 264d HGB müssen ihren Jahresabschluss zwingend um eine **Kapitalflussrechnung und einen Eigenkapitalspiegel** erweitern (vgl. auch § 297 Abs. 1 S. 1 HGB), sofern sie nicht gemäß §§ 290 ff. HGB zur Aufstellung eines Konzernabschlusses verpflichtet sind (§ 264 Abs. 1 S. 2 HGB). Außerdem können solche Kapitalgesellschaften ihren Jahresabschluss auch um eine **Segmentbericht-**

---

[36] ADS Rn. 21; MüKoAktG/*Hennrichs/Pöschke* Rn. 36.
[37] Vgl. zu diesem Begriff MüKoHGB/*Ebke* HGB § 321 Rn. 55.
[38] MüKoAktG/*Hennrichs/Pöschke* Rn. 38.
[39] Vgl. MüKoAktG/*Hennrichs/Pöschke* Rn. 53; einschränkend *Sünner* AG 2008, 411 (412); vgl. zu den unterschiedlichen Interessen Kölner Komm AktG/*Ekkenga* Rn. 20.
[40] Hüffer/*Koch* § 173 Rn. 4; Hölters/*Waclawik* § 173 Rn. 5; sowie Spindler/Stilz/*Euler* § 173 Rn. 12.
[41] Großkomm AktG/*Brönner* Rn. 17.
[42] MüKoAktG/*Hennrichs/Pöschke* Rn. 53.

erstattung ergänzen (vgl. auch § 297 Abs. 1 S. 2 HGB). Hat der Vorstand den aufgestellten Jahresabschluss aufgrund bestehender gesetzlicher Vorgaben oder freiwillig um diese Elemente erweitert, so hat sich der Aufsichtsrat im Rahmen seiner Prüfung des Jahresabschlusses auch mit diesen Elementen zu befassen.[43]

20 Der **konkrete Umfang der Prüfung** des vom Vorstand aufgestellten Jahresabschlusses hängt zunächst davon ab, ob dieser zuvor bereits Gegenstand einer gesetzlichen Abschlussprüfung war. Wurde der vom Aufsichtsrat zu prüfende Jahresabschluss bereits mit einem uneingeschränkten Bestätigungsvermerk iSv § 322 Abs. 2 Nr. 1, Abs. 3 HGB versehen, so kann die Prüfung seitens des Aufsichtsrats an die Ergebnisse der Abschlussprüfung anknüpfen und sich – vorbehaltlich sonstiger Anhaltspunkte für Bilanzierungsfehler – darauf verlassen (→ Rn. 5 und → Rn. 77 f.).[44] Hat hingegen keine Abschlussprüfung stattgefunden oder kam es im Rahmen einer Abschlussprüfung zu Beanstandungen, so muss sich der Aufsichtsrat intensiver mit der Ordnungsgemäßheit des Jahresabschlusses auseinandersetzen und insbesondere vom Abschlussprüfer beanstandeten Aspekten auf den Grund gehen.[45]

21 In jedem Fall – dh auch bei einer vorangegangenen beanstandungsfreien Abschlussprüfung – bietet es sich aus Sicht des Aufsichtsrats an, jedenfalls diejenigen Teile des Jahresabschlusses konkret zu würdigen, die allgemein, in der Branche der Gesellschaft oder bei dieser selbst als streit- und fehleranfällig bekannt sind.[46] Dabei kann sich der Aufsichtsrat bspw. an den von der Deutschen Prüfstelle für Rechnungslegung jährlich vorab bekannt gemachten **Prüfungsschwerpunkten** orientieren.[47] Insbesondere Änderungen gegenüber der bisherigen Rechnungslegung, bilanzwirksamen Änderungen der Unternehmens- oder Konzernstruktur sowie besonderen Geschäftsvorfällen sollte der Aufsichtsrat in jedem Fall besondere Beachtung schenken.[48]

22 Sofern der Aufsichtsrat den vom Vorstand aufgestellten Jahresabschluss nicht abzulehnen beabsichtigt und Vorstand und Aufsichtsrat nicht jeweils beschließen wollen, die Feststellung des Jahresabschlusses der Hauptversammlung zu überlassen (vgl. §§ 172 S. 1, 173 Abs. 1 S. 1), hat der Aufsichtsrat sich im Rahmen seiner Prüfung des Entwurfs des Jahresabschlusses insbesondere mit der vom Vorstand vorgeschlagenen **Bildung von Gewinnrücklagen sowie ggf. der Auflösung von Rücklagen** zu befassen. Wegen §§ 58, 150 ist der Jahresabschluss einer Aktiengesellschaft nämlich regelmäßig unter Berücksichtigung der (teilweisen) Verwendung des Jahresergebnisses der Gesellschaft aufzustellen (vgl. auch §§ 268 Abs. 1, 270 HGB). So kann der Vorstand im Rahmen der Aufstellung des Jahresabschlusses vorschlagen, Beträge in Gewinnrücklagen einzustellen oder vorhandene freie Rücklagen zu Gunsten des Bilanzgewinns aufzulösen.[49]

23 Gemäß § 150 Abs. 1 sind in jedem Jahr zunächst fünf Prozent des Jahresüberschusses der Gesellschaft in eine **gesetzliche Gewinnrücklage** einzustellen, soweit der Jahresüberschuss den Verlustvortrag aus dem Vorjahr übersteigt. Diese Beträge bilden zusammen mit etwaigen Kapitalrücklagen iSv § 272 Abs. 2 Nr. 1 bis Nr. 3 HGB einen besonderen Reservefonds und können später nicht für Gewinnausschüttungen, sondern nur nach Maßgabe von § 150 Abs. 3 und Abs. 4 zu den in diesen Normen zugelassenen Zwecken verwendet werden.[50] Der besondere Reservefonds ist durch Einstellungen in die gesetzliche Gewinnrücklage aufzufüllen, bis er zehn Prozent des Grundkapitals der Gesellschaft – oder eines in der Satzung festgelegten höheren Teils des Grundkapitals – entspricht.

---

[43] Spindler/Stilz/*Euler* Rn. 41; sowie MüKoAktG/*Hennrichs/Pöschke* Rn. 29.
[44] MHdB AG/*Hoffmann-Becking* § 44 Rn. 15; K. Schmidt/Lutter/*Drygala* Rn. 7; Bürgers/Körber/*Schulz* Rn. 3a; sowie Kölner Komm AktG/*Ekkenga* Rn. 5; einschränkend *Velte* NZG 2010, 930 (932).
[45] RGZ 161, 129 (140); *Selter* AG 2013, 14 (16); Hölters/*Waclawik* Rn. 10; sowie Bürgers/Körber/*Schulz* Rn. 4.
[46] MüKoAktG/*Hennrichs/Pöschke* Rn. 33.
[47] Vgl. auch *Buhleier/Krowas* DB 2010, 1165 (1168).
[48] Eine umfassendere Darstellung möglicher Prüfungsschwerpunkte des Aufsichtsrats findet sich bei Kölner Komm AktG/*Ekkenga* Rn. 24.
[49] MüKoAktG/*Hennrichs/Pöschke* Rn. 42.
[50] Hüffer/*Koch* § 150 Rn. 1; sowie → Exkurs 2 – Bilanzrecht Rn. 171.

Darüber hinaus können Vorstand und Aufsichtsrat auf Grundlage von § 58 Abs. 2 **wei- 24 tere Beträge in die anderen Gewinnrücklagen** iSv § 272 Abs. 3 S. 2 HGB einstellen. Entscheidet hingegen (ausnahmsweise) die Hauptversammlung über die Feststellung des Jahresabschlusses, so ist gemäß § 58 Abs. 1 S. 1 ein in der Satzung konkret festgelegter Teil des Jahresüberschusses in andere Gewinnrücklagen einzustellen. In diesem Fall steht weder der Verwaltung noch der Hauptversammlung ein Entscheidungsspielraum hinsichtlich dessen konkreter Höhe zu.[51]

Die in die gesetzliche Rücklage sowie die anderen Gewinnrücklagen eingestellten Mittel 25 mindern gemäß § 158 Abs. 1 unmittelbar den Bilanzgewinn, sodass diese Mittel nicht Gegenstand der **Entscheidung der Hauptversammlung über die Verwendung des Bilanzgewinns** sein können. Die Aktionäre dürfen grds. nur über die Verwendung des im festgestellten Jahresabschluss ausgewiesenen Bilanzgewinns entscheiden (vgl. § 174), nicht aber dessen Höhe durch Bildung oder Auflösung von Rücklagen beeinflussen.[52] Dementsprechend können Vorstand und Aufsichtsrat durch ihre im Rahmen der Auf- und Feststellung des Jahresabschlusses zu treffenden Entscheidungen über Einstellungen in und Entnahmen aus den (freien) Gewinnrücklagen auch den für Ausschüttungen an Aktionäre höchstens zur Verfügung stehenden Betrag bestimmen.[53] Zusammen mit dem Vorschlagsrecht betreffend die Verwendung des Bilanzgewinns vermittelt diese Befugnis der Verwaltung indirekt einen erheblichen **Einfluss auf die Ausschüttungspolitik der Gesellschaft**.

b) Prüfung des Lageberichts. Neben dem Jahresabschluss hat der Aufsichtsrat gemäß 26 § 171 Abs. 1 auch einen vom Vorstand ggf. aufzustellenden Lagebericht zu prüfen. Eine solche Prüfungspflicht besteht unabhängig davon, ob der Vorstand den Lagebericht aufgrund einer gesetzlichen oder statutarischen Verpflichtung oder freiwillig aufgestellt hat.[54] **Gegenstand der Prüfung des Aufsichtsrats** ist insbesondere, ob der Inhalt des Lageberichts mit jenen Informationen übereinstimmt, welche der Vorstand dem Aufsichtsrat im abgelaufenen Geschäftsjahr gemäß § 90 vorgelegt hat.[55]

In dem Lagebericht hat der Vorstand gemäß § 289 Abs. 1 HGB nicht nur den bisherigen 27 Geschäftsverlauf sowie die gegenwärtige Lage der Gesellschaft darzustellen (S. 1) und zu analysieren (S. 2 und S. 3), sondern **auch die voraussichtliche Entwicklung der Gesellschaft** zu beurteilen und zu erläutern (S. 4).[56] Dementsprechend bietet die Analyse des Lageberichts dem Aufsichtsrat u. a. eine konkrete Gelegenheit, sich mit der künftigen Entwicklung der Gesellschaft auseinanderzusetzen. Zudem ist gemäß § 289 Abs. 2 Nr. 2 lit. a) HGB auf die **Risikomanagementziele und -methoden** der Gesellschaft einzugehen und sind – bei kapitalmarktorientierten Gesellschaften iSv § 264d HGB – die wesentlichen Merkmale des internen Kontroll- und des Risikomanagementsystems im Hinblick auf den Rechnungslegungsprozess zu beschreiben (vgl. § 289 Abs. 5 HGB).

Bei börsennotierten und bestimmten sonstigen Aktiengesellschaften mit Kapitalmarkt- 28 bezug hat der Lagebericht gemäß § 289a Abs. 1 HGB eine **Erklärung zur Unternehmensführung** zu umfassen. Diese beinhaltet gemäß § 289a Abs. 2 Nr. 1 HGB insbesondere die Erklärung zum Deutschen Corporate Governance Kodex (vgl. § 161), welche Vorstand und Aufsichtsrat abzugeben haben (→ § 161 Rn. 38f). Auch im Übrigen erscheint es empfehlenswert, dass der nach § 289a HGB an sich erklärungspflichtige Vorstand den Aufsichtsrat (intern) in die Vorbereitung der Erklärung zur Unternehmensführung ein-

---

[51] Spindler/Stilz/*Cahn/v. Spannenberg* § 58 Rn. 21 ff.; sowie Hölters/*Waclawik* Rn. 6 f.
[52] Nur dann, wenn die Hauptversammlung (ausnahmsweise) auch über die Feststellung des Jahresabschlusses entscheiden darf (vgl. § 172 S. 1 und § 173), haben die Aktionäre die Möglichkeit, unter Beachtung der Maßgaben insbesondere des § 150 bereits gebildete Rücklagen aufzulösen, in den Bilanzgewinn einzubeziehen und unter sich zu verteilen (vgl. Hölters/*Waclawik* § 158 Rn. 10).
[53] MüKoAktG/*Hennrichs/Pöschke* Rn. 42.
[54] Spindler/Stilz AktG/*Euler* Rn. 41; sowie MüKoAktG/*Hennrichs/Pöschke* Rn. 55.
[55] ADS Rn. 39; sowie Kölner Komm AktG/*Ekkenga* Rn. 27.
[56] Kölner Komm AktG/*Ekkenga* Rn. 27.

bezieht.[57] Ungeachtet dessen ist der Aufsichtsrat nach zutreffender (wohl) überwiegender Auffassung verpflichtet, die Erklärung zur Unternehmensführung iSv § 289a HGB in seine Prüfung der jährlichen Rechnungslegungsunterlagen einzubeziehen.[58]

29   **c) Prüfung des Gewinnverwendungsvorschlags.** Die Prüfungspflicht des Aufsichtsrats – nicht hingegen jene des (externen) gesetzlichen Abschlussprüfers[59] – umfasst gemäß § 171 Abs. 1 S. 1 auch einen vom Vorstand gemäß § 170 Abs. 2 vorgelegten **Vorschlag für die Verwendung des Bilanzgewinns.** Zu einem solchen Vorschlag ist der Vorstand gemäß § 124 Abs. 3 S. 1 verpflichtet, wenn der von ihm aufgestellte Jahresabschluss einen Jahresüberschuss/Bilanzgewinn ausweist.[60]

30   Neben der Vereinbarkeit der vom Vorstand vorgeschlagenen Gewinnverwendung mit den gesetzlichen und statutarischen Vorgaben muss die Prüfung des Aufsichtsrats insbesondere **auch deren Zweckmäßigkeit** zum Gegenstand haben. Insoweit muss der Aufsichtsrat sich eine eigene Meinung dazu bilden, durch welche Art und Weise der Ergebnisverwendung den Interessen der Gesellschaft bestmöglich gedient ist.[61] Dabei hat er einerseits den eigenen Finanzbedarf der Gesellschaft und andererseits die Erwartungen der Aktionäre und des (Kapital-)Marktes zu berücksichtigen. Ist der Aufsichtsrat mit dem Gewinnverwendungsvorschlag des Vorstands nicht einverstanden, so muss er der Hauptversammlung gemäß § 124 Abs. 3 einen eigenen (Alternativ-)Vorschlag zur Gewinnverwendung unterbreiten; andernfalls reicht es aus, dass er sich den Vorschlag des Vorstands zu eigen macht.[62]

31   **d) Weitere Prüfungsgegenstände. aa) Rentabilitätsbericht (§ 90 Abs. 1 S. 1 Nr. 2).** Gemäß § 90 Abs. 1 S. 1 Nr. 2 hat der Vorstand dem Aufsichtsrat über die Rentabilität der Gesellschaft, insbesondere über die Rentabilität des eingesetzten Eigenkapitals, zu berichten (sog. „Rentabilitätsbericht"). Dieser Bericht ist nicht Bestandteil der jährlichen (externen) Rechnungslegung der Gesellschaft, sondern ein **rein interner Bericht,** welcher von den Mitgliedern des Aufsichtsrats vertraulich zu behandeln ist.[63] Die Pflicht des Vorstands zur Aufstellung und Vorlage dieses Berichts ergibt sich demnach nicht aus den Vorschriften des AktG betreffend die jährliche (externe) Rechnungslegung der Gesellschaft (§§ 170 ff.), sondern unmittelbar aus § 90.

32   § 90 Abs. 2 Nr. 2 sieht insoweit vor, dass der Vorstand verpflichtet ist, den Rentabilitätsbericht zu jener Sitzung des Aufsichtsrats vorzulegen, in welcher dieser den Jahresabschluss verhandelt (dh zur sog. **„Bilanzsitzung").** Hintergrund hierfür ist, dass der Rentabilitätsbericht dem Aufsichtsrat ein genaueres Bild von den wirtschaftlichen Verhältnissen der Gesellschaft vermitteln und dessen Mitglieder bei der Wahrnehmung ihrer Aufgabe unterstützen soll.[64] Der Bericht soll dem Aufsichtsrat mithin u. a. als weiteres Hilfsmittel bei der Prüfung der jährlichen (externen) Rechnungslegung dienen.[65] Es besteht hingegen keine formale Verpflichtung, den Rentabilitätsbericht entsprechend § 171 Abs. 1 zu prüfen.[66]

33   **bb) Prüfbericht des Abschlussprüfers (vgl. § 321 HGB).** Der Bericht des Abschlussprüfers über Art und Umfang sowie das Ergebnis seiner Prüfung (vgl. § 321 Abs. 1 S. 1 HGB) wird in § 171 Abs. 1 S. 1 nicht erwähnt. Dies korrespondiert mit der Regelung in § 170 Abs. 1 S. 1, deren sachlicher Hintergrund – die unmittelbare Vorlagepflicht des Abschlussprüfers gegenüber dem Aufsichtsrat (vgl. § 321 Abs. 5 S. 2 HGB) – sich jedoch

---

[57] MüKoBilR/*Kleindiek* § 289a Rn. 9; sowie BeBiKo/*Grottel/Röhm-Kottmann* HGB § 289a Rn. 9.
[58] BeBiKo/*Grottel/Röhm-Kottmann* HGB § 289a Rn. 9; sowie Kölner Komm AktG/*Ekkenga* Rn. 27; **aA** MüKoAktG/*Hennrichs/Pöschke* Rn. 59.
[59] K. Schmidt/Lutter/*Drygala* Rn. 14.
[60] MüKoAktG/*Hennrichs/Pöschke* Rn. 62.
[61] Kölner Komm AktG/*Ekkenga* Rn. 28.
[62] Spindler/Stilz/*Euler* Rn. 54; sowie ADS Rn. 41.
[63] Vgl. hierzu Hölters/*Müller-Michaels* § 90 Rn. 3.
[64] K. Schmidt/Lutter/*Krieger/Sailer-Coceani* § 90 Rn. 19.
[65] Spindler/Stilz/*Euler* Rn. 63; Kölner Komm AktG/*Ekkenga* Rn. 33; sowie MüKoAktG/*Hennrichs/Pöschke* Rn. 79.
[66] MüKoAktG/*Kropff*, 2. Aufl. 2003, Rn. 71; unklar MüKoAktG/*Hennrichs/Pöschke* Rn. 79.

nicht auf § 171 Abs. 1 übertragen lässt. Die hM geht zutreffend davon aus, dass der Bericht des Abschlussprüfers als solcher **nicht eigener Prüfungsgegenstand, sondern Hilfsmittel** für die eigentliche Prüfung des Jahresabschlusses durch den Aufsichtsrat ist.[67]

In der Praxis muss sich der Aufsichtsrat einer prüfungspflichtigen Gesellschaft zwangsläufig 34 mit dem Bericht des Abschlussprüfers befassen, wenn er seine Prüfung des Jahresabschlusses und der übrigen Rechnungslegungsunterlagen durchführt.[68] Andernfalls dürfte sich der Aufsichtsrat bei seiner Prüfung nicht auf die Prüfungsergebnisse des Abschlussprüfers stützen, sodass er de facto zu einer eigenen (nochmaligen) Prüfung der Jahresabschlussunterlagen – einschließlich einer Überprüfung der Buchhaltung der Gesellschaft – verpflichtet wäre.[69] Zudem dürfte es dem Aufsichtsrat kaum möglich sein, in seinem Bericht an die Hauptversammlung die geforderte **Stellungnahme zu dem Bericht des Abschlussprüfers** abzugeben (vgl. § 171 Abs. 2 S. 3 HGB), wenn er sich damit nicht hinreichend befasst hat.

cc) **Halbjahres- und Quartalsfinanzberichte.** Keine Erwähnung im Rahmen von 35 § 171 Abs. 1 finden des Weiteren die halb- bzw. vierteljährigen Finanzberichte, zu deren Aufstellung und Offenlegung eine Gesellschaft aufgrund **kapitalmarktrechtlicher Vorgaben** (vgl. §§ 37w, 37x, 37y WpHG) oder einer anwendbaren Börsenordnung[70] verpflichtet sein kann. Unter systematischen Gesichtspunkten ist dies konsequent, da die Halbjahres- und Quartalsfinanzberichte zwar Teil der externen Finanzberichterstattung der Gesellschaft, nicht aber Bestandteil der in §§ 170 ff. thematisierten jährlichen Rechnungslegung sind.

Unabhängig davon stellt sich die Frage, ob der Vorstand einer zur Aufstellung solcher 36 Finanzberichte verpflichteten Gesellschaft deren Aufsichtsrat vor der Veröffentlichung der Berichte jeweils mit diesen befassen muss. Eine ausdrückliche gesetzliche Regelung zu dieser Frage fehlt. Insbesondere gibt es keine mit § 171 Abs. 4 S. 2 vergleichbare Regelung, dass Zwischenabschlüsse erst nach Billigung durch den Aufsichtsrat offengelegt werden dürfen. Vor diesem Hintergrund geht die wohl hM davon aus, dass für den Vorstand **keine allgemeine gesetzliche Verpflichtung** besteht, den Aufsichtsrat vorab mit diesen Unterlagen zu befassen.[71] Allerdings empfiehlt der DCGK den Vorständen börsennotierter Aktiengesellschaften, die Halbjahres- und Quartalsfinanzberichte vor der Veröffentlichung mit dem Aufsichtsrat zu erörtern (vgl. **Ziffer 7.1.2 DCGK**).[72]

Davon zu unterscheiden ist die Frage, ob der Aufsichtsrat seinerseits dazu berechtigt und 37 verpflichtet ist, die Halbjahres- und Finanzberichte zu überwachen. Nach unserer Auffassung ergibt sich eine solche – ihrem Umfang nach den zeitlichen Beschränkungen angepasste[73] – Verpflichtung zwar nicht aus § 171 Abs. 1, wohl aber aus der **allgemeinen Überwachungspflicht gemäß § 111 Abs. 1**.[74] Insbesondere kann der Aufsichtsrat – im Einzelfall kann er hierzu uU sogar verpflichtet sein[75] – die Zwischenfinanzberichte an seine vorherige Zustimmung iSv § 111 Abs. 4 S. 2 knüpfen.[76]

---

[67] Kölner Komm AktG/*Ekkenga* Rn. 16; sowie *Kuhner* ZGR 2010, 980 (999); im Ergebnis wohl auch *Lutter* AG 2008, 1 (4) und – mit Einschränkungen – Großkomm AktG/*Brönner* Rn. 6 und 12.
[68] Spindler/Stilz/*Euler* Rn. 64; Hölters/*Waclawik* Rn. 11; Kölner Komm AktG/*Ekkenga* Rn. 16; sowie *Kuhner* ZGR 2010, 980 (999).
[69] BeBiKo/*Grottel*/*H.Hoffmann* HGB Vor § 325 Rn. 22; sowie MüKoAktG/*Hennrichs*/*Pöschke* Rn. 109; aA *Selter* AG 2013, 14 (16 ff.).
[70] Vgl. bspw. § 51 der Börsenordnung der Frankfurter Wertpapierbörse in der Fassung vom 1.12.2014.
[71] Schwark/Zimmer/*Heidelbach*/*Doleczik* § 37w Rn. 49; *Böcking*/*Kiehne* Der Konzern 2010, 296 (300 f.); sowie *Vetter,*ZGR 2010, 751 (765); kritisch hierzu *Velte* NZG 2013, 289.
[72] Vgl. hierzu RKLW/*Ringleb* Rn. 1184.
[73] RKLW/*Ringleb* Rn. 1184.
[74] Kölner Komm AktG/*Ekkenga* Rn. 22; *Böcking*/*Kiehne* Der Konzern 2010, 296 (301).
[75] Vgl. allgemein zum Ermessen des Aufsichtsrats bei der Anordnung von Zustimmungsvorbehalten MüKoAktG/*Habersack* § 111 Rn. 102, 108 und 115.
[76] *Vetter* ZGR 2010, 751 (765); sowie *Nonnenmacher* in Marsch-Barner/Schäfer HdB börsennotierte AG § 57 Rn. 13.

38 **dd) Einzelabschluss nach internationalen Rechnungslegungsstandards (§§ 325 Abs. 2a, 315a HGB).** Gemäß § 325 Abs. 2a HGB kann der Vorstand – zusätzlich zu einem Jahresabschluss iSv §§ 242 ff., 264 ff. HGB[77] – einen Einzelabschluss nach internationalen Rechnungslegungsstandards (dh IFRS) aufstellen und diesen anstelle des nach den Vorschriften des HGB aufgestellten Jahresabschlusses bekannt machen. Auf diese Weise soll es insbesondere kapitalmarktorientierten Unternehmen ermöglicht werden, Zahlen zu veröffentlichen, welche den **internationalen Marktteilnehmern bessere Vergleichsmöglichkeiten** bieten.[78]

39 Sofern der Jahresabschluss der Gesellschaft gemäß § 316 Abs. 1 S. 1 HGB zum Gegenstand einer Abschlussprüfung durch einen Abschlussprüfer zu machen ist, erstreckt sich diese Prüfungspflicht gemäß § 324a Abs. 1 S. 1 HGB auch den IFRS-Einzelabschluss iSv § 325 Abs. 2a HGB. Dieser Einzelabschluss ist gemäß § 171 Abs. 4 S. 1 auch **durch den Aufsichtsrat der Gesellschaft zu prüfen** (vgl. → Rn. 158 ff.). Der Vorstand darf den IFRS-Einzelabschluss erst dann anstelle des HGB-Jahresabschlusses offenlegen, wenn der Aufsichtsrat diesen gebilligt hat (§ 171 Abs. 4 S. 2).

40 **ee) Konzernabschluss und -lagebericht.** Sofern es sich bei der Gesellschaft um ein **Mutterunternehmen iSv § 290 Abs. 1 HGB** handelt, ist deren Vorstand grds. verpflichtet, zusätzlich zum Jahresabschluss (und ggf. zum Lagebericht) einen Konzernabschluss und einen Konzernlagebericht aufzustellen. Von dieser Pflicht ausgenommen sind lediglich solche Mutterunternehmen, die bestimmten, in § 293 Abs. 1 HGB festgelegten Größenkriterien nicht entsprechen oder die nach § 291 HGB ihrerseits als Tochterunternehmen iSv § 290 Abs. 1 HGB in den Konzernabschluss eines weiteren (Mutter-)Unternehmens einbezogen werden.

41 Gemäß § 171 Abs. 1 S. 1 ist der Aufsichtsrat zur **Prüfung des Konzernabschlusses sowie des Konzernlageberichts** verpflichtet. Entgegen dem insoweit missverständlichen Wortlaut von § 171 Abs. 1 S. 1 besteht eine Prüfungspflicht allerdings nicht erst dann, wenn der Vorstand tatsächlich einen Konzernabschluss und einen Konzernlagebericht aufstellt und dem Aufsichtsrat zur Prüfung vorlegt. Auch wenn der Vorstand keine entsprechenden Unterlagen vorlegt, muss der Aufsichtsrat jedenfalls überprüfen, ob die Gesellschaft ein Mutterunternehmen iSv § 290 Abs. 1 S. 1 HGB ist und ob sie als solches zur Aufstellung eines Konzernabschlusses und eines Konzernlageberichts verpflichtet ist.[79] Besteht eine solche Aufstellungspflicht allein deshalb nicht, weil zu Gunsten der Gesellschaft die einschlägigen Befreiungstatbestände (vgl. §§ 291, 293 HGB) vorliegen, hat sich der Aufsichtsrat auch mit der Frage zu beschäftigen, ob besondere Gründe vorliegen, aufgrund derer die Nutzung der Befreiungstatbestände im Hinblick auf die Interessen der Gesellschaft (ausnahmsweise) nicht zweckmäßig erscheint.

42 Legt der Vorstand dem Aufsichtsrat einen Konzernabschluss und -lagebericht zur Prüfung vor, so muss der Aufsichtsrat – wie auch beim Jahresabschluss – dessen **Recht- und Zweckmäßigkeit prüfen**. Inhaltlich unterscheidet sich das Programm der Rechtmäßigkeitsprüfung von dem Prüfungsprogramm bei der Prüfung eines HGB-Jahresabschlusses. Insbesondere muss sich der Aufsichtsrat bei einem Konzernabschluss zusätzlich mit der Frage befassen, ob alle konsolidierungspflichtigen Tochterunternehmen in dem jeweils zulässigen bzw. gebotenen Umfang in den Konzernabschluss einbezogen wurden (**„Konsolidierungskreis"**) und wie die Daten der einzelnen Unternehmen zu einem Gesamtwerk zusammengefasst wurden (**„Konsolidierungstechnik"**).[80] Angesichts der Komplexität dieser Fragen wird sich der Aufsichtsrat dabei noch stärker als bei der Prüfung des Jahresabschlusses auf die **Ergebnisse der Prüfung des externen Abschlussprüfers** stützen

---

[77] MüKoBilR/*Drinhausen* HGB § 325 Rn. 61; sowie Baumbach/Hopt/*Merkt* HGB § 325 Rn. 6.
[78] BeBiKo/*Grottel* HGB § 325 Rn. 56; sowie MüKoHGB/*Fehrenbacher* HGB § 325 Rn. 82.
[79] Bürgers/Körber/*Schulz* Rn. 4a; Kölner Komm AktG/*Ekkenga* Rn. 26; sowie MüKoAktG/*Hennrichs/Pöschke* Rn. 70.
[80] Kölner Komm AktG/*Ekkenga* Rn. 26.

(müssen).[81] Im Übrigen ist der Aufsichtsrat gehalten, insbesondere diejenigen Aspekte des Konzernabschlusses kritisch zu würdigen, die als fehleranfällig bekannt sind (z. B. Bewertung von Finanzinstrumenten, Bilanzierung eines Goodwill, etc.).[82]

Im Rahmen der Zweckmäßigkeitsprüfung muss sich der Aufsichtsrat insbesondere mit der Frage befassen, ob die bestehenden **Beurteilungs- und Ermessensspielräume im Interesse der Gesellschaft so ausgeübt** worden sind, dass die Gesellschaft und ihre Tochterunternehmen im Rahmen des rechtlich Zulässigen bestmöglich dargestellt werden.[83] Hierbei muss sich der Aufsichtsrat grundsätzlich auch mit der Frage befassen, ob den Interessen der Gesellschaft besser durch einen Konzernabschluss nach den Regeln des HGB oder wahlweise alternativ[84] durch einen Konzernabschluss nach internationalen Rechnungslegungsstandards gedient ist,[85] es sei denn, die Gesellschaft ist als Wertpapieremittenten ohnehin gesetzlich zur Anwendung internationaler Rechnungslegungsstandards verpflichtet.[86] 43

ff) Abhängigkeitsbericht. Bei Aktiengesellschaften, die gemäß §§ 312 ff. „faktisch" – d. h. ohne Bestehen eines Beherrschungsvertrags – von einem anderen Unternehmen abhängig sind (vgl. § 17), erstreckt sich die Prüfungspflicht des Aufsichtsrats gemäß § 314 Abs. 2 S. 1 ggf. auch auf den **Bericht des Vorstands über die Beziehungen zu verbundenen Unternehmen** (sog. „Abhängigkeitsbericht"). Vor dem Hintergrund des Benachteiligungsverbots in § 311 Abs. 1 dient dieser insbesondere dazu, potentielle Benachteiligungen der Aktiengesellschaft durch das herrschende Unternehmen zu dokumentieren sowie zu überprüfen, ob der Aktiengesellschaft für sämtliche Nachteile nach Maßgabe von § 311 ein angemessener Ausgleich gewährt wurde.[87] 44

Dem Aufsichtsrat kommt bei der Kontrolle des Abhängigkeitsberichts eine besonders wichtige Rolle zu. Zum einen wird dieser Bericht – anders als die anderen Regelungsunterlagen – dauerhaft weder den Anteilseignern noch der Öffentlichkeit zugänglich gemacht, sodass die nicht im Aufsichtsrat vertretenen Aktionäre und die Gläubiger der abhängigen Aktiengesellschaft sich vorrangig auf dessen Prüfung durch Aufsichtsrat und Abschlussprüfer verlassen müssen. Zum anderen beschränkt § 313 Abs. 1 S. 2 den Umfang der Prüfung des Abhängigkeitsberichts durch den Abschlussprüfer, sodass insbesondere die Verantwortung für die **Überwachung der inhaltlichen Vollständigkeit** des Berichts in erster Linie in den Händen der Aufsichtsratsmitglieder liegt.[88] 45

Gemäß § 314 Abs. 2 S. 1 hat der Aufsichtsrat der Hauptversammlung im Rahmen seines **Berichts iSv § 171 Abs. 2** auch über das Ergebnis seiner Prüfung des Abhängigkeitsberichts zu berichten. Dabei hat er nach § 314 Abs. 3 insbesondere zu der Frage Stellung zu nehmen, ob aus seiner Sicht Einwände gegen die jeweils vom Vorstand gemäß § 312 Abs. 3 abzugebende Erklärung bestehen, dass keine relevanten Benachteiligungen vorlagen bzw. etwaige Benachteiligungen vollständig ausgeglichen worden sind. Bei prüfungspflichtigen Gesellschaften hat der Aufsichtsrat in dem Bericht auch den vom Abschlussprüfer im 46

---

[81] MüKoAktG/*Hennrichs*/*Pöschke* Rn. 74.
[82] Kölner Komm AktG/*Ekkenga* Rn. 26; sowie MüKoAktG/*Hennrichs*/*Pöschke* Rn. 74.
[83] Vgl. Spindler/Stilz/*Euler* Rn. 56; sowie MüKoAktG/*Hennrichs*/*Pöschke* Rn. 75.
[84] Während nach den Regeln des HGB ein Einzelabschluss nach internationalen Rechnungslegungsstandards ausschließlich als Ergänzung zu dem stets erforderlichen HGB-Jahresabschluss zulässig ist, besteht im Bereich der Konzernabschlüsse aufgrund von § 315a Abs. 3 HGB ein echtes Wahlrecht zwischen der Anwendung entweder der HGB-Regeln oder der internationalen Rechnungslegungsstandards, sofern nicht die Gesellschaft als Emittentin von Wertpapieren gemäß § 315a Abs. 1 HGB zur Nutzung internationaler Rechnungslegungsstandards verpflichtet ist (vgl. BeBiKo/*Grottel*/*Kreher* § 315a Rn. 14).
[85] MüKoAktG/*Hennrichs*/*Pöschke* Rn. 70 und 75.
[86] Vgl. hierzu § 315a Abs. 1 HGB iVm Art 4 VO (EG) Nr. 1606/2002 des Europäischen Parlamentes und des Rats vom 19. Juli 2002 betreffend die Anwendung internationaler Rechnungslegungsstandards.
[87] Hüffer/*Koch* § 312 Rn. 1; Emmerich/Habersack/*Habersack* § 312 Rn. 2; sowie Spindler/Stilz/*Müller* § 312 Rn. 2.
[88] ADS Rn. 42; vgl. hierzu auch Spindler/Stilz/*Müller* § 314 Rn. 7; sowie MüKoAktG/*Altmeppen* § 314 Rn. 18.

Hinblick auf den Abhängigkeitsbericht erteilten Bestätigungsvermerk wiederzugeben (oder ggf. über dessen Versagung zu berichten) sowie zum Ergebnis der Prüfung durch den Abschlussprüfer Stellung zu nehmen (§ 314 Abs. 2 S. 3).

47 e) **Prüfung der Systemüberwachung sowie des Rechnungslegungsprozesses.** Aus § 107 Abs. 3 S. 2 ergibt sich, dass die allgemeine Überwachungspflicht des Aufsichtsrats (vgl. § 111 Abs. 1) auch die Überwachung des Rechnungslegungsprozesses sowie der Wirksamkeit des internen Kontrollsystems, des Risikomanagementsystems und des internen Revisionssystems umfasst.[89] Die letztgenannten Systeme sind nicht auf rechnungslegungsbezogene Aspekte beschränkt, sondern zielen darauf ab, die Umsetzung der Leitungsentscheidungen des Vorstands sowie die Rechtmäßigkeit und Ordnungsgemäßheit sämtlicher Betriebsabläufe umfassend sicherzustellen.[90] Die **Einrichtung sowie die konkrete Ausgestaltung solcher Systeme** sind nicht gesetzlich vorgeschrieben, sodass der Vorstand im Rahmen seiner Leitungsverantwortung darüber zu befinden hat, „ob" die Einrichtung solcher Systeme für die jeweilige Gesellschaft erforderlich ist und „wie" diese Systeme im Einzelfall ausgestaltet werden müssen.[91]

48 Die Überwachung des Rechnungslegungsprozesses – dh der verfahrensmäßigen Vorkehrungen dafür, dass einzelne Geschäftsvorfälle ordnungsgemäß verbucht, aus den einzelnen Buchungsvorgängen ordnungsgemäße Abschlussunterlagen erstellt und etwaige Fehler oder Schwierigkeiten bei der Rechnungslegung identifiziert und dem Vorstand und ggf. auch dem Aufsichtsrat zur Kenntnis gebracht werden[92] – geht regelmäßig mit der Überwachung des internen Kontrollsystems und des internen Risikomanagementsystems einher.[93] Im unmittelbaren Zusammenhang mit der Prüfung iSv § 171 Abs. 1 S. 1 steht die **Überwachung der Kontroll- und Überwachungssysteme** jedoch nur, soweit diese Berührungspunkte zum Rechnungslegungsprozess aufweisen (zB das Management von Risiken im Zusammenhang mit der Bildung von Bewertungseinheiten oder gegebenenfalls erforderlichen Risikoeinschätzungen, beispielsweise die Frage nach dem Risiko einer Inanspruchnahme aus Eventualverbindlichkeiten).[94] Im Übrigen ist die **Systemüberwachung unabhängig von der Prüfung der Rechnungslegungsunterlagen** auf Basis der vom Vorstand gemäß § 90 zu erstattenden internen Berichte durchzuführen (vgl. hierzu auch → Rn. 105 ff.).

49 Im Rahmen der Bilanzsitzung des Prüfungsausschusses oder des Aufsichtsrats hat der **Abschlussprüfer** dem Aufsichtsrat gemäß § 171 Abs. 1 S. 2 über wesentliche Schwächen des internen Kontroll- und des Risikomanagementsystems bezogen auf den Rechnungslegungsprozess zu berichten. Bei kapitalmarktorientierten Gesellschaften iSv § 264d HGB muss zudem der Lage- und ggf. der Konzernlagebericht einen Bericht über die wesentlichen Merkmale des internen Kontroll- und des Risikomanagementsystems im Hinblick auf den Rechnungslegungsprozess enthalten (vgl. § 289 Abs. 5 bzw. § 315 Abs. 2 Nr. 5 HGB). Dementsprechend muss sich der Aufsichtsrat im Rahmen seiner Prüfung iSv § 171 Abs. 1 S. 1 nicht nur vergangenheitsbezogen mit der Rechnungslegung des abgelaufenen Geschäftsjahres befassen, sondern prozessorientiert den **Blick auch bereits auf die künftige**

---

[89] Begründung des Regierungsentwurfs des BilMoG, BT-Drs. 16/10067, 102; K. Schmidt/Lutter/*Drygala* § 107 Rn. 56 f.; *Kropff*, FS K. Schmidt, 1023 (1024); sowie *Staake* ZIP 2010, 1013 (1014).
[90] Begründung des Regierungsentwurfs des BilMoG, BT-Drs. 16/10067, 102; IDW Prüfungsstandard: Feststellung und Beurteilung von Fehlerrisiken und Reaktionen des Abschlussprüfers auf die beurteilten Fehlerrisiken (IDW PS 261) Rn. 19; *Wolf* DStR 2009, 920 (921 f.); sowie Kölner Komm AktG/*Ekkenga* Rn. 29 ff.
[91] Vgl. hierzu Begründung des Regierungsentwurfs des BilMoG, BT-Drs. 16/10067, 102; K. Schmidt/Lutter/*Drygala* § 107 Rn. 67; sowie *Wolf*, DStR 2009, 920 (921).
[92] IDW PS 261 Rn. 22; vgl. hierzu *Wolf* DStR 2009, 920 (921).
[93] Begründung des Regierungsentwurfs des BilMoG, BT-Drs. 16/10067, 103.
[94] Begründung des Regierungsentwurfs des BilMoG, BT-Drs. 16/10067, 102; sowie Kölner Komm AktG/*Ekkenga* Rn. 29.

Rechnungslegung richten.[95] Gemäß § 107 Abs. 3 S. 2 kann der Aufsichtsrat diese Aufgabe einem (Prüfungs-)Ausschuss übertragen.[96]

4. Vorbereitung der Prüfung durch einen Ausschuss. a) Zulässigkeit der Einbeziehung eines Prüfungsausschusses. Gemäß § 107 Abs. 3 S. 1 steht es dem Aufsichtsrat frei, einen oder mehrere Ausschüsse zu bilden.[97] Aus dem Wortlaut der Vorschrift folgt, dass solche Ausschüsse allgemein dazu eingesetzt werden können, Entscheidungen des Aufsichtsratsplenums vorzubereiten sowie den Vollzug vom Aufsichtsratsplenum getroffener Entscheidungen zu überwachen (sog. **„vorbereitende Ausschüsse"**).

Darüber hinaus können Aufsichtsratsausschüsse grundsätzlich auch dazu eingesetzt werden, um bestimmte Aufgaben des Aufsichtsrats anstelle des Aufsichtsratsplenums durch eine eigene Sachentscheidung abschließend zu erledigen (sog. **„beschließende Ausschüsse"**). Zwar werden in § 107 Abs. 3 S. 3 einige Aufgaben des Aufsichtsrats benannt, die einem Ausschuss nicht anstelle des Aufsichtsratsplenums zur Entscheidung übertragen werden können. Im Umkehrschluss aus dieser Spezifikation zu § 107 Abs. 1 S. 1 folgt jedoch nach wohl allgemeiner Meinung, dass hinsichtlich der nicht genannten Aufgaben des Aufsichtsrats die Einsetzung beschließender Ausschüsse zulässig ist.[98]

Der durch das BilMoG[99] eingefügte § 107 Abs. 3 S. 2 weist ausdrücklich auf die Möglichkeit hin, aus der Mitte des Aufsichtsrats einen Prüfungsausschuss zu bilden. Als eine (potentielle) Aufgabe eines solchen Prüfungsausschusses wird u. a. die Überwachung des Rechnungslegungsprozesses sowie der Abschlussprüfung genannt. Eine allgemeine Pflicht zur **Bildung eines Prüfungsausschusses** besteht für deutsche Aktiengesellschaften nicht.[100] Gleichwohl kann sich aufgrund der Verhältnisse bei einzelnen Aktiengesellschaften ergeben, dass dort die Einsetzung eines Prüfungsausschusses erforderlich ist, da der Aufsichtsrat andernfalls seinen Überwachungsaufgaben nicht hinreichend nachkommen kann.[101] Zu nennen ist ferner § 25d Abs. 9 KWG, der für CRR-Institute von erheblicher Bedeutung im Grundsatz (vgl. aber § 25d Abs. 7 S. 1 KWG) die Bildung u. a. eines Prüfungsausschusses vorgibt.

Hinsichtlich der **personellen Zusammensetzung des Prüfungsausschusses** enthält das AktG keine ausdrücklichen Vorgaben. Lediglich für kapitalmarktorientierte Aktiengesellschaften iSv § 264d HGB schreibt § 107 Abs. 4 vor, dass deren Prüfungsausschuss – sofern ein solcher überhaupt gebildet wird – mindestens ein unabhängiger Finanzexperte iSv § 100 Abs. 5 angehören muss; dieser hat nach dem Wortlaut des Gesetzes über Sachverstand auf den Gebieten Rechnungslegung *oder* Abschlussprüfung zu verfügen (siehe aber Rn. 55 zum Vorsitzenden des Prüfungsausschusses). Darüber hinaus gelten für die Besetzung des Prüfungsausschusses die gleichen allgemeinen Grundsätze wie bei der Besetzung sonstiger Aufsichtsratsausschüsse. Die Mitglieder des Prüfungsausschusses müssen also – im Vergleich zu sonstigen Mitgliedern des Aufsichtsratsplenums – über besondere Kenntnisse und Erfahrungen in/zu den vom Aufgabenspektrum des Prüfungsausschusses erfassten Themen aufweisen bzw. sich entsprechende Kenntnisse unmittelbar nach der Bestellung zum Ausschussmitglied kurzfristig aneignen.[102]

b) Empfehlungen des Deutschen Corporate Governance Kodex. Der Deutsche Corporate Governance Kodex empfiehlt den Aufsichtsräten börsennotierter Aktiengesell-

---

[95] Kölner Komm AktG/*Ekkenga* Rn. 23.
[96] Spindler/Stilz/*Spindler* § 107 Rn. 130.
[97] Hüffer/*Koch* § 107 Rn. 18.
[98] MüKoAktG/*Habersack* § 107 Rn. 92; Spindler/Stilz/*Spindler* § 107 Rn. 84; sowie Hölters/*Hambloch-Gesinn/Gesinn* § 107 Rn. 90.
[99] Gesetz zur Modernisierung des Bilanzrechts (Bilanzrechtsmodernisierungsgesetz – BilMoG) vom 25.5.2009; BGBl. 2009 S. 1102.
[100] Hüffer/*Koch* § 107 Rn. 22; Spindler/Stilz/*Spindler* § 107 Rn. 129; sowie K. Schmidt/Lutter/*Drygala* § 107 Rn. 55 und 57.
[101] Vgl. hierzu allgemein Spindler/Stilz/*Spindler* § 107 Rn. 85; Kölner Komm AktG/*Ekkenga* Rn. 35.
[102] Näher dazu Spindler/Stilz/*Spindler* § 107 Rn. 135 ff.

schaften, einen **Prüfungsausschuss einzurichten (Ziff. 5.3.2 DCGK)**. Ein solcher Prüfungsausschuss soll sich nach den Vorstellungen der Kodex-Kommission über die bereits in § 107 Abs. 3 S. 2 aufgezählten Aufgaben hinaus auch mit der Erteilung des Prüfauftrags an den Abschlussprüfer befassen (vgl. § 111 Abs. 2 S. 3). Konkret bedeutet dies, dass der Prüfungsausschuss im Namen der Gesellschaft mit dem von der Hauptversammlung gewählten Abschlussprüfer die (wirtschaftlichen) Konditionen seiner Prüfungstätigkeit aushandelt[103] und im Namen der Gesellschaft den Auftrag für die gesetzliche Abschlussprüfung unterzeichnet.

55 Betreffend die **Zusammensetzung des Prüfungsausschusses** empfiehlt der Deutsche Corporate Governance Kodex, dass der Vorsitzende des Prüfungsausschusses unabhängig sein und über besondere Kenntnisse und Erfahrungen in der Anwendung von Rechnungslegungsgrundsätzen *und* internen Kontrollverfahren verfügen soll (vgl. Ziff. 5.3.2 DCGK); der Kodex formuliert insoweit also strengere Anforderungen als § 100 Abs. 5 AktG. Zudem soll der Vorsitzende des Aufsichtsrats nicht zugleich auch den Vorsitz im Prüfungsausschuss führen (Ziff. 5.2 DCGK).

56 In der Praxis sind die Prüfungsausschüsse vornehmlich mit der **Prüfung der externen Rechnungslegung** der Gesellschaft (Jahres- und Konzernabschluss sowie ggf. Zwischenabschlüsse) befasst.[104] Sämtliche von der Empfehlung des DCGK umfassten Aufgaben dürften demgegenüber regelmäßig nur die Prüfungsausschüsse besonders großer Unternehmen wahrnehmen.[105]

57 c) **Grenzen der Einbeziehung eines Prüfungsausschusses.** Ungeachtet der Empfehlung des DCGK kann der Prüfungsausschuss nur eine beschränkte Rolle bei der Prüfung der Rechnungslegungsunterlagen übernehmen. Gemäß § 107 Abs. 3 S. 3 können u. a. die Prüfung der externen Finanzberichterstattung (§ 171 Abs. 1) sowie die Berichterstattung des Aufsichtsrats gegenüber der Hauptversammlung (§ 171 Abs. 2) nicht einem Aufsichtsratsausschuss an Stelle des Aufsichtsrats zur Beschlussfassung überwiesen werden. Diese Aufgaben sind mithin zwingend dem **Aufsichtsratsplenum vorbehalten.** Dem Prüfungsausschuss kann insoweit lediglich die Aufgabe übertragen werden, die abschließende Prüfung der Rechnungslegungsunterlagen durch das Aufsichtsratsplenum sowie der Berichterstattung des Aufsichtsrats gegenüber der Hauptversammlung vorzubereiten (vgl. § 107 Abs. 3 S. 1).[106]

58 Als wesentlicher **Schwerpunkt** für den Prüfungsausschuss verbleibt mithin insbesondere die Vorprüfung der Rechnungslegungsunterlagen zur **Vorbereitung einer Entscheidung des Aufsichtsratsplenums** über das Ergebnis dieser Prüfung (dh insbesondere die Entscheidung über die Feststellung des Jahresabschlusses). Insoweit zielt die Tätigkeit der Mitglieder des Prüfungsausschusses unmittelbar darauf hin, dass die übrigen Mitglieder des Aufsichtsrats allein aufgrund der Berichte und Empfehlungen des Prüfungsausschusses eine informierte Sachentscheidung treffen können.[107] Dementsprechend müssen die Mitglieder des Prüfungsausschusses die übrigen Mitglieder des Aufsichtsrats so verständlich und ausführlich über die Ergebnisse ihrer Tätigkeit informieren, dass diese sich ein eigenes Bild von dem Entscheidungsgegenstand machen und (zumindest) die Plausibilität des **Beschlussvorschlags des Prüfungsausschusses** überprüfen können. Hierzu haben die Mitglieder des Prüfungsausschusses sich eingehend mit den Vorlagen des Vorstands sowie dem Bericht des Abschlussprüfers auseinanderzusetzen. Auf dieser Grundlage kann der Prüfungsausschuss sodann dem Aufsichtsratsplenum empfehlen, ob es die Feststellung des Jahresabschlusses

---

[103] Vgl. hierzu Spindler/Stilz/*Spindler* § 111 Rn. 51 f.
[104] Empirische Daten zur Befolgung der aktuellen Empfehlungen des Deutschen Corporate Governance Kodex betreffend die Bildung, die Aufgaben und die Zusammensetzung des Prüfungsausschusses finden sich bei *v. Werder/Bartz* DB 2014, 905 (910 f.); vgl. zur Zusammensetzung von Prüfungsausschüssen auch *Peermöller/Warncke* DB 2005, 401 (403); sowie *Nonnenmacher/Pohle/v. Werder* DB 2007, 2412.
[105] *v. Werder/Bartz* DB 2013, 885 (889).
[106] Spindler/Stilz/*Spindler* § 107 Rn. 133 f.; MüKoAktG/*Hennrichs/Pöschke* Rn. 92.
[107] *Nonnenmacher/Pohle/v. Werder* DB 2009, 1447 (1453).

beschließen soll und welcher Teil des im Jahresabschluss festgestellten Bilanzgewinns an die Aktionäre ausgeschüttet werden soll.

5. Kooperation mit dem Abschlussprüfer. Neben der Prüfung durch den Aufsichtsrat 59 gemäß § 171 Abs. 1 sieht § 316 Abs. 1 S. 1 HGB vor, dass der Jahresabschluss und der Lagebericht von Kapitalgesellschaften, die keine „kleinen" Kapitalgesellschaften iSv § 267 Abs. 1 HGB sind, durch einen Abschlussprüfer zu prüfen sind; entsprechendes gilt gemäß § 316 Abs. 2 S. 1 HGB auch für den Konzernabschluss und den Konzernlagebericht. Gesetzgeberisches Ziel dieser „Doppelung" ist, die Rechnungslegungsunterlagen nicht nur durch die unternehmenskundigen Mitglieder des Aufsichtsrats, sondern auch durch professionelle Sachverständige auf dem Gebiete der Rechnungslegung prüfen zu lassen (vgl. hierzu bereits Rn. 4 ff.). Dabei ist der **Abschlussprüfer nicht bloßer Erfüllungsgehilfe des Aufsichtsrats,** sondern hat im Rahmen der Corporate Governance der Gesellschaft eine eigenständige und unabhängige Funktion wahrzunehmen.[108]

Der Abschlussprüfer wird gemäß § 119 Abs. 1 Nr. 4 von der Hauptversammlung ge- 60 wählt, erhält jedoch seinen Auftrag gemäß § 111 Abs. 2 S. 3 vom Aufsichtsrat. Damit ist der **Abschlussprüfer der natürliche Berater des Aufsichtsrats** bei der Wahrnehmung seiner Überwachungsaufgabe gegenüber dem Vorstand.[109] Aufgrund der vom Abschlussprüfer zu beachtenden gesetzlichen Vorgaben unterscheidet sich seine Tätigkeit im Rahmen der Abschlussprüfung von der Tätigkeit sonstiger Sachverständiger; eine ausführliche Darstellung der Zusammenarbeit zwischen Aufsichtsrat und Abschlussprüfer bei der Prüfung der Rechnungslegungsunterlagen findet sich unter Rn. 80 ff.

6. Weitere Informationsquellen des Aufsichtsrats. Im Rahmen der gemäß § 171 61 Abs. 1 vom Aufsichtsrat durchzuführenden Prüfung der jährlichen Rechnungslegungsunterlagen stehen dem Aufsichtsrat nach dem gesetzlichen Leitbild als Informationsquellen der sog. **Rentabilitätsbericht des Vorstands** (vgl. § 90 Abs. 1. Nr. 2) sowie ggf. der **Prüfungsbericht des Abschlussprüfers** zur Verfügung. Darüber hinaus kann der Aufsichtsrat auf die sonstigen Berichte zurückgreifen, welche der Vorstand dem Aufsichtsrat gemäß § 90 Abs. 1 regelmäßig oder aus gegebenem Anlass zu erstatten hat. Zudem hat der Aufsichtsrat die Möglichkeit, vom Vorstand gemäß § 90 Abs. 3 **weitere Informationen** zu verlangen oder sich die entsprechenden Informationen gemäß § 111 Abs. 2 durch Einsichtnahme in die Bücher selbst zu verschaffen.

Den vorgenannten gesellschaftsinternen Informationsquellen ist gemeinsam, dass stets der 62 Vorstand dem Aufsichtsrat den Zugang zu den von diesem benötigten Informationen vermittelt. Es stellt sich daher die Frage, ob der Aufsichtsrat sich diese Informationen ggf. auch selbst beschaffen kann, indem er **unmittelbar Unternehmensmitarbeitern unterhalb der Vorstandsebene** kontaktiert. Diese Frage wird – nicht zuletzt vor dem Hintergrund der neueren regulatorischen Entwicklungen in der Finanzwirtschaft[110] – zunehmend bejaht.[111] Die derzeit wohl (noch) hM geht demgegenüber davon aus, dass eine direkte Kontaktaufnahme mit dem Vorstand nachgeordneten Unternehmensmitarbeitern nur in Abstimmung mit dem Vorstand bzw. dann zulässig ist, wenn konkrete Verdachtsmomente für ein Fehlverhalten einzelner Vorstandsmitglieder aufgeklärt werden sollen.[112] Vor diesem

---

[108] Kölner Komm AktG/*Ekkenga* Rn. 3.
[109] Vgl. hierzu MüKoAktG/*Hennrichs/Pöschke* Rn. 17.
[110] Vgl. § 25 d. Abs. 8 Satz 7 KWG in der Fassung des Gesetzes zur Umsetzung der Richtlinie 2013/36/EU über den Zugang zur Tätigkeit von Kreditinstituten und die Beaufsichtigung von Kreditinstituten und Wertpapierfirmen und zur Anpassung des Aufsichtsrechts an die Verordnung (EU) Nr. 575/2013 über die Aufsichtsanforderungen an Kreditinstitute und Wertpapierfirmen (CRD IV-Umsetzungsgesetz) vom 28.8.2013 sowie AT 4.4.3 Abs. 2 des auf Grundlage von § 25a Abs. 1 KWG von der BaFin erlassenen Rundschreibens 10/2012 (BA) – Mindestanforderungen an das Risikomanagement (MaRisk) in der Fassung vom 14.12.2012.
[111] Kölner Komm AktG/*Ekkenga* Rn. 10; MüKoAktG/*Habersack* § 109 Rn. 19 sowie § 111 Rn. 68; *v. Schenck* in Semler/v.Schenck AR-HdB § 7 Rn. 228 ff.
[112] Hüffer/*Koch* § 90 Rn. 11; Spindler/Stilz/*Spindler* § 109 Rn. 21 sowie § 111 Rn. 36; MHdB AG/*Hoffmann-Becking* § 29 Rn. 24; sowie Kölner Komm AktG/*Mertens/Cahn* § 90 Rn. 52; Drinhausen/Marsch-

Hintergrund sollte der Aufsichtsrat sich im Zweifel mit dem Vorstand abstimmen,[113] bevor er mit Fragen an Unternehmensmitarbeiter herantritt.

63 **7. Einschaltung von Hilfspersonen. a) durch den Aufsichtsrat.** § 111 Abs. 2 S. 2 gestattet dem Aufsichtsrat, **für bestimmte Aufgaben Sachverständige** damit zu beauftragen, die Bücher und Schriften der Gesellschaft einzusehen und zu prüfen. Des Weiteren erlaubt § 109 Abs. 1 S. 2 dem Aufsichtsrat, Sachverständige zur Beratung einzelner Themen zu seinen Sitzungen hinzuziehen. Nach wohl allgemeiner Auffassung kommt in diesen Vorschriften der allgemeine Gedanke zum Ausdruck, dass der Aufsichtsrat berechtigt und ggf. sogar verpflichtet ist, sich zu einzelnen Fragen – egal welcher Art – sachkundig beraten zu lassen.[114]

64 Ob der Aufsichtsrat – neben dem gesetzlichen Abschlussprüfer – weitere Sachverständige in die **Prüfung der externen (jährlichen) Rechnungslegung** einschalten kann, erscheint jedoch fraglich. Die wohl hM bejaht dies, sofern sich die Tätigkeit des weiteren Sachverständigen auf konkrete Einzelfragen beschränkt und es einen sachlichen Grund für die Einschaltung eines zweiten Sachverständigen gibt.[115] Letzteres ist insbesondere dann anzunehmen, wenn der gewählte Abschlussprüfer die Frage nicht klären kann oder wenn konkrete Zweifel an der Sorgfalt der Prüfungstätigkeit des Abschlussprüfers bestehen.[116]

65 Ebenfalls umstritten ist die Frage, ob der Aufsichtsrat im Rahmen seiner Prüfungstätigkeit unmittelbar **Auskünfte bei weiteren, dem Vorstand untergeordneten Mitarbeitern** des Unternehmens einholen darf. Nach zutreffender (noch) hM muss sich der Aufsichtsrat grds. zunächst mit dem Vorstand abstimmen, bevor er Mitarbeiter des Unternehmens kontaktiert (→ Rn. 62).[117]

66 b) durch einzelne Aufsichtsratsmitglieder. Fraglich erscheint, ob sich auch jedes Mitglied des Aufsichtsrats **individuell sachverständiger Hilfe** bedienen darf, um seinen organschaftlichen Pflichten nachzukommen. Dies erscheint sowohl im Hinblick auf den Grundsatz der persönlichen und eigenverantwortlichen Mandatswahrnehmung (vgl. § 111 Abs. 5) als auch auf die Verschwiegenheitspflicht des Aufsichtsratsmitglieds (§ 116 S. 2) als problematisch.[118]

67 Nach der ständigen Rechtsprechung des Bundesgerichtshofs muss jedes einzelne *„Aufsichtsratsmitglied diejenigen Mindestkenntnisse und -fähigkeiten besitzen oder sich aneignen, die es braucht, um alle normalerweise anfallenden Geschäftsvorgänge auch ohne fremde Hilfe verstehen und sachgerecht beurteilen zu können".*[119] Auch wenn – wie sich im Umkehrschluss aus § 100 Abs. 5 ergibt – nicht jedes Mitglied des Aufsichtsrats über Sachverstand auf den Gebieten der Rechnungslegung oder der Abschlussprüfung verfügen muss, folgt aus diesem **allgemeinen Sorgfaltsstandard,** dass jedes Aufsichtsratsmitglied grds. dazu in der Lage sein muss, mit Hilfe des gesetzlichen Abschlussprüfers die vom Vorstand vorgelegten Rechnungslegungsunterlagen ohne weitere Hilfe zu verstehen und deren Plausibilität zu überprüfen.[120]

Bamer AG 2014, 337 (344); im Ergebnis wohl ebenso MüKoAktG/*Hennrichs/Pöschke* Rn. 110; sowie ADS Rn. 15.
[113] Die Abstimmung zwischen Vorstand und Aufsichtsrat betreffend die Befragung von Unternehmensmitarbeitern kann auch in generell-abstrakter Form in der Informationsordnung iSv Ziff. 3.4 DCGK festgehalten werden; vgl. hierzu MüKoAktG/*Hennrichs/Pöschke* Rn. 111.
[114] BGH NJW 1983, 991 (992) – Hertie; vgl. zu den Grenzen Spindler/Stilz/*Spindler* § 109 Rn. 20 sowie § 111 Rn. 43; sowie Hölters/*Hambloch-Gesinn/Gesinn* § 109 Rn. 8 sowie 111 Rn. 54.
[115] Kölner Komm AktG/*Ekkenga* Rn. 9.
[116] Vgl. Großkomm AktG/*Brönner* Rn. 7.
[117] Hüffer/*Koch* § 90 Rn. 11 und § 111 Rn. 21; *Lutter* AG 2006, 517 (520 f.); *Hoffmann-Becking* ZGR 2011, 136 (152 f.); **aA** (für ein eigenständiges Auskunftsrecht (jedenfalls) im Bereich der Abschlussprüfung) Kölner Komm AktG/*Ekkenga* Rn. 10.
[118] Vgl. BGH NJW 1983, 991 – Hertie.
[119] BGH NJW 1983, 991 – Hertie.
[120] MüKoAktG/*Hennrichs/Pöschke* Rn. 94.

Speziell im Bereich der **Prüfung der externen Finanzberichterstattung** der Gesellschaft tritt hinzu, dass dem Aufsichtsrat in Gestalt des **Abschlussprüfers** bereits ein **geeigneter Sachverständiger** zur Verfügung steht. Nach ganz hM bleibt daher in diesem Bereich allenfalls in Ausnahmefällen Raum dafür, dass ein einzelnes Aufsichtsratsmitglied individuell einen Sachverständigen zur Prüfung der vom Vorstand vorgelegten Unterlagen hinzuzieht.[121] **68**

Davon zu unterscheiden ist die Frage, ob sich die einzelnen Aufsichtsratsmitglieder bei ihrer Tätigkeit von Mitarbeitern unterstützen lassen. Nach wohl hM kommt eine (technische) **Unterstützung durch Mitarbeiter** des Unternehmens nur insoweit in Betracht, als bei einzelnen Mitgliedern des Aufsichtsrats im Zusammenhang mit ihrer Aufsichtsratstätigkeit ein besonderer (organisatorischer) Arbeitsaufwand entsteht (zB bei dem Aufsichtsratsvorsitzenden und den konkret mit der Abschlussprüfung befassten Mitgliedern (des Prüfungsausschusses)).[122] Den übrigen Mitgliedern des Aufsichtsrats steht es jedoch frei, auf eigene Kosten Mitarbeiter zu beschäftigen, welche deren Tätigkeit im Aufsichtsrat organisieren, koordinieren oder vorbereiten.[123] **69**

8. Maßnahmen bei Bedenken. Gewinnt der Aufsichtsrat in seiner Gesamtheit die Überzeugung, dass die vom Vorstand aufgestellten Rechnungslegungsunterlagen entweder nicht rechtmäßig oder zumindest nicht zweckmäßig sind, so hat er nicht die Möglichkeit, die entsprechenden Unterlagen eigenständig abzuändern[124] oder den Abschluss unter der Bedingung einer inhaltlichen Änderung festzustellen oder zu billigen.[125] Daher sollte er zunächst versuchen, seine **Bedenken mit dem Vorstand und ggf. auch dem Abschlussprüfer zu erörtern**. Ziel dieser Erörterungen sollte es sein, eine Lösung zu finden, die aus Sicht aller Beteiligten den gesetzlichen Anforderungen sowie den Interessen der Gesellschaft entspricht. **70**

Können die Bedenken des Aufsichtsrats gegen den Jahresabschluss, den Einzelabschluss iSv § 325 Abs. 2a HGB oder den Konzernabschluss nicht ausgeräumt werden, so darf der Aufsichtsrat die entsprechende **Vorlage des Vorstands nicht billigen**.[126] Die konkreten Gründe für diese Entscheidung muss der Aufsichtsrat in seinem Bericht an die Hauptversammlung darlegen. Auf dieser Grundlage entscheidet dann gemäß § 173 Abs. 1 S. 1 die Hauptversammlung über die Feststellung des Jahresabschlusses und ggf. die Billigung des Konzernabschlusses.[127] Anders als der Aufsichtsrat kann die Hauptversammlung einen vom Vorstand aufgestellten Jahres- oder Konzernabschluss auch ohne dessen Zustimmung oder Mitwirkung inhaltlich abändern und mit dem geänderten Inhalt feststellen oder billigen.[128] Welche Änderungen die Hauptversammlung nach Auffassung des Aufsichtsrats vornehmen sollte, hat dieser gemäß § 124 Abs. 3 S. 1 in seinem Vorschlag zur Beschlussfassung der Hauptversammlung über die Feststellung des Jahresabschlusses oder die Billigung des Konzernabschlusses darzulegen.[129] **71**

Kommt der Aufsichtsrat demgegenüber zu dem Ergebnis, dass er die vom Vorstand aufgestellten Rechnungslegungsunterlagen sowohl für recht- als auch für zweckmäßig erachtet, so steht es dem Aufsichtsrat frei, den **Jahresabschluss festzustellen** bzw. den Einzelabschluss iSv § 325 Abs. 2a HGB und den Konzernabschluss zu billigen. Hieran ist der Aufsichtsrat rechtlich auch dann nicht gehindert, wenn der Abschlussprüfer Einwendun- **72**

---

[121] BGH NJW 1983, 991 (992) – Hertie; vgl. auch Kölner Komm AktG/*Ekkenga* Rn. 11.
[122] Kölner Komm AktG/*Ekkenga* Rn. 12; sowie MüKoAktG/*Habersack* § 111 Rn. 134.
[123] MüKoAktG/*Habersack* § 111 Rn. 134; kritisch hierzu Kölner Komm AktG/*Ekkenga* Rn. 12.
[124] MüKoAktG/*Hennrichs*/*Pöschke* Rn. 53.
[125] MüKoAktG/*Hennrichs*/*Pöschke* Rn. 50.
[126] MüKoAktG/*Hennrichs*/*Pöschke* Rn. 48.
[127] Über die Billigung des Einzelabschlusses iSv § 325 Abs. 2a HGB kann demgegenüber nach wohl allgemeiner Auffassung ausschließlich der Aufsichtsrat entscheiden (vgl. → Rn. 161).
[128] Hüffer/*Koch* § 173 Rn. 4, Spindler/Stilz/*Euler* § 173 Rn. 12; sowie K. Schmidt/Lutter/*Drygala* § 173 Rn. 5.
[129] Kölner Komm AktG/*Ekkenga* Rn. 42; MüKoAktG/*Hennrichs*/*Pöschke* § 173 Rn. 23.

gen gegen diese Rechnungsunterlagen erhebt und dementsprechend gemäß § 322 Abs. 4 HGB lediglich einen eingeschränkten Bestätigungsvermerk oder gar einem Versagungsvermerk erteilt hat.[130]

73 In der Praxis kommt es allerdings – wohl insbesondere wegen der damit für den Aufsichtsrat verbundenen Haftungsgefahren (→ Rn. 74 ff.) – selten vor, dass ein Aufsichtsrat einen Jahres-, Einzel- oder Konzernabschluss billigt, für welchen der Abschlussprüfer seinen **Bestätigungsvermerk eingeschränkt oder gar versagt** hat. Sofern der Aufsichtsrat die vom Abschlussprüfer erhobenen Einwendungen nicht teilt, wird er diese in der Regel eingehend mit dem Vorstand und dem Abschlussprüfer erörtern. Kann hierbei keine einvernehmliche Lösung gefunden werden und halten Vorstand und Aufsichtsrat an dem aufgestellten Jahres-, Einzel- oder Konzernabschluss fest, so bleibt ihnen – zumindest in der Theorie – die Möglichkeit, im Rahmen eines gerichtlichen Verfahrens die Erteilung eines uneingeschränkten Bestätigungsvermerks zu beantragen.[131]

74 **9. Sorgfaltspflicht und Verantwortlichkeit der Aufsichtsratsmitglieder. a) Persönliche Anforderungen.** Jedes Mitglied des Aufsichtsrats und ggf. des Prüfungsausschusses ist gemäß §§ 116 S. 1, 93 Abs. 1 dazu verpflichtet, die in § 171 Abs. 1 S. 1 genannten externen Rechnungslegungsunterlagen mit der **Sorgfalt eines ordentlichen Kontrolleurs** durchzusehen.[132] Voraussetzung für die ordnungsgemäße Erfüllung dieser Verpflichtung ist, dass jedes Aufsichtsratsmitglied entweder bei der Übernahme des Aufsichtsratsmandats hinreichende Kenntnisse und Fähigkeiten besitzt, um alle normalerweise anfallenden Geschäftsvorgänge auch ohne fremde Hilfe verstehen und sachgerecht beurteilen zu können, oder dass es sich derartige Kenntnisse und Fähigkeiten unverzüglich nach der Übernahme des Mandats aneignet.[133] Eine fachliche Unterstützung durch Sachverständige kommt allenfalls punktuell, keinesfalls jedoch generell in Betracht (→ Rn. 63 ff.). Fehlen einem Aufsichtsratsmitglied die erforderlichen Mindestkenntnisse und -fähigkeiten (dauerhaft), so begründet dies als sog. **„Übernahmeverschulden"** eine persönliche Schadensersatzpflicht.[134]

75 Welche **konkreten Anforderungen an die Kenntnisse und Fähigkeiten** des einzelnen Aufsichtsratsmitglieds zu stellen sind, hängt auch davon ab, welche konkreten Aufgaben das Aufsichtsratsmitglied übernimmt. Sofern bei der Gesellschaft ein Prüfungsausschuss iSv § 107 Abs. 3 S. 2 gebildet wird, müssen dessen Mitglieder zumindest mit den Grundlagen der Rechnungslegung und der Abschlussprüfung vertraut sein, um ihre Aufgaben ordnungsgemäß wahrnehmen zu können.[135] Nicht erforderlich ist hingegen – wie sich auch aus § 100 Abs. 5 ergibt –, dass jedes Mitglied des Prüfungsausschusses (oder gar des Aufsichtsrats) ein sog. *„financial expert"* mit speziellem Sachverstand auf den Gebieten Rechnungslegung oder Abschlussprüfung ist. Über derartiges Wissen müssen die Mitglieder des Aufsichtsrats und ggf. auch jene des Prüfungsausschusses lediglich in ihrer jeweiligen Gesamtheit verfügen.[136]

76 Mitglieder des Aufsichtsrats, die nicht dem Prüfungsausschuss angehören, können sich nach wohl hM ggf. auf die Vorarbeiten des Ausschusses stützen, ohne diese nochmals ebenso intensiv prüfen zu müssen wie die Mitglieder des Ausschusses.[137] Dementsprechend genügen bei diesen Aufsichtsratsmitgliedern bereits geringere Kenntnisse und Fähigkeiten auf den Gebieten der Rechnungslegung und Abschlussprüfung. Allerdings ist es auch den **nicht**

---

[130] MüKoAktG/*Hennrichs/Pöschke* Rn. 47.
[131] MüKoAktG/*Hennrichs/Pöschke* Rn. 46; vgl. auch Kölner Komm AktG/*Ekkenga* Rn. 42 aE.
[132] Hüffer/*Koch* Rn. 9.
[133] BGH NJW 1983, 991.
[134] Spindler/Stilz/*Euler* Rn. 10; MüKoAktG/*Hennrichs/Pöschke* Rn. 93; sowie Großkomm AktG/*Brönner* Rn. 3.
[135] Spindler/Stilz/*Euler* Rn. 10; Kölner Komm AktG/*Ekkenga* Rn. 47; sowie MüKoAktG/*Hennrichs/Pöschke* Rn. 95.
[136] MüKoAktG/*Hennrichs/Pöschke* Rn. 94; vgl. auch *Lutter* DB 2009, 775 (778).
[137] MüKoAktG/*Hennrichs/Pöschke* Rn. 95.

dem Prüfungsausschuss angehörenden Aufsichtsratsmitgliedern untersagt, die Ergebnisse und Empfehlungen des Ausschusses ungeprüft zu übernehmen.[138] Letztlich müssen sich also alle Aufsichtsratsmitglieder – ggf. auf Basis des Prüfungsberichts des Abschlussprüfers (§ 321 HGB) sowie der Vorarbeiten des (Prüfungs-)Ausschusses – ein eigenes Bild von den externen Rechnungslegungsunterlagen machen und zumindest die Plausibilität der ihnen vorgelegten Vorarbeiten überwachen.[139]

b) Sorgfaltspflicht bei vorangegangener Abschlussprüfung. Sofern die vom Aufsichtsrat zu prüfenden Unterlagen zugleich auch Gegenstand einer Abschlussprüfung sind, bedeutet dies für die Mitglieder des Aufsichtsrats, dass diese sich bei ihrer Prüfung **auf die Vorarbeit des Abschlussprüfers stützen** dürfen. Gleichwohl dürfen sie diese Ergebnisse des Abschlussprüfers ebenso wenig ungeprüft übernehmen wie die Beratungsleistungen anderer Sachverständiger (→ Rn. 5 und → Rn. 20). Dementsprechend müssen sich die Mitglieder des Aufsichtsrats und ggf. insbesondere die Mitglieder des Prüfungsausschusses mit dem Prüfungsbericht des Abschlussprüfers (§ 321 HGB) und den darin getroffenen Feststellungen kritisch auseinandersetzen, danach verbleibende Fragen durch Nachfragen zu klären versuchen sowie die **Schlüssigkeit und Plausibilität der Ergebnisse** anhand ihrer eigenen Lebens- und Geschäftserfahrung überprüfen.[140] Dies gilt in besonderem Maße – aber nicht nur – dann, wenn der Abschlussprüfer keinen uneingeschränkten Bestätigungsvermerk erteilt hat.

Fraglich ist, ob der Aufsichtsrat oder Prüfungsausschuss im Falle einer gesetzlichen oder freiwilligen Abschlussprüfung ohne besonderen Anlass **eigene Stichproben** durchzuführen hat. Die bislang ganz hM lehnt dies unter Hinweis auf die Ausgestaltung des Aufsichtsratsmandats als Nebenamt und die Vermeidung einer unnötigen Doppelprüfung ab.[141] Eine im Vordringen begriffene Mindermeinung geht demgegenüber davon aus, dass die Mitglieder des Aufsichtsrats oder des Prüfungsausschusses auch bereits dann eigene Prüfungshandlungen (dh stichprobenartige Überprüfungen der Rechnungslegung) vorzunehmen haben, wenn besonders wesentliche oder in der Öffentlichkeit umstrittene Bilanzposten in Rede stehen.[142]

c) Sorgfaltspflicht, wenn keine Abschlussprüfung stattgefunden hat. Sofern die gemäß § 171 Abs. 1 vom Aufsichtsrat zu prüfenden Rechnungslegungsunterlagen nicht auch Gegenstand einer Abschlussprüfung iSv §§ 316 ff. HGB sind, müssen sich die Mitglieder des Aufsichtsrats oder des Prüfungsausschusses **selbst stärker mit den ihnen zur Prüfung vorgelegten Unterlagen befassen**.[143] Insbesondere müssen die Mitglieder darauf achten, ob einzelne Aspekte der vorgelegten Rechnungslegungsunterlagen einer eingehenden Prüfung durch einen Sachverständigen bedürfen.[144] Im Übrigen ist bei einer nicht prüfungspflichtigen Gesellschaft zwar in besonderem Maße darauf zu achten, dass der Aufsichtsrat in seiner Gesamtheit die für die Erfüllung seiner Aufgaben erforderlichen Fähigkeiten aufweist,[145] doch folgt aus dem Fehlen einer Prüfungspflicht nicht ohne Weiteres, dass an die individuellen Fähigkeiten jedes einzelnen Aufsichtsratsmitglieds strengere Anforderungen zu stellen sind.[146]

III. Zusammenarbeit mit dem Abschlussprüfer

1. Allgemeines. Nach dem Wortlaut von einerseits § 320 Abs. 1 HGB und andererseits § 170 Abs. 1 ist der Vorstand verpflichtet, die von ihm aufgestellten Rechnungslegungs-

---

[138] Hüffer/Koch Rn. 12.
[139] MüKoAktG/Hennrichs/Pöschke Rn. 107.
[140] Hüffer/Koch Rn. 9.
[141] ADS Rn. 19; K. Schmidt/Lutter/Drygala Rn. 6.
[142] MüKoAktG/Hennrichs/Pöschke Rn. 105.
[143] K. Schmidt/Lutter/Drygala § 173 Rn. 5.
[144] MüKoAktG/Hennrichs/Pöschke Rn. 109.
[145] ADS Rn. 31.
[146] Selter AG 2013, 14 (20 f.); vgl. auch ADS Rn. 31; **aA** Spindler/Stilz/Euler Rn. 12.

unterlagen unverzüglich sowohl dem Abschlussprüfer als auch dem Aufsichtsrat vorzulegen. Dies deutet darauf hin, dass der Abschlussprüfer und der Aufsichtsrat diese Dokumente **zeitgleich und unabhängig voneinander** zu prüfen haben.

81 Allerdings ergibt sich aus § 171 Abs. 2 S. 3, dass der Aufsichtsrat in seinem Bericht an die Hauptversammlung auch zum Ergebnis der Prüfung der Rechnungslegungsunterlagen durch den Abschlussprüfer Stellung zu nehmen hat. Nicht zuletzt vor diesem Hintergrund geht die wohl hM davon aus, dass der Aufsichtsrat seine Prüfung der Rechtmäßigkeit der Rechnungslegungsunterlagen **auf die Ergebnisse der gesetzlichen Abschlussprüfung stützen** und sich bei Fehlen besonderer Anhaltspunkte insbesondere darauf beschränken darf, die Plausibilität des Berichts des Abschlussprüfers über Art und Umfang sowie über das seiner Prüfung zu kontrollieren (→ Rn. 5, 20 und 77).[147]

82 **2. Der Prüfungsauftrag. a) Festlegung von Prüfungsschwerpunkten.** Im Rahmen der Erteilung des Prüfungsauftrags kann der Aufsichtsrat (bzw. an seiner Stelle der Prüfungsausschuss) nicht nur die Vergütung des von der Hauptversammlung gewählten Abschlussprüfers festlegen, sondern mit dem Abschlussprüfer im Rahmen der gesetzlichen Vorgaben den **Inhalt des Prüfungsauftrags konkretisieren.** Insbesondere können der Aufsichtsrat und der Abschlussprüfer in dem Auftrag bestimmte **Prüfungsschwerpunkte** vereinbaren, denen der Abschlussprüfer bei Vornahme seiner Prüfungshandlungen besondere Aufmerksamkeit zukommen lassen soll.[148] Auch hierin kommt zum Ausdruck, dass eine wesentliche Funktion der gesetzlichen Abschlussprüfung darin besteht, den Aufsichtsrat bei der Wahrnehmung seiner Kontrollbefugnisse gegenüber dem Vorstand zu unterstützen.[149]

83 **b) Festlegung von Berichtspflichten.** Neben besonderen Prüfungsschwerpunkten kann der Aufsichtsrat bei der Erteilung des Prüfungsauftrags mit dem von der Hauptversammlung gewählten Abschlussprüfer auch vereinbaren, wie die Berichterstattung des Abschlussprüfers an den Aufsichtsrat konkret erfolgen soll. Ausgehend von den zwingenden Vorgaben des § 321 HGB betreffend den **Inhalt und den Aufbau des schriftlichen (Abschluss-)Berichts** des Abschlussprüfers können einerseits ergänzende Berichtspflichten und andererseits konkrete zeitliche Vorgaben für die Berichterstattung vereinbart werden.[150]

84 **In zeitlicher Hinsicht** ist zu beachten, dass im HGB und im AktG lediglich gesetzliche Fristen für die Aufstellung der externen Rechnungslegungsunterlagen (vgl. § 264 Abs. 1 HGB), für die Prüfung dieser Unterlagen durch den Aufsichtsrat (§ 171 Abs. 3) und für die Beschlussfassung der Hauptversammlung zur Entscheidung über die Verwendung des festgestellten Bilanzgewinns (und ggf. auch für die vorausgehende Feststellung des Jahresabschlusses; § 175 Abs. 1 S. 2) festgelegt sind. Im Hinblick auf die Prüfung der Rechnungslegungsunterlagen durch den Abschlussprüfer fehlen hingegen ausdrückliche gesetzliche Vorgaben.[151] Allerdings ist der Abschluss der Prüfung durch den gesetzlichen Abschlussprüfer – konkret: Die Vorlage eines unterzeichneten Bestätigungsvermerks und eines unterzeichneten Exemplars des Berichts iSv § 321 HGB – Voraussetzung dafür, dass der Aufsichtsrat seinen Pflichten im Zusammenhang mit der externen Rechnungslegung – d. h. der Beschlussfassung über die Feststellung des Jahresabschlusses und die Erstattung des Berichts iSv § 171 Abs. 2 – ordnungsgemäß nachkommen kann. Mithin haben die Aufsichtsratsmitglieder ein eigenes Interesse daran, sich mit dem Abschlussprüfer auf einen **konkreten Zeitplan** für die Durchführung der gesetzlichen Abschlussprüfung und die Erstattung von Bestätigungsvermerk und Prüfbericht zu verständigen, zumal die Frist iSv § 171 Abs. 3 nach

---

[147] Hüffer/*Koch* Rn. 10; sowie K. Schmidt/Lutter/*Drygala* Rn. 7.
[148] *Rodewig* in Semler/v. Schenck AR-HdB § 8 Rn. 210; Spindler/Stilz/*Spindler* § 111 Rn. 52; sowie MüKoAktG/*Habersack* § 111 Rn. 84.
[149] *Theisen* DB 1999, 341 mit Hinweisen auf die historische Entwicklung und weiteren Nachweisen.
[150] Vgl. auch Ziff. 7.2.3 DCGK; RKLW/*Ringleb* Rn. 1240 und 1244.
[151] MüKoAktG/*Hennrichs/Pöschke* § 170 Rn. 47.

zutreffender hM unabhängig von der Vorlage des Prüfungsberichts durch den Abschlussprüfer beginnt.[152]

In **inhaltlicher Hinsicht** kann der Aufsichtsrat mit dem Abschlussprüfer insbesondere vereinbaren, dass dieser den Aufsichtsrat oder den Prüfungsausschuss (bzw. den jeweiligen Vorsitzenden) bereits während der laufenden Prüfung über besondere Vorkommnisse zu unterrichten hat. Der DCGK empfiehlt den Aufsichtsräten börsennotierter Aktiengesellschaften, mit dem Abschlussprüfer zu vereinbaren, dass dieser den Aufsichtsrat bzw. den Prüfungsausschuss unverzüglich über mögliche Ausschluss- oder Befangenheitsgründe (Ziff. 7.2.1 DCGK), über potentielle Fehler in der von Vorstand und Aufsichtsrat abgegebenen Erklärung zum DCGK und über alle sonst für die Aufgaben des Aufsichtsrats wesentlichen Feststellungen und Vorkommnisse (Ziff. 7.2.3 DCGK) zu unterrichten hat. 85

3. Pflicht des Prüfers zur Berichterstattung. a) Berichtspflicht. Gemäß § 321 Abs. 1 S. 1 HGB hat der Abschlussprüfer schriftlich und mit der gebotenen Klarheit über Art und Umfang sowie über das Ergebnis seiner Prüfung zu berichten. Erforderlich ist eine **problemorientierte Darstellung,** die auch von nicht sachverständigen Mitgliedern des Aufsichtsrats verstanden werden kann.[153] 86

Gemäß § 321 Abs. 5 S. 2 muss der Abschlussprüfer seinen **Bericht gegenüber dem Aufsichtsrat** erstatten, der ihm gemäß § 111 Abs. 2 S. 3 auch den Prüfungsauftrag erteilt hat. Allerdings hat der Abschlussprüfer dem Vorstand Gelegenheit zur Stellungnahme zu seinem Bericht zu geben, bevor er diesen an den Aufsichtsrat weiterleitet. 87

b) Inhalt des Berichts. Hinsichtlich des Inhalts und des Aufbaus des vom Abschlussprüfer an den Aufsichtsrat zu erstattenden Berichts über Art und Umfang sowie die Ergebnisse der gesetzlichen (externen) Abschlussprüfung enthält **§ 321 HGB konkrete Vorgaben.**[154] 88

Demnach muss der Abschlussprüfer zu Beginn seines Berichts zunächst eine **Stellungnahme zu der Beurteilung der Lage der Gesellschaft** – insbesondere ihres Fortbestands und ihrer künftigen Entwicklung – durch deren Organe abgeben. Allerdings muss der Abschlussprüfer seiner Stellungnahme ausschließlich jene Informationen zugrunde legen, die ihm im Rahmen seiner Abschlussprüfung zugänglich waren (vgl. § 321 Abs. 1 S. 2 HGB).[155] Eigene Recherchen des Abschlussprüfers sind hingegen nicht erforderlich.[156] Auch muss der Abschlussprüfer in seinem Bericht nicht seine eigene Beurteilung der Lage der Gesellschaft darstellen, sondern lediglich aufzeigen, an welchen Stellen er mit der Auffassung der Verwaltung (nicht) übereinstimmt.[157] 89

Sodann hat der Abschlussprüfer von sich aus über **Unrichtigkeiten und Verstöße gegen gesetzliche oder statutarische Vorgaben** zu berichten, die er im Rahmen seiner Prüfung des Jahresabschlusses festgestellt hat (vgl. § 321 Abs. 1 S. 3 HGB).[158] Diese Berichtspflicht besteht nach zutreffender Auffassung unabhängig davon, ob die Unrichtigkeit oder der Verstoß dem Aufsichtsrat bereits bekannt ist und ob sich der jeweilige Umstand im 90

---

[152] Spindler/Stilz/*Euler* Rn. 79; Bürgers/Körber/*Schulz* Rn. 13; MüKoAktG/*Hennrichs/Pöschke* Rn. 217 und 220; nach **aA** beginnt der Ablauf der Monatsfrist iSv § 171 Abs. 3 Satz 1 ohnehin erst, sobald dem Aufsichtsrat der Prüfungsbericht des Abschlussprüfers vorliegt – vgl. hierzu K. Schmidt/Lutter/*Drygala* Rn. 18; sowie *Strieder* AG 2006, 363 (366).
[153] Vgl. S. 28 der Begründung des Regierungsentwurfs des KonTraG (BT-Drs. 13/9712).
[154] Für Unternehmen von öffentlichem Interesse sieht künftig Artikel 11 Abs. 2 der Verordnung (EU) Nr. 537/2014 des europäischen Parlaments und des Rates vom 16. April 2014 über spezifische Anforderungen an die Abschlussprüfung bei Unternehmen von öffentlichem Interesse und zur Aufhebung des Beschlusses 2005/90 EG der Kommission weitergehende Pflichtinhalte vor.
[155] BeBiKo/*Schmidt/Poullie* HGB § 321 Rn. 15 f.
[156] MüKoBilR/*Bormann* HGB § 321 Rn. 24; Baumbach/Hueck/*Schulze-Osterloh*, 18. Aufl. 2006, GmbHG § 41 Rn. 130; sowie *Mattheus* ZGR 1999, 682 (699 f.).
[157] MüKoBilR/*Bormann* HGB § 321 Rn. 22.
[158] Eine ausführliche Darstellung der Berichtspflicht findet sich bei BeBiKo/*Schmidt/Poullie* HGB § 321 Rn. 20 f.

abgelaufenen Geschäftsjahr ereignet hat.[159] Diese Angaben sollen dem Aufsichtsrat bei der Wahrnehmung seiner umfassenden Prüfungspflicht aus § 111 Abs. 1 behilflich sein.

91 **4. Teilnahme des Abschlussprüfers an der Bilanzsitzung. a) Grundsatz.** Seit dem Inkrafttreten des KonTraG[160] ist der Abschlussprüfer der Gesellschaft nicht nur berechtigt, sondern **gesetzlich dazu verpflichtet,** an den Verhandlungen des Aufsichtsrats über den Jahresabschluss teilzunehmen und über die wesentlichen Ergebnisse seiner Prüfung der Rechnungslegungsunterlagen zu berichten. Auch an dieser Stelle wird mithin deutlich, dass der Abschlussprüfer als externer Sachverständiger den Aufsichtsrat dabei unterstützen soll, seiner Pflicht zur internen Prüfung der Rechnungslegungsunterlagen ordnungsgemäß nachzukommen.

92 **b) Teilnahmepflicht des Abschlussprüfers.** Ausweislich § 171 Abs. 1 S. 2 besteht eine Verpflichtung des Abschlussprüfers, an den Verhandlungen des Aufsichtsrats oder des Prüfungsausschusses über die vom Abschlussprüfer zu prüfenden Rechnungslegungsunterlagen teilzunehmen. Dies bedeutet nach hM gleichwohl nicht, dass dem Abschlussprüfer ein eigenständiges Recht auf Teilnahme an der Bilanzsitzung zusteht, aufgrund dessen der Abschlussprüfer auch im Falle eines entgegenstehenden Beschlusses des Aufsichtsrats zur Teilnahme berechtigt wäre (→ Rn. 113).[161] Es bleibt mithin dabei, dass gemäß § 109 **allein der Aufsichtsrat darüber entscheidet,** ob an seinen Sitzungen auch Personen teilnehmen dürfen, die dem Aufsichtsrat nicht angehören.

93 Allerdings folgt aus § 171 Abs. 1 S. 2, dass ein Beschluss des Aufsichtsrats, den Abschlussprüfer nicht zu den Verhandlungen über die Rechnungslegungsunterlagen hinzuzuziehen, regelmäßig eine **Sorgfaltspflichtverletzung der Aufsichtsratsmitglieder** darstellt (vgl. §§ 116, 93).[162] Soweit der Aktiengesellschaft hieraus ein Schaden entsteht, sind die Aufsichtsratsmitglieder mithin gemäß §§ 116 S. 1, 93 Abs. 2 zum Ersatz dieses Schadens verpflichtet. Die (wirksame) Feststellung des Jahresabschlusses oder die (wirksame) Billigung des Konzernabschlusses wird durch ein Fernbleiben des Abschlussprüfers hingegen nicht berührt.[163]

94 Nach hM entscheidet der Aufsichtsrat ferner darüber, ob er den Abschlussprüfer im Prüfungsausschuss oder im Aufsichtsratsplenum hinzuzieht.[164] Allerdings ist umstritten, ob das Gesetz verlangt, dass der Abschlussprüfer zu beiden Sitzungen zwingend hinzuzuziehen ist. Der Wortlaut steht der Annahme einer solchen **Verpflichtung zur „doppelten" Teilnahme** jedenfalls nicht zwingend entgegen,[165] zumal bei einer Aktiengesellschaft nach wohl allgemeiner Meinung keine Pflicht zur Bildung eines Prüfungsausschusses besteht.[166] Gleichwohl lehnt es die wohl hM auf Basis der Begründung des Regierungsentwurfs zum KonTraG ab, § 171 Abs. 1 S. 2 eine zwingende Teilnahme des Abschlussprüfers sowohl an der Sitzung des Prüfungsausschusses als auch des Aufsichtsratsplenums zu entnehmen.[167]

95 Dessen ungeachtet geht allerdings auch die Mehrzahl der Vertreter der hM davon aus, dass der Abschlussprüfer auf **Wunsch von Aufsichtsrat und Prüfungsausschuss** sowohl an den vorbereitenden Verhandlungen des Prüfungsausschusses als auch den abschließenden

---

[159] BeBiKo/*Schmidt*/*Poullie* HGB § 321 Rn. 29 f.
[160] Gesetz zur Kontrolle und Transparenz im Unternehmensbereich (KonTraG) vom 27.4.1998, BGBl. 1998 I S. 786.
[161] Hölters/*Waclawik* Rn. 13; sowie Bürgers/Körber/*Schulz* Rn. 6a; vgl. auch die Begründung der Bundesregierung zum Entwurf eines Gesetzes zur Kontrolle und Transparenz im Unternehmensbereich (KonTraG), BT- Drs. 13/9712, 22.
[162] MüKoAktG/*Hennrichs*/*Pöschke* Rn. 137.
[163] Hüffer/*Koch* Rn. 14; sowie MüKoAktG/*Hennrichs*/*Pöschke* Rn. 179.
[164] Hüffer/*Koch* Rn. 14; sowie Spindler/Stilz/*Euler* Rn. 26; vgl. auch die Begründung der Bundesregierung zum Entwurf eines Gesetzes zur Kontrolle und Transparenz im Unternehmensbereich (KonTraG), BT- Drs. 13/9712, 22.
[165] Lutter/*Krieger,* Rechte und Pflichten des Aufsichtsrats, Rn. 183; *Lutter* AG 2008, 1 (3); sowie *Neuling* BB 2003, 166 (168); **aA** MüKoAktG/*Hennrichs*/*Pöschke* Rn. 133.
[166] MüKoAktG/*Habersack* § 107 Rn. 93; sowie Spindler/Stilz/*Spindler* § 93 Rn. 85.
[167] MüKoAktG/*Hennrichs*/*Pöschke* Rn. 133.

Entscheidungen des Aufsichtsratsplenums teilzunehmen hat.[168] Das Bestehen einer gesetzlichen Teilnahmepflicht ist mithin nur für die Frage bedeutsam, ob die Mitglieder des Prüfungsausschusses oder des Aufsichtsratsplenums sorgfaltswidrig handeln, wenn sie den Abschlussprüfer nicht zu den jeweiligen Verhandlungen über die Rechnungslegungsunterlagen hinzuziehen; u. E. dürfte dies regelmäßig der Fall sein.[169] In der Praxis nimmt der Abschlussprüfer häufig nicht nur an den Bilanzsitzungen von Prüfungsausschuss und Aufsichtsrat teil, sondern an sämtlichen Sitzungen zumindest des Prüfungsausschusses.[170]

Zur Teilnahme verpflichtet ist der von der Hauptversammlung gewählte Abschlussprüfer 96 der Gesellschaft. Werden die Rechnungslegungsunterlagen durch eine **Wirtschaftsprüfungsgesellschaft** geprüft, so erfüllt diese ihre Teilnahmepflicht nicht bereits dadurch, dass ein vertretungsberechtigter Mitarbeiter an den Verhandlungen teilnimmt.[171] Entscheidend ist vielmehr, dass wenigstens (auch) ein Mitarbeiter der Wirtschaftsprüfungsgesellschaft teilnimmt, der die Abschlussprüfung verantwortlich durchgeführt hat und mithin tatsächlich dazu in der Lage ist, die nach dem Gesetz vorgeschriebenen Auskünfte zu erteilen.[172]

Werden der Jahresabschluss und der Konzernabschluss von **verschiedenen Abschluss-** 97 **prüfern** geprüft, so haben grds. beide Prüfer an der Bilanzsitzung des Aufsichtsrats teilzunehmen,[173] sofern diese nicht – was in der Praxis allerdings selten vorkommt – aufgrund der abweichenden Aufstellungsfristen in verschiedenen Sitzungen behandelt werden. Auch im Falle eines unterjährigen Wechsels des Abschlussprüfers oder einer gemeinsamen Prüfung durch zwei Abschlussprüfer (sog. „Joint Audit") sind beide Prüfer zur Teilnahme an der Bilanzsitzung verpflichtet.[174]

c) Berichtspflicht des Abschlussprüfers im Rahmen der Bilanzsitzung. Gemäß 98 § 171 Abs. 1 S. 2 und S. 3 muss der Abschlussprüfer im Rahmen der Bilanzsitzung **mündlich über die wesentlichen Ergebnisse seiner Abschlussprüfung** sowie jene Umstände informieren, die seine Befangenheit besorgen lassen. Indem er den Aufsichtsratsmitgliedern konkret vor Augen führt, welche Aspekte der Rechnungslegungsunterlagen aus seiner Sicht besonders bedeutsam sind und welche eigenen Interessen er im Verhältnis zur Gesellschaft verfolgt, soll der Abschlussprüfer den Mitgliedern des Aufsichtsrats oder des Prüfungsausschusses die Wahrnehmung ihrer Prüfungs- und Überwachungspflichten erleichtern.[175]

Der von § 171 Abs. 1 S. 2 und S. 3 vorgeschriebene mündliche **Bericht des Abschluss-** 99 **prüfers ist zwingend.**[176] Sein Umfang kann weder durch einen Beschluss des Aufsichtsrats noch durch eine Vereinbarung mit dem Abschlussprüfer reduziert werden. Gegen eine Erweiterung der Berichtspflichten über den gesetzlich vorgeschriebenen Umfang hinaus bestehen demgegenüber u. E. grds. keine Bedenken. Allerdings sollten die Mitglieder des Aufsichtsrats und des Prüfungsausschusses darauf achten, dass die mündliche Berichterstattung des Abschlussprüfers im Rahmen der Bilanzsitzung auf einige besonders wichtige Themen beschränkt bleibt, damit nicht wichtige Informationen von weniger wichtigen Informationen verdeckt werden.[177]

Wie der **mündliche Bericht des Abschlussprüfers konkret auszugestalten** ist, 100 sollten der Aufsichtsrat oder der Prüfungsausschuss auf der einen und der Abschlussprüfer

---

[168] MüKoAktG/*Hennrichs/Pöschke* Rn. 133; BeBiKo/*Grottel/Hoffmann* HGB Vor § 325 Rn. 26; *Drinhausen/Marsch-Barner* AG 2014, 337 (343).
[169] Vgl. K. Schmidt/Lutter/*Drygala* Rn. 9.
[170] Empirische Daten zur Zusammensetzung von Prüfungsausschüssen im Jahr 2011 finden sich bei *Gros/Velte* DStR 2012, 2243 (2246 ff.); Daten für das Jahr 2004 finden sich bei *Peemöller/Warncke* DB 2005, 401 (403).
[171] Vgl. Kölner Komm AktG/*Ekkenga* Rn. 50.
[172] Hüffer/*Koch* Rn. 14; sowie MüKoAktG/*Hennrichs/Pöschke* Rn. 128.
[173] Kölner Komm AktG/*Ekkenga* Rn. 50; MüKoAktG/*Hennrichs/Pöschke* Rn. 126; **aA** (Wahlrecht des Aufsichtsrats) ADS Rn. 55.
[174] Kölner Komm AktG/*Ekkenga* Rn. 50; MüKoAktG/*Hennrichs/Pöschke* Rn. 128.
[175] MüKoAktG/*Hennrichs/Pöschke* Rn. 170; sowie Kölner Komm AktG/*Ekkenga* Rn. 48.
[176] Hölters/*Waclawik* Rn. 15.
[177] Vgl. Kölner Komm AktG/*Ekkenga* Rn. 53.

auf der anderen Seite frühzeitig – idealerweise bereits im Rahmen der Erteilung des Prüfungsauftrags – abstimmen. Dies gilt u. a. für die Fragen, in welcher Sprache der Abschlussprüfer seinen Bericht erstattet und welche sonstigen Hilfsmittel (z. B. Präsentationsfolien) der Abschlussprüfer den Mitgliedern des Aufsichtsrats oder Prüfungsausschusses zur Verfügung stellen soll.

101 **aa) Wesentliche Ergebnisse der Prüfung des Jahresabschlusses.** Wie bereits vor dem Inkrafttreten des BilMoG hat der anwesende Abschlussprüfer im Rahmen der Bilanzsitzung zunächst über die wesentlichen Ergebnisse seiner Prüfung der Rechnungslegungsunterlagen zu berichten. Dabei darf sich der Abschlussprüfer nicht auf eine mündliche Zusammenfassung der wesentlichen Aussagen seines schriftlichen Berichts iSv § 321 HGB beschränken.[178] Im Mittelpunkt seines Vortrags haben vielmehr diejenigen Themen zu stehen, welche nach Auffassung des Abschlussprüfers von Aufsichtsrat und Prüfungsausschuss im Rahmen der Prüfung der Rechnungslegungsunterlagen besonders eingehend gewürdigt werden sollten.[179] Der Abschlussprüfer muss also **anhand der konkreten Umstände des Einzelfalls eine sinnvolle Auswahl** treffen.[180]

102 Eine **Hinweispflicht des Abschlussprüfers** besteht jedenfalls dann, wenn dieser im Rahmen seiner Abschlussprüfung Verstöße gegen gesetzliche Vorschriften oder Tatsachen festgestellt hat, die auf eine Gefährdung des Fortbestands des geprüften Unternehmens, wesentliche Beeinträchtigungen der weiteren Entwicklung des Unternehmens oder schwerwiegende Verstöße gegen Gesetz, Gesellschaftsvertrag oder Satzung hinweisen (vgl. § 321 Abs. 1 S. 3 HGB). Ebenso hat der Abschlussprüfer darauf einzugehen, ob der Jahresabschluss durchgehend dem in § 252 Abs. 1 Nr. 4 HGB niedergelegten Vorsichtsprinzip entspricht und wie sich die vom Vorstand vorgeschlagenen Bilanzierungsentscheidungen auf das Jahresergebnis auswirken.[181] Wurden im Rahmen der Erteilung des Prüfungsauftrags **bestimmte Prüfungsschwerpunkte vereinbart,** so sollte der Abschlussprüfer auf diese Schwerpunkte auch in seinem mündlichen Bericht eingehen.[182] Auf Umstände, die nicht Gegenstand der Abschlussprüfung sind, braucht der Abschlussprüfer hingegen nicht einzugehen.[183]

103 Im Ergebnis soll der mündliche Vortrag im Rahmen der Bilanzsitzung die (schriftlichen) **Berichte des Vorstands (§ 90) und des Abschlussprüfers (§ 321 HGB) ergänzen.**[184] Soweit die Aufsichtsratsmitglieder darin bereits vor der Bilanzsitzung über wichtige Themen informiert wurden, kann sich der Abschlussprüfer darauf beschränken, hinsichtlich der Einzelheiten auf diese Berichte zu verweisen und ggf. seine abweichende Auffassung dazulegen.[185] Dies gilt auch, soweit der Abschlussprüfer den Aufsichtsrat oder Prüfungsausschuss entsprechend den Empfehlungen des DCGK bereits während der Abschlussprüfung über wesentliche Feststellungen und Vorkommnisse unterrichtet hat (vgl. Ziff. 7.2.3. DCGK).

104 Ungeachtet der Besonderheiten des Einzelfalls sollte der Abschlussprüfer dem Aufsichtsrat stets auch mündlich darüber berichten, mit welcher Tendenz etwaige Ansatz- und Bewertungswahlrechte in den vom Vorstand vorgelegten Rechnungslegungsunterlagen ausgeübt wurden und ob es gegenüber dem Vorjahr relevante methodische Änderungen hinsichtlich der Bewertung oder Abschreibung von Vermögensgegenständen gab.[186] Über seinen eigenen Vortrag hinaus ist der Abschlussprüfer zudem auch verpflichtet, **Fragen der Aufsichtsratsmitglieder** zu den Rechnungslegungsunterlagen und den Ergebnissen seiner Prüfung

---

[178] MüKoAktG/*Hennrichs/Pöschke* Rn. 141; ADS nF Rn. 32; wohl a**A** *Forster* AG 1999, 193 (197).
[179] MüKoAktG/*Hennrichs/Pöschke* Rn. 142.
[180] Kölner Komm AktG/*Ekkenga* Rn. 56.
[181] MüKoAktG/*Hennrichs/Pöschke* Rn. 143.
[182] *Kompenhans/Buhleier/Splinter* WPg 2013, 59 (65).
[183] Kölner Komm AktG/*Ekkenga* Rn. 57.
[184] Kölner Komm AktG/*Ekkenga* Rn. 57; MüKoAktG/*Hennrichs/Pöschke* Rn. 142; sowie K. Schmidt/Lutter/*Drygala* Rn. 10.
[185] K. Schmidt/Lutter/*Drygala* Rn. 10; kritisch hingegen MüKoAktG/*Hennrichs/Pöschke* Rn. 140 f.
[186] MüKoAktG/*Hennrichs/Pöschke* Rn. 143.

derselben zu beantworten. Der Abschlussprüfer hat jede ihm von einem Aufsichtsratsmitglied gestellte Frage nach bestem Wissen und Gewissen vollumfänglich zu beantworten, sofern nicht der Prüfungsausschuss oder das Aufsichtsratsplenum beschließt, dass die Frage nicht weiter verfolgt werden soll.[187] Ein entsprechendes Verlangen des Vorstands rechtfertigt es demgegenüber nicht, Fragen von Aufsichtsratsmitgliedern nicht vollständig zu beantworten.[188]

bb) Wesentliche Schwächen des internen Kontroll- und Risikomanagementsystems. Neben den wesentlichen Ergebnissen seiner Prüfung der vom Vorstand vorbereiteten Rechnungslegungsunterlagen hat der Abschlussprüfer im Rahmen der Bilanzsitzung von Aufsichtsrat oder Prüfungsausschuss gemäß § 171 Abs. 1 S. 2 auch darüber zu berichten, welche wesentlichen Schwächen das interne Kontroll- und Risikomanagementsystem der Gesellschaft bezogen auf den Rechnungslegungsprozess aufweist. Hintergrund hierfür ist, dass der Aufsichtsrat oder der Prüfungsausschuss – wie bereits vor dem Inkrafttreten des BilMoG – den Rechnungslegungsprozess zu überwachen hat.[189] Um den Aufsichtsrat oder Prüfungsausschuss hierbei wirksam zu unterstützen, muss der Abschlussprüfer – wie auch von Artikel 41 Abs. 4 der sog. Abschlussprüferrichtlinie gefordert[190] – in seinem mündlichen Bericht **sowohl auf das interne Kontrollsystem und das zugehörige interne Revisionssystem als auch auf das interne Risikomanagementsystem** eingehen, soweit es Berührungspunkte mit dem Rechnungslegungsprozess aufweist (zB das Management von Risiken im Zusammenhang mit der Bildung von Bewertungseinheiten oder gegebenenfalls erforderliche Risikoeinschätzungen).[191] 105

In welchem **Umfang** sich der Abschlussprüfer im Rahmen der Abschlussprüfung auch ohne vertragliche Erweiterung des Prüfungsumfangs mit dem internen Kontroll- und Risikomanagementsystem zu befassen hat, ist umstritten. Jedenfalls bei **kapitalmarktorientierten Kapitalgesellschaften** iSv § 264d HGB ist es erforderlich, dass sich der Abschlussprüfer im Rahmen seiner Prüfung von Lagebericht und ggf. Konzernlagebericht mit den darin gemäß § 289 Abs. 5 HGB bzw. § 315 Abs. 2 Nr. 5 HGB enthaltenen Beschreibungen der wesentlichen Merkmale des internen Kontroll- und Risikomanagementsystems befasst.[192] Ob auch der Abschlussprüfer einer **nicht kapitalmarktorientierten Aktiengesellschaft** wegen § 171 Abs. 1 S. 2 dazu verpflichtet ist, sich gesondert mit dem internen Kontroll- und Risikomanagement bezogen auf den Rechnungslegungsprozess zu befassen, erscheint hingegen fraglich. Entgegen einer im Vordringen begriffenen Auffassung im Schrifttum dürfte dies grds. abzulehnen sein, da § 317 HGB eine abschließende Regelung hinsichtlich des Umfangs der gesetzlichen Abschlussprüfung enthält.[193] Eine eingehende Auseinandersetzung mit diesem System ist allerdings erforderlich, soweit der Abschlussprüfer bei seiner Abschlussprüfung die Funktionsfähigkeit/Wirksamkeit dieses Systems voraussetzt.[194] 106

Eine Berichtpflicht des Abschlussprüfers besteht nach zutreffender Ansicht nur, soweit dieser im Rahmen der Abschlussprüfung wesentliche Schwächen des internen Kontroll- 107

---

[187] MüKoAktG/*Hennrichs/Pöschke* Rn. 168; wohl ebenso Spindler/Stilz/*Euler* Rn. 31; sowie K. Schmidt/Lutter/*Drygala* Rn. 10; wohl **aA** (individuelles Fragerecht jedes Aufsichtsratsmitglieds) Bürgers/Körber/*Schulz* Rn. 7.
[188] Nach wohl allgemeiner Auffassung ist es dem Vorstand – von besonderen Ausnahmefällen abgesehen – wegen § 116 Satz 2 generell verwehrt, Auskunftsverlangen des Aufsichtsrats unter Hinweis auf ein Geheimhaltungsinteresse der Gesellschaft zurückzuweisen (vgl. MüKoAktG/*Spindler* § 90 Rn. 54).
[189] MüKoAktG/*Hennrichs/Pöschke* Rn. 150.
[190] Richtlinie 2006/43/EG des Europäischen Parlaments und des Rates vom 17. Mai 2006 über Abschlussprüfungen von Jahresabschlüssen und konsolidierten Abschlüssen, zur Änderung der Richtlinien 78/660/EWG und 83/349/EWG des Rates und zur Aufhebung der Richtlinie 84/253/EWG des Rates.
[191] Begründung zum Regierungsentwurf des BilMoG, BT-Drs. 16/10067, 104.
[192] MüKoBilR/*Bormann* HGB § 317 Rn. 66.
[193] WP Handbuch I, 14. Aufl. 2012, P 76; BeBiKo/*Schmidt/Almeling* HGB § 317 Rn. 76; sowie *Mattheus* in Hommelhoff/Hopt/v. Werder 563 (583).
[194] *Lanfermann/Röhricht* BB 2009, 887 (890), vgl. auch IDW PS 261 Rn. 35 ff.

und Risikomanagementsystems feststellt. Sofern bei der Gesellschaft überhaupt kein solches System besteht, kann sich der Abschlussprüfer darauf beschränken, diesen Umstand festzustellen.[195] Existiert demgegenüber ein internes Kontroll- und Risikomanagementsystem, kann sich der Abschlussprüfer – sofern nicht vertraglich eine Erweiterung des Prüfungsumfangs vereinbart wurde – darauf beschränken, dem Aufsichtsrat oder Prüfungsausschuss in der Bilanzsitzung jene **erkannten Schwächen des vorhandenen Systems vorzutragen,** die für die Überwachungsaufgabe des Aufsichtsrats oder Prüfungsausschusses objektive einige Bedeutung haben (d. h. wesentlich sind).[196]

108 **cc) Potentielle Beeinträchtigungen der Unabhängigkeit.** Im Rahmen des BilMoG[197] wurde § 171 Abs. 1 um eine Verpflichtung des Abschlussprüfers ergänzt, gegenüber dem Aufsichtsrat oder dessen Prüfungsausschuss potentielle Beeinträchtigungen seiner Unabhängigkeit sowie sonstige Leitungen offenzulegen, die der Abschlussprüfer zusätzlich zu den Abschlussprüfungsleistungen für die Gesellschaf erbringt (§ 171 Abs. 1 S. 3). Der Abschlussprüfer, der seine eigene Unabhängigkeit bereits vor der Bilanzsitzung in seinem Prüfungsbericht zu bestätigen hat (vgl. § 321 Abs. 4a HGB), muss also **unaufgefordert erläutern,** aus welchen Gründen Zweifel an seiner Unabhängigkeit bestehen können.[198] Diese Vorgabe dient der Umsetzung von Art. 42 Abs. 1 lit. b) und lit. c) der Richtlinie 2006/43/EG des Europäischen Parlaments und des Rates vom 17. Mai 2006 über Abschlussprüfungen von Jahresabschlüssen und konsolidierten Abschlüssen, zur Änderung der Richtlinien 78/660/EWG und 83/349/EWG des Rates und zur Aufhebung der Richtlinie 84/253/EWG des Rates (sog. Abschlussprüferrichtlinie).[199] Ziel der Regelung ist es, den Aufsichtsrat oder dessen Prüfungsausschuss über die Selbsteinschätzung des Abschlussprüfers in seinem schriftlichen Prüfungsbericht (§ 321 Abs. 4a HGB) hinaus weitere Informationen zur Verfügung zu stellen, um diesen die ihm gemäß § 107 Abs. 3 S. 2[200] obliegende **Überwachung der Unabhängigkeit des Abschlussprüfers** zu erleichtern.[201]

109 Welche konkreten **Anforderungen an die Unabhängigkeit des Abschlussprüfers** zu stellen sind, ergibt sich für das deutsche Recht aus §§ 319, 319a HGB. Darüber hinaus können allerdings auch für deutsche Gesellschaften weitergehende Unabhängigkeitsanforderungen zu beachten sein, insbesondere wenn von der Gesellschaft ausgegebene Finanzinstrumente (Aktien, Anleihen, etc.) an einer ausländischen Börse zum Handel zugelassen sind.[202] Auch solche weitergehenden Anforderungen sollte der Abschlussprüfer in seine mündliche Erläuterung und der Aufsichtsrat in seine Prüfung einbeziehen.

110 Auch im **DCGK** finden sich **Empfehlungen zur Überwachung der Unabhängigkeit** des Abschlussprüfers. Insbesondere soll sich der Aufsichtsrat bereits frühzeitig mit der Unabhängigkeit des (potentiellen) Abschlussprüfers befassen und zu diesem Zweck bereits eine Erklärung zu den wirtschaftlichen Beziehungen zwischen dem (potentiellen) Abschlussprüfer und der Gesellschaft einholen, bevor er der Hauptversammlung die Wahl dieses Abschlussprüfers vorschlägt (Ziff. 7.2.1 Abs. 1 DCGK). Darüber hinaus soll er in dem

---

[195] MüKoAktG/*Hennrichs/Pöschke* Rn. 151.
[196] MüKoAktG/*Hennrichs/Pöschke* Rn. 151 f.
[197] Gesetz zur Modernisierung des Bilanzrechts (Bilanzrechtsmodernisierungsgesetz – BilMoG) vom 25.5.2009, BGBl. 2009 I S. 1102.
[198] MüKoAktG/*Hennrichs/Pöschke* Rn. 171.
[199] Begründung zum Regierungsentwurf des BilMoG, BT-Drs. 16/10067, 105.
[200] Nach wohl allgemeiner Auffassung sind die in § 107 Abs. 3 S. 2 genannten Aufgaben als Teil der allgemeinen Überwachungsaufgabe iSv § 111 Abs. 1 vom Aufsichtsratsplenum wahrzunehmen, wenn diese nicht einem Aufsichtsratsausschuss übertragen werden (vgl. Vetter, ZGR 2010, 751 (761) mwN); vgl. hierzu auch Art. 42 Abs. 2 lit. d) Richtlinie 2006/43/EG des Europäischen Parlaments und des Rates vom 17. Mai 2006 über Abschlussprüfungen von Jahresabschlüssen und konsolidierten Abschlüssen, zur Änderung der Richtlinien 78/660/EWG und 83/349/EWG des Rates und zur Aufhebung der Richtlinie 84/253/EWG des Rates
[201] BeBiKo/*Grottel/Hoffmann* HGB Vor § 325 Rn. 26.
[202] Als Beispiel mögen hier die Unabhängigkeitsregeln der U. S. Securities and Exchange Commission (*„SEC"*) gelten, welche zu beachten sind von Abschlussprüfern von Gesellschaften, deren Finanzinstrumente an einer US-amerikanischen Börse zum Handel zugelassen sind.

Prüfungsauftrag mit dem Abschlussprüfer vereinbaren, dass dieser unverzüglich den Vorsitzenden des Aufsichtsrats oder Prüfungsausschusses zu informieren hat, falls während der laufenden Abschlussprüfung mögliche Ausschluss- oder Befangenheitsgründe auftreten.

Neben konkreten Umständen, welche seine Befangenheit besorgen lassen, hat der Abschlussprüfer gemäß § 171 Abs. 1 S. 3 gegenüber dem Aufsichtsrat oder dem Prüfungsausschuss auch ungefragt offen zu legen, welche weiteren Leistungen er neben der Abschlussprüfung für die Gesellschaft erbracht hat. Hintergrund dieser Verpflichtung ist die Einschätzung des (europäischen) Normgebers, dass zusätzliche Leistungen des Abschlussprüfers als **(abstrakte) Gefahr für die Unabhängigkeit des Abschlussprüfers** anzusehen sind.[203] Gegenstand der Berichtspflicht sind mithin sämtliche entgeltlichen Leistungen, die der Abschlussprüfer über die Leistungen im Rahmen der gesetzlichen Abschlussprüfung hinaus für die zu prüfende Gesellschaft erbracht hat.[204] Dies gilt insbesondere für alle Arten von betriebswirtschaftlichen, steuerlichen oder rechtlichen Beratungsleistungen. Ob aufgrund dieser Leistungen konkret eine Befangenheit des Abschlussprüfers zu befürchten ist, spielt keine Rolle. 111

Nach wohl ganz hM beschränkt sich die Berichtspflicht des Abschlussprüfers nicht auf entgeltliche Leistungen, welche er unmittelbar gegenüber der zu prüfenden Gesellschaft erbracht hat. Vielmehr hat er auch über solche entgeltlichen Leistungen zu berichten, die er außerhalb der Abschlussprüfung gegenüber mit der Gesellschaft **verbundenen Unternehmen oder dieser nahestehenden Unternehmen oder Personen** erbracht hat.[205] 112

d) Teilnahme- und Rederecht des Abschlussprüfers? Nach wohl ganz hM korrespondiert mit der Teilnahmepflicht des Abschlussprüfers **kein Recht auf Teilnahme** an der Bilanzsitzung des Aufsichtsrats (→ Rn. 92). Sofern der Aufsichtsrat oder der Prüfungsausschuss also ausdrücklich beschließt, dass die Teilnahme des Abschlussprüfers nicht gewünscht wird, kann dieser nicht auf einer Teilnahme bestehen. Bleibt der Abschlussprüfer in einem solchen Fall der Bilanzsitzung fern, so ist dies nicht als Pflichtverletzung des Abschlussprüfers anzusehen.[206] Davon unberührt bleibt die Frage, ob die Aufsichtsrats- oder Prüfungsausschussmitglieder in einem solchen Fall ihre Pflichten verletzen (→ Rn. 93). 113

Sofern der Abschlussprüfer zwar an der Bilanzsitzung des Aufsichtsrats oder des Prüfungsausschusses teilnimmt, ihm **im Rahmen dieser Sitzung jedoch nicht das Wort erteilt** wird, gelten die vorstehenden Ausführungen entsprechend. Der anwesende Abschlussprüfer kann also nicht darauf bestehen, dass er seinen gesetzlich vorgesehenen Bericht auch gegen den Willen des Gremiums erstatten darf.[207] Unterbleibt in diesem Fall die mündliche Berichterstattung, so kann dies dem Abschlussprüfer nicht als Pflichtverletzung vorgeworfen werden. Gleiches dürfte gelten, wenn der Abschlussprüfer die Bilanzsitzung verlässt, nachdem das Gremium deutlich gemacht hat, keine Informationen vom Abschlussprüfer zu wünschen. 114

e) Auskunftspflichten des Prüfers. aa) Gegenüber den Plenum. Nach dem Leitbild des Gesetzgebers ist eine der vorrangigen Aufgaben des Abschlussprüfers, den Aufsichtsrat bei der Wahrnehmung seiner umfassenden Überwachungsaufgabe zu unterstützen.[208] Dementsprechend ist der Abschlussprüfer verpflichtet, den Mitgliedern des Aufsichtsrats in ihrer 115

---

[203] Vgl. Erwägungsgrund 11 Richtlinie 2006/43/EG des Europäischen Parlaments und des Rates vom 17. Mai 2006 über Abschlussprüfungen von Jahresabschlüssen und konsolidierten Abschlüssen, zur Änderung der Richtlinien 78/660/EWG und 83/349/EWG des Rates und zur Aufhebung der Richtlinie 84/253/EWG des Rates.
[204] Hüffer/*Koch* Rn. 16; K. Schmidt/Lutter/*Drygala* Rn. 10; sowie MüKoAktG/*Hennrichs/Pöschke* Rn. 172.
[205] MüKoAktG/*Hennrichs/Pöschke* Rn. 172.
[206] Bürgers/Körber/*Schulz* Rn. 6a sowie K. Schmidt/Lutter/*Drygala* Rn. 9.
[207] MüKoAktG/*Hennrichs/Pöschke* Rn. 138.
[208] Vgl. hierzu die Begründung der Bundesregierung zum Entwurf eines Gesetzes zur Kontrolle und Transparenz im Unternehmensbereich (KonTraG), BT-Drs. 13/0712, 28; vgl. auch MüKoAktG/*Habersack* § 111 Rn. 78.

Gesamtheit **umfassend sämtliche Fragen zu beantworten,** die in einem unmittelbaren oder mittelbaren Zusammenhang mit seiner Prüfungstätigkeit stehen.[209] Ebenso wie im Verhältnis zwischen dem Aufsichtsrat und dem Vorstand ist es auch im Verhältnis zwischen dem Aufsichtsrat und dem Abschlussprüfer nicht zu rechtfertigen, unter Hinweis auf die Interessen der Gesellschaft von der Weitergabe bestimmter Informationen abzusehen. Der Abschlussprüfer muss eine vom Aufsichtsrat an ihn gerichtete Frage daher auch dann beantworten, wenn der Vorstand – sei es in der Sitzung, sei es vorab – ihm die Weitergabe bestimmter Informationen ausdrücklich untersagt hat.[210]

116 Jedenfalls auf Nachfrage des Aufsichtsrats ist der Abschlussprüfer auch verpflichtet, gegenüber dem Aufsichtsrat offenzulegen, dass seine **Auffassung zu bestimmten Fragen von jener des Vorstands abweicht.**[211] Derartige Auffassungsunterschiede sollen den Aufsichtsratsmitgliedern vor Augen geführt und deren Bedeutung und Folgen sollen ihnen vom Abschlussprüfer erklärt werden.[212] Ziel ist es, die Aufsichtsratsmitglieder auf die für ihre Entscheidung wesentlichen Aspekte aufmerksam zu machen[213] und sie so in die Lage zu versetzen, sich ein eigenes Urteil über die von ihnen zu prüfenden Rechnungslegungsunterlagen sowie die gesamte Geschäftsleitung durch den Vorstand zu bilden.

117 **bb) Fragen einzelner Aufsichtsratsmitglieder.** In der Praxis werden die Fragen an den Abschlussprüfer üblicherweise nicht vom Aufsichtsrat als Kollektivorgan beschlossen, sondern von einzelnen Mitgliedern des Aufsichtsrats an diesen gerichtet. Der in der Bilanzsitzung anwesende Abschlussprüfer ist grds. berechtigt und verpflichtet, solche Fragen ohne Weiteres zu beantworten.[214] Erhebt jedoch der Vorsitzende des Aufsichtsrats oder ein anderes Mitglied Einwände gegen eine gestellte Frage oder deren Beantwortung, so sollte der Abschlussprüfer zunächst die **Entscheidung des Gremiums** abwarten, bevor er die ihm gestellte Frage beantwortet.[215]

118 **f) Weitere Aufgaben des Prüfers im Aufsichtsrat.** Über seine im AktG ausdrücklich festgehaltenen Verpflichtungen hinaus, muss der in der Bilanzsitzung anwesende Abschlussprüfer insbesondere aufmerksam darauf achten, ob die dem Aufsichtsrat zur Prüfung und Feststellung/Billigung **vorgelegten Unterlagen inhaltlich mit jenen übereinstimmen, die Gegenstand der Abschlussprüfung waren;**[216] zu diesem Zweck sollten die Unterlagen, die den Mitgliedern des Aufsichtsrats zur Vorbereitung der Bilanzsitzung zugänglich gemacht werden, parallel auch ihm zur Verfügung gestellt werden.[217] Ergeben sich hierbei Abweichungen, so hat der Abschlussprüfer zu prüfen, ob diese Abweichungen gemäß § 316 Abs. 3 S. 1 HGB eine Nachtragsprüfung erforderlich machen.[218] Betreffend den geprüften Jahres- und/oder Konzernabschluss löst grds. jede Änderung von Form oder Inhalt das Erfordernis einer Nachtragsprüfung aus.[219] Änderungen des Lageberichts erfordern hingegen nur dann eine Nachtragsprüfung, wenn sie wesentlich sind.[220]

119 Sofern gemäß § 316 Abs. 3 S. 1 HGB eine Nachtragsprüfung erforderlich ist, hat der Abschlussprüfer die Mitglieder des Aufsichtsrats oder Prüfungsausschusses darauf hinzuweisen und eine entsprechende **Nachtragsprüfung durchzuführen.** Über das (voraussichtliche) Ergebnis dieser Nachtragsprüfung darf der Abschlussprüfer den Aufsichtsrat bzw. den

---

[209] Bürgers/Körber/*Schulz* Rn. 7 sowie Hölters/*Waclawik* Rn. 15.
[210] Kölner Komm AktG/*Ekkenga* Rn. 55.
[211] MüKoAktG/*Hennrichs/Pöschke* Rn. 156; sowie Kölner Komm AktG/*Ekkenga* Rn. 55.
[212] MüKoAktG/*Hennrichs/Pöschke* Rn. 156.
[213] Kölner Komm AktG/*Ekkenga* Rn. 55.
[214] Bürgers/Körber/*Schulz* Rn. 7; sowie K. Schmidt/Lutter/*Drygala* Rn. 10.
[215] MüKoAktG/*Hennrichs/Pöschke* Rn. 168.
[216] Kölner Komm AktG/*Ekkenga* Rn. 53; MüKoAktG/*Hennrichs/Pöschke* Rn. 174.
[217] So auch MüKoAktG/*Hennrichs/Pöschke* Rn. 175.
[218] MüKoBilR/*Bormann* HGB § 316 Rn. 43.
[219] BeBiKo/*Schmidt/Küster* HGB § 316 Rn. 27.
[220] MüKoBilR/*Bormann* HGB § 316 Rn. 41.

Prüfungsausschuss ggf. zwar bereits während der Bilanzsitzung informieren,[221] doch ist auch eine solche Nachtragsprüfung erst dann abgeschlossen, wenn der Abschlussprüfer dem Aufsichtsrat eine unterzeichnete Fassung eines schriftlichen Berichts über die Nachtragsprüfung (vgl. § 316 Abs. 3 S. 2 iVm § 321 Abs. 1 S. 1 HGB) sowie eines neuen Bestätigungsvermerks iSv § 322 HGB vorgelegt hat.[222] Beschließt der Aufsichtsrat schon vorher über die Feststellung des Jahresabschlusses oder die Billigung des Konzernabschlusses, so hat dies gemäß § 256 Abs. 1 Nr. 2 jedenfalls dann die Nichtigkeit des festgestellten Jahresabschlusses bzw. des gebilligten Konzernabschlusses zur Folge, wenn die Feststellung unbedingt erfolgt.[223] Ob insoweit Raum für eine analoge Anwendung von § 173 Abs. 3 bleibt, erscheint fraglich.[224]

5. Zwangsweise Durchsetzung der Prüferpflichten. Kommt der Abschlussprüfer **120** seinen gesetzlichen Auskunftspflichten gemäß § 171 Abs. 1 S. 2 und S. 3 nicht, nicht rechtzeitig oder nicht in vollem Umfang nach, ohne dass der Aufsichtsrat und der Prüfungsausschuss beschlossen hat, den Abschlussprüfer nicht zu ihrer jeweiligen Bilanzsitzung hinzuzuziehen, so **verletzt der Abschlussprüfer** hierdurch **seine Pflichten aus dem Prüfungsauftrag.** Soweit der Gesellschaft hieraus ein Vermögensschaden entsteht, ist der Abschlussprüfer zum Ersatz dieses Schadens verpflichtet.[225] Eine Leistungsklage auf Erfüllung der Verpflichtungen aus dem Prüfungsauftrag dürfte demgegenüber regelmäßig kein tauglicher Rechtsbehelf sein,[226] zumal nicht damit zu rechnen ist, dass eine gerichtliche Klärung herbeigeführt werden kann, bevor das Interesse der Gesellschaft an der Erfüllung der Pflicht endet.

IV. Bericht des Aufsichtsrats an die Hauptversammlung (Abs. 2 und Abs. 3)

1. Zweck des Berichts. Gemäß § 171 Abs. 2 muss der Aufsichtsrat **schriftlich über** **121** **das Ergebnis seiner Prüfung** der jährlichen Rechnungslegungsunterlagen (S. 1 und S. 4) sowie die Art und den Umfang seiner unterjährigen Überwachungstätigkeit (S. 2) an die Hauptversammlung berichten. Hat eine Prüfung des Jahresabschlusses durch einen Abschlussprüfer stattgefunden, so muss der Aufsichtsrat auch hierzu Stellung nehmen (S. 3). Bei börsennotierten Gesellschaften hat er zudem anzugeben, welche Ausschüsse gebildet worden sind, sowie die Zahl seiner Sitzungen und die seiner Ausschüsse mitzuteilen (S. 4 2. HS). Ergänzend enthält der DCGK für börsennotierte Gesellschaften die Empfehlungen, der Bericht solle Ausführungen zu im Aufsichtsrat aufgetretenen Interessenkonflikten und deren Behandlung (vgl. Ziff. 5.5.3 DCGK) sowie zur etwaigen Versäumung von mehr als der Hälfte der Aufsichtsratssitzungen durch einzelne Aufsichtsratsmitglieder enthalten (Ziff. 5.4.7 DCGK).

Der Bericht des Aufsichtsrats an die Hauptversammlung soll zum einen dazu dienen, die **122** Aktionäre in die Lage zu versetzen, sich ein eigenes **Bild von der Lage „ihrer" Gesellschaft** zu machen und wohl informiert über die der Hauptversammlung vorbehaltenen Fragen – insbesondere die Verwendung des Bilanzgewinns (§ 174) – zu entscheiden.[227] Zum anderen soll der Aufsichtsrat in dem Bericht auch sein **eigenes Verhalten dokumentieren,** damit die Aktionäre auf dieser Grundlage über die Entlastung von Vorstand und

---

[221] MüKoAktG/Hennrichs/Pöschke Rn. 177.
[222] Zutreffend: BeBiKo/Schmidt/Küster HGB § 316 Rn. 28; MüKoBilR/Bormann HGB § 316 Rn. 53; wohl ebenso MüKoAktG/Hennrichs/Pöschke Rn. 177; aA (Protokollierung des mündlich berichteten Ergebnisses reicht aus, wenn schriftliche Berichterstattung nachfolgt) ADS HGB § 316 Rn. 70.
[223] Vgl. zur Möglichkeit einer bedingten Feststellung ADS AktG § 172 Rn. 18.
[224] Wohl noch weitergehend ADS HGB § 316 Rn. 54.
[225] Hüffer/Koch Rn. 14.
[226] So auch Großkomm AktG/Brönner Rn. 21.
[227] OLG Stuttgart AG 2007, 379 (380); vgl. zu den Berichtszwecken auch Kölner Komm AktG/Ekkenga Rn. 65; sowie MüKoAktG/Hennrichs/Pöschke Rn. 183 f.

Aufsichtsrat (§ 120 Abs. 1) sowie ggf. die (erneute) Bestellung der Aufsichtsratsmitglieder (§ 101 Abs. 1) entscheiden können.[228]

123 Aus Sicht der Aktionäre ist der Bericht des Aufsichtsrats eine **wichtige Informationsquelle**.[229] Die Aktionäre erhalten – anders als die Mitglieder des Aufsichtsrats – grds. keinen unmittelbaren Einblick in die vertraulichen Unterlagen der Gesellschaft (zB die Berichte iSv § 90, den Bericht des Abschlussprüfers iSv § 321 HGB sowie ggf. den Abhängigkeitsbericht iSv § 312 Abs. 1). Auch steht den Aktionären ein Fragerecht nur innerhalb einer Hauptversammlung (vgl. § 131 Abs. 4) und nur innerhalb der durch § 131 Abs. 3 gezogenen Grenzen zu.

124 Trotz dieser Bedeutung für die Aktionäre wurde der Bericht des Aufsichtsrats an die Hauptversammlung bis zum Ende der 1990er Jahre eher stiefmütterlich behandelt; es handelte sich oft um ein sehr kurzes Dokument mit geringerer Aussagekraft.[230] In jüngerer Zeit hat die **Rechtsprechung allerdings deutliche strengere Anforderungen** für den Bericht iSv § 171 Abs. 2 aufgestellt: Ein Mangel des Berichts begründet nunmehr die Anfechtbarkeit der Hauptversammlungsbeschlüsse betreffend die Entlastung von Vorstand und Aufsichtsrat, wenn es sich eindeutig um einen schwerwiegenden Gesetzes- oder Satzungsverstoß handelt.[231]

125 **2. Gegenstand des Berichts. a) Ergebnis der Prüfung der Abschlussunterlagen.** Der schriftliche Bericht des Aufsichtsrats an die Hauptversammlung muss gemäß § 171 Abs. 2 S. 1 das Ergebnis der vom Aufsichtsrat nach Maßgabe von § 171 Abs. 1 durchzuführenden Prüfung der jährlichen Rechnungslegungsunterlagen beinhalten. Ungeachtet des Wortlauts bedeutet dies, dass der Aufsichtsrat **sowohl über die Art als auch über die Ergebnisse seiner Prüfung** zu berichten hat.[232] Im Übrigen enthält das Gesetz allerdings keine ausdrücklichen Vorgaben zu der Frage, in welchem konkreten Umfang der Aufsichtsrat hierüber jeweils zu berichten hat. Dies ist mithin insbesondere anhand des Normzwecks zu ermitteln.[233]

126 Nach einer im Vordringen begriffenen Ansicht in Rechtsprechung und Literatur muss der Aufsichtsrat nicht nur stets über die eigentlichen Ergebnisse seiner Prüfung der jährlichen Rechnungslegungsunterlagen berichten, sondern **auch erläutern, aus welchen Gründen** er zu seiner Entscheidung/seinem Urteil über die vom Vorstand aufgestellten Rechnungsunterlagen gelangt ist.[234] Zur Begründung dieser Auffassung wird insbesondere angeführt, dass eine nur kurze und formelhafte Berichterstattung den Eindruck erwecken könne, der Aufsichtsrat habe sich nicht in dem gebotenen Umfang mit den Rechnungslegungsunterlagen auseinandergesetzt. Zudem sei der schriftliche Bericht des Aufsichtsrats eine wichtige Entscheidungsgrundlage für die Entscheidung der Aktionäre über die Entlastung von Vorstand und Aufsichtsrat.

127 Die zutreffende (wohl) hM geht demgegenüber davon aus, dass sich der Umfang der Berichtspflicht danach richtet, ob der Aufsichtsrat Einwendungen gegen die ihm zur Prüfung vorgelegten Unterlagen erhebt oder nicht.[235] Haben sich weder im Rahmen der (externen) Prüfung durch den Abschlussprüfer noch im Rahmen der (internen) Prüfung durch den Aufsichtsrat solche Einwendungen ergeben, so können der Bericht iSv § 171

---

[228] *Gernoth/Wernicke* NZG 2010, 531 (532); sowie *Lutter* AG 2008, 1.
[229] Bürgers/Körber/*Schulz* Rn. 8; sowie Großkomm AktG/*Brönner* Rn. 26.
[230] *Gernoth/Wernicke* NZG 2010, 531 (532); *Lutter* AG 2008, 1 mwN; MüKoAktG/*Hennrichs/Pöschke* Rn. 181; MHdB AG/*Hoffmann-Becking* § 44 Rn. 17; sowie Kölner Komm AktG/*Ekkenga* Rn. 64.
[231] BGH NZG 2003, 280 (281) sowie NZG 2010, 943 (945); ebenso OLG München AG 2006, 592 sowie LG München I AG 2007, 417; vgl. auch K. Schmidt/Lutter/*Drygala* Rn. 11.
[232] Vgl. hierzu Kölner Komm AktG/*Ekkenga* Rn. 73.
[233] Großkomm AktG/*Brönner* Rn. 26.
[234] OLG Stuttgart WM 2006, 861 (864); *Theisen* BB 1988, 705 (708 f.).
[235] *Maser/Bäumker* AG 2005, 906 (907); *Gernoth/Wernicke* NZG 2010, 531 (532); ADS Rn. 64; MüKoAktG/*Hennrichs/Pöschke* Rn. 187; Bürgers/Körber/*Schulz* Rn. 8; Kölner Komm AktG/*Ekkenga* Rn. 74 sowie K. Schmidt/Lutter/*Drygala* Rn. 13.

Abs. 2 S. 1 und die Schlusserklärung iSv § 171 Abs. 2 S. 4 zusammengefasst werden.[236] Der Aufsichtsrat genügt dann seiner Berichtspflicht, indem er sich unter Hinweis auf seine eigene Prüfung der vom Vorstand aufgestellten Rechnungslegungsunterlagen **dem uneingeschränkten Bestätigungsvermerk des Abschlussprüfers anschließt.**[237] Dies gilt nach zutreffender Auffassung auch dann, wenn der Aufsichtsrat einzelne Aspekte der Rechnungslegungsunterlagen zwar genauer geprüft hat, sich dabei jedoch im Ergebnis keine Beanstandungen ergeben haben.[238]

Wenn hingegen der Aufsichtsrat **Einwendungen gegen die vom Vorstand aufgestell-** 128 **ten Rechnungslegungsunterlagen** erhebt, sonstige Meinungsverschiedenheit zwischen dem Vorstand und dem Aufsichtsrat in Bezug auf die Gegenstände der Prüfung iSv § 171 Abs. 1 bestehen, der Abschlussprüfer seinen Bestätigungsvermerk iSv § 322 HGB eingeschränkt oder gar versagt hat oder ausnahmsweise die Hauptversammlung über die Feststellung des Jahresabschlusses oder die Billigung des Konzernabschlusses entscheiden soll, ist (auch) nach hM eine ausführlichere Darstellung der Prüfungsergebnisse des Aufsichtsrats erforderlich.[239] Die Aktionäre sollen in diesem Fall die Möglichkeit erhalten, die jeweiligen Positionen von Vorstand und Aufsichtsrat sowie deren jeweilige Begründung nachzuvollziehen. Hierdurch sollen die Aktionäre in die Lage versetzt werden, die jeweiligen Argumente abzuwägen, um sich schließlich ein eigenes Urteil bilden zu können.[240]

Enthalten die vom Vorstand aufgestellten jährlichen **Rechnungslegungsunterlagen** 129 **nach Auffassung des Aufsichtsrats Fehler oder Lücken,** so kann er diese nach ganz hM grds. nicht dadurch korrigieren bzw. schließen, dass er die fehlenden (richtigen) Informationen in seinen schriftlichen Bericht an die Hauptversammlung aufnimmt. Insoweit ist jeweils eine Änderung der eigentlichen Rechnungslegungsunterlagen erforderlich, zu welcher der Aufsichtsrat der Mitwirkung des Vorstands bedarf.[241] Ohne eine solche Zustimmung bleibt dem Aufsichtsrat nur die Möglichkeit, die Fehler bzw. Lücken in seinem Bericht an die Hauptversammlung zu erwähnen sowie dem Jahresabschluss – soweit dieser betroffen ist – die Feststellung zu verweigern (entsprechendes gilt für die Billigung des Konzernabschlusses).

Eine Ausnahme von vorstehendem Grundsatz gilt uU für den **Lagebericht.** Darin etwa 130 enthaltene Mängel kann der Aufsichtsrat uU auch durch Angaben in seinem schriftlichen Bericht an die Hauptversammlung ergänzen;[242] dabei muss er allerdings die gegenüber dem Vorstand bestehenden Meinungsunterschiede klar zum Ausdruck bringen.[243] Entsprechendes gilt für den Gewinnverwendungsvorschlag des Vorstands: Soweit der Aufsichtsrat den Vorschlag des Vorstands für unzulässig oder unzweckmäßig hält oder sich diesem Vorschlag aus sonstigen Gründen nicht anschließen will, hat er dies in seinem Bericht hinreichend zu erläutern und ggf. unabhängig vom Vorstand einen eigenen Alternativvorschlag zur Gewinnverwendung vorzulegen (→ Rn. 30).[244]

Gemäß § 171 Abs. 2 S. 4 muss der Aufsichtsrat am **Schluss seines schriftlichen Be-** 131 **richts abschließend festhalten,** ob er Einwendungen gegen die vom Vorstand aufgestellten jährlichen Rechnungslegungsunterlagen erhebt und ob er den vom Vorstand aufgestell-

---

[236] Hüffer/*Koch* Rn. 19.
[237] MHdB AG/*Hoffmann-Becking* § 44 Rn. 19; *Gernoth/Wernicke* NZG 2010, 531 (532) sowie Bürgers/Körber/*Schulz* Rn. 11; hat der Aufsichtsrat bei einer „faktisch" abhängigen Aktiengesellschaft auch einen Abhängigkeitsbericht zu prüfen, so muss der Bericht an die Hauptversammlung einen ausdrücklichen Hinweis darauf enthalten (vgl. BGH NZG 2002, 280 (282)) – vgl. in diesem Zusammenhang auch ADS Rn. 61.
[238] Kölner Komm AktG/*Ekkenga* Rn. 73.
[239] Kölner Komm AktG/*Ekkenga* Rn. 74; MüKoAktG/*Hennrichs/Pöschke* Rn. 187; ADS Rn. 64; Bürgers/Körber/*Schulz* Rn. 8.
[240] K. Schmidt/Lutter/*Drygala* Rn. 13; MüKoAktG/*Hennrichs/Pöschke* Rn. 187; Bürgers/Körber/*Schulz* Rn. 8; sowie ADS Rn. 64.
[241] ADS Rn. 65.
[242] ADS Rn. 65.
[243] MüKoAktG/*Hennrichs/Pöschke* Rn. 189.
[244] K. Schmidt/Lutter/*Drygala* Rn. 12; Großkomm AktG/*Brönner* Rn. 37; MüKoAktG/*Hennrichs/Pöschke* Rn. 190; sowie ADS Rn. 65.

ten Jahresabschluss feststellt. Anders als in dem gemäß § 171 Abs. 2 S. 1 erforderlichen Berichtsteil sind an dieser Stelle nicht alle, sondern grds. nur solche Einwendungen zu erwähnen, die unmittelbar für die Entscheidung des Aufsichtsrats über die Feststellung des Jahresabschlusses relevant sind;[245] wegen § 120 Abs. 3 ebenfalls zu erwähnen sind an dieser Stelle sämtliche Einwendungen gegen die Geschäftsführung des Vorstands, die zu einer Versagung der Entlastung führen könnten.[246]

132 Zu guter Letzt ist am Ende des Berichts eindeutig **festzuhalten, ob** der Aufsichtsrat den vom Vorstand aufgestellten Jahresabschluss gemäß § 172 S. 1 **verbindlich festgestellt** hat oder ob die Entscheidung über die Feststellung des Jahresabschlusses aufgrund von Meinungsverschiedenheiten zwischen Vorstand und Aufsichtsrat oder aufgrund entsprechender Beschlüsse von Vorstand und Aufsichtsrat – gemäß § 172 S. 2 sind auch diese in den Bericht aufzunehmen – gemäß § 173 Abs. 1 von der Hauptversammlung zu treffen ist.[247]

133 **b) Art und Umfang seiner Überwachungstätigkeit.** Gemäß § 171 Abs. 2 S. 2 hat der Aufsichtsrat in seinem schriftlichen Bericht mitzuteilen, in welcher Art und in welchem Umfang er die Geschäftsführung der Gesellschaft während des Geschäftsjahrs geprüft hat. Der Aufsichtsrat soll den Aktionären mithin einen Eindruck davon vermitteln, wie er seinen allgemeinen Überwachungsauftrag iSv § 111 Abs. 1 im abgelaufenen Geschäftsjahr wahrgenommen hat.[248] Ziel ist es auch in diesem Fall, den Aktionären eine hinreichende **Informationsgrundlage für ihre Entscheidung über die Entlastung** von Vorstand und Aufsichtsrat zu unterbreiten.[249]

134 Dem Gesetzeswortlaut lässt sich allerdings keine eindeutige Aussage dazu entnehmen, in welchem Ausmaß der Aufsichtsrat verpflichtet ist, der Hauptversammlung über Art und Umfang seiner Überwachungstätigkeit zu berichten. Lediglich für börsennotierte Aktiengesellschaften schreibt § 171 Abs. 2 S. 2 zwingend Angaben zu den von ihm gebildeten Ausschüssen (ggf. einschließlich einer kurzen Beschreibung ihrer Aufgaben)[250] sowie jeweils der Zahl der Sitzungen des Plenums sowie der Ausschüsse vor.[251] Im Übrigen sind die **konkreten Anforderungen aus dem Zweck der Berichtspflicht** abzuleiten.[252] Nach zutreffender hM variiert daher der Umfang der Berichtspflicht – wie auch im Rahmen von § 171 Abs. 2 S. 1 – je nach der konkreten Lage der Gesellschaft:[253] ebenso wie der Aufsichtsrat in einer Unternehmenskrise nach wohl ganz allgemeiner Auffassung verpflichtet ist, die Geschäftsführung intensiver zu überwachen,[254] so muss dann auch der Berichtsumfang gegenüber den Aktionären zunehmen.[255]

135 Hat der Aufsichtsrat in einer Krisensituation oder aufgrund eines speziellen Anlasses **konkrete Überwachungsmaßnahmen** (zB einen Sonderbericht iSv § 90 Abs. 3, eine Maßnahme iSv § 111 Abs. 2, etc.) durchgeführt, so hat er hierüber sowie über das Ergebnis

---

[245] MüKoAktG/*Hennrichs*/*Pöschke* Rn. 191; Bürgers/Körber/*Schulz* Rn. 10; sowie – mit zutreffendem Hinweis auf die Unterschiede hinsichtlich des Prüfungsumfangs – Großkomm AktG/*Brönner* Rn. 36; und ADS Rn. 75.
[246] ADS Rn. 77.
[247] Bürgers/Körber/*Schulz* Rn. 11; sowie MüKoAktG/*Hennrichs*/*Pöschke* Rn. 192.
[248] Kölner Komm AktG/*Ekkenga* Rn. 75.
[249] BGH NZG 2010, 943 (944 f.); Bürgers/Körber/*Schulz* Rn. 9.
[250] MüKoAktG/*Hennrichs*/*Pöschke* Rn. 202; sowie Kölner Komm AktG/*Ekkenga* Rn. 78.
[251] MüKoAktG/*Hennrichs*/*Pöschke* Rn. 203; sowie Kölner Komm AktG/*Ekkenga* Rn. 79.
[252] Bürgers/Körber/*Schulz* Rn. 9; MüKoAktG/*Hennrichs*/*Pöschke* Rn. 196.
[253] *Gernoth*/*Wernicke* NZG 2010, 531 (532); *Priester* ZIP 2011, 2081 (2082); MüKoAktG/*Hennrichs*/*Pöschke* Rn. 196 ff.; Hölters/*Waclawik* Rn. 19; Kölner Komm AktG/*Ekkenga* Rn. 75; sowie Hüffer/*Koch* Rn. 20 mwN; vgl. hierzu auch die Begründung der Bundesregierung zum Entwurf eines Gesetzes zur Kontrolle und Transparenz im Unternehmensbereich (KonTraG), BT-Drs. 13/0712, 22; strenger LG München I AG 2005, 408 mit Bestätigung durch OLG München AG 2006, 592; *Nonnenmacher* in Marsch-Barner/Schäfer HdB börsennotierte AG § 55 Rn. 38, *Vetter* ZIP 2006, 257 (259); Großkomm AktG/*Brönner* Rn. 29.
[254] Spindler/Stilz/*Spindler* § 111 Rn. 25 f.; sowie MüKoAktG/*Habersack* § 108 Rn. 44 ff.
[255] Bürgers/Körber/*Schulz* Rn. 9; sowie Hüffer/*Koch* Rn. 20; vgl. hierzu auch OLG Stuttgart NZG 2006, 472 (474).

der Maßnahme grundsätzlich zu berichten.²⁵⁶ Allerdings hat der Aufsichtsrat in solchen Fällen stets genau abzuwägen, ob das Interesse der Gesellschaft an der Geheimhaltung von Zweifeln des Aufsichtsrats an der Tätigkeit des Vorstands das Informationsbedürfnis der Aktionäre überwiegt. Hat der Aufsichtsrat eine konkrete Überwachungsmaßnahmen zwar durchgeführt, doch hat diese im Ergebnis nicht zu einer Beanstandungen geführt, so sollte der Aufsichtsrat im Zweifel von einer konkreten Berichterstattung absehen.²⁵⁷

Nach zutreffender Auffassung besteht derzeit keine allgemeine rechtliche Verpflichtung, **136** in dem Bericht iSv § 171 Abs. 2 **Interessenkonflikte einzelner Aufsichtsratsmitglieder** mitzuteilen.²⁵⁸ Für am Kapitalmarkt aktive Aktiengesellschaften kann sich eine solche Berichtspflicht jedoch mittelbar aus Ziff. 5.5.3 DCGK ergeben, wenn Vorstand und Aufsichtsrat in der Erklärung iSv § 161 keine Abweichung von dieser Empfehlung angeben. In welchem Umfang in einem solchen Fall über die Interessenkonflikte berichtet werden muss, ist derzeit noch Gegenstand anhaltender Diskussionen.²⁵⁹ In der Rechtsprechung werden zT konkrete Angaben zu dem jeweiligen Interessenkonflikt verlangt,²⁶⁰ während andere Gerichte eher geringe Anforderungen an die Berichterstattung stellen.²⁶¹

Ungeachtet der rechtlichen Vorgaben sehen sich Aufsichtsräte in der Praxis zunehmend **137** mit der Erwartung konfrontiert, jedenfalls **zu bestimmten „Standardthemen" eine Stellungnahme** – ggf. auch eine bloße Negativmeldung – abzugeben.²⁶² Dies betrifft bspw. die Frage, ob sich personelle Veränderungen in der Zusammensetzung des Vorstands oder des Aufsichtsrats ergeben haben.²⁶³ Eine Rechtspflicht zu solchen Angaben besteht – insbesondere im Falle des Fehlens entsprechender Vorgänge („Negativerklärung") – nach zutreffender Ansicht jedoch nicht.²⁶⁴

c) Beurteilung des Ergebnisses der Abschlussprüfung. Gemäß § 171 Abs. 2 S. 3 hat **138** der Aufsichtsrat einer prüfungspflichtigen Gesellschaft auch zu dem Ergebnis der Prüfung durch den Abschlussprüfer Stellung zu nehmen. Entscheidend für den **Umfang dieser Stellungnahme** ist, zu welchem Ergebnis einerseits der Abschlussprüfer und andererseits der Aufsichtsrat bei der Prüfung der vom Vorstand aufgestellten jährlichen Rechnungslegungsunterlagen gelangt ist.²⁶⁵ Das Ergebnis der (externen) Prüfung durch den Abschlussprüfer muss als solches nicht in dem Bericht des Aufsichtsrats mitgeteilt werden.²⁶⁶

Hat der Abschlussprüfer einen uneingeschränkten Bestätigungsvermerk erteilt und hat **139** auch die Prüfung des Aufsichtsrats keine Einwendungen gegen die vom Vorstand aufgestellten Unterlagen ergeben, so genügt der Aufsichtsrat seiner Berichtspflicht, wenn er seine **zustimmende Kenntnisnahme des Prüfungsergebnisses** mitteilt.²⁶⁷ Wurde der Bestätigungsvermerk vom Abschlussprüfer hingegen eingeschränkt oder gar versagt, so muss der Aufsichtsrat in seinem Bericht ausführen, ob er sich den vom Abschlussprüfer erhobenen Einwendungen anschließt und ggf. warum er diese Einwendungen nicht teilt. Im letzteren Falle muss der Aufsichtsrat die Argumente für die verschiedenen Auffassungen so aufbereiten, dass die Aktionäre sich eine eigene Meinung zu der Sachfrage bilden

---

²⁵⁶ Bürgers/Körber/*Schulz* Rn. 9; *Gernoth/Wernicke* NZG 2010, 531 (532); BeBiKo/*Grottel/Hoffmann* HGB Vor § 325 Rn. 28; Hüffer/*Koch* Rn. 20; sowie Kölner Komm AktG/*Ekkenga* Rn. 75.
²⁵⁷ *Drygala* AG 2007, 381 (388); K. Schmidt/Lutter/*Drygala* Rn. 15; Kölner Komm AktG/*Ekkenga* Rn. 75; sowie MüKoAktG/*Hennrichs/Pöschke* Rn. 195.
²⁵⁸ MüKoAktG/*Hennrichs/Pöschke* Rn. 204.
²⁵⁹ Kölner Komm AktG/*Ekkenga* Rn. 77; vgl. auch *Priester* ZIP 2011, 2081; sowie *von der Linden* GWR 2011, 407.
²⁶⁰ OLG Frankfurt NZG 2011, 1029.
²⁶¹ Vgl. OLG München AG 2009, 121.
²⁶² Kölner Komm AktG/*Ekkenga* Rn. 75; vgl. zu den typischen Standardberichtsthemen auch *Lutter* AG 2008, 1 (5).
²⁶³ Vgl. hierzu ausführlich Kölner Komm AktG/*Ekkenga* Rn. 76 und 77.
²⁶⁴ MHdB AG/*Hoffmann-Becking* § 44 Rn. 23; wohl ebenso MüKoAktG/*Hennrichs/Pöschke* Rn. 194; **aA** Kölner Komm AktG/*Ekkenga* Rn. 76 und 77; *Vetter* ZIP 2006, 257 (260); sowie *Lutter* AG 2008, 1 (8).
²⁶⁵ ADS Rn. 70; sowie Bürgers/Körber/*Schulz* Rn. 10.
²⁶⁶ MüKoAktG/*Hennrichs/Pöschke* Rn. 205.
²⁶⁷ Hüffer/*Koch* Rn. 22; Bürgers/Körber/*Schulz* Rn. 9; Kölner Komm AktG/*Ekkenga* Rn. 81.

können.²⁶⁸ Dabei darf der Aufsichtsrat ggf. auch aus dem an sich vertraulichen Prüfungsbericht des Abschlussprüfers zitieren, soweit dies mit den Geheimhaltungsbedürfnissen der Gesellschaft zu vereinbaren ist.²⁶⁹

140 3. **Inhaltliche Anforderungen.** Das AktG enthält keine spezifischen Vorgaben zu der Frage, wie der Bericht des Aufsichtsrats an die Hauptversammlung auszugestalten ist. Entscheidend ist mithin, dass der Bericht den **Grundsätzen einer gewissenhaften und getreuen Rechenschaft** entspricht und der Hauptversammlung gemessen am tatsächlichen Überwachungsaufwand eine klare, zutreffende und vollständige Vorstellung von der Tätigkeit des Aufsichtsrats vermittelt.²⁷⁰ Im Übrigen steht die Gestaltung des Berichts nach wohl allgemeiner Meinung im Ermessen des Aufsichtsrats.²⁷¹

141 Nach wohl hM sollte der Bericht darauf beschränkt bleiben, die für die **Wahrnehmung der Aktionärsrechte wesentlichen Aspekte** überblicksartig so darzustellen, dass die Darstellung für die Aktionäre auch ohne Bezugnahme auf weitere Unterlagen aus sich selbst heraus verständlich ist.²⁷² Wegen § 120 Abs. 3 ist jedoch stets auch auf sämtliche Aspekte einzugehen, die zu einer Versagung der Entlastung von Vorstand oder Aufsichtsrat führen könnten.²⁷³

142 Ungeachtet des Fehlens einer speziellen gesetzlichen Regelung haben die Mitglieder des Aufsichtsrats nach zutreffender Ansicht auch im Rahmen der Berichterstattung iSv § 171 Abs. 2 ihre **allgemeine Verpflichtung zur Verschwiegenheit** grds. zu beachten (vgl. § 116 S. 2).²⁷⁴ Sofern ein objektives Interesse der Gesellschaft an der Geheimhaltung bestimmter Informationen besteht, muss der Aufsichtsrat dieses Interesse gegen das durch § 171 Abs. 2 anerkannte Informationsinteresse der Aktionäre abwägen und beide Interessen bestmöglich in Einklang bringen.²⁷⁵ Als Orientierungshilfe kann der Aufsichtsrat insoweit auf die Tatbestände des § 131 Abs. 3²⁷⁶ sowie auf die Regelungen in § 160 Abs. 2 und § 286 HGB²⁷⁷ abstellen. In Zweifelsfällen sollte sich der Aufsichtsrat mit dem Vorstand darüber abstimmen, welche Informationen unbedingt vertraulich zu behandeln sind.

143 Handelt es sich bei der Gesellschaft um eine Emittentin von Insiderpapieren iSv § 12 WpHG, so haben die Aufsichtsratsmitglieder neben ihrer aktienrechtlichen Verschwiegenheitsverpflichtung zusätzlich die strafbewehrten **Vorgaben des Insiderrechts** zu beachten. Demnach dürfen Insiderinformationen iSv § 13 WpHG grds. nicht in dem Bericht des Aufsichtsrats an die Hauptversammlung veröffentlicht werden, sondern ausschließlich nach Maßgabe der Vorgaben von § 15 WpHG.²⁷⁸ Eine anderweitige „Erstveröffentlichung" von Insiderinformationen ist grds. als Ordnungswidrigkeit iSv § 39 Abs. 2 Nr. 7 WpHG zu qualifizieren²⁷⁹ und kann darüber hinaus für jedes Aufsichtsratsmitglied einen Verstoß darstellen gegen das strafbewehrte Verbot, anderen nicht unbefugt Insiderinformationen iSv § 13 WpHG mitzuteilen (vgl. § 14 Abs. 1 Nr. 2 WpHG iVm § 38 Abs. 1 Nr. 2 lit. a WpHG).

---

²⁶⁸ MüKoAktG/*Hennrichs/Pöschke* Rn. 207; Kölner Komm AktG/*Ekkenga* Rn. 81; sowie ADS Rn. 72.
²⁶⁹ MüKoAktG/*Hennrichs/Pöschke* Rn. 207; Bürgers/Körber/*Schulz* Rn. 10; ADS Rn. 73.
²⁷⁰ OLG Stuttgart AG 2007, 379 (381); MüKoAktG/*Hennrichs/Pöschke* Rn. 209; Spindler/Stilz/*Euler* Rn. 72 sowie Kölner Komm AktG/*Ekkenga* Rn. 67.
²⁷¹ ADS Rn. 59; Bürgers/Körber/*Schulz* Rn. 8.
²⁷² ADS Rn. 59; MüKoAktG/*Hennrichs/Pöschke,*Rn. 187; Großkomm AktG/*Brönner* Rn. 23; sowie Bürgers/Körber/*Schulz* Rn. 8.
²⁷³ MüKoAktG/*Hennrichs/Pöschke* Rn. 209.
²⁷⁴ Kölner Komm AktG/*Ekkenga* Rn. 69; sowie *Drygala* AG 2007, 381 (386); vgl. auch ADS Rn. 60.
²⁷⁵ *Gernoth/Wernicke* NZG 2010, 531 (533); MüKoAktG/*Hennrichs/Pöschke* Rn. 195 und 210.
²⁷⁶ Ebenso Kölner Komm AktG/*Ekkenga* Rn. 69; kritisch hierzu *Gernoth/Wernicke* NZG 2010, 531 (533); sowie K. Schmidt/Lutter/*Drygala* Rn. 15.
²⁷⁷ MüKoAktG/*Hennrichs/Pöschke* Rn. 195 und 210; Bürgers/Körber/*Schulz* Rn. 8 sowie ADS Rn. 60.
²⁷⁸ Kölner Komm AktG/*Ekkenga* Rn. 70; sowie MHdB AG/*Hoffmann-Becking/Kraft* § 45 Rn. 13; vgl. allgemein zur Geltung von § 14 WpHG bei der Informationserteilung gegenüber der (Präsenz-)Hauptversammlung in Marsch-Barner/*Schäfer* HdBb börsennotierte AG § 34 Rn. 62; sowie *Schäfer* in Marsch-Barner/*Schäfer* HdB börsennotierte AG § 14 Rn. 62.
²⁷⁹ Vgl. hierzu Kölner Komm AktG/*Ekkenga* § 175 Rn. 14 mwN.

Kommt der Aufsichtsrat zu dem Ergebnis, dass bestimmte Informationen aus Vertraulich- **144** keitsgründen nicht in seinen Bericht aufgenommen werden dürfen, so darf er den Bericht ohne Offenlegung dieser Informationen erstellen. Nicht zuletzt wegen des strafbewehrten Verbots unrichtiger Darstellungen (vgl. § 400 Abs. 1) müssen die Mitglieder des Aufsichtsrats jedoch darauf achten, dass durch das Verschweigen der geheimhaltungsbedürftigen Informationen **kein falscher Gesamteindruck** entsteht.[280] Notfalls muss der Aufsichtsrat offenlegen, dass sein Bericht an einigen Stellen unvollständig ist.

4. Verfahren. a) Beschlussfassung des Aufsichtsrats. Der Bericht iSv § 171 Abs. 2 ist **145** vom Aufsichtsrat zu erstatten. Hierzu ist eine **gemeinsame Willensbildung** innerhalb des Aufsichtsrats erforderlich.[281] Die Erfüllung der Berichtspflicht iSv § 171 Abs. 2 setzt dementsprechend einen (ausdrücklichen) Beschluss des Aufsichtsrats voraus, durch den dieser die Gesamtverantwortung für den Inhalt des Berichts übernimmt.[282]

Abweichende Auffassungen einzelner Aufsichtsratsmitglieder müssen (und sollten) **146** nicht in den endgültigen Berichtstext aufgenommen werden.[283] Im Hinblick auf die jedem Aufsichtsratsmitglied im Falle einer sorgfaltswidrigen Mandatswahrnehmung drohende persönliche Haftung sollte ein dissentierendes Aufsichtsratsmitglied jedoch sicherstellen, dass seine Einwände gegen den Mehrheitsbeschluss anderweitig – z. B. im Sitzungsprotokoll des Aufsichtsrats – hinreichend dokumentiert werden.[284]

Gemäß § 107 Abs. 3 S. 3 sind sowohl die Prüfung der externen Rechnungslegungs- **147** unterlagen (§ 171 Abs. 1) als auch die Berichterstattung des Aufsichtsrats an die Hauptversammlung (§ 171 Abs. 2) zwingend dem Aufsichtsratsplenum vorbehalten. Erforderlich ist also stets eine **Beschlussfassung des Aufsichtsratsplenums.**[285] Allerdings kann der Aufsichtsrat die Vorbereitung der Prüfung und des Berichts einem Aufsichtsratsausschuss überlassen.[286]

b) Unterzeichnung durch den Aufsichtsratsvorsitzenden. Gemäß § 171 Abs. 2 S. 1 **148** muss der Aufsichtsrat schriftlich an die Hauptversammlung berichten. Dies erfordert nach allgemeinen Regeln, dass der vom Aufsichtsrat durch Beschluss festgestellte Bericht **eigenhändig durch Namensunterschrift unterzeichnet** wird (vgl. § 126 Abs. 1 BGB). Nach wohl allgemeiner Meinung ist es allerdings nicht erforderlich, dass sämtliche Mitglieder des Aufsichtsrats den Bericht unterzeichnen; eine eigenhändige Unterzeichnung durch den Vorsitzenden des Aufsichtsrats reicht aus.[287]

c) Vorlage beim Vorstand und Veröffentlichung. Aus § 171 Abs. 3 S. 1 ergibt sich, **149** dass der Aufsichtsrat seinen schriftlichen Bericht an die Hauptversammlung nach der Beschlussfassung des Aufsichtsratsplenums und der Unterzeichnung durch den Aufsichtsratsvorsitzenden **zunächst dem Vorstand zuleiten** muss.[288] Dieser muss sodann gemäß § 175 Abs. 2 S. 1 dafür Sorge tragen, dass u. a. dieser Bericht ab der Einberufung der (ordentlichen) Hauptversammlung in den Geschäftsräumen der Gesellschaft zur Einsicht der Aktionäre ausliegt bzw. gemäß § 175 Abs. 2 S. 4 über die Internetseite der Gesellschaft zugänglich ist.[289] Darüber hinaus ist der Bericht auch nach Maßgabe von § 325 Abs. 1 HGB beim Betreiber des elektronischen Bundesanzeigers einzureichen und gemäß § 325 Abs. 2 HGB

---

[280] MüKoAktG/*Hennrichs/Pöschke* Rn. 210.
[281] Vgl. hierzu MüKoAktG/*Habersack* § 108 Rn. 8.
[282] BGH NZG 2010, 943 (944); Großkomm AktG/*Brönner* Rn. 22; sowie MüKoAktG/*Hennrichs/Pöschke* Rn. 212.
[283] Großkomm AktG/*Brönner* Rn. 24 sowie Bürgers/Körber/*Schulz* Rn. 8.
[284] ADS Rn. 63.
[285] BGH NZG 2010, 943 (944); Spindler/Stilz/*Euler* Rn. 71; MüKoAktG/*Hennrichs/Pöschke* Rn. 214 sowie ADS Rn. 63.
[286] Spindler/Stilz/*Euler* Rn. 71; MüKoAktG/*Hennrichs/Pöschke* Rn. 215.
[287] BGH NZG 2010, 943 (944); Hüffer/*Koch* Rn. 17; ADS Rn. 62; sowie MüKoAktG/*Hennrichs/Pöschke* Rn. 213.
[288] Großkomm AktG/*Brönner* Rn. 23.
[289] MüKoAktG/*Hennrichs/Pöschke* Rn. 182.

bekannt machen zu lassen, sofern es sich bei der Aktiengesellschaft nicht um eine „kleine" Kapitalgesellschaft iSv § 267 Abs. 1 HGB handelt, auf welche die Erleichterungen des § 326 HGB Anwendung finden.

150 Gemäß **§ 176 Abs. 1 S. 2** hat der Vorsitzende des Aufsichtsrats den Bericht iSv § 171 Abs. 2 zu Beginn der Verhandlungen in der Hauptversammlung zu erläutern. Hierzu muss er den Aktionären die wesentlichen Aspekte des Berichts iSv § 171 Abs. 2 mündlich darlegen.[290] Jedenfalls auf Verlangen der Aktionäre muss der Aufsichtsratsvorsitzende dabei auch etwaige Lücken in dem schriftlichen Bericht durch **ergänzenden mündlichen Vortrag** vervollständigen.[291]

151 **5. Fristen. a) Berichtsfrist.** Gemäß § 171 Abs. 3 S. 1 muss der Aufsichtsrat seinen schriftlichen Bericht iSv § 171 Abs. 2 **innerhalb eines Monats** nach Zugang der Vorlagen iSv § 170 Abs. 1 erstellen und dem Vorstand zuleiten. Der Lauf dieser Frist beginnt, sobald dem Aufsichtsrat sämtliche vom Vorstand zur Prüfung vorzulegenden Rechnungslegungsunterlagen tatsächlich vorliegen.[292] Spätestens dann hat der Aufsichtsrat (bzw. zunächst der Prüfungsausschuss) mit der Prüfung der vorgelegten Rechnungslegungsunterlagen und der Erstellung des Berichts iSv § 171 Abs. 2 zu beginnen.

152 Für die **Einhaltung der Frist** ist maßgeblich, wann die finale – d. h. die vom Aufsichtsratsplenum beschlossene – Fassung des Berichts dem Vorstand zugeht. Hintergrund hierfür ist, dass dieser Bericht gemäß § 175 Abs. 2 von dem Tage der Einberufung der ordentlichen Hauptversammlung iSv §§ 175 ff. an – dh mindestens 30 Tage vor dem Tage der Hauptversammlung (vgl. § 123 Abs. 1) – in den Geschäftsräumen der Gesellschaft zur Einsicht der Aktionäre auszulegen ist. Zuständig für die Einberufung und Vorbereitung der ordentlichen Hauptversammlung ist gemäß §§ 175 Abs. 1 S. 1, 121 Abs. 2 der Vorstand.

153 **b) Nachfrist.** Liegt dem Vorstand nicht spätestens einen Monat nach vollständiger Erfüllung seiner Vorlagepflichten aus § 170 Abs. 1 der Bericht des Aufsichtsrats iSv § 171 Abs. 2 vor (und kann er mithin die ordentliche Hauptversammlung iSv §§ 175 noch nicht ordnungsgemäß einberufen), so muss er dem Aufsichtsrat gemäß § 171 Abs. 3 S. 2 unverzüglich eine **Nachfrist von längstens einem weiteren Monat** setzen, innerhalb derer der Aufsichtsrat seinen Bericht vorzulegen hat. Der Vorstand trägt mithin eine Mitverantwortung dafür, dass der Aufsichtsrat seine Prüfung möglichst zügig abschließt, sodass die ordentliche Hauptversammlung iSv §§ 175 ff. rechtzeitig innerhalb der ersten acht Monate des Geschäftsjahres stattfinden kann (§ 175 Abs. 1 S. 2). Unterlässt es der Vorstand, dem Aufsichtsrat unverzüglich eine Nachfrist iSv § 171 Abs. 3 S. 2 zu setzen, so kann das Registergericht gegen jedes Mitglied des Vorstands – nicht aber gegen die Mitglieder des Aufsichtsrats – ein Zwangsgeld in Höhe von bis zu € 5.000 festsetzen (vgl. § 407 Abs. 1).

154 Liegt dem Vorstand auch beim Ablauf der Nachfrist iSv § 171 Abs. 3 S. 2 keine vom Aufsichtsratsplenum beschlossene (finale) Fassung des Berichts iSv § 171 Abs. 2 vor, so bedeutet dies gemäß § 171 Abs. 3 S. 3, dass der vom Vorstand aufgestellte **Jahresabschluss als vom Aufsichtsrat nicht gebilligt gilt**. Der Vorstand hat in diesem Fall unverzüglich nach dem Ablauf der Nachfrist die ordentliche Hauptversammlung iSv §§ 175 ff. einzuberufen.[293] Gleichwohl bleibt der Aufsichtsrat auch über das Ablaufen der Nachfrist iSv § 171 Abs. 3 S. 2 hinaus dazu verpflichtet, seinen Bericht iSv § 171 Abs. 2 vor der ordentlichen Hauptversammlung iSv §§ 175 ff. dem Vorstand vorzulegen.[294]

155 **6. Rechtsfolgen unzureichender oder verspäteter Berichterstattung.** Erstattet der Aufsichtsrat den Bericht iSv § 171 Abs. 2 nicht spätestens innerhalb der vom Vorstand gemäß § 171 Abs. 3 S. 2 gesetzten Nachfrist, so gilt der Jahresabschluss (und ggf. auch der

---

[290] Spindler/Stilz/*Euler* § 176 Rn. 16.
[291] Großkomm AktG/*Brönner* Rn. 24.
[292] → § 170 Rn. 35 ff.; sowie Spindler/Stilz/*Euler,* Rn. 79.
[293] ADS Rn. 88.
[294] MüKoAktG/*Hennrichs/Pöschke* Rn. 221 sowie ADS Rn. 87.

Konzernabschluss) gemäß § 171 Abs. 3 S. 3 als nicht vom Aufsichtsrat gebilligt. Dies hat gemäß § 173 Abs. 1 zur Folge, dass die **Kompetenz zur Feststellung** des Jahresabschlusses (und ggf. auch zur Billigung des Konzernabschlusses) ab diesem Zeitpunkt gemäß § 173 Abs. 1 **auf** die **Hauptversammlung übergeht.** Obgleich der Aufsichtsrat weiterhin gemäß § 171 Abs. 2 zur Berichterstattung gegenüber der Hauptversammlung verpflichtet ist (→ Rn. 154), kann er die Billigung des Jahresabschlusses (und ggf. auch des Konzernabschlusses) nach inzwischen hM **nicht mehr nachholen.**[295] Beschließt der Aufsichtsrat also nach dem Ablauf der Nachfrist iSv § 171 Abs. 3 S. 2 die Billigung des Jahresabschlusses (und ggf. auch des Konzernabschlusses), so wird der Jahresabschluss hierdurch gleichwohl nicht gemäß § 172 S. 1 festgestellt (und der Konzernabschluss nicht gebilligt).

In Bezug auf den Beschluss der ordentlichen Hauptversammlung über die Feststellung des Jahresabschlusses (und ggf. die Billigung des Konzernabschlusses) hat die verspätete Berichterstattung des Aufsichtsrats zur Folge, dass die **Hauptversammlung nicht ordnungsgemäß einberufen** werden kann. Dies setzt nämlich gemäß § 175 Abs. 2 u. a. voraus, dass der Bericht des Aufsichtsrats an die Hauptversammlung ab dem Zeitpunkt der Einberufung in den Geschäftsräumen der Gesellschaft zur Einsicht der Aktionäre ausliegt. Gleichwohl kann der Beschluss der Hauptversammlung über die Feststellung des Jahresabschlusses nach wohl hM nicht gemäß §§ 257, 243 angefochten werden (§§ 171 Abs. 3 S. 3, 173 Abs. 1 sollen einen solchen Feststellungsbeschluss gerade ermöglichen).[296] **156**

Aus Sicht der Aufsichtsratsmitglieder stellt eine verspätete oder unterlassene Berichterstattung gegenüber der Hauptversammlung eine **Pflichtverletzung gegenüber der Gesellschaft** dar. Dementsprechend kann die Hauptversammlung den Mitgliedern des Aufsichtsrats die Entlastung iSv § 120 verweigern. Zudem kann eine gleichwohl von der Hauptversammlungsmehrheit erteilte Entlastung ggf. ebenso nach Maßgabe von § 243 wirksam angefochten[297] werden wie ein Beschluss über die Verwendung des festgestellten Bilanzgewinns[298] oder ein Beschluss über die erneute Bestellung der Aufsichtsratsmitglieder[299]. Und schließlich können die Mitglieder des Aufsichtsrats auch dazu verpflichtet sein, der Gesellschaft persönlich sämtliche Schäden zu erstatten, welche diese als Folge der nicht (rechtzeitig) erfolgten Vorlage des Aufsichtsratsberichts iSv § 171 Abs. 2 entstehen.[300] **157**

V. Rechnungslegung nach internationalen Standards (IFRS) (Abs. 4)

1. Allgemeines. Jede deutsche Kapitalgesellschaft ist gemäß §§ 242, 264 Abs. 1 S. 1 HGB verpflichtet, einen Jahresabschluss (d. h. grds. Bilanz, Gewinn- und Verlustrechnung sowie Anhang) nach den einschlägigen Vorschriften des HGB aufzustellen. Zwar kann unter bestimmten Umständen – insbesondere bei konzernangehörigen Gesellschaften (vgl. § 264 Abs. 3 HGB) und Kleinstkapitalgesellschaften iSv § 267a HGB – auf die Erstellung einzelner Teile des Jahresabschlusses verzichtet werden, eine generelle Befreiung von der **Pflicht zur Aufstellung eines HGB-Jahresabschlusses** sieht das deutsche Handels- und Kapitalgesellschaftsrecht hingegen nicht vor. **158**

2. Verhältnis von HGB- und IFRS-Einzelabschluss. Gemäß § 325 Abs. 2a HGB kann eine deutsche Gesellschaft ihre Offenlegungspflichten iSv §§ 325 ff. HGB auch dadurch erfüllen, dass sie anstelle eines nach den Vorschriften des HGB aufgestellten Jahresabschlusses einen **nach internationalen Rechnungslegungsstandards (IAS) aufgestellten Einzelabschluss offenlegt.** Die Aufstellung, Prüfung und Offenlegung eines solchen Einzelabschlusses iSv § 325a HGB hat jedoch nicht zur Folge, dass die Aufstellung, Prüfung und Feststellung eines nach den Vorschriften des HGB aufgestellten Jahresabschlusses ent- **159**

---
[295] MüKoAktG/*Hennrichs/Pöschke* Rn. 221 mwN; Kölner Komm AktG/*Ekkenga* Rn. 89; **aA** ADS Rn. 87.
[296] MüKoAktG/*Hennrichs/Pöschke* Rn. 228; Kölner Komm AktG/*Ekkenga* Rn. 88.
[297] BGH NZG 2010, 943 (944).
[298] OLG Nürnberg AG 2007, 295 (298).
[299] BGH NZG 2010, 943 (946).
[300] MüKoAktG/*Hennrichs/Pöschke* Rn. 226.

AktG § 172   Erstes Buch. Aktiengesellschaft

behrlich würde. Die Gesellschaft bleibt zur Aufstellung eines HGB-Jahresabschlusses verpflichtet.[301]

160   Anders als ein HGB-Jahresabschluss wird ein Einzelabschluss iSv § 325 Abs. 2a HGB **nicht formell festgestellt,** sondern – ebenso wie ein Konzernabschluss – lediglich gebilligt. Hintergrund hierfür ist, dass der Einzelabschluss iSv § 325 Abs. 2a HGB ebenso wenig Grundlage für eine Gewinnausschüttung an die Gesellschafter sein kann wie ein Konzernabschluss.[302]

161   Eine nur für den Einzelabschluss iSv § 325 Abs. 2a HGB geltende Besonderheit ist allerdings, dass für dessen **Billigung ausschließlich der Aufsichtsrat** der Gesellschaft zuständig ist.[303] Verweigert der Aufsichtsrat dem vom Vorstand aufgestellten Einzelabschluss die Billigung, so geht die Zuständigkeit für die Billigung nicht entsprechend § 173 Abs. 1 auf die Hauptversammlung über. Es bleibt bei der Rechtsfolge des § 171 Abs. 4 S. 2, sodass der Vorstand den Einzelabschluss iSv § 325a Abs. 2 nicht anstelle des HGB-Jahresabschlusses offenlegen darf.

162   **3. Entsprechende Anwendung von § 171 Abs. 1–3.** Gemäß § 171 Abs. 4 S. 2 gelten für den Einzelabschluss iSv § 325 Abs. 2a HGB die Vorgaben der § 171 Abs. 1–3 entsprechend. Dementsprechend hat der Aufsichtsrat **auch diesen Einzelabschluss zu prüfen** und über das Ergebnis seiner Prüfung an die Hauptversammlung zu berichten.

163   Eine Abweichung ergibt sich allerdings im Hinblick auf § 171 Abs. 3 S. 3. Zwar hat die Versäumung der vom Vorstand gesetzten Nachfrist für die Berichterstattung des Aufsichtsrats an die Hauptversammlung auch in Bezug auf den Einzelabschluss iSv § 325 Abs. 2a HGB zur Folge, dass dieser gemäß § 171 Abs. 3 S. 3 als vom Aufsichtsrat nicht gebilligt gilt.[304] Da die Zuständigkeit für die Billigung des Einzelabschlusses iSv § 325 Abs. 2a HGB generell nicht entsprechend § 173 Abs. 1 auf die Hauptversammlung übergeht, sollte es dem Aufsichtsrat jedoch auch **nach Ablauf der Frist** möglich bleiben, die Billigung des vom Vorstand aufgestellten und vom Abschlussprüfer geprüften Einzelabschlusses iSv § 325 Abs. 2a HGB nachzuholen.[305]

Dritter Abschnitt. Feststellung des Jahresabschlusses. Gewinnverwendung

Erster Unterabschnitt. Feststellung des Jahresabschlusses

§ 172 Feststellung durch Vorstand und Aufsichtsrat

¹Billigt der Aufsichtsrat den Jahresabschluß, so ist dieser festgestellt, sofern nicht Vorstand und Aufsichtsrat beschließen, die Feststellung des Jahresabschlusses der Hauptversammlung zu überlassen. ²Die Beschlüsse des Vorstands und des Aufsichtsrats sind in den Bericht des Aufsichtsrats an die Hauptversammlung aufzunehmen.

Schrifttum: *Adrian,* Bilanzierungsfehler und Organschaft, StB 2013, 351; *Barz,* Abänderung festgestellter Jahresabschlüsse einer Aktiengesellschaft, FS Schilling, 1973, 127; *Erle,* Unterzeichnung und Datierung des Jahresabschlusses bei Kapitalgesellschaften, WPg 1987, 637; *Hennrichs,* Prognosen im Bilanzrecht, AG 2006, 698; *Hüttemann,* Stichtagsprinzip und Wertaufhellung, FS Priester, 2007, 301; *Kropff,* Auswirkungen der Nichtigkeit eines Jahresabschlusses auf die Folgeabschlüsse, FS Budde, 1995, 341; *Küting/Kaiser,* Aufstellung oder Feststellung – Wann endet der Wertaufhellungszeitraum? – Implikationen für die Anwendung des Wertaufhellungsprinzips bei Berichtigung, Änderung und Nichtigkeit des handelsrechtlichen Jahresabschlusses, WPg 2000, 577; *Küting/Ranker,* Die buchhalterische Änderung handelsrechtlicher Jahresabschlüsse, WPg 2005, 1; *Ludewig,* Möglichkeiten der Bilanzänderung, insbesondere bei Fehleinschätzung der wirtschaftlichen Entwicklung des Unternehmens. DB 1986, 133; *H.-P.Müller,* Rechtsfolgen unzulässiger Änderungen von festgestellten Jahresabschlüssen, FS Budde, 1995, 431; *W.Müller,* Die Änderungen von Jahresabschlüssen, Möglichkeiten und Grenzen, FS Quack, 1991, 359; *Priester,* Änderung von Gewinnverwendungsbeschlüssen, ZIP

---
[301] Hölters/*Waclawik* Rn. 27; Kölner Komm AktG/*Ekkenga* Rn. 90.
[302] Begründung zum Regierungsentwurf des BilReG, BT-Drs. 15/3419, 54.
[303] MüKoAktG/*Hennrichs/Pöschke* Rn. 229.
[304] Begründung zum Regierungsentwurf des BilReG, BT-Drs. 15/3419, 54.
[305] MüKoAktG/*Hennrichs/Pöschke* Rn. 224.

2000, 261; *Priester,* Stille Reserven und offene Rücklagen bei Personengesellschaften, FS Quack, 1991, 373; *Prinz,* Abschied vom subjektiven Fehlerbegriff für steuerbilanzielle Rechtsfragen – Anmerkungen zum BFH-Beschluss vom 31.1.2013, WPg 2013, 650; *Schulze-Osterloh,* Das Ende des subjektiven Fehlerbegriffs bei der Anwendung von Bilanzrecht, BB 2013, 1131; *Ulmer,* Die Mitwirkung des Kommanditisten an der Bilanzierung der KG, FS Hefermehl, 1976, 207; *Weirich,* Bilanzänderungen aus der Sicht der Handelsbilanz, WPg 1976, 625; *Weiß,* Die Pflicht zur Unterzeichnung des Jahresabschlusses der AG bei seiner Aufstellung und die Folgen ihrer Verletzung, WM 2010, 1010.

Übersicht

	Rn.
I. Bedeutung der Norm	1
1. Feststellungskompetenz von Vorstand und Aufsichtsrat	1
2. Kompetenzen der Aktionäre (§§ 173, 174)	5
II. Feststellung des Jahresabschlusses	8
1. Verhältnis von Aufstellung und Feststellung des Jahresabschlusses	8
2. Umfang des Feststellungsbeschlusses	9
3. Verfahren	11
a) Allgemeines	11
b) Beschluss des Vorstands	14
c) Beschluss des Aufsichtsrats	15
4. Entscheidungsmöglichkeiten des Aufsichtsrates	19
a) Billigung des vorgelegten Jahresabschlusses	19
b) Ablehnung des vorgelegten Jahresabschlusses	28
5. Inhalt des Feststellungsbeschlusses	30
a) Ansatz- und Bewertungsentscheidungen	30
b) Bilanzpolitische Entscheidungen	35
c) Festlegung des Bilanzgewinns	36
6. Folgen der ordnungsgemäßen Feststellung	38
a) Der Jahresabschluss ist endgültig	38
b) Der ausgewiesene Bilanzgewinn steht zur Disposition der Hauptversammlung	39
c) Auswirkungen auf Rechte Dritter	41
7. Mängel des Jahresabschlusses (bzw. seiner Feststellung) und deren rechtliche Folgen	43
a) Allgemeines	43
b) Mängel des Feststellungsverfahrens (§ 256 Abs. 2 bzw. § 256 Abs. 3)	46
c) Fehler bei der Prüfung des Jahresabschlusses (§ 256 Abs. 1 Nr. 2 und Nr. 3)	49
d) Inhaltliche Mängel des festgestellten Jahresabschlusses (§ 256 Abs. 1 Nr. 1 und Nr. 4, Abs. 4 und Abs. 5)	51
e) Beanstandungen durch die DPR	53
8. Nichtige Jahresabschlüsse	54
a) Umfang der Nichtigkeit	54
b) „Heilung" der Nichtigkeit	57
c) Ersetzung eines nichtigen Jahresabschlusses	58
d) Korrektur des Fehlers im aktuellen Jahresabschluss	62
9. Geltendmachung von Mängeln des Jahresabschlusses (bzw. seiner Feststellung)	63
III. Änderungen eines wirksam festgestellten Jahresabschlusses	66
1. Allgemeines	66
2. Änderung eines wirksamen, aber fehlerhaften Jahresabschlusses	71
a) Abgrenzung von fehlerhaften und fehlerfreien Jahresabschlüssen	71
b) Keine Beeinträchtigung von Gewinnansprüchen der Aktionäre	74
c) Pflicht zur rückwirkenden Änderung	78
d) Zulässiger Umfang der Änderungen	79
3. Nachträgliche Änderung eines fehlerfrei festgestellten Jahresabschlusses	81
4. Änderungsverfahren	85
5. Rechtsfolgen einer unzulässigen Änderung	89
IV. Weiteres Vorgehen nach der Feststellung	92
1. Unterzeichnung des Jahresabschlusses	92
2. Bericht an die Hauptversammlung	95
3. Einladung zur ordentlichen Hauptversammlung	96
4. Offenlegung	97
V. „Billigung" des Konzernabschlusses	99
1. Bedeutung des Konzernabschlusses	99
2. „Billigung" statt „Feststellung"	101
3. Rechtsfolgen von Mängeln des „gebilligten" Konzernabschlusses (bzw. seiner „Billigung")	102
4. Änderungen eines fehlerfreien Konzernabschlusses	104

I. Bedeutung der Norm

1. Feststellungskompetenz von Vorstand und Aufsichtsrat. Im Anschluss an die Regelungen der §§ 170, 171 betreffend die gesellschaftsinterne Prüfung der Rechnungslegungsunterlagen regeln §§ 172, 173, wie das Verfahren der jährlichen Rechnungslegung abgeschlossen wird. In der Praxis ist die **Frage, wer abschließend über den Inhalt des Jahresabschlusses entscheidet,** insbesondere auch deshalb bedeutsam, weil sich dieser Inhalt nicht zwanglos aus der laufenden Buchführung der Gesellschaft ableiten lässt, sondern bilanzpolitische Entscheidungen (zB über die Bildung oder Auflösung von Rücklagen (vgl. § 58 Abs. 1 und 2)) erfordert[1] und direkte Einflussnahme auf die Höhe des Bilanzgewinns erlaubt (vgl. § 158 Abs. 1). Es besteht also ein direkter Zusammenhang zu der Frage, welche Beträge der Hauptversammlung gemäß § 174 Abs. 1 S. 1 für Ausschüttungen an die Aktionäre zur Verfügung stehen.

Betreffend den Jahresabschluss räumt § 172 dem Aufsichtsrat insoweit eine vorrangige Entscheidungsbefugnis ein:[2] Dieser kann zunächst darüber entscheiden, ob er den vom Vorstand aufgestellten Entwurf des Jahresabschlusses (unverändert)[3] billigt oder nicht. Im Falle einer Billigung durch den Aufsichtsrat ist der Jahresabschluss gemäß § 172 S. 1 zugleich rechtsverbindlich festgestellt, sofern nicht Vorstand und Aufsichtsrat darin übereinkommen, die **Feststellung des Jahresabschlusses** (ausnahmsweise) der Hauptversammlung zu überlassen.[4] Versagt der Aufsichtsrat dem vom Vorstand vorgelegten Entwurf des Jahresabschlusses hingegen die Billigung oder beschließen Vorstand und Aufsichtsrat, die Feststellung (ausnahmsweise) der Hauptversammlung zu überlassen, so geht die Kompetenz für die Feststellung des Jahresabschlusses gemäß § 173 Abs. 1 S. 1 auf die Hauptversammlung über (→ Rn. 25 ff. und → Rn. 28).

Hinsichtlich des Konzernabschlusses steht dem Aufsichtsrat ein vergleichbarer Vorrang zu: Entscheidet der Aufsichtsrat, den vom Vorstand aufgestellten und ihm vorgelegten Konzernabschluss (unverändert) zu billigen, so ist der jährliche Konzernrechnungslegungsprozess hiermit abgeschlossen;[5] eine darüber hinausgehende **Feststellung des Konzernabschlusses** ist nicht vorgesehen. Versagt der Aufsichtsrat dem Konzernabschluss hingegen die Billigung, so geht die Entscheidungsbefugnis gemäß § 173 Abs. 1 S. 2 auf die Hauptversammlung über.

Sofern der Vorstand neben dem Jahresabschluss auch einen **Einzelabschluss iSv § 325a HGB** aufstellt, so hat der Aufsichtsrat auch über dessen Billigung zu entscheiden. Ein solcher Abschluss kann gemäß § 171 Abs. 4 S. 2 erst dann mit befreiender Wirkung im elektronischen Bundesanzeiger bekannt gemacht werden, wenn der Aufsichtsrat diesen zuvor gebilligt hat. Versagt der Aufsichtsrat dem Abschluss hingegen die Billigung, so hat dies – anders als beim Jahres- und beim Konzernabschluss – nicht zur Folge, dass anstelle des Aufsichtsrats die Hauptversammlung entscheidet (vgl. auch § 175 Abs. 3).[6]

2. Kompetenzen der Aktionäre (§§ 173, 174). Sofern der Aufsichtsrat seiner Berichtspflicht iSv § 171 Abs. 2 nicht innerhalb der in § 171 Abs. 3 vorgesehen Fristen nachkommt, er dem vom Vorstand aufgestellten Entwurf des Jahresabschlusses tatsächlich die

---

[1] MüKoAktG/*Henrichs/Pöschke* Rn. 3.
[2] Großkomm AktG/*Brönner* Rn. 7.
[3] Während die Hauptversammlung in den Fällen des § 173 Abs. 1 S. 1 die Möglichkeit hat, den Jahresabschluss auch mit einem vom Vorschlag des Vorstands abweichenden Inhalt festzustellen (vgl. Hüffer/*Koch* § 173 Rn. 4), hat der Aufsichtsrat nach allgemeiner Auffassung nur die Möglichkeit, den vom Vorstand aufgestellten Jahresabschluss festzustellen oder die Feststellung der Hauptversammlung zu überlassen (vgl. hierzu → Rn. 25 und → Rn. 28).
[4] Eine instruktive Darstellung zu den Einzelheiten dieses Überlassungsbeschlusses findet sich u.a. bei MüKoAktG/*Hennrichs/Pöschke* § 173 Rn. 12 ff.
[5] Insbesondere sieht das AktG – anders als beim Jahresabschluss – für den Aufsichtsrat nicht die Möglichkeit vor, gemeinsam mit dem Vorstand zu beschließen, dass die Hauptversammlung eine endgültige Entscheidung über die Billigung des bereits vom Aufsichtsrat gebilligten Konzernabschlusses treffen soll.
[6] MüKoAktG/*Hennrichs/Pöschke* Rn. 5.

Billigung verweigert oder Vorstand und Aufsichtsrat gemeinsam beschließen, die Feststellung des gebilligten Jahresabschlusses (ausnahmsweise) der Hauptversammlung zu überlassen, geht die **Auf- und Feststellungskompetenz für den Jahresabschluss** gemäß § 173 Abs. 1 von der Verwaltung auf die Hauptversammlung über.[7]

Anders als der Aufsichtsrat sind die Aktionäre bei ihrer Entscheidung nicht an den vom Vorstand aufgestellten Entwurf des Jahresabschlusses gebunden, sondern können diesen gemäß § 173 Abs. 2 auch **mit anderem Inhalt feststellen.**[8] Insbesondere können die Aktionäre nach Maßgabe der dafür allgemein geltenden Regeln eigenständig Bilanzierungswahlrechte ausüben, Wertansätze festlegen und vorhandene Kapital- und Gewinnrücklagen auflösen. Über eine Dotierung anderer Gewinnrücklagen aus dem Jahresüberschuss können die Aktionäre hingegen – anders als die Verwaltung (§ 58 Abs. 2) – im Rahmen der Feststellung des Jahresabschlusses nicht entscheiden (gemäß § 58 Abs. 1 können die anderen Gewinnrücklagen bei einer Auf- und Feststellung des Jahresabschlusses durch die Hauptversammlung nur nach Maßgabe einer Satzungsregelung dotiert werden), sondern ausschließlich im Rahmen der daran anschließenden Gewinnverwendung (vgl. § 174).

Unabhängig von der Frage, ob über die Feststellung des Jahresabschlusses die Verwaltung oder die Hauptversammlung entscheidet, ist den Aktionären gemäß § 174 in jedem Fall die Entscheidung vorbehalten, wie der im festgestellten Jahresabschluss ausgewiesene Bilanzgewinn verwendet werden soll. Diesbezüglich sind Vorstand und Aufsichtsrat gemäß §§ 124 Abs. 3 S. 1, 170 Abs. 2 zwar verpflichtet, den Aktionären jeweils einen konkreten Vorschlag für die Verwendung des Bilanzgewinns zu unterbreiten. Die Aktionäre sind an diese Vorschläge jedoch nicht gebunden und können dementsprechend im Rahmen der gesetzlichen Vorgaben nach eigenem Ermessen über die **Verwendung des im festgestellten Jahresabschluss ausgewiesenen Bilanzgewinns** entscheiden.

II. Feststellung des Jahresabschlusses

1. Verhältnis von Aufstellung und Feststellung des Jahresabschlusses. Im deutschen Handels- und Gesellschaftsrecht findet sich durchgehend die Unterscheidung zwischen der Aufstellung und der Feststellung des Jahresabschlusses.[9] Dabei wird als Aufstellung die **Ableitung des Jahresabschlusses aus der laufenden Buchhaltung** bezeichnet.[10] Hierbei handelt es sich um eine Aufgabe, die gemäß §§ 242, 264 HGB allgemein dem Kaufmann bzw. den gesetzlichen/organschaftlichen Vertretern der bilanzierenden Gesellschaft zugewiesen ist. Ergebnis der Aufstellung ist ein Entwurf des Jahresabschlusses, der erst durch eine nachfolgende Feststellung zu einem „echten" Jahresabschluss wird.[11]

2. Umfang des Feststellungsbeschlusses. Gegenstand der Feststellungsentscheidung des Aufsichtsrats (bzw. der Hauptversammlung) ist der **gesamte Jahresabschluss der Gesellschaft (vgl. §§ 242, 264 HGB).** Dieser umfasst bei jeder Aktiengesellschaft eine (Jahres-)Bilanz und eine Gewinn- und Verlustrechnung (vgl. § 242 Abs. 3 HGB) sowie grds. auch einen Anhang (vgl. § 264 Abs. 1 S. 1 HGB). Bei kapitalmarktorientierten Gesellschaften iSv § 264d HGB gehören ggf. auch die Kapitalflussrechnung und der Eigenkapitalspiegel sowie eine etwaige Segmentberichterstattung zu den Bestandteilen des Jahresabschlusses (vgl. § 264 Abs. 1 S. 2 HGB) und sind dementsprechend auch Gegenstand der Feststellungsentscheidung.[12] Darüber hinaus erfasst die Feststellung des Jahresabschlusses

---

[7] Großkomm AktG/*Brönner* Rn. 5; Hüffer/*Koch* Rn. 1.
[8] Hüffer/*Koch* § 173 Rn. 4.
[9] Kölner Komm AktG/*Ekkenga* Rn. 3.
[10] MHdB AG/*Bezzenberger* § 62 Rn. 58; vgl. auch *Küting/Kaiser* WPg 2000, 577 (590), Grigoleit/*Grigoleit/Zellner* Rn. 3.
[11] Großkomm AktG/*Brönner* Rn. 4, MüKoAktG/*Hennrichs/Pöschke* Rn. 13.
[12] MüKoAktG/*Hennrichs/Pöschke* Rn. 6.

auch sämtliche Buchungsvorgänge in der Buchhaltung der Gesellschaft, welche dem festgestellten Jahresabschluss zugrunde liegen.[13]

10 Ein ggf. aufzustellender **Lagebericht** ist demgegenüber nicht Bestandteil des Jahresabschlusses und mithin auch nicht Gegenstand des Feststellungsbeschlusses.[14] Auch für einen etwa aufzustellenden **Konzernabschluss** sieht das Aktiengesetz keine förmliche Feststellung, sondern lediglich eine Billigung durch Aufsichtsrat oder Hauptversammlung vor (→ Rn. 101).

11 **3. Verfahren. a) Allgemeines.** Die Feststellung des Jahresabschlusses ist ein **korporationsrechtliches Rechtsgeschäft**.[15] Dabei sind jeweils die Stimmabgaben jedes Mitglieds des Vorstands und des Aufsichtsrats als eigenständige Willenserklärungen anzusehen, nicht jedoch die durch die gleichlautenden Willenserklärungen der Organmitglieder zustande kommenden Beschlüsse als solche. Letztere bedürfen zu ihrer Wirksamkeit gleichwohl der Bekanntgabe gegenüber dem jeweils anderen Organ,[16] was im Falle des Vorstandsbeschlusses üblicherweise durch die Vorlagen iSv § 170 Abs. 1 und im Falle des Aufsichtsratsbeschlusses üblicherweise durch Zuleitung des schriftlichen Berichts an die Hauptversammlung (vgl. § 171 Abs. 3) geschieht.

12 Etwaige **Willensmängel im Rahmen der Aufstellung oder Feststellung** berechtigen das jeweils betroffene Mitglied des Vorstands oder Aufsichtsrats zur Anfechtung seiner Stimmabgabe im Rahmen der organinternen Beschlussfassung, nicht hingegen das Organ oder einzelne seiner Mitglieder zur Anfechtung des gefassten Beschlusses als solchem. Auf diesen kann sich eine erfolgreiche Anfechtung nur dann (mittelbar) auswirken, wenn die Wirksamkeit der angefochtenen Stimme notwendige Voraussetzung dafür ist, dass das Organ der Aufstellung bzw. Feststellung des Jahresabschlusses mit der erforderlichen Stimmenmehrheit zugestimmt hat.[17]

13 Die Feststellung beinhaltet zum einen die Versicherung der verantwortlichen Personen, dass diese sowohl ihren **öffentlich-rechtlichen als auch ihren gesellschaftsrechtlichen Rechnungslegungspflichten** vollständig entsprochen haben und ein ordnungsgemäßer Jahresabschluss vorliegt. Darüber hinaus kommt in der Feststellung auch zum Ausdruck, dass der festgestellte Jahresabschluss forthin für alle Stakeholder verbindlich gelten und eine Änderung desselben grundsätzlich nicht mehr möglich sein soll.[18]

14 **b) Beschluss des Vorstands.** Die Aufstellung des Jahresabschlusses durch den Vorstand wird abgeschlossen durch einen Beschluss des Vorstands. **Gegenstand dieses Beschlusses** ist zunächst die Feststellung, dass nach Auffassung des Vorstands – d. h. jedenfalls nach Auffassung der Mehrheit seiner Mitglieder – ein zutreffend aus der laufenden Buchführung der Gesellschaft abgeleiteter Jahresabschluss vorliegt. Des Weiteren hält der Vorstand in diesem Beschluss fest, dass er die ihm zustehenden bilanzpolitischen Entscheidungs- und Ermessensspielräume in der nunmehr vorgeschlagenen Art und Weise ausüben möchte. Und schließlich enthält dieser Beschluss auch einen Antrag an den Aufsichtsrat, den Jahresabschluss in der nunmehr vorliegenden Form zu billigen.[19]

15 **c) Beschluss des Aufsichtsrats.** Ab dem Zugang aller ihm gemäß § 170 Abs. 1 und Abs. 2 vom Vorstand vorzulegenden Unterlagen[20] hat der Aufsichtsrat gemäß § 171 Abs. 3

---

[13] ADS Rn. 32 aE sowie Kölner Komm AktG/*Ekkenga* Rn. 8; vgl. auch IDW RS HFA 6 Rn. 2.
[14] Bürgers/Körber/*Schulz* Rn. 1; MüKoAktG/*Hennrichs/Pöschke* Rn. 6.
[15] Bürgers/Körber/*Schulz* Rn. 1; MüKoAktG/*Hennrichs/Pöschke* Rn. 10.
[16] BGH NJW 1994, 520 (521); MüKoAktG/*Hennrichs/Pöschke* Rn. 24; ADS Rn. 7 f.; **aA** Großkomm AktG/*Brönner* Rn. 11; Hüffer/*Koch* Rn. 3 sowie K. Schmidt/Lutter/*Drygala* Rn. 11.
[17] Grigoleit/*Grigoleit/Zellner* Rn. 4, K. Schmidt/Lutter/*Drygala* Rn. 10, sowie MüKoAktG/*Hennrichs/Pöschke* Rn. 22 f.
[18] Kölner Komm AktG/*Ekkenga* 172 Rn. 2.
[19] BGH NJW 1994, 520 (521); Bürgers/Körber/*Schulz* Rn. 2.
[20] Vgl. zur Frage, ob hierzu auch der Prüfungsbericht des Abschlussprüfers gehört, die Kommentierung → § 171 Rn. 33.

S. 1 einen Monat Zeit, um diese Unterlagen – insbesondere den Jahresabschluss – zu prüfen, über dessen Billigung zu entscheiden und hierüber einen schriftlichen Bericht an die Hauptversammlung zu verfassen. Die Zuständigkeit für die Durchführung dieser Aufgaben ist gemäß § 107 Abs. 3 S. 3 zwingend dem Aufsichtsratsplenum vorbehalten – Aufsichtsratsausschüsse (z. B. der Prüfungsausschuss) können insoweit lediglich mit vorbereitenden Tätigkeiten betraut werden.[21] Zur Willensbildung des Aufsichtsrats über das Ergebnis der Prüfung und die Billigung des Jahresabschlusses sowie den Wortlaut des schriftlichen Berichts an die Hauptversammlung ist mithin ein **Beschluss des Aufsichtsratsplenums** erforderlich, der vorbehaltlich einer abweichenden Regelung in der Satzung[22] mit der einfachen Mehrheit der abgegebenen Stimmen zu fassen ist.[23] Im Übrigen gelten für diesen Beschluss keine besonderen formalen Vorgaben.[24]

Voraussetzung für eine wirksame Feststellung des Jahresabschlusses ist gemäß § 316 Abs. 1 **16** S. 2 HGB, dass dem Aufsichtsrat im Zeitpunkt der Beschlussfassung der **schriftliche Prüfungsbericht des Abschlussprüfers** vorlag. Erforderlich ist das Vorliegen mindestens eines unterzeichneten Exemplars. Andernfalls ist der Jahresabschluss schon wegen dieses Mangels gemäß § 256 Abs. 1 Nr. 2 nichtig.[25]

Eine rechtliche Verpflichtung des Aufsichtsrats, den Jahresabschluss festzustellen, besteht **17** selbst dann nicht, wenn der vom Vorstand vorgelegte Entwurf aus seiner Sicht sowohl rechtsals auch zweckmäßig ist.[26] Dem Aufsichtsrat steht es stets frei, dem Entwurf des Jahresabschlusses die **Billigung zu versagen,** um auch gegen den Willen des Vorstands eine Entscheidung durch die Hauptversammlung herbeizuführen (→ Rn. 28 f.).[27]

Davon zu trennen ist die Verpflichtung des Aufsichtsrats, innerhalb der von § 171 Abs. 3 **18** vorgegebenen Frist einen **schriftlichen Bericht über das Ergebnis seiner Prüfung** des Jahresabschlusses vorzulegen. Zwar sieht § 171 Abs. 3 S. 3 als Rechtsfolge einer verspäteten Vorlage dieses Berichts lediglich vor, dass eine Verweigerung der Billigung des Jahresabschlusses durch den Aufsichtsrat unwiderleglich vermutet wird, sodass gemäß § 173 Abs. 1 S. 1 die Zuständigkeit für die Feststellung des Jahresabschlusses auf die Hauptversammlung übergeht.[28] Gleichwohl ist eine verspätete Berichterstattung auch als Pflichtverletzung der Aufsichtsratsmitglieder anzusehen, aufgrund welcher gemäß §§ 116, 93 eine Pflicht zum Ersatz der Gesellschaft etwa entstehender Schäden bestehen kann.[29]

4. Entscheidungsmöglichkeiten des Aufsichtsrates. a) Billigung des vorgelegten 19 Jahresabschlusses. aa) Uneingeschränkte Billigung. Der Aufsichtsrat hat zunächst die Möglichkeit, den vom Vorstand aufgestellten Jahresabschluss **ohne jede Änderung uneingeschränkt zu billigen.** In der Praxis ist dies der Regelfall.[30] Eine solche Billigung hat gemäß § 172 S. 1 grds. zur Folge, dass der Jahresabschluss mit dem vom Vorstand vorgeschlagenen Inhalt verbindlich wird („**Feststellung**" – vgl. dazu ausführlich → Rn. 38 ff.).

Umstritten ist jedoch, ob die Feststellung des Jahresabschlusses bereits mit der Beschluss- **20** fassung des Aufsichtsrats,[31] (erst) mit der **Bekanntgabe des Aufsichtsratsbeschlusses gegenüber dem Vorstand**[32] oder gar erst mit der Einberufung der Hauptversammlung eintritt.[33] Dies ist insbesondere bedeutsam für die Frage, ob neben der Stimmabgabe jedes

---

[21] ADS Rn. 5.
[22] MüKoAktG/*Habersack* § 108 Rn. 23.
[23] Bürgers/Körber/*Schulz* Rn. 3.
[24] ADS Rn. 6.
[25] Spindler/Stilz/*Rölike* § 256 Rn. 31; BeBiKo/*Schmidt/Küster* HGB § 316 Rn. 11; MüKoAktG/*Hüffer* § 256 Rn. 23 ff. sowie BeBiKo/*Schmidt/Poullie* HGB § 321 Rn. 137.
[26] Kölner Komm AktG/*Ekkenga* Rn. 3.
[27] Kölner Komm AktG/*Ekkenga* Rn. 3; MüKoAktG/*Hennrichs/Pöschke* Rn. 28.
[28] Vgl. hierzu → § 171 Rn. 155 ff.
[29] MüKoAktG/*Hennrichs/Pöschke* § 171 Rn. 226.
[30] MüKoAktG/*Hennrichs/Pöschke* Rn. 2.
[31] K. Schmidt/Lutter/*Drygala* Rn. 11; Großkomm AktG/*Brönner* Rn. 11; Hüffer/*Koch* Rn. 3.
[32] Bürgers/Körber/*Schulz* Rn. 2; MüKoAktG/*Hennrichs/Pöschke* Rn. 24.
[33] Kölner Komm AktG/*Ekkenga* Rn. 9; ADS Rn. 14.

einzelnen Aufsichtsratsmitglieds auch der Aufsichtsratsbeschluss als solcher bzw. dessen Kundgabe gegenüber dem Vorstand nach Maßgabe von §§ 119, 123 BGB angefochten werden kann. In der Praxis dürfte dieser Frage jedoch allenfalls geringe Bedeutung zukommen.[34]

21 bb) **Billigung unter Vorbehalt.** Das AktG sieht für den Aufsichtsrat grds. nur die Möglichkeit vor, den vom Vorstand aufgestellten Jahresabschluss unverändert zu billigen oder die Billigung zu versagen. Anders als die Hauptversammlung in den Fällen des § 173 Abs. 1 S. 1 (vgl. hierzu § 173 Abs. 2 S. 1) hat der Aufsichtsrat insbesondere nicht die Möglichkeit, den Jahresabschluss gegen den Willen des Vorstands mit einem von dessen Vorschlag abweichenden Inhalt festzustellen. Vor diesem Hintergrund stellt sich die Frage, ob der Aufsichtsrat zumindest die Möglichkeit hat, den Entwurf mit der Maßgabe zu billigen, dass der Vorstand bestimmten **inhaltlichen Änderungen des aufgestellten Jahresabschlusses** zustimmt.

22 Nach wohl ganz überwiegender Auffassung hat der Vorstand bis zur endgültigen Entscheidung des Aufsichtsrats die Möglichkeit, den aufgestellten Entwurf des Jahresabschlusses abzuändern.[35] Dementsprechend ist es ohne Weiteres möglich, dass noch im Rahmen der Prüfung des Jahresabschlusses durch den Aufsichtsrat **Gespräche über etwaige Änderungen des aufgestellten Jahresabschlusses** aufgenommen und entsprechende Änderungen vorgenommen werden können (zu den bei prüfungspflichtigen Gesellschaften gelten Besonderheiten → Rn. 24).[36] Der Beschluss des Aufsichtsrats über die Feststellung des Jahresabschlusses bezieht sich in diesem Fall bereits auf die geänderte Fassung des vom Vorstand aufgestellten Jahresabschlusses.

23 Hiervon zu unterscheiden ist die Frage, ob solche Änderungen des aufgestellten Jahresabschlusses auch in der Weise umgesetzt werden könnten, dass der Aufsichtsrat in Bezug auf den ursprünglichen Vorschlag des Vorstands beschließt, diesen **unter der Bedingung festzustellen,** dass der Vorstand noch bestimmten inhaltlichen Änderungen des Jahresabschlusses zustimmt. In diesem Fall würde der Aufsichtsrat seine abschließende Entscheidung also bereits fassen, bevor der Vorstand der Änderung seines Entwurfs zugestimmt hat, sodass zum Zeitpunkt der Beschlussfassung noch nicht absehbar ist, ob der Jahresabschluss durch den Beschluss des Aufsichtsrats festgestellt wird oder die Feststellungskompetenz auf die Hauptversammlung übergeht. Dementsprechend müsste auch in dem Bericht des Aufsichtsrats an die Hauptversammlung offen bleiben, ob der Jahresabschluss bereits festgestellt ist oder ob der Aufsichtsrat die Billigung des Jahresabschlusses verweigert hat. Da derartige Unklarheiten u. E. nicht mit dem Zweck der Berichtspflicht gegenüber der Hauptversammlung zu vereinbaren sind, dürfte ein solches Vorgehen ohne erneute Beschlussfassung des Aufsichtsrats über den inhaltlich geänderten Jahresabschluss unzulässig sein.[37]

24 Bei prüfungspflichtigen Gesellschaften würde ein solches Vorgehen darüber hinaus im Widerspruch zu dem Erfordernis stehen, dass im Zeitpunkt der Beschlussfassung des Aufsichtsrats ein **schriftlicher Prüfungsbericht des Abschlussprüfers** vorzuliegen hat, welcher die vom Aufsichtsrat geforderten Änderungen bereits berücksichtigt (vgl. näher → Rn. 16.). Verlangt man (mit der hM) das Vorliegen des schriftlichen Prüfungsberichts bei Beschlussfassung des Aufsichtsrats, verstieße eine (bedingte) Feststellung des Jahresabschlusses mit einem vom Vorschlag des Vorstands abweichenden Inhalt zumindest gegen § 316 Abs. 1 S. 2 HGB und § 256 Abs. 1 Nr. 2[38] und wäre mithin unwirksam.[39] Vor diesem Hinter-

---

[34] ADS Rn. 8.
[35] MüKoAktG/*Hennrichs/Pöschke* Rn. 26.
[36] MüKoAktG/*Hennrichs/Pöschke* Rn. 30.
[37] Großkomm AktG/*Brönner* Rn. 15; Hüffer/*Koch* Rn. 4; Grigoleit/*Grigoleit/Zellner* Rn. 5.; im Grundsatz zustimmend, aber mit Hinweis auf die Möglichkeit, zwei alternative Fassungen des Berichts zu beschließen MüKoAktG/*Hennrichs/Pöschke* Rn. 30; aA Bürgers/Körber/*Schulz* Rn. 4 sowie ADS Rn. 18.
[38] Vgl. allgemein zur Nichtigkeit des Feststellungsbeschlusses des Aufsichtsrats bei Fehlen eines schriftlichen Prüfungsberichts (inkl. Bestätigungsvermerk) Spindler/Stilz/*Rölike* § 256 Rn. 31, BeBiKo/*Schmidt/Küster* HGB § 316 Rn. 11, sowie MüKoAktG/*Hüffer* § 256 Rn. 23 ff.; vgl. in diesem Zusammenhang auch BeckHdB AG/*Erle/Helm/Berberich* § 10 Rn. 115.
[39] AA (für die Zulässigkeit einer finalen Beschlussfassung vor dem Vorliegen des im Hinblick auf die erforderliche Nachprüfung ergänzten Prüfungsberichts) MüKoAktG/*Hennrichs/Pöschke* Rn. 31.

grund muss der Aufsichtsrat einer prüfungspflichtigen Gesellschaft etwaige Änderungswünsche zunächst mit dem Vorstand erörtern und kann den Jahresabschluss erst dann (unbedingt) mit dem geänderten Inhalt feststellen, wenn der Vorstand den aufgestellten Jahresabschluss entsprechend geändert hat, die erforderliche Nachtragsprüfung des Jahresabschlusses abgeschlossen ist und ihm ein entsprechender schriftlicher Prüfungsbericht des Abschlussprüfers vorliegt.[40] Es bietet sich daher sowohl aus Sicht des Vorstands als auch aus Sicht des Aufsichtsrats an, den Aufsichtsrat bereits vor dem endgültigen Abschluss der Aufstellungsphase **in die Erstellung des Jahresabschlusses einzubeziehen,** damit etwaige Änderungswünsche bereits im Rahmen der Aufstellung sowie der originären Prüfung des Jahresabschlusses berücksichtigt werden können.

cc) Delegation der Feststellungsentscheidung an die Hauptversammlung. Auch 25 wenn der Aufsichtsrat inhaltlich mit dem vom Vorstand aufgestellten Jahresabschluss einverstanden ist und diesen entsprechend billigt, kann es aus Sicht von Vorstand und Aufsichtsrat im Einzelfall geboten sein, die **Aktionäre in bestimmte bilanzpolitische Entscheidungen einzubeziehen.** Insoweit eröffnen §§ 172 S. 1, 173 Abs. 1 S. 1 der Verwaltung die Möglichkeit, die Feststellung des Jahresabschlusses einvernehmlich der Hauptversammlung zu überlassen.[41] In diesem Fall sind die jeweiligen Beschlüsse des Vorstands und des Aufsichtsrats gemäß § 172 S. 2 in den schriftlichen Bericht des Aufsichtsrats an die Hauptversammlung (vgl. § 171 Abs. 2) aufzunehmen.

Fraglich ist, zu welchem **Zeitpunkt** Vorstand und Aufsichtsrat spätestens beschließen 26 müssen, die Entscheidung über die Feststellung des Jahresabschlusses der Hauptversammlung zu überlassen. Der Wortlaut des § 172 S. 1 legt insoweit nahe, dass entsprechende Beschlüsse spätestens zu demjenigen Zeitpunkt vorliegen müssen, zu dem der Aufsichtsrat den vom Vorstand aufgestellten Jahresabschluss billigt, da dies unmittelbar die verbindliche Feststellung des Jahresabschlusses zur Folge hat.[42] Die wohl herrschende Auffassung im Schrifttum geht unter Hinweis auf § 175 Abs. 4 gleichwohl davon aus, dass Vorstand und Aufsichtsrat entsprechende Beschlüsse noch bis zur Einberufung der ordentlichen Hauptversammlung treffen können.[43] Eine in einem solchen Fall bereits eingetretene Feststellungswirkung (→ Rn. 19 f.) würde rückwirkend wieder entfallen.

Darüber hinaus stellt sich die Frage, ob Vorstand und Aufsichtsrat ihre ursprüngliche 27 Entscheidung nur gemeinsam revidieren können, oder ob die Organe die Entscheidung auch jeweils für sich treffen können. Nach zutreffender Ansicht kann man dem Aufsichtsrat das **Recht zur alleinigen Änderung seiner Entscheidung zusprechen,** da ihm hierdurch im Ergebnis keine zusätzlichen Kompetenzen zuwachsen.[44] Würde man auch dem Vorstand das Recht zugestehen, seine Entscheidung zu Gunsten der Hauptversammlungszuständigkeit einseitig zu ändern, so könnte er auf diese Weise eine Feststellung des Jahresabschlusses herbeiführen, die von dem entscheidungsbefugten Aufsichtsrat so gar nicht gewollt war. Vor diesem Hintergrund ist u. E. davon auszugehen, dass der Vorstand seine Entscheidung nur im Einvernehmen mit dem Aufsichtsrat abändern kann.[45]

b) Ablehnung des vorgelegten Jahresabschlusses. Statt den vom Vorstand aufgestell- 28 ten Jahresabschluss zu billigen, hat der Aufsichtsrat auch die Möglichkeit, dem Vorschlag des Vorstands die Billigung zu versagen. Da der Aufsichtsrat – anders als die Hauptversammlung – den Jahresabschluss jedenfalls nicht gegen den Willen des Vorstands mit einem von dessen

---

[40] Wohl ebenso MHdB AG/*Hoffmann-Becking* § 45 Rn. 4.
[41] Nach wohl allgemeiner Auffassung kann eine solche Entscheidung nicht im Voraus für eine oder mehrere künftige Rechnungslegungsperioden gefasst werden – vgl. Hüffer/*Koch* Rn. 7, Grigoleit/*Grigoleit/Zellner* Rn. 8; Spindler/Stilz/*Euler* Rn. 6 mwN.
[42] Großkomm AktG/*Brönner* Rn. 14.
[43] MHdB AG/*Hoffmann-Becking* § 45 Rn. 3; ADS Rn. 14; Bürgers/Körber/*Schulz* Rn. 5; **aA** Großkomm AktG/*Brönner* Rn. 14.
[44] ADS Rn. 22; MüKoAktG/*Hennrichs/Pöschke* § 173 Rn. 19; wohl **aA** (nur gemeinsam) Kölner Komm AktG/*Ekkenga* Rn. 13.
[45] ADS Rn. 22; MüKoAktG/*Hennrichs/Pöschke* § 173 Rn. 19.

Vorschlag abweichenden Inhalt feststellen kann, muss der Aufsichtsrat **dem aufgestellten Jahresabschluss die Billigung versagen,** wenn er diesen für rechtswidrig oder unzweckmäßig hält und sich mit dem Vorstand nicht auf eine für beide gangbare Lösung einigen kann. In einem solchen Fall entscheidet gemäß § 173 Abs. 1 S. 1 die Hauptversammlung – ohne Bindung an den Vorschlag des Vorstands (vgl. § 173 Abs. 2) – abschließend über den Inhalt des Jahresabschlusses.

29 Im Falle einer vom Vorstand nicht erwarteten Ablehnung der Feststellung durch den Aufsichtsrat kann sich das Problem ergeben, dass der vom Vorstand aufgestellte Entwurf des Jahresabschlusses gemäß § 58 Abs. 2 die Bildung von Rücklagen vorsieht, die im Falle einer Feststellung durch die Hauptversammlung gemäß § 58 Abs. 1 nicht gebildet werden dürfen; der Jahresabschluss ist dann insoweit **vor Feststellung zwingend zu ändern.**[46]

30 **5. Inhalt des Feststellungsbeschlusses. a) Ansatz- und Bewertungsentscheidungen.** Im Rahmen der Feststellung des Jahresabschlusses entscheidet das zuständige Organ zunächst abschließend darüber, welche Wirtschaftsgüter, Verbindlichkeiten und Risiken überhaupt in dem Jahresabschluss berücksichtigt werden sollen. Zwar werden diese Entscheidungen in vielen Fällen bereits durch die Regeln des Bilanzrechts verbindlich vorgegeben, doch bestehen – auch nach dem Inkrafttreten des BilMoG – noch beachtliche **Ermessens- und Entscheidungsspielräume für die bilanzierende Gesellschaft.** Insoweit hat zunächst der Vorstand im Rahmen der Aufstellung des Jahresabschlusses Vorschläge für eine recht- und zweckmäßige Ausübung dieser Spielräume zu unterbreiten. Eine verbindliche Entscheidung über die Ausübung der Wahlrechte kann jedoch nur im Rahmen der Feststellung des Jahresabschlusses getroffen werden.

31 Bilanzpolitische Ermessens- und Entscheidungsspielräume bestehen zunächst dort, wo das Gesetz der bilanzierenden Gesellschaft ausdrücklich ein Wahlrecht einräumt, ob bestimmte Positionen im Jahresabschluss zu berücksichtigen sind (sog. **Ansatzwahlrechte**)[47] bzw. welcher Wert einzelnen Positionen im Jahresabschluss beizumessen ist (sog. **Bewertungswahlrechte**).[48] Solche Wahlrechte sind vom Vorstand bei der Aufstellung des Jahresabschlusses im Rahmen der Grundsätze ordnungsgemäßer Buchführung entsprechend dem gewährten Beurteilungsrahmen sachgerecht auszuüben.[49] Dabei ist eine Änderung der Ansatzmethoden im Jahresvergleich nicht ausgeschlossen[50], während hinsichtlich der Bewertungsregeln das in § 252 Abs. 1 Nr. 6 HGB normierte Stetigkeitsgebot zu beachten ist.[51]

32 Des Weiteren bestehen **(faktische) Ermessens- und Entscheidungsspielräume,** soweit bilanzrechtliche Vorgaben nicht eindeutig sind. In solchen Fällen ist nur dann von einer fehlerhaften Bilanzierung auszugehen, wenn die vom bilanzierenden Unternehmen vorgenommene Bilanzierung nach keiner vertretbaren Auslegungsvariante als zulässig erscheint.[52] De facto steht den bilanzierenden Unternehmen mithin auch in diesen Fällen ein Bilanzierungswahlrecht zu.

33 Schließlich ist im Rahmen der Feststellung des Jahresabschlusses auch abschließend über die Bildung und die Höhe solcher Bilanzposten zu entscheiden, die eine **Einschätzung/ Prognose zu künftigen Entwicklungen** voraussetzen.[53] Ein klassisches Beispiel hierfür sind Rückstellungen für ungewisse Verbindlichkeiten oder drohende Verluste (vgl. § 249 Abs. 1 S. 1 HGB), für deren zutreffende Bilanzierung auf Basis aller bekannten Umstände

---

[46] Näher ADS Rn. 29 ff.; MüKoAktG/*Hennrichs/Pöschke* § 173 Rn. 38 f.
[47] Eine Übersicht über die nach dem Inkrafttreten des BilMoG fortbestehenden Ansatzwahlrechte findet sich bei BeBiKo/*Förschle/Ries* § 246 Rn. 86.
[48] Eine Übersicht über die nach dem Inkrafttreten des BilMoG fortbestehenden Bewertungswahlrechte findet sich bei MüKoBilR/*Kessler* HGB § 284 Rn. 67 sowie bei BeBiKo/*Grottel* HGB § 284 Rn. 101.
[49] BGH NJW 1996, 1678 (1680) mit Hinweis auf *Ulmer*, FS Hefermehl, S. 219 sowie *Priester*, FS Quack, 382.
[50] Vgl. hierzu auch Baumbach/Hueck/*Schulze-Osterloh*, 18. Aufl. 2006, GmbHG § 42 Rn. 333.
[51] BGH NJW 1996, 1678 (1680); vgl. auch Baumbach/Hueck/*Schulze-Osterloh*, 18. Aufl. 2006, GmbHG § 42 Rn. 332.
[52] MüKoAktG/*Hennrichs/Pöschke* Rn. 14.
[53] Vgl. hierzu *Hennrichs* AG 2006, 698 ff.

eine sorgfältige Würdigung der Eintrittswahrscheinlichkeit sowie der Höhe der drohenden Inanspruchnahme vorzunehmen ist. Auch insoweit kommt ein Bilanzierungsfehler nur in Betracht, sofern eine nicht mehr vertretbare Entscheidung getroffen wird. De facto besteht mithin auch insofern ein gewisser Ermessensspielraum für die zuständigen Gesellschaftsorgane.

In allen genannten Fällen ist es zunächst Sache des Vorstands, im Rahmen der Aufstellung 34 des Jahresabschlusses eine im Hinblick auf die Interessen der Gesellschaft sachgerechte Bilanzierung vorzuschlagen. Der Aufsichtsrat muss diesen Vorschlag im Rahmen seiner Entscheidung über die Feststellung des Jahresabschlusses umfassend prüfen und zu einer **eigenen Einschätzung** gelangen, welche Bilanzierung im Interesse der Gesellschaft sachgerecht erscheint. Nur dann, wenn der Aufsichtsrat den Vorschlag des Vorstands teilt oder sich mit diesem auf eine beiden Organen angemessen erscheinende Bilanzierung einigen kann, darf der Aufsichtsrat den vom Vorstand aufgestellten Jahresabschluss billigen. Andernfalls muss er die Billigung verweigern und die Feststellung der Hauptversammlung überlassen, die – anders als der Aufsichtsrat – den Jahresabschluss ggf. auch gegen den Willen des Vorstands mit einem von dessen Vorschlag abweichenden Inhalt feststellen kann.

b) Bilanzpolitische Entscheidungen. Auch über die Ausübung rechtlicher und fak- 35 tischer Bilanzierungswahlrechte hinaus sind im Rahmen der Aufstellung und Feststellung des Jahresabschlusses **verschiedene bilanzpolitische Entscheidungen** zu treffen. Insbesondere haben Vorstand und Aufsichtsrat gemäß § 58 Abs. 2 die Möglichkeit, bereits bei der Aufstellung des Jahresabschlusses einen Teil des Jahresüberschusses in Gewinnrücklagen einzustellen und diese Beträge mithin – wie sich aus § 158 Abs. 1 ergibt – der an die Feststellung anschließenden Gewinnverwendung durch die Hauptversammlung zu entziehen.[54] Umgekehrt können Vorstand und Aufsichtsrat auch beschließen, bei der Gesellschaft vorhandene Rücklagen unter Beachtung der gesetzlich vorgesehenen Verwendungsbeschränkungen (vgl. § 150 Abs. 3 und Abs. 4) aufzulösen, um so einen Bilanzverlust (teilweise) auszugleichen oder einen etwaigen Bilanzgewinn zu erhöhen.[55]

c) Festlegung des Bilanzgewinns. Maßgeblich für die Ermittlung des Bilanzgewinns 36 ist § 158. Diese Norm regelt, welche weiteren Posten zusätzlich zu berücksichtigen sind, um den durch die Gewinn- und Verlustrechnung iSv §§ 275 ff. HGB ermittelten **Jahresüberschuss/-fehlbetrag in den Bilanzgewinn weiterzuentwickeln.** Dabei steht das in § 158 Abs. 1 angegebene Gliederungsschema in Einklang mit der handelsrechtlichen Regelung des § 270 Abs. 2 HGB, die Kapitalgesellschaften allgemein gestattet, ihre Bilanz unter vollständiger oder teilweiser Verwendung des Jahresergebnisses aufzustellen. Speziell bei der AG sind insoweit auch §§ 58, 150 zu berücksichtigen.

Zu den im Rahmen der Feststellung des Jahresabschlusses zu treffenden Entscheidungen 37 zählt auch die Frage, ob andere Gewinnrücklagen iSv § 272 Abs. 3 S. 2 HGB aufgelöst werden sollen. Zwar kann der Vorstand im Rahmen der Aufstellung des Jahresabschlusses bereits die Entscheidung treffen, im Entwurf des Jahresabschlusses reduzierte Gewinnrücklagen und einen erhöhten Bilanzgewinn auszuweisen, doch wird die **Auflösung der Rücklagen** erst mit der Feststellung des Jahresabschlusses wirksam.

6. Folgen der ordnungsgemäßen Feststellung. a) Der Jahresabschluss ist endgül- 38 **tig.** Mit der Feststellung des Jahresabschlusses erklären die verantwortlichen Gesellschaftsorgane, dass der **Inhalt des festgestellten Jahresabschlusses verbindlich** und nur noch bei Vorliegen besonderen Umstände geändert werden soll (→ Rn. 13). Dementsprechend können sich zB die Aktionäre sowohl im Verhältnis zur Gesellschaft als auch im Verhältnis zueinander auf die Inhalte des Jahresabschlusses berufen. Zudem entsteht mit der Feststellung ein individueller Anspruch jedes Aktionärs, dass die Hauptversammlung gemäß

---

[54] MüKoAktG/*Hennrichs*/*Pöschke* Rn. 18.
[55] MüKoAktG/*Hennrichs*/*Pöschke* Rn. 19.

§ 174 über die Verwendung des darin ausgewiesenen Jahresüberschusses/Bilanzgewinns entscheidet.[56]

39 **b) Der ausgewiesene Bilanzgewinn steht zur Disposition der Hauptversammlung.** Gemäß § 174 Abs. 1 S. 1 entscheidet die Hauptversammlung darüber, wie der im festgestellten Jahresabschluss ausgewiesene Bilanzgewinn verwendet werden soll. Dabei sind die Aktionäre gemäß § 174 Abs. 1 S. 2 **an den festgestellten Jahresabschluss gebunden.** Stellt sich später die Unwirksamkeit des (scheinbar) festgestellten Jahresabschlusses heraus (vgl. § 256), so hat dies gemäß § 253 Abs. 1 S. 1 auch die Unwirksamkeit des Gewinnverwendungsbeschlusses zur Folge.[57]

40 Im Rahmen ihrer **Gewinnverwendungsentscheidung** beschließt die Hauptversammlung darüber, in welchem Umfang der festgestellte Bilanzgewinn an die Aktionäre ausgeschüttet oder in (andere) Gewinnrücklagen eingestellt oder auf neue Rechnung vorgetragen werden soll. Im Falle einer Ausschüttung entscheidet sie hingegen nicht darüber, wie der für die Verteilung an die Aktionäre vorgesehene Teil des Bilanzgewinns unter den einzelnen Aktionären zu verteilen ist. Diese Verteilung erfolgt grds. nach dem Verhältnis der Beteiligung der Aktionäre am Grundkapital (vgl. § 60 Abs. 1), sofern nicht die Satzung unmittelbar – eine bloße Ermächtigung der Hauptversammlung, eines anderen Organs oder eines gesellschaftsfremden Dritten genügt nicht[58] – etwas anderes regelt (§ 60 Abs. 3).

41 **c) Auswirkungen auf Rechte Dritter.** Die Feststellung des Jahresabschlusses ist nicht nur für die Höhe möglicher Dividendenansprüche von Aktionären bedeutsam, sondern ggf. auch für **die Ansprüche Dritter.** In der Praxis besonders bedeutsam sind insoweit die variablen Vergütungsbestandteile der Vorstands- und Aufsichtsratsmitglieder sowie der Unternehmensmitarbeiter.[59] Diese Vergütungsbestandteile knüpfen häufig an Kennzahlen an, die in der Rechnungslegung der Gesellschaft enthalten sind oder zumindest aus dieser abgeleitet werden können.

42 Des Weiteren sind die in der Rechnungslegung enthaltenen Zahlen in der Regel auch für die **Fremdfinanzierung der Gesellschaft** bedeutsam. Zum einen sehen entsprechende Kreditverträge regelmäßig eine Verpflichtung zur Vorlage geprüfter und festgestellter Jahresabschlüsse vor. Zum anderen stehen die Finanzierungszusagen von Banken häufig unter dem Vorbehalt der Einhaltung bestimmter Finanzkennzahlen (sog. Covenants), die in der Rechnungslegung der Gesellschaft enthalten sind oder aus dieser abgeleitet werden können. Die Verletzung solcher Covenants hat regelmäßig ein Sonderkündigungsrecht zu Gunsten der finanzierenden Bank zur Folge.

43 **7. Mängel des Jahresabschlusses (bzw. seiner Feststellung) und deren rechtliche Folgen. a) Allgemeines.** Im Rahmen der Feststellung eines Jahresabschlusses können Fehler auftreten. So kann der aufgestellte **Jahresabschluss selbst mangelhaft** sein, weil er inhaltlich nicht vollständig den Vorgaben der anwendbaren Rechnungslegungsregeln entspricht (vgl. zur subjektiven Komponente des handelsrechtlichen Fehlerbegriffs → Rn. 72 f.). Ferner können die zur Feststellung des Jahresabschlusses gefassten Beschlüsse von Vorstand und Aufsichtsrat (oder ggf. der Hauptversammlung) fehlerhaft zustande gekommen sein. Auch kann es in dem gesetzlich vorgesehenen Verfahren – bspw. im Falle einer gesetzlich gebotenen Prüfung des Jahresabschlusses durch einen Abschlussprüfer – zu Fehlern gekommen sein.[60]

44 Sobald feststeht, dass ein festgestellter Jahresabschluss bzw. das Verfahren zu seiner Feststellung einen Mangel aufweist, stellt sich die Frage, welche **Auswirkungen dieser Mangel**

---

[56] Kölner Komm AktG/*Ekkenga* Rn. 12.
[57] Hüffer/*Koch* § 174 Rn. 7; MüKoAktG/*Hennrichs/Pöschke* Rn. 53; sowie Spindler/Stilz/*Euler* § 174 Rn. 32.
[58] MüKoAktG/*Bayer* § 60 Rn. 16.
[59] MüKoAktG/*Hennrichs/Pöschke* Rn. 50.
[60] Kölner Komm AktG/*Ekkenga* Rn. 17.

auf die Wirksamkeit der Feststellung dieses Jahresabschlusses hat. Ausgangspunkt für die weiteren Überlegungen ist dabei, dass nicht der Jahresabschluss als solcher nichtig sein kann, sondern nur die zu seiner Feststellung gefassten Beschlüsse der zuständigen Organe.[61] Nach den allgemeinen Regeln zu den Rechtsfolgen fehlerhafter Beschlüsse von Vorstand und Aufsichtsrat hätte dies grundsätzlich zur Folge, dass jeder Fehler – egal ob formaler, inhaltlicher oder verfahrensrechtlicher Art – die Nichtigkeit der Feststellung des Jahresabschlusses begründen würde;[62] bei einer Feststellung durch die Hauptversammlung würden Fehler hingegen gemäß §§ 241 ff. entweder zur Nichtigkeit oder zur Anfechtbarkeit der Feststellungsentscheidung führen. Vor diesem Hintergrund sowie im Hinblick auf das besondere Interesse am Bestand von festgestellten Jahresabschlüssen enthalten §§ 256, 257 **Sondervorschriften für die Rechtsfolgen von Mängeln** im Zusammenhang mit der Feststellung eines Jahresabschlusses nach denen eine Unwirksamkeit der Feststellung des Jahresabschlusses nur bei bestimmten Mängeln in Betracht kommt.[63]

Gemäß § 256 begründen sowohl inhaltliche Mängel des Jahresabschlusses als auch Verfahrensfehler nur dann die **Unwirksamkeit der Feststellungsentscheidung,** wenn ein erforderliches Organ nicht ordnungsgemäß an der Feststellung mitgewirkt hat (vgl. § 256 Abs. 2 und Abs. 3) oder einer der in § 256 Abs. 1 enumerativ aufgelisteten Mängel vorliegt.[64] Eine Anfechtung der Feststellung des Jahresabschlusses kommt gemäß § 257 hingegen nur dann in Betracht, wenn die Hauptversammlung den Jahresabschluss festgestellt hat; wegen § 257 Abs. 1 S. 2 können im Wege der Anfechtungsklage in erster Linie Verfahrensfehler bei der Beschlussfassung der Hauptversammlung geltend gemacht werden.[65] 45

b) Mängel des Feststellungsverfahrens (§ 256 Abs. 2 bzw. § 256 Abs. 3). Die Feststellung eines Jahresabschlusses kann gemäß § 256 Abs. 2 und Abs. 3 insbesondere dann nichtig sein, wenn ein **zuständiges Organ nicht ordnungsgemäß an der Feststellung des Jahresabschlusses beteiligt** wird, insbesondere wenn allgemein für Beschlussfassungen dieses Organs anwendbare Regeln nicht beachtet werden.[66] Insoweit ist naturgemäß zwischen der Feststellung des Jahresabschlusses durch die Verwaltung (vgl. § 256 Abs. 2) und der Feststellung durch die Hauptversammlung (vgl. § 256 Abs. 3) zu unterscheiden. Dessen ungeachtet sind nach zutreffender hM in beiden Varianten sowohl Gesetzesverstöße als auch Verstöße gegen Satzungsregelungen zu beachten.[67] 46

Davon zu unterscheiden sind diejenigen Fälle, in denen die **notwendige Mitwirkung eines zuständigen Organs völlig fehlt** (zB bei Mitwirkung eines unzuständigen Organs) oder die rechtlichen Wirkungen einer erfolgten Mitwirkung nachträglich beseitigt wurden. Hierbei handelt es sich nicht um Verfahrensfehler iSv § 256 Abs. 2 und Abs. 3, sondern um derart grundlegende Mängel des Feststellungsverfahrens, dass bereits das Vorliegen einer Feststellungsentscheidung als solche zu verneinen ist.[68] In diesen Fällen kommt insbesondere die in § 256 Abs. 6 vorgesehene Möglichkeit einer Fehlerheilung nicht in Betracht. Die Abgrenzung zwischen dem vollständigen Fehlen einer Feststellung und einer nichtigen Feststellung kann im Einzelfall allerdings schwierig sein (zB bei inhaltlichen Abweichungen zwischen dem vom Vorstand aufgestellten und dem vom Aufsichtsrat gebilligten Jahresabschluss).[69] 47

---

[61] BGH NJW 1994, 520 (521), OLG Frankfurt AG 2007, 282; MHdB AG/*Hoffmann-Becking* § 47 Rn. 1, MüKoAktG/*Hennrichs/Pöschke* Rn. 47 sowie Hüffer/*Koch* § 256 Rn. 3.
[62] Vgl. allgemein zu den Rechtsfolgen fehlerhafter Vorstandsbeschlüsse Hölters/*Weber* § 77 Rn. 26, sowie zu den Rechtsfolgen fehlerhafter Aufsichtsratsbeschlüsse Hölters/*Hambloch-Gesinn/Gesinn* § 108 Rn. 71 f. mit Hinweisen auf BGH NJW 1993, 2307 (2308 f.) sowie NJW 2006, 374.
[63] Hüffer/*Koch* § 256 Rn. 1, sowie Spindler/Stilz/*Rölike* § 256 Rn. 1, K. Schmidt/Lutter/*Schwab* § 256 Rn. 1.
[64] Vgl. K. Schmidt/Lutter/*Drygala* Rn. 16.
[65] Hüffer/*Koch* § 257 Rn. 3.
[66] Hüffer/*Koch* § 256 Rn. 18 f.
[67] Spindler/Stilz/*Rölike* § 256 Rn. 43.
[68] Kölner Komm AktG/*Ekkenga* Rn. 13 sowie ADS Rn. 41.
[69] Spindler/Stilz/*Rölike* § 256 Rn. 45.

48 Ferner fehlt es an einem im Hinblick auf § 256 relevanten Fehler, wenn die unverzügliche Vorlage der aufgestellten Rechnungslegungsunterlagen (vgl. § 170 Abs. 1), die unverzügliche Einberufung der ordentlichen Hauptversammlung (vgl. § 175 Abs. 1 S. 1), die ordnungsgemäße Unterzeichnung des festgestellten Jahresabschlusses durch sämtliche Vorstandsmitglieder (vgl. § 245 HGB) oder die Offenlegung des Jahresabschlusses gemäß § 325 HGB nicht pflichtgemäß durchgeführt wurden. Insoweit handelt es sich **nicht um relevante Bestandteile des Feststellungverfahrens**.[70]

49 **c) Fehler bei der Prüfung des Jahresabschlusses (§ 256 Abs. 1 Nr. 2 und Nr. 3).** Gemäß § 256 Abs. 1 Nr. 2 und Nr. 3 können auch Fehler bei der gesetzlich vorgeschriebenen Prüfung des Jahresabschlusses die **Nichtigkeit seiner Feststellung** begründen. Dabei greift die Nichtigkeitsfolge nicht nur dann, wenn eine erforderliche Prüfung (oder Nachtragsprüfung) völlig unterbleibt (§ 256 Abs. 1 Nr. 2) oder nicht durch hierfür qualifizierte bzw. wirksam bestellte Personen durchgeführt wird (§ 256 Abs. 1 Nr. 3), sondern auch dann, wenn eine Prüfung von einem qualifizierten und ordnungsgemäß bestellten Abschussprüfer unter Verstoß gegen die Mindestanforderungen an eine gesetzliche Prüfung oder durch Vornahme schlechthin unzureichender Prüfungshandlungen vorgenommen wird.[71] Fehler bei der Prüfung eines Lageberichts oder eines Abhängigkeitsberichts berühren die Wirksamkeit der Feststellung des Jahresabschlusses hingegen nicht.[72]

50 Die hohe Bedeutung, welche der Gesetzgeber der externen Prüfung des Jahresabschlusses durch einen Abschlussprüfer beimisst, zeigt sich auch in § 256 Abs. 6. Die darin allgemein vorgesehene Heilungsmöglichkeit kommt nicht in Betracht, wenn die Nichtigkeit auf dem Fehlen der gesetzlich vorgeschriebenen Prüfung beruht.[73]

51 **d) Inhaltliche Mängel des festgestellten Jahresabschlusses (§ 256 Abs. 1 Nr. 1 und Nr. 4, Abs. 4 und Abs. 5).** Schließlich können gemäß § 256 Abs. 1 Nr. 1 und Nr. 4 inhaltliche Mängel eines Jahresabschlusses die **Nichtigkeit seiner Feststellung** begründen. Insoweit enthält § 256 Abs. 1 Nr. 1 eine allgemeine Regelung, welche durch den Spezialtatbestand in § 256 Abs. 1 Nr. 4 ergänzt[74] und durch die in § 256 Abs. 4 und Abs. 5 geregelten Tatbestände inhaltlich begrenzt wird.[75] Ein Jahresabschluss ist also insbesondere dann wegen inhaltlicher Mängel nichtig, wenn eine Verletzung gläubigerschützender Vorschriften vorliegt.

52 Ob im Einzelfall ein relevanter inhaltlicher Mangel vorliegt, bestimmt sich nach zutreffender hM nach der **Sach- und Rechtslage zum Zeitpunkt des (ggf. nichtigen) Feststellungsbeschlusses**.[76] Dementsprechend können nach zutreffender hM nur solche inhaltlichen Mängel die Nichtigkeit der Feststellung eines Jahresabschlusses begründen, welche der Bilanzierende auf Basis der ihm im Zeitpunkt der Feststellung des Abschlusses zugänglichen Kenntnisse der Sach- und Rechtslage bei ordnungsgemäßer und gewissenhafter Prüfung hätte erkennen können (näher zu diesem „normativ-subjektiven Fehlerbegriff" → Rn. 72 f.).

53 **e) Beanstandungen durch die DPR.** Gemäß § 342b HGB unterliegt die externe Finanzberichterstattung von Unternehmen, deren Wertpapiere iSv § 2 Abs. 1 WpHG an einer inländischen Börse zum Handel im regulierten Markt zugelassen sind, einer Über-

---

[70] Kölner Komm AktG/*Ekkenga* Rn. 17 sowie Spindler/Stilz/*Rölike* § 256 Rn. 49.
[71] Hüffer/*Koch* § 256 Rn. 10 f.
[72] Spindler/Stilz/*Rölicke* § 256 Rn. 27 sowie Bürgers/Körber/*Schulz* § 256 Rn. 6.
[73] Spindler/Stilz/*Rölicke* § 256 Rn. 76.
[74] Hölters/*Waclawik* § 256 Rn. 15 sowie Spindler/Stilz/*Rölicke* § 256 Rn. 41.
[75] Hüffer/*Koch* § 256 Rn. 6 sowie Spindler/Stilz/*Rölicke* § 256 Rn. 7.
[76] *H.-P.Müller*, FS Budde, 1995, 431 (432), *Hüttemann*, FS Priester, 2007, 300 (333), K. Schmidt/Lutter/*Schwab* § 256 Rn. 10, Bürgers/Körber/*Schulz* § 256 Rn. 2 sowie Hüffer/*Koch* § 256 Rn. 6; offener („*Bei der Überprüfung einer Bilanz ist auf den Zeitpunkt ihrer Aufstellung bzw. Feststellung abzustellen*") OLG Hamm NJW-RR 1992, 996 (997); **aA** (ausschließlich maßgeblich sind die Verhältnisse zum Zeitpunkt des Abschlusses der Aufstellung) *Küting/Kaiser* WPg 2000, 577 (593), sowie Spindler/Stilz/*Rölicke* § 256 Rn. 20.

prüfung durch die **Deutsche Prüfstelle für Rechnungslegung (DPR).** Diese überprüft in den in § 342b Abs 2 S. 3 HGB genannten Fällen die jeweils aktuellen Rechnungslegungsunterlagen gemäß § 342b Abs. 2 S. 1 HGB auf Vereinbarkeit mit gesetzlichen Vorschriften sowie den anwendbaren Rechnungslegungsstandards. Bei ihrer Prüfung ist die DPR nicht an den Kanon des § 256 gebunden, sondern kann auch sonstige Mängel des Jahresabschlusses beanstanden, welche nicht zu einer Nichtigkeit des Abschlusses führen. Eine Beanstandung durch die DPR begründet jedoch keine eigenständige Verpflichtung zur Korrektur von Rechnungslegungsunterlagen.[77]

8. Nichtige Jahresabschlüsse. a) Umfang der Nichtigkeit. Liegt in Bezug auf einen festgestellten Jahresabschluss ein Mangel iSv § 256 vor, so hat dies – vorbehaltlich einer „Heilung" des Mangels gemäß § 256 Abs. 6 (→ Rn. 57) – die Nichtigkeit der Feststellung des Jahresabschlusses zur Folge. Dabei umfasst die Nichtigkeit das **gesamte korporationsrechtliche Rechtsgeschäft,** d. h. insbesondere die Beschlussfassungen der Organe.[78] 54

Gleichwohl stellt sich die Frage, ob von der Nichtigkeitsfolge neben der Feststellung des Jahresabschlusses auch **andere Maßnahmen erfasst** sind, über die das zuständige Organ zeitgleich mit der Feststellung des Jahresabschlusses beschlossen hat oder die in einem inneren Zusammenhang mit dem Feststellungbeschluss stehen. Eine gesetzliche Regelung findet sich insoweit nur für den auf dem festgestellten Jahresabschluss beruhenden **Gewinnverwendungsbeschluss der Hauptversammlung,** der im Falle der Nichtigkeit des Jahresabschlusses gemäß § 253 Abs. 1 S. 1 ebenfalls nichtig ist. Nach zutreffender hM kann die Nichtigkeit aber auch sonstige, an sich selbständige Maßnahmen erfassen, wenn diese nach dem Willen des beschließenden Organs mit der Feststellung des Jahresabschlusses zu einem einheitlichen Geschäft zusammengefasst sein sollen.[79] 55

Auf die Wirksamkeit des **Jahresabschlusses des nachfolgenden Geschäftsjahres** wirkt sich die Nichtigkeit der Feststellung des Jahresabschlusses jedenfalls dann aus, wenn dieser Abschluss den gleichen Mangel aufweist wie der vorhergehende Jahresabschluss.[80] Weisen der Folgeabschluss sowie dessen Feststellung hingegen keinen relevanten Mangel auf, so geht die wohl hM ungeachtet des Grundsatzes der formellen Bilanzkontinuität (vgl. § 252 Abs. 1 Nr. 1 HGB) davon aus, dass die Nichtigkeit des vorhergehenden Jahresabschlusses grundsätzlich nicht zur Folge hat, dass auch die daran anknüpfenden Jahresabschlüsse der nachfolgenden Geschäftsjahre nichtig sind.[81] Solche Jahresabschlüsse sind nach wohl überwiegender Ansicht (zunächst) schwebend unwirksam, erlangen jedoch volle Wirksamkeit, sobald die Nichtigkeit des vorhergehenden Abschlusses nicht mehr geltend gemacht werden kann oder der nichtige durch einen wirksamen Abschluss ersetzt wird.[82] 56

b) „Heilung" der Nichtigkeit. Aus § 256 Abs. 6 S. 1 ergibt sich, dass Mängel, die an sich die Nichtigkeit der Feststellung eines Jahresabschlusses begründen, unbeachtlich werden, wenn seit der Veröffentlichung des betroffenen Jahresabschlusses im elektronischen Bundesanzeiger ein Zeitraum von 6 Monaten bzw. 3 Jahren vergangen ist. Nach Ablauf dieses Zeitraums können die Mängel **nicht mehr im Wege der Nichtigkeitsklage** geltend gemacht werden. Somit sind solche Abschlüsse ab diesem Zeitpunkt als fehlerhafte, aber wirksame Jahresabschlüsse zu behandeln.[83] 57

---

[77] IDW RS HFA 6 Rn. 20; MüKoAktG/*Hennrichs/Pöschke* Rn. 84 sowie Bürgers/Körber/*Schulz* § 256 Rn. 13.
[78] MüKoAktG/*Hennrichs/Pöschke* Rn. 35 sowie Bürgers/Körber/*Schulz* Rn. 9.
[79] MüKoAktG/*Hennrichs/Pöschke* Rn. 44 sowie Bürgers/Körber/*Schulz* Rn. 9.
[80] *Kropff*, FS Budde, 1995, 341, ADS § 256 Rn. 76, sowie MüKoAktG/*Hüffer* Rn. 86.
[81] BGH NJW 1997, 196 (197), sowie Bürgers/Körber/*Schulz* Rn. 12; wohl auch Hüffer/*Koch* § 256 Rn. 34, **aA** (schebende Unwirksamkeit der Folgeabschlüsse bis zur Korrektur oder Heilung) *Kropff*, FS Budde, 1995, 341 (349), MüKoAktG/*Hennrichs/Pöschke* Rn. 59 und Rn. 64 sowie Spindler/Stilz/*Euler* Rn. 47.
[82] MüKoAktG/*Hüffer* § 256 Rn. 87; Spindler/Stilz/*Rölicke* § 256 Rn. 95; MüKoAktG/*Hennrichs/Pöschke* Rn. 64 sowie K. Schmidt/Lutter/*Schwab* § 256 Rn. 42.
[83] *W.Müller*, FS Quack, 1991, 359 (369), ADS Rn. 40; wohl ebenso K. Schmidt/Lutter/*Drygala* Rn. 25 und Rn. 27; Hüffer/*Koch* Rn. 10.

58 c) **Ersetzung eines nichtigen Jahresabschlusses.** Solange noch kein wirksam festgestellter Jahresabschluss vorliegt (sei es wegen des Fehlens eines notwendigen Verfahrensschrittes, sei es wegen eines Fehlers, der gemäß § 256 die Nichtigkeit eines bereits gefassten Feststellungsbeschlusses begründet), besteht die **Rechnungslegungspflicht der zuständigen Organe** grundsätzlich fort.[84] Dementsprechend ist zunächst der Vorstand weiterhin dazu verpflichtet, (erstmals) einen ordnungsgemäßen Jahresabschluss für das betroffene Geschäftsjahr aufzustellen.[85] Dies gilt grundsätzlich auch dann, wenn der die Nichtigkeit begründende Fehler in den Jahresabschlüssen für die nachfolgenden Geschäftsjahre bzw. im letzten noch offenen Jahresabschluss bereits korrigiert wurde.[86]

59 Bei der **Neuaufstellung des Jahresabschlusses** ist der Vorstand im Rahmen der allgemeinen bilanzrechtlichen Vorgaben frei darin, den Jahresabschluss mit dem nach seiner Ansicht richtigen Inhalt aufzustellen.[87] Insbesondere muss er keine Rücksicht darauf nehmen, welche bilanzpolitischen Entscheidungen bei vorhergehenden (erfolglosen) Feststellungsversuchen getroffen wurden.[88] Nach Abschluss der Neuaufstellung hat der Vorstand den neuen Jahresabschluss unverzüglich dem Aufsichtsrat und ggf. dem bereits bestellten Abschlussprüfer zur (erstmaligen) Prüfung – es handelt sich nicht um eine Nachtragsprüfung iSv § 316 Abs. 3 HGB – vorzulegen.[89] Für die daran anschließende Entscheidung über die Feststellung gelten sodann die allgemeinen Regeln (dh §§ 172, 173), ohne dass es darauf ankommt, welches Organ die vorangegangene nichtige Feststellungsentscheidung getroffen hat.[90]

60 Die Pflicht zur Neuaufstellung eines von einer nichtigen Feststellung betroffenen Jahresabschlusses entfällt, wenn die Nichtigkeit wegen § 256 Abs. 6 nicht mehr geltend gemacht werden kann.[91] Danach ist eine **Korrektur des „nichtigen" Jahresabschlusses nicht mehr zwingend erforderlich** und im Übrigen auch nur nach Maßgabe der Regeln für die Korrektur wirksamer fehlerhafter Jahresabschlüsse zulässig (→ Rn. 71 ff.).[92] Alternativ genügt in diesen Fällen auch eine Korrektur der Fehler in dem letzten noch nicht festgestellten Jahresabschluss (dh in laufender Rechnung).[93]

61 Darüber hinaus besteht in den von § 256 Abs. 6 erfassten Fällen nach hM auch die Möglichkeit, von einer **rückwirkenden Korrektur** des von der nichtigen Feststellung betroffenen Jahresabschlusses abzusehen, wenn in absehbarer Zeit mit dem Eintritt der Heilung des die Nichtigkeit begründenden Mangels zu rechnen ist.[94] Dies gilt insbesondere für jene Mängel, in Bezug auf die eine Heilung gemäß § 256 Abs. 6 bereits nach 6 Monaten eintritt;[95] bei Mängeln mit einer Heilungsfrist von 3 Jahren überwiegt hingegen regelmäßig das Korrekturinteresse der Gesellschaft.[96] Letztlich haben die zuständigen Gesellschaftsorgane in jedem Einzelfall nach pflichtgemäßem Ermessen darüber zu entscheiden, ob eine zeitnahe Neuaufstellung des Jahresabschlusses erforderlich ist oder ob der Eintritt der

---

[84] IDW RS HFA 6 Rn. 15; K. Schmidt/Lutter/*Drygala* Rn. 25, *Barz*, FS Schilling, 1973, 127 (132), ADS Rn. 38, Kölner Komm AktG/*Ekkenga* Rn. 21 sowie Hüffer/*Koch* § 256 Rn. 32 f.
[85] Spindler/Stilz/*Euler* Rn. 45.
[86] *W.Müller*, FS Quack, 1991, 359 (362); Hüffer/*Koch* § 256 Rn. 33; Hölters/*Waclawik* § 256 Rn. 42; vgl hierzu auch MüKoAktG/*Hennrichs/Pöschke* Rn. 61; aA (rückwirkende Fehlerkorrektur grundsätzlich nur bei Fehlern mit materieller Folgewirkung) IDW RS HFA 6 Rn. 16.
[87] *W.Müller*, FS Quack, 1991, 359 (369), ADS Rn. 37 und AktG § 256 Rn. 92, sowie Spindler/Stilz/*Euler* Rn. 45; aA *Küting/Kaiser* WPg 2000, 577 (593 ff.).
[88] Bürgers/Körber/*Schulz* Rn. 12, MüKoAktG/*Hennrichs/Pöschke* Rn. 62.
[89] Spindler/Stilz/*Euler* Rn. 46, sowie MüKoAktG/*Hennrichs/Pöschke* Rn. 56 und Rn. 63.
[90] MüKoAktG/*Hennrichs/Pöschke* Rn. 63, Hölters/*Waclawik* Rn. 12.
[91] IDW RS HFA 6 Rn. 15; Hölters/*Waclawik* § 256 Rn. 42; Bürgers/Körber/*Schulz* Rn. 12.
[92] MüKoAktG/*Hennrichs/Pöschke* Rn. 57, MHdB AG/*Hoffmann-Becking/Kraft* § 45 Rn. 15, Spindler/Stilz/*Euler* Rn. 50, sowie ADS Rn. 40.
[93] ADS Rn. 40; IDW RS HFA 6 Rn. 15.
[94] Bürgers/Körber/*Schulz* Rn. 12, MüKoAktG/*Hennrichs/Pöschke* Rn. 58, Spindler/Stilz/*Euler* Rn. 49, sowie ADS Rn. 39; kritisch hingegen *Barz*, FS Schilling, 1973, 127 (132).
[95] IDW RS HFA 6 Rn. 16.
[96] MüKoAktG/*Hennrichs/Pöschke* Rn. 59.

Heilungswirkung abgewartet und eine Korrektur in laufender Rechnung vorgenommen werden kann.[97]

d) Korrektur des Fehlers im aktuellen Jahresabschluss. Stellt sich nach der wirksamen Feststellung eines Jahresabschlusses heraus, dass dieser an einem inhaltlichen Mangel leidet, so darf dieser Mangel in dem nächsten anstehenden Jahresabschluss nicht übernommen werden, sondern muss in diesem Jahresabschluss korrigiert werden.[98] Dies gilt unabhängig davon, ob dieser Mangel zur Nichtigkeit auch der Feststellung des „neuen" Jahresabschlusses führen kann, da die zuständigen Gesellschaftsorgane verpflichtet sind, für jedes Geschäftsjahr einen ordnungsgemäßen Jahresabschluss aufzustellen.[99] Insoweit kann das Erfordernis rechtmäßiger Jahresabschlüsse ggf. auch eine **Durchbrechung des Grundsatzes der Bilanzkontinuität** rechtfertigen (→ Rn. 56). 62

9. Geltendmachung von Mängeln des Jahresabschlusses (bzw. seiner Feststellung). Bedenken gegen die Wirksamkeit eines festgestellten Jahresabschlusses können gemäß § 256 Abs. 7 S. 1 im Wege einer **Nichtigkeitsklage iSv § 249** geltend gemacht werden. Unmittelbarer Gegenstand einer solchen Nichtigkeitsklage sind die auf die Feststellung des Jahresabschlusses gerichteten Beschlüsse von Vorstand und Aufsichtsrat bzw. ein entsprechender Beschluss der Hauptversammlung.[100] Gleichwohl geht es bei der Klage aber letztlich – und dies sollte auch im Klageantrag klargestellt werden – um die Wirksamkeit der Feststellung des Jahresabschlusses.[101] 63

Eine solche Nichtigkeitsklage kann gemäß § 256 Abs. 7 S. 1 iVm § 249 Abs. 1 S. 1 **sowohl jedes Mitglied des Vorstands oder des Aufsichtsrats als auch jeder Aktionär** erheben. Gemäß § 246 Abs. 2 S. 1 ist die Klage stets gegen die Gesellschaft zu richten.[102] Ein stattgebendes Urteil wirkt gemäß § 248 Abs. 1 nicht nur im Verhältnis zwischen dem Kläger und der Gesellschaft, sondern auch im Verhältnis zu allen anderen Anspruchsberechtigten. 64

Neben der speziellen Nichtigkeitsklage kommen gemäß § 256 Abs. 7 S. 1 iVm § 249 Abs. 1 S. 2 auch andere Rechtsbehelfe in Betracht, insbesondere die **allgemeine Feststellungsklage iSv § 256 ZPO.** Diese kann von jedermann erhoben werden, der ein hinreichendes rechtliches Interesse daran hat, die Wirksamkeit der Feststellung des Jahresabschlusses gerichtlich feststellen zu lassen (vgl. § 256 Abs. 1 ZPO).[103] Anders als im Falle der Nichtigkeitsklage wirkt ein solches Feststellungsurteil nach hM jedoch nur im Verhältnis zwischen den Prozessparteien.[104] 65

III. Änderungen eines wirksam festgestellten Jahresabschlusses

1. Allgemeines. Das AktG enthält keine ausdrücklichen Regelungen zu der Frage, ob und unter welchen Voraussetzungen ein bereits wirksam **festgestellter Jahresabschluss nachträglich noch einmal geändert** werden kann. Dabei ist eine solche Änderung nicht nur dann anzunehmen, wenn die Form oder der Inhalt eines bereits festgestellten Jahresabschlusses geändert werden, sondern bereits dann, wenn das einem solchen Abschluss 66

---

[97] ADS Rn. 39 und AktG § 256 Rn. 90, *Kropff*, FS Budde, 1995, 341 (357), sowie Bürgers/Körber/*Schulz* Rn. 12; siehe auch IDW RS HFA 6 Rn. 16 f.
[98] *W.Müller*, FS Quack, 1991, 359 (362).
[99] *W.Müller*, FS Quack, 1991, 359 (362).
[100] Kölner Komm AktG/*Ekkenga* Rn. 18.
[101] MüKoAktG/*Hennrichs/Pöschke* Rn. 45, sowie Spindler/Stilz/*Rölike* Rn. 80.
[102] Spindler/Stilz/*Rölike* § 256 Rn. 80, Bürgers/Körber/*Schulz* Rn. 8, sowie MüKoAktG/*Hennrichs/Pöschke* Rn. 45.
[103] Hölters/*Waclawik* § 256 Rn. 39 sowie MüKoAktG/*Hüffer* § 256 Rn. 73.
[104] Hüffer/*Koch* § 256 Rn. 31, MüKoAktG/*Hüffer* § 256 Rn. 73 sowie Spindler/Stilz/*Rölike* § 256 Rn. 81; **aA** (die Klage eines gemäß § 256 Abs. 1 ZPO rechtlich an der Feststellung der Nichtigkeit eines Jahresabschlusses interessierten Dritten ist als Klage iSv § 256 zu behandeln) Kölner Komm AktG/*Zöllner* § 256 Rn 111.

zugrunde liegende Rechenwerk verändert werden soll.[105] Eine „Änderung" liegt hingegen dann nicht vor, wenn eine fehlgeschlagene oder nichtige Feststellung eines Jahresabschlusses nachgeholt werden soll (vgl. zu den Änderungsmöglichkeiten beim Fehlen eines wirksamen Feststellungsbeschlusses → Rn. 58 ff.).[106]

67 Liegt ein wirksamer Feststellungsbeschluss vor, ist hinsichtlich der Zulässigkeit von rückwirkenden Änderungen nach zutreffender hM zunächst danach **zu differenzieren, zu welchem Zeitpunkt die gewünschte Änderung** vorgenommen werden soll.[107] Solange der festgestellte Jahresabschluss noch nicht der (Aktionärs-)Öffentlichkeit zugänglich gemacht worden ist (dh im gesetzlichen und praktischen Regelfall einer Feststellung durch Vorstand und Aufsichtsrat spätestens mit der ordnungsgemäßen Einberufung der ordentlichen Hauptversammlung (vgl. § 175 Abs. 2)),[108] steht es Vorstand und Aufsichtsrat nach ganz herrschender Auffassung frei, den von ihnen festgestellten Jahresabschluss beliebig zu ändern.[109] Ab dem Zeitpunkt der erstmaligen Veröffentlichung ist demgegenüber ein schützenswertes Vertrauen in den festgestellten Jahresabschluss anzuerkennen.[110]

68 Einige Autoren vertreten sodann unter Hinweis auf § 175 Abs. 4 S. 1 sowie die allgemeinen Bewertungsgrundsätze des Bilanzrechts (vgl. § 252 HGB) die Auffassung, nachträgliche Änderungen von wirksam festgestellten Jahresabschlüssen seien ab dem Zeitpunkt ihrer erstmaligen Veröffentlichung grds. nicht mehr zulässig.[111] Die zutreffende ganz hM geht demgegenüber davon aus, dass die Feststellung des Jahresabschlusses als korporationsrechtliches Rechtsgeschäft eigener Art durch einen **„actus contrarius"** wieder beseitigt werden kann:[112] Im Hinblick auf das öffentliche Interesse am Fortbestand wirksam festgestellter Jahresabschlüsse sind ab deren öffentlichem Bekanntwerden zwar willkürliche Änderungen verboten;[113] rückwirkende Fehlerkorrekturen sowie sonstige Änderungen, an denen ein hinreichend gewichtiges wirtschaftliches, steuerliches oder rechtliches Interesse der Gesellschaft besteht, sind hingegen zulässig.[114]

69 Im Einzelfall ist jeweils das Interesse der Gesellschaft an der rückwirkenden Änderung des festgestellten Jahresabschlusses mit dem Interesse der Öffentlichkeit an der Bestandskraft des Jahresabschlusses **abzuwägen**.[115] Dabei ist insbesondere zu berücksichtigen, ob die ursprünglich festgestellte Fassung des Jahresabschlusses fehlerhaft war oder nicht. In jedem Falle sind (objektive) Verstöße gegen anwendbare Bilanzierungsregeln zumindest im letzten noch nicht festgestellten Jahresabschluss zu korrigieren **(„Korrektur in laufender Rechnung")**.[116]

70 Wird ein bereits festgestellter Jahresabschluss nachträglich geändert, so sind wegen § 252 Abs. 1 Nr. 1 HGB ggf. **auch die nachfolgenden Jahresabschlüsse** bis hin zum aktuell

---

[105] IDW RS HFA 6 Rn. 2; ADS Rn. 32, *H.-P.Müller*, FS Budde, 1995, 431 (435), sowie BeBiKo/*Schubert* HGB § 253 Rn. 800; **aA** *W.Müller*, FS Quack, 1991, 359 (363).
[106] ADS Rn. 36 und Rn. 41, *W.Müller*, FS Quack, 1991, 359 (368 f.), *Barz*, FS Schilling, 1973, 127 (132), Bürgers/Körber/*Schulz* Rn. 12, K. Schmidt/Lutter/*Drygala* Rn. 24 f., MüKoAktG/*Hennrichs/Pöschke* Rn. 56 sowie Großkomm AktG/*Brönner*, § 175 Rn. 26; **aA** (die Zulässigkeit einer Korrektur einer nichtigen Feststellung eines Jahresabschlusses ist ebenso zu behandeln wie die Änderung eines wirksam festgestellten Jahresabschlusses) *Küting/Kaiser* WPg 2000, 577 (593).
[107] K. Schmidt/Lutter/*Drygala* Rn. 22, sowie Hüffer/*Koch* Rn. 10.
[108] Vgl. hierzu Kölner Komm AktG/*Ekkenga* Rn. 22.
[109] Hüffer/*Koch* Rn. 10, Spindler/Stilz/*Euler* Rn. 29, sowie ADS Rn. 47; **aA** Großkomm AktG/*Brönner* § 175 Rn. 25 sowie *H.-P.Müller*, FS Budde, 1995, 431 (433).
[110] *Barz*, FS Schilling, 1973, 127 (129), K. Schmidt/Lutter/*Drygala* Rn. 22, MHdB AG/*Hoffmann-Becking/Kraft* § 45 Rn. 13, *W.Müller*, FS Quack, 1991, 359 (361) sowie MüKoAktG/*Hennrichs/Pöschke* Rn. 47.
[111] Kölner Komm AktG/*Ekkenga* Rn. 26 ff.; noch strenger (Änderungsverbot ab der Unterzeichnung des festgestellten Jahresabschlusses durch das geschäftsführende Organ) *H.-P.Müller*, FS Budde, 1995, 431 (433).
[112] Vgl. hierzu *Barz*, FS Schilling, 1973, 127 (136).
[113] BGH NJW 1957, 588; ADS Rn. 34, *W.Müller*, FS Quack, 1991, 359 (364), *Ludewig* DB 1986, 133 (134).
[114] Hüffer/*Koch* Rn. 10, K. Schmidt/Lutter/*Drygala* Rn. 26 und Rn. 28.
[115] ADS Rn. 35, *W.Müller*, FS Quack, 1991, 359 (364), *Ludewig* DB 1986, 133 (134), sowie *Weirich* WPg 1976, 625 (627).
[116] MüKoAktG/*Hennrichs/Pöschke* Rn. 83.

noch offenen – dh noch nicht festgestellten – Jahresabschluss entsprechend zu ändern.[117] Mithin ist insbesondere bei prüfungspflichtigen Gesellschaften wegen § 316 Abs. 3 HGB damit zu rechnen, dass eine nachträgliche Änderung eines bereits einige Jahre zurückliegenden Jahresabschlusses erheblichen Aufwand verursachen kann. Auch dieser Aspekt ist bei der Abwägung zu berücksichtigen, ob tatsächlich ein Interesse der Gesellschaft an einer rückwirkenden Änderung wirksam festgestellter Jahresabschlüsse besteht.

2. Änderung eines wirksamen, aber fehlerhaften Jahresabschlusses. a) Abgrenzung von fehlerhaften und fehlerfreien Jahresabschlüssen. Nach zutreffender hM ist die Annahme einer willkürlichen Änderung idR ausgeschlossen, wenn ein wirksam festgestellter Jahresabschlusses mit dem Ziel geändert werden soll, einen darin enthaltenen Bilanzierungsfehler zu beseitigen.[118] Insoweit legitimiert grds. bereits das **Hinwirken auf einen rechtmäßigen Jahresabschluss** die Durchbrechung des öffentlichen Interesses am unveränderten Fortbestand des festgestellten Jahresabschlusses.[119] Eine Ausnahme hiervon gilt allenfalls bei völlig unbedeutenden Fehlern.[120] 71

Allerdings stellt nach bislang ganz hM nicht bereits jeder aus „ex-post-Sicht" objektiv vorliegende Verstoß gegen anwendbare Rechnungslegungsregeln einen relevanten Fehler eines festgestellten Jahresabschlusses dar.[121] Wegen des Stichtagsprinzips sind vielmehr nur solche objektiv vorliegenden Verstöße zu berücksichtigen, welche der Bilanzierende auf Basis der ihm im Zeitpunkt der Feststellung des Abschlusses zugänglichen Kenntnisse der Sach- und Rechtslage bei ordnungsgemäßer und gewissenhafter Prüfung hätte erkennen können (sog. **„normativ-subjektiver Fehlerbegriff"**).[122] Andernfalls würde bei jeder unzutreffenden Prognose über künftige Entwicklungen stets die Frage im Raum stehen, ob in der Vergangenheit festgestellte Jahresabschlüsse nachträglich zu korrigieren sind, weil sich die zum Feststellungszeitpunkt ordnungsgemäß erstellte Prognose nicht bewahrheitet hat.[123] 72

Demgegenüber hat nunmehr der **Große Senat des BFH** den ursprünglich für steuerliche Zwecke entwickelten subjektiven Fehlerbegriff[124] – unter ausdrücklicher Ausklammerung handelsrechtlicher Erwägungen – im Hinblick auf steuerbilanzielle Rechtsfragen aufgegeben, da er nicht mit dem verfassungsrechtlichen Gebot der Gesetzmäßigkeit der (Finanz-)Verwaltung zu vereinbaren sei.[125] Vor diesem Hintergrund mehren sich im Schrifttum die Stimmen, die sich hinsichtlich der Beurteilung auch von handelsbilanziellen Rechtsfragen für die Aufgabe des subjektiven und für die Anwendung eines rein objektiven Fehlerbegriffes aussprechen.[126] Die zutreffende hM hält für handelsbilanzielle Zwecke gleichwohl an dem subjektiven Fehlerbegriff fest.[127] 73

b) Keine Beeinträchtigung von Gewinnansprüchen der Aktionäre. Anders als die Nichtigkeit berührt die Fehlerhaftigkeit eines wirksam festgestellten Jahresabschlusses nicht die Wirksamkeit eines auf Basis dieses Abschlusses gefassten Gewinnverwendungsbeschlusses 74

---

[117] IDW RS HFA 6 Rn. 27; ADS Rn. 72, BeBiKo/*Schubert* § 253 Rn. 807, sowie MüKoAktG/*Hennrichs/Pöschke* Rn. 92.
[118] ADS Rn. 43; kritisch *H.-P.-Müller*, FS Budde, 1995, 431 (434).
[119] IDW RS HFA 6 Rn. 14; *W.Müller*, FS Quack, 1991, 359 (367) sowie MüKoAktG/*Hennrichs/Pöschke* Rn. 82.
[120] ADS Rn. 43, *W.Müller*, FS Quack, 1991, 359 (367) sowie MHdB AG/*Hoffmann-Becking/Kraft* § 45 Rn. 16.
[121] Solche rein objektiven Verletzungen von Bilanzierungsvorschriften sind nach zutreffender Ansicht gleichwohl in laufender Rechnung zu korrigieren, auch wenn es sich nicht um einen relevanten Fehler handelt (vgl. *W.Müller*, FS Quack, 1991, 359 (366)).
[122] IDW RS HFA 6 Rn. 14; vgl. auch ADS Rn. 43, MHdB AG/*Hoffmann-Becking/Kraft* § 45 Rn. 16, *W. Müller*, FS Quack, 1991, 359 (366 f.), *H.-P.-Müller*, FS Budde, 1995, 431 (434), MüKoAktG/*Hennrichs/Pöschke* Rn. 76, sowie *Hennrichs* NZG 2013, 681 (682); **aA** (allein der Zeitpunkt der Beendigung der Aufstellung des Jahresabschlusses ist maßgeblich) *Küting/Kaiser* WPg 2000, 577 (590).
[123] MüKoAktG/*Hennrichs/Pöschke* Rn. 77.
[124] *W.Müller*, FS Quack, 1991, 359 (367).
[125] BFH NZG 2013, 476 (478).
[126] *Schulze-Osterloh* BB 2013, 1131 (1132).
[127] *Prinz* WPg 2013, 650 (655), *Adrian* StB 2013, 351 (355), sowie *Hennrichs* NZG 2013, 681 (686).

(vgl. § 253 Abs. 1 S. 1).[128] Auch durch eine nachträgliche Änderung eines wirksam festgestellten Jahresabschlusses erlischt ein solcher **Gewinnverwendungsbeschluss** nicht.[129] Die Aktionäre können mithin grds. darauf bestehen, dass ihnen der Gewinn der Gesellschaft in der zunächst beschlossenen Höhe ausgezahlt wird.[130]

75 Im Hinblick auf dieses Fortbestehen der Gewinnauszahlungsansprüche der Aktionäre ist es nach wohl allgemeiner Auffassung zulässig, im Rahmen der Korrektur eines trotz Fehlern wirksam festgestellten Jahresabschlusses **zusätzliche Änderungen** vorzunehmen, die dazu dienen, eine drohende Verringerung des festgestellten Jahresüberschusses/Bilanzgewinns auszugleichen.[131] Alternativ haben die Aktionäre grundsätzlich auch die Möglichkeit, den ursprünglichen Gewinnverwendungsbeschluss mit Zustimmung aller betroffenen Aktionäre an den reduzierten Bilanzgewinn anzupassen[132] oder in Höhe der Reduktion des Bilanzgewinns auf ihre **Gewinnauszahlungsansprüche zu verzichten**.[133] Letzteres kann – anders als eine Änderung des Gewinnverwendungsbeschlusses (vgl. § 60)[134] – auch in der Weise erfolgen, dass lediglich einzelne Aktionäre (überproportional) auf ihre Gewinnauszahlungsansprüche verzichten.[135]

76 Fraglich ist demgegenüber, ob ein trotz Fehlern wirksam festgestellter Jahresabschluss auch dann zum Zweck der Fehlerkorrektur geändert werden kann, wenn die korrekturbedingte Verringerung des Bilanzgewinns weder durch kompensierende Maßnahmen noch durch eine Reduktion der Gewinnauszahlungsansprüche der Aktionäre ausgeglichen werden kann. Ein Teil der Literatur bejaht dies;[136] nach dieser Auffassung sind nicht durch den reduzierten Bilanzgewinn gedeckte Gewinnausschüttungen (ausnahmsweise) als Vorabausschüttungen zu Lasten des Bilanzgewinns im Jahresabschluss des folgenden Geschäftsjahres zu berücksichtigen.[137] Nach zutreffender hM stehen wirksam begründete Gewinnauszahlungsansprüche einer rückwirkenden Korrektur eines trotz Fehlern wirksamen Jahresabschlusses hingegen entgegen,[138] sodass in solchen Fällen **nur eine Korrektur in laufender Rechnung** möglich ist.

77 **Rechte Dritter**, die in Abhängigkeit von dem festgestellten Jahresabschluss bestehen (zB Tantiemeansprüche/Boni, etc.), stehen einer rückwirkenden Änderung eines trotz Fehlern wirksamen Jahresabschlusses nach zutreffender hM nicht entgegen.[139] Die Auswirkungen der Änderung des festgestellten Jahresabschlusses ergeben sich aus den zwischen der Gesellschaft und dem Dritten getroffenen Abreden.[140] In Zweifelsfällen dürfte davon auszugehen sein, dass nur solche Änderungen zu berücksichtigen sind, die sich zu Gunsten des Dritten auswirken.[141]

---

[128] Bürgers/Körber/*Schulz* Rn. 13.
[129] ADS Rn. 63, *W.Müller*, FS Quack, 1991, 359 (365), sowie MüKoAktG/*Hennrichs/Pöschke* Rn. 86 (dort insbesondere Fn. 193); vgl. zum GmbH-Recht MüKoGmbHG/*Ekkenga* GmbHG § 29 Rn. 104, sowie BeckHdB GmbH/*Langseder* § 9 Rn. 258.
[130] MüKoAktG/*Bayer* § 57 Rn. 77.
[131] ADS Rn. 63, BeBiKo/*Schubert* § 253 Rn. 807, sowie MüKoAktG/*Hennrichs/Pöschke* Rn. 90.
[132] Spindler/Stilz/*Euler* § 174 Rn. 28, sowie MüKoAktG/*Hennrichs/Pöschke* Rn. 86; vgl. allgemein zur Zulässigkeit nachträglicher Änderung von Gewinnverwendungsbeschlüssen MüKoAktG/*Hennrichs/Pöschke* § 174 Rn. 47 ff.
[133] ADS Rn. 64.
[134] Vgl. hierzu MüKoAktG/*Bayer*, § 60 Rn. 33.
[135] ADS Rn. 64.
[136] *H.-P.-Müller*, FS Budde, 1995, 431 (436), *W.Müller*, FS Quack, 1991, 359 (368), ADS Rn. 65, sowie Bürgers/Körber/*Schulz* Rn. 13.
[137] ADS Rn. 65, Spindler/Stilz/*Euler* Rn. 44, sowie Bürgers/Körber/*Schulz* Rn. 13.
[138] Hüffer/*Koch* Rn. 10, MüKoAktG/*Hennrichs/Pöschke* Rn. 86, K. Schmidt/Lutter/*Drygala* Rn. 26, *Ludewig* DB 1986, 133 (135 f.) sowie *Barz*, FS Schilling, 1973, 127 (130).
[139] *H.-P.-Müller*, FS Budde, 1995, 431 (436); *W.Müller*, FS Quack, 1991, 359 (368); ADS Rn. 68; MüKoAktG/*Hennrichs/Pöschke* Rn. 74 und Rn. 87; unklar *Ludewig* DB 1986, 133 (135 f.); **aA** Hüffer/*Koch* Rn. 10.
[140] *W.Müller*, FS Quack, 1991, 359 (368); Bürgers/Körber/*Schulz* Rn. 13.
[141] ADS Rn. 68; **aA** (im Zweifel auch Berücksichtigung zu Lasten des Dritten) MüKoAktG/*Hennrichs/Pöschke* Rn. 87.

c) **Pflicht zur rückwirkenden Änderung.** Steh fest, dass in Bezug auf einen wirksam 78 festgestellten Jahresabschluss ein relevanter Fehler vorliegt, ist zu fragen, ob eine Pflicht zur rückwirkenden Korrektur des fehlerhaften Jahresabschlusses besteht oder ob insoweit auch eine Korrektur in laufender Rechnung (dh eine korrigierende Änderung der Bilanzierung im letzten noch offenen Jahresabschluss) in Betracht kommt. Nach zutreffender Ansicht ist eine Pflicht zur rückwirkenden Korrektur jedenfalls dann anzunehmen, wenn der ursprünglich festgestellte Jahresabschluss zwar wirksam ist, aber unter Verstoß gegen §§ 242 Abs. 1, 264 Abs. 2 S. 1 HGB **kein den tatsächlichen Verhältnissen entsprechendes Bild der Vermögens-, Finanz- und Ertragslage** der Gesellschaft zu vermitteln vermag.[142] In allen anderen Fällen entscheidet der Vorstand nach pflichtgemäßem Ermessen darüber, ob der Fehler rückwirkend durch Änderung des „alten" Jahresabschlusses oder ausschließlich in laufender Rechnung korrigiert werden soll.[143]

d) **Zulässiger Umfang der Änderungen.** Vor dem Hintergrund der generellen Zu- 79 lässigkeit der Änderung eines trotz Fehlern wirksamen Jahresabschlusses erscheint fraglich, in welchem Umfang der Jahresabschluss rückwirkend geändert werden muss bzw. geändert werden darf. Dies betrifft zum einen die Frage, in welchem Umfang ein wirksamer Jahresabschluss im Falle seiner nachträglichen Änderung daraufhin überprüft werden muss, ob sich zwischen dem Zeitpunkt der erstmaligen Feststellung und dem Zeitpunkt der geplanten Änderung Umstände ergeben haben, die eine weitergehende Korrektur erfordern. Nach wohl hM ist eine **umfassende Überprüfung** dann **erforderlich, wenn** die Korrektur des Fehlers zu einer **Erhöhung des** im Jahresabschluss ausgewiesenen **Jahresergebnisses** führen würde.[144] Nach anderer Ansicht sind bei der Fehlerkorrektur sämtliche zum Zeitpunkt ihrer Vornahme bekannten bilanzerheblichen Umstände zu berücksichtigen.[145] Allerdings spielt dieser Unterschied in der Praxis keine große Rolle, da beide Auffassungen häufig zu den gleichen Ergebnissen gelangen.

Davon zu unterscheiden ist, ob im Rahmen der Fehlerkorrektur auch andere Posten 80 geändert werden dürfen, in Bezug auf die der ursprünglich festgestellte Jahresabschluss keine Fehler aufwies. Solche Änderungen sind nach zutreffender Ansicht jedenfalls dann zulässig, wenn sie dazu dienen sollen, eine infolge der Fehlerkorrektur eintretende Reduktion des Jahresüberschusses/Bilanzgewinns zu kompensieren und so die bereits beschlossenen Ausschüttungen an die Aktionäre zu finanzieren.[146] Darüber hinaus sprechen u. E. jedoch die besseren Gründe dafür, **über die** eigentliche **Fehlerkorrektur hinausgehende Änderungen** des wirksam festgestellten Jahresabschlusses nur zuzulassen, soweit die Zulässigkeitsvoraussetzungen für eine nachträgliche Änderung eines fehlerfreien Jahresabschlusses vorliegen.[147]

3. **Nachträgliche Änderung eines fehlerfrei festgestellten Jahresabschlusses.** Auch 81 fehlerfreie – dh sowohl objektiv als auch (nur) subjektiv „richtige" – Jahresabschlüsse können grundsätzlich nachträglich geändert werden, wenn hierfür ein **gewichtiger rechtlicher, betriebswirtschaftlicher oder steuerlicher Grund** vorliegt.[148] Nach zutreffender

---

[142] *W. Müller,* FS Quack, 1991, 359 (367); BeBiKo/*Schubert* § 253 Rn. 806; Bürgers/Körber/*Schulz* Rn. 13 sowie Spindler/Stilz/*Euler* Rn. 39; iE auch MüKoAktG/*Hennrichs*/*Pöschke* Rn. 82.

[143] IDW RS HFA 6 Tz. 21; ADS Rn. 44, *Weirich* WPg 1976, 625 (626), sowie MüKoAktG/*Hennrichs*/*Pöschke* Rn. 82; **aA** (ausschließlich Korrektur in laufender Rechnung) Kölner Komm AktG/*Ekkenga* Rn. 26 und 28; im Ergebnis wohl auch K. Schmidt/Lutter/*Drygala* Rn. 26, sowie *H.-P.Müller,* FS Budde, 1995, 431 (434).

[144] *W. Müller,* FS Quack, 1991, 359 (369), sowie BeBiKo/*Schubert* HGB § 253 Rn. 807; **aA** (auch bei einer nachträglichen Änderung eines festgestellten Jahresabschlusses dürfen ausschließlich die zum Zeitpunkt der (erstmaligen) Aufstellung vorhandenen Kenntnisse genutzt werden) Küting/Kaiser WPg 2000, 577 (592).

[145] MüKoAktG/*Hennrichs*/*Pöschke* Rn. 91.

[146] MüKoAktG/*Hennrichs*/*Pöschke* Rn. 90 sowie ADS Rn. 45.

[147] ADS Rn. 45, *H.-P.-Müller,* FS Budde, 1995, 431 (437), *W.Müller,* FS Quack, 1991, 359 (370), sowie *Weirich* WPg 1976, 625 (627); wohl **aA** BeBiKo/*Schubert* HGB § 253 Rn. 807.

[148] IDW RS HFA 6 Rn. 9; BeBiKo/*Schubert* HGB § 253 Rn. 835, Bürgers/Körber/*Schulz* Rn. 14, MüKo-AktG/*Hennrichs*/*Pöschke* Rn. 66, Hüffer/*Koch* Rn. 10, K. Schmidt/Lutter/*Drygala* Rn. 28, ADS Rn. 49, *W. Müller,* FS Quack, 1991, 359 (364), *Weirich* WpG 1976, 625 (628), sowie *Barz,* FS Schilling 1973, 127

hM kann eine Änderung auch auf solche Umstände gestützt werden, die zwar objektiv bereits zum Bilanzstichtag vorlagen, dem Bilanzierenden jedoch erst nach der (erstmaligen) Aufstellung bzw. Feststellung des Jahresabschlusses bekannt geworden sind (sog. „wertaufhellende Umstände").[149] Insbesondere kann ein wirksam festgestellter Jahresabschluss nachträglich im Hinblick auf die Ergebnisse einer steuerlichen Außenprüfung angepasst werden.[150] Die Ermöglichung höherer Gewinnausschüttungen an die Aktionäre ist hingegen nur dann als wichtiger Grund anzuerkennen, wenn der Gesellschaft selbst andernfalls erhebliche Nachteile drohen.[151]

82 Ob und in welchem Umfang eine Änderung eines fehlerfrei festgestellten Jahresabschlusses zulässig ist, muss im Einzelfall durch **Abwägung** des Änderungsinteresses der Gesellschaft auf der einen mit dem Bestandsinteresse der Aktionäre sowie der interessierten Öffentlichkeit auf der anderen Seite ermittelt werden.[152] Dabei ist nach unserer Auffassung grundsätzlich für jede geplante Änderung eines wirksam festgestellten Jahresabschlusses gesondert zu prüfen, ob ein wichtiger Grund gerade für diese Änderung vorliegt;[153] Ausnahmen hiervon gelten nur für **kompensatorische Änderungen** zum Zwecke der Fortführung des im ursprünglich festgestellten Jahresabschluss ausgewiesenen Bilanzgewinns (→ Rn. 83) sowie für neuere Kenntnisse des Bilanzierenden betreffend wertaufhellende Umstände (eine Pflicht zur umfassenden Überprüfung des zu ändernden Jahresabschlusses besteht nach hM (nur), wenn sich der Bilanzgewinn aufgrund der geplanten Änderungen erhöht).[154] Kann der mit der Änderung angestrebte Effekt auch ohne rückwirkende Änderung bereits festgestellter Jahresabschlüsse in dem letzten noch nicht festgestellten Jahresabschluss – dh in laufender Rechnung – berücksichtigt werden, so scheidet die Annahme eines wichtigen Grundes regelmäßig aus.[155]

83 Eine Änderung eines fehlerfrei festgestellten Jahresabschlusses darf auch bei Vorliegen eines hinreichend gewichtigen Grundes nicht dazu führen, dass der für Ausschüttungen an die Gesellschafter zur Verfügung stehende Bilanzgewinn nicht mehr ausreicht, um die **bereits entstandenen Gewinnauszahlungsansprüche** der Gesellschafter zu bedienen.[156] Soweit aufgrund der geplanten Änderung eine Minderung des Bilanzgewinns droht, ist die Änderung nur zulässig, wenn die drohende Reduktion durch weitere Änderungen des Jahresabschlusses kompensiert werden kann oder die Aktionäre den Gewinnverwendungsbeschluss entsprechend abändern bzw. in entsprechender Höhe auf ihre Gewinnauszahlungsansprüche verzichten.[157]

84 **Rechte Dritter,** deren Bestand bzw. deren Umfang von dem festgestellten Jahresabschluss abhängen, stehen der Änderung eines fehlerfrei festgestellten Jahresabschlusses nicht entgegen.[158] Die Auswirkungen der Änderungen auf die Rechte Dritter richten sich nach den

---

(139); aA Großkomm AktG/*Brönner* Rn. 22 und § 175 Rn. 26, sowie Kölner Komm AktG/*Ekkenga* Rn. 26, ebenfalls kritisch *Küting/Ranker* WPg 2005, 1 (5 f.) sowie *Küting/Kaiser* WPg 2000, 577 (591 f.).

[149] *W.Müller*, FS Quack, 1991, 359 (364), MüKoAktG/*Hennrichs/Pöschke* Rn. 69; kritisch zur Berücksichtigung von Ereignissen nach dem Bilanzstichtag bei Prognoseentscheidungen und Schätzungen *Hüttemann*, FS Priester, 2007, 300 (314 ff.); strikt ablehnend hingegen *Küting/Kaiser* WPg 2000, 577 (592).

[150] *W.Müller*, FS Quack, 1991, 359 (364); vgl. allgemein zu den (weiteren) wichtigen Gründen für die Änderung eines fehlerfrei festgestellten Jahresabschlusses ADS Rn. 54 f.; *Barz*, FS Schilling, 1973, 127 (140 f.) sowie *Weirich* WPg 1976, 625 (628 f.).

[151] ADS Rn. 55; *W.Müller*, FS Quack, 1991, 359 (364) sowie MüKoAktG/*Hennrichs/Pöschke* Rn. 70.

[152] MüKoAktG/*Hennrichs/Pöschke* Rn. 67; Bürgers/Körber/*Schulz* Rn. 14; BeckHdB AG/*Erle/Helm/Berberich* § 10 Rn. 111, *Ludewig* DB 1986, 133 (136); *Barz*, FS Schilling, 1973, 127 (139).

[153] MüKoAktG/*Hennrichs/Pöschke* Rn. 90.

[154] ADS Rn. 53 und 64; *W.Müller*, FS Quack, 1991, 359 (369); MüKoAktG/*Hennrichs/Pöschke* Rn. 91 sowie Bürgers/Körber/*Schulz* Rn. 15.

[155] Bürgers/Körber/*Schulz* Rn. 14 sowie MüKoAktG/*Hennrichs/Pöschke* Rn. 71; vgl. hierzu auch *W.Müller*, FS Quack, 1991, 359 (362).

[156] IDW RS HFA 6 Rn. 10; *W.Müller*, FS Quack, 1991, 359 (365); ADS Rn. 65; BeckHdB AG/*Erle/Helm/Berberich* § 10 Rn. 112; Hüffer/*Koch* Rn. 10; unklar hingegen Bürgers/Körber/*Schulz* Rn. 14.

[157] IDW RS HFA 6 Rn. 10; Spindler/Stilz/*Euler* Rn. 34, sowie ADS Rn. 68.

[158] IDW RS HFA 6 Rn 11; MüKoAktG/*Hennrichs/Pöschke* Rn. 74; *H.-P.Müller*, FS Budde, 1995, 431 (435); *W.Müller*, FS Quack, 1991, 359 (368) sowie *Weirich* WPg 1976, 625 (628).

vertraglichen Vereinbarungen zwischen der Gesellschaft und dem Dritten (→ Rn. 77).[159] Fehlt es insoweit an einer vertraglichen Abrede, so kann die geplante Änderung des bereits fehlerfrei festgestellten Jahresabschlusses die Rechte eines Dritten grundsätzlich nicht beeinträchtigen.[160]

4. Änderungsverfahren. Soll ein bereits wirksam festgestellter Jahresabschluss nachträglich geändert werden, gelten hierfür die allgemeinen **Regeln für die Auf- und Feststellung von Jahresabschlüssen** entsprechend.[161] Es ist zunächst die Aufgabe des Vorstands, den geänderten Jahresabschluss aufzustellen und dem Aufsichtsrat zur internen sowie ggf. dem Abschlussprüfer zur externen Prüfung vorzulegen.[162] Dabei ist der geänderte Jahresabschluss als solcher zu kennzeichnen.[163] Über die Gründe für sowie die Auswirkungen der geplanten Änderungen ist im Anhang zu berichten.[164]

Der Aufsichtsrat hat bei seiner **Prüfung des geänderten Jahresabschlusses** neben der Recht- und Zweckmäßigkeit der inhaltlichen Änderungen des festgestellten Jahresabschlusses insbesondere auch zu prüfen, ob die Änderung als solche recht- und zweckmäßig ist; über das Ergebnis seiner Prüfung hat er gemäß § 171 Abs. 2 schriftlich an die Hauptversammlung zu berichten.[165] War der betroffene Jahresabschluss gemäß § 316 Abs. 1 S. 1 HGB durch einen Abschlussprüfer zu prüfen, so ist in Bezug auf den geänderten Jahresabschluss eine Nachtragsprüfung iSv § 316 Abs. 3 HGB durchzuführen.[166] Hierfür ist grds. derjenige Prüfer zuständig, der auch die Prüfung des ursprünglich festgestellten Jahresabschlusses durchgeführt hat.[167]

Über die Änderung des (ggf. trotz Fehlern) wirksam festgestellten Jahresabschlusses entscheidet sodann grundsätzlich dasjenige Organ, welches die ursprüngliche Fassung des Jahresabschlusses festgestellt hat.[168] **Im gesetzlichen Regelfall entscheiden** mithin **Vorstand und Aufsichtsrat** darüber, ob die Bindungswirkung des von ihnen ursprünglich festgestellten Jahresabschlusses entfallen und stattdessen der geänderte Jahresabschluss als verbindlich gelten soll;[169] nach zutreffender hM können Vorstand und Aufsichtsrat hierbei auch von der Möglichkeit Gebrauch machen, die Entscheidung der Hauptversammlung zu überlassen.[170] Wurde der zu ändernde Jahresabschluss hingegen gemäß § 173 Abs. 1 S. 1 von der Hauptversammlung festgestellt, so ist diese – abweichend von der gesetzlichen Grundregelung in §§ 172 S. 1, 173 Abs. 1 S. 1 – auch für die Entscheidung über die Feststellung des geänderten Jahresabschlusses zuständig.[171]

Im Falle einer rückwirkenden Änderung eines älteren Jahresabschlusses stellt sich im Hinblick auf den Grundsatz der formellen Bilanzkontinuität (§ 252 Abs. 1 Nr. 1 HGB) die Frage, ob auch die auf diesem Abschluss beruhenden **Folgeabschlüsse** geändert werden müssen (→ Rn. 56).[172] Ist die Gesellschaft in einen Konzernabschluss iSv § 290 Abs. 1 HGB einzubeziehen, so ist zudem zu klären, ob auch der **Konzernabschluss** geändert werden

---

[159] BeBiKo/*Schubert* HGB § 253 Rn. 837; ADS Rn. 68; wohl **aA** (Beeinträchtigungen sind generell unzulässig) Spindler/Stilz/*Euler* Rn. 35.
[160] ADS Rn. 68; MüKoAktG/*Hennrichs/Pöschke* Rn. 74.
[161] IDW RS HFA 6 Rn. 30; MüKoAktG/*Hennrichs/Pöschke* Rn. 93, BeckHdB AG/*Erle/Helm/Berberich* § 10 Rn. 115 sowie Bürgers/Körber/*Schulz* Rn. 15.
[162] Spindler/Stilz/*Euler* Rn. 25 und Rn. 30; unklar BeBiKo/*Schubert* § 253 Rn. 808.
[163] MüKoAktG/*Hennrichs/Pöschke* Rn. 99, Bürgers/Körber/*Schulz* Rn. 15.
[164] IDW RS HFA 6 Rn. 30, ADS Rn. 69, Spindler/Stilz/*Euler* Rn. 36.
[165] MüKoAktG/*Hennrichs/Pöschke* Rn. 95 sowie *Weirich* WPg 1976, 625 (629).
[166] IDW RS HFA 6 Rn. 31; Bürgers/Körber/*Schulz* Rn. 15, sowie ADS Rn. 70; **aA** (erweiterte Nachtragsprüfung) MüKoAktG/*Hennrichs/Pöschke* Rn. 94.
[167] MüKoAktG/*Hennrichs/Pöschke* Rn. 94, sowie ADS Rn. 70; einschränkend *Weirich* WPg 1976, 625 (629).
[168] Bürgers/Körber/*Schulz* Rn. 15, Hölters/*Waclawik* Rn. 14, *Weirich* WPg 1976, 625 (629), sowie *Barz*, FS Schilling, 1973, 127 (141).
[169] MüKoAktG/*Hennrichs/Pöschke* Rn. 93 und Rn. 96.
[170] MüKoAktG/*Hennrichs/Pöschke* Rn. 96 sowie *Barz*, FS Schilling, 1973, 127 (143); **aA** ADS Rn. 71.
[171] MüKoAktG/*Hennrichs/Pöschke* Rn. 97; ADS Rn. 71; Hölters/*Waclawik* Rn. 14.
[172] IDW RS HFA 6 Rn 27.

muss. Nach zutreffender hM ist dies nur dann der Fall, wenn die Änderung des festgestellten Jahresabschlusses wesentlich für die Darstellung der Vermögens-, Finanz- oder Ertragslage des Konzerns ist.[173]

89 **5. Rechtsfolgen einer unzulässigen Änderung.** Ebenso wie die Zulässigkeit einer nachträglichen Änderung eines bereits wirksam festgestellten Jahresabschlusses ist gesetzlich nicht ausdrücklich geregelt, welche Rechtsfolgen sich ergeben, wenn eine solche Änderung unzulässigerweise vorgenommen wird. Daher ist insoweit auf die allgemeinen Regeln für **die Rechtsfolgen von Mängeln eines Jahresabschlusses** zurückzugreifen (→ Rn. 43 ff.). Es stellt sich mithin die Frage, ob hinsichtlich der im Rahmen der Änderung vorgenommenen Feststellung des geänderten Jahresabschlusses ein Verfahrensfehler oder ein Inhaltsfehler vorliegt.

90 Sofern der geänderte Jahresabschluss seinerseits den anwendbaren Rechnungslegungsregeln entspricht, erscheint es eher fernliegend, allein aufgrund der **Unzulässigkeit der Änderung** von einem inhaltlichen Mangel der Feststellung auszugehen.[174] Insbesondere dürfte insoweit kein nach § 256 Abs. 1 Nr. 1 beachtlicher Inhaltsmangel vorliegen.[175] Vor diesem Hintergrund sprechen u. E. die besseren Gründe dafür, eine Verletzung der Regeln über die Zulässigkeit von Änderungen bereits festgestellter Jahresabschlüsse als Verfahrensfehler bei der Feststellung des geänderten Jahresabschlusses zu qualifizieren.[176]

91 Aufgrund eines solchen Verfahrensfehlers kommt im Falle einer prüfungspflichtigen Gesellschaft zunächst eine Einschränkung oder gar Versagung des Bestätigungsvermerks des Abschlussprüfers in Betracht.[177] Darüber hinaus kommt jedenfalls bei einer Feststellung des unzulässigerweise geänderten Jahresabschlusses durch die Hauptversammlung gemäß § 257 Abs. 1 S. 1 iVm § 243 eine **Anfechtung des Feststellungsbeschlusses** in Betracht. Im Falle einer Feststellung durch den Aufsichtsrat ist hingegen davon auszugehen, dass der Feststellungsbeschluss gemäß § 256 Abs. 2 (heilbar) nichtig ist.[178]

IV. Weiteres Vorgehen nach der Feststellung

92 **1. Unterzeichnung des Jahresabschlusses.** Gemäß § 245 HGB ist der Jahresabschluss vom Kaufmann zu unterzeichnen.[179] Bei einer Kapitalgesellschaft erfordert dies nach wohl allgemeiner Auffassung eine Unterzeichnung durch **sämtliche gesetzlichen Vertreter** (dh alle Mitglieder des Vorstands/Geschäftsführer).[180] Ob einzelne der gesetzlichen Vertreter im Rahmen der organinternen Entscheidung über die Aufstellung des Jahresabschlusses für oder gegen den schließlich wirksam festgestellten Jahresabschluss gestimmt haben, spielt – sofern nicht der Vorwurf eines ordnungswidrigen oder gar strafbaren Fehlers im Raume steht – keine Rolle.[181]

---

[173] IDW RS HFA 6 Rn. 39; *W.Müller,* FS Quack, 1991, 359 (369 f.); MüKoAktG/*Hennrichs/Pöschke* Rn. 100; *Weirich* WPg 1976, 625 (629); sowie ADS Rn. 73 ff.

[174] *W.Müller,* FS Quack, 1991, 359 (371 f.); ADS Rn. 76; MüKoAktG/*Hennrichs/Pöschke* Rn. 101; wohl **aA** *H.-P.Müller,* FS Budde, 431 (440).

[175] *W.Müller,* FS Quack, 1991, 359 (372).

[176] Ebenso MüKoAktG/*Hennrichs/Pöschke* Rn. 101.

[177] *H.-P.-Müller,* FS Budde, 1995, 431 (441), *W.Müller,* FS Quack, 1991, 359 (372) sowie MüKoAktG/*Hennrichs/Pöschke* Rn. 102.

[178] ADS Rn. 76; **aA** (Anfechtbarkeit) MüKoAktG/*Hennrichs/Pöschke* Rn. 101; unklar *W.Müller,* FS Quack, 1991, 359 (372).

[179] Bei Kapitalgesellschaften, deren Wertpapiere iSv § 2 Abs. 1 WpHG an einer inländischen Börse zum Handel im regulierten Markt zugelassen sind, haben die gesetzlichen Verteter gemäß § 264 Abs. 2 S. 3 HGB zusätzlich einen sog. „Bilanzeid" abzugeben (vgl. hierzu BeBiKo/*Winkeljohann/Schellhorn* HGB § 264 Rn. 65 ff.; MüKoBilR/*Graf/Bisle* HGB § 264 Rn. 85 ff.).

[180] MüKo BilR/*Kleindiek* 245 Rn. 12; ADS HGB § 245 Rn. 12; BeBiKo/*Winkeljohann/Schellhorn* HGB § 245 Rn. 2; *Erle* WPg 1987, 637 (638).

[181] Bürgers/Körber/*Schulz* Rn. 10; MüKoAktG/*Hennrichs/Pöschke* § 177 Rn. 52; BeBiKo/*Winkeljohann/ Schellhorn* HGB § 245 Rn. 2.

93 Für eine ordnungsgemäße Unterzeichnung des Jahresabschlusses kommt es nach hM allein auf die **Verhältnisse zum Zeitpunkt der Feststellung** des Jahresabschlusses an.[182] Erforderlich ist mithin, dass sämtliche zu diesem Zeitpunkt im Amt befindlichen gesetzlichen Vertreter – auch wenn sie ihr Amt erst nach Ende des Geschäftsjahres oder gar der Aufstellung aufgenommen haben – ein Exemplar der tatsächlich festgestellten Fassung des Jahresabschlusses unterzeichnen.

94 In der Praxis ist es hingegen – nicht zuletzt aufgrund entsprechender Vorgaben für Wirtschaftsprüfer – üblich, dass die gesetzlichen Vertreter **bereits den aufgestellten Jahresabschluss unterzeichnen.**[183] Dies ist im Ergebnis dann unproblematisch, wenn der aufgestellte Jahresabschluss ohne inhaltliche Änderungen festgestellt wird und sich die personelle Zusammensetzung der gesetzlichen Vertreter zwischen der Aufstellung und der Feststellung des Jahresabschlusses nicht ändert. Andernfalls ist der festgestellte Jahresabschluss nochmals von sämtlichen im Feststellungszeitpunkt amtierenden gesetzlichen Vertretern zu unterzeichnen.[184]

95 **2. Bericht an die Hauptversammlung.** Gemäß § 172 S. 2 hat der Aufsichtsrat in seinem schriftlichen Bericht an die Hauptversammlung auch über die Entscheidung des Vorstands sowie seine eigene **Entscheidung betreffend den Jahresabschluss** zu berichten. Diese Regelung betrifft etwaige Beschlüsse des Vorstands und des Aufsichtsrats, die Feststellung des Jahresabschlusses trotz dessen Billigung durch den Aufsichtsrat der Hauptversammlung zu überlassen (§ 172 S. 1 2.HS).[185] Im Übrigen ist der Aufsichtsrat bereits gemäß § 171 Abs. 2 S. 4 dazu verpflichtet, über die Feststellung des Jahresabschlusses bzw. die Versagung der Billigung zu berichten.

96 **3. Einladung zur ordentlichen Hauptversammlung.** In den ersten acht Monaten des auf den Jahresabschlussstichtag folgenden Geschäftsjahres hat gemäß § 175 Abs. 1 S. 2 die ordentliche Hauptversammlung der Aktiengesellschaft stattzufinden. Diese ist gemäß § 175 Abs. 1 S. 1 vom Vorstand – unter Berücksichtigung der gesetzlichen Frist- und Formvorschriften (vgl. §§ 121 ff.) – **unverzüglich einzuberufen,** sobald der Aufsichtsrat ihm den schriftlichen Bericht iSv § 171 Abs. 2 gemäß § 171 Abs. 3 S. 1 zugeleitet hat. Parallel hierzu sind gemäß § 175 Abs. 2 der Jahresabschluss, der schriftliche Bericht des Aufsichtsrats, der Gewinnverwendungsvorschlag sowie ggf. der Lagebericht, ein vom Aufsichtsrat gebilligter Einzelabschluss iSv § 325 Abs. 2a HGB, der Konzernabschluss und der Konzernlagebericht ab der Einberufung in den Geschäftsräumen der Gesellschaft zur Einsicht der Aktionäre auszulegen sowie diesen auf Verlangen in Abschrift zu überlassen, sofern diese Dokumente während dieses Zeitraums nicht über die Internetseite der Gesellschaft zugänglich sind.

97 **4. Offenlegung.** Die gesetzlichen Vertreter haben den Jahresabschluss gemäß § 325 Abs. 1 S. 1 und 2 HGB unverzüglich nach der Vorlage an die Gesellschafter, spätestens jedoch 12 Monate nach Ende des Geschäftsjahres, zusammen mit dem Bestätigungsvermerk des Abschlussprüfers oder dem Vermerk über dessen Versagung zwecks Offenlegung beim **Betreiber des elektronischen Bundesanzeigers** einzureichen. Entsprechendes gilt gemäß § 325 Abs. 1 S. 3 HGB auch für den Gewinnverwendungsvorschlag iSv § 170 Abs. 2, den schriftlichen Bericht des Aufsichtsrats an die Hauptversammlung (vgl. § 171 Abs. 2) sowie ggf. auch für den Lagebericht und die Erklärung zum Deutschen Corporate Governance Kodex (vgl. § 161). Des Weiteren müssen die gesetzlichen Vertreter die genannten

---

[182] BGH GmbHR 1985, 256 (258); OLG Stuttgart DB 2009, 1521 (1522); ADS HGB § 245 Rn. 8; BeBiKo/*Winkeljohann*/*Schellhorn* HGB § 245 Rn. 3; MüKoAktG/*Hennrichs*/*Pöschke* Rn. 51; **aA** *Kütting*/*Kaiser* WPg 2000, 577 (585 f.); *Weiß* WM 2010, 1010 (1011 ff.) sowie *Erle* WPg 1987, 637 (643).

[183] Vgl. ADS HGB § 245 Rn. 8; *Erle* WPg 1987, 637 (639 und 641); eine (zusätzliche) Unterzeichnung bereits des (nur) aufgestellten Jahresabschlusses erscheint insoweit empfehlenswert – vgl. MüKoAktG/*Hennrichs*/*Pöschke* Rn. 51.

[184] *Erle* WPG 1987, 637 (643).

[185] K. Schmidt/Lutter/*Drygala* Rn. 21; Bürgers/Körber/*Schulz* Rn. 11; Kölner Komm AktG/*Ekkenga* Rn. 30.

Unterlagen gemäß § 325 Abs. 2 HGB unverzüglich nach der Einreichung im elektronischen Bundesanzeiger öffentlich bekannt machen lassen.[186]

98 Im Falle einer **nachträglichen Änderung** des Jahresabschlusses ist dieser erneut beim Betreiber des elektronischen Bundesanzeigers einzureichen und im Bundesanzeiger öffentlich bekannt machen zu lassen.[187]

V. „Billigung" des Konzernabschlusses

99 **1. Bedeutung des Konzernabschlusses.** Aus rechtlicher Sicht bleibt ein Konzernabschluss in seiner Bedeutung deutlich hinter dem Einzelabschluss zurück. Zum einen kann die Gesellschaft auf Basis ihres Konzernabschlusses **keine Kapitalmaßnahmen oder Gewinnausschüttungen** an ihre Aktionäre vornehmen. Zum anderen ist für die Anwendung der Kapitalerhaltungsregeln allein auf den Jahresabschluss der Gesellschaft abzustellen. Vor diesem Hintergrund ist ein Konzernabschluss bei Vorliegen der entsprechenden Voraussetzungen stets zusätzlich zu dem in jedem Falle erforderlichen Jahresabschluss aufzustellen.[188]

100 In der Praxis kommt dem Konzernabschluss gleichwohl eine sehr hohe Bedeutung zu. Insbesondere bei kapitalmarktorientierten Gesellschaften ist der Konzernabschluss ein **sehr bedeutsames Informationsmittel**, welchem die internationalen Marktteilnehmer häufig eine größere Bedeutung beimessen als dem Jahresabschluss.[189] Dementsprechend darf die tatsächliche Bedeutung des Konzernabschlusses insbesondere für die Außendarstellung der Gesellschaft nicht unterschätzt werden.

101 **2. „Billigung" statt „Feststellung".** Anders als für den Jahresabschluss sieht das AktG für den Konzernabschluss keine Feststellung vor.[190] Aus § 173 Abs. 1 S. 2 ergibt sich insoweit, dass der Aufsichtsrat (oder ggf. die Hauptversammlung) lediglich über die Billigung des Konzernabschlusses entscheidet (vgl. insoweit auch § 171 Abs. 2 S. 4 aE für den Jahresabschluss). Die in § 172 S. 1 und § 173 Abs. 1 S. 1 vorgesehene Differenzierung zwischen der Billigung und der Feststellung des Jahresabschlusses kennt das AktG für den Konzernabschluss nicht.[191]

102 **3. Rechtsfolgen von Mängeln des „gebilligten" Konzernabschlusses (bzw. seiner „Billigung").** Da das geltende Aktienrecht die Feststellung von Konzernabschlüssen nicht vorsieht, sind §§ 256, 257 nach ganz hM weder unmittelbar noch analog auf Konzernabschlüsse anwendbar.[192] Es bleibt mithin im Grundsatz bei den allgemeinen Regeln für die **Rechtsfolgen fehlerhafter Aufsichtsrats- bzw. Hauptversammlungsbeschlüsse.** Demnach könnte ein fehlerhafter Konzernabschluss im Falle einer Billigung durch den Aufsichtsrat grundsätzlich nichtig und im Falle einer Billigung durch die Hauptversammlung grundsätzlich anfechtbar sein.[193]

103 Da die Billigung des Konzernabschlusses durch den Aufsichtsrat bzw. die Hauptversammlung jedoch **keine unmittelbaren rechtlichen Folgen** hat, geht die wohl hM davon aus,

---

[186] BeBiKo/*Grottel* HGB § 325 Rn. 31.
[187] IDW RS HFA 6 Rn. 32; ADS Rn. 70, Spindler/Stilz/*Euler* Rn. 25 und 37, sowie MüKoAktG/*Hennrichs/Pöschke* § 177 Rn. 99.
[188] § 264 Abs. 3 HGB sieht hinsichtlich der Aufstellung des Jahresabschlusses und des Lageberichts gewisse Erleichterungen vor, wenn die Gesellschaft in den Konzernabschluss eines Mutterunternehmens mit Sitz in der EU oder im EWR einbezogen ist und weitere Voraussetzungen vorliegen. Die Verpflichtung zur Aufstellung eines Jahresabschlusses iSv § 242 Abs. 1 und Abs. 3 HGB wird hiervon jedoch in keinem Fall berührt.
[189] MüKoAktG/*Hennrichs/Pöschke* § 177 Rn. 105.
[190] K. Schmidt/Lutter/*Drygala* Rn. 3.
[191] MüKoAktG/*Hennrichs/Pöschke* § 177 Rn. 103 f.; Kölner Komm AktG/*Ekkenga* § 173 Rn. 24.
[192] IDW RS HFA 6 Rn. 37; BGH AG 2008, 325; OLG Frankfurt AG 2007, 282; Hüffer/*Koch* § 256 Rn. 3; Spindler/Stilz/*Rölike* Rn. 1; ADS § 256 Rn. 1; MüKoAktG/*Hennrichs/Pöschke* § 177 Rn. 104; **aA** MüKoAktG/*Kropff*, 2. Aufl., 2008, § 173 Rn. 87 sowie Kölner Komm AktG/*Ekkenga* § 173 Rn. 27.
[193] Vgl. Hüffer/*Koch* § 173 Rn. 2a; Grigoleit/*Grigoleit/Zellner* § 173 Rn. 12; Spindler/Stilz/*Euler* § 173 Rn. 26.

dass ein aufgestellter Konzernabschluss nicht unwirksam sein kann.[194] Dafür spricht insbesondere, dass der Konzernabschluss in erster Linie Informationszwecken dient, sodass seine Wirksamkeit eher unter tatsächlichen als unter rechtlichen Gesichtspunkten zu beurteilen ist (ein der interessierten Öffentlichkeit bekannter Konzernabschluss informiert auch dann, wenn er inhaltlich schwere Mängel aufweist).[195] Dementsprechend reicht es grds. aus, Mängel eines (gebilligten) Konzernabschlusses im darauffolgenden Konzernabschluss – also in laufender Rechnung – zu korrigieren.[196] Eine rückwirkende Änderung eines fehlerhaften Konzernabschlusses ist zwar zulässig,[197] rechtlich jedoch allenfalls in Ausnahmefälle geboten.[198]

4. Änderungen eines fehlerfreien Konzernabschlusses. Unter welchen Voraussetzungen ein fehlerfreier Konzernabschluss nachträglich geändert werden kann, ist gesetzlich nicht geregelt. Nach wohl ganz hM in der Literatur sollen Änderungen eines **nach den Regeln des HGB aufgestellten Konzernabschlusses** unter den gleichen Voraussetzungen zulässig sein wie Änderungen eines Jahresabschlusses.[199] Es ist mithin im Einzelfall abzuwägen, ob das Interesse der Gesellschaft an der Abänderung des Konzernabschlusses das Interesse interessierter Dritter am Fortbestand des bisherigen Konzernabschlusses überwiegt.[200]

Änderungen eines nach **internationalen Rechnungslegungsstandards** aufgestellten Konzernabschlusses sind nach wohl allgemeiner Auffassung unter den gleichen Voraussetzungen zulässig.[201]

---

[194] OLG Frankfurt AG 2007, 282; ADS § 256 Rn. 1; MüKoAktG/*Hüffer* § 256 Rn. 10; **aA** (für die Nichtigkeit der Beschlüsse von Vorstand und Aufsichtsrat/Hauptversammlung betreffend die Billigung des Konzernabschlusses gilt § 256 entsprechend) MüKoAktG/*Hennrichs/Pöschke* Rn. 113 ff., insbesondere Rn. 115; Kölner Komm AktG/*Ekkenga* § 173 Rn. 27; K. Schmidt/Lutter/*Schwab* § 256 Rn. 3.
[195] Vgl. hierzu Hüffer/*Koch* § 256 Rn. 3; K. Schmidt/Lutter/*Schwab* § 256 Rn. 3.
[196] IDW RS HFA 6 Rn. 43; Hüffer/*Koch* § 256 Rn. 3.
[197] IDW RS HFA 6 Rn. 42.
[198] MüKoAktG/*Hennrichs/Pöschke* § 177 Rn. 115; wohl einschränkend IDW RS HFA 6 Rn. 43 mit Verweis auf Rn. 21.
[199] IDW RS HFA 6 Rn. 41; BeckHdB AG/*Erle/Helm/Berberich* § 10 Rn. 116, Bürgers/Körber/*Schulz* Rn. 16, sowie MüKoAktG/*Kropff*, 2. Aufl. 2008, Rn. 86.
[200] MüKoAktG/*Hennrichs/Pöschke* § 177 Rn. 108.
[201] Vgl. hierzu IDW RS HFA 6 Rn. 45 ff.; MüKoAktG/*Hennrichs/Pöschke* § 177 Rn. 109.

Exkurs 2: Bilanzrecht

Schrifttum: *Alvarez/Wotschofsky,* Stärkung der Corporate Governance durch Einführung einer Review-Pflicht für Quartalsabschlüsse?, KoR 2001, 116; *Alvarez/Wotschofsky,* Zwischenberichterstattung nach Börsenrecht, IAS und US-GAAP, 2. Aufl. 2003 (zit.: Alvarez/Wotschofsky); *Ammedick/Strieder,* Zwischenberichterstattung börsennotierter Gesellschaften, 2002 (zit: Ammedick/Strieder); *Arbeitskreis „Externe und interne Überwachung der Unternehmen" der Schmalenbach-Gesellschaft für Betriebswirtschaft e. V.,* Prüfungsausschüsse in deutschen Aktiengesellschaften, DB 2000, 2281; *Baetge/Brüggemann/Haenelt,* Erweiterte Offenlegungspflichten in der handelsrechtlichen Lageberichterstattung – Übernahmerechtliche Angaben und Erläuterungen nach § 315 Abs. 4 HGB und E-DRS 23, BB 2007, 1887; *Baetge/Kirsch/Thiele,* Konzernbilanzen, 10. Aufl. 2013 (zit.: Baetge/Kirsch/Thiele Konzernbilanzen); *Baetge/Kirsch/Thiele,* Bilanzen, 15. Aufl. 2015 (zit.: Baetge/Kirsch/Thiele); *Baetge/Kirsch/Thiele,* Bilanzrecht: Handelsrecht mit Steuerrecht und den Regelungen des IASB, Bonn 2002 ff. (Loseblattausgabe) (zit.: Baetge/Kirsch/Thiele/Bearbeiter); *Bertram/Brinkmann/Kessler/Müller,* Haufe HGB Bilanz Kommentar, 5. Aufl. 2015 (zit.: Haufe HGB Bilanz Kommentar/Bearbeiter); *Bieg,* Friedrich, Schwebende Geschäfte in der Handels- und Steuerbilanz, 1977 (zit.: Bieg Schwebende Geschäfte); *Buchheim/Knorr,* Der Lagebericht nach DRS 15 und internationale Entwicklungen, WPg 2006, 413; *Budde/Förschle/Winkeljohann,* Sonderbilanzen, 4. Aufl. (zit.: Budde/Förschle/Winkeljohann/Bearbeiter); *Castan u. a.,* Beck'sches Handbuch der Rechnungslegung, HGB und IFRS, 1987 ff. (Loseblattsammlung) (zit.: BeckHdR/Bearbeiter); *Coenenberg/Haller/Schultze,* Jahresabschluss und Jahresabschlussanalyse, 23. Aufl. 2014 (zit.: Coenenberg/Haller/Schultze); *Eisgruber,* Bauten auf fremdem Grund und Boden, DStR 1997, 522; *Federmann,* Bilanzierung nach Handelsrecht, Steuerrecht und IAS/IFRS, 12. Aufl. 2010 (zit.: Federmann); *Fink/Kajüter/Winkeljohann,* Lageberichterstattung, 2013; *Gelhausen,* Aufsichtsrat und Abschlussprüfer – eine Zweckgemeinschaft, BFuP 1999, 390; *Götz,* Rechte und Pflichten des Aufsichtsrats nach dem Transparenz- und Publizitätsgesetz, NZG 2002, 599; *Groh,* Bauten auf fremden Grundstücken: BGH versus BFH?, BB 1996, 1487; *Gross/Möller,* Auf dem Weg zu einem problemorientierten Prüfungsbericht, WPg 2004, 317; *Haller,* Probleme bei der Bilanzierung der Rücklagen und des Bilanzergebnisses einer Aktiengesellschaft nach neuem Bilanzrecht, DB 1987, 645; *Ihrig/Wagner,* Die Reform geht weiter: Das Transparenz- und Publizitätsgesetz kommt, BB 2002, 789; *Kajüter,* Berichterstattung über Chancen und Risiken im Lagebericht, BB 2004, 427; *Kajüter,* Der Lagebericht als Instrument einer kapitalmarktorientierten Rechnungslegung, DB 2004, 197; *Küting,* Die Abgrenzung von vorübergehenden und dauernden Wertminderungen im nicht abnutzbaren Anlagevermögen (§ 253 Abs. 2 S. 3 HGB), DB 2005, 1121; *Küting/Pfitzer/Weber,* Handbuch der Rechnungslegung Einzelabschluss, 5. Aufl. 20. Ergänzungslieferung Mai 2015 (zit.: HdR/Bearbeiter); *Lanfermann/Maul,* EU-Übernahmerichtlinie: Aufstellung und Prüfung des Lagebericht, BB 2004, 1517; *Lange,* Berichterstattung im Lagebericht und Konzernlagebericht nach dem geplanten Bilanzrechtsreformgesetz, ZIP 2004, 981; *Loitz,* DRS 18 – Bilanzierung latenter Steuern nach dem Bilanzrechtsmodernisierungsgesetz, DB 2010, 2177; *Loos,* Steuerliche und handelsrechtliche Einstufung von Aufgeld und Unverzinslichkeit bei Optionsanleihen, BB 1988, 369; *Maul/Muffat-Jeandet,* Die EU-Übernahmerichtlinie – Inhalt und Umsetzung in nationales Recht (Teil II), AG 2004, 306; *Meyer,* Der Regierungsentwurf des Bilanzrechtsreformgesetzes (BilReG): Wichtige Neuerungen in der externen Rechnungslegung, DStR 2004, 971; *Moxter,* Aktivierungspflichtige Herstellungskosten in der Handels- und Steuerbilanz, BB 1988, 937; *Müller/Stute/Withus,* Handbuch Lagebericht, Berlin 2013; *Noack,* Das neue Gesetz über das elektronische Handels- und Unternehmensregister – EHUG, Köln 2007 (zit.: Bearbeiter in Noack EHUG); *Pfleger,* Bilanz-Lifting, 2. Aufl. 2001 (zit.: Pfleger); *Reusch,* Eigenkapital und Eigenkapitalersatz im Rahmen der stillen Gesellschaft, BB 1989, 2358; *Scheffler,* Die Berichterstattung des Abschlussprüfers aus der Sicht des Aufsichtsrats, WPg 2002, 1289; *Seidler,* Eigene Aktien 2004; *Seidler,* Aufdeckung stiller Reserven mittels erbbaurechtlicher Gestaltungen in der handelsbilanzrechtlichen Praxis, BB 2004, 171; *Steinbeck,* Überwachungspflicht und Einwirkungsmöglichkeiten des Aufsichtsrats in der Aktiengesellschaft, 1992 (zit.: Steinbeck); *Westerfelhaus,* Die stille Gesellschaft im Bilanzrecht, DB 1988, 1173; *Winnefeld,* Bilanz-Handbuch, 4. Aufl. 2006 (zit.: Winnefeld); *Wöltje,* Bilanzen, 11. Aufl. 2013 (zit.: Wöltje).

Übersicht

	Rn.
I. Überblick und Zweck des Handelsbilanzrechts	1
II. Ausrichtung des Handelsbilanzrechts	7
1. Rechtsform	7
2. Größe	9
3. Form der Inanspruchnahme des Kapitalmarktes	12
a) Kapitalmarktorientierung	12
b) Börsennotierung	14
c) Emission im Inland	16
III. Der Jahresabschluss als Ergebnis eines Prozesses	17
1. Aufstellung und Vorlage an den Aufsichtsrat	17
a) Aufstellungsumfang	17
b) Aufstellungsfrist	18

	Rn.
c) Aufstellungspflicht	20
d) Unterzeichnungspflicht	21
e) Bilanzeid	25
f) Pflicht zur Vorlage an den Aufsichtsrat	27
2. Prüfung	29
a) Abschlussprüfung	29
b) Aufsichtsrat	37
3. Feststellung	40
a) Feststellung durch Aufsichtsratsbilligung (Regelfall)	40
b) Feststellung durch Hauptversammlungsbeschluss nach Aufsichtsratsbilligung	41
c) Feststellung durch Hauptversammlungsbeschluss ohne Aufsichtsratsbilligung	42
4. Gewinnverwendung	43
5. Offenlegung	49
IV. Aufstellung des Jahresabschlusses	53
1. Grundlagen der Bilanzierung	53
a) Grundsätze ordnungsmäßiger Buchführung	53
b) Auslegung des Handelsbilanzrechts	72
c) Ansatz	76
d) Bewertungsmaßstäbe	91
e) Konzeption der Zugangs- und Folgebewertung	104
2. Die einzelnen Informationsinstrumente der Rechnungslegung	119
a) Bestandteile und Zielsetzung des Jahresabschlusses	119
b) Jahresabschlussbestandteile im Einzelnen	121
c) Lagebericht	208
V. Konzernrechnungslegung	216
VI. Zwischenberichterstattung	222
VII. Bilanzpolitische Maßnahmen	229
VIII. Jahresabschlussanalyse	230

I. Überblick und Zweck des Handelsbilanzrechts

Die Haftung der Aktiengesellschaft für die von ihr eingegangenen Verbindlichkeiten ist 1 auf ihr Gesellschaftsvermögen beschränkt; Gläubiger können sich demgemäß grds. nicht unmittelbar an die Aktionäre halten (sog. Trennungsprinzip). Diese Beschränkung der Haftung erfordert zum einen, dass die Gläubiger Kenntnis über die Vermögens-, Finanz- und Ertragslage der Aktiengesellschaft erlangen (**Gläubigerschutz**). Dem dient das Handelsbilanzrecht, das die Aktiengesellschaft verpflichtet, einen handelsrechtlichen Jahresabschluss aufzustellen, ggfs. durch einen Abschlussprüfer prüfen zu lassen und offenzulegen. Zu anderen schützt das Handelsbilanzrecht die Gläubiger der Aktiengesellschaft vor einer Auskehrung der Vermögenssubstanz an die Aktionäre. Die im Aktiengesetz verankerten Grundsätze der Kapitalaufbringung und der Kapitalerhaltung sind über die **bilanzbasierte Ausschüttungsbemessung** mit dem Handelsbilanzrecht verzahnt. An die Aktionäre ist nur das frei verfügbare Vermögen der Aktiengesellschaft ausschüttbar. Der Begriff des frei verfügbaren Vermögens lässt sich – vereinfachend – definieren als Bilanzaktiva abzüglich der Passivposten Verbindlichkeiten und Rückstellungen sowie der ausschüttungsgesperrten Eigenkapitalbestandteile (gezeichnetes Kapital, ausschüttungsgesperrte Rücklagen sowie ausschüttungsgesperrte Jahresüberschussbestandteile).[1]

Neben dem Schutz der Gläubiger verfolgt das Handelsbilanzrecht den Zweck, die 2 Aktionäre und den Kapitalmarkt in die Lage zu versetzen, zu kontrollieren, wie der Vorstand der Aktiengesellschaft mit dem überlassenen Vermögen gewirtschaftet hat (**Kontrolle und Anlegerschutz durch Rechenschaftslegung und Information**).[2] Hier gewinnt der Grundsatz der Bilanzwahrheit besondere Bedeutung. Dieser Grundsatz fordert ein möglichst getreues Bild der wirtschaftlichen Situation der Aktiengesellschaft. Die Informationsfunk-

---

[1] Ein wesentlicher Grund für die handelsbilanzbasierte Ausschüttungsbemessung ist die Ermittlung des Gewinns für Zwischenperioden – nämlich für Geschäftsjahre – anstelle der Ermittlung über die Totalperiode. Es besteht hier die Gefahr, dass (scheinbare) Gewinne eines Geschäftsjahres an die Aktionäre ausgekehrt werden, obwohl erkennbar ist, dass die künftige Entwicklung der Aktiengesellschaft negativ sein wird.

[2] Der Rechenschaftsgedanke kommt im deutschen Rechtskreis bereits grundlegend in § 666 BGB zum Ausdruck.

tion des handelsrechtlichen Jahresabschlusses – „getreues Bild der wirtschaftlichen Situation" – wird durch § 264 Abs. 2 S. 1 HGB geprägt, wonach der Jahresabschluss unter Beachtung der Grundsätze ordnungsmäßiger Buchführung ein den tatsächlichen Verhältnissen entsprechendes Bild der Vermögens-, Finanz- und Ertragslage zu vermitteln hat.[3]

3   Zudem ist das Handelsbilanzrecht eng mit dem Steuerrecht verknüpft. Für die steuerliche Gewinnermittlung gelten die handelsrechtlichen Grundsätze ordnungsmäßiger Buchführung (§ 5 Abs. 1 S. 1 EStG, § 8 Abs. 1 KStG, § 7 GewStG). Damit bildet das Handelsbilanzrecht die Grundlage des Steuerbilanzrechts (**Grundsatz der Maßgeblichkeit der Handelsbilanz für die Steuerbilanz**).[4]

4   Das Handelsbilanzrecht in seiner gegenwärtigen Fassung beruht ganz wesentlich auf der Vierten Richtlinie 78/660/EWG des Rates vom 25. Juli 1978 (Bilanzrichtlinie), dem Kernstück der europäischen Harmonisierung der Rechnungslegung.[5] Neben die Bilanzrichtlinie treten als branchenspezifische **europäische Vorgaben zur Rechnungslegung** die Richtlinie 86/635/EWG des Rates vom 8. Dezember 1986 (Bankbilanzrichtlinie)[6] und die Richtlinie 91/674/EWG des Rates vom 19. Dezember 1991 (Versicherungsbilanzrichtlinie)[7]. Das Konzernhandelsbilanzrecht findet seine Grundlage in der Siebenten Richtlinie 83/349/EWG des Rates vom 13. Juni 1983 (Konzernbilanzrichtlinie)[8]. Besagte Richtlinien und folglich auch das Handelsbilanzrecht sind zwischenzeitlich mehrfach geändert oder angepasst worden. Besondere Bedeutung kommt dabei der Richtlinie 90/605/EWG des Rates vom 8. November 1990 (GmbH & Co. KG Richtlinie)[9], der Richtlinie 90/604/EWG des Rates vom 8. November 1990 (Mittelstandsrichtlinie)[10], der Richtlinie 2001/65/EG des Europäischen Parlaments und des Rates vom 27. September 2001 (Fair Value Richtlinie)[11], der Richtlinie 2006/43/EG des Europäischen Parlaments und des Rates vom 17. Mai 2006 (Abänderungsrichtlinie)[12], der Richtlinie 2006/46/EG des Europäischen Parlaments und des Rates vom 14. Juni 2006 (Abschlussprüferrichtlinie)[13], der Richtlinie 2013/34/EU des Europäischen Parlaments und des Rates vom 26. Juni 2013 (Bilanzrichtlinie)[14] sowie die Verordnung (EU) Nr. 537/2014 des Europäischen Parlaments und des Rates vom 16. April 2014.[15]

5   Sämtliche erwähnten Richtlinien stützen sich auf Art. 44 Abs. 2 lit. g des EG-Vertrags (vormals Art. 54 Abs. 3 lit. g des EWG-Vertrags), der die Harmonisierung der Schutzbestimmungen der Mitgliedsstaaten im Interesse der Gesellschaften und Dritter, insbesondere der Gläubiger, zum Ziel hat. Die angestrebte **Harmonisierung** bedeutet indes nicht Rechtsvereinheitlichung. Vielmehr soll lediglich ein in den wesentlichen Punkten angeglichenes nationales Recht erreicht werden. Der Kompromisscharakter der für das Bilanzrecht maßgebenden Richtlinien kommt dadurch zum Ausdruck, dass in den Richtlinien eine Vielzahl unterschiedlich ausgestalteter Wahlrechte statuiert wird.

6   Mit dem Bilanzrichtlinien-Gesetz wurden die Rechnungslegungsvorschriften für alle Rechtsformen – also auch für die Aktiengesellschaft – im Dritten Buch des HGB (§§ 238–342e HGB) zusammengefasst. Die §§ 238–263 HGB, die den ersten Abschnitt des Dritten

---

[3] Die Generalnorm soll verhindern, dass die gegebenen Darstellungsmittel trotz Beachtung der Einzelnormen derart genutzt werden, dass sie im Zeitablauf Entwicklungstendenzen verbergen oder sogar umkehren, so auch *ADS* HGB § 264 Rn. 99 und 59 mwN; BeBiKo/*Winkeljohann/Schellhorn* HGB § 264 Rn. 41. Eingehend zum Grundsatz des getreuen Bildes bspw. MüKoHGB/*Reiner* HGB § 264 Rn. 23 ff.
[4] In der Praxis dominiert regelmäßig der Gedanke der steuerlichen Optimierung das Handeln.
[5] ABl. EG Nr. L 222, 11 ff.
[6] ABl. EG Nr. L 372, 1 ff.
[7] ABl. EG Nr. L 374, 7 ff.
[8] ABl. EG Nr. L 193, 1 ff.
[9] ABl. EG Nr. L 317, 60 ff.
[10] ABl. EG Nr. L 317, 57 ff.
[11] ABl. EG Nr. L 283, 28 ff.
[12] ABl. EU Nr. L 224, 1 ff.
[13] ABl. EU Nr. L 157, 87 ff.
[14] ABl. EU Nr. L 182, 19 ff.
[15] ABl. EU Nr. L 158, 77 ff.

Buchs bilden, enthalten die Vorschriften für alle Kaufleute, während der zweite Abschnitt (§§ 264–335b HGB) die ergänzenden Vorschriften für Kapitalgesellschaften (Aktiengesellschaften, Kommanditgesellschaften auf Aktien und Gesellschaften mit beschränkter Haftung) sowie bestimmte Personenhandelsgesellschaften, bei denen nicht mindestens ein Vollhafter unmittelbar oder mittelbar eine natürliche Person ist, umfasst. Der dritte Abschnitt (§§ 336–339 HGB) widmet sich den ergänzenden Vorschriften für eingetragene Genossenschaften, der vierte Abschnitt (§§ 340–340o und §§ 341–341p HGB) den ergänzenden Vorschriften für Unternehmen bestimmter Geschäftszweige (Kreditinstitute und Finanzdienstleistungsinstitute bzw. Versicherungsunternehmen und Pensionsfonds). Der fünfte Abschnitt (§§ 342, 342a HGB) enthält keine unmittelbar rechnungslegungsbezogenen Normen, sondern die Rechtsgrundlagen für ein „Privates Rechnungslegungsgremium" bzw. einen „Rechnungslegungsbeirat". Der sechste Abschnitt (§§ 342b–342e HGB) enthält die Rechtsgrundlagen für eine Prüfstelle für Rechnungslegung zur Prüfung von Verstößen gegen Rechnungslegungsvorschriften (Enforcement).

II. Ausrichtung des Handelsbilanzrechts

1. Rechtsform. Ein spezifisches Bilanzrecht für Aktiengesellschaften besteht nicht. Die §§ 238–263 HGB gelten für alle Kaufleute und damit auch für Aktiengesellschaften, die als Formkaufleute zu klassifizieren sind (§ 3 Abs. 1 iVm § 6 Abs. 1 HGB). Die §§ 264–335b HGB enthalten ergänzende Vorschriften für Kapitalgesellschaften. Jede Aktiengesellschaft hat neben den §§ 238–263 HGB also auch die §§ 264–335b HGB zu berücksichtigen. Soweit sich die Aktiengesellschaft als Kreditinstitut, Finanzdienstleistungsinstitut oder Versicherungsunternehmen betätigt, sind die branchenspezifischen Vorschriften zu beachten, die in den §§ 340–340o HGB (ergänzende Vorschriften für Kreditinstitute und Finanzdienstleistungsinstitute) oder den §§ 341–341p HGB (ergänzende Vorschriften für Versicherungsunternehmen und Pensionsfonds) niedergelegt sind. Speziell für Aktiengesellschaften sind zudem § 58 (Verwendung des Jahresüberschusses), § 150 (Gesetzliche Rücklage, Kapitalrücklage), § 152 (Vorschriften zur Bilanz), § 158 (Vorschriften zur Gewinn- und Verlustrechnung), § 160 (Vorschriften zum Anhang) und § 161 (Erklärung zum Deutschen Corporate Governance Kodex) des Aktiengesetzes zu beachten.[16]

Über den Zeitraum von der Gründung bis zur Vollbeendigung einer Aktiengesellschaft durch Austragung aus dem Handelsregister treten neben die laufende (externe) Rechnungslegung der Aktiengesellschaft bei bestimmten Vorgängen besondere Bilanzen (Sonderbilanzen), die nicht Gegenstand der nachfolgenden Ausführungen sind.[17] Zu nennen sind hier bspw. die Eröffnungsbilanz bei Gründung der Aktiengesellschaft (§ 242 Abs. 1 S. 1 Alt. 1, S. 2 HGB), die Sonderbilanz bei einer Kapitalerhöhung aus Gesellschaftsmitteln (§ 209 Abs. 2), die Verschmelzungsschlussbilanz (§ 17 Abs. 2 UmwG), die Verlustanzeigebilanz (§ 92 Abs. 1) oder die Liquidationseröffnungs- und die Liquidationsschlussbilanz (§ 270).

2. Größe. Das Handelsbilanzrecht wird – bezogen auf den Jahresabschluss und Lagebericht von Kapitalgesellschaften – in Abhängigkeit von dem Erreichen bestimmter **Größenklassen** von Erleichterungen durchzogen, die sich auf den Aufstellungs- und den Offenlegungsumfang beziehen (sog. größenabhängige Erleichterungen). Die Größenklassen werden in den §§ 267, 267a HGB definiert.

Nach Maßgabe des § 267 HGB ist die Inanspruchnahme größenabhängiger Erleichterungen davon abhängig, ob die betreffende Aktiengesellschaft klein, mittelgroß oder groß ist. Die Einstufung in die Größenklassen bestimmt sich anhand der Bilanzsumme und der Umsatzerlöse der letzten zwölf Monate sowie der Anzahl der Arbeitnehmer im Jahresdurch-

---

[16] Die aktienrechtlichen Vorschriften werden im Folgenden im Zusammenhang mit den handelsrechtlichen Vorschriften erläutert.
[17] Hierzu im Einzelnen *Budde/Försche/Deubert* Sonderbilanzen, 5. Aufl. 2015, Kap. P bis T.

schnitt.¹⁸ **Größenabhängige Erleichterungen** sieht das Gesetz für die Bilanz (§§ 266 Abs. 1 S. 2–4, 274a Nr. 5 HGB), die Gewinn- und Verlustrechnung (§§ 276, 277 Abs. 4 S. 2 und 3 HGB), den Anhang (§§ 274a Nr. 1–4, 288 HGB), den Lagebericht (§§ 264 Abs. 1 Sätze 1, 3, 289 Abs. 3 HGB), und die Offenlegungserfordernisse (§§ 326, 327 HGB) vor.

11   § 267a HGB eröffnet kleinen Kapitalgesellschaften, die die (ergänzenden) Größenklassen des § 267a Abs. 1 Nr. 1–3 HGB nicht überschreiten – sog. **Kleinstkapitalgesellschaften** – weitere größenabhängige Erleichterungen. Diese größenabhängigen Erleichterungen betreffen im Wesentlichen die Bilanz (§ 266 Abs. 1 S. 4 HGB), die Gewinn- und Verlustrechnung (§ 275 Abs. 5 HGB, § 158 Abs. 3), den Anhang (§ 264 Abs. 1 S. 5 HGB) und die Offenlegungserfordernisse (§ 326 Abs. 2 HGB).¹⁹

12   **3. Form der Inanspruchnahme des Kapitalmarktes. a) Kapitalmarktorientierung.** Das Handelsbilanzrecht differenziert über die Größenklassen des § 267 HGB hinaus danach, ob eine Kapitalgesellschaft kapitalmarktorientiert ist. Eine Kapitalgesellschaft ist gemäß § 264d HGB kapitalmarktorientiert, wenn sie einen organisierten Markt im Sinn des § 2 Abs. 5 WpHG durch von ihr ausgegebene Wertpapiere im Sinn des § 2 Abs. 1 S. 1 WpHG in Anspruch nimmt oder die Zulassung solcher Wertpapier zum Handel an einem **organisierten Markt** beantragt hat. Folglich sind Aktiengesellschaften, deren Aktien oder Schuldtitel (Genussscheine, Inhaberschuldverschreibungen, Orderschuldverschreibungen etc.) an organisierten Märkten gehandelt werden – an den deutschen Wertpapierbörsen erfüllt dieses Kriterium zB der regulierte Markt in Frankfurt am Main (General Standard, Prime Standard), nicht hingegen der Freiverkehr (Entry Standard) – als kapitalmarktorientiert einzustufen.²⁰ An die Kapitalmarktorientierung knüpfen im Wesentlichen die folgenden Rechtsfolgen an:

13   Ist eine Aktiengesellschaft als kapitalmarktorientiert einzustufen, gilt sie gemäß § 267 Abs. 3 S. 2 HGB stets (unwiderlegbar) als groß und kann daher größenabhängige Erleichterungen nicht in Anspruch nehmen. Zudem haben **kapitalmarktorientierte Aktiengesellschaften,** die nicht zur Aufstellung eines Konzernabschlusses verpflichtet sind, den Jahresabschluss nach § 264 Abs. 1 S. 2 HGB verpflichtend um eine Kapitalflussrechnung und einen Eigenkapitalspiegel zu erweitern; die Erweiterung um eine Segmentberichterstellung kann auf freiwilliger Basis erfolgen. In ihrem Lagebericht muss die kapitalmarktorientierte Aktiengesellschaft nach § 289 Abs. 5 HGB die wesentlichen Merkmale des internen Kontroll- und Risikomanagementsystems im Hinblick auf den Rechnungslegungsprozess beschreiben. Bezogen auf die Durchführung der Abschlussprüfung muss der Abschlussprüfer einer kapitalmarktorientierten Aktiengesellschaft auch die Ausschlussgründe des § 319a HGB beachten. Weiter trifft die kapitalmarktorientierte Aktiengesellschaft die verkürzte Offenlegungsfrist von vier Monaten nach § 325 Abs. 4 HGB.²¹

14   **b) Börsennotierung.** Neben dem Begriff der Kapitalmarktorientierung verwendet das Handelsbilanzrecht an verschiedenen Stellen auch die Begriffe der **börsennotierten Aktiengesellschaft** oder der börsennotierten Kapitalgesellschaft. Der Begriff der börsennotierten Aktiengesellschaft ist in § 3 Abs. 2 geregelt. Beide Begriffe erfassen nur den Handel am organisierten Markt, mithin nicht den Freiverkehr. Der wesentliche Unterschied zwischen einer kapitalmarktorientierten und einer börsennotierten Aktiengesellschaft besteht darin, dass eine kapitalmarktorientierte Aktiengesellschaft auch *nur* Schuldtitel an einem organi-

---

¹⁸ Einzelheiten dazu finden sich bspw. bei *ADS* HGB § 267 Rn. 12, 15; BeBiKo/*Winkeljohann/Lawall* HGB § 267 Rn. 6 ff.; MüKoHGB/*Reiner* HGB § 267 Rn. 7 und 8; MüKoBilR/*Suchan* HGB § 267 Rn. 8 ff.; WP-HdB/*Gelhausen* Bd. 1 Kap. F Rn. 71 ff.
¹⁹ *ADS* HGB § 267 Rn. 28 ff.; BeBiKo/*Winkeljohann/Lawall* HGB § 267 Rn. 1; MüKoBilR/*Suchan* HGB § 267 Rn. 3; WP-HdB/*Gelhausen* Bd. 1 Kap. F Rn. 77.
²⁰ MüKoBilR/*Suchan* HGB § 264d Rn. 19; BeBiKo/*Förschle/Hoffmann* HGB § 264d Rn. 2; MüKoHGB/ *Reiner* HGB § 264d Rn. 3; HdR/*Ellerich* HGB § 264d Rn. 7.
²¹ Zu den zu beachtenden Vorschriften detailliert BeBiKo/*Förschle/Hoffmann* HGB § 264d Rn. 4; HdR/ *Ellerich* HGB § 264d Rn. 3–5.

sierten Markt im Sinn des § 2 Abs. 5 WpHG handeln kann. Demgegenüber kann nicht vom Vorliegen einer kapitalmarktorientierten Aktiengesellschaft ausgegangen werden, wenn diese ihre Aktien nur an einem organisierten Markt in einem Drittstaat außerhalb des EU-/EWR-Raumes handelt. Besagte Aktiengesellschaft ist bei Vorliegen der Tatbestandsvoraussetzungen des § 3 Abs. 2 aber gleichwohl börsennotiert.[22]

Börsennotierte Aktiengesellschaften müssen im Anhang individualisierte Angaben zu den Vorstandsbezügen machen (§ 285 Nr. 9 HGB). Sie müssen zudem angeben, dass die nach § 161 vorgeschriebene Erklärung abgegeben und wo sie öffentlich zugänglich gemacht worden ist (§ 285 Nr. 16 HGB). Im Lagebericht haben sie die Grundzüge des Vergütungssystems für Vorstände darzustellen (§ 289 Abs. 2 Nr. 5 HGB) und nach § 289a HGB eine Erklärung zur Unternehmensführung abzugeben. Der Abschlussprüfer hat seine Prüfung bei börsennotierten Aktiengesellschaften auf das Risikofrüherkennungssystem zu erstrecken (§ 317 Abs. 4 HGB iVm § 91 Abs. 2). Börsennotierte Aktiengesellschaften sind zudem verpflichtet, im Anhang ergänzende Angaben zu Aufsichtsratsmandaten von Organmitgliedern zu machen (§ 285 Nr. 10 HGB). Darüber hinaus bestehen **zusätzliche Angabepflichten** bei Beteiligungen (§ 285 Nr. 11 HGB). 15

c) **Emission im Inland.** Bezogen auf die Verpflichtung zur Abgabe des Bilanzeides stellt § 264 Abs. 2 S. 3 HGB darauf ab, ob die betreffende Aktiengesellschaft **Inlandsemittent** im Sinn des § 2 Abs. 7 WpHG und keine Kapitalgesellschaft im Sinn des § 327a HGB – also Kapitalgesellschaften, die Schuldverschreibungen mit einer Mindeststückelung von € 50.000 an einem organisierten Markt emittiert haben – ist.[23] Damit trifft die Verpflichtung zur Abgabe des Bilanzeides nur die (sämtliche) Vorstände solcher im Anwendungsbereich des Handelsbilanzrechts rechnungslegungspflichtiger kapitalmarktorientierten Aktiengesellschaften, deren Wertpapiere im Sinn des § 2 Abs. 1 S. 1 WpHG zumindest auch im Inland an einem organisierten Markt gehandelt werden.[24] 16

III. Der Jahresabschluss als Ergebnis eines Prozesses

1. Aufstellung und Vorlage an den Aufsichtsrat. a) Aufstellungsumfang. Nach Maßgabe des § 242 Abs. 1 S. 1 HGB hat der Kaufmann – mithin auch die Aktiengesellschaft als Formkaufmann (§ 3 Abs. 1 iVm § 6 Abs. 1 HGB) – für den Schluss eines jeden Geschäftsjahres einen das Verhältnis seines Vermögens und seiner Schulden darstellenden Abschluss (Bilanz) aufzustellen. Darüber hinaus hat er nach § 242 Abs. 2 HGB für den Schluss eines jeden Geschäftsjahres eine Gegenüberstellung der Aufwendungen und Erträge des Geschäftsjahres (Gewinn- und Verlustrechnung) aufzustellen. Die Bilanz und die Gewinn- und Verlustrechnung bilden den Jahresabschluss (§ 242 Abs. 3 HGB). Zu beachten ist, dass § 264 HGB an die Aktiengesellschaft zusätzliche Anforderungen stellt. § 264 Abs. 1 S. 1 HGB verpflichtet dazu, den Jahresabschluss um einen Anhang zu erweitern, der mit der Bilanz und der Gewinn- und Verlustrechnung eine Einheit bildet. Folglich setzt sich der **Jahresabschluss einer Aktiengesellschaft** aus der Bilanz, der Gewinn- und Verlustrechnung und dem Anhang zusammen.[25] Der Lagebericht ist dagegen nicht Teil des Jahres- 17

---

[22] Zur Abgrenzung der Kapitalmarktorientierung im Sinn des § 264d HGB von der Börsennotierung gemäß § 3 Abs. 2 AktG auch MüKoHGB/*Reiner* HGB § 264d Rn. 5; BeBiKo/*Förschle/Hoffmann* HGB § 264d Rn. 6; Haufe HGB Bilanz Kommentar/*Weller* § 264d Rn. 4.
[23] Kapitalgesellschaften im Sinn des § 327a HGB sind Gesellschaften, die ausschließlich zum Handel an einem organisierten Markt zugelassene Schuldtitel im Sinn des § 2 Abs. 1 S. 1 Nr. 3 WpHG mit einer Mindeststückelung von 50.000 Euro oder einem am Ausgabebetrag entsprechenden Gegenwert in einer anderen Währung begeben haben.
[24] Näheres zur Bestimmung des Begriffs der Inlandsemission bzw. des Inlandsemittenten findet sich bei MüKoHGB/*Reiner* HGB § 264d Rn. 4; BeBiKo/*Förschle/Hoffmann* HGB § 264d Rn. 8.
[25] Eine kapitalmarktorientierte Aktiengesellschaft, die nicht zur Aufstellung eines Konzernabschlusses verpflichtet ist, hat den Jahresabschluss um eine Kapitalflussrechnung und einen Eigenkapitalspiegel zu erweitern, die mit der Bilanz, der Gewinn- und Verlustrechnung und dem Anhang eine Einheit bilden; sie kann den Jahresabschluss um eine Segmentberichterstattung erweitern (§ 264 Abs. 1 S. 2 HGB).

abschlusses.[26] Die Verpflichtung zur Aufstellung eines Lageberichtes trifft nach den §§ 264 Abs. 1 S. 1 und 4, 267 Abs. 1 HGB nur große und mittelgroße Aktiengesellschaften.[27]

18 b) **Aufstellungsfrist.** Der Jahresabschluss und der Lagebericht sind von den gesetzlichen Vertretern großer und mittelgroßer Aktiengesellschaften (§ 267 HGB) **in den ersten drei Monaten des Geschäftsjahres für das vergangene Geschäftsjahr aufzustellen** (§ 264 Abs. 1 S. 3 HGB). Die Aufstellungsfrist des § 264 Abs. 1 HGB ist zwingend und kann nicht durch Satzung, Gesellschaftsvertrag oder Gesellschafterbeschluss verlängert werden.[28] Kleine Aktiengesellschaften dürfen den Jahresabschluss auch später aufstellen, wenn dies einem ordnungsgemäßen Geschäftsgang entspricht, jedoch mindestens innerhalb der ersten sechs Monate des Geschäftsjahres für das vergangene Geschäftsjahr (§ 264 Abs. 1 S. 4 Hs. 2 HGB).

19 Zwar knüpfen keine unmittelbaren Rechtsfolgen an eine Überschreitung der Aufstellungsfristen an, die für sich genommen gleichwohl einen Verstoß gegen gesetzliche Vorschriften im Sinn des § 321 Abs. 1 S. 3 HGB mit entsprechender Berichtspflicht im Prüfungsbericht darstellt, das Bundesamt für Justiz verhängt aber – soweit mit der verspäteten Aufstellung auch eine **verspätete Offenlegung** des Jahresabschlusses einhergeht – Ordnungsgelder. Das Ordnungsgeldverfahren kann sowohl gegen die gesetzlichen Vertreter als auch gegen die Gesellschaft geführt werden.

20 c) **Aufstellungspflicht.** Die Aufstellungspflicht trifft nach § 264 Abs. 1 S. 1 HGB die gesetzlichen Vertreter der Aktiengesellschaft. Dies sind die Vorstandsmitglieder (§ 78 Abs. 1), im Liquidationsstadium die Liquidatoren (§§ 269, 270) und im Fall der Insolvenz der Insolvenzverwalter (§ 155 InsO).[29] Nach dem Wortlaut des § 264 Abs. 1 S. 1 HGB hat die Aufstellung des Jahresabschlusses und des Lageberichts durch die gesetzlichen Vertreter zu erfolgen. Somit sind **sämtliche Vorstandsmitglieder** der Aktiengesellschaft zur Aufstellung verpflichtet. Gleichwohl kann die Aufstellung im Innenverhältnis einem oder mehreren Vorstandsmitgliedern, Angestellten oder externen Dienstleistern übertragen werden, was den Vorstand insgesamt aber nicht von seiner Verantwortung befreit.[30]

21 d) **Unterzeichnungspflicht.** § 245 S. 1 HGB verpflichtet den **Kaufmann,** den Jahresabschluss unter Angabe des Datums zu unterzeichnen. Fehlt die erforderliche Unterzeichnung des Jahresabschlusses, so liegt der Ordnungswidrigkeitstatbestand des § 334 Abs. 1 Nr. 1 Buchstabe a HGB vor. Sofern ansonsten keine Beanstandungen anzubringen sind, ergeben sich keine weiteren unmittelbaren Rechtsfolgen.[31] Insbesondere führt die fehlende Unterzeichnung des Jahresabschlusses nicht zur Nichtigkeit.[32]

22 Die Unterzeichnung hat bei der Aktiengesellschaft durch **alle Mitglieder des Vorstands** – inklusive der stellvertretenden Vorstandsmitglieder (§ 94) – zu erfolgen.[33] Dies ergibt sich daraus, dass die Buchführungs- und Rechnungslegungspflicht allen Vorstandsmitgliedern

---

[26] *ADS* HGB § 264 Rn. 18; BeBiKo/*Winkeljohann/Schellhorn* HGB § 264 Rn. 10; Haufe HGB Bilanz Kommentar/*Müller* § 264 Rn. 28.

[27] Da eine kapitalmarktorientierte Aktiengesellschaft nach Maßgabe der §§ 267 Abs. 3 S. 2, 264d HGB jedoch als groß gilt, ist sie immer zur Aufstellung eines Lageberichtes verpflichtet.

[28] So auch BeBiKo/*Winkeljohann/Schellhorn* HGB § 264 Rn. 17. Ob eine Fristverkürzung zulässig ist, ist umstritten. Zum Streitstand ADS HGB § 264 Rn. 33 mwN einerseits und BeBiKo/*Winkeljohann/Schellhorn* HGB § 264 Rn. 17 mwN andererseits.

[29] Zwar sind die Vorstandsmitglieder einer Aktiengesellschaft deren organschaftliche und nicht deren gesetzliche Vertreter, jedoch kommt ihnen nach § 26 Abs. 2 S. 1 BGB die Stellung gesetzlicher Vertreter zu, so dass der Unterschied zwischen gesetzlicher und organschaftlicher Vertretung hier vernachlässigt werden kann; zur Diskussion nur Hüffer/*Koch* AktG § 78 Rn. 3.

[30] § 91 AktG stellt in diesem Zusammenhang die Gesamtverantwortung des Vorstandes klar. Werden Aufstellung oder Buchführung auf ein einzelnes Vorstandsmitglied oder einen externen Dienstleister übertragen, trifft die übrigen Vorstandsmitglieder eine Überwachungsverpflichtung.

[31] *ADS* HGB § 245 Rn. 16; MüKoHGB/*Ballwieser* HGB § 245 Rn. 6; BeBiKo/*Winkeljohann/Schellhorn* HGB § 245 Rn. 6.

[32] OLG Karlsruhe WM 1987, 536; OLG Frankfurt am Main BB 1989, 395.

[33] MüKoHGB/*Ballwieser* HGB § 245 Rn. 8; *ADS* HGB § 245 Rn. 12.

(§ 91) einer Aktiengesellschaft zur Gesamtverantwortung zugewiesen ist.³⁴ Bei der Liquidation einer Aktiengesellschaft unterzeichnen die Liquidatoren, in der Insolvenz der Insolvenzverwalter.³⁵ Eine Vertretung bei der Unterzeichnung kommt nicht in Frage, da die Unterzeichnung eine höchstpersönliche Pflicht ist.³⁶

Umstritten ist bei Aktiengesellschaften der **Zeitpunkt der Unterzeichnung** des Jahresabschlusses. Dies resultiert daraus, dass sowohl eine Unterzeichnung des aufgestellten als auch des festgestellten Jahresabschlusses möglich wäre.³⁷ Maßgebend ist in erster Linie, dass der Jahresabschluss in seiner endgültigen Fassung unterschrieben wird, so dass nach ganz überwiegender Meinung die Unterzeichnung des festgestellten Jahresabschlusses als ausreichend angesehen wird.³⁸

Der **Umfang der Unterzeichnungspflicht** bezieht sich nach § 245 S. 1 HGB auf den Jahresabschluss als Ganzes. Zu unterzeichnen sind folglich die Bilanz, die Gewinn- und Verlustrechnung und der Anhang. Zweckmäßigerweise werden die einzelnen Teile des Jahresabschlusses regelmäßig derart miteinander verbunden, dass eine nachträgliche Trennung ersichtlich wird. In diesem Fall ist eine Unterschrift unter dem Anhang als ausreichend anzusehen. Anderenfalls muss jeder Bestandteil des Jahresabschlusses unterschrieben werden.³⁹

e) **Bilanzeid.** Über die Unterzeichnung des Jahresabschlusses hinaus verpflichtet § 264 Abs. 2 S. 3 HGB den gesamten Vorstand einer Aktiengesellschaft, die Inlandsemittentin im Sinne des § 2 Abs. 7 WpHG und keine Kapitalgesellschaft im Sinn des § 327a HGB ist, zudem, bei der Unterzeichnung **schriftlich zu versichern,** dass nach bestem Wissen der Jahresabschluss ein den tatsächlichen Verhältnissen entsprechendes Bild der Vermögens-, Finanz- und Ertragslage unter Beachtung der Grundsätze ordnungsmäßiger Buchführung vermittelt oder der Anhang zusätzliche Angaben für den Fall enthält, dass der Jahresabschluss ein solches Bild nicht vermittelt (Bilanzeid).⁴⁰ Alle Mitglieder des Vorstands sind höchstpersönlich zur schriftlichen Versicherung nach bestem Wissen verpflichtet.⁴¹

Der Bilanzeid zielt darauf, dass die verpflichteten Personen die Verhältnisse des Unternehmens in der Finanzberichterstattung richtig darstellen **(Stärkung der Informationsfunktion).** Nach § 331 Nr. 3a HGB wird allein die vorsätzliche unrichtige Versicherung strafrechtlich sanktioniert.⁴²

f) **Pflicht zur Vorlage an den Aufsichtsrat.** § 170 Abs. 1 S. 1 verpflichtet den Vorstand, den Jahresabschluss und den Lagebericht **unverzüglich nach ihrer Aufstellung dem Aufsichtsrat vorzulegen.**⁴³ Zugleich hat der Vorstand dem Aufsichtsrat den Vor-

---

³⁴ Vgl. nur *ADS* HGB § 245 Rn. 12 mwN. Streitig ist, ob der Jahresabschluss auch von denjenigen Vorstandsmitgliedern unterzeichnet werden muss, die mit dessen Inhalt nicht einverstanden sind. Die bejahend *ADS* HGB § 245 Rn. 12. Ablehnend BeckHdR/*Castan* B 101 Rn. 34.
³⁵ *Nonnenmacher* in Marsch-Barner/Schäfer HdB börsennotierte AG § 55 Rn. 28; *ADS* HGB § 245 Rn. 34.
³⁶ *ADS* HGB § 245 Rn. 13a; MüKoHGB/*Ballwieser* HGB § 245 Rn. 2; BeBiKo/*Winkeljohann/Schellhorn* HGB § 245 Rn. 2; *Nonnenmacher* in Marsch-Barner/Schäfer HdB börsennotierte AG § 55 Rn. 28.
³⁷ BeBiKo/*Winkeljohann/Schellhorn* HGB § 245 Rn. 3; *ADS* HGB § 245 Rn. 7 f., beide mit weiteren Nachweisen zum Streitstand.
³⁸ BGH WM 1985, 569; *ADS* HGB § 245 Rn. 8.
³⁹ Zum vorhergehenden Absatz *Nonnenmacher* in Marsch-Barner/Schäfer HdB börsennotierte AG § 55 Rn. 27; *ADS* HGB § 245 Rn. 6.
⁴⁰ § 289 Abs. 1 S. 5 HGB enthält eine entsprechende Regelung für den Lagebericht und die §§ 297 Abs. 2 S. 4 und 315 Abs. 1 S. 6 HGB schreiben die Abgabe einer entsprechenden Versicherung für den Konzernabschluss und Konzernlagebericht vor.
⁴¹ *Nonnenmacher* in Marsch-Barner/Schäfer HdB börsennotierte AG § 55 Rn. 21 ff. mwN. Die für eine Unterzeichnung des Jahresabschlusses durch alle Vorstandsmitglieder angeführten Gründe lassen sich hier übertragen.
⁴² *Nonnenmacher* in Marsch-Barner/Schäfer HdB börsennotierte AG § 55 Rn. 21 ff. mwN. Näher zu den Sanktionen MüKoHGB/*Reiner* HGB § 264 Rn. 111 ff.
⁴³ *ADS* AktG § 170 Rn. 4; BeBiKo/*Grottel/Hoffmann* HGB Vor § 325 Rn. 1; HdR/*Poll* AktG § 170 Rn. 3.

schlag vorzulegen, den er der Hauptversammlung für die Verwendung des Bilanzgewinns machen will (§ 170 Abs. 2 S. 1) (näher → § 170 Rn. 25, 59 ff.). Die Vorlagepflicht trifft den Vorstand in seiner Gesamtheit (§ 77).[44]

28 Die **Vorlagepflicht** besteht gegenüber dem Aufsichtsrat in seiner Gesamtheit, da die Prüfung der vorgelegten Unterlagen nach § 171 eine gemeinschaftliche Aufgabe ist. Wenn sich aus der Geschäftsordnung des Aufsichtsrats nichts anderes ergibt, erfolgt die Vorlage gegenüber dem Aufsichtsratsvorsitzenden. Denkbar ist natürlich auch die Vorlage an den Prüfungsausschuss, der die Entscheidung des gesamten Aufsichtsrats vorbereitet (§ 170 Abs. 3 S. 2).[45]

29 **2. Prüfung. a) Abschlussprüfung. aa) Abschlussprüfungspflicht.** Die gesetzliche Prüfungspflicht ist in § 316 HGB geregelt. Nach § 316 Abs. 1 S. 1 HGB sind der Jahresabschluss und der Lagebericht von Kapitalgesellschaften, die nicht klein im Sinn des § 267 Abs. 1 HGB sind, durch einen Abschlussprüfer zu prüfen. Damit unterliegen die Jahresabschlüsse und Lageberichte großer und mittelgroßer Aktiengesellschaften der **Prüfungspflicht.** Zudem sind kleine Aktiengesellschaften, die im Sinn des § 264d HGB kapitalmarktorientiert sind, ebenfalls prüfungspflichtig. Dies ergibt sich aus § 267 Abs. 3 S. 2 HGB, wonach Kapitalgesellschaften im Sinn des § 264d HGB stets als große Kapitalgesellschaften gelten. Unabhängig von ihrer Größe stets prüfungspflichtig sind Kreditinstitute und Versicherungsunternehmen (§§ 340k, 341k HGB).[46]

30 **bb) Umfang der Abschlussprüfung.** In die Abschlussprüfung sind nach § 316 Abs. 1 S. 1 HGB der Jahresabschluss – bestehend aus Bilanz, Gewinn- und Verlustrechnung und Anhang – sowie der Lagebericht einzubeziehen. Hat der Vorstand zudem nach § 312 einen Bericht über die Beziehungen zu verbundenen Unternehmen (Abhängigkeitsbericht) aufzustellen, dann ist die Schlusserklärung zum Abhängigkeitsbericht nach § 312 Abs. 3 HGB ebenfalls **Gegenstand der Abschlussprüfung,** da diese in den Lagebericht aufzunehmen ist (§ 312 Abs. 3 S. 3). Einzubeziehen sind zudem die Buchführung (§ 317 Abs. 1 S. 1 HGB), die Kostenrechnung, soweit sie Grundlage für Ansatz und Bewertung ist, und das interne Kontrollsystem.[47] Bei börsennotierten Aktiengesellschaften (§ 3 Abs. 2) ist außerdem im Rahmen der Prüfung zu beurteilen, ob der Vorstand das von ihm nach § 91 Abs. 2 einzurichtende Risikofrüherkennungssystem in geeigneter Weise eingerichtet hat und ob dieses seine Aufgaben erfüllen kann, mithin den Fortbestand der Aktiengesellschaft gefährdende Entwicklungen hinreichend früh erkannt werden (§ 317 Abs. 4 HGB).[48]

31 Die Aufgabe der gesetzlich vorgeschriebenen Abschlussprüfung besteht im Schutz der Gläubiger, der Gesellschafter und des Kapitalmarktes. Dies geschieht dadurch, dass die Verlässlichkeit und Ordnungsmäßigkeit – also die Übereinstimmung mit den gesetzlichen Vorschriften und ggfs. den Vorgaben einer Satzung – der im Jahresabschluss und Lagebericht enthaltenen Informationen bestätigt wird **(Kontrollfunktion).**[49]

32 Daneben ist die Abschlussprüfung darauf ausgerichtet, den Aufsichtsrat bei seiner Verpflichtung zur Überwachung des Vorstands (§ 111 Abs. 1) zu unterstützen und den Vorstand und den Aufsichtsrat unabhängig und sachverständig über die Rechnungslegung zu infor-

---

[44] HdR/*Poll* § 170 AktG Rn. 3; *ADS* AktG § 170 Rn. 4.
[45] Einzelheiten hierzu bei → § 170 Rn. 90 ff.
[46] Hat trotz bestehender gesetzlicher Prüfungspflicht keine Abschlussprüfung stattgefunden, kann der Jahresabschluss gemäß § 316 Abs. 1 S. 2 HGB nicht festgestellt werden. Ein dennoch festgestellter Jahresabschluss ist nach § 256 Abs. 1 Nr. 2 AktG nichtig. Eine Beseitigung der Nichtigkeit ist nur durch Nachholung der Abschlussprüfung und erneute Feststellung möglich; dazu nur *ADS* AktG § 256 Rn. 91.
[47] WP-HdB/*Schindler* Bd. 1 Kap. R Rn. 6–8; BeBiKo/*Schmidt/Almeling* HGB § 317 Rn. 5; *ADS* HGB § 317 Rn. 16; MüKoHGB/*Ebke* HGB § 317 Rn. 9.
[48] Zur Prüfung des Risikofrüherkennungssystems WP-HdB/*Schindler* Bd. 1 Kap. R Rn. 9; WP-HdB/*Gelhausen* Bd. 1 Kap. P Rn. 1 ff.; BeBiKo/*Schmidt/Almeling* HGB § 317 Rn. 75 ff.; MüKoHGB/*Ebke* HGB § 317 Rn. 13 sowie 79 ff.
[49] *ADS* HGB § 316 Rn. 18; MüKoHGB/*Ebke* HGB § 316 Rn. 24 ff.

mieren (**Informationsfunktion**).[50] Bedeutsam ist hier, dass dem Aufsichtsrat die Grenzen der Abschlussprüfung bewusst sind, bevor er deren Ergebnisse – den Bestätigungsvermerk[51] und den Prüfungsbericht[52] – Entscheidungen zugrunde legt. Die Abschlussprüfung bietet keine Gewähr – hier wird üblicherweise von einer „Erwartungslücke der Abschlussprüfung" gesprochen – für die künftige Lebensfähigkeit des Unternehmens oder die Effektivität oder Wirtschaftlichkeit der Tätigkeiten des Vorstands.[53] Auch hat der Abschlussprüfer nicht zu klären, ob der Aufsichtsrat seinen Aufsichts- und Überwachungspflichten ordnungsgemäß nachkommt.[54] Ebenso ist es nicht die Aufgabe des Abschlussprüfers, kriminelle Machenschaften, beispielsweise Unterschlagungen oder Bestechungen, aufzudecken. Hierzu ist regelmäßig eine vollständige Prüfung der betroffenen Geschäftsfelder erforderlich, die im Rahmen der Abschlussprüfung schon aus Zeitgründen nicht leistbar ist.[55] Darüber hinaus besteht bei jeder Abschlussprüfung aufgrund der ihr innewohnenden begrenzten Erkenntnis- und Feststellungsmöglichkeiten ein unvermeidbares Risiko der Nichtaufdeckung von wesentlichen Falschaussagen im Jahresabschluss.[56] Schließlich unterliegen auch Informationen, die nicht Bestandteil des Jahresabschlusses oder Lageberichts sind, aber mit diesen zusammen veröffentlich werden – beispielsweise in einem Geschäftsbericht – nicht der Abschlussprüfung.[57] Gleichwohl muss der Abschlussprüfer diese Informationen kritisch auf Unstimmigkeiten – also Widersprüche zu dem geprüften Jahresabschluss oder Lagebericht hin – lesen.[58]

cc) Prüfungsbericht und Bestätigungsvermerk. Über Art und Umfang sowie das Ergebnis der Abschlussprüfung berichtet der Abschlussprüfer im Prüfungsbericht schriftlich und mit der gebotenen Klarheit (§ 321 Abs. 1 S. 1 HGB).[59] Die Einzelheiten der Berichtspflichten lassen sich § 321 HGB entnehmen. So nimmt der Abschlussprüfer bspw. im Prüfungsbericht im Rahmen der sog. **Vorwegberichterstattung** zur Lagebeurteilung der gesetzlichen Vertreter und hier insbesondere zur Beurteilung des Fortbestandes und der künftigen Entwicklung des Unternehmens Stellung (§ 321 Abs. 1 S. 2 HGB). Im **Hauptteil des Prüfungsberichts** informiert der Abschlussprüfer u. a. über Beanstandungen in der Rechnungslegung, die nicht zu einer Einschränkung oder Versagung des Bestätigungsvermerks geführt haben, soweit dies für die Überwachung des Vorstands von Bedeutung ist. 33

Der **Bestätigungsvermerk** stellt eine allgemein verständliche und problemorientierte Zusammenfassung des Prüfungsergebnisses dar (§ 322 Abs. 1 S. 1 und 2, Abs. 2 S. 1 und 2 HGB). Besondere Bedeutung kommt hier nach § 322 Abs. 3 S. 2 HGB zusätzlich in den Bestätigungsvermerk aufgenommenen Hinweisen auf Umstände zu, auf die der Abschlussprüfer in besonderer Weise aufmerksam machen will, ohne den Bestätigungsvermerk einzuschränken.[60] Das Gleiche gilt für den Bestandsgefährdungshinweis nach § 322 Abs. 2 S. 3 34

---

[50] *ADS* HGB § 316 Rn. 19 ff. Neben der Kontroll- und der Informationsfunktion kommt der Abschlussprüfung noch die Beglaubigungsfunktion zu. Diese besteht in der Erteilung eines uneingeschränkten oder ein eingeschränkten Bestätigungsvermerks oder eines Versagungsvermerks; dazu *ADS* HGB § 316 Rn. 22.
[51] Die Grundlagen für die Erteilung von Bestätigungsvermerken sind in § 322 HGB geregelt, der durch IDW PS 400 ergänzt wird.
[52] Gesetzliche Vorgaben zum Prüfungsbericht enthält § 321 HGB, der seinerseits durch IDW PS 450 ergänzt wird.
[53] WP-HdB/*Schindler* Bd. 1 Kap. R Rn. 5.
[54] *ADS* § 316 HGB Rn. 38. Vgl. zur Stellung des Abschlussprüfers bspw. MüKoHGB/*Ebke* HGB § 316 Rn. 30 ff.
[55] Zwar bestehen keine gesetzlichen Vorschriften, die die dem Abschlussprüfer zur Verfügung stehende Prüfungszeit beschränken. Eine beschränkende Wirkung entfalten jedoch – mittelbar – die für die Organe der Aktiengesellschaften geltenden Aufstellungs-, Prüfungs-, Feststellungs- und Offenlegungsfristen.
[56] *IDW* PS 200 Rn. 24 ff.
[57] *IDW* PS 202 Rn. 1.
[58] *IDW* PS 202 Rn. 7 f.
[59] Dazu im Einzelnen *ADS* HGB § 321 Rn. 1 ff.; *Scheffler* WPg 2002, 1289 ff.; *Gross/Müller* WPg 2004, 317 ff.
[60] Nach dem unmittelbar geltenden Art. 10 der Verordnung (EU) Nr. 537/2014 des Europäischen Parlaments und des Rates vom 16. April 2014 werden Bestätigungsvermerke, die aufgrund der Pflichtprüfung

HGB. Hiermit macht der Abschlussprüfer regelmäßig deutlich, dass die eigenständige Lebensfähigkeit des Unternehmens in Frage steht. Bei Vorliegen der Voraussetzungen des § 322 Abs. 4 und 5 HGB – Mängel in der Rechnungslegung oder Prüfungshemmnissen – ist der Bestätigungsvermerk einzuschränken oder zu versagen.

35   **dd) Vorabberichtspflicht aufgrund Treuepflicht.** Über die Information des Aufsichtsrats durch den Prüfungsbericht und den Bestätigungsvermerk kann sich eine Vorabberichtspflicht des Abschlussprüfers aus seiner Treuepflicht ergeben.[61] Diese **Vorabberichterstattung** kann schriftlich oder mündlich geschehen. Ein Vorabbericht ist insbesondere dann geboten, wenn eine gesetzliche Redepflicht des Abschlussprüfers besteht und aufgrund der bestehenden Eilbedürftigkeit eine Unterrichtung des Aufsichtsrats erforderlich ist.[62] Demgegenüber besteht weder eine laufende Berichtspflicht über den Fortgang der Prüfung noch ein allgemeines Informationsrecht einzelner Aufsichtsratsmitglieder.[63]

36   **ee) Teilnahme an der Bilanzsitzung des Aufsichtsrats.** Nach der Beendigung der Abschlussprüfung und vor der Bilanzsitzung des Aufsichtsrates kommt es in der Praxis üblicherweise zu einem Vorgespräch zwischen dem Aufsichtsratsvorsitzenden und dem Abschlussprüfer, in dem die Feststellungen des Abschlussprüfers und der Ablauf der Bilanzsitzung besprochen werden. § 171 Abs. 1 S. 2 verpflichtet den Abschlussprüfer zur Teilnahme an der Bilanzsitzung des Aufsichtsrats oder des Prüfungsausschusses und zum **mündlichen Bericht über das wesentliche Ergebnis seiner Prüfung,** insbesondere wesentliche Schwächen des internen Kontroll- und Risikomanagementsystem bezogen auf den Rechnungslegungsprozess. Er informiert zudem über Umstände, die seine Befangenheit besorgen lassen und über Leistungen, die er zusätzlich zur Abschlussprüfung erbracht hat (§ 171 Abs. 1 S. 3).[64]

37   **b) Aufsichtsrat. aa) Prüfungspflicht.** Neben der gesetzlich vorgeschriebenen Prüfung des Jahresabschlusses durch den Abschlussprüfer muss bei der Aktiengesellschaft zwingend auch eine **Prüfung des Jahresabschlusses durch den Aufsichtsrat** erfolgen. Diese Prüfung erfolgt zeitlich nach der (externen) Abschlussprüfung. Nach § 171 Abs. 1 S. 1 hat der Aufsichtsrat den Jahresabschluss, den Lagebericht und den Vorschlag für die Verwendung des Bilanzgewinns zu prüfen. Dazu stehen ihm der Prüfungsbericht des Abschlussprüfers und der Abschlussprüfer als Auskunftsperson zur Verfügung (§ 171 Abs. 1 S. 2).

38   Die **Prüfungspflicht obliegt dem gesamten Aufsichtsrat,** wobei jedes einzelne Aufsichtsratsmitglied zur Prüfung verpflichtet ist.[65] Die Prüfungspflicht kann nicht mit befreiender Wirkung auf ein bestimmtes Mitglied, einen Ausschuss oder einen externen Sachverständigen übertragen werden.[66] Dem steht nicht entgegen, dass der Aufsichtsrat einen Prüfungsausschuss bildet oder einen Sachverständigen oder ein Mitglied des Aufsichtsrats –

---

von Abschlüssen für nach dem 17. Juni 2016 beginnende Geschäftsjahre erteilt werden, künftig wesentlich mehr an Informationen erhalten, als dies gegenwärtig der Fall ist. Insbesondere für kapitalmarktorientierte Aktiengesellschaften muss eine Beschreibung der bedeutsamsten beurteilten Risiken wesentlicher falscher Darstellungen, eine Zusammenfassung der Reaktion des Abschlussprüfers darauf und wichtige Feststellungen, die sich in Bezug auf diese Risiken ergeben haben, enthalten sein. Der Referentenentwurf eines Gesetzes zur Umsetzung der Regelungen der Richtlinie 2014/56/EU sowie zur Ausführung der entsprechenden Vorgaben der Verordnung (EU) Nr. 537/2014 im Hinblick auf die Abschlussprüfung bei Unternehmen von öffentlichem Interesse (Abschlussprüfungsreformgesetz) vom 27. März 2015 sieht in § 322a HGB-E vor, die Vorgaben des Artikels 10 auf alle prüfungspflichtigen Unternehmen auszudehnen.

[61] Dazu BGH DB 1955, 117f. Zudem empfiehlt der Deutscher Corporate Governance Kodex in Ziff. 7.2.3., dass der Aufsichtsrat mit dem Abschlussprüfer vereinbart, dass dieser den Aufsichtsrat über alle für seine Aufgabe wesentlichen Feststellungen und Vorkommnisse unterrichtet, die sich bei der Durchführung der Abschlussprüfung ergeben.

[62] *ADS* HGB § 321 Rn. 88; BeBiKo/*Schmidt/Poullie* HGB § 321 Rn. 45.

[63] *Gelhausen* BFuP 1999, 390 (398f.).

[64] BeBiKo/*Grottel/Hoffmann* HGB Vor § 325 Rn. 26; *ADS* § 171 Rn. 45ff. Näher hier → § 171 Rn. 98ff.

[65] Hüffer/*Koch* § 171 Rn. 9; BeBiKo/*Grottel/Hoffmann* HGB Vor § 325 Rn. 20; *ADS* § 171 Rn. 7–12.

[66] BGH AG 1983, 133; BeBiKo/*Grottel/Hoffmann* HGB Vor § 325 Rn. 20.

beispielsweise das nach Maßgabe des § 100 Abs. 5 mit Sachverstand in der Rechnungslegung oder Abschlussprüfung ausgestattete Aufsichtsratsmitglied – damit beauftragt, die eigene Prüfung vorzubereiten (Einzelheiten → § 171 Rn. 7 ff. sowie 59 ff.).

bb) Prüfungsmaßstab. Der Prüfungsmaßstab, den der Aufsichtsrat bei der Prüfung der **39** Vorstandsunterlagen zugrunde zu legen hat, wird in § 171 nicht festgelegt. Aus einem Vergleich mit § 317 HGB, der den Gegenstand und Umfang der Abschlussprüfung durch den Abschlussprüfer umschreibt, muss jedoch, auch unter Berücksichtigung von § 111, von einer **uneingeschränkten Prüfungspflicht** des Aufsichtsrats ausgegangen werden, die sich auf die Rechtmäßigkeit, Zweckmäßigkeit und Ordnungsmäßigkeit der Rechnungslegung des Vorstands bezieht.[67]

3. Feststellung. a) Feststellung durch Aufsichtsratsbilligung (Regelfall). Nach **40** § 171 Abs. 2 S. 1 hat der Aufsichtsrat der Hauptversammlung über das Ergebnis der Prüfung schriftlich zu berichten.[68] In diesem Zusammenhang kann er – was grds. der Normalfall und auch gesetzliches Leitbild ist – am Schluss seines Berichts erklären, dass nach dem abschließenden Ergebnis seiner Prüfung Einwendungen nicht zu erheben sind und der vom Vorstand aufgestellte Jahresabschluss gebilligt wird (§§ 172 S. 1, 171 Abs. 2 S. 4). Mit der **Billigungserklärung** ist der Jahresabschluss festgestellt. Mit der Feststellung wird der Jahresabschluss in der festgestellten Form einschließlich etwaiger bilanzpolitischer Maßnahmen rechtswirksam und verbindlich (Bestandskraft oder Bindungswirkung des festgestellten Jahresabschlusses). Die Hauptversammlung ist hinsichtlich des noch zu fassenden Gewinnverwendungsbeschlusses an den festgestellten Jahresabschluss gebunden, d. h. auf den ausgewiesenen Bilanzgewinn beschränkt (§ 174 Abs. 1 S. 2). Es gelangt ein einklagbarer mitgliedschaftlicher Anspruch der Aktionäre auf Herbeiführung eines Gewinnverwendungsbeschlusses zur Entstehung (§ 58 Abs. 4).[69]

b) Feststellung durch Hauptversammlungsbeschluss nach Aufsichtsratsbilligung. **41** Weiter besteht auch die Möglichkeit, dass sich der Aufsichtsrat und der Vorstand dahingehend einigen, dass die Hauptversammlung den Jahresabschluss feststellt (§§ 172 S. 1, 173 Abs. 1 S. 1). Zu beachten ist, dass die Beschlüsse des Aufsichtsrats und des Vorstands in den Bericht des Aufsichtsrats an die Hauptversammlung aufzunehmen sind (§ 172 S. 2). In diesem Fall billigt der Aufsichtsrat zwar den Jahresabschluss, jedoch kommt **Feststellungswirkung allein dem Hauptversammlungsbeschluss** zu.

c) Feststellung durch Hauptversammlungsbeschluss ohne Aufsichtsratsbilligung. **42** Billigt der Aufsichtsrat den Jahresabschluss nicht, wird dieser ebenfalls durch die Hauptversammlung festgestellt (§ 173 Abs. 1 S. 1). Darüber hinaus stellt die Hauptversammlung den Jahresabschluss auch dann fest, wenn der Aufsichtsrat dem Vorstand der Aktiengesellschaft seinen Bericht nicht innerhalb der Nachfrist zuleitet; denn in diesem Fall gilt der Jahresabschluss als durch den Aufsichtsrat nicht gebilligt (§ 171 Abs. 3 S. 3).

4. Gewinnverwendung. Gemäß § 119 Abs. 1 Nr. 2 beschließt die Hauptversammlung **43** der Aktiengesellschaft über die **Verwendung des Bilanzgewinns** (§ 174 Abs. 1 S. 1). Gleichwohl ist diesbezüglich danach zu unterscheiden, ob die Feststellung des Jahresabschluss durch den Vorstand und den Aufsichtsrat erfolgt ist oder die Hauptversammlung den Jahresabschluss feststellt.

---

[67] *ADS* § 171 Rn. 17; *Hüffer/Koch* § 171 Rn. 3; *Hoffmann/Preu* Der Aufsichtsrat Rn. 313 ff.; allgemein *Steinbeck* S. 84 ff.; näher → § 171 Rn. 10 ff.
[68] Ist der Jahresabschluss durch einen Abschlussprüfer zu prüfen, hat der Aufsichtsrat zu dem Ergebnis der Prüfung des Jahresabschlusses durch den Abschlussprüfer Stellung zu nehmen (§ 171 Abs. 2 S. 3 AktG). Hier ist eine ausführliche Stellungnahme des Aufsichtsrats jedenfalls dann erforderlich, wenn der Bestätigungsvermerk eingeschränkt oder versagt wurde oder der Aufsichtsrat wesentliche Feststellungen des Abschlussprüfers nicht teilt; so auch BeBiKo/*Grottel/Hoffmann* HGB Vor § 325 Rn. 29; *ADS* § 171 Rn. 71.
[69] Davon zu trennen ist der Dividendenzahlungsanspruch, der rechtlich erst mit der Beschlussfassung der Hauptversammlung über die Verwendung des Bilanzgewinns zur Entstehung gelangt.

Exkurs 2 44–49

44 **Stellen Vorstand und Aufsichtsrat den Jahresabschluss fest** (§ 172), können diese einen Teil des Jahresüberschusses, höchstens jedoch die Hälfte, in die anderen Gewinnrücklagen einstellen (§ 58 Abs. 2 S. 1), wobei die Satzung Vorstand und Aufsichtsrat unter bestimmten Bedingungen zur Einstellung eines größeren oder kleineren Teils des Jahresüberschusses ermächtigen kann (§ 58 Abs. 2 S. 2 und 3). Dabei sind jedoch Beträge, die in die gesetzliche Rücklage einzustellen sind sowie ein etwa vorhandener Verlustvortrag vorab von dem Betrag des Jahresüberschusses abzuziehen (§ 58 Abs. 2 S. 4, Abs. 1 S. 3).

45 Wird der **Jahresabschluss von der Hauptversammlung festgestellt** (§ 173 Abs. 1), kann die Satzung für diesen Fall bestimmen, dass Beträge aus dem Jahresüberschuss in andere Gewinnrücklagen einzustellen sind (§ 58 Abs. 1 S. 1). Aufgrund einer solchen Satzungsbestimmung kann höchstens die Hälfte des Jahresüberschusses in andere Gewinnrücklagen eingestellt werden (§ 58 Abs. 1 S. 2). Dabei sind Beträge, die in die gesetzliche Rücklage einzustellen sind, und ein Verlustvortrag vorab von dem Jahresüberschuss abzuziehen (§ 58 Abs. 1 S. 3).

46 Über den in dem seitens der Hauptversammlung oder seitens des Vorstandes und Aufsichtsrates festgestellten Jahresabschluss ausgewiesenen **Bilanzgewinn** entscheidet die Hauptversammlung. Sie wiederum kann diesen ausschütten, auf neue Rechnung vortragen oder in die Gewinnrücklagen einstellen (§ 58 Abs. 3 S. 1). Zudem erlaubt § 58 Abs. 3 S. 2 ferner, dass die Hauptversammlung, wenn die Satzung sie hierzu ermächtigt, auch eine andere Verwendung als die Ausschüttung, Einstellung in den Gewinnvortrag oder Thesaurierung beschließen kann. Hierunter fallen üblicherweise Zuwendungen an Dritte beispielsweise zur Förderung gemeinnütziger Zwecke.[70]

47 Beschließen die Aktionäre die ganze oder teilweise **Ausschüttung** des Bilanzgewinns, entsteht mit dem Gewinnverwendungsbeschluss zugunsten der Aktionäre ein nicht entziehbarer und grds. sofort fälliger und selbständig verkehrsfähiger Anspruch auf Dividendenzahlung.[71]

48 Nur der Bilanzgewinn darf gemäß § 57 Abs. 3 vor der Auflösung der Aktiengesellschaft unter die Aktionäre verteilt werden. Daraus folgt gleichzeitig, dass **Vorabausschüttungen an die Aktionäre nicht möglich** sind. Eine der Vorabausschüttung nahe Ausnahme von diesem Grundsatz enthält § 59. Nach Maßgabe des § 59 Abs. 1 und 3 kann die Satzung den Vorstand ermächtigen, nach Ablauf des Geschäftsjahres auf den voraussichtlichen Bilanzgewinn mit Zustimmung des Aufsichtsrats einen Abschlag an die Aktionäre zu zahlen. Die gilt jedoch nur, wenn ein vorläufiger Jahresabschluss für das vergangene Geschäftsjahr einen Jahresüberschuss ergibt (§ 59 Abs. 2 S. 1). Zudem darf als Abschlag höchstens die Hälfte des Betrages gezahlt werden, der von dem Jahresüberschuss nach Abzug der Beträge verbleibt, die nach Gesetz oder Satzung in die Gewinnrücklagen einzustellen sind (§ 59 Abs. 2 S. 2). Außerdem darf der Abschlag die Hälfte des vorjährigen Bilanzgewinns nicht übersteigen (§ 59 Abs. 2 S. 3).

49 **5. Offenlegung.** Erst mit der Offenlegung des handelsrechtlichen Jahresabschlusses kann die Zwecksetzung des Handelsbilanzrechts – Gläubigerschutz und Information – überhaupt erreicht werden.[72] Die **Verantwortung für die ordnungsgemäße Durchführung der Offenlegung** liegt nach § 325 Abs. 1 S. 1 HGB bei den gesetzlichen Vertretern der offenlegungspflichtigen Kapitalgesellschaft, mithin beim Vorstand der Aktiengesellschaft (§ 78 Abs. 1 S. 1). Auch hier gilt, dass der Vorstand in seiner Gesamtheit verpflichtet ist. Wenn die Zuständigkeit bei einem einzelnen Vorstandsmitglied konzentriert ist, ändert dies nichts an der Verpflichtung auch aller übrigen Vorstandsmitglieder, eine ordnungsgemäße und fristgerechte Offenlegung herbeizuführen.[73]

---

[70] ADS § 58 Rn. 120 ff.; Hüffer/Koch § 58 Rn. 25.
[71] ADS § 174 Rn. 55; Hüffer/Koch § 174 Rn. 4. Zu den gesetzlichen Vorgaben zur Gewinnverteilung unter den Aktionären vgl. § 60.
[72] Maul/Seidler in Noack EHUG S. 131.
[73] BeBiKo/Grottel HGB § 325 Rn. 32; Maul/Seidler in Noack EHUG S. 132.

§ 325 Abs. 1 S. 1 und 2 HGB schreiben vor, dass der Jahresabschluss mit dem Bestätigungsvermerk oder dem Vermerk über dessen Versagung offen zu legen ist (**Umfang der Offenlegung**). Nach § 325 Abs. 1 S. 3 HGB sind gleichzeitig der Lagebericht, der Bericht des Aufsichtsrats, die nach § 161 vorgeschriebene Erklärung, und, soweit sich dies nicht aus dem eingereichten Jahresabschluss ergibt, der Vorschlag über die Verwendung des Ergebnisses und der Beschluss über seine Verwendung unter Angabe des Jahresüberschusses oder des Jahresfehlbetrages einzureichen (nachfolgend zusammenfassend auch Unterlagen der Rechnungslegung). Die §§ 326, 327 HGB sehen größenabhängige Erleichterungen vor. 50

Nach § 325 Abs. 1 S. 1 HGB sind die Unterlagen der Rechnungslegung beim Betreiber des Bundesanzeigers elektronisch einzureichen (**einstufiges Einreichungsverfahren**). Nach § 325 Abs. 2 HGB haben die gesetzlichen Vertreter die Unterlagen der Rechnungslegung jeweils unverzüglich nach der Einreichung im Bundesanzeiger bekannt machen zu lassen.[74] 51

Die Einreichung der Unterlagen der Rechnungslegung hat nach § 325 Abs. 1 S. 2 HGB unverzüglich nach der Vorlage des Jahresabschlusses an die Gesellschafter, jedoch **spätestens vor Ablauf des zwölften Monats des dem Abschlussstichtag** nachfolgenden Geschäftsjahres zu erfolgen. Für eine kapitalmarktorientierte Aktiengesellschaft (§ 264d HGB), die dem § 327a HGB nicht unterfällt, beträgt die Frist vier Monate (näher § 325 Abs. 4 S. 1 HGB). Für die Wahrung der Fristen ist der Zeitpunkt der Einreichung der Unterlagen maßgebend (§ 325 Abs. 4 S. 2 HGB), wobei § 325 Abs. 1 S. 5 HGB Erleichterungen vorsieht. 52

IV. Aufstellung des Jahresabschlusses

1. Grundlagen der Bilanzierung. a) Grundsätze ordnungsmäßiger Buchführung. aa) Zweck. Das Handelsbilanzrecht nimmt den unbestimmten Rechtsbegriff der Grundsätze ordnungsmäßiger Buchführung (GoB) an verschiedenen Stellen (§§ 238 Abs. 1 S. 1, 243 Abs. 1, 264 Abs. 2 S. 1 HGB) auf. Mit dem Begriff der GoB werden sämtliche **handelsrechtlichen Buchführungs- und Bilanzierungsgrundsätze** bezeichnet. Sie umfassen den obersten Beurteilungsmaßstab der prinzipienbasierten deutschen Rechnungslegung. Die Kernaussage ist in § 243 Abs. 1 HGB enthalten. Danach ist der Jahresabschluss nach den GoB aufzustellen. 53

Mit dem Verweis auf die GoB hat der Gesetzgeber die Kodifizierung einer Vielzahl von Einzelvorschriften vermieden und eine **hohe Praktikabilität** des Handelsbilanzrechts erreicht. Mit Hilfe der GoB werden die Entwicklung des Handelsbilanzrechts und seine Anpassung an sich ändernde Erkenntnisse und die praktische Übung nicht durch starre gesetzliche Vorschriften behindert.[75] Nach heutigem Verständnis bilden die GoB Rechtsnormen und verlangen daher bei gerichtlichen Auseinandersetzungen zwingende Beachtung.[76] 54

bb) Kodifizierte Grundsätze ordnungsmäßiger Buchführung. *Klarheit und Übersichtlichkeit (§§ 238 Abs. 1 S. 2, 243 Abs. 2 HGB):* danach muss die Buchführung so beschaffen sein, dass sie einem sachverständigen Dritten **innerhalb angemessener Zeit einen Überblick über die Geschäftsvorfälle und die Lage des Unternehmens** vermitteln kann. Der Grundsatz soll jede Art der verschleiernden Darstellung verhindern.[77] 55

Richtigkeit und Willkürfreiheit (§ 239 Abs. 2 HGB): demgemäß müssen Eintragungen in Handelsbüchern und die sonst erforderlichen Aufzeichnungen **richtig, zeitgerecht und geordnet** vorgenommen werden.[78] 56

---

[74] Dazu auch *Maul/Seidler* in Noack EHUG S. 140.
[75] *Conenberg/Haller/Schultz* S. 36 f.; siehe auch *Baetge/Kirsch/Thiele* S. 105 ff.; MüKoHGB/*Ballwieser* HGB § 243 Rn. 4 ff. Zur Diskussion um die Rechtsnatur der GoB auch ADS HGB § 243 Rn. 3 ff.
[76] BVerfGE 13, 161; BFHE 89, 191.
[77] ADS HGB § 243 Rn. 24 ff.; BeBiKo/*Förschle/Usinger* HGB § 243 Rn. 51 ff.; MüKoHGB/*Ballwieser* HGB § 243 Rn. 60 ff.
[78] BeBiKo/*Winkeljohann/Henckel* HGB § 239 Rn. 3 ff.; ADS HGB § 239 Rn. 17 ff.

Exkurs 2 57–60

57 *Vollständigkeit (§§ 239 Abs. 2, 246 Abs. 1 HGB):* die Eintragungen in die Handelsbücher müssen vollständig vorgenommen werden. Der Jahresabschluss hat **sämtliche Vermögensgegenstände, Schulden, Rechnungsabgrenzungsposten sowie Aufwendungen und Erträge** zu enthalten, soweit gesetzlich nichts anderes bestimmt ist.[79]

58 *Saldierungsverbot (§ 246 Abs. 2 HGB):* Posten der Aktivseite der Bilanz dürfen nicht mit Posten der Passivseite der Bilanz und Aufwendungen in der Gewinn- und Verlustrechnung nicht mit Erträgen in der Gewinn- oder Verlustrechnung **verrechnet** werden, soweit das Gesetz dies nicht ausdrücklich erlaubt (vgl. bspw. § 246 Abs. 2 S. 2 HGB für den Fall des Planvermögens).[80]

59 *Bilanzidentität (§ 252 Abs. 1 Nr. 1 HGB):* danach müssen die Wertansätze in der Eröffnungsbilanz des Geschäftsjahres mit den Wertansätzen in der Schlussbilanz des vorhergehenden Geschäftsjahres – um eine wahrheitsgetreue Rechnungslegung zu erreichen – übereinstimmen, dh, zwischen der Schlussbilanz des vorhergehenden Geschäftsjahres und der Eröffnungsbilanz des nachfolgenden Geschäftsjahres[81] dürfen keine Geschäftsvorfälle verbucht und keine Änderungen im Ansatz, Ausweis oder Bewertung vorgenommen werden.[82] Die Vorschrift sichert zum einen die **Vergleichbarkeit der Jahresabschüsse und zum anderen das Kongruenzprinzip** („Zweischneidigkeit der Bilanz"), mithin den Umstand, dass die Summe der Periodenerfolge dem Totalerfolg des Unternehmens über die Gesamtperiode entspricht.[83]

60 *Unternehmensfortführung (§ 252 Abs. 1 Nr. 2 HGB):* die Vorschrift schreibt vor, dass bei der Bewertung von der Fortführung der Unternehmenstätigkeit (Going-Concern-Prinzip) auszugehen ist (Regelvermutung), sofern nicht tatsächliche oder rechtliche Gegebenheiten (am Abschlussstichtag) entgegen stehen. Dies bedeutet, dass das Unternehmen für Zwecke der Bewertung von der planmäßigen Verwertung der Vermögensgegenstände innerhalb der normalen Geschäftstätigkeit auszugehen hat.[84] Die Prüfung der Frage, ob für das besagte Unternehmen weiterhin von der Fortführung der Unternehmenstätigkeit ausgegangen werden kann, erfordert **eine Prognose, ob das Unternehmen nach den objektiven Verhältnissen am Abschlussstichtag seine Tätigkeit als werbendes Unternehmen für einen übersehbaren Zeitraum fortsetzen wird,** wobei hier erforderlich ist, die Gesamtsituation jedes Unternehmens im Einzelfall zu untersuchen.[85] Bei der Beurteilung sind beispielsweise die Produktionsauslastung, die Auftrags-, Umsatz-, Ertrags- und Liquiditätslage, die Zukunftserwartungen oder auch das erwartete Verhalten der Gläubiger und Kapitalgeber zu berücksichtigen. Als Richtwert für den Zeitraum, für den die Fortführung des Unternehmens noch mit hinreichender Sicherheit angenommen werden kann, wird eine Zeitspanne von zwölf Monaten empfohlen, wobei Abweichungen in beide Richtungen unter unternehmensspezifischen Gesichtspunkten geboten sein können.[86] Kann nicht mehr von einer Fortführung des Unternehmens ausgegangen werden, sind die Vermögensgegenstände mit ihren vorsichtig geschätzten (Netto-)Veräußerungs- oder Zerschlagungswerten anzusetzen.[87]

---

[79] MüKoHGB/*Ballwieser* HGB § 243 Rn. 48; dazu auch *ADS* HGB § 239 Rn. 17 ff.
[80] *ADS* HGB § 246 Rn. 454 ff.; BeBiKo/*Förschle/Ries* HGB § 246 Rn. 100 ff.
[81] Technisch wird keine Eröffnungsbilanz aufgestellt. Der Gesetzgeber meint die unveränderte Übertragung der Saldenvorträge der Bestandskonten zu Ende des Geschäftsjahres auf die Bestandskonten zu Beginn des neuen Geschäftsjahres. Hier setzt auch die Jahresabschlussprüfung an. Dazu Haufe HGB Bilanz Kommentar/ *Kreipl/Müller* § 252 Rn. 19 ff.
[82] Ohne den Grundsatz der Bilanzidentität ergäbe sich für den Kaufmann die Möglichkeit, Gewinne und Verluste zwischen Schluss- und Eröffnungsbilanz zu verbergen und von der Rechnungslegung auszunehmen.
[83] BeBiKo/*Winkeljohann/Büssow* HGB § 252 Rn. 4; *ADS* HGB § 252 Rn. 9 ff.
[84] *ADS* HGB § 252 Rn. 23; BeBiKo/*Winkeljohann/Büssow* HGB § 252 Rn. 9 ff.; MüKoHGB/*Ballwieser* HGB § 243 Rn. 16.
[85] *ADS* HGB § 252 Rn. 24; MüKoHGB/*Ballwieser* HGB § 243 Rn. 16 und § 252 Rn. 9 ff.
[86] BeBiKo/*Winkeljohann/Büssow* HGB § 252 Rn. 11; MüKoHGB/*Ballwieser* HGB § 243 Rn. 16 und § 252 Rn. 10; *ADS* HGB § 252 Rn. 24.
[87] *IDW* PS 270 Rn. 6.

Einzelbewertungsgrundsatz/Stichtagsprinzip (§ 252 Abs. 1 Nr. 3 HGB): der Einzelbewer- **61** tungsgrundsatz – der bereits in § 240 Abs. 1 HGB angesprochen wird und seinen Ursprung im Vorsichtsprinzip hat – erfordert eine überschneidungsfreie Abgrenzung der jeweiligen Bewertungsobjekte, die sich nicht allein am bürgerlichen Recht orientiert, sondern einer **wirtschaftlichen Betrachtungsweise** folgt.[88] Er soll verhindern, dass Aufwendungen und Erträge durch die Zusammenfassung eigentlich einzeln zu bewertender Vermögensgegenstände „verdeckt" saldiert werden.[89] Gesetzlich normierte Ausnahmen vom Einzelbewertungsgrundsatz finden sich bspw. in den §§ 240, 254 und 256 HGB. Ob eigentlich selbständige Vermögensgegenstände darüber hinaus zu einer Bewertungseinheit zusammen zu fassen sind, richtet sich danach, ob sie in einem einheitlichen Nutzungs- und Funktionszusammenhang stehen.[90] Besondere Bedeutung kommt der Frage des einheitlichen Nutzungs- und Funktionszusammenhangs bei Grundstücksbestandteilen und Gebäudebestandteilen zu.[91] Das Stichtagsprinzip besagt, dass die Bewertung der Vermögensgegenstände zum Bilanzstichtag zu erfolgen hat. Eine wesentliche Ausnahme vom Stichtagsprinzip bildet die Bewertung der Rückstellung. Nach § 253 Abs. 1 S. 2 HGB ist der nach vernünftiger kaufmännischer Beurteilung notwendige Erfüllungsbetrag zu ermitteln, mithin der Betrag zum (künftigen) Erfüllungszeitpunkt.

Vorsichtsprinzip (§ 252 Abs. 1 Nr. 4 HGB): die Vorschrift weist den Kaufmann an, die im **62** Jahresabschluss ausgewiesenen Vermögensgegenstände vorsichtig zu bewerten. Damit wird das **Prinzip der vorsichtigen Bewertung als Leitgedanke des Handelsbilanzrechts** festgelegt, der seine Grenzen in der bewussten Bildung stiller Reserven findet.[92] Konkretisiert wird das Vorsichtsprinzip durch das Realisationsprinzip und das Imparitätsprinzip. Zudem regelt § 252 Abs. 1 Nr. 4 HGB das Wertaufhellungsprinzip.

Dem **Realisationsprinzip** folgend sind Gewinne nur zu berücksichtigen, wenn sie am **63** Abschlussstichtag realisiert sind. Ganz überwiegend wird hier der Zeitpunkt der Leistungserbringung im bürgerlich rechtlichen Sinn als für die Gewinnrealisierung maßgebender Zeitpunkt angesehen.[93] Damit hängt die Gewinnrealisation letztlich von dem dem jeweiligen Geschäftsvorfall zugrundeliegenden Vertrag ab. Bei einem Kaufvertrag beispielsweise ist der Zeitpunkt der Übergabe der Kaufsache an den Käufer (§ 446 BGB) maßgebend. Bei einem Werkvertrag hingegen hängt die Gewinnrealisierung von der Abnahme des Werkes durch den Besteller ab (§§ 644 Abs. 1, 640 BGB). Im Zusammenhang mit der Gewinnrealisation besteht eine Reihe von Problemfeldern. Zu nennen sind hier beispielsweise der Themenkreis der langfristigen Fertigung sowie der Themenkreis des Mehrkomponentenvertrages, also einer vertraglichen Vereinbarung, die unterschiedliche Leistungsgegenstände aufweist. Besonderheiten sind auch bei der Aktivierung von Dividendenforderungen im Rahmen der phasengleichen Gewinnvereinnahmung zu beachten. Handelsrechtlich besteht hier bei Vorliegen bestimmter Voraussetzungen schon vor der rechtlichen Entstehung einer Dividendenforderung eine Aktivierungspflicht, während steuerrechtlich ein Aktivierungsverbot gegeben ist.[94] Das Handelsbilanzrecht sieht zudem einige Durchbrechungen des Realisationsprinzips vor. Zu nennen sind hier die Abzinsung von Rückstellungen (§ 253 Abs. 2 S. 1 HGB), die Folgebewertung im Rahmen der Währungsumrechnung (§ 256a HGB) und die Bewertung von Deckungsvermögen (§ 253 Abs. 1 S. 4 HGB). In diesen

---

[88] Haufe HGB Bilanz Kommentar/*Kreipl/Müller* § 252 Rn. 68; BeBiKo/*Winkeljohann/Büssow* HGB § 252 Rn. 22 ff.
[89] BeBiKo/*Winkeljohann/Büssow* HGB § 252 Rn. 22; ADS HGB § 252 Rn. 48 ff.
[90] BeBiKo/*Winkeljohann/Büssow* HGB § 252 Rn. 23; MüKoHGB/*Ballwieser* HGB § 252 Rn. 24 f.
[91] Hierzu instruktiv die Übersichten bei Haufe HGB Bilanz Kommentar/*Kreipl/Müller* HGB § 252 Rn. 69 ff., insbesondere Rn. 73 f.
[92] *Moxter* BB 1988, 937 (943). Eingehend zum Vorsichtsprinzip bspw. BeBiKo/*Winkeljohann/Büssow* HGB § 252 Rn. 29 ff.; ADS HGB § 252 Rn. 59 ff.; MüKoHGB/*Ballwieser* HGB § 252 Rn. 38 ff.
[93] ADS HGB § 252 Rn. 82 mwN; BeBiKo/*Winkeljohann/Büssow* HGB § 252 Rn. 44 mwN; HdR/*Fülbier/Huschel/Selchert* HGB § 252 Rn. 91; MüKoHGB/*Ballwieser* HGB § 252 Rn. 56.
[94] Zur phasengleichen Gewinnvereinnahmung bspw. Haufe HGB Bilanz Kommentar/*Kreipl/Müller* § 252 Rn. 111 mwN.

Fällen tritt die Zeitwertbewertung an die Stelle der Bewertung zu fortgeführten Anschaffungs- oder Herstellungskosten mit der Folge, dass Erträge allein aus Bewertungsvorgängen realisiert werden (Ausweis sog. unrealisierter Gewinne).

64 Das **Imparitätsprinzip** fordert eine Berücksichtigung von vorhersehbaren Risiken und Verlusten, die bis zum Abschlussstichtag entstanden sind, selbst wenn diese erst zwischen dem Abschlussstichtag und dem Tag der Aufstellung bekannt werden. Damit schreibt das Imparitätsprinzip die Vorwegnahme eines in einer späteren Rechnungslegungsperiode eintretenden negativen Erfolgsbeitrages vor, mit dessen Realisierung ernsthaft zu rechnen ist.[95] Seinen Niederschlag findet das Imparitätsprinzip in den Niederstwertbestimmungen des § 253 Abs. 3 und 4 HGB. Diese regeln die handelsbilanzielle Erfassung solcher Vermögensverluste, die sich in Zeitwerten äußern, die unter die fortgeführten Anschaffungs- oder Herstellungskosten gefallen sind.

65 Nach dem **Wertaufhellungsprinzip** sind alle vorhersehbaren Risiken und Verluste zu berücksichtigen, die bis zum Abschlussstichtag entstanden sind, selbst wenn diese erst zwischen dem Abschlussstichtag und dem Tag der Aufstellung des Jahresabschlusses bekannt geworden sind. Diese zu berücksichtigenden wertaufhellenden Tatsachen sind von den sog. wertbegründenden Tatsachen zu unterscheiden, die keine Berücksichtigung bei der Bilanzaufstellung finden. Wertbegründende Tatsachen sind Ereignisse nach dem Bilanzstichtag, die keinen Rückschluss auf die Verhältnisse am Abschlussstichtag zulassen, sondern diese nachträglich verändern. Bspw. stellt ein Schadensereignis nach dem Bilanzstichtag eine wertbegründende Tatsache dar, die keinen Einfluss auf die Bilanzierung zum Bilanzstichtag hat.[96] In der Praxis umstritten ist die Frage, bis zu welchem Zeitpunkt wertaufhellende Tatsachen eingetreten sein müssen, um noch berücksichtigt zu werden (Ende der Aufstellung, Ende der Abschlussprüfung, Feststellung).[97]

66 *Aufwands- und Ertragsperiodisierung (§ 252 Abs. 1 Nr. 5 HGB):* danach sind Aufwendungen und Erträge unabhängig von den Zeitpunkten der entsprechenden Zahlungen – Veränderungen im Bestand der liquiden Mittel – im Jahresabschluss zu berücksichtigen. **Gegenstand der Periodisierung sind ausschließlich (letztlich) zahlungswirksame Aufwendungen und Erträge.** Kalkulatorische Beträge dürfen keinen Eingang in die Bilanz oder die Gewinn- und Verlustrechnung finden.[98] Die Ausnahmen vom Grundsatz der Aufwands- und Ertragsperiodisierung im Sinn des § 250 Abs. 2 HGB ergeben sich aus gesetzlich zugelassenen Wahlrechten wie beispielsweise dem Wahlrecht zur Abgrenzung eines Disagios (§ 250 Abs. 3 HGB).[99]

67 *Bewertungsstetigkeit (§ 252 Abs. 1 Nr. 6 HGB):* die Vorschrift sieht vor, dass die auf den vorhergehenden Jahresabschluss angewandten Bewertungsmethoden beizubehalten sind.[100] **Die Vorschrift dient der Bilanzobjektivierung und soll willkürliche Bewertungswechsel verhindern;** daraus folgend soll sich eine bessere Vergleichbarkeit des handelsrechtlichen Jahresabschlusses einstellen.[101] Der Begriff der angewandten Bewertungsmethoden – bestimmte, in ihrem Ablauf definierte Verfahren der Wertfindung – umfasst die im Gesetz konkret eröffneten Bewertungs- und Methodenwahlrechte. Zu nennen sind hier die Herstellungskostenermittlung nach § 255 Abs. 2 und 3 HGB, die Vornahme von außerplanmäßigen Abschreibungen auf Finanzanlagen nach § 253 Abs. 3 S. 4 HGB oder die Inanspruchnahme von Bewertungsvereinfachungen nach § 256 HGB. Darüber hinaus kommt der Grundsatz bezüglich der zur Ermittlung von Wertansätzen herausgebildeten Verfahren (beispielsweise die planmäßige Abschreibung abnutzbarer Vermögensgegenstände)

---

[95] Urteil des BFH DStR 1997, 1442 f.
[96] BeBiKo/*Winkeljohann/Büssow* HGB § 252 Rn. 38 mwN; zur Wertaufhellung ausführlich *Winnefeld* Kap. E Rn. 240 ff.; ADS HGB § 252 Rn. 76 ff.; MüKoHGB/*Ballwieser* HGB § 252 Rn. 48 f.
[97] BeBiKo/*Winkeljohann/Büssow* HGB § 252 Rn. 39 mwN.
[98] Haufe HGB Bilanzkommentar/*Kreipl/Müller* HGB § 252 Rn. 116; ADS § 252 HGB Rn. 96.
[99] BeBiKo/*Winkeljohann/Büssow* HGB § 252 Rn. 54; ADS § 252 HGB Rn. 102.
[100] Die Vorschrift erfasst nicht die Ansatzstetigkeit, die in § 246 Abs. 3 HGB geregelt ist.
[101] ADS HGB § 252 Rn. 103; BeBiKo/*Winkeljohann/Büssow* HGB § 252 Rn. 55.

oder der bei der Wertermittlung bestehenden Verfahrensspielräume (beispielsweise die Schätzung der Nutzungsdauer für Zwecke der planmäßigen Abschreibung) zur Anwendung. Eine einmal gewählte Bewertungsmethode ist für das betreffende Bewertungsobjekt im Zeitablauf beizubehalten (objektgebundene Bewertungsmethodenstetigkeit).[102] Darüber hinaus resultiert aus dem Grundsatz der Bewertungsstetigkeit auch das Gebot der Einheitlichkeit der Bewertung.[103] Danach dürfen in einem neuen Geschäftsjahr erworbene Vermögensgegenstände nicht ohne sachlichen Grund nach anderen Methoden bewertet werden, als im selben oder in früheren Geschäftsjahren zugegangene gleiche oder gleichartige (Art- und Funktionsgleichheit) Vermögensgegenstände. Eine Durchbrechung der Bewertungsstetigkeit ist in der Literatur allgemein anerkannt in den Fällen einer wesentlichen Änderung der rechtlichen Rahmenbedingungen, der wirtschaftlichen Rahmenbedingungen oder der organisatorischen Rahmenbedingungen; darüber hinaus können steuerliche Gründe Anlass für einen Bewertungsmethodenwechsel sein.[104]

cc) Nicht kodifizierte Grundsätze ordnungsmäßiger Buchführung. Bedeutung 68 kommt hier – wegen der im Rahmen des BiRiLiG bereits vorgenommenen umfangreichen Kodifizierung – insbesondere den folgenden nicht kodifizierten GoB zu:

Grundsatz der Wesentlichkeit und Wirtschaftlichkeit. Es sollen die Geschäftsvorfälle im Jahres- 69 abschluss abgebildet werden, die für die Abschlussadressaten von Bedeutung sind. Unwesentliche Sachverhalte können vernachlässigt werden. Die Abgrenzung zwischen wesentlichen und unwesentlichen Geschäftsvorfällen hat anhand der **für die Darstellung der Vermögens-, Finanz- und Ertragslage im Einzelfall bedeutsamen Größen** wie Bilanzsumme, Jahresüberschuss, Umsatz oder Zahlungsmittelzufluss oder -abfluss zu erfolgen.[105]

Grundsatz der willkürfreien Bewertung. Die Bewertung der Vermögensgegenstände und 70 Schulden hat **frei von sachfremden Erwägungen** zu erfolgen.[106]

Grundsatz der Nichtbilanzierung schwebender Geschäfte. Geschäftsvorfälle, bei denen die **Leis-** 71 **tungs- und die Gegenleistungspflicht noch nicht erfüllt** worden sind, sind grundsätzlich keiner handelsbilanziellen Abbildung zugänglich.[107]

b) Auslegung des Handelsbilanzrechts. aa) Gerichte. Aus der Tatsache, dass es sich 72 beim Handelsbilanzrecht um kodifiziertes Recht handelt, folgt – abseits der GoB – dessen Auslegungsbedürftigkeit. Die Auslegung von Rechtsvorschriften erfolgt in Anwendung der für diesen Zweck anerkannten **Methoden der Rechtswissenschaft.** Zur Auslegung werden üblicherweise die grammatische (Gesetzeswortlaut), logisch-systematische (Stellung der Vorschrift im Gesetz), historische (Entstehungsgeschichte) und die teleologische (Zweck der Vorschrift) Auslegung herangezogen.[108]

Die Praxis lässt erkennen, dass die Auslegung überwiegend durch die Rechtsprechung – 73 die natürlich auch die GoB mit prägt – erfolgt. Für das Handelsbilanzrecht ist **die ordentliche Gerichtsbarkeit** zuständig, dh als höchste Instanz der BGH. Bei der Auslegung des Handelsbilanzrechts kann es für die Gerichte der Mitgliedsstaaten aufgrund der Verankerung im Gemeinschaftsrecht durchaus geboten sein, dem EuGH eine Frage zur Vorabentscheidung vorzulegen.[109] Eine nicht zu unterschätzende faktische Bedeutung hat zudem die Finanzrechtsprechung, also in letzter Instanz der BFH. Dies liegt vornehmlich daran, dass

---

[102] *IDW* RS HFA 38, Rn. 14.
[103] *IDW* RS HFA 38, Rn. 14.
[104] *IDW* RS HFA 38, Rn. 15.
[105] Dazu auch *ADS* HGB § 252 Rn. 127 f.; BeBiKo/*Winkeljohann/Büssow* HGB § 252 Rn. 70; MüKoHGB/*Ballwieser* HGB § 243 Rn. 63–65.
[106] *ADS* HGB § 252 Rn. 126; BeBiKo/*Winkeljohann/Büssow* HGB § 252 Rn. 68.
[107] Bspw. *ADS* HGB § 253 Rn. 119; WP-HdB/*Gelhausen* Bd. 1 Kap. E Rn. 28; MüKoHGB/*Ballwieser* HGB § 246 Rn. 30 sowie umfassend *Bieg* Schwebende Geschäfte.
[108] Dazu im Einzelnen Palandt/*Sprau* Einl § 40 ff.
[109] Bekannt geworden ist die sog. Tomberger-Entscheidung, in der es um die Vereinbarkeit der vom BGH anerkannten phasengleichen Gewinnvereinnahmung (BGH WM 1976,12) mit europäischem Gemeinschafts-

die Finanzgerichte wesentlich häufiger als die ordentlichen Gerichte mit bilanzrechtlichen Fragen befasst sind. Ob auch die Finanzgerichte verpflichtet sind, dem EuGH Fragen zur Vorabentscheidung vorzulegen, ist umstritten.[110] Dies dürfte aber durch die Bedeutung der handelsrechtlichen GoB auch im Steuerbilanzrecht (Maßgeblichkeitsgrundsatz) zu bejahen sein, sofern die in Bezug genommenen handelsrechtlichen Regelungen auf europäischen Richtlinien beruhen.[111]

74 **bb) IDW.** Hinsichtlich ihrer faktischen Einflussnahme sind auch die Wissenschaft und der Berufsstand der Wirtschaftsprüfer zu nennen. Letzterer agiert üblicherweise über das Institut der Wirtschaftsprüfer e. V. (IDW). Das IDW veröffentlicht **Stellungnahmen zur Rechnungslegung (IDW RS),** zu deren Beachtung sich Mitglieder verpflichtet haben, da ihnen ansonsten bei Regressfällen, in einem Verfahren der Berufsaufsicht oder in einem Strafverfahren Nachteile drohen können, soweit die Abweichung nicht begründet ist.[112] Ferner gibt es IDW Rechnungslegungshinweise (IDW RH) heraus, deren Anwendung ebenfalls empfohlen wird, obgleich ihnen (aufgrund eines anderen Verabschiedungsverfahrens) nicht die gleiche Bindungswirkung zukommt, wie den Stellungnahmen zur Rechnungslegung.[113]

75 **cc) DRSC.** Schließlich ist an dieser Stelle auch das Deutsche Rechnungslegungs Standards Committee (DRSC) zu erwähnen, dass als privates Rechnungslegungsgremium durch Vertrag vom Bundesministerium der Justiz anerkannt wurde und in Einklang mit § 342 HGB insbesondere der **Entwicklung von Standards zur Anwendung der Grundsätze über die Konzernrechnungslegung** dienen soll. Im Schrifttum ist indessen die Auffassung zu finden, dass die weiter zu entwickelnden Grundsätze über die Konzernrechnungslegung über § 297 Abs. 2 HGB auch die im Rahmen der Aufstellung von Konzernabschlüssen zu beachtenden GoB umfassen, so dass den verabschiedeten Deutschen Rechnungslegungsstandards (DRS) auch eine Ausstrahlungswirkung auf die GoB für den Jahresabschluss zukommt.[114]

76 **c) Ansatz. aa) Abstrakte Bilanzierungsfähigkeit. (1) Grundlagen.** Es lassen sich die abstrakte und die konkrete Bilanzierungsfähigkeit unterscheiden. Die handelsbilanzrechtlichen Kriterien der **abstrakten Bilanzierungsfähigkeit** lassen sich dem Handelsbilanzrecht entnehmen. Nach § 242 Abs. 1 S. 1 HGB sind in die Bilanz nur Vermögensgegenstände und Schulden aufzunehmen. § 246 Abs. 1 S. 1 HGB ergänzt diesen Katalog um die Rechnungsabgrenzungsposten und § 247 Abs. 1 HGB um das Eigenkapital (Residualgröße). Demgemäß dürfen – bei abstrakter Betrachtungsweise – nur Vermögensgegenstände, Schulden, Rechnungsabgrenzungsposten und Eigenkapital Eingang in die Bilanz finden.

77 **(2) Vermögensgegenstand.** Der Begriff des Vermögensgegenstandes ist im Handelsbilanzrecht – auch wenn er an den unterschiedlichsten Stellen verwandt wird (§§ 240, 246 Abs. 1, 248 Abs. 2, 252, 253, 266 HGB) – nicht definiert und daher aus den GoB abzuleiten.[115] Im Einzelnen ist umstritten, was einen Vermögensgegenstand ausmacht. Gleichwohl wird nahezu einhellig die Auffassung vertreten, dass der Begriff des Vermögensgegenstandes im Sinn des Handelsbilanzrechts über den Begriff des Gegenstandes (bewegliche und unbewegliche Sachen und Rechte) im bürgerlich-rechtlichen Sinn hinausgeht.

---

recht ging (EuGH v. 27.6.1996 – C-234/94 = Waltraud Tomberger/Gebrüder von der Wettern GmbH, ZIP 1996, 1168 ff.).

[110] Zum Streitstand siehe die umfangreichen Nachweise aus dem Schrifttum und der Rechtsprechung bei Schmidt/*Weber-Grellet* EStG § 5 Rn. 3.

[111] Bei rein steuerlichen Vorschriften (zB § 6 EStG) verneint der BFH – wohl zutreffend – eine Vorlagepflicht; BFH BStBl. II 1998, S. 728 ff.

[112] IDW PS 201, Rn. 13.

[113] IDW PS 201, Rn. 14.

[114] BeBiKo/*Förschle* HGB § 342 Rn. 9; zum Thema auch Haufe HGB Bilanz Kommentar/*Knorr* HGB § 342 Rn. 14 ff.

[115] Haufe HGB Bilanz Kommentar/*Noodt* HGB § 246 Rn. 5; *ADS* HGB § 246 Rn. 9 f.

Dies ergibt sich zum einen aus § 266 Abs. 2 A. I. 2. HGB, wonach unter den immateriellen Vermögensgegenständen neben Rechten auch ähnliche Werte auszuweisen sind. Zum anderen ergibt sich diese Auslegung aus der **gebotenen wirtschaftlichen Interpretation des Vermögensgegenstandsbegriffs.** Nicht mehr unter den Begriff des Vermögensgegenstandes fallen hingegen vage Chancen, Gewinnerwartungen sowie flüchtige oder zweifelhafte Werte.[116] Unter Berücksichtigung der Zwecksetzungen des Handelsbilanzrechts sowie der GoB muss ein Vermögensgegenstand sich als wirtschaftlicher Wert konkretisieren lassen (Sache, Recht oder sonstiger wirtschaftlicher Wert), selbständig bewertbar (einzelobjektbezogene Zurechnung von Aufwendungen und Anwendung eines bestimmten Wertmaßstabes) und selbständig verwertbar sein (durch Veräußerung oder Verbrauch im Wege der Nutzung).[117]

(3) Schuld. Auch der Begriff Schulden ist nicht im Handelsbilanzrecht definiert worden. Der Gesetzgeber schreibt lediglich vor, dass der Jahresabschluss sämtliche Schulden zu enthalten hat (§ 246 Abs. 1 S. 1 HGB). Handelsbilanziell wird in Anlehnung an die §§ 249, 253 Abs. 1, 266 Abs. 3 HGB zwischen **Verbindlichkeiten und Rückstellungen** unterschieden. Daneben bestehen Eventualschulden, die als Haftungsverhältnisse unter der Bilanz anzugeben sind. Auch der handelsbilanzielle Begriff der Schulden geht – aufgrund der auch hier gebotenen wirtschaftlichen Interpretation – über den bürgerlich-rechtlichen Begriff des schuldrechtlichen Anspruchs hinaus. Schulden im Sinne des Handelsbilanzrechts sind gekennzeichnet durch (1) einen Leistungszwang gegenüber einem Dritten, dem sich der Kaufmann nicht entziehen kann, (2) einer wirtschaftlichen Belastung des Vermögens am Abschlussstichtag und (3) der Wahrscheinlichkeit der Inanspruchnahme.[118]

(4) Rechnungsabgrenzungsposten. Der Begriff des Rechnungsabgrenzungsposten wird in § 250 definiert. Nach § 250 Abs. 1 HGB sind als **Rechnungsabgrenzungsposten** auf der Aktivseite der Bilanz Ausgaben vor dem Abschlussstichtag auszuweisen, soweit sie Aufwand für eine bestimmte Zeit nach diesem Tag darstellen. Auf der Passivseite sind als Rechnungsabgrenzungsposten Einnahmen vor dem Abschlussstichtag auszuweisen, soweit sie Ertrag für eine bestimmte Zeit nach diesem Tag darstellen (§ 250 Abs. 2 HGB).

(5) Eigenkapital. Wie die Begriffe Vermögensgegenstand und Schulden ist auch der Begriff Eigenkapital **im Handelsbilanzrecht nicht definiert.** Die Bestandteile des Eigenkapitals sind in § 266 Abs. 3 A. HGB aufgeführt. Gemeinsames wesentliches Merkmal aller Eigenkapitalbestandteile ist aber, dass diese durch im Geschäftsbetrieb des Unternehmens verursachte Verluste aufgezehrt werden können.

bb) Konkrete Bilanzierungsfähigkeit. (1) Subjektive Zurechnung (wirtschaftliches Eigentum). Kann die abstrakte Bilanzierungsfähigkeit eines Geschäftsvorfalls bejaht werden, weil daraus ein Vermögensgegenstand, eine Schuld, ein Rechnungsabgrenzungsposten oder Eigenkapital resultiert, ist in einem zweiten Schritt die **konkrete Bilanzierungsfähigkeit** festzustellen, d. h. die Frage zu klären, ob der Vermögensgegenstand, die Schuld, der Rechnungsabgrenzungsposten oder der Eigenkapitalbestandteil in die Bilanz des Kaufmanns aufzunehmen ist.

Voraussetzung für die Bilanzierungsfähigkeit im konkreten Fall ist (konkrete Bilanzierungsfähigkeit), dass das Bilanzierungsobjekt dem Kaufmann auch zuzurechnen ist (subjektive oder auch personelle Zurechenbarkeit). Umgekehrt besteht für alle Bilanzierungsobjekte ein allgemeines Bilanzierungsverbot, die dem Kaufmann, der sie bilanzieren möchte, subjektiv nicht zuzurechnen sind. § 246 Abs. 1 S. 2 und 3 HGB regelt die subjektive Zurechnung von Vermögensgegenständen und Schulden. Bei Vermögensgegenständen ist

---

[116] BeBiKo/*Schubert*/*Krämer* HGB § 247 Rn. 10; *ADS* HGB § 246 Rn. 41; *Federmann* S. 198.
[117] *ADS* HGB § 246 Rn. 9 ff.; Haufe HGB Bilanz Kommentar/*Noodt* HGB § 246 Rn. 5; BeBiKo/*Schubert*/*Krämer* HGB § 247 Rn. 10; *Federmann* S. 196; MüKoHGB/*Ballwieser* HGB § 246 Rn. 16 f.
[118] Ausführlich BeBiKo/*Schubert* HGB § 247 Rn. 201 ff.; *ADS* HGB § 246 Rn. 102 ff.; MüKoHGB/*Ballwieser* HGB § 246 Rn. 75 ff.

danach **vorrangig das rechtliche Eigentum maßgebend.** Nur soweit das rechtliche und das wirtschaftliche Eigentum auseinander fallen, ist der Vermögensgegenstand subjektiv dem wirtschaftlichen Eigentümer zuzurechnen und bei diesem zu bilanzieren (§ 246 Abs. 1 S. 2 HGB). Demgegenüber sind Schulden nach § 246 Abs. 1 S. 3 HGB in die Bilanz des Schuldners aufzunehmen. Für Rechnungsabgrenzungsposten lassen sich die Anforderungen der subjektiven Zurechnung aus § 250 HGB entnehmen. Das Eigenkapital als rechnerische Residualgröße bedarf keiner subjektiven Zurechnung.

83 Soweit rechtliches und wirtschaftliches Eigentum auseinanderfallen, richtet sich die subjektive Zurechnung von Vermögensgegenständen nach dem **wirtschaftlichen Eigentum.** Der bisher nicht kodifizierte GoB der wirtschaftlichen Zurechnung wurde mit dem BilMoG in den § 246 Abs. 1 S. 2 HGB integriert, wobei die Vorschrift inhaltlich dem § 39 AO entspricht. Wirtschaftlicher Eigentümer ist grds. derjenige, der – ohne rechtlicher Eigentümer zu sein – die tatsächliche Sachherrschaft über einen Vermögensgegenstand in der Weise ausübt, dass er den nach dem bürgerlichen Recht Berechtigten wirtschaftlich dauerhaft – für die gewöhnliche Nutzungsdauer – von der Einwirkung auf den Vermögensgegenstand ausschließen kann. Dies ist idR derjenige, dem Besitz, Nutzen, Lasten und Gefahren (Preisgefahr im bürgerlich-rechtlichen Sinn) zukommen.[119] Im Einzelfall richtet sich die Frage nach dem Übergang des wirtschaftlichen Eigentums nach dem Gesamtbild der Verhältnisse.[120]

84 Nach Maßgabe des § 246 Abs. 1 S. 3 HGB sind dem Kaufmann alle im eigenen Namen eingegangenen Schulden subjektiv zuzurechnen und daher auch in seiner Bilanz zu passivieren. Das **Vorsichtsprinzip erfordert es, dass der rechtlich Verpflichtete stets bilanziert,** auch wenn möglicherweise ein Dritter die wirtschaftliche Belastung zu tragen hat. Gegebenenfalls vorhandene Ersatzansprüche sind – soweit die Voraussetzungen vorliegen – zu aktivieren. Eine Verrechnung mit den Verbindlichkeiten kommt nach § 246 Abs. 2 S. 1 HGB nicht in Betracht.[121]

85 (2) **Sachliche Zurechnung.** Die Frage der sachlichen Zurechnung – mithin die **Abgrenzung zwischen dem Privatvermögen und dem Betriebsvermögen** – hat insbesondere bei Einzelkaufleuten und Personenhandelsgesellschaften Bedeutung.[122] Einer Kapitalgesellschaft in der Rechtsform einer Aktiengesellschaft sind alle eingegangenen Rechtsgeschäfte und die daraus resultierenden Vermögensgegenstände oder Schulden sachlich zuzurechnen, soweit die Rechtsgeschäfte unter Beachtung der §§ 164 ff. BGB oder der §§ 78 ff. eingegangen worden sind; auf den wirtschaftlichen Zusammenhang mit dem Betrieb des Unternehmens kommt es nicht an, da eine Kapitalgesellschaft nicht über Privatvermögen verfügt.[123]

86 (3) **Zeitliche Zurechnung.** Bei der zeitlichen Zurechnung geht es um die Frage, **in welchem Geschäftsjahr (Rechnungslegungsperiode) ein Vermögensgegenstand oder eine Schuld in die Bilanz aufzunehmen ist** (zugeht) oder auszubuchen ist (abgeht). Auch hier ist in erster Linie auf den Erwerb des rechtlichen Eigentums an einem Vermögensgegenstand beziehungsweise die rechtliche Entstehung einer Verbindlichkeit abzustellen. Ungeachtet dessen ist auch hier eine wirtschaftliche Betrachtung vorzunehmen, beispielsweise bei bedingten, befristeten oder gestundeten Forderungen, bei der Erfüllung,

---

[119] *ADS* HGB § 246 Rn. 170 sowie 262 ff. mwN; BeBiKo/*Förschle/Ries* HGB § 246 Rn. 6 f.; MüKo-HGB/*Ballwieser* HGB § 246 Rn. 35 f. für Vermögensgegenstände und Rn. 75 f. für Schulden.
[120] Besondere Schwierigkeiten ergeben sich regelmäßig bei der Beurteilung von Treuhandverhältnissen, Leasingverhältnissen, Factoring, dinglichen Sicherungsgeschäften, Kommissionsgeschäften, Pensionsgeschäften, ABS-Transaktionen oder auch bei Nießbrauchverhältnissen.
[121] Haufe HGB Bilanz Kommentar/*Noodt* HGB § 246 Rn. 82. Weitergehende Bilanzierungsfragen ergeben sich für treuhänderisch eingegangene Verbindlichkeiten, für die Erfüllungsübernahme, für die Schuldübernahme (Schuldbeitritt) und in den Fällen der gesamtschuldnerischen Haftung.
[122] MüKoHGB/*Ballwieser* HGB § 246 Rn. 11 f. und 68; ausführlich *Federmann* S. 215 ff.
[123] MüKoHGB/*Ballwieser* HGB § 246 Rn. 11; BeBiKo/*Förschle/Ries* HGB § 246 Rn. 66 ff.; Haufe HGB Bilanz Kommentar/*Noodt* HGB § 246 Rn. 14.

Aufrechnung oder dem Erlass von Forderungen, bei bedingten Verbindlichkeiten, zur Klärung des Zeitpunktes der Umsatz- und Gewinnrealisierung, bei der Abgrenzung schwebender Geschäfte oder bei der Aktivierung von Gewinnansprüchen (phasengleiche Aktivierung).[124]

cc) Bilanzierungsverbot/Bilanzierungswahlrecht. (1) Bilanzierungsverbote. 87
Wenn die abstrakte und die konkrete Bilanzierungsfähigkeit feststehen, ist zu klären, ob der Gesetzgeber nicht ein Bilanzierungsverbot vorgesehen hat, das das Vollständigkeitsgebot durchbricht. § 246 Abs. 1 S. 1 HGB sieht demgemäß eine entsprechende Öffnungsklausel vor („… soweit gesetzlich nichts anderes bestimmt ist."). Es bestehen im **Handelsbilanzrecht die folgenden Bilanzierungsverbote:** § 248 Abs. 1 HGB normiert, dass in der Bilanz Aufwendungen für die Gründung eines Unternehmens, Aufwendungen für die Beschaffung von Eigenkapital und Aufwendungen für den Abschluss von Versicherungsverträgen nicht als Aktivposten aufgenommen werden dürfen. Für selbst geschaffene immaterielle Vermögensgegenstände des Anlagevermögens postuliert § 248 Abs. 2 S. 1 HGB ein Aktivierungswahlrecht, wobei § 248 Abs. 2 S. 2 HGB für selbst geschaffene Marken, Drucktitel, Verlagsrechte, Kundenlisten oder vergleichbare immaterielle Vermögensgegenstände des Anlagevermögens wiederum ein Bilanzierungsverbot vorsieht.[125] Ebenfalls einem Aktivierungsverbot unterliegt der selbst geschaffene Geschäfts- oder Firmenwert. Dies ergibt sich aus einem Umkehrschluss zu § 246 Abs. 1 S. 4 HGB.[126]

(2) Bilanzierungswahlrechte. Darüber hinaus enthält das Handelsbilanzrecht eine Reihe von Bilanzierungswahlrechten, die es in das Ermessen des Bilanzierenden stellen, einen Posten in die Bilanz aufzunehmen oder nicht, die also für bilanzpolitische Zwecke genutzt werden können. Bilanzierungswahlrechte werden seitens des Gesetzgebers deshalb eingeräumt, um dem Grundsatz der Wirtschaftlichkeit und Wesentlichkeit Rechnung zu tragen und an die Bilanzierung keine überspitzten Anforderungen zu stellen, die lediglich Scheingenauigkeiten nach sich ziehen. Mit der Bilanzrechtsmodernisierung war angestrebt, die Bilanzierungswahlrechte mit dem Ziel der besseren Vergleichbarkeit der handelsrechtlichen Jahresabschlüsse weitestgehend zu beseitigen. Dies ist jedoch nicht vollständig gelungen. Gegenwärtig **bestehen im Wesentlichen die folgenden Aktivierungswahlrechte:** § 248 Abs. 2 S. 1 HGB erlaubt die Aufnahme selbst geschaffener immaterieller Vermögensgegenstände des Anlagevermögens als Aktivposten in die Bilanz. Darüber hinaus besteht nach § 250 Abs. 3 S. 1 HGB ein Aktivierungswahlrecht, wenn der Erfüllungsbetrag einer Verbindlichkeit höher als der Ausgabebetrag ist (Disagio). § 274 Abs. 1 S. 2 HGB erlaubt den Ansatz aktiver latenter Steuern in der Bilanz. 88

Zu den **Passivierungswahlrechten** zählt insbesondere Artikel 28 Abs. 1 EGHGB, der es erlaubt, von einer Passivierung von Pensionsrückstellungen für Altzusagen (Zusagen vor dem 1. Januar 1987) und mittelbare Verpflichtungen aus einer Zusage für eine laufende Pension oder eine Anwartschaft auf eine Pension und ähnliche unmittelbare oder mittelbare Verpflichtungen abzusehen. Ein Passivierungswahlrecht enthält zudem § 58 Abs. 2a (Einstellungen in die Wertaufholungsrücklage). 89

Neben den Bilanzierungswahlrechten bestehen für bilanzpolitische Zwecke nutzbare **Beurteilungs- oder Ermessensspielräume.** Zu denken ist hier beispielsweise an die Abgrenzung zwischen aktivierungspflichtigen Herstellungskosten und sofort aufwandswirksam zu erfassendem Erhaltungsaufwand oder die Einschätzung des Eintritts oder des Wegfalls eines Rückstellungsgrundes. 90

---

[124] Haufe HGB Bilanz Kommentar/*Noodt* HGB § 246 Rn. 15; dazu auch *ADS* HGB § 246 Rn. 168 ff.
[125] § 248 Abs. 2 S. 2 HGB beruht auf Abgrenzungsschwierigkeiten zwischen Aufwendungen, die auf einen nicht aktivierbaren selbst geschaffenen Geschäfts- oder Firmenwert entfallen im Verhältnis zu Aufwendungen, die auf die in § 248 Abs. 2 S. 2 HGB aufgeführten Vermögensgegenstände aufgewandt werden.
[126] Zum Geschäfts- oder Firmenwert BeBiKo/*Schubert/F. Huber* HGB § 247 Rn. 400 ff.; Haufe HGB Bilanz Kommentar/*Wulf/Sackbrook* HGB § 266 Rn. 24 mwN.

91 **d) Bewertungsmaßstäbe. aa) Anschaffungskosten.** Die Anschaffungskosten (§ 255 Abs. 1 HGB) bilden den **zentralen Bewertungsmaßstab** für entgeltlich erworbene Vermögensgegenstände und stellen deren Zugangswert dar.[127] Zweck der Bewertung zu Anschaffungskosten ist es, den entgeltlichen Erwerb eines Vermögensgegenstandes – insoweit ist das Anschaffungskostenprinzip Ausfluss des Vorsichtsprinzips – erfolgsneutral abzubilden (Prinzip der Maßgeblichkeit der Gegenleistung), soweit die angefallenen Aufwendungen dem Anschaffungsvorgang direkt zurechenbar sind.[128] Gleichzeitig stellen die Anschaffungskosten die absolute Wertobergrenze – auch für Zwecke der Folgebewertung – dar.[129]

92 Gemäß § 255 Abs. 1 S. 1 HGB sind die **Anschaffungskosten** die Aufwendungen, die geleistet werden, um einen Vermögensgegenstand zu erwerben und ihn in einen betriebsbereiten Zustand zu versetzen, soweit sie dem Vermögensgegenstand einzeln zugeordnet werden können. Zu den Anschaffungskosten gehören auch die Nebenkosten sowie die nachträglichen Anschaffungskosten; Anschaffungspreisminderungen sind abzusetzen (§ 255 Abs. 1 S. 2 und 3 HGB).

93 **Anschaffungsnebenkosten** sind die dem erworbenen Vermögensgegenstand einzeln zurechenbaren Aufwendungen, die in einem unmittelbaren Zusammenhang mit dem Erwerb und/oder der erstmaligen Herstellung der Betriebsbereitschaft stehen.[130] Sie können unternehmensintern (bspw. mit eigenen Mitarbeitern durchgeführte Montage- und Fundamentierungsarbeiten) oder unternehmensextern (bspw. Provisionen, Courtagen, Kommissionskosten, Vermittlungs- und Maklergebühren oder Notariats-, Gerichts- oder Registerkosten) anfallen.[131] Nicht zu den Anschaffungsnebenkosten zählen hingegen Fremdkapitalzinsen, sie stehen nicht in unmittelbarem Zusammenhang mit dem Anschaffungs-, sondern mit dem begleitenden Finanzierungsvorgang.[132]

94 **Nachträgliche Anschaffungskosten** fallen erst nach dem Ende des eigentlichen Anschaffungsvorgangs (Anschaffungszeitpunkts) an.[133] Zu nennen sind bspw. nachträgliche Änderungen eines Kaufpreises, bspw. aufgrund gerichtlichen Urteils oder wenn die Höhe eines Kaufpreises letztlich von dem Eintritt bestimmter Bedingungen, bspw. dem Erreichen bestimmter Gewinngrenzen, abhängt.[134]

95 Unter die **Anschaffungspreisminderungen** fallen, auch wenn der Wortlaut dies nahe legt, nicht nur die Minderungen des eigentlichen Anschaffungspreises, sondern auch Reduzierungen der nachträglichen Anschaffungskosten und der Anschaffungsnebenkosten.[135] Anschaffungspreisminderungen liegen üblicherweise in Form von direkt zurechenbaren Rabatten, Skonti oder Boni vor.[136] Denkbar ist das Vorliegen von Anschaffungspreisminderungen aber auch im Fall von Zuwendungen der öffentlichen Hand (bspw. nicht rückzahlbare Investitionszuschüsse).[137]

96 **bb) Herstellungskosten.** Die Herstellungskosten (§ 255 Abs. 2, 2a, 3 HGB) kommen als Bewertungsmaßstab in Betracht, wenn die Aktiengesellschaft aktivierungspflichtige Vermögensgegenstände durch **Eigen- oder durch Werkleistungen beauftragter Dritter**

---

[127] BeBiKo/*Grottel*/*Gadek* HGB § 255 Rn. 1; *ADS* HGB § 255 Rn. 1; MüKoHGB/*Ballwieser* HGB § 255 Rn. 1.
[128] *ADS* HGB § 255 Rn. 5; MüKoHGB/*Ballwieser* HGB § 255 Rn. 1–3.
[129] BeBiKo/*Grottel*/*Gadek* HGB § 255 Rn. 1; *ADS* HGB § 255 Rn. 1; MüKoHGB/*Ballwieser* HGB § 255 Rn. 3.
[130] Näher BeBiKo/*Grottel*/*Gadek* HGB § 255 Rn. 70; ausführlich *ADS* HGB § 255 Rn. 21 ff. und MüKoHGB/*Ballwieser* HGB § 255 Rn. 25 ff.
[131] *ADS* HGB § 255 Rn. 22 ff. und 27 ff.; BeBiKo/*Grottel*/*Gadek* HGB § 255 Rn. 71 ff.
[132] Haufe HGB Bilanz Kommentar/*Waschbusch* HGB § 255 Rn. 63; *ADS* HGB § 255 Rn. 35 f.
[133] *ADS* HGB § 255 Rn. 40 ff.; BeBiKo/*Grottel*/*Gadek* HGB § 255 Rn. 75 ff.
[134] Baetge/Kirsch/Thiele/*Kahle* HGB § 255 Rn. 111.
[135] *ADS* HGB § 255 Rn. 49; Baetge/Kirsch/Thiele/*Kahle* HGB § 255 Rn. 121 f.; BeBiKo/*Grottel*/*Gladek* HGB § 255 Rn. 61.
[136] *ADS* HGB § 255 Rn. 50–32.
[137] BeBiKo/*Grottel*/*Gladek* HGB § 255 Rn. 114; *ADS* HGB § 255 Rn. 59.

Bilanzrecht 97–99 **Exkurs 2**

erstellt, erweitert oder wesentlich verbessert. Erfasst werden mithin Vorgänge der Neuschaffung von Vermögensgegenständen sowie der Erweiterung – d. h. der Vergrößerung oder der Substanzmehrung in Form einer Erweiterung der Nutzungsmöglichkeiten – und der wesentlichen Verbesserung vorhandener Vermögensgegenstände.[138]

Gemäß § 255 Abs. 2 S. 2 HGB sind sämtliche den hergestellten Vermögensgegenständen **97** **unmittelbar zurechenbaren Aufwendungen** zu aktivieren. Dazu gehören die Material(einzel)kosten, die Fertigungs(einzel)kosten, die Sonder(einzel)kosten der Fertigung sowie angemessene Teile der Materialgemeinkosten, der Fertigungsgemeinkosten und des Werteverzehrs des Anlagevermögens, soweit dieser durch die Fertigung veranlasst worden ist (§ 255 Abs. 2 S. 2 HGB). § 255 Abs. 2 S. 2 HGB normiert damit die sogenannte Herstellungskostenuntergrenze.[139] Gemeinkosten, die unabhängig von der Herstellung anfallen und damit Fixkostencharakter aufweisen, können wahlweise einbezogen werden. Insoweit sieht § 255 Abs. 2 S. 3 HGB vor, dass angemessene Teile der Kosten der allgemeinen Verwaltung sowie angemessene Aufwendungen für soziale Einrichtungen des Betriebs, für freiwillige soziale Leistungen und für die betriebliche Altersversorgung einbezogen werden dürfen, soweit diese auf den Zeitraum der Herstellung entfallen.[140] Fremdkapitalzinsen gehören nicht zu den Herstellungskosten (§ 255 Abs. 3 S. 1 HGB). Jedoch sieht § 255 Abs. 3 S. 2 HGB ein Wahlrecht vor, wonach Zinsen zumindest für das Fremdkapital aktiviert werden dürfen, das zur Finanzierung der Herstellung eines Vermögensgegenstandes verwendet wird, soweit sie auf den Zeitraum der Herstellung entfallen. Ebenso wenig dürfen Vertriebs- (Werbung, Marketing, Vertriebsnetz, Marktforschung, Lagerung und Transport fertiger Produkte etc.) und Forschungskosten aktiviert werden (§ 255 Abs. 2 S. 4 HGB).[141] Besonderheiten gelten hier aber nach § 255 Abs. 2a HGB für die im Zusammenhang mit der Entwicklung selbst geschaffener immaterieller Vermögensgegenstände des Anlagevermögens anfallenden Kosten.[142]

Die Herstellung beginnt nicht erst mit der Aufnahme des technischen Herstellungspro- **98** zesses. Vielmehr begründet bereits das erstmalige Anfallen von Aufwendungen, die in sachlichem und wirtschaftlichem Zusammenhang mit der Erstellung der Leistung stehen, den **Herstellungsbeginn**; mithin kann bereits der Entschluss zur Herstellung den frühest möglichen Zeitpunkt des Herstellungsbeginns bilden. Bei Vermögensgegenständen des Anlagevermögens endet der Herstellungsprozess, wenn der Vermögensgegenstand zur dauernden Nutzung entsprechend der Zweckbestimmung fähig ist. Die Herstellung eines Vermögensgegenstandes des Umlaufvermögens ist abgeschlossen, wenn dieser abgesetzt werden kann.[143]

cc) Beizulegender Wert und beizulegender Zeitwert. Der für das Anlagevermögen **99** in § 253 Abs. 3 HGB genannte beizulegende Wert kommt anstelle der historischen ggfs. fortgeführten Anschaffungs- oder Herstellungskosten zum Ansatz, wenn er aufgrund einer dauernden Wertminderung niedriger ist.[144] Der **beizulegende Wert** verfolgt – als Ausfluss

---

[138] *ADS* HGB § 255 Rn. 118; BeBiKo/*Grottel/Pastor* HGB § 255 Rn. 330; MüKoHGB/*Ballwieser* HGB § 255 Rn. 51.

[139] Vgl. zum Inhalt der einzelnen Herstellungskostenbestandteile nur *ADS* HGB § 255 Rn. 129 ff.; BeBiKo/*Grottel/Pastor* HGB § 255 Rn. 340 ff.; Haufe HGB Bilanz Kommentar/*Müller/Kreipl* HGB § 255 Rn. 101 ff.; MüKoHGB/*Ballwieser* HGB § 255 Rn. 55 ff.

[140] Zur Abgrenzung von Einzel- und Gemeinkosten BeBiKo/*Grottel/Pastor* HGB § 255 Rn. 347 ff.; Haufe HGB Bilanz Kommentar/*Müller/Kreipl* HGB § 255 Rn. 104 ff.

[141] Im Hinblick auf die Vertriebskosten stellt sich regelmäßig das Problem der Abgrenzung von den aktivierungspflichtigen Kosten der Auftragsvorbereitung, den aktivierungspflichtigen Kosten der Auftragserlangung und den Sondereinzelkosten des Vertriebs bei langfristiger Fertigung; dazu im Einzelnen BeBiKo/*Grottel/Pastor* HGB § 255 Rn. 454 ff.

[142] Zu den Herstellungskosten eines selbst geschaffenen immateriellen Vermögensgegenstandes des Anlagevermögens vgl. Haufe HGB Bilanz Kommentar/*Bertram* HGB § 255 Rn. 173 ff.; BeBiKo/*Grottel/Pastor* HGB § 255 Rn. 480 ff.

[143] Vgl. HGB Bilanz Kommentar/*Müller/Kreipl* HGB § 255 Rn. 100.

[144] Für den Sonderfall der Finanzanlagen im Sinn des § 266 Abs. 2 A. III. HGB siehe § 253 Abs. 3 S. 4 HGB.

des Vorsichtsprinzips – den Zweck, alle voraussichtlich dauerhaften Vermögensminderungen zum Bilanzstichtag zu erfassen. Die Ermittlung des beizulegenden Wertes richtet sich danach, ob die Vermögensgegenstände des Anlagevermögens für die weitere Fortführung des Unternehmens benötigt werden, mithin betriebsnotwendig sind. Ist dies zu bejahen, ist der beizulegende Wert anhand der Wiederbeschaffungs- oder Wiederherstellungskosten am Bilanzstichtag zu bemessen. Ist der zu beurteilende Vermögensgegenstand nicht betriebsnotwendig, richtet sich der beizulegende Wert nach dem Einzelveräußerungspreis am Bilanzstichtag. Existiert für Vermögensgegenstände weder ein Absatz- noch ein Beschaffungsmarkt – denkbar ist dies bei Beteiligungen, Nutzungsrechten oder Lizenzen – bildet der Ertragswert des Einnahmen-/Ausgabenüberschusses einen Anhaltspunkt für die Bemessung des beizulegenden Wertes.

100 Bei den Vermögensgegenständen des Umlaufvermögens hat ein feststellbarer Börsen- oder Marktpreis Vorrang vor dem beizulegenden Wert. Nur wenn ein objektiver und unternehmensunabhängiger Börsen- oder Marktpreis nicht festzustellen ist, besteht nach § 253 Abs. 4 S. 2 HGB die Notwendigkeit, den beizulegenden Wert durch eine **Orientierung am Beschaffungs- oder Absatzmarkt** des zu bewertenden Vermögensgegenstandes zu bestimmen. Beschaffungsmarktorientierung wird insbesondere bei den betriebsnotwendigen Roh-, Hilfs- und Betriebsstoffen oder betriebsnotwendigen Bauteilen angenommen. Die Absatzmarktorientierung (voraussichtlicher Veräußerungspreis abzüglich noch anfallender Aufwendungen) erfolgt bspw. bei fertigen und unfertigen Erzeugnissen (auch sog. verlustfreie Bewertung oder retrograde Wertermittlung).

101 Vom beizulegenden Wert ist der **beizulegende Zeitwert** (§ 255 Abs. 4 HGB) zu unterscheiden, der insbesondere für die Kreditwirtschaft (§ 340e Abs. 3 HGB)[145] sowie gemäß § 253 Abs. 1 S. 4 HGB für die Bewertung des sog. Planvermögens im Sinne des § 246 Abs. 2 S. 2 HGB relevant ist. § 255 Abs. 4 S. 1 HGB unterstellt, dass der beizulegende Zeitwert dem Marktpreis (auf einem aktiven Markt) entspricht. Der wesentliche Unterschied des beizulegenden Zeitwertes im Verhältnis zu den Anschaffungs- oder Herstellungskosten oder auch im Verhältnis zu dem beizulegenden Wert besteht darin, dass der beizulegende Zeitwert keine Bewertungsobergrenze in Form der erstmalig im Zugangszeitpunkt erfassten Anschaffungs- oder Herstellungskosten kennt. Vielmehr kann der beizulegende Zeitwert im Rahmen der Folgebewertung betragsmäßig durchaus über den im Zugangszeitpunkt erstmals erfassten beizulegenden Zeitwert hinaus gehen.[146] Besteht kein aktiver Markt, ist der beizulegende Zeitwert mit Hilfe allgemein anerkannter Bewertungsmethoden zu bestimmen (§ 255 Abs. 4 S. 2 HGB).

102 **dd) Erfüllungsbetrag.** § 253 Abs. 1 S. 2 Alt. 1 HGB schreibt vor, dass Verbindlichkeiten zu ihrem Erfüllungsbetrag anzusetzen sind. Der Erfüllungsbetrag ist der Betrag, der aufgebracht werden muss, um die **Verbindlichkeit im Erfüllungszeitpunkt zu begleichen,** mithin bei Geldleistungsverpflichtungen der Rückzahlungsbetrag und bei Sach- oder Dienstleistungsverpflichtungen der im Erfüllungszeitpunkt – unter Berücksichtigung künftiger Preis- und Kostensteigerungen – voraussichtlich aufzuwendende Geldbetrag.[147]

103 Rückstellungen sind nach § 253 Abs. 1 S. 2 Alt. 2 HGB in Höhe des **nach vernünftiger kaufmännischer Beurteilung notwendigen Erfüllungsbetrages** anzusetzen. Damit soll eine willkürliche Einschätzung unterbunden und der Bilanzierungspflichtige auf die Fälle des Vorliegens hinreichend objektiver Hinweise auf künftige Kosten- und Preissteigerungen

---

[145] § 340e Abs. 3 HGB schreibt der Kreditwirtschaft vor, dass Finanzinstrumente des Handelsbestandes zum beizulegenden Zeitwert abzüglich eines Risikoabschlages zu bewerten sind.

[146] Die hierdurch entstehenden „unrealisierten Gewinne" – unrealisiert, weil nur auf einem Bewertungsvorhang beruhend und nicht auf einem Veräußerungsvorgang – sind ausschüttungsgesperrt (§ 268 Abs. 8 HGB), können also nicht im Wege der Gewinnverwendung an die Aktionäre ausgekehrt werden. Dies gilt aber nicht im Fall des § 340e Abs. 3 S. 1 HGB. Surrogat der Ausschüttungssperre bilden hier der Risikoabschlag und der Fonds für allgemeine Bankrisiken nach § 340e Abs. 4 HGB.

[147] BT-Drs. 16/10067, 52.

beschränkt werden.[148] Zudem ist der Erfüllungsbetrag mit dem durchschnittlichen Marktzinssatz der vergangenen sieben Geschäftsjahre abzuzinsen (§ 253 Abs. 2 S. 1 HGB).[149]

e) **Konzeption der Zugangs- und Folgebewertung. aa) Grundlagen.** Die Bewertung der Vermögensgegenstände und Schulden ist unter Beachtung der GoB nach den §§ 253–256a HGB vorzunehmen. Ausgangspunkt ist § 253 HGB. Dort wird zwischen der **Bewertung im Zugangszeitpunkt (Zugangsbewertung) und der Bewertung in den Folgeperioden (Folgebewertung)** und innerhalb der Folgebewertung zwischen der Folgebewertung des Anlagevermögens auf der einen Seite und der Folgebewertung des Umlaufvermögens auf der anderen Seite unterschieden. 104

Nach § 247 Abs. 2 HGB sind beim Anlagevermögen nur Vermögensgegenstände auszuweisen, die bestimmt sind, dem Geschäftsbetrieb dauernd zu dienen. Im Umkehrschluss bedeutet dies, dass **alle Vermögensgegenstände, die nicht dem Anlagevermögen zuzuordnen sind, zum Umlaufvermögen gehören,** soweit das Handelsbilanzrecht nicht etwas anderes normiert.[150] Wann ein Vermögensgegenstand dazu bestimmt ist, dem Geschäftsbetrieb dauernd zu dienen, richtet sich nach dessen Art bzw. typischer Nutzung (objektive Komponente) und dem Willen des Kaufmanns (subjektive Komponente).[151] Damit ein Vermögensgegenstand dem Anlagevermögen zugerechnet wird, muss er so in die Betriebsabläufe eingegliedert sein, dass seine Zweckbestimmung in der dauerhaften und wiederholten betrieblichen Nutzung besteht.[152] 105

bb) **Zugangsbewertung.** Die **Zugangsbewertung der Vermögensgegenstände** bestimmt sich nach § 253 Abs. 1 S. 1 und 4 HGB. Nach § 253 Abs. 1 S. 1 HGB sind Vermögensgegenstände – gleichgültig ob Anlage- oder Umlaufvermögen – höchstens mit den Anschaffungs- oder Herstellungskosten anzusetzen. Als Ausnahme von diesem Grundsatz sieht § 253 Abs. 1 S. 4 HGB für nach § 246 Abs. 2 S. 2 HGB zu verrechnende Vermögensgegenstände vor, dass diese mit dem beizulegenden Zeitwert zu bewerten sind. 106

Die **Zugangsbewertung der Schulden** – diese setzen sich zusammen aus Verbindlichkeiten und Rückstellungen – bestimmt sich nach § 253 Abs. 1 S. 2 HGB. Danach sind Verbindlichkeiten zu ihrem Erfüllungsbetrag und Rückstellungen in Höhe des nach vernünftiger kaufmännischer Beurteilung notwendigen Erfüllungsbetrages anzusetzen. 107

cc) **Folgebewertung. (1) Folgebewertung des Anlagevermögens. (a) Planmäßige Abschreibung.** Bei **Vermögensgegenständen des Anlagevermögens, deren Nutzung zeitlich begrenzt ist,** sind die Anschaffungs- oder die Herstellungskosten um planmäßige Abschreibungen zu vermindern (§ 253 Abs. 3 S. 1 HGB). Von der Verpflichtung zur planmäßigen Abschreibung gleichermaßen umfasst sind der entgeltlich erworbene Geschäfts- oder Firmenwert[153] (§ 246 Abs. 1 S. 4 HGB) und – im Fall der entsprechenden Ausübung des Aktivierungswahlrechts – die selbst geschaffenen immateriellen Vermögensgegenstände des Anlagevermögens[154] (§ 248 Abs. 2 HGB). 108

---

[148] BT-Drs. 16/10067, 52.
[149] Das Gleiche gilt für auf Rentenverpflichtungen beruhende Verbindlichkeiten, für die eine Gegenleistung nicht mehr zu erwarten ist (§ 253 Abs. 2 S. 3 HGB). Zudem enthält § 253 Abs. 2 S. 2 HGB eine Vereinfachungsvorschrift für Rückstellungen für Altersversorgungsverpflichtungen oder vergleichbare langfristig fällige Verpflichtungen, die pauschal mit dem durchschnittlichen Marktzinssatz abgezinst werden dürfen, der sich bei einer angenommenen Restlaufzeit von 15 Jahren ergibt.
[150] Zur Umgliederung vom Anlage- in das Umlaufvermögen und umgekehrt vgl. Haufe HGB Bilanz Kommentar/*Bertram* HGB § 247 Rn. 19 oder ausführlicher *ADS* HGB § 247 Rn. 102 ff.; BeBiKo/*Schubert/ F. Huber* HGB § 247 Rn. 350 ff.
[151] *ADS* HGB § 247 Rn. 113.
[152] BeBiKo/*Schubert/F. Huber* HGB § 247 Rn. 354; MüKoHGB/*Ballwieser* HGB § 247 Rn. 14.
[153] Ein sich hier stellendes praktisches Problem ist die Ermittlung der individuellen betrieblichen Nutzungsdauer, denn eine einfache Angleichung der Abschreibungsdauer an die Vorgabe des § 7 Abs. 1 S. 3 EStG (15 Jahre) kommt jedenfalls ohne entsprechende Erläuterung (§ 285 Nr. 13 HGB) nicht in Frage.
[154] Für Zwecke der Ermittlung einer Nutzungsdauer können die in dem zwischenzeitlich aufgehobenen DRS 12 genannten Kriterien hilfreich sein.

109 Der **Abschreibungsplan,** der dem Grundsatz der Bewertungsstetigkeit unterliegt, muss die Anschaffungs- oder Herstellungskosten gemäß § 253 Abs. 3 S. 2 HGB auf die Geschäftsjahre verteilen, in denen der Vermögensgegenstand voraussichtlich genutzt werden kann.[155] Wesentliche Elemente des Abschreibungsplans sind die voraussichtliche Nutzungsdauer des abnutzbaren Vermögensgegenstandes und die anzuwendende Abschreibungsmethode. Maßgebend für die Bestimmung der voraussichtlichen Nutzungsdauer sind Erfahrungs- oder Branchenwerte. Denkbar ist – jedoch beschränkt durch das handelsrechtliche Vorsichtsprinzip – auch eine Anlehnung an die AfA-Tabellen. Die angewandte Abschreibungsmethode muss den tatsächlichen Wertminderungsverlauf des Vermögensgegenstandes berücksichtigen.[156] Als GoB-konform anerkannt sind die lineare Abschreibung (jährlich gleicher Abschreibungsbetrag), die geometrisch oder arithmetisch degressive Abschreibung (jährlich sinkender Abschreibungsbetrag), die progressive Abschreibung (jährlich steigender Abschreibungsbedarf) und die Leistungsabschreibung (Abschreibungsbetrag hängt von der Höhe der jährlichen Leistungsabgabe des Vermögensgegenstandes ab), wobei die lineare Abschreibung in der Praxis am gebräuchlichsten ist.[157]

110 Handelsrechtlich besteht zudem die Möglichkeit, **geringwertiges, abnutzbares Anlagevermögen** (steuerlich geringwertige Wirtschaftsgüter) sofort ergebniswirksam oder planmäßig abzuschreiben. Daneben wird es – in Parallele zu den steuerlichen Regelungen, für zulässig erachtet, Vermögensgegenstände, die einen Wert von € 150,00 (netto) übersteigen, aber den Wert von € 1.000,00 (netto) unterschreiten, in einem Sammelposten zusammen zu fassen und diesen Sammelposten ab dem Jahr der Bildung jeweils um ein Fünftel gewinnmindernd aufzulösen.[158]

111 **(b) Außerplanmäßige Abschreibung.** Neben den Vermögensgegenständen des Anlagevermögens mit zeitlich begrenzter Nutzungsdauer weist der handelsrechtliche Jahresabschluss üblicherweise auch Vermögensgegenstände des Anlagevermögens mit zeitlich unbegrenzter Nutzungsdauer auf (zu nennen sind hier insbesondere Grundstücke). Letztere unterliegen naturgemäß keiner planmäßigen Abschreibung. Beide können hingegen außerplanmäßig abzuschreiben sein. Entsprechend schreibt § 253 Abs. 3 S. 3 HGB ohne Rücksicht darauf, ob die Nutzung zeitlich begrenzt ist, vor, dass bei voraussichtlich dauernder Wertminderung außerplanmäßige Abschreibungen vorzunehmen sind,[159] um die Vermögensgegenstände mit dem niedrigeren Wert anzusetzen, der ihnen am Abschlussstichtag beizulegen ist **(sog. gemildertes Niederstwertprinzip).**

---

[155] Grundsätzlich werden die Anschaffungs- oder Herstellungskosten vollständig über die voraussichtliche Nutzungsdauer verteilt. Ist hingegen davon auszugehen, dass ein (nicht unwesentlicher) Restwert verbleibt, muss dieser vor der Verteilung von den Anschaffungs- oder Herstellungskosten abgezogen werden, so dass sich das planmäßig abzuschreibende Volumen verringert. So auch *ADS* HGB § 253 Rn. 415; MüKoHGB/*Ballwieser* HGB § 253 Rn. 20.

[156] Nach dem Bilanzrichtlinien-Umsetzungsgesetz (BilRUG), BGBl. 2015 I S. 1245, wird vorgeschrieben, dass immaterielle Vermögensgegenstände des Anlagevermögens und Geschäfts- oder Firmenwerte, deren Nutzungsdauer nicht verlässlich geschätzt werden kann, in zehn Jahren planmäßigen abzuschreiben sind (§ 253 Abs. 3 Satz 3 und 4 HGB). Darin liegt eine Erleichterung im Verhältnis zur bisherigen Rechtslage, wonach zu begründen war, weswegen über einen Zeitraum von mehr als fünf Jahren planmäßig abgeschrieben werden soll (§ 285 Nr. 13 HGB). Die Vorschrift findet nach Art. 75 Abs. 4 Satz 1 und 2 EGHGB erstmals für ab dem 31. Dezember 2015 aktivierte immaterielle Vermögensgegenstände des Anlagevermögens bzw. Geschäfts- oder Firmenwerte, die aus nach dem 31. Dezember 2015 begonnenen Erwerbsvorgängen herrühren, Anwendung.

[157] Im Zusammenhang mit der planmäßigen Abschreibung von Vermögensgegenständen ist – in Anlehnung an die Praxis der IFRS – die komponentenweise Abschreibung eines Vermögensgegenstandes in der Diskussion, um auf diese Weise den tatsächlichen Wertminderungsverlauf besser abbilden zu können. Dazu im Einzelnen *IDW* RH HFA 1.016.

[158] So auch der HFA des IDW, der den Sammelposten im handelsrechtlichen Jahresabschluss nur für zulässig erachtet, wenn er insgesamt untergeordnete Bedeutung hat; *IDW* FN 2007, 506; näher MüKoBilR/*Suchan* HGB § 268 Rn. 45.

[159] Diese sind gemäß § 277 Abs. 3 HGB in der Gewinn- und Verlustrechnung gesondert auszuweisen.

Zur Klärung der Frage, ob eine **voraussichtlich dauernde Wertminderung** vorliegt, 112
ist auf die Art des zu beurteilenden Vermögensgegenstandes abzustellen.[160] Bei Vermögensgegenständen des abnutzbaren Anlagevermögens ist eine dauernde Wertminderung üblicherweise anzunehmen, wenn der beizulegende Wert am Bilanzstichtag voraussichtlich während eines erheblichen Teils der Restnutzungsdauer – üblicherweise die halbe Restnutzungsdauer, teilweise beschränkt auf fünf Jahre[161] – unter dem planmäßigen Restbuchwert liegt.[162] Im nicht abnutzbaren Anlagevermögen sind hingegen strengere Grundsätze anzuwenden, da hier ein möglicher Bewertungsfehler nicht im Zeitablauf über die planmäßige Abschreibung korrigiert wird.[163]

Für **Finanzanlagen (§ 266 Abs. 2 A. III. HGB)** können außerplanmäßige Abschreibungen nach § 253 Abs. 3 S. 4 HGB auch bei voraussichtlich nicht dauernder – also nur vorübergehender – Wertminderung vorgenommen werden. Dieses Bewertungswahlrecht unterliegt aber dem Stetigkeitsgrundsatz, kann also nicht für Ergebnisglättungen herangezogen werden.[164]

§ 253 Abs. 5 S. 1 HGB enthält ein umfassendes **Wertaufholungsgebot** für außerplanmäßige Abschreibungen auf Vermögensgegenstände des Anlagevermögens. Ein niedriger Wertansatz nach § 253 Abs. 3 S. 3 oder 4 HGB darf danach nicht beibehalten werden, wenn die Gründe dafür nicht mehr bestehen. Dabei genügt ein teilweiser Wegfall des Grundes für die vorgenommene Abschreibung, um eine zumindest teilweise Wertaufholung auszulösen. Ein niedriger Wertansatz eines entgeltlich erworbenen Geschäfts- oder Firmenwertes ist hingegen beizubehalten (§ 253 Abs. 5 S. 2 HGB).

(2) Folgebewertung des Umlaufvermögens. Die Folgebewertung der Vermögensgegenstände des Umlaufvermögens richtet sich nach § 253 Abs. 4 HGB. Eine Fortführung der Anschaffungs- oder Herstellungskosten mittels planmäßiger Abschreibung besteht hier nicht. Bei Vermögensgegenständen des Umlaufvermögens gilt nach § 253 Abs. 4 S. 1 HGB, dass auf diese Abschreibungen vorzunehmen sind, um sie mit einem niedrigeren Wert anzusetzen, der sich aus einem Börsen- oder Marktpreis am Abschlussstichtag ergibt. Ist ein Börsen- oder Marktpreis nicht festzustellen und übersteigen die Anschaffungs- oder Herstellungskosten den Wert, der den Vermögensgegenständen am Abschlussstichtag beizulegen ist, so ist auf diesen Wert abzuschreiben (§ 253 Abs. 4 S. 2 HGB). Dieses unter dem Begriff des **strengen Niederstwertprinzips** bekannte Bewertungsprinzip gilt für alle Vermögensgegenstände des Umlaufvermögens.

Aus der Systematik des § 253 Abs. 4 S. 2 HGB ergibt sich, dass der **Börsen- oder Markt-** 116
preis vorrangig zu berücksichtigen ist. Nur wenn ein Börsen- oder Marktpreis nicht besteht, ist der beizulegende Wert heranzuziehen.[165] Unter dem Börsenpreis ist der Kurs zu verstehen, der an einer amtlich anerkannten Börse am Abschlussstichtag festgestellt wird.[166] Der Marktpreis ist derjenige Preis, der an einem Handelsplatz für Waren einer bestimmten Gattung von durchschnittlicher Art und Güte zu einem bestimmten Zeitpunkt bezahlt wird.[167]

---

[160] *ADS* HGB § 253 Rn. 476 ff.; MüKoHGB/*Ballwieser* HGB § 255 Rn. 51 f.; BeBiKo/*Schubert/Roscher/Andrejewski* HGB § 253 Rn. 312.
[161] BeBiKo/*Schubert/Roscher/Andrejewski* HGB § 253 Rn. 312 f.; *Küting* DB 2005, 1121 (1125).
[162] BeBiKo/*Schubert/Roscher/Andrejewski* HGB § 253 Rn. 312 f.
[163] HdR/*Brösel/Olbrich* HGB § 253 Rn. 598; Haufe HGB Bilanz Kommentar/*Bertram/Kessler* HGB § 253 Rn. 223.
[164] Haufe HGB Bilanz Kommentar/*Bertram/Kessler* HGB § 253 Rn. 290.
[165] Zu beachten ist in diesem Zusammenhang, dass der Börsen- oder Marktpreis nicht den unmittelbaren anzuwendenden Vergleichswert darstellt. In § 253 Abs. 4 S. 1 HGB heißt es, dass der niedrigere Wert anzusetzen ist, der sich aus einem Börsen- oder Marktpreis ergibt. Nach einhelliger Auffassung erfolgt die Ableitung, aus dem Börsen- oder Marktpreis durch Berücksichtigung der Transaktionskosten. Bei einer beschaffungsmarktorientierten Bewertung sind diese hinzuzurechnen, bei einer absatzmarktorientierten Bewertung hingegen abzuziehen. So auch Baetge/Thiele/Kirsch/Thiele/Prigge HGB § 253 Rn. 398.
[166] BeBiKo/*Schubert/Roscher* HGB § 253 Rn. 511; *ADS* HGB § 253 Rn. 504. Darunter fallen auch der Freiverkehr oder ausländische Börsen.
[167] BeBiKo/*Schubert/Roscher* HGB § 253 Rn. 512; *ADS* HGB § 253 Rn. 508.

Exkurs 2 117–121

117 Für den im Gesetz nicht definierten und nachrangig heranzuziehenden **beizulegenden Wert** gelten die vorhergehenden Ausführungen entsprechend. Eine weitere Besonderheit bei der Bestimmung des beizulegenden Wertes eines Vermögensgegenstandes des Umlaufvermögens besteht darin, dass diese beschaffungs- oder absatzmarktorientiert erfolgt.[168] Die Orientierung am Beschaffungsmarkt stellt auf die Ermittlung der Wiederbeschaffungskosten ab, wobei Anschaffungsnebenkosten und Anschaffungskostenminderungen zu berücksichtigen sind.[169] Der Orientierung am Absatzmarkt liegt das Prinzip der verlustfreien Bewertung zugrunde.[170] Die Grundidee besteht darin, einen Nettoverkaufspreis für den zu bewertenden Vermögensgegenstand des Umlaufvermögens zum Bilanzstichtag zu ermitteln, der den Betrag zum Ausdruck bringt, mit dessen Zufluss aus der Verwertung des Vermögensgegenstandes am Bilanzstichtag mindestens zu rechnen ist.[171] Bei Handelswaren werden der Beschaffungs- und der Absatzmarkt herangezogen (sog. doppelte Maßgeblichkeit).[172]

118 (3) **Folgebewertung der Schulden.** Für die Folgebewertung der Schulden – Verbindlichkeiten und Rückstellungen – gilt, dass der Erfüllungsbetrag zu jedem Bilanzstichtag neu zu ermitteln ist.

119 **2. Die einzelnen Informationsinstrumente der Rechnungslegung. a) Bestandteile und Zielsetzung des Jahresabschlusses.** Der Vorstand einer Aktiengesellschaft hat einen **Jahresabschluss und einen – davon zu trennenden – Lagebericht** aufzustellen (§ 264 Abs. 1 S. 1 HGB). Der Jahresabschluss besteht aus der Bilanz, der Gewinn- und Verlustrechnung und dem Anhang sowie – soweit die Aktiengesellschaft nicht zur Aufstellung eines Konzernabschlusses verpflichtet und kapitalmarktorientiert (§ 264d HGB) ist – einer Kapitalflussrechnung, einem Eigenkapitalspiegel und fakultativ einem Segmentbericht (§ 264 Abs. 1 S. 2 HGB).

120 Das **Zusammenwirken der Jahresabschlussbestandteile** – insbesondere von Bilanz, Gewinn- und Verlustrechnung und Anhang – ist darauf ausgerichtet, den Abschlussadressaten ein den tatsächlichen Verhältnissen entsprechendes Bild der Vermögens-, Finanz- und Ertragslage zu vermitteln (§ 264 Abs. 2 S. 1 HGB). Dies ist grundsätzlich der Fall, wenn der Jahresabschluss unter Berücksichtigung der gesetzlichen Vorschriften aufgestellt worden ist. Führen besondere Umstände (ausnahmsweise) dazu, dass der Jahresabschluss ein den tatsächlichen Verhältnissen entsprechendes Bild der Vermögens-, Finanz- und Ertragslage nicht vermittelt, so sind im Anhang zusätzliche Angaben zu machen, um dieses Ziel zu erreichen (§ 264 Abs. 2 S. 2 HGB).

121 **b) Jahresabschlussbestandteile im Einzelnen. aa) Bilanz. (1) Grundlagen.** Die Bilanz stellt das **Verhältnis des Vermögens und der Schulden** zum Schluss (Bilanzstichtag) des maximal zwölf Monate (§ 240 Abs. 2 S. 2 HGB) dauernden Geschäftsjahres dar (§§ 242 Abs. 1 S. 1, 264 Abs. 2 S. 1 HGB), dient also vorrangig der (statischen) Darstellung der Vermögenslage im Sinn des § 264 Abs. 2 S. 1 HGB zu einem bestimmten Zeitpunkt. Welche Vermögensgegenstände wo auf der Aktivseite der Bilanz auszuweisen sind, lässt sich § 266 Abs. 2 HGB entnehmen. Nach § 266 Abs. 1 S. 2 HGB haben große und mittelgroße Kapitalgesellschaften auf der Aktivseite der in Kontoform aufzustellenden Bilanz (§ 266 Abs. 1 S. 1 HGB) die in § 266 Abs. 2 HGB und auf der Passivseite die in § 266 Abs. 3 HGB bezeichneten Posten gesondert und in der vorgeschriebenen Reihenfolge auszuweisen. Die Bilanzgliederung orientiert sich auf der Aktivseite vorrangig an der Liquidierbarkeit der Bilanzposten im Leistungsprozess.

---

[168] *ADS* HGB § 253 Rn. 488; ausführlich dazu BeBiKo/*Schubert/Roscher* HGB § 253 Rn. 516 ff. und Haufe HGB Bilanz Kommentar/*Bertram/Kessler* HGB § 253 Rn. 279 ff.
[169] Haufe HGB Bilanz Kommentar/*Bertram/Kessler* HGB § 253 Rn. 277; BeBiKo/*Schubert/Roscher* HGB § 253 Rn. 518.
[170] *ADS* HGB § 253 Rn. 495.
[171] Haufe HGB Bilanz Kommentar/*Bertram/Kessler* HGB § 253 Rn. 278; BeBiKo/*Schubert/Roscher* HGB § 253 Rn. 519.
[172] BeBiKo/*Schubert/Roscher* HGB § 253 Rn. 519; Haufe HGB Bilanz Kommentar/*Bertram/Kessler* HGB § 253 Rn. 276; *ADS* HGB § 253 Rn. 514.

(2) Anlagevermögen. (a) Immaterielle Vermögensgegenstände. § 266 Abs. 2 A. **122**
HGB unterscheidet **drei Arten von Vermögensgegenständen des Anlagevermögens**, nämlich die immateriellen Vermögensgegenstände (§ 266 Abs. 2 A. I. HGB), die Sachanlagen (§ 266 Abs. 2 A. II. HGB) und die Finanzanlagen (§ 266 Abs. 2 A. III. HGB). Die Unterscheidung orientiert sich am Einsatz der Vermögensgegenstände, nämlich ob die Mittel im Unternehmen oder außerhalb des Unternehmens eingesetzt werden.[173]

Die **immateriellen Vermögensgegenstände** umfassen selbst geschaffene gewerbliche **123** Schutzrechte und ähnliche Rechte und Werte (§ 266 Abs. 2 A. I. 1. HGB), entgeltlich erworbene Konzessionen, gewerbliche Schutzrechte und ähnliche Rechte sowie Lizenzen an solchen Rechten und Werten (§ 266 Abs. 2 A. I. 2. HGB), den entgeltlich (derivativ) erworbenen Geschäfts- oder Firmenwert (§ 266 Abs. 2 A. I. 3. HGB)[174] sowie (auf immaterielle Vermögensgegenstände) geleistete Anzahlungen (§ 266 Abs. 2 A. I. 4. HGB).[175]

Zu den **immateriellen Vermögensgegenständen gehören** bspw. gewerbliche Be- **124** triebs- und Verkehrsgenehmigungen (Konzessionen), Patente, Warenzeichen, Gebrauchsmuster, Geschmacksmuster, Verlagsrechte und Urheberrechte (gewerbliche Schutzrechte), Mietrechte, Pachtrechte, Bohrrechte, sonstige Nutzungsrechte mit gesicherter Rechtsposition, Belieferungsrechte, ungeschützte Erfindungen, Know-how oder auch Rezepte, ungeschützte Prototypen oder ungeschützte Computersoftware (ähnliche Rechte und Werte).[176] Lizenzen an solchen Rechten und Werten sind Berechtigungen, diese Rechte oder Werte gegen Entgelt zu nutzen.[177]

Als **Abgrenzungskriterium** immaterieller Vermögensgegenstände dient üblicherweise **125** das Vorhanden- oder Nichtvorhandensein greifbarer Substanz. Immaterielle Vermögensgegenstände sind all diejenigen Vermögensgegenstände, die weder physisch vorhanden noch – in Abgrenzung zu den Finanzanlagen des Anlagevermögens – monetär sind.[178]

(b) Sachanlagen. Sachanlagen sind alle **beweglichen oder unbeweglichen Ver- 126 mögensgegenstände, die physisch fassbar sind.** Zudem lassen sich die Sachanlagen – was für die Frage der Bewertung von Bedeutung ist – in nicht abnutzbare und abnutzbare Vermögensgegenstände einteilen. Nach § 266 Abs. 2 A. II. HGB müssen innerhalb der Sachanlagen die Grundstücke, grundstücksgleichen Rechte und Bauten einschließlich der Bauten auf fremdem Grund (§ 266 Abs. 2 A. II. 1. HGB), technische Anlagen und Maschinen (§ 266 Abs. 2 A. II. 2. HGB), andere Anlagen sowie Betriebs- und Geschäftsausstattung

---

[173] Dazu BeBiKo/*Förschle*/*Usinger* HGB § 248 Rn. 10 ff. sowie MüKoBilR/*Suchan* HGB § 266 Rn. 19.
[174] § 266 Abs. 2 A. I. 3. HGB erfasst nicht den selbst geschaffenen (originären) Geschäfts- oder Firmenwert. Der selbst geschaffene Geschäfts- oder Firmenwert enthält die Wertkomponenten, denen keine Vermögensgegenstandseigenschaft zukommt, die aber gleichwohl zum Wert des Unternehmens beitragen (sog. geschäftswertbildende Faktoren), wie zB das Know-how der Mitarbeiter, Kundenstamm, Wettbewerbsvorteile oder Managementqualitäten; vgl. dazu auch Haufe HGB Bilanz Kommentar/*Wulf*/*Sackbrook* HGB § 266 Rn. 24. Praktische Probleme ergeben sich aus der Abgrenzung der geschäftswertbildenden Faktoren von den zu aktivierenden immateriellen Vermögensgegenständen.
[175] Zu den immateriellen Vermögensgegenständen gehören auch die selbst geschaffenen immateriellen Vermögensgegenstände des Anlagevermögens, für die § 248 Abs. 2 S. 1 HGB ein Aktivierungswahlrecht vorsieht. Zu den damit einhergehenden Problemen vgl. nur MüKoBilR/*Suchan* HGB § 266 Rn. 20 mwN; BeBiKo/*Förschle*/*Usinger* HGB § 248 Rn. 10 ff.; Haufe HGB Bilanz Kommentar/*Bertram* HGB § 248 Rn. 10 ff.
[176] *ADS* HGB § 266 Rn. 28; MöKoBilR/*Suchan* HGB § 266 Rn. 22; BeBiKo/*Schubert*/*F. Huber* HGB § 266 Rn. 60.
[177] Zu beachten ist, dass eine Lizenz nur dann zu aktivieren ist, wenn ihre Gewährung für einen bestimmten Zeitraum gegen Einmalzahlung erfolgt ist. Im Fall laufender Lizenzzahlungen bei ausgeglichenem Vertragsverhältnis liegt ein nicht bilanzierbares schwebendes Geschäft vor; so auch Haufe HGB Bilanz Kommentar/*Wulf*/*Sackbrook* HGB § 266 Rn. 31.
[178] Haufe HGB Bilanz Kommentar/*Wulf*/*Sackbrook* HGB § 266 Rn. 22 f. Im Detail können sich erhebliche Abgrenzungsschwierigkeiten zwischen den immateriellen und den materiellen (physisch vorhandenen) Vermögensgegenständen ergeben, weil häufig materielle und immaterielle Komponenten zusammengefasst (funktionale Einheit) werden (bspw. die Steuerungssoftware einer Maschine). Bedeutung gewinnt hier die Frage, welcher Komponente nur eine untergeordnete (unwesentliche) Bedeutung zukommt, weil sie beispielsweise nur Transport-, Dokumentation-, Speicherungs- oder Lagerungszwecken dient.

(§ 266 Abs. 2 A. II. 3. HGB) und geleistete Anzahlungen und Anlagen im Bau (§ 266 Abs. 2 A. II. 4. HGB) ausgewiesen werden.

127 Unter dem Posten „Grundstücke, grundstücksgleiche Rechte und Bauten (Gebäude und andere Bauwerke) einschließlich der Bauten auf fremdem Grund" (§ 266 Abs. 2 A. II. 1. HGB) wird das gesamte dauernd dem Geschäftsbetrieb dienende Grundvermögen des Unternehmens (unbebaute und bebaute Grundstücke) ausgewiesen.[179] Unter den Begriff der grundstücksgleichen Rechte – dinglich abgesicherte zeitlich befristete Rechte – fallen bspw. Erbbaurechte sowie das Wohnungseigentum, nicht hingegen der Nießbrauch, Grunddienstbarkeiten oder beschränkt persönliche Dienstbarkeiten.[180] Bauten auf fremdem Grund sind Gebäude und andere Bauwerke, die aufgrund einer schuldrechtlichen Vereinbarung – zB eines Pachtrechts – ohne Einräumung eines dinglichen Nutzungsrechts errichtet werden.[181]

128 Die **technischen Anlagen und Maschinen** im Sinn des § 266 Abs. 2 A. II. 2. HGB umfassen alle Betriebsvorrichtungen, die direkt und dauerhaft der Leistungserstellung dienen. Dabei kommt es nicht darauf an, ob diese als bewegliche Vermögensgegenstände einzustufen sind oder fest mit dem Gebäude oder Grundstück verbunden und somit rechtlicher Bestandteil des Grundstücks sind; maßgebend ist vielmehr allein, ob die technische Anlage oder Maschine ausschließlich und unmittelbar dem betrieblichen Zweck dient.[182]

129 Der Posten **„Andere Anlagen, Betriebs- und Geschäftsausstattung"** (§ 266 Abs. 2 A. II. 3. HGB) stellt einen Sammelposten dar, der all diejenigen Vermögensgegenstände erfasst, die sich nicht den anderen Posten des Sachanlagevermögens zuordnen lassen. Er umfasst beispielsweise allgemeine Transportanlagen, Kühlanlagen, Werkstatteinrichtungen, Labore, den Fuhrpark, die Büroausstattung oder auch die EDV-Hardware.[183]

130 Der Posten **„Geleistete Anzahlungen und Anlagen im Bau"** (§ 266 Abs. 2 A. II. 4. HGB) erfasst Vorleistungen des Unternehmens auf durch Vertragspartner noch zu liefernde Sachanlagen. Durch die Aktivierung wird der Zahlungsmittelabgang des noch in der Schwebe befindlichen Geschäfts erfolgsneutral erfasst.[184] Unter die Anlagen im Bau fallen alle Aufwendungen – gleichgültig ob käuflich erworben oder selbst hergestellt – die im Geschäftsjahr auf noch nicht fertiggestellte oder betriebsbereite Vermögensgegenstände des Sachanlagevermögens entfallen sind.[185]

131 **(c) Finanzanlagen.** Wie immaterielle Vermögensgegenstände sind auch Finanzanlagen grds. ohne physische Substanz, im Unterschied zu immateriellen Vermögensgegenständen aber monetär. **Finanzanlagen resultieren aus der dauerhaften Kapitalüberlassung** an andere Unternehmen, die auf die Erzielung von Zinsen oder Beteiligungserträgen ausgerichtet ist. Zudem werden mit dauerhaften Kapitalüberlassungen an andere Unternehmen regelmäßig strategische Zielsetzungen verfolgt. Zu den Finanzanlagen zählen Anteile an verbundenen Unternehmen (§ 266 Abs. 2 A. III. 1. HGB), Ausleihungen an verbundene Unternehmen (§ 266 Abs. 2 A. III. 2. HGB), Beteiligungen (§ 266 Abs. 2 A. III. 3. HGB), Ausleihungen an Unternehmen, mit denen ein Beteiligungsverhältnis besteht (§ 266 Abs. 2 A. III. 4. HGB), Wertpapiere des Anlagevermögens (§ 266 Abs. 2 A. III. 5. HGB) und sonstige Ausleihungen (§ 266 Abs. 2 A. III. 6. HGB). In allen Fällen muss Daueranlageabsicht vorliegen.

---

[179] Dazu auch MüKoBilR/*Suchan* HGB § 266 Rn. 28; BeBiKo/*Schubert/F. Huber* HGB § 266 Rn. 65 sowie BeBiKo/*Schubert/F. Huber* HGB § 247 Rn. 450 ff.

[180] BeBiKo/*Schubert/F. Huber* HGB § 266 Rn. 65; *ADS* HGB § 266 Rn. 40; MüKoBilR/*Suchan* HGB § 266 Rn. 29; vgl. zum Thema Erbbaurechte auch *Seidler* BB 2014, 171 ff.

[181] *ADS* HGB § 266 Rn. 42 ff.; BeBiKo/*Schubert/F. Huber* HGB § 247 Rn. 459; dazu auch *Eisgruber* DStR 1997, 522 ff.; *Groh* BB 1996, 1487 ff.

[182] *ADS* HGB § 266 Rn. 46. Dies gilt nicht, wenn die technischen Anlagen und Maschinen nach der Verkehrsanschauung als unselbständige Bestandteile eines Gebäudes oder von Grund und Boden einzuordnen sind, vgl MüKoBilR/*Suchan* HGB § 266 Rn. 32.

[183] *ADS* HGB § 266 Rn. 56.

[184] BeBiKo/*Schubert/F. Huber* HGB § 247 Rn. 546 ff.; MüKoBilR/*Suchan* HGB § 266 Rn. 35.

[185] BeBiKo/*Schubert/F. Huber* HGB § 247 Rn. 561; MüKoBilR/*Suchan* HGB § 266 Rn. 36; *ADS* HGB § 266 Rn. 64 ff.

Unter den **Anteilen an verbundenen Unternehmen** (§ 266 Abs. 2 A. III. 1. HGB) 132
sind Mitgliedschaftsrechte (Vermögens- und Verwaltungsrechte) an einem anderen Unternehmen zu verstehen. Darunter fallen bspw. Aktien, GmbH-Anteile oder Beteiligungen an Personenhandelsgesellschaften.[186] Der Begriff des verbundenen Unternehmens ist in § 271 Abs. 2 HGB definiert. Obgleich die Mitgliedschaft in einer eingetragenen Genossenschaft nicht als Beteiligung im Sinn des dritten Buchs des HGB gilt (§ 271 Abs. 1 S. 5 HGB), kann sie den Begriff der Anteile an einem verbundenen Unternehmen erfüllen.[187]

Ausleihungen an verbundene Unternehmen (§ 266 Abs. 2 A. III. 2. HGB) beruhen 133
auf schuldrechtlichen Verhältnissen. Als Ausleihungen sind zum Beispiel Hypotheken-, Grund- oder Rentenforderungen oder Forderungen aus Schuldscheindarlehen zu klassifizieren, die gegenüber verbundenen Unternehmen (§ 271 Abs. 2 HGB) bestehen.[188]

Beteiligungen im Sinn des § 266 Abs. 2 A. III. 3. HGB sind nach Maßgabe des § 271 134
Abs. 1 HGB Anteile an anderen Unternehmen, die dazu bestimmt sind, dem eigenen Geschäftsbetrieb durch Herstellung einer dauerhaften Verbindung zu dienen. Dabei ist nicht die Beteiligungshöhe entscheidend, sondern die Beteiligungsabsicht. Indizien für eine Beteiligungsabsicht sind personelle Verflechtungen, Liefer- oder Leistungsverflechtungen oder auch gemeinsame Forschungs- und Entwicklungstätigkeiten.[189] Bei einer Beteiligungsquote von mehr als 20 % wird das Vorliegen einer Beteiligung widerlegbar vermutet (§ 271 Abs. 1 S. 3 HGB).

Innerhalb der **Ausleihungen an Unternehmen, mit denen ein Beteiligungsverhältnis besteht** (§ 266 Abs. 2 A. III. 4. HGB), werden sowohl Ausleihungen des Beteiligungsunternehmens an das beteiligte Unternehmen, wie auch umgekehrt von dem beteiligten Unternehmen an das Beteiligungsunternehmen, ausgewiesen.[190] 135

Zu den **Wertpapieren des Anlagevermögens** (§ 266 Abs. 2 A. III. 5. HGB) sind 136
verbriefte Wertpapiere zu zählen, bei denen es an einer Beteiligungsabsicht fehlt oder die Beteiligungsvermutung widerlegt ist. Hier steht die langfristige Kapitalanlage im Mittelpunkt.[191] Hierunter fallen beispielsweise Aktien ohne Beteiligungsabsicht, Genussscheine, Investmentanteile, Schuldverschreibungen, Commercial Papers oder auch wertpapierähnliche Rechte wie Bundesanleihen oder Bundesschatzbriefe.[192] Zu beachten ist, dass GmbH-Anteile mangels Verbriefung nicht unter den Wertpapieren ausgewiesen werden.[193]

Bei den **sonstigen Ausleihungen** (§ 266 Abs. 2 A. III. 6. HGB) handelt es sich um einen 137
Sammelposten, der alle Ausleihungen an andere Schuldner als verbundene Unternehmen oder Unternehmen, mit denen ein Beteiligungsverhältnis besteht, erfasst. Zu denken ist hier an Kautionen für längerfristige Miet- oder Pachtverträge oder auch Kredite an Organmitglieder (§§ 89, 115, 286 Abs. 2 S. 4).[194]

(3) **Umlaufvermögen. (a) Vorräte.** Vorräte dienen dem Unternehmen zur Produktion 138
oder zum Handel. Sie sind gemäß § 266 Abs. 2. B. I. HGB in der **Reihenfolge des betrieblichen Produktionsprozesses** in Roh-, Hilfs- und Betriebsstoffe (§ 266 Abs. 2 B. I. 1. HGB), unfertige Erzeugnisse und unfertige Leistungen (§ 266 Abs. 2 B. I. 2. HGB),

---

[186] *ADS* HGB § 266 Rn. 70 ff.; BeBiKo/*Grottel/Kreher* HGB § 266 Rn. 72 ff.
[187] MüKoBilR/*Suchan* HGB § 266 Rn. 38 mwN auch der abweichenden Auffassung.
[188] BeBiKo/*Grottel/Kreher* HGB § 266 Rn. 77; MüKoBilR/*Suchan* HGB § 266 Rn. 41.
[189] Haufe HGB Bilanz Kommentar/*Wulf/Sackbrook* HGB § 266 Rn. 57; ausführlich zu den Beteiligungen *ADS* HGB § 266 Rn. 79 ff.; BeBiKo/*Grottel/Kreher* HGB § 266 Rn. 78; MüKoBilR/*Suchan* HGB § 266 Rn. 43 ff.
[190] *ADS* HGB § 266 Rn. 82; BeBiKo/*Grottel/Kreher* HGB § 266 Rn. 79.
[191] BeBiKo/*Grottel/Kreher* HGB § 266 Rn. 80 f.; *ADS* HGB § 266 Rn. 84.
[192] MüKoBilR/*Suchan* HGB § 266 Rn. 47; ADS HGB § 266 Rn. 84; BeBiKo/*Grottel/Kreher* HGB § 266 Rn. 80 f.
[193] BeBiKo/*Grottel/Kreher* HGB § 266 Rn. 81; MüKoBilR/*Suchan* HGB § 266 Rn. 48.
[194] BeBiKo/*Grottel/Kreher* HGB § 266 Rn. 82; *ADS* HGB § 266 Rn. 89.

fertige Erzeugnisse und Waren (§ 266 Abs. 2 B. I. 3. HGB) sowie geleistete Anzahlungen (§ 266 Abs. 2 B. I. 4. HGB) zu untergliedern.[195]

139 **Roh-, Hilfs- und Betriebsstoffe** im Sinn des § 266 Abs. 2 B. I. 1. HGB unterscheiden sich von den unfertigen und fertigen Erzeugnissen dadurch, dass sie fremdbezogen und am Bilanzstichtag noch nicht be- oder verarbeitet sind.[196]

140 Zu den **unfertigen Erzeugnissen** (§ 266 Abs. 2 B. I. 2. HGB) gehören alle noch nicht verkehrsfähigen Produkte, für die im Unternehmen durch Be- oder Verarbeitung bereits Aufwendungen entstanden sind.[197] Hierzu gehören beispielsweise langfristige Fertigungsaufträge. Zu den unfertigen Leistungen gehören unter anderem noch nicht abgeschlossene Beratungsaufträge oder unfertige Bauten, die von Bauunternehmern auf fremdem Grund und Boden errichtet werden.[198]

141 **Fertige Erzeugnisse** im Sinn des § 266 Abs. 2 B. I. 3. HGB sind veräußerbare Vermögensgegenstände.[199] Ein separater Ausweis fertiger Leistungen ist in § 266 HGB nicht vorgesehen.[200] Soweit die Leistungen erbracht und abgenommen worden sind, sind sie als Forderungen auszuweisen; bis dahin gelten sie als nicht fertiggestellt.[201] Waren sind nicht oder nur geringfügig veränderte bewegliche oder unbewegliche Vermögensgegenstände, die zum Weiterkauf vorgesehen sind.[202]

142 Unter den Posten „**Geleistete Anzahlungen**" (§ 266 Abs. 2 B. I. 4. HGB) werden Zahlungen des Unternehmens an Dritte erfasst, die sich auf das Vorratsvermögen beziehen und auf abgeschlossenen schwebenden Verträgen beruhen.[203]

143 **(b) Forderungen und sonstige Vermögensgegenstände.** Der Posten „**Forderungen und sonstige Vermögensgegenstände**" (§ 266 Abs. 2 B. II. HGB) erfasst die Forderungen aus Lieferungen und Leistungen (§ 266 Abs. 2 B. II. 1. HGB), die Forderungen gegen verbundene Unternehmen (§ 266 Abs. 2 B. II. 2. HGB),[204] die Forderungen gegen Unternehmen, mit denen ein Beteiligungsverhältnis besteht (§ 266 Abs. 2 B. II. 3. HGB)[205] und die sonstigen Vermögensgegenstände (§ 266 Abs. 2 B. II 4. HGB). Besondere Bedeutung kommt hier in erster Linie den „Forderungen aus Lieferungen und Leistungen" und den „sonstigen Vermögensgegenständen" zu.

---

[195] Im Zusammenhang mit dem Vorratsvermögen steht § 268 Abs. 5 S. 2 HGB. Danach dürfen erhaltene Anzahlungen auf Bestellungen entweder offen von den Vorräten abgesetzt oder gesondert unter den Verbindlichkeiten ausgewiesen werden. Dieses Wahlrecht stellt ein beliebtes Instrument dar, um die Größenkriterien im Sinn des § 267 HGB durch Bilanzverkürzung zu senken. Damit geht der Effekt einer höheren Eigenkapitalquote einher. Die offene Absetzung soll aber nur vorgenommen werden dürfen, wenn im Vorratsvermögen Bestände ausgewiesen werden, die den Anzahlungen zuzurechnen sind. Dazu Haufe HGB Bilanz Kommentar/*Wulf* HGB § 268 Rn. 65 f., aA MüKoBilR/*Suchan* HGB § 266 Rn. 52 mwN.
[196] BeBiKo/*Schubert/Krämer* HGB § 266 Rn. 92; Haufe HGB Bilanz Kommentar/*Wulf/Sackbrook* HGB § 266 Rn. 66 f.; MüKoBilR/*Suchan* HGB § 266 Rn. 54 ff.; *ADS* HGB § 266 Rn. 102 ff.
[197] Haufe HGB Bilanz Kommentar/*Wulf/Sackbrook* HGB § 266 Rn. 69; näher BeBiKo/*Schubert/Krämer* HGB § 266 Rn. 93 ff. Teilweise wird die Auffassung vertreten, bei dem Posten handele es sich lediglich um eine Bilanzierungshilfe zur periodengerechten Aufwandsabgrenzung. Dem ist jedoch der BFH ausdrücklich entgegen getreten, indem er geurteilt hat, dass unfertigen Erzeugnissen und Leistungen die Vermögensgegenstandseigenschaft zukommt, vgl. BFH BStBl. II 2006 S. 298.
[198] Haufe HGB Bilanz Kommentar/*Wulf/Sackbrook* HGB § 266 Rn. 70; BeBiKo/*Schubert/Krämer* HGB § 266 Rn. 96; *ADS* HGB § 266 Rn. 109.
[199] BeBiKo/*Schubert/Krämer* HGB § 266 Rn. 104; Haufe HGB Bilanz Kommentar/*Wulf/Sackbrook* HGB § 266 Rn. 72; MüKoBilR/*Suchan* HGB § 266 Rn. 61; *ADS* HGB § 266 Rn. 110.
[200] Haufe HGB Bilanz Kommentar/*Wulf/Sackbrook* HGB § 266 Rn. 72; BeBiKo/*Schubert/Krämer* HGB § 266 Rn. 107 f.
[201] *ADS* HGB § 266 Rn. 118; BeBiKo/*Schubert/Krämer* HGB § 266 Rn. 107 f.
[202] Haufe HGB Bilanz Kommentar/*Wulf/Sackbrook* HGB § 266 Rn. 73; MüKoBilR/*Suchan* HGB § 266 Rn. 62; BeBiKo/*Schubert/Krämer* HGB § 266 Rn. 106; *ADS* HGB § 266 Rn. 113.
[203] BeBiKo/*Schubert/Krämer* HGB § 266 Rn. 109 f.; Haufe HGB Bilanz Kommentar/*Wulf/Sackbrook* HGB § 266 Rn. 74 f.; MüKoBilR/*Suchan* HGB § 266 Rn. 64; *ADS* HGB § 266 Rn. 119.
[204] Näher zu diesem Posten bspw. MüKoBilR/*Suchan* HGB § 266 Rn. 69 ff.; BeBiKo/*Schubert/Krämer* HGB § 266 Rn. 118 ff.; *ADS* HGB § 266 Rn. 129 ff.
[205] Details zu diesem Posten finden sich bei BeBiKo/*Schubert/Krämer* HGB § 266 Rn. 122; *ADS* HGB § 266 Rn. 132; MüKoBilR/*Suchan* HGB § 266 Rn. 71 f.

Forderungen aus Lieferungen und Leistungen im Sinn des § 266 Abs. 2 B. II. 1. **144**
HGB stellen letztlich das Ergebnis der Vertriebsaktivitäten des Unternehmens dar; demgemäß dürfen hier nur Forderungen abgebildet werden, die aus für die Unternehmenstätigkeit typischen Geschäften (§ 277 Abs. 1 HGB) herrühren.[206]

Der Unterposten „**Sonstige Vermögensgegenstände**" (§ 266 Abs. 2 B. II. 4. HGB) **145**
stellt einen Sammelposten für alle Vermögensgegenstände dar, die keinem anderen Posten des Umlaufvermögens zugeordnet werden können.[207] Typischerweise sind dies alle Forderungen aus Geschäften, die nicht für die Unternehmenstätigkeit typisch sind, beispielsweise Anschaffungskosten für erworbene Optionen, Rückkaufwerte von Rückdeckungsversicherungen für Pensionsverpflichtungen, Personaldarlehen oder auch Genossenschafts- oder GmbH-Anteile bei fehlender Verbundbeziehung sowie fehlender Beteiligungs- bzw. Daueranlageabsicht.[208]

Neben den in § 266 Abs. 2 B. II. HGB aufgeführten Unterposten ergeben sich Forderungen, die ebenfalls als Unterposten innerhalb der Forderungen und sonstigen Vermögensgegenstände auszuweisen sind **(sog. Sonderposten bei den Forderungen)**.[209] Hierbei **146**
handelt es sich bezogen auf die Aktiengesellschaft in erster Linie um die eingeforderten ausstehenden Einlagen nach § 272 Abs. 1 S. 3 HGB und bezogen auf Kommanditgesellschaften auf Aktien um Einzahlungsverpflichtungen persönlich haftender Gesellschafter (§ 286 Abs. 2 S. 3).[210]

(c) Wertpapiere. Unter dem Posten **Wertpapiere** (§ 266 Abs. 2 B. III. HGB) sind ver- **147**
brieftе oder unverbrieftе Anteile an verbundenen Unternehmen (§ 266 Abs. 2 B. III. 1. HGB) und sonstige Wertpapiere (§ 266 Abs. 2 B. III. 2. HGB) auszuweisen.

Unter den **verbrieften oder unverbrieften Anteilen an verbundenen Unternehmen** **148**
werden bspw. zur Veräußerung vorgesehene GmbH-Anteile an verbundenen Unternehmen ausgewiesen, auch wenn es sich der Definition nach nicht um Wertpapiere handelt.[211]

Unter den **sonstigen Wertpapieren** werden alle verbrieften Wertpapiere ausgewiesen, **149**
die der kurzfristigen Anlage flüssiger Mittel dienen und eben gerade keine Anteile an verbundenen Unternehmen darstellen. Zu nennen sind hier Aktien, Schuldverschreibungen oder abgetrennte Zins- und Dividendenscheine.[212]

(d) Kassenbestand, Bundesbankguthaben, Guthaben bei Kreditinstituten und **150**
Schecks. Nach der Gliederung des § 266 HGB gehören zum Umlaufvermögen auch der Kassenbestand, die Bundesbankguthaben, Guthaben bei Kreditinstituten und Schecks (§ 266 Abs. 2 B. IV. HGB). Dieser Posten darf auch als **flüssige oder liquide Mittel** bezeichnet werden.[213]

(4) Rechnungsabgrenzungsposten. Der transitorische aktive Rechnungsabgrenzungs- **151**
posten dient der **periodengerechten Erfolgsabgrenzung.** Er wird unter § 266 Abs. 2 C. HGB ausgewiesen. Die Voraussetzungen zur Bildung eines aktiven Rechnungsabgrenzungspostens ergeben sich im Einzelnen aus § 250 Abs. 1 HGB. Beispiele für aktive Rechnungs-

---

[206] BeBiKo/*Schubert/Krämer* HGB § 266 Rn. 112; Haufe HGB Bilanz Kommentar/*Wulf/Sackbrook* HGB § 266 Rn. 78; *ADS* HGB § 266 Rn. 120.
[207] Dazu bspw. BeBiKo/*Schubert/Krämer* HGB § 266 Rn. 128 ff.; Haufe HGB Bilanz Kommentar/*Wulf/Sackbrook* HGB § 266 Rn. 83 mit einer Beispielübersicht.
[208] BeBiKo/*Schubert/Krämer* HGB § 266 Rn. 128; *ADS* HGB § 266 Rn. 134; MüKoBilR/*Suchan* HGB § 266 Rn. 76.
[209] Dazu BeBiKo/*Schubert/Krämer* HGB § 266 Rn. 123 ff.; Haufe HGB Bilanz Kommentar/*Wulf/Sackbrook* HGB § 266 Rn. 89 f.; MüKoBilR/*Suchan* HGB § 266 Rn. 73 f.
[210] BeBiKo/*Schubert/Krämer* HGB § 266 Rn. 123; MüKoBilR/*Suchan* HGB § 266 Rn. 73.
[211] MüKoBilR/*Suchan* HGB § 266 Rn. 79; *ADS* HGB § 266 Rn. 138; BeBiKo/*Schubert/Krämer* HGB § 266 Rn. 136.
[212] *ADS* HGB § 266 Rn. 143 und 145; MüKoBilR/*Suchan* HGB § 266 Rn. 81 f. mwN.
[213] Haufe HGB Bilanz Kommentar/*Wulf/Sackbrook* HGB § 266 Rn. 94; näher BeBiKo/*Schubert/Krämer* HGB § 266 Rn. 150 ff.; MüKoBilR/*Suchan* HGB § 266 Rn. 83 ff.

Exkurs 2 152–156

abgrenzungsposten sind der vorab gezahlte Mietzins oder der vorab gezahlte Versicherungsbeitrag. Zudem wird hier auch das Disagio nach § 250 Abs. 3 HGB ausgewiesen.[214]

152 **(5) Aktive latente Steuern.** Mit der Änderung des Konzepts der Bilanzierung latenter Steuern im Wege des Bilanzrechtsmodernisierungsgesetzes wurde der Posten „Aktive latente Steuern" in das Gliederungsschema des § 266 HGB integriert (§ 266 Abs. 2 D. HGB).[215] Es wird davon ausgegangen, dass den latenten Steuern keine Vermögensgegenstandseigenschaft zukommt, sondern es sich um einen **Sonderposten eigener Art** handelt, der nicht unter § 266 Abs. 2 A. oder B. HGB ausgewiesen werden kann.[216]

153 Die Bilanzierung latenter Steuern setzt konzeptionell auf dem Prinzip der periodengerechten Erfolgsermittlung auf.[217] Kernvorschrift zur Ermittlung der latenten Steuern ist § 274 HGB. Danach ist ein **Vergleich der handelsrechtlichen und der steuerbilanziellen Wertansätze** der Vermögensgegenstände, Schulden und Rechnungsabgrenzungsposten vorzunehmen und sind die Differenzen in den Wertansätzen herauszufiltern, die sich in späteren Geschäftsjahren voraussichtlich abbauen.[218] Ergibt sich aus dieser Differenzenbetrachtung (einschließlich etwaiger Verlustvorträge) insgesamt eine künftige Steuerentlastung, können latente Steuern (§ 266 Abs. 2 D. HGB) in der Handelsbilanz aktiviert werden (Wahlrecht), ergibt sich insgesamt eine künftige Steuerbelastung, ist diese verpflichtend als passive latente Steuer anzusetzen (§ 266 Abs. 3 E. HGB).[219]

154 **(6) Aktiver Unterschiedsbetrag aus der Vermögensverrechnung.** Als weiteren Posten sieht das Gliederungsschema den aktiven Unterschiedsbetrag aus der Vermögensverrechnung vor (§ 266 Abs. 2 E. HGB). Dieser Posten steht im Zusammenhang mit der in § 246 Abs. 2 S. 2 HGB geschaffenen Möglichkeit, Vermögensgegenstände, die dem Zugriff aller übrigen Gläubiger entzogen sind und ausschließlich der Erfüllung von Schulden aus **Altersversorgungsverpflichtungen oder vergleichbaren langfristig fälligen Verpflichtungen** dienen, mit diesen Schulden zu verrechnen.[220] Da § 253 Abs. 1 S. 4 HGB vorschreibt, dass diese Vermögensgegenstände mit ihrem beizulegenden Zeitwert zu bewerten sind, kann die Situation eintreten, dass dieser der Höhe nach den Betrag der für die Verpflichtungen angesetzten Rückstellungen übersteigt; dieser übersteigende Betrag ist nach § 246 Abs. 2 S. 2 HGB als – nach § 268 Abs. 8 HGB ausschüttungsgesperrter – aktiver Unterschiedsbetrag aus der Vermögensverrechnung auszuweisen.[221]

155 **(7) Eigenkapital. (a) Gezeichnetes Kapital.** Maßgebend für den Ausweis des gezeichneten Kapitals ist der **Nennbetrag des im Handelsregister am Bilanzstichtag eingetragenen Grundkapitals** (§ 272 Abs. 1 S. 1 und 2 HGB i. V. m. § 152 Abs. 1 S. 1). Bei mehreren Aktiengattungen ist der auf die einzelne Aktiengattung entfallende Betrag des Grundkapitals gemäß § 152 Abs. 1 S. 2 in der Bilanz gesondert anzugeben.

156 Im Fall der Gründung kommt der Ausweis des Nennkapitals unter der Postenbezeichnung „Gezeichnetes Kapital" erst mit der Eintragung der Aktiengesellschaft in das Handelsregister

---

[214] Einzelheiten zur aktiven Rechnungsabgrenzung und zum Disagio finden sich bei BeBiKo/*Schubert*/*Krämer* § 250 Rn. 1 ff.; Haufe HGB Bilanz Kommentar/*Wulf*/*Sackbrook* HGB § 266 Rn. 99 und ebenda *Bertram* HGB § 250 Rn. 1 ff.; MüKoBilR/*Suchan* HGB § 266 Rn. 87; *ADS* HGB § 250 Rn. 1 ff.
[215] Näher RegBegr BT-Drs. 16/10067, 51.
[216] Zum Ausweis BeBiKo/*Grottel*/*Larenz* HGB § 274 Rn. 75 oder MüKoBilR/*Suchan* HGB § 266 Rn. 88; allgemein zu den latenten Steuern und deren Berechnung BeBiKo/*Grottel*/*Larenz* HGB § 274 Rn. 1 ff.; Haufe HGB Bilanz Kommentar/*Bertram* HGB § 274 Rn. 1 ff.; MüKoHGB/*Reiner* HGB § 274 Rn. 1 ff.
[217] Dazu bspw. BeBiKo/*Grottel*/*Larenz* HGB § 274 Rn. 4; Haufe HGB Bilanz Kommentar/*Wulf*/*Sackbrook* HGB § 266 Rn. 100.
[218] MüKoHGB/*Reiner* HGB § 274 Rn. 14; zu den Details der Verursachung von Differenzen BeBiKo/*Grottel*/*Larenz* HGB § 274 Rn. 21 ff.
[219] Zum Aktivierungswahlrecht und zur Passivierungspflicht BeBiKo/*Grottel*/*Larenz* HGB § 274 Rn. 14 f.; Haufe HGB Bilanz Kommentar/*Bertram* HGB § 274 Rn. 25 ff.
[220] MüKoBilR/*Suchan* HGB § 266 Rn. 90; Haufe HGB Bilanz Kommentar/*Wulf*/*Sackbrook* HGB § 266 Rn. 102; BeBiKo/*Schubert*/*Krämer* HGB § 266 Rn. 162 sowie *Förschle*/*Kroner* ebenda HGB § 246 Rn. 120 ff.
[221] BeBiKo/*Schubert*/*Krämer* HGB § 266 Rn. 162; MüKoBilR/*Suchan* HGB § 266 Rn. 90.

in Betracht.[222] Bis zur Eintragung ist der Gegenwert vorab geleisteter Bar- oder Sacheinlagen in der Bilanz als Fremdkapital zwischen den Rücklagen und den Rückstellungen auszuweisen.[223] Es ist ein weiterer Posten einzufügen (§ 265 Abs. 5 S. 2 HGB), der als **„Geleistete Einlagen zur Durchführung der Gründung"** bezeichnet werden kann.[224]

Bei der **Kapitalerhöhung** *gegen Einlagen* ist das gezeichnete Kapital in der Bilanz erst mit der Eintragung der Durchführung der Erhöhung des Grundkapitals (§ 189) zu erhöhen.[225] Bei der *bedingten Kapitalerhöhung* ist das Grundkapital mit der Ausgabe der Bezugsaktien, die erst nach der Eintragung des Beschlusses über die bedingte Kapitalerhöhung im Handelsregister überhaupt erfolgen kann – vorher ausgegebene Bezugsaktien sind nichtig und daher nicht zu berücksichtigen (§ 197) – rechtswirksam erhöht (§ 200).[226] Von diesem Zeitpunkt an ist das erhöhte gezeichnete Kapital in der Bilanz auszuweisen.[227] Das *genehmigte Kapital* ist erst nach der Eintragung der Durchführung der Kapitalerhöhung (§ 189) in der Bilanz auszuweisen.[228] Bei der *Kapitalerhöhung aus Gesellschaftsmitteln* handelt es sich aus handelsbilanzieller Sicht um einen Passivtausch, bei dem Rücklagen im Grundkapital umgewandelt werden. Gesellschaftsrechtlich liegt hingegen eine echte Kapitalerhöhung vor, denn freies Vermögen wird den für das Grundkapital geltenden Bindungen unterstellt und es entstehen neue Mitgliedschaftsrechte.[229] Mit der Eintragung des Beschlusses ins Handelsregister wird die Kapitalerhöhung rechtswirksam (§ 211). Ab diesem Zeitpunkt muss das gezeichnete Kapital im Sinn von § 272 Abs. 1 S. 1 HGB um den Nennwert der im Wege der Kapitalerhöhung ausgegebenen neuen Aktien erhöht in der Bilanz ausgewiesen werden.[230]

157

Der Beschluss zur *ordentlichen* **Herabsetzung des Grundkapitals** ist zur Eintragung in das Handelsregister anzumelden (§ 223). Mit der Eintragung des Beschlusses in das Handelsregister ist das Grundkapital rechtswirksam herabgesetzt (§ 224). Von diesem Zeitpunkt an ist das gezeichnete Kapital in um den Nennbetrag der Kapitalherabsetzung verminderter Höhe in der Bilanz zu zeigen.[231] Das Gleiche gilt für die *vereinfachte Kapital-*

158

---

[222] Dazu nur Haufe HGB Bilanz Kommentar/*Knorr/Seidler* HGB § 272 Rn. 20; BeBiKo/*Förschle/Hoffmann* HGB § 272 Rn. 25.
[223] Haufe HGB Bilanz Kommentar/*Knorr/Seidler* HGB § 272 Rn. 20; aA Budde/Förschle/Winkeljohann/*Förschle/Kropp/Schellhorn* Kap. D Anm. 231, die es wohl befürworten, nicht nur erhaltene Bar- oder Sacheinlagen, sondern das gesamte Nennkapital innerhalb des EK in der Bilanz auszuweisen. Dies jedoch wiederum nicht unter der Postenbezeichnung „Gezeichnetes Kapital", sondern unter der Übergangsbezeichnung „Zur Durchführung der Gründung gezeichnetes Kapital".
[224] Die gleichen Überlegungen gelten im Rahmen von Kapitalerhöhungen bei vorab geleisteten Bar- oder Sacheinlagen. Der einzufügende weitere Posten (§ 265 Abs. 5 S. 2 HGB) könnte bspw. als „Zur Durchführung einer Kapitalerhöhung geleistete Einlagen" bezeichnet werden; dazu Haufe HGB Bilanz Kommentar/*Knorr/Seidler* HGB § 272 Rn. 20.
[225] Werden die Aktien zu einem über den Nennbetrag hinausgehenden Ausgabebetrag ausgegeben, ist der übersteigende Betrag der Kapitalrücklage nach § 272 Abs. 2 Nr. 1 HGB zuzuführen.
[226] Die Eintragung der Ausgabe der Bezugsaktien ist nach § 201 Abs. 1 AktG nicht Voraussetzung für die Entstehung der daraus resultierenden Rechte.
[227] *ADS* HGB § 272 Rn. 24; Haufe HGB Bilanz Kommentar/*Knorr/Seidler* § 272 Rn. 36; BeBiKo/*Förschle/Hoffmann* HGB § 272 Rn. 25. Ergänzend schreibt § 160 Abs. 1 Nr. 3 AktG vor, dass die Aktiengesellschaft im Anhang zu den im Geschäftsjahr bei einer bedingten Kapitalerhöhung gezeichneten Aktien gesondert Angaben zur Zahl und zum Nennbetrag zu machen hat. Zudem schreibt § 152 Abs. 1 S. 3 AktG vor, bedingtes Kapital mit dem Nennbetrag beim gezeichneten Kapital zu vermerken, soweit die Erhöhung des gezeichneten Kapitals am Bilanzstichtag mangels Ausgabe der Bezugsaktien noch nicht wirksam geworden ist; näher auch MüKoAktG/*Suchan* § 152 Rn. 11.
[228] *ADS* HGB § 272 Rn. 27; Haufe HGB Bilanz Kommentar/*Knorr/Seidler* HGB § 272 Rn. 40; BeBiKo/*Förschle/Hoffmann* HGB § 272 Rn. 25. Solange und soweit nur die Ermächtigung des Vorstands zur Durchführung einer Kapitalerhöhung besteht, sind nach § 160 Abs. 1 Nr. 4 AktG im Anhang Angaben über das genehmigte Kapital zu machen. Zudem sind im Anhang nach § 160 Abs. 1 Nr. 3 AktG Zahl und Nennbetrag der Aktien gesondert anzugeben, die im Geschäftsjahr bei einem genehmigten Kapital gezeichnet wurden. Zu den Einzelheiten *ADS* § 160 Rn. 49 ff.
[229] Hüffer/*Koch* § 207 Rn. 3 und 6, zur Verbindung der Kapitalerhöhung aus Gesellschaftsmitteln mit anderen Formen der Kapitalerhöhung.
[230] Haufe HGB Bilanz Kommentar/*Knorr/Seidler* HGB § 272 Rn. 43; *ADS* HGB § 272 Rn. 34.
[231] Haufe HGB Bilanz Kommentar/*Knorr/Seidler* HGB § 272 Rn. 44; *ADS* HGB § 272 Rn. 38. Soweit die Herabsetzung des Kapitals zur Rückzahlung von Grundkapital an die Aktionäre dient, ist die bestehende

herabsetzung.[232] Ungeachtet dessen erlaubt § 234 Abs. 1 – in Durchbrechung des Stichtagsprinzips –, das gezeichnete Kapital sowie die Kapital- und Gewinnrücklagen bereits im Jahresabschluss für das letzte vor der Beschlussfassung über die vereinfachte Kapitalherabsetzung abgelaufene Geschäftsjahr in der Höhe auszuweisen, in der sie nach der Kapitalherabsetzung bestehen sollen.[233] Die §§ 237, 238 enthalten ergänzende Vorschriften zur *Kapitalherabsetzung durch Einziehung eigner Aktien* im ordentlichen oder im vereinfachten Verfahren.[234] § 240 sieht im Fall von Kapitalherabsetzungen zusätzliche Verpflichtungen betreffend die Verlängerungsrechnung zur Gewinn- und Verlustrechnung und betreffend die Angaben im Anhang vor.[235]

159 **(b) Ausstehende Einlagen.** § 272 Abs. 1 S. 3 HGB schreibt vor, dass die **nicht eingeforderten ausstehenden Einlagen** von dem Posten „Gezeichnetes Kapital" offen abzusetzen sind. Der bisher übliche sog. Bruttoausweis – der gesonderte Ausweis der noch nicht eingeforderten ausstehenden Einlagen auf der Aktivseite der Bilanz vor dem Anlagevermögen – ist nicht mehr zulässig.[236] Das gezeichnete Kapital und die nicht eingeforderten ausstehenden Einlagen sind offen in der Vorspalte auszuweisen; in der Hauptspalte ist das eingeforderte Kapital auszuweisen.[237] Auf diese Weise wird die Vergleichbarkeit des Jahresabschlusses verbessert und werden die Eigenkapitalbestandteile geschlossen auf der Passivseite der Bilanz ausgewiesen.[238]

160 Die **eingeforderten, aber noch nicht eingezahlten Einlagen** sind innerhalb des Postens „Forderungen und sonstige Vermögensgegenstände" (§ 266 Abs. 2 B. II. HGB) gesondert zu bezeichnen und auszuweisen (§ 272 Abs. 1 S. 3 HGB). Die eingeforderten ausstehenden Einlagen sind – wirtschaftlich betrachtet – als gegenüber den Aktionären bestehende Forderungen zu klassifizieren; demgemäß finden für Ansatz und Bewertung die für Forderungen geltenden Vorschriften Anwendung.[239] Bei der Bewertung der eingeforderten ausstehenden Einlagen sind zudem die §§ 63–66 zu beachten; danach wird man eine außerplanmäßige Abschreibung nur ausnahmsweise vornehmen können, wenn auch unter Berücksichtigung der Kaduzierung ein Ausfall der eingeforderten ausstehenden Einlagen zu erwarten ist.[240]

161 **(c) Eigene Anteile.** Mit dem § 272 Abs. 1a HGB wird für alle eigenen Anteile vorgeschrieben, dass diese auf der Passivseite der Bilanz in der Vorspalte offen von dem Posten

---

Rückzahlungsverpflichtung bis zur Auszahlung unter den Verbindlichkeiten zu passivieren; *ADS* HGB § 272 Rn. 38.

[232] BeBiKo/*Förschle/Hoffmann* HGB § 272 Rn. 25 sowie 80 ff.; Haufe HGB Bilanz Kommentar/*Knorr/Seidler* HGB § 272 Rn. 51; *ADS* HGB § 272 Rn. 40.

[233] § 235 Abs. 1 AktG eröffnet im Fall der Inanspruchnahme der Rückwirkung nach § 234 Abs. 1 S. 1 AktG unter bestimmten Bedingungen die Möglichkeit, eine zugleich mit der Kapitalherabsetzung beschlossene Kapitalerhöhung ebenfalls rückwirkend zu berücksichtigen, also das gezeichnete Kapital iSd § 272 Abs. 1 S. 1 HGB ebenfalls bereits im JA für das letzte vor der Beschlussfassung abgelaufene Geschäftsjahr in der Höhe auszuweisen, in der es nach der Kapitalerhöhung bestehen soll. Dazu auch BeBiKo/*Förschle/Hoffmann* HGB § 272 Rn. 80 ff.; Haufe HGB Bilanz Kommentar/*Knorr/Seidler* HGB § 272 Rn. 48 ff.; *ADS* HGB § 272 Rn. 42.

[234] Ausführlich Haufe HGB Bilanz Kommentar/*Knorr/Seidler* HGB § 272 Rn. 56 ff.; BeBiKo/*Förschle/Hoffmann* HGB § 272 Rn. 95 ff. *ADS* HGB § 272 Rn. 43 ff. jeweils mwN.

[235] Dazu Haufe HGB Bilanz Kommentar/*Knorr/Seidler* HGB § 272 Rn. 45 ff., 53 ff. und 59 ff.; näher *ADS* § 240 AktG Rn. 1 ff.; Hüffer/*Koch* § 240 Rn. 1 ff.

[236] Haufe HGB Bilanz Kommentar/*Knorr/Seidler* HGB § 272 Rn. 65; BeBiKo/*Förschle/Hoffmann* HGB § 272 Rn. 35.

[237] MüKoHGB/*Reiner* HGB § 272 Rn. 7; Haufe HGB Bilanz Kommentar/*Knorr/Seidler* HGB § 272 Rn. 65; BeBiKo/*Förschle/Hoffmann* HGB § 272 Rn. 35.

[238] Haufe HGB Bilanz Kommentar/*Knorr/Seidler* HGB § 272 Rn. 65; zu den Auswirkungen der Ausweisänderung auf die Bilanzanalyse MüKoHGB/*Reiner* HGB § 272 Rn. 8.

[239] WP-HdB/*Gelhausen* Bd. 1 Kap. F Rn. 287; MüKoHGB/*Reiner* HGB § 272 Rn. 20; Haufe HGB Bilanz Kommentar/*Knorr/Seidler* HGB § 272 Rn. 65; BeBiKo/*Förschle/Hoffmann* HGB § 272 Rn. 36. Zu beachten ist, dass für ausstehende Einlagen Pauschalwertberichtigungen wegen eines allgemeinen Kreditrisikos nicht in Frage kommen, dazu auch *ADS* HGB § 272 Rn. 66.

[240] Haufe HGB Bilanz Kommentar/*Knorr/Seidler* HGB § 272 Rn. 65; BeBiKo/*Förschle/Hoffmann* HGB § 272 Rn. 36.

„Gezeichnetes Kapital" abzusetzen sind. Diese Bilanzierung knüpft an den Befund an, dass der Erwerb eigener Anteile zwar nicht rechtlich, aber sehr wohl **wirtschaftlich einer Kapitalherabsetzung gleichkommt,** auch wenn die eigenen Anteile ohne formale Einziehung bestehen bleiben.[241]

Nach § 272 Abs. 1a S. 1 HGB ist der Nennbetrag oder, falls ein solcher nicht vorhanden ist, der rechnerische Wert von erworbenen eigenen Anteilen in der Vorspalte offen von dem Posten „Gezeichnetes Kapital" abzusetzen. Aus der Vorschrift folgt ein **Aktivierungsverbot für eigene Anteile.** Es ist zu empfehlen, den Vorspaltenposten als „Nennbetrag/rechnerischer Wert eigener Anteile" und den Hauptspaltenposten als „Ausgegebenes Kapital" zu bezeichnen.[242] Der Unterschiedsbetrag zwischen dem Nennbetrag oder dem rechnerischen Wert und den Anschaffungskosten der eigenen Anteile ist mit den frei verfügbaren Rücklagen zu verrechnen (§ 272 Abs. 1a S. 2 HGB). Aufwendungen, die als Anschaffungsnebenkosten zu klassifizieren sind, sind nach § 272 Abs. 1 S. 3 HGB aufwandswirksam zu erfassen;[243] zu den Anschaffungsnebenkosten zählen beispielsweise Provisionen und Maklercourtagen. 162

§ 272 Abs. 1b S. 1 HGB stellt klar, dass der Ausweis eigener Anteile nach § 272 Abs. 1a S. 1 HGB – also der offene Ausweis der eigenen Anteile in der Vorspalte des Postens „Gezeichnetes Kapital" – nach der Veräußerung entfällt.[244] Ein den Nennbetrag oder den rechnerischen Wert übersteigender Differenzbetrag aus dem Veräußerungserlös ist nach § 272 Abs. 1b S. 2 HGB bis zur Höhe des mit den frei verfügbaren Rücklagen verrechneten Betrages in die jeweilige Rücklage einzustellen. Die Vorschrift schreibt also vor, dass der den Nennbetrag oder den rechnerischen Wert übersteigende Differenzbetrag aus dem Veräußerungserlös wieder den Posten zuzuführen ist, mit denen bei Erwerb der eigenen Anteile eine Verrechnung erfolgte.[245] Damit soll sichergestellt werden, dass die Verfügungskompetenzen der Gesellschaftsorgane letztlich unberührt bleiben.[246] Übersteigt der Veräußerungserlös die ursprünglichen Anschaffungskosten, ist der darüber hinausgehende Differenzbetrag in die Kapitalrücklage nach § 272 Abs. 1 Nr. 1 HGB einzustellen (§ 272 Abs. 1b S. 3 HGB). Die Vorschrift betont, dass es sich bei der **Veräußerung eigener Anteile wirtschaftlich betrachtet um eine Kapitalmaßnahme** – nämlich eine Kapitalerhöhung – im rechtlichen Kleid eines Verkaufs handelt.[247] § 272 Abs. 1b S. 4 HGB korrespondiert mit § 272 Abs. 1a S. 3 HGB. Sowohl die Anschaffungsnebenkosten als auch die Nebenkosten der Veräußerung sind als Aufwand des Geschäftsjahres zu erfassen.[248] 163

(d) Offene Rücklagen. (aa) Grundlagen. Offene Rücklagen stammen entweder aus einbehaltenen Gewinnen (Gewinnrücklagen) oder aus Einlagen von Aktionären oder Dritten (Kapitalrücklagen). Die offenen Rücklagen unterscheiden sich von den **stillen Rücklagen** – oder auch stillen Reserven – dadurch, dass Letztere im handelsrechtlichen Jahresabschluss nicht erkennbar sind. Die offenen Rücklagen resultieren zudem – jedenfalls soweit es sich um Gewinnrücklagen handelt – aus versteuerten Gewinnen. Im Gegensatz dazu sind 164

---

[241] Grundlegend zur Bilanzierung eigener Aktien bspw. Haufe HGB Bilanz Kommentar/*Knorr/Seidler* HGB § 272 Rn. 67 ff.; BeBiKo/*Förschle/Hoffmann* HGB § 272 Rn. 130 ff.; MüKoHGB/*Reiner* HGB § 272 Rn. 21 ff.; *Seidler* Eigene Aktien S. 82 ff.
[242] Ebenso BeBiKo/*Förschle/Hoffmann* HGB § 272 Rn. 131; Haufe HGB Bilanz Kommentar/*Knorr/Seidler* HGB § 272 Rn. 69.
[243] BeBiKo/*Förschle/Hoffmann* HGB § 272 Rn. 132; Haufe HGB Bilanz Kommentar/*Knorr/Seidler* HGB § 272 Rn. 78.
[244] Dazu im Einzelnen BeBiKo/*Förschle/Hoffmann* HGB § 272 Rn. 140 ff.; Haufe HGB Bilanz Kommentar/*Knorr/Seidler* HGB § 272 HGB Rn. 80 ff.; MüKoHGB/*Reiner* HGB § 272 Rn. 37 ff.
[245] BeBiKo/*Förschle/Hoffmann* HGB § 272 Rn. 141; Haufe HGB Bilanz Kommentar/*Knorr/Seidler* HGB § 272 Rn. 81.
[246] Haufe HGB Bilanz Kommentar/*Knorr/Seidler* HGB § 272 Rn. 81; dazu auch MüKoHGB/*Reiner* HGB § 272 Rn. 37.
[247] Haufe HGB Bilanz Kommentar/*Knorr/Seidler* HGB § 272 Rn. 82.
[248] BeBiKo/*Förschle/Hoffmann* HGB § 272 Rn. 142; Haufe HGB Bilanz Kommentar/*Knorr/Seidler* HGB § 272 Rn. 85; MüKoHGB/*Reiner* HGB § 272 Rn. 41.

stille Rücklagen unversteuert und bewirken damit eine Steuerstundung, die für das Unternehmen einen Liquiditätsvorteil bedeutet.[249]

165 **(bb) Kapitalrücklage.** § 272 Abs. 2 HGB zählt die Gründe für die Zuweisung von Beträge in die Kapitalrücklage auf. Eine Aufgliederung des Postens unter Berücksichtigung der **Zuweisungsgründe** sieht das Gesetz aber nicht vor, denn es wird im Singular formuliert („Als Kapitalrücklage sind auszuweisen..."). Im Hinblick auf die Verwendungsbeschränkungen des § 150 Abs. 3 und 4 kann es für die Aktiengesellschaft gleichwohl zweckmäßig sein, die Kapitalrücklage nach den Zuweisungsgründen nach § 272 Abs. 2 Nr. 1–3 HGB auf der einen Seite und nach dem Zuweisungsgrund nach § 272 Abs. 2 Nr. 4 HGB auf der anderen Seite zu aufzugliedern.[250]

166 § 272 Abs. 2 Nr. 1 HGB schreibt vor, dass der Betrag – das **Aufgeld oder Agio** –, der bei der Ausgabe von Anteilen über den Nennbetrag oder, falls ein solcher nicht vorhanden ist, über den rechnerischen Wert hinaus erzielt wird, als Kapitalrücklage auszuweisen ist.[251] Bei der Aktiengesellschaft kann ein als Kapitalrücklage nach § 272 Abs. 2 Nr. 1 HGB auszuweisender Betrag grds. nur aus der Ausgabe von Aktien im Rahmen einer Bar- oder Sachgründung oder einer Bar- oder Sachkapitalerhöhung erzielt werden.[252]

167 Nach § 272 Abs. 2 Nr. 2 HGB ist der Betrag, der bei der **Ausgabe von Schuldverschreibungen für Wandlungsrechte und Optionsrechte** zum Erwerb von Anteilen erzielt wird, als Kapitalrücklage auszuweisen.[253]

168 § 272 Abs. 2 Nr. 3 HGB schreibt vor, dass der Betrag von **Zuzahlungen – Bar- oder Sachleistungen –**, die Gesellschafter gegen Gewährung eines Vorzugs für ihre Anteile leisten, auszuweisen ist. Zu den gesellschaftsrechtlichen Vorzugsrechten gehören nicht nur besondere Rechte bei der Gewinnverteilung oder der Verteilung des Gesellschaftsvermögens im Fall der Liquidation, wie sie nach § 11 möglich sind, sondern vielmehr jeder gesellschaftsrechtliche Vorteil.[254]

169 In der Kapitalrücklage nach § 272 Abs. 2 Nr. 4 HGB ist der Betrag von **anderen Zuzahlungen auszuweisen, die Gesellschafter in das Eigenkapital** leisten. Erforderlich ist mithin, dass Aktionäre Zuzahlungen in das Eigenkapital leisten. In der Praxis der börsennotierten Aktiengesellschaft geschieht dies nur ganz ausnahmsweise. Da § 272 Abs. 2 Nr. 4 HGB als Auffangtatbestand gilt, dürfen die Zuzahlungen nicht im Zusammenhang mit Leistungen stehen, die unter § 272 Abs. 2 Nr. 1–3 HGB fallen. Der Abgrenzung kommt für die Aktiengesellschaft eine erhebliche Bedeutung zu, da § 272 Abs. 2 Nr. 4 HGB nicht der für den gesetzlichen Reservefonds bestehenden Verwendungsbeschränkung des § 150 Abs. 3 und 4 unterliegt.[255]

170 **(cc) Gewinnrücklagen.** Nach § 272 Abs. 3 S. 1 HGB dürfen als Gewinnrücklagen nur **Beträge ausgewiesen werden, die im Geschäftsjahr oder einem früheren Geschäfts-**

---

[249] HdR/*Küting*/*Reuter* HGB § 272 Rn. 56; Haufe HGB Bilanz Kommentar/*Knorr*/*Seidler* HGB § 272 Rn. 91.
[250] Dabei sollte jedoch nicht unberücksichtigt bleiben, dass die Kapitalrücklage nach § 272 Abs. 2 Nr. 4 HGB jedenfalls bei kapitalmarktorientierten AG regelmäßig nur eine sehr untergeordnete Rolle spielt.
[251] Das in der Kapitalrücklage auszuweisende Aufgeld ist bei auf einen Nennbetrag lautenden Aktien (§ 8 Abs. 2 AktG) die Differenz zwischen dem Nennbetrag und dem Ausgabebetrag und bei Stückaktien (§ 8 Abs. 3 AktG) die Differenz zwischen dem rechnerischen Wert – prozentuales Verhältnis zum Grundkapital – und dem Ausgabebetrag.
[252] Da § 272 Abs. 2 Nr. 1 HGB vorschreibt, dass das „erzielte" Aufgeld in die Kapitalrücklage einzustellen ist, kommt eine Verminderung des Betrages um die Kosten der Ausgabe der Anteile, Notar- und Gerichtskosten, Prüfungsgebühren, Steuern etc. nicht in Betracht, sondern ist das Aufgeld ungekürzt einzustellen. Die aufgeführten Kosten sind vielmehr aufwandswirksam zu erfassen; ebenso BeBiKo/*Förschle*/*Hoffmann* HGB § 272 Rn. 172; *ADS* HGB § 272 Rn. 93.
[253] Dazu BeBiKo/*Förschle*/*Hoffmann* HGB § 272 Rn. 180 ff.; *ADS* HGB § 272 Rn. 108 ff.; *Loos* BB 1988, 369 ff.; Haufe HGB Bilanz Kommentar/*Knorr*/*Seidler* HGB § 272 Rn. 117 ff.
[254] *ADS* HGB § 272 Rn. 130 ff.; Haufe HGB Bilanz Kommentar/*Knorr*/*Seidler* HGB § 272 Rn. 130 ff.
[255] BeBiKo/*Förschle*/*Hoffmann* HGB § 272 Rn. 195 ff.; *ADS* HGB § 272 Rn. 132 ff.; Haufe HGB Bilanz Kommentar/*Knorr*/*Seidler* HGB § 272 Rn. 133 ff. Zur gesplitteten Einlage auch BGH NZG 2008, 76.

jahr aus dem Ergebnis gebildet worden sind.[256] Die Gewinnrücklagen sind nach § 266 Abs. 3 A. III. HGB in die gesetzliche Rücklage, die Rücklage für Anteile an einem herrschenden oder einem mit Mehrheit beteiligten Unternehmen, die satzungsmäßigen Rücklagen und anderen Gewinnrücklagen zu untergliedern.[257]

§ 150 Abs. 1 verpflichtet die Aktiengesellschaft, in ihrer Bilanz eine **gesetzliche Rücklage** zu bilden (§ 150 Abs. 1).[258] Anknüpfungspunkt für Einstellungen in die gesetzliche Rücklage ist der Jahresüberschuss (§ 275 Abs. 2 Nr. 20, Abs. 3 Nr. 19 HGB). Nach § 150 Abs. 2 ist der zwanzigste Teil des um einen Verlustvortrag aus dem Vorjahr geminderten Jahresüberschusses in die gesetzliche Rücklage einzustellen, bis diese und die Kapitalrücklage nach § 272 Abs. 2 Nr. 1–3 HGB zusammen den zehnten oder den in der Satzung bestimmten höheren Teil des Grundkapitals – d. h. des in der Bilanz ausgewiesenen gezeichneten Kapitals – erreicht.[259] Einstellungen in die gesetzliche Rücklage sind im Rahmen der Aufstellung des Jahresabschlusses durch den Vorstand vorzunehmen. Über die Einstellungsbefugnis des Vorstandes hinausgehend kann die Hauptversammlung im Beschluss über die Verwendung des Bilanzgewinns weitere Beträge in die anderen Gewinnrücklagen und damit auch in die gesetzliche Rücklage einstellen (§ 58 Abs. 3). Auch Entnahmen aus der gesetzlichen Rücklage sind bei Aufstellung des Jahresabschlusses durch den Vorstand vorzunehmen, der die Verwendungsbeschränkungen des § 150 Abs. 3 und 4 zu beachten hat.[260] Gemäß § 152 Abs. 3 sind die Veränderungen der Posten in der Bilanz oder im Anhang gesondert anzugeben.

Zu den **satzungsmäßigen Rücklagen** iSd § 266 Abs. 3 A. III. 3. HGB gehören nach herrschender Auffassung nur die Rücklagen, die auf einer satzungsmäßigen Dotierungsverpflichtung – sog. Pflichtrücklagen – beruhen.[261] Demgegenüber führen Satzungsbestimmungen, die nur zur Bildung von Gewinnrücklagen ermächtigen – sog. Ermessensrücklagen – allein zur Dotierung der anderen Gewinnrücklagen.[262] Bei der Aktiengesellschaft ist die Bildung von satzungsmäßigen Rücklagen in § 58 geregelt. Stellen Vorstand und Aufsichtsrat den Jahresabschluss fest, was der üblichen Praxis entspricht, können sie einen Teil des Jahresüberschusses, höchstens jedoch die Hälfte, in die anderen Gewinnrücklagen einstellen (§ 58 Abs. 2 S. 1), wobei die Satzung Vorstand und Aufsichtsrat zur Einstellung eines größeren oder kleineren Teils des Jahresüberschusses ermächtigen kann (§ 58 Abs. 2 S. 2). Da es sich hierbei um eine zusätzliche Zuführung handelt, die im Ermessen von Vorstand und Aufsichtsrat liegt, sind die anderen Gewinnrücklagen im Sinn von § 266 Abs. 3 A. III. 4. HGB zu dotieren und nicht die satzungsmäßigen Rücklagen i. S. d. § 266 Abs. 3 A. III. 3. HGB. Das lässt sich auch aus § 58 Abs. 2 S. 1 entnehmen, der ausdrücklich von

---

[256] Nach dem Bilanzrichtlinien-Umsetzungsgesetz (BilRUG), BGBl. 2015 I S. 1247, wird § 272 dahingehend ergänzt, dass Beteiligungserträge auf Ebene des beteiligten Unternehmens künftig in eine ausschüttungsgesperrte Rücklage einzustellen sind, soweit sie nicht durch korrespondierende (tatsächliche) Zahlungen oder Ansprüche auf Zahlungen gedeckt sind. Folge wäre eine erhebliche Einschränkung der phasengleichen Dividendenvereinnahmung. Die Vorschrift wird jedoch durch Erläuterungen in der Beschlussempfehlung des Ausschusses für Recht und Verbraucherschutz des Deutschen Bundestages, BT-Drs. 18/5256, 83, erheblich relativiert. Danach dürfte letztlich auch ohne Rücklagenbildung vereinnahmt und „weitergeschüttet" werden, wenn der Beteiligungsertrag so gut wie sicher vereinnahmt werde, auch wenn ein Beschluss des Beteiligungsunternehmens zur Gewinnverwendung noch ausstehe. Auf einen Anspruch im Rechtssinne komme es nicht an.
[257] Zum hier nicht weiter diskutierten Sonderfall der Rücklage für Anteile eines herrschenden oder mehrheitlich beteiligten Unternehmens vgl. nur Haufe HGB Bilanz Kommentar/*Knorr/Seidler* HGB § 272 Rn. 187 ff.
[258] Die Vorschrift hat zwingenden Charakter und kann daher nicht durch anderweitige Satzungsbestimmungen abbedungen werden (§ 23 Abs. 5 AktG).
[259] Damit speist sich der gesetzliche Reservefonds aus zwei Quellen: Den Zwangszuweisungen aus dem Jahresüberschuss zur gesetzlichen Rücklage (§ 150 Abs. 1 und 2 AktG) und den in die Kapitalrücklage nach § 272 Abs. 2 Nr. 1–3 HGB eingestellten Beträgen.
[260] Dazu im Einzelnen *ADS* § 150 AktG Rn. 47 ff.; BeBiKo/*Förschle/Hoffmann* HGB § 272 Rn. 275; Bedeutsam ist hier, dass das Vorhandensein stiller Reserven die Inanspruchnahme des gesetzlichen Reservefonds nicht ausschließt.
[261] *ADS* HGB § 272 Rn. 151, 156; BeBiKo/*Förschle/Hoffmann* HGB § 272 Rn. 250.
[262] Haufe HGB Bilanz Kommentar/*Knorr/Seidler* HGB § 272 Rn. 169; *ADS* HGB § 272 Rn. 151, 156; BeBiKo/*Förschle/Hoffmann* HGB § 272 Rn. 250.

"anderen Gewinnrücklagen" spricht.[263] Wird der Jahresabschluss ausnahmsweise von der Hauptversammlung festgestellt, kann die Satzung für diesen Fall bestimmen, dass Beträge aus dem Jahresüberschuss in andere Gewinnrücklagen einzustellen sind (§ 58 Abs. 1 S. 1). Aufgrund einer solchen Satzungsbestimmung kann höchstens die Hälfte des Jahresüberschusses in andere Gewinnrücklagen eingestellt werden (§ 58 Abs. 1 S. 2). Dabei sind Beträge, die in die gesetzliche Rücklage einzustellen sind, und ein Verlustvortrag vorab von dem Jahresüberschuss abzuziehen (§ 58 Abs. 1 S. 3). Zwar sieht § 58 Abs. 1 S. 1 eine Pflichteinstellung vor, jedoch schreibt der Wortlaut der Vorschrift gleichwohl eine Einstellung in die anderen Gewinnrücklagen vor.[264] Demgemäß hat der Ausweis unter den anderen Gewinnrücklagen im Sinn von § 266 Abs. 3 A. III. 4. HGB zu erfolgen.[265] Darüber hinaus erlaubt § 58 Abs. 3 S. 1 der Hauptversammlung, im Wege des Gewinnverwendungsbeschlusses weitere Beträge in die Gewinnrücklagen einzustellen (§ 174). Auch diese Beträge sind, da es sich ebenfalls um Zuführungen handelt, die im Ermessen der Hauptversammlung liegen, als andere Gewinnrücklagen im Sinn von § 266 Abs. 3 A. III. 4. HGB auszuweisen.[266] Vor diesem Hintergrund wird deutlich, dass satzungsmäßige Gewinnrücklagen im Grunde nicht gebildet werden können; etwas anderes gilt nur für den Fall einer die Hauptversammlung verpflichtenden Satzungsregelung nach § 58 Abs. 4.[267]

173 Der Posten **"Andere Gewinnrücklagen"** nach § 272 Abs. 3 S. 2 Alt. 3 HGB beinhaltet als Auffangtatbestand alle Gewinnrücklagen, die nicht in den Posten nach § 266 Abs. 3 A. III. 1. bis 3. HGB zu erfassen sind. Hierunter fällt die Einstellung aufgrund satzungsmäßiger Dotierungspflicht nach § 58 Abs. 1 S. 1 bei Feststellung des Jahresabschlusses durch die Hauptversammlung (§ 173 Abs. 2 S. 2).[268] Ebenso sind Einstellungen nach § 58 Abs. 2 S. 1 durch den Vorstand und den Aufsichtsrat – bei Feststellung des Jahresabschlusses durch diese – in dem Posten zu erfassen. Vorstand und Aufsichtsrat können danach höchstens die Hälfte des um die Zuführung zu den gesetzlichen Rücklagen und einen Verlustvortrag verminderten Jahresüberschusses in die anderen Gewinnrücklagen einstellen. Nach § 58 Abs. 2 S. 2 kann die Satzung den Vorstand und den Aufsichtsrat zur Einstellung eines größeren oder kleineren Teils des Jahresüberschusses ermächtigen. Aufgrund einer solchen Satzungsbestimmung dürfen aber keine Beträge in die anderen Gewinnrücklagen eingestellt werden, wenn diese die Hälfte des Grundkapitals übersteigen oder nach der Einstellung übersteigen würden (§ 58 Abs. 2 S. 3). Nach Maßgabe des § 58 Abs. 3 S. 1 kann die Hauptversammlung zudem im Beschluss über die Verwendung des Bilanzgewinns weitere Beträge in die Gewinnrücklagen – also auch in die anderen Gewinnrücklagen – einstellen. § 58 Abs. 2a erlaubt dem Vorstand und dem Aufsichtsrat des Weiteren die Einstellung des Eigenkapitalanteils von Wertaufholungen und von nur bei der steuerlichen Gewinnermittlung gebildeten Passivposten in die anderen Gewinnrücklagen.[269]

174 **(e) Gewinn- und Verlustvortrag.** Der Ausweis eines Gewinn- oder Verlustvortrages in der Bilanz ist davon abhängig, ob diese unter Berücksichtigung der **teilweisen oder voll-**

---

[263] ADS HGB § 272 Rn. 153; aA Haller DB 1987, 645 (648).
[264] Die Ausweisfrage hat Bedeutung für die Berechnung der Höchstgrenze der Dotierungsmöglichkeiten des Vorstandes nach § 58 Abs. 2 S. 3 AktG. Wenn die anderen Gewinnrücklagen die Hälfte des Grundkapitals übersteigen, kann von der Ermächtigung kein Gebrauch mehr gemacht werden.
[265] ADS HGB § 272 Rn. 153 mwN; BeBiKo/Förschle/Hoffmann HGB § 272 Rn. 250.
[266] Haufe HGB Bilanz Kommentar/Knorr/Seidler HGB § 272 Rn. 171 mwN; BeBiKo/Förschle/Hoffmann HGB § 272 Rn. 250.
[267] MüKoBilR/Kropff HGB § 272 Rn. 229; Haufe HGB Bilanz Kommentar/Knorr/Seidler HGB § 272 Rn. 173 mwN.
[268] Dieser Fall ist streng von der Rücklagenbildung durch die HV im Rahmen der Gewinnverwendung zu unterscheiden (§ 58 Abs. 3 AktG). Grundlage der Einstellung in die anderen Gewinnrücklagen ist der Jahresüberschuss, Grundlage der Gewinnverwendung der Bilanzgewinn.
[269] Das Recht zur Rücklagenbildung nach § 58 Abs. 2a AktG steht Vorstand und Aufsichtsrat nur zu, solange diese auch den Jahresabschluss feststellen. Die Kompetenz zur Rücklagenbildung – auch bezüglich § 58 Abs. 2a AktG – wird bei Feststellung des Jahresabschluss durch die Hauptversammlung allein durch § 173 Abs. 2 AktG geregelt. § 173 Abs. 2 S. 2 AktG schreibt aber vor, dass die Hauptversammlung nur Beträge in die Gewinnrücklagen einstellen darf, die nach Gesetz oder Satzung einzustellen sind.

ständigen Verwendung des Jahresergebnisses aufgestellt wird.[270] Ist dies nicht der Fall, ist ein etwa vorhandener Gewinn- oder Verlustvortrag gemäß § 266 Abs. 3 A. IV. HGB auf der Passivseite der Bilanz vor dem Jahresüberschuss oder Jahresfehlbetrag (§ 266 Abs. 3 A. V. HGB) auszuweisen. Wird die Bilanz unter Berücksichtigung der teilweisen Verwendung des Jahresergebnisses aufgestellt, so tritt an die Stelle der Posten „Jahresüberschuss/Jahresfehlbetrag" und „Gewinnvortrag/Verlustvortrag" der Posten „Bilanzgewinn/Bilanzverlust"; ein vorhandener Gewinn- oder Verlustvortrag aus dem Vorjahr ist in den Posten „Bilanzgewinn/Bilanzverlust" einzubeziehen und in der Bilanz oder im Anhang gesondert anzugeben (§ 268 Abs. 1 S. 2 HGB).[271]

(f) Jahresüberschuss/Jahresfehlbetrag. Der Jahresüberschuss zeigt den im Geschäftsjahr erzielten Gewinn und der Jahresfehlbetrag den im Geschäftsjahr erzielten Verlust **aus der betrieblichen Tätigkeit,** in beiden Fällen vor Rücklagenbewegungen (§ 275 Abs. 4 HGB). Der auszuweisende Betrag ergibt sich als Saldo aller unter den Posten nach § 275 Abs. 2 Nr. 1–13, 15, 16, 18 und 19 HGB oder § 275 Abs. 3 Nr. 1–12, 14, 15, 17 und 18 HGB ausgewiesenen Aufwendungen und Erträge.

Wird die Bilanz nicht unter Berücksichtigung der teilweisen oder vollständigen Verwendung des Jahresergebnisses aufgestellt (§ 268 Abs. 1 S. 1 HGB), ist der Jahresüberschuss/Jahresfehlbetrag in der Bilanz innerhalb des Eigenkapitals auszuweisen (§ 266 Abs. 3 A. V. HGB). Er muss mit dem Posten „Jahresüberschuss/Jahresfehlbetrag" nach § 275 Abs. 2 Nr. 20, Abs. 3 Nr. 19 HGB übereinstimmen. Soweit die Bilanz hingegen unter Berücksichtigung der **vollständigen oder teilweisen Verwendung des Jahresergebnisses** aufgestellt wird, tritt an die Stelle des Postens „Jahresüberschuss/Jahresfehlbetrag" und des Postens „Gewinnvortrag/Verlustvortrag" in der Bilanz der Posten „Bilanzgewinn/Bilanzverlust" (§ 268 Abs. 1 S. 2 HGB).

(g) Bilanzgewinn/Bilanzverlust. Der Posten „Bilanzgewinn/Bilanzverlust" kommt in der Bilanz nur zum Ausweis, wenn diese unter Berücksichtigung der **vollständigen oder teilweisen Verwendung des Jahresergebnisses aufgestellt** wird. In diesem Fall tritt der Posten „Bilanzgewinn/Bilanzverlust" an die Stelle des Postens „Jahresüberschuss/Jahresfehlbetrag" und des Postens „Gewinnvortrag/Verlustvortrag" (§ 268 Abs. 1 S. 1 und 2 HGB).

(h) Nicht durch Eigenkapital gedeckter Fehlbetrag. § 268 Abs. 3 HGB schreibt vor, dass, soweit das Eigenkapital durch Verluste aufgebraucht ist und sich ein **Überschuss der Passivposten über die Aktivposten** ergibt, dieser Betrag am Schluss der Bilanz auf der Aktivseite gesondert unter der Bezeichnung „Nicht durch Eigenkapital gedeckter Fehlbetrag" auszuweisen ist. Der Posten, der allein eine sich rechnerisch ergebende Korrekturgröße zum Eigenkapital darstellt und weder Vermögensgegenstand noch Bilanzierungshilfe ist und auch nicht mit dem Jahresfehlbetrag oder Bilanzverlust des Geschäftsjahres verwechselt werden darf, drückt allein die bilanzielle Überschuldung aus und ist daher lediglich als Indikator für eine insolvenzrechtliche Überschuldungsprüfung anzusehen.[272] Eine Erläuterungspflicht im Anhang sieht das Gesetz für den Posten nicht vor.[273]

(i) Sonderposten des Eigenkapitals. Dem Bilanzierenden werden teilweise auch Mittel zur Verfügung gestellt, deren Zurechnung zum Eigenkapital oder zum Fremdkapital zweifelhaft ist (auch sog. **mezzanine Finanzierungen**). Zu nennen sind hier beispielsweise

---

[270] Der Gewinnvortrag entstammt aus dem Vorjahr und war daher schon Teil der Berechnungsgrundlage für die Rücklagendotierung. Er steht allein zur Disposition der Aktionäre oder Gesellschafter; vgl dazu auch ADS AktG § 58 Rn. 18.
[271] Ein auf neue Rechnung vorzutragender Gewinn oder Verlust des Geschäftsjahres ist hier nicht gemeint, da dieser nur im Rahmen der vollständigen Verwendung des Jahresergebnisses entstehen kann; vgl. auch MüKoBilR/*Suchan* HGB § 268 Rn. 50.
[272] Der nicht durch Eigenkapital gedeckte Fehlbetrag lässt nicht zwingend auf eine insolvenzrechtliche Überschuldung schließen. Um diese festzustellen, ist die Aufstellung eines Überschuldungsstatus erforderlich.
[273] Siehe aber MüKoBilR/*Suchan* HGB § 268 Rn. 50.

Exkurs 2 180–182   Bilanzrecht

das Genussrechtskapital oder die stille Beteiligung.[274] Für Zweck der Abgrenzung wurde von der Praxis eine Reihe von Kriterien definiert, bei deren kumulativem Vorliegen Mittel als Eigenkapital zu klassifizieren sind.[275] Erforderlich sind (1) eine erfolgsabhängige Vergütungsvereinbarung, (2) die Teilnahme der zur Verfügung gestellten Mittel bis zur vollen Höhe an einem Verlust, (3) eine dem gezeichneten Kapital vergleichbare Nachrangigkeit der zur Verfügung gestellten Mittel im Verhältnis zu den Fremdkapitalgebern im Insolvenzfall der Gesellschaft und (4) eine längerfristige Überlassung der zur Verfügung gestellten Mittel.[276] Kann die Eigenkapitaleigenschaft der zur Verfügung gestellt Mittel bejaht werden, ist der Ausweis innerhalb des Eigenkapitals oder als dessen letzter Posten geboten.[277] Sind die zur Verfügung gestellten Mittel als Fremdkapital zu klassifizieren – sind mithin die vorstehend aufgeführten Kriterien ganz oder teilweise nicht erfüllt – sind sie als gesonderter Posten unter den Verbindlichkeiten zu zeigen (§ 265 Abs. 5 S. 2 HGB) oder in Form einer weitergehenden Untergliederung (§ 265 Abs. 5 S. 1 HGB) oder eines „Davon"-Vermerks unter dem Posten „Anleihen" (§ 266 Abs. 3 C. 1. HGB) zu zeigen.[278]

180   **(8) Rückstellungen.** Rückstellungen sind Verpflichtungen für künftige Ausgaben, die zum Bilanzstichtag rechtlich oder wirtschaftlich verursacht wurden, aber dem Grund und/oder der Höhe nach noch ungewiss sind (§ 249 HGB). Im Sinn des § 267 HGB große und mittelgroße Aktiengesellschaften müssen den Posten Rückstellungen zumindest untergliedern in Rückstellungen für Pensionen und ähnliche Verpflichtungen, Steuerrückstellungen und sonstige Rückstellungen (§ 266 Abs. 3 B. HGB).[279]

181   Die **Pensionsrückstellungen** beruhen auf Verpflichtungen aus der betrieblichen Altersversorgung; allen unter dem Posten „Pensionsrückstellungen" ausgewiesenen Verpflichtungen muss demgemäß Versorgungscharakter zukommen.[280] Mangels Versorgungscharakters werden bspw. Verpflichtungen aus Altersteilzeitvereinbarungen nach dem AltTZG als sonstige Rückstellungen ausgewiesen; Gleiches gilt für Verpflichtungen, die ausschließlich der Abfindung dienen, zB aus Restrukturierungs- oder Sozialplänen.[281] Ähnliche Verpflichtungen sind zB Verpflichtungen aus zugesagten Leistungen der Alters-, Invaliditäts- oder Hinterbliebenenversorgung (§ 1 Abs. 1 BetrAVG).[282]

182   Art. 28 Abs. 1 S. 1 EGHGB sieht vor, dass für eine laufende Pension oder Anwartschaft auf eine Pension aufgrund einer unmittelbaren Zusage eine Rückstellung nach § 249 Abs. 1 S. 1 HGB nicht gebildet zu werden braucht, wenn der Pensionsberechtigte seinen Rechtsanspruch vor dem 1. Januar 1987 erworben hat oder sich ein vor diesem Zeitpunkt erworbener Rechtsanspruch nach dem 31. Dezember 1986 erhöht **(Passivierungswahl-**

---

[274] Haufe HGB Bilanz Kommentar/*Knorr/Seidler* HGB § 272 Rn. 213 ff.; MüKoBilR/*Suchan* HGB § 266 Rn. 108 ff.; *ADS* HGB § 266 Rn. 189 ff.; *IDW* HFA 1/1994; *Westerfelhaus* DB 1988, 1173 (1175); *Reusch* BB 1989, 2358 (2359).

[275] MüKoBilR/*Suchan* HGB § 266 Rn. 108; Haufe HGB Bilanz Kommentar/*Knorr/Seidler* HGB § 272 Rn. 214; BeBiKo/*Schubert/Krämer* HGB § 266 Rn. 191.

[276] Zu den Kriterien, deren Bedeutung teilweise umstritten ist, im Einzelnen *IDW* HFA 1/1994; *ADS* HGB § 266 Rn. 195; BeBiKo/*Schubert/Krämer* HGB § 266 Rn. 191; MüKoBilR/*Suchan* HGB § 266 Rn. 108 ff.; Haufe HGB Bilanz Kommentar/*Knorr/Seidler* HGB § 272 Rn. 214.

[277] *ADS* HGB § 266 Rn. 197; WP-HdB/*Gelhausen* Bd. 1 Kap. F Rn. 355; MüKoBilR/*Suchan* HGB § 266 Rn. 218.

[278] *ADS* HGB § 266 Rn. 199; BeBiKo/*Schubert/Krämer* HGB § 266 Rn. 191; MüKoBilR/*Suchan* HGB § 266 Rn. 108 ff.; Haufe HGB Bilanz Kommentar/*Knorr/Seidler* HGB § 272 Rn. 216 ff.

[279] *ADS* HGB § 266 Rn. 204; BeBiKo/*Schubert* HGB § 266 Rn. 200 sowie im Einzelnen ebendort *Grottel/Rhiel* HGB § 249 Rn. 151 ff. In der Praxis erfolgt heute auch eine Einteilung der Altersversorgungszusagen – in Anlehnung an die IFRS – als beitragsorientiert oder leistungsorientiert. In letzterem Fall ist das Unternehmen verpflichtet, auf unterdotierte Altersversorgungszusagen Nachschüsse zu leisten. Siehe dazu auch Haufe HGB Bilanz Kommentar/*Wulf/Sackbrook* HGB § 266 Rn. 136.

[280] BeBiKo/*Grottel/Rhiel* HGB § 249 Rn. 154; Haufe HGB Bilanz Kommentar/*Bertram* HGB § 249 Rn. 91.

[281] MüKoBilR/*Suchan* HGB § 266 Rn. 113; Haufe HGB Bilanz Kommentar/*Wulf/Sackbrook* HGB § 266 Rn. 139.

[282] *ADS* HGB § 266 Rn. 205; Haufe HGB Bilanz Kommentar/*Wulf/Sackbrook* HGB § 266 Rn. 139; MüKoBilR/*Suchan* HGB § 266 Rn. 113.

Bilanzrecht 183–185 **Exkurs 2**

recht). Eine unmittelbare Zusage (Direktzusage) besteht in einer Vereinbarung zwischen einem Arbeitnehmer und dem Unternehmen ohne Zwischenschaltung eines weiteren Rechtsträgers.[283] Mittelbare Verpflichtungen entstehen grds. bei Inanspruchnahme der folgenden Durchführungswege: Direktversicherung, Pensionskasse, Pensionsfonds, Unterstützungskasse (§ 1b Abs. 2–4 BetrAVG).[284]

Die **Steuerrückstellungen** umfassen Abgaben und Steuern aus dem steuerrechtlichen **183** Schuldverhältnis, die zum Ende des Geschäftsjahres grundsätzlich dem Grund nach sicher, der Höhe nach aber ungewiss sind.[285] Beispiele sind veranlagte Steuern wie Körperschaft- oder Gewerbesteuern, Grundsteuern oder Verbrauchsteuern.[286] Die Bildung der Steuerrückstellungen erfolgt in Höhe der zu erwartenden Steuerschuld abzüglich etwaiger steuerlicher Vorauszahlungen.[287] In die Rückstellungsbildung werden keine Kosten einbezogen, die durch Dokumentations-, Informations- und Erklärungspflichten entstehen.[288] Gleiches gilt für Nebenleistungen aus Steuerzahlungspflichten wie Verspätungs- und Säumniszuschlägen oder Zinsen; hierbei handelt es sich nicht um Steuern im Sinn der Abgabenordnung, weswegen allenfalls ein Ausweis unter den sonstigen Rückstellungen in Betracht kommt.[289]

Die **sonstigen Rückstellungen sind ein Sammelposten** für alle Rückstellungen, die **184** den beiden vorherigen Posten nicht zugewiesen werden können.[290] Hierunter fallen gemäß § 249 HGB die sonstigen Verbindlichkeitsrückstellungen, die Drohverlustrückstellungen, die Rückstellungen für unterlassene Aufwendungen für Instandhaltung oder Abraumbeseitigung und die Rückstellungen für Gewährleistungen, die ohne rechtliche Verpflichtung erbracht werden.[291] Eine weitere Untergliederung des Unterpostens ist zulässig (§ 265 Abs. 5 HGB), aber nicht verpflichtend vorgeschrieben.[292] Wenn sie einen erheblichen Umfang aufweisen, ist aber eine Erläuterung im Anhang vorzunehmen (§ 285 Nr. 12 HGB).

(9) Verbindlichkeiten. Verbindlichkeiten sind die **Verpflichtungen eines Unterneh-** **185** **mens, die am Bilanzstichtag dem Grund und der Höhe nach sicher** sind.[293] Aufgrund des Vollständigkeitsgebots des § 246 Abs. 1 S. 1 HGB ist eine Saldierung der Verbindlichkeiten mit Forderungen – abgesehen von gesetzlich zugelassenen Fällen oder bei Vorliegen der Aufrechnungsvoraussetzungen nach den §§ 387 ff. BGB – ausgeschlossen.[294] Die Gliederung der Verbindlichkeiten nach § 266 Abs. 3 C. HGB orientiert sich an unterschiedlichen Kriterien (Eigenschaften des Gläubigers wie verbundene Unternehmen, Entstehungsgründe wie Verbindlichkeiten für erhaltene Anzahlungen auf Bestellungen oder Verbindlichkeiten aus Lieferungen und Leistungen und rechtliche Besonderheiten wie bspw. Verbindlichkeiten aufgrund gezogener Wechsel).[295] Als vorrangiges Gliederungskriterium

---

[283] BeBiKo/*Grottel*/*Rhiel* HGB § 249 Rn. 164; dazu auch MüKoBilR/*Suchan* HGB § 266 Rn. 113; Haufe HGB Bilanz Kommentar/*Wulf*/*Sackbrook* HGB § 266 Rn. 139 f.
[284] Haufe HGB Bilanz Kommentar/*Bertram* HGB § 249 Rn. 63; BeBiKo/*Grottel*/*Rhiel* HGB § 249 Rn. 164.
[285] BeBiKo/*Schubert* HGB § 266 Rn. 201; aA ADS HGB § 266 Rn. 206, die eine mögliche Inanspruchnahme aus den Haftungsschulden (§§ 37 Abs. 1, 69 ff. AO) den sonstigen Rückstellungen zuweisen.
[286] ADS HGB § 266 Rn. 206; BeBiKo/*Schubert* HGB § 266 Rn. 201; Haufe HGB Bilanz Kommentar/*Wulf*/*Sackbrook* HGB § 266 Rn. 139.
[287] ADS HGB § 266 Rn. 206; Haufe HGB Bilanz Kommentar/*Wulf*/*Sackbrook* HGB § 266 Rn. 139.
[288] MüKoBilR/*Suchan* HGB § 266 Rn. 116; ADS HGB § 266 Rn. 210; Haufe HGB Bilanz Kommentar/*Wulf*/*Sackbrook* HGB § 266 Rn. 139.
[289] Haufe HGB Bilanz Kommentar/*Wulf*/*Sackbrook* HGB § 266 Rn. 139.
[290] ADS HGB § 266 Rn. 211; Haufe HGB Bilanz Kommentar/*Wulf*/*Sackbrook* HGB § 266 Rn. 140.
[291] MüKoBilR/*Suchan* HGB § 266 Rn. 118; ADS HGB § 266 Rn. 203.
[292] ADS HGB § 266 Rn. 203; MüKoBilR/*Suchan* HGB § 266 Rn. 118 mwN.
[293] MüKoBilR/*Suchan* HGB § 266 Rn. 119; Haufe HGB Bilanz Kommentar/*Wulf*/*Sackbrook* HGB § 266 Rn. 142.
[294] Haufe HGB Bilanz Kommentar/*Wulf*/*Sackbrook* HGB § 266 Rn. 143; im Einzelnen zum Saldierungsverbot BeBiKo/*Förschle*/*Ries* HGB § 246 Rn. 100 ff.
[295] Haufe HGB Bilanz Kommentar/*Wulf*/*Sackbrook* HGB § 266 Rn. 143; MüKoBilR/*Suchan* HGB § 266 Rn. 120; ADS HGB § 266 Rn. 213.

kann dabei der Grad der Unternehmensverbindung angesehen werden.[296] Die folgenden Posten sind gesondert aufzuführen:

186 **Anleihen, davon konvertibel** (§ 266 Abs. 3 C.1. HGB). Anleihen sind langfristig fälliges, verzinsliches und an Kapitalmärkten im In- und Ausland durch das Unternehmen aufgenommenes Fremdkapital, das teilweise auch verbrieft sein kann, wie u. a. Schuldverschreibungen, Wandelschuldverschreibungen, Genussrechte[297] oder Optionsanleihen.[298] Praktische Probleme ergeben sich hier bei der Frage, wie mit vorzeitig zurückgekauften Anleihen zu verfahren ist. Solange diese nicht endgültig aus dem Verkehr gezogen worden sind, eine erneute Ausgabe also möglich ist, sind sie unter den Wertpapieren des Anlage- oder des Umlaufvermögens auszuweisen.[299]

187 **Verbindlichkeiten gegenüber Kreditinstituten** (§ 266 Abs. 3 C. 2. HGB). Unter diesen Posten fallen sämtliche Verbindlichkeiten gegenüber inländischen Kreditinstituten (§ 1 Abs. 1 KWG) und gleichartigen ausländischen Instituten, unabhängig von ihrer Laufzeit oder Besicherung.[300]

188 **Erhaltene Anzahlungen auf Bestellungen** (§ 266 Abs. 3 C. 3. HGB). Dies sind Vorleistungen (Einzahlungen) eines Kunden auf eine von dem Unternehmen zu erbringende Lieferung oder Leistung im Rahmen eines schwebenden Geschäfts.[301]

189 **Verbindlichkeiten aus Lieferungen und Leistungen** (§ 266 Abs. 3 C. 4. HGB). Unter diesem Posten sind sämtliche Verpflichtungen aus vom Vertragspartner bereits erfüllten Umsatzgeschäften auszuweisen, bei denen die Gegenleistung des Unternehmens noch aussteht. Zu den Umsatzgeschäften gehören Kauf-, Werk-, Dienst-, Miet- und Pachtverträge, nicht hingegen Schadenersatz- oder Darlehensverpflichtungen.[302]

190 **Verbindlichkeiten aus der Annahme gezogener Wechsel und aus der Ausstellung eigener Wechsel** (§ 266 Abs. 3 C. 5. HGB). Hier sind Verpflichtungen aus Wechseln zu zeigen, die das Unternehmen aus gezogenen oder eigenen Wechsel eingegangen ist, gleichgültig ob es sich um Waren- oder Finanzwechsel handelt.[303] Nicht erfasst werden sicherungshalber gegebene Wechsel (Kautions-, Sicherungs- oder Depotwechsel), die nicht gezogen werden dürfen, wenn das Unternehmen seine gesicherte Verpflichtung nicht erfüllt.[304]

191 **Verbindlichkeiten gegenüber verbundenen Unternehmen** (§ 266 Abs. 3 C. 6. HGB). Hierunter fallen alle Verbindlichkeiten aus Verpflichtungen gegenüber verbundenen Unternehmen im Sinn des § 271 Abs. 2 HGB, unabhängig von der Art des zugrundeliegenden Rechtsgeschäfts.[305]

192 **Verbindlichkeiten gegenüber Unternehmen, mit denen ein Beteiligungsverhältnis besteht** (§ 266 Abs. 3 C. 7 HGB). Hier sind die Verbindlichkeiten aus Verpflichtungen gegenüber Unternehmen auszuweisen, mit denen ein Beteiligungsverhältnis im Sinn des § 271 Abs. 1 HGB besteht. Auch hier ist die Art des zugrundeliegenden Rechtsgeschäfts

---

[296] MüKoBilR/*Suchan* HGB § 266 Rn. 120; dazu auch *ADS* HGB § 266 Rn. 213.
[297] Zur Klassifizierung von Genussrechten als Eigenkapital oder Fremdkapital vgl. nur *IDW* HFA 1/1994.
[298] BeBiKo/*Schubert/Krämer* HGB § 266 Rn. 212; ADS HGB § 266 Rn. 218; Haufe HGB Bilanz Kommentar/*Wulf/Sackbrook* HGB § 266 Rn. 147.
[299] *ADS* HGB § 266 Rn. 219; BeBiKo/*Schubert/Krämer* HGB § 266 Rn. 219; dazu auch Haufe HGB Bilanz Kommentar/*Wulf/Sackbrook* HGB § 266 Rn. 149; MüKoBilR/*Suchan* HGB § 266 Rn. 124.
[300] Haufe HGB Bilanz Kommentar/*Wulf/Sackbrook* HGB § 266 Rn. 147; BeBiKo/*Schubert/Krämer* HGB § 266 Rn. 221; *ADS* HGB § 266 Rn. 222.
[301] MüKoBilR/*Suchan* HGB § 266 Rn. 126 ff.; BeBiKo/*Schubert/Krämer* HGB § 266 Rn. 223; eingehend *ADS* HGB § 266 Rn. 223 ff.
[302] BeBiKo/*Schubert/Krämer* HGB § 266 Rn. 228; ADS HGB § 266 Rn. 227 f.; MüKoBilR/*Suchan* HGB § 266 Rn. 129.
[303] *ADS* HGB § 266 Rn. 229, MüKoBilR/*Suchan* HGB § 266 Rn. 130 ff.; BeBiKo/*Schubert/Krämer* HGB § 266 Rn. 240 ff.
[304] Derartige Wechsel sind auch nicht nach den §§ 251, 268 Abs. 7 HGB zu vermerken, da sie kein akzessorisches Haftungsverhältnis begründen und vor der Weiterbegebung keine wechselmäßige Verpflichtung auslösen. Allenfalls besteht eine Angabepflicht nach § 285 Nr. 3a HGB; zum Ganzen *ADS* HGB § 266 Rn. 230.
[305] BeBiKo/*Schubert/Krämer* HGB § 266 Rn. 244; *ADS* HGB § 266 Rn. 233.

gleichgültig. Ist ein Unternehmen, mit dem ein Beteiligungsverhältnis besteht, zugleich ein verbundenes Unternehmen, geht der Ausweis nach C.6. vor.[306]

Sonstige Verbindlichkeiten, davon aus Steuern, davon im Rahmen der sozialen Sicherheit (§ 266 Abs. 3 C. 8. HGB). Dieser Posten hat die Funktion eines Auffangtatbestandes.[307] Zu den sonstigen Verbindlichkeiten gehören u. a. steuerliche Verbindlichkeiten (KSt, USt, GewESt), einbehaltene und noch abzuführende Steuern (LSt, KapESt), Verbindlichkeiten aus Zusagen im Rahmen der betrieblichen Altersversorgung gegenüber Arbeitnehmern und Pensionären, Beiträge zum Pensionssicherungsverein, Schuldscheindarlehen und andere Darlehensverbindlichkeiten, soweit diese nicht gegenüber Kreditinstituten bestehen, oder regelmäßig auch Einlagen stiller Gesellschafter.[308] Dem besondere Stellenwert der Verbindlichkeiten aus Steuern und den Verbindlichkeiten im Rahmen der sozialen Sicherheit ist durch einen Davon-Vermerk Rechnung getragen.[309] 193

(10) Passive Rechnungsabgrenzungsposten. Unter den passiven Rechnungsabgrenzungsposten (§ 266 Abs. 3 D. HGB) werden – für Zwecke der richtigen **Erfolgsperiodisierung** – Einnahmen ausgewiesen, die zwar vor dem Bilanzstichtag eingegangen sind, aber Ertrag für einen bestimmten Zeitraum nach dem Bilanzstichtag sind (§ 250 Abs. 2 HGB). Beispiele sind im Voraus erhaltene Mietzahlungen von Mietern, Zinszahlungen von Schuldnern oder auch Pachtzahlungen von Pächtern.[310] 194

(11) Passive latente Steuern. Der Posten passive latente Steuern (§ 266 Abs. 3 E. HGB) erfasst den **verpflichtend auszuweisenden Überhang passiver latenter Steuern**. Aufgrund der Möglichkeit der Durchführung einer Gesamtdifferenzenbetrachtung ist es bei einem Überhang der aktiven über die passiven latenten Steuern durchaus möglich, dass latente Steuern nicht in der Bilanz aufscheinen.[311] In diesem Fall ist der Angabepflicht nach § 285 Nr. 29 HGB jedenfalls für nicht aktivierte latente Steuern, die über den Saldierungsbereich hinausgehen, nicht nachzukommen.[312] 195

bb) Gewinn- und Verlustrechnung. Die Gewinn- und Verlustrechnung ist eine **Gegenüberstellung der Aufwendungen und Erträge des Geschäftsjahrs** (§ 242 Abs. 2 HGB). Sie stellt somit ein zeitraumbezogenes Informationsinstrument zur Darstellung der Ertragslage dar, dem dynamischer Charakter zukommt.[313] In Abgrenzung zur Bilanz, die das Vermögen und die Schulden zum Abschlussstichtag abbildet, enthält die Gewinn- und Verlustrechnung die Aufwendungen und Erträge, die seit dem letzten Abschlussstichtag angefallen sind.[314] Die Gewinn- und Verlustrechnung soll über die Höhe und die Zusammensetzung des Jahresergebnisses informieren und darüber Auskunft geben, aus welchen Erfolgsquellen sich das Jahresergebnis ohne Berücksichtigung von Eigenkapitalveränderungen durch Ausschüttungen oder Einlagen speist.[315] 196

Die Aufstellung der Gewinn- und Verlustrechnung ist in Staffelform nach dem **Gesamt- oder dem Umsatzkostenverfahren** stetig vorzunehmen (§ 275 Abs. 1 S. 1 HGB). Der 197

---

[306] WP-HdB/*Gelhausen* Bd. I Kap. F Rn. 457; BeBiKo/*Schubert/Krämer* HGB § 266 Rn. 245; MüKoBilR/ *Suchan* HGB § 266 Rn. 134.
[307] MüKoBilR/*Suchan* HGB § 266 Rn. 135; BeBiKo/*Schubert/Krämer* HGB § 266 Rn. 246.
[308] *ADS* HGB § 266 Rn. 235; BeBiKo/*Schubert/Krämer* HGB § 266 Rn. 247.
[309] Haufe HGB Bilanz Kommentar/*Wulf/Sackbrook* HGB § 266 Rn. 164; *ADS* HGB § 266 Rn. 236; MüKoBilR/*Suchan* HGB § 266 Rn. 136; BeBiKo/*Schubert/Krämer* HGB § 266 Rn. 250 ff.
[310] BeBiKo/*Schubert/Krämer* HGB § 266 Rn. 260 f. sowie eingehend ebendort *Schubert/Krämer* HGB § 250 Rn. 1 ff.; *ADS* HGB § 250 Rn. 1 ff.
[311] Haufe HGB Bilanz Kommentar/*Wulf/Sackbrook* HGB § 266 Rn. 166 f.; MüKoBilR/*Suchan* HGB § 266 Rn. 138; BeBiKo/*Grottel/Krämer* HGB § 266 Rn. 262.
[312] WP-HdB/*Gelhausen* Bd. I Kap. F Rn. 751; BeBiKo/*Grottel/Larenz* HGB § 274 Rn. 80; *HFA IDW*, Begleitschreiben zur Aufhebung des IDW ERS HFA 27 vom 9. September 2010; aA DRS 18.64; *Loitz* DB 2010, 2177 (2185).
[313] BeBiKo/*Förschle/Peun* HGB § 275 Rn. 7; *ADS* HGB § 275 Rn. 17 ff.; Haufe HGB Bilanz Kommentar/*Wobbe* HGB § 275 Rn. 3.
[314] Haufe HGB Bilanz Kommentar/*Wobbe* HGB § 275 Rn. 5; *ADS* HGB § 275 Rn. 18.
[315] *ADS* HGB § 275 Rn. 17 ff.; Haufe HGB Bilanz Kommentar/*Wobbe* HGB § 275 Rn. 3.

Unterschied zwischen dem Gesamt- und dem Umsatzkostenverfahren besteht darin, wie die angefallenen Aufwendungen im Verhältnis zu den Umsatzerlösen gebucht werden. Beim Gesamtkostenverfahren werden die Aufwendungen für alle im Geschäftsjahr hergestellten Vermögensgegenstände nach Aufwandsarten gegliedert in der Gewinn- und Verlustrechnung erfasst und den Umsatzerlösen gegenüber gestellt.[316] Um hier zum richtigen Periodenergebnis zu gelangen, ist eine Korrektur der Aufwandsseite um solche Aufwendungen erforderlich, die im Zusammenhang mit der Produktion von im Geschäftsjahr nicht verkauften Vermögensgegenständen stehen. Ansonsten stünde dem im Geschäftsjahr erzielten Umsatz ein viel zu hoher Aufwand gegenüber. Diese Korrektur erfolgt über die Posten „Erhöhung oder Verminderung des Bestands an fertigen oder unfertigen Erzeugnissen" und „andere aktivierte Eigenleistungen" (§ 275 Abs. 2 Nr. 2 und 3 HGB).[317] Beim Umsatzkostenverfahren hingegen werden in Gewinn- und Verlustrechnung von vorn herein nur die Aufwendungen erfasst, die für getätigte Umsätze aufgewendet wurden. Eine Korrektur der Aufwendungen innerhalb der Gewinn- und Verlustrechnung ist daher nicht erforderlich.[318]

198 Die Posten der Gewinn- und Verlustrechnung werden durch den Posten „Ergebnis der gewöhnlichen Geschäftstätigkeit" (§ 275 Abs. 2 Nr. 14, Abs. 3 Nr. 13 HGB) und den Posten „außerordentliches Ergebnis" (§ 275 Abs. 2 Nr. 17, Abs. 3 Nr. 16 HGB) unterteilt.[319] Der Posten „Ergebnis der gewöhnlichen Geschäftstätigkeit" umfasst das **Betriebsergebnis und das Finanzergebnis.** Das Betriebsergebnis ergibt sich als Saldo der Posten Nr. 1–8 des § 275 Abs. 2 HGB bzw. der Posten Nr. 1–7 des § 275 Abs. 3 HGB und das Finanzergebnis als Saldo der Posten Nr. 9–13 des § 275 Abs. 2 bzw. Nr. 8–12 des § 275 Abs. 3 HGB. Daran schließen sich das außerordentliche Ergebnis (§ 275 Abs. 2 Nr. 17, Abs. 3 Nr. 16 HGB) und der Jahresüberschuss/Jahresfehlbetrag (§ 275 Abs. 2 Nr. 20, Abs. 3 Nr. 19 HGB) an. Gemäß § 158 ist die Gewinn- und Verlustrechnung nach dem Posten „Jahresüberschuss/Jahresfehlbetrag" auf den Posten „Bilanzgewinn/Bilanzverlust" überzuleiten (sog. Verlängerungsrechnung). In der Verlängerungsrechnung werden Bewegungen (Entnahmen und Einstellungen) innerhalb der Eigenkapitalposten gezeigt. Die Angaben können auch im Anhang gemacht werden (§ 158 Abs. 1 S. 2).[320]

199 Eine für die Frage des betrieblichen Erfolges wichtige Größe innerhalb der Gewinn- und Verlustrechnung sind die **Umsatzerlöse** (§ 275 Abs. 2 Nr. 1, Abs. 3 Nr. 1 HGB).[321] Der Begriff ist in § 277 Abs. 1 HGB definiert. Als Umsatzerlöse sind danach die Erlöse aus dem Verkauf und der Vermietung oder Verpachtung von für die gewöhnliche Geschäftstätigkeit

---

[316] *ADS* HGB § 275 Rn. 27 ff.; Haufe HGB Bilanz Kommentar/*Wobbe* HGB § 275 Rn. 13 f.
[317] BeBiKo/*Förschle/Peun* HGB § 275 Rn. 29; Haufe HGB Bilanz Kommentar/*Wobbe* HGB § 275 Rn. 15.
[318] BeBiKo/*Förschle/Peun* HGB § 275 Rn. 31; Haufe HGB Bilanz Kommentar/*Wobbe* HGB § 275 Rn. 17 f.
[319] Nach dem Bilanzrichtlinie-Umsetzungsgesetz (BilRUG), BGBl. 2015 I S. 1247 f., werden die Posten „außerordentliche Erträge", „außerordentliche Aufwendungen" und „außerordentliches Ergebnis" (§ 275 Abs. 2 Nr. 15–17 HGB, Abs. 3 Nr. 14–16 HGB gestrichen. Gleichzeitig wird der Posten „Ergebnis nach Steuern" eingefügt (§ 275 Abs. 2 Nr. 15 und Abs. 3 Nr. 14 HGB-E). Ergänzend wird mit dem neuen § 285 Nr. 31 HGB-E eine – inhaltlich aber nicht deckungsgleiche – Angabe zu den Aufwendungen und Erträge von außerordentlicher Größenordnung oder Bedeutung vorgesehen. Die Vorschriften sind erstmals auf Jahres- und Konzernabschlüsse für Geschäftsjahre anzuwenden, die nach dem 31. Dezember 2015 beginnen (Art. 75 Abs. 1 EGHGB).
[320] Nach § 158 Abs. 3 AktG brauchen Aktiengesellschaften, die Kleinstkapitalgesellschaften im Sinn des § 267a HGB sind, § 158 Abs. 1 und 2 AktG nicht anzuwenden, wenn sie von den Erleichterungen des § 275 Abs. 5 HGB Gebrauch machen.
[321] Nach dem Bilanzrichtlinie-Umsetzungsgesetz (BilRUG), BGBl. 2015 I S. 1247, wird die Definition der Umsatzerlöse in § 277 Abs. 1 HGB inhaltlich dahingehend zu ändern, dass die bisherige Beschränkung auf von für die Geschäftstätigkeit der Kapitalgesellschaft typischen Erzeugnissen und Waren bzw. Dienstleistung entfällt. Dies dürfte allein aufgrund von erforderlichen Umgliederungen zu einer betragsmäßigen Ausweitung der Umsatzerlöse führe, die ihrerseits Auswirkungen auf Kennzahlen, Größenklassen und ggfs. vertragliche Vereinbarungen (soweit bspw. umsatzabhängige „covenants" vereinbart sind) haben kann. Innerhalb der Umsatzerlöse wären danach bspw. Erträge aus der Vermietung und Verpachtung auszuweisen, die ein Handelsunternehmen unüblicherweise „nebenbei" erzielt.

typischen Erzeugnissen und Waren sowie aus für die gewöhnliche Geschäftätigkeit typischen Dienstleistungen nach Abzug von Erlösschmälerungen und der Umsatzsteuer auszuweisen. Die gewöhnliche Geschäftstätigkeit ist derjenige Bereich eines Unternehmens, mit dem es aufgrund seiner tatsächlichen Absatz- und Dienstleistungsangebote regelmäßig als Mitbewerber am Markt planmäßig auftritt.[322]

cc) Anhang. Die Bedeutung des Anhangs liegt darin, dem durch § 264 Abs. 2 S. 1 HGB normierten Gebot einer den tatsächlichen Verhältnissen entsprechenden Darstellung der Vermögens-, Finanz- und Ertragslage durch zusätzliche Informationen Rechnung zu tragen. Der **Anhang hat also die Aufgabe, die durch die Bilanz und die Gewinn- und Verlustrechnung vermittelten Informationen zu erläutern,** zu ergänzen bzw. diese von bestimmten Informationen zu entlasten.[323] Der Anhang ist den beiden anderen Jahresabschlusselementen gleichwertig.[324] **200**

Hinsichtlich der im Anhang zu gebenden Informationen unterscheidet das HGB zwischen **Pflichtangaben sowie Wahlpflichtangaben,** die wahlweise in der Bilanz/GuV oder im Anhang aufzunehmen sind. Hierzu gehören insbesondere Angaben zu den Bilanzierungs- und Bewertungsmethoden, Erläuterungen zur Bilanz und Erläuterungen zur Gewinn- und Verlustrechnung. Die Pflichtangaben sind insbesondere in den §§ 284 und 285 HGB kodifiziert. Wahlpflichtangaben finden sich zB in § 268 HGB. **201**

Hinzuweisen ist auf die für börsennotierte Aktiengesellschaften bestehende Pflichtangabe, dass die **Bezüge jedes einzelnen namentlich genannten Vorstandsmitglieds,** aufgegliedert nach erfolgsunabhängigen, erfolgsbezogenen Komponenten und Komponenten mit langfristiger Anreizwirkung gesondert anzugeben sind. Eine Angabepflicht besteht auch für Leistungen, die für den Fall der Beendigung der Tätigkeit zugesagt wurden sowie für Leistungen, die von einem Dritten im Hinblick auf die Tätigkeit als Vorstandsmitglied zugesagt oder gewährt worden sind (§ 285 Nr. 9a HGB). Diese Zusatzangaben für eine börsennotierte Aktiengesellschaft dürfen unterbleiben, wenn die Hauptversammlung dies beschlossen hat (§ 286 Abs. 5 S. 1 HGB). Werden die entsprechenden Angaben im Lagebericht (Vergütungsbericht) gemacht, dürfen sie im Anhang unterbleiben (§ 289 Abs. 2 Nr. 5 HGB). Gemäß § 285 Nr. 10 HGB haben börsennotierte Gesellschaften zudem im Anhang **neben der Angabe aller Organmitglieder mit Namen und ausgeübtem Beruf auch die Mitgliedschaften in weiteren Aufsichtsräten und anderen Kontrollgremien** im Sinne des § 125 Abs. 1 S. 5 anzugeben. § 285 Nr. 11 HGB schreibt vor, dass der Anhang börsennotierter Kapitalgesellschaften nicht nur Angaben über Beteiligungsgesellschaften enthalten muss, wenn ein Anteilsbesitz von 20% oder mehr besteht, sondern zusätzlich alle Beteiligungen an großen Kapitalgesellschaften mit mehr als 5% der Stimmrechte anzugeben sind. Nach § 285 Nr. 17 HGB haben Unternehmen das im Geschäftsjahr von dem Abschlussprüfer im Sinne des § 319 Abs. 1 S. 1 und 2 HGB für im Geschäftsjahr erbrachte Leistungen berechnete Gesamthonorar, aufgeschlüsselt in das Honorar für Abschlussprüfungsleistungen, andere Bestätigungsleistungen, Steuerberatungsleistungen und sonstige Leistungen anzugeben. Zudem fordert § 285 Nr. 16 HGB die Angabe, dass die nach § 161 vorgeschriebene Erklärung zum Deutschen Corporate Governance Kodex abgegeben und wo sie öffentlich zugänglich gemacht worden ist. **202**

Schließlich sind auch noch folgende **rechtsformspezifische, dh im Aktiengesetz geregelte Angaben** für Aktiengesellschaften zu beachten, die – zum Teil wahlweise statt in der Bilanz oder in der Gewinn- oder Verlustrechnung – im Anhang erfolgen müssen: **203**

---

[322] BeBiKo/*Förschle/Peun* HGB § 275 Rn. 48. Der Unternehmensgegenstand laut Satzung ist für die Abgrenzung der Umsatzerlöse von den sonstigen betrieblichen Erträgen hilfreich, aber nicht allein entscheidend. Im Einzelnen *ADS* HGB § 277 Rn. 4 ff.

[323] BeBiKo/*Grottel* HGB § 284 Rn. 1 ff. und § 285 Rn. 1; MüKoHGB/*Poelzig* HGB § 284 Rn. 1 ff. und § 285 Rn. 1; Haufe HGB Bilanz Kommentar/*Taeger/Müller* HGB § 285 Rn. 1; *Baetge/Kirsch/Thiele* S. 751 mwN.

[324] MüKoHGB/*Poelzig* HGB § 284 Rn. 2; BeckHdR/*Hinz* B 106 Rn. 51.

- in andere Gewinnrücklagen eingestellter Eigenkapitalanteil von Wertaufholungen und von bei der steuerlichen Gewinnermittlung gebildeten Passivposten (§ 58 Abs. 2a S. 2);
- für das Geschäftsjahr eingestellte bzw. entnommene Beträge der Kapitalrücklage (§ 152 Abs. 2);
- Beträge der Gewinnrücklagen, die aus dem Bilanzgewinn des Vorjahres oder aus dem Jahresüberschuss des Geschäftsjahres eingestellt wurden bzw. werden sowie Beträge der Gewinnrücklagen, die für das Geschäftsjahr entnommen werden (§ 152 Abs. 3);
- Entwicklung des Jahresüberschusses/ Jahresfehlbetrages zum Bilanzgewinn/Bilanzverlust (§ 158 Abs. 1 S. 2);
- Bestand, Zugang und ggf. Verwertung von Aktien, die ein Aktionär für die Gesellschaft übernommen hat (§ 160 Abs. 1 Nr. 1);
- den Bestand (und etwaige Änderungen des Bestands) an eigenen Aktien (§ 160 Abs. 1 Nr. 2);
- die Zahl und den Nennbetrag der Aktien jeder Gattung (§ 160 Abs. 1 Nr. 3);
- das genehmigte Kapital (§ 160 Abs. 1 Nr. 4);
- die Bezugsrechte, Wandelschuldverschreibungen und vergleichbare Wertpapiere (§ 160 Abs. 1 Nr. 5);
- die Genussrechte, Besserungsscheine und ähnliche Rechte (§ 160 Abs. 1 Nr. 6);
- das Bestehen wechselseitiger Beteiligungen (§ 160 Abs. 1 Nr. 7);
- das Bestehen von Beteiligungen an der Gesellschaft i. S. v. § 20 Abs. 1 oder Abs. 4 oder i. S. v. § 21 WpHG (§ 160 Abs. 1 Nr. 8);
- eine Erläuterung der Verwendung von Beträgen aus einer Kapitalherabsetzung und der Auflösung von Gewinnrücklagen (§ 240 S. 3;
- die Gründe für eine niedrigere Bewertung sowie der Entwicklung des Werts bei einer Sonderprüfung wegen unzulässiger Unterbewertung (§ 261 Abs. 1 S. 3);
- den Bericht über den Abgang von Gegenständen und Erlösverwendung bei einer Sonderprüfung wegen unzulässiger Unterbewertung (§ 261 Abs. 1 S. 4).

204 dd) **Kapitalflussrechnung.** § 264 Abs. 1 S. 2 HGB verpflichtet die Aktiengesellschaft, die nicht zugleich Mutterunternehmen und zur Aufstellung eines Konzernabschlusses verpflichtet ist, den Jahresabschluss um eine Kapitalflussrechnung zu ergänzen. Im Jahresabschluss werden das Vermögen durch die Bilanz, die Aufwendungen und Erträge durch die Gewinn- und Verlustrechnung und die Ein- und Auszahlungen durch die Kapitalflussrechnung abgebildet. **Die Kapitalflussrechnung dient der Vermittlung eines objektiven Bildes der Finanzlage.** Sie dokumentiert die Entwicklung, Herkunft und Verwendung der Finanzmittel. Die Hauptaufgabe der Kapitalflussrechnung besteht u. a. in einer detaillierten Offenlegung der Zahlungsmittelströme und der Veränderung der Zahlungsmittelbestände, um Informationen darüber zu liefern, ob und auf welche Weise das Unternehmen positive Zahlungsüberschüsse erwirtschaftet, die ausreichen, die Verbindlichkeiten des Unternehmens zu begleichen und Ausschüttungen vorzunehmen und in welchem Umfang künftiger Finanzierungsbedarf besteht. Darüber hinaus lässt sich der Kapitalflussrechnung entnehmen, welche Auswirkungen zahlungswirksame und zahlungsunwirksame Investitions- und Finanzierungsvorgänge auf die finanzielle Lage des Unternehmens haben.[325] Das Handelsbilanzrecht selbst enthält keine Vorschriften zur Aufstellung einer Kapitalflussrechnung. Üblicherweise erfolgt die Aufstellung in Anlehnung an DRS 2 bzw. für nach dem 31. Dezember 2014 beginnende Geschäftsjahre nach DRS 21.

205 Da § 264 Abs. 1 S. 2 HGB eigentlich nur im Ausnahmefall zur Aufstellung einer Kapitalflussrechnung verpflichtet, nämlich wenn die rechnungslegungsverpflichtete **Aktiengesellschaft kapitalmarktorientiert** und nicht zugleich zur Aufstellung eines Konzernabschlusses verpflichtet ist, stellt sich die Frage, wie eine den tatsächlichen Verhältnissen entsprechen-

---

[325] BeBiKo/*Förschle/Rimmelspacher* HGB § 297 Rn. 53; Haufe HGB Bilanz Kommentar/*Müller* HGB § 264 Rn. 21.

de Darstellung der Finanzlage im Regelfall erfolgt. Dies geschieht letztlich – in ausgedünnter Form – mittels Bilanz und Gewinn- und Verlustrechnung und der dort enthaltenen Posten, aus denen sich Aussagen zur Finanzlage ableiten lassen. Flankiert werden besagte Posten durch ergänzende Angaben im Anhang.[326]

ee) **Eigenkapitalveränderungsrechnung.** Der Zweck einer Eigenkapitalveränderungsrechnung (auch Eigenkapitalspiegel) besteht in der **Information über die Veränderungen des Eigenkapitals** – besser des nach den Vorschriften des Handelsbilanzrechts bestimmten Reinvermögens – zwischen zwei Bilanzstichtagen. Auch diesbezüglich existieren keine gesetzlichen Vorschriften zur Aufstellung der Eigenkapitalveränderungsrechnung im Handelsbilanzrecht. Regelmäßig erfolgt die Aufstellung in Anlehnung an DRS 7.[327]

ff) **Segmentbericht.** Die Segmentberichterstattung kann den Jahresabschluss ergänzen (§ 264 Abs. 1 S. 2 Hs. 2 HGB). Eine Verpflichtung zur Aufstellung und Offenlegung eines Segmentberichts besteht nicht. Der Segmentbericht dient der Verringerung der Informationsasymmetrien zwischen dem Vorstand auf der einen Seite und den übrigen Abschlussadressaten auf der anderen Seite.[328] Die Segmentberichterstattung soll **ergänzende Informationen über die einzelnen Geschäftsfelder eines Unternehmens** geben und auf diese Weise die Einschätzung der für das Unternehmen bestehenden Chancen und Risiken verbessern.[329] Dies gilt insbesondere für die Fälle, in denen die Gewinnaussichten, Risiken und Wachstumschancen einzelner Geschäftsfelder eines Unternehmen erheblich voneinander abweichen, was allein ausweislich von Bilanz, Gewinn- und Verlustrechnung und Anhang nicht ersichtlich ist. Die Minimierung von Informationsasymmetrien gründet sich vorrangig darauf, dass die Bildung der Segmente (Geschäftsfelder) für Zwecke eines Segmentberichts an der Steuerung des Unternehmens durch den Vorstand zu orientieren ist.[330] Auch für die Segmentberichterstattung sieht das Handelsbilanzrecht keine Vorschriften vor. Jedoch gibt DRS 3 detaillierte Vorgaben für die Aufstellung eines Segmentberichts.

c) **Lagebericht.** Der Lagebericht steht systematisch selbständig neben dem Jahresabschluss, ergänzt diesen aber. Während der Jahresabschluss eher der Darstellung dient, **bezweckt der Lagebericht die Analyse und Kommentierung relevanter Kennzahlen und Sachverhalte.** Er enthält in erster Linie Angaben, die der Verbesserung des Verständnisses der Vermögens-, Finanz- und Ertragslage dienen („Erzeugung eines wirtschaftlichen Gesamtbildes").[331] Der Inhalt des Lageberichts wird von § 289 HGB nicht begrenzt; vielmehr statuiert § 289 HGB nur den Mindestumfang.[332]

Im Lagebericht sind der **Geschäftsverlauf einschließlich des Geschäftsergebnisses und die Lage der Kapitalgesellschaft** nach § 289 Abs. 1 S. 1 HGB so darzustellen, dass ein den tatsächlichen Verhältnissen entsprechendes Bild vermittelt wird. Er hat gemäß § 289 Abs. 1 S. 2 HGB eine ausgewogene und umfassende, dem Umfang und der Komplexität der Geschäftstätigkeit entsprechende Analyse des Geschäftsverlaufs und der Lage der Gesellschaft zu enthalten. In die Analyse sind die für die Geschäftstätigkeit bedeutsamsten finanziellen Leistungsindikatoren einzubeziehen und unter Bezugnahme auf die im Jahresabschluss ausgewiesenen Beträge und Angaben zu erläutern (§ 289 Abs. 1 S. 3 HGB). Insbesondere ist im Lagebericht die voraussichtliche Entwicklung (sog. Prognosebericht)

---

[326] Ausführungen zur Darstellung der Finanzlage finden sich auch in SABI 3/1986.
[327] Näher BeBiKo/*Förschle*/*Rimmelspacher* HGB § 297 Rn. 100 ff.; Haufe HGB Bilanz Kommentar/*Mackedanz* HGB § 297 Rn. 46 ff.; MüKoBilR/*Senger* HGB § 297 Rn. 61 ff.
[328] Haufe HGB Bilanz Kommentar/*Müller* HGB § 264 Rn. 26; BeBiKo/*Förschle*/*Rimmelspacher* HGB § 297 Rn. 151 ff.; Haufe HGB Bilanz Kommentar/*Mackedanz* HGB § 297 Rn. 59 ff.
[329] DRS 3.3.
[330] BeBiKo/*Förschle*/*Rimmelspacher* HGB § 297 Rn. 153; Haufe HGB Bilanz Kommentar/*Mackedanz* HGB § 297 Rn. 63; MüKoBilR/*Senger* HGB § 297 Rn. 153.
[331] BeBiKo/*Grottel* HGB § 289 Rn. 4; MüKoHGB/*Lange* HGB § 289 Rn. 2; Haufe HGB Bilanz Kommentar/*Paetzmann* HGB § 289 Rn. 7; DRS 20.118.
[332] *Lange* ZIP 2004, 981 (983); *Kajüter* DB 2004, 197 ff.; BeBiKo/*Grottel* HGB § 289 Rn. 5.

mit ihren wesentlichen Chancen und Risiken (sog. Chancen- und Risikobericht) zu beurteilen und zu erläutern;[333] zugrunde liegende Annahmen sind anzugeben (§ 289 Abs. 1 S. 4 HGB).[334]

210 Für den **Prognosebericht** verlangt das Gesetz eine umfangreiche und aussagekräftige Erläuterung und Beurteilung der voraussichtlichen Entwicklung.[335] Bezüglich der inhaltlichen Anforderungen des Prognoseberichts trifft § 289 Abs. 1 S. 4 HGB keine Aussagen. Aufgrund der systematischen Stellung des Prognoseberichts in § 289 Abs. 1 HGB macht der Gesetzgeber aber deutlich, dass die wesentlichen Gesichtspunkte der Entwicklung der Vermögens-, Finanz- und Ertragslage sowie die finanziellen Eckdaten zu erläutern sind.[336] Dazu gehören beispielsweise Ausführungen zur Beschäftigungslage des Unternehmens, zu Investitionen und ihrer Finanzierung, zur Belegschaft, zu den Kosten, zu den Erträgen und zum Geschäftsergebnis.[337] Neben die Erläuterungen über die wesentlichen geplanten Maßnahmen und deren Auswirkungen treten Aussagen des Vorstands im Hinblick auf die allgemeine wirtschaftliche Entwicklung im nationalen, europäischen oder globalen Umfeld der Branche mit seinen ökonomischen, technologischen, rechtlichen oder politischen zu erwartenden Entwicklungen.[338] Die Berichterstattung hat über eine reine Darstellung der voraussichtlichen Entwicklung hinauszugehen und Erklärungen und Verdeutlichungen der Zusammenhänge, Sachverhalte und Umstände zu umfassen und ist zu einer Gesamtaussage zu verdichten.[339] Ferner ist die voraussichtliche Entwicklung des Unternehmens aus der Sicht des Vorstands zu beurteilen und zu kommentieren, dieser hat also seine eigene Beurteilung bzw. Einschätzung abzugeben, wobei der Prognosebericht – üblicherweise durch Darstellung der Situation in zu günstigem Licht – nicht als Mittel der Unternehmenspolitik eingesetzt werden darf.[340] Der Maßstab für die eigene Beurteilung bzw. Einschätzung des Vorstands sind die Verhältnisse des abgelaufenen Geschäftsjahres.[341] Der Prognosezeitraum beträgt mindestens ein Jahr.[342, 343] Ergänzend ist über (tatsächlich) absehbare und weitgehend sichere Sondereinflüsse – bspw. das Auslaufen von Patenten nach dem Ende des Prognosezeitraums – zu berichten.[344]

211 Mit der Berichterstattung über die voraussichtliche Entwicklung verbunden ist die **Pflicht zum Bericht über die wesentlichen – die Entwicklung der Aktiengesellschaft im Falle ihres Eintritts spürbar verändernden**[345] **– Chancen und Risi-**

---

[333] DRS 20.117 enthält hier das Wahlrecht, den Prognosebericht, den Risikobericht und den Chancenbericht entweder zusammen zu fassen oder über die drei Punkte getrennt zu berichten. Denkbar ist auch eine Trennung in den Prognosebericht auf der einen Seite und den Risiken- und Chancenbericht auf der anderen Seite.
[334] MüKoHGB/*Lange* HGB § 289 Rn. 5 sowie 77 ff.; Haufe HGB Bilanz Kommentar/*Paetzmann* HGB § 289 Rn. 40 ff.; BeBiKo/*Grottel* HGB § 289 Rn. 35; Müller Stute Withus HdB Lagebericht/*Withus* S. 190 ff.; Fink/Kajüter/Winkeljohann Lageberichterstattung S. 163 ff.
[335] BeBiKo/*Grottel* HGB § 289 Rn. 36; MüKoHGB/*Lange* HGB § 289 Rn. 41.
[336] Müller Stute Withus HdB Lagebericht/*Withus* S. 194; Fink/Kajüter/Winkeljohann Lageberichterstattung S. 165; MüKoHGB/*Lange* HGB § 289 Rn. 83; Haufe HGB Bilanz Kommentar/*Paetzmann* HGB § 289 Rn. 44.
[337] MüKoHGB/*Lange* HGB § 289 Rn. 83; BeBiKo/*Ellrott* HGB § 289 Rn. 38.
[338] BeBiKo/*Grottel* HGB § 289 Rn. 38; DRS 20.122.
[339] BeBiKo/*Grottel* HGB § 289 Rn. 39; Müller Stute Withus HdB Lagebericht/*Withus* S. 198 f.; Fink/Kajüter/Winkeljohann Lageberichterstattung S. 165.
[340] Haufe HGB Bilanz Kommentar/*Paetzmann* HGB § 289 Rn. 55; MüKoHGB/*Lange* HGB § 289 Rn. 88; BeBiKo/*Grottel* HGB § 289 Rn. 39.
[341] BeBiKo/*Grottel* HGB § 289 Rn. 53; DRS 20.31, 128 und 131; dazu auch Müller Stute Withus HdB Lagebericht/*Withus* S. 194.
[342] DRS 20.127. Danach ist zudem der Zeitraum, auf den sich die Prognosen beziehen, im Lagebericht anzugeben. Dazu auch Müller Stute Withus HdB Lagebericht/*Withus* S. 207 f.; Fink/Kajüter/Winkeljohann Lageberichterstattung S. 167 f.
[343] Ein vollständiger Verzicht auf eine Prognoseberichterstattung im Lagebericht ist nicht zulässig, vgl. OLG Frankfurt a. M. ZIP 2009, 2440.
[344] Müller Stute Withus HdB Lagebericht/*Withus* S. 208 f.
[345] BeBiKo/*Grottel* HBG § 289 Rn. 39; MüKoHGB/*Lange* HGB § 289 Rn. 80 f.; Haufe HGB Bilanz Kommentar/*Paetzmann* HGB § 289 Rn. 42 ff.

ken.[346] Unter den Begriffen „Chance" und „Risiko" ist die Möglichkeit künftiger positiver oder negativer Entwicklungen der wirtschaftlichen Lage der Aktiengesellschaft im Verhältnis zur abgegebenen Prognose zu verstehen, nicht hingegen allgemeine Chancen und Risiken der künftigen Geschäftstätigkeit.[347] Die wesentlichen Chancen und Risiken sind nicht nur darzustellen, sondern auch zu bewerten und in ihrer qualitativen Bedeutung für die voraussichtliche Entwicklung der Aktiengesellschaft in Form eines Gesamtbildes der Chancen- und Risikolage (DRS 20.160) transparent zu machen.[348] Der Prognosezeitraum beträgt mindestens ein Jahr.[349]

Der Lagebericht muss auch auf **Vorgänge von besonderer Bedeutung eingehen, die nach dem Schluss des Geschäftsjahres eingetreten sind** (§ 289 Abs. 2 Nr. 1 HGB). Darüber hinaus ist bspw. über Risikomanagementziele und -methoden (§ 289 Abs. 2 Nr. 2a HGB), über Preisänderungs-, Ausfall- und Liquiditätsrisiken und Risiken aus Zahlungsstromschwankungen aus Finanzinstrumenten (§ 289 Abs. 2 Nr. 2b HGB) sowie über den Bereich Forschung und Entwicklung (§ 289 Abs. 2 Nr. 3 HGB) zu berichten. Für börsennotierte Aktiengesellschaften legt § 289 Abs. 2 Nr. 5 HGB zusätzlich fest, dass im Lagebericht auf die Grundzüge des Vergütungssystems der Gesellschaft für die in § 285 Nr. 9 HGB genannten Gesamtbezüge einzugehen ist. Dieser sogenannte Vergütungsbericht zielt darauf, eine höhere Transparenz hinsichtlich des Vergütungssystems zu schaffen und es damit der Kontrolle durch die Aktionäre zugänglich zu machen.[350] Große Kapitalgesellschaften haben zudem nichtfinanzielle Leistungsindikatoren, u. a. Informationen über Umwelt- und Arbeitnehmerbelange, zu erläutern, soweit dies für das Verständnis des Geschäftsverlaufs oder die Lage der Gesellschaft von Bedeutung ist (§ 289 Abs. 3 HGB). Dabei ist u. a. an die Entwicklung des Kundenstamms und Sponsoring zu denken.[351] Es handelt sich bei den geforderten Angaben insgesamt um Pflichtangaben, auch wenn der Gesetzeswortlaut des § 289 Abs. 2 HGB („soll") ein Wahlrecht anzudeuten scheint.[352] 212

Für Aktiengesellschaften, die einen organisierten Markt im Sinne des § 2 Abs. 7 WpÜG durch von ihnen ausgegebene stimmberechtigte Aktien in Anspruch nehmen, enthält § 289 Abs. 4 HGB zusätzliche Anforderungen an die Lageberichterstattung. Danach hat die Berichterstattung auch **übernahmerelevante Informationen eines Unternehmens** zu umfassen, unabhängig davon, ob ein Übernahmeangebot vorliegt oder zu erwarten ist. Die mit diesen zusätzlichen Offenlegungspflichten bezweckte Steigerung der Transparenz soll dazu dienen, potentiellen Bietern die Struktur der Zielgesellschaft, ihre möglichen Verteidigungsmechanismen zur Abwehr (feindlicher) Übernahmeangebote sowie bestehende Übernahmehindernisse zu verdeutlichen, um darauf basierend eine Investitionsentscheidung treffen zu können.[353] So sind bspw. Angaben zur Zusammensetzung des gezeichneten Kapitals und der mit jeder Aktiengattung verbundenen Rechte, Pflichten sowie des jeweiligen Anteils am Gesellschaftskapital (Nr. 1), zu Beschränkungen, die Stimmrechte oder die Übertragung von Aktien betreffen (Nr. 2), zu Inhabern von Aktien mit Sonderrechten, die Kontrollbefugnisse verleihen (Nr. 4) sowie zu den wesentlichen Vereinbarungen der Gesell- 213

---

[346] Zu den wesentlichen Risiken gehört insbesondere auch die Risiken, die den Fortbestand der Aktiengesellschaft gefährden; vgl. dazu und zu den in diesem Zusammenhang wichtigen Indizien *IDW* PS 270, *IDW* RS HFA 17.
[347] Müller Stute Withus HdB Lagebericht/*Withus* S. 232 f.; *Fink/Kajüter/Winkeljohann* Lageberichterstattung S. 181 ff.; MüKoHGB/*Lange* HGB § 289 Rn. 80 f.
[348] MüKoHGB/*Lange* HGB § 289 Rn. 85; Haufe HGB Bilanz Kommentar/*Paetzmann* HGB § 289 Rn. 53 f.; BeBiKo/*Grottel* HGB § 289 Rn. 48.
[349] DRS 20.156; dazu auch Müller Stute Withus HdB Lagebericht/*Withus* S. 239; *Fink/Kajüter/Winkeljohann* Lageberichterstattung S. 195.
[350] BeBiKo/*Grottel* § 289 Rn. 93.
[351] *Meyer* DStR 2004, 971 (972); BeBiKo/*Grottel* HGB § 289 Rn. 101.
[352] *Baetge/Kirsch/Thiele* S. 794 f.
[353] *Baetge/Brüggemann/Haenelt* BB 2007, 1887 (1888): „Denn solche Übernahmehindernisse können einen wesentlichen Einfluss auf die Entscheidung des potentiellen Bieters haben, ein Übernahmeangebot abzugeben, respektive darauf, die Erfolgschancen des eigenen Übernahmeangebots abzuschätzen"; *Lanfermann/Maul* BB 2004, 1517 ff.; *Maul/Muffat-Jeandet* AG 2004, 306 (308).

schaft, die unter der Bedingung eines Kontrollwechsels infolge eines Übernahmeangebots stehen, und die hieraus folgenden Wirkungen (Nr. 8) erforderlich.

214 § 289 Abs. 5 HGB sieht für kapitalmarkorientierte Gesellschaften die Verpflichtung vor, die **wesentlichen Merkmale des internen Kontroll-**[354] **und des internen Risikomanagementsystems**[355] **im Hinblick auf den Rechnungslegungsprozess im Lagebericht** zu beschreiben.[356] Gegenstand der Berichterstattung ist der Ist-Zustand des vorhandenen internen Kontroll- und Risikomanagementsystems im Hinblick auf den Rechnungslegungsprozess während des Geschäftsjahres bis zum Bilanzstichtag.[357] Die Vorschrift enthält keine Einrichtungsverpflichtung, jedoch hat der Vorstand einer börsennotierten Aktiengesellschaft gemäß Ziff. 4.1.4 DCGK für ein angemessenes Risikomanagement und Risikocontrolling Sorge zu tragen.[358] Die Berichterstattung ist gemäß § 289 Abs. 5 HGB beschränkt auf die den Rechnungslegungsprozess betreffenden Bestandteile des internen Kontroll- und Risikomanagementsystems. Damit bedarf es einer Beschreibung der Strukturen und Prozesse, die sich auf die vollständige und richtige Abbildung der Zahlen in den Instrumenten der externen Rechnungslegung beziehen.[359] Die Beschreibung muss der Komplexität des Unternehmens angemessen Rechnung tragen; einer in die Tiefe gehenden Beschreibung, bspw. der Wirksamkeit der Systeme, bedarf es jedoch nicht.[360]

215 Mit dem Bilanzrechtsmodernisierungsgesetz wurde zudem – betroffen sind in erster Linie börsennotierte Aktiengesellschaften[361] – geregelt, dass eine **Erklärung zur Unternehmensführung** abzugeben ist (§ 289a HGB). Diese Erklärung kann entweder in einen gesonderten Abschnitt des Lageberichts aufgenommen oder – bei entsprechendem Hinweis im Lagebericht – auf der Internetseite der Gesellschaft öffentlich zugänglich gemacht werden. Die Erklärung beinhaltet die Entsprechenserklärung zum Deutschen Corporate Governance Kodex gemäß § 161, relevante Angaben zu Unternehmensführungspraktiken, die über die gesetzlichen Anforderungen hinaus angewandt werden, nebst Hinweis, wo sie öffentlich zugänglich sind, sowie eine Beschreibung der Arbeitsweise von Vorstand und Aufsichtsrat sowie der Zusammensetzung und Arbeitsweise von deren Ausschüssen. Wird diese Erklärung in den Lagebericht aufgenommen, ist sie dennoch nicht Gegenstand der Abschlussprüfung (§ 317 Abs. 2 S. 3 HGB).

V. Konzernrechnungslegung

216 Im Konzernabschluss wird die Vermögens-, Finanz- und Ertragslage des Mutterunternehmens und seiner Tochterunternehmen durch Konsolidierung der Jahresabschlüsse so dargestellt, als ob es sich – ohne Rücksicht auf die tatsächlichen rechtlichen Strukturen –

---

[354] Beim rechnungslegungsbezogenen internen Kontrollsystem handelt es sich, in Übereinstimmung mit IDW PS 261, um Grundsätze, Verfahren und Maßnahmen zur Sicherung der Wirtschaftlichkeit, Wirksamkeit und Ordnungsmäßigkeit der Rechnungslegung sowie zur Sicherung der Einhalt der maßgeblichen rechtlichen und erforderlichfalls satzungsmäßigen Vorschriften. Es besteht aus Regelungen zur Steuerungen des Rechnungslegungsprozesses und aus prozessintegrierten und prozessunabhängigen Regelungen zur Überwachung der Einhaltung dieser Regelungen; vgl. dazu auch BeBiKo/*Grottel* HGB § 289 Rn. 152 mwN.

[355] Unter einem Risikomanagementsystem ist nach IDW PS 340 Rn. 4 die Gesamtheit aller organisatorischen Regelungen und Maßnahmen zur Risikoerkennung und zum Umgang mit Risiken zu verstehen (ähnlich DRS 20.11). Das nach § 91 Abs. 2 AktG einzurichtende Risikofrüherkennungssystem unterfällt nicht § 289 Abs. 5 HGB. Zwar ist es Bestandteil des Risikomanagmentsystems, jedoch nicht rechnungslegungsbezogen; so auch IDW PS 340 Rn. 5.

[356] Dazu im Einzelnen Müller Stute Withus HdB Lagebericht/*Withus* S. 212 ff.; *Fink/Kajüter/Winkeljohann* Lageberichterstattung S. 184 ff.

[357] BeBiKo/*Grottel* § 289 Rn. 150 f.

[358] BeBiKo/*Grottel* § 289 Rn. 150.

[359] Angaben zum internen Rechnungslegungsprozess (zB der kurzfristigen Erfolgsrechnung oder der Betriebsabrechnung) sind nicht verlangt, um schutzwürdige Interessen der Unternehmen nicht zu gefährden; vgl. zum Ganzen BeBiKo/*Grottel* HGB § 289 Rn. 151; *Fink/Kajüter/Winkeljohann* Lageberichterstattung S. 201 ff.

[360] BeBiKo/*Grottel* HGB § 289 Rn. 158; siehe auch die Praxisbeispiele bei *Fink/Kajüter/Winkeljohann* Lageberichterstattung S. 192 f.

[361] Näher BeBiKo/*Grottel/Röhm-Kottmann* HGB § 289a Rn. 2 ff.

wirtschaftlich um ein einziges Unternehmen handelte **(Einheitstheorie)**. Die Notwendigkeit der Erstellung von Konzernabschlüssen wird aus der Überlegung abgeleitet, dass die Summe der Jahresabschlüsse der Konzernunternehmen im Vergleich zum Konzernabschluss – insbesondere im Hinblick auf Verlagerungen von Vermögen, Liquidität oder Erfolg innerhalb des Konzerns – weniger aussagekräftig ist.[362] Der Konzernabschluss hat keine Steuerbemessungs- oder Ausschüttungsbemessungsfunktion, sondern verfolgt ausschließlich einen Informationszweck.[363]

Der Vorstand einer Aktiengesellschaft mit Sitz im Inland (Mutterunternehmen) hat bei Vorliegen der Tatbestandsvoraussetzungen des § 290 HGB einen Konzernabschluss und einen Konzernlagebericht – grds. nach Maßgabe der handelsrechtlichen Vorschriften (§§ 290–315 HGB) – aufzustellen, wenn die Aktiengesellschaft auf ein anderes Unternehmen (Tochterunternehmen) **unmittelbar oder mittelbar einen beherrschenden Einfluss** ausüben kann (§ 290 Abs. 1 HGB). Gemäß § 297 Abs. 1 S. 1 HGB besteht der handelsrechtliche Konzernabschluss aus Konzernbilanz, Konzern-Gewinn- und Verlustrechnung, dem Konzernanhang, der Kapitalflussrechnung und dem Eigenkapitalspiegel. Er kann um einen Segmentbericht erweitert werden (§ 297 Abs. 1 S. 2 HGB). Zudem ist ein Konzernlagebericht aufzustellen (§ 315 HGB).

Ist die Aktiengesellschaft (Mutterunternehmen) kapitalmarktorientiert, schreibt die „IAS-Verordnung" der EU die Aufstellung eines Konzernabschlusses nach den International Financial Reporting Standards (IFRS) vor.[364] Gemeint ist damit, dass die Frage der Aufstellungspflicht nach §§ 290–293 HGB zu klären ist. Ist die Aufstellungspflicht zu bejahen, sind bei bestehender Kapitalmarktorientierung für Zwecke der Ermittlung der einzubeziehenden Unternehmen sowie Ansatz, Ausweis und Bewertung die IFRS zu beachten sind. Der Konzernabschluss nach IFRS hat grundsätzlich folgende Bestandteile zu umfassen: eine Konzernbilanz, eine Konzern-Gesamtergebnisrechnung, eine Konzerneigenkapitalveränderungsrechnung, eine Konzernkapitalflussrechnung und einen Konzernanhang, zu dem auch die Konzernsegmentberichterstattung gehört.[365] Deutsche Unternehmen, die nach § 315a HGB einen IFRS-Konzernabschluss aufstellen, haben den Abschluss gemäß § 315a Abs. 1 HGB um einen nach handelsrechtlichen Vorgaben aufgestellten Konzernlagebericht zu ergänzen.

Die Pflicht zur Aufstellung eines Konzernabschlusses trifft – entsprechend der Rechtslage für den Jahresabschluss – den **Vorstand der Aktiengesellschaft.** Der Konzernabschluss und der Konzernlagebericht sind grundsätzlich in den ersten fünf Monaten des Konzerngeschäftsjahrs für das vergangene Konzerngeschäftsjahr aufzustellen (§ 290 Abs. 1 S. 1 HGB). Allerdings haben Aktiengesellschaften, die als Inlandsemittenten Wertpapiere begeben und der Konzernrechnungspflicht unterliegen, spätestens nach vier Monaten des neuen Geschäftsjahres die Rechnungslegungsunterlagen der Öffentlichkeit zur Verfügung zu stellen (§ 37v Abs. 1 iVm § 37y WpHG). Auch sieht § 290 Abs. 1 S. 2 HGB für kapitalmarktorientierte Mutterunternehmen eine verkürzte Aufstellungsfrist vor. Der Konzernabschluss ist, ebenso wie der Jahresabschluss, durch alle gesetzlichen Vertreter der Aktiengesellschaft – also den gesamten Vorstand – unter Angabe des Datums zu unterzeichnen, und zwar zweckmäßigerweise am Ende des Konzernanhangs (§ 298 Abs. 1 HGB iVm § 245 HGB).[366]

Gemäß § 297 Abs. 2 S. 4 HGB haben die gesetzlichen Vertreter eines Mutterunternehmens, das Inlandsemittent im Sinne des § 2 Abs. 7 WpHG und keine Kapitalgesellschaft im Sinne des § 327a HGB ist, bei der Unterzeichnung zudem schriftlich zu versichern **(Bilanzeid),** dass der Konzernabschluss nach bestem Wissen ein den tatsächlichen Verhält-

---

[362] BeBiKo/*Grottel/Kreher* HGB § 290 Rn. 1; *ADS* HGB Vor § 290 Rn. 12 f.
[363] *Baetge/Kirsch/Thiele* Konzernbilanzen S. 85; WP-HdB/*Schruff* Bd. I Kap. M Rn. 3 und 5.
[364] VO (EG) Nr. 1606/2002 des Europäischen Parlaments und des Rates vom 19.7.2002 betreffend die Anwendung internationaler Rechnungslegungsstandards, ABl. EG Nr. L 243 v. 11.9.2002, S. 1.
[365] BeBiKo/*Förschle/Rimmelpacher* HGB § 297 Rn. 220; WP-HdB/*Schruff* Bd. I Kap. N Rn. 53.
[366] BeBiKo/*Förschle/Deubert* HGB § 298 Rn. 6; *ADS* HGB § 245 Rn. 3 und HGB § 298 Rn. 61 f.

nissen entsprechendes Bild der Vermögens-, Finanz- und Ertragslage unter Beachtung der Grundsätze ordnungsmäßiger Buchführung vermittelt. § 315 Abs. 1 S. 6 HGB enthält eine entsprechende Regelung für den Konzernlagebericht.

221 In § 170 Abs. 1 S. 2 wird unter Bezugnahme auf § 170 Abs. 1 S. 1 die Verpflichtung des Vorstands statuiert, den Konzernabschluss und den Konzernlagebericht unverzüglich – ohne schuldhaftes Zögern (§ 121 Abs. 1 S. 2 BGB) – nach ihrer Aufstellung dem Aufsichtsrat des Mutterunternehmens vorzulegen. Nach § 171 Abs. 2 S. 5 iVm S. 4 ist der Konzernabschluss vom Aufsichtsrat zu billigen. Mit dem Erfordernis der **förmlichen Billigung** wird eine intensivere Prüfung des Konzernabschlusses durch den Aufsichtsrat angestrebt.[367] Mithin ist auch der Konzernabschluss ein Überwachungsinstrument des Aufsichtsrats.

VI. Zwischenberichterstattung

222 Die Zwischenberichterstattung (Halbjahres-/Quartalsfinanzberichte und Zwischenmitteilungen) ist ein **Informationsinstrument der Kapitalmärkte**.[368] Zielsetzung ist es, dem Investor neben der jährlichen Information mittels Jahresabschluss/Konzernabschluss unterjährig eine im Vergleich dazu deutlich reduzierte, doch in ihrer Struktur vergleichbare Information anzubieten. Die Zwischenberichterstattung erfüllt ihre Informationsfunktion daher nur im Kontext der umfassenden Jahresberichterstattung.[369]

223 Die Verpflichtung von Unternehmen, die als Inlandsemittenten (§ 2 Abs. 7 WpHG) Aktien oder Schuldtitel im Sinn des § 2 Abs. 1 S. 1 WpHG begeben haben, einen Halbjahresfinanzbericht zu erstellen und diesen unverzüglich, spätestens zwei Monate nach Ablauf des ersten Halbjahrs der Öffentlichkeit zur Verfügung zu stellen, ergibt sich aus § 37w Abs. 1 S. 1 WpHG. Der **Halbjahresfinanzbericht** hat mindestens einen verkürzten Abschluss, einen Zwischenlagebericht und eine den Vorgaben des §§ 264 Abs. 2 S. 3, 289 Abs. 1 S. 5 HGB entsprechende Erklärung („Bilanzeid") zu enthalten (§ 37w Abs. 2 WpHG). Auf den verkürzten Abschluss als Bestandteil des Halbjahresfinanzberichts sind nach § 37w Abs. 3 WpHG die für den Jahresabschluss geltenden Rechnungslegungsgrundsätze anzuwenden. Somit erfolgt die Aufstellung des verkürzten Abschlusses in den Fällen, in denen keine Konzernrechnungslegungspflicht besteht, nach deutschen handelsrechtlichen Vorschriften.

224 Ist der Inlandsemittent zugleich ein zur Aufstellung eines Konzernabschlusses verpflichtetes Mutterunternehmen, besteht nach § 37y Nr. 2 S. 1 WpHG die Verpflichtung, einen **Halbjahresfinanzbericht für das Mutterunternehmen und die Gesamtheit der einzubeziehenden Tochterunternehmen** zu erstellen. Zudem gilt § 37w Abs. 3 WpHG entsprechend, wenn das Mutterunternehmen verpflichtet ist, den Konzernabschluss gemäß § 315a HGB, also nach den IFRS aufzustellen. Daraus folgt, dass in diesen Fällen auf den verkürzten Abschluss die für den Konzernabschluss geltenden Rechnungslegungsvorschriften anzuwenden sind. Folglich – und dies ist auch gängige Praxis – erfolgt die Aufstellung des verkürzten Abschlusses nach Maßgabe des IAS 34.

225 Der Gesetzgeber hat den Unternehmen in § 37w Abs. 5 WpHG das Wahlrecht eingeräumt, den verkürzten Abschluss und Zwischenlagebericht als Bestandteil des Halbjahresfinanzberichts einer prüferischen Durchsicht durch einen Abschlussprüfer zu unterwerfen. Auf die Bestellung des Abschlussprüfers zur Durchführung einer prüferischen Durchsicht eines verkürzten Abschlusses und eines Zwischenlageberichts sind die Vorschriften über die Bestellung des Abschlussprüfers entsprechend anzuwenden. Damit erfolgt die Wahl des Prüfers durch die Hauptversammlung; der Aufsichtsrat hat einen entsprechenden Beschlussvorschlag zu unterbreiten. Der Prüfungsauftrag wird durch den Aufsichtsrat erteilt.

---

[367] Ebenso *Ihrig/Wagner* BB 2002, 789 (796) und *Götz* NZG 2002, 599 (604).
[368] Es ist darauf hinzuweisen, dass es auf der europäischen Ebene Bestrebungen gibt, die gegenwärtig bestehenden Zwischenberichterstattungspflichten aufzuheben. Begründet werden diese Bestrebungen mit der Schädlichkeit des damit einhergehenden „Quartalsdenkens" der Unternehmensleitung, das einer nachhaltigen Unternehmensentwicklung im Wege stehe.
[369] Zu einer umfassenden Analyse der Zielsetzungen, die mit der unterjährigen Berichterstattung verfolgt werden können *Alvarez/Wotschofsky* S. 91 ff.

Unternehmen, die als Inlandsemittenten Aktien – Schuldtitel sind hier anders als bei 226
§ 37w Abs. 1 S. 1 WpHG unbeachtlich – begeben haben, sind nach § 37x Abs. 1 S. 1
WpHG zudem grds. verpflichtet, der Öffentlichkeit einen **Quartalsbericht** in Form einer
Zwischenmitteilung zur Verfügung zu stellen. § 37x Abs. 1 S. 1 WpHG trifft Aussagen zum
Veröffentlichungszeitraum der Zwischenmitteilung und § 37x Abs. 2 WpHG zum Inhalt.
Wenn ein Mutterunternehmen zur Aufstellung eines Konzernabschlusses und eines Konzernlageberichts verpflichtet ist, haben sich die Angaben in der Zwischenmitteilung gemäß
§ 37 y Nr. 3 WpHG auf das Mutterunternehmen und die Gesamtheit der einzubeziehenden Tochterunternehmen zu beziehen.[370] In § 37x Abs. 3 WpHG wird die Möglichkeit
eingeräumt, von der Veröffentlichung einer Zwischenmitteilung abzusehen, wenn anstelle
einer Zwischenmitteilung ein Quartalfinanzbericht erstellt wird. Im Wesentlichen gelten für
den Quartalfinanzbericht die gleichen Regelungen wie für den Halbjahresfinanzbericht.

Verpflichtend aufzustellende Halbjahres-/Quartalsfinanzberichte und Zwischenmitteilun- 227
gen sind vom **Vorstand aufzustellen.** Im Gegensatz zum (handelsrechtlichen) Jahresabschluss besteht aber kein gesetzlicher Zwang, Halbjahres-/Quartalsfinanzberichte oder
Zwischenmitteilungen von allen Mitgliedern des Vorstands unterzeichnen zu lassen.[371]

Einen **gesetzlichen Zwang zur Prüfung der unterjährigen Finanzberichterstat-** 228
tung durch den Aufsichtsrat gibt es nicht. Ebenso ist eine Feststellung von Halbjahres-/
Quartalsfinanzberichten und Zwischenmitteilungen durch Billigung des Aufsichtsrats gesetzlich nicht vorgeschrieben. Trotzdem werden diese Finanzinformationen von Teilen des
Schrifttums als Bestandteil der obligatorischen Quartalsberichterstattung[372] des Vorstands
nach § 90 Abs. 1 S. 1 Nr. 3 iVm § 90 Abs. 2 Nr. 3 an den Aufsichtsrat angesehen.[373] Eine
vollständige Abdeckung der Berichtserfordernisse des Vorstands an den Aufsichtsrat dürften
die Zwischenberichte indes nicht leisten, da diese beispielsweise keine detaillierten Planungsrechnungen oder produktbezogenes Zahlenmaterial enthalten.[374] Aufgrund der Bedeutung der unterjährigen Finanzberichterstattung wird sich der Aufsichtsrat aber im
Rahmen seiner Tätigkeit zwangsläufig auch mit diesen für die Öffentlichkeit vorgesehenen
Informationen über die Geschäftsentwicklung auseinandersetzen. Die unterjährige Finanzberichterstattung kann in den Katalog der zustimmungspflichtigen Geschäfte nach § 111
Abs. 4 S. 2 aufgenommen werden und damit einer faktischen Prüfungspflicht durch den
Aufsichtsrat unterstellt werden.[375] Unabhängig davon ist eine Analyse von Halbjahres-/
Quartalsfinanzberichten und Zwischenmitteilungen vor ihrer Veröffentlichung durch den
Aufsichtsrat wünschenswert.[376]

VII. Bilanzpolitische Maßnahmen

Bilanzpolitischen Maßnahmen zielen regelmäßig darauf ab, das **Jahresergebnis aus** 229
Gründen der Ausschüttung oder Besteuerung negativ oder positiv zu beeinflussen
bzw. zu glätten.[377] Dies kann im Sinn einer Ergebnisverbesserung geschehen, indem vor
dem Bilanzstichtag Erträge generiert und Aufwendungen in das nächste Geschäftsjahr verlagert werden. Eine negative Beeinflussung des Jahresergebnisses wird erreicht, indem die
Realisierung von Erträgen in das nächste Geschäftsjahr verlagert wird und Aufwendungen

---

[370] Daneben ist keine zusätzliche Zwischenmitteilung allein für das Mutterunternehmen zu veröffentlichen.
[371] *Ammedick/Strieder* Rn. 21; Schwark/Zimmer/*Heidelbach/Doleczik* WpHG § 37w Rn. 26 (str.).
[372] Zur Quartalsberichterstattung siehe Hüffer/*Koch* § 90 Rn. 1 ff.; *Nonnenmacher* in Marsch-Barner/Schäfer HdB börsennotierte AG § 54 Rn. 1 ff.
[373] *Alvarez/Wotschofsky* KoR 2001, 116 (123); *Ammedick/Striedler* Rn. 664.
[374] *Ammedick/Strieder* Rn. 664. Nach § 90 Abs. 1 Nr. 3 AktG ist der Vorstand verpflichtet, dem Aufsichtsrat detaillierte Planungsrechnungen und produktbezogenes Zahlenmaterial vorzulegen; Hüffer/*Koch* § 90 Rn. 6 nwN.
[375] *Ammedick/Strieder* Rn. 666.
[376] Dazu Arbeitskreis „Externe und interne Überwachung der Unternehmung" der Schmalenbach-Gesellschaft für Betriebswirtschaft e. V. DB 2000, 2281 ff.; *Ammedick/Strieder* Rn. 23.
[377] Ausführlich bspw. *Conenberg/Haller/Schulze* S. 997 ff., insbesondere die Übersicht auf S. 1004 f.; *Wöltje* S. 204 ff.

in das laufende Geschäftsjahr vorgezogen werden.[378] Ein weiterer Faktor, den Bilanzierende zu beeinflussen suchen, sind die Kennzahlen der Bilanzanalyse; deren Beeinflussung ist davon abhängig, welche Größen genau in die Berechnung der Kennzahlen einfließen.[379] Nachfolgend werden einige der typischen bilanzpolitischen Maßnahmen zur Beeinflussung des Jahresergebnisses dargestellt.

– *Sachverhaltsgestaltende Maßnahmen:* das Vorziehen von Investitionen mit der Zielsetzung, Abschreibungsmöglichkeiten schon im laufenden Geschäftsjahr zu nutzen, führt zu einem niedrigeren Jahresüberschuss im laufenden Geschäftsjahr; die Verschiebung des Verkaufs eines mit stillen Reserven behafteten Vermögensgegenstandes in das folgende Geschäftsjahr führt zu einem höheren Jahresüberschuss im folgenden Geschäftsjahr; die vertragliche Vereinbarung von Zwischenabnahmen bei Langfristfertigungen führt zu einer Vorverlagerung von Erträgen in die Geschäftsjahre, in denen die Zwischenabnahmen erfolgen; werden Werbemaßnahmen noch im laufenden Geschäftsjahr vorgenommen, zieht dies eine Vorverlagerung von Aufwendungen nach sich; das sale-and-lease-back von betriebsnotwendigem Anlagevermögen, bei dem die erzielten Erträge den Buchwert übersteigen, führt im Geschäftsjahr des Vertragsschlusses und der Übertragung der Vermögensgegenstände zu einem höheren Jahresergebnis; die Ausnutzung von Ermessensspielräumen bei der Investitions- bzw. Instandsetzungspolitik zur Begründung von Herstellungskosten einerseits oder Erhaltungsaufwand andererseits führt bei einer Erhöhung der Herstellungskosten zu einem höheren Jahresergebnis des Geschäftsjahres. Wird hingegen mehr Erhaltungsaufwand generiert, vermindert dies das Jahresergebnis.[380]

– *Ausübung von Bewertungswahlrechten:* Bewertung von Lagerzugängen bei steigenden Preisen mit dem Lifo-Verfahren führt zu steigendem Aufwand, denn die letzten Zugänge, die zu höheren Preisen erworben worden sind, gelten als zuerst verbraucht; die der planmäßigen Abschreibung des derivativen Geschäfts- oder Firmenwertes zugrunde gelegte Nutzungsdauer wird am oberen Ende der Bandbreite geschätzt, was den jährlichen Abschreibungsaufwand verringert; das Anlagevermögen wird linear abgeschrieben und nicht degressiv, was Verschiebung von Aufwand in die Zukunft zur Folge hat; bei einer nur vorübergehenden Wertminderung von Finanzanlagen erfolgt keine außerplanmäßige Abschreibung auf den niedrigeren beizulegenden Wert, was das Jahresergebnis schont; die Bewertung der unfertigen und der fertigen Erzeugnisse erfolgt unter Inanspruchnahme der Aktivierungswahlrechte des § 255 Abs. 2 HGB, dh es werden nicht nur die Herstellungskostenpflichtbestandteile einbezogen, was ein höheres Jahresergebnis im Geschäftsjahr der Bestandserhöhung nach sich zieht; das Ausfallrisiko der Forderungen aus Lieferungen und Leistungen wird gering eingeschätzt, was zu geringen Einzel- und Pauschalwertberichtigungen und einem höheren Jahresergebnis führt; die im Rahmen der Rückstellungsbewertung zu berücksichtigenden künftigen Kosten- und Preissteigerungen werden möglichst gering eingeschätzt und für Zwecke der Abzinsung wird – wegen des dann höheren Abzinsungszinssatzes – eine möglichst lange Laufzeit zugrunde gelegt, was zu einem höheren Jahresergebnis des Geschäftsjahres führt.[381]

– *Ausübung eines Aktivierungswahlrechts:* Aktivierung von Entwicklungskosten führt zu einer Absenkung des Aufwands im laufenden Geschäftsjahr und einer Verlagerung in die Zukunft.[382]

---

[378] Grenze der Ausübung bilanzpolitischer Maßnahmen sind der Grundsatz der Ansatzstetigkeit und der Grundsatz der Bewertungsstetigkeit. Durchbrechungen dieser Grundsätze sind nur eingeschränkt möglich; vgl. dazu IDW RS HFA 38.

[379] Dazu *Conenberg/Haller/Schulze* S. 997 ff.; *Pfleger* S. 10 und S 209 ff. (dort sog. strukturverbessernde Maßnahmen); *Wöltje* S. 204.

[380] *Wöltje* S. 205 f. und 215; zum sale-and-lease-back nur *Pfleger* S. 163 ff.

[381] Dazu auch *Wöltje* S. 204 ff. sowie 215 ff.

[382] Zu den selbst geschaffenen immateriellen Vermögensgegenständen des Anlagevermögens bspw. *Wöltje* S. 205.

VIII. Jahresabschlussanalyse

Um einen Einblick in die wirtschaftliche Lage eines Unternehmens zu bekommen, **230** genügt es regelmäßig nicht, nur den Jahresabschluss und Lagebericht zu lesen. Vielmehr müssen die Werke einer Analyse unterzogen werden. **Ziel der Jahresabschlussanalyse ist es, die gegenwärtige Ertragslage und die künftige Ertragskraft, die Vermögens- und Finanzlage, die Liquidität und die Solidität der Finanzierung, die Investitionspolitik, die Risikostreuung, die Wachstumschancen etc. beurteilen** zu können.[383] Demgemäß wird die Jahresabschlussanalyse üblicherweise in drei Teilbereiche unterteilt, die finanzwirtschaftliche Jahresabschlussanalyse (Liquiditäts- oder Zahlungsfähigkeit), die erfolgswirtschaftliche Jahresabschlussanalyse (Rentabilität, künftige Ertragskraft und Wachstumspotential) und die strategische Jahresabschlussanalyse (Wettbewerbsvorteile und -nachteile, Risiken und Chancen des Unternehmens und seines Umfeldes).[384]

Wesentliches **Instrument der Jahresabschlussanalyse sind die Kennzahlen,** deren **231** Ziel es ist, komplexe Sachverhalte und Prozesse in stark vereinfachter und konzentrierter Form darzustellen, um daraus Entscheidungshilfen abzuleiten bzw. als Grundlage für den Zeit- oder den Betriebsvergleich zu dienen. Der (mehrperiodische) Zeitvergleich erlaubt Schlüsse im Hinblick auf die Entwicklungstendenzen eines Unternehmens.[385] Beim Betriebsvergleich werden verschiedene Unternehmen gleicher Branchen miteinander verglichen, um so Schwächen und Stärken zu ermitteln.[386] Besondere Bedeutung kommt hier dem sog. Benchmarking zu. Das Benchmarking ist ein Vergleich des Unternehmens mit den stärksten Wettbewerbern derselben Branche.[387]

Für Zwecke der Jahresabschlussanalyse wird der Jahresabschluss besonders aufbereitet. Es **232** werden eine **Strukturbilanz und eine Struktur-Gewinn- und Verlustrechnung** erstellt.[388] Diese bilden die Grundlage der Kennzahlenermittlung. Einige der wichtigsten Kennzahlen sind

- die *Eigenkapitalquote.* Sie zeigt die Höhe des Anteils des Eigenkapitals am Gesamtkapital. Je höher die Eigenkapitalquote, desto kreditwürdiger das Unternehmen. Da Eigenkapital üblicherweise teurer als Fremdkapital ist, führt eine hohe Eigenkapitalquote zu einer niedrigeren Eigenkapitalrentabilität (Leverage-Effekt).[389]
- der *Selbstfinanzierungsgrad.* Er stellt das Verhältnis der Gewinnrücklagen zum Eigenkapital dar und gibt an, in welchem Umfang das Unternehmen in der Vergangenheit in der Lage war, aus dem eigenen Jahresergebnis Reserven zu bilden (Thesaurierungsfähigkeit und -bereitschaft).[390]
- die *Fremdkapitalquote.* Sie zeigt den Anteil des Fremdkapitals am Gesamtkapital. Hohe Fremdkapitalquoten bergen potentielle Risiken in Phasen ansteigender oder hoher Zinsen, in denen sich die wirtschaftliche Lage regelmäßig abkühlt, also die Erträge aus der Geschäftstätigkeit mit hoher Wahrscheinlichkeit sinken.[391]
- die *Anlagenintensität.* Sie gibt Auskunft über den Vermögensaufbau eines Unternehmens, indem sie zeigt, wie viel Prozent des Gesamtvermögens langfristig gebunden sind. Letztlich ist die Anlagenintensität branchenabhängig. Das Risiko einer hohen Anlagenintensität besteht in der abnehmenden Flexibilität des Unternehmens, sich an Marktveränderungen schnell anpassen zu können. Zudem deutet eine hohe Anlagenintensität auf hohe fixe

---

[383] Dazu ausführlich *Conenberg/Haller/Schulze* S. 1013 ff.
[384] *Wöltje* S. 271 ff. und 329 ff.; *Conenberg/Haller/Schulze* S. 1014.
[385] *Conenberg/Haller/Schulze* S. 1019.
[386] *Conenberg/Haller/Schulze* S. 1019.
[387] *Conenberg/Haller/Schulze* S. 1019.
[388] *Wöltje* S. 241 ff.
[389] *Wöltje* S. 273 f.
[390] *Conenberg/Haller/Schulze* S. 1072.
[391] *Wöltje* S. 277 f.; ausführlich *Conenberg/Haller/Schulze* S. 1066 ff.

Kosten hin, die üblicherweise eine hohe Auslastung der Anlagen erfordern, um die Stückkosten niedrig und die Wettbewerbsfähigkeit am Markt hoch zu halten.[392]
- das **Debitorenziel**. Es gibt Auskunft über das durchschnittliche Zahlungsverhalten der Kunden, dh wie lange es dauert, bis Umsatzerlöse in Zahlungsmittelzuflüsse umgesetzt werden. Je kürzer das Debitorenziel, umso besser ist die eigene Liquiditätslage. Gleichzeitig vermindern sich auch eigene Zinsbelastungen für Vorfinanzierungen und Ausfallrisiken. Bei Industrieunternehmen sollte versucht werden, ein Debitorenziel von weniger als 30 Tagen zu erreichen.[393]
- die **Investitionsquote**. Sie zeigt auf, wie viel Prozent des Sachanlagevermögens während des Geschäftsjahres neu hinzu gekommen sind und gibt somit Auskunft über die Investitionsneigung und Zukunftsvorsorge des Unternehmens.[394]
- die **Abschreibungsquote**. Sie zeigt auf, wie viel Prozent des Sachanlagevermögens während des Geschäftsjahres abgeschrieben worden sind. Eine in der Zeitreihe sinkende Abschreibungsquote kann darauf hindeuten, dass die letzten Investitionen des Unternehmens bereits einige Zeit zurück liegen.[395]
- die **Investitionsneigung (Wachstumsquote)**. Sie misst, ob die Abnutzung der Anlagen durch regelmäßige Neuanschaffungen kompensiert wurde, um eine Überalterung der Anlagen zu verhindern. Zudem gibt sie an, ob die Abschreibung des Geschäftsjahres durch die Nettoinvestitionen kompensiert werden; mithin das Unternehmen schrumpft, wächst oder stagniert. Wachstum liegt vor, wenn ein Unternehmen betragsmäßig über seine Abschreibungen hinaus investiert. Auch diese Kennzahl kann durch Leasing beeinflusst werden.[396]
- die **goldene Finanzierungsregel**. Sie fordert, dass das Verhältnis von langfristig gebundenem Vermögen und langfristig zur Verfügung stehendem Kapital mindestens gleich oder das langfristig zur Verfügung gestellt Kapital größer sein muss. Dieses Vorgehen sichert die langfristige Zahlungsfähigkeit eines Unternehmens.[397]
- das **working capital**. Es stellt die Differenz von Umlaufvermögen und kurzfristig überlassenem Fremdkapital dar. Je höher der sich ergebende positive Betrag, desto gesicherter die Liquidität des Unternehmens. Ist der sich ergebende Betrag negativ, ist das Umlaufvermögen nicht ausreichend, um das gesamte kurzfristig überlassene Fremdkapital zu decken. Vielmehr wäre auch ein Teil des Anlagevermögens kurzfristig finanziert. Damit besteht das Risiko von Liquiditätsproblemen.[398]

---

[392] *Conenberg/Haller/Schulze* S. 1060.
[393] *Wöltje* S. 288.
[394] *Conenberg/Haller/Schulze* S. 1065.
[395] *Conenberg/Haller/Schulze* S. 1141; *Wöltje* S. 292.
[396] *Wöltje* S. 293.
[397] *Wöltje* S. 295.
[398] *Conenberg/Haller/Schulze* S. 1079.

Viertes Buch. Sonder-, Straf- und Schlussvorschriften

Erster Teil. Sondervorschriften bei Beteiligung von Gebietskörperschaften

§ 394 Berichte der Aufsichtsratsmitglieder

[1] Aufsichtsratsmitglieder, die auf Veranlassung einer Gebietskörperschaft in den Aufsichtsrat gewählt oder entsandt worden sind, unterliegen hinsichtlich der Berichte, die sie der Gebietskörperschaft zu erstatten haben, keiner Verschwiegenheitspflicht. [2] Für vertrauliche Angaben und Geheimnisse der Gesellschaft, namentlich Betriebs- oder Geschäftsgeheimnisse, gilt dies nicht, wenn ihre Kenntnis für die Zwecke der Berichte nicht von Bedeutung ist.

Schrifttum: *Albrecht-Baba*, Die Treuepflicht der politischen Mandatsträger als Aufsichtsratsmitglieder in einem Unternehmen, NWVBl 2011, 127; *v. Danwitz*, Vom Verwaltungsprivat- zum Verwaltungsgesellschaftsrecht – Zur Begründung und Reichweite öffentlich-rechtlicher Ingerenzen in der mittelbaren Kommunalverwaltung, AöR 120 (1995), 595; *Drygala*, Wandelanleihen mit Wandlungsrecht des Anleiheschuldners nach dem Entwurf für eine Aktienrechtsnovelle 2011, WM 2011, 1637; *Eibelhäuser*, Anteilseignerinformation und Verschwiegenheitspflicht – ein Beitrag zur Anwendung der §§ 394, 395 AktG, FS Lüder, 2000, 694; *Engelstätter*, Verschwiegenheitspflicht der Rechnungsprüfungsbehörde bei Prüfung kommunaler Unternehmen, NordÖR 2003, 98; *Habersack*, Private public partnership: Gemeinschaftsunternehmen zwischen Privaten und der öffentlichen Hand, Gesellschaftsrechtliche Analyse, ZGR 1996, 544; *Heidel*, Zur Weisungsgebundenheit von Aufsichtsratsmitgliedern bei Beteiligung von Gebietskörperschaften und Alleinaktionären, NZG 2012, 48; *Hollstein*, Die Aktienrechtsnovelle 2012 ist auf dem Weg!, jurisPR-HaGesR 3/2012; *Koch*, Die Bestimmung des Gemeindevertreters in Gesellschaften mit kommunaler Beteiligung am Beispiel der Gemeindeordnung NRW, VerwArch 2011, 1; *Kronawitter*, Transparenz kommunaler Gesellschaften, ZKF 2011, 113; *Martens*, Privilegiertes Informationsverhalten von Aufsichtsratsmitgliedern einer Gebietskörperschaft nach § 394 AktG, AG 1984, 29; *Müller-Eising*, Aktienrechtsnovelle 2014 – Was bringt der Regierungsentwurf Neues?, GWR 2015, 50; *Mutter*, Entsendungsrechte in den Aufsichtsrat, Der Aufsichtsrat 2012, 58; *Ossenbühl*, Mitbestimmung in Eigengesellschaften der öffentlichen Hand, ZGR 1996, 504; *Schmidt*, Der Übergang öffentlicher Aufgabenerfüllung in private Rechtsformen, ZGR 1996, 345; *Schmidt-Aßmann/Ulmer*, Die Berichterstattung von Aufsichtsratsmitgliedern einer Gebietskörperschaft nach § 394 AktG, BB 1988, Sonderbeilage 13; *Schön*, Der Einfluss öffentlichrechtlicher Zielsetzung auf das Statut privatrechtlicher Eigengesellschaften in öffentlicher Hand: Gesellschaftsrechtliche Analyse, ZGR 1996, 429; *Schwintowski*, Verschwiegenheitspflicht für politisch legitimierte Mitglieder des Aufsichtsrats, NJW 1990, 1009; *Schwintowski*, Gesellschaftsrechtliche Bindungen für entsandte Aufsichtsratsmitglieder in öffentlichen Unternehmen, NJW 1995, 1316; *Spindler*, Kommunale Mandatsträger in Aufsichtsräten – Verschwiegenheitspflicht und Weisungsgebundenheit, ZIP 2011, 689; *Stober*, Die privatrechtlich organisierte öffentliche Verwaltung, NJW 1984, 449; *Thode*, Parlamentskontrolle und Geheimnisschutz bei öffentlichen Unternehmen, AG 1997, 547.

Übersicht

	Rn.
I. Allgemeines	1
1. Regelungsgegenstand	2
2. Entstehungsgeschichte	4
3. Reformvorhaben: Aktienrechtsnovellen 2012 und 2014	6
4. Europarechtskonformität	9
II. Normadressat	10
III. Beteiligung der Gebietskörperschaft	14
IV. Veranlassung	16
V. Ausgestaltung der Pflicht zur Berichterstattung	21
VI. Inhalt und Grenzen der Berichtpflicht	25
1. Inhalt	25
2. Berichtempfänger	28

I. Allgemeines

1 Hält die öffentliche Hand Beteiligungen an Aktiengesellschaften, stehen sich die Interessen der öffentlichen Hand an möglichst weitgehender Information und Prüfung sowie die Interessen der Gesellschaft an der Geheimhaltung von Betriebs- oder Geschäftsgeheimnissen gegenüber. Häufig ist es das politische Verständnis auf Seiten der Gebietskörperschaften, dass ihre Interessen Vorrang haben, weil sie die öffentlichen Belange vertreten. Hintergrund und daraus folgende Konflikte für den Aufsichtsrat werden an anderer Stelle erörtert (→ Exkurs 3). Das Aktiengesetz lässt aber den öffentlichen Anteilseignern im Vergleich zu privaten Anteilseignern keine weitergehenden Informations- und Einsichtsrechte zukommen. Weder existiert ein Sonderstatus in Bezug auf die Wahrnehmung öffentlicher Interessen noch existiert ein „Verwaltungsgesellschaftsrecht", dh ein ungeschriebenes besonderes Gesellschaftsrecht für Gesellschaften, an denen Gebietskörperschaften beteiligt sind.[1] Die Stärkung der Gesellschafterstellung der öffentlichen Hand durch den Bezug auf Rechtsinstitute außerhalb des Gesellschaftsrechts und ohne dessen Beachtung würde zu einer Bevorzugung der öffentlichen Anteilseigner führen.[2] Die damit korrespondierende Benachteiligung privater Aktionäre und Gläubiger wäre weder gerechtfertigt noch vom Gesetzgeber gewollt[3] und wird sowohl von der Rechtsprechung als auch dem Großteil der Literatur abgelehnt.[4] Es bleibt insoweit beim „Vorrang des Gesellschaftsrechts",[5] sofern keine Spezialvorschriften für Gebietskörperschaften eingreifen. Als solche wären die erweiterte Abschlussprüfung nach § 53 HGrG, die Unterrichtung der Rechnungsprüfungsbehörde nach § 54 HGrG, haushaltsrechtliche Vorschriften sowie Vorschriften aus den Gemeindeordnungen des Bundes und der Länder zu nennen.

2 **1. Regelungsgegenstand.** Der Zweck der Vorschrift ist, eine **Ausnahme** von den Verschwiegenheitspflichten der §§ 93 Abs. 1 S. 1, 116 S. 1, 2 für die sog. Vertreter der Gebietskörperschaften im Aufsichtsrat zu schaffen.[6] Solchen Aufsichtsratsmitgliedern soll es ermöglicht werden, auch vertrauliche Angaben und Geschäftsgeheimnisse in ihre Berichte an die beteiligte Gebietskörperschaft aufzunehmen, um Informations- und Berichtsinteressen und -pflichten gerecht zu werden. Dies gilt nach S. 2 jedoch nur soweit, wie für eine sachgerechte Berichterstattung gegenüber der Beteiligungsverwaltung eine Weitergabe von vertraulichen Angaben und Geheimnissen bedeutsam und notwendig ist.

3 Um im Zuge dessen die Gesellschaft oder etwaige Minderheitsaktionäre nicht zu benachteiligen, verpflichtet § 395 die Empfänger solcher Berichte ihrerseits zur Verschwiegenheit,[7] sodass von Seiten der Gesellschaft eine Offenbarung sensibler Informationen gegenüber jedermann nicht befürchtet werden muss.[8]

4 **2. Entstehungsgeschichte.** Die Norm entstand im Zuge der Aktienrechtsreform im Jahre 1965.[9] Die Vorschrift war im ursprünglichen Regierungsentwurf zum Aktiengesetz noch nicht enthalten, wurde aber später aufgrund des Ausschussberichts vom Bundestag eingefügt.[10] Bedenken, dass die Verschwiegenheitspflicht der Durchsetzung einer öffentlichen Finanzkontrolle entgegensteht,[11] wurden nämlich insbesondere von den Rechnungs-

---

[1] *v. Danwitz* AöR 120 (1995), 595 ff.; Spindler/Stilz/*Schall* Rn. 3; Hüffer/*Koch* Rn. 2a.
[2] *v. Danwitz* AöR 120 (1995), 595 ff.; *Ossenbühl* ZGR 1996, 504, 511; *Stober* NJW 1984, 449, 455.
[3] *Schön* ZGR 1996, 429, 448 f.; Hüffer/*Koch* Rn. 2b.
[4] Vgl. nur in diesem Sinn BGHZ 69, 334; K. Schmidt/Lutter/*Oetker* Vor § 394 Rn. 9 ff.; *Schön* ZGR 1996, 429; *Habersack* ZGR 1996, 544 (555 f.); *Mann*, Die öffentlich-rechtliche Gesellschaft, 2002, 281 f.
[5] BGHZ 36, 296; vgl. die Darstellung bei MüKoAktG/*Schürnbrand* Vor § 394 Rn. 14 ff.
[6] *Hölters/Müller-Michaels* Rn. 2; *Hollstein* jurisPR-HaGesR 3/2012 Anm. 1; Spindler/Stilz/*Schall* Rn. 1; MüKoAktG/*Schürnbrand* Rn. 1.
[7] Bürgers/Körber/*Pelz* Rn. 1; zum Konflikt zwischen den Anforderungen an das Aufsichtsratsmandat und den Pflichten gegenüber der Gebietskörperschaft, *Mutter*, Der Aufsichtsrat 2012, 58.
[8] Spindler/Stilz/*Schall* Rn. 1; MüKoAktG/*Schürnbrand* Vor § 394 Rn. 30.
[9] Vgl. Deutscher Bundestag, 4. Wahlperiode 187. Sitzung am 25.5.1965, S. 9397 bis 9402.
[10] Kölner Komm AktG/*Zöllner* Vor § 394 Rn. 1; MüKoAktG/*Schürnbrand* Rn. 3.
[11] MüKoAktG/*Schürnbrand* Rn. 3; ausf. zur Historie MüKoAktG/*Kropff*, 2. Aufl. 2006, Vor §§ 394, 395 Rn. 1 ff. sowie Ausschussbericht *Kropff* S. 496.

höfen vorgebracht. Sie sind vor dem Hintergrund der Reichshaushaltsordnung zu sehen, die in § 48 RHO besondere Prüfungsrechte und in § 111 Abs. 1 Nr. 2 RHO Berichtspflichten der auf Vorschlag des Ministers gewählten Aufsichtsratsmitglieder vorsah; die Regelungen auf Länder- und Gemeindeebene entsprachen diesem Verständnis.

Das Haushaltsrecht wurde erst später reformiert, nämlich im Jahre 1969. Die Regelungen der §§ 65–69 HGrG und §§ 65–69 BHO sowie die entsprechenden Vorschriften auf Landesebene sehen vergleichsweise weniger starke Eingriffsrechte vor. §§ 394 und 395 AktG wurden aber nicht entsprechend an die geänderten Regelungen angepasst. Daraus resultieren Unstimmigkeiten, zumal das HGrG und die Haushaltsordnungen von Bund und Ländern nachträglich mehrfach geändert wurden.[12]

3. Reformvorhaben: Aktienrechtsnovellen 2012 und 2014. Kernproblem ist die **Grundlage der Berichtspflicht,** die nur unvollkommen ausgestaltet ist. Die Regelung dieser Frage war ein wesentlicher Gegenstand der sogenannten Aktienrechtsnovelle 2012, die im Laufe der Verhandlungen erst in ihrem Umfang eingeschränkt und entsprechend (nur) als Gesetz zur Verbesserung der Kontrolle der Vorstandsvergütung und zur Änderung weiterer aktienrechtlicher Vorschriften (VorstKoG) in Bundestag und -rat behandelt wurde und dann gar nicht zu Stande kam.

Ursprünglich sah der Gesetzentwurf der Aktienrechtsnovelle 2012[13] vor, bei nicht börsennotierten Aktiengesellschaften die Durchbrechung der Vertraulichkeit einer Satzungsregelung zugänglich zu machen.[14] Aufgrund der vielfach geäußerten Kritik an dem RefE[15] wurden der Wortlaut und der Sinn der Vorschrift im RegE geändert. Nach dem RegE sollte die Vorschrift des § 394 AktG derart ergänzt werden, dass die Berichtspflicht auf Gesetz oder Rechtsgeschäft beruhen kann.[16] Die Berichtspflicht sollte demnach wie bisher nicht in § 394 selbst begründet werden. Mit dem weiten vorgeschlagenen Wortlaut des § 394 S. 3, der ganz allgemein von „Rechtsgeschäft" sprach, waren alle denkbaren Formen abgedeckt.[17] Nach der Stellungnahme des Bundesrats im Februar 2012 und dem RegE im März 2012 verstrich die Zeit, ohne dass die Reform Gesetz wurde, und der Text erfuhr Änderungen, ebenso die Bezeichnung des Gesetzes. Der Bundestag nahm am 27.6.2013 den Gesetzentwurf zur Änderung des Aktiengesetzes vom 14.3.2012 in der vom Rechtsausschuss geänderten Fassung[18] an. Danach sollte die Berichtspflicht nach S. 1 „auf Gesetz, auf Satzung oder auf einem dem Aufsichtsrat in Textform mitgeteiltem Rechtsgeschäft beruhen." Allerdings rief der Bundesrat in seiner Sitzung vom 20.9.2013 den Vermittlungsausschuss an, der wegen des Ablaufes der Legislaturperiode nicht mehr tagen konnte. Damit war der Gesetzentwurf insgesamt gescheitert.

Der Referentenentwurf der Aktienrechtsnovelle 2014 hielt an der Textform fest. Dieses Erfordernis hat der **Regierungsentwurf**[19] gestrichen. Das absichtlich sehr allgemein gehaltene Wort **„Rechtsgeschäft"** deckt eine Berichtspflicht im Rahmen einer vertraglichen Vereinbarung, einer Weisung und eines eher beiläufig erteilten Auftrags ab. Weder eine Form noch eine Mitteilungspflicht gegenüber dem Aufsichtsrat oder seinem Vorsitzenden sind vorgesehen. Die mangelnde Offenlegung und resultierende Unklarheit kann das Verhalten der Mitglieder des Aufsichtsrats in der Diskussion negativ beeinflussen.[20] Allerdings

---

[12] Eine ausführliche Darstellung findet sich bei K. Schmidt/Lutter/*Oetker* Vor § 394 Rn. 5.
[13] Vgl. BT-Drs. 17/8989.
[14] Vgl. dazu nur *Hollstein* jurisPR-HaGesR 3/2012 Anm. 1 sowie *Kronawitter* ZKF 2011, 113 ff.
[15] Vgl. nur *Drygala* WM 2011, 1637 (1639 f.); *Priester* DB 2010, 1445; *Seibert/Böttcher* ZIP 2012, 12 (16 f.); *Hollstein* jurisPR-HaGesR 3/2012 Anm. 1.
[16] BR-Drs. 852/11.
[17] Eine gesetzliche Berichtspflicht kann beispielsweise als Nebenpflicht aus dem Beamtenverhältnis resultieren.
[18] BT-Drs. 17/14214.
[19] BT-Drs. 18/4349 S. 7. Danach wird als Satz 3 angefügt „Die Berichtspflicht nach Satz 1 kann auf Gesetz, auf Satzung oder auf Rechtsgeschäft beruhen."
[20] *Müller-Eising* GWR 2015, 50 (52).

gebietet es der Selbstschutz dem Aufsichtsratsmitglied, seine Berichtspflicht dokumentieren zu lassen.

9 **4. Europarechtskonformität.** Nach der Rechtsprechung des EuGH zur Kapitalverkehrs- und Niederlassungsfreiheit[21] bedarf es bei der Privatisierung von Unternehmen besonderer Gründe, um besondere staatliche Einflussmöglichkeiten zu rechtfertigen, die über die reine Kapitalbeteiligung hinausgehen. Sie ist aber nicht ohne Weiteres auf die §§ 394 f. AktG bzw. §§ 53 f. HGrG zu übertragen, denn Berichtspflichten sind etwas anderes als die Möglichkeit, unternehmerisch auf die Gesellschaft einzuwirken; jedenfalls ist die Bevorzugung des Staates als Aktionär durch umfangreichere Informationsmöglichkeit deutlich geringer.[22] Dass der **EuGH** sich veranlasst sehen könnte, die Norm zu überprüfen, ist unwahrscheinlich, nachdem er es in seinem jüngsten VW-Urteil[23] für nicht *per se* unionswidrig gehalten hat, wenn sich die öffentliche Hand als Gesellschafterin überproportionale Einwirkungsmöglichkeiten sichert (im Fall eine Sperrminorität des Landes Niedersachen für bestimmte Beschlüsse der Hauptversammlung neben dem Delegationsrecht für zwei Aufsichtsratsmitglieder).

II. Normadressat

10 Adressat der Vorschrift sind Aufsichtsratsmitglieder von Aktiengesellschaften bzw. Kommanditgesellschaften auf Aktien[24], die auf **Veranlassung einer Gebietskörperschaft** in den Aufsichtsrat gewählt oder entsandt worden sind. Ob die Vorschrift auch für die GmbH oder sonstige Rechtsformen gilt, ist umstritten. Für Aufsichtsratsmitglieder einer GmbH folgt die entsprechende Anwendung der §§ 116, 93 Abs. 1 S. 2, nicht jedoch der §§ 394, 395, aus § 1 Abs. 1 Nr. 3 DrittelbG, §§ 6 Abs. 2, 25 MitbestG, 52 Abs. 1 GmbHG. Bei der Beantwortung der Frage, ob §§ 394, 395 analog auch auf die GmbH anzuwenden sind, ist zu differenzieren.

11 Sind die Normen des AktG für den Aufsichtsrat einer GmbH obligatorischer Natur, so sind auch die §§ 394, 395 entsprechend anzuwenden.[25] Die Verschwiegenheitspflicht in der GmbH kann in einem solchen Fall nicht weiter reichen als in der AG. Durch die Regelung in § 51a GmbHG, die den Gesellschaftern ein die Protokolle der Aufsichtsratssitzungen umfassendes[26] Einsichtsrecht eröffnet, ist eine analoge Anwendung der §§ 394, 395 jedoch praktisch wenig relevant.[27]

12 Einem bloß **fakultativen Aufsichtsrat** einer GmbH räumt § 52 Abs. 1 GmbHG die Möglichkeit ein, durch den Gesellschaftsvertrag ausdrücklich von den Vorschriften des AktG abzuweichen. Dies kann sowohl zu einer Abschwächung der Verschwiegenheitspflicht als auch zu einer Verschärfung bis hin zu einem ausnahmslosen Schweigegebot für alle Angelegenheiten innerhalb des Aufsichtsrats führen.[28] Vor diesem Hintergrund ist § 394 nicht anwendbar.[29]

13 Diese Ausführungen gelten entsprechend auch für Aufsichtsräte anderer Rechtsformen, wobei auch hier zwischen obligatorischen und fakultativen Aufsichtsräten unterschieden werden muss.[30]

---

[21] EuGH Slg. 2007, I-8955 – VW-Gesetz; EuGH Slg. 2005, I-4933; EuGH Slg. 2006, I 9141; EuGH Slg. 2002, I-4781 – Goldene Aktien I; EuGH Slg. 2002, I-4731 – Goldene Aktien II; EuGH Slg. 2002, I-4809 – Goldene Aktien III; EuGH Slg. 2003, I-4641 – Goldene Aktien IV; EuGH Slg. 2003, I-4641 – Goldene Aktien V.
[22] Hölters/*Müller-Michaels* Rn. 10; EuGH Slg. 2007, I-8995 = NZG 2007, 942 – VW-Gesetz.
[23] EuGH NZG 2013, 1308, insbesondere Rn. 47.
[24] Hölters/*Müller-Michaels* Rn. 11; Spindler/Stilz/*Schall* Rn. 4; K. Schmidt/Lutter/*Oetker* Rn. 6.
[25] Hölters/*Müller-Michaels* Rn. 13; MüKoAktG/*Schürnbrand* Rn. 8.
[26] BGH NJW 1997, 1985.
[27] Hölters/*Müller-Michaels* Rn. 13; K. Schmidt/Lutter/*Oetker* Rn. 5.
[28] MüKoAktG/*Schürnbrand* Rn. 15. Praktisch wird dieser Fall nur dann eintreten, wenn die öffentliche Hand nicht über eine Sperrminorität (25 % plus 1 Stimme) verfügt, um entsprechende Satzungsänderungen zu verhindern.
[29] Hölters/*Müller-Michaels* Rn. 15; MüKoAktG/*Schürnbrand* Rn. 8.
[30] Hölters/*Müller-Michaels* Rn. 16.

III. Beteiligung der Gebietskörperschaft

Gebietskörperschaften im Sinn der Vorschrift sind Bund, Länder, Kreise, Gemeinden und Gemeindeverbände. Diese Gebietskörperschaften müssen **jedenfalls als Minderheitsbeteiligung** an der AG beteiligt sein.[31] Dies folgt zwar nicht unmittelbar aus dem Wortlaut der Vorschrift, lässt sich jedoch aus der Überschrift des ersten Teils des Vierten Buches des AktG unmittelbar vor den §§ 394, 395 ableiten.[32]

Die Forderung einer gewichtigen oder zumindest bedeutsamen Beteiligung als Voraussetzung der Informationsfreigabe konnte sich nicht durchsetzen.[33] Weder im AktG noch im Haushaltsrecht findet sich das Erfordernis einer Mindesthöhe.[34]

14

15

IV. Veranlassung

Die Aufsichtsratsmitglieder müssen dem Wortlaut nach auf **Veranlassung** der Gebietskörperschaft in den Aufsichtsrat „gewählt oder entsandt" worden sein. Dies nimmt Bezug auf die in § 101 Abs. 1 und 2 geregelten Bestellungsformen. Ebenfalls in den Anwendungsbereich fallen nach § 104 gerichtlich bestellte Aufsichtsratsmitglieder.[35]

Unter Veranlassung ist jede **ursächliche Einwirkung** der Gebietskörperschaft auf die Bestellung des Aufsichtsratsmitglieds zu verstehen.[36]

Dies ist bei der Ausübung des mitgliedschaftlichen Entsendungsrechts der Gebietskörperschaft nach § 101 Abs. 2 unproblematisch der Fall. Wird das Aufsichtsratsmitglied gem. § 101 Abs. 1 von der Hauptversammlung gewählt, liegt eine Veranlassung dann vor, wenn die Gebietskörperschaft ihren Kandidaten aufgrund der ihr zustehenden **Stimmenmehrheit** wählt oder dessen Wahl durch ausdrückliche oder konkludente **Absprachen** mit anderen Aktionären sichert.[37] Ein bloßer Wahlvorschlag der Gebietskörperschaft genügt hingegen nicht.[38]

Schwieriger gestaltet sich die Feststellung einer Veranlassung durch die Gebietskörperschaft, wenn sie nur **mittelbar** an einer Tochter- bzw. Enkelgesellschaft **beteiligt** ist. Dann übt nicht die Gebietskörperschaft, sondern die Geschäftsleitung der zwischengeschalteten Obergesellschaft die Stimmrechte aus. Hat sie die Rechtsform einer Aktiengesellschaft (bei einer GmbH besteht Weisungsbefugnis), ist der Vorstand dabei gem. § 76 nicht weisungsgebunden.[39] Im Anwendungsbereich der § 15 MitbestErgG, § 32 MitbestG ist die Wahl des Aufsichtsratsmitglieds dann veranlasst, wenn die Anteilseignervertreter im Aufsichtsrat der Obergesellschaft ein von der Gebietskörperschaft als ihr Vertreter im Aufsichtsrat der Tochter vorgeschlagenes Mitglied wählen, da der Vorstand an diesen Beschluss gebunden ist.[40] Im Übrigen ist eine Veranlassung aber nicht schon ausgeschlossen, wenn der Vorstand eine von Seiten der Gebietskörperschaft geäußerte Anregung zwar aufgegriffen, sie dann aber nach ausgiebiger und reiflicher Prüfung als eigene Entscheidung iSd. § 76 beschlossen hat.[41] Das gilt insbesondere, wenn es sich nach der Geschäftsordnung um ein zustimmungspflichtiges Geschäft handelt. Werden faktisch Vertreter der Gebietskörperschaft in den

16

17

18

19

---

[31] Hölters/*Müller-Michaels* Rn. 17; Spindler/Stilz/*Schall* Rn. 5; *Schmidt-Aßmann/Ulmer* BB 1988 Sonderbeilage 13 S. 7.
[32] Hüffer/*Koch* AktG Rn. 33; Geßler/Hefermehl/*Kropff* § 394 Rn. 6; K. Schmidt/Lutter/*Oetker* Rn. 6; *Schmidt-Aßmann/Ulmer* BB 1988 Sonderbeilage 13 S. 7.
[33] *Schmidt-Aßmann/Ulmer* BB 1988 Sonderbeilage 13 S. 7.
[34] So im Ergebnis *Eibelhäuser*, FS Lüder, 694 (706); MüKoAktG/*Schürnbrand* Rn. 9.
[35] Siehe dazu Kommentierung → § 104 Rn. 1 ff. Vgl. im Übrigen MüKoAktG/*Schürnbrand* Rn. 10; Hölters/*Müller-Michaels* Rn. 19.
[36] K. Schmidt/Lutter/*Oetker* Rn. 7; *Schmidt-Aßmann/Ulmer* BB 1988 Sonderbeilage 13 S. 7; Spindler/Stilz/*Schall* Rn. 6; Hölters/*Müller-Michaels* Rn. 19.
[37] K. Schmidt/Lutter/*Oetker* Rn. 8; MüKoAktG/*Schürnbrand* Rn. 12; K. Schmidt/Lutter/*Oetker* Rn. 8.
[38] Spindler/Stilz/*Schall* Rn. 7; MüKoAktG/*Schürnbrand* Rn. 12; Hölters/*Müller-Michaels* Rn. 20.
[39] K. Schmidt/Lutter/*Oetker* Rn. 9; Spindler/Stilz/*Schall* Rn. 8.
[40] Spindler/Stilz/*Schall* Rn. 8; MüKoAktG/*Schürnbrand* Rn. 13; K. Schmidt/Lutter/*Oetker* Rn. 9.
[41] MüKoAktG/*Schürnbrand* Rn. 13; K. Schmidt/Lutter/*Oetker* Rn. 9; Hölters/*Müller-Michaels* Rn. 21.

Aufsichtsrat der Tochtergesellschaft gewählt, spricht schließlich eine **Vermutung** für eine von der Gebietskörperschaft initiierte Veranlassung.[42]

20 Aus Sicht des Aufsichtsratsmitglieds ist besonders wichtig, dass die Veranlassung ihrer Gremienangehörigkeit durch die Gebietskörperschaft problemlos belegbar oder unangreifbar ist. Davon hängt ab, ob sie berichten dürfen (ohne einen Geheimnisverrat zu begehen) und müssen (zur Vermeidung einer Verletzung ihrer Dienstpflicht). Um Rechtssicherheit herzustellen, werden in der Literatur Einschränkungen diskutiert, wie das Erfordernis der Belegbarkeit durch satzungsmäßige Entsende- oder Vorschlagsrechte.[43] Diese Überlegungen sind nachvollziehbar, aber restriktiv und finden im Wortlaut des Gesetzes keine Stütze.

V. Ausgestaltung der Pflicht zur Berichterstattung

21 Um die Verschwiegenheitspflicht einzuschränken, ist Voraussetzung, dass eine **Pflicht zur Berichterstattung** überhaupt besteht. Nach allgemeiner Ansicht begründet die Vorschrift selbst keine solche Pflicht, sondern setzt sie voraus.[44] Wie diese Berichtspflicht konstituiert sein muss und welche rechtliche Grundlage genügt, wird durch die Aktienrechtsnovelle 2014 geklärt.

22 Unproblematisch sind die Fälle, in denen die Berichtspflicht **gesetzlich angeordnet** ist.[45] Der BGH hat 1977 in einem *obiter dictum* die Berichtspflicht auf § 69 S. 1 Nr. 2 BHO gestützt,[46] allerdings ist es wohl nicht eindeutig, ob die Norm eine Berichtspflicht voraussetzt oder begründet. Die Gemeindeordnungen der Länder enthalten inzwischen aber meist umfassende Berichtspflichten. Die nächste Stufe, bei der die herrschende Meinung[47] eine § 394 genügende Berichtspflicht annimmt, ist die Berichtspflicht aufgrund **beamtenrechtlicher Weisung** zB nach § 62 Abs. 1 S. 2 BBG. Hiergegen ließe sich anführen, dass die beamtenrechtliche Berichtspflicht nur das konkrete Amt des Beamten erfasst, nicht hingegen ein zusätzlich übernommenes Aufsichtsratsmandat. Damit käme es aber auf die konkreten Umstände der Bestellung des Mitglieds an und die Frage, ob die Tätigkeit im Aufsichtsrat zum Hauptamt des Beamten gehört, zB weil er aufgrund seiner Funktion in der Verwaltung ein satzungsmäßig geborenes Mitglied ist oder beamtenrechtlich in diese Aufgabe eingewiesen wurde. Diese Differenzierung ist aber nicht sachgerecht, wenn eine Gebietskörperschaft die Aufnahme eines ihrer Beamten in den Aufsichtsrat veranlasst hat (ohne das stellt sich die Frage der Berichtspflicht nicht). Der dienstliche Bezug wird damit hinreichend klar.[48] In diesen Fällen danach differenzieren zu wollen, ob der Beamte in die konkrete Aufgabe beamtenrechtlich eingewiesen wurde, ist müßig.[49]

23 Ein Teil des Schrifttums ließ schon bisher **vertraglich begründete Auskunftsansprüche** genügen.[50] Das wesentliche Gegenargument ist, dass die Einführung einer Berichtspflicht ohne weitere Grundlage nicht im Belieben der Körperschaft stehen darf. Bei vertraglich begründeten Auskunftsansprüchen wäre die Einhaltung der Verschwiegenheitspflicht unberechenbar, und zwingendes Aktienrecht unterläge im Ergebnis der freien Disposition der Beteiligten.[51] Konstruktiv ist die Begründung einer Berichtspflicht durch

---

[42] *Schmidt-Aßmann/Ulmer* BB 1988 Sonderbeilage 13 S. 8; K. Schmidt/Lutter/*Oetker* Rn. 9; MüKoAktG/*Schürnbrand* Rn. 14.
[43] Nachweise bei Hüffer/*Koch* Rn. 34.
[44] K. Schmidt/Lutter/*Oetker* Rn. 10; Spindler/Stilz/*Schall* Rn. 9; Kölner Komm AktG/*Zöllner* Rn. 4; *Schmidt* ZGR 1996, 345 (352); *Thode* AG 1997, 547 (549); vgl. auch → Rn. 7 ff.
[45] K. Schmidt/Lutter/*Oetker* Rn. 12; Spindler/Stilz/*Schall* Rn. 9; *Schwintowski* NJW 1995, 1316 (1318).
[46] BGHZ 69, 334 (345).
[47] *Martens* AG 1984, 29 (33); Spindler/Stilz/*Schall* Rn. 10; Hölters/*Müller-Michaels* Rn. 24; *Marsch-Barner* in Semler/v. Schenck AR-HdB § 12 Rn. 55; Hüffer/*Koch* Rn. 37.
[48] Spindler/Stilz/*Schall* Rn. 10.
[49] MüKoAktG/*Schürnbrand* Rn. 19; Hüffer/*Koch* Rn. 38 f.
[50] MüKoAktG/*Schürnbrand* Rn. 18 f.; Hölters/*Müller-Michaels* Rn. 23; *Zavelberg*, FS Forster, 1992, 723 (731); *v. Stebut*, Geheimnisschutz und Verschwiegenheit im Aktienrecht, 130.
[51] K. Schmidt/Lutter/*Oetker* Rn. 12; Spindler/Stilz/*Schall* Rn. 9; *Schmidt-Aßmann/Ulmer* BB 1988 Sonderbeilage 13 S. 8.

die freiwillige Willenserklärung seitens des Aufsichtsratsmitglieds nicht befriedigend, denn es ist nicht über die Vertraulichkeit dispositionsbefugt. Die Stimmen für ihre Zulässigkeit nehmen aber zu.[52] Die Vorschrift trifft selbst eine Wertentscheidung zugunsten der Informations- und Prüfungsinteressen der öffentlichen Hand[53] und das ausschließliche Konzept der gesetzlichen Berichtspflicht würde die Zulässigkeitsvoraussetzung eines Berichts zu sehr verschärfen.[54] Außerdem berührt ein konkret abgesprochener Informationsfluss die Interessen der Gesellschaft möglicherweise weniger als die eher pauschale Berichtspflicht auf gesetzlicher Grundlage.[55] Das spricht für die Zielsetzung der Aktienrechtsnovelle 2014, eine vertraglich begründete Berichtspflicht als ausreichend zu betrachten.

Die Aktienrechtsnovelle 2014 fügt der Norm den S. 3 an, nach dem die Berichtspflicht nach Satz 1 auf Gesetz, auf Satzung oder auf Rechtsgeschäft beruhen kann.[56] Eine Formvorschrift für das Rechtsgeschäft enthält S. 3 bewusst (→ Rn. 7) nicht. Damit ist diese lange Diskussion entschieden. Allerdings hat das Aufsichtsratsmitglied ein eigenes Interesse an der Nachweismöglichkeit, warum seine Berichte nicht gegen die Vertraulichkeitspflicht nach § 116 verstoßen und es sich nicht ggf. nach § 404 StGB strafbar macht. Dieses Interesse wird vom Dienstherrn geteilt. Daher wird in der Praxis regelmäßig eine geeignete Dokumentation vorhanden sein, allerdings nicht bei der Gesellschaft, und die anderen Aufsichtsratsmitglieder werden generell davon ausgehen, dass die einer Gebietskörperschaft zuzurechnenden Mitglieder der Berichtspflicht unterliegen. 24

VI. Inhalt und Grenzen der Berichtspflicht

1. Inhalt. Liegen alle o. g. Voraussetzungen vor, ist das berichtspflichtige, auf Veranlassung der Gebietskörperschaft in den Aufsichtsrat gewählte oder entsandte Aufsichtsratsmitglied dazu berechtigt, entgegen den Verschwiegenheitspflichten aus §§ 93 Abs. 1 S. 1, 116 S. 1, 2 die **Gebietskörperschaft** zu informieren. Dies gilt gleichermaßen für mündliche wie schriftliche Berichte.[57] 25

Allerdings stellt sich die Frage des Umfangs des Rechts zum Bericht. Die Befreiung von der Verschwiegenheitspflicht tritt nur in den Grenzen des § 394 S. 2 ein, also nur insoweit, wie die Kenntnis der vertraulichen Angaben für die Zwecke der Berichte **bedeutsam** ist.[58] Dies ist im Einzelfall stets zu prüfen. Entscheidend ist also der Zweck der Berichterstattung: Er liegt darin, der Gebietskörperschaft solche Informationen zu verschaffen, die für eine effektive Beteiligungsverwaltung notwendig sind und die Gebietskörperschaft sowie die Rechnungsprüfungsbehörde in die Lage versetzen, die haushaltsrechtliche Prüfung der wirtschaftlichen Betätigung (§ 44 HGrG, §§ 65 BHO/LHO, § 92 BHO) zu ermöglichen.[59] Nicht unter diesen Zweck fallen Details über den Geschäftsbetrieb als solchen sowie steuerliche oder kartellrechtliche Vorgänge, außer sie sind für eine effektive Beteiligungsverwaltung von Bedeutung.[60] Die Überprüfung, ob das Verlangen nach Information sachlich durch diesen Zweck begründet ist und kein überschießendes Verlangen vorliegt, würde durch die von den Reformern geforderte Textform des zugrunde liegenden Rechtsgeschäfts als Mindeststandard ermöglicht. 26

Die Entscheidung, ob die Weitergabe von Informationen berechtigterweise erfolgt, liegt in der **Eigenverantwortlichkeit des Aufsichtsratsmitglieds.** Dieses muss zunächst klä- 27

---

[52] Hüffer/*Koch* Rn. 39.
[53] MüKoAktG/*Schürnbrand* Rn. 18.
[54] Hölters/*Müller-Michaels* Rn. 25.
[55] MüKoAktG/*Schürnbrand* Rn. 19.
[56] BT-Drs. 18/4349 S. 7 Ziffer 28.
[57] K. Schmidt/Lutter/*Oetker* Rn. 17; Spindler/Stilz/*Schall* Rn. 12; MüKoAktG/*Schürnbrand* Rn. 23.
[58] Spindler/Stilz/*Schall* Rn. 12; MüKoAktG/*Schürnbrand* Rn. 23.
[59] *Schmidt-Aßmann*/*Ulmer* BB 1988 Sonderbeilage 13 S. 9; K. Schmidt/Lutter/*Oetker* Rn. 18; MüKoAktG/ *Schürnbrand* Rn. 24.
[60] MüKoAktG/*Schürnbrand* Rn. 24.

ren, ob es gem. §§ 93 Abs. 1 S. 1, 116 S. 1, 2 einer Verschwiegenheitspflicht unterliegt. Dabei steht ihm ein eigenständiger Ermessensspielraum nicht zu, vielmehr hat sich die Beurteilung objektiv am Interesse der AG auszurichten.[61] Der Gegenansicht, die dem Aufsichtsratsmitglied bei einer solchen Beurteilung ein pflichtgemäßes Ermessen zugesteht,[62] ist entgegenzuhalten, dass das Aufsichtsratsmitglied lediglich einen unbestimmten Rechtsbegriff auszulegen und anzuwenden hat.[63] Jedoch ermöglicht die für den Empfänger des Berichts geltende Geheimhaltungspflicht nach § 395, vertrauliche Informationen schon dann in den Bericht aufzunehmen, wenn sie aus Sicht des Berichtsempfängers für die haushaltsrechtliche Prüfung von Bedeutung sein könnten.[64] Das Kriterium der Relevanz für den Bericht muss auch darüber entscheiden, was im Einzelnen und in welchem Umfang berichtet wird. Dass der Bericht grundsätzlich zulässig ist, rechtfertigt nicht, dass in ihn bei dieser Gelegenheit sonstige Umstände aufgenommen werden, die für die effektive Beteiligungsverwaltung nicht erforderlich sind. Wenn Informationen weiterzugeben sind, bedeutet das nicht automatisch die Pflicht und das Recht, Unterlagen wie Aufsichtsratsprotokolle, die dem Aufsichtsratsmitglied zur Verfügung gestellt wurden, an die Gebietskörperschaft auszuhändigen. Vielmehr gilt auch hier der Grundsatz, dass die Übergabe von Unterlagen nur durch das Ziel einer sinnvollen Beteiligungsprüfung gerechtfertigt wird.

28 2. **Berichtsempfänger.** Neben der Einräumung eines Informationsprivilegs der öffentlichen Hand wollen die §§ 394, 395 auch den Interessen der Gesellschaft gerecht werden. Dementsprechend ist dem Zusammenspiel beider Normen der Gedanke zu entnehmen, dass die Weitergabe vertraulicher Informationen nur dann gestattet ist, wenn die Wahrung der Vertraulichkeit als hinreichend sicher gilt.[65] Der Adressatenkreis wird somit weiter eingeschränkt, da gewährleistet sein muss, dass die Einhaltung der Verschwiegenheitspflicht kontrollierbar bleibt.[66] Als Empfänger nennt die Vorschrift lediglich die Gebietskörperschaft. Der **Kreis der Berichtsadressaten** wird jedoch mittelbar durch § 395 Abs. 1 Halbs. 1 bestimmt, nach dem nur diejenigen Personen der ergänzenden Verschwiegenheitspflicht unterliegen, die „damit betraut sind, die Beteiligungen einer Gebietskörperschaft zu verwalten oder die Tätigkeit der auf Veranlassung der Gebietskörperschaft gewählten oder entsandten Aufsichtsratsmitglieder zu prüfen". Nur sie dürfen den Bericht erhalten. Würde man noch andere Adressaten zulassen, liefe die Norm des § 395 leer.[67] Berichtsempfänger sind demnach weder das einzelne Mitglied des Gemeinderats oder der Gemeinderat als Organ noch Arbeitskreise, Fraktionen oder sonstige politische Gremien.[68] Dies würde zu einer Durchbrechung der Verschwiegenheitspflicht führen.[69]

29 Eine Weiterleitung interner, vertraulicher Informationen an außenstehende Dritte oder beispielsweise die Presse ist folglich **grundsätzlich unzulässig,** außer das Unternehmensinteresse erfordert dies unter Wahrung des „gesellschaftsrechtlichen Verhältnismäßigkeitsprinzips"[70] als *ultima ratio.*[71]

---

[61] OLG Stuttgart NZG 2007, 72 (74); Spindler/Stilz/*Schall* Rn. 13.
[62] K. Schmidt/Lutter/*Oetker* Rn. 18; NK-AktG/*Stehlin* Rn. 9; Hölters/*Müller-Michaels* Rn. 32.
[63] MüKoAktG/*Schürnbrand* Rn. 25; Spindler/Stilz/*Schall* Rn. 13.
[64] MüKoAktG/*Schürnbrand* Rn. 25; Spindler/Stilz/*Schall* Rn. 12; K. Lutter/Schmidt/*Oetker* Rn. 18.
[65] *Schmidt-Aßmann/Ulmer* BB 1988 Sonderbeilage 13 S. 9; NK-AktG/*Stehlin* Rn. 10; MüKoAktG/*Schürnbrand* Rn. 30.
[66] MüKoAktG/*Schürnbrand* Rn. 30.
[67] K. Schmidt/Lutter/*Oetker* Rn. 22; MüKoAktG/*Schürnbrand* Rn. 29; *Engelstätter* NordÖR 2003, 98 (101).
[68] *Schmidt* ZGR 1996, 345 (352); *Schwintowski* NJW 1990, 1009 (1010); Hüffer/*Koch* Rn. 42.
[69] *Schmidt* ZGR 1996, 345 (352).
[70] BGHZ 64, 325 (330 ff.).
[71] *Schwintowski* NJW 1995, 1316 (1319).

§ 395 Verschwiegenheitspflicht

(1) Personen, die damit betraut sind, die Beteiligungen einer Gebietskörperschaft zu verwalten oder für eine Gebietskörperschaft die Gesellschaft, die Betätigung der Gebietskörperschaft als Aktionär oder die Tätigkeit der auf Veranlassung der Gebietskörperschaft gewählten oder entsandten Aufsichtsratsmitglieder zu prüfen, haben über vertrauliche Angaben und Geheimnisse der Gesellschaft, namentlich Betriebs- oder Geschäftsgeheimnisse, die ihnen aus Berichten nach § 394 bekannt geworden sind, Stillschweigen zu bewahren; dies gilt nicht für Mitteilungen im dienstlichen Verkehr.

(2) Bei der Veröffentlichung von Prüfungsergebnissen dürfen vertrauliche Angaben und Geheimnisse der Gesellschaft, namentlich Betriebs- oder Geschäftsgeheimnisse, nicht veröffentlicht werden.

Schrifttum: *Battis* Bundesbeamtengesetz, 4. Aufl. 2009; *Eibelshäuser/Breidert* in Heuer/Engels//Eibelshäuser, Kommentar zum Haushaltsrecht (Loseblattsammlung), Stand 47. EL 2009; *Engelstätter,* Verschwiegenheitspflicht der Rechnungsprüfungsbehörde bei Prüfung kommunaler Unternehmen, NordÖR 2003, 98; *Karehnke,* Amtshilfe und sonstige Auskünfte durch Rechnungshöfe, Zeugenaussagen und Sachverständigentätigkeiten durch Rechnungshofbeamte, DÖV 1972, 809; *Kropff,* Aktienrechtlicher Geheimnisschutz bei Beteiligung von Gebietskörperschaften, FS Hefermehl, 1967, 327; *Land/Hallermayer,* Weitergabe von vertraulichen Informationen durch auf Veranlassung von Gebietskörperschaften gewählte Mitglieder des Aufsichtsrats gem. §§ 394, 395 AktG, AG 2011, 114; *Schäfer,* Zum Schutz Dritter bei der Rechnungsprüfung und der Berichterstattung der Rechnungshöfe. Eine haushaltsrechtliche Betrachtung, FS Geiger, 1974, 623; *Schmidt-Aßmann/Ulmer,* Die Berichterstatung von Aufsichtsratsmitgliern einer Gebietskörperschaft nach § 394 AktG, BB 1988, Beilage 13, S. 22; *Schwintowski,* Gesellschaftsrechtliche Bindungen für entsandte Aufsichtsratsmitglieder in öffentlichen Unternehmen, NJW 1995, 1316; *Thode,* Parlamentskontrolle und Geheimnisschutz bei öffentlichen Unternehmen, AG 1997, 547; *Thormann* , Zusammenarbeit zwischen Finanzkontrolle und Staatsanwaltschaft, BWVBl 2003, 417; *Wichting,* Weitergabe von vertraulichen Informationen im Rahmen der §§ 394, 395 AktG, AG 2012, 529; *Wichting,* Weitergabe von vertraulichen Informationen im Rahmen der §§ 394, 395 AktG, AG 2012, 529; *Zavelberg,* Die Prüfung der Betätigung des Bundes bei Unternehmen durch den Bundesrechnungshof, FS Forster, 1992, 723.

Übersicht

	Rn.
I. Regelungszweck	1
II. Normadressat	4
III. Inhalt der Verschwiegenheitspflicht	7
IV. Mitteilungen im dienstlichen Verkehr	13
V. Mitteilungen gegenüber parlamentarischen Gremien	17
VI. Verbot der Veröffentlichung von Prüfungsergebnissen	18
VII. Rechtsfolgen	23

I. Regelungszweck

Die Norm steht in einem engen sachlichen **Zusammenhang** mit § 394, nach dem die Aufsichtsratsmitglieder, die auf Veranlassung einer Gebietskörperschaft in den Aufsichtsrat gewählt oder entsandt worden sind, Berichte an die Gebietskörperschaft erstatten dürfen. Die grundsätzliche Verschwiegenheitspflicht aller Aufsichtsratsmitglieder gem. § 116 wird durch Abs. 1 auf alle Empfänger dieser Berichte nach § 394 ausgedehnt; damit wird dem Bedürfnis der Gesellschaft, vertrauliche Informationen und Geheimnisse nicht nach außen zu tragen, Rechnung getragen. 1

Abs. 1 Hs. 2 regelt eine Ausnahme vom eben dargestellten Umfang der Vertraulichkeit für den Bereich des **dienstlichen Verkehrs.** 2

Abs. 2 regelt die Wahrung der Vertraulichkeit auch bei der Veröffentlichung von **Prüfergebnissen.** 3

II. Normadressat

4   Die Vorschrift richtet sich an alle mit der **Beteiligungsverwaltung** der Gebietskörperschaft oder mit **Prüfungsaufgaben** für die Gebietskörperschaft betrauten Personen.

5   Hierzu zählen im Bereich der Beteiligungsverwaltung, Abs. 1 Hs. 1 Alt. 1, alle Bediensteten und deren Vorgesetzte bis hin zur ressortinternen Leitungsebene des zuständigen Ministeriums wie auch – soweit in ihrer Zuständigkeit betroffen – die in §§ 65 ff. BHO/LHO aufgeführten Entscheidungsträger, also Abgeordnete oder Gemeinderatsmitglieder. Die dienstrechtliche Stellung der Betrauten und die Rechtsform ihrer Befassung sind unerheblich, so dass neben Mandatsträgern auch Beamte oder Angestellte verpflichtet werden, sofern sie Empfänger der entsprechenden Informationen sind.[1] **Unerheblich** ist auch die Rechtmäßigkeit ihrer Einbeziehung. Wesentlich für die Begründung ihrer Vertraulichkeitsverpflichtung ist nur, dass sie den Bericht nach § 394 erhalten haben. Der Verschwiegenheit sind damit auch Mitglieder all jener Gremien unterworfen, die bedingt durch ihre Zusammensetzung keine Vertraulichkeit sicherstellen können und daher gar nicht erst die Berichte hätten empfangen dürfen.[2] Andererseits heilt in diesem Fall der Umstand, dass der widerrechtliche Empfänger seinerseits der Vertraulichkeit unterliegt, nicht den Verstoß des Informanten gegen seine eigene Vertraulichkeitsverpflichtung.

6   Zur Verschwiegenheit sind weiter all die Personen verpflichtet, die mit **Prüfungsaufgaben** betraut sind, Abs. 1 Hs. 1 Alt. 2. Hintergrund ist, dass der Gegenstand der Prüfung dabei regelmäßig auch die Tätigkeit der Aufsichtsratsmitglieder der öffentlichen Hand ist.[3] Relevant ist die Norm für die Rechnungsprüfungsbehörden (beispielsweise den Bundesrechnungshof, Landesrechnungshöfe oder auch gemeindliche Prüfungsämter[4]) und jeden Angehörigen (einschließlich der Abgeordneten) einer Behörde oder Gebietskörperschaft, der diese Prüfung vornimmt.[5]

III. Inhalt der Verschwiegenheitspflicht

7   Von der Verschwiegenheitspflicht umfasst sind alle **vertraulichen Informationen,** die auch von § 394 S. 2 und § 93 Abs. 1 S. 3 geschützt sind. Darüber hinaus werden alle in § 116 S. 2 aufgeführten vertraulichen Berichte und Beratungen erfasst.

8   Vertrauliche Angaben iSv. § 395 bezeichnen dabei Vorgänge, die im Interesse der Gesellschaft nicht an Dritte weitergegeben werden sollen, um Nachteile für die Gesellschaft zu vermeiden.[6] Es gilt eine objektiv am Interesse der Gesellschaft ausgerichtete Beurteilung[7]. Keine Rolle spielt, ob die konkreten oder vergleichbare Vorgänge tatsächlich von der Gesellschaft als Geheimnis behandelt werden.[8] Geschützt sind in diesem Rahmen auch Informationen, die Tochter- oder Beteiligungsgesellschaften der Gesellschaft betreffen.

9   Die Verschwiegenheitspflicht ist ausweislich des Wortlauts in Abs. 1 auf Angaben und Geheimnisse **begrenzt,** die der Betraute mündlichen oder schriftlichen Berichten nach § 394 entnommen hat. Das gilt auch für Schriftstücke, die in diesem Zusammenhang vorgelegt wurden, aber nicht mit dem Bericht verbunden sind. Dass sie inhaltlich zu ihm gehören, genügt, wie zum Beispiel Anlagen oder gesondert, auch vorher oder nachher,

---

[1] Hüffer/Koch Rn. 2; Spindler/Stilz/Schall Rn. 2; Hölters/Müller-Michaels Rn. 2.
[2] MüKoAktG/Schürnbrand Rn. 2.
[3] Eibelshäuser/Breidert in Heuer/Engels/Eibelshäuser, Kommentar zum Haushaltsrecht, BHO § 69 Rn. 10; Hüffer/Koch Rn. 2.
[4] Vgl. Spindler/Stilz/Schall Rn. 2; Hüffer/Koch Rn. 2.
[5] Hüffer/Koch Rn. 2; Hölters/Müller-Michaels Rn. 2; MüKoAktG/Schürnbrand Rn. 4.
[6] Vgl. § 93 Abs. 2 S. 1; Hüffer/Koch § 93 Rn. 7; Hölters/Müller-Michaels Rn. 6.
[7] Hüffer/Koch § 93 Rn. 7.
[8] OLG Stuttgart NZG 2007, 72 (73 f.). Entscheidend ist das „Bedürfnis nach Geheimhaltung von Tatsachen im Interesse des Unternehmens", vgl. RGZ 149, 329 (334); BGHZ 64, 325 (329).

überreichte Unterlagen.[9] Auf die Art der Übermittlung kommt es nicht an, die elektronische Übermittlung kann nicht anders als die in Papier behandelt werden.

In der Literatur ist die Frage umstritten, ob Erkenntnisse, die aus Prüfungsberichten nach 10
§ 53 HGrG[10] oder aus Unterrichtungs- oder Einsichtsrechten der Rechnungsprüfungsbehörden nach § 54 HGrG[11] stammen, also **nicht durch direkte Berichte** nach § 394 vermittelt wurden, auch der Verschwiegenheitspflicht unterliegen. Wenn man nach dem Weg differenziert, den die Information genommen hat, besteht eine Pflicht zur Vertraulichkeit, wenn die Gebietskörperschaft bei Bestehen einer Beteiligung nach § 53 Abs. 1 HGrG die Prüfberichte über Vertreter im Aufsichtsrat erhält. Sie besteht aber nicht bei direktem Zugang oder Weitergabe von Vertraulichem durch eine Prüfungsbehörde, und sei es im Rahmen des dienstlichen Verkehrs. Als Folge dieser Differenzierung steht die Vertraulichkeit nach Abs. 1 im Belieben der Informanten, die die Informationswege steuern können. Das kann nicht überzeugen.[12] Abs. 1 ist vielmehr weit auszulegen und gilt auch für Informationen, die Personen aufgrund **öffentlich-rechtlicher Sonderrechte** ohne Einschaltung der Mitglieder des Aufsichtsrats erlangten. Die Gegenansicht lehnt dies wegen eines angeblich ungenügenden Sachzusammenhangs zwischen den haushaltsrechtlichen und den aktienrechtlichen Regelungen ab.[13] Ziel beider Regelungssysteme ist aber, den Besonderheiten der öffentlichen (Beteiligungs-) Verwaltung Rechnung zu tragen: Sie soll gegenüber privatrechtlichen Aktionären privilegiert sein, und dazu wird der Grundsatz der Vertraulichkeit nach § 116 durchbrochen, zugleich ist aber negativen Folgen für die Gesellschaft vorzubeugen. Hier besteht nicht nur ein untrennbarer Sachzusammenhang, sondern sogar ein weitgehend identischer Regelungsgegenstand, der keine unterschiedlichen Wertungen und Folgen zulässt.

Die Verschwiegenheitspflicht erstreckt sich daher nach überwiegender und richtiger 11
Auffassung auf alle Fälle, in denen der Gebietskörperschaft vertrauliche Angaben und Geheimnisse durch Prüfungsergebnisse nach § 53 Abs. 1 Nr. 3 HGrG zugehen.[14] Im Einklang mit der überwiegenden Ansicht bezieht sich die Verschwiegenheitspflicht auch auf die Erkenntnisse, die durch **örtliche Prüfung** der Rechnungsprüfungsbehörde gemäß

---

[9] Hölters/*Müller-Michaels* Rn. 6.
[10] § 53 Rechte gegenüber privatrechtlichen Unternehmen

(1) Gehört einer Gebietskörperschaft die Mehrheit der Anteile eines Unternehmens in einer Rechtsform des privaten Rechts oder gehört ihr mindestens der vierte Teil der Anteile und steht ihr zusammen mit anderen Gebietskörperschaften die Mehrheit der Anteile zu, so kann sie verlangen, daß das Unternehmen
1. im Rahmen der Abschlußprüfung auch die Ordnungsmäßigkeit der Geschäftsführung prüfen läßt;
2. die Abschlußprüfer beauftragt, in ihrem Bericht auch darzustellen
   a) die Entwicklung der Vermögens- und Ertragslage sowie die Liquidität und Rentabilität der Gesellschaft,
   b) verlustbringende Geschäfte und die Ursachen der Verluste, wenn diese Geschäfte und die Ursachen für die Vermögens- und Ertragslage von Bedeutung waren,
   c) die Ursachen eines in der Gewinn- und Verlustrechnung ausgewiesenen Jahresfehlbetrages;
3. ihr den Prüfungsbericht der Abschlußprüfer und, wenn das Unternehmen einen Konzernabschluß aufzustellen hat, auch den Prüfungsbericht der Konzernabschlußprüfer unverzüglich nach Eingang übersendet.

(2) Für die Anwendung des Absatzes 1 rechnen als Anteile der Gebietskörperschaft auch Anteile, die einem Sondervermögen der Gebietskörperschaft gehören. Als Anteile der Gebietskörperschaft gelten ferner Anteile, die Unternehmen gehören, bei denen die Rechte aus Absatz 1 der Gebietskörperschaft zustehen.

[11] § 54 Unterrichtung der Rechnungsprüfungsbehörde

(1) In den Fällen des § 53 kann in der Satzung (im Gesellschaftsvertrag) mit Dreiviertelmehrheit des vertretenen Kapitals bestimmt werden, daß sich die Rechnungsprüfungsbehörde der Gebietskörperschaft zur Klärung von Fragen, die bei der Prüfung nach § 44 auftreten, unmittelbar unterrichten und zu diesem Zweck den Betrieb, die Bücher und die Schriften des Unternehmens einsehen kann.

(2) Ein vor dem Inkrafttreten dieses Gesetzes begründetes Recht der Rechnungsprüfungsbehörde auf unmittelbare Unterrichtung bleibt unberührt.

[12] Dazu Hölters/*Müller-Michaels* Rn. 7; MüKoAktG/*Schürnbrand* Vorb (§§ 53, 54 HGrG) Rn. 24.
[13] Spindler/Stilz/*Schall* Rn. 3.
[14] *Engelstätter* NordÖR 2003, 98 (102); Hüffer/*Koch* Rn. 4.

§ 54 HGrG bekannt geworden sind.[15] Dies beruht darauf, dass § 54 HGrG integraler Bestandteil des § 395 ist und der Gesetzgeber der Gebietskörperschaft Informationen möglichst zugänglich machen will, jedoch um den Preis einer Verpflichtung zur Verschwiegenheit wie bei einem Aufsichtsratsmitglied.[16]

12 Neben den aktienrechtlichen Verschwiegenheitspflichten besteht für **Beamte** eine dienstrechtliche Verschwiegenheitspflicht aufgrund § 61 BBG, während korrespondierende Vorschriften solche Pflichten für die Angestellten des öffentlichen Dienstes normieren.[17] Jedoch ist der andere Zweck solcher Vorschriften nicht außer Acht zu lassen: Er liegt insbesondere im Schutz der Gebietskörperschaft. Sie sollte im Prinzip ein Interesse am Schutz ihrer Beteiligungsgesellschaften haben, die damit geschützt sind, allerdings nur mittelbar und abhängig von abweichenden Entscheidungen der Gebietskörperschaft.[18]

IV. Mitteilungen im dienstlichen Verkehr

13 Von der Verschwiegenheitspflicht nach Abs. 1 (aber nicht von weiter bestehenden Beschränkungen des Berichtsrechts nach § 394) ausgenommen sind gem. Abs. 1 Hs. 2 Mitteilungen im **dienstlichen Verkehr.** Dieser Begriff ist den beamtenrechtlichen Vorschriften zum Schutz des Dienstgeheimnisses entnommen (vgl. als solche nur § 67 BBG). Darunter fallen diejenigen Angaben und Auskünfte innerhalb eines Ressorts, in dem die mit der Sache unmittelbar befassten Amtsträger „unter sich sind und deshalb ihren Meinungs- und Informationsaustausch nicht zu beschränken brauchen."[19] Erfasst ist nach dieser Definition jeglicher Informationsaustausch innerhalb der Behörden, die zuständigkeitshalber mit der Sache befasst sind.[20]

14 Behördeninterne Angaben und Auskünfte durch den Empfänger des Berichts sind demnach erlaubt, solange sie innerhalb des Personenkreises übermittelt werden, der **konkret** mit den jeweiligen unternehmensbezogenen Verwaltungs- oder Prüfungsaufgaben iSv. Abs. 1 **betraut** ist.[21] Auf diese Weise wird eine sachgerechte Wahrnehmung der entsprechenden Amtsgeschäfte gewährleistet. Gleichzeitig gilt die Befreiung nur zugunsten von Personen, die ihrerseits der Geheimhaltungspflicht nach Abs. 1 Hs. 1 unterliegen, so dass die Vertraulichkeit der Informationen geschützt und die Interessen der Gesellschaft gewahrt bleiben.[22]

15 Daraus ergeben sich nachfolgende Konsequenzen: Zum einen ist die Preisgabe an (ressortinterne) Stellen, die nicht mit der Beteiligungsprüfung oder –verwaltung befasst sind, **unzulässig.** Zum anderen ist die (freiwillige) Weitergabe von Prüfungsergebnissen an die Finanzverwaltung, Aufsichtsbehörden oder die Staatsanwaltschaft unzulässig.[23] Dabei ist zwischen der freiwilligen und der erzwungenen Weitergabe von Prüfungsergebnissen zu differenzieren: Die freiwillige Weitergabe ist zivilrechtlich nach § 395 untersagt. Eine Verletzung dieser Vorschrift führt zu Schadensersatzansprüchen, möglicherweise auch zur Strafbarkeit nach §§ 203, 252b StGB. Bei einer Vorladung vor die Staatsanwaltschaft besteht grundsätzlich Auskunftspflicht, jedoch muss der Zeuge prüfen, ob ihm wegen des Strafbarkeitsrisikos auf Grund von Geheimnisverrat nach § 203 StGB ein Auskunftsverweigerungsrecht nach § 55 StPO zusteht.

---

[15] Hüffer/*Koch* Rn. 4; MüKoAktG/*Schürnbrand* Rn. 7; Kölner Komm AktG/*Zöllner* § 394 AktG Rn. 9; Hölters/*Müller-Michaels* Rn. 7; aA Spindler/Stilz/*Schall* Rn. 3.
[16] Vgl. MüKoAktG/*Schürnbrand* Rn. 6 f.; Hüffer/*Koch* Rn. 3 f.
[17] Spindler/Stilz/*Schall* Rn. 3; Kölner Komm AktG/*Zöllner* §§ 394, 395 Rn. 8.
[18] Vgl. dazu auch MüKoAktG/*Schürnbrand* Rn. 6.
[19] *Battis,* Bundesbeamtengesetz, 4. Aufl. 2009, BBG § 61 Rn. 7; BayObLG NJW 1990, 1857.
[20] *v. Godin/Wilhelmi* Rn. 3; Hüffer/*Koch* § 395 Rn. 7; MüKoAktG/*Schürnbrand* Rn. 9.
[21] K. Schmidt/Lutter/*Oetker* Rn. 7; Spindler/Stilz/*Schall* Rn. 4; aA wohl Kölner Komm AktG/*Zöllner* Rn. 8.
[22] Hüffer/*Koch* Rn. 7; MüKoAktG/*Schürnbrand* Rn. 8.
[23] MüKoAktG/*Schürnbrand* Rn. 9; Bürgers/Körber/*Pelz* Rn. 4. Bei der Vorladung eines Zeugen vor der Staatsanwaltschaft kann er aufgrund der Möglichkeit, sich nach § 203 StGB strafbar zu machen, ein Auskunftsverweigerungsrecht nach § 55 StPO haben. Weitergehend auch *Thormann* BWVBl. 2003, 417 (419).

Die Gegenmeinung[24] hält das für zu eng, weil nach § 67 BBG Mitteilungen an einen 16
weiteren Kreis, für den dann die Verschwiegenheitspflicht gilt, erlaubt sind, wenn sie
„geboten" sind. Dazu könnten Mitteilungen an die Finanzverwaltung, Aufsichtsbehörden
und die Staatsanwaltschaft gehören. Dem ist nicht zu folgen, weil durch das Zusammenspiel
von §§ 394 und 395 die Weitergabe von Informationen nur in einem Rahmen eröffnet
werden soll, in dem den Empfänger eine Verschwiegenheitspflicht trifft, die der des Aufsichtsrates voraussichtlich gleicht und eine faktische Veröffentlichung nicht zu befürchten
ist.[25] Daher muss auch jegliche Mitteilung innerhalb des dienstlichen Verkehrs **unterbleiben,** wenn intern die Geheimhaltung vermutlich nicht gewährleistet werden kann.[26] Die
Differenzierung von Funktionen innerhalb der öffentlichen Hand steht in deren Belieben.
Für jeden Funktionsträger hängt aber das „Gebotene" von seiner konkreten Funktion ab.
Danach kann je nach der gewählten internen Organisation bei der einen Gebietskörperschaft die Weitergabe „geboten" sein und bei einer anderen nicht. Wäre der Schutz der
Gesellschaft vor faktischer Veröffentlichung vertraulicher Angaben von der Organisation der
öffentlichen Hand abhängig, würden §§ 394, 395 aber unzulässig ausgehöhlt. Auch ein
Recht zur Einschaltung zB der Staatsanwaltschaft unter Verwendung geschützter Informationen ist nicht geboten, weil es primär Sache der Organe der Gesellschaft und damit auch
des delegierten Aufsichtsratsmitglied ist, auf rechtmäßiges Verhalten hinzuwirken.

V. Mitteilungen gegenüber parlamentarischen Gremien

§ 394 befreit Aufsichtsratsmitglieder von der Verschwiegenheitspflicht für Berichte ge- 17
genüber den Gebietskörperschaften. Berichte gegenüber parlamentarischen Organen wie
Bundes- oder Länderparlamenten oder Gemeinderäten sind damit nicht erfasst. Sie erfolgen
nicht an die Gebietskörperschaft, sondern deren Gremien oder Organe, die sie nicht vertreten. Während Einigkeit besteht, dass ein Bericht an das **Plenum des Parlaments**
unzulässig ist,[27] will die Gegenmeinung[28] Berichte an Ausschüsse zulassen, wenn die Verschwiegenheit konkret gewährleistet sei; dies folge aus dem verfassungsrechtlichen Kontrollrecht der Legislative. Dem ist nicht zu folgen, weil ein derart weites Kontrollrecht den
Ausnahmecharakter der Norm undifferenziert aufheben würde. Die Einsetzung eines Untersuchungsausschusses bleibt dem Parlament unbenommen, wenn dessen Voraussetzungen
erfüllt sind. Wenn ein Aufsichtsratsmitglied allerdings tatsächlich dem Gemeinderat oder
Ausschüssen Bericht erstattet, ist die Anwendung von § 395 geboten. Diese unrechtmäßigen Berichtsempfänger haben demnach Stillschweigen über die ihnen mitgeteilten Angaben
und Geheimnisse zu bewahren, um die Gesellschaft zu schützen.[29]

VI. Verbot der Veröffentlichung von Prüfungsergebnissen

Gem. Abs. 2 fallen vertrauliche Angaben und Geheimnisse des Unternehmens, nament- 18
lich Betriebs- oder Geschäftsgeheimnisse, auch dann unter die Verschwiegenheitspflicht,
wenn sie in zu **veröffentlichende Prüfungsergebnisse** und -berichte eingegangen sind.[30]

Die Norm bezieht sich auf die gem. § 46 HGrG, § 97 BHO und den jeweiligen Vor- 19
schriften der LHO zu fertigenden Berichte der Rechnungsprüfungsbehörden. Deren Aufgabe ist es, den jeweiligen gesetzgebenden Körperschaften jährlich zu berichten und in den
Erläuterungen mitzuteilen, welche wesentlichen Beanstandungen sich aus der Prüfung der

---

[24] Hölters/Müller-Michaels Rn. 10; Wilting AG 2012, 529 (534).
[25] Schwintowski NJW 1990, 1009 ff.
[26] Vgl. Schmidt-Aßmann/Ulmer BB 1988, Sonderbeilage 13 S. 22.
[27] Hüffer/Koch § 394 Rn. 42; K. Schmidt/Lutter/Oetker § 394 Rn. 22, § 395 Rn. 7; Land/Hallermayer AG 2011, 114, 120 f.; Wilting AG 2012, 529 (533, 537).
[28] Hölters/Müller-Michaels Rn. 3; MüKoAktG/Schürnbrand § 394 Rn. 31.
[29] Hüffer/Koch Rn. 5; vgl. umfassend zu dieser Problematik und mwN Thode AG 1997, 547 (549 ff.).
[30] Vgl. nur MüKoAktG/Schürnbrand Rn. 11.

Betätigung bei Unternehmen mit eigener Rechtspersönlichkeit ergeben, § 97 Abs. 2 Nr. 3 BHO.

20 In diese Berichte fließen oftmals vertrauliche Angaben oder Geheimnisse ein. Ob Abs. 2 überhaupt ein über Abs. 1 hinausgehender Regelungsgehalt zukommt, mag dahinstehen. Da diese Berichte öffentlich und frei zugänglich sind, ist Abs. 2 als Klarstellung über Abs. 1 hinaus zumindest sinnvoll.[31]

21 Dem Abs. 2 wird in der Praxis genügt, indem die **Berichte anonymisiert** werden.[32] Alle Angaben, die einen Rückschluss auf die Gesellschaft ermöglichen, wie beispielsweise Name, Produkte, Standorte oder eindeutig zuordenbare Zahlen des Unternehmens, müssen deshalb im Prüfungsbericht unerwähnt bleiben.[33] Lässt sich gleichwohl nicht ausschließen, dass die zu verschweigenden Sachverhalte erkennbar sind, hat die Veröffentlichung ganz zu unterbleiben.[34]

22 Gegen dieses Ergebnis wird eingewendet, den öffentlichen Interessen an Berichterstattung und dem Verfassungsauftrag des Art. 114 Abs. 2 S. 2 GG sei ein übergeordneter Stellenwert beizumessen und er bedeute eine Durchbrechung des Abs. 2.[35] Dem ist jedoch zu **widersprechen,** da zum einen der erklärte gesetzgeberische Wille entgegensteht,[36] zum anderen Abs. 2 die speziellere Norm darstellt[37] und zudem sachliche Gründe wie die Vermeidung des Risikos der nachhaltigen Schädigung des Unternehmens dagegen sprechen. Diese Gründe stehen auch einem Informationsbegehren nach dem Informationsfreiheitsgesetz entgegen.[38]

VII. Rechtsfolgen

23 Ein Verstoß gegen die Verschwiegenheitspflicht des § 395 stellt eine **Amtspflichtverletzung** iSd § 839 BGB iVm Art. 34 GG dar und begründet eine Haftung der betreffenden Gebietskörperschaft.[39] Sie kann den Verletzer der Pflichten jedoch nach Art. 34 S. 2 GG bei vorsätzlichem oder grob fahrlässigem Verhalten auf Regress in Anspruch nehmen.

24 Für **Beamte** kann ein Verstoß gegen diese Pflichten Konsequenzen nach sich ziehen, für Nicht-Beamte kann es zu arbeitsrechtlichen Konsequenzen kommen. Zudem kann eine Pflichtverletzung ein strafrechtlich relevantes Verhalten iSd §§ 203 Abs. 2, 353b StGB darstellen.

---

[31] *Zavelberg,* FS Forster, 1992, 723 (732); vgl auch Hüffer/*Koch* Rn. 6; *Schäfer,* FS Geiger, 1974, 623, 636 ff.
[32] MüKoAktG/*Schürnbrand* Rn. 12; K. Schmidt/Lutter/*Oetker* Rn. 8.
[33] Hölters/*Müller-Michaels* Rn. 12; MüKoAktG/*Schürnbrand* Rn. 12.
[34] Hüffer/*Koch* Rn. 8; NK-AktG/*Stehl* Rn. 5. In der jeweiligen Drucksache ist sodann die Absicht der Berichterstattung zu vermerken, vgl. MüKoAktG/*Schürnbrand* Rn. 12 mwN.
[35] Dies fordern regelmäßig Mitglieder der Rechnungshöfe. Vgl. nur *Karehnke* DÖV 1972, 809 (814).
[36] Vgl. nur Kurzprotokoll der 26. Sitzung des Ausschusses für den wirtschaftlichen Besitz des Bundes am 7. November 1963, S. 8 ff. zu der Vorgängervorschrift des § 381 c.
[37] So wohl *Kropff,* FS Hefermehl, 327 (339) und iE auch Bürgers/Körber/*Pelz* Rn. 6; Spindler/Stilz/*Schall* Rn. 5; MüKoAktG/*Schürnbrand* Rn. 13; Hüffer/*Koch* Rn. 8.
[38] Hölters/*Müller-Michaels* Rn. 12a; MüKoAktG/*Schürnbrand* Rn. 13; OVG Berlin-Brandenburg, Urt. v. 28. Januar 2015, OVG 12 B 21.13, juris.
[39] Hüffer/*Koch* Rn. 9 Hölters/*Müller-Michaels* Rn. 13 MüKoAktG/*Schürnbrand* Rn. 14.

Exkurs 3: Der Aufsichtsrat in öffentlichen Aktiengesellschaften

Schrifttum: *Alsheimer/Jacob/v.Wietzlow,* Grundsätze einer Public Corporate Governance für eine erfolgreiche Aufsicht in öffentlichen Unternehmen, WPg 2006, 937; *Banspach/Nowak,* Der Aufsichtsrat der GmbH – unter besonderer Berücksichtigung kommunaler Unternehmen und Konzerne, Der Konzern 2008, 195; *Budäus,* Public Corporate Governance Kodex – Ein Beitrag zur Bildung von Vertrauen in Politik und Management? in Ruter/Sahr/Graf Waldersee, Public Corporate Governance S. 15; *Caruso,* Der Public Corporate Governance Kodex, NZG 2009, 1419; *Cronauge/Westermann,* Kommunale Unternehmen. Eigenbetriebe – Kapitalgesellschaften – Zweckverbände, 5. Aufl. 2006; *Ellerich/Schulte/Radde,* Der Public Corporate Governance Kodex, ZCG 2009, 201; *Früchtl,* Die Aktiengesellschaft als Rechtsform für die wirtschaftliche Betätigung der öffentlichen Hand, 2009; *Gaß,* Die Umwandlung gemeindlicher Unternehmen, 2003, 185; *Gatzer,* Moderne Strukturen guter Unternehmensführung in öffentlichen Unternehmen – Public Corporate Governance aus Sicht des Bundes, in Morner, 1. Speyerer Tagung zu Public Corporate Governance, S. 34; *Gemkow,* Public Corporate Governance: Zur Ausgestaltung und Vorbildfunktion staatlichen Handelns, ZCG 2010, 65; *Grawert,* Mitwirkungsverbote in kommunalen Zweckverbänden und Gesellschaften, NWVBl 1998, 209; *Hommelhoff, Kirsten,* Der Public Corporate Governance Kodex des Bundes – Herausforderungen guter Unternehmensführung und -überwachung bei privatrechtlichen Unternehmen der öffentlichen Hand, FS P. Hommelhoff, 2012, 447; *Hoppe/Uechtritz,* Handbuch kommunale Unternehmen, 3. Aufl. 2012; *Hueck, Goetz,* Zur Verschwiegenheitspflicht der Arbeitnehmervertreter im Aufsichtsrat, RdA 1975, 35; *Ipsen,* Kollision und Kombination von Prüfungsvorschriften des Haushalts- und Aktienrechts, JZ 1955, 593; *Keller/Paetzelt,* Der Aufsichtsrat in öffentlichen Unternehmen im Spannungsverhältnis zwischen öffentlichem Recht und Gesellschaftsrecht, KommJur 2005, 451; *Kirschbaum, Tom,* Die Entwicklung eines Public Corporate Governance Kodex für öffentliche Banken, BKR 2006, 139; *Land/Hallermayer,* Weitergabe von vertraulichen Informationen durch auf Veranlassung von Gebietskörperschaften gewählte Mitglieder des Aufsichtsrats gem. §§ 394, 395 AktG, AG 2011, 114; *Lutter/Grunewald,* Öffentliches Haushaltsrecht und privates Gesellschaftsrecht, WM 1984, 385; *Lutter/Krieger,* Rechte und Pflichten des Aufsichtsrats, 5. Aufl. 2008; *Marsch-Barner,* Gedanken zum Public Corporate Governance Kodex, FS Uwe H. Schneider, 2011, 771; *Meckies,* Die persönliche Haftung von Geschäftsleitern in Kapitalgesellschaften der öffentlichen Hand, 2003,187; *Morner,* 1. Speyerer Tagung zu Public Corporate Governance 22. bis 23. April 2013, Speyerer Arbeitsheft Nr. 213, 2014; *Noack,* Einwirkung, Haftung, Information: gesellschaftsrechtliche Fragen kommunaler Beteiligung an Gesellschaften des Privatrechts, StuGR 1995, 379; *Ossenbühl,* Mitbestimmung in Eigengesellschaften der öffentlichen Hand, ZGR 1996, 504; *Plamper,* Mitbestimmung als Teil des Kodexes in Henke/ Hollebrand/ Steltmann aaO, S. 69; *Preussner,* Corporate Governance in öffentlichen Unternehmen, NZG 2005, 575; *Raiser,* Grenzen der rechtlichen Zulässigkeit von Public Corporate Governance Kodizes, ZIP 2011, 353; *Raiser,* Kommunale Corporate Governance Kodizes – Zum Verhältnis von Aktienrecht und Kommunalrecht, in: Arbeitspapier 226 zur Unternehmensmitbestimmung und Unternehmenssteuerung, S. 9 f.; *Ruter/Sahr/Graf Waldersee,* Public Corporate Governance, 2005; *Ruter/Sahr/Häfele,* Zwischen wirtschaftlicher Freiheit und politischer Kontrolle – Wieviel Governance brauchen öffentliche Unternehmen?, FS Eichhorn, 2007, 395; *Ruter,* Erstellung und Inhalt des PCG-Kodexes in Ruter/Sahr/Graf Waldersee, Public Corporate Governance, S. 163; *Schmidt-Aßmann/Ulmer,* Die Berichterstattung von Aufsichtsratsmitgliedern einer Gebietskörperschaft nach § 394 AktG, BB 1988, Sonderbeilage 13, S. 16; *Schneider,* Gute Corporate Governance für Staatsunternehmen, AG 2005, 493; *Schürnbrand,* Public Corporate Governance Kodex für öffentliche Unternehmen, ZIP 2010, 1105; *Schwintowski,* Corporate Governance in öffentlichen Unternehmen, NVwZ 2001, 607; *Schwintowski,* Gesellschaftsrechtliche Bindungen für entsandte Aufsichtsratsmitglieder in öffentlichen Unternehmen, NJW 1995, 1316; *Schwintowski,* Verschwiegenheitspflicht für politisch legitimierte Mitglieder des Aufsichtsrats, NJW 1990, 1009; *Siewert,* Deutscher Corporate Governance Kodex und Unternehmen des Bundes: Bedeutung des Kodexes aus der Sicht der Beteiligungssteuerung in Ruter/Sahr/Graf Waldersee, Public Corporate Governance, S. 79; *Spannowsky,* Der Einfluss öffentlich-rechtlicher Zielsetzung auf das Statut privatrechlicher Eigengesellschaften in öffentlicher Hand, ZGR 1996, 400; *Spindler,* Kommunale Mandatsträger in Aufsichtsräten – Verschwiegenheitspflicht und Weisungsgebundenheit, ZIP 2011, 689; *Strobel,* Weisungsfreiheit oder Weisungsgebundenheit kommunaler Vertreter in Eigen- und Beteiligungsgesellschaften? DVBl. 2005, 77; *Stober,* Die privatrechtlich organisierte öffentliche Verwaltung – Zur Problematik privatrechtlicher Gesellschaften und Beteiligungen der öffentlichen Hand, NJW 1984, 449; *Stüer,* Die Besetzung von Aufsichtsräten kommunaler Unternehmen nach dem Mehrheitswahlsystem, StuGR 1981, 243; *Thümmel,* Aufsichtsräte in Unternehmen der öffentlichen Hand – professionell genug?, DB 1999, 1891, 1892; *Uechtritz/Reck* in Hoppe/Uechtritz/Reck, Handbuch Kommunale Unternehmen, § 16 Rn. 35; *Weber-Rey,* Aktueller Stand der Private Corporate Governance in Morner aaO, S. 19; *Weber-Rey/Buckel* Corporate Governance in Aufsichtsräten von öffentlichen Unternehmen und die Rolle von Public Corporate Governance Kodizes, ZHR 177 (2013), 13; *Wurzel/Schraml/Becker,* Rechtspraxis der kommunalen Unternehmen, 2. Aufl. 2010, J. 22; *Zieglmeier,* Kommunale Aufsichtsratsmitglieder, LKV 2005, 338.

Exkurs 3 1, 2   Der Aufsichtsrat in öffentlichen Aktiengesellschaften

Übersicht

	Rn.
I. Die öffentliche Aktiengesellschaft	1
1. Begriff	1
2. Privatisierungsformen	2
3. Konflikte bei gemischtwirtschaftlichen Formen	6
4. Kein Vorrang des öffentlichen Rechts	8
II. Public Corporate Governance Kodizes	11
1. Historische Entwicklung und verfolgter Zweck	11
2. Die Bindung an Public Corporate Governance Kodizes und ihre Grenzen	17
III. Stellung und Pflichten des Aufsichtsratsmitglieds	21
1. Gleichstellung mit anderen Mitgliedern	21
2. Persönliche und fachliche Anforderungen	23
3. Die Interessenabwägung durch das Aufsichtsratsmitglied	24
a) Keine Weisungsgebundenheit	24
b) Umgang mit Erwartungen des öffentlichen Aktionärs	27
3. Informationen und Verschwiegenheit	29
IV. Sonderregelungen der §§ 53, 54 HGrG	31
V. Die Besetzung des Aufsichtsrats durch die öffentliche Hand	36
1. Bestellung des Aufsichtsrats	36
2. Abberufung; Ende des Amtes	43

I. Die öffentliche Aktiengesellschaft

1 **1. Begriff.** Unter öffentlicher Aktiengesellschaft ist nachfolgend eine Aktiengesellschaft zu verstehen, an der ein öffentlich-rechtlich organisierter Aktionär[1], in der Regel eine Gebietskörperschaft, mehrheitlich beteiligt ist.[2] Diese Definition lässt die Gründe der Beteiligung außer Acht. Ob der Staat an Unternehmen beteiligt sein soll, ist im Übrigen eine ordnungspolitische Frage, die im Laufe der Zeit unterschiedlich beantwortet wird.[3] Dieser Komplex soll hier nicht weiter vertieft werden.

2 **2. Privatisierungsformen.** Öffentliche Aktiengesellschaften sind in aller Regel Folge von Privatisierungen[4], weil die Beteiligung des Staates an einem zu gründenden Unternehmen, das eine neue Tätigkeit aufnehmen und nicht wie bei der Privatisierung eine bereits ausgeübte fortführen soll, den Restriktionen des § 65 BHO[5] unterliegt (vgl. Fn. 3). Die Beteiligung des Staates an Unternehmen (aktuell im Finanzsektor) zum Zweck ihrer Sanierung ist auch vor diesem Hintergrund problematisch. Privatisierungen gibt es ihn vielen Formen, idealtypisch kann man zwischen der formalen und der materiellen Privatisierung differenzieren[6]:

---

[1] Er wird im folgenden als öffentlicher Aktionär bezeichnet, und entsprechend das von ihm gewählte oder entsandte Aufsichtsratsmitglied als öffentlicher Aufsichtsrat.

[2] „Öffentlich" bedeutet in diesem Sinne nicht, dass die Aktien an einer Börse gehandelt werden.

[3] § 65 BHO und entsprechende Landesgesetze verlangen für die Zulässigkeit der Beteiligung ein wesentliches Interesse, der Zweck darf anders nicht besser und wirtschaftlicher erreicht werden, die finanzielle Verpflichtung muss begrenzt sein und ein „angemessener" Einfluss muss bestehen, insbesondere im Aufsichtsrat.

[4] Vgl auch die Darstellung bei MüKoAktG/*Schürnbrand* Vor § 394 Rn. 4 ff.

[5] § 65 Abs. 1 BHO: „Der Bund soll sich, außer in den Fällen des Absatzes 5, an der Gründung eines Unternehmens in einer Rechtsform des privaten Rechts oder an einem bestehenden Unternehmen in einer solchen Rechtsform nur beteiligen, wenn

1. ein wichtiges Interesse des Bundes vorliegt und sich der vom Bund angestrebte Zweck nicht besser und wirtschaftlicher auf andere Weise erreichen läßt,
2. die Einzahlungsverpflichtung des Bundes auf einen bestimmten Betrag begrenzt ist,
3. der Bund einen angemessenen Einfluß, insbesondere im Aufsichtsrat oder in einem entsprechenden Überwachungsorgan erhält,
4. gewährleistet ist, daß der Jahresabschluß und der Lagebericht, soweit nicht weitergehende gesetzliche Vorschriften gelten oder andere gesetzliche Vorschriften entgegenstehen, in entsprechender Anwendung der Vorschriften des Dritten Buchs des Handelsgesetzbuchs für große Kapitalgesellschaften aufgestellt und geprüft werden.

[6] *Cronauge/Westermann*, Kommunale Unternehmen, Rn. 274; *Gaß*, Die Umwandlung gemeindlicher Unternehmen, S. 185.

Bei der **formalen** Privatisierung bedient sich die öffentliche Hand (Bund, Länder, 3
Kommunen) einer privaten Rechtsform, verfolgt und erfüllt aber weiterhin einen öffentlichen Zweck.[7] Es bleibt bei der staatlichen Zuständigkeit.[8] Dazu werden zB Eigenbetriebe in selbstständige Verwaltungseinheiten ausgegliedert[9] und dann in privatrechtliche Rechtsformen umgewandelt. Beispiele finden sich insbesondere im Bereich der Infrastruktur (Stadtwerke), der Kultur (Städtische Bühnen) und der sonstigen nicht zwingend öffentlich-rechtlich organisierten Daseinsvorsorge, dann aber regelmäßig als GmbH. Ziele dieser formalen Privatisierung können sein die Flexibilisierung der Unternehmen (Arbeits- und Sozialrecht), die betriebswirtschaftlich optimierte Führung und damit Steigerung der Wirtschaftlichkeit sowie Rationalisierungseffekte.[10] Ein Konflikt mit den Interessen privater Gesellschafter kann definitionsgemäß nicht auftreten.

Große **materielle Privatisierungen** des Bundes entsprangen dem gemeinschaftsrecht- 4
lichen Konzept der Beseitigung der Monopole und Stärkung des privaten Wettbewerbs, als dessen Folge die Privatisierung des Eisenbahnverkehrs, des Fernmeldewesens und der gelben Post erfolgte. Die öffentliche Hand hat sich der früher als öffentlich betrachteten konkreten Aufgabe (nicht zuletzt als Folge geänderter gesellschaftlicher oder politischer Auffassungen) entledigt und sie auf einen privaten Dritten übertragen.[11] Einzig das private Unternehmen agiert bei rein privater Unternehmenstätigkeit, kann dabei aber staatlicher Überwachung unterliegen.[12] Hier findet man als gewählte Rechtsform auch die Aktiengesellschaft.

Der Rückzug des Staates als Leistungserbringer durch die Überlassung von Aufgaben und 5
Tätigkeitsgebieten an Private[13] ist seit etwa 1990 eine Triebfeder für **Öffentlich-Private Partnerschaften.**[14] Der Staat überträgt die Erfüllung der nach wie vor öffentlichen Aufgabe als Funktionsprivatisierung einem Wirtschaftsunternehmen, an dem er auch selbst beteiligt sein kann, sofern dies im Einzelfall haushaltsrechtlich zulässig ist. Allerdings ist die Aktiengesellschaft normalerweise keine passende Rechtsform für eine Öffentlich-Private Partnerschaft.

3. Konflikte bei gemischtwirtschaftlichen Formen. Bei Privatisierungen steht der 6
Gebietskörperschaft zunächst das gesamte Gesellschaftskapital zu. Dabei muss es nicht bleiben, wenn für die konkrete Aufgabe bzw. den Gegenstand der Gesellschaft eine Gesellschafterstellung mit weniger als 100 % der Anteile, aber „angemessenem" und im Einzelfall zu konkretisierendem Einfluss genügt, der der Rückkopplung des Unternehmens an die Verwaltung dient.[15] Die Beteiligungshöhen sind daher sehr unterschied-

---

[7] *Cronauge/Westermann,* Kommunale Unternehmen, Rn. 275; *Gaß,* Die Umwandlung gemeindlicher Unternehmen, S. 185 f.; *Rollenfitsch* in Hoppe/Uechtritz/Reck, Handbuch Kommunale Unternehmen, § 2 Rn. 19.

[8] *Grawert* NWVBl. 1998, 209; *Cronauge/Westermann,* Kommunale Unternehmen, Rn. 275.

[9] *Alsheimer/Jacob/v. Wietzlow* WPg 2006, 937.

[10] *Alsheimer/Jacob/v. Wietzlow* WPg 2006, 937 (938). Ein unzulässiger Nebeneffekt der Privatisierung kann gelegentlich als Schaffung von Schattenhaushalten auftreten, etwa um Unternehmen mit starkem Cash Flow, wie zB Stadtwerke, für nicht ohne weiteres aus dem kommunalen Haushalt zu finanzierende Aufgaben einzusetzen.

[11] *Gaß,* Die Umwandlung gemeindlicher Unternehmen, S. 186; *Rollenfitsch* in Hoppe/Uechtritz/Reck, Handbuch Kommunale Unternehmen, § 2 Rn. 20; *Cronauge/Westermann,* Kommunale Unternehmen, Rn. 276.

[12] Bei Infrastrukturunternehmen wie Bahn, Telekommunikation und Stromleitungen zum Beispiel durch die Bundesnetzagentur.

[13] Vgl. *Wurzel/Schraml/Becker,* Rechtspraxis der kommunalen Unternehmen, 2. Aufl. 2010, J.22.

[14] ÖPP; ein synonymer Begriff ist Public Private Partnership oder abgekürzt PPP. Inzwischen sind auch gegenläufige Tendenzen zu beachten. Unter dem Schlagwort „Rekommunalisierung" werden privatisierte Unternehmen zurückerworben und unter der Regie der öffentlichen Hand für ihre Aufgaben der Daseinsvorsorge weiterbetrieben.

[15] Ist wie die materielle Privatisierung eines Sondervermögens oder Staatsbetriebs angestrebt, findet sich oft ein Zwischenstadium, in dem zwar der Staat (noch) an der Gesellschaft beteiligt bleibt, aber die Beteiligung nicht mehr einen öffentlichen Zweck absichert oder verwirklicht. Dies wird zum Beipiel hinsichtlich des Aktienbesitzes des Bundes an der Deutsche Telekom AG diskutiert.

lich,[16] und für den Staat besteht ein großer Gestaltungsspielraum, wie die Privatisierung erfolgen soll.[17]

7 Bei der gleichzeitigen Beteiligung öffentlicher und privater Aktionäre besteht ein offener oder latenter **Konflikt:**[18] Öffentliche Unternehmen sind (nur) nach den Geboten der Wirtschaftlichkeit, Sparsamkeit und Effizienz auszurichten und müssen am öffentlichen Zweck orientiert sein. Eine Gemeinwohlorientierung fördert den Gewinn des Unternehmens nicht, vielmehr kommt das Wirtschaften unmittelbar den Bürgern zu Gute. Kostengünstige Leistungen sind zum unmittelbaren Nutzen der Bürger zu erbringen. Aufgabe privatrechtlicher Unternehmen ist es, Gewinn zu erzielen und dadurch zukunftsfähig zu sein.[19] Diese unterschiedliche Motivation kann das Verhalten der in den Unternehmen Tätigen und das Verhalten im Aufsichtsrat prägen.[20] Um diese Probleme zu vermeiden, muss daher klar in der Satzung geregelt sein, wenn eine Gesellschaft nicht primär zur Gewinnerzielung, sondern zu anderen Zwecken tätig sein soll. Die nachträgliche Änderung des Unternehmenszwecks erfordert die Zustimmung aller Aktionäre, sofern keine eindeutige Satzungsregelung einen Mehrheitsbeschluss genügen lässt.[21]

8 **4. Kein Vorrang des öffentlichen Rechts.** Zur Begründung des staatlichen Einflusses wurde vor allem früher ein umfassendes, das Gesellschaftsrecht außer Kraft setzendes **Sonderrecht** für die öffentlichen Gesellschaften postuliert. Das wird heutzutage zu Recht von der hM abgelehnt. Das gesellschaftsrechtliche Konzept der Gleichheit aller Gesellschafter ist mit dem Gedanken des Vorrangs der öffentlichen Hand nicht vereinbar. Das öffentliche Recht steht nicht über dem Gesellschaftsrecht.[22] Gesetzliche Sonderregelungen finden sich wenige[23] und ausschließlich §§ 394, 395 betreffen den Aufsichtsrat unmittelbar. Mit diesen Ausnahmen verfügt die öffentliche Hand als Aktionär über keine Sonderrechte hinsichtlich ihres Aktienbesitzes oder des Aufsichtsrats. Dieser Befund ist auch plausibel, da sie selbst die Organisationshoheit hatte. Mit Durchführung der Privatisierung schafft die öffentliche Hand durch eigene Gestaltung eine neue Rechtspersönlichkeit und muss dann deren Rechtsform auch bei 100%iger Beteiligung respektieren.[24]

9 Bei der Privatisierung muss die öffentliche Hand nach den Haushaltordnungen einen (nur) „angemessenen" Einfluss sicherstellen (vgl. § 65 BHO; § 65 ThürHO, § 65 SäHO, § 65 BayHO, § 65 HessLO). Je nach dem zu verwirklichenden öffentlichen Zweck kann ein wesentlicher oder beherrschender Einfluss des öffentlichen Aktionärs verfassungsrechtlich, nämlich wegen der **Gewährleistungsverantwortung**[25] oder der **Ingerenzpflicht,**[26] geboten sein. Soweit diese Vorgaben relevant sind, müssen zur Umsetzung gesellschafts-

---

[16] §§ 53 und 54 HGrG stellen auf diese Beteiligungshöhen ab, die daher rechtlich relevant sind.
[17] *Rollenfitsch* in Hoppe/Uechtritz/Reck, HdB Kommunale Unternehmen, 3. Aufl. 2012, § 2 Rn. 19.
[18] *Weber-Rey/Buckel* ZHR 177 (2013), 15.
[19] Gemeinnützige Unternehmen werden bei dieser idealtypischen Betrachtung ausgeklammert.
[20] Zum Beispiel hätte die Platzierung einer Minderheitsbeteiligung im Fall der (gescheiterten) Börseneinführung der Deutsche Bahn AG dazu geführt, dass dieser Interessenkonflikt im Aufsichtsrat hätte austariert werden müssen.
[21] MüKoAktG/*Schürnbrand* Vor § 394 Rn. 22, 88; Hüffer/*Koch* § 179 Rn. 33.
[22] Vgl. → § 100 Rn. 191; *Raiser*, Kommunale Corporate Governance Kodizes – Zum Verhältnis von Aktienrecht und Kommunalrecht, in: Arbeitspapier 226 zur Unternehmensmitbestimmung und Unternehmenssteuerung, November 2010, S. 9 f. mwN; *Becker* in Wurzel/Schraml/Becker, Rechtspraxis der kommunalen Unternehmen, Rn. 398; Hüffer/*Koch* § 394 Rn. 2; Spindler/Stilz/*Schall* § 394 Rn. 3; ausführlich zum Meinungsstand MüKoAktG/*Schürnbrand* Vor § 394 Rn. 14.
[23] §§ 394, 395 AktG und §§ 53, 54 HGrG betreffend Abschlussprüfung und Unterrichtung der Rechnungsprüfungsbehörde, abgedruckt in der Kommentierung zu § 395; andere Normen sind an die Beteiligungsverwaltung/Körperschaft gerichtet und berühren die Organe der Aktiengesellschaft allenfalls mittelbar, s. nachstehend IV.
[24] Strittig ist diese Aussage nur für den Fall des Alleinaktionärs, Hüffer/*Koch* § 394 Rn. 2d.
[25] In diesen Fällen muss der öffentliche Aktionär sicherstellen, dass die öffentliche Aufgabe erfüllt wird. Diese Anforderung kam bei der bisher nicht durchgeführten Privatisierung der Deutschen Flugsicherung zum Tragen, weil diese inhaltlich Polizeiaufgaben wahrnimmt.
[26] Greift die aus dem Demokratieprinzip abgeleitete Ingerenzpflicht, muss der demokratisch gewählte Entscheidungsträger des öffentlichen Aktionärs in der Lage sein, die Umsetzung der öffentlichen Aufgabe auch auf

rechtlich zulässige Gestaltungsmöglichkeiten genutzt werden, also eine entsprechende Gestaltung der Satzung und Aktionärsvereinbarungen. Die Rechtsform der Aktiengesellschaft ist aber unabhängig von der Struktur der Aktionäre bewusst inflexibel („Satzungsstrenge") und erlaubt vom gesetzlichen Leitbild abweichende Anpassungen nur sehr begrenzt.[27]

Versäumt es der öffentliche Aktionär, sich durch die Gestaltung abzusichern, kann dieses **10** Defizit nur punktuell, aber nicht mit der Sicherheit struktureller Regelungen, durch die ausgesprochene Erwartung an ein bestimmtes Verhalten, oder gar durch dessen (unzulässige) Anordnung, des öffentlichen Aufsichtsratsmitglieds bei den Aufsichtsratsentscheidungen ausgeglichen werden; das Aufsichtsratsmitglieds hat sich nämlich an den Entscheidungsrahmen für den Aufsichtsrat und die Wahrung der Interessen der Gesellschaft zu halten.

II. Public Corporate Governance Kodizes

1. Historische Entwicklung und verfolgter Zweck. Die langjährige Corporate Go- **11** vernance Diskussion sowie der daraus im Jahre 2002 resultierende Deutsche Corporate Governance Kodex (DCGK) konzentrieren sich auf börsennotierte Unternehmen, um die Transparenz der Entscheidungsfindung zu stärken, und befassten sich in diesem Zusammenhang mit den von der Gesellschaft zu verfolgenden Interessen und einzugehenden Risiken. Die Diskussion hat sich in den letzten Jahren auf die Unternehmen der Finanzbranche verlagert, strahlt aber auf Aktiengesellschaften anderer Branchen ab.

Die Probleme der Corporate Governance in öffentlichen Unternehmen mit ihren spezifischen Besonderheiten sowie vorgelagerten Entscheidungsprozessen in Politik und Verwaltung waren lange Zeit nicht im Fokus von Politik, Verwaltung, Wissenschaft oder Öffentlichkeit. Erst spät wurde erkannt, dass die Sicherstellung und Einhaltung anerkannter Standards guter und verantwortlicher Unternehmensführung auch für öffentliche Unternehmen angemessen sind.[28] Zum 28. April 2005 wurden die *OECD Guidelines on Corporate Governance of State-owned Enterprises* veröffentlicht. In etwa zur gleichen Zeit konkretisierte sich die Diskussion über das Erfordernis eines Kodex für öffentliche Unternehmen,[29] der **Public Corporate Governance Kodex („PCGK")** des Bundes wurde im Jahre 2009 erstellt,[30] PCGK einiger Länder und Kommunen folgten. Sie sind primär relevant für Gesellschaften in der Form der GmbH, aber auch Aktiengesellschaften können öffentliche Unternehmen sein.[31]

Die PCGK ähneln sich, sind aber unterschiedlich.[32] Nach ihrem Geltungsanspruch **12** richten sie sich an die verschiedenen Verantwortungssphären, wie den Anteilseigner, die

---

Ebene der Aktiengesellschaft zu bestimmen; MüKoAktG/*Schürnbrand* Vor § 394 Rn. 15 f.; *Spannowsky* ZGR 1996, 400 (406); *Schürnbrand* ZIP 2010, 1105 f.

[27] *Uechtritz/Reck* in Hoppe/Uechtritz/Reck, Handbuch Kommunale Unternehmen, § 16 Rn. 35; *Gaß*, Die Umwandlung gemeindlicher Unternehmen, S. 71; *Cronauge/Westermann*, Kommunale Unternehmen, Rn. 205.

[28] *Preussner* NZG 2005, 575 (576).

[29] Vgl. die grundlegenden Ausführungen in *Ruter/Sahr/Graf Walderseee,* Public Corporate Governance und dort insbesondere *Ruter* – Erstellung und Inhalt des PCG-Kodexes, S. 163 ff., 165 sowie *Siewert*, Deutscher Corporate Governance Kodex und Unternehmen des Bundes: Bedeutung des Kodexes aus der Sicht der Beteiligungssteuerung, S. 79 ff.

[30] Der PCGK des Bundes findet sich auf der Website des Bundesfinanzministeriums unter www.bundesfinanzministerium.de/Content/DE/Standardartikel/Themen/Bundesvermoegen/Privatisierungs_und_Beteiligungspolitik/Grundsaetze_guter_Unternehmensfuehrung/unternehmensfuehrung-in-oeffentlichen-unternehmen-anlage.pdf. Er stellt den Teil A des Papiers dar, Teil B die „Hinweise für gute Beteiligungsführung bei Bundesunternehmen" und Teil C die „Berufungsrichtlinien". Lesenswert sind die Ausführungen zur Geschichte und Praxis bei *Gatzer*, Moderne Strukturen guter Unternehmensführung in öffentlichen Unternehmen – Public Corporate Governance aus Sicht des Bundes, in Morner, 1. Speyerer Tagung zu Public Corporate Governance, S. 34.

[31] Der PCGK des Bundes nimmt in Ziffer 1.3 Aktiengesellschaften nur von der Anwendung aus, wenn sie den DCGK beachten müssen, also an der Börse notiert sind.

[32] Eine Übersicht findet sich bei *Weber-Rey/Buckel* ZHR 177 (2013), 13 ff. und (für den PCGK des Bundes) *Hommelhoff*, FS Hommelhoff, 447 ff.

Geschäftsleitung der Gesellschaft, seinen Aufsichtsrats und die für Rechnungslegung Verantwortlichen.[33]

13   Die Bezeichnung PCGK lehnt sich an den Namensvetter DCGK an. Inhaltlich bestehen Übereinstimmungen in vielen Bereichen. In der Diskussion zu PCGK werden Ziele und Begründungen angegeben, wie man sie für den privatwirtschaftlichen Bereich findet: **Sinn und Zweck** eines Verhaltenskodex für öffentliche Unternehmen sei, die besondere Zweckbindung der öffentlichen Beteiligung und die Folgen für die verschiedenen Gruppen der „Stakeholder" nachvollziehbar herauszuarbeiten.[34] Im Kern geht es demnach bei den Kodizes um die Transparenz des wirtschaftlichen Handelns[35] und die Steigerung der Effizienz bei der Nutzung der in dem öffentlichen Unternehmen verkörperten Ressourcen. Ziel ist, eine bessere Steuerung und Kontrolle ihrer Unternehmensbeteiligungen zu etablieren und so die mit der Beteiligung der öffentlichen Hand verfolgten Ziele sicher zu erreichen.[36] Dies soll der Bildung oder Rückgewinnung des Vertrauens des Bürgers dienen.[37] Der Bürger sehe nämlich nur schwer, dass die Unternehmensleitung in seinem Interesse tätig werde, weil ein doppeltes Prinzipal-Agent Verhältnis bestehe: Das zwischen Bürger und öffentlicher Verwaltung und das in der nächsten Stufe zwischen der Verwaltung und der Unternehmensführung.[38]

14   Die PCGK leisten einen Beitrag zur **Qualitätssicherung der Unternehmensführung**, können eine Leitlinie für die adäquate Wahrnehmung der Aufgaben in den Gremien darstellen sowie zur Vertrauensbildung und Transparenz beitragen. Es bedeutet wohl tatsächlich keinen Unterschied, ob ein Unternehmen den privaten Aktionären „gehört" oder der öffentlichen Hand,[39] soweit das jeweils verfolgte Ziel die ordnungsgemäße, transparente und erfolgreiche Unternehmensführung ist.[40] Entsprechend stimmen die betriebswirtschaftlichen Anforderungen an eine ordnungsgemäße Geschäftsführung inhaltlich mit denen des DCGK und der vieler PCGK überein.[41]

15   Formulierungen, die man ähnlich im privaten DCGK findet, können aber kontextabhängig in der Zielsetzung abweichen. Bei der Diskussion der PCGK sollte man sich eines **grundlegenden Unterschieds** bewusst sein, der aus dem Ziel der Kontrolle folgt (soweit in dem jeweiligen Kodex angestrebt): Der DCGK will durch die Transparenz der Zuständigkeiten und Entscheidungen, durch die Stärkung der Unabhängigkeit der Gesellschaft von Interessen einzelner und durch das Postulat der Unabhängigkeit der handelnden Organmitglieder insbesondere im Aufsichtsrat dem Kapitalmarkt und den einzelnen Aktionären die Gewissheit zu verschaffen, dass die Gesellschaft gut geführt wird und eine Investition sich deswegen lohnen wird. Das liegt im Aktionärsinteresse, und gute Corporate Governance soll belegbar zu einer höheren Bewertung an den Kapitalmärkten führen.[42] Der DCGK hat sich aber entsprechend der gesellschaftlichen Diskussion der letzten Jahre von der Priorität des „Shareholder Value" über den Interes-

---

[33] Vgl. *Gemkow* ZCG 2010, 65 (69).
[34] So Ziff. 2.9.1 S. 2 PCGK Städtetag NRW; Ziff. 70 S. 2 PCGK Saarbrücken; diese Berücksichtigungspflicht ergibt sich auch aus § 88 Abs. 4 GemO RhPfl und § 104 Abs. 3 GemO BW; nach *Oebbecke* in Hoppe/Uechtritz, Handbuch Kommunale Unternehmen, § 9 Rn. 46 ergebe sich eine solche Interessenberücksichtigungspflicht aber auch ohne ausdrückliche gesetzliche Begründung aus dem Auftragsverhältnis zur Gemeinde.
[35] *Gemkow* ZCG 2010, 65; *Caruso* NZG 2009, 1491.
[36] *Marsch-Barner*, FS Uwe H. Schneider, 771 (786); *Caruso* NZG 2009, 1491.
[37] *Budäus*, Vertrauensbildung durch einen Public Corporate Governance Kodex in Ruter/Sahr/Graf Waldersee, Public Corporate Governance, S. 15.
[38] *Ruter/Sahr/Häfele*, FS Eichhorn, 2007, 395 ff., 397.
[39] *Preussner* NZG 2005, 575 (576).
[40] Vgl. *Meckies*, Die persönliche Haftung von Geschäftsleitern in Kapitalgesellschaften der öffentlichen Hand, 2003, S. 187 ff.
[41] Vgl. *Preussner* NZG 2005, 575 (576); ähnlich auch *Schürnbrand* ZIP 2010, 1105 (1108).
[42] *Henke/Hollebrand/Steltmann*, Steuerung öffentlicher Unternehmen in Ruter/Sahr/Graf Waldersee, Public Corporate Governance, S. 28.

sen der sonstigen „Stakeholder" abgekehrt und dies in Ziff. 4.1.1 klar zum Ausdruck gebracht.[43]

Demgegenüber dient die Erarbeitung eines PCGK dazu, auf Seiten der Gebietskörperschaft als Gesellschafter das Bewusstsein für die unternehmerische und gegebenenfalls konzernleitende Aufgabe zu schärfen und sie effizient durchzuführen. Inhaltliches Ziel vieler PCGK ist demnach nicht nur die Steigerung der Leistungsfähigkeit des Unternehmens, sondern die ihres Gesellschafters bei der Umsetzung seiner Ziele.[44] Häufig werden der Anspruch auf Bindung des Unternehmens an das **Gemeinwohl** sowie der Wunsch nach **effektiver Beteiligungssteuerung** angeführt. Die PCGK betonen daher tendenziell die Rolle und Interessen des direkten Anteilseigners (die mit dem Gemeinwohl gleichgesetzt werden, wobei Konflikte zwischen Bürger und Verwaltung auf der ersten Stufe des Prinzipal-Agent Verhältnisses (→ Rn. 13) ausgeklammert werden),[45] während beim DCGK für privatwirtschaftliche Unternehmen die Dominanz des Shareholder Value über die Interessen anderer Stakeholder, etwa der Mitarbeiter, schon zurückgedrängt ist. Es wird interessant sein, diese Entwicklung weiter zu verfolgen.[46]

2. Die Bindung an Public Corporate Governance Kodizes und ihre Grenzen. 17
PCGK sind keine materiellen oder formellen Rechtsnormen. Sie werden von den Gebietskörperschaften als Verwaltungsanweisung erlassen[47] und binden daher weder die Gesellschaft noch die anderen Aktionäre. Jedoch haben sie Geltungsanspruch nicht nur gegenüber den Behörden und Ämtern, die beim öffentlichen Aktionär für die Beteiligungsverwaltung zuständig sind, sondern auch gegenüber der Gesellschaft und ihren Organen. Der PCGK des Bundes lehnt sich an das Muster des „comply or explain" des DCGK an[48]: Das Überwachungsorgan soll jährlich erklären, ob und inwieweit den Empfehlungen des PCGK nachgekommen wurde oder wird. Abweichungen sollen in einem besonderen Corporate Governance-Bericht veröffentlicht und begründet werden. Eine § 161 entsprechende gesetzliche Regelung zur Abgabe einer Entsprechenserklärung fehlt jedoch, so dass die Entsprechenserklärung für PCGK im Gegensatz zum DCGK nicht schon kraft Gesetzes verbindlich ist. Wegen des Vorrangs des Gesellschaftsrechts würde eine Anordnung der Bindung des Unternehmens an einen PCGK etwa mittels Verwaltungsakt fehlschlagen.[49] Daher stellt zum Beispiel das jeweils zuständige Bundesministerium beim PCGK des Bundes die Beachtung und Einhaltung des Kodex über die Ausübung von Gesellschafterrechten sicher.[50] Eine angebliche schleichende Umwandlung in zwingendes Recht wird schon für den DCGK kritisch vermerkt.[51] Diese **kritische Sichtweise** muss auch hinsichtlich der Geltung der PCGK für die Gesellschaft eingenommen werden. Ohne gesetzliche Grundlage oder konkrete Satzungsregelung würde durch den Zwang zur Erläuterung von Abweichungen de facto eine Verhaltensmaxime für das Unternehmen geschaffen. Das wäre ein

---

[43] Ziff. 4.1.1 DCGK: „Der Vorstand leitet das Unternehmen in eigener Verantwortung im Unternehmensinteresse, also unter Berücksichtigung der Belange der Aktionäre, seiner Arbeitnehmer und der sonstigen dem Unternehmen verbundenen Gruppen (Stakeholder) mit dem Ziel nachhaltiger Wertschöpfung."
[44] Vgl. *Henke/Hollebrand/Steltmann* S. 32 f.; *Treuner*, Führung staatlicher Unternehmen in Henke/Hollebrand/Steltmann S. 46 f.
[45] Vgl. *Treuner* aaO S. 46 sowie *Plamper* – Mitbestimmung als Teil des Kodexes in *Henke/Hollebrand/Steltmann* aaO S. 69, der die Berücksichtigung der Interessen der anderen Stakeholder in einer öffentlichen Gesellschaft kritisch sieht.
[46] Zur differenzierten Betrachtung der Rollen und Konflikte vgl. *Budäus*, Public Corporate Governance zwischen Markt, Politik und Zivilgesellschaft in Morner aaO S. 67 ff. und den Diskussionsbeitrag „Teilnehmer A" dort auf S. 83.
[47] Von der Möglichkeit der Verkündung als Satzung wurde soweit ersichtlich kein Gebrauch gemacht.
[48] *Gemkow* ZCG 2010, 65 (69); *Caruso* NZG 2009, 1491; *Schürnbrand* ZIP 2010, 1105 (1109).
[49] Diese Überlagerung des Gesellschaftsrechts durch öffentliches Recht wurde früher für öffentliche Unternehmen postuliert, vgl. *Stober* NJW 1984, 449 (455); *Ossenbühl* ZGR 1996, 504 (512 ff.); MüKoAktG/*Schürnbrand* Vor § 394 Rn. 14 ff.
[50] *Marsch-Barner*, FS Uwe H. Schneider, 771 (774), vgl. Ziff. 1.4. PCGK des Bundes.
[51] Kölner Komm AktG/*Lutter* § 161 Rn. 20 mwN.

unzulässiger Eingriff in die Zuständigkeit des Vorstands.[52] Daher wird sogar vertreten, dass selbst eine satzungsmäßige Pflicht zur Abgabe einer Entsprechenserklärung nichtig sein soll.[53] Die freiwillige Selbstverpflichtung des Vorstands soll auch nach dieser Meinung zulässig sein. Aus Sicht des Minderheitenschutzes und zur Klärung des Unternehmenszwecks[54] erscheint es sachgerechter, eine satzungsmäßige Verpflichtung zuzulassen, wenn nicht sogar als Voraussetzung zu verlangen.

18 Ein PCGK kann im Prinzip durch die Satzung des Unternehmens für verbindlich erklärt werden,[55] wobei gegen eine Pauschalverweisung Bedenken bestehen,[56] denen aber durch konkrete Bezeichnung der für verbindlich erklärten Regelungen Rechnung getragen werden kann. Sie stehen dann in der **Hierarchie des Rechts** unter dem Gesellschaftsrecht als Bundesrecht und können nur durch dieses nicht ausgefüllte Freiräume regeln. Ihre aktienrechtliche Zulässigkeit ist für jede einzelne Regelung des betreffenden PCGK zu prüfen.[57] Insbesondere ist die grundsätzliche Verantwortlichkeit des Vorstands nach § 76 zu wahren, so dass es durch die Verweisung auf Regelungen des PCGK nicht zur Vorwegnahme der unternehmerischen Entscheidungen kommt darf (→ Rn. 17). Die Diskussion wird eher abstrakt geführt und in der Praxis selten zu konkreten Fragestellungen führen.

19 Ein pauschaler Vorrang der Interessen des öffentlichen Aktionärs gegenüber denen der anderen Aktionäre wird durch eine solche Anerkennung des PCGK aber nicht begründet. Wegen des Grundsatzes der Gleichbehandlung aller Aktionäre lässt sich dieses Ziel nur indirekt verfolgen, etwa durch die Gestaltung des **Unternehmensgegenstandes.** Eine eventuelle freiwillige Selbstverpflichtung der Organe der Aktiengesellschaft darf nicht zu einem Konflikt mit den ohne PCGK bestehenden Interessen der Gesellschaft und anderer Aktionäre oder einem Verstoß gegen die aktienrechtliche Kompetenzverteilung führen.

20 Im Einzelfall ist zu beurteilen, ob es sich bei einer „Empfehlung" in einem PCGK und der Art ihrer Durchsetzung gegenüber der Gesellschaft noch um eine Empfehlung handelt oder nicht bereits um eine **aktien- und konzernrechtlich** relevante und unter Umständen unzulässige Einflussnahme. Die Aktiengesellschaft und mittelbar ihre Organe sind gegenüber der Einflussnahme des öffentlichen Aktionärs durch das allgemeine Haftungsrecht (§ 117) geschützt. Ist der öffentliche Aktionär als Unternehmen[58] zu behandeln, können ihn Einflussnahmen als herrschendes Unternehmen konzernrechtlich zum Ausgleich verpflichten (§§ 311, 317) und einen Abhängigkeitsbericht erforderlich machen (§ 312).[59] Die Überwachungspflicht des Aufsichtsrats erstreckt sich nicht anders als bei einem rein privatwirtschaftlichen Unternehmen darauf, ob der Vorstand die Interessen der Gesellschaft wahrt, seinen konzernrechtlichen Pflichten (einschließlich § 312) nachkommt und ggf. Ansprüche (etwa auf Nachteilsausgleich, § 317) gegenüber dem einflussnehmenden Aktionär durchsetzt. Zur Rechtmäßigkeit des Vorstandshandelns gehört auch, dass er keine Aktionärsgruppe unzulässig bevorzugt, auch nicht den öffentlichen Aktionär durch die Beachtung dessen PCGK. Fallen dem Aufsichtsrat Verstöße auf, muss er sie gegenüber dem Vorstand beanstanden. Für seine Unterlassungen haftet der Aufsichtsrat nach § 116 wie in jeder anderen AG auch. Da er den Interessen der Gesellschaft verpflichtet ist, kann er sich nicht mit dem Hinweis exkulpieren, in Abstimmung mit dem öffentlichen Aktionär gehandelt zu haben.

---

[52] *Raiser* ZIP 2011, 323 (357, 360); aA *Weber-Rey/Buckel* ZHR 177 (2013), 13, 40 mwN.
[53] Vgl. aus der umfangreichen Diskussion *K. Hommelhoff* S. 451 mit Verweis auf *Raiser* ZIP 2011, 356 und entgegen *Schürnbrand* ZIP 2010, 1110.
[54] Den Gesellschaftszweck betont MüKoAktG/*Schürnbrand* Vor § 394 Rn. 22.
[55] *Ellerich/Schulte/Radde* ZCG 2009, 201 (203).
[56] *K. Hommelhoff* S. 450.
[57] Hüffer/*Koch* § 394 Rn. 3 mwN, *K. Hommelhoff* S. 451, *Raiser* ZIP 2011, 353 (354).
[58] *Ruter/Sahr/Häfele* aaO S. 398 behandeln „öffentliche Konzernstrukturen". Sie sind für viele Gebietskörperschaften anerkannt, und wer einen PCGK mit dem Ziel der aktiven Beteiligungsverwaltung oder Konzernierung erarbeitet, wird sich dieser Qualifikation kaum entziehen können.
[59] Hüffer/*Koch* § 394 Rn. 2 und § 312 Rn. 3, 22; BGHZ 135, 107 (111 ff.).

III. Stellung und Pflichten des Aufsichtsratsmitglieds

1. Gleichstellung mit anderen Mitgliedern. Ausgangspunkt der Betrachtung ist der vom BGH aufgestellte Grundsatz der **Gleichbehandlung aller Aufsichtsratsmitglieder**.[60] Es gibt keinen Unterschied zwischen dem Aufgabenbereich der Vertreter der öffentlichen Hand im Aufsichtsrat und dem der anderen Mitglieder. Auch sonst ist keine Differenzierung zwischen den Mitgliedern des Aufsichtsrats zulässig. Sie haben alle die gleichen Rechte und Pflichten, und auch die Vergütung des öffentlichen Aufsichtsratsmitglieds entspricht derjenigen, die ein sonstiges Aufsichtsratsmitglied erhält.[61]

Besonderheiten bestehen aufgrund des **öffentlichen Dienstrechts**, allerdings nicht im Verhältnis zur Gesellschaft. Die Tätigkeit im Aufsichtsrat gehört regelmäßig entweder zum Hauptamt des Aufsichtsratsmitglieds in der öffentlichen Verwaltung oder stellt eine Nebentätigkeit dar, deren Vergütung ganz oder teilweise abgeführt wird. Abführungsverpflichtungen sind auch sonst bekannt, zum Beispiel seitens der Mitglieder der Arbeitnehmerbank an die Hans-Böckler-Stiftung, und werden als zulässig angesehen. Wenn man aber bei Aufsichtsratsmitgliedern einen Zusammenhang zwischen Anreizwirkung der Vergütung und ihrer Tätigkeit herstellen will, wie dies nach derzeitiger Auffassung guter Unternehmensführung entspricht, ist die Abführungsverpflichtung ein Fremdkörper. Gleiches gilt spiegelbildlich für die Freistellung von Schadensersatzansprüchen aus Fehlverhalten als Organmitglied, die öffentliche Aufsichtsratsmitglieder von ihrem Dienstherrn in der Regel abhängig vom Verschuldensgrad verlangen können. Die Verhaltenssteuerung durch Haftungsrisiken geht damit gleichfalls weitgehend ins Leere.[62] Beide Themen begründen aber einen grundlegenden Unterschied in den Methoden der Governance öffentlicher und privater Unternehmen.

2. Persönliche und fachliche Anforderungen. Es gibt **keine Differenzierung** der Anforderungen abhängig von der Aktionärsstruktur. Ein Aufsichtsratsmitglied als Vertreter der öffentlichen Hand muss ihnen genauso entsprechen wie ein Vertreter der Privatwirtschaft. Für beide gelten die allgemeinen und die branchenspezifischen Anforderungen.[63] Außer den Regelungen zur Unabhängigkeit, die aus § 100 AktG abgeleitet werden, sind konkrete gesetzliche Anforderungen an eine Aufsichtsratstätigkeit zum Beispiel in § 36 Abs. 3 KWG enthalten, der unmittelbar in diesem Sektor auch für die öffentliche Hand gilt[64]. Beide Gruppen müssen die erforderlichen Kenntnisse und Fähigkeiten besitzen, um laufende Geschäftsvorgänge selbst verstehen und beurteilen zu können.[65] Es gibt kein Sonderrecht dahin, dass fehlende Qualifikation unbeachtlich wäre oder das Mitglied vor seiner persönlichen Verantwortlichkeit schützen würde. In Grenzen kann sich das Aufsichtsratsmitglied diese Qualifikation noch nach der Bestellung aneignen (vgl. hierzu und zum Nachstehenden → § 116 Rn. 77 ff.). Sofern dies nicht möglich ist oder unterbleibt, liegt ein Übernahmeverschulden vor.[66] Die Behauptung, aufgrund angemessener Informationen im Rahmen unternehmerischer Entscheidungen gehandelt zu haben (*„business judgement rule"*),

---

[60] BGHZ 64, 325 (330 f.); BGHZ 83, 106 (112).
[61] MüKoAktG/*Schürnbrand* Vor § 394 Rn. 33 f.
[62] Zur Unschädlichkeit der Abführungsverpflichtung vgl. → § 113 Rn. 25; zur Bedeutung von Sanktionen vgl. *Budäus*, Public Corporate Governance zwischen Markt, Politik und Zivilgesellschaft in Morner aaO S. 67 f., 76.
[63] Vgl. → § 100 Rn. 111; MüKoAktG/*Schürnbrand* Vor § 394 Rn. 28; Der PCGK des Bundes berücksichtigt das in Ziffer 5.2.1, andere PCGK entsprechend.
[64] Danach müssen die Mitglieder des Verwaltungs- oder Aufsichtsorgans eines Instituts oder einer Finanzholding-Gesellschaft zuverlässig sein und die zur Wahrnehmung der Kontrollfunktion sowie zur Beurteilung und Überwachung der Geschäfte, die das Unternehmen betreibt, erforderliche Sachkunde besitzen. Bei der Prüfung, ob eine in Satz 1 genannte Person die erforderliche Sachkunde besitzt, berücksichtigt die Bundesanstalt den Umfang und die Komplexität der vom Institut betriebenen Geschäfte. Liegen Tatsachen vor, aus denen sich ergibt, dass eine der in Satz 1 bezeichneten Personen nicht zuverlässig ist oder nicht die erforderliche Sachkunde besitzt, kann die Bundesanstalt von den Organen des betroffenen Unternehmens verlangen, diese abzuberufen oder ihr die Ausübung ihrer Tätigkeit zu untersagen.
[65] MüKoAktG/*Habersack* § 116 Rn. 24 ff.; → § 100 Rn. 73 ff., 81; → § 116 Rn. 30, 36 f., 77 ff.
[66] Vgl. → § 100 Rn. 80; *Weber-Rey/Buckel* ZHR 177 (2013), 34.

kann dann nicht von Schadensersatzansprüchen nach § 93 entlasten. Gleiches gilt, sofern das Mitglied nicht über hinreichend Zeit verfügt, um sich ordnungsgemäß vorzubereiten und seinen Aufgaben nachzukommen. Die Vorbereitung von Sitzungen durch Mitarbeiter genügt nicht, denn das Aufsichtsratsmitglied ist verpflichtet, die Unterlagen selbst zu studieren und sich eine Meinung zu bilden, § 111 Abs. 5. Hier dürfte ein großes praktisches Problem liegen, da häufig eine **Konzentration von Mandaten** bei nur einer kleinen Zahl von Personen in der jeweiligen Körperschaft festzustellen ist, die daher kaum die gebotene Zeit zur Verfügung haben.[67]

24   **3. Die Interessenabwägung durch das Aufsichtsratsmitglied. a) Keine Weisungsgebundenheit.** Das Spannungsverhältnis zwischen dem öffentlichen Interesse des entsendenden Aktionärs, den Zwecken der Gesellschaft und dem unternehmerischen Interesse anderer Aktionäre[68] kommt bei der Frage der Weisungen an Aufsichtsratsmitglieder zum Ausdruck. Aufsichtsratsmitglieder nehmen ihre Aufgaben höchstpersönlich und unabhängig wahr und dürfen sie nicht durch andere erfüllen lassen, § 111 Abs. 5. Um diesem Kriterium gerecht zu werden, trifft das Aufsichtsratsmitglied eigene Entscheidungen und orientiert sich dabei am **Wohl der Gesellschaft**.[69] Ein Außenstehender hat selbst als Aktionär kein Recht, bindend über Gesellschaftsinteressen zu disponieren.[70] Dies kollidiert mit den Interessen des öffentlichen Aktionärs, „seinen" Aufsichtsratsmitgliedern Weisungen zu erteilen,[71] um die Geschäftspolitik des Unternehmens zu beeinflussen.[72]

25   Das Konzept der Bindung an Weisungen findet sich im Beamtenrecht (§ 35 BeamtStG). Rechtsgrundlagen sind weiter die Gemeindeordnungen der Länder (vgl. § 113 Abs. 1 S. 1 GemO NW; § 88 Abs. 4 GemO RP; § 104 Abs. 3 GO BW; § 111 Abs. 1 S. 2 GemO Nds) oder die jeweiligen Landeshaushaltsordnungen.[73] Zum **Interessenkonflikt** zwischen beamtenrechtlicher Weisungsgebundenheit des Aufsichtsratsmitglieds und eigenverantwortlicher Mandatswahrnehmung gibt es ein breites Spektrum der Meinungen. Nach der inzwischen hM sind Weisungen unzulässig.[74] Dieses Ergebnis folgt aus Art. 31 GG, dem Vorrang des Bundesrechts. Gemeindeordnungen der Länder oder anderes Landesrecht können sich über das Aktiengesetz als Bundesgesetz nicht hinwegsetzen.[75] Die Weisungsfreiheit ergibt sich aus § 111 Abs. 5. Sie ist vom BGH für öffentlichen Aufsichtsratsmitglieder bestätigt worden.[76]

26   Die anderen Auffassungen müssen daher zurücktreten. Stimmen insbesondere in der älteren Literatur vertraten bei anderer Gesetzeslage den Vorrang der beamtenrechtlichen Weisungsbindung vor der unabhängigen und eigenverantwortlichen Tätigkeitsausübung des Aufsichtsratsmitglieds.[77] Die These, ein Beamter habe nur in dem beamtenrechtlichen Ver-

---

[67] Vgl. *Weber-Rey,* Aktueller Stand der Private Corporate Governance in Morner aaO S. 19 ff., 24; → § 111 Rn. 573 ff.; → § 116 Rn. 119, 123 ff.
[68] Vgl. *Keller/Paetzelt* KommJur 2005, 451; *Schürnbrand* ZIP 2010, 1105 (1108).
[69] *Gatzer,* Moderne Strukturen guter Unternehmensführung in öffentlichen Unternehmen – Public Corporate Governance aus Sicht des Bundes in Morner aaO S. 43 bestätigt dies für die Praxis beim Bund.
[70] *Lutter/Grunewald* WM 1984, 385 (396).
[71] *Keller/Paetzelt* KommJur 2005, 451.
[72] Vgl. bereits BGH NJW 1962, 864; ausf. hierzu *Strobel* DVBl. 2005, 77 ff.; *Schwintowski* NJW 1990, 1009 (1013 f.); *Lutter/Grunewald* WM 1984, 385 (396); *Lutter/Krieger/Verse* Rn. 1426 mwN; beachte jedoch *für ein* Weisungsrecht des Gemeinderats gegenüber Ratsmitgliedern im Aufsichtsrat einer kommunalen GmbH durch Abbedingung von aktienrechtlichen Vorschriften im Gesellschaftsvertrag iRd § 113 GemO NRW: OVG Münster Urt. vom 24.4.2009 – 15 A 2592/07.
[73] Vgl. u. a. § 65 Abs. 6 LHO Freie Hansestadt Bremen.
[74] *Weber-Rey/Buckel* ZHR 177 (2013), 21; *Lutter/Grunewald* WM 1984, 385 (3969; MüKoAktG/*Schürnbrand* Vor § 394 Rn. 41; Hüffer/*Koch* § 394 Rn. 28 mwN.
[75] Hüffer/*Koch* § 394 Rn. 40; bereits *Schwintowski* NJW 1995, 1316 (1317).
[76] BGHZ 36, 296 (306). Der BGH formulierte dies wie folgt: „... als Angehörige eines Gesellschaftsorgans haben sie den Belangen der Gesellschaft den Vorrang vor denen der Entsendungsberechtigten zu geben und die Interessen der Gesellschaft wahrzunehmen, ohne an Weisungen des Entsendungsberechtigten gebunden zu sein"; Hüffer/*Koch* § 394 Rn. 3.
[77] *Stober* NJW 1984, 449 (455); *Ipsen* JZ 1955, 593 (597).

hältnis Weisungen zu befolgen und das zusätzliche Aufsichtsratsmandat nehme er nicht in seiner Eigenschaft als Beamter wahr, er unterliege somit auch keinen Weisungen,[78] überzeugt nicht, da wegen ihres öffentlichen Amtes geborene Mitglieder das Aufsichtsratsmandat im Hauptamt ausüben und andere Beamte jedenfalls im Interesse des Dienstherrn tätig werden. Auf Landesebene finden sich zudem vielfältige Bindungen der Repräsentanten der öffentlichen Hand an die Entscheidungen ihrer Körperschaften.[79] Als Mittelweg wird argumentiert, dass die Weisungsbindung nur für der Gesellschaft vorteilhafte Maßnahmen gilt (dann tritt auch kein Konflikt auf), andernfalls das Aufsichtsratsmitglied eigenverantwortlich über den Charakter der Maßnahme entscheiden kann.[80] Schließlich soll die Weisung nur im Innenverhältnis gelten,[81] was aber der geforderten Eigenverantwortung des Aufsichtsratsmitglieds entgegensteht und zu unauflösbaren Konflikten führen kann.

b) Umgang mit Erwartungen des öffentlichen Aktionärs. Dies bedeutet jedoch 27 nicht, dass die Aufsichtsratsmitglieder bei ihren Entscheidungen die Interessen der Unternehmen und der öffentlichen Hand nicht berücksichtigen dürfen. Es besteht ein wichtiger Unterschied zwischen der Berücksichtigung des öffentlichen Interesses im Rahmen der eigenverantwortlichen Mandatswahrnehmung und seiner Umsetzung aufgrund von Weisungsgebundenheit. Letztere ist abzulehnen. Der Interessenkonflikt zwischen Weisungsabhängigkeit und Unabhängigkeit des Aufsichtsratsmitglieds wird zu Gunsten der Eigenverantwortlichkeit[82] der Aufsichtsratsmitglieder aufgelöst. Sie haben sich bei ihren Entscheidungen an dem **maßgeblichen Unternehmensinteresse auszurichten**.[83] Das Unternehmensinteresse umfasst aber das Interesse der Anteilseigner, bei Gebietskörperschaften also die öffentlichen Interessen.[84] In diesem Rahmen sind die Aufsichtsratsmitglieder berechtigt und ggf. verpflichtet,[85] die Interessen der Gebietskörperschaften zu berücksichtigen, die allerdings im Zweifelsfall hinter die Gesellschaftsinteressen zurücktreten.[86] Konsultationen und Abstimmungen mit den Gebietskörperschaften, wie sie zB die „Hinweise für eine gute Beteiligungsführung" des Bundes in 3.1.3 (Rn. 49) vorsehen, sind statthaft.[87]

Damit allerdings ist die Problematik für das Aufsichtsratsmitglied der öffentlichen Hand 28 nicht beendet. Es kennt regelmäßig die konkreten Erwartungen, die an sein (Stimm-) Verhalten bei den einzelnen Sitzungen gerichtet sind. Besteht danach ein Konflikt, darf sich das Aufsichtsratsmitglied nicht vor der eigenen Entscheidung drücken und sich der Stimmabgabe enthalten. Hierin läge eine Verletzung der Pflichten, die der Gesellschaft geschuldet sind.[88]

---

[78] Hüffer/*Koch* § 394 Rn. 41.
[79] Nachweise bei MüKoAktG/*Schürnbrand* Vor § 394 Rn. 37 und 41.
[80] *Schwintowski* NJW 1990, 1013 (1015) (Markierung des Autors); *Schwintowski* NJW 1995, 1316 (1317 ff.); *Oebbecke* in Hoppe/Uechtritz, Handbuch Kommunale Unternehmen, § 9 Rn. 40.
[81] Vgl. Teil B Rn. 76 der „Grundsätze guter Unternehmens- und Beteiligungsführung im Bereich des Bundes" und insgesamt zum Thema Hüffer/*Koch* § 394 Rn. 28 ff.
[82] Gerne auch als *Vorrang des Gesellschaftsrechts* bezeichnet, vgl. BGHZ 36, 296; BGHZ 64, 325; BGHZ 69, 334; *Püttner* DVBl 1986, 145 ff.; *Lutter/Krieger/Verse* Rn. 1426.
[83] *Lutter/Krieger/Verse* Rn. 1427; vgl. zum Interessenwiderstreit auch ausführlich → § 100 Rn. 133 ff., 135; → § 116 Rn. 219 ff. und → Exkurs 1 Rn. 4 ff., 16.
[84] Hüffer/*Koch* § 394 Rn. 31; *Lutter/Krieger/Verse* Rn. 1427; *Thümmel* DB 1999, 1891 (1892); *Banspach/Nowak* Der Konzern 2008, 195 (198).
[85] *Lutter/Grunewald* WM 1984, 385 (395). Zur Berücksichtigung der öffentlichen Interessen kann sich das Aufsichtsratsmitglied grundsätzlich verpflichten, allerdings findet diese Verpflichtung ihre Grenze in den Gesellschaftsinteressen, Hüffer/*Koch* § 394 Rn. 32.
[86] *Spindler* ZIP 2011, 689 (690); Hüffer/*Koch* § 394 Rn. 30; *Lutter/Krieger/Verse* Rn. 914; → Exkurs 1 Rn. 63.
[87] MüKoAktG/*Schürnbrand* Vor § 394 Rn. 42; Hüffer/*Koch* § 394 Rn. 32.
[88] HM, vgl. MüKoAktG/*Habersack* § 116 Rn. 31 und § 100 Rn. 95; Kölner Komm AktG/*Mertens/Cahn* § 116 Rn. 11, 25; Spindler/Stilz/*Spindler* § 116 Rn. 34. Nur für den Fall einer vereinzelten Pflichtenkollision wird die Zulässigkeit der Stimmenthaltung diskutiert, wenn dadurch die Entscheidung des Aufsichtsrats nicht verhindert oder präjudiziert wird, Kölner Komm AktG/*Mertens/Cahn* § 116 Rn. 25, 34 mwN; Hölters/*Hambloch-Gesinn/Gesinn* § 116 Rn. 17; eine wirkliche Pflichtenkollision wird aber wegen des Vorrangs des Gesellschaftsinteresses, Rn. 27 und *Lutter/Krieger/Verse* Rn. 914, fast nie vorliegen.

29 **3. Informationen und Verschwiegenheit.** Der Aufsichtsrat kann seinen Überwachungspflichten nur nachkommen, wenn er ausreichende Informationen zur Unternehmenspolitik und Geschäftsführung erhält. Deswegen ist ein weitgehender Informationsfluss in den Aufsichtsrat zu erwarten.[89] Im Gegenzug unterliegt jedes Aufsichtsratsmitglied als Ausfluss der allgemeinen Treuepflicht[90] gegenüber der Gesellschaft der **Verschwiegenheit,** unabhängig davon, ob es gewählt oder entsandt wurde, §§ 116 iVm 93 Abs. 1.[91] Diese Verschwiegenheit sichert das Interesse des Unternehmens, vertrauliche Informationen einschließlich nicht publizitätspflichtiger Finanzfragen, Beratungen, Abstimmungsverhalten Einzelner und Arbeitsabläufe geheim zu halten.[92]

30 Andererseits hat die öffentliche Hand als Aktionär ein besonderes Interesse an der Sicherstellung des **öffentlichen Zwecks** ihrer Beteiligung. Um diesem Interesse Genüge zu tun, wird die Pflicht zur Vertraulichkeit nach § 394 durchbrochen,[93] soweit eine Berichtspflicht des Aufsichtsratsmitglieds besteht.[94] Die öffentlichen Aufsichtsratsmitglieder unterliegen meistens einer Berichtspflicht (und nicht nur einer Erwartung).[95] Ob diese Berichtspflicht aber gesetzlich angeordnet sein muss, war lange strittig und ist jetzt durch die Aktienrechtsnovelle 2014 geklärt (→ § 394 Rn. 7 f., 22 f.). Außerdem bestehen weitere Restriktionen. Nur solche vertraulichen Angaben und Geheimnisse dürfen weitergegeben werden, die für die Berichtszwecke bedeutsam sind, § 394 S. 2. Kann der Empfänger vertrauliche Behandlung gemäß § 395 nicht sicherstellen, darf das Aufsichtsratsmitglied nicht an ihn berichten.[96]

IV. Sonderregelungen der §§ 53, 54 HGrG

31 Ergänzend zu den Berichtsregelungen nach §§ 394, 395 und in Abweichung vom Gleichbehandlungsgrundsatz des § 53a kann eine mehrheitlich beteiligte Gebietskörperschaft die Erweiterung der **Abschlussprüfung** auf die Ordnungsmäßigkeit der Geschäftsführung verlangen, § 53 (1) Ziffer 1 HGrG. Sie kann weiter verlangen, dass der Bericht ergänzt wird um die Entwicklung der Vermögens- und Ertragslage sowie Liquidität und Rentabilität der Gesellschaft, § 53 (1) Ziffer 2a) HGrG, verlustbringende Geschäfte und ihre Ursache, § 53 Ziffer 2b) HGrG, und die Ursachen eines ausgewiesenen Jahresfehlbetrags, § 53 Ziffer 2c) HGrG. Diese Rechte sind für den Aufsichtsrat mittelbar relevant. Er ist zwar nicht Normadressat, hat sich aber auch mit den Ergänzungen des Prüfungsberichts zu befassen und dessen Feststellungen bei seinen Entscheidungen und im Rahmen der Überwachung des Vorstands zu berücksichtigen.

32 Außerdem kann die Gebietskörperschaft von der Gesellschaft verlangen, den Prüfungsbericht und gegebenenfalls den Prüfungsbericht der **Konzernabschlussprüfer** unverzüglich nach Eingang zu erhalten, d. h. zum selben Zeitpunkt wie der Aufsichtsrat ihn erhält. Die Übersendung dieser Informationen führt nicht dazu, dass andere Aktionäre auf sie nach § 131 Abs 4 Anspruch hätten.[97]

33 Die Rechte aus § 53 HGrG stehen der Gebietskörperschaft zu, ohne dass es einer Satzungsänderung bedarf. Sie bestehen auch, wenn die Gebietskörperschaft nur mittelbar an dem Unternehmen beteiligt ist, und Anteile anderer Gebietskörperschaften können für die Feststellung der **erforderlichen Mehrheit** (die Mehrheit der Stimmen genügt für eine

---

[89] *Früchtl* S. 123.
[90] Zur allgemeinen Treuepflicht, vgl. BGHZ 64, 325 (327); *Hueck* RdA 1975, 35 (37).
[91] *Spindler/Stilz/Schall* § 394 Rn. 1, 4 ff.; *Spindler* ZIP 2011, 689 (696).
[92] *Spindler* ZIP 2011, 689 f.
[93] Diskutiert wird auch die Durchbrechung der Verschwiegenheitspflicht im Vertragskonzern, vgl. *Noack* StuGR 1995, 379 (385). Unternehmensverträge mit der öffentlichen Hand sind aber wegen der Folge der Verlustübernahmeverpflichtung nach § 302 praktisch nicht relevant, vgl. ausführlich *Hüffer/Koch* § 394 Rn. 2c.
[94] *Land/Hallermayer* AG 2011, 114 (115); *Banspach/Nowak* Der Konzern 2008, 195 (200).
[95] *Spindler* ZIP 2011, 689; *Lutter/Krieger/Verse* Rn. 1431.
[96] Vgl. insgesamt die ausführliche Kommentierung zu §§ 394, 395.
[97] MüKoAktG/*Schürnbrand* Vor § 394 Rn. 71.

Zurechnung nicht)⁹⁸ zusammengerechnet werden, wobei der Gebietskörperschaft immer eine unmittelbare oder mittelbare Kapitalbeteiligung von jedenfalls 25 % zustehen muss, § 53 Ziffer 1 und Ziffer 2 Satz 2 HGrG.⁹⁹

§ 54 HGrG ermöglicht eine Satzungsregelung, nach der sich die **Rechnungsprüfungs-** **34** **behörde** bei der Aktiengesellschaft unmittelbar unterrichten und zu diesem Zweck den Betrieb, die Bücher und die Schriften des Unternehmens einsehen kann. Die Rechte stehen der Gebietskörperschaft zu, werden aber von dem zuständigen Rechnungshof ausgeübt.¹⁰⁰ Zweck dieses Unterrichtungsrechts ist die Klärung von Fragen, die bei der Prüfung nach § 44 HGrG aufgetreten sind.¹⁰¹ Insoweit ist das Aufsichtsratsmitglied auch persönlich betroffen, weil sich die Prüfung nach § 44 HGrG¹⁰² auf die Tätigkeit der Aufsichtsratsmitglieder erstreckt, die auf Veranlassung der Gebietskörperschaft bestellt wurden.¹⁰³ Die Rechnungsprüfungsbehörden können die Vorlage von Unterlagen betreffend der Tätigkeit eines einzelnen Aufsichtsmitglieds verlangen, und zwar auch dann, wenn nur ein substantiierter Verdacht eines Fehlverhaltens besteht.¹⁰⁴ Andererseits begründen die Normen des HGrG keine Berichtspflichten der Aufsichtsratsmitglieder.¹⁰⁵

Das Unterrichtungsrecht gemäß § 54 HGrG setzt damit voraus, dass eine entsprechende **35** **Regelung in die Satzung** aufgenommen wurde. § 54 HGrG begründet keine Verpflichtung der Aktiengesellschaft zur Satzungsänderung, auch nicht für deren Tochtergesellschaften, die nicht von einer etwaigen Satzungsklausel bei der Muttergesellschaft erfasst werden.¹⁰⁶ § 54 Ziffer 1 S. 1 HGrG verweist auf § 53 HGrG, so dass dessen Zurechnungsregelungen für die Höhe der Beteiligung relevant sind. Die Gebietskörperschaft muss also direkt mit jedenfalls 25 % beteiligt sein und gemeinsam mit anderen Gebietskörperschaften über die Mehrheit der Aktien verfügen, sonst kann die Satzung nicht ergänzt werden. Es ist nicht erforderlich, dass sie über die satzungsändernde Mehrheit verfügt (3/4 des vertretenen Kapitals gemäß § 54 Ziffer 1 HGrG, für den Beschluss ist weiter die einfache Stimmenmehrheit gemäß § 133 Abs. 1 nötig), die fehlenden Stimmen können also von anderen Aktionären kommen. Die Satzungsänderung wird wirksam mit ihrer Eintragung ins Handelsregister. Die Satzungsbestimmung tritt außer Kraft, wenn die Mehrheit des § 53 HGrG nicht mehr von der Gebietskörperschaft gehalten wird bzw. ihr nicht mehr zugerechnet werden kann.¹⁰⁷

V. Die Besetzung des Aufsichtsrats durch die öffentliche Hand

1. Bestellung des Aufsichtsrats. Für die Bestellung des Aufsichtsrats gibt es keine **36** gesetzlichen Sonderregelungen zu Gunsten der öffentlichen Hand. Wegen des Postulats „angemessenen" Einflusses in den Haushaltsordnungen sind (gesellschafts-)vertragliche Regelungen der Regelfall. Wie jeder private kann auch der öffentlich-rechtliche Aktionär auf die Besetzung des Aufsichtsrats Einfluss nehmen

---

[98] Zutreffend MüKoAktG/*Schürnbrand* Vor § 394 Rn. 57, da es nicht auf den Einfluss, sondern auf die investierten Mittel ankommt, str., aA NK-AktG/*Breuer/Fraune* § 394 Anh. Rn. 3.
[99] Hüffer/*Koch* § 394 Rn. 8; MüKoAktG/*Schürnbrand* Vor § 394 Rn. 55 f.
[100] Hüffer/*Koch* § 394 Rn. 16.
[101] § 44 HGrG:
„(1) Der Rechnungshof prüft die Betätigung des Bundes oder des Landes bei Unternehmen in einer Rechtsform des privaten Rechts, an denen der Bund oder das Land unmittelbar oder mittelbar beteiligt ist, unter Beachtung kaufmännischer Grundsätze.
(2) Absatz 1 gilt entsprechend bei Genossenschaften, in denen der Bund oder das Land Mitglied ist."
[102] Entsprechendes gilt für § 92 BHO und die jeweiligen der LHO.
[103] Hüffer/*Koch* § 394 Rn. 17, 19.
[104] MüKoAktG/*Schürnbrand* § 394 Rn. 84; Hüffer/*Koch* § 394 Rn. 19 unter Aufgabe der Auffassung in der Vorauflage.
[105] K. Schmidt/Lutter/*Oetker* § 394 Rn. 14 f.
[106] HM; MüKoAktG/*Schürnbrand* Vor § 394 Rn. 79; Hüffer/*Koch* § 394 Rn. 15 mit Nachweis der Gegenmeinung.
[107] MüKoAktG/*Schürnbrand* Vor § 394 Rn. 77.

- durch Wahlvorschläge in der Hauptversammlung,
- durch Aktionärsvereinbarungen,
- durch Ausübung eines in der Satzung festgelegten Entsendungsrechts[108] oder
- durch die Benennung geborener Aufsichtsratsmitglieder in der Satzung.[109]

37 Die erste Form (**Wahlvorschlag**) ist dabei die schwächste und genügt dann nicht, wenn Einfluss sicherzustellen ist.

38 Zweckmäßiger ist die **Gesellschaftervereinbarung** mit anderen Aktionären. Ihr Gegenstand ist deren Bindung bei der Stimmabgabe, um die Wahl der von der Gebietskörperschaft benannten Aufsichtsratsmitglieder sicherzustellen.

39 Die effizienteste Methode zur Besetzung des Aufsichtsrats sind in der Satzung vorgesehene **Entsendungsrechte**; für entsendende Gebietskörperschaften bestehen keine Besonderheiten. Für die Gesellschaft ist im Übrigen die Benennung durch das Vertretungsorgan des Aktionärs bindend. Mängel bei der vorausgehenden internen Willensbildung der entsendenden Körperschaft sind unbeachtlich. Welche von mehreren geeigneten Personen aufgrund eines etwaigen Besetzungsrechts Aufsichtsratsmitglied werden soll, ist ein internes Thema der Gebietskörperschaft und wird als solches hier nicht weiter behandelt.[110] Das gilt auch für die Rolle von Proporzregelungen, zB in Gemeindeordnungen (vgl. § 104 Abs. 1 GemO BaWü; § 111 Abs. 1 S. 1 GemO Nds.; § 88 Abs. 1 S. 5, Abs. 3 GemO RhPf), die vorschreiben, die Aufsichtsratssitze im Verhältnis der Ratsfraktionen zu besetzen. Möglicherweise wirken sich derartige Proporzregelungen auf Auswahl und Qualifikation sowie Unabhängigkeit der Aufsichtsratsmitglieder negativ aus,[111] jedoch dürfte diese These nicht hinreichend konkret belegt sein, um von genereller Unzulässigkeit auszugehen.

40 Ein besonderer Fall ist die **Benennung geborener Mitglieder in der Satzung**, die über ihr Amt bei einem Aktionär definiert werden und deren namentliche Identität daher nicht in der Satzung festgeschrieben werden kann. ZB kann in der Satzung der Gesellschaft vorgesehen werden, dass der Oberbürgermeister einer Stadt ein geborenes Aufsichtsratsmitglied ist. Da die Entscheidung über die Person auf Ebene des Aktionärs erfolgt (im Beispiel durch politische Wahl) und nicht durch die Hauptversammlung, handelt es sich um eine Form der Entsendung. Rechtlich bedarf es keiner Erklärung des Aktionärs, dass die konkrete Person in den Aufsichtsrat entsandt ist, weil diese Bestimmung schon in der Satzung erfolgte und es keines zusätzlichen Willensakts und seiner Kundgabe bedarf. Die dennoch übliche Mitteilung dient zugleich als Anzeige der Annahme des Mandats gegenüber der Gesellschaft. Wenn die Satzung im Beispiel zulässt, dass der Oberbürgermeister statt seiner den Inhaber eines definierten Amts als Mitglied benennen darf, etwa ein anderes Magistratsmitglied, handelt es sich bei letzterem gleichfalls um eine Entsendung. Sie muss aber ausdrücklich erklärt werden, weil der Name des Mitglieds nicht ausschließlich mittels der abstrakten Beschreibung in der Satzung festgestellt werden kann und eine Willensentscheidung hinzukommt.

41 Die Anzahl der seitens der öffentlichen Hand benannten Aufsichtsratsmitglieder hängt in der Praxis von ihrer Anteilshöhe ab. Kann diese sich ändern, sind Regelungen in der Satzung der Gesellschaft von Nöten, bei welcher Anteilshöhe die öffentliche Hand mit wie vielen Akteuren beteiligt ist.[112]

42 Das GlTeilhG (→ § 104 Rn. 100 f.) fand große Beachtung, soweit der privatwirtschaftliche Sektor betroffen ist. Weniger Beachtung fanden die Regelungen in seinem Artikel 1 mit dem Gesetz über die Mitwirkung des Bundes an der Besetzung von Gremien (Bundesgremienbesetzungsgesetz – BGremBG) und dem Artikel 2 mit dem Gesetz für die Gleich-

---

[108] *Stüer* StuGR 1981, 243 (245); *Früchtl* S. 151; vgl. allgemein → § 101 Rn. 61 ff.
[109] *Zieglmeier* LKV 2005, 338 (339).
[110] In Betracht kommen zwei unterschiedliche Wahlsysteme. Zum einen wäre eine Besetzung nach dem Verhältnis der mathematischen Proportionen (Hare-Niemeyer) denkbar und zum anderen eine Besetzung nach dem Mehrheitswahlsystem. Vgl. umfassend hierzu *Stüer* StuGR 1981, 243 f. und allgemein → § 101 Rn. 18 ff.
[111] *Kirschbaum* BKR 2006, 139 (142); *Schneider* AG 2005, 493 (494).
[112] *Gemkow* ZCG 2010, 65 (67).

stellung von Frauen und Männern in der Bundesverwaltung und in den Unternehmen und Gerichten des Bundes (Bundesgleichstellungsgesetz – BGleiG). Wenn an der AG Private und der Bund beteiligt sind, wird das BGremBG erhebliche Bedeutung für die Besetzung des Aufsichtsrats seitens des Bundes (und daran anschließend wohl bald der Länder und Gemeinden) erlangen. Das BGremBG hat eine eigene, der Quote in der AG vorgelagerte Quotenregelung[113], die im Rahmen der Benennung und Bestellung seitens des öffentlichen Aktionärs zu beachten ist. Die Auswirkungen denkbarer Verstöße und Prätendentenstreite auf den Aufsichtsrat bleiben abzuwarten.

2. Abberufung; Ende des Amtes. Die Gebietskörperschaft kann die von ihr entsandten Mitglieder jederzeit abberufen, § 103 Abs. 2, während für die Abberufung auf ihre Veranlassung gewählter Aufsichtsratsmitglieder ein Beschluss der Hauptversammlung mit einer Dreiviertelmehrheit erforderlich ist, § 103 Abs. 1. Eine Aktionärsvereinbarung kann die anderen Aktionäre verpflichten, auf deren Wunsch in der Hauptversammlung für die Abberufung des von der Gebietskörperschaft benannten Mitglieds zu stimmen. Dieser Regelungsweg ist aber weniger effizient als die Abberufung eines entsandten Mitglieds, da die Gebietskörperschaft nicht unmittelbar und einseitig das Ende des Amtes herbeiführen kann.

Der Grundsatz, dass für die Gesellschaft **Mängel bei der vorausgehenden internen Willensbildung** des Aktionärs unbeachtlich sind, gilt auch bei der Abberufung. Jedoch stellt sich auf Ebene der Gebietskörperschaft die Frage, ob ein Aufsichtsratsmitglied nur deshalb abgewählt werden darf, weil sich bei ihr die Mehrheitsverhältnisse geändert haben und bei einer Neubesetzung des Aufsichtsrats jetzt andere Mitglieder bestellt würden. Das ist nach einer Entscheidung des OVG Münster unzulässig. Das Gericht berücksichtigt damit die Interessen der Gesellschaft an der Kontinuität und Stabilität des Aufsichtsrats.[114] Ob diese berechtigte Überlegung aber auch durchgreift, wenn satzungsmäßig Entsenderechte vorgesehen werden, die keines oder nur eines Beschlusses eines änderungswilligen Gremiums der Körperschaft bedürfen, mag offen bleiben.

Schließlich stellt sich die Frage, ob die Zugehörigkeit zum öffentlichen Dienst und die Mitgliedschaft im Aufsichtsrat **miteinander verknüpft sind,** so dass die Mitgliedschaft der Vertreter der öffentlichen Hand im Aufsichtsrat ohne weiteres oder auf Weisung mit deren Ausscheiden aus dem Dienst der Körperschaft endet. Diese Auffassung ist verbreitet.[115] Sie ist allenfalls überzeugend, wenn die Qualität als Amtsträger satzungsmäßig vorausgesetzt ist, zum Beispiel bei der geborenen Mitgliedschaft. In allen anderen Fällen bedarf es des Widerrufs der Entsendung, der Abwahl in der nächsten Hauptversammlung oder einer Rücktrittserklärung. Deren Abgabe kann nicht bereits bei seiner Wahl wirksam mit dem Mitglied vereinbart werden kann,[116] und ein Weisungsrecht eines Aktionärs auf Amtsniederlegung eines Aufsichtsratsmitglieds ist mit der Zuständigkeit der Hauptversammlung für diese Entscheidung nicht vereinbar.[117]

---

[113] „§ 4 Vorgaben für Aufsichtsgremien
(1) In einem Aufsichtsgremium müssen ab dem 1. Januar 2016 mindestens 30 Prozent der durch den Bund zu bestimmenden Mitglieder Frauen und mindestens 30 Prozent Männer sein. Der Mindestanteil ist bei erforderlich werdenden Neuwahlen, Berufungen und Entsendungen zur Besetzung einzelner oder mehrerer Sitze zu beachten und sukzessive zu steigern. Bestehende Mandate können bis zu ihrem vorgesehenen Ende wahrgenommen werden. Stehen dem Bund insgesamt höchstens zwei Gremiensitze zu, sind die Sätze 1 bis 3 nicht anzuwenden. Bestimmen mehrere Institutionen des Bundes nach § 3 Nummer 3 Mitglieder eines Gremiums, ist die Gesamtzahl der zu bestimmenden Mitglieder maßgeblich. Bei den Berechnungen ist zur nächsten vollen Personenzahl aufzurunden."
[114] OVG Münster NVwZ 1990, 791 (792) mwN.
[115] Nachweise bei MüKoAktG/*Schürnbrand* Vor § 394 Rn. 31 f. unter Aufgabe der Auffassung der Vorauflage, nach der ein Weisungsrecht bestand.
[116] Seine organschaftliche Stellung lässt diese Bindung nicht zu, vgl. auch Hüffer/*Koch* § 394 Rn. 32.
[117] MüKoAktG/*Schürnbrand* Vor § 394 Rn. 32.

Autorenverzeichnis

Professor Dr. Thomas Gasteyer, LL. M. (Columbia), ist Rechtsanwalt und Of-Counsel von Clifford Chance in Frankfurt am Main. Er studierte Rechtswissenschaften an der Goethe-Universität in Frankfurt am Main und erwarb den Master of Laws an der Columbia University, New York. Er promovierte über ein konzernrechtliches Thema, war in einer internationalen Wirtschaftsprüfungs- und Steuerberatungsgesellschaft und ist seit dem Jahr 1980 bei Clifford Chance (früher Pünder Volhard & Weber) tätig. Seine Schwerpunkte sind Gesellschaftsrecht, Mergers & Acquisitions und die Strukturierung von Investitionen. Thomas Gasteyer gehörte verschiedenen Aufsichtsräten an und hat Lehraufträge an der Deutschen Universität für Verwaltungswissenschaften Speyer und dem Institute for Law and Finance an der Goethe-Universität, Frankfurt am Main.

Ralf Gerdes ist Rechtsanwalt in der Frankfurter Niederlassung der KPMG Rechtsanwaltsgesellschaft mbH. Er studierte Rechtswissenschaften an der Universität Passau. Seit seiner Zulassung als Rechtsanwalt im Jahr 2010 berät er nationale und internationale Unternehmen und deren Organe umfassend zu gesellschafts- und konzernrechtlichen Fragestellungen einschließlich bilanzrechtlicher Bezüge. Den Schwerpunkt seiner Tätigkeit bilden die Gestaltung gesellschaftsrechtlicher Strukturen und die Beratung von Vorstands- und Aufsichtsratsmitgliedern zu Corporate Governance-Themen. Zudem ist er spezialisiert auf die Ausgestaltung und Implementierung von Beteiligungsprogrammen für Führungskräfte und Mitarbeiter.

Stephan Gittermann ist Partner der Anwaltssozietät Luther und in deren Büros in Hamburg und Frankfurt tätig. Er studierte Rechtswissenschaften an den Universitäten Freiburg und München. Nach der Zulassung zum Rechtsanwalt im Jahr 1995 war er zunächst für eine auf Gesellschaftsrecht spezialisierte Sozietät in Frankfurt tätig. Von 2000 bis 2006 gehörte er dem Frankfurter Büro von Clifford Chance an und arbeitete zeitweise auch im Londoner Büro der Kanzlei. Anschließend war er Partner der internationalen Anwaltssozietät Mayer Brown und in deren Frankfurter Büro tätig (2007–2013). Stephan Gittermann ist spezialisiert auf Gesellschaftsrecht mit besonderem Schwerpunkt im Aktienrecht. Er berät bei öffentlichen Übernahmen, Kapitalerhöhungen, Squeeze-outs, der Vorbereitung von Hauptversammlungen und in Fragen der Corporate Governance. Außerdem berät er bei Unternehmenskäufen und Joint Ventures.

Dr. Stefan Mutter ist Rechtsanwalt. Sein Rechtsstudium absolvierte er in Tübingen, wo er 1994 bei Prof. Harm Peter Westermann bereits mit einer aktienrechtlichen Arbeit promovierte. Er ist Partner der Gleiss Lutz Hootz Hirsch PartmbB Rechtsanwälte, Steuerberater und war 2009 auch Mitgründer deren Düsseldorfer Büros. Im Jahr 2000 war er im Rahmen eines Secondments bei Herbert Smith LLP, London. In jungen Jahren war er mehr als drei Jahre in der Bundesfinanzverwaltung. Dr. Mutter berät heute insbesondere in aktien- und kapitalmarktrechtlichen Fragen sowie bei Rechtsstreitigkeiten mit Aktionären und Organen. Weitere Arbeitsgebiete von Dr. Mutter sind Corporate Governance, Compliance und Organhaftung. Er verfügt über umfangreiche Erfahrung bei der Neuordnung von Konzernstrukturen, Fusionen und Akquisitionen.

Dr. Kersten v. Schenck, M. C. J. (NYU), von 1987 bis 2012 Partner bzw. Of Counsel der international tätigen Anwaltssozietät Clifford Chance, ist seit 2012 als Rechtsanwalt und Notar in eigener Kanzlei in Frankfurt am Main tätig. Er studierte Rechtswissenschaften an den Universitäten Freiburg und Münster und erwarb nach dem Assessorexamen an der New York University School of Law in New York den Titel des Master of Comparative

Autorenverzeichnis

Jurisprudence (M. C. J.) und an der Universität Münster den Grad des Dr. jur. In den USA arbeitete er ein Jahr lang als Foreign Associate in einer Anwaltssozietät in Washington, D. C., und nach seiner Promotion als Notarassessor in Hamburg, bevor er in das Frankfurter Büro von Clifford Chance eintrat. Dr. v. Schenck war bzw. ist Mitglied verschiedener Aufsichts- und Beiräte. Er ist spezialisiert auf Gesellschaftsrecht, insbesondere Aktienrecht, sowie Bankaufsichtsrecht. Er hat viele grenzüberschreitende Unternehmenskäufe und insbesondere Bankakquisitionen betreut; heute berät er Vorstände und Aufsichtsräte in Krisensituationen von Unternehmen, zudem beurkundet er als Notar überwiegend gesellschaftsrechtliche Vorgänge. Er ist Mitautor verschiedener Werke zum Gesellschafts- und Bankrecht und Verfasser von Aufsätzen und Zeitungsartikeln zu Fragen des Aktien- und Bankrechts.

Dr. Carsten Schütz, LL. M. (Northwestern University), ist Rechtsanwalt in Berlin. Er studierte Rechtswissenschaften an der Universität in Hamburg und erwarb den Master of Laws an der Northwestern University, Chicagol Er promoviete über ein wechselrechtliches Thema, war in einer Wirtschaftsprüfungs- und Steuerberatungsgesellschaft, einer multidisziplinären Partnerschaft in Hamburg und einer internationalen Sozietät in Berlin tätig. Seine Schwerpunkte sind Gesellschaftsrecht, Mergers & Acquisitions und Bankaufsichtsrecht. Carsten Schütz berät verschiedene Aufsichts- und Beiräte börsennotierter und nicht-börsennotierter Unternehmen. Er ist Mitautor verschiedener Werke zum Gesellschaftsrecht.

Dr. Holger Seidler ist Rechtsanwalt, Steuerberater und Wirtschaftsprüfer. Er arbeitet seit 2009 wieder für die KPMG AG Wirtschaftsprüfungsgesellschaft in Berlin. Von 2004 bis 2008 war er im Bundesministerium für Justiz und Verbraucherschutz an der Erarbeitung des Bilanzrechtsmodernisierungsgesetzes beteiligt. Davor war er seit 1998 für die KPMG AG Wirtschaftsprüfungsgesellschaft in Frankfurt am Main tätig. Er studierte nach einer Ausbildung zum Bankkaufmann Rechtswissenschaften an der Universität Göttingen. Dr. Holger Seidler ist Autor oder Mitautor verschiedener Veröffentlichungen zum Bilanzrecht/ Recht der Abschlussprüfung. Zudem ist er Lehrbeauftragter an der Universität Potsdam.

Dr. Stefan Suchan, LL. M. (Cornell) ist seit 2007 Partner der KPMG Rechtsanwaltsgesellschaft mbH und verantwortlich für die Niederlassung in Frankfurt am Main. Sein Studium führte ihn u. a. nach Heidelberg, dort promovierte er zu einem gesellschaftsrechtlichen Thema. Seinen Master of Laws erwarb er an der Cornell University, New York. 1998 erhielt Stefan Suchan seine Zulassung als Rechtsanwalt und 2003 seine Zulassung zum Steuerberater. Stefan Suchan besitzt langjährige Erfahrung in der rechtlichen, steuerlichen und bilanziellen Beratung großer und mittlerer Unternehmen, insbesondere aus den Geschäftsfeldern Energie und Automotive. Sein Beratungsschwerpunkt liegt in der Begleitung von Umstrukturierungsvorgängen sowie in der umfassenden gesellschaftsrechtlichen Betreuung, insbesondere von Management und Aufsichtsrat. Stefan Suchan ist Mitautor verschiedener Werke zum Gesellschafts- und Bilanzrecht.

Sachverzeichnis

Bearbeitet von Per Axel Schwanbom, Rechtsanwalt in München
Fett gedruckte Ziffern bezeichnen die Paragrafen, mager gedruckte die Randnummern.

Abberufung von Arbeitnehmervertretern
- nach DrittelbG **103** 78 f.
- nach MgVG **103** 78 f.
- nach MitbestErgG **103** 78 f.
- nach MitbestG **103** 78 f.
- nach MontanMitbestG **103** 78 f.
- SE-BeteilgungsG **103** 78 f.

Abberufung von Aufsichtsratsmitgliedern
- durch Aktionäre **103** 42 ff.
- Anfechtung **103** 24 ff.
- Aufsichtsratsvorsitzender **107** 5 ff.
- Ausscheiden ohne Abberufung **103** 84 ff.; s. auch Amtsniederlegung
- durch BaFin **103** 87 ff.
  - Abberufungsverlangen, Adressat **103** 93 ff.
  - Abberufungsverlangen, Rechtsnatur **103** 94
  - entsandte Mitglieder **103** 99
  - Verfahren **103** 93 ff.
- Drei-Personen-Aufsichtsrat **103** 17, 40 f.
- Entlastung s. Entlastung von Aufsichtsratsmitgliedern
- entsandte Mitglieder **103** 26 ff.
  - Abberufungserklärung **103** 27
  - Anspruch der Gesellschaft auf Abberufung **103** 32 f.
  - durch BaFin **103** 99
  - Klage der Gesellschaft auf **103** 33
  - durch Minderheitsaktionäre **103** 31, 42 ff.
  - Wirksamwerden **103** 27 f.
- Ersatzmitglieder **101** 210; **103** 80 ff.
- gerichtlich bestellte Mitglieder **104** 115 ff.
- durch gerichtliche Entscheidung **103** 34 ff.
  - Abberufungsantrag, Aufsichtsrat **103** 35 ff.
  - Abberufungsantrag, BaFin **103** 87
  - Abberufungsantrag, Zuständigkeit **107** 366
  - Abstimmungsverbot **103** 38 f.
  - einstweilige Anordnung **103** 76 f.
  - ex nunc-Wirkung **103** 65 f.
  - Minderheitsaktionäre, Antrag **103** 42 ff.
  - Neubesetzung **103** 77
  - Rechtsmittel **103** 65 ff.
  - Rückkehr in den Aufsichtsrat **103** 71 ff.
  - Verfahren **103** 58
  - wichtiger Grund **103** 45 ff., 57
  - zuständiges Gericht **103** 58
- gewählte Mitglieder **103** 8 ff.
- durch Hauptversammlung **103** 8 ff.
  - Abberufungsantrag **103** 15
  - Erfordernisse, zusätzliche **103** 11 f.
  - Erklärungspflicht **103**
  - Ermessensentscheidung **103** 9

- Grund **103** 11
- Mehrheitserfordernis **103** 10, 13
- Mitwirkungsverbote **103** 16
- Rechtsmittel **103** 24
- Stimmrecht **103** 16
- Pflicht zur **116** 73 f.
- Rechtsfolgen der Abberufung **103** 23
- unwirksame
  - Haftung **116** 46
- wichtiger Grund **103** 45 ff.; **170** 43
- Wirksamwerden
  - entsandte Mitglieder **103** 27 f.
  - gewählte Mitglieder **103** 18 ff.
- Wirkung **103** 23
- Zuständigkeit, keine Delegation **103** 14

Abberufung von Ausschussmitgliedern **107** 409

Abberufung von Vorstandsmitgliedern
- Beschluss des Aufsichtsrats **107** 345 ff.
- Dienstvertrag
  - Aufhebungsvertrag **107** 349; **116** 360; s. dort
  - Kündigung durch Ausschuss **107** 346
  - einvernehmliche Beendigung **107** 349
  - Ermessensgrenzen **116** 360
- Kompetenz **107** 345
- Suspendierung **107** 348
- wichtiger Grund **108** 269; **111** 295; **116** 342 f.

Abberufungsverfahren
- gerichtliches **103** 58 ff.

Abfindung von Vorstandsmitgliedern
- Abfindungs-Cap **116** 350
- ausgeschiedene, Beratungsvertrag **112** 34
- Begrenzung (DCGK) **116** 346, 350; s. auch Vorstand, Anstellungsbedingungen
- Rückzahlung überzogener **113** 9
- Übernahmefälle **116** 360
- vorzeitiger Widerruf der Bestellung **116** 360

Abfindungs-Cap 116 350; s. auch Vorstand, Anstellungsbedingungen

Abhängigkeitsbericht
- Prüfung durch Aufsichtsrat **171** 44 ff.
- Vorlagepflicht des Vorstands **170** 33 f.

Abschlussprüfer
- Aufsichtsrat (Auswahl) **111** 429 f.
- Aufsichtsrat (Beauftragung) **111** 447 ff.
  - Corporate Governance Kodex **111** 437 ff.
- Aufsichtsrat (Überwachung) **116** 378
- Aufsichtsrat (Wahlvorschlag) **111** 427 f.
- Aufsichtsrat (Zusammenarbeit) **111** 455 ff.
- Aufsichtsratssitzungen, Teilnahmerecht **109** 66 f.

1021

Sachverzeichnis

Fett gedruckte Ziffern = Paragrafen

[Noch: **Abschlussprüfer**]
- Auskunftspflicht **171** 115 ff.
- Ausschluss- und Befangenheitsgründe **111** 434 ff.
- Ausschluss von Abschlussprüfung **111** 426, 434 ff.
- Ausschluss von Bilanzsitzung **171** 113 f.
- Auswahl und Beauftragung **111** 426 ff.
  - Prüfungsschwerpunkte **171** 82
- Beauftragung **171** 60
  - durch Ausschuss **107** 357; **111** 427
- Befangenheit
  - Bericht über **Exkurs 2 zu § 172** 36
  - Gründe **111** 434 ff.
- Beratungsverträge mit **114** 18 f.
- Bericht des Abschlussprüfers **171** 86 ff.
  - Berichtspflicht **171** 86 ff.
  - Inhalt **171** 88 ff.
- Berichtspflicht **171** 86 ff.
  - in Bilanzsitzung **171** 98 ff.
- Bestätigungsvermerk des Abschlussprüfers **Exkurs 2 zu § 172** 34; *s. auch Bestätigungsvermerk*
- Bestellung **111** 445
- Beurteilung des Risikomanagementsystems **171** 105 ff.; **Exkurs 2 zu § 172** 36, 214
- Bilanzsitzung, Teilnahme an **170** 12; **171** 91 ff.; *s. auch Bilanzsitzung*
- Durchführung der Prüfung **111** 455 ff.
- freiwillige Prüfung, Vorlagepflicht **170** 58
- Informationspflicht **111** 438
- Insiderinformationen, Weitergabe an **116** 493; **170** 15
- Interessenkonflikte **Exkurs 1 zu § 100** 26
- Jahresabschlussprüfung **111** 455 ff.
- Jahresabschlussverhandlungen **171** 91 ff.
- Konzernabschluss **111** 426
- Kosten, Prüfung durch Aufsichtsrat **111** 470
- Management Letter **111** 467 f.; **170** 50 ff.
- Prüfungsauftrag **111** 437 ff.; **171** 82 ff.
  - Berichtspflichten **171** 83
  - Prüfungsschwerpunkte **171** 82
  - Vorbereitung durch Ausschuss **107** 357
- Prüfungsbericht
  - Abstimmung mit Vorstand **111** 461 ff.
  - erweiterter **Exkurs 3 zu § 395** 31 ff.
  - freiwillige Prüfung **170** 58
  - Inhalt **Exkurs 2 zu § 172** 33
  - Übergabe an Aufsichtsrat **111** 465 f.; **170** 4, 45 ff.
  - Übergabe an Vorstand **170** 4, 56
  - Vorlagefrist **170** 53 ff.
  - Vorlagepflicht **170** 45 ff.
  - Vorlagepflicht, Verletzung **170** 57
- Prüfungsschwerpunkte **171** 82
- Prüfungsumfang **Exkurs 2 zu § 172** 30 ff.
- Prüfungsumfang, Grenzen **Exkurs 2 zu § 172** 32
- sachverständiger Berater des Aufsichtsrats **170** 4; **171** 60

- Teilnahme an Bilanzsitzung **170** 12; **171** 91 ff.; **Exkurs 2 zu § 172** 36; *s. auch Bilanzsitzung*
- Teilnahme an Prüfungsausschusssitzung **171** 94 f.
- Überwachung durch Aufsichtsrat **116** 378
- Unabhägigkeit **111** 432
- Unabhängigkeitserklärung **111** 433; **171** 108 ff.
- Vertrag **111** 450
- Vollständigkeitserklärung **111** 460
- Vorabberichtspflicht **Exkurs 2 zu § 172** 35
- Vorwegberichterstattung **Exkurs 2 zu § 172** 33
- Wahl **111** 426 ff.
- Wahlvorschlag **116** 243
- Zeitplan für Prüfung **171** 84
- Zusammenarbeit mit Aufsichtsrat **171** 80 ff.

Abschlussprüferrichtlinie (APVO) 111 426

Abstimmung *s. Aufsichtsratssitzung*

Actio pro societate 116 749

Actio pro socio 116 143

Ad hoc-Ausschüsse 107 250; **111** 138; *s. auch Auschüsse*

Ad hoc-Publizität
- Änderung der Entsprechenserklärung **161** 47
- Aufschub der Veröffentlichungspflicht **116** 465
- vs. Geheimhaltungsinteresse **116** 465

Additionsgliederung 170 63

Additionsverfahren 101 53

AGG
- Anwendung auf Aufsichtsrat **100** 73

Aktiengesellschaft, faktisch konzernabhängig 170 33; *s. faktisch konzernabhängige AG*

Aktienoptionen
- Arbeitnehmervertreter **113** 74
- Bilanzierung **Exkurs 2 zu § 172** 145, 167
- Naked Warrants **113** 71
- Phantom Stocks **113** 73
- Stock Appreciation Rights **113** 73
- Vergütung des Aufsichtsrats **113** 69 ff.; *s. auch Vergütung von Aufsichtsratsmitgliedern*
- Vermeidung paralleler Vergütungsinteressen **113** 71

Aktionär
- Eignungsvoraussetzungen **116** 32
- Großaktionär, Haftung **116** 623
- kontrollierender **100** 101
- Verschwiegenheitspflicht **116** 34
- Zustimmungsvorbehalte zugunsten einzelner **116** 33

Ämterhäufung
- Ablehnung der Wahl **100** 114
- CRR-Institute **100** 14
- gerichtlich bestellte Mitglieder **100** 27
- Inkompatibilität nach KWG **111** 98; *s. auch Aufsichtsratsmandate*

Amtsniederlegung
- Aufsichtsratsmitglieder **102** 37; **103** 85
  - als Vertreter von Vorstandsmitgliedern **105** 85

mager = Randnummern

Sachverzeichnis

– Aufsichtsratsvorsitzender **107** 51 ff.
– Beendigung des Aufsichtsratsmandats **102** 37
– Bekanntmachung **106** 9
– gerichtlich bestellte Mitglieder **104** 122
– Haftung, Ende der **116** 42 ff.
– Handelsregister, Anmeldung **107** 56
– Interessenkonflikte
  – Bankenvertreter **Exkurs 1 zu § 100** 80
  – dauerhafte **Exkurs 1 zu § 100** 57
  – Konkurrenzverhältnisse **Exkurs 1 zu § 100** 89
  – Repräsentanten der öffentlichen Hand **Exkurs 1 zu § 100** 83
– konkludente **111** 361
– stellvertretender Aufsichtsratsvorsitzender **107** 76
– zur Unzeit **116** 43
– zur Unzeit (Haftung) **116** 58
– wichtiger Grund **113** 160
Amtsverhinderung
– Haftung **116** 59
Amtsverhinderung, dauernde
– gerichtliche Bestellung **104** 41 ff.
Amtszeit Aufsichtsratsmitglieder **102** 6 ff.
– Abberufung **103** 8 ff.; *s. Abberufung von Aufsichtsratsmitgliedern*
– Beginn und Ende **102** 25 ff.
– Entsendungsberechtigter, Bestimmung durch **102** 23
– Entsendungsberechtigter, Verpflichtung zur Abberufung **103** 31 ff.
– erster Aufsichtsrat **102** 11
– formwechselnde Umwandlung **102** 39 ff.
– fakultativer Aufsichtsrat **102** 43
– gerichtlich bestellte Mitglieder **104** 104 ff.; *s. auch Aufsichtsratsmitglieder, gerichtliche Bestellung*
– Hauptversammlung, Bestimmung durch **102** 20
– Insolvenzverfahren, Eröffnung **102** 38
– Liquidation **102** 38; **103** 86
– Satzungsregelungen **102** 13 ff.
– Staggered Board **102** 18
– Tod des Mitglieds **103** 86
– Überschreiten der Höchstdauer **102** 35
– unterbliebener Entlastungsbeschluss **102** 31 ff.
– Verschmelzung **102** 38; **103** 86
– vorzeitige Beendigung **95** 37; **102** 37 f.; **103** 1 ff.; *s. Abberufung von Aufsichtsratsmitgliedern*
– vorzeitige Wiederbestellung **102** 36
Anerkennungsprämie **116** 353, 744
Anfechtung
– Abberufung, Hauptversammlungsbeschluss **103** 24 ff., **104** 31
– Entlastungsbeschluss **161** 9
– Wahlbeschluss Aufsichtratsmitglieder **95** 60 f.
– gerichtliche Bestellung **104** 30 ff.
Anfechtungsklage
– Abberufung **103** 24 f.
– Bestellungsmängel **101** 235; **104** 114

– Festellung des Jahresabschlusses **172** 45
– gerichtliche Bestellung **104** 30 ff.
– Interessenkonflikte eines Aufsichtsratsmitglieds **Exkurs 1 zu § 100** 65 ff.
– leichte Verfahrensfehler **108** 285 ff.
– Verfahrensrüge **108** 285 ff.
– Vertretung der Gesellschaft **112** 49 f.
– Wahl von Aufsichtsratsmitgliedern **Exkurs 1 zu § 100** 65 ff.; **101** 229
Anforderungsberichte **111** 253, 264; *s. Vorstand, Berichtspflicht*
Angaben auf Geschäftsbriefen
– Aufsichtsratsvorsitzender **107** 60
– stellvertretender Aufsichtsratsvorsitzender **107** 76
Anlegerschutz
– Handelsbilanzrecht **Exkurs 2 zu § 172** 2; *s. Anteilseignerschutz*
Ansteckungsklausel (MontanMitbestG) **96** 15
Anstellung von Vorstandsmitgliedern *s. auch Anstellungsvertrag; s. auch Vorstand, Anstellungsbedingungen*
Anstellungsverhältnis
– Aufsichtsratsmitglieder **101** 154 ff.
Anstellungsvertrag
– mit Geschäftsführer
  – fakultativer Aufsichtsrat **107** 352
  – mitbestimmte GmbH **107** 353 f.
– mit Vorstand
  – Abchlusskompetenz **107** 335; **111** 504
  – Aufhebung **116** 360
  – Ausschusskompetenzen **107** 262, 337
  – D & O Verschaffungsklausel **116** 828
  – Herabsetzung der Vergütung **116** 523
  – Überwachungspflicht **116** 344 ff.
  – Vergütungsfragen, Delegation **107** 341 ff.
  – Zustandekommen **112** 57 f.
Anteilseignervertreter *s. Aufsichtsratsmitglieder*
Anzeigepflicht
– BaFin **97** 75 ff.
– Bundesbank **97** 75 ff.
– nach KWG **97** 75 ff.
„ARAG"-Entscheidung **111** 288 ff.; **116** 17, 21, 301, 305, 813; **161** 42
Arbeitnehmer
– Änderung der Anzahl **97** 17 ff., 23 ff.
– mitbestimmungsrechtliche Zurechnung
  – DrittelbG **96** 44
  – Gemeinschaftsunternehmen **96** 30; *s. auch Arbeitnehmer-Mitglieder im Aufsichtsrat; s. auch Arbeitnehmervertreter*
  – Komplementär-Kapitalgesellschaft **96** 31
  – Konzernsachverhalte **96** 26 ff.
  – MitbestG **96** 25 ff.
  – MontanMitbestG **96** 13
Arbeitnehmerbank **96** 18, 34; **116** 216
– Zusammensetzung nach MontanMitbestG **96** 18
Arbeitnehmerbegriff **96** 13, 50

1023

Sachverzeichnis

Fett gedruckte Ziffern =Paragrafen

Arbeitnehmerlose Gesellschaften 96 50
Arbeitnehmer-Mitglieder im Aufsichtsrat
– Abberufung **103** 78 f.; s. auch *Abberufung von Arbeitnehmervertretern*
– Amtszeit **102** 21
– Beendigung Anstellungsverhältnis **102** 22
– Benachteiligungsverbot **113** 124
– Einkommenseinbußen **113** 124
– Wahl s. auch *Wahl der Mitglieder des Aufsichtsrats*
– Wahlanfechtung **101** 218
Arbeitnehmervertreter
– Abberufung **103** 78 f.; s. auch *Abberufung von Arbeitnehmervertretern*
– Amtszeit **102** 21
– Arbeitskämpfe **Exkurs 1 zu § 100** 71 ff.; s. auch *Streik*
– Ausschussbesetzung **107** 302 ff.; s. auch *Ausschüsse*
– Eignung für Ausschusstätigkeit **107** 311
– Einkommenseinbußen **113** 124
– Gruppenproporz **95** 46; **97** 24
  – gerichtliche Auswahl **104** 84 f.
– Interessengegensatz, natürlicher **Exkurs 1 zu § 100** 43
– Interessenkonflikte **Exkurs 1 zu § 100** 20
  – MitbestG **Exkurs 1 zu § 100** 20, 70
  – Streik **Exkurs 1 zu § 100** 23 ff.
  – Verhaltensanforderungen **Exkurs 1 zu § 100** 71
– Kreditgewährung an **115** 28
– leitende Angestellte **116** 216
– Stimmenthaltungspflicht **108** 159
– Stimmrechtsausschluss **108** 159
– Streik, Stimmenthaltungspflicht **108** 159
– Streik, Teilnahme an **Exkurs 1 zu § 100** 24 f., 71 ff.
– Streik, Treuepflicht **116** 214 ff.
– Unabhängigkeit **100** 103
– Unternehmensinteresse **Exkurs 1 zu § 100** 43
– Verschwiegenheitspflicht **Exkurs 1 zu § 100** 21; **116** 417; **170** 93
  – Krisensituation **116** 472
  – s. auch *Verschwiegenheitspflicht*
– Vertreter der leitenden Angestellten **116** 216
– Vorbesprechungen **113** 110
– Wahl
  – Anfechtung **101** 218
  – Delegiertenwahl **96** 23, 35; **101** 56
  – nach DrittelbG **101** 58 f.
  – nach MitbestErgG **101** 57
  – nach MitbestG **101** 56
  – nach MontanmitbestG **101** 55
  – Nichtigkeit **98** 15
  – Wahlvorschläge **101** 56, 59
– Wahlanfechtung **101** 218
– Wählbarkeit **101** 218; **104** 88
Arbeitsdirektor
– Bestellung **108** 127
– KGaA **111** 635 f.

Arbeitsgerichte
– Zuständigkeit **98** 15, 17; s. auch *Zusammensetzung des Aufsichtsrats, gerichtliches Verfahren*
Arbeitskampf Exkurs 1 zu § 100 23 ff., 71 ff.; s. auch *Streik*
Arbeitsunfähigkeit 116 153
Audit-Commitee 107 145, 270 f.; **111** 114, 437 f.; s. auch *Prüfungsausschuss*
Aufhebungsvertrag
– Abfindungsgrenzen **116** 360
– Abschlusskompetenz **107** 349
Aufsichtsrat
– AGG, Anwendung auf **100** 73
– Änderung Zusammensetzung des Aufsichtsrats **97** 2
– Aufgaben, Delegation **107** 233; s. auch *Ausschüsse; s. auch Delegationsverbote*
– Aufgaben, gesetzliche **107** 160
  – Publizitätsgesetz **111** 23 ff.
  – Rechnungslegung **170** 1
  – Übernahmesituationen **111** 29 ff.; s. auch *Unternehmensübernahmen*
  – WpÜG **111** 29 ff., 39 ff.; s. auch *Unternehmensübernahmen*
– Aufgaben, Konzern **111** 107
– Aufgabendelegation
  – Haftungsentlastung **107** 404
  – ausschließliche Kompetenz **107** 157 ff.
  – Ausschüsse
  – Beschluss über Bestellung **107** 286
  – Besetzungsautonomie **107** 245 ff.
  – Delegationsautonomie, Einschränkungen **107** 321 ff.
  – Delegationsautonomie **107** 234
  – Delegationsverbote **107** 321 ff.
  – Delegationsverbote (GmbH) **107** 351 ff.
  – Delegationsverbote (nicht gesetzliche) **107** 364 ff.
  – Delegationsverbote, vorbereitende Ausschüsse **107** 361 ff.
  – Eingriffsrecht **107** 236
  – Einsetzungskompetenz **107** 285
  – Zusammensetzung, Entscheidungskompetenz **107** 294
  – s. auch *Ausschüsse*
– Äußerungen **108** 15
– Berater **116** 96 f.
– Beratung durch Rechtsabteilung **116** 557
– Berichtsanspruch
  – Ausschüsse **107** 369 f., 374 ff.
– Beschlussfähigkeit **95** 11; **108** 28 ff.; s. auch *Beschluss des Aufsichtsrats*
– Beschlussunfähigkeit **108** 85 ff.
– Besetzung **95** 11 ff.; s. auch *Aufsichtsratsmitglieder, Anzahl*
– Bestandsschutz **96** 59
– Beurteilungsspielräume **111** 211 ff.; **116** 290 ff.
  – wichtiger Grund für Abberufung Vorstand **116** 342
– Boten des Aufsichtsrats **112** 59

mager =Randnummern

Sachverzeichnis

- Budgetrecht **112** 51
- Budget
  - Hauptversammlungsbeschluss **112** 51
  - Satzung **112** 51
- Business Judgement Rule
  - Geschäftsführungsmaßnahmen des Aufsichtsrats **111** 497 ff.; *s. auch Business Judgement Rule*
- Compliance-Überwachung **111** 205
- Compliance-Verstöße, Pflichten bei **116** 392 f.
- Delegation von Aufgaben **107** 233
  - auf einzelnes Aufsichtsratsmitglied **107** 400 ff.
  - *– s. auch Ausschüsse*
- Delegationsautonomie **107** 234 ff., 400
- Delegationsautonomie des Aufsichtsrats
  - Haftungsentlastung **107** 404
  - Überwachungspflicht **107** 405
- Delegationsverbote des Aufsichtsrats
  - vorbereitende Ausschüsse **107** 361 f.
- Doppelrolle **170** 7
- doppelter (kapitalistische KGaA) **111** 652 ff.
- Drittelparität **96** 45; *s. auch Drittelbeteiligungsgesetz*
- Effizienzprüfung **111** 92; **116** 70
- Eigenkontrolle **116** 69; *s. auch Überprüfung der Aufsichtsratstätigkeit*
- Einsichtsrechte **111** 399 ff.
- Entscheidungen des **108** 14; *s. auch Beschluss des Aufsichtsrats*
- Ergänzung **104** 65 ff., 80 ff.
- Ermessenskontrolle durch den **111** 522
- Ermessensreduzierung auf Null **116** 320
- Ermessensspielräume **116** 293 ff.
  - Grenzen **116** 321 ff.
- erster **96** 51 ff.; *s. erster Aufsichtsrat*
- externe Geschäftsführungsbefugnis **112** 51
- externe Vertretungsbefugnis **112** 51
- Fachkompetenz **116** 99 f.
- fakultativer **95** 3
  - Anzahl Mitglieder **95** 3; *s. auch fakultativer Aufsichtsrat*
  - formwechselnde Umwandlung **102** 43; **111** 72
- Fragerecht **116** 173
- Funktionstrennung **105** 1 ff.
- gesamtschuldnerische Haftung **116** 595 ff.; *s. auch Aufsichtsratsmitglieder, Haftung*
- Geschäftsführung, faktische **111** 502 f.
- Geschäftsführungsbefugnis
  - Vertretungsmacht **112** 52
- Geschäftsführungsverbot **111** 491 ff.
  - Ausnahmen **112** 40 ff.
  - außergewöhnliche Geschäfte **112** 33
  - Budgetrecht **112** 51
  - zulässige Geschäftsführungsmassnahmen **111** 496 ff., 504 ff.
  - zustimmungsbedürftige Geschäfte **111** 500 f.
- Geschäftsordnung **107** 416 ff.; *s. auch Geschäftsordnung, Aufsichtsrat*
- Gewerkschaftsvertreter
  - MitbestErgG **96** 22
  - MitbestG **96** 34
  - MontanMitbestG **96** 18; *s. auch Gewerkschaftsvertreter*
- Gewinnverwendungsvorschlag, alternativer **171** 30
- Gewinnverwendungsvorschlag, eigener **170** 60
- Gleichberechtigung, Gebot der **111** 111 ff.
- Größe
  - DrittelbG **96** 45
  - MitbestErgG **96** 22
  - MitbestG **96** 33
  - MontanMitbestG **96** 17
- Haftung bei Vertretung der Gesellschaft **112** 51
- Haftung für ordnungsgemäße Zusammensetzung **97** 83 f.
- Handlungsgrundsätze, DCGK **111** 16 ff.
- Höchstzahl entsandte Mitglieder **101** 109 ff.
- Höchstzahl Mitglieder **95** 20 ff.
  - DrittelbG **95** 21 ff.
  - Ehrenmitglieder, Berücksichtigung **107** 83
  - MitbestErgG **95** 24 f.
  - MitbestG **95** 24 f.
  - MontanMitbestG **95** 24 f.
  - *– s. auch Aufsichtsratsmitglieder, Anzahl*
- Informationsordnung **111** 382; **116** 170
- Informationspflicht
  - Medienberichte **111** 251
  - Presseschau **111** 252
- Informationsrechte **111** 368 ff.; **170** 87 ff.; *s. auch Überwachung der Geschäftsführung*
- Inkompatibilität mit Geschäftsführung **105** 1 ff., 21 ff.
- Insolvenz **111** 611 ff.; *s. auch Insolvenz*
- Jahresabschluss
  - Feststellung **172** 8 ff.; *s. auch Jahresabschluss – Festellung*
  - Prüfungspflicht **171** 7 ff.; **Exkurs 2 zu § 172** 37 ff.; *s. auch Jahresabschluss, Prüfung durch Aufsichtsrat*
- Kenntniszurechnung an Gesellschaft **112** 68
- KGaA **111** 625 ff.; *s. auch Kommanditgesellschaft auf Aktien/KGaA*
- KGaA, kapitalistische **111** 650 ff.
- Kompetenzen
  - Übertragung von **111** 159 f.
- Konten der Gesellschaft **111** 132
- Konten, Verfügung über **112** 51
- Kontovollmacht **112** 51
- Kontrolle **116** 67 ff.; *s. auch Überprüfung der Aufsichtsratstätigkeit*
- KWG **96** 49
  - Änderungen **97** 75
- Lehre des fehlerhaften Organs **112** 69 ff.
- Mantelbeschlüsse **107** 403
- MgVG **96** 46

1025

Sachverzeichnis

Fett gedruckte Ziffern =Paragrafen

[Noch: **Aufsichtsrat**]
- Mitentscheidungskompetenzen **111** 514 ff.;
  s. auch *Mitentscheidungsbefugnisse des Aufsichtsrats*
- Mitgliederliste **106** 2 ff.
- neutrales Mitglied
  - Ersatzmitglied für **101** 164; s. auch *Ersatzmitglieder*
  - Hinderungsgründe **100** 66
  - MitbestErgG **96** 23
  - MontanMitbestG **96** 18
- öffentliche Aktiengesellschaft **Exkurs 3 zu § 395** 21 ff.
- Organisationsautonomie **107** 417
- Personalkompetenz **116** 237 ff., 326 ff.
  - Nachwuchspolitik **116** 335
- Plenaraufgaben **116** 118 ff.
- Plenarvorbehalt **107** 242, 330, 356
  - bestimmte Arten von Geschäften **107** 360
- Prüfungspflichten
  - Abhängigkeitsbericht **171** 44 ff.
  - Gewinnverwendungsvorschlag **171** 29 f.; s. auch *Gewinnverwendungsvorschlag*
  - Halbjahresfinanzberichte **Exkurs 2 zu § 172** 228
  - Jahresabschluss **171** 7 ff.; **Exkurs 2 zu § 172** 37 ff.; s. auch *Jahresabschluss*
  - Konzernabschluss **171** 40 ff.
  - Konzernlagebericht **171** 40 ff.
  - Prüfbericht des Abschlussprüfers **171** 33 f.
  - Quartalsberichte **171** 35 ff.; **Exkurs 2 zu § 172** 228
  - Rentabilitätsbericht **171** 31 f.
  - Vorstandsberichte **116** 171 f.
- Prüfungsrechte **111** 406 f.
- Selbstorganisation **111** 132 ff.
- Spezialkenntnisse im **116** 86
- Überwachungspflicht
  - Ausschüsse **107** 399
  - besondere **111** 301 ff.
  - bei Delegation an Ausschüsse **107** 405 ff.; s. auch *Überwachung der Geschäftsführung*
  - Geschäftsführung s. *Überwachung der Geschäftsführung*
  - Krisensituation **111** 306
  - Rechnungslegungsprozess **171** 48
  - Risikoüberwachungssysteme **171** 47 ff.; s. auch *Risikoüberwachungssystem*
  - Unternehmensübernahmen **111** 29 ff.; s. auch *Unternehmensübernahmen*
- Unterbesetzung
  - Beschlussfähigkeit **108** 81 ff.
- unzureichende Berichterstattung, Rechtsfolgen **171** 155 ff.
- VAG **96** 48
- variable Mitgliederzahl **95** 1, 14; s. auch *Aufsichtsratsmitglieder, Anzahl*
- Versicherungsverein auf Gegenseitigkeit **95** 4
- verspätete Berichterstattung, Rechtsfolgen **171** 155 ff.
- Vertretung der Gesellschaft **112** 1 ff.

- Vertretungsmacht-Geschäftsführungsbefugnis **112** 52
- s. auch *Aufsichtsrat, Vertretung der Gesellschaft*
- Vertretung durch Vorsitzenden **112** 57 ff.
- Vertretungshandeln des **112** 56 ff.
- Vertretungsmacht
  - Geschäftsführungsbefugnis **112** 52
- Vorstand, Bestellung **107** 332 ff.; s. auch *Vorstand, Bestellung von Mitgliedern*
- Vorstand, erneute Bestellung **107** 338
- Vorstand, Vergütung **107** 340 ff.
- Vorstand, Vertragsaufhebung **107** 349
- Vorstand, Widerrufskompetenz **107** 345 f.
- Vorstandsvorsitzender, Ernennung **107** 339; **116** 341
- „weitere Mitglieder"
  - Hinderungsgründe **100** 66
- Willenserklärungen **112** 57
- Wissenszurechnung bei Einzel-Passivvertretung **112** 67 f.
- Zurechnung Kenntnis des **112** 68
- Zusammenarbeit mit Vorstand **111** 351 ff.
- Zusammensetzung
  - DrittelbG **96** 45
  - KWG **96** 49; s. auch *Eignungsvoraussetzungen des Aufsichtsratsmitglieds*
  - MitbestErgG **96** 22
  - MitbestG **96** 34
  - MontanMitbestG **96** 17
  - VAG **96** 48
- Zusammensetzung, gruppenmäßige **96** 8 ff.

Aufsichtsrat, Haftung
- Zahlungsverbot, Überschuldung **116** 701

Aufsichtsrat, Vertretung der Gesellschaft
- Aktivvertretung **112** 57 ff.
- Außenverhältnis
  - Aktivvertretung **112** 57 ff.
  - Passivvertretung **112** 65 ff.
- außergerichtliche **112** 1
- außergewöhnliche Geschäfte **112** 13, 33
- Beratungsverträge
  - ehemalige Vorstandsmitglieder **112** 14, 34
- Beschluss über **112** 53 f.
  - Aufsichtsratsmehrheit **112** 61
  - Ausschuss, Delegation **112** 54
  - fehlerhafter **112** 79 ff.
  - Mitwirkung fehlerhaft bestelltes Mitglied **112** 69 ff.
  - überstimmte Mitglieder **112** 61
  - Willenserklärung **112** 57
- Beschlussmängel, Auswirkungen **112** 79 ff.
- besonderer Vertreter **112** 17, 49
- Bevollmächtigung **112** 60 ff.
- Dritte **112** 73, 99
- Kontrollpflicht **112** 64
- Legitimationsnachweis **112** 105 ff.
- Vorstandsmitglieder **112** 74
- Boten des Aufsichtsrats **112** 59
- D & O Versicherung **112** 10; s. auch *D & O Versicherung*

mager =Randnummern

- eigene Verträge **112** 47
  - Nebengeschäfte **112** 44 f.
  - unmittelbarer Zusammenhang **112** 45
- eigene Geschäfte **112** 4
  - Budgetrecht **112** 51
  - externe Geschäftsführungsbefugnis **112** 51
  - externe Vertretungsbefugnis **112** 51
  - externe Geschäftsführungsbefugnis **112** 51
  - externe Vertretungsbefugnis **112** 51
- faktische Vorstandsverhältnisse **112** 20
- Freigabeverfahren **112** 50
- Führungslosigkeit der Gesellschaft **112** 66
- gegenüber Dritten **112** 43 ff.
- gegenüber Vorstandsmitgliedern
- gerichtliche Vertretung **112** 15
  - Anfechtungsklagen **112** 49
  - Dritte mit Gesellschaft **112** 30
  - Kündigungsschutzklagen **112** 25 f.
  - Nichtigkeitsklagen **112** 49
  - Prozesshandlungen **112** 100
  - Versorgungszusagen, Angehörige **112** 35
  - Vertretungsmängel **112** 101 ff.
  - Widerruf der Bestellung **112** 26
- Geschäfte des täglichen Lebens **112** 11 f.
  - ehemalige Vorstandsmitglieder **112** 32
- Geschäfte gegenüber Dritten **112** 17
- Geschäfte mit Vorstandsmitgliedern
  - Anstellungsvertrag **112** 9, 57
  - außergewöhnliche **112** 13, 33; *s. auch Kreditgewährung an Vorstandsmitglieder*
  - Beratungsverträge **112** 14
  - D & O Versicherung **112** 10; *s. auch D & O Versicherung*
  - Dienstwagen **112** 9
  - Kleinstgeschäfte **112** 11 f., 32
  - Pensionsvertrag **112** 9
  - Rechtsstreitigkeiten **112** 19
  - Vorstandsbestellung **112** 57
  - im Zshg. mit Bestellung **112** 9, 21
- Geschäfte zur Amtswahrnehmung **112** 4
- Geschäftsführungsmaßnahmen, Unzulässigkeit **112** 33; *s. auch Aufsichtsrat – Geschäftsführungsverbot*
- Geschäftsführungsverbot **112** 33
  - Ausnahmen **112** 40 ff.
  - Budgerecht **112** 51
- Geschäftsordnung **112** 75; *s. auch Geschäftsordnung*
- Haftung **112** 104; *s. auch Aufsichtsrat, Haftung*
- Hilfsgeschäfte zur Durchführung seiner Aufgaben **112** 4
- Hilfskräfte für Aufsichtsrat **112** 47
- Kontovollmacht **112** 51
- konzernabhängige Gesellschaften **112** 18
- Leitlinien für Vorstand **112** 12
- Mängel der Vertretungsmacht, Rechtsfolgen
  - Aufsichtsratsmitglieder ohne Vertretungsmacht **112** 94 ff.
  - Aufsichtsratsvorsitzender ohne Vertretungsmacht **112** 94 ff.

- prozessuale **112** 101 ff.
  - Vorstand ohne Vertretungsmacht **112** 88 ff.
- Mitglied als Vorstandsvertreter **112** 36
- nachwirkende Geschäfte **112** 23 ff.
- Passivvertretung **112** 65 f.
- Personalberater **112** 45
- Prozesshandlungen **112** 100
- Prüfungsauftrag Abschlussprüfer **112** 48; *s. auch Abschlussprüfer*
- Sachverständige **112** 46
- Satzungsregelungen **112** 76 f.
- Unternehmen von Vorstandsmitgliedern **112** 40 ff.
- Vertretung ohne Vertretungsmacht
  - Aufsichtsratsmitglieder **112** 94 ff.
  - Aufsichtsratsvorsitzender **112** 94 ff.
  - Dritte gegenüber Vorstand **112** 99
  - Vorstand **112** 88 ff.
- Vertretungsbefugnis
  - Unbeschränkbarkeit **112** 3; *s. auch Vertretungsbefugnis*
- Vertretungshandlungen **112** 56 ff.
  - Aktivprozesse **112** 19
  - amtierende **112** 20
  - ehemalige **112** 23 ff., 27 ff.
  - eingeschaltete Dritte **112** 37 ff.
  - faktische Vorstandsverhältnisse **112** 20
  - nahestehende Angehörige **112** 35
  - Passivprozesse **112** 19
  - Unternehmen eines Vorstandsmitglieds **112** 40 ff.
  - vs. Vertretungsbefugnis des Vorstands **112** 1
  - Willenserklärungen **112** 57
  - Willenserklärungen, Entgegennahme **112** 66 ff.
  - Zuweisung an Aufsichtsratsmehrheit **112** 61

Aufsichtsratsausschuss *s. Ausschüsse*
Aufsichtsratsbericht **116** 528 ff.; **171** 121 ff.
- Abhängigkeitsbericht **171** 2
- Abschlussunterlagen **171** 125
- Beanstandung des Vorstands **111** 297
- Bericht über Abschlussprüfung **171** 138 f.
- Bericht über die Überwachungstätigkeit **171** 133 ff.
- Beschluss über **171** 145 f.
- Einwendungen des Aufsichtsrats gegen Rechnungslegung **171** 128 f.
- Einzelabschluss nach § 325 Abs. 2a HGB **171** 162 f.
- Erläuterung in der Hauptversammlung **107** 137; **116** 530 f.
- Ermessen des Aufsichtsrats **171** 140
- Fristen **171** 151 f.
- Gegenstand **171** 125 ff.
- geheimhaltungsbedürftige Informationen **171** 142 ff.
- Gewinnverwendungsvorschlag **107** 137
- Gewinnverwendungsvorschlag, Dissenz mit Vorstand **171** 130
- Haftung für Angaben **116** 532
- Inhalt **171** 125 ff.

1027

Sachverzeichnis

Fett gedruckte Ziffern =Paragrafen

[Noch: **Aufsichtsratsbericht**]
– Anforderungen **171** 140 ff.
– Ausführungen **116** 529
– bei Einwendungen **171** 128 f.
– geheimhaltungsbedürftige Informationen **171** 142
– Insiderinformationen **171** 143
– Lagebericht, Dissens mit Vorstand **171** 130
– Mitteilung von Interessenkonflikten **171** 136
– Schlusserklärung **171** 127
– Überwachungtätigkeit des Aufsichtsrats
  – Berichtsumfang **171** 134
  – konkrete Überwachungsmaßnahmen **171** 135
– unrichtiger, Haftung **116** 532
– Unterzeichnung **171** 148
– Verschwiegenheitsverpflichtung **171** 142 ff.
– vertrauliche Informationen **171** 142 ff.
– Zuleitung an Vorstand **171** 149
– Zweck **171** 121 ff.
Aufsichtsratsbeschluss 108 1 ff.; *s. auch Beschluss des Aufsichtsrats*
Aufsichtsratsmandat
– Inkompatibilität mit Geschäftsführung **105** 1 ff., 21 ff.
  – fakultativer Aufsichtsrat **105** 9 ff.
Aufsichtsratsmandate
– Ämterhäufung
  – CRR-Insitute **100** 14
  – KWG **111** 98
– Amtszeit **102** 6 ff.; *s. auch Amtszeit Aufsichtsratsmitglieder*
– Annahme der **101** 139 ff.
  – entsandte Mitglieder **101** 143
  – Ersatzmitglieder **101** 175 ff., 180 ff.
– Berufsverbot **100** 60
– Doppelmandat **100** 32 f.; **Exkurs 1 zu § 100** 25 f.; **116** 125
  – CRR-Insitute **100** 14; *s. auch CRR-Institute*
– ehemalige Vorstandsmitglieder **100** 49 ff.
  – Cooling-Off-Periode **100** 49 ff.
  – Corporate Governance Kodex **100** 52
  – Karenzzeit **100** 49 ff.
  – Karenzzeit, Ausnahme von **100** 53 ff.
– fehlerhafte **101** 217 ff.; **112** 69 f.
– formwechselnde Umwandlung, Auswirkung auf **102** 39 ff.
  – Vergütung **113** 102 f.
– Hinderungsgründe
  – Altersbeschränkung **100** 73
  – Amtsantritt **100** 110 f., 115 ff.
  – Arbeitnehmervertreter **100** 62 ff.
  – entsandte Mitglieder **100** 71, 123
  – familiäre **100** 61
  – Frauenquote **100** 109
  – gesetzliche **100** 21 ff., 56 ff., 109 ff.
  – gewählte Mitglieder **100** 72 f.
  – ohne Wirkung **100** 60
  – satzungsmäßige **100** 67 ff., 112 f.

– Wahlbeschluss, Auswirkungen **100** 109, 116 f.; *s. auch Wahlbeschluss, s. auch Wahl der Mitglieder des Aufsichtsrats*
– „weitere Mitglieder" **100** 66
– Zeitpunkt des Vorliegens **100** 107 ff.
– Höchgrenze
– Vorsitzmandate **100** 32 f.
– Höchstgrenze
  – allgemeine **100** 23 ff.
  – CRR-Insitute **100** 14; *s. auch CRR-Institute*
  – gesetzliche Vertreter **100** 35
  – Konzernausnahme **100** 28
  – Konzernprivileg **100** 12
  – Mandate aufgrund gerichtlicher Bestellung **100** 27
  – Mandate ausländischer Unternehmen **100** 26
  – nicht zu berücksichtigende Mandate **100** 25
  – nach VAG **100** 11 f.
– höchstpersönliche Wahrnehmung **100** 86; **111** 603 ff.
– Insolvenz, Auswirkung **102** 38
– Interessenkonflikte **100** 12; **Exkurs 1 zu § 100** 1 ff.
  – Beendigung des Mandats **Exkurs 1 zu § 100** 10
  – Mitgliedschaft in Wettbewerbsunternehmen **Exkurs 1 zu § 100** 6
  – *s. auch Interessenkonflikte*
– Liquidation **102** 38; **103** 86
  – abhängige Unternehmen **100** 34 ff.
– Mandatsanrechnung **100** 23 ff.
– Obergrenze
  – nach VAG **100** 11 f.
– Organisationsgefälle **100** 34 ff.
– Überkreuzverflechtung **100** 122
– Überkreuzverflechtung, Verbot der **100** 38 ff.; *s. auch Überkreuzverflechtung*
– Verschmelzung, Auswirkung auf **102** 38; **103** 86
– Vergütung **113** 100 f.
– bei Vertretung von Vorstandsmitgliedern **105** 79
– Vorstrafen **100** 60
Aufsichtsratsmitglieder
– Abberufung *s. Abberufung von Aufsichtsratsmitgliedern*
– Abberufung von Arbeitnehmervertretern *s. Abberufung von Arbeitnehmervertretern*
– Altersgrenze **100** 7, 73, 81; **102** 14
– Amtszeit **102** 6 ff.; *s. auch Amtszeit Aufsichtsratsmitglieder*
– Anstellungsverhältnis **101** 154 ff.
– Anteilseignervertreter
  – Entsendung **101** 60 ff.; *s. auch Entsendung von Aufsichtsratsmitgliedern*
  – Nominierungsausschuss **111** 90; *s. auch Ausschüsse*
  – Vorbesprechungen **113** 111
– Anzahl
  – Dreiteilbarkeit **95** 17 ff.; *s. auch Dreiteilbarkeit*

1028

mager = Randnummern

Sachverzeichnis

– DrittelbG **95** 17, 21
– Ehrenmitglieder, Berücksichtigung **107** 83;
  s. auch Ehrenvorsitzender
– Grundkapital **95** 22
– Höchstzahl **95** 20 ff.
– Höchstzahl entsandte Mitglieder **101** 109 ff.;
  s. auch Entsendung von Aufsichtsratsmitgliedern
– Kapitalveränderungen **95** 30 f., 47; **97** 28
– MitbestErgG **95** 18
– MitbestG **95** 18
– MontanMitbestG **95** 18
– Satzungsänderung **95** 28 f., 36 ff.; **97** 27 f.;
  s. auch Statusverfahren
– Satzungsregelungen **95** 13 ff.
– variable **95** 14
– Veränderungen **95** 26 ff.
– Verstoß gegen Bestimmungen **95** 48 ff.
– Arbeitnehmervertreter s. Arbeitnehmervertreter
– Arbeitseinsatz **116** 123 ff.
– Aufsichtsratsmitgliederliste **106** 1 ff.; s. auch
  Aufsichtsratsmitgliederliste
– Ausfall **95** 43 ff.
– Auslagen s. Auslagenersatz
– Ausschluss von Sitzungen **109** 13 ff.
– Beamtenrecht **Exkurs 3 zu § 395** 24 ff.
– Befähigung **100** 75 ff.; s. auch Eignungsvoraussetzungen des Aufsichtsratsmitglieds
– Berater, Hinzuziehung **111** 608 f.
  – Kreditinstitute (systemrelevante) **111** 608
– Beratung des Vorstands **111** 356 ff.
– Beratungshonorare **114** 12 f.; s. auch Vergütung
  von Aufsichtsratsmitgliedern
– Berichterstattungspflicht (Gebietskörperschaften) **394** 21 ff.
– Bestellung **101** 135 ff.
  – Bekanntmachung **106** 8 ff.; s. auch Aufsichtsratsmitgliederliste
  – s. Wahl der Mitglieder des Aufsichtsrats
– Delegation in Vorstand **105** 52 ff.; s. auch
  Aufsichtratsmitglieder, Vertretung von Vorstandsmitgliedern
– Dienstverträge mit Gesellschaft **105** 39
– Doppelmandat
  – Interessenkonflikt **Exkurs 1 zu § 100** 35 f.
  – Zurechnung **100** 24, 32 f.; **116** 125
– Ehrenmitglieder **107** 83 ff.
– Eignungsvoraussetzungen **100** 18 ff.; s. auch
  Eignungsvoraussetzungen des Aufsichtsratsmitglieds
– Einberufungsrecht für Aufsichtsratssitzungen
  110 40 ff.
– Einschreiten, Pflicht zum **116** 136 ff.
– Entsandte **101** 60 ff. s. auch Entsendung von
  Aufsichtsratsmitgliedern
  – Hinderungsgründe **100** 71; s. auch Aufsichtsratsmandate, Hinderungsgründe
– Entsendung **101** 60 ff.; s. Entsendung von
  Aufsichtsratsmitgliedern
– Erfahrungen **116** 95
– Ergänzung, gerichtliche **104** 65 ff.
  – mitbestimmter Aufsichtsrat **104** 80 ff.

– Ergänzungswahlen **95** 27
– Ernennung als Handlungsbevollmächtigte
  – Rechtsfolge der Inkompatibilität **105** 42 ff.
– Ernennung als Prokurist
  – Rechtsfolge der Inkompatibiltät **105** 42 ff.
– Ernennung als Vorstand
  – Rechtsfolge der Inkompatibilität **105** 42 ff.
– Ersatzmitglieder **101** 159 ff.; s. auch Ersatzmitglieder
– Fähigkeiten **116** 93 f.
– faktische **101** 219 ff.; **116** 52
  – Kredite an **115** 25
  – Vergütung **101** 222
– fehlerhaft bestellte
  – Teilnahme an Beschlüssen **112** 69
– Fortbildungspflicht **111** 102; **116** 104
– Frauenquote **104** 101; **111** 579 ff.; s. auch
  Frauenquote
– Gebietskörperschaften, von
  – Verschwiegenheitspflicht, Gegenstand,
    Umfang **394** 10 ff.
– gerichtlich bestellte Mitglieder
  – Auslagenersatz **104** 128 ff.
  – rechtliche Stellung **104** 124 ff.
  – Vergütung **104** 131 ff.
– gerichtliche Bestellung
  – Amtsverhinderung, dauernde **104** 41 ff.
  – Amtszeit **102** 25 ff.; **104** 104 ff.
  – während Anfechtungsverfahren **104** 30 ff.
  – Annahme der Bestellung **104** 149 f.
  – Antrag **104** 46 ff.
  – Antragsberechtigte **104** 53 ff.
  – Auswahlfreiheit bei Vorschlagsrechten
    104 91 ff.
  – Beschlussunfähigkeit **104** 26 ff.
  – Beschlussunfähigkeit, Beseitigung
    104 108 ff.
  – Beschlussunfähigkeit, drohende **104** 32 f.
  – dringende Fälle **104** 70 ff.
  – Eignungsvoraussetzungen **104** 87 ff.; s. auch
    Eignungsvoraussetzungen des Aufsichtsratsmitglieds
  – Entscheidung des Gerichts **104** 142
  – Ergänzung unterbesetzter Aufsichtsrat
    104 65 ff.
  – fachliche Mindestvoraussetzungen **104** 89
  – fakultativer Aufsichtsrat **104** 3
  – fehlende Mitglieder **95** 12
  – fehlerhafter Wahl bei **101** 235
  – Frauenquote, leerer Stuhl **104** 101 ff.; s. auch
    Frauenquote
  – Frauenquote, Stichtag **104** 144 f.
  – Frauenquote, Verfehlung der **104** 19; s. auch
    Frauenquote
  – gesetzliche Voraussetzungen **104** 88 ff.
  – Nachwahlverfahren **95** 43
  – neutrales Mitglied, Fehlen **104** 80
  – persönliche Voraussetzungen **104** 87 ff.
  – Rechtsmittel **104** 155 ff.
  – satzungsmäßige Voraussetzungen **104** 90

1029

Sachverzeichnis

Fett gedruckte Ziffern = Paragrafen

[Noch: **Aufsichtsratsmitglieder**]
- Vakanz **104** 31
- Verfahren **99** 7; **104** 46 ff.
- Vorrang überwiegender Belange **104** 97 ff.
- Vorschlag, Bindung Gericht an **104** 83
- Vorschlag für neues Mitglied **104** 46
- Vorschlagsrechte, Berücksichtigung **104** 91 ff.
- Vorstand delegierter Mitglieder, für in **105** 84
- zuständiges Gericht **104** 138
- gesamtschuldnerische Haftung **116** 595 ff.; *s. auch Aufsichtsratsmitglieder, Haftung*
- gewählte
  - Hinderungsgründe **100** 72 f.; *s. auch Aufsichtsratsmandate, Hinderungsgründe*
- Gleichbehandlung **101** 152 f.; **Exkurs 3 zu § 395** 21 f.; *s. Vergütung von Aufsichtsratsmitgliedern*
- Gleichberechtigung, Gebot der **111** 111 ff.
- Haftung **116** 27 ff.; *s. auch Aufsichtratsmitglieder, Haftung*
- Haftung der Gesellschaft für **116** 797 f.
- Haftungsvoraussetzungen *s. Aufsichtsratsmitglieder, Haftung; s. auch Schadensersatzansprüche gegen Aufsichtsratsmitglieder*
- Handlungspflichten **111** 121 ff.
- Hilfskräfte, Hinzuziehung **111** 610
- höchstpersönliche Amtsführung **111** 603 ff.
  - Überwachungspflicht **100** 87
- Informationspflichten **116** 164 ff.
- Informationsrechte
  - Ausübung **116** 173 f.
  - Finanzberichterstattung **170** 87 ff.; *s. auch Finanzberichterstattung*
  - Pflichtrecht des Mitglieds **116** 117; *s. auch Überwachung der Geschäftsführung*
- Inkompatibilität mit Geschäftsführung **105** 1 ff., 21 ff.
  - gesetzliches Verbot **105** 43
- Insider **116** 200 ff.; *s. Insidergeschäfte*
- Interessengegensätze **116** 226 ff.; *s. auch Interessengegensätze*
- Interessenkonflikte **100** 12; **Exkurs 1 zu § 100** 1 ff.
  - Eigenverantwortlichkeit **Exkurs 1 zu § 100** 7
  - Entsandte Aufsichtsratsmitglieder **101** 133 f.
  - Informationspflicht über **116** 140; *s. auch Interessenkonflikte*
  - *s. auch Interessenkonflikte*
- Kenntnisse
  - allgmeine **116** 88
  - besondere **116** 89, 135
- Kreditgewährung **115** 1 ff.; **116** 263 f.; *s. auch Kreditgewährung an Aufsichtsratsmitglieder*
- Kumulation von Ämtern **105** 41 ff.
- Mandate, Höchstzahl **100** 23 ff.; *s. auch Aufsichtsratsmandate – Höchstgrenze*
- Mindestqualifikation **100** 75 ff.
- Mitwirkungspflichten
  - allgemeine **116** 118 ff.
  - Ausschussarbeit **116** 144
  - besondere **116** 135
- neutrales Mitglied (Mitbest) *s. Neutrales Mitglied*
- öffentliche Aktiengesellschaften **Exkurs 3 zu § 395** 21 ff.
- der öffentlichen Hand
  - Verschwiegenheitspflicht, Ausdehnung **394** 10 ff.
- öffentliches Dienstrecht **Exkurs 3 zu § 395** 22
  - Weisungsbindung **Exkurs 3 zu § 395** 24 ff.
  - Passivvertretung, Berechtigung **112** 66 ff.
  - Wissenszurechnung **112** 67 f.
- persönliche Voraussetzungen **100** 18 ff.; *s. Eignungsvoraussetzungen des Aufsichtsratsmitglieds*
- Prüfungspflichten **116** 171; *s. auch Aufsichtsrat, Prüfungspflichten*
- Qualifikation **100** 75 ff.; *s. auch Eignungsvoraussetzungen des Aufsichtsratsmitglieds*
- Rechte, originäre **111** 126 f.
- Satzung/Gesellschaftsvertrag **95** 13 ff.
- Sorgfaltsmaßstab **111** 121 ff.
- Sorgfaltsmaßstab, individueller **116** 101 f.
- Sorgfaltspflicht **171** 74 ff.
- Sperrfrist für ehemalige Vorstandsmitglieder **100** 49 ff.
- Stellvertreter **101** 158
- Stimmenthaltungsverbot **116** 187; *s. auch Aufsichtsratssitzung, Abstimmung*
- Stimmverbot **Exkurs 1 zu § 100** 48 ff.; **107** 152; **108** 36, 77, 147 ff.
- Tendenzunternehmen **96** 24, 32, 39, 50
- Treuepflicht **116** 177 ff.
- Überwachung des Aufsichtsrats **116** 67 ff.; *s. Überprüfung der Aufsichtsratstätigkeit*
- Unabhängigkeit **100** 34, 61, 97 ff.; **Exkurs 1 zu § 100** 86 ff.; **103** 52; **104** 22; **116** 264
  - Financial Expert **100** 97 ff.; *s. auch Financial Expert*
- Unabhängigkeit im Konzern **Exkurs 1 zu § 100** 86 ff.
- unentgeltliche Tätigkeit **113** 22
- Untätigkeit **111** 361; **116** 76
- Unternehmensinteresse, Bindung an **116** 186
- unternehmerische Erfahrung **100** 75 ff.; **116** 95; *s. auch Eignungsvoraussetzungen des Aufsichtsratsmitglieds*
- unübertragbare Aufgaben **100** 87
  - Höchstpersönlichkeit **100** 87
  - Plenarentscheidungsvorbehalt **100** 86; *s. auch Plenarvorbehalt*
  - Überwachungspflicht, Höchstpersönlichkeit **100** 87
- variable Anzahl **95** 1
- Veränderungen der Anzahl **95** 26 ff.

1030

mager =Randnummern

Sachverzeichnis

– verhinderte
  – Haftung **116** 59
  – Teilnahme Dritter **109** 58 ff.
– Verschwiegenheitspflicht **Exkurs 1 zu**
  § 100 21; *s. Verschwiegenheitspflicht*
– Verträge mit Gesellschaft **105** 39; **114** 22 ff.;
  s. auch Beraterverträge mit Aufsichtsratmitgliedern;
  s. auch Zustimmungsvorbehalte
– Vertretung der Gesellschaft **112** 55
  – Globalermächtigung **112** 55
– Vertretung von Vorstandsmitgliedern **105** 52 ff.
  – Aufsichtsratsvorsitzender **105** 59
  – Ausschusszuständigkeit **105** 54
  – Beendigung der Delegation **105** 85 ff.
  – Beschlussunfähigkeit des Aufsichtsrats
    105 58
  – Bestellung, Beschluss **105** 53 ff.
  – Bestellung, Dauer und Zeitpunkt **105** 65 ff.
  – Bestellung, Voraussetzungen **105** 60 ff.
  – entsandte Aufsichtsratsmitglieder **105** 88 f.
  – Geschäftsführungsbefugnis **105** 57
  – Handelsregister, Eintragung **105** 73 ff.
  – Kreditvergabe **115** 26
    – Ruhen des Mandats **104** 44
  – Stellung **105** 56
  – Vertretungsbefugnis **105** 57
  – Vetretungsbefugnis des Aufsichtsrats **112** 36
  – zeitliche Begrenzung **105** 3 f., 52
– Vorschlag
  – gerichtliche Bestellung **104** 46, 83
– Vorschlagsrecht des Vorstands **101** 46
– Vorstand als **105** 22
– Wahl
  – Anfechtung Wahlbeschluss **95** 60 f.
  – Anfechtung Wahlbeschluss, gerichtliche
    Bestellung **104** 30 ff.
  – Nichtigkeit **98** 15
  – *s. Wahl der Mitglieder des Aufsichtsrats*
– Weisungsgebundenheit (öfftl. Dienstrecht)
  Exkurs 3 zu § 395 24 ff.
– Werkverträge mit Gesellschaft **105** 39
– Wettbewerbsverbot **105** 6
– Wissenszurechnung bei Einzel-Passivvertretung
  112 67 f.
– zeitlicher Aufwand **116** 123 ff.
– Zuwahl, freiwillige **96** 57
Aufsichtsratsmitglieder, Haftung *s. auch*
  Schadensersatzansprüche von Aufsichtsratmitgliedern
– Aktionären, gegenüber **116** 746 ff.
  – Aktionärsschaden **116** 778
  – Reflexschaden **116** 765 ff.
– Amtsniederlegung, Wirkung **116** 42
– Amtsniederlegung zur Unzeit **116** 58
– Anteilseignervertreter **116** 32 ff.
– Arbeitnehmervertreter **116** 31
– Aufsichtsratsvergütung **116** 592
– Ausgabe von Aktien **116** 588 f.
– Ausschüsse, Delegation auf **116** 60 ff.
– Ausschussmitglieder **116** 60
– Außenhaftung **116** 746 ff.

– bedingte Kapitalerhöhung, Inhaberaktien
  116 594
– Beginn **116** 38 ff.
– Business Judgement Rule **116** 302 ff.; *s. auch*
  Business Judgement Rule
– D & O-Versicherung **116** 809 ff.; *s. auch D & O*
  Versicherung
– Delegation auf Ausschüsse, bei **116** 60 ff.
– deliktische
  – gegenüber Aktionären **116** 758 ff.
  – gegenüber Dritten **116** 782
  – gegenüber Gesellschaft **116** 743 ff.
  – Schutzgesetze **116** 743 ff., 758 ff., 785 ff.
– Doppelhaftung **116** 765 ff.
– Doppelhaftung, Ausschluss **116** 767 ff.
– eigene Aktien **116** 587
– Eignung, fehlende **116** 77 ff.; *s. auch Eignungs-*
  voraussetzungen des Aufsichtsratsmitglieds
– Einlagenrückgewähr **116** 585
– Ende **116** 41 ff.
– Entlastung des Mitglieds **116** 635
– Entsandte Vertreter **116** 36
– Entsprechenserklärung, Aktualisierung
  161 57
– Entsprechenserklärung, Nichtabgabe **161** 57
– Entsprechenserklärung, unvollständige
  161 57
– Erfolgshaftung **116** 301
– Ersatzmitglieder **116** 28
– faktisches Mitglied **101** 219, 221; **116** 52
– falsche Angaben **116** 761
– fehlerhaft bestellte Mitglieder **116** 47 ff.
– Freistellung durch Dienstherrn
  (öffentliche Aktiengesellschaften) **Exkurs 3 zu**
  § 395 22
– Garantenstellung des Mitglieds **116** 745
– gefahrgeneigte Tätigkeit **116** 607
– gesamtschuldnerische **116** 595 ff.
– Gesellschaftsgläubiger **116** 660 ff.; *s. auch*
  Verfolgungsrecht Gesellschaftsgläubiger
– gegenüber Gesellschaftsgläubigern **116** 581
– Gleichbehandlungsgrundsatz **116** 29
– Gründungsstadium der Gesellschaft **116** 40
– Haftung der Gesellschaft für Mitglieder
  116 797 f.
– Haftung Entsendungsberechtigter für Mit-
  glieder **116** 799 ff.
– Haftungsausschluss **116** 547, 600 ff.
– Haftungsausschluss, nachträglicher **116** 609 ff.
– Haftungsbeschränkungen **116** 605 f.
– Haftungsvermeidungsstrategien **116** 410
– Haftungsverschärfung **116** 547
  – aufgrund individueller Leistungsfähigkeit
    116 553
– Hauptversammlungsbeschluss, Durchführung
  116 600 ff.
– Insolvenzantragspflicht **116** 788 ff.
– Kapitalherabsetzung, Zahlungsverbot **116** 586
– Kenntnisse, Fehlen
  – Einzelmitglied/Kollegium **116** 86

1031

Sachverzeichnis

Fett gedruckte Ziffern =Paragrafen

[Noch: **Aufsichtsratsmitglieder, Haftung**]
- Konzern **116** 794 ff.; *s. auch Überwachung im Konzern*
- Konzernvertreter **116** 35
- Kredite an Organmitglieder **116** 593
- Mindestqualifikation, fehlende **116** 77 ff.; *s. auch Eignungsvoraussetzungen des Aufsichtsratsmitglieds*
- Mindestqualifikation, Sorgfaltsmaßstab **116** 101 f.
- öffentliche Unternehmen **Exkurs 3 zu § 395** 20; *s. auch öffentliche Aktiengesellschaft*
- pflichtgemäßes Alternativverhalten **116** 318
- positive Vertragsverletzung **116** 741
- Prospekthaftung **116** 746, 781; **161** 63
- Rechenschaftslegung, unvollständige **116** 532
- Schadensersatz **116** 533 ff.
  - Abfindungsvereinbarungen **116** 619
  - Darlegungs- und Beweislast **116** 560 ff.
  - Geltendmachung durch Gläubiger **116** 660 ff.; *s. auch Verfolgungsrecht Gesellschaftsgläubiger*
  - Kausalität **116** 544 f.
  - Schaden **116** 533 ff.
  - Sondertatbestände **116** 564 ff.; *s. auch Aufsichtratsmitglieder, Haftung*
  - Sorgfaltspflichtverletzung **116** 542 f.
  - Stundung **116** 624
  - Vergleich **116** 619
  - Verschulden **116** 546 ff.
  - Verzicht auf Anspruchsverfolgung **116** 609 ff.
  - *s. auch Schadensersatzansprüche gegen Aufsichtsratsmitglieder*
- schädigende Beeinflussung **116** 742
- Sondertatbestände (§ 93 Abs. 3 AktG) **116** 564 ff.
  - Abtretungsansprüche des Mitglieds **116** 573
  - Beweiserleichterung **116** 577 ff.
  - Darstellung einzelner **116** 585 ff.
  - Gesamtvermögensbetrachtung, keine **116** 580
  - hinausgehender Schaden **116** 582 ff.
  - hinausgehender Schaden, Beweislast **116** 584
  - Schaden **116** 570 ff., 580, 582 ff.
  - Vorteilsausgleich **116** 572
  - Zweck **116** 571
- Sorgfaltsmaßstab, bei Vertretung der Gesellschaft **112** 104
- Sorgfaltsmaßstab, individueller **116** 101 f.
- Sorgfaltspflicht **111** 121 ff.; **112** 104; **116** 379 ff.; *s. auch Sorgfaltspflicht*
- Sorgfaltspflichten eines ordentlichen und gewissenhaften Geschäftsleiters *s. auch Sorgfaltspflicht*
- Sorgfaltspflichtverletzung
  - Verschweigen der **116** 724
- Spezialkenntnisse, Fehlen
  - Einzelmitglied/Kollegium **116** 86
- Stimmboten **116** 28
- Treuebruch **116** 745

- überstimmtes Mitglied **116** 54 ff.
- unangemessene Vorstandsvergütung **116** 353, 523 ff.
- unrichtige Darstellung **116** 761
- Untreue **116** 758
- Verfolgungsrecht Gesellschaftsgläubiger **116** 660 ff.; *s. auch Verfolgungsrecht Gesellschaftsgläubiger*
- Verjährung **116** 608, 714 ff.
  - Abschluss des Geschäftsjahres **116** 730
  - Anspruchsentstehung **116** 719
  - Bezifferung des Schadens **116** 721
  - Einrede der unzulässigen Rechtsausübung **116** 727
  - Hemmung **116** 735 ff.
  - Insolvenz der Gesellschaft **116** 738
  - Kenntnis vom Anspruch **116** 719
  - Schadenseintritt **116** 720
  - spätere Schäden **116** 722
  - Unterbrechung **116** 735 ff.
- Verletzung von Schutzgesetzen **116** 758 ff.
- Verschulden **116** 546 ff.
- Verschweigen der Sorgfaltspflichtverletzung **116** 724
- Verschwiegenheitspflicht, Verletzung **395** 23 f.
- Verschwiegenheitspflicht, Verstoß **116** 487
- Verteilung von Gesellschaftsvermögen **116** 590
- Vertretung der Gesellschaft **112** 104
- Verwirkung **116** 608
- vorsätzlich sittenwidrige Schädigung **116** 757
- Vorstandsvergütung, unterlassene Herabsetzung **116** 523
- Widerruf der Bestellung, unwirksamer **116** 46
- Zahlungsunfähigkeit des Mitglieds **116** 648 ff.
- Zahlungsverbot nach Insolvenzreife **116** 591, 792
- Zurechnung Tatbeiträge anderer Mitglieder **116** 559
- Zustimmungsvorbehalt, Nichterteilung der Zustimmung **116** 601; *s. auch Zustimmungsvorbehalt, Verweigerung der Zustimmung*

Aufsichtsratsmitglieder, Interessenkonflikte *s. Interessenkonflikte*

Aufsichtsratsmitglieder, Sanktionen
- Abberufung *s. auch Abberufung von Aufsichtsratsmitgliedern; Abberufung von Arbeitnehmervertretern*
- Buß- und Strafandrohung
  - AktG **116** 785
  - Regressreduzierung **116** 607
  - StGB **116** 786 f.
  - Verhinderungsverbot (WpÜG) **111** 47, 60
- Entlastung *s. Entlastung von Aufsichtsratsmitgliedern*
- Insidergeschäfte **116** 200 ff.; *s. auch Insidergeschäfte*
- Sorgfaltspflicht bei Informationsweitergabe **116** 492 f.
- verbotene Handlungen nach WpHG **116** 200
- zivilrechtliche Haftung **116** 546 ff.

mager =Randnummern

Sachverzeichnis

Aufsichtsratsmitglieder, Schadensersatz
s. *Schadensersatzansprüche gegen Aufsichtsratsmitglieder*
Aufsichtsratsmitglieder, Versicherung gegen Schadensersatzansprüche
116 809 ff.; s. *auch D & O-Versicherung*
Aufsichtsratsmitgliederliste
106 2 ff.
– Einreichung zum Handelsregister **106** 1 ff.
– Wirkung **106** 21 ff.
– Inhalt **106** 14 ff.
Aufsichtsratsmodell
– Wechsel des **96** 59; **97** 4
Aufsichtsratssitzung
– Abstimmung **108** 89 ff.
 – Abstimmungsart **108** 102 ff.
 – abwesende Mitglieder **108** 162 ff.
 – anonyme **108** 95
 – Antrag **108** 91
 – e-mail **108** 170
 – erneute **108** 141
 – fehlerhafte **108** 223 ff.; s. *auch Beschluss des Aufsichtsrats*
 – geheime **108** 104 ff.
 – geheime (MitbestG) **108** 110
 – gemischte **108** 209 ff.
 – gerichtliche Überprüfung **108** 113
 – Interessenkonflikt **108** 147; s. *auch Stimmrechtsausschluss; s. auch Interessenkonflikte*
 – Internet **108** 95 f.
 – Losentscheidung **108** 142
 – Mehrheitserfordernisse **108** 122 ff.
 – namentliche, Gründe für **112** 72
 – offene **108** 103
 – Regelungsbefugnis des Aufsichtsratsvorsitzenden **107** 148
 – Schriftformgebot bei Abwesenheit **108** 168 ff.
 – SMS **108** 170
 – Stichentscheid **107** 163 ff.; **108** 139
 – Stimmabgabe **108** 32 f., 37
 – Stimmabgabe, nachträgliche **108** 144 ff.
 – Stimmabgabe, schriftliche **108** 162 ff.
 – Stimmbindung **96** 57
 – Stimmbote **108** 174 ff.
 – Stimmengleichheit **108** 138 ff.
 – Stimmenthaltung **108** 34 f., 77, 135 ff.; **116** 187
 – Stimmkraft **108** 119; s. *Aufsichtsratsvorsitzender, Zweitstimmrecht*
 – Stimmrechtsausschluss **108** 147 ff.
 – Telefax **108** 170
 – überstimmte Mitglieder, Widerspruch **116** 54 ff.
 – ungültige Stimmen **108** 135
 – unterbesetzter Aufsichtsrat **108** 86 ff.
 – Videokonferenz **108** 95 f., 171
 – Weisungsgebundenheit **101** 106
 – wiederholte **108** 141
 – Zweitstimmrecht **107** 167 ff.; s. *Aufsichtsratsvorsitzender, Zweitstimmrecht*
 – s. *auch Beschlussfassung des Aufsichtsrats*
– Abstimmung ohne Sitzung **108** 186 ff.
 – Beschlussfeststellung und Verkündung **108** 116
 – „E-Mail Chatroom" **108** 188
 – fernmündlich **108** 188
 – Internet **108** 95 f.
 – Niederschrift **107** 216 f.
 – schriftlich **108** 188
 – Telefonkonferenz **108** 188, 190
 – Umlaufverfahren **108** 99
 – Videokonferenz **108** 188, 190
 – s. *auch Beschluss des Aufsichtsrats*
– Anwesenheitspflicht **108** 94
– Anzahl Sitzungen **108** 93; **110** 11 f.
 – börsennotierte Gesellschaften **110** 55 f.
 – nichtbörsennotierte Gesellschaften **110** 57 ff.
– Ausschluss von der
 – Gründe **109** 13 ff.
 – Interessenkonflikt **Exkurs 1 zu § 100** 53 ff.
 – Verhältnismäßigkeit **109** 18
 – außerordentliche **107** 110; **108** 93
 – BaFin **111** 67 f.
 – Einberufungsrecht **107** 110
– Beauftragte von Mitgliedern **109** 58 ff.
– Beauftragte, Teilnahme an **109** 58 ff.
– Beschluss s. *Beschluss des Aufsichtsrats*
– Beschlussfähigkeit **108** 28 ff.; s. *Beschluss des Aufsichtsrats, Beschlussfähigkeit*
– Beschlussfassung ohne Sitzung **107** 112; **108** 99
– Beschlussprotokoll **107** 197
– Bilanzsitzung **107** 216 f.
 – Abschlussprüfer, Teilnahme **170** 12; **171** 91 ff.
 – s. *auch Bilanzsitzung*
– Disziplinarmassnahmen **107** 117
– Dritte
 – Teilnahme **109** 58 ff.
– Einberufung **107** 108 ff.; **109** 13 ff.
 – durch Aufsichtsratsvorsitzenden **110** 13 ff.
 – nach Einberufungsverlangen **110** 28 ff.
 – Form **110** 20
 – Frist **110** 21 ff.
 – Inhalt **110** 24 ff.
 – Mängel **110** 27
 – Verpflichtung zur **110** 17 f.
 – durch Vorstand **110** 40 ff.
 – Wohl der Gesellschaft, Erforderlichkeit **110** 18
– Einberufungsmängel **110** 27
– Einberufungsverlangen **110** 28 ff.
 – missbräuchliches **110** 37
 – Vorstand **110** 29
– Einladung
 – Form **110** 20
 – Frist **108** 200; **110** 21 ff.
 – Inhalt **110** 24

1033

Sachverzeichnis

Fett gedruckte Ziffern = Paragrafen

[Noch: **Aufsichtsratssitzung**]
- Ergebnisprotokoll **107** 193
- Form **110** 61 ff.
- Interessenkonflikte **107** 118
  - Stimmrechtsausschluss **108** 147
  - s. auch *Interessenkonflikte*
- Konzerne, gemeinsame **111** 315
- Leitung der Sitzung
  - Aufsichtsratsvorsitzender **107** 107, 115 ff.
  - stellvertretender Vorsitzender **107** 175 ff.
- Meinungsäußerung **116** 441
- Meinungsbildung **116** 441
- Mindestanzahl **110** 55 ff.; s. auch *Aufsichtsratssitzung, Anzahl Sitzungen*
- namentliche Abstimmung, Gründe für **112** 72
- Niederschrift **107** 119, 185 ff.
  - Berichtigung **107** 204 ff.
  - Beschlagnahme **107** 222 ff.
  - Beschlussprotokoll **107** 197
  - Ergebnisprotokoll **107** 193
  - Erklärungen des Mitglieds **107** 195 f.
  - erster Aufsichtsrat **107** 185
  - Form **107** 190 f.
  - Geschäftsordnungsregelungen **107** 215
  - Letztentscheidungsrecht **107** 192
  - Mindestinhalt **107** 192 ff.
  - Nichtanfertigung, Folgen **107** 203
  - Satzungsregelungen **107** 215
  - Vorlagepflichten **107** 220 f.
- Ort **108** 98
- Protokollführer **107** 119, 187 ff.
- Selbsteinberufungsrecht **110** 5
  - BaFin **111** 67
  - s. *Aufsichtsratssitzung – Selbsthilferecht*
- Selbsthilferecht **110** 40 ff.
  - Einberufung, Form **110** 48 ff.
  - Einberufung, Frist **110** 51 f.
  - Voraussetzungen **110** 42 ff.
  - Vorstand **110** 40
- Sitzungsablauf **107** 115; **109** 14
- Sitzungsfrequenz **110** 6
- Sitzungskalender **116** 162
- Sitzungsprotokoll **107** 119, 185 ff.
- Sitzungsvertreter **108** 170
- Sprache **108** 98
- Stimmabgabe **108** 102 ff.
  - nachträgliche **108** 144 ff.
- Stimmbote **108** 174 ff.
- Stimmbotschaft **108** 101
- Stimmenthaltung
  - Stimmverbot **108** 77
  - Treuepflicht **116** 187
- Stimmrechtsausschluss **108** 147 ff.
  - Beschlussfähigkeit **108** 150
  - Stimmverbot **107** 152; **108** 36
  - Stimmenthaltung **108** 77
- Stimmverhalten
  - Protokollierung **107** 199 f.
- Tagesordnung **110** 24 ff.
  - Bekanntgabe **107** 108

- Ergänzungsantrag **110** 30
- Protokollführer **107** 187 ff.
- Wahlen **101** 43
- Teilnahme nichtangehöriger Personen
  - KGaA **109** 8
  - Rechtsfolgen **109** 7
  - zwingendes Recht **109** 6
- Teilnahmepflicht **108** 100 f.
- Teilnahmepflicht (Vorstand) **109** 24 ff.
- Teilnahmerechte **108** 100
  - Abschlussprüfer **109** 34, 66 f.
  - Aktionär **109** 37
  - Aufsichtsbehörden, Vertreter **109** 66
  - Auskunftspersonen **109** 36 ff.
  - Ausschlussgründe **109** 15
  - BaFin **109** 68
  - Berater, ständige **109** 35
  - ehemalige Organmitglieder **109** 41
  - Ehrenvorsitzender **109** 41
  - Einschränkungen **109** 13 ff.
  - Gäste **109** 41
  - Konzern **109** 12
  - künftige Aufsichtsratsmitglieder **109** 41
  - Ladung **109** 38
  - organisatorische Erfordernisse **109** 40
  - Protokollführer **107** 119, 187 ff.
  - Sachverständige **109** 32 f.
  - sonstige Personen **109** 40
  - Stellvertreter **109** 58
  - technische Erfordernisse **109** 40
  - Vorstand **109** 20 ff.
- Teilnahmeverbot
  - Corporate Governance Kodex **109** 10
  - Interessenkonflikt **Exkurs 1 zu § 100** 53 ff.
  - Verstoß gegen **109**
- Telefonkonferenz **108** 188
- Turnus **110** 11 f., 55 ff.
- Umlaufverfahren **108** 99
- Unterbesetzung **108** 81 ff.
- Unterbrechung **107** 66
- Unterlagen
  - Aufbewahrung **107** 218
  - Einsichtnahmerecht **107** 228; **170** 97
  - Jahresabschluss **170** 16 ff.
  - Lagebericht **170** 20 ff.
  - Prüfungsbericht **170** 45 ff.
  - Versand **170** 90 ff.
- Verfahrensmangel **108** 221 ff.
- verhinderte Mitglieder **109** 60
  - Ermächtigung Dritter **109** 64
  - Teilnahme Dritter **109** 58 ff.
- Verschwiegenheitspflicht **116** 496 ff.
- Vertagung **107** 111, 149; **108** 67 ff.
- Videokonferenz **108** 188
- Vorbereitung **107** 113 ff.
- Vorbereitungsgespräch **Exkurs 2** 36
- Vorstand, Teilnahme an **109** 24 f., 57
- Wahlen
  - Aufsichtsratsvorsitzender **107** 22 ff., 61 ff.
  - Aufsichtsratsvorsitzender (MitbestG) **108** 128

Sachverzeichnis

mager =Randnummern

- Ausschüsse **107** 299 f.
- Ehrenvorsitzender **107** 84 ff.
- stellvertretender Vorsitzender **107** 76 f.
- Vorstand **107** 332 ff.
- Widerspruch überstimmte Mitglieder **116** 54 ff.
- Widersprüche
  - Dokumentation **107** 194

Aufsichtsratsvergütung 101 151; **113** 22 ff.; *s. Vergütung von Aufsichtsratsmitgliedern*

Aufsichtsratsvorbehalt *s. Zustimmungsvorbehalte*

Aufsichtsratsvorsitzender
- Abberufung **107** 44 ff.
  - Kompetenz zur **107** 365
  - Mehrheitserfordernisse **107** 46 f.
  - mitbestimmter Aufsichtsrat **107** 70 ff.
  - Vergütung **107** 50
  - wichtiger Grund **107** 45, 47
- Abschlussvertreter des Aufsichtsrats **112** 58
- Amtsende
  - Abberufung aus wichtigem Grund **107** 45, 47
  - Niederlegung **107** 51 ff.
- Amtsniederlegung **107** 51 ff.
- Amtszeit **107** 38 ff.
  - Abberufung aus wichtigem Grund **107** 72
  - Geschäftsordnung **107** 41 f.
  - mitbestimmter Aufsichtsrat **107** 68 f.
  - Satzungsregelung **107** 41 f.
  - Staggered Board **107** 38
  - Wahlbeschluss **107** 41 f.
- Arbeitseinsatz **116** 147
- Aufgaben **107** 100 ff.
  - gem. Corporate Governance Kodex **111** 114 ff.
  - MitbestG **107** 102
  - übliche **107** 140 ff.
- außerordentliche Sitzung **107** 110
- Berufung
  - Annahme **107** 21
- Bevollmächtigter des Aufsichtsrats **112** 57
- Bote des Aufsichtsrats **112** 57
- Compliance-Überwachung **111** 114
- Disziplinarbefugnisse **107** 117, 146
- DrittelbG **107** 19
- Ehrenvorsitzender **107** 83 ff.; *s. Ehrenvorsitzender*
- Erklärungsvertreter des Aufsichtsrats **112** 57
- Ersatzvorsitzender **107** 62
- Fehlen eines **104** 75 f.; **107** 33 f.
- gerichtliche Bestellung **107** 36 f.
  - mitbestimmter Aufsichtsrat **107** 67
- gerichtliche Überprüfung von Entscheidungen **107** 153
- Geschäftsbriefe, Angabe auf **107** 60
- Handelsregister, Anmeldung **107** 56 ff.
- Hauptversammlungsleitung **107** 120, 162
  - Haftung **107** 120
- Informationsverteilung **107** 105, 137
- Interessenkonflikte **107** 118; *s. auch Interessenkonflikte*

- Kompetenzen **107** 96 ff.
  - ausschließliche **107** 151, 161
  - Außenverhältnis **107** 97
  - Geschäftsordnungsregelungen **107** 155 ff.
  - Innenverhältnis **107** 98
  - Satzungsregelungen **107** 155 ff., 162 ff.
  - Schranken **107** 146 ff.
- konkludente Ermächtigung zur Abgabe von Willenserklärungen **112** 53, 62, 106
- Kontrolle durch Aufsichtsrat **107** 147
- Krisensituation **111** 131
- MitbestErgG **107** 19
- MitbestG **107** 19 f.
  - Abberufung **107** 70 ff.
  - Amtsniederlegung **107** 73
  - Amtszeit **107** 68 f.
  - Aufgaben **107** 102
  - gerichtliche Bestellung **107** 67
  - stellvertretender Vorsitzender **107** 78 ff.
  - Wahl **107** 61 ff.; **108** 128
  - Wahlverfahren **107** 64 ff.
- MontanMitbestG **107** 19
- Pflicht zur Wahl **107** 34
- Rechtsfragen
  - Entscheidung über **107** 151, 161; **108** 148
- Regelungsbefugnis bei Abstimmungen **107** 148; **108** 102
- Repräsentation **107** 137 ff.
  - Aufsichtsratsbericht **107** 137
  - Beratungen mit Vorstand **107** 106, 138
- Sitzungsleitung **107** 107, 115 ff.; *s. auch Aufsichtsratssitzung*
- Staggered Board **107** 38
- Stellung **111** 112 ff.
- Stellvertreter **107** 74 ff.
  - Amtszeit **107** 38 ff., 76
  - Angabe auf Geschäftsbriefen **107** 60
  - Anzahl **107** 75
  - Aufgaben **107** 180 ff.
  - Berufung **107** 21
  - Fehlen eines **104** 75 f.
  - Handelsregister, Anmeldung **107** 58
  - Kompetenzen **107** 175 ff.
  - mehrere, Rangfolge **107** 77, 172 ff.
  - MitbestG **107** 61 ff.
  - Mitgliedschaft im Vermittlungsausschuss **107** 80
  - Verhinderung des Vorsitzenden **107** 175 ff.
  - weitere **107** 82
  - Zweitstimmrecht **107** 81, 167, 180
- Stichentscheid **107** 163 ff.; **108** 139
- Stimmkraft **107** 163 ff.; **108** 119; *s. auch Zweitstimmrecht*
- Tagesordnung **107** 107 f.; *s. Aufsichtsratssitzung*
- „Tandem"-Theorie **107** 69
- Verbindungsfunktion zu Vorstand **111** 117
- Verfahrensüberwachung **107** 141 ff.
  - Abschlussprüfer **107** 143
  - Rechtmäßigkeit **107** 142

1035

Sachverzeichnis

Fett gedruckte Ziffern =Paragrafen

[Noch: **Aufsichtsratsvorsitzender**]
– Rechtsfragen **107** 148, 151, 161
– Selbtsorganisationsrecht **107** 141
– Vergütung **113** 37 f.
– Verhinderung **107** 79, 175 ff.
– Vertretung der Gesellschaft **107** 121 ff.
 – Umfang **107** 122 ff.
 – Wissenszurechnung **107** 131
 – *s. auch Aufsichtsrat, Vertretung der Gesellschaft*
– Vertretung des Gesamtaufsichtsrats **107** 121; **112** 57
 – konkludente Ermächtigung **112** 53, 62, 106
– Vertretung ohne Vertretungsmacht **107** 133
– Vertretung von Vorstandsmitgliedern **105** 59; *s. auch Aufsichtsratsmitglieder, Vertretung von Vorstandsmitgliedern*
– Vertretungsmacht
 – aktive **107** 122 ff.
 – passive **107** 129 ff.
 – ungeschriebene **107** 132
 – Wissenszurechnung **107** 131
– Vetorecht **108** 140
– Vorbereitung der Sitzung **107** 107 ff.; *s. auch Aufsichtsratssitzung*
– Vorsitzberichte des Vorstands **107** 105
– Wahl **107** 22 ff.
 – Handelsregister, Anmeldung **107** 56 ff.
 – Mehrheitserfordernisse **107** 28 ff., 46 f.
 – Mehrstimmrechte **107** 23
 – MitbestG **107** 61 ff.; **108** 128
 – Satzungsregelungen **107** 417
 – Stellvertreter **107** 76 ff.
 – Vorstandsmitglied, ehemaliges **100** 49 ff.
 – Wahlverfahren **107** 27 ff.
 – Zustimmungsvorbehalte **107** 25
– Wahlpflicht
 – Haftung Aufsichtsratsmitglieder **107** 34
– Wahlrecht
 – aktives **107** 23
 – passives **107** 24
– Wegfall des **107** 33
– wichtiger Grund
 – Abberufung **107** 45
 – Abberufung (MitbestG) **107** 72
 – Widerruf der Bestellung **107** 43 ff.
 – Haftung bei unwirksamem **116** 46
 – Willenserklärungen des **107** 134 ff.
 – Willenserklärungen, Ermächtigung zur Abgabe **112** 106
 – Zweitstimmrecht **96** 37; **107** 167 ff.
  – Bestellung von Vorstandsmitgliedern **107** 102
 – Vermittlungsausschuss **107** 167
Aufwendungsersatz *s. Auslagenersatz*
Ausgliederung
– Anmeldung **111** 70
– Sorgfaltspflichtverletzung **116** 753 ff.
Auslagen *s. Auslagenersatz*

Auslagenersatz
– Angemessenheit **113** 108
– anspruchsbegründende Tätigkeiten **113** 109 ff.
 – Aufsichtsratsvorsitzender **113** 116
 – Einarbeitungsaufwand **113** 113
 – Repräsentation **113** 114
 – Sitzungsteilnahme **113** 111
 – sonstige Tätigkeiten **113** 117
 – überwachende Tätigkeiten **113** 112 f.
 – Vorbesprechungen **113** 110
– Anspruchsgrundlage **113** 108
– Assistenz **113** 119
– Aufsichtsratsvorsitzender **113** 116, 138 f.
– Entscheidungskompetenz **113** 140 ff.
– Fachliteratur **113** 117, 130
– Festsetzung **113** 144
– Fortbildungskosten **113** 117, 130
– gerichtlich bestelltes Mitglied **104** 128 f.
– Kosten **113** 118 ff.
 – Aufenthaltskosten **113** 122
 – Aufsichtsratsvorsitzender **113** 138 f.
 – Beförderungskosten **113** 122
 – Dolmetscherkosten **113** 123
 – Einkommenseinbußen **113** 124
 – Ertragsausfall **113** 124
 – Nebenkosten **113** 122
 – Pauschalregelung **113** 122
 – Prozesskosten **113** 125 ff.
 – Reisekosten **113** 120 ff.
 – Sachverständige **113** 134 ff.
 – Übernachtungskosten **113** 122
 – Übersetzerkosten **113** 123
– nicht erstattungsfähige **113** 118 f.
– Sachaufwendungen **113** 115
– Vorschüsse **115** 18
Ausscheiden von Aufsichtsratsmitgliedern
 s. Amtsniederlegung; s. Abberufung von Aufsichtsratsmitgliedern
Ausschüsse 107 229 ff.
– Abberufung der Mitglieder **107** 409
– Abschlussprüfer, Beauftragung **107** 357
– Ad hoc-Ausschüsse **107** 250; **111** 138
 – Auflösung **107** 412
– Amtsperiode des Aufsichtsrats, Fortbestehen **107** 413
– Amtszeit **107** 409
– Anlageausschuss **107** 275
– Anstellungskompetenz **107** 337
– Anzahl der Mitglieder **107** 296 ff.
 – Geschäftsordnungsregelungen **107** 298
 – *s. Zusammensetzung*
– Arbeitnehmervertreter
 – angemessene Beteiligung, Verstoß **107** 315 f.
 – Besetzung von Ausschüssen **107** 302 ff.
 – Eignungskriterien **107** 311
– Audit Committee **107** 270; *s. auch Prüfungsausschuss*
– Aufgaben, nicht übertragbare **107** 235
– Auflösung **107** 410 ff.
– Ausscheiden **107** 295

mager =Randnummern

Sachverzeichnis

– Abberufung aus wichtigem Grund **107** 409
– Beschlussunfähigkeit **107** 390
– Ausschluss von Mitgliedern **109** 42
– ausschussfremde Aufsichtsratsmitglieder
  – Ausschluss **109** 48 ff.
  – Teilnahme an Sitzungen **107** 386; **109** 43 ff.
– Ausschussvorsitzender
  – Bestellung **107** 290 f.
  – Stellvertreter **107** 289 ff.
  – Stichentscheidungsrecht **108** 143
  – Zweitstimmrecht **107** 292, 388, 395, 426
– beratende **107** 251, 282
– Berichterstattung **107** 374 ff.
– Berichtsanspruch **107** 369 ff., 370 ff.
– Berichtspflicht **107** 369
  – erledigende Ausschüsse **107** 375
  – Form der Berichtserstattung **107** 378
  – vertrauliche Informationen **107** 377
  – vorbereitende Ausschüsse **107** 376
– beschließender Ausschuss **107** 258, 279
– Beschlüsse **107** 389 ff.
  – Beschlussfähigkeit **107** 389 ff.
  – Beschlussfähigkeit (MitbestG) **107** 390
  – Beschlussfassung **107** 392 ff.
  – MitbestG **107** 395
  – Pattsituation **107** 395; **108** 143
  – schriftliche Stimmabgabe **107** 393
  – Stichentscheidung **108** 143
  – Stimmbotschaft **107** 393
  – Stimmenthaltung **107** 392
  – Stimmverbot **107** 392
  – Zweitstimmrecht **107** 169, 292, 395
– Beschlussfähigkeit **107** 389 ff.
– Beschlusskompetenz **107** 229, 235, 258, 273, 362 f.
– Besetzung
  – Diskriminierungsverbot **107** 306 ff.
  – nach DrittelbG **107** 313
  – Entscheidung über **111** 140
  – Gesellschaften mit Arbeitnehmerbeteiligung im Aufsichtsrat **107** 302 ff.
  – Gesellschaften ohne Arbeitnehmerbeteiligung im Aufsichtsrat **107** 301
  – nach MitbestG **107** 303 ff.
  – nach MontanMitbestG **107** 314
  – Paritätsgebot **107** 246, 304 f.
  – sachgerechte **107** 243, 306 ff.
  – Verstoß gegen angemessene Arbeitnehmerbeteiligung **107** 315 f.
– Besetzungsautonomie **107** 245 ff.
  – Arbeitnehmerbeteiligung im Aufsichtsrat **107** 302 ff.
  – Einschränkungen **107** 301
  – besondere Honorierung **113** 38
– Beteiligungsausschuss **107** 276
– Bilanzausschuss **107** 252
– Bildung, Zuständigkeit **107** 230
– Dauerausschüsse **107** 250
– Delegation Vergütungsfragen

– DrittelbG **107** 353
– MitbestG **107** 354
– Delegationsautonomie des Aufsichtsrats **107** 234 ff.
  – Einschränkungen **107** 321 ff.
– Delegationsverbote des Aufsichtsrats **107** 321 ff.
  – GmbH-Aufsichtsrat **107** 351 ff.
– Diskontinuitätsprinzip **107** 413
– Diskriminierungsverbot **107** 306 ff., 306 f.
– Eignungskriterien der Mitglieder **107** 311; *s. auch Ausschüsse – Mindestkenntnisse*
– Eilausschuss **111** 563
– Eingriffsrecht des Aufsichtsrats **107** 236
– Einsetzungsbeschluss **107** 231
  – Nichtigkeit, Arbeitnehmerbeteiligung **107** 315 f.
– Einsichtsrechte **107** 371
– erledigende **107** 251, 278 ff.
  – Berichtspflicht **107** 375
– Financial Expert **100** 105; **107** 414 f.; *s. auch Financial Expert*
– Finanzausschuss **107** 252
– finding committee **116** 332
– geborene Mitglieder **107** 255
– Gebot angemessener Arbeitnehmerbeteiligung **107** 307 f.
– Gebot ständiger Rücksichtnahme **107** 317
– Geschäftsordnungsregelungen über **107** 239 f., 426
– Größe **107** 296 ff.
– Grundsatz der Gleichbehandlung **109** 55
– Haftung
  – Gesamtaufsichtsrat **107** 407; **116** 61 ff.
  – Mitglieder **107** 408; **116** 60
– Hauptversammlung, Einberufung **107** 355
– Informationsrechte und -pflichten **107** 371
– innere Ordnung **107** 398 f.
  – Geschäftsordnung **107** 398
  – Satzung **107** 398
– Investitionsausschuss **107** 269
– Konstituierung
  – Geschäftsordnung des Aufsichtsrats **107** 239 f.
  – Satzungsregelungen **107** 237 f.
– Kreditausschuss **107** 272 ff.; **111** 135
– Kreditinstitute
  – Inkompatibilitätsregeln (KWG) **111** 97 ff.
  – Nominierungsausschuss **111** 90 ff.
  – Pflicht zur Bildung **111** 83 f.
  – Prüfungsausschuss **111** 88 f.
  – Risikoausschuss **111** 86 f.
  – Sachkunde Mitglieder **111** 97 ff.
  – Vergütungskontrollausschuss **111** 94 ff.; **116** 84
– Mindestkenntnisse **107** 145, 271, 311
  – Vorsitzender Prüfungsausschuss **100** 13
– mitbestimmte Gesellschaften **107** 302 ff.; *s. auch Ausschüsse – Vermittlungsausschuss bzw. Besetzung*

1037

Sachverzeichnis

Fett gedruckte Ziffern =Paragrafen

[Noch: **Ausschüsse**]
- Mitbestimmungsausschuss **111** 132
- Mitglieder
  - Abberufung **107** 409
  - Eignungskriterien **107** 311; s. auch Ausschüsse – Mindestkenntnisse
  - Haftung **116** 60
  - Verantwortlichkeit **107** 408
- nicht übertragbare Aufgaben **107** 321 ff.
- Nominierungsausschuss **111** 90 ff.
- Personalausschuss **107** 260 ff.
  - Anstellungsverträge, Vorstandsmitglieder **107** 262
  - Arbeitnehmervertreter im **107** 261
  - Aufgaben **107** 262 f.
  - Besetzung **107** 261
  - Bezüge des Vorstands **107** 262
  - Bildung **107** 261
  - Kreditgewährungen **107** 263
- Präsidialausschuss **107** 253 ff.
- Präsidium **107** 253 ff.
  - Anzahl Mitglieder **107** 255
  - Aufgaben **107** 256
  - Beschlusskompetenz **107** 258
  - Besetzung **107** 254 f.
  - Bildung **107** 254
  - Eilentscheidungen **107** 258
  - Kreditgewährung an Organmitglieder **107** 257
  - Vorsitzender **107** 255
  - Zustimmungsvorbehalte **107** 257
- Protokoll **107** 396 f.
- Prüfungsausschuss **107** 270 ff.; **171** 50 ff.
  - Anforderungen, Mitglieder **171** 53, 75
  - Aufgaben **107** 270 f.; **171** 57
  - Aufsichtsratsvorsitzender als Mitglied **111** 136
  - Corporate Governance Kodex, Empfehlungen **107** 271; **171** 54 ff.
  - CRR-Institute **171** 52
  - Financial Expert **100** 105; **107** 414 f.; **171** 53; s. auch Financial Expert
  - Kreditinstitute **111** 88 f.
  - Vorsitzender, Anforderungen **107** 145, 271; **171** 55
  - Zusammensetzung **171** 53, 55
- Prüfungsrechte **107** 371
- Rechte und Pflichten
  - Beratung **107** 282
  - Berichtspflicht **107** 374 ff.
  - Berichtspflicht (Form) **107** 378
  - Einsichtnahmerecht **107** 371 f.
  - Informationsrechte und -Pflichten **107** 369 ff.
  - Prüfungsrecht **107** 371 f.
  - Überwachung **107** 322
  - Vertretung der Gesellschaft **107** 335
- Risikoausschuss **111** 86 f.
- Satzungsregelungen **107** 237, 417
- Sitzungen **107** 379 ff.
- Ausschluss Aufsichtsratsvorsitzender **109** 49
- Ausschluss ausschussfremder Aufsichtsratsmitglieder **109** 48 ff.
- Ausschluss Mitglieder **109** 42
- Einberufung **110** 64 ff.
- Sitzungsleitung **107** 388
- Sitzungsprotokoll **107** 396 f.
- Teilnahmerecht, Einschränkungen **109** 54
- Teilnehmer **107** 385 ff.
- Vorsitzender **107** 388
- Sozialausschuss **107** 275
- Spiegelung der Verhältnisse im Aufsichtsrat **107** 298
- Strategieausschuss **107** 275
- Teilnehmer **107** 385 ff.
  - Aufsichtsratsvorsitzender **107** 385
  - Ausschluss **109** 42
  - Ausschlussrecht des Vorsitzenden **107** 386
  - ausschussfremde Aufsichtsratsmitglieder **107** 386; **109** 43 ff.
  - BaFin **109** 68
  - Dritte **107** 387; **109** 57
  - Vorstand **107** 387; **109** 57
- Übernahmesituationen **111** 35 ff.
- überwachender Ausschuss **107** 183
- Überwachung **107** 399
- Unterausschuss **107** 399
- Vergütungskontrollausschuss **100** 13; **111** 94 ff.
  - Sachkunde Mitglieder **116** 84
- Verhältnis zum Aufsichtsrat **107** 317 ff.
- Vermittlungsausschuss
  - Anzahl Mitglieder **107** 265
  - Aufgabe **107** 267
  - Beschlussfassung **107** 268
  - Besetzung **107** 265
  - Bildung **107** 265
  - als Dauerausschuss **107** 264
  - nach DrittelbG **107** 249
  - gerichtliche Bestellung **107** 265
  - nach MitbestG **107** 246 f.
  - nach MontanmitbestG **107** 248
  - Paritätsgebot **107** 246
  - Stichentscheidung **108** 143
  - unvollständige Besetzung **107** 265
  - Zusammensetzung **107** 80, 265
- vertrauliche Ausschüsse **107** 284
- vertrauliche Informationen **107** 377
- Vertraulichkeit **107** 399; s. auch Verschwiegenheitspflicht
- Vertretung der Gesellschaft, Entscheidungsbefugnis **112** 54
- Vertretung von Mitgliedern **107** 293
- vorbereitende Aufgaben **107** 297
- vorbereitende Ausschüsse **107** 251, 280 f.
  - Anzahl Mitglieder **107** 296
  - Berichtspflicht **107** 376
  - Delegationsverbote **107** 361 f.
- Vorsitz und Stellvertreter
  - Bestellung **107** 289 ff.

mager =Randnummern

Sachverzeichnis

– Präsidialausschuss **107** 255
– Sitzungsleitung **107** 388
– Vorstand, Anstellung **107** 335, 337
– Vorstand, Aufhebung Anstellungsvertrag **107** 349
– Vorstand, Bestellung **107** 332 ff.
– Vorstand, Kündigung **107** 346
– Wahlen **107** 299 f.
– Widerruf Vorstandsbestellung **107** 345 ff.
– Zusammensetzung **107** 294 ff.
　– Mehrheiten, Wahl **107** 299
　– Mitgliederzahl **107** 296
　– Stellvertreter **107** 289 ff.

Außenhaftung
– gegenüber Aktionären **116** 746 ff.; *s. auch Aufsichtsratsmitglieder, Haftung; s. auch Schadensersatzansprüche gegen Aufsichtsratsmitglieder*
– gegenüber Gläubigern und Dritten **116** 779 ff.
– Versicherung gegen **116** 834; *s. auch D & O-Versicherung*

Außerordentliche Aufsichtsratssitzung
s. Aufsichtsratssitzung

Auskunftsperson 109 36 ff
– Angestellte **109** 38
– Großaktionär **109** 37

BaFin
– Aufsichtsratsmitglied, Abberufungsverlangen **100** 13; **103** 87 ff.
　– Adressat **103** 93 ff.
　– entsandtes Mitglied **103** 99
　– Verfahren **103** 93 ff.
– Aufsichtsratsmitglied, Eignungsprüfung **96** 49; **116** 80
– Aufsichtsratsmitglied, Tätigkeitsuntersagung **100** 13; **103** 91 f.
– Aufsichtsratssitzung, Einberufungsrecht **110** 68
– Aufsichtsratssitzung, Teilnahmerecht **109** 68
– Insidergeschäfte **116** 491

Balanced Board 101 31, 36

Bankenvertreter im Aufsichtsrat
– Haftung für Weitergabe von Informationen **Exkurs 1 zu § 100** 79
– Interessenkonflikte **Exkurs 1 zu § 100** 77 ff.
　– Amtsniederlegung **Exkurs 1 zu § 100** 80
　– Auflösung von **Exkurs 1 zu § 100** 27 f.
　– Krise des Unternehmens **Exkurs 1 zu § 100** 80
　– Intressenkonflikten **Exkurs 1 zu § 100** 27 f.
　– Unternehmensübernahme **Exkurs 1 zu § 100** 93

Beendigung der Anstellung von Vorstandsmitgliedern
– Aufhebung *s. Aufhebungsvertrag*
– Dienstvertrag *s. Abberufung von Vorstandsmitgliedern*

Beherrschung
– Montanunternehmen **96** 21

Beirat
– Befugnisse **95** 10; **111** 620
– Bildung **95** 9
– Informationsrechte **111** 622
– KGaA **111** 659 f.
– Satzungsregelungen **111** 620
– Sorgfaltspflichten **111** 624
– Vergütung **111** 621
– Verschwiegenheitspflicht **111** 622
– Zulässigkeit **111** 619

Bekanntmachung
– Statusverfahren **97** 30 ff.; *s. auch Statusverfahren*

Bekanntmachungssperre
– Statusverfahren **97** 72 ff.

Beratung des Vorstands 107 282; **111** 340 ff.
– Beratungsverträge **114** 22 ff.
– Corporate Governance Kodex, Empfehlungen **111** 347 ff.
– fehlerhafte **111** 346
– Intensität **114** 27
– KGaA **111** 641
– Mittel zur Überwachung **111** 169

Beratungshonorare 114 12

Beratungsverträge mit Aufsichtsratsmitgliedern Exkurs 1 zu § 100 16
– Abgrenzung zu Amtspflichten **114** 23 ff.
– Abschluss **111** 359
– Abschlusskompetenz **112** 47
– Ausweis der Vergütung **113** 186
– Beratungspflicht, organschaftliche **114** 24 ff.
– „Beratungstiefe" **114** 26
– besondere Beratung **114** 25 f.
– ehemalige Vorstandsmitglieder **114** 29
– fakultativer Aufsichtsrat **114** 10
– Funktion im Aufsichtsrat **114** 30
– Genehmigung **114** 22
– Gestaltung des Vertrags **114** 31 f.
– Interessenkonflikte **Exkurs 1 zu § 100** 16
– KGaA **111** 646
– Rechtsprechung zu **114** 20
– unzulässige **114** 22 ff.
　– Genehmigung durch Hauptversammlung **114** 22
– Verbot **114** 24
– Zulässigkeit **113** 168
– Zustimmungserfordernis **114** 20
– Zustimmungspflicht des Aufsichtsrats **Exkurs 1 zu § 100** 16; **114** 33 ff.; *s. auch Zustimmungsvorbehalte – Verträge mit Aufsichtsratsmitgliedern*

Beratungsverträge mit ehemaligen Vorstandsmitgliedern
– Abschlusszuständigkeit **112** 14

Bericht des Abschlussprüfers 171 45 ff.; *s. auch Abschlussprüfer*

Bericht des Aufsichtsrats 171 121 ff.; *s. auch Aufsichtsratsbericht*

1039

Sachverzeichnis

Fett gedruckte Ziffern =Paragrafen

Bericht über die Überwachungstätigkeit 171 133 ff.; *s. auch Aufsichtsratsbericht*
Berichte des Vorstands 111 240 ff.; *s. auch Vorstand, Berichtspflicht*
Berichtsordnung 111 247; **116** 170; *s. auch Vorstand, Berichtspflicht*
Berufung von Aufsichtsratsmitgliedern *s. Wahl der Mitglieder des Aufsichtsrats*
Beschäftigtenzahl 96 28; **97** 45; **100** 65; **101** 57
Beschluss des Aufsichtsrats
– Abstimmung **108** 90 f.
 – geheime **108** 104 ff.
 – *s. Aufsichtsratssitzung, Abstimmung*
– Abstimmungsreihenfolge **101** 116
– abwesende Mitglieder **108** 162 ff.
– Ad hoc-Beschluss (Zustimmungsvorbehalt) **111** 537 f.
– Anfechtbarkeit **108** 277 ff.
– Auklärungsbeschluss **111** 397 f.
– Auslegung **108** 25 f.
– Ausschluss **108** 150
– Äußerungen, Abgrenzung **108** 15
– Beschlussantrag **108** 90 f.
– Beschlussbedürftigkeit **108** 19 f.
– Beschlussfähigkeit **108** 28 ff.
 – gesetzliche Regelungen **108** 41 ff.
 – Hälfteerfordernis **108** 75 ff.
 – MitbestErgG **108** 45 f.
 – MitbestG **108** 43 f., 47
 – MontanMitbestG **108** 45 f.
 – Satzungsregelungen **108** 48 ff.
 – Stimmrechtsausschluss **108** 150, 161
 – Unterbesetzung **108** 81 ff.
– Beschlussfassung **108** 89 ff.
– Beschlussfeststellung **108** 112
– Beschlussunfähigkeit **95** 11; **104** 26 ff.
 – Auswirkungen **108** 85 ff.
 – Behebung des Mangels **104** 108 ff.
– Beschlussvereitelung **108** 31
– Bevollmächtigung **108** 164
– Entscheidung, Begriff **108** 14
– Entsprechenserklärung DCGK **111** 512
– Ersatzmitglieder **108** 9
– fehlerhaft bestelltes Mitglied, Teilnahme an **112** 69
– fehlerhafte Beschlüsse **108** 213 ff.
 – fehlende Beschlusszuständigkiet **108** 218
 – Inhaltsmangel **108** 219
 – nicht-rechtmäßiges Gremium **108** 217
 – Rechtsfolgen **108** 244 ff.
 – Rüge **108** 260 ff., 285 ff.
 – Teilnichtigkeit **108** 258
 – Verfahrensmängel, leichte **108** 233 ff.
 – Verfahrensmängel, schwere **108** 222 ff.
 – Willenserklärungen des Aufsichtsrats, Auswirkungen **108** 265 ff.
– Gebot der Ausdrücklichkeit **108** 2, 25
– geheime Abstimmung **108** 104 ff.
– gemischter **108** 209 ff.

– Hauptversammlung, Einberufung **111** 484 ff.
– Inhaltsmängel **108** 219 f.
– konkludenter **108** 22 ff.
– Mängel **108** 117
– Mantelbeschlüsse **107** 403
– Mehrheitserfordernisse
 – gesetzliche Regelungen **108** 122 ff.
 – Satzungsregelungen **108** 133 f.
 – ungültige Stimmen **108** 135
– MitbestErgG **108** 45 f., 66
 – Mehrheitserfordernisse **108** 126, 130
– MitbestG **108** 43 f., 63 ff.
 – Mehrheitserfordernisse **108** 125, 129
– Mitwirkung fehlerhaft bestelltes Mitglied **112** 69 ff.
– MontanMitbestG **108** 45 f., 66
 – Mehrheitserfordernisse **108** 126
– nachträgliche Stimmabgabe **108** 111, 144
– namentliche Abstimmung, Gründe für **112** 72
– Nichtbeschluss **108** 217, 244
– Nichtigkeit **108** 247 ff.
 – Auswirkung auf Hauptversammlungs-beschluss **108** 274 f.
 – Folgen **108** 270 ff.
– Nichtigkeit, bedingte **108** 247 ff.
– Nichtigkeitsfeststellungsklage **108** 278 ff.
– positive Beschlussfeststellungsklage **108** 288 f.
– Rechtsnatur **108** 16 ff.
– Rügerecht, Verzicht **108** 238 f., 262 f.
– ohne Sitzung **108** 99, 116, 186 ff.
 – Fristen, Ladung **108** 200
 – Niederschrift **108** 206 f.
 – Pflichtsitzung, als **108** 208
 – Stimmabgabe **108** 202 ff.
 – Teilnahme **108** 201
 – Telefonkonferenz **108** 188
 – Verfahren **108** 197 ff.
 – Videokonferenz **108** 188
 – Widerspruchsrecht **108** 191 ff.
– Stimmabgabe **108** 32 f.
 – elektronische, Schriftformgebot **108** 169
 – konkludente **108** 24
 – schriftliche **108** 32, 37, 162 ff.; *s. auch Aufsichtsratssitzung – Abstimmung*
 – Stimmbote **108** 174 ff.
 – Unterschrift **108** 169
– Stimmbote **108** 174 ff.
– Stimmengleichheit **108** 138 ff.
– Stimmenthaltung **108** 34 f., 135 ff.; **116** 187
– Stimmverbot **108** 77
– Stimmkraft Vorsitzender **108** 119
– Stimmrechtsausschluss **108** 147 ff.
 – Beschlussfähigkeit **108** 150
 – korporationsrechtliche Geschäfte **108** 158
– Teilnichtigkeit **108** 258
– Telefonkonferenz **108** 188
– ungültige Stimmen **108** 135
– unzulässige Stimmen **108** 113
– Verfahrensmängel, leichte **108** 233 ff.
 – Rechtsfolgen **108** 259 ff.

mager =Randnummern

Sachverzeichnis

– Verfahrensmängel, schwere **108** 222 ff.
  – Rechtsfolgen **108** 257
– Verfahrensrüge **108** 260 ff., 285 ff.
  – Rechtsfolge **108** 261
  – Verzicht auf Rügerecht **108** 262 f.
– vernichtbare Beschlüsse **108** 259 ff.
  – Bekanntgabe der Rüge **108** 285
  – Rügefrist **108** 287
  – Verfahrensrüge **108** 260 ff., 285 ff.
  – Widerspruch **108** 222
– *s. auch Verschwiegenheitspflicht*
– Vertretung gegenüber Vorstandsmitgliedern **112** 53 f.
– Videokonferenz **108** 188
– Vorstandsinformation
  – Berichtsverlangen **111** 397 f.
  – Sachverständige **171** 63 ff.
– Widerspruchsrecht **108** 191 f.
– Zustimmungsvorbehalte, Festlegung von **111** 536 ff.
– Zweitstimmrecht des Vorsitzenden **107** 167 ff.
Beschlussfähigkeit 108 28 ff.; *s. auch Beschluss des Aufsichtsrats*
Beschlussfassung des Aufsichtsrats *s. Beschluss des Aufsichtsrats; s. Aufsichtsratssitzung*
Besonderer Vertreter 112 17, 49, 70; **116** 746
Bestätigungsvermerk Exkurs 2 zu § 172 34
– Bedeutung **Exkurs 2 zu § 172** 34
– Bezugnahme Aufsichtsratsbericht **171** 127 f.
– eingeschränkter, Billigung des Aufsichtsrats **171** 72
– eingeschränkter, mangelhafte Entsprechenserklärung **161** 72
– eingeschränkter, Pflichten des Aufsichtsrats **171** 14, 77
– uneingeschränkter, Prüfung des Aufsichtsrats **171** 20
– Versagung bei Änderung des JA **172** 91
– *s. auch Abschlussprüfer*
Bestellung des Aufsichtsrats *s. Wahl der Mitglieder des Aufsichtsrats*
Bestellung des Vorstands *s. Vorstand, Bestellung von Mitgliedern*
Beteilgungsverwaltung 111 198
Betreten der Geschäftsräume 111 390; *s. Überwachung der Geschäftsführung*
Betriebsgeheimnis 171 142 ff.
Betriebsprüfung 107 221
Betriebsrat
– Antragsberechtigung für gerichtliche Entscheidung über Zusammensetzung des Aufsichtsrats **98** 30, 32
– Entsenderecht in Aufsichtsrat **96** 55
– Wahlvorschläge für Aufsichtsratsmitglieder **101** 56, 59
Betriebsverfassungsgesetz 1952 107 249
– Ablösung durch DrittelbG **96** 38
Bevollmächtigung zur Stimmabgabe 108 164

Bezugsrechtsausschluss
– nichtiger Aufsichtsratsbeschluss **108** 256
– Rekapitalisierung gem. FMStFG **111** 73
– Schadensersatzanspruch Aktionäre **116** 752
Bilanz
– Abschreibungen **Exkurs 2 zu § 172** 108 ff., 229
– Agio **Exkurs 2 zu § 172** 166
– Aktivierungswahlrechte **Exkurs 2 zu § 172** 229
– andere Gewinnrücklagen **Exkurs 2 zu § 172** 173
– Anlagevermögen **Exkurs 2 zu § 172** 105
  – Abschreibung **Exkurs 2 zu § 172** 108 ff.
  – Finanzanlagen **Exkurs 2 zu § 172** 131 ff.
  – Folgebewertung **Exkurs 2 zu § 172** 108 ff.
  – immaterielle Vermögensgegenstände **Exkurs 2 zu § 172** 122 ff.
  – Sachanlagen **Exkurs 2 zu § 172** 126 ff.
– Ansätze in der **Exkurs 2 zu § 172** 76 ff.
– Anschaffungskosten **Exkurs 2 zu § 172** 91 ff.
– Anschaffungskosten, nachträgliche **Exkurs 2 zu § 172** 94
– Anschaffungsnebenkosten **Exkurs 2 zu § 172** 93
– Anteile an verbundenen Unternehmen **Exkurs 2 zu § 172** 132
– Ausleihungen an verbundene Unternehmen **Exkurs 2 zu § 172** 133
– ausstehende Einlagen **Exkurs 2 zu § 172** 159 f.
– Beteiligungen **Exkurs 2 zu § 172** 134
– Bewertung, willkürfreie **Exkurs 2 zu § 172** 70
– Bewertungsmaßstäbe **Exkurs 2 zu § 172** 91 ff.
– Bewertungsstetigkeit **Exkurs 2 zu § 172** 67
– Bewertungswahlrecht **Exkurs 2 zu § 172** 229
– Bilanzgewinn **Exkurs 2 zu § 172** 177; *s. auch Bilanzgewinn*
– Bilanzidentität **Exkurs 2 zu § 172** 59
– Bilanzierungsfähigkeit, abstrakte **Exkurs 2 zu § 172** 76 ff.
– Bilanzierungsfähigkeit, konkrete **Exkurs 2 zu § 172** 81 ff.
– Bilanzierungsverbote **Exkurs 2 zu § 172** 87
– Bilanzierungswahlrechte **Exkurs 2 zu § 172** 88 ff.
– Bilanzobjektivierung **Exkurs 2 zu § 172** 67
– bilanzpolitische Maßnahmen **Exkurs 2 zu § 172** 229
  – Aktivierungswahlrechte **Exkurs 2 zu § 172** 229
  – Bewertungswahlrechte **Exkurs 2 zu § 172** 229
  – sale-and-lease-back **Exkurs 2 zu § 172** 229
– Bilanzsitzung **110** 61; *s. auch Bilanzsitzung*
– Bilanzverlust **Exkurs 2 zu § 172** 177
– DRSC, Deutsches Rechnungslegungs Standards Committee **Exkurs 2 zu § 172** 75
– eigene Anteile **Exkurs 2 zu § 172** 161 ff.
– Eigenkapital **Exkurs 2 zu § 172** 80, 155 ff.

1041

Sachverzeichnis

Fett gedruckte Ziffern =Paragrafen

[Noch: **Bilanz**]
– Eigenkapital, Sonderposten **Exkurs 2 zu** **§ 172** 179
– Einzelbewertungsgrundsatz **Exkurs 2 zu** **§ 172** 61
　– Ausnahmen **Exkurs 2 zu** **§ 172** 61
– Erfüllungsbetrag **Exkurs 2 zu** **§ 172** 102 f.
– fertige Erzeugnisse **Exkurs 2 zu** **§ 172** 141
– Folgebewertung
　– Anlagevermögen **Exkurs 2 zu** **§ 172** 108 ff.
　– Schulden **Exkurs 2 zu** **§ 172** 118
　– Forderungen **Exkurs 2 zu** **§ 172** 143 f.
– Forderungen aus genehmigungspflichtigen Krediten **115** 41
– geleistete Anzahlungen **Exkurs 2 zu** **§ 172** 142
– gerichtliche Überprüfung **Exkurs 2 zu** **§ 172** 72 ff.
– gesetzliche Rücklage **Exkurs 2 zu** **§ 172** 171
– Gestaltungsmöglichkeiten **Exkurs 2 zu** **§ 172** 229
– Gewinn- und Verlustrechnung **Exkurs 2 zu** **§ 172** 196 ff.; s. auch Gewinn- und Verlustrechnung
– Gewinn- und Verlustvortrag **Exkurs 2 zu** **§ 172** 174
– Gewinnrücklagen **Exkurs 2 zu** **§ 172** 170 ff.
– Gewinnrücklagen, andere **Exkurs 2 zu** **§ 172** 173
– Gewinnvereinnahmung **Exkurs 2 zu** **§ 172** 63
– Gliederung Aktivseite **Exkurs 2 zu** **§ 172** 121
– Going-Concern-Prinzip **Exkurs 2 zu** **§ 172** 60
– Grundsatz der Wesentlichkeit und Wirtschaftlichkeit **Exkurs 2 zu** **§ 172** 69
– Grundsätze ordnungsgemäßer Buchführung **Exkurs 2 zu** **§ 172** 53 ff.
　– kodifizierte **Exkurs 2 zu** **§ 172** 55 ff.
　– nicht kodifizierte **Exkurs 2 zu** **§ 172** 68 ff.
– Herstellungskosten **Exkurs 2 zu** **§ 172** 96 ff.
– IDW, Stellungnahmen **Exkurs 2 zu** **§ 172** 74
– immaterielle Vermögensgegenstände **Exkurs 2 zu** **§ 172** 122 ff.
– Imparitätsprinzip **Exkurs 2 zu** **§ 172** 64
– Jahresabschluss **Exkurs 2 zu** **§ 172** 121 ff.; s. auch Jahresabschluss
– Jahresfehlbetrag **Exkurs 2 zu** **§ 172** 175 f.
– Jahresüberschuss **Exkurs 2 zu** **§ 172** 175 f.
– Kapitalerhöhung **Exkurs 2 zu** **§ 172** 157
– Kapitalherabsetzung **Exkurs 2 zu** **§ 172** 158
– Kapitalrücklage **Exkurs 2 zu** **§ 172** 165
– Kongruenzprinzip **Exkurs 2 zu** **§ 172** 59
– Kredite an Aufsichtsratsmitglieder, Ausweis **115** 41
– latente Steuern **Exkurs 2 zu** **§ 172** 152 f.
– latente Steuern, passive **Exkurs 2 zu** **§ 172** 195
– Maßgeblichkeit Handelsbilanz **Exkurs 2 zu** **§ 172** 3
– mezzanine Finanzierungen, Ausweis **Exkurs 2 zu** **§ 172** 179
– nicht durch Eigenkapital gedeckter Fehlbetrag **Exkurs 2 zu** **§ 172** 178
– offene Rücklagen **Exkurs 2 zu** **§ 172** 164 ff.
– Pensionsrückstellungen **Exkurs 2 zu** **§ 172** 181
– Periodisierung **Exkurs 2 zu** **§ 172** 66
– phasenkongruente Gewinnvereinnahmung **Exkurs 2 zu** **§ 172** 63
– Realisationsprinzip **Exkurs 2 zu** **§ 172** 63
– Rechnungsabgrenzungsposten **Exkurs 2 zu** **§ 172** 79
– Rechnungsabgrenzungsposten, aktive **Exkurs 2 zu** **§ 172** 151
– Rechnungsabgrenzungsposten, passive **Exkurs 2 zu** **§ 172** 194
– Richtigkeit und Willkürfreiheit **Exkurs 2 zu** **§ 172** 56
– Risiken, Berücksichtigung **Exkurs 2 zu** **§ 172** 64
– Rückstellungen **Exkurs 2 zu** **§ 172** 103, 180 ff.
– Sachanlagen **Exkurs 2 zu** **§ 172** 126 ff.
– Saldierungsverbot **Exkurs 2 zu** **§ 172** 58
– Sammelposten **Exkurs 2 zu** **§ 172** 129, 137
– satzungsmäßige Rücklagen **Exkurs 2 zu** **§ 172** 172
– Schulden **Exkurs 2 zu** **§ 172** 78
– schwebende Geschäfte **Exkurs 2 zu** **§ 172** 71
– Sonderposten **Exkurs 2 zu** **§ 172** 146, 152
– Sonderposten des Eigenkapitals **Exkurs 2 zu** **§ 172** 179
– sonstige Vermögensgegenstände **Exkurs 2 zu** **§ 172** 145
– Steuerrückstellungen **Exkurs 2 zu** **§ 172** 183
– Stichtagsprinzip **Exkurs 2 zu** **§ 172** 61
– Umlaufvermögen **Exkurs 2 zu** **§ 172** 105, 138 ff.
– unfertige Erzeugnisse **Exkurs 2 zu** **§ 172** 140
– Unterschiedsbetrag aus Vermögensverrechnung **Exkurs 2 zu** **§ 172** 154
– Verbindlichkeiten **Exkurs 2 zu** **§ 172** 102, 185 ff.
– Vermögen, Zurechnung
　– sachliche **Exkurs 2 zu** **§ 172** 85
　– zeitliche **Exkurs 2 zu** **§ 172** 86
– Vermögenstgegenstände **Exkurs 2 zu** **§ 172** 77
– Vollständigkeit **Exkurs 2 zu** **§ 172** 57
– Vorsichtsprinzip **Exkurs 2 zu** **§ 172** 62
– Wertaufhellungsprinzip **Exkurs 2 zu** **§ 172** 65
– Wertpapiere des Anlagevermögens **Exkurs 2 zu** **§ 172** 136, 147 ff.
– wirtschaftliches Eigentum **Exkurs 2 zu** **§ 172** 81 ff.
– Zeitwert **Exkurs 2 zu** **§ 172** 99 ff.
– Zugangsbewertung **Exkurs 2 zu** **§ 172** 104, 106
– Zuzahlungen **Exkurs 2 zu** **§ 172** 169

mager =Randnummern

Bilanzeid Exkurs 2 zu § 172 16, 25, 220
Bilanzgewinn
– Abschlagzahlung **107** 328
– Ausschüttung Exkurs 2 zu § 172 47
– Ausweis in Bilanz Exkurs 2 zu § 172 177
– Verwendung nach Feststellung durch Aufsichtsrat Exkurs 2 zu § 172 44
– Verwendung nach Feststellung durch Hauptversammlung Exkurs 2 zu § 172 45
– Vorabausschüttung Exkurs 2 zu § 172 48
Bilanzsitzung 110 61
– Auskunftspflicht des Abschlussprüfers **171** 115 ff.
– Ausschluss des Abschlussprüfers **171** 113 f.
– Bericht des Abschlussprüfers
  – Ausgestaltung **171** 100
  – Berichtspflicht **171** 98 ff.
  – Kontroll- und Risikoüberwachungssystem **171** 105 ff.
– Bilanzsitzung **171** 91 ff.
– Fragen an Abschlussprüfer **171** 104, 115 ff.
– Hinweispflicht des Abschlussprüfers **171** 102
– Teilnahme Abschlussprüfer **170** 12; **171** 92 ff.
– Unabhängigkeitserklärung des Abschlussprüfers **171** 108 ff.
– Vorlage Rentabilitätsbericht **171** 32
– *s. auch Aufsichtsratssitzung*
Board-System 105 2, 11
Börsennotierte Aktiengesellschaft
  s. börsennotierte Unternehmen
Börsennotierte Kapitalgesellschaften
– Vergütung Vorstandsmitglieder **116** 345
Börsennotierte Unternehmen
– Anhang, besondere Angaben **116** 224; Exkurs 2 zu § 172 15, 202
– Anzahl Aufsichtsratssitzungen **108** 93
– Aufsichtsratstätigkeit
  – Pflicht zur Evaluierung **116** 70 ff.
– Bilanzeid Exkurs 2 zu § 172 16, 220
– Börsennotierung, Begriff Exkurs 2 zu § 172 14
– Entsprechenserklärung DCGK **111** 18, 510 ff.
– Erklärung zur Unternehmensführung Exkurs 2 zu § 172 215
– Inlandsemittent Exkurs 2 zu § 172 16
– Lagebericht **171** 28
– Übernahmesituationen
  – Pflichten des Aufsichtsrats **111** 29 ff.
Bösernnotierte Unternehmen
– Prüfung Rechnungslegungsunterlagen durch Deutsche Prüfstelle für Rechnungslegung (DPR) **172** 53
Buchführungspflicht
– Gesamtverantwortung des Vorstands Exkurs 2 zu § 172 22
– Vorstandspflicht **111** 456
Budget des Vorstands 111 526
Bundesbank
– Anzeigepflichten **97** 75 ff.

Bundesgremienbesetzungsgesetz (BGremBG) Exkurs 3 zu § 395 42
Bundeshaushaltsordnung (BHO) 395 5
Business Combination Agreement 101 19
Business Judgement Rule 116 299 ff.
– Abschlussprüfer, Vorschlag des **111** 427
– Beratung des Vorstands **111** 498
– Beweispflicht **116** 316
– Entscheidungsfindungsprozess **111** 224
– gebundene Entscheidungen **116** 305, 308
– Geschäftsführungsmaßnahmen des Aufsichtsrats **111** 497 ff.
– Insolvenz **116** 307
– Interessenkonflikte und Eigeninteresse **116** 311 ff.
– Pflichtwidrigkeit **111** 221 f.
– privilegierte Handlungen **111** 223
– Privilegierungstatbestand **111** 222
– Risiko-Chancen-Abwägung **111** 225
– Sorgfalt eines ordentlichen und gewissenhaften Geschäftsleiters **111** 227; **116** 317
– Überwachungtätigkeit des Aufsichtsrats **111** 498
– unternehmerische Entscheidungen **111** 223; **116** 303 ff.
– unternehmerische Entscheidungen des Aufsichtsrats **111** 499; **116** 305 ff.
– Vorstandsvergütung, Festsetzung **116** 524
– Voraussetzungen **116** 302
  – angemessene Information **116** 310
  – Beweispflicht **116** 316
  – Interessenkonfliktfreiheit **116** 311 ff.
  – unternehmerische Entscheidung **116** 303 ff.
  – vernünftiger Weise annehmen **116** 315
  – Wohl der Gesellschaft **116** 309 ff.
– Wirkung **111** 221
– Wohl der Gesellschaft **111** 226; **116** 309 ff.
– Zustimmungsvorbehalte, Einführung durch Aufsichtsrat **111** 540
Buß- und Strafandrohung *s. Mitglieder des Aufsichtsrats, Sanktionen*

Capital Requirements Directive 100 13 ff.
CEO 116 370
„**code of best practice**"
– Überwachung durch Aufsichtsrat **111** 141 ff.;
  s. auch Überwachung der Geschäftsführung
Compliance
– Ad-hoc Ausschuss **107** 284
– Beratung Aufsichtsratsvorsitzender mit Vorstand **107** 106, 138; **111** 114; **116** 148
– Corporate Governance Kodex **111** 16
– Informationspflichten des Vorstands **111** 374
– Prüfungsausschuss **107** 271
– Überwachung durch Aufsichtsrat **111** 168 f., 205
– Verstöße, Ad-hoc Ausschuss **107** 284

1043

Sachverzeichnis

Fett gedruckte Ziffern = Paragrafen

[Noch: **Compliance**]
- Verstöße, Aufsichtsratspflichten **116** 393 f.
- vorbeugende Überwachung **111** 169

„comply-or-explain"
- Corporate Governance Kodex **161** 1; *s. auch Entsprechenserklärung*
- Public Corporate Governance Kodex **Exkurs 3 zu § 395** 17

Cooling-Off-Periode
- ehemalige Vorstandsmitglieder **100** 49 ff.

Corporate Governance
- Best Practice-Empfehlungen **111** 142
- Code of Best Practice **111** 143
  - unternehmenseigener **161** 25
- Corporate Governance Kodex, Deutscher *s. Corporate Governance Kodex*
- Deutscher Corporate Governance Kodex *s. Corporate Governance Kodex*
- duales System **105** 2
- Einführung im Unternehmen **111** 149
- GmbH **105** 11
- Grundsätze ordnungsgemäßer Überwachung **111** 143 ff.
- Kodizes of Best Practice **111** 141 ff.
- monistisches System **95** 3; **109** 8
- öffentliche Unternehmen **Exkurs 3 zu § 395** 11 ff.

Corporate Governance Kodex
- Balanced Board **101** 31
- Beratung des Vorstands **111** 347 ff.
- Bildung von Ausschüssen **107** 230
- „code of best practice" **111** 144
- Compliance Organisation **107** 138
- Entsprechenserklärung **111** 18; **161** 13 ff.; *s. dort; s. auch Entsprechenserklärung*
- Interessenkonflikte **Exkurs 1 zu § 100** 38; **103** 52 ff.
- Interessenkonflikte von Aufsichtsratsmitgliedern **Exkurs 1 zu § 100** 10
- öffentliche Unternehmen **Exkurs 3 zu § 395** 11 ff.
- Public Corporate Governance Kodex **Exkurs 3 zu § 395** 11 ff.
- Teilnahme an Aufsichtsratssitzungen **109** 10
- Überwachung der Geschäftsführung, Empfehlungen **111** 19
- Unternehmensinteresse, Verpflichtung Aufsichtsratsmitglieder **Exkurs 1 zu § 100** 10; *s. auch Unternehmensinteresse, s. auch Interessenkonflikte*
- Vergütung Vorstandsmitglieder **116** 346
- Vorstandsmitglied
  - Cooling-Off-Periode **100** 49 ff.
  - Wechsel in Aufsichtsrat **100** 49 ff.
- Zusammenarbeit Aufsichtsrat mit Vorstand **111** 351 ff.

CRR-Institute 100 12 ff.
- Ämterhäufung **100** 14
- Eigungsvoraussetzungen des Aufsichtsratsmitglieds **100** 12

- Frauenquote **111** 588
- Inkompatibilität von Aufsichtsratsmandaten **100** 14
- Prüfungsausschuss, Bildung **171** 52

D & O-Versicherung
- Abschlusskompetenz **112** 10
- Alternative: Individuelle Vermögensschaden-Haftpflichtversicherung **116** 861
- Aufsichtsratsmitglieder **116** 809 ff.
- Aufsichtsratsvorsitzender als Hauptversammlungsleiter **107** 120, 162
- Ausgeschiedenes Mitglied
  - Einfluss auf Versicherungsdeckung **116** 846
  - Zugang zu Unterlagen **116** 856 f.
- Ausschlussgründe **116** 852 f.
- Ausschlussklauseln **116** 815
- Begrenzung der Deckung **116** 815
- Claims Made-Prinzip **116** 831 ff.
- Deckungssumme, Angemessenheit **116** 842
- Deckungsverhältnis **116** 830
- Direktanspruch Unternehmen (§ 115 VVG) **116** 816
- Formen **116** 819
- Gesamtpolicen, Anspruchskonkurrenz **116** 845
- Haftpflichtversicherung **116** 817
- Haftungsverhältnis **116** 830
- Insolvenz **116** 840 f.
- Kongruenz mit Vorstands-D & O **116** 106
- Kosten der Anspruchsabwehr **116** 819, 848 f.
  - Selbstbehalt **116** 838
- leitende Angestellte **116** 819
- Nachhaftungsfristen **116** 843
- notice of circumstances **116** 840
- Rechtsschutzversicherung **116** 818 f.
- Rückwärtsdeckung **116** 831 ff.
- Satzungsregelung **116** 829, 859
- Selbstbehalt
  - Angemessenheit **116** 819
  - gesamtschludnerische Haftung **116** 839
  - Kongruenz mit Vorstands-D & O **116** 106
- Straf-Rechtsschutzversicherung **116** 862
- Umstandsmeldung **116** 840
- Vergütungsbestandteil? **113** 80 f.; **116** 826
  - Straf-Rechtsschutzversicherung **116** 862
  - Vertrags-Rechtsschutzversicherung **116** 862
- Vermögensschaden-Haftpflichtversicherung (Alternative) **116** 861
- Versicherungsbedingungen **116** 816, 850 f.
- Versicherungsverschaffungsklausel (Satzung) **116** 859
- Vertrags-Rechtsschutzversicherung **116** 862
- Vorkenntnisklausel **116** 844
- Zulässigkeit **116** 820 ff.
- Zurechnung gem. § 47 VVG **116** 844
  - Ausschluss **116** 852

Delegation
- Aufgaben auf einzelnes Mitglied **107** 400 ff.

mager = Randnummern

- Aufsichtsratmitglieder in Vorstand **105** 52 ff.; s. auch *Aufsichtsratsmitglieder – Vertretung von Vorstandsmitgliedern*

Delegationsautonomie 107 234 ff.; s. *Ausschüsse*

Delegationsverbote
- Aufsichtsrat an Ausschuss **100** 86 f.; **107** 321 ff.; s. auch *Ausschüsse*

Deutsche Prüfstelle für Rechnungslegung/ DPR
- Prüfung Rechnungslegungsunterlagen **172** 53

Deutscher Corporate Governance Kodex
s. *Corporate Governance Kodex*

Dienstvertrag
- Aufsichtsratsmitglied mit Gesellschaft **105** 39

Dienstwagen 112 47; **113** 79; **116** 351
Dividendentantiemen 113 63 ff.
Doppelanrechnung
- Vorsitzmandat **100** 32 f.; s. auch *Aufsichtsratsmandate – Höchstgrenze*

Doppelmandate
- CRR-Institute **100** 14; s. auch *CRR-Institute*
- Interessenkonflikte **Exkurs 1 zu § 100** 35 f.
- Zurechnung **100** 32 f.; **116** 125

Doppelmitgliedschaft
- in Aufsichtsrat und Vorstand **105** 21 ff.; s. auch *Aufsichtsratsmitglieder – Vertretung von Vorstandsmitgliedern*

Doppelstimmrecht s. *Aufsichtsratsvorsitzender – Zweitstimmrecht*

Dreiteilbarkeit
- Anzahl Aufsichtsratsmitglieder **95** 17 ff.
  - DrittelbG **95** 17
  - MitbestErgG **95** 18
  - MitbestG **95** 18
  - MontanMitbestG **95** 18

Drittelbeteiligungsgesetz (DrittelbG)
- Anwendungsbereich **96** 39
- Anwendungsvoraussetzungen **96** 39
- Arbeitnehmer **96** 40 ff.
- arbeitnehmerlose Gesellschaften **96** 50
- Aufsichtsrat
  - Abberufung **103** 78 f.
  - Wahl der Mitglieder **101** 58 f.
- Beschäftigtenzahl **96** 40 ff.
- Familiengesellschaften **96** 42 f.
- Gemeinschaftsunternehmen **96** 44
- Genossenschaft **96** 39
- Gleichberechtigung **111** 119
- kleine Aktiengesellschaft **96** 42
- Konzern
  - Zurechnung von Arbeitnehmern **96** 44
  - Zurechnungstatbestände **96** 44
- Presseunternehmen **96** 39
- Tendenzbetriebe, Tendenzunternehmen **96** 39

Drittelparität 96 45; s. auch *Drittebeteiligungsgesetz*

Duales System 105 2
Due Diligence
- Informationspflicht des Vorstands **116** 169

Sachverzeichnis

- Überwachungspflicht **111** 34
- Zustimmungsvorbehalt **111** 38

Durchsetzung von Informations- und Einwirkungsrechten s. *Überwachung der Geschäftsführung*

Effizienzprüfung des Aufsichtsrats 111 92; **116** 70

Ehrenträger der Gesellschaft 107 83 ff.; s. auch *Ehrenvorsitzender*

Ehrenvorsitzender
- Abberufung **107** 88
- Auslagenersatz **107** 95
- Höchstzahl der Aufsichtsratsmitglieder **107** 83
- Informationsfluss **107** 91 f.
- Informationsrechte **107** 91
- Insiderinformationen **107** 93
- Rechtsstellung **107** 83
- Satzungsregelung **107** 86
- Stimmrecht **107** 90
- Teilnahme an Aufsichtsratssitzungen **107** 90; **109** 41
- Vergütung **107** 94; **113** 26 f.
- Verschwiegenheitspflicht **107** 92
- Wahl **107** 84 ff.
- Zuständigkeit für Bestellung **107** 84 ff.
  - Aufsichtsrat **107** 85
  - Hauptversammlung **107** 85
  - Satzungsregelung **107** 87
  - Vorstand **107** 86

Eigene Aktien
- Bilanz **Exkurs 2 zu § 172** 161 ff.
- Haftung Aufsichtsratsmitglieder **116** 587; s. auch *Aufsichtsratsmitglieder, Haftung*

Eigenkapitalspiegel 170 17; **Exkurs 2 zu § 172** 13, 206

Eignungsvoraussetzungen des Aufsichtsratsmitglieds 116 77 ff.
- Abberufungsverlangen BaFin **100** 13; **103** 87 ff.
- Anforderungen **100** 85 ff.
  - Berichte verstehen **100** 88
  - haftungsbestimmte **100** 89 f.
  - Jahresabschluss verstehen **100** 88
  - Kenntnis von Haftungsrisiken **100** 90
- Anteilseignervertreter **100** 84
- Arbeitnehmervertreter **100** 84
- Aufsichtsratsmandate im herrschenden Unternehmen **100** 34
- ausländische Mitglieder, Qualifikation **100** 84
- Ausnahmen **116** 79
- Corporate Governance Kodex, Deutscher **100** 6 ff., 81; s. auch *Corporate Governance Kodex*
- CRR-Institute **100** 12
- Deutscher Corporate Governance Kodex **100** 6 ff.; s. auch *Corporate Governance Kodex*
- Eignungsprüfung durch BaFin **116** 80
  - Kreditinstitute **96** 49
  - Versicherungsunternehmen **116** 80

1045

Sachverzeichnis

Fett gedruckte Ziffern =Paragrafen

[Noch: **Eignungsvoraussetzungen des Aufsichtsratsmitglieds**]
– Entsandtes Mitglied **101** 123 ff.
– Entsendungsrecht, Beurteilung bei Ausübung **100** 80
– Erfahrung, unternehmerische **100** 91
– Erfahrungen **116** 95
– Fähigkeiten **116** 93 f.
– Fehlen der, Rechtsfolgen **100** 79; **116** 77 ff.
– Financial Expert **100** 94 ff., 135 f.; *s. Financial Expert; s. Ausschüsse – Prüfungsausschuss*
– gerichtlich bestelltes **100** 82; **104** 87 ff.
– Großaktionär **116** 32
– Haftung bei Fehlen **100** 83; **116** 77 ff.
– „Hertie"-Entscheidung **113** 134
– Hinderungsgründe, gesetzliche **100** 21 ff., 56 ff.
  – Wahlbeschluss, Auswirkungen **100** 111
  – *s. auch Aufsichtsratsmandate, Hinderungsgründe*
– Hinderungsgründe, satzungsmäßige **100** 67 ff.
  – Wahlbeschluss, Auswirkungen **100** 112 f.
– Höchstalter **100** 7, 73, 81; **102** 14
– Höchstgrenze Aufsichtsratsmandate **100** 23 ff.; *s. auch Aufsichtsratsmandate – Höchstgrenze*
– Interessenkonflikte **100** 12; **Exkurs 1 zu § 100** 1 ff.; *s. auch Interessenkonflikte*
– Kenntnisse, allgemeine **116** 88
– Kenntnisse, besondere **116** 89
– KWG **96** 49; **116** 80
  – Anzeigepflicht **97** 75
  – Capital Requirements Directive **100** 13
  – Sachkunde **97** 77; **100** 10, 13
  – Spezialkenntnisse **100** 13
– Mindestkenntnisse **100** 77
– Mindestqualifikation **100** 77, 84
– öffentliche Unternehmen **Exkurs 3 zu § 395** 23
– Organintegrität **100** 34
– persönliche Voraussetzungen **100** 18 ff.
  – Anteilseignervertreter **100** 18
  – Arbeitnehmervertreter **100** 18
  – Qualifikation, besondere **100** 20
  – Prüfung vor Wahlvorschlag **100** 80; **101** 13; *s. auch Wahl der Mitglieder des Aufsichtsrats*
– Qualifikation, besondere **100** 20
– Sachverstand, Rechnungslegung **100** 13, 104
– Sonderqualifikation **116** 100
– Sperrfrist nach Vorstandstätigkeit **100** 49 ff.
– Überkreuzverflechtung **100** 38 ff.
  – nachträgliche **100** 122
– Unabhängigkeit **100** 34, 61, 97 ff.; **Exkurs 1 zu § 100** 86 ff.; **116** 264
  – Financial Expert **100** 97 ff.
  – unternehmerische Erfahrung **116** 95
– Untersagung, Tätigkeit bei fehlenden **100** 13; **103** 91 f.
– VAG Unternehmen **100** 12; **116** 80
– Wegfall **100** 118 ff., 126 ff.
  – Financial Expert **100** 136
– Zeitpunkt des Vorliegens **100** 93, 107 ff.

Eignungsvoraussetzungen des Vorstandsmitglieds 116 329 ff.
– Eignungsprüfung durch BaFin **96** 49
– Kreditinstitute, Geschäftsleiter **96** 49
Einberufung
– Aufsichtsratssitzung **107** 108 ff.; **110** 13 ff.; *s. auch Aufsichtsratssitzung, Einberufung*
– Hauptversammlung **111** 473; *s. auch Hauptversammlung*
Einflussnahme auf die Gesellschaft
– Aufsichtsrat abhängige Gesellschaft **111** 547
– Beherrschungsvertrag **111** 319 f.
– Eingliederung **111** 554
– faktische Konzernabhängigkeit **111** 317
  – Überwachungspflicht Aufsichtsrat **111** 339
– Großaktionär, Haftung **116** 623
– Haftung Aufsichtsratsmitglieder **116** 742
– kontrollierender Aktionär **100** 101 f.
– Konzernvorbehalt **111** 544 ff.; *s. auch Zustimmungsvorbehalte*
– Nachteilsausgleichspflicht **116** 623
– öffentlicher Aktionär **Exkurs 3 zu § 395** 20
– Vorstand abhängige Gesellschaft **111** 318
  – Beherrschungsvertrag **111** 319 f.
  – Berichterstattung **111** 336
  – faktische Abhängigkeit **111** 317
  – Vorstand der Konzernobergesellschaft **111** 153 f.
Eingegliederte Unternehmen 111 554
Eingriffsrechte *s. Überwachungsverfahren*
Einsichtsrechte *s. Überwachung der Geschäftsführung*
Einwirkungsmöglichkeiten des Aufsichtsrats
– abhängige Unternehmen **111** 330
– bei Abschlussprüfung **111** 458
– Entscheidungen der Hauptversammlung **111** 199
– KGaA **111** 646 f.
– Mittel
  – Beanstandung **111** 285
  – Beratung des Vorstands **111** 341 ff.
  – Geschäftsordnung **111** 287
  – Zustimmungsvorbehalte **111** 286, 350; *s. auch Zustimmungsvorbehalte*
– nachgeordnete Führungskraft **111** 194
– Risikoausschuss **111** 86
Einzelabschluss (§ 325 Abs. 2a HGB)
– Aufsichtsratsbericht **171** 163; *s. auch Aufsichtsratsbericht*
– Billigung durch Aufsichtsrat **171** 72, 160 f.
– Offenlegung **170** 23 f.; **171** 159
– Prüfung durch Aufsichtsrat **171** 38, 162
Einzelwahl 101 32 f.
Entgangener Gewinn *s. Schadensersatzansprüche gegen Aufsichtsratsmitglieder*
Entlastung von Aufsichtsratsmitgliedern
– Anfechtung **102** 34, 60; **116** 466; **161** 9
– Bedeutung **111** 104
– eigene Betroffenheit **116** 312

Sachverzeichnis

mager =Randnummern

- Entlastungsbeschluss, Anfechtbarkeit **102** 34, 60; **161** 9
  - mangelhafte Entsprechenserklärung **161** 67 ff.; *s. auch Entsprechenserklärung*
  - mangelhafter Aufsichtsratsbericht **171** 124; *s. auch Aufsichtsratsbericht*
- entsandte **101** 107
- Entscheidungsgrundlage für **171** 122, 141
- Entsendungsberechtigter, Stimmrecht **101** 107
- erster Aufsichtsrat **113** 170
  - Entlastungsbeschluss über Vergütung **113** 170
- Hauptversammlungsbeschluss **102** 8
  - unterbliebener **102** 31 ff.
- Interessenkonflikte **116** 312, 466
- Rechtsfolgen **116** 563, 635
- Stimmverbot bei eigener Betroffenheit **116** 312
- verweigerte, wichtiger Grund für Abberufung **103** 48
- Verweigerung bei mangelhaftem Aufsichtsratsbericht **171** 157
- Verzicht auf Schadensersatzansprüche **116** 635
- Wirkung **102** 34; **116** 563, 635
- Zeitpunkt **102** 8

Entlastung von Vorstandsmitgliedern
- Aufsichtsratsbericht **171** 122, 133, 141
- Einwendungen des Aufsichtsrats gegen Rechnungslegung **171** 131
- Entscheidungsgrundlage für **171** 133
- Hauptversammlungsbeschluss **102** 8
- Nichtentlastung, Empfehlung des Aufsichtsrats **111** 299
- Pflichtverstöße **111** 246; **114** 73
- Verzicht auf Schadensersatzansprüche **116** 635
- Zeitpunkt **102** 8

Entsenderecht in Aufsichtsrat
- Änderung nach Statusverfahren **97** 64
- Arbeitnehmer **96** 55
- Betriebsrat **96** 55
- Gewerkschaftsvertreter **96** 55

Entsendung von Aufsichtsratsmitgliedern **101** 60 ff.
- Abberufung **103** 26 ff.; **105** 88
  - durch Verlangen BaFin **103** 99
  - *s. Abberufung von Aufsichtsratsmitgliedern, entsandte Mitglieder*
- Aktienbesitz
  - Veräußerung **101** 80 ff.
  - Veräußerung, vorübergehende **101** 80
- Amtsdauer **101** 150; **102** 25 ff.
  - Bestimmung durch Entsendungsberechtigten **102** 23
- Annahmeerklärung **101** 139 ff., 143
- Arbeitnehmer **101** 71
- Ausübung Entsendungsrecht **101** 64 ff.
- Berechtigte **101** 73 ff.
  - Haftung **101** 102, 104 ff.
- Bestellung
  - Amtsbeginn **101** 147 ff.
- Annahme der Entsendung **101** 138
- Annahmeerklärung **101** 143
- fehlerhafte **101** 237
- Nichtigkeit **101** 217
- rückwirkende **101** 135
- Zeitpunkt **101** 148
- Delegation ensandtes Mitglied in Vorstand **105** 52 f.; *s. auch Aufsichtsratsmitglieder, Vertretung von Vorstandmitgliedern*
- duch öffentliche Hand
  - Verschwiegenheitspflicht, Ausdehnung **395** 10 ff.
- Eignungsvoraussetzungen **101** 123 ff.
- Prüfung der **100** 80
- Entsandter
  - Amtszeit **102** 23, 25 ff.
  - Haftung **101** 101; **116** 36; *s. auch Aufsichtsratsmitglieder, Haftung*
  - Interessengegensätze **116** 231
  - Verschwiegenheitspflicht **101** 99 f.
- Entsendung
  - nichtige **101** 236
- Entsendungsberechtigte **101** 73 ff.
  - Haftung **101** 102, 104 ff.; **103** 32 f.; **116** 799 ff.
  - *s. auch Entsendungsrecht*
- fehlerhafte Bestellung **101** 237
- fehlerhafte Entsendung **101** 217
- Formwechsel **101** 86
- Gebietskörperschaften, durch
  - Verschwiegenheitspflicht, Ausdehnung **395** 10 ff.
- Haftung Entsandter **101** 101; **116** 36
- Haftung Entsendungsberechtigter
  - gegenüber Entsandten **101** 102
  - gegenüber Gesellschaft **101** 104 ff.; **116** 799 ff.
- Höchstzahl **101** 109 ff.
  - Änderung **101** 115 ff., 119
  - Ermittlung **101** 112
- Inhaberentsendungsrecht **101** 88 ff.
  - Koppelung mit persönlichem Ensendungsrecht **101** 94 f.
- Innenverhältnis Entsandter-Entsendungsberechtigter **101** 97 ff.
- Interessengegensätze **116** 231
- Interessenkonflikt **101** 103 f.
- körperschaftsrechtlicher Akt **101** 135
- öffentliche Unternehmen **Exkurs 3 zu § 395** 39
- persönliches Entsendungsrecht **101** 74 ff.
  - Koppelung mit Inhaberentsendungsrecht **101** 94 f.
- sachliche Voraussetzungen **101** 126 ff.
- Satzungsregelung **101** 61
- Sonderrecht **101** 60
- Stimmrechtsausschluss von entsandten Mitgliedern **108** 160
- Umwandlungen **101** 86 f.
- Unvererblichkeit des Entsendungsrechts **101** 84

1047

Sachverzeichnis

Fett gedruckte Ziffern =Paragrafen

[Noch: **Entsendung von Aufsichtsratsmitgliedern**]
– Vererblichkeit des Entsendungsrechts **101** 85
– Verfall des Entsendungsrechts **101** 62
– Verschmelzung **101** 87
– Verzicht auf Ausübung des Entsendungsrechts **101** 62, 67 f.
Entsendungsberechtigter 101 73 ff.
– Bestimmung der Amtszeit des Entsandten **102** 23
– Haftung
  – Abberufung Entsandter, unterlassene **103** 32 f.
  – gegenüber Entsandten **101** 102
  – gegenüber Gesellschaft **101** 104 ff.
– Interessenkonflikte **101** 133 f.
– Kreis der Berechtigten **101** 73 ff.
– Verhältnis zum Entsandten **101** 97 ff.
– Verpflichtung zu Abberufung des Entsandten **103** 31 ff.
– *s. Entsendung von Aufsichtsratsmitgliedern*
Entsendungsrecht 101 60 ff.
– Grenzen des **101** 109 ff.
– Inhaberentsendungsrecht **101** 88 ff.
– Koppelung persönliches und Inhaberentsendungsrecht **101** 94 f.
– persönliches **101** 74 ff.
– *s. auch Entsendung von Aufsichtsratsmitgliedern*
Entsprechenserklärung 161 13 ff.
– Abgabe **111** 510 ff.
– Zeitpunkt **161** 30 f.
– Abweichungen, Anfechtung von Entlastungsbeschlüssen **161** 67 ff.
– Abweichungen, Anfechtungen von Wahlbeschlüssen **161** 74 ff.
– Abweichungen, Begründung **161** 27 ff.
– Abweichungen, kleinere **161** 41
– Ad hoc-Mitteilungspflicht **161** 47
– Adressat **161** 13
– Aktualisierung, Haftung für unterlassene **161** 57
– Aktualisierung, unterjährige **161** 44
– andere Wertpapiere **161** 14
– Änderung des Kodex **161** 43
– Aufsichtsratskompetenz **116** 254 f.
– Ausschüsse, Vorbereitung **161** 35
– Befugnisse des Aufsichtsrats **116** 254 f.
– Bekanntgabe **111** 512
– Berichtszeitraum **161** 32
  – Änderung des Kodex im **161** 43
– Beschluss des Aufsichtsrats **111** 512; **161** 35
  – mitbestimmter **161** 36
– Beschluss des Vorstands **161** 34
– Bindungswirkung im Innenverhätnis **161** 57
– Börsennotierung **161** 13
– „comply or explain" **161** 1
  – öffentliche Aktiengesellschaften **Exkurs 3 zu § 395** 17; *s. auch öffentliche Aktiengesellschaften*
– Corporate Governance Bericht **161** 54

– einheitliche von Vorstand und Aufsichtsrat **161** 38 f.
– Erklärung für die Zukunft **161** 21
  – zeitliche Beschränkung **161** 33
– Form **161** 45 f.
– Haftung für ordnungsgemäße
  – Außenhaftung **161** 61 ff.
  – Innenhaftung **161** 57
– Haftung, strafrechtliche **161** 65 f.
– Inhalt **161** 16 ff.
– ins Gewicht fallende Abweichungen **161** 41
– Jahresabschluss, Anhang **161** 55; *s. auch Jahresabschluss*
– Lagebericht, Aufnahme in **161** 55; *s. auch Lagebericht*
– namentliche Nennung bei Pflichtverstoß **161** 42
– Negativerklärung **161** 25 f.
– „no-comply" Erklärung **111** 511
– Offenbarungspflichten **116** 466
– öffentliche Aktiengesellschaften **Exkurs 3 zu § 395** 17; *s. auch öffentliche Aktiengesellschaften*
– pflichtverstoßende Mitglieder, Nennung **161** 42
– Positiverklärung **161** 22 ff.
  – Einschränkung **161** 24
  – Übererfüllung **161** 23
– Publizitätspflicht **161** 48 ff.
– Reportingsystem **161** 20
– unrichtige
  – Anfechtung von Entlastungsbeschlüssen **161** 9, 67 ff.
  – Haftung **161** 57
– Wissenserklärung **161** 18 f.
– Zugänglichmachung **161** 48 ff.
Ergänzungswahlen 95 27
Ergebnisverwendungsvorschlag 170 59 ff.; *s. auch Mitentscheidungsbefugnisse des Aufsichtsrats*
Ermessen
– Abberufung von Aufsichtsratsmitgliedern **103** 9
– Abberufung von Vorstandsmitgliedern **116** 360
– Aufsichtsratsbericht **171** 140
– Ermessenskontrolle **111** 522
– Ermessensspielraum (Vorstand) **111** 207 ff.; **116** 321 f.
– Feststellungsbeschluss über Jahresabschluss **172** 30 ff.
– Schadensersatzansprüche gegen Vorstand, Geltendmachung **111** 291; **116** 305 ff.
– Überwachung der Geschäftsführung **111** 217 ff.; **116** 293 ff.
– Zustimmungsvorbehalte **111** 537, 574; **114** 80
Ersatz von Auslagen *s. Auslagenersatz*
Ersatzmitglieder
– Abberufung **101** 210; **103** 80 ff.; *s. auch Abberufung von Aufsichtsratsmitgliedern*
– Abgrenzung zu Stellvertreter **101** 159
– Amtszeit **101** 173, 195 f.; **102** 29
– als Aufsichtsratsmitglied **101** 204 ff.
– als Ersatzmitglied **101** 196 ff.

Sachverzeichnis

mager =Randnummern

- Annahme des Mandats **101** 175 ff.
  - Voraussetzungen **101** 180 ff.
- Anzahl **101** 183 ff.
- Ausschüsse **107** 295
- Bekanntmachung **106** 8
- Beratungsverträge mit **114** 34
- Bestellung **101** 166 ff.
  - fehlerhafte **101** 237
  - Freiwilligkeit **101** 168
  - gerichtliche **105** 84
  - nachträgliche **101** 191
- Dauer des Mandats **101** 195 ff.
- Eignungsvoraussetzungen **101** 165; *s. Eignungsvoraussetzungen von Aufsichtsratsmitgliedern*
- ein Mitglied für mehrere Aufsichtsratmitglieder **101** 184 ff.
- Ersetzungsbedarf **101** 193 f.
- für neutrales Mitglied **101** 164
- für in Vorstand delegierte Aufsichtsratsmitglieder **105** 84
- Gründungsaufsichtsrat **101** 169
- Haftung **116** 28
- mehrere für ein Aufsichtsratsmitglied **101** 189
- MitbestErgG **101** 164
- MontanMitbestG **101** 164
- Nachrücker **101** 184 ff.
- Nachrückreihenfolge **101** 185
- nachträgliche Bestellung **101** 191 f.
- Wahl **101** 166, 190

Erster Aufsichtsrat
- Amtszeit **96** 51; **102** 11
- Anzahl Mitglieder **96** 53
- Arbeitnehmer **113** 171
- Bestellung **96** 51
- Einberufung **110** 15
- Ersatzmitglieder **101** 169
- Formwechsel
  - Vergütung **113** 103
- Konstituierung **110** 15
- Mindestanzahl **96** 53
- Mitbestimmungsfreiheit **96** 51 f.
- Mitbestimmungsrecht **96** 51 ff.
- Sachgründung **96** 52; **102** 12; **113** 171
  - gerichtliches Verfahren **99** 7
- Sitzung, erste **107** 185
- Statusverfahren **96** 52
- Umwandlung **96** 52
- Vergütung **113** 145, 169 ff.
  - nach Umwandlung **113** 103
  - *s. auch Vergütung von Aufsichtsratsmitgliedern*
- Zusammensetzung **96** 51

Europäische Abschlussprüferrichtlinie (APVO) 111 426

Faktisch konzernabhängige AG
- Abhängigkeitsbericht **170** 33 ff.; *s. Abhängigkeitsbericht*
- Anregungen **111** 336
- Berichtpflicht des Vorstands **111** 328, 336
- DrittelbG, Zurechnung **96** 44

- Konzerngeschäftsführung **111** 324 ff.
- Konzerninteresse **111** 327
- Konzernkontrolle **111** 337
- Konzernkoordinierung **111** 324
- Konzernplanung **111** 153
- MitbestG, Zurechnung **96** 21
- Nachteile **111** 336
- Überwachungspflicht des Aufsichtsrats **111** 152 ff., 316 f., 329 f., 337, 339; **171** 44 ff.; *s. Abhängigkeitsbericht*
- Weisungsbefugnis **111** 317
- Zustimmungsvorbehalt **111** 331

Faktisches Organ
- Beschlüsse, Mitwirkung an **112** 69 ff.
- fehlerhaftes Organ **112** 47
- Haftung **101** 219, 221; **116** 52
- Kreditzusage **115** 25
- Lehre vom **101** 219 ff.; **112** 69 f.
- Pflichten **100** 134
- Stimmabgabe **101** 219
- Vergütung **101** 222
- Verschwiegenheitspflicht **116** 506
- Vertretung der Gesellschaft, Mitwirkung **112** 69 ff.

Faktisches Vorstandsmitglied 112 20, 84

Fakultativer Aufsichtsrat
- Abschlussprüfer, Beauftragungskompetenz **170** 46
- Abschlussprüfer, Berichterstattungsadressat **170** 46
- Anzahl Mitglieder **95** 3; *s. Gesellschaft mit beschränkter Haftung/GmbH*
- Aufgaben, Bestimmung der **105** 10
- Ausschüsse, Delegationsverbote **107** 351
- Beauftragung Abschlussprüfer **170** 46
- Delegation von Aufgaben an **107** 351 ff.
- formwechselnde Umwandlung **102** 43
- gerichtliche Bestellung der Mitglieder **104** 3
- Geschäftsführer als Vorsitzender **105** 9 ff.
- bei GmbH & Co KGaA **111** 652 ff.
- Inkompatibilität mit Geschäftsführung **105** 9 ff.
- Interessenkonflikte von Aufsichtsratsmitgliedern **Exkurs 1 zu § 100** 18
- Konzernmandate, Anrechnung **100** 28
- Statusverfahren **97** 9; **99** 7; *s. auch Statusverfahren*
- Teilnahmerechte **109** 8
- Überkreuzverflechtung **100** 40 ff.
- Überwachung **105** 10 ff.
- Vergütung der Mitglieder **113** 11
- Verschwiegenheitspflicht **394** 11 f.
- Verträge mit Aufsichtsratsmitgliedern **114** 10
- Vorlage Prüfungsbericht **170** 46

Familiengesellschaften 96 50
- Begriff **96** 43
- Mitbestimmung nach DrittelbG **96** 42 f.

Fehlerhafte Bestellung 101 217 ff.; **112** 69 ff.
Fehlerhaftes Organ 112 69
Feststellungsklage 108 278 ff., 288 ff.
- Anerkenntnis **116** 620

1049

Sachverzeichnis

Fett gedruckte Ziffern =Paragrafen

[Noch: **Feststellungsklage**]
- Arbeitnehmervertreter, Wahl **98** 15 f.
- Beschlussmängel **108** 277 ff., **111** 569; **116** 56
- Jahresabschluss **172** 65
- Nichtigkeitsfeststellungsklage **107** 153; **108** 278 ff.
- positive **108** 288 f.
- Verjährungsunterbrechung **116** 721 f.

FiMaAnpG 111 80

Financial Expert 100 94 ff.
- kapialmarktorientierte Gesellschaft **100** 96
- Prüfungsausschuss, Angehörigkeit **100** 105; **107** 414 f.; *s. auch Prüfungsausschuss*
- Sachverstand **100** 104
- Unabhängigkeit **100** 97 f.
  - Arbeitnehmervertreter **100** 103
  - Beziehung zu kontrollierendem Aktionär **100** 101 f.
- Vergütung **101** 153
- Wegfall der Unabhängigkeit **100** 135 f.

Finanzausschuss 107 252; *s. auch Ausschüsse*

Finanzberichte
- Gegenstände der **111** 269 ff.
- Halbjahresfinanzbericht
  - Prüfung des Aufsichtsrats **170** 6; **171** 35 ff.
- Mitentscheidungsrecht des Aufsichtsrats **111** 269 ff.
  - Abhängigkeitsbericht **111** 272
  - Abschlagszahlung, Bilanzgewinn **111** 270
- Quartalsfinanzbericht
  - Prüfung des Aufsichtsrats **170** 6; **171** 35 ff.
- Überwachungspflicht des Aufsichtsrats **171** 37

Finanzberichterstattung
- Abhängigkeitsbericht **170** 33 f.
- Abschluss, Vorlage an Abschlussprüfer **170** 11
- Abschluss, Vorlage an Aufsichtsrat **170** 11, 13
- Adressat **170** 39
- Eigenkapitalspiegel **170** 17
- Form **170** 35
- Handelsbilanz II **170** 32
- Informationsrechte Aufsichtsratsmitglieder **170** 87 ff.
  - Durchsetzung **170** 101 f.
  - Einschränkungen **170** 93 ff.
  - Übermittlungsanspruch **170** 90 ff.
- Jahresabschluss, Aufstellung
  - Fristen **170** 9; *s. auch Jahresabschluss*
- Kapitalflussrechnung **170** 17
- Konzernabschluss, Aufstellung **170** 28 ff.
  - Fristen **170** 9; *s. auch Konzernabschluss*
- Rechnungslegungsunterlagen **170** 14
- Rechnungsunterlagen
  - Änderungen nach Vorlage **170** 41
- Rentabilitätsbericht **170** 26
- Segmentberichterstattung **170** 17
- Tochtergesellschaften **170** 31
- Übermittlung an Aufsichtsratsmitglieder **170** 90 ff.

- Vorlagepflicht des Vorstands **170** 13 ff.
- Zeitpunkt **170** 35 ff.
- Weitergabeverbot (WpHG) **170** 15
- Zeitpunkt
  - Abschlussprüfer **170** 37 f.
  - Aufsichtsrat **170** 37 f.
  - Zwischenabschluss **170** 27

Finanzholding
- Abberufung von Aufsichtsratsmitgliedern
  - durch BaFin **103** 87 ff.
- Anzeigepflichten BaFin **97** 80 ff.
- Anzeigepflichten Bundesbank **97** 80 ff.
- Aufsichtsratsbildung **96** 49
- Aufsichtsratsmitglieder
  - Sachkunde **103** 88
  - Zuverlässigkeit **103** 89 f.

Finanzmarktstärkungsgesetz 113 131

Firmenwert
- Abschreibung **Exkurs 2 zu § 172** 108, 229
- Aktivierungsverbot **Exkurs 2 zu § 172** 87
- immaterieller Vermögensgegenstand **Exkurs 2 zu § 172** 123

FMStBG (Finanzmarktstabilisierungs-beschleunigungsgesetz) 100 11; **111** 73 ff.

FMStFG (Gesetz zur Errichtung eines Finanzmarktstabilisierungsfonds) 111 73, 75

FMStV (Verordnung zur Durchführung des Finanzmarktstabilisierungsgesetzes) 111 75 ff.

Formwechselnde Umwandlung
- Anmeldung **111** 71 ff.
- Aufsichtsrat, Auswirkungen **102** 39 ff.
- Vergütung **113** 102 f.

Fortbestandssicherung
- Vorstand **111** 3; **116** 408

Fortbildungspflicht
- Aufsichtsratsmitglieder **111** 102; **116** 104

Fortführungsprognose 116 307

Fortgeltungsklausel (MontanMitbestG) 96 16

Fragerecht des Aufsichtsrats 116 173

Frauenquote 111 579 ff.
- Anteilseignerbank **104** 101; **111** 590 f.
- Anwendungsbereich **111** 583
  - KGaA **111** 584 f.
  - mitbestimmte Unternehmen **111** 587
- Arbeitnehmerbank **104** 101; **111** 590 f.
- Börsennotierung **111** 586
- CRR-Institute **111** 588
- Fristen zur Erreichung **111** 600
- Genossenschaften **111** 583
- gerichtliche Bestellung **104** 101 ff.
- gerichtliche Ersatzbestellung **96** 65; **104** 19
- Gesamtbetrachtung **96** 61 f.
- grenzüberschreitende Verschmelzung **96** 67
- Haftung bei Verletzung **111** 579, 601
- KGaA **111** 584 f.
- Konzerngesellschaften **111** 589
- Lagebericht, Erklärung im **111** 599

1050

Sachverzeichnis

mager =Randnummern

– leerer Stuhl **104** 101
– MgVG **96** 67
– mitbestimmter Aufsichtsrat **96** 61; **111** 587
– öffentliche Unternehmen **Exkurs 3 zu § 395** 42
– Prinzip der Gesamterfüllung **104** 101
– Rundung Personenzahlen **96** 63, 64
– Versicherungsvereine a. G. **111** 583
– Wahlfreiheit der Hauptversammlung **101** 10
– Wahlnichtigkeit **104** 101
– Zielgröße
  – Mindestquote **111** 595
  – Unterschreitung bereits erreichter **111** 595 ff.
  – Zeitpunkt der Erreichung **111** 597
– Zielgrößen, Festlegung
  – Anteilseignervertreter, Stimmberechtigung **111** 590
  – Arbeitnehmervertreter, Stimmberechtigung **111** 590 ff.
  – für Aufsichtsrat **111** 590 f.
  – für Vorstand **111** 593

Freistellung
– Haftung **Exkurs 3 zu § 395** 22

Frühwarnsystem
– Vorstand, Berichtspflicht **107** 105

Führungslosigkeit 111 63 ff.
– Insolvenzantragspflicht **111** 66 ff., 617; **116** 307, 788
– Überwachung der Geschäftsführung **111** 66 ff.
– Vertretung der Gesellschaft bei **111** 63 ff.; **112** 66

Funktionstrennung
– Vorstand und Aufsichtsrat **105** 1 ff.

Gebietskörperschaften
– Berichterstattungspflicht **394** 21 ff.
– Beteiligung an AG **394** 14 f.
– als Entsendungsberechtigte **394** 2 ff.
– öffentliche Aktiengesellschaft **Exkurs 3 zu § 395** 1 ff.; *s. auch öffentliche Aktiengesellschaft*
– Verschwiegenheitspflicht, Ausdehnung **394** 3; **395** 4 ff.
  – Mitteilungen im dienstlichen Verkehr **395** 13 ff.
  – parlamentarische Gremien **395** 17
  – Veröffentlichungsverbot **395** 18 ff.
– Verschwiegenheitspflicht, Ausnahme **394** 2 ff.; **Exkurs 3 zu § 395** 30

Geheime Abstimmung 108 104 ff.; *s. auch Aufsichtsratssitzung, Abstimmung*

Geheimhaltung *s. Verschwiegenheitspflicht*

Geheimhaltungsrecht
– Aufsichtsrat gegenüber Vorstand **111** 398; *s. auch Verschwiegenheitspflicht*
– Vorstand gegenüber Aufsichtsrat **111** 403

Gemeinschaftsunternehmen
– mitbestimmungsrechtliche Zurechnung (DrittelbG) **96** 44
– mitbestimmungsrechtliche Zurechnung (MitbestG) **96** 30

Genehmigtes Kapital 95 22; **111** 73, 75 ff., 271; **116** 268 f.

Generalbevollmächtigte
– Anzahl Mandate, Anrechnungsverbot **100** 36
– Wählbarkeit **105** 26 ff.

Genossenschaft
– Anzahl Mandate, Berücksichtigung **100** 25
– DrittelbG **96** 39; *s. auch Drittelbeteiligungsgesetz*
– Frauenquote **111** 583; *s. auch Frauenquote*
– Interessenkonflikte von Aufsichtsratsmitgliedern **Exkurs 1 zu § 100** 11
– Rechte und Pflichten von Aufsichtsratsmitgliedern **111** 15
– Statusverfahren **97** 9; *s. auch Statusverfahren*
– Überkreuzverflechtung **100** 39

Gerichtliche Abberufung von Aufsichtsratsmitgliedern 103 34 ff.; *s. Abberufung von Aufsichtsratsmitgliedern*

Gerichtliche Bestellung des Aufsichtsrats 101 235; **104** 1 ff., 25 ff.
– Annahme der Bestellung **104** 149 f.
– *s. Aufsichtsratsmitglieder, gerichtliche Bestellung*

Gesamtsprecherausschuss
– Antragsrecht gerichtliche Ergänzung **104** 59
– Statusverfahren, Anhörungsrecht **99** 20 f.
– Statusverfahren, Antragsberechtigung **98** 34; *s. auch Statusverfahren*

Geschäftsbriefe, Angaben
– Aufsichtsratsvorsitzender **107** 60
– stellvertretender Aufsichtsratsvorsitzender **107** 76

Geschäftschancen
– Interessenkonflikte von Aufsichtsratsmitgliedern **Exkurs 1 zu § 100** 10; **103** 54 ff.; **116** 223
– Treuepflicht **116** 192
– Wettbewerbsverbot **105** 80

Geschäftsführung
– Gesamtgeschäftsführung *s. Vorstand, Führungskompetenzen*

Geschäftsführungsbefugnis
– Geschäftsführungsverbot **111** 491 ff.
– Mitentscheidungsrechte des Aufsichtsrats **111** 514 ff.
– Übertragung auf einzelne Mitglieder **107** 121
– Vertretungsrecht des Aufsichtsrats **107** 121; **112** 52 ff.; *s. auch Vertretung der Gesellschaft*
– Vorstand
  – Einschränkung **111** 494
  – Zustimmungsvorbehalte **111** 560

Geschäftsführungsverbot 111 491 ff.

Geschäftsleitung
– Handlungsmaximen **111** 228 ff.

Geschäftsordnung
– Aufsichtsrat
  – Änderung **108** 131
  – Beschlussfassung **107** 421
  – Erlasskompetenz **107** 419 f.

1051

Sachverzeichnis

Fett gedruckte Ziffern =Paragrafen

[Noch: **Geschäftsordnung**]
- Erlasskompetenz (KGaA) **111** 637
- Geltungsdauer **107** 424
- Inhaltliche Grenzen **111** 287
- Klage Vorstand gegen **111** 287
- Kundgabe von Beschlüssen **112** 75
- Pflicht zur Festlegung einer **116** 160
- Satzung, Verhältnis zu **107** 417
- Verstöße gegen **107** 429 ff.
- Vertretungsregelungen **112** 60, 75
- Zustimmungsvorbehalte, Aufnahme in **111** 533 f.
- Vorstand **111** 287
  - Beschluss **116** 241
  - CEO, Verbot **116** 370
  - Erlasskompetenz **116** 241
  - Gegenseitigkeitskontrolle, Gewährleistung der **116** 369
  - Geschäftsverteilung **116** 241, 367 ff.
  - Notwendigkeit **116** 367
  - übergewichtige Ressorts **116** 369
  - Vetorechte **116** 371 ff.
  - Zustimmungsvorbehalte **111** 533 ff.
  - Zustimmungsvorbehalte für Aufsichtsrat **111** 534
- Zustimmungsvorbehalte **111** 533 f.

Geschäftspolitik
- Abstimmung Aufsichtsrat-Vorstand **111** 523
- Aufsichtrat, Überwachung **111** 169
- Aufsichtsrat, Ermessenskontrolle **111** 522

Geschäftsverteilung
- Verteilungskompetenz **116** 367
- Vorstand **116** 242, 367 ff.

Geschlechterquote s. Frauenquote

Gesellschaft mit beschränkter Haftung/ GmbH
- Abberufung eines Aufsichtsratsmitglieds **103** 4
- Abschlussprüfer
  - Beauftragungskompetenz **170** 46
  - Berichterstattung, Adressat **170** 46
- Anstellungsvertrag mit Geschäftsführern
  - Abschlusskompetenz **107** 351 ff.
- Aufsichtsrat
  - Gesellschafterversammlung, Delegation von Aufgaben an **107** 351 ff.
- Aufsichtsratsausschüsse – Delegationsverbot **107** 351 ff.
- Aufsichtsratsausschüsse, Vergütung Geschäftsführer **107** 351 ff.
- Beirat **105** 10
- Delegation von Aufgaben an Aufsichtsrat **107** 351 ff.
- DrittelbG, Anwendbarkeit **96** 39
- DrittelbG, Delegation von Vergütungsfragen **107** 353
- fakultativer Aufsichtsrat s. fakultativer Aufsichtsrat
- Geschäftsführer
  - als Aufsichtsratsmitglied **105** 9 ff.
  - Vergütung, Festsetzungskompetenz **107** 351 ff.
- Haftung **107** 352
- Inkompatibilität mit Geschäftsführung **105** 8 ff., 12
- Interessenkonflikte **Exkurs 1 zu § 100** 11
  - Gesellschafter im AR **Exkurs 1 zu § 100** 18
  - s. auch Interessenkonflikte
- Interessenkonflikte von Aufsichtsratsmitgliedern **Exkurs 1 zu § 100** 18
- Konzernmandate **100** 28
- MitbestErgG, Anwendbarkeit **96** 20
- MitbestG, Delegation von Vergütungsfragen **107** 354
- MitbestG, Geschäftsführerbestellung **107** 354
- mitbestimmtes Unternehmen
  - Bekanntmachung Änderungen **106** 5
  - Delegationsverbot **107** 351
  - Kreditgewährung an Aufsichtsratsmitglieder **115** 29; s. auch Kreditgewährung an Aufsichtsratsmitglieder
- MontanmitbestG, Anwendbarkeit **96** 12
- Statusverfahren **97** 9; **99** 7; s. auch Statusverfahren
- Überkreuzverflechtung **100** 40 f.
- Verträge mit Aufsichtsratsmitgliedern **114** 10; s. auch Verträge mit Aufsichtsratsmitgliedern
- Weisungsrecht **105** 11

Gesellschaftsgläubiger
- Geltendmachung von Ersatzansprüchen **116** 660 ff.; s. auch Verfolgungsrecht Gesellschaftsgläubiger
- Haftung Aufsichtsratsmitglieder gegenüber **116** 581

Gesellschaftsinteresse s. Unternehmensinteresse

Gewerkschaftsvertreter
- Aufsichtsratsmitglieder
  - MitbestErgG **96** 22
  - MitbestG **96** 34
  - MontanMitbestG **96** 18
- Entsenderecht in Aufsichtsrat **96** 55

Gewinn- und Verlustrechnung Exkurs 2 zu § 172 196 ff.
- Ergebnis der gewöhnlichen Geschäftstätigkeit **Exkurs 2 zu § 172** 198
- Gesamtkostenverfahren **Exkurs 2 zu § 172** 197
- Umsatzerlöse **Exkurs 2 zu § 172** 199
- Umsatzkostenverfahren **Exkurs 2 zu § 172** 197

Gewinnbeteiligung
- Aufsichtsratsmitglied **113** 13

Gewinnverwendungsbeschluss
- Anpassung bei Änderung des Jahresabschlusses **172** 75
- Hauptversammlungsbeschluss **Exkurs 2 zu § 172** 43 ff.

Gewinnverwendungsvorschlag
- Additionsgliederung **170** 63
- alternativ zum Vorstandsvorschlag **171** 30
- Änderungen **170** 84 f.
- Aufsichtsratsbeschluss **170** 60

mager =Randnummern

Sachverzeichnis

- Ausschüttungsbemessung **170** 70
- Ausschüttungsbetrag, Bemessung **170** 70
- Ausschüttungsbetrag, meldepflichtige Aktionäre
  - bei Verstoß gegen Meldepficht **170** 73 f.
- Ausschüttungsbetrag, Verteilung **170** 71
- Beschlussantrag **170** 62 ff.
  - abweichender Aufbau **170** 83
  - Aufbau **170** 62 ff.
- Bilanzgewinn **170** 65, 82
  - Ausschüttungssperre **170** 67
- Bindung an **170** 85
- eigener bei Dissens **170** 60; **171** 30
- Einstellung in Gewinnrücklagen **170** 75 ff.
- Gewinnverwendungsbeschluss **Exkurs 2 zu § 172** 43 ff.
- Gewinnvortrag **170** 79 ff.
- Hauptversammlungsbeschluss **Exkurs 2 zu § 172** 43 ff.
- individuelle Gewinnansprüche **170** 72
- Prüfung durch Aufsichtsrat **170** 61; **171** 29 f.
- Sachausschüttung **170** 68 f.
- Sachdividende **170** 68 f.
- Subtraktionsgliederung **170** 63
- Unternehmensinteresse **170** 70
- im Vorlagebericht des Vorstands **111** 267
- Zugänglichmachung **170** 85

Gleichbehandlung der Aufsichtsratsmitglieder
- Haftung **116** 29
- öffentliche Unternehmen **Exkurs 3 zu § 395** 21 f.; *s. auch öffentliche Aktiengesellschaften*
- Vergütung **101** 152 f.; **113** 30 ff.; *s. Vergütung von Aufsichtsratsmitgliedern*

Going-Concern-Prinzip Exkurs 2 zu § 172 60; *s. auch Bilanz*

Grundkapital
- Anzahl Aufsichtsratsmitglieder
  - Grundkapitalgruppen **95** 21 f.
  - Kapitalveränderungen **95** 30 ff.; **97** 28

Grundlagenentscheidungen 111 477

Grundsätze ordnungsgemäßer Buchführung 111 143; **171** 12
- Begriff **Exkurs 2 zu § 172** 53 ff.; *s. auch Bilanz*
- Bilanzeid **Exkurs 2 zu § 172** 25
- Bilanzeid (Konzernabschluss) **Exkurs 2 zu § 172** 220
- kodifizierte **Exkurs 2 zu § 172** 55 ff.
- nicht kodifizierte **Exkurs 2 zu § 172** 68 ff.
- Wahlrechte **172** 31

Grundsätze ordnungsgemäßer Geschäftsführung 111 167; *s. auch Überwachung der Geschäftsführung*

Grundsätze ordnungsgemäßer Überwachung 111 143 ff.

Gründungsaufsichtsrat
- Erstzmitglieder **101** 169

Gründungsaufwand *s. erster Aufsichtsrat*

Gruppenproporz 95 46; **97** 24; **104** 84 f.

Haftung
- Aufsichtsratsmitglieder *s. Aufsichtsratsmitglieder, Haftung, s. Schadensersatzansprüche gegen Aufsichtsratsmitglieder*
- im Konzern *s. Konzern*

Haftung der Gesellschaft
- für Aufsichtsratsmitglieder **116** 797 f.

Haftungsausschluss *s. Schadensersatzansprüche gegen Aufsichtsratsmitglieder*

Halbjahresfinanzbericht Exkurs 2 zu § 172 222 ff.
- Aufstellungspflicht **Exkurs 2 zu § 172** 223 f.
- Inhalt **Exkurs 2 zu § 172** 223
- Prüfung durch Aufsichtsrat **171** 35 ff.
- Überwachungspflicht des Aufsichtsrat **171** 37
- Vorlage an Aufsichtsrat **170** 6

Hälfteabzug
- Aufsichtsratsvergütung **116** 182 ff.

Handelsbilanz II
- Vorlage an Aufsichtsrat **170** 32

Handlungsbevollmächtigter
- Bestellung zum Aufsichtsratsmitglied
  - Rechtsfolge der Inkompatibilität **105** 46 ff.
- Wählbarkeit **105** 25 ff.
- MitbestG **105** 35

Handlungsmaximen
- Verwaltungsorgane **111** 228 ff.

Hauptversammlung
- Abberufung von Aufsichtsratsmitgliedern **103** 8 ff.; *s. auch Abberufung von Aufsichtsratsmitgliedern*
- Bericht des Aufsichtsrats an die **116** 530 f.; **171** 121 ff.
  - Erläuterung durch Aufsichtsratsvorsitzenden **171** 150
  - *s. auch Aufsichtsratsbericht*
- Bindung an Wahlvorschläge **101** 10 ff.; *s. Wahl der Mitglieder des Aufsichtsrats*
- Einberufung **107** 355
  - Minderheitsverlangen **111** 474
  - ordentliche **111** 473
- Einberufung durch Aufsichtsrat
  - Verfahren **111** 488
  - Wohl der Gesellschaft **111** 296, 475 ff.
- Einberufung durch Ausschuss **107** 355
- erleichterte Einberufung **111** 55
- Ersatzzustimmung (zustimmungspflichtige Maßnahmen) **111** 575 ff.
- Feststellung des Jahresabschlusses **172** 5 ff.
- Fragen der Aktionäre **116** 531
- Jahresabschluss
  - Aufstellungskompetenz **172** 5 ff.
  - Feststellungskompetenz **172** 5 ff.
- Leitung **107** 120
- Leitung durch Aufsichtsratsvorsitzenden **107** 120, 162
- Übertragung von Kompetenzen an den Aufsichtsrat **111** 160
- Versammlungsleiter

1053

Sachverzeichnis

Fett gedruckte Ziffern =Paragrafen

[Noch: **Hauptversammlung**]
- Aufsichtsratsvorsitzender als **107** 120
- Aufsichtsratswahlen **101** 33, 36, 40
- Wahl der Mitglieder des Aufsichtsrats **101** 9 ff.
- Mehrheitsprinzip **101** 10
- s. auch *Wahl der Mitglieder des Aufsichtsrats, Hauptversammlung*
- Wahlfreiheit **101** 10
- Einschränkung durch Satzung **101** 12
- Entsendungsrecht **101** 69

Hauptversammmlung
- Einberufung ordentliche **172** 96

Haushaltsgrundsätzegesetz (HGrG)
395 10 f.; Exkurs 3 zu § **395** 31 ff.

„**Hertie**"-**Entscheidung 100** 76 f., 84; **114** 63, 66 f.; **170** 97; **171** 66 ff.

Hinderungsgründe s. *Eignungsvoraussetzungen des Aufsichtsratsmitglieds;* s. *Aufsichtsratsmandate*

Hinterbliebenenversorgung 116 358
- Rückstellung Exkurs 2 zu § **172** 181

Honorarverträge 113 167 f.

IFRS-Einzelabschluss 171 38 f.

Immaterielle Werte
- Überschuldungsbilanz Exkurs 2 zu § **172** 178

Informationserteilungspflicht der abhängigen AG s. *Konzern*

Informationsordnung 111 382; **116** 170

Informationsrechte des Aufsichtsrats
s. *Überwachung der Geschäftsführung*

Inhaberentsendungsrecht 101 88 ff.

Inkompatibilität mit Geschäftsführung
- Aufsichtsrat **105** 3 ff.
- DrittelbG **105** 36
- fakultativer Aufsichtsrat **105** 9 ff.
- gesetzliches Verbot **105** 43
- MitbestErgG **105** 36
- MontanMitbestG **105** 36

Insider s. *Insidergeschäfte;* s. *Insiderinformation;* s. *Insidertatsachen;* s. *Insiderverzeichnis*

Insidergeschäfte
- Ad hoc-Publizität s. *Ad hoc-Publizität, Weitergabe einer Insiderinformation*
- Aufsichtsratsmitglieder als Insider **116** 491
- Betroffene **116** 490
- Ehrenträger als Insider **107** 93
- Insider **116** 490
- Insiderinformation
 - Aufsichtsratsbericht **171** 143
 - ausnutzen **116** 491
 - Rechnungslegungsunterlagen als **170** 15
- Insiderverzeichnis **116** 494; s. *Insiderverzeichnis*
- Insiderwissen **116** 206
- Kontrollverfahren **116** 204
- Sanktionen
 - wichtiger Grund für Abberufung **103** 48
- Verstoß, Sanktion **116** 495
- Weitergabe einer Insiderinformation **116** 200 f.
- Treuepflichtverletzung **116** 202 ff.
- zulässige Wertpapiergeschäfte **116** 491

Insiderinformation
- Abschlussprüfer, Weitergabe an **116** 493
- Rechnungslegungsunterlagen als **170** 15
- Treuepflicht **116** 202 ff.
- Verletzung Insiderverbote
 - wichtiger Grund für Abberufung **103** 48
- Weitergabe, Erfüllung von Meldepflichten **116** 495
- Weitergabe, Konzern **116** 495
- Weitergabeverbot **116** 200 f., 493
- Ausnahmen **116** 493

Insidertatsachen
- Begriff **116** 489

Insiderverzeichnis
- Verzeichnisführungspflichtige **116** 494

Insolvenz
- Altgläubiger **116** 790
- Auswirkung auf Aufsichtsratsmandate **102** 38
- Führungslosigkeit der Gesellschaft **111** 617; s. auch *Führungslosigkeit*
- Insolvenzantragspflicht **111** 66 ff.; **116** 788 ff.; s. auch *Insolvenzantragspflicht*
- Insolvenzreife **116** 307
- Haftung für Zahlungsverbot **116** 591
- Insolvenzschuldnerbereich **111** 614
- Insolvenzverwalter **111** 613
- Neugläubiger **116** 791
- Quotenschaden **116** 790
- Überschneidungsbereich **111** 615
- Überschuldung **116** 307
 - bilanzielle Exkurs 2 zu § **172** 178
- Verdrängungsbereich **111** 613
- Verfolgungsrecht der Gläubiger **116** 703 ff.; s. auch *Verfolgungsrecht Gesellschaftsgläubiger*
- Verschleppung **116** 788
- Vorstand **116** 788
- Zahlungsunfähigkeit **116** 682
- Zuständigkeiten der Organe **111** 614 ff.

Insolvenzantragspflicht
- Antragsbefugnis **116** 788
- Haftung **111** 68 ff.; **116** 788 ff.
- Kenntnis **111** 67
- MoMiG **111** 66
- Pflichtadressat **111** 66 f.; **116** 788
- Sanierungsbemühungen **116** 793
- unternehmerische Entscheidung des Aufsichtsrats **116** 307

Insolvenzreife
- Haftung für Zahlungsverbot **116** 591

Insolvenzverwalter
- Verdrängung der Organkompetenzen **111** 612 f.
- Verfolgungsrecht der Gläubiger **116** 703 ff.; s. auch *Verfolgungsrecht Gesellschaftsgläubiger*

Interessengegensätze 116 226 ff.
- Arbeitnehmervertreter Exkurs 1 zu § **100** 43

mager =Randnummern

- entsandte Mitglieder **116** 231
- Interessenkonflikte, Abgrenzung **116** 226
- Tatbestand des sensiblen Wissens **116** 227
- s. auch Interessenkonflikte

Interessenkonflikte
- Amtsniederlegung
  - Bankenvertreter **Exkurs 1 zu § 100** 80
  - dauerhafter Interessenkonflikt **Exkurs 1 zu § 100** 57
  - Konkurrenzverhältnisse **Exkurs 1 zu § 100** 89
  - Repräsentanten der öffentlichen Hand **Exkurs 1 zu § 100** 83
  - Sorgfalts- und Treuepflicht **Exkurs 1 zu § 100** 60 ff.
- Arbeitnehmervertreter **Exkurs 1 zu § 100** 20
  - MitbestG **Exkurs 1 zu § 100** 20, 70
  - natürlicher Interessengegensatz **Exkurs 1 zu § 100** 43
  - Verhaltensanforderungen **Exkurs 1 zu § 100** 71
- Auflösung von **Exkurs 1 zu § 100** 46 ff.
  - Rechtsgeschäfte mit der Gesellschaft **Exkurs 1 zu § 100** 49
  - Teilnahme- und Stimmverbote **Exkurs 1 zu § 100** 48 ff.
  - s. auch Überwachung in Sondersituationen
- Bankenvertreter **Exkurs 1 zu § 100** 27 f.
- Amtsniederlegung **Exkurs 1 zu § 100** 80
- Auflösung von **Exkurs 1 zu § 100** 77 ff.
- Teilnahme an Sitzungen in der Krise **Exkurs 1 zu § 100** 80
- Beendigung des Aufsichtsratsmandats **Exkurs 1 zu § 100** 10
- Beratungsverträge mit Aufsichtsratsmitgliedern **Exkurs 1 zu § 100** 16
- Corporate Governance Kodex **Exkurs 1 zu § 100** 10, 38; **103** 52 ff.
- dauerhafte **Exkurs 1 zu § 100** 10
  - bei Amtsantritt **Exkurs 1 zu § 100** 63 ff.
  - Amtsniederlegung **Exkurs 1 zu § 100** 57, 80, 83, 89
  - Arbeitnehmervertreter **Exkurs 1 zu § 100** 20 ff., 70 ff.
  - Entstehung während Mandatslaufzeit **Exkurs 1 zu § 100** 60 f.
  - im Konzern **Exkurs 1 zu § 100** 31 ff., 84 ff.
  - parallele Mandate **Exkurs 1 zu § 100** 58
  - Pflichtenkollision **Exkurs 1 zu § 100** 57
  - Repräsentanten der öffentlichen Hand **Exkurs 1 zu § 100** 29, 82, 83; **101** 134
  - Sanierungssituation **Exkurs 1 zu § 100** 28
  - Unternehmensübernahme **Exkurs 1 zu § 100** 27, 90 ff.; s. auch Unternehmensübernahme
  - wichtiger Grund für Abberufung **103** 52 ff.
- Entsendungsberechtigter **101** 133 f.
- Financial Expert **100** 97 ff.; s. auch Financial Expert

- Genossenschafts-Aufsichtsrat **Exkurs 1 zu § 100** 11
- gerichtliche Abberufung **Exkurs 1 zu § 100** 62; **103** 52 ff.
- gesetzliche Regelungen **Exkurs 1 zu § 100** 37
- GmbH **Exkurs 1 zu § 100** 11
- GmbH Aufsichtsrat **Exkurs 1 zu § 100** 11
- Grundsatz der Rollentrennung **Exkurs 1 zu § 100** 41
- Haftung Aufsichtsratsmitglieder **Exkurs 1 zu § 100** 4, 27
- Hauptversammlung, Information der **Exkurs 1 zu § 100** 10
- Informationspflicht des Mitglieds über **116** 140
- Insidergeschäfte s. Insidergeschäfte
- Interessengegensätze, Abgrenzung **116** 226
- Interessenträger **Exkurs 1 zu § 100** 2
- kontrollierender Aktionär **100** 101
- Konzern **Exkurs 1 zu § 100** 31 ff.
  - Unabhängigkeit der Aufsichtsratsmitglieder **Exkurs 1 zu § 100** 86 ff.
- leitende Angestellte **Exkurs 1 zu § 100** 20
- Lobbygruppierung **Exkurs 1 zu § 100** 6
- Mitteilung im Aufsichtsratsbericht **171** 136
- Nebenamtlichkeit des Mandats **116** 4, 311; **Exkurs 1 zu § 100** 41
- Offenlegung **Exkurs 1 zu § 100** 10, 47; **116** 140
- öffentliche Unternehmen **Exkurs 3 zu § 395** 27 f.
- Parteimitgliedschaft **Exkurs 1 zu § 100** 6, 30
- Pflichtenkollision **Exkurs 1 zu § 100** 12
  - dauerhafte, Rechtsfolgen **Exkurs 1 zu § 100** 57 ff.
- potentielle **100** 99
- punktuelle **Exkurs 1 zu § 100** 14 ff.
  - Arbeitskampf **Exkurs 1 zu § 100** 71 ff.
  - Rechtsgeschäfte mit der Gesellschaft **Exkurs 1 zu § 100** 15 ff.
  - wichtiger Grund für Abberufung **103** 52 ff.
- rechtliche Folgen **Exkurs 1 zu § 100** 37 ff.
- Sitzungsausschluss **Exkurs 1 zu § 100** 53; **107** 118
- Stimmenthaltung **Exkurs 1 zu § 100** 48 ff.
- Stimmverbote **Exkurs 1 zu § 100** 48 ff.; **108** 147 ff.
- Streik **Exkurs 1 zu § 100** 23 ff.
- Tatbestände **Exkurs 1 zu § 100** 12 ff.
- Überkreuzverflechtung **Exkurs 1 zu § 100** 33
- Unternehmensinteresse
  - Abgleich des Interesses **Exkurs 1 zu § 100** 42
  - Beachtung durch Aufsichtsratsmitglieder **Exkurs 1 zu § 100** 4
  - Begriff **Exkurs 1 zu § 100** 2; s. auch Unternehmensinteresse
  - Entsandte Aufsichtsratsmitglieder **101** 133 f.
  - Festlegung **Exkurs 1 zu § 100** 45
  - Schadensersatzpflicht bei Nichtbeachtung **Exkurs 1 zu § 100** 4

1055

Sachverzeichnis

Fett gedruckte Ziffern =Paragrafen

[Noch: **Interessenkonflikte**]
- Unternehmensübernahme **Exkurs 1 zu § 100** 27, 90 ff.; s. auch Unternehmensübernahmen
- Unternehmensübernahmen **111** 32 f.
  - Stellungnahmepflicht **111** 40
  - s. auch Unternehmensübernahmen
- Vermeidung
  - Ausschluss von der Aufsichtsratssitzung **Exkurs 1 zu § 100** 54
  - Ausschusszuweisung **Exkurs 1 zu § 100** 55
  - Ruhenlassen des Amtes **Exkurs 1 zu § 100** 56
- Wettbewerbsunternehmen
  - Aufsichtsratsmandat **Exkurs 1 zu § 100** 6, 34 ff., 89; **109** 16
  - Beziehungen des Aufsichtsratsmitglieds zu **Exkurs 1 zu § 100** 34 ff.
- wichtiger Grund für gerichtliche Abberufung **103** 52 ff.
- Zusammensetzung des Aufsichtsrats **100** 99

Interessenwiderstreit s. Interessenkonflikte
Interorganstreit 170 44

Jahresabschluss
- allgemeine Feststellungsklage **172** 65
- Analyse **Exkurs 2 zu § 172** 230 ff.; s. auch Jahresabschlussanalyse
- Änderungen
  - fehlerfrei festgestellter Jahresabschluss **172** 81 ff.
  - fehlerhaft festgestellter Jahresabschluss **172** 46 ff.
  - fehlerhafter Jahresabschluss **172** 71 f.
  - festgestellter Jahresabschluss **172** 66 ff.
  - Folgeabschlüsse **172** 56, 88
  - Konzernabschluss, Auswirkungen auf **172** 88
  - nach Vorlage an Aufsichtsrat **170** 41 f.
  - Offenlegung geänderter Jahresabschluss **172** 98
  - Pflicht zur Vornahme **172** 78
  - Umfang **172** 79
  - unzulässige, Rechtsfolgen **172** 89
  - Verfahren **172** 85 ff.
  - vor Veröffentlichung **172** 67
- Änderungen vor Feststellung **172** 22 ff.
- Anhang **170** 17
  - Angabe weiterer Mandate **116** 224
  - besondere Angaben, rechtsformspezifisch **Exkurs 2 zu § 172** 203
  - börsennotierte Unternehmen **116** 224; **Exkurs 2 zu § 172** 15, 202; s. auch börsennotierte Unternehmen
  - Entsprechenserklärung, Zugänglichmachung **161** 55
  - Kredite an Aufsichtsratsmitglieder **115** 41
  - Pflichtangaben **Exkurs 2 zu § 172** 201
  - Wahlpflichtangaben **Exkurs 2 zu § 172** 201
  - Zweck **Exkurs 2 zu § 172** 200
- Aufstellung **Exkurs 2 zu § 172** 17 ff.
- Bilanzierung **Exkurs 2 zu § 172** 53 ff.; s. auch Bilanz
- Frist **Exkurs 2 zu § 172** 18
- durch Hauptversammlung **172** 5 ff.
- Umfang **Exkurs 2 zu § 172** 17
- Aufstellungspflicht **Exkurs 2 zu § 172** 20
- Bilanz **Exkurs 2 zu § 172** 121 ff.; s. auch Bilanz
- Bilanzeid **Exkurs 2 zu § 172** 16, 25
- Billigung
  - Konzernabschluss s. Konzernabschluss
  - uneingeschränkte **172** 19
  - Versagung **172** 28 f.
  - unter Vorbehalt **172** 21
- Billigung durch Aufsichtsrat **111** 514
- Billigungserklärung **Exkurs 2 zu § 172** 40
- Bindungswirkung **172** 38
  - bei Änderung **172** 87
- Eigenkapitalspiegel **170** 17; **Exkurs 2 zu § 172** 13, 206
- Einzelabschluss, internationale Rechnungslegung **170** 23 f.; **171** 158 ff.
- Entscheidungsbefugnis des Aufsichtsrats **172** 2
- Feststellung
  - durch Aufsichtsrat **170** 2; **171** 131; **172** 8 ff.
  - durch Hauptversammlung **107** 359; **172** 5 ff., 25 ff.; **Exkurs 2 zu § 172** 41 f.
- Feststellungbeschluss, fehlerhafter
  - Änderungsmöglichkeiten **172** 58 ff.
  - Rechtsfolgen **172** 45
- Feststellungsbeschluss **172** 9 ff.
  - Anfechtung, Auswirkungen **172** 12
  - Verfahren **172** 11 ff.
  - Vorbereitung **107** 359
  - Wirkung **172** 38 ff.
- Feststellungsbeschluss, Aufsichtsrat **172** 15 ff.
  - unter Änderungsbedingung **172** 23 f.
  - Auflösung Rücklagen **172** 37
  - Bilanzgewinn **172** 36
  - Bilanzwahlrechte **172** 31 ff.
  - Ermessens- und Entscheidungspielräume **172** 30 ff.
  - Gegenstand **172** 9
  - Inhalt **172** 30 ff.
  - Verfahren **172** 11 ff.
  - Willensmängel von Mitgliedern **172** 12
- Feststellungsbeschluss, Hauptversammlung **Exkurs 2 zu § 172** 41 f.
- Feststellungsbeschluss, Vorstand **172** 14
- Feststellungsklage, allgemeine **172** 65
- Gewinn- und Verlustrechnung **Exkurs 2 zu § 172** 196 ff.; s. auch Gewinn- und Verlustrechnung
- Grundsatz der Bilanzkontinuität
  - Änderung des Abschlusses **172** 56, 88
  - Durchbrechung **172** 62
- IAS **171** 159 ff.
- IFRS **171** 159 ff.

mager =Randnummern

Sachverzeichnis

- internationale Rechnungslegung **170** 23 f.
- Konzernabschluss **170** 29
- Kapitalflussrechnung **170** 17; **Exkurs 2 zu § 172** 13, 204 f.
- Kleinstkapitalgesellschaften **170** 17
- Konzernabschluss, Aufstellung **170** 28 ff.
- Kredite an Aufsichtsratsmitglieder **115** 41
- Lagebericht
  - Aufstellungspflicht **170** 21; *s. Lagebericht*
- Lesen **Exkurs 2 zu § 172** 230; *s. auch Jahresabschlussanalyse*
- Mängel
  - Fehlerbegriff **172** 71 f.
  - Folgen **172** 74 ff.
  - Gewinnauszahlungsansprüche **172** 74 ff.
  - inhaltliche **172** 51 f.
  - Rechtsfolgen **172** 45
  - relevanter Fehler **172** 72
- Mängel bei Prüfung **172** 49 f.
- Mängel, Feststellungsverfahren
  - Heilung **172** 47
  - Nichtigkeit des Beschlusses **172** 46
  - Rechtsfolgen **172** 46 f.
- Mängel, Geltendmachung **172** 63 ff.
- Mängel, Korrektur **172** 62
- Neuaufstellung **172** 58 ff.
- Nichtigkeit
  - Folgen **172** 54 ff.
  - Heilung **172** 57
- Nichtigkeitsklage **172** 63 f.
- Offenlegung **172** 97; **Exkurs 2 zu § 172** 49 ff.
  - mit Entsprechenserklärung **161** 56
  - verspätete **Exkurs 2 zu § 172** 19
- Offenlegung geänderter **172** 98
- Offenlegung IFRS – Einzelabschluss **171** 159
- öffentliche Unternehmen **Exkurs 3 zu § 395** 31 ff.
- Pflicht zur Aufstellung nach HGB **170** 3
- Prüfung durch Aufsichtsrat **171** 7 ff.
  - Ansatz- und Bewertungswahlrechte **111** 515
  - Bericht an die Hauptversammlung **171** 125 ff.; *s. auch Aufsichtsratsbericht*
  - Bericht über **Exkurs 2 zu § 172** 40
  - Bestätigungsvermerk, eingeschränkter **171** 73; *s. auch Bestätigungsvermerk*
  - Bestätigungsvermerk, verweigerter **171** 73
  - Billigung, Versagung der **171** 71
  - Billigungserklärung **Exkurs 2 zu § 172** 40
  - Buchführung der Gesellschaft **171** 13
  - Einzelabschluss gem. § 325 Abs. 2a HGB **171** 162; *s. auch Einzelabschluss (§ 325 Abs. 2a HGB)*
  - Feststellung **171** 72
  - Frist **170** 12
  - Gegenstand **171** 18 f.
  - Gewinnverwendungsvorschlag **171** 29 f.; *s. auch Gewinnverwendungsvorschlag*
  - Informationsquellen unterhalb des Vorstands **171** 62
  - Kooperation mit Abschlussprüfer **171** 59 f.
- Lagebericht **171** 26 ff.
- Prüfbericht des Abschlussprüfers **171** 33 f.
- Prüfungsausschuss **171** 50 ff.; *s. auch Ausschüsse; s. auch Prüfungsausschuss*
- Prüfungsintensität **171** 5
- Prüfungsmaßstab **171** 10 ff.; **Exkurs 2 zu § 172** 39
- Prüfungsschwerpunkte **171** 21
- Rücklagenbildung, -auflösung **171** 22 ff.
- Sachverständige, Einschaltung **171** 64 ff.
- Sorgfaltspflichten **171** 74 ff.
- Stichproben **171** 78
- Umfang **171** 5 f., 20 ff.
- Unterstützung durch Dritte **171** 69
- Segmentberichterstattung **170** 17
- Sonderprüfung **171** 2; **Exkurs 2 zu § 172** 201; *s. auch Sonderprüfer*
- Unterzeichnung **172** 92 f.; **Exkurs 2 zu § 172** 21 ff.
- Vorlage an Abschlussprüfer **170** 11
- Vorlage an Aufsichtsrat **170** 11, 13 ff.
  - Änderungen nach **170** 18, 41 f.
  - Pflicht **Exkurs 2 zu § 172** 27 f.
- Vorlagepflicht des Vorstands **170** 13 ff.; *s. auch Finanzberichterstattung; s. auch Vorstand, Berichtspflichten*
- Wiedervorlage nach Änderungen **170** 41 f.
- Zwischenabschluss **170** 27

Jahresabschlussanalyse Exkurs 2 zu § 172 230 ff.
- Anlagenintensität **Exkurs 2 zu § 172** 232
- Eigenkapitalquote **Exkurs 2 zu § 172** 232
- Fremdkapitalquote **Exkurs 2 zu § 172** 232
- Investitionsquote **Exkurs 2 zu § 172** 232
- Kennzahlen **Exkurs 2 zu § 172** 231
- Struktur-Gewinn- und Verlustrechnung **Exkurs 2 zu § 172** 232 ff.
- Working Capital **Exkurs 2 zu § 172** 232

Jahresabschlussprüfer *s. Abschlussprüfer*
Jahresbericht des Vorstands *s. Vorstand, Berichtspflicht*

Kapitalerhöhung
- Anzahl Aufsichtsratsmitglieder **95** 30; **97** 28

Kapitalflussrechnung 170 17; **Exkurs 2 zu § 172** 13, 204 f.

Kapitalgesellschaft & Co. KG
- mitbestimmungsrechtliche Zurechnung **96** 31

Kapitalgesellschaft & Co KGaA 111 650 ff.; *s. auch Kommanditgesellschaft auf Aktien/KGaA*

Kapitalherabsetzung
- Anzahl Aufsichtsratsmitglieder **95** 31 ff., 47; **97** 31 ff.; *s. auch Statusverfahren*
- bilanzielle Abbildung **Exkurs 2 zu § 172** 158
- Zahlungsverbot, Haftung **116** 585

Kapitalmarktorientierte Kapitalgesellschaften
- Eigenkapitalspiegel **Exkurs 2 zu § 172** 13, 206

1057

Sachverzeichnis

Fett gedruckte Ziffern =Paragrafen

[Noch: **Kapitalmarktorientierte Kapitalgesellschaften**]
- Financial Expert **100** 94 ff.; *s. auch Financial Expert*
- IFRS Konzernabschluss Exkurs 2 zu § **172** 218
- Jahresabschluss **170** 17
- Kapitalflussrechnung Exkurs 2 zu § **172** 13, 204 f.
- Kapitalmarktorientierung, Begriff Exkurs 2 zu § **172** 12 f.
- Konzernabschluss Exkurs 2 zu § **172** 218
- Lagebericht Exkurs 2 zu § **172** 13
- Lagebericht, Inhalt Exkurs 2 zu § **172** 214
- Risikomanagementsystem Exkurs 2 zu § **172** 13
- Segmentberichte Exkurs 2 zu § **172** 13

Kapitalmarktrecht
- Meldepflichten Anteilsbesitz **170** 73
- Transparenzgebot/Verschwiegenheitspflicht **111** 41
- Unternehmensübernahmen **111** 29; *s. auch Unternehmensübernahmen*
- Verhinderungsverbot **111** 46

Karenzzeit
- ehemalige Vorstandsmitglieder **100** 49 ff.

Kirch/Deutsche Bank/Breuer-Entscheidung 116 783; **161** 44, 68

Kleine Aktiengesellschaften
- Jahresabschluss, Vorlage an Abschlussprüfer **170** 10
- Lagebericht **170** 21
- Mitbestimmung **96** 6, 42, 50

Kleinstkapitalgesellschaften
- Jahresabschluss, Umfang **170** 17

Kommanditgesellschaft auf Aktien/KGaA
- anwendbare Vorschriften
  - AktG **111** 625
  - mitbestimmungsrechtliche **111** 625
- Arbeitsdirektor **111** 635 f.
- Aufsichtsrat, dispositive Regelungen **111** 638
- Aufsichtsrat, Informationspflichten **111** 647
- Aufsichtsrat, Informationsrechte **111** 647
- Aufsichtsrat, Kreditgewährung an Mitglieder **115** 29; *s. auch Kreditgewährung an Aufsichtsratsmitglieder*
- Aufsichtsrat, Überwachung der Geschäftsführung **111** 641 ff.
  - Einschränkung **111** 660
- Aufsichtsrat, Zusammensetzung **111** 630
- Aufsichtsrat-phG, Verhältnis **111** 626, 634
- Aufsichtsratsmitglieder, Inhabilitätsregeln **111** 633
- außergewöhnliche Geschäfte **111** 626
- Beratung des Vorstands **111** 646
- Berufung von Aufsichtsratsmitgliedern **111** 630 ff.
- Entsendung von Mitgliedern **111** 632
- Frauenquote **111** 584 f.; *s. auch Frauenquote*
- Funktionstrennung **105** 8; *s. auch Aufsichtsratsmitglieder, Vertretung von Vorstandsmitgliedern*
- gerichtliche Bestellung von Mitgliedern **104** 3
- Hauptversammlungsbeschlüsse, Ausführung **111** 649
- Inkompatibiltätsregeln, Geltung **111** 633
- Jahresabschluss, Feststellung **111** 626, 645
- Jahresabschluss, Prüfung **111** 645
- kapitalistische **111** 650 ff.
  - doppelter Aufsichtsrat **111** 652 ff.
- Kompetenzen des Aufsichtsrats
  - dispositive Regelungen **111** 638
  - Einschränkung **111** 629
  - Erweiterung **111** 628
  - Personalkompetenz **111** 634 ff.
  - Zustimmungsvorbehalte **111** 626, 639 f.
- Mitbestimmter Aufsichtsrat **96** 24; **111** 631
  - DrittelbG **96** 39; **111** 631
  - kapitalistische KGaA **111** 651
  - Personalkompetenz **111** 635
- Personalkompetenz des Aufsichtsrats **111** 634 ff.
- phG, Stellung gegenüber Aufsichtsrat **111** 626, 634
- phG, Wählbarkeit zum Aufsichtsrat **111** 633
- Sonderorgane, Einrichtung **111** 659 f.
- Vertretung durch Aufsichtsrat **111** 648
- Vorlageberichte **111** 647
- Wählbarkeit des perönlich haftenden Gesellschafters **111** 633
- Wahlbarkeit Prokurist **111** 633
- Zusammensetzung des Aufsichtsrats **96** 1
- Zustimmungsvorbehalte **111** 626, 639 f.
  - dispositive Regelungen **111** 638

Kompetenzen des Aufsichtsrats
- Abberufung von Vorstandmitgliedern **116** 115
- Abschlussprüfer, Wahlvorschlag **116** 243
- Einberufung der Hauptversammlung
  - Wohl der Gesellschaft **111** 472 ff.; **116** 246 ff.
- Entsprechenserklärung **116** 254 f.
- Insolvenz, in der **111** 614 f.
- KGaA **111** 626 ff., 634 ff.
- Personalkompetenz **116** 237 ff., 326 ff.
  - Nachwuchspolitik **116** 335
- Satzungsänderung **116** 250 f.
- Vorlageberichte **111** 266
- Zustimmungsvorbehalte **111** 520 ff., 639 f.; **116** 244 f.
  - KGaA **111** 626
  - *s. auch Zustimmungsvorbehalte*

Kompetenzverteilung *s. auch Geschäftsordnung*

Komplementär-Kapitalgesellschaft
- mitbestimmungsrechtliche Zurechnung **96** 31

KonTraG (Gesetz zur Kontrolle und Transparenz im Unternehmensbereich) 107 356, 372; **110** 11; **111** 12, 424

Kontrollierender Aktionär 100 101 f.

Kontrollpflicht
- Aufsichtsrat **171** 2

mager = Randnummern

Sachverzeichnis

Kontrollsystem
- Abschlussprüfung **Exkurs 2 zu § 172** 30
- Bericht des Abschlussprüfers **171** 105
- Prüfungsausschuss **107** 270 f.
- Prüfungsausschuss (KWG) **111** 88
- Überwachungspflicht **109** 38; **171** 47; *s. auch Risikoüberwachungssystem*

Konzernleitungspflicht 111 155

Konzern
- Abhängigkeitsbericht **170** 33 f.
- Aufsichtsratssitzungen, gemeinsame **111** 315
- Aufsichtsrat **111** 107
  - Überwachungsaufgaben **111** 151 ff., 313 ff.; *s. auch Überwachung im Konzern*
- Aufsichtsratsmandate, Höchstgrenze **100** 28 ff.
- Ausdehnung von Gesetzesvorschriften auf Konzernsachverhalte
  - Konzernabschlüsse und Konzernlageberichte **170** 328 ff.; **171** 40 ff.; **Exkurs 2** 216 ff.
- Berichtspflicht des Vorstands **111** 328
- DrittelbG, Zurechnung Arbeitnehmer **96** 44
- Einflussnahme durch den Vorstand **111** 153 f.; *s. auch Einflussnahme auf die Gesellschaft*
- einheitliche Leitung
  - Unternehmenskontrolle **111** 323
- Einwirkungsrecht des Aufsichtsrats **111** 330
- faktisch konzernabhängige Aktiengesellschaft **111** 317 f.; *s. auch faktisch konzernabhängige Gesellschaft*
- Frauenquote in Aufsichtsräten **111** 589
- Geschäftsführung **111** 323 ff.
  - einheitliche Leitung **111** 323
  - Überwachung **111** 151; *s. Überwachung im Konzern*
  - Umfang **111** 324
  - unternehmerische Führungsfunktion **111** 323
- Interessenkonflikte **Exkurs 1 zu § 100** 84 ff.; *s. auch Interessenkonflikte*
- interne Änderungen, Auswirkung auf Mitbestimmung **97** 26
- Kompetenzen des Aufsichtsrats **111** 330
- Konzernabschluss **Exkurs 2 zu § 172** 216 ff.; *s. auch Konzernabschluss*
- „Konzernaufsichtsrat" **111** 150, 314
- Konzerngeschäftsführung **111** 323 ff., 329
- Konzerninteresse **111** 327
- Mandate, Höchstgrenze **100** 28 ff.
- Rechnungslegung der Obergesellschaft **Exkurs 2** 216 ff.
- Statusverfahren, Konzernunternehmen **97** 42
- Teilkonzern **96** 29
- Teilnahmerecht an Aufsichtsratssitzungen **109** 12
- Überwachungspflicht **111** 150, 322; *s. auch Überwachung im Konzern*
- Unternehmensinteresse
  - abhängiges Unternehmen **111** 337
  - herrschendes Unternehmen **111** 327
- unternehmerische Führungsfunktion **111** 323 f.
- Umfang **111** 324
- Verschwiegenheitspflicht **116** 35, 462 f.
- Vertragskonzern **111** 150 ff.
- zustimmungspflichtige Geschäfte
  - Durchsetzung in der Tochtergesellschaft **111** 331, 545 ff.
  - Obergesellschaft **111** 331
  - Tochtergesellschaft **111** 545 ff.
- Zustimmungsvorbehalte **111** 544 ff.

„Konzern im Konzern"
- mitbestimmungsrechtliche Zurechnung (DrittelbG) **96** 44
- mitbestimmungsrechtliche Zurechnung (MitbestG) **96** 29

Konzernabschluss
- Änderungen **172** 104
- Konzernabschluss nach IAS **172** 105
- Anhang **Exkurs 2** 218
- Aufstellungsfrist **Exkurs 2 zu § 172** 219
- Aufstellungspflicht **170** 27 ff.; **Exkurs 2 zu § 172** 217 ff.
- Fristen **170** 9
- Bedeutung **172** 99 f.
- Bestellung Abschlussprüfer **111** 426
- Bilanz **Exkurs 2** 218
- Bilanzeid **Exkurs 2 zu § 172** 220
- bilanzpolitische Maßnahmen **Exkurs 2** 218
- Billigung durch Aufsichtsrat **171** 72; **172** 3
- „Billigung" durch Aufsichtsrat **172** 101; **Exkurs 2 zu § 172** 221
- Entscheidungsbefugnis des Aufsichtsrats **172** 3
- Feststellung **172** 3
- Gewinn- und Verlustrechnung **Exkurs 2** 218
- nach IFRS **Exkurs 2 zu § 172** 218
- kapitalmarktorientierte Unternehmen
  - Aufstellungsfrist **Exkurs 2 zu § 172** 219
  - IFRS **Exkurs 2 zu § 172** 218
- Mängel, Rechtsfolgen **172** 102 f.
- Prüfung durch Aufsichtsrat **111** 332; **171** 40 ff.; *s. auch Jahresabschluss*
- Zweck **Exkurs 2 zu § 172** 216

„Konzernaufsichtsrat" 111 314

Konzernlagebericht
- Aufstellung **Exkurs 2 zu § 172** 219
- Aufstellungsfrist, verkürzte **Exkurs 2 zu § 172** 219
- nach IFRS **170** 29
- kapitalmarktorientierte Unternehmen **Exkurs 2 zu § 172** 219
- Prüfung durch Aufsichtsrat **111** 518; **171** 40 ff.
- Veröffentlichung **170** 30
- Vorlage an Aufsichtsrat **170** 30

Konzernmandate
- Höchstgrenze **100** 28 ff.

Konzernprivileg
- Höchstgrenze Aufsichtsratsmandate **100** 12

Konzernsprecherausschuss
- Antragsrecht gerichtliche Ergänzung **104** 59

1059

Sachverzeichnis

Fett gedruckte Ziffern = Paragrafen

Konzernzurechnung s. Arbeitnehmer – mitbestimmungsrechtliche Zurechnung
Kosten s. Auslagenersatz
Krankheit eines Vorstandsmitglieds 100 62
Kreditausschuss 107 272 ff.; **111** 135; s. auch Ausschüsse
Kreditgewährung an Aufsichtsratsmitglieder 115 1 ff.
– Arbeitnehmervertreter **115** 28
– Beschluss **115** 37
– Bilanzausweis **115** 41
– Bürgschaften **115** 17
– Darlehen **115** 15
– Durchführung **115** 40
– entsandte Mitglieder **115** 27
– faktische Aufsichtsratsmitglieder **115** 25
– Familienangehörige **115** 33
– Garantien **115** 17
– GmbH, mitbestimmte **115** 29
– an juristische Personen **115** 24, 31, 35
– KGaA **115** 29
– Kleinkredite **115** 21
– Krediformen **115** 14 ff.
– Kreditinstitute **115** 44
– Lieferantenkredit **115** 22 ff.
  – Bestellung Mitglied in Vorstand **115** 26
  – Dienstleistungen **115** 23
  – Investitionsgüter **115** 23
– mittelbare **115** 34
– neutrales Mitglied **115** 27
– Schuldbeitritt **115** 17
– Schuldübernahmen **115** 17
– Selbsteintritt **115** 20
  – Kreditinstitute **115** 20
– Sicherheiten **115** 17
– Stundung von Zahlungsverpflichtungen **115** 16
– Übernahme von Darlehensforderungen **115** 19
– Unternehmensinteresse **115** 38
– verbundene Unternehmen, durch **115** 30
– Verstoß gegen Zustimmungserfordernis, Rechtsfolgen **115** 42 f.
– Vorschüsse auf Auslagen **115** 18
– Vorschüsse auf Vergütungen **115** 18
– in Vorstand entsandtes Mitglied **115** 25
– Warenkredite **115** 22 ff.
– Wertpapierdienstleistungsunternehmen **115** 44
– wirtschaftlicher Kreditbegriff **115** 13
– Zeitpunkt der Krediteinräumung **115** 25
Kreditinstitute
– Abberufung Aufsichtsratsmitglieder
  – durch BaFin **103** 87 ff.
– Aufsichtsrat, Organisationspflichten **111** 82 ff.
– Aufsichtsratsmitglieder
  – Fortbildungspflicht **111** 102; **116** 104
  – Sachkunde **103** 88
  – Vergütung **111** 103; **113** 16
  – Zuverlässigkeit **103** 89 f.
– Auschüsse **111** 86 ff.
  – Inkompatibiltätsregeln (KWG) **111** 97 ff.

– Kreditausschuss **111** 135
– s. auch Ausschüsse
– Ausschussbildungspflicht **111** 83 ff.
– Eignungsprüfung Aufsichtsrat durch BaFin **100** 49
– erhebliche Bedeutung **111** 82
– Kreditgewährung an Aufsichtsratsmitglieder **115** 44; s. auch Kreditgewährung an Aufsichtsratsmitglieder
– systemrelevante **111** 82
– Vergütung Vorstandsmitglieder **116** 348
Kumulation von Ämtern s. auch Inkompatibilität mit Geschäftsführung
– Prioritätsgrundsatz **105** 41 ff.
KWG
– Anzeigepflicht Abberufung Aufsichtsratsmitglied **97** 75
– Anzeigepflicht Bestellung Aufsichtsratsmitglied **97** 75
– Aufsichtratsbildung **96** 49

Lagebericht
– Abhängigkeitsbericht **Exkurs 2 zu § 172** 30
– Aufstellungspflicht **170** 21
– börsennotierte Unternehmen **171** 28
  – Erklärung zur Unternehmensführung **Exkurs 2 zu § 172** 215
– Entsprechenserklärung **161** 55
– Inhalt **170** 22; **171** 27 f.; **Exkurs 2 zu § 172** 209
– kapitalmarktorientierte Unternehmen **Exkurs 2 zu § 172** 214; s. auch kapitalmarktorientierte Kapitalgesellschaften
– Konzernlagebericht **170** 30; s. auch Konzernlagebericht
– Konzernlagebericht (IFRS) **170** 29
– Prognosebericht **Exkurs 2 zu § 172** 209 ff.
– Prüfung durch Abschlussprüfer **Exkurs 2 zu § 172** 30
– Prüfung durch Aufsichtsrat **170** 26 ff.
– Risiken der künftigen Entwicklung **116** 409
– übernahmerelevante Informationen **Exkurs 2 zu § 172** 213
– Vorgänge von besonderer Bedeutung **Exkurs 2 zu § 172** 212
– Vorlage an Aufsichtsrat **170** 20 ff.
– Zweck **Exkurs 2 zu § 172** 208
Landeshaushaltsordnung 395 5
Leerer Stuhl 104 101; s. auch Frauenquote
Lehre vom faktischen Organ 101 69 f., 219 ff.
Lehre vom fehlerhaften Organ 101 219 f.; **104** 36; **112** 69
– vollzogene Beschlüsse gegenüber Dritten **112** 69 ff.
Leitende Angestellte
– Aufsichtsratsmitglied
  – DrittelbG **96** 45
  – MitbestG **96** 34
– Ausschluss von Aufsichtsratsmitgliedschaft **Exkurs 1 zu § 100** 70

1060

mager =Randnummern   **Sachverzeichnis**

- als Bankenvertreter **Exkurs 1 zu § 100** 77 ff.
- D & O Versicherung **116** 819; s. auch D & O-Versicherung
- Interessenkonflikte **Exkurs 1 zu § 100** 20
- Kreditgewährung, gesetzwidrige **116** 593
- Kreditgewährung, Zustimmung des Aufsichtsrats **116** 115
- MitbestG **105** 31 ff.
- Mitglied im Aufsichtsrat des herrschenden Unternehmens **100** 35 f.
- Mitglied im Aufsichtsrat eines abhängigen Unternehmens **100** 37
- Montanmitbestimmung **105** 14
- Prokurist, Wählbarkeit **105** 31 ff.
- Streik **116** 216 f.
- Verbot der Organverknüpfung **100** 35 f.; **Exkurs 1 zu § 100** 31
- Vertreter im Aufsichtsrat **116** 216
- Wählbarkeit
  - mitbestimmte Unternehmen **105** 31 ff.
  - Prokurist **105** 31 ff.

Liquidation
- Aufsichtsratsvergütung **113** 95
- Auswirkung auf Aufsichtsratsmandat **102** 38; **103** 86

Listenwahl 101 34 ff.

Lobbygruppierung
- Interessenkonflikte **Exkurs 1 zu § 100** 6

Losentscheidung 108 142

Management Letter 111 467 f.; **170** 50 ff.
Mandatsanrechnung 100 23 ff.; s. auch Aufsichtsratsmandate, Höchstgrenze
Mantelbeschlüsse 107 403
Mehrheitsprinzip 101 10; s. auch Wahl der Mitglieder des Aufsichtsrats

Meldepflichten
- Anteilsbesitz **170** 73
- Insiderinformationen, Weitergabe **116** 495
- Wahlabreden **101** 16

MgVG (Gesetz über die Mitbestimmung der Arbeitnehmer bei einer grenzüberschreitenden Verschmelzung)
- Abberufung von Aufsichtsratsmitgliedern **103** 78 f.
- Frauenquote **96** 67; s. auch Frauenquote
- Mitbestimmungsvereinbarung **96** 47
- Zusammensetzung des Aufsichtsrats **96** 46 f.

MitbestErgG (Mitbestimmungsergänzungsgesetz)
- Beherrschung Montanunternehmen **96** 21
- Bildung des Aufsichtsrats **96** 19 ff.
- GmbH, Anwendbakeit auf **96** 20
- Größe des Aufsichtsrats **96** 22
- neutrales Mitglied **96** 23
  - Ersatzmitglied für **101** 164
  - Wahl **108** 126
- Wahlverfahren für Aufsichtsrat **96** 23
- Zusammensetzung des Aufsichtsrats **95** 18; **96** 22 f.

Mitbestimmung
- Abberufung von Aufsichtsratsmitgliedern **103** 781
- Änderung des Mitbestimmungsstatuts **97** 14
- Änderung Gesetze, Auswirkungen auf AktG **96** 6
- Änderung Mitbestimmungsgesetze **96** 6
- ausgenommene Unternehmen **96** 32
- doppelte, Vermeidung **108** 129
- Erweiterungen, privatautonome **96** 54 ff.; s. auch Mitbestimmungserweiterung
- Frauenquote **96** 60 ff.; s. auch Frauenquote
- Geschlechterquote **96** 60 ff.; s. auch Frauenquote
- kleine Aktiengesellschaft **96** 6
- konzerninterne Änderungen **97** 26
- mitbestimmungsfreie Unternehmen **96** 50
- Rangverhältnis Mitbestimmungsgesetze **96** 8
- Satzungsstrenge **96** 2
- s. Mitbestimmungsgesetz; MontanMitbestG; MitbestErgG; Drittelbeteiligungsgesetz

Mitbestimmungsausschuss 111 132
Mitbestimmungserweiterung
- Bestellungsverbot **96** 56
- Mitbestimmungsvereinbarung **96** 58
- Satzungsregelungen **96** 55
- Stimmbindungsvereinbarungen **96** 57
- Zuwahl von Arbeitnehmervertretern **96** 56

Mitbestimmungsfreie Unternehmen 96 50
MitbestG (Mitbestimmungsgesetz)
- Abberufung von Aufsichtsratsmitgliedern **103** 781
- Anteilseigner **96** 36
- Anzahl Aufsichtsratmitglieder **95** 18, 25
- Arbeitnehmer im Auslandseinsatz **96** 25
- Arbeitnehmer, Zurechnung **96** 25 ff.
  - mehrfache **96** 28
  - verbundene Unternehmen **96** 26 ff.
- Arbeitnehmerbegriff **96** 25
- arbeitnehmerlose Aktiengesellschaft **96** 50
- Arbeitsdirektor **108** 127
- Aufsichtsrat **96** 33
  - Anteilseigner-Mitglieder **96** 35
  - Arbeitnehmermitglieder s. auch Arbeitnehmervertreter
  - Arbeitskampf s. Streik
  - Aufsichtsratsvorsitzender **107** 61 ff., 102; s. auch Aufsichtsratsvorsitzender
  - Beschlussfähigkeit **104** 27
  - Beschlussfassung s. auch Mitentscheidungsbefugnisse des Aufsichtsrats, Beschlüsse in mitbestimmten Unternehmen
  - Generalbevollmächtigte (Wählbarkeit) **105** 26 ff.
  - Gewerkschaftsvertreter **96** 34; s. auch Gewerkschaftsvertreter
  - Gleichberechtigung **111** 119
  - Größe **96** 33
  - innere Ordnung **107** 5, 61 ff.
  - Kompetenzen **Exkurs 1 zu § 100** 20
  - Prokuristen (Wählbarkeit) **105** 31 ff.

1061

Sachverzeichnis

Fett gedruckte Ziffern =Paragrafen

[Noch: **MitbestG (Mitbestimmungsgesetz)**]
- Streik s. Streik
- Vermittlungsausschuss **107** 80
- Wahl **101** 56
- Wählbarkeit **100** 65; **101** 218; **104** 88
- Aufsichtsratsvorsitzender
  - Wahl **107** 61 ff.
- im Ausland eingesetzte Arbeitnehmer **96** 25
- Delegierte **96** 35; **101** 56
- Gemeinschaftsunternehmen **96** 30
- Gewerkschaftsvertreter
  - Aufsichtsrat **96** 34
- KGaA **111** 631 ff.
- Konzern **96** 25 ff.
  - doppelte Mitbestimmung, Vermeidung **108** 129
- „Konzern im Konzern" **96** 29
- leitende Angestellte **96** 34; s. leitente Angestellte
- Statusverfahren **97** 65; s. auch Statusverfahren
- Teilkonzern **96** 27 ff.
- Tendenzunternehmen **96** 32
- Verlagsunternehmen **96** 32
- Zurechnungstatbestände **96** 26 ff.

Mitbestimmungsvereinbarung
- Erweiterung der Mitbestimmung **96** 58; s. auch Mitbestimmungserweiterung
- nach MgVG **96** 47

Mitentscheidungsbefugnisse des Aufsichtsrats
- Abhängigkeitsbericht s. Abhängigkeitsbericht
- Aufsichtsratsbericht s. Aufsichtsratsbericht
- Beauftragung des Abschlussprüfers s. Abschlussprüfer
- Beauftragung eines Sachverständigen s. Sachverständige
- Ergebnisverwendungsvorschlag **170** 59 ff.
  - Ausschüttungsbetrag **170** 70 ff.
  - Beschlussfassung **170** 60
  - Prüfung **170** 61
  - Vorschlag, Aufsichtsrat **170** 60
  - s. auch Gewinnverwendungsbeschluss
- Gewinnverwendungsvorschlag **116** 260; s. Mitentscheidungsbefugnisse des Aufsichtsrats
- grundlegende unternehmerische Fragen **111** 523
- Jahresabschluss **116** 258 f.
  - Beschlussfassung **116** 258
  - Bilanzierung **111** 517; s. auch Bilanz
  - Billigung **111** 515 ff.
  - Prüfung **116** 258 f.
  - Prüfungsbericht **171** 33 f.
  - s. auch Jahresabschluss
- Konzernabschluss **111** 518; s. Konzernabschluss
- Kredite an Aufsichtsratsmitglieder **116** 263 f.
- Unternehmensübernahmen **116** 265 ff.; s. auch Unternehmensübernahmen
- Verträge mit Aufsichtsratsmitgliedern **116** 263 f.; s. auch Zustimmungsvorbehalte

- Vertretung der Gesellschaft s. Aufsichtsrat, Vertretung der Gesellschaft
- zustimmungspflichtige Geschäfte **111** 520; **116** 260; s. auch Zustimmungsvorbehalte

Mitentscheidungsrechte s. Mitentscheidungsbefugnisse des Aufsichtsrats

Mitglieder des Aufsichtsrats s. Aufsichtsratsmitglieder

„MobilCom"-Entscheidung 161 59

Monistisches System 95 3; **109** 8

Montanholding 96 19

MontanMitbestG (Montanmitbestimmungsgesetz)
- abhängige Unternehmen, ausländische **96** 13
- Änderunge Unternehmenstätigkeit **97** 15; s. auch Statusverfahren
- Ansteckungsklausel **96** 15
- Anzahl Aufsichtsratmitglieder **95** 18, 25
- Arbeitnehmerbank **96** 18
- Arbeitnehmerbegriff **96** 13
- Arbeitsdirektor, Bestellung **108** 127
- ausländische Betriebsstätten **96** 13
- Bildung des Aufsichtsrats **96** 11 ff.
- Fortgeltungsklausel **96** 16
- GmbH, Anwendbarkeit auf **96** 12
- MitbestErgG s. MitbestErgG
- neutrales Mitglied **96** 18
  - Ersatzmitglied für **101** 164
  - Wahl **108** 126
- Voraussetzungen **96** 11 ff.
- Walzwerkklausel **96** 15
- Zusammensetzung des Aufsichtsrats **96** 17 ff.

Naked Warrants 113 71; s. auch Vergütung von Aufsichtsratsmitgliedern

Neutrales Mitglied
- Fehlen eines **104** 80
- gerichtliche Bestellung **104** 80
- Hinderungsgründe **100** 66; s. auch Eignungsvoraussetzungen des Aufsichtsratsmitglieds
- Kreditgewährung an **115** 27
- MitbestErgG **101** 164
  - Ersatzmitglied für **96** 23; s. auch Ersatzmitglieder
- MontanMitbestG **96** 18
  - Ersatzmitglied für **101** 164; s. auch Ersatzmitglieder
- Vergütung **113** 35
- Verträge mit der Gesellschaft **114** 34
- Wahl **96** 17; **108** 126

Nichtbeschluss 108 217
- Wirkungen **108** 244

Nichtigkeit von Beschlüssen s. Beschluss des Aufsichtsrats

Nichtigkeitsfeststellungsklage 108 278 ff.

Niederlegung des Amtes s. Amtsniederlegung

Niederschrift 107 185 ff.; s. auch Sitzungsprotokoll

1062

mager =Randnummern

Sachverzeichnis

Offenlegung
– Interessenkonflikte **Exkurs 1 zu § 100** 10, 47; **116** 140 f.; *s. auch Interessenkonflikte*
Öffentliche Aktiengesellschaft
– Aufsichtsrat
  – Abberufung von Mitgliedern **Exkurs 3 zu § 395** 43 ff.
  – Beamtenrecht **Exkurs 3 zu § 395** 24 ff.
  – Besetzung **Exkurs 3 zu § 395** 36 ff.
  – Eignungsvoraussetzungen **Exkurs 3 zu § 395** 23; *s. auch Eignungsvoraussetzungen des Aufsichtsratsmitglieds*
  – erweiterter Abschlussprüfungsbericht **Exkurs 3 zu § 395** 31
  – Frauenquote **Exkurs 3 zu § 395** 42
  – geborene Mitglieder **Exkurs 3 zu § 395** 40, 44
  – Gleichbehandlung aller Mitglieder **Exkurs 3 zu § 395** 21 ff.
  – Haftung **Exkurs 3 zu § 395** 20, 22
  – Interessenkonflikte **Exkurs 3 zu § 395** 27 f.
  – Überwachungspflicht **Exkurs 3 zu § 395** 20
– Beamtenrecht **Exkurs 3 zu § 395** 24 ff.
– Berichterstattungspflicht **394** 21 ff.; **Exkurs 3 zu § 395** 30
– Corporate Governance **Exkurs 3 zu § 395** 11 ff.
– Einflussnahme der öffentlichen Hand **Exkurs 3 zu § 395** 20
– Frauenquote **Exkurs 3 zu § 395** 42
– Gemeinwohlorientierung vs. Gewinnerzielung **Exkurs 3 zu § 395** 7
– Haftungsfreistellung von Aufsichtsratsmitgliedern **Exkurs 3 zu § 395** 22
– Interessen der öffentlichen Hand **Exkurs 3 zu § 395** 27
– Interessenkonflikte **Exkurs 1 zu § 100** 29; *s. auch Interessenkonflikte*
– Jahresabschluss, Prüfung
  – Berichtserweiterung **Exkurs 3 zu § 395** 31 f.
– öffentliches Dienstrecht **Exkurs 3 zu § 395** 22
– Prüfungsbericht, erweiterter **Exkurs 3 zu § 395** 31 f.
– Public Corporate Governance Kodex **Exkurs 3 zu § 395** 11 ff.
  – Bindung an **Exkurs 3 zu § 395** 17 ff.
  – comply or explain **Exkurs 3 zu § 395** 17
  – Geltung **Exkurs 3 zu § 395** 17 ff.
  – Verwaltungsanweisung **Exkurs 3 zu § 395** 17
  – Zielsetzung **Exkurs 3 zu § 395** 14 ff.
– Rechnungsprüfungsbehörde **Exkurs 3 zu § 395** 34 f.
– Überwachungspflicht des Aufsichtsrats **Exkurs 3 zu § 395** 20
– Unternehmensinteresse **Exkurs 3 zu § 395** 27
– Verschwiegenheitspflicht, Ausnahme **394** 2 ff.; **395** 1 ff.; **Exkurs 3 zu § 395** 29 f.

– Vorrang des Gesellschaftsrechts **Exkurs 3 zu § 395** 8
– Weisungsbindung **Exkurs 3 zu § 395** 24 ff.
Optionsanleihen 113 69, 72; *s. auch Vergütung von Aufsichtsratsmitgliedern*
Organhaftung *s. Aufsichtsratsmitglieder, Haftung*
Organisation des Aufsichtsrats 116 150 ff.; *s. Selbstorganisation des Aufsichtsrats; Geschäftsordnung des Aufsichtsrats*
Organklage 111 300

Paritätsgebot
– Vermittlungsausschuss **107** 246
Pensionsfonds
– Abberufung Aufsichtsratsmitglieder
  – durch BaFin **103** 87 ff.
Personalausschuss *s. Ausschüsse*
Personalentscheidungen
– Vorstandsvorsitzender, Bestellung **116** 341
Personalkompetenz 111 634
Persönlich haftender Gesellschafter (KGaA)
– Wählbarkeit zum Aufsichtsrat **111** 633
Persönliche Voraussetzungen der Aufsichtsratsmitglieder *s. Eignungsvoraussetzungen des Aufsichtsratsmitglieds*
Persönliche Voraussetzungen der Vorstandsmitglieder *s. Eignungsvoraussetzungen des Vorstandsmitglieds*
Pflichten der Aufsichtsratsmitglieder
– Ausschüsse, Aufsichtspflicht **116** 407
– Mitwirkung an der Selbstorganisation **116** 150 ff.
– Pflichtenkollision **116** 140 f.; *s. Interessenkonflikte*
– Sorgfaltspflichten **116** 105 ff.; *s. auch Sorgfaltspflichten*
– Treuepflicht **116** 177 ff.; *s. Schadensersatzansprüche gegen Aufsichtsratsmitglieder*
– Überwachung der Geschäftsführung *s. dort*
– Überwachung des Aufsichtsrats *s. Überprüfung der Aufsichtsratstätigkeit*
– Verschwiegenheitspflicht *s. Verschwiegenheitspflicht*
– *s. auch Pflichten des Aufsichtsrats*
Pflichten der Vorstandsmitglieder *s. Vorstand*
Pflichten des Aufsichtsrats
– Abberufung von Vorstandmitgliedern **116** 342 f.
– Abschlussprüfer, Beauftragung **111** 447
– Abschlussprüfer, Überwachung **116** 378
– Abschlussprüfer, Vertragsschluss **116** 377
– Beauftragung des Abschlussprüfers **111** 447; *s. auch Abschlussprüfer*
– Festlegung von Zustimmungsvorbehalten **116** 159; *s. auch Zustimmungsvorbehalte*
– Geschäftsordnung, Erstellung **116** 160
– Personalkompetenz **116** 237 ff., 326 ff.; *s. Kompetenzen des Aufsichtsrats*
– Prüfungspflicht *s. Aufsichtsrat – Prüfungspflichten*

Sachverzeichnis

Fett gedruckte Ziffern =Paragrafen

[Noch: **Pflichten des Aufsichtsrats**]
- Rechenschaftslegung **116** 526 ff., 528 ff.; *s. auch Aufsichtsratsbericht*
- Schadensersatzansprüche, Geltendmachung **116** 19 ff.
- Selbstorganisation **116** 150 ff.; *s. Selbstorganisation des Aufsichtsrats*
- Überprüfung der Vorstandsbezüge **116** 345
- Überwachung der Geschäftsführung *s. Überwachung der Geschäftsführung*

Pflichtenkollision *s. Interessenkonflikte*
Pflichtverletzungen *s. Schadensersatzansprüche gegen Aufsichtsratsmitglieder*
Phantom Stocks 113 73
- Aktienoptionspläne **113** 73
- *s. auch Vergütung von Aufsichtsratsmitgliedern*

Plausibilitätsprüfung 116 556; *s. Schadensersatzansprüche gegen Aufsichtsratsmitglieder*
Plenaraufgaben 116 118 ff., 150 ff.
Plenarvorbehalt 107 242, 330, 356
- nicht gesetzliche **107** 364 ff.

Positive Beschlussfeststellungsklage 108 288 f.
Präsidialausschuss 107 253 ff.; *s. Ausschüsse*
Präsidium 107 253 ff.; *s. Ausschüsse*
Presseunternehmen *s. Tendenzunternehmen*
Prioritätsgrundsatz
- Kumulation von Ämtern **105** 41 ff.

Privatisierung Exkurs 3 zu § 395 2 ff.
Prognosebericht Exkurs 2 zu § 172 209 ff.
- Prognosezeitraum **Exkurs 2 zu § 172** 210
- *s. auch Lagebericht*

Prokurist
- Bestellung zum Aufsichtsratsmitglied
- Rechtsfolge der Inkompatibilität **105** 46 ff.
- Kreditgewährung an **107** 263
- Wählbarkeit **105** 24
  - KGaA **111** 633
  - MitbestG **105** 31 ff.
  - MontanMitbestG **105** 14
- Zustimmungsvorbehalt zur Bestellung **111** 541, 551

Protokoll der Aufsichtsratssitzung 107 185 ff.
Protokollführer 107 187 ff.; *s. auch Aufsichtsratssitzung*
Prüfungsausschuss 107 396 f.; **171** 50 ff.
- Aufgaben **171** 57 f.
- Corporate Governance Kodex, Empfehlungen **171** 54 ff.
- CRR-Institute **171** 52; *s. auch CRR-Insitute*
- Financial Expert **100** 105; **107** 414; **171** 53; *s. auch Financial Expert*
- Mitglieder
  - Anforderungen **171** 75
  - Plenarvorbehalt **171** 57
- Vorsitzender
  - Anforderungen **100** 13
  - Aufsichtsratsvorsitzender als **107** 145
- Vorsitzender, Kenntnisse **171** 55

- Zusammensetzung **171** 53
- *s. auch Ausschüsse*

Prüfungsbericht 170 45 ff.; *s. auch Mitentscheidungsbefugnisse des Aufsichtsrats, s. auch Abschlussprüfer – Prüfungsbericht*
Public Corporate Governance Kodex Exkurs 3 zu § 395 11 ff.
Public-Private-Partnership Exkurs 3 zu § 395 5
Publizitätsgesetz/PublG
- Aufgaben des Aufsichtsrats **111** 23 ff.
- Jahresabschluss, Feststellung **111** 27
- Konzernabschluss, Prüfung **111** 28

Quartalsfinanzbericht
- Erstattungspflicht **Exkurs 2 zu § 172** 226 f.
- Prüfung durch Aufsichtsrat **171** 35 ff.
- Prüfungspflicht des Aufsichtsrats **171** 35 ff.; **Exkurs 2 zu § 172** 228
- Überwachungspflicht des Aufsichtsrats **171** 37
- Vorlage an Aufsichtsrat **170** 6

Quotenschaden 116 790; *s. Insolvenz*

Rechenschaftslegung
- Aufsichtsratsbericht **116** 528 ff.; *s. auch Vorstand, Berichtspflicht*
- mündliche Erläuterungen **116** 530 f.

Rechnungslegung 161 55
- internationale Standards **171** 159
- Konzernrechnungslegung **Exkurs 2** 216 ff.
- Überwachung **171** 47
- *s. auch Jahresabschluss; s. auch Finanzberichterstattung*

Rechnungsprüfungsbehörde Exkurs 3 zu § 395 34 f.
Rechtsabteilung
- Beratung des Aufsichtsrats **116** 557
- „second opinion" **116** 558
- Unabhängigkeit **116** 557

Rechtsscheinshaftung 106 23
Regelberichte 111 127, 201 f., 240 ff., 253
- Jahresbericht **111** 256
- Rentabilitätsbericht **111** 26, 257
- Vierteljahresbericht **111** 255
- *s. auch Vorstand, Berichtspflicht*

Reisekosten *s. Auslagenersatz*
Religionsgemeinschaften
- Mitbestimmung **96** 32, 39

Rentabilitätsbericht 111 257; **170** 26
- Prüfung durch Aufsichtsrat **171** 31 f.
- *s. Vorstand, Berichtspflicht*

Risikogeschäft 116 548
Risikomanagement
- Abschlussprüfer **170** 12; **171** 105 ff.
- Beratung mit Vorstand **107** 138
- Fehlen eines **171** 107
- Information des Aufsichtsrats **107** 106; **111** 374
- Lagebericht, Ausführungen im **171** 27; **Exkurs 2 zu § 172** 212 ff.

1064

Sachverzeichnis

mager =Randnummern

- Prüfungsausschuss, Aufgaben **107** 270
- Prüfungsausschuss (KWG) **111** 88
- Überwachungspflicht des Aufsichtsrats **171** 47
- vorsorgliches **116** 408
- Vorstandsverantwortung **111** 178
Risikoüberwachungssystem **111** 3
- Überwachung durch Aufsichtsrat **171** 47 ff.
Rollentrennung, Grundsatz Exkurs 1 zu § 100 41
Ruhegeld
- Abfindungserhöhung **112** 34
- „Beratungsvertrag" **112** 34
- nachträgliche Zusage **112** 34
- Vorstandsbezüge, Angemessenheit **116** 351
- Zusage, Anpassung **116** 357

Sachdividende
- Aufdeckung stiller Reserven **170** 69
- Gewinnverwendungsvorschlag **170** 68 f.
Sachkunde eines Aufsichtsratsmitglieds
- KWG, VAG **97** 77; **100** 10; **103** 88; s. Eignungsvoraussetzungen des Aufsichtsratsmitglieds
Sachverstand des Financial Experts 100 104; s. auch Financial Expert
Sachverständige
- Auskunftspersonen **109** 30
- Auswahl **111** 415
- Auswahl, Sorgfaltspflicht **116** 97
- Beauftragung **109** 30; **111** 417 ff.
- Befugnisse **111** 421
- Begriff **109** 32
- Hinzuziehung, Zulässigkeit **109** 31; **116** 96
- Kosten **109** 30
- KWG **111** 87
- Pflicht zur Hinzuziehung **109** 34
- Risikoausschuss **111** 608
- Sorgfaltspflicht **111** 422
- ständige **109** 35
- Teilnahme an Sitzungen **109** 30; **111** 274
- Übertragung von Aufgaben an **111** 413 ff.
- Vergütung **111** 420
- Verschwiegenheitspflicht **116** 97, 453; s. auch Verschwiegenheitspflicht
Sachwalter 116 704, 707, 713, 737
Safe-Harbour Rule 116 300
Sanktionen s. Aufsichtsratsmitglieder, Sanktionen
Satzung
- Änderung
  - Aufsichtsratskompetenz **116** 250 f.
- Anpassung an mitbestimmungsrechtliche Vorschriften **97** 66 ff.
- Ausschüsse **107** 398; s. Ausschüsse
- Geschäftsordnungen **107** 417; s. auch Geschäftsordnung
- Satzungsänderung **97** 27, 64
- Satzungsstrenge **96** 2

Satzungsänderung
- Änderung Anzahl Aufsichtsratsmitglieder **95** 28 f., 36 ff.
- Aufsichtsratskompetenz **116** 250 f.
- nach Statusverfahren, Bekanntmachung **97** 63 f.; s. auch Statusverfahren
Satzungsstrenge
- mitbestimmungsrechtliche Vorschriften **96** 2
Schadensersatzansprüche gegen Aufsichtsratsmitglieder 116 533 ff.
- Abfindungsvereinbarungen **116** 622
- Aktionäre, Ansprüche der
  - Aktionärsschaden **116** 778
  - besonderer Vertreter **116** 746
  - Beweislast **116** 764
  - Doppelschaden **116** 765 ff.
  - Eingriff in Mitgliedschaftsrechte **116** 752 ff.
  - Konzernorgane **116** 749
  - Reflexschaden **116** 765 ff.
  - Untreue **116** 758
- Arbeitnehmervertreter **116** 807
- besonderer Vertreter **116** 746
- Beweislast
  - Business Judgement Rule **116** 561, s. auch Business Judgement Rule
- Entlastung des Mitglieds **116** 635
- Gesellschaftsgläubiger
  - Verfolgungsrecht **116** 660 ff.; s. auch Verfolgungsrecht Gesellschaftsgläubiger
- Grundlage **116** 105
- Haftungsausschluss
  - Hauptversammlungsbeschluss **116** 637 ff.
- Insolvenz der Gesellschaft **116** 656 ff., 703 ff.
- Klageverzicht **116** 620
- Nichtbeachtung Unternehmensinteresse Exkurs 1 zu § 100 4
- Prozessvergleich **116** 620
- Rechtswidrigkeit
  - Irrtum **116** 556
- Schaden
  - Aktionärsschaden **116** 778
  - Beweislast **116** 561 f.
  - Bezifferung **116** 721
  - Doppelschaden **116** 765 ff.
  - Reflexschaden **116** 765 ff.
  - Schadensbegriff **116** 533 ff., 570 ff.
  - späterer **116** 722
  - überschuldete Gesellschaft **116** 541
- Schiedssprüche **116** 623
- Sorgfaltspflichten eines ordentlichen und gewissenhaften Geschäftsleiters **116** 105
  - ordentliches Handeln **116** 181
- Sorgfaltspflichtverletzung **116** 107
- Stundung **116** 624
- Treuepflicht
  - außerhalb der Mandatsausübung **116** 183
- unangemessene Vorstandsvergütung **116** 353, 523 ff.

1065

Sachverzeichnis

Fett gedruckte Ziffern =Paragrafen

[Noch: **Schadensersatzansprüche gegen Aufsichtsratsmitglieder**]
- Verfolgungsrecht Gesellschaftsgläubiger **116** 660 ff.; *s. auch Verfolgungsrecht Gesellschaftsgläubiger*
- Vergleich **116** 619
- Verjährung **116** 608, 714 ff.
  - Abschluss des Geschäftsjahres **116** 730
  - Anspruchsentstehung **116** 719
  - Bezifferung des Schadens **116** 721
  - Einrede der unzulässigen Rechtsausübung **116** 727
  - Hemmung **116** 735 ff.
  - Insolvenz der Gesellschaft **116** 738
  - Kenntnis vom Anspruch **116** 719
  - Schadenseintritt **116** 720
  - spätere Schäden **116** 722
  - Unterbrechung **116** 735 ff.
- Verschulden **116** 546 ff.
  - individueller Verschuldensmaßstab **116** 553
  - Pflichtwidrigkeit **116** 548 f.
  - Rechtsirrtum **116** 554
  - risikoreiche Geschäfte **116** 548
  - Übernahmeverschulden (Amtsübernahme) **116** 554
- Verwirkung **116** 608
- Verzicht **116** 619
- Verzicht auf Anspruchsverfolgung **116** 609 ff.
  - Drei-Jahres-Frist **116** 612 ff.
  - Hauptversammlungsbeschluss **116** 629 ff., 637 ff.
  - Rechtshandlungen **116** 618 ff.
  - Widerspruch Aktionärsminderheit **116** 637 ff.
- Zahlungsunfähigkeit des Mitglieds **116** 648 ff.
- *s. auch Aufsichtsratsmitglieder, Haftung*

Schadensersatzansprüche gegen Aufsichtsratsmitglieder
- Unterlassene Wahl des Vorsitzenden **107** 34

Schadensersatzansprüche gegen Aufsichtsratsmitglieder Exkurs 1 zu § 100 4
- Aktionäre, Ansprüche der **116** 746 ff.
  - Anspruchsberechtigte **116** 746
- Ansprüche Dritter
  - Schutzgesetze **116** 758 ff.
- „ARAG"-Entscheidung *s. ARAG-Entscheidung*
- Außenhaftung
  - Schutzgesetzverletzung **116** 758 ff.
  - vorsätzlich sittenwidrige Schädigung **116** 757
- Bankenvertreter **Exkurs 1 zu § 100** 27
- Beeinflussung von Verwaltungsmitgliedern **116** 742
- Beginn und Ende der Haftung
  - Verjährung **116** 38 ff.
- Beweislast **116** 560 ff.
  - Aufsichtsratsmitglied **116** 560 f.
  - Beweislastumkehr **116** 563
  - Gesellschaft **116** 561 f.
- pflichtwidriges Unterlassen **116** 561
- Schuldvorwurf **116** 561
- Freistellung durch Dienstherrn (öffentliche Aktiengesellschaften) **Exkurs 3 zu § 395** 22
- gesamtschuldnerische Haftung **116** 595 ff.
- Gesellschaftsgläubiger **116** 581
- Haftungsausschluss
  - Entlastung **116** 635; *s. Entlastung von Aufsichtsratsmitgliedern*
  - Hauptversammlungsbeschluss **116** 629
  - nachträglicher Haftungsausschluss **116** 609 ff.
- Haftungsbeschränkungen **116** 605 f.
- Haftungsvoraussetzungen **116** 7
- Interessenkonflikte
  - Bankenvertreter **Exkurs 1 zu § 100** 79
- Kausalität **116** 544 f.
- Konzern **116** 749
- Plausibilitätsprüfung **116** 556
- Rechtswidrigkeit **116** 553 ff.
  - besondere Fähigkeiten **116** 553
  - Rechtsrat, Einholung von **116** 557
- Schaden
  - Vermögensschaden **116** 533 f.
- Treuepflicht
  - außerhalb der Mandatsausübung **116** 179
  - Übernahmeverschulden **116** 554; **171** 74
- Verfahren **116** 806 ff.
- Verjährung **116** 38 ff.
- Verschulden
  - erhöhter Verschuldensmaßstab **116** 553
  - Fahrlässigkeit, leichte **116** 550
  - Plausibiltätsprüfung **116** 556
  - Sorgfaltsmaßstab **116** 546
  - Sorgfaltspflichtverletzung **116** 551
  - unternehmerischer Haftungsmaßstab **116** 552
- Versicherungsschutz gegen Schadensersatzansprüche **116** 809 ff.; *s. auch D & O-Versicherung*
- Vorsatz **116** 546
- Widerspruch, Aktionärsminderheit **116** 637 ff.

Schadensersatzansprüche gegen Vorstandsmitglieder
- actio pro societate **116** 749
- ARAG-Entscheidung **111** 288; **116** 17 ff., 305
- Aufsichtsratsbeschluss **111** 294
- Deliktshaftung **116** 743 ff.
- Durchsetzung durch Aktionäre **116** 22
- Ermessen des Aufsichtsrats **111** 291
- Geltendmachung **111** 288 ff.
- Geltendmachung, Pflicht **116** 19 ff.
- Abwägungsbereiche **116** 298
- Ermessensspielraum **116** 305 ff.
- Geltendmachung, Unterlassen **116** 628
- Unterlassen der Geltendmachung **116** 628
- Verstoß gegen ordnungsgemäße Zusammensetzung des Aufsichtsrats **97** 83 f.; **98** 21
- Verzicht auf Anspruchsverfolgung **111** 290
- Verzicht auf Geltendmachung **111** 292

Schmiergeldzahlungen 116 210

mager =Randnummern

Sachverzeichnis

Schutz der Gesellschaft
– Verschwiegenheitspflicht der Aufsichtsratsmitglieder s. *Verschwiegenheitspflicht*
Schweigepflicht s. *Verschwiegenheitspflicht*
SE-BeteiligungsG 103 78 f.; s. *auch Societas Europaea*
Segmentberichterstattung 170 17
Selbstorganisation des Aufsichtsrats
– Geschäftsordnung **116** 160 f.;
  s. *Geschäftsordnung*
– Informationsordnung **116** 170
– konstituierende Sitzung **110** 16
– Mitwirkungspflicht der Mitglieder **116** 150 ff.
– Pflicht zur **116** 150 ff.
– Zustimmungsvorbehalte **116** 159;
  s. *Zustimmungsvorbehalte, Festlegung von*
Shareholder Value
– Vorstand **111** 215
Simultanwahl 101 38
Sitzungen s. *Aufsichtsratssitzung*
Sitzungsgeld 113 24, 75
Sitzungsleitung s. *Aufsichtsratssitzung*
Sitzungsprotokoll
– Aufsichtsratssitzung **107** 185 ff.
– Ausschusssitzung **107** 396 ff.
Societas Europaea ISE
– Abberufung Aufsichtsratsmitglieder **103** 4
– Aufgaben und Rechte des Aufsichtsrats **111** 15
– Aufsichtsratssitzungen **109** 8
– Bekanntmachung von Änderungen **106** 5
– Einberufung des Aufsichtsrats **110** 4
– monistisches Führungssystem **95** 3; **105** 2; **109** 8
– SE-Beteiligungsgesetz **103** 78
Sonderberichte s. *Vorstand, Berichtspflicht*
Sonderprüfer 108 15, 154; **116** 450
Sonderrechte
– Entsendungsrecht **101** 61
Sorgfaltspflicht
– Aufsichtsratsmitglieder **116** 105 ff.
  – Arbeitseinsatz **116** 123 ff.
  – besondere Kenntnisse des Mitglieds **116** 135
  – Informationspflicht **116** 140 f., 164 ff.
  – Insidergeschäfte **116** 200 ff.; s. *auch Insidergeschäfte*
  – Interessenkonflikte **116** 140 f.
  – Kenntnis vs. Treuepflicht **116** 140
  – Krise des Unternehmens **116** 128 f.
  – Mitwirkungspflichten, allgemeine **116** 118 ff.
  – Mitwirkungspflichten, besondere **116** 135
  – Pflicht zum Einschreiten **116** 136 ff.
  – Sorgfalt eines ordentlichen und gewissenhaften Geschäftsleiters **116** 195
  – Sorgfaltsmaßstab, individueller **116** 101 f.
  – Treuepflichten **116** 177 ff.; s. *auch Treuepflicht*
  – Unternehmenskauf **116** 169; s. *auch Unternehmensübernahmen*
  – vertrauensvolle Zusammenarbeit **116** 182

– Aufsichtsratsvorsitzender
  – Arbeitseinsatz **116** 147
  – Lohnsteuerprüfungsbericht, Prüfung **116** 352
  – Sorgfaltsmaßstab **116** 278
  – stellvertretender **116** 542
– Ausschussmitglieder **116** 542
– Auswahl Vorstandsmitglieder **116** 330
– Business Judgement Rule **116** 301 ff.; s. *auch Business Judgement Rule*
– Konkretisierung durch Corporate Governance Kodex **161** 59
– Konkretisierung (§ 93 Abs. 3 AktG) **116** 564 ff.
– Mitwirkung des Vorstands **116** 604
– nützliche Pflichtverletzungen **116** 210 f.
– pflichtgemäßes Alternativverhalten **116** 318
– bei präventiver Überwachung **116** 280; s. *auch Mitentscheidungsbefugnisse des Aufsichtsrats; Zustimmungsvorbehalte; Schadensersatzansprüche gegen Aufsichtsratsmitglieder; Schadensersatzansprüche gegen Vorstandsmitglieder*
– Rechenschaftslegung **116** 526 ff.
– unrichtige, Sanktion **116** 532
– s. *auch Aufsichtsratsbericht*
– Sachverständige, Auswahl **116** 97
– Schutzgesetzcharakter **116** 779
– „second opinion" **116** 558
– Sogfaltsmaßstab, individueller **116** 101 f.
– Sondertatbestände (§ 93 Abs. 3 AktG) **116** 564 ff.
– Sorgfalt eines ordentlichen und gewissenhaften Geschäftsleiters **116** 105
  – Business Judgement Rule **116** 317
  – ordentliches Handeln **116** 181
  – bei Vertretung der Gesellschaft **112** 104
– Sorgfaltsmaßstab **116** 275 ff.
  – Aufsichtsratsvorsitzender **116** 278
– Überwachung der Geschäftsführung, bei **116** 379 ff.; s. *auch Überwachung der Geschäftsführung*
– Überwachung des Risikoüberwachungssystem **116** 408 f.
– Verschweigen der Verletzung **116** 724
– Vertragsverletzungen **116** 211
– bei Vertretung der Gesellschaft **112** 104
– Vorstandsmitglieder, Auswahl **116** 330
– s. *auch Aufsichtsratsmitglieder, Haftung, s. auch Schadensersatzansprüche gegen Aufsichtsratsmitglieder*
Spekulationsgeschäfte 116 362
Sprecherausschuss
– Antragsrecht gerichtliche Ergänzung **104** 59
– Statusverfahren, Anhörungsrecht **99** 20 f.
– Statusverfahren, Antragsberechtigung **98** 34;
  s. *auch Statusverfahren*
Staggered Board 107 38
– Amtzeit der Mitglieder **102** 18
Statusverfahren
– Amtsermittlungsgrundsatz **99** 2, 16

1067

Sachverzeichnis

Fett gedruckte Ziffern =Paragrafen

[Noch: **Statusverfahren**]
- Änderung Anzahl Arbeitnehmer **97** 13
- Änderung Anzahl Aufsichtsratsmitglieder **95** 28, 35, 39 ff.
- Änderung Mitbestimmungsstatut **97** 14
- Änderung Unternehmensgegenstand **97** 15
- Änderung Zusammensetzung des Aufsichtsrats **97** 2
- anhängiges gerichtliches Verfahren **97** 72
- Anhörungspflicht **99** 20 f.
- Antragsberechtigte **98** 25 ff.
- Anwendungsbereich **97** 9 ff.
- Ausfall eines Aufsichtsratsmitglieds **95** 43 ff.
- Ausschließlichkeit **97** 4
- Bekanntmachung **97** 5, 30 ff.
  - Ansicht des Vorstands **97** 32
  - Bekanntmachungssperre **97** 72 ff.
  - Delegation **97** 37
  - Gesamtvorstand, Pflicht des **97** 36
  - Inhalt **97** 43 ff.
  - Ort **97** 41
  - Unwirksamkeit, Rechtsfolgen **97** 48
  - Widerruf **97** 50
  - Wirksamkeit **97** 46 f.
  - Wirkung **97** 52 ff.
  - Zeitpunkt **97** 41
- Bekanntmachungspflicht **99** 18
- Bekanntmachungssperre **97** 72 ff.
- gerichtliche Entscheidung **97** 5; **99** 22 f.
  - Anrufung, Frist **97** 51
  - Antrag **97** 35
  - Rechtsmittel **99** 24 ff.
  - Rechtswirkung **99** 35 ff.
  - Wirkung auf Bekanntmachung **97** 68
  - *s. auch Zusammensetzung des Aufsichtsrats, gerichtliches Verfahren*
- gerichtliches Verfahren **97** 2; **99** 1 ff.
  - Anrufung, Form **97** 70; *s. auch Zusammensetzung des Aufsichtsrats, gerichtliches Verfahren*
  - keine Entscheidung **97** 71
  - Kosten **99** 41 f.
  - *s. auch Zusammensetzung des Aufsichtrats, gerichtliche Entscheidung*
- Gesellschaften ohne Arbeitnehmerbeteiligung **97** 12
- Kapitalherabsetzung **97** 28
- Kapitalerhöhung **97** 28
- Konzernunternehmen **97** 42
- Kosten **99** 41 f.
- Nichtigkeitsklage nach Abschluss **99** 37
- Rechtsbeschwerde zum BGH **99** 32 f.
- Rechtsmittel **99** 24 ff.
- Rücknahme und Erledigung **99** 13
- Sachgründung **96** 52
- Vorrang vor Wahlanfechtungsverfahren **98** 14
- Zweistufigkeit **97** 5 ff.
- zweite Stufe **98** 48

Stellungnahme des Aufsichtsrats 111 58

Stellungnahmepflicht 111 39 ff.; *s. auch Unternehmensübernahmen*
Stellvertretende Aufsichtsratsmitglieder 101 158
- Abgrenzung zu Ersatzmitglied **101** 159; *s. auch Ersatzmitglieder*
Stellvertretender Aufsichtsratsvorsitzender 107 74 ff.; *s. Aufsichtsratsvorsitzender, Stellvertreter*
Stellvertretendes Vorstandsmitglied
- Aufsichtsratsmitglied als **105** 3 ff.
Stichentscheid
- Aufsichtsratsvorsitzender **107** 163 ff.; **108** 139
- Ausschussvorsitzender **108** 143
Stimmabgabe *s. Aufsichtsratssitzung*
Stimmbindungsvereinbarungen 96 57; **101** 69
Stimmbote 108 174 ff.
- Haftung **116** 28
Stimmbotschaft 108 101; *s. Aufsichtsratssitzung*
Stimmenkauf 101 22
Stimmrechtsausschluss 108 147 ff.; *s. Aufsichtsratssitzung, Abstimmung*
Stimmverbote 103 38 ff.; **108** 36, 77; **109** 15; **111** 40, 484
- Entscheidung über **Exkurs 1 zu § 100** 51 f.; **107** 152
- Interessenkonflikte von Aufsichtsratsmitgliedern **Exkurs 1 zu § 100** 48 ff.; *s. auch Interessenkonflikte*
Stock Appreciation Rights 113 73; *s. Vergütung von Aufsichtsratsmitgliedern*
Stock Options *s. Aktienoptionen*
Strafandrohung *s. Mitglieder des Aufsichtsrats, Sanktionen*
Strategie
- Abstimmung Aufsichtsrat-Vorstand **111** 523
Streik
- Interessenkonflikte von Aufsichtsratsmitgliedern **Exkurs 1 zu § 100** 23 ff.
- leitende Angestellte **116** 216 f.
- rechtswidriger, Teilnahme **Exkurs 1 zu § 100** 72; **103** 48
- Stimmenthaltungspflicht Arbeitnehmervertreter **108** 159
- Teilnahme Arbeitnehmervertreter **Exkurs 1 zu § 100** 24 f., 71 ff.
- Treuepflicht der Arbeitnehmervertreter **116** 214 ff.
Subtraktionsgliederung 170 63
Subtraktionsverfahren 101 53
Suspendierung von Vorstandsmitgliedern 116 137
- durch Ausschuss **107** 348

Tagesordnung *s. Aufsichtsratssitzung*
„Tandem"-Theorie 107 69
Tantieme
- aktienkursorientierte **113** 66 ff., 73
- Dividendentatieme **113** 63 ff.
- Dividendentatieme, Herabsetzung **113** 158

1068

Sachverzeichnis

mager =Randnummern

- Jahresabschluss **172** 77
- Satzungsregelung **113** 151
- Sondererträge **113** 41; s. auch Vergütung von Aufsichtsratsmitgliedern
- steuerliche Behandlung **113** 181 ff.

Tätigkeitsuntersagung
- durch BaFin **100** 13; **103** 91 f.

Teilkonzern 96 29

Teinahmerecht an Aufsichtsratssitzungen
  s. Aufsichtsratssitzung

Tendenzunternehmen
- Ausscheiden aus Tendenzschutz **97** 16
- Erlangung Tendenzschutz durch mitbestimmtes Unternehmen **97** 16
- Mitbestimmter Aufsichtsrat **96** 32
- Mitbestimmungsfreiheit **96** 50

TransPuG (Transparenz- und Publizitätsgesetz) 107 17; **110** 12; **111** 12, 243, 505, 539; **116** 5, 13, 496, 526; **161** 4

Treuepflicht 116 177 ff.
- aktive **116** 185 ff.
  - Stimmenthaltungsverbot **116** 187; s. auch Aufsichtsratssitzung, Abstimmung
- Arbeitnehmervertreter bei Streik **116** 214 ff.
- Interessenkonflikte **116** 234 f.; s. auch Interessenkonflikte
- nachwirkende **116** 212 f.
- passive **116** 188 ff.
  - Ausnutzung der Organstellung **116** 189
  - Insidergeschäfte **116** 200 ff.; s. auch Insidergeschäfte
  - Vermittlung von Geschäften **116** 195 f.
  - Verträge mit Mitgliedern **116** 193 f.
  - Vorteilsannahme **116** 198 f.
  - Willkürverbot **116** 207 f.
- Rechtsgrundlage **116** 181 ff.
- in Satzung **116** 184

Überkreuzverflechtung 100 38 ff.
- Abwickler einer Kapitalgesellschaft **100** 48
- Aufsichtsratsmitglieder ausländischer Kapitalgesellschaften **100** 47
- Betroffene Unternehmen **100** 39
- Eignungsvoraussetzungen des Aufsichtsratsmitglieds bei nachträglicher **100** 122
- fakultative Aufsichtsräte **100** 40
- Genossenschaften **100** 39
- gesetzlicher Vertreter, Begriff **100** 44 ff.
- Interessenkonflikte **Exkurs 1 zu § 100** 33

Überleitungsverfahren
- Änderung Zusammensetzung des Aufsichtsrats **97** 2

Übernahme
- Abwehr **111** 46 ff.; s. auch Unternehmensübernahmen
- Vorstand
  - Neutralitätspflicht **111** 32; **116** 554

Übernahme-Richtlinie 111 58

Übernahmeverschulden s. auch Schadensersatzansprüche gegen Aufsichtsratsmitglieder

Überprüfung der Aufsichtsratstätigkeit
- börsennotierte Unternehmen **116** 70 f.
- Eigenkontrolle des Aufsichtsrats **116** 68
- Maßnahmen des Aufsichtsratsmitglieds **116** 131 ff.
- Pflichterfüllung, Aufgaben **116** 70
- Rechnungsprüfungsbehörde **Exkurs 3 zu § 395** 34 f.
- durch Vorstand **116** 69

Überschuldung
- Antragspflicht **116** 788 ff.
- besondere Überwachungspflicht **111** 303
- Fortführungsprognose **116** 307
- Insolvenzantragspflicht **116** 788 ff.
- Zahlungen nach **116** 701
- Zahlungsverbot **116** 591, 792

Überwachung der Geschäftsführung
- Abschlussprüfung, Informationsfunktion **Exkurs 2 zu § 172** 32
- allgemeiner Sorgfaltsmaßstab **111** 122
- Anzeige bei Behörden **116** 116
- Aufklärungsbeschluss **111** 397 f.
- Aufsichtsratmitglied, Beratungsauftrag **111** 356 ff.
- Aufsichtsratsmitglied, Beauftragung mit **111** 408 ff.
- begleitende **111** 127
- Beratung des Vorstands **111** 169, 340 ff.
  - Beratungsverträge **114** 22 ff.; s. auch Beratungsverträge mit Aufsichtsratsmitgliedern
  - Corporate Governance Kodex **111** 347 ff.
  - fehlerhafte **111** 346
  - Intensität **114** 27
- Bericht über die Überwachungstätigkeit s. Aufsichtsratsbericht
- Berichterstattungspflichten des Vorstands **111** 201 f.; s. Vorstand, Berichtspflicht
- Berichtsanforderungspflicht des Aufsichtsrats **111** 128, 240; s. auch Vorstand, Berichtspflicht
- Berichtsordnung **116** 170; s. Informationsordnung
- Berichtspflicht des Vorstands s. Vorstand, Berichtspflicht
- Berichtswesen **116** 386 ff.
- Betreten der Geschäftsräume **111** 390, 400
- Beurteilungen des Vorstands **111** 211 ff.
- Business Judgement Rule
  - Anwendung auf Überwachungstätigkeit **111** 498; s. auch Business Judgement Rule
- „code of best practice" **111** 141 ff.
- Compliance **111** 205
- Corporate Governance Kodex, Empfehlungen **111** 19
- Durchführung der **111** 236 ff.; s. auch Überwachungsverfahren
- Eingriffsmöglichkeiten **111** 239
- Einschreiten, Pflicht zum **116** 136 ff.

1069

Sachverzeichnis

Fett gedruckte Ziffern =Paragrafen

[Noch: **Überwachung der Geschäftsführung**]
- Einsichtsrechte **111** 380
- Entscheidungsspielraum **116** 280 f.
- Ermessensspielraum des Vorstands **111** 207 ff.
  - Grenzen **116** 321 f.
- Ermittlungen, eigene **116** 391 f.
- erweiterte Überwachungspflicht **111** 304
- Früherkennungssystem **111** 205
- Führungskräfte, nachgeordnete **111** 190 ff.
  - Kreditinstitute **111** 195
- Führungslosigkeit **111** 66 ff.
- Gegenstand
  - geplante Vorhaben **111** 169
  - Geschäftspolitik **111** 169, 521 ff.
  - Grundsätze ordnungsgemäßer Geschäftsführung **111** 167
  - Hauptversammlungsbeschlüsse, Ausführung **111** 312
- Geheimhaltungsrecht des Vorstands **111** 403
- gestaltende **111** 129
- GmbH, mitbestimmte **111** 14
- Grundsätze der **111** 141 ff.
- Halbjahresfinanzberichte **171** 37
- Handlungsmaximen **111** 228 ff.
- Hauptversammlung, Einberufung
  - Wohl der Gesellschaft **111** 475 ff.
- Informationsordnung **111** 382; **116** 170
- Informationsrechte
  - Angestellte **111** 146
  - Aufsichtsratsmitglied **111** 383 ff.
  - Aushändigung Niederschriften des Vorstands **111** 275
  - Auskunftspersonen **111** 391 ff.
  - Beschluss **111** 397
  - Dritte **111** 396
  - Einsichtnahme **111** 380, 390, 399 ff.
  - Einsichtnahme, Schranken **111** 401
  - Konzern **111** 371
  - Missbrauch der **111** 389
  - Schranken **111** 387 ff.
  - Tochtergesellschaften **111** 402
  - Umfang **111** 387 ff.
  - Vorsitzbericht **107** 105
  - Vorstandsmitglied **111** 393
- Informationsverschaffungspflicht **111** 369
- Insolvenz **111** 66 ff., 130
- Instrumente der **111** 235 ff.
- Intensität **111** 127 ff.
- Jahresabschluss
  - Aufstellung **111** 204
  - Feststellung **111** 203
- Jahresabschluss und Gewinnverwendungsvorschlag *s. Jahresabschluss*
- KGaA **111** 14, 641 ff.; *s. auch Kommanditgesellschaft auf Aktien/KGaA*
- Konzernabschluss **111** 332
- Konzernunternehmen *s. Überwachung im Konzern*
- Kreditinstitute
  - nachgeordnete Führungskräfte **111** 195
- Krisensituation **111** 129 ff.; **116** 128 f.
- Liquidität **116** 274
- Maßnahmen der Geschäftsführung **111** 312
- mitbestimmte GmbH **111** 14
- öffentliche Aktiengesellschaften **Exkurs 3 zu § 395** 20
- Organisationsstrukturen **111** 205; **116** 272
- Personen, zu überwachende **111** 186 ff.; **116** 272
  - nachgeordnete Führungskräfte **111** 190 ff.
- präventive **111** 169; **116** 111
- Quartalsfinanzberichte **171** 37
- Rechnungswesen **111** 205
- Rechtsverstöße des Vorstands **111** 228 ff.
- Regelberichterstattung des Vorstands **111** 201 f.; *s. auch Regelberichte; s. auch Vorstand, Berichtspflicht*
- Regelmäßigkeit **111** 170 ff.; *s. auch Aufsichtsratssitzung, Anzahl*
- Rentabilität **116** 274
- Risikomanagementsystem *s. Risikomanagement*
- Sachverständige, Beauftragung mit **111** 413 ff.
- Schranken **111** 207 ff.
- Sondersituationen *s. Überwachung in Sondersituationen*
- Sorgfaltspflichten bei der **116** 379 ff.
- Teilnahme an Vorstandssitzungen **111** 273
- Übernahmeangebot *s. Überwachung in Sondersituationen*
- Übertragung auf Aufsichtsratsmitglied **111** 408 ff.
- Überwachungsentscheidungen **116** 285 f.
- Überwachungspflicht **111** 161 ff.
  - besondere **111** 301 ff.
- Umfang **111** 127 ff., 166 ff.
  - abhängiges Unternehmen **111** 335 ff.; *s. auch Überwachung im Konzern*
  - herrschendes Unternehmen **111** 322 ff.; *s. auch Überwachung im Konzern*
- Unternehmensinteresse **111** 234, 327, 337
- Unternehmenskrise **111** 306; **116** 128 f.; *s. Überwachung in Sondersituationen*
- Unternehmensorganisation **111** 205
- Unternehmensplanung **111** 342 ff.
- Unternehmensübernahmen **111** 29 ff.; *s. auch Unternehmensübernahmen*
- unterstützende **111** 128
- Verfahren **111** 236 ff.; *s. Überwachungsverfahren*
- vergangenheitsbezogene **116** 382 f.
- Versicherungsunternehmen
  - nachgeordnete Führungskräfte **111** 195
- vorbeugende **111** 169; **116** 111
- Vorstand, Niederschriften des **111** 275
- Vorstandssitzungen, Teilnahme **111** 273
- Zukunftsplanungen **116** 384 f.
- Zustimmungsvorbehalte **111** 524 ff.; *s. auch Zustimmungsvorbehalte*
- *s. auch Überwachungsverfahren; Überwachung in Sondersituationen; Überwachung im Konzern*

mager =Randnummern

Sachverzeichnis

Überwachung im Konzern
- abhängiges Unternehmen **111** 335 ff.
- Einwirkungsrecht des Aufsichtsrats **111** 330
- Gegenstand **111** 151
- Geschäftsleiter von Konzernunternehmen **111** 198
- herrschendes Unternehmen **111** 322 ff.
- Konzernabschluss **111** 332
- „Konzernaufsichtsrat" **111** 150, 314
- Konzerngeschäftsführung **111** 329 f.
- Konzerngesellschaften, Informationspflicht über **111** 156
- Konzerninteresse **111** 327, 337
- Konzernlagebericht **111** 332
- Konzernleitungsmacht **111** 337
- Konzernleitungspflicht **111** 155

Überwachung in Sondersituationen
- Interessenkonflikt *s. Interessenkonflikte*
- Übernahmeabsicht **111** 32 f.; *s. Unternehmensübernahmen*
- Übernahmeangebot **111** 47 ff.; **116** 265
  - KGaA **111** 49
- Unternehmenskrise **111** 306; **116** 128 f.

Überwachungsberichterstattung 116 528 ff.; *s. Aufsichtsratsbericht, Bericht über die Überwachungstätigkeit*

Überwachungsverfahren
- Beurteilungspflicht **111** 236
- Beurteilungsspielräume **116** 290
- Eingriffsmöglichkeiten **111** 239
- Eingriffsrechte
  - Ausschüsse **107** 236
  - Einsichtnahmerecht **111** 380
  - Einwirkungspflicht **110** 54
  - Fragerecht **116** 173
- Fragen an Vorstand **111** 379
- Handlungsoptionen **116** 394 ff.
- Handlungsoptionen, Bewertung **116** 397 ff.
- Information des Vorstands **111** 280 ff.
- Sachverhaltsbeurteilung **111** 277 ff.
  - Durchsetzung, abweichende **111** 283 ff.
- Sachverhaltsermittlung **111** 236, 253 ff.; **116** 289, 391 f.
  - Beschluss **116** 391
  - Durchführung **116** 393
- Überprüfungsumfang **111** 235
- Überwachungsentscheidung **116** 285
- Urteil des Aufsichtsrats **111** 277 ff.

UMAG (Gesetz zu Unternehmensintegrität und Modernisierung des Anfechtungsrechts)
- Business Judgement Rule **116** 14, 302; *s. auch Business Judgement Rule*
- Klageerzwingungsverfahren **116** 17

Unabhängigkeit
- Abschlussprüfer **171** 108 ff.
- Aufsichtsratsmitglieder *s. Aufsichtsratsmitglieder*
- Aufsichtsratsmitglieder im Konzern **Exkurs 1 zu § 100** 86 ff.

Unterausschüsse 107 399
Unternehmensakquisitionen *s. Unternehmensübernahmen*
Unternehmensführung
- Handlungsmaximen **111** 228 ff.

Unternehmensgegenstand
- Änderung, Mitbestimmungsfolgen **97** 15; *s. auch Statusverfahren*
- Überschreiten durch Vorstand **111** 229 ff.

Unternehmensinteresse Exkurs 1 zu § 100 2
- abhängiges Unternehmen **111** 337
- Abgleich der Interessen **Exkurs 1 zu § 100** 42
- Arbeitnehmervertreter **Exkurs 1 zu § 100** 43
- Beachtung durch Aufsichtsratmitglieder **Exkurs 1 zu § 100** 4 f.
  - Corporate Governance Kodex **Exkurs 1 zu § 100** 10
- Begriff **Exkurs 1 zu § 100** 2
- Berücksichtigung bei Gewinnverwendungsvorschlag **170** 70
- Eigenverantwortlichkeit des Aufsichtsratsmitglieds **Exkurs 1 zu § 100** 7
- Entsandte Mitglieder **101** 131 ff.
- Ermittlung des **Exkurs 1 zu § 100** 42
- Festlegung **Exkurs 1 zu § 100** 45
- Konzerninteresse
  - abhängiges Unternehmen **111** 337
  - herrschendes Unternehmen **111** 327
- bei Kreditgewährung an Aufsichtsratsmitglieder **115** 38; *s. auch Kreditgewährung an Aufsichtsratsmitglieder*
- öffentliche Unternehmen **Exkurs 3 zu § 395** 7 ff., 24, 27 ff.
- Treuepflicht **116** 182, 185 f.
- Übernahmesituationen **111** 31; *s. auch Unternehmensübernahmen*
- Überwachung durch Aufsichtsrat **Exkurs 1 zu § 100** 3

Unternehmenssprecherausschuss
- Antragsrecht gerichtliche Ergänzung **104** 59
- Statusverfahren, Anhörungsrecht **99** 20 f.
- Statusverfahren, Antragsberechtigung **98** 31; *s. auch Statusverfahren*

Unternehmensübernahmen
- Abwehrmaßnahmen **111** 46 ff.
  - Ermächtigung Vorstand **111** 55 f.
  - Zustimmung Aufsichtsrat **111** 56 f.
- Angabepflicht **111** 44 f.
- Aufsichtsrat, Überwachungspflichten **111** 29 ff.
- Ausschussbildung **111** 35 ff.
- Ausschussbildung, Zusammensetzung **111** 35 f.
- Berater, Beauftragung **111** 43
- Corporate Governance Kodex
  - Stellungnahmepflicht **111** 61 f.
- Einbeziehung von Beratern **116** 558
- Fairness Opinion **111** 43
- Hauptversammlung, Einberufung **111** 55
- Interessenkonflikte von Aufsichtsratsmitgliedern **Exkurs 1 zu § 100** 90 ff.
- Konfliktlösung **Exkurs 1 zu § 100** 103 ff.

1071

Sachverzeichnis

Fett gedruckte Ziffern =Paragrafen

[Noch: **Unternehmensübernahmen**]
- Konfliktvermeidung, Maßnahmen **Exkurs 1 zu § 100 100** ff.
- s. auch Interessenkonflikte
- Interessenkonflikte **111** 32 f.
- Neutralitätspflicht **116** 234
- Prüfungs- und Ermittlungspflicht **111** 42 f.
- „second opinion" **116** 558
- Sorgfaltspflichten **116** 169
- Stellungnahmepflicht **111** 39 ff.; **116** 267
  - Abstimmung **111** 41
  - Corporate Governance Kodex **111** 61 f.
  - Inhalt **111** 41
  - Interessenkonflikte, Offenlegung **111** 40
- Übernahmerichtlinie **111** 58
- Überwachungsfelder **111** 34
- Überwachungspflicht, erhöhte **111** 29 ff.
- Unternehmensinteresse **111** 31
- Verhinderungsverbot **111** 46 ff.
  - Erteilung der Zustimmung **111** 50 ff.
  - europarechtliches **111** 58 ff.
  - Haftung Aufsichtsrat **111** 54, 60
  - KGaA **111** 49
- Zustimmungsvorbehalte **111** 37 f.; **116** 265 f.

Unternehmensverbund s. *Konzern*
Unternehmensverfassung 111 8
Unternehmerische Entscheidung 116 283 ff.
- Begriff **116** 303 ff.
- Business Judgement Rule, Anwendbarkeit **111** 499; s. auch Business Judgement Rule

Unternehmerische Fragen, grundlegende
- Mitentscheidungsbefugnis des Aufsichtsrats **111** 523

Untersagung der Tätigkeit
- durch BaFin **100** 13; **103** 91 f.

VAG
- Aufsichtratsbildung **96** 48; s. auch Drittelbeteiligungsgesetz

Verbot der Organverknüpfung 100 34 ff.; **Exkurs 1 zu § 100** 31 ff.
Verbot von Insidergeschäften 103 48; **116** 200 ff.; s. auch Insidergeschäfte
Verbundene Unternehmen s. *Konzern*
Verfahrensrüge 108 285 ff.
Verfolgungsrecht Gesellschaftsgläubiger 116 660 ff.
- Anspruch Gesellschaft gegen Mitglied
  - Abtretung **116** 675, 696
  - Vergleich **116** 676 f., 695
  - Verzicht **116** 676 f., 695
- Aufrechnung **116** 694
- Ausübung **116** 686 ff.
- Beweislast **116** 701
- Beweislastumkehr **116** 702
- Einwendungen des Mitglieds **116** 697 ff.
- Gesamtgläubigerschaft **116** 690 ff.
- Haftungsmaßstab Mitglieder **116** 648 f.
- Insolvenz der Gesellschaft **116** 703 ff.
- Insolvenzplan, Auswirkung **116** 681
- Verjährung **116** 714 ff.
- Verjährung, Unterbrechung **116** 735 f.
- Voraussetzungen **116** 672 ff.
- Zahlung an Gläubiger **116** 692 f.

Vergütung von Aufsichtsratsmitgliedern 101 151 ff.; **113** 22 ff.
- Aberkennung **111** 367; **116** 74 ff.
- Abwicklung der Gesellschaft **113** 95
- Aktienoptionen, virtuelle **113** 69 ff.
- Anfechtung durch Aktionäre **113** 9
- Angemessenheit **113** 36 ff.
  - Aufsichtsratsvorsitzender **113** 37
  - Ausschussvorsitzender **113** 37
  - Verstoß gegen **113** 39 ff.
- Anspruch **113** 22
  - Entstehung **113** 87, 152
  - Fälligkeit **113** 88 f.
- Arbeitnehmervertreter, Abführung **113** 25
- Arbeitnehmervertreter, Aktienoptionen **113** 74
- Aufsichtsratsvorsitzender
  - Angemessenheit (DCGK) **113** 37
  - Höhe **113** 38
- Aufsichtsratsvorsitzender, Stellvertreter **113** 38
- Aufwandsentschädigungen **113** 78
- Auslagen **113** 76
- Auslagenersatz **113** 75 f., 108 ff.
  - Vorschüsse **115** 18
  - s. auch Auslagenersatz
- Ausscheiden aus dem Amt **113** 94
- Ausschussmitglieder **113** 38
- Ausschussvorsitzender **113** 37 f.
- Ausweispflicht **113** 185 f.
- Beratungsverträge **113** 167 f.; s. Beratungsverträge von Aufsichtsratsmitgliedern
- Besteuerung **113** 75 ff.
- Bilanzgewinn
  - Berechnung **113** 55 ff.
  - Ergebnisabführungsvertrag **113** 104
- D & O-Versicherung **113** 80 ff.; s. dort
- differenzierende **113** 30 ff.
- dividendenorientierte **113** 63 ff.
- Dritte, Zahlung durch **113** 96 ff.
- Ehrenvorsitzender **113** 26 f.
- Erhöhung **113** 162
- erster Aufsichtsrat **113** 169 ff.
- faktische **101** 222
- Fälligkeit **113** 88 f.
- feste Vergütungen **113** 45
- Festsetzung **113** 144 ff.
- Financial Expert **101** 153
- formwechselnde Umwandlung **113** 102 f.
- gerichtlich bestellte Mitglieder **104** 131
- Gesamtvergütung **113** 85 f.
- Gleichbehandlung **101** 152
  - Differenzierungen bei Vergütungsumfang **113** 30 ff.
- Haftung für Verstoß **116** 592
- Hälfteabzug **113** 182 ff.
- Hauptversammlungsbeschluss **113** 163 ff.

1072

mager =Randnummern

Sachverzeichnis

– Herabsetzung **113** 153 ff.
  – Beschluss des Plenums **116** 76
  – laufendes Geschäftsjahr **113** 157 f.
– Honorarverträge **113** 167 f.
– Insolvenz **113** 100
– Jahresgewinn **113** 50 ff.
  – Ergebnisabführungsvertrag **113** 104
– Konzern, Verrechnung **113** 25
– Kreditinstitute **111** 103
– Kürzung **111** 367; **113** 92
– Liquidation der Gesellschaft **113** 95
– Naked Warrants **113** 71
– Offenlegung **113** 185 f.
– Optionsanleihen **113** 69, 72
– Phantom Stocks **113** 67, 73
– Publizität **113** 185 f.; s. Offenlegung
– Rechtsgrund **113** 28
– Rückgewähranspruch der Gesellschaft **113** 107
– Sachleistungen **113** 79
– Sanktionen **113** 105 ff.
– Satzungsregelungen **113** 144 ff.
– sittenwidrige **113** 39
– Sitzungsgeld **113** 24, 75
– Steuern **113** 175 ff.
  – Gesellschaftsebene **113** 181 ff.
  – Mitgliedsebene **113** 175 ff.
– Stock Appreciation Rights **113** 66
– Stock Options **113** 69 ff.
– variable Vergütung **113** 46 ff.
  – aktienkursorientierte **113** 66 ff.
  – Bilanzgewinn **113** 51, 55 ff.
  – dividendenorientierte **113** 63 ff.
  – Jahresgewinn **113** 50 ff.
  – Kredit- und Finanzdienstleistungsinstitute **113** 16
– Verschmelzung **113** 101
– Verzicht **113** 99
– virtuelle Aktienoptionen **113** 69 ff.
– Vorschüsse auf **115** 18
– in Vorstand delegierte Mitglieder **105** 82 f.; **113** 174
– Wandelanleihen **113** 69 f., 72
– Wegfall **111** 367; **113** 90 ff.

Vergütung von Vorstandsmitgliedern 116 344 ff.
– Sondervergütung **116** 353 f.
– unternehmerische Entscheidung des Aufsichtsrats **116** 524

Vergütungsberater 116 347
Vergütungskontrollausschuss 100 13; **111** 94 ff.
– Mitglied, Sachverstand, Berufserfahrung **116** 84

Verhinderungsverbot 111 46 ff.; s. auch Unternehmensübernahmen
Verlagsunternehmen 96 32; s. auch Tendenzunternehmen
Vermittlungsausschuss
– stellvertretender Aufsichtsratsvorsitzender **107** 80

– Wahl neutrales Mitglied **96** 18
– s. auch Ausschüsse

Vermögensschaden 116 533; s. Schadensersatzansprüche gegen Aufsichtsratsmitglieder

Verschmelzung
– Aufsichtsrat, Auswirkungen **102** 38; **103** 86
– Aufsichtsrat, Vergütung **113** 100 f.
– erster Aufsichtsrat, Mitbestimmung **96** 52; s. auch erster Aufsichtsrat
– grenzüberschreitende
  – Frauenquote **96** 67; s. auch Frauenquote
  – Mitbestimmung **96** 46 f.

Verschulden s. Schadensersatzansprüche gegen Aufsichtsratsmitglieder

Verschwiegenheitspflicht
– Arbeitnehmervertreter **116** 417, 472
– Abschlussprüfer s. Abschlussprüfer
– allgemeine Treuepflicht **116** 412
– Anzeigepflichten **116** 520
– Aufsichtsratsmitglieder **Exkurs 1 zu § 100** 21
– Auskunftspflicht **116** 419
– Auskunftsrechte, behördliche **116** 467 f.
– Ausnahme bei Beteiligung der öffentlichen Hand **394** 2 ff.
– Beachtung von Interessen
  – Aktionärsinteresse **116** 420
  – Arbeitnehmerinteressen **116** 421 ff.
  – Unternehmensinteresse **116** 418
– behördliche Auskunftsrechte **116** 467 f.
– Beirat **111** 622
– bei Beteiligung öffentlicher Hand **394** 3; **395** 4 ff.
  – Berichterstattungspflicht **394** 21 ff.
  – erfasste Personen **395** 4 ff.
  – Inhalt **395** 7 ff.
  – Mitteilungen im dienstlichen Verkehr **395** 13 ff.
  – parlamentarische Gremien **395** 17
  – Veröffentlichungsverbot **395** 18 ff.
– Beratungen und Abstimmungen **116** 440 ff., 515 ff.
  – Belegschaftsinteresse **116** 423
  – Drittinteresse **116** 443
  – eigenes Stimmverhalten **116** 444
– Beratungsgeheimnis **116** 440 ff.
  – Grenzen **116** 466
– besondere **116** 496 ff.
– Dauer **116** 460 f.
– Ehrenträger der Gesellschaft **107** 92
– Einschränkungen **116** 464 ff.
– Entsandtes Aufsichtsratsmitglied **101** 99 f.
– Entsprechenserklärung s. auch Entsprechenserklärung
  – Bericht über Interessenkonflikte **116** 466
– Geheimhaltungsinteresse **116** 446 f.
– Geheimnis **116** 428 ff.
– Geheimnisoffenbarung, Sanktion **116** 487
– Geltung **116** 416 f.
– Geltungsbereich **116** 449 ff.
  – Ausnahmen **116** 455

1073

Sachverzeichnis

Fett gedruckte Ziffern =Paragrafen

[Noch: **Verschwiegenheitspflicht**]
– gegenüber Dritten **116** 449 f.
– Entsendungsberechtigter **116** 451
– Ersatzmitglieder **116** 452
– im Konzern **116** 462 f.
– Geschäftsordnung **116** 457
– Geschäftsordnungsregelungen **107** 428
– gesetzliche **116** 412 ff.
– Informationen **116** 511
– innerhalb des Aufsichtsrats **116** 483 ff.
– Insiderverbote **116** 488 ff.; *s. auch Insidergeschäfte*
– Konzern **116** 462 f.
– Meinungsfreiheit, Grundrecht auf **116** 478 f.
– Offenbarungsbefugnis **116** 471 ff., 512 ff.
– Offenbarungspflicht
 – bei Ad hoc-Publizität **116** 465
 – gegenüber Behörden **116** 467
 – Entsprechenserklärung **116** 466
 – im Zivilprozess **116** 486
– Protokollführer **107** 188
– Richtlinien **116** 458 f.
– sachlicher Umfang
 – Geheimnis **116** 428 ff.
 – vertrauliche Angaben **116** 439
 – Verzicht auf Geheimhaltung **116** 430 ff.
– Sachverständige **116** 453
– Sanktionen
 – gerichtliche Abberufung **103** 48
 – Strafbarkeit **116** 487, 522
– Satzungsregelungen **116** 457
– Stimmverhalten **116** 442 ff.
– Straftaten **116** 470
– Umfang **116** 418
– Verletzung, Sanktion **116** 487, 522
– vertrauensvolle Zusammenarbeit **116** 441
– vertrauliche Angaben **116** 439
– vertrauliche Berichte **116** 510
– gegenüber Vorstand **116** 485
– Vorstandsmitglied
 – gegenüber Ehrenträgern der Gesellschaft **107** 92
– Vorstandsmitglieder **116** 516
– vs. Berichterstattungspflicht (Gebietskörperschaften) **394** 21 ff.
– Zeugnisverweigerungsrecht **116** 486
Versicherung 116 809 ff.; *s. D & O-Versicherung*
Versicherung gegen Schadensersatzansprüche 116 809 ff.; *s. auch D & O-Versicherung*
Versicherungsunternehmen
– Abberufung Aufsichtsratsmitglieder
 – durch BaFin **103** 87 ff.
– Aufsichtsratsmitglieder
 – Sachkunde **103** 88
 – Zuverlässigkeit **103** 89 f.
Versicherungsverein auf Gegenseitigkeit (VVaG) 96 48
– Bildung Aufsichtsrat **95** 4
– DrittelbG **96** 39; *s. auch Drittelbeteiligungsgesetz*

Versorgungsbezüge
– nachträgliche Herabsetzung **116** 523
Verträge mit Aufsichtsratsmitgliedern 114 22 ff.
– Beratungsverträge **114** 22 ff.; *s. auch Beratungsverträge mit Aufsichtsratsmitgliedern*
– Ersatzmitglieder **114** 34
– fakultativer Aufsichtsrat **114** 10
– Offenlegung **114** 16, 117 f.
– Rahmenverträge **114** 86 ff.
– unwirksame **114** 101 ff.
– Vertragsarten **114** 64 f.
– Vorlagepflicht an Aufsichtsrat **114** 81
– zustimmungsfreie **114** 65
– Zustimmungsvorbehalt **114** 33 ff.; *s. auch Zustimmungsvorbehalte, Verträge mit Aufsichtsratsmitgliedern; s. auch Beratungsverträge mit Aufsichtsratsmitgliedern*
Vertraulichkeit *s. Verschwiegenheitspflicht*
Vertretung
– aktive **112** 57 ff.; *s. auch Vertretungsbefugnis; Vertretung der Gesellschaft*
– Anfechtungsklagen **112** 49
– besonderer Vertreter **112** 17, 49
– Freigabeverfahren **112** 50
– gerichtliche **112** 15
– Nichtigkeitsklagen **112** 49
– passive **112** 65 ff.
– Vertretungsmacht **112** 18 ff.; *s. Vertretungsbefugnis*
– Wissenszurechnung **107** 131; **112** 67 f.
– zwingende Regelung **112** 3
Vertretung der Gesellschaft
– durch den Aufsichtsrat **112** 1 ff.
– Abschlussprüfer **112** 48; *s. auch Abschlussprüfer*
– allgemeine Verträge **112** 47
– Anfechtungsklagen **112** 49
– Auskunftspersonen **112** 46
– außergewöhnliche Geschäfte **112** 13
– gegenüber Dritten **112** 16, 43 ff.
– ehemalige Vorstandsmitglieder **112** 23 ff.
– Freigabeverfahren **112** 50
– bei Führungslosigkeit **111** 63 ff.; **112** 66
– Geltendmachung von Schadensansprüchen **112** 28
– gerichtliche **112** 15
– Geschäfte des täglichen Lebens **112** 11 f.
– Geschäfte im Zuge der Vorstandsbestellung **112** 9
– Geschäftsführungsmaßnahmen **111** 507; *s. auch Aufsichtsrat – Geschäftsführungsverbot*
– Hilfsgeschäfte **112** 4
– konzernabhängige Gesellschaften **112** 18
– Kündigungsschutzklagen **112** 25
– Leitlinien für Vorstand **112** 12
– Nichtigkeitsklagen **112** 49
– Personalberater **112** 45
– Sachverständiger **112** 46
– gegenüber Vorstand **112** 19 ff.
– *s. auch Aufsichtsrat, Vertretung der Gesellschaft*

1074

mager =Randnummern

Sachverzeichnis

– durch Aufsichtsratsvorsitzenden **107** 121 ff.;
112 1 ff.
– durch den Vorstand **112** 1
Vertretung von Vorstandsmitgliedern
105 52 ff.; s. auch Aufsichtsratsmitglieder,
Vertretung von Vorstandsmitgliedern
Vertretungsbefugnis
– Angehörige von Vorstandsmitgliedern
112 35
– außergewöhnliche Geschäfte **112** 13, 33
– Ausübung **112** 56 ff.
– eigene Verträge des Aufsichtsrats **112** 47
– Geschäftsführungsbefugnis **112** 33; s. auch
Aufsichtsrat – Geschäftsführungsverbot
– Hilfsgeschäfte **112** 4
– Unbeschränkbarkeit **112** 3
Verweigerung der Entlastung
– wichtiger Grund für Abberufung **103** 48;
s. auch Abberufung von Aufsichtsratsmitgliedern,
durch gerichtliche Entscheidung
Vetorecht
– Aufsichtsrat **111** 574
– Aufsichtsratsmitglieder **108** 121
– Vorstandsmitglied **116** 370 ff.
– Vorstandsvorsitzender **116** 371 ff.
Vierteljahresbericht 111 255; **170** 6;
s. Vorstand, Berichtspflicht
Virtuelle Aktienoptionen 113 69 ff.;
s. Vergütung von Aufsichtsratsmitgliedern
Vorlageberichte s. Vorstand, Berichtspflicht
Vorsatz s. Schadensersatzansprüche gegen Aufsichtsratsmitglieder
Vorsitzberichte 107 105; **111** 261 ff.
Vorsitzmandate
– Höchstgrenze, Anrechnung auf **100** 32 f.
VorstAG (Gesetz zur Angemessenheit der Vorstandsvergütung) Exkurs 1 zu § **100** 9;
107 15; **116** 106, 344 f., 349,
523, 820
Vorstand
– Abberufung von Mitgliedern
– Beschluss des Aufsichtsrats **107** 345 ff.; s. auch
Abberufung von Vorstandsmitgliedern
– wichtiger Grund **116** 342 f.; s. auch
Abberufung von Vorstandsmitgliedern
– Abfindung
– Cap **116** 360; s. Vorstand, Anstellungsbedingungen
– Höhe **116** 360
– Anstellungsbedingungen **116** 344 ff.; s. auch
Vorstand, Anstellungsbedingungen
– Anstellungsvertrag **116** 344 ff.
– Aufhebung **116** 360
– Überwachung **116** 352
– s. auch Vorstand, Anstellungsbedingungen
– Arbeitsdirektor
– Bestellung **108** 127; s. dort
– Aufhebungsvertrag **107** 349
– Berichtswesen s. Vorstand, Berichtspflicht
– Bestellung s. Vorstand, Bestellung von Mitgliedern

– Bestellung als Aufsichtsratsmitglied **105** 22
– Bestellung von Mitgliedern **107** 333 f.;
s. Vorstand, Bestellung von Mitgliedern
– Bestellung zum Aufsichtsratsmitglied
– Rechtsfolge der Inkompatibilität **105** 46 ff.
– Bezüge **116** 344 ff.
– Business Judgement Rule **111** 220 ff.;
116 299 ff.; s. auch Business Judgement Rule
– CEO
– Befugnisse, Verbote **116** 370
– Compliance-System
– Beratung mit Aufsichtsratsvorsitzendem
107 138; s. auch Compliance
– Dienstvertrag
– Ruhegeldbezüge **116** 357; s. Vorstand,
Anstellungsbedingungen
– Eignungsvoraussetzungen **96** 49; **116** 49,
329 ff.; s. Eignungsvoraussetzungen des Vorstandsmitglieds
– Entsprechenserklärung s. Entsprechenserklärung
– Finanzholding, Pflichten **97** 80 ff.
– Führungsstärke, fehlende **111** 305
– Gesamtverantwortung **111** 176 ff.
– bei Ressortzuweisungen **111** 181
– Geschäftsordnung **107** 329 ff.
– Grundsatz der einstimmigen Geschäftsführung
116 372
– Informationspflichten **111** 378 ff.
– Interimsmitglieder **116** 240
– Kollegialprinzip **116** 374
– Kreditgewährung **116** 361 f.; s. Kreditgewährung
– Kündigung **108** 269; **111** 295; **116** 342 f.
– durch Ausschuss **107** 346
– Legalitätspflicht **111** 218
– Pflichten
– Anzeigepflicht nach KWG **97** 80 ff.
– Bekanntmachungspflicht, Statusverfahren
97 36 ff.; s. auch Statusverfahren
– Berichtspflichten s. Vorstand, Berichtspflicht
– Informationspflichten **111** 372 ff.
– Rechnungslegung **170** 3; s. auch Statusverfahren
– Statusverfahren, Bekanntmachungspflicht
97 36 ff.; s. auch Statusverfahren
– Ressortverantwortung **111** 179
– Ressortzuweisungen **111** 179
– Gesamtverantwortung **111** 181
– Ruhegeld
– Abfindung, Erhöhung **112** 34
– Beratungsvertrag **112** 34
– nachträgliche Zusage **112** 34
– Ruhegeldzusage
– Anpassung **116** 357
– Vergütung **116** 351
– Sondervergütungen **116** 353 ff.
– Suspendierung **107** 348; **116** 137
– Überwachung durch Aufsichtsrat
– Berichtsarten **111** 254 ff.
– Berichtspflichten **111** 201 f.
– Berichtswesen **116** 387 ff.

1075

Sachverzeichnis

Fett gedruckte Ziffern = Paragrafen

[Noch: **Vorstand**]
- Beurteilungsspielräume **111** 211 ff.; **116** 290 ff.
- Business Judgement Rule **111** 220 ff.; **116** 305 ff.; *s. auch Business Judgement Rule*
- Ermessensgrenzen **111** 217 ff.; **116** 293 ff.
- Ermessensspielräume **111** 207 ff.; *s. auch Überwachung der Geschäftsführung*
- Ermessensspielräume, Grenzen **116** 321 ff.
- Sachverhaltsfeststellungen **111** 209 f.
- Vergütung
  - nach Ablauf der Bestellung **116** 350
  - Angemessenheit **116** 351 f., 524
  - Bemessung **116** 345 ff.
  - börsennotierte Unternehmen **116** 345
  - Corporate Governance Kodex **116** 346
  - Delegation auf Ausschuss **107** 340
  - Kreditinstitute **116** 348
  - Nebenleistungen **116** 351
  - Sondervergütungen **116** 353 ff.
  - Überwachung **116** 352
- Vergütungsberater **116** 347
- verhinderter, Vertretung durch Aufsichtsratsmitglied **104** 44
- Versagen
  - Handeln des Aufsichtsrats **111** 306
- Vertretung der Gesellschaft **112** 1
- Vertretung durch Aufsichtsratsmitglied **104** 44; **105** 52 ff.
- Vetorecht Vorstandsvorsitzender **116** 370 ff.
- Vetorechte von Mitgliedern **116** 371 ff.
- Vorstandsvorsitzender **107** 339; **116** 341; *s. auch Vorstandsvorsitzender*
- Wahl **108** 125; *s. auch Vorstand, Bestellung von Mitgliedern*
- Wechsel in Aufsichtsrat **100** 49 ff.
  - Inkompatibilität **105** 22
- Wiederbestellung **107** 338
- Zielverfehlung **111** 305

Vorstand, Anstellungsbedingungen
- Änderung **107** 262
- Anstellungsvertrag
  - Abschlusskompetenz **107** 335; **112** 22
  - Aufhebung **107** 349
- Bezüge **116** 344 ff.
- Delegation der Verhandlung über **107** 337; **116** 344
- Kündigung **107** 346; *s. auch Vorstand*
- Nebenleistungen **116** 351
- Ruhegeldzusagen
  - Anpassung **116** 357
  - Herabsetzung **116** 358
- Vergütung **107** 340; *s. auch Vorstand, Vergütung*
- Zuständigkeit **116** 344

Vorstand, Berichtspflicht
- Abhängigkeitsbericht **111** 272; **170** 33 f.
  - Prüfung **111** 272
- Anforderungsberichte **111** 240 ff.
  - Fragerecht des Aufsichtsrats **116** 173
  - Recht zur Anforderung eines Berichts **111** 240, 264
- Aufsichtsratsvorsitzender **170** 39
- Berichterstattung an Aufsichtsrat **111** 172, 240 ff.
  - Finanzberichterstattung **170** 13 ff.; *s. auch Finanzberichterstattung*
- Berichtsarten **111** 254 ff.
- Berichtsinhalt **111** 245 ff.
- Berichtsordnung **111** 247
- Berichtszeitpunkt **111** 240; **170** 35 ff.
- faktisch konzernabhängige AG **111** 328; *s. faktisch konzernabhängige AG*
- Finanzberichte **111** 269 ff.; *s. auch Finanzberichte*
- Form **111** 243 f.; **170** 35
- Form der Berichte **111** 243 f.
- Informationsordnung **111** 382; *s. Berichtsordnung*
- Informationsrecht der Aufsichtsratsmitglieder *s. Überwachung der Geschäftsführung*
- Jahresberichte **111** 256
- Konzern **111** 156, 328; *s. dort*
- Regelberichte **111** 240 ff.
  - Jahresberichte **111** 256
  - Rentabilitätsberichte **111** 257; **170** 26
  - Vierteljahresberichte **111** 255
- Rentabilitätsberichte **111** 257; **170** 26
- Risikomanagementsystem *s. Risikomanagement*
- Sonderberichte **111** 240 ff., 259 ff.
  - bedeutende Geschäfte **111** 260
  - Vorsitzberichte **107** 105; **111** 261 ff.
- Verletzung
  - Verletzung der Berichtspflicht **170** 43 f.
- Vierteljahresberichte **111** 255; **170** 6
- Vorlageberichte (besondere Vorlagen) **111** 266 ff.
- Vorsitzberichte **107** 105; **111** 261 ff.

Vorstand, Bestellung von Mitgliedern 116 238 f.
- Altersgrenze **116** 239
- Amtszeit **116** 238
- Anstellung **116** 240
  - durch Ausschuss **107** 335, 337
  - *s. Vorstand, Anstellungsbedingungen*
- Auswahl, Sorgfaltspflicht **116** 329 ff.
- Beschluss **107** 334
- Bestellungsdauer **116** 238
- Bestellungskompetenz **107** 333 f.; **112** 22
- Delegation an Ausschuss **107** 332 ff.; **116** 332
- Eignungsvoraussetzungen **96** 49; **116** 329 ff.; *s. Eignungsvoraussetzungen des Vorstandsmitglieds*
- Entscheidungsvorbereitung **116** 327 f.
- erneute **107** 338; **116** 336 ff.
- Kündbarkeit **107** 346 f.
- mitbestimmtes Unternehmen **107** 333
- Stellvertreter **107** 335
- Suspendierung **107** 348
- Vorschlagsrecht des Personalausschusses **107** 308

mager =Randnummern

Sachverzeichnis

- Vorstandsvorsitzender **107** 339; **116** 341; s. *Vorstandsvorsitzender*
- Wahl
  - im paritätisch mitbestimmten Unternehmen **108** 125
- Widerruf **107** 345
  - wichtiger Grund für **116** 342 f.
- Wiederbestellung **116** 336 ff.
  - Zuständigkeit **107** 338
- Wiederbestellung, vorzeitige **116** 238, 340
- Zuständigkeit **107** 332 ff.
Vorstand, Ruhegeldvertrag
- Herabsetzung des Ruhegelds **116** 358
Vorstandsbericht
- Recht zur Kenntnisnahme **116** 78
- Überwachungspflicht **107** 323 f.; s. auch *Vorstand, Berichtspflicht*
Vorstandsvergütung s. *Vorstand*
Vorstandsvorsitzender
- Aufgaben **111** 189
- Bestellung und Ernennung **107** 339; **116** 341
- Ernennung **107** 339; **116** 341
- Widerruf der Bestellung **116** 371 ff.
VVaG 96 48
- DrittelbG **96** 39; s. auch *Drittelbeteiligungsgesetz*
VWGmbHÜG 111 22

Wahl, Ausschussmitglieder 107 299 f.
Wahl der Mitglieder des Aufsichtsrats
- Ablehnung **101** 146
- Abstimmungsreihenfolge **101** 39 ff.
- Additionsverfahren **101** 53
- Amtsbeginn **101** 147 ff.; **102** 25 f.
- Annahmeerklärung **101** 139
- Anteilseignervertreter **101** 30 ff.
  - Abstimmungsreihenfolge **101** 39 ff.
  - Corporate Governance Kodex **101** 36
  - Einzelwahl **101** 32 f.
  - Listen-/Globalwahl **101** 34 ff.
  - Mehrheitswahl **101** 50 f.
  - Verhältniswahl **101** 52
  - Versammlungsleiter **101** 33, 36, 40
  - Wahlverfahren **101** 31 ff., 33, 39 ff.
  - Wahlvorschläge **101** 11 ff., 44 ff.; **108** 132
- Arbeitnehmervertreter **101** 54 ff.
  - Delegierte (MitbestErgG) **101** 57
  - Delegierte (MitbestG) **101** 56
  - DrittelbG **101** 58 f.
  - MitbestErgG **101** 57
  - MitbestG **101** 56
  - MontanMitbestG **101** 11, 54
  - Nichtigkeit **98** 15
  - s. auch *Arbeitnehmervertreter*
- Aufsichtsratsvorsitzender **107** 22 ff., 46 f.
  - MitbestG **108** 128
  - nach MitbestG **107** 61 ff.
  - Zustimmungsvorbehalt **107** 25
  - s. auch *Aufsichtsratsvorsitzender*
- Bestellung
  - Ersatzmitglieder **101** 166 ff.

- Bestellung zum Aufsichtsratsmitglied **101** 135 ff.
  - Annahme der Wahl **101** 137
  - Annahmeerklärung **101** 139 ff.
  - Bekanntmachung **106** 8 ff.; s. auch *Aufsichtsratsmitgliederliste*
  - fehlerhafte **101** 217 ff.; **112** 69
  - körperschaftsrechtlicher Akt **101** 135
  - Lehre vom fehlerhaften Organ **101** 217 f.; **112** 69
  - rückwirkende **101** 135
- Corporate Governance Kodex **101** 36
- Delegierte **101** 56, 57
- Ende der Amtszeit **102** 27 f.
- Entsendung **101** 60 ff.; s. *Entsendung von Aufsichtsratsmitgliedern*
- Fehlen der Eignungsvoraussetzungen **100** 79
- Frauenquote **101** 10
- Hauptversammlung
  - Beschluss **101** 9
  - Wahlfreiheit **101** 10, 12
  - Wahlrecht, unabdingbares **101** 10
  - Wahlvorschläge (MontanMitbestG) **101** 11
- KGaA **111** 633
- Lehre vom fehlerhaften Organ **101** 219 f.
- Mehrheitsprinzip **101** 10
- Mehrheitswahl **101** 50 f.
- MontanMitbestG
  - Wahlvorschläge **101** 11, 54
- Nichtigkeit **98** 15
- Prinzip der Mehrheitswahl **101** 50 f.
- Subtraktionsverfahren **101** 53
- Tagesordnung **101** 43
- Veranlassung durch Gebietskörperschaft **394** 16 ff.
- Versammlungsleiter **101** 33
- Vorschlagsrecht
  - Dritter **101** 15
- Wahlabreden **101** 16 ff.
  - Aktionäre mit Dritten **101** 20
  - unter Aktionären **101** 20
  - Beendigung **101** 28 f.
  - BGB Gesellschaft **101** 16
  - Business Combination Agreement **101** 19
  - mit Dritten **101** 18
  - Meldepflichten (WpHG) **101** 16
  - Nichtigkeit **101** 21, 24 f.
  - Stimmenkauf **101** 22
  - Vertragsstrafe **101** 27
  - Zulässigkeit **101** 17 ff.
- Wahlverfahren
  - Art und Weise der Durchführung **101** 39 ff.
  - Einzelwahl **101** 32 f.
  - Festlegung **101** 33, 39 ff.
  - Listen-/Globalwahl **101** 34 ff.
  - Simultanwahl **101** 38
- Wahlvorschläge
  - der Aktionäre **101** 13 f.
  - des Aufsichtsrats **101** 13, 47 ff.
  - Begründung **101** 45

1077

Sachverzeichnis

Fett gedruckte Ziffern =Paragrafen

[Noch: **Wahl der Mitglieder des Aufsichtsrats**]
– Bekanntmachung **101** 43 f.
– Beschluss über **108** 132
– des Betriebsrats **101** 54
– des Vorstands **101** 46
– von Dritten **101** 15
– MontanMitbestG **101** 11
– Prüfung Eignungsvoraussetzungen **100** 80; **101** 13, 48
– zwingendes Recht **101** 4

Wahl des Aufsichtsrats s. *Wahl der Mitglieder des Aufsichtsrats*

Wahl des Aufsichtsratsvorsitzenden
– Mehrheitserfordernis **107** 46 f.
– MitbestG **108** 128
– Zustimmungsvorbehalt **107** 25

Wahlabreden 101 16 ff.
– Beendigung **101** 28 f.
– mit Dritten
  – Verbot **101** 18
– Meldpflicht (WpHG) **101** 16
– Nichtigkeit **101** 21, 24 f.
– Vertragsstrafe **101** 27
– Zulässigkeit **101** 17 ff.
– s. auch *Wahl der Mitglieder des Aufsichtsrats, Wahlabreden*

Wahlbeschluss
– Nichtigkeit, Wirkung **100** 132 ff.

Wahlvorschläge
– von Aktionären **101** 13 f.
  – veröffentlichte **101** 14
– von Arbeitnehmern **101** 59
– vom Aufsichtsrat **101** 13
– Begründung **101** 45
– Bekanntmachung **101** 43 f.
– Beschluss über **108** 132; s. auch *Wahl der Mitglieder des Aufsichtsrats*
– vom Betriebsrat
  – DrittelbG **101** 59
  – MontanMitbestG **101** 54
– von Dritten **101** 15
– Prüfung Eignungsvoraussetzungen des Mitglieds **100** 80; **101** 13, 48
– des Vorstands **101** 46

Wahlvorschläge (MontanMitbestG) 101 11

Walzwerkklausel (MontanMitbestG) 96 15

Wandelschuldverschreibungen 113 69, 72; s. auch *Vergütung von Aufsichtsratsmitgliedern*

„weitere Mitglieder"
– Hinderungsgründe für Aufsichtsratsmandat **100** 66; s. auch *neutrales Mitglied*
– Wahl **108** 126

Werkvertrag
– Aufsichtsratsmitglied mit Gesellschaft **105** 39; **114** 5, 68, 70 f.

Wettbewerbsverbot
– Aufsichtsratsmitglieder **105** 6

Wichtiger Grund
– Abberufung von Aufsichtsratsmitgliedern **103** 45 ff.; s. *Abberufung von Aufsichtsratsmitgliedern*

Widerruf der Vorstandsbestellung 107 345; **116** 342 f.
– Vorstand

Wiederbestellung eines Vorstandsmitglieds 107 338; **116** 238, 336 ff.

WpHG (Wertpapierhandelsgesetz)
– Ad hoc-Publizität **116** 465
– Auskunftsrechte, behördliche **116** 467
– Insiderrecht, Unbefugte **107** 93
– Insiderverbote **116** 200 ff.; **116** 488 ff.; s. auch *Insidergeschäfte*
– kapitalmarktorientierte Gesellschaft **100** 96
– Offenbarungspflicht **116** 465
– Wahlabreden, Meldepflicht **101** 16

WpÜG (Wertpapiererwerbs- und Übernahmegesetz)
– kontrollierender Aktionär **100** 102
– Unternehmensübernahmen **111** 29 ff.; **116** 265 ff.; s. auch *Unternehmensübernahmen*

Zahlungsunfähigkeit
– Insolvenzantragspflicht **111** 66 ff.; **116** 788 ff.
– Zahlungsverbot s. *Zahlungsverbot*

Zahlungsverbot 116 591
– Haftung des Aufsichtsrats **116** 792

Zeugnisverweigerungsrecht 116 486

Zusammensetzung des Aufsichtsrats
– Änderungen
  – Bekanntmachung **106** 1 ff.
– Aufsichtsratsmitgliederliste **106** 1 ff.
– Bekanntmachung **106** 1 ff.
– DrittelbG **96** 45
– fehlende Mitglieder s. *Aufsichtsratsmitglieder – gerichtliche Bestellung*
– gerichtliches Verfahren **98** 1 ff.
  – Anhörungspflicht **99** 20
  – Antrag, Form **98** 18
  – Antrag, Frist **98** 19
  – Antrag, Inhalt **98** 19
  – Antragsberechtigung **98** 22 ff.
  – Antragsberechtigung, Nachweis **99** 11 f.
  – Anwaltszwang **98** 19; **99** 4, 17
  – Anwaltszwang, Rechsmittelverfahren **99** 31
  – Arbeitsgerichte **98** 15, 17
  – Bekanntmachung **99** 18 f.
  – Beschluss **99** 22 f.
  – Beschlussunfähigkeit s. *Aufsichtsratsmitglieder – gerichtliche Bestellung*
  – Entscheidung **99** 22 f.
  – keine Entscheidung **97** 71
  – Entscheidung, Einreichung zum Handelsregister **99** 40
  – Entscheidung, Rechtsmittel **99** 35 ff.
  – Erledigung **99** 14
  – Kosten **99** 6, 41 f.
  – Rechtsmittel **99** 24 ff.

mager =Randnummern   **Sachverzeichnis**

- Rücknahme **99** 13
- Umsatzverhältnis (MitbestErgG) **98** 41 ff.; **107** 368
- Verfahrensvorschriften **99** 1 ff.; *s. Zusammensetzung des Aufsichtsrats – gerichtliches Verfahren*
- Vorrang vor Statusverfahren **97** 72
- Vorstandspflicht **98** 21
- Wirkung **98** 45 ff.
- Zuständigkeit, funktionale **98** 12 f.
- Zuständigkeit, örtliche **98** 10 f.
- Zuständigkeit, sachliche **98** 12
- *s. auch Statusverfahren*
- Haftung für ordnungsgemäße **97** 83 f.
- KGaA **111** 630 ff.
- MitbestErgG **96** 22
- MitbestG **96** 33 f.
- MontanMitbestG **96** 17 f.

Zustimmungspflichtige Geschäfte
- Vorlagebericht des Vorstands **111** 268

Zustimmungsvorbehalte
- abhägiges Unternehmen **111** 331
- Abwehr eines Übernahmeangebotes **111** 50 ff.
- Ad hoc-Beschluss **111** 537 f.
- Antrag des Vorstands **111** 565
- Aufsichtsratsbeschluss **111** 569 f.
- Auslegung (konzernweite Geltung) **111** 549 ff.
- Beraterverträge
  - Präsidium **107** 257
- Beschluss des Aufsichtsrats über **111** 569 f.
- Bestimmtheit **111** 527 ff.
- Durchsetzung in abhängigen Unternehmen **111** 545 ff.
- Eilbedürftigkeit **111** 565
- Eilfälle **111** 563 f., 568
- eingegliederte Unternehmen, Geltung für **111** 554
- Einwilligung **111** 566 f.
- Einzelgeschäfte **111** 527
- Ermessen **111** 574
- Ermessensreduzierung auf Null **111** 537
- Ersatzzustimmung (Hauptversammlung) **111** 575 ff.
- Erteilung der Zustimmung
  - Aufsichtsrat **111** 565 f.
  - Hauptversammlung **111** 575 ff.
- Festlegung in Satzung **111** 531
  - Verpflichtung zur **111** 539 ff.
- Festlegung von Zustimmungsvorbehalten **111** 530 ff.
  - Ad hoc-Beschluss des Aufsichtsrats **111** 537 f.
  - Aufsichtsratbeschluss **111** 532 ff.
  - Business Judgement Rule **111** 540
  - Geschäftsordnung **111** 533 ff.; *s. Geschäftsordnung*
  - Hauptversammlungsbeschluss **111** 531
  - konzernweite **111** 545 ff.
  - Satzung **111** 531
- Finanzberichte **171** 37
- Genehmigung (bei Eilbedürftigkeit) **111** 568

- Geschäfte von grundlegender Bedeutung **111** 541, 543
- Geschäftsordnung **111** 533 ff.; *s. Geschäftsordnung*
- Geschäftspolitik **111** 526
- gesetzliche
  - Kredite **116** 263 f.
  - Verträge mit Aufsichtsratsmitgliedern *s. auch Zustimmungsvorbehalte – Verträge mit Aufsichtsratsmitgliedern*
- Grenzen **111** 525 ff., 528 f.
- Großaktionär, zugunsten des **116** 33
- Hauptversammlungsbeschluss **111** 578
- Inhalt
  - Budgetplanung **111** 526
  - innergesellschaftliche Maßnahmen **111** 526
  - künftige Geschäftspolitik **111** 526
  - Tagesgeschäft **111** 528
  - Transaktionen **111** 528
- KGaA **111** 626
- kleine Geschäfte **111** 571 f.
  - Befreiung bei Festlegung in Satzung **111** 572
- Konzernobergesellschaft
  - Geltung in abhängiger Gesellschaft **111** 331
- konzernweite Festlegung **111** 545 ff.
- konzernweite Geltung
  - Abhängigkeit **111** 558
  - Auslegung **111** 549 ff.
  - faktische Konzernierung **111** 557
  - Vertragskonzern **111** 555
- Pflicht des Aufsichtsrats zur Festlegung **111** 539 ff.
- Pflicht zur Zustimmung **111** 573
- Rahmenzustimmungen **111** 571 f.
- Sorgfaltspflichten
  - Festlegung weiterer Vorbehalte **111** 540
  - Kreditgewährung **116** 263
- Tagesgeschäft **111** 528
- Übermaßverbot **111** 528
- Übernahmeangebot, Abwehr **111** 50 ff.
- Übernahmesituation **111** 37 ff.; *s. auch Unternehmensübernahmen*
- Unternehmensplanung **111** 526
- unternehmerische Entscheidung des Aufsichtsrats **111** 520 ff.
- Verfahren
  - Anrufung der Hauptversammlung **111** 575 ff.
  - Eilfälle **111** 565
  - generelle Einwilligung **111** 571 f., 571
  - nachträgliche Zustimmung **111** 568
  - Versagung der Zustimmung **111** 574 ff.
  - Zuständigkeit **111** 569
- Versagung der Zustimmung **111** 574 ff.
  - Haftung **116** 601
- Verträge mit Aufsichtsratsmitgliedern **114** 33 ff., 117 f.; **116** 263 f.
  - mit Aktionären **114** 57
  - Altverträge **114** 36 ff., 79
  - Beratungsmöglichkeit durch Dritte **114** 63

Sachverzeichnis

Fett gedruckte Ziffern =Paragrafen

[Noch: **Zustimmungsvorbehalte**]
- Beschränkung auf Dienst- und Werkverträge **114** 64
- culpa in contrahendo-Anspruch des Mitglieds **114** 82
- bzw. mit diesem nahestehende Personen **114** 42
- bzw. mit diesem nahestehenden Unternehmen **114** 43 ff.
- vor Eintritt geschlossene Verträge **114** 36 ff., 79
- Einwilligung des Aufsichtsrats **114** 71 f.
- Ermessen des Aufsichtsrats **114** 80
- Ersatzmitglieder **114** 34
- Genehmigung des Aufsichtsrats **114** 71 ff.
- Genehmigungsfähigkeit **114** 71 f.
- Genehmigungspflichtigkeit **114** 75
- Haftung der Organmitglieder **114** 116
- Hauptversammlung **114** 93
- Informationspflichten **114** 58 f.
- Inhalt **114** 58 ff.
- Interesse der Gesellschaft **114** 62
- Konkretisierung des Vertragsgegenstands **114** 58 ff., 84 ff.
- Konkretisierung, nachträgliche **114** 87 ff.
- Konzernunternehmen **114** 47 ff.
- nicht-genehmigungsfähige **114** 73
- Publizität **114** 16
- Rahmenverträge **114** 86 ff.
- Rückgewähranspruch **114** 102 ff.
- schwebend unwirksame **114** 77
- Sorgfaltspflicht, Aufsichtsrat **114** 67
- Sorgfaltspflicht, Vorstand **114** 67
- Tätigkeit höherer Art **114** 69
- Teilbarkeit **114** 85
- Transparenzgebot **114** 59
- unwirksame **114** 101 ff.
- Vergütung, Offenlegung **114** 117 f.
- Vergütung, Zahlung vor Genehmigung **114** 73 ff.
- Verweigerung der Zustimmung **114** 78
- mit Vorstandsmitglied **114** 56
- Zustimmungserteilung **114** 70 ff., 80
- Zustimmungserteilung, Beschluss **114** 91 ff.
- Zustimmungserteilung, Zeitpunkt **114** 71 ff.
- zustimmungsfreie **114** 65
- Verweigerung der Zustimmung **111** 574 ff.
  - Haftung **116** 601
  - Wirkung, rechtliche **111** 559 ff.
  - Zulässigkeitsgrenzen **111** 525 ff.
  - Zustimmungserteilung **111** 565 ff.
  - Rahmenzustimmungen **111** 571 f.
  - Zustimmungspflicht **111** 573
- Zwischenfinanzberichte **171** 37

Zuverlässigkeit eines Aufsichtsratsmitglieds
- KWG, VAG **97** 78; **100** 10; **103** 89 f.; *s. auch Eignungsvoraussetzungen des Aufsichtsratsmitglieds*

Zweitstimmrecht 96 37; **107** 167 ff.
- Ausschussvorsitzender **107** 169, 292, 395
- Stellvertretender Aufsichtsratsvorsitzender **107** 167, 180

Zwischenabschluss
- Offenlegung **171** 36
- Vorlage an Aufsichtsrat **170** 27